Kinne/Schach, Miet- und Mietprozessrecht

BERLINER KOMMENTARE

HARALD KINNE
Vorsitzender Richter am Landgericht Berlin

KLAUS SCHACH
Vorsitzender Richter am Landgericht Berlin a.D.

MIET- UND
MIETPROZESSRECHT

Kommentar zu den §§ 535–580a BGB
mit Schriftsatz- und Klagemustern
für die Rechtspraxis

3., überarbeitete und ergänzte Auflage

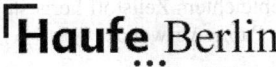

Die Deutsche Bibliothek – CIP-Einheitsaufnahme

Ein Titeldatensatz für diese Publikation ist bei
Der Deutschen Bibliothek erhältlich.

ISBN 3-448-04556-X   Bestell-Nr. 06239-0003

1. Auflage 1997 (ISBN 3-448-03397-9)
2., überarbeitete und ergänzte Auflage 1999 (ISBN 3-448-03868-7)
3., überarbeitete und ergänzte Auflage 2002

© Rudolf Haufe Verlag GmbH & Co. KG, Freiburg • Berlin 2002
http://www.haufe.de
Lektorat: Alexandra Kittke, Redaktion Berlin
Druckvorstufe: Redaktion Berlin
Herstellung: Rudolf Haufe Verlag, Freiburg i. Br.

Das Papier ist aus chlorfrei gebleichtem Zellstoff hergestellt. Zur Herstellung der Bücher wird nur alterungsbeständiges Papier verwendet.

Inhaltsverzeichnis

Anhang

Die beigefügte CD-ROM enthält den gesamten Buchinhalt verlinkt mit Gesetzen und Urteilen. Mit dem CD-ROM-Zeichen ⊚ versehene Muster stehen zusätzlich als Arbeitshilfen zur direkten Übernahme in eine Textverarbeitung zur Verfügung.

Abkürzungsverzeichnis

a.A.	anderer Ansicht
a.a.O.	am angegebenen Ort
abl.	ablehnen(d)
Abs.	Absatz
a.F.	alte Fassung
AFWOG	Gesetz über den Abbau der Fehlsubventionierung im Wohnungswesen (Pauschbetragsverordnung)
AG	Amtsgericht/Aktiengesellschaft
AGB	Allgemeine Geschäftsbedingungen
AGBG	Gesetz zur Regelung des Rechts der Allgemeinen Geschäftsbedingungen
AK (+ Bearbeiter)	Kommentar zum Bürgerlichen Gesetzbuch (Reihe Alternativkommentare), 1. Aufl. 1979
Alt.	Alternative
AMVOB	Altbaumietenverordnung Berlin
Anm.	Anmerkung
AROV	Amt zur Regelung offener Vermögensfragen
Art.	Artikel
Aufl.	Auflage
AufzV	Aufzugsverordnung
BAG	Bundesarbeitsgericht
BArbBl.	Bundesarbeitsblatt
Barthelmess	Wohnraumkündigungsschutzgesetz, Miethöhegesetz: Kommentar, 5. Aufl. 1995
Bäumgärtel (+ Bearbeiter)	Handbuch der Beweislast im Privatrecht, Bd. 1, 2. Aufl. 1991
BauGB	Baugesetzbuch
BauOBln	Bauordnung Berlin
BayObLG	Bayerisches Oberstes Landesgericht
BayObLGE	Bayerisches Oberstes Landesgericht, Entscheidungssammlung
BayObLGZ	Entscheidungen des Bayerischen Obersten Landesgerichtes in Zivilsachen
BB	Der Betriebs-Berater
Behrens	Beteiligung mehrerer Mieter am Mietverhältnis (Dissertation, Humboldt-Universität zu Berlin)
BerlinFG	Gesetz zur Förderung der Berliner Wirtschaft (Berlinförderungsgesetz)
Betrieb	Der Betrieb

BetrKostUV	Betriebskosten-Umlageverordnung
BetrVerfG	Betriebsverfassungsgesetz
Beuermann	Mietenüberleitungsgesetz und Miethöhegesetz, 2. Aufl. 1997
ders.	Miete und Mieterhöhung bei preisfreiem Wohnraum, 3. Aufl. 1999
BezG	Bezirksgericht
BGB	Bürgerliches Gesetzbuch
BGBl.	Bundesgesetzblatt
BGH	Bundesgerichtshof
BGHZ	Bundesgerichtshof/Entscheidungen in Zivilsachen
Blank/Börstinghaus	Miete, BGB-Mietrecht und MHG, Kommentar 2000
BLGBW	Blätter für Grundstücks-, Bau- und Wohnungsrecht
Blömeke/Blümmel/	Die Modernisierung und Instandsetzung von Wohnraum,
Kinne/Lorenz	2. Aufl. 1994
Blümmel	Die Modernisierung und Instandsetzung von Wohnraum, 3. Aufl. 2000
BMG	Bundesmietengesetz
BRAGO	Bundesrechtsanwaltsgebührenordnung
Brinkmann	Zahlungsrückstände des Wohnraummieters als Kündigungsgrund, 1995
Brintzinger	HeizKostenV in Fischer-Dieskau/Pergante, Wohnungsbaurecht, Ergänzungslieferung 1985
Bruckmann	Die täglichen Mietrechtsfälle, 1996
BSG	Bundessozialgericht
BTDrucks.	Bundestagsdrucksache
Bub/Treier (+ Bearbeiter)	Handbuch der Geschäfts- und Wohnraummiete, 3. Aufl. 1999
BuW	Betrieb und Wirtschaft
II. BV	Verordnung über wohnungswirtschaftliche Berechnungen
BVerfG	Bundesverfassungsgericht
BVerfGE	Bundesverfassungsgericht, Entscheidungssammlung
BVerwG	Bundesverwaltungsgericht
BVerwGE	Bundesverwaltungsgericht, Entscheidungssammlung
bzw.	beziehungsweise
ca.	circa
CR	Computer und Recht
DB	Der Betrieb
dB	Dezibel
dgl.	dergleichen
DGVZ	Deutsche Gerichtsvollzieher-Zeitschrift
d.h.	das heißt
DIN	Deutsches Institut für Normung
DNotZ	Deutsche Notar-Zeitschrift

DtZ	Deutsch-deutsche Rechts-Zeitschrift
DWW	Deutsche Wohnungswirtschaft
EGBGB	Einführungsgesetz zum Bürgerlichen Gesetzbuch
Einf.	Einführung
EntschG	Entschädigungsgesetz
Emmerich/Sonnenschein	Miete, 7. Aufl. 1999
Erman/Jendrek	Handkommentar zum Bürgerlichen Gesetzbuch, 10. Aufl. 2000
EStDV	Einkommensteuer-Durchführungsverordnung
e. V.	eingetragener Verein
f.	folgende Seite
FamRZ	Zeitschrift für das gesamte Familienrecht
ff.	folgende Seiten
Fieberg/Reichenbach/ Messerschmidt/Neuhaus	Kommentar zum Gesetz zur Regelung offener Vermögens- fragen, 1992 (Loseblattsammlung)
Fischer-Dieskau (+ Bearbeiter)	Wohnungsbaurecht, Stand 1991 (Loseblattsammlung)
Fischer-Dieskau/ Pergande/Schwender	Kommentar zur II. Berechnungsverordnung
Fn.	Fußnote
Freywald	Heizkostenabrechnung – leicht gemacht –, 3. Aufl. 1990
GBl.	Gesetzblatt der DDR
GBO	Grundbuchordnung
GbR	Gesellschaft bürgerlichen Rechts
GE	Das Grundeigentum
gem.	gemäß
Gen.	Genossenschaft
GG	Grundgesetz für die Bundesrepublik Deutschland
ggf.	gegebenenfalls
GKG	Gerichtskostengesetz
GmbH	Gesellschaft mit beschränkter Haftung
GmbHG	Gesetz betreffend die Gesellschaften mit beschränkter Haftung
1. GMV	1. Grundmietenverordnung
2. GMV	2. Grundmietenverordnung
Gottwald	Zwangsvollstreckung, Kommentar, 1996
Gramlich	Wohnraummietrecht nach dem Einigungsvertrag, 1991
GRUR	Gewerblicher Rechtsschutz und Urheberrecht
GVBl.	Gesetz- und Verordnungsblatt
GVG	Gerichtsverfassungsgesetz
GVKostG	Gesetz über die Kosten der Gerichtsvollzieher

GVW	Gesetz zur dauerhaften sozialen Verbesserung der Wohnungssituation im Land Berlin (GVBl. Berlin 1987, 1988)
HaustürWG	Gesetz über den Widerruf von Haustürgeschäften und ähnlichen Geschäften
HbgGE	Hamburger Grundeigentum
HeizAnlV	Verordnung über energiesparende Anforderungen an heizungstechnische Anlagen und Warmwasseranlagen (Heizungsanlagen-Verordnung)
HeizKostenV	Verordnung über die verbrauchsabhängige Abrechnung der Heiz- und Warmwasserkosten (Verordnung über Heizkostenabrechnung)
Herrlein/Kandelhard	ZAP-Praxiskommentar Mietrecht, 2001
HGB	Handelsgesetzbuch
h.M.	herrschende Meinung
HuW	Haus und Wohnung
i.A.	im Auftrag
i.d.F.	in der Fassung
i.d.R.	in der Regel
InsO	Insolvenzordnung
i.S.d.	im Sinne des/der
i.V.	in Vertretung
i.V.m.	in Verbindung mit
JurBüro	Das juristische Büro
JuS	Juristische Schulung
Just	Die Justiz
JW	Juristische Wochenschrift
JZ	Juristenzeitung
Kfz	Kraftfahrzeug
KG	Kammergericht
KgaA	Kommanditgesellschaft auf Aktien
Kinne	Heizung und Heizkostenabrechnung, 2. Aufl. 1991
ders.	Mängel in Mieträumen, 2. Aufl. 2000
ders.	Mietfestsetzung zum 1. August 1995 in den neuen Ländern, 1995
ders.	Mietfestsetzung in den neuen Ländern nach dem Vergleichsmietensystem, 1996
ders.	Der Wohnraummietvertrag, 3. Aufl. 1997
Köhler	Handbuch der Wohnraummiete, 3. Aufl. 1988
KreisG	Kreisgericht
Kreuzberg	Handbuch der Heizkostenabrechnung

KV	Kostenverzeichnis (Anhang des GKG)
KWV	Kommunale-Wohnungsverwaltung
l	Liter
Lammel	HeizkostenV, Kommentar 1990
ders.	Heidelberger Kommentar zum Wohnraummietrecht, 1998
Langenberg	Betriebskostenrecht der Wohn- und Gewerberaummiete, 2. Aufl. 2000
Larenz	Allgemeiner Teil des BGB, 7. Aufl. 1989
LG	Landgericht
LM	Lindenmaier/Möhring (Hrsg.), Das Nachschlagewerk des Bundesgerichtshofs in Zivilsachen
LPartG	Lebenspartnertschaftsgesetz
LS	Leitsatz
MDR	Monatsschrift für Deutsches Recht
mg	Milligramm
MHG	Gesetz zur Regelung der Miethöhe
Mietprax (+ Bearbeiter)	Mietrecht in der Praxis, Hrsg. Börstinghaus (Loseblatt-sammlung – Grundwerk 1996)
4. MietRÄndG	Viertes Mietrechtsänderungsgesetz
MM	Mietermagazin – Mietrechtliche Mitteilungen
mm	Millimeter
ModEnG	Modernisierungs- und Energieeinsparungsgesetz
MÜG	Mietenüberleitungsgesetz
MüKo (+ Bearbeiter)	Münchener Kommentar zum Bürgerlichen Gesetzbuch, 3. Aufl. ab 1992
MünchKomm (+ ZPO-Bearbeiter)	Münchener Kommentar zur ZPO, 1992
m.w.N.	mit weiteren Nachweisen
n.F.	neue Fassung
NJW	Neue Juristische Wochenschrift
NJWE-MietR	NJW Entscheidungsdienst Miet- und Wohnungsrecht
NJW-RR	NJW-Rechtsprechungs-Report
NMV	Neubaumietenverordnung
NStZ-RR	Neue Zeitschrift für Strafrecht-Rechtsprechungs-Report
NVersZ	Neue Zeitschrift für Versicherungsrecht
NVwZ	Neue Zeitschrift für Verwaltungsrecht
NZBau	Neue Zeitschrift für Baurecht und Vergaberecht
NZM	Neue Zeitschrift für Mietrecht
o.a.	oben angeführt
OHG	Offene Handelsgesellschaft

OLG	Oberlandesgericht
OLGE	Oberlandesgericht, Entscheidungssammlung
OLG-NL	OLG-Rechtsprechung Neue Länder
OLGZ	Entscheidungen der Oberlandesgerichte in Zivilsachen
OVG	Oberverwaltungsgericht
OWi	Ordnungswidrigkeit
Palandt (+ Bearbeiter)	Bürgerliches Gesetzbuch, 60. Aufl. 2001
Peruzzo	Heizkostenabrechnung nach Verbrauch, 5. Aufl. 1996
Pfeifer	Die Heizkostenverordnung, 4. Aufl. 1994
ders.	Die neue Heizkostenverordnung, 1989
PiG	Partner im Gespräch, Schriftenreihe des Evangelischen Siedlungswerkes in Deutschland
ppa.	per procura
qm	Quadratmeter
Rädler/Raupach/ Bezzenberger	Vermögen in der ehemaligen DDR (Loseblattsammlung – 21. Erg.-Lfg. 1998)
RE	Rechtsentscheid
RG	Recht Reichsgericht in Das Recht
RGRK (+ Bearbeiter)	Das Bürgerliche Gesetzbuch mit besonderer Berücksichtigung der Rechtsprechung des Reichsgerichts und des Bundesgerichtshofs, Kommentar, 12. und 13. Bearb.
RGZ	Reichsgerichts-Rechtsprechung in Zivilsachen (Band und Seite)
RiM	Rechtsentscheide im Mietrecht
Rn.	Randnummer
Rouvel	Praxisinformation Energieeinsparung, Schriftenreihe BMBau 04.093. Bonn 1983
Rpfleger	Der Deutsche Rechtspfleger
RPflG	Rechtspflegergesetz
Rspr.	Rechtsprechung
S.	Seite
Schilling	Neues Mietrecht
SchlHA	Schleswig-Holsteinische Anzeigen
Schmid	Handbuch der Mietnebenkosten, 5. Aufl. 1999
Schmidt-Futterer/Blank	Wohnraumschutzgesetze, 6. Aufl. 1988
Schmidt-Futterer (+ Bearbeiter)	Mietrecht, Kommentar, 7. Aufl. 1999
Schubart/Kohlenbach (+ Bearbeiter)	Wohn- und Mietrecht, Stand 1995 (Loseblattsammlung)
SchuldRAnpG	Schuldrechtsanpassungsgesetz

SchuldRModG (nicht amtlich)	Entwurf eines Gesetzes zur Modernisierung des Schuldrechts
v. Seldeneck	Betriebskosten im Mietrecht, 1. Aufl. 1999
SiG	Signaturgesetz
Soergel (+ Bearbeiter)	Bürgerliches Gesetzbuch mit Einführungsgesetz und Nebengesetzen, 12. Aufl. 1987
sog.	so genannt
Staudinger (+ Bearbeiter)	Kommentar zum Bürgerlichen Gesetzbuch, 13. Aufl., Bearb. 1997
Sternel	Mietrecht, 3. Aufl. 1988
ders.	Modernisierung von A bis Z
ders.	Mietrecht aktuell, 3. Aufl. 1995
str.	streitig
Thomas/Putzo	Zivilprozeßordnung, 20. Aufl. 1997
u.a.	unter anderem
UklaG	Gesetz über Unterlassungsklagen bei Verbraucherrechts- und anderen Verstößen (Unterlassungsklagengesetz)
UrkRNr.	Urkundsrollennummer
UStG	Umsatzsteuergesetz
usw.	und so weiter
u.U.	unter Umständen
VAwS	Berliner Verordnung über Anlagen zum Umgang mit wassergefährdenden Stoffen und über Fachbetriebe
VDE	Verband Deutscher Eletrotechniker
VDI	Verein Deutscher Ingenieure
VEB	Volkseigener Betrieb
VerfGH	Verfassungsgerichtshof
VermG	Vermögensgesetz
VerschG	Verschollenheitsgesetz
VersR	Versicherungsrecht
VG	Verwaltungsgericht
vgl.	vergleiche
VIZ	Zeitschrift für Vermögens- und Investitionsrecht
VO	Verordnung
VOB	Verdingungsordnung für Bauleistungen
Vorbem.	Vorbemerkung
WarnR	Warneyer, Die Rechtsprechung des Reichsgerichts (Rechtsprechungssammlung)
WEG	Gesetz über das Wohnungseigentum und das Dauerwohnrecht

WiB	Wirtschaftsrechtliche Beratung
WiStG	Wirtschaftsstrafgesetz
WoBauErlG	Wohnungsbau-Erleichterungsgesetz
II. WoBauG	Zweites Wohnungsbaugesetz
WoBindG	Wohnungsbindungsgesetz
WoFG	Wohnraumförderungsgesetz
Wolf/Eckert	Handbuch des gewerblichen Miet-, Pacht- und Leasing-rechts, 7. Aufl. 1995
WPM	Zeitschrift für das Wirtschafts- und Bankrecht, Wert-papiermitteilungen
WuM	Wohnungswirtschaft und Mietrecht
ZAP-Ost	Zeitschrift für die Anwaltspraxis – Ausgabe Ost
z.B.	zum Beispiel
ZGB	Zivilgesetzbuch der DDR
ZIP	Zeitschrift für Wirtschaftsrecht und Insolvenzpraxis
ZMR	Zeitschrift für Miet- und Raumrecht
Zöller (+ Bearbeiter)	Kommentar zur ZPO, 24. Aufl. 1999
ZOV	Zeitschrift für offene Vermögensfragen
ZPO	Zivilprozeßordnung
z.T.	zum Teil
ZVG	Zwangsversteigerungsgesetz
zzgl.	zuzüglich
zzt.	zurzeit

Zeitschriftenaufsätze

Alexander
NZM 1998, 253   Die Kündigungsterminsbestimmung nach § 569 I 2 BGB

Armbruster
GE 2000, 821   Das BGH-Urteil zur : Konsequenzen für die Praxis

Bender
ZMR 1994, 251   Nochmals: Die Beweislast bei einer Kündigung nach § 554 BGB

Beuermann
GE 1986, 87   Die Ankündigung von Modernisierungsmaßnahmen
GE 1993, 1070   Einzelfragen zum Vierten Mietrechtsänderungsgesetz
GE 1993, 290   Die BGB-Gesellschaft als Vermieter
GE 1993, 826   Mieterhöhung nach durchgeführten Modernisierungsmaßnahmen
GE 1993, 951   Vorkaufsrecht des Mieters nach Umwandlung
GE 1994, 1284   Zahlung unter Vorbehalt – Gegenrede
GE 1994, 360   Das Zurückbehaltungsrecht des Mieters bei Mängeln der Miet-
                       sache
GE 1995, 394   Zusatzleistungen des Mieters und Preisbindung in den neuen
                       Ländern
GE 1995, 848   Die einjährige Wartefrist gilt auch bei Neuvermietung in den
                       neuen Ländern
GE 1996, 154   Übernahme der Wartungskosten für Gasthermen durch den
                       Mieter
GE 1997, 1081   Mieterhöhung wegen gestiegener Betriebskosten; Oberlandes-
                       gerichte in der Sackgasse
GE 1997, 1134   Die BGB-Gesellschaft im Mietrecht
GE 1997, 78   Streupflicht für Anlieger und Mieter
GE 1998, 596   Nicht auf halbem Wege stehenbleiben! BGH und BGB-
                       Gesellschaften
GE 2000, 935   Das Mietrechtsreformgesetz aus der Sicht des Praktikers
GE 2001, 403   Rechtsfähigkeit der GbR
GE 2001, 902   Vergessene Überleitungsvorschriften im Mietrechtsreformgesetz
NZM 1998, 598   Der Mietspiegel Berlin (West) 1998 – Ein neues Äpfel-Birnen-
                       Problem

Bierbaum/Stöckel
GE 2000, 445   Mieterhöhung nach Einsparung von Heizenergie

16

Blank
DWW 1992, 65   Gerechtigkeit und Praktikabilität der Betriebskostenabrechnung
WuM 1993, 503   Das Vierte Mietrechtsänderungsgesetz

Blümmel
GE 1983, 47   Das neue Mietrecht
GE 1983, 555   Modernisierungsduldung: Ab wann ist neues Recht anwendbar?
                      Was gilt als Standard?
GE 1985, 222   Sind Kosten für Kabelanschluß umlagefähig?
GE 1987, 952   Das neue Recht der Altbauten
GE 1988, 637   Anm. zu AG Schöneberg GE 1988, 635
GE 2001, 969   Berliner Mietspiegel 2000 ist kein „qualifizierter Mietspiegel"

Blümmel/Kinne
DWW 1988, 302   Recht auf Mieterhöhung nach Modernisierungsmaßnahmen ab-
                      hängig von formgerechter Ankündigung

Blumenstein
ZMR 1987, 401   Der Einbau von Thermostatventilen in freifinanzierten Wohnge-
                      bäuden aufgrund der Heizungsanlagen-Verordnung vom 24.2.82

Börstinghaus
ZMR 1994, 198   Mieterhöhungen wegen Betriebskostensteigerungen bei Inklusiv-
                      und Teilinklusivmieten nach dem 4. Mietrechtsänderungsgesetz
ZMR 1994, 396   Die Unterschrift unter ein Mieterhöhungsverlangen und die Über-
                      mittlung mittels TELEFAX
NZM 1998, 89   Die Geltendmachung rückständiger Miete im Urkundsverfahren
NZM 1999, 881   Bericht: Aktuelle Entwicklungen bei der Mieterhöhung im preis-
                      freien Wohnungsbau

Both
GE 1998, 847   § 568 BGB – Fallstrick oder Rettungsleine?
GE 2001, 336   Die geplanten Kündigungsfristen in der Mietrechtsreform
NZM 2001, 78   Duldung und Mieterhöhung bei großflächiger Sanierung von
                      Wohnungsbeständen

Breckerfeld
NZM 2000, 533   Schlüsselrücknahmepflicht vor Beendigung des Mietverhältnisses

Bub
NJW 1993, 2897   Das Vierte Mietrechtsänderungsgesetz
NZM 2000, 169   Aktuelle Rechtsprechung zum Mietrecht
NZM 2000, 1092   Das vertragliche Vorkaufsrecht des Mieters

17

Buch
NZM 2000, 367 Botschaften und Konsulate als Mieter – Hinweise für die Vertragsgestaltung
NZM 2000, 693 Zugangsbehinderung als Umweltfehler

Cammichau
NJW 1995, 1010 Das Mietervorkaufsrecht in Fällen mieterseitiger Kündigung

Degen
WuM 1983, 275 § 541b BGB n.F. und das Problem des „Hinausmodernisierens"

Demharter
WuM 1993, 7 Änderung miet- und wohnungseigentumsrechtlicher Vorschriften ab 1. März 1993

Derleder
WuM 1994, 305 Die Kündigung wegen Hilfeleistung
NZM 1999, 164 Direkte Vertragsbeziehungen zwischen Mietern und den Trägern der Wasserversorgung und -entsorgung

Derleder/Bartels
JZ 1997, 981 Der Vermieterwechsel bei der Wohnraummiete

Derleder/Pellegrino
NZM 1998, 550 Die Anbahnung des Mietverhältnisses

Dittert
GE 2000, 590 Miethaus gerade gekauft – Wirksame Modernisierungsankündigung durch Erwerber möglich?

Draber
NZM 1998, 417 Die Entwicklung des Raummietrechts seit Ende 1996

Drasdo
NZM 2000, 1092 Die Neuregelung der Kautionsvorschrift im Mietrechtsreformgesetz – Gutgemeint „vom Regen in die Traufe"
NZM 2001, 13 Die Beziehungen des Mietrechts zum Wohnungseigentumsrecht in den Entwürfen zur Neuordnung des Mietrechts

Eisenschmid
WuM 1989, 357 Schädliche Stoffe und Umweltbelastung
NZM 1999, 165 Ausländer und Mietrecht
NZM 2001, 11 Miethöherecht der Mietrechtsreform

Elshorst
NZM 1999. 449 Zur gesetzlichen Kündigungsmöglichkeit gem. § 567 BGB bei Mietverträgen über mehr als 30 Jahre

Emmerich
DWW 1993, 313 Neueste Entwicklungen im Mietrecht
NZM 1998, 692 Nichtigkeit und Anfechtung von Mietverträgen
NZM 1999, 633 Berchtesgaden 1999: Highlights der Mietrechtsprechung 1998–1999
NZM 1999, 929 Automatische Nutzungsentschädigungspflicht bei pflichtwidriger Nichtrückgabe (ortsüblicher Zins)
NZM 2000, 1155 Schönheitsreparaturen bei Beendigung des Mietverhältnisses

Emmert
WuM 2000, 578 Haftpflicht- und Hausratsversicherung bei Wohnraummietverhältnissen

Engelhard
ZMR 1988, 282 Kabelanschluß und Satellitenantenne – Herausforderung an den Gesetzgeber?

Erbrath
NZM 1998, 740 Das Verhältnis der §§ 741 ff. BGB zu den miet- und pachtrechtlichen Vorschriften

Feuerlein
GE 2001, 970 Die Kündigung des Mietvertrags und des Zeitmietvertrags nach neuem Recht

Finger
ZMR 1983, 1 Die Verjährung nach § 558 BGB

Fischer
ZMR 1994, 309 Ausschluß der Kündigung des Mietverhältnisses nach § 554 Abs. 1 Satz 1 BGB wegen fehlenden Zahlungsverzuges des Mieters?

Franke/Geldmacher
ZMR 1993, 548 Die Neuregelungen durch das Vierte Mietrechtsänderungsgesetz (4. MRÄndG) – Änderungen des BGB

Fritz
NJW 1998, 3324 Die Entwicklung des Gewerberaummietrechts in den Jahren 1996 und 1997

NJW 2000, 3686   Die Entwicklung des Gewerberaummietrechts in den Jahren 1998 und 1999

Fuchs/Wissemann
ZMR 1986, 341   Zum Besichtigungsrecht des Vermieters

Gablenz
NZM 1998, 99   Die dingliche Sicherung von gewerblichen Mietverträgen

Gaisbauer
DWW 1969, 278   Die Beleuchtungspflicht des Hauseigentümers
DWW 1970, 43   Rechtsfragen um Haus- und Wohnungsschlüssel
DWW 1996, 237   Unzumutbare Lärmstörungen: Unterschiedliche Reaktionen der Nachbarn und Unterschriftenlisten

Gärtner
GE 1999, 1176   Umstellung auf gewerbliche Wärmelieferung im Mietwohnungsbau
WuM 1997, 160   Der Wert des Beschwerdegegenstandes im Sinne von § 511a ZPO bei Klagen auf Zustimmung zur Mieterhöhung

Gather
DWW 1987, 282   Die Verjährung mietrechtlicher Ansprüche
DWW 1993, 345   Die Gebrauchsrechte des Mieters
DWW 1994, 97   Das Mietrecht im Spiegel der jüngsten höchstrichterlichen und obergerichtlichen Rechtsprechung
DWW 1995, 5   Sozialklausel, Räumungsschutz und Vollstreckungsschutz
GE 1997, 533   Die Überwälzung von Kleinreparaturen
GE 1997, 833   Die fristlose Kündigung wegen Zahlungsverzuges nach § 554 BGB
GE 1997, 1434   Verjährung mietrechtlicher Ansprüche
GE 1997, 1493   Die Untervermietung von Wohnraum
GE 1998, 221   Konkurrenzschutz des Gewerbemieters – Ist vertraglicher Ausschluß möglich?
GE 2001, 24   Abgeltungsklauseln möglich
GE 2001, 540   Gewerberaummieter hat grundsätzlich keine Betriebspflicht
GE 2001, 542   Abschluß von Mietverträgen mit Minderjährigen
GE 2001, 595   Was darf der Wohnraummieter?
GE 2001, 600   Vorzeitiges Rückgaberecht des Mieters
GE 2001, 748   Der Zeitmietvertrag nach neuem Recht
GE 2001, 749   Ende des Mietverhältnisses durch Aufhebungsvertrag
GE 2001, 814   Asymmetrische Fristen für die Mietvertragsparteien
NZM 2001, 57   Zeitmietvertrag, Tod des Mieters und Eintrittsrecht Dritter in den Wohnraummietvertrag

Geldmacher
DWW 1991, 298   Mietminderung und Erhaltungspflicht in den neuen Bundeslän-
dern
DWW 1994, 333   Nebenkostenvereinbarungen
DWW 1997, 341   Die Kaution im Miet- und Pachtverhältnis – Gerichtliche Spruch-
praxis 1994–1997
DWW 2000, 180   Die Kaution im Miet- und Pachtverhältnis – Teil 4
GE 2000, 859   Anlagepflicht für Kautionen

Gellwitzki
WuM 1998, 198   Zur Wirksamkeit der Mietzinsvorauszahlungs- und Aufrech-
nungsankündigungsklausel in Wohn- und Gewerberaummietverträgen

Gerchel
MM 1983/11, 13   Was ist der „allgemein übliche Zustand" im Sinne des § 541b
BGB?

Gläser
GE 1997, 838   Die Mietzinsklage der BGB-Gesellschaft

Gramlich
NJW 1984, 1435   Mietrechtliche Probleme beim Anschluss an das Breitbandkabelnetz

Grams
ZMR 1994, 5   Die Beweislast bei einer Kündigung nach § 554 BGB

Greiner
ZMR 1998, 403   Direktansprüche zwischen Eigentümer und Untermieter
NJW 2000, 1314   Urkundenprozess und Einrede des nichterfüllten Vertrags

Grundmann
NJW 2001, 2497   Die Mietrechtsreform

Gundlach
ZMR 1993, 217   Kappungsgrenze verfassungswidrig oder auslegungsfähig?

Günther
ZMR 1993, 249   „Versetzung" im Sinne des Miet-Sonderkündigungsrechts von
Beamten

Haase
WiB 1997, 1141 Die Auslegung von unvollständigen Mietverlängerungsoptionen
im Gewerberaummietrecht

Halstenberg
WuM 1993, 155 Miet- und wohnungsrechtliche Aspekte der Beseitigung
asbesthaltiger Speichergeräte

Hanke
NZM 2001, 74 Regelung der Modernisierung

Hannemann
GE 1994, 1280 Zahlung unter Vorbehalt – Gegenrede
NZM 1999, 585 Im Überblick: Risiken des Zeitmietvertrages bei der Wohnraum-
miete

Harsch
WuM 1989, 162 Zur Kündigung des Mieters wegen Gesundheitsgefährdung
(§ 544 BGB)
WuM 1995, 246 Zur Kostenentscheidung im Räumungsprozeß nach § 93 b
Abs. 3 ZPO – eine Rechtsprechungsübersicht

Hartmann
NJW 2001, 2577 Zivilprozess 2001/2002: Hunderte wichtige Änderungen

Heiderhoff
NZM 1998, 896 Schriftform bei langfristigen Mietverträgen und „Loseblatt"-
Rechtsprechung des BGH

Heile
ZMR 1990, 249 Ersatzmietergestellung bei Wohn- und Geschäftsraummiete

Heine
NZM 1998, 857 Wärmeschutzverordnung versus DIN 4108 „Wärme- und Feuch-
teschutz im Hochbau"

Heitgress
WuM 1983, 244 Zwangsanschluß der Mietwohnungen an das „Kabelfernsehen"
WuM 1984, 263 Einige Fragen zur Betriebskostenumlage gem. § 20 NMV neuer
Fassung

Hensen
NZM 1998, 937 Formularmäßige Schönheitsreparaturen bei Mietende
NZM 1999, 151 Wohnraummietverträge und AGB-Kontrolle

Henssler
NJW 1989, 138   Die Klage auf künftige Leistung im Wohnraummietrecht

Hertle
ZMR 1990, 406   Kosten der Gartenpflege – ein Bestandteil der „Zweiten Miete"

Hinkelmann/Blank
NZM 1998, 704   Renovierungspflicht bei der Wohnraummiete – zwei Vorschläge
                       zur Vertragsgestaltung

Hök
ZOV 1993, 147   Zum Eintritt des Berechtigten nach § 16 Abs. 2 VermG in
                       bestehende Rechtsverhältnisse

Horst
ZOV 1993, 217   Mietrechtliche Aspekte offener Vermögensfragen
GE 1993, 666   Beendigung von Mietverhältnissen bei Sanierung oder Umbau
                       des Gebäudes
GE 1997, 341   Betriebskosten und Mietvertragsende: Kein Anspruch auf eine
                       Zwischenabrechnung
GE 1997, 342   Ansprüche bei Mietvertragsende: Abrechnung und Rückzahlung
                       der Kaution
NZM 1998, 647   Grenzen des zulässigen Wohngebrauchs
NZM 1999, 193   Modernisierung – Durchsetzung, Abwehr und Rechtsfolgen

Huber
GE 1992, 286   Sonder-Kündigungsrecht von Nebenräumen
VersR 1998, 265   Rechtsfolgen der Überwälzung von Prämien einer Sachversiche-
                       rung beim Mietvertrag

Hundertmark
ZOV 1994, 241   Uraltschuld „Hauszinssteuer"

Isenmann
DWW 1994, 197   Ist durch Asbest im Wohnungsbau mit Gesundheitsbeeinträchti-
                       gungen zu rechnen?
NZM 1998, 749   Wohnflächenberechnung

Jendrek
NZM 2000, 1116   Mietvertraglicher Konkurrenzschutz

Jendrek/Ricker
NZM 2000, 229   Konkurrenzschutz im Mietrecht – Antragsfassung und Voll-
                       streckung

Knoche
NJW 1997, 2080   Umweltlasten und Mietrecht

Kollbach-Mathar
ZMR 2000, 1   Die Auswirkungen der Neuerungen der zweiten Zwangsvoll-
streckungsnovelle auf die Voraussetzungen und Durchführung
der Räumungsvollstreckung

Korff
DWW 1977, 149   Erhöhung und Neueinführung der Gebühren in mietrechtlicher
Hinsicht

Kraemer
NZM 2001, 553   Die Kündigung aus wichtigem Grund nach altem und neuem
Recht

Krull
ZMR 1998, 125   § 565 Abs. 5 BGB – Ein Redaktionsversehen? Zur konkursrecht-
lichen Kündigungsfrist bei der Gewerberaummiete

Kummer
WuM 1983, 227   Anmerkung zu § 541 a BGB

Lammel
NJW 1994, 3320   Die Rechtsprechung des BVerfG zur Eigenbedarfskündigung

Langefeld-Wirth
ZMR 1997, 165   Wechsel der Wärme-Versorgungsart im System des deutschen
Mietrechts

Langenberg
NZM 2000, 801   Erstattung der Nebenkostenvorauszahlungen bei unklarer
Formularvertragslage
NZM 2000, 1125   Abgrenzung der Schönheitsreparaturen von sonstigen
Reparaturen zur Wiederherstellung der ordnungsgemäßen Deko-
ration des Mietobjekts
NZM 2001,69   Mietsicherheit, Betriebskosten und Schönheitsreparaturen in der
Mietrechtsreform
NZM 2001, 783   Betriebskostenrecht der Wohnraummiete im BGB n.F.

Langhein
DNotZ 1993, 650   Das neue Vorkaufsrecht des Mieters bei Umwandlungen

Latinovic/Schreiber
NZM 2000, 410   Abschied vom Vermieterpfandrecht nach § 559 BGB?

Lebek
NZM 1998, 747   Eigentum an Mietereinbauten – Sicherung der Scheinbestands-
                    teileigenschaft

Lindner-Figura
NJW 1998, 731   Schriftform langfristiger Mietverträge
NZM 1999, 492   Besonderheiten bei der Vereinbarung einer Umsatzmiete

Lützenkirchen
MDR 1998, 134   Notwendiger Inhalt einer Betriebskostenabrechnung
NZM 1998, 558   Wiederherstellung des früheren Zustandes als Hauptpflicht
NZM 1998, 942   Renovierungspflicht bei der Wohnraummiete – Herstellung der
                    Tapezierfähigkeit
WuM 1990, 413   Die Kündigung aus wichtigem Grund im Sinne von § 569 a
                    Abs. 5 BGB

Maciejewski
MM 1985, 309   Kabelfernsehen und Mietrecht im Überblick
MM 1994, 94   Zwei Checklisten zur „Indexmiete" nach § 10 a MHG – Hinweise
                    für Mieterinnen und Mieter
MM 1994, 137   Das Vorkaufsrecht des Mieters nach § 570 b BGB
MM 1996, 141   Gesetz zur Kündigungserleichterung, Teilkündigung geht wieder
MM 1998, 31   Bruttokaltmiete und Berliner Mietspiegel 1998
MM 2001, 238   Mietrechtreform – Die Neuerungen im Überblick

Marschelleck
ZMR 1985, 1   Keine Mitwirkungspflicht aus § 541 a BGB
ZMR 1986, 346   Nochmals: Keine Mitwirkungspflicht des Mieters bei Instand-
                    haltungsarbeiten des Vermieters

Merssor
NZM 1998, 938   Die „richtige" Klausel zur Renovierungspflicht – Eine unlösbare
                    Aufgabe?
NZM 2000, 368   Schaubild: Übersicht mietrechtlicher Regelungen

Meyer
NJW 1996, 1726   Änderung des § 564b BGB durch das „Gesetz zur Übernahme
                    befristeter Kündigungsmöglichkeiten als Dauerrecht"

Michalski

WuM 1998, 1993   Das Schriftformerfordernis bei langfristigen Mietverträgen (§ 566 BGB)

NZM 1998, 372   Auswirkungen des Gesellschafterwechsels auf die Vermieterstellung der GbR

ZMR 1999, 1   Das Vormiet- und Vorpachtrecht

Miggel

GE 1997, 16   Baumaßnahmen vor Mietvertragsabschluß – Modernisierungszuschlag zulässig

Müller

GE 1986, 526   Die Duldung von Modernisierungsmaßnahmen unter besonderer Berücksichtigung der Möglichkeit des einstweiligen Verfahrens

NJW 1994, 101   Parabolantenne und Informationsfreiheit

Müther

DtZ 1995, 117   Schönheitsreparaturen in den neuen Bundesländern

Mutter

ZMR 1998, 204   Berechtigt beruflich veranlaßte Abwesenheit den Mieter zur Untervermietung?

Nettesheim

BB 1986, 547   Rückgängigmachung der Bestellung von Hotelzimmern oder Ferienwohnungen

BB 1989, 1136   Können Reisebüros die Bestellung von Hotelzimmern und Ferienwohnungen rückgängig machen?

Neuhaus

NZM 2000, 220   Malerarbeiten im Mietverhältnis – Anstriche als Streitpunkt

Nierwetberg

NJW 1991, 1804   Verzug des Mieters „über mehr als zwei Termine" nach § 554 Abs. 1 Nr. 2 BGB

Nies

NZM 2000, 1133   Mietminderung und Geltendmachung des Zurückbehaltungsrechts gem. § 320 BGB ohne Gefahr für das Mietverhältnis

Opree/Faester

NZM 2000, 79   Weiterhaftung des Vermieters beim Verkauf einer vermieteten Immobilie

Ortloff
GE 1987, 426   Recht und Technik – die Bedeutung der Regeln der Baukunst
                  nach der Berliner Bauordnung

Pakuscher
NZM 1998, 497   Indexmietverträge nach der Einführung des Euro

Peters
JZ 1989, 747   Anmerkung zu BGH in JZ 1989, 749

Pfeifer
DWW 1983, 293   Kabelfernsehen in Mietwohnungen
DWW 1984, 30   Unzuträglichkeiten bei der Heizkostenverordnung
GE 1998, 342   Risiko: Kündigung trotz fehlenden Eigenbedarfs
ZMR 1985, 181   Kabelfernsehen und Mietrecht – Wohnungsanschließung erhöht
                  den Gebrauchswert

Pfeilschifter
WuM 1986, 199   Die Heizverpflichtung außerhalb der Heizperiode
ZMR 1986, 300   Fragen zur Heizkostenabrechnung nach dem Verbrauch

Pinnau
GE 1986, 1142   Der Begriff der „nachhaltigen Einsparung von Heizenergie" im
                  Altbaumietpreisrecht

Rädler
NJW 1993, 689   Der Mieter im „Annahmeverzug" – zur Vorschrift des § 552 BGB

Rau
ZMR 1999, 764   Nebenkostenabrechnung und Belegvorlage

Reichert/Leiniger
ZMR 1985, 400   Beweislast in den Fällen, in denen im Rahmen des § 554 a BGB
                  der Vertragsverstoß in einer falschen Verdächtigung oder üblen
                  Nachrede liegt

Reih
ZMR 1998, 7   § 861 BGB: Einstweiliger zivilrechtlicher Rechtsschutz für Haus-
                  besetzer nach polizeilicher Räumung

Reismann
MM 1996, 399   Der Aufwendungsersatzanspruch des Mieters bei Modernisie-
                  rungsmaßnahmen des Vermieters (§ 541 b Abs. 3 BGB)
WuM 1998, 387   Die Mietwohnung in der Zwangsverwaltung – Rechte des Mieters

Ricker
NZM 2000, 216   Verjährungsprobleme bei Herstellungs- und Schadensersatzan-
                       sprüchen des Vermieters wegen Veränderungen oder
                       Verschlechterungen der Mietsache

Ritter
NZM 1999, 146   Mietrecht auf dem Weg ins nächste Jahrtausend
NZM 2000, 737   Mietrechtsreform und verfassungsrechtliche Grenzen beim Ein-
                       griff in laufende Mietverträge

Röchling
WuM 1984, 203   Der „allgemein übliche Zustand" i.S.d. § 541b Abs. 1 2. Halbs. BGB

Röder
NJW 1983, 2665   Der Abschluß von Zeitmietverträgen und die Duldungs-
                       verpflichtung des Mieters bei Wohnungsmodernisierung

Roth
NZM 2000, 521   Elektrosmog und Mietminderung im Wohnraummietrecht – Eine
                       Spielwiese für das Ausleben subjektiver Empfindlichkeiten?
NZM 2000, 743   Beendigung des genossenschaftlichen Nutzungsverhältnisses
                       wegen Aufgabe der Mitgliedschaft – ein Tabubruch?

Rottmann
NJW 1985, 2009   Mietrechtliche Probleme der Breitbandverkabelung

Ruthe
NZM 1999, 895   Darmstädter/Offenbacher Praxis: Die vorzeitige Beendigung von
                       auf bestimmte Zeit abgeschlossenen Mietverhältnissen durch den
                       Mieter

Sander-Hellwig/
Sander
GE 2000, 728   Kautionen im Miet- und Steuerrecht

Schach
GE 1988, 322   Zum Rechtsmittelstreitwert, insbesondere zur Berufungssumme
                       bei Mieterhöhungsprozessen
GE 1992, 1291   Das Tier, des Menschen liebstes Kind?!
GE 1994, 132   Anspruch des Mieters auf Besitzeinräumung
GE 1994, 487   Der Einsatz von Telefax im Rechtsverkehr
GE 1994, 1280   Zahlung unter Vorbehalt
GE 1995, 1166   Schönheitsreparaturen: Nichterfüllung – Verjährung
GE 1997, 83   Verjährung erst nach Entstehung des Anspruchs
GE 1997, 1270   Die Personenmehrheit als Vermieter

GE 2000, 1677   Wer ist Adressat der Betriebskostenabrechnung?
GE 2001, 256   Mietvertragsänderung und gesetzliche Schriftform
GE 2001, 471   Nebenkostenvorschüsse nach Abrechnungsreife

Schenkel
NZM 1998, 502   Die Einrede des nichterfüllten Vertrages bei Mängeln der Miet-
    sache in der Praxis

Schilling/Meyer
ZMR 1994, 497   Neues Mietrecht 1993 – Eine Zwischenbilanz

Schläger
ZMR 1985, 193   Mitwirkungspflicht des Mieters bei Instandsetzungs- oder
    Modernisierungsmaßnahmen des Vermieters?
ZMR 1986, 348   Schlußwort: Mitwirkungspflichten des Mieters bei Modernisie-
    rungs- oder Instandsetzungsarbeiten des Vermieters?
ZMR 1988, 407   Wohnraummietrecht und Umweltschutz
ZMR 1990, 161   Wohnraummietrecht und Umweltschutz – Eine Übersicht über
    aktuelle Probleme
ZMR 1991, 41   Die Abmahnung im Wohnraummietrecht
ZMR 1992, 85   Wohnraummietrecht und Umweltschutz
ZMR 1994, 189   Wohmraummietrecht und Umweltschutz
ZMR 1994, 297   Rechtsentscheide in Wohnraummietsachen seit Mitte 1993
ZMR 1996, 517   Wohnraummietrecht und Umweltschutz
ZMR 1998, 393   Rechtsentscheide in Wohnraummietsachen seit Mitte 1997
ZMR 1998, 669   Wohnraummietrecht und Umweltschutz

Schlemminger
NZM 1998, 703   Die kurze mietrechtliche Verjährung

Schlemminger/
Latinovic
NZM 1999, 163   Die Beweislast für Verschlechterungen der Mietsache durch
    Bodenverunreinigungen

Schmid
BLGBW 1980, 205   Zur Anwendbarkeit des § 564 b BGB auf Zweitwohnungen
BLGBW 1983, 61   Das Gesetz zur Erhöhung des Angebots an Mietwohnungen
DWW 1982, 227   Anpassung der Mietverträge an die Heizkostenverordnung
DWW 1997, 209   Zum Kautionsübergang bei Grundstücksveräußerung
GE 1984, 890   Die Anmietung von Ausstattungen zur Verbrauchserfassung
GE 2000, 160   Mietnebenkosten und Wirtschaftlichkeit
GE 2001, 753   Rechtsfähigkeit der Gesellschaft bürgerlichen Rechts

GE 2001, 1025   Nach der Mietrechtsreform – Nebenkostenumlage bei der Gewerberaummiete

NZM 2000, 1041   Nochmals: Erstattung der Nebenkostenvorauszahlungen bei unklarer Formularvertragslage

ZMR 1997, 209   Vereinbarungen zur Betriebskostenabrechnung

ZMR 1998, 257   Die Voraufteilung von Betriebskosten

ZMR 1998, 609   Nebenkosten für leerstehende Räume

ZMR 1998, 733   Wärme- und Warmwasserlieferung

Schmidt

DWW 1994, 65   Das neue Vorkaufsrecht bei der Umwandlung in Eigentumswohnungen

DWW 1994, 72   Lärmerregung durch Hundegebell

JuS 1997, 701   Parabolantenne ja – Wohnung nein?

Schmidt-Jortzig

NZM 1998, 2   Die Reform zur Neugliederung und Vereinfachung des Mietrechts

Scholl

WuM 1997, 307   Selbständiges Beweisverfahren zur Feststellung der ortsüblichen Vergleichsmiete?

WuM 1998, 327   Zum Umfang der Entschädigung des Zeitwerts nach § 247a BGB

Schönleber

NZM 1998, 948   Sonderkündigungsrecht bei Verweigerung der Erlaubnis zur Untervermietung

Schopp

ZMR 1969, 161   Die Haftung aus § 557 a BGB

ZMR 1983, 109   Art. 1 des Gesetzes zur Erhöhung des Angebots an Mietwohnungen

Schriever

ZMR 1988, 85   Berücksichtigung von Aufwendungsersatz gemäß § 541b Abs. 3 BGB bei den umlagefähigen Gesamtkosten einer Modernisierung

Schultz

GE 1997, 1195   Mietverträge: BGH fordert Schriftformerfordernis

NZM 1999, 651   Kündigungsfrist bei Sonderkündigungsrechten

NZM 2000, 1135   Wertsicherung im Gewerberaummietrecht

Schulz

DWW 1989, 390   Kammergericht Berlin versus Bundesverfassungsgericht?

Schuschke
NZM 1998, 58   Räumungsvollstreckung gegen Mitbewohner der Wohnung des
Titelschuldners

Schwerdtfeger
GE 1997, 1083   Abschluß von Miet-, Pacht- und Nutzungsverträgen durch
Nichtverfügungsberechtigte: Gesetzlicher Übergang gem. § 17
Vermögensgesetz

von Seldeneck
NZM 2001, 64   Betriebskostenregelungen der Mietrechtsreform

Simon
NZM 2001, 2   Das neue Mietrechtsreformgesetz als Beispiel kodifikatorischer
Gesetzgebung

Sonnenschein
NJW 1980, 2055   Das Wohnungsbauänderungsgesetz 1980
NJW 1986, 2731   Die Entwicklung des privaten Wohnraummietrechts
ZMR 1992, 417   Kündigung und Rechtsnachfolge

Steinig
GE 1996, 1206   Eigenbedarfskündigung: Für welche Personen kann sie ausge-
sprochen werden?
GE 1997, 396   Das Sonderkündigungsrecht im Zweifamilienhaus, § 564b Abs. 4
BGB
GE 1997, 523   Die Tierhaltung im Wohnraum-Mietrecht
GE 1998, 473   Vorzeitige Beendigung eines Zeitmietvertrages
GE 2001, 741   Was wird anders ... bei der Mieterhöhung?
GE 2001, 906   Was wird anders ... bei der Mietkaution?
GE 2001, 1111   Was wird anders ... bei den Betriebskosten?

Stellwaag
DWW 1990, 145   Die Rückzahlung der Mietkaution
ZMR 1991, 289   Vorläufiger Rechtsschutz gegen einen gewalttätigen Woh-
nungs(mit)inhaber
NZM 2000, 748   Abgerissen, abgebrannt – Rechtsfolgen bei Zerstörung und Un-
tergang der Mietsache und Wiederaufbauklauseln im Mietvertrag

Sternel
GE 2001, 381   Anmerkungen zur Mietrechtsreform
MDR 1983, 265   Neues Wohnraummietrecht I – Zum Gesetz zur Erhöhung des
Angebots an Mietwohnungen
ZMR 1983, 109   Art. 1 des Gesetzes zur Erhöhung des Angebots an Miet-
wohnungen

Theuffel
JuS 1997, 886   Herausgabe des Untermietzinses bei unberechtigter Unterver-
                       mietung

Treier
GE 1996, 1021   Aktuelle Rechtsprechung des Bundesgerichtshofes zum Gewerbe-
                       und Wohnraummietrecht
GE 1997, 1138   Aktuelle Rechtsprechung des Bundesgerichtshofs zum Mietrecht
GE 2000, 1529   Aktuelle Rechtsprechung des Bundesgerichtshofes zum Gewerbe-
                       und Wohnraummietrecht

Voelskow
ZMR 1992, 326   Mietspiegel – Aktuelle Bemerkungen zur Aufstellung und zur
                       Verwertung im Prozeß Weber
ZMR 1992, 41   Kündigung wegen Mietrückstands nach § 554 BGB und Proble-
                       me mit der nachträglichen Zahlung innerhalb der Schonfrist oder
                       Interdependenzen zwischen Mietrecht und allgemeinem Schuld-
                       recht

Wall
WuM 1998, 63   Mietrechtliche Probleme beim Einbau und Betrieb von Wärme-
                       und Wasserzählern

Weber
ZMR 1992, 41   Kündigung wegen Mietrückstands nach § 554 BGB und Proble-
                       me mit der nachträglichen Zahlung innerhalb der Schonfrist oder
                       Interpedenzen zwischen Mietrecht und allgemeinem Schuldrecht

Westphal
WuM 1998, 329   Kosten eines Hausmeisterunternehmens als Betriebskosten
ZMR 1998, 262   Die Umlage von Umsatzsteuer im Rahmen von Betriebskosten-
                       abrechnungen

Wetekamp
DWW 1990, 102   Neue Bedeutung für die Sozialklausel der §§ 556 a–c BGB?
GE 1997, 1488   Schönheitsreparaturen – vertragsmäßiger und vertragswidriger
                       Gebrauch
NZM 2000, 1142   Mietgebrauch in der Informationsgesellschaft

Weyhe
NZM 2000, 1147   Altes und Neues zum Räumungsschutz nach § 765a ZPO

Vorwort zur 3. Auflage

Nachdem die zweite Auflage des Kommentars beruhigt in Druck gehen konnte, weil eine Neufassung des Mietrechts nicht in Sicht war, ist nun aufgrund der bekannten politischen Veränderungen in unserem Land alles anders geworden: Wir werden alle – betroffene Mieter und Vermieter, Rechtsanwender, Autoren, Verlage etc. – von einer wahren Gesetzesflut weitreichender Art überschüttet. Das alles geschieht natürlich nach Ansicht des Gesetzgebers zum Wohle des Bürgers, der jedoch erst einmal völlig verwirrt sein dürfte, findet er sich doch jetzt jedenfalls nicht mehr in der Paragraphenwelt zurecht. Das wird auch manchem Rechtsanwender so gehen, muss er sich doch bei der normalen täglichen Arbeit noch in ganze Rechtssysteme neu hineinfinden, kann das im Studium mühsam erlernte teilweise über Bord werfen. Alles wird jedoch jedenfalls den Denkapparat anregen und Alterungsprozessen entgegenwirken.

Das gesamte Mietrecht ist schon von der Paragraphennummerierung her völlig neu, begrüßenswert ist es jedenfalls, dass die Vorschriften des Miethöhegesetzes in das BGB eingearbeitet worden sind. Schon das bedingt einen größeren Umfang des Kommentars. Beim näheren Hinsehen wird der Leser feststellen, dass sich inhaltlich das Mietrecht gar nicht so gewaltig geändert hat. Allerdings hat der Gesetzgeber an vielen Stellen der Mietrechtsreform Fragen offen gelassen, die jetzt erstmalig kommentiert werden. Dabei ist festzuhalten, dass Rechtsprechung dazu naturgemäß noch nicht existiert, erst im Laufe der Zeit gesammelt werden muss.

Teile der Mietrechtsreform werden schon am 1. Januar 2002 wieder überholt werden, denn dann treten Schuldrechtsreform, ZPO-Reform und weitere Gesetze in Kraft. In diesem Kommentar sind die erst noch kommenden Gesetzesänderungen vor allem im Schuldrecht des BGB schon berücksichtigt, wobei allerdings eine gewisse Unsicherheit in Einzelheiten besteht, da das Gesetzgebungsverfahren mit dem Erscheinen dieses Kommentars noch gar nicht abgeschlossen ist. In den Grundzügen dürfte sich allerdings nichts mehr ändern, es sei denn, die politische Landschaft ändert sich plötzlich völlig.

Wir hoffen, dass dieses Buch ein wenig zur Klarheit bei dem Rechtsanwender und den betroffenen Vertragsparteien beiträgt.

Berlin, im August 2001 Die Autoren

Vorwort zur 1. Auflage

Vom Mietrecht – und hier vor allem von der Wohnraummiete – ist der größte Teil der Bevölkerung unmittelbar betroffen. So unterstreicht das Bundesverfassungsgericht, das sich zunehmend mit diesem politisch und sozial ausgesprochen sensiblen Gebiet unter verfassungsrechtlichen Gesichtspunkten zu beschäftigen hat, auch immer wieder, daß die (Miet-)Wohnung für den Mieter der Mittelpunkt seiner privaten Existenz ist, der einzelne auf ihren Gebrauch zur Befriedigung elementarer Lebensbedürfnisse sowie zur freien Sicherung und Entfaltung seiner Persönlichkeit angewiesen ist (vgl. BVerfG 1 BvR 208/93 = GE 1993, 796 mit dem in der Allgemeinheit so missverstandenen Leitsatz, daß das Besitzrecht des Mieters an der gemieteten Wohnung Eigentum im Sinne von Art. 14 Abs. 1 Satz 1 GG sei).

Zum Mietrecht existiert schon eine sehr umfangreiche Literatur: Kommentare, Lehrbücher, Einzelschriften zu abgeschlossenen Themenbereichen. Warum nun noch ein weiteres Erläuterungsbuch? Gerade wegen des kaum noch zu überblickenden Schrifttums auf dem Gebiet des Mietrechts soll nun wieder einmal eine systematische Kommentierung der entsprechenden Vorschriften versucht werden. Diese existiert zwar in den Großkommentaren, die jedoch im wesentlichen nur in größeren Büchereien vorhanden sind. Kleinere Kommentare beziehen sich auf das gesamte BGB und sind manchmal zu Spezialfragen nicht ausreichend. So wendet sich das vorliegende Buch im wesentlichen an die mietrechtliche Praxis. Hier soll Antwort auf die alltäglichen mietrechtlichen Fragen unter den entsprechenden Paragraphen gefunden werden. Hier soll man auch die einschlägige Rechtsprechung der oberen Gerichte in den Rechtsentscheiden, teilweise aber auch Entscheidungen von Berufungskammern, finden, die bei der Wohnraummiete im wesentlichen die mietrechtliche Rechtsprechung bestimmen, weil sie im Grundsatz letzte Instanz sind. Es soll aber auf sogenannte Zitatennester verzichtet werden. Demjenigen, der weitere Einzelheiten erarbeiten will oder muß, bleibt nichts anderes übrig, als die einschlägigen umfangreicheren Werke und Einzelschriften zu durchforschen. Als Praktiker wollen wir auch darauf achten, jeweils die herrschenden Ansichten niederzulegen, mögliche abweichende eigene Ansichten in diesem Zusammenhang zu vernachlässigen, damit der Leser auf der „sicheren Seite" ist. Dies ist jedoch gerade im Mietrecht relativ, da für viele Fragen sehr unterschiedliche Ansichten herrschen und kaum vorausgesagt werden kann, wie das zuständige Gericht die entsprechende Frage entscheiden wird. In diesem Zusammenhang mag auch – Vermieter oder Mieter – davor gewarnt werden, nur mit einem entsprechenden Erläuterungsbuch in der Hand in der eigenen Praxis zu agieren, anhand einer gefundenen Gerichtsentscheidung zu meinen, so sei das anstehende Problem grundsätzlich zu lösen. Wir wollen uns zwar bemühen, nicht nur für den Juristen verständlich zu erläutern. Die mietrechtlichen Zusammenhänge sind aber so komplex, dass es in den meisten Fällen ratsam ist, vor einer Aktion oder Reaktion Rechtsrat einzuholen, der gerade auf dem Gebiet des Mietrechts nicht nur von Rechtsanwälten, sondern auch von anderen Organisationen geboten wird. Gerade als Spruchrichter stehen wir oft vor der Situation, daß schon im Vorfeld das „Kind in den Brunnen gefallen ist" (vgl. nur die unberechtigte Mietminderung auf null über einen längeren Zeitraum, die zur Kündigung wegen Zahlungsverzugs nach § 554 Abs. 1 Nr. 2 BGB führt. Wenn dann noch in falscher Einschätzung der Situation nicht innerhalb der Schonfrist gezahlt wird, ist die Suche nach einer neuen Wohnung angesagt).

Wir hoffen, daß dieser Kommentar zur besseren Einschätzung mietrechtlicher Probleme beiträgt.

Die Autoren

Benutzerhinweise

Die Mietrechtsreform ist am 1.9.2001 in Kraft getreten, weitere einschneidende Vorschriften zum allgemeinen und besonderen Schuldrecht des BGB, zur Zivilprozessordnung und zum Wohnungsbaurecht werden aller Voraussicht nach am 1.1.2002 in Kraft treten. Die bisherige Rechtsprechung bezieht sich naturgemäß auf die bisherigen Paragraphen des BGB bzw. die Gesetze außerhalb des BGB, z.B. das Miethöhegesetz. Für die bisherigen Kommentare gilt dasselbe. Soweit sich die Entscheidungen beziehungsweise Kommentarstellen inhaltlich auf Rechtsfragen beziehen, die durch die Mietrechtsreform nicht geändert worden sind, haben diese weiterhin Gültigkeit und sind in diesem Kommentar entsprechend verwandt worden. Das gilt auch für die bisherigen Rechtsentscheide, die aller Voraussicht nach nach dem 1.1.2002 nicht mehr eingeholt werden. An dessen Stelle gibt es die „normale" Berufung zum Oberlandesgericht und die Revision zum Bundesgerichtshof, allerdings teilweise mit der Hürde der Zulassungsnotwendigkeit. Eine Übergangsregelung zur Bindungswirkung der bisherigen Rechtsentscheide ist nicht ersichtlich. Jedenfalls haben die Rechtsentscheide auch weiterhin ihre grundlegende Bedeutung und werden für die Instanzgerichte zumindest als maßgeblich angesehen werden. Sofern bisherige Rechtsprechung und Kommentarliteratur wegen der Mietrechtsreform überholt sind, ist das entsprechend vermerkt bzw. gar nicht mehr festgehalten worden. Zu den vom Gesetzgeber ausdrücklich oder versehentlich offen gelassenen durch die Mietrechtsreform neu entstandenen Fragen kann der Leser nur auf bisherige Literaturstimmen bzw. auf die Meinung der hiesigen Kommentatoren zurückgreifen, die möglicherweise zu einzelnen Problemen auch unterschiedlich sein können. Die ab 1.1.2002 in Kraft tretenden Gesetze sind in der Kommentierung schon berücksichtigt. Der Leser muss bis dahin nachprüfen, ob die Gesetzesänderungen tatsächlich so durchgeführt worden sind.

Synopse
Gegenüberstellung der neuen und alten Regelungen

ab 1.9.2001 geltendes Recht

bisheriges Recht

ab 1.9.2001 geltendes Recht	bisheriges Recht
Dritter Titel **Mietvertrag. Pachtvertrag** **I. Allgemeine Vorschriften für Mietverhältnisse**	**Dritter Titel** **Miete. Pacht** **I. Miete**
§ 535 Inhalt und Hauptpflichten des Miet- vertrags	**§ 535 Wesen des Mietvertrags**
(1) Durch den Mietvertrag wird der Vermieter verpflichtet, dem Mieter den Gebrauch der Mietsache während der Mietzeit zu gewähren.	Durch den Mietvertrag wird der Vermieter verpflichtet, dem Mieter den Gebrauch der vermieteten Sache während der Mietzeit zu gewähren. ... *Satz 2 siehe § 535 Abs. 2 neu*
	§ 536 Pflichten des Vermieters
Der Vermieter hat die Mietsache dem Mieter in einem zum vertragsgemäßen Gebrauch geeigneten Zustand zu überlassen und sie während der Mietzeit in diesem Zustand zu erhalten.	Der Vermieter hat die vermietete Sache dem Mieter in einem zu dem vertragsmäßigen Gebrauche geeigneten Zustande zu überlassen und sie während der Mietzeit in diesem Zustande zu erhalten.
	§ 546 Lasten der Mietsache
Er hat die auf der Mietsache ruhenden Lasten zu tragen.	Die auf der vermieteten Sache ruhenden Lasten hat der Vermieter zu tragen.
	§ 535 Wesen des Mietvertrags
(2) Der Mieter ist verpflichtet, dem Vermieter die vereinbarte Miete zu entrichten.	... *Satz 1 siehe § 535 Abs. 1 neu* Der Mieter ist verpflichtet, dem Vermieter den vereinbarten Mietzins zu entrichten.
§ 536 Mietminderung bei Sach- und Rechts- mängeln	**§ 537 Haftung für Sachmängel**
(1) Hat die Mietsache zur Zeit der Überlassung an den Mieter einen Fehler, der ihre Tauglichkeit zum vertragsgemäßen Gebrauch aufhebt, oder entsteht während der Mietzeit ein solcher Fehler, so ist der Mieter für die Zeit, in der die Tauglichkeit aufgehoben ist, von der Entrichtung der Miete befreit. Für die Zeit, während der die Tauglichkeit gemindert ist, hat er nur eine ange-	(1) Ist die vermietete Sache zur Zeit der Überlassung an den Mieter mit einem Fehler behaftet, der ihre Tauglichkeit zu dem vertragsmäßigen Gebrauch aufhebt oder mindert, oder entsteht im Laufe der Miete ein solcher Fehler, so ist der Mieter für die Zeit, während deren die Tauglichkeit aufgehoben ist, von der Entrichtung des Mietzinses be-

messen herabgesetzte Miete zu entrichten. Eine unerhebliche Minderung der Tauglichkeit bleibt außer Betracht.

freit, für die Zeit, während deren die Tauglichkeit gemindert ist, nur zur Entrichtung eines nach den §§ 472, 473 zu bemessenden Teiles des Mietzinses verpflichtet. Eine unerhebliche Minderung der Tauglichkeit kommt nicht in Betracht.

(2) Absatz 1 Satz 1 und 2 gilt auch, wenn eine zugesicherte Eigenschaft fehlt oder später wegfällt.

(2) Absatz 1 Satz 1 gilt auch, wenn eine zugesicherte Eigenschaft fehlt oder später wegfällt. Bei der Vermietung eines Grundstücks steht die Zusicherung einer bestimmten Größe der Zusicherung einer Eigenschaft gleich.

§ 541   Haftung für Rechtsmängel

(3) Wird dem Mieter der vertragsgemäße Gebrauch der Mietsache durch das Recht eines Dritten ganz oder zum Teil entzogen, so gelten Absatz 1 und Absatz 2 entsprechend.

Wird durch das Recht eines Dritten dem Mieter der vertragsmäßige Gebrauch der gemieteten Sache ganz oder zum Teil entzogen, so finden die Vorschriften der §§ 537, 538, des § 539 Satz 1 und des § 540 entsprechende Anwendung.

§ 537   Haftung für Sachmängel

(1) und (2) ... *siehe § 536 neu*

(4) Bei einem Mietverhältnis über Wohnraum ist eine zum Nachteil des Mieters abweichende Vereinbarung unwirksam.

(3) Bei einem Mietverhältnis über Wohnraum ist eine zum Nachteil des Mieters abweichende Vereinbarung unwirksam.

§ 536a   Schadens- und Aufwendungsersatzanspruch des Mieters wegen eines Mangels

§ 538   Schadensersatzpflicht des Vermieters

(1) Ist ein Mangel im Sinne des § 536 bei Vertragsschluss vorhanden oder entsteht ein solcher Mangel später wegen eines Umstandes, den der Vermieter zu vertreten hat, oder kommt der Vermieter mit der Beseitigung eines Mangels in Verzug, so kann der Mieter unbeschadet der Rechte aus § 536 Schadensersatz wegen Nichterfüllung verlangen.

(1) Ist ein Mangel der im § 537 bezeichneten Art bei dem Abschluss des Vertrages vorhanden oder entsteht ein solcher Mangel später infolge eines Umstandes, den der Vermieter zu vertreten hat, oder kommt der Vermieter mit der Beseitigung eines Mangels in Verzug, so kann der Mieter unbeschadet der im § 537 bestimmten Rechte Schadensersatz wegen Nichterfüllung verlangen.

(2) Der Mieter kann den Mangel selbst beseitigen und Ersatz der erforderlichen Aufwendungen verlangen, wenn
1. der Vermieter mit der Beseitigung des Mangels in Verzug ist oder
2. die umgehende Beseitigung des Mangels zur Erhaltung oder Wiederherstellung des Bestands der Mietsache notwendig ist.

(2) Im Falle des Verzugs des Vermieters kann der Mieter den Mangel selbst beseitigen und Ersatz der erforderlichen Aufwendungen verlangen.

§ 536b Kenntnis des Mieters vom Mangel bei Vertragsschluss oder Annahme

Kennt der Mieter bei Vertragsschluss den Mangel der Mietsache, so stehen ihm die Rechte aus den §§ 536 und 536a nicht zu. Ist ihm der Mangel infolge grober Fahrlässigkeit unbekannt geblieben, so stehen ihm diese Rechte nur zu, wenn der Vermieter den Mangel arglistig verschwiegen hat. Nimmt der Mieter eine mangelhafte Sache an, obwohl er den Mangel kennt, so kann er die Rechte aus den §§ 536 und 536a nur geltend machen, wenn er sich seine Rechte bei der Annahme vorbehält.

§ 536c Während der Mietzeit auftretende Mängel; Mängelanzeige durch den Mieter

(1) Zeigt sich im Laufe der Mietzeit ein Mangel der Mietsache oder wird eine Maßnahme zum Schutz der Mietsache gegen eine nicht vorhergesehene Gefahr erforderlich, so hat der Mieter dies dem Vermieter unverzüglich anzuzeigen. Das Gleiche gilt, wenn ein Dritter sich ein Recht an der Sache anmaßt.

(2) Unterlässt der Mieter die Anzeige, so ist er dem Vermieter zum Ersatz des daraus entstehenden Schadens verpflichtet. Soweit der Vermieter infolge der Unterlassung der Anzeige nicht Abhilfe schaffen konnte, ist der Mieter nicht berechtigt,
1. die in § 536 bestimmten Rechte geltend zu machen,
2. nach § 536a Abs. 1 Schadensersatz wegen Nichterfüllung zu verlangen oder
3. ohne Bestimmung einer angemessenen Frist zur Abhilfe nach § 543 Abs. 3 Satz 1 zu kündigen.

§ 536d Vertraglicher Ausschluss von Rechten des Mieters wegen eines Mangels

Auf eine Vereinbarung, durch die die Rechte des Mieters wegen eines Mangels der Mietsache ausgeschlossen oder beschränkt werden, kann sich der Vermieter nicht berufen, wenn er den Mangel arglistig verschwiegen hat.

§ 539 Kenntnis des Mieters vom Mangel

Kennt der Mieter bei dem Abschlusse des Vertrags den Mangel der gemieteten Sache, so stehen ihm die in den §§ 537, 538 bestimmten Rechte nicht zu. Ist dem Mieter ein Mangel der im § 537 Abs. 1 bezeichneten Art infolge grober Fahrlässigkeit unbekannt geblieben oder nimmt er eine mangelhafte Sache an, obschon er den Mangel kennt, so kann er diese Rechte nur unter den Voraussetzungen geltend machen, unter welchen dem Käufer einer mangelhaften Sache nach den §§ 460, 464 Gewähr zu leisten ist.

§ 545 Obhutpflicht und Mängelanzeige

(1) Zeigt sich im Laufe der Miete ein Mangel der gemieteten Sache oder wird eine Vorkehrung zum Schutze der Sache gegen eine nicht vorhergesehene Gefahr erforderlich, so hat der Mieter dem Vermieter unverzüglich Anzeige zu machen. Das Gleiche gilt, wenn sich ein Dritter ein Recht an der Sache anmaßt.

(2) Unterlässt der Mieter die Anzeige, so ist er zum Ersatze des daraus entstehenden Schadens verpflichtet; er ist, soweit der Vermieter infolge der Unterlassung der Anzeige Abhilfe zu schaffen außerstande war, nicht berechtigt, die im § 537 bestimmten Rechte geltend zu machen oder nach § 542 Abs. 1 Satz 3 ohne Bestimmung einer Frist zu kündigen oder Schadensersatz wegen Nichterfüllung zu verlangen.

§ 540 Vertraglicher Ausschluss der Gewährleistung

Eine Vereinbarung, durch welche die Verpflichtung des Vermieters zur Vertretung von Mängeln der vermieteten Sache erlassen oder beschränkt wird, ist nichtig, wenn der Vermieter den Mangel arglistig verschweigt.

§ 537 Entrichtung der Miete bei persönlicher Verhinderung des Mieters

(1) Der Mieter wird von der Entrichtung der Miete nicht dadurch befreit, dass er durch einen in seiner Person liegenden Grund an der Ausübung seines Gebrauchsrechts gehindert wird. Der Vermieter muss sich jedoch den Wert der ersparten Aufwendungen sowie derjenigen Vorteile anrechnen lassen, die er aus einer anderweitigen Verwertung des Gebrauchs erlangt.

(2) Solange der Vermieter infolge der Überlassung des Gebrauchs an einen Dritten außerstande ist, dem Mieter den Gebrauch zu gewähren, ist der Mieter zur Entrichtung der Miete nicht verpflichtet.

§ 538 Abnutzung der Mietsache durch vertragsgemäßen Gebrauch

Veränderungen oder Verschlechterungen der Mietsache, die durch den vertragsgemäßen Gebrauch herbeigeführt werden, hat der Mieter nicht zu vertreten.

§ 539 Ersatz sonstiger Aufwendungen und Wegnahmerecht des Mieters

(1) Der Mieter kann vom Vermieter Aufwendungen auf die Mietsache, die der Vermieter ihm nicht nach § 536a Abs. 2 zu ersetzen hat, nach den Vorschriften über die Geschäftsführung ohne Auftrag ersetzt verlangen.

(2) Der Mieter ist berechtigt, eine Einrichtung wegzunehmen, mit der er die Mietsache versehen hat.

§ 552 Persönliche Verhinderung

Der Mieter wird von der Entrichtung des Mietzinses nicht dadurch befreit, dass er durch einen in seiner Person liegenden Grund an der Ausübung des ihm zustehenden Gebrauchsrechts verhindert wird. Der Vermieter muss sich jedoch den Wert der ersparten Aufwendungen sowie derjenigen Vorteile anrechnen lassen, welche er aus einer anderweitigen Verwertung des Gebrauchs erlangt.

Solange der Vermieter infolge der Überlassung des Gebrauchs an einen Dritten außerstande ist, dem Mieter den Gebrauch zu gewähren, ist der Mieter zur Entrichtung des Mietzinses nicht verpflichtet.

§ 548 Abnutzung durch vertragsmäßigen Gebrauch

Veränderungen oder Verschlechterungen der gemieteten Sache, die durch den vertragsmäßigen Gebrauch herbeigeführt werden, hat der Mieter nicht zu vertreten.

§ 547 Ersatz von Verwendungen

(1) Der Vermieter ist verpflichtet, dem Mieter die auf die Sache gemachten notwendigen Verwendungen zu ersetzen. Der Mieter eines Tieres hat jedoch die Fütterungskosten zu tragen.

(2) Die Verpflichtung des Vermieters zum Ersatze sonstiger Verwendungen bestimmt sich nach den Vorschriften über die Geschäftsführung ohne Auftrag.

§ 547a Wegnahmerecht des Mieters

(1) Der Mieter ist berechtigt, eine Einrichtung, mit der er die Sache versehen hat, wegzunehmen.

(2) ... *siehe § 552 neu*

(3) ... *siehe § 552 neu*

§ 540 Gebrauchsüberlassung an Dritte

(1) Der Mieter ist ohne die Erlaubnis des Vermieters nicht berechtigt, den Gebrauch der Mietsache einem Dritten zu überlassen, insbesondere sie weiter zu vermieten. Verweigert der Vermieter die Erlaubnis, so kann der Mieter das Mietverhältnis außerordentlich mit der gesetzlichen Frist kündigen, sofern nicht in der Person des Dritten ein wichtiger Grund vorliegt.

(2) Überlässt der Mieter den Gebrauch einem Dritten, so hat er ein dem Dritten bei dem Gebrauch zur Last fallendes Verschulden zu vertreten, auch wenn der Vermieter die Erlaubnis zur Überlassung erteilt hat.

§ 541 Unterlassungsklage bei vertragswidrigem Gebrauch

Setzt der Mieter einen vertragswidrigen Gebrauch der Mietsache trotz einer Abmahnung des Vermieters fort, so kann dieser auf Unterlassung klagen.

§ 542 Ende des Mietverhältnisses

(1) Ist die Mietzeit nicht bestimmt, so kann jede Vertragspartei das Mietverhältnis nach den gesetzlichen Vorschriften kündigen.

(2) Ein Mietverhältnis, das auf bestimmte Zeit eingegangen ist, endet mit dem Ablauf dieser Zeit, sofern es nicht
1. in den gesetzlich zugelassenen Fällen außerordentlich gekündigt oder
2. verlängert wird.

§ 543 Außerordentliche fristlose Kündigung aus wichtigem Grund

(1) Jede Vertragspartei kann das Mietverhältnis aus wichtigem Grund außerordentlich fristlos kündigen. Ein wichtiger Grund liegt vor, wenn dem Kündigenden unter Berücksichtigung aller Umstände des Einzelfalls, insbesondere eines

§ 549 Gebrauchsüberlassung an Dritte; Untermiete

(1) Der Mieter ist ohne die Erlaubnis des Vermieters nicht berechtigt, den Gebrauch der gemieteten Sache einem Dritten zu überlassen, insbesondere die Sache weiter zu vermieten. Verweigert der Vermieter die Erlaubnis, so kann der Mieter das Mietverhältnis unter Einhaltung der gesetzlichen Frist kündigen, sofern nicht in der Person des Dritten ein wichtiger Grund vorliegt.

(2) ... *siehe § 553 neu*

(3) Überlässt der Mieter den Gebrauch einem Dritten, so hat er ein dem Dritten bei dem Gebrauche zur Last fallendes Verschulden zu vertreten, auch wenn der Vermieter die Erlaubnis zur Überlassung erteilt hat.

§ 550 Vertragswidriger Gebrauch

Macht der Mieter von der gemieteten Sache einen vertragswidrigen Gebrauch und setzt er den Gebrauch ungeachtet einer Abmahnung des Vermieters fort, so kann der Vermieter auf Unterlassung klagen.

§ 564 Ende des Mietverhältnisses

(1) Das Mietverhältnis endigt mit dem Ablaufe der Zeit, für die es eingegangen ist.

(2) Ist die Mietzeit nicht bestimmt, so kann jeder Teil das Mietverhältnis nach den Vorschriften des § 565 kündigen.

§ 542 Fristlose Kündigung wegen Nichtgewährung des Gebrauchs

45

Verschuldens der Vertragsparteien, und unter Abwägung der beiderseitigen Interessen die Fortsetzung des Mietverhältnisses bis zum Ablauf der Kündigungsfrist oder bis zur sonstigen Beendigung des Mietverhältnisses nicht zugemutet werden kann.

(2) Ein wichtiger Grund liegt insbesondere vor, wenn
1. dem Mieter der vertragsgemäße Gebrauch der Mietsache ganz oder zum Teil nicht rechtzeitig gewährt oder wieder entzogen wird,

(1) Wird dem Mieter der vertragsmäßige Gebrauch der gemieteten Sache ganz oder zum Teil nicht rechtzeitig gewährt oder wieder entzogen, so kann der Mieter ohne Einhaltung einer Kündigungsfrist das Mietverhältnis kündigen. Die Kündigung ist erst zulässig, wenn der Vermieter eine ihm von dem Mieter bestimmte angemessene Frist hat verstreichen lassen, ohne Abhilfe zu schaffen. Der Bestimmung einer Frist bedarf es nicht, wenn die Erfüllung des Vertrags infolge des die Kündigung rechtfertigenden Umstandes für den Mieter kein Interesse hat.

(2) Wegen einer unerheblichen Hinderung oder Vorenthaltung des Gebrauchs ist die Kündigung nur zulässig, wenn sie durch ein besonderes Interesse des Mieters gerechtfertigt wird.

(3) Bestreitet der Vermieter die Zulässigkeit der erfolgten Kündigung, weil er den Gebrauch der Sache rechtzeitig gewährt oder vor dem Ablaufe der Frist die Abhilfe bewirkt habe, so trifft ihn die Beweislast.

§ 553 Fristlose Kündigung bei vertragswidrigem Gebrauch

2. der Mieter die Rechte des Vermieters dadurch in erheblichem Maße verletzt, dass er die Mietsache durch Vernachlässigung der ihm obliegenden Sorgfalt erheblich gefährdet oder sie unbefugt einem Dritten überlässt oder

Der Vermieter kann ohne Einhaltung einer Kündigungsfrist das Mietverhältnis kündigen, wenn der Mieter oder derjenige, welchem der Mieter den Gebrauch der gemieteten Sache überlassen hat, ungeachtet der Abmahnung des Vermieters einen vertragswidrigen Gebrauch der Sache fortsetzt, der die Rechte des Vermieters in erheblichem Maße verletzt, insbesondere einem Dritten den ihm unbefugt überlassenen Gebrauch belässt, oder die Sache durch Vernachlässigung der dem Mieter obliegenden Sorgfalt erheblich gefährdet.

§ 554 **Fristlose Kündigung bei Zahlungsverzug**

3. der Mieter

(1) Der Vermieter kann das Mietverhältnis ohne Einhaltung einer Kündigungsfrist kündigen, wenn der Mieter

a) für zwei aufeinander folgende Termine mit der Entrichtung der Miete oder eines nicht unerheblichen Teils der Miete in Verzug ist oder

1. für zwei aufeinander folgende Termine mit der Entrichtung des Mietzinses oder eines nicht unerheblichen Teils des Mietzinses im Verzug ist oder

b) in einem Zeitraum, der sich über mehr als zwei Termine erstreckt, mit der Entrichtung der Miete in Höhe eines Betrages in Verzug ist, der die Miete für zwei Monate erreicht.

2. in einem Zeitraum, der sich über mehr als zwei Termine erstreckt, mit der Entrichtung des Mietzinses in Höhe eines Betrages in Verzug gekommen ist, der den Mietzins für zwei Monate erreicht.

Im Falle des Satzes 1 Nr. 3 ist die Kündigung ausgeschlossen, wenn der Vermieter vorher befriedigt wird. Sie wird unwirksam, wenn sich der Mieter von seiner Schuld durch Aufrechnung befreien konnte und unverzüglich nach der Kündigung die Aufrechnung erklärt.

Die Kündigung ist ausgeschlossen, wenn der Vermieter vorher befriedigt wird. Sie wird unwirksam, wenn sich der Mieter von seiner Schuld durch Aufrechnung befreien konnte und unverzüglich nach der Kündigung die Aufrechnung erklärt.

(3) Besteht der wichtige Grund in der Verletzung einer Pflicht aus dem Mietvertrag, so ist die Kündigung erst nach erfolglosem Ablauf einer zur Abhilfe bestimmten angemessenen Frist oder nach erfolgloser Abmahnung zulässig. Dies gilt nicht, wenn

(2) ... *siehe § 569 Abs. 3 neu*

1. eine Frist oder Abmahnung offensichtlich keinen Erfolg verspricht,
2. die sofortige Kündigung aus besonderen Gründen unter Abwägung der beiderseitigen Interessen gerechtfertigt ist oder
3. der Mieter mit der Entrichtung der Miete im Sinne des Absatzes 2 Nr. 3 in Verzug ist.

§ 543 **Durchführung der Kündigung**

(4) Auf das dem Mieter nach Absatz 2 Nr. 1 zustehende Kündigungsrecht sind die §§ 536b, 536d und §§ 469 bis 471 entsprechend anzuwenden. Ist streitig, ob der Vermieter den Gebrauch der Mietsache rechtzeitig gewährt oder die Abhilfe vor Ablauf der hierzu bestimmten Frist bewirkt hat, so trifft ihn die Beweislast.

Auf das dem Mieter nach § 542 zustehende Kündigungsrecht finden die Vorschriften der §§ 539 bis 541 sowie die für die Wandelung bei dem Kaufe geltenden Vorschriften der §§ 469 bis 471 entsprechende Anwendung. Bei einem Mietverhältnis über Wohnraum ist eine Vereinbarung, durch die das Kündigungsrecht ausgeschlossen oder eingeschränkt wird, unwirksam.

Synopse

§ 544 Vertrag über mehr als dreißig Jahre

Wird ein Mietvertrag für eine längere Zeit als dreißig Jahre geschlossen, so kann jede Vertragspartei nach Ablauf von dreißig Jahren nach Überlassung der Mietsache das Mietverhältnis außerordentlich mit der gesetzlichen Frist kündigen. Die Kündigung ist unzulässig, wenn der Vertrag für die Lebenszeit des Vermieters oder des Mieters geschlossen worden ist.

§ 545 Stillschweigende Verlängerung des Mietverhältnisses

Setzt der Mieter nach Ablauf der Mietzeit den Gebrauch der Mietsache fort, so verlängert sich das Mietverhältnis auf unbestimmte Zeit, sofern nicht eine Vertragspartei ihren entgegenstehenden Willen innerhalb von zwei Wochen dem anderen Teil erklärt. Die Frist beginnt
1. für den Mieter mit der Fortsetzung des Gebrauchs,
2. für den Vermieter mit dem Zeitpunkt, in dem er von der Fortsetzung Kenntnis erhält.

§ 546 Rückgabepflicht des Mieters

(1) Der Mieter ist verpflichtet, die Mietsache nach Beendigung des Mietverhältnisses zurückzugeben.

(2) Hat der Mieter den Gebrauch der Mietsache einem Dritten überlassen, so kann der Vermieter die Sache nach Beendigung des Mietverhältnisses auch von dem Dritten zurückfordern.

§ 546a Entschädigung des Vermieters bei verspäteter Rückgabe

(1) Gibt der Mieter die Mietsache nach Beendigung des Mietverhältnisses nicht zurück, so kann der Vermieter für die Dauer der Vorenthaltung als Entschädigung die vereinbarte Miete oder die Miete verlangen, die für vergleichbare Sachen ortsüblich ist.

§ 567 Vertrag über mehr als 30 Jahre

Wird ein Mietvertrag für eine längere Zeit als dreißig Jahre geschlossen, so kann nach dreißig Jahren jeder Teil das Mietverhältnis unter Einhaltung der gesetzlichen Frist kündigen. Die Kündigung ist unzulässig, wenn der Vertrag für die Lebenszeit des Vermieters oder des Mieters geschlossen ist.

§ 568 Stillschweigende Verlängerung

Wird nach dem Ablaufe der Mietzeit der Gebrauch der Sache von dem Mieter fortgesetzt, so gilt das Mietverhältnis als auf unbestimmte Zeit verlängert, sofern nicht der Vermieter oder der Mieter seinen entgegenstehenden Willen binnen einer Frist von zwei Wochen dem anderen Teile gegenüber erklärt. Die Frist beginnt für den Mieter mit der Fortsetzung des Gebrauchs, für den Vermieter mit dem Zeitpunkt, in welchem er von der Fortsetzung Kenntnis erlangt.

§ 556 Rückgabe der Mietsache

(1) Der Mieter ist verpflichtet, die gemietete Sache nach der Beendigung des Mietverhältnisses zurückzugeben.

(2) ... *siehe §§ 570, 578 Abs. 1 neu*

(3) Hat der Mieter den Gebrauch der Sache einem Dritten überlassen, so kann der Vermieter die Sache nach der Beendigung des Mietverhältnisses auch von dem Dritten zurückfordern.

§ 557 Ansprüche bei verspäteter Rückgabe

(1) Gibt der Mieter die gemietete Sache nach der Beendigung des Mietverhältnisses nicht zurück, so kann der Vermieter für die Dauer der Vorenthaltung als Entschädigung den vereinbarten Mietzins verlangen; bei einem Mietverhältnis über Räume kann er anstelle dessen als Entschädigung den Mietzins verlangen, der für vergleichbare Räume

(2) Die Geltendmachung eines weiteren Schadens ist nicht ausgeschlossen.

ortsüblich ist. Die Geltendmachung eines weiteren Schadens ist nicht ausgeschlossen.

(2) bis (4) ... *siehe § 571 neu*

§ 547 Erstattung von im Voraus entrichteter Miete

(1) Ist die Miete für die Zeit nach Beendigung des Mietverhältnisses im Voraus entrichtet worden, so hat der Vermieter sie zurückzuerstatten und ab Empfang zu verzinsen. Hat der Vermieter die Beendigung des Mietverhältnisses nicht zu vertreten, so hat er das Erlangte nach den Vorschriften über die Herausgabe einer ungerechtfertigten Bereicherung zurückzuerstatten.

(2) Bei einem Mietverhältnis über Wohnraum ist eine zum Nachteil des Mieters abweichende Vereinbarung unwirksam.

§ 548 Verjährung der Ersatzansprüche und des Wegnahmerechts

(1) Die Ersatzansprüche des Vermieters wegen Veränderungen oder Verschlechterungen der Mietsache verjähren in sechs Monaten.

Die Verjährung beginnt mit dem Zeitpunkt, in dem er die Mietsache zurückerhält. Mit der Verjährung des Anspruchs des Vermieters auf Rückgabe der Mietsache verjähren auch seine Ersatzansprüche.

(2) Ansprüche des Mieters auf Ersatz von Aufwendungen oder auf Gestaltung der Wegnahme einer Einrichtung verjähren in sechs Monaten nach der Beendigung des Mietverhältnisses.

(3) Beantragt eine Vertragspartei das selbständige Beweisverfahren nach der Zivilprozessordnung, so wird die Verjährung unterbrochen. Im Übrigen gelten die Vorschriften des § 477 Abs. 2 Satz 2 und 3 und Abs. 3 entsprechend.

§ 557a Im Voraus entrichteter Mietzins

(1) Ist der Mietzins für eine Zeit nach der Beendigung des Mietverhältnisses im Voraus entrichtet, so hat der Vermieter nach Maßgabe des § 347 oder, wenn die Beendigung wegen eines Umstandes erfolgt, den er nicht zu vertreten hat, nach den Vorschriften über die Herausgabe einer ungerechtfertigten Bereicherung zurückzuerstatten.

(2) Bei einem Mietverhältnis über Wohnraum ist eine zum Nachteil des Mieters abweichende Vereinbarung unwirksam.

§ 558 Verjährung

(1) Die Ersatzansprüche des Vermieters wegen Veränderungen oder Verschlechterungen der vermieteten Sache sowie die Ansprüche des Mieters auf Ersatz von Verwendungen oder auf Gestattung der Wegnahme einer Einrichtung verjähren in sechs Monaten.

(2) Die Verjährung der Ersatzansprüche des Vermieters beginnt mit dem Zeitpunkt, in welchem er die Sache zurückerhält, die Verjährung der Ansprüche des Mieters beginnt mit der Beendigung des Mietverhältnisses.

(3) Mit der Verjährung des Anspruchs des Vermieters auf Rückgabe der Sache verjähren auch die Ersatzansprüche des Vermieters.

II. Mietverhältnisse über Wohnraum

1. Allgemeine Vorschriften

§ 549   Auf Wohnraummietverhältnisse anwendbare Vorschriften

(1) Für Mietverhältnisse über Wohnraum gelten die §§ 535 bis 548, soweit sich nicht aus den §§ 549 bis 577a etwas anderes ergibt.

(2) Die Vorschriften über die Mieterhöhung (§§ 557 bis 561) und über den Mieterschutz bei Beendigung des Mietverhältnisses sowie bei der Begründung von Wohnungseigentum (§ 568 Abs. 2, §§ 573, 573a, 573d Abs. 1, §§ 574 bis 575, 575a Abs. 1 und §§ 577, 577a) gelten nicht für Mietverhältnisse über

1. Wohnraum, der nur zum vorübergehenden Gebrauch vermietet ist,
2. Wohnraum, der Teil der vom Vermieter selbst bewohnten Wohnung ist und den der Vermieter überwiegend mit Einrichtungsgegenständen auszustatten hat, sofern der Wohnraum dem Mieter nicht zum dauernden Gebrauch mit seiner Familie oder mit Personen überlassen ist, mit denen er einen auf Dauer angelegten gemeinsamen Haushalt führt,

3. Wohnraum, den eine juristische Person des öffentlichen Rechts oder ein anerkannter privater Träger der Wohlfahrtspflege angemietet hat, um ihn Personen mit dringendem Wohnungsbedarf zu überlassen, wenn sie den Mieter bei Vertragsschluss auf die Zweckbestimmung des Wohnraums und die Ausnahme von den genannten Vorschriften hingewiesen hat.

(3) Für Wohnraum in einem Studenten- oder Jugendwohnheim gelten die §§ 557 bis 561 sowie die §§ 573, 573a, 573d Abs. 1 und §§ 575, 575a Abs. 1, §§ 577, 577a nicht.

§ 564b   Berechtigtes Interesse des Vermieters an der Kündigung

(1) bis (6) ...

(7) Diese Vorschriften gelten nicht für Mietverhältnisse:

1. über Wohnraum, der zu nur vorübergehendem Gebrauch vermietet ist,
2. über Wohnraum, der Teil der vom Vermieter selbst bewohnten Wohnung ist und den der Vermieter ganz oder überwiegend mit Einrichtungsgegenständen auszustatten hat, sofern der Wohnraum nicht zum dauernden Gebrauch für eine Familie überlassen ist.

...
...

5. über Wohnraum, den eine juristische Person des öffentlichen Rechts im Rahmen der ihr durch Gesetz zugewiesenen Aufgaben angemietet hat, um ihn Personen mit dringendem Wohnungsbedarf oder in Ausbildung befindlichen Personen zu überlassen, wenn sie den Mieter bei Vertragsschluss auf die Zweckbestimmung des Wohnraums und die Ausnahme von den Absätzen 1 bis 6 hingewiesen hat.

3. über Wohnraum, der Teil eines Studenten- oder Jugendwohnheims ist,

§ 564a   Schriftform der Kündigung

(1) und (2) ... *siehe § 568 neu*

(3) Die Absätze 1 und 2 gelten nicht für

Mietverhältnisse der in § 564b Abs. 7 Nr. 1 und 2 genannten Art. Absatz 1 Satz 2 und Absatz 2 gelten nicht für Mietverhältnisse der in § 564b Abs. 7 Nr. 4 und 5 genannten Art.

§ 10 MHG   Abweichende Vereinbarungen; Geltungsbereich

(1) und (2) ...

(3) Die Vorschriften der §§ 1 bis 9 gelten nicht für Mietverhältnisse
1. über preisgebundenen Wohnraum, soweit nicht in § 2 Abs. 1a Satz 2 etwas anderes bestimmt ist,
2. über Wohnraum, der zu nur vorübergehendem Gebrauch vermietet ist,
3. über Wohnraum, der Teil der vom Vermieter selbst bewohnten Wohnung ist und den der Vermieter ganz oder überwiegend mit Einrichtungsgegenständen auszustatten hat, sofern der Wohnraum nicht zum dauernden Gebrauch für eine Familie überlassen ist,
4. über Wohnraum, der Teil eines Studenten- oder Jugendwohnheims ist.

§ 550   Form des Mietvertrags

(1) Wird der Mietvertrag für längere Zeit als ein Jahr nicht in schriftlicher Form geschlossen, so gilt er für unbestimmte Zeit. Die Kündigung ist jedoch frühestens zum Ablauf eines Jahres nach Überlassung des Wohnraums zulässig.

§ 551   Begrenzung und Anlage von Mietsicherheiten

(1) Hat der Mieter dem Vermieter für die Erfüllung seiner Pflichten Sicherheit zu leisten, so darf diese vorbehaltlich des Absatzes 3 Satz 4 höchstens das Dreifache der auf einen Monat entfallenden Miete ohne die als Pauschale oder als Vorauszahlung ausgewiesenen Betriebskosten betragen.

(2) Ist als Sicherheit eine Geldsumme bereitzustellen, so ist der Mieter zu drei gleichen monatli-

§ 566   Schriftform des Mietvertrags

Ein Mietvertrag über ein Grundstück, der für längere Zeit als ein Jahr geschlossen wird, bedarf der schriftlichen Form. Wird die Form nicht beachtet, so gilt der Vertrag als für unbestimmte Zeit geschlossen; die Kündigung ist jedoch nicht für eine frühere Zeit als für den Schluss des ersten Jahres zulässig.

§ 550b   Mietsicherheiten

(1) Hat bei einem Mietverhältnis über Wohnraum der Mieter dem Vermieter für die Erfüllung seiner Verpflichtungen Sicherheit zu leisten, so darf diese das Dreifache des auf einen Monat entfallenden Mietzinses vorbehaltlich der Regelung in Absatz 2 Satz 3 nicht übersteigen. Nebenkosten, über die gesondert abzurechnen ist, bleiben unberücksichtigt.

Ist eine Geldsumme bereitzustellen, so ist der Mieter zu drei gleichen monatlichen Teilleis-

chen Teilzahlungen berechtigt. Die erste Teilzahlung ist zu Beginn des Mietverhältnisses fällig.

(3) Der Vermieter hat eine ihm als Sicherheit überlassene Geldsumme bei einem Kreditinstitut zu dem für Spareinlagen mit dreimonatiger Kündigungsfrist üblichen Zinssatz anzulegen. Die Vertragsparteien können eine andere Anlageform vereinbaren. In beiden Fällen muss die Anlage vom Vermögen des Vermieters getrennt erfolgen und stehen die Erträge dem Mieter zu. Sie erhöhen die Sicherheit.

Bei Wohnraum in einem Studenten- oder Jugendwohnheim besteht für den Vermieter keine Pflicht, die Sicherheitsleistung zu verzinsen.

(4) Eine zum Nachteil des Mieters abweichende Vereinbarung ist unwirksam.

§ 552 Abwendung des Wegnahmerechts des Mieters

(1) Der Vermieter kann die Ausübung des Wegnahmerechts (§ 539 Abs. 2) durch Zahlung einer angemessenen Entschädigung abwenden, wenn nicht der Mieter ein berechtigtes Interesse an der Wegnahme hat.

(2) Eine Vereinbarung, durch die das Wegnahmerecht ausgeschlossen wird, ist nur wirksam, wenn ein angemessener Ausgleich vorgesehen ist.

§ 553 Gestattung der Gebrauchsüberlassung an Dritte

(1) Entsteht für den Mieter nach Abschluss des Mietvertrags ein berechtigtes Interesse, einen Teil des Wohnraums einem Dritten zum Gebrauch zu überlassen, so kann er von dem Vermieter die Erlaubnis hierzu verlangen. Dies gilt nicht, wenn in der Person des Dritten ein wichtiger Grund vorliegt, der Wohnraum übermäßig belegt würde oder dem Vermieter die Überlassung aus sonstigen Gründen nicht zugemutet werden kann.

---

tungen berechtigt; die erste Teilleistung ist zu Beginn des Mietverhältnisses fällig.

(2) Ist bei einem Mietverhältnis über Wohnraum eine als Sicherheit bereitzustellende Geldsumme dem Vermieter zu überlassen, so hat er sie von seinem Vermögen getrennt bei einem Kreditinstitut zu dem für Spareinlagen mit dreimonatiger Kündigungsfrist üblichen Zinssatz anzulegen. Die Zinsen stehen dem Mieter zu. Sie erhöhen die Sicherheit.

(4) Bei Wohnraum, der Teil eines Studenten- oder Jugendwohnheims ist, besteht für den Vermieter keine Verpflichtung, die Sicherheitsleistung zu verzinsen.

(3) Eine zum Nachteil des Mieters abweichende Vereinbarung ist unwirksam.

§ 547a Wegnahmerecht des Mieters

(1) ... siehe § 539 Abs. 2 neu

(2) Der Vermieter von Räumen kann die Ausübung des Wegnahmerechts des Mieters durch Zahlung einer angemessenen Entschädigung abwenden, es sei denn, dass der Mieter ein berechtigtes Interesse an der Wegnahme hat.

(3) Eine Vereinbarung, durch die das Wegnahmerecht des Mieters von Wohnraum ausgeschlossen wird, ist nur wirksam, wenn ein angemessener Ausgleich vorgesehen ist.

§ 549 Gebrauchsüberlassung an Dritte; Untermiete

(1) ... siehe § 540 neu

(2) Entsteht für den Mieter von Wohnraum nach dem Abschluss des Mietvertrages ein berechtigtes Interesse, einen Teil des Wohnraums einem Dritten zum Gebrauch zu überlassen, so kann er von dem Vermieter die Erlaubnis hierzu verlangen; dies gilt nicht, wenn in der Person des Dritten ein wichtiger Grund vorliegt, der Wohnraum übermäßig belegt würde oder sonst dem Vermieter die Überlassung nicht zugemutet werden kann.

(2) Ist dem Vermieter die Überlassung nur bei einer angemessenen Erhöhung der Miete zuzumuten, so kann er die Erlaubnis davon abhängig machen, dass der Mieter sich mit einer solchen Erhöhung einverstanden erklärt.

Ist dem Vermieter die Überlassung nur bei einer angemessenen Erhöhung des Mietzinses zuzumuten, so kann er die Erlaubnis davon abhängig machen, dass der Mieter sich mit einer solchen Erhöhung einverstanden erklärt.

(3) Eine zum Nachteil des Mieters abweichende Vereinbarung ist unwirksam.

Eine zum Nachteil des Mieters abweichende Vereinbarung ist unwirksam.

(3) ... *siehe § 540 neu*

§ 554 Duldung von Erhaltungs- und Modernisierungsmaßnahmen

§ 541a Maßnahmen zur Erhaltung der Mietsache

(1) Der Mieter hat Maßnahmen zu dulden, die zur Erhaltung der Mietsache erforderlich sind.

Der Mieter von Räumen hat Einwirkungen auf die Mietsache zu dulden, die zur Erhaltung der Mieträume oder des Gebäudes erforderlich sind.

§ 541b Maßnahmen zur Verbesserung, zur Einsparung und zur Schaffung neuen Wohnraums

(2) Maßnahmen zur Verbesserung der Mietsache, zur Einsparung von Energie oder Wasser oder zur Schaffung neuen Wohnraums hat der Mieter zu dulden. Dies gilt nicht, wenn die Maßnahme für ihn, seine Familie oder einen anderen Angehörigen seines Haushalts eine Härte bedeuten würde, die auch unter Würdigung der berechtigten Interessen des Vermieters und anderer Mieter in dem Gebäude nicht zu rechtfertigen ist. Dabei sind insbesondere die vorzunehmenden Arbeiten, die baulichen Folgen, vorausgegangene Aufwendungen des Mieters und die zu erwartende Mieterhöhung zu berücksichtigen. Die zu erwartende Mieterhöhung ist nicht als Härte anzusehen, wenn die Mietsache lediglich in einen Zustand versetzt wird, wie er allgemein üblich ist.

(1) Maßnahmen zur Verbesserung der gemieteten Räume oder sonstiger Teile des Gebäudes, zur Einsparung von Heizenergie oder Wasser oder zur Schaffung neuen Wohnraums hat der Mieter zu dulden, es sei denn, dass die Maßnahme für ihn oder seine Familie eine Härte bedeuten würde, die auch unter Würdigung der berechtigten Interessen des Vermieters und anderer Mieter in dem Gebäude nicht zu rechtfertigen ist. Dabei sind insbesondere die vorzunehmenden Arbeiten, die baulichen Folgen, vorausgegangene Verwendungen des Mieters und die zu erwartende Erhöhung des Mietzinses zu berücksichtigen. Die Erhöhung des Mietzinses bleibt außer Betracht, wenn die gemieteten Räume oder sonstigen Teile des Gebäudes lediglich in einen Zustand versetzt werden, wie er allgemein üblich ist.

(3) Bei Maßnahmen nach Absatz 2 Satz 1 hat der Vermieter dem Mieter spätestens drei Monate vor Beginn der Maßnahme deren Art sowie voraussichtlichen Umfang und Beginn, voraussichtliche Dauer und die zu erwartende Mieterhöhung in Textform mitzuteilen. Der Mieter ist berechtigt, bis zum Ablauf des Monats, der auf den Zugang der Mitteilung folgt, außerordentlich zum Ablauf des nächsten Monats zu kündigen. Diese Vor-

(2) Der Vermieter hat dem Mieter zwei Monate vor dem Beginn der Maßnahme deren Art, Umfang, Beginn und voraussichtliche Dauer sowie die zu erwartende Erhöhung des Mietzinses schriftlich mitzuteilen. Der Mieter ist berechtigt, bis zum Ablauf des Monats, der auf den Zugang der Mitteilung folgt, für den Ablauf des nächsten Monats zu kündigen. Hat der Mieter gekündigt, ist die

schriften gelten nicht bei Maßnahmen, die nur mit einer unerheblichen Einwirkung auf die vermieteten Räume verbunden sind und nur zu einer unerheblichen Mieterhöhung führen.

Maßnahme bis zum Ablauf der Mietzeit zu unterlassen. Diese Vorschriften gelten nicht bei Maßnahmen, die mit keiner oder nur mit einer unerheblichen Einwirkung auf die vermieteten Räume verbunden sind und zu keiner oder nur zu einer unerheblichen Erhöhung des Mietzinses führen.

(4) Aufwendungen, die der Mieter infolge einer Maßnahme nach Absatz 1 oder 2 Satz 1 machen musste, hat der Vermieter in angemessenem Umfang zu ersetzen. Auf Verlangen hat er Vorschuss zu leisten.

(3) Aufwendungen, die der Mieter infolge der Maßnahme machen musste, hat der Vermieter in einem den Umständen nach angemessenen Umfang zu ersetzen; auf Verlangen hat der Vermieter Vorschuss zu leisten.

(5) Eine zum Nachteil des Mieters von den Absätzen 2 bis 4 abweichende Vereinbarung ist unwirksam.

(4) Bei einem Mietverhältnis über Wohnraum ist eine zum Nachteil des Mieters abweichende Vereinbarung unwirksam.

§ 554a Barrierefreiheit

(1) Der Mieter kann vom Vermieter die Zustimmung zu baulichen Veränderungen oder sonstigen Einrichtungen verlangen, die für eine behindertengerechte Nutzung der Mietsache oder den Zugang zu ihr erforderlich sind, wenn er ein berechtigtes Interesse daran hat. Der Vermieter kann seine Zustimmung verweigern, wenn sein Interesse an der unveränderten Erhaltung der Mietsache oder des Gebäudes das Interesse des Mieters an einer behindertengerechten Nutzung der Mietsache überwiegt. Dabei sind auch die berechtigten Interesse anderer Mieter in dem Gebäude zu berücksichtigen.

(2) Der Vermieter kann seine Zustimmung von der Leistung einer angemessenen zusätzlichen Sicherheit für die Wiederherstellung des ursprünglichen Zustandes abhängig machen. § 551 Abs. 3 und 4 gilt entsprechend.

(3) Eine zum Nachteil des Mieters von Absatz 1 abweichende Vereinbarung ist unwirksam.

§ 555 Unwirksamkeit einer Vertragsstrafe

Eine Vereinbarung, durch die sich der Vermieter eine Vertragsstrafe vom Mieter versprechen lässt, ist unwirksam.

§ 550a Unzulässige Vertragsstrafe

Eine Vereinbarung, durch die sich der Vermieter von Wohnraum eine Vertragsstrafe vom Mieter versprechen lässt, ist unwirksam.

2. Die Miete

a) Vereinbarungen über die Miete

§ 556 Vereinbarungen über Betriebskosten

(1) Die Vertragsparteien können vereinbaren, dass der Mieter Betriebskosten im Sinne des § 27 der Zweiten Berechnungsverordnung trägt.

§ 4 MHG Erhöhung oder Ermäßigung der Betriebskosten

(2) Die Vertragsparteien können vorbehaltlich anderweitiger Vorschriften vereinbaren, dass Betriebskosten als Pauschale oder als Vorauszahlung ausgewiesen werden. Vorauszahlungen für Betriebskosten dürfen nur in angemessener Höhe vereinbart werden.

(1) Für Betriebskosten im Sinne des § 27 der Zweiten Berechnungsverordnung dürfen Vorauszahlungen nur in angemessener Höhe vereinbart werden.

(3) Über die Vorauszahlungen für Betriebskosten ist jährlich abzurechnen; dabei ist der Grundsatz der Wirtschaftlichkeit zu beachten. Die Abrechnung ist dem Mieter spätestens bis zum Ablauf des zwölften Monats nach Ende des Abrechnungszeitraums mitzuteilen. Nach Ablauf dieser Frist ist die Geltendmachung einer Nachforderung durch den Vermieter ausgeschlossen, es sei denn, der Vermieter hat die verspätete Geltendmachung nicht zu vertreten. Der Vermieter ist zu Teilabrechnungen nicht verpflichtet. Einwendungen gegen die Abrechnung hat der Mieter dem Vermieter spätestens bis zum Ablauf des zwölften Monats nach Zugang der Abrechnung mitzuteilen. Nach Ablauf dieser Frist kann der Mieter Einwendungen nicht mehr geltend machen, es sei denn, der Mieter hat die verspätete Geltendmachung nicht zu vertreten.

Über die Vorauszahlungen ist jährlich abzurechnen.

(4) Eine zum Nachteil des Mieters von Absatz 1, Absatz 2 Satz 2 oder Absatz 3 abweichende Vereinbarung ist unwirksam.

(2) bis (4) ... *siehe § 560 neu*
(5) ... *siehe § 556a Abs. 2 neu*

§ 556a Abrechnungsmaßstab für Betriebskosten

(1) Haben die Vertragsparteien nichts anderes vereinbart, sind die Betriebskosten vorbehaltlich anderweitiger Vorschriften nach dem Anteil der

Wohnfläche umzulegen. Betriebskosten, die von einem erfassten Verbrauch oder einer erfassten Verursachung durch die Mieter abhängen, sind nach einem Maßstab umzulegen, der dem unterschiedlichen Verbrauch oder der unterschiedlichen Verursachung Rechnung trägt.

§ 4 MHG   Erhöhung oder Ermäßigung der Betriebskosten

(1) bis (4) ... *siehe §§ 556, 560 neu*

(2) Haben die Vertragsparteien etwas anderes vereinbart, kann der Vermieter durch Erklärung in Textform bestimmen, dass die Betriebskosten zukünftig abweichend von der getroffenen Vereinbarung ganz oder teilweise nach einem Maßstab umgelegt werden dürfen, der dem erfassten unterschiedlichen Verbrauch oder der erfassten unterschiedlichen Verursachung Rechnung trägt. Die Erklärung ist nur vor Beginn eines Abrechnungszeitraumes zulässig. Sind die Kosten bislang in der Miete enthalten, so ist diese entsprechend herabzusetzen.

(5) Der Vermieter kann durch schriftliche Erklärung bestimmen,
1. dass die Kosten der Wasserversorgung und der Entwässerung ganz oder teilweise nach dem erfassten unterschiedlichen Wasserverbrauch der Mieter und die Kosten der Müllabfuhr nach einem Maßstab umgelegt werden dürfen, der der unterschiedlichen Müllverursachung Rechnung trägt, oder
2. dass die in Nummer 1 bezeichneten Kosten unmittelbar zwischen den Mietern und denjenigen abgerechnet werden, die die entsprechenden Leistungen erbringen.

Die Erklärung kann nur für künftige Abrechnungszeiträume abgegeben werden und ist nur mit Wirkung zum Beginn eines Abrechnungszeitraums zulässig. Sind die Kosten im Mietzins enthalten, so ist dieser entsprechend herabzusetzen.

(3) Eine zum Nachteil des Mieters von Absatz 2 abweichende Vereinbarung ist unwirksam.

§ 556b   Fälligkeit der Miete, Aufrechnungs- und Zurückbehaltungsrecht

(1) Die Miete ist zu Beginn, spätestens bis zum dritten Werktag der einzelnen Zeitabschnitte zu entrichten, nach denen sie bemessen ist.

§ 551   Entrichtung des Mietzinses

(1) Der Mietzins ist am Ende der Mietzeit zu entrichten. Ist der Mietzins nach Zeitabschnitten bemessen, so ist er nach dem Ablaufe der einzelnen Zeitabschnitte zu entrichten.

(2) ... *siehe § 579 Abs. 1 Satz 3 neu*

§ 552a   Aufrechnungs- und Zurückbehaltungsrecht

(2) Der Mieter kann entgegen einer vertraglichen Bestimmung gegen eine Mietforderung mit einer Forderung aufgrund der §§ 536a, 539 oder aus ungerechtfertigter Bereicherung wegen zu viel

Der Mieter von Wohnraum kann entgegen einer vertraglichen Bestimmung gegen eine Mietzinsforderung mit einer Forderung auf Grund des § 538 aufrechnen oder wegen gezahlter Miete aufrechnen oder wegen einer solchen Forderung ein Zurückbehaltungsrecht ausüben, wenn er seine Absicht dem Vermieter mindestens einen Monat vor der Fälligkeit der Miete in Textform angezeigt hat. Eine zum Nachteil des Mieters abweichende Vereinbarung ist unwirksam.

einer solchen Forderung ein Zurückbehaltungsrecht ausüben, wenn er seine Absicht dem Vermieter mindestens einen Monat vor der Fälligkeit des Mietzinses schriftlich angezeigt hat.

b) Regelungen über die Miethöhe

§ 557   Mieterhöhungen nach Vereinbarung oder Gesetz

(1) Während des Mietverhältnisses können die Parteien eine Erhöhung der Miete vereinbaren.

(2) Künftige Änderungen der Miethöhe können die Vertragsparteien als Staffelmiete nach § 557a oder als Indexmiete nach § 557b vereinbaren.

(3) Im Übrigen kann der Vermieter Mieterhöhungen nur nach Maßgabe der §§ 558 bis 560 verlangen, soweit nicht eine Erhöhung durch Vereinbarung ausgeschlossen ist oder sich der Ausschluss aus den Umständen ergibt.

(4) Eine zum Nachteil des Mieters abweichende Vereinbarung ist unwirksam.

§ 557a   Staffelmiete

(1) Die Miete kann für bestimmte Zeiträume in unterschiedlicher Höhe schriftlich vereinbart werden; in der Vereinbarung ist die jeweilige

§ 10 MHG   Abweichende Vereinbarungen; Geltungsbereich

(1) Vereinbarungen, die zum Nachteil des Mieters von den Vorschriften der §§ 1 bis 9 abweichen, sind unwirksam, es sei denn, dass der Mieter während des Bestehens des Mietverhältnisses einer Mieterhöhung um einen bestimmten Betrag zugestimmt hat.

(2) ... *siehe § 557a neu*
(3) ... *siehe § 549 Abs. 2 und 3 neu*

§ 1 MHG   Ausschluss der Kündigung; Erhöhung des Mietzinses

Die Kündigung eines Mietverhältnisses über Wohnraum zum Zwecke der Mieterhöhung ist ausgeschlossen. Der Vermieter kann eine Erhöhung des Mietzinses nach Maßgabe der §§ 2 bis 7 verlangen. Das Recht steht dem Vermieter nicht zu, soweit und solange eine Erhöhung durch Vereinbarung ausgeschlossen ist oder der Ausschluss sich aus den Umständen, insbesondere der Vereinbarung eines Mietverhältnisses auf bestimmte Zeit mit festem Mietzins ergibt.

§ 10 MHG   Abweichende Vereinbarungen; Geltungsbereich

(1) ... *siehe § 557 Abs. 1 neu*

(2) Abweichend von Absatz 1 kann der Mietzins für bestimmte Zeiträume in unterschiedlicher Höhe schriftlich vereinbart

Miete oder die jeweilige Erhöhung in einem Geldbetrag auszuweisen (Staffelmiete).

(2) Die Miete muss jeweils mindestens ein Jahr unverändert bleiben. Während der Laufzeit einer Staffelmiete ist eine Erhöhung nach den §§ 558 bis 559b ausgeschlossen.

(3) Das Kündigungsrecht des Mieters kann für höchstens vier Jahre seit Abschluss der Staffelmietvereinbarung ausgeschlossen werden. Die Kündigung ist frühestens zum Ablauf dieses Zeitraumes zulässig.

(4) Eine zum Nachteil des Mieters abweichende Vereinbarung ist unwirksam.

§ 557b Indexmiete

(1) Die Vertragsparteien können schriftlich vereinbaren, dass die Miete durch den vom Statistischen Bundesamt ermittelten Preisindex für die Lebenshaltung aller privaten Haushalte in Deutschland bestimmt wird (Indexmiete).

(2) Während der Geltung einer Indexmiete muss die Miete, von Erhöhungen nach den §§ 559 bis 560 abgesehen, jeweils mindestens ein Jahr unverändert bleiben. Eine Erhöhung nach § 559 kann nur verlangt werden, soweit der Vermieter bauliche Maßnahmen aufgrund von Umständen durchgeführt hat, die er nicht zu vertreten hat. Eine Erhöhung nach § 558 ist ausgeschlossen.

(3) Eine Änderung der Miete nach Absatz 1 muss durch Erklärung in Textform geltend gemacht werden. Dabei sind die eingetretene Änderung

werden. Die Vereinbarung eines gestaffelten Mietzinses darf nur einen Zeitraum bis zu jeweils zehn Jahren umfassen. Während dieser Zeit ist eine Erhöhung des Mietzinses nach den §§ 2, 3 und 5 ausgeschlossen. Der Mietzins muss jeweils mindestens ein Jahr unverändert bleiben. Der jeweilige Mietzins oder die jeweilige Erhöhung muss betragsmäßig ausgewiesen sein. Eine Beschränkung des Kündigungsrechts des Mieters ist unwirksam, soweit sie sich auf einen Zeitraum von mehr als vier Jahren seit Abschluss der Vereinbarung erstreckt.

(3) ... siehe § 549 Abs. 2 und 3 neu

§ 10a MHG   Mietanpassungsvereinbarung

(1) Abweichend von § 10 Abs. 1 kann schriftlich vereinbart werden, dass die Entwicklung des Mietzinses durch die Änderung eines von dem Statistischen Bundesamt ermittelten Preisindexes für die Gesamtlebenshaltung bestimmt werden soll (Mietanpassungsvereinbarung). Das Ausmaß der Mietanpassung muss in der Vereinbarung bestimmt sein und darf höchstens der prozentualen Indexänderung entsprechen. Die Vereinbarung ist nur wirksam, wenn
1.   der Vermieter für die Dauer von mindestens zehn Jahren auf das Recht zur ordentlichen Kündigung verzichtet oder
2.   der Mietvertrag für die Lebenszeit eines Vertragspartners abgeschlossen wird.

(2) Während der Geltungsdauer einer Mietanpassungsvereinbarung muss der Mietzins, von Erhöhungen nach den §§ 3 und 4 abgesehen, jeweils mindestens ein Jahr unverändert bleiben. Eine Erhöhung des Mietzinses nach § 3 kann nur verlangt werden, soweit der Vermieter bauliche Änderungen auf Grund von Umständen durchgeführt hat, die er nicht zu vertreten hat. Eine Erhöhung des Mietzinses nach den §§ 2 und 5 ist ausgeschlossen.

(3) Eine Änderung des Mietzinses auf Grund einer Mietanpassungsvereinbarung muss durch schriftliche Erklärung geltend gemacht

des Preisindexes sowie die jeweilige Miete oder die Erhöhung in einem Geldbetrag anzugeben. Die geänderte Miete ist mit Beginn des übernächsten Monats nach dem Zugang der Erklärung zu entrichten.

(4) Eine zum Nachteil des Mieters abweichende Vereinbarung ist unwirksam.

§ 558 Mieterhöhung bis zur ortsüblichen Vergleichsmiete

(1) Der Vermieter kann die Zustimmung zu einer Erhöhung der Miete bis zur ortsüblichen Vergleichsmiete verlangen, wenn die Miete in dem Zeitpunkt, zu dem die Erhöhung eintreten soll, seit fünfzehn Monaten unverändert ist. Das Mieterhöhungsverlangen kann frühestens ein Jahr nach der letzten Mieterhöhung geltend gemacht werden. Erhöhungen nach den §§ 559 bis 560 werden nicht berücksichtigt.

(2) Die ortsübliche Vergleichsmiete wird gebildet aus den üblichen Entgelten, die in der Gemeinde oder einer vergleichbaren Gemeinde für Wohnraum vergleichbarer Art, Größe, Ausstattung, Beschaffenheit und Lage in den letzten vier Jahren vereinbart oder, von Erhöhungen nach § 560 abgesehen, geändert worden sind. Ausgenommen ist Wohnraum, bei dem die Miethöhe durch Gesetz oder im Zusammenhang mit einer Förderzusage festgelegt worden ist.

(3) Bei Erhöhungen nach Absatz 1 darf sich die Miete innerhalb von drei Jahren, von Erhöhungen nach den §§ 559 bis 560 abgesehen, nicht um mehr als zwanzig vom Hundert erhöhen (Kappungsgrenze).

werden. Dabei ist die jeweils eingetretene Änderung des vereinbarten Indexes anzugeben. Der geänderte Mietzins ist mit Beginn des übernächsten Monats nach dem Zugang der Erklärung zu zahlen.

§ 2 MHG Erhöhung bis zur ortsüblichen Vergleichsmiete

(1) Der Vermieter kann die Zustimmung zu einer Erhöhung des Mietzinses verlangen, wenn

1. der Mietzins, von Erhöhungen nach den §§ 3 bis 5 abgesehen, seit einem Jahr unverändert ist,

2. der verlangte Mietzins die üblichen Entgelte nicht übersteigt, die in der Gemeinde oder in vergleichbaren Gemeinden für nicht preisgebundenen Wohnraum vergleichbarer Art, Größe, Ausstattung, Beschaffenheit und Lage in den letzten vier Jahren vereinbart oder, von Erhöhungen nach § 4 abgesehen, geändert worden sind, und

3. der Mietzins sich innerhalb eines Zeitraums von drei Jahren, von Erhöhungen nach den §§ 3 bis 5 abgesehen, nicht um mehr als 30 vom Hundert erhöht. Der Vomhundertsatz beträgt bei Wohnraum, der vor dem 1. Januar 1981 fertig gestellt worden ist, 20 vom Hundert, wenn
   a) das Mieterhöhungsverlangen dem Mieter vor dem 1. September 1998 zugeht und
   b) der Mietzins, dessen Erhöhung verlangt wird, ohne Betriebskostenanteil monatlich mehr als 8,00 Deutsche Mark je Quadratmeter Wohnfläche beträgt. Ist der Mietzins geringer, so verbleibt es bei 30 vom Hundert; jedoch darf in diesem Fall der verlangte Mietzins ohne Betriebskostenanteil monatlich 9,60 Deutsche Mark je

Quadratmeter Wohnfläche nicht übersteigen.
Von dem Jahresbetrag des nach Satz 1 Nr. 2
zulässigen Mietzinses sind die Kürzungsbeträge nach § 3 Abs. 1 Satz 3 bis 7 abzuziehen, im Fall des § 3 Abs. 1 Satz 6 mit elf
vom Hundert des Zuschusses.

(4) Die Kappungsgrenze gilt nicht,
1. wenn eine Verpflichtung des Mieters zur
Ausgleichszahlung nach den Vorschriften
über den Abbau der Fehlsubventionierung im
Wohnungswesen wegen des Wegfalls der öffentlichen Bindung erloschen ist und
2. soweit die Erhöhung den Betrag der zuletzt
zu entrichtenden Ausgleichszahlung nicht
übersteigt.
Der Vermieter kann vom Mieter frühestens vier
Monate vor dem Wegfall der öffentlichen Bindung verlangen, ihm innerhalb eines Monats über
die Verpflichtung zur Ausgleichszahlung und
über deren Höhe Auskunft zu erteilen.

(1a) Absatz 1 Satz 1 Nr. 3 ist nicht anzuwenden,
1. wenn eine Verpflichtung des Mieters zur
Ausgleichszahlung nach den Vorschriften über den Abbau der Fehlsubventionierung im Wohnungswesen wegen des
Wegfalls der öffentlichen Bindung erloschen ist und
2. soweit die Erhöhung den Betrag der
zuletzt zu entrichtenden Ausgleichszahlung nicht übersteigt.
Der Mieter hat dem Vermieter auf dessen
Verlangen, das frühestens vier Monate vor
dem Wegfall der öffentlichen Bindung gestellt werden kann, innerhalb eines Monats
über die Verpflichtung zur Ausgleichszahlung
und über deren Höhe Auskunft zu erteilen.

(2) ... siehe § 558a neu
(3) ... siehe § 558b neu
(4) ... siehe § 558b neu
(5) ... siehe § 558c neu
(6) ... siehe § 558a neu

(5) Von dem Jahresbetrag, der sich bei einer
Erhöhung auf die ortsübliche Vergleichsmiete
ergäbe, sind Drittmittel im Sinne des § 559a
abzuziehen, im Falle des § 559a Abs. 1 mit elf
vom Hundert des Zuschusses.

(6) Eine zum Nachteil des Mieters abweichende
Vereinbarung ist unwirksam.

§ 558a   Form und Begründung der Miet-
erhöhung

(1) Das Mieterhöhungsverlangen nach § 558 ist
dem Mieter in Textform zu erklären und zu begründen.

(2) Zur Begründung kann insbesondere Bezug
genommen werden auf
1.   einen Mietspiegel (§§ 558c, 558d),

§ 2 MHG   Erhöhung bis zur ortsüblichen
Vergleichsmiete

(1) und (1a) ... siehe § 558 neu

(2) Der Anspruch nach Absatz 1 ist dem
Mieter gegenüber schriftlich geltend zu
machen und zu begründen.

Dabei kann insbesondere Bezug genommen
werden auf eine Übersicht über die üblichen
Entgelte nach Absatz 1 Satz 1 Nr. 2 in der

2. eine Auskunft aus einer Mietdatenbank (§ 558e).
3. ein mit Gründen versehenes Gutachten eines öffentlich bestellten und vereidigten Sachverständigen,
4. entsprechende Entgelte für einzelne vergleichbare Wohnungen; hierbei genügt die Benennung von drei Wohnungen.

(3) Enthält ein qualifizierter Mietspiegel (§ 558d Abs. 1), bei dem die Vorschrift des § 558d Abs. 2 eingehalten ist, Angaben für die Wohnung, so hat der Vermieter in seinem Mieterhöhungsverlangen diese Anhaben auch dann mitzuteilen, wenn er die Mieterhöhung auf ein anderes Begründungsmittel nach Absatz 2 stützt.

(4) Bei der Bezugnahme auf einen Mietspiegel, der Spannen enthält, reicht es aus, wenn die verlangte Miete innerhalb dieser Spanne liegt. Ist in dem Zeitpunkt, in dem der Vermieter seine Erklärung abgibt, kein Mietspiegel vorhanden, bei dem § 558c Abs. 3 oder § 558d Abs. 2 eingehalten ist, so kann auch ein anderer, insbesondere ein veralteter Mietspiegel oder ein Mietspiegel einer vergleichbaren Gemeinde verwendet werden.

(5) Eine zum Nachteil des Mieters abweichende Vereinbarung ist unwirksam.

§ 558b   Zustimmung zur Mieterhöhung

(1) Soweit der Mieter der Mieterhöhung zustimmt, schuldet er die erhöhte Miete mit Beginn des dritten Kalendermonats nach dem Zugang des Erhöhungsverlangens.

Gemeinde oder in einer vergleichbaren Gemeinde, soweit die Übersicht von der Gemeinde oder von Interessenvertretern der Vermieter und der Mieter gemeinsam erstellt oder anerkannt worden ist (Mietspiegel);

enthält die Übersicht Mietzinsspannen, so genügt es, wenn der verlangte Mietzins innerhalb der Spanne liegt. Ferner kann auf ein mit Gründen versehenes Gutachten eines öffentlich bestellten oder vereidigten Sachverständigen verwiesen werden. Begründet der Vermieter sein Erhöhungsverlangen mit dem Hinweis auf entsprechende Entgelte für einzelne vergleichbare Wohnungen, so genügt die Benennung von drei Wohnungen.

(3) ... *siehe § 558b neu*
(4) ... *siehe § 558b neu*
(5) ... *siehe § 558c neu*

(6) Liegt im Zeitpunkt des Erhöhungsverlangens kein Mietspiegel nach Absatz 5 vor, so führt die Verwendung anderer Mietspiegel, insbesondere auch die Verwendung veralteter Mietspiegel, nicht zur Unwirksamkeit des Mieterhöhungsverlangens.

§ 2 MHG   Erhöhung bis zur ortsüblichen Vergleichsmiete

(1) und (1a) ... *siehe § 558 neu*
(2) ... *siehe § 558a neu*

(4) Ist die Zustimmung erteilt, so schuldet der Mieter den erhöhten Mietzins von dem Beginn des dritten Kalendermonats ab, der auf den Zugang des Erhöhungsverlangens folgt.

Synopse

(2) Soweit der Mieter der Mieterhöhung nicht bis zum Ablauf des zweiten Kalendermonats nach dem Zugang des Verlangens zustimmt, kann der Vermieter auf Erteilung der Zustimmung klagen. Die Klage muss innerhalb von drei weiteren Monaten erhoben werden.

(3) Ist der Klage ein Erhöhungsverlangen vorausgegangen, das den Anforderungen des § 558a nicht entspricht, so kann es der Vermieter im Rechtsstreit nachholen oder die Mängel des Erhöhungsverlangens beheben. Dem Mieter steht auch in diesem Fall die Zustimmungsfrist nach Absatz 2 Satz 1 zu.

(4) Eine zum Nachteil des Mieters abweichende Vereinbarung ist unwirksam.

§ 558c Mietspiegel

(1) Ein Mietspiegel ist eine Übersicht über die ortsübliche Vergleichsmiete, soweit die Übersicht von der Gemeinde oder von Interessenvertretern der Vermieter und der Mieter gemeinsam erstellt oder anerkannt worden ist.

(2) Mietspiegel können für das Gebiet einer Gemeinde oder mehrerer Gemeinden oder für Teile von Gemeinden erstellt werden.

(3) Mietspiegel sollen im Abstand von zwei Jahren der Marktentwicklung angepasst werden.

(4) Gemeinden sollen Mietspiegel erstellen, wenn hierfür ein Bedürfnis besteht und dies mit einem vertretbaren Aufwand möglich ist. Die Mietspiegel und ihre Änderungen sollen veröffentlicht werden.

(3) Stimmt der Mieter dem Erhöhungsverlangen nicht bis zum Ablauf des zweiten Kalendermonats zu, der auf den Zugang des Verlangens folgt, so kann der Vermieter bis zum Ablauf von weiteren zwei Monaten auf Erteilung der Zustimmung klagen.

Ist die Klage erhoben worden, jedoch kein wirksames Erhöhungsverlangen vorausgegangen, so kann der Vermieter das Erhöhungsverlangen im Rechtsstreit nachholen; dem Mieter steht auch in diesem Fall die Zustimmungsfrist nach Satz 1 zu.

(5) ... *siehe § 558c neu*
(6) ... *siehe § 558a neu*

§ 2 MHG Erhöhung bis zur ortsüblichen Vergleichsmiete

(1) und (1a) ... *siehe § 558 neu*

(2) Der Anspruch nach Absatz 1 ist dem Mieter gegenüber schriftlich geltend zu machen und zu begründen. Dabei kann insbesondere Bezug genommen werden auf eine Übersicht über die üblichen Entgelte nach Absatz 1 Satz 1 Nr. 2 in der Gemeinde oder in einer vergleichbaren Gemeinde, soweit die Übersicht von der Gemeinde oder von Interessenvertretern der Vermieter und der Mieter gemeinsam erstellt oder anerkannt worden ist (Mietspiegel); enthält die Übersicht Mietzinsspannen, so genügt es, wenn der verlangte Mietzins innerhalb der Spanne liegt. Ferner kann auf ein mit Gründen versehenes Gutachten eines öffentlich bestellten oder vereidigten Sachverständigen verwiesen werden. Begründet der Vermieter sein Erhöhungsverlangen mit dem Hinweis auf entsprechende Entgelte für einzelne vergleichbare Wohnungen, so genügt die Benennung von drei Wohnungen.

(3) und (4) ... *siehe § 558b neu*

(5) Gemeinden sollen, soweit hierfür ein Bedürfnis besteht und dies mit einem für sie vertretbaren Aufwand möglich ist, Mietspiegel erstellen. Bei der Aufstellung von Mietspiegeln sollen Entgelte, die auf Grund ge-

setzlicher Bestimmungen an Höchstbeträge gebunden sind, außer Betracht bleiben. Die Mietspiegel sollen im Abstand von zwei Jahren der Marktentwicklung angepasst werden. Die Bundesregierung wird ermächtigt, durch Rechtsverordnung mit Zustimmung des Bundesrates Vorschriften über den näheren Inhalt und das Verfahren zur Aufstellung und Anpassung von Mietspiegeln zu erlassen. Die Mietspiegel und ihre Änderungen sollen öffentlich bekanntgemacht werden.

(6) ... *siehe § 558a neu*

(5) Die Bundesregierung wird ermächtigt, durch Rechtsverordnung mit Zustimmung des Bundesrates Vorschriften über den näheren Inhalt und das Verfahren zur Aufstellung und Anpassung von Mietspiegeln zu erlassen.

§ 558d Qualifizierter Mietspiegel

(1) Ein qualifizierter Mietspiegel ist ein Mietspiegel, der nach anerkannten wissenschaftlichen Grundsätzen erstellt und von der Gemeinde oder von Interessenvertretern der Vermieter und der Mieter anerkannt worden ist.

(2) Der qualifizierte Mietspiegel ist im Abstand von zwei Jahren der Marktentwicklung anzupassen. Dabei kann eine Stichprobe oder die Entwicklung des vom Statistischen Bundesamtes ermittelten Preisindexes für die Lebenshaltung aller privaten Haushalte in Deutschland zugrunde gelegt werden. Nach vier Jahren ist der qualifizierte Mietspiegel neu zu erstellen.

(3) Ist die Vorschrift des Absatzes 2 eingehalten, so wird vermutet, dass die im qualifizierten Mietspiegel bezeichneten Entgelte die ortsübliche Vergleichsmiete wiedergeben.

§ 558e Mietdatenbank

Eine Mietdatenbank ist eine zur Ermittlung der ortsüblichen Vergleichsmiete fortlaufend geführte Sammlung von Mieten, die von der Gemeinde oder von Interessenvertretern der Vermieter und der Mieter gemeinsam geführt oder anerkannt wird und aus der Auskünfte gegeben werden, die für einzelne Wohnungen einen Schluss auf die ortsübliche Vergleichsmiete zulassen.

§ 559 Mieterhöhung bei Modernisierung

(1) Hat der Vermieter bauliche Maßnahmen durchgeführt, die den Gebrauchswert der Mietsa-

§ 3 MHG Erhöhung des Mietzinses bei baulichen Änderungen

(1) Hat der Vermieter bauliche Maßnahmen durchgeführt, die den Gebrauchswert der

che nachhaltig erhöhen, die allgemeinen Wohnverhältnisse auf Dauer verbessern oder nachhaltig Einsparungen von Energie oder Wasser bewirken (Modernisierung), oder hat er andere bauliche Maßnahmen aufgrund von Umständen durchgeführt, die er nicht zu vertreten hat, so kann er die jährliche Miete um elf vom Hundert der für die Wohnung aufgewendeten Kosten erhöhen.

(2) Sind die baulichen Maßnahmen für mehrere Wohnungen durchgeführt worden, so sind die Kosten angemessen auf die einzelnen Wohnungen aufzuteilen.

(3) Eine zum Nachteil des Mieters abweichende Vereinbarung ist unwirksam.

§ 559a   Anrechnung von Drittmitteln

(1) Kosten, die vom Mieter oder für diesen von einem Dritten übernommen oder die mit Zuschüssen aus öffentlichen Haushalten gedeckt werden, gehören nicht zu den aufgewendeten Kosten im Sinne des § 559.

(2) Werden die Kosten für die baulichen Maßnahmen ganz oder teilweise durch zinsverbilligte oder zinslose Darlehen aus öffentlichen Haushalten gedeckt, so verringert sich der Erhöhungsbetrag nach § 559 um den Jahresbetrag der Zinsermäßigung. Dieser wird errechnet aus dem Unterschied zwischen dem ermäßigten Zinssatz und dem marktüblichen Zinssatz für den Ursprungsbetrag des Darlehens. Maßgebend ist der marktübliche Zinssatz für erstrangige Hypotheken zum Zeitpunkt der Beendigung der Maßnahmen. Werden Zuschüsse oder Darlehen zur Deckung von laufenden Aufwendungen gewährt,

Mietsache nachhaltig erhöhen, die allgemeinen Wohnverhältnisse auf die Dauer verbessern oder nachhaltig Einsparungen von Heizenergie oder Wasser bewirken (Modernisierung), oder hat er andere bauliche Änderungen auf Grund von Umständen, die er nicht zu vertreten hat, durchgeführt, so kann er eine Erhöhung der jährlichen Miete um elf vom Hundert der für die Wohnung aufgewendeten Kosten verlangen.

Sind die baulichen Änderungen für mehrere Wohnungen durchgeführt worden, so sind die dafür aufgewendeten Kosten vom Vermieter angemessen auf die einzelnen Wohnungen aufzuteilen. ... *Satz 3 bis 7 siehe § 559a neu*

(2) ...
(3) und (4) ... *siehe § 559b neu*
(5) ...

§ 3 MHG   Erhöhung des Mietzinses bei baulichen Änderungen

(1) ... *Satz 1 und 2 siehe § 559 neu; Satz 3 bis 6 siehe § 559a Abs. 2; Satz 7:*
Kosten, die vom Mieter oder für diesen von einem Dritten übernommen oder die mit Zuschüssen aus öffentlichen Haushalten gedeckt werden, gehören nicht zu den aufgewendeten Kosten im Sinne des Satzes 1. Mittel der Finanzierungsinstitute des Bundes oder eines Landes gelten als Mittel aus öffentlichen Haushalten.

(1) ... *Satz 1 und 2 siehe § 559 neu; Satz 3:*
Werden die Kosten für die baulichen Änderungen ganz oder teilweise durch zinsverbilligte oder zinslose Darlehen aus öffentlichen Haushalten gedeckt, so verringert sich der Erhöhungsbetrag nach Satz 1 um den Jahresbetrag der Zinsermäßigung, der sich für den Ursprungsbetrag des Darlehens aus dem Unterschied im Zinssatz gegenüber dem marktüblichen Zinssatz für erststellige Hypotheken zum Zeitpunkt der Beendigung der Maßnahmen ergibt: Werden Zuschüsse oder Darlehen zur Deckung von laufenden Aufwendungen gewährt, so verringert sich der

so verringert sich der Erhöhungsbetrag um den Jahresbetrag des Zuschusses oder Darlehens.

(3) Ein Mieterdarlehen, eine Mietvorauszahlung oder eine von einem Dritten für den Mieter erbrachte Leistung für die baulichen Maßnahmen stehen einem Darlehen aus öffentlichen Haushalten gleich. Mittel der Finanzierungsinstitute des Bundes oder eines Landes gelten als Mittel aus öffentlichen Haushalten.

(4) Kann nicht festgestellt werden, in welcher Höhe Zuschüsse oder Darlehen für die einzelnen Wohnungen gewährt worden sind, so sind sie nach dem Verhältnis der für die einzelnen Wohnungen aufgewendeten Kosten aufzuteilen.

(5) Eine zum Nachteil des Mieters abweichende Vereinbarung ist unwirksam.

§ 559b   Geltendmachung der Erhöhung, Wirkung der Erhöhungserklärung

(1) Die Mieterhöhung nach § 559 ist dem Mieter in Textform zu erklären. Die Erklärung ist nur wirksam, wenn in ihr die Erhöhung aufgrund der entstandenen Kosten berechnet und entsprechend den Voraussetzungen der §§ 559 und 559a erläutert wird.

(2) Der Mieter schuldet die erhöhte Miete mit Beginn des dritten Monats nach dem Zugang der Erklärung. Die Frist verlängert sich um sechs Monate, wenn der Vermieter dem Mieter die zu erwartende Erhöhung der Miete nicht nach § 554 Abs. 3 Satz 1 mitgeteilt hat oder wenn die tat-

---

Erhöhungsbetrag um den Jahresbetrag des Zuschusses oder Darlehens.

Ein Mieterdarlehen, eine Mietvorauszahlung oder eine von einem Dritten für den Mieter erbrachte Leistung für die baulichen Änderungen steht einem Darlehen aus öffentlichen Haushalten gleich.

Kann nicht festgestellt werden, in welcher Höhe Zuschüsse oder Darlehen für die einzelnen Wohnungen gewährt worden sind, so sind sie nach dem Verhältnis der für die einzelnen Wohnungen aufgewendeten Kosten aufzuteilen. Kosten, die vom Mieter oder für diesen von einem Dritten übernommen oder die mit Zuschüssen aus öffentlichen Haushalten gedeckt werden, gehören nicht zu den aufgewendeten Kosten im Sinne des Satzes 1. Mittel der Finanzierungsinstitute des Bundes oder eines Landes gelten als Mittel aus öffentlichen Haushalten.

(2) ...
(3) und (4) ... *siehe § 559b neu*
(5) ...

§ 3 MHG   Erhöhung des Mietzinses bei baulichen Änderungen

(1) ... *siehe §§ 559, 559a neu*
(2) ...

(3) Der Anspruch nach Absatz 1 ist vom Vermieter durch schriftliche Erklärung gegenüber dem Mieter geltend zu machen. Die Erklärung ist nur wirksam, wenn in ihr die Erhöhung aufgrund der entstandenen Kosten berechnet und entsprechend den Voraussetzungen nach Absatz 1 erläutert wird.

(4) Die Erklärung des Vermieters hat die Wirkung, dass von dem Beginn des auf die Erklärung folgenden übernächsten Monats an der erhöhte Mietzins an die Stelle des bisher zu entrichtenden Mietzinses tritt. Die Frist verlängert sich um sechs Monate, wenn der

sächliche Mieterhöhung mehr als zehn vom Hundert höher ist als die mitgeteilte.

(3) Eine zum Nachteil des Mieters abweichende Vereinbarung ist unwirksam.

§ 560 Veränderungen von Betriebskosten

(1) Bei einer Betriebskostenpauschale ist der Vermieter berechtigt, Erhöhungen der Betriebskosten durch Erklärung in Textform anteilig auf den Mieter umzulegen, soweit dies im Mietvertrag vereinbart ist. Die Erklärung ist nur wirksam, wenn in ihr der Grund für die Umlage bezeichnet und erläutert wird.

(2) Der Mieter schuldet den auf ihn entfallenden Teil der Umlage mit Beginn des auf die Erklärung folgenden übernächsten Monats. Soweit die Erklärung darauf beruht, dass sich die Betriebskosten rückwirkend erhöht haben, wirkt sie auf den Zeitpunkt der Erhöhung der Betriebskosten, höchstens jedoch auf den Beginn des der Erklärung vorausgehenden Kalenderjahres zurück, sofern der Vermieter die Erklärung innerhalb von drei Monaten nach Kenntnis von der Erhöhung abgibt.

(3) Ermäßigen sich die Betriebskosten, so ist eine Betriebskostenpauschale vom Zeitpunkt der Ermäßigung an entsprechend herabzusetzen. Die Ermäßigung ist dem Mieter unverzüglich mitzuteilen.

(4) Sind Betriebskostenvorauszahlungen vereinbart worden, so kann jede Vertragspartei nach einer Abrechnung durch Erklärung in Textform eine Anpassung auf eine angemessene Höhe vornehmen.

Vermieter dem Mieter die zu erwartende Erhöhung des Mietzinses nicht nach § 541b Abs. 2 Satz 1 des Bürgerlichen Gesetzbuches mitgeteilt hat oder wenn die tatsächliche Mieterhöhung gegenüber dieser Mitteilung um mehr als zehn vom Hundert nach oben abweicht.

(5) ...

§ 4 MHG   Betriebskosten

(1) ... *siehe § 556 neu*

(2) Der Vermieter ist berechtigt, Erhöhungen der Betriebskosten durch schriftliche Erklärung anteilig auf den Mieter umzulegen. Die Erklärung ist nur wirksam, wenn in ihr der Grund für die Umlage bezeichnet und erläutert wird.

(3) Der Mieter schuldet den auf ihn entfallenden Teil der Umlage vom Ersten des auf die Erklärung folgenden Monats oder, wenn die Erklärung erst nach dem Fünfzehnten eines Monats abgegeben worden ist, vom Ersten des übernächsten Monats an. Soweit die Erklärung darauf beruht, dass sich die Betriebskosten rückwirkend erhöht haben, wirkt sie auf den Zeitpunkt der Erhöhung der Betriebskosten, höchstens jedoch auf den Beginn des der Erklärung vorausgehenden Kalenderjahres zurück, sofern der Vermieter die Erklärung innerhalb von drei Monaten nach Kenntnis von der Erhöhung abgibt.

(4) Ermäßigen sich die Betriebskosten, so ist der Mietzins vom Zeitpunkt der Ermäßigung ab entsprechend herabzusetzen. Die Ermäßigung ist dem Mieter unverzüglich mitzuteilen.

(5) ... *siehe § 556a neu*

(5) Bei Veränderungen von Betriebskosten ist der Grundsatz der Wirtschaftlichkeit zu beachten.

(6) Eine zum Nachteil des Mieters abweichende Vereinbarung ist unwirksam.

§ 561 Sonderkündigungsrecht des Mieters nach Mieterhöhung

(1) Macht der Vermieter eine Mieterhöhung nach den §§ 558 oder 559 geltend, so kann der Mieter bis zum Ablauf des zweiten Monats nach dem Zugang der Erklärung des Vermieters das Mietverhältnis außerordentlich zum Ablauf des übernächsten Monats kündigen. Kündigt der Mieter, so tritt die Mieterhöhung nicht ein.

(2) Eine zum Nachteil des Mieters abweichende Vereinbarung ist unwirksam.

3. Pfandrecht des Vermieters

§ 562 Umfang des Vermieterpfandrechts

(1) Der Vermieter hat für seine Forderungen aus dem Mietverhältnis ein Pfandrecht an den eingebrachten Sachen des Mieters. Es erstreckt sich nicht auf die Sachen, die der Pfändung nicht unterliegen.

(2) Für künftige Entschädigungsforderungen und für die Miete für eine spätere Zeit als das laufende und das folgende Mietjahr kann das Pfandrecht nicht geltend gemacht werden.

§ 562a Erlöschen des Vermieterpfandrechts

Das Pfandrecht des Vermieters erlischt mit der Entfernung der Sachen von dem Grundstück, außer wenn diese ohne Wissen oder unter Widerspruch des Vermieters erfolgt. Der Vermieter kann nicht widersprechen, wenn sie den ge-

§ 9 MHG Kündigungsrecht und Kündigungsschutz des Mieters

(1) Verlangt der Vermieter eine Mieterhöhung nach § 2, so ist der Mieter berechtigt, bis zum Ablauf des zweiten Monats, der auf den Zugang des Erhöhungsverlangens folgt, für den Ablauf des übernächsten Monats zu kündigen. Verlangt der Vermieter eine Mieterhöhung nach den §§ 3, 5 bis 7, so ist der Mieter berechtigt, das Mietverhältnis spätestens am dritten Werktag des Kalendermonats, von dem an der Mietzins erhöht werden soll, für den Ablauf des übernächsten Monats zu kündigen. Kündigt der Mieter, so tritt die Mieterhöhung nicht ein.

(2) ... siehe § 569 Abs. 3 neu

§ 559 Vermieterpfandrecht

Der Vermieter eines Grundstücks hat für seine Forderungen aus dem Mietverhältnis ein Pfandrecht an den eingebrachten Sachen des Mieters.

Für künftige Entschädigungsforderungen und für den Mietzins für eine spätere Zeit als das laufende und das folgende Mietjahr kann das Pfandrecht nicht geltend gemacht werden. Es erstreckt sich nicht auf die der Pfändung nicht unterworfenen Sachen.

§ 560 Erlöschen des Pfandrechts

Das Pfandrecht des Vermieters erlischt mit der Entfernung der Sachen von dem Grundstück, es sei denn, dass die Entfernung ohne Wissen oder unter Widerspruch des Vermieters erfolgt. Der Vermieter kann der Entfer-

wöhnlichen Lebensverhältnissen entspricht oder wenn die zurückbleibenden Sachen zur Sicherung des Vermieters offenbar ausreichen.

§ 562b   Selbsthilferecht, Herausgabeanspruch

(1) Der Vermieter darf die Entfernung der Sachen, die seinem Pfandrecht unterliegen, auch ohne Anrufen des Gerichts verhindern, soweit er berechtigt ist, der Entfernung zu widersprechen. Wenn der Mieter auszieht, darf der Vermieter diese Sachen in seinen Besitz nehmen.

(2) Sind die Sachen ohne Wissen oder unter Widerspruch des Vermieters entfernt worden, so kann er die Herausgabe zum Zwecke der Zurückschaffung auf das Grundstück und, wenn der Mieter ausgezogen ist, die Überlassung des Besitzes verlangen. Das Pfandrecht erlischt mit dem Ablauf eines Monats, nachdem der Vermieter von der Entfernung der Sachen Kenntnis erlangt hat, wenn er diesen Anspruch nicht vorher gerichtlich geltend gemacht hat.

§ 562c   Abwendung des Pfandrechts durch Sicherheitsleistung

Der Mieter kann die Geltendmachung des Pfandrechts des Vermieters durch Sicherheitsleistung abwenden. Er kann jede einzelne Sache dadurch von dem Pfandrecht befreien, dass er in Höhe ihres Wertes Sicherheit leistet.

§ 562d   Pfändung durch Dritte

Wird eine Sache, die dem Pfandrecht des Vermieters unterliegt, für einen anderen Gläubiger gepfändet, so kann diesem gegenüber das Pfandrecht nicht wegen der Miete für eine frühere Zeit als das letzte Jahr vor der Pfändung geltend gemacht werden.

4. Wechsel der Vertragsparteien

nung nicht widersprechen, wenn sie im regelmäßigen Betriebe des Geschäfts des Mieters oder den gewöhnlichen Lebensverhältnissen entsprechend erfolgt oder wenn die zurückbleibenden Sachen zur Sicherung des Vermieters offenbar ausreichen.

§ 561   Selbsthilferecht

(1) Der Vermieter darf die Entfernung der seinem Pfandrecht unterliegenden Sachen, soweit er ihr zu widersprechen berechtigt ist, auch ohne Anrufen des Gerichts verhindern und, wenn der Mieter auszieht, die Sachen in seinen Besitz nehmen.

(2) Sind die Sachen ohne Wissen oder unter Widerspruch des Vermieters entfernt worden, so kann er die Herausgabe zum Zwecke der Zurückschaffung in das Grundstück und, wenn der Mieter ausgezogen ist, die Überlassung des Besitzes verlangen. Das Pfandrecht erlischt mit dem Ablauf eines Monats, nachdem der Vermieter von der Entfernung der Sachen Kenntnis erlangt hat, wenn nicht der Vermieter diesen Anspruch vorher gerichtlich geltend gemacht hat.

§ 562   Sicherheitsleistung

Der Mieter kann die Geltendmachung des Pfandrechts des Vermieters durch Sicherheitsleistung abwenden; er kann jede einzelne Sache dadurch von dem Pfandrecht befreien, dass er in Höhe ihres Wertes Sicherheit leistet.

§ 563   Pfändungspfandrecht

Wird eine dem Pfandrechte des Vermieters unterliegende Sache für einen anderen Gläubiger gepfändet, so kann diesem gegenüber das Pfandrecht nicht wegen des Mietzinses für eine frühere Zeit als das letzte Jahr vor der Pfändung geltend gemacht werden.

§ 563   Eintrittsrecht bei Tod des Mieters

(1) Der Ehegatte, der mit dem Mieter einen gemeinsamen Haushalt führt, tritt mit dem Tod des Mieters in das Mietverhältnis ein. Dasselbe gilt für den Lebenspartner.

(2) Leben in dem gemeinsamen Haushalt Kinder des Mieters, treten diese mit dem Tod des Mieters in das Mietverhältnis ein, wenn nicht der Ehegatte eintritt. Der Eintritt des Lebenspartners bleibt vom Eintritt der Kinder des Mieters unberührt. Andere Familienangehörige, die mit dem Mieter einen gemeinsamen Haushalt führen, treten mit dem Tod des Mieters in das Mietverhältnis ein, wenn nicht der Ehegatte oder der Lebenspartner eintritt. Dasselbe gilt für Personen, die mit dem Mieter einen auf Dauer angelegten gemeinsamen Haushalt führen.

(3) Erklären eingetretene Personen im Sinne des Absatzes 1 oder 2 innerhalb eines Monats, nachdem sie vom Tod des Mieters Kenntnis erlangt haben, dem Vermieter, dass sie das Mietverhältnis nicht fortsetzen wollen, gilt der Eintritt als nicht erfolgt. Für geschäftsunfähige oder in der Geschäftsfähigkeit beschränkte Personen gilt § 206 entsprechend. Sind mehrere Personen in das Mietverhältnis eingetreten, so kann jeder die Erklärung für sich abgeben.

(4) Der Vermieter kann das Mietverhältnis innerhalb eines Monats, nachdem er von dem endgültigen Eintritt in das Mietverhältnis Kenntnis erlangt hat, außerordentlich mit der gesetzlichen Frist kündigen, wenn in der Person des Eingetretenen ein wichtiger Grund vorliegt.

§ 569a   Eintritt von Familienangehörigen in das Mietverhältnis

(1) In ein Mietverhältnis über Wohnraum, in dem der Mieter mit seinem Ehegatten den gemeinsamen Hausstand führt, tritt mit dem Tode des Mieters der Ehegatte ein. Erklärt der Ehegatte binnen eines Monats, nachdem er von dem Tode des Mieters Kenntnis erlangt hat, dem Vermieter gegenüber, dass er das Mietverhältnis nicht fortsetzen will, so gilt sein Eintritt in das Mietverhältnis als nicht erfolgt; § 206 gilt entsprechend.

(2) Wird in dem Wohnraum ein gemeinsamer Hausstand mit einem oder mehreren anderen Familienangehörigen geführt, so treten diese mit dem Tode des Mieters in das Mietverhältnis ein. Das Gleiche gilt, wenn der Mieter einen gemeinsamen Hausstand mit seinem Ehegatten und einem oder mehreren anderen Familienangehörigen geführt hat und der Ehegatte in das Mietverhältnis nicht eintritt. Absatz 1 Satz 2 gilt entsprechend; bei mehreren Familienangehörigen kann jeder die Erklärung für sich abgeben. Sind mehrere Familienangehörige in das Mietverhältnis eingetreten, so können sie die Rechte aus dem Mietverhältnis nur gemeinsam ausüben. Für die Verpflichtungen aus dem Mietverhältnis haften sie als Gesamtschuldner.

(3) ... *siehe § 563b Abs. 1 neu*
(4) ... *siehe § 563b Abs. 2 neu*

(5) Der Vermieter kann das Mietverhältnis unter Einhaltung der gesetzlichen Frist kündigen, wenn in der Person des Ehegatten oder Familienangehörigen, der in das Mietverhältnis eingetreten ist, ein wichtiger Grund vorliegt; die Kündigung kann nur für den ersten Termin erfolgen, für den sie zulässig ist. § 556a ist entsprechend anzuwenden.

(6) ... *siehe § 564 neu*

(5) Eine abweichende Vereinbarung zum Nachteil des Mieters oder solcher Personen, die nach Absatz 1 oder 2 eintrittsberechtigt sind, ist unwirksam.

(7) Eine von den Absätzen 1, 2 oder 5 abweichende Vereinbarung ist unwirksam.

§ 563a Fortsetzung mit überlebenden Mietern

(1) Sind mehrere Personen im Sinne des § 563 gemeinsam Mieter, so wird das Mietverhältnis beim Tod eines Mieters mit den überlebenden Mietern fortgesetzt.

(2) Die überlebenden Mieter können das Mietverhältnis innerhalb eines Monats, nachdem sie vom Tod des Mieters Kenntnis erlangt haben, außerordentlich mit der gesetzlichen Frist kündigen.

(3) Eine abweichende Vereinbarung zum Nachteil der Mieter ist unwirksam.

§ 563b Haftung bei Eintritt oder Fortsetzung

(1) Die Personen, die nach § 563 in das Mietverhältnis eingetreten sind oder mit denen es nach § 563a fortgesetzt wird, haften neben dem Erben für die bis zum Tod des Mieters entstandenen Verbindlichkeiten als Gesamtschuldner. Im Verhältnis zu diesen Personen haftet der Erbe allein, soweit nichts anderes bestimmt ist.

(2) Hat der Mieter die Miete für einen nach seinem Tod liegenden Zeitraum im Voraus entrichtet, sind die Personen, die nach § 563 in das Mietverhältnis eingetreten sind oder mit denen es nach § 563a fortgesetzt wird, verpflichtet, dem Erben dasjenige herauszugeben, was sie infolge der Vorausentrichtung der Miete ersparen oder erlangen.

(3) Der Vermieter kann, falls der verstorbene Mieter keine Sicherheit geleistet hat, von den Personen, die nach § 563 in das Mietverhältnis eingetreten sind oder mit denen es nach § 563a fortgesetzt wird, nach Maßgabe des § 551 eine Sicherheitsleistung verlangen.

§ 569b Gemeinsamer Mietvertrag von Ehegatten

Ein Mietverhältnis über Wohnraum, den Eheleute gemeinschaftlich gemietet haben und in dem sie den gemeinsamen Hausstand führen, wird beim Tode eines Ehegatten mit dem überlebenden Ehegatten fortgesetzt. § 569a Abs. 3, 4 gilt entsprechend. Der überlebende Ehegatte kann das Mietverhältnis unter Einhaltung der gesetzlichen Frist kündigen; die Kündigung kann nur für den ersten Termin erfolgen, für den sie zulässig ist.

§ 569a Eintritt von Familienangehörigen in das Mietverhältnis

(1) und (2) ... *siehe § 563 neu*

(3) Der Ehegatte oder die Familienangehörigen haften, wenn sie in das Mietverhältnis eingetreten sind, neben dem Erben für die bis zum Tode des Mieters entstandenen Verbindlichkeiten als Gesamtschuldner; im Verhältnis zu dem Ehegatten oder den Familienangehörigen haftet der Erbe allein.

(4) Hat der Mieter den Mietzins für einen nach seinem Tode liegenden Zeitraum im Voraus entrichtet und treten sein Ehegatte oder Familienangehörige in das Mietverhältnis ein, so sind sie verpflichtet, dem Erben dasjenige herauszugeben, was sie infolge der Vorausentrichtung des Mietzinses ersparen oder erlangen.

(5) ... *siehe § 563 Abs. 4 neu*
(6) ... *siehe § 564 neu*
(7) ... *siehe § 563 Abs. 5 neu*

§ 564 Fortsetzung des Mietverhältnisses mit dem Erben, außerordentliche Kündigung

Treten beim Tod des Mieters keine Personen im Sinne des § 563 in das Mietverhältnis ein oder wird es nicht mit ihnen nach § 563a fortgesetzt, so wird es mit dem Erben fortgesetzt. In diesem Fall ist sowohl der Erbe als auch der Vermieter berechtigt, das Mietverhältnis innerhalb eines Monats außerordentlich mit der gesetzlichen Frist zu kündigen, nachdem sie vom Tod des Mieters und davon Kenntnis erlangt haben, dass ein Eintritt in das Mietverhältnis oder dessen Fortsetzung nicht erfolgt sind.

§ 565 Gewerbliche Weitervermietung

(1) Soll der Mieter nach dem Mietvertrag den gemieteten Wohnraum gewerblich einem Dritten zu Wohnzwecken weitervermieten, so tritt der Vermieter bei der Beendigung des Mietverhältnisses in die Rechte und Pflichten aus dem Mietverhältnis zwischen dem Mieter und dem Dritten ein. Schließt der Vermieter erneut einen Mietvertrag zur gewerblichen Weitervermietung ab, so tritt der Mieter anstelle der bisherigen Vertragspartei in die Rechte und Pflichten aus dem Mietverhältnis mit dem Dritten ein.

(2) Die §§ 566a bis 566e gelten entsprechend.

(3) Eine zum Nachteil des Dritten abweichende Vereinbarung ist unwirksam.

§ 566 Kauf bricht nicht Miete

(1) Wird der vermietete Wohnraum nach der Überlassung an den Mieter von dem Vermieter an einen Dritten veräußert, so tritt der Erwerber anstelle des Vermieters in die sich während der Dauer seines Eigentums aus dem Mietverhältnis ergebenden Rechte und Pflichten ein.

(2) Erfüllt der Erwerber die Pflichten nicht, so haftet der Vermieter für den von dem Erwerber zu ersetzenden Schaden wie ein Bürge, der auf

§ 569a Eintritt von Familienangehörigen in das Mietverhältnis

(1) bis (5) ... *siehe §§ 563, 563b neu*

(6) Treten in ein Mietverhältnis über Wohnraum der Ehegatte oder andere Familienangehörige nicht ein, so wird es mit dem Erben fortgesetzt. Sowohl der Erbe als der Vermieter sind berechtigt, das Mietverhältnis unter Einhaltung der gesetzlichen Frist zu kündigen; die Kündigung kann nur für den ersten Termin erfolgen, für den sie zulässig ist.

(7) ... *siehe § 563 Abs. 5 neu*

§ 549a Gewerbliche Zwischenmiete

(1) Soll der Mieter nach dem Inhalt des Mietvertrages den gemieteten Wohnraum gewerblich einem Dritten weitervermieten, so tritt der Vermieter bei der Beendigung des Mietverhältnisses in die Rechte und Pflichten aus dem Mietverhältnis zwischen dem Mieter und dem Dritten ein. Schließt der Vermieter erneut einen Mietvertrag zum Zwecke der gewerblichen Weitervermietung ab, so tritt der Mieter anstelle des bisherigen Vertragspartners in die Rechte und Pflichten aus dem Mietverhältnis mit dem Dritten ein.

(2) Die §§ 572 bis 576 gelten entsprechend.

(3) Eine zum Nachteil des Dritten abweichende Vereinbarung ist unwirksam.

§ 571 Veräußerung bricht nicht Miete

(1) Wird das vermietete Grundstück nach der Überlassung an den Mieter von dem Vermieter an einen Dritten veräußert, so tritt der Erwerber an Stelle des Vermieters in die sich während der Dauer seines Eigentums aus dem Mietverhältnis ergebenden Rechte und Verpflichtungen ein.

(2) Erfüllt der Erwerber die Verpflichtungen nicht, so haftet der Vermieter für den von dem Erwerber zu ersetzenden Schaden wie

die Einrede der Vorausklage verzichtet hat. Erlangt der Mieter von dem Übergang des Eigentums durch Mitteilung des Vermieters Kenntnis, so wird der Vermieter von der Haftung befreit, wenn nicht der Mieter das Mietverhältnis zum ersten Termin kündigt, zu dem die Kündigung zulässig ist.

ein Bürge, der auf die Einrede der Vorausklage verzichtet hat. Erlangt der Mieter von dem Übergange des Eigentums durch Mitteilung des Vermieters Kenntnis, so wird der Vermieter von der Haftung befreit, wenn nicht der Mieter das Mietverhältnis für den ersten Termin kündigt, für den die Kündigung zulässig ist.

§ 566a   Mietsicherheit

Hat der Mieter des veräußerten Wohnraums dem Vermieter für die Erfüllung seiner Pflichten Sicherheit geleistet, so tritt der Erwerber in die dadurch begründeten Rechte und Pflichten ein. Kann bei Beendigung des Mietverhältnisses der Mieter die Sicherheit von dem Erwerber nicht erlangen, so ist der Vermieter weiterhin zur Rückgewähr verpflichtet.

§ 572   Sicherheitsleistung des Mieters

Hat der Mieter des veräußerten Grundstücks dem Vermieter für die Erfüllung seiner Verpflichtungen Sicherheit geleistet, so tritt der Erwerber in die dadurch begründeten Rechte ein. Zur Rückgewähr der Sicherheit ist er nur verpflichtet, wenn sie ihm ausgehändigt wird oder wenn er dem Vermieter gegenüber die Verpflichtung zur Rückgewähr übernimmt.

§ 566b   Vorausverfügung über die Miete

(1) Hat der Vermieter vor dem Übergang des Eigentums über die Miete verfügt, die auf die Zeit der Berechtigung des Erwerbers entfällt, so ist die Verfügung wirksam, soweit sie sich auf die Miete für den zur Zeit des Eigentumsübergangs laufenden Kalendermonat bezieht. Geht das Eigentum nach dem fünfzehnten Tag des Monats über, so ist die Verfügung auch wirksam, soweit sie sich auf die Miete für den folgenden Kalendermonat bezieht.

§ 573   Vorausverfügung über den Mietzins

Hat der Vermieter vor dem Übergang des Eigentums über den Mietzins, der auf die Zeit der Berechtigung des Erwerbers entfällt, verfügt, so ist die Verfügung insoweit wirksam, als sie sich auf den Mietzins für den zur Zeit des Übergangs des Eigentums laufenden Kalendermonat bezieht; geht das Eigentum nach dem fünfzehnten Tage des Monats über, so ist die Verfügung auch insoweit wirksam, als sie sich auf den Mietzins für den folgenden Kalendermonat bezieht.

(2) Eine Verfügung über die Miete für eine spätere Zeit muss der Erwerber gegen sich gelten lassen, wenn er sie zur Zeit des Übergangs des Eigentums kennt.

Eine Verfügung über den Mietzins für eine spätere Zeit muss der Erwerber gegen sich gelten lassen, wenn er sie zur Zeit des Überganges des Eigentums kennt.

§ 566c   Vereinbarung zwischen Mieter und Vermieter über die Miete

Ein Rechtsgeschäft, das zwischen dem Mieter und dem Vermieter über die Mietforderung vorgenommen wird, insbesondere die Entrichtung der Miete, ist dem Erwerber gegenüber wirksam, soweit es sich nicht auf die Miete für eine spätere Zeit als den Kalendermonat bezieht, in welchem der Mieter von dem Übergang des Eigentums Kenntnis erlangt. Erlangt der Mieter die Kenntnis nach dem fünfzehnten Tag des Monats, so ist das

§ 574   Rechtsgeschäfte über Entrichtung des Mietzinses

Ein Rechtsgeschäft, das zwischen dem Mieter und dem Vermieter in Ansehung der Mietzinsforderung vorgenommen wird, insbesondere die Entrichtung des Mietzinses, ist dem Erwerber gegenüber wirksam, soweit es sich nicht auf den Mietzins für eine spätere Zeit als den Kalendermonat bezieht, in welchem der Mieter von dem Übergang des Eigentums Kenntnis erlangt; erlangt der

Rechtsgeschäft auch wirksam, soweit es sich auf die Miete für den folgenden Kalendermonat bezieht. Ein Rechtsgeschäft, das nach dem Übergang des Eigentums vorgenommen wird, ist jedoch unwirksam, wenn der Mieter bei der Vornahme des Rechtsgeschäfts von dem Übergang des Eigentums Kenntnis hat.

§ 566d Aufrechnung durch den Mieter

Soweit die Entrichtung der Miete an den Vermieter nach § 566c dem Erwerber gegenüber wirksam ist, kann der Mieter gegen die Mietforderung des Erwerbers eine ihm gegen den Vermieter zustehende Forderung aufrechnen. Die Aufrechnung ist ausgeschlossen, wenn der Mieter die Gegenforderung erworben hat, nachdem er von dem Übergang des Eigentums Kenntnis erlangt hat, oder wenn die Gegenforderung erst nach der Erlangung der Kenntnis und später als die Miete fällig geworden ist.

§ 566e Mitteilung des Eigentumsübergangs durch den Vermieter

(1) Teilt der Vermieter dem Mieter mit, dass er das Eigentum an dem vermieteten Wohnraum auf einen Dritten übertragen hat, so muss er in Ansehung der Mietforderung dem Mieter gegenüber die mitgeteilte Übertragung gegen sich gelten lassen, auch wenn sie nicht erfolgt oder nicht wirksam ist.

(2) Die Mitteilung kann nur mit Zustimmung desjenigen zurückgenommen werden, der als der neue Eigentümer bezeichnet worden ist.

§ 567 Belastung des Wohnraums durch den Vermieter

Wird der vermietete Wohnraum nach der Überlassung an den Mieter von dem Vermieter mit dem Recht eines Dritten belastet, so sind die §§ 566 bis 566e entsprechend anzuwenden, wenn durch die Ausübung des Rechts dem Mieter der vertragsgemäße Gebrauch entzogen wird. Wird der Mieter durch die Ausübung des Rechts in dem vertragsgemäßen Gebrauch beschränkt, so

Mieter die Kenntnis nach dem fünfzehnten Tage des Monats, so ist das Rechtsgeschäft auch insoweit wirksam, als es sich auf den Mietzins für den folgenden Kalendermonat bezieht. Ein Rechtsgeschäft, das nach dem Übergange des Eigentums vorgenommen wird, ist jedoch unwirksam, wenn der Mieter bei der Vornahme des Rechtsgeschäfts von dem Übergange des Eigentums Kenntnis hat.

§ 575 Aufrechnungsbefugnis

Soweit die Entrichtung des Mietzinses an den Vermieter nach § 574 dem Erwerber gegenüber wirksam ist, kann der Mieter gegen die Mietzinsforderung des Erwerbers eine ihm gegen den Vermieter zustehende Forderung aufrechnen. Die Aufrechnung ist ausgeschlossen, wenn der Mieter die Gegenforderung erworben hat, nachdem er von dem Übergange des Eigentums Kenntnis erlangt hat, oder wenn die Gegenforderung erst nach der Erlangung der Kenntnis und später als der Mietzins fällig geworden ist.

§ 576 Anzeige des Eigentumsübergangs

(1) Zeigt der Vermieter dem Mieter an, dass er das Eigentum an dem vermieteten Grundstück auf einen Dritten übertragen habe, so muss er in Ansehung der Mietzinsforderung die angezeigte Übertragung dem Mieter gegenüber gegen sich gelten lassen, auch wenn sie nicht erfolgt oder nicht wirksam ist.

(2) Die Anzeige kann nur mit Zustimmung desjenigen zurückgenommen werden, welcher als der neue Eigentümer bezeichnet worden ist.

§ 577 Belastung des Mietgrundstücks

Wird das vermietete Grundstück nach der Überlassung an den Mieter von dem Vermieter mit dem Rechte eines Dritten belastet, so finden die Vorschriften der §§ 571 bis 576 entsprechende Anwendung, wenn durch die Ausübung des Rechtes dem Mieter der vertragsmäßige Gebrauch entzogen wird. Hat die Ausübung des Rechtes nur eine Beist der Dritte dem Mieter gegenüber verpflichtet, die Ausübung zu unterlassen, soweit sie den vertragsgemäßen Gebrauch beeinträchtigen würde.

schränkung des Mieters in dem vertragsmäßigen Gebrauche zur Folge, so ist der Dritte dem Mieter gegenüber verpflichtet, die Ausübung zu unterlassen, soweit sie den vertragsmäßigen Gebrauch beeinträchtigen würde.

§ 567a Veräußerung oder Belastung vor der Überlassung des Wohnraums

Hat vor der Überlassung des vermieteten Wohnraums an den Mieter der Vermieter den Wohnraum an einen Dritten veräußert oder mit einem Recht belastet, durch dessen Ausübung der vertragsgemäße Gebrauch dem Mieter entzogen oder beschränkt wird, so gilt das Gleiche wie in den Fällen des § 566 Abs. 1 und des § 567, wenn der Erwerber dem Vermieter gegenüber die Erfüllung der sich aus dem Mietverhältnis ergebenden Pflichten übernommen hat.

§ 578 Veräußerung vor Überlassung

Hat vor der Überlassung des vermieteten Grundstücks an den Mieter der Vermieter das Grundstück an einen Dritten veräußert oder mit einem Rechte belastet, durch dessen Ausübung der vertragsmäßige Gebrauch dem Mieter entzogen oder beschränkt wird, so gilt das Gleiche wie in den Fällen des § 571 Abs. 1 und des § 577, wenn der Erwerber dem Vermieter gegenüber die Erfüllung der sich aus dem Mietverhältnis ergebenden Verpflichtungen übernommen hat.

§ 567b Weiterveräußerung oder Belastung durch Erwerber

Wird der vermietete Wohnraum von dem Erwerber weiterveräußert oder belastet, so sind § 566 Abs. 1 und §§ 566a bis 567a entsprechend anzuwenden. Erfüllt der neue Erwerber die sich aus dem Mietverhältnis ergebenden Pflichten nicht, so haftet der Vermieter dem Mieter nach § 566 Abs. 2.

§ 579 Weiterveräußerung

Wird das vermietete Grundstück von dem Erwerber weiterveräußert oder belastet, so finden die Vorschriften des § 571 Abs. 1 und der §§ 572 bis 578 entsprechende Anwendung. Erfüllt der neue Erwerber die sich aus dem Mietverhältnis ergebenden Verpflichtungen nicht, so haftet der Vermieter dem Mieter nach § 571 Abs. 2.

5. Beendigung des Mietverhältnisses

a) Allgemeine Vorschriften

§ 568 Form und Inhalt der Kündigung

(1) Die Kündigung des Mietverhältnisses bedarf der schriftlichen Form.

§ 564a Schriftform der Kündigung

(1) Die Kündigung eines Mietverhältnisses über Wohnraum bedarf der schriftlichen Form. In dem Kündigungsschreiben sollen die Gründe der Kündigung angegeben werden.

(2) Der Vermieter soll den Mieter auf die Möglichkeit, die Form und die Frist des Widerspruchs nach den §§ 574 bis 574b rechtzeitig hinweisen.

(2) Der Vermieter von Wohnraum soll den Mieter auf die Möglichkeit des Widerspruchs nach § 556a sowie auf die Form und die Frist des Widerspruchs rechtzeitig hinweisen.

(3) ... *siehe § 549 Abs. 2 und 3 neu*

§ 569 Außerordentliche fristlose Kündigung aus wichtigem Grund

(1) Ein wichtiger Grund im Sinne des § 543 Abs. 1 liegt für den Mieter auch vor, wenn der gemietete Wohnraum so beschaffen ist, dass seine Benutzung mit einer erheblichen Gefährdung der Gesundheit verbunden ist. Dies gilt auch, wenn der Mieter die Gefahr bringende Beschaffenheit bei Vertragsschluss gekannt oder darauf verzichtet hat, die ihm wegen dieser Beschaffenheit zustehenden Rechte geltend zu machen.

(2) Ein wichtiger Grund im Sinne des § 543 Abs. 1 liegt ferner vor, wenn eine Vertragspartei den Hausfrieden nachhaltig stört, so dass dem Kündigenden unter Berücksichtigung aller Umstände des Einzelfalls, insbesondere eines Verschuldens der Vertragsparteien, und unter Abwägung der beiderseitigen Interessen die Fortsetzung des Mietverhältnisses bis zum Ablauf der Kündigungsfrist oder bis zur sonstigen Beendigung des Mietverhältnisses nicht zugemutet werden kann.

(3) Ergänzend zu § 543 Abs. 2 Satz 1 Nr. 3 gilt:

1. Im Falle des § 543 Abs. 2 Satz 1 Nr. 3 Buchstabe a ist der rückständige Teil der Miete nur dann als nicht unerheblich anzusehen, wenn er die Miete für einen Monat übersteigt. Dies gilt nicht, wenn der Wohnraum nur zum vorübergehenden Gebrauch vermietet ist.

2. Die Kündigung, wird auch dann unwirksam, wenn der Vermieter spätestens bis zum Ablauf von zwei Monaten nach Eintritt der Rechtshängigkeit des Räumungsanspruchs hinsichtlich der fälligen Miete und der fälligen Entschädigung nach § 546a Abs. 1 befriedigt wird oder sich eine öffentliche Stelle

§ 544 Fristlose Kündigung wegen Gesundheitsgefährdung

Ist eine Wohnung oder ein anderer zum Aufenthalte von Menschen bestimmter Raum so beschaffen, dass die Benutzung mit einer erheblichen Gefährdung der Gesundheit verbunden ist, so kann der Mieter das Mietverhältnis ohne Einhaltung einer Kündigungsfrist kündigen, auch wenn er die Gefahr bringende Beschaffenheit bei dem Abschlusse des Vertrags gekannt oder auf die Geltendmachung der ihm wegen dieser Beschaffenheit zustehenden Rechte verzichtet hat.

§ 554a Fristlose Kündigung bei unzumutbarem Mietverhältnis

Ein Mietverhältnis über Räume kann ohne Einhaltung einer Kündigungsfrist gekündigt werden, wenn ein Vertragteil schuldhaft in solchem Maße seine Verpflichtung verletzt, insbesondere den Hausfrieden so nachhaltig stört, dass dem anderen Teil die Fortsetzung des Mietverhältnisses nicht zugemutet werden kann. Eine entgegenstehende Vereinbarung ist unwirksam.

§ 554 Fristlose Kündigung bei Zahlungsverzug

(1) ... *siehe § 543 Abs. 2 neu*

(2) Ist Wohnraum vermietet, so gelten ergänzend die folgenden Vorschriften:

1. Im Falle des Absatzes 1 Satz 1 Nr. 1 ist der rückständige Teil des Mietzinses nur dann als nicht unerheblich anzusehen, wenn er den Mietzins für einen Monat übersteigt; dies gilt jedoch nicht, wenn der Wohnraum zu nur vorübergehendem Gebrauch vermietet ist.

2. Die Kündigung wird auch dann unwirksam, wenn bis zum Ablauf eines Monats nach Eintritt der Rechtshängigkeit des Räumungsanspruchs hinsichtlich des fälligen Mietzinses und der fälligen Entschädigung nach § 557 Abs. 1 Satz 1 der Vermieter befriedigt wird oder eine öf-

zur Befriedigung verpflichtet. Dies gilt nicht, wenn der Kündigung vor nicht länger als zwei Jahren bereits eine nach Satz 1 unwirksam gewordene Kündigung vorausgegangen ist.

fentliche Stelle sich zur Befriedigung verpflichtet. Dies gilt nicht, wenn der Kündigung vor nicht länger als zwei Jahren bereits eine nach Satz 1 unwirksame Kündigung vorausgegangen ist.

3. ... siehe § 569 Abs. 5 neu

§ 9 MHG   Kündigungsrecht und Kündigungsschutz des Mieters

(1) ... siehe § 561 neu

3. Ist der Mieter rechtskräftig zur Zahlung einer erhöhten Miete nach den §§ 558 bis 560 verurteilt worden, so kann der Vermieter das Mietverhältnis wegen Zahlungsverzugs des Mieters nicht vor Ablauf von zwei Monaten nach rechtskräftiger Verurteilung kündigen, wenn nicht die Voraussetzungen der außerordentlichen fristlosen Kündigung schon wegen der bisher geschuldeten Miete erfüllt sind.

(2) Ist der Mieter rechtskräftig zur Zahlung eines erhöhten Mietzinses nach den §§ 2 bis 7 verurteilt worden, so kann der Vermieter das Mietverhältnis wegen Zahlungsverzugs des Mieters nicht vor Ablauf von zwei Monaten nach rechtskräftiger Verurteilung kündigen, wenn nicht die Voraussetzungen des § 554 des Bürgerlichen Gesetzbuchs schon wegen des bisher geschuldeten Mietzinses erfüllt sind.

(4) Der zur Kündigung führende wichtige Grund ist in dem Kündigungsschreiben anzugeben.

§ 554   Fristlose Kündigung bei Zahlungsverzug

(1) ... siehe § 543 Abs. 2 neu
(2) ... Nr. 1 und 2 siehe § 569 Abs. 3

(5) Eine Vereinbarung, die zum Nachteil des Mieters von den Absätzen 1 bis 3 dieser Vorschrift oder von § 543 abweicht, ist unwirksam. Ferner ist eine Vereinbarung unwirksam, nach der der Vermieter berechtigt sein soll, aus anderen als den im Gesetz zugelassenen Gründen außerordentlich fristlos zu kündigen.

3.   Eine zum Nachteil des Mieters abweichende Vereinbarung ist unwirksam.

§ 570   Ausschluss des Zurückbehaltungsrechts

§ 556   Rückgabe der Mietsache

(1) ... siehe § 546 neu

Dem Mieter steht kein Zurückbehaltungsrecht gegen den Rückgabeanspruch des Vermieters zu.

(2) Dem Mieter eines Grundstücks steht wegen seiner Ansprüche gegen den Vermieter ein Zurückbehaltungsrecht nicht zu.

(3) ... siehe § 546 neu

§ 571 Weiterer Schadensersatz bei verspäteter Rückgabe von Wohnraum

§ 557 Ansprüche bei verspäteter Rückgabe

(1) ... *siehe § 546a neu*

(1) Gibt der Mieter den gemieteten Wohnraum nach Beendigung des Mietverhältnisses nicht zurück, so kann der Vermieter einen weiteren Schaden im Sinne des § 546a Abs. 2 nur geltend machen, wenn die Rückgabe infolge von Umständen unterblieben ist, die der Mieter zu vertreten hat. Der Schaden ist nur insoweit zu ersetzen, als die Billigkeit eine Schadloshaltung erfordert. Dies gilt nicht, wenn der Mieter gekündigt hat.

(2) Der Vermieter von Wohnraum kann jedoch einen weiteren Schaden nur geltend machen, wenn die Rückgabe infolge von Umständen unterblieben ist, die der Mieter zu vertreten hat; der Schaden ist nur insoweit zu ersetzen, als den Umständen nach die Billigkeit eine Schadloshaltung erfordert. Dies gilt nicht, wenn der Mieter gekündigt hat.

(2) Wird dem Mieter nach § 721 oder § 794a der Zivilprozessordnung eine Räumungsfrist gewährt, so ist er für die Zeit von der Beendigung des Mietverhältnisses bis zum Ablauf der Räumungsfrist zum Ersatz eines weiteren Schadens nicht verpflichtet.

(3) Wird dem Mieter von Wohnraum nach § 721 oder § 794a der Zivilprozessordnung eine Räumungsfrist gewährt, so ist er für die Zeit von der Beendigung des Mietverhältnisses bis zum Ablauf der Räumungsfrist zum Ersatz eines weiteren Schadens nicht verpflichtet.

(3) Eine zum Nachteil des Mieters abweichende Vereinbarung ist unwirksam.

(4) Eine Vereinbarung, die zum Nachteil des Mieters von den Absätzen 2 oder 3 abweicht, ist unwirksam.

§ 572 Vereinbartes Rücktrittsrecht; Mietverhältnis unter auflösender Bedingung

§ 570a Vereinbartes Rücktrittsrecht

(1) Auf eine Vereinbarung, nach der der Vermieter berechtigt sein soll, nach Überlassung des Wohnraums an den Mieter vom Vertrag zurückzutreten, kann der Vermieter sich nicht berufen.

Bei einem Mietverhältnis über Wohnraum gelten, wenn der Wohnraum an den Mieter überlassen ist, für ein vereinbartes Rücktrittsrecht die Vorschriften dieses Titels über die Kündigung und ihre Folgen entsprechend.

§ 565a Verlängerung befristeter oder bedingter Mietverhältnisse

(2) Ferner kann der Vermieter sich nicht auf eine Vereinbarung berufen, nach der das Mietverhältnis zum Nachteil des Mieters auflösend bedingt ist.

(2) Ist ein Mietverhältnis über Wohnraum unter einer auflösenden Bedingung geschlossen, so gilt es nach Eintritt der Bedingung als auf unbestimmte Zeit verlängert. Kündigt der Vermieter nach Eintritt der Bedingung und verlangt der Mieter auf Grund des § 556a die Fortsetzung des Mietverhältnisses, so sind zu seinen Gunsten nur Umstände zu berücksichtigen, die nach Abschluss des Mietvertrages eingetreten sind.

b) Mietverhältnisse auf unbestimmte Zeit

§ 573 Ordentliche Kündigung des Vermieters

(1) Der Vermieter kann nur kündigen, wenn er ein berechtigtes Interesse an der Beendigung des Mietverhältnisses hat.

Die Kündigung zum Zwecke der Mieterhöhung ist ausgeschlossen.

(2) Ein berechtigtes Interesse des Vermieters an der Beendigung des Mietverhältnisses liegt insbesondere vor, wenn
1. der Mieter seine vertraglichen Pflichten schuldhaft nicht unerheblich verletzt hat,

2. der Vermieter die Räume als Wohnung für sich, seine Familienangehörigen oder Angehörige seines Haushalts benötigt oder

3. der Vermieter durch die Fortsetzung des Mietverhältnisses an einer angemessenen wirtschaftlichen Verwertung des Grundstücks gehindert und dadurch erhebliche Nachteile

§ 564b Berechtigtes Interesse des Vermieters an der Kündigung

(1) Ein Mietverhältnis über Wohnraum kann der Vermieter vorbehaltlich der Regelung in Absatz 4 nur kündigen, wenn er ein berechtigtes Interesse an der Beendigung des Mietverhältnisses hat.

§ 1 MHG Ausschluss der Kündigung; Erhöhung des Mietzinses

Die Kündigung eines Mietverhältnisses über Wohnraum zum Zwecke der Mieterhöhung ist ausgeschlossen. ...

§ 564b Berechtigtes Interesse des Vermieters an der Kündigung

(2) Als ein berechtigtes Interesse des Vermieters an der Beendigung des Mietverhältnisses ist es insbesondere anzusehen, wenn
1. der Mieter seine vertraglichen Verpflichtungen schuldhaft nicht unerheblich verletzt hat;

2. der Vermieter die Räume als Wohnung für sich, die zu seinem Hausstand gehörenden Personen oder seine Familienangehörigen benötigt. Ist an den vermieteten Wohnräumen nach der Überlassung an den Mieter Wohnungseigentum begründet und das Wohnungseigentum veräußert worden, so kann sich der Erwerber auf berechtigte Interessen im Sinne des Satzes 1 nicht vor Ablauf von drei Jahren seit der Veräußerung an ihn berufen. Ist die ausreichende Versorgung der Bevölkerung mit Mietwohnungen zu angemessenen Bedingungen in einer Gemeinde oder einem Teil einer Gemeinde besonders gefährdet, so verlängert sich die Frist nach Satz 2 auf fünf Jahre. Diese Gebiete werden durch Rechtsverordnung der Landesregierung für die Dauer von jeweils höchstens fünf Jahren bestimmt;

3. der Vermieter durch die Fortsetzung des Mietverhältnisses an einer angemessenen wirtschaftlichen Verwertung des Grundstücks gehindert und dadurch erhebliche

erleiden würde; die Möglichkeit, durch eine anderweitige Vermietung als Wohnraum eine höhere Miete zu erzielen, bleibt außer Betracht; der Vermieter kann sich auch nicht darauf berufen, dass er die Mieträume im Zusammenhang mit einer beabsichtigten oder nach Überlassung an den Mieter erfolgten Begründung von Wohnungseigentum veräußern will.

Nachteile erleiden würde. Die Möglichkeit, im Falle einer anderweitigen Vermietung als Wohnraum eine höhere Miete zu erzielen, bleibt dabei außer Betracht. Der Vermieter kann sich auch nicht darauf berufen, dass er die Mieträume im Zusammenhang mit einer beabsichtigten oder nach Überlassung an den Mieter erfolgten Begründung von Wohnungseigentum veräußern will. Ist an den vermieteten Wohnräumen nach der Überlassung an den Mieter Wohnungseigentum begründet und das Wohnungseigentum veräußert worden, so kann sich der Erwerber in Gebieten, die die Landesregierung nach Nummer 2 Satz 4 bestimmt hat, nicht vor Ablauf von fünf Jahren seit der Veräußerung an ihn darauf berufen, dass er die Mieträume veräußern will.

4. ...

(3) Die Gründe für ein berechtigtes Interesse des Vermieters sind in dem Kündigungsschreiben anzugeben. Andere Gründe werden nur berücksichtigt, soweit sie nachträglich entstanden sind.

(3) Als berechtigte Interessen des Vermieters werden nur die Gründe berücksichtigt, die in dem Kündigungsschreiben angegeben sind, soweit sie nicht nachträglich entstanden sind.

(4) ... *siehe § 573a neu*
(5) ...

(4) Eine zum Nachteil des Mieters abweichende Vereinbarung ist unwirksam.

(6) Eine zum Nachteil des Mieters abweichende Vereinbarung ist unwirksam.

(7) ... *siehe § 549 Abs. 2 und 3 neu*

§ 573a   Erleichterte Kündigung des Vermieters

§ 564b   Berechtigtes Interesse des Vermieters an der Kündigung

(1) bis (3) ...

(1) Ein Mietverhältnis über eine Wohnung in einem vom Vermieter selbst bewohnten Gebäude mit nicht mehr als zwei Wohnungen kann der Vermieter auch kündigen, ohne dass er eines berechtigten Interesses im Sinne des § 573 bedarf. Die Kündigungsfrist verlängert sich in diesem Fall um drei Monate.

(4) Ein Mietverhältnis über eine Wohnung in einem vom Vermieter selbst bewohnten Wohngebäude
1. mit nicht mehr als zwei Wohnungen oder
2. mit drei Wohnungen, wenn mindestens eine der Wohnungen durch Ausbau oder Erweiterung eines vom Vermieter selbst bewohnten Wohngebäudes nach dem 31. Mai 1990 und vor dem 1. Juni 1999 fertig gestellt worden ist,

(2) Absatz 1 gilt entsprechend für Wohnraum innerhalb der vom Vermieter selbst bewohnten Wohnung, sofern der Wohnraum nicht nach § 549 Abs. 2 Nr. 2 vom Mieterschutz ausgenommen ist.

kann der Vermieter kündigen, auch wenn die Voraussetzungen des Absatzes 1 nicht vorliegen, im Falle der Nummer 2 beim Ab-

(3) In dem Kündigungsschreiben ist anzugeben, dass die Kündigung auf die Voraussetzungen des Absatzes 1 oder 2 gestützt wird.

(4) Eine zum Nachteil des Mieters abweichende Vereinbarung ist unwirksam.

§ 573b Teilkündigung des Vermieters

(1) Der Vermieter kann nicht zum Wohnen bestimmte Nebenräume oder Teile eines Grundstücks ohne ein berechtigtes Interesse im Sinne des § 573 kündigen, wenn er die Kündigung auf diese Räume oder Grundstücksteile beschränkt und sie dazu verwenden will,
1. Wohnraum zum Zwecke der Vermietung zu schaffen oder
2. den neu zu schaffenden und den vorhandenen Wohnraum mit Nebenräumen oder Grundstücksteilen auszustatten.

(2) Die Kündigung ist spätestens am dritten Werktag eines Kalendermonats zum Ablauf des übernächsten Monats zulässig.

(3) Verzögert sich der Beginn der Bauarbeiten, so kann der Mieter eine Verlängerung des Mietverhältnisses um einen entsprechenden Zeitraum verlangen.

schluss eines Mietvertrages nach Fertigstellung der Wohnung jedoch nur, wenn er den Mieter bei Vertragsschluss auf diese Kündigungsmöglichkeit hingewiesen hat. Die Kündigungsfrist verlängert sich in diesem Fall um drei Monate. Dies gilt entsprechend für Mietverhältnisse über Wohnraum innerhalb der vom Vermieter selbst bewohnten Wohnung, sofern der Wohnraum nicht nach Absatz 7 von der Anwendung dieser Vorschriften ausgenommen ist. In dem Kündigungsschreiben ist anzugeben, dass die Kündigung nicht auf die Voraussetzungen des Absatzes 1 gestützt wird.

(5) ...

(6) Eine zum Nachteil des Mieters abweichende Vereinbarung ist unwirksam.

(7) ... *siehe § 549 neu*

§ 564b Berechtigtes Interesse des Vermieters an der Kündigung

(1) ... *siehe § 573 neu*

(2) Als ein berechtigtes Interesse des Vermieters an der Beendigung des Mietverhältnisses ist es insbesondere anzusehen, wenn
1. – 3. ... *siehe § 573 neu*
4. der Vermieter nicht zum Wohnen bestimmte Nebenräume oder Teile eines Grundstücks dazu verwenden will,

a) Wohnraum zum Zwecke der Vermietung zu schaffen oder
b) den neu zu schaffenden und den vorhandenen Wohnraum mit Nebenräumen und Grundstücksteilen auszustatten,
und er die Kündigung auf diese Räume oder Grundstücksteile beschränkt. Die Kündigung ist spätestens am dritten Werktag eines Kalendermonats für den Ablauf des übernächsten Monats zulässig. Der Mieter kann eine angemessene Senkung des Mietzinses verlangen. Verzögert sich der Beginn der Bauarbeiten, so kann der Mieter eine Verlängerung des Mietverhältnisses um einen entsprechenden Zeitraum verlangen.

(4) Der Mieter kann eine angemessene Senkung der Miete verlangen.

(5) Eine zum Nachteil des Mieters abweichende Vereinbarung ist unwirksam.

(3) bis (5) ...

(6) Eine zum Nachteil des Mieters abweichende Vereinbarung ist unwirksam.

(7) ... *siehe § 549 neu*

§ 573c Fristen der ordentlichen Kündigung

§ 565 Kündigungsfristen

(1) und (1a)... *siehe § 580a neu*

(1) Die Kündigung ist spätestens am dritten Werktag eines Kalendermonats zum Ablauf des übernächsten Monats zulässig. Die Kündigungsfrist für den Vermieter verlängert sich nach fünf und acht Jahren seit der Überlassung des Wohnraums um jeweils drei Monate.

(2) Bei Wohnraum, der nur zum vorübergehenden Gebrauch vermietet worden ist, kann eine kürzere Kündigungsfrist vereinbart werden.

(2) Bei einem Mietverhältnis über Wohnraum ist die Kündigung spätestens am dritten Werktag eines Kalendermonats für den Ablauf des übernächsten Monats zulässig. Nach fünf, acht und zehn Jahren seit der Überlassung des Wohnraums verlängert sich die Kündigungsfrist um jeweils drei Monate. Eine Vereinbarung, nach welcher der Vermieter zur Kündigung unter Einhaltung einer kürzeren Frist berechtigt sein soll, ist nur wirksam, wenn der Wohnraum zu nur vorübergehendem Gebrauch vermietet ist. Eine Vereinbarung, nach der die Kündigung nur für den Schluss bestimmter Kalendermonate zulässig sein soll, ist unwirksam.

(3) Bei Wohnraum nach § 549 Abs. 2 Nr. 2 ist die Kündigung spätestens am Fünfzehnten eines Monats zum Ablauf dieses Monats zulässig.

(3) Wohnraum, den der Vermieter ganz oder überwiegend mit Einrichtungsgegenständen auszustatten hat, Teil der vom Vermieter selbst bewohnten Wohnung, jedoch nicht zum dauernden Gebrauch für eine Familie überlassen. so ist die Kündigung zulässig
1. wenn der Mietzins nach Tagen bemessen ist, an jedem Tag für den Ablauf des folgenden Tages;
2. wenn der Mietzins nach Wochen bemessen ist, spätestens am ersten Werktag einer Woche für den Ablauf des folgenden Sonnabends;
3. wenn der Mietzins nach Monaten oder längeren Zeitabschnitten bemessen ist, spätestens am Fünfzehnten eines Monats für den Ablauf dieses Monats.

(4) und (5) ... *siehe § 580a neu*

(4) Eine zum Nachteil des Mieters von den Absätzen 1 oder 3 abweichende Vereinbarung ist unwirksam.

§ 573d Außerordentliche Kündigung mit gesetzlicher Frist

(1) Kann ein Mietverhältnis außerordentlich mit der Gesetzlichen Frist gekündigt werden, so gelten mit Ausnahme der Kündigung gegenüber Erben des Mieters nach § 564 die §§ 573 und 573a entsprechend.

(2) Die Kündigung ist spätestens am dritten Werktag eines Kalendermonats zum Ablauf des übernächsten Monats zulässig, bei Wohnraum nach § 549 Abs. 2 Nr. 2 spätestens am Fünfzehnten eines Monats zum Ablauf dieses Monats (gesetzliche Frist). § 573a Abs. 1 Satz 2 findet keine Anwendung.

(3) Eine zum Nachteil des Mieters abweichende Vereinbarung ist unwirksam.

§ 574 Widerspruch des Mieters gegen die Kündigung

(1) Der Mieter kann der Kündigung des Vermieters widersprechen und von ihm die Fortsetzung des Mietverhältnisses verlangen, wenn die Beendigung des Mietverhältnisses für den Mieter, seine Familie oder einen anderen Angehörigen seines Haushalts eine Härte bedeuten würde, die auch unter Würdigung der berechtigten Interessen des Vermieters nicht zu rechtfertigen ist. Dies gilt nicht, wenn ein Grund vorliegt, der den Vermieter zur außerordentlichen fristlosen Kündigung berechtigt.

(2) Eine Härte liegt auch vor, wenn angemessener Ersatzwohnraum zu zumutbaren Bedingungen nicht beschafft werden kann.

(3) Bei der Würdigung der berechtigten Interessen des Vermieters werden nur die in dem Kündigungsschreiben nach § 573 Abs. 3 angegebenen Gründe berücksichtigt, außer wenn die Gründe nachträglich entstanden sind.

§ 565 Kündigungsfristen

(1) bis (4) ... *siehe §§ 573c, 580a neu*

(5) Absatz 1 Nr. 3, Absatz 2 Satz 1, Absatz 3 Nr. 3, Absatz 4 Nr. 2 sind auch anzuwenden, wenn ein Mietverhältnis unter Einhaltung der gesetzlichen Frist vorzeitig gekündigt werden kann.

§ 556a Widerspruch des Mieters gegen Kündigung

(1) Der Mieter kann der Kündigung eines Mietverhältnisses über Wohnraum widersprechen und vom Vermieter die Fortsetzung des Mietverhältnisses verlangen, wenn die vertragsmäßige Beendigung des Mietverhältnisses für den Mieter oder seine Familie eine Härte bedeuten würde, die auch unter Würdigung der berechtigten Interessen des Vermieters nicht zu rechtfertigen ist.

Eine Härte liegt auch vor, wenn angemessener Ersatzwohnraum zu zumutbaren Bedingungen nicht beschafft werden kann.

Bei der Würdigung der berechtigten Interessen des Vermieters werden nur die in dem Kündigungsschreiben nach § 564a Abs. 1 Satz 2 angegebenen Gründe berücksichtigt, soweit nicht die Gründe nachträglich entstanden sind.

(2) und (3) ... *siehe § 574a neu*

(4) Der Mieter kann eine Fortsetzung des Mietverhältnisses nicht verlangen,
1. wenn er das Mietverhältnis gekündigt hat;

2. wenn ein Grund vorliegt, aus dem der Vermieter zur Kündigung ohne Einhaltung einer Kündigungsfrist berechtigt ist.

(5) und (6) ... *siehe § 574b neu*

(4) Eine zum Nachteil des Mieters abweichende Vereinbarung ist unwirksam.

(7) Eine entgegenstehende Vereinbarung ist unwirksam.

(8) ... *siehe § 549 Abs. 2 neu*

§ 574a Fortsetzung des Mietverhältnisses nach Widerspruch

§ 556a Widerspruch des Mieters gegen Kündigung

(1) ... *siehe § 574 neu*

(1) Im Falle des § 574 kann der Mieter verlangen, dass das Mietverhältnis so lange fortgesetzt wird, wie dies unter Berücksichtigung aller Umstände angemessen ist. Ist dem Vermieter nicht zuzumuten, das Mietverhältnis zu den bisherigen Vertragsbedingungen fortzusetzen, so kann der Mieter nur verlangen, dass es unter einer angemessenen Änderung der Bedingungen fortgesetzt wird.

(2) Im Falle des Absatzes 1 kann der Mieter verlangen, dass das Mietverhältnis so lange fortgesetzt wird, wie dies unter Berücksichtigung aller Umstände angemessen ist. Ist dem Vermieter nicht zuzumuten, das Mietverhältnis nach den bisher geltenden Vertragsbedingungen fortzusetzen, so kann der Mieter nur verlangen, dass es unter einer angemessenen Änderung der Bedingungen fortgesetzt wird.

(2) Kommt keine Einigung zustande, so werden die Fortsetzung des Mietverhältnisses, deren Dauer sowie die Bedingungen, zu denen es fortgesetzt wird, durch Urteil bestimmt. Ist ungewiss, wann voraussichtlich die Umstände wegfallen, aufgrund derer die Beendigung des Mietverhältnisses eine Härte bedeutet, so kann bestimmt werden, dass das Mietverhältnis auf unbestimmte Zeit fortgesetzt wird.

(3) Kommt keine Einigung zustande, so wird über eine Fortsetzung des Mietverhältnisses und über deren Dauer sowie über die Bedingungen, nach denen es fortgesetzt wird, durch Urteil Bestimmung getroffen. Ist ungewiss, wann voraussichtlich die Umstände wegfallen, auf Grund deren die Beendigung des Mietverhältnisses für den Mieter oder seine Familie eine Härte bedeutet, so kann bestimmt werden, dass das Mietverhältnis auf unbestimmte Zeit fortgesetzt wird.

(4) ... *siehe § 574 neu*
(5) und (6) ... *siehe § 574b neu*

(3) Eine zum Nachteil des Mieters abweichende Vereinbarung ist unwirksam.

(7) Eine entgegenstehende Vereinbarung ist unwirksam.

(8) ... *siehe § 549 Abs. 2 neu*

§ 574b Form und Frist des Widerspruchs

§ 556a Widerspruch des Mieters gegen Kündigung

(1) bis (4) ... *siehe §§ 574, 574a neu*

(1) Der Widerspruch des Mieters gegen die Kündigung ist schriftlich zu erklären. Auf Verlangen des Vermieters soll der Mieter über die Gründe des Widerspruchs unverzüglich Auskunft erteilen.

(2) Der Vermieter kann die Fortsetzung des Mietverhältnisses ablehnen, wenn der Mieter ihm den Widerspruch nicht spätestens zwei Monate vor der Beendigung des Mietverhältnisses erklärt hat. Hat der Vermieter nicht rechtzeitig vor Ablauf der Widerspruchsfrist auf die Möglichkeit des Widerspruchs sowie auf dessen Form und Frist hingewiesen, so kann der Mieter den Widerspruch noch im ersten Termin des Räumungsrechtsstreits erklären.

(3) Eine zum Nachteil des Mieters abweichende Vereinbarung ist unwirksam.

§ 574c Weitere Fortsetzung des Mietverhältnisses bei unvorhergesehenen Umständen

(1) Ist aufgrund der §§ 574 bis 574b durch Einigung oder Urteil bestimmt worden, dass das Mietverhältnis auf bestimmte Zeit fortgesetzt wird, so kann der Mieter dessen weitere Fortsetzung nur verlangen, wenn dies durch eine wesentliche Änderung der Umstände gerechtfertigt ist oder wenn Umstände nicht eingetreten sind, deren vorgesehener Eintritt für die Zeitdauer der Fortsetzung bestimmend gewesen war.

(2) Kündigt der Vermieter ein Mietverhältnis, dessen Fortsetzung auf unbestimmte Zeit durch Urteil bestimmt worden ist, so kann der Mieter der Kündigung widersprechen und vom Vermieter verlangen, das Mietverhältnis auf unbestimmte Zeit fortzusetzen. Haben sich die Umstände verändert, die für die Fortsetzung bestimmend gewesen waren, so kann der Mieter eine Fortsetzung des Mietverhältnisses nur nach § 574 verlangen; unerhebliche Veränderungen bleiben außer Betracht.

(3) Eine zum Nachteil des Mieters abweichende Vereinbarung ist unwirksam.

(5) Die Erklärung des Mieters, mit der er der Kündigung widerspricht und die Fortsetzung des Mietverhältnisses verlangt, bedarf der schriftlichen Form. Auf Verlangen des Vermieters soll der Mieter über die Gründe des Widerspruchs unverzüglich Auskunft erteilen.

(6) Der Vermieter kann die Fortsetzung des Mietverhältnisses ablehnen, wenn der Mieter den Widerspruch nicht spätestens zwei Monate vor der Beendigung des Mietverhältnisses dem Vermieter gegenüber erklärt hat. Hat der Vermieter nicht rechtzeitig vor Ablauf der Widerspruchsfrist den in § 564a Abs. 2 bezeichneten Hinweis erteilt, so kann der Mieter den Widerspruch noch im ersten Termin des Räumungsrechtsstreits erklären.

(7) Eine entgegenstehende Vereinbarung ist unwirksam.

(8) ... siehe § 549 Abs. 2 neu

§ 556c Weitere Fortsetzung des Mietverhältnisses

(1) Ist auf Grund der §§ 556a, 556b durch Einigung oder Urteil bestimmt worden, dass das Mietverhältnis auf bestimmte Zeit fortgesetzt wird, so kann der Mieter dessen weitere Fortsetzung nach diesen Vorschriften nur verlangen, wenn dies durch eine wesentliche Änderung der Umstände gerechtfertigt ist oder wenn Umstände nicht eingetreten sind, deren vorgesehener Eintritt für die Zeitdauer der Fortsetzung bestimmend gewesen war.

(2) Kündigt der Vermieter ein Mietverhältnis, dessen Fortsetzung auf unbestimmte Zeit durch Urteil bestimmt worden ist, so kann der Mieter der Kündigung widersprechen und vom Vermieter verlangen, das Mietverhältnis auf unbestimmte Zeit fortzusetzen. Haben sich Umstände, die für die Fortsetzung bestimmend gewesen waren, verändert, so kann der Mieter eine Fortsetzung des Mietverhältnisses nur nach § 556a verlangen; unerhebliche Veränderungen bleiben außer Betracht.

c) Mietverhältnisse auf bestimmte Zeit

§ 575 Zeitmietvertrag

§ 564c Fortsetzung befristeter Mietverhältnisse

(1) Ist ein Mietverhältnis über Wohnraum auf bestimmte Zeit eingegangen, so kann der Mieter spätestens zwei Monate vor der Beendigung des Mietverhältnisses durch schriftliche Erklärung gegenüber dem Vermieter die Fortsetzung des Mietverhältnisses auf unbestimmte Zeit verlangen, wenn nicht der Vermieter ein berechtigtes Interesse an der Beendigung des Mietverhältnisses hat. § 564b gilt entsprechend.

(1) Ein Mietverhältnis kann auf bestimmte Zeit eingegangen werden, wenn der Vermieter nach Ablauf der Mietzeit

(2) Der Mieter kann keine Fortsetzung des Mietverhältnisses nach Absatz 1 oder nach § 556b verlangen, wenn

1. die Räume als Wohnung für sich, seine Familienangehörigen oder Angehörige seines Haushalts nutzen will,

2. in zulässiger Weise die Räume beseitigen oder so wesentlich verändern oder instand setzen will, dass die Maßnahmen durch eine Fortsetzung des Mietverhältnisses erheblich erschwert würden, oder

3. die Räume an einen zur Dienstleistung Verpflichteten vermieten will

und er dem Mieter den Grund der Befristung bei Vertragsschluss schriftlich mitteilt. Anderenfalls gilt das Mietverhältnis als auf unbestimmte Zeit abgeschlossen.

(2) Der Mieter kann vom Vermieter frühestens vier Monate vor Ablauf der Befristung verlangen, dass dieser ihm binnen eines Monats mitteilt, ob der Befristungsgrund noch besteht. Erfolgt die Mitteilung später, so kann der Mieter eine Verlängerung des Mietverhältnisses um den Zeitraum der Verspätung verlangen.

1. das Mietverhältnis für nicht mehr als fünf Jahre eingegangen worden ist,

2. der Vermieter nach Ablauf der Mietzeit

a) die Räume als Wohnung für sich, die zu seinem Hausstand gehörenden Personen oder seine Familienangehörigen nutzen will oder

b) in zulässiger Weise die Räume beseitigen oder so wesentlich verändern oder instand setzen will. Dass die Maßnahmen durch eine Fortsetzung des Mietverhältnisses erheblich erschwert würden, oder

c) Räume, die mit Rücksicht auf das Bestehen eines Dienstverhältnisses vermietet worden sind, an einen anderen zur Dienstleistung Verpflichteten vermieten will und

3. der Vermieter dem Mieter diese Absicht bei Vertragsschluss schriftlich mitgeteilt hat.

Verzögert sich die vom Vermieter beabsichtigte Verwendung der Räume ohne sein Verschulden oder teilt der Vermieter dem Mieter nicht drei Monate vor Ablauf der Mietzeit schriftlich mit, dass seine Verwendungsabsicht noch besteht, so kann der Mieter eine Verlängerung des Mietverhältnisses um einen entsprechenden Zeitraum verlangen.

(3) Tritt der Grund der Befristung erst später ein, so kann der Mieter eine Verlängerung des Mietverhältnisses um einen entsprechenden Zeitraum verlangen. Entfällt der Grund, so kann der Mieter eine Verlängerung auf unbestimmte Zeit verlangen. Die Beweislast für den Eintritt des Befristungsgrundes und die Dauer der Verzögerung trifft den Vermieter.

(4) Eine zum Nachteil des Mieters abweichende Vereinbarung ist unwirksam.

§ 575a   Außerordentliche Kündigung mit gesetzlicher Frist

(1) Kann ein Mietverhältnis, das auf bestimmte Zeit eingegangen ist, außerordentlich mit der gesetzlichen Frist gekündigt werden, so gelten mit Ausnahme der Kündigung gegenüber Erben des Mieters nach § 564 die §§ 573 und 573a entsprechend.

(2) Die §§ 574 bis § 574c gelten entsprechend mit der Maßgabe, dass die Fortsetzung des Mietverhältnisses höchstens bis zum vertraglich bestimmten Zeitpunkt der Beendigung verlangt werden kann.

(3) Die Kündigung ist spätestens am dritten Werktag eines Kalendermonats zum Ablauf des übernächsten Monats zulässig, bei Wohnraum nach § 549 Abs. 2 Nr. 2 spätestens am Fünfzehnten eines Monats zum Ablauf dieses Monats (gesetzliche Frist). § 573a Abs. 1 Satz 2 findet keine Anwendung.

(4) Eine zum Nachteil des Mieters abweichende Vereinbarung ist unwirksam.

d) Werkwohnungen

§ 576   Fristen der ordentlichen Kündigung bei Werkmietwohnungen

(1) Ist Wohnraum mit Rücksicht auf das Bestehen eines Dienstverhältnisses vermietet, so kann der Vermieter nach Beendigung des Dienstverhältnisses abweichend von § 573c Abs. 1 Satz 2 mit folgenden Fristen kündigen:

§ 565b   Werkmietwohnungen

Ist Wohnraum mit Rücksicht auf das Bestehen eines Dienstverhältnisses vermietet, so gelten die besonderen Vorschriften der §§ 565c und 565d.

1. Bei Wohnraum, der dem Mieter weniger als zehn Jahre überlassen war, spätestens am dritten Werktag eines Kalendermonats zum Ablauf des übernächsten Monats, wenn der Wohnraum für einen anderen zur Dienstleistung Verpflichteten benötigt wird;

Ist das Mietverhältnis auf unbestimmte Zeit eingegangen, so ist nach Beendigung des Dienstverhältnisses eine Kündigung des Vermieters zulässig
1. bei Wohnraum, der weniger als zehn Jahre überlassen war, spätestens am dritten Werktag eines Kalendermonats für den Ablauf des
   a) übernächsten Monats, wenn der Wohnraum für einen anderen zur Dienstleistung Verpflichteten benötigt wird,
   b) nächsten Monats, wenn das Mietverhältnis vor dem 1. September 1993 eingegangen worden ist und der Wohnraum für einen anderen zur Dienstleistung Verpflichteten dringend benötigt wird;

2. spätestens am dritten Werktag eines Kalendermonats für den Ablauf dieses Monats, wenn das Dienstverhältnis seiner Art nach die Überlassung von Wohnraum erfordert hat, der in unmittelbarer Beziehung oder Nähe zur Arbeitsstätte steht, und der Wohnraum aus dem gleichen Grund für einen anderen zur Dienstleistung Verpflichteten benötigt wird.

2. spätestens am dritten Werktag eines Kalendermonats zum Ablauf dieses Monats, wenn das Dienstverhältnis seiner Art nach die Überlassung des Wohnraums, der in unmittelbarer Beziehung oder Nähe zur Stätte der Dienstleistung steht, erfordert hat und der Wohnraum aus dem gleichen Grunde für einen anderen zur Dienstleistung Verpflichteten benötigt wird.
Im Übrigen bleibt § 565 unberührt.

(2) Eine zum Nachteil des Mieters abweichende Vereinbarung ist unwirksam.

§ 576a   Besonderheiten des Widerspruchs-rechts bei Werkmietwohnungen

(1) Bei der Anwendung der §§ 574 bis 574c auf Werkmietwohnungen sind auch die Belange des Dienstberechtigten zu berücksichtigen.

§ 565d   Sozialklausel bei Werkmiet-wohnungen

(1) Bei Anwendung der §§ 556a, 556b sind auch die Belange des Dienstberechtigten zu berücksichtigen.

(2) Hat der Vermieter nach § 565c Satz 1 Nr. 1 gekündigt, so gilt § 556a mit der Maßgabe, dass der Vermieter die Einwilligung zur Fortsetzung des Mietverhältnisses verweigern kann, wenn der Mieter den Widerspruch nicht spätestens einen Monat vor Beendigung des Mietverhältnisses erklärt hat.

(2) Die §§ 574 bis 574c gelten nicht, wenn
1. der Vermieter nach § 576 Abs. 1 Nr. 2 gekündigt hat;
2. der Mieter das Dienstverhältnis gelöst hat, ohne dass ihm von dem Dienstberechtigten gesetzlich begründeter Anlass dazu gegeben war, oder der Mieter durch sein Verhalten dem Dienstberechtigten gesetzlich begründeten Anlass zur Auflösung des Dienstverhältnisses gegeben hat.

(3) Eine zum Nachteil des Mieters abweichende Vereinbarung ist unwirksam.

§ 576b Entsprechende Geltung des Mietrechts bei Werkdienstwohnungen

(1) Ist Wohnraum im Rahmen eines Dienstverhältnisses überlassen, so gelten für die Beendigung des Rechtsverhältnisses hinsichtlich des Wohnraums die Vorschriften über Mietverhältnisse entsprechend, wenn der zur Dienstleistung Verpflichtete den Wohnraum überwiegend mit Einrichtungsgegenständen ausgestattet hat oder in dem Wohnraum mit seiner Familie oder Personen lebt, mit denen er einen auf Dauer angelegten gemeinsamen Haushalt führt.

(2) Eine zum Nachteil des Mieters abweichende Vereinbarung ist unwirksam.

6. Besonderheiten bei der Bildung von Wohnungseigentum an vermieteten Wohnungen

§ 577 Vorkaufsrecht des Mieters

(1) Werden vermietete Wohnräume, an denen nach der Überlassung an den Mieter Wohnungseigentum begründet worden ist oder begründet werden soll, an einen Dritten verkauft, so ist der Mieter zum Vorkauf berechtigt. Dies gilt nicht, wenn der Vermieter die Wohnräume an einen Familienangehörigen oder an einen Angehörigen seines Haushalts verkauft. Soweit sich nicht aus den nachfolgenden Absätzen etwas anderes ergibt, finden auf das Vorkaufsrecht die Vorschriften über den Vorkauf Anwendung.

(2) Die Mitteilung des Verkäufers oder des Dritten über den Inhalt des Kaufvertrags ist mit einer Unterrichtung des Mieters über sein Vorkaufsrecht zu verbinden.

(3) Die §§ 556a, 556b gelten nicht, wenn
1. der Vermieter nach § 565c Satz 1 Nr. 2 gekündigt hat;
2. der Mieter das Dienstverhältnis gelöst hat, ohne dass ihm von dem Dienstberechtigten gesetzlich begründeter Anlass gegeben war, oder der Mieter durch sein Verhalten dem Dienstberechtigten gesetzlich begründeten Anlass zur Auflösung des Dienstverhältnisses gegeben hat.

§ 565e Werkdienstwohnungen

Ist Wohnraum im Rahmen eines Dienstverhältnisses überlassen, so gelten für die Beendigung des Rechtsverhältnisses hinsichtlich des Wohnraums die Vorschriften über die Miete entsprechend, wenn der zur Dienstleistung Verpflichtete den Wohnraum ganz oder überwiegend mit Einrichtungsgegenständen ausgestattet hat oder in dem Wohnraum mit seiner Familie einen eigenen Hausstand führt.

§ 570b Vorkaufsrecht des Mieters

(1) Werden vermietete Wohnräume, an denen nach der Überlassung an den Mieter Wohnungseigentum begründet worden ist oder begründet werden soll, an einen Dritten verkauft, so ist der Mieter zum Vorkauf berechtigt. Dies gilt nicht, wenn der Vermieter die Wohnräume an eine zu seinem Hausstand gehörende Person oder an einen Familienangehörigen verkauft.

(2) Die Mitteilung des Verkäufers oder des Dritten über den Inhalt des Kaufvertrages ist mit einer Unterrichtung des Mieters über sein Vorkaufsrecht zu verbinden.

(3) Die Ausübung des Vorkaufsrechts erfolgt durch schriftliche Erklärung des Mieters gegenüber dem Verkäufer.

(4) Stirbt der Mieter, so geht das Vorkaufsrecht auf diejenigen über, die in das Mietverhältnis nach § 563 Abs. 1 oder 2 eintreten.

(3) Stirbt der Mieter, so geht das Vorkaufsrecht auf denjenigen über, der das Mietverhältnis nach § 569a Abs. 1 oder 2 fortsetzt.

(5) Eine zum Nachteil des Mieters abweichende Vereinbarung ist unwirksam.

(4) Eine zum Nachteil des Mieters abweichende Vereinbarung ist unwirksam.

§ 577a Kündigungsbeschränkung bei Wohnungsumwandlung

§ 564b Berechtigtes Interesse des Vermieters an der Kündigung

(1) ... *siehe § 573 neu*

(2) Als ein berechtigtes Interesse des Vermieters an der Beendigung des Mietverhältnisses ist es insbesondere anzusehen, wenn
1. der Mieter seine vertraglichen Verpflichtungen schuldhaft nicht unerheblich verletzt hat;
2. der Vermieter die Räume als Wohnung für sich, die zu seinem Hausstand gehörenden Personen oder seine Familienangehörigen benötigt.

(1) Ist an vermieteten Wohnräumen nach der Überlassung an den Mieter Wohnungseigentum begründet und das Wohnungseigentum veräußert worden, so kann sich ein Erwerber auf berechtigte Interessen im Sinne des § 573 Abs. 2 Nr. 2 oder 3 erst nach Ablauf von drei Jahren seit der Veräußerung berufen.

Ist an den vermieteten Wohnräumen nach der Überlassung an den Mieter Wohnungseigentum begründet und das Wohnungseigentum veräußert worden, so kann sich der Erwerber auf berechtigte Interessen im Sinne des Satzes 1 nicht vor Ablauf von drei Jahren seit der Veräußerung an ihn berufen. Ist die ausreichende Versorgung der Bevölkerung mit Mietwohnungen zu angemessenen Bedingungen in einer Gemeinde oder einem Teil einer Gemeinde besonders gefährdet, so verlängert sich die Frist nach Satz 2 auf fünf Jahre. Diese Gebiete werden durch Rechtsverordnung der Landesregierungen für die Dauer von jeweils höchstens fünf Jahren bestimmt;

(3) bis (7) ...

(2) Die Frist nach Absatz 1 beträgt bis zu zehn Jahre, wenn die ausreichende Versorgung der Bevölkerung mit Mietwohnungen zu angemessenen Bedingungen in einer Gemeinde oder einem Teil einer Gemeinde besonders gefährdet ist und diese Gebiete nach Satz 2 bestimmt sind. Die Landesregierungen werden ermächtigt, diese Gebiete und die Frist nach Satz 1 durch Rechtsverordnung für die Dauer von jeweils höchstens zehn Jahren zu bestimmen.

(3) Eine zum Nachteil des Mieters abweichende Vereinbarung ist unwirksam.

III. Mietverhältnisse über andere Sachen

§ 578 Mietverhältnisse über Grundstücke und Räume

(1) Auf Mietverhältnisse über Grundstücke sind die Vorschriften der §§ 550, 562 bis 562d, 566 bis 567b sowie 570 entsprechend anzuwenden.

(2) Auf Mietverhältnisse über Räume, die keine Wohnräume sind, sind die in Absatz 1 genannten Vorschriften sowie § 552 Abs. 1, § 554 Abs. 1 bis 4 und § 569 Abs. 2 entsprechend anzuwenden. Sind die Räume zum Aufenthalt von Menschen bestimmt, so gilt außerdem § 569 Abs. 1 entsprechend.

§ 578a Mietverhältnisse über eingetragene Schiffe

(1) Die Vorschriften der §§ 566, 566a, 566e bis 567b gelten im Fall der Veräußerung oder Belastung eines im Schiffsregister eingetragenen Schiffs entsprechend.

(2) Eine Verfügung, die der Vermieter vor dem Übergang des Eigentums über die Miete getroffen hat, die auf die Zeit der Berechtigung des Erwerbers entfällt, ist dem Erwerber gegenüber wirksam. Das Gleiche gilt für ein Rechtsgeschäft, das zwischen dem Mieter und dem Vermieter über die Mietforderung vorgenommen wird, insbesondere die Entrichtung der Miete; ein Rechtsgeschäft, das nach dem Übergang des Eigentums vorgenommen wird, ist jedoch unwirksam, wenn der Mieter bei der Vornahme des

§ 580 Raummiete

Die Vorschriften über die Miete von Grundstücken gelten, soweit nicht ein anderes bestimmt ist, auch für die Miete von Wohnräumen und anderen Räumen.

§ 580a Schiffsmiete

(1) Die Vorschriften der §§ 571, 572, 576 bis 579 gelten im Fall der Veräußerung oder Belastung eines im Schiffsregister eingetragenen Schiffs sinngemäß.

(2) Eine Verfügung, die der Vermieter vor dem Übergang des Eigentums über den auf die Zeit der Berechtigung des Erwerbers entfallenden Mietzins getroffen hat, ist dem Erwerber gegenüber wirksam. Das Gleiche gilt von einem Rechtsgeschäft, das zwischen dem Mieter und dem Vermieter über die Mietzinsforderung vorgenommen wird, insbesondere von der Entrichtung des Mietzinses; ein Rechtsgeschäft, das nach dem Übergang des Eigentums vorgenommen wird, ist jedoch unwirksam,

Rechtsgeschäfts von dem Übergang des Eigentums Kenntnis hat. § 566d gilt entsprechend.

§ 579 Fälligkeit der Miete

(1) Die Miete für ein Grundstück, ein im Schiffsregister eingetragenes Schiff und für bewegliche Sachen ist am Ende der Mietzeit zu entrichten. Ist die Miete nach Zeitabschnitten bemessen, so ist sie nach Ablauf der einzelnen Zeitabschnitte zu entrichten. Die Miete für ein Grundstück ist, sofern sie nicht nach kürzeren Zeitabschnitten bemessen ist, jeweils nach Ablauf eines Kalendervierteljahres am ersten Werktag des folgenden Monats zu entrichten.

(2) Für Mietverhältnisse über Räume gilt § 556b Abs. 1 entsprechend.

§ 580 Außerordentliche Kündigung bei Tod des Mieters

Stirbt der Mieter, so ist sowohl der Erbe als auch der Vermieter berechtigt, das Mietverhältnis innerhalb eines Monats, nachdem sie vom Tod des Mieters Kenntnis erlangt haben, außerordentlich mit der gesetzlichen Frist zu kündigen.

§ 580a Kündigungsfristen

(1) Bei einem Mietverhältnis über Grundstücke, über Räume, die keine Geschäftsräume sind, oder über im Schiffsregister eingetragene Schiffe ist die ordentliche Kündigung zulässig,
1. wenn die Miete nach Tagen bemessen ist, an jedem Tag zum Ablauf des folgenden Tages;

2. wenn die Miete nach Wochen bemessen ist, spätestens am ersten Werktag einer Woche zum Ablauf des folgenden Sonnabends;

3. wenn die Miete nach Monaten oder längeren Zeitabschnitten bemessen ist, spätestens am

wenn der Mieter bei der Vornahme des Rechtsgeschäfts von dem Übergang des Eigentums Kenntnis hat. § 575 gilt sinngemäß.

§ 551 Entrichtung des Mietzinses

(1) Der Mietzins ist am Ende der Mietzeit zu entrichten. Ist der Mietzins nach Zeitabschnitten bemessen, so ist er nach dem Ablaufe der einzelnen Zeitabschnitte zu entrichten.

(2) Der Mietzins für ein Grundstück ist, sofern er nicht nach kürzeren Zeitabschnitten bemessen ist, nach dem Ablaufe je eines Kalendervierteljahrs am ersten Werktage des folgenden Monats zu entrichten.

§ 569 Kündigung bei Tod des Mieters

(1) Stirbt der Mieter, so ist sowohl der Erbe als der Vermieter berechtigt, das Mietverhältnis unter Einhaltung der gesetzlichen Frist zu kündigen. Die Kündigung kann nur für den ersten Termin erfolgen, für den sie zulässig ist.

(2) Die Vorschriften des Absatzes 1 gelten nicht, wenn die Voraussetzungen für eine Fortsetzung des Mietverhältnisses nach den §§ 569a oder 569b gegeben sind.

§ 565 Kündigungsfristen

(1) Bei einem Mietverhältnis über Grundstücke, Räume, oder im Schiffsregister eingetragene Schiffe ist die Kündigung zulässig,
1. wenn der Mietzins nach Tagen bemessen ist, an jedem Tag für den Ablauf des folgenden Tages;

2. wenn der Mietzins nach Wochen bemessen ist, spätestens am ersten Werktag einer Woche für den Ablauf des folgenden Sonnabends;

3. wenn der Mietzins nach Monaten oder längeren Zeitabschnitten bemessen ist,

dritten Werktag eines Kalendermonats zum Ablauf des übernächsten Monats, bei einem Mietverhältnis über gewerblich genutzte unbebaute Grundstücke oder im Schiffsregister eingetragene Schiffe jedoch nur zum Ablauf eines Kalendervierteljahres.

(2) Bei einem Mietverhältnis über Geschäftsräume ist die ordentliche Kündigung spätestens am dritten Werktag eines Kalendervierteljahres zum Ablauf des nächsten Kalendervierteljahres zulässig.

(3) Bei einem Mietverhältnis über bewegliche Sachen ist die ordentliche Kündigung zulässig,
1. wenn die Miete nach Tagen bemessen ist, an jedem Tag für den Ablauf des folgenden Tages;
2. wenn der Mietzins nach längeren Zeitabschnitten bemessen ist, spätestens am dritten Tag vor dem Tag, mit dessen Ablauf das Mietverhältnis enden soll.

(4) Absatz 1 Nr. 3, Absatz 2 und 3 Nr. 2 sind auch anzuwenden, wenn ein Mietverhältnis außerordentlich mit der gesetzlichen Frist gekündigt werden kann.

---

spätestens am dritten Werktag eines Kalendermonats für den Ablauf des übernächsten Monats, bei einem Mietverhältnis über gewerblich genutzte unbebaute Grundstücke oder im Schiffsregister eingetragene Schiffe jedoch nur für den Ablauf eines Kalendervierteljahres.

(1a) Bei einem Mietverhältnis über Geschäftsräume ist die Kündigung spätestens am dritten Werktag eines Kalendervierteljahres für den Ablauf des nächsten Kalendervierteljahres zulässig.

(2) und (3) ... *siehe § 573c neu*

(4) Bei eine Mietverhältnis über bewegliche Sachen ist die Kündigung zulässig.
1. wenn der Mietzins nach Tagen bemessen ist, an jedem Tag zum Ablauf des folgenden Tages;
2. wenn die Miete nach längeren Zeitabschnitten bemessen ist, spätestens am dritten Tag vor dem Tag, mit dessen Ablauf das Mietverhältnis endigen soll.

(5) Absatz 1 Nr. 3, Absatz 2 Satz 1, Absatz 3 Nr. 3, Absatz 4 Nr. 2 sind auch anzuwenden, wenn ein Mietverhältnis unter Einhaltung der gesetzlichen Frist vorzeitig gekündigt werden kann.

Teil I
Mietrecht

Vorbemerkungen zu § 535

Begriff der Miete

Das Mietrechtsreformgesetz bringt eine völlige Neugliederung des Mietrechts und damit   1
eine neue Paragraphenfolge. Eine der wichtigsten Neuerungen ist die Einarbeitung der
Miethöhe für preisfreien Wohnraum in das BGB. Im Gegensatz zur bisherigen Regelung
unterscheidet das Gesetz klar zwischen Mietverhältnissen über Wohnräume, andere
Räume und Grundstücke. § 535 spricht allerdings nach wie vor von der Mietsache, wozu
auch bewegliche Gegenstände gehören. Der Begriff der Sache ist in § 90 definiert. Danach sind Sachen i.S.d. BGB körperliche Gegenstände. Der Begriff des Gegenstandes ist
jedoch im BGB nicht definiert. Aus dem Zusammenhang der Vorschriften ergibt sich,
dass Gegenstand alles das ist, was Objekt von Rechten sein kann. Körperliche, also
abgrenzbare Gegenstände können beweglich und unbeweglich sein.

Das neue Mietrecht des BGB gliedert sich in drei Teile: 2
1. §§ 535 bis 548 beinhalten allgemeine Regelungen für Mietverhältnisse, beziehen sich
   also auf die Miete von Gegenständen, Wohn- und anderen Räumen.
2. §§ 549 bis 577a regeln die Wohnraummiete, wobei im zweiten Unterabschnitt (§§ 556
   bis 561) Regelungen zur Miete (Ersatz für das Wort „Mietzins") zu finden sind.
3. §§ 578 bis 580a bezieht sich auf das Mietverhältnis über andere Sachen. Dabei werden allerdings nur Grundstücke, die keine Wohnräume sind, Räume, die zum Aufenthalt von Menschen bestimmt sind, und eingetragene Schiffe erwähnt. Ein großer Teil
   der Vorschriften über die Wohnraummiete wird für entsprechend anwendbar erklärt.
   Bei den Kündigungsfristen nach § 580a für Grundstücke und die genannten Räume
   wird auch die Geschäftsraummiete erwähnt.

Daraus ergibt sich insgesamt, dass die Begriffe der Raum-, Wohnraum- und Geschäftsraummiete weiterhin Geltung haben.

Regelungen zur Miethöhe im öffentlich geförderten Wohnungsbau sind nicht in das BGB   3
übernommen worden, ergeben sich weiterhin aus den Vorschriften des WoBindG und der
NMV. Auch diese Vorschriften sind allerdings teilweise geändert worden (vgl. die entsprechenden Gesetzestexte bzw. Kommentierungen in diesem Buch).

Raummiete

Der Begriff des Raumes ist mietrechtlich nicht definiert, sondern wird dem Bauord-   4
nungsrecht entnommen. Es ist der Bezug zum Begriff des Gebäudes herzustellen, in dem
sich Räume befinden können. Das Bauordnungsrecht definiert Gebäude als selbständig
benutzbare, überdeckte bauliche Anlagen, die von Menschen betreten werden können
und geeignet oder bestimmt sind, dem Schutz von Menschen sowie von Tieren, Pflanzen
oder anderen Sachen zu dienen (vgl. z.B. Art. 2 der Bayerischen Raumordnung; § 2 Abs.
2 BauOBln). Ein Raum muss also ein allseitig umschlossener Teil eines Gebäudes mit
Decke, Wänden und Fußboden sein (vgl. Schmidt-Futterer/Blank, vor §§ 535, 536

Rn. 46). Demgemäß sind z.B. Plätze keine Räume (BGH, LM Nr. 31 zu § 581). Im Hinblick auf den bauordnungsrechtlich definierten Begriff des Gebäudes als bauliche Anlage ergibt sich, dass der Raum mit dem Erdboden verbunden oder zumindest vom Verwendungszweck ortsfest sein muss, so dass beispielsweise Wohn- und Gerätewagen oder Schiffsräume keine Räume sind. Für Wohncontainer mag dies schon streitig werden (vgl. OLG Düsseldorf, WuM 1992, 111). Aufbauend auf dem bautechnischen Raumbegriff, ist mietrechtlich zwischen Wohnraum-, Geschäftsraum- und Raummiete zu unterscheiden.

Wohnraummiete

5 Der Begriff des Wohnens umfasst die dauerende private Aufenthaltsmöglichkeit in dem Raum, insbesondere zum Schlafen, Essen, Kochen und dgl. Zum Wohnraum gehören auch die zum Wohnen dienenden Nebenräume, wie Bad, Flur, Abstellraum. Zum Begriff der Wohnung als Gesamtheit der Räume, die die Haushaltsführung ermöglichen, gehören auch mitvermietete Nebenräume, die nicht Wohnräume im eigentlichen Sinne sind, wie z.B. der mitvermietete Keller oder Trockenraum. Das kann u.a. für § 17 Abs. 1 II. WoBauG entscheidend sein, wonach als Wohnungsbau auch das Schaffen von Räumen gilt, die nach ihrer baulichen Anlage und Ausstattung bisher anderen als Wohnzwecken dienten. Zur Abgrenzung ist hier § 42 II. BV heranzuziehen. Nicht nach § 42 Abs. 4 II. BV in die Wohnfläche einzurechnende Räume (z.B. Keller oder Dachboden) können in eigentlichen Wohnraum umgewandelt werden. Die Umwandlung eines Bades in einen Wohnraum gehört nicht zum Wohnungsbau (vgl. Fischer-Dieskau/Pergande, § 17 II. WoBauG Anm. 1.2). Das II. WobauG wird zum 31.12.2001 aufgehoben und durch das Gesetz zur Reform des Wohnbaurechts ersetzt. Hier geben §§ 16 ff. Definitionen zum Wohnungsbau, Modernisierung, Wohnraum und Wohnfläche.
Der vereinbarte Vertragszweck bestimmt die Einordnung als Wohnraum. Keine Vorschrift schreibt vor, dass der Wohnraum auch tatsächlich genutzt wird. Davon zu unterscheiden ist die Frage, ob die anderweitige Nutzung von Wohnraum gegen ein Zweckentfremdungsverbot verstößt (vgl. Art. 6 § 1 Mietrechtsverbesserungsgesetz).
Kein Wohnraummietverhältis liegt bei der Anmietung von Wohnraum zur (gewerblichen oder nichtgewerblichen) Weitervermietung vor (h.M.; BGH, NJW 1981, 1377; OLG Hamburg, ZMR 1993, 271 ff.). Obwohl im Verhältnis Vermieter – Zwischenmieter kein Wohnraummietverhältnis vorliegt, kann unter Umständen sich der (Unter-)Mieter in einem Fall der gewerblichen Zwischenvermietung dem Vermieter gegenüber auf den Kündigungsschutz des sozialen Mietrechts (§§ 573, 574) berufen (vgl. dazu BVerfG, Beschl. vom 11.6.1991, ZMR 1991, 368 = WuM 1991, 422 = GE 1991, 771; vgl. im Einzelnen Palandt/Weidenkaff, § 556 Rn. 21).

Geschäftsraummiete

6 Bei Geschäftsräumen handelt es sich um Räume, die nach dem vereinbarten Vertragszweck zu geschäftlichen, insbesondere gewerblichen oder anderen beruflichen Zwecken angemietet werden – Büro, Lagerräume, Werkstätten, Praxisräume.

Mischmietverhältnisse

7 Hierunter versteht man Verträge, die sich sowohl auf Wohn- als auch auf Geschäftsräume beziehen, z.B. die Vermietung eines Ladens mit Wohnräumen, die Vermietung einer

Atelierwohnung, in der gewohnt und gearbeitet wird. Die Frage, welche Rechtsvorschriften anzuwenden sind, insbesondere ob der Mieter den Schutz des sozialen Wohnraummietrechts genießt, beantwortet sich danach, welcher Vertragszweck überwiegt (vgl. grundlegend BHG, ZMR 1986, 278). Auslegungsanhaltspunkte sind das Verhältnis der Mietwerte, aber auch das Verhältnis der jeweils genutzten Flächen. Überwiegt der Wohnzweck, ist Wohnraummietrecht anwendbar (vgl. dazu Sternel, Mietrecht, I Rn. 154 ff.; Schmidt-Futterer/Blank, vor §§ 535, 536 Rn. 60 ff.).

§ 535 Inhalt und Hauptpflichten des Mietvertrags

(1) [1]**Durch den Mietvertrag wird der Vermieter verpflichtet, dem Mieter den Gebrauch der Mietsache während der Mietzeit zu gewähren.** [2]**Der Vermieter hat die Mietsache dem Mieter in einem zum vertragsgemäßen Gebrauch geeigneten Zustand zu überlassen und sie während der Mietzeit in diesem Zustand zu erhalten.** [3]**Er hat die auf der Mietsache ruhenden Lasten zu tragen.**
(2) Der Mieter ist verpflichtet, dem Vermieter die vereinbarte Miete zu entrichten.

1. Allgemeines

1 Die Vorschrift ist neu gefasst und verbindet die bisherigen Regelungen nach §§ 535, 536 sowie § 546. Der Gesetzgeber hat auch neue Begriffe geschaffen, die keine rechtliche Konsequenz haben, aber an die man sich gewöhnen muss. Es heißt also nicht mehr „vermietete Sache" sondern „Mietsache". Den Begriff des „Mietzinses" gibt es nicht mehr. Es heißt jetzt „Miete". Wenn bislang mit dem Begriff „Miete" das Mietverhältnis bzw. der Mietvertrag gemeint war, ist jetzt die Miethöhe gemeint.

2 Der Mietvertrag als sog. **besonderes Schuldverhältnis** des BGB ist eine Rechtsbeziehung zwischen Personen, die den Gläubiger zum Fordern einer Leistung vom Schuldner berechtigt (§ 241; ab 1.1.2002: § 241 Abs. 1 i.d.F. des SchuldRModG). Sie unterliegt grundsätzlich den Bestimmungen des BGB in seinem Allgemeinen Teil, dem Allgemeinen Teil des Schuldrechts sowie den Vorschriften nach §§ 535 ff. Es herrscht grundsätzlich die verfassungsrechtlich (Art. 2 Abs. 1 GG) **garantierte Vertragsfreiheit**, jedoch

gibt es gerade im Mietrecht, jedenfalls bei der Wohnraummiete, **umfangreiche Einschränkungen**. Diese ergeben sich aus dem Gesetzestext selbst (z.B. § 554 Abs. 5), aber auch aus dem Recht der Allgemeinen Geschäftsbedingungen sowie aus zahlreichen anderen außerhalb des BGB existierenden Vorschriften, die sich vor allem auch auf den Mietpreis beziehen. Hier ist jedoch jeweils zwischen Wohnraum- und anderer Miete zu unterscheiden, z.B. unterliegt die Miete beim Gewerbemietverhältnis nach wie vor der freien Vereinbarung zwischen den Mietvertragsparteien, dies allerdings begrenzt durch § 138 (Wucher). Auch in den **neuen Bundesländern** gilt **grundsätzlich Vertragsfreiheit**, nachdem es dort bis zum 3.10.1990 die staatliche Wohnraumbewirtschaftung mit staatlicher Wohnungszuweisung als Wirksamkeitsvoraussetzung für einen Mietvertrag gab (vgl. hierzu die Verordnung über die Lenkung des Wohnraumes vom 16.10.1985 – GBl. I Nr. 27 S. 301). Jedoch sind auch jetzt **für bestimmte Wohnungen Einschränkungen** in der Vertragsfreiheit insofern zu beachten, als Mietverträge über bestimmte Wohnungen nicht mit jedem in Betracht kommenden Mieter abgeschlossen werden können (vgl. hierzu z.B. § 4 WoBindG, wonach der Verfügungsberechtigte bestimmte Wohnungen nur an Personen mit einem sog. Wohnberechtigungsschein überlassen darf; das Belegungsrechtsgesetz vom 22.7.1990 für die neuen Bundesländer ist außer Kraft, jedoch sind mit Wirkung vom 1.1.1996 Belegungsbindungsgesetze in den Ländern erlassen worden – vgl. z.B. Land Brandenburg GVBl. I 1995 S. 56 oder Berlin GVBl. 1995 S. 638). Vereinbarungen, die gegen zwingendes Recht verstoßen, sind unwirksam, d.h., derjenige, der Rechte aus einer derartigen Vereinbarung ableiten will, kann sich darauf nicht berufen. Mietverträge, die trotz entgegenstehender öffentlich-rechtlicher Vorschriften privatrechtlich zustande gekommen sind, können unter Umständen nach § 573 Abs. 1 gekündigt werden.

2. Abschluss des Mietvertrags

Der **Abschluss des Mietvertrags** erfolgt gem. §§ 145 ff., d.h. durch Annahme eines 3 entsprechenden Angebots. Eine **Schriftform** ist nicht vorgesehen. Allerdings ist § 550 (i.V.m. § 573) zu beachten, der einen Mietvertrag für unbestimmte Zeit fingiert, wenn er bei Verträgen von mehr als einem Jahr ohne Schriftform abgeschlossen wurde (vgl. zur Schriftform § 550). Bei der Wohnraummiete werden üblicherweise **Formularmietverträge** abgeschlossen, die dem AGBG (ab 1.1.2002: AGBG ist in das BGB – §§ 305 ff. – integriert i.d.F. des SchuldRModG) unterliegen und die Rechte und Pflichten der Vertragsparteien bis in die Einzelheiten festlegen. Der mündlich abgeschlossene Mietvertrag ist dann wirksam, wenn er Vereinbarungen über die wesentlichen Vertragsbestandteile eines Mietvertrags enthält. Dazu gehört die Einigung über Mietgegenstand, Mietzeit und Mietpreis. Zum Mietgegenstand braucht jedoch der konkrete Umfang des Gebrauchsrechts nicht festgelegt zu sein (vgl. Palandt/Weidenkaff, § 535 Rn. 1). Zum Mietpreis wird die Ansicht vertreten, dass bei fehlender Einigung von der ortsüblichen Miete auszugehen sei (Emmerich/Sonnenschein, vor §§ 535, 536 Rn. 53; BGHZ 94, 98, 100; KG, NJW 1955, 949). Dies erscheint angesichts unterschiedlicher Auffassungen zur Bestimmung der ortsüblichen Miete zweifelhaft; vielmehr ist bei vorliegender mündlicher Einigung nur über den Mietgegenstand zu erwägen, ob nicht nur ein Vorvertrag vorliegt.

Der **Vorvertrag** ist formlos möglich; § 550 ist schon vom Regelungsinhalt nicht ein- 4 schlägig (vgl. auch BGH, NJW 1980, 577). Er verpflichtet zum Abschluss des Hauptvertrags, des eigentlichen Mietvertrags (Abgrenzung zur Option: dem Recht, durch einseitige Erklärung einen Mietvertrag zustande zu bringen, OLG Köln, ZMR 1998, 283 f.), und kommt dann sinnvoll zum Tragen, wenn noch keine Einigung über alle wesentlichen Teile eines Mietvertrags möglich ist, z.B. der Beginn der Mietzeit noch nicht feststeht, weil die Wohnung erst umfangreich modernisiert werden soll. In einem solchen Fall kann möglicherweise auch noch nicht der Mietpreis vereinbart werden, weil die Modernisierungskosten noch nicht feststehen. Ein wirksamer Vorvertrag setzt jedoch eine so umfangreiche Einigung der Vertragsparteien voraus, dass der Inhalt des dann noch abzuschließenden Hauptvertrags weitgehend bestimmbar ist (vgl. Palandt/Heinrichs, Einf. vor § 145 Rn. 19 mit Rechtsprechungsnachweisen). Ein derartiger Vertrag könnte etwa wie folgt lauten:

Muster
Mietvorvertrag →[✎ 535-1]

...   ...
(zukünftiger Vermieter)   (Datum)
wohnhaft in ..., ... Straße
und
...
(zukünftiger Mieter)
wohnhaft in ..., ... Straße

verpflichten sich, einen schriftlichen Mietvertrag über die Wohnung in ..., ... Straße nach dem Vertragsmuster des ... Verlags mit der Nr. ... mit Wirkung vom Bereitstellungstermin abzuschließen. Die Wohnung wird voraussichtlich am ... zum Bezug bereitstehen. Die – vorläufige – Miete beträgt zurzeit brutto/kalt monatlich ... Nach der zurzeit durchgeführten Modernisierung erhöht sich die Miete ab Vertragsbeginn um voraussichtlich ... entsprechend § 559 BGB. Die Wohnung umfasst drei Zimmer, Küche, Bad und Kellerraum Nr. ...
Der zukünftige Mieter ist berechtigt, von dem Vorvertrag zurückzutreten, wenn sich der Bereitstellungstermin um mehr als zwei Monate hinausschiebt oder die endgültige Miete sich gegenüber der in Aussicht genommenen um mehr als zehn Prozent erhöht. Der Rücktritt ist spätestens zwei Wochen nach Mitteilung des verzögerten Bereitstellungstermins oder der erhöhten Miete schriftlich zu erklären.

Unterschrift   Unterschrift
(zukünftiger Vermieter)   (zukünftiger Mieter)

Ein mündlicher Mietvertrag oder ein mündlicher Mietvorvertrag ist jeweils schwer zu beweisen, wobei im Wesentlichen der Zeugenbeweis in Betracht kommen wird. Im Zweifel dürften die Gerichte sehr zurückhaltend sein, einen mündlichen Mietvertrag als abgeschlossen anzusehen. Es ist deswegen für Vermieter und Mieter **immer ratsam, einen schriftlichen Vertrag abzuschließen**, der wegen der Einzelheiten der Vereinbarungen zunächst die Vermutung der Vollständigkeit und Richtigkeit für sich hat (§ 416

ZPO; vgl. Thomas/Putzo, § 416 Rn. 3). Diese Vermutung kann zwar widerlegt werden, bedarf jedoch des schwierig zu führenden Gegenbeweises, wobei bei einem non liquet die schriftliche Vereinbarung zugrunde zu legen sein wird.

Ist kein schriftlicher oder mündlicher Mietvertrag abgeschlossen worden, kann u.U. auch   5
ein **Mietvertrag durch schlüssiges Verhalten** zustande kommen oder schon zustande gekommen sein. Da das Schuldverhältnis in Form des Mietvertrags jedoch nur durch zwei übereinstimmende Willenserklärungen zustande kommt, müssen auch insofern Willenserklärungen der Mietvertragsparteien ersichtlich sein. Bei einer Willenserklärung durch schlüssiges Verhalten wird keine ausdrückliche Erklärung abgegeben, vielmehr ist die Erklärung aus eindeutigen Handlungen zu entnehmen, die den Schluss auf einen bestimmten Rechtsbindungswillen zulassen (so die allgemeine Lehre, z.B. Larenz, § 19 IV b). Im Mietvertragsrecht kann man u.U. von derartigen Willenserklärungen ausgehen, wenn der Vermieter einer Person Wohnraum überlässt, über längere Zeit einen möglichen Herausgabeanspruch nicht geltend macht und Mietzahlungen entgegennimmt oder fordert (vgl. BVerfG, GE 1996, 184; LG Berlin, GE 1993, 267). Wie lange eine solche Duldung praktiziert werden muss, um eine konkludente Willenserklärung anzunehmen, kann nicht generell beantwortet werden. Ob zwei Monate (so LG Düsseldorf, DWW 1991, 24) ausreichen, ist äußerst fraglich. An ein schlüssiges Verhalten sind hohe Anforderungen zu stellen.

Das bloße **Schweigen** kann **keine Erklärungshandlung** darstellen, es sei denn, der   6
Schweigende ist verpflichtet, seinen gegenteiligen Willen zum Ausdruck zu bringen. Dabei kann der dogmatische Streit, ob das Schweigen in diesem Falle als Willenserklärung anzusehen ist oder nur in seinen Rechtswirkungen einer Willenserklärung gleichkommt oder sich der Schweigende nicht auf einen anderen Willen berufen kann (vgl. Palandt/Heinrichs, Einf. vor § 116 Rn. 8), dahinstehen. Denn im Mietvertragsrecht ist eine Pflicht, einen gegenteiligen Willen zum Ausdruck zu bringen, nur dann anzunehmen, wenn ein bestimmtes Verhalten des Schweigenden vorangegangen ist. Dann ist aber schon dieses Verhalten unter dem Gesichtspunkt einer Willenserklärung zu überprüfen. Im Zweifel ist das Schweigen oder das schlüssige Verhalten nicht als Erklärung mit Rechtsbindungswillen anzusehen. Zum Beispiel lässt die Duldung einer eigenmächtigen Inbesitznahme von Räumen nicht auf eine derartige Willenserklärung schließen, zumal sich eine entsprechende Willenserklärung auch auf den Mietpreis beziehen muss.

Teilweise wird in der Rechtsprechung auch von **faktischen Mietverhältnissen** gespro-   7
chen (vgl. z.B. LG Berlin, GE 1995, 1207 [1208]). Die Lehre von den sog. faktischen Vertragsverhältnissen, wonach ein Vertrag auch ohne Willenserklärung der Parteien allein durch ein tatsächliches Verhalten geschlossen werden kann (typischer Fall einer Bahnfahrt, Inanspruchnahme von Elektrizität oder Wasser), ist inzwischen dogmatisch überholt, weil die entsprechenden Probleme einer Willenserklärung durch schlüssiges Verhalten über § 242 oder über das Recht der ungerechtfertigten Bereicherung gelöst werden können. Dementsprechend hat z.B. das Bundesverfassungsgericht in einer Entscheidung über eine Verfassungsbeschwerde zu der Entscheidung des LG Berlin in GE 1995, 1207 den Begriff des faktischen Mietverhältnisses auch in Anführungsstriche gesetzt (GE 1996, 184).

Die §§ 145 ff. sind beim Zustandekommen des Mietvertrags uneingeschränkt anzuwenden. Dies gilt insbesondere für § 150. Danach gilt eine **verspätete Annahme** eines schriftlichen Angebots auf Abschluss eines Mietvertrags (Überlegungsfrist ca. 3–4 Wochen – vgl. LG Berlin, WuM 1987, 378; LG Köln, WuM 1988, 50) als **neuer Antrag**. Wichtiger ist § 150 Abs. 2, wonach eine Annahme unter Änderungen als Ablehnung verbunden mit einem neuen Antrag gilt. Die eigentlichen Schwierigkeiten treten vielfach erst bei späteren Streitigkeiten auf, in denen die Parteien jeweils unterschiedliche Ausfertigungen des schriftlichen Mietvertrags vorlegen. Unabhängig von deren Ursachen gilt dann im Zweifel bezüglich bestimmter Regelungen (z.B. ist in einem Mietvertragsformular die Rubrik der Übernahme der Schönheitsreparaturen durch den Mieter angekreuzt, in dem anderen nicht) das Gesetz (für die Schönheitsreparaturen mit der Folge, dass der Vermieter diese gem. § 535 Abs. 1 zu tragen hat). Ein offener Einigungsmangel mit der Folge, dass der Vertrag als nicht geschlossen gilt (§ 154 Abs. 1 Satz 1), besteht in derartigen Fällen nicht, da sich die Mietvertragsparteien ersichtlich binden wollten und sich die bestehenden Vertragslücken ausfüllen lassen (vgl. Palandt/Heinrichs, § 154 Rn. 2 mit Rechtsprechungsnachweisen).

2.1 Vertragsschluss durch Vermieter

8 Vermieter ist derjenige, der den (schuldrechtlichen) Mietvertrag als Vermieter abgeschlossen hat. Beim schriftlichen Mietvertrag ergibt sich die Vermieterstellung aus dem Vertrags„rubrum" im Zusammenhang mit der **Unterschrift desjenigen** am Ende des Formulars, **der im Rubrum als Vermieter bezeichnet ist** – vom Abschluss durch einen rechtsgeschäftlichen oder gesetzlichen Vertreter abgesehen. Da es sich um einen schuldrechtlichen Vertrag handelt, kommt es nicht auf die Eigentümerstellung des Vermieters an, die sich im Rahmen der dinglichen Rechtsverhältnisse an dem Grundstück aus dem jeweiligen Grundbuch ergibt. Vermieter- und Eigentümerstellung können auseinander fallen. Rechte und Pflichten aus dem Mietvertrag ergeben sich nur aus diesem, vom Sonderfall des § 566 abgesehen.

Üblicherweise lautet in den Mietvertragsformularen das Rubrum wie folgt:

Muster
Mietvertragsrubrum

Zwischen ... (Name, Vorname) in ... (Ort, Straße)
als Vermieter
vertreten durch ... (Name, Vorname) ... (Ort, Straße)
und
1. ... (Name, Vorname)
zurzeit wohnhaft in ... (Ort, Straße)
und

2. ... (Name, Vorname)
zurzeit wohnhaft in ... (Ort, Straße)
als Mieter

wird folgender Mietvertrag geschlossen:

In einigen Mietvertragsformularen werden noch Rubriken für Angaben zu Beruf und Geburtsdaten vorgesehen. Derartige Angaben sind nicht notwendig. Es kommt nur darauf an, dass die Parteien des Mietvertrags identifizierbar sind. Das ist bei einer Berufsangabe zweifelhaft. Das Geburtsdatum kann bei Beteiligung mehrerer Personen mit demselben Namen oder zumindest mit demselben Zunamen von Bedeutung sein.

Unproblematisch ist der Vertragsschluss einer **natürlichen Person,** einer Einzelperson 9 als Vermieter, die im Vertragsrubrum identifizierbar als Vermieter zu bezeichnen ist.

Beim Mietvertragsschluss durch **mehrere natürliche Personen** als Vermieter kommt es darauf an, wer Vermieter sein will und soll. Diese Fragen stellen sich immer dann, wenn mehrere Personen in einem rechtlichen Zusammenhang stehen, sei es als Miteigentümer, Erbengemeinschaft, Gesellschaft, Bauherrengemeinschaft und dgl. Grundsatz bleibt auch hier immer, dass **nur der Vermieter** wird, der im **Mietvertragsrubrum als Vermieter** steht. Es kann jedoch auch genügen, dass aufgrund der Bezeichnung im Mietvertragsrubrum der einzelne Mitvermieter identifiziert werden kann.

Aufgrund der im deutschen Recht zu treffenden Unterscheidung zwischen schuldrechtli- 10 cher und dinglicher Rechtslage muss nicht jeder **Miteigentümer** auch Vermieter sein, kann nur einer von mehreren Miteigentümern allein den Mietvertrag abschließen und ist damit nur allein Vermieter. Nur der Miteigentümer, der im Mietvertragsrubrum als Vermieter bezeichnet ist, hat auch diese Stellung im schuldrechtlichen Mietvertrag. Das kann allerdings zu erheblichen Problemen führen, und zwar sowohl auf Vermieter- als auch auf Mieterseite.

Hat nur ein Miteigentümer einer aus mehreren Personen bestehenden Miteigentümergemeinschaft den Mietvertrag geschlossen, so ist auch nur dieser eine Miteigentümer Vermieter mit allen Rechten und Pflichten bezüglich der Miete, der Kündigungsmöglichkeiten und dgl. Der oder die anderen Miteigentümer sind an dem Mietvertrag nicht beteiligt und können entsprechend keine Rechte geltend machen. Von Mieterseite her können Rechte aber nur gegenüber dem einen vermietenden Miteigentümer geltend gemacht werden, Instandsetzung oder Herrichtung, Schadensersatz und dgl. nicht von den übrigen Miteigentümern verlangt werden.

Den **mietrechtlichen Räumungsanspruch** nach § 546 Abs. 1 nach Beendigung des Mietverhältnisses aufgrund ordentlicher oder außerordentlicher Kündigung einer oder beider Mietvertragsparteien hat **nur der vermietende Miteigentümer. Den dinglichen Herausgabeanspruch** nach § 985 haben **alle Miteigentümer**, die nichtvermietenden Miteigentümer auch grundsätzlich bei bestehendem Mietverhältnis, denn das aus dem Mietvertrag herzuleitende Recht zum Besitz als Einwendung des Besitzers nach § 986 besteht nur gegenüber dem vermietenden Miteigentümer. Der nichtvermietende Miteigentümer kann nach § 1011 seine Eigentumsansprüche nach § 985 geltend machen und in Anwendung des § 432 Herausgabe an alle Eigentümer verlangen. Diese sich aufgrund der dinglichen Rechtslage ergebende Situation, dass trotz wirksamen Mietverhältnisses gegenüber einem Miteigentümer der Verlust der Wohnung über den Herausgabeanspruch nach § 985 eintreten kann, lässt sich mietrechtlich nicht lösen. Es lassen sich allerdings von der Rechtsprechung für den Fall der Veräußerung des Grundstücks entwickelte Schutzmöglichkeiten für den Mieter auch auf die vorliegende Fallkonstellation übertragen. Überdies ist ein verfassungsrechtlicher Schutz über Art. 3 Abs. 1 GG herleitbar.

Im Falle der **Veräußerung des Grundstücks** tritt der Erwerber nach § 566 Abs. 1 an die Stelle des Vermieters. Mit dem dinglichen Rechtsakt der Veräußerung tritt damit der neue Eigentümer in die schuldrechtliche Stellung des Vermieters ein. Dasselbe gilt für die Rechtsnachfolge nach Versteigerung in Anwendung des § 57 ZVG.

Voraussetzung ist aber immer, dass das Grundstück vom Vermieter veräußert wird. Das trifft für den nichtvermietenden und jetzt mitveräußernden Miteigentümer nicht zu, so dass in diesem Verhältnis grundsätzlich § 566 nicht zur Anwendung kommen kann. Der in § 566 Gesetz gewordene Grundsatz „Kauf bricht nicht Miete" will dem Mieter die durch Vertrag erworbenen Rechte bei einem Eigentümerwechsel erhalten. Die Vorschrift stellt eine ausgesprochene Mieterschutzbestimmung dar. Die Rechtsstellung des Mieters soll sich durch die Veräußerung im Grundsatz nicht verschlechtern, allerdings auch nicht verbessern. Ist die Rechtsstellung des Mieters aber schon vor der Veräußerung dadurch beeinträchtigt, dass er nur einem, nicht aber dem oder den anderen Miteigentümern gegenüber ein Recht zum Besitz hat, so besteht kein Grund für einen Eintritt des Erwerbers in den bestehenden Mietvertrag kraft Gesetzes, welcher die Rechtsstellung des Mieters gegenüber dem ursprünglichen Zustand verbessern würde. Demgemäß können die Rechte und Pflichten aus dem Mietvertrag auf den Erwerber in einem derartigen Fall grundsätzlich nicht übergehen. Im Einzelfall kann sich demnach der Schutzzweck des § 566 in das Gegenteil verkehren, wenn der Mieter nur mit einem Miteigentümer kontrahiert hat.

Nach dem Rechtsentscheid des OLG Karlsruhe vom 10.2.1981 zu 3 RE-Miet/1/81 = NJW 1981, 1278 = GE 1981, 1013 = OLGZ 1981, 207 greift § 571 (jetzt **§ 566**) im Falle der Veräußerung oder Teilungsversteigerung (nur) **dann** ein, wenn bei einem **mehreren Miteigentümern** gehörenden Mietgrundstück lediglich der eine Miteigentümer die Mietverträge geschlossen hat, der andere jedoch der Vermietung **zugestimmt** hat. Diese Zustimmung bedarf nicht unbedingt einer ausdrücklichen Erklärung, sondern kann auch durch schlüssiges Verhalten geschehen. Im Ausnahmefall muss sogar der untätige Miteigentümer ein bloßes Schweigen als Zustimmung gegen sich gelten lassen, was allerdings voraussetzt, dass der Mieter eine Stellungnahme erwarten konnte, was dann anzunehmen ist, wenn er durch das Schweigen erkennbar zu Maßnahmen hinsichtlich des Vertrags veranlasst wurde und auf den hervorgerufenen Anschein der Zustimmung auch tatsächlich vertraut hat. Diese in der Rechtsprechung vorwiegend zur Genehmigung nach § 177 entwickelten Grundsätze sind auf die Erteilung der Zustimmung zu einem im eigenen Namen geschlossenen Geschäft entsprechend anwendbar (vgl. in diesem Zusammenhang auch LG Berlin, GE 1990, 8320). Trotz des Rechtsentscheids des OLG Karlsruhe verbleibt erhebliche Unsicherheit, da die Wertung von Zustimmung, schlüssigem Verhalten, Schweigen im Einzelfall sehr unterschiedlich ausfallen kann. Ferner ist festzuhalten, dass diese rechtliche Konstruktion nicht dazu führt, dass der „zustimmende" Miteigentümer Vermieter wird, der nichtvermietende Miteigentümer und der Erwerber sich nur nicht darauf berufen können, dass der Mietvertrag nur von einem Miteigentümer abgeschlossen worden ist.

Ob ein entsprechendes Herausgabeurteil allerdings einer **verfassungsrechtlichen Überprüfung** standhalten würde, erscheint fraglich; denn nach der Rechtsprechung des Bundesverfassungsgerichts zum Kündigungsschutz des Mieters, der von einem gewerblichen

Zwischenvermieter Wohnraum gemietet hat (BVerfG, Beschl. vom 11.6.1991 zu 1 BvR 538/90 = GE 1991, 771 = NJW 1991, 2272), wird der allgemeine Gleichheitssatz nach Art. 3 GG verletzt, wenn eine Gruppe von Normadressaten im Vergleich zu anderen Normadressaten anders behandelt wird, obwohl zwischen beiden Gruppen keine Unterschiede von solcher Art und solchem Gewicht bestehen, dass sie die ungleiche Behandlung rechtfertigen könnten. Ferner wird argumentiert, dass die rechtstechnischen Schwierigkeiten, die sich aus dem Fehlen einer unmittelbaren vertraglichen Beziehung zwischen dem Eigentümer und dem die Wohnung nutzenden Mieter ergeben, keine Verkürzung des Mieterschutzes rechtfertigen können. Das Bundesverfassungsgericht stellt sodann in Frage, ob rechtstechnische oder rechtsdogmatische Schwierigkeiten überhaupt geeignet sind, eine erhebliche materielle Schlechterstellung von Mietern zu begründen. Vorliegend ist im Hinblick auf Art. 3 GG kaum einsehbar, dass sich der Mieter gegenüber dem nichtvermietenden Miteigentümer und gegenüber dem Erwerber über § 566 nicht auf Kündigungsschutz berufen darf, sind doch die Miteigentümer dinglich miteinander verbunden, eine engere Bindung als zwischen Vermieter und gewerblichem Zwischenvermieter. Eine Verallgemeinerung der zur gewerblichen Zwischenvermietung entwickelten Grundsätze hat das Bundesverfassungsgericht selbst schon angedeutet (BVerfG, Beschl. vom 27.11.1995 zu 1 BvR 1963/95 = GE 1996, 184).

Neben den Gesellschaften als juristischen Personen (z.B. GmbH, GmbH & Co. KG) **11** spielt die **Gesellschaft bürgerlichen Rechts** (GbR) im Vermietungsgeschäft in zunehmendem Maße eine Rolle. So werden vor allem Gesellschaften von Kapitalanlegern gebildet, die häufig einen Umfang von über einhundert Personen annehmen. In der GbR schließen sich die Gesellschafter zur Erreichung eines gemeinsamen Zwecks, der auch in der Vermietung von Wohnungen bestehen kann, zusammen und bilden durch ihre Beiträge ein Gesamthandvermögen = Gesellschaftsvermögen (§ 718). Dadurch entsteht jedoch **keine neben den Gesellschaftern bestehende juristische Person** (vgl. BGH, NJW 1981, 1213). Die zur gesamten Hand gehörenden Rechte und Pflichten stehen den Gesamthändern „Gesellschafter" in ihrer Verbundenheit zu, dies im Gegensatz zur juristischen Person, bei der das Vermögen der juristischen Person gehört, an der Personen beteiligt sein können. Das hat z.B. zur Folge, dass die GbR als solche nicht in das Grundbuch eingetragen werden kann (vgl. BayObLG, JZ 1986, 108). Dennoch hat **in jüngster Zeit die GbR gewisse Züge einer juristischen Person** entwickelt, indem man von einer besonderen Wirkungseinheit, von einem besonderen Zuordnungsobjekt spricht. Die Gruppe als solche, nicht die Gesellschafter, kann danach in einer Art Teilrechtsfähigkeit am Rechtsverkehr teilnehmen (vgl. MüKo/Ulmer, § 705 Rn. 131 ff.). Mietrechtlich hat dies zur Folge, dass – wie dies eigentlich notwendig wäre – nicht alle Gesellschafter der GbR im Rubrum des Mietvertrags als Vermieter aufzuführen sind. Die GbR darf zwar keine Firma wie ein Kaufmann gebrauchen, kann sich jedoch einen unterscheidungskräftigen, schlagwortartigen Gesamtnamen geben und sich insofern am Rechtsverkehr beteiligen. Das gilt zumindest für den Fall, in dem gem. § 714 einem Gesellschafter nach dem Gesellschaftsvertrag die Befugnis zur Geschäftsführung zusteht und ihm rechtsgeschäftliche Vertretungsmacht erteilt worden ist (vgl. OLG Frankfurt/Main, NJW-RR 1987, 914). Die schlagwortartige Bezeichnung kann z.B. dem Vermietungsobjekt selbst entnommen werden (Straßenname), so dass es im Mietvertragsrubrum wie folgt heißen kann (vgl. auch AG Berlin-Schöneberg, GE 1993, 321):

Muster
Mietvertragsrubrum

> Zwischen der ... Straße ... Berlin-Schöneberg GbR,
> vertreten durch den geschäftsführenden Gesellschafter ...
> Anschrift ... als Vermieter,
> und ...

Das Recht der GbR nach §§ 705 ff. befindet sich nunmehr in einer „rasanten" Entwicklung. Diese bringt nicht die Rechtsprechung der Instanzgerichte, sondern vielmehr der BGH – wohl teilweise unter Hintenanstellung dogmatischer Bedenken.

12 Nach bisheriger Rechtslage/Meinung musste die GbR in ihrer personenmäßigen Zusammensetzung zum Zeitpunkt des Abschlusses des Mietvertrags eindeutig eingrenzbar sein, da (nur) die betreffenden Gesellschafter Vermieter waren. Die einzelnen Gesellschafter mussten auch z.B. im Prozess im Einzelnen bezeichnet werden, da die GbR als solche nicht Partei sein konnte, auch nicht unter ihrer schlagwortartigen Bezeichnung (vgl. dazu OLG Frankfurt/Main, a.a.O.: „..., denn im Rechtsstreit wird eine BGB-Gesellschaft allein durch die Namen sämtlicher Gesellschafter identifiziert."). Nun findet in einer GbR häufig eine Fluktuation statt, dies vor allem bei einer Kapitalanlage-GbR. Im Rahmen des Mietrechts behalten jedoch die Vertragsparteien grundsätzlich ihre Stellung als Vermieter oder Mieter, so dass die Gesellschafter zum Zeitpunkt des Vertragsschlusses eigentlich Vermieter bleiben – es sei denn, es kommt zu einer ausdrücklichen Vertragsänderung, wozu jedoch Willenserklärungen der am Mietvertrag beteiligten Personen notwendig sind. Eine Durchbrechung dieses Prinzips erfolgt nur durch § 566. Verkauft und übereignet der Vermieter sein Grundstück an einen anderen, so tritt der Erwerber kraft Gesetzes in die Stellung des Vermieters ein. So gesehen kann also auch eine GbR ein Grundstück erwerben. Die Gesellschafter zum Zeitpunkt des Erwerbs werden über § 566 Vermieter.

Streitig ist die Rechtslage **beim Ausscheiden** eines Gesellschafters oder **beim Hinzukommen** eines weiteren Gesellschafters. Geschäftlich geschieht dies so, dass der ausscheidende Gesellschafter einen Geldanteil erhält, während der eintretende diesen Anteil entrichten muss, wobei dies durch Zahlung zwischen eintretendem und ausscheidendem Gesellschafter geschehen mag. **Rechtlich** erfolgt dieser Akt jedoch durch sog. **Abwachsung** und **Anwachsung**. Scheidet nämlich ein Gesellschafter aus der Gesellschaft aus, so wächst nach § 738 sein Anteil am Gesellschaftsvermögen den übrigen Gesellschaftern zu. Analog ist diese Vorschrift für den Fall des Eintritts anzuwenden. Die entscheidende Frage ist, ob dieses An- und Abwachsen wie eine Veräußerung nach § 566 angesehen werden kann. Das dürfte aus dogmatischen Gründen zu verneinen sein, da An- und Abwachsen keine Veräußerung i.S.d. § 566 ist. Vielmehr läuft dieser Vorgang außerhalb des Grundbuchs. Nach erfolgtem Ausscheiden bzw. Eintritt ist das Grundbuch lediglich zu berichtigen. Dementsprechend hat das OLG Düsseldorf mit Urteil vom 11.6.1992, MDR 1993, 143 = NJW-RR 1992, 1291 die Anwendung des § 571 (jetzt § 566) auf diesen Fall auch in analoger Anwendung abgelehnt (vgl. auch Schach, GE 1997, 1270 ff.).

Der **BGH** hat mit einem **ersten bahnbrechenden Urteil** (kein Rechtsentscheid!) vom 13
18.2.1998 (GE 1998, 483 = NZM 1998, 260 = NJW 1998, 1220) entschieden, dass ein Mietvertrag über ein Grundstück, den eine GbR als Vermieterin abgeschlossen hat, nach einem Gesellschafterwechsel jedenfalls dann ohne weiteres mit der Gesellschaft in der neuen personellen Zusammensetzung fortgeführt wird, wenn die ursprünglichen Gesellschafter mit einem ihre gesamthänderische Bindung bezeichnenden Vermerk (§ 47 GBO) als Eigentümer (oder Erbbauberechtigte) im Grundbuch eingetragen sind. Der BGH entscheidet sich ausdrücklich nicht für neuere Rechtsmeinungen über die Rechtsfähigkeit der GbR, sondern wendet ohne weiteres § 566 analog an. Dabei komme es in diesem Zusammenhang nicht darauf an, auf welche Weise sich die Eigentumsverhältnisse geändert hätten. § 566 wollte u.a. verhindern, dass ein Mieter, der von den Eigentümern gemietet hat, ohne sein Zutun plötzlich einem oder mehreren Vermieter(n) gegenübersteht, die nicht mehr Eigentümer sind, oder einem oder mehreren Eigentümer(n), die nicht durch einen Mietvertrag an ihn gebunden sind. Genau dieses Ergebnis würde aber erreicht, wenn der Gesellschafterwechsel ohne weiteres zu einer Änderung der Eigentumsverhältnisse führen würde, die neuen Eigentümer aber nicht gleichzeitig auf der Vermieterseite in den Mietvertrag einträten.

Diese Entscheidung ist sehr pragmatisch, lässt aber viele Fragen offen, vor allem zu der Fallkonstellation, in der Gesellschafter der GbR den Mietvertrag (mit-)abschließen, aber (noch) nicht im Grundbuch eingetragen sind. Denn bei großen Anlagegesellschaften besteht nicht immer Übereinstimmung zwischen Gesellschafterbestand und Eigentümerstellung im zeitlichen Verhältnis zum Mietvertragsabschluss. Auch nach der BGH-Entscheidung kann nicht daran festgehalten werden, Vermieter seien jeweils die im Grundbuch eingetragenen Gesellschafter oder Vermieter sei die GbR in ihrer jeweiligen Zusammensetzung; denn die GbR ist keine juristische Person.

Das Kammergericht hat in einem negativen Rechtsentscheid vom 23.4.1998 (GE 1998, 739) die Rechtsfrage im Hinblick auf die BGH-Entscheidung als nicht mehr grundsätzlich angesehen. Dabei sei es unerheblich, ob die Entscheidung des BGH durch Urteil oder im Wege des Rechtsentscheids ergangen sei. Denn sei eine rechtliche Frage aus dem Bereich des Wohnungsmietrechts bereits durch den BGH – wenn auch außerhalb eines Rechtsentscheidsverfahrens – entschieden, so könne ein Rechtsentscheid über dieselbe Frage allenfalls verlangt werden, wenn ein Landgericht (oder ihm folgend ein OLG) von der vorhandenen BGH-Rechtsprechung abweichen wolle (vgl. auch OLG Hamm, WuM 1984, 239; KG, WuM 1985, 285). Das Landgericht Berlin hatte jedoch wegen grundsätzlicher Bedeutung vorgelegt, nicht weil es abweichen wollte – die BGH-Entscheidung war noch gar nicht ergangen (vgl. GE 1998, 491). Daraus folgt, dass die Frage noch nicht endgültig geklärt ist.

In einem **zweiten bahnbrechenden Urteil** (BGH, GE 2001, 276, hat nunmehr der BGH 14
(kein Rechtsentscheid, keine im Mietrecht ergangene Entscheidung) entschieden, dass die (Außen-)Gesellschaft bürgerlichen Rechts Rechtsfähigkeit besitzt, soweit sie durch Teilnahme am Rechtsverkehr eigene Rechte und Pflichten begründet. In diesem Zusam-

menhang wird die GbR im Zivilprozess als aktiv und passiv parteifähig angesehen. Soweit der Gesellschafter für die Verbindlichkeiten der Gesellschaft bürgerlichen Rechts persönlich haftet, entspricht das Verhältnis zwischen der Verbindlichkeit der Gesellschaft und der Haftung des Gesellschafters derjenigen bei der OHG.

Diese Entscheidung führt zu folgenden Konsequenzen auch für das Mietrecht (vgl. auch Beuermann, GE 2001, 403 f.; Armbruster, GE 2001, 821 ff.):

Vertragsrechtlich hat die Vermieter-GbR nunmehr Partei- und Rechtsfähigkeit und ist in den Auswirkungen so wie eine offene Handelsgesellschaft (OHG) zu behandeln. Gerade wegen des fließenden Übergangs von GbR zu OHG hat der BGH der GbR Partei- und Rechtsfähigkeit zuerkannt. Bisher wird das Vermietungsgeschäft noch nicht als Handelsgewerbe i.S.d. § 1 HGB angesehen, da es sich (nur) um die Verwaltung eines Vermögens handele. Ob sich diese Auffassung bei näherer Betrachtung noch lange halten wird, ist fraglich. Es ist zu prognostizieren, dass zu gegebener Zeit auch das Vermietungsgeschäft als Gewerbe im handelsrechtlichen Sinne angesehen wird. Dann ist der Schritt zumindestens bei der größeren GbR mit einer Vielzahl von Vermietungsobjekten zur OHG vorprogrammiert.

Beim Vertragsschluss und auch sonst bei der mietvertraglichen Beziehung zwischen den Vertragsparteien handelt die GbR als solche, nicht (mehr) die einzelnen Gesellschafter (in ihrer gesamthänderischen Bindung). Dies erfordert, dass die GbR sich einen unterscheidungskräften Namen zulegen müsste.

Bei Mieterhöhungen, Kündigungen und ähnlichen Rechtsgeschäften tritt jetzt die GbR als solche auf. Wird ein Verwalter für die GbR tätig, braucht er eine Vollmacht des oder der geschäftsführenden Gesellschafter der GbR. Die wichtige Erleichterung besteht jetzt darin, dass im Konfliktfall nicht mehr die Zusammensetzung der GbR im Einzelnen dargelegt werden muss, da ja nicht mehr die einzelnen Gesellschafter in ihrer gesamthänderischen Bindung tätig werden und am Rechtsverkehr teilnehmen, sondern die Gesellschaft als solche.

Im **Prozess** ist zwischen Aktiv- und Passivprozess zu unterscheiden. Im Aktivprozess macht die GbR Rechte gegenüber dem Mieter als Vertragspartei geltend. Da die GbR parteifähig ist, wird sie als Klägerin tätig, die einzelnen Gesellschafter werden nicht mehr im Rubrum aufgeführt. Für die Übergangszeit, also für schon vor der BGH-Entscheidung rechtshängig gewordener Prozesse, ist man auf der sicheren Seite, wenn man formell eine Klageänderung (sog. subjektive Änderung) vornimmt, die vom Gericht als sachdienlich zugelassen werden muss. Erfolgt keine Klageänderung, riskiert man, dass die Klage wegen fehlender Aktivlegitimation abgewiesen wird, denn die Gesellschafter im Einzelnen sind nicht Rechtsinhaber.

Im Passivprozess sind nach wie vor Klagen gegen die einzelnen Gesellschafter als auch die Klage gegen die GbR als solche, auch kumuliert, möglich; denn wie bisher haften die einzelnen Gesellschafter mit ihrem persönlichen Vermögen. Ferner haftet das Gesellschaftsvermögen, was auch bisher schon so war.

Bei Klagen, die sich auf das Vertragsverhältnis beziehen (z.B. Kündigung und dgl.) ist allerdings die GbR als solche Prozessgegner. Hier geht es nicht um die Haftung, sondern um die Rechtsbeziehung zwischen den Vertragsparteien, die zwischen der GbR und dem Mieter bestehen.

In der **Zwangsvollstreckung** ist zur Vollstreckung in das Privatvermögen der einzelnen Gesellschafter ein Urteil gegen die einzelnen Gesellschafter notwendig. Der BGH weist in der genannten Entscheidung auch ausdrücklich darauf hin, dass es wegen der persönlichen Gesellschafterhaftung – wie bei der OHG – praktisch immer ratsam sei, neben der Gesellschaft auch die Gesellschafter persönlich zu verklagen. Das kommt insbesondere dann in Betracht, wenn nicht sicher ist, ob eine wirkliche Außengesellschaft mit Gesamtvermögen existiert. Stellt sich nämlich während des Prozesses heraus, dass die Gesellschafter nicht als Gesamtgemeinschaft verpflichtet sind, sondern nur einzeln als Gesamtschuldner aus einer gemeinschaftlichen Verpflichtung schulden, wird nur die Klage gegen die Gesellschaft, nicht aber gegen die Gesellschafter persönlich abgewiesen.

Nach § 736 ZPO ist zur Zwangsvollstreckung in das Gesellschaftsvermögen ein gegen alle Gesellschafter ergangenes Urteil erforderlich. Der BGH meint nun, die Regelung des § 736 ZPO stehe der Anerkennung der Parteifähigkeit nicht entgegen. Ein gegen die Gesamtheit der gesamthänderisch verbundenen Gesellschafter als Partei ergangenes Urteil sei ein Urteil „gegen alle Gesellschafter" i.S.d. § 736 ZPO. Die Vorschrift verlange weder vom Wortlaut noch vom Zweck her ein Urteil gegen jeden einzelnen Gesellschafter. § 736 ZPO werde auch nunmehr nicht überflüssig. Verstehe man die Bestimmung so, dass der Gläubiger nicht nur mit einem Titel gegen die Gesellschaft als Partei in das Gesellschaftsvermögen vollstrecken könne, sondern auch mit einem Titel gegen alle einzelnen Gesellschafter aus ihrer persönlichen Mithaftung, behalte sie durchaus einen eigenständigen Regelungsinhalt. Die Rechtslage bei der GbR sei insoweit anders als bei der OHG, wo gem. § 124 Abs. 2 HGB eine Vollstreckung in das Gesellschaftsvermögen ausschließlich mit einem gegen die Gesellschaft lautenden Titel möglich sei.

In der täglichen Mietrechtspraxis wird der Mieter die GbR als Gesellschaft verklagen, denn es ist für ihn ausgesprochen mühselig, für eine Klage gegen die einzelnen Gesellschafter den Gesellschafterbestand festzustellen. Eine Klage gegen einzelne Gesellschafter wird nur dann in Betracht gezogen werden müssen, wenn kein Gesellschaftsvermögen mehr vorhanden ist. Die Haftung der einzelnen Gesellschafter ergibt sich sodann aus den Vorschriften der §§ 705 ff. Hier wiederum kommt die Entscheidung des BGH vom 18.2.1998 (GE 1998, 490 = NJW 1998, 1220) zum Tragen, in der § 571 (jetzt 566) entsprechend herangezogen worden ist. Im Übrigen ist auf die Enthaftungsvorschrift des § 736 Abs. 2 hinzuweisen, der auf § 160 Abs. 1 HGB (Enthaftung nach 5 Jahren) hinweist.

Durch die Entscheidung des BGH vom 29.1.2001 wird die bisher vorgeschlagene Mietvertragsklausel zur Zustimmung zum Gesellschafterwechsel, die die Fortsetzung des Mietverhältnisses unter den bisherigen Bedingungen mit neu eintretenden Gesellschaftern unter Ausscheiden ausgetretener Gesellschafter bewirken sollte (vgl. Schach in: Kinne/Schach, Mietvertragsrecht, 2. Aufl., § 535 Rn. 10) hinfällig. Der BGH hat zwar nicht in einem Mietrechtsfall entschieden, jedoch können die Grundsätze auch auf das Mietrecht übertragen werden. Das ist noch einmal vom Kammergericht ausdrücklich bestätigt worden (negativer Rechtsentscheid, Beschl. vom 26.2.2001 = GE 2001/551). In dem dortigen Fall, den das Landgericht vor Bekanntwerden der BGH-Entscheidung zum Rechtsentscheid vorgelegt hatte, bestand zunächst eine KG, die später in eine GbR umgewandelt worden war, wobei der Gesellschafterbestand wechselte. Das Kammergericht hat die Vorlagefrage durch die BGH-Entscheidung als erledigt angesehen und festgestellt, dass Änderungen im Gesellschafterbestand einer Außengesellschaft bürgerlichen Rechts keinen Einfluss auf die Vermieterstellung hätten.

15 Für eine **Bauherrengemeinschaft** ist das Kammergericht (KG, GE 1996, 923, kein Rechtsentscheid) davon ausgegangen, dass der jeweilige Gesellschafterbestand nach dem übereinstimmenden Willen der Mietvertragsparteien die Vermieterstellung innehaben sollte. Diese Entscheidung, die auf die Besonderheiten der Bauherrengemeinschaft nicht weiter eingeht, sollte nicht verallgemeinert werden, zumal sie auf einen mutmaßlichen Willen der Parteien abstellt, der gerade nicht ohne weiteres angenommen werden kann (ablehnend auch LG Berlin, GE 1996, 1243 unter Hinweis auf den umgekehrten Fall der Vermietung **an** die GbR).

Handelt es sich um eine GbR, ist nach den o.a. Grundsätzen zu verfahren. Üblicherweise handelt es sich jedoch bei dem sog. **Bauherrenmodell (Bauherrengemeinschaft)** um eine Innengesellschaft, die die Errichtung des Bauwerks und die Bildung von Wohnungseigentum zugunsten der einzelnen Mitglieder der Bauherrengemeinschaft zum Ziel hat (vgl. BGH, NJW-RR 1988, 220; Palandt/Thomas, § 705 Rn. 39). Von einer Innengesellschaft spricht man, wenn nach außen die Vertretungsmacht fehlt und nur ein Partner im eigenen Namen auftritt. Im Außenverhältnis handelt es sich daher um eine Bruchteilsgemeinschaft (vgl. BGH, NJW 1992, 1881), bei der die Verwaltung des gemeinschaftlichen Gegenstands den Teilhabern nur gemeinschaftlich zusteht (§ 744 Abs. 1). Ebenfalls ist eine Bruchteilsgemeinschaft anzunehmen, wenn die GbR zwar ins Auge gefasst, aber noch nicht formell gegründet worden ist. Werden im Stadium der Bruchteilsgemeinschaft Mietverträge abgeschlossen, sind die Mitglieder dieser Gemeinschaft Vermieter, so wie Miteigentümer Vermieter sein können. Bringen nunmehr die Mitglieder der Bruchteilsgemeinschaft jeweils ihren Anteil in die GbR ein, ist das als Veräußerung i.S.d. § 566 anzusehen (vgl. Palandt/Weidenkaff, § 571 Rn. 7) mit der Folge, dass die Gesellschafter der GbR in gesamthänderischer Bindung dem Mieter als Vermieter gegenüberstehen.

Bei der Bauherrengemeinschaft wird jedoch zumeist keine GbR gebildet, sondern **Wohnungseigentum begründet,** wobei hier das WEG die Beschränkung von Miteigentum nach § 3 WEG und die sog. Vorratsgründung von Wohnungseigentum durch eine Bruchteilsgemeinschaft nach § 8 WEG unterscheidet. Jeweils wird **Sondereigentum an einer einzelnen Wohnung** begründet. Hierbei entsteht die Frage, ob das eine Veräußerung i.S.d. § 566 ist und nun dem Mieter nicht mehr der bisherige Vermieter in Form der Bruchteilsgemeinschaft gegenübersteht, sondern der jetzige Eigentümer der gebildeten Eigentumswohnung. Zur Beantwortung der Frage können die Grundsätze des Rechtsentscheids des BGH vom 6.7.1994, NJW 1994, 2542 = GE 1994, 1045, der zwar zur Sperrfristproblematik des § 564b Abs. 2 Nr. 2 Satz 2 a.F., jetzt § 577a Abs. 1, ergangen ist, sich jedoch auch zur Frage der Veräußerung in diesen WEG-Fällen äußert, herangezogen werden. Danach tritt bei der sog. Vorratsteilung nach § 8 WEG eine Veränderung auf der Vermieterseite nicht ein, weil sich die Bruchteilsgemeinschaft am Wohnungseigentum fortsetzt (vgl. auch Palandt/Bassenge, § 8 WEG Rn. 2). Im Fall des § 3 WEG tritt zwar eine Rechtsänderung auf der Vermieterseite ein, weil (Sonder-)Eigentümer nicht mehr die Bruchteilsgemeinschaft, sondern der einzelne Miteigentümer ist. Das geschieht aber nicht durch Eintritt des Sondereigentümers in die Rechte und Pflichten aus dem Mietverhältnis über die betreffende Wohnung, sondern in der Weise, dass er als alleiniger Vermieter übrig bleibt. Daraus wird teilweise geschlossen (vgl. Sternel, Mietrecht aktuell, Rn. A 135; vgl. auch die in dem Rechtsentscheid des BGH angegebenen Stimmen in Literatur und Rechtsprechung), dass eine Veräußerung i.S.d. § 566 vorliege. Der BGH verneint das und spricht lediglich eine allenfalls in Betracht kommende entsprechende Anwendung des § 571 (jetzt § 566) an. Für die vorliegende Frage der Vermieterstellung kann die Frage offen bleiben. Entweder man wendet § 566 analog an, oder der Sondereigentümer ist nunmehr wegen der Rechtsänderung nach § 3 WEG alleiniger Eigentümer. In beiden Fällen ist er nunmehr Vermieter.

Diese Rechtsänderung ist nicht mit dem Fall zu verwechseln, in dem in einer GbR bestimmte Wohnungen einzelnen Gesellschaftern zur alleinigen Nutzung überlassen werden. Hier handelt es sich um eine schuldrechtliche Benutzungsregelung, ein bestehendes Mietverhältnis geht nicht auf den Benutzungsberechtigten der einzelnen Wohnung als Vermieter nach § 566 über (vgl. Rechtsentscheid des OLG Karlsruhe vom 22.5.1990, NJW 1990, 3278 = GE 1990, 813).

Entscheidend für die Veräußerungsproblematik und den damit verbundenen Wechsel auf Vermieterseite ist die **Bildung von Wohnungseigentum nach Mietvertragsschluss**. War schon Wohnungseigentum begründet und hat dennoch noch die Bauherrengemeinschaft als solche den Mietvertrag über die Wohnung abgeschlossen, bleibt letztere Vermieterin. Eine Änderung dieser Rechtssituation kann nur durch Vertragsänderung zwischen Bauherrengemeinschaft und Mieter einerseits und Eigentümer der Eigentumswohnung und Mieter andererseits erfolgen.

Mit dem **Tod des Vermieters** geht dessen gesamtes Vermögen auf den oder die Erben über. Es handelt sich um eine Gesamtrechtsnachfolge mit dem Ergebnis, dass der **Erbe** oder die **Miterbengemeinschaft** in die Vermieterstellung einrücken.   16

Bei einer **Mehrheit von Erben** wird der Nachlass nach § 2032 gemeinschaftliches Vermögen der Erben. Es handelt sich um eine weitere Form einer Gemeinschaft zur gesamten Hand (neben GbR und ehelicher Gütergemeinschaft). Die Erbengemeinschaft hat keine eigene Rechtspersönlichkeit, so dass sie nicht als solche Vermieterin ist, sondern die Erben gemeinsam in ihrer gesamthänderischen Bindung. Unabhängig von dem Einrücken in die Vermieterstellung kraft Erbgangs kann die Erbengemeinschaft ihrerseits auch Mietverträge abschließen. Hier gelten dieselben Grundsätze wie zur GbR, d.h., alle Mitglieder der Erbengemeinschaft müssen im Prinzip im Rubrum des Mietvertrags als Vermieter aufgeführt werden. Aber auch hier genügt eine schlagwortartige Bezeichnung etwa wie folgt:

Muster
Mietvertragsrubrum

> Zwischen der Erbengemeinschaft nach ... (Name des Erblassers) in ... (Ort, Straße) als Vermieter ...

Im Zweifelsfall muss die Erbengemeinschaft ihre Zusammensetzung zum Zeitpunkt des Abschlusses des Mietvertrags nachweisen, was z.B. durch einen Erbschein geschehen kann. Auch hierzu kann auf die Ausführungen zur Gesellschaft verwiesen werden.

Zur Anwendung des § 566 gelten allerdings bei der Erbengemeinschaft nicht in jedem Falle dieselben Grundsätze wie bei der Gesellschaft, obwohl es sich ebenfalls um eine Gemeinschaft zur gesamten Hand handelt. Anders als bei der Gesellschaft (§ 719 Abs. 1) kann nämlich bei der Erbengemeinschaft jeder Miterbe über seinen Anteil an dem Nachlass verfügen (§ 2033 Abs. 1). Dieses Verfügungsgeschäft ist eine Veräußerung, so dass der Rechtsnachfolger im Nachlassanteil Mitglied der Gemeinschaft zur gesamten Hand wird und über § 566 in die Vermieterstellung einrückt.

Anders als bei einer GbR, die sich gerade zur Erreichung eines gemeinsamen Zwecks zusammengeschlossen hat, folgt bei der Erbengemeinschaft überwiegend die Auseinandersetzung, sei es durch Vertrag, Testamentsvollstreckung, Vermittlung staatlicher Stellen oder durch Auseinandersetzungsklage durch das Prozessgericht (vgl. dazu Palandt/Edenhofer, § 2042 Rn. 2). Hier ist es wichtig, dass die vollziehende Teilung die Berechtigung in der Gesamthand in eine Alleinberechtigung mit dinglicher Wirkung überführt mit der Folge, dass § 566 Anwendung findet. Derjenige oder diejenigen, die das Grundstück als Teil der Erbmasse im Wege der Auseinandersetzung erhalten, rücken in die Vermieterstellung ein.

In der Gesamtschau ist damit festzustellen, dass das BGB zu den rechtlichen Beziehungen von **Personengruppen** sehr differenzierte Regelungen bringt, die als solche von der rechtlichen Notwendigkeit durchaus in Frage gestellt werden können. Das alles ist aber „gewachsene Rechtsgeschichte"; eine grundsätzliche Neuordnung ist nicht zu erwarten. Das bedeutet für die Beteiligten des schuldrechtlichen Mietvertrags, dass bei der Beteiligung von Personengruppen **penibel und für den Konfliktfall nachweisbar festgehalten wird**:

a. personenmäßige Zusammensetzung der Gruppierung in der bestimmten Rechtsform (außer GbR) zum Zeitpunkt des Mietvertragsabschlusses,

b. Veränderung in der personenmäßigen Zusammensetzung der Gruppe während des laufenden Mietverhältnisses unter Feststellung der rechtlichen Veränderungsart.

17 Während bei der Gemeinschaft zur gesamten Hand das Vermögen zwar zweckgebunden ist, aber die einzelnen Mitglieder der Gemeinschaft Träger der Rechte und Pflichten sind, hat die **juristische Person** eine eigene Rechtspersönlichkeit und ist als solche Träger der Rechte und Pflichten. Für das Mietverhältnis bedeutet das, dass dem Mieter keine natürliche(n) Person(en), sondern eine andere Rechtspersönlichkeit gegenübersteht, nämlich die juristische Person, eine „Geburt" in juristischer Konstruktion, der die Rechtsordnung Rechtsfähigkeit verliehen hat, als wäre sie eine natürliche Person.

Juristische Personen als Vermieter sind im Wesentlichen die GmbH, die Aktiengesellschaft, der Verein, die Genossenschaft. Keine juristischen Personen sind bestimmte Handelsgesellschaften, wie die offene Handelsgesellschaft (OHG) und die Kommanditgesellschaft (KG). Hierzu gehört auch die oftmals als Vermieter auftretende GmbH & Co. KG, denn hierbei handelt es sich um eine KG, deren persönlich haftende Gesellschafterin eine GmbH, also eine juristische Person, ist. Dennoch können diese Handelsgesellschaften im Zusammenhang mit den juristischen Personen genannt werden, da es sich insofern im Außenverhältnis, also im Verhältnis zum Mieter, um eine Übergangs-form zur juristischen Person handelt, weil das Vermögen im Wesentlichen verselbstän-digt ist. So können diese Gesellschaften unter ihrer Firma Rechte erwerben und Verbind-lichkeiten eingehen und – im Gegensatz zu den Gemeinschaften zur gesamten Hand – vor Gericht klagen und verklagt werden (§§ 124, 161 HGB). Die juristische Person bzw. Gesellschaft muss im Mietvertragsrubrum genau und identifizierbar bezeichnet werden; die Rechtsform muss nachvollziehbar sein, um sie ggf. zur Vermietung durch eine Ein-zelperson oder durch einen Zusammenschluss von Personen in einer anderen Rechtsform abzugrenzen. Beim eingetragenen Verein, der erst mit der Eintragung Rechtsfähigkeit erlangt, gehört die Bezeichnung „e.V." zum Namen (§ 65); auf den nichtrechtsfähigen Verein (§ 54) finden die Vorschriften über die Gesellschaft (§§ 705 ff.) Anwendung. Die Namen von GmbH & Co. KGen unterscheiden sich teilweise nur durch eine einfache Ziffer. So ist z.B. die erste Beteiligungs ... Straße 55 GmbH & Co. KG eine andere Ge-sellschaft und damit eine andere Vermieterin als die zweite Beteiligungs ... Straße 55 GmbH & Co. KG. Eine kleine Unaufmerksamkeit in der ziffernmäßigen Bezeichnung kann schwerwiegende Folgen für die Stellung als Vermieter haben. Dasselbe Genauig-keitserfordernis ergibt sich für die Vertretung der juristischen Person oder Handelsgesell-schaft. Wer vertretungsbefugt ist, ergibt sich aus den jeweiligen Gesetzen, also Aktienge-setz, GmbHG, HGB, BGB. Eine GmbH & Co. KG wird durch die GmbH als persönlich haftende Gesellschafterin vertreten, diese wiederum durch den Geschäftsführer. Ob ein wirksamer Mietvertrag auf Vermieterseite zustande gekommen ist, wird (u.a.) durch die Prüfung festgestellt, ob die Unterschrift unter dem Mietvertrag sich mit dem Mietver-tragsrubrum deckt, ob also die richtige Person als Geschäftsführer der die KG vertreten-den GmbH unterschrieben hat. Eine OHG wird durch einen, mehrere oder alle Gesell-schafter vertreten (§ 125 HGB). Es muss später nachvollziehbar sein, ob die den Miet-vertrag unterschreibende(n) Person(en) für die bestimmte Gesellschaft, die im Mietver-tragsrubrum als Vermieterin bezeichnet ist, vertretungsbefugt war(en).

Der Eigentümer eines Grundstücks muss bei der Vermietung seiner Wohnungen nicht   18
selbst auftreten, er muss nicht einmal selbst vermieten. Er kann sich demgemäß eines Vertreters, üblicherweise einer **Hausverwaltung**, bedienen. Die Hausverwaltung **kann als Vertreter** des Vermieters, sie kann jedoch auch nach außen hin **im eigenen Namen** auftreten und ist ggf. nur im internen Verhältnis zum Eigentümer aufgrund eines entspre-chenden Geschäftsbesorgungsvertrags gebunden. Da Eigentum und Vermietung ausein-anderfallen können, kann auch die Hausverwaltung, die nicht Eigentümerin ist, Vermie-terin werden (vgl. z.B. KG, GE 1993, 915 [916]).

Die Hausverwaltung wird nur dann als Vertreterin des Eigentümers/Vermieters angese-hen, wenn sie als Vertreterin tätig wird, und zwar entweder durch ausdrückliche Erklä-rung oder aufgrund von Umständen, die die Vertretungstätigkeit ergeben (§ 164 Abs. 1). Tritt der Wille der Hausverwaltung, nur in Vertretung handeln zu wollen, nicht erkennbar hervor, so wird sie selbst als Vermieterin verpflichtet, da es auf ihren nicht nach außen getretenen Willen, nur vertretungsmäßig handeln zu wollen, nicht ankommt (§ 164 Abs. 2). In vielen Mietvertragsformularen ist deshalb im Vertragsrubrum eine Zeile vorgesehen, in der der Vertreter, die Hausverwaltung, eingetragen wird:

Muster
Mietvertragsrubrum

Vertreten durch ... (Name, Vorname) in ... (Ort, Straße)

In anderen, auch weitverbreiteten Formularen ist eine derartige Zeile nicht vorgesehen. Man sollte jedoch – auch bei der Verwendung entsprechender Textbausteine der EDV – stets darauf achten, dass für eine Hausverwaltung eine gesonderte Spalte vorgesehen ist, um die Vertretung entsprechend zu kennzeichnen. Denn ist der eigentliche Vermieter nicht unabhängig von der Hausverwaltung entsprechend im Vertragsrubrum gekennzeichnet, tritt die Hausverwaltung auf, ohne ihre Vertretereigenschaft klarzustellen, kommt der Mietvertrag mit der Hausverwaltung zustande. Nicht einmal der Zusatz zum Namen „Hausverwaltung" berechtigt zu der Annahme, die Hausverwaltung habe den Mietvertrag nur in Vertretung des Eigentümers abgeschlossen (vgl. LG Berlin, GE 1987, 91), da oftmals die Hausverwaltung selbst Eigentümerin des Grundstücks ist (vgl. LG Berlin GE 1987, 831) und damit nicht als Vertreterin tätig.

Ausgehend vom sog. Offenkundigkeitsprinzip muss also jeweils klargestellt werden, wer Vermieter sein soll und wer lediglich als Vertreter für den Vermieter tätig wird.

Viele vermietenden Eigentümer, Einzeleigentümer, Gesellschaften, Firmen gründen wegen der umfangreich anfallenden Aufgaben eine Hausverwaltung. Diese ist – jedenfalls wirtschaftlich – zumeist keine fremde Person/Firma. Hierzu muss nun klargestellt werden, ob diese Hausverwaltung rechtlich eine andere Person/Firma ist, so wie es § 164 im Grundsatz vorsieht. Bildet ein **Einzeleigentümer eine Hausverwaltung**, so ist das bürgerlich-rechtlich oder handelsrechtlich **kein neues Gebilde**. Die Hausverwaltung ist das Büro des Vermieters. Der Eigentümer ist der Vermieter, kann und muss in eigener Person handeln. Der Zusatz „Hausverwaltung" ist auch nicht die Firma des Vermieters; denn bei der Hausverwaltung handelt es sich nicht um ein Handelsgewerbe i.S.d. § 1 HGB. Selbst wenn die Hausverwaltung kaufmännisch organisiert sein sollte, handelt es sich nicht ohne weiteres um einen sog. Kannkaufmann, der auch in das Handelsregister eingetragen werden müsste. In diesem Zusammenhang ist es allerdings in der Rechtsprechung umstritten, ob Hausverwaltungen Kaufleute sein können oder eher zu den sog. freien Berufen, wie Ärzte, Rechtsanwälte, Wirtschaftsprüfer, Steuerberater und dgl., gehören. Unabhängig davon besteht nach HGB der Firmenname eines Kaufmannes immer aus mindestens einem ausgeschriebenen Vornamen, was zu beachten wäre.

Ein Vermieter kann allerdings auch eine **Hausverwaltungs-GmbH** gründen, was auch als Ein-Mann-GmbH möglich ist, deren Geschäftsführer er sein kann. Er könnte dann (seiner eigenen) GmbH rechtsgeschäftliche Hausverwaltervollmacht erteilen, so dass dann im Rahmen der Vollmacht die Hausverwaltungs-GmbH, vertreten durch den (Vermieter-)Geschäftsführer, tätig werden könnte. Dann würde es sich zwar tatsächlich, aber nicht rechtlich bei Vermieter und Hausverwaltung um ein und dieselbe Person handeln. Nach dieser rechtlichen Verselbständigung der Hausverwaltung müsste jeweils darauf geachtet werden, ob der Vermieter oder die Hausverwaltung als Vertreter des Vermieters tätig wird. Das kann zu erheblichen Problemen z.B. bei der Wirksamkeit von Kündigungen führen, zumal wenn immer mit ein und derselben Unterschrift unterschrieben wird und je nachdem vorgetragen wird, die Unterschrift beziehe sich einmal auf die Stellung als Vermieter, das andere Mal auf die Stellung als Geschäftsführer der (Ein-Mann-) GmbH.

2.2 Vertragsschluss durch Mieter

Wie beim Vermieter ergibt sich auch die **Mieterstellung** aus dem **Mietvertragsrubrum** 19 **in Verbindung mit der späteren Unterschrift** unter dem Vertrag. Mieter ist jedenfalls zunächst nur der, der im Mietvertragskopf auch als Mieter vorgesehen ist. Sollen **mehrere Personen** Mieter werden, müssen diese ebenfalls dort **aufgeführt** sein, unabhängig von der Frage, ob andere Personen sich auch in der Wohnung aufhalten dürfen (ohne Mieter zu sein). Mieten kann auch eine juristische Person. In diesem Fall wären nicht die dahinter stehenden Personen Mieter, sondern die GmbH, der Verein oder dgl., also die juristische Person als solche, vertreten durch ihr zur Vertretung berufenes Organ. Dieser Punkt kann zum Problem bei der gewerblichen Zwischenvermietung an eine juristische Person werden, die dann ihrerseits Wohnraum an natürliche Personen weitervermietet mit der sich daraus häufig ergebenden Frage des Kündigungsschutzes nach Ende des Mietvertrags zwischen Vermieter und der juristischen Person.

Wollen **Ehepartner** eine gemeinsame Ehewohnung beziehen, müssen nicht beide Part 20 ner Mieter werden. Dies gilt nach dem 3.10.1990 auch für Mietverhältnisse in den neuen Bundesländern, während bis dahin Mieter einer Wohnung beide Ehegatten waren, auch wenn nur ein Ehegatte den Vertrag abgeschlossen hatte (§ 100 Abs. 3 Satz 1 ZGB). Bei diesen Altverträgen bleiben beide Ehegatten Mieter, auch wenn nur ein Ehegatte unterschrieben hatte. Nach Art. 232 § 2 EGBGB richten sich zwar grundsätzlich derartige Mietverhältnissse vom Beitrittszeitpunkt an nach den Vorschriften des BGB. Dadurch entfällt jedoch nicht rückwirkend die Stellung als Mieter; lediglich die künftige Entwicklung des Mietverhältnisses ist nach BGB zu beurteilen. Das bedeutet z.B., dass Mieterhöhungsverlangen und Kündigungen sich nach dem BGB in Verbindung mit den Besonderheiten des Einigungsvertrags richten, entsprechende Erklärungen in Beachtung des § 100 Abs. 3 ZGB jedoch an beide Ehegatten als Mieter gerichtet werden müssen (vgl. Sternel, Mietrecht aktuell, Rn. A 214; LG Chemnitz, WuM 1993, 665; vgl. auch Kinne, WuM 1992, 403).

Für nach BGB abgeschlossene Mietverträge sind drei Fallkonstellationen zu unterscheiden:

a. Nur **ein Ehegatte** ist im **Mietvertragsrubrum** als Mieter aufgeführt und hat den Vertrag **unterschrieben**; der andere Ehegatte ist nicht aufgeführt und hat nicht unterschrieben = der nichtauftretende Ehegatte wird **nicht** Mieter (LG Berlin, ZMR 1988, 103 = GE 1987, 1265; LG Mannheim, ZMR 1993, 415).

b. **Ein Ehegatte** ist (neben dem anderen Ehegatten) im Mietvertragsrubrum **nicht als Mieter** aufgeführt, hat den Vertrag **aber** (neben dem anderen Ehegatten) **unterschrieben** = der nur unterschreibende Ehegatte wird **nicht** Mieter (vgl. LG Berlin, ZMR 1988, 103 = GE 1987, 1265; Kinne, Der Wohnraummietvertrag, Rn. 21). Demgegenüber vertritt Sternel (Mietrecht, I Rn. 22; Mietrecht aktuell, Rn. 18) unter Heranziehung der Interessenlage von Vermieter und Mieter die Auffassung, dass auch in diesem Falle beide Ehegatten Mieter sind. Diese Ansicht widerspricht der grundle genden Regel, dass ein Vertrag durch Annahme eines entsprechenden Angebots zustande kommt. Ist ein Ehegatte im Vertragsrubrum nicht als Mieter aufgeführt, liegt kein entsprechendes Angebot des Vermieters vor. Der Hinweis auf die Interessenlage reicht nicht aus, ein entsprechendes Angebot des Vermieters bei Ehegatten zu konstruieren, es sei denn, aus den gesamten (beweisbaren) Umständen des Vertragsschlusses ergibt sich, dass auch der andere Ehegatte Mieter werden sollte, es nur versehentlich versäumt wurde, ihn auch im Vertragsrubrum anzuführen.

c. **Beide Ehegatten** sind im **Vertragsrubrum** als Mieter aufgeführt, **nur ein** Mieter **unterschreibt** jedoch den Mietvertrag = der nichtunterschreibende Ehegatte wird **auch** Mieter (überwiegende Ansicht: OLG Düsseldorf, WuM 1989, 362; OLG Oldenburg, MDR 1991, 969 = ZMR 1991, 268; LG Berlin, GE 1995, 567; Sternel, Mietrecht aktuell, Rn. 17). Hinzuweisen ist allerdings darauf, dass diese Frage umstritten ist (a.A. LG Berlin, GE 1990, 369). Die herrschende Ansicht nimmt im Zweifel an, dass der unterschreibende Ehegatte den anderen vertreten hat. Ergeben aber die Umstände bei Vertragsschluss, dass der nichtunterschreibende Ehegatte gerade nicht Mieter werden wollte, konnte ihn der andere Ehegatte auch nicht wirksam vertreten. Die Vertretungsannahme gilt aber **nur für die Wohnraummiete** (Ehewohnung), während es bei der Gewerbemiete darauf ankommt, wer im Rubrum steht und wer unterschrieben hat. Die Vertretungsvermutung ist hier nicht zu rechtfertigen.

Nach den Grundsätzen zur Vertragsfreiheit ist ein Anspruch des Vermieters auf Abschluss eines Mietvertrags gegenüber dem nichtunterschreibenden Ehegatten oder dem später erst durch Heirat hinzutretenden Ehegatten ausgeschlossen. Dasselbe gilt umgekehrt für einen Anspruch eines (hinzutretenden) Ehegatten auf Abschluss eines Mietvertrags mit dem Vermieter (LG Berlin, GE 1993, 45).

Unberührt bleibt das Eintrittsrecht von Ehegatten im Rahmen des § 563.

21 Bei **nichtehelichen Lebensgemeinschaften** gelten die für Ehegatten entwickelten Grundsätze (bisher) nicht. Mieter wird nur der, der im Mietvertragsrubrum als Mieter bezeichnet ist und den Mietvertrag dementsprechend auch unterschreibt. Unberührt davon bleibt die Frage des Eintrittsrechts eines nichtehelichen Lebenspartners in den Mietvertrag nach Tod des Partners in Anwendung des § 563 (vgl. BVerfG, GE 1990, 599; BGH, GE 1993, 361).

22 Der Begriff der **Wohngemeinschaft** (WG) ist gesetzlich nicht geregelt. Vielmehr zieht die Rechtsprechung aus den tatsächlichen Gegebenheiten dieses Zusammenschlusses zum vorübergehenden gemeinsamen Wohnen gewisse rechtliche Konsequenzen. Dabei gibt es allerdings keine einheitlichen, gefestigten Ansichten in Literatur und Rechtsprechung.

Bei der WG ist das **Verhältnis der Mitglieder untereinander** von dem **Verhältnis zum Vermieter** zu unterscheiden. Untereinander können die Mitglieder der WG eine GbR bilden, was von den Vereinbarungen untereinander abhängt. Ist nichts weiter vereinbart, bilden sie eine Gemeinschaft (§§ 741 ff.). Im Verhältnis zum Vermieter kann die WG als solche nicht Mieterin sein, da sie keine eigene Rechtspersönlichkeit ist. Vielmehr kommt es auf die Einzelvereinbarung im Mietvertrag an. Ist die Wohnung nur an ein Mitglied der WG als Mieter vermietet, sind die übrigen Mitglieder der WG im Verhältnis zum Vermieter nur Untermieter. Sollen alle Mitglieder der WG Mieter sein, müssen sie auch im Mietvertragsrubrum dort aufgeführt sein und den Mietvertrag unterschreiben, wobei rechtsgeschäftliche Stellvertretung möglich ist.

Die Besonderheiten hat die Rechtsprechung für die WG nur zu den Fragen der Untermieterlaubnis nach § 553, zum Ausscheiden und zur Neuaufnahme von Mitgliedern entwickelt. Dabei wird zumeist nicht zur Art der Wohngemeinschaften differenziert, obwohl sich die Entscheidungen zumeist auf studentische Wohngemeinschaften beziehen (vgl. Sternel, Mietrecht, I Rn. 18 und III Rn. 94; Sternel, Mietrecht aktuell, Rn. 80; BVerfG, GE 1993, 358 = ZMR 1993, 210 = WuM 1993, 104 mit einer Zusammenfassung der Rechtsprechung). Eine Wohngemeinschaft als neuzeitliche echte Alternative zum alleinigen Wohnen oder zum Wohnen im Familienverband ist häufig nicht nur eine reine Übergangslösung. Im Gegensatz dazu steht die **studentische Wohngemeinschaft,** zu der sich die verschiedenen Mitglieder primär aus finanziellen Gründen zusammenschließen und bei der mit einem dauernden Zusammenhalt nicht gerechnet werden kann, sondern je nach Studiendauer eine Fluktuation immanent ist (vgl. dazu LG Berlin, GE 1992, 723; LG Karlsruhe, WuM 1982, 83). Zu den studentischen Wohngemeinschaften mag es vergleichbare Gemeinschaften geben, die nicht auf einen dauernden Zusammenhalt ausgerichtet sind (z.B. Gastarbeiter). Die Besonderheiten zur Untermieterlaubnis und zum Auswechseln von Mitgliedern der Wohngemeinschaft beziehen sich nur auf studentische oder vergleichbare Wohngemeinschaften, da ein Anlass für eine Modifizierung des Vertragsrechts bei der Anmietung von Wohnraum durch eine Personenmehrheit nicht indiziert ist (vgl. dazu auch LG Berlin, GE 1992, 723). Wenn in Leitsätzen von Entscheidungen allgemein von einer Wohngemeinschaft die Rede ist, bezieht sich das zumeist nur auf studentische Wohngemeinschaften (vgl. den Leitsatz der Redaktion zur Entscheidung des BVerfG, GE 1993, 358).

Für **studentische oder vergleichbare Wohngemeinschaften** gilt im Einzelnen Folgendes:

1. Hat eine Einzelperson zur Gründung einer WG gemietet, hat sie einen Anspruch auf **Untermieterlaubnis** auch an mehrere Personen, es sei denn, in der Person eines einzelnen Untermieters bestehen für den Vermieter berechtigte Gründe zur Ablehnung. Haben die Mitglieder der WG gemietet, haben sie beim Ausscheiden von einzelnen Mitgliedern nach § 553 ebenfalls den Anspruch auf Untervermietung des frei gewordenen Wohnraums. Der Entschluss, in einer WG zu wohnen, ist ein berechtigtes Interesse i.S.d. § 553 (vgl. LG Berlin, GE 1994, 1265; LG Hamburg, WuM 1992, 432).

2. Es besteht ein Anspruch auf Zustimmung des Vermieters auf **Auswechselung einzelner Mitglieder** der WG. Dies ist allerdings nicht so aufzufassen, dass die WG als solche nach ihrem Gutdünken die Zusammensetzung der WG „autonom" bestimmen kann: denn es handelt sich dabei um eine Vertragsänderung, die auch nach Regeln der Vertragsänderung zu vollziehen ist. Das heißt,

   a. die Auswechselung einzelner Mitglieder der WG geschieht durch **übereinstimmende Willenserklärung** des Vermieters und aller Mitglieder der WG, nicht im Wege der sog. actio pro socio durch einen Mitmieter zugunsten aller Mitmieter = LG Saarbrücken, NJW-RR 1992, 781;

b. die **ursprüngliche Gesamtzahl** der Mitglieder der WG **darf nicht verändert werden** (unbeschadet von weiteren Untermietverhältnissen) – es sei denn, der Vermieter ist damit einverstanden.

c. Es besteht kein Grund für den Vermieter, das neue Mitglied der WG in entsprechender Anwendung der Grundsätze des § 553 abzulehnen.

Dabei muss es sich insgesamt um eine WG handeln, die aus wenigstens drei Personen besteht, da andernfalls ohnehin nicht von einer WG im eigentlichen Sinne gesprochen werden kann (vgl. LG Köln, NJW-RR 1991, 1414; Sternel, Mietrecht aktuell, Rn. 80). Verfassungsrechtlich ist diese Rechtsprechung nicht zu beanstanden – BVerfG, GE 1993, 358 = WuM 1993, 104. Dabei ist jedoch von einer generalisierenden Heranziehung der Entscheidung zur Sanktionierung der Fluktuation in einer WG zu warnen; denn die Entscheidung des Bundesverfassungsgerichts bezieht sich (nur) auf einen Fall einer studentischen WG, bei der der Vermieter schon mehrmals das Auswechseln von Mitgliedern der WG jeweils schriftlich gestattet hatte, ohne Einfluss auf die Auswahl der neuen Mieter zu nehmen. Im Hinblick darauf sei es verfassungsrechtlich nicht zu beanstanden, dass das Auswechseln der Mieter wegen der bisherigen Handhabung Inhalt des Mietvertrags geworden sei. Ferner ist ausdrücklich offen gelassen worden, wie die Rechtslage bei Beendigung des Mietvertrags zu beurteilen sei.

Ansonsten, also bei anderen WG, ist der Vermieter auch bei Einhaltung der genannten Kriterien nicht verpflichtet, einer Auswechselung der Mitglieder der WG zuzustimmen (vgl. LG Berlin, GE 1992, 723; LG Berlin, GE 1994, 1265), er kann dies im Rahmen einer Vertragsänderung natürlich tun. Dies entspricht ersichtlich der herrschenden Meinung der landgerichtlichen Rechtsprechung als grundsätzlich letzte Instanz des Mietprozesses. Ob die Gerichte das generell so ansehen, ist fraglich, da eine ausreichende Differenzierung in den meisten Entscheidungen nicht ersichtlich ist.

Inhaber von Rechten und Pflichten sind die jeweiligen Mitglieder der WG. Die ausgeschiedenen Mitglieder der WG sind keine Mieter mehr, haften daher für die Zeit nach ihrem Ausscheiden nicht mehr. Die Beendigung des Mietverhältnisses mit der WG geschieht durch Kündigung aller Mitglieder der WG oder durch Kündigung allen Mitgliedern der WG gegenüber nach allgemeinen Grundsätzen. Besonderheiten für die WG gibt es insofern nicht.

3. Vertragsgegenstand
3.1 Mietsache

23 Nach § 535 Satz 1 ist der Vermieter verpflichtet, den Gebrauch (nur) der Mietsache zu gewähren. Welchen **räumlichen Umfang** die gemietete Sache hat, ergibt sich aus dem **Mietvertrag.** Daher ist die Wohnung oder die Gewerbeeinheit so zu bezeichnen, dass sie im Konfliktfall identifizierbar ist und die räumliche Erstreckung genau festgestellt werden kann, was bei mitvermieteten Räumen außerhalb der Wohn- oder Gewerbeeinheit (z.B. Keller, Bodenraum und dgl.) besonders wichtig ist. Die **genaue Beschreibung** ist auch bei abgeschlossenen Einheiten von Wichtigkeit, weil es auch nach längerer Nutzung zu einem Streit darüber kommen kann, ob der Mieter Umbauten vorgenommen hat, z.B. zwei Zimmer unter Herausnehmen einer Zwischenwand zusammengelegt hat, oder ob den Vermieter z.B. eine Herrichtungspflicht bezüglich bestimmter Räume trifft. Die

genaue örtliche Bezeichnung der Wohnung richtet sich nach der Art des Gebäudes und steigert sich, je größer das Gebäude mit Vorderhaus, Seitenflügel oder Quergebäude mit vielen Stockwerken ist. Deswegen ist den Mietvertragsformularen der Vorzug zu geben, die durch Ankreuzen oder Wegstreichen die räumliche Erstreckung des Mietvertrags deutlich machen können. Dabei wird nicht verkannt, dass eine Vielzahl von Ausfüllungsmöglichkeiten auch die Gefahr von vielen Fehlbezeichnungen mit sich bringt. Dennoch ist die Beschreibung der Wohnung nach Vorderhaus, Seitenflügel, Quergebäude, Geschoss links, Mitte, rechts zu empfehlen, da dies auch im Räumungsvollstreckungsfall für den Gerichtsvollzieher von entscheidender Wichtigkeit ist. Dabei ist festzuhalten, dass bei den Geschossen grundsätzlich zwischen Erdgeschoss und den darüber liegenden Obergeschossen unterschieden wird (in den neuen Bundesländern wurde das bisher teilweise unterschiedlich gehandhabt). Bei der Bezeichnung der Wohnung links oder rechts entscheidet die Sicht von der Treppe aus nach oben gehend, unabhängig davon, ob sich die Treppe zwischen den Stockwerken windet und man in das entsprechende Geschoss mit Blickrichtung zur Straße, also quasi von rückwärts gelangt.

Die **Anzahl der Zimmer** ist zu bezeichnen, wobei hierzu die zu reinen Wohnzwecken genutzten Räume zu verstehen sind und zu Küche und Hygieneräumen abzugrenzen ist. Es ist tunlich, die **Art von Toilette, Bad oder Dusche** genau zu bezeichnen, also ob es sich bei Toilette und Bad um getrennte Räume handelt, ob z.B. neben dem Bad mit Toilette noch gesondert ein (Gäste-)WC vorhanden ist. Diese Bezeichnung kann wiederum bei (ungerehmigten) Umbauten, aber auch bei der Einordnung der Wohnung zur Feststellung der ortsüblichen Vergleichsmiete (z.B. nach Mietspiegeln) von Belang sein.

Ganz besonders wichtig ist es, die Art der **vermieteten Nebenräume** genau zu bezeichnen, also die Lage des Kellerraums anzugeben, sofern ein solcher vermietet sein sollte. Unabhängig davon, ob dem Mieter ein Anspruch zusteht, ihm einen gesonderten Lageraum, z.B. für Brennmaterial, zur Verfügung zu stellen, ist die genaue Kennzeichnung wichtig, um bei späteren Streitigkeiten über Art, Umfang und Dauer der Benutzung ohne oder gegen zusätzliches Entgelt Entscheidungen zu ermöglichen, ohne dass eine Rekonstruktion von Abmachungen durch Zeugenaussagen notwendig wird.

Angaben zur **Größe der Wohnfläche** wären grundsätzlich nicht notwendig, um die Mietsache zu umreißen. Die Angaben sind jedoch in jeder Hinsicht zweckmäßig, z.B. für eine **Mieterhöhung**, mögliche Umlage von **Modernisierungskosten, Betriebskostenumlage, Heizkostenberechnung** (soweit nicht verbrauchsabhängig).

Einen gewissen Streit gibt es darüber, ob die **Berechnung der Wohnfläche** nach der DIN 283 oder nach §§ 42 ff. II. BV zu erfolgen hat. Nach beiden Methoden gehört zur Wohnfläche einer Wohnung die Grundfläche der Räume, die ausschließlich zu der Wohnung (als solcher) gehören. Nicht einzuberechnen sind Zubehörräume, wie Keller, Abstellräume außerhalb der Wohnung, Trockenräume, Speicherräume, Garagen, Waschküchen (vgl. § 42 Abs. 4 II. BV; DIN 283 Bl. 1 Nr. 3.11 – vgl. Schmidt-Futterer/Börstinghaus, § 2 MHG Rn. 54). Der eigentliche Streit bezieht sich nur auf die Anrechnung von Balkonen/Loggien, wobei nach Ansicht des Bayerischen Obersten Landesgerichts (ZMR 1983, 387 = GE 1983, 865) die Berechnung weder nach der einen noch nach der anderen Methode zu erfolgen hat, vielmehr die Fläche nach den besonderen Umständen des Einzelfalls zu ermitteln ist (vgl. zum Streitstand: Beuermann, Miete und Mieterhöhung, § 2 MHG Rn. 30).

Die **II. BV** gilt grundsätzlich **nur für preisgebundenen Neubau**, hat jedoch inzwischen in **analoger Anwendung** Bedeutung für alle Mietverhältnisse gewonnen, vor allem bei der Berechnung einer Mieterhöhung nach §§ 558 ff. Sie kann daher als allgemeine Berechnungsgrundlage herangezogen werden, kann aber vor allem auch zwischen den Mietvertragsparteien als Berechnungsgrundlage **vereinbart werden**, was dringend zu empfehlen ist.

In den gängigen Mietvertragsformularen gibt es vor allem zwei Versionen zur Wohnflächenangabe. Einerseits wird formuliert, dass die vermietete Wohnung eine „Größe von ca. ... m^2 hat", andererseits wird formuliert, dass „die Wohnfläche mit ... m^2 vereinbart ist". Bei Vereinbarung einer bestimmten Wohnungsgröße liegt von der Vermieterseite eine zugesicherte Eigenschaft nach § 536 Abs. 2 vor, so dass der Mieter bei einer niedrigeren Wohnfläche zur anteiligen Minderung der ursprünglich vereinbarten Miete berechtigt ist (vgl. LG München, WuM 1987, 217; vgl. auch Sternel, Mietrecht, I Rn. 130). Das bedeutet im Gegenschluss jedoch bei einer größeren als der vereinbarten Wohnfläche nicht, dass die tatsächliche Wohnfläche bei einer Mieterhöhung nach §§ 558 ff. zugrunde zu legen ist (vgl. LG Aachen, WuM 1991, 501; Emmerich/Sonnenschein, § 2 MHG Rn. 13). Das ist nicht inkonsequent zu Lasten des Vermieters, sondern folgt daraus, dass jeweils nur die tatsächliche Wohnungsgröße zugrunde gelegt werden kann, die Ausnahme nur auf der Grundlage einer zugesicherten Eigenschaft gerechtfertigt ist, aufgrund der der Vermieter für seine Wohnung einzustehen hat.

Ist eine bestimmte Wohnfläche nicht vereinbart, stellen die Angaben nur Objektbeschreibungen dar. Bei einer geringeren Wohnungsgröße ist der Mieter nicht berechtigt, den Mietpreis entsprechend herabzusetzen (inzwischen ganz h.M.: LG Berlin, GE 1994, 763; LG Hamburg, WuM 1990, 497; Sternel, Mietrecht aktuell, Rn. 394 mit weiteren Rechtsprechungsnachweisen).

3.2 Mitvermietete Sachen

24 – Innerhalb der Wohnung

Rechte und Pflichten aus dem Mietvertrag erstrecken sich auf **alle wesentlichen Bestandteile** der Sache/Wohnung sowie auf **sämtliches Zubehör** (§ 314; ab 1.1.2002: § 311c i.d.F. des SchuldRModG), das sich zur Zeit der Überlassung in den Räumen befindet, es sei denn, die Parteien nehmen dies ausdrücklich aus der Vereinbarung heraus.

Zur Gebrauchsgewährung gehört die Überlassung von **Schlüsseln,** um sowohl in das Haus als auch in die vermieteten Räume/Wohnung selbst zu gelangen und diese abzuschließen (LG Berlin, GE 1993, 919; Gaisbauer, DWW 1970, 43). Der Vermieter darf keinen Schlüssel zurückbehalten (vgl. LG Berlin, GE 1985, 1259). Er ist zwar nach § 868 mittelbarer Besitzer, das Rechtsverhältnis zwischen Mieter als unmittelbarem Besitzer und Vermieter als mittelbarem Besitzer regelt sich jedoch nach dem Mietvertrag, der im Zweifel eine allgemeine Zutrittsmöglichkeit des Vermieters ausschließt.

Das **Zubehör** (§ 97) ist (entsprechend § 314; ab 1.1.2002: § 311c i.d.F. des SchuldRModG) mitvermietet, ohne dass es einer genauen Auflistung im Mietvertrag bedarf. Dazu gehören Haushaltsgeräte, wie Öfen, Kochherd, Wandschränke, aber auch Teppichboden und Rollos, unabhängig davon, ob es sich um Sachen handelt, die der Vermieter angeschafft und in die Wohnung verbracht hat, oder um Sachen, die ein Vormieter in der Wohnung zurückgelassen hat. Der Vermieter kann sich nicht darauf berufen, er habe nicht gewusst, dass sich in der Wohnung noch diese oder jene (möglicherweise minderwertige und instandsetzungsbedürftige) Dinge des Vormieters befunden hätten. Es ist seine Sache, die Räume vorher zu besichtigen und ggf. darauf zu dringen, dass der Vormieter diese Sachen entfernt. Das ist vor allem deswegen von Bedeutung, weil sich neben der Pflicht der Gebrauchsgewährung auch die Erhaltungspflicht des Vermieters auf das mitvermietete Zubehör erstreckt und der Vermieter dann ggf. verpflichtet ist, derartige zurückgelassene Sachen instand zu setzen und instand zu halten.

– Außerhalb der Räume   25
Hier ist zunächst zwischen ausdrücklich **mitvermieteten** sowie Zubehörräumen und -flächen zu unterscheiden, deren **Mitnutzung** erforderlich oder vom Vermieter nur gestattet ist.
Der (schriftliche) Mietvertrag gibt Auskunft darüber, welche Räume außerhalb der/des Wohnung/Gewerbeobjekts zur (alleinigen) Nutzung des Mieters vermietet worden sind. Dazu gehören z.B. Garagen, Fahrzeugeinstellplätze, Kellerraum, Bodentrockenraum, Garten. Wie bei den Mieträumen selber ist auch hier eine genaue Bezeichnung notwendig; in der Praxis treten oft Identifizierungsprobleme zu Fahrzeugeinstellplätzen, Kellerräumen, Gartenteil auf. Eine Bezeichnung, dass eine Wohnung „sowie zugehöriger Kellerraum" vermietet wird, ist untunlich. Es sollte auch zwischen Zubehörräumen wie Hobby-, Keller-, Bodenraum einerseits sowie Garage, Fahrzeugeinstellplatz, Garten, sonstige Einrichtungsgegenstände andererseits unterschieden werden, da zu letzteren Räumen/Flächen gesonderte Mietverträge geschlossen werden können/sollten. Zu empfehlen ist folgende Fassung:

Muster
Mietvertragsklausel

...
a. die Wohnung im ..., bestehend aus ..., Mansarde ..., Kellerraum ..., Bodenraum
   ...,
b. ferner werden vermietet: ... Garage, ... Fahrzeugeinstellplätze, ... m^2 Garten, ...
   Einrichtungsgegenstände
...

Ein **gesonderter Mietvertrag** über die unter b) genannten Räume/Flächen ist für Vermieter und Mieter deswegen zu empfehlen, weil **im Zweifel ein einheitliches Mietverhältnis** anzunehmen und eine **Teilkündigung unmöglich** bzw. erschwert ist.
Bei Mitvermietung einer Garage ist im Zweifel die Einbeziehung in den Wohnraummietvertrag anzunehmen; dies gilt selbst bei einer späteren Anmietung der Garage (vgl. LG Köln, ZMR 1992, 251). Etwas anderes kann nur dann gelten, wenn ein abweichender Parteiwille hinreichend deutlich geworden ist, wofür die Verwendung eines besonderen

Vertragsformulars bei gesonderten Vereinbarungen zum Mietpreis und andere Laufzeiten des Vertrags sprechen können (vgl. OLG Karlsruhe, NJW 1983, 1499 = WuM 1983, 166; LG Berlin, GE 1986, 1173; BayObLG, WuM 1991, 78; Sternel, Mietrecht aktuell, Rn. 162 ff.).

Liegt ein einheitliches Mietverhältnis vor, ist eine Teilkündigung grundsätzlich nicht möglich. § 573b sieht dazu eine Ausnahme vor. Manche Formularmietverträge sehen auch die Vereinbarung eines Teilkündigungsrechts bezüglich derartiger Zubehörräume/Flächen mit gesetzlicher Kündigungsfrist vor. Hier liegt ein Verstoß gegen § 573b Abs. 5 vor, wonach eine zum Nachteil des Mieters abweichende Vereinbarung unwirksam ist.

Sind bestimmte Räume/Flächen gesondert vermietet, richtet sich eine Mieterhöhung nach den dort getroffenen Vereinbarungen. Ist eine Mieterhöhungsmöglichkeit nicht vorgesehen, verbleibt es bei der vereinbarten Miete, ist eine Veränderung des Mietpreises nur über den Weg einer Kündigung des Mietvertrags selbst (der nicht dem Kündigungsschutz des § 573 unterliegt) zu erreichen. Ist ein einheitliches Mietverhältnis von Wohnung und Zubehörraum (z.B. Garage) anzunehmen, ist eine gesonderte Erhöhung der Garagenmiete grundsätzlich nicht möglich, es sei denn, eine Sondervereinbarung im Mietvertrag sieht eine gesonderte Erhöhungsmöglichkeit insofern vor. Eine Mieterhöhung für die Wohnung nach § 558 erfasst die Zubehörräume nicht, weil diese nicht zur Wohnfläche gehören (für vor dem 3.10.1990 errichteten Wohnraum in den neuen Bundesländern vgl. abweichend § 4 der 2. GMV).

26 Die Formularmietverträge sehen zumeist vor, dass der Mieter berechtigt ist, **soweit vorhanden**, den **Hofraum** zum Teppichklopfen und die **Waschküche** sowie den **Trockenspeicher** nach Maßgabe der Hausordnung **mitzubenutzen**. Ist derartiger Raum vorhanden, besteht ein Anspruch des Mieters auf Nutzungsmöglichkeit. Die Formulierung „soweit vorhanden" ist wortlautgemäß eingeschränkt aufzufassen und gibt dem Vermieter nicht das Recht, die Räume ersatzlos zu entziehen (vgl. LG Hamburg, WuM 1995, 533; AG Wuppertal, DWW 1992, 28). Möglich ist allerdings die Veränderung oder das Auswechseln derartiger Räume unter der Voraussetzung, dass dem Mieter die Nutzungsmöglichkeit im bisherigen Umfang erhalten bleibt (vgl. dazu insgesamt Sternel, Mietrecht aktuell, Rn. 196 ff.).

Von der Zurverfügungstellung von Gemeinschaftsräumen/-flächen ist der Fall von **Einzelduldungen durch den Vermieter** (z.B. die Duldung der Nutzung eines Teils der Hoffläche als Stellplatz) zu unterscheiden. Während es sich bei der Zurverfügungstellung von Gemeinschaftsflächen um eine allgemeine Regelung zum Mietgebrauch handelt, ist die Duldung im Einzelfall zu bewerten und darüber zu entscheiden, ob konkludent eine Einbeziehung in den Mietvertrag erfolgt ist oder ob der Vermieter in Anwendung des § 242 weiterhin zur Duldung verpflichtet ist (vgl. dazu LG Berlin, ZMR 1992, XV Nr. 19; AG Gießen, WuM 1994, 198). Dieselbe Problematik stellt sich bei der Duldung der Nutzung von Gartenflächen. Fehlt hierzu eine ausdrückliche Vereinbarung im Mietvertrag, ist die Gestattung der Mitnutzung frei widerruflich. Dies gilt jedenfalls für Mehrfamilienhäuser, während bei der Vermietung eines Einfamilienhauses zur ausschließlichen Nutzung durch den Mieter im Zweifel anzunehmen ist, dass auch der Garten mitvermietet ist (vgl. OLG Köln, WuM 1994, 272 = ZMR 1994, 111). Zweifel bestehen allerdings schon dann, wenn dem Vermieter nach wie vor ein uneingeschränktes Zugangsrecht zum Garten zusteht, z.B. um noch im Garten vorhandene Geräteschuppen zu nutzen. Dann ist mangels ausdrücklicher Vereinbarung nur das Einfamilienhaus vermietet, die darüber hinausgehende Mitnutzung des Gartens nur geduldet und nicht mietvertraglich geschuldet.

Das Mietgebrauchsrecht außerhalb der Räume umfasst auch das **Anbringen eines Na-** 27
mens- oder Hinweisschildes für die Wohnung oder die Gewerberäume und die Installation eines **Briefkastens**. Abzugrenzen hiervon ist das Anbringen von Gegenständen, die nicht zum Gebrauch der Räume notwendig sind und insofern eine „Sondernutzung" darstellen. Die vielfach verwandte Klausel in Mietverträgen, dass für das Anbringen von Schildern, Aufschriften und anderen Vorrichtungen zu Reklamezwecken, Rolläden, Blumenkästen sowie zur Aufstellung von Schaukästen und Warenautomaten die schriftliche Genehmigung des Vermieters einzuholen ist, bezieht sich nur auf derartige Sondernutzungen. Dabei ist der Umfang des Gebrauchsrechts bei Gewerbemietverträgen weiter zu ziehen als bei Wohnraummietverträgen.

Umstritten ist vor allem das Recht des Mieters, **Plakate außerhalb der Wohnung** am 28
Balkon, an der Hausfassade oder auch im Hausflur zu Reklamezwecken, allgemein- oder parteipolitischen Meinungsäußerungen und dgl. anzubringen. Dogmatisch handelt es sich hierbei jedoch nicht um eine Frage des Mietgebrauchs, sondern um die Ausübung von Grundrechten bzw. deren eingeschränkte Ausübung in Abwägung zu Rechten Dritter, hier des Vermieters und der übrigen Hausbewohner. Demgemäß stellt sich die Frage, ob und unter welchen Umständen der Vermieter vom Mieter Unterlassung und unter Umständen nach fristloser Kündigung Räumung verlangen kann, was nicht generell, sondern nur im Einzelfall zu beantworten ist und von der Größe der Plakate, dem Inhalt, aber offenbar entsprechend der strafgerichtlichen Rechtsprechung zu Beleidigungen und leichten Körperverletzungen auch von der Region abhängt (vgl. BayObLG, NJW 1984, 496 und ZMR 1983, 352; Sternel, Mietrecht, II Rn. 189 ff.; Emmerich/Sonnenschein, §§ 535, 536 Rn. 4 mit umfangreichen Rechtsprechungsnachweisen).

Räume und Flächen, die **zur Nutzung der Wohnung erforderlich sind**, werden vom 29
Mietgebrauch umfasst, ohne dass es einer Erwähnung im Mietvertrag als mitvermietet bedarf. Dazu gehören **Flure, Treppen, Höfe, Durchfahrten, Lifte** (sofern nicht später für besondere Zwecke oder Personen eingebaut). Das Recht, im Flur vor der Wohnung einen Kinderwagen abzustellen oder ein Fahrrad auf dem Hof unterzustellen, hängt davon ab, ob zumutbare anderweitige Abstellmöglichkeiten bestehen, während das Abstellen eines Fahrzeugs auf dem Hof keinesfalls mehr zum Mietgebrauch der Wohnung gehört (vgl. zur umfangreichen Judikatur vor allem der Amtsgerichte Gather, DWW 1993, 345). Das Spielen von Kindern im Treppenhaus ist im Gegensatz zum Spielen im Hof nicht vom Mietgebrauch erfasst, auch dann nicht, wenn kein Kinderspielplatz gesondert vorhanden ist (vgl. AG Berlin-Charlottenburg, WuM 1993, 185). Das Spielen der Kinder auf dem Hof ist aber dann nicht mehr vom Mietgebrauch umfasst, wenn in zumutbarer Entfernung ein Kinderspielplatz vorhanden ist (vgl. auch Sternel, Mietrecht, II Rn. 183).

3.3 Inhaltlicher Umfang der Gebrauchsgewährung

30 Aus der Gesetzesformulierung des § 535 Satz 1 „durch den Mietvertrag" ergibt sich, dass sich der inhaltliche Umfang der Gebrauchsgewährungspflicht nach den **vertraglichen Vereinbarungen** der Parteien richtet. Dazu gibt es üblicherweise in den Formularmietverträgen **Einzelvereinbarungen**, aber auch die **Hausordnung**, die entweder sich im Formularvertrag selbst befindet oder deren Geltung im Mietvertrag vereinbart wird. Dabei ist allerdings auch die **Verkehrssitte** zu beachten (§ 157). Zwei Beispiele mögen dies verdeutlichen:

a. Bei der Vermietung eines Einfamilienhauses mit Garten ist im Zweifel davon auszugehen, dass der Garten mitvermietet ist (OLG Köln, WuM 1994, 272 = ZMR 1994, 111).

b. Bei der Vermietung von Wohnraum ist es dem Mieter, der nach seinem Beruf üblicherweise zu Hause arbeitet (Wissenschaftler, Schriftsteller, Richter), gestattet, normale Büroarbeiten in der gemieteten Wohnung durchzuführen. Bei sonstigen beschränkten gewerblichen Tätigkeiten (z.B. Versicherungsagentur) wird es schon in Abgrenzung zur teilgewerblichen Nutzung der Wohnung kritisch, selbst wenn von der Tätigkeit keine Belästigung für andere Mieter und keine Gefährdung der Räume ausgeht (vgl. LG Mannheim, BB 1977, 1274; WuM 1978, 91).

Zu einzelnen Rechten des Mieters gibt es eine umfangreiche Rechtsprechung, die u.a. durch die Regelungen des AGBG (ab 1.1.2002: AGBG ist in das BGB – §§ 305 ff. – integriert i.d.F. des SchuldRModG) bedingt, aber auch durch das Grundgesetz beeinflusst ist (z.B. Anspruch auf Anbringung von Parabolantennen), so dass vor allem die Hausordnungen keine sehr wesentliche Bedeutung (mehr) haben, bei einem Verstoß dagegen jedoch Schadensersatzansprüche auslösen können.

4. Rechte des Mieters

4.1 Anlagen des Mieters

31 Der Mieter darf nach inzwischen allgemeiner Meinung **Haushaltsgeräte** in der Wohnung aufstellen und betreiben. Dazu gehören Waschmaschinen, Trockenautomaten und Geschirrspülmaschinen. Abweichende Bestimmungen in Mietverträgen sind in Anwendung von § 138 Abs. 1 BGB und § 9 AGBG (ab 1.1.2002: § 307 BGB i.d.F. des SchuldRModG) unwirksam (vgl. mit Rechtsprechungsnachweisen Emmerich/Sonnenschein, §§ 535, 536 Rn. 18; Sternel, Mietrecht, II Rn. 202). Eine abweichende Vereinbarung ist nur individuell und im Hinblick auf § 138 Abs. 1 unter der Voraussetzung möglich, dass die Wohnung aufgrund besonderer baulicher Umstände die Aufstellung der Geräte verbietet und entsprechende Gemeinschaftseinrichtungen zur Verfügung stehen (vgl. auch Palandt/Heinrichs, § 138 Rn. 93).

Ebenso besteht ein unbedingtes Recht auf Installation eines Telefons sowie auf Teilnahme am Rundfunk- und Fernsehprogramm mit der damit verbundenen Folge, dass mangels Gemeinschaftsantenne das Recht zur Anbringung von Außenantennen besteht (vgl. Palandt/Weidenkaff, § 535 Rn. 14).

32 Nachdem vor Jahren Streit um die Anbringung von **Hochantennen** mit dem damit entstehenden „Antennenwald" herrschte, gibt es heute die hitzige Diskussion, ob und unter welchen Voraussetzungen der Mieter eine **Parabolantenne** zum Empfang von Satelliten-

fernsehen installieren darf. Dabei muss zurzeit noch danach differenziert werden, ob für das entsprechende Haus ein Kabelanschluss existiert und ob es sich im Hinblick auf das Informationsrecht um einen deutschen oder ausländischen Mitbürger handelt. Grundsätzlich ist aber das Recht des Mieters auf Installation eigener Antennen abhängig davon, inwiefern der Vermieter schon entsprechende Anlagen zur Verfügung stellt oder in angemessener Frist zur Verfügung stellen wird (OLG Frankfurt/Main, MDR 1992, 869 = GE 1992, 871 [873] = WuM 1992, 452). Dabei ist festzuhalten, dass der Anschluss einer Mietwohnung an das Breitbandkabelnetz eine Modernisierungsmaßnahme darstellt, die der Mieter unter den Einzelvoraussetzungen des § 554 zu dulden hat (vgl. KG [RE], NJW 1985, 2031; BGH, WuM 1991, 381 = ZMR 1991, 290). Unter diesen Bedingungen regeln sich die Rechte des Mieters wie folgt:

a. Der Mieter hat einen Anspruch auf Genehmigung zur Aufstellung einer **Einzelantenne** (auch Hochantenne), solange keine ausreichende Gemeinschaftsantenne vorhanden ist (BayObLG [RE], NJW 1981, 1275).

b. Der Mieter darf sich (auf eigene Kosten) an das **Breitbandkabelnetz** anschließen lassen, wenn damit nur geringfügige Eingriffe in die Bausubstanz verbunden sind (LG Berlin, DWW 1990, 206). Dieser Anspruch war bis in die jüngste Vergangenheit noch umstritten, jedenfalls für den Fall, dass über eine Gemeinschaftsantenne ortsübliche Programme empfangen werden konnten (vgl. dazu Emmerich/Sonnenschein, §§ 535, 536 Rn. 18 mit Rechtsprechungsnachweisen). Diese Einschränkungen können jetzt angesichts der rasanten technischen Entwicklung und des Entstehens vieler privater Sendeanstalten, die in das Kabelnetz einspeisen, nicht mehr aufrechterhalten werden. Allerdings kann der Vermieter in Anlehnung an den Rechtsentscheid des OLG Frankfurt/Main vom 22.7.1992, GE 1992, 871 [873] = MDR 1992, 869 = WuM 1992, 458 fordern, dass
   - der Mieter sämtliche Anschlusskosten übernimmt;
   - der Mieter den Vermieter von Forderungen (auch Schadensersatzansprüchen) Dritter freistellt;
   - kein erheblicher Eingriff in die Bausubstanz erforderlich ist, wobei der Mieter verpflichtet ist, Weisungen des Vermieters zur Leitungsführung zu folgen;
   - der Mieter dem Vermieter Sicherheit leistet; die Sicherheitsleistung kann sich hier aber nur auf entstehende Bauschäden beziehen, da beim Kabelanschluss eine spätere Entfernung nicht mehr möglich, zumindest nicht mehr zumutbar ist.

c. Ein Anspruch auf Zustimmung zur Installation einer **Parabolantenne** besteht nach dem Rechtsentscheid des OLG Frankfurt/Main a.a.O. für Wohnraum in einem Haus, in dem der vermietende Hauseigentümer nicht wohnt, nur dann, wenn
   - das Haus weder eine Gemeinschaftsparabolantenne noch einen Breitbandkabelanschluss hat und ungewiss ist, ob ein solcher Anschluss verlegt werden wird,
   - eine technisch geeignete Parabolantenne baurechtlich zulässig von einem Fachmann an einem möglichst unauffälligen Ort installiert wird, an dem die Antenne optisch am wenigsten stört,
   - der Mieter den Vermieter von allen dabei anfallenden Kosten und Gebühren freistellt,

- (in Anlehnung an OLG Karlsruhe [RE], NJW 1993, 2815 = GE 1993, 1151) der Mieter das Haftungsrisiko des Vermieters abdeckt und ihm auf dessen Verlangen Sicherheit leistet, hier für die voraussichtlichen Kosten der Wiederentfernung der Anlage.

Darüber hinaus hat nach dem Rechtsentscheid des OLG Karlsruhe vom 24.8.1993 a.a.O. der **ausländische Mitbürger** (nicht ein deutscher Mitbürger ausländischer Herkunft: LG Berlin, DWW 1995, 115 mit Anm. von Pfeifer) als Mieter von Wohnraum, der zwar über einen Breitbandkabelanschluss verfügt, über welchen jedoch keine Programme aus dem Heimatland angeboten werden, einen Anspruch auf Installation einer Parabolantenne unter den schon genannten weiteren Voraussetzungen. Diese Rechtsprechung ist vom Bundesverfassungsgericht in einer Reihe von Entscheidungen gebilligt worden (Beschl. vom 9.2.1994, DWW 1994, 148 = WuM 1994, 251, Beschl. vom 9.6.1994, NJW 1994, 2143). Begründet wird dies mit dem jedem zustehenden Recht auf Informationsfreiheit. Die Situation derartiger ausländischer Mitbürger nähere sich derjenigen inländischer Mieter an, die weder an eine Gemeinschaftsparabolantenne noch an das Breitbandkabelnetz angeschlossen seien. Eine verfassungswidrige Bevorzugung von Ausländern liege darin nicht. Zwar verbiete Art. 3 Abs. 3 GG eine Ungleichbehandlung wegen bestimmter Merkmale. Zu diesen zähle jedoch nicht die Staatsangehörigkeit, wohl aber die Heimat. Die Berücksichtigung der gesteigerten Informationsinteressen ausländischer Mieter bevorzuge diese aber nicht wegen ihrer Heimat und stelle umgekehrt keine Benachteiligung der deutschen Mieter wegen ihrer Heimat dar.

Dem Rechtsentscheid des OLG Karlsruhe haben sich in Vorlageverfahren andere Oberlandesgerichte angeschlossen, eine Vorlage an den BGH ist (wohl im Hinblick auf die Rechtsprechung des Bundesverfassungsgerichts) nicht erfolgt: OLG Hamburg, WuM 1993, 527; OLG Hamm, DWW 1993, 331; OLG Stuttgart zu 8 RE-Miet 1/93, Beschl. vom 8.9.1993; BayObLG, GE 1994, 579. Auch ein deutscher Mieter kann für seinen ausländischen Ehegatten und ggf. für dessen Kinder zu gleichen Bedingungen vom Vermieter die Erlaubnis zur Installation einer Parabolantenne verlangen wie ein ausländischer Mieter (LG Wuppertal, WuM 1997, 324).

Die Entwicklung ist nicht abgeschlossen. Allerdings dürften fachgerichtliche Urteile, die bei Großvermietern mit vielen deutschen und ausländischen Mietern einen Verstoß gegen Art. 3 GG in der Verpflichtung des Vermieters sehen, ausländischen Mietern die Anbringung von Parabolantennen zu gestatten, wenn dies andererseits deutsch sprechenden Mietern versagt wird (vgl. z.B. AG Gelsenkirchen-Buer, DWW 1993, 369), einer Verfassungsbeschwerde nicht standhalten.

Medienmäßig werden immer mehr ausländische Programme in das Kabelnetz eingespeist. Zwar ist es nicht Sache der Gerichte, zu beurteilen, inwiefern einzelne Sender den ausländischen Mitbürger angemessen mit Informationen versehen. Das verfassungsrechtlich geschützte Recht auf Information geht jedoch **nicht** so weit, dass ein **Recht zum Empfang aller verfügbaren Sender** besteht. Wie bei dem deutschen Mitbürger im Rahmen des Kabelprogramms reicht eine gewisse Vielfalt der Informationsmöglichkeit aus, die eine vergleichende Wertung von Meldungen zulässt. Bei wie viel Programmen das erreicht ist, wird die Instanzrechtsprechung zu beantworten haben. Sodann ist ein neuerlicher Spruch des Bundesverfassungsgerichts zu erwarten, der auch im Hinblick auf

Ansprüche deutscher Mitbürger eine Begrenzung der Informationsfreiheit in mengenmäßiger Hinsicht aufzeigen müsste.

Im Übrigen verlagert sich der Streit auf die planmäßigen und technischen Kriterien der Aufstellung von Parabolantennen. Die bisherigen Formularmietverträge berücksichtigen dies im Allgemeinen bisher nicht, teilweise sollen vom Mieter Verpflichtungen eingegangen werden, die erst nach entsprechender Modernisierung durch den Vermieter mietmäßig durch Erhöhungserklärungen entstehen können.

Zu empfehlen ist es, die Einzelbedingungen zur Installation von Antennen in den Mietvertrag aufzunehmen und etwa wie folgt zu formulieren:

Muster
Mietvertrag: Anlage von Antennen →[✆ 535-2]

1. Ist eine Gemeinschaftsantenne (auch Parabolantenne) oder Kabelfernsehen (Breibandnetz) vorhanden oder wird eine derartige Einrichtung vom Vermieter geschaffen, verpflichtet sich der Mieter, zum Betrieb von Rundfunk- oder Fernsehgeräten die Gemeinschaftsantenne bzw. den Kabelfernsehanschluss (Breitbandnetz) zu benutzen und ausschließlich Anschlusskabel der Hersteller der Antennenanlage zu verwenden. Bei der Errichtung einer Gemeinschaftsantenne kann der Vermieter vom Mieter verlangen, dass dieser eine vorhandene Einzelantenne auf eigene Kosten entfernt. Bei einer Einführung von Kabelfernsehen (Breitbandkabelnetz) duldet der Mieter, dass der Anschluss der Mietwohnung an eine bisher zur Verfügung gestellte Gemeinschaftsantenne (Hochantenne) beseitigt wird.

2. Ist eine Antenneneinrichtung nicht vorhanden und stimmt der Vermieter der Errichtung einer Anlage durch den Mieter zu oder ist er zur Zustimmung rechtlich verpflichtet, gilt Folgendes als vereinbart:

a.) Außenantenne (auch Parabolantenne)

Der Mieter hat dem Vermieter den Plan zur Anlage zwecks Einwilligung vorzulegen. Die Anlage hat den Vorschriften des Baurechts und des Denkmalschutzes, technisch den VDE-Bestimmungen und betriebsmäßig den Bestimmungen der jeweils zuständigen Betreibergesellschaft (z.B. Deutsche Telekom) zu entsprechen. Rechte Dritter sind zu wahren. Der Mieter hat bei der Wahl des Aufstellungsorts der Bestimmung des Vermieters zu folgen, der diese unter Beachtung der empfangstechnischen Eignung danach trifft, wo ihm die Anlage am wenigsten störend erscheint. Eine auch nach allgemeiner Verkehrsanschauung erhebliche Verunzierung durch die Antennenanlage darf nicht eintreten.

Die Antenne wird zur weitgehenden Sicherung vor denkbaren Schäden von einem Fachmann angebracht; dabei dürfen keine erheblichen nachteiligen Eingriffe in die Bausubstanz vorgenommen werden.

Der Mieter stellt den Vermieter von allen im Zusammenhang mit der Installation entstehenden Kosten und Gebühren frei. Der Mieter haftet für alle Schäden, die im Zusammenhang mit der Anbringung und Unterhaltung der Anlage entstehen. Er weist dem Vermieter vor der Errichtung der Anlage eine ausreichende Schadensversicherung für die Anlage nach und wiederholt dies auf Verlangen des Vermieters im jährlichen Turnus.

Der Mieter ist verpflichtet, auf Verlangen des Vermieters die Anlage auf seine Kosten zu entfernen oder zu ändern, wenn sich aus ihrer Unterhaltung Unzuträglichkeiten für die Mitbewohner ergeben oder wegen technischer Neuerungen die Antenne nicht mehr notwendig ist oder das Mietverhältnis endet. Der Mieter ist ferner verpflichtet, auf Verlangen des Vermieters die Anlage auf seine Kosten zu entfernen, wenn eine Gemeinschaftsantenne angelegt wird. Für die Beseitigungskosten hinterlegt der Mieter auf Verlangen des Vermieters eine Kaution, die entsprechend § 551 Abs. 3 BGB zu behandeln ist.

b.) Breitbandkabelanschluss

Darf der Mieter sich an das Kabelfernsehen (Breitbandnetz) anschließen, gilt zusätzlich zu oder abweichend von den Regelungen unter a.), dass er bei der Einrichtung eines entsprechenden Netzes für das ganze Haus durch den Vermieter mit dem Anschluss seiner Leitung an das Gesamtnetz einverstanden ist. Die dafür entstehenden Anschlusskosten trägt er im Rahmen einer gesetzlich zugelassenen Mieterhöhung. Im Falle der Errichtung eines Gemeinschaftsanschlusses oder bei Auszug des Mieters entfällt eine Entfernung von eingefügten (z.B. unter Putz gelegten) Leitungen.

c.) Der Mieter ist nicht befugt, eine Funkantenne zu errichten.

4.2 Bauliche Veränderungen

33 Die Mietverträge sehen durchgängig formularmäßig vor, dass Veränderungen an und in den Mieträumen, insbesondere Um- und Einbauten, Installationen und dgl., der **vorherigen schriftlichen Zustimmung des Vermieters** bedürfen, die davon abhängig gemacht werden kann, dass der Mieter sich zur völligen oder teilweisen Wiederherstellung des früheren Zustands im Falle seines Auszugs verpflichtet (so z.B. Formular GE I – AGB/KE/1997.1). Diese Regelung ist gegenüber dem Recht zum vertragsgemäßen Gebrauch der Mieträume abzugrenzen und kann **in dieser Generalisierung nicht gelten**. Alle baulichen Veränderungen und Einbauten, die vom vertragsgemäßen Gebrauchsrecht gedeckt sind, kann der Mieter ohne Zustimmung des Vermieters durchführen. Andere Arbeiten, die nicht vom vertragsgemäßen Gebrauchsrecht gedeckt sind, bedürfen der Zustimmung. Dies ergibt sich schon aus § 535, da der Vertragsinhalt verändert wird. Unter bestimmten Voraussetzungen aber darf der Vermieter Umbauarbeiten nicht verweigern.

4.2.1 Vertragsgemäßer Gebrauch

34 Bestimmte kleinere Eingriffe zur Einrichtung der Wohnung darf der Mieter vornehmen. Dazu gehört das Einschlagen von **Nägeln**, Setzen von **Dübeln** (LG Mannheim, WuM 1975, 50; LG Darmstadt, NJW-RR 1988, 80; LG Göttingen, WuM 1990, 199), **Verkleben von Teppichböden** (LG Essen, WuM 1987, 257). Jeweils ist allerdings dabei zu beachten, dass diese Arbeiten nur maßvoll durchgeführt werden dürfen, bei Dübeln also z.B. nur zur notwendigen Installation von Spiegeln oder Lampen, beim Teppichfußboden

ohne Substanzbeeinträchtigung des Untergrunds. Die Abgrenzung ist schwierig. Nach BGH (DWW 1993, 76 = WuM 1993, 109) darf der Mieter innerhalb des verkehrsüblichen Maßes Dübel setzen und Kacheln, insbesondere in Bädern und Küchen, anbohren. Von der Rechtsprechung ist ferner das Aufstellen von **Leichtbauwänden/Raumteilern**, das Anbringen einer **Holzvertäfelung** (LG Osnabrück, WuM 1986, 231), der Einbau einer **Einbauküche** (LG Konstanz, WuM 1989, 67), das Aufstellen einer **transportablen Duschkabine** (LG Berlin, WuM 1990, 421), die **Neuverfliesung eines Bades** (AG Berlin-Schöneberg, GE 1995, 703) gestattet worden (vgl. auch Sternel, Mietrecht aktuell, Rn. 172; Emmerich/Sonnenschein, §§ 535, 536 Rn. 17).

4.2.2 Unzulässige Veränderungen

Nicht vom Recht des vertragsgemäßen Gebrauchs gedeckt sind bauliche Veränderungen und Einbauten, durch die 35
- das Mietobjekt **endgültig** und nur schwer behebbar **verändert** wird;
- **nachteilige Folgewirkungen** für die Räume zu befürchten sind;
- der äußere **Gesamteindruck** des Gebäudes, insbesondere der Fassade, **beeinträchtigt** wird;
- Störungen, Belästigungen oder **Gefährdungen Dritter** auftreten.

Derartige Veränderungen dürfen nur mit Zustimmung des Vermieters durchgeführt werden. So darf der Mieter z.B. nicht ohne weiteres Wände versetzen, Leitungen verlegen, andere Fenster einbauen (LG Berlin, MDR 1985, 57), eine Gasetagenheizung einbauen (LG Berlin, GE 1995, 109), Styroporplatten an den Decken anbringen (LG Braunschweig, WuM 1986, 248), ein Duschbad einbauen (LG Berlin, GE 1995, 429).

Führt der Mieter dennoch ohne Zustimmung des Vermieters derartige Arbeiten durch, stellt sich die Frage, ob der **Vermieter sogleich** im laufenden Mietverhältnis **Beseitigung verlangen** darf. Das ist grundsätzlich zu bejahen. Nur in Ausnahmefällen kann das Interesse des Vermieters an der Erhaltung der Mietsache im vermieteten Zustand zurücktreten, wenn das Verlangen des Vermieters rechtsmissbräuchlich wäre (vgl. hierzu LG Berlin, GE 1994, 53).

Unabhängig davon hat der Mieter **nach Beendigung des Mietverhältnisses** die Veränderungen wieder **zurückzunehmen** (LG Berlin, GE 1985, 935), selbst wenn die Einbauten mit Zustimmung des Vermieters erfolgt sind (LG Berlin, GE 1994, 583) oder mit dessen Zustimmung vom Vermieter übernommen worden sind (LG Berlin, GE 1987, 39; OLG Hamburg, ZMR 1990, 341). Bei Dübellöchern in Kacheln ist dies insofern problematisch, als dann die Kacheln ersetzt werden müssten. Eine Formularklausel, welche den Mieter bei Mietende verpflichtet, Dübeleinsätze zu entfernen, Löcher ordnungsgemäß und unkenntlich zu verschließen sowie etwa durchbohrte Kacheln durch gleichartige zu ersetzen, ist allein schon deshalb unwirksam, weil die Beseitigungspflicht sich auch auf Fälle erstreckt, in denen das Anbringen von Dübeln und Löchern zum vertragsgemäßen Gebrauch unerlässlich war (BGH, DWW 1993, 74). Der Ausgleich wird im Rahmen der Pflicht zur Durchführung von Schönheitsreparaturen zu finden sein. Dabei ist festzuhalten, dass Dübellöcher im Übermaß eine positive Forderungsverletzung darstellen.

4.2.3 Duldungspflicht des Vermieters bei Mietermodernisierung

36 Unter den Voraussetzungen des § 554 hat der Vermieter gegenüber dem Mieter einen Anspruch auf Duldung von Modernisierungen. Dagegen besteht **im Grundsatz kein Anspruch des Mieters**, dass der Vermieter modernisiert oder er selbst modernisieren darf (vgl. Sternel, Mietrecht, II Rn. 220). Dies folgt aus der Eigentumsgarantie des Art. 14 GG. Es gibt allerdings immer wieder Ansätze, die auch einen Anspruch des Mieters auf Modernisierung zulassen wollen (vgl. OLG Düsseldorf, WuM 1984, 54). Nach LG Berlin (GE 1981, 156) soll auch der Mieter berechtigt sein, eine veraltete Ofenheizung durch eine Gasetagenheizung zu ersetzen. Neuerdings ist allerdings in § 554a die so genannte **Barrierefreiheit** normiert. Danach kann der Mieter vom Vermieter die Zustimmung zu baulichen Veränderungen oder sonstigen Einrichtungen verlangen, die für eine behindertengerechte Nutzung der Mietsache oder den Zugang zu ihr erforderlich sind. Insofern wird auf die dortige Kommentierung verwiesen. Interessant in diesem Zusammenhang ist, dass der Gesetzgeber in § 554a die schon früher von der Rechtsprechung geforderte Leistung einer Sicherheit für die Wiederherstellung des ursprünglichen Zustands eingeführt hat.

Eine klare Anspruchsgrundlage für den Anspruch des Mieters auf Zustimmung des Vermieters, darüber hinaus Mietermodernisierungen durchführen zu lassen, existiert nicht, § 554 gilt nur für den Anspruch des Vermieters gegenüber dem Mieter. Demgemäß kann nur § 242 als Rechtsgrundlage herangezogen werden, im Rahmen des Mietvertragsverhältnisses entsprechend Treu und Glauben Mietermodernisierungen zuzulassen, wenn kein zwingender Grund besteht, dass der Vermieter dem Mieter die verbesserte Nutzung des Mietobjektes verweigern darf (vgl. Sternel, Mietrecht, II Rn. 202; BGH, MDR 1963, 672; BGH, LM Nr. 28 zu § 535). Aus dem Ausnahmecharakter der Rechtsgrundlage folgt jedoch, dass der Anspruch nur im Ausnahmefall bestehen kann und durch § 554 insofern überlagert wird, als er bei einer in angemessener Frist beabsichtigten gleichartigen Modernisierungsmaßnahme durch den Vermieter entfällt.

Weitere Voraussetzung für das Bestehen eines solchen Anspruchs auf Zustimmung durch den Vermieter ist die entsprechende Darlegung zum Umfang und zur Art der erforderlichen Arbeiten, so dass der Vermieter überprüfen kann, ob die vom Mieter beabsichtigte Modernisierungsmaßnahme überhaupt aus seiner Sicht genehmigungsfähig ist. Das Erfordernis der Darlegung der konkret durchzuführenden Maßnahmen ergibt sich aus einer spiegelbildlichen Anwendung des § 554, da nur auf diese Art und Weise der Vermieter überprüfen kann, ob das vom Mieter konkret geplante Vorhaben genehmigungsfähig ist. Die analoge Anwendung des § 554 kann sich allerdings nur auf die Arbeiten selbst beziehen, nicht auf die übrigen Voraussetzungen der Vorschrift, wie z.B. Beginn der Arbeiten, Dauer der Arbeiten, Kostenberechnungen (vgl. dazu LG Berlin, GE 1995, 109).

Ferner hat der Vermieter in diesem Zusammenhang einen Anspruch auf Stellung einer Sicherheit im Hinblick auf spätere Rückbaukosten (LG Berlin, GE 1994, 1121). Überhaupt können hier die Grundsätze herangezogen werden, die im Rahmen eines Anspruchs auf Installation einer Parabolantenne entwickelt worden sind (vgl. OLG Karlsruhe, OLGZ 1993, 1151).

4.3   Tierhaltung

Im bisherigen Recht war die Tierhaltung nicht ausdrücklich geregelt. Der Antrag der 37
PDS im Rechtsausschuss, in einem § 554c die Haustierhaltung zu regeln, ist mit den
Stimmen aller anderen Fraktionen abgelehnt worden. Es sollte dort ein Recht des Mieters
auf Haltung von Haustieren in den Mieträumen geschaffen werden, wobei Art und Zahl
der Tiere bei Größe des Wohnraums und dem Charakter der Wohnanlage angemessen
sein sollten. Demgemäß bleibt es bei der bisherigen Rechtslage.

Die Rechtsprechung zur Tierhaltung in Mieträumen ist ausgesprochen vielfältig und
beinahe unübersehbar (vgl nur Sternel, Mietrecht aktuell, Rn. 235 ff.). Sie wird durch
die Rechtsprechung der Instanzgerichte geprägt, wobei im Hinblick auf die Berufungssumme es vielfach bei Entscheidungen der Amtsgerichte verbleibt. Überdies ist die
Rechtsprechung der OLG und des BGH in Mietsachen einerseits und dieser Gerichte in
Verfahren nach §§ 13 ff. AGBG – ab 1.1.2002: § 1 ff. UklaG i.d.F. des SchuldRModG –
(Verbandsklageverfahren) zur Überprüfung von AGB andererseits nicht einheitlich. Das
hängt auch damit zusammen, dass die Frage, welche Tiere wo gehalten werden dürfen,
durchaus unterschiedlich nach Art der Tiere und nach Lage der Räumlichkeiten beantwortet werden kann.

**Im Ausgangspunkt ist zunächst die Frage zu entscheiden, ob im jeweiligen Einzel-
fall die Tierhaltung zum allgemeinen Mietgebrauch zu zählen ist.** Bei Bejahung der
Frage für die bestimmte Tierart kann der Vermieter die Haltung des Tieres nur aus konkreten sachlichen und gewichtigen Gründen verbieten, z.B. bei Belästigungen von Mitmietern oder Besuchern oder Substanzgefährdung des Hauses. Bei Verneinung der Frage
steht es dem Vermieter frei, die Erlaubnis zu erteilen oder nicht, er muss den nicht vertragsgemäßen Zustand nicht dulden. Dabei unterliegt er allerdings dem Grundsatz von
Treu und Glauben (auch Willkürverbot), so dass die Versagung treuwidrig sein kann, so
etwa bei der Übernahme des alten Hundes der kranken Mutter des Mieters (LC Ulm,
WuM 1990, 343) oder bei gesundheitlichen Gründen – auch zur psychischen Stabilisie-
rung (vgl. AG Münster, WuM 1992, 116). Diese Grundsätze gelten dann, wenn im Mietvertrag zur Tierhaltung überhaupt nichts vereinbart ist. Nach dem Grundsatz des vertragsgemäßen Gebrauchs sind jedoch auch die entsprechenden **Formularklauseln in
Mietverträgen** zu beurteilen. Diese sind im Wesentlichen nach drei Arten zu unterscheiden:

a. generelles Tierhaltungsverbot,
b. Verbot mit Erlaubnisvorbehalt,
c. Erlaubnis mit Verbotsvorbehalt (vgl. dazu Schach, GE 1992, 1291 [1292]).

Das Halten von **Kleintieren**, von denen unter Umständen relevante Störungen oder
Schädigungen nicht ausgehen können, wie z.B. Zierfische, Vögel, Hamster, fällt unter
den **allgemeinen vertragsgemäßen Mietgebrauch**, wobei allerdings eine derartig geringe Anzahl gemeint sein kann, dass eine Belastung der Mietsache und Belästigung der
Mitmieter ausgeschlossen ist (vgl. Emmerich/Sonnenschein, § 535 Rn. 21 mit Rechtsprechungsnachweisen). Ein **formularmäßiges Verbot** derartiger Tierhaltung ist in Anwendung des § 9 AGBG (ab 1.1.2002: § 307 BGB i.d.F. des SchuldRModG) **unwirksam**.
Überhaupt sind Formularklauseln, welche das Halten von Haustieren ohne nähere Spezifizierung auf bestimmte Tiere verbieten, unwirksam (vgl. BGH, DWW 1993, 74 = WuM

1993, 109). Dementsprechend bedürfen Formularklauseln der Spezifizierung hinsichtlich bestimmter Tiere, um überhaupt wirksam zu sein. Ein Zusatz unter der Klausel der Tierhaltung, dass der Mieter Ziervögel, Zierfische, Hamster oder vergleichbare Tiere ohne Erlaubnis des Vermieters im haushaltsüblichen Umfang halten dürfe, ist anzuraten. Nach der Rechtsprechung zu § 13 AGBG (ab 1.1.2002: § 1 ff. UklaG i.d.F. des SchuldRModG) darf die Erlaubniserteilung nicht von der Schriftform abhängig gemacht werden, da dies dem Vorrang der Individualabrede widersprechen würde (vgl. dazu BGH, WuM 1991, 387 = NJW 1991, 1750; OLG Frankfurt/Main, WuM 1992, 56, 62).

Die Haltung von **Katzen** in Räumen **außerhalb der städtischen Bebauung** unterfällt dem **vertragsgemäßen Mietgebrauch**. Unabhängig von einem möglichen Streit über artgerechte Tierhaltung zählt jedoch nach überwiegender Ansicht **auch in einer Stadtwohnung** die Katzenhaltung zum **vertragsgemäßen Gebrauch der Mietsache** (vgl. AG Sinzig, NJW-RR 1990, 652; AG Aachen, WuM 1992, 601; AG Dühren, WuM 1983, 59; AG Berlin-Schöneberg, WuM 1990, 192; sicher streitig vgl. auch AG Hamburg, NJW-RR 1992, 203). Es ist fraglich, ob ein Verbot mit Erlaubnisvorbehalt, das sich auch auf Katzen bezieht, einer Überprüfung im Hinblick auf § 9 AGBG (ab 1.1.2002: § 307 BGB i.d.F. des SchuldRModG) standhält. Selbst wenn dies der Fall sein sollte, darf wegen des allgemeinen Mietgebrauchs die Erlaubnis nur bei Vorliegen von gewichtigen sachlichen Gründen versagt werden, da es Treu und Glauben gebieten, dass der Vermieter dem Mieter nicht ohne triftigen Grund die beabsichtigte Nutzung der Wohnung untersagt, durch die er als Vermieter nicht oder allenfalls unwesentlich beeinträchtigt wird, der Hausfrieden nicht gestört und die Mietsache nicht verschlechtert wird (vgl. Sternel, Mietrecht, II Rn. 144). Jedenfalls zulässig ist jedoch bezüglich der Katzenhaltung eine Erlaubnisklausel mit Verbotsvorbehalt, da der Vermieter sich die Möglichkeit offen halten darf, im Einzelfall zu überprüfen, ob Versagensgründe vorliegen (z.B. Anzahl der Katzen, Größe der Wohnung).

Die **Hundehaltung außerhalb der städtischen Bebauung** kann unter den **allgemeinen Mietgebrauch** zählen (Zulässigkeit einer Erlaubnisklausel mit Verbotsvorbehalt). Bei **städtischen Wohnbauten** gehört die Hundehaltung **nicht zum allgemeinen Mietgebrauch. Hier** ist jedenfalls **eine Verbotsklausel mit Erlaubnisvorbehalt zulässig** (a.A. LG Mannheim, MDR 1962, 989; LG Hamburg, WuM 1977, 69; AG Offenbach, ZMR 1986, 57 – fraglich jedoch, ob zur Örtlichkeit der Räumlichkeiten differenziert). Hierzu gilt nach wie vor der Rechtsentscheid des OLG Hamm vom 13.1.1981 (DWW 1981, 48 = GE 1981, 137 = NJW 1981, 1626), wonach die Entscheidung des Vermieters in einem Mehrfamilienhaus, die Zustimmung zur Haltung eines Hundes in der Mietwohnung zu erteilen oder zu versagen, seinem Ermessen schlechthin unterliegt, wenn im Mietvertrag vereinbart ist, dass eine Tierhaltung des Mieters der schriftlichen Zustimmung des Vermieters bedarf (vgl. auch OLG Köln, NJW-RR 1988, 12; LG Nürnberg, DWW 1990, 338). Es kann allerdings der Versagung der Genehmigung der Einwand des Rechtsmissbrauchs entgegengesetzt werden (OLG Hamm, a.a.O.). Die Versagung der Erlaubnis wird selbst dann für berechtigt gehalten, wenn von dem Tier keine konkreten Störungen ausgehen (vgl. LG Hamburg, HbgGE 1988, 105 und 1989, 57; LG Köln, DWW 1994, 185; siehe auch Gather, DWW 1993, 346).

Das Halten von **Schlangen, Echsen oder vergleichbaren Kleintieren (z.B. Vogelspin-nen)** gehört generell **nicht zum vertragsgemäßen Gebrauch** der Mieträume. Dasselbe gilt für andere Katzenarten in Abgrenzung zur Hauskatze. Eine allgemeine Verbotsklausel im Mietvertrag ist hier möglich.

In der Tagespresse oder ähnlichen Veröffentlichungen wird unter Hinweis auf einzelne Gerichtsentscheidungen immer wieder eine Abgrenzung nach Einzelgefährdung durch das entsprechende Tier im Hinblick auf Alter, Größe, Einzelverhalten des bestimmten Tieres diskutiert. Hierbei handelt es sich um einen fehlerhaften Ansatz; denn die Frage der allgemeinen Tierhaltung ist nicht anhand des konkreten Einzeltieres zu beantworten, die Zulässigkeit einer allgemeinen Geschäftsbedingung hängt nicht davon ab, wie das einzelne Tier gerade in einem bestimmten Zeitraum beschaffen ist. Es kommt auf die generellen Eigenschaften des Tieres und die potentielle Gefährdung an, so dass z.B. auch nicht zwischen kleinem und großem Hund unterschieden werden kann. So kann die Einzelgefährdung durch ein bestimmtes Tier u.U. bei der Frage der sofortigen Abschaffung des Tieres, einer Kündigung oder dgl. relevant sein, aber nicht für die Frage der generellen Tierhaltung in den Mieträumen.

Im Einzelfall wird ferner immer wieder auf den Gleichbehandlungsgrundsatz hingewiesen und ein Anspruch auf die Haltung eines bestimmten Tieres (vornehmlich bei der Hundehaltung) konstruiert, weil der Vermieter andere Hunde im Hause gestatte bzw. nicht dagegen vorgehe. Unabhängig von der Frage, ob der grundrechtliche Schutz des Art. 3 GG auch im privatrechtlichen Verhältnis zum Vermieter so generell gilt, kann sich aus einem bestimmten Verhalten eines Vertragspartners anderen Mitmietern gegenüber nicht (quasi automatisch) ein Rechtsanspruch für den Parallelfall ergeben; kann doch der Vermieter triftige Gründe haben, sich unterschiedlich zu verhalten. Der Gedanke an **Gleichbehandlung** kann daher **nur im Rahmen des Willkürverbots** in Anwendung des § 242 (Treu und Glauben) von Bedeutung sein.

Zusammenfassung
Die Tierhaltung unterliegt dem dispositiven Recht, kann also zwischen den Mietvertragsparteien **im Einzelfall vereinbart werden.**
Entsprechende Vereinbarungen über **allgemeine Geschäftsbedingungen/ Formularvertrag** unterliegen den Bestimmungen des AGBG (ab 1.1.2002: §§ 305 ff. i.d.F. des SchuldRModG). Hierbei und beim Fehlen einer Vereinbarung überhaupt ist wie folgt zu differenzieren:
In **städtischen Wohngebieten** kann die Haltung von Kleintieren (z.B. Kanarienvögeln, Zierfischen, Schildkröten, Hamstern, Zwergkaninchen oder ähnlichen Tieren) nicht generell verboten werden. Darunter fällt auch die Haltung einer Katze. Gestattet ist allerdings nur ein haushaltsüblicher Umfang.
Die Haltung anderer Tiere kann generell verboten werden.
Außerhalb städtischer Wohngebiete ergibt sich lediglich eine differenzierte Betrachtungsweise zur Haltung von Hunden. Die Haltung anderer Tiere gehört auch hier nicht zum vertragsgemäßen Gebrauch.
Folgende Formularklausel ist empfehlenswert:

Muster
Mietvertragsklausel

> **Tierhaltung**
> Kleintiere, wie Vögel, Zierfische, Schildkröten, Hamster, Zwergkaninchen oder ver-
> gleichbare Tiere, darf der Mieter ohne Einwilligung des Vermieters im haushaltsüb-
> lichen Umfang halten; dasselbe gilt für eine Katze.
> Andere Tierhaltung des Mieters, insbesondere Hundehaltung, ist nur bei vorheriger
> Zustimmung des Vermieters gestattet.

Bei einem **Verstoß** gegen ein wirksames Tierhaltungsverbot steht dem Vermieter das
Recht zu, nach § 541 **auf Unterlassung zu klagen.** Ein derartiger Unterlassungsanspruch
setzt grundsätzlich eine Abmahnung des Vermieters voraus, die genau zu bezeichnende
Handlung (Abschaffung des bestimmten Tieres) zu unterlassen. Ein entsprechendes
Urteil ist nach § 887 ZPO zu vollstrecken (vgl. LG Hamburg, ZMR 1985, 302). Zur
Kündigungsmöglichkeit wird auf die Kommentierung zu § 543 Bezug genommen. An
dieser Stelle sei darauf hingewiesen, dass eine Kündigung wegen des einschneidenden
Verlusts der Unterkunft grundsätzlich immer nur das letzte Mittel sein darf. Auf der
anderen Seite gibt es keinen (ungeschriebenen) Rechtssatz, wonach bei der Tierhaltung
das Kündigungsrecht ausgeschlossen ist. Bei einer beharrlichen Weigerung des Mieters,
ein gefährliches Tier trotz vorheriger Abmahnung abzuschaffen, ist daher bei besonderer
Gefährdung der Mitmieter eine Kündigung nach §§ 543, 569 auch ohne vorherigen Un-
terlassungstitel mit entsprechendem Vollstreckungsversuch gerechtfertigt (LG Berlin, GE
1993, 97; LG Berlin, ZMR 1999, 28; vgl. auch Schach, GE 1992, 1291 [1292]).

4.4 Lärmverursachung – insbesondere Musikausübung

38 Der vertragsgemäße Gebrauch der Wohnung bringt **naturgemäß eine gewisse Lärmentwicklung** mit sich – Umherlaufen in der Wohnung, Betrieb von Haushaltsgeräten,
Rundfunk- und Fernsehempfang, Unterhaltungen, Feiern, Pflege von Hausmusik und dgl.
Das alles gehört zum Wohnen und beeinträchtigt die Räume als solche nicht. Daher wird
das Maß der durch den vertragsgemäßen Gebrauch der Räume verursachten Geräusche
im Wesentlichen durch Abwehransprüche anderer Mieter und auch des Vermieters als
Mitbewohner (z.B. §§ 861, 1004) eingegrenzt. Die Geräusch-/Lärmentwicklungen in den
einzelnen Räumen/Wohnungen sind also **in Beziehung zueinander zu setzen,** woraus
sich der allgemeine Satz herleiten lässt, dass die jeweiligen anderen Mietvertragsparteien
in Beachtung des vertragsimmanenten Gebots der **Rücksichtnahme** nicht über Gebühr
durch Lärm beeinträchtigt werden dürfen. Davon unabhängig sind die sich aus öffentlich-
rechtlichen Vorschriften ergebenden Verbote von übermäßiger Lärmentwicklung zu
beachten (vgl. die jeweiligen landesrechtlichen Regelungen, z.B. die Berliner Verordnung zur Bekämpfung des Lärms vom 14.6.1984 – GVBl. S. 862).
Zur mietrechtlichen Abgrenzung von Rechten und Pflichten im Rahmen der Geräuschentwicklung erhalten hier die **Hausordnungen** – unabhängig von möglichen
Individualvereinbarungen – Bedeutung, da so vor allem zeitmäßige Einschränkungen für

bestimmte Tätigkeiten vereinbart werden können, die per se zu höheren Lärmimmissionen führen. Die Hausordnungen als allgemeine Geschäftsbedingungen unterliegen allerdings den Kriterien des AGBG (ab 1.1.2002: AGBG ist in das BGB – §§ 305 ff. – integriert i.d.F. des SchuldRModG). Mangels konkreter gesetzlicher (privatrechtlicher) Regelungen ist in diesem Zusammenhang auf die Üblichkeit von zeitlichen Einschränkungen zurückzugreifen. Dabei können die öffentlich-rechtlichen Vorschriften der jeweiligen Lärmverordnungen herangezogen werden, die wiederum selbst auf üblichen zeitlichen Gepflogenheiten beruhen.

Aus den vertraglichen Vereinbarungen der Hausordnung ergeben sich Rechte des Vermieters, vom Mieter eine eingeschränkte Lärmentwicklung einfordern zu können. Teilweise wird angenommen (vgl. OLG München, WuM 1992, 238 = ZMR 1992, 246: Sternel, Mietrecht aktuell, Rn. 248; Palandt/Weidenkaff, § 535 Rn. 11), dass auch der einzelne Mitmieter aus der Hausordnung Rechte gegen andere Mieter herleiten könne. Dazu wird das Rechtsinstitut des Vertrags zugunsten Dritter herangezogen. Das ist dogmatisch zweifelhaft, mag jedoch letztlich dahinstehen; denn auch im Rahmen von Abwehransprüchen der Mieter untereinander aus §§ 861, 1004 sind die üblichen zeitlichen Einschränkungen zur Lärmentwicklung heranzuziehen. Selbst ohne Hausordnung besteht die vertragliche Nebenpflicht, ortsübliche Ruhezeiten einzuhalten (vgl. auch Bub/Treier/Kraemer, III A Rn. 1052).

Der einzelne Mieter kann sich demgegenüber **nicht auf Art. 2 Abs. 1 GG** mit dem Grundrecht auf freie Entfaltung der Persönlichkeit **berufen**. Abgesehen davon, dass sich aus dem Abwehrrecht gegenüber der Staatsgewalt nicht ohne weiteres privatrechtliche Ansprüche herleiten lassen, sind die Rechte der anderen Mitbewohner zu beachten, so dass es bei dem allgemeinen Grundsatz bleibt, dass die Mitbewohner nicht mehr als unvermeidbar beeinträchtigt oder gefährdet werden dürfen (vgl. dazu auch Schmidt-Futterer/Blank, B 214).

Im Einzelfall ist die Abgrenzung allerdings ausgesprochen schwierig (Gather, DWW 1993, 345 [350]: allgemeingültige Aussagen sind daher nur im Grundsätzlichen möglich).

Abgrenzungen sind in dreierlei Hinsicht vorzunehmen:

a. **Zeitliche Begrenzung**

Die Nachtruhe wird allgemein für die Zeit von 22 bis 8 Uhr (teilweise 7 Uhr) angesetzt. Für das Wochenende gilt die Sonntagsruhe. Eine Mittagsruhe kann von 13 bis 15 Uhr bestimmt werden.

b. **Lärmpegel**

Öffentlich-rechtlich werden teilweise für bestimmte Gebiete (Gewerbe-, Dorf-, Wohn-, Kleinsiedlungsgebiete usw.) bestimmte Werte nach dB (A) festgesetzt (Sportanlagenlärmschutzverordnung vom 18.7.1991 – BGBl. I S. 1588). Das lässt sich mietrechtlich nicht übertragen. Es kommt vielmehr auf das **Empfinden eines verständigen Durchschnittsmenschen** (vgl. BGH, DWW 1993, 70; BGH, ZMR 1993, 269) im Verhältnis zur bestimmten Lärmquelle (z.B. Bohrlärm im Gegensatz zu Radiomusik) an. In diesem Zusammenhang gibt es auch den Begriff der **Zimmerlautstärke**, die dann gewahrt ist, wenn die Geräusche außerhalb der geschlossenen Wohnung nicht mehr oder kaum noch vernommen werden können (LG Berlin, DWW 1988, 83; AG Neuss, DWW 1988, 355; AG Düsseldorf, DWW 1988, 357).

c. Lärmquelle

Zu differenzieren ist nach **vermeidbaren** (z.B. Musikempfang, Musizieren, Bohren, Nageln) und **nicht vermeidbaren** (Betrieb von Haushaltsgeräten, Duschen, Baden) Lärmquellen (zum Baden vgl. LG Köln, WuM 1997, 323; zum Grillen vgl. AG Bonn, WuM 1997, 325).

Danach kann in etwa wie folgt katalogisiert werden:

Innerhalb der Ruhezeiten sind Geräuschentwicklungen, die über Zimmerlautstärke hinausgehen, grundsätzlich unzulässig. Neben der Nacht-, Sonntags- und Feiertagsruhe kann die Hausordnung auch (die nicht überall üblichen) Mittagsruhen von 13 bis 15 Uhr festlegen. Bestimmte nicht vermeidbare Geräusche, die Zimmerlautstärke übersteigen, sind dennoch als Ausnahme möglich. Dabei kann allerdings verlangt werden, dass die Geräuschimmission auf ein hinnehmbares Maß beschränkt wird (durchaus schwierige Einzelfallbeurteilung). So kann nächtliches Baden oder Duschen in einem Mehrfamilienhaus auch während der Ruhezeit nicht generell unterbunden werden (vgl. OLG Düsseldorf, ZMR 1991, 226). Eine entsprechend anders lautende Vorschrift in einer Hausordnung, die das Füllen und Entleeren der Badewannen sowie das Duschen nur in der Zeit von 7 bis 22 Uhr gestattet, dürfte einer Überprüfung nach AGBG (ab 1.1.2002: AGBG ist in das BGB – §§ 305 ff. – integriert i.d.F. des SchuldRModG) nicht standhalten, wenn an Ausnahmefälle wie Schichtarbeit, Krankheitsfall oder dgl. gedacht wird (siehe auch AG Rottenburg, ZMR 1995, 163). Auch Geräusche, die von Kleinkindern verursacht werden, müssen in den Ruhezeiten unter Beachtung des Gebots der Rücksichtnahme hingenommen werden, wobei von den Aufsichtspflichtigen verlangt werden kann, dass sie maßhaltend auf die Kinder einwirken (vgl. mit Rechtsprechungsnachweisen Sternel, Mietrecht aktuell, Rn. 253).

Außerhalb der Ruhezeiten regelt sich die Geräuschentwicklung ebenfalls nach dem Gebot der gegenseitigen Rücksichtnahme, die grundsätzlich das Einhalten der Zimmerlautstärke voraussetzt.

Bestimmte Geräusche lassen sich jedoch nicht auf Zimmerlautstärke halten. Das gilt vornehmlich für das Musizieren. Dieses kann nicht – abgesehen von individueller Vereinbarung (vgl. OLG München, DWW 1986, 118) – vollständig verboten werden (OLG Hamm, NJW 1981, 465; LG Düsseldorf, DWW 1990, 87). Die Rechtsprechung versucht daher eine Eingrenzung des Musizierens, die sich auf etwa zwei Stunden täglich außerhalb der absoluten Ruhezeiten einpendelt (AG Hamburg, HbgGE 1987, 107 [109]; AG Düsseldorf, DWW 1988, 357; OLG Hamm, NJW-RR 1986, 500; LG Kleve, DWW 1992, 26). Das gilt auch für Berufsmusiker, sofern keine anders lautende besondere Vereinbarung vorliegt (die Entscheidung des LG Flensburg, DWW 1993, 102, wonach ein Berufsmusiker, für den das Musizieren einen wesentlichen Teil des Lebensinhaltes bildet und beruflich notwendig ist, Bratsche, Geige und Cello auch außerhalb der nach der Hausordnung gebotenen Ruhezeiten spielen dürfe, ist fragwürdig, kann jedenfalls nicht generalisiert werden, da dort dem Vermieter die Umstände beim Mietvertragsabschluss bekannt waren und unter diesen Voraussetzungen von einer konkludenten Ausnahmevereinbarung ausgegangen werden könnte).

Gelegentliche Feste mit Geräuschentwicklungen oberhalb der Zimmerlautstärke sind im zumutbaren Rahmen auch innerhalb der Ruhezeiten möglich. Hierbei ist eine generalisierende Beurteilung nicht möglich, da der Einzelfall Abwägungsprobleme bringt (z.B. Examensfeier bis in die späte Nacht bei kranken Mitmietern). Jedenfalls gibt Art 2 GG nicht das Recht, generell einmal im Monat durch lautes Feiern die Nachtruhe zu stören (OLG Düsseldorf, DWW 1990, 118 = WuM 1990, 116, allerdings kein Mietprozess, sondern OWi-Verfahren).

Eine zu vereinbarende Hausordnung sollte unter diesen Umständen nicht jeden Einzelfall regeln (wollen), sondern nur die allgemeinen Ruhezeiten festlegen und auf das allgemeine Gebot der Rücksichtnahme hinweisen:

Muster
Hausordnung: Lärm-/Geräuschvermeidung ➔[✆ 535-3]

Die Rücksicht auf ein gedeihliches Zusammenleben in dem Hause erfordert es, dass die Mitmieter nicht mehr als unvermeidbar beeinträchtigt oder gefährdet werden. Deswegen sind störende Geräusche, wie z.B. die Benutzung nicht abgedämpfter Maschinen, starkes Türenschlagen, lautes und ständiges Herumlaufen, Musizieren einschließlich Rundfunk-, Fernseh- und Tonträgerempfang mit belästigender Lautstärke und Ausdauer, zu vermeiden.

Als grundsätzliche Ruhezeit gelten folgende Zeiten:
Nachtruhe von 22 bis 7 Uhr
Sonntags- und Feiertagsruhe
Mittagsruhe von 13 bis 15 Uhr
Auch außerhalb der Ruhezeiten ist grundsätzlich die Geräuschentwicklung auf Zimmerlautstärke zu halten.

4.5 Aufnahme von weiteren Personen

Das Recht des Mieters, andere Personen in die gemieteten Räume aufzunehmen, stellt 39 sich nur bei der **Wohnraummiete**. Bei der **Gewerberaummiete** geht es jeweils um die Frage der Untermiete nach § 540, wenn weitere Personen die gemieteten Gewerberäume mitnutzen oder einen Teil alleine nutzen sollen. Treten weitere Personen in die Firma des Mieters ein, geht es nicht um die Aufnahme in die Räume, sondern um die Frage, ob sich die Mieteridentität ändert. Treten z.B. bei einer GmbH weitere Gesellschafter hinzu, tritt keine Änderung in der Stellung als Mietvertragspartei ein. Anders liegt die rechtliche Beurteilung bei der Aufnahme weiterer Gesellschafter in eine GbR, denn Mieter sind nur die Gesellschafter, die zum Zeitpunkt des Mietvertragsschlusses Gesellschafter der GbR waren. Dennoch kann man in diesem Zusammenhang weder von der Aufnahme von mietvertragsfremden Personen in die Räume noch von Untermietern sprechen. Die neuen Gesellschafter der GbR mögen durch die Aufnahme in die Gesellschaft keine Mieter werden. Sie haben jedoch wie Angestellte oder vergleichbare Personen das Recht, sich in den Räumen im Dienste der mietenden Gesellschaft aufzuhalten. Der Klarheit dient in diesem Falle eine Vereinbarung, dass neu eintretende Gesellschafter ebenfalls Mieter werden, während ausscheidende Gesellschafter aus dem Mietverhältnis entlassen werden. Bei der **Wohnraummiete** ist zwischen dem **Besuch** des Mieters, der **Aufnahme** von Familienangehörigen und der **Untermiete** zu unterscheiden.

40 Zum vertragsgemäßen Gebrauch der Wohnung gehört es, **Besuch** in der Wohnung zu empfangen. Das Besuchsrecht schließt das Verweilen über Nacht ein. Dabei spielen in der heutigen Zeit Moralvorstellungen keine Rolle mehr (vgl. dazu Gather, DWW 1993, 350). Das Besuchsrecht umfasst auch häufigere und längere Besuche, wobei der Versuch einer zeitlichen Beschränkung mit sechs Wochen gemacht wird (vgl. Bub/Treier/Kraemer, Rn. 1012). Die Beurteilung, ob (noch) ein Besuch vorliegt, ist jedoch in **Abgrenzung zur Untermiete** vorzunehmen. Diese liegt vor, wenn einer dritten Person der selbständige Mitgebrauch der Mieträume eingeräumt wird. Nach dem Rechtsentscheid des OLG Hamm vom 17.8.1982, NJW 1982, 2876 = WuM 1982, 318 ist § 549 Abs. 2 (jetzt § 553 Abs. 1) jedoch auch dann anwendbar, wenn der Mieter einen Dritten zum Mitgebrauch der Wohnung für dauernd in den Haushalt aufnimmt, ohne ihm im Wege der Untermiete einen bestimmten Teil der Wohnung zum allgemeinen Eigengebrauch zu überlassen. Die Schwierigkeiten in der Praxis liegen im Beweis für die eine oder andere Behauptung. Im entsprechenden Prozess (z.B. wegen unerlaubter Untervermietung) wird auch der Beweis des ersten Anscheins bei Vorliegen bestimmter Indizien heranzuziehen sein, der für die eine oder andere Version spricht. So dürfte das Anbringen eines eigenen Klingelschilds oder die polizeiliche Ummeldung des aufgenommenen Dritten für eine auf Dauer angelegte Aufnahme in die Wohnung sprechen und den Mieter zwingen, Umstände für das Gegenteil darzulegen und ggf. zu beweisen. Dagegen spricht die Überlassung eines Haustürschlüssels nicht ohne weiteres für eine Untervermietung (LG Aachen, ZMR 1973, 330). Anders beurteilt sich die Situation aber schon bei der Überlassung eines Haustürschlüssels und gleichzeitiger längerer Abwesenheit des Mieters.

41 Schon aus dem genannten Rechtsentscheid des OLG Hamm ergibt sich, dass der **Mieter berechtigt ist, den Ehegatten, nächste Angehörige und Hausbedienstete** in die Wohnung **aufzunehmen** (vgl. auch BayObLG [RE], ZMR 1984, 87 = GE 1984, 429). Die Grenzziehung ist jeweils die Überbelegung der Mietsache. Die Aufnahme derartiger Personen fällt nicht unter § 553 (vgl. auch Emmerich/Sonnenschein, § 549 Rn. 1a). **Der Begriff des nächsten Familienangehörigen ist ausfüllungsbedürftig.** Das BGB gibt dazu keine Legaldefinition (vgl. dazu Palandt/Diederichsen, Einf. vor § 1297 Rn. 1). Aus dem Schutzbereich des Art. 6 GG in seiner Auswirkung auf die einfach-rechtliche Regelung des bürgerlichen Rechts in Bezug auf Ehe und Familie folgt, dass der **Kreis der Angehörigen eng zu ziehen ist.** Zu dem geschützten Personenkreis gehören daher in erster Linie **die gemeinsamen Kinder.** Dazu gerechnet werden kann auch ein **Stiefkind**, das der andere Ehegatte „mitbringt" (AG Berlin-Neukölln, GE 1991, 187), sowie auch ein in die Familie aufgenommenes **gemeinsames Pflegekind**. **Nicht** zum Kreis der nahen Angehörigen gehören **Geschwister** des Mieters (BayObLG, RE-Miet 9/82 = ZMR 1984, 88 für den Bruder des Mieters), die **Schwägerin** des Mieters (AG Berlin-Schöneberg, GE 1990, 265) sowie **Schwiegerkinder** (AG Berlin-Neukölln, GE 1991, 187). Es gibt eine Reihe von Entscheidungen, die von einem jedenfalls vor-

übergehenden Aufnahmerecht auch für andere Verwandte im weiten Sinne ausgehen (so z.B. LG Kassel, WuM 1989, 72 für den Bruder des Mieters; AG Koblenz, WuM 1989, 175 für Tochter und Enkelkind; AG Limburg, WuM 1989, 372 für den Schwiegersohn). Bei den Entscheidungen bleibt unklar, ob ein Aufnahmerecht über § 535 oder eine Untermiete über § 553 Abs. 1 gemeint ist. Für weitere Verwandte des Mieters mag daher ein Recht bestehen, vom Vermieter eine Untermieterlaubnis für ein Aufenthaltsrecht von gewisser Dauer zu erhalten. Das Aufnahmerecht über § 535 ist jedoch auf die erge Familie zu beschränken.

Das Mietrechtsreformgesetz bringt im Zusammenwirken mit dem am 1.8.2001 in Kraft **42** getretenen **Lebenspartnertschaftsgesetz** (LPartG) weitere Klärung zur Stellung des nichtehelichen Lebenspartners – unabhängig davon, ob es sich um eine hetero- oder eine homosexuelle Beziehung handelt (vgl. im Einzelnen das Gesetz zur Beendigung der Diskriminierung gleichgeschlechtlicher Gemeinschaften: Lebenspartnerschaften, BGBl I/266 vom 22.2.2001). Rechtlich zählt der Lebenspartner nicht zur Familie bzw. zur Verwandtschaft. Das führt dazu, dass die Aufnahme eines nichtehelichen Lebenspartners grundsätzlich nicht zum vertragsgemäßen Gebrauch der Mieträume zählt, ein Aufenthaltsrecht nur über § 553 mit einer Untermieterlaubnis herzuleiten ist. Es wird allerdings schon längere Zeit allgemein anerkannt, dass die Aufnahme eines nichtehelichen Lebenspartners ein berechtigtes Interesse i.S.d. Vorschrift ist (vgl. BGHZ 92, 213). Die Anwendbarkeit des § 553 ergibt sich im Übrigen auch aus der Begründung der Bundesregierung zum Mietrechtsreformgesetz. Dort wird nämlich ausgeführt, dass ein Anspruch des Mieters (auf Gestattung der Gebrauchsüberlassung an Dritte) regelmäßig vor allem dann gegeben sein wird, wenn es um die Aufnahme eines Lebenspartners zum Zwecke der Bildung und Fortführung eines auf Dauer angelegten gemeinsamen Haushalts gehe. Diese Wertentscheidung, die insbesondere bei der Erweiterung des Eintritts- und Fortsetzungsrechts auf diesen Personenkreis (vgl. §§ 553 ff.) zum Ausdruck komme, sei auch im Rahmen der Prüfung eines Erlaubnisanspruches des Mieters mit zu berücksichtigen. Unterstützt worden ist diese Rechtsentwicklung durch den Rechtsentscheid des BGH vom 13.1.1993 (GE 1993, 361 = NJW 1993, 999), wonach der überlebende Partner einer eheähnlichen Gemeinschaft in entsprechender Anwendung des § 569a Abs. 2 Satz 1 (a.F.) in den Mietvertrag des verstorbenen Mieters eintrete. In dem Rechtsentscheid ist allerdings klargestellt, dass der Partner der nichtehelichen Lebensgemeinschaft nicht dem Ehegatten gleichgestellt wird und auch nicht als Familienangehöriger i.S.d. § 569a Abs. 2 Satz 1 (a.F.) anzusehen ist. Im Übrigen hat der BGH dies auch auf eine Lebensgemeinschaft zwischen Mann und Frau eingeschränkt, was jetzt jedoch durch das Lebenspartnerschaftsgesetz überholt ist. Nach wie vor gebietet es jedoch die Klarheit der mietrechtlichen Rechtsbeziehungen, dass der Vermieter weiß, wer sich in den Mieträumen dauernd aufhält, mit welchem Personenkreis er zu rechnen hat. Das Aufnahmerecht über § 535 beinhaltet einen überschaubaren Kreis von Personen ohne wesentliche Fluktuationsmöglichkeit.

Die im Rahmen des vertragsgemäßen Gebrauchs der Mieträume aufgenommenen Personen sind auch in die Sorgfalts- und Obhutspflichten einbezogen, die sich aufgrund des Mietvertrags ergeben. Hierzu sind die Grundsätze heranzuziehen, die von der Rechtsprechung mit dem Rechtsinstitut des Vertrags mit Schutzwirkung zugunsten Dritter entwickelt worden sind (vgl. Palandt/Heinrichs, § 328 Rn. 13, 14).

4.6 Beheizung

43 Die Beheizung bzw. Beheizbarkeit der Wohnung/Räume gehört **nicht ohne weiteres zur Gewährung des vertragsgemäßen Gebrauchs**. Der Vermieter ist also nur dann verpflichtet, die Wohnung mit einer Heizmöglichkeit zu versehen und die Räume dann auch zu beheizen, wenn eine entsprechende **vertragliche Vereinbarung** vorhanden ist. Dies muss nicht ausdrücklich geschehen. Sind die Räume mit einer vom Vermieter zu betreibenden Heizquelle (Sammelheizung) versehen, liegt darin schlüssig das Angebot, für eine Beheizung zu sorgen, das der Mieter durch Abschluss des Mietvertrags und Einzug in die Räume annimmt. In einem derartigen Fall ist der Vermieter dann auch verpflichtet, für eine Beheizung der Räume zu sorgen. Sind die Räume dagegen nicht mit Heizquellen versehen oder sind Heizquellen vorhanden, die vom Mieter aus zu betreiben sind, ist davon auszugehen, dass die Beheizung der Räume Sache des Mieters sein soll. Dieser wiederum braucht nicht zu heizen bzw. braucht auch keine Heizwärme abzunehmen (vgl. dazu Sternel, Mietrecht, II Rn. 57; Emmerich/Sonnenschein, §§ 535, 536 Rn. 34, 24). Stellt der Vermieter im Rahmen seiner Pflichten Wärme nicht zur Verfügung, folgt daraus das Recht des Mieters, die Miete zu mindern oder Schadensersatz zu verlangen, weil insofern ein Mangel der Mietsache vorliegt. Nimmt der Mieter keine Wärme ab bzw. beheizt er im Rahmen der ihm zur Verfügung stehenden Heizquellen nicht, kann sich seine Schadensersatzpflicht aus positiver Forderungsverletzung ergeben, wenn die Räume dadurch feucht werden und entsprechende Schäden auftreten.

44 Der **Umfang der Beheizungspflicht** zur Gewährung des vertragsgemäßen Mietgebrauchs ist im Gesetz nicht umschrieben und ist mangels entsprechender Vereinbarungen zwischen den Mietvertragsparteien in Anwendung der §§ 315, 242 **ausfüllungsbedürftig**. Dabei sind örtliche Gepflogenheiten, allgemeine Üblichkeit zu beachten, die im Kern relativ einheitlich sind, nur zur Mindestwärme und zu Beheizungszeiten eine gewisse Bandbreite geben. Üblicherweise ist die Beheizungspflicht in den Formularmietverträgen näher umrissen. Teilweise fehlen dort jedoch bestimmte Einzelregelungen, die dann wiederum im Streitfall ausgefüllt werden müssen, als wären überhaupt keine Vereinbarungen zur Beheizung vorhanden. Dabei ist festzuhalten, dass eine entsprechende Vereinbarung im Formularmietvertrag maßgeblich ist und anders lautenden allgemeinen Gepflogenheiten vorgeht, es sei denn, die entsprechende Bestimmung ist in Anwendung von Vorschriften des AGBG (ab 1.1.2002: AGBG ist in das BGB – §§ 305 ff. – integriert i.d.F. des SchuldRModG) unwirksam.

45 Eine Vereinbarung soll folgende Einzelpunkte umfassen:
a. Dauer der Heizperiode,
b. Beheizung im Bedarfsfall außerhalb der Heizperiode,
c. Beheizungszeiten, Nachtabsenkung,
d. Mindesttemperaturen (vgl. dazu näher Kinne, Heizung und Heizkostenabrechnung, A Rn. 2 ff.).

a. Üblicherweise läuft die **Heizperiode** vom 1.10. bis zum 30.4. des folgenden Jahres (vgl. Kinne, a.a.O., A Rn. 5; Pfeilschifter, WuM 1986, 199; Sternel, Mietrecht, II Rn. 64 mit weiteren Literaturnachweisen; LG Berlin, GE 1998, 905). Die Heizperiode kann jedoch auch anders festgelegt werden, z.B. auf die Zeit vom 15.9. bis 15.5. des folgenden Jahres ausgedehnt werden. Eine wesentliche Einschränkung der Heizperiode, etwa auf die Zeit vom 1.11. bis 30.3. würde einer kritischen Überprüfung nach § 9 AGBG (ab 1.1.2002: § 307 BGB i.d.F. des SchuldRModG) kaum standhalten. Während der Heizperiode ist die Beheizung ständig zu gewährleisten und außentemperaturabhängig einzusetzen.

b. Auch **außerhalb der Heizperiode** besteht im Bedarfsfall ein Anspruch des Mieters, die Räume zu beheizen (Emmerich/Sonnenschein, §§ 535, 536 Rn. 23; Sternel, Mietrecht, II Rn. 64, jeweils mit umfangreichen Rechtsprechungs- und Literaturnachweisen). Für die Zeit außerhalb der festgelegten Heizperiode kann jedoch eine Einschränkung dergestalt vereinbart werden, dass die Heizung erst dann in Betrieb gesetzt werden muss, wenn die Außentemperaturen in einem gewissen Zeitraum derart niedrig sind, dass der Mieter eine Beheizung zumutbar erwarten kann. Dabei ist zu beachten, dass Sammelheizungsanlagen in den Sommermonaten instand gesetzt werden, die Inbetriebnahme der Sammelheizung je nach Technik gewisse Vorbereitungen erfordert und Umstände macht. Üblicherweise nimmt man einen Drei-Tages-Zeitraum an, währenddessen eine bestimmte Witterungslage herrscht, die eine Beheizung notwendig macht. Zu den erforderlichen Temperaturen gibt es Meinungsunterschiede. Zum Beispiel kann man im Mietvertrag festhalten, dass an drei aufeinander folgenden Tagen die Außentemperatur um 21 Uhr weniger als 12°C betragen muss. Nach anderer Ansicht muss die Temperatur in der genannten Zeit der Witterungslage innerhalb der Heizperiode entsprechen, d.h. 20°C in den Wohnräumen nicht erreichen lassen (vgl. Sternel, Mietrecht, II Rn. 64), teilweise wird auf die Außentemperatur nicht am Abend, sondern während des Tages abgestellt. Auf eine bestimmte Temperatur **in den Wohnräumen** abzustellen ist **nicht sachgerecht**; denn die Temperaturen in den Räumen hängen von den verschiedensten Faktoren, wie Lage der Räume, Kochen, Baden und dgl., ab und sind von Raum zu Raum, Wohnung zu Wohnung nicht einheitlich. Maßgeblich kann demnach **nur die Außentemperatur** sein. Hiernach dürfte es relativ unerheblich sein, ob auf eine etwas höhere Außentemperatur am Tage oder eine etwas niedrigere Außentemperatur am Abend abgestellt wird. Beide Regelungen sind sachgerecht. Der Wert von 12°C um 21 Uhr entspricht der in einem Merkblatt des (Berliner) Senators für Bau- und Wohnungswesen vertretenen Auffassung (vgl. Lutz, Lexikon des Miet- und Wohnrechts, 2. Aufl. 1983; vgl. auch die Mietfibel des Zentralverbandes der deutschen Haus- und Grundeigentümer unter „Heizperiode" und „Mindesttemperatur"). Fehlt eine derartige Regelung oder ist sie zu unbestimmt („soweit es die Außentemperatur erfordert"), so ist die Lücke entsprechend den genannten Vorgaben im Sinne eines vertragsgemäßen Gebrauchs der Wohnräume zu ergänzen.

c. Es kann zwischen der **Beheizung zur Tages- und zur Nachtzeit unterschieden** werden. Hierbei ist im Rahmen des § 9 AGBG (ab 1.1.2002: § 307 BGB i.d.F. des SchuldRModG) eine gewisse Bandbreite in den Vereinbarungen möglich: 7 bis 23 Uhr bei 20°C (LG Köln, WuM 1980, 17; LG Hamburg, WuM 1980, 126; weiter gehend: OLG Frankfurt/Main, NJW-RR 290, 398: 22°C); 9 bis 21 Uhr bei 18°C (LG Berlin, GE 1989, 149; LG Göttingen, ZMR 1988, 179: 19°C; LG Berlin GE 1991, 573: 20°C). Eine Nachtabsenkung kann vereinbart werden, jedoch dürfte die Regelung, dass die Heizung abgeschaltet werden darf, eine unangemessene Regelung darstellen, da die Außentemperatur im Winter derart werden kann, dass die Zimmertemperatur unzumutbar absinkt.

Eine Klausel, wonach die Beheizung auf die „vom Mieter hauptsächlich genutzten Räume" abgestellt wird, ist unwirksam (BGH, NJW 1991, 1750 = ZMR 1991, 29 = WuM 1991, 381). Daraus ergibt sich, dass in den Räumen zu heizen ist, in denen vermieterseits zu heizen ist, da es dem Mieter obliegt, seine Wohngewohnheiten zu bestimmen. Im Nebeneffekt der Entscheidung ergibt sich die Berechtigung des Vermieters, die Heizpflicht für die Mietwohnung generell zu regeln, wobei allerdings auf den gewöhnlichen, am zeitgemäßen Wohnstandard gemessenen Gebrauch der Mietsache abzustellen ist.

d. Frühere Ansichten zur **Mindesttemperatur** von 18°C zur Tageszeit dürften in der heutigen Zeit nicht (mehr) angemessen sein, wobei üblicherweise die Temperatur in der Zimmermitte in einer Höhe von 1 Meter über dem Fußboden zu messen ist (vgl. Pfeilschifter, ZMR 1986, 300). Es mag darüber diskutiert werden können, ob niedrigere Temperaturen eher gesundheitsfördernd sind oder ob mit Heizenergie generell sparsam gewirtschaftet werden sollte. Es kommt aber auf das Wohlempfinden des Wohnungsnutzers an, der berechtigt ist, nach seinen Vorstellungen zu leben (und entsprechend für die Heizenergie nach Abrechnung gemäß Heizkostenverordnung zu bezahlen). Hierzu dürften Temperaturen notwendig sein, die 20°C erreichen. Die Mindestnachttemperatur dürfte bei ca. 15°C liegen und entsprechend vereinbart werden können.

Mangels Vereinbarung sollen nach dem LG Berlin (GE 1998, 905) folgende Raumtemperaturen gelten:

– von 6 bis 23 Uhr in Wohnräumen 20°C,
– von 6 bis 23 Uhr im Bad/in der Toilette 21°C,
– von 23 bis 6 Uhr in allen Räumen 18°C.

Bei Zahlungsverzug des Mieters darf der Vermieter die Beheizung nicht einstellen, § 320 ist insoweit nicht anwendbar (vgl. OLG Hamm, NJW 1983, 1505; Palandt/Weidenkaff, § 535 Rn. 25).

Ein Urteil auf ordnungsgemäße Heizung wird nicht nach § 890 ZPO vollstreckt, sondern nach § 888 (OLG Hamm, NJW-RR 1988, 63; LG Berlin, ZMR 1985, 343).

Wegen der Vorschusszahlungspflicht des Mieters hinsichtlich der Heizkosten und deren Abrechnung wird auf die entsprechenden Kommentierungen zur Heizkostenverordnung (Pfeifer, Die Heizkostenverordnung; Kinne, Heizung und Heizkostenabrechnung) Bezug genommen.

4.7 Weitere Rechte/Pflichten des Vermieters

46 Besteht für die gemieteten Räume eine zentrale **Warmwasserversorgung**, hat sie der Vermieter auch ständig betriebsbereit zu halten. Eine formularmäßige Vereinbarung, dass die Warmwasserversorgungsanlage nur zu bestimmten Zeiten oder nur während der Heizperiode in Betrieb sein muss, erscheint unangemessen, es sei denn, der Mieter hat noch andere Möglichkeiten in der Wohnung (Durchlauferhitzer), warmes Wasser zu zapfen. Desgleichen dürfte eine Klausel, dass eine vorhandene Warmwasserversorgung nur von 7 bis 22 Uhr in Betrieb zu halten ist, unangemessen sein. Sollte bei einer Klausel „Eine etwa vorhandene Zentral-Warmwasserversorgung wird von 7 bis 22 Uhr derart sachgemäß in Betrieb gehalten, dass die Temperatur an den Zapfstellen nicht unter 40°C absinkt" nur die Mindesttemperatur angesprochen werden sollen, dürfte diese Klausel

unklar und auch deswegen unwirksam sein. Dabei ist auch zu bedenken, dass eine zentrale Warmwasserversorgung auch mietmäßig Berücksichtigung findet und daher der ständige Betrieb zum vertragsgemäßen Gebrauch zu zählen ist.

Existiert für das Haus, in dem sich die Räume befinden, ein **Fahrstuhl**, so ist dieser 47 ständig betriebsbereit zu halten. Formularklauseln in Mietverträgen, wonach der Fahrstuhl nur zu bestimmten Zeiten an bestimmten Tagen zur Verfügung steht, sind unangemessen i.S.d. AGBG (ab 1.1.2002: AGBG ist in das BGB – §§ 305 ff. – integriert i.d.F. des SchuldRModG). Dabei hängt die Wirksamkeit der Formularklausel nicht davon ab, in welchem Stockwerk sich die bestimmte Wohnung eines Mieters befindet, ob dieser wegen Gebrechlichkeit auf den Fahrstuhl angewiesen ist oder nicht. Eine Einschränkungsmöglichkeit zum Betrieb des Fahrstuhls kann sich nur betriebsbedingt wegen Wartungsarbeiten, Beseitigung von Störungen und dgl. beziehen.

Zum vertragsgemäßen Gebrauch gehört die **Versorgung der Wohnung bzw. Räume** 48 **mit Wasser und Strom.** Bei der Wasserversorgung gehört dazu das Trink- und Waschwasser. Dies setzt einen bestimmten Wasserdruck voraus, der auch für die Entsorgung (Toilettenspülung) notwendig ist.

Bei der **Elektrizität** ist die Versorgung mit Beleuchtungs- und Kochenergie notwendig. 49 Maßstab hierfür ist zunächst der Zustand der Räume zum Zeitpunkt des Mietvertragsabschlusses. Ein vorhandener Kochherd muss elektrisch so versorgt werden können, dass das Kochen auch möglich ist. Reicht der Leitungsquerschnitt dafür nicht aus, besteht der entsprechende Herrichtungsanspruch, und die Erweiterung des Leitungsquerschnitts stellt keine Modernisierung dar. Problematisch ist in diesem Zusammenhang ein Anspruch des Mieters, alle möglichen Haushaltsmaschinen betreiben zu können, also Waschmaschine, modernen Elektroherd, Mikrowelle, Wäschetrockner und dgl. Dieser Anspruch kann nicht generell bejaht werden. Grundsätzlich kann der Mieter verlangen, dass die Wohnung wasser- und elektromäßig so ausgestattet ist, dass die notwendigen Haushaltsgeräte betrieben werden können.

Dazu gehören etwa Herd, Haarfön, Staubsauger, Kaffeemaschine und Ähnliches. Eine kleine Waschmaschine mag auch dazugehören, wenn keine andere Möglichkeit eingeräumt wird, Wäsche zu waschen. Dabei besteht nicht der Anspruch, alle energieintensiven Geräte gleichzeitig betreiben zu können. Der Anspruch des Mieters auf Betreiben von Geräten, die eine höhere Energie benötigen, steigert sich je nach höherwertiger Ausstattung der Wohnung, die auch an der Höhe der Miete gemessen werden kann. Die Querschnittserweiterung von Energieleitungen bei einer Wohnung mit niedriger Miete stellt eher eine Modernisierung dar als bei einer Wohnung mit hoher Miete. Eine generalisierende Betrachtung verbietet sich daher (vgl. dazu auch Sternel, Mietrecht, II Rn. 75).

Die allgemeine **Verkehrssicherungspflicht des Vermieters** bezieht sich auf alle vom 50 Mieter rechtmäßig zu nutzenden Flächen, also auch auf Treppen, Zuwege und dgl. und umfasst auch die Streupflicht bei Glatteis (vgl. BGH, VersR 1965, 364). In den Schutz sind auch die Personen einbezogen, die sich rechtmäßig beim Mieter aufhalten, so auch der Besucher.

Die Verkehrssicherungspflicht **kann auch** – auch formularmäßig – **auf den Mieter überwälzt werden,** und zwar dergestalt, dass die jeweiligen Mieter verpflichtet sind, die zu ihrer Wohnung führenden Flure und Treppen abwechselnd zu reinigen und zu pflegen, mit dem Ziel nicht nur der Sauberkeit, sondern auch des gefahrlosen Begehens. Hinsichtlich des Bürgersteigs vor dem Haus kann die Beseitigung von Glätte (Fege- und Streupflicht) abgewälzt werden. Hierbei ist jedoch Folgendes zu beachten: Zum einen sind die entsprechenden Überwälzungsklauseln nach § 9 AGBG (ab 1.1.2002: § 307 BGB i.d.F. des SchuldRModG) (Angemessenheit), aber auch nach § 3 AGBG (ab 1.1.2002: § 305c BGB i.d.F. des SchuldRModG) (überraschende Klausel) zu überprüfen. Zur Verkehrssicherungspflicht innerhalb des Hauses einschließlich der Zuwege ist eine Überwälzung nur als Freizeichnung für den Fall zu verstehen, dass der Mieter selbst zu Schaden kommt und beim Vermieter Schadensersatzansprüche stellt; denn die **Haftung des Vermieters gegenüber Dritten kann nicht** durch die Übertragung der Verkehrssicherungspflicht **ausgeschlossen werden**. Etwas anderes gilt für die **Schnee- und Eisreinigung** und Streupflicht auf öffentlichem Gelände **vor dem Haus**. Hier kann das landesrechtliche Ordnungsrecht die Möglichkeit der Übernahme von Verkehrssicherungspflichten vorsehen. Das sieht aber eine entsprechende Verpflichtung des einzelnen Mieters gegenüber den Ordnungsbehörden vor. Es ist zweifelhaft, ob eine derartige Verpflichtung durch Formularmietvertrag auferlegt werden kann (vgl. zum Ganzen Sternel, Mietrecht, II Rn. 85 ff.; Beuermann, GE 1997, 78 ff.).

51 Die **Reinigungspflicht** des Vermieters, die sich auf Flächen außerhalb der Wohnung des Mieters bezieht, die der Mieter jedoch zu nutzen genötigt oder berechtigt ist, kann als Teil der Verkehrssicherungspflicht auf den Mieter überwälzt werden, wobei hier allerdings wiederum die §§ 9 und 3 AGBG (ab 1.1.2002: §§ 307 und 305c BGB i.d.F. des SchuldRModG) zu beachten sind. Dass eine derartige **Übertragung möglich** ist, nimmt sogar der Gesetzgeber selbst an (vgl. für den preisgebundenen Neubauwohnraum § 9 Abs. 6 Satz 2 WoBindG). Es bedarf jedoch einer ausdrücklichen Überwälzung, da die Treppenhausreinigungspflicht nicht „automatisch" Sache des Mieters aufgrund eines entsprechenden Gewohnheitsrechts ist.

Weitere Pflichten des Vermieters sind:
– die **Beleuchtungspflicht** für Zuwege und Treppen (vgl. Gaisbauer, DWW 1969, 278 m.w.N.);
– die **Abwehr von Immissionen**, insbesondere Lärmstörungen (vgl. Sternel, Mietrecht, II Rn. 103 ff.; Palandt/Weidenkaff, § 535 Rn. 19). Die Schutzpflicht umfasst unter Umständen auch die Verpflichtung, gerichtlich gegen Mitmieter vorzugehen;
– **Obhutspflichten**, insbesondere Sicherung des Hauses gegen Eindringen Unbefugter, z.B. zum Drogenkonsum in Treppenhäusern (vgl. Emmerich/Sonnenschein, §§ 535, 536 Rn. 13);
– die **Prüfungspflicht** und ggf. Instandsetzungspflicht für **Elektroanlagen**, Wasserversorgung, Fahrstuhl und dgl. (vgl. Sternel, Mietrecht aktuell, Rn. 332).

52 Der **Konkurrenzschutz** bezieht sich auf die Anmietung von **Gewerberäumen** und ist auch ohne ausdrückliche Vereinbarung im Mietvertrag zu gewährleisten (BGH, NJW 1979, 1404). Er ist allerdings auch formularmäßig abdingbar (vgl. OLG Düsseldorf, ZMR 1992, 445). Üblicherweise bezieht er sich auf dasselbe Gebäude und auf die unmittelbare Umgebung (vgl. Palandt/Weidenkaff, § 535 Rn. 18). Der Schutz bezieht sich auf den Handel mit denselben Hauptartikeln, während Überschneidungen in Nebenartikeln vorkommen dürfen (vgl. dazu im Einzelnen Kinne, GE 1996, 566).

5. Pflichten des Mieters

5.1 Zahlung der Miete

Die Pflicht zur Entrichtung der Miete ist **eine Hauptpflicht des Mieters** im Rahmen des 53 gegenseitigen Vertrags (§§ 320 ff.) zwischen den Mietvertragsparteien. Fehlt eine Mietvereinbarung, liegt kein Mietvertrag, möglicherweise Leihe vor (vgl. Palandt/Weidenkaff, § 535 Rn. 28, 29). Dabei ist es nicht unbedingt notwendig, sich auf eine bestimmte Höhe der Miete zu einigen, wenn nur eine bestimmbare Miete vereinbart ist, jedenfalls zwischen den Parteien bindend festgelegt ist, dass eine entgeltliche Überlassung des Gebrauchs der Mietsache vorliegen soll. In einem derartigen Fall gilt eine angemessene oder ortsübliche Miete als vereinbart, die vom Vermieter in Anwendung der §§ 315, 316 zu bestimmen ist. Teilweise werden auch andere Rechtskonstruktionen angenommen – ergänzende Vertragsauslegung oder analoge Anwendung von § 612 Abs. 2, § 632 Abs. 2 (vgl. dazu Sternel, Mietrecht aktuell, Rn. 483). Der Streit kann dahinstehen, da jedenfalls im Streitfall durch Urteile eine ortsübliche Vergleichsmiete zu bestimmen ist.

Üblicherweise besteht die Mietzahlung in **Geld**, es können jedoch **auch Leistungen** als Gegenleistung für den Mietgebrauch vereinbart werden (z.B. Dienstleistungen wie Verwaltertätigkeit = LG Hamburg, WuM 1993, 667).

Die Miete wird **üblicherweise wiederkehrend, zumeist monatlich** geleistet. Aber auch eine **Einmalleistung** für die gesamte Mietzeit oder für einen bestimmten Mietzeitraum **kann Miete** sein (vgl. BGH, WuM 1998, 104 [105]). Hierbei muss aber besonders darauf geachtet werden, ob die Einmalzahlung die entsprechende Gegenleistung für die Überlassung des Mietobjekts sein soll oder aber eine andere Art von Geldleistung (unabhängig von der Zulässigkeit, z.B. Abstand, verlorener Baukostenzuschuss, Handgeld) gemeint sein soll. Die Abgrenzung ist im Hinblick auf einen etwaigen Zahlungsverzug mit entsprechender Kündigungsmöglichkeit notwendig.

5.2 Begriff der Miete

Die Miete ist **grundsätzlich** zwischen den Mietvertragsparteien **frei vereinbar** (im 54 Gegensatz zu § 103 Abs. 1 ZGB für die neuen Bundesländer bis zum Beitritt). Preisbindung besteht allerdings für Wohnungen im **öffentlich geförderten Wohnungsbau** – auf die Kommentierung der dortigen Vorschriften wird verwiesen. Aber auch die Miete im frei finanzierten Wohnungsbau unterliegt gewissen Begrenzungen im Rahmen des § 558 und durch § 5 WiStG bzw. § 302a StGB, § 138 BGB.

Teil der Miete ist nicht nur die **Nettokaltmiete** (der häufig benutzte Begriff der Grundmiete ist missverständlich, stammt aus der Zeit der Wohnraumbewirtschaftung mit Preisvorschriften – z.B. § 6 der Berliner Altbaumietenverordnung vom 21.3.1961 – und stellt nur einen Rechnungsfaktor dar, der eingeführt worden ist, um die Berechnung von Zuschlägen und Umlagen zu erleichtern und zu vereinfachen). Vielmehr gehören dazu auch vereinbarte **Nebenkostenpauschalen** und **Umlagen für Nebenkosten** (vgl. OLG Frankfurt/Main, NJW-RR 1989, 973; Palandt/Weidenkaff, § 535 Rn. 30). Nachzahlungsansprüche aus einer Nebenkostenabrechnung gehören jedoch nicht zur (laufend zu zahlenden) Miete, was wiederum wichtig für einen etwaigen Verzug nach § 543 Abs. 2 ist (LG Hamburg, NJW-RR 1992, 1429).

Mehrwertsteuer auf die Miete kann der Vermieter in der Regel **nicht verlangen** (§ 4 Nr. 12a UStG). Bei der **Gewerbemiete** kann der Vermieter jedoch nach § 9 UStG zur Mehrwertsteuer **optieren**, so dass bei entsprechender Vereinbarung auch die Mehrwertsteuer von der Miete umfasst wird.

Der Vereinbarung der Parteien unterliegt auch die Festlegung der **Mietstruktur**. Dabei wird zwischen folgenden Begriffen unterschieden:

- **Nettokaltmiete** = Miete ohne (kalte) Betriebskosten und ohne Kosten für Beheizung und Warmwasser;
- **Bruttokaltmiete** = Miete inklusive (kalte) Betriebskosten ohne Heizkosten und Warmwasser;
- **Bruttowarmmiete** = Miete inklusive kalter und warmer Betriebskosten.

Daneben sind Mischformen möglich, z.B. eine Kaltmiete, bei der einige Betriebskosten mit der Miete abgegolten sind = Teil-Inklusivmiete.

Ist eine bestimmte Mietstruktur nicht vereinbart, als Miete lediglich ein Betrag von x DM/EUR genannt, liegt eine Inklusivmiete vor, also eine Miete einschließlich aller kalten und warmen Betriebskosten – letztere naturgemäß nur dann, wenn die Beheizung der Wohnung und Lieferung von Warmwasser durch den Vermieter erfolgt.

Der Gesetzgeber des Mietrechtsreformgesetzes regelt im § 556 nur „lapidar", die Vertragsparteien könnten vereinbaren, dass der Mieter Betriebskosten trägt. Mietstrukturen werden nicht aufgezeigt, wobei man sich darüber einig ist, dass die bisherigen Mietstrukturen weiterhin frei vereinbart sind – insofern wird auf die Kommentierung zu § 556 Bezug genommen. Änderungen ergeben sich lediglich hinsichtlich der Mieterhöhung bezüglich der Betriebskosten. Grundsätzlich ist nämlich eine Erhöhung bei einer Bruttomiete nicht mehr vorgesehen, eine dem § 4 Abs. 2 MHG entsprechende Regelung gibt es nicht mehr (vgl. jedoch die Übergangsmöglichkeit hinsichtlich Altmietverträgen aus Berlin).

Im Einzelnen gilt Folgendes:

5.2.1 Nettokaltmiete zuzüglich Vorauszahlungen/Pauschalen

55 Welche Vorauszahlungen der Mieter zu erbringen hat, obliegt der Vereinbarung für jede einzelne Art. Das ist neben den Vorschüssen für Heiz- und Warmwasserkosten besonders für die **Betriebskosten** wichtig, da alle Betriebskosten, die nicht aus der Miete herausgenommen und für die keine Vorauszahlungen vereinbart werden, in der Miete enthalten und abgegolten sind. Bei der Wohnraummiete können nur die in der Anlage 3 zu § 27 II. BV aufgeführten Kosten umgelegt werden (vgl. OLG Karlsruhe, NJW 1966, 995; OLG Karlsruhe, NJW-RR 1988, 1036 = GE 1988, 579 – jetzt § 556 Abs. 1). Die Parteien können die anfallenden Betriebskosten im Einzelnen aufführen, es reicht jedoch auch aus, festzuhalten, dass der Mieter alle im Einzelfall anfallenden Betriebskosten gem. Anlage 3 zu § 27 II. BV zu tragen hat (vgl. BayObLG, WuM 1984, 104 = GE 1984, 527; Beuermann, Miete und Mieterhöhung, Rn. 2c; OLG Hamm [RE], Beschl. vom 22.8.1997, GE 1997, 1169 = WuM 1997, 542).

Aus Letzterem ergibt sich auch, dass für einzelne Betriebskosten keine Vorschüsse im Einzelnen festgelegt werden müssen, sondern ein Vorschuss für (kalte) Betriebskosten insgesamt angegeben werden kann. Demgemäß kann folgende Vereinbarung getroffen werden:

Muster
Mietvertrag: Miete und Nebenkosten →[✎ 535-4]

Die Miete beträgt monatlich ... EUR.
Diese Miete ist eine Nettokaltmiete, in der Betriebskosten nicht enthalten sind. Neben Heizungs- und Warmwasserkosten hat der Mieter daher alle Betriebskosten gemäß Anlage 3 zu § 27 II. BV zu tragen, sofern diese im Einzelfall anfallen.

Die Vorschüsse für Nebenkosten betragen zzt.
für Betriebskosten gemäß Anlage 3 zu § 27 II. BV ... EUR
Heizungskosten ... EUR
Warmwasserkosten ... EUR
Miete und Nebenkosten insgesamt zzt. ... EUR

In § 556 Abs. 2 wird neu die Möglichkeit eingeführt, eine **Betriebskostenpauschale** zu vereinbaren. Der Unterschied zur Vorauszahlung besteht darin, dass bei einer Pauschale eine spätere Abrechnung über die Betriebskosten gerade nicht erfolgt. Von der Vereinbarung einer Bruttomiete unterscheidet sich die Betriebskostenpauschale wiederum dadurch, dass die Betriebskosten überhaupt getrennt von der Grundmiete betragsmäßig besonders ausgewiesen sind. 56
Die Erhöhung der Betriebskostenpauschale ist über § 560 Abs. 1 möglich. Dazu muss der Vermieter allerdings eine Begründung liefern. Daraus folgt, dass er die Betriebskosten nach Grund und Höhe darlegen muss. Daraus folgt wiederum, dass auch schon bei Vereinbarungen der Betriebskostenpauschale eine Pflicht besteht, die Betriebskosten zum Stichtag der Vermietung zu kalkulieren, also gewissermaßen die Basis für die spätere Erhöhung der Betriebskostenpauschale zu benennen. In diesem Zusammenhang entsteht die Frage, ob dem Mieter sogleich ein Auskunftsanspruch zur Kalkulation der Betriebskostenpauschale zusteht, um sich ein Bild über die künftige Entwicklung zu machen. Das dürfte zu bejahen sein, denn nach § 560 steht ihm auch bei der Ermäßigung ein Anspruch zu, dass die Betriebskostenpauschale vom Zeitpunkt der Ermäßigung an entsprechend herabgesetzt wird. Insofern dürfte die Begründung des Gesetzgebers zu § 556 Abs. 2 Satz 1, der Mieter habe die Betriebskostenpauschale unabhängig vom tatsächlichen Verbrauch bzw. den tatsächlich anfallenden Kosten zu zahlen, untreffend sein. Jedenfalls ist die Höhe der Betriebskostenpauschale in Relation zu den tatsächlichen Betriebskosten anzusetzen.

Muster
Mietvertrag: Miete und Nebenkosten →[✎ 535-5]

Die Miete beträgt monatlich ... EUR.
Die Miete ist eine Nettokaltmiete, in der Betriebskosten nicht enthalten sind. Neben Vorschüssen für Heizungs- und Warmwasserkosten zahlt der Mieter eine Betriebskostenpauschale.

Die Vorschüsse betragen	
Heizungskosten	... EUR
Warmwasserkosten	... EUR
Betriebskostenpauschale	... EUR
Miete und Nebenkosten insgesamt zzt.	... EUR

5.2.2 Bruttokaltmiete

57 Bei der Vereinbarung einer Bruttokaltmiete sind grundsätzlich **alle (kalten) Betriebs-kosten mit der Miete abgegolten** und können nicht gesondert umgelegt werden. Sie sind also Bestandteil des Mietpreises und werden in ihrer tatsächlichen Höhe nicht zusätzlich geschuldet. Dabei unterliegt es jeweils der vertraglichen Vereinbarung, ob bestimmte Betriebskosten aus dieser Inklusivmiete ausdrücklich herausgenommen werden und für sie eine Vorauszahlungspflicht vereinbart wird (sog. Teil-Inklusivmiete = Mischform von Bruttokaltmiete und Nettokaltmiete zuzüglich Betriebskostenvorauszahlung).

Bei der vereinbarten Bruttokaltmiete stellt sich die Frage, ob **Betriebskostenerhöhungen**, die in der heutigen Zeit einen sehr erheblichen Kostenfaktor ausmachen, an den Mieter weitergegeben werden können. Hierfür bestimmte § 4 Abs. 2 MHG, dass der Vermieter berechtigt ist, Erhöhungen der Betriebskosten durch schriftliche Erklärung anteilig auf den Mieter umzulegen. Wie schon dargestellt, sind Bruttokaltmieten weiterhin zulässig. Eine den § 4 Abs. 2 MHG entsprechende Regelung gibt es jedoch nicht mehr: In Zukunft sind bei der Bruttokaltmiete wegen Steigerung der Betriebskosten Mieterhöhungen nur noch nach § 558 möglich, also Anhebung auf die ortsübliche Vergleichsmiete unter Berücksichtigung sämtlicher Voraussetzungen, z.B. Kappungsgrenze. Die bisher streitige Frage, ob § 4 Abs. 2 MHG eine Rechtsgrundlage bildete, einseitig, also auch ohne entsprechende Vereinbarung zwischen den Mietvertragsparteien, eine Mieterhöhung wegen gestiegener Betriebskosten durchzusetzen, hat sich damit erledigt. Sämtliche in diesem Zusammenhang ergangene Rechtsentscheide sind durch die Gesetzgebung überholt (vgl. zur bisherigen Rechtslage Schach in: Kinne/Schach, Mietvertragsrecht, 2. Aufl., § 535 Rn. 49).

Im letzten Moment (Beratungen im Rechtsausschuss) hat allerdings der Gesetzgeber in Art. 229 § 3 Abs. 4 EGBGB eine **Übergangsregelung** geschaffen. Danach ist auf ein bei In-Kraft-Treten der Mietrechtsreform (1.9.2001) bestehendes Mietverhältnis, bei dem die Betriebskosten ganz oder teilweise in der Miete enthalten sind, wegen Erhöhungen der Betriebskosten § 560 Abs. 1, 2, 5 und 6 entsprechend anzuwenden, soweit im Mietvertrag vereinbart ist, dass der Mieter Erhöhungen der Betriebskosten zu tragen hat; bei Ermäßigungen der Betriebskosten gilt § 560 Abs. 3 entsprechend. Diese Übergangsregelung trifft die bisherigen Bruttokaltmieten, vor allem in Berlin (ehemalig West), einem alten Bundesland, in dem noch viele vereinbarte Bruttokaltmieten existieren. Hier nun wird der Streit entstehen, wie eine derartige mietvertragliche Vereinbarung i.S.d. Übergangsregelung auszusehen hat. Die Klausel

Die vereinbarte Miete ist eine Bruttokaltmiete, d.h. sämtliche Betriebskosten im Sinne des § 27 der II. BV sind betragsmäßig in der Miete enthalten. Erhöhungen dieser Betriebskosten seit Vertragsabschluss sind vom Mieter zu tragen: Der Vermieter ist berechtigt, Erhöhungen der Betriebskosten durch schriftliche Erklärung anteilig auf den Mieter umzulegen ...

ist sicher im Sinne der Übergangsregelung des Art. 229 § 3 Abs. 4 EGBGB, entsprach auch bisher schon z.B. der Rechtsprechung im Rechtsentscheid des OLG Karlsruhe vom 4.11.1980 = NJW 1981, 1051 und OLG Hamm vom 3.12.1992, GE 1993, 151; OLG Hamm, RE vom 20.8.1997, GE 1997, 1665 ff. = WuM 1997, 533.

Besonderheiten für (West-)Berliner Altbau   58
Die bis zum 31.12.1987 in Berlin preisgebundene Altbaumiete war zumeist eine Bruttokaltmiete. Eine Erhöhung der Betriebskosten konnte der Vermieter nicht einfach auf die Miete umlegen, sondern in den einzelnen Bundesmietengesetzen und Mehrbelastungsverordnungen wurden Mieterhöhungen wegen gestiegener Betriebskosten zugelassen. Dies führte jeweils zu einer Erhöhung der Bruttokaltmiete. Es gab keine Gegenüberstellungen von bisherigen und erhöhten Betriebskosten zwecks Transparenz einer Betriebskostenerhöhung. Letztes Beispiel für die Zulässigkeit eines derartigen Betriebskostenzuschlags war § 4 des 12. Bundesmietengesetzes. Es durften preisrechtlich zulässige Betriebskostenerhöhungen auf die Miete umgelegt werden. Da eine Betriebskostenerhöhung erst durch das Preisrecht zulässig wurde, gab es keine entsprechende Vereinbarungen zwischen den Mietvertragsparteien in den Mietverträgen, zumindest ganz überwiegend nicht.
Mietverträge über Wohnungen des (West-)Berliner Altbaubestands, die nach dem 31.12.1987 abgeschlossen worden sind, betreffen rechtlich preisfreien Wohnraum; das Gesetz zur dauerhaften sozialen Verbesserung der Wohnungssituation im Land Berlin vom 14.7.1987 (GVW-Berlin) betraf nicht § 4 MHG und berührte nicht die grundsätzliche Preisfreiheit. Für diese Verträge gilt das bisher zur Bruttokaltmiete Ausgeführte.
Für Mietverträge im Altbau, die vor dem 31.12.1987 abgeschlossen worden sind, galt zunächst das GVW-Berlin und damit die Übergangsregelung des § 7 Abs. 4 GVW. Danach durften auch nach dem 31.12.1987 Mieterhöhungen wegen gestiegener Betriebskosten durch einseitige Erklärung gegenüber dem Mieter geltend gemacht werden, soweit dies bis zum 31.12.1987 in preisrechtlich zulässiger Weise möglich war. Nach Außer-Kraft-Treten des GVW-Berlin zum 31.12.1994 gilt nichts anderes; denn § 7 Abs. 4 GVW hat einen materiell-rechtlichen Gehalt, der auch für die Zeit nach Auslaufen des Gesetzes fortwirkt; § 7 GVW gibt keine zeitliche Beschränkung. Eine analoge Anwendung der Vorschrift ist nicht notwendig (so aber Beuermann, Miete und Mieterhöhung, S. 285).
Die Übergangsregelung zu den bisherigen Bruttokaltmieten geht nicht auf die besondere Berliner Situation ein. Dazu wird hier die Ansicht vertreten, dass die vom Gesetzgeber geforderte mietvertraglich geregelte Betriebskostenerhöhungsmöglichkeit durch § 7 Abs. 4 GVW-Berlin, der mit seinem materiell-rechtlichen Gehalt auch für die Zeit nach Auslaufen des Gesetzes fortwirkt, eine Vereinbarung ersetzt. Ein Wille des Gesetzgebers, gerade bei diesen Altverträgen, bei denen eine Betriebskostenerhöhungsmöglichkeit überhaupt nicht notwendig, weil vom Preisbindungs-Gesetzgeber vorgegeben, war, ist nicht ersichtlich. Es dürfte so sein, dass der Bundesgesetzgeber diese spezielle Berliner Situation überhaupt nicht bedacht hat.

5.2.3 Bruttowarmmiete
Bei der Bruttowarmmiete sind sämtliche warmen und kalten Betriebskosten in der Miete   59
enthalten, es handelt sich um eine Inklusivmiete. Für Betriebskostenerhöhungen gilt das bisher Gesagte.

5.3 Zahlung der Miete
5.3.1 Zeitpunkt

60 Entgegen der bisherigen Regelung des § 551 Abs. 1 ist jetzt gem. § 556b für Wohnraummietverhältnisse vorgesehen, dass die Miete zu Beginn, spätestens bis zum 3. Werktag der einzelnen Zeitabschnitte zu entrichten ist, nach denen sie bemessen ist. Damit ist der Streit über die Zulässigkeit von Vorauszahlungsklauseln überholt, jedenfalls sofern es sich um Wohnraummiete handelt. Diese Regelung ist allerdings nicht zwingend, so dass abweichende Vereinbarungen zwischen den Mietvertragsparteien möglich bleiben (hier wird auf die Situation bei Hotels oder Ferienwohnungen hingewiesen).

Leider sorgt der Gesetzgeber nun wieder für ein wenig Unübersichtlichkeit, indem er gem. § 579 für die Miete eines Grundstücks und für bewegliche Sachen die Fälligkeit der Miete auf das Ende der Mietzeit verlegt. Nach § 579 Abs. 2 gilt allerdings dann für Mietverhältnisse über Räume, also demgemäß auch für die Geschäftsraummiete, wiederum § 556b Abs. 1 entsprechend, ist also die Miete wiederum am Beginn des Monats zu entrichten.

5.3.1.1 Vorauszahlungsklausel

61 Wie bereits dargestellt, sind die bisher schon üblichen Vorauszahlungsklauseln jetzt quasi gesetzlich gebilligt; der Gesetzgeber hat insofern die übliche vertragliche Regelung gesetzlich festgeschrieben. Damit entfällt auch das bisherige Problem des Zusammentreffens aller Vorfälligkeitsklauseln mit einer unwirksamen Aufrechnungsklausel (vgl. zur bisherigen Rechtslage Schach in: Kinne/Schach, Mietvertragsrecht, 2. Aufl., § 535 Rn. 52). Aufrechnungsregelungen sind jetzt auch vom Gesetzgeber zu Gunsten des Mieters in § 556b normiert, wonach der Mieter entgegen einer vertraglichen Bestimmung gegen eine Mietforderung mit Schadens- und Aufwendungsersatzansprüchen, Ansprüchen aus ungerechtfertigter Bereicherung wegen zu viel gezahlter Miete aufrechnen oder wegen einer solchen Forderung ein Zurückbehaltungsrecht ausüben kann, wenn er seine Absicht dem Vermieter mindestens einen Monat vor der Fälligkeit der Miete in Textform angezeigt hat. Eine zum Nachteil des Mieters abweichende Vereinbarung ist unwirksam (§ 556b Abs. 2). Das entspricht der bisherigen Rechtsprechung zur Wirksamkeit von Aufrechnungs- und Zurückbehaltungsklauseln.

5.3.1.2 Rechtzeitigkeitsklausel

62 Gem. § 269 Abs. 1, § 270 Abs. 4 ist grundsätzlich der **Leistungsort der Wohnsitz des Schuldners/Mieters**. Für die Rechtzeitigkeit der Mietzahlung kommt es daher darauf an, wann der Mieter das zur Übermittlung der Miete seinerseits Erforderliche getan hat (Palandt/Heinrichs, § 270 Rn. 6 mit Rechtsprechungsnachweisen). Die Verzögerungsgefahr, d.h. das Risiko, dass das Geld trotz rechtzeitiger Vornahme der Handlung beim Vermieter verspätet eingeht, geht zu Lasten des Vermieters als Gläubiger. § 270 Abs. 1, wonach der Schuldner im Zweifel Geld auf seine Gefahr und seine Kosten dem Gläubiger an dessen Wohnsitz zu übermitteln hat, besagt nichts zum Leistungs-/Erfüllungsort. Auch in diesem Zusammenhang sind **abweichende Vereinbarungen zulässig** und üblich. Diese gehen dahin, dass es für die Rechtzeitigkeit der Zahlung nicht auf die Absendung, sondern auf die **Ankunft des Geldes beim Vermieter** ankommt. Die Zulässigkeit

einer derartigen Vereinbarung auch in AGB wird im Hinblick auf § 9 AGBG (ab 1.1.2002: § 307 BGB i.d.F. des SchuldRModG) überwiegend bejaht (OLG Koblenz, MDR 1993, 213; LG Berlin, WuM 1992, 605; LG Kassel, WuM 1992, 605). Geäußerte Bedenken dagegen (Sternel, Mietrecht aktuell, Rn. 492) mit dem Argument, dem Mieter würde das Risiko der Transportgefahr auferlegt, die Klausel verstoße auch gegen das Transparenzverbot, überzeugen im Hinblick auf die für den juristischen Laien kaum verständliche Regelung in §§ 269, 270, vor allem wegen § 270 Abs. 1 nicht. Darauf hinzuweisen ist allerdings, dass bei einem Zusammenhang mit einer unwirksamen Aufrechnungsverbotsklausel und einer Vorauszahlungsklausel auch diese Bedingung unter die Unwirksamkeit insgesamt einer derartigen Regelung fallen wird.

Die Rechtzeitigkeitsklausel gilt **nur für die laufende Miete, nicht für anderweitige Zahlungen**, z.B. auch die Zahlung innerhalb der Schonfrist nach § 569 Abs. 3 Nr. 2 (LG Berlin, NJW-RR 1993, 144).

5.3.1.3   Teilzahlungen – Verrechnungsbestimmungen

§ 266, wonach der Schuldner/Mieter zu Teilleistungen nicht berechtigt ist, spielt in der mietrechtlichen Praxis keine Rolle, da die Vorschrift durch § 242 insofern eingeschränkt ist, als der **Gläubiger/Vermieter Teilleistungen nicht ablehnen darf**, wenn ihm die Annahme unter Würdigung aller Belange und eigener schutzwürdiger Interessen zuzumuten ist (Palandt/Heinrichs, § 266 Rn. 9).

Bei (Teil-)Leistungen des Mieters auf Mietrückstände ist grundsätzlich die **Tilgungsbestimmung des Mieters maßgebend** (analog § 366). Eine Tilgungsbestimmung des Gläubigers/Vermieters sieht das Gesetz nicht vor, kann jedoch vereinbart werden. Bei einer entsprechenden Formularklausel sind § 9 AGBG – angemessene Regelung – (ab 1.1.2002: § 307 BGB i.d.F. des SchuldRModG) und § 3 AGBG – überraschende Klausel – (ab 1.1.2002: § 305c BGB i.d.F. des SchuldRModG) zu beachten.

Auf folgende Einzelentscheidungen ist hinzuweisen:

In der Zahlung der laufenden Miete liegt die stillschweigende Verrechnungsbestimmung, dass damit keine Rückstände oder ausstehende Nebenkostenforderungen getilgt werden = LG Köln, WuM 1991, 98 [99]; LG Berlin, GE 1992, 1045.

Bei Zahlungsrückständen erfolgen im Zweifel Zahlungen auf den kündigungsbegründenden Rückstand = LG Berlin, GE 1992, 1045.

Eine Klausel, dass bei Rückstand eingehende Zahlungen zunächst auf die Kosten, dann auf Zinsen und zuletzt auf die Mietschuld, und zwar auf die älteste, anzurechnen sind, ist unwirksam = OLG Celle, WuM 1990, 109.

Eine Klausel, wonach Zahlungen des Mieters zunächst auf Betriebskostenforderungen und erst danach auf die rückständige Miete zu verrechnen sind, ist unwirksam = LG Mannheim, DWW 1995, 112; vgl. auch LG Berlin, GE 1989, 833.

Unwirksam soll auch eine Formularklausel in einem Wohnraummietvertrag sein, nach der der Mieter unwiderruflich sein Einverständnis erklärt, dass der Vermieter Teilleistungen auf die jeweils ältere Schuld verrechnen darf = LG Mannheim, DWW 1995, 112.

Unter Beachtung der genannten Kriterien kann folgende Vereinbarung für die Mietzahlung vorgeschlagen werden:

Muster
Mietvertrag: Zahlung der Miete und der Nebenkosten →[❂ 535-6]

Die Miete ist monatlich im Voraus, spätestens am 3. Werktag des Monats porto- und spesenfrei an den Vermieter oder an die von ihm zur Entgegennahme ermächtigte Person oder Stelle zu zahlen. Die derzeitige Zahlstelle lautet wie folgt: ... Der Vermieter ist berechtigt, die Zahlstelle zu ändern, und teilt dies dem Mieter schriftlich mit.
Für die Rechtzeitigkeit der Zahlung kommt es nicht auf die Absendung, sondern auf die Ankunft bzw. Gutschrift des Betrags beim Vermieter bzw. bei der angegebenen Zahlstelle an. Bei verspäteter Zahlung ist der Vermieter berechtigt, etwaige Mehrkosten sowie Verzugszinsen zu erheben.
Der Mieter hat für jede Mahnung wegen verspäteter Zahlung der Miete ... EUR für pauschalierte Mahnkosten zu zahlen. Bei den vorgenannten Verzugszinsen sowie den Mahnkosten handelt es sich um einen pauschalierten Schadensersatzanspruch. Der Mieter kann nachweisen, dass ein niedrigerer Schaden entstanden ist.
Befindet sich der Mieter mit Zahlungen im Rückstand, so sind Teilzahlungen nach der Bestimmung des Vermieters zu verrechnen, sofern der Mieter keine Zahlungsbestimmung getroffen hat.
Der Mieter verpflichtet sich, dem Vermieter eine Einzugsermächtigung zu erteilen. Er darf sie aus wichtigem Grund durch Erklärung gegenüber dem Vermieter widerrufen.

5.3.1.4 Leistung unter Vorbehalt

64 Mit Zahlung der Miete erlischt die Mietforderung für den jeweiligen Fälligkeitszeitpunkt (§ 362). Bei der Zahlung unter Vorbehalt ist es problematisch, ob auch Erfüllung eintritt, was z.B. bei einer Zahlung unter Vorbehalt innerhalb der Schonfrist des § 569 Abs. 3 Nr. 2 weitreichende Folgen haben kann. Zu unterscheiden ist zwischen dem schlichten und dem qualifizierten Vorbehalt.

65 **Schlichter Vorbehalt**
Versieht der Mieter seine Zahlung mit einem einfachen Vorbehalt ohne nähere Zusätze, ist anzunehmen, dass der Schuldner lediglich dem Verständnis seiner Leistung als Anerkenntnis nach § 208 (ab 1.1.2002: § 212 BGB i.d.F. des SchuldRModG) entgegentreten und die Wirkung des § 814 ausschließen möchte, sich also die Möglichkeit offen halten will, das Geleistete gem. §§ 812 ff. aus ungerechtfertigter Bereicherung zurückzufordern. Der schlichte Vorbehalt **steht also der Erfüllungswirkung nicht entgegen**; eine Befriedigung nach § 543 Abs. 2 kann eintreten mit der Folge, dass die Kündigung unwirksam wird.
Für die Forderung aus ungerechtfertigter Bereicherung muss nach allgemeinen Beweisgrundsätzen allerdings der Anspruchsteller, hier also der die Rückzahlung fordernde Mieter, die Berechtigung seiner Forderung darlegen und ggf. beweisen. Es ist also Sache des Mieters, die Nichtberechtigung der Forderung des Vermieters nachzuweisen, was

sich auch auf die Zusammensetzung der Miete bezieht. Die Zahlung unter Vorbehalt ändert an diesen grundsätzlichen Beweislastverteilungen nichts (BGH, NJW 1982, 1147 und 2301 [2302]; BGH, NJW 1984, 2826; Palandt/Heinrichs, § 362 Rn. 11).

Qualifizierter Vorbehalt   66
Die **Erfüllung nach § 362 tritt dann nicht ein**, wenn der Mieter ohne Anerkennung seiner Schuld unter Vorbehalt einer Rückforderung ohne Veränderung der den Vermieter treffenden Beweislast seine Leistung erbringt, dem Leistungsempfänger im Rückforderungsstreit also die Beweislast für das Bestehen des Anspruchs auferlegt werden soll (BGH, NJW 1984, 2826 [2827]; BGH, NJW 1983, 1111; BGH, NJW-RR 1989, 27 [28]). Ein Vorbehalt dieser Art lässt die Schuldtilgung in der Schwebe und ist keine Erfüllung i.S.d. § 362. Derartige qualifizierte Vorbehalte lauten in etwa „Zahlung unter Vorbehalt der rechtlichen Klärung" (LG Berlin, GE 1994, 1057) oder „Zahlung unter der Bedingung, dass die Forderung besteht". Da Erfüllungswirkung nicht eintritt, kann der Vermieter eine derartige Vorbehaltszahlung zurückweisen (was er sonst nicht tun darf, um nicht in Gläubigerverzug zu geraten = LG München, WuM 1987, 223; LG Frankfurt/Main, WuM 1987, 318). Weist er die Zahlung jedoch nicht (wegen Nichterfüllung infolge des qualifizierten Vorbehalts) zurück, kann sein Verhalten als Hinnahme dieses Vorbehalts gedeutet werden mit der Folge, dass es bei der ursprünglichen Beweislastverteilung innerhalb des Mietrechtsverhältnisses bleibt und es nicht zur Beweislastverteilung im Rahmen der ungerechtfertigten Bereicherung kommt. Dies ist jedoch keine automatische Folge, sondern bedarf der Beurteilung im Einzelfall. Immerhin liegt in dem Einverständnis eine Willenserklärung, die grundsätzlich nicht in einem schlichten Schweigen liegen kann.
Die Gefahr des qualifizierten Vorbehalts liegt in der Nichterfüllung; eine Zahlung mit qualifiziertem Vorbehalt innerhalb der Schonfrist lässt die Kündigung nicht unwirksam werden.
Ein schlichter Vorbehalt ist immer dann anzunehmen, wenn die Zahlung des Schuldners/Mieters an den Vermieter nur aufgrund eines vorläufig vollstreckbaren Urteils zur Abwendung der Zwangsvollstreckung erfolgt (BGH, NJW 1983, 1111). Hier kommt es allerdings nicht zur Umkehr der Beweislast, da die Forderung des Gläubigers noch nicht rechtskräftig festgestellt ist und im Berufungsverfahren überprüft werden kann.

5.3.2 Mietzuschläge
Neben der Miete, sei es Bruttokalt- oder Nettokaltmiete, können bestimmte Zuschläge 67 zur Miete vereinbart werden. Hier sind insbesondere der **Untermiet- und Gewerbemietzuschlag** zu nennen. Es handelt sich dabei um echte Zuschläge, die auch bezüglich Wegfall oder Erhöhung unabhängig von der eigentlichen Miete ein eigenes rechtliches Schicksal haben – es sei denn, es ist eine Gesamtmiete vereinbart, die auch bestimmte Sondernutzungen mit abgelten soll, wie das z.B. bei der von vornherein mitvermieteten Garage der Fall ist, deren Vorhandensein lediglich bei der allgemeinen Mieterhöhung nach § 558 berücksichtigt wird, z.B. durch entsprechende Erhöhung der ortsüblichen Vergleichsmiete. § 553 Abs. 2 spricht zwar im Rahmen der Untermieterlaubnis von einer angemessenen Erhöhung der Miete. Das spricht aber nicht zwingend gegen die Qualifizierung als gesonderter Zuschlag neben der eigentlichen Miete, denn auch durch den

Zuschlag muss der Mieter eine höhere Miete entrichten, von der der Vermieter unter bestimmten Voraussetzungen die Untermieterlaubnis abhängig machen kann. Das Preisrecht für öffentlich geförderten Wohnraum sieht selbst derartige Zuschläge vor; § 26 Abs. 1 NMV spricht ausdrücklich von Zuschlägen neben der Einzelmiete. In diesem Zusammenhang stellen sich drei Probleme:

5.3.2.1 Höhe der Zuschläge

68 Im **öffentlich geförderten Wohnungsbau** sind die Zuschläge durch § 26 NMV **begrenzt**. Im **preisfreien Wohnraum** können die Zuschläge **frei vereinbart** werden. Es gilt allerdings auch die Begrenzung durch § 5 WiStG bzw. § 302a StGB. Danach darf die Miete zuzüglich der Zuschläge als (Gesamt-)Entgelt den durch die genannten Vorschriften gesetzten Rahmen nicht überschreiten.

5.3.2.2 Erhöhung der Zuschläge

69 Die Erhöhung eines Zuschlags bedarf der **Vereinbarung** zwischen den Parteien, es sei denn, der Vermieter hat sich im Vertrag eine Erhöhung vorbehalten. Diese Erhöhung unterliegt **nicht den Regeln des BGB**, sondern vollzieht sich nach § 315 (vgl. BayObLG [RE], vom 25.3.1986 = NJW-RR 1986, 892 = GE 1986, 605; Sternel, Mietrecht aktuell, Rn. 600; a.A. Beuermann, Miete und Mieterhöhung, Rn. 26a). Anders ist es nur, wenn z.B. bei der Gestattung der teilgewerblichen Nutzung ein sog. **Mischmietverhältnis** mit einer einheitlichen Miete vorliegt. Hier ist eine Mieterhöhung **nur über § 558** möglich, der Vermieter darf nicht einen Gewerbezuschlag aus der einheitlich vereinbarten Miete herausrechnen und gesondert erhöhen (LG Berlin, GE 1995, 1209 mit missverständlichem Leitsatz).

5.3.2.3 Entfallen des Zuschlags

70 Aus der rechtlichen Einordnung als Zuschlag zur eigentlichen Miete folgt, dass der Zuschlag entfällt, wenn die **Voraussetzungen nicht mehr gegeben sind**. Darüber besteht beim Untermietzuschlag ersichtlich in Literatur und Rechtsprechung kein Streit (vgl. Sternel, Mietrecht, II Rn. 260).

Bei der teilgewerblichen Nutzung ist zu differenzieren. Handelt es sich um ein sog. **Mischmietverhältnis**, in dem – unabhängig von etwaigen öffentlich-rechtlichen Problemen bezüglich einer Zweckentfremdung – die **gewerbliche Nutzung überwiegt**, ist das Mietverhältnis als Gewerbemietverhältnis anzusehen. Gibt der Nutzer die gewerbliche Tätigkeit auf und nutzt die Räume ebenfalls als Wohnraum, ist das Mietverhältnis nunmehr nicht insgesamt als Wohnraummietverhältnis anzusehen, es sei denn, dies geschieht in Vereinbarung mit dem Vermieter als Vertragspartner. Es verbleibt demnach bei der vereinbarten Miete, ohne dass eine einseitige Kürzungsmöglichkeit der Miete durch den Mieter möglich wäre.

Handelt es sich um ein **Mischmietverhältnis**, bei dem die **wohnungsmäßige Nutzung überwiegt**, unterliegt das Mietverhältnis insgesamt den Grundsätzen der Wohnraummiete. Es gilt demnach die Überwiegenstheorie; die überwiegende Nutzungsart bestimmt auch die Art des Mietverhältnisses (h.M., vgl. Sternel, Mietrecht aktuell, Rn. 157 mit Nachweisen zur obergerichtlichen Rechtsprechung). Gibt in einem Wohnraummietverhältnis der Mieter die gewerbliche Nutzung auf, ist das einseitig möglich, da schon ein

Wohnraummietverhältnis vorliegt. Daraus folgt aber dann kein Recht des Mieters, die Miete zu kürzen oder vom Vermieter die Zustimmung zu einer Herabsetzung der Miete zu verlangen; denn das würde zu einer Änderung des Vertrags mit der vereinbarten Zweckwidmung führen, was einseitig nicht möglich ist. Dabei ist auch zu bedenken, dass es sich eigentlich um zwei Nutzungsteile handelt, die nur wegen des einheitlichen Mietverhältnisses kein unterschiedliches rechtliches Schicksal haben können und nach der Überwiegenstheorie einheitlichen Rechtsvorschriften unterworfen werden. Es wird auch eine einheitliche Miete gebildet, die sich bei einem Wohnraummietverhältnis in Anwendung des BGB nach der ortsüblichen Vergleichsmiete richtet, die allerdings der Höhe nach unter Berücksichtigung der gewerblichen Nutzung zu bestimmen ist.

Ist hingegen ein **Wohnraummietverhältnis** vereinbart und wird dem Mieter lediglich die **teilgewerbliche Nutzung gegen Zahlung eines Gewerbezuschlags gestattet**, liegt kein Mischmietverhältnis vor, das nach der Überwiegenstheorie zu qualifizieren wäre. Die Miete entwickelt sich nach dem BGB, der **Gewerbezuschlag ist rechtlich gesondert zu zahlen** und erhöht nur rechnerisch die zu zahlende Miete. Gibt in einem derartigen Fall der Mieter die teilgewerbliche Nutzung auf und teilt dies dem Mieter mit entfällt auch die Verpflichtung, den Gewerbezuschlag zu zahlen (LG Berlin, GE 1994, 1057; a.A. LG Berlin, GE 1995, 497). Zwar beruht eine Gestattung der teilgewerblichen Nutzung auch auf einer Vertragsvereinbarung. Diese bezieht sich jedoch auf die Gestattung der teilgewerblichen Nutzung der Wohnräume, beinhaltet keine vertragliche Umwidmung eines Teils der zum Wohnen gemieteten Räume. Diese Vereinbarung hat daher zur Grundlage, dass die teilgewerbliche Nutzung auch tatsächlich stattfindet. Der Gewerbezuschlag dient lediglich der Abgeltung der gewerblich bedingten Mehrbeanspruchung der Wohnung, so wie das auch bei einer Untervermietung mit entsprechendem Untermieterzuschlag der Fall ist.

Die in manchen Formularmietverträgen vorgesehene Klausel, dass der Gewerbezuschlag nicht in Fortfall kommt, sofern der Mieter ohne Zustimmung des Vermieters diese Nutzung aufgibt, ist am AGBG (ab 1.1.2002: AGBG ist in das BGB – §§ 305 ff. – integriert i.d.F. des SchuldRModG) zu messen. Sie verstößt gegen § 9 AGBG (ab 1.1.2002: § 307 BGB i.d.F. des SchuldRModG), denn es stellt eine unangemessene Benachteiligung des Mieters dar, einen Zuschlag zahlen zu müssen, obwohl er von der Gestattung der teilgewerblichen Nutzung keinen Gebrauch macht.

6. Mietvertragliche Nebenpflichten des Mieters

6.1 Gebrauchspflicht

Grundsätzlich ist der Mieter **nicht verpflichtet**, die gemieteten Räume zu nutzen. Dies 71 gilt auch für Gewerberäume, es sei denn, es ist **etwas anderes vereinbart**, was auch durch Formularmietvertrag zulässig ist (BGH, DWW 1993, 69 = ZMR 1993, 57; vgl. näher auch Sternel, Mietrecht, II Rn. 273 ff.). Ein Verstoß gegen die **Betriebspflicht** kann einen Schadensersatzanspruch aus positiver Forderungsverletzung auslösen. Eine Nutzungspflicht bei Wohnräumen lässt sich zivilrechtlich auch nicht bei Wohnungsknappheit konstruieren. Davon unabhängig verbleibt es allerdings bei **Obhutspflichten**, die gesteigert sein können, wenn der Mieter die gemieteten Räume bewohnt.

6.2 Obhuts- und Anzeigepflichten

72 Die **Anzeigepflicht bezüglich Mängel,** drohender Gefahren und dgl. ist ein Teil der Obhutspflicht und folgt aus § 536c; auf die dortigen Erläuterungen wird Bezug genommen.

In Erfüllung seiner Obhutspflicht hat der Mieter dafür zu sorgen, dass die **gemietete Sache** einschließlich der Einrichtungen, die er im Rahmen des vertragsgemäßen Gebrauchs (mit)nutzt (Gemeinschaftseinrichtungen, Zugänge, Zufahrtswege), **keinen Schaden nimmt.** Dieser allgemeine Satz ist ausfüllungsbedürftig, so dass sich hieran eine umfangreiche Judikatur knüpft. Eine **Hausordnung** kann hier zur Ausgestaltung der Pflichten im Einzelnen herangezogen werden (vgl. insgesamt zu Obhutspflichten Sternel, Mietrecht, II Rn. 277 ff.).

Die neuere Rechtsprechung bezieht sich vor allem auf Pflichten des Mieters zur **Vermeidung von Feuchtigkeitsschäden** und **Schäden durch Benutzung von Haushaltsgeräten.** Generelle Maßstäbe lassen sich hier nicht aufstellen, da die Pflichten von Einzelumständen abhängen, vom Mieter nur ein zumutbares Verhalten im Einzelfall abverlangt werden kann (zumutbares Normverhalten). So kann nicht generell festgehalten werden, dass der Mieter die Wohnung (auch im Abwesenheitsfall) beheizen oder täglich (mehrmals) belüften muss. Eine derartige Pflicht kann sich aber durchaus bei entsprechenden Außentemperaturen oder beim Vorhandensein isolierdichter Fenster ergeben (vgl. z.B. LG Lübeck, WuM 1990, 202; LG Hamburg, WuM 1990, 290). Beim Einsatz von Haushaltsgeräten muss er sich den technischen Vorschriften gemäß verhalten und darf z.B. die Waschmaschine nicht unkontrolliert laufen lassen, es sei denn, es sind Vorrichtungen installiert (z.B. Wasserstopp), die bei einem technischen Defekt den Betriebsvorgang anhalten, damit z.B. keine Wasserschäden entstehen.

Die **Verletzung** der Obhutspflicht kann einen **Schadensersatzanspruch** aus positiver Forderungsverletzung auslösen und auch zum Kündigungsrecht nach § 543 führen. Im Konfliktfall hat jedoch der Vermieter nach allgemeinen Grundsätzen die Obhutspflichtverletzung darzulegen und jedenfalls zu beweisen. Bei Feuchtigkeitsschäden ist dies insofern problematisch, als zunächst der Vermieter ausschließen muss, dass die Schäden bauseits bedingt sind – hierzu wird auf die Kommentierung zu den Gewährleistungsrechten nach §§ 536, 536a verwiesen.

6.3 Besichtigungsrecht

73 Beim Besichtigungsrecht des Vermieters ist zu unterscheiden zwischen dem Recht, die vermieteten Räume mit und ohne besonderen Grund, mit oder ohne vertragliche Vereinbarung zu betreten.

Nach allgemeiner Ansicht darf der Vermieter in Beachtung bestimmter Formen **auch ohne vertragliche Vereinbarung** die Mieträume dann betreten, wenn ein **besonderer Grund** vorliegt. Als besondere Gründe sind hier anzuführen:

1. Abwehr drohender Gefahren (jederzeit),
2. vor Verkauf oder Neuvermietung bei bevorstehender Beendigung des Mietverhältnisses,
3. zur Begutachtung vor einer Mieterhöhung nach § 558,

4. zur Mängelbesichtigung nach Mängelanzeige durch den Mieter (vgl. Palandt/Weidenkaff, § 535 Rn. 39; Sternel, Mietrecht, II Rn. 292).

Bei entsprechender **mietvertraglicher Vereinbarung** besteht auch ein allgemeines Besichtigungsrecht des Vermieters **ohne besonderen Grund**, z.B. um allgemein den vertragsgemäßen Zustand der Räume zu überprüfen. Eine entsprechende Formularklausel ist an § 9 AGBG (ab 1.1.2002: § 307 BGB i.d.F. des SchuldRModG) zu messen.

Streitig ist die Frage, ob auch **ohne vertragliche Vereinbarung ohne besonderen Grund** ein Recht des Vermieters besteht, zu gewissen Zeiten die Räume zu besichtigen (vgl. in diesem Zusammenhang Emmerich/Sonnenschein, §§ 535, 536 Rn. 37; Sternel, Mietrecht, II Rn. 292). Ein solches grundsätzliches Besichtigungsrecht auch ohne ausdrückliche vertragliche Vereinbarung ergibt sich als Nebenpflicht aus dem Dauerschuldverhältnis, in dem der Mieter eine ihm nicht zu Eigentum gehörende Sache nutzen kann. Dem Vermieter muss die Möglichkeit zustehen, die Räume, für die ihn seinerseits Obhutspflichten treffen, überprüfen zu können. Die Frage dürfte allerdings keine weitreichende praktische Bedeutung haben, da ein Besichtigungsverlangen ohne vertragliche Grundlage und ohne besonderen Grund ausgesprochen selten sein dürfte.

Die Ausübung des Besichtigungsrechts ist wegen des Hausrechts des Mieters in Beachtung seiner Intimsphäre **nur unter besonderen Formen** möglich. So setzt die Besichtigung eine **rechtzeitige Ankündigung** voraus; die Rechtzeitigkeit ist am Grund der Besichtigung zu messen. Auch hier verbietet sich eine generalisierende Betrachtungsweise. Wegen einer drohenden Gefahr darf jederzeit besichtigt werden. Die Ankündigungszeit ist um so länger, je unwichtiger der Grund ist. Grundsätzlich darf nicht zur Unzeit besichtigt werden, wobei als übliche Tageszeiten die Zeit von 9 bis 12 Uhr und 15 bis 19 Uhr angenommen werden können. Bei besonderem Grund kann nur so häufig besichtigt werden, wie es zur Klärung notwendig ist. Ein allgemeines Betretungsrecht ohne besonderen Grund ist nur in großen Zeitabständen (einmal jährlich) möglich.

In Beachtung des § 9 ABGB (ab 1.1.2002: § 307 BGB i.d.F. des SchuldRModG) kann folgende Formularklausel vorgeschlagen werden:

Muster
Mietvertrag: Besichtigung der Mieträume →[✆ 535-7]

Dem Vermieter und/oder seinen Beauftragten, die sich entsprechend auszuweisen haben, steht die Besichtigung der Mieträume in der Zeit von 9 bis 12 und 15 bis 19 Uhr zu, sofern er dem Mieter die Besichtigung in der Regel mindestens 24 Stunden vorher angekündigt hat. Der Grund der Besichtigung soll mit der Ankündigung mitgeteilt werden. Die Besichtigung zur Prüfung des Zustands der Mieträume darf ... mal pro Jahr erfolgen, aus wichtigen Gründen ist sie im erforderlichen Umfang zulässig. In Fällen dringender Gefahr ist der Zutritt jederzeit gestattet.
Der Mieter gestattet im Falle der Kündigung des Mietverhältnisses oder bei beabsichtigtem Verkauf des Grundstücks oder der Wohnung die Besichtigung der Mieträume zusammen mit den Miet- bzw. Kaufinteressenten zu den oben angeführten Zeiten in angemessenem Maß.

Der Mieter muss dafür Sorge tragen, dass die Mieträume auch während seiner Abwesenheit im vereinbarten Umfang betreten werden können. Außer in Fällen dringender Gefahr berücksichtigt der Vermieter vom Mieter angebotene Ersatztermine zur Besichtigung. Bei längerer Abwesenheit hat der Mieter die Schlüssel an einer für den Vermieter schnell erreichbaren Stelle zu hinterlegen und dem Vermieter den Hinterlegungsort mitzuteilen.

7. Pflichten des Vermieters
7.1 Allgemeines

74 § 535 Abs. 1 Satz 2 enthält die bisherige Regelung des § 536. Die Vorschrift normiert die Instandhaltungs- und Instandsetzungspflicht des Vermieters für die Mietsache. Das Mietobjekt ist in einem vertragsgemäßen Zustand zu halten. Die Pflicht bezieht sich nicht nur auf die eigentlich gemieteten Räume, sondern **auch auf die Teile, die im Rahmen des vertragsgemäßen Gebrauchs benutzt werden können** (z.B. Zugänge, Gemeinschaftseinrichtungen = BGH, BB 1966, 1286). Die Pflicht des Vermieters bezieht sich **nicht** auf die **vom Mieter vorgenommenen Einbauten** und auch nicht auf die Sachen, die der Mieter vom Vormieter vereinbarungsgemäß übernommen hat. Hat allerdings der Vormieter Sachen in der Wohnung belassen, der Mieter die Räume in diesem Zustand gemietet, gelten die Sachen als mitvermietet und werden von der Instandsetzungs- und Instandhaltungspflicht des Vermieters erfasst, selbst wenn es sich nicht um Sachen des Vermieters handelt. Es ist deswegen bei Mietvertragsschluss wichtig, klar und genau festzuhalten, welche Gegenstände vermietet werden, welche Gegenstände der Mieter vom Vormieter vertraglich übernommen hat und ggf. bezüglich welcher Gegenstände des Vermieters die Instandhaltungs- und Instandsetzungspflicht auf den Mieter übertragen werden soll. Eine Formularklausel, „Einrichtungen, die sich in der vermieteten Wohnung befinden, die aber nicht vom Vermieter erstellt wurden, insbesondere von einem Vormieter zurückgelassen wurden, gelten als nicht mitvermietet", ist nicht eindeutig, da sie auch Gegenstände erfassen kann, die hinsichtlich der Instandhaltungspflicht nicht zugeordnet werden können. Ferner bezieht sich diese Klausel nicht ausdrücklich auch auf bewegliche Sachen, denn das Wort „Einrichtung" bezieht sich auf § 539 Abs. 2 und erfasst Sachen, die mit dem Mietobjekt körperlich verbunden werden und dazu bestimmt sind, dem Zweck der Mietsache zu dienen (BGHZ 101, 37 [41]; z.B. Heizungsanlage, Lichtanlagen, Badeinrichtungen). Ein nicht verklebter Teppichfußboden wäre von diesem Begriff nicht erfasst. Angezeigt ist daher eine Klausel, die Einrichtungen und Gegenstände des Vormieters, die dementsprechend nicht mitvermietet sind, ausdrücklich erfasst. Andere Dinge, die der Vermieter nicht mitvermieten will, die aber nicht dem Mieter zugeordnet werden können, muss der Vermieter vorher vom Vormieter räumen lassen bzw. selbst entfernen.

Muster
Mietvertrag: Übernommene Einrichtungen und Gegenstände →[🖘 535-8]

> Folgende Einrichtungen und Gegenstände, die sich in der vermieteten Wohnung befinden, hat der Mieter von einem Vormieter übernommen:
> ...
> Sie gelten als vom Mieter eingebracht und sind nicht mitvermietet. Der Vermieter ist insoweit nicht zur Instandhaltung und Instandsetzung verpflichtet. Auf Verlangen des Vermieters sind sie bei Beendigung des Mietverhältnisses zu entfernen und ist der ursprüngliche Zustand wiederherzustellen.

7.2 Anspruchsinhalt

Der Anspruch des Mieters bezieht sich auf die (Wieder-)Herstellung der vermieteten Sache zum **vertragsgemäßen Gebrauch**. Gefordert ist ein Handeln des Vermieters, das über §§ 887, 888 ZPO vollstreckungsmäßig durchzusetzen ist. Der Herstellungsanspruch besteht unabhängig davon, ob der Mieter Minderung geltend machen oder Schadensersatz verlangen kann (§§ 536, 536a). **Mit welchen Mitteln** der Vermieter seiner Instandhaltungspflicht nachkommt, ist **seine Sache**, es sei denn, es kommt nur eine Art der Instandsetzung in Betracht. Der Mieter hat demgemäß in seiner Klage lediglich den angestrebten Erfolg zu bezeichnen, nicht die erforderlichen Maßnahmen in den Klageantrag aufzunehmen – Letzteres wäre unzulässig. Bei nicht funktionierender Heizung müsste der Antrag demgemäß z.B. auf Reparatur der Heizung zwecks Beheizung der gemieteten Wohnung lauten. Wie die Reparatur durchgeführt werden soll, müsste der verurteilte Vermieter entscheiden.

Kommt er seiner im Urteil festgehaltenen Pflicht nicht nach, müsste die **Vollstreckung** nach § 887 ZPO durchgeführt werden. Dass hinsichtlich der Mittel, mit denen die Leistungspflicht erfüllt werden kann, verschiedene Möglichkeiten zur Verfügung stehen, beeinträchtigt den Charakter einer Leistung als vertretbare Handlung nicht (vgl. Zöller/Stöber, § 887 Rn. 2 mit Rechtsprechungsnachweisen). Nach § 887 ZPO ist der Gläubiger (Mieter) von dem Prozessgericht auf Antrag zu ermächtigen, **auf Kosten des Schuldners** (Vermieters) die Handlung vornehmen zu lassen. Hier nun muss der vollstreckende Mieter die seiner Ansicht nach erforderlichen Einzelmaßnahmen genau bezeichnen, damit das Prozessgericht einen entsprechenden Ermächtigungsbeschluss erlassen kann. Insofern geht also in diesem Moment die Konkretisierung der Handlung auf den Mieter über. Der Vermieter ist dadurch in seinen Rechten nicht verletzt, denn er hätte ja die Leistung nach seiner Methode vornehmen können. Der Vermieter kann auch noch im Rahmen der Anhörung nach § 887 ZPO auf den zu erlassenden Ermächtigungsbeschluss in seinen konkreten Einzelheiten Einfluss nehmen.

Den Einwand der Erfüllung des Herstellungsanspruchs kann der Schuldner/Vermieter im Vollstreckungsverfahren nicht geltend machen, sondern ist darauf verwiesen, Vollstreckungsgegenklage nach § 767 ZPO zu erheben (überwiegende Ansicht: OLG Köln, NJW- RR 1989, 188 mit umfangreichen Nachweisen; Zöller/Stöber, § 888 Rn. 11; LG Berlin, GE 1996, 55). Etwas anderes kann nur für den Fall gelten, dass die Erfüllung evident ist. Die Zwangsvollstreckungsgegenklage wäre auch nicht gegen den entsprechenden Beschluss nach §§ 887, 888 ZPO, sondern immer nur gegen den zugrunde liegenden Titel auf Vornahme der Handlung zu richten (LG Berlin, GE 1996, 1245).

In Erfüllung des Herstellungsanspruchs hat der **Mieter Einwirkungen auf die Mietsache zu dulden**, die zur Erhaltung der Mieträume oder des Gebäudes erforderlich sind (§ 554 Abs. 1). Anders als für Modernisierungen zu § 554 Abs. 2 muss der Vermieter die beabsichtigten Arbeiten nicht im Einzelnen ankündigen; der Duldungsanspruch gegenüber dem Mieter hängt hiervon nicht ab.

Muster
Mängelbeseitigungsaufforderung des Mieters →[✆ 535-9]

...   ...
(Mieteranschrift)   (Datum)

An
...
(Vermieter)

Betreff: Anzeige eines Mangels in meiner Wohnung in ... (genaue Angabe der Wohnung, unter Umständen Wohnungs-Nr.)
hier: Wasserschaden

Sehr geehrte(r) Frau/Herr ...!
Aufgrund des Mietvertrags vom ... habe ich von Ihnen die oben angeführte Wohnung gemietet. Ich habe jetzt in dem Wohnzimmer (Balkonzimmer) an der Außenwand (rechts vom Balkon) einen Wasserschaden in Form eines sich ständig vergrößernden Wasserflecks bemerkt. Möglicherweise läuft das Wasser vom Balkon der über mir gelegenen Wohnung nicht ausreichend ab oder es besteht ein sonstiger Schaden an der Außenwand. Das eindringende Wasser hat die Tapete schon erheblich beschädigt. Es besteht die weitere Gefahr, dass die Fußbodenleiste verrottet und das Parkett in meinem Zimmer Schaden nimmt. Den Teppich habe ich zwar schon teilweise eingerollt, aber auch hier besteht eine Schadensmöglichkeit.
Ich habe zwar schon vor zehn Tagen den Hauswart auf den Wasserschaden hingewiesen. Da jedoch bisher eine Reaktion Ihrerseits nicht zu verzeichnen war, muss ich Sie formell mit diesem Schreiben über den Mangel in Kenntnis setzen und Sie zur Mängelbeseitigung auffordern. Dazu setze ich Ihnen eine Frist von zehn Tagen. Ferner mache ich darauf aufmerksam, dass ich mir eine Mietminderung vorbehalte. Eine Mängelbeseitigung schließt auch eine Schadensbeseitigung (z.B. an der Tapete) ein. Entsprechende Schadensersatzansprüche behalte ich mir ebenfalls vor.

Mit freundlichem Gruß
(Unterschrift Mieter)

Ablehnung der Mängelbeseitigung →[✪ 535-10]

...
(Vermieteranschrift)   ...
                                                                                    (Datum)

An
...
(Mieter)

Betreff: Mietmangel in Ihrer Wohnung
Bezug: Ihr Aufforderungsschreiben vom ...

Sehr geehrte(r) Frau/Herr ...!
Auf ihr Schreiben vom ... hat der von mir beauftragte Hausmeister, Herr ..., Ihre
Wohnung in Ihrem Beisein besichtigt und sich dabei den von Ihnen behaupteten
Wasserschaden im Balkonzimmer angesehen. Dabei hat er festgestellt, dass sich
zwar an der von Ihnen bezeichneten Stelle Feuchtigkeitsränder an der Tapete und
auch schon Stockflecken zeigen. Dabei handelt es sich jedoch offensichtlich nicht
um einen gerade erst aufgetretenen Schaden aufgrund eines Wassereinbruchs. Überdies hat eine Untersuchung des Balkons der über Ihnen gelegenen Wohnung einschließlich der Außenwand im Bereich Ihrer Wohnung ergeben, dass dort hausseits
Mängel nicht vorliegen, so dass das Eindringen von Wasser in Ihre Wohnung über
den Balkon oder durch die Mauer ausgeschlossen ist. Die weiteren Beobachtungen
meines Hauswarts haben ergeben, dass das Wohnzimmer nur sehr unzureichend beheizt war, was daraus zu erklären sein mag, dass Sie offenbar die Wohnung nur spo-
radisch benutzen. Es liegt daher auf der Hand, dass es sich um Stockflecken handelt,
die ihre Ursache in mangelnder Belüftung Ihrer Wohnung haben. Ich weise daher
Ihre Aufforderung, Mängel zu beseitigen, zurück und fordere Sie meinerseits auf,
angemessen zu heizen und die Wohnung zu lüften. Dazu reicht es nicht aus, ab und
zu die Balkontür auf so genannte Kippstellung zu bringen. Notwendig ist eine
Durchlüftung der Räume in gewissen Abständen.
Die angekündigte Mietminderung weise ich zurück. Das gilt auch für die angekündigten Schadensersatzansprüche. Sollte es zu einem Mietrückstand kommen, werde
ich die gesetzlichen Möglichkeiten zur Kündigung des Mietverhältnisses wahrnehmen.

Hochachtungsvoll
(Unterschrift Vermieter)

7.3   Grenzen des Anspruchs
§ 536b Satz 1 bezieht sich nicht auf den Herstellungsanspruch nach § 535. Daraus folgt,   76
dass der **Mieter diesen Anspruch auch dann** hat, **wenn er Mängel** der Mietsache bei
Abschluss des Mietvertrags **kennt und keinen Vorbehalt macht** (allgemeine Meinung;

OLG Köln, MDR 1993, 973; LG Berlin, MM 1994, 281; Emmerich/Sonnenschein, § 539 Rn. 1; das Zitat bei Sternel, Mietrecht aktuell, Rn. 317 für die gegenteilige Ansicht des LG Berlin, GE 1993, 99 ist missverständlich). **Etwas anderes** kann nur dann gelten, wenn der Mieter einen Mangel feststellt, die Wohnung übernimmt und den Mangel **über längere Zeit nicht rügt**. Dann kann (im Einzelfall) eine Billigung des Zustands als vertragsgemäß angenommen werden mit der Folge, dass ein Erfüllungsanspruch später nicht mehr geltend gemacht werden kann. Rechtsdogmatisch dürfte sich der Vermieter aber in einem derartigen Fall eher mit dem Einwand der unzulässigen Rechtsausübung (§ 242) wehren können, wenn später dennoch Herstellung begehrt wird.

Bei vom Vermieter nicht zu vertretender **Zerstörung der Mietsache** endet die Pflicht aus § 535. § 275 (zur Rechtslage der ab 1.1.2002 in Kraft tretenden Schuldrechtsreform vgl. Rn. 76a) setzt zum einen die Unmöglichkeit der Leistung und zum anderen die mangelnde Schuld des Vermieters voraus. Der Vermieter wird von der Pflicht des § 535 also überhaupt nur dann befreit, wenn er den Untergang der Mietsache nicht zu vertreten hat. Dabei hat der Vermieter Vorsatz, aber auch Fahrlässigkeit zu vertreten (§ 276; diese Vorschrift gilt auch – mit kleineren Veränderungen – nach der Schuldrechtsreform ab 1.1.2002). Bei ungeklärter Ursache ist § 282 einschlägig, wonach den Schuldner/Vermieter die Beweislast trifft, wenn streitig ist, ob die Unmöglichkeit der Leistung die Folge eines von dem Schuldner zu vertretenden Umstands ist. Das kann z.B. bei einem ungeklärten Brand eine nicht leicht zu beantwortende Frage werden. Die Unmöglichkeit der Leistung ist mietrechtlich mit dem Untergang der Mietsache in Verbindung zu bringen. Geeignete Abgrenzungskriterien hierzu bringt das Gesetz nicht: Brennt z.B. das Haus, in dem sich die Mietwohnung befindet, vollständig ab, dürfte die Sachlage klar sein. Die Mietsache ist dann untergegangen, der Vermieter wird von seiner Leistung frei. Eine Aufbaupflicht besteht nicht und kann grundsätzlich auch nicht aus § 242 hergeleitet werden. Bei einem Wohnungsbrand ist das Problem schon viel schwieriger zu beurteilen. Die Kriterien der §§ 16 und 17 II. WoBauG sind nur bedingt heranziehbar. Dort wird zwar die Zerstörung definiert, wonach ein außergewöhnliches Ereignis bewirkt haben muss, dass oberhalb des Kellergeschosses auf die Dauer benutzbarer Raum nicht mehr vorhanden ist, im Weiteren wird jedoch von Raum gesprochen, der auf die Dauer zu Wohnzwecken nicht mehr benutzbar sein muss (und dann wieder benutzbar gemacht wird). Immerhin kann jedoch der Gedanke der Benutzbarkeit, die auf Dauer ausgeschlossen sein muss, herangezogen werden. Sind die Räume durch Schönheitsreparaturen wieder herzurichten, kann sicher nicht von einem Untergang der Mietsache gesprochen werden. Auf der anderen Seite kann ein Untergang der Sache nicht schon dann verneint werden, wenn Wände, Boden und Decke noch vorhanden sind, mithin noch ein Raumgebilde besteht. Die Grenzen hierzu sind allerdings fließend. Daraus folgt das Problem, was ein Vermieter vortragen muss, um eine Zerstörung der Sache/Unmöglichkeit der Leistung annehmen zu können. In einem dem LG Berlin vorliegenden Fall (62 S 485/95, Urteil vom 4.5.1998) hatte in der Wohnung ein ungeklärter Brand mit sicher nicht unerheblichen Schäden stattgefunden. Der Vermieter hatte vorgetragen, dass die Wohnung vollständig durch Brand zerstört worden sei, und hatte sich zum Beweis auf die Ermittlungsakten gestützt. Dies alles reichte der Kammer nicht aus. Der Vortrag hätte substanziiert sein müssen. Dabei hätte sich der Vortrag auf den Zustand der Mietsache nach dem

Brand im Einzelnen beziehen müssen. Folgende Tatsachen hätten dazu z.B. vorgetragen werden sollen:

- Zustand des Fußbodens vor und nach dem Brand (z.B. Dielenfußboden – Dielen vollständig bzw. teilweise verbrannt oder nur noch Schüttung vorhanden),
- Zustand der Wände vor und nach dem Brand (vollständiger oder teilweiser Abfall von Putz, Durchbrüche zur nächsten Wohnung und dgl.),
- Aufbau der Decken – Zustand nach dem Brand (z.b. Abbrennen der Strohdecke, dadurch mangelnde Tragfähigkeit),
- Fenster mit Glas und Rahmen (z.b. Holzfenster vollständig zerstört),
- Elektroleitungen verglüht,
- Sanitärobjekte gesprungen, Zu- und Abflüsse verschmort.

Bei Teilzerstörung stellt sich die Frage, inwiefern der Vermieter verpflichtet ist, die Mietsache wieder aufzubauen. Hier wird die Opfergrenze gezogen (vgl. BGHZ 66, 350; OLG Karlsruhe, WuM 1995, 308 für den Fall einer Brandzerstörung, bei der eine Instandsetzung einer Neuherstellung gleichkommt). Die Frage der Opfergrenze bei einer teilweisen Zerstörung der Mietsache, die der Vermieter zu vertreten hat, ist rechtlich lediglich nach § 242 zu beurteilen; denn § 275 greift nicht ein. Die Rechtsprechung stellt an die Opfergrenze allerdings hohe Anforderungen (LG Wuppertal, WuM 1991, 178; LG Osnabrück, WuM 1992, 119). Grundsätzlich ist der Umfang für Aufwendungen, die der Vermieter zur Erfüllung seiner Instandsetzungspflichten machen muss, **der Höhe nach unbegrenzt** (vgl. auch LG Berlin, MM 1991, 265 = WuM 1991, 538). Bei Einrichtungen, die zwar den (Wohn-)Wert der Mieträume erhöhen, bei deren Fehlen jedoch die Benutzung **nicht wesentlich beeinträchtigt wird** (sog. Komforteinrichtungen wie Fahrstuhl, Antennen, aber auch Balkon), muss eine **Abwägung** nach § 242 auch in kostenmäßiger Hinsicht erfolgen. Beim mitgemieteten Balkon wird der Mieter eine relativ geringfügige Veränderung/Verkleinerung hinnehmen müssen, also keine Wiederherstellung verlangen können, sofern ihm überhaupt noch ein nutzbarer Balkon verbleibt (LG Berlin, GE 1995, 1013).

Mit der ab 1.1.2002 in Kraft tretenden **Schuldrechtsreform** regelt der Gesetzgeber das **Recht der Leistungsstörungen** neu. Die bisher in § 275 geregelte Unmöglichkeit bleibt jedoch inhaltlich auch in der Neufassung des § 275 enthalten. Danach ist der Anspruch auf Leistung ausgeschlossen, soweit und solange diese für den Schuldner oder für jedermann unmöglich ist. Bei vollständiger Zerstörung der Mietsache wird also der Vermieter frei; die Ausführungen zu bisherigen Rechtslage können übertragen werden. **76a**

In der Neufassung der Vorschrift ist nicht mehr von „nicht zu vertretender Unmöglichkeit" die Rede. Das bedeutet jedoch keinen Unterschied, denn das Verschuldensmoment in dem bisherigen § 275 hatte keine eigenständige Bedeutung. Die Rechtsfolgen des Schadensersatzes ergaben sich aus §§ 280 bzw. 325, der Schuldner wurde also nur dann frei, wenn er die Unmöglichkeit nicht zu vertreten hatte.

Für den Fall der Teilzerstörung gibt die Neufassung des § 275 Abs. 2 eine gesetzliche Regelung unter Zumutbarkeitsgesichtspunkten. Der Schuldner (hier der Vermieter) kann nämlich die Leistung verweigern, soweit und solange diese einen Aufwand erfordert, der unter Beachtung des Inhalts des Schuldverhältnisses und der Gebote von Treu und Glauben in einem groben Missverhältnis zu dem Leistungsinteresse des Gläubigers (hier

Mieters) steht. Damit können die bisherigen Grundsätze der Opfergrenze herangezogen werden, die auch schon bisher § 242 berücksichtigte. Dabei ist jetzt von der Gesetzesfassung her (§ 275 Abs. 2 Satz 3 in der ab 1.1.2002 geltenden Fassung) zu berücksichtigen, ob der Schuldner (hier Vermieter) das Leistungshindernis zu vertreten hat. Im Übrigen wird für den Fall der Unmöglichkeit auf die Schadensersatzpflichten Bezug genommen, die sich mit entsprechenden Verweisungen aus § 283 n.F. ergeben.

77 In den **neuen Bundesländern** gilt § 535 vom Beitritt ab 3.10.1990 an ebenfalls. Im Hinblick auf den häufig schlechten Gebäudezustand wurde diskutiert, ob § 539 a.F. (jetzt § 536b) herangezogen werden kann, jedenfalls dann, wenn der Mieter das Mietobjekt vor Abschluss des Mietvertrags besichtigt hat und die Mängel über längere Zeit vorbehaltlos hingenommen hat. Das soll sich auch auf Mängel beziehen, die der Typik der Baualtersklasse entsprechen (vgl. Sternel, Mietrecht aktuell, Rn. A 245 ff.; Kreisgericht Erfurt, WuM 1993, 112; OLG Naumburg, WuM 1995, 145). In diesem Zusammenhang wird auch das Argument der wirtschaftlichen Unmöglichkeit im Verhältnis zum Mietenniveau herangezogen. Abgesehen davon, dass das Problem sich im Zuge der fortschreitenden Bautätigkeit und des steigenden Mietenniveaus in absehbarer Zeit nivellieren dürfte, ist der dogmatische Ansatz über § 536b bedenklich. Grundsätzlich gilt § 535 auch in den neuen Bundesländern uneingeschränkt. Das bedeutet, dass im Rahmen der Gewährung des vertraglichen Mietgebrauchs ein Anspruch auf Beseitigung von Mängeln/Instandsetzungsanspruch besteht. Die Heranziehung der Grundsätze der Opfergrenze kann jedoch je nach Beeinträchtigungsintensität des Mangels auch dazu führen, dass die Mängel sukzessive abzubauen sind, demnach die Instandsetzungspflicht nicht völlig in Wegfall kommt, sondern nur hinausgeschoben wird (vgl. auch Sternel, Mietrecht aktuell, Rn. A 248). Im gerichtlichen Konflikt hat der gesetzlich verpflichtete Vermieter das wirtschaftliche Leistungshemmnis einzuwenden, den Einwand ggf. durch Vorlage eines Wirtschaftsplans/Instandsetzungsprogramms zu substanziieren und ggf. zu beweisen (vgl. auch Geldmacher, DWW 1991, 298 [300]). Die inzwischen vergangene Zeit dürfte jetzt allerdings zu einer uneingeschränkten Anwendung des § 535 Abs. 1 Satz 2 führen.

Eine andere Frage ist es in diesem Zusammenhang, ob der Mieter von Räumen, die in bestimmter Bauart in den neuen Bundesländern errichtet worden sind, einen Anspruch darauf hat, dass die Räume gemäß bautechnischen Richtlinien hergerichtet werden, die bislang nur in den alten Bundesländern galten. Das ist zu verneinen, es sei denn, der vertragsgemäße Gebrauch der Räume ist nicht mehr gewährleistet und überschreitet die Zumutbarkeitsgrenze/Schmerzgrenze (LG Berlin, GE 1995, 621; LG Berlin, GE 1995, 1211).

7.4 Einhaltung von DIN-Vorschriften

78 Geschuldet wird der vertragsgemäße Zustand der Mietsache. Dabei kommt es auf den **Zustand** an, der **zum Zeitpunkt des Mietvertragsabschlusses** bestand. Allerdings können technische oder wissenschaftliche Entwicklungen zu der Erkenntnis führen, dass bestimmte Einrichtungen der Mietsache nicht mehr geeignet sind, den vertragsgemäßen Gebrauch zu gewährleisten, z.B. den Aufenthalt von Menschen nicht mehr gestatten. Demgemäß entsteht die Frage, unter welchen Umständen der Mieter einen Anspruch auf Veränderung der Mietsache, auf Modernisierung, auf Herrichtung den neuesten Erkennt-

nissen gemäß hat. Ein Anspruch auf Veränderung der technischen Ausstattung der Mieträume gibt dem Mieter jedoch auch bei Änderung der technischen Normen **keinen Anspruch auf Anpassung der Ausstattung**, wenn im Übrigen der **vertragsgemäße Gebrauch der Wohnung weiter gewährleistet ist** (vgl. auch Schläger, ZMR 1990, 161 [162]). Auf **DIN-Vorschriften** kann sich der Mieter **nicht** für einen Anspruch auf Veränderung der Mietsache berufen, da diese ihre Funktion im öffentlichen oder privaten Baurecht haben. Für die mietrechtliche Beurteilung kommt es jedoch nur darauf an, ob der vertragsgemäße Gebrauch der vermieteten Sachen gewährleistet ist, ob der Zustand der Wohnung so ist, dass dem Mieter uneingeschränkt der ihm zustehende vertragsgemäße Gebrauch ermöglicht wird. Allerdings kann sich der Vermieter nicht auf die Einhaltung von DIN-Vorschriften zum Zeitpunkt der Erbauung des Gebäudes berufen, wenn für den Mieter dieser Zustand nicht mehr zumutbar, die Schmerzgrenze erreicht ist (LG Berlin, GE 1995, 1211). So kann es eine Nachrüstungspflicht bei mangelndem Schallschutz geben (LG Berlin, MM 1994, 281; LG Berlin, GE 1996, 1249; Sternel, Mietrecht aktuell, Rn. 312 mit weiteren Rechtsprechungsnachweisen).

Die Feststellung der **Zumutbarkeitsgrenze** kann naturgemäß nur im Einzelfall vorgenommen werden, wobei es auf die gesamten Umstände, Ort, Sitte, Zweck und Preis der Räume (KG, RiM, Bd. 2 S. 1185 [1186]) ankommt. So liegt bei Anmietung einer Wohnung in einer City die Zumutbarkeitsgrenze sicher höher als bei einer Wohnung in einem Außenbezirk in einer ruhigen Straße. Wer eine Wohnung mietet, die über einer Tiefgarageneinfahrt liegt, muss sich auf gewisse Lärmbelästigungen einstellen (AG Bonn, WuM 1990, 71).

Die Einhaltung der – bei Errichtung oder nunmehr – geltenden technischen Normen kann jedoch einen **Einfluss auf die Darlegungs- und Beweislastverteilung** haben. Steht z.B. bei einem Neubau die Einhaltung der technischen Normen fest, dürfte bezüglich „normalen" Lärms – wie Straßenlärm – festgehalten werden können, dass kein Mangel vorliegt, mithin keine Nachrüstungspflicht nach § 535 besteht. Steht auf der anderen Seite fest, dass bei einem Neubau die technischen Normen für Schallschutz nicht eingehalten worden sind, dürfte es für den Mieter in Anwendung der Grundsätze des Beweises des ersten Anscheins zu Beweiserleichterungen hinsichtlich von ihm behaupteter Lärmeinwirkungen kommen. Gleiches gilt für den Fall, dass bei einem Altbau schon zum damaligen Errichtungszeitraum die technischen Normen nicht eingehalten worden sind.

7.5 Nachrüstungspflicht bei Gesundheitsgefährdungen

Unabhängig von der Einhaltung von DIN-Vorschriften zum Zeitpunkt der Errichtung des Gebäudes **besteht eine Nachrüstungspflicht** in Anwendung des § 535 jedenfalls dann, **wenn die Gesundheit des Mieters** durch den Zustand der Räume und ihrer Einrichtungen **nachhaltig gefährdet wird**. Dabei kommt es nicht entscheidend darauf an, ob bereits ein Schaden eingetreten ist oder unmittelbar bevorsteht, vielmehr genügt für die Annahme eines Mangels, dass die Mietsache nur in der Befürchtung der Gefahrverwirklichung genutzt werden kann (OLG Hamm, DWW 1987, 226 = WuM 1987, 248). Wird bei der Beurteilung der Frage, ob eine bestimmte Schadstoffbelastung als solche einen Mangel der Mietwohnung darstellt, auf wissenschaftlich-technische Standards zum Schutz von Gesundheitsschäden abgestellt, so sind grundsätzlich diejenigen Standards maßgeblich, die in dem Zeitpunkt gegolten haben oder gelten, der für die jeweilige

79

Rechtsfolge maßgeblich ist (BayObLG, RE vom 4.8.1999 = GE 1999, 1124 [1125]). Danach sind Ausgangspunkt für die Bewertung der gesundheitlichen Unbedenklichkeit der Wohnung grundsätzlich nur die bei Vertragsschluss geltenden Standards. Nur sie können die vom Mieter erwartete Sollbeschaffenheit der Mietsache bestimmen und damit vom Vermieter geschuldet sein; denn der vom Vermieter geschuldete Leistungsstandard muss für ihn bestimmbar sein (§ 241 Satz 1). Dem liefe es zuwider, wenn schon bei Vertragsschluss das von ihm geschuldete Sicherheitsniveau zur Vorbeugung von Gesundheitsgefahren nach künftigen, erst nach Vertragsschluss aufgrund neuer Erkenntnisse verschafften Standards beurteilt werden müsste. Führen allerdings im Laufe des Mietverhältnisses neue Einsichten in die gesundheitsgefährende Wirkung bestimmter Baustoffe zu verschärften wissenschaftlich-technischen Standards, bringen diese eine Änderung der vertraglichen Sollbeschaffenheit der Mietsache mit sich, weil die Vertragsparteien regelmäßig von der Fortdauer der gesundheitlichen Unbedenklichkeit der Mietwohnung ausgehen. Der Vermieter hat dann jeweils die Beschaffenheit der Mietsache herbeizuführen, die als Vorsorge gegen die Gefahren für die Gesundheit der Bewohner der Mietsache nach dem aktuellen Standard erforderlich ist. Fehlerhaftigkeit der Mietsache tritt erst ein, wenn der Vermieter nach Bekanntwerden der entsprechenden verschärften Standards gleichwohl die Ursache der Gefährdung nicht beseitigt. Hinsichtlich des Gefährdungstatbestands kommt es allerdings nicht auf subjektive Befürchtungen des Mieters, sondern auf **objektive Erkenntnisse** an, wobei der **jeweilige** Entwicklungsstand der medizinischen, technischen, biologischen und/oder sonstigen Erkenntnisse zu berücksichtigen ist. Anders als für das Problem des Schallschutzes oder dgl. kann also grundsätzlich der Mieter hier einen Anspruch haben, dass die Räume in einen Zustand versetzt werden, der neuesten Erkenntnissen entspricht, da es sich hier um Gesundheitsgefährdungen handelt, die anders zu beurteilen sind als Immissionen durch Schall. Auch bei einer Schallimmission im gesundheitsgefährdenden Maß würde allerdings ein Herrichtungsanspruch bestehen.

80 **Auswechselung von Trinkwasserrohren aus Blei:** Die Aufnahme von Blei durch den menschlichen Körper kann zu gesundheitlichen Schädigungen führen. Es gibt jedoch bisher keine klaren Grundsätze dergestalt, dass für Trinkwasserleitungen ein absoluter Grenzwert festgelegt ist, dessen Überschreitung auch die Behörden zu Maßnahmen veranlassen würde. Das Problem ist auch insofern vielgestaltig, als der Mensch auch unabhängig vom Trinkwasser Blei aufnimmt, sei es durch die Luft, sei es durch die Nahrung. Dabei kommt es noch darauf an, in welcher Umgebung der einzelne Mieter sich beruflich, also auch außerhalb der Mietwohnung, und sonst privat aufhält. Bestimmte Werte existieren nur insofern, als nach der Trinkwasserverordnung in Verbindung mit der Richtlinie des Rates über die Qualität von Wasser für den menschlichen Gebrauch vom 15.7.1980, 80/778 EWG, zuletzt geändert am 22.2.1993, ein Grenzwert von 0,04 mg Blei pro Liter festgelegt ist. Die Trinkwasserverordnung richtet sich jedoch an die Lebensmittelbetriebe und somit u.a. an die Wasserwerke, ist also im Prinzip für § 535 nicht einschlägig. Die Situation ist auch nicht vergleichbar. Mit der Trinkwasserverordnung will der Gesetzgeber aus öffentlich-rechtlichen Gründen eine möglichst geringe chemische Belastung des Wassers erreichen, ohne dass damit ersichtlich ist, dass eine höhere Konzentration zu einer Gesundheitsgefährdung führen könnte (vgl. schon

LG Berlin, DWW 1987, 130). Der Wert der Trinkwasserverordnung ist auch deswegen geringer, weil hier der Beginn der Trinkwasserkette erreicht wird und einkalkuliert werden muss, dass der Wert sich auf dem Weg zum Verbraucher erhöht.
Sind die Werte der Trinkwasserverordnung nicht überschritten, kann jedenfalls keine Auswechselung der vorhandenen Bleirohre verlangt werden (vgl. Schläger, ZMR 1990, 162 und ZMR 1992, 89; LG Berlin, GE 1987, 243). Bei der Messung kommt es nicht auf das sog. Stagnationswasser an, sondern es kann dem Mieter zugemutet werden, das Wasser kurz laufen zu lassen, da erfahrungsgemäß sich dann ein etwaiger Bleiwert erheblich verringert (vgl. dazu LG Hamburg, WuM 1991, 162; LG Berlin, GE 1996, 929).
Liegen im umgekehrten Falle auch bei fließendem Wasser die Bleiwerte oberhalb des Wertes von 0,04 mg Blei pro Liter, besteht noch nicht (automatisch) ein Anspruch auf Auswechselung der Trinkwasserrohre. Gesicherte Rechtsprechung gibt es dazu bisher nicht. Nach den Grundsätzen des Beweises des ersten Anscheins ist jedoch für diesen Fall anzunehmen, dass der Vermieter nunmehr darlegen und beweisen muss, dass eine Gesundheitsgefährdung nicht vorliegt, jedenfalls nicht an der Frischwasserleitung des Hauses liegt.
Dieselben Grundsätze gelten für andere Metalle im Wasser, wie Eisen und Kupfer.

7.6 Überwälzung auf den Mieter

Die Überwälzung von Instandsetzungs- und Instandhaltungspflichten nach § 535 auf den   81
Mieter ist bei Wohnraum formularmäßig aufgrund höchstrichterlicher Rechtsprechung nur **in ganz geringem Umfang möglich.** Zur Begründung wird im Wesentlichen ein Verstoß gegen § 9 AGBG (ab 1.1.2002: § 307 BGB i.d.F. des SchuldRModG) (Abweichung vom gesetzlichen Leitbild des § 535) angenommen. Zu unterscheiden ist zwischen sog. Kosten- und Vornahmeklauseln. **Vornahmeklauseln,** wonach sich der Mieter verpflichtet, die Reparatur von beschädigten Installationsgegenständen in der Wohnung selbst in Auftrag zu geben, sind nach BGH (BGH, WuM 1992, 355 = GE 1992, 663 = ZMR 1992, 332) deswegen **unwirksam,** weil der Mieter annehmen könnte, dass ihm Gewährleistungsrechte nicht zustehen, solange er den ihm übertragenen Unterhaltungspflichten nicht nachkommt. Dabei geht der BGH davon aus, dass schon die Formulierung „der Mieter ist verpflichtet, Installationsgegenstände für Elektrizität, Wasser und Gas, Heiz- und Kocheinrichtungen, Fenster- und Türverschlüsse sowie die Verschlussvorrichtungen von Fensterläden in einem gebrauchsfähigen Zustand zu halten" eine derartige Vornahmeklausel darstellt.
Zuvor hatte der BGH (BGH, WuM 1991, 381 = ZMR 1991, 290 = GE 1991, 615) eine Vornahmeklausel deswegen scheitern lassen, weil eine Obergrenze für die (jährliche) Gesamtbelastung nicht festgelegt war.
Lediglich **Kostenklauseln** sind **dann zulässig** (Anwendung der Grundsätze aus BGH, NJW 1989, 2247 = WuM 1989, 324 = GE 1989, 669), wenn
a. sie sich nur auf solche Teile der Mietsache beziehen, die dem direkten und häufigen Zugriff des Mieters ausgesetzt sind, und
b. einen Höchstbetrag für den Fall enthalten, dass innerhalb eines bestimmten Zeitraums mehrere Kleinreparaturen anfallen.
Einen Höchstbetrag für den Einzelfall hat der BGH nicht genannt; aus den Entscheidungsgründen ist jedoch zu entnehmen, dass ein Kostenaufwand bis zu 100 DM

(50 EUR) für den Einzelfall jedenfalls tragbar ist. Als Orientierungspunkt für den Jahresaufwand könnten die Ansätze in § 28 Abs. 2 II. BV herangezogen werden, wobei ein bestimmter Prozentsatz pro Jahr angenommen werden kann, sich der BGH jedoch dazu nicht festlegt.

Zu den Kosten für die einzelne Reparatur ist nach OLG Hamburg (WuM 1991, 385) eine Höchstgrenze von 150 DM (75 EUR) je Einzelfall tragbar, ein Betrag, der in Ansehung der allgemeinen Preissteigerung bei Reparaturen auch im Hinblick auf das Urteil des BGH aus dem Jahre 1989 angemessen erscheint.

Muster
Mietvertrag: Reparaturkostenklausel →[535-11]

Der Mieter trägt die Kosten für kleine Instandhaltungen, soweit die Kosten für die Einzelreparatur 150 DM (75 EUR) und der dem Mieter dadurch entstehende jährliche Aufwand 6% der Jahresbruttokaltmiete nicht übersteigen. Die kleinen Instandhaltungen umfassen das Beheben kleiner Schäden an den Installationsgegenständen für Elektrizität, Wasser und Gas, Heiz- und Kocheinrichtungen, Fenster- und Türverschlüssen sowie Verschlussvorrichtungen von Fensterläden, die dem häufigen und direkten Zugriff des Mieters (auf den Wänden oder außerhalb der Wände verlegte Installationen) ausgesetzt sind.

82 **Wartungsklauseln,** wonach sich der Mieter verpflichtet, Elektro- und Gasgeräte und dgl. jährlich auf eigene Kosten durch eine Fachfirma warten zu lassen, sind nach BGH (WuM 1991, 381 = ZMR 1992, 290) schon deswegen **unwirksam**, weil eine Kostenbegrenzung nicht vorgenommen ist. Im Übrigen sind derartige Klauseln auch deswegen unwirksam, weil es sich nicht um Kleinreparaturen an Gegenständen handelt, die dem häufigen Zugriff des Mieters ausgesetzt sind (vgl. auch LG Berlin, GE 1993, 159 [161]). Für die Wohnungen in den neuen Bundesländern, für die bis zum 11.6.1995 Mietpreisbindung galt, waren Vereinbarungen über die Abwälzung von Instandhaltungspflichten ohnehin unwirksam (vgl. LG Berlin, GE 1995, 425). Für Mietabschlüsse nach diesem Stichtag kann die Abwälzung der Kosten für Kleinreparaturen vereinbart werden, wobei die aufgezeigten Beschränkungen gelten (vgl. Beuermann, GE 1995, 394).

Bei **Geschäftsraummietverträgen** gilt auch § 9 AGBG (ab 1.1.2002: § 307 BGB i.d.F. des SchuldRModG). Allerdings können die Gedanken aus § 536 Abs. 4, wonach bei einem Mietverhältnis über Wohnraum eine zum Nachteil des Mieters abweichende Vereinbarung zum Gewährleistungsrecht unwirksam ist, nicht herangezogen werden.

7.7 Schönheitsreparaturen

83 Die Ausführung von Schönheitsreparaturen gehört **grundsätzlich zur Instandhaltungspflicht des Vermieters** nach § 535 und ist damit eine schuldrechtliche Hauptpflicht. Wenn in weiten Kreisen der Bevölkerung die Überzeugung besteht, dass grundsätzlich der Mieter für die Schönheitsreparaturen verantwortlich ist, so ist das teilweise damit zu erklären, dass der Mieter sein Heim unabhängig vom Anfangszustand der Wohnung bei Übernahme nach seinen Vorstellungen gestalten möchte, liegt aber im Wesentlichen

daran, dass aufgrund der Rechtsprechung des BGH die **Überwälzung der Schönheits-reparaturen auf den Mieter auch durch Formularklauseln weitgehend zugelassen wird.** Dies steht im Gegensatz zur Rechtsprechung bezüglich der Überwälzung von anderen Instandsetzungsmaßnahmen/Reparaturen, wo der BGH eine Überwälzung nur für gewisse Kleinreparaturen zulässt. Das wird damit begründet, dass die Übertragung der Schönheitsreparaturen auf den Mieter Entgeltcharakter habe, eine unangemessene Benachteiligung des Mieters gem. § 9 AGBG (ab 1.1.2002: § 307 BGB i.d.F. des SchuldRModG) deswegen entfalle, weil die Überwälzung der Schönheitsreparaturen bei der Mietkalkulation zugunsten des Mieters berücksichtigt werde (vgl. dazu Wolf, WPM 1990, 1769 [1771]). Auch wenn die Rechtsprechung des BGH immer wieder kritisiert wird, ist nicht zu erkennen, dass eine Meinungsänderung eintreten könnte.

Die grundsätzlichen Probleme zum Inhalt der Schönheitsreparaturen, Überwälzung auf den Mieter, Umwandlung in einen Schadensersatzanspruch, Quotenhaftungsklauseln, sind geklärt. Dennoch finden die Instanzgerichte immer wieder Anhaltspunkte bei einzelnen Klauseln Verstöße gegen § 9 AGBG (ab 1.1.2002: § 307 BGB i.d.F. des SchuldRModG) festzustellen, so dass dringend zu raten ist, sich an die Formulierungen des BGH zu halten bzw. im Konfliktfall die im Einzelfall vereinbarte Klausel an der höchstrichterlichen Rechtsprechung zu messen.

Der Gesetzgeber der Mietrechtsreform hat bewusst die Regelung der Schönheitsreparaturen unterlassen und auch im Laufe der Diskussionen im Bundesrat und im Rechtsausschuss daran festgehalten. Die Regelung ist offenbar daran gescheitert, weil eine allseits befriedigende Formel nicht gefunden werden konnte und auch von Experten nicht einheitlich vorgeschlagen worden ist. Damit wird an dem gesetzlichen Leitbild festgehalten, dass der Vermieter auch zur Vornahme von Schönheitsreparaturen verpflichtet ist. Gleichzeitig soll es bei der vielfach genutzten Möglichkeit, die Durchführung der Schönheitsreparaturen in gewissen Grenzen auf den Mieter zu übertragen, bleiben. Die Frage, ob eine entsprechende vertragliche Vereinbarung zwischen den Mietvertragsparteien zulässig sei oder nicht, könne letztlich nie schematisch beantwortet werden, sondern hänge immer entscheidend von der gesamten Vertragsgestaltung und der Interessenlage der Parteien im Einzelfall ab. Vor diesem Hintergrund würde eine starre gesetzliche Regelung der Vielzahl der in der Praxis vorkommenden unmöglichen Fallgestaltungen nicht gerecht.

7.7.1 Überwälzung der Schönheitsreparaturen auf den Mieter

Die Übertragung der Schönheitsreparaturen auf den Mieter ist, auch bei einem Mietverhältnis über Wohnraum, **zulässig**; § 536 Abs. 4 bezieht sich nicht auf § 535. Die Übertragung kann **auch formularmäßig** erfolgen, grundsätzlich auch bei der Überlassung einer unrenovierten Wohnung (BGHZ 92, 363 = NJW 1985, 480; BGHZ 101, 253 = NJW 1987, 2575; BGHZ 105, 71 – alles Rechtsentscheide). Bei Überlassung einer **unrenovierten Wohnung** ist der Mieter allerdings nur zur Renovierung bei Vertragsende dann verpflichtet, wenn zwischen den Parteien ein Fristenplan vereinbart worden ist, der Fristenlauf mit dem Beginn des Mietverhältnisses einsetzt und die Fristen bei Mietende abgelaufen sind (BGHZ 101, 253 = NJW 1987, 2575).

84

Die Übertragung der Schönheitsreparaturen auf den Mieter **muss eindeutig sein**, was sich einerseits auf die Überwälzungsvereinbarung und andererseits auf die Klausel selbst bezieht.
Üblicherweise wird vereinbart, dass der Mieter die Schönheitsreparaturen „trägt", was ausreichend eindeutig ist (OLG Karlsruhe, RE vom 16.4.1992 in NJW-RR 1992, 969 = WuM 1992, 349 = ZMR 1992, 337). Eine Formulierung, dass der Mieter die Räumlichkeiten ordnungsgemäß und schonend zu behandeln und bei Mietende in einem ordnungsgemäßen Zustand zurückzugeben hat, reicht nicht für die Überwälzung der Schönheitsreparaturen aus (OLG Düsseldorf, DWW 1992, 365). **Vorgeschlagen** wird folgende Formulierung:

Muster
Mietvertragsklausel

> Der Mieter verpflichtet sich, die Schönheitsreparaturen auf eigene Kosten durchzuführen.

Bei der vorgeschlagenen Formulierung braucht beim Ausfüllen des Mietvertrags nichts hinzugefügt werden, wenn der Mieter die Schönheitsreparaturen übernehmen soll, während bei anderweitiger Vereinbarung lediglich hinzuzusetzen ist „Ver-"(mieter). Bei Formulierungen „Schönheitsreparaturen trägt der Mieter/Vermieter (nicht Zutreffendes durchstreichen)" besteht die Gefahr, dass das Durchstreichen insgesamt oder nur auf dem für den Mieter bestimmten Formular des Mietvertrags vergessen wird. Im ersten Fall verbleibt es bei der gesetzlichen Regelung des § 535, im anderen Fall kommt es zu Beweisschwierigkeiten, da der Vermieter beweisen muss, dass die entsprechende Streichung in seinem Exemplar während des Mietvertragsabschlusses und nicht erst später einseitig vorgenommen worden ist.
Trotz für sich genommen ausreichender klarer Formulierung, dass der Mieter die Schönheitsreparaturen zu tragen hat, kann eine entsprechende Klausel im Zusammenhang mit weiteren Bedingungen/Klauseln unwirksam sein, was wiederum zur Folge hat, dass der Vermieter für die Schönheitsreparaturen verantwortlich ist. Die Klauseln im Zusammenhang mit der Pflicht zur Durchführung von Schönheitsreparaturen sind jeweils im Zusammenhang zu sehen. Selbst wenn einzelnen Klauseln unbedenklich sein sollten, führen dazugehörige unwirksame Klauseln zur Unwirksamkeit des Klauselwerks insgesamt (sog. **Summierungseffekt**, BGH, NJW 1993, 352 = WuM 1993, 175), ist eine sog. **geltungserhaltende Reduktion** bei der Auslegung von allgemeinen Geschäftsbedingungen nicht möglich. Das gilt allerdings nicht für eindeutig trennbare Klauseln, hier bleiben die wirksamen Klauseln bestehen, die anderen bleiben unwirksam. Es ist nicht möglich, hierzu eine eindeutige Rechtsprechungslinie zu geben, zumal die Rechtsprechung der Fachgerichte in Mietsachen und der Gerichte, die allgemeinen Geschäftsbedingungen auf Grund von Popularklagen überprüfen, unterschiedlich ist. Auf der sicheren Seiten ist man, wenn man es bei der klaren Überwälzung der Schönheitsreparaturen auf den Mieter

belässt, denn die Ausgestaltung im Einzelnen ist aufgrund der vielschichtigen Rechtsprechung vorgegeben.

Fehlt eine eindeutige Überwälzung auf den Mieter, hat dieser jedoch selbst über längere Zeit die Schönheitsreparaturen auf eigene Kosten durchgeführt, kann darin nicht ohne weiteres eine konkludente Übernahme durch den Mieter gesehen werden. Die Übertragung der Schönheitsreparaturen auf den Mieter mag zwar üblich sein, so dass auch von einer Verkehrssitte gesprochen werden kann (vgl. BGHZ 92, 363 [368]). Aus der Verkehrssitte ist jedoch keine vertragliche Vereinbarung zu konstruieren. Nur im Einzel-/ Ausnahmefall kann man rechtlich bei einer derartigen Fallkonstellation einen Anspruch des Mieters aus § 535 verneinen (LG Berlin, GE 1988, 777: jahrzehntelange Ausführungen der Schönheitsreparaturen durch Mieter = konkludente Vereinbarung; Freistellungsabrede zugunsten des Vermieters = LG Berlin, WuM 1989, 232; Sternel, Mietrecht aktuell, Rn. 847; 40 Jahre lang Ausführung der Schönheitsreparaturen durch Mieter = Verwirkung, LG Berlin, GE 1996, 473).

7.7.2 (Un-)Wirksame Klauseln

a. Die formularmäßige Übertragung der **Anfangsrenovierung** auf den Mieter bei **Wohnraum** verstößt gegen § 9 AGBG – ab 1.1.2002: § 307 BGB i.d.F. des SchuldRModG – (OLG Hamburg, RE vom 13.9.1991 = ZMR 1991, 469 = WuM 1991, 523 = GE 1991, 977).   85

Bei der Gewerbemiete kann auch die Anfangsrenovierung übertragen werden (KG, GE 1995, 1011).

b. Die Überwälzung der **Schlussrenovierung** ohne Rücksicht auf die Durchführung von laufenden Schönheitsreparaturen während der Mietzeit ist formularmäßig unwirksam (OLG Hamm, RE vom 27.2.1981 = NJW 1981, 1049; OLG Frankfurt/Main, RE vom 22.9.1981 = NJW 1982, 453).

c. Wird eine **unrenovierte Wohnung** übergeben, ist die Auferlegung der Pflicht zur Durchführung von **Schönheitsreparaturen bei Bedarf,** wobei der Bedarf mindestens dann gegeben ist, wenn die in dem Fristenplan festgelegten Zeiträume verstrichen sind, unwirksam (BGH, NJW 1993, 532; OLG Stuttgart, NJW-RR 1989, 520, LG Berlin, GE 2001, 280). Nach BGH (NJW 1998, 3114 = GE 1998, 1146) ist allerdings die Überbürdung der Renovierungspflicht bei Erforderlichkeit dann wirksam, wenn in dem Klauselwerk ein Fristenplan vereinbart wird, der die Fristen vom Zeitpunkt des Beginns des Mietverhältnisses an laufen lässt. Denn eine solche Klausel bringt hinreichend zum Ausdruck, dass der Renovierungsbedarf nur an die Abnutzung durch den Mieter anknüpft.

Als **Faustformel** kann festgehalten werden, dass (auch bei Übergabe einer unrenovierten Wohnung) der Mieter zur Übernahme der Schönheitsreparaturen nur dann wirksam verpflichtet werden kann, wenn sich die **Vereinbarung auf die laufenden Schönheitsreparaturen nach Fristenplan** bezieht, sofern die Fristen vom Beginn des Mietverhältnisses an laufen (vgl. zusammenfassend BGH, GE 1998, 1146 = WuM 1998, 592 = NZM 1998, 520).

7.7.3 Begriff der Schönheitsreparaturen

86 § 28 Abs. 4 letzter Satz II. BV gilt zwar direkt nur für den öffentlich geförderten Wohnungsbau. Die Begriffsbestimmung der Schönheitsreparaturen wird jedoch ganz allgemein als Auslegungsrichtlinie für den Pflichtenumfang zur Ausführung von Schönheitsreparaturen herangezogen (vgl. nur BGH, RE vom 30.10.1984 = BGHZ 92, 363 [368]). Ist von Schönheitsreparaturen die Rede, versteht man darunter das, was in § 28 Abs. 4 II. BV beschrieben ist. Dessen ungeachtet kann die Ausführung weiterer Arbeiten vereinbart werden. Bei einer Formularklausel stellt sich hier allerdings wiederum die Frage der unangemessenen Benachteiligung mit der Folge, dass eine entsprechende Klausel (mangels Möglichkeit der geltungserhaltenden Reduktion) insgesamt unwirksam ist. Demgemäß gehört nach der Rechtsprechung die Erneuerung eines verschlissenen Teppichbodens nicht zu den Schönheitsreparaturen (OLG Hamm, RE vom 22.3.1991 = WuM 1991, 219 = ZMR 1991, 248). Dasselbe ist für das Abschleifen von Parkett entschieden worden (LG Köln, WuM 1994, 200; LG Berlin, GE 1996, 925).

87 **Art und Umfang:**

§ 28 II. BV gibt keine Qualitätsanforderungen. Die Rechtsprechung muss daher auf allgemeine Grundsätze des bürgerlichen Rechts zurückgreifen. Hierzu bestimmt § 243, dass derjenige, der eine nur der Gattung nach bestimmte Sache schuldet, nach mittlerer Art und Güte zu leisten hat. Zur Ausfüllung dieses Rechtsbegriffs ist es jedoch allgemeine Meinung, dass die Arbeiten fachmännisch zu erledigen, jedoch entsprechende Eigenleistungen des Mieters nicht ausgeschlossen sind (BGH [RE], NJW 1988, 2790 = WuM 1988, 294). Hobbyqualität mittlerer Art und Güte reicht somit jedenfalls nicht aus (LG Berlin, GE 2000, 677). Damit muss der Mieter so leisten, als würde der Fachhandwerker die entsprechenden Arbeiten ausführen. Dabei ist nicht der fuschende Handwerker, sondern der gemeint, der die Arbeiten ordnungsgemäß, also mangelfrei durchführt. Der Meinung von Emmerich (NZM 2000, 1162), Kosten sparende Eigenleistungen bedeute, man könne von dem Mieter auch nicht mehr verlangen, als eben ein Laie präsentieren könne, der geschuldete Standard beschränke sich deshalb auf eine sorgfältige und geschickte Ausführung der nötigen Reparationsmaßnahmen durch einen Laien, ist nicht zuzustimmen. Denn fachmännische Laiendekoration ist graduell nicht weniger als fachmännische Ausführung insgesamt. Auf der anderen Seite ist eine Ausführung nicht schon dann mangelhaft, wenn sie nicht höchstem Standard entspricht. Ob etwas noch fachmännisch hinnehmbar ist, hat der Fachmann, d.h. der Sachverständige zu beurteilen. Die Entscheidung selbst liegt allerdings beim Gericht, das jedoch nur überprüfen kann, ob der Sachverständige selbst mit richtigen Maßstäben an den Fall gegangen ist. Das bedeutet im Einzelfall, dass der Sachverständige gegebenenfalls begründen muss (notfalls in einer persönlichen Anhörung in einem gesonderten Beweistermin vor Gericht), warum seiner Meinung nach nicht fachmännisch gearbeitet worden ist.

Auf der anderen Seite sind sog. **Fachhandwerkerklauseln**, wonach der Mieter die Arbeiten nur von einer Fachfirma ausführen lassen darf, **unwirksam**. Trotz einer solchen Klausel bleibt jedoch die grundsätzliche Überwälzung der Schönheitsreparaturen wirksam (OLG Stuttgart [RE], WuM 1993, 528 = GE 1993, 985; BayObLG [RE], WuM 1997, 362 = ZMR 1997, 405 = NJW-RR 1997, 1371).

Zur Beurteilung von Schönheitsreparaturen in fachmännischer Sicht sind heranzuziehen:

- VOB/C DIN 18363 – Maler- und Lackierarbeiten,
- VOB/C DIN 18365 – Bodenbelagsarbeiten,
- VOB/C DIN 18366 – Tapezierarbeiten.

Im Einzelnen hat die Rechtsprechung zur Art der Ausführung nur vereinzelt Stellung genommen:

- Tapeten dürfen nicht überlappend geklebt werden (LG Berlin, GE 1999, 189 = NZM 1999, 409). Das gilt sicher bei Raufasertapeten, ob es auch für Mustertapeten zutrifft, hängt von der Art und vom Aufbau der einzelnen Tapete ab.
- Offene Nähte zwischen den Tapetenbahnen sind nicht fachgerecht.
- Das Überstreichen von Mustertapeten entspricht nicht fachgerechter Ausführung (a.a.: KG, GE 1981, 1065).
- **Vor** einer **Neutapezierung** ist die **alte Tapete** zu **entfernen** (LG Berlin, GE 1994. 583 [585]). Das ist technisch deswegen notwendig, weil durch das Aufbringen der neuen Tapete die bereits nachlassende Klebehaftung der Alttapezierung weiter gemindert wird, sich die alte Tapete vom Untergrund zumindest teilweise ablöst, so dass dieselbe „flattert".

In diesem Zusammenhang ergibt sich das Problem, ob der Mieter verpflichtet ist, auch dann die alte Tapete zu entfernen, wenn er eine renovierte oder unrenovierte Wohnung gemietet hat, in der schon **eine** oder **mehrere Lagen Tapete vorhanden waren.** Grundsätzlich bleibt es bei der **Pflicht, vor der neuen Tapezierung die alte Tapete zu entfernen** (vgl. auch LG Berlin, GE 1994, 583 [585]). Da nach der Rechtsprechung grundsätzlich eine unrenovierte Wohnung übergeben werden darf, die Renovierungspflicht des Mieters erst im laufenden Fristenplan ab Beginn des Mietverhältnisse entsteht, stellt sich das Problem überhaupt nur, wenn die Fristen zur Durchführung der Schönheitsreparaturen abgelaufen sind. Dem Mieter bleibt dann nichts anderes übrig, als „Grund" in die Tapezierung zu bringen. Eine Rechtsprechung, nach der der Mieter nur das schönheitsmäßig zu reparieren hat, was er eingebracht hat, er für einen übernommenen Zustand nicht verantwortlich ist, ist in dieser Allgemeinheit nicht ersichtlich, entspricht jedenfalls nicht herrschender Meinung. Ist die Überbürdung der Schönheitsreparaturen trotz Übergabe einer unrenovierten Wohnung klauselmäßig im Einzelfall nicht zu beanstanden, hat der Mieter nach Ablauf der Fristen laut Fristenplan bei Bedarf die Wohnung so herzurichten, wie es mittlerer Art und Güte entspricht.

Die Grenzziehung ist möglicherweise dann vorzunehmen, wenn wegen des vorhandenen Untergrunds eine Entfernung mehrerer Tapetenlagen ohne Substanz- und Wandbeschädigung überhaupt unmöglich ist, was ein Sachverständiger beurteilen kann. Dann ist der Vermieter – so wie etwa auch bei einem vorhandenen, nicht dem Mieter zuzurechnenden, Wasserschaden – erst vorleistungspflichtig, ehe der Mieter zur Durchführung von Schönheitsreparaturen herangezogen werden kann. In Ausnahmefällen ist auch an eine Unzumutbarkeit der Durchführung von Schönheitsreparaturen zu denken (§ 242). Es ist allerdings eindringlich davor zu warnen, darauf zu vertrauen, dass die Rechtsprechung in derartigen Fällen vermehrt § 242 heranziehen wird.

Raufasertapete darf allerdings nach fachmännischer Meinung überstrichen werden, auch mehrmals. Das nochmalige Überstreichen einer Raufasertapete findet allerdings dann ein Ende, wenn die Struktur von Raufaser nicht mehr erkennbar ist.

Streifige Lackarbeiten mit Pinselhaaren und Schmutzpartikeln (AG Köln, WuM 1989, 186) und ein nicht deckender Anstrich von Wänden, zahlreiche Farbläufer oder -nasen an Lackflächen entsprechen nicht fachgemäßer Dekoration.

88 Zur **Art und Weise** der Dekoration ist zwischen Renovierung **während** und nach Beendigung des **Mietverhältnisses zu unterscheiden.**

Während der Mietzeit ist der Mieter in der Art und Weise der Dekoration „frei". Es interessiert nur ihn bzw. es kommt nicht darauf an, ob es dem Vermieter gefällt, wenn er z.B. die Mustertapete überstreicht oder überlappend klebt. Selbst Lacknasen beim Fenster- oder Heizkörperstreichen tangieren nur die Interessen des Mieters. Für den Vemieter ist der Zustand bei Rückgabe der Mietsache entscheidend. Das gilt auch für „Geschmacksverirrungen" des Mieters, der z.B. meint, in der Wohnung sei alles schwarz zu halten, vielleicht auch lila oder hellblau oder dgl. (vgl. LG Berlin, GE 1998, 181; LG Hamburg, NZM 1999, 838; LG Berlin, GE 1991, 5 mit abl. Anm. von Bümmel).

Allerdings ist bei der „freien Gestaltung" des Mieters die Grenze zur postiven Vertragsverletzung zu beachten. Wenn das verwendete Material im Einzelfall Schäden an der Substanz des Hauses verursacht bzw. die Substanz/der Untergrund gefährdet ist, darf der Mieter nicht seinen Vorstellungen gemäß arbeiten. Das gilt z.B. für das Lackieren von Naturhölzern, die Umlackierung von Türen und Fensterrahmen von weiß in schwarz (vgl. Emmerich, NZM 2000, 1161 mit Rechtsprechungsnachweisen) aber auch für das Aufbringen ungeeigneter Anstriche oder Tapeten je nach Raum. So sind z.B. dampfdichte Anstriche in kleinen Feuchträumen nachteilig, wenn die Feuchte nicht durch Lüftungsverhalten abgeführt werden kann. Hier hat der Putz die Aufgabe, einen Teil der Feuchte aufzunehmen und bei ausreichendem Lüften wieder abzugeben. Langanhaltende Feuchtigkeit kann zu Schimmel führen. Für die Folgen falscher Dekoration hat der Mieter aus positiver Vertragsverletzung einzustehen (vgl. Schmidt-Futterer/Langenberg, § 548 Rn. 98).

89 Für die nach **Beendigung des Mietverhältnisses** geschuldeten Schönheitsreparaturen gilt auch in geschmacklicher Hinrichtung etwas anderes:

Zwar gilt grundsätzlich auch das Erfordernis der Ausführung nach mittlerer Art und Güte. Daher muss so dekoriert werden, dass die Wohnung für einen „mit durchschnittlichem Geschmackssinn behafteten" Nachmieter hinnehmbar ist (vgl. auch Emmerich, NZM 2000, 1161). Was darunter zu verstehen ist, kann nur im betreffenden Einzelfall beurteilt werden. Die Bandbreite normaler geschmacklicher Einschätzungen ist relativ groß, so dass es im Wesentlichen darum geht, bestimmte Spitzen geschmacklicher Verirrungen zu kappen. Nicht verlangt werden kann, dass die Wohnung jedenfalls grundsätzlich mit Raufaser zu tapezieren und mit weißer Farbe zu überstreichen ist sowie Fenster und Türen weiß (natürlich abgesehen von Naturholz) gestrichen werden müssen. Bei Tapeten gilt der Grundsatz der Unauffälligkeit, ein weißer Fensteranstrich entspricht der Üblichkeit, bei Türen sind wohl auch leichtere Grau- bzw. Beigetöne akzeptabel. Im Gegensatz dazu stehen sicher die Farben schwarz, lila, blau. Es mag sich dabei auch um „schöne" Farben handeln, die jedoch bei der Wohnungsdekoration als unüblich und daher nicht vertragsgerecht angesehen werden müssen (vgl. LG Berlin, GE 1995, 249; LG Berlin, GE 1995, 115).

Für die Qualität der verwendeten Materialien gilt ebenfalls die mittlere Art und Güte. Die Materialien müssen nicht so beschaffen sein, dass sie „nahezu für die Ewigkeit" halten. Sie müssen vielmehr so beschaffen sein, dass sie den vertragsgemäßen Gebrauch der Räume im Rahmen des üblichen Turnus für Schönheitsreparaturen zulassen, der allerdings je nach Art des Raumes verschieden ist (vgl. Langenberg, NZM 2000, 1126; AG Lützenkirchen, WuM 1989, 111). Das bedeutet damit auch, dass der Mieter sich entsprechendes Material im Supermarkt/Baumarkt besorgen kann und somit preismäßig wesentlich besser wegkommt, als beim Kauf in einem Malerfachgeschäft. Generell müssen die Farben und Tapeten geeignet sein, ein normal gesundes Wohnen zu gestatten (keine außergewöhnlichen Gerüche bzw. Ausdünstungen). Materialien aus dem Baumarkt dürften heutzutage technisch dem entsprechenden Standard entsprechen.

7.7.4 Fälligkeit der Schönheitsreparaturen – Fristenplan
Der vom Bundesminister der Justiz herausgegebene Mustervertrag 1976 Fassung I (Beilage zum Bundesanzeiger 1976, Nr. 22) sieht einen **Fristenplan** vor, aufgrund dessen Schönheitsreparaturen auszuführen sind. Danach sind Küchen, Bäder und Duschen alle drei Jahre, Wohn- und Schlafräume, Flure und Dielen alle fünf Jahre, sonstige Nebenräume alle sieben Jahre herzurichten. Diese Regelung hat sich allgemein eingebürgert, wobei die Vereinbarung eines Fristenplans überhaupt wirksam ist (BayObLG, RE vom 9.7.1987 = NJW-RR 1987, 1298). Fehlt im Mietvertrag ein Fristenplan, so sind diese Erfahrungsfristen entsprechend heranzuziehen (BGHZ 92, 363 [368] = WuM 1985, 46 ff.). Der Fristenplan gilt auch dann, wenn eine **unrenovierte Wohnung** übergeben worden ist, weil mit dem Fristenplan lediglich eine erst ab Mietbeginn laufende Regelung getroffen wird. Die Vereinbarung kürzerer Fristen in einem Klauselwerk verstößt gegen § 9 AGBG (ab 1.1.2002: § 307 BGB i.d.F. des SchuldRModG).
Diesen Fristenplänen wird jedoch allgemein sowohl in Vermieter- als auch in Mieterkreisen eine zu hohe Bedeutung beigemessen, die ihnen tatsächlich nicht zukommt. Die Vereinbarung eines **Fristenplanes bedeutet nicht**, dass bei Ablauf der Fristen **in jedem Fall zu renovieren ist**. Es handelt sich um **Erfahrungsfristen**, so dass es auf den Zustand der Wohnung im Einzelnen ankommt. Dabei ist noch zwischen Schönheitsreparaturen im laufenden Mietverhältnis und nach Ende desselben zu unterscheiden:

7.7.4.1 Schönheitsreparaturen im laufenden Mietverhältnis
Grundsätzlich besteht auch während des laufenden Mietverhältnisses die Pflicht, Schönheitsreparaturen durchzuführen, so dass bei entsprechender Überwälzung auf den Mieter der **Vermieter** einen entsprechenden **Erfüllungsanspruch** hat (vgl. z.B. Sternel, Mietrecht, II Rn. 428; Emmerich/Sonnenschein, §§ 535, 536 Rn. 41; BGH, NJW 1990, 2376 = GE 1990, 1139 = WuM 1990, 494), der auch klageweise geltend gemacht werden kann. Die Frage, ob dem Vermieter bei Nichterfüllung überhaupt (schon) ein Schaden entstanden sei, hat der BGH offen gelassen, jedoch (mit dogmatisch überaus brüchiger Argumentation) entschieden, dass beim **Verzug des Mieters** der Vermieter (nur) berechtigt sei, vom Mieter die Zahlung eines **Vorschusses** in Höhe der erforderlichen Renovierungskosten zu fordern, ohne zuvor ein Leistungsurteil erstreiten und damit die Voraussetzungen für die Ersatzvornahme im Wege der Zwangsvollstreckung schaffen zu müssen. Der Vermieter werde dadurch so gestellt, als sei eine Ersatzvornahme vertrag-

lich vereinbart worden. Dies hat zur Konsequenz, dass während des laufenden Mietverhältnisses kein Schadensersatz in Geld, sondern nur ein Vorschuss verlangt werden kann, der abzurechnen ist. Damit muss das erhaltene Geld auch **tatsächlich der Wohnung des Mieters zugute kommen.** In der weiteren Folge entstehen weitere (bisher von der Rechtsprechung nicht gelöste) Probleme insofern, als im Weigerungsfall der Vermieter den Mieter gerichtlich zwingen muss, die **Durchführung der Schönheitsreparaturen zuzulassen.** Ein entsprechender Anspruch des Vermieters auf Zutritt zur Wohnung des Mieters ist zu bejahen. Hinsichtlich der Ausführung im Einzelnen kann der Mieter noch im Zwangsvollstreckungsverfahren einen Einfluss auf die Gestaltung (Farbwahl und dgl.) nehmen – alles nicht allzu befriedigende Konsequenzen der Rechtsprechung des BGH.

Es stellt sich ferner die Frage, ob die Erforderlichkeit der Schönheitsreparaturen während des laufenden Mietverhältnisses genauso zu beurteilen ist wie nach Auszug des Mieters. Wie der BGH in seiner angeführten Entscheidung ausführt, kommen die Schönheitsreparaturen während des laufenden Mietverhältnisses dem derzeitigen Mieter zugute. Hier spielen also subjektive Kriterien eine erhebliche Rolle, während es nach Auszug des Mieters objektiv auf eine Eignung der Mietsache zum allgemeinen Mietgebrauch für Nachmieter ankommt. Demgemäß wird teilweise die Ansicht vertreten (LG Berlin, GE 1992, 1155; LG Berlin, GE 1997, 311; anders bei individueller Vereinbarung eines Fristenplans: LG Berlin, GE 1998, 181), im Hinblick auf den Umstand, dass während des laufenden Mietverhältnisses es dem Mieter überlassen ist, wie er die Wohnung gestaltet, seien die **Belange des Vermieters erst dann berührt,** wenn dem Vermieter ein **Schaden durch die Substanzverletzung der Mietsache drohe.** Das ist z.B. bei angegrauten Tapeten, entsprechenden Deckenanstrichen nicht der Fall. Jedoch bringen nicht deckende Fensteranstriche (Innenanstrich) z.B. eine Substanzgefährdung, so dass für derartige Fallkonstellationen die Vorschussregelung des BGH gilt. Die Substanzgefährdung kann auch dann vorliegen, wenn in der Wohnung tief greifende Verschmutzungen vorliegen (z.B. kann eine nikotindurchdrungene Tapete auch auf die Wände einwirken).

Muster
Aufforderunsschreiben zur Durchführung von Schönheitsreparaturen im laufenden Mietverhältnis →[✆ 535-12]

...   ...
(Vermieteranschrift)   (Datum)

An
...
(Mieter)

Betreff: Schönheitsreparaturen in Ihrer Wohnung ... (Anschrift, genaue Bezeichnung der Wohnung)

Sehr geehrter ...!
Laut Mietvertrag vom ... haben Sie sich verpflichtet, die Schönheitsreparaturen in Ihrer Wohnung auf eigene Kosten durchzuführen. Bei einer Besichtigung Ihrer Wohnung in Ihrem Beisein am ... habe ich festgestellt, dass Sie Schönheitsreparaturen nicht im erforderlichen Umfang vorgenommen haben. Grundsätzlich mag es Ihnen unbenommen sein, in einer Wohnung zu leben, deren Decken angegraut bzw. deren Tapeten nicht mehr sauber sind. Ihre Wohnung befindet sich jedoch in einem Zustand, der auch meine Interessen berührt, denn das Holz von Türen und Fenstern muss in regelmäßigen Abständen malermäßig behandelt werden, da es sonst schadhaft wird. Decken und Wände sind (offenbar durch starkes Rauchen) so vergilbt (nahezu nikotingesättigt), dass der darunter liegende Putz angegriffen wird. Ich fordere Sie daher auf, binnen einer Frist von einem Monat ab Zugang dieses Schreibens in Ihrer Wohnung folgende Arbeiten durchzuführen:
(es erfolgt jetzt eine Auflistung der geforderten Arbeiten)
Sollten Sie die Frist ungenutzt verstreichen lassen, werde ich mich veranlasst sehen, von Ihnen die Zahlung eines Vorschusses in Höhe der erforderlichen Renovierungskosten zu fordern, was bei Weigerung Ihrerseits auch klageweise erfolgen wird. Sodann werde ich mit Inanspruchnahme des Vorschusses die Schönheitsreparaturen in Ihrer Wohnung durchführen lassen und den Vorschuss entsprechend abrechnen. Ihnen bleibt bis zur endgültigen Durchführung der Schönheitsreparaturen nach wie vor die Einflussnahme auf die Art der Tapete (Muster bzw. Farbwahl in vertretbarem Umfang) unbenommen.
Ferner kündige ich schon jetzt an, dass ich den Zugang zu Ihrer Wohnung zwecks Durchführung der Arbeiten notfalls gerichtlich erzwingen werde. Im Interesse beiderseitigen Einvernehmens im Rahmen des Mietverhältnisses sollte es dazu allerdings nicht kommen, so dass ich nach wie vor hoffe, dass die Angelegenheit ohne gerichtlichen Zwang zur Zufriedenheit aller Beteiligten bereinigt werden kann.
Bitte bestätigen Sie auf der beigefügten Zweitschrift den Erhalt dieses Aufforderungsschreibens. Anderenfalls müsste ich dieses Aufforderungsschreiben durch einen Gerichtsvollzieher zustellen lassen, was Ihnen weitere Kosten bereiten würde.

Mit freundlichem Gruß
(Unterschrift)

7.7.4.2 Schönheitsreparaturen nach Ende des Mietverhältnisses

Jedenfalls werden die **Schönheitsreparaturen zum Ende des Mietverhältnisses** fällig 92 (BGH, ZMR 1989, 57), wobei es auf den Zustand der Wohnung im Einzelnen ankommt. Hat der Mieter innerhalb der Fristenpläne während des laufenden Mietverhältnisses renoviert, wird zum Vertragsende keine erneute Renovierung fällig, da sich die **Rückgabepflicht nicht auf eine frisch renovierte Wohnung bezieht** (die Vereinbarung einer Schlussrenovierung ohne Rücksicht auf die Durchführung von laufenden Schönheitsreparaturen während der Mietzeit ist unzulässig: OLG Hamm, RE vom 27.2.1981 = NJW 1981, 1049; OLG Frankfurt/Main, RE vom 22.9.1981 = NJW 1982, 453). Denn je nach

der Bewohnung der Räume im Einzelnen kann sich die Erforderlichkeit von Schönheitsreparaturen früher oder später ergeben. Wohnen in einer Wohnung eine Vielzahl von Menschen, die teilweise auch noch rauchen, sind Kinder und Tiere dabei, wird die Wohnung mit ziemlicher Wahrscheinlichkeit schon vor Ablauf entsprechender Fristen reparaturbedürftig sein. Auf der anderen Seite kommt es oft vor, dass die gemietete Wohnung kaum bewohnt oder eine große Wohnung durch einen Menschen kaum genutzt wird, so dass die Räume auch noch nach Jahren außerhalb aller Fristenpläne wie neu dekoriert aussehen. Es kommt auf die Einzelbeurteilung an, die naturgemäß relativ subjektiv ist. Der Sachverstand liegt im Zweifel beim Sachverständigen, der zwar auch seine (subjektiven) Vorstellungen einbringt, die allerdings objektivierter sein werden, als die der beteiligten Mietvertragsparteien. Eine Einheitlichkeit auch bei sachverständiger Begutachtung dürfte aber kaum zu erreichen sein. Letztlich muss das Gericht notfalls nach Augenscheinseinnahme nach richterlicher Überzeugung entscheiden.
Der vereinbarte oder anzunehmende **Fristenplan wirkt unterschiedlich:**

93   **– ab Beginn des Mietverhältnisses sind alle Fristen abgelaufen**
Die Berechnung der Fristen bezieht sich gestaffelt auf die entsprechenden Räume gemäß Fristenplan. Es spricht nunmehr eine **Vermutung** dafür, **dass Schönheitsreparaturen durchgeführt werden müssen.** Demgemäß liegt die Darlegungs- und Beweislast beim Mieter. In der Konsequenz muss der Vermieter nicht im Einzelnen darlegen und gegebenenfalls beweisen, dass und in welchem Umfang die Wohnung dekorationsmäßig zu behandeln ist. Vielmehr muss der Mieter zunächst darlegen und nötigenfalls beweisen, dass er in den einzelnen Räumen gemäß den Fristenplänen turnusmäßig Schönheitsreparaturen durchgeführt hat. Gelingt das, hat nunmehr wieder der Vermieter die Darlegungs- und Beweislast, dass der Zustand der Wohnung so beschaffen ist, dass nicht mehr von einem normalen Abwohnen innerhalb der Fristen auszugehen ist.
Das alles stellt für den Rechtsanwender ein schwieriges System von Darlegungs- und Beweislast dar. Für die mietrechtliche Auseinandersetzung im Prozess kann diese prozessuale Dogmatik jedoch vernachlässigt werden. Macht der Vermieter Ansprüche geltend, muss er zunächst vortragen, was er am Zustand der Wohnung beanstandet. Ergibt dann nach einem entsprechenden Bestreiten des Mieters die Beweisaufnahme, dass sich die Wohnung in einem Zustand befindet, der Schönheitsreparaturen notwendig macht, kann der Mieter sich nicht darauf berufen, er habe innerhalb der Fristenpläne renoviert; denn entweder hat er dann unzureichend renoviert oder aber die Wohnung übermäßig genutzt. Vereinfacht ausgedrückt: Ergibt sich im Rechtsstreit, dass in der Wohnung Schönheitsreparaturen durchzuführen sind, hat der Mieter dafür einzustehen.

94   **– ab Beginn des Mietverhältnisses ist die Frist nicht abgelaufen**
Bei kürzeren Mietverhältnissen, meist knapp unter drei Jahren, aber je nach dem auch gestaffelt für die Fristen bezüglich der übrigen Räume gesehen, sind grundsätzlich noch keine Schönheitsreparaturen geschuldet. In diesem Fall ist es Sache des Vermieters, darzulegen und gegebenenfalls zu beweisen, dass dennoch schon Schönheitsreparaturen geschuldet sind, weil die Wohnung nicht normal, sondern übermäßig (ab-)genutzt worden ist. In dieser Hinsicht bringt der Fristenplan in der Praxis eine gravierende Zäsur.

7.7.5 Schadensersatzansprüche wegen nicht durchgeführter Schönheits-reparaturen

Kommt der Mieter zum Ende des Mietverhältnisses dem **Erfüllungsanspruch** des Ver- 95
mieters auf Durchführung von Schönheitsreparaturen nicht oder teilweise nicht ausreichend nach, kann sich dieser Anspruch in einen **Schadensersatzanspruch (wegen
Nichterfüllung) umwandeln.** Dazu bedarf es der Durchführung des **Verfahrens nach
§ 326.** Es handelt sich um ein relativ „förmliches" Verfahren, dessen Einhaltung unbedingt erforderlich ist, weil sonst der gesamte Schadensersatzanspruch entfallen kann.
Abzugrenzen ist dieser Anspruch zum Schadensersatzanspruch wegen positiver Forderungsverletzung (z.B. nicht fachgerechte Durchführung von Schönheitsreparaturen: LG
Berlin, GE 1995, 115; Schaden bei vertragswidriger Nutzung der Mietsache: BGH,
DWW 1995, 279). Hier entsteht der Schadensersatzanspruch direkt, ohne dass es des
Umwandlungsverfahrens (Erfüllungsanspruch in Schadensersatzanspruch) nach § 326
bedürfte. **Wegen der Neuregelung des Rechts der Leistungsstörungen ab dem
1.1.2002 vgl. Rn. 96a.**

§ 326 Verzug; Fristsetzung mit Ablehnungsandrohung (bis zum 31.12.2001 geltende Fassung)

(1) [1]Ist bei einem gegenseitigen Vertrage der eine Teil mit der ihm obliegenden Leistung im Verzu-
ge, so kann ihm der andere Teil zur Bewirkung der Leistung eine angemessene Frist mit der Erklärung bestimmen, daß er die Annahme der Leistung nach dem Ablaufe der Frist ablehne. [2]Nach dem
Ablaufe der Frist ist er berechtigt, Schadensersatz wegen Nichterfüllung zu verlangen oder von dem
Vertrage zurückzutreten, wenn nicht die Leistung rechtzeitig erfolgt ist; der Anspruch auf Erfüllung
ist ausgeschlossen. [3]Wird die Leistung bis zum Ablaufe der Frist teilweise nicht bewirkt, so findet
die Vorschrift des § 325 Abs. 1 Satz 2 entsprechende Anwendung.
(2) Hat die Erfüllung des Vertrags infolge des Verzugs für den anderen Teil kein Interesse, so stehen
ihm die im Absatz 1 bezeichneten Rechte zu, ohne daß es der Bestimmung einer Frist bedarf.

§ 326 Abs. 1 Satz 1 setzt zunächst einen **Verzug des Mieters** voraus. Nach § 284 Abs. 1
(ab 1.1.2002: § 286 i.d.F. des SchuldRModG) kommt ein Schuldner erst nach Mahnung
des Gläubigers in Verzug, wobei diese Mahnung nicht mit der Leistungsaufforderung mit
Fristsetzung nach § 326 Abs. 1 Satz 1 verwechselt werden darf. Da Schönheitsreparaturen bei Beendigung des Mietverhältnisses **fällig sind** (vorausgesetzt, es sind überhaupt
Schönheitsreparaturen notwendig!), kann allerdings § 284 Abs. 2 Satz 2 (ab 1.1.2002:
§ 286 i.d.F. des SchuldRModG) zur Anwendung kommen, wonach der **Schuldner auch
ohne Mahnung in Verzug gerät,** wenn für die Leistung eine Zeit nach dem Kalender
bestimmt ist und der Schuldner nicht zur bestimmten Zeit leistet (BGH, WuM 1989, 141
[142] = ZMR 1989, 57). Das gilt jedenfalls bei ordentlicher Beendigung des Mietverhältnisses, muss jedoch auch bei außerordentlicher Beendigung, insbesondere nach fristloser
Kündigung gelten, da in beiden Fällen das Mietverhältnis beendet ist (a.A. offenbar
Sternel, Mietrecht aktuell, Rn. 871). Jedenfalls aber ist es sicherer und für beide Vertragsparteien der Klarheit dienlicher, wenn eine verzugsbegründende Mahnung, Schönheitsreparaturen durchzuführen, ausgesprochen wird, die nach allgemeiner Meinung auch
mit der Fristsetzung nach § 326 Abs. 1 Satz 1 verbunden werden kann (BGH, NJW-RR
1990, 444, allgemein gefestigte Meinung, vgl. auch Emmerich, NZM 2000, 1158, 1159).

Abmahnung, Fristsetzung sind erst wirksam, wenn die Leistung fällig ist, d.h. erst nach Beendigung des Mietverhältnisses (vgl. BGH, NJW 1991, 2416).

Mahnung und Fristsetzung bedürfen einer ausreichend **konkretisierten Leistungsaufforderung,** da der Mieter wissen muss, was der Vermieter im Einzelnen beanstandet, welche konkreten Schönheitsreparaturen von ihm erwartet werden. Die Aufforderung muss sich demnach konkret auf die einzelnen Räume beziehen, es muss spezifiziert angegeben werden, welche Arbeiten der Mieter durchführen soll (vgl. OLG Hamburg, WuM 1992, 70; LG Hamburg, WuM 1990, 66; LG Karlsruhe, WuM 1991, 88; KG, GE 1995, 1011; LG Berlin, GE 1987, 241 [243]; LG Berlin, GE 1994, 1119). Üblicherweise wird bei Besichtigung und Übergabe der Mieträume ein Protokoll erstellt, in dem die einzelnen Mängel aufgelistet werden (unabhängig davon, ob der Mieter dieses Protokoll und die aufgezeigten Mängel anerkennt). Eigentlich ist es nicht erforderlich, dem Mieter die Mängel im Einzelnen aufzuzeigen, da dieser ja den Zustand der Wohnung kennt. Dem Mieter muss nur gesagt werden, welche Arbeiten von ihm erwartet werden. Unabhängig davon ist es jedoch tunlich, dem Mieter auch die Mängel (nochmals) aufzuzeigen und ihn zur Vornahme konkreter Arbeiten aufzufordern. Auf der anderen Seite reicht es nicht aus, dem Mieter nur die Mängelliste zu übersenden und ihn aufzufordern, die erforderlichen Schönheitsreparaturen durchzuführen (vgl. LG Berlin, GE 1994, 1119).

Für einen etwaigen nachfolgenden Rechtsstreit ist eine Beschreibung der Mängel im Einzelnen ohnehin notwendig, da das Gericht – anders als der Mieter – den Zustand der Wohnung bei Rückgabe nicht kennt und es demgemäß zur Substanziierung der Klage erforderlich ist, eine Zustandsbeschreibung zu liefern.

Die **Frist** des § 326 Abs. 1 Satz 1 **muss angemessen, also ausreichend sein,** damit der Mieter auch tatsächlich die Schönheitsreparaturen ausführen kann. Bei einer zu kurz bemessenen Frist tritt allerdings an die Stelle der gesetzten eine angemessene Frist (vgl. BGH, NJW 1985, 2640; LG Berlin, GE 1989, 413).

Mit der Fristsetzung nach § 326 kann (und sollte zur Vermeidung eines weiteren möglicherweise verwirrenden Schriftwechsels) die **Ablehnungsandrohung** verbunden werden (vgl. Palandt/Heinrichs, § 326 Rn. 14). In der Ablehnungsandrohung muss eindeutig zum Ausdruck kommen, dass der Vermieter nach dem Fristablauf die Annahme der Leistung ablehnen werde. Die Wiederholung des Gesetzeswortlauts ist zwar nicht erforderlich, wegen des „formalisierten" Verfahrens (schon seit Reichsgericht) aber unbedingt ratsam (vgl. Palandt/Heinrichs, § 326 Rn. 18). Wird dieses Verfahren nicht beachtet, wandelt sich der Erfüllungsanspruch nicht in den Schadensersatzanspruch um (vgl. BGH, NJW 1989, 1778 = WuM 1988, 272).

Beteiligte dieses Verfahrens sind Vermieter und Mieter. Wer dies im Einzelnen ist, richtet sich nach allgemeinen Gesichtspunkten (einschließlich Vertretungsmöglichkeiten). Hierzu wird auf die Erläuterungen zu Rn. 8 ff. Bezug genommen. Das Verfahren nach § 326 muss – abgesehen von wirksam vereinbarten Klauseln zur Abgabe und zum Empfang von Willenserklärungen (vgl. § 542 Rn. 9) – gegenüber allen (Mit-)Mietern betrieben werden, da im Rahmen der Einheitlichkeit der Mietverhältnisse der Erfüllungsanspruch nur insgesamt in einen Schadensersatzanspruch umgewandelt werden kann. Damit kann nicht von einem Mieter Erfüllung und von einem anderen Schadensersatz beansprucht werden.

Demgemäß kann folgendes Schreiben zur Durchführung des Verfahrens auf Umwandlung des Erfüllungsanspruches in einen Schadensersatzanspruch nach § 326 vorgeschlagen werden:

Muster
Aufforderungsschreiben zur Durchführung von Schönheitsreparaturen
(Fristsetzung mit Ablehnungsandrohung) →[⊗ 535-13]

...   ...
(Vermieteranschrift)   (Datum)

An ...
(Mieter)

Betreff: Schönheitsreparaturen in Ihrer Wohnung ... (Anschrift, genaue Bezeichnung der Wohnung)

Sehr geehrter ...!
Die Besichtigung der von Ihnen bisher genutzten o.a. Wohnung hat ergeben, dass Schönheitsreparaturen nicht im erforderlichen Umfang durchgeführt sind.
Wegen der Mängel wird auf das beigefügte, mit diesem Schreiben verbundene Besichtigungsprotokoll Bezug genommen.
(alternativ: detaillierte Zustandsbeschreibung)
Ich fordere Sie auf, folgende Arbeiten auszuführen oder ausführen zu lassen:
(detaillierte Leistungsaufforderung, z.B.: Wohnzimmer: Decken und Oberwände – Anstrich mit Dispersionsfarbe deckend durchführen; Wände: neu tapezieren nach Entfernung der vorhandenen [dreilagigen] Tapeten; Fenster und Türen: lackieren).
Die o.a. Arbeiten sind unverzüglich durchzuführen. Ich setze Ihnen dazu eine (Nach-)Frist von ... Wochen.
(alternativ: Ich setze Ihnen dazu eine Frist bis zum ...)
Nach Ablauf dieser Frist lehne ich die Ausführung der Arbeiten ab und werde sodann Schadensersatz wegen Nichterfüllung (Nichterfüllung der geforderten Schönheitsreparaturen) verlangen.
Bitte bestätigen Sie auf der beigefügten Zweitschrift den Erhalt dieses Aufforderungsschreibens. Andernfalls müsste ich dieses Aufforderungsschreiben durch einen Gerichtsvollzieher zustellen lassen, was Ihnen weitere Kosten bereiten würde.

Mit freundlichem Gruß
(Unterschrift)

In der weiteren Rechtsfolge wandelt sich bei nicht fristgerechter Ausführung der Schönheitsreparaturen der Erfüllungsanspruch in einen Schadensersatzanspruch um. **Der Erfüllungsanspruch ist dann ausgeschlossen** – § 326 Abs. 1 Satz 2 2. Halbsatz.

Eine andere Frage ist es, ob sich die Parteien noch darauf einigen können, dem Mieter doch noch einmal die Erfüllung (nämlich die Durchführung der Schönheitsreparaturen) zu ermöglichen. Das ist in Anwendung des § 305 (ab 1.1.2002: § 311 i.d.F. des SchuldRModG) zulässig, wobei mit Wirksamkeit der neuerlichen Vereinbarung zwischen den Mietvertragsparteien der schon entstandene Schadensersatzanspruch in Wegfall kommt, jedenfalls in dem Umfang, als jetzt der (neuerliche) Erfüllungsanspruch besteht. Denn die Vereinbarung beinhaltet einen Verzicht des Vermieters auf den Schadensersatzanspruch. Unternimmt der Mieter danach nach wie vor nichts, muss das Verfahren nach § 326 wieder durchgeführt werden, um den vertraglich neu entstandenen Erfüllungsanspruch in einen Schadensersatzanspruch umzuwandeln. Wenn in der Instanzrechtsprechung es auch für möglich gehalten wird, dass der einmal entstandene Schadensersatzanspruch bestehen bleibt, auch wenn der Vermieter dem Mieter gestattet, noch Arbeiten in der Wohnung durchzuführen, ist das dogmatisch bedenklich. Jedenfalls ist dem Vermieter anzuraten, das Verfahren des § 326 nach endgültigem Abschluss der Arbeiten durch den Mieter erneut in Gang zu setzen.

96   Bei ernsthafter und **endgültiger Erfüllungsverweigerung** entfällt das Erfordernis der (Nach-)Fristsetzung mit Ablehnungsandrohung. Während die allgemeine schuldrechtliche Rechtsprechung an eine derartige Erfüllungsverweigerung strenge Anforderungen gestellt hat (vgl. BGH, NJW-RR 1993, 883; Palandt/Heinrichs, § 326 Rn. 20 mit weiteren Rechtsprechungsnachweisen), hat der BGH in seiner mietrechtlichen Rechtsprechung eine die Fristsetzung entbehrlich machende Erfüllungsverweigerung schon darin gesehen, dass der Mieter auszieht, ohne die ihm obliegenden Schönheitsreparaturen auszuführen (BGH, NJW 1991, 2416 = WuM 1991, 550 = ZMR 1991, 420 = GE 1991, 975), oder darin, dass der Mieter sich weigert, die im Abnahmeprotokoll anerkannten Schönheitsreparaturen auszuführen (LG Berlin, ZMR 1992, 25). Trotz dieser Rechtsprechung sollte im Interesse der Klarheit im Zweifel auf eine Fristsetzung mit Ablehnungsandrohung nicht verzichtet werden, da im Einzelfall der Auszug des Mieters ohne Durchführung von Schönheitsreparaturen nicht als ernsthafte und endgültige Erfüllungsverweigerung angesehen werden könnte (vgl. z.B. OLG Hamburg, WuM 1992, 60).

Bei der endgültigen Erfüllungsverweigerung entsteht die Frage, wann hier der Erfüllungsanspruch sich in einen Schadensersatzanspruch umwandelt. Dazu bedarf es nach der Rechtsprechung einer rechtsgestaltenden Erklärung des Vermieters, nunmehr Schadensersatz zu fordern (vgl. BGH, NJW RR 1988, 1100; BGH, GE 1999, 711 [713]). Der Vermieter darf also die gesonderte Geltendmachung des Schadensersatzanspruches nicht vergessen. Allerdings kann diese rechtsgestaltende Erklärung auch in der Erhebung der Klage gesehen werden. Das Problem dabei ist allerdings dann, dass bis zur Zustimmung der Klage viel Zeit abgelaufen sein dürfte. Bis zur Erhebung der Klage bestand immer noch der Erfüllungsanspruch. Hatte dann der Vermieter zwischen Auszug des Mieters (ernsthafte Erfüllungsverweigerung) und Klagezustellung (rechtsgestaltende Erklärung zum Schadensersatzanspruch) Arbeiten in der Wohnung vorgenommen, muss er im Prozess den Zustand der Wohnung vor Durchführung dieser Arbeiten darstellen, da der ursprüngliche Zustand für den Umfang des Schadensersatzanspruchs entscheidend ist. Ist er dazu nicht imstande, ist der Anspruch nicht feststellbar.

Die **Schuldrechtsreform** bringt ab **1.1.2002** eine völlige **Neuregelung des Rechts der** 96a
Leistungsstörungen, die jedoch inhaltlich in Bezug auf einen Schadensersatzanspruch
wegen nicht durchgeführter Schönheitsreparaturen zu wenig Änderungen führen wird.
Die bisherige Regelung kannte zwei Arten der Leistungsstörung: die den primären Erfüllungsanspruch aufhebende Unmöglichkeit und den Verzug. Daneben hat die Rechtsprechung noch das Institut der positiven Vertragsverletzung/positiven Forderungsverletzung entwickelt.
Der Inhalt dieser Begrifflichkeiten wird mit unterschiedlichen Rechtsfolgen weiterhin
gelten. Zusammenfassend im Hinblick auf den wegen der Unmöglichkeit der Leistung,
wegen Verzugs oder Vertragsverletzung entstehenden Schadensersatzanspruch arbeitet
das Gesetz jetzt mit dem Begriff der **Pflichtverletzung**.

Nach dem Entwurf eines Gesetzes zur Modernisierung des Schuldrechts (Stand 9.11.2001):

§ 280   Schadensersatz wegen Pflichtverletzung
(1) [1]Verletzt der Schuldner eine Pflicht aus dem Schuldverhältnis, so kann der Gläubiger Ersatz des
hierdurch entstehenden Schadens verlangen. [2]Dies gilt nicht, wenn der Schuldner die Pflichtverletzung nicht zu vertreten hat.
(2) Schadensersatz wegen Verzögerung der Leistung kann der Gläubiger nur unter der zusätzlichen
Voraussetzung des § 286 verlangen.
(3) Schadensersatz statt der Leistung kann der Gläubiger nur unter den zusätzlichen Voraussetzungen des § 281, des § 282 oder des § 283 verlangen.

§ 281   Schadensersatz statt der Leistung wegen nicht oder nicht wie geschuldet erbrachter
         Leistung
(1) [1]Soweit der Schuldner die fällige Leistung nicht oder nicht wie geschuldet erbringt, kann der
Gläubiger unter den Voraussetzungen des § 280 Abs. 1 Schadensersatz statt der Leistung verlangen,
wenn er dem Schuldner erfolglos eine angemessene Frist zur Leistung oder Nacherfüllung bestimmt
hat. [2]Hat der Schuldner eine Teilleistung bewirkt, so kann der Gläubiger Schadensersatz statt der
ganzen Leistung nur verlangen, wenn er an der Teilleistung kein Interesse hat. Hat der Schuldner die
Leistung nicht wie geschuldet bewirkt, so kann der Gläubiger Schadensersatz statt der ganzen
Leistung verlangen, wenn die Pflichtverletzung unerheblich ist.
(2) Die Fristsetzung ist entbehrlich, wenn der Schuldner die Leistung ernsthaft und endgültig verweigert oder wenn besondere Umstände vorliegen, die unter Abwägung der beiderseitigen Interessen die sofortige Geltendmachung des Schadensersatzanspruchs rechtfertigen.
(3) Kommt nach der Art der Pflichtverletzung eine Fristsetzung nicht in Betracht, so tritt an deren
Stelle eine Abmahnung.
(4) Der Anspruch auf die Leistung ist ausgeschlossen, sobald der Gläubiger statt der Leistung Schadensersatz verlangt hat.
(5) Verlangt der Gläubiger Schadensersatz statt der ganzen Leistung, so ist der Schuldner zur Rückforderung des Geleisteten nach den §§ 346 bis 348 berechtigt.

§ 282 Schadensersatz statt der Leistung wegen Verletzung einer Pflicht nach § 241 Abs. 2
Verletzt der Schuldner eine Pflicht nach § 241 Abs. 2, kann der Gläubiger unter den Voraussetzun-
gen des § 280 Abs. 1 Schadensersatz statt der Leistung verlangen, wenn ihm die Leistung durch den
Schuldner nicht mehr zuzumuten ist.

§ 283 Schadensersatz statt der Leistung bei Ausschluss der Leistungspflicht
[1]Braucht der Schuldner nach § 275 Abs. 1 bis 3 nicht zu leisten, kann der Gläubiger unter den Voraussetzungen des § 280 Abs. 1 Schadensersatz statt der Leistung verlangen. [2]§ 281 Abs. 1 Satz 2 und 3 und Abs. 5 finden entsprechende Anwendung.

Die grundsätzliche Schadensersatznorm ist § 280 SchuldRModG, der für alle drei bisherigen Leistungsstörungen heranzuziehen ist, jedoch für die jeweiligen Fälle in den §§ 281 bis 283 SchuldRModG zusätzliche Regelungen vorsieht.

Der Begriff der **Pflichtverletzung** birgt zwar auch nach Ansicht des Gesetzgebers die Gefahr des Missverständnisses im Hinblick auf ein Verschuldenserfordernis. Die Vorschrift meint jedoch nur ein **objektiv nicht dem Schuldverhältnis entsprechendes Verhalten des Schuldners, nicht** die Frage, **ob der Schuldner** dieses Verhalten auch **zu vertreten hat.** Zu den Pflichten, um deren Verletzung es in § 280 Abs. 1 Satz 1 SchuldRModG geht, gehören auch die Fälle der bisher so genannten positiven Forderungsverletzung. Der Schuldner verletzt deshalb eine derartige Pflicht, wenn er die geschuldete Leistung nicht, verzögert oder schlecht erbringt. Er verletzt seine Pflichten auch, wenn er Schutz- und Obhutspflichten verletzt (vgl. § 241 Abs. 2 SchuldRModG). Entsteht dem Gläubiger hieraus ein Schaden, so ist er ihm nach § 280 Abs. 1 Satz 1 SchuldRModG zu ersetzen.

Die Pflicht aus einem Schuldverhältnis umfasst sowohl die (echten) vertraglichen Nebenpflichten, die der Erfüllung des spezifisch vertraglichen Leistungsinteresses des Gläubigers dienen, als auch die (bloßen) Schutzpflichten, die die Bewahrung seiner sonstigen Rechte und Güter vor Schäden zum Ziel haben – so die Begründung des Regierungsentwurfs.

Bei der Verletzung von Schutzpflichtverletzungen im Sinne von § 241 Abs. 2 SchuldRModG muss positiv festgestellt werden, worin die Pflichtverletzung an sich besteht. Die Beweislast dafür trägt der Gläubiger, weil es sich um den Tatbestand der Pflichtverletzung handelt. Dem Gläubiger kommen hier allerdings unter dem Gesichtspunkt der Sphärentheorie (vgl. Palandt/Heinrichs, § 282 Rn. 8 ff.) Beweiserleichterungen zugute.

Aus § 280 Abs. 1 Satz 2 SchuldRModG ergibt sich, dass die Schadensersatzpflicht an ein Vertretenmüssen geknüpft ist – eine Selbstverständlichkeit des Schadensersatzrechts, die naturgemäß nicht aufgegeben worden ist. Aus der Fassung der Vorschrift ergibt sich, dass der Schuldner behaupten und gegebenenfalls beweisen muss, dass er die Verletzung nicht zu vertreten hat. Hier nun findet sich die bisherige Regelung des § 282 in der bis zum 31.12.2001 geltenden Fassung wieder. Danach trifft also den Schuldner die Beweislast dafür, dass die Unmöglichkeit, der Verzug oder die sonstige Pflichtverletzung nicht Folge eines von ihm zu vertretenden Umstands ist.

Für den Verzögerungsschaden verweist § 280 Abs. 2 SchuldRModG auf § 286 SchuldRModG, der dem bisherigen § 284 entspricht und den Eintritt des Verzugs regelt.

Für den Schadensersatz statt der Leistung wegen nicht oder nicht wie geschuldet erbrachter Leistung, der für die Nichterfüllung der Schönheitsreparaturen anwendbar ist, verweist § 280 Abs. 3 auf § 281 SchuldRModG. Diese Vorschrift entspricht in etwa dem § 326. Dabei bleibt § 280 Abs. 1 SchuldRModG die eigentliche Anspruchsgrundlage, regelt § 281 SchuldRModG nur zusätzliche Erfordernisse.

Abweichend zu § 326 spricht § 281 SchuldRModG nicht mehr vom Verzug, in dem sich der Schuldner mit der ihm obliegenden Leistung befinden muss. Der Gesetzgeber hat das bewusst herausgenommen, da für den Gläubiger in aller Regel zunächst nur das Ausbleiben der Leistung selbst, nicht aber der Grund hierfür erkennbar sei. Eine gesonderte Inverzugsetzung wegen der nicht durchgeführten Schönheitsreparaturen entfällt also jedenfalls nach neuem Recht, war aber auch bisher schon nicht notwendig (vgl. Rn. 95). Es **bleibt** bei dem Erfordernis, dem Schuldner (Mieter) eine angemessene **Frist zur Leistung zu setzen.** Es **entfällt** die ausdrückliche **Ablehnungsandrohung.** Nach Ansicht des Gesetzgebers sind die Anforderungen der Rechtsprechung in diesem Zusammenhang sehr hoch und können praktisch nur von der rechtskundig beratenden Vertragspartei wahrgenommen werden, die die feinen Formulierungsunterschiede überblicke, die die Rechtsprechung herausgearbeitet habe. Dies habe zu einer Überforderung der Gläubiger geführt und sei unzweckmäßig. Daraus folgt, dass eigentlich der **erfolglose Ablauf einer dem Schuldner (Mieter) zur Leistung gesetzten Frist ausreicht,** um **den Anspruch auf Schadensersatz statt der Leistung zu begründen.**

Dennoch ist in diesem Zusammenhang **Vorsicht** geboten. Denn § 281 Abs. 1 Satz 2 SchuldRModG sah in der ursprünglichen Fassung des Regierungsentwurfs vor, dass § 281 Abs. 1 Satz 1 nicht gelten solle, wenn der Schuldner trotz der Fristsetzung mit dem Verlangen von Schadensersatz statt der Leistung nicht rechnen musste. Durch diese Formulierung sollte einerseits deutlich gemacht werden, dass zwar der durch Satz 1 allein durch die Fristsetzung geöffnete Weg des Schadensersatzes in der Regel nicht davon abhängig sei, dass der Schuldner mit dem Schadensersatz zu rechnen brauchte. Andererseits sollte auch deutlich werden, dass es von diesem Grundsatz im Einzelfall Ausnahmen geben könne. Eine solche Ausnahme hätte nach der ursprünglichen Fassung freilich vom Schuldner (Mieter) dargelegt und bewiesen werden müssen. Fehle es im Prozess an einem entsprechenden Sachvortrag des Schuldners, sei allein Satz 1 maßgebend dafür, ob der Gläubiger (Vermieter) Schadensersatz statt der Leistung verlangen könne. Dieser Satz 2 ist in der jetzt vorliegenden Entwurfs-Fassung weggefallen und der bisherige Satz 3 an die Stelle getreten. In der Begründung wird angegeben, der bisherige Satz 2 bezeichne nur einen eher seltenen Sonderfall, weil eine Fristsetzung dem Schuldner in aller Regel deutlich mache, dass weiteres Nichtleisten Folgen haben werde. Der Schuldner müsse deshalb regelmäßig auch mit dem Verlangen von Schadensersatz statt der Leistung durch den Gläubiger rechnen. Die Ausnahmefälle, an die in dem bisherigen Satz 2 gedacht worden sei, könnten mit § 242 angemessen gelöst werden.

Es ist zu bezweifeln, ob die Rechtsprechung diese Gedanken so ohne weiteres mitmachen wird. Zumindest wird sicher das eine oder andere Gericht den in der Gesetzesbegründung gewiesenen Weg über § 242 wählen. Nach hier vertretener Auffassung sollte der **Vermieter dem Mieter klar vor Augen führen, dass nunmehr nach Fristablauf Schadensersatz verlangt werden kann**, was nämlich im Übrigen nach § 281 Abs. 4 SchuldRModG dann auch dazu führt, dass der Anspruch auf die Leistung ausgeschlossen ist, der Schuldner (Mieter) dann aber auch nicht mehr erfüllen kann. Jedenfalls ist dem Vermieter anzuraten, nach wie vor mit der (Nach-)Fristbestimmung schon klar zu sagen, dass nach fruchtlosem Ablauf der Frist Schadensersatz verlangt werden wird. An eine derartige Erklärung werden zwar in Zukunft nicht mehr die „formellen" Anforderungen geknüpft werden können, auf die Eindeutigkeit des Verhaltens des Vermieters wird die Rechtsprechung aber sicher Wert legen. Bei ernsthafter Erfüllungsverweigerung oder sonstigen Umständen, die unter Abwägung der beiderseitigen Interessen diese sofortige Geltendmachung des Schadensersatzanspruchs rechtfertigen, entfällt nach § 281 Abs. 2 SchuldRModG die Fristsetzung. Danach dürfte auch der Einwand des Mieters, er habe mit dem Verlangen von Schadensersatz statt der Leistung nicht rechnen müssen, unbeachtlich sein.

§ 281 Abs. 4 SchuldRModG enthält die Umwandlung des Erfüllungs- in einen Schadensersatzanspruch. Das bezieht sich auch auf § 281 Abs. 2 SchuldRModG, so dass es bei den bisherigen Grundsätzen zur Umwandlung der Ansprüche verbleibt (vgl. Rn. 96).

Zusammenfassend kann damit festgehalten werden, dass die bisherigen Grundsätze zur Schadensersatzpflicht bei nicht ausgeführten Schönheitsreparaturen bis auf die neuen Regelungen innerhalb des § 281 SchuldRModG weiterhin Geltung haben. Nach dem 1.1.2002 sollte allerdings das Aufforderungsschreiben zur Durchführung von Schönheitsreparaturen (vgl. Muster 535-13) modifiziert werden.

Muster
Aufforderungsschreiben zur Durchführung von Schönheitsreparaturen
(Fristsetzung mit Ablehnungsandrohung) →[☞ 535-14]

...   ...
(Vermieteranschrift)   (Datum)

An ...
(Mieter)

Betreff: Schönheitsreparaturen in Ihrer Wohnung ... (Anschrift, genaue Bezeichnung der Wohnung)

Sehr geehrter ...!
Die Besichtigung der von Ihnen bisher genutzten o.a. Wohnung hat ergeben, dass Schönheitsreparaturen nicht im erforderlichen Umfang durchgeführt sind.
Wegen der Mängel wird auf das beigefügte, mit diesem Schreiben verbundene Besichtigungsprotokoll Bezug genommen.
(alternativ: detaillierte Zustandsbeschreibung)
Ich fordere Sie auf, folgende Arbeiten auszuführen oder ausführen zu lassen:
(detaillierte Leistungsaufforderung, z.B.: Wohnzimmer: Decken und Oberwände – Anstrich mit Dispersionsfarbe deckend durchführen; Wände: neu tapezieren nach Entfernung der vorhandenen [dreilagigen] Tapeten; Fenster und Türen: lackieren).
Die o.a. Arbeiten sind unverzüglich durchzuführen. Ich setze Ihnen dazu eine (Nach-)Frist von ... Wochen.
(alternativ: Ich setze Ihnen dazu eine Frist bis zum ...)

Nach Ablauf dieser Frist werde ich statt der Durchführung der Schönheitsreparaturen (Leistung) Schadensersatz wegen Pflichtverletzung (§ 280 Abs. 1 BGB) verlangen und weise schon jetzt darauf hin, dass für diesen Fall weitere Arbeiten in der Wohnung durch Sie nicht mehr durchgeführt werden können.
Bitte bestätigen Sie auf der beigefügten Zweitschrift den Erhalt dieses Aufforderungsschreibens. Andernfalls müsste ich dieses Aufforderungsschreiben durch einen Gerichtsvollzieher zustellen lassen, was Ihnen weitere Kosten bereiten würde.

Mit freundlichem Gruß
(Unterschrift)

7.7.6 Schadensumfang

Die Grundlagen für die Schadensabrechnung ergeben sich nicht speziell aus dem Mietrecht, sondern aus dem allgemeinen Schadensrecht der §§ 249 ff. Hier gibt es umfangreiche Rechtsprechung vor allem zur Abrechnung von Kraftfahrzeugschäden, die auch auf die Abrechnung des Anspruchs wegen nicht durchgeführter Schönheitsreparaturen übertragen werden können.

Lässt der Vermieter die Schönheitsreparaturen durchführen, ist der entsprechende **Rechnungsbetrag** als Schaden anzusetzen. Der Vermieter kann jedoch auch auf **Gutachter- oder Kostenvoranschlagsbasis** abrechnen, denn auch insofern können die zur Schadensbeseitigung erforderlichen Beträge beziffert werden. Bei letzterer Abrechnung kann auch die **Mehrwertsteuer** angesetzt werden (KG, GE 1995, 109), es sei denn, der Vermieter ist zum Vorsteuerabzug berechtigt. Die **Gutachterkosten** selbst sind als **Schadensersatz** anzusetzen (KG, GE 1995, 1011). Daneben besteht im Prozess die Möglichkeit, diese Kosten im Kostenfestsetzungsverfahren geltend zu machen (vgl. LG Berlin, GE 1995, 115). Bezüglich der Kosten des Kostenvoranschlags sind die Meinungen nicht einheitlich. Da bei der eigentlichen Schadensbeseitigung diese Kosten im Allgemeinen wieder gutgeschrieben werden, neigen die Instanzgerichte dazu, diese Kosten nicht zum Schadensersatzanspruch zu zählen (vgl. Palandt/Heinrichs, § 249 Rn. 22).

In der Vergangenheit war es selbstverständlich, dass der Mieter auch für den **Mietausfall** für den Zeitraum verantwortlich gemacht worden ist, in dem die Schönheitsreparaturen durchgeführt werden. Zur Begründung wurde § 252 herangezogen. Danach umfasst der zu ersetzende Schaden auch den entgangenen Gewinn, wobei als entgangen der Gewinn gilt, welcher nach dem gewöhnlichen Laufe der Dinge mit Wahrscheinlichkeit erwartet werden konnte. Man ging davon aus, dass die Wohnung ohne weiteres sofort wieder hätte vermietet werden können und somit Miete eingebracht hätte. Dazu gehört auch die Zeit eines gerichtlichen Beweissicherungsverfahrens zur Feststellung des Zustands der Wohnung (vgl. LG Berlin, GE 1986, 389 [391]; GE 1987, 677 [681]). An dieser Ansicht ist jedenfalls für die Gebiete festzuhalten, in denen Wohnungsknappheit besteht, also ein ausreichender Markt zur sofortigen Weitervermietung der Wohnung besteht. Für Gebiete jedoch, in denen ein Überangebot an Wohnungen existiert, kann man von der Vermutung des § 252 nicht mehr ohne weiteres ausgehen. In diesem Fall muss der Vermieter dann subtanziiert vortragen, inwiefern ihm für die entsprechende Wohnung eine sofortige

Weitervermietung möglich gewesen wäre und welche Anstrengungen er dazu unternommen hat (vgl. auch Emmerich, NZM 2000, 1160 mit Rechtsprechungsnachweisen; LG Berlin, GE 2001, 210).

In der Instanzrechtsprechung wird immer wieder die Ansicht vertreten, dass der Schadensersatzanspruch dann entfällt, wenn der **Nachmieter die Schönheitsreparaturen ausführt** oder wenn ein Nachmieter anbietet, dies zu tun (vgl. LG Itzehoe, WuM 1992, 242; AG Berlin-Tiergarten, GE 1995, 501; LG Aurich, WuM 1991, 342). Dies ist dogmatisch bedenklich, weil der Schadensersatzanspruch entstanden ist und in derartigen Fallkonstellationen nicht wieder entfallen kann. Eine andere Frage ist das Problem einer Vorteilsanrechnung, die jedoch mangels Kausalität entfallen dürfte.

Der entstandene Schadensersatzanspruch entfällt auch dann grundsätzlich nicht, wenn der Vermieter das vermietete **Objekt umgestalten** will (gilt auch bei Abriss des Gebäudes: LG Berlin, ZMR 1998, 428). Der Mieter hat allerdings in einem derartigen Fall nur die ersparten Kosten zu ersetzen, wobei nicht übliche Handwerkerpreise, sondern die für eine laienhafte Ausführung durch den Mieter anfallenden Kosten anzusetzen sind (BGHZ 92, 363; OLG Düsseldorf, ZMR 1988, 96; OLG Düsseldorf, WuM 1994, 323 = ZMR 1994, 259; OLG Oldenburg, RE vom 21.2.1991 = WuM 1992, 229). In derartigen Einzelfällen muss jedoch klar ersichtlich sein, dass die konkreten Umbauten die konkreten Schönheitsreparaturen wieder zunichte gemacht hätten.

Unter dem Stichwort **Vorteilsausgleichung** wird teilweise argumentiert (vgl. Langenberg, NZM 2000, 1132), der Vermieter müsse nicht bzw. nur zum Teil die Kosten für Schönheitsreparaturen tragen, wenn der Umfang der erforderlichen Arbeiten nicht nur auf den Mietgebrauch des derzeitigen Mieters beruhe. Das würde auch in Betracht kommen, wenn der Mieter eine Wohnung mit mehreren Tapetenlagen oder mit schon mehrfachem Überstreichen der Raufasertapete übernommen hat. Muss nunmehr der derzeitige Mieter sämtliche Tapeten abtragen oder nunmehr auch die Raufasertapete entfernen, weil sie sich nicht mehr überstreichen lässt (keine Struktur mehr sichtbar), müsse der Vermieter den die normale Schönheitsreparatur überschießenden Anteil im Wege der Vorteilsausgleichung erstatten. Die sachliche Aufklärung, welche Arbeiten anteilig jeweils anzusetzen seien, müsse mit Hilfe eines Sachverständigen erfolgen. Die Kosten für die Erneuerung des obersten Farbauftrags bzw. einer neuen Lage Tapete verblieben beim Mieter; denn diesen Aufwand hätte er auch tragen müssen, wenn eine Grundrenovierung nicht angezeigt gewesen wäre. Diese **Ansicht** ist im Hinblick auf die Rechtsprechung zur Übergabe einer unrenovierten Wohnung **abzulehnen**. Sind die wirksam vereinbarten Fristen ab Beginn des Mietverhältnisses abgelaufen, muss der Mieter grundsätzlich renovieren, in welchem Zustand sich die Wohnung auch derzeit befindet. Das Rechtsinstitut der Vorteilsausgleichung kann nicht herangezogen werden.

7.7.7 Verjährung des Schadensersatzanspruchs

98 Nach § 548 verjähren die Ersatzansprüche des Vermieters wegen Veränderungen oder Verschlechterungen der Mietsache in **sechs Monaten**. Die Verjährung dieser Ansprüche beginnt mit dem Zeitpunkt, in dem der Vermieter **die Mietsache zurückerhält**.

Nach BGH (grundlegend BGH, NJW 1991, 2416 = GE 1991, 975) reicht es für den Rückerhalt der Sache, wenn sich der Vermieter ungestört die erforderliche Kenntnis vom Zustand der Mieträume verschaffen und dazu eine ungestörte und gründliche Besichtigung der Mieträume vornehmen kann. Dazu ist grundsätzlich eine **Veränderung der Besitzverhältnisse zugunsten des Vermieters** notwendig, der durch Ausübung der unmittelbaren Sachherrschaft in die Lage versetzt werden soll, sich ungestört ein umfassendes Bild von Mängeln, Veränderungen und Verschlechterungen der Mietsache zu machen. Diese Voraussetzung ist nicht erfüllt, wenn der Vermieter nicht die Möglichkeit hat, das Mietobjekt seinerseits in Besitz zu nehmen, sondern nur während des Besitzes des Mieters einen von diesem gestatteten – damit aber gerade nicht freien – Zutritt erhält, um sich in den Mieträumen umzusehen. Die vom Mieter gestattete bloße Besichtigung der noch von diesem genutzten und mit Teilen seiner Einrichtung versehenen Mieträume verschafft dem Vermieter keinen auf eigener Herrschaft beruhenden freien Zutritt zur Mietsache und erlaubt es ihm nicht, sich im Sinne der Rechtsprechung ungestört ein Bild von ihrem Zustand zu machen.

Unabhängig von dieser Besitzverschaffung kann die **Verjährungsfrist** jedenfalls aber erst **ab Ende des Mietverhältnisses** laufen, da erst mit der Beendigung des Mietverhältnisses die Schönheitsreparaturen fällig werden und ein Schadensersatzanspruch entstehen kann (vgl. dazu ebenfalls BGH, NJW 1991, 2416 = GE 1991, 975). Fraglich und offenbar noch nicht abschließend ausdiskutiert ist das **Problem des Beginns der Verjährungsfrist** in dem Fall, in dem der Vermieter schon **vor der rechtlichen Beendigung des Mietverhältnisses die Wohnung endgültig** im Hinblick auf eine Beendigung des Mietverhältnisses **zurückerhält**, sich demgemäß den erforderlichen eindeutigen Überblick über den Zustand der Wohnung machen kann. Das trifft insbesondere auf die Fälle zu, in denen zwischen den Mietvertragsparteien Streit darüber besteht, wann das Mietverhältnis beendet ist (z.B. Streit um Länge von Kündigungsfristen, geltend gemachter Anspruch des Mieters auf vorzeitige Entlassung aus dem Mietverhältnis), der Mieter aber unabhängig von diesem Streit die Wohnung endgültig aufgibt, verlässt und dem Vermieter zurückgibt. Wird später rechtskräftig festgestellt, dass das Mietverhältnis nicht mit Rückgabe der Wohnung an den Vermieter endete, besteht weiter ein Anspruch des Vermieters auf Zahlung der Miete und bleibt die Frage, wann die Verjährungsfrist wegen unterlassener Schönheitsreparaturen begann. Dogmatisch einwandfrei, klar für beide Vertragsparteien und in konsequenter Weiterverfolgung der Entscheidung des BGH vom 10.7.1991, NJW 1991, 2416 ist es, auch in derartigen Fällen den Beginn der Verjährung wegen unterlassener Schönheitsreparaturen an die rechtliche Beendigung des Mietverhältnisses zu knüpfen. Denn § 548 spricht ausdrücklich von einem Ersatzanspruch. Ein solcher kann erst nach Ende des Mietverhältnisses entstehen, so dass begriffsnotwendig nicht vorher schon Verjährung eintreten kann. Nicht durchgeführte Schönheitsreparaturen während des Bestehens des Mietverhältnisses können keinen Ersatzanspruch begründen, da ja der BGH zwischen der Verpflichtung des Mieters auf Durchführung periodischer Schönheitsreparaturen während des laufenden Mietverhältnisses und zwischen Schönheitsreparaturen unterscheidet, die nach Beendigung des Mietverhältnisses geschuldet sind, wobei jeweils verschiedene rechtliche Konsequenzen eintreten sollen. Sinn und Zweck von Verjährungsvorschriften ist es, in angemessener Zeit Klarheit über das Bestehen von Ansprüchen zu geben. Besteht noch Streit über das Mietverhältnis hinsichtlich der Beendigung, besteht keine Veranlassung, schon vorher wegen Verjährung Klarheit zu schaffen. Bei dieser Lösung werden auch Zweifelsfälle ausgeschlossen, in denen der Mieter zwar die Wohnung so verlässt, dass der Vermieter sich ein abschließendes Bild vom Zustand der Mieträume verschaffen kann, der Mieter den Vermieter jedoch weiterhin auffordert, Mängel zu beseitigen, einer Neuvermietung ausdrücklich widerspricht, sich insgesamt zur Beendigung des Mietverhältnisses widersprüchlich verhält (vgl. LG Berlin, GE 1994, 1123; Schach, GE 1995, 1166). In einer Instanzrechtsprechung wird es teilweise für möglich gehalten, dass nach vorzeitigem Auszug des Mieters schon das Verfahren nach § 326 durchgeführt werden kann (vgl. Schmidt-Futterer/Langenberg, § 558 Rn. 110 mit Rechtsprechungsnachweisen; LG Berlin, GE 1996, 261). Es handele sich um eine **vorzeitige Vertragsabwicklung**, die den Vermieter berechtige, bereits vor dem eigentlichen Vertragsende gem. § 326 wegen unterlasser Schönheitsreparaturen vorzugehen. Diese Rechtsprechung mag pragmatisch sein, **dogmatisch** ist sie jedoch **nicht haltbar**. Es handelt sich nämlich nicht um eine vorzeitige Vertragsabwicklung, sondern das Mietverhältnis endet erst zum vorgesehenen Termin bzw. zum Ablauf der Kündigungsfrist. Zu beachten ist auch, dass es dem Mieter stets bis zum rechtlichen Ende des Mietverhältnisses möglich ist, wieder in die Wohnung zu gehen (auch nur, um dort kurzfristig Besuch unterzubringen oder einen Untermieter hineinzunehmen). Solange jedenfalls der BGH seine Rechtsprechung zu Schönheitsreparaturen im laufenden Mietverhältnis aufrechterhält, ist diese Rechtsprechung dogmatisch nicht nachvollziehbar. Der Vermieter kann nicht beides, einmal Miete bis zum Ende des Mietverhältnisses verlangen und daneben noch sogleich Schadensersatzanspruch wegen Nichterfüllung aufgrund nicht durchgeführter Schönheitsreparaturen geltend machen.

Denkbar wäre es allerdings, eine Berechtigung zur Durchführung des Verfahrens nach § 326 (zur Rechtslage nach dem 1.1.2002 vgl. Rn. 96a) anzunehmen, wenn die Mietvertragsparteien eine gesonderte Vereinbarung dahin gehend treffen, dass für die Schönheitsreparaturen von einer endgültigen Besitzaufgabe seitens des Mieters auszugehen sei. Hierzu bedarf es jedoch eindeutiger Erklärungen der Parteien.

Damit ist (nach hier vertretener Ansicht) festzustellen, dass für den Beginn der Verjährungsfrist jedenfalls **zwei Merkmale erfüllt sein müssen:**
a. **Ende des Mietverhältnisses,**
b. **endgültige Besitzaufgabe durch den Mieter.**

99 Es stellt sich jedoch nun die weitere Frage, ob der Beginn der Verjährungsfrist für den Schadensersatzanspruch nach § 326 (zur Rechtslage nach dem 1.1.2002 vgl. Rn. 96a) noch davon abhängig ist, wann die von dem Vermieter nach § 326 gesetzte Frist abläuft und somit der Anspruch entsteht. Das wurde bisher durch einige OLG ohne weitere Problematisierung bejaht (OLG Frankfurt/Main, DWW 1992, 336; OLG Hamburg, ZMR 1995, 18; OLG München, ZMR 1995, 20; OLG Düsseldorf, ZMR 1995, 468, alles keine Rechtsentscheide), von der Instanzrechtsprechung und Teilen der Literatur verneint (vgl. LG Berlin, MM 1996, 366; Sternel, Mietrecht aktuell, Rn. 1385; Peters, JZ 1989, 747 [749] = BGHZ 107, 179; Schach, GE 1995, 1166 [1169]). Die Frage ist jetzt durch Rechtsentscheid des Kammergerichts vom 2.12.1996 = GE 1997, 111 (erst einmal) dahin geklärt, dass die Verjährung des Schadensersatzanspruchs wegen nicht ausgeführter Schönheitsreparaturen erst mit seiner Entstehung, also regelmäßig erst mit dem fruchtlosen Ablauf der gesetzten Nachfrist, beginnt, wenn die Voraussetzungen des § 326 erst

nach dem Zeitpunkt eingetreten sind, in dem der Vermieter die Mietsache zurückerhalten hat (vgl. auch BGH, DWW 1998, 42 = WuM 1998, 155).

Damit kann sich demnach die Verjährungfrist in Abhängigkeit von der zeitlichen Umwandlung des Erfüllungsanspruchs in einen Schadensersatzanspruch hinausschieben, selbst wenn die Voraussetzungen des § 548 vorliegen, nämlich der Vermieter die Mietsache zurückerhalten hat und der Erfüllungsanspruch fällig ist.

Der Rechtsentscheid ist (jedenfalls solange keine anders lautende Entscheidung des BGH vorliegt) bindend. Die Begründung ist dogmatisch gerechtfertigt. Da die Materialien zum BGB und das Gesetz selbst keine Auslegungshinweise geben, muss das Problem nach dem Sinn der gesetzlichen Regelung gelöst werden, soweit dieser aus dem Zusammenhang des Gesetzes erkennbar ist (so richtig das Kammergericht in dem Rechtsentscheid). Dogmatisch ebenso gerechtfertigt ist dann aber auch die Lösung dahin gehend, dass § 548 Abs. 1 Satz 2 als Ausnahmevorschrift (wie §§ 852, 477 [ab 1.1.2002: § 438 i.d.F. des SchuldRModG], 638 [ab 1.1.2002: § 634a i.d.F. des SchuldRModG], vgl. Palandt/Heinrichs, § 198 Rn. 14) zu § 198 anzusehen ist mit der Folge, dass § 548 Abs. 1 Satz 2 den Verjährungsbeginn unabhängig von der Anspruchsentstehung regelt. Das entspricht dem Zweck der gesetzlichen Regelung zur raschen Abwicklung des Mietverhältnisses, bringt Rechtsklarheit für die Mietvertragsparteien und ist deswegen auch „gerechter" (um mit einem Argument des Kammergerichts in dem genannten Rechtsentscheid zu argumentieren). Die Lösung des Kammergerichts beseitigt keine Unsicherheit, sondern bringt diese in zeitlicher Hinsicht, aber auch in rechtlicher Hinsicht im Hinblick auf Ansprüche aus positiver Vertragsverletzung, die jedenfalls in sechs Monaten nach Rückgabe der Mietsache verjähren und deren Abgrenzung zu Schadensersatzansprüchen wegen nicht ausgeführter Schönheitsreparaturen im Einzelfall höchst zweifelhaft sein kann (vgl. Schach, GE 1997, 83).

Der Rechtsentscheid des Kammergerichts muss auch für Schadensersatzansprüche wegen nicht ausgeführter Schönheitsreparaturen **nach endgültiger Erfüllungsverweigerung** des Mieters herangezogen werden. Hier entfällt bei einer bestimmten, ernstlichen und endgültigen Erfüllungsverweigerung nur das Erfordernis der Nachfristsetzung mit Ablehnungsandrohung (vgl. Palandt/Heinrichs, § 326 Rn. 22). Der Schadensersatzanspruch des Vermieters entsteht nicht (wie offenbar Sternel, Mietrecht aktuell, Rn. 1385 meint) ohne weiteres, sondern setzt eine **rechtsgestaltende Erklärung des Vermieters** voraus, **die den Erfüllungsanspruch in den Schadensersatzanspruch umwandelt.** Für den Fall, dass der Schadensersatzanspruch über § 326 vor Rückerhalt der Mietsache entstanden ist, gilt jedenfalls die spezielle Regelung des § 548 Abs. 1 Satz 2: Die Verjährung beginnt (erst) mit Rückerhalt der Sache.

Der Lauf der **Verjährungsfrist** wird in entsprechender Anwendung des § 852 Abs. 2 (ab 1.1.2002: § 199 Abs. 3 i.d.F. des SchuldRModG) **so lange gehemmt**, wie die Mietvertragsparteien über die Schadensersatzansprüche verhandeln und nicht die eine oder andere Partei die Fortsetzung der Verhandlungen verweigert (BGHZ 93, 64 = WuM 1985, 290). Erforderlich ist ein echter Meinungsaustausch, der zu einem Hinhalten der einen oder anderen Partei abzugrenzen ist (vgl. BGH, WuM 1991, 206 [207] = ZMR 1991, 168; OLG Karlsruhe, NJW-RR 1994, 594 = ZMR 1994, 161).

100

Die Verjährung wird nach § 209 (ab 1.1.2002: § 204 i.d.F. des SchuldRModG) durch gerichtliche Geltendmachung unterbrochen, wobei auf die Tatbestände nach § 209 Abs. 2 (ab 1.1.2002: § 204 i.d.F. des SchuldRModG) verwiesen wird, die der Erhebung der Klage gleichstehen.

Die **Einleitung eines selbständigen Beweisverfahrens** führt nach § 548 Abs. 4 zur Unterbrechung der Verjährung (ab 1.1.2002: nach § 204 Abs. 1 Nr. 7 i.d.F. des SchuldRModG: Hemming der Verjährung).

Nach § 390 Satz 2 **schließt die Verjährung die Aufrechnung jedoch nicht aus**, wenn die verjährte Forderung zu der Zeit, zu welcher sie gegen die andere Forderung aufgerechnet werden konnte, noch nicht verjährt war. Damit verbleibt u.U. letztlich die Möglichkeit, gegen einen Kautionsrückzahlungsanspruch des Mieters aufzurechnen. Mit In-Kraft-Treten der Schuldrechtsreform wird § **390 Satz 2** nunmehr **gestrichen**.

7.7.8   Quotenklausel

101   Der BGH hat mit Rechtsentscheid vom 6.7.1988 = GE 1988, 881 = NJW 1988, 2790 = BGHZ 105, 71 eine Ersatzquotenklausel anerkannt, wonach der Mieter bei Ende des Mietverhältnisses je nach dem Zeitpunkt der letzten Schönheitsreparaturen während der Mietzeit einen **prozentualen Anteil** an Renovierungskosten zu zahlen hat. Derartige Klauseln sind jedoch an **bestimmte Voraussetzungen** gebunden:

a. Sollen die Renovierungskosten aufgrund des Kostenvoranschlags eines vom Vermieter auszuwählenden Malerfachgeschäfts zu berechnen sein, ist die Klausel nur dann wirksam, wenn sie den Kostenvoranschlag nicht ausdrücklich für verbindlich erklärt und dem Mieter nicht untersagt ist, seinen anteiligen Zahlungsverpflichtungen dadurch zuvorzukommen, dass er vor dem Ende des Mietverhältnisses Schönheitsreparaturen in Kosten sparender Eigenarbeit ausführt.

b. Die für die Abgeltung maßgeblichen Fristen und Prozentsätze sind am Verhältnis zu den üblichen Renovierungsfristen auszurichten.

c. Bei Übergabe einer unrenovierten oder renovierungsbedürftigen Wohnung ist die Klausel dann wirksam, wenn die für die Durchführung wie für die anteilige Abgeltung der Schönheitsreparaturen maßgeblichen Fristen nicht vor dem Anfang des Mietverhältnisses zu laufen beginnen.

d. Die Quotenklausel gilt nur für den Fall, dass das Mietverhältnis vor Eintritt der Verpflichtung zur Durchführung der Schönheitsreparaturen nach entsprechendem Fristenplan endet.

e. Die Quotenklausel ist dann insgesamt unwirksam, wenn sie einen Abgeltungsanspruch von 100% für den Fall vorsieht, dass die Schönheitsreparaturen bei Vertragsende länger als fünf Jahre zurückliegen; eine geltungserhaltende Reduktion dergestalt, dass bei einer Vertragsdauer von nur vier Jahren 80% der anteiligen Kosten geschuldet werden, ist nicht möglich.

Die Klausel verstößt nach BGH nicht gegen § 11 Nr. 4 AGBG (ab 1.1.2002: § 309 Nr. 4 i.d.F. des SchuldRModG) im Verhältnis zu § 326 (zur Rechtslage nach dem 1.1.2002 vgl. Rn. 96a). Denn auf eine nach § 11 Nr. 4 AGBG (ab 1.1.2002: § 309 Nr. 4 i.d.F. des SchuldRModG) formularmäßig nicht abdingbare Anwendung des § 326 kann es nicht ankommen, weil im Anwendungsbereich der Klausel mangels Ablaufs des vollen Renovierungsturnus noch gar kein Anspruch des Vermieters auf Durchführung von Schönheitsreparaturen durch den Mieter besteht. Der Abgeltungsanspruch des Vermieters gemäß der Klausel ist seiner Natur nach **kein Schadensersatzanspruch wegen Nichterfüllung** von Renovierungspflichten des Mieters i.S.d. § 326, sondern ein **primärer Erfüllungsanspruch auf Zahlung**. Daraus ergibt sich, dass in Anwendung der quotenmäßigen Abgeltungsklausel das förmliche Verfahren des § 326 nicht eingehalten werden muss, sondern direkt Zahlung verlangt werden kann. Dem Zahlungsverlangen kann der Mieter allerdings zuvorkommen und vor Ende des Mietverhältnisses in Kosten sparender Eigenarbeit die Schönheitsreparaturen durchführen.

Dass die Formel nur dann Anwendung finden kann, wenn Schönheitsreparaturen laut Fristenplan noch nicht oder noch nicht wieder durchzuführen sind, steht nicht ausdrücklich im Tenor des Rechtsentscheids, ergibt sich jedoch aus dem Sachzusammenhang in Verbindung mit der zu beurteilenden Klausel. Denn bei der Abgeltungsklausel handelt es sich um eine Ergänzung der vertraglichen Verpflichtung des Mieters zur Durchführung von Schönheitsreparaturen nach dem Fristenplan; sie belastet den ausziehenden Mieter mit anteiligen Renovierungskosten je nach dem Zeitpunkt der letzten Schönheitsreparaturen während der Mietzeit, wenn das Mietverhältnis vor erstmaliger oder vor erneuter Fälligkeit der Schönheitsreparaturen (während eines laufenden Renovierungsturnus) nach dem Fristenplan endet. Daraus ergibt sich, dass die Vereinbarung einer Zahlungspflicht alternativ zum Erfüllungsanspruch mit Umwandlungsmöglichkeit in einen Schadensersatzanspruch dann nicht möglich ist, wenn der Erfüllungsanspruch hinsichtlich der Schönheitsreparaturen entstanden ist und in einen Schadensersatzanspruch in Anlehnung des § 326 umgewandelt werden kann.

Bei der Übergabe einer unrenovierten oder renovierungsbedürftigen Wohnung setzt sich die Rechtsprechung fort, wonach der Mieter nicht mit Schönheitsreparaturen belastet werden kann, die vor seiner Mietzeit liegen.

Der BGH hat es in dem Rechtsentscheid offen gelassen, ob eine Abgeltungsklausel, wonach der Mieter nach Vertragsende fällige Schönheitsreparaturen ohne weiteres mit 100% der dafür erforderlichen Kosten abzugelten hat, wegen Verstoßes gegen § 11 Nr. 4 AGBG (ab 1.1.2002: § 309 Nr. 4 i.d.F. des SchuldRModG), § 326 Abs. 1 unwirksam ist. Insofern gibt es jedoch inzwischen Instanzrechtsprechung, die das für unwirksam erachtet (LG Berlin, GE 1992, 1331; GE 1996, 1183; a.A. LG Berlin, GE 1995, 1083).

Wird eine Ersatzquotenklausel formularmäßig vereinbart, ist darauf zu achten, ob diese im Hinblick auf die „normale" Überwälzung der Schönheitsreparaturen ausreichend klar formuliert ist. Wird in der Klausel nicht erwähnt, dass die Quotenklausel nur dann greift, wenn bei Beendigung des Mietverhältnisses die Schönheitsreparaturen noch nicht fällig sind, verstößt dies gegen das Transparenzgebot des AGBG (ab 1.1.2002: AGBG ist in das BGB – §§ 305 ff. – integriert i.d.F. des SchuldRModG), weil der Mieter nicht weiß, ob er zum Ende des Mietverhältnisses bei Nichtdurchführung der Schönheitsreparaturen einem direkten Zahlungsanspruch des Vermieters ausgesetzt ist oder das Verfahren nach § 326 eingehalten werden muss. Wegen des Zusammenhangs der Klausel ist dann die gesamte Überwälzung der Schönheitsreparaturen unwirksam, da eine geltungserhaltende Reduktion durch Auslegung nicht möglich ist (LG Berlin, GE 1996, 1183).

Muster
Mietvertrag: Quotenklausel für Schönheitsreparaturen →[✪ 535-15]

Endet das Mietverhältnis, bevor Schönheitsreparaturen fällig bzw. noch nicht wieder fällig sind, ist der Mieter, sofern er laut Mietvertrag die Schönheitsreparaturen übernommen hat, verpflichtet, die Kosten für die Schönheitsreparaturen aufgrund eines Kostenvoranschlags eines vom Vermieter auszuwählenden Malerfachgeschäftes an den Vermieter nach folgender Maßgabe zu zahlen:
Liegen die letzten Schönheitsreparaturen während der Mietzeit länger als ein Jahr zurück, so zahlt der Mieter 20% der Kosten aufgrund eines Kostenvoranschlags eines Malerfachgeschäftes an den Vermieter,
liegen sie länger als zwei Jahre zurück 40%,
länger als drei Jahre 60%,
länger als vier Jahre 80%.
Dem Mieter ist es unbenommen, seiner anteiligen Zahlungsverpflichtung dadurch zuvorzukommen, dass er vor dem Ende des Mietverhältnisses Schönheitsreparaturen in Kosten sparender Eigenarbeit fachgerecht ausführt oder ausführen lässt.

Forderung aufgrund Quotenklausel →[✪ 535-16]

...   ...
(Vermieteranschrift)   (Datum)

An
...
(Mieter)

Betreff: Schönheitsreparaturen in Ihrer Wohnung ... (Anschrift, genaue Bezeichnung der Wohnung)
hier: Forderung aufgrund Quotenklausel

Sehr geehrte(r) Frau/Herr ...!
Das Mietverhältnis über die oben angeführte Wohnung bestand für die Zeit vom 1.8.1999 bis zum 30.9.2001. Sie haben diese Wohnung nach Ende des Mietverhältnisses verlassen, ohne Schönheitsreparaturen auszuführen bzw. ausführen zu lassen. Nach § ... des Mietvertrags haben Sie die Verpflichtung übernommen, sich an den Kosten der während der Mietzeit erforderlich gewordenen Schönheitsreparaturen wie folgt zu beteiligen:
Liegen die Schönheitsreparaturen während der Mietzeit länger als zwei Jahre zurück, so zahlt der Mieter 40% der Kosten aufgrund eines Kostenvoranschlags eines Malerfachgeschäftes an den Vermieter.

Ich habe einen Kostenvoranschlag eines Malerfachgeschäfts eingeholt und übersende Ihnen diesen in Fotokopie. Daraus ist ersichtlich, welche Schönheitsreparaturen in den einzelnen Räumen erforderlich sind. Von der Gesamtsumme von 8 150 DM (4 075 EUR) inklusive Mehrwertsteuer haben Sie 40% = 3 260 DM (1 630 EUR) zu zahlen.

Mit dieser Forderung rechne ich gegen Ihre Forderung auf Rückzahlung geleisteter Kaution in Höhe von 3 000 DM (1 500 EUR) auf. Ferner fordere ich Sie auf, die Restsumme von 260 DM (130 EUR) binnen einer Frist von zwei Wochen nach Erhalt dieses Schreibens auf mein Konto bei ..., Nr. ..., BLZ ..., einzuzahlen.

Mit freundlichem Gruß
(Unterschrift Vermieter)

Dem Aufforderungsschreiben ist der Kostenvoranschlag beizufügen. Dieser muss eine dezidierte Aufstellung aller erforderlichen Arbeiten getrennt nach den einzelnen Räumen und den einzelnen Arbeiten enthalten.

7.8 Schönheitsreparaturen in den neuen Bundesländern

Zu den Mietverträgen über Wohnraum in den neuen Bundesländern ist im Wesentlichen zwischen **vor dem Beitritt und den danach** geschlossenen Mietverträgen **zu unterscheiden**, wobei bei den Neuverträgen ab dem 3.10.1990 noch zu differenzieren ist, ob bei der Vermietung des entsprechenden Wohnraums Preisvorschriften anzuwenden waren oder nicht (vgl. § 11 MHG [a.F.]). 102

Ist in einem **Altvertrag** (bis zum 3.10.1990 abgeschlossen) formularmäßig zwischen den Mietvertragsparteien vereinbart, dass der Mieter bei Beendigung des Mietverhältnisses zu Schönheitsreparaturen verpflichtet ist (vgl. § 10 des Mustermietvertrags der Anlage zur 1. Durchführungsverordnung zur Wohnraumlenkungsverordnung vom 24.10.1967), so verbleibt es bei dieser Vereinbarung (vgl. dazu Sternel, Mietrecht aktuell, Rn. A 255; Müther, DtZ 1995, 117; Mietprax/Kinne, Fach 3 Rn. 89). Da jedoch das AGBG nunmehr auch auf die vor dem 3.10.1990 abgeschlossenen Mietverträge anzuwenden ist (§ 28 Abs. 2 AGBG – ab 1.1.2002: §§ 305 ff. BGB i.d.F. des SchuldRModG), muss die Wirksamkeit entsprechender Klauseln überprüft werden. Ob dies jedenfalls zur völligen Unwirksamkeit einer entsprechenden Vereinbarung führen kann (vgl. Mietprax/Kinne, a.a.O.), ist zweifelhaft; jedenfalls kann aber angenommen werden, dass nunmehr die Regelung des § 326 (zur Rechtslage nach dem 1.1.2002 vgl. Rn. 96a) Anwendung findet und an die Stelle des § 107 Abs. 2 und 3 ZGB tritt.

War eine entsprechende Vereinbarung zur Durchführung von Schönheitsreparaturen durch den Mieter nicht geschlossen, müsste es nunmehr zur uneingeschränkten Anwendung des § 535 kommen (Müther, DtZ 1995, 117, Kreisgericht Eberswalde, GE 1994, 587; Sternel, Mietrecht aktuell, Rn. A 255). Zweifel an dieser Eindeutigkeit sind im Hinblick auf § 104 Abs. 1 Satz 2 ZGB angebracht, der zwar nicht fortgilt, dessen Regelungsinhalt aber ergänzend herangezogen werden kann. Insofern wird vorgeschlagen (Mietprax/Kinne, a.a.O. Rn. 91, 92), dass der Mieter dem Vermieter lediglich den Mehraufwand zu ersetzen hat, der dadurch entstanden ist, dass der Mieter die Vorschriften der §§ 104, 107 ZGB missachtet hat (vgl. auch LG Berlin, GE 1995, 307, zum weiteren Streitstand Sternel, Mietrecht aktuell, Rn. A 258). War in einem Altvertrag vereinbart, dass für die malermäßige Instandsetzung während der Dauer des Mietverhältnisses der Mieter verantwortlich ist, verpflichtet dies den Mieter bei Beendigung des Mietverhältnisses nicht zur Durchführung von Schönheitsreparaturen. Hat der Mieter während der Mietzeit keine oder nur unzureichende Instandhaltungsarbeiten durchgeführt, so ist er bei Beendigung des Mietverhältnisses zum Schadensersatz nur insoweit verpflichtet, als hierdurch Mängel an der Substanz des Wohnraums verursacht worden sind oder ein erhöhter Aufwand an Arbeit, Anstrich und Kosten wegen übermäßiger Abnutzung bei der Renovierung erforderlich werden, wobei sich der Ersatzanspruch des Vermieters nur auf die insoweit notwendigen Mehrkosten erstreckt (KG, RE vom 16.10.2000 = GE 2000, 1473 [1474]).

103 Bei **Neuverträgen** nach dem Beitritt der neuen Bundesländer, die sich auf vor dem 3.10.1990 bezugsfertig gewordenen oder auf danach mit Mitteln aus öffentlichen Haushalten fertig gestellten Wohnraum beziehen, galten preisrechtliche Bindungen bzw. gelten nach dem Mietenüberleitungsgesetz preisrechtliche Einschränkungen. Hier wird die Ansicht vertreten, dass die Überwälzung gegen die Preisbindung verstößt und nach § 5 Abs. 2 der 2. GMV unwirksam ist (vgl. AG Berlin-Mitte, ZMR 1994, 572 = GE 1994, 1127; Sternel, Mietrecht aktuell, Rn. A 259). Nach anderer Ansicht (vgl. Mietprax/Kinne, a.a.O. Rn. 96; Gramlich, S. 47) bestehen gegen die Überwälzung von Schönheitsreparaturen keine preisrechtlichen Bedenken, weil auch die bis zum Beitritt geltenden preisrechtlichen Vorschriften eine Überwälzung von Schönheitsreparaturen auf den Mieter zuließen. Aus diesen Gründen soll auch eine Überwälzung nur im Rahmen einer malermäßigen Instandsetzung im Sinne von § 104 ZGB möglich sein (vgl. Sternel, Mietrecht aktuell, Rn. A 259).

Die verschiedenen Versuche einer rechtlichen Konstruktion erscheinen „gekünstelt". § 5 Abs. 2 der 2. GMV erfasst die vorliegende Fallkonstellation nicht, sondern normiert nur, dass (im gewissen Umfang) in den neuen Bundesländern nach wie vor Preisvorschriften gelten, die absolut sind, für darüber hinausgehende vertragliche Vereinbarungen kein Raum ist. Der vom BGH zur Rechtfertigung einer Überwälzung von Schönheitsreparaturen angeführte Entgeltcharakter ist mit bestimmten Mietbeträgen nicht erfassbar und bezieht sich im Übrigen auf Preiskalkulationen in den alten Bundesländern, die auf das bisherige Mietenniveau in den neuen Bundesländern nicht übertragen werden können. Demgemäß ist § 5 Abs. 2 der 2. GMV nur in dem Sinne einschlägig, dass tatsächlich zu zahlende Entgelte erfasst sind. **Daraus folgt, dass die Überwälzung von Schönheitsreparaturen nicht gegen Preisvorschriften verstößt.**

Bei nicht preisgebundenem Wohnraum beurteilt sich die Wirksamkeit der Überwälzung von Schönheitsreparaturen nach allgemeinen Gesichtspunkten.

Muster
Klage auf Mängelbeseitigung→[✆ 535-17]

...   ...
(Mieteranschrift)   (Datum)

An das
Amtsgericht ...
(Amtsgericht, in dessen Bezirk sich die Räume befinden)

Klage

des ...
(Mieter)

Kläger

gegen
Herrn/Frau ...
(Vermieter)

Beklagter

Ich erhebe Klage gegen den o.a. Beklagten und werde im Termin zur mündlichen
Verhandlung beantragen,
den Beklagten zu verurteilen, die Zentralheizungsanlage des Hauses ... (genaue Anschrift) dergestalt instand zu setzen, dass die Wohnung ... (genaue Lage der Wohnung) beheizt werden kann.

Gründe
Ich bin Mieter der Wohnung in ... (genaue Anschrift und Lage der Wohnung). Der
Beklagte ist Vermieter dieser Wohnung.
Beweis: Vorlage des Mietvertrags, Kopie des Mietvertrags ist der Klageschrift
                beigefügt.
Das Haus, in dem sich die Wohnung befindet, ist mit einer Zentral-Ölheizung versehen. In allen Zimmern der Mietwohnung befinden sich Heizkörper, die über Thermostatventile zu regulieren sind. Schon seit Wochen ist eine ordnungsgemäße Beheizung der Räume nicht oder zumindest nicht durchweg möglich; denn zum einen
werden die Heizkörper trotz Öffnung der Thermostatventile auf die höchste Stufe
kaum warm. Es wird eine Raumtemperatur von höchstens 16°C erreicht, gemessen
ein Meter über dem Fußboden. Zunehmend fällt die Heizung auch völlig aus; dies
geschah in den letzten Wochen zunächst nur stundenweise, zuletzt jedoch auch
schon des Öfteren für einen halben Tag. Dieser Zustand ist nicht vertragsgerecht.
Der Beklagte ist daher entsprechend zu verurteilen.
Ferner beantrage ich

1. für den Fall, dass das Gericht schriftliches Vorverfahren anordnet, den Erlass eines Anerkenntnis- bzw. Versäumnisurteils im schriftlichen Vorverfahren, falls der Beklagte den Anspruch anerkennen oder nicht fristgemäß seine Verteidigungsbereitschaft anzeigen sollte;
2. für den Fall, dass das Gericht das Verfahren nach § 495a ZPO durchführen sollte, die Anberaumung eines Termins zur mündlichen Verhandlung.

Zum Streitwert gehe ich von ... EUR aus, das sind 10% (Minderungsquote) der von mir gezahlten Bruttokaltmiete von zurzeit ... EUR.

Zwei Abschriften der Klage sind beigefügt.

(Unterschrift Mieter)

§ 536   Mietminderung bei Sach- und Rechtsmängeln

(1) [1]**Hat die Mietsache zur Zeit der Überlassung an den Mieter einen Fehler, der ihre Tauglichkeit zum vertragsgemäßen Gebrauch aufhebt, oder entsteht in der Mietzeit ein solcher Fehler, so ist der Mieter für die Zeit, in der die Tauglichkeit aufgehoben ist, von der Entrichtung der Miete befreit.** [2]**Für die Zeit, während der die Tauglichkeit gemindert ist, hat er nur eine angemessen herabgesetzte Miete zu entrichten.** [3]**Eine unerhebliche Minderung der Tauglichkeit bleibt außer Betracht.**

(2) Absatz 1 Satz 1 und 2 gilt auch, wenn eine zugesicherte Eigenschaft fehlt oder später wegfällt.

(3) Wird dem Mieter der vertragsgemäße Gebrauch der Mietsache durch das Recht eines Dritten ganz oder zum Teil entzogen, so gelten Absatz 1 und Absatz 2 entsprechend.

(4) Bei einem Mietverhältnis über Wohnraum ist eine zum Nachteil des Mieters abweichende Vereinbarung unwirksam.

1. Allgemeines

Die Mietrechtsreform bringt mit dem § 536 über § 536a bis c eine Zusammenfassung von   1
bisher verstreuten Vorschriften, die teilweise auf das Kaufrecht verwiesen haben. Vor
allem die Vorschrift des § 545 a.F. ist in das neue System eingearbeitet (§ 536c), die
Gewährleistung wegen Vorliegen eines Rechtsmangels (bisher § 541) ist mit der Sach-
mängelregelung zusammengefasst.

Wie zum Gewährleistungssystem des Kaufrechts sind die **allgemeinen Vorschriften** der
§§ 306, 307, 323 bis 326 (ab 1.1.2002: §§ 280 ff., 311a i.d.F. des SchuldRModG) **überwiegend ausgeschlossen**, weil die Vorschriften des besonderen Schuldrechts vorgehen.
Anders als im Kaufrecht, in dem der Käufer nach § 462 (ab 1.1.2002: §§ 437, 441 i.d.F.
des SchuldRModG) den Minderungsanspruch geltend machen muss („kann der Käufer
Herabsetzung des Kaufpreises [Minderung] verlangen"), tritt die **mietrechtliche Minderung kraft Gesetzes** ein („ist der Mieter ... von der Entrichtung der Miete befreit ..."). Es
handelt sich demgemäß **nicht** um einen Mietminderungs**anspruch** (§ 194 Abs. 1), sondern stellt eine **Einwendung** gegenüber dem Anspruch des Vermieters auf Zahlung der
Miete dar, die folglich **nicht verjähren** kann. Allerdings kann ein etwaiger Rückzahlungsanspruch aus ungerechtfertigter Bereicherung bei vorausgezahlter Miete verjähren
(vgl. Emmerich/Sonnenschein, § 537 Rn. 15; Palandt/Weidenkaff, § 537 Rn. 21). Daraus
folgt ferner, dass sich der Mieter gegenüber der Zahlungsklage des Vermieters auch noch
später auf sein Minderungsrecht berufen kann, sofern allerdings keiner der Ausschluss-
tatbestände von § 536b und c vorliegt und keine Verwirkung eingetreten ist.

Bei der Wohnraummiete können die Rechte aus § 536 nicht abbedungen werden (§ 536
Abs. 4).

Die bisherige Problematik einer vereinbarten Vorfälligkeitsklausel (Zahlungen monatlich
im Voraus) im Zusammenhang mit Aufrechnungsklauseln entfällt weitestgehend. Denn
nach § 556b Abs. 1 ist die Wohnraummiete nunmehr zu Beginn des Monats zu entrichten, so dass es einer Vorfälligkeitsklausel nicht mehr bedarf (vgl. zu der Problematik die
entsprechende Kommentierung zu § 535 und § 556b). Für am 1.9.2001 bestehende Mietverhältnisse gilt allerdings § 551 a.F. weiter – Art. 229 § 3 Abs. 1 Nr. 7 EGBGB.

Für die Geschäftsraummiete gilt § 536 Abs. 4 nicht, so dass die Vorschrift durch Formu-   2
larmietvertrag abbedungen werden kann (BGH, NJW-RR 1993, 519); § 11 Nr. 10 AGBG
(ab 1.1.2002: § 309 BGB i.d.F. des SchuldRModG) gilt für den Mietvertrag nicht (vgl.
Palandt/Heinrichs, § 11 AGBG Rn. 46 und 49).

§ 536 gilt nach dem Gesetzeswortlaut **nicht für den Zeitraum vor Überlassung** der
Mietsache, sondern dafür gelten die allgemeinen Vorschriften der §§ 323 ff. Nach der
Überlassung der Mietsache kann § 323 dann zur Anwendung kommen, wenn dem Ver-

mieter die Beseitigung des Sachmangels nicht zugemutet werden kann (vgl. BGH, NJW-RR 1991, 204). Soweit die Unmöglichkeit der Leistung nicht auf einem Sachmangel beruht (z.b. Untergang der Mietsache), gilt ohnehin § 323. Insofern kommt es darauf an, ob nach § 535 der Vermieter (noch) zur Instandsetzung verpflichtet ist.

§ 275 gilt ebenfalls, wenn die Wiederherstellung der Mietsache dem Vermieter nicht zugemutet werden kann (vgl. BGH, a.a.O.).

2.　Sachmängelhaftung – § 536 Abs. 1

3　§ 536 Abs. 1 entspricht inhaltlich im Wesentlichen dem bisherigen § 537 Abs. 1, ist aber teilweise sprachlich modifiziert (die amtliche Begründung spricht von „Modernisierung"). Außerdem ist die Regelung für die völlige Aufhebung der Tauglichkeit textlich stärker von der Regelung für die Tauglichkeitsminderung abgesetzt worden, um die unterschiedlichen Rechtsfolgen zu verdeutlichen. Schließlich ist der Verweis auf die kaufrechtlichen Vorschriften zur Berechnung der Minderung entfallen. Dieses Verfahren hat sich als nicht praktikabel erwiesen. Die Praxis gibt indessen den Minderungsbetrag ohne Zugrundelegung der komplizierten Berechnungsformeln regelmäßig in geschätzten Prozentsätzen an. Dem trägt die offenere Formulierung in § 536 Abs. 1 Satz 2 Rechnung – **so die amtliche Begründung**.

2.1　Fehlerbegriff (ab 1.1.2002 wird das Wort „Fehler" durch das Wort „Mangel" ersetzt)

4　§ 536 setzt einen Sachmangel voraus. Üblicherweise versteht man unter einem Fehler (= Sachmangel) die **nachteilige Abweichung des tatsächlichen Zustands der Mietsache vom vertraglich geschuldeten**. Es kommt darauf an, ob der nach § 535 geschuldete Mietgebrauch beeinträchtigt wird, so dass der Fehler auch in einem tatsächlichen bzw. rechtlichen Verhältnis bestehen kann (sog. **Umweltfehler**), das nach den allgemeinen Verkehrsanschauungen den Mietgebrauch unmittelbar beeinträchtigt (vgl. BGH, NJW 1981, 2405; BayObLG, RE vom 4.2.1987 = NJW 1987, 1915 = GE 1987, 397). Demgemäß können äußere Gefahrenquellen und Immissionen (Lärm, Rauch, Umwelteinflüsse) zu einem Mangel der Mietsache führen, wenn der vertragsgemäße Gebrauch beeinträchtigt wird. Dazu reicht bereits die Befürchtung einer Gefahr, wobei allerdings eine objektive Gefährdung vorhanden sein muss (z.B. drohende Gesundheitsgefahren durch bleibelastetes Leitungswasser, vgl. dazu die Kommentierung zu § 535).

§ 536 setzt ein **Verschulden** des Vermieters **nicht voraus** (anders teilweise § 536a für den Schadensersatzanspruch).

Den Vermieter trifft nach § 536 eine allgemeine Garantie„haftung", so dass es nicht darauf ankommt, ob der Fehler schon zum Zeitpunkt der Überlassung an den Mieter vorhanden war oder erst während der Mietzeit entsteht. Nach § 536 Abs. 1 Satz 2 bleibt allerdings eine unerhebliche Minderung der Tauglichkeit außer Betracht. Eine Abgrenzung, wann ein Mangel zu einer unerheblichen Minderung der Tauglichkeit führt, kann nur schwer vorgenommen werden, wobei mehrere kleinere und für sich genommen unerhebliche Mängel in ihrem Zusammenwirken zur erheblichen Beeinträchtigung führen können.

2.2 Einzelne Mängel
2.2.1 Mängel der Mietsache selbst

Das sind im Wesentlichen **Baumängel**, wie z.B. Schallschutzmängel, schadhafte Wand- 5
und Deckenisolierung, fehlende Vorkehrungen gegen Verschmutzung durch Tauben,
undichte Fenster, unzureichende Wärme- und Warmwasserversorgung und vor allem
Feuchtigkeitsschäden.

2.2.2 Umweltfehler

Das sind Mängel, die nicht von der Mietsache selbst ausgehen, sondern in **Einwirkun-** 6
gen auf die Mietsache bestehen. Hierzu gehören Beeinträchtigungen, wie sie § 906
Abs. 1 beschreibt, also Zuführung von Gasen, Dämpfen, Gerüchen, Rauch, Ruß, Wärme,
Geräusch, Erschütterungen und Ähnliches. Hier kommt es allerdings im besonderen
Maße auf die Ausgestaltung des Vertrags im Einzelnen und auf die konkrete Lage und
Situation der Mietsache selbst an; denn Voraussetzung für die Annahme eines Mangels
ist immer, dass nach der allgemeinen Verkehrsanschauung der vertraglich vorausgesetzte
Mietgebrauch beeinträchtigt ist, was z.B. bei Lärmeinwirkungen je nach Lage der Räume
höchst unterschiedlich sein kann – Wohnung an Hauptverkehrsstraße, Wohnung in länd-
licher Gemeinde.

Bei der „Zuführung unwägbarer Stoffe" – Definition zu § 906 – **kommt es nicht darauf**
an, ob der Fehler vom Vermieter ausgeht, von ihm im weitesten Sinne zu vertreten ist;
denn § 536 stellt nur darauf ab, ob ein Fehler vorliegt, nicht, woher dieser kommt und
worauf er beruht. So greift die Sachmängel„haftung", wenn z.B. der über einem Mieter
wohnende Mitmieter seine Waschmaschine nicht ausreichend sichert, der Anschluss-
schlauch platzt, das Wasser ausläuft und in die darunter liegende Wohnung eindringt mit
der Folge, dass Wasserschäden entstehen, die Tapete sich löst und dgl. Der Vermieter
kann gegenüber dem die Miete mindernden Mieter nicht einwenden, dieser solle sich erst
einmal an seinen Mitmieter halten und vielleicht auch seine eigene Hausratversicherung
in Anspruch nehmen. Der Vermieter hat nur die Möglichkeit, seinen Schaden, der in der
geminderten Mietzahlung eines anderen Mieters besteht, ggf. bei dem schadensverursa-
chenden Mieter geltend zu machen.

Dies gilt grundsätzlich auch bei Einwirkungen, die von Dritten ausgehen, z.B. bei Baulärm von einem Nachbargrundstück. Nach ganz überwiegender Ansicht kann sich der
Vermieter nicht auf § 906 berufen und sich z.B. gegen eine Minderung wehren, wenn er
seinerseits keinen entsprechenden Ausgleich vom Nachbarn erlangen kann (vgl. grundlegend BayObLG, RE vom 4.2.1987 = WuM 1987, 112 [113] = NJW 1987, 1915 = GE
1987, 397). Danach ist zu trennen zwischen einerseits dem Vertragsverhältnis zwischen
Vermieter und Mieter mit den daraus folgenden Gewährleistungsansprüchen aus §§ 536
und 536a und andererseits dem durch § 906 begründeten gesetzlichen Schuldverhältnis
zwischen dem Vermieter als Grundstückseigentümer und demjenigen, der die Beeinträchtigung durch Lärm oder andere Geräusche verursacht hat (vgl. auch Emme-
rich/Sonnenschein, § 537 Rn. 11 mit weiteren Rechtsprechungsnachweisen). Diese Trennung ist dogmatisch einwandfrei, birgt aber für den insofern risikobelasteten Vermieter
eine weitere Gefahr: Der Vermieter kann von dem Lärm verursachenden Nachbarn zwar
nach § 906 Abs. 2 Satz 2 einen angemessenen Ausgleich in Geld verlangen, wenn er eine

wesentliche Beeinträchtigung dulden muss und dadurch der Ertrag über das zumutbare Maß hinaus beeinträchtigt wird (so z.B. Mietminderung). Hierzu sind jedoch unterschiedliche gerichtliche Entscheidungen im Mietminderungsprozess zwischen den Mietvertragsparteien einerseits und im Rechtsstreit zwischen Grundstückseigentümer/Vermieter und Nachbarn andererseits möglich, weil in der Beurteilung der Wesentlichkeit der Beeinträchtigung unterschiedliche Beurteilungen möglich sind. In diesem Zusammenhang ist an eine Streitverkündung gegenüber dem Nachbarn im Mietminderungsprozess zu denken, um die Nebeninterventionswirkung herbeizuführen.

2.2.3 Öffentlich-rechtliche Beschränkungen

7 Öffentlich-rechtliche Beschränkungen **können** als rechtliche Verhältnisse einen **Mangel der Mietsache darstellen**, wenn sie sich auf die Beschaffenheit, Benutzbarkeit oder Lage der Mietsache (und nicht auf die Person des Mieters) beziehen, und zwar konkret auf die Mietsache (vgl. BGH, NJW 1977, 285; BGH, NJW-RR 1992, 267 = WuM 1992, 313; BGH, DWW 1994, 248 = ZMR 1994, 253). Hierbei ist aber besonders herauszustellen, dass die öffentlich-rechtlichen Beschränkungen bereits bestehen müssen, nicht erst in naher Zukunft erwartet werden dürfen. Dazu soll die Ungewissheit über den Fortbestand genügen, insbesondere wenn ein Rechtsbehelf eingelegt ist (vgl. BGH, MDR 1971, 294). Das ist insofern bedenklich, als die öffentlich-rechtliche Beschränkung erst dann einen Mangel darstellen kann, wenn der entsprechende öffentlich-rechtliche Rechtsakt (z.B. Verwaltungsakt) bestandskräftig ist, was unabhängig davon zu beurteilen ist, ob und ggf. wer (Mieter oder Vermieter) entsprechende Anträge bzw. Rechtsmittel zu stellen oder einzulegen hat. Jedenfalls ist eine Minderung nicht möglich, solange die Behörde eine unzulässige Nutzung duldet (OLG Köln, ZMR 1998, 227). Die Frage des Fehlers ist unabhängig davon zu beurteilen, ob der Vermieter unter Umständen wegen öffentlich-rechtlicher Beschränkungen (z.B. Zweckentfremdungsverbot, Belegung der Wohnung mit nicht berechtigten Personen) ein Kündigungsrecht hat und sich daraus möglicherweise Schadensersatzansprüche des Mieters ergeben, der die Wohnung räumen muss.

2.3 Darlegungs- und Beweislastfragen

8 Auch wenn nach dem Wortlaut des § 536 die Minderung „automatisch" eintritt, wenn ein erheblicher Fehler vorliegt, muss der **Mieter** nach allgemeiner Meinung grundsätzlich das **Vorliegen von Mängeln darlegen** und im Streitfall auch beweisen, wenn er sich auf Minderung beruft (OLG Celle, ZMR 1985, 10, 12 f.; LG Berlin, GE 1995, 1211; LG Kiel, WuM 1982, 187). Die Höhe der Minderungsquote muss der Mieter nicht darlegen (BGH, GE 1997, 1096 = WuM 1997, 488). Die Anforderungen an die Darlegung im Einzelnen (Substanziierungspflicht) können nicht generalisierend dargestellt werden, weil dies vom Einzelfall abhängt, wobei bei den Instanzgerichten im Rahmen der freien richterlichen Überzeugung unterschiedliche Beurteilungen möglich sind. Dies gilt vor allem bei der Darlegung von Beeinträchtigungen durch Lärm, Gerüche und dgl. Jedenfalls muss jedoch im Streitfall dem Gericht ein derartig substanziierter Vortrag gebracht werden, dass das Gericht in der Lage ist, den Sachverhalt nachzuvollziehen. So genügt z.B. ein Vortrag, „fast rund um die Uhr seien Geräusche, Unterhaltungen, Lärm aus der Nachbarwohnung zu hören", nicht. Werden in diesem Zusammenhang Zeugen benannt,

sind diese nicht zu vernehmen, weil dies zu einem unzulässigen sog. Ausforschungsbeweis führen würde (vgl. LG Berlin, GE 1995, 1211). Es bleibt demgemäß dem Mieter nichts anderes übrig, als eine Art „Lärmprotokoll" zu führen, das ggf. durch Zeugenbeweis zu belegen ist. Andererseits dürfen an ein derartiges Protokoll keine überspitzten Anforderungen gestellt werden (z.B. keine minutiöse Darlegung von Lärm- und Schmutzbeeinträchtigungen über einen Zeitraum von einem Jahr: LG Berlin, MM 1994, 396; vgl. auch KG, GE 2001, 620).

Nach allgemeinen prozessualen Regeln zur Substanziierungspflicht hängt diese auch vom entsprechenden Bestreiten der Gegenseite, hier des Vermieters, ab. Dieser darf Behauptungen, die nicht seiner eigenen Wahrnehmung unterliegen, mit Nichtwissen bestreiten (§ 138 Abs. 4 ZPO). Sind allerdings Mängel am Gebäude und seinen Teilen außerhalb der Wohnung streitig, kann sich der Vermieter ein Bild von den behaupteten Umständen machen, so dass ihn dann die Pflicht trifft, den behaupteten Mangel seinerseits substanziiert zu bestreiten, sofern er der Meinung ist, ein Mangel liege tatsächlich nicht vor. Er muss auch den Ausnahmetatbestand darlegen und ggf. beweisen, dass nur eine unerhebliche Minderung in Betracht kommt oder der Mieter den Mangel zu vertreten hat (vgl. Emmerich/Sonnenschein, § 537 Rn. 42).

Bei Mängeln, die ihre **Ursache in Baumängeln** haben können, ist die **Darlegungslast** 9 **differenziert** zu sehen und richtet sich insbesondere bei den **Feuchtigkeitsschäden** nach den entsprechenden Verantwortungsbereichen. Das bedeutet im Einzelnen: Sind Feuchtigkeitsschäden vorhanden (Schimmelbildung, Stockflecken, Wasserränder, feuchte Tapeten oder Wände), muss der **Vermieter** nach heute herrschender Meinung (OLG Karlsruhe, RE vom 9.8.1984 = GE 1984, 971 [972] = NJW 1985, 142 [143]; BGH, NJW 1994, 2019; LG Berlin, GE 1995, 761; Emmerich/Sonnenschein, § 537 Rn. 18a mit weiteren Rechtsprechungsnachweisen) darlegen und ggf. beweisen, dass die Schadensursache nicht in seinem Einfluss- und Verantwortungsbereich liegt, somit Baumängel auszuschließen sind (z.B. Fassadenputzschäden, mangelnde Isolierung, Schäden am Dach, Kälte-Wärme-Brücken). Erst wenn dies feststeht, muss der **Mieter** den Beweis führen, dass die Feuchtigkeitsschäden nicht seinem Wirkungsbereich unterliegen (vgl. OLG Karlsruhe, GE 1984. 971 = NJW 1985, 142 [143]; LG Berlin, GE 1988, 35; Emmerich/Sonnenschein, § 537 Rn. 18a), nicht auf einem fehlerhaften Lüftungs- und Wohnverhalten (z.B. Wäschetrocknen, übermäßige Pflanzenhaltung) beruhen. Gelingt dieser Beweis nicht und ist es ausgeschlossen, dass keine Einflüsse außerhalb des Mieterverhaltens für die Feuchtigkeitsschäden ursächlich sind (LG Mannheim, ZMR 1991, 481; LG Bochum, DWW 1991, 188; LG Mannheim, ZMR 1989, 424), kann sich der Mieter nicht auf einen Mangel berufen, kann die Miete nicht mindern.

2.4 Berechnung der Minderung

Während § 537 Abs. 1 Satz 1 a.F. zur Berechung der Minderung auf die kaufrechtlichen 10 Vorschriften der §§ 472, 473 verwies, spricht das Gesetz jetzt von einer **angemessen herabgesetzten Miete.** Richtigerweise wird in der amtlichen Begründung darauf hingewiesen, dass diese Regelung unpraktikabel war, die Rechtsprechung regelmäßig mit geschätzten Prozentsätzen gearbeitet hat. Eine Änderung der bisherigen Rechtsprechung ist also nicht angezeigt.

Wegen der verschiedenen Mietstrukturen besteht Streit, ob **Bemessungsgrundlage** die Nettokalt-, Bruttokalt- oder die Bruttowarmmiete ist. Dabei bezieht sich die Diskussion darauf, ob sich die Minderung auch auf die geschuldeten Betriebskostenanteile oder -vorschüsse und darüber hinaus auch auf die Heiz- und Warmwasserkostenvorschüsse bezieht. Eine feststehende Rechtsprechung ist nicht ersichtlich. Nach überwiegender Ansicht bezieht sich jedoch die **Mietminderung auf die Bruttokaltmiete**, wobei kein Unterschied gemacht werden kann, ob die kalten Betriebskosten in der Miete enthalten sind oder ein Betriebskostenvorschuss geschuldet ist (LG Hamburg, WuM 1990, 148 [149]; LG Hamburg, WuM 1991, 90; LG Berlin, GE 1996, 549; Sternel, Mietrecht aktuell, Rn. 410 mit weiteren Rechtsprechungsnachweisen).

Der **Heizkostenvorschuss** könnte auch dann berücksichtigt werden, wenn sich der Mangel **gerade auf die Beheizung auswirkt** (so OLG Düsseldorf, NJW-RR 1994, 399 = WuM 1994, 324; LG Kiel, WuM 1994, 608; Beuermann, GE 1994, 360).

Zur Berechnung im Einzelnen sind folgende Kriterien maßgeblich:
– Art und Umfang der Beeinträchtigung für den vertragsgemäßen Gebrauch
– zeitlicher Umfang des Mangels
– Berücksichtigung der Jahreszeit
– baulicher oder optischer Mangel
– flächenmäßiger oder quantitativer Anteil der vom Mangel betroffenen Räume
– gesteigerte Qualitätsansprüche des Mieters im Hinblick auf die vereinbarte Miethöhe
(vgl. zu allem LG Berlin GE 1996, 549, 551).

In der Literatur wird – vor allem von Sachverständigenseite – eine formalisierte Berechnungsweise vorgeschlagen (vgl. dazu auch die Versuche zur Bewertung des technischen und merkantilen Minderwerts bei der Beschädigung von Pkw nach Unfall), was vordergründig zur Vereinfachung und zur Klarheit, möglicherweise auch zur Vermeidung von Rechtsstreitigkeiten führen könnte. Da jedoch zur Anwendung von Formeln auch Bewertungen notwendig werden, die im Streitfall nur richterlich durchgeführt werden können, sind alle derartigen **Formeln nur als Überlegungsgrundlage** heranzuziehen, verbleibt es bei Schätzungen in richterlicher Überzeugung, die systembedingt aufgrund unterschiedlicher persönlicher Einschätzungen variieren können. Eine **formalisierte Berechnung der Mietminderung** ist daher **höchst zweifelhaft**.

Als formalisierte Verfahren für die Bemessung des Minderungsanteils sind im Wesentlichen das sog. Zielbaumverfahren von Kamphausen (WuM 1982, 3) sowie das Kurzverfahren für die richterliche Bestimmung der Mietminderung von Isenmann (DWW 1995, 361 ff.) zu nennen, die im Wesentlichen darauf beruhen, für einzelne Teile eines Mietobjekts unterschiedliche Wertigkeiten der Funktionswerte und der Geltungswerte aufzustellen, wobei dann Isenmann zur Intensität der Beeinträchtigung noch zwischen baulichen (75%) und optischen Beeinträchtigungen (25%) unterscheidet. Diese Ansätze sind sicher im Prinzip richtig, bedürfen jedoch jeweiliger Korrekturen im Einzelfall, weil die Nutzung der Räume je nach Mietpartei und Schnitt der Wohnung im Einzelnen höchst unterschiedlich sein kann. Daher ist z.B. für den Fall, in dem nur ein Raum von einem Mangel betroffen ist, die Quadratmeterfläche des Raumes zur Gesamtwohnfläche in ein Verhältnis zu setzen (vgl. LG Berlin, GE 1994, 1381). Im Übrigen ist bei bestimmten Mängeln (z.B. Lärmbelästigung) auch eine verhältnismäßige Berechnung in Abhängigkeit von der zeitlichen Einschränkung vorzunehmen. Das gilt auch für Minderung wegen Heizungsausfalls in den Wintermonaten, wobei hier die Bemessung nach der Gradtagszahlentabelle (vgl. Kinne, Heizung und Heizkostenabrechnung, S. 186) möglich ist. Aus alledem ergibt sich, dass **Minderungstabellen**, die einzelne Gerichtsentscheidungen katalogisieren, **nur gewisse Anhaltspunkte** bringen können, im Übrigen jedoch nicht verallgemeinert werden dürfen, weil aus der Tabelle der jeweilige Einzelfall, der jedoch berücksichtigt werden muss, nicht ersichtlich ist. Für eine derartige Minderungstabelle wird auf Kinne, Mängel in Mieträumen, S. 183 ff. verwiesen.

Muster
Mietminderung →[✆ 536-1]

...   ...
(Mieteranschrift)   (Datum)

An
...
(Vermieter)

Betreff: Wasserschaden in meiner Wohnung ... (genaue Bezeichnung der Wohnung)
hier: Geltendmachung einer Mietminderung

Sehr geehrte(r) Frau/Herr ...!
Mit Schreiben vom ... habe ich Ihnen angezeigt, dass es zu einem Wasserschaden in dem Balkonzimmer meiner Wohnung gekommen ist. Gleichzeitig hatte ich mir eine Mietminderung vorbehalten. Mit Schreiben vom ... haben Sie eine Beseitigung des Mangels abgelehnt und behauptet, Sie hätten mit dem Wasserschaden nichts zu tun, er habe seine Ursache in mangelhafter Beheizung bzw. Belüftung meiner Wohnung. Diese Vorwürfe weise ich zurück. Die Wohnung wird ausreichend beheizt und belüftet (so genannte Stoßbelüftung). Wahrscheinlich ist eine Fuge im Übergangsbereich vom Balkon (Balkon der über mir gelegenen Wohnung) zum Mauerwerk undicht (gewesen), so dass Wasser eindringen konnte. Letztlich kann ich dies jedoch nicht beurteilen. Das ist jedoch auch nicht meine Angelegenheit, vielmehr müssen Sie beweisbar ausschließen können, dass das Wasser von außen in meine Wohnung gedrungen ist.
Die vorbehaltene Mietminderung führe ich nunmehr durch und werde vom kommenden Monat an die Miete um 10% der von mir geschuldeten Bruttokaltmiete mindern. Die Minderung erfolgt bis zur Behebung der Mängel. Die Geltendmachung eines Zurückbehaltungsrechts behalte ich mir vor.

Hochachtungsvoll
(Unterschrift Mieter)

2.5 Zugesicherte Eigenschaft – § 536 Abs. 2

11 Nach § 536 Abs. 2 besteht das Minderungsrecht auch, wenn eine **zugesicherte Eigenschaft fehlt oder später wegfällt**. Es wird auf § 536 Abs. 1 Satz 1 und 2 Bezug genommen, so dass die Gewährleistung auch bei einer unerheblichen Minderung der Tauglichkeit nicht in Betracht kommt. Letztere Regelung ist eine Änderung der bisherigen Rechtslage; § 537 Abs. 2 a.F. hatte nur auf § 537 Abs. 1 Satz 1 a.F. verwiesen, so dass die Gewährleistung auch bei einer unerheblichen Minderung der Tauglichkeit in Betracht kam. In der amtlichen Begründung wird bezweifelt, ob die zugesicherte Eigenschaft neben dem Fehler im Mietrecht, wo der subjektive Fehlerbegriff gilt, tatsächlich große eigenständige Bedeutung hat. Überlegungen, die Vorschrift zu streichen, würden jedoch sinnvollerweise erst im Gesamtzusammenhang mit einer Neuregelung des Gewährleistungsrechts im Rahmen der Schuldrechtsreform anzustellen sein, der mit der Mietrechtsreform nicht vorgegriffen werden sollte. Bei Redaktionsschluss lag eine Neufassung noch nicht vor.

Der Begriff der **Zusicherung** ist derselbe wie zu § 459 Abs. 2 – ab 1.1.2002: § 434 i.d.F. des SchuldRModG – (Sachmängelhaftung beim Kauf). Zugesichert ist daher eine Eigenschaft, wenn der Vermieter durch eine vertraglich bindende Erklärung dem Mieter zu erkennen gibt, dass er für den Bestand der betreffenden Eigenschaft und alle Folgen ihres Fehlens einstehen will. Dabei ist die Abgrenzung zur unverbindlichen Beschreibung oder Angabe des Verwendungszwecks der vermieteten Sache vorzunehmen.

Unter **Eigenschaft** versteht man die **Beschaffenheit der Mietsache selbst** und jedes **tatsächliche oder rechtliche Verhältnis,** das für den Gebrauch der Mietsache von Bedeutung ist, was bei der Wohnraummiete weniger relevant, bei der Gewerbemiete von großer Wichtigkeit sein kann, z.B. Tragfähigkeit von Zwischendecken eines Lagerhauses (BGH, MDR 1964, 915), Umsatz bei einer Gastwirtschaft, Zusicherung der Brauereifreiheit; Möglichkeit der Bebauung eines Grundstücks (vgl. Emmerich/Sonnenschein, § 537 Rn. 14).

12 Wesentliche Probleme treten sowohl bei der Wohnraum- als auch der Gewerbemiete bei der **Größenangabe der Nutz- oder Wohnfläche** auf. § 537 Abs. 2 Satz 2 a.F., wonach bei Vermietung eines Grundstücks die Zusicherung einer bestimmten Größe oder die Zusicherung einer Eigenschaft gleichsteht, ist zwar entfallen. Eine inhaltliche Änderung sollte damit nicht verbunden sein (so amtliche Begründung). Richtig ist, dass diese Vorschrift ohnehin nur klarstellenden Charakter hatte, denn die Zusicherung einer Grundstücksgröße war immer schon ein Beispiel für eine Eigenschaftszusicherung. Eine Flächenangabe in einem **Gewerbemietvertrag**, in dem es nach dem Vertragszweck entscheidend auf die Größe des Objekts ankommt (Verkaufsfläche, Lagerfläche und dgl.), kann im Zweifel als Zusicherung einer Eigenschaft gesehen werden (vgl. Sternel, Mietrecht aktuell, Rn. 395; vgl. auch OLG Hamm, WuM 1998, 151: zur Angabe gehört auch die Beschreibung der vertraglich geschuldeten Fläche). Nach überwiegender Ansicht stellt die Angabe der **Wohnungsgröße** im Mietvertrag keine zugesicherte Eigenschaft dar und bedeutet bei geringerer Wohnfläche gegenüber der Angabe im Mietvertrag keinen Mangel. Vielmehr liegt in einem derartigen Fall nur eine Objektbeschreibung vor, die sich auf den Nutzungsinhalt nicht auswirkt (vgl. z.B. LG Münster, WuM 1990, 146 = DWW 1990, 310; LG Hamburg, WuM 1990, 497; LG Berlin, GE 1994, 763; KG, GE

1992, 871; Emmerich/Sonnenschein, § 537 Rn. 24). Nach OLG Dresden (RE vom 15.12.1997 = WuM 1998, 144 ff. = GE 1998, 122) liegt ein Mangel nur bei erheblicher Flächendifferenz **und** Beeinträchtigung der Gebrauchstauglichkeit gerade durch die geringere Fläche vor. Diese Rechtsprechung ist jedoch dann nicht einschlägig, wenn die Formulierungen im Mietvertrag eine Zusicherung ergeben (zur Zusicherung vgl. in diesem Zusammenhang auch OLG Dresden, a.a.O.), so wenn etwa auch in einem Wohnraummietvertrag folgende Formulierung gewählt wird: „Die Wohnungsgröße ist mit ... m^2 vereinbart." In diesem Zusammenhang ist noch darauf hinzuweisen, dass bei einer Mieterhöhung die tatsächliche Wohnungsgröße zugrunde zu legen ist, so dass unter Umständen die Wohnung neu vermessen werden muss.

3. Mietminderungsrecht – Leistungsverweigerungsrecht

Die **Einrede des nicht erfüllten Vertrags** nach § 320 ist durch das Minderungsrecht 13 nach § 536 **nicht ausgeschlossen**, kann also daneben geltend gemacht werden; dabei steht eine etwaige Vorleistungspflicht des Mieters aufgrund der Vereinbarungen im Mietvertrag nicht entgegen (vgl. dazu insgesamt BGHZ 84, 42 = NJW 1982, 2242; LG Berlin, WuM 1994, 464). Nach allgemeiner Meinung darf man bei der Ausübung des Zurückbehaltungsrechts auch über den Betrag der Minderungsquote hinausgehen, weil dem Mieter insofern ein Druckmittel gegen den Vermieter zugebilligt wird, um diesen zur Beseitigung der Mängel zu veranlassen. Im Hinblick auf § 320 Abs. 2 wird jedoch in der Praxis das Zurückbehaltungsrecht auf das Drei- bis Fünffache der Minderungsquote beschränkt (vgl. z.B. LG Hamburg, WuM 1991, 262; LG Berlin, GE 1995, 821; LG Berlin, GE 1996, 549; Beuermann, GE 1994, 360). Das Zurückbehaltungsrecht, das formularmäßig weder ausgeschlossen noch beschränkt werden kann (LG Osnabrück, WuM 1989, 370; LG Berlin, GE 1994, 403), kann den Eintritt des Verzugs des Mieters mit der Mietzahlung verhindern, ohne dass der Mieter das Recht zuvor geltend machen muss (vgl. BGHZ 84, 44; LG Berlin, GE 1994, 403). Dieser Umstand hat wiederum möglicherweise Einfluss auf das Recht der fristlosen Kündigung nach § 543. Wegen der weiteren Rechtsfolgen bei fehlender Mängelanzeige wird auf die Kommentierung zu § 536c Bezug genommen (Rn. 6 ff.).

Muster
Zurückbehaltungsrecht →[✪ 536-2]

...   ...
(Mieteranschrift)   (Datum)

An
...
(Vermieter)

Betreff: Mängel in meiner Wohnung
hier: Geltendmachung eines Zurückbehaltungsrechts

Sehr geehrte(r) Frau/Herr ...!
Wie schon in meinem Schreiben vom ... angekündigt, sehe ich mich nun gezwungen, neben der durchgeführten Mietminderung ein Zurückbehaltungsrecht geltend zu machen; denn Sie haben in meiner Wohnung nichts veranlasst, um den angezeigten Wasserschaden zu beseitigen. Ich werde Ihnen daher vom nächsten Monat an nur noch $^1/_2$ der geschuldeten Bruttokaltmiete überweisen; zulässig ist – wie vielleicht auch Ihnen bekannt sein dürfte – die Zurückhaltung im Umfang des Drei- bis Fünffachen der Minderungsquote.
Der Schadensersatzanspruch bleibt vorbehalten. Dies gilt auch für eine Vorschussforderung zur Beseitigung der Mängel/Schäden.

Hochachtungsvoll
(Unterschrift Mieter)

4. Überhöhte Minderung – Zahlungsverzug

14 Eine **überhöhte Minderung** oder die vollständige **Zahlungseinstellung** durch den Mieter wegen eines Mangels des Mietobjekts birgt **für den Mieter die Gefahr, dass der Vermieter nach § 543 Abs. 2 Nr. 3 kündigt.** Stellt sich dann im Kündigungsrechtsstreit heraus, dass der Mieter nicht oder jedenfalls nicht in der vorgenommenen Höhe zur Mietminderung berechtigt war, kann das für den Mieter zum Verlust der Wohnung führen. § 543 Abs. 2 Nr. 3 setzt allerdings **Verzug des Mieters** voraus, der nach § 285 (ab 1.1.2002: § 286 Abs. 4 i.d.F. des SchuldRModG) allerdings **Verschulden** erfordert.
Für die Annahme eines Verschuldens reicht Fahrlässigkeit, d. h. Außerachtlassung der im Verkehr erforderlichen Sorgfalt (§ 276 Abs. 1), aus. Nach der höchstrichterlichen Rechtsprechung muss der Mieter bei der Beurteilung der Minderung auch die „Möglichkeit einer abweichenden Beurteilung durch die Gerichte in Betracht" ziehen (BGH, NJW 1983, 2321). Der Mieter trägt also das Risiko, die Sach- und Rechtslage fehlerhaft eingeschätzt zu haben (vgl. BGHZ 83, 301 [303] = NJW 1984, 1030 = ZMR 1984, 164). In der Instanzrechtsprechung wird die Überschätzung des Mieters beim Mieteinbehalt wegen Minderungsrechts etwas „weitherziger" beurteilt (vgl. z.B. LG Karlsruhe, WuM 1990, 294; LG Berlin, NJW-RR 1992, 519; LG Berlin, GE 1994, 1381; LG Görlitz, WuM 1994, 601; LG Hannover, WuM 1994, 463). Jedenfalls dürfte bei einer nur geringfügigen Überschätzung des Minderungsbetrags ein Verschulden entfallen. Feste Abweichungsquoten können nicht gebildet werden, da der Einzelfall zu beurteilen ist. Dennoch ist es für den **Mieter der sichere Weg, die Miete voll zu bezahlen und den durch das Minderungsrecht begründeten Differenzbetrag zurückzufordern.** Er läuft in diesem Fall nicht Gefahr, in einen zur Kündigung berechtigenden Rückstand zu geraten.

5. Minderungsrecht während der Räumungsfrist

15 Die Rechte aus § 536 setzen voraus, dass ein Mietverhältnis besteht. Die Gewährleistungsrechte entfallen demgemäß mit Beendigung des Mietverhältnisses. Die Gewährung einer Räumungsfrist nach § 721 ZPO, die bei Wohnraum möglich ist, **hindert ausschließlich die Vollstreckung** innerhalb Räumungsfrist, **setzt das Mietverhältnis für**

den Lauf der Frist nicht fort (allgemeine Meinung, vgl. Zöller, § 721 Rn. 10; Gottwald, § 721 Rn. 19; LG Berlin, GE 1992, 265). Eine Instandhaltungspflicht nach § 535 Abs. 1 Satz 2 besteht nicht. Da der Mieter jedoch während der Räumungsfrist die Wohnung nutzen darf, ist die Nutzungsmöglichkeit auch zu gewährleisten, so dass insofern eine eingeschränkte Instandhaltungspflicht besteht (vgl. LG Berlin, a.a.O.). Eine Mietminderung ist jedenfalls nicht gerechtfertigt, sofern der Mangel erst nach Beendigung des Mietverhältnisses eintritt (OLG Düsseldorf, DWW 1992, 52; LG Berlin, GE 1994, 707). Ob wegen eines Mangels, der schon während des bestehenden Mietverhältnisses existent war und dessentwegen die Miete gemindert werden konnte, auch nach Beendigung des Mietverhältnisses ein Minderungsrecht hinsichtlich der Nutzungsentschädigung besteht, ist insofern zweifelhaft, als die mietrechtliche Gebrauchsgewährung nicht mehr geschuldet wird. Da jedoch bei Beendigung des Mietverhältnisses nur eine geminderte Miete geschuldet war, dürfte das zu zahlende Nutzungsentgelt der Höhe nach auch nur nach diesem Betrag zu bemessen sein.

6. Gewährleistungsansprüche bei der vermieteten Eigentumswohnung

Bei der Vermietung einer Eigentumswohnung, die dinglich, eigentumsrechtlich, in die 16 Wohnungseigentümergemeinschaft eingebettet ist, steht dem Mieter schuldrechtlich im Rahmen des Mietvertrags auch **nur der Eigentümer der Eigentumswohnung als Vermieter gegenüber**, steht der Mieter in keiner rechtlichen Beziehung zu der Wohnungseigentümergemeinschaft. Der Anspruch nach § 535 auf Instandsetzung und Instandhaltung richtet sich demgemäß gegen den einzelnen Wohnungseigentümer als Vermieter. Bei **Mängeln am Sondereigentum** (§ 5 WEG) treten **keine speziellen Probleme** auf, während bezüglich der ordnungsgemäßen Instandhaltung und Instandsetzung des **gemeinschaftlichen Eigentums**, was sich allerdings gerade auf die Teile des Mietobjekts bezieht, an denen üblicherweise Mängel auftreten (Abfluss- und Anschlussrohre, Außenwände, Hausisolierung, Decken, Eingangstüren, Fenster, Antennen, Treppen, Treppenhaus), es entsprechender **Beschlüsse der Wohnungseigentümergemeinschaft** (§ 21 Abs. 5 Nr. 2 WEG) bedarf. Nach allgemeiner Meinung kann nun der Wohnungseigentümer/Vermieter nicht ohne weiteres einwenden, ihm sei die Instandsetzung unmöglich, weil ein entsprechender Beschluss der Wohnungseigentümergemeinschaft nicht vorliege bzw. nicht erreicht werden könne. Nach dem Beschluss des Kammergerichts, RE vom 25.6.1990 = GE 1990, 811 = WuM 1990, 367 = ZMR 1990, 336, hat der Mieter einer Eigentumswohnung gegen seinen Vermieter auch dann einen gerichtlich durchsetzbaren Anspruch auf Mängelbeseitigung, wenn die zur Mängelbeseitigung erforderlichen Maßnahmen Eingriffe in das gemeinschaftliche Eigentum der Wohnungseigentümergemeinschaft notwendig machen und ein zustimmender Beschluss der Wohnungseigentümerversammlung – soweit er erforderlich ist – noch nicht vorliegt. Damit verlagert sich die Problematik in das Verfahren der Zwangsvollstreckung aus dem entsprechenden Urteil aufgrund § 535 – jedenfalls solange kein rechtskräftiger entgegenstehender Beschluss der Wohnungseigentümerversammlung vorliegt. Ist dies aber der Fall, kann ein Instandsetzungsurteil nicht ergehen, weil es auf eine unmögliche Leistung gerichtet wäre. Der Einwand der Unmöglichkeit kann aber auch noch in der Zwangsvollstreckung, notfalls auch noch im Wege der Zwangsvollstreckungsgegenklage nach § 767 ZPO erhoben werden. Hierbei richtet sich die Zwangsvollstreckung nicht nach § 887 ZPO, weil damit in die Rechte Dritter, nämlich der Wohnungseigentümer, eingegriffen werden würde, sondern nach § 888 (KG, RE a.a.O., 813). Diese geht dahin, den Wohnungseigentümer/Vermieter zu zwingen, die gem. § 21 Abs. 5 Nr. 2 WEG erforderliche Beschlussfassung durchzusetzen; sie kann nicht auf Vornahme der Instandsetzungshandlung selbst gehen, da diese nicht (allein) vom Willen des Schuldners/Vermieters abhängt.

Diese komplizierte Problematik stellt sich bei einem Minderungsanspruch nach § 536 nicht. Denn hier kann sich der Vermieter/Wohnungseigentümer nicht auf Unmöglichkeit der Instandsetzungsleistung berufen, da die Minderung unabhängig davon eintritt, ob der Vermieter den Mangel zu vertreten hat, ob er ihn abstellen kann.

7. Rechtsmängelhaftung – § 536 Abs. 3

17 Die bisherige Regelung des § 541 a.F. ist jetzt in § 536 aufgenommen. Eine inhaltliche Änderung tritt damit nicht ein.

7.1 Allgemeines

18 § 536 Abs. 3 verdrängt die allgemeinen Regeln über Unmöglichkeit der Leistung nach §§ 306, 307 und 325 – ab 1.1.2002: § 311a i.d.F. des SchuldRModG – (BGH, NJW 1991, 3277 für den Fall der Doppelvermietung). Das Bestehen des Rechts eines Dritten für sich genommen ist (zunächst) unbeachtlich. Die schuldrechtliche Verpflichtung als Vermieter ist nicht von der dinglichen Rechtsstellung als Eigentümer abhängig, so dass auch der Nichteigentümer Vermieter sein kann. **Erst wenn der Dritte** (z.B. Eigentümer) **seine Rechte geltend macht**, dem Mieter den vertragsgemäßen Gebrauch streitig macht oder entzieht, findet **die Rechtsmängelhaftung des § 536 Abs. 3** Anwendung (sog. **Eviktionshaftung**). Als häufig vorkommendes Beispiel mag hier der Mietvertrag der Hausverwaltung im eigenen Namen dienen, ohne dass die Hausverwaltung im Verhältnis zum Eigentümer das Recht hatte, entsprechend tätig zu werden. Verlangt der Eigentümer nach § 985 die Herausgabe seines Eigentums/Mietwohnung von dem Mieter, so hat der Mieter die Rechte aus § 536 Abs. 3, § 536a.

7.2 Rechtsmangel

19 Unter Rechtsmängel fallen **nicht öffentlich-rechtliche Beschränkungen** als Mangel der Mietsache, wie fehlende Nutzungsgenehmigungen, Zweckentfremdungsgenehmigungen, Sperrung der Wohnung wegen Baufälligkeit und dgl. Diese Beschränkungen sind Sachmängel i.S.d. § 536 Abs. 1, da sie sich auf Beschaffenheit, Benutzbarkeit oder Lage der Mietsache beziehen und nicht auf die persönlichen Verhältnisse des Mieters (Emmerich/Sonnenschein, § 537 Rn. 7; BGH, NJW-RR 1992, 267 = WuM 1992, 313; BGH, GE 1992, 1209 = WuM 1992, 687; BGH, DWW 1994, 248 = ZMR 1994, 253). § 536 Abs.3 meint Rechte Dritter nur als **Privatrechte**, obligatorische oder dingliche Rechte, sofern der Mieter dadurch bei Geltendmachung in dem ihm zustehenden vertragsgemäßen Gebrauch gestört wird (Hauptvermieter im Verhältnis zum Untermieter – BGHZ 63, 132, Doppelvermietung; andere Wohnungseigentümer, die gegenüber dem Mieter eines Sondereigentums unmittelbar Rechte geltend machen – BGH, NJW-RR 1995, 715).

7.3 Zeitpunkt

§ 536 Abs. 3 gilt sowohl für Rechtsmängel, die erst nach Überlassung der Mietsache an 20
den Mieter entstehen (Entziehung der Mietsache ganz oder zum Teil), als auch für den
Fall, dass dem Mieter die Mietsache erst gar nicht überlassen wird (vgl. Emme-
rich/Sonnenschein, § 541 Rn. 4).

7.4 Unmöglichkeit – Doppelvermietung

Bei der Doppelvermietung liegen **schuldrechtlich zwei wirksame Verträge** vor, so dass 21
grundsätzlich jeder Mieter die Einräumung des Besitzes nach § 535 vom Vermieter
verlangen kann. Hat ein Mieter den Besitz rechtmäßig (vom Vermieter eingeräumt)
erlangt, hat er Besitzschutzansprüche nach §§ 854 ff. gegen jedermann, also auch gegen
den anderen Mieter, der schuldrechtlich einen wirksamen Mietvertrag hat, aber nicht im
Besitz der Wohnung ist. Hier greift § 536 Abs. 3 ein, so dass der **nichtbesitzende Mieter
Schadensersatzansprüche** nach §§ 536 Abs. 3, 536a hat. Fraglich bleibt jedoch, ob
unabhängig von einem Schadensersatzanspruch ein **Leistungsanspruch** gegen den Vermieter auf Einräumung des Besitzes besteht. Dies wird teilweise verneint (vgl. Pa-
landt/Weidenkaff, § 541 Rn. 6 – ohne weitere Begründung; LG Berlin, GE 1991, 357
[358]). Die Begründung, dass die Besitzüberlassung an einen Mieter die an den anderen
Mieter unmöglich macht, überzeugt deswegen nicht, weil es sich um die Frage des Un-
vermögens des Vermieters handelt, die Besitzübergabe jedenfalls nicht unmöglich ist und
unter Umständen gerade in der Zukunft möglich werden kann, z.B. wenn der andere
Mieter, aus welchen Gründen auch immer, selbst die Wohnung wieder räumt, vielleicht
nach Abfindungszahlung durch den Vermieter. Deswegen nehmen ein (wesentlicher)
Teil der Rechtsprechung und Teile der Literatur an, dass ein **Wahlrecht zwischen Leis-
tungs- und Schadensersatzanspruch** besteht (vgl. LG Berlin, GE 1995, 111; LG Köln,
WuM 1990, 65; Sternel, Mietrecht aktuell, Rn. 438; Emmerich/Sonnenschein, § 541 Rn.
6; Schach, GE 1994, 132 [133]).

7.5 Rechtsfolgen

Der Mieter hat die Rechte aus § 536, demgemäß muss der Vermieter bei § 536a den 22
Mangel zu vertreten haben. Die Kündigungsmöglichkeit nach § 543 Abs. 2 Nr. 1 ist
unberührt. § 541 a.F. verwies nur auf Satz 1 des § 539 a.F., so dass dem Mieter nur die
positive Kenntnis des Rechtsmangels schadete, die übrigen Tatbestände des § 539 a.F.
nicht zur Anwendung kamen. Das ist im jetzt neuen § 536b abgeändert, weil nach der
amtlichen Begründung diese sachlich nicht gerechtfertigte Unterscheidung entfallen
sollte. Sach- und Rechtsmängel sollen zukünftig gleich behandelt werden.
Den Mieter trifft nach allgemeinen Grundsätzen die Beweislast für den Rechtsmangel
und die Entziehung des vertraglichen Gebrauchs.

8. Abdingbarkeit der Vorschrift – § 536 Abs. 4

Wie schon bisher in § 537 Abs. 3 a.F. bleibt es über § 536 Abs. 4 bei der Regelung, dass 23
bei einem Mietverhältnis über Wohnraum eine zum Nachteil des Mieters abweichende
Vereinbarung unwirksam ist. Im Übrigen wird auf die Kommentierung zu § 536d Bezug
genommen.

9. Prozessuale Fragen

24 Die Ansprüche aus § 536 hat der **Mieter gegen den Vermieter**. Wer diese Rechtsstellung innehat, richtet sich nach den Vereinbarungen im Mietvertrag; dazu wird auf die Kommentierung zu § 535 Bezug genommen.

Bei einer **Mehrheit von Mietern** stellt sich allerdings die Frage, ob auch der einzelne Mieter diese Ansprüche gegen den Vermieter oder die Vermieter geltend machen kann oder ob das Recht nur allen Mietern gemeinschaftlich zusteht. Da es sich um ein einheitliches Mietverhältnis handelt, müssen die Rechte grundsätzlich auch gemeinschaftlich geltend gemacht werden. Dennoch wird für den Instandhaltungs-/Instandsetzungsanspruch teilweise die Ansicht vertreten, dass auch jeder einzelne Mieter den Anspruch allein, allerdings zugleich für die übrigen Mitmieter, geltend machen kann (vgl. LG Kassel, WuM 1994, 534). Dem ist zuzustimmen. Bei dem Instandsetzungsanspruch wird § 432 Abs. 2, der einen Fall der gesetzlich zugelassenen Prozessstandschaft darstellt, nicht durch § 709 überlagert (vgl. dazu BGH, NJW 1988, 1585 [1586]), da es sich nicht um eine Forderungseinziehung handelt. Man kann das Problem auch über § 744 Abs. 2 lösen, der zwar Gemeinschaftsrecht darstellt, jedoch analog auch für die Gesellschaft Anwendung findet (vgl. Palandt/Sprau, Vorbem. zu § 709 Rn. 6). Danach ist jeder Teilhaber (Gesellschafter) berechtigt, die zur Erhaltung des Gegenstands notwendigen Maßnahmen ohne Zustimmung der anderen Teilnehmer/Gesellschafter zu treffen. Allgemein wird zwar von Notgeschäftsführung gesprochen, die jedoch angesichts des klaren Wortlauts nicht ganz treffend ist. Die Instandsetzungsverpflichtung ist eine Leistung, die der Vermieter aus der Natur der Sache heraus nur einmal erbringen muss, zugleich aber allen Mietern gemeinsam schuldet. Damit korrespondiert nach § 432 Abs. 1 das Recht des einzelnen Mitmieters, die Rechte aus § 535 im eigenen Namen, wenn auch mit dem Antrag auf Leistung an alle Gesamtgläubiger geltend zu machen.

Auf Schuldnerseite reicht es, einen der Vermieter zu verklagen, da insofern von einer gesamthänderischen Schuldnerschaft nicht auszugehen ist, weil nicht die Grundlage des Vertrags selbst betroffen ist (vgl. dazu Sternel, Mietrecht, V Rn. 14, 15).

25 Ansprüche nach § 535 sind im Wege der **Leistungsklage** durchzusetzen. Die Klage richtet sich auf Beseitigung der genau zu bezeichnenden Mängel, da die Art und Weise der Mängelbeseitigung Sache des Vermieters ist (vgl. LG Berlin, GE 1994, 1447).

Beim Streitwert ist zwischen dem sog. **Gebührenstreitwert**, nach dem sich die Gerichts- und Rechtsanwaltskosten richten, und dem **Rechtsmittelstreitwert**, nach dem sich die Zulässigkeit eines Rechtsmittels (Berufung) richtet, zu unterscheiden. Der Wert richtet sich bei einer Klage nach § 535 nicht nach den zu erwartenden Mängelbeseitigungskosten, sondern nach dem Interesse des Mieters an der vertragsgemäßen Nutzung. Hierfür wird üblicherweise der **fiktive Minderungsbetrag** angesetzt (vgl. LG Berlin, GE 1992, 987; Sternel, Mietrecht aktuell, Rn. 1531). Streitig ist jedoch, ob die jeweiligen Streitwerte sich nach dem Jahresbetrag oder Dreijahresbetrag richten oder entsprechend § 9 ZPO auch der dreieinhalbfache Jahresbetrag anzusetzen ist, die fiktive Minderung mithin für 42 Monate zu berechnen ist (so OLG Hamburg, WuM 1995, 595). Für den Rechtsmittelstreitwert wird üblicherweise mindestens der Dreijahresbetrag herangezogen. Die Rechtsprechung hierzu ist so differenziert und selbst unter einzelnen Kammern eines Landesgerichts unterschiedlich, dass eine Auflistung der Rechtsprechung keine repräsentative Linie bringen kann.

Muster
Mietklage nach Minderung durch Mieter →[✆ 536-3]

...   ...
(Hausverwaltung des Vermieters)   (Datum)

An das
Amtsgericht ...
(Amtsgericht, in dessen Bezirk sich die Mieträume befinden)

Klage

des ...
(Name und Anschrift des Vermieters)

Kläger

– Prozessbevollmächtigter: ... (Name und Anschrift der Hausverwaltung) –
gegen
...
(Name und Anschrift des Mieters)

Beklagter

Namens und in Vollmacht des Klägers erheben wir Klage gegen den o.a. Beklagten.
Eine Vollmacht ist der Klageschrift beigefügt.
Wir bitten um Anberaumung eines Termins zur mündlichen Verhandlung, in der wir
beantragen werden,
den Beklagten zu verurteilen, an den Kläger ... EUR nebst 4% Zinsen seit Klagezustellung zu zahlen.
Für den Fall der Anordnung des schriftlichen Vorverfahrens beantragen wir Erlass
eines Anerkenntnis- bzw. Versäumnisurteils im schriftlichen Vorverfahren, falls der
Beklagte den Anspruch anerkennen oder nicht fristgemäß seine Verteidigungsbereitschaft anzeigen sollte.

Gründe
Der Beklagte ist Mieter der Wohnung ... (genaue Lage und Anschrift der Wohnung).
Der Kläger ist Vermieter dieser Wohnung.
Beweis: Vorlage des Mietvertrags, eine Kopie des Mietvertrags ist beigefügt
Die vereinbarte Miete beträgt zurzeit ... EUR netto/kalt.
Der Beklagte hat jedoch in den Monaten Januar bis Mai ... lediglich einen Betrag
von ... EUR gezahlt; das entspricht einer jeweiligen Mietminderung von 15% der
geschuldeten Miete netto/kalt. Die Nebenkostenvorauszahlungen hat der Beklagte
erbracht.
Der Beklagte hat im vorprozessualen Schriftwechsel behauptet, seine Wohnung weise im Balkonzimmer insofern einen Mangel auf, als ein Wasserschaden (Feuchtigkeitsmerkmale) aufgetreten sei, der zur Mietminderung berechtige. Richtig ist, dass

die Außenwand in der Wohnung des Beklagten Feuchtigkeitsmerkmale in Form von Stockflecken mit Schimmelpilzbildung aufweist. Diese haben jedoch nicht ihre Ursache in einem Hausmangel; denn die Außenwand des Hauses ist jedenfalls im Bereich der Wohnung des Beklagten in Ordnung, ausreichend isoliert. Kältebrücken sind nicht vorhanden, ein Wassereintritt (etwa über eine undichte Stelle des über der Wohnung des Beklagten gelegenen Balkons einer anderen Wohnung) ist nicht erfolgt.

Beweis: Richterliche Inaugenscheinnahme, Zeugnis des Hauswarts ..., Einholung eines Sachverständigengutachtens

Zu den Feuchtigkeitserscheinungen kommt es deswegen, weil der Beklagte nicht ausreichend heizt; er befindet sich kaum in der Wohnung, heizt deswegen unzureichend und lüftet nicht ausreichend (die Fenster werden nur manchmal angekippt).

Beweis: Zeugnis des Hauswarts ...

Da die Mängel von dem Beklagten selbst verursacht worden sind, ist er zur Mietminderung nicht berechtigt und zur Nachzahlung der rückständigen Mietbeträge verpflichtet.

Der Kläger hat das Mietverhältnis bisher nicht gekündigt, obwohl ein zur Kündigung berechtigender Mietrückstand nach § 543 Abs. 2 Nr. 3 BGB erreicht ist. Die Kündigung und eine entsprechende Klageerweiterung auf Räumung und Herausgabe der Wohnung bleibt jedoch vorbehalten.

Zwei Abschriften der Klage sind beigefügt.

(Unterschrift Hausverwalter bzw. gesetzmäßiger Vertreter der Hausverwaltung)

§ 536a Schadens- und Aufwendungsersatzanspruch des Mieters wegen eines Mangels

(1) Ist ein Mangel im Sinne des § 536 bei Vertragsschluss vorhanden oder entsteht ein solcher Mangel später wegen eines Umstandes, den der Vermieter zu vertreten hat, oder kommt der Vermieter mit der Beseitigung eines Mangels in Verzug, so kann der Mieter unbeschadet der Rechte aus § 536 Schadensersatz wegen Nichterfüllung verlangen.

(2) Der Mieter kann den Mangel selbst beseitigen und Ersatz der erforderlichen Aufwendungen verlangen, wenn

1. der Vermieter mit der Beseitigung des Mangels in Verzug ist oder

2. die umgehende Beseitigung des Mangels zur Erhaltung oder Wiederherstellung des Bestands der Mietsache notwendig ist.

1.   Allgemeines

Der Schadensersatz wegen Nichterfüllung (Gewährleistungsrecht im weiteren Sinne) 1
besteht **neben den Rechten aus § 536** („unbeschadet der aus § 536 bestimmter Rechte"), so dass der Mieter neben der Minderung einen weiter gehenden Schaden geltend
machen kann.
Im Verhältnis zu den allgemeinen Vorschriften (Allgemeiner Teil des Schuldrechts)
verdrängt § 536a Abs. 1 1. Alt. die Regelung der §§ 306, 307 (ab 1.1.2002: § 311a i.d.F.
des SchuldRModG) schon vor Übergabe der Mietsache (BGHZ 93, 142), jedenfalls wenn
der Vertragsschluss vor Übergabe stattfindet. Soweit es sich um die Gebrauchstauglichkeit der Mietsache handelt, wird § 325 durch § 536a Abs. 1 2. Alt. verdrängt. Für dieselbe Fallkonstellation verdrängt § 536a Abs. 1 3. Alt. § 326 (vgl. BGH, NJW 1963, 804).
Wie bei § 536 gilt § 324 weiter, wenn der Fehler vom Mieter zu vertreten ist. Im Rahmen
des Regelungsinhalts des § 536a gilt § 323 überhaupt nicht (vgl. Palandt/Weidenkaff, §
538 Rn. 3).
Die Regelung des § 536a verdrängt auch die ab 1.1.2002 mit der Schuldrechtsreform
geltenden neuen Vorschriften der §§ 280 ff., soweit es um Schadensersatz wegen Nichterfüllung wegen eines bei Vertragsschluss vorhandenen Mangels geht.
Im Verhältnis zum Anspruch auf Schadensersatz wegen positiver Forderungsverletzung
(ab 1.1.2002: gesetzlich geregelt, §§ 282, 324 i.d.F. des SchuldRModG) überlagert
§ 536a, wenn es sich um die Beschaffenheit der Mietsache handelt (BGH, NJW 1957,
826). Ein Schadensersatzanspruch aus unerlaubter Handlung wird durch § 536a nicht
ausgeschlossen.
Zur **Abdingbarkeit** enthält § 536a eine dem § 536 Abs. 4 für Wohnraum entsprechende 2
Vorschrift nicht, so dass grundsätzlich eine Abdingbarkeit auch durch AGB möglich ist
(die Verweisung bei Palandt/Weidenkaff, § 538 Rn. 7, auf § 537 Abs. 3 ist zumindest
missverständlich). Allerdings darf eine AGB nicht gegen § 11 Nr. 7 AGBG – ab
1.1.2002: § 309 BGB i.d.F. des SchuldRModG – (kein Haftungsausschluss für Vorsatz
und grobe Fahrlässigkeit) oder gegen § 9 AGBG (ab 1.1.2002: § 307 BGB i d.F. des
SchuldRModG) verstoßen. Demgemäß kann die verschuldensunabhängige Haftung des
Vermieters für anfängliche Mängel (§ 536a Abs. 1 1. Alt.) ausgeschlossen (BGH, NJW-
RR 1991, 74 = DWW 1992, 14; BGH, DWW 1993, 170 = ZMR 1993, 320) und die
Haftung für die weiteren Alternativen in § 536a Abs. 1 auf grobe Fahrlässigkeit und
Vorsatz beschränkt werden (BayObLG, GE 1985, 299 = NJW 1985, 1719; OLG Stutt-
gart, GE 1984, 525 = NJW 1984, 2226; LG Berlin, GE 1996, 322).
Demgemäß kann folgende Formularklausel als wirksam angesehen werden:

Muster
Mietvertragsklausel

> Haftung des Vermieters
> Schadensersatzansprüche des Mieters wegen anfänglicher oder nachträglicher Män-
> gel der Mietsache sind ausgeschlossen, es sei denn, dass es sich um versteckte Män-
> gel handelt oder der Vermieter Vorsatz oder grobe Fahrlässigkeit (auch seiner Ver-
> treter oder Erfüllungsgehilfen) zu vertreten hat. Hiervon unberührt bleiben die An-
> sprüche des Mieters nach § 535 und § 536 BGB sowie das gesetzliche Recht zur
> fristlosen Kündigung nach § 543 Abs. 1, Abs. 2 Nr. 1 BGB.

In der Rechtsprechung ist auch ein formularvertraglicher Haftungsausschluss für nicht
vorsätzlich oder grob fahrlässig verursachte Feuchtigkeitsschäden an Sachen des Mieters
für zulässig erachtet worden (vgl. OLG Stuttgart, NJW 1984, 2226; LG Mönchengladbach, ZMR 1993, 421). Insgesamt ist jedoch bei derartigen Formularklauseln **Vorsicht
und Zurückhaltung geboten**, da die Beurteilungsbandbreite zu § 9 AGBG – ab
1.1.2002: § 307 BGB i.d.F. des SchuldRModG – (unangemessene Benachteiligung des
Vertragspartners des Verwenders = Mieters) recht groß ist. Verstößt eine Klausel auch
nur teilweise gegen das AGBG (ab 1.1.2002: AGBG in das BGB integriert – §§ 305 ff. –
i.d.F. des SchuldRModG), ist die gesamte Klausel unwirksam, weil eine Zurückführung
auf den zulässigen Inhalt (sog. geltungserhaltene Reduktion) nach allgemeiner Auffassung nicht möglich ist (vgl. Palandt/Heinrichs, Vorbem. vor § 8 AGBG Rn. 9; Emme-
rich/Sonnenschein, § 538 Rn. 14).

2.   Regelungsinhalt
3 § 536a Abs. 1 enthält drei Alternativen für einen Schadensersatzanspruch:
   – **verschuldensunabhängige** Garantiehaftung bei anfänglichem Mangel
   – nach Vertragsabschluss entstehender, **vom Vermieter zu vertretender Mangel**
   – **Verzug des Vermieters** bei der Beseitigung des Mangels.

2.1   Anfänglicher Mangel
4 Der **Zeitpunkt des Abschlusses** des Mietvertrags entscheidet darüber, ob § 536a Abs. 1
1. oder 2. Alt. zur Anwendung kommt. Maßgeblich ist der Mietvertrag, der rechtlich das
Mietverhältnis begründen soll. Dazu reicht grundsätzlich **auch ein formloser Vertrag**,
selbst wenn später noch ein förmlicher, schriftlicher Mietvertrag geschlossen wird. Anders mag der Fall zu beurteilen sein, wenn Einigkeit zwischen den Mietvertragsparteien
besteht, dass es zur Begründung der gegenseitigen Rechte und Pflichten nur auf den
förmlichen, schriftlichen Mietvertrag ankommen soll (der formlose demnach nur eine
Verpflichtung bringen sollte, auch entsprechend den förmlichen Mietvertrag abzuschließen). Demgemäß sollte in einer derartigen Fallkonstellation im schriftlichen Mietvertrag
darauf geachtet werden, dass auch zur Garantiehaftung des § 536a Abs. 1 1. Alt. eine
Regelung getroffen wird, etwa dahin gehend, dass sich die Garantiehaftung nicht oder
auch auf die Zeit zwischen Abschluss des formlosen bis zum förmlichen Mietvertrag
erstreckt (vgl. dazu auch BGH, NJW 1968, 885 [886], missverständlich dazu die Kom-

mentierung bei Emmerich/Sonnenschein, § 538 Rn. 3 und Palandt/Weidenkaff, § 538 Rn. 10).

Die **verschuldensunabhängige Garantiehaftung** gilt für vorhandene Mängel unabhängig davon, ob der Vermieter sie kennt, und unabhängig davon, ob sie bereits hervorgetreten waren und eine schädigende Wirkung gezeigt haben. Es reicht aus, wenn nur die Gefahrenquelle schon vorhanden war oder die Ursache vorlag, der Mangel latent vorhanden war (OLG München, NJW-RR 1990, 1098; LG Berlin, GE 1992, 677; BGH, ZMR 1994, 420 [421]). Als gutes Beispiel können dazu im Hause verlegte Rohre und Leitungen angeführt werden, die später platzen, reißen, während es sich bei einem Wassereinbruch durch Rückstau im städtischen Kanalnetz nicht um einen anfänglichen Mangel handelt, weil der Vermieter keine Möglichkeit hat, sich hiergegen zu schützen (OLG München, WuM 1991, 681).

Die **Beweislast** richtet sich nach allgemeinen Regeln mit der Folge, dass der **Mieter auch für anfängliche Mängel die Beweislast** trägt und sich nicht darauf berufen kann, entsprechende Mängel (z.B. Rohrschäden) stammten nicht aus seiner Sphäre (vgl. OLG Hamburg, GE 1990, 925 = WuM 1990, 71 = ZMR 1990, 111; Palandt/Weidenkaff, § 538 Rn. 17).

2.2 Verschuldenshaftung

Die Verschuldenshaftung umfasst **vorsätzliches und fahrlässiges Handeln**, auch von Erfüllungsgehilfen – §§ 276, 278. In diesem Zusammenhang trifft den Vermieter eine **Überprüfungspflicht**. Diese ist individuell je nach Mietsache bzw. Teil der Mietsache einzugrenzen und kann z.B. bei bestimmten elektrischen Installationen dazu führen, dass sie regelmäßig im Rahmen der anerkannten Regeln der Technik, der VDE-Bestimmungen und nach Unfallverhütungsvorschriften überprüft werden müssen (vgl. dazu OLG Hamm, VersR 1981, 1161 [1162]; LG Berlin, GE 1996, 322). Problemtisch ist die Überprüfungspflicht bei Rohrleitungen, die in den Wänder verlegt sind und nicht ohne weiteres einer Prüfung unterzogen werden können. Platzt ein Frischwasserrohr (z.B. Bleirohr) in einem Altbau, wird kaum zu beweisen sein, dass es sich um einen anfänglichen Mangel handelt. Verneint man eine Überprüfungspflicht, kann es zum Schadensersatzanspruch nur nach § 536a Abs. 1 3. Alt. (Verzugshaftung) kommen. Dennoch kann eine **Überprüfungspflicht nur im Ausnahmefall** angenommen werden, wenn es z.B. bei bestimmten Frischwasserleitungssträngen schon des Öfteren zu Aufbrüchen gekommen ist oder etwa wenn bei älteren Abflussleitungen schon öfters Verstopfungen vorgekommen sind (im Laufe der Zeit zugewachsene Abflussleitungen). Eine ganz allgemeine Pflicht, alle Teile des Hauses notfalls unter Hinzuziehung eines fachkundigen Handwerkers in Abständen darauf zu überprüfen, ob von der Mietsache Gefahren für den Mieter ausgehen, kann nicht angenommen werden (zu weitgehend: LG Berlin, GE 1996, 322).

Die Verschuldenshaftung bezieht sich nicht nur auf die gemieteten Räume, sondern auf alle vom Mieter im Rahmen des vertragsgemäßen Gebrauchs nutzbaren Gebäudeteile, so dass z.B. die Haftung auch für das unsachgemäße Bohnern der Treppe durch den Hauswart oder bei Verletzung von Streupflichten für Zugangswege zum Haus eintritt (vgl. BGH, NJW 1967, 154).

Zur **Beweislast** gelten grundsätzlich erst die allgemeinen Grundsätze. Allerdings zieht die Rechtsprechung auch hier § 282 (ab 1.1.2002: § 280 Abs. 1 Satz 2 i.d.F. des SchuldRModG) analog heran mit der Folge, dass der Vermieter sich zum Verschulden entlasten muss, wenn der Schaden in seiner Sphäre entstanden ist (vgl. BGH, NJW 1964, 33, 35).

2.3 Verzugshaftung

6 Die Verzugshaftung setzt einen fälligen Mängelbeseitigungsanspruch (§ 535) voraus, den der **Vermieter trotz Mahnung schuldhaft nicht erfüllt** hat (§§ 284, 285; ab 1.1.2002: § 286 i.d.F. des SchuldRModG). Eine Anzeige nach § 536c reicht dafür nicht aus (vgl. Palandt/Weidenkaff, § 538 Rn. 12; Emmerich/Sonnenschein, § 538 Rn. 9). In dem Schreiben an den Vermieter sind die Mängel möglichst genau zu bezeichnen und ist der Vermieter zur Beseitigung aufzufordern.

Nach allgemeinen Grundsätzen **entfällt der Schuldnerverzug** (Vermieter mit der Beseitigung des Mangels), wenn der **Mieter in Annahmeverzug** gerät, d.h. eine angebotene Leistung nicht annimmt (§ 293). Bietet daher der Vermieter die Mängelbeseitigung in zumutbarer Weise an und geht der Mieter darauf nicht ein, entfällt wiederum der Verzug des Vermieters im Rahmen des § 536a (vgl. z.B. LG Berlin, GE 1990, 543).

Zum **Leistungsangebot** bestimmt § 294, dass dem Gläubiger/Mieter die Leistung in der Art und Weise tatsächlich angeboten werden muss, wie sie zu bewirken ist. Dies geschieht von Vermieterseite aus häufig so, dass dem Mieter mitgeteilt wird, er möge sich mit dem Handwerker in Verbindung setzen, damit dieser mit ihm einen Termin zur Mängelbeseitigung vereinbart. Dies stellt kein ausreichendes Angebot dar. Es ist Sache des Vermieters, alles Erforderliche zu tun, um den Mangel zu beseitigen. Das heißt:

- er muss sich ein Bild von dem Schaden machen,
- er muss einen Handwerker beauftragen,
- er muss dem Mieter einen Termin (und möglichst auch einen oder zwei Ausweichtermine) genau angeben, wann Arbeiten vorgenommen werden sollen,
- er sollte (muss nicht) zur Vermeidung von Konflikten angeben, was (in etwa) gemacht werden soll (damit der Mieter auch in der Lage ist, in der Wohnung entsprechende Vorkehrungen zu treffen, wie Abdecken von Möbeln und dgl.).

Erst wenn dann der Mieter nicht reagiert, den Vermieter oder Handwerker nicht in die Wohnung lässt, gerät der Mieter in Annahmeverzug, wodurch der Schuldnerverzug des Vermieters im Rahmen des § 536a entfällt.

3. Schadensersatzanspruch

7 Der Anspruch umfasst zunächst den Schaden, den der **Mangel unmittelbar verursacht** und der darin besteht, dass der Mieter die Leistung mangelhaft erhält. Nach ganz allgemeiner Meinung umfasst der Anspruch aber auch sog. **Mangelfolgeschäden** beim Mieter und bei in den Schutzbereich des Vertrags einbezogenen Personen (vgl. Palandt/Weidenkaff, § 538 Rn. 14; Emmerich/Sonnenschein, § 538 Rn. 11; BGH, NJW 1971, 424; BGH, NJW-RR 1991, 970).

Beispiele

- Gesundheitsschäden des Mieters selbst und der Angehörigen (OLG Düsseldorf, VersR 1974, 1113),

- Schäden an Sachen des Mieters (z.B. Wasserschäden am Mobiliar, an der Kleidung, Verderb von Lebensmitteln),
- entgangene Untermiete (bei gestatteter Untervermietung),
- Kosten der Rechtsverfolgung einschließlich der Kosten des Beweissicherungsverfahrens,
- Kosten eines Gutachtens zur Feststellung der Mängel (AG Hamburg, WuM 1984, 299),
- Kosten anderweitiger Unterbringung – auch des Mobiliars.

Die **Beweislast** liegt nach allgemeinen Grundsätzen beim **Mieter**. Dieser hat zum Schaden eine spezifizierte Auflistung zu geben und ggf. Beweis anzutreten. Bei verdorbenem Mobiliar (auch Bücher, Zeitschriften, Bilder) scheitert der Schadensersatzanspruch oft daran, dass der Mieter nicht im Einzelnen angibt, um welche Gegenstände es sich genau handelt, wann diese in etwa angeschafft worden sind, ggf. zu welchem Preis. Dies wird oft für einzelne Gegenstände nicht möglich sein. In diesem Fall muss jedoch der Zustand mit dem dann damit verbundenen Wiederbeschaffungswert anderweitig, z.B. durch Zeugenbeweis, belegt werden. Das Gericht hat zwar die Möglichkeit der Schadensschätzung nach § 287 ZPO; dessen ungeachtet müssen Schätzungsgrundlagen gegeben werden. Ist dies nicht möglich, geht das zu Lasten des Mieters – wie auch sonst im Versicherungsfall zu Lasten des Geschädigten. 8

Nach allgemeinen Regeln des Schadensersatzrechts bemisst sich der Schadensersatz in Geld nach den Wert- und Preisverhältnissen im Zeitpunkt der Erfüllung, verfahrensrechtlich demnach nach den Verhältnissen zur Zeit der letzten mündlichen Verhandlung (vgl. Palandt/Heinrichs, Vorbem. vor § 249 Rn. 174; BGH, NJW 1987, 646; BGH, NJW-RR 1994, 148).

4. Ersatzvornahme durch den Mieter – § 536a Abs. 3

Das Recht des Mieters, den Mangel selbst zu beseitigen und Aufwendungsersatz zu verlangen, setzt **Verzug des Vermieters mit der Beseitigung des Mangels voraus – § 536a Abs. 2 Nr. 1**. Nach §§ 284, 285 (ab 1.1.2002: § 286 i.d.F. des SchuldRModG) tritt Verzug des Schuldners/Vermieters ein, wenn dieser schuldhaft nach einer Mahnung des Gläubigers/Mieters, die nach dem Eintritt der Fälligkeit erfolgt, den Mangel nicht beseitigt. Nach allgemeiner Meinung setzt die Mahnung eine Fristsetzung nicht voraus (vgl. Palandt/Heinrichs, § 284 Rn. 17). Andererseits muss der Vermieter zeitlich nach der Mahnung die Möglichkeit haben, die Mangelbeseitigung in Angriff zu nehmen. Daraus ergibt sich das Problem, in welchem zeitlichen Rahmen der Mieter nach der Mahnung darangehen kann, den Mangel selbst zu beseitigen oder beseitigen zu lassen. Das Gesetz beantwortet diese Frage nicht, so dass im Rahmen des Dauerschuldverhältnisses Miete, das in Anwendung des § 242 eine gegenseitige Rücksichtnahme fordert, eine angemessene Frist zugrunde zu legen ist, die sich nach der Art des Mangels unter zeitlicher Notwendigkeit der Mangelbeseitigung richtet. Dies geht so weit, dass in Notfällen der Mieter sogleich, also auch ohne Mahnung, handeln darf und unter Umständen (zur Vermeidung der Anrechnung eines Mitverschuldens nach § 254) auch handeln muss (vgl Emmerich/Sonnenschein, § 538 Rn. 9). Zur Vermeidung von Problemen in diesem Zusammenhang ist es daher dem Mieter anzuraten, entweder in dem den Verzug begründenden Mahnschreiben eine Frist zur Beseitigung des Mangels zu setzen (dabei muss es sich um 9 eine angemessene Frist handeln!) oder dies in einem weiteren Aufforderungsschreiben zu tun, verknüpft mit der Ankündigung, den Mangel auf Kosten des Vermieters beseitigen zu lassen, wenn der Vermieter dies nicht innerhalb der Frist erledigt.

Es ist zu betonen, dass diese Ankündigung vom Gesetz nicht vorgesehen ist, aus Gründen der Klarheit jedoch zu empfehlen ist, um spätere gerichtliche Auseinandersetzungen über die Frage eines möglichen Annahmeverzugs des Mieters zu vermeiden. Ein derartiges Schreiben entfällt dann jedoch, wenn die Beseitigung des Mangels sofort in Angriff genommen werden muss, auch z.B. um weitere Schäden zu vermeiden.

Ein derartiges Schreiben könnte wie folgt lauten:

Muster
Aufforderungsschreiben Mängelbeseitigung →[✪ 536a-1]

Sehr geehrte(r) Frau/Herr (Vermieter) ...,
auf meine Aufforderung, den im Schreiben vom ... (Datum) aufgeführten Mangel unverzüglich zu beseitigen, haben Sie nicht reagiert. Sollten Sie nicht innerhalb der nächsten fünf Tage den Mangel beseitigen oder zumindest mitteilen, innerhalb welcher Frist dies in Angriff genommen werden soll, werde ich den Mangel selbst beseitigen bzw. durch geeignete Handwerker beseitigen lassen. Die entstehenden Kosten werde ich Ihnen in Rechnung stellen und Aufwendungsersatz verlangen.

10 Schon bisher umfasste der entstehende Ersatzanspruch nach § 538 Abs. 2 a.F. die erforderlichen Aufwendungen, die notwendig waren, die Mietsache in einen vertragsgemäßen Zustand zu versetzen. Nach der Rechtsprechung verdrängt der § 538 Abs. 2 a.F. den Verwendungsersatzanspruch nach § 547 Abs. 1 a.F. Im Verhältnis zwischen § 538 Abs. 2 a.F. und § 547 Abs. 2 a.F. bestand Anspruchskonkurrenz. Das Mietrechtsreformgesetz hat diese Rechtsprechung aufgenommen und mit § 536a Abs. 2 Nr. 2 einen weiteren Tatbestand für den Aufwendungsersatz geschaffen, nämlich wenn die umgehende Beseitigung des Mangels zur Erhaltung oder Wiederherstellung des Bestands der Mietsache notwendig ist. Der bisher verwendete Begriff der „notwendigen Verwendung" wird durch „Klartext" ersetzt. Der Unterschied zwischen beiden Alternativen des § 536a Abs. 2 Nr. 1 und Nr. 2 liegt darin, dass es in der zweiten Alternative um bestimmte Notmaßnahmen des Mieters geht, die keinen Aufschub dulden und auch **ohne vorherige Mahnung** einen Aufwendungsersatzanspruch auslösen (so die amtliche Begründung).

11 Der Mieter ist nicht verpflichtet, zur Selbstbeseitigung der Mängel eigene Mittel einzusetzen. Er kann deswegen vom Vermieter einen entsprechenden **Vorschuss** verlangen. Dies ist gesetzlich zwar nicht geregelt, von der Rechtsprechung aber in Anwendung des § 242 entwickelt worden, so wie es auch im Werkvertragsrecht zu § 633 Abs. 3 (ab 1.1.2002: § 634 i.d.F. des SchuldRModG) geschehen ist (BGHZ 56, 136; KG, NJW-RR 1988, 1039 = GE 1988, 351; LG Berlin, GE 1992, 157; allgemeine Meinung). Dieser Vorschuss kann auch klageweise geltend gemacht werden. Insofern ist auf einen Kostenvoranschlag eines Fachhandwerkers abzustellen (LG Berlin, GE 1991, 989). Da es sich

um einen Vorschuss handelt, ist dieser später abzurechnen. Er ist demgemäß zweckgebunden, so dass eine Aufrechnung mit Ansprüchen des Mieters nicht möglich ist.
Der Vermieter ist allerdings auch nach Verurteilung zur Zahlung eines Vorschusses nicht gehindert, die geschuldete Mängelbeseitigung selbst zu bewirken (LG Berlin, GE 1989, 151). Lehnt der Mieter in diesem Zusammenhang dann unter Hinweis auf die Verurteilung des Vermieters zur Zahlung des Vorschusses Arbeiten durch den Vermieter ab, kommt er in Annahmeverzug. Die nunmehr entstehende Einwendung des Vermieters muss dieser allerdings gegenüber dem aus dem Vorschussurteil vollstreckenden Mieter im Wege der Zwangsvollstreckungsgegenklage nach § 767 ZPO geltend machen.

Muster
Vorschuss für Mängelbeseitigung →[✎ 536a-2]

...
(Mieteranschrift)   ...
                                                                                (Datum)

An
...
(Vermieter)

Betreff: Mängel in meiner Mietwohnung
hier: Geltendmachung eines Vorschusses für Mängelbeseitigung

Sehr geehrte(r) Frau/Herr ...!
Wie in meinem Schreiben vom ... angekündigt, mache ich nunmehr einen Vorschuss zur Mängelbeseitigung geltend; denn nach wie vor weigern Sie sich, irgendwelche Arbeiten in meiner Wohnung zur Beseitigung der aufgezeigten Mängel durchzuführen bzw. durchführen zu lassen. Minderung und Zurückhalten der Miete haben auch nichts bewirkt. Ich habe deswegen von der Firma ... einen Kostenvoranschlag eingeholt, der die Kosten für die Beseitigung der Mängel/Schäden umfasst. Diesen übersende ich Ihnen in Kopie. Die Kosten betragen insgesamt 6 550,00 DM (3 275 EUR) inklusive Mehrwertsteuer.
Ich fordere Sie auf, diesen Betrag auf mein Konto bei der ... Bank zur Nr. ..., BLZ ..., einzuzahlen. Nach Einzahlung werde ich die genannte Firma beauftragen und anschließend den Vorschuss bei Ihnen abrechnen. Mit den Arbeiten hoffe ich, dass die Wohnung wieder in einen vertragsgerechten Zustand versetzt wird.
Bis zur Beseitigung der Schäden durch die Fachfirma verbleibt es bei der durchgeführten Minderung und Zurückhaltung der Miete im bisherigen Umfang.

Hochachtungsvoll
(Unterschrift Mieter)

Ablehnung der Vorschusszahlung →[✆ 536a-3]

...
(Vermieteranschrift)   ...
                                                                   (Datum)

An
...
(Mieter)

Betreff: Vorschussanforderung zur Mängelbeseitigung
Bezug: Ihr Schreiben vom ...

Sehr geehrte(r) Frau/Herr ...!
An der Beurteilung des von Ihnen behaupteten Wasserschadens hat sich nichts geändert. Ich weise Ihre Ansprüche nach wie vor zurück, da ein aus meinem Verantwortungsbereich rührender Mangel nicht vorliegt, die Feuchtigkeit in Ihrer Wohnung vielmehr von Ihnen wegen mangelnder Beheizung/Belüftung selbst zu vertreten ist. Durch Ihre Minderung bzw. Zurückhaltung von Teilen der Miete ist inzwischen ein zur Kündigung berechtigender Rückstand entstanden. Ich habe bisher
nicht fristlos gekündigt, weil ich den Streit nicht zum Äußersten bringen wollte. Sie
sollten sich jedoch überlegen, ob Sie die rückständige Miete nicht doch schnellstens
überweisen sollten. Obwohl ich dazu nicht verpflichtet bin, gebe ich Ihnen dazu
noch eine Frist von zwei Wochen.
Den von Ihnen geforderten Vorschuss werde ich nicht zahlen, da es dafür keinen
Grund gibt.
Ich hatte Ihnen in einem früheren Schreiben schon mitgeteilt, dass es sich offensichtlich um einen älteren Feuchtigkeitsschaden handelt. Selbst wenn es sich also
um den von Ihnen behaupteten Wasserschaden (eindringendes Wassers von außen)
handeln sollte, haben Sie mir diesen nicht in angemessener Frist angezeigt, sondern
die Miete nach wie vor vorbehaltlos weitergezahlt. In entsprechender Anwendung
des § 536b BGB ist daher die Geltendmachung eines Schadensersatzanspruchs ohnehin ausgeschlossen. Auch schon deswegen weise ich Ihre Vorschussanforderung
zurück.

Hochachtungsvoll
(Unterschrift Vermieter)

Vorschussklage des Mieters →[✆ 536a-4]

...
(Mieteranschrift)

...
(Datum)

An das
Amtsgericht ...
(örtlich zuständiges Amtsgericht für den Bezirk der Mietwohnung)

Klage

des ...
(Name und Anschrift des Mieters),

Kläger

gegen
den ...
(Vermieter mit Namen und Anschrift),

Beklagter

wegen Mietsache.
Ich erhebe Klage gegen den o.a. Beklagten und bitte um Anberaumung eines Termins zur mündlichen Verhandlung, in dem ich beantragen werde,
den Beklagten zu verurteilen, an mich 3 500 DM (1 750 EUR) zu zahlen.

Gründe
Ich habe von dem Beklagten eine Wohnung in ... (genaue Anschrift und Lage der Wohnung) gemietet.
Beweis: Vorlage des Mietvertrags, Kopie anbei
In dem Balkonzimmer der von mir gemieteten Wohnung ist ein Wasserschaden entstanden. Wasser ist an der Außenwand des Zimmers im Bereich des Balkons vom Deckenbereich nach unten eingetreten mit der Folge, dass das Mauerwerk durchfeuchtet, die Tapete aufgequollen und teilweise abgelöst ist, die hölzernen Scheuerleisten aufgequollen sind, sich Stockflecken und Schimmelpilzfelder gebildet haben. Dies liegt nicht daran, dass ich nur unzureichend heize bzw. lüfte, sondern offenbar daran, dass über eine undichte Fuge im Bereich des Balkons der über mir gelegenen Wohnung Wasser in das Mauerwerk eingedrungen ist und die bezeichneten Schäden/Mängel verursacht hat. Der Beklagte weigert sich, die Mängel zu beseitigen.
Beweis: Vorlage des Ablehnungsschreibens vom ..., Kopie anbei
Ich bin daher gezwungen, die Schadensbeseitigung/-regulierung selbst in die Hand zu nehmen, und habe mir einen Kostenvoranschlag für die Beseitigung der Mängel von der Firma ... erstellen lassen. Die dort bezeichneten Beträge sind zur Schadensbeseitigung erforderlich. Der Beklagte hat es bisher abgelehnt, mir einen entsprechenden Vorschuss zur Schadensbeseitigung zur Verfügung zu stellen.

Beweis: Vorlage des Kostenvoranschlags, Kopie anbei
Vorlage des Ablehnungsschreibens des Beklagten, Kopie anbei
Ich muss daher gerichtliche Hilfe in Anspruch nehmen, damit der Vermieter/Beklagte mir die entsprechenden finanziellen Mittel zur Schadensbeseitigung zur Verfügung stellt. Der Beklagte ist entsprechend zu verurteilen.
Für den Fall, dass das Gericht ein schriftliches Vorverfahren anordnet, beantrage ich den Erlass eines Anerkenntnis- bzw. Versäumnisurteils im schriftlichen Vorverfahren, falls der Beklagte den Anspruch anerkennen oder nicht fristgerecht seine Verteidigungsbereitschaft anzeigen sollte.
Für ein Verfahren nach § 495a ZPO beantrage ich die Anberaumung eines Termins zur mündlichen Verhandlung.
Zwei Abschriften der Klageschrift sind beigefügt.
(Unterschrift Mieter)

§ 536b Kenntnis des Mieters vom Mangel bei Vertragsschluss oder Annahme

[1]Kennt der Mieter bei Vertragsschluss den Mangel der Mietsache, so stehen ihm die Rechte aus den §§ 536 und 536a nicht zu. [2]Ist ihm der Mangel infolge grober Fahrlässigkeit unbekannt geblieben, so stehen ihm diese Rechte nur zu, wenn der Vermieter den Mangel arglistig verschwiegen hat. [3]Nimmt der Mieter eine mangelhafte Sache an, obwohl er den Mangel kennt, so kann er die Rechte aus den §§ 536 und 536a nur geltend machen, wenn er sich seine Rechte bei der Annahme vorbehält.

1. Regelungsinhalt – Anwendungsbereich

1 Die Vorschrift entspricht teilweise der Regelung des bisherigen § 539. Eingearbeitet ist der für die Rechtsmängelhaftung bislang in § 541 a.F. enthaltene Verweis auf § 539 Satz 1 a.F. Damit ist der Gewährleistungsausschluss für Sach- und Rechtsmängel nunmehr einheitlich geregelt. Ein Gewährleistungsausschluss besteht also sowohl für den Sach- als auch für den Rechtsmangel bei Kenntnis des Mieters vom Mangel (Satz 1) und grob fahrlässiger Unkenntnis, sofern der Vermieter den Mangel nicht arglistig verschwiegen hat (Satz 2). Das entspricht für den Sachmangel schon der derzeitigen Rechtslage (§§ 539 a.F., 460; ab 1.1.2002: § 442 i.d.F. des SchuldRModG); für Rechts-

mängel führte bislang hingegen nur die positive Kenntnis des Mieters zum Gewährleistungsausschluss (§ 541 a.F., § 539 Satz 1 a.F.). Diese sachlich nicht gerechtfertigte Unterscheidung entfällt nunmehr (so die amtliche Begründung, vgl. dazu auch die Kommentierung zu § 536a).

§ 536b hat drei Alternativen, nach denen die Rechte aus § 536 (Minderung) und § 536a (Schadensersatz) ausgeschlossen oder eingeschränkt sind. Der **Erfüllungsanspruch** nach § 535 ist durch § 536b **nicht ausgeschlossen** (OLG Köln, NJW-RR 1993, 467 = MDR 1993, 973; LG Berlin, GE 1994, 281; Emmerich/Sonnenschein, § 539 Rn. 1; Palandt/Weidenkaff, § 539 Rn. 1; der Hinweis bei Sternel, Mietrecht aktuell, Rn. 455, auf eine andere Ansicht des LG Berlin (GE 1993, 99) ist missverständlich und bezieht sich auf einen Sonderfall – diese Rechtsprechung zum bisherigen § 539 a.f. ist nicht überholt).

§ 536b geht von einem Mangel der Mietsache, also einer Abweichung des Istzustands vom Sollzustand = vertragsgemäßer Gebrauch aus. § 536b erfasst also wie §§ 536, 536a nicht den Fall, dass die Parteien einen bestimmten (schlechten) Zustand der Mietsache als vertragsgemäß vereinbaren (BGH, WuM 1994, 201; LG Berlin, ZMR 1990, 420; LG Düsseldorf, DWW 1991, 284; OLG München, WuM 1993, 607). Dies kann aber nur im seltenen Ausnahmefall angenommen werden und ist bei Wohnraum an § 536 Abs. 4 und im Übrigen bei Formularklauseln an dem AGBG (ab 1.1.2002: AGBG in das BGB integriert i.d.F. des SchuldRModG) zu messen.

§ 536b schließt das Zurückbehaltungsrecht des Mieters aus § 320 nicht aus. Jedoch ist die Kenntnis des Mieters vom Mangel bei der erforderlichen Abwägung nach § 320 Abs. 2 (möglicher Verstoß gegen Treu und Glauben, die Mietzahlung zu verweigern) zu berücksichtigen.

Die einzelnen Alternativen:
– Kenntnis des Mangels bei Vertragsschluss = keine Rechte aus §§ 536, 536a;
– grob fahrlässige Unkenntnis des Mangels = Einschränkung der Gewährleistungsansprüche auf arglistiges Verschweigen des Mangels durch den Vermieter;
– Annahme einer mangelhaften Sache trotz Kenntnis des Mangels = Rechte aus §§ 536, 536a nur bei Vorbehalt der Rechte.

Bei der Prüfung, ob Minderungsrechte ausgeschlossen sind, ist neben § 536b auch § 536c zu beachten (möglicher Ausschluss der Minderungsrechte bei fehlender Mängelanzeige).

2. Die einzelnen Alternativen

2.1 Kenntnis des Mangels bei Vertragsabschluss

Maßgeblicher Zeitpunkt der Mangelkenntnis ist der Vertragsschluss. Sämtliche Rechte aus §§ 536, 536a sind ausgeschlossen; demgemäß auch Ersatzansprüche wegen des Fehlens zugesicherter Eigenschaften. Die Kenntnis muss sich auf den **konkreten Mangel** und auf die **Auswirkungen auf den vertragsgemäßen Gebrauch** beziehen. Diese Abgrenzung ist schwierig, da häufig Umstände offenbar sind, die auf eine Beeinträchtigung schließen lassen. Sind für den Mieter Umstände ersichtlich, die zweifelsfrei auf einen Mangel schließen lassen, muss von Kenntnis ausgegangen werden (z.B. Feuchtigkeitsschäden in der Wohnung), ohne dass die Ursache selbst bekannt ist (LG Düsseldorf, WuM 1992, 368). Auf der anderen Seite reicht die Kenntnis vom Vorhandensein einer

Gaststätte nicht, um den Mangel der Lärmbelästigung anzunehmen (vgl. LG Karlsruhe, DWW 1987, 234; AG Bonn, WuM 1990, 497). Demgemäß ist eine allgemeingültige Abgrenzungsregel nicht aufzustellen.

Haben mehrere Mieter den Mietvertrag abgeschlossen, reicht die Kenntnis eines Mitmieters, um die Rechtsfolgen des § 536b auszulösen (BGH, NJW 1972, 249).

2.2 Grob fahrlässige Unkenntnis des Mangels

3 Bei grober Fahrlässigkeit verliert der Mieter die Rechte aus §§ 536, 536a, es sei denn, der Vermieter hat den Mangel arglistig verschwiegen. Der bisherige § 539 Satz 2 enthielt eine Verweisung auf § 460. Ist danach dem Käufer ein Mangel der in § 459 Abs. 1 bezeichneten Art in Folge grober Fahrlässigkeit unbekannt geblieben, so haftete der Verkäufer, sofern er nicht die Abwesenheit des Fehlers zugesichert hat, nur, wenn er den Fehler arglistig verschwiegen hat. Daher verlor bisher der Mieter die Gewährleistungsrechte bei grob fahrlässiger Unkenntnis des Mangels nicht, wenn der Vermieter eine Eigenschaft zugesichert hatte. Der Verweis auf § 460 Satz 2 fehlt im neuen Gesetzestext. Dennoch ergibt sich keine Änderung. Denn hat der Vermieter eine Eigenschaft zugesichert, kann sich der Mieter darauf verlassen; der Vermieter handelt arglistig, wenn er den Mieter nicht auf den Mangel hinweist. Die grob fahrlässige Unkenntnis des Mangels schadet dem Mieter also nicht.

Der Begriff der **groben Fahrlässigkeit** ist im BGB nicht definiert, wird allerdings in § 277 erwähnt. Es können daher die Grundsätze herangezogen werden, die zu dieser Vorschrift entwickelt worden sind. Danach liegt grobe Fahrlässigkeit dann vor, **wenn die verkehrserforderliche Sorgfalt in besonders schwerem Maße verletzt wird, schon einfachste, ganz nahe liegende Überlegungen nicht angestellt werden und das nicht beachtet wird, was im gegebenen Fall jedem einleuchten musste** (vgl. BGHZ 10, 16, 17; BGH, NJW-RR 1994, 1471; Palandt/Heinrichs, § 277 Rn. 2). Während im Strafrecht die Fahrlässigkeit (auch) subjektiv an der Täterpersönlichkeit auszurichten ist, kommt es im Zivilrecht auf einen objektiven Sorgfaltsmaßstab (im Verkehr erforderliche Sorgfalt – § 276) an. Bei der groben Fahrlässigkeit spielen allerdings auch individuelle Umstände in der Person des Handelnden, hier bei § 536b also des Mieters, eine Rolle (BGHZ 10, 16, 17), so dass es auch darauf ankommt, ob gerade dem Mieter in dem speziellen Fall eine ungewöhnliche Sorgfaltsverletzung vorgeworfen werden kann. Grundsätzlich braucht der Mieter Nachforschungen zu Mängeln nicht anzustellen, es sei denn, Umstände liegen vor, die den Verdacht eines Mangels aufdrängen und die eine Nachprüfung ohne weiteres zulassen. Die Abgrenzung ist auch in diesem Falle schwierig. Als Beispiel für eine grobe Fahrlässigkeit mag der Fall dienen, dass der Mieter die Besichtigung einer Wohnung unterlässt, ihm aber bei der Besichtigung ohne weiteres Mängel aufgefallen wären (vgl. auch Bub/Treier, III B Rn. 1407).

2.3 Vorbehaltlose Annahme der mangelhaften Sache

4 Erkennt der Mieter den Mangel, nimmt er die Mietsache dennoch an, zieht z.B. in die Wohnung ein, so geht er der Rechte aus §§ 536, 536a verlustig, wenn er sich nicht seine Rechte wegen des Mangels vorbehält – § 536b Satz 3. Dies gilt allerdings nicht für zugesicherte Eigenschaften.

Der **Vorbehalt** ist eine einseitige empfangsbedürftige Willenserklärung, die keiner Form bedarf (a.A. im Hinblick auf § 566 Emmerich/Sonnenschein, § 539 Rn. 10), ist demgemäß auch formlos, z.B. durch schlüssiges Verhalten, möglich. Dennoch ist (für Beweiszwecke) dringend anzuraten, den Vorbehalt schriftlich zu erklären und den Mangel, dessentwegen sich der Mieter Rechte vorbehalten will, genau zu bezeichnen. Dabei ist aber vor einem Vorbehalt auf einem Überweisungsträger für die Miete zu warnen, da nicht gewährleistet ist, dass dieser auch in die Hände des Vermieters gerät. Der beste Weg ist die unmittelbare Aushändigung an den Vermieter oder das Einwerfen eines entsprechenden schriftlichen Vorbehalts in den Briefkasten des Vermieters in Zeugengegenwart. Ein Einschreiben mit Rückschein reicht im Zweifel nicht, da damit nur der Beweis erbracht werden kann, dass überhaupt ein Schriftstück zugegangen ist, der Inhalt des Briefes wird damit jedoch nicht bewiesen.

2.4 Nachträgliche Mangelkenntnis

§ 536b erfasst nicht den Fall, dass der Mieter nachträglich einen Mangel erkennt, das 5 Mietverhältnis ohne jeden Widerspruch fortsetzt und die Miete vorbehaltlos im vollen Umfang zahlt. Nach bisheriger allgemeiner Meinung wurde bisher § 539 a.F. entsprechend angewandt, so dass die Gewährleistungsrechte aus §§ 537, 538 a.F. entfielen (vgl. BGH, NJW-RR 1992, 267; BGH, NJW 1997, 2674 = GE 1997, 1163; OLG Düsseldorf, ZMR 1994, 559; LG Berlin, ZMR 1997, 354; LG Berlin, GE 1993, 263 für den weiteren dazukommenden Umstand, dass der Mangel nicht einmal angezeigt wird). Der BGH hat diese Rechtsprechung weiterhin bestätigt und den Ausschlusstatbestand auch auf das Kündigungsrecht § 542 a.F. angewandt (BGH, NZM 2000, 825). Aus dem Verhalten des Mieters musste jedoch geschlossen werden können, ihm komme es auf die Gewährleistungsrechte nicht an. Eine nur ein-, zwei- oder dreimalige Zahlung der Miete ohne Vorbehalt in Kenntnis des Mangels konnte nicht ausreichen. In der Rechtsprechung wurde eine vorbehaltlose Zahlung der Miete über etwa sechs Monate trotz Kenntnis des Mangels als ausreichend angesehen (LG Köln, WuM 1988, 15; LG Paderborn, MDR 1989, 455; AG Frankfurt/Main, NJW-RR 1992, 973 = WuM 1992, 242).

Der Gesetzgeber der **Mietrechtsreform** hat in Kenntnis dieser Rechtsprechung eine **ausdrückliche Regelung** für die entsprechende Fallkonstellation **nicht getroffen**. In der Begründung wird ausgeführt, es werde davon abgesehen, in Zusammenhang mit der Vorschrift des § 536b eine Regelung für den Fall zu treffen, dass der Mieter einen Mangel erst nach Vertragsschluss erkennt und trotz Kenntnis des Mangels die Miete über einen längeren Zeitraum hinweg vorbehaltlos in voller Höhe weiter zahlt. In diesem Zusammenhang wird auf Kritik an der bisherigen Rechtsprechung hingewiesen (vgl. Wichert, ZMR 2000, 65 ff.). Der (bisherige) Gesetzgeber habe nämlich den Fall nachträglich erkennbarer Mängel sehr wohl geregelt, in dem er dem Mieter durch § 545 a.F. (jetzt § 536c) insofern eine unverzügliche Anzeigepflicht auferlegt und bei Unterlassen der Anzeige angeordnet habe, dass der Mieter seine Gewährleistungsrechte grundsätzlich so lange nicht geltend machen könne, bis die Mängelanzeige erfolgt sei. Diese Rechtsfolge werde weiterhin als sinnvoll und auch ausreichend erachtet. Dabei sei zu sehen, dass das geltende Recht neben den speziellen mietrechtlichen Regelungen des § 545 a.F. (jetzt § 536c) mit der allgemeinen Vorschrift des § 814 (Leistung in Kenntnis der Nichtschuld) zusätzliche Handhabe biete, um das Problem rechtlich befriedigend zu lösen.

Außerdem stehe über das Rechtsinstitut des § 242 unter dem Gesichtspunkt der Verwirkung noch ein weiteres Instrument zur Verfügung, um insbesondere bei Mietzahlungen über einen längeren Zeitraum hinweg zu einem sachgerechten und der Billigkeit entsprechenden Ergebnis zu gelangen. Schließlich erscheine es wenig interessengerecht, den vorsichtigen Mieter, der mit der Geltendmachung seiner Rechte abwarte, um das Mietverhältnis nicht unnötig zu belasten, über die Regelung des § 536c hinaus auch noch für die Zukunft mit einem Gewährleistungsausschluss „zu bestrafen". Somit gelte für Mängel Folgendes:

Hatte der Mieter bereits bei Vertragsschluss oder Annahme Kenntnis vom Mangel bzw. war er bei Vertragsschluss insofern zumindest grob fahrlässig, so greife § 536b ein. Erkenne der Mieter den Mangel dagegen erst später oder entstehe ein nachträglicher Mangel, so sei grundsätzlich § 536c anzuwenden (gegebenenfalls korrigiert durch §§ 814, 242). Im Gesetz sei dies dadurch zum Ausdruck gebracht, dass die beiden Vorschriften anders als bisher unmittelbar nacheinander angeordnet worden seien und ihr Anwendungsbereich auch durch die Überschriften deutlicher gekennzeichnet sei.

Damit dürfte die bisherige – auf Analogie zu § 539 a.F. beruhende – Rechtsprechung so nicht mehr aufrechterhalten bleiben können. **Im Ergebnis ändert sich** jedoch für die Praxis **nichts**:

Der Gesetzgeber selbst weist den Weg über §§ 814, 242. Dabei ist zu bemerken, dass schon die bisherige Regelung des § 539 a.F. (jetzt auch die neue Regelung in § 536b) ein typisches gesetzgeberisches Beispiel für einen Anwendungsfall des § 242 darstellt. Es stellt eine unzulässige Rechtsausübung dar, bewusst einen Mangel zur Kenntnis zu nehmen, nicht zu reagieren und dennoch Gewährleistungsrechte in Anspruch zu nehmen – der Herstellungsanspruch des § 535 bleibt unberührt. Schon bisher war es nicht möglich, die Gewährleistungsrechte bei nachträglicher Mangelkenntnis schon dann abzuschneiden, wenn der Mieter nur kurze Zeit die Miete vorbehaltlos weiter zahlt. Damit fielen Fälle nicht unter die analoge Anwendung des § 539 a.F., in denen der Mieter sich die Angelegenheit erst noch überlegen, etwas abwarten wollte oder einfach nur ein wenig nachlässig war. Schon bisher musste aus dem Verhalten des Mieters ersichtlich sein, ihm komme es auf die Gewährleistungsrechte nicht an. Für diese Fälle bieten nunmehr die Vorschriften der §§ 814, 242 ausreichend Grundlage, zu einer interessengerechten Lösung zu kommen. Es wäre besser gewesen, hätte der Gesetzgeber die bisherige Rechtsprechung aufgegriffen und eine klarere Regelung getroffen. So ändert sich jetzt nur die dogmatische Begründung, im Ergebnis verbleibt es wie bisher bei der Beurteilung des Einzelfalls.

2.5 Wiederaufleben von Gewährleistungsrechten

6 Das Mietminderungsrecht nach § 536 bezieht sich auf die geschuldete Miete, so dass der Mieter den Minderungsbetrag von der jeweils geschuldeten Miete abziehen kann. Die Rechte aus § 536a auf Schadensersatz wegen Nichterfüllung haben keinen Bezug zur geschuldeten Miete. Die Rechte aus §§ 536, 536a können nach Maßgabe des § 536b ausgeschlossen oder beschränkt sein. Liegen die Voraussetzungen des § 536b vor, entfallen die Gewährleistungsrechte oder beschränken sie sich endgültig. **Ein Wiederaufleben ist gesetzessystematisch nicht begründbar.**

Dennoch nimmt die Rechtsprechung teilweise an, dass Gewährleistungsrechte wieder aufleben können, wenn die Parteien eine Mieterhöhung vereinbaren und der Mieter danach die erhöhte Miete jetzt nur unter Vorbehalt zahlt (OLG Düsseldorf, MDR 1994, 371 = WuM 1994, 324; LG Köln, WuM 1990, 17; LG Köln, WuM 1994, 429; AG Köln, ZMR 1995, 260; vgl. auch Sternel, Mietrecht aktuell, Rn. 460). Diskutiert wird in diesem Zusammenhang jedoch nur das **Aufleben von Minderungsrechten**, wobei die Berechnungsmethode unterschiedlich ist. Sternel (Mietrecht, II Rn. 677 Fn. 58) meint, die Minderungsberechtigung lebe bei einer Mieterhöhung **im Umfang des Erhöhungsbetrags** auf, so dass sie z.B. bei einer Mieterhöhung von 400 DM (200 EUR) auf 460 DM (230 EUR) und einer berechtigten Minderungsquote von 25% nur 60 DM (30 EUR) betrage (und nicht 100 DM [50 EUR] oder 115 DM [57,50 EUR]), während sie ohne die Folgen aus § 539 25% von 460 DM (230 EUR) = 115 DM (57,50 EUR) betragen hätte. Eine andere Meinung (vgl. Bub/Treier/Kraemer, III B Rn. 1415) berechnet die **Minderungsquote nur im Hinblick auf den Erhöhungsbetrag**, mithin 25% von 60 DM (30 EUR) Mieterhöhung = 15 DM (7,50 EUR). Wenn überhaupt, kann nur letztere Methode vertretbar sein, da wegen der Rechtsfolgen aus § 536b jegliche Minderung ausgeschlossen ist, die sich auf die bis zur Mieterhöhung geschuldete Miete bezieht.

2.6 Beweislast

Nach den allgemeinen Regeln, nach denen jede Partei die für sie günstigen Tatsachen darlegen und beweisen muss, trifft den **Vermieter die Beweislast für die Kenntnis des Mieters** von dem Mangel bzw. dessen grob fahrlässige Unkenntnis bei Vertragsabschluss oder Kenntnis bei Annahme (BGH, WuM 1962, 1379; Palandt/Weidenkaff, § 539 Rn. 1). Der **Mieter trägt die Beweislast** dafür, dass er sich seine Rechte bei der Annahme der Sache **vorbehalten** hat, ferner, dass der **Vermieter den Mangel arglistig verschwiegen** oder die **Beseitigung des Mangels zugesichert** hat (vgl. auch Emmerich/Sonnenschein, § 539 Rn. 11).

7

2.7 Besonderheiten in den neuen Bundesländern

Für Mietverträge, die **nach dem Beitritt** abgeschlossen worden sind, gelten die Gewährleistungsvorschriften der §§ 536 ff. **uneingeschränkt**, auch wenn der Mangel schon vor diesem Zeitpunkt eingetreten ist oder latent vorhanden war (§ 536a Abs. 1 1. Alt.). Für die **Bestandsmietverhältnisse** (Vertragsschluss vor dem 3.10.1990) gilt Folgendes bzw. bieten sich folgende Lösungen an:
Nach § 101 ZGB hatte der Vermieter dem Mieter die Wohnung in einem zum vertragsgemäßen Gebrauch geeigneten Zustand zu übergeben und die Wohnung während der Mietzeit in diesem Zustand zu erhalten. Wie in § 535 oblagen dem Vermieter die erforderlichen Instandhaltungsmaßnahmen. Jedoch sah § 107 ZGB nicht die in § 536 geregelte „Automatik" vor. Nach § 108 Abs. 1 Satz 1 ZGB bestand zwar auch ein Minderungsrecht für die Zeit von der Anzeige des Mangels bis zu seiner Beseitigung. Nach § 108 Abs. 1 Satz 2 ZGB sollte jedoch zwischen dem Mieter und Vermieter zum Umfang der **Mietpreisminderung eine Vereinbarung** geschlossen werden. Sind derartige Vereinbarungen geschlossen worden, so gelten sie auch für die Zeit nach dem Beitritt. Bei Mieterhöhungen (z.B. 1. GMV) konnte der nunmehrige Minderungsbetrag aufgrund des

8

bisherigen Verhältnisses von geschuldeter Miete zum Minderungsbetrag errechnet werden, **hatte demgemäß Bestand** (vgl. Kreisgericht Cottbus, WuM 1993, 265).

Auch bei einem Bestandsmietverhältnis hat der Mieter – wie in allen anderen Fällen – nach dem Beitritt die Herrichtungsansprüche aus § 535; hierzu wird auf die Kommentierung zu dieser Vorschrift (Rn. 77 ff.) Bezug genommen – Opfergrenze – Wirtschaftsplan. Hatte der Mieter **vor dem Beitritt Mängel nicht angezeigt**, gab es dementsprechend auch keine Minderungsvereinbarung nach § 108 ZGB, konnten nunmehr mit der Zäsur des Beitritts Rechte aus §§ 536, 536a für Altmängel **nicht aufleben**. Insofern ist § 536b entsprechend anwendbar (vgl. auch Sternel, Mietrecht aktuell, Rn. A 266).

Jedenfalls kann aber die längere Hinnahme eines Mangels nach dem Beitritt zu einem Ausschluss von Gewährleistungsrechten führen (vgl. Geldmacher, DWW 1991, 298 ff.). Dieser Ausschluss wird auch für den Anspruch aus § 535 diskutiert, weil durch die Hinnahme des Mangels der entsprechende Zustand der Wohnung als vertragsgerecht angesehen wird (vgl. BGH, WuM 1987, 306; LG Berlin, GE 1990, 1039 – allerdings nur zum grundsätzlichen Problem, nicht zur Rechtsentwicklung in den neuen Bundesländern).

Obwohl der Ausschluss von Gewährleistungsrechten für Vergangenheit und Zukunft wirkt (vgl. OLG Düsseldorf, NJW-RR 1987, 911), wird auch hier das Problem des Wiederauflebens von Gewährleistungsrechten mit dem Argument zu überlegen sein, dass es bei **Mieterhöhungen zu einer Änderung des Äquivalenzverhältnisses von Leistung und Gegenleistung kommt.** Dies gilt sowohl für Erhöhungen nach dem GMV als auch für Erhöhungen nach dem MÜG (vgl. dazu Sternel, Mietrecht aktuell, Rn. A 267 m.w.N.). Zur Berechnungsweise wird auf die Erläuterungen zuvor Bezug genommen.

Zu einem Wiederaufleben kann es allerdings nur dann kommen, wenn auch der entsprechende Vorbehalt gemacht wird, so dass die weitere vorbehaltlose Hinnahme der Mietsache und Zahlung des Erhöhungsbetrags zu einem weiteren Ausschluss von Gewährleistungsrechten führt.

Das Wiederaufleben von Gewährleistungsrechten bezieht sich zunächst nur auf Mietminderungsansprüche, die bezüglich des Erhöhungsbetrags geltend gemacht werden können.

Bezüglich eines Schadensersatzanspruches muss es beim Ausschluss verbleiben (auch für § 536a Abs. 1 3. Alt.), da kein Bezug zum Mietpreis und damit zu einer Mietpreiserhöhung besteht.

§ 536c Während der Mietzeit auftretende Mängel; Mängelanzeige durch den Mieter

(1) [1]**Zeigt sich im Laufe der Mietzeit ein Mangel der Mietsache oder wird eine Maßnahme zum Schutz der Mietsache gegen eine nicht vorhergesehene Gefahr erforderlich, so hat der Mieter dies dem Vermieter unverzüglich anzuzeigen.** [2]**Das Gleiche gilt, wenn ein Dritter sich ein Recht an der Sache anmaßt.**
(2) [1]**Unterlässt der Mieter die Anzeige, so ist er dem Vermieter zum Ersatz des daraus entstehenden Schadens verpflichtet.** [2]**Soweit der Vermieter infolge der Un-**

terlassung der Anzeige nicht Abhilfe schaffen konnte, ist der Mieter nicht berechtigt,
1. die in § 536 bestimmten Rechte geltend zu machen,
2. nach § 536a Abs. 1 Schadensersatz wegen Nichterfüllung zu verlangen oder
3. ohne Bestimmung einer angemessenen Frist zur Abhilfe nach § 543 Abs. 3 Satz 1 zu kündigen.

1. Allgemeines

Die Anzeigepflicht des § 536c ist ein Teil der allgemeinen Obhutspflicht, die sich als Nebenpflicht aus dem mietvertraglichen Dauerschuldverhältnis ergibt. Sie soll dem Vermieter die Möglichkeit geben, seiner Herrichtungspflicht nach § 535 nachzukommen, und besteht demgemäß dann nicht, wenn der Vermieter schon vom Mangel Kenntnis hat (vgl. OLG Hamburg, WuM 1991, 328 = ZMR 1991, 262; OLG Düsseldorf, ZMR 1991, 24). Die **Unterlassung** der Anzeige kann weitreichende **Folgen für die Gewährleistungsrechte** aus § 536 haben, jedoch **auch Schadensersatzansprüche auslösen** und unter Umständen sogar zur **Kündigung berechtigen** (§ 543). Zeitlich beginnt die Anzeigepflicht mit der Überlassung der Mietsache und besteht bis zur Räumung fort, ohne dass es auf das rechtliche Ende des Mietverhältnisses ankommen würde (vgl. BGH, NJW 1967, 1803). Räumlich bezieht sie sich auf die Mietsache und Gebäudebestandteile, auf die sich der vertragsgemäße Gebrauch des Mieters erstreckt, also auch auf Treppen, Flure, Nebengelasse und dgl.

2. Mängel/Mängelanzeige – § 536c Abs. 1

Die Vorschrift entspricht inhaltlich dem bisherigen § 545 Abs. 1 alter Fassung, ist lediglich sprachlich modifiziert worden. Das Wort „Vorkehrung" ist durch „Maßnahme" ersetzt worden, bedeutet jedoch keine inhaltliche Änderung.

2.1 Mangel

Der Mangel wird hier **weiter als in den §§ 536, 536a verstanden** und bezieht sich auf jeden schlechten Zustand der Mietsache, ohne Rücksicht darauf, ob der vertragsgemäße Gebrauch dadurch beeinträchtigt wird (BGHZ 68, 281), so dass die Anzeigepflicht auch dann besteht, wenn ein Mangel nur unzureichend beseitigt worden ist, Mängel also noch fortbestehen (OLG Düsseldorf, ZMR 1991, 24).
Der Mangel muss für den Mieter „sich zeigen", so dass hinsichtlich verborgener Mängel mangels Prüfungs- und Nachforschungspflicht keine Anzeigepflicht besteht. Muss sich

allerdings dem Mieter ein Verdacht aufdrängen bzw. übersieht er einen Mangel infolge grober Fahrlässigkeit, verletzt er die Anzeigepflicht (BGHZ 68, 281 [284]).

2.2   Anzeige

4   Die Anzeige ist keine einseitige Willenserklärung, sondern nur eine sog. rechtserhebliche Handlung, für die eine **besondere Form nicht vorgeschrieben** ist, für die sich jedoch Schriftlichkeit zu Beweiszwecken anbietet, da der Mieter im Streitfalle die rechtzeitige Anzeige beweisen muss. Die Anzeige hat unverzüglich, also ohne schuldhaftes Zögern (§ 121) zu erfolgen. Das ist nach der Art des Mangels und der damit verbundenen Gefahr zu messen.

2.3   Beweislast

5   Der Vermieter trägt die Beweislast für die Kenntnis des Mieters vom Mangel bzw. dessen Erkennbarkeit und für die rechtzeitige Abhilfe im Falle einer Anzeige (LG Kiel, WuM 1998, 282). Der Mieter hat die rechtzeitige Anzeige zu beweisen.

3.   Rechtsfolgen – § 536c Abs. 2

6   Der bisherige § 545 Abs. 2 a.F. wird in § 536c Abs. 2 in zwei Sätze aufgeteilt. Im Satz 1 ist durch Einfügung der Worte „dem Vermieter" klargestellt, dass nur der Vermieter aus der Unterlassung der Anzeige einen Schadensersatzanspruch gegen den Mieter geltend machen kann, nicht aber zum Beispiel andere Mieter als Dritte. § 536c Abs. 2 Satz 2 enthält wie bisher die Aufteilung der ausgeschlossenen Gewährleistungsrechte bei unterlassener Anzeige, die aus Gründen der Übersichtlichkeit aber in Nummern angeordnet sind – so die amtliche Begründung.

3.1   Schadensersatz

7   Wie jeder Schadensersatzanspruch setzt dieser **Verschulden des Mieters und Kausalität** voraus. Nach der amtlichen Begründung ist ausdrücklich darauf verzichtet worden, in Abs. 2 für die Rechtsfolgen der Verletzung der Anzeigepflicht durch den Mieter ausdrücklich ein Verschuldenserfordernis einzuführen. Ein solcher Hinweis sei entbehrlich, da nach allgemeiner Meinung die Rechtsfolgen der Verletzung der Anzeigepflicht ohnehin ein Verschulden des Mieters voraussetzten – richtige Schlussfolgerung des Gesetzgebers! Der Schaden muss gerade durch die unterlassene oder verspätete Anzeige des Mieters eingetreten sein, so dass der Anspruch entfällt, wenn der Schaden auch bei ordnungsgemäßer Anzeige nach § 536c Abs. 1 entstanden wäre, der Schaden nicht zu verhindern war. Der Anspruch geht auf Herstellung des Zustands, der bei ordnungsgemäßer Anzeige durch den Vermieter hätte hergestellt werden können (vgl. BGH, WuM 1987, 349).

3.2   Rechtsverlust

8   Bei entsprechender Kausalität zwischen mangelnder Anzeige und Schaden (vgl. dazu LG Berlin, GE 1996, 322) entfallen die Rechte aus § 536 (Minderung) und das Recht auf Schadensersatz wegen Nichterfüllung (§ 536a). Ferner kann das Kündigungsrecht nach § 543 Abs. 3 Satz 1 ohne Bestimmung einer Frist ausgeübt werden.

Der Rechtsverlust beschränkt sich zeitlich auf die Frist, in der der Vermieter infolge der unterlassenen Anzeige keine Abhilfe schaffen konnte.
Eine unterlassene bzw. nicht rechtzeitige Anzeige kann zum Ausschluss des Minderungsrechts nach § 536 führen. In dessen Folge kann es zu einem Mietrückstand kommen, der zur Kündigung nach § 543 berechtigt. In diesem Zusammenhang stellt sich die Frage, ob sich der Mieter trotz Ausschlusses des Kündigungsrechts auf ein Zurückbehaltungsrecht des § 320 berufen kann. Unabhängig von der Regelung des § 320 Abs. 2 (Ausschluss unter bestimmten Voraussetzungen bei einem Verstoß gegen Treu und Glauben) ist das zu bejahen und **daher unter den Voraussetzungen des § 536c auch die Einrede des nicht erfüllten Vertrags von der Anzeige abhängig zu machen.** Diese Verknüpfung entspricht jedoch (bisher) nicht der allgemeinen Meinung in Rechtsprechung und Literatur (anders auch BGH, Beschl. vom 11.6.1997 = GE 1997, 1096; wie hier, aber auch über § 242, LG Berlin, GE 1998, 67; vgl. auch Schenkel, NZM 1998, 502 [504]).

§ 536d Vertraglicher Ausschluss von Rechten des Mieters wegen eines Mangels

Auf eine Vereinbarung, durch die die Rechte des Mieters wegen eines Mangels der Mietsache ausgeschlossen oder beschränkt werden, kann sich der Vermieter nicht berufen, wenn er den Mangel arglistig verschwiegen hat.

1.   Allgemeines
Die Vorschrift des § 536d übernimmt Regelungen des bisherigen § 540, wobei sich der Text sprachlich unter anderem an der Formulierung des § 11 Nr. 10a AGBG (ab 1.1.2002: § 309 BGB i.d.F. des SchuldRModG) orientiert.   1
Anders als im bisherigen § 540 und den vergleichbaren Regelungen aus dem Kaufrecht (§ 476; ab 1.1.2002: § 444 i.d.F. des SchuldRModG) und Werkvertragsrecht (§ 637; ab 1.1.2002: § 639 i.d.F. des SchuldRModG) wird nicht mehr die Nichtigkeit der Ausschlussvereinbarung festgehalten, sondern als Rechtsfolge bestimmt, dass sich der Vermieter nicht auf die Vereinbarung berufen kann. Damit soll nach dem Willen des Gesetzgebers zum Ausdruck kommen, dass die Unwirksamkeit der Ausschlussvereinbarung im Interesse des Mieters keinesfalls zur Unwirksamkeit des gesamten Mietvertrags führt, § 139 also nicht anzuwenden ist. Schwierige Auslegungsfragen zu den Auswirkungen der unwirksamen Ausschlussvereinbarung auf den übrigen Vertrag würden dadurch vermieden – so die amtliche Begründung.
Die Vorschrift ist auf Sach- und Rechtsmängel (§ 536) anwendbar. Bei Formularverträgen ist daneben allerdings die wesentlichere Vorschrift des § 11 Nr. 7 AGBG (ab 1.1.2002: § 309 BGB i.d.F. des SchuldRModG) zu beachten.

2.   Regelungsinhalt
Arglist ist weiter gehend als Vorsatz, erfordert einen Täuschungswillen und setzt voraus,   2
dass der Vermieter den Mangel tatsächlich kennt, wobei grobe Fahrlässigkeit der Unkenntnis des Mangels nicht genügt. Rechnet allerdings der Vermieter mit dem Vorhandensein eines Mangels oder hält er ihn mindestens für möglich (vgl. BGH, NJW 1992, 1953), reicht dies für die Anwendbarkeit des § 536d.

Ein **Verschweigen** ist anzunehmen, wenn den Vermieter eine Pflicht zur Aufklärung trifft mit der Folge, dass der Vermieter auf Fragen des Mieters wahrheitsgemäß Auskunft erteilen muss.

Die **Beweislast** für die Arglist des Vermieters trägt der Mieter, während der Vermieter beweisen muss, dass er den Mangel mitgeteilt hat oder dass der Mieter den Mangel kannte. Wegen dieser Abgrenzungsschwierigkeiten im subjektiven Bereich bei Vermieter und Mieter hat die Vorschrift in der Praxis wenig Bedeutung und beschränkt sich auf „offensichtliche" Fälle. Bei der Wohnraummiete ist ohnehin § 536 Abs. 4 zu beachten, bei einer Formularklausel § 9 AGBG (ab 1.1.2002: § 307 BGB i.d.F. des SchuldRModG) zu prüfen.

Die Regelung ist ihrer Natur nach zwingend, so dass es einer besonderen entsprechenden Anordnung nicht bedarf.

§ 537 Entrichtung der Miete bei persönlicher Verhinderung des Mieters

(1) [1]Der Mieter wird von der Entrichtung der Miete nicht dadurch befreit, dass er durch einen in seiner Person liegenden Grund an der Ausübung seines Gebrauchsrechts gehindert wird. [2]Der Vermieter muss sich jedoch den Wert der ersparten Aufwendungen sowie diejenigen Vorteile anrechnen lassen, die er aus einer anderweitigen Verwertung des Gebrauchs erlangt.

(2) Solange der Vermieter infolge der Überlassung des Gebrauchs an einen Dritten außerstande ist, dem Mieter den Gebrauch zu gewähren, ist der Mieter zur Entrichtung der Miete nicht verpflichtet.

1. Anwendungsbereich

1 Das Risiko des Mieters, die Miete auch dann zahlen zu müssen, wenn er durch einen in seiner Person liegenden Grund die Mietsache nicht nutzt oder nicht nutzen kann, setzt **spätestens mit Überlassung der Mietsache** ein. Unerheblich ist, ob das Gebrauchshindernis vor oder nach Überlassung der Mietsache eintritt (BGH, GE 1991, 245 = NJW-RR 1991, 267; OLG Düsseldorf, ZMR 1992, 536; Palandt/Weidenkaff, § 552 Rn. 1; MünchKomm/Voelskow, § 552 Rn. 2; RGRK/Gelhaar, § 552 Rn. 1; Soergel/Kummer, § 552 Rn. 3; Wolf/Eckert, Rn. 157; Rädler, NJW 1993, 689). Denn § 537 ist anwendbar, sobald der Mietvertrag abgeschlossen ist. Lediglich dann, wenn die Gebrauchsüberlassung aus anderen als in der Person des Mieters liegenden Gründen unmöglich wird, sind

die Vorschriften des Allgemeinen Schuldrechts über Leistungsstörungen (§§ 323 ff., ab 1.1.2002: § 275 i.d.F. des SchuldRModG) anwendbar (OLG Düsseldorf, a.a.O.; Palandt/Weidenkaff, a.a.O.). § 537 ist also eine Sondervorschrift für die Unmöglichkeit der Erfüllung der Gebrauchsgewährungspflicht durch den Vermieter infolge eines in der Person des **Mieters liegenden Grundes**.

Der **Vermieter behält seinen Mietanspruch** natürlich auch dann, wenn der Mieter die Mietsache nicht nutzen will (OLG Düsseldorf, NJW-RR 1991, 1143). Dasselbe gilt, wenn er infolge seines Verschuldens an der Nutzung der Mietsache gehindert ist. Aber auch dann, wenn er ohne eigenes Verschulden an der Nutzung gehindert ist – wie z.B. bei Krankheit, Tod, Wohnortwechsel, beruflicher Veränderung (LG Gießen, NJW-RR 1995, 395) –, ist der Mieter unabhängig von der Nutzung der Mietsache zur Weiterzahlung der Miete verpflichtet. Daher kommt es nicht darauf an, ob er die zur Verhinderung des Gebrauchs führenden Umstände beeinflussen konnte, solange es sich um in seinen Risikobereich fallende Umstände handelt (BGHZ 38, 295 [297]). Daher trägt er auch das Risiko der Anreise oder der persönlichen Eignung als Voraussetzung für die Gebrauchsgewährung. Hat der Mieter es daher unterlassen, die für den Geschäftsbetrieb in gemieteten Räumen erforderliche Genehmigung einzuholen, obwohl er sich wirksam dazu verpflichtet hatte, so bleibt er zur Zahlung der Miete auch dann verpflichtet, wenn die erforderliche Genehmigung verspätet erteilt wurde (OLG Düsseldorf, ZMR 1992, 536 [537]). Voraussetzung für die Wirksamkeit einer Formularklausel, mit der sich der Mieter verpflichtet, die für den Betrieb in den gemieteten Geschäftsräumen erforderliche behördliche Erlaubnis beizubringen, ist jedoch, dass sie auf die von dem Mieter zu erfüllenden subjektiven Voraussetzungen für die behördliche Erlaubnis beschränkt wird; eine Klausel, die beinhaltet, dass der Mieter die behördliche Erlaubnis auf seine Kosten und auf sein Risiko beizubringen hat – ohne jede Einschränkung –, ist daher für unwirksam erklärt worden (BGH, NJW 1988, 2662 = WuM 1988, 302 = ZMR 1988, 376; BGH, DWW 1993, 170 = ZMR 1993, 320; OLG Düsseldorf, ZMR 1992, 446 = DWW 1991, 236).

Zu den aus dem Risikobereich des Mieters stammenden Umständen gehören auch die Verringerung des Familieneinkommens infolge Erkrankung oder Berentung des früher mitverdienenden Ehepartners, selbst wenn dieser nicht Mitmieter geworden ist, sowie der Umsatzrückgang eines Ladengeschäfts, die die weitere Nutzung der gemieteten Räume als wirtschaftlich nicht mehr zumutbar erscheinen lassen.

Die **Mietzahlungspflicht entfällt** dagegen dann, wenn der Mieter aus **Gründen, die im Risikobereich des Vermieters liegen**, an der Nutzung der Mietsache gehindert ist. Das wäre der Fall, wenn bei Unwirksamkeit der Formularklausel, die besagt, dass der Mieter die behördliche Erlaubnis für den Betrieb in den gemieteten Geschäftsräumen zu beschaffen hat, die Nutzung der Räume daran scheitert, dass die von dem Vermieter zu beschaffende behördliche Erlaubnis nicht erteilt wird, weil die Räumlichkeiten die für den Betrieb erforderlichen baulichen Voraussetzungen nicht erfüllen. Dasselbe gilt, wenn die sonstigen vom Vermieter zu schaffenden Voraussetzungen für den vertragsmäßigen Gebrauch nicht erfüllt sind. Steht bereits vor Übergabe der Mietsache fest, dass die Voraussetzungen nicht erfüllt werden, so wird der Mieter nach § 323 Abs. 1 Satz 1 (ab 1.1.2002: § 326 i.d.F. des SchuldRModG) selbst dann von seiner Mietzahlungsverpflichtung frei, wenn der Vermieter die Unmöglichkeit der Gebrauchsüberlassung nicht zu vertreten hat. Insoweit ist nicht § 537 Abs. 1 Satz 1 anwendbar, da dieser nur den umgekehrten Fall regelt, dass der Mieter infolge eines in seiner Person liegenden Grundes die Mietsache nicht nutzt oder nicht nutzen kann. Andererseits sind die §§ 536 ff. ebenfalls nicht anwendbar, da sie die Überlassung der Mietsache voraussetzen (LG Berlin, NJW-RR 1988, 203; GE 1995, 1213). Aber auch dann, wenn der Mieter die Übernahme der Wohnung wegen eines – nicht von ihm herbeigeführten – Mangels ablehnt, wird er nach fruchtloser Fristsetzung und Ablehnungsandrohung von der Mietzahlungspflicht frei (LG Berlin, GE 1995, 1213).

Ist dagegen die Mietsache bereits übergeben, so wird der Mieter nach § 536 Abs. 1 Satz 1 von seiner Mietzahlungspflicht frei, wenn der vorhandene Mangel der Mieträume deren – auch nur teilweise – Nutzung ausschließt (vgl. dazu § 536 Rn. 3 ff.).

4   § 537 ist auch auf **Beherbergungsverträge** mit der Folge anwendbar (Palandt/Weidenkaff, § 552 Rn. 1; Nettesheim, BB 1986, 547 und 1989, 1136), dass nach abgeschlossenem Vertrag der Mieter auch dann zur Zahlung des Beherbergungsgeldes verpflichtet ist, wenn er aus in seinem Risikobereich liegenden Gründen (z.B. wetterbedingte Verzögerung der Anreise) an der rechtzeitigen Nutzung des gebuchten Zimmers verhindert ist. Dagegen entfällt seine Mietzahlungspflicht, wenn er aus nicht in seinem Risikobereich liegenden, objektiven Umständen (z.B. heruntergegangene Mure oder Lawine) an der Nutzung deswegen verhindert ist, weil der Beherbergungsbetrieb allgemein nicht zugänglich ist; denn dann gelten §§ 275, 323 – ab 1.1.2002: §§ 275, 323 i.d.F. des SchuldRModG – (MünchKomm/Voelskow, § 552 Rn. 3).

2.   Anrechnungspflicht

5   Der Vermieter muss sich auf seinen grundsätzlich in voller Höhe fortbestehenden Mietzahlungsanspruch jedoch den Wert der ersparten Aufwendungen sowie diejenigen Vorteile anrechnen lassen, die er aus einer anderweitigen Gebrauchsüberlassung erlangt.

2.1   Ersparte Aufwendungen

6   Zu den ersparten Aufwendungen, die sich der Vermieter auf seinen Mietzahlungsanspruch anrechnen lassen muss, gehören insbesondere die **verbrauchsabhängigen Betriebskosten** wie Strom- und Wasserverbrauchs- sowie Heizkosten. Bei Beherbergungsverträgen wird die Ersparnis mit 20% (OLG Düsseldorf, NJW-RR 1991, 1143), bei Pensionsverträgen mit 40% geschätzt (OLG Braunschweig, NJW 1976, 570). Auch der **Wegfall einer Instandsetzungs- und Wartungspflicht** wird als anrechenbare Ersparnis angesehen (OLG Düsseldorf, ZMR 1985, 382).

7   Fraglich ist, inwieweit bei **Wohnungsmietverträgen ersparte Aufwendungen** angerechnet werden können. Soweit – wie in der Regel – die **Stromkosten** für die Wohnung vom Mieter zu tragen sind, kommt eine Ersparnis des Vermieters nicht in Betracht. Soweit es sich um die Kosten der Hausbeleuchtung handelt, kommt eine Anrechnung eines Teils dieser Betriebskosten zugunsten des Mieters jedenfalls dann nicht in Betracht, wenn es sich um ein vermietetes Mehrfamilienhaus handelt, bei dem die Hausbeleuchtung auch für die anderen Mieter benötigt wird; insoweit ist zu vernachlässigen, dass der die Wohnung nicht nutzende Mieter auch die Hausbeleuchtung in Anspruch genommen hat. Dagegen muss sich der Vermieter eines Einfamilienhauses die Stromersparnis an-

rechnen lassen; insoweit dürfte eine Schätzung ausreichen, deren Grundlagen allerdings der die Mietsache aus persönlichen Gründen nicht nutzende Mieter darlegen muss. Dasselbe gilt für die **Müllabfuhrkosten** eines Einfamilienhauses, wenn das Müllentsorgungsunternehmen tatsächlich einen Rabatt für die Zeit der unterlassenen Nutzung gewährt. Dagegen ist bei den übrigen Betriebskosten grundsätzlich eine Anrechnung nicht vorzunehmen, soweit die Kosten nicht verbrauchsabhängig abgerechnet werden; werden **Wasserversorgungs- und Entwässerungskosten** sowie Müllabfuhrkosten dagegen verbrauchsabhängig abgerechnet, so ist der auf den nicht nutzenden Mieter entfallende Minderverbrauch als Ersparnis anzurechnen. Diese Ersparnis verringert sich dann um die Ablesekosten zur Feststellung des Minderverbrauchs, weil diese Kosten unmittelbar mit der Feststellung der Ersparnis zusammenhängen und der Vermieter insoweit im Interesse des Mieters handelt.

Entfällt bei der Vermietung von Ablichtungsgeräten die Wartungs- und Instandhaltungs-   8
pflicht des Vermieters, kann der insoweit anzurechnende Betrag abstrakt berechnet und geschätzt werden (OLG Düsseldorf, ZMR 1985, 382 [383]).

Grundsätzlich ist für die Ersparnis der Mieter darlegungs- und beweispflichtig. Steht   9
jedoch fest, dass eine Ersparnis eingetreten ist, so muss der Vermieter den Umfang der Ersparnis darlegen, wenn es um – dem Mieter unbekannte – Einzelheiten im Vermögensbereich des Vermieters geht (OLG Düsseldorf, a.a.O.).

2.2 Gebrauchsvorteile

Der Vermieter muss sich ferner **diejenigen Vorteile anrechnen lassen**, die er aus einer   10
anderweitigen Verwertung des Gebrauchs erlangt. Dazu gehört insbesondere die Eigennutzung der Räume nach vorzeitigem Auszug des Mieters. Den Wert dieser Eigennutzung muss sich der Vermieter auf seinen Mietanspruch anrechnen lassen. Hat der Vermieter die vermieteten, aber vom Mieter aus persönlichen Gründen nicht genutzten Räume als eigene Wohnung gebraucht, so dürfte der Wert der Eigennutzung der bisherigen Miete entsprechen, (ähnlich MünchKomm/Voelskow, § 552 Rn. 4), so dass kein Anspruch des Vermieters mehr besteht. Ist die Wohnung vom Vermieter möbliert vermietet worden, nutzt der Mieter aber diese aus persönlichen Gründen nicht, so muss sich der Vermieter bei Eigennutzung nur die Miete ohne den Möblierungszuschlag anrechnen lassen.

Benutzt der Vermieter die nicht genutzten Räume nur, um vorübergehend einzelne Ge-   11
genstände abzustellen oder kleinere Reparaturen auszuführen, so findet keine Anrechnung statt; benutzt er dagegen die Räume, um über die laufende Instandhaltung hinaus Umbauarbeiten oder größere Instandsetzungsarbeiten durchzuführen (OLG Oldenburg, NJW 1959, 340; LG Saarbrücken, WuM 1979, 140; AG Berlin-Schöneberg, GE 1985, 577 [579]), so muss er sich die dadurch eintretenden Gebrauchsvorteile in Höhe der ortsüblichen Nettokaltmiete für die Wohnung anrechnen lassen. Überlässt der Vermieter die vermieteten Räume vorübergehend kostenlos an Dritte, so findet eine Anrechnung nicht statt, da es ihm freisteht, die Räume zu verleihen (LG Kassel, WuM 1989, 410).

Der Vermieter ist aber nicht verpflichtet, die Räume selbst zu nutzen. Ist keine Ersatz-   12
mieterklausel (vgl. dazu unten Rn. 18) vereinbart, braucht er die Mietsache auch nicht weiterzuvermieten. Die unterlassene Weitervermietung kann dann dem Vermieter auch nicht unter dem Gesichtspunkt des § 254 entgegengehalten werden, da der Mietanspruch

für die Zeit der aus persönlichen Gründen unterlassenen Nutzung der Mietsache kein Schadensersatzanspruch, sondern ein Erfüllungsanspruch (§ 535 Satz 4 Abs. 2) ist (OLG Düsseldorf NJW-RR 1991, 1143 [1144]; Palandt/Weidenkaff, § 552 Rn. 7).

3. Befreiung von der Miete bei anderweitiger Gebrauchsüberlassung

13 Der Mieter wird jedoch von seiner Mietzahlungspflicht frei, wenn der Vermieter infolge der **Überlassung der Mietsache an einen Dritten** außerstande ist, dem Mieter den Gebrauch zu gewähren. Dies gilt insbesondere bei endgültiger Weitervermietung der Mietsache. Hat der Vermieter jedoch die Mietsache nur unter dem Vorbehalt der jederzeitigen Auflösung des Mietverhältnisses weitervermietet, so entfällt sein Mietanspruch nur für diejenige Zeit, in der dem Mieter die Nutzung nicht möglich war (weitergehend: OLG Nürnberg, OLGZ 1966, 12).

14 Da § 537 Abs. 2 von der Gebrauchsüberlassung an einen Dritten spricht, ist der Fall der **Eigennutzung davon nicht erfasst.** Dennoch wird nach überwiegender Auffassung (BGHZ 38, 295 [298]; Emmerich/Sonnenschein, § 552 Rn. 12; MünchKomm/Voelskow, § 552 Rn. 5) § 537 Abs. 2 **analog** auch auf die Fälle der Eigennutzung durch den Vermieter angewendet; dazu besteht jedoch keine Notwendigkeit, da in diesen Fällen die Anrechnung der durch den Vermieter erzielten Vorteile nach Abs. 1 Satz 2 erfolgt.

15 Umstritten ist, ob auch derjenige Mieter von seiner Mietzahlungspflicht frei wird, der **endgültig auszieht**, keine Miete mehr zahlt und daher den Vermieter veranlasst, die Mietsache weiterzuvermieten. Nach der Rechtsprechung (BGH, ZMR 1993, 317 = WuM 1993, 346 = DWW 1993, 168 = NJW 1993, 1645 [1646]; OLG Düsseldorf, NJW-RR 1991, 1484 = MDR 1992, 160; ZMR 1993, 114 = DWW 1993, 18; WuM 1994, 469 = MDR 1994, 1008; OLG Frankfurt/Main, WuM 1995, 483) darf sich der Mieter in diesen Fällen nicht auf § 537 Abs. 2 berufen, weil er selbst durch den **vorzeitigen Auszug** und das Einstellen der Mietzahlung eine grobe Vertragsverletzung begeht. Das gilt allerdings dann nicht, wenn der Mieter bei seinem Auszug aus nachvollziehbaren Gründen davon ausgegangen ist, dass das Mietverhältnis beendet ist (KG, GE 1996, 1363 [1365]). Ein solcher Fall läge vor, wenn der Mieter den Vermieter um die Genehmigung der Überlassung des Gebrauchs der gemieteten Sache an einen Dritten gebeten hat, ohne diesen zu benennen, der Vermieter jedoch seinerseits generell die Gebrauchsüberlassung an einen Dritten abgelehnt hat, woraufhin der Mieter das Mietverhältnis gem. § 540 Abs. 1 Satz 2 gekündigt hat; denn in einem solchen Fall ist die Kündigung des Mietverhältnisses auch ohne die Benennung eines Dritten gerechtfertigt (RGZ 41, 247; LG Hamburg, WuM 1987, 20; LG Bremen, WuM 1987, 152; LG Köln, WuM 1994, 468 f.; LG Nürnberg-Fürth, WuM 1995, 587).

16 Durfte dagegen der Mieter nicht von der vorzeitigen Beendigung des Mietverhältnisses ausgehen – weil er z.B. fälschlich annahm, allein die Benennung von Ersatzmietern begründe einen Anspruch auf vorzeitige Auflösung des Mietverhältnisses –, so kommt es darauf an, **ob der Vermieter mit der Weitervermietung ein Geschäft des Mieters führen wollte** (OLG Hamm, GE 1986, 649 = WuM 1986, 201 = NJW 1986, 2321). Dazu bedarf es der Ermittlung des Willens des Mieters als des Geschäftsherrn; daher ist zunächst eine Verständigung mit dem Mieter erforderlich, ob eine Weitervermietung erfolgen soll (Sternel, Mietrecht aktuell, Rn. 510; Emmerich/Sonnenschein, § 552 Rn. 13 m.w.N.). Ist diese Verständigung nicht möglich, weil der Mieter ohne Hinterlassung

einer Adresse ausgezogen ist, so ist eine Weitervermietung auch ohne Absprache mit dem Mieter zulässig. Auch dann kommt es aber darauf an, ob der Vermieter mit der Weitervermietung im Interesse des Mieters handeln wollte; ist dies der Fall – und hat der Vermieter auch die Interessen des Mieters im gebotenen Umfang wahrgenommen –, so behält er grundsätzlich den Anspruch auf die vereinbarte Miete, muss sich jedoch die durch die Weitervermietung erzielten Gebrauchsvorteile anrechnen lassen (a.A. Sternel, Mietrecht aktuell, Rn. 511). Dazu zählen auch ersparter Mietausfall wegen Umbau- und Modernisierungsarbeiten (LG Köln, WuM 1987, 84) oder die mietfreie Überlassung der Räume an einen Nachmieter vor Beendigung des Mietverhältnisses mit dem Mieter, damit der Nachmieter vor Beginn seines Mietverhältnisses Schönheitsreparaturen in der Wohnung ausführt (AG Neuwied, WuM 1992, 188).

4. Ersatzvermietung
Der Vermieter ist im Falle der Gebrauchsverhinderung des Mieters **grundsätzlich nicht** 17
verpflichtet, die Mietsache **weiterzuvermieten**. Er handelt auch nicht treuwidrig, wenn er die Weitervermietung an einen vom Mieter gestellten Ersatzmieter ablehnt. **Ausnahmsweise** ist der Vermieter unter folgenden Voraussetzungen zum Abschluss des Mietvertrags mit einem Ersatzmieter **verpflichtet**:
a) Die Mietvertragsparteien haben eine **Ersatzmieterklausel** vereinbart. Dies ist dann 18
der Fall, wenn der Vermieter sich für den Fall der vorzeitigen Beendigung des Mietverhältnisses verpflichtet, einen vom Mieter gestellten Ersatzmieter zu akzeptieren. Insoweit kommt es auf den Wortlaut der Klausel an, insbesondere, ob sich der Vermieter zum Abschluss des Mietvertrags mit dem Ersatzmieter ohne jede Bedingung verpflichtet hat oder den Abschluss an bestimmte Voraussetzungen (Bonität des Ersatzmieters, Zumutbarkeit, verbleibende Dauer des Mietverhältnisses nach der beabsichtigten vorzeitigen Auflösung) geknüpft hat. Ein Indiz dafür, dass der Vermieter zum Abschluss des Mietvertrags mit dem Ersatzmieter verpflichtet ist, können vertraglich vereinbarte erhebliche Investitionen des Mieters und/oder eine Vereinbarung über das Abwohnen derartiger Investitionen sein; auch in diesen Fällen muss aber vertraglich vereinbart sein, dass der Vermieter verpflichtet ist, einen Mietvertrag mit einem Nachmieter abzuschließen. Dieses Indiz dient lediglich zur Abgrenzung zwischen der „echten" Ersatzmieterklausel und der „unechten" Ersatzmieterklausel. Bei der „echten" Ersatzmieterklausel ist der Vermieter grundsätzlich zum Abschluss des Mietvertrags mit dem Ersatzmieter verpflichtet und macht sich einer positiven Vertragsverletzung schuldig, wenn er dieser Verpflichtung zuwiderhandelt; abgesehen davon, dass der Mieter dann von seiner Mietzahlungspflicht frei wird, kann er bei einer „echten" Ersatzmieterklausel auch noch Ersatz des Betrags verlangen, den ihm der Ersatzmieter für die geleisteten Investitionen gezahlt hätte.
Die Verpflichtung des Vermieters zum Abschluss eines Mietvertrags mit dem Ersatz- 19
mieter **entfällt** jedoch sowohl dann, wenn der Vermieter seinerseits das Mietverhältnis mit dem Mieter **hätte fristlos kündigen können** (KG, WuM 1992, 8), als auch dann, wenn der Vermieter den Ersatzmieter deswegen ablehnen durfte, weil dieser **keine vergleichbare wirtschaftliche Sicherheit** bot.
Ist dagegen nur vereinbart, dass der Mieter Ersatzmieter stellen kann, ohne dass eine 20
ausdrückliche Verpflichtung des Vermieters zum Abschluss des Mietvertrags mit einem

Ersatzmieter begründet worden ist, so erschöpft sich die Verpflichtung des Vermieters darin, die Bonität der Ersatzmieter zu prüfen. Der Vermieter braucht auch dann grundsätzlich nicht einen Mietvertrag mit dem benannten Ersatzmieter abzuschließen, wenn er nach der Bonitätsprüfung den Ersatzmieter grundsätzlich für akzeptabel hält. Der Vermieter darf aber in diesem Fall nicht die ihm benannten Ersatzmieter generell ablehnen; vielmehr macht er sich schadensersatzpflichtig, wenn er von vornherein die gestellten Ersatzmieter ohne weitere Prüfung ihrer wirtschaftlichen und persönlichen Verhältnisse ablehnt. Auch wenn der Vermieter auf die vorzeitige Kündigung des Mieters diesem gegenüber seine Bereitschaft erklärt hat, ihn vorzeitig aus dem Mietverhältnis zu entlassen, wenn ein solventer Nachmieter gefunden worden ist, muss der Vermieter auch ohne ausdrückliche Ersatzmieterklausel die ihm von dem Mieter gestellten Ersatzmieter daraufhin überprüfen, ob diese wirklich an dem Bezug der Wohnung interessiert sind und die dafür verlangte Miete zahlen können (LG Berlin, GE 1987, 1265).

21   b) Das **berechtigte Interesse des Wohnraummieters** an der vorzeitigen Aufhebung des Mietvertrags **überragt das Interesse des Vermieters** am Fortbestand des Mietverhältnisses erheblich, und der Mieter stellt dem Vermieter einen **geeigneten Nachmieter** (OLG Karlsruhe, ZMR 1981, 269 = WuM 1981, 173; OLG Oldenburg, ZMR 1982, 285; OLG Hamburg, ZMR 1987, 93 und GE 1987, 725 = NJW-RR 1987, 657; OLG Hamm, ZMR 1983, 277 = WuM 1983, 228 = MDR 1983, 842 = NJW 1983, 1564 und GE 1995, 1203 [1205]; LG Berlin, GE 1989, 415; GE 1988, 253; WuM 1992, 472).
Beide Voraussetzungen müssen kumulativ nebeneinander vorliegen.

22   Zu den **berechtigten Interessen** des Wohnraummieters zählen nur solche, die ihm ein Festhalten am Vertrag aus nach Abschluss des Vertrags eingetretenen Gründen, die er **nicht selbst verschuldet** hat, unzumutbar machen (Heile, ZMR 1990, 249 [250]). Dazu gehören eine **schwere Erkrankung**, die zu einem Wohnsitzwechsel nötigt (OLG Karlsruhe, a.a.O.), die **nicht voraussehbare Versetzung** eines öffentlich Bediensteten, eine **erhebliche Veränderung der Familienverhältnisse** durch Heirat oder Geburt von Kindern, Scheidung oder Tod (OLG Karlsruhe, a.a.O.; LG Köln, WuM 1989, 283; LG Hannover, WuM 1988, 12). Dagegen ist die Heirat des bisherigen Mieters mit der Folge, dass eine größere Wohnung benötigt wird, ebenso eine selbst herbeigeführte Ursache wie die Entscheidung, eine Lebensgemeinschaft mit einem zuziehenden Partner zu begründen (so schon Heile, a.a.O.; a.A. AG Wiesbaden, WuM 1988, 400). Ebenso begründet die aus einer Schwangerschaft und/oder Niederkunft resultierende Entscheidung der Mieterin, die bisherige Berufstätigkeit aufzugeben, kein derartiges Interesse an der vorzeitigen Beendigung des Mietverhältnisses über die bisherige – nun zu teuer gewordene – Wohnung. Auch die Absicht des Mieters, sein inzwischen erworbenes oder fertig gewordenes Haus zu beziehen, kann nicht als berechtigtes Interesse an der vorzeitigen Auflösung des Mietverhältnisses anerkannt werden. Auch der bloße Wunsch des Mieters, eine preisgünstigere Wohnung zu beziehen oder durch den Umzug in eine andere Wohnung seine Wohnbedingungen zu verbessern, reicht nicht aus (OLG Oldenburg, WuM 1981, 177 = ZMR 1982, 285).

23   Die berechtigten Gründe müssen **nach Vertragsschluss** eingetreten sein, so dass die bereits bei Mietvertragsschluss absehbare Versetzung des Mieters an einen anderen Ort ebenso wenig ein berechtigtes Interesse an der vorzeitigen Auflösung des Wohnraum-

mietverhältnisses begründet wie eine bereits bei Abschluss des Mietvertrags bestehende Schwangerschaft, die eine Niederkunft erwarten lässt.

Weitere Voraussetzung für den Anspruch des Wohnraummieters auf Abschluss des 24 Mietvertrags mit einem gestellten Ersatzmieter vor regulärer Beendigung des Mietverhältnisses ist, dass seine **Interessen diejenigen des Vermieters weit überwiegen.** Daran fehlt es, wenn die Interessen des Vermieters mit denen des Mieters gleichrangig sind. Das ist insbesondere der Fall, wenn der Vermieter bei nur noch kurzer Laufzeit des Mietvertrags davor geschützt werden muss, sich für kurze Zeit auf einen neuen Mieter einzustellen. Das gilt z.B. dann, wenn der Mietvertrag nur noch drei Monate läuft (OLG Oldenburg, a.a.O.). Auch dann, wenn der Mieter nur die dreimonatige Regelkündigungsfrist des § 573c Abs. 1 einzuhalten braucht, überwiegen die berechtigten Interessen des Mieters nicht diejenigen des Vermieters. Im Regelfall wird ein Festhalten des Mieters am Mietvertrag bis zu sechs Monaten diesem zumutbar sein (LG Flensburg, WuM 1976, 161; LG Berlin, MDR 1978, 935). Starre Regeln können jedoch insoweit nicht aufgestellt werden; denn entscheidend ist immer die Abwägung im Einzelfall (vgl. den von Heile, a.a.O. geschilderten Fall des in beschränkten wirtschaftlichen Verhältnissen lebenden alten Mieters, der auf einen kurzfristigen Umzug in ein Alters- oder Pflegeheim angewiesen ist).

Weitere **Voraussetzung für den Anspruch des Wohnraummieters** auf Abschluss des 25 Mietvertrags mit einem Ersatzmieter ist, dass der **Ersatzmieter bereit ist,** den bestehenden **Vertrag ohne Änderungen zu übernehmen.** Dies gilt sowohl für die vereinbarte Laufzeit als auch für die vereinbarte Miete. Daher braucht der Vermieter selbst bei berechtigtem Interesse des Mieters einen Mietvertrag mit dem gestellten Nachmieter dann nicht abzuschließen, wenn dieser eine längere oder kürzere Laufzeit oder eine niedrigere Miete vereinbaren will. Darüber hinaus muss der gestellte Ersatzmieter die Gewähr dafür bieten, dass er die Miete auch bezahlen kann (LG Darmstadt, DWW 1976, 135). Schließlich darf der Vermieter auch dann den vom Mieter gestellten Ersatzmieter ablehnen, wenn er **gewichtige Gründe gegen dessen Person** vorbringen kann. Diese können unter anderem darin liegen, dass bereits frühere Mietverträge mit dem gestellten Ersatzmieter mehrfach fristlos wegen erheblicher Vertragsverstöße gekündigt worden sind oder erhebliche Spannungen aus anderen rechtlichen Beziehungen zwischen dem Vermieter und dem Ersatzmieter bestehen. Grundsätzlich kann der Abschluss des Mietvertrags mit dem gestellten Ersatzmieter nicht allein deswegen abgelehnt werden, weil dieser eine ausländische Staatsangehörigkeit hat; anders ist es dagegen dann, wenn wegen befristeter Aufenthaltserlaubnis der Eintritt des ausländischen Staatsangehörigen in den längerfristigen Mietvertrag, aus dem sich der Mieter vorzeitig lösen will, nicht zumutbar erscheint (Heile, ZMR 1990, 249 [251]). Dagegen dürften moralische Bedenken grundsätzlich nicht geeignet sein, den Abschluss des Mietvertrags mit dem benannten Ersatzmieter abzulehnen; ist dagegen von dem Ersatzmieter beabsichtigt, in der Wohnung ein Gewerbe auszuüben, so kann der Vermieter den Abschluss des Ersatzmietvertrags bereits deswegen ablehnen, weil er einer Änderung des Vertragszwecks nicht zuzustimmen braucht.

Schließlich ist Voraussetzung für den Anspruch des Mieters auf Abschluss des Mietver- 26 trags mit dem Ersatzmieter, dass sich der Ersatzmieter bei dem Vermieter **selbst um den Abschluss des Ersatzmietvertrags** bemüht hat. Daher reicht es selbst bei berechtigtem

Interesse des Mieters an der vorzeitigen Auflösung des Mietverhältnisses nicht aus, wenn der Mieter den oder die Ersatzmieter nur benennt, diese sich aber bei dem Vermieter nicht melden (Schmidt-Futterer/Blank, B 109; Sternel, Mietrecht, I 117; Heile, ZMR 1990, 249 [251]). Der Vermieter braucht sich nicht selbst um den Abschluss des Ersatzmietvertrags mit den benannten Ersatzmietern bemühen.

27 Der Vermieter kann eine **angemessene Überlegungsfrist** in Anspruch nehmen, ob er den Vertrag mit dem Ersatzmieter abschließt. Diese dürfte aber grundsätzlich den Zeitraum von zwei bis drei Monaten nicht überschreiten (LG Saarbrücken, WuM 1995, 313).

28 Auch der **Geschäftsraummieter** kann einen Anspruch auf vorzeitige Entlassung aus dem Mietverhältnis haben, wenn er einen geeigneten Ersatzmieter stellt (vgl. dazu näher Heile, ZMR 1990, 249 [252 f.] m.w.N.). Er muss allerdings das sog. **Verwertungsrisiko** allein tragen, so dass Gründe wirtschaftlicher Art, insbesondere Finanzierungsschwierigkeiten oder enttäuschte Gewinnerwartungen keinen Anspruch auf vorzeitige Entlassung aus dem Geschäftsraummietvertrag begründen (BGH, WuM 1981, 57; OLG Hamburg, NJW-RR 1987, 657 = ZMR 1987, 173 = WuM 1987, 145 = DWW 1987, 98; ZMR 1987, 93 = DWW 1987, 71). Der Mieter kann auch nicht die vorzeitige Entlassung aus dem längerfristigen Geschäftsraummietvertrag deswegen beanspruchen, weil er mit einer Vergrößerung der Gewerbefläche einen höheren Umsatz anstrebt oder mit einer Verringerung der Gewerbefläche Kostendeckung erstrebt.

29 Zudem darf selbst dann, wenn ausnahmsweise ein berechtigtes Interesse des Gewerberaummieters an der vorzeitigen Beendigung des längerfristigen Mietvertrags durch Abschluss eines Ersatzmietvertrags mit einem gestellten Ersatzmieter bejaht werden könnte, der Vermieter den Abschluss des Ersatzmietvertrags mit dem gestellten Ersatzmieter nicht nur deswegen ablehnen, weil dieser keine finanzielle Gewähr für die Zahlung der Miete bietet oder persönliche Spannungen zwischen Vermieter und Ersatzmieter bestehen, sondern auch dann, wenn der **Ersatzmieter nicht die fachliche Gewähr für die Fortführung des Geschäftszweigs** bietet, zu dessen Betrieb die Gewerberäume vermietet worden sind. Allerdings dürfen an die fachliche Eignung keine übertriebenen Anforderungen gestellt werden (BGH, WuM 1984, 54).

30 Lehnt der Vermieter den Abschluss eines Ersatzmietvertrags mit dem gestellten und geeigneten Ersatzmieter trotz berechtigten Interesses des Mieters an der vorzeitigen Beendigung des Mietverhältnisses ab, so hat der Mieter einen Schadensersatzanspruch gegen den Vermieter dahin gehend, dass er so zu stellen ist, als ob der Vertrag mit dem Ersatzmieter abgeschlossen worden wäre. Das bedeutet im Ergebnis, dass der Mieter von seiner Mietzahlungspflicht frei wird, weil der Vermieter sich die sonst vom Ersatzmieter zu zahlende Miete anrechnen lassen muss. Dies gilt allerdings erst nach Ablauf der Überlegungsfrist von zwei bis drei Monaten nach Bewerbung des benannten Ersatzmieters.

31 Fraglich ist, ob der Vermieter auch dann seinen Anspruch auf die Miete verliert, wenn er nach dem endgültigen vorzeitigen Auszug des Mieters sich nicht um eine Neuvermietung nachgefragten Wohnraums bemüht, auch wenn der Mieter ein berechtigtes Interesse an der vorzeitigen Auflösung des Mietverhältnisses nicht dargetan hat (bejahend: LG Berlin, GE 1995, 113).

5.   Abdingbarkeit

§ 537 ist **grundsätzlich abdingbar** (Palandt/Weidenkaff, § 552 Rn. 3).   32
Jeglicher Ausschluss der Verpflichtung, den Mieter vorzeitig aus dem längerfristigen
Mietverhältnis zu entlassen, dürfte jedoch **formularmäßig unwirksam** sein. Dies gilt
insbesondere für Wohnraummietverhältnisse, die bei berechtigtem Interesse des Mieters
und Stellung eines geeigneten Ersatzmieters vorzeitig beendet werden können. Aber auch
bei Gewerberaummietverhältnissen stößt eine Formularklausel auf Bedenken, die den
Abschluss eines Ersatzmietvertrags bei berechtigtem Interesse des Gewerberaummieters
und Stellung eines Ersatzmieters generell ausschließt (BGH, ZMR 1993, 57 = DWW
1993, 69).

Daher ist auch die formularmäßige Vereinbarung einer Bearbeitungsgebühr bei vorzeiti-   33
ger Beendigung eines Mietverhältnisses ohne Einräumung des Nachweises eines geringeren Schadens in einem Wohnraummietvertrag für unwirksam gehalten worden (OLG
Karlsruhe, GE 2000, 469 = DWW 2000, 128; LG Berlin, GE 1996, 607; dazu auch
Gather, GE 2001, 24; Kinne, ZMR 2000, 793 [794]). Ebenso ist die Vereinbarung einer
Geldzahlung als Gegenleistung für die vorzeitige Vertragsaufhebung in einem Wohnraummietvertrag für unwirksam erklärt worden (AG Berlin-Charlottenburg, GE 1996,
869).

Dagegen ist eine Formularklausel in einem gesonderten Mietaufhebungsvertrag, nach der   34
der Wohnraummieter zur Zahlung einer Monatsmiete für die pauschale Abgeltung der
Unkosten bei vorzeitiger Entlassung verpflichtet ist, für wirksam gehalten worden (OLG
Hamburg, GE 1990, 601 = DWW 1990, 174 = MDR 1990, 724 = WuM 1990, 244; so
auch Gather, GE 2001, 24; kritisch Sternel, Mietrecht aktuell, Rn. 519).

6.   Darlegungs- und Beweislast

Den **Mieter** trifft die Beweislast dafür, dass der Vermieter **Aufwendungen erspart** oder   35
anrechenbare Vorteile erlangt hat. Hat der Mieter allerdings keinen Einblick in die Miet-
unterlagen des Vermieters, so kann der entsprechende Betrag auch geschätzt werden.
Gegenüber einer solchen Schätzung kann der Vermieter darlegen, dass die ersparten
Aufwendungen oder die anrechenbaren Vorteile geringer sind.

Der Mieter muss die **Voraussetzungen für den Schadensersatzanspruch bei abge-**   36
lehnter Ersatzvermietung darlegen und beweisen. Dazu gehört zunächst, dass er den
Vermieter vollständig über die Gründe für seinen Wunsch informiert, das Mietverhältnis
vorzeitig zu beenden; diese Gründe müssen – wie bei der Kündigung des Vermieters aus
berechtigtem Interesse gem. § 573 Abs. 3 – dem Vermieter schriftlich dargelegt werden
(LG Berlin, GE 1996, 741). Hat der Mieter jedoch dargelegt und – im Bestreitensfall –
bewiesen, dass er ein berechtigtes Interesse an der vorzeitigen Beendigung des Mietverhältnisses hatte, einen Ersatzmieter gestellt hat und dieser geeignet war sowie dass sich
der Nachmieter bei dem Vermieter um den Abschluss des Ersatzmietvertrags bemüht hat,
so muss der trotzdem den Abschluss des Ersatzmietvertrags ablehnende Vermieter darlegen und – im Bestreitensfall – beweisen, dass er einen wichtigen Grund für die Ablehnung hatte (Emmerich/Sonnenschein, § 552 Rn. 11).

§ 538 Abnutzung der Mietsache durch vertragsgemäßen Gebrauch

Veränderungen oder Verschlechterungen der Mietsache, die durch den vertragsgemäßen Gebrauch herbeigeführt werden, hat der Mieter nicht zu vertreten.

1. Allgemeines

1 Die Vorschrift ist als Spiegelbild des § 535 zu verstehen, wonach der Vermieter dem Mieter die Mietsache in einem zu dem vertragsgemäßen Gebrauch geeigneten Zustande zu überlassen und sie während der Mietzeit in diesem Zustand zu erhalten hat. Daraus folgt bereits, dass der Mieter für die durch den vertragsgemäßen Gebrauch bewirkte Abnutzung nicht aufzukommen hat. Die Bedeutung des § 536 a.F. lag darin, dass der Mieter sich danach entlasten musste, wenn die Sache während seines Gebrauchs beschädigt wurde, so dass ihn insbesondere die volle Beweislast traf, wenn die Mietsache in dieser Zeit durch einen Brand zerstört wurde (BGHZ 66, 349; BGH, WuM 1982, 333 [335]; OLG Düsseldorf, OLGZ 1975, 318; ZMR 1987, 460; OLG Stuttgart, NJW-RR 1987, 143 [144] = WuM 1987, 250). Diese **Beweislast bei Schäden** am Mietobjekt ist jedoch insbesondere durch den Rechtsentscheid des OLG Karlsruhe vom 9.8.1984 (NJW 1985, 141 f.) dahin gehend relativiert worden, dass der Vermieter die Möglichkeit einer aus seinem Verantwortungs- und Pflichtenkreis und demjenigen eines anderen Mieters desselben Hauses oder eine von einem Dritten herrührende Schadensursache zunächst ausräumen muss.

2 Hat der Vermieter die Möglichkeit einer aus seinem oder eines Dritten Verantwortungs- und Pflichtenkreis herrührenden Schadensursache ausgeräumt und bewiesen, dass ein Schaden entstanden ist und die Schadensursache in dem der unmittelbaren Einflussnahme, Herrschaft und Obhut des Mieters unterliegenden Bereich gesetzt worden ist, so muss sich der Mieter hinsichtlich Verursachung und Verschulden entlasten.
Die Beweislastverteilung betrifft daher grundsätzlich nur diejenigen Fälle, in denen die Mietsache „**durch den Mietgebrauch**" Schaden erlitten hat; handelt es sich dagegen um einen Sachverhalt, bei dem sich kein „im Gebrauch" der Mietsache liegendes Risiko verwirklicht hat, greift diese Regelung so nicht ein (BGH, MDR 1994, 911 = WuM 1994, 466 = ZMR 1994, 465 = NJW 1994, 2019).

2. Vertragsgemäßer Gebrauch

3 Welcher Gebrauch vertragsgemäß ist, richtet sich nach dem **Vertragsinhalt** und dem **Vertragszweck**. Ist die Hausordnung wirksam Bestandteil des Mietvertrags geworden, so kann auch sie Einzelheiten des vertragsgemäßen Gebrauchs regeln. Auch ohne Hausordnung darf der Mieter in der Wohnung, soweit sie nicht überbelegt wird, Personen, insbesondere Familienangehörige und Haushaltsangehörige zum dauernden Wohnen

aufnehmen (vgl. dazu unten näher § 540 Rn. 2 ff.). Der Mieter darf auch Besucher empfangen und für angemessene Dauer mit anderen Personen zusammenleben, soweit nicht Gebrauchsüberlassung vorliegt (vgl. dazu unten näher § 540 Rn. 7, 8). Daher kann der Mieter auch nicht für die vertragsgemäße Abnutzung der Mietsache in Anspruch genommen werden, die durch aufgenommene Familienangehörige oder durch Besucher verursacht worden sind.

Zum vertragsgemäßen Gebrauch gehört auch das Anbringen von Dübeln im allgemein 4 üblichen Umfang (BGH, GE 1993, 359 = NJW 1993, 1061 f. = WuM 1993, 109; LG Berlin, GE 1994, 583; AG Berlin-Wedding, GE 1992, 1047), etwa zum Anbringen von Sanitärinstallationen im Bad und zum Verankern von Wandschränken im Wohnzimmer (LG Mannheim, WuM 1975, 50; LG Darmstadt, NJW-RR 1988, 80; AG Speyer, WuM 1983, 138). Auch die bloße Abnutzung einer Badewanne (LG Köln, WuM 1985, 258) ist durch den vertragsgemäßen Gebrauch gedeckt; anders ist es jedoch bei Beschädigungen der Badewanne durch Verletzung der Obhutspflicht des Mieters (z.B. Abplatzungen der Badewannenbeschichtung durch hineinfallende Gegenstände). Auch bei intensivem Rauchen handelt es sich grundsätzlich noch nicht um eine übermäßige Abnutzung der Mietsache (LG Köln, NZM 1999, 456).

3.   Vertragswidriger Gebrauch

Der Mieter ist dagegen wegen Verletzung seiner Obhutspflicht aus **positiver Vertrags-** 5 **verletzung** (ab 1.1.2002: § 280 i.d.F. des SchuldRModG) schadensersatzpflichtig, wenn er die Grenzen des ihm zustehenden vertragsgemäßen Gebrauchs überschreitet und dadurch die Mietsache verschlechtert oder verändert. Dabei muss der Mieter für alle **Erfüllungsgehilfen** einstehen (§ 278), zu denen nicht nur seine Familienangehörigen und seine Angestellten, sondern auch sämtliche von ihm beauftragten Handwerker und Lieferanten (BGHZ 66, 349 [354]), seine Besucher (AG Köln, WuM 1987, 21) sowie die von ihm mit der Bewachung der Mietsache beauftragten Personen (OLG Düsseldorf, ZMR 1988, 222 = MDR 1988, 12) zählen.

Der Mieter haftet daher für die Beschädigung des Bodenbelags bei der Entfernung des 6 festverklebten Teppichbodens (LG Mannheim, WuM 1976, 49, 1976, 181; 1976, 205), für Brandschäden infolge der falschen Aufstellung oder Installation eines Einzelofens (BGH, LM Nr. 2 zu § 556, OLG Köln, VersR 1960, 860; OLG Düsseldorf, ZMR 1965, 51), für Brandflecke im Teppichboden durch Besucher, für Schäden, die durch den Wasseraustritt aus einer Waschmaschine entstehen (OLG Hamm, NJW 1985, 332; OLG Hamburg, WuM 1985, 252; LG Berlin, WuM 1971, 9) sowie für Schäden infolge einer laienhaften Installation einer elektrischen Leitung (LG Mannheim, WuM 1975, 50). Der Mieter haftet auch für das Abplatzen der Emaille an der Badewanne durch Einwirkung von Fremdkörpern (AG Köln, WuM 1986, 85), die Verstopfung der Abwasserleitung durch Spielzeug der Kinder sowie für nicht ordnungsgemäß ausgeführte Schönheitsreparaturen. Dazu gehört auch ein ungewöhnlicher – nicht neutraler – Anstrich oder eine besondere Tapezierung (LG Berlin, GE 1995, 249; LG Braunschweig, WuM 1986, 274; LG Wiesbaden, WuM 1986, 311; LG Aachen, WuM 1988, 300) sowie ein nicht deckender Anstrich oder eine nicht ordnungsgemäße Tapezierung (LG Berlin, GE 1995, 115). Auch Schäden an Linoleumböden (z.B. durch Pfennigabsätze) muss der Mieter ersetzen (LG Mannheim, WuM 1974, 8; LG Essen, NJW 1962, 1398).

Eine aus dem üblichen Rahmen herausfallende Häufung von Dübellöchern ist als nicht vertragsgemäße Abnutzung anzusehen (AG Warendorf, WuM 1983, 235; AG Dortmund, WuM 1978, 173). Sind Tabakspuren auf den Tapeten nach kurzer Mietzeit (dort: 2 Jahre) nur durch mehrmaliges Überstreichen zu beseitigen, so kann ein solcher Raucherexzess nicht mehr als vertragsgemäße Nutzung der Mietwohnung angesehen werden (LG Paderborn, NZM 2000, 710). Ist ein Teppichboden bereits nach zwei Jahren verschlissen, spricht dies ebenfalls für eine nicht mehr vertragsgemäße Abnutzung (AG Magdeburg, NZM 2000, 657).

4. Abweichende Vereinbarungen

7 Jedoch kann auch eine Haftung des Mieters für Veränderungen oder Verschlechterungen, die durch den vertragsmäßigen Gebrauch herbeigeführt werden, im Mietvertrag vereinbart werden. Die Klausel „Rückgabe der Sache in demselben Zustand wie übernommen" bedeutet jedoch keine Abweichung von § 538, so dass der Mieter für vertragsmäßige Veränderungen oder Verschlechterungen nicht haftet (Palandt/Weidenkaff, § 548 Rn. 2). Die Haftung des Mieters für vertragsmäßige Veränderungen oder Verschlechterungen kann in **Formularverträgen** nur im Rahmen des § 9 AGBG (ab 1.1.2002: § 307 BGB i.d.F. des SchuldRModG) auf den Mieter abgewälzt werden.

5. Beweislast

8 Ist streitig, ob vermietete Räume infolge des Mietgebrauchs beschädigt worden sind, trägt der **Vermieter** die Beweislast dafür, dass die Schadensursache im Obhutsbereich des Mieters entstand; eine in seinen eigenen Verantwortungsbereich fallende Schadensursache muss der Vermieter ausräumen. Steht daher fest, dass der Brandherd innerhalb der Mieträume lag, ist die Brandursache aber ungeklärt, muss der Vermieter zunächst die Möglichkeit einer Brandursache, die in seinem Verantwortungsbereich liegen könnte, ausräumen (BGH, MDR 1994, 911 = WuM 1994, 466 = ZMR 1994, 465 = GE 1994, 1112 = NJW 1994, 2019; OLG Hamm, ZMR 1988, 300; LG Kiel, WuM 1992, 120). Der Vermieter braucht aber nicht eine bestimmte Schadensursache aus dem Bereich des Mieters nachzuweisen; insofern reicht es vielmehr aus, dass aufgrund der Umstände des Einzelfalls nur eine Ursache aus dem Gefahrenbereich des Mieters in Betracht kommen kann (OLG Karlsruhe, NJW 1985, 142 = GE 1994, 971).

9 Der **Mieter** muss sodann beweisen, dass die Brandursache von ihm nicht zu vertreten ist, wobei er aber rein abstrakte Möglichkeiten anderer Brandursachen nicht auszuräumen braucht (BGH, WuM 1992, 133 = ZMR 1992, 140). Kommt sowohl eine Ursache aus dem Obhutsbereich des Mieters als auch ein technischer Verschleiß eines Gerätes als Ursache in Betracht, muss sich der Vermieter hinsichtlich der letzteren Ursachemöglichkeit zunächst entlasten (LG Berlin, ZMR 1992, 302). Ist ungeklärt, ob ein verpachtetes Grundstück bereits zu Beginn des Mietverhältnisses durch Öl kontaminiert war, so kann sich der Vermieter nicht auf den Beweis des ersten Anscheins darauf berufen, dass der Mieter den Ölschaden verursacht hat (BGH, MDR 1994, 684). Auch die Verschmutzung der Wände, Decken und Böden der zum Betrieb einer Kfz-Werkstatt vermieteten Halle durch Schmierfette, Dreck und Ruß beruht nicht ohne weiteres auf einem vertragswidrigen Verhalten des Mieters; vielmehr muss dieses vertragswidrige Verhalten des Mieters der Vermieter zunächst beweisen (OLG Saarbrücken, NJW-RR 1988, 652).

Den Vermieter trifft auch die Beweislast dafür, dass der Mieter eine etwaige **Verstopfung** der Abflussleitungen zu vertreten hat (OLG Hamm, WuM 1982, 201 = NJW 1982, 2005; OLG Karlsruhe, NJW 1985, 141 = WuM 1984, 267).
Eine davon abweichende Regelung durch Formularverträge ist gem. § 11 Nr. 15a AGBG (ab 1.1.2002: § 309 Nr. 13a BGB i.d.F. des SchuldRModG) nicht wirksam (OLG Hamm, a.a.O.; OLG Stuttgart, NJW-RR 1987, 143 [144] = WuM 1987, 250).
Besteht Streit über den **Anfangszustand** des Mietobjekts, muss der Vermieter beweisen, dass das Mietobjekt bei Beginn des Mietverhältnisses einwandfrei gewesen ist (OLG Stuttgart, a.a.O.; LG Berlin, ZMR 1987, 270). **10**
Die Feststellungen in einem **selbständigen Beweisverfahren** nach §§ 485 f. ZPO sind auch für den Hauptprozess grundsätzlich bindend; bestreitet der Mieter erst im Hauptprozess, dass die sanitären Anlagen verschmutzt waren, muss er die Unrichtigkeit der Feststellung des Sachverständigen im Beweisverfahren beweisen (OLG Düsseldorf, ZMR 1988, 174). **11**
Die Beweislast für konkurrierende Deliktansprüche (§ 823) wegen Beschädigung des Eigentums des Vermieters trifft allein den Vermieter in vollem Umfang (BGHZ 104, 6, 18 = NJW 1988, 1778 = WuM 1988, 909 [913]).

§ 539 Ersatz sonstiger Aufwendungen und Wegnahmerecht des Mieters

(1) Der Mieter kann vom Vermieter Aufwendungen auf die Mietsache, die der Vermieter ihm nicht nach § 536a Abs. 2 zu ersetzen hat, nach den Vorschriften über die Geschäftsführung ohne Auftrag ersetzt verlangen.
(2) Der Mieter ist berechtigt, eine Einrichtung wegzunehmen, mit der er die Mietsache versehen hat.

1. Aufwendungsersatz

Für die nicht notwendigen, d.h. für die so genannten nützlichen Aufwendungen, kann der Mieter Ersatz nur nach den Vorschriften über die Geschäftsführung ohne Auftrag verlangen (§ 539 Abs. 1 i.V.m. den §§ 677 ff.). Der Ersatzanspruch des Mieters setzt also zunächst voraus, dass der Mieter den Willen gehabt hat, geraden **für** den Vermieter tätig zu werden (LG Berlin, GE 1986, 501 [503]). **1**
Hat der Mieter daher die Aufwendung nur für seine Zwecke und in seinem eigenen Interesse gemacht, besteht kein Verwendungsersatzanspruch (BGH, LM Nr. 3 zu § 683, Nr. 75 zu § 812; BB 1955, 241; NJW 1967, 2255; 1963, 1299; OLG Hamburg, ZMR 1985, 237, 239 = WuM 1986, 82 [84]). In diesen Fällen kommt vielmehr allenfalls ein Bereicherungsanspruch (§ 684 Satz 1 i.V.m. den §§ 812 ff.) in Betracht.

2 Außerdem setzt der Aufwendungsanspruch aus Geschäftsführung ohne Auftrag voraus, dass die Aufwendung sowohl dem **Interesse** als auch dem **wirklichen oder mutmaßlichen Willen des Vermieters** entspricht (§ 683 Satz 1). Daran fehlt es, wenn die nach dem Mietvertrag erforderliche Zustimmung des Vermieters zu baulichen Veränderungen durch den Mieter nicht vorliegt (LG Berlin, GE 1994, 403). Der Vermieter kann zwar dann die Aufwendungen des Mieters noch genehmigen (§ 684 Satz 2); eine derartige Genehmigung kann jedoch nur ausnahmsweise angenommen werden (BGH, a.a.O.; LM Nr. 6 zu § 547 = NJW 1959, 2163; OLG Karlsruhe, NJW 1972, 2225; OLG Hamburg, WuM 1986, 82 [84]).

3 Der Mieter hat keinen Ersatzanspruch, wenn er aufgrund des Mietvertrags zur fraglichen Maßnahme verpflichtet war (BGH, LM Nr. 11 zu § 558, Nr. 75 zu § 812), wenn die Aufwendungen Teil der von ihm geschuldeten Miete sind (BGH, LM Nr. 28 zu § 662 = NJW 1982, 1752) oder wenn er zur Beseitigung der Aufwendung bei Vertragsende verpflichtet ist.

4 Liegen die Voraussetzungen einer berechtigten Geschäftsführung ohne Auftrag nicht vor, kann der Mieter **Aufwendungsersatz nur nach § 812 Abs. 1 Satz 1** verlangen (§§ 539 Abs. 1, 684 Satz 1, 685). Dies wäre der Fall, wenn der Vermieter durch die Aufwendungen des Mieters bereichert worden ist. Eine derartige Bereicherung könnte angenommen werden, wenn der Mieter den über 20 Jahre alten Gasherd, für den Ersatzteile nicht mehr besorgt werden können, wegen seiner Reparaturbedürftigkeit auswechseln lässt und der Herd durch die Installation zum wesentlichen Bestandteil des Hauses (und damit Eigentum des Vermieters) geworden ist (BGH, NJW, 1974, 743; LG Berlin, GE 1991, 47).

Der Bereicherungsanspruch zielt nicht auf den Wert der Aufwendungen, sondern auf die Wertsteigerung des Mietobjekts (BGH, WuM 1994, 201, LG Berlin, MM 1995, 68; AG Lüdenscheid, WuM 1988, 303 [305]). Daher ist festzustellen, ob durch die Maßnahme des Mieters sich der Verkehrswert des Grundstücks erhöht hat (BGH, a.a.O.).

Den Bereicherungsanspruch entfällt ebenfalls, wenn der Mieter vertraglich zur Vornahme der fraglichen Maßnahme verpflichtet war oder wenn alle Aufwendungsersatzansprüche des Mieters durch den Vertrag ausgeschlossen worden sind (BGH, LM Nr. 75 zu § 812; WuM 1970, 1142; OLG Hamburg, ZM 1983, 60 [62]). Wird der Mietvertrag jedoch vorzeitig beendet und gelangt der Vermieter daher früher als vereinbart in den Genuss der Mieteraufwendungen, so kann auch bei vertraglichem Ausschluss des Aufwendungsersatzanspruchs ein Anspruch aus ungerechtfertigter Bereicherung in Betracht kommen (BGH, NJW 1985, 313 = LM Nr. 5 zu § 598; WuM 1985, 233 [235]; KG, GE 1986, 497; OLG Karlsruhe, NJW-RR 1986, 1394).

2.   Verfallklauseln

5 Verfallklauseln, nach denen der Mieter bei vorzeitiger Vertragsbeendigung keinen Ersatz für die Aufwendungen verlangen kann, sind bei Wohnraummietverhältnissen generell unwirksam (§ 555). Denn § 555 betrifft auch Verwirkungs- und Verfallklauseln, die denselben Zweck und dieselbe Wirkung wie Vertragsstrafenversprechen haben (BGH, NJW 1960, 1568). Bei allen anderen Mietverhältnissen kommt es darauf an, ob es sich um individuelle Vereinbarungen oder Formularklauseln handelt; Verfallklauseln in Formularverträgen sind nach §§ 9, 11 Nr. 6 AGBG (ab 1.1.2002: §§ 307, 309 Nr. 6 BGB i.d.F. des SchuldRModG) unwirksam.

3. Verhältnis zu § 536a Abs. 2

Der Aufwendungsersatzanspruch nach **§ 536a Abs. 2 verdrängt** grundsätzlich den An- 6
spruch des Mieters auf Aufwendungsersatz nach **§ 539 Abs. 1** (BGH, WuM 1994, 201;
OLG Hamm, NJW 1985, 1847 = WuM 1984, 9). Andererseits wurde eine Anspruchskonkurrenz zwischen § 536a Abs. 2 und § 539 Abs. 1 zugelassen, da der Mieter nicht
schlechter als jeder Dritte gestellt werden dürfe (OLG Düsseldorf, ZMR 1990, 57; NJW-
RR 1992, 716 = WuM 1993, 271). Dieser Auffassung dürfte nach der Neufassung des
§ 547 durch § 539 Abs. 1 und insbesondere in denjenigen Fällen zuzustimmen sein, in
denen der Mieter bei während des Mietverhältnisses auftretenden Mängeln den Vermieter deswegen nicht in Verzug setzen kann, weil sofortiges Handeln dringend geboten ist
(z.B. bei der vorläufigen Sicherung einer Wohnungstür nach einem Einbruch: AG Hannover, WuM 1989, 560; Beseitigung eines Rohrbruchs am Wochenende, weil der Vermieter nicht zu erreichen ist). Durch die Verwendung des Wortes „Aufwendungen" statt
„Verwendungen" sollten die früheren Abgrenzungschwierigkeiten beseitigt werden, so
dass der Streit über die Konkurrenz zwischen §§ 536a Abs. 2 und § 539 Abs. 1 weitgehend erledigt sein dürfte.

4. Wegnahmerecht des Mieters

Der Mieter ist während des Mietverhältnisses ohnehin berechtigt, die Einrichtungen, mit 7
denen er die Mietsache versehen hat, wegzunehmen. Einer Regelung bedurfte es nur für
die Zeit nach **Beendigung des Mietverhältnisses**. Nicht geregelt ist in dieser Vorschrift,
ob der Mieter überhaupt berechtigt ist, eine solche Einrichtung anzubringen, noch, ob der
Mieter die Einrichtung bei Vertragsende wieder wegnehmen muss.

Einrichtungen sind diejenigen Sachen, die mit der **Mietsache fest verbunden** und dazu 8
bestimmt sind, dem **Zweck der Mietsache zu dienen** (BGHZ 101, 37 [41]). Unerheblich
ist, ob durch die feste Verbindung die Einrichtung wesentlicher Bestandteil der Mietsache wird (§§ 93, 94, 946, 947) oder wegen der nur für die Zeit der Mietdauer beabsichtigten vorübergehenden Verbindung so genannter Scheinbestandteil (§ 95) wird und
deshalb Eigentum des Mieters bleibt.

Das **Wegnahmerecht** des Mieters erstreckt sich auch auf Einrichtungen, die durch die 9
feste Verbindung mit der Mietwohnung wesentlicher Bestandteil des Hauses geworden
sind (z.B. wenn der Mieter mitvermietete Sanitärinstallationen gegen eigene Sanitärinstallationen austauscht, vgl. dazu KG, MM 1987, 181). Im Übrigen ist ohnehin davon
auszugehen, dass der Mieter die Einrichtungsgegenstände nur **für die Dauer seines
Mietverhältnisses mit der Wohnung verbunden hat**, so dass sie im Eigentum des
Mieters bleiben (KG, a.a.O.). Einrichtungen sind hiernach die Heizungsanlage (BGH,
LM Nr. 3 zu § 547 = NJW 1958, 2109), Bad- und Kücheneinrichtungen (OLG Düsseldorf, MDR 1972, 147), Maschinen, Lichtanlagen, Beleuchtungsanlagen und Anschluss-
gleise (BGH, MDR 1966, 498) sowie umpflanzbare Sträucher und Bäume im Garten
(OLG Köln, ZMR 1994, 509). Heizöl im Tank eines Einfamilienhauses fällt ebenso
wenig darunter wie die beweglichen Sachen, die der Mieter auf das Mietgrundstück
gebracht hat (wie z.B. ein dort abgestellter Wohnwagen).

10 **Keine Einrichtungen** sind sämtlichen baulichen Veränderungen, die der Herstellung des Mietobjektes dienten, wie namentlich Balken, Steine oder Leitungen, weil sie zur Mietsache selbst gehören.

11 Das Wegnahmerecht ist nur für die **während der Dauer des Mietverhältnisses ange-brachten** Einrichtungen geregelt. Ist der Mietvertrag nicht wirksam zustande gekommen, so gelten allein die § 951 Abs. 2, § 997 Abs. 2. Die vertraglichen Regelungen der Miet-parteien gehen diesen Vorschriften vor, soweit der Mietvertrag wirksam ist.

12 Der Wegnahmeanspruch des Mieters **verjährt** gem. § 548 Abs. 2 innerhalb von **sechs Monaten** nach Beendigung des Mietverhältnisses (BGHZ 81, 146). Auch der Schadens-ersatzanspruch des Vermieters bei Verstoß gegen die vertraglich übernommene Ver-pflichtung des Mieters, eine Einrichtung zurückzulassen, unterliegt der sechsmonatigen Verjährungsfrist (BGH, NJW 1954, 37). Dagegen unterliegt der Anspruch des Mieters gegen den Vermieter auf Auszahlung einer von diesem für die Einrichtung eingezogenen Versicherungssumme nicht der kurzen Verjährungsfrist (BGH, NJW 1991, 3031).

13 Das Wegnahmerecht des Mieters begründet nur einen Anspruch auf **Duldung der Weg-nahme** gegen den Vermieter (§ 258 Satz 2), keinen Herausgabeanspruch (BGHZ 81, 146, 150; OLG Frankfurt/Main, ZMR 1986, 358 [359]). Das Wegnahmerecht erstreckt sich auch auf Einrichtungen, die wesentlicher Bestandteil geworden sind und besteht auch dann, wenn die Sache im Eigentum des Vermieters oder eines Dritten steht (BGH, NJW 1991, 3031).

14 Bis zur Geltendmachung des Wegnahmerechts hat der Vermieter ein **Besitzrecht** an den Einrichtungen und schuldet daher keine Nutzungsentschädigung, wenn er die Einrichtung nach Rückgabe der Sache mit dieser zusammen selbst nutzt (BGHZ 81, 146 [151]). Sobald der Mieter von seinem Wegnahmerecht Gebrauch gemacht hat, wird der Ver-mieter zum unberechtigten Besitzer, so dass der Mieter jetzt von ihm eine Nutzungsent-schädigung verlangen kann (BGHZ 101, 37 [42 f.]). Ist der Wegnahmeanspruch verjährt, wird der Vermieter wiederum rechtmäßiger Besitzer der Einrichtungen, so dass er nicht mehr zur Nutzungsentschädigung gegenüber dem Mieter verpflichtet ist.

Das Wegnahmerecht des Mieters ist nicht von einem vorherigen **Übernahmeangebot** an den Vermieter abhängig (OLG Köln, ZMR 1994, 509 = WuM 1995, 268).

15 Der Wegnahme- und Duldungsanspruch des Mieters kann **abgetreten** werden (BGH, LM Nr. 14 zu § 276 = NJW 1969, 40). Der Vormieter kann daher den Wegnahmean-spruch auch an den Nachmieter abtreten (BGH, NJW 1991, 3031). In der endgültigen Veräußerung der Einrichtungen durch den Vormieter an den Nachmieter liegt in der Regel diese Abtretung des Wegnahmerechts (BGH, NJW 1969, 40). Wird die Mietsache nach Anbringung der Einrichtungen veräußert, richtet sich der Wegnahmeanspruch des Mieters gegen den Erwerber (BGH, LM Nr. 29 zu § 571 = WuM 1988, 16 = ZMR 1988, 20; LM Nr. 8 zu § 558).

Das Wegnahmerecht besteht nicht, wenn der Mieter sich dem Vermieter gegenüber zur Vornahme der Einrichtung verpflichtet hat oder das Wegnahmerecht ausdrücklich oder stillschweigend ausgeschlossen worden ist.

Der Mieter kann wegen eines Herausgabeanspruchs wegen seiner in die Räume einge-brachten Einrichtungsgegenstände kein **Zurückbehaltungsrecht** gegenüber fälligen Mietforderungen des Vermieters geltend machen (OLG Düsseldorf, NZM 1999, 668).

Kinne

§ 540 Gebrauchsüberlassung an Dritte

(1) [1]Der Mieter ist ohne die Erlaubnis des Vermieters nicht berechtigt, den Gebrauch der Mietsache einem Dritten zu überlassen, insbesondere sie weiter zu vermieten. [2]Verweigert der Vermieter die Erlaubnis, so kann der Mieter das Mietverhältnis außerordentlich mit der gesetzlichen Frist kündigen, sofern nicht in der Person des Dritten ein wichtiger Grund vorliegt.

(2) Überlässt der Mieter den Gebrauch einem Dritten, so hat er ein dem Dritten bei dem Gebrauch zur Last fallendes Verschulden zu vertreten, auch wenn der Vermieter die Erlaubnis zur Überlassung erteilt hat.

1. Anwendungsbereich

Nur mit Erlaubnis des Vermieters darf der Mieter den Gebrauch der gemieteten Sache 1 einem Dritten überlassen, insbesondere die Sache weiter vermieten. Dieser Erlaubnisvorbehalt umfasst auch die Untermiete. Insoweit kommt es nicht darauf an, ob dem Dritten ein selbständiger, d.h. vom Mieter unabhängiger Gebrauch an der Mietsache oder einem Teil von ihr eingeräumt wird oder es sich lediglich um einen unselbständigen Mitgebrauch handelt (OLG Hamm, OLGZ 1982, 481 = NJW 1982, 2876 = WuM 1982, 318; zustimmend: BayObLG, MDR 1984, 316 und ZMR 1998, 23 f. = NZM 1998, 29 = GE 1997, 1463; OLG Karlsruhe, WuM 1987, 180 = ZMR 1987, 263).

Von der erlaubnispflichtigen Untervermietung muss jedoch die Nutzung der Wohnung 2 durch den Mieter selbst und seine nahen Familienangehörigen abgegrenzt werden, die er in die Wohnung aufnimmt.

Der **zur Nutzung berechtigte Personenkreis** ist grundsätzlich aus dem **Mietvertrag** zu 3 entnehmen. Natürlich sind sämtliche Mieter zur Nutzung der Wohnung berechtigt. Im Übrigen ergibt sich der berechtigte Personenkreis möglicherweise daraus, dass in den Mietvertrag ausdrückliche Regelungen darüber aufgenommen worden sind. So kann z.B. im Mietvertrag geregelt sein, aus wie viel Personen die einziehende Familie besteht. Auch aus der Unterschrift der Ehefrau/des Ehemannes unter derjenigen des Mieters im Mietvertrag kann sich ergeben, dass der Vermieter mit der Nutzung durch die Ehefrau/den Ehemann einverstanden war, ohne dass mit dieser/diesem ein Mietvertrag abgeschlossen worden ist.

Falls sich aus dem Mietvertrag oder den ergänzenden Vereinbarungen nicht ergibt, wer 4 außer dem Mieter noch zur Nutzung der Wohnung berechtigt ist, bestimmt sich der berechtigte Personenkreis danach, ob es sich um **nahe Angehörige** handelt. Die Aufnahme der Eltern (BayObLG, ZMR 1998, 23 = NZM 1998, 29 = GE 1997, 1463), der Schwiegereltern (LG Berlin, GE 1980, 660), des Ehegatten oder der Kinder – auch der

Enkel (LG Wuppertal, MDR 1971, 49) – ist dem Mieter immer gestattet; der Mietvertrag kann nichts anderes bestimmen. Hat der Mieter seine Ehefrau in die Wohnung aufgenommen, so darf auch deren **noch nicht volljähriger Sohn** ohne Erlaubnis des Vermieters in der Wohnung leben (OLG Hamm, WuM 1997, 364; AG Berlin-Neukölln, GE 1991, 187), nicht dagegen der Lebensgefährte der Tochter (OLG Hamm, a.a.O.). War der Sohn jedoch bereits erwachsen, als seine leibliche Mutter in die Wohnung des Mieters einzog, bedarf die Aufnahme des volljährigen Sohnes der hinzuziehenden Mutter grundsätzlich der Erlaubnis des Vermieters (LG Berlin, GE 1991, 571).

5 Auch dann, wenn die Mutter des Kindes aus der gemeinsamen Wohnung ausgezogen ist, bedarf die Aufnahme des Sohnes der Mutter in die Wohnung des Mieters, der nicht der Vater des Kindes ist, grundsätzlich der Erlaubnis des Vermieters.

6 Die Aufnahme des **Bruders** des Mieters (BayObLG, GE 1984, 429, 431 = WuM 1984, 13), der **Schwester** (LG Berlin, GE 1991, 879) oder der **Schwägerin** (AG Berlin-Schöneberg, GE 1990, 265) **bedarf ebenfalls der Erlaubnis** des Vermieters. Dagegen bedarf die Aufnahme des **nichtehelichen Lebensgefährten** in die Wohnung grundsätzlich **nicht der Erlaubnis** des Vermieters (LG Berlin, WuM 1995, 38), jedenfalls solange die Lebensgemeinschaft durch eine gemeinsame Wirtschafts- und Haushaltsführung besteht.

7 Eine **Gebrauchsüberlassung** i.S.d. § 540 liegt immer nur dann vor, wenn sie **auf Dauer** erfolgt. Zumindest Angehörige dürfen vorübergehend aufgenommen werden, ohne dass eine Untervermietungserlaubnis erforderlich ist (LG Kassel, WuM 1989, 72: vorübergehende Aufnahme des Bruders; AG Koblenz, WuM 1989, 175: Aufnahme von Tochter und Enkelkind; AG Limburg, WuM 1989, 372: Aufnahme des Schwiegersohns). Ein Zeitraum von drei Jahren überschreitet die normale Besuchsdauer auf jeden Fall (AG Frankfurt/Main, WuM 1995, 396).

8 **Grenze** der Gebrauchsüberlassung ohne Erlaubnis des Vermieters ist jedoch die **vollständige Gebrauchsüberlassung** an einen Dritten. Unzulässig bleibt daher die Überlassung der Wohnung an den Sohn zum selbständigen Gebrauch (AG Berlin-Schöneberg, GE 1987, 289). Der Mieter kann sich auch nicht darauf berufen, dass er die Wohnung nur vorübergehend einem Dritten überlassen hat, wenn er selbst keine eigenen Möbel in der Wohnung zurückgelassen hat. Dies gilt insbesondere dann, wenn der Mieter sich auf Dauer ins Ausland begibt und deshalb die Obhut über die Wohnung nicht mehr ausüben kann (LG Frankfurt/Main, WuM 1989, 237; LG Berlin, GE 1994, 703; LG Berlin, GE 1995, 569: Überlassung der Einzimmerwohnung für eine Dauer von über zwölf Monaten an den Bruder). Bei einer Abwesenheit des Mieters von voraussichtlich vier Jahren kann nicht mehr davon ausgegangen werden, dass der Mieter in die Wohnung zurückkehrt, so dass die Gebrauchsüberlassung an einen Dritten ohne Erlaubnis des Vermieters unzulässig ist (LG Berlin, GE 1995, 1277). Die vorübergehende Überlassung an einen Dritten für eine kürzere, absehbare Zeit ist dann erlaubnisfrei, wenn der Mieter in der Wohnung noch seinen Lebensmittelpunkt behält (LG Berlin, GE 1994, 703; GE 1994, 931; MM 1993, 109; MM 1994, 210; LG Hamburg, WuM 1994, 535).

9 Eine weitere Grenze für die erlaubnisfreie Aufnahme von Angehörigen ist die so genannte **Überbelegung** der Wohnung. Als Faustregel kann angenommen werden, dass für jeden Erwachsenen acht bis neun Quadratmeter und für jedes Kind bis zu sechs Jahren

sechs Quadratmeter Wohnfläche zur Verfügung stehen müssen. Daher ist die Benutzung einer Wohnung von 56,94 Quadratmetern durch zwei Erwachsene und sechs Kinder als Überbelegung angesehen worden (BayObLG, NJW 1984, 60). Allerdings kommt insoweit grundsätzlich nur eine fristgemäße Kündigung gem. § 573 Abs. 1 in Betracht (BGH, NJW 1993, 2528 = GE 1993, 914; OLG Hamm, GE 1982, 1033).

2. Erlaubnis des Vermieters
Die Erlaubnis des Vermieters zur Untervermietung ist eine einseitige, empfangsbedürfti- 10
ge Willenserklärung (§ 130). Die Erlaubnis ist grundsätzlich **formlos wirksam** (LG Kiel, WuM 1994, 610) und kann daher auch mündlich erteilt werden. Auch eine stillschweigende Erteilung der Untervermietungserlaubnis ist möglich. Zwar kann auch Schriftform vereinbart werden; die in einem Formularvertrag vereinbarte Schriftform verstößt jedoch gegen § 9 AGBG (ab 1.1.2002: § 307 BGB i.d.F. des SchuldRModG) mit der Folge, dass die gesamte Klausel über die Notwendigkeit der (schriftlichen) Untervermietungserlaubnis unwirksam ist (BGH, NJW 1991, 1750). Der Vermieter ist berechtigt, eine erteilte Erlaubnis zu widerrufen, wenn er sich vertraglich ein **Widerrufsrecht** vorbehalten hat oder wenn ein wichtiger Grund vorliegt. Der uneingeschränkte Widerrufsvorbehalt in Formularverträgen ist jedoch wegen § 9 Abs. 2 Nr. 1 AGBG (ab 1.1.2002: § 307 Abs. 2 Nr. 1 BGB i.d.F. des SchuldRModG) unwirksam (BGH, NJW 1987, 1692).

3. Kündigungsrecht des Mieters
Verweigert der Vermieter die Erlaubnis zur Untervermietung, so kann der Mieter das 11
Mietverhältnis – auch das auf längere Zeit abgeschlossene, befristete (LG Berlin, MM 1996, 453) – außerordentlich **unter Einhaltung der gesetzlichen Frist kündigen**. Dieses Kündigungsrecht besteht unabhängig von dem Anspruch auf Untervermietung gem. § 553 (LG Berlin, GE 1997, 188; GE 1997, 1581; NZM 1998, 372). Voraussetzung für die Kündigung ist mithin nur, dass die Erlaubnis generell verweigert wird oder unter Einschränkungen erteilt wird, die weder gesetzlich noch im Mietvertrag zulässigerweise vorgesehen sind. In Wohnraummietverträgen kann die Verweigerung der Erlaubnis zur Gebrauchsüberlassung an einen Dritten nur davon abhängig gemacht werden, dass in der Person des Dritten ein wichtiger Grund vorliegt, der Wohnraum übermäßig belegt würde oder dem Vermieter die Überlassung aus sonstigen Gründen nicht zugemutet werden kann (§ 553 Abs. 1 Satz 2). Denn die in § 553 Abs. 1 Satz 2 aufgeführten Gründe für die Verweigerung der Untervermietungserlaubnis sind für Wohnraum abschließend; eine davon – durch vertragliche Erweiterung der Versagungsgründe – zum Nachteil des Mieters abweichende Vereinbarung ist unwirksam (§ 553 Abs. 3).
In **Gewerberaummietverträgen** kann vertraglich die Erlaubnis zur Untervermietung von weiteren Voraussetzungen abhängig gemacht werden.
Die Verweigerung der Untervermietungserlaubnis begründet auch dann das Kündigungsrecht des Mieters, wenn bei erlaubter Untervermietung eines Teils der Wohnung nur eine weitergehende Untervermietung wirtschaftlich angemessen wäre, diese Erlaubnis aber vom Vermieter verweigert wird (BGH, WPM 1973, 383), ohne dass ihm diese Untervermietung unzumutbar wäre. Das Kündigungsrecht entfällt, wenn durch die Untervermietung des Wohnraums die Nutzungsart geändert werden soll (OLG Koblenz, NJW-RR 1986, 1343; OLG Hamburg, OLGE 13, 364; OLG Köln, ZMR 1997, 298), denn dies ist

dem Vermieter grundsätzlich nicht zumutbar. Das Kündigungsrecht des § 540 Abs. 1 Satz 2 ist zwar nach dem Wortlaut nur dann ausgeschlossen, wenn in der Person des Untermieters ein wichtiger Grund vorliegt. Durch § 540 sollte aber § 549 Abs. 1 und 3 a.F. übernommen werden (amtliche Begründung zu § 540 BTDrucks. 14/4553 S. 43). Eine Änderung des bisherigen Anwendungsbereich war damit nicht beabsichtigt. Wie im bisherigen § 549 Abs. 1 Satz 2 ist in § 540 Abs. 1 Satz 2 inhaltlich unverändert das Recht des Mieters zur außerordentlichen Kündigung festgelegt.

Das Kündigungsrecht entfällt nicht dadurch, dass der Mieter seinerseits schon fristgemäß zu einem späteren Termin gekündigt hatte (LG Hamburg, NZM 1998, 1003). Die generelle Verweigerung der Untervermietungserlaubnis begründet auch dann das Kündigungsrecht, wenn der Mieter einen konkreten Untermieter nicht benannt hat, so dass dem Vermieter die Prüfung, ob in der Person des Dritten ein wichtiger Grund zur Verweigerung der Untervermietungserlaubnis vorliegt, nicht möglich ist (RGZ 41, 247; LG Bremen, WuM 1987,152; LG Köln, WuM 1994, 468; LG Nürnberg-Fürth, WuM 1995, 587; LG Waldshut-Tiengen, WuM 1998, 22; LG Berlin, NZM 1998, 372; LG Köln, WuM 1998, 154; Sternel, Mietrecht, II Rn. 245 und IV Rn. 485; ders., Mietrecht aktuell, Rn. 206; Soergel-Kummer, § 549 Rn. 17; RGRK/Geelhaar, § 549 Rn. 9; einschränkend: LG Gießen, NJWE-MietR 1997, 243 = ZMR 1997, 421; LG Köln, NZM 1999, 616; LG Mönchengladbach, NJW-RR 2000, 8). Wird die Genehmigung der Untervermietung eines Teils der Wohnung erbeten, reicht die bloße Angabe des Namens des Untermieters, wenn der Vermieter nicht um weitere Informationen nachsucht (LG Berlin, NZM 1999, 405).

Allein das Schweigen des Vermieters auf die unter Fristsetzung ausgesprochene Bitte des Mieters um Erteilung der abstrakten Untervermietungserlaubnis begründet jedoch nicht das Kündigungsrecht nach § 540 Abs. 1 Satz 2 (OLG Koblenz [RE], GE 2001, 769 = ZMR 2001, 530 = NZM 2001, 581).

Das Bestreiten des Nutzungswunsches des Untermietinteressenten durch den Vermieter im Kündigungsprozess ist unbeachtlich, wenn die Untervermietungserlaubnis ohne Angabe von Gründen abgelehnt worden ist (LG Berlin, MM 1996, 451).

12 Der Mieter muss sein Kündigungsrecht nicht zum ersten zulässigen Termin ausüben, sondern kann eine **angemessene Überlegungsfrist** in Anspruch nehmen (BGHZ 59, 3 [f.]). Um sich nicht dem Einwand der Verwirkung auszusetzen, sollte der Mieter angemessene Zeit nach der Verweigerung der begehrten Untervermietungserlaubnis dem Vermieter mitteilen, dass er sich das Recht zur Kündigung vorbehält.

13 Die Kündigung ist bei befristeten und unbefristeten Wohnraummietverhältnissen spätestens am dritten Werktag eines Kalendermonats zum Ablauf des übernächsten Monats zulässig (§ 573d Abs. 2, § 575a Abs. 3), bei möblierten Einliegerwohnungen spätestens am Fünfzehnten des Monats zum Ablauf dieses Monats (§ 573d Abs. 2, § 575a Abs. 3). Auf die Dauer des Mietverhältnisses kommt es nicht an. Längere Kündigungsfristen dürfen zum Nachteil des Mieters von Wohnraum nicht vereinbart werden (§ 573d Abs. 3, § 575a Abs. 4). Die Kündigung des Wohnraummietverhältnisses bedarf weiterhin der Schriftform (§ 568a Abs. 1).

Bei einem **Gewerberaummietverhältnis** ist zu berücksichtigen, dass die Kündigung 14
spätestens am dritten Werktag eines Kalendervierteljahres erst zum Ablauf des nächsten
Kalendervierteljahres zulässig ist (§ 580a Abs. 2 und 4).

Die Voraussetzung des Kündigungsrechts muss der Mieter darlegen und beweisen. 15
Hat der Mieter einen Anspruch auf Erlaubnis der Untervermietung, so stellt die unberechtigte Verweigerung der Erlaubnis zugleich eine Einschränkung des vertragsgemäßen
Gebrauchs dar, so dass der Mieter auch gem. § 543 fristlos kündigen kann (BGHZ 89,
296 [308]).

Muster
Kündigung durch den Mieter wegen Versagung der Untervermietungserlaubnis
→[❂ 540-1]

...
(Mieteranschrift)   ...
                                                       (Datum)

Einschreiben/Rückschein

Frau/Herrn
...
(Vor- und Zuname/n des Vermieters/der Vermieter)

...
(Straße, Hausnummer, Ort)

Sehr geehrte(r) Frau/Herr ...!
Mit Mietvertrag vom ... habe ich von Ihnen die Wohnung im ... Erdge-
schoss/Obergeschoss des Vorderhauses/Hinterhauses/Seitenflügels/Quergebäudes/
Gartenhauses ...straße ... in ... gemietet. Mit Schreiben vom ... habe ich Sie um Erteilung der Untervermietungserlaubnis für diese Wohnung gebeten. Da Sie auf meine Anfrage generell jegliche Untervermietung abgelehnt haben, kündige ich den
zwischen uns bestehenden Mietvertrag fristgemäß zum ... Die Kündigung erfolgt in
Ausübung des mir zustehenden Rechts zur außerordentlichen Kündigung gemäß §
540 Abs. 1 BGB.

Mit freundlichen Grüßen
...
(Unterschrift des Mieters/der Mieter)

Alternative:

Mit Mietvertrag vom ... habe ich von Ihnen die Wohnung im ... Erdge-
schoss/Obergeschoss des Vorderhauses/Hinterhauses/Seitenflügels/Quergebäudes/

Gartenhauses ...straße ... in ... gemietet. Mit Schreiben vom ... habe ich Sie um Erteilung der Untervermietungserlaubnis für diese Wohnung gebeten. Da Sie die Untervermietung an den vorgeschlagenen Untermieter ... ohne Angabe von Gründen abgelehnt haben, kündige ich den zwischen uns bestehenden Mietvertrag fristgemäß zum ... Die Kündigung erfolgt in Ausübung des mir zustehenden Rechts zur außerordentlichen Kündigung gemäß § 540 Abs. 1 BGB.

Mit freundlichen Grüßen

...

(Unterschrift des Mieters/der Mieter)

4. Ausschluss des Kündigungsrechts

16 Dem Mieter steht das Kündigungsrecht dann nicht zu, wenn **in der Person des Dritten ein wichtiger Grund** vorliegt, der es rechtfertigt, dass der Vermieter seine Erlaubnis zur Gebrauchsüberlassung an den Dritten versagt. Der wichtige Grund muss in den **persönlichen Verhältnissen** des Untermieters begründet sein. Entscheidend ist, ob dem Vermieter nach den Umständen des Einzelfalls die Überlassung der vermieteten Sache an den Dritten zuzumuten ist. Das ist nicht der Fall, wenn eine Überbelegung der vermieteten Räume droht (BayObLG, OLGZ 1983, 228), wenn die Gebrauchsüberlassung an den Dritten zu einer Änderung des Verwendungszwecks der Sache führen würde (OLG Hamburg, OLGE 13, 364), wenn z.B. gewerblich genutzte Räume als Wohnung untervermietet werden sollen (OLG Koblenz, NJW-RR 1986, 1343 = MDR 1986, 496). Die Erteilung der Untervermietungserlaubnis ist ferner dann nicht zumutbar, wenn konkrete Anhaltspunkte dafür vorliegen, dass der Dritte in Konkurrenz zu anderen Mietern oder gar dem Vermieter tritt (BGH, ZMR 1982, 11; LG Oldenburg, NJW-RR 1989, 81), oder wenn das Verhalten des bisher schon in den Mieträumen wohnenden Untermieters die Besorgnis begründet, dass die übrigen Hausbewohner belästigt werden (LG Bamberg, WuM 1974, 197).

17 Aus der **Zahlungsunfähigkeit** des Untermieters allein kann ebenso wenig ein wichtiger Grund abgeleitet werden, der der Untervermietungserlaubnis entgegensteht, wie aus seiner ausländischen Staatsangehörigkeit.

18 Das Kündigungsrecht dürfte auch bei Wohnraummietverhältnissen durch Individualvertrag nicht ausgeschlossen werden können. Auf **keinen Fall** möglich ist ein **Ausschluss des Kündigungsrechts durch Formularvertrag** (LG Ellwangen, WuM 1982, 297).

19 Der **Vermieter** trägt die **Beweislast** für die Voraussetzungen des Kündigungsausschlusses.

5. Verhältnis zwischen Vermieter und Untermieter

20 Zwischen Vermieter und Untermieter bestehen **keine vertraglichen Beziehungen**. Der Untermieter ist in den Schutzbereich des Mietvertrags grundsätzlich nicht einbezogen (BGHZ 70, 327; LG Berlin, GE 1989, 413). Wenn daher das Mietverhältnis zwischen dem Vermieter und dem Mieter endet, kann der Untermieter dem auf § 985 gestützten Herausgabeanspruch des Vermieters kein Recht zum Besitz entgegenhalten. Darüber

hinaus hat der **Vermieter einen eigenständigen mietrechtlichen Herausgabeanspruch gegen den Untermieter** (§ 546 Abs. 2). Der Herausgabeanspruch des Vermieters gegen den Untermieter setzt jedoch voraus, dass der Untermieter zuvor zur Herausgabe der Wohnung aufgefordert worden ist (LG Berlin, GE 1991, 781). Eine derartige Aufforderung zur Herausgabe kann in der Räumungsklage gesehen werden.

Der **Untermieter** hat gegen den Vermieter **weder Anspruch auf Ersatz seiner Aufwendungen** zur Beseitigung eines Mangels der Mietsache (Greiner, ZMR 1993, 403 [406]), noch hat der Untermieter einen Schadensersatzanspruch wegen anfänglicher, später zu vertretender Mängel oder wegen derjenigen Mängel der Mietsache, die der Vermieter trotz Aufforderung nicht beseitigt hat (§ 536a Abs. 1).   21

Der **Vermieter** hat gegen den Untermieter **keinen Anspruch auf Zahlung der Miete,** kein Pfandrecht an dessen eingebrachten Sachen, keinen vertraglichen Anspruch auf Schadensersatz im Falle der Beschädigung von Sachen des Vermieters. Dem Vermieter verbleibt jedoch der deliktische Anspruch auf Schadensersatz bei Beschädigung seines Eigentums (§ 823). Der Vermieter hat gegen den Hauptmieter selbst dann keinen Anspruch auf Herausgabe der Untermiete, wenn die Untervermietung nicht gestattet war (BGHZ 131, 233 [237] = NJW 1996, 838; a.A. Theuffel, JuS 1997, 886).   22

Grundsätzlich entsteht allein dadurch, dass der Vermieter nach Auszug des Hauptmieters Mietzahlungen des Untermieters annimmt, kein neuer Mietvertrag mit dem Untermieter (OLG Düsseldorf, NJW-RR 1988, 202). Jedoch kann im Falle der **gewerblichen Weitervermietung** (vgl. dazu näher § 565) bei Beendigung des Hauptmietverhältnisses ein Mietverhältnis zwischen dem Vermieter und dem Endmieter begründet werden (vgl. dazu früher BGH, GE 1991, 511 f. = NJW 1991, 2272; LG Berlin, GE 1991, 877 f.). Haben mehrere Personen (und/oder Gesellschaften) gemeinsam ein Wohngebäude errichtet (so genannte Bauherrengemeinschaft, die als Gesellschaft bürgerlichen Rechts anzusehen ist – BGH, Urteil vom 23.1.2001, II ZR 331/00, NJW 2001, 1056 = GE 2001, 276 = ZMR 2001, 338), dieses Gebäude an eine Person oder Gesellschaft zur Vermietung weitervermietet und hat dieser gewerbliche Zwischenvermieter die Wohnungen dieses Gebäudes an einzelne Personen weitervermietet, können sich diese Wohnungsmieter nach Kündigung des (Zwischen-)Mietvertrags zwischen der Bauherrengemeinschaft und dem Zwischenvermieter nicht mehr auf die Rechte aus dem Einzelmietvertrag mit dem Zwischenvermieter berufen, wenn der Zwischenvermieter an die Einzelmieter ebenfalls zu gewerblichen Zwecken (z.B. zur Nutzung durch wechselnde Arbeitnehmer) weitervermietet hatte (BVerfG, WuM 1994, 123 = ZMR 1993, 500). Auch bei „normaler" (nichtgewerblicher) Untervermietung" kann sich der Untermieter nicht darauf berufen, dass der Vermieter nach Kündigung des Hauptmietverhältnisses in das Mietverhältnis zu ihm – dem Untermieter – eingetreten ist (BVerfG, WuM 1994, 182 = ZMR 1994 142 = GE 1994, 272 = NJW 1994, 848; OLG Hamburg [RE], GE 1993, 537 = NJW 1993, 2322 f. = MDR 1993, 640 = WuM 1993, 249 = ZMR 1993, 271).   23

Das Mitglied eines karitativen Vereins, das die Wohnung von dem Verein gemietet hatte, kann sich gegenüber dem Eigentümer, der nach Kündigung des Mietverhältnisses mit dem karitativen Verein Herausgabe der Wohnung verlangt, nicht darauf berufen, dass ein Mietverhältnis mit dem Verein besteht, wenn der Eigentümer die Wohnung von vornherein zur Überlassung an betreuungsbedürftige Mitglieder des karitativen Vereins vermie-   24 tet hatte (BGH, GE 1996, 1047 = ZMR 1996, 537; BayObLG [RE], WuM 1995, 638 = ZMR 1995, 526 = GE 1995, 1473; BayObLG [RE], WuM 1995, 642 = ZMR 1995, 582 = GE 1995, 1479; LG Berlin, GE 1992, 981; GE 1992, 1155; GE 1994, 705).

25 Der **Vermieter** hat auch im Falle unberechtigter Untervermietung **keinen Anspruch** gegen den Mieter auf Herausgabe des durch die Untervermietung erzielten – die Hauptmiete übersteigenden – **Mehrerlöses** (BGH, NJW 1996, 838 = GE 1996, 541).

Der Mieter haftet aber dem Vermieter für das Verschulden des Untermieters bei dem Gebrauch der Mietsache. Dies gilt auch dann, wenn der Vermieter die Erlaubnis zur Überlassung erteilt hat. Der Untermieter ist insoweit Erfüllungsgehilfe des Mieters bei der diesem obliegenden Obhutspflicht. Der Mieter haftet insoweit für schuldhafte Beschädigungen nicht nur der gemieteten Räume, sondern auch der vom Untermieter mitbenutzten Teile der Wohnung und des Gebäudes. Beschädigt der Untermieter bei seinem Ein- oder Auszug schuldhaft das Treppenhaus, so kann der Vermieter den Mieter dafür in Anspruch nehmen. Der Mieter seinerseits kann aus dem Untermietverhältnis den Untermieter dafür regresspflichtig machen. Hat der Untermieter mit dem Transport ein Umzugsunternehmen beauftragt, so haftet der Untermieter für dessen Verschulden, weil dieses sein Erfüllungsgehilfe ist. Der Vermieter kann auch in diesem Fall den Mieter auf Schadensersatz in Anspruch nehmen, weil dieser für das Verschulden des Untermieters haftet, der seinerseits für das Verschulden seines Erfüllungsgehilfen haftet.

6.　Verhältnis zwischen Hauptmieter und Untermieter

26 Auf den **Untermietvertrag** zwischen dem Hauptmieter und dem Untermieter finden **alle Vorschriften über die Miete** Anwendung, auch § 550 (BGHZ 81, 46). Der Hauptmieter ist verpflichtet, dem Untermieter den Gebrauch der Mietsache während der Mietzeit zu gewähren (§ 535 Abs. 1 Satz 1) und diese während der Mietzeit in einem zu dem vertragsmäßigen Gebrauch geeigneten Zustand zu erhalten (§ 535 Abs. 1 Satz 2). Bei Verletzung dieser Verpflichtung ist der Untermieter für die Zeit, während derer die Tauglichkeit aufgehoben ist, von der Entrichtung der Miete befreit, für die Zeit, während derer die Tauglichkeit gemindert ist, nur zur Entrichtung einer geminderten Miete verpflichtet (§ 536 Abs. 1). Bei anfänglichen Mängeln, später entstehenden und zu vertretenden Mängeln oder bei Mängeln, mit deren Beseitigung der Hauptmieter in Verzug kommt, kann der Untermieter Schadensersatz wegen Nichterfüllung verlangen (§ 536a Abs. 1). Im Falle des Verzugs des Hauptmieters mit der Mängelbeseitigung kann der Untermieter den Mangel selbst beseitigen und Ersatz der erforderlichen Aufwendungen verlangen (§ 536a Abs. 2), möglicherweise sogar einen Kostenvorschuss für die Mängelbeseitigung.

27 Der **Untermieter** von Wohnraum genießt auch den besonderen Kündigungsschutz des § 573. Aus der Beendigung des Hauptmietverhältnisses durch den Hauptmieter kann dieser kein berechtigtes Interesse an der Beendigung des Untermietverhältnisses i.S. von § 573 ableiten (OLG Stuttgart, WuM 1993, 386; LG München I, WuM 1992, 246; LG Berlin, ZMR 1994, 330 [331]; GE 1966, 739). Das berechtigte Interesse an der Beendigung des Untermietverhältnisses fehlt dem Hauptmieter jedenfalls so lange, als ihm durch die Fortsetzung des Untermietverhältnisses kein wirtschaftlicher Schaden oder sonstiger Nachteil droht (LG Berlin, a.a.O.; LG Darmstadt, WuM 1982, 194).

Ist der **Untermietvertrag** ausdrücklich oder stillschweigend **von der Erlaubniserteilung abhängig gemacht** worden, liegt darin eine **auflösende Bedingung** (§ 158 Abs. 2). Auf eine derartige Vereinbarung kann sich der die Wohnung untervermietende Hauptmieter nicht zum Nachteil des Mieters berufen (§ 572 Abs. 2). Der Hauptmieter kann daher das Untermietverhältnis einseitig nur beenden, wenn die Kündigungsvoraussetzungen vorliegen. **28**

Bei preisgebundenem öffentlich gefördertem Neubau darf die Untermiete bei Untervermietung von mehr als der Hälfte der Wohnfläche den Betrag nicht übersteigen, der nach der für die Wohnung zulässigen Einzelmiete oder Vergleichsmiete anteilig auf die untervermietete Wohnfläche entfällt (§ 31 Abs. 1 Satz 1 NMV). Das bedeutet, dass in diesem Fall grundsätzlich nicht mehr als die Kostenmiete pro Quadratmeter der untervermieteten Wohnfläche verlangt werden kann. Neben diesem Untermietzins darf jedoch ein Untermietzuschlag in Höhe von 5 DM (2,50 EUR) monatlich, wenn der untervermietete Wohnungsteil von einer Person benutzt wird, und in Höhe von 10 DM (5 EUR) monatlich, wenn der untervermietete Wohnungsteil von zwei und mehr Personen benutzt wird, verlangt werden. Insoweit ist unerheblich, ob mehr oder weniger als die Hälfte der Wohnfläche untervermietet worden ist (§ 31 Abs. 2 NMV). Bei frei finanziertem Wohnraum kann der Untermietzuschlag in den Grenzen des § 5 WiStG frei vereinbart werden, d.h., die anteilige Miete für die untervermietete Wohnfläche darf nicht mehr als 20% über der ortsüblichen Vergleichsmiete für diese Wohnfläche zuzüglich des ortsüblichen Untermietzuschlages liegen. **29**

Bei Untermietverträgen über bis zum 3.10.1990 errichteten Altbau in den neuen Bundesländern ist zu berücksichtigen, dass ein Untermietzuschlag nur in den Grenzen des Art. 2 § 2 MÜG vereinbart werden durfte, d.h. bis zum 30.6.1997 die Untermiete die nach den §§ 3, 12, 13, 16 oder 17 MHG a.F. zulässige Miete nicht um mehr als 15% übersteigen durfte. **30**

§ 541 Unterlassungsklage bei vertragswidrigem Gebrauch

Setzt der Mieter einen vertragswidrigen Gebrauch der Mietsache trotz einer Abmahnung des Vermieters fort, so kann dieser auf Unterlassung klagen.

1. Allgemeines

§ 541 entspricht mit einigen geringfügigen sprachlichen Änderungen dem bisherigen § 550. **1**

Neben dem Unterlassungsanspruch bei vertragswidrigem Gebrauch der Mietsache trotz Abmahnung des Vermieters steht dem Vermieter das Recht zur fristlosen Kündigung gem. § 543 Abs. 2 Nr. 2, § 569 Abs. 2 oder zur fristgemäßen Kündigung (§ 573 Abs. 2 Nr. 1) zu. Von dem Unterlassungsanspruch sind ferner Schadensersatzansprüche zu unterscheiden, die sich aus § 823 Abs. 1 wegen Verletzung des Eigentums des Vermieters oder aus Verletzung der dem Mieter obliegenden Obhutspflicht ergeben können. Der Schadensersatzanspruch setzt voraus, dass der Mieter schuldhaft gehandelt hat; ein Verschulden ist bei baulichen Veränderungen ohne Zustimmung des Vermieters grundsätzlich als gegeben anzusehen. Dieser Anspruch richtet sich nicht nur auf Geldersatz, sondern primär auf Beseitigung des vertragswidrigen und Wiederherstellung des früheren Zustands (BGH, NJW 1974, 1463).

2. Voraussetzungen des Unterlassungsanspruchs

2.1 Vertragswidriger Gebrauch

2 Ob der Gebrauch vertragswidrig ist oder nicht, bestimmt sich in erster Linie nach den vertraglichen Vereinbarungen der Parteien. Eine Ausweitung des Gebrauchs kann durch langjährige widersprüchliche Nutzung in Betracht kommen. Die Zustimmung des Hausmeisters ersetzt im Regelfall nicht die Zustimmung des Vermieters (LG Düsseldorf, NJWE-MietR 1997, 148).

3 Wird eine Wohnung vermietet, so ergibt sich aus dem Vertragszweck, dass der Mieter grundsätzlich nicht befugt ist, diese für **gewerbliche Zwecke** zu nutzen. Daher ist die Nutzung der Wohnung in einem derartigen Umfang für andere Zwecke vertragswidrig, die einer gewerblichen Nutzung gleichkommt (z.B. Nutzung als Kindertagesstätte: LG Berlin, NJW-RR 1993, 907). Zulässig sind jedoch nebenberufliche Tätigkeiten z.B. als Schriftsteller, Fachautor, Maler, Übersetzer und Gutachter sowie das begrenzte Abhalten von Nachhilfestunden (Gather GE 2001, 595). Auch die gelegentliche Nutzung einzelner Räume zu Bürozwecken ist ohne Zustimmung des Vermieters zulässig (LG Hamburg, WuM 1992, 241; LG Stuttgart, WuM 1992, 250).

Dagegen kann die Änderung des Zwecks einer Gastwirtschaft nebst Betriebserweiterung und -umwandlung vertragswidrig sein (BGH, LM Nr. 1 und 2 zu § 242), ebenso die Weitervermietung eines gepachteten Hotels zur Unterbringung von Asylanten (OLG Hamm, NJW 1992, 916) oder die unsachgemäße Geschäftsführung, wenn die Miete am Umsatz oder am Gewinn orientiert ist und eine Betriebspflicht besteht.

4 Der Mieter ist auch berechtigt, **Besuch** in der Wohnung zu empfangen, gleichgültig ob Damen- oder Herrenbesuch (AG Tübingen, WuM 1979, 77). Das schließt auch Übernachtungen des Besuchs ein.

5 Der Mieter kann auch **Familienfeste** oder Partys feiern, jedoch nur insoweit, als die Nachbarn dadurch nicht belästigt werden. Daher ist immer Zimmerlautstärke einzuhalten (LG München, DWW 1991, 111), insbesondere in den Ruhezeiten von 13.00 bis 15.00 Uhr sowie von 22.00 bis 8.00 Uhr.

6 Auch die **Mitbenutzung von Treppenhaus, Fluren und Außenanlagen** ist grundsätzlich nicht vertragswidrig, da sie auch ohne Erwähnung im Mietvertrag als mitvermietet gelten. Grundsätzlich ist jedoch das Abstellen von Kinderwagen und Fahrrädern im Flur oder Treppenhaus nicht mehr vertragsgemäß (AG Berlin-Wedding, GE 1990, 263), ebenso wenig das Spielen von Kindern im Treppenhaus (AG Berlin-Charlottenburg, MM 1993, 185). Etwas anderes gilt für das Spielen im Hof (AG Berlin-Charlottenburg,

a.a.O.). Auch das Abstellen eines Fahrzeugs auf dem Hof gehört nicht zum normalen Gebrauch einer Wohnung (AG Berlin-Schönebrg, GE 1990, 209), kann aber durch jahrelange Duldung der Nutzung von Freiflächen auf dem Hof dazu werden.

Wird ein Einfamilienhaus in einem **Garten** vermietet, gilt dieser auch ohne besondere 7 Erwähnung im Mietvertrag als mitvermietet (Blank in Blank/Börstinghaus, Miete, § 536 Rn. 17; Gather, a.a.O.). Das gilt aber nicht für die Vermietung einer Erdgeschosswohnung in einem Mehrfamilienhaus, wenn kein direkter Zugang von dieser Wohnung zum Garten besteht, ebenso wenig für andere Wohnungen in einem Mehrfamilienhaus.

Der vertragswidrige Gebrauch kann in einer **unbefugten Gebrauchsüberlassung** (vgl. 8 dazu § 540 Rn. 5 ff.) auch an nahe Verwandte liegen. Der Mieter ist aber berechtigt, auch ohne Erlaubnis nahe Angehörige wie Ehegatten, Kinder und u.U. auch Eltern aufzunehmen (BayObLG-RE, GE 1997, 1505 = ZMR 1998, 23), nicht dagegen Geschwister und verschwägerte Personen.

Der vertragswidrige Gebrauch kann auch in der **unerlaubten Haustierhaltung** liegen 9 (vgl. dazu § 535 Rn. 37; ferner LG Kassel, WuM 1997, 154; LG Freiburg, WuM 1997, 175; AG Köln, NJWE-MietR 1997, 244 [245]; AG Berlin-Lichtenberg, NJW-RR 1997, 774; AG Berlin-Neukölln, GE 1998, 621; AG Frankfurt/Main, NZM 1998, 759). So genannte Kleintiere dürfen jedoch ohne besondere Vereinbarung gehalten werden, sofern sich ihre Zahl und die Unterbringung in einem entsprechenden Rahmen halten.

Formularmäßig kann die Tierhaltung nicht generell ausgeschlossen werden (BGH, WuM 1995, 447; OLG Frankfurt/Main, WuM 1992, 56; LG Berlin, GE 1993, 1273). Zulässig sind nur Erlaubnisvorbehalte, wie z.B. folgende Klausel:

> Die Tierhaltung des Mieters bedarf der Zustimmung des Vermieters. Die Haltung von Kleintieren (z.B. Kanarienvögeln, Zierfischen, Schildkröten, Hamstern, Zwergkaninchen) ist auch ohne Erlaubnis zulässig, die von Hunden jedoch nur mit Zustimmung.

Soweit eine derartige **Tierhaltungsklausel** mit Erlaubnisvorbehalt vereinbart ist, kann der Vermieter grundsätzlich frei entscheiden, ob er die Tierhaltung gestattet oder nicht (OLG Hamm, GE 1981, 137 = DWW 1981, 48 = NJW 1981, 1626 = WuM 1981, 53; OLG Karlsruhe, WuM 1981, 248; LG Berlin, GE 1993, 421; GE 1993, 1337; AG Berlin-Neukölln, GE 1998, 621). Die Verweigerung der Erlaubnis ist daher auch dann berechtigt, wenn von dem Tier keine konkreten Störungen ausgehen (LG Frankfurt/Main, NJW-RR 1988, 783; LG Bonn, ZMR 1989, 179; LG Hamburg, HbgGE 1988, 105 und 1989, 57), erst recht dann, wenn von dem Tier eine potentielle Gefahr ausgeht (LG Nürnberg-Fürth, ZMR 1991, 29 = GE 1991, 937; LG Göttingen, WuM 1991, 536). Das Halten von sog. Kampfhunden ist auch ohne eine Tierhaltungsklausel im Mietvertrag unzulässig, so dass der Vermieter berechtigt ist, die Haltung derartiger Hunde auch ohne konkrete Gefährdung der Mitmieter zu untersagen (LG Gießen, NJW-RR 1995, 12; AG Berlin-Pankow/Weißensee, GE 2000, 65). Bei einer wirksamen Tierhaltungsklausel mit Erlaubnisvorbehalt ist die Tierhaltung ohne die notwendige Erlaubnis grundsätzlich ein vertragswidriger Gebrauch der Mietsache. Hat der Mieter ohne Erlaubnis des Vermieters einen Hund und hat dieser einen Mitmieter gebissen oder angegriffen, so kann Unterlassung der Hundehaltung verlangt werden (LG Berlin, GE 1993, 97); dies gilt auch für eine sehr intensive Tierhaltung (vgl. AG München, NZM 1999, 616). Bei erheblicher Gefährdung der Mietsache darf auch dann Unterlassung der Tierhaltung verlangt werden, wenn der Mieter davon ausgehen konnte, dass der Vermieter seine Zustimmung erteilt, falls nicht gewichtige Gründe entgegenstehen (vgl. LG Berlin, GE 1993, 1273; LG Ulm, WuM 1990, 343; LG Stuttgart, WuM 1988, 121; LG München, WuM 1985, 263; LG Mannheim, WuM 1984, 78). Der Mieter kann davon ausgehen, dass der Vermieter die Haustierhaltung genehmigt, wenn bereits mehrere Familien im Haus Haustiere halten (vgl. dazu LG Berlin, WuM 1987, 213; LG Hamburg, WuM 1982, 254). Wenn der Mieter längere Zeit mit Duldung des Vermieters ein Haustier gehalten hat (LG Essen, WuM 1986, 117, LG Mannheim, MDR 1962, 989) besteht grundsätzlich kein Anspruch auf Unterlassung. Ist die Mietsache bei Fortsetzung der Tierhaltung erheblich gefährdet, stört das Haustier erheblich oder ist es gefährlich, kann vom Mieter auch bei langjähriger Duldung der Tierhaltung Unterlassung verlangt werden. Ist der unerlaubt gehaltene Hund dagegen friedlich, so wird die Unterlassungsklage des Vermieters auch nach fruchtloser Abmahnung selten erfolgreich sein (vgl. dazu u.a. LG Berlin, GE 1999, 46; LG Offenburg, WuM 1998, 285; AG Berlin-Charlottenburg, GE 1991, 191). Dagegen kann die Katzenhaltung abgemahnt werden, wenn Gerüche aus einer Katzenhaltung zur Belästigung der Mitmieter führen (LG Berlin, NJW-RR 1997, 395). Der Vermieter kann auch Entfernung eines Netzes vom Balkon der gemieteten Wohnung verlangen, das vom Mieter angebracht worden ist, um das Entweichen seiner wertvollen Rassekatze zu verhindern (AG Wiesbaden, NZM 2000, 711). Der Vermieter ist ebenfalls berechtigt, dem Mieter das Füttern von Tauben vom Balkon seiner Wohnung aus zu untersagen (LG Düsseldorf, ZMR 1993, Heft 3, II Nr. 9), ebenso die Haltung von Großkatzen oder giftigen Schlangen (LG Bochum, NJW-RR 1990, 1430), Krokodilen oder Kaimanen in der Wohnung, nicht dagegen die Haltung einer kleinen, ungiftigen Schlange (AG Bückeburg, NZM 2000, 238), wenn weder besondere Gefahren von ihr ausgehen noch objektiv messbare Störungen der Wohnumwelt und das Vermietereigentum durch die Tierhaltung nicht mehr als sonst üblich abgenutzt wird. Unter diesen besonderen Umständen ist auch die Haltung eines Hausschweines in der Wohnung zulässig (AG Berlin-Köpenick, GE 2000, 1187).

10   Auch **bauliche Veränderungen oder Einbauten** (vgl. dazu näher § 535 Rn. 32 ff.) können einen vertragswidrigen Gebrauch darstellen, wenn sie ohne Erlaubnis des Vermieters durchgeführt worden sind. Dieser Grundsatz ist aber von der Rechtsprechung vielfach durchbrochen worden, wenn kein Eingriff in die bauliche Substanz erfolgt und die Veränderung nicht endgültig vorgenommen worden ist, die Einheitlichkeit der Wohnanlage nicht beeinträchtigt wird und keine nachteiligen Folgen zu befürchten sind. Auch der Mieter muss jedoch bei Ausübung seiner Gebrauchsrechte die dem Vermieter aufgegebenen denkmalsschützerischen Auflagen einhalten (AG Frankfurt/Main, NZM 1998, 664).

Folgende Einbauten sind auch ohne ausdrückliche Erlaubnis des Vermieters für zulässig gehalten worden:

– Aufstellen von Leichtbauwänden,

- Einbau einer Gasetagenheizung (LG Berlin, GE 1995, 109),
- Einbau einer Einbauküche (LG Konstanz, WuM 1989, 67),
- Aufstellen einer transportablen Duschkabine (LG Berlin, WuM 1990, 421 = GE 1990, 869),
- Anbringen einer Wäscherocknervorrichtung auf dem Hinterhofbalkon (LG Nürnberg-Fürth, WuM 1990, 199),
- Anbringen einer Außenjalousie vor Tür und Fenster (AG Zeitz, WuM 1998, 16), hinter einer Loggia (LG Hamburg, HbgGE 1995, 291),
- Befestigung von Sanitärinstallationen durch Dübel in angemessenen Umfang (BGH, GE 1993, 359 = WuM 1993, 109 = DWW 1993, 76; LG Darmstadt, NJW-RR 1988, 359; LG Aurich, DWW 1989, 223 [225]; LG Göttingen, WuM 1990, 199; LG Göttingen, MDR 1975, 231).

Eine ausdrückliche Erlaubnis ist dagegen für erforderlich gehalten worden für:
- Einbau eines Duschbades (LG Berlin, GE 1995, 429),
- Umbau eines vom Vermieter vor sieben Jahren eingebauten Bades aus geschmacklichen Gründen (LG Hamburg, HbgGE 1992, 51),
- Anbringen einer Balkonverkleidung (LG Hamburg, HbgGE 1990, 185).

Der Mieter darf auch Anlagen zum einwandfreien Rundfunk- und Fernsehempfang installieren lassen, solange keine ausreichende Gemeinschaftsantenne vorhanden ist (BVerfG, NJW 1992, 493). Dagegen ist das Anbringen einer Antenne für den Amateurfunk nicht durch den vertragsgemäßen Gebrauch gedeckt (LG Köln, GE 1981, 241; siehe ferner BayObLG [RE], MDR 1981, 583).

Ist eine Gemeinschaftsantenne vorhanden oder das Haus an das Breitbandkabelnetz angeschlossen, so bedarf die Anbringung einer Parabolantenne durch den Mieter grundsätzlich der Einwilligung des Vermieters.

Einen Sonderfall stellen ausländische Mitbürger dar, zu denen aber nicht deutsche Staatsangehörigen zählen, selbst wenn sie als Spätaussiedler aus Osteuropa kommen und noch nicht der deutschen Sprache vollkommen mächtig sind (AG Dortmund, NZM 1999, 221; a.A. LG Landau, NJW 1998, 2147).

Ausländische Mitbürger haben unter folgenden Voraussetzungen Anspruch auf Installation einer Parabolantenne (OLG Karlsruhe [RE], DWW 1993, 294 = WuM 1993, 525 = ZMR 1993, 511; LG Landau, NJW 1998, 2147):

1. Über den Anschluss an das Breitbandkabelnetz werden keine Programme aus dem Heimatland angeboten.
2. Die Installation widerspricht keinen baurechtlichen Vorschriften.
3. Die Anbringung erfolgt durch einen Fachmann und an einem wenig störenden Ort.
4. Mit der Installation ist kein erheblicher Eingriff in die Bausubstanz verbunden.
5. Der Mieter stellt den Vermieter von allen dadurch entstehenden Kosten und Gebühren frei und deckt das Haftungsrisiko des Vermieters – z.B. durch Abschluss einer Versicherung – ab.
6. Auf Verlangen des Vermieters hat der Mieter Sicherheit für die voraussichtlichen Kosten der Entfernung der Anlage zu leisten (a.A. für kroatischen Mieter: AG Frankfurt/Main, NZM 1999, 759).

7. Machen mehrere ausländische Mieter Ansprüche auf Installation geltend, so kann der Vermieter auf die Nutzung einer gemeinsam anzubringenden und zu finanzierenden Parabolantenne verweisen.

Auch der Vermieter einer Eigentumswohnung ist unter diesen Voraussetzungen zur Duldung einer Parabolantenne verpflichtet; gegebenenfalls muss er eine Entscheidung der Eigentümergemeinschaft herbeiführen, u.U. sogar eine gerichtliche Entscheidung nach dem WEG herbeiführen (LG Hanau, NZM 1999, 367 = NJW-RR 1999, 597).

2.2 Abmahnung

11 Voraussetzung des Unterlassungsanspruchs ist ferner, dass der Vermieter den Mieter zunächst abmahnt. In der Abmahnung muss der Mieter aufgefordert werden, den beanstandeten, vertragswidrigen Gebrauch einzustellen (LG Aachen, WuM 1988, 54). Die Abmahnung muss vom Vermieter ausgehen, so dass der Mieter Abmahnungen Dritter zurückweisen kann. Da es sich um eine empfangsbedürftige Willenserklärung handelt, muss die Abmahnung dem Mieter auch zugehen. Da es sich zudem um ein einseitiges Rechtsgeschäft handelt, kann der Mieter die Abmahnung des Vertreters des Vermieters (z.B. Hausverwaltung) zurückweisen, wenn diese durch einen Vertreter ohne Beifügung der Originalvollmacht erfolgt ist (§ 174 Satz 1).

12 Die Abmahnung ist entbehrlich, wenn sich der Mieter von vornherein endgültig und ernstlich geweigert hat, den vertragswidrigen Gebrauch abzustellen.

2.3 Fortsetzung des vertragswidrigen Gebrauchs

13 Schließlich ist weitere Voraussetzung des Unterlassungsanspruchs, dass der Mieter **ungeachtet der Abmahnung**, d.h. trotz ihrer Kenntnis, den vertragswidrigen Gebrauch **fortsetzt**. Mehr als diese Fortsetzung ist nicht erforderlich. Der Unterlassungsanspruch setzt weder Wiederholungsgefahr noch Verschulden auf Seiten des Mieters voraus.

14 Der Mieter muss den abgemahnten vertragswidrigen Gebrauch **sofort einstellen**. Wenn ein Handeln dazu erforderlich ist, so muss er entsprechend tätig werden, z.B. die vertragswidrigen Umbauten entfernen und den ursprünglichen Zustand wiederherstellen (BGH, LM Nr. 54 zu § 535 = NJW 1974, 1463).

15 Obwohl der Unterlassungsanspruch mit Fortsetzung des vertragswidrigen Gebrauchs trotz vorheriger Abmahnung des Vermieters entstanden ist, ohne dass eine Wiederholungsgefahr vorliegen muss, tritt Hauptsacheerledigung ein, wenn der Mieter vor oder während des Rechtsstreits den vertragswidrigen Gebrauch einstellt.

§ 542 Ende des Mietverhältnisses

(1) Ist die Mietzeit nicht bestimmt, so kann jede Vertragspartei das Mietverhältnis nach den gesetzlichen Vorschriften kündigen.

(2) Ein Mietverhältnis, dass auf bestimmte Zeit eingegangen ist, endet mit dem Ablauf dieser Zeit, sofern es nicht

1. in den gesetzlich zugelassenen Fällen außerordentlich gekündigt oder

2. verlängert wird.

Kinne/Schach

1. Allgemeines

§ 542 befasst sich allgemein mit der Beendigung eines Mietverhältnisses und ist § 564   1
a.F. nachgebildet. Dem alten Recht gegenüber wird die Absatzfolge umgekehrt. Damit
werden also anders als bisher Mietverhältnisse auf unbestimmte Zeit, die in der Praxis
die Regel darstellen, an den Anfang gestellt.

2. Mietverhältnis auf unbestimmte Zeit – § 542 Abs. 1

Inhaltlich bleibt es wie zu § 564 a.F. dabei, dass Mietverhältnisse auf unbestimmte Zeit,   2
abgesehen von anderen nicht genannten Gründen der Vertragsbeendigung, die sich in
erster Linie aus allgemeinen Vertragsgrundsätzen ergeben (Abschluss eines Aufhebungsvertrags, Bedingungseintritt, Rücktritt, Unmöglichkeit der Gebrauchsgewährung und
Anfechtung), durch Kündigung einer der beiden Vertragsparteien enden. Beide unterschiedlichen Kündigungsarten, ordentliche und außerordentliche, sind hiervor erfasst.
Der Verweis auf die Vorschrift des § 565 a.F. ist entfallen und durch den allgemeinen
Hinweis auf die gesetzlichen Vorschriften ersetzt. Das soll nach der Vorstellung des
Gesetzgebers dem Missverständnis vorbeugen, dass nicht in jedem Fall allein nur die
bestehenden Kündigungsfristen zu beachten sind, sondern je nach Art des Mietverhältnisses gegebenenfalls weitere Voraussetzungen vorliegen müssen. Bei einem **Wohnraummietverhältnis** sind also jeweils die entsprechenden Vorschriften über die Beendigung von Mietverhältnissen bei der Wohnraummiete zu beachten (§§ 568 ff.), vor allem
die Vorschrift des § 573, wonach der Vermieter nur kündigen kann, wenn er ein berechtigtes Interesse an der Beendigung des Mietverhältnisses hat.
Er darf das Mietverhältnis, das auf unbestimmte Zeit eingegangen ist, unter Beachtung
der Kündigungsfristen kündigen. Die Kündigungsfristen ergeben sich für die Wohnraummiete aus § 573c, für andere Mietverhältnisse aus § 580a – auf die jeweiligen
Kommentierungen wird Bezug genommen.

3. Kündigung

3 Sie ist eine einseitige und empfangsbedürftige Willenserklärung, und zwar ein so genanntes Gestaltungsgeschäft (vgl. Palandt/Heinrichs, Überblick vor § 104 Rn. 17). Zur Wirksamkeit ist der Zugang dann erforderlich, wenn sie in Abwesenheit des Erklärungsempfängers abgegeben wird (§ 130 Abs. 1 Satz 1). Diese Willenserklärung wird nur dann nicht wirksam, wenn dem Erklärungsempfänger vorher oder gleichzeitig ein Widerruf zugeht (§ 130 Abs. 1 Satz 2). **Das Kündigungsrecht** steht dem Rechtsinhaber, demgemäß der Mietvertragspartei zu. Das Recht ist **nicht gesondert abtretbar**, weil es sich um ein so genanntes unselbständiges Gestaltungsrecht handelt, das eine „höchstpersönliche Natur" hat (vgl. Palandt/Heinrichs, § 413 Rn. 7; LG Hamburg, ZMR 1993, 169). Dieser Umstand ist für den Rechtsübergang beim Verkauf des Grundstücks/(Wohn-)Raums wichtig. Der Rechtsübergang erfolgt in Anwendung des § 566 mit der Veräußerung, die mit der Grundbucheintragung des neuen Eigentümers vollendet ist. Üblicherweise werden in den Kaufverträgen früher wirkende so genannte Nutzen- und Lastenwechsel vereinbart. Diese können – abgesehen von einer Abtretung von Forderungsrechten bezüglich der Mietzahlung – jedenfalls nicht den Übergang des Kündigungsrechts bewirken. Jedoch ist **Stellvertretung** bei der Abgabe der Kündigungserklärung **möglich**, sofern eine entsprechende Vertretungsmacht besteht. In diesem Zusammenhang kann der Erklärungsempfänger die Kündigung unverzüglich zurückweisen, wenn der Bevollmächtigte bei Vornahme der Kündigung nicht die Vollmachtsurkunde (ein Original!) vorlegt (§ 174).

4 Der **BGH** hat jetzt offen gelassen, ob jedenfalls im Rahmen eines Gewerbemietverhältnisses eine isolierte Abtretung des Kündigungsrechts möglich ist. **Die unwirksame Abtretung sei nämlich nach § 140 in eine wirksame Ermächtigung zur Kündigung nach § 185 Abs. 1 umzudeuten** (BGH, ZMR 1998, 214 = GE 1998, 176 = NJW 1998, 896; kein Rechtsentscheid).

Sinn und Zweck des § 140 sei es, die Absicht der handelnden Personen, einen bestimmten wirtschaftlichen Erfolg zu erreichen, auch dann zu verwirklichen, wenn das von ihnen gewählte rechtliche Mittel unzulässig sei, ein anderes zulässiges Mittel jedoch, das ihrem hypothetischen Willen entspräche, den angestrebten wirtschaftlichen Erfolg herbeizuführen vermöge. Durch die Abtretung sollte die Klägerin/Käuferin, auch nach der Vorstellung der Verkäuferin, erkennbar in die Lage versetzt werden, das Mietverhältnis mit dem Beklagten/Mieter im eigenen Namen zu kündigen, schon bevor sie nach § 566 mit der Eintragung als Eigentümerin im Grundbuch auf Vermieterseite in den bestehenden Mietvertrag mit dem Beklagten eintreten würde. Genau derselbe Erfolg sei durch die Ermächtigung nach § 185 Abs. 1, die Kündigung des Mietvertrags im eigenen Namen zu erklären, zu erreichen. Die Gründe, die der Wirksamkeit einer Abtretung des Kündigungsrechts entgegenstehen könnten, beeinträchtigten nicht die Wirksamkeit einer Ermächtigung, das Kündigungsrecht im eigenen Namen auszuüben. Eine Ermächtigung zur Abgabe einer Kündigungserklärung im eigenen Namen sei systematisch und funktionell der Vollmacht verwandt. Stellvertretung sei aber auch bei der Ausübung unselbständiger Gestattungsrechte zulässig.

Der BGH führt ferner aus, dass die Klägerin/Käuferin nach der wirksamen Kündigung im eigenen Namen Räumung des Mietobjekts und Herausgabe an sich verlangen könne.

Das Berufungsgericht habe dazu ausgeführt, dass das von der Rechtsprechung für die gerichtliche Geltendmachung geforderte eigene schutzwürdige Interesse der Klägerin offensichtlich sei. Diese Ausführungen versteht der BGH dahin, dass die Klägerin auch ermächtigt sei, im Wege einer gewillkürten Prozessstandschaft den Anspruch aus § 546 im eigenen Namen geltend zu machen.

Vielerorts wird diese Entscheidung begrüßt werden. Die Instanzgerichte sind zwar an diese Entscheidung nicht gebunden, weil es sich nicht um einen Rechtsentscheid handelt. Dennoch dürfte die Instanzrechtsprechung umschwenken und eher zur Ermächtigung kommen. Damit wird jedoch viel Unsicherheit eintreten; denn in vielen Fällen kommt es überhaupt nicht mehr zur Eintragung im Grundbuch als neuer Eigentümer, weil sich der Kaufvertrag – aus welchen Gründen auch immer – irgendwann zerschlägt. Dann bleibt der bisherige Eigentümer/Verkäufer auch Vermieter, wird aber die Erklärungen des Käufers gegen sich gelten lassen müssen. Die Rückabwicklung wird schwierig werden. Problematisch bleibt es weiter, aus einer lapidaren Vereinbarung eines Lasten-/Nutzenwechsels im Kaufvertrag eine Ermächtigung herzuleiten. Die Rechtsprechung wird sicherlich an die Ermächtigung weiterhin dezidierte Anforderungen stellen und im Zweifel eine Ermächtigung nicht annehmen. Ist allerdings von einer Abtretung von Kündigungsrechten und dergleichen im Kaufvertrag oder in entsprechenden vertraglichen Vereinbarungen die Rede, werden die Instanzgerichte eine Umdeutung nach § 140 zu erwägen haben.

3.1 Inhalt der Kündigung

Die Benutzung des Wortes „Kündigung" ist nicht erforderlich, denn die Willenserklä- 5 rung kann im Zweifelsfall ausgelegt werden. Allerdings muss zur Auslegung als Kündigung der Erklärung unmissverständlich entnommen werden können, dass das Mietverhältnis beendet werden soll.

Ein **Kündigungsgrund** musste bisher nur bei der ordentlichen Kündigung des Wohnraummietverhältnisses durch den Vermieter angegeben werden (§ 564b Abs. 3 a.F.). Dies wird jetzt in § 573 Abs. 3 fortgeschrieben. Danach sind die Gründe für ein berechtigtes Interesse des Vermieters an der Kündigung anzugeben. Bei der außerordentlichen fristlosen Kündigung des Wohnraummietverhältnisses aus wichtigem Grund gibt es jetzt nach § 569 Abs. 4 eine entsprechende Regelung, wonach der zur Kündigung führende wichtige Grund in dem Kündigungsschreiben anzugeben ist. In § 569 sind allerdings nicht sämtliche Kündigungsgründe des § 543 erwähnt, so dass zweifelhaft sein könnte, ob die Begründungspflicht auch dafür gilt. Das ist jedoch bei Auslegung nach Sinn und Zweck zu bejahen, zumal § 569 Abs. 4 zunächst im Regierungsentwurf nicht enthalten war, erst später aufgrund der Beratungen im Rechtsausschuss eingefügt worden ist mit der Begründung, der Ausschuss halte erst recht bei der fristlosen Kündigung, die für den Mieter mit wesentlich einschneidenderen Folgen als die ordentliche Kündigung verbunden ist, eine Begründung für erforderlich. Es verbleibt daher bei der Ausnahme der außerordentlichen Kündigung mit gesetzlicher Frist nach § 569, für die eine Begründung nicht erforderlich ist. Anzuraten ist aber, dass alle Kündigungen mit einer Begründung versehen werden.

Ein bestimmter **Kündigungstermin** muss ebenfalls nicht angegeben werden, denn es handelt sich insofern nicht um einen wesentlichen Bestandteil der Erklärung. wirksam wird dann die Kündigung zum nächstzulässigen Termin (OLG Frankfurt/Main, NJW-RR 1990, 337).

3.2 Form der Kündigung

6 Nur für die Kündigung eines Wohnraummietverhältnisses ist gem. § 568 Abs. 1 Schriftform vorgeschrieben, empfiehlt sich ohnehin aber auch in anderen Fällen zum etwaigen Beweis. Bei der Schriftform ist § 126 zu beachten. Nach dessen Absatz 2 muss die Urkunde vom Aussteller eigenhändig durch Namen und Unterschrift oder mittels notariell beglaubigten Handzeichens unterzeichnet werden. Demgemäß kann eine **Kündigung per Telefax nicht** erfolgen, weil hier die Originalurkunde nur in Kopie beim Empfänger ankommt.

Das Gesetz zur Anpassung der Formvorschriften des Privatrechts und anderer Vorschriften an den modernen Rechtsgeschäftsverkehr (so genanntes Textformgesetz vom 22.6.2001) sieht jetzt in § 126 Abs. 3 vor, dass die schriftliche Form durch die elektronische Form ersetzt werden kann, wenn sich nicht aus dem Gesetz ein anderes ergibt. § 568 enthält keine andere Regelung. Darauf hinzuweisen ist allerdings, dass die Textform des neuen § 126b für die Schriftform nicht ausreicht. Wegen der Einzelheiten wird auf die Kommentierung zu § 568 Bezug genommen.

3.3 Kündigung im Prozess

7 Eine Kündigung kann auch im Prozess durch **zuzustellenden Schriftsatz** erfolgen. Auch hier muss jedoch die Schriftform gewahrt werden, also eine entsprechende Kündigungserklärung dem zu Kündigenden zugehen. Im Anwaltsprozess wird dem Gegner eine beglaubigte und eine einfache Abschrift des entsprechenden Schriftsatzes an das Gericht zugestellt. Die Kündigung erfolgt dann in der Weise, dass der Prozessbevollmächtigte aufgrund der ihm erteilten Vollmacht die Kündigung im Prozess im Schriftsatz ausspricht und den Beglaubigungsvermerk auf der der anderen Partei zuzustellenden Abschrift des Schriftsatzes unterschreibt (BGH, NJW-RR 1987, 395). Es ist zwar so, dass mit dem auf die Abschrift der Urkunde gesetzten Beglaubigungsvermerk regelmäßig nur ihre Übereinstimmung mit der Urschrift bezeugt wird. Im Allgemeinen übernimmt jedoch der Prozessbevollmächtigte bei einem von ihm selbst unterschriebenen Beglaubigungsvermerk zugleich die Verantwortung für den Inhalt der Urkunde selbst. In diesem Zusammenhang ist allerdings festzuhalten, dass die Einreichung des Schriftsatzes per Telefax zwar prozessual Wirkung entfalten mag, jedoch wegen des Schriftformerfordernisses nicht dem § 126 entsprechen kann. Die Kündigung im Prozess durch zuzustellenden Schriftsatz kann daher nur **durch den Originalschriftsatz selbst** erfolgen. Allerdings ist die ZPO nunmehr ebenfalls durch das Gesetz zur Anpassung der Formvorschriften des Privatrechts und anderer Vorschriften an den modernen Rechtsgeschäftsverkehr geändert worden. § 130a Abs. 1 ZPO regelt das elektronische Dokument. Soweit für vorbereitende Schriftsätze und deren Anlagen, für Anträge und Erklärungen der Parteien die Schriftform vorgesehen ist, genügt dieser Form die Aufzeichnung als elektronisches Dokument, wenn dieses für die Bearbeitung durch das Gericht geeignet ist. Die verantwortende Person soll das Dokument mit einer qualifizierten elektronischen Signatur nach dem Signaturgesetz versehen. Im Rahmen des § 174 muss in diesem Zu-

sammenhang keine Vollmachtsurkunde dem Gegner zugestellt werden, die Prozessvollmacht genügt insofern.

Nicht jede Klage im Räumungsverfahren stellt „automatisch" eine Kündigungserklärung dar. Daher muss sich aus dem entsprechenden Schriftsatz klar und eindeutig ergeben, dass neben der Prozesshandlung eine materiell-rechtliche Kündigungs-Willenserklärung abgegeben wird (BayObLG, NJW 1981, 2197; OLG Hamm, NJW-RR 1993, 273; noch weitergehend: BGH, GE 1997, 1096 = ZMR 1997, 280 = NJW-RR 1997, 203).

Hat eine der Mietvertragsparteien – gleich aus welchem Grund, ob fristlos oder fristgemäß – das Mietverhältnis gekündigt und kommt es deswegen zum Rechtsstreit, entweder von Vermieterseite aus mit dem Räumungsanspruch oder von Mieterseite aus mit dem Feststellungsanspruch, dass das Mietverhältnis wegen der Kündigung beendet ist, empfiehlt es sich, jeweils **mit Entstehen eines weiteren, neuen Kündigungsgrundes** (z.B. weiterer Zahlungsverzug, weitere vertragswidrige Handlungen, weitere Gründe im Hinblick auf § 543) **neue Kündigungen** auszusprechen. Dies kann außerhalb des Prozesses, neben dem laufenden Rechtsstreit, aber auch – wie schon dargestellt – im Prozess geschehen. Im Praxisalltag des Mietprozesses ist es oft zu beobachten, dass die Parteien längere Zeit durch die Instanzen über eine Kündigung streiten, das Gericht womöglich in der zweiten Instanz erst die Kündigung (vielleicht wegen eines Formmangels) als unwirksam ansieht und deswegen die Räumungsklage abgewiesen werden muss, obwohl in der Zwischenzeit weitere Kündigungsgründe entstanden waren, im Eifer des Rechtsstreits aber vergessen worden ist, erneut zu kündigen. Weitere Kündigungen können in den Prozess **im Wege der Klageänderung** nach § 263 ZPO eingeführt werden, wobei die Partei sich auch nur hilfsweise auf die neuen Kündigungen in angegebener Reihenfolge stützen kann. Dann stellt sich zwar die Frage der Sachdienlichkeit der Klageänderung, wenn der Gegner nicht zustimmt. Diese dürfte jedoch nur bei einer Klageänderung in der Berufungsinstanz dann problematisch werden, wenn erst in der Berufung ein völlig neuer, streitiger Sachverhalt zu klären ist.

Ist bei einer neuen im Prozess erfolgten Kündigung der Gegner durch einen Rechtsanwalt vertreten, wird oft der Einwand gebracht, dass die Prozessvollmacht nicht die Entgegennahme der materiell-rechtlichen Kündigung umfasse. Dieser Einwand kann jedoch im Hinblick auf § 81 ZPO nicht durchdringen, da die Prozessvollmacht auch materiell-rechtliche Erklärungen umfasst, soweit sie mit dem Streitgegenstand im unmittelbaren Zusammenhang stehen (vgl. Zöller/Vollkommer, § 81 Rn. 10). Eine Beschränkung der Vollmacht ist nur im Rahmen des § 83 ZPO möglich und kann nicht auf die mangelnde Befugnis zur Entgegennahme von Kündigungen bezogen werden. Ein Schriftsatz an das Gericht könnte demnach wie folgt lauten:

Muster
Auf mehrere Kündigungsgründe gestützte Räumungsklage →[❧ 542-1]

...
(Rechtsanwalt, Anschrift)

...
(Datum)

An das
Amtsgericht in ...

In der Mietrechtssache
des Vermieters: ... (Name, Anschrift)
Prozessbevollmächtigter: ... (Name, Anschrift)
gegen
den Mieter: ... (Name, Anschrift)

erhebe ich namens und in Vollmacht (Originalvollmacht ist beigefügt) Klage und werde im Termin zur mündlichen Verhandlung beantragen, den Beklagten zu verurteilen, die von ihm innegehaltene Wohnung in ... (Anschrift), erstes OG rechts, Wohnungs-Nr. ..., zu räumen und an den Kläger herauszugeben.

Begründung
Der Beklagte hat am ... den Kläger tätlich angegriffen, indem er ... (es folgt jetzt die genaue Schilderung des Sachverhalts).
Der Kläger hat daraufhin das Mietverhältnis am ... fristlos gekündigt. Das Mietverhältnis ist damit beendet, so dass der Beklagte nach § 546 Abs. 1 verpflichtet ist, die Mieträume zurückzugeben.
Der Beklagte zahlt inzwischen auch keine Miete mehr und ist mit drei Monatsmieten im Verzug. Der Kläger ist daher auch deswegen zur fristlosen Kündigung nach § 543 Abs. 2 Nr. 3 BGB berechtigt.
Namens und in Vollmacht spreche ich hiermit erneut die fristlose Kündigung aus und stütze den mit der Klage geltend gemachten Räumungs- und Herausgabeanspruch hilfsweise auch auf diese Kündigung.
Des Weiteren hat der Beklagte den Kläger, der den Beklagten auf den Zahlungsrückstand angesprochen hat, am ... mit den Worten ... beleidigt.
Namens und in Vollmacht spreche ich auch wegen dieses Kündigungsgrundes die fristlose Kündigung aus und stütze die Räumungs- und Herausgabeklage hilfsweise auch auf diese Kündigung.
Der Klageschrift ist eine einfache und eine beglaubigte Abschrift beigefügt.

...
(Unterschrift Rechtsanwalt)

Um ganz sicher zu gehen, können die Abschriften des Schriftsatzes, die für den Gegner bestimmt sind, auch jeweils direkt von dem bevollmächtigten Rechtsanwalt unterschrieben werden.

4. Mehrheit von Mietvertragsbeteiligten

Aus dem Grundsatz der Einheitlichkeit des Mietverhältnisses folgt, dass **alle Vermieter** **allen Mietern** gegenüber die Kündigung erklären müssen (allgemeine Meinung, vgl. Sternel, Mietrecht aktuell, Rn. 897 mit Rechtsprechungsnachweisen; neuerdings noch einmal OLG Düsseldorf, NJWE-MietR 1996, 172; OLG Celle, NJWE-MietR 1996, 27). Wer Mieter oder Vermieter ist, ergibt sich aus dem Mietvertrag – dazu wird auf die Erläuterungen zu § 535, insbesondere zur Problematik bei Gesellschaften bürgerlichen Rechts, Eheleuten, Wohngemeinschaften Bezug genommen.

Erklärende und Erklärungsempfänger können sich jedoch eines **rechtsgeschäftlichen Vertreters** bedienen. Bei größeren Gesellschaften bürgerlichen Rechts ist dies praktisch auch nur so möglich. Allerdings muss eine Vollmacht von sämtlichen Rechtsinhabern vorliegen und wegen § 174 auch (im Original) vorgelegt werden.

Die in Mietverträgen formularmäßig oft enthaltene **allgemeine Vertretungsklausel** galt nach allgemeiner Meinung nicht für Kündigungen (vgl. hierzu KG, WuM 1985, 12), weil mangels abweichender ausdrücklicher Vereinbarung nichts dafür sprach, dass die Vollmacht auch so weit gehen soll, ihre eigene Rechtsgrundlage – nämlich den Mietvertrag – zu beseitigen.

Der BGH hat mit Rechtsentscheid vom 10.9.1997 (GE 1997, 1458 = NJW 1997, 3437 = WuM 1997, 529) derartige Vollmachtsklauseln weitgehend für zulässig erklärt und damit einen an bisheriger mietrechtlicher Rechtsprechung gemessen „großzügigen" Rahmen gezogen.

In dem zugrunde liegenden Fall handelte es sich um ein Mieterhöhungsverlangen des Vermieters gegenüber drei Mietern, von denen einer unter Angabe einer neuen Anschrift aus der Mietwohnung ausgezogen war. Dem BGH war eine Klausel zur Überprüfung vorgelegt worden, die sich mit dem Empfang von Erklärungen durch Mieter **und** der Abgabe von Mietererklärungen befasste. Da es hier nur um die Entgegennahme eines Mieterhöhungsverlangens ging, hat der BGH seinen Rechtsentscheid auf **die Klausel zur Entgegennahme von Erklärungen** beschränkt, so dass jedenfalls die Wirksamkeit einer Klausel zur Abgabe von Erklärungen durch einen Mieter für alle anderen Mitmieter offen ist. Der BGH hat die Klausel als teilbar angesehen, obwohl zwei Sachverhalte zumindest räumlich miteinander unmittelbar verzahnt sind. Der BGH hatte keine Bedenken gegen die Wirksamkeit der Kündigung. Ganz wichtig ist die klare Entscheidung, dass sich die Wirksamkeit auch auf den Teil der Klausel bezieht, wonach **die Bevollmächtigung auch für die Entgegennahme von Kündigungserklärungen des Vermieters gilt.** Damit ist u.a. die Entscheidung des Kammergerichts aus dem Jahre 1985 überholt. Im selben Zusammenhang hat der BGH auch eine Entscheidung des OLG Celle (WuM 1990, 103) „überholt", das eine derartige Klausel in einem Verfahren nach § 13 AGBG (ab 1.1.2002: § 1 Gesetz über Unterlassungsklagen bei Verbraucherrechts- und anderen Verstößen [Unterlassungsklagengesetz – UklaG] nach SchuldRModG) für unwirksam erklärt hatte, weil dort keine ausdrückliche Regelung der Möglichkeit eines Widerrufs enthalten gewesen sei. Da es sich um zwei verschiedene Verfahren handelt (Rechtsentscheid – Verfahren nach § 13 AGBG (ab 1.1.2002: § 1 UklaG) haben beide Entscheidungen formell nichts miteinander zu tun. Unabhängig davon dürfte jedoch die Entscheidung vom OLG Celle damit keine Bedeutung mehr haben.

Die Entscheidung des BGH ist allerdings in einem Punkt etwas zu relativieren: Derartige Vollmachtsklauseln sind – wie jede andere Vollmacht auch – widerrufbar. Im zugrunde liegenden Fall war ein Mieter unter Angabe einer neuen Anschrift ausgezogen. Darin könnte (und wird sicher auch) ein Widerruf der Vollmacht gesehen werden. Auch der BGH hat es als nahe liegend angenommen, das Schreiben des einen Mieters als stillschweigend erklärten Widerruf der erteilten Vollmacht zu werten; denn eine solche Auslegung dürfte dem erkennbaren Willen des ausgezogenen Mieters entsprechen (§ 133). Da der BGH jedoch die Ansicht des Landgerichts, das darin keinen Widerruf gesehen hatte, jedenfalls nicht als unvertretbar angesehen hat, ist der BGH nicht von einem Widerruf ausgegangen und über diesen Weg überhaupt zu einer Entscheidung über die Klausel gekommen – mit anderen Worten: Der BGH **wollte** eine Entscheidung über diese Vollmachtsklausel treffen.

Es ist kaum zu erwarten, dass der BGH für die Vollmachtsklausel bezüglich der **Abgabe von Willenserklärungen** von der bisherigen Rechtsprechung aufgrund von Verbandsklagen abweichen wird. Hier sind vor allem zwei Entscheidungen zu nennen:

OLG Celle, WuM 1990, 103 (112 f.):

Eine derartige Klausel ist unwirksam. Sie umfasst nämlich auch die Abgabe einer Willenserklärung bei Abschluss eines Mietaufhebungsvertrags, Änderungen des Mietvertrags, denen bei Regelungen über die Miethöhe, die Mietdauer und über weitere vertragliche Pflichten (z.B. über Schönheitsreparaturen) ein erhebliches Gewicht zukommen kann. Eine derart weitgehende Vollmacht ermöglicht z.B. einem Mitmieter, ohne Rücksicht auf die Belange des oder der anderen Mitmieter, das Mietverhältnis durch einen Mietaufhebungsvertrag zu beenden. Eine so umfassende Regelung, die insbesondere auch Möglichkeiten des Missbrauchs und der Verletzung von Interessen des vertretenen Mitmieters eröffnet, widerspricht den Belangen der Mieter. Sie ist zur Wahrung anerkennenswerter Interessen des Vermieters nicht gerechtfertigt.

OLG Frankfurt/Main, WuM 1992, 56 (61):

Dieses Berufungsurteil verweist auf das erstinstanzliche Urteil des LG Frankfurt/Main (WuM 1990, 271 [281]) und macht sich die dortigen Ausführungen zu Eigen. In dem Landgerichtsurteil wird die entsprechende Bevollmächtigungsklausel für unwirksam erachtet; denn bei der Klausel werde nicht berücksichtigt, dass im Innenverhältnis der einzelnen Mitmieter zueinander ohne weiteres Umstände bestehen können, die eine Zurechnung von Erklärungen an alle in der Gruppe als unbillig erscheinen lassen könnten. Das gelte z.B. bei Eheleuten, die in Streit oder in Scheidung leben. Hier bestünde die Gefahr, dass unter Ausnutzung der formularvertraglichen Rechtslage schwerwiegende Nachteile für einen Mitmieter entstehen. Vollmachtsklauseln in Miet-AGB seien daher auf die Entgegennahme von Willenserklärungen zu beschränken, nicht dagegen sei deren Abgabe mit Wirkung für alle zuzulassen (vgl. OLG Nürnberg, NJW 1988, 1220; OLG Schleswig, WM 1983, 130; OLG Hamm, WM 1984, 20).

Damit dürften Vollmachtsklauseln bezüglich der Abgabe von Willenserklärungen unwirksam sein.

Als Bevollmächtigungsklausel kann daher nur folgende Formulierung vorgeschlagen werden, die im Interesse beider Mietvertragsparteien auch ausreichend und angemessen sein dürfte.

Muster
Mietvertragsklausel

Die Mieter bevollmächtigen sich hiermit gegenseitig zur Entgegennahme von Willenserklärungen des Vermieters, und zwar unter gegenseitiger Befreiung von den Beschränkungen des § 81 BGB. Die gegenseitige Bevollmächtigung kann aus wichtigem Grund widerrufen werden; der Widerruf ist dem Vermieter gegenüber zu erklären.

Zur Vorbeugung eines Missverständnisses: 10
Die Vollmachtsklausel berechtigt (und verpflichtet bei einer Vereinbarung mit dem Vermieter) zu Entgegennahme von Willenserklärungen des Vermieters, also auch der Kündigung. Daraus folgt jedoch nicht, dass die Kündigung nur an einen Mieter gerichtet zu werden braucht. Mietvertragliche allgemeine Geschäftsbedingungen, wonach es für die Rechtswirksamkeit einer Erklärung des Vermieters genügt, wenn sie gegenüber einem der Mieter abgegeben wird, verstoßen gegen § 9 AGBG (ab 1.1.2002: § 307 Abs. 2 BGB i.d.F. des SchuldRModG). Daraus folgt, dass die Kündigung an alle Mitmieter adressiert sein muss, der Zugang bei einem vertretenden Mitmieter ausreicht (vgl. zu diesem Problem Schach, GE 2000, 1677 ff.).
Ist ein Mieter, z.B. ein Ehegatte oder Partner einer nichtehelichen Lebensgemeinschaft oder Mitglied einer Wohngemeinschaft, aus der Wohnung ausgezogen, stellt sich das Problem, ob auch dem Ausgezogenen gegenüber die Kündigung erklärt werden muss. Das richtet sich danach, ob der Ausgezogene (noch) Mieter ist (dazu wird auf die Erläuterungen zu § 546 Bezug genommen). Gekündigt werden muss nur dem (ehemaligen) Mieter nicht, der rechtsgeschäftlich unter Beteiligung aller Mietvertragsparteien aus dem Mietverhältnis entlassen worden ist. Nach OLG Frankfurt/Main (ZMR 1991, 103) kann es allerdings bei Vorliegen besonderer Umstände nach Treu und Glauben ausnahmsweise zulässig sein, dass die Auflösung des mit Eheleuten geschlossenen Mietvertrags durch Kündigung des Vermieters schon dann wirksam ist, wenn die Kündigung nur dem in der Mietwohnung verbliebenen Mitmieter gegenüber erklärt worden und diesem zugegangen ist. Diese Entscheidung darf nicht verallgemeinert werden; das OLG Frankfurt/Main hat auch den Erlass eines entsprechenden Rechtsentscheids abgelehnt, weil die vorgelegte Rechtsfrage, nämlich ob die Kündigung einem Vertragspartner gegenüber ausreiche, wenn sich der andere Vertragspartner bereits längere Zeit nicht mehr in der Mietwohnung aufhalte, jeweils vom Fachgericht im Einzelfall gelöst werden müsse. Die Anwendung des § 242 mag dann gerechtfertigt sein, wenn der andere Partner unauffindbar in sein Heimatland (ausländischer Mitbürger) zurückgekehrt ist (vgl. auch LG Berlin, GE 1995, 311: Ausgezogener befand sich auffindbar an einem anderen Ort im Geltungsbereich des BGB; Kündigung nur gegenüber dem in der Wohnung verbliebenen Partner

unwirksam). Einer älteren Entscheidung des OLG Schleswig (NJW 1982, 2672 = DWW 1982, 275), es sei leerer Formalismus, wenn die Kündigung auch gegenüber dem ausgezogenen Mitmieter erklärt werden müsse, ist der BGH im Rechtsentscheid vom 22.11.1995 (GE 1995, 255) im Zusammenhang mit dem Herausgabeanspruch nach § 546 gegen den ausgezogenen Mitmieter entgegengetreten.

Die Kündigung mehrerer Mitmieter muss ebenfalls durch alle Mitmieter erfolgen. Das kann dann (vor allem bei nichtehelichen Lebensgemeinschaften) zu dem Problem führen, dass der eine Mietvertragspartner kündigen will, der andere nicht. In derartigen Fällen ist ein aus dem Partnerschaftsverhältnis zu konstruierender Anspruch des einen **Mitmieters gegen den anderen auf Mitwirkung bei der Kündigung** gegeben (vgl. LG Hamburg, WuM 1993, 343; Palandt/Weidenkaff, § 564 Rn. 13).

5. Umdeutung der Kündigung

11 Die Umdeutung einer **unwirksamen außerordentlichen fristlosen Kündigung in eine ordentliche Kündigung** wird von Rechtsprechung und Literatur **grundsätzlich zugelassen**, wenn die fristlose Kündigung den inneren und äußeren Erfordernissen einer ordentlichen Kündigung entspricht und erkennbar vom Willen des Kündigenden umfasst wird (§ 140; BGH, NJW 1981, 976; OLG Düsseldorf, DWW 1990, 304; Emmerich/Sonnenschein, § 564 Rn. 54 mit weiteren Rechtsprechungsnachweisen). Eine Umdeutung bei Wohnraummietverhältnissen lassen die Instanzgerichte allerdings „zurückhaltend" zu (vgl. Sternel, Mietrecht aktuell, Rn. 922, 923). Jedenfalls müssen die Voraussetzungen gem. § 568, § 573 Abs. 3, § 574 erfüllt sein (vgl. auch Schmidt-Futterer/Blank, § 564 Rn. 39).

Umdeutungsprobleme können sich dann nicht ergeben, wenn im entsprechenden Fall neben der fristlosen Kündigung hilfsweise auch die ordentliche Kündigung ausgesprochen wird, die Kündigungen z.B. einerseits auf § 543, andererseits auf § 573 Abs. 1 und Abs. 2 Nr. 1 gestützt werden. Die Kündigungen sollten tunlichst auch gleichzeitig erfolgen, da z.B. für eine erst später erklärte ordentliche Kündigung wegen Zahlungsverzugs als schuldhaft nicht unerhebliche Vertragsverletzung dann Schwierigkeiten auftreten können, wenn der Mieter innerhalb der Schonfrist nach § 569 Abs. 3 Nr. 2 gezahlt hatte (LG Berlin, GE 1994, 399, allerdings dogmatisch angreifbar, da bei Zahlung innerhalb der Schonfrist nur die außerordentliche fristlose Kündigung unwirksam wird, der Kündigungsgrund nicht in Wegfall kommt).

Die Umdeutung einer **unwirksamen ordentlichen Kündigung in eine fristlose Kündigung** mag dogmatisch auch zulässig sein, wird aber deswegen **kaum möglich** sein, weil der Vermieter mit der ordentlichen Kündigung zum Ausdruck gebracht hat, das Mietverhältnis jedenfalls nicht fristlos beenden zu wollen, demgemäß ist die fristlose Kündigung erkennbar nicht vom Willen des Kündigenden umfasst.

6. Zugangsprobleme

12 Die mündlich erklärte Kündigung wird wirksam, wenn sie der Empfänger wahrnimmt – dies allerdings nur unter der Voraussetzung, dass eine mündliche Erklärung überhaupt wirksam ist (§ 568 Abs. 1).

Die schriftliche Kündigungserklärung, die dem Kündigungsadressaten ausgehändigt wird, erlangt mit der Übergabe Wirksamkeit.

Für den üblichen Weg der schriftlichen Kündigung, die per Brief dem Kündigungsempfänger zugeleitet wird, gilt § 130 Abs. 1; Wirksamkeit tritt mit dem Zeitpunkt des Zugangs ein.

Zugegangen ist die **Kündigung**, wenn sie in den Bereich des Kündigungsadressaten gelangt ist, dieser unter normalen Verhältnissen die Möglichkeit hat, von der Kündigung Kenntnis zu nehmen (vgl. im Einzelnen Palandt/Heinrichs, § 130 Rn. 5).
Zum Empfangsbereich des Empfängers gehört u.a. dessen Briefkasten, Postfach und 13 dergleichen. Urlaub, Krankenhausaufenthalt oder sonstige Ortsabwesenheit in normalem Umfang hindert den Zugang nicht, da der Empfänger durch geeignete Maßnahmen sicherstellen muss, dass er auch von dem Inhalt der in seinen Empfangsbereich gekommenen Sendungen Kenntnis nehmen kann.
Briefe sind mit dem Einwurf in den Briefkasten zugegangen, sobald nach der Verkehrsanschauung mit der nächsten Entnahme zu rechnen ist. Ein in der Nacht eingeworfener Brief geht daher erst am nächsten Morgen zu (vgl. BAG, NJW 1984, 1651). Bei einem in den Abendstunden eingeworfenen Brief ist fraglich, ob dieser noch am selben Tag zugeht, da nicht üblicherweise damit gerechnet werden kann, dass der Erklärungsempfänger abends noch einmal in den Briefkasten schaut (vgl. dazu näher Palandt/Heinrichs, a.a.O. Rn. 69).
Bei einem Einschreibebrief ist Vorsicht geboten. Kann nämlich der Postbote den Einschreibebrief nicht anbringen, weil der Empfänger nicht anwesend ist, gilt der Brief als nicht zugegangen, selbst wenn der Postbote einen Benachrichtigungszettel hinterlässt. Denn bei dem Einschreibebrief handelt es sich nicht um eine formmäßige Zustellung nach den Vorschriften der ZPO. Zugegangen ist der Einschreibebrief erst dann, wenn der Erklärungsempfänger den Brief bei der Post abholt. Tut er dies trotz ordnungsgemäßer Benachrichtigung nicht, obwohl ihm das möglich wäre, kann der Brief dann zu dem Zeitpunkt als zugegangen angesehen werden, zu dem der Empfänger den Brief hätte abholen können. Hier müssen allerdings die Grundsätze von Treu und Glauben herangezogen werden, so dass die Beurteilung im Einzelfall schwierig sein dürfte (vgl. BGHZ 67, 277; BGH, NJW 1963, 554; anders bei einem Nachsendeantrag: BGH, NJW 1996, 1968).
Die **Beweislast für den Zugang** der Erklärung trifft denjenigen, der sich auf den Zugang 14 beruft, also den Kündigenden. Die Beweislast erstreckt sich **auch auf den Zeitpunkt** des Zugehens (vgl. Palandt/Heinrichs, § 130 Rn. 21). In der Praxis treten in diesem Zusammenhang die meisten Probleme auf, weil sowohl auf Vermieter- als auch auf Mieterseite im Prozess oft behauptet wird, eine Kündigung nie erhalten zu haben, der Brief müsse auf dem Postwege verloren gegangen, aus dem Briefkasten entwendet worden sein oder Ähnliches. Der Kündigende kann dann nur beweisen, dass er den Brief zur Post gegeben hat; der weitere Weg bleibt offen. In diesen Fällen wird oft der Weg des **Einschreibebriefes** gewählt, teilweise des Einschreibebriefes mit Rückschein. Das ist **kein geeigneter Weg**, denn durch den Rückschein kann zwar bewiesen werden, dass der betreffende Mieter/Vermieter etwas erhalten hat. Was aber in dem Umschlag war, wird nicht dokumentiert. Für den **sicheren Zugang** gibt es **nur zwei Wege**:
– Zustellung über den Gerichtsvollzieher – Beweis durch Zustellungsurkunde,
– Überbringen der Kündigung durch Boten – Zeugenbeweis durch Boten.

Hierbei ist allerdings zu beachten, dass für den späteren Zeugenbeweis vor Gericht der Bote auch bezeugen können muss, dass das betreffende Kündigungsschreiben in dem Umschlag war, den er überbracht hat. Demgemäß muss das Kündigungsschreiben im Beisein des Boten in den Brief gesteckt werden, den dieser dann in den Postkasten des Empfängers stecken oder diesem persönlich überbringen kann. Ob der Erklärungsempfänger dann die Post aus seinem Briefkasten nimmt, ist für den Zugang nicht von Wichtigkeit, denn vollendet ist der Zugang, wenn die Kenntnisnahme für den Empfänger möglich und nach der Verkehrsanschauung zu erwarten ist (Palandt/Heinrichs, § 130 Rn. 5 mit Rechtsprechungsnachweisen).

15 Der Zugang einer Kündigung ergibt sich aus den Umständen, ob und wie die Erklärung in den Empfangsbereich des Erklärungsempfängers gelangt ist, wenn der Empfänger nämlich unter normalen Umständen von dem Inhalt Kenntnis nehmen konnte. Als Zugang zählt im Wesentlichen der Einwurf in den Briefkasten des Empfängers bzw. der Einwurf in den Briefschlitz der Wohnungseingangstür. Verhindert der Erklärungsempfänger die Möglichkeit des Zugangs, verweigert er z.B. die Annahme der Sendung, verklebt den Briefschlitz an der Tür, montiert den Briefkasten ab oder zerstört ihn, muss er sich so behandeln lassen, als sei die Sendung zugegangen. Grundsätzlich gilt der Satz, **dass derjenige, der mit dem Eingang von rechtsgeschäftlichen Erklärungen rechnen muss, durch geeignete Vorkehrungen sicherzustellen hat, dass ihn Erklärungen auch erreichen. Das hat der BGH auch für Mietverträge** entschieden (BGHZ 67, 271 [278]). Die Beurteilung des Einzelfalls kann jedoch zu erheblichen Schwierigkeiten führen. Hier wird in der Praxis oft behauptet, die Briefkastenanlage, die der Vermieter im Hausflur zur Verfügung gestellt habe, sei zerstört, der Vermieter habe es trotz Mahnung bisher versäumt, für eine Reparatur zu sorgen, in dem Haus herrsche Vandalismus, weil der Vermieter es versäume, für ein ordnungsgemäßes Verschließen des Hauses zu sorgen, gerade am Tag der Zustellung sei der Briefkasten des Hauses wieder einmal demoliert worden. Hier bezieht sich der Beweis, den der erklärende Vermieter zu führen hat, auf den Umstand, dass der Briefkasten zum Zeitpunkt des Zugangs – einschließlich des Zeitraums, innerhalb dessen der Mieter von dem Einwurf eines Briefes und dem Inhalt des Briefes hätte Kenntnis nehmen können – in Ordnung war.

Alle diese Ausführungen gelten nur für den Fall, dass die Adressierung der Erklärung sich auch auf den Machtbereich des Erklärungsempfängers bezieht. Zugegangen ist eine Willenserklärung nämlich, sobald sie derart in den Machtbereich des Empfängers gelangt, dass bei Annahme gewöhnlicher Verhältnisse damit zu rechnen ist, er könne von ihr Kenntnis erlangen (vgl. BGHZ 67, 271 [275]). Wohnt der Erklärungsempfänger, bei einer Kündigung also der Mieter, unter der angegebenen Anschrift, gehört sein Briefkasten unproblematisch zu seinem Machtbereich. Dabei ist Wohnung der Raum, in dem der Erklärungsempfänger für eine gewisse Dauer lebt bzw. sich dauernd aufhält (vgl. BGH, NJW 1992, 1963). Kurze Abwesenheit, z.B. Urlaub, kürzere Haft, Krankenhausaufenthalt und dergleichen, hebt das Merkmal der Wohnung nicht auf (vgl. dazu Thomas/Putzo, § 181 Rn. 4 mit weiteren Rechtsprechungsnachweisen).

16 Die Adressierung einer Erklärung an die Anschrift, die im Wohnungsmietvertrag als gemietete Wohnung angegeben ist, und der Beweis des Einwurfs in einen entsprechenden Briefkasten beweist nicht ohne weiteres, dass die Erklärung auch dem Erklärungs-

empfänger zugegangen ist; denn der Wohnungsmieter ist nicht verpflichtet, auch in der gemieteten Wohnung zu wohnen. Allerdings wird sich der Mieter, der nicht in der Wohnung wohnt, jedoch für diese Wohnung einen Briefkasten unterhält bzw. dessen Wohnungseingangstür einen entsprechenden Briefschlitz aufweist, so behandeln lassen müssen, als sei die Erklärung in seinen Machtbereich gelangt, es sei denn, er hat dem Vermieter ausdrücklich eine andere Anschrift angegeben, unter der er für Briefsendungen erreichbar ist. Das stellt allerdings keine Anwendung des § 130 dar, sondern folgt aus in der Rechtsprechung entwickelten allgemeinen Erwägungen unter Anwendung des § 242.

Problematisch in diesem Zusammenhang ist der **Zugang einer Willenserklärung** gegenüber einem **Mitmieter, der die Wohnung endgültig verlassen hat**, während der oder die anderen Mitmieter weiter in der Wohnung wohnen. Hat der ausgezogene Mitmieter die neue Zustellanschrift dem Vermieter mitgeteilt, kann in der gemieteten Wohnung die Willenserklärung nicht mehr zugehen. Der Vermieter muss an die neue Anschrift adressieren. Hat der ausgezogene Mitmieter nicht mitgeteilt, dass er ausgezogen ist bzw. eine neue Anschrift hat, ist § 130 für den Zugang einer Willenserklärung unter der alten Anschrift aus dem Wohnungsmietvertrag nicht anwendbar. Da jedoch der ausgezogene Mitmieter keine Vorkehrungen getroffen hat, dass ihn entsprechende Willenserklärungen erreichen, muss er sich bei einer Zusendung unter seiner alten Anschrift so behandeln lassen, als sei die Willenserklärung zugegangen.

Hat der ausgezogene Mitmieter zwar mitgeteilt, dass er ausgezogen ist, gleichzeitig aber eine neue Anschrift nicht angegeben, kann § 130 im Grundsatz keine Anwendung finden. Es ist jedoch mehr als zweifelhaft, ob in einem derartigen Fall von einem Zugang in Anwendung der Grundsätze von Treu und Glauben ausgegangen und der allgemeine Grundsatz herangezogen werden kann, dass eine Mietvertragspartei dafür Sorge tragen muss, dass entsprechende Willenserklärungen des Vertragspartners sie erreichen. Generelle Grundsätze dafür lassen sich nicht aufstellen, vielmehr ist der Einzelfall entscheidend. Den Instanzgerichten dürfte die Entscheidung, dass dem ausgezogenen Mitmieter eine Erklärung zugegangen ist, dann leichter fallen, wenn der ausgezogene Mitmieter nach wie vor durch ein entsprechendes Namensschild an der Wohnung bzw. am Briefkasten verzeichnet ist. Damit ist dokumentiert, dass sein Empfangsbereich nach wie vor in der bisherigen Mietwohnung anzusiedeln ist. Sicherer für den erklärenden Vermieter ist es in einem derartigen Fall, sogleich beim Einwohnermeldeamt anzufragen.

Auf der sicheren Seite befindet man sich im Allgemeinen mit der **Zustellung durch 17 Vermittlung eines Gerichtsvollziehers** nach § 132; denn auf diesem Weg kann eine Erklärung auch wirksam werden, wenn das Erfordernis des Zugangs im Sinne von § 130 nicht erfüllt ist. Nach § 132 Abs. 1 Satz 2 finden für eine Zustellung durch Vermittlung eines Gerichtsvollziehers die Vorschriften der ZPO Anwendung. Nach § 181 ZPO kann die Erklärung, wenn der Erklärungsempfänger in seiner Wohnung nicht angetroffen wird, auch an andere bestimmte Personen in der Wohnung oder im Hause zugestellt werden. Ein weiterer wichtiger Fall ist nach § 182 ZPO die Zustellung durch Niederlegung bei der Post und Hinterlassung einer schriftlichen Mitteilung über die Niederlegung unter der Anschrift des Empfängers in der bei gewöhnlichen Briefen üblichen Weise oder an der Tür der Wohnung befestigt oder bei einer in der Nachbarschaft wohnenden Person zur Weitergabe an den Empfänger. Allerdings hat auch diese Zustellung ihre Tücken. Die

Beweiskraft der Zustellungsurkunde bezieht sich nämlich nicht auf die Tatsache, dass der Zustellungsadressat auch unter der Zustellungsanschrift wohnt. Nach dem Wortlaut des § 181 Abs. 1 ZPO ist es erforderlich, dass die Person, der zugestellt werden soll, in ihrer Wohnung nicht angetroffen wird. Der zustellende Gerichtsvollzieher bzw. Postbeamte, dem der Gerichtsvollzieher das Schriftstück zur Zustellung übergeben hat (§§ 193 ff. ZPO), hat zu prüfen, ob die Voraussetzungen des § 181 ZPO vorliegen, der Zustellungsadressat also in der Wohnung wohnt. Danach hat die Erklärung des Zustellungsbeamten, er habe den Zustellungsadressaten in seiner Wohnung nicht angetroffen, Indizwirkung dafür, dass der Adressat unter der Zustellungsanschrift wohnt. Diese indizielle Wirkung der Erklärung kann der Zustellungsadressat im Regelfall nur durch die plausible und schlüssige Darstellung entkräften, dass er seinen Lebensmittelpunkt an einem anderen Ort begründet hat (vgl. BGH, NJW 1992, 1963). Damit ist die Frage, ob der Erklärungsempfänger tatsächlich dort wohnt, einer Beweisaufnahme zugänglich. Im Fall des ausgezogenen Mitmieters dürfte die Entkräftung durch Vorlage einer entsprechend anders lautenden Meldebestätigung des Einwohnermeldeamts möglich sein. Eine entsprechende Zustellung durch den Gerichtsvollzieher beweist also nicht ohne weiteres den rechtlich maßgeblichen Zugang der Erklärung. Wird die Indizwirkung entkräftet, finden auch die üblichen Erwägungen zum Zugang im Rahmen des § 130 keine Anwendung; denn eine derartige Ersatzzustellung würde nach Treu und Glauben nicht für den Zugangsbeweis genügen. In derartigen Fallkonstellationen kann also die einfache Briefzustellung als wirksam angesehen werden, während die Ersatzzustellung fehlerhaft sein kann. Das zeigt sich auch bei einer längeren Abwesenheit eines Erklärungsempfängers, der davon dem Vermieter keine Mitteilung gemacht hat. Während einer neunmonatigen Haft kann schwerlich davon ausgegangen werden, dass der Erklärungsempfänger noch in der Wohnung wohnt. Eine Ersatzzustellung durch Niederlegung bei der Post ist danach nicht möglich (vgl. OLG München, NJW-RR 1987, 895). Ein Zugang nach § 130 wäre auch nicht möglich. Unter Umständen muss sich der Erklärungsempfänger nach Treu und Glauben so behandeln lassen, als sei ihm die Erklärung zugegangen, da er dem Vermieter keine entsprechende Mitteilung darüber gemacht hat, dass er keine Briefe mehr in der Wohnung empfangen kann.

18 Nach § 132 Abs. 2 ist unter Umständen auch eine öffentliche Zustellung möglich, wenn der Erklärende in einer nicht auf Fahrlässigkeit beruhenden Unkenntnis über den Aufenthaltsort des Erklärungsempfängers ist bzw. der Aufenthalt der Person überhaupt unbekannt ist. Diese bedarf jedoch der Zulassung durch das Amtsgericht. Erfahrungsgemäß stellen jedoch die Amtsgerichte hohe Anforderungen an die Zulässigkeit der öffentlichen Zustellung, da bei einer derartigen Zustellung ein Schuldner/Erklärungsempfänger kaum Möglichkeit hat, von der Zustellung Kenntnis zu erlangen.

7. Mietverhältnis auf bestimmte Zeit – § 542 Abs. 2

7.1 Bestimmte Mietzeit

19 Die Wirksamkeit einer entsprechenden Vereinbarung setzt einen bestimmbaren Zeitraum mit Anfang und Ende voraus, wobei für die Form § 550 (Schriftform) zu beachten ist. Die Befristung kann durch Angabe bestimmter Kalendertage oder Zeiteinheiten nach

Tagen, Monaten oder Jahren erfolgen. Es reicht aber auch die Angabe eines ansonsten bestimmbaren Zeitraums (für eine bestimmte Saison, eine bestimmte Messe).

7.2 Verlängerung

Die Verlängerung eines auf bestimmte Zeit eingegangenen Mietverhältnisses kann – 20 immer unabhängig vom Kündigungsschutz für den Mieter – auf zweierlei Weise geschehen:
– Vertrag mit Optionsrecht,
– Vertrag mit Verlängerungsklausel.

Bei einem **Mietvertrag mit Optionsrecht** soll vereinbarungsgemäß eine Vertragspartei 21 berechtigt sein, durch einseitige Erklärung das Mietverhältnis auf einen weiteren bestimmten Zeitraum oder auf unbestimmte Zeit zu verlängern. Das Mietverhältnis endet danach nach § 542 Abs. 2, wenn die Option nicht rechtzeitig vor Beendigung des Mietverhältnisses geltend gemacht wird. Dabei ist zu beachten, dass das Optionsrecht von sämtlichen Anspruchsinhabern, bei einem Mietverhältnis mit mehreren Mietern also von sämtlichen Mietern, ausgeübt werden muss (LG Berlin, GE 1990, 763).

Bei einem **Mietvertrag mit Verlängerungsklausel** endet das Mietverhältnis nicht nach 22 § 542 Abs. 2, sondern verlängert sich auf bestimmte oder unbestimmte Zeit.

8. Vorzeitige Beendigung durch Mieter

Nach bisheriger Rechtsauffassung war auch der Wohnraummieter an eine **vereinbarte** 23 **Mietzeit** im Rahmen des § 564 Abs. 1 a.F. gebunden; das galt auch dann, wenn er bei einem Mietvertrag mit Verlängerungsklausel nicht rechtzeitig gekündigt hatte (§ 565a Abs. 1 a.F.). § 565 a.F. sagt zwar allgemein, dass bei einem Mietverhältnis über Räume die Kündigung unter Beachtung bestimmter Fristen zulässig ist. Das bezieht sich aber nicht auf Mietverhältnisse, die auf eine bestimmte Zeit abgeschlossen sind (vgl. Palandt/Weidenkaff, § 565 Rn. 2). Ein Wohnraummieter hatte nur unter ganz eingeschränkten Voraussetzungen die Möglichkeit, vorzeitig aus derartigen Mietverhältnissen entlassen zu werden. Das war rechtsdogmatisch nur über § 242 (Verstoß des Vermieters gegen Treu und Glauben) zu begründen, selbst wenn der Mieter dem Vermieter einen Ersatzmieter benannte. Der Vermieter war nur dann verpflichtet, den Mieter, der ihm einen geeigneten Nachmieter stellte, vorzeitig aus dem auf bestimmte Zeit abgeschlossenen Wohnungsmietvertrag zu entlassen, wenn **das berechtigte Interesse des Mieters** an der Aufhebung **das Interesse des Vermieters** am Bestand des Vertrags **ganz erheblich überragte** (OLG Karlsruhe, RE vom 25.3.1981 = ZMR 1981, 269 = WuM 1981, 173 = GE 1981, 953; OLG Oldenburg, RE vom 19.2.1981 = GE 1981, 930; OLG Zweibrücken, WuM 1998, 14). Ein Ausnahmefall konnte z.B. dann vorliegen, wenn ein älterer Mieter eine Wohnung nicht mehr bewohnen konnte, sondern hospitalisiert werden musste. Dasselbe konnte für einen Soldaten gelten, für den berufsbedingt ein Standortwechsel angeordnet wurde. Dieser Umstand, über den in der Öffentlichkeit oftmals Missverständnisse bestehen und angenommen wurde, der Schutz des sozialen Mietrechts bestehe nicht nur im Kündigungsschutz, sondern auch in der Möglichkeit, nach Stellung eines Nachmieters die Wohnung vorzeitig zu verlassen, war in einem Rechtsentscheid des OLG Hamm bekräftigt worden (RE vom 22.8.1995 = GE 1995, 1203 = ZMR 1995, 525). Danach handelt der Vermieter einer Wohnung auch unter den seit 1990 herrschenden

Wohnungsmarktbedingungen grundsätzlich nicht treuwidrig, wenn er den vorzeitig räumenden Mieter bis zum Ende der vereinbarten Vertragszeit auf Mietzahlung in Anspruch nimmt. Die Grundsätze des sozialen Mietrechts ließen sich im Rahmen der Ersatzmieterproblematik nicht zugunsten des Mieters fruchtbar machen. Den Mieter schütze das soziale Mietrecht im Hinblick auf unberechtigte Kündigungen. Ihm die vorzeitige Lösung aus dem Vertrag zu erleichtern, sei nicht der Wille des Gesetzgebers. Im Gegenteil lasse sich der Gedanke vertreten, dass der Mieter, gerade weil er schon gegen den Verlust der Wohnung besonders geschützt – und der Vermieter entsprechend belastet – sei, nun nicht gem. § 242 nochmals generell zu privilegieren sei, wenn er selbst aus dem Vertrag strebe.

24 Der **Gesetzgeber der Mietrechtsreform** hat den Begriff der Mindestmietzeit, den es vom Gesetzestext bisher auch nicht gab, nicht aufgenommen. Er hat den einfachen Zeitmietvertrag nach § 564c Abs. 1 a.F. aufgegeben und unterscheidet nur noch zwischen Mietverhältnissen auf unbestimmte Zeit und Mietverhältnissen auf bestimmte Zeit, Zeitmietvertrag. Letzterer kann nur unter den im § 575 normierten Voraussetzungen abgeschlossen werden. Die bisher übliche Vereinbarung einer so genannten Mindestmietzeit fällt nicht darunter, es handelt sich vielmehr um ein Mietverhältnis auf unbestimmte Zeit nach § 542 Abs. 1. Für derartige Mietverhältnisse bestimmt § 573c die Kündigungsfristen für die Mietvertragsparteien, unter anderem für den Mieter nach § 573c Abs. 1 Satz 1 spätestens am dritten Werktag eines Kalendermonats zum Ablauf des übernächsten Monats. Nach § 573c Abs. 4 ist eine zum Nachteil des Mieters abweichende Vereinbarung unwirksam. Daraus kann man schließen, dass bei einem Mietverhältnis auf unbestimmte Zeit der Mieter jedenfalls innerhalb der Frist des § 573c Abs. 1 Satz 1 kündigen darf, die Vereinbarung einer Mindestmietzeit unzulässig ist.

In § 557a Abs. 3 ist jedoch davon die Rede, dass das Kündigungsrecht des Mieters bei der Staffelmiete für höchstens vier Jahre seit Abschluss der Staffelmietvereinbarung ausgeschlossen werden kann. Diese Vorschrift bezieht sich auf Wohnraummietverhältnisse. Wenn der Gesetzgeber selbst eine Vereinbarung zum Ausschluss des Kündigungsrechts des Mieters für einen bestimmten Zeitraum zulässt, muss das auch für die Vereinbarung einer so genannten Mindestmietzeit gelten. Der Gesetzgeber sieht das ebenfalls so, was sich allerdings nicht unmittelbar im Gesetzestext, sondern nur in der Regierungsbegründung niederschlägt. Dort wird zu § 575 ausgeführt, der bisherige einfache Zeitmietvertrag des § 564c Abs. 1 a.F. mit Verlängerungsoption und Geltung der „Sozialklausel" entfalle zukünftig im Interesse der Rechtsvereinfachung und Rechtssicherheit. Durch die Neuregelung herrsche anders als bisher zwischen Vermieter und Mieter von Beginn an Klarheit über die Dauer und den Ablauf der Mietzeit. Das sei der eigentliche Sinn und Zweck eines Zeitmietvertrags. Liege bei Vertragsschluss kein Befristungsgrund auf Vermieterseite vor, so könne dem Interesse des Mieters an einer langfristigen Bindung des Mietverhältnisses vertraglich dadurch Rechnung getragen werden, dass die Parteien einen unbefristeten Mietvertrag schließen und für einen vertraglich festgelegten Zeitraum das ordentliche Kündigungsrecht beiderseits ausschließen. Damit wirke sich auch für den Mieter der Wegfall des einfachen Zeitmietvertrags nicht nachteilig aus.

Jedenfalls gibt es danach nicht mehr zulässig vereinbarte Mindestmietzeiten, sondern nur den Ausschluss des Kündigungsrechts des Mieters für einen bestimmten Zeitraum, der – entsprechend § 557a (Staffelmiete) – mindestens vier Jahre betragen dürfte.
Die insofern aufgezeigten Widersprüchlichkeiten, und zwar
– Abschlussmöglichkeit für einen Zeitmietvertrag, der nicht mehr die Höchstfrist von fünf Jahren hat,
– die ausdrückliche Möglichkeit des Ausschlusses der Kündigung bei der Staffelmiete,
– die kurze Kündigungsfrist für den Mieter bei der ordentlichen Kündigung ohne abweichende Vereinbarungsmöglichkeit,
werden von der Rechtsprechung zu klären sein, wobei der Richter nicht an die Begründungen und Motive des Gesetzgebers gebunden ist, diese aber beachten kann (vgl. zur hier vertretenen Ansicht die Kommentierung zu § 573c).
Etwas anderes gilt aber, wenn im Mietvertrag dem Mieter gegen Stellung eines Ersatzmieters die vorzeitige Entlassung aus dem Mietvertrag entgegen der vereinbarten Mietzeit gestattet wird. Hierbei ist zwischen echten und unechten Ersatzmieterklauseln und reinen Absichtserklärungen zu unterscheiden.

9. Ersatzmieterklauseln
9.1 Unechte Ersatzmieterklausel
Eine Vereinbarung, die dem Mieter nur das vorzeitige Ausscheiden aus dem Mietverhältnis ermöglicht und ihm das Recht gibt, einen Ersatzmieter zu stellen, ist (nur) eine so genannte unechte Ersatzmieterklausel. Sie kann etwa wie folgt lauten: 25
„Der Mieter ist berechtigt, den Mietvertrag vorzeitig mit der gesetzlichen Frist zu kündigen, wenn er dem Vermieter drei wirtschaftlich und persönlich zuverlässige und, soweit erforderlich, zum Bezug der Wohnung berechtigte Ersatzmieter vorschlägt, die bereit sind, in den Mietvertrag für den Rest der Mietdauer einzutreten, und wenn der Vermieter sich weigert, einen der benannten Ersatzmieter in den Mietvertrag eintreten zu lassen" (vgl. Sternel, Mietrecht, I Rn. 99).
Geht der Mieter entsprechend vor, sind die vorgeschlagenen Ersatzmieter tatsächlich wirtschaftlich und persönlich zuverlässig und schließt der Vermieter nicht mit einem (geeigneten) Ersatzmieter einen Vertrag ab, endet das Mietverhältnis zwar nicht automatisch, der Mieter hat jedoch einen Erfüllungsanspruch, aus dem Vertrag fristgemäß entlassen zu werden, ohne zur weiteren Entrichtung der Miete verpflichtet zu sein. Wichtig ist in diesem Zusammenhang, dass der Nachmieter auch für den Rest der Mietdauer den bisherigen Bedingungen gemäß eintreten will.

9.2 Echte Ersatzmieterklausel
Vereinzelt gibt es auch Vereinbarungen, die dem Mieter nicht nur das vorzeitige Ausscheiden aus dem Mietverhältnis ermöglichen sollen, sondern ihm einen **Anspruch**   26
gewähren, einen Ersatzmieter zu stellen. Eine solche Vereinbarung ist für den Mieter z.B. dann sinnvoll, wenn er erhebliche Investitionen getätigt hat und diese auf den Nachmieter übertragen möchte. Derartige Klauseln können lauten:
„Der Mieter ist berechtigt/ermächtigt, das Mietverhältnis auf einen Nachfolger zu übertragen. "

„Der Mieter kann einen Ersatzmieter bestimmen, mit dem ein neuer Mietvertrag abzuschließen ist" (vgl. Sternel, a.a.O., I Rn. 101, 102).

9.3 Ersatzmieter – Absichtserklärungen

27 In der überwiegenden Zahl der Mietverträge finden sich weder unechte noch echte Ersatzmieterklauseln, sondern nur vage Formulierungen, dass der Vermieter seine Bereitschaft erklärt, einen Nachmieter zu akzeptieren, oder der Mieter berechtigt sein soll, einen Nachfolgemieter zu benennen. Aus diesen Klauseln ist nicht klar ersichtlich, welche genaue Verpflichtung des Vermieters bestehen soll, so dass ein Rechtsbindungswille nicht anzunehmen ist (vgl. LG Berlin, GE 1992, 987).

10. Außerordentliche Kündigung

28 Dass auch Mietverhältnisse auf bestimmte Zeit außerordentlich (befristet oder fristlos) gekündigt werden können, entspricht dem bisherigen Recht, wird jedoch nach dem Willen des Gesetzgebers zum besseren Verständnis ausdrücklich klargestellt.

Die Verwendung des Begriffes der „außerordentlichen Kündigung" hier wie an anderen Stellen im Gesetz ist neu, geht jedoch auf die in der Sache allgemein übliche systematische Unterscheidung zwischen außerordentlicher (befristeter oder fristloser) und ordentlicher Kündigung zurück. Zum besseren Verständnis und zur Klarstellung werden die einzelnen Kündigungsrechte der betreffenden Kündigungsart zugeordnet und begrifflich durchgängig entsprechend bezeichnet.

Nach der amtlichen Begründung des Gesetzgebers ist die außerordentliche Kündigung nur in den gesetzlich bestimmten Fällen für bestimmte Sachverhalte, meist vor dem Hintergrund geänderter tatsächlicher Verhältnisse zugelassen, je nachdem entweder fristgebunden als außerordentliche befristete oder ohne Einhaltung einer Frist als außerordentliche fristlose Kündigung. Die im Falle der außerordentlichen befristeten Kündigung geltenden besonderen Kündigungsfristen sind entweder in der den außerordentlichen Kündigungsgrund regelnden Vorschrift selbst enthalten oder sie sind in einem eigenen Tatbestand geregelt (außerordentliche Kündigung mit gesetzlicher Frist, §§ 573d, 575a, 580a Abs. 4), auf den in der den außerordentlichen Kündigungsgrund enthaltenen Vorschrift verwiesen wird (z.B. § 540 Abs. 1 Satz 2, § 544 Satz 1, § 563 Abs. 4, § 563a Abs. 2, § 564 Satz 2, § 580). Die außerordentliche Kündigung ist in den §§ 543, 569 geregelt.

§ 543 Außerordentliche fristlose Kündigung aus wichtigem Grund

(1) [1]**Jede Vertragspartei kann das Mietverhältnis aus wichtigem Grund außerordentlich fristlos kündigen.** [2]**Ein wichtiger Grund liegt vor, wenn dem Kündigenden unter Berücksichtigung aller Umstände des Einzelfalls, insbesondere eines Verschuldens der Vertragsparteien, und unter Abwägung der beiderseitigen Interessen die Fortsetzung des Mietverhältnisses bis zum Ablauf der Kündigungsfrist oder bis zur sonstigen Beendigung des Mietverhältnisses nicht zugemutet werden kann.**
(2) [1]**Ein wichtiger Grund liegt insbesondere vor, wenn**

1. dem Mieter der vertragsgemäße Gebrauch der Mietsache ganz oder zum Teil nicht rechtzeitig gewährt oder wieder entzogen wird,
2. der Mieter die Rechte des Vermieters dadurch in erheblichem Maße verletzt, dass er die Mietsache durch Vernachlässigung der ihm obliegenden Sorgfalt erheblich gefährdet oder sie unbefugt einem Dritten überlässt oder
3. der Mieter
a) für zwei aufeinanderfolgende Termine mit der Entrichtung der Miete oder eines nicht unerheblichen Teils der Miete in Verzug ist oder
b) in einem Zeitraum, der sich über mehr als zwei Termine erstreckt, mit der Entrichtung der Miete in Höhe eines Betrages in Verzug ist, der die Miete für zwei Monate erreicht.
[2]Im Falle des Satzes 1 Nr. 3 ist die Kündigung ausgeschlossen, wenn der Vermieter vorher befriedigt wird. Sie wird unwirksam, wenn sich der Mieter von seiner Schuld durch Aufrechnung befreien konnte und unverzüglich nach der Kündigung die Aufrechnung erklärt.

(3) [1]Besteht der wichtige Grund in der Verletzung einer Pflicht aus dem Mietvertrag, so ist die Kündigung erst nach erfolglosem Ablauf einer zur Abhilfe bestimmten angemessenen Frist oder nach erfolgloser Abmahnung zulässig. [2]Dies gilt nicht, wenn

1. eine Frist oder Abmahnung offensichtlich keinen Erfolg verspricht,
2. die sofortige Kündigung aus besonderen Gründen unter Abwägung der beiderseitigen Interessen gerechtfertigt ist oder
3. der Mieter mit der Entrichtung der Miete im Sinne des Absatzes 2 Nr. 3 in Verzug ist.

(4) [1]Auf das dem Mieter nach Absatz 2 Nr. 1 zustehende Kündigungsrecht sind die §§ 536b, 536d und §§ 469 bis 471 entsprechend anzuwenden. [2]Ist streitig, ob der Vermieter den Gebrauch der Mietsache rechtzeitig gewährt oder die Abhilfe vor Ablauf der hierzu bestimmten Frist bewirkt hat, so trifft ihn die Beweislast.

1. Allgemeines

1.1 Kündigungsgründe

1 In § 543 wird das Recht zur fristlosen Kündigung aus wichtigem Grund zusammengefasst. Normiert worden ist nunmehr ausdrücklich ein allgemeines und unabdingbares Recht beider Vertragsparteien zur fristlosen Kündigung aus wichtigem Grunde, das bislang aus allgemeinen Rechtsgrundsätzen (§§ 242, 626) hergeleitet wurde. Ferner sind die Kündigungsgründe wegen Nichtgewährung oder Entziehung des Gebrauchs (§ 542 [a.F.]), wegen Vernachlässigung der Mietsache und unerlaubter Gebrauchsüberlassung (§ 553 [a.F.]) und wegen Zahlungsverzugs des Mieters (§ 554 [a.F.]) zusammengefasst worden. Dagegen ist das Kündigungsrecht wegen Gesundheitsgefährdung (§ 544 [a.F.]) in § 569 Abs. 1 geregelt und dasjenige wegen Störung des Hausfriedens (§ 554a [a.F.]) in § 569 Abs. 2. Die Schutzbestimmungen bei Zahlungsverzug des Wohnraummieters sind in § 569 Abs. 3 normiert.

§ 543 Abs. 1 Satz 1 regelt das Kündigungsrecht an sich, während Satz 2 die Voraussetzungen festlegt. Die Neuregelung hat insbesondere Bedeutung für nicht schuldhaft erfolgte Störungen des Mietverhältnisses; die bisherige Rechtsprechung zu §§ 242, 626 ist kodifiziert worden.

§ 543 Abs. 2 zählt die wichtigsten Gründe für eine fristlose Kündigung auf:

Nummer 1 enthält den bisherigen § 542, die Kündigung durch den Mieter bei nicht rechtzeitig erfolgter Gewährung oder späterer Wiederentziehung des vertragsmäßigen Gebrauchs der Mietsache, und zwar sowohl vollständig als auch teilweise.

Nummer 2 übernimmt die Regelung des § 553 über die Kündigung bei vertragswidrigem Gebrauch der Mietsache.

Nummer 3 übernimmt die Kündigungsregelung des § 554 wegen Zahlungsverzugs. Die Sonderregelung für die Wohnraummiete (§ 554 Abs. 2 [a.F.]) ist in § 569 Abs. 3 übernommen.

§ 543 Abs. 3 legt in Übereinstimmung mit der bisherigen Rechtsprechung fest, dass eine fristlose Kündigung grundsätzlich erst nach Abmahnung mit Fristsetzung gerechtfertigt ist – dies gilt nicht bei Zahlungsverzug des Mieters.

§ 543 Abs. 4 Satz 1 enthält den bisherigen Regelungsinhalt des § 543 Abs. 1, dessen Satz 2 für die Wohnraummiete in etwas abgewandelter Form in § 569 Abs. 5 Satz 1 übernommen wird. Die Beweislastregel in § 543 Abs. 4 Satz 2 entspricht § 542 Abs. 3 BGB.

Von einer gesetzlichen Regelung, innerhalb welcher Frist seit Kenntnis des Kündigungsgrundes die Kündigung zu erfolgen hat, ist abgesehen worden; insoweit verbleibt es bei der bisherigen Rechtsprechung, dass die Kündigung grundsätzlich innerhalb zwei Wochen nach Kenntnis vom Kündigungsgrund zu erfolgen hat.

1.2 Anwendungsbereich

Die fristlose Kündigung ist sowohl bei einem Mietverhältnis als auch bei einem Pachtverhältnis zulässig, nicht dagegen bei einem Leihverhältnis (BGH, NJW 1992, 496). Die Kündigung ist sowohl bei der Vermietung von beweglichen als auch von unbeweglichen Sachen, bei Wohn- und Gewerberaummietverhältnissen zulässig. Das Kündigungsrecht aus wichtigem Grund gem. § 543 steht selbständig neben dem Kündigungsrecht aus § 573. Der Vermieter kann jedoch nicht mehr gem. § 326 wegen Verzugs des Mieters mit einer Hauptpflicht zurücktreten, wenn er die Mietsache bereits dem Mieter überlassen hat; liegen insoweit die Tatbestandsvoraussetzungen des § 543 vor, kann der Vermieter vielmehr nach Überlassung der Mietsache nur noch nach diesen Vorschriften kündigen (BGHZ 50, 312 [315]).

2. Kündigung aus wichtigem Grund

Eine fristlose Kündigung nach § 543 Abs. 1 setzt voraus, dass der andere Vertragsteil in solchem Maße seine Verpflichtungen verletzt, dass dem kündigenden Teil die Fortsetzung des Mietverhältnisses nicht mehr zugemutet werden kann. Das gilt sowohl für den Vermieter als auch für den Mieter. Bei Verletzung von Zahlungsverpflichtungen des Mieters kann der Vermieter jedoch nur dann gem. § 543 Abs. 1 kündigen, wenn die Voraussetzungen des Abs. 2 Nr. 3 nicht vorliegen. Insoweit kann eine zur Kündigung berechtigende Pflichtverletzung nicht schon darin gesehen werden, dass die vereinbarte

Lastschrift zur Mietzahlung zurückgebucht wird und der Mieter anschließend einen von der Bank abgestempelten, aber nicht ausgeführten Überweisungsauftrag dem Vermieter vorlegt (OLG Hamburg, ZMR 1997, 352 = WuM 1997, 216). Dabei zeigt insbesondere der Vergleich mit § 573 Abs. 2 Nr. 1, der den Vermieter von Wohnraum zur ordentlichen Kündigung wegen einer nicht unerheblichen Vertragsverletzung berechtigt, dass in § 543 Abs. 1 an das Vorliegen einer zur fristlosen Kündigung ausreichenden, schwerwiegenden und schuldhaften Vertragsverletzung **strenge Anforderungen** zu stellen sind. Die Vertragsverletzung muss so schwerwiegend sein, dass sie der betroffenen Partei (Vermieter oder Mieter) die Fortsetzung des Vertragsverhältnisses, und sei es auch nur bis zum Ablauf der ordentlichen Kündigungsfrist oder bis zum sonstigen, normalen Vertragsende, objektiv unzumutbar macht (BGH, ZMR 1974, 375; WuM 1986, 172; BayObLG, WuM 1983, 129; OLG Düsseldorf, ZMR 1996, 651 [652]; LG Mannheim, WuM 1974, 175; 1978, 68). Das kann nur im Einzelfall aufgrund einer umfassenden Interessenabwägung anhand objektiver Maßstäbe beurteilt werden, weil grundsätzlich nur die Kündigungsgründe aus der Person des Vertragspartners Berücksichtigung finden können (OLG Düsseldorf, ZMR 1998, 218; LG Berlin, ZMR 1998, 437). Daher reicht die Unrentabilität des vom Mieter betriebenen Unternehmens nicht zur fristlosen Kündigung aus (BGH, ZMR 1979, 351; OLG Düsseldorf, ZMR 1998, 218). Der bloße Vermögensverfall einer **Mietvertragspartei** stellt für sich alleine noch keinen hinreichenden Grund dar, der dem Vertragspartner die Berechtigung verleiht, sich mit sofortiger Wirkung aus dem Vertragsverhältnis zu lösen. Ein Kündigungsgrund ist vielmehr nur dann zu bejahen, wenn sich die **mangelnde Solvenz** in der Geschäftsführung und **in der Wertschätzung des Objekts niedergeschlagen** hat oder wenn die **Löschung einer Vermieter-GmbH** mit einer **wesentlichen Verschlechterung** ihrer Vermögensverhältnisse einhergeht. Nach Auffassung des OLG Düsseldorf (Urteil vom 25.11.1999, 10 U 37/99, nicht rechtskräftig, ZMR 2000, 173 f.) rechtfertigt jedoch die Auflösung und Löschung einer Vermieter-GmbH im Handelsregister die Annahme, dass der **Mieter sich nicht darauf einzulassen braucht**, die **langfristigen Verträge** mit der vermögenslosen Vermieter-GmbH **fortzusetzen**. Bei einer derartigen Situation könne eine Gefährdung der diesbezüglichen Rechte des Mieters jedenfalls nicht ausgeschlossen werden. Die fristlose Kündigung des Mieters wegen Vermögensverfalls des Vermieters sei auch nicht dadurch verwirkt, dass die Kündigung erst nach einem halben Jahr nach dem Antrag des Vermieters auf Eröffnung des Insolvenzverfahrens gestellt worden sei. Denn der Mieter könne die Löschung der Vermieter-GmbH im Handelsregister abwarten; wenn die **Löschung unmittelbar vor Ausspruch** der fristlosen Kündigung erfolgt sei, **sei dies noch rechtzeitig**. Haben beide Parteien die Zerrüttung des Vertragsverhältnisses verschuldet, so hängt die Möglichkeit der fristlosen Kündigung wegen Vertragsverletzung davon ab, welcher Partei mit Rücksicht auf das eigene Verschulden und das der anderen eine Fortsetzung des Vertrags nicht mehr zuzumuten ist (BGH, WuM 1981, 331; WuM 1986, 172; AG Berlin-Schöneberg, GE 1987, 1165). Eine Voraussetzung für die fristlose Kündigung des Mietverhältnisses wegen Vertragsverletzung ist nicht mehr, dass diese **schuldhaft** begangen worden ist.

4 Die außerordentliche Kündigung aus wichtigem Grund kann **nur auf Umstände** gestützt werden, die **in der Person oder im Risikobereich des Kündigungsgegners** begründet sind (OLG Düsseldorf, ZMR 1998, 218; LG Berlin, ZMR 1998, 497; Kraemer NZM

2001, 553 [559]). Die außerordentliche Kündigung ist auch dann berechtigt, wenn dieser die notwendige Vertrauensgrundlage zerstört hat (BGH, NJW 1963, 1451; NJW 1969, 1845; AG Gelsenkirchen-Buer, ZMR 1997, 360). Ist das Vertrauensverhältnis völlig zerstört, sind in der Regel beide Parteien zur Kündigung berechtigt (OLG Düsseldorf, ZMR 1990, 57 [58]). Entscheidend ist, ob dem kündigenden Vertragsteil unter Berücksichtigung aller Umstände des Einzelfalls und unter Abwägung der beiderseitigen Interessen die Fortsetzung des Mietverhältnisses bis zum Ablauf der Kündigungsfrist oder bis zur sonstigen Beendigung des Mietverhältnisses nicht zugemutet werden kann (BGH, LM Nr. 4 zu § 554a; NJW 1969, 1845; OLG München, ZMR 1997, 458 = NJWE-MietR 1997, 202; OLG Hamburg, WuM 1991, 683; OLG Köln, ZMR 1995, 469; LG Berlin, WuM 1986, 251; LG Hildesheim, WuM 1998, 349; AG Bremen, ZMR 1998, 234 [236]). Stets muss geprüft werden, ob nicht eine ordentliche Kündigung ausreicht. Für Wohn- 5 raum wird daher unter Berücksichtigung der verkürzten Kündigungsfrist des § 573c nur bei Angriffen gegen Leib und Leben oder gravierenden Gesundheitsgefährdungen – auch der Mitmieter – bzw. nur bei längerfristigen Mietverhältnissen mit längerer Kündigungsfrist eine vorzeitige Beendigung des Mietverhältnisses durch außerordentliche Kündigung aus wichtigem Grund auch ohne Verschulden in Betracht kommen. Außerdem ist die frühere Auflösung des Mietvertrags durch Aufhebungsvertrag vorrangig. Steht der die Vertragsverletzung begehende Vertragspartner unter Betreuung, ist vorrangig der Abschluss eines Aufhebungsvertrags unter Mitwirkung des Betreuers zu prüfen.

Die **außerordentliche Kündigung** aus wichtigem Grund bleibt, auch wenn die Voraus- 6 setzungen des § 543 Abs. 1 – insbesondere das Verschulden – nicht erfüllt sind, **möglich**. Daran hat auch die Einfügung des Merkmals „unter Berücksichtigung ..., insbesondere eines Verschuldens der Vertragsparteien" nichts geändert. Nach dem Gesetzeswortlaut handelt es sich dabei um ein Abwägungskriterium, nicht aber um eine unabdingbare tatbestandliche Voraussetzung für einen wichtigen Grund (Kraemer, NZM 2001, 553, [559]). Die außerordentliche Kündigung ist daher auch ohne Verschulden des Vertragspartners dann berechtigt, wenn dieser die notwendige Vertrauensgrundlage zerstört hat (BGH, NJW 1963, 1451; 1969, 1845; AG Gelsenkirchen-Buer, ZMR 1997, 360). Dieser Kündigungsgrund ist verschuldensunabhängig und deswegen in § 569 Abs. 2 nur teilweise kodifiziert worden. Diese außerordentliche Kündigung ohne Verschulden ist u.a. gerechtfertigt bei wiederholten und nachhaltigen Störungen des Hausfriedens durch unverschuldete, insbesondere krankheitsbedingte Handlungen, wenn fortgesetzt höchstpersönliche Rechtsgüter verletzt oder gefährdet werden. Auch Störungen der Nachtruhe durch ein Verhalten des schuldunfähigen Mieters können ebenso die fristlose außerordentliche Kündigung rechtfertigen wie fortgesetzte Verstöße des schuldunfähigen Mieters gegen eine Abmahnung, die zu einer tief greifenden Störung des Verhältnisses zu den Mitmietern führen (z.B. Beleidigungen der Mitmieter, Störungen der Mitmieter durch übertriebenes und krankhaftes Wäschewaschen, Störungen der Mitmieter durch nächtliche Ausrufe auf dem Balkon der Wohnung in einer geschlossenen Wohnanlage).

Dabei spielt die **eigene Vertragstreue des Kündigenden** eine gewichtige Rolle bei der Entscheidung, ob ihm die Fortsetzung des Vertrags zuzumuten ist (OLG Köln, ZMR 1995, 469). Das Mitverschulden des Kündigenden an der Zerrüttung des Vertrauensverhältnisses schließt das Kündigungsrecht grundsätzlich nicht aus; dafür bedarf es vielmehr eines überwiegenden Verschuldens des kündigenden Mietvertragspartners (OLG Düsseldorf, ZMR 1994, 402). Allein der Umstand, dass es zwischen den Mietvertragsparteien zu einer Reihe von Rechtsstreitigkeiten gekommen ist, reicht als Kündigungsgrund grundsätzlich nicht aus (OLG Hamm, NJW-RR 1992, 16).

7 Die fristlose Kündigung kann auch wegen unerlaubter **Tierhaltung** begründet sein. Formularmäßig kann die Tierhaltung nicht generell ausgeschlossen werden (BGH, WuM 1995, 447; OLG Frankfurt/Main, WuM 1992, 56; LG Berlin, GE 1993, 1273). Zulässig sind nur Erlaubnisvorbehalte, wie z.b. folgende Klausel:

Muster
Mietvertragsklausel

> Die Tierhaltung des Mieters bedarf der Zustimmung des Vermieters. Die Haltung von Kleintieren (z.B. Kanarienvögeln, Zierfischen, Schildkröten, Hamstern, Zwergkaninchen) ist auch ohne Erlaubnis zulässig, die von Hunden jedoch nur mit Zustimmung.

Soweit eine derartige Tierhaltungsklausel mit Erlaubnisvorbehalt vereinbart ist, kann der Vermieter grundsätzlich frei entscheiden, ob er die Tierhaltung gestattet oder nicht (OLG Hamm, GE 1981, 137 = DWW 1981, 48 = NJW 1981, 1626 = WuM 1981, 53; OLG Karlsruhe, WuM 1981, 248; LG Berlin, GE 1993, 421; GE 1993, 1337; AG Berlin-Neukölln, GE 1998, 621). Die Verweigerung der Erlaubnis ist daher auch dann berechtigt, wenn von dem Tier keine konkreten Störungen ausgehen (LG Frankfurt/Main, NJW-RR 1988, 783; LG Bonn, ZMR 1989, 179; LG Hamburg, HbgGE 1988, 105; 1989, 57), erst recht dann, wenn von dem Tier eine potentielle Gefahr ausgeht (LG Nürnberg-Fürth, ZMR 1991, 29 = GE 1991, 937; LG Göttingen, WuM 1991, 536). Das Halten von sog. Kampfhunden ist auch ohne eine Tierhaltungsklausel im Mietvertrag unzulässig, so dass der Vermieter berechtigt ist, die Haltung derartiger Hunde auch ohne konkrete Gefährdung der Mitmieter zu untersagen (LG Gießen, NJW-RR 1995, 12; AG Berlin-Pankow/Weißensee, GE 2000, 65) Bei einer wirksamen Tierhaltungsklausel mit Erlaubnisvorbehalt ist die Tierhaltung ohne die notwendige Erlaubnis grundsätzlich ein vertragswidriger Gebrauch der Mietsache. Hat der Mieter ohne Erlaubnis des Vermieters einen Hund und hat dieser einen Mitmieter gebissen oder angegriffen, so kann die fristlose Kündigung zumindest dann darauf gestützt werden, wenn die Hundehaltung trotz Fristsetzung oder Abmahnung nicht beendet wird (LG Berlin, GE 1993, 97); dies gilt auch dann, wenn die ohne Erlaubnis gehaltenen Hunde einen Brand verursachen (LG Berlin, GW 1991, 151). Das Mietverhältnis kann unter diesen Voraussetzungen auch bei einer sehr intensiven Tierhaltung fristlos gekündigt werden (vgl. AG München, NZM 1999, 616). Bei erheblicher Gefährdung der Mietsache dürfte eine fristlose Kündigung des Mietverhältnisses auch dann in Betracht kommen, wenn der Mieter davon ausgehen konnte, dass der Vermieter seine Zustimmung erteilt, falls nicht gewichtige Gründe entgegenstehen (vgl. u.a. LG Berlin, GE 1993, 1273; LG Ulm, WuM 1990, 343; LG Stuttgart, WuM 1988, 121; LG München, WuM 1985, 263; LG Mannheim, WuM 1984,

78). Der Mieter kann davon ausgehen, dass der Vermieter die Haustierhaltung genehmigt, wenn bereits mehrere Familien im Haus Haustiere halten (vgl. dazu LG Berlin, WuM 1987, 213; LG Hamburg, WuM 1982, 254). Wenn der Mieter längere Zeit mit Duldung des Vermieters ein Haustier gehalten hat (LG Essen, WuM 1986, 117; LG Mannheim, MDR 1962, 989), kommt grundsätzlich nur eine fristgemäße Kündigung in Betracht. Hat der Vermieter jedoch den Mieter zu Recht aufgefordert, die Haustierhaltung zu unterlassen, und folgt der Mieter dieser Aufforderung nicht, kommt eine fristlose Kündigung gem. § 543 Abs. 1 nur in Betracht, wenn dem Vermieter die Fortsetzung des Mietverhältnisses bis zum Ablauf der Kündigungsfrist nicht zugemutet werden kann – was in der Regel ausscheiden dürfte – oder wenn die Mietsache bei Fortsetzung der Tierhaltung erheblich gefährdet würde; stört das Haustier erheblich oder ist es gefährlich und der Mieter unternimmt trotz Aufforderung des Vermieters nichts dagegen, dann ist die fristlose Kündigung gem. § 543 gerechtfertigt, wenn wegen der Störung und/oder Gefährdung der Mitbewohner dem Vermieter die Fortsetzung des Mietverhältnisses bis zum Ablauf der ordentlichen Kündigungsfrist nicht zugemutet werden kann – was in der Regel der Fall sein dürfte. Ist der unerlaubt gehaltene Hund dagegen friedlich, so wird die fristlose Kündigung des Vermieters auch nach fruchtloser Abmahnung oder Fristsetzung selten erfolgreich sein (vgl. dazu u.a. LG Berlin, GE 1999, 46; LG Offenburg, WuM 1998, 285; AG Berlin-Charlottenburg, GE 1991, 191). Dagegen kann das Mietverhältnis zumindest nach Abmahnung oder Fristsetzung dann gekündigt werden, wenn Gerüche aus einer Katzenhaltung zur Belästigung der Mitmieter führen (LG Berlin, NJW-RR 1997, 395). Der Vermieter ist ebenfalls zur fristlosen Kündigung berechtigt, wenn der Mieter das Füttern von Tauben vom Balkon seiner Wohnung aus fortsetzt, obwohl er rechtskräftig zur Unterlassung verurteilt und mehrfach abgemahnt worden ist (LG Düsseldorf, ZMR 1993, Heft 3, II Nr. 9). Die Haltung von Großkatzen oder giftigen Schlangen (LG Bochum, NJW-RR 1990, 1430) in der Wohnung kann daher ebenso die fristlose Kündigung rechtfertigen wie die Haltung von Krokodilen oder Kaimanen, nicht dagegen die Haltung einer kleinen, ungiftigen Schlange (AG Bückeburg, NZM 2000, 238).

Die Kündigung wegen **nachhaltiger Störung des Hausfriedens** ist in § 569 Abs. 2 geregelt (vgl. dort), der gem. § 578 Abs. 2 Satz 1 auf Räume, die keine Wohnräume sind, entsprechend anzuwenden ist.   **8**

Auch **unrichtige Strafanzeigen** können die fristlose Kündigung des Mietverhältnisses rechtfertigen. Dies gilt allerdings nur bei vorsätzlich unrichtigen oder leichtfertig unrichtigen Strafanzeigen (LG Berlin, GE 1990, 1079; LG Frankfurt/Main, WuM 1994, 15). Auch ein vom Mieter veranlasster Pressebericht, der auf vorsätzlich oder leichtfertig unrichtigen Angaben beruht, rechtfertigt die fristlose Kündigung (AG Solingen, WuM 1991, 97). Eine Täuschung seitens des Gewerberaummieters, die wesentliche Vertragsinteressen des Vermieters weder verletzt noch gefährdet, gibt diesem nicht ohne weiteres das Recht zur fristlosen Kündigung nach § 543 Abs. 1 (OLG Hamburg, GE 1997, 489 = ZMR 1997, 352 = WuM 1997, 216 = NJWE-MietR 1997, 132).   **9**

Auch ein **krankheits- oder altersbedingtes sozial unangepasstes Verhalten** des Mieters in der Wohnung oder gegenüber Mitbewohnern kann die fristlose Kündigung rechtfertigen (LG Hamburg, WuM 1988, 18 für Verkommenlassen der Wohnung, Gestank,   **10**

Ausschütten von Abfallwasser vom Balkon). Grundsätzlich ist die fristlose Kündigung in diesen Fällen aber nur dann gerechtfertigt, wenn das Verhalten des Mieters in seiner Wohnung zu Belästigungen der Mitmieter, zu Substanzgefährdungen (Überlastung der Geschossdecke wegen gelagerten Papiers) oder zu Substanzschäden (häufige Wasserschäden) geführt hat. Das Eindringen des Vermieters gegen den Willen des Mieters in die verschlossenen Mieträume berechtigt den Mieter zur fristlosen Kündigung (LG Köln, ZMR 1994, Seite VI Nr. 9).

11 **Lärm** rechtfertigt ebenfalls die fristlose Kündigung, insbesondere wenn dadurch die Nachtruhe der anderen Mieter nachhaltig gestört wird; denn gerade in einem hellhörigen Mehrfamilienhaus dürfen familiäre Konflikte nur in gemäßigter Lautstärke ausgetragen werden. Insoweit ist ebenfalls unerheblich, ob der Lärm von dem Mieter selbst oder seinen Mitbewohnern (Ehegatte, nichtehelicher Lebensgefährte, Freund, Besucher, Untermieter) ausgeht.

12 Voraussetzung der fristlosen Kündigung wegen der **Verstöße gegen die Hausordnung** ist aber in allen Fällen, dass der Mieter zuvor **fruchtlos zur Abhilfe aufgefordert** worden oder **abgemahnt** worden ist und dem Vermieter wegen der dadurch erfolgten Störung der Mitbewohner die Fortsetzung des Mietverhältnisses bis zum Ablauf der Kündigungsfrist nicht zugemutet werden kann.

13 Die **Nutzung der Wohnung zu Gewerbezwecken** ohne ausdrückliche Genehmigung des Vermieters kann ebenfalls die fristlose Kündigung rechtfertigen (OLG Karlsruhe, Just 1988, 358), jedenfalls dann, wenn eine Schädigung der Wohnung oder deren Zugänge oder eine unzumutbare Belästigung der Mitmieter zu befürchten ist (LG Hamburg, WuM 1992, 241; LG Stuttgart, WuM 1992, 250; LG Osnabrück, WuM 1986, 94). Wird daher der Umfang eines Kleinbetriebs durch die Beschäftigung von Hilfskräften, durch vermehrten Kundenbesuch oder Verwendung störender Maschinen ausgedehnt, so entfällt die Duldungspflicht des Vermieters (LG Düsseldorf, WuM 1981, U 13; LG Berlin, WuM 1974, 258). Die Nutzung der Wohnung zu einem bordellartigen Betrieb (AG Mönchengladbach, ZMR 1993, 171) oder die Prostitution in einem bürgerlichen Wohnhaus (LG Lübeck, NJW-RR 1993, 525) ist ein Kündigungsgrund, wenn wegen der dadurch erfolgten Störung der Mitmieter und daraus gezogener Konsequenzen dem Vermieter die Fortsetzung des Mietverhältnisses bis zum Ablauf der ordentlichen Kündigungsfrist nicht zugemutet werden kann. Auch die Tätigkeit als „Fotomodell" oder „Hostess" ist dann ein Kündigungsgrund, wenn sie mit regem Publikumsverkehr und Störung der Mitmieter verbunden ist und trotz Abmahnung fortgesetzt wird (AG Hamburg-Wandsbek, WuM 1984, 80). Die Tätigkeit als Tagesmutter kann nur ausnahmsweise die fristlose Kündigung rechtfertigen (vgl. dazu LG Hamburg, NJW 1982, 2387; LG Berlin, WuM 1993, 39). Die Nutzung von Gewerberäumen zu Wohnzwecken kann nur dann eine fristlose Kündigung rechtfertigen, wenn die Räume nur zu Gewerbezwecken vermietet worden sind (OLG Düsseldorf, ZMR 1987, 423) und entweder die Mitmieter derart gestört werden und daraus Konsequenzen ziehen, dass dem Vermieter die Fortsetzung bis zum Ablauf der ordentlichen Kündigungsfrist nicht zugemutet werden kann, oder wenn dadurch die Mietsache erheblich gefährdet wird. Auch hier ist weitere Voraussetzung grundsätzlich, dass der Mieter eine vom Vermieter gesetzte Frist zur Abhilfe hat verstreichen lassen oder auf eine Abmahnung nicht reagiert hat.

Auch die **Anbringung von Plakaten** des Mieters kann nur ausnahmsweise die fristlose 14
Kündigung des Mietverhältnisses rechtfertigen. Die Anbringung von Plakaten an der
Außenwand des Gebäudes stellt zwar eine vertragswidrige Nutzung dar, da zum Mietgebrauch der Wohnung nicht die Nutzung der Außenwände gehört. Auch in diesem Fall
dürfte aber dem Vermieter die Fortsetzung des Mietverhältnisses bis zum Ablauf der
ordentlichen Kündigungsfrist grundsätzlich zuzumuten sein. Die Benutzung eines Fensters zum Aushängen eines Plakats dürfte allenfalls in seltenen Ausnahmefällen eine
fristlose Kündigung rechtfertigen. Allgemein politische Aussagen durch Mieterplakate
sind ohnehin durch Art. 5 GG gerechtfertigt (LG Hamburg, ZMR 1985, 274 = NJW
1986, 320; LG Berlin, MM 1989, 21 m.w.N.). Dem Vermieter kann eine Fortsetzung bis
zum Ablauf der ordentlichen Kündigungsfrist grundsätzlich auch dann zugemutet werden, wenn die Meinungsäußerungen auf den Mieterplakaten ihn in seinen Empfindungen
beeinträchtigen. Ob Mieterplakate überhaupt als vertragswidriger Gebrauch der Mietsache anzusehen sind, kann daher nur im Einzelfall unter Abwägung sämtlicher Interessen
aller Beteiligten festgestellt werden (BayObLG, WuM 1984, 12; LG Darmstadt, ZMR
1983, 13; LG Aachen, WuM 1988, 53; LG Tübingen, NJW 1986, 321).

**3.	Einzelfälle des wichtigen Grundes**
Der Mieter kann den Mietvertrag fristlos kündigen, wenn	15
1. dem Mieter der vertragsgemäße Gebrauch der Mietsache ganz oder zum Teil nicht
   rechtzeitig gewährt oder wieder entzogen wird,
2. der Mieter die Rechte des Vermieters dadurch in erheblichem Maße verletzt, dass er
   die Mietsache durch Vernachlässigung der ihm obliegenden Sorgfalt erheblich gefährdet oder sie unbefugt einem Dritten überlässt oder
3. der Mieter
   a) für zwei aufeinander folgende Termine mit der Entrichtung der Miete oder eines
      nicht unerheblichen Teils der Miete in Verzug ist oder
   b) in einem Zeitraum, der sich über mehr als zwei Termine erstreckt, mit der Entrich-
      tung der Miete in Höhe eines Betrags in Verzug ist, der die Miete für zwei Monate
      erreicht.
Dabei handelt es sich um Beispielsfälle, wie sich aus der Formulierung „insbesondere"
ergibt. Daher können auch ähnliche Fälle einen wichtigen Grund zur fristlosen Kündigung darstellen.

**3.1	Fristlose Kündigung wegen Nichtgewährung oder Entzugs des Gebrauchs**
Der Mieter – nicht der Vermieter – kann das Mietverhältnis fristlos kündigen, wenn der	16
Vermieter ihm den vertragsmäßigen **Gebrauch der gemieteten Sache nicht rechtzeitig
gewährt** oder **wieder entzogen** hat, die **Gebrauchsbeeinträchtigung erheblich** ist und
der Vermieter **trotz Fristsetzung** seitens des Mieters **keine Abhilfe** geschaffen hat.

**3.1.1	Anwendungsbereich**
Das Kündigungsrecht besteht für alle Arten von Miet- und Pachtverhältnissen (§ 581	17
Abs. 2, § 594e Abs. 1), gleichgültig ob sie auf bestimmte oder unbestimmte Zeit abgeschlossen worden sind. Daher kann auch ein befristetes Mietverhältnis vom Mieter we-

gen nicht rechtzeitiger Gebrauchsüberlassung oder deren Entzugs fristlos gekündigt werden.

3.1.2 Rechte des Mieters vor Gebrauchsüberlassung

18 Da auch die nicht rechtzeitige Gewährung des vertragsmäßigen Gebrauchs zur Kündigung berechtigt, besteht das Kündigungsrecht auch schon **vor Überlassung der Mietsache**, wenn der Vermieter die Übergabe der in vertragsgemäßem Zustand befindlichen Mietsache ablehnt (OLG Köln, ZMR 1997, 230). Darüber hinaus kann der Mieter bereits vor Überlassung der Mietsache fristlos kündigen, wenn bereits zu diesem Zeitpunkt feststeht, dass die Beseitigung des Mangels unmöglich ist oder vom Vermieter endgültig verweigert wird. Dagegen reicht die bloße Ungewissheit, ob der Vermieter rechtzeitig den Gebrauch gewähren kann, nicht aus (BGH, LM Nr. 1 zu § 542 = ZMR 1960, 10; LG Hamburg, MDR 1974, 583).

19 Darüber hinaus kann der Mieter bei vom Vermieter zu vertretender Unmöglichkeit und/oder beim Verzug vor Überlassung wählen, ob er stattdessen von seinem Rücktrittsrecht (§§ 325, 326; ab 1.1.2002: § 323 i.d.F. des SchuldRModG) Gebrauch macht. Voraussetzung für das Rücktrittsrecht ist, dass es dem Vermieter infolge eines Umstands, den er zu vertreten hat, unmöglich geworden ist, die ihm obliegende Verpflichtung zur Überlassung der Mietsache in einem zu dem vertragsmäßigen Gebrauch geeigneten Zustand zu erfüllen. Dabei ist das **subjektive Unvermögen** des Vermieters von der **objektiven Unmöglichkeit** zu unterscheiden. Bei objektiver Unmöglichkeit ist der Vertrag nichtig (§ 306; ab 1.1.2002: § 311a BGB i.d.F. des SchuldRModG) mit der Folge, dass der Vermieter auf Ersatz des Vertrauensschadens haftet (§ 307; ab 1.1.2002: § 311a BGB i.d.F. des SchuldRModG), während bei subjektivem anfänglichen Unvermögen der Mieter entweder Schadensersatz wegen Nichterfüllung verlangen oder vom Vertrag zurücktreten kann (§§ 325, 326; ab 1.1.2002: §§ 280 Abs. 1, 3 i.V.m. § 281, § 323 i.d.F. des SchuldRModG). Objektive Unmöglichkeit wäre z.B. dann gegeben, wenn eine nicht existierende – und auch nicht herstellbare – Sache vermietet wird. Das wäre der Fall, wenn eine Wohnung in einem Haus vermietet wird, das noch nicht errichtet ist und auf einem Grundstück errichtet werden soll, auf dem bauordnungsrechtlich die Errichtung eines Hauses verboten ist. In diesem Fall ist der Mietvertrag nichtig mit der Folge der Haftung des Vermieters auf den Vertrauensschaden, d.h. für die Nachteile, die durch das Vertrauen auf die Gültigkeit des Vertrags entstanden sind. Dieser Ersatzanspruch wird durch das Erfüllungsinteresse nach oben begrenzt. Es besteht daher keine Ersatzpflicht, wenn die Durchführung des Vertrags dem ersatzberechtigten Mieter keine Vermögensvorteile gebracht hätte.

20 Ist dagegen lediglich dem Vermieter – nicht aber anderen Dritten – die Überlassung der gemieteten Sache zum vertragsmäßigen Gebrauch bereits vor Beginn des Mietverhältnisses nicht möglich, so gelten die §§ 325 und 326 – ab 1.1.2002: § 280 Abs. 1, 3 i.V.m. § 281, § 323 i.d.F. des SchuldRModG – (BGH, NJW 1978, 103; NJW 1980, 1025; BGHZ 85, 267 = NJW 1983, 446 = ZMR 1983, 93; OLG Düsseldorf, ZMR 1999, 19 [20] m.w.N.). Hatte der Vermieter z.B. eine Wohnung vermietet, die vor Gebrauchsüberlassung umfassend modernisiert werden sollte, werden diese Arbeiten aber nicht rechtzeitig fertig, so kann der Mieter vom Vertrag zurücktreten, nachdem er eine Frist zur Überlassung der Wohnung zusammen mit einer Ablehnungsandrohung gesetzt hatte (LG Berlin,

GE 1993, 990 f.). Ist dagegen eine noch zu erstellende Wohnung vermietet und vereinbart worden, dass die Wohnung frühestens einen Monat nach Fertigstellung überlassen wird, ohne dass ein bestimmter Fertigstellungszeitpunkt vereinbart worden ist, so kommt es darauf an, ob sich aus den sonstigen – bei Vertragsabschluss vorliegenden – Umständen ergibt, wann mit der Fertigstellung der Wohnung zu rechnen war. In diesem Fall muss der Mieter zunächst ab diesem Zeitpunkt den Vermieter zur Überlassung der Wohnung auffordern, um ihn in Verzug zu setzen. Zudem muss er dem Vermieter eine angemessene Frist mit der Erklärung bestimmen, dass er den Bezug der Wohnung nach dem Ablauf der Frist ablehne (§ 326 Abs. 1 Satz 1). Erst nach dem Ablauf dieser angemessenen Frist ist er berechtigt zurückzutreten, wenn nicht der Vermieter inzwischen die Wohnung fertig gestellt und dem Mieter übergeben hat. Dieselben Voraussetzungen sind zu erfüllen, um den Mietvertrag kündigen zu können; denn auch die fristlose Kündigung ist grundsätzlich erst zulässig, wenn der Mieter einen Anspruch auf Überlassung der gemieteten Sache hat und dem Vermieter eine angemessene Frist gesetzt hat, ohne dass dieser dem Mieter die Mietsache zum vertragsgemäßen Gebrauch überlassen hat (§ 543 Abs. 3 Satz 1). Lediglich in Ausnahmefällen (z.B. endgültige Ablehnung der Gebrauchsüberlassung) bedarf es keiner Fristbestimmung (§ 543 Abs. 3 Satz 2 Nr. 1). Auch insoweit sind die Voraussetzungen des § 326 und des § 543 gleich. Der Mieter kann ohne Bestimmung einer Frist vom Mietvertrag zurücktreten, wenn für ihn die Erfüllung des Mietvertrags infolge des Verzugs des Vermieters mit der Überlassung der Mietsache kein Interesse mehr hat (§ 326 Abs. 2). Auch für die Ausübung des Kündigungsrechts bedarf es der Bestimmung einer Frist nicht, wenn eine Frist oder Abmahnung offensichtlich keinen Erfolg verspricht oder die sofortige Kündigung aus besonderen Gründen unter Abwägung der beiderseitigen Interessen gerechtfertigt ist (§ 543 Abs. 3 Satz 2 Nr. 1 und 2). Ein Interessenwegfall kann z.B. dann angenommen werden, wenn die Fertigstellung der Wohnung voraussichtlich noch übermäßig lange dauern wird oder wenn der Vermieter sich von vornherein weigert, auf eine zügige Fertigstellung der Wohnung zu drängen. Bei der Auslegung einer vertraglichen Bestimmung über den Mietzeitbeginn für ein noch zu erstellendes Gewerbeobjekt („Bezugsfertigkeit") ist maßgeblich auf die Interessenlage beider Parteien abzustellen (BGH, NZM 1998, 156).

Nach Überlassung der Wohnung gelten dagegen die §§ 536 ff. und somit nur noch das   21
Sonderkündigungsrecht gem. § 543, selbst wenn die Mietsache für den vertraglichen Gebrauch völlig untauglich ist und dieser Fehler nie behoben werden kann (BGHZ 93, 142). Lediglich soweit die Unmöglichkeit der Vermieterleistung auf anderen Gründen als einem Sachmangel beruht, z.B. Untergang der Mietsache, geht § 323 – ab 1.1.2002: § 275 i.d.F. des SchuldRModG – mit der Folge vor, dass bei nicht zu vertretender Unmöglichkeit der Vermieter von seiner Leistung frei wird.

3.1.3 Nichtgewährung des Gebrauchs bzw. Gebrauchsentziehung

Das Kündigungsrecht besteht immer dann, wenn der vertragsmäßige Gebrauch der ge-   22
mieteten Sache nicht rechtzeitig gewährt oder wieder entzogen wird. Dabei kommt es auf den Inhalt und Umfang des vertragsmäßigen Gebrauchs an. Dazu gehört nicht nur die Überlassung der gemieteten Sache, sondern auch die Überlassung ohne Sach- oder Rechtsmängel i.S.d. §§ 536 ff. oder mit der zugesicherten Eigenschaft. Ist infolge dieses Sach- oder Rechtsmangels der vertragsmäßige Gebrauch der Mietsache **von Anfang an**

nicht möglich, liegt ein Fall der **Nichtgewährung** vor. Tritt der Sach- oder Rechtsmangel **nachträglich** auf, so liegt hierin eine **Gebrauchsentziehung**. Beide berechtigen zur fristlosen Kündigung gem. § 543 Abs. 2 Satz 1 Nr. 1, wenn es sich um eine nicht unerhebliche (§ 543 Abs. 4 Satz 1 i.V.m. § 536b) Änderung oder Vorenthaltung des Gebrauchs handelt. Fehlt die erforderliche behördliche Genehmigung zur vertragsgemäßen Nutzung, ist der Mieter zur Kündigung erst berechtigt, wenn ihm durch eine mit einer Zwangsmittelandrohung verbundene Ordnungsverfügung die vertragsgemäße Nutzung untersagt wird (OLG Köln, ZMR 1998, 227).

23   Ein Fall der **Nichtgewährung** des vertragsmäßigen Gebrauchs liegt darin, dass bei Vermietung eines Computers mit Programm nur der Computer, nicht jedoch die zugehörige Software geliefert wird (BGH, LM Nr. 27 zu § 536 = NJW 1988, 204 = CR 1988, 111 = WuM 1987, 1131). Das Gleiche gilt für den Fall, dass Teile der Hardware fehlen (BGH, NJW 1993, 122). Dagegen bedeutet die schlechte Ertragslage eines Geschäftsraums keine Vorenthaltung des vertragsmäßigen Gebrauchs (OLG Düsseldorf, BB 1991, 159), es sei denn, ein bestimmter Mindestumsatz ist zugesichert worden. Ein Verschulden des Vermieters ist ebenso wenig erforderlich (BGH, LM Nr. 6 zu § 542 = NJW 1974, 2233) wie die Behebbarkeit des Mangels (Palandt/Weidenkaff, § 542 Rn. 5).

24   Das **Kündigungsrecht ruht** jedoch so lange, wie der **Mieter** aus Gründen, die in seiner Person liegen, **am Mietgebrauch gehindert** ist. Nach Wegfall dieses Hinderungsgrundes lebt das Kündigungsrecht jedoch wieder auf, sobald er zu erkennen gibt, dass er die Mietsache wieder gebrauchen will und kann, und der Vermieter dann nicht erfüllungsbereit ist (BGHZ 38, 295 [299] ff.; BGH, LM Nr. 3 zu § 542 = NJW 1970, 1791). Unterlässt der Mieter die Nutzung des vermieteten Objekts freiwillig, so kann er gleichwohl kündigen (LG Hamburg, ZMR 1998, 560).

25   Der Mieter kann außerdem fristlos kündigen, wenn ihm der vertragsgemäße Gebrauch der gemieteten Sache ganz oder zum Teil **wieder entzogen wird**. Darunter fällt jede erhebliche Störung des Mietgebrauchs durch das nachträgliche Auftreten eines Sach- oder Rechtsmangels, wie z.B. die Beschädigung der Hauseingangstür mit der Folge, dass diese von außen nicht geöffnet werden kann (LG Berlin, Urteil vom 3.12.1999, 64 S 325/99, GE 2000, 206 = NZM 2000, 710 = ZMR 2000, 176). Der Mieter kann gem. § 543 Abs. 2 Satz 1 Nr. 1 dann fristlos kündigen, wenn der Vermieter beabsichtigt, das Mietobjekt umfangreich zu sanieren und von Grund auf zu renovieren (OLG Brandenburg, NJWE-MietR 1997, 224), wenn die Heizung ausfällt, weil die Versorgungswerke den elektrischen Strom infolge von Zahlungsrückständen des Vermieters abgestellt haben (LG Saarbrücken, WuM 1995, 159), wenn ständig Wasser in die Mieträume eindringt (OLG Düsseldorf, ZMR 1999, 27; LG Stuttgart, NZM 1998, 483), wenn Schimmelpilz (LG Berlin, GE 1998, 1465 = ZMR 1999, 27) oder Ungeziefer in erheblichem Maße auftritt (LG Freiburg, WuM 1986, 246), wenn Geruchsbelästigungen in erheblichem Umfang auftreten (OLG Düsseldorf, OLGZ 1988, 485; LG Augsburg, WuM 1986, 137), wenn erhebliche Lärmbelästigungen von einer benachbarten Großbaustelle (OLG Köln, NJW 1972, 1842; LG Hamburg, WuM 1986, 313; a.A. OLG Düsseldorf, NZM 1998, 481 = NJW-RR 1998, 1236) oder von Knallgeräten zur Abwehr von Vögeln (AG Berlin-Schöneberg, NJW-RR 1998, 370), vom Flugverkehr oder vom Vermieter, Mitmieter oder

von Dritten (OLG Hamburg, MDR 1972, 953; LG Duisburg, WuM 1988, 264; LG Hamburg, WuM 1985, 313; AG Lübeck, DWW 1988, 130) ausgehen. Auch die Duldung eines Bordellbetriebs durch den Vermieter (LG Kassel, WuM 1987, 122; LG Frankfurt/Main, WuM 1987, 122; LG Frankfurt/Main, WuM 1987, 55) kann den Mieter zur Kündigung berechtigen, ebenso häufige Einbrüche in Gewerberäume, die deshalb auch nicht mehr versichert werden können (OLG Naumburg, NZM 1998, 438).

Hat der Mieter einen Anspruch auf Erlaubnis zur **Untervermietung** und verweigert der 26 Vermieter sie ohne Grund, kann der Mieter nicht nur nach § 540 Abs. 1 Satz 2, sondern auch nach § 543 Abs. 2 Satz 1 Nr. 1 kündigen (OLG Düsseldorf, WuM 1995, 585; LG Berlin, MM 1995, 144). Dagegen kann der Untermieter das Untermietverhältnis nicht schon allein deswegen kündigen, weil die Untermieterlaubnis des Hauptvermieters nicht vorliegt (BGH, WuM 1987, 116 = ZMR 1987, 143). Der Untermieter kann aber dem Mieter eine angemessene Frist setzen, die Untermieterlaubnis des Hauptvermieters beizubringen, und nach Ablauf der angemessenen Frist das Mietverhältnis fristlos kündigen (BGH, a.a.O.). Dagegen kann der Untermieter das Untermietverhältnis fristlos kündigen, wenn der Hauptvermieter das Mietverhältnis mit dem Mieter wegen fehlender Untermieterlaubnis gekündigt hat und deswegen den Untermieter auf Räumung der Mietsache gem. § 546 Abs. 2 in Anspruch nimmt (BGH, NJW 1975, 44).

3.1.4 Fristsetzung

Die Kündigung ist grundsätzlich erst zulässig, nachdem der Mieter dem Vermieter erfolglos eine **angemessene Frist** zur Beseitigung der Störung gesetzt hat (§ 543 Abs. 3 Satz 1). Der Mieter muss den Vermieter zunächst auffordern, die Sach- oder Rechtsmängel, die zu einer erheblichen Hinderung oder Vorenthaltung des Gebrauchs geführt haben, zu beseitigen. Dazu müssen diese Mängel der Art, dem Umfang und dem Zeitpunkt nach, in dem sie aufgetreten sind, genau bezeichnet werden. Ferner muss der Mieter den Vermieter auffordern, diese Mängel zu beseitigen, wozu eine bloße Mängelanzeige nicht ausreicht. Schließlich muss der Mieter dem Vermieter auch noch eine Frist zur Beseitigung dieser Mängel setzen. Die Länge dieser Frist hängt davon ab, innerhalb welchen Zeitraums dem Vermieter die Beseitigung der Mängel zugemutet werden kann (AG Lübeck, DWW 1988, 180). Kann der Mangel kurzfristig beseitigt werden, kann eine sehr kurze Frist gesetzt werden. Ist die vom Mieter gesetzte Frist zu kurz, so tritt an die Stelle dieser Frist die – notfalls durch Urteil zu bestimmende – angemessene Frist (LG Frankfurt/Main, WuM 1987, 55; LG Berlin, GE 1986, 37; LG Hamburg, ZMR 1998, 550).

Eine **Fristsetzung** ist dann **entbehrlich**, wenn der Vermieter die Abhilfe ernstlich und 28 endgültig verweigert (BGH, NJW 1976, 796) oder wenn eine Mängelbeseitigung innerhalb angemessener Frist unmöglich ist (OLG Karlsruhe, ZMR 1988, 223; OLG Hamm, ZMR 1983, 273).

Die **Fristsetzung** ist ferner dann **entbehrlich**, wenn die sofortige Kündigung aus besonderen Gründen unter Abwägung der beiderseitigen Interessen gerechtfertigt ist (§ 543 Abs. 3 Satz 2 Nr. 2). Von daher kann eine fristlose Kündigung ohne Fristsetzung z.B. dann möglich sein, wenn die Heizung längere Zeit trotz wiederholter Reparaturversuche ausfällt (BGH, WarnR 1969, Nr. 347) oder wenn die Abhilfe bei der Gebrauchsentziehung nicht oder nur unter Bedingungen möglich ist, die dem Mieter nicht zumutbar sind (OLG Brandenburg, NJWE-MietR 1997, 224).

29 Schließlich setzt das Kündigungsrecht noch voraus, dass der Vermieter die ihm vom Mieter gesetzte Frist fruchtlos hat verstreichen lassen. Hat der Vermieter ihm vom Mieter gesetzte Fristen zur Herstellung des vertragsgemäßen Gebrauchs wiederholt ungenutzt verstreichen lassen, so kann der Mieter auch dann nach § 543 Abs. 2 Satz 1 Nr. 1 fristlos kündigen, wenn der Vermieter am Tage des Ablaufs der ihm neuerlich gesetzten Frist mit den Instandsetzungsarbeiten beginnt (OLG Düsseldorf, WuM 1995, 393 = ZMR 1995, 341).

Grundsätzlich **reicht allein der Ablauf der Frist aus**, um das **Kündigungsrecht zu begründen**. Warum der Vermieter innerhalb der ihm vom Mieter gesetzten angemessenen Frist den Mangel nicht beseitigt hat, ist unerheblich. Daher besteht das Kündigungsrecht auch dann, wenn den Vermieter kein Verschulden trifft (BGH, LM Nr. 6 zu § 542; BGH, WuM 1967, 515). Auch eine teilweise Beseitigung der Störung durch den Vermieter reicht nicht aus, um das Kündigungsrecht des Mieters zu beseitigen.

3.1.5 Ausschluss der Kündigung bei unerheblichen Mängeln

30 Die in § 542 Abs. 2 a.F. enthaltene Einschränkung, dass die unerhebliche Hinderung oder Vorenthaltung des Gebrauchs die Kündigung nur im Falle eines besonderen Interesses des Mieters rechtfertigt, findet sich in der Neuregelung des § 543 Abs. 2 Nr. 1 nicht. Insoweit ist aber die Generalklausel des § 543 Abs. 1 heranzuziehen, dass eine Kündigung dann unzulässig ist. Ob die Störung des vertragsmäßigen Gebrauchs nur unerheblich ist, ist nach den Gesamtumständen des Einzelfalls, insbesondere nach dem Vertragszweck zu beurteilen. Hat der Mieter bei Vertragsabschluss auf besondere Eigenschaften der Mietsache Wert gelegt und hat der Vermieter ihm diese zugesichert, so ist grundsätzlich eine erhebliche Störung anzunehmen, wenn sie nicht vorliegen. Im Übrigen kann ein Sach- oder Rechtsmangel nur dann als unerheblich qualifiziert werden, wenn es sich nur um eine unerhebliche Gebrauchsbeeinträchtigung handelt. Das wäre z.B. der Fall, wenn eine Minderung wegen dieses Mangels nicht gerechtfertigt wäre (vgl. dazu § 536 Rn. 4, 11).

3.1.6 Ausschluss der Kündigung bei vorbehaltloser Annahme der Mietsache in Kenntnis des Mangels

31 Die Kündigung ist auch dann ausgeschlossen, wenn der Mieter in Kenntnis **des anfänglichen Mangels**, der zu einer vollständigen oder teilweisen Entziehung des Gebrauchs der Mietsache geführt hat, längere Zeit die Miete in voller Höhe zahlt, ohne den Mangel anzuzeigen oder sich die Rechte wegen dieses Mangels vorzubehalten (so auch für nachträglich aufgetretene Mängel: BGH, Urteil vom 31.5.2000, XII ZR 41/98, GE 2000, 215 = ZMR 2000, 666 = NZM 2000, 825 = WUM 2000, 416 = MDR 2000, 1004 = DWW 2000, 305). Auf das dem Mieter nach § 543 Abs. 2 Satz 1 Nr. 1 zustehende Kündigungsrecht finden die §§ 536b, 536d, 469 bis 471 entsprechende Anwendung (§ 543 Abs. 4 Satz 1). Ob das weiterhin den Ausschluss des Kündigungsrechts auch in dem Fall bedeutet, in dem der Mieter trotz des **später aufgetretenen Mangels**, der zur teilweisen oder vollständigen Gebrauchsentziehung führt, die Miete ohne jeden Vorbehalt vollständig zahlt, erscheint fraglich (vgl. dazu u.a. Wichert, ZMR 2001, 262 [263]).

32 Voraussetzung des Kündigungsausschlusses ist einmal die **positive Kenntnis vom Mangel**.

Die positive Kenntnis von späterem Flug- oder Schienenverkehrslärm kann nicht schon dann angenommen werden, wenn der Mieter eine Wohnung in der Nähe eines stillgelegten Flugplatzes oder einer nur eingleisigen Bahnnebenstrecke mietet, ohne dass Anhaltspunkte für eine Wiedereröffnung des Flughafens oder des Ausbaus der Bahnstrecke bestehen. Ist bei Abschluss des Vertrags ein behördliches Genehmigungsverfahren anhängig und wird später die Genehmigung für die Wiedereröffnung des Flughafens oder den Ausbau der Bahnstrecke erteilt, so kommt es darauf an, ob der Mieter mit der Erteilung der Genehmigung rechnete oder rechnen musste. Positive Kenntnis ist aber dann anzunehmen, wenn der Mieter die tatsächlichen Umstände kannte, aus denen sich die späteren Beeinträchtigungen ergaben (OLG München, NJW-RR 1994, 654 m.w.N.). Das wäre z.B. der Fall, wenn der Mieter in ein erkennbar instandsetzungsbedürftiges Haus einzieht, in dem schon Instandsetzungsmaßnahmen begonnen haben.

Kenntnis des Mangels liegt aber dann nicht vor, wenn der Mietvertrag vor Fertigstellung des im Bau befindlichen Hauses abgeschlossen wird. Mangels abweichender Vereinbarung kann der Mieter vielmehr davon ausgehen, dass die vermietete Sache bis zum Vertragsbeginn fertig gestellt und etwaige bei Vertragsschluss noch vorhandene Mängel bis zum Mietvertragsbeginn beseitigt werden (OLG Hamburg, GE 1996, 49; LG Mannheim, WuM 1974, 52 f.). Wird die Wohnung dann nicht rechtzeitig fertig, zieht der Mieter aber dennoch ein und zahlt die Miete trotz verschiedener Mängel, die einer nicht rechtzeitigen Gebrauchsgewährung oder teilweisen Gebrauchsentziehung gleichstehen, über längere Zeit in voller Höhe vorbehaltlos, so ist er jedoch wiederum mit seinem Kündigungsrecht ausgeschlossen.

Bei einer **Mehrheit von Mietern** reicht es aus, wenn einer von ihnen positive Kenntnis 33
von der Gebrauchsentziehung hatte.

Umstritten ist, wie lange die Miete vorbehaltlos gezahlt worden sein muss, um die 34
Rechte des Mieters auszuschließen. Eine **vorbehaltlose Zahlung** über sechs Monate
reicht auf jeden Fall aus (LG Köln, WuM 1985, 15; LG Paderborn, MDR 1989, 455; AG
Frankfurt/Main, NJW-RR 1992, 973 = WuM 1992, 242). Aber auch die vorbehaltlose
Zahlung der Miete in Kenntnis des Mangels für nur zwei Monate (so LG Berlin, GE
1998, 1275) reicht zum Verlust des Kündigungsrechts aus.

Die **Erklärung des Vorbehalts** muss dem Vermieter auch **zugehen**. Daher empfiehlt es 35
sich, den Vorbehalt schriftlich zu erklären. Aber auch in diesem Fall ist der Mieter dafür
beweispflichtig, dass die Erklärung des Vorbehalts dem Vermieter zugegangen ist. Dafür
reicht allein der Nachweis des Einwurfs in den Postbriefkasten nicht aus; denn Postsendungen können auch verloren gehen. Auch die von der Post durch Rückschein dokumentierte Übergabe des Schreibens an den Vermieter reicht nur dann aus, wenn bewiesen
werden kann, dass zur fraglichen Zeit gerade das Mängelvorbehaltsschreiben dem Vermieter zugegangen ist; dasselbe gilt für die Übersendung durch Übergabeeinschreiben.
Wird der Vermieter bei dem Übergabeversuch nicht angetroffen und das Mängelvorbehaltsschreiben auf der zuständigen Postanstalt hinterlegt, so gilt das Vorbehaltsschreiben
erst zu demjenigen Zeitpunkt beim Vermieter als zugegangen, in dem das Schreiben vom
Vermieter abgeholt wird. Bei Übermittlung des Vorbehalts durch Telefax muss der Mieter den Sendebericht und das Originalschreiben aufbewahren, um den Zugang nachweisen zu können; allerdings reicht der Sendebericht dann nicht aus, wenn der Vermieter

erklärt, er habe nur ein leeres Blatt bekommen; dann muss der Mieter vielmehr beweisen, dass er das Vorbehaltsschreiben derart (richtig) in das Faxgerät eingelegt hat, dass der Text auch gesendet wurde.

Hat der Mieter den entsprechenden Vorbehalt auf der Banküberweisung gemacht, muss er nachweisen, dass dieser Vorbehalt auch vom Bankinstitut dem Vermieter übermittelt wurde; insoweit ist die Praxis der einzelnen Bankinstitute unterschiedlich.

Daher empfiehlt es sich, das Mängelvorbehaltsschreiben in Zeugengegenwart in den Hausbriefkasten des Vermieters einzuwerfen oder dort direkt abzugeben und sich bestätigen zu lassen, dass der Vermieter das Original mit der Unterschrift des/der Mieter/s erhalten hat.

3.1.7 Kündigungserklärung

36 Nach Ablauf der von ihm gesetzten Frist kann der Mieter das Mietverhältnis kündigen, **ohne dass er grundsätzlich dafür eine Frist einhalten muss.** Da es sich jedoch um eine fristlose Kündigung handelt, darf der Mieter mit dem Ausspruch der Kündigung **nicht zu lange abwarten,** denn ein längeres Zuwarten könnte dafür sprechen, dass lediglich eine unerhebliche Hinderung oder Vorenthaltung des Gebrauchs vorliegt. Daher ist z.B. eine Kündigung nach drei Jahren nach Kenntnis von den Kündigungsvoraussetzungen als verwirkt angesehen worden (OLG Celle, ZMR 1995, 298). Entscheidend dürfte insoweit sein, wie schwer der Mangel wog, welcher Zeitraum zwischen dem Fristablauf für die Mängelbeseitigung und dem Ausspruch der Kündigung lag und ob und wann der Mieter nach Fristablauf bereits Dispositionen für eine Vertragsänderung getroffen hat (so auch Sternel, Mietrecht aktuell, Rn. 444). Grundsätzlich sollte der Mieter möglichst kurze Zeit nach Fristablauf kündigen.

37 Das Kündigungsrecht kann – abgesehen von einem längeren Zuwarten nach Ablauf der zur Mängelbeseitigung gesetzten Frist – auch deswegen **ausgeschlossen** sein, weil der Mangel auf ein **Verschulden oder Mitverschulden des Mieters** zurückzuführen ist (BGH, NJW 1998, 594 = GE 1998, 175 = ZMR 1998, 211; OLG Düsseldorf, ZMR 1994, 402) oder der Mieter durch sein eigenes Verhalten maßgeblich die Beseitigung des Mangels verhindert hat (OLG Düsseldorf, ZMR 1993, 522). Auch wenn der Mieter unter Fristsetzung nur Ersatzvornahme – d.h. Beseitigung des Mangels durch ihn selbst – angedroht hat, ist das Kündigungsrecht ausgeschlossen (OLG Hamm, NJW-RR 1991, 1035).

3.1.8 Beweislast

38 Der **Mieter** muss das Vorliegen eines erheblichen Mangels (BGH, NJW 1985, 2328), die Aufforderung zur Mängelbeseitigung mit Fristsetzung sowie den Ausspruch und den Zugang der Kündigung beweisen. Wenn der Mangel beim Mietgebrauch entstanden ist und Ursachen, die in den Obhuts- und Verantwortungsbereich des Vermieters fallen, ausgeräumt sind, trägt der Mieter auch die Beweislast dafür, dass er die Gebrauchsbeeinträchtigung nicht zu vertreten hat (BGH, a.a.O.).

39 Der **Vermieter** muss die rechtzeitige Gebrauchsgewährung und/oder die Abhilfe vor Fristablauf beweisen (§ 543 Abs. 4 Satz 2). Liegt zwar ein Sach- oder Rechtsmangel vor, beruft sich aber der Vermieter darauf, dass dadurch der Mietgebrauch nur unerheblich beeinträchtigt worden ist, so muss der Vermieter die Unerheblichkeit der Gebrauchsbe-

hinderung darlegen und beweisen, ebenso wie das Verschulden oder die Kenntnis des Mieters, wenn er sich darauf beruft, dass der Mieter nicht innerhalb einer angemessenen Frist nach der von ihm zur Mängelbeseitigung gesetzten Frist das Mietverhältnis gekündigt hat.

3.1.9 Muster
Fristlose Kündigung wegen Nichtgewährung des Gebrauchs: 40
Aufforderungsschreiben des Mieters zur Überlassung der Mietsache →[✎ 543-1]

...
(Mieteranschrift)

...
(Datum)

Einschreiben/Rückschein

Frau/Herrn

...
(Vor- und Zuname/n des Vermieters/der Vermieter)

...
(Straße, Hausnummer, Ort)

Sehr geehrte(r) Frau/Herr ...!
Mit Mietvertrag vom ... mietete ich von Ihnen die Wohnung im ... Erdgeschoss/Obergeschoss des Vorderhauses/Hinterhauses/Seitenflügels/Quergebäudes/Gartenhauses ...straße in ... Das Mietverhältnis sollte laut § ... des Mietvertrags am ... beginnen. Bisher wurden mir die Mieträume nicht übergeben. Daher fordere ich Sie auf, mir die Mieträume nunmehr bis spätestens zum ... zu überlassen, und zwar einschließlich der Haustür-, Briefkasten-, Keller- sowie Wohnungsschlüssel. Sollte die Mietsache einschließlich der Schlüssel nicht innerhalb dieser Frist an mich übergeben worden sein, behalte ich mir vor, das Mietverhältnis fristlos zu kündigen. Schadensersatzansprüche wegen der nicht rechtzeitigen bzw. ausbleibenden Gebrauchsüberlassung behalte ich mir ausdrücklich vor.

Mit freundlichen Grüßen

...
(Unterschrift der/des Mieter/s)

41   **Fristlose Kündigung durch den Mieter wegen Nichtgewährung des vertragsgemäßen Gebrauchs →[✎ 543-2]**

...
(Mieteranschrift)   (Datum)
...

Einschreiben/Rückschein

Frau/Herrn
...
(Vor- und Zuname/n des Vermieters/der Vermieter)

...
(Straße, Hausnummer, Ort)

Sehr geehrte(r) Frau/Herr ...!
Mit Schreiben vom ... hatte ich Sie aufgefordert, mir die mit Mietvertrag vom ...
gemietete Wohnung im ... Erdgeschoss/Obergeschoss des Vorderhau-
ses/Hinterhauses/Seitenflügels/Quergebäudes/Gartenhauses ...straße in ... bis zum ...
mit allen Schlüsseln zu übergeben. Sie haben mir mitgeteilt, dass dies noch nicht
möglich sei, weil ... Nach Ablauf der von mir gesetzten angemessenen Frist sehe ich
mich daher gezwungen, den oben näher bezeichneten Mietvertrag fristlos zu kündigen.
Hilfsweise kündige ich das Mietverhältnis auch fristgemäß zum nächstzulässigen
Zeitpunkt.
Da Ihnen keinerlei Miet- oder sonstige Ansprüche aus dem Mietverhältnis gegen
mich zustehen, fordere ich Sie auf, die bereits bei Mietvertragsschluss von mir gezahlte Mietkaution unverzüglich an mich zurückzuzahlen. Falls die Zahlung nicht
binnen zehn Tagen auf meinem Ihnen bekannten Bankkonto eingeht, sehe ich mich
zusätzlich gezwungen, neben den gesetzlichen Zinsen auf die Mietkaution Verzugszinsen zu verlangen.

Mit freundlichen Grüßen
...
(Unterschrift der/des Mieter/s)

3.2   Fristlose Kündigung bei vertragswidrigem Gebrauch

42   Der Vermieter kann das Mietverhältnis dann fristlos kündigen, wenn der Mieter die
Mietsache durch **Vernachlässigung der ihm obliegenden Sorgfalt erheblich gefährdet
oder sie unbefugt einem Dritten überlässt**. Die Kündigung ist jedoch erst nach erfolglosem Ablauf einer zur Abhilfe bestimmten angemessenen **Frist** oder nach erfolgter
Abmahnung des Vermieters zulässig.

3.2.1 Anwendungsbereich

Die fristlose Kündigung wegen vertragswidrigen Gebrauchs ist sowohl bei einem Miet- 43
verhältnis als auch bei einem Pachtverhältnis zulässig, nicht dagegen **bei einem Leihverhältnis** (BGH, NJW 1992, 496). Die Kündigung ist bei der Vermietung sowohl von
beweglichen als auch von unbeweglichen Sachen, bei Wohn- und Gewerberaummietverhältnissen zulässig. Das Kündigungsrecht aus § 543 Abs. 2 Satz 1 Nr. 2 steht grundsätzlich (Ausnahme: Kündigung von Räumen – OLG Düsseldorf, ZMR 1990, 57; OLG
Koblenz, GE 1997, 1101 = WuM 1997, 482 = ZMR 1997, 578 = NZM 1998, 229) selbständig neben den anderen Kündigungsrechten, also auch neben dem Kündigungsrecht
aus § 543 Abs. 1 (BGH, LM Nr. 62 zu § 535 = WuM 1978, 271; LM Nr. 39 zu § 705 =
NJW 1983, 749; a.A. Palandt/Weidenkaff, § 553 Rn. 1). Der Vermieter kann jedoch
nicht mehr gem. § 326 (ab 1.1.2002: § 323 i.d.F. des SchuldRModG) wegen Verzugs des
Mieters zurücktreten, wenn er die Mietsache bereits dem Mieter überlassen hat; liegen
insoweit die Tatbestandsvoraussetzungen des § 543 vor, kann der Vermieter vielmehr
nach Überlassung der Mietsache nur noch nach dieser Vorschrift kündigen (BGHZ 50,
312 [315]).

3.2.2 Kündigungsgründe

Die Kündigung kann sowohl darauf gestützt werden, dass der Mieter durch die Ver- 44
nachlässigung der ihm obliegenden Sorgfalt die Mietsache erheblich gefährdet oder er
die Mietsache unbefugt einem Dritten überlässt.

Die **Vernachlässigung** der dem Mieter obliegenden **Sorgfaltspflicht** ist eine der zwei
Voraussetzungen des entsprechenden Kündigungstatbestands. Zur Sorgfaltspflicht gehören die Obhutspflicht sowie die Anzeigepflicht gem. § 536c.

Allein darin, dass der Mieter das gemietete Objekt nicht nutzt, liegt kein Kündigungs- 45
grund (LG Frankfurt/Main, WuM 1986, 249; AG Hamburg, NZM 1998, 477); anders ist
es jedoch dann, wenn der ausgezogene Mieter während der Heizperiode nicht heizt, so
dass die Gefahr von Rohrbrüchen besteht. Jedoch führt allein der höhere Heizenergiever-
brauch der unter oder über der Wohnung des ausgezogenen Mieters liegenden Wohnungen nicht dazu, eine Sorgfaltspflichtverletzung des ausgezogenen Mieters anzunehmen.

Die einmalige Verursachung eines Wohnungsbrandes kann zur fristlosen Kündigung
führen, wenn die aus der Nutzung der Wohnung sich ergebende Gefahr der Wiederholung trotz Abmahnung nicht beseitigt worden ist (z.B. drogenabhängiger Mieter lebt in
der Einzimmerwohnung auf Matratzen, umgeben von Kerzen, durch deren Hitze er den
„Stoff" jeweils zur Injektion vorbereitet).

Der Betrieb eines äußerlich einwandfrei funktionierenden Haushaltsgeräts ohne Aufsicht 46
ist nicht schon dann vertragswidrig, wenn bei seinem Betrieb Schäden entstehen. Daher
kann demjenigen Mieter nicht gekündigt werden, der nicht bemerkt, dass beim Betrieb
seiner Geschirrspülmaschine Wasser hinter dem Gerät zur Wand läuft und dort versi-
ckert, wenn selbst ein Fachmann dies nicht erkennen konnte (LG Gießen, ZMR 1997,
301 = NJWE-MietR 1997, 146). So kann die Implosion eines Fernsehgeräts auch dann
nicht zum Anlass für eine fristlose Kündigung genommen werden, wenn dadurch ein
Brand in der Wohnung entsteht; denn allein der Betrieb des Fernsehgeräts stellt für sich
gesehen noch nicht eine Verletzung der Sorgfaltspflicht dar (LG Stendal, WuM 1993,

597 f.). Auch der ordnungsgemäße Betrieb einer Waschmaschine ohne Aufsicht ist noch keine Verletzung der Sorgfaltspflicht. Die Sorgfaltspflicht wird erst dann verletzt, wenn ein erkanntermaßen nicht einwandfreies Gerät weiter benutzt wird, obwohl bereits bei seinem vorangegangenen Betrieb Schäden an der Mietsache entstanden sind (AG Achen, DWW 1974, 237; AG Aachen, NJW-RR 1992, 76).

47 **Einbauten des Mieters** stellen – auch dann, wenn sie ohne Genehmigung des Vermieters erfolgen – grundsätzlich keine Sorgfaltspflichtverletzung dar (AG Berlin-Schöneberg, GE 1992, 1159). Etwas anderes gilt für bauliche Veränderungen des Mieters, mit denen er in die bauliche Substanz des Hauses eingreift (BGH, NJW 1974, 1463; LG Hamburg, WuM 1992, 190; AG Köln, WuM 1985, 288). Reißt der Mieter daher Wände – auch nichttragende – zwischen zwei Zimmern ein, ohne zuvor die Einwilligung des Vermieters eingeholt zu haben, so liegt darin ein Kündigungsgrund zumindest dann, wenn der Mieter diese Veränderungen trotz Abmahnung oder Fristsetzung nicht rückgängig macht oder sich von vornherein weigert. Der Vermieter ist auch dann zur fristlosen Kündigung berechtigt, wenn der Mieter den ohne Genehmigung vorgenommenen Einbau von Dusche, Handwaschbecken und Toilettenschüssel trotz Abmahnung nicht rückgängig macht (AG Berlin-Tiergarten, GE 2000, 127). Dies gilt jedenfalls dann, wenn der Mieter keinen Anspruch auf Duldung der baulichen Maßnahme hatte; insoweit muss eine Abwägung der Interessen des Vermieters an der unveränderten Erhaltung der gemieteten Sache und dem Interesse des Mieters an einer – möglicherweise auch behindertengerechten (vgl. dazu BVerfG, GE 2000, 670) – Nutzung erfolgen. Allein das Auswechseln der Fliesen im Badezimmer dürfte dagegen noch nicht als kündigungsbegründende Sorgfaltspflichtverletzung einzustufen sein. Ebenso wenig rechtfertigt allein die Nichtausführung der vertraglich übernommenen Schönheitsreparaturen die fristlose Kündigung (LG Hamburg, WuM 1984, 85; LG Itzehoe, WuM 1989, 76; LG Münster, WuM 1991, 33; AG Rheine, WuM 1987, 153; AG Köln, WuM 1988, 110; AG Düsseldorf, WuM 1990, 149; a.A. AG Berlin-Schöneberg, GE 1992, 729 für den Fall, dass der Vermieter vorher ein rechtskräftiges Urteil gegen den Mieter erwirkt hat, mit dem dieser verpflichtet worden ist, die Mieträume zu renovieren). Lagert der Mieter dagegen Gerümpel und Müll in einer Weise und einem Umfang, dass entweder die Mitmieter (z.B. durch Gerüche) belästigt werden oder die Bausubstanz konkret gefährdet ist (z.B. wegen Überlastung der Geschossdecken infolge des Gewichts der gelagerten Gegenstände), dann ist die fristlose Kündigung gerechtfertigt (AG Rheine, WuM 1987, 153). Wird die Sicherheit des Hauses nicht beeinträchtigt, liegt kein Grund für eine fristlose Kündigung vor (AG Friedberg/Hessen, WuM 1991, 686) – es kann aber eine fristgemäße ordentliche Kündigung gem. § 573 Abs. 2 Nr. 1 BGB in Betracht kommen.

48 Die Kündigung ist ferner wegen **unerlaubter Gebrauchsüberlassung** zulässig. Unerlaubte Gebrauchsüberlassung liegt dann vor, wenn der Mieter die Mietsache einem Dritten überlassen hat, ohne dazu nach dem Vertrag berechtigt zu sein oder ohne die vertraglich notwendige Einwilligung des Vermieters in die Gebrauchsüberlassung eingeholt zu haben. Insoweit ist unerheblich, ob die Formularklausel im Mietvertrag

Muster
Mietvertragsklausel

> Der Mieter darf die Mieträume nur mit schriftlicher Erlaubnis des Vermieters untervermieten.

deswegen unwirksam ist, weil die Schriftform nicht formularmäßig vereinbart werden kann (BGH, NJW 1991, 1750); denn auch ohne Klausel im Mietvertrag ist der Mieter nicht berechtigt, die Mietsache ohne Einwilligung des Vermieters einem Dritten zu überlassen. Daher ist jede unerlaubte Gebrauchsüberlassung an einen Dritten ein Kündigungsgrund. Dies gilt auch für die Untervermietung. Daher kommt es nicht darauf an, ob dem Dritten ein selbständiger, d.h. vom Mieter unabhängiger Gebrauch an der Mietsache eingeräumt wird oder es sich lediglich um einen unselbständigen Mitgebrauch handelt (OLG Hamm, OLGZ 1982, 481 = NJW 1982, 2876 = WuM 1982, 318; BayObLG, MDR 1984, 316; OLG Karlsruhe, WuM 1987, 180 = ZMR 1987, 263). Daher liegt eine unbefugte Gebrauchsüberlassung der Mietsache auch darin, dass der Mieter die Untervermietung durch den Untermieter nicht verhindert (OLG Hamm, NJW-RR 1992, 783) oder der Mieter seinerseits unbefugt Untermieter aufnimmt (BayObLG, ZMR 1991, 64).

Von der unerlaubten Untervermietung muss jedoch die **Aufnahme von nahen Familienangehörigen** des Mieters in die Wohnung unterschieden werden (vgl. dazu näher § 553 Rn. 8 ff.). Dritte i.S.d. § 543 sind daher nicht die Familienangehörigen des Mieters (BGH, NJW 1993, 2528). Überlässt der Mieter daher seine Wohnung seinen Kindern, um vorübergehend in einem Altersheim zu wohnen, so liegt darin noch kein vertragswidriger Gebrauch (LG Kiel, WuM 1988, 125). Auch die Aufnahme von zwei Enkelkindern und der Tochter in die Wohnung ist dann kein vertragswidriger Gebrauch, wenn der Mieter diese in seiner Wohnung häufiger aufsucht, selbst wenn er noch eine Zweitwohnung hat (LG Berlin, HbgGE 1990, 99), in der er überwiegend sein Leben verbringt (LG Hamburg, NZM 2000, 379; a A. AG Neuss, NZM 1999, 309). Dagegen ist die endgültige Überlassung der Wohnung an die Enkelin und deren Lebensgefährten ein Vertragsverstoß, wenn sich der Mieter endgültig in ein Altenheim begibt (LG Frankfurt/Main, NJW-RR 1993, 143). Das gilt auch, wenn der Mieter ausziehen will und Sohn oder Tochter in der Wohnung bleiben sollen (OLG Frankfurt/Main [RE], WuM 1988, 395; LG Cottbus, WuM 1995, 38). Auch die Überlassung der Einzimmerwohnung an den Bruder über einen längeren Zeitraum als ein Jahr wegen des längeren Auslandsaufenthalts des Mieters ist vertragswidrig. Dagegen liegt in dem Verbleiben des berechtigterweise in die Wohnung aufgenommenen Lebenspartners (vgl. dazu näher § 553 Rn. 4, 10) nach dem Tode des Mieters, der allein die Wohnung gemietet hatte, kein vertragswidriger Gebrauch; denn der Lebenspartner, der mit dem verstorbenen Mieter gemeinsamen Haushalt geführt hat, tritt gem. § 563 Abs. 2 Satz 2 mit dem Tod des Mieters in das Mietverhältnis ein.

Von der vollständigen Gebrauchsüberlassung ist die **teilweise Untervermietung** der Wohnung zu unterscheiden. Insoweit kommt es darauf an, ob der Mieter ein berechtigtes Interesse an der Untervermietung hat (vgl. dazu näher § 553 Rn. 2 ff.). Dazu genügen grund-

49

50

sätzlich einleuchtende wirtschaftliche und persönliche Gründe (BGH [RE], WuM 1985, 7; LG Landau, WuM 1989, 510; LG Hamburg, WuM 1983, 261). Aber auch dann muss der Rest der Wohnung dem Mieter als dessen Lebensmittelpunkt verbleiben (LG Berlin, WuM 1994, 38); zeitweilige Abwesenheit des Mieters stellt keinen Vertragsverstoß dar, wenn er dafür Sorge trägt, dass er für den Vermieter erreichbar ist und der Untermieter die Obhut über die Wohnung behält (LG Berlin, NJW-RR 1994, 1289; LG Heidelberg, WuM 1987, 316; LG Hamburg, NZM 2000, 379).

Die Aufnahme eines Dritten ohne Anspruch auf die Untervermietungserlaubnis ist aber auch dann als vertragswidrig einzustufen, wenn dies aus humanitären Gründen und nur vorübergehend geschieht (LG Berlin, WuM 1994, 326; a.A. Derleder, WuM 1994, 305 und Sternel, Mietrecht aktuell, Rn. 1174).

51   Das Mietverhältnis kann nicht allein deswegen fristlos gekündigt werden, weil die Wohnung durch Zuzug von Angehörigen des Mieters **überbelegt** ist, jedenfalls dann nicht, wenn für den Vermieter beeinträchtigende Auswirkungen nicht feststellbar sind; bei Überbelegung durch Familienangehörige kommt grundsätzlich nur eine fristgemäße Kündigung – gem. § 573 Abs. 1 – in Betracht (BGH, NJW 1993, 2528 = GE 1993, 914; OLG Hamm, GE 1982, 1033). Daran hat sich durch § 543 nichts geändert, weil die fristlose Kündigung gem. § 543 Abs. 2 Satz 1 Nr. 2 voraussetzt, dass dem Vermieter die Fortsetzung des Mietverhältnisses bis zum Ablauf der Kündigungsfrist nicht zugemutet werden kann, was bei Überbelegung in der Regel ausscheidet.

52   Besteht ein Anspruch auf Erteilung einer Untervermietungserlaubnis (vgl. dazu näher § 553 Rn. 1 ff.), ist eine Kündigung nach § 543 grundsätzlich ausgeschlossen; die Gebrauchsüberlassung ohne die dazu notwendige Erlaubnis ist zwar vertragswidrig, dieser Vertragsverstoß rechtfertigt aber wegen des gleichzeitig bestehenden Anspruchs auf die Untervermietungserlaubnis nicht die fristlose Kündigung; denn dem Vermieter dürfte die Fortsetzung des Mietverhältnisses bis zum Ablauf der Kündigungsfrist oder bis zur sonstigen Beendigung des Mietverhältnisses regelmäßig zuzumuten sein, insbesondere bei nur noch kurzer Vertragsdauer eines befristeten Mietverhältnisses. Anders ist es dagegen bei der fristgemäßen Kündigung gem. § 573 Abs. 2 Nr. 1: Da allein die Gebrauchsüberlassung ohne die dazu notwendige Erlaubnis einen Vertragsverstoß darstellt, kann der Anspruch auf die Untervermietungserlaubnis nur bei der Prüfung eine Rolle spielen, ob der Vertragsverstoß erheblich ist.

3.2.3   Abmahnung

53   Weitere zwingende Voraussetzung für die fristlose Kündigung ist, dass der Vermieter das vertragswidrige Verhalten des Mieters **abgemahnt** und dieser den vertragswidrigen Gebrauch der Mietsache **fortgesetzt** hat.

Die Abmahnung muss der Kündigung vorausgehen (AG Berlin-Tiergarten, GE 1987, 285) und den vertragswidrigen Gebrauch genau bezeichnen (LG Gießen, WuM 1981, 232). Ferner ist dem Mieter eine Frist einzuräumen, innerhalb derer er den vertragswidrigen Gebrauch abstellen kann; daher muss die Frist grundsätzlich so bemessen werden, dass ihm Abhilfe möglich ist (LG Mannheim, WuM 1985, 262). Dies gilt auch bei Gefährdung des Mietobjekts und bei unerlaubter Gebrauchsüberlassung; allerdings kann die Frist bei konkreter Gefahr für die Bausubstanz erheblich verkürzt werden.

Ob die Abmahnung eine Kündigungsandrohung enthalten muss, ist umstritten (bejahend: 54
LG Hamburg, ZMR 1985, 385; WuM 1986, 338; LG Itzehoe, WuM 1991, 99; verneinend: LG Kleve, WuM 1995, 537). Vorsichtshalber sollte in der Abmahnung immer eine
Kündigungsandrohung enthalten sein (eingehend dazu Schläger, ZMR 1991, 42).
Eine Abmahnung ist nur dann entbehrlich, wenn der Vertragspartner bereits erklärt hat,
sein vertragswidriges Verhalten nicht einstellen zu wollen, oder wenn er bereits vollen-
dete Tatsachen geschaffen hat (BGH, MDR 1975, 572). Insoweit kann die Rechtspre-
chung zur Entbehrlichkeit der Fristsetzung in den Fällen des § 326 (ab 1.1.2002: § 280
Abs. 1, 3 i.V.m. § 281, § 323 i.d.F. des SchuldRModG) herangezogen werden (vgl. dazu
u.a. Palandt/Heinrichs, § 326 Rn. 20).
Die Abmahnung ist eine einseitige, empfangsbedürftige Willenserklärung, die allen
Vertragspartnern zugehen muss, also bei mehreren Mietern allen Mietern (AG Hamburg,
WuM 1990, 74). Eine Form ist zwar für die Abmahnung nicht vorgeschrieben; dennoch
sollte bereits zu Beweiszwecken die Abmahnung immer schriftlich erfolgen, wozu die
eigenhändige Unterschrift des abmahnenden Vertragspartners gehört; die Abmahnung
kann allerdings auch durch Telefax übermittelt werden, da die Schriftform nicht vorgeschrieben ist. Bedient sich der abmahnende Vertragspartner eines Vertreters, muss dieser
die Erklärung namens und in Vollmacht des Vertragspartners abgeben und die Originalvollmacht beifügen; ist die Originalvollmacht nicht beigefügt, kann der andere Vertragsteil die Abmahnung unverzüglich zurückweisen (§ 174).

3.2.4 Fortsetzung der Vernachlässigung oder unbefugten Gebrauchsüberlassung

Weitere Voraussetzung für die fristlose Kündigung gem. § 543 Abs. 2 Satz 1 Nr. 2 ist, 55
dass der Mieter ungeachtet der Abmahnung des Vermieters weiterhin die Mietsache
vernachlässigt und dadurch erheblich gefährdet oder weiterhin unbefugt einem Dritten
überlässt. Eine Wiederholungsgefahr über die Fortsetzung des vertragswidrigen Gebrauchs hinaus ist ebenso wenig erforderlich wie ein Verschulden des Mieters. Hat der
Mieter dagegen vor Zugang der Kündigung das vertragswidrige Verhalten abgestellt, so
ist die fristlose Kündigung unbegründet. Auf die Kenntnis des Vermieters davon kommt
es nicht an. Entscheidend ist allein, ob der abgemahnte Vertragspartner sein vertragswidriges Verhalten abgestellt hat. Bei der unerlaubten Untervermietung gehört dazu natürlich, dass der Untermieter aus der Wohnung ausgezogen ist. Bei der unerlaubten Nutzung
der Wohnung zu Gewerbezwecken gehört dazu, dass der Gewerbebetrieb tatsächlich
eingestellt worden ist; allein die Anzeige der Aufgabe des Gewerbes bei der zuständigen
Behörde reicht nicht aus. Bei unerlaubten baulichen Veränderungen ist Voraussetzung
für das Erlöschen des Rechts zur fristlosen Kündigung, dass die bauliche Veränderung
endgültig „zurückgebaut" ist.

3.2.5 Erhebliche Verletzung der Rechte des Vermieters

Schließlich ist Voraussetzung für die fristlose Kündigung des Mietverhältnisses, dass die 56
Rechte des Vermieters durch die Fortsetzung des abgemahnten Verhaltens des Mieters
erheblich verletzt oder gefährdet werden. Bei Fortsetzung der unerlaubten Gebrauchsüberlassung muss eine Rechtsverletzung feststehen, während bei Vernachlässigung der dem Mieter obliegenden Sorgfalt bereits eine (konkrete) Gefährdung ausreicht,
wenn sie nur erheblich ist.

57 Bei Fortsetzung der unerlaubten Gebrauchsüberlassung trotz vorangegangener Abmahnung braucht eine erhebliche Rechtsverletzung im Einzelfall nicht mehr festgestellt zu werden, weil allein die Fortsetzung der Gebrauchsüberlassung die Erheblichkeit der Rechtsverletzung indiziert (BGH, NJW 1985, 2527 = WuM 1985, 88 = ZMR 1985, 94; OLG Hamburg, NJW 1982, 1157 = WuM 1982, 41; OLG Frankfurt/Main, NJW-RR 1989, 10 = GE 1988, 1109 = WuM 1988, 395 = ZMR 1988, 461).
Dagegen reicht allein die Überbelegung der Wohnung durch Aufnahme von Familienangehörigen nicht aus, um eine fristlose Kündigung gem. § 543 Abs. 2 Satz 1 Nr. 2 zu rechtfertigen (BGH, MDR 1993, 970 = WuM 1993, 529); vielmehr muss bei Überbelegung stets festgestellt werden, ob dadurch die Vermieterrechte erheblich verletzt werden. Insoweit kommt es darauf an, ob durch die Überbelegung eine erheblich verstärkte Abnutzung der Wohnung zu befürchten ist, was insbesondere auch aus dem Alter und den Lebensgewohnheiten der aufgenommenen Familienangehörigen abgeleitet werden kann (ähnlich Sternel, Mietrecht aktuell, Rn. 1181). Bei Gefährdungen der Bausubstanz durch die aufgenommenen Familienangehörigen wird eine erhebliche Vertragsverletzung eher anzunehmen sein als bei Pflichtverletzungen mit nur geringen Auswirkungen. Insoweit spielt auch die bisherige Entwicklung des Mietverhältnisses eine Rolle. Hat der Vermieter schon bei der Anmietung der Wohnung eine Überbelegung hingenommen (4-Zimmer-Wohnung mit 90 qm wird an Elternpaar mit sieben Kindern vermietet), so ist eine geringfügige weitere Überbelegung (z.B. durch eine weitere Person) hinnehmbar (LG Bonn, WuM 1990, 345; a.A. LG Mönchengladbach, ZMR 1991, 110). Insgesamt ist eine Tendenz in der Rechtsprechung zu erkennen, strengere Anforderungen an die fristlose Kündigung wegen Überbelegung zu stellen (AG Würzburg, WuM 1990, 509; AG Köln, WuM 1990, 508). Zu prüfen ist jedoch stets, ob in diesen wie auch in den sonstigen Fällen der Fortsetzung des vertragswidrigen Gebrauchs trotz Abmahnung eine fristgemäße Kündigung gem. § 573 Abs. 2 Nr. 1 in Betracht kommt (vgl. dazu näher Kinne, GE 1987, 1182 [1189]).

58 Bei Vernachlässigung der dem Mieter obliegenden Sorgfalt reicht eine erhebliche Gefährdung der Mietsache aus. Auch insoweit kommt es auf die Auswirkungen des vertragswidrigen Verhaltens an. Allerdings brauchen die Auswirkungen nicht bereits zu einem Schaden an der Mietsache geführt zu haben; vielmehr reicht ein unmittelbar bevorstehender Schaden aus. Das wäre z.B. beim Weiterbetreiben eines erkanntermaßen störungsanfälligen Haushaltsgeräts trotz bereits zuvor eingetretener erheblicher Schäden (AG Aachen, DWW 1974, 237) oder bei unterlassenem Heizen trotz vorangegangener Aufforderung bei bevorstehendem starken Frost der Fall.

3.2.6 Kündigungserklärung

59 Die Kündigung muss der Abmahnung nachfolgen, und zwar binnen angemessener Frist (OLG Karlsruhe, ZMR 1987, 419 [421]). Grundsätzlich muss die Kündigung innerhalb von zwei Wochen nach Kenntnis des Vermieters von der Fortsetzung der unerlaubten Gebrauchsüberlassung oder der weiteren Sorgfaltspflichtverletzung erfolgen (OLG Köln, ZMR 1995, 469; OLG Frankfurt/Main, WuM 1991, 475 = ZMR 1991, 382; LG Berlin, ZMR 1997, 422); denn bei einem längeren Zuwarten des Vermieters kann nicht mehr davon ausgegangen werden, dass seine Rechte in einem derart erheblichen Maße verletzt worden sind, dass eine sofortige Beendigung des Mietverhältnisses notwendig ist. Die

Kündigung kann auch noch im Prozess nachgeholt werden (OLG Düsseldorf, ZMR 1990, 57), wenn sie in engem zeitlichen Zusammenhang mit einer zuvor – möglicherweise im Prozess – ausgesprochenen Abmahnung steht.

Die **Angabe der Kündigungsgründe** ist grundsätzlich (Ausnahme: Kündigung des 60 Wohnraummietverhältnisses wegen Gesundheitsgefährdung und wegen Hausfriedensbruchs, § 569 Abs. 4) nicht Wirksamkeitsvoraussetzung der fristlosen Kündigung (OLG Karlsruhe, NJW 1982, 2004 = WuM 1982, 242; LG Dresden, WuM 1995, 484), da die Kündigungsgründe nur bei einer fristgemäßen Kündigung nach § 573 Abs. 3 angegeben werden müssen. Schon mit Rücksicht darauf, dass die fristlose Kündigung in eine fristgemäße Kündigung umgedeutet werden kann, sollten aber die Kündigungsgründe auch in einer fristlosen Kündigung gem. § 543 Abs. 2 Satz 1 Nr. 2 angegeben werden. Nachgeschobene Kündigungsgründe können ohnehin nur dann berücksichtigt werden, wenn sie schon vor Zugang der Kündigung entstanden waren (LG Berlin, GE 1995, 757). Wenn die Kündigungsgründe angegeben werden, sollten sie im Einzelnen aufgeführt werden; die Bezugnahme auf die vorangegangene Abmahnung reicht nicht (LG Mosbach, WuM 1992, 18).

Bei Wohnraummietverhältnissen muss die Kündigung **schriftlich** erfolgen (§ 568 61 Abs. 1), während bei sonstigen Mietverhältnissen auch eine formlose Kündigung ausreicht. Da bei Wohnraummietverhältnissen die Schriftform zwingend vorgeschrieben ist, reicht eine Kündigung durch Telefax nicht aus, weil in diesen Fällen die eigenhändig unterschriebene Kündigungserklärung beim Absender verbleibt, wohingegen die Schriftform nur dann eingehalten ist, wenn die eigenhändig unterzeichnete Kündigungserklärung dem Empfänger als solche zugeht. Auch bei anderen als Wohnraummietverhältnissen sollte jedoch schon zu Beweiszwecken die Kündigung schriftlich erfolgen; insoweit könnte dann – anders als bei Wohnraummietverhältnissen – die Kündigung durch Telefax ausreichen.

Wird dem Wohnraummieter erst im **Räumungsprozess** – möglicherweise erneut – fristlos gekündigt, muss ihm ein von dem Vermieter oder dessen Prozessbevollmächtigten unterzeichnetes Kündigungsschreiben **zugehen**; erfolgt die Kündigung in einem Schriftsatz des Prozessbevollmächtigten, so reicht auch der Zugang der beglaubigten Abschrift dieses Schriftsatzes aus (BayObLGE 1981, 232; OLG Hamm, NJW-RR 1993, 273; LG Berlin, ZMR 1982, 238). Dabei ist der Prozessbevollmächtigte des Vermieters aufgrund der ihm erteilten Prozessvollmacht grundsätzlich als berechtigt anzusehen, eine Kündigung während des Räumungsprozesses auszusprechen (LG Berlin, ZMR 1993, II Nr. 8), ebenso wie der Prozessbevollmächtigte des Mieters als bevollmächtigt anzusehen ist, die Kündigungserklärung entgegenzunehmen (BGH, MDR 1980, 573). Bei der Kündigung durch den Prozessbevollmächtigten des Vermieters ist es notwendig, dass diesem entweder vom Vermieter selbst eine Prozessvollmacht erteilt worden ist oder von der Hausverwaltung, die ihrerseits aber aufgrund einer Vollmacht zur Kündigung des Mietverhältnisses berechtigt sein muss. Der Mieter oder sein Prozessbevollmächtigter kann die durch einen Vertreter erklärte Kündigung unverzüglich zurückweisen, wenn dieser nicht die Originalvollmacht des Vermieters beigefügt war; dies gilt auch im Prozess, selbst wenn vorher die Rüge der fehlenden Prozessvollmacht nicht erhoben worden ist (LG Berlin, GE 1994, 1315).

62

Nach Zugang der berechtigten fristlosen Kündigung eintretende Umstände haben auf deren Wirksamkeit keinen Einfluss. Daher kann der Vermieter auch dann noch Räumung verlangen, wenn nach Zugang der Kündigung das vertragswidrige Verhalten abgestellt wird, indem z.B. der störende Mitmieter auszieht (LG Berlin, GE 1995, 843; a.A. LG Baden-Baden, DWW 1989, 332; LG Darmstadt, WuM 1983, 54 = NJW 1983, 52).

3.2.7 Abweichende Vereinbarungen

63 § 543 Abs. 2 Satz 1 Nr. 2 ist an sich dispositiv, so dass er vertraglich sowohl erweitert als auch eingeschränkt werden kann. Für Wohnraummietverträge ist jedoch § 569 Abs. 5 zu berücksichtigen, so dass insoweit eine vertragliche Erweiterung des Kündigungsrechts nicht zulässig ist (LG Hannover, MDR 1984, 670). Die gesetzlich vorgeschriebene Abmahnung kann nur individuell, nicht aber formularvertraglich abbedungen werden (LG Hannover, a.a.O.; AG Berlin-Schöneberg, GE 1986, 1125).

3.2.8 Beweislast

64 Der Vermieter muss sämtliche Voraussetzungen für die fristlose Kündigung beweisen, also sowohl die Sorgfaltspflichtverletzung bzw. die unbefugte Gebrauchsüberlassung als auch die Abmahnung und die erhebliche Verletzung seiner Rechte. Ferner muss er den Zugang der fristlosen Kündigung innerhalb angemessener Frist nach seiner Kenntnis von der Fortsetzung des vertragswidrigen Gebrauchs beweisen. Beruft sich der Mieter darauf, dass er einen Anspruch auf Untervermietung hatte, so dass die Gebrauchsüberlassung an den Dritten die fristlose Kündigung nicht rechtfertigt, muss er die Voraussetzungen dieses Anspruchs beweisen (OLG Hamburg, WuM 1982, 41 [43]). Die erhebliche Rechtsverletzung bei Überbelegung muss dagegen der Vermieter beweisen.

3.2.9 Muster

65 **Abmahnschreiben wegen unbefugter Gebrauchsüberlassung →[✎ 543-3]**

...   ...
(Vermieter)   (Datum)

Frau/Herrn
...
(Vor- und Zuname/n des Mieters/der Mieter)

...
(Straße, Postleitzahl, Ort)

Sehr geehrte(r) Frau/Herr ...!
Wie ich feststellen musste, haben Sie in die von Ihnen mit Mietvertrag vom ... gemietete Wohnung im ... (Lage der Wohnung) im Hause ... seit dem ... eine (mehrere) weitere Person(en) aufgenommen, ohne meine Einwilligung dazu zu haben. Diese Person(en) wird (werden) wie folgt beschrieben:

1. Person: Etwa ... Jahre alt, männlich, lange/kurze Haare der Farbe ..., mit weißer/dunkler/gelblicher Hautfarbe.

2. Person: ...
Diese Person(en) ist (sind) an folgenden Tagen zu folgenden Uhrzeiten im Haus/in Ihrer Wohnung beobachtet worden: ...
Ich fordere Sie auf, die unerlaubte Gebrauchsüberlassung an diese Person(en) binnen 14 Tagen zu beenden. Falls Sie dennoch die unerlaubte Gebrauchsüberlassung fortsetzen, sähe ich mich gezwungen, das mit Ihnen bestehende Mietverhältnis fristlos zu kündigen.

Mit freundlichen Grüßen
...
(Unterschrift)

Abmahnschreiben wegen Verstößen gegen die Hausordnung →[⊘ 543-4]   66

...   ...
(Vermieter)   (Datum)

Frau/Herrn
...
(Vor- und Zuname/n des Mieters/der Mieter)

...
(Straße, Postleitzahl, Ort)

Sehr geehrte(r) Frau/Herr ...!
Wie ich feststellen musste, haben Sie gegen die Hausordnung, die Bestandteil des mit Ihnen geschlossenen Mietvertrags vom ... über die Wohnung im ... (Lage der Wohnung) im Hause ... ist, wiederholt wie folgt verstoßen:
Entgegen § ... der Hausordnung haben Sie am ... um ... Uhr
...
(Beschreibung des Vertragsverstoßes)
Wegen des wiederholten Verstoßes gegen die vorbezeichneten Bestimmungen der Hausordnung mahne ich Sie hiermit nachdrücklich ab und fordere Sie auf, die Verstöße zu unterlassen. Sollten Sie weiterhin gegen die Hausordnung verstoßen, sähe ich mich zu einer fristlosen Kündigung des Mietverhältnisses gezwungen.

Mit freundlichen Grüßen
...
(Unterschrift)

67 **Kündigung wegen Vertragsverstößen** →[⊘ 543-5]

...   ...
(Vermieter)   (Datum)

Frau/Herrn
...
(Vor- und Zuname/n des Mieters/der Mieter)

...
(Straße, Postleitzahl, Ort)

Sehr geehrte(r) Frau/Herr ...!
Hiermit kündige ich das durch den Mietvertrag vom ... über die Wohnung im ... (Lage der Wohnung) im Hause ... zustande gekommene Mietverhältnis fristlos, hilfsweise fristgemäß.
Die Kündigung wird darauf gestützt, dass Sie trotz Abmahnung
a) die Wohnung an die in meinem Abmahnschreiben vom ... aufgeführten Personen weiterhin überlassen haben. Diese Personen sind an folgenden Tagen zu folgenden Uhrzeiten in der vorbezeichneten Wohnung/in dem vorbezeichneten Haus gesehen worden:
Datum ... Uhrzeit ...
Datum ... Uhrzeit ...
b) wiederholt gegen die in meinem Abmahnschreiben vom ... bezeichneten Bestimmungen verstoßen haben, indem Sie

...
(Schilderung der Vertragsverstöße)
Rechtsgrundlage der fristlosen Kündigung ist § 543 BGB. Die fristgemäße Kündigung wird auf § 573 Abs. 2 Nr. 1 BGB gestützt.
Ich fordere Sie auf, die vorbezeichnete Wohnung unverzüglich zu räumen und an mich herauszugeben. Um die ordnungsgemäße Wohnungsübergabe sicherzustellen, schlage ich Ihnen den ..., ... Uhr für eine Wohnungsbegehung mit Protokollierung des Wohnungszustands vor. Sollten Sie diesen Termin nicht einhalten können, erbitte ich Ihren Anruf unter der oben angegebenen Telefonnummer zwecks neuer Terminvereinbarung. Bereits jetzt widerspreche ich ausdrücklich einer Fortsetzung des Mietverhältnisses; dieses wird auch dann nicht verlängert, wenn Sie den Gebrauch der Mietsache fortsetzen.
Vorsorglich weise ich Sie darauf hin, dass bei einer verspäteten Rückgabe eine Nutzungsentschädigung zumindest in Höhe der bisherigen Miete zuzüglich der gesetzlich zulässigen Mieterhöhungen und Umlagenerhöhungen verlangt werden kann; falls die ortsübliche Vergleichsmiete höher als die bisher vereinbarte Miete ist, kann der Unterschiedsbetrag zwischen der vereinbarten und der ortsüblichen Vergleichsmiete verlangt werden.

Ferner weise ich Sie ausdrücklich darauf hin, dass alle bei Vertragsschluss überlassenen Schlüssel der Wohnung, einschließlich Zimmertürschlüssel sowie Haustür-, Briefkasten-, Keller- und Sicherungskastenschlüssel sowie etwaige Ersatzschlüssel, an mich persönlich zurückgegeben werden müssen und die Wohnung vollständig geräumt von Ihren Einrichtungsgegenständen und Einbauten zurückgegeben werden muss.

Mit freundlichen Grüßen
...
(Unterschrift)

Kündigungsschreiben wegen Verstößen gegen die Hausordnung →[⊘ 543-6]   68

...   ...
(Vermieter)   (Datum)

Frau/Herrn
...
(Vor- und Zuname/n des Mieters/der Mieter)

...
(Straße, Postleitzahl, Ort)

Sehr geehrte(r) Frau/Herr ...!
Wie ich feststellen musste, haben Sie trotz meiner schriftlichen Abmahnung vom ... weiterhin gegen die Hausordnung, die Bestandteil des mit Ihnen geschlossenen Mietvertrags über die Wohnung im ... Obergeschoss des Vorderhauses/Hinterhauses/Seitenflügels/Quergebäudes ...straße ist, wiederholt wie folgt verstoßen:
Obwohl gemäß § ... des Mietvertrags/der Hausordnung
a) die Haltung von Hunden der vorherigen Einwilligung des Vermieters bedarf,
b) in der Zeit von 22.00 Uhr bis 6.00 Uhr die Nachtruhe einzuhalten ist,
c) das Abstellen von sperrigen Gegenständen im Hausflur unzulässig ist,
haben Sie
a) auch nach dem ... einen Hund der Rasse ..., Farbe ..., Größe ... in der von Ihnen gemieteten Wohnung gehalten,
b) am ... erneut jeweils nach 22.00 Uhr – teilweise bis 2.00 Uhr früh – derart lautstark gefeiert und dabei Tonwiedergabegeräte derart weit über Zimmerlautstärke hinaus betrieben, dass sich mehrere Mitmieter bei Ihnen und am ... auch bei mir beschwerten,
c) am ... erneut Kisten in einer Größe von ... derart im Hausflur abgestellt, dass die Mitmieter nicht an die Hausbriefkästen kamen und sich nur mit Mühe daran vorbeizwängen konnten.

Wie ich Ihnen bereits mit Schreiben vom ... mitgeteilt habe, kann ich mich mit den fortgesetzten Verstößen gegen die Hausordnung nicht einverstanden erklären. Wegen des von Ihnen trotz meiner Abmahnung fortgesetzten Vertragsverstoßes und der dadurch eingetretenen Zerstörung des Vertrauensverhältnisses kündige ich hiermit den mit Ihnen geschlossenen Mietvertrag vom ... über die oben näher bezeichnete Wohnung gemäß § 543 BGB fristlos, hilfsweise fristgemäß nach § 573 Abs. 2 Nr. 1 BGB zum nächstmöglichen Termin.

Soweit es sich um die hilfsweise ausgesprochene Kündigung gemäß § 573 Abs. 2 Nr. 1 BGB handelt, weise ich Sie darauf hin, dass Sie der fristgemäßen Kündigung unter den Voraussetzungen des § 574 BGB widersprechen können. Dieser Widerspruch müsste schriftlich bis spätestens zwei Monate vor Beendigung des Mietverhältnisses erfolgen.

Ich fordere Sie jedoch unter Berufung auf die fristlose Kündigung auf, spätestens binnen einer Woche nach Zugang dieses Kündigungsschreibens die Wohnung zu räumen und geräumt an mich herauszugeben. Zur Vereinbarung eines Wohnungsabnahmetermins bitte ich um Anruf.

Einer stillschweigenden Verlängerung des Mietverhältnisses gemäß § 545 BGB wird hiermit ausdrücklich widersprochen; das Mietverhältnis wird daher auch durch fortgesetzten Gebrauch der Wohnung nicht verlängert. Mietzinszahlungen nach Beendigung des Mietverhältnisses werden als Zahlung auf die dann geschuldete Nutzungsentschädigung angesehen.

Vorsorglich weise ich Sie darauf hin, dass bei einer verspäteten Rückgabe der Wohnung eine Nutzungsentschädigung zumindest in Höhe der bisherigen Miete zuzüglich der gesetzlich zulässigen Mieterhöhungen und Umlagenerhöhungen verlangt werden kann; falls die ortsübliche Vergleichsmiete höher als die bisher vereinbarte Miete ist, kann der Unterschiedsbetrag zwischen der vereinbarten und der ortsüblichen Vergleichsmiete verlangt werden. Ferner weise ich Sie darauf hin, dass alle bei Vertragsschluss überlassenen Schlüssel zur Wohnung, einschließlich Zimmertürschlüssel sowie Haustür-, Briefkasten-, Keller- und Sicherungskastenschlüssel sowie etwaige Ersatzschlüssel, an mich persönlich zurückgegeben werden müssen und die Wohnung vollständig geräumt von Ihren Einrichtungsgegenständen und Einbauten zurückgegeben werden muss.

Für den Fall, dass die Wohnung nicht spätestens bis zum ... geräumt herausgegeben wird, muss ich Räumungsklage beim zuständigen Amtsgericht gegen Sie erheben.

Mit freundlichen Grüßen

...

(Unterschrift)

3.3   Fristlose Kündigung bei Zahlungsverzug

69 Die fristlose Kündigung ist ferner wegen Zahlungsverzugs des Mieters gerechtfertigt. § 543 Abs. 2 Satz 1 Nr. 3 hat insoweit die allgemeine Kündigungsregelung des § 554 Abs. 1 übernommen.

3.3.1 Anwendungsbereich

Die Möglichkeit der fristlosen Kündigung wegen Zahlungsverzugs besteht sowohl für **70** den Vermieter von **Grundstücken** als auch von **beweglichen Sachen**. Die Zahlung der Miete ist die Hauptleistungspflicht des Mieters, so dass der Verzug mit der Zahlung der Miete eine Leistungsstörung ist. Da es sich bei einem Mietverhältnis um ein Dauerschuldverhältnis handelt, wären die Folgen des Zahlungsverzugs des Mieters an sich nach § 326 (ab 1.1.2002: § 280 Abs. 1, 3 i.V.m. § 281 i.d.F. des SchuldRModG) zu beurteilen, der die Folgen des Verzugs des Schuldners bei einem gegenseitigen Vertrag regelt. Wegen der Bedeutung insbesondere der Kündigung von Wohnraummietverhältnissen regelt jedoch § 543 Abs. 2 Satz 1 Nr. 3 die Verzugsfolgen hinsichtlich der Beendigung des Mietverhältnisses abweichend von § 326 (ab 1.1.2002: § 280 Abs. 1, 3 i.V.m. § 281, § 323 i.d.F. des SchuldRModG) gesondert. § 543 verdrängt daher im Bereich des Mietverhältnisses die Regelung des § 326 (BGHZ 50, 312; BGH, LM Nr. 6 zu § 326 [A] = NJW 1957, 57).

Da für den Wohnraummieter die Wohnung in aller Regel den Mittelpunkt der Lebensfüh- **71** rung bildet und ein Wohnungswechsel für ihn daher stets erhebliche emotionale und finanzielle Belastungen mit sich bringt, denen er nicht ohne weiteres ausgesetzt werden darf, enthält § 569 Abs. 3 Sonderregelungen für die Kündigung des Wohnraums wegen Verzugs des Mieters mit der Miete. Dennoch werden auch andere Kündigungsbestimmungen angewendet, wenn der Mieter einer Wohnung seine Zahlungspflicht nicht rechtzeitig erfüllt. Daneben besteht das Recht zur ordentlichen Kündigung gem. § 573 Abs. 2 Nr. 1 (Schmidt-Futterer/Blank, B 593; Köhler, § 114 Rn. 14; Emmerich/Sonnenschein, Rn. 22, Kinne, GE 1987, 1182 [1195]). Bei unverschuldetem Zahlungsrückstand kann die Kündigung auf § 543 Abs. 1 gestützt werden.

3.3.2 Zahlungsverzug

Die Vorschrift des § 543 Abs. 2 Satz 1 Nr. 3, die den Vermieter bei Zahlungsverzug des **72** Mieters zur fristlosen Kündigung berechtigt, enthält drei Kündigungstatbestände:
– Verzug mit der Entrichtung der Miete für zwei aufeinander folgende Zahlungstermine (§ 543 Abs. 2 Satz 1 Nr. 3a) 1. Alt.)
– Verzug mit einem nicht unerheblichen Teil der Miete für zwei aufeinander folgende Zahlungstermine (§ 543 Abs. 2 Satz 1 Nr. 3a) 2. Alt.)
– Verzug über mehr als zwei Termine mit einer Miete in Höhe von mindestens zwei Monaten (§ 543 Abs. 2 Satz 1 Nr. 3b)).

Für Wohnraum ist die Besonderheit zu berücksichtigen, dass der rückständige Teil der Miete nur dann als nicht unerheblich anzusehen ist, wenn er die Miete für einen Monat übersteigt (§ 569 Abs. 3 Nr. 1). Bei anderen Mietverhältnissen ist ein Mietrückstand von einem Monat erst recht erheblich.

Der Begriff „**Miete**" wird in § 543 in zweierlei Zusammenhängen gebraucht. Er bezeich- **73** net zum einen die Verpflichtung, mit deren Erfüllung der Mieter in Verzug geraten muss, und zum anderen in Verbindung mit bestimmten Zeiträumen („für zwei aufeinanderfolgende Termine mit der Entrichtung der Miete oder eines nicht unerheblichen Teils" in § 543 Abs. 2 Satz 1 Nr. 3a) bzw. „über mehr als zwei Termine ... mit der ... Miete ... für zwei Monate" in § 543 Abs. 2 Satz 1 Nr. 3b) die Höhe des für die Kündigung erforderlichen Zahlungsrückstands. Bei der Frage, was unter „Miete" i.S. dieser Vorschriften zu verstehen ist, besteht schon länger Einigkeit darüber, dass prinzipiell nicht nur die sog. (Netto)Kaltmiete, sondern auch die Nebenkosten als Teil der Miete anzusehen sind (BGH, WPM 75, 897 [899]; OLG Koblenz, WuM 1984, 269 = ZMR 1984, 351 = NJW 1984, 2369 m.w.N.), mithin auch Heizkostenvorschüsse (LG Berlin, NJW-RR 1986, 236; GE 1990, 491). Ein einmaliger Betriebskostenrückstand genügt dagegen ebenso wenig zur fristlosen Kündigung wie Nachforderungen aus der jährlichen Betriebskostenabrechnung, selbst wenn sie die Miete für zwei Monate übersteigen (OLG Koblenz, a.a.O.; LG Hamburg, NJW-RR 1992, 1429). Insoweit kann aber eine ordentliche fristgemäße Kündigung gem. § 573 Abs. 2 Nr. 1 in Betracht kommen (Schmidt-Futterer/Blank, B 594; a.A. Kinne, GE 1987, 1182 [1195]). Auch Rückstände aus einer rückwirkenden Erhöhung der Betriebskosten gem. § 560 Abs. 2 Satz 2 berechtigen nicht zur fristlosen Kündigung gem. § 543 Abs. 2 Satz 1 Nr. 3 (LG Hamburg, ZMR 1992, XIV Nr. 8; LG Köln, WuM 1993, 191). Auch der Rückstand mit der Zahlung der Kaution berechtigt nicht zur Kündigung gem. § 543 Abs. 2 Satz 1 Nr. 3, denn die Kaution ist keine Miete in diesem Sinne (LG Hamburg, WuM 1974, 54; LG Bielefeld, WuM 1992, 124); allerdings kann bei Nichtzahlung der Kaution trotz mehrfacher Aufforderung ausnahmsweise eine Kündigung gem. § 543 Abs. 1 in Betracht kommen. Auch der Verzug des Mieters mit der Erstattung von Prozesskosten des Vermieters berechtigt diesen nicht zur fristlosen Kündigung gem. § 543 (LG Mannheim, WuM 1975, 97).

74 Der Mieter muss nach § 543 Abs. 2 Satz 1 Nr. 3 mit der Entrichtung der Miete in bestimmtem Umfang in **Verzug** sein. Verzug setzt grundsätzlich Fälligkeit der Miete und Mahnung des Vermieters voraus (§ 284 Abs. 1 Satz 1). Ist jedoch für die Leistung eine Zeit nach dem Kalender bestimmt, so kommt der Mieter ohne Mahnung in Verzug, wenn er nicht zu der bestimmten Zeit leistet (§ 284 Abs. 2 Satz 1). Da die Miete in der Regel – entweder kraft Gesetzes (§ 556b Abs. 1) oder kraft vertraglicher Vereinbarung – zu fest bestimmten Terminen zu zahlen ist, kommt der Mieter auch ohne Mahnung in Verzug. Auf die Wirksamkeit der sog. **Vorfälligkeitsklausel** („der Mieter hat die Miete jeweils monatlich im Voraus bis zum dritten Werktag eines Monats zu zahlen") kommt es nicht mehr an, da die Vorfälligkeit gesetzlich bestimmt ist. Daher braucht hinsichtlich des Verzugs bei Wohnraummietverträgen nicht mehr geprüft zu werden, ob diese Vorfälligkeitsklausel mit einer Klausel zusammentrifft, durch die die Aufrechnung entweder insgesamt oder teilweise ausgeschlossen oder eingeschränkt ist, insbesondere ob die Minderungsrechte (und daraus resultierende Ansprüche des Mieters auf Rückzahlung der wegen der Minderung überzahlten Miete) von dem Ausschluss oder der Einschränkung des Aufrechnungsrechts in der Formularklausel erfasst sind. Soweit die **Aufrechnungsklausel** im Mietvertrag generell die Aufrechnung des Mieters mit Gegenforderungen gegen die Mietforderung des Vermieters ausschließt, ist die Formularklausel weiterhin gem. § 11 Nr. 3 AGBG (ab 1.1.2002: § 309 Nr. 3 BGB i.d.F. des SchuldRModG) unwirksam; denn dem Mieter darf die Befugnis, mit einer unbestrittenen oder rechtskräftig festgestellten Forderung aufzurechnen, in Formularbestimmungen nicht genommen werden. Daher ist das formularmäßige Aufrechnungsverbot unwirksam, soweit es unbestrittene oder rechtskräftig festgestellte Gegenforderungen des Mieters betrifft. Entsprechendes gilt, wenn die Gegenforderung des Mieters zwar bestritten, aber entscheidungs-

reif ist (BGH, WuM 1978, 620; OLG Hamm, NJW-RR 1989, 274 [275]). Der Verstoß gegen § 11 Nr. 3 ABGB (ab 1.1.2002: § 309 Nr. 3 BGB i.d.F. des SchuldRModG) führt zur Nichtigkeit der gesamten Klausel (BGH, BGHZ 92, 316; NJW-RR 1986, 1281) mit der weiteren Folge, dass wegen des Transparenzgebots (vgl. dazu näher BGH, GE 1995, 40 = NJW 1995, 254 ff. = WuM 1995, 28) auch die Vorfälligkeitsklausel im Mietvertrag unwirksam ist. Trotz Unwirksamkeit beider Klauseln gerät der Mieter jedoch schon jeweils nach dem dritten Werktag desjenigen Monats in Verzug, für den die Miete im Voraus zu zahlen war, weil § 556b Abs. 1 eingreift.

Die Formularklausel, die die Aufrechnung gänzlich ausschließt, ist auch im **kaufmänni-** **schen Verkehr** unzulässig; denn der Regelungsgehalt des § 11 Nr. 3 ABGB (ab 1.1.2002: § 309 Nr. 3 BGB i.d.F. des SchuldRModG) ist auch im Rahmen des § 9 ABGB (ab 1.1.2002: § 307 BGB i.d.F. des SchuldRModG) zu beachten (§ 24 Abs. 2 ABGB; ab 1.1.2002: § 310 Abs. 1 BGB i.d.F. des SchuldRModG). Daher ist die weit verbreitete Klausel, dass ein Mieter nur dann mit einer Gegenforderung aufrechnen kann, wenn die Gegenforderung auf dem Mietverhältnis beruht, unbestritten ist oder ein rechtskräftiger Titel vorliegt und er die Aufrechnung einen Monat vor Fälligkeit der Miete schriftlich anzeigt, generell für unwirksam gehalten worden (OLG Celle, WuM 1990, 103 [111]). 75

Dagegen ist bereits früher die Klausel in einem **Gewerberaummietvertrag**, dass die Aufrechnung oder die Ausübung des Zurückbehaltungsrechts wegen Gegenforderungen des Mieters nur dann zulässig ist, wenn die beabsichtigte Ausübung des Zurückbehaltungsrechts dem Vermieter einen Monat vor Fälligkeit angezeigt worden ist, generell für wirksam gehalten worden (BGH, NJW-RR 1988, 329 = ZMR 1988, 135; OLG Celle, NZM 1998, 255; OLG Hamburg, NZM 1998, 264 = ZMR 1998, 220; OLG Rostock, ZMR 2000, 294). Auch in Wohnraummietverträgen ist die Ankündigungsklausel für wirksam gehalten worden (LG Berlin, WuM 1996, 541; a.A. LG Berlin, ZMR 2000, 296; GE 1997, 621 = ZMR 1998, 33; GE 1995, 757; LG München, WuM 1996, 329). Bei vor dem 1.4.1977 abgeschlossenen Mietverträgen kann die Berufung auf den Aufrechnungsausschluss treuwidrig sein (BGH, ZMR 1984, 370 [372]; OLG Düsseldorf, ZMR 1989, 61; OLG Celle, WuM 1989, 234). 76

In **Wohnraummietverträgen** ist eine Aufrechnungsklausel, die in den Grenzen des § 11 Nr. 3 AGBG (ab 1.1.2002: § 309 Nr. 3 BGB i.d.F. des SchuldRModG) die Aufrechnung des Mieters mit Rückforderungsansprüchen wegen geminderter Miete nicht berücksichtigt, ebenfalls unwirksam (BGH, GE 1995, 40 = NJW 1995, 254 f. = WuM 1995, 28). Die Unwirksamkeit der Vorfälligkeitsklauseln führt in diesen Fällen wegen des Transparenzgebots dazu, dass auch die Vorauszahlungsklausel unwirksam ist (BGH, a.a.O.). Dann tritt aber an die Stelle der vertraglichen Vorauszahlungsklausel die gesetzliche Vorfälligkeitsregelung des § 556b Abs. 1. Die Unwirksamkeit der vertraglichen Vorfälligkeitsklausel kann aber in diesen Fällen dazu führen, dass auch die Rechtzeitigkeitsklausel, wonach es für die Rechtzeitigkeit der Mietzahlungen auf den Zeitpunkt der Gutschrift auf dem Vermieterkonto, nicht auf den Zeitpunkt der Überweisung ankommt, unwirksam ist (LG Berlin, GE 1995, 757). 77

Ist die Vorfälligkeitsklausel unwirksam, so tritt an ihre Stelle die gesetzliche Bestimmung des § 556b, wonach die Miete jeweils zu Beginn, spätestens bis zum dritten Werktag der einzelnen Zeitabschnitte zu entrichten ist. Diese gesetzliche Regelung stellt ebenfalls eine kalendermäßige Bestimmung des Zahlungszeitpunkts dar (LG Berlin, GE 1995, 757). Da in der Regel die monatliche Mietzahlung vereinbart worden ist, kommt der Mieter selbst bei Unwirksamkeit der formularmäßigen Vorfälligkeitsklausel ohne weitere Mahnung in Verzug, wenn er nicht rechtzeitig bis zum Ablauf des dritten Werktages des laufenden Monats zahlt. Bei gleichzeitiger Unwirksamkeit der **Rechtzeitigkeitsklausel** („Für die Rechtzeitigkeit der Zahlung kommt es auf die Gutschrift auf dem Konto des Vermieters an") ist dann jedoch auf die Leistungshandlung des Mieters abzustellen, d.h. auf den Zeitpunkt, in dem er die Überweisung der Miete veranlasst hat; hat der Mieter daher am Ersten des Folgemonats den Überweisungsauftrag bei seinem Kreditinstitut eingereicht und weist sein Konto die notwendige Deckung auf, so ist die Zahlung auch dann noch rechtzeitig, wenn die Überweisung erst fünf Tage später auf dem Konto des Vermieters eingeht.

78 Abgesehen von der sowohl individualvertraglich als auch in Formularmietverträgen unzulässigen Abbedingung der sofortigen Aufrechnung mit Ansprüchen des Wohnraummieters auf Rückforderung geminderter Miete ist bei Formularverträgen auch zu prüfen, ob die Voraussetzungen des § 11 Nr. 2 AGBG (ab 1.1.2002: § 309 Nr. 2 BGB i.d.F. des SchuldRModG) eingehalten sind. Nach § 11 Nr. 2 AGBG (ab 1.1.2002: § 309 Nr. 2 BGB i.d.F. des SchuldRModG) ist in Formularmietverträgen eine Bestimmung, durch die das Leistungsverweigerungsrecht des Mieters ausgeschlossen oder eingeschränkt wird, ebenso unwirksam wie die Formularklausel, durch die ein dem Mieter zustehendes Zurückbehaltungsrecht ausgeschlossen oder eingeschränkt wird, soweit es auf dem Mietvertrag beruht (LG Berlin, ZMR 1986, 168; LG Osnabrück, WuM 1989, 370; LG Berlin, GE 1994, 403). Daher ist die Klausel unwirksam, die nicht die Aufrechnung, die Leistungsverweigerung oder das Zurückbehaltungsrecht des Mieters wegen seiner Schadensersatzansprüche aus § 536a ausdrücklich für zulässig erklärt (LG Berlin, MDR 1986, 852 = GE 1986, 909, 911).

79 In vor dem 3.10.1990 in den neuen Bundesländern über den früher preisgebundenen Altbau geschlossenen Mietverträgen ist in der Regel eine Aufrechnungsklausel nicht enthalten, so dass in diesen Mietverträgen die Vorfälligkeitsklausel mit der Folge wirksam ist, dass der Mieter schon aufgrund der vertraglichen Vereinbarung in Verzug gerät, wenn er nicht spätestens bis zum dritten Werktag des Monats im Voraus die Miete zahlt.
Die Mietzahlung ist allerdings erst dann verspätet, wenn der Mieter die ihn dabei treffende Pflicht nicht bis zum Fälligkeitstag erfüllt hat. Die Überweisung der Miete auf von ihm angelegtes Sparkonto reicht natürlich nicht aus (LG Berlin, GE 2000, 346). Da diese Pflicht bei Unwirksamkeit der Rechtzeitigkeitsklausel (vgl. dazu oben Rn. 77) nur in der Absendung des Geldes besteht (§ 270 Abs. 1 und 4 i.V.m. § 269 Abs. 1 und 3), die Mietschuld trotz der Kosten- und Gefahrentragungsbestimmung in § 270 Abs. 1 bei Fehlen einer wirksamen Abänderungsvereinbarung im Mietvertrag keine Bringschuld ist, braucht der Mieter nicht mehr zu tun, als die Einzahlung oder Überweisung rechtzeitig an seinem Wohnort auf den Weg zu bringen (RGZ 78, 137, 140; RGZ 99, 257, 258; BGH, NJW 1964, 499; BGH, NJW 1971, 380; OLG Köln, NJW-RR 1990, 284, 285). Dazu reicht bei einer Überweisung als spätester Zeitpunkt derjenige des Eingangs des Überweisungsauftrags bei dem Kreditinstitut des Mieters aus; bei einem Dauerauftrag dürfte der Zeitpunkt der Abbuchung vom Konto des Mieters entscheidend sein (BGH, a.a.O.;

OLG Köln, a.a.O.). Das Risiko einer zufälligen und bei einer Absendung am Fälligkeitstag wegen der üblichen Banklaufzeiten vorprogrammierten Verzögerung des Zahlungseingangs trägt danach der Vermieter. Verzögerungen allerdings, die seitens des zur Mietzahlung eingeschalteten Instituts entstehen, muss der Mieter sich zurechnen lassen (AG Berlin-Tiergarten, GE 1992, 67). Die Gefahr der Verzögerung der Überweisung trägt der Vermieter mithin nur bei den üblichen Banklaufzeiten.

Der Mieter muss natürlich seinerseits die Leistungshandlung ordnungsgemäß erbracht haben. Er muss mithin das Einzahlungsformular ordnungsgemäß ausfüllen (vgl. dazu LG Berlin, GE 1991, 733). Der Mieter muss daher bei der Einzahlung oder Überweisung alle notwendigen Angaben (Einzahler, Einzahlungszweck) machen, um dem Vermieter die Zuordnung des eingezahlten Betrags zu ermöglichen (LG Berlin, GE 1991, 571).

Hat der Vermieter mit dem Mieter wirksam vereinbart, dass es für die Rechtzeitigkeit der Zahlungen nicht auf die Absendung, sondern auf die Gutschrift des Geldes auf seinem Konto ankomme – derartige Abreden sind auch in Formularverträgen wirksam (LG Duisburg, ZMR 1988, 99 [100]; LG Heilbronn, MDR 1991, 862; LG Berlin, ZMR 1992, 394), wenn sie nicht mit unwirksamen Aufrechnungsklauseln zusammentreffen (vgl. dazu oben Rn. 74) –, hat der Mieter die Einzahlung oder Überweisung so rechtzeitig zu veranlassen, dass nach den üblichen Banklaufzeiten mit einem pünktlichen Eingang zu rechnen ist. Der kalendermäßig bestimmte Fälligkeitszeitpunkt ist in diesem Fall der Zeitpunkt des Eingangs der Miete auf dem Konto des Vermieters, so dass Verzug ebenfalls ohne Mahnung eintritt (a.A. Brinkmann, S. 15).

Um das Risiko einer zufälligen Verzögerung des Zahlungseingangs auszuschließen, kann der Vermieter stattdessen vereinbaren, den Erfüllungsort für die Mietzahlungspflicht an seinen Wohnsitz zu verlegen, d.h. sie in eine Bringschuld umzuwandeln. Die Verlegung des Erfüllungsorts hätte die Folge, dass der Vermieter das Mietverhältnis fristlos kündigen könnte, wenn der Verzug des Mieters mit der Mietzahlungspflicht gerade an dem zweiten aufeinander folgenden Zahlungstermin dadurch eingetreten wäre, dass die Miete zwar bis zum Monatsersten abgesandt, aber noch nicht angekommen wäre. Für die Zulässigkeit entsprechender Mietvertragsformulare (dafür auch Sternel, Mietrecht, III 115) spricht, dass keine unmittelbare Abweichung von § 543 Abs. 2 Satz 1 Nr. 3 vorliegt (a.A. Brinkmann, S. 16).

Der Zahlungsverzug des Mieters setzt weiterhin **Verschulden** des Mieters voraus. Der **80** Mieter muss die nicht rechtzeitige Leistung zu vertreten haben (§ 285; ab 1.1.2002: § 286 Abs. 4 i.d.F. des SchuldRModG). Zu vertreten hat er Vorsatz und Fahrlässigkeit (§ 276 Abs. 1 Satz 1), daneben aber bei Geldschulden sein Unvermögen zur Leistung auch dann, wenn es auf Krankheit (LG Kiel, WuM 1984, 55) oder Arbeitslosigkeit (AG Düren, WuM 1981, 210; AG Büdingen, WuM 1983, 263) beruht. Der Mieter hat sein Unvermögen erst recht zu vertreten, wenn er zur Anschaffung verschiedener elektrischer Geräte einen Kredit aufgenommen und trotz dieser finanziellen Belastung sich später noch weiter verschuldet hat (LG Berlin, GE 1994, 705).

Das Verschulden des Mieters kann wegen seines **Irrtums über Gegenforderungen oder** **81** **sein Zurückbehaltungsrecht** ausgeschlossen sein.

Zahlt der Mieter nicht, weil er sich irrtümlich zu Mietminderungen, zur Aufrechnung mit einer Gegenforderung oder zur Zurückbehaltung der Miete für berechtigt hält, so liegt in der Regel keine vorsätzliche Pflichtverletzung vor. Fahrlässigkeit kann ihm nur dann vorgeworfen werden, wenn er die Rechtslage nicht sorgfältig geprüft hat, gegebenenfalls ohne Rechtsrat nicht gezahlt hat und zudem mit einer von seiner Auffassung abweichenden Beurteilung durch die Gerichte nicht zu rechnen braucht (vgl. dazu BGH, BGHZ 36, 344 [346]; NJW 1951, 398). Die fehlerhafte Abschätzung der Minderungsquote wird im Allgemeinen zurecht ebenso wenig als fahrlässig angesehen wie die Überschätzung des Zurückbehaltungsrechts wegen Mängeln der Mietsache (BVerfG, WuM 1989, 278; LG Mannheim, WuM 1987, 317; LG Wiesbaden, WuM 1989, 512; LG Karlsruhe, WuM 1990, 294; LG Berlin, GE 1994, 1381; LG Görlitz, WuM 1994, 601; LG Hannover, WuM 1994, 463). Das Verschulden entfällt ferner, wenn sich der Mieter in einem entschuldbaren Rechtsirrtum über die Wirksamkeit eines Mieterhöhungsverlangens (AG Wernigerode, WuM 1993, 269; BezG Chemnitz, WuM 1993, 34) oder über das Ausmaß einer Mietpreisüberhöhung befindet (AG Leverkusen, WuM 1994, 205; LG Itzehoe, WuM 1990, 548; so auch Fischer, ZMR 1994, 309 [310]).

82 Auch wegen eines **Irrtums über die Minderungsquote** kann das Verschulden des Mieters ausgeschlossen sein.

Der Mieter hat jedoch einen etwaigen Rechtsirrtum über die Minderungsquote zu vertreten, wenn er den ihn beratenden Rechtsanwalt unzutreffend über die tatsächlichen Voraussetzungen der Minderung unterrichtet hat (LG Aachen, WuM 1989, 371). Dasselbe gilt, wenn der Mieter trotz entgegenstehenden Rechtsrates weiterhin die Miete in einem Umfang nicht zahlt, dass ein kündigungsbegründender Rückstand entsteht.

83 Bei einem **Irrtum über die Person des Vermieters** kann ebenfalls das Verschulden des Mieters fehlen. Wenn dieser Irrtum entschuldbar ist, weil dem Mieter z.B. die Erben des Vermieters unbekannt sind, gerät der Mieter nicht in Verzug (BGH, MDR 1973, 404; LG Wiesbaden, WuM 1989, 512; LG Kaiserslautern, WuM 1985, 229; LG Berlin, WuM 1983, 343). Dasselbe gilt, wenn der Mieter über den Eintritt des Erwerbers gem. § 566 in den Mietvertrag nicht – oder nicht richtig – unterrichtet wird und deshalb die Miete weiterhin auf das Konto des früheren Vermieters (= Veräußerers) überweist; auch wenn der Mieter von der erfolgten Beschlagnahme des Grundstücks (bei Zwangsverwaltung des Grundstücks) nicht unterrichtet wird und deshalb weiterhin an den Eigentümer (= Vermieter) bzw. dessen Hausverwaltung statt an den Zwangsverwalter zahlt, gerät er nicht in Verzug, weil durch die Zahlung an den Vermieter (= Eigentümer) bzw. dessen Hausverwaltung der Mieter mangels positiver Kenntnis von der Zwangsverwaltung von seiner Mietschuld frei wird (LG Berlin, GE 1994, 705 [707]). Auch bei Mitteilung des Zwangsverwalters über die Anordnung der Zwangsverwaltung kann die weitere Zahlung an den Vermieter den Verzug ausschließen, so dass eine fristlose Kündigung erst nach Abmahnung – die bei Zahlungsverzug grundsätzlich nicht erforderlich ist (§ 543 Abs. 3 Satz 2 Nr. 3) – gerechtfertigt ist (LG Berlin, GE 1999, 44). Hat der Zwangsverwalter aber dem Mieter die Anordnung der Zwangsverwaltung mitgeteilt, darf der Mieter nicht ohne weiteres auf eine Aufforderung des Eigentümers/Vermieters die Miete auf dessen Konto zahlen. Im Zweifelsfall muss der Mieter die Miete bei dem zuständigen Amtsgericht zugunsten beider „Vermieter" hinterlegen (§ 372), um einer Kündigung gem. § 543 Abs. 2 Satz 1 Nr. 3 zu entgehen (LG Berlin, NZM 2000, 329). Erfolgt die Hinterlegung unter Verzicht auf die Rücknahme, so wird der Mieter von seiner Mietzahlungspflicht

frei mit der Folge, dass er eine fristlose Kündigung des Mietverhältnisses gem. § 543 Abs. 2 Satz 1 Nr. 3 nicht zu befürchten braucht.

Bei einer dem Vermieter erteilten **Einziehungsermächtigung** reicht es aus, dass der 84 Mieter für ausreichende Deckung auf seinem Konto zum vereinbarten Zahlungstermin sorgt; weitere Pflichten, die er schuldhaft verletzen könnte, hat er nicht (BGH, WPM 1985, 461 [462]). Der Mieter kommt dann nicht in einen kündigungsbegründenden Rückstand, wenn der Vermieter die Miete nicht entgegennimmt oder sie nicht von dem Konto des Mieters abbucht bzw. einzieht, obwohl ihm eine wirksame Abbuchungs- oder Einziehungsermächtigung erteilt worden ist. Insoweit reicht die Abbuchungs- bzw. Einziehungsermächtigung durch Telefax jedenfalls dann aus, wenn aus dem Telefax sowohl Vermieter und Mieter als auch die Mietzahlungspflicht erkennbar sind und anhand der Bankleitzahl dem Vermieter die Möglichkeit eingeräumt wird, die Bank zu ermitteln, welche das Konto des Mieters führt (LG Berlin, GE 1995, 1209).

Nach § 285 (ab 1.1.2002: § 286 Abs. 4 i.d.F. des SchuldRModG) wird das für den Ver- 85 zug erforderliche Verschulden vermutet. Seine finanzielle Leistungsfähigkeit hat der Mieter nach § 279 – Geld hat man zu haben – immer zu vertreten, und zwar auch dann, wenn sie auf Krankheit beruht (vgl. oben Rn. 80).

Auch die **Erkrankung des Mieters** kann sein Verschulden ausschließen. Das ist jedoch 86 nur dann anzunehmen, wenn der Mieter ohne Verschulden außerstande ist, seiner Mietzahlungspflicht rechtzeitig nachzukommen. Kann er trotz seiner Erkrankung die Mietzahlung – z.B. durch einen Verwandten oder sonstigen Dritten – veranlassen, so entschuldigt ihn seine eigene Handlungsunfähigkeit nicht. Allein deswegen, weil der Mieter unter Betreuung steht, ist sein Verschulden nicht zu verneinen, denn die Anordnung der Betreuung des Mieters führt nicht zu dessen Handlungs- und Geschäftsunfähigkeit; auch seine Handlungen sind wirksam. Daraus ergibt sich, dass auch ein alkoholkranker Mieter sich nicht schon deswegen auf Fehlen des Verschuldens für den Mietrückstand berufen kann, weil er unter Betreuung steht; vielmehr kommt es darauf an, ob er konkret in der Lage war, die für die Zahlung der Miete notwendigen Handlungen vorzunehmen (LG Berlin, Urteil vom 15.12.1995, 64 S 280/95).

Der Mieter muss sich auch das **Verschulden von Erfüllungsgehilfen** zurechnen lassen 87 (Kraemer, NZM 2001, 553 [561]). Der Rechtsentscheid des Kammergerichts bezieht sich nur auf § 554a a.F., dem das KG (GE 1998, 120 = ZMR 1998, 159 = WuM 1998, 85 = NZM 1998, 110 =NJW 1998, 2455) das Erfordernis des Eigenverschuldens des Mieters entnimmt. Das Sozialamt ist als Erfüllungsgehilfe des Mieters mit der Folge anzusehen, dass dessen verspätete Zahlungen ebenfalls zu einem kündigungbegründenden Rückstand des Mieters führen (LG Karlsruhe, ZMR 1981, 421; LG Mönchengladbach, ZMR 1993, 571; LG Berlin, Urteil vom 18.10.1994, 64 S 190/94; Kraemer, NZM 2001, 553 [561]; Blank/Börstinghaus, § 554 Rn. 13 f. m.w.N.; a.A. Fischer-Dieskau/Franke, § 554 Rn. 6; Sternel, Mietrecht aktuell, 3. Aufl. Rn. 1193).

Diese Ansicht wird in Rechtsprechung und Literatur nicht von allen geteilt (a.A. z.B. LG Köln, WuM 1990, 548; AG Bergisch-Gladbach, WuM 1989, 630; AG Neumünster, WuM 1990, 549; Sternel, Mietrecht, IV 406 Fn. 118; Sternel, Mietrecht aktuell, Rn. 525).

Auch die Erfüllungsgehilfeneigenschaft eines Rechtsanwalts, der den Mieter schuldhaft unrichtig berät, ist umstritten (bejahend: OLG Köln, WuM 1998, 23; LG Berlin, GE 1983, 867 [869]; LG Berlin, ZMR 1999, 823 = NZM 2000, 329; verneinend: LG Karlsruhe, WuM 1990, 294).

Dagegen ist das Kreditinstitut des Mieters, das dessen Überweisungsauftrag unrichtig ausgeführt hat, als Erfüllungsgehilfe des Mieters mit der Folge angesehen worden, dass der infolgedessen eingetretene Zahlungsrückstand des Mieters den Vermieter zur fristlosen Kündigung berechtigte (LG Düsseldorf, WuM 1992, 369).

3.3.3   Höhe der Mietrückstände

88   Der Vermieter kann das Mietverhältnis fristlos kündigen, wenn der Mieter entweder für **zwei aufeinander folgende Termine** mit der Entrichtung der Miete oder eines nicht unerheblichen Teils der Miete „im Verzug ist" (§ 543 Abs. 2 Satz 1 Nr. 3a)) oder in einem **Zeitraum, der sich über mehr als zwei Termine erstreckt**, mit der Entrichtung der Miete **in Höhe eines Betrags** „in Verzug ist", der **die Miete von zwei Monaten erreicht** (§ 543 Abs. 2 Satz 1 Nr. 3b). Die Beurteilung, ob es sich um einen nicht unerheblichen Teil der Miete handelt, richtet sich nach dem **Gesamtrückstand**, bezogen auf die Summe der beiden Termine (BGH, WuM 1987, 317). Der entgegenstehenden Auffassung (Sternel, Mietrecht, IV 410 m.w.N.), wonach der Rückstand für den einzelnen Termin maßgebend ist, ist nicht zu folgen (LG Berlin, ZMR 1995, 353 [355]; Brinkmann, S. 21 m.w.N.).

Beispiel
Ist der Mieter im Zeitpunkt des Zugangs der Kündigung im Juni mit der halben Monatsmiete für April und zwei Drittel der Monatsmiete für Mai in Rückstand, sind diese beiden Rückstände mit der Folge zu addieren, dass sie die für einen Monat geschuldete Miete übersteigen, so dass die Kündigung gem. § 543 Abs. 2 Satz 1 Nr. 3a) gerechtfertigt ist.

Bei **Wohnraummietverhältnissen** ist die Kündigung nur dann gerechtfertigt, wenn die rückständige Miete in den zwei aufeinander folgenden Terminen denjenigen für einen Monat übersteigt (§ 569 Abs. 3 Nr. 1).

Bei der Kündigung nach § 543 Abs. 2 Satz 1 Nr. 3b) reicht es dagegen aus, dass der Mieter für einen Zeitraum von mehr als zwei Fälligkeitsterminen mit der Entrichtung der Miete in der Höhe eines Betrags in Verzug ist, der die Miete für zwei Monate erreicht. Diese Bestimmung ist wörtlich auszulegen. Der Mieter muss innerhalb des Zeitraumes nicht dauernd in Höhe von zwei Monatsmieten in Verzug gewesen sein, sondern braucht diesen Rückstand lediglich am Schluss erreicht zu haben (LG Berlin, ZMR 1992, 24; Nierwetberg, NJW 1991, 1804). Das zeitbezogene Merkmal dient allein zur Abgrenzung gegenüber § 543 Abs. 2 Satz 1 Nr. 3a) (Brinkman, S. 22). Die andere Formulierung des § 543 Abs. 2 Satz 1 Nr. 3b) – „in Verzug ist"– statt des § 554 Abs. 1 Satz 1 Nr. 2 [a.F.] – „in Verzug gekommen ist" – sollte keine inhaltliche Änderung herbeiführen.

Der Gesamtrückstand muss mithin bei mehr als zwei aufeinander folgenden Zahlungsterminen höher sein, als wenn der Mieter für diese aufeinander folgenden Zahlungstermine in Verzug gerät. Der Vermieter muss bei mehr als zwei aufeinander folgenden Terminen einen Zahlungsverzug in Höhe von mehr als einer Monatsmiete, der aber zwei Monatsmieten noch nicht erreicht, hinnehmen.

Wegen dieser besonderen Gesetzeslage ist es entscheidend, **welche Mietschulden** durch **89** eine die gesamten Rückstände **nur teilweise abdeckende Zahlung** des Mieters **getilgt** werden (vgl. dazu u.a. OLG Düsseldorf, GE 2000, 600; LG Osnabrück, WuM 1988, 268). Dabei gilt nach § 366 Abs. 1 der Grundsatz, dass der Mieter bestimmen kann, auf welche Mietforderungen seine Teilzahlungen verrechnet werden (LG Köln, WuM 1991, 98 [99]). Dies gilt jedoch dann nicht, wenn ein Tilgungsplan nach festen Regeln (vgl. dazu BGHZ 91, 375 [380]) etwa derart im Mietvertrag vereinbart worden ist, dass stets die ältesten Schulden zuerst getilgt werden. Eine Formularklausel, wonach der Vermieter die Verrechnung nach seinem Ermessen vornehmen kann, benachteiligt den Mieter unangemessen und ist daher unwirksam (BGHZ 91, 375 [380]).

Ist kein wirksamer Tilgungsplan vereinbart worden, kann der Mieter entweder ausdrücklich bestimmen, auf welche Mietforderungen seine Teilzahlungen zu verrechnen sind (z.B. durch Angabe des entsprechenden Monats auf dem Überweisungsformular) oder die Verrechnung ergibt sich aus den Umständen (LG Köln, WuM 1991, 98 [99]); in der Zahlung der laufenden Mieten kann die stillschweigende Verrechnungsbestimmung liegen, dass damit nicht Rückstände oder (noch ausstehende) Betriebskostenforderungen des Vermieters aus Betriebskostenabrechnungen getilgt werden sollen (LG Köln, WuM 1991, 88 [89]; LG Berlin, GE 1992, 1045; AG Wesel, WuM 1987, 222). Grundsätzlich kann aber aus der Zahlung der Miete innerhalb eines Monats nicht geschlossen werden, dass die laufende Miete erfüllt werden soll (OLG Düsseldorf, GE 2000, 600 [601]). Reicht die Leistung des Mieters nicht aus, um den Mietrückstand in vollem Umfang auszugleichen, kann angenommen werden, dass der Mieter jeweils die Mietschuld tilgen will, die am ehesten eine fristlose Kündigung wegen Zahlungsverzugs nach sich ziehen würde (LG Hamburg, DWW 1993, 237; LG Berlin, a.a.O.).

Unwirksam sind Formularklauseln in Wohnraummietverträgen, nach denen der Mieter **90** „unwiderruflich sein Einverständnis erklärt, dass der Vermieter Teilleistungen auf die jeweils ältere Schuld verrechnen darf" (LG Mannheim, DWW 1995, 112) oder dass „Zahlungen des Mieters zunächst auf Kosten etwaiger Rechtsverfolgung einschl. Mahnkosten und Verzugszinsen, Rückstand auf Miete, Neben- bzw. Betriebskosten" (OLG Celle, WuM 1990, 103; für Gewerberaummietverträge offen gelassen von OLG Düsseldorf, GE 2000, 600 [601]) oder auf „Betriebskostenforderungen und erst danach auf die übrige Miete zu verrechnen sind" (LG Köln, WuM 1995, 315). Insoweit wird aber auch die Auffassung vertreten, dass der Vermieter seinerseits Teilzahlungen des Mieters zunächst auf die **Betriebskostenvorschüsse** verrechnen darf, weil es sich bei dieser Forderung um eine solche handle, die dem Vermieter geringere Sicherheit bietet (LG Berlin, Urteil vom 26.10.2000, 62 S 339/00, GE 2000, 1623; LG Berlin, Urteil vom 10.12.1999, 64 S 208/99, GE 2000, 205; LG Berlin, Urteil vom 22.5.2001, 29.O.259/99, GE 2001, 929; LG Berlin, Urteil vom 3.2.1998, 64 S 324/97). Nach § 366 Abs. 2 ist bei Teilzahlungen des Mieters, wenn eine Verrechnungsvereinbarung oder Verrechnungsbestimmung fehlt, zunächst die fällige Mietschuld, unter **mehreren fälligen Mietschulden** jedoch diejenige, welche dem **Vermieter geringere Sicherheit** bietet, als getilgt anzusehen. Die Forderung auf die Betriebskostenvorschüsse wird deswegen für den Vermieter als weniger sicher angesehen, weil dieser innerhalb der vereinbarten oder angemessenen Frist nach Ablauf des jeweiligen Abrechnungszeitraums über die Betriebskostenvorschüsse abrechnen muss (vgl. dazu u.a. LG Berlin, Urteil vom 26.10.2000, GE 2000, 1623; a.A. AG Görlitz, NZM 2001, 336), wohingegen die Mietforderungen erst in vier Jahren nach dem Ablauf desjenigen Jahres verjähren, in dem sie entstanden sind (§ 201 Satz 1), ab 1.1.2002 in drei Jahren ab Fälligkeit (§§ 195, 200 i.d.F. des SchuldRModG).

91   Auch eine **Zahlung unter Vorbehalt** der Rückforderung ist eine Erfüllung der Mietschuld und darf daher vom Gläubiger nicht zurückgewiesen werden (LG München I, WuM 1987, 223; LG Frankfurt/Main, WuM 1987, 318; LG Berlin, MM 1994, 361). Lediglich in Ausnahmefällen kann der Vorbehalt der rechtlichen Klärung bei der Überweisung die Erfüllungswirkung ausschließen (LG Berlin, GE 1994, 1057 mit Anmerkung von Hannemann, GE 1994, 1282, Beuermann, GE 1994, 1284 und Schach, GE 1994, 1280).

92   Maßgebend ist der **Mietrückstand im Zeitpunkt des Zugangs der Kündigung** (LG Köln, NJW-RR 1991, 208 = WuM 1991, 263; LG Lüneburg, WuM 1995, 705; a.A. LG Köln, WuM 1992, 123). Der Wortlaut des § 543 Abs. 2 Satz 2, wonach die Kündigung ausgeschlossen ist, wenn der Vermieter vorher befriedigt wird, spricht nicht dagegen. Die Formulierung „ausgeschlossen" bezieht sich eindeutig nur auf die „Kündigung", nicht die Kündigungserklärung. Auch nach dieser Formulierung kann mithin trotz Wirksamwerdens der Kündigung im Zeitpunkt des Zugangs die Kündigung wegen vorheriger Befriedigung des Vermieters ausgeschlossen sein.
Nur bei der Gewerberaummiete kann die fristlose Kündigung ohne kündigungsbegründenden Rückstand auch dann berechtigt sein, wenn der Mieter erklärt, er könne in Zukunft nicht mehr zahlen (OLG Düsseldorf, NJW-RR 1991, 1353).

93   Der Mietrückstand darf noch nicht verjährt sein (LG Berlin, MDR 1983, 843). Die sog. **Rechtzeitigkeitsklausel** (maßgebend ist der Eingang auf dem Vermieterkonto) ist zulässig (LG Berlin, NJW-RR 1993, 144), so dass der Mieter in Verzug kommt, wenn seine Mietzahlungen nicht rechtzeitig auf dem Konto des Vermieters eingegangen sind.

3.3.4   Ausschluss- und Unwirksamkeitsgründe für die fristlose Kündigung

94   Die fristlose Kündigung wegen Zahlungsverzugs des Mieters ist nach § 543 Abs. 2 Satz 2 ausgeschlossen, wenn der Vermieter vor ihrem Zugang befriedigt wird. Voraussetzung dafür ist die vollständige **Tilgung des Rückstands** (BGH, ZMR 1971, 27 [28]; BGH, ZMR 1988, 16 [18]; LG München, ZMR 1986, 125; LG Aachen, ZMR 1989, 304; LG Köln, WuM 1991, 263; LG Bonn, ZMR 1992, 607). Die Notwendigkeit der vollständigen Tilgung der Rückstände ergibt sich auch aus der Gleichbehandlung mit den Tilgungsvoraussetzungen des § 569 Abs. 3 Nr. 2 (Brinkmann, S. 25 f.).

95   Auch eine Zahlung unter Vorbehalt ist in der Regel als Erfüllung zu werten (LG Berlin, MM 1994, 361; vgl. im Übrigen näher dazu Rn. 112).

96   Bei Einzahlung auf Bankkonto oder bei der Post am Erfüllungsort genügt immer die **Einzahlung oder Absendung** der Überweisung **vor dem Zugang der Kündigung** (LG Berlin, NJW-RR 1993, 144; LG Heidelberg, WuM 1995, 485).

Die die Kündigung ausschließende Befriedigung des Vermieters kann auch durch sog. **97** Erfüllungssurrogate, insbesondere durch **Aufrechnung** geschehen, soweit nicht eine wirksame Vereinbarung entgegensteht oder § 556b Abs. 2 eingreift. Eine Tilgungsbestimmung kann auch noch nachträglich zwischen den Parteien dadurch vereinbart werden, dass der Mieter eine Aufrechnungserklärung des Vermieters widerspruchslos hinnimmt (vgl. dazu BGH, NJW-RR 1995, 1257; OLG Düsseldorf, GE 2000, 600 [501]). Das bloße Bestehen einer Aufrechnungslage genügt jedoch insoweit nicht (BGH, NJW-RR 1987, 903 = WuM 1987, 317). Die **Aufrechnung** muss daher **ausdrücklich, aber auch unverzüglich** – d.h. ohne schuldhaftes Zögern (§ 121 Abs. 1 Satz 1) – **erklärt werden.** Eine erst zwei Wochen nach Zugang der Kündigung erklärte Aufrechnung ist nicht mehr unverzüglich (BGH, WPM 1971, 1020 [1021]; LG Berlin, GE 1989, 997). Der Rechtsgrund der zur Aufrechnung gestellten Forderungen ist unbeachtlich; die Gegenforderung muss jedoch bereits vor der Kündigung bestanden haben (LG Aachen, WuM 1989, 294). In diesem Zusammenhang ist erneut darauf hinzuweisen, dass formularmäßige Aufrechnungsklauseln in Wohnraummietverträgen dann unwirksam sind, wenn sie die Aufrechnung des Mieters mit Gegenforderungen wegen geminderter Miete ausschließen oder einschränken (BGH, GE 1995, 40 = WuM 1995, 28 = NJW 1995, 554 f.). Im Übrigen sind Aufrechnungsklauseln auch dann unwirksam, wenn sie die Aufrechnung des Mieters mit unstreitigen, rechtskräftig festgestellten oder entscheidungsreifen, bestrittenen Gegenforderungen ausschließen (vgl. dazu oben näher Rn. 74 ff.). Im Übrigen wird ein **stillschweigender Aufrechnungsausschluss** angenommen, wenn der Mieter mit einer Forderung auf Erstattung preisrechtswidriger Überzahlungen oder auf Auszahlung eines Betriebskostenguthabens (vgl. LG Berlin, GE 1995, 1085; a. A. LG Berlin, GE 1998, 1341) aufrechnen will.

Neben den zuvor genannten Ausschlussgründen enthält § 569 Abs. 3 Nr. 2 eine besonde- **98** re Schutzvorschrift für den Mieter von **Wohnraum.** Danach wird die **Kündigung** wegen Zahlungsverzugs unwirksam, wenn **innerhalb von zwei Monaten** nach Rechtshängigkeit der Räumungsklage **alle ausstehenden Forderungen** auf Miete und Nutzungsentschädigung nach § 546a Abs. 1 **erfüllt** werden oder eine öffentliche Stelle sich zur Befriedigung verpflichtet.

§ 569 Abs. 3 Nr. 2 Satz 1 lässt eine Befriedigung bis zum Ablauf von zwei Monaten – im Gegensatz zur Regelung des § 554 Abs. 2 Nr. 2 [a.F.], wonach die Befriedigung innerhalb eines Monats erfolgen musste – nach Eintritt der Rechtshängigkeit des Räumungsanspruchs genügen. Da es sich mithin um die Bestimmung eines **Endtermins** handelt, kann auch eine schon vor Klageerhebung geleistete Zahlung zur Unwirksamkeit der Kündigung führen (KG [RE], WuM 1984, 93 = GE 1984, 435). Die **Heilungswirkung tritt nicht ein,** wenn der Kündigung vor nicht länger als zwei Jahren bereits eine nach Satz 1 **unwirksame Kündigung** vorausgegangen ist (§ 569 Abs. 3 Nr. 2 Satz 2).

Der Ausschluss der Heilungswirkung setzt mithin voraus, dass die frühere Kündigung **99** (insgesamt) unwirksam geworden ist. Die Unwirksamkeit tritt aber nur dann ein, wenn der Vermieter bereits hinsichtlich der früheren Kündigung **vollständig befriedigt** worden ist. Hat der Mieter daher nur einen Teil der rückständigen Miete oder der fälligen Nutzungsentschädigung gezahlt, so ist die frühere Kündigung **nicht unwirksam geworden.** Hat der Vermieter dennoch von der Räumungsklage abgesehen, so besteht weiterhin die Heilungsmöglichkeit gem. § 569 Abs. 3 Nr. 2 Satz 2 (LG Berlin, MDR 1992, 479 = WuM 1992, 607 = GE 1992; LG Berlin, Urteil vom 15.12.1995, 64 S 280/95; a.A. LG Stuttgart, ZMR 1995, 470; Palandt/Weidenkaff, § 569 Rn. 12).

100 Für die Rechtzeitigkeit der Zahlung innerhalb der **Schonfrist** genügt es, dass die Leistungshandlung rechtzeitig vorgenommen worden ist. Bei Zahlung durch Überweisung ist daher der Zeitpunkt der Erteilung des Überweisungsauftrags maßgebend, nicht derjenige der Gutschrift auf dem Vermieterkonto (LG Heidelberg, WuM 1995, 485). Dies gilt auch bei der Vereinbarung einer sog. Rechtzeitigkeitsklausel (z.B.: „für die Rechtzeitigkeit der Zahlung ist maßgebend der Eingang des Geldes beim Vermieter oder bei Zahlung auf ein Konto die Gutschrift"), weil diese Klausel nur für die laufenden Mietzahlungen, nicht dagegen für die Zahlung zur Abwendung der Verzugsfolgen gilt (LG Hamburg, WuM 1992, 124; LG Berlin, ZMR 1992, 394 = GE 1992, 983; MM 1997, 41).
Wird im Verlaufe eines Rechtsstreits wegen Zahlungsverzugs nach § 543 Abs. 2 Satz 1 Nr. 3 gekündigt, so beginnt die Schonfrist, innerhalb derer die Kündigungsfolgen durch Begleichung des gesamten Rückstands geheilt werden können, mit Zustellung desjenigen Schriftsatzes, durch den der Räumungsanspruch (nunmehr auch) auf diese (neue) Kündigung gestützt wird (LG Berlin, ZMR 1993, S. II Nr. 6).
Ist die fristlose Kündigung durch Zahlung innerhalb der Schonfrist unwirksam geworden, so lebt sie nicht dadurch wieder auf, dass der Mieter innerhalb dieser Frist erneut in Verzug kommt (LG Aachen, WuM 1993, 348; LG Berlin, Urteil vom 11.12.1998, 64 S 302/98).

101 Die Kündigung wird auch dann unwirksam, wenn das **Sozialamt** sich zur Befriedigung verpflichtet (§ 569 Abs. 3 Nr. 2 Satz 1 2. Alt.). Das setzt eine bindende Verpflichtung des Sozialamts innerhalb der Schonfrist voraus (OLG Karlsruhe, NJW 1991, 2124). Die Verpflichtungserklärung darf daher auch **nicht von einer Bedingung abhängig** sein (LG Berlin, GE 1979, 609; LG Bielefeld, WuM 1994, 206; AG Mannheim, DWW 1984, 290; Karl, NJW 1991, 2124). Fraglich ist, ob die Formulierung in der Verpflichtungserklärung, diese erfolge „unter der Voraussetzung, dass der Mieter in der Wohnung verbleiben kann", als Bedingung oder als bloße Feststellung einer Rechtsfolge angesehen werden kann (für bloße Rechtsfolge: LG Berlin, GE 1993, 157 und MM 1994, 361; AG Hamburg, WuM 1994, 206). Dies ist fraglich, weil auch unter dieser formulierten Voraussetzung die Befriedigung des Vermieters wegen des Mietrückstands und des Rückstands mit der Nutzungsentschädigung nicht sichergestellt ist (LG Berlin, GE 1996, 1111), denn auch aus anderen Gründen kann der Mieter seine Wohnung verlieren. Eine Anfrage des Sozialamts beim Vermieter, ob der Mieter bei Übernahme des Rückstands die Wohnung behalten kann, reicht nicht aus (AG Neuss, WuM 1991, 688), ebenso wenig eine Bestätigung des Sozialamts über den Bezug von Sozialhilfe (a.A. LG Dortmund, ZMR 1993, 16). Verabredet der Vermieter mit dem Sozialamt, bei Übernahme der Rückstände das Mietverhältnis fortzusetzen, so kann er die Fortsetzung auch nicht wegen neuer Unzuverlässigkeit des Mieters ablehnen (LG Braunschweig, WuM 1998, 218).

102 Die Verpflichtungserklärung muss **dem Vermieter** bis zum Ablauf von zwei Monaten nach Eintritt der Rechtshängigkeit **zugehen**. Es genügt nicht, dass die Erklärung innerhalb dieser Frist abgegeben wird oder dass sie dem Mieter oder dem mit dem Räumungsrechtsstreit befassten Gericht zugeht (BayObLG [RE], GE 1994, 1313 = ZMR 1994, 554

= MDR 1994, 1213 = WuM 1994, 598; LG Dortmund, ZMR 1993, 16). Da eine Form für die Übernahmeverpflichtung nicht vorgeschrieben ist, kann sie auch per Telefax erfolgen (AG Berlin-Wedding, GE 1994, 1129).

Die Zahlung innerhalb der Schonfrist **heilt dagegen die Kündigung dann nicht**, wenn   103
der Vermieter statt einer fristlosen Kündigung eine **ordentliche Kündigung** nach § 573
Abs. 2 Nr. 1 ausspricht (OLG Stuttgart [RE], NJW-RR 1991, 1487 = WuM 1991, 526 =
GE 1991, 927; OLG Karlsruhe [RE], WuM 1992, 517 = ZMR 1992, 488).

Die sog. **Schonfrist endet zwei Monate nach Rechtshängigkeit** der Räumungsklage.   104
Rechtshängigkeit der Räumungsklage tritt **durch Zustellung der Klage** – nicht durch
Einreichung beim zuständigen Gericht – (§ 253 Abs. 1 ZPO) ein. Bei einer **Mehrheit
von Mietern** beginnt die Schonfrist mit **Klagezustellung an den letzten Mieter** zu
laufen (AG Hamburg, WuM 1985, 263).

Eine sofortige Kündigung insbesondere nach langjähriger Vertragsdauer kann rechts-   105
missbräuchlich sein (LG Berlin, NJW 1972, 1324; AG Büdingen, WuM 1983, 263 LG
Hannover, WuM 1983, 263). **Rechtsmissbrauch** ist z.B. dann angenommen worden,
wenn der Vermieter, der die Miete bislang im Lastschriftverfahren eingezogen hat, davon
aber aufgrund wiederholter Unregelmäßigkeiten absieht, ohne vorherige Abmahnung das
Mietverhältnis wegen des Zahlungsverzugs des Mieters kündigt (AG Bergheim, WuM
1992, 478). Eine Abmahnung wird auch dann ausnahmsweise für erforderlich gehalten,
wenn der Vermieter die unpünktliche Zahlungsweise des Mieters längere Zeit hingenommen hat (BGH, WPM 1971, 1020). Rechtsmissbrauch ist ferner dann angenommen
worden, wenn der Mieter die fehlerhafte Ausführung des Dauerauftrags durch seine Bank
nicht erkennen konnte (LG München I, WuM 1994, 608) oder nach Ablauf der Schonfrist nur noch ein geringfügiger Rückstand verblieben ist (LG Berlin, MM 1994, 361).

Dagegen ist die fristlose Kündigung des Vermieters wegen Verzugs des Mieters mit einer
im Wege des Vergleichs einvernehmlich festgesetzten Miete auch dann nicht als rechtsmissbräuchlich angesehen worden, wenn dem Vergleich eine Mieterhöhung nach den
§§ 558 ff. vorausging (OLG Hamm, WuM 1992, 54 = ZMR 1992, 109 = GE 1991, 145).
Insoweit ist die Auffassung vertreten worden (OLG Hamm, a.a.O.), dass der Mieter sich
Ratenzahlungen oder einen Widerrufsvorbehalt zur Prüfung seiner wirtschaftlichen
Verhältnisse hätte ausbedingen können und daher nicht schutzwürdiger ist als ein sonstiger Mieter, der sich in einem Vergleich zur Zahlung eines Mietrückstands bereit erklärt
hat. Prozessbevollmächtigte des Mieters müssen daher in diesem Fall darauf achten, dass
entweder im Vergleich eine Zahlungsfrist für den Ausgleich der Rückstände vereinbart
wird oder dass das wirtschaftlich gleiche Ergebnis durch ein Teilanerkenntnis des Mieters und eine Rücknahme der weiter gehenden (Zustimmungs-)Klage durch den Vermieter erreicht wird; in letzterem Fall ist § 569 Abs. 3 Nr. 3 anwendbar, wonach der Mieter
bei einem Streit um eine Mieterhöhung nach §§ 558 bis 560 nach Eintritt der Rechtskraft
seiner Verurteilung zur Zustimmung zu einer Mieterhöhung oder zur Zahlung einer
erhöhten Miete noch zwei Monate Zeit hat, um die durch die Erhöhung eingetretenen
Rückstände zu begleichen; erst danach kann das Mietverhältnis wegen Zahlungsverzugs
gekündigt werden.

Dagegen führt allein die Weigerung des Vermieters, eine sog. Mietübernahmeerklärung
für das Sozialamt auszufüllen, nicht dazu, dass die fristlose Kündigung wegen Zahlungs-

verzugs als rechtsmissbräuchlich anzusehen ist (so zutreffend: LG Köln, WuM 1995, 104; a.A. Sternel, Mietrecht aktuell, 3. Aufl. 1995, Rn. 1211).

3.3.5 Abdingbarkeit

106 Die fristlose Kündigung des Mietverhältnisses wegen Zahlungsverzugs des Mieters ist grundsätzlich nur unter den in § 543 Abs. 2 Satz 1 Nr. 3 genannten Voraussetzungen zulässig. Bei Mietverhältnissen über **Wohnraum** sind zu Lasten des Mieters abweichende Vereinbarungen **unzulässig** (§ 569 Abs. 5). Bei Mietverhältnissen über **Geschäfts-raum** sind abweichende Vereinbarungen **zulässig** (BGH, NJW-RR 1987, 903). Zugunsten des Mieters von § 543 Abs. 2 Satz 1 Nr. 3 abweichende Vereinbarungen sind zulässig und häufig in Dauernutzungsverträgen über Genossenschaftswohnungen enthalten; wird dort die Kündigung auf bestimmte Tatbestände des § 543 beschränkt, so kann die Genossenschaft die Wohnung des Genossenschaftsmitglieds nicht nach den übrigen Tatbeständen des § 543 kündigen (LG Berlin, Urteil vom 9.2.1996, 64 S 333/95).

Abweichende Vereinbarungen in Formularverträgen über Gewerberaum können gem. § 9 AGBG (ab 1.1.2002: § 307 BGB i.d.F. des SchuldRModG) unwirksam sein (BGH, NJW 1987, 2506).

Bei Mietverhältnissen über Wohnraum ist jede zum Nachteil des Mieters abweichende Vereinbarung unwirksam (§ 569 Abs. 5 – so schon früher: BGH, WuM 1989 293), mithin auch die individualvertragliche Vereinbarung. Auch in Wohnraummietverträgen können jedoch – sowohl formularvertraglich als auch individuell – zugunsten des Mieters abweichende Vereinbarungen über die fristlose Kündigung für jeden Zahlungsverzug getroffen werden (dass z.B. die fristlose Kündigung nur dann zulässig ist, wenn der Mieter mit der Entrichtung der Miete für zwei Monate in Verzug gekommen ist).

3.3.6. Prozessrechtliche Besonderheiten

107 Der **Vermieter**, der nach erfolgter fristloser Kündigung wegen Zahlungsverzugs des Mieters auf Räumung klagt (§ 546), muss **alle Voraussetzungen für die Kündigung beweisen**. Für das Bestehen der Forderung kann sich der Vermieter in der Regel auf die Mietvereinbarung im Mietvertrag berufen. Falls er einen höheren Rückstand geltend macht, als sich aus der Mietvereinbarung im Mietvertrag ergibt, muss er die späteren **Mieterhöhungen** ebenfalls darlegen und **beweisen**; sonst ist von der im Mietvertrag vereinbarten Miete auszugehen.

Bestreitet der **Mieter** die preisrechtliche Zulässigkeit der im Mietvertrag vereinbarten oder aufgrund von Zahlungen auf spätere Mieterhöhungserklärungen (deklaratorisch) anerkannten Forderung, so muss er im Einzelnen darlegen, aus welchen Gründen und in welcher Höhe die vereinbarte oder anerkannte Mietforderung nicht berechtigt war, die der Vermieter seiner fristlosen Kündigung wegen Zahlungsverzugs des Mieters zugrunde gelegt hat. Grundsätzlich dürfte es insoweit ausreichen, dass der Mieter die **Unzulässig-keit** der vereinbarten **Miete** anhand des jeweiligen **Mietspiegels** darlegt. Dazu muss der Mieter jedoch die Wohnung derart genau beschreiben (Baualter, Wohnlage, Größe, Ausstattung, Wohnwert mindernde oder Wohnwert erhöhende Merkmale), dass für das über den Räumungsanspruch des Vermieters entscheidende Gericht die Einordnung in das betreffende Rasterfeld des Mietspiegels ohne weiteres möglich ist (LG Berlin, Urteil vom 5.12.1995, 64 S 226/95; vgl. dazu näher Kinne, ZMR 1998, 473 ff. m.w.N.). Handelt es sich um Mietrückstände aus einem Zeitraum, für den mehrere Mietspiegel erlassen worden sind, muss der Mieter im Einzelnen jeweils anhand des für den jeweiligen Zeitraum geltenden Mietspiegels die preisrechtliche Unzulässigkeit der vereinbarter oder anerkannten Miete darlegen; denn der Mietvereinbarung nachfolgende Änderunge 1 der ortsüblichen Vergleichsmiete sind zu berücksichtigen, wenn von dem Mieter preisfreien Wohnraums ein Verstoß gegen preisrechtliche Vorschriften geltend gemacht wird (KG [RE], GE 1995, 686 = ZMR 1995, 309 = NJW-RR 1995, 1037). Grundsätzlich kommt es auf den Zeitpunkt des Vertragsabschlusses an (OLG Hamburg [RE], NJW-RR 1991, 1610 [1611] = GE 1999, 441; OLG Frankfurt/Main [RE], GE 2000, 1180 [1181]). Bei Staffelmietvereinbarungen kommt es ebenfalls auf die preisrechtliche Zulässigkeit im Zeitpunkt des Abschlusses der Staffelmietvereinbarung an; ein nachträgliches Absinken der ortsüblichen Vergleichsmiete führt nicht zur Unwirksamkeit einer späteren Mietsaffel gem. § 134 i.V.m. § 5 WiStG, wenn die vereinbarte Miete zu einem früheren Zeitpunkt der Höhe nach zulässig war (KG [RE], GE 2001, 343).

Zu der sich aus dem Mietspiegel ergebenden Miete ist ein Zuschlag von 20% zu machen, 108 da bei Neuvereinbarungen die **Wesentlichkeitsgrenze** des § 5 WiStG 20% über der ortsüblichen Vergleichsmiete liegt.

Weist der Mietspiegel eine Nettokaltmiete (Grundmiete ohne „kalte" und „warme" Betriebskosten) aus, haben jedoch die Mietvertragsparteien eine **Bruttokaltmiete** (Miete einschließlich Betriebskosten ohne Vorauszahlungen) vereinbart, muss der Mieter die sich aus dem Mietspiegel ergebende Nettokaltmiete auf eine Bruttokaltmiete (vgl. dazu u.a. LG Berlin, GE 1999, 983; GE 1999, 1361; AG Berlin-Neukölln, GE 2000, 63; AG Berlin-Tiergarten, GE 2000, 63) umrechnen; er muss dann dartun, dass die vereinbarte Bruttokaltmiete die ortsübliche Bruttokaltmiete (ortsübliche Nettokaltmiete zuzüglich ortsüblicher Betriebskosten) um mehr als 20% übersteigt und deswegen kein Mietrückstand entstanden ist.

Bei **Neuvermietung** des **früher preisgebundenen Altbauwohnraums in den neuen** 109 **Bundesländern** darf die Miete die nach §§ 3, 12, 13, 16 oder 17 MHG a.F. zulässige Miete bis zum 30.6.1997 nicht um mehr als 15% übersteigen, so dass der Mieter gegenüber der vereinbarten Miete die Überschreitung dieser Kappungsgrenze von 15% darlegen muss. Da die Kappungsgrenzen von der aus den §§ 3, 12, 13, 16 und 17 MHG a.F. sich ergebenden Miete zu berechnen sind, sind die in der Übergangszeit bis zum 31.12.1997 zulässigen Grundmietenerhöhungen, der Modernisierungszuschlag sowie die nachgeholten Beschaffenheitszuschläge entsprechend § 2 der 2. GMV a.F. mit der früheren preisrechtlich zulässigen Miete zusammenzurechnen und von diesem Betrag ist die Kappungsgrenze von 15% zu berechnen (s. dazu näher Kinne, Mietfestsetzung zum 1. August 1995 in den Neuen Ländern, S. 97 f.).

Soweit der Modernisierungszuschlag Bestandsschutz genießt und deswegen die Wesentlichkeitsgrenze des § 5 WiStG bzw. die besondere Kappungsgrenze des Art. 2 MÜG nicht anwendbar ist (vgl. dazu näher u.a. Kinne, a.a.O., S. 45) – wie z.B. für den früher preisgebundenen Altbauwohnraum in Berlin/West (vgl. dazu LG Berlin, GE 1990, 103; GE 1990, 315; GE 1990, 1203 [1207]; Urteil vom 5.12.1995, 64 S 226/95) oder hinsichtlich des Modernisierungszuschlags bei früher preisgebundenem Altbauwohnraum in den neuen Bundesländern (vgl. dazu Kinne, a.a.O., S. 45 f.) – ist umstritten, ob der Mieter auch darlegen muss, dass in der vereinbarten oder anerkannten Miete enthaltene Modernisierungszuschläge nicht gerechtfertigt sind. Einigkeit besteht jedoch darüber, dass ein einfaches Bestreiten der Modernisierungsmaßnahmen nach Gegenstand und Umfang durch den Mieter nicht zulässig ist (LG Berlin, Urteil vom 5.12.1995, 64 S 226/95).

110 Der Mieter, der den der fristlosen Kündigung wegen Zahlungverzugs des Mieters zugrunde gelegten Mietrückstand bestreitet, muss daher nicht nur die Überschreitung der Wesentlichkeitsgrenze darlegen, sondern bei einer modernisierten Wohnung auch, dass und weshalb die – vom Vermieter dargelegten – **Modernisierungskosten** im Einzelnen gar nicht oder nicht in dieser Höhe entstanden sind, dass und weshalb sie nicht als Modernisierungskosten anzusetzen sind und dass und aus welchen Gründen sowie in welcher Höhe Abzüge für Instandhaltungskosten vorzunehmen wären (LG Berlin, GE 1996, 131).

111 Beruft sich der **Mieter** darauf, dass er die Mieten jeweils pünktlich und vollständig beglichen hat, so muss er seine **Zahlungen beweisen**. Insoweit reicht die Vorlage des Überweisungsauftrags grundsätzlich nicht aus. Zumindest ist erforderlich, dass der Eingang des Überweisungsauftrags bei dem zuständigen Kreditinstitut durch einen entsprechenden Eingangsstempel bewiesen ist. Als weiteres Beweisanzeichen gilt die Vorlage des Originals des Kontoauszugs, aus dem sich die Ausführung des Überweisungsauftrags ergibt. Ist aus dem Kontoauszug jedoch der Empfänger der Zahlung nicht ersichtlich (oder der Verwendungszweck), so muss durch Vorlage einer Bestätigung des Kreditinstituts vom Mieter nachgewiesen werden, dass der eingereichte Überweisungsauftrag auch zur Gutschrift auf dem Konto des Vermieters geführt hat; denn der Mieter trägt das Risiko bei Fehlern der Überweisung.

112 Beruft sich der Mieter darauf, dass der unstreitig entstandene Mietrückstand vor Zugang der Kündigungserklärung oder innerhalb der Schonfrist (vgl. dazu oben Rn. 100) beglichen worden ist, so muss er die Rechtzeitigkeit der Zahlung und den Zeitpunkt des Zugangs der Kündigung beweisen (BGH, ZMR 1960, 301).
Bei einer **Zahlung unter Vorbehalt** ist fraglich, ob der Mieter seine Mietschuld erfüllt. Hat der Mieter „unter dem Vorbehalt der rechtlichen Klärung" gezahlt, ist angenommen worden, dass diese Vorbehaltszahlung keine Erfüllungswirkung nach § 362 hatte und damit auch nicht die Wirkung des § 543 Abs. 2 Satz 2 eintrat (LG Berlin, GE 1994, 1057). Einigkeit besteht darüber, dass bei einem sog. qualifizierten Vorbehalt keine Erfüllung eintritt und damit der Mieter trotz Zahlung in Zahlungsverzug geraten kann. Ein sog. qualifizierter Vorbehalt liegt dann vor, wenn der Schuldner in der Weise unter Vorbehalt leistet, dass dem Leistungsempfänger für einen späteren Rückforderungsstreit die Beweislast für das Bestehen des Anspruchs auferlegt werden soll; ein derartiger Vorbehalt lässt die Erfüllung in der Schwebe und ist keine Erfüllung i.S.d. § 362 (BGH, NJW 1982, 1147; NJW 1982, 2301; NJW 1984, 2826). Grundsätzlich wird durch eine Zahlung unter Vorbehalt jedoch die Mietschuld erfüllt, weil damit lediglich die Wirkung des § 814 ausgeschlossen werden soll (so zutreffend: Hannemann, GE 1994, 1280 ff.).

113 Prozessual ist zu beachten, dass **vor Ablauf der Schonfrist** ein **Versäumnisurteil** auf Räumung **nicht ergehen** darf (OLG Hamburg, ZMR 1988, 225; a.A. LG Kiel, NJW 1972, 1222; Weber, ZMR 1992, 41). Ist dennoch ein Versäumnisurteil auf Räumung

ergangen und zahlt der Mieter vor Ablauf der Schonfrist, so muss er Vollstreckungsgegenklage erheben.

Hat der **Mieter den Vermieter** wegen des Mietrückstands vor Zugang der Kündigung **befriedigt** oder konnte er sich durch Aufrechnung mit einer Gegenforderung (z.B. wegen überzahlter Miete, Schadensersatz wegen Mängelfolgeschaden, Kostenvorschuss für Mängelbeseitigungskosten) befreien und hat er unverzüglich nach der Kündigung die Aufrechnung erklärt oder hat er bis zum Ablauf eines Monats (Wohnraummieter: bis zum Ablauf von zwei Monaten, § 569 Abs. 3 Nr. 2) nach Eintritt der Rechtshängigkeit des Räumungsanspruchs den Vermieter hinsichtlich der fälligen Miete und der fälligen Nutzungsentschädigung vollständig befriedigt oder hat sich eine öffentliche Stelle zur Befriedigung des Vermieters verpflichtet (Mietübernahmeerklärung des Sozialamts), so kann der Vermieter den aus der fristlosen Kündigung des Mietverhältnisses resultierenden Räumungsanspruch (§ 546) nicht mehr geltend machen. Der Vermieter braucht aber in diesem Fall nicht die Klage zurückzunehmen, sondern kann den **Räumungsrechtsstreit in der Hauptsache für erledigt erklären.** Schließt sich der Mieter dieser Erledigungserklärung an, ist nur noch über die Kosten des Räumungsrechtsstreits zu entscheiden (§ 91a Abs. 1 Satz 1 ZPO). Da jedoch bereits Kosten durch die Erhebung der Räumungsklage entstanden sind (Gerichtskostenvorschuss, Rechtsanwaltskosten), kann der Vermieter auch die ursprüngliche Räumungsklage umstellen und nunmehr Ersatz dieser Kosten verlangen; da die Höhe der Kosten, die erst durch einen Kostenfestsetzungsbeschluss festgesetzt wird (§ 108 ZPO), noch nicht feststeht, kann der Vermieter auch auf Ersatz der ihm infolge des Zahlungsverzugs entstandenen Kosten klagen, ohne diese Kosten bereits beziffern zu müssen (KG, NJW 1991, 501 f.).

114

Umstritten ist, ob der Mieter auch dann **Prozesskostenhilfe** für den Räumungsprozess beanspruchen kann, wenn er glaubhaft macht, dass er innerhalb der Schonfrist die Kündigung unwirksam machen könnte (verneinend: LG Stade, WuM 1990, 160; bejahend: LG Mannheim, WuM 1988, 268).

Da der Vermieter mit seinem Räumungsanspruch häufig erst in zweiter Instanz aufgrund einer weiteren – während der zweiten Instanz erklärten – fristlosen Kündigung nach § 543 Abs. 2 Satz 1 Nr. 3 deswegen obsiegt, weil erst in zweiter Instanz die Voraussetzungen für die fristlose Kündigung wegen Zahlungsverzugs vorlagen, stellt sich die Frage, ob in diesem Fall die Kosten der ersten Instanz gem. § 97 Abs. 1 ZPO dem in zweiter Instanz obsiegenden Vermieter auferlegt werden können; da § 97 Abs. 1 ZPO jedoch nur den Fall regelt, dass der Vermieter bereits in erster Instanz die Kündigung hätte erklären können, dürfte in dem Fall der Begründetheit des Räumungsanspruchs in zweiter Instanz aufgrund einer in zweiter Instanz erklärten Kündigung die Vorschrift des § 97 Abs. 2 ZPO nicht anwendbar sein (a.A. LG Stuttgart, ZMR 1985, 128). Für den Fall, dass die Kündigung schon in erster Instanz hätte erklärt werden können, ist es gerechtfertigt, die Kosten der ersten Instanz dem erst in zweiten Instanz obsiegenden Vermieter aufzuerlegen (OLG Hamm, MDR 1990, 450).

115

3.3.7 Schadensersatzanspruch

Die fristlose Kündigung des Vermieters wegen Zahlungsverzugs des Mieters schließt Schadensersatzansprüche des Vermieters aus Verzug des Mieters mit seiner Mietzahlungspflicht nicht aus (BGH, NJW 1984, 2687 = WuM 1984, 936 [937]). Dieser Scha-

116

densersatzanspruch setzt weder eine Nachfristsetzung noch eine Ablehnungsandrohung voraus (BGHZ 95, 39 [44]; BGH, NJW 1984, 2687).

117 Der Ersatzanspruch des Vermieters wegen **Auflösungsverschulden** umfasst alle Schäden, die ihm gerade durch die Kündigung entstehen, insbesondere also die ihm entgehende Miete für die vereinbarte, feste Vertragsdauer (LG Berlin, GE 1998, 491; LG Kassel, NZM 1999, 1094) oder bis zu dem Zeitpunkt, zu dem der Mieter erstmals ordentlich hätte kündigen konnte (OLG Frankfurt/Main, ZMR 1993, 64). Gelingt dem Vermieter die erneute Vermietung der Wohnung nur zu einer niedrigeren Miete als bisher, so schuldet der gekündigte Mieter Ersatz der Mietdifferenz ebenfalls bis zu dem genannten Zeitpunkt (OLG Düsseldorf, DWW 1991, 19; KG, NZM 1999, 462; LG Hamburg, a.a.O.). Der Anspruch auf den Mietausfallersatz besteht auch dann, wenn sich der Neuabschluss mit einem Dritten hinauszögert, weil der Vermieter nur zu neuen, günstigeren Bedingungen wiedervermieten will und hieran eine frühere Vermietung gescheitert ist (OLG Frankfurt/Main, WuM 1992, 436 = ZMR 1993, 64).

118 Der Schadensersatzanspruch setzt jedoch voraus, dass der Zahlungsverzug und die daraus resultierende Kündigung den Schaden verursacht hat; hieran fehlt es z.B., wenn die Wohnung ausschließlich ihres schlechten Zustands wegen nicht weitervermietet werden konnte (LG Berlin, WuM 1986, 211). Dagegen ist der Vermieter mit dem Anspruch auf die Differenz zwischen der mit dem gekündigten Mieter vereinbarten Miete und der von dem Nachfolgemieter gezahlten geringeren Miete nicht deswegen ausgeschlossen, weil der Nachmieter die frühere Miete nicht akzeptiert hat; insoweit reicht es aus, dass keine anderweitige Vermietungsmöglichkeit bestand.

119 Die Schadensersatzleistung einschließlich des Mietausfalls, die der Mieter nach fristloser Kündigung wegen Zahlungsverzugs zu erbringen hat, ist ohne Umsatzsteuer zu berechnen, weil ihr eine steuerliche Leistung des Vermieters nicht gegenübersteht (BGH, MDR 1987, 664). Die Nutzungsentschädigung nach § 546a ist dagegen einschließlich der darauf entfallenden Umsatzsteuer zu zahlen (so zutreffend: Sternel, Mietrecht aktuell, Rn. 1214).

120 Der Vermieter muss sich jedoch auf seinen Ersatzanspruch sämtliche ersparten Aufwendungen und alle sonstigen Vorteile infolge der Kündigung des Vertrags anrechnen lassen (BGHZ 95, 39 [44]; BGH, LM Nr. 12 zu § 554). Dazu gehören auch Aufwendungen auf das Mietobjekt nach Auszug des Mieters, da sie dem Vermieter als Eigentümer des Objekts verbleiben (OLG Düsseldorf, NJW-RR 1988, 652 = ZMR 1988, 94).
Der Ersatzanspruch entfällt, wenn der Mieter seinerseits schon vorher zur fristlosen Kündigung des Vertrags berechtigt gewesen war (OLG Bamberg, ZMR 1984, 373 [374]). Dies müsste der Mieter aber gegenüber dem geltend gemachten Schadensersatzanspruch des Vermieters im Einzelnen darlegen.

121 Der Schadensersatzanspruch des Vermieters kann sich auch deswegen mindern, weil ihm ein **Mitverschulden** (§ 254 Abs. 2) vorzuwerfen ist; dieses Mitverschulden kann darin liegen, dass sich der Vermieter um eine erneute Vermietung nach fristloser Kündigung des Mietverhältnisses wegen Zahlungsverzugs des Mieters nicht oder nicht hinreichend bemüht. Die Voraussetzungen für ein Mitverschulden hat allerdings der Mieter darzulegen und zu beweisen (OLG Düsseldorf, DWW 1987, 231 = ZMR 1987, 375).

Kinne

3.3.8 Muster
Kündigungsschreiben des Vermieters wegen Mietrückstands über mehr als zwei Monate →[✎ 543-7]

...
(Vermieter)

...
(Datum)

Frau/Herrn
...
(Vor- und Zuname des Mieters/der Mieter)

Zustellung durch
Gerichtsvollzieher

...
(Straße, Postleitzahl, Ort)

Sehr geehrte(r) Frau/Herr ...!
Bei der Überprüfung des Mietkontos für die von Ihnen mit Mietvertrag vom ... gemietete Wohnung in ... habe/n ich/wir festgestellt, dass die Miete für die Monate ... bisher nicht eingegangen ist.
Laut § ... des Mietvertrags ist eine monatliche Miete in Höhe von ... einschließlich der Betriebskostenvorschüsse in Höhe von ... vereinbart. Diese Miete ist nach § ... des Mietvertrags jeweils monatlich im Voraus, spätestens bis zum dritten Werktag eines Monats zu zahlen, wobei es für die Rechtzeitigkeit der Zahlung auf den Zeitpunkt des Eingangs/der Gutschrift auf dem Mietkonto ankommt. Die Mietrückstände belaufen sich wegen der oben aufgeführten Minderzahlungen daher für den Zeitraum von ... bis ... auf insgesamt ..., mithin auf mehr als zwei Monatsmieten in Höhe von ....
Da Sie mithin in einem über zwei Zahlungstermine sich erstreckenden Zeitraum mit der Entrichtung der Miete in Verzug sind, der zwei Monatsmieten erreicht, kündige ich hiermit das mit Ihnen bestehende Mietverhältnis über die oben angeführte Wohnung fristlos, hilfsweise fristgemäß zum nächsten Kündigungstermin.
Schon jetzt muss ich Sie auffordern, die Wohnung zu räumen und geräumt an mich zurückzugeben. Um die ordnungsgemäße Wohnungsübergabe sicherzustellen, schlage ich Ihnen den ..., ... Uhr für eine Wohnungsbegehung mit Protokollierung des Wohnungszustands vor. Sollten Sie diesen Termin nicht einhalten können, erbitte ich Ihren Anruf unter der oben angegebenen Telefonnummer zwecks neuer Terminvereinbarung.
Bereits jetzt widerspreche ich ausdrücklich einer Fortsetzung des Mietverhältnisses; dieses wird auch dann nicht verlängert, wenn Sie den Gebrauch der Mietsache fortsetzen.
Vorsorglich weise ich Sie darauf hin, dass bei einer verspäteten Rückgabe der Wohnung eine Nutzungsentschädigung zumindest in Höhe der bisherigen Miete zuzüglich der gesetzlich zulässigen Mieterhöhungen und Umlagenerhöhungen verlangt werden kann; falls die ortsübliche Vergleichsmiete für die Wohnung höher als die

bisher vereinbarte Miete ist, kann auch der Unterschiedsbetrag zwischen der vereinbarten und der ortsüblichen Vergleichsmiete gefordert werden.

Ferner weise ich Sie ausdrücklich darauf hin, dass alle bei Vertragsabschluss überlassenen Schlüssel der Wohnung, einschließlich Zimmertürschlüssel sowie Haustür-,
Briefkasten-, Keller- und Sicherungskastenschlüssel sowie etwaige Ersatzschlüssel,
an mich persönlich zurückgegeben werden müssen und die Wohnung vollständig
von Ihren Einrichtungsgegenständen und Einbauten geräumt zurückgegeben werden
muss.

Schadensersatzansprüche wegen nicht oder schlecht ausgeführter Schönheitsreparaturen sowie wegen Beschädigungen der Mietsache behalte ich mir ausdrücklich vor.
Die von Ihnen gezahlte Mietkaution in Höhe von ... nebst der während der Mietvertragsdauer aufgelaufenen Zinsen in Höhe von ... wird in erster Linie auf die Mietrückstände und die Nutzungsentschädigung und in zweiter Linie auf die vorbehaltenen Schadensersatzansprüche verrechnet werden. Sie erhalten darüber zu gegebener
Zeit eine spezifizierte Abrechnung.

Mit freundlichen Grüßen
...
(Unterschrift Vermieter)

123 **Kündigungsschreiben des Vermieters wegen Mietrückstands bei zwei Terminen**
→[✆ 543-8]

...   ...
(Vermieter)   (Datum)

Frau/Herrn
...   Zustellung durch
(Vor- und Zuname des Mieters/der Mieter)   Gerichtsvollzieher

...
(Straße, Postleitzahl, Ort)

Sehr geehrte(r) Frau/Herr ...!
Bei der Überprüfung des Mietkontos für die von Ihnen mit Mietvertrag vom ... gemietete Wohnung in ... habe/n ich/wir festgestellt, dass die Miete für die Monate ...
bisher nicht eingegangen ist.
Laut § ... des Mietvertrags ist eine monatliche Miete in Höhe von ... einschließlich
der Betriebskostenvorschüsse in Höhe von ... vereinbart. Diese Miete ist nach § ...
des Mietvertrags jeweils monatlich im Voraus, spätestens bis zum dritten Werktag
eines Monats zu zahlen, wobei es für die Rechtzeitigkeit der Zahlung auf den Zeitpunkt des Eingangs/der Gutschrift auf dem Mietkonto ankommt. Die Mietrückstän-

de belaufen sich wegen der oben aufgeführten Minderzahlungen daher für den Zeitraum von ... bis ... auf insgesamt ..., mithin auf mehr als eine Monatsmiete in Höhe von ... Da Sie mithin für zwei aufeinander folgende Zahlungstermine mit der Entrichtung der Miete in Verzug sind, der die Miete für einen Monat übersteigt, kündige ich hiermit das mit Ihnen bestehende Mietverhältnis über die oben angeführte Wohnung fristlos, hilfsweise fristgemäß zum nächsten Kündigungstermin.

Schon jetzt muss ich Sie auffordern, die Wohnung zu räumen und geräumt an mich zurückzugeben. Um die ordnungsgemäße Wohnungsübergabe sicherzustellen, schlage ich Ihnen den ..., ... Uhr für eine Wohnungsbegehung mit Protokollierung des Wohnungszustands vor. Sollten Sie diesen Termin nicht einhalten können, erbitte ich Ihren Anruf unter der oben angegebenen Telefonnummer zwecks neuer Terminvereinbarung.

Bereits jetzt widerspreche ich ausdrücklich einer Fortsetzung des Mietverhältnisses; dieses wird auch dann nicht verlängert, wenn Sie den Gebrauch der Mietsache fortsetzen.

Vorsorglich weise ich Sie darauf hin, dass bei einer verspäteten Rückgabe der Wohnung eine Nutzungsentschädigung zumindest in Höhe der bisherigen Miete, zuzüglich der gesetzlich zulässigen Mieterhöhungen und Umlagenerhöhungen verlangt werden kann; falls die ortsübliche Vergleichsmiete für die Wohnung höher als die bisher vereinbarte Miete ist, kann auch der Unterschiedsbetrag zwischen der vereinbarten und der ortsüblichen Vergleichsmiete gefordert werden.

Ferner weise ich Sie ausdrücklich darauf hin, dass alle bei Vertragsschluss überlassenen Schlüssel der Wohnung, einschließlich Zimmertürschlüssel sowie Haustür-, Briefkasten-, Keller- und Sicherungskastenschlüssel sowie etwaige Ersatzschlüssel, an mich persönlich zurückgegeben werden müssen und die Wohnung vollständig von Ihren Einrichtungsgegenständen und Einbauten geräumt zurückgegeben werden muss.

Schadensersatzansprüche wegen nicht oder schlecht ausgeführter Schönheitsreparaturen sowie wegen Beschädigungen der Mietsache behalte ich mir ausdrücklich vor. Die von Ihnen gezahlte Mietkaution in Höhe von ... nebst der während der Mietvertragsdauer aufgelaufenen Zinsen in Höhe von ... wird in erster Linie auf die Mietrückstände und die Nutzungsentschädigung und in zweiter Linie auf die vorbehaltenen Schadensersatzansprüche verrechnet werden. Sie erhalten darüber zu gegebener Zeit eine spezifizierte Abrechnung.

Mit freundlichen Grüßen

...

(Unterschrift Vermieter)

124 **Kündigungsschreiben der Hausverwaltung/des Vertreters bei Mietrückständen über mehr als zwei Zahlungstermine →[⊘ 543-9]**

...
(Hausverwaltung/Vertreter)

...
(Datum)

Frau/Herrn
...
(Vor- und Zuname des Mieters/der Mieter)

Zustellung durch
Gerichtsvollzieher

...
(Straße, Postleitzahl, Ort)

Sehr geehrte(r) Frau/Herr ...!
Bei der Überprüfung des Mietkontos für die von Ihnen mit Mietvertrag vom ... gemietete Wohnung in ... habe/n ich/wir festgestellt, dass die Miete für die Monate ... bisher nicht eingegangen ist.

Laut § ... des Mietvertrags ist eine monatliche Miete in Höhe von ... einschließlich der Betriebskostenvorschüsse in Höhe von ... vereinbart. Diese Miete ist nach § ... des Mietvertrages jeweils monatlich im Voraus, spätestens bis zum dritten Werktag eines Monats zu zahlen, wobei es für die Rechtzeitigkeit der Zahlung auf den Zeitpunkt des Eingangs/der Gutschrift auf dem Mietkonto ankommt.

Die Mietrückstände belaufen sich wegen der oben aufgeführten Minderzahlungen daher für den Zeitraum von ... bis ... auf insgesamt ..., mithin auf mehr als zwei Monatsmieten in Höhe von ....

Da Sie mithin in einem über zwei Zahlungstermine sich erstreckenden Zeitraum mit der Entrichtung der Miete in Verzug sind, der zwei Monatsmieten erreicht, kündige/n ich/wir namens und in beigefügter Originalvollmacht Ihres Vermieters, der Frau/des Herrn/der Erbengemeinschaft/Bauherrengemeinschaft/Miteigentümergemeinschaft ... hiermit das mit Ihnen bestehende Mietverhältnis über die oben angeführte Wohnung fristlos, hilfsweise fristgemäß zum nächsten Kündigungstermin.

Schon jetzt werden Sie aufgefordert, die Wohnung zu räumen und geräumt an mich/uns zurückzugeben. Um die ordnungsgemäße Wohnungsübergabe sicherzustellen, schlage ich Ihnen den ..., ... Uhr für eine Wohnungsbegehung mit Protokollierung des Wohnungszustands vor. Sollten Sie diesen Termin nicht einhalten können, erbitte ich Ihren Anruf unter der oben angegebenen Telefonnummer zwecks neuer Terminvereinbarung.

Bereits jetzt widerspreche/n ich/wir namens und in beigefügter Originalvollmacht Ihres oben angegebenen Vermieters ausdrücklich einer Fortsetzung des Mietverhältnisses; dieses wird auch dann nicht verlängert, wenn Sie den Gebrauch der Mietsache fortsetzen.

Vorsorglich weise/n ich/wir Sie namens und in beigefügter Originalvollmacht Ihres oben angegebenen Vermieters darauf hin, dass bei einer verspäteten Rückgabe der

Wohnung eine Nutzungsentschädigung zumindest in Höhe der bisherigen Miete, zuzüglich der gesetzlich zulässigen Mieterhöhungen und Umlagenerhöhungen verlangt werden kann; falls die ortsübliche Vergleichsmiete für die Wohnung höher als die bisher vereinbarte Miete ist, kann auch der Unterschiedsbetrag zwischen der vereinbarten und der ortsüblichen Vergleichsmiete gefordert werden.

Ferner weise/n ich/wir Sie namens und in Vollmacht Ihres oben angegebenen Vermieters ausdrücklich darauf hin, dass alle bei Vertragsschluss überlassenen Schlüssel der Wohnung, einschließlich Zimmertürschlüssel sowie Haustür-, Briefkasten-, Keller- und Sicherungskastenschlüssel sowie etwaige Ersatzschlüssel, an mich/uns persönlich zurückgegeben werden müssen und die Wohnung vollständig von Ihren Einrichtungsgegenständen und Einbauten geräumt zurückgegeben werden muss.

Schadensersatzansprüche wegen nicht oder schlecht ausgeführter Schönheitsreparaturen sowie wegen Beschädigungen der Mietsache behalte/n ich/wir mir/uns ausdrücklich vor.

Die von Ihnen gezahlte Mietkaution in Höhe von ... nebst der während der Mietvertragsdauer aufgelaufenen Zinsen in Höhe von ... wird in erster Linie auf die Mietrückstände und die Nutzungsentschädigung und in zweiter Linie auf die vorbehaltenen Schadensersatzansprüche verrechnet werden. Sie erhalten darüber zu gegebener Zeit eine spezifizierte Abrechnung.

Originalvollmacht Ihres Vermieters anbei.

Mit freundlichen Grüßen

...

(Unterschrift Hausverwaltung/Vertreter)

Kündigung der Hausverwaltung/des Vertreters wegen Mietrückstands bei zwei Zahlungsterminen →[⊘ 543-10]   125

...	...
(Hausverwaltung/Vertreter)	(Datum)

Frau/Herrn

...
(Vor- und Zuname des Mieters/der Mieter)

Zustellung durch
Gerichtsvollzieher

...
(Straße, Postleitzahl, Ort)

Sehr geehrte/r Frau/Herr ...!
Bei der Überprüfung des Mietkontos für die von Ihnen mit Mietvertrag vom ... gemietete Wohnung in ... habe/n ich/wir festgestellt, dass die Miete für die Monate ... bisher nicht eingegangen ist.

Laut § ... des Mietvertrags ist eine monatliche Miete in Höhe von ... einschließlich der Betriebskostenvorschüsse in Höhe von ... vereinbart. Diese Miete ist nach § ... des Mietvertrags jeweils monatlich im Voraus, spätestens bis zum dritten Werktag eines Monats zu zahlen, wobei es für die Rechtzeitigkeit der Zahlung auf den Zeitpunkt des Eingangs/der Gutschrift auf dem Mietkonto ankommt. Die Mietrückstände belaufen sich wegen der oben aufgeführten Minderzahlungen daher für den Zeitraum von ... bis ... auf insgesamt ..., mithin auf mehr als eine Monatsmiete in Höhe von ....

Da Sie mithin für zwei aufeinander folgende Zahlungstermine mit der Entrichtung der Miete in Verzug sind, der die Miete für einen Monat übersteigt, kündige/n ich/wir namens und in beigefügter Originalvollmacht Ihres Vermieters, des Herrn/der Frau/der Erbengemeinschaft/Bauherrengemeinschaft/Miteigentümergemeinschaft ... hiermit das mit Ihnen bestehende Mietverhältnis über die oben angeführte Wohnung fristlos, hilfsweise fristgemäß zum nächsten Kündigungstermin.

Schon jetzt werden Sie aufgefordert, die Wohnung zu räumen und geräumt an mich/uns zurückzugeben. Um die ordnungsgemäße Wohnungsübergabe sicherzustellen, schlage ich Ihnen den ..., ... Uhr für eine Wohnungsbegehung mit Protokollierung des Wohnungszustands vor. Sollten Sie diesen Termin nicht einhalten können, erbitte ich Ihren Anruf unter der oben angegebenen Telefonnummer zwecks neuer Terminvereinbarung.

Bereits jetzt widerspreche/n ich/wir namens und in beigefügter Originalvollmacht Ihres oben angegebenen Vermieters ausdrücklich einer Fortsetzung des Mietverhältnisses; dieses wird auch dann nicht verlängert, wenn Sie den Gebrauch der Mietsache fortsetzen.

Vorsorglich weise/n ich/wir Sie namens und in beigefügter Originalvollmacht Ihres oben angegebenen Vermieters darauf hin, dass bei einer verspäteten Rückgabe der Wohnung eine Nutzungsentschädigung zumindest in Höhe der bisherigen Miete, zuzüglich der gesetzlich zulässigen Mieterhöhungen und Umlagenerhöhungen verlangt werden kann; falls die ortsübliche Vergleichsmiete für die Wohnung höher als die bisher vereinbarte Miete ist, kann auch der Unterschiedsbetrag zwischen der vereinbarten und der ortsüblichen Vergleichsmiete gefordert werden.

Ferner weise/n ich/wir Sie namens und in Vollmacht Ihres oben angegebenen Vermieters ausdrücklich darauf hin, dass alle bei Vertragsschluss überlassenen Schlüssel der Wohnung, einschließlich Zimmertürschlüssel sowie Haustür-, Briefkasten-, Keller- und Sicherungskastenschlüssel sowie etwaige Ersatzschlüssel, an mich/uns persönlich zurückgegeben werden müssen und die Wohnung vollständig von Ihren Einrichtungsgegenständen und Einbauten geräumt zurückgegeben werden muss.

Schadensersatzansprüche wegen nicht oder schlecht ausgeführter Schönheitsreparaturen sowie wegen Beschädigungen der Mietsache behalte/n ich/wir mir/uns ausdrücklich vor.

Die von Ihnen gezahlte Mietkaution in Höhe von ... nebst der während der Mietvertragsdauer aufgelaufenen Zinsen in Höhe von ... wird in erster Linie auf die Miet-

rückstände und die Nutzungsentschädigung und in zweiter Linie auf die vorbehalte-
nen Schadensersatzansprüche verrechnet werden. Sie erhalten darüber zu gegebener
Zeit eine spezifizierte Abrechnung.
Originalvollmacht Ihres Vermieters anbei.

Mit freundlichen Grüßen
...
(Unterschrift Hausverwaltung/Vertreter)

Abwehrschreiben des Mieters gegen die Kündigung →[✎ 543-11]   126

...   ...
(Mieter)   (Datum)

Frau/Herrn
...
(Vor- und Zuname des Vermieters)

...
(Straße, Postleitzahl, Ort)

Betreff: Kündigungsschreiben vom ...

Sehr geehrte(r) Frau/Herr ...!
Der vorbezeichneten Kündigung muss ich aus folgenden Gründen widersprechen:
Entgegen der von Ihnen vertretenen Auffassung bin ich mit der Zahlung der Mieten
für die Monate ... nicht in Verzug geraten.
Soweit Sie sich darauf stützen, dass die Miete monatlich im Voraus bis zum dritten
Werktag eines Monats zu zahlen sei, weise ich Sie darauf hin, dass diese Voraus-
zahlungsklausel unwirksam ist, weil sie mit einer Klausel zusammentrifft, die die
Aufrechnung des Mieters mit Rückzahlungsforderungen (wegen infolge nach Zah-
lung eingetretener Mängel überzahlter Miete) ausschließt bzw. einschränkt.
Außerdem war die Miete aus folgenden Gründen noch nicht fällig:
Wie ich/wir mit Schreiben vom ... an die Hausverwaltung ... angezeigt habe/n,
Beweis: Mängelschreiben vom ..., Kopie anbei
haben sich seit dem ... in der Wohnung im ...zimmer Schimmelpilze gebildet, und
zwar jeweils auf einer Fläche von ... qm an ... (genaue Beschreibung der betroffenen
Wand- oder Deckenfläche).
Beweis: Zeugnis des Herrn ... (Vor- und Zuname, Anschrift)
Da Sie auf dieses Schreiben nichts unternommen haben, ist die Hausverwaltung mit
weiterem Schreiben vom ... aufgefordert worden, die Mängel bis zum ... zu beseitigen.

Beweis: Aufforderungsschreiben vom ..., Fotokopie anbei
Da darauf ebenfalls nichts erfolgte, ist ein Kostenvoranschlag für die Beseitigung
der Schimmelpilzflecke eingeholt worden, der sich auf ... beläuft.
Beweis: Kostenvoranschlag der Firma ... vom ..., Kopie anbei
Da die Mängel immer noch nicht beseitigt worden sind, bleibt die Miete weiterhin in
Höhe von ...% gemindert. Gegenüber dem mit der Kündigung geltend gemachten
Zahlungsanspruch wird hilfsweise das Zurückbehaltungsrecht wegen des Anspruchs
auf Beseitigung der Mängel geltend gemacht, das sich auf den fünffachen Minderungsbetrag beläuft.
Schließlich wird hilfsweise mit dem Anspruch auf die Kosten für die Mängelbeseiti-
gung in Höhe von ... aufgerechnet, der sich aus dem eingereichten Kostenvoranschlag ergibt.
Die Kündigung ist daher unberechtigt, so dass auch kein Räumungsanspruch besteht.

Mit freundlichen Grüßen
...
(Unterschrift Mieter)

4. Besondere Kündigungsvoraussetzungen bei Vertragsverletzung
4.1 Frist zur Abhilfe oder Abmahnung

127 Weitere zwingende Voraussetzung für die fristlose Kündigung aus wichtigem Grund ist,
dass der kündigende Vertragspartner dem anderen Vertragspartner erfolglos eine Frist
zur Abhilfe gesetzt hat oder erfolglos das vertragswidrige Verhalten des anderen Vertragspartners abgemahnt hat und der abgemahnte Vertragspartner bis zum Ablauf der
gesetzten Frist oder trotz Abmahnung weiterhin gegen den Mietvertrag verstoßen hat.
Die Abmahnung muss der Kündigung vorausgehen (AG Berlin-Tiergarten, GE 1987,
285) und den Vertragsverstoß genau bezeichnen (LG Gießen, WuM 1981, 232). Falls
keine Abmahnung erfolgt ist, ist dem anderen Vertragspartner eine Frist einzuräumen,
innerhalb derer er das vertragswidrige Verhalten abstellen kann; daher muss die Frist
grundsätzlich so bemessen werden, dass dem Vertragspartner Abhilfe möglich ist (LG
Mannheim, WuM 1985, 262). Dies gilt auch bei Gefährdung des Mietobjekts und bei
unerlaubter Gebrauchsüberlassung; allerdings kann die Frist bei konkreter Gefahr für die
Bausubstanz erheblich verkürzt werden.
Ob die Fristsetzung oder Abmahnung mit einer Kündigungsandrohung verbunden werden muss, ist umstritten (bejahend: LG Hamburg, ZMR 1985, 385; WuM 1986, 338; LG
Itzehoe, WuM 1991, 99; verneinend: LG Kleve, WuM 1995, 537). Vorsichtshalber sollte
in der Fristsetzung oder Abmahnung immer eine Kündigungsandrohung enthalten sein
(eingehend dazu Schläger, ZMR 1991, 42).

128 Die Fristsetzung und die Abmahnung sind einseitige, empfangsbedürftige Willenserklärungen, die von allen kündigenden Vertragspartnern allen Vertragsgegnern gegenüber
erklärt werden müssen. Wenn der Vermieter kündigen will, müssen alle Vermieter als
Erklärende aufgeführt werden – zumindest durch eine schlagwortartige Bezeichnung wie

im Mietvertrag (z.B. Bauherrengemeinschaft Berliner Straße 24 oder Erbengemeinschaft Schulze) – und die Erklärung muss sich an alle Mieter richten (z.B. Herrn Alfred Schulze und Frau Elfriede Schulze). Dies gilt auch dann, wenn die Hausverwaltung für der Vermieter kündigt; in diesem Fall muss sich aus der Fristsetzung oder Abmahnung deutlich ergeben, dass sie im Namen des Vermieters erfolgt (z.B. „namens und in Vollmacht Ihres Vermieters, der Bauherrengemeinschaft Berliner Straße"). Will der Mieter kündigen, müssen ebenfalls alle Mieter zuvor die Frist setzen oder den/die Vermieter abmahnen. Haben Eheleute oder nichteheliche Lebenspartner gemeinsam die Wohnung angemietet, müssen alle die entsprechende Erklärung abgeben. Es reicht grundsätzlich nicht aus, wenn nur einer von ihnen die entsprechende Erklärung abgibt. Setzt nur einer von mehreren Mietern die Frist oder mahnt er den Vermieter ab, so wirkt dies nur dann zugunsten der übrigen Mitmieter, wenn er die Erklärung im Namen und in Vollmacht der übrigen Mitmieter abgibt, ebenso wie sonst bei der Hausverwaltung.

Zudem muss das entsprechende Schreiben allen Vertragsgegnern zugehen (AG Hamburg, WuM 1990, 74). Die Empfangsvollmacht im Mietvertrag „Die Mieter bevollmächtigen sich gegenseitig zum Empfang von Willenserklärungen des Vermieters" entbindet den Vermieter nicht von der Verpflichtung, alle Mieter als Erklärungsgegner zu bezeichnen. Der Vermieter kann sich nur zum Zugangsnachweis darauf berufen, dass der Zugang an einen der mehreren Mitmieter ausreicht. Umgekehrt ist eine Empfangsvollmacht keine Vertretungsvollmacht. Der eine von mehreren Mitmietern, der allein den Vermieter abgemahnt oder ihm eine Frist gesetzt hat, kann sich mithin nicht auf die Empfangsvollmacht dafür berufen, dass er die Erklärung auch namens und in Vollmacht der anderen Mitmieter abgeben wollte. Die Mitmieter sind auch dafür beweispflichtig, dass ihre Erklärung dem Vermieter zugegangen ist; dazu reicht die Übergabe an den Hauswart grundsätzlich nicht aus; vielmehr ist die Erklärung entweder gegenüber der den Vermieter vertretenden Hausverwaltung oder gegenüber dem Vermieter persönlich abzugeben **129**

Eine Form ist zwar für die Abmahnung nicht vorgeschrieben; dennoch sollte bereits zu Beweiszwecken die Abmahnung immer schriftlich erfolgen, wozu die eigenhändige Unterschrift des fristsetzenden oder abmahnenden Vertragspartners gehört; die Abmahnung kann allerdings auch durch Telefax erfolgen, da die Schriftform nicht vorgeschrieben ist. Für den Beweis des Zugangs des Telefax ist allerdings die Vorlage des Sendeprotokolls nicht ausreichend; vielmehr muss gleichzeitig bewiesen werden, dass das Schreiben mit Fristsetzung oder Abmahnung (richtig) an den Vertragspartner gefaxt worden ist. Bedient sich der abmahnende Vertragspartner eines Vertreters, muss dieser die Erklärung namens und in Vollmacht des Vertragspartners abgeben und die Originalvollmacht beifügen; ist die Originalvollmacht nicht beigefügt, kann der andere Vertragsteil die Abmahnung unverzüglich zurückweisen (§ 174). **130**

4.2   Erfolglosigkeit der Fristsetzung oder Abmahnung

Weitere Voraussetzung für die fristlose Kündigung ist, dass der Vertragsgegner ungeachtet der Abmahnung des Vertragspartners das vertragswidrige Verhalten fortsetzt. Eine Wiederholungsgefahr über die Fortsetzung des vertragswidrigen Verhaltens hinaus ist ebenso wenig erforderlich wie ein Verschulden des Vertragsgegners. Hat der Vertragsgegner dagegen vor Zugang der Kündigung das vertragswidrige Verhalten abgestellt, so ist die fristlose Kündigung unbegründet. Auf die Kenntnis des kündigenden Vertrags- **131** partners davon kommt es nicht an. Entscheidend ist allein, ob derjenige Vertragsgegner, dem zum Abstellen seines vertragswidrigen Verhaltens eine Frist gesetzt oder dessen vertragswidriges Verhalten abgemahnt wurde, dieses Verhalten abgestellt hat. Bei der unerlaubten Untervermietung gehört dazu natürlich, dass der Untermieter aus der Wohnung ausgezogen ist. Bei der unerlaubten Nutzung der Wohnung zu Gewerbezwecken gehört dazu, dass der Gewerbebetrieb tatsächlich eingestellt worden ist; allein die Anzeige der Aufgabe des Gewerbes bei der zuständigen Behörde reicht nicht aus. Bei unerlaubten baulichen Veränderungen ist Voraussetzung für das Erlöschen des Rechts zur fristlosen Kündigung, dass die bauliche Veränderung endgültig „zurückgebaut" ist. Bei nicht rechtzeitiger Gebrauchsgewährung ist Voraussetzung, dass nunmehr der Gebrauch uneingeschränkt möglich ist. Ist z.B. die Wohnung zum vereinbarten Mietbeginn nicht rechtzeitig fertig gestellt worden, ist sie jedoch dann bis zum Ablauf der gesetzten Frist im Wesentlichen bezugsfertig, ist die Kündigung trotzdem gerechtfertigt, wenn noch einzelne Arbeiten notwendig sind (z.B. Verfliesung des Bades), um die Wohnung insgesamt vertragsgemäß nutzen zu können; der Mieter ist nicht verpflichtet, eine mangelbehaftete Wohnung zu beziehen, um die Kündigung auszuschließen.

4.3 Ausnahmen

132 Die Fristsetzung oder Abmahnung ist in folgenden Fällen entbehrlich:
1. wenn die Frist oder Abmahnung offensichtlich keinen Erfolg verspricht
oder
2. die sofortige Kündigung aus besonderen Gründen unter Abwägung der beiderseitigen Interessen gerechtfertigt ist
oder
3. der Mieter mit der Entrichtung der Miete im Sinne des Absatzes 2 Nr. 3 in Verzug ist.

4.3.1 Ablehnung der Beseitigung der Vertragsverletzung

133 Eine Fristsetzung oder Abmahnung ist nur dann entbehrlich, wenn der Vertragspartner bereits erklärt hat, sein vertragswidriges Verhalten nicht einstellen zu wollen, oder wenn er bereits vollendete Tatsachen geschaffen hat (BGH, MDR 1975, 572). Insoweit kann die Rechtsprechung zur Entbehrlichkeit der Fristsetzung in den Fällen des § 326 (ab 1.1.2002: § 280 Abs. 1, 3 i.V.m. § 281, § 323 i.d.F. des SchuldRModG) herangezogen werden (vgl. dazu u.a. Palandt/Heinrichs, § 326 Rn. 20). Dem Mieter, der erklärt hat, er werde den von ihm ohne Genehmigung eingebauten Kamin ungeachtet öffentlich-rechtlicher Vorschriften und trotz der Gefährdung der Mitmieter nicht abschaffen, braucht vorher nicht noch eine Frist zur Beseitigung des Kamins gesetzt zu werden.

4.3.2 Besondere Gründe des Vertragspartners

134 Eine Fristsetzung bzw. Abmahnung ist ferner dann entbehrlich, wenn besondere Gründe für eine sofortige Beendigung des Mietverhältnisses sprechen. Das wäre z.B. dann der Fall, wenn der Mieter die Mietsache unter Vernachlässigung der ihm obliegenden Sorgfalt – z.B. durch ständig offen gelassene Fenster – derart in der Bausubstanz gefährdet, dass Einsturzgefahr besteht. Auch ein vertragswidriges Verhalten des Mieters, das die Gefahr eines Brandes konkret verwirklicht, braucht vorher nicht abgemahnt zu werden. Insoweit kommt eine Kündigung ohne Fristsetzung oder Abmahnung natürlich nur dann

in Betracht, wenn der Kündigungsgrund in der Person oder im Risikobereich des Kündigungsgegners liegt. Dieser muss sich allerdings auch das Verschulden von Haushaltsangehörigen oder Besuchern zurechnen lassen. Begehen daher der Sohn oder die Tochter des Mieters oder einer seiner Besucher den Vertragsverstoß, so ist eine Fristsetzung oder Abmahnung nicht erforderlich.

4.3.3 Zahlungsverzug des Mieters
Eine Fristsetzung oder Abmahnung ist ferner bei dem kündigungsbegründenden Verzug 135
des Mieters entbehrlich, wie bereits nach § 554 a.f. Der Mieter ist hinreichend dadurch
geschützt, dass diese Kündigung sein Verschulden voraussetzt.

5. Anwendbarkeit weiterer Vorschriften
§ 543 Abs. 4 Satz 1 enthält den Regelungsinhalt des § 543 Satz 1 (a.F.), dessen Satz 2 für 136
die Wohnraummiete in etwas abgewandelter Form in § 569 Abs. 4 Satz 1 übernommen
wird. Die Beweislastregel des § 543 Abs. 4 Satz 2 entspricht dem § 542 Abs. 3 (a.F.).

5.1 Ausschluss der Kündigung bei Kenntnis des Mieters vom Mangel
Das **Kündigungsrecht** ist trotz Vorliegens der Voraussetzungen des § 543 dann **ausge-** 137
schlossen, wenn die Rechte des Mieters bei einem Mangel durch § 536b ausgeschlossen
sind (vgl. dazu § 536b Rn. 2 ff.). Das wäre z.B. der Fall, wenn der Mieter bei dem Abschluss des Vertrags den **Sachmangel**, der an sich zu einer nicht unerheblichen Hinderung oder Vorenthaltung des Gebrauchs geführt hat, **positiv kannte**, ohne dass er sich
seine Rechte wegen dieses Mangels vorbehalten hat. Dasselbe gilt, wenn dem Mieter der
Sachmangel **infolge grober Fahrlässigkeit unbekannt geblieben ist** oder er eine mangelhafte Sache angenommen hat, obschon er den Mangel kannte, ohne sich die Rechte
wegen dieses Sachmangels vorzubehalten. Fahrlässigkeit läge z.B. vor, wenn der Mieter
eine Wohnung bei Dunkelheit besichtigt und dabei offenbare Mängel der Mietsache nicht
bemerkt und sich deswegen auch keine Rechte wegen dieser Mängel vorbehält. Eine
vorbehaltlose Annahme der mangelhaften Mietsache könnte darin liegen, dass der Mieter
trotz Kenntnis des Mangels die Miete in voller Höhe weiterbezahlt, ohne dem Vermieter
diesen Mangel anzuzeigen. Bei Rechtsmängeln ist die Kündigung ausgeschlossen, wenn
der Mieter beim Abschluss des Vertrags diesen Rechtsmangel kannte.
Das Kündigungsrecht kann außerdem durch **Vereinbarung** der Parteien ausgeschlossen 138
oder beschränkt werden. Bei Mietverhältnissen über Wohnraum sind derartige Vereinbarungen nach § 569 Abs. 4 generell unwirksam. Bei anderen Mietverhältnissen ist zu
prüfen, ob es sich um einen vom Vermieter verwendeten Formularvertrag (vgl. dazu u.a.
OLG Frankfurt/Main, GE 1996, 47) handelt und ob der Ausschluss des Kündigungsrechts eine unangemessene Benachteiligung des Mieters darstellt (§ 9 Abs. 2 AGBG; ab
1.1.2002: § 307 BGB i.d.F. des SchuldRModG). Daher kann auch der Ausschluss des
Kündigungsrechts in einem Gewerberaummietverhältnis unwirksam sein.
Gem. § 543 Abs. 4 i.V.m. §§ 469 bis 471 sind **Teilkündigungen** grundsätzlich zulässig. 139
Da aber bei der Grundstücks- und Raummiete davon auszugehen ist, dass das vermietete
Grundstück oder die vermieteten Räume eine Einheit bilden, scheidet in der Regel eine
Teilkündigung aus (OLG Celle, MDR 1964, 294). Dies gilt prinzipiell auch für die mit
der Wohnung zusammen gemietete Garage, selbst dann, wenn die Garage erst nachträg-

lich gemietet worden ist (OLG Karlsruhe, WuM 1983, 166; BayObLG, WuM 1991, 78; LG München II, WuM 1989, 514; AG Augsburg, WuM 1987, 25; AG Nürtingen, WuM 1987, 157). Ebenso wenig wie der Vermieter die Garage gesondert kündigen darf (AG Berlin-Charlottenburg, GE 1991, 525 f. und GE 1992, 991), darf der Mieter wegen Mängeln der Garage diese einseitig kündigen, wenn diese zusammen mit der Wohnung – möglicherweise auch später (LG Köln, ZMR 1992, 251) – gemietet worden ist. Etwas anderes gilt nur dann, wenn die wesentlich später gemietete Garage mit getrenntem Vertrag gemietet worden ist und auch nicht auf dem gleichen Anwesen liegt wie die Wohnung (BayObLG, GE 1991, 343 f.; LG Berlin, GE 1993, 543).

Etwas anderes gilt ferner, wenn die Voraussetzung für eine Teilkündigung gem. § 573b vorliegen.

5.2 Beweislast

140 Der **Mieter** muss beweisen, dass der Vermieter ihm den rechtzeitigen Gebrauch der Mietsache – vollständig oder teilweise – nicht gewährt oder ihm später wieder entzogen hat. Außerdem muss er die Fristsetzung oder Abmahnung sowie den Ausspruch und Zugang der Kündigung beweisen. Falls er keine Frist gesetzt und den Vermieter auch nicht abgemahnt hat, muss er beweisen, dass entweder der Vermieter sich ohnehin geweigert hat, ihm den Gebrauch rechtzeitig und vollständig zu gewähren oder wieder einzuräumen, oder dass die Kündigung aus besonderen Gründen gerechtfertigt war. Wenn die teilweise Gebrauchsentziehung durch einen Mangel der Mietsache hervorgerufen worden ist und der Vermieter Ursachen, die in seinen Obhuts- und Verantwortungsbereich fallen, ausgeräumt hat, trägt der Mieter die Beweislast dafür, dass er die Gebrauchsentziehung nicht zu vertreten hat.

141 Der **Vermieter** muss die rechtzeitige Gebrauchsgewährung und/oder Abhilfe vor Fristablauf beweisen. Liegt ein Mangel vor, beruft sich aber der Vermieter darauf, dass der Mietgebrauch nur unerheblich beeinträchtigt war, so muss der Vermieter die Unerheblichkeit der Gebrauchsentziehung oder -behinderung darlegen und beweisen, ebenso, dass der Mieter nicht innerhalb angemessener Frist nach Ablauf der zur Wiederherstellung der Gebrauchsgewährung gesetzten Frist gekündigt hat.

§ 544 Vertrag über mehr als dreißig Jahre

[1]**Wird ein Mietvertrag für eine längere Zeit als dreißig Jahre geschlossen, so kann jede Vertragspartei nach Ablauf von dreißig Jahren nach Überlassung der Mietsache das Mietverhältnis außerordentlich mit der gesetzlichen Frist kündigen.** [2]**Die Kündigung ist unzulässig, wenn der Vertrag für die Lebenszeit des Vermieters oder des Mieters geschlossen worden ist.**

1 Die Regelung lehnt sich an § 567 a.F. an und bestimmt ein außerordentlich befristetes Kündigungsrecht. Die sprachliche Formulierung entspricht der neuen einheitlichen Terminologie für die verschiedenen Kündigungsarten. Klargestellt ist jetzt auch, dass die

Kündigung erst nach Ablauf von dreißig Jahren, gerechnet ab dem Zeitpunkt der (vertraglich vereinbarten) Überlassung der Mietsache, möglich ist.
Die Vorschrift gilt für Mietverträge allgemein, auch für Pachtverträge (§ 581 Abs. 2). Eine entsprechende Anwendbarkeit gilt für miet- oder pachtähnliche Rechtsverhältnisse (vgl. Emmerich/Sonnenschein, § 567 Rn. 1; BGH, NJW 1994, 3156). Es handelt sich um eine zwingende Vorschrift, weil Erbmiete oder ähnliche Rechtsverhältnisse verhindert werden sollen. Auf unbestimmte Zeit abgeschlossene Mietverträge fallen nicht unter die Vorschrift, selbst wenn sie länger als dreißig Jahre gedauert haben. Für diese gilt ohnehin die Kündigungsmöglichkeit des § 542 Abs. 1. Ein Mietvertrag für die Lebenszeit einer der Vertragsparteien fällt ebenfalls nicht unter diese Vorschrift. Ein Verstoß gegen § 544 macht den Mietvertrag nicht nichtig; unwirksam ist lediglich der Ausschluss der Kündigung (Palandt/Weidenkaff, § 567 Rn. 6; Emmerich/Sonnenschein, § 567 Rn. 2).
§ 544 gibt die Kündigungsmöglichkeit unter Einhaltung der gesetzlichen Frist. Bei der Wohnraummiete ist dazu noch § 573 zu beachten; der Vermieter kann also nur kündigen, wenn er ein berechtigtes Interesse an der Beendigung des Mietverhältnisses hat.   2

§ 545 Stillschweigende Verlängerung des Mietverhältnisses

[1]Setzt der Mieter nach Ablauf der Mietzeit den Gebrauch der Mietsache fort, so verlängert sich das Mietverhältnis auf unbestimmte Zeit, sofern nicht eine Vertragspartei ihren entgegenstehenden Willen innerhalb von zwei Wochen dem anderen Teil erklärt. [2]Die Frist beginnt
1. **für den Mieter mit der Fortsetzung des Gebrauchs,**
2. **für den Vermieter mit dem Zeitpunkt, in dem er von der Fortsetzung Kenntnis erhält.**

Übersicht	Rn.
1. Allgemeines	1
2. Voraussetzungen im Einzelnen	2
3. Abweichende Vereinbarungen	3

1.   Allgemeines

Die Vorschrift übernimmt § 568 a.F. Der Gesetzgeber sieht eine große praktische Bedeutung der Regelung, die der Rechtssicherheit diene. Ohne die angeordnete Verlängerung des Mietverhältnisses würde dies, von den Vertragsparteien häufig unbemerkt, zu einem vertragslosen Zustand führen, dessen (rechtliche im Einzelnen umstrittene) Abwicklung nach Bereicherungsrecht oder den Grundsätzen über das Eigentümer-Besitzer-Verhältnis (§§ 987 ff.) nicht sachgerecht wäre und in den meisten Fällen auch dem mutmaßlichen Willen der Vertragsparteien nicht entspreche – so die amtliche Begründung. Sprachlich wurde die Vorschrift überarbeitet. Die bisherige **Verlängerungsfiktion** wurde aufgegeben, vielmehr die Verlängerung des Mietverhältnisses angeordnet. Die große praktische Bedeutung der Regelung mag bezweifelt werden; es kommt vielmehr nur darauf an, **auf gewisse „Formalien" zu achten, um die Verlängerungswirkung auszu-**   1

schließen. Das gilt auch für den Mieter (im Hinblick auf einen weiteren Mietanspruch des Vermieters) nach dessen Kündigung.

§ 545 gilt für alle Arten von Mietverhältnissen, also auch für die Wohnraummiete. Für die Pacht gilt § 581 Abs. 2. Auf den Grund der Beendigung des Mietverhältnisses kommt es nicht an, was sich auch auf die **Beendigung durch fristlose Kündigung** bezieht. Das muss **auch** für einen Mietaufhebungsvertrag oder Räumungsvergleich gelten, da das Gesetz insofern keine Differenzierungen bringt (str.; vgl. Palandt/Weidenkaff, § 568 Rn. 2; Emmerich/Sonnenschein, § 568 Rn. 2). Allerdings tritt die Verlängerungswirkung dann nicht ein, wenn der Mieter aufgrund einer gewährten Räumungsfrist den Gebrauch der Mietsache fortsetzt (Emmerich/Sonnenschein, § 568 Rn. 2 mit weiteren Rechtsprechungsnachweisen).

Im Verhältnis zur Sozialklausel des § 574 führt der mangelnde Widerspruch des Vermieters nach § 545 dazu, dass das Mietverhältnis als auf unbestimmte Zeit verlängert gilt, selbst wenn der Mieter den Kündigungswiderspruch nicht oder nicht rechtzeitig erhoben hat.

2. Voraussetzungen im Einzelnen

2 Die **Gebrauchsfortsetzung** ist ein **tatsächlicher Vorgang**, keine Willenserklärung. Hingegen stellt der Widerspruch gegen die Gebrauchsfortsetzung eine formlose, empfangsbedürftige Willenserklärung dar, für die demgemäß Geschäftsfähigkeit vorliegen muss.

§ 545 Satz 2 normiert lediglich die Frist mit für Mieter und Vermieter unterschiedlichem Fristbeginn, innerhalb derer der Widerspruch spätestens erklärt sein muss. Demgemäß kann er auch schon vor Fristbeginn erklärt werden, z.B. in Verbindung mit der Kündigung des Mietverhältnisses. Liegt allerdings zwischen einer ordentlichen Kündigung mit Fortsetzungswiderspruch im Hinblick auf eine längere Räumungsfrist bis zur Beendigung des Mietverhältnisses ein längerer Zeitraum, ist die Ansicht vertretbar, dass kein ausreichender zeitlicher und sachlicher Zusammenhang mehr besteht, so dass der Widerspruch fristgemäß wiederholt werden sollte (vgl. Palandt/Weidenkaff, § 568 Rn. 8; Emmerich/Sonnenschein, § 568 Rn. 7). Da keine Form für den Widerspruch vorgesehen ist, kann er auch in der Erhebung der Räumungsklage bestehen (Erhebung der Klage = Zustellung der Klageschrift an den Schuldner – § 253 Abs. 1 ZPO; § 270 Abs. 3 ZPO findet keine Anwendung, weil die Fristwahrung auch auf andere Weise geschehen kann). Es muss nur der entgegenstehende Wille zur Gebrauchsfortsetzung dem Erklärungsgegner ersichtlich sein.

3. Abweichende Vereinbarungen

3 § 545 ist nicht zwingend, so dass die Vorschrift ganz oder vollständig abdingbar ist, was auch für einen Formularvertrag gilt (BGH, NJW 1991, 1751; OLG Schleswig, GE 1995, 1409; Palandt/Weidenkaff, § 568 Rn. 4).

Eine entsprechende Formularklausel muss jedoch den Vorschriften des AGBG (ab 1.1.2002: §§ 305 ff. BGB i.d.F. des SchuldRModG) entsprechen, hier insbesondere nicht gegen die Unklarheitenregel des § 5 AGBG (ab 1.1.2002: § 305c Abs. 2 BGB i.d.F. des SchuldRModG) verstoßen. Eine unangemessene Benachteiligung im Sinne des § 9 AGBG (ab 1.1.2002: § 307 Abs. 2 BGB i.d.F. des SchuldRModG) liegt nach neuerer

Rechtsprechung auch dann vor, wenn die Regelung unklar bzw. undurchschaubar ist (BGHZ 115, 185). Daher reicht lediglich der Hinweis auf § 545 der Nummer nach nicht aus, um die Geltung der Vorschrift abzubedingen (OLG Schleswig, GE 1995, 1409 unter Hinweis auf eine zwar noch nicht geltende, bei der Auslegung aber beachtliche EG-Richtlinie 93/13/EWG des Rates vom 15.4.1993, wonach dem Verbraucher unterbreitete Klauseln stets klar und verständlich abgefasst sein müssen; ab 1.1.2002: Umsetzung der Richtlinie durch § 307 Abs. 2 Nr. 3 BGB i.d.F. des SchuldRModG). Daraus folgt, dass in einer entsprechenden Formularklausel textlich die Regelung des § 545 abbedungen werden muss, und zwar etwa wie folgt:

Muster
Mietvertragsklausel

Die Regelung des § 545 BGB, wonach das Mietverhältnis als auf unbestimmte Zeit verlängert gilt, wenn der Mieter nach dem Ablauf der Mietzeit den Gebrauch der Mietsache fortsetzt, wird ausgeschlossen.

§ 546 Rückgabepflicht des Mieters

(1) Der Mieter ist verpflichtet, die Mietsache nach Beendigung des Mietverhältnisses zurückzugeben.
(2) Hat der Mieter den Gebrauch der Mietsache einem Dritten überlassen, so kann der Vermieter die Sache nach Beendigung des Mietverhältnisses auch von dem Dritten zurückfordern.

1.   Allgemeines

Die Vorschrift übernimmt § 556 Abs. 1 und 3 a.F. inhaltlich unverändert. § 556 Abs. 2   1 a.F. findet sich jetzt systematisch anders eingeordnet in § 570 für Wohnraummietverhältnisse und § 578 Abs. 1 für Mietverhältnisse über andere Sachen.

Die Vorschrift regelt den **vertraglichen Herausgabeanspruch**, bezieht sich also auf das Rechtsverhältnis zwischen Vermieter und Mieter. Er ist **abzugrenzen vom dinglichen Herausgabeanspruch** des Eigentümers, den der Vermieter daneben dann hat, wenn er auch Eigentümer der Mietsache ist. Dagegen kann der Eigentümer, der nicht Vermieter ist, den Anspruch aus § 546 nicht geltend machen. Andererseits ist der Vermieter und Eigentümer berechtigt, sich auf beide Anspruchsgrundlagen zu stützen (§§ 546 und 985), wenn das Mietverhältnis beendet ist § 546 setzt voraus, dass ein Mietverhältnis bestanden hat, so dass die Überlassung aus anderen Rechtsgründen anders abzuwickeln ist (z.B. über § 985). Allerdings wird der Rückgabeanspruch nicht dadurch in seiner Rechtsnatur geändert, dass der Mieter insolvent wird (vgl. BGH, MDR 1994, 687 = NJW 1994, 3232). Das **Mietverhältnis muss beendet sein**, wobei es auf den Rechtsgrund insofern nicht ankommt (Zeitablauf, Kündigung, Aufhebungsvertrag, Bedingungseintritt). War die Mietsache schon überlassen, wirkt ein Rücktritt jedenfalls nicht zurück, wenn er ohnehin nicht durch Kündigung ersetzt wird. Dementsprechend findet § 546 Anwendung. Bei der Anfechtung wird teilweise auch nach Überlassung der Mietsache eine Rückwirkung (§ 142) zugelassen (vgl. Emmerich/Sonnenschein, § 564 Rn. 46). Ist dies im Einzelfall so zu sehen, findet § 546 keine Anwendung, sondern nur § 985.

2.   Rückgabe der Mietsache – § 546 Abs. 1

2.1   Rückgabe

2   Der Vermieter hat den Anspruch auf **Einräumung des unmittelbaren Besitzes**, d.h., er muss nach § 854 die tatsächliche Gewalt über die vermietete Sache (zurück-)erwerben. Der Mieter muss diese Pflicht unabhängig davon erfüllen, ob er selbst (noch) im unmittelbaren oder mittelbaren Besitz der Sache ist (BGHZ 56, 308 [310] = NJW 1971, 2065), und darf den Vermieter nicht darauf verweisen, den besitzenden Dritten selbst in Anspruch zu nehmen; die Abtretung des Herausgabeanspruchs gegen einen Dritten genügt nicht (vgl. BGH, a.a.O.). Es reicht auch nicht die Erklärung gegenüber dem Vermieter, ein Recht auf Besitz oder Nutzung der gemieteten Wohnung nicht mehr in Anspruch nehmen zu wollen (OLG Bremen, OLGZ 72, 417).

Zur Rückgabe verpflichtet ist der Mieter. Wer Mieter ist, richtet sich nach dem Mietvertrag, so dass bei einem Mietverhältnis mit mehreren Mietern alle Mieter gemeinschaftlich für die Rückgabe als Gesamtschuldner (§§ 427, 431) einzustehen haben.

Ist ein **Mitmieter** (z.B. nach Beendigung einer nichtehelichen Lebensgemeinschaft oder nach Trennung der Eheleute oder Beendigung einer Wohngemeinschaft) **endgültig aus der Wohnung ausgezogen**, stellt sich die Frage, ob auch er neben dem noch besitzenden anderen Mitmieter zur Räumung nach § 546 Abs. 1 verpflichtet ist, selbst wenn er seinen Auszug dem Vermieter mitgeteilt hat und der Auszug schon längere Zeit zurückliegt. Ist der ausziehende Mitmieter auch **rechtlich wirksam** aus dem Mietverhältnis ausgeschieden, ist er **nicht mehr** nach § 546 Abs. 1 **verpflichtet**. Ein solches Ausscheiden bedarf allerdings einer rechtlich verbindlichen Absprache zwischen Vermieter, ausscheidendem und bleibendem Mitmieter, woran es in den meisten Fällen fehlt. Liegt keine rechtlich verbindliche Absprache vor, **ist der ausgezogene Mitmieter noch Verpflichteter** aus dem Mietvertrag. Demgemäß bleibt der ausgezogene Mitmieter Schuldner des Herausgabe- und Räumungsanspruchs nach § 546 Abs. 1, wenn nunmehr das Mietverhältnis insgesamt beendet ist (wobei allerdings zu prüfen ist, ob es tatsächlich beendet ist, weil auch der ausgezogene Mitmieter zu beteiligen ist, da er rechtlich noch Schuldner, dann aber auch Gläubiger des Mietvertrags ist). Nach dem Rechtsentscheid des BGH vom

22.11.1995 (NJW 1996, 515 = GE 1996, 255) wird dadurch, dass einer von mehreren Mietern den Besitz an der Wohnung im Gegensatz zu den anderen aufgibt, kein Tatbestand verwirklicht, der ein Erlöschen des gegen diesen gerichteten Rückgabeanspruchs zur Folge hat. Durch bloße Besitzaufgabe seitens eines oder auch aller Mieter erlangt der Vermieter nicht den unmittelbaren Besitz an der Mietsache, tritt keine Erfüllung des Rückgabeanspruchs ein. Für den ausgezogenen Mitmieter liegt nicht Unmöglichkeit vor. Unvermögen liegt ebenfalls deshalb nicht vor, weil nicht ausgeschlossen ist, dass der ausgezogene Mieter durch eine tatsächliche Einwirkung auf den verbliebenen Mieter (z.B. Einsatz finanzieller Mittel) die Rückgabe der Wohnung an den Vermieter herbeiführen kann. Eine **Räumungsklage** ist demgemäß **auch gegen den ausgezogenen Mitmieter** zu richten und sichert den Vermieter auch für den Fall, dass der ausgezogene Mieter seinen Entschluss revidiert und – sei es zusammen mit dem verbliebenen Mieter, sei es an dessen Stelle – die Wohnung wieder in Besitz nimmt. Solange der Vermieter den Besitz an der Wohnung nicht wiedererlangt hat, liegt darin auch keine verbotene Eigenmacht gegenüber dem Vermieter nach § 858 Abs. 1. **Der ausgezogene Mitmieter muss also an der Aufgabe/Räumung der Mietsache mitwirken.** Der Anspruch entfällt erst dann, wenn § 546 Abs. 1 erfüllt ist. Mit diesem Rechtsentscheid ist ein Teil der bisherigen differenzierenden Rechtsprechung überholt (vgl. OLG Schleswig, NJW 1982, 2672; LG Berlin, GE 1995, 567; Sternel, Mietrecht aktuell, Rn. 1431).

Nicht systematisch zu § 546 Abs. 1 gehörig, aber wegen des Zusammenhangs hier zu erörtern ist die Frage, ob der **Ehegatte oder Partner, der nicht Mietvertragspartner** ist, nach Beendigung des Mietverhältnisses (auch) auf Rückgabe der Wohnung in Anspruch genommen werden kann oder muss. Nach der mietrechtlichen Rechtsprechung kann der **nichtmietende Ehegatte ebenfalls auf Räumung in Anspruch genommen** werden, jedenfalls von dem vermietenden Eigentümer nach § 985, problematisch über § 546 Abs. 2, da es sich (eigentlich) nicht um eine Überlassung an einen Dritten handelt, sondern um die berechtigte Aufnahme in den Haushalt im Rahmen des vertragsgemäßen Gebrauchs nach § 535 (vgl. zum Rechtsschutzinteresse OLG Schleswig, RE vom 17.11.1992, WuM 1992, 674 = ZMR 1993, 69 = GE 1993, 371). Nach inzwischen überwiegender Ansicht im Rahmen der Zwangsvollstreckung bedarf es eines **Räumungstitels auch gegen die Mitbewohner**, die eine **gegenüber dem Mieter weisungsfreie Sachherrschaft in der Mietsache** haben – dies im Gegensatz zu bloßen Besitzdienern und anderen Personen, die aus sonstigen Gründen die Wohnung des Mieters lediglich mitbenutzen, ohne selbst Mitbesitzer zu sein, etwa Besucher, minderjährige Kinder, Verwandte des Mieters. Dies wird aus § 885 Abs. 1 ZPO entnommen, wonach der Gerichtsvollzieher den Schuldner aus dem Besitz zu setzen und den Gläubiger in den Besitz einzuweisen hat (vgl. KG, GE 1993, 1329; Sternel, Mietrecht aktuell, Rn. 1479, 1480 mit weiteren Rechtsprechungsnachweisen). Es handelt sich bei den Entscheidungen nicht um Rechtsentscheide, so dass die Miet-Fachgerichte daran nicht gebunden sind. Zur Vermeidung von Schwierigkeiten in der Zwangsvollstreckung sollten jedoch die Personen mit auf Räumung in Anspruch genommen werden, die sich berechtigt in der Wohnung aufhalten, ohne Mieter zu sein und ohne sich nur vorübergehend dort aufzuhalten.

Die gemietete Sache ist **zurückzugeben**, darf nicht eigenmächtig zurückgenommen werden. Denn dies würde verbotene Eigenmacht nach § 858 Abs. 1 bedeuten, wonach derjenige widerrechtlich handelt, der dem Besitzer ohne dessen Willen den Besitz entzieht, sofern nicht das Gesetz die Entziehung gestattet (was hier nicht vorgesehen ist). Gibt der Mieter die Mietsache nicht freiwillig zurück, muss er demgemäß auf Räumung nach § 546 verklagt werden. Die Zwangsräumung geschieht durch den Gerichtsvollzieher (§ 885 Abs. 1 ZPO), wobei dann Erfüllung nach § 546 Abs. 1 eintritt (vgl. BayObLG, NJW-RR 1989, 1291).

Im Alltag kommt es oft vor, dass der Mieter räumt, ohne ausdrücklich den Besitz an den Vermieter zu übertragen. Rechtlich reicht dies zur Erfüllung der Rückgabepflicht nicht aus, weil der Mieter nach § 546 Abs. 1 verpflichtet ist, den Besitz zu übertragen (OLG Düsseldorf, ZMR 1987, 377). Demgemäß könnte der Vermieter den Mieter entsprechend § 546 Abs. 1 in Anspruch nehmen. Das ist jedoch oft nur schwer möglich, weil der neue Aufenthaltsort des Mieters nicht bekannt, erst noch zu ermitteln ist. In dieser Zeit ist die Wohnung verlassen, steht leer. Es besteht zwar ein Anspruch nach § 546a, der jedoch häufig nicht zu realisieren ist. Besitzrechtlich würde es in einem derartigen Fall keine verbotene Eigenmacht bedeuten, wenn der Vermieter sich der Wohnung bemächtigt, weil dies nicht gegen den Willen des ausgezogenen Mieters geschieht. In der Praxis ist jedoch die Beurteilung problematisch, ob der Mieter tatsächlich den Besitz aufgegeben hat, da dies nicht nur an die tatsächliche Sachherrschaft, sondern auch an den Besitzwillen gebunden ist. Es müsste also klar ermittelt werden, ob der bisherige Mieter den Besitz an der Wohnung auch tatsächlich aufgegeben hat. Dadurch wäre zwar § 546 Abs. 1 nicht erfüllt, ein Verstoß nach § 858 Abs. 1 würde jedoch bei einer entsprechenden „Bemächtigung" durch den Vermieter nicht vorliegen. Im Zweifelsfall bleibt demgemäß dem Vermieter nichts anderes übrig, als auf Räumung zu klagen und gegebenenfalls bei Nichtauffindbarkeit des Mieters die öffentliche Zustellung der Klage zu beantragen. Das Risiko der Eigenmacht liegt insofern beim Vermieter.

Der Tod des Mieters bedeutet nicht ohne weiteres, dass der Besitz des Mieters beendet ist. Das Schicksal des Mietverhältnisses bei Tod des Mieters ist in den §§ 563 ff. geregelt, so dass es zu einer Rechtsnachfolge im Mietverhältnis kommt, nur unter Umständen eine Kündigungsmöglichkeit des Vermieters besteht, die den Anspruch nach § 546 Abs. 1 gegen den nunmehrigen Mieter auslösen kann.

Muster
Rückgabeaufforderung →[✪ 546-1]

...
(Vermieteranschrift)   ...
                                                                (Datum)

An
...
(Mieter)

Betreff: Rückgabe der Mietwohnung

Sehr geehrter Herr ...!
Sehr geehrte Frau ...!
Nachdem das Mietverhältnis mit Ihnen, Herr ..., aufgrund Ihrer eigenen Kündigung zum 31. Oktober 2000 beendet wird, fordere ich Sie auf, die Wohnung bis spätestens 1. November 2000 besenrein mit allen Wohnungs- und Haustürschlüsseln zurückzugeben. Wegen der erforderlichen Schönheitsreparaturen werde ich Ihnen noch gesondert Mitteilung zukommen lassen.
Sie, sehr geehrte Frau ..., sind rechtlich zwar nicht Mieterin (gewesen). Auch Sie sind jedoch mir als Besitzerin der Wohnung gegenüber verpflichtet, die Wohnung zu räumen und zu verlassen. Dazu fordere ich Sie auch hiermit auf.
Mit freundlichen Grüßen
...
(Unterschrift Vermieter)

Rückgabeaufforderung →[✎ 546-2]

...
(Vermieteranschrift)

...
(Datum)

An
...
(Mieter)

Betreff: Rückgabe der Mietwohnung in ... (genaue Anschrift und Lage der Wohnung)

Sehr geehrte Frau ...!
Sie sind aufgrund des Mietvertrags vom ... Mieterin der oben angeführten Wohnung. Aufgrund des rechtskräftigen Räumungsurteils des Landgerichts ... vom ... sind Sie neben Ihrem Mann verpflichtet, die Wohnung zu räumen und herauszugeben. Mir ist zwar aufgrund des Klageverfahrens bekannt geworden, dass Sie schon vor einiger Zeit Ihren Mann und die gemeinsame Mietwohnung verlassen haben. Dennoch sind Sie – wie auch im Räumungsurteil festgestellt – zur Räumung und Herausgabe der Wohnung verpflichtet. Notfalls müssen Sie auf Ihren Mann einwirken, damit die Wohnung unverzüglich geräumt und herausgegeben wird. Dazu fordere ich Sie hiermit ausdrücklich auf.

Hochachtungsvoll
...
(Unterschrift Vermieter)

2.2 Art und Weise der Rückgabe

3 Der Mieter hat die zu räumende Wohnung „besenrein" zu übergeben, d.h., er hat sämtliche Möbel und sonstigen Einrichtungsgegenstände wegzunehmen und die Wohnung **so zurückzugeben, wie er sie vertragsgemäß übernommen hat** – abgesehen von genehmigten Einbauten, die auch vereinbarungsgemäß zurückgelassen werden dürfen. Lässt der Mieter bei Rückgabe der Räume noch einzelne Gegenstände zurück, entsteht die Frage, ob § 546 Abs. 1 erfüllt ist, ob der Vermieter in Annahmeverzug gerät, wenn er wegen des nicht ordnungsgemäßen Zustands die Rücknahme verweigert. Nach überwiegender Ansicht hat der **Vermieter** im Rahmen des § 546 Abs. 1 den Besitzverschaffungsanspruch, **nicht den Anspruch auf Verschaffung des Besitzes in ordnungsgemäßem Zustand.** Deshalb kann er die Abnahme nicht ablehnen und gerät in Annahmeverzug, selbst wenn sich die Mieträume nicht im vertragsgemäßen Zustand befinden, z.B. weil noch Reparaturen vorgenommen werden müssten (vgl. BGHZ 86, 204 = NJW 1983, 1079; OLG Hamburg, ZMR 1990, 141 [142]; OLG Düsseldorf, MDR 1987, 499; Emmerich/Sonnenschein, § 556 Rn. 9; a.A. z.B. Palandt/Weidenkaff, § 556 Rn. 4). Bei der Zurücklassung von Sachen kann sich das allerdings nur auf Kleinigkeiten oder wertlose Dinge beziehen, da ansonsten nur eine Teilräumung vorliegt und der Anspruch nach § 546a selbst dann zu bejahen ist, wenn der Vermieter den Besitz an den Räumen zurückerlangt hat (BGH, NJW 1988, 2665 = WuM 1988, 270). Die Grenzziehung ist in der Praxis außerordentlich schwierig, zumal die höchstrichterliche Rechtsprechung nicht ganz klar ist. So meint der BGH (MDR 1995, 687 [688]), es liege keine Rückgabe nach § 546 Abs. 1 vor, wenn der Mieter dem Vermieter zwar den Besitz verschaffe, aber die zum Zwecke der Gebrauchsnutzung auf das Grundstück geschafften Sachen nicht entferne, wobei sich das offenbar aber nicht auf eine völlige Entfernung bezieht, sondern auf eine mehr als nur geringfügige Menge von Gegenständen (im konkreten Fall ältere Baumaterialien und sonstige unverwertbare Hinterlassenschaften sowie ein schrottreifer Lkw auf dem Grundstück). Im Zweifel sollte daher ein Vermieter bei leicht wegzuschaffenden und offenbar nicht mehr vom Besitzwillen des Mieters umfassten Sachen den Anspruch nach § 546 Abs. 1 als erfüllt ansehen und gegebenenfalls Schadensersatz verlangen. Liegt eine Räumung vor, darf der Vermieter die Wohnung endgültig leer räumen. Ihn trifft dann jedoch grundsätzlich noch eine Obhuts- und Verwahrungspflicht, es sei denn, es ist von einer Entäußerung des Mieters auszugehen (§ 959). Die Obhuts- und Verwahrungspflicht ist jedoch nicht unendlich; insofern wird eine Frist von ein bis drei Monaten für angemessen angesehen (vgl. Sternel, Mietrecht, IV Rn. 597). Es ist ratsam, dem Mieter unter Androhung der Sperrmüllabfuhr eine Wegnahmefrist zu setzen. Meldet sich der Mieter nicht, sollte allerdings vor einer Sperrmüllabfuhr eine eingehende Bestandsaufnahme stattfinden, die später auch zum Beweis des Werts der Gegenstände herangezogen werden kann.

Muster
Aufforderung zur Entfernung zurückgelassener Sachen mit Fristsetzung und Androhung der Sperrmüllabfuhr →[☞ 546-3]

...
(Vermieter)   ..
                                                                 (Datum)

Herrn/Frau
...
(Mieter)

Betr.: Ihre ehemalige Mietwohnung in ... (genaue Bezeichnung der Wohnung laut Mietvertrag)

Sehr geehrte(r) Frau/Herr ...
Ihr Mietverhältnis endete aufgrund Ihrer Kündigung zum 31. März ... Trotz meiner Bitte, mir die Wohnung am 31. März ... mit allen Schlüsseln besenrein am oben angeführten Ort zu übergeben und für eine Endbesichtigung zur Verfügung zu stehen, haben Sie die Wohnungs- und Haustürschlüssel am 28. März ... in meinen Briefkasten geworfen und waren am 31. März ... zur vorgeschlagenen Zeit in Ihrer ehemaligen Wohnung nicht anzutreffen.
Eine Besichtigung der Wohnung hat nunmehr ergeben, dass Sie noch verschiedene Gegenstände in der Wohnung gelassen haben, die in Ihrem Eigentum stehen, jedenfalls nicht zur Ausstattung der Wohnung gehören, Ihnen nicht bei Vertragsbeginn mitüberlassen worden sind. Es handelt sich dabei im Einzelnen um folgende Gegenstände:
Teppich im Flur,
stoffbezogener Sessel im Wohnzimmer (ein Bein fehlt),
Übergardine im Schlafzimmer, beige, verschlissen,
Deckenlampe in der Küche,
Holzregal im mitvermieteten Keller.
Sämtliche Gegenstände mögen nach meiner in Zeugengegenwart vorgenommenen Schätzung noch einen Gebrauchswert haben; einen wirtschaftlichen Wert stellen sie wohl nicht mehr dar. Ich bin zwar grundsätzlich der Meinung, dass Sie damit Ihrer Räumungspflicht nach § 546 Abs. 1 BGB nicht ausreichend nachgekommen sind, nehme aber die Wohnung dennoch zurück, weil ich wegen der Schlüsselübergabe davon ausgehe, dass Sie den Besitz an der Wohnung endgültig aufgeben wollten. Wenn das nicht der Fall sein sollte, fordere ich Sie auf, binnen drei Tagen nach Erhalt dieses Schreibens mir das mitzuteilen. Erhalte ich keinen anders lautenden Bescheid, werde ich die von Ihnen zurückgelassenen Sachen aus der Wohnung entfernen und sie für eine Woche in Ihrem bisherigen Keller zwischenlagern. Sie haben Gelegenheit, Ihre Sachen innerhalb dieser Frist nach Ankündigung bei mir abzuho-

len. Sollten Sie die Sachen innerhalb dieser Frist nicht abgeholt haben, werde ich die Sachen als Sperrmüll abholen lassen. Die entstehenden Kosten werde ich von Ihnen als Schadensersatz verlangen.

Hochachtungsvoll

...

(Unterschrift Vermieter)

4   Der Mieter ist verpflichtet, **bauliche Veränderungen** der Räume, Einbauten, Einrichtungen oder Installationen wieder **zu beseitigen**. Das gilt insbesondere für Holzverkleidungen, abgehängte Decken, Fußbodenbeläge und dgl. Nach h.M. schließt sogar das Einverständnis des Vermieters mit den ursprünglichen Maßnahmen die Entfernungspflicht nicht aus (vgl. BGH, NJW 1981, 2564; OLG Düsseldorf, ZMR 1990, 218). Auf diese Entfernungspflicht zu achten ist besonders deswegen wichtig, damit später die zurückgelassenen Sachen bei Weitervermietung nicht nun plötzlich zur vermieteten Sache werden, woraus sich Instandsetzungspflichten des Vermieters aus § 535 ergeben können (vgl. OLG Hamburg, ZMR 1990, 341).

Eine Beseitigungspflicht besteht dann allerdings nicht, wenn der Vermieter sich ausdrücklich oder schlüssig zur Übernahme der Einbauten oder Einrichtungen bereiterklärt hat. Lediglich aus dem Einverständnis mit der Einbaumaßnahme ist keine Übernahme der Einbauten zu entnehmen.

Eingebrachte Fußböden sind vom Mieter wieder zu beseitigen. Das bezieht sich auch auf einen verklebten Teppichfußboden, dessen Klebereste auch zu entfernen sind. Teilweise wird die Ansicht vertreten, dass bei Einverständnis des Vermieters mit der Verklebung von Teppichböden die Entfernungspflicht dann entfällt, wenn kein Vorbehalt gemacht worden ist, den Belag später wieder entfernen zu müsse (vgl. Sternel, Mietrecht, IV Rn. 607). Für einen entsprechenden Vorbehalt gibt es allerdings keine gesetzliche Grundlage, so dass diese Ansicht im Hinblick auf die generelle Entfernungspflicht im Rahmen des § 546 Abs. 1 nicht zu halten ist.

5   Rechtlich nicht notwendig, aber zur Rechtsklarheit förderlich ist die Fertigung eines **Übergabeprotokolls**, das im beiderseitigen Interesse liegt. Weil es rechtlich nicht vorgeschrieben ist, besteht allerdings auch kein wechselseitiger Anspruch auf ein derartiges Protokoll. Es besteht also keine Mitwirkungspflicht des Mieters (vgl. Schmidt-Futterer/Blank, B 148). Soweit es vom Mieter unterzeichnet worden ist, entsteht damit kein so genanntes konstitutives, die Verjährung unterbrechendes Schuldanerkenntnis nach § 781. Im Hinblick darauf, dass die Instanzgerichte teilweise ein unterzeichnetes Übergabeprotokoll wie ein negatives Schuldanerkenntnis im Sinne von § 397 Abs. 2 ansehen (BGH, NJW 1983, 446 [448]; LG Berlin, GE 1984, 175; AG Wesel, WuM 1987, 84; AG Münster, WuM 1989, 375 und WuM 1990, 201) mit der Folge eines Anerkenntnisses des Vermieters, dass weitere Schäden in der Wohnung nicht bestehen und damit der Mieter dafür nicht verantwortlich gemacht werden kann (vgl. auch Sternel, Mietrecht, IV Rn. 612; Schmidt-Futterer/Blank, B 274), muss das Übergabeprotokoll sorgfältig erstellt werden, damit bei nicht vermerkten Mängeln oder deren späterer Geltendma-

chung dem Vermieter vorgehalten werden kann, er habe insofern verzichtet. Der Vermieter muss nötigenfalls sogar hinsichtlich verborgener Mängel einen Fachmann hinzuziehen (vgl. BGH, a.a.O.). Sind bei der Übergabeverhandlung noch Möbel in der Wohnung, sollte der Vermieter im Einzelnen vermerken, inwiefern eine genaue Kenntlichmachung bestimmter Mängel nicht möglich war. Auf der anderen Seite wirkt das vom Mieter unterschriebene Übergabeprotokoll zu seinen Lasten wie ein deklaratorisches Schuldanerkenntnis. Es bewirkt einen Einwendungsausschluss und zwingt den Mieter bei späterem Leugnen zum Beweis, dass die im Übergabeprotokoll festgestellten Mängel tatsächlich nicht vorhanden waren.

Formalisierte Wohnungsabnahmeprotokolle sind als Checkliste **hilfreich**, reichen jedoch für die konkrete Beschreibung von vorhandenen Mängeln nicht aus, so dass es erforderlich ist, diese gesondert näher festzuhalten. Empfehlenswert ist es, bei Übergabe der Wohnung an den Mieter ein Wohnungsübergabeprotokoll zu fertigen, aus dem ersichtlich ist, welche Wohnungsausstattung und welche Mängel vorhanden sind. Zum Ende des Mietverhältnisses ist dann ein Wohnungsabnahmeprotokoll zu fertigen, das von den auszufüllenden Rubriken im Wesentlichen mit dem Wohnungsübergabeprotokoll identisch ist. Aus dem Vergleich beider Protokolle kann dann unschwer der Zustand der Wohnung im Verhältnis beider Termine festgestellt und die entsprechenden Verpflichtungen der Vertragsparteien ersehen werden.

Der Mieter hat alle **Schlüssel**, die er bei Übergabe der Wohnung erhalten hat, auch zurückzugeben, ein selbstverständlicher Inhalt des § 546 Abs. 1. Der Mieter muss aber auch die von ihm gefertigten Ersatzschlüssel herausgeben (Palandt/Weidenkaff, § 556 Rn. 2; OLG Düsseldorf, MDR 1997, 342; OLG München, DWW 1987, 124; Emmerich/Sonnenschein, § 556 Rn. 10). Problematisch ist in diesem Zusammenhang, ob der Vermieter für vom Mieter zusätzlich angefertigte Schlüssel die Kosten erstatten muss. Das ist dann zu bejahen, wenn der Vermieter die Herausgabe verlangt (Geschäftsführung ohne Auftrag, ungerechtfertigte Bereicherung). Will der Vermieter die Kosten nicht erstatten, darf der Mieter diese Schlüssel im Beisein des Vermieters vernichten (vgl. Schmidt-Futterer/Blank, B 250). 6

Für **fehlende Schlüssel** muss der **Mieter Ersatz leisten**. Dies kann auch die Kosten für eine neue Schließanlage umfassen (vgl. LG Münster, WuM 1989, 508), es sei denn, eine missbräuchliche Verwendung des Schlüssels ist im konkreten Fall nicht zu befürchten (LG Mannheim, DWW 1976, 308). Eine Formularklausel, nach der der Vermieter bei Nichtrückgabe sämtlicher Originalschlüssel zum Einbau eines neuen Türschlosses auf Kosten des Mieters berechtigt ist, verstößt nicht gegen § 9 AGBG – ab 1.1.2002: § 307 BGB i.d.F. des SchuldRModG – (AG Berlin-Wedding, GE 1987, 885), ein klauselmäßig festgelegter pauschalierter Schadensersatzanspruch ist nur unter den Bedingungen des § 11 Nr. 5 AGBG (ab 1.1.2002: § 309 BGB i.d.F. des SchuldRModG) wirksam (vgl. dazu aber Emmerich/Sonnenschein, § 556 Rn. 10).

Gibt der Mieter nicht alle Schlüssel zurück, ist von einer Rückgabe der Räume nach § 546 Abs. 1 dann auszugehen, wenn nach den Umständen des Falls der Wille des Mieters zur Aufgabe des Besitzes unverkennbar ist (OLG Düsseldorf, DWW 1987, 129) und der Vermieter mit den überlassenen Schlüsseln über die Räume verfügen kann (vgl. auch OLG Hamburg, ZMR 1995, 18).

2.3   Zeitpunkt der Rückgabeverpflichtung

7   Nach § 542 Abs. 2 endigt das Mietverhältnis mit Ablauf der Zeit, für die es eingegangen ist. Nach § 188 tritt daher die Beendigung erst mit Ablauf des letzten Tages der Mietzeit ein, so dass die Rückgabepflicht erst am darauf folgenden Tag zu erfüllen ist. Der Vermieter kann also vom Mieter nicht Räumung am letzten Tag des Monats verlangen, damit der neue Mieter am ersten des darauf folgenden Monats einziehen kann. Insofern trägt der Vermieter das Vermietungsrisiko. Die Frist kann sich noch nach § 193 verlängern, wenn der Tag der Rückgabe auf einen Sonnabend, Sonntag oder Feiertag fällt (OLG Hamm, WuM 1981, 40).

Es besteht Streit, ob der Mieter die Mietsache vor Ende des Mietverhältnisses zurückgeben darf. Einerseits wird darauf hingewiesen (Sternel, Mietrecht, IV Rn. 572), dass es für den Mieter zwar ein Gebrauchsrecht, aber keine Gebrauchspflicht gäbe (anders möglicherweise im Gewerberaummietverhältnis, wo eine Betriebspflicht des Mieters bestehen kann). Demgegenüber lehnen andere ein vorzeitiges Rückgaberecht des Mieters und damit eine Verpflichtung des Vermieters zur Rücknahme der Mietsache vor Vertragsende ab (KG, NZM 2000, 92).

Nach einer vermittelnden Auffassung hat der Mieter ein vorzeitiges Rückgaberecht, wenn er daran ein berechtigtes Interesse hat und berechtigte Interessen des Vermieters nicht berührt sind (vgl. Schmidt-Futterer/Gather, § 556 Rn. 14; derselbe in GE 2001, 600). Der Ansicht des **OLG Dresden** (NZM 2000, 827), das ein vorzeitiges Rückgaberecht im Prinzip verneint und nur eine Verweigerung der Rücknahme kurz vor dem eigentlichen Mietende unter Umständen für rechtsmissbräuchlich hält, ist zu folgen. Denn der Mieter darf nicht vor Mietende die Obhutspflicht über die Mietsache durch einseitigen Akt auf den Vermieter zurückübertragen.

Gibt der Mieter berechtigt oder im Einvernehmen mit dem Vermieter vor Ende des Mietverhältnisses die Mietsache zurück, bleibt das ohne Einfluss auf seine Mietzahlungspflicht, es sei denn, es liegt ein Mietaufhebungsvertrag vor. Der Vermieter ist bei vorzeitiger Aufgabe der Mieträume nicht (jedenfalls nicht grundsätzlich) verpflichtet, die Wohnung anderweitig zu vermieten bzw. sich schon vor Ablauf der Mietzeit um die Weitervermietung zu kümmern. Er handelt nicht treuwidrig, wenn er den vorzeitig räumenden Mieter bis zum Ende der vereinbarten Vertragszeit auf Mietzahlung in Anspruch nimmt (vgl. die Rechtsentscheide des OLG Karlsruhe vom 25.3.1981 = ZMR 1981, 269 = WuM 1981, 173 = GE 1981, 953 und OLG Hamm, vom 22.9.1995 = GE 1995, 1203).

2.4   Rückgabeort

8   Bewegliche Sachen sind am Wohnsitz des Vermieters als Bringschuld zurückzugeben. Bei Grundstücken und Räumen hat die Rückgabe aber vor Ort stattzufinden. Der Vermieter, der den Besitz entgegennehmen muss, muss bei der Rückübertragung mitwirken. Die Schlüsselübergabe hat demgemäß ebenfalls in den gemieteten Räumen zu erfolgen; der Vermieter kann nicht verlangen, dass die Schlüssel zu ihm bzw. zur Hausverwaltung gebracht werden. Verschickt allerdings der Mieter die Schlüssel an den Vermieter, tut er dies auf eigene Gefahr. Die Übergabe der **Schlüssel an den Hauswart** des Hauses **reicht nicht zur Erfüllung der Rückgabepflicht** nach § 546 Abs. 1, es sei denn, der Vermieter

hat den Hauswart insofern zu seinem Vertreter bestellt, so dass die Räume auch an den Hauswart übergeben werden können.

2.5 Verletzung der Rückgabepflicht

Wird die Mietsache nicht vertragsgemäß zurückgegeben, ist der Mieter schadensersatz- 9 pflichtig. Als Anspruchsgrundlage kommt positive Forderungsverletzung in Betracht, die Verschulden voraussetzt, aber nicht das Verfahren nach § 326 (ab 1.1.2002: § 280 .d.F. des SchuldRModG, positive Forderungsverletzung dann gesetzlich geregelt). Der BGH hat einen Anspruch aber auch über § 326 gegeben, da der Mieter mit einer **Hauptpflicht**, nämlich der **Rückgabe** der Mietsache, in Verzug ist (vgl. BGH, WuM 1997, 217; OLG Brandenburg, ZMR 1997, 584). Diese Rechtsprechung nötigt den Vermieter, **jedenfalls auch zu § 546 das Verfahren nach § 326 durchzuführen**, um sich Schadensersatzansprüche zu erhalten (vgl. zum Problem auch Lützenkirchen, NZM 1998, 558 ff.).

3. Rückgabeanspruch gegen den Dritten – § 546 Abs. 2

Der Vermieter, der in keiner vertraglichen Rechtsbeziehung zu einem Dritten steht, hat 10 den **mietrechtlichen Rückgabeanspruch**, und zwar auch dann, wenn er nur Vermieter, nicht auch Eigentümer (mit dem Herausgabeanspruch nach § 985) ist. Von der Zielrichtung war ursprünglich der Untermieter (§ 540) gemeint, dem die Mietsache vom Mieter zum selbständigen Mietgebrauch überlassen worden ist. Inzwischen wird für § 540 nicht (mehr) zwischen selbständigem und unselbständigem (Mit-)Gebrauch unterschieden, so dass unter § 540 auch Personen fallen, die weder Familienangehörige noch Bedienstete des Mieters sind, die der Mieter aber zum Mitgebrauch der Wohnung für dauernd in den Haushalt aufnimmt, ohne ihnen im Wege der Untermiete einen bestimmten Teil der Wohnung zum allgemeinen Eigengebrauch zu überlassen (OLG Hamm, RE vom 17.8.1982 = NJW 1982, 2876 = WuM 1982, 318). Da § 546 Abs. 2 insofern § 540 ergänzt, fällt unter das Merkmal der Gebrauchsüberlassung nach § 546 Abs. 2 auch die Überlassung des unselbständigen Mitgebrauchs. Dies mag zwar in der Literatur noch streitig sein (Palandt/Weidenkaff, § 549 Rn. 3), ist aber für die Instanzgerichte aufgrund des Rechtsentscheids des OLG Hamm bindend, wobei dem Rechtsentscheid zuzustimmen ist. Darüber hinaus erfasst § 546 Abs. 2 folgerichtig auch andere Personen, die nicht Untermieter sind, aber vom Mieter im Rahmen des vertragsgemäßen Gebrauchs in den Haushalt aufgenommen worden sind und dementsprechend die Wohnung mitgebrauchen (Ehegatten, die nicht Mieter sind – OLG Schleswig, ZMR 1993, 69: nächster Familienangehöriger).

Es muss ein **Hauptmietverhältnis** bestanden haben, das beendet ist. Damit ist die rechtliche, nicht die tatsächliche Beendigung gemeint, so dass die Besitzaufgabe durch den Hauptmieter vor Beendigung des Hauptmietverhältnisses unerheblich ist. Des Weiteren besteht der Anspruch aber auch (schon) dann, wenn nach Beendigung des Hauptmietverhältnisses der Mieter noch in der Wohnung bleibt, ob berechtigt (Räumungsfrist) oder unberechtigt (Emmerich/Sonnenschein, § 556 Rn. 31; Schmidt-Futterer/Blank, B 278; jedoch streitig, a.A. OLG Hamm, WuM 1981, 40; Sternel, Mietrecht, IV Rn. 580). Der Räumungsanspruch gegenüber dem Dritten vor Auszug des Mieters hat allerdings kaum praktische Bedeutung, da der Anspruch gegen den Dritten gerade im Hinblick auf die rechtliche Beendigung des Hauptmietverhältnisses vom Räumungsanspruch gegen den Mieter abhängt.

11 Da der Dritte die Rechtsverhältnisse zwischen Vermieter und Mieter nicht kennt, bedarf es nach dem Wortlaut des § 546 Abs. 2 einer **Aufforderung des Vermieters, die Mietsache zurückzugeben**. Dabei kann die streitige Frage, ob die ausdrückliche Geltendmachung Voraussetzung für die Entstehung des Herausgabeanspruchs ist (vgl. Schmidt-Futterer/Blank, B 157) oder eher als Mahnung für den Eintritt eines Verzugs aufzufassen ist (Emmerich/Sonnenschein, § 556 Rn. 32; vgl. auch Sternel, Mietrecht, IV Rn. 581), dahinstehen, da es jedenfalls einer Herausgabeaufforderung des Vermieters als Rechtshandlung bedarf.

Als Rechtsfolge entspricht der Herausgabeanspruch gegenüber dem Dritten dem Anspruch gegenüber dem Mieter und tritt neben den Herausgabeanspruch des (Haupt-) Mieters, den dieser nach § 546 Abs. 1 gegen den Untermieter hat. Beide Herausgabeschuldner sind Gesamtschuldner i.S.d. § 431. Da ein Räumungstitel gegen den Hauptmieter nicht zugleich gegen den Dritten wirkt, muss der Vermieter Klage gegen beide, Mieter und Dritten, erheben (vgl. dazu Palandt/Weidenkaff, § 556 Rn. 23; LG Köln, WuM 1961, 191).

12 Differenziert ist die Problematik bei der **Zwischenmiete**. Insofern wird zunächst auf die Kommentierung zu § 565 Bezug genommen. Grundsätzlich ist der Mieter des Zwischenvermieters Untermieter i.S.d. § 540. Die Rückabwicklung erfolgt nach § 546. Es besteht bei Wohnraum jedoch unter Umständen Kündigungsschutz des (Unter-)Mieters auch gegenüber dem Vermieter/Eigentümer. Dies gilt nur für die Fälle der gewerblichen Zwischenvermietung i.S.d. § 565, aber dann nicht, wenn ein gemeinnütziger Verein als Mieter Räume an von ihm betreute Personen untervermietet (LG Berlin, GE 1992, 981 [982]; BGH, GE 1996, 1047 ff. gegen die bisher überwiegende Meinung) oder wenn die Weitervermietung nicht im Interesse des Hauptvermieters liegt (OLG Hamburg, NJW 1993, 2322: Hafenstraße).

§ 546a Entschädigung des Vermieters bei verspäteter Rückgabe

(1) Gibt der Mieter die Mietsache nach Beendigung des Mietverhältnisses nicht zurück, so kann der Vermieter für die Dauer der Vorenthaltung als Entschädigung die vereinbarte Miete oder die Miete verlangen, die für vergleichbare Sachen ortsüblich ist.

(2) Die Geltendmachung eines weiteren Schadens ist nicht ausgeschlossen.

1. Allgemeines

Die Vorschrift enthält den bisherigen § 557 Abs. 1 a.F., der zur Übersichtlichkeit in zwei   1
Absätze aufgeteilt worden ist. Die bisher in § 557 Abs. 2 – 4 a.F. enthaltenen Sonderregelungen für Wohnraum befinden sich jetzt der neuen Systematik entsprechend in § 571
– Mietverhältnisse über Wohnraum.
Nach § 535 Abs. 2 hat der Mieter während der Mietzeit die vereinbarte Miete zu entrichten. Dieser vertragliche Anspruch endet mit dem Ende der Mietzeit. Danach ist der
Mieter nach § 546 verpflichtet, die gemietete Sache **zurückzugeben**. Tut er das nicht, hat
der Vermieter dennoch **keinen Mietanspruch**. Hier setzt § 546a ein. Danach kann der
Vermieter die vereinbarte Miete (weiter) verlangen, jedoch rechtlich nicht als Miete,
sondern als **Entschädigung** für die Vorenthaltung der Mietsache. Ein Schadensersatzanspruch aus allgemeinen Rechtsgrundsätzen (z.B. positive Forderungsverletzung; ab
1.1.2002: § 280 i.d.F. des SchuldRModG) würde teilweise einen derartigen Anspruch
nicht abdecken, da nicht in allen Fällen, in denen die Sache nicht zurückgegeben wird,
Verschulden des Mieters vorliegt.

2. Beendetes Mietverhältnis

Die Vorschrift gilt grundsätzlich nur im Verhältnis von **Vermieter zum Mieter**, nicht   2
zwischen Hauptvermieter und Untermieter, insofern können allerdings Ansprüche aus
dem Eigentümer/Besitzer-Verhältnis nach §§ 987 ff. in Betracht kommen. Kann sich
aber der Untermieter gegenüber dem Vermieter auf einen auch für ihn wirkenden Kündigungsschutz nach §§ 573, 574 berufen oder findet § 565 Anwendung, ist § 546a zumindest entsprechend anzuwenden, ohne dass auf § 242 zurückgegriffen werden müsste (vgl.
dazu Emmerich/Sonnenschein, § 557 Rn. 2; § 556a Rn. 2; vgl. auch LG Köln, NJW-RR
1990, 1231).
Die Beendigung des Mietverhältnisses richtet sich nach § 542. Jedoch ist bei einer Verlängerung des Mietverhältnisses (vgl. z.B. Fortsetzung nach §§ 574a bis c) § 546a nicht
anwendbar. Durch Gewährung einer Räumungsfrist wird das Mietverhältnis aber nicht
verlängert, sondern nur die Vollstreckung verhindert (vgl. Gottwald, § 721 Rn. 19).
§ 546a bezieht sich auf alle Arten von Mietverhältnissen.

3. Vorenthaltung

Der Begriff der Vorenthaltung ist objektiv zu verstehen und bezieht sich darauf, dass die   3
Besitzeinräumung, zu der der Mieter nach § 546 verpflichtet wäre, **fehlt** (BGH, NJW
1983, 112). Auf ein Verschulden des Mieters kommt es bezüglich der Nutzungsentschädigung nicht an (vgl. Emmerich/Sonnenschein, § 557 Rn. 4). Wie zu § 546 stellt sich
auch hier das Problem, ob eine Vorenthaltung vorliegt, wenn der Mieter noch einen Teil
von Einrichtungsgegenständen zurückgelassen hat, worin eine unzulässige Teilerfüllung
gesehen werden könnte. Ist jedoch aus dem Zurücklassen von einzelnen Gegenständen
kein Besitzwillen bezüglich der Räume mehr zu sehen, kann von einer Rückgabe ausgegangen werden – insofern wird auf die Kommentierung zu § 546 Bezug genommen. In
einem derartigen Fall besteht zwar der Anspruch aus § 546a Abs. 1 nicht, mögen aber
Schadensersatzansprüche sonstiger Natur bestehen, die auch eine Nutzungsentschädigung umfassen können. Das gilt auch bei nicht ordnungsgemäßer Rückgabe in Bezug auf
Schönheitsreparaturen, selbst dann, wenn der Vermieter die Räume anschließend wieder

an den Mieter zur Durchführung von Schönheitsreparaturen zurückgibt. Kann die Mietsache wegen nicht ausgeführter Schönheitsreparaturen nicht weitervermietet werden, so umfasst der Schadensersatzanspruch aus positiver Forderungsverletzung (ab 1.1.2002: § 280 i.d.F. des SchuldRModG) auch den Miet-/Nutzungsausfall (vgl. Emmerich/Sonnenschein, § 557 Rn. 8; Sternel, Mietrecht aktuell, Rn. 1318 unter Hinweis auf OLG Hamburg, WuM 1990, 75).

4. Nutzungsentschädigung

4 § 546a Abs. 1 gibt die **Nutzungsentschädigung** im Rahmen eines gesetzlichen Schuldverhältnisses **in Höhe der vereinbarten Miete**. Aus der Formulierung „vereinbarte" ergibt sich, dass die Nutzungsentschädigung der Höhe nach, aber auch den Modalitäten nach wie bisher zu zahlen ist (BGH, NJW 1974, 556). Die Nutzungsentschädigung umfasst **auch die Nebenkosten**, allerdings nur für Leistungen, die der Mieter auch tatsächlich in Anspruch nimmt.

Durfte der Mieter bis zur Entstehung des Rückgabeanspruchs die Miete mindern, bleibt es dabei, so dass auch nur eine **geminderte Nutzungsentschädigung** geschuldet wird (vgl. Sternel, Mietrecht aktuell, Rn. 1322; Emmerich/Sonnenschein, § 557 Rn. 17). Tritt der **Mangel** jedoch **erst nach Beendigung des Mietverhältnisses** ein, ist eine **Mietminderung nicht** (mehr) **gerechtfertigt** (OLG Düsseldorf, DWW 1992, 52; vgl. auch die Kommentierung zu § 536).

Der Anspruch auf Nutzungsentschädigung endet mit der Rückgabe der Mietsache. Kann der Vermieter die Räume anschließend nicht sogleich weitervermieten, so kann der Anspruch nicht auf § 546a Abs. 1 gestützt werden, sondern nur ein Schadensersatzanspruch aus Verzug oder positiver Forderungsverletzung (ab 1.1.2002: § 280 i.d.F. des SchuldRModG) geltend gemacht werden (LG Mönchengladbach, WuM 1992, 215).

5 Anstelle der vereinbarten Miete kann die **ortsübliche Vergleichsmiete** als Nutzungsentschädigung **verlangt** werden. Es handelt sich damit um eine Art Ersetzungsbefugnis, die unabhängig von den Mieterhöhungs„formalitäten" des § 558 geltend gemacht werden kann (allgemeine Meinung). Bis zur Entscheidung des BGH mit Urteil vom 14.7.1999 (NJW 1999, 2808 = GE 1999, 1122 = NZM 1999, 803) hatte man allgemein angenommen, dass der Vermieter ein Gestaltungsrecht durch einseitige empfangsbedürftige Willenserklärung ausüben muss, um die ortsübliche Vergleichsmiete verlangen zu können. Der BGH ist jedoch zum Ergebnis gekommen, dass die Entschädigung von vornherein mindestens in Höhe der vereinbarten Miete oder, wenn die ortsübliche Miete höher ist, in Höhe der ortsüblichen Miete besteht. Die Geltendmachung der im Einzelfall höheren ortsüblichen Vergleichsmiete bedurfte nunmehr keiner besonderen rechtsgestaltenden Willenserklärung des Vermieters mehr. Der Gesetzgeber hat diese Entscheidung aufgenommen und meint, der Mieter sei mit Wirksamwerden der Kündigung verpflichtet, die Mietsache zurückzugeben. Setze er dessen ungeachtet den Gebrauch fort, so könne er, da das Mietverhältnis beendet sei, nicht darauf vertrauen, dass er dem Vermieter dafür wie bisher nur die vereinbarte Miete zu entrichten habe. Im Wohnraummietrecht könne zwischen Wirksamwerden der Kündigung und endgültiger Räumung der Wohnung durch den Mieter unter Umständen ein längerer Zeitraum liegen, über den hinweg die Wohnung dem Vermieter vorenthalten werde und er deshalb gehindert sei, durch die Neuvermietung eine (höhere) ortsübliche Vergleichsmiete zu erzielen. Unter dem Gesichts-

punkt einer gerechten Risikoverteilung sei es nicht einzusehen, dass der Vermieter sich mit der vereinbarten (geringeren) Miete begnügen müsse, wenn sich später im Rahmen eines Rechtsstreits herausstelle, dass seine Kündigung berechtigt gewesen sei. Dieses Risiko liege vielmehr in der Sphäre des Mieters, der trotz Kündigung in der Wohnung verbleibe – vergleiche die amtliche Begründung.

Im Interesse der Vereinfachung gilt die Regelung in § 546a Abs. 1 nunmehr uneingeschränkt für alle Arten von Mietverhältnissen. Anders als bisher ist damit der Anspruch auf die ortsübliche Vergleichsmiete nicht mehr nur auf Mietverhältnisse über Räume beschränkt. Da die ortsübliche Vergleichsmiete jedoch vornehmlich bei der Wohn- und Geschäftsraummiete eine Rolle spiele, dürften die praktischen Auswirkungen dieser Änderung eher gering sein – vergleiche die amtliche Begründung.

Unabhängig davon, dass „von vornherein" die ortsübliche Vergleichsmiete verlangt werden kann, ist es anzuraten, dem Mieter eine entsprechende Zahlungsaufforderung zuzuleiten, denn er weiß ja nicht, welche Entschädigung der Höhe nach auf ihn zukommt.

Muster
Zahlungsaufforderung Nutzungsentschädigung →[✆ 546a-1]

...
(Vermieteranschrift)   ...
                                                                                 (Datum)

An
...
(Mieter)

Betreff: Nutzungsentschädigung in Höhe der ortsüblichen Vergleichsmiete

Sehr geehrte(r) Frau/Herr ...!
Das Mietverhältnis über die von Ihnen gemietete Wohnung in ... (genaue Wohnungsangabe) ist zum ... beendet worden. Sie haben die Wohnung trotz entsprechender Aufforderung bisher nicht zurückgegeben. Unabhängig von der Räumungsverpflichtung fordere ich Sie auf, Nutzungsentschädigung während der Zeit der Vorenthaltung der Mietsache zu zahlen. Ab Zugang dieses Schreibens fordere ich als Nutzungsentschädigung die ortsübliche Vergleichsmiete für die von Ihnen weiter genutzte Wohnung, die ich auf ... EUR zuzüglich bisherige Nebenkosten beziffere. Die Summe errechnet sich aus ... EUR/m^2 × 78,5 m^2 (Wohnungsgröße).

Ich fordere Sie auf, diese Summe auf das im Mietvertrag angegebene Konto zu zahlen.

Hochachtungsvoll
...
(Unterschrift Vermieter)

5. Weiter gehender Schadensersatzanspruch

6 § 546a Abs. 2 stellt klar, dass ein weiter gehender Schadensersatzanspruch **grundsätzlich nicht ausgeschlossen** ist. Dieser setzt naturgemäß eine **entsprechende Anspruchsgrundlage** voraus, die in § 286 (ab 1.1.2002: §§ 280, 286 i.d.F. des SchuldRModG), aber auch in positiver Forderungsverletzung (ab 1.1.2002: § 280 i.d.F. des SchuldRModG) gesehen werden kann und wofür Verschulden (§§ 276, 278) erforderlich ist. Der Umfang des Schadensersatzanspruchs richtet sich ebenfalls nach allgemeinen Vorschriften (§§ 249 ff.).

Muster
Weiter gehender Schadensersatzanspruch →[✎ 546a-2]

...   ...
(Vermieteranschrift)   (Datum)

An
...
(Mieter)

Betreff: Schadensersatz wegen Vorenthaltung der Mietsache

Sehr geehrte(r) Frau/Herr ...!
Das Mietverhältnis über die von Ihnen bisher gemietete Wohnung in ... (genaue Wohnungsangabe) ist zum ... beendet. Trotz Aufforderung haben Sie die Wohnung nicht geräumt. Ich war daher nicht in der Lage, die Wohnung weiterzuvermieten, hätte dies jedoch tun können. Der neue Mieter, dessen Namen und Anschrift ich im Streitfall identifizierbar angeben kann, hätte für die Wohnung eine gerechtfertigte Miete von ... EUR gezahlt, die damit um ... EUR über der von Ihnen bisher gezahlten Miete/Nutzungsentschädigung liegt. Sie sind verpflichtet, die Differenz als Schadensersatz zu zahlen, da Sie mit der Rückgabe der Wohnung in Verzug sind.
Ich fordere Sie hiermit auf, eine Nutzungsentschädigung von insgesamt ... EUR (bisherige Nutzungsentschädigung zuzüglich Differenzschaden) auf das im Mietvertrag angegebene Konto zu zahlen. Die Geltendmachung eines weiteren Schadensersatzanspruchs – vor allem für die Zeit nach der Räumung bis zu einer möglichen Weitervermietung der Wohnung – bleibt vorbehalten.

Hochachtungsvoll
...
(Unterschrift Vermieter)

6. Anspruchskonkurrenzen

7 Ein Anspruch aus **ungerechtfertigter Bereicherung** ist **nicht ausgeschlossen**, denn es handelt sich nicht um einen Schadensersatzanspruch (BGH, NJW 1966, 248). Zu Ansprüchen aus dem Eigentümer/Besitzer-Verhältnis gibt es unterschiedliche Meinungen;

überwiegend wird angenommen, dass die Regelung in § 546a nicht als speziellere den Anspruch aus §§ 987 ff. ausschließt (vgl. zum Meinungsstand Palandt/Weidenkaff, § 557 Rn. 18; Emmerich/Sonnenschein, § 557 Rn. 41). Der Streit hat in der Praxis keine wesentliche Bedeutung.

7. Verjährung
Für bewegliche Sachen gilt § 196 Abs. 1 Nr. 6 (ab 1.1.2002: § 195 i.d.F. des ⁣8
SchuldRModG), ansonsten § 197 mit der vierjährigen Frist (ab 1.1.2002: § 196 i.d.F. des SchuldRModG). Entsprechende Schadensersatzansprüche verjähren innerhalb derselben Frist (BGHZ 68, 309).

§ 547   Erstattung von im Voraus entrichteter Miete

(1) ¹Ist die Miete für die Zeit nach Beendigung des Mietverhältnisses im Voraus entrichtet worden, so hat der Vermieter sie zurückzuerstatten und ab Empfang zu verzinsen. ²Hat der Vermieter die Beendigung des Mietverhältnisses nicht zu vertreten, so hat er das Erlangte nach den Vorschriften über die Herausgabe einer ungerechtfertigten Bereicherung zurückzuerstatten.
(2) Bei einem Mietverhältnis über Wohnraum ist eine zum Nachteil des Mieters abweichende Vereinbarung unwirksam.

Übersicht	Rn.
1. Allgemeines	1
2. Mietvorauszahlung	2
3. Rückerstattungsanspruch	3–5
3.1 Rücktrittshaftung	4
3.2 Bereicherungshaftung	5
4. Wechsel der Vertragspartner	6

1.   Allgemeines
Die bisherige Regelung des § 557a ist im Wesentlichen unverändert übernommen wor- 1
den. Die Verweisung auf § 347 wird durch eine Klartextregelung ersetzt. Die Verzinsung ab Empfang ist daher nicht neu (§ 347 Satz 3; ab 1.1.2002: besondere Zinspflicht nach § 347 nicht mehr vorgesehen). Die Verweisung auf die Vorschriften der ungerechtfertigten Bereicherung ist beibehalten worden, da die klartextliche Ersetzung nur mit unverhältnismäßigem Aufwand möglich gewesen wäre – so die amtliche Begründung.

2.   Mietvorauszahlung
Die Vorschrift umfasst nicht nur die (selten vorkommende) Vorauszahlung der reinen 2
Miete, sondern **alle Leistungen des Mieters,** die als Gegenleistung für die Überlassung der Mietsache nach § 535 erbracht werden. Hierzu gehören im Wesentlichen abwohnbare Baukostenzuschüsse (BGHZ 29, 289) und Mieterdarlehen, aber auch Verwendungsersatzansprüche oder Finanzierungskostenbeiträge, sofern die Leistungen wie eine Mietvorauszahlung wirken und die Beziehung zur Miete hergestellt werden kann.

3. Rückerstattungsanspruch

3 Die Rückerstattung richtet sich entweder nach **Rücktrittsvorschriften** oder nach den Vorschriften über **die ungerechtfertigte Bereicherung**, je nachdem, ob der Vermieter die Beendigung des Mietverhältnisses zu vertreten hat oder nicht.

3.1 Rücktrittshaftung

4 Grundsätzlich erfolgt die Rückerstattung nach Maßgabe des § 347; der Anspruch ist vertraglicher Natur. Auf Entreicherung kann sich der Vermieter nicht berufen.

3.2 Bereicherungshaftung

5 Grundsätzlich ist hier das Erlangte herauszugeben, wobei allerdings auch § 818 Abs. 3 (Entreicherung) anwendbar ist. Das tritt allerdings nur dann ein, wenn der Vermieter die Beendigung des Mietverhältnisses nicht zu vertreten hat. Allgemein versteht man im BGB unter dem Begriff des Vertretens ein **Verschulden** i.S.d. §§ 276, 278. Die Abgrenzung ist für die wesentlichen Fälle unproblematisch. So hat z.B. der Vermieter eine fristlose Kündigung wegen Zahlungsverzugs des Mieters nicht zu vertreten. **Umstritten** ist das jedoch bei der **ordentlichen Kündigung**. Dazu wird die Ansicht vertreten (Sternel, Mietrecht, III Rn. 169), dass es nicht um ein Verschulden des Vermieters, sondern um eine **Zurechnung** geht mit der Folge, dass die ordentliche Kündigung vom Vermieter zu vertreten ist. Andererseits meint man (vgl. Emmerich/Sonnenschein, § 557a Rn. 7), dass es auch bei der ordentlichen Kündigung darauf ankommt, ob der Vermieter den Umstand, der zu seiner eigenen Kündigung geführt hat, nicht zu vertreten hat. Da nicht ersichtlich ist, dass das Gesetz in § 547 unter dem Begriff des Vertretenmüssens etwas anderes versteht als Verschulden, müssen auch diese Fälle danach gelöst werden, so dass es auch bei einer ordentlichen Kündigung des Vermieters auf dessen Verschulden ankommt.

Bei der Abrechnung dürften sich in der Praxis wenige Unterschiede ergeben, da jedenfalls der noch nicht abgewohnte Teil der Mietvorauszahlung zurückzuerstatten ist (vgl. im Einzelnen – auch zu weiteren Streitpunkten – Emmerich/Sonnenschein, § 557a Rn. 10–12; zusammenfassend Schopp, ZMR 1969, 161).

§ 547 Abs. 2 bestimmt (an dieser Stelle unsystematisch), dass bei einem Mietverhältnis über Wohnraum einer zum Nachteil des Mieters abweichende Vereinbarung unwirksam ist; das entspricht der Regelung des § 557a Abs. 2 a.F.

4. Wechsel der Vertragspartner

6 Bei einem **Vermieterwechsel** ist § 566 einschlägig; der neue Vermieter tritt an die Stelle des bisherigen Vermieters und haftet nach § 547.

Bei einem **Mieterwechsel**, der eine entsprechende Vereinbarung im Dreiecksverhältnis Vermieter, bisheriger und neuer Mieter voraussetzt, sind so genannte Nachfolgeklauseln zulässig (Sternel, Mietrecht, III Rn. 178). Dadurch tritt der neue Mieter auch bezüglich des Anspruchs aus § 547 an die Stelle des bisherigen Mieters, das im Hinblick auf § 547 Abs. 2 allerdings nur dann, wenn im Verhältnis der Mieter ein Leistungsaustausch stattfindet, nämlich Erstattung der Vorauszahlung gegen Abtretung des Anspruchs aus § 547.

§ 548 Verjährung der Ersatzansprüche und des Wegnahmerechts

(1) [1]Die Ersatzansprüche des Vermieters wegen Veränderungen oder Verschlechterungen der Mietsache verjähren in sechs Monaten. [2]Die Verjährung beginnt mit dem Zeitpunkt, in dem er die Mietsache zurückerhält. [3]Mit der Verjährung des Anspruchs des Vermieters auf Rückgabe der Mietsache verjähren auch seine Ersatzansprüche.

(2) Ansprüche des Mieters auf Ersatz von Aufwendungen oder auf Gestaltung der Wegnahme einer Einrichtung verjähren in sechs Monaten nach der Beendigung des Mietverhältnisses.

(3) Beantragt eine Vertragspartei das selbständige Beweisverfahren nach der Zivilprozessordnung, so wird die Verjährung unterbrochen. Im Übrigen gelten die Vorschriften des § 477 Abs. 2 Satz 2 und 3 und Abs. 3 entsprechend.

1. Allgemeines

Die neue Vorschrift nimmt den bisherigen § 558 auf, verändert ihn in der Gliederung, 1 bringt aber auch Neuregelungen (Abs. 3).

Die Vorschrift geht den Verjährungsvorschriften des Allgemeinen Teils des BGB (§§ 194 bis 225; ab 1.1.2002: §§ 194 bis 218 i.d.F. des SchuldRModG) im Umfang des Regelungsbereichs vor, allerdings gelten für die Berechnung der Frist, Unterbrechungsregelungen und dgl. wiederum die allgemeinen Vorschriften, so § 187 Abs. 1, § 188 Abs. 2, § 193, § 209 (ab 1.1.2002: § 204 i.d.F. des SchuldRModG). Im Übrigen bleibt es bei der Regelverjährungsfrist des § 195 mit den Ausnahmen der §§ 196, 197 (vgl. grundlegend Gather, DWW 1987, 282; Finger, ZMR 1988, 1). Die kurze Verjährungsfrist des § 548 dient der raschen Abwicklung bestimmter Ersatzansprüche der Mietvertragsparteien, die im Zusammenhang mit dem Zustand der Mietsache nach Beendigung des Mietverhältnisses bzw. Rückgabe der Mietsache stehen (BGHZ 98, 235).

Zur Abdingbarkeit wird auf § 225 (ab 1.1.2002: jetzt § 202 i.d.F. des SchuldRModG) Bezug genommen, wonach die Verjährung durch Rechtsgeschäft weder ausgeschlossen noch erschwert werden darf. Jedoch sind Erleichterungen, ist insbesondere eine Abkürzung der Verjährungsfrist zulässig, wird aber im Rahmen einer allgemeinen Geschäftsbedingung zu Lasten des Mieters im Hinblick auf § 9 Abs. 2 Nr. 1 AGBG (ab 1.1.2002: § 307 BGB i.d.F. des SchuldRModG) jedenfalls im Rahmen der kurzen Frist des § 548 als unzulässig angesehen werden müssen.

2. Anwendungsbereich – Ansprüche des Vermieters, § 548 Abs. 1

2 Dem Wortlaut nach werden nur Ersatzansprüche des Vermieters wegen Veränderungen oder Verschlechterungen der vermieteten Sache erfasst. Rechtsprechung und Literatur waren sich allerdings einig, dass **§ 548 weit auszulegen** ist, so dass darunter fallen:
Schadensersatzansprüche
- aus vertragswidrigem Gebrauch der Mietsache,
- aus übernommener Instandhaltungspflege (§ 535),
- wegen unterlassener Schönheitsreparaturen (vgl. Emmerich/Sonnenschein, § 558 Rn. 4a mit umfangreichen Rechtsprechungsnachweisen),
- aus Verletzung von Obhuts- und Anzeigepflichten,
- aus positiver Forderungsverletzung – Beschädigung der Mietsache, Mietausfall (BGH, DWW 1998, 42 = WuM 1998, 155),
- aus unerlaubter Handlung (auch eines Dritten, der in den Schutzbereich des Mietverhältnisses einbezogen ist – vgl. Sternel, Mietrecht aktuell, Rn. 1371); bei Vorsatz allerdings umstritten (BGH, NJW 1993, 279)

sowie alle mit den vertraglichen Ansprüchen **konkurrierenden Ansprüche**, die auf demselben Sachverhalt beruhen.

Bei völliger **Zerstörung der Mietsache** ist § 548 nicht anwendbar, weil die Sache überhaupt nicht zurückgegeben werden kann. Das richtet sich (wie im umgekehrten Fall der Vermieterpflicht nach § 535) danach, ob die Sache wiederhergestellt werden kann (vgl. OLG Düsseldorf, ZMR 1990, 272).

Nicht anwendbar ist § 548 ebenfalls auf reine **Erfüllungsansprüche** des Vermieters, wie Rückgabeansprüche nach § 546, Mietzinsansprüche und Ansprüche aus §§ 546a, 571.

Dem Wortlaut nach sind nur Ansprüche des Vermieters als Vertragspartner erfasst. Nur ausnahmsweise wird auch der Anspruch des Eigentümers erfasst, wenn zwischen Eigentümer und Vermieter eine enge wirtschaftliche Verflechtung besteht (vgl. Palandt/Weidenkaff, § 558 Rn. 5).

Wegen des Beginns der Verjährungsfrist für Ansprüche des Vermieters mit dem Zeitpunkt des Rückerhalts der Mietsache können die Ansprüche auch erst nach Beendigung des Mietverhältnisses entstanden sein.

3 Zum **Verjährungsbeginn** (Zurückerhalt der Mietsache) wird zunächst auf die Kommentierung zu § 535 Rn. 98 ff. Bezug genommen. Danach reicht es für den Rückerhalt der Sache, wenn sich der Vermieter ungestört die erforderliche Kenntnis vom Zustand der Mieträume verschaffen und dazu eine ungestörte und gründliche Besichtigung der Mieträume vornehmen kann. Grundsätzlich ist eine Veränderung der Besitzverhältnisse zugunsten des Vermieters notwendig, der durch Ausübung der unmittelbaren Sachherrschaft in die Lage versetzt werden soll, sich ein umfassendes Bild von der Mietsache zu machen (grundlegend BGH, NJW 1991, 2416 = GE 1991, 975). Darüber hinaus muss es sich um einen fälligen Ersatzanspruch handeln, so dass jeweils gesondert das Entstehen und die Fälligkeit des Anspruchs festzustellen ist.

In der amtlichen Begründung wird ausgeführt, auch die Verjährung des Schadensersatzanspruchs beginne bereits mit Rückgabe der Mietsache und nicht erst, wenn sich der Erfüllungsanspruch in einen Schadensersatzanspruch, in der Regel nach Ablauf der nach § 326 (ab 1.1.2002: §§ 280, 281 i.d.F. des SchuldRModG) zu setzenden Nachfrist, umgewandelt hat. Dies entspreche dem Zweck der Verjährungsregelung, zeitnah zur Rückgabe der Mietsache eine möglichst schnelle Klarstellung über bestehende Ansprüche im Zusammenhang mit dem Zustand der Mietsache zu erreichen. Diese Formulierung ist insofern missverständlich und fragwürdig, als gerade beim Anspruch auf Schadensersatz wegen nicht durchgeführter Schönheitsreparaturen der Anspruch erst mit Fälligkeit der Schönheitsreparaturen beginnt und diese sich auf das Ende des Mietverhältnisses bezieht (vgl. dazu die Kommentierung zu § 535).

3. Anwendungsbereich – Ansprüche des Mieters, § 548 Abs. 2

Der Begriff der „Verwendungen" ist durch die geänderte Fassung des § 536a Abs. 2 und   4
§ 539 durch den Begriff „Aufwendungen" ersetzt worden. Der Begriff der Aufwendungen bzw. Einrichtungen ist derselbe wie in §§ 536a, 539.
Unanwendbar ist § 548 auf Schadensersatzansprüche des Mieters – z.B. § 536a = OLG Düsseldorf, ZMR 1989, 417. Dasselbe gilt für Ersatzansprüche des Mieters oder Erfüllungsansprüche nach § 547. Grundsätzlich muss es sich um Ansprüche gegen den Vermieter handeln, so dass Ersatzansprüche des Untermieters gegen den Hauptvermieter nicht erfasst sind, sofern nicht eine anders lautende Vereinbarung vorliegt (vgl. in diesem Zusammenhang BGH, NJW 1986, 254).
Aus dem Verjährungszeitpunkt ergibt sich hier, dass die Ansprüche bis zur Beendigung des Mietverhältnisses entstanden sein müssen; anderenfalls gilt die allgemeine Verjährungsfrist (BGH, ZMR 1991, 369). Gemeint ist die rechtliche, nicht die tatsächliche Beendigung des Mietverhältnisses (allgemeine Meinung; Emmerich/Sonnenschein, § 558 Rn. 8).

4. Verjährungseintritt

Für die Berechnung der Verjährungsfrist von sechs Monaten gelten die §§ 187, 188   5
i.V.m. § 193. Es kommt also auf das jeweilige Datum an – dies im Gegensatz zur Verjährungsfrist nach §§ 196 und 197 (zweijährige und vierjährige Verjährungsfrist; ab 1.1.2002: Änderung der §§ 196, 197 beachten), wonach die Verjährung mit dem Schlusse des Jahres eintritt, in welchem der entsprechende Entstehungszeitpunkt liegt (§ 201). Im Falle des § 548 ist also der einzelne Tag entscheidend, so dass verjährungsunterbrechende Handlungen darauf einzurichten sind. Hier ist im Wesentlichen auf die gerichtliche Geltendmachung nach § 209 (ab 1.1.2002: § 204 i.d.F. des SchuldRModG) hinzuweisen. Eine Klage wird im Rechtssinne nicht durch Einreichung der Klageschrift bei Gericht, sondern durch Zustellung der Klageschrift an den Schuldner erhoben (§ 253 Abs. 1 ZPO). Allerdings tritt die **Unterbrechungswirkung** bereits mit der **Einreichung der Klage** bei Gericht ein, sofern die Zustellung an den Schuldner demnächst erfolgt (§ 270 Abs. 3 ZPO). **Eine demnächstige Zustellung** ist jedenfalls immer dann anzunehmen, wenn die Zustellung sich nicht aus Gründen verzögert, die in der Person des Klägers/Vermieters liegen. Dasselbe gilt für die Zustellung des Mahnbescheids (§ 693 Abs. 2 ZPO). Hier ist allerdings Vorsicht insofern geboten, als der Antrag auf Erlass eines Mahnbescheids die Verjährung nur dann unterbricht, wenn der geltend gemachte Anspruch in der Weise bezeichnet ist, dass er Grundlage eines Vollstreckungstitels sein kann und dass der Schuldner erkennen kann, welcher Anspruch gegen ihn geltend gemacht wird (BGH, GE 1993, 261; Zöller/Vollkommer, § 693 Rn. 3; BGH, NJW 2001,

305). Das bedeutet, dass der Gläubiger im Mahnantrag nach § 690 Abs. 1 Nr. 3 ZPO die geltend gemachte Forderung individualisiert, z.B. der Vermieter entsprechend angibt, dass es sich um einen Anspruch wegen unterlassener Schönheitsreparaturen handelt, wobei die schlagwortartige Bezeichnung „Schadensersatzanspruch Schönheitsreparaturen" ausreicht (vgl. auch LG Köln, WuM 1997, 632). Das kann bei der so genannten maschinellen Bearbeitung (Zentrale EDV-Mahngerichte – § 689 Abs. 3 ZPO) insofern zu Schwierigkeiten führen, als nicht ausreichend Platz für eine Individualisierung des Anspruchs auf den entsprechenden Vordrucken besteht. Ferner sind in den Vordrucken teilweise Individualisierungsvorgaben gemacht, die nur angekreuzt zu werden brauchen; daneben sehen die Vordrucke aber auch eine Spalte für ein individuelles Ausfüllen vor. Ist in diesen Fällen eine ausreichende Individualisierung des Anspruchs zwecks Verjährungsunterbrechung nicht möglich, sollte der Weg der Klageeinreichung beschritten werden.

5. Umfang der Verjährungsunterbrechung

6 Die Rechtshängigkeit unterbindet die Verjährung nur im geltend gemachten Umfang. Stehen weitere Ansprüche noch nicht fest (z.B. Mietausfall), muss zur Verjährungsunterbrechung Feststellungsklage erhoben werden (BGH, DWW 1998, 42 = WuM 1998, 155).

7 Nach § 548 Abs. 3 Satz 1 **unterbricht** zukünftig anders als bisher in § 558 a.F. der **Antrag des Vermieters oder Mieters auf Durchführung des selbständigen Beweisverfahrens die Verjährung.** Insofern wird die Regelung der des Kaufrechts in § 477 Abs. 2 angeglichen, wobei mit Rücksicht auf die kurzen Verjährungsfristen für Vermieter und Mieter es für den Gesetzgeber sinnvoll war, die verjährungsunterbrechende Wirkung anders als im Kaufrecht **für beide Vertragsparteien** anzuordnen. Die Zulässigkeit des selbständigen Beweisverfahrens richtet sich allerdings ausschließlich nach den Vorschriften der ZPO. Im Übrigen verweist § 548 Abs. 3 Satz 2 wegen der Hemmung bzw. Unterbrechung der Verjährungsfrist auf die Vorschrift des § 477 Abs. 2 Satz 2 und 3 und Abs. 3 (Kaufrecht). Durch die Schuldrechtsreform wird § 548 Abs. 3 überholt und fällt weg. Nach § 204 (gilt ab 1.1.2002) tritt jetzt Hemmung der Verjährung ein.
Nach ganz überwiegender Ansicht wird der **Ablauf der Verjährungsfrist** in entsprechender Anwendung des § 852 Abs. 2 so lange **gehemmt**, wie die Mietvertragsparteien über die Schadensersatzansprüche verhandeln und nicht die eine oder die andere Partei die Fortsetzung der Verhandlungen verweigert (BGHZ 93, 64 = WuM 1985, 290).

8 Nach der Übergangsvorschrift des Artikels 229 § 3 Nr. 7 EGBGB tritt die Unterbrechungswirkung des § 548 Abs. 3 nur für ein nach dem 1.9.2001 beantragtes Verfahren ein. Hierzu kann es zeitweise zu Problemen im Hinblick darauf kommen, zu welchem Zeitpunkt der Lauf der Verjährungsfrist beginnt, mit Rückgabe der Mietsache (so die Regierungsbegründung) oder mit Umwandlung des Erfüllungsanspruchs in einen Schadensersatzanspruch (vgl. Rn. 3). Die in der Regierungsbegründung geäußerte Meinung ist für die Gerichte nicht bindend.

§ 549 Auf Wohnraummietverhältnisse anwendbare Vorschriften

(1) Für Mietverhältnisse über Wohnraum gelten die §§ 535 bis 548, soweit sich nicht aus den §§ 549 bis 577a etwas anderes ergibt.
(2) Die Vorschriften über die Mieterhöhung (§§ 557 bis 561) und über den Mieterschutz bei Beendigung des Mietverhältnisses sowie bei der Begründung von Wohnungseigentum (§ 568 Abs. 2, §§ 573, 573a, 573d Abs. 1, §§ 574 bis 575, 575a Abs. 1 und §§ 577, 577a) gelten nicht für Mietverhältnisse über
1. Wohnraum, der nur zum vorübergehenden Gebrauch vermietet ist,
2. Wohnraum, der Teil der vom Vermieter selbst bewohnten Wohnung ist und den der Vermieter überwiegend mit Einrichtungsgegenständen auszustatten hat, sofern der Wohnraum dem Mieter nicht zum dauernden Gebrauch mit seiner Familie oder mit Personen überlassen ist, mit denen er einen auf Dauer angelegten gemeinsamen Haushalt führt,
3. Wohnraum, den eine juristische Person des öffentlichen Rechts oder ein anerkannter privater Träger der Wohlfahrtspflege angemietet hat, um ihn Personen mit dringendem Wohnungsbedarf zu überlassen, wenn sie den Mieter bei Vertragsschluss auf die Zweckbestimmung des Wohnraums und die Ausnahme von den genannten Vorschriften hingewiesen hat.
(3) Für Wohnraum in einem Studenten- oder Jugendwohnheim gelten die §§ 557 bis 561 sowie die §§ 573, 573a, 573d Abs. 1 und §§ 575, 575a Abs. 1, §§ 577, 577a nicht.

1. Allgemeines

Der Gesetzgeber der Mietrechtsreform hat versucht, die Vorschriften über Wohnraummietverhältnisse von den anderen mietrechtlichen Vorschriften abzusetzen. Das ist ihm nur teilweise gelungen. Der Rechtsanwender muss also nicht nur bei jeder einzelnen Vorschrift prüfen, ob sie für das jeweilige Mietverhältnis zur Anwendung kommt. Er muss darüber hinaus in allen drei Abschnitten der §§ 535 ff. nachschauen, inwiefern Vorschriften aus anderen Abschnitten für das in Frage stehende Mietverhältnis einschlägig sind. 1

Teilweise ist in einzelnen Vorschriften außerhalb des zweiten Abschnittes (Mietverhältnisse über Wohnraum, §§ 549 bis 577a) vermerkt, dass die entsprechende Regelung bei Vorliegen eines Wohnraummietverhältnisses nicht abbedungen werden kann.

§ 549 erklärt die allgemeinen Vorschriften des ersten Abschnittes (§§ 535 bis 548) auch für das Wohnraummietverhältnis für anwendbar, allerdings nur insofern, als sich nicht aus den speziellen Vorschriften des zweiten Abschnittes (Mietverhältnisse über Wohnraum) etwas anderes ergibt.

Über § 578 werden wiederum für Mietverhältnisse über Grundstücke und Räume, die keine Wohnräume sind, bestimmte Vorschriften aus dem Wohnraummietrecht (zweiter Abschnitt) für anwendbar erklärt.

2. § 549 Abs. 1

2 § 549 Abs. 1 stellt klar, dass die Bestimmungen des ersten Abschnitts/ersten Untertitels auch für Wohnraummietverhältnisse gelten, soweit der zweite Abschnitt/zweiter Untertitel keine abweichenden Regelungen enthält.

3. § 549 Abs. 2 und 3

3 Die Absätze 2 und 3 der Vorschrift bringen sogleich eine Einschränkung für Abs. 1, indem sie für bestimmten Wohnraum den Anwendungsbereich der Vorschriften für Wohnraummietverhältnisse einschränken. Die Ausnahmen beziehen sich – wie bisher schon z.B. in § 564b Abs. 7 a.F. – auf bestimmte Vorschriften zum Kündigungsschutz für den Mieter und zu Mieterhöhungsbeschränkungen (vgl. z.B. § 10 Abs. 3 MHG a.F.). In dem Katalog der Ausnahmevorschriften der Absätze 2 und 3 ist das Vorkaufsrecht (§ 577) neu aufgenommen worden. Es erschien dem Gesetzgeber nicht sachgerecht, in den in Abs. 2 Nr. 1 bis 3 und Abs. 3 genannten Fällen dem Mieter bei Verkauf der Wohnung ein Vorkaufsrecht einzuräumen. Zweck des Vorkaufsrechts sei es nämlich, den Mieter im Zusammenhang mit einem Verkauf der Wohnung gegen eine Verdrängung zu schützen. Dieses Schutzes bedürfe aber der Mieter in den in Abs. 2 Nr. 1 bis 3 und Abs. 3 genannten Fällen gerade nicht. Dies werde besonders deutlich im Falle des nur zum vorübergehenden Gebrauch vermieteten Wohnraums. Außerdem sei es vor dem Hintergrund, dass der Vermieter den Mieter in diesen Fällen ja ohnehin ohne Vorliegen besonderer Kündigungsgründe kündigen könne, nur folgerichtig, auch insoweit keinen Bestandsschutz anzunehmen. Bei möbliertem Einliegerwohnraum (Abs. 2 Nr. 2) bestehe schon deshalb kein Vorkaufsrecht, weil der dem Mieter überlassene Teil der Wohnung ohnehin nicht die für die Bildung von Wohnungseigentum erforderliche Abgeschlossenheit aufweisen könne. Dies gelte unabhängig davon, ob der Wohnraum dem Mieter oder seiner Familie oder einem auf Dauer angelegten gemeinsamen Haushalt überlassen sei. Nur um Missverständnissen vorzubeugen, sei auch bei dieser Fallgruppe das Vorkaufsrecht ausdrücklich ausgeschlossen worden.

Die Regelungen über die Zulässigkeit der **Teilkündigung** nach § 564b Abs. 2 Nr. 4 a.F. galten bisher nicht für den Anwendungsbereich des § 564b Abs. 7 a.F., also für den Wohnraum, der jetzt von § 549 Abs. 2 und 3 erfasst wird. § 573b (Teilkündigung des Vermieters) wird jedoch nicht in § 549 Abs. 2 und 3 genannt, gilt jetzt also auch für den Wohnraum. Der Gesetzgeber meint, wenn die Teilkündigung unter den in § 573b genannten Voraussetzungen sogar für die den Kündigungsvorschriften ausnahmslos unterfallenden Wohnraummietverhältnissen zulässig sei, müsse dies erst recht für die weniger schutzbedürftigen Mietverhältnisse i.S.d. Abs. 2 Nr. 1 bis 3 und Abs. 3 gelten. Dies liege auch im Interesse des Mieters. Sei nämlich die Vorschrift über die Teilkündigung nicht anwendbar, so sei eine Teilkündigung überhaupt nicht möglich. Da aber in den Fällen des Abs. 2 Nr. 1 bis 3 und Abs. 3 ohnehin das Mietverhältnis insgesamt ohne Vorliegen besonderer Kündigungsgründe gekündigt werden könne, stelle eine Teilkündigung unter den Voraussetzungen des § 573b für den Mieter das „mildere Mittel" dar. Das alles stellt eine ausgesprochen komplizierte Regelung dar, die für die mietrechtliche Praxis kaum Relevanz zeigen dürfte.

Die **Sozialklausel** des § 574 gilt nicht für den Wohnraum, § 549 Abs. 1 und 2. Der Begriff des Wohnraums, der nur zum vorübergehenden Gebrauch vermietet ist (Abs. 2 Nr. 1) ist missverständlich und bedarf der Abgrenzung zum „normalen" Mietverhältnis. Gemeint sind damit kurzfristige Gebrauchsüberlassungen wie die Vermietung von Hotelzimmern, Privatunterkünften oder Ferienwohnungen an Feriengäste oder Besucher. Dabei kommen auch längere Zeiträume in Betracht, wenn es sich jedenfalls um eine absehbar vorübergehende Nutzung handelt (z.B. Notunterkunft nach Zerstörung der bisherigen Miträume, kurzzeitige Berufstätigkeit für einen Lehrgang). Bei langfristig vermieteten Zweit- und Ferienwohnungen bedarf es einer Abwägung im Einzelfall, ob der vorübergehende Gebrauch absehbar ist. Die bisherige Fallgruppe des vor dem 1.6.1995 vermieteten Wohnraums in Ferienhäusern- und Wohnungen in Ferienhausgebieten (§ 564b Abs. 7 Nr. 4 a.F.) ist mangels praktischer Relevanz weggefallen.

Bei der Regelung zum möblierten Einliegerwohnraum (Abs. 2 Nr. 2) ist die Fallgruppe um den „auf Dauer angelegten gemeinsamen Haushalt" erweitert worden. Zu diesem Begriff wird auf die Erläuterungen zu § 563 Bezug genommen.

Die Regelung in Abs. 2 Nr. 3 knüpft an den bisherigen § 564b Abs. 7 Nr. 5 a.F. an. Wie bisher bestehen Ausnahmen vom Mieterschutz bei der Vermietung durch juristische Personen des öffentlichen Rechts. Insoweit ist allerdings der bisherige Zusatz „im Rahmen der ihr durch Gesetz zugewiesenen Aufgaben" gestrichen worden. Im Hinblick auf die gesetzliche Zielrichtung der Vorschrift, nämlich bestimmten Personengruppen Wohnraum zur Verfügung zu stellen, die auf dem freien Wohnungsmarkt häufig nur schwer eine Wohnung finden, da (private) Vermieter Schwierigkeiten im Rahmen des Mietverhältnisses befürchten (z.B. bei der Vermietung an nicht Sesshafte, Obdachlose, Haftentlassene oder Suchtkranke) müsse es allein entscheidend sein, dass diesen Personen Wohnraum überlassen wird – so die amtliche Begründung. In die gleiche Richtung geht auch die vorgenommene Ausdehnung des Vermieterkreises auf private Einrichtungen der freien Wohlfahrtspflege, soweit sie Wohnraum an Personen mit dringendem Wohnungsbedarf weitervermieten. Mit der Vermietung an diesen Personenkreis würden soziale Aufgaben wahrgenommen, was es allgemein zu fördern gelte. Soziale Aufgaben würden jedoch nicht nur von öffentlichen, sondern zunehmend auch von privaten Einrichtungen der Wohlfahrtspflege erfüllt. Die Ausdehnung auf diese Einrichtungen diene daher allein sozialen Zwecken. Der anerkannte Wohlfahrtsbezug gewährleistet zugleich Schutz des Mieters vor Missbrauch. Außerdem müsse der Mieter wie bisher auf die Zweckbestimmung des Wohnraums und die Ausnahme von den in Abs. 1 genannten Vorschriften hingewiesen werden.

Die Ausnahmen vom Mieterschutz sind beschränkt auf die Vermietung an Personen mit dringendem Wohnbedarf. Die bisherige Fallgruppe der „in Ausbildung befindlichen Personen" ist weggefallen. Für diese Sonderregelung besteht nach Ansicht des Gesetzgebers kein Bedürfnis, da der geschützte Personenkreis, soweit es um Wohnraum in einem Studenten- und Jugendwohnheim geht, bereits von der Regelung in Abs. 3 erfasst sei. Im Übrigen fielen Auszubildende, soweit dringender Wohnbedarf bestehe, ohnehin unter die Regelung des Abs. 2 Nr. 3.

Die Fallgruppe des Abs. 2 Nr. 3 ist wie die in Nr. 1 und 2 geregelten Fallgruppen von der Anwendung aller in Abs. 2 genannten Vorschriften ausgenommen. Das bedeutet zunächst, dass damit anders als bisher durch § 564b Abs. 7 Nr. 5 a.F. auch die Vorschriften des Miethöherechts nicht gelten. Nach den Ausführungen in der Gesetzesbegründung bildeten die Mieterhöhungsvorschriften eigentlich das Äquivalent zum Kündigungsschutz. Schon nach der bisherigen Rechtslage hätte der Vermieter jedoch die Mieterhöhungsvorschriften jederzeit durch eine zulässige Änderungskündigung umgehen können. Deshalb sei es nur konsequent, diese Ausnahme im Falle des Abs. 2 Nr. 3 auch auf die Mieterhöhungsvorschriften zu beziehen. Die Bundesregierung wollte zunächst die Fallgruppen des Abs. 2 anders als bisher auch vom Schriftformzwang bei der Kündigung ausnehmen. Davon ist jedoch nach den Beratungen des Rechtsausschusses Abstand genommen worden, so dass § 568 Abs. 1 auch in diesem Zusammenhang gilt.

4.   § 549 Abs. 3

4 Dieser Teil der Vorschrift betrifft die Ausnahmen für Wohnraum in einem Studenten- oder Jugendwohnheim. Dieser Wohnraum hat nur deswegen eine eigenständige Regelung in Abs. 3 erfahren, weil die Sozialklausel des § 556a a.F. schon bisher diesen Wohnraum nicht erfasste (§ 556a Abs. 8 a.F.) und diese Regelung übernommen werden sollte. Folgerichtig ist also § 574 in § 549 Abs. 3 nicht ausgenommen, gilt also für Wohnraum in einem Studenten- oder Jugendwohnheim. Ebenso wie in Abs. 2 gilt allerdings anders als bisher die Vorschrift des § 573b (Teilkündigung), während – wiederum wie in Abs. 2 und abweichend vom geltenden Recht – die Vorschrift über das Vorkaufsrecht (§ 577) von der Anwendung ausgenommen ist.

§ 550   Form des Mietvertrags

[1]Wird der Mietvertrag für längere Zeit als ein Jahr nicht in schriftlicher Form geschlossen, so gilt er für unbestimmte Zeit. [2]Die Kündigung ist jedoch frühestens zum Ablauf eines Jahres nach Überlassung des Wohnraums zulässig.

1.   Allgemeines

1 Die Vorschrift entspricht im Wesentlichen dem § 566 a.F. Bedingt durch die neue Gliederung des Mietrechts wird die Vorschrift, die bisher über § 566 a.F. für die Grundstücksmiete und über § 580 a.F. für die Miete von Wohnräumen und anderen Räumen

galt, an dieser Stelle auf die Wohnraummiete beschränkt. Die Anwendbarkeit auf die Miete von Grundstücken und anderen Räumen als Wohnräumen wird durch die Verweisung in § 578 sichergestellt.

Anders als bisher ist in Satz 1 die Schriftform für Mietverträge über mehr als ein Jahr nicht mehr zwingend vorgeschrieben. Nach Ansicht des Gesetzgebers war das entbehrlich, weil schon nach bisherigem Recht die Nichtbeachtung der vorgeschriebenen Form nicht die sonst übliche Rechtsfolge der Nichtigkeit des Rechtsgeschäftes (§ 125) auslöste, sondern nur dazu führte, dass das Mietverhältnis als auf unbestimmte Zeit geschlossen galt. Insofern ist in Satz 1 nur der rechtlich erhebliche Tatbestand (Mietvertrag für länger als ein Jahr ohne Beachtung der Schriftform) formuliert, an den wie bisher die besondere Rechtsfolge (Geltung für unbestimmte Zeit) geknüpft ist. Die Umformulierung des Gesetzestextes bringt im Ergebnis allerdings keine Änderungen, denn die eigentliche (in der Praxis relevante) Rechtsfolge liegt in dem Umstand, dass der für unbestimmte Zeit abgeschlossen geltende Mietvertrag innerhalb der gesetzlich vorgesehenen Kündigungsfristen beendet werden kann. Das ist vor allem für die Gewerbemiete von Bedeutung, bei der feste Mindestmietzeiten üblicherweise vereinbart werden und die mieterseits vor Ablauf der Mietzeit gekündigt werden kann (vgl. dazu unter Rn. 3).

§ 550 hat nach allgemeiner Ansicht den Zweck, im Hinblick auf § 566 (bisher § 571 a.F.) den späteren Grundstückserwerber entsprechend zu informieren. Er soll sicher sein, dass nur die schriftlichen Mietverträge die eigentliche Vermietungslage wiedergeben. Ob dieser angenommene Zweck noch der tatsächlichen Regelungslage des § 550 entspricht, ist anzuzweifeln. Der Schutzzweck für den potentiellen Erwerber ist fragwürdig, gibt es doch die Möglichkeit vielschichtiger Vereinbarungen zwischen den ursprünglichen Vertragsparteien, die nicht der Schriftform bedürfen (z.B. Stundung, Erlass usw.). Ein Grundstückserwerber weiß also im Prinzip oft nicht, worauf er sich eingelassen hat, was er gekauft hat. Wie auch sonst im Geschäftsleben ist die Seriosität des Vertragspartners gefragt; entsprechende Absicherungen sind im Kaufvertrag möglich.

Der Vorvertrag fällt nicht unter § 550 (vgl. Palandt/Weidenkaff, § 566 Rn. 4 mit Rechtsprechungsnachweisen).

2.   Schriftform

Die Vorschrift bezieht sich wie der bisherige § 566 auf die gesetzliche Schriftform des § 126. Danach muss die Urkunde von dem Aussteller eigenhändig durch Namensunterschrift oder mittels notariell beglaubigten Handzeichens unterzeichnet werden. Beim Mietvertrag muss die Unterzeichnung der Mietvertragsparteien, also Vermieter und Mieter, auf derselben Urkunde erfolgen. Werden allerdings über den Vertrag mehrere gleich lautende Urkunden aufgenommen, so genügt es, wenn jede Partei die für die andere Partei bestimmte Urkunde unterzeichnet (§ 126 Abs. 2). Die Schriftform wird durch die notarielle Beurkundung ersetzt (§ 126 Abs. 3).

Durch das Gesetz der Anspassung der Formvorschriften des Privatrechts und anderer Vorschriften an den modernen Rechtsverkehr erfolgt auch in diesem Zusammenhang eine Änderung. Nach § 126 Abs. 3 n.F. kann die schriftliche Form durch die elektronische Form ersetzt werden. Für Verträge schreibt § 126a Abs. 2 vor, dass bei einem Vertrag die Parteien jeweils ein gleich lautendes Dokument der in § 126a Abs. 1 bezeichneten Weise elektronisch signieren müssen.

3.　　Zusatzvereinbarungen – Urkundeneinheit

3　Die eigentliche praktische Bedeutung des § 550 liegt im Problem der Wahrung der Schriftform bei Nachträgen, Zusätzen, Änderungen des ursprünglichen Mietvertrags. Da diese zu einer Modifizierung der vertraglichen Abreden in der Vertragsurkunde selbst führen, bedürfen sie ebenfalls der Schriftform.

Es gilt der Grundsatz der **Urkundeneinheit.** Zur Einhaltung der Schriftform kann die Änderung auf die ursprüngliche Urkunde gesetzt oder der Nachtrag mit der ursprünglichen Urkunde so verbunden werden, dass der Nachtrag nur unter teilweiser Substanzverletzung entfernt werden kann. Jedenfalls muss die Änderung wiederum die Unterschrift beider Vertragspartner aufweisen.

Nach neuerer Rechtsprechung **reicht** es auch **aus,** wenn die **Nachtragsurkunde auf den ursprünglichen Vertrag Bezug nimmt und sich ergibt, es solle im Übrigen bei den Vereinbarungen der Ursprungsvereinbarung verbleiben** (BGH, NJW 1992, 2283; BGH, NJW-RR 1992, 654; OLG Düsseldorf, WuM 1995, 486). Auch hier muss die Nachtragsurkunde von den Vertragsparteien unterschrieben sein, so dass über die Bezugnahme das Erfordernis der Urkundeneinheit eingehalten ist (vgl. auch KG, GE 1997, 119).

Der Streit, wie die einzelnen Blätter miteinander verbunden werden müssen, ist überwiegend schon Rechtsgeschichte. Nach der grundlegenden Entscheidung des BGH (GE 1997, 1518 = WuM 1997, 667 = DWW 1997, 426) ist die gesetzlich vorgeschriebene Schriftform gewahrt, wenn sich die Einheit der Urkunde aus fortlaufender Paginierung der Blätter, Nummerierung der einzelnen Bestimmungen, einheitlicher graphischer Gestaltung, inhaltlichem Zusammenhang des Textes oder vergleichbaren Merkmalen zweifelsfrei ergibt. Bei Einlageblättern ist darauf zu achten, dass sich der Kopf der Einlage auf den bestimmten Mietvertrag bezieht und am Ende der zusätzlichen Vereinbarungen beide Mietvertragsparteien unterschreiben.

Die gesetzliche Schriftform ist nicht gewahrt, wenn eine der unterschriebenen Urkunden nur die Willenserklärung einer Partei enthält und sich die Willensübereinstimmung erst aus der Zusammenfassung mit anderen Urkunden ergibt (BGH, NJW 2001, 221 [223] = GE 2001, 342). Für § 126 Abs. 2 Satz 2 genügt es zur Wahrung der gesetzlichen Schriftform nur, wenn gleich lautende Urkunden aufgenommen werden und jede Partei die für die andere Partei bestimmte Urkunde unterzeichnet.

4.　　Rechtsfolgen

4　Ist die Schriftform für einen Vertrag von über einem Jahr nicht erfüllt, so gilt er für unbestimmte Zeit abgeschlossen. Für nicht in schriftlicher Form vorgenommene Zusätze, Änderungen und dergleichen führt das nach allgemeiner Meinung dazu, dass der zunächst formgültig geschlossene ursprüngliche Vertrag nunmehr gleichfalls der Schriftform entbehrt und als für unbestimmte Zeit geschlossen gilt (zusammenfassend noch einmal BGH, NJW 1994, 1649 [1651]). Das gilt auch für eine Änderung/ein Auswechseln von Mietvertragsparteien auf Mieter- oder Vermieterseite. § 139 findet nach allgemeiner Meinung keine (jedenfalls keine direkte) Anwendung. Das führt grundsätzlich zu dem Ergebnis, dass in Folge der mündlichen Vertragsänderung (und das gilt z.B. auch für eine mündlich vereinbarte oder konkludent zustande gekommene Mieterhöhung) das

Mietverhältnis nunmehr trotz einer ursprünglich formgerecht vereinbarten längeren Mindestmietzeit fristgemäß kündbar ist.
Dieses Ergebnis ist allerdings im Einzelfall zu überprüfen, wobei der Gedanke des Rechtsmissbrauchs eine Rolle spielen kann (vgl. BGH, NJW 2001, 221 [223] = GE 2001, 342). Bezieht sich die Änderung des Mietvertrags auf die Mindestlaufzeit eines Mietvertrags und greift der nicht schriftlich abgeschlossene Änderungsvertrag in den Inhalt des zur Zeit der Änderung bestehenden ursprünglichen Vertrags während dessen Laufzeit in keiner Weise ein, handelt es sich nur um einen reinen Verlängerungsvertrag. Die Interessen des im Hinblick auf § 566 in erster Linie geschützten künftigen Grundstückserwerbers sind ausreichend gewahrt, wenn die aus dem formgültigen Ursprungsvertrag nicht ersichtliche Verpflichtung ihn nicht über die sich aus § 550 Satz 2 ergebene zeitliche Grenze hinaus bindet. Der Formmangel führt in einem solchen Fall nur dazu, dass der ursprüngliche, formgültige Vertrag bis zum Ende der vereinbarten Laufzeit fest abgeschlossen bleibt und der Verlängerungsvertrag auf unbestimmte Zeit geschlossen ist. Für die Verlängerung gilt dann die gesetzliche Kündigungsmöglichkeit (vgl. BGH, NJW 1994, 1649 [1651]). Diese Rechtsprechung kann insofern verallgemeinert werden, als der Formmangel des Änderungsvertrags dann nicht auf den formgültig geschlossenen Ursprungsvertrag zurückwirkt, wenn der Änderungsvertrag trennbar ist und der Ursprungsvertrag ohne Einschränkung bestehen bleiben kann (vgl. auch Schach, GE 2001, 256 [258]).
Auf Mietänderungen kann das so nicht ohne weiteres übertragen werden. Denn die Miethöhe gehört zu den grundlegenden Erfordernissen des Mietvertrags. In einem solchen Fall kann einem Mieter, der sich auf Formmangel beruft, der Einwand unzulässiger Rechtsausübung entgegengesetzt werden. Er ist nicht schützenswert, da er der Mieterhöhung zugestimmt hat. Ein potentieller Grundstückserwerber bedarf ebenfalls nicht dieses Schutzes, weil er jedenfalls den Anspruch auf die schriftlich vereinbarte Miete hat. Das kann auf die mündlich vereinbarte Mietsenkung nicht übertragen werden, denn ein potentieller Grundstückserwerber kann diese Abrede, die die Mieteinnahmen schmälert, nicht übersehen. Obwohl sich diese Situation erst bei einem tatsächlichen Rechtsübergang auswirken kann, müsste nach der bisherigen Meinung bei einer mündlichen Mietherabsetzung der Mieter das Kündigungsrecht trotz eigentlich vereinbarter längerer Vermietdauer haben. Etwas anderes mag nur dann gelten, wenn der Mieter diesen Formmangel bewusst herbeigeführt hat, insbesondere dem Begehren des Vermieters auf schriftliche Abfassung der mündlichen Vereinbarung auf Berufung auf seine Vertrauenswürdigkeit widersprochen hat (vgl. Schmidt-Futterer/Lammel, § 566 Rn. 54).

5. Vereinbarte Schriftform
Nach § 127 gilt die Regelung über die gesetzliche Schriftform auch für die durch Rechts- 5
geschäft bestimmte schriftliche Form. Allerdings genügt zur Wahrung der Form unter anderem auch der sog. Briefwechsel. Dabei müssen die Parteien nicht beide auf einer Urkunde unterschreiben, auch müssen die Voraussetzungen des § 126 Abs. 2 Satz 2 nicht erfüllt sein, vielmehr genügt es, dass sich die Willensübereinstimmung erst aus der Zusammenfassung mehrerer Urkunden ergibt (vgl. auch BGH, GE 2001, 342). In vielen Formularmietverträgen findet sich die Klausel, dass Nebenabreden und dgl. nur wirksam sind, wenn sie schriftlich vereinbart werden. Diese Klauseln sind wegen des Vorrangs

einer Individualabrede ohne Wirkung; denn die Parteien können den vereinbarten Formzwang jederzeit formlos wieder aufheben (BGH, NJW 1968, 33; BGH, NJW 1991,
1751), wenn anzunehmen ist, dass die Mietvertragsparteien die nunmehr geschlossene
mündliche Vereinbarung als maßgeblich ansehen (vgl. dazu Palandt/Heinrichs, § 125 Rn.
13, 14). Eine Schriftformklausel ist unwirksam (Verstoß gegen § 9 AGBG; ab 1.1.2002:
§ 307 BGB i.d.F. des SchuldRModG), wenn sie eine totale Aufhebung des Vorrangs der
Individualabrede bezweckt (OLG Frankfurt/Main, WuM 1992, 56, 61).
Eine Klausel, wonach die Abänderung der Schriftformklausel aber nur wirksam ist, wenn
sie schriftlich erfolgt, ist nach der Rechtsprechung wirksam (vgl. BGHZ 66, 378; BGH,
NJW-RR 1991, 1290; in der Literatur umstritten: vgl. Palandt/Heinrichs, § 125 Rn. 14).
Die Lösung des Problems ergibt sich aus § 4 AGBG (ab 1.1.2002: § 305b BGB i.d.F. des
SchuldRModG), wonach individuelle Vertragsabreden den Vorrang vor allgemeinen
Geschäftsbedingungen haben. Dies würde **erfordern**, dass die Parteien **ausdrücklich
mündlich eine Abänderung der Klausel**, wonach eine Abänderung der Schriftform-
klausel nur wirksam ist, wenn sie schriftlich erfolgt, **vereinbaren**, was bei einem ent-
sprechenden Streit von der Partei zu beweisen ist, die sich auf die Abänderung beruft.
Dabei sind strenge Anforderungen an den Beweis einer derartigen Abänderungsabrede zu
stellen (vgl. KG, GE 2001, 278 [279]).
Nach dem Gesetz zur Anpassung der Formvorschriften des Privatrechts und anderer
Vorschriften an den modernen Rechtsgeschäftsverkehr wird auch § 127 modifiziert.
Danach reicht zur Wahrung der durch Rechtsgeschäft bestimmten schriftlichen Form bei
einem nicht anzunehmenden anderen Willen die telekommunikative Übermittlung und
bei einem Vertrag der Briefwechsel. Wird eine solche Form gewählt, so kann allerdings
nachträglich eine dem § 126 entsprechende Beurkundung verlangt werden.

6.   Zeitpunkt der Kündigung

6 § 550 Satz 2 stellt klar, dass der Mietvertrag frühestens zum Ablauf eines Jahres nach
dem (vertraglich bestimmten) Zeitpunkt der Überlassung gekündigt werden kann. Auf
den Zeitpunkt des Vertragsschlusses kommt es dagegen nicht an. Der für den Fristbeginn
maßgebende Zeitpunkt entspricht dem in § 544. Damit ist in beiden Vorschriften der
Fristbeginn einheitlich auf den gleichen Zeitpunkt festgelegt.

7.   Abdingbarkeit

7 Aus der Fassung des Gesetzes ergibt sich, dass § 550 wie bisher auch § 566 a.F. nicht
abdingbar ist (vgl. auch LG Berlin, WuM 1991, 498). Der Gesetzgeber meint daher, dass
es einer besonderen Feststellung dazu nicht bedarf.

8.   Textform

8 Der Regierungsentwurf hatte zunächst vorgesehen, dass bestimmte mietrechtliche
schriftliche Erklärungen (z.B. Modernisierungsankündigung), die mit Hilfe automatischer Einrichtungen gefertigt worden sind, die eigenhändige Unterschrift des Erklärenden nicht erfordern. Dieser zunächst vorgesehene Abs. 2 zu § 550 ist entfallen, weil für
bestimmte Erklärungen jetzt die Textform gilt (Gesetz zur Anpassung der Formvorschriften des Privatrechts und andere Vorschriften an den modernen Rechtsgeschäftsverkehr vom 22.6.2001. Somit wurde § 550 Abs. 2 des Entwurfs wieder gestrichen.

§ 551 Begrenzung und Anlage von Mietsicherheiten

(1) Hat der Mieter dem Vermieter für die Erfüllung seiner Pflichten Sicherheit zu leisten, so darf diese vorbehaltlich des Absatzes 3 Satz 4 höchstens das Dreifache der auf einen Monat entfallenden Miete ohne die als Pauschale oder als Vorauszahlung ausgewiesenen Betriebskosten betragen.

(2) ¹Ist als Sicherheit eine Geldsumme bereitzustellen, so ist der Mieter zu drei gleichen monatlichen Teilzahlungen berechtigt. ²Die erste Teilzahlung ist zu Beginn des Mietverhältnisses fällig.

(3) ¹Der Vermieter hat eine ihm als Sicherheit überlassene Geldsumme bei einem Kreditinstitut zu dem für Spareinlagen mit dreimonatiger Kündigungsfrist üblichen Zinssatz anzulegen. ²Die Vertragsparteien können eine andere Anlageform vereinbaren. ³In beiden Fällen muss die Anlage vom Vermögen des Vermieters getrennt erfolgen und stehen die Erträge dem Mieter zu. ⁴Sie erhöhen die Sicherheit. ⁵Bei Wohnraum in einem Studenten- oder Jugendwohnheim besteht für den Vermieter keine Pflicht, die Sicherheitsleistung zu verzinsen.

(4) Eine zum Nachteil des Mieters abweichende Vereinbarung ist unwirksam.

1. Anwendungsbereich

Die **Begrenzung der Kaution** auf die dreifache Miete gilt **für alle Wohnraummietver-** 1 **hältnisse.** Für bestimmte Wohnungen darf die Kaution jedoch nur einem bestimmten Zweck dienen. Für **neu geschaffene öffentlich geförderte Wohnungen** i.S.d. § 1 WoBindG gilt § 9 Abs. 5 WoBindG, wonach die Vereinbarung einer Sicherheitsleistung des Mieters **nur zulässig** ist, soweit sie dazu bestimmt ist, Ansprüche des Vermieters gegen den Mieter aus **Schäden an der Wohnung** oder **unterlassenen Schönheitsreparaturen** zu sichern. Dementsprechend muss in der mietvertraglichen Vereinbarung der Zweck der Sicherheitsleistung eingeschränkt werden; ohne eine derartige Beschränkung auf den zulässigen Sicherungszweck ist die Vereinbarung unwirksam (AG Hannover, WuM 1998, 347).

Für Wohnraummietverträge, die vor dem 1.1.1983 abgeschlossen worden sind, gilt die 2 **Verzinsungspflicht** gem. § 551 Abs. 3 Satz 1 nicht, wenn die Verzinsung ausdrücklich durch den Wohnraummietvertrag ausgeschlossen war (Art. 229 § 3 Abs. 8 EGBGB).

Für die übrigen Kautionen besteht weiterhin die Verzinsungspflicht (so schon früher: LG Frankfurt/Main, WuM 1986, 336; LG Berlin GE 1987, 135, 137; LG Nürnberg/Fürth, WuM 1988, 158; LG Itzehoe, WuM 1989, 290).

Ein Ausschluss der Verzinsung durch Formularvertrag war unwirksam, so dass in solchen Fällen ebenfalls eine Zinspflicht von Anfang an besteht (LG Frankfurt/Main, WuM 1986, 336; LG Berlin, GE 1987, 135 [137]; LG Nürnberg-Fürth, WuM 1988, 158; LG Itzehoe, WuM 1989, 290; AG München, NZM 1998, 1036). Die Bestimmung in § 551 Abs. 3 Satz 1, dass der für Spareinlagen mit dreimonatiger Kündigungsfrist übliche Zinssatz gilt, ist durch Art. 4 Nr. 3 des 4. MietRÄndG vom 21.7.1993 (BGBl. I S. 1257) eingeführt worden und seit dem 1.9.1993 in Kraft. Zumindest ab diesem Zeitpunkt ist daher dieser Zinssatz maßgebend.

Keine Verzinsungspflicht gilt bei Wohnraum in einem Studenten- oder Jugendwohnheim (§ 551 Abs. 3 Satz 5).

3 § 551 gilt dagegen **nicht für Mietverträge über Gewerberaum**. Dennoch wird auch bei der Vermietung von Geschäfts- und Gewerberaum eine Verzinsungspflicht des Vermieters zu dem für Spareinlagen mit dreimonatiger Kündigungsfrist üblichen Zinssatz im Wege der ergänzenden Vertragsauslegung angenommen, sofern der Mietvertrag über eine Verzinsung nichts aussagt (BGH, MDR 1994, 1211 = WuM 1994, 679 = ZMR 1995, 11 = GE 1994, 1374; OLG Düsseldorf, ZMR 1993, 219; OLG Koblenz, WuM 1993, 667 = ZMR 1993, 565 für einen 1980 abgeschlossenen Gewerberaummietvertrag).

2. Arten der Sicherheitsleistung

4 Hat bei einem Mietverhältnis über Wohnraum der Mieter kraft entsprechender Vereinbarung dem Vermieter für die Erfüllung seiner Verpflichtungen Sicherheit zu leisten, so kommt es für die Art der Sicherheitsleistung in erster Linie auf die vertragliche Vereinbarung der Parteien an. Die Sicherheit kann sowohl durch Zahlung von Bargeld als auch Einzahlung auf das Konto des Vermieters geleistet werden; auch die Einrichtung eines Sparkontos des Mieters – mit oder ohne Sperrvermerk zugunsten des Vermieters –, eine Sicherungsabtretung (z.B. von Lohn- oder Gehaltsansprüchen) oder eine schuldrechtliche Verfügungsbeschränkung zugunsten des Vermieters (BGH, NJW 1984, 1749) sind als Sicherheitsleistung anerkannt, ebenso die Bürgschaft eines Dritten (BGH, NJW 1998, 981 = GE 1998, 54 = ZMR 1998, 270 = WuM 1998, 224). Kann der Mieter nach außen allein über die auf einem Sparkonto angelegte Mietkaution verfügen, trifft ihn eine strafrechtlich relevante (§ 266 StGB) Vermögensfürsorgeverpflichtung (BayObLG, GE 1998, 429 = ZMR 1998, 297 = WuM 1998, 226 = NZM 1998, 220). Die Mietkaution kann auch durch Hinterlegung von Wertpapieren oder durch andere Anlagen geleistet werden, wenn nichts anderes vereinbart ist; Wertpapiere sind jedoch nur dann zur Sicherheitsleistung geeignet, wenn es sich um mündelsichere Wertpapiere handelt (LG Berlin, NJW-RR 1998, 10 = ZMR 1997, 421).

5 Von § 551 wird somit jede Mieterleistung erfasst, die die Funktion einer Sicherheitsleistung hat.

3. Zulässige Höhe der Kaution

6 Die Sicherheitsleistung darf grundsätzlich **das Dreifache** einer Monatsmiete im Zeitpunkt der Vereinbarung über die Sicherheitsleistung **nicht übersteigen**, wobei Neben-

kosten, über die gesondert abzurechnen ist, und Betriebskostenpauschalen, die zur Erhöhung der Miete gem. § 560 berechtigen, unberücksichtigt bleiben. Diese Begrenzung gilt für jede Form der Sicherheit, nicht nur für Barkautionen, sondern z.B. auch für Bürgschaften (LG Kassel, NZM 1998, 328), für die Hinterlegung von mündelsicheren Wertpapieren usw., so dass der Vermieter, wenn er bereits eine Barkaution in der höchstzulässigen Höhe erhalten hat, vom Mieter keine weiteren Sicherheiten, etwa in Form einer Bürgschaft oder eines Schlüsselpfandes (LG Berlin, MM 1998, 204), verlangen kann. Dabei macht es im Grundsatz keinen Unterschied, ob die Bürgschaft von einem Kreditinstitut oder einem Angehörigen des Mieters übernommen wird (BHGZ 107, 210 = WuM 1989, 289). Hat der Vermieter sich schon durch eine Barkaution abgesichert, so ist die Verpflichtung des Mieters zur Bürgschaftsstellung in diesem Umfang unwirksam (OLG Köln, WuM 1989, 136 = ZMR 1988, 429).

Diese **Begrenzung** auf die dreifache Monatsmiete **gilt jedoch nicht** für solche Bürgschaften, die ein Dritter dem Vermieter **unaufgefordert** (OLG Düsseldorf, NJW-RR 1998, 81) unter der Bedingung gibt, dass ein Wohnraummietverhältnis zustande kommt, und der Mieter dadurch nicht erkennbar belastet wird (BGH, NJW 1990, 1231 = ZMR 1990, 327 = WuM 1990, 343). 7

Maßstab für die Begrenzung ist die vom Mieter monatlich zu zahlende Miete ohne **Betriebskostenvorschüsse oder ausgewiesene Betriebskostenpauschalen.** Handelt es sich um eine Bruttokaltmiete, ist die Kaution auf das Dreifache dieser Miete begrenzt. Haben die Mietvertragsparteien eine Mietnebenkostenpauschale, die zur Erhöhung der Miete gem. § 560 berechtigt, vereinbart, so gehört diese nicht zur Miete mit der weiteren Folge, dass die Kaution auf das Dreifache der Grundmiete begrenzt ist. Haben die Parteien eine Nettokaltmiete nebst Betriebskostenvorschüssen vereinbart, so ist die Kaution ebenfalls auf das Dreifache der Nettokaltmiete begrenzt. Bei unzulässigen Bruttowarmmieten ist zunächst der darin enthaltene Anteil für die Heiz- und Warmwasserkosten herauszurechnen, da insoweit eine verbrauchsabhängige Abrechnung nach der Heizkostenverordnung vorgeschrieben ist (vgl. dazu näher Kinne, Heizung und Heizkostenabrechnung, Teil B Rn. 69, S. 67). Die Kaution ist sodann auf die nach Abzug der Heiz- und Warmwasserkostenanteile verbleibende Bruttokaltmiete begrenzt. Haben die Mietvertragsparteien einen Möblierungszuschlag zu der Brutto- oder Nettomiete vereinbart, so beschränkt sich die zulässige Kaution ebenfalls auf die Brutto- oder Nettokaltmiete ohne Möblierungszuschlag (LG Berlin, GE 1992, 1323 [1325] = WuM 1992, 473). 8

4. Leistungspflicht des Mieters

Der Mieter muss dem Vermieter für die Erfüllung seiner Verpflichtungen nur dann Sicherheit leisten, wenn er sich dazu vertraglich verplichtet hat. Er kann dann seine Kautionszahlungspflicht **nicht dadurch erfüllen**, dass er gegenüber dem Anspruch des Vermieters **mit einer Gegenforderung aufrechnet** (LG Baden-Baden, WuM 1989, 73; LG Hamburg, WuM 1991, 586 = ZMR 1991, 344). Ebenso wenig ist der Mieter berechtigt, gegenüber dem Kautionszahlungsanspruch des Vermieters ein Zurückbehaltungsrecht wegen Mängeln des Mietobjekts auszuüben (LG Köln, WuM 1987, 257; LG Nürnberg-Fürth, WuM 1991, 479 = NJW-RR 1992, 335; OLG Düsseldorf, ZMR 1998, 159). 9

Der Mieter ist kraft Gesetzes berechtigt, die vereinbarte Sicherheit in drei gleichen monatlichen **Teilleistungen** zu erbringen, wobei die erste Teilleistung zu Beginn des Miet- 10 verhältnisses fällig ist. Diese Regelung gilt jedoch nur für Sicherheiten, die als Geldsumme bereitzustellen sind.

11 **Vereinbaren** die Mietvertragsparteien **einen späteren Zeitpunkt** für die Zahlung der Kaution, so **verschiebt sich** entsprechend die **Fälligkeit** der beiden folgenden Raten um jeweils einen Monat. Ist eine Vereinbarung über die Fälligkeit der Kaution nicht getroffen worden, so ist die erste Rate mit der ersten Mietzahlung fällig (LG Mannheim, ZMR 1990, 18). Wird die Kaution während des Mietverhältnisses vereinbart, ist die erste Rate sofort fällig, die beiden weiteren Raten in Höhe je eines Drittels werden ein und zwei Monate später fällig, wenn die Fälligkeit nicht für spätere Termine vereinbart ist.

12 Die **Regelung über die Zahlung** der als Geldsumme bereit zu stellenden Sicherheit **in drei Teilleistungen** ist zwingend. Daher ist eine Formularklausel, wonach der Mieter „bei Abschluss des Mietvertrags eine Mietsicherheit in Höhe von ... EUR, höchstens jedoch in Höhe der dreifachen Monatsmiete" zu leisten hat, deswegen für unwirksam erklärt worden, weil die Klausel den Mieter darüber hinwegtäuscht, dass er die Kaution auch in drei Raten zahlen darf (OLG Hamburg, WuM 1991, 385 [387]). Die Klausel in einem Wohnungsmietvertrag, wonach die Kaution vor Beginn des Mietverhältnisses in einer Summe durch Scheck zu zahlen ist, ist ebenfalls unwirksam (AG Dortmund, WuM 1997, 212 = NJWE-MietR 1997, 93). Ist dagegen die Leistungszeit nicht bestimmt, sondern nur allgemein eine Sicherheit vereinbart, ist umstritten, ob die Vereinbarung über die Kaution wirksam ist (bejahend: LG Gießen, MDR 1995, 1118; verneinend: OLG Hamburg, a.a.O.; LG München, GE 2001, 699). Umstritten ist auch, ob abweichende Regelungen im Mietvertrag, die gegen die zwingende gesetzliche Regelung über die Fälligkeit der Raten verstoßen, zur Nichtigkeit der Kautionsvereinbarung insgesamt oder nur zur Ersetzung der nichtigen Klauseln durch die gesetzliche Regelung führen (für Letzteres: LG Berlin, GE 1989, 147; a.A. OLG Hamburg, WuM 1991, 385). Die erste Rate wird im Zweifel mit der ersten Miete fällig, die weiteren Raten mit den weiteren Mietzahlungen (LG Mannheim ZMR 1990, 18).

13 Zahlt der Mieter die Kaution nicht rechtzeitig, so kann der Vermieter keine Verzugszinsen auf die Kaution verlangen (LG Köln, WuM 1987, 257; LG Nürnberg-Fürth, NJW-RR 1992, 335). Die Formularklausel in einem Wohnungsmietvertrag, dass der „Mieter eine Kostenpauschale von 25 DM (12,50 EUR) für das Anlegen und Auflösen des Sparbuchs (für Zwecke der Kaution)" zu tragen hat, ist unwirksam, weil der Vermieter verpflichtet ist, die mit der Kaution zusammenhängenden Kosten zu tragen (LG München I, ZMR 1998, 295 = NZM 1998, 32).

5.   Anlagepflicht des Vermieters

14 Der **Vermieter** von Wohnraum hat eine **Barkaution**, die ihm überlassen worden ist, **von seinem übrigen Vermögen getrennt** bei einem Kreditinstitut anzulegen (LG Stuttgart, ZMR 1997, 472). Dazu ist die Anlage auf einem treuhänderischen **Ander- oder Sonderkonto** notwendig. Der **Mieter** hat einen **Anspruch** gegen den Vermieter auf eine **entsprechende Anlage seiner Kaution** (AG München, NJW-RR 1987, 786), so dass er ein Zurückbehaltungsrecht an der laufenden Miete hat, bis der Vermieter die entsprechende Anlage auf dem Treuhandkonto nachgewiesen hat (LG Kiel, WuM 1989, 18; LG Mannheim, WuM 1990, 293). Der **Gewerberaumvermieter** ist im Zweifel ebenfalls verpflichtet, die vom Mieter geleistete Barkaution von seinem Vermögen getrennt insol-

venzsicher anzulegen (OLG Frankfurt/Main, NJW-RR 1991, 1416; OLG Düsseldorf, MDR 1983, 405; BayObLG, NJW 1981, 994; KG, NZM 1999, 376 = GE 1998, 1373; Sander-Hellwig/Sander GE 2000, 728 ff.; a.A. LG Bonn, NJW-RR 1997, 1099; LG Stuttgart, ZMR 1997, 472; offen gelassen von BGH, GE 1999, 708; zweifelnd Geldmacher, GE 2000, 859). Der Mieter kann Auskunft über die Anlage der Kaution verlangen, jedoch nicht bis zur Erteilung der Auskunft die Leistung der weiteren Kautionsraten verweigern (LG Kiel, WuM 1988, 266; AG Braunschweig, WuM 1989, 17; AG Norderstedt, WuM 1987, 316). Ist der Vermieter eine GmbH, so hat deren Geschäftsführer eine Garantenstellung, kraft derer es ihm obliegt, für die Anlage der Kaution zu sorgen (LG Aachen, WuM 1989, 292). Die vorgeschriebene Trennung vom Vermögen des Vermieters hat am besten durch offene Bezeichnung als Treuhandkonto zu erfolgen. Verletzt der Vermieter seine Anlagepflicht, so macht er sich gegenüber dem Mieter schadensersatzpflichtig (OLG Frankfurt/Main, WuM 1989, 138 = ZMR 1990, 9). Umgekehrt macht sich der Mieter strafbar, der über den auf einem Postsparbuch angelegten Mietkautionsbetrag verfügt (BayObLG, NZM 1998, 228).

Wie bisher ist die Barkaution zu verzinsen, und zwar zu dem für Spareinlagen mit dreimonatiger Kündigungsfrist üblichen Zinssatz. Diese Verzinsungspflicht besteht nicht bei Kautionen in Mietverträgen über Wohnraum, der Teil eines Studenten- oder Jugendwohnheims ist. Die Kautionszinsen sind anhand der §§ 187 ff. BGB unter Berücksichtigung der Zinsabschlagsteuer und des Solidaritätszuschlags zu berechnen (LG Berlin, NJW-RR 2000, 1537; vgl. dazu auch Drasdo, NZM 2000, 225). Die gezahlte Zinsabschlagsteuer vermindert ebenso wie der Solidaritätszuschlag die Zinsen.

Auch vor dem 1.1.983 vereinbarte Kautionen sind zu verzinsen (AG München, NZM 1999, 1096). Auch Barkautionen für Gewerberäume sind – auch ohne ausdrückliche Vereinbarung – zu verzinsen (BGHZ 127, 138 = NJW 1994, 3287; OLG Düsseldorf, NJW-RR 1993, 709), wenn nicht der Gewerberaummietvertrag die Verzinsung ausdrücklich ausschließt. Barkautionen für Wohnraum sind dann von der Verzinsungspflicht ausgenommen, wenn die Verzinsung vor dem 1.1.1983 durch Vertrag ausgeschlossen (.) worden ist (Art. 229 § 3 Abs. 8 EGBGB). Eine lediglich bisher unterlassene Verzinsung entbindet den Vermieter nicht von der nachträglichen Verzinsung von Anfang an.

Erwirtschaftet der Vermieter bei gesetzeskonformer Anlage der Kaution **höhere Zinsen** als diejenigen, von denen § 551 in Abs. 3 Satz 1 ausgeht, so ist diese höhere Verzinsung **der Kautionssumme voll zuzurechnen** (OLG Düsseldorf, WuM 1993, 400). Dasselbe gilt für Erträge aus einer anderen Anlageform. Das Risiko von Kursverlusten usw. trägt allerdings auch der Mieter. Der Mieter kann daher bei Kursverlusten nur denjenigen Betrag zurückverlangen, der bei Beendigung des Mietverhältnisses sich aus dem Verkauf der Anlage ergibt (Maciejeswki, MM 2001, 238).   15

Zahlt der Vermieter auf eine Mahnung des Mieters auch nach dem Ablauf der Prüfungspflicht die Kaution nicht zurück, so kann der Mieter auch Verzugszinsen auf die Kaution einschließlich der Erträge verlangen (LG Berlin, GE 1993, 205).   16

6.   Abrechnung und Rückzahlung

Solange das **Mietverhältnis noch nicht beendet** ist, hat der Mieter nur einen durch das Vertragsende **aufschiebend bedingten Anspruch auf Rückzahlung der Kaution** zuzüglich etwaiger vom Vermieter gezogener oder bei Spareinlagen mit dreimonatiger   17

Kündigungsfrist erzielbarer Zinsen (BGHZ 84, 345; BGH, WuM 1978, 1326) oder sonstige Erträge. Problematisch ist die Verpfändung eines Sparbuchs in der Rückabwicklung. Der Mieter hat nach Ablauf der dem Vermieter einzuräumenden Prüfungsfrist nach Beendigung des Mietverhältnisses gegen den Vermieter nur einen Anspruch auf Freigabe des Pfandes, also Abgabe einer ihn legitimierenden Erklärung des Vermieters gegenüber dem kontoführenden Kreditinstitut, nicht aber einen Anspruch auf Auszahlung des Sparguthabens (LG Berlin, Urteil vom 4.11.1997, 64 S 291/97). Hat der Mieter dagegen durch Erklärung gegenüber dem Kreditinstitut den Vermieter ermächtigt, ohne seine Mitwirkung auf die Kaution zurückzugreifen, und zahlt das Kreditinstitut daraufhin das Sparguthaben an den Vermieter aus, so hat der Mieter gegen den Vermieter dann einen Anspruch auf Auskehrung dieses Betrags, wenn der Vermieter seinerseits keine Ansprüche gegen den Mieter hat, die er gegen den Kautionsrückzahlungsanspruch verrechnen könnte oder verrechnet hat. Bei der Bürgschaft auf „erstes Anfordern" hat primär der auf Anforderung des Vermieters zahlende Bürge einen Anspruch auf Rückzahlung des ausgezahlten Betrags gegen den Vermieter, wenn diesem insoweit keine Ansprüche gegen den Mieter zustehen (BGH, NJW 1998, 2610). Der Mieter muss sich diesen Anspruch vom Bürgen abtreten lassen, um selbst den auf die Kaution gezahlten Betrag zurückverlangen zu können. Ansonsten erfolgt die Rückgewähr des Mietkautionssparbuchs durch Rückgabe des Sparbuchs und Abtretung der in dem Sparbuch verbrieften Forderung (LG Hannover, WuM 1998, 282).

Mehrere Mitmieter können den Anspruch auf Kautionsrückzahlung grundsätzlich nur zusammen geltend machen (LG Berlin, GE 1997, 1029). Ob mehrere Mitmieter ihre Anteile an der gemeinsamen Kaution im Wege der Abtretung mit Zustimmung aller Berechtigten in der Hand eines Mitmieters mit der Folge vereinen können, dass dieser allein klagen kann (LG Gießen, NJW-RR 1996, 1162), erscheint fraglich.

18 Der Mieter kann vor dem Vertragsende überhaupt **nicht** mit seinem Rückzahlungsanspruch **gegen etwaige Zahlungsansprüche des Vermieters aufrechnen** (BGH, WuM 1972, 335 = MDR 1972, 411 = Betrieb 1972, 478).

Da dem Vermieter jedoch auch nach dem Ende des Mietverhältnisses eine angemessene Überlegungs- und Prüfungsfrist einzuräumen ist (BGHZ 101, 37 [44]; OLG Celle, OLGZ 1966, 6; LG Landau/Pfalz, ZMR 1997, 189 [191]), kann der Mieter auch **bis zum Ablauf der Überlegungs- und Prüfungsfrist** nicht mit seinem Anspruch auf Rückzahlung der Kaution gegen etwaige Forderungen des Vermieters aufrechnen. Wie viele Monate dem Vermieter zur Prüfung und Abrechnung zuzubilligen sind, ist umstritten. In erster Linie ist die **vertraglich vereinbarte Frist** maßgebend. Auch wenn es an einer mietvertraglichen Vereinbarung fehlt, ist diese Frist mindestens mit drei Monaten zu bemessen (LG Berlin, GE 1997, 1473; Bub/Treier/Scheuer, VB Rn. 288 f.; bei besonderen Umständen nur zweieinhalb Monate: OLG Köln, WuM 1998, 154 = ZMR 1998, 345). Eine frühere Fälligkeit des Anspruchs des Mieters auf Rückzahlung der Kaution ergibt sich auch nicht daraus, dass vereinbarungsgemäß die Mietkaution nach ordnungsgemäßer Rückgabe der Mietsache zur Rückzahlung fällig wird; denn diese Klausel stellt nur klar, dass jedenfalls vor Rückgabe keine Rückzahlung beansprucht werden kann (LG Berlin, a.a.O.). Ist allerdings vereinbart, dass die Kaution innerhalb von drei Monaten nach Beendigung des Mietverhältnisses zurückzuzahlen ist, und entscheidet der Vermieter innerhalb dieser

Frist nicht, ob und in welcher Höhe er die Kaution zur Abdeckung seiner Forderungen verwenden will – was er sich vertraglich vorbehalten hatte –, so ist eine spätere Aufrechnung des Vermieters gegen die Kaution nicht mehr möglich (LG Berlin, GE 1997, 1027). Wenn Ansprüche wegen noch nicht durchgeführter Schönheitsreparaturen im Raum stehen, beträgt die Prüfungsfrist sechs Monate (LG Berlin, GE 1998, 183). Hat der Vermieter innerhalb von sechs Monaten noch nicht über die Kaution abgerechnet, so steht dem Mieter zumindest ein Zurückbehaltungsrecht gegenüber den Ansprüchen des Vermieters zu (LG Berlin, ZMR 1996, Heft 9, X Nr. 6).

Die Überlegungs- und Prüfungsfrist kann aber auch mehr als sechs Monate betragen (OLG Hamburg, NJW-RR 1988, 651; AG Neuss, DWW 1991, 1245). Dies ist insbesondere dann der Fall, wenn der Vermieter nach Beendigung des Mietverhältnisses die Kautionssumme erst durch Zwangsvollstreckung beitreiben muss (OLG Düsseldorf, ZMR 1996, 493); denn die Abrechnungspflicht besteht nur für vereinnahmte Geldbeträge. Ob die Abrechnungsfrist sich auch dann über sechs Monate hinaus verlängert, wenn der Mieter die Kaution in Form einer Bürgschaft gestellt hat, ist fraglich (verneinend: OLG Düsseldorf, DWW 1992, 52). Der Vermieter darf jedoch auf keinen Fall zwei Jahre zuwarten, selbst wenn er diesen Zeitraum für die Erstellung einer Nebenkostenabrechnung benötigt (OLG Düsseldorf, DWW 1992, 52 = ZMR 1992, 191). Da der Vermieter jedoch bei Beendigung des Mietverhältnisses während des laufenden Abrechnungszeitraums für Betriebskosten nicht zu einer Zwischenabrechnung verpflichtet ist, darf er einen angemessenen Teil der Kaution als Sicherheit für seine Betriebskostennachforderung einbehalten (OLG Hamburg, NJW-RR 1988, 651; LG Berlin, GE 2000, 893; AG Köln, WuM 1988, 267; AG Langen, WuM 1995, 31; a.A. LG Berlin, GE 1999, 451; AG Berlin-Schöneberg, GE 1999, 1431). Er muss jedoch dann spätestens zwölf Monate nach Ablauf des Abrechnungszeitraums abrechnen, sonst erlischt sein Einbehaltungsrecht (LG Kassel, WuM 1989, 511).

Der Vermieter darf mit allen Ansprüchen aus dem Mietverhältnis gegen die Kautions- 19
rückzahlungsforderung aufrechnen, soweit nicht vertragliche Vereinbarungen oder gesetzliche Bestimmungen entgegenstehen. Haben die Mietvertragsparteien vereinbart, dass die Kaution nur bestimmte Ansprüche des Vermieters sichern soll, so kann der Vermieter nur mit diesen Ansprüchen gegen die Kautionsrückzahlungsforderung des Mieters aufrechnen. Wenn die Kaution gesetzlich nur zur Sicherung bestimmter Ansprüche des Vermieters zulässig ist – wie gem. § 9 Abs. 5 WoBindG für preisgebundene Sozialwohnungen nur zur Sicherung von Ansprüchen des Vermieters gegen den Mieter aus Schäden an der Wohnung oder wegen unterlassener Schönheitsreparaturen –, ist eine weiter gehende vertragliche Vereinbarung unwirksam und der Vermieter auf die Aufrechnung mit diesen Ansprüchen beschränkt. Während des laufenden Mietverhältnisses kann der Vermieter nur unbestrittene oder rechtskräftig zuerkannte Forderungen auf die Kaution verrechnen (LG Berlin, GE 1997, 1027; LG Mannheim, WuM 1990, 269 f.; ZMR 1997, X Nr. 10).

Nach Beendigung des Mietverhältnisses **kann der Vermieter** mit allen Forderungen 20
(Ausnahme: Prozesskosten – LG Heilbronn, WuM 1998, 20) **aufrechnen**, und zwar auch noch nach Ablauf der Prüfungsfrist, da aus deren Ablauf kein Aufrechnungsverbot folgt (BGHZ 101, 144 = WuM 1987, 310 = ZMR 1987, 142 = NJW 1987, 2372). Der Ver-

mieter kann auch mit bereits verjährten Schadensersatzansprüchen (etwa wegen Verschlechterung der Mietsache oder wegen unterlassener Schönheitsreparaturen) aufrechnen, soweit diese Forderungen der Kautionsrückzahlungsforderung unverjährt gegenübergestanden haben (BGH, a.a.O.; OLG Karlsruhe, ZMR 1987, 148; OLG Düsseldorf, ZMR 1996, 493). Dies ist besonders wichtig für die Fälle, in denen der Vermieter nach Ablauf der Verjährungsfrist von sechs Monaten (§ 548) mit den bereits innerhalb der Prüfpflicht entstandenen und fällig gewordenen – nunmehr verjährten – Forderungen gegen den Anspruch des Mieters auf Rückzahlung der Kaution aufrechnet. Haben die Parteien des Mietvertrags jedoch vereinbart, dass eine Kaution in Form einer Bürgschaft zu leisten ist, sind der Bürge und der Mieter nicht gehindert, sich auf die Verjährung der durch die Bürgschaft gesicherten Ansprüche zu berufen (BGH, NJW 1998, 981 = GE 1998, 545 = ZMR 1998, 270 = WuM 1998, 224 = NZM 1998, 224).

21 Benötigt der Vermieter die Kaution nur teilweise, kann er den benötigten Teil einbehalten und den Rest zurückzahlen (AG Köln, WuM 1988, 267; AG Langen, WuM 1995, 31). Bei der Rückzahlung ist jedoch ausdrücklich darauf hinzuweisen, dass damit kein Anerkenntnis des Wohnungszustands als vertragsgemäß und auch kein Verzicht auf Schadensersatzansprüche verbunden ist. **Zahlt der Vermieter vorbehaltlos die Kaution – ganz oder teilweise – zurück**, so wird darin ein **konkludenter Verzicht auf Ersatzansprüche** wegen erkennbarer Mängel und Schäden zu sehen sein (OLG München, NJW-RR 1990, 20). Darüber hinaus wird in der Rückzahlung der Kaution auch der konkludente Verzicht auf sonstige Ansprüche (z.B. Betriebskostennachforderungen: LG Berlin, Urteil vom 4.12.1990, 64 S 335/90) gesehen. Das gilt natürlich nicht, soweit die Kaution zur Tilgung derartiger Forderungen nach dem Vertrag oder dem Gesetz (§ 9 Abs. 5 WoBindG) nicht verwendet werden durfte.

22 Haben die Mietvertragsparteien die Kaution nur zur Sicherung bestimmter Zwecke vereinbart (z.B. gem. § 9 Abs. 5 WoBindG zur Sicherung von Ansprüchen des Vermieters gegen den Mieter aus Schäden an der Wohnung oder unterlassenen Schönheitsreparaturen), so kann der Vermieter mit anderen Schadensersatzansprüchen nicht gegen den Rückzahlungsanspruch des Mieters aufrechnen (LG Berlin, GE 1987, 999).

23 Der **Vermieter** kann zudem **bis zum Ende der Überlegungsfrist** stets noch die **Auffüllung** einer etwa schon ganz oder zum Teil verbrauchten Kaution **verlangen** (OLG Hamburg, NJW-RR 1988, 651).

7.   Mietkaution und Veräußerung des Mietgrundstücks

24 Bei **Veräußerung** des Hausgrundstücks oder der vermieteten Wohnung geht der Anspruch auf Zahlung der Mietkaution nicht ohne weiteres auf den Erwerber über. Ist in dem vor Eintragung des Erwerbers in das Grundbuch (§ 566) abgeschlossenen Mietvertrag eine Kaution vereinbart worden, verbleibt die vor dem Eigentumsübergang fällige Kautionsforderung dem bisherigen Vermieter (OLG Hamburg, GE 1997, 959 = ZMR 1997, 415 [416]; Bub/Treier/Scheuer, V Rn. 286; a.A. AG Köln, WuM 1981, 18; Emmerich/Sonnenschein, § 572 Rn. 2; Erman/Jendrek, § 572 Rn. 4; Sternel, Mietrecht, III Rn. 235). Nach Beendigung des Mietverhältnisses besteht der Anspruch des früheren Vermieters auf Zahlung der Kaution nur noch insoweit, als diesem noch sicherungsbedürftige Ansprüche gegen den Mieter zustehen (BGH, NJW 1981, 976 [977]; Bub/Treier/Scheuer, V Rn. 284; Wolf/Eckert, Rn. 1426, 1427).

Bei Wohnraummietverhältnissen tritt der Erwerber in die durch die Sicherheitsleistung begründeten Pflichten ein, wenn der Mieter seinem früheren Vermieter diese geleistet hat (§ 566a). Es kommt mithin nicht mehr darauf an, ob der frühere Vermieter dem Erwerber die Kaution ausgehändigt hat. Der Mieter kann weiterhin im Falle der Veräußerung des vermieteten Grundstücks vom Vermieter verlangen, dass dieser die geleistete Barkaution an den Erwerber aushändigt, wenn nichts Gegenteiliges vereinbart worden ist (OLG Düsseldorf [RE], WuM 1998, 63 = ZMR 1998, 89; AG Wipperfürth, WuM 1998, 283). Eine derartige abweichende Vereinbarung könnte darin liegen, dass die Kaution dem Erwerber durch Verringerung seiner eigenen Zahlungsverpflichtung insoweit zugute kommt, als sie auf den Kaufpreis angerechnet wird (LG Berlin, GE 1991, 991).

Der Erwerber ist bereits vor der Aushändigung der geleisteten Barkaution verpflichtet, gegenüber dem Mieter über die Kaution abzurechnen (Horst, GE 1997, 343; Stellwaag, DWW 1990, 145).

Kann bei Beendigung des Mietverhältnisses der Mieter die Kaution nicht vom Erwerber erlangen – z.b. weil dieser insolvent ist –, so ist der Vermieter weiterhin zur Rückgewähr verpflichtet (§ 556a Satz 2). Dies entspricht bereits der früheren Rechtsprechung (BGHZ 141, 160 ff.) zur Weiterhaftung des früheren Vermieters. Die Weiterhaftung des früheren Vermieters ist subsidiär. Der Mieter muss also zunächst versuchen, den Erwerber auf Rückzahlung in Anspruch zu nehmen.

Ist das Mietkautionssparbuch an den Vertreter des Vermieters verpfändet und an diesen übergeben worden, so richtet sich der Freigabeanspruch gegen den **Vertreter** (LG Köln, WuM 1998, 348). Bei Anlage der Kaution auf einem Sonderkonto des Vermieters tritt mit der Veräußerung des vermieteten Grundstücks ein gesetzlicher Kontoinhaberwechsel mit der Folge ein, dass der Mieter ebenfalls vom Erwerber die Rückzahlung verlangen kann (OLG Düsseldorf, ZMR 1997, 295 = NJW-RR 1997, 1170 = WuM 1997, 264 = DWW 1997, 150).

Hat beim Übergang des Eigentums am Grundstück der (frühere) Vermieter (= Veräuße- 25 rer) dem Erwerber lediglich die Kaution, nicht aber auch die Zinsen übertragen, so hat der Mieter gegen den (früheren) Vermieter (= Veräußerer) einen Anspruch auf Zahlung der bis zur Eigentumsübertragung angefallenen Zinsen (AG Pinneberg, WuM 1981, 21; AG Ebersberg, WuM 1984, 83). Aber auch unabhängig davon, ob dieser die Zinsen an den Erwerber auszahlt, haftet der Erwerber für die Zinsen.

Fraglich ist, ob zum Nachteil des Raummieters von der Haftung des Erwerbers abwei- 26 chende Vereinbarungen unwirksam sind. § 566a selbst enthält keine entsprechende Regelung. Für den Wohnraummieter dürfte jedoch auch insoweit die Schutzklausel des § 551 Abs. 4 gelten, wonach zu seinem Nachteil abweichende Vereinbarungen unwirksam sind. Daher kann auch nicht durch dreiseitigen Vertrag zwischen dem veräußernden Vermieter, dem Erwerber und dem Mieter vereinbart werden, dass entgegen § 566a der veräußernde Vermieter auch nicht subsidiär nach dem Ausfall des Erwerbs haftet. Denn § 566a soll gerade den Fall erfassen, dass der Erwerber die vom Mieter geleistete Sicherheit vom Veräußerer, also dem früheren Vermieter ausgehändigt erhalten hat, der Mieter aber die Sicherheit später vom Erwerber nicht zurückerlangen kann, etwa weil dieser zwischenzeitlich in Vermögensverfall geraten ist. Die Regelung entspricht auch dem Grundsatz, dass eine Partei nur das Insolvenzrisiko des eigenen Vertragspartners zu tragen hat, also nur im Vehältnis zum früheren Mieter. Das Risiko der Zahlungsunfähigkeit des Erwerbers liegt dagegen im Risikobereich des Vermieters, der mit dem Erwerber kontrahiert hat.

27 § 566a, der im Abschnitt über Mietverhältnisse über Wohnraum steht, gilt allerdings nicht für Gewerberaummietverhältnisse. Seine Anwendung auf Gewerberaummietverhältnisse ist auch in § 578 Abs. 2 nicht vorgesehen, ebenso wenig wie die Anwendung des § 551. Daher dürften in Gewerberaummietverträgen Vereinbarungen zulässig sein, dass der veräußernde frühere Vermieter auch nicht subsidiär haftet.

8. Mietkaution und Zwangsverwaltung

28 Hat der Mieter die Kaution **vor der Beschlagnahme** an den Vermieter geleistet, so richtet sich der Rückzahlungsanspruch auch nach der Beschlagnahme gegen den Zwangsverwalter. Dies gilt auf jeden Fall dann, wenn inzwischen der Zwangsverwalter die Kaution erhalten hat (LG Berlin, GE 1998, 249) oder sich zur Rückgewähr gegenüber dem Vermieter verpflichtet hat. Aber auch im Übrigen haftet der Zwangsverwalter nach dem auch bei der Zwangsverwaltung ab 1.9.2001 anzuwendenden § 566a (BGH, WuM 1979, 101; LG Köln, MDR 1990, 1125 = WuM 1990, 500; LG Mannheim, NJW-RR 1991, 79 = WuM 1990, 293) primär für die Rückzahlung der Kaution, solange die Zwangsverwaltung nicht beendet ist. Der Mieter kann nach der Beschlagnahme die Aushändigung der Kaution an den Zwangsverwalter verlangen (LG Köln, WuM 1987, 351; LG Köln, WuM 1990, 427; LG Düsseldorf, WuM 1992, 542). Entgegen der früheren Rechtslage kann der Mieter gegen Ansprüche des Zwangsverwalters aus der Zeit nach der Beschlagnahme mit seinem Anspruch auf Rückzahlung der Kaution aufrechnen. Dies gilt nicht für Schadensersatzansprüche gegen den Vermieter wegen nicht gesetzmäßiger Anlage der Kaution (BGH, WuM 1979, 101; LG Berlin, NJW 1978, 1633; LG Mannheim, WuM 1990, 293; LG Köln, NJW-RR 1991, 80 = WuM 1990, 500; LG Krefeld, Rpfleger 1994, 224). Der Mieter kann aber mit seinem Anspruch auf Rückzahlung der Kaution gegen den Anspruch des Zwangsverwalters auf Schadensersatz wegen nicht ausgeführter Schönheitsreparaturen dann aufrechnen, wenn beide Ansprüche gleichzeitig fällig geworden sind (LG Stuttgart, NJW1977, 1885). Der Mieter ist auch berechtigt, gegenüber dem Zwangsverwalter Mieten aus der Zeit nach der Beschlagnahme bis zur Höhe der wirksam vereinbarten Mietkaution einzubehalten, um diese Beträge bei einer Bank zu dem für Spareinlagen mit gesetzlicher Kündigungsfrist üblichen Zinssatz anzulegen und sie dann dem Zwangsverwalter zur Verfügung zu stellen, wenn die Kaution vom Vermieter entgegen § 551 nicht insolvenzsicher angelegt oder von diesem vor der Beschlagnahme verbraucht worden war (so auch LG Kiel, WuM 1989, 18; a.A. AG Berlin-Neukölln, MM 1993, 113).

29 Schließt der Zwangsverwalter **nach der Beschlagnahme** einen Mietvertrag über das zwangsverwaltete Grundstück oder die zwangsverwaltete Wohnung ab, so steht ihm der Anspruch auf die Kaution zu. Der Zwangsverwalter ist auch verpflichtet, die von dem Mieter an ihn geleistete Barkaution bei einer öffentlichen Sparkasse oder einer Bank zu dem für Spareinlagen mit dreimonatiger Kündigungsfrist üblichen Zinssatz anzulegen. Endet das Mietverhältnis während der Zwangsverwaltung, kann der Zwangsverwalter auf die Barkaution die während der Zwangsverwaltung fällig gewordenen Forderungen verrechnen. Nach Beendigung der Zwangsverwaltung ist die nicht verbrauchte Kaution

dem (neuen oder alten) Eigentümer auszuhändigen mit der Folge, dass sich der Rück-zahlungsanspruch des Mieters nunmehr gegen diesen (den früheren Vermieter oder den in das Mietverhältnis eintretenden Ersteigerer) richtet.

9. Nachträgliche Mietkaution

Durch das Mietrechtsreformgesetz ist die Möglichkeit des Vermieters von Wohnraum- 30
mietverträgen auch noch nachträglich eine Mietkaution zu verlangen, erweitert worden, was sich allerdings nicht aus § 551 ergibt:
Gem. § 563b Abs. 3 kann der Vermieter, falls der verstorbene Mieter keine Sicherheit geleistet hat, von den Personen, die gem. § 563 in das Mietverhältnis eingetreten sind oder mit denen das Mietverhältnis gem. § 563a fortgesetzt wird, nach Maßgabe des § 551 eine Sicherheit verlangen. Gem. § 563 Abs. 1 treten der Ehegatte oder der Lebenspartner, der mit dem Mieter einen gemeinsamen Haushalt führt, mit dem Tod des Mieters in das Mietverhältnis ein. Leben in dem gemeinsamen Haushalt Kinder des Mieters, so treten diese mit dem Tod des Mieters in das Mietverhältnis ein, wenn nicht der Ehegatte eintritt (§ 563 Abs. 2 Satz 1); die Kinder treten aber gemeinsam mit dem Lebenspartner in das Mietverhältnis ein. Schließlich treten auch andere Familienangehörige, die mit dem Mieter einen gemeinsamen Haushalt führen, oder Personen, die mit dem Mieter einen auf Dauer angelegten gemeinsamen Haushalt führen, mit dem Tod des Mieters in das Miet-verhältnis ein, wenn nicht der Ehegatte oder der Lebenspartner eintritt. Zu allerletzt kann auch der Erbe in das Mietverhältnis eintreten. Sind mehrere dieser Personen gemeinsam Mieter, so wird das Mietverhältnis beim Tod des Mieters mit den überlebenden Mietern fortgesetzt. Die Neuregelung in § 563b Abs. 3 ist so zu verstehen, dass nicht nur dann eine Kautionszahlung verlangt werden kann, wenn der verstorbene Mieter die vereinbarte Sicherheit nicht geleistet hat, sondern auch dann, wenn ursprünglich keine Kaution ver-langt wurde (so auch Steinig, GE 2001, 907). Dafür spricht auch die Begründung des Gesetzesentwurfs (BTDrucks. 14/4553 S. 62), wonach der Vermieter wegen der durch den Tod des Mieters veränderten Verhältnisse auch dann ein Sicherheit verlangen kann, wenn der Vermieter ursprünglich auf diese verzichtet hatte.

Eine weitere Ausdehung der Kautionsregelung ergibt sich aus § 554a, wonach der Ver- 31
mieter seine Zustimmung zu der von dem Mieter begehrten behindertengerechten Ein-richtung „von der Leistung einer zusätzlichen Sicherheit für die Wiederherstellung des ursprünglichen Zustands abhängig machen" kann. Für diese Sicherheit gilt auch nicht die Höchstbegrenzung auf drei Nettokaltmieten, sondern sie wird durch die zu erwartenden Kosten für die Wiederherstellung des ursprünglichen Zustands begrenzt. Gem. § 554a Abs. 2 Satz 1 gelten aber § 551 Abs. 3 und 4 entsprechend. Sofern sie als Barkaution geleistet wird, ist sie wie eine „normale" Barkaution zu behandeln. Angesichts der Höhe der zu erwartenden Rückbaukosten wird jedoch wohl in der Praxis eher die (Bank-) Bürgschaft vereinbart werden. Die Bürgschaftserklärung sollte unbedingt die Verpflich-tung der Bank enthalten „auf erstes Anfordern" zu zahlen.

Schließlich ist noch darauf hinzuweisen, dass nach der bisherigen Rechtsprechung (OLG 32
Frankfurt/Main, GE 1992, 871 [873] = MDR 1992, 869 = WuM 1992, 458; OLG Karls-ruhe [RE], NJW 1993, 2815 = GE 1993, 1151) der Vermieter von dem Mieter eine – zusätzliche – Sicherheit für die Kosten der Wiederentfernung einer Parabolantenne ver-langen kann. Da der Gesetzgeber diese Rechtsprechung kannte, aber keine Regelung

dafür getroffen hat, ist davon auszugehen, dass auch nach der Neuregelung weiterhin diese Sicherheit zusätzlich verlangt werden darf.

10.   Übergangsbestimmungen

33 Die vor dem 1.9.2001 geschlossenen Kautionsvereinbarungen sind hinsichtlich Form und Wirksamkeit nach altem Recht (§ 550b) zu beurteilen (Beuermann, GE 2001, 905). Grundsätzlich bleibt es ohnehin beim Alten, da die Neuregelung nichts enthält, was nicht auch schon nach „altem" Recht zulässig war. Änderungen der bisherigen Kautionsvereinbarungen sind also nicht notwendig.

§ 552 Abwendung des Wegnahmerechts des Mieters

(1) Der Vermieter kann die Ausübung des Wegnahmerechts (§ 539 Abs. 2) durch Zahlung einer angemessenen Entschädigung abwenden, wenn nicht der Mieter ein berechtigtes Interesse an der Wegnahme hat.
(3) Eine Vereinbarung, durch die das Wegnahmerecht des Mieters ausgeschlossen wird, ist nur wirksam, wenn ein angemessener Ausgleich vorgesehen ist.

Übersicht	Rn.
1. Abwendungsbefugnis	1–4
2. Ausschluss des Wegnahmerechts	5–7
3. Beweislast	8

1.   Abwendungsbefugnis

1 Die Ausübung des Wegnahmerechts des Mieters kann der Vermieter durch Zahlung einer **angemessenen Entschädigung** abwenden, allerdings nur bei der **Raummiete**, worunter sowohl die Wohnraummiete als auch die gewerbliche Raummiete fallen. Daher kann der Vermieter die Wegnahme eines vom Mieter selbst gepflanzten Baumes nicht durch Zahlung einer Entschädigung abwenden (OLG Köln, ZMR 1994, 509).

2 Voraussetzung zur Abwendung des Wegnahmerechts ist die **Zahlung** einer angemessenen Entschädigung; das tatsächliche Angebot der Zahlung reicht aus (KG, GE 2001, 850; AG Aachen, WuM 1987, 123).

3 Die **Entschädigung** richtet sich grundsätzlich nach dem **Zeitwert** der Einrichtung, der von den seinerzeitigen Anschaffungs- und Errichtungskosten zu berechnen ist (LG Hamburg WuM 1997, 141; LG Köln, WuM 1998, 345); davon sind jedoch die von dem Mieter ersparten Kosten, insbesondere die Kosten der Wiederherstellung des früheren Zustandes (§ 258) sowie die Kosten des Ausbaus und des dabei typischerweise entstehenden Wertverlusts (BGH, ZMR 1969, 340) wieder abzuziehen. Zweckmäßig ist eine Einigung der Mietvertragsparteien über die Höhe der Entschädigung; falls eine derartige Einigung nicht zustande kommt, kann der Mieter die Höhe der Entschädigung bestimmen. Diese Bestimmung erfolgt durch eine einseitige, empfangsbedürftige Willenserklärung gegenüber dem Vermieter. Dabei muss der Mieter aber die Entschädigung nach billigem Ermessen bestimmen (§ 315 Abs. 1). Die offenbar unbillige Bestimmung der Entschädigung durch den Mieter ist unverbindlich. Gegenüber der Zahlungsklage des

bestimmungsberechtigten Mieters kann der Vermieter einredeweise geltend machen, die Bestimmung sei unbillig; sodann wird die Höhe der Entschädigung durch das zuständige Gericht (bei Wohnraummietverhältnissen: das Amtsgericht) geschätzt (§ 287 ZPO).

Der Anspruch des Mieters auf eine angemessene Entschädigung entsteht, sobald der 4 Vermieter erklärt, dass er die Wegnahme abwenden will (BGH, NJW 1988, 705). Hat der Vermieter bis zum Auszug des Mieters nicht erklärt, dass er die Wegnahme bei Beendigung des Mietverhältnisses abwenden wird, so kann der Mieter trotzdem die Übernahme der Einrichtungen durch den Vermieter nicht verhindern (AG Köln, ZMR 1996, Heft 12, XV Nr. 10).

2.   Ausschluss des Wegnahmerechts
Das Wegnahmerecht des Mieters entfällt, wenn er **vertraglich** zur Vornahme der Ein- 5 richtungen verpflichtet war oder wenn der Vermieter von seinem **Abwendungsrecht** oder von seinem **Vermieterpfandrecht** (§ 562 Abs. 1) Gebrauch gemacht hat. Das Wegnahmerecht kann – mit Ausnahme der Wohnraummietverträge – auch **vertraglich ausgeschlossen** werden. Derartige Klauseln sind zumindest individuell zulässig (BGH, LM Nr. 3 und 9 zu § 547), und zwar auch dann, wenn das Wegnahmerecht entschädigungslos ausgeschlossen worden ist (OLG Karlsruhe, NJW-RR 1986, 1394).

Formularklauseln, die das Wegnahmerecht des Mieters bei der Kündigung des Miet- 6 vertrags durch ihn als verfallen erklären, sind jedoch unwirksam, weil sie gegen § 11 Nr. 6 AGBG (ab 1.1.2002: § 309 Nr. 6 BGB i.d.F des SchuldRModG) verstoßen (BGH, WuM 1968, 799).

Bei der **Wohnraummiete** ist ein vertraglicher Ausschluss des Wegnahmerechts nur 7 zulässig, wenn dafür im Mietvertrag ein angemessener Ausgleich vereinbart worden ist. Der Ausgleich braucht jedoch nicht in einer Geldentschädigung zu bestehen, sondern kann auch in der Herabsetzung der Miete, der vorzeitigen Entlassung des Mieters aus dem Vertrag oder in einer besonders langen Vertragsdauer liegen. Ist das Wegnahmerecht des Mieters von Wohnraum ohne angemessenen Ausgleich vorgesehen, ist diese Vertragsbestimmung nichtig (§ 134), während die übrigen Bestimmungen des Mietvertrags gültig bleiben.

3.   Beweislast
Die Beweislast für alle Voraussetzungen des Wegnahmerechts trägt der Mieter (BGH, 8 ZMR 1969, 340).

§ 553   Gestattung der Gebrauchsüberlassung an Dritte

(1) [1]Entsteht für den Mieter nach Abschluss des Mietvertrags ein berechtigtes Interesse, einen Teil des Wohnraums einem Dritten zum Gebrauch zu überlassen, so kann er von dem Vermieter die Erlaubnis hierzu verlangen. [2]Dies gilt nicht, wenn in der Person des Dritten ein wichtiger Grund vorliegt, der Wohnraum übermäßig belegt würde oder dem Vermieter die Überlassung aus sonstigen Gründen nicht zugemutet werden kann.

(2) Ist dem Vermieter die Überlassung nur bei einer angemessenen Erhöhung der Miete zuzumuten, so kann er die Erlaubnis davon abhängig machen, dass der Mieter sich mit einer solchen Erhöhung einverstanden erklärt.
(3) Eine zum Nachteil des Mieters abweichende Vereinbarung ist unwirksam.

1. Anwendungsbereich

1 Der Anspruch aus § 553 Abs. 1 steht nur dem Mieter von **Wohnraum** zu. Bei Mischmietverhältnissen, die sich sowohl auf Wohnraum als auch auf Geschäftsraum beziehen, kommt es darauf an, ob nach dem sich aus dem Vertrag ergebenden Vertragszweck Wohnraummietrecht gelten soll. Neben der vertraglichen Vereinbarung sind auch die auf die verschiedenen Nutzungsarten entfallenden Flächen und deren Mietwerte zu berücksichtigen (BGH, MDR 1986, 842 = WuM 1986, 274 = ZMR 1986, 278 [279]). Bei Gleichwertigkeit der Nutzungszwecke ist es vertretbar, Wohnraummietrecht anzuwenden (OLG Schleswig, WuM 1982, 266). Lässt der Mietvertrag nicht erkennen, ob die Mieträume überwiegend zu gewerblichen oder zu Wohnzwecken genutzt werden, nutzt der Mieter die Räume aber überwiegend zum Wohnen, so ist die Einordnung als Wohnraummietverhältnis gerechtfertigt (LG Berlin, ZMR 1986, 464; LG Essen, WuM 1990, 506; LG Frankfurt/Main, WuM 1992, 112; LG Berlin, MM 1995, 228). Überwiegt die zu Wohnzwecken genutzte Fläche die zu Gewerbezwecken genutzte Fläche (vgl. dazu OLG Hamm, ZMR 1986, 11; OLG Schleswig, WuM 1982, 266), so sind auf das gesamte Mietverhältnis die für den Wohnraum geltenden Vorschriften anwendbar (zur Abgrenzung vgl. auch Kinne, GE 1989, 68 ff.).

2. Berechtigtes Interesse
2.1 Zeitpunkt

2 Der Mieter hat nur dann einen Anspruch auf Untervermietungserlaubnis, wenn das berechtigte Interesse an der Überlassung eines Teils des Wohnraums erst **nach Abschluss des Mietvertrags entstanden** ist. Entscheidend ist mithin nicht das Datum der Gebrauchsüberlassung, sondern dasjenige des Abschlusses des Mietvertrags. Ein bereits zu diesem Zeitpunkt bestehendes anfängliches Interesse an der Untervermietung begründet keinen Anspruch auf eine entsprechende Erlaubnis des Vermieters.

2.2 Umfang der Gebrauchsüberlassung

Der Mieter hat nur einen Anspruch auf Erlaubnis zur Überlassung eines Teils des **3**
Wohnraums. Das bedeutet, dass nur eine räumlich abgegrenzte Fläche der Wohnung
untervermietet werden darf (LG Berlin, GE 1992, 1043; a.A. LG Berlin, MM 1994, 323
für eine Einzimmerwohnung). Die **vollständige Drittüberlassung** der Wohnung dürfte
nur dann zulässig sein, wenn es sich um eine vorübergehende Überlassung für kürzere,
absehbare Zeit handelt (LG Berlin, GE 1994, 703; GE 1994, 931; MM 1993, 109; MM
1994, 210; LG Hamburg, WuM 1994, 535). Weitere Voraussetzung für den Anspruch
auf eine Erlaubnis für die vollständige Untervermietung der Wohnung dürfte sein, dass
der Mieter weiterhin – selbst oder durch eine Vertrauensperson – die Obhut über die
Wohnung ausüben kann.

2.3 Voraussetzungen

Das **berechtigte Interesse** kann auf der Veränderung sowohl der **familiären Situation** **4**
als auch der **wirtschaftlichen Verhältnisse** des Mieters, bei §§ 563 bis 563a, 564 auch
seines Nachfolgers, beruhen. Ob ein berechtigtes Interesse des Mieters vorliegt, beurteilt
sich allein nach der Darlegung der tatsächlichen Umstände des Einzelfalls, während die
Belange des Vermieters dabei nur unter dem Gesichtspunkt der Zumutbarkeit i.S. von
§ 553 Abs. 1 Satz 2 letzter Halbsatz Berücksichtigung finden (BGHZ 92, 213 = WuM
1985, 7). Ein Anspruch auf Untervermietungserlaubnis ist beispielsweise bejaht worden,
wenn der Mieter sich zeitweilig nicht in der Wohnung aufhalten kann (LG Berlin, GE
1994, 931), sich langfristig zur Heilbehandlung auswärts befindet (LG Berlin, GE 1993,
653), sich berufsbedingt für ein Jahr im Ausland aufhält (AG Berlin-Schöneberg, GE
1990, 549), einen Freund (LG Berlin, GE 1991, 571) oder einen Lebensgefährten (CLG
Hamm, GE 1991, 1197 f. = NJW 1992, 513 f.) aufnehmen oder eine Wohngemeinschaft
(AG Berlin-Wedding, GE 1990, 549 f.) gründen will. Ein Anspruch auf Erlaubnis zur
Untervermietung ist auch deswegen bejaht worden, weil der ältere Mieter nach Auszug
der Kinder der zunehmenden Vereinsamung vorbeugen wollte (AG Hamburg, WuM
1990, 500) oder nach Auszug eines Mitmieters durch Aufnahme eines Untermieters
weiter eine Wohngemeinschaft aufrechterhalten wollte (LG Hamburg, WuM 1992, 432).
Das berechtigte Interesse des Mieters kann auch auf **wirtschaftlichen Gründen** (unvor- **5**
hersehbare Mietsteigerungen, Tod des Ehegatten-Mitmieters) beruhen (LG Hamburg,
WuM 1989, 510; WuM 1994, 203; LG Landau, ZMR 1989, 259; LG Köln, WuM 1991,
483; LG Berlin, MM 1996, 452; AG Fürth, WuM 1991, 32; AG Bielefeld, WuM 1992,
122). Es stellt jedoch kein berechtigtes Interesse für eine Untervermietung dar, wenn der
Mieter bei längerer Abwesenheit die Wohnung wirtschaftlich verwerten will (LG Mannheim, WuM 1997, 369; a.A. Mutter, ZMR 1998, 204); ebenso wenig, wenn der Mieter
einer für ihn zu groß gewordenen Wohnung behauptet, durch Untervermietung die Wohnungsnot lindern zu wollen, und sich dabei Einkünfte in Höhe des größten Teils der
eigenen Miete verschafft. In einem solchen Fall ist ihm regelmäßig der Umzug in eine
kleinere Wohnung zuzumuten (LG Frankfurt/Main, NJWE-MietR 97, 198).
Wenn eine **Wohngemeinschaft** zerfällt, ist ein berechtigtes Interesse des allein zurück- **6**
bleibenden Mieters, der nicht mehr willens ist, für die gesamte Miete allein aufzukommen, an der Auswechslung der Mitglieder der Wohngemeinschaft zu verneinen (LG

Kinne

Berlin, GE 1992, 723; LG Berlin, GE 1994, 1265); denn wer als Mitglied einer Wohngemeinschaft eine Wohnung mietet, geht mit dem Abschluss des Mietvertrags bereits das Risiko ein, bei Differenzen innerhalb der Gemeinschaft entweder die Wohnung zusammen mit den anderen Mitmietern aufzugeben oder aber, will er die Wohnung behalten, fortan im Außenverhältnis die Miete allein aufbringen zu müssen (LG Berlin, GE 1982, 617).

7   Wiederum etwas anderes gilt bei Vermietung an eine **studentische Wohngemeinschaft** (vgl. dazu § 535 Rn. 22). Insoweit wird die Auffassung vertreten (LG München, WuM 1982, 189 f.; LG Karlsruhe, WuM 1985, 83 = NJW 1985, 1561; LG Frankfurt/Main, WuM 1991, 33), dass die Studenten von vornherein nur für eine vorübergehende – für jede einzelne der Personen durch Studienabschluss oder Studienortwechsel zu verschiedenen Zeiten endende – Zeit zusammenwohnen wollen. Wesentlich sei nur eine bestimmte Gesamtzahl von Personen, ohne dass es auf deren Identität ankomme. Aus diesen Umständen ergebe sich, dass die Mitglieder der Wohngemeinschaft ausgewechselt werden dürfen – mit der Beschränkung, dass die Gesamtzahl der Nutzer nicht die Anzahl der Mieter übersteigt, die die Wohnung gemietet haben. War dem Vermieter erkennbar, dass es sich um eine studentische Wohngemeinschaft handelt, so braucht noch nicht mal ein berechtigtes Interesse an dem Austausch einzelner Mitmieter dargetan zu werden (LG Karlsruhe, NJW 1985, 1561 [1562]).

3.   Personenkreis

8   Die entscheidende Frage ist, **für welche Personen** der Mieter ein **berechtigtes Interesse** an ihrer Aufnahme in die Wohnung geltend machen kann. Eine Rolle spielen insoweit einmal diejenigen Angehörigen im weiteren Sinne, die der Mieter ohnehin nicht aufnehmen darf, weil es sich nicht um Dritte i.S. dieser Bestimmung handelt. Dazu zählen u.a. die Geschwister des Mieters. Der Wunsch eines Mieters, seiner in Wohnungsnot geratenen **Schwester** zu helfen und ihr einen Teil der eigenen Wohnung zur Verfügung zu stellen, ist in diesem Zusammenhang als berechtigtes Interesse i.S. von § 553 Abs. 1 anerkannt worden (LG Berlin, GE 1991, 879). Auch die Aufnahme des aus dem Ausland eingewanderten **Bruders** des Mieters, der hier in Deutschland seine Ausbildung beenden wollte, ist als berechtigtes Interesse i.S. dieser Vorschrift berücksichtigt worden (LG Berlin, GE 1991, 881).

9   Eine weitere Gruppe stellen die **Stiefkinder des Mieters** dar. Die Stiefkinder, die in die Familie, in der die Mutter der Kinder lebt, aufgenommen werden, sind wie leibliche Kinder zu behandeln, so dass sich die Frage nach der Untervermietungserlaubnis nicht stellt. Bei den übrigen Stiefkindern (volljährig, Mutter ist bereits aus der Wohnung ausgezogen) ist zu fragen, ob die Aufnahme eines Stiefkindes durch den Mieter als berechtigtes Interesse i.S.d. § 553 Abs. 1 Satz 1 anzuerkennen ist. Das dürfte zweifelhaft sein (AG Berlin-Neukölln, GE 1991, 187; LG Berlin, GE 1991, 571).

10 Der Mieter bedarf nicht der Erlaubnis des Vermieters zur **Aufnahme** eines so genannten **nichtehelichen Lebensgefährten** – mit oder ohne Kinder –; er hat zudem einen Anspruch auf die Erteilung der Erlaubnis, da er an der Aufnahme grundsätzlich ein berechtigtes Interesse hat (OLG Hamm, NJW 1982, 2876; GE 1991, 1197; BGH, NJW 1985, 130 – vgl. auch BVerfG, ZMR 1990, 290 [291]).

Wenn nach Abschluss des Mietvertrags eine **Veränderung der persönlichen Lebens-** 11
umstände eintritt, ist grundsätzlich ebenfalls ein Anspruch auf Untervermietungserlaubnis bejaht worden. Zieht z.B. die ältere Tochter der berufstätigen Mieterin aus der Wohnung aus, die auf Betreuung für ihr inzwischen geborenes Kleinkind angewiesen ist, so
besteht ein berechtigtes Interesse (LG Berlin, GE 1985, 479 [481]).

Der Mieter hat einen Anspruch nur auf Überlassung der Wohnung an einen **konkreten** 12
Dritten. Es besteht kein Anspruch auf Erteilung einer generellen, nicht personenbezoge-
nen Untervermietungserlaubnis (KG [RE], GE 1992, 819 = ZMR 1992, 382 = WuM
1992, 350). Das wird aus dem Wortlaut des § 553 Abs. 1 Satz 2 insgesamt gefolgert,
woraus sich zwingend ergebe, dass die Person des Dritten, der Untermieter werden soll,
bei der Bitte des Mieters um Erlaubnis zur Untervermietung benannt werden muss, weil
nur so vom Vermieter geprüft und festgestellt werden könne, ob in der Person des Dritten
ein wichtiger Grund vorliege, der zur Verweigerung der Erlaubnis zur Untervermietung
berechtige. Daher muss der Mieter bei Einholung der Erlaubnis dem Vermieter die Person des Dritten, der Untermieter werden soll, namentlich benennen.

4.   Unzumutbarkeit der Gebrauchsüberlassung

Der **Anspruch** auf Erteilung der Untervermietungserlaubnis **besteht nicht**, wenn dem 13
Vermieter die Überlassung des Wohnraums an einen Dritten **nicht zugemutet werden**
kann. Dies ist der Fall, wenn **in der Person** des Untermieters ein **wichtiger Grund**
vorliegt, der Wohnraum **übermäßig belegt** würde oder sonst dem Vermieter die Überlassung nicht zugemutet werden kann (§ 553 Abs. 1 Satz 2). Grundsätzlich gehen die
„berechtigten Interessen" des Mieters an der Untervermietung dem Interesse des Vermieters vor, den Wohnraum nicht untervermieten zu müssen. Der Vermieter kann sich
auf die Unzumutbarkeit der Untervermietung nur dann berufen, wenn seine entgegenstehenden Gründe ein Gewicht haben, das dem der oben angeführten Regelbeispiele entspricht (BGH, NJW 1985, 130 [132]; OLG Hamm, NJW 1982, 2876 [2880]; GE 1991,
1197 [1198]).

Ein wichtiger Grund **in der Person** des Untermieters kann darin gesehen werden, dass 14
sein bisheriges Verhalten die **Besorgnis der Belästigung** der übrigen Hausbewohner
(LG Bamberg, WuM 1974, 197) oder des Vermieters oder seines Hausverwalters begründet. Diese Gründe muss der Vermieter dem Mieter auf Verlangen angeben.

Ein **Anspruch** auf Untervermietung **besteht ferner dann nicht**, wenn durch die Auf- 15
nahme des Untermieters oder der Untermieter die Wohnung **überbelegt** wäre. Eine
Überbelegung ist dann anzunehmen, wenn nicht genügend Wohnfläche für jeden Erwachsenen und für jedes Kind zur Verfügung steht. Als Faustregel ist davon auszugehen,
dass für jeden Erwachsenen acht bis neun Quadratmeter und für jedes Kind bis zu sechs
Jahren sechs Quadratmeter Wohnfläche zur Verfügung stehen müssen.

Sonstige Gründe, die der Erteilung der Untervermietungserlaubnis entgegenstehen, 16
können bestimmte **Vorstellungen des Vermieters** über die Nutzung der Wohnung sein.
Der Vermieter kann sich darauf berufen, dass er aus bestimmten Gründen die Aufnahme
eines Lebensgefährten als Untermieter in die Wohnung nicht billigen will. Allein die
moralische Missbilligung nichtehelicher Lebensgemeinschaften kann jedoch für sich
allein noch nicht als Grund für die Verweigerung der Untervermietungserlaubnis angesehen werden. Vielmehr muss der Vermieter durch die nichteheliche Lebensgemeinschaft

seines Mieters konkret betroffen werden, um sich auf sein Verweigerungsrecht berufen zu können. Als solcher Grund wird insbesondere die Lage der Wohnung angesehen. Wohnen etwa Mieter und Vermieter in demselben Haus, kann die unmittelbare Konfrontation mit der von ihm missbilligten Lebensweise des Mieters den Vermieter empfindlich stören; dasselbe gilt für die Nutzung der Wohnung durch Mieter und Untermieter in einem regionalen Bereich, der nichteheliche Lebensgemeinschaften grundsätzlich nicht akzeptiert (vgl. dazu näher OLG Hamm [RE], GE 1991, 1197 [1199] = NJW 1992, 513 = WuM 1991, 668 = ZMR 1992, 20). Konfessionelle Vorbehalte allein rechtfertigen die Versagung der Erlaubnis selbst dann nicht, wenn eine kirchliche Institution Vermieter ist, wenn diese nicht in demselben Haus ihren Sitz hat.

17 **Juristische Personen als Vermieter** werden eine konkrete Betroffenheit dieser Art im Allgemeinen kaum geltend machen können (einschränkend: LG Aachen, NJW 1992, 2897).

18 Der Vermieter kann die Erlaubnis von einer **angemessenen Erhöhung der Miete** abhängig machen, wenn ihm nur unter dieser Voraussetzung die Erteilung der Untervermietungserlaubnis zugemutet werden kann. Beim öffentlich geförderten preisgebundenen Wohnraum kann als Untermietzuschlag für eine Person ein Betrag von 5 DM (2,50 EUR) monatlich, bei zwei oder mehr Personen ein Betrag von 10 DM (5 EUR) monatlich verlangt werden (§ 26 Abs. 3 NMV). Im frei finanzierten Neubau kann der Untermietzuschlag als Entgelt für die Sondernutzung verlangt werden, ohne dass der Weg der Zustimmungsklage gem. §§ 558 ff. beschritten werden muss; daher kann ein Untermietzuschlag auch unabhängig von der ortsüblichen Vergleichsmiete zwischen Vermieter und Mieter vereinbart werden (BayObLG [RE], NJW-RR 1986, 892 = WuM 1986, 205). Der Untermietzuschlag nimmt auch nicht an der Berechnung der Kappungsgrenze für die Mieterhöhung nach § 558 teil (Sternel, Mietrecht aktuell, Rn. 222). Daher ist auch die Vereinbarung in einem Mietvertrag, dass im Falle des Einzugs einer weiteren Person in die Wohnung ein Mietzuschlag von 80 DM (40 EUR) zu zahlen ist, als wirksam angesehen worden (LG Köln, WuM 1990, 219). Stimmt der Mieter der Mieterhöhung nicht zu, so ist der Vermieter berechtigt, die Untervermietungserlaubnis zu verweigern.

19 Die **Beweislast** für das Vorliegen der Ausschlussgründe trägt der **Vermieter**.

20 Bei **Wohnraummietverhältnissen** kann der **Anspruch des Mieters** auf Erteilung der Untervermietungserlaubnis im Mietvertrag **nicht abbedungen** werden. Eine Vereinbarung, wonach die Erlaubniserteilung von der Zahlung eines bestimmten Untermietzuschlags abhängig gemacht wird, dürfte dagegen wirksam sein (Palandt/Weidenkaff, § 549 Rn. 16; LG Köln, WuM 1990, 219; a.A. LG Mainz, WuM 1982, 191).

5. Gebrauchsüberlassung ohne Untervermietungserlaubnis

21 Der Anspruch auf Erteilung der Untervermietungserlaubnis ersetzt jedoch nicht die Erlaubnis selbst und verleiht dem Mieter nicht von vornherein die Befugnis, einen Teil der Wohnung einem Dritten zum Gebrauch zu überlassen. Dies folgt auch aus dem Zweck des § 540 Abs. 1, den Vermieter davor zu schützen, dass ihm ein anderer Vertragspartner aufgedrängt wird (BayObLG, GE 1995, 693 [695]). Daher schließt ein Anspruch des Mieters gem. § 553 Abs. 1 auf Erteilung der Untervermietungserlaubnis eine Kündigung gem. § 573 Abs. 1, Abs. 2 Nr. 1 nicht von vornherein aus. Vielmehr ist jeweils im konkreten Einzelfall zu prüfen, ob darin, dass der **Mieter es unterlassen hat,**

die Erlaubnis zur Untervermietung **einzuholen** – auf die er einen Anspruch hatte –, eine **erhebliche Pflichtverletzung** liegt, die zur Kündigung gem. § 573 Abs. 1, Abs. 2 Nr. 1 berechtigt (Bub/Treier/Grapentin, IV Rn. 61; Schmidt-Futterer/Blank, B 591; Sternel, Mietrecht, IV Rn. 116). Der Mieter, der es unterlässt, vor der Überlassung der Wohnung an einen Dritten die Erlaubnis des Vermieters einzuholen, verstößt grundsätzlich gegen seine mietvertraglichen Pflichten (BayObLG, ZMR 1995, 301 = GE 1995, 693 [695]; LG Heidelberg, WuM 1994, 681; Palandt/Weidenkaff, § 564b Rn. 38; Emmerich/Sonnenschein, § 549 Rn 21 und § 564b Rn. 18; Bub/Treier/Kraemer, III Rn. 1034 und Bub/Treier/Grapentin, IV Rn. 166; Sternel, Mietrecht, II Rn. 265).

6.   Vertragliche Untervermietungserlaubnis
Soweit bei einem Wohnraummietverhältnis der Anspruch des Mieters auf Erteilung einer   22 Untervermietungserlaubnis nicht eingeschränkt wird, können **bereits im Wohnraummietvertrag Vereinbarungen** über die Untervermietung getroffen werden. Dabei dürfte zwischen der Vereinbarung „Untervermietung ist gestattet" und der Gestattung, „einen Untermieter in die Wohnung aufnehmen", zu unterscheiden sein. Bei der Klausel „Untervermietung ist gestattet" darf der Mieter die gesamte Wohnung an einen Dritten weitervermieten, ohne seinerseits in der Wohnung bleiben zu müssen.
Die Klausel, „der Mieter darf einen Untermieter in die Wohnung aufnehmen", dürfte   23 dagegen so zu verstehen sein, dass der Mieter in der Wohnung bleiben muss, wenn er sie untervermietet. In dem Satzteil „in die Wohnung aufnehmen" dürfte eine inhaltliche Einschränkung der Untervermietungserlaubnis dahin gehend zu sehen sein, dass das Verbleiben des Mieters in der Wohnung vorausgesetzt wird (LG Berlin, GE 1992, 1219). Grundsätzlich hat der Mieter keinen Anspruch auf Untervermietung der gesamten Wohnung (LG Berlin, GE 1993, 267).
Die bereits erteilte Erlaubnis zur Untervermietung **kann aus wichtigem Grund wider-**   24 **rufen** werden. Dies gilt auch dann, wenn die Untervermietungserlaubnis ohne einen Widerrufsvorbehalt erteilt worden ist (AG Berlin-Tiergarten, GE 1992, 391). Der Widerruf setzt voraus, dass der Vermieter einen wichtigen Grund für die Beendigung der erlaubten Untervermietung hat (BGH, NJW 1984, 1031). Ein derartiger wichtiger Grund kann darin zu sehen sein, dass der Mieter entgegen seinen ursprünglichen Absichten, die der Erteilung der Untervermietungserlaubnis zugrunde lagen, auf Dauer seine Wohnung verlässt und im Ausland bleibt.

7.   Verhältnis zwischen Vermieter und Untermieter
Zwischen Vermieter und Untermieter bestehen **keine vertraglichen Beziehungen** (vgl.   25 dazu näher § 540 Rn. 20 ff.). Der **Vermieter** hat gegen den Untermieter **keinen Anspruch auf Zahlung der Miete,** kein Pfandrecht an dessen eingebrachten Sachen, keinen vertraglichen Anspruch auf Schadensersatz im Falle der Beschädigung von Sachen des Vermieters (vgl. dazu näher § 540 Rn 22).
Grundsätzlich entsteht allein dadurch, dass der Vermieter nach Auszug des Hauptmieters Mietzahlungen des Untermieters annimmt, kein neuer Mietvertrag mit dem Untermieter (OLG Düsseldorf, NJW-RR 1988, 202). Jedoch kann im Falle der **gewerblichen Untervermietung** (vgl. dazu näher § 565) bei Beendigung des Hauptmietverhältnisses ein

Mietverhältnis zwischen dem Vermieter und dem Untermieter begründet werden (vgl. dazu näher § 540 Rn. 23).

Der **Vermieter** hat auch im Falle unberechtigter Untervermietung **keinen Anspruch** gegen den Mieter auf Herausgabe des durch die Untervermietung erzielten – die Hauptmiete übersteigenden – **Mehrerlöses** (BGH, NJW 1996, 838 = GE 1996, 541).

8. Muster
Antrag des Mieters auf Erteilung der Untervermietungserlaubnis →[☻ 553-1]

26

...
(Mieteranschrift)

...
Datum)

Einschreiben/Rückschein

Frau/Herrn

...
(Vor- und Zuname/n des Vermieters/der Vermieter)

...
(Straße, Hausnummer, Ort)

Sehr geehrte(r) Frau/Herr ...!
Mit Mietvertrag vom ... habe ich von Ihnen die Wohnung im ... Erdgeschoss/Obergeschoss des Vorderhauses/Hinterhauses/Seitenflügels/Quergebäudes/Gartenhauses ...straße in ... gemietet. Nach dem Abschluss des Mietvertrags hat sich meine persönliche Situation geändert, weil ... (Begründung des Interesses an der Untervermietung)
Daher bitte ich Sie, gemäß § 553 Abs. 1 BGB um Ihre Erlaubnis, einen Teil der Wohnung unterzuvermieten. Als Untermieter ist Herr/Frau ..., zurzeit noch wohnhaft ..., vorgesehen, der/die Ihnen auf Wunsch nähere Angaben über seine/ihre persönlichen Verhältnisse machen kann.

Mit freundlichen Grüßen

...
(Unterschrift der/des Mieter/s)

Erteilung der Untervermietungserlaubnis durch den Vermieter →[✆ 553-2]

27

...
(Vermieteranschrift)   ...
                                                        (Datum)

Einschreiben/Rückschein

Frau/Herrn
...
(Vor- und Zuname/n des Mieters/der Mieter)

...
(Straße, Hausnummer und Lage der Wohnung im Gebäude, Ort)

Sehr geehrte(r) Frau/Herr ...!
Mit der von Ihnen beabsichtigten Untervermietung eines Teils der Mieträume an
Herrn/Frau ... bin ich unter der Voraussetzung einverstanden, dass Sie für die Zeit
der Untervermietung an mich zusätzlich zur bisherigen Miete einen Untermietzuschlag von ... EUR zahlen, da durch die Untervermietung eine erhöhte Abnutzung
und eine Erhöhung des Wasserverbrauchs und der Müllabfuhrkosten zu befürchten
ist.

Mit freundlichen Grüßen

...
(Unterschrift der/des Vermieter/s)

Ablehnung der Untervermietungserlaubnis durch den Vermieter →[✆ 553-3]

28

...
(Vermieteranschrift)   ...
                                                        (Datum)

Einschreiben/Rückschein

Frau/Herrn
...
(Vor- und Zuname/n des Mieters/der Mieter)

...
(Straße, Hausnummer und Lage der Wohnung im Gebäude, Ort)

Sehr geehrte(r) Frau/Herr ...!
Mit der von Ihnen beabsichtigten Untervermietung eines Teils der Mieträume an
Herrn/Frau ... bin ich nicht einverstanden. Wie ich in Erfahrung gebracht habe,

musste der von Ihnen in Aussicht genommene Untermieter seine bisherige Wohnung aufgrund einer fristlosen Kündigung des Vermieters wegen fortgesetzter erheblicher Störungen des Hausfriedens aufgeben. Da zu befürchten ist, dass der vorgesehene Untermieter diese Störungen fortsetzen wird, liegt in seiner Person ein wichtiger Grund vor, der mich zur Verweigerung der Untervermietungserlaubnis berechtigt.

Mit freundlichen Grüßen

...

(Unterschrift des Vermieters/der Vermieter)

§ 554 Duldung von Erhaltungs- und Modernisierungsmaßnahmen

(1) Der Mieter hat Maßnahmen zu dulden, die zur Erhaltung der Mietsache erforderlich sind.

(2) [1]Maßnahmen zur Verbesserung der Mietsache, zur Einsparung von Energie oder Wasser oder zur Schaffung neuen Wohnraums hat der Mieter zu dulden. [2]Dies gilt nicht, wenn die Maßnahme für ihn, seine Familie oder einen anderen Angehörigen seines Haushalts eine Härte bedeuten würde, die auch unter Würdigung der berechtigten Interessen des Vermieters und anderer Mieter in dem Gebäude nicht zu rechtfertigen ist. [3]Dabei sind insbesondere die vorzunehmenden Arbeiten, die baulichen Folgen, vorausgegangene Aufwendungen des Mieters und die zu erwartende Mieterhöhung zu berücksichtigen. [4]Die zu erwartende Mieterhöhung ist nicht als Härte anzusehen, wenn die Mietsache lediglich in einen Zustand versetzt wird, wie er allgemein üblich ist.

(3) [1]Bei Maßnahmen nach Absatz 2 Satz 1 hat der Vermieter dem Mieter spätestens drei Monate vor Beginn der Maßnahme deren Art sowie voraussichtlichen Umfang und Beginn, voraussichtliche Dauer und die zu erwartende Mieterhöhung in Textform mitzuteilen. [2]Der Mieter ist berechtigt, bis zum Ablauf des Monats, der auf den Zugang der Mitteilung folgt, außerordentlich zum Ablauf des nächsten Monats zu kündigen. [3]Diese Vorschriften gelten nicht bei Maßnahmen, die nur mit einer unerheblichen Einwirkung auf die vermieteten Räume verbunden sind und nur zu einer unerheblichen Mieterhöhung führen.

(4) [1]Aufwendungen, die der Mieter infolge einer Maßnahme nach Absatz 1 oder 2 Satz 1 machen musste, hat der Vermieter in angemessenem Umfang zu ersetzen. [2]Auf Verlangen hat er Vorschuss zu leisten.

(5) Eine zum Nachteil des Mieters von den Absätzen 2 bis 4 abweichende Vereinbarung ist unwirksam.

1.   Allgemeines

1 § 554, in dem die §§ 541a, 541b (a.F.) zusammengefasst sind, regelt, wann und **unter welchen Voraussetzungen der Vermieter die gemietete Sache durch bauliche Maßnahmen verändern** darf.

2 Ob und unter welchen Voraussetzungen die Miete nach Durchführung derartiger Arbeiten erhöht werden kann, regeln für preisfreien Wohnraum die **§§ 559–559b**, für den Geltungsbereich des Wohnungsbindungsgesetzes (preisgebundene Neubauwohnungen) **§ 6 NMV** – Neubaumietverordnung 1970 – in der Fassung der Bekanntmachung vom 12.10.1990 (BGBl. I S. 2203), zuletzt geändert durch die Vierte Verordnung zur Änderung wohnungsrechtlicher Vorschriften vom 13.6.1992 (BGBl. I S. 1250) und **§ 11 II. BV** in der Fassung der Bekanntmachung vom 12.10.1990 (BGBl. I S. 2178), letztmals geändert durch die Vierte Verordnung zur Änderung wohnungsrechtlicher Vorschriften vom 13.6.1992 (BGBl. I S. 1250). **§ 3, § 11 Abs. 2 und 3 und § 13 MHG** gelten nur noch für vor dem 1.9.2001 zugegangene Mieterhöhungserklärungen (Artikel 229 EGBGB § 3). Insoweit ist von besonderer Bedeutung, dass der gem. § 13 MHG zulässige Modernisierungszuschlag für bis zum 31.12.1997 durchgeführte Modernisierungsmaßnahmen im früher preisgebundenen Altbau (bis zum 3.10.1990 errichtet) in den östlichen Bundesländern Bestandsschutz auch gegenüber § 5 Wirtschaftsstrafgesetz genießt (LG Berlin, GE 1996, 981; LG Berlin, GE 1997, 491). **§ 11 der Altbaumietenverordnung** Berlin – AMVOB – (vom 21. März 1961 [BGBl. I S. 230], der am 31.12.1987 außer Kraft getreten ist, spielte **für eine Übergangszeit** in Berlin noch eine Rolle, vgl. § 8 Abs. 2 Nr. 12 sowie § 6 des Gesetzes zur dauerhaften sozialen Verbesserung der Wohnungssituation im Land Berlin – GVW – vom 14.7.1987 [BGBl. I S. 1625]); jetzt spielt er allenfalls noch eine Rolle für den Bestandsschutz früher zulässiger Altbaumieten in Berlin (LG Berlin, GE 1990, 315; GE 1990, 371; GE 1990, 1079 [1081]; GE 1991, 211; MM 1992, 138 [139]).

3 § 554 regelt im Wesentlichen (allerdings nicht abschließend) die Frage, unter welchen Voraussetzungen der Mieter **Einwirkungen** des Vermieters auf die und damit auch Veränderungen der Mietsache dulden muss, wenn eine (freiwillige) Zustimmung des Mieters nicht vorliegt (KG [RE], GE 1988, 993 [997]). Daneben kann sich eine Duldungspflicht des Mieters auch aus **anderen Vorschriften** ergeben wie etwa aus § 4 Abs. 2 HeizkostenV (Einbau von Ausstattungen zur Erfassung des Wärme- und Warmwasserverbrauchs). Sie konnte sich aus den §§ 39 ff. des früheren Bundesbaugesetzes und kann sich aus den §§ 175 ff. BauGB (in der Fassung der Bekanntmachung vom

8.12.1986 [BGBl. I S. 2253]), zuletzt geändert durch Artikel 1 des Gesetzes vom 22.4.1993 (BGBl. I S. 466) ergeben.

Im Einzelfall ist der Mieter aber auch **aufgrund allgemeiner Grundsätze** (§ 242) zur **4** **Duldung von baulichen Maßnahmen** und Veränderungen verpflichtet, wenn der Vermieter seinerseits zu diesen baulichen Maßnahmen aufgrund öffentlich-rechtlicher Verpflichtungen herangezogen werden kann (vgl. etwa § 7 HeizAnlV: Einbau von selbsttätig wirkenden Steuerungs- und Regelungseinrichtungen für Zentralheizungsanlagen oder § 3 der Berliner Nummerierungsverordnung vom 9.12.1975 [GVBl. Berlin S. 2947], der das Anbringen beleuchteter Hausnummern fordert). § 554 ist in diesen Fällen unanwendbar, selbst wenn es sich objektiv um Modernisierungsmaßnahmen i.S.d. Vorschrift handelt (etwa: Einbau von Thermostatventilen).

2. Duldungspflicht bei Maßnahmen zur Erhaltung der Mietsache

2.1 Allgemeines

Nach § 554 Abs. 1 hat der Mieter Maßnahmen zu dulden, die zur **Erhaltung der Miet-** **5** **räume oder des Gebäudes** erforderlich sind. Diese Maßnahmen dienen dazu, die Pflicht des Vermieters gem. § 535 Abs. 1 Satz 2 zur Gewährung des vertragsmäßigen Gebrauchs der Mietsache während der Dauer des Mietverhältnisses zu erfüllen. Diese Vorschrift gilt für Wohnräume – und kraft der Verweisungsvorschrift des § 578 Abs. 2 – auch für Gewerberäume. Unter § 554 Abs. 1 fallen sämtliche Maßnahmen zur Verhinderung oder Beseitigung **drohender oder schon entstandener Schäden** an der Mietsache (Emmerich/Sonnenschein, §§ 541a, 541b Rn. 2). Unter Erhaltungsmaßnahmen sind alle **Maßnahmen** zu verstehen, die **der Instandhaltung** (§ 28 II. BV) **oder der Instandsetzung** (vgl. den aufgehobenen § 3 Abs. 4 ModEnG) dienen. Instandhaltungsmaßnahmen sind nach der Definition des § 28 Abs. 1 II. BV alle Maßnahmen, die während der Nutzungsdauer „die durch Abnutzung, Alterung, Witterungseinflüsse und Einwirkungen Dritter entstehenden baulichen oder sonstigen Mängel" beseitigen sollen. **Instandsetzungsmaßnahmen** betreffen nur bauliche Mängel (also nicht sonstige Mängel), die den vertragsmäßigen Gebrauch der Wohnung beeinträchtigen (BVerwG, GE 1990, 1145).

Ein Mangel der Mietsache ist aber nicht schon darin zu sehen, dass die technische Ausstattung nicht mehr den jetzigen **DIN-Normen** entspricht, wenn sie dem üblichen Standard und der Konstruktion bei Abschluss des Mietvertrags entsprach (LG Berlin, GE 1995, 621). Die Wohnung braucht daher nicht allein deswegen mit einer zusätzlichen **Wärmedämmung** versehen zu werden, weil sie nicht mehr den aktuellen Anforderungen entspricht, wenn die bei Errichtung des Hauses geltenden Wärmedämmvorschriften eingehalten worden sind und die Isolierung gegenwärtig keine technischen Mängel aufweist (LG München, ZMR 1987, 468; LG Berlin, ZMR 1987, 338). Der Mieter hat auch bei Feuchtigkeitsschäden in der Wohnung jedenfalls dann keinen Anspruch auf die Anpassung der vorhandenen Wärmeisolierung an die gegenwärtig geltenden Vorschriften, wenn die Unterschreitung der gegenwärtigen Normen nicht zur Feuchtigkeit geführt hat (LG Berlin, MM 1994, 281). Eine mangelhafte Wärmeisolierung muss jedoch nachisoliert werden (LG Berlin, GE 1989, 91). Der Mieter von beheizbaren Neubauten, für die nach dem 31.12.1994 der Bauantrag gestellt worden oder die Bauanzeige erfolgt ist – bei genehmigungs- oder anzeigefreien baulichen Änderungen, wenn mit der Bauausführung nach dem 31.12.1994 begonnen worden ist –, hat einen Anspruch auf Einsicht in den Wärmebedarfsausweis (§ 12 der Neufassung der WärmeschutzV vom 16.8.1994 – BGBl. I S. 2121, zu der die Allgemeine Verwaltungsvorschrift vom 20.12.1994 ergangen ist). Für ältere Wohnungen besteht kein Anspruch auf Vorlage des Wärmebedarfsausweises (LG Berlin, GE 1998, 242). Ein Anspruch auf Mitteilung des spezifischen Wärmebedarfs der gemieteten Wohnung besteht weder für ältere noch für neue Wohnungen (Schläger, ZMR 1998, 669 [675]).

7   Der Vermieter kann sich auf die Einhaltung der bei Vertragsschluss geltenden DIN-Normen allerdings dann nicht mehr berufen, wenn dieser Zustand für den Mieter gesundheitlich nicht mehr zumutbar ist. Daher kann der Vermieter verpflichtet sein, den Schallschutz selbst dann zu verbessern, wenn die bei Errichtung des Gebäudes geltenden Schallschutzvorschriften eingehalten worden sind (LG Berlin, MM 1994, 281; GE 1995, 1211; GE 1996, 1249), weil die Gesundheit des Mieters durch den Zustand der Räume und ihrer Einrichtungen nachhaltig gefährdet wird (LG Berlin, GE 1998, 1091; GE 1999, 47; LG Berlin, Urteil vom 18.6.1999, 64 S 36/99). Die Gefährdung der Gesundheit ist ein Mangel; insoweit ist nicht auf die bei Vertragsschluss geltenden Standards abzustellen, sondern bei einem Wandel der Standards auf die im Entscheidungszeitpunkt geltenden (BVerfG, GE 1998, 1208 = ZMR 1998, 687 [689]; LG Hamburg, WuM 1991, 161 ff. = ZMR 1991, 179; LG Frankfurt/Main, ZMR 1990, 17 f.; LG Berlin, Urteil vom 25.6.1999, 64 S 432/98; vgl. auch Schläger, ZMR 1994, 189 ff.; ZMR 1996, 517; ZMR 1998, 669). Die Nachrüstungsverpflichtung besteht schon dann, wenn die Mietsache nur in der Befürchtung der Gefahrverwirklichung genutzt werden kann (OLG Hamm, ZMR 1987, 267 = DWW 1987, 226 = WuM 1987, 248; LG Lübeck, ZMR 1998, 433; AG München, MDR 1998, 645). Diese Befürchtung muss aber konkret sein (LG Hamburg, NZM 1998, 190).

2.2   Gegenstand der Duldungspflicht

8   Die Instandhaltungs- und Instandsetzungspflicht bezieht sich grundsätzlich nur auf das **Mietobjekt** selbst. Das ist die im Mietvertrag als solche bezeichnete vermietete Sache, bei Wohnungen mithin sämtliche zur Wohnung gehörende Räume einschließlich der mitvermieteten Nebengelasse. Auch die dem Mieter überlassenen Einrichtungsgegenstände gelten als mitvermietet, wenn sie nicht davon ausdrücklich ausgeschlossen worden sind.

Zu den Einrichtungsgegenständen gehören Haushaltsgeräte (Öfen, Herd, Küchenschränke, Spüle), aber auch sonstige Einrichtungen (Rollos, Teppichböden, Außenjalousien). Der Vermieter schuldet den vertragsmäßigen Gebrauch dieser Einrichtungsgegenstände unabhängig davon, ob er sie selbst angeschafft hat oder ob diese der Vormieter zurückgelassen hat; der Vermieter ist zur Instandhaltung und Instandsetzung dieser Einrichtungsgegenstände auch unabhängig davon verpflichtet, ob er gewusst hat, dass sich diese in der Wohnung befinden. Entfernt der Vermieter daher diese mitvermieteten Einrichtungsgegenstände ohne den Willen des Mieters, so muss er sie wieder anbringen. Etwas anderes gilt für nicht mitvermietete, vom Mieter während der Dauer seines Mietverhältnisses angebrachte Einrichtungen, selbst wenn sie mit Einverständnis des Vermieters angebracht worden sind. Daher braucht der Vermieter die vom Mieter angebrachte Verglasung eines Balkons, die anlässlich einer Fassadenrenovierung entfernt wurde, nicht wieder anzubringen (LG Berlin, NZM 1998, 66).

Der Vermieter ist aus dem Mietvertrag verpflichtet, die **Wasserversorgung** der Woh- 9 nung zu gewährleisten (LG Leipzig, NZM 1998, 716).

Der Vermieter schuldet die Instandhaltung und Instandsetzung der **Rohrleitungen** in 10 dem Umfang, in dem sie bei Mietvertragsbeginn zur Verfügung gestellt worden sind. Derartige Rohrleitungen muss der Vermieter zumindest dann überprüfen, wenn Anhaltspunkte für ihre Verkrustung oder Korrosion bestehen. Das dürfte erst nach längerer Nutzungsdauer der Fall sein (LG Berlin, Urteil vom 16.2.1999, 64 S 350/98: nicht schon nach 17-jähriger Nutzungsdauer). Grundsätzlich ist der Vermieter nicht zu einer turnusmäßigen Überprüfung der Rohrleitungen verpflichtet (AG Berlin-Wedding, GE 1999, 717).

Öfen muss der Mieter grundsätzlich selbst im üblichen Umfang laufend reinigen. Sind 11 Öfen jedoch deshalb nicht ordnungsgemäß beheizbar, weil eine töpfermäßige Reinigung seit längerer Zeit nicht vorgenommen worden ist, so muss der Vermieter gem. § 535 Abs. 1 Satz 2 die töpfermäßige Reinigung der Öfen vornehmen lassen.

Eine Klausel im Mietvertrag, wonach der Mieter u.a. die Heizeinrichtungen in gebrauchsfähigem Zustand zu erhalten hat, bedeutet nur, dass er die ihm im Rahmen seiner allgemeinen Obhutspflicht obliegenden ständigen Säuberungsarbeiten vornehmen muss (LG Berlin, MM 1985, 118).

Die Wirksamkeit der Klausel „Der Mieter hat die töpfermäßige Reinigung der Öfen bis zur Schornsteineinführung auf seine Kosten ausführen zu lassen" ist umstritten. Soweit die Klausel dahin gehend auszulegen ist, dass damit auch Reparaturen und die bereits vor der Vertragszeit des Mieters angefallenen Reinigungskosten übernommen werden, ist sie mangels zeitlicher und betragsmäßiger Begrenzung unwirksam (LG Berlin, GE 1986, 415). Soweit sie dagegen ausgelegt wird, dass damit nur die Instandhaltung (= Wartung, Pflege und Reinigung) übertragen worden ist, ist sie auch ohne betragsmäßige Begrenzung als wirksam anzusehen (LG Berlin, GE 1988, 299). Soweit eine derartige Verpflichtung dem Mieter formularmäßig in der Hausordnung übertragen worden ist, handelt es sich um eine überraschende Klausel, die nicht Vertragsbestandteil wird (LG Berlin, MM 1983, 13 und MM 1985, 118 f.; AG Berlin-Wedding, GE 1985, 483). Die Pflicht zur töpfermäßigen Ofenreinigung kann jedoch dem Mieter durch individuelle Vereinbarung auferlegt werden (AG Berlin-Wedding, GE 1985, 483). Soweit der Vermieter zur Erneuerung der Öfen verpflichtet ist, müssen die Mieter dies dulden; dies gilt auch für die Instandsetzung des Schornsteinzugs zu den Einzelöfen.

Befinden sich in der vermieteten Wohnung Heizkörper, so kann durch Formularmietver- 12 trag die Verpflichtung des Vermieters zum **Heizen** nicht ausgeschlossen werden (LG Hamburg, WuM 1998, 278).

Eine Klausel, wonach die Beheizung auf die **vom Mieter hauptsächlich genutzten Räume** beschränkt wird, ist unwirksam (BGH, NJW 1991, 1750 = ZMR 1991, 29 = WuM 1991, 381).

Eine Nachtabsenkung ist nur insoweit zulässig, als damit die Temperaturen in den Räu- 13 men in der Zeit von 23.00 Uhr bis 6.00 Uhr 15 Grad Celsius nicht unterschreiten.

Bei einer mit Zentralheizung vermieteten Wohnung wird während der Heizperiode (1.10.–30.4.) eine bestimmte Raumtemperatur auch ohne vertragliche Regelung geschuldet (LG Berlin, GE 1998, 905 = ZMR 1998, 634):
- 6.00 Uhr bis 23.00 für Wohnräume 20 Grad Celsius,
- 6.00 Uhr bis 23.00 Uhr für Bad und Toilette 21 Grad Celsius,
- 23.00 bis 6.00 Uhr in allen Räumen 18 Grad Celsius.

14 Aber auch außerhalb der Heizperiode kann der Vermieter zur Heizung verpflichtet sein; dies gilt zumindest dann, wenn der Mietvertrag den Vermieter verpflichtet, **die Sammelheizung in Betrieb zu nehmen, soweit es die Außentemperaturen erfordern** und die Temperatur in der Wohnung unter 18 Grad Celsius fällt (AG Berlin-Schöneberg, NZM 1998, 476). Auch ohne derartige Vereinbarung wird der Vermieter für verpflichtet gehalten, außerhalb der Heizperiode zumindest dann zu heizen, wenn an drei aufeinander folgenden Tagen die Außentemperatur um 21.00 Uhr weniger als 12 Grad Celsius beträgt.

15 Die Heizungsanlage braucht nicht schon deswegen nachgerüstet zu werden, weil sie nicht mehr den aktuellen technischen Anforderungen entspricht (LG Hannover, WuM 1991, 540). Sie muss aber so ausgerüstet sein, dass die vertraglich geschuldeten oder allgemein für angemessen gehaltenen Temperaturen in den Räumen erzielt werden können.

16 Die **Warmwasserversorgung** einer Wohnung ist nur dann vertragsgemäß, wenn eine Warmwassertemperatur von 40 Grad Celsius ohne zeitlichen Vorlauf gewährleistet ist (LG Berlin, GE 1998, 905 = ZMR 1998, 634). Eine formularmäßige Vereinbarung, dass die Warmwasserversorgung nur während der Heizperiode in Betrieb zu sein braucht, ist zumindest dann unwirksam, wenn dem Mieter für die übrige Zeit keine andere Möglichkeit zur Verfügung steht, warmes Wasser zu erhalten (z.B. Durchlauferhitzer, Boiler, Therme). Dasselbe gilt für die Klausel, dass die Warmwasserversorgung nur in der Zeit von 7.00 Uhr bis 22.00 Uhr in Betrieb zu halten ist oder in dieser Zeit nur eine bestimmte Wassertemperatur geschuldet wird.

17 Die fehlende Heizmöglichkeit in der **Küche** stellt noch keinen Mangel dar (LG Berlin, GE 1989, 723). Zur Benutzung von Räumen als Wohnraum ist es aber unerlässlich, dass in der Küche eine Kochgelegenheit vorhanden ist. Wenn der Vermieter weder bei Abschluss des Mietvertrags noch später einen Herd in der Küche aufgestellt hat, kann der Mieter gem. § 535 einen Herd verlangen. Sind in der Küche Gasanschlüsse vorhanden, kann der Mieter einen Gasherd verlangen (LG Berlin, MM 1985, 18, 118). Ist der Herd nicht mehr für das gelieferte Gas geeignet, weil die Gaswerke von Stadtgas auf Erdgas umgestellt haben, muss der Vermieter den Herd austauschen. Der Mieter braucht aber nicht den Austausch des Gasherdes gegen eine Elektroherd zu dulden (LG Berlin, GE 1997, 185 = NJWE-MietR 1997, 222; AG Berlin-Tiergarten, GE 1989, 729).

18 Sperrende oder nicht schließende **Fenster** sind nicht nur ein ästhetischer Mangel, sondern beeinträchtigen den vertragsgemäßen Gebrauch der Wohnung. Ob die Fenster dicht schließen oder nicht, kann verhältnismäßig einfach durch einen zwischen Rahmen und Fensterflügel gelegten Papierstreifen festgestellt werden. Genauer ist die Probe mit einem in die Fensterfalze gedrückten Kittstreifen. Auf diesem drückt sich der Fensterflügel beim Verschließen ab. Überschreitet die Dicke des nach dem Schließen und Wiederöff-

nen des Fensters verbleibenden Kittstreifens die ohnehin bei Fenstern einzurechnenden Toleranzen von 1–2 mm, so ist das Fenster nicht dicht.

Entfernt der Vermieter mitvermietete **Außenjalousien** im Zuge einer Instandsetzung und 19 Isolierung der Hausfassade gegen den erklärten Willen des Mieters, so ist er verpflichtet, diese auf Verlangen des Mieters wieder anzubringen; der Mieter braucht sich nicht auf Innenjalousien verweisen zu lassen (LG Berlin, NZM 1998, 432 [LS]).

Der Vermieter haftet auch für schon bei Vertragsbeginn vorhandene Undichtigkeiten des 20 **Balkon**bodens über der Wohnung des Mieters, selbst wenn diese erst später zu einem Wasserschaden führen, ebenso für Rostschäden am Balkon infolge Gießwassers (LG Berlin, GE 1992, 383).

Zum vertragsgemäßen Gebrauch einer Wohnung gehört u.a. auch eine **Lärmabschir-** 21 **mung**, die ausreicht, Außengeräusche, z.B. Verkehrslärm sowie Geräusche aus Nachbarwohnungen u.Ä., weitgehend einzudämmen. Der Wohnungsmieter muss seine Mieträume insbesondere auch nachts ungestört nutzen können. Unvermeidbaren Lärm, der sich aus der Tatsache des Zusammenlebens mehrerer Menschen in einem größeren Mietshaus ergibt, hat der Mieter hinzunehmen.

Der Vermieter kann sich dann nicht auf die Einhaltung der bei Errichtung des Hauses geltenden DIN-Normen berufen, wenn für den Mieter der jetzige Zustand nicht mehr zumutbar ist (LG Berlin, GE 1995, 1211), da sich DIN-Vorschriften auf den Tag der Abnahme des Bauwerks beziehen. Für § 535 Abs. 1 Satz 2 kommt es dagegen auf der für den derzeitigen Mieter vertragsmäßigen Gebrauch an (OLG Celle, WuM 1985, 9, 10; LG Hamburg, MM 1991, 161–163). Deshalb kann es eine Nachrüstungspflicht des Vermieters bei mangelndem Schallschutz geben (LG Berlin, MM 1994, 281; LG Berlin, GE 1996, 1249). Diese Pflicht kann sich einmal aus nachträglichen Veränderungen an den Gebäudeteilen ergeben, die zu einer Einschränkung des zur Zeit des Mietvertragsabschlusses vorhandenen Lärmschutzes geführt haben.

Das Anbringen von Profilholzdecken in der Erdgeschosswohnung kann dazu führen, dass die Wirksamkeit der Schalldämmung in der darüber liegenden Wohnung nachlässt. Der Mieter der Wohnung im ersten Obergeschoss ist dann berechtigt, eine Wiederherstellung der ursprünglichen Schalldämmung zu verlangen, der Mieter im Erdgeschoss muss diese Maßnahmen dulden. Die Nachrüstungspflicht kann sich aber auch aus einer Veränderung der Umweltbedingungen ergeben (so z.B. höhere Lärmbelastung durch Ausbau der eingleisigen Eisenbahnstrecke auf zwei Gleise: AG Berlin-Schöneberg, Urteil vom 8.12.1999, ZMR 2000, 308).

Der Vermieter ist auch verpflichtet, die Wohnungen, die über Garagen liegen, gegen den Lärm der darunter liegenden Garagentore ausreichend zu schützen (LG Berlin, MM 1986, 295 f.). Der Mieter ist verpflichtet, diese Maßnahme zu dulden.

Der Mieter einer Altbauwohnung kann im Regelfall nicht verlangen, dass jede Beenträchtigung des Mietgebrauchs durch Geräusche aus der Nachbarwohnung mit Baumaßnahmen des Vermieters auszuschließen ist (LG Berlin, GE 1980, 93). In diesem Fall ist der Nachbar nicht zur Duldung entsprechender Maßnahmen verpflichtet.

Das im Schlafzimmer des Mieters herabgeführte Hauptwasserrohr muss gegen Geräusche entsprechend den technischen Normen geschützt sein (LG Berlin, MM 1986, 8). Die entsprechenden Maßnahmen muss der Mieter dulden.

22 Reicht die vorhandene **Elektroinstallation** einer Wohnung nicht aus, um in den Mieträumen die üblichen Haushaltsgeräte zu betreiben (Elektroherd, Kühlschrank, Waschmaschine, Wäschetrockner usw.), so hat der Mieter einen Anspruch auf Verstärkung oder
Neuverlegung der Leitungen. Die Mieter des Hauses müssen die entsprechenden Maßnahmen gem. § 554 Abs. 1 dulden.

23 Der Vermieter ist auch dann zur Nachrüstung verpflichtet, wenn die **Gesundheit des
Mieters** nachhaltig gefährdet ist. Dabei reicht es aus, dass die Mietsache nur in Befürchtung der Gefahrverwirklichung benutzt werden kann (BVerfG, GE 1998, 1208 =
ZMR 1998, 687 ff.; OLG Hamm, ZMR 1987, 267 = DWW 1987, 226 = WuM 1987,
248). Dabei ist auf die heutigen Erkenntnisse abzustellen (BVerfG, a.a.O.; LG Darmstadt, DB 1997, 1557; LG Hamburg, WuM 1991, 161 ff. = ZMR 1991, 179; LG Frank-
furt/Main, ZMR 1990, 17 f.; LG Kassel, ZMR 1996, 90; LG München, WuM 1998, 18;
LG Berlin, GE 1996, 1547 = WuM 1996, 761; GE 1998, 1091).

Der Vermieter ist verpflichtet, **asbesthaltige Nachtstromspeicheröfen** dann auszutauschen, wenn bei verständiger Würdigung konkret die Befürchtung einer gesundheitlichen
Belastung durch freigesetzte Asbestfasern besteht (LG Kassel, ZMR 1996, 90; LG Lübeck, ZMR 1998, 433; AG München, WuM 1996, 772; MDR 1998, 645; LG Hamburg,
NZM 1998, 190; zu den Gefahren von Asbest in Nachtstromspeicheröfen älterer Bauart:
Isenmann, DWW 1994, 197; Schläger, ZMR 1992, 87; ZMR 1994, 195; ZMR 1996, 517
[520]; ZMR 1998, 669, 672).

Der Mieter hat keinen Anspruch auf Auswechslung von **Bleirohren**, wenn die Werte der
Trinkwasserverordnung in Verbindung mit der Richtlinie des Rates über die Qualität von
Wasser für menschlichen Gebrauch vom 15.7.1980 (80/778 EWG), zuletzt geändert am
22.2.1993, nicht überschritten werden (Schläger, ZMR 1990, 162 und ZMR 1992, 89;
OLG Köln, NJW 1992, 51 = ZMR 992, 155; LG Frankfurt/Main, ZMR 1990, 17; LG
Köln, ZMR 1991, 223; LG Hamburg, NJW 1991, 1898 = WuM 1991, 161 = MM 1991,
161 = ZMR 1991, 179; WuM 1992, 11 = ZMR 1992, 26; AG Berlin-Schöneberg, GE
1986, 1073; LG Berlin, GE 1987, 243; a.A. LG Hamburg, MM 1991, 161; AG Berlin-
Schöneberg, NJW-RR 1991, 782). Bei der Messung des Bleigehalts des Trinkwassers
kommt es nicht auf das sog. Stagnationswasser an, sondern auf den Bleiwert nach einem
kurzfristigen Ablaufen des Trinkwassers (LG Berlin, GE 1996, 929). Bei **Holzschutz-
mitteln** (PCP und Lindan) kommt es darauf an, ob die aktuell zulässigen Grenzwerte
überschritten werden (Schläger, ZMR 1998, 435 m.w.N.). Der Vermieter ist nur dann
verpflichtet, Abwehrmaßnahmen gegen **Elektrosmog** zu ergreifen, wenn durch die festgestellte Belastung die Grenzwerte der aktuell geltenden DIN-Normen überschritten
werden (BVerfG, ZMR 1997, 218; OLG Hamm, WuM 1997, 182). Der Mieter kann bei
Luftverschmutzung nur dann vom Vermieter den Einbau von Filteranlagen verlangen,
wenn die in die Raumluft gelangenden Schadstoffe die festgesetzten Werte oder die
übliche Hintergrundbelastung übersteigen (LG Berlin, GE 1995, 1343). Büroräume
müssen so ausgestattet sein, dass den Anforderungen der Arbeitsstättenverordnung bzw.
der DIN 1945, Teil 2 (Raumlufttechnik) genügt ist und die Vorgaben für ein behagliches
Raumklima nicht überschritten werden. Diese Grenze ist im Einzelfall – ggf. durch
Sachverständigengutachten – zu ermitteln (OLG Hamm, NJW-RR 1993, 143; OLG
Köln, NJW-RR 1993, 46 = WuM 1995, 35). Die **Raumtemperatur** darf in Arbeitsräu-

men 26 Grad Celsius grundsätzlich nicht übersteigen (OLG Rostock, NZM 2001, 425; AG Neuss, NZM 1998, 35 m.w.N.). Bei höheren Außentemperaturen muss die Innentemperatur mindesten 6 Grad niedriger sein (OLG Rostock, a.a.O.).

Der Vermieter kann auch verpflichtet sein, Einrichtungen instand zu halten, die von dem Vormieter zurückgelassen worden sind (z.B. Vermieter vermietet Wohnung mit „Bad/Dusche" – im Bad befindet sich eine vom Vormieter installierte Dusche, die schadhaft wird). Hat der Vermieter den Mieter nicht ausdrücklich darauf hingewiesen, dass die **zurückgelassenen Einrichtungen vom Vormieter** stammen und er – der Nachfolgemieter – diese instand halten muss, so gelten diese Einrichtungen als mitvermietet mit der Folge, dass der Vermieter auch zur Instandsetzung dieser vom Vormieter zurückgelassenen Einrichtungen verpflichtet ist (AG Berlin-Wedding, MM 1984, 23), was der Mieter zu dulden hat. 24

Die Instandhaltungspflicht des Vermieters bezieht sich grundsätzlich auch auf solche Einrichtungen, zu deren Einbau sich der Mieter gegenüber dem Vermieter vertraglich verpflichtet hat (AG Berlin-Schöneberg, MM 1987, 145).

Ob und inwieweit die Instandhaltungspflicht des Vermieters – und damit die Duldungspflicht des Mieters – sich hinsichtlich der als mitvermietet geltenden **Hausteile** bezieht, hängt vom Nutzungszweck dieser Zubehörräume ab.

Keller und Boden werden sich im Allgemeinen schon dann in einem für den vertragsmäßigen Gebrauch geeigneten Zustand befinden, wenn mit ihrer Benutzung eine Gefahr für Leib und Leben nicht verbunden ist. Der Keller muss aber so trocken sein, dass der Mieter dort nicht ständig benötigte Einrichtungs- und Gebrauchsgegenstände lagern kann. Eine von mehreren Mietparteien zu benutzende **Außentoilette** hingegen wird regelmäßig auch einer malermäßigen Instandhaltung bedürfen (KG, GE 1984, 81), die der Mieter zu dulden hat. 25

Befindet sich der **Briefkasten** an einer Stelle, die den ungehinderten Zutritt unbefugter Dritter ermöglicht und den Mieter zu einem Umweg nötigt (z.B. Briefkasten in einem tagsüber nicht verschlossenen Hofdurchgang für den Mieter, der im Vorderhaus wohnt und diesen Hofdurchgang nicht zu benutzen braucht, um in seine Wohnung zu gelangen), so muss die Briefkastenanlage verlegt werden, was auch die anderen Mieter dulden müssen. 26

Hat der Vermieter Räume in einem Haus vermietet, in dem sich ein **Fahrstuhl** befindet, so ist dieser ständig betriebsbereit zu halten. Einschränkende Formularvereinbarungen dahin gehend, dass der Fahrstuhl nur zu bestimmten Tageszeiten in Betrieb gehalten wird, sind unwirksam (§ 535 Rn. 47). Der Mieter kann Instandsetzung des **Hofdurchganges** zu der im Hinterhaus gelegenen Wohnung verlangen, wenn dieser Hofdurchgang infolge ständig herabfallenden Putzes nicht mehr verkehrssicher ist, was dann auch die anderen Mieter dulden müssen, die ebenfalls ihre Wohnungen durch den Hofdurchgang erreichen. 27

Die Instandhaltung oder Instandsetzung des **Treppenhauses** hängt davon ab, in welchem Zustand sich dieser Hausteil bei Vertragsabschluss befand. Der Vermieter ist daher verpflichtet, den Hausflur zu renovieren, wenn bei Beginn des Mietverhältnisses der Hausflur frisch renoviert war (KG, GE 1984, 81 = WuM 1984, 42; einschränkend: LG Berlin, 1994, 997: nur bei schlechthin unzumutbarem Zustand). Der Mieter hat auch einen An- 28 spruch auf Ausbesserung beschädigter Putzflächen (LG München I, WuM 1993, 736) sowie auf Beseitigung von Schmierereien beleidigenden Inhalts (AG Berlin-Schönberg, MM 1994, 211). Wenn das Treppenhaus jedoch nicht in einem schlechteren Zustand ist als zu Beginn des Mietverhältnisses, besteht kein Renovierungs- und/oder Instandsetzungsanspruch (AG Berlin-Tiergarten, GE 1987, 1057; LG Berlin, GE 1987, 783), so dass die Mieter auch die entsprechenden Malerarbeiten nicht zu dulden brauchen. War die Treppe mit einem Läufer ausgelegt, so muss der Vermieter auch diesen instand halten; die Mieter müssen die damit verbundenen Einschränkungen dulden. Der Vermieter muss einen Hauswart oder andere Hilfspersonen beauftragen, die für das Verschließen der **Haustür** in der Zeit zwischen 22.00 Uhr und 6.00 Uhr Sorge tragen, wenn sich aus konkreten Umständen die Gefahr weiterer Störungen der Mieter durch Dritte in dieser Zeit ergibt (LG Berlin, GE 1987, 523). Der Vermieter ist verpflichtet, die **Beleuchtung** für die vom Mieter rechtmäßig zu nutzenden mitvermieteten Flächen (Treppen, Zugänge, Hofflächen, Hofdurchfahrten usw.) in dem Umfang instand zu halten, wie er sich bei Beginn des Mietverhältnisses darstellte. Zumindest muss die Beleuchtung derart sein, dass eine gefahrlose Benutzung dieser Flächen möglich ist (vgl. dazu näher Gaisbauer, DWW 1969, 278 m.w.N.).

Der Vermieter ist grundsätzlich nicht verpflichtet, einen **Blitzableiter** anzubringen (LG Marburg, NZM 1998, 909).

29   Der Mieter ist auch dann zur Duldung von **vorbeugenden Erhaltungsarbeiten** verpflichtet, wenn die Mietsache defekt zu werden im Begriffe ist (LG Berlin, GE 1992, 1099, GE 1988, 145; LG Hamburg, WuM 1995, 267), also wenn der **Erhaltungsbedarf** zwar nicht akut, aber **absehbar** ist (LG Berlin, GE 1986, 443, Erneuerung der Entwässerungsrohre in einem rund 50 Jahre alten Haus; etwas differenzierender: LG Berlin, GE 1988, 145, wonach man von der Annahme einer erforderlichen Instandsetzung nur ausgehen könne, „wenn die Mietsache in irgendeiner Weise defekt ist oder zumindest defekt zu werden im Begriffe ist"; ebenso LG Berlin, GE 1992, 1099: vorbeugende Maßnahme ist grundsätzlich nicht Instandhaltung – Austausch von Bleirohren). Der Mieter braucht jedoch eine Überdachung der zur Wohnung gehörenden Terrasse zum Schutz des Terrassenbodens nicht zu dulden (LG Gießen, WuM 1998, 278).

30   Die **Vorschrift erfasst nicht** Maßnahmen, die der **Umgestaltung** (LG Berlin, GE 1988, 145: Fensteraustausch zur Vereinheitlichung der Fassadenansicht; LG Göttingen, WuM 1990, 205: einheitliche Gestaltung von Dachgauben), der **Verschönerung** (AG Köln, WuM 1987, 31: Außenrenovierung der Fassade; VG Berlin, GE 1981, 91: Austausch einer hölzernen Haustür gegen eine solche aus Metall; VG Berlin, GE 1991, 110: leitungsverdeckende Abhängung von Decken) dienen **oder** zu einer **Änderung des Vertragsgegenstands** führen (AG Berlin-Tiergarten, GE 1989, 729). Daher braucht der Mieter nicht zu dulden, dass der defekte Gasherd durch einen Elektroherd (LG Berlin, GE 1997, 185 = NJWE-MietR 1997, 222) oder die defekte Nachtstromspeicherheizung durch eine Gasheizung (LG Hamburg, WuM 1998, 279) ersetzt wird. Die Formularklausel, die es dem Vermieter gestattet, durch Austausch der Küchenherde die Energieart zu ändern, ist unwirksam (LG Berlin, GE 1997, 185 = NJWE-MietR 1997, 222). Maßnahmen zum Anschluss des ausgebauten Dachgeschosses an die Versorgungsleitungen fielen bis zum 31.8.1993 nicht unter den früheren § 541a (LG Berlin, GE 1993, 801), seitdem

aber doch. Da der Begriff der „Maßnahmen zur Verbesserung der Mietsache" i.S.d. § 554 Abs. 2 sowohl die Maßnahmen zur Verbesserung „einzelner Räume" als auch diejenigen an „sonstigen Teilen des Gebäudes" umfasst, gilt diese Duldungspflich: auch nach der Neufassung weiter. Es sind etliche solcher Maßnahmen denkbar, die zwischen Erhaltung der Mieträume oder des Gebäudes einerseits und Modernisierung andererseits liegen und deren Kosten der Vermieter zu tragen hat (Herstellung eines Glasausschnittes in einer Tür zum nicht belichteten Flur: VG Berlin, GE 1985, 783; Einbau fest eingelassener Gardinenleisten und Gardinenstangen: VG Berlin, GE 1982, 273; Einbau von Post-Leerrohren für spätere Kabelarbeiten: VG Berlin, GE 1985, 425).

Voraussetzung für die Duldungspflicht des Mieters gem. § 554 Abs. 1 ist lediglich, dass die **Maßnahme objektiv notwendig** ist, d.h., dass auch ein durchschnittlicher, sachverständiger Vermieter die Maßnahme zu diesem Zeitpunkt durchführen würde (so zutreffend Blümmel in Blömeke/Blümmel/Kinne/Lorenz, Teil A Rn. 12). Unerheblich ist, wodurch die Schäden entstanden sind. Unter die vom Mieter grundsätzlich und unbedingt zu duldenden Erhaltungsmaßnahmen fallen zwar nur Maßnahmen, die zur Sicherung der Sache in ihrem ursprünglichen, wirtschaftlichen Bestand erforderlich sind (Emmerich/Sonnenschein, §§ 541a, 541b Rn. 2). Das bedeutet aber nicht, dass der Vermieter gleichsam zu einer „restaurierenden" Instandsetzung verpflichtet wäre (AG Berlin-Charlottenburg, GE 1991, 255). Der Vermieter hat vielmehr das Recht, auch den jeweils **neuesten Stand der Technik** einzuhalten (zum Teil ist er sogar aufgrund öffentlich-rechtlicher Vorschriften dazu verpflichtet – vgl. etwa § 8 ff. der Wärmeschutzverordnung vom 16.8.1994 [BGBl. I S. 2121]). Die Verpflichtung des Vermieters, die Mietsache in einem zum vertragsgemäßen Gebrauch geeigneten Zustand zu erhalten, bedeutet nicht, dass der (Original-) Zustand zu erhalten ist, der bei Mietbeginn bestanden hat (so ist es zulässig, anstelle einer erheblich defekten zentralen Warmwasserbereitung Durchlauferhitzer einzubauen: AG Berlin-Charlottenburg, GE 1991, 255; der Einbau einer Wohnungseingangstür mit größerem Einbruchsschutz kann zugleich Instandsetzungs- und Modernisierungsmaßnahme sein: LG Köln, Urteil vom 30.4.1992, 1 S 385/91 = ZMR 1992, Heft 12, XIII; a.A. LG Berlin, GE 1987, 1001, wonach der Mieter den Austausch von Holzkastendoppelfenstern gegen Kunststoff-Isolierfenster mit gleichen Schall- und Wärmedämmeigenschaften als Instandsetzungsmaßnahme nicht zu dulden braucht; ähnlich AG Berlin-Tiergarten, GE 1989, 729).

2.3 Abdingbarkeit

Zunächst haben es die Vertragsparteien in der Hand festzulegen, wie der vereinbarte Gegenstand beschaffen sein muss um als (noch) vertragsgemäß zu gelten. § 554 Abs. 1 ist dispositives Recht; § 554 Abs. 5 erklärt nur von den Absätzen 2 bis 4 abweichende Vereinbarungen für unwirksam. Die Vertragsparteien können also innerhalb der Schranken der Privatautonomie individuell bestimmen, wie sich das Spannungsverhältnis zwischen den §§ 535 und 554 Abs. 1 gestalten soll. So ist beispielsweise in vielen Formularmietverträgen die Bestimmung zu finden, dass sich der Mieter verpflichtet, auch solche **Erhaltungsmaßnahmen** zu dulden, **die** zwar nicht notwendig, aber **zweckdienlich sind**. Wenn solche vertraglichen Bestimmungen fehlen, ist im Wege der ergänzenden Vertragsauslegung zu klären, ob der Vermieter zu einer „restaurierenden" Instandsetzung (vgl. LG Berlin, GE 1987, 1001) verpflichtet sein könnte. Im Regelfall steht bei der

31

32

Instandhaltung und Instandsetzung die **Erhaltung oder Wiederherstellung der Funktion** eines Teils der Mietsache im Vordergrund. In solchen Fällen führt die Forderung nach einer „restaurierenden" Instandsetzung u.U. zu abwegigen Ergebnissen (z.B. Ersatz von defekten Trinkwasserleitungen aus Blei gegen solche aus demselben Material). Vielfach müsste eine solche Instandsetzung schon daran scheitern, dass bestimmte Materialien überhaupt nicht mehr beschafft werden können. Die dagegen vorgebrachten Einwände (vgl. LG Berlin, GE 1987, 1001: Austausch von schadhaften Kassettentüren gegen glatte Sperrholztüren mit Stahlzargen oder Ersatz von schadhaften stuckverzierten Decken durch solche ohne Putzornamente) überzeugen nicht. Dort, wo bei bestimmten Bestandteilen der Mietsache die ästhetische Komponente die funktionelle **weit überragt**, könnte eine ergänzende Vertragsauslegung den Vermieter – keineswegs aber immer – zu einer „restaurierenden" Instandsetzung verpflichten (wenn etwa für die Anmietung einer Wohnung das Vorhandensein von Stuckdecken, Delfter Kacheln oder Glasornament-Türen bestimmend war). Aber auch in solchen Fällen kann dem Vermieter eine „restaurierende" Instandsetzung u.U. nicht zugemutet werden (§ 242; z.B. Ersatz eines reich gegliederten und ornamentierten Kachelofens; vgl. im Übrigen dazu auch KG [RE], GE 1985, 729, insbesondere II. 1.). Umgekehrt kann die Duldungspflicht des Mieters entfallen, wenn er selbst zur Instandsetzung verpflichtet und berechtigt ist (LG Berlin, GE 1993, 651).

2.4 Umfang der Duldungspflicht

33 Der Begriff der **Maßnahmen**, die **zur Erhaltung** der Mietsache erforderlich sind, ist ein umfassender. Er beinhaltet jede Störung des Mieters in dem vertragsgemäßen Gebrauch durch die Erhaltungsmaßnahmen (Emmerich/Sonnenschein, §§ 541a, 541b Rn. 3). Dazu gehören Belästigungen durch Lärm, Erschütterungen und Schmutz, Entziehung von Licht und Luft durch Bau von Gerüsten (Emmerich/Sonnenschein, a.a.O.). Können die Arbeiten nur durchgeführt werden, wenn die Räume nicht bewohnt werden, ist der Mieter auch zu **(vorübergehendem) Auszug** verpflichtet (OLG Braunschweig, DWW 1965, 85). Der Vermieter ist aber gehalten, die Beeinträchtigungen für den Mieter möglichst gering zu halten. Nur in Ausnahmefällen kann die ansonsten unbeschränkte Duldungspflicht des Mieters eingeschränkt sein (etwa für den Fall eines unmittelbar bevorstehenden Auszugs des Mieters aus der Wohnung, BVerfG, NJW 1992, 1378; vgl. auch zur Selbstmordgefahr bei bevorstehender Durchführung von Schönheitsreparaturen LG Berlin, GE 1986, 283 mit Anm. der Redaktion; sowie Müller, GE 1986, 623).

34 Ob die Duldungspflicht des Mieters auch eine **Mitwirkungspflicht des Mieters** umfasst, ist umstritten (verneinend: Marschollek, ZMR 1985, 1 ff.; ZMR 1986, 346 f.; Staudinger/Emmerich, §§ 541a, 541b Rn. 21; Emmerich/Sonnenschein, §§ 541a, 541b Rn. 6; MüKo/Voelskow, § 541a Rn. 6; LG Berlin, GE 1996, 187; bejahend: Schläger, ZMR 1985, 193 ff.; ZMR 1986, 348; Palandt/Weidenkaff, § 541a Rn. 7; Sternel, Modernisierung von A bis Z, S. 13; ders., Mietrecht, II Rn. 298 ff. m.w.N.; RGRK/Geelhaar, § 541a Rn. 7; vgl. auch AG Berlin-Charlottenburg, GE 1983, 35). Unstreitig ist der Mieter verpflichtet, dem Vermieter und den von diesem Beauftragten nach vorheriger Absprache den **Zugang zu seiner Wohnung** zur Planung und Durchführung der Arbeiten zu gewähren (Emmerich/Sonnenschein, §§ 541a, 541b Rn. 3; AG Berlin-Schöneberg, GE 1987, 629); der Vermieter braucht sich nicht auf gleich geschnittene Wohnungen im Hause verweisen zu lassen (AG Berlin-Schöneberg, a.a.O.). Ob die geplanten Maßnahmen

zumutbar sind, ist noch nicht im Rahmen des Zutrittsrechts zu prüfen; es gelten im Übrigen für den Zutritt die mietvertraglich vereinbarten Besichtigungszeiten (AG Berlin-Schöneberg, a.a.O.). **Besichtigungen zur Unzeit** braucht der Mieter nicht zu dulden (Sonn- und Feiertage, Samstagnachmittage, Abendstunden ab 19.00 Uhr, vgl. Köhler, § 541a Rn. 3; Fuchs-Wissemann, ZMR 1986, 341), es sei denn, es ist Gefahr in Verzug (Köhler, a.a.O.). Bei dringendem Anlass darf der Mieter eine Besichtigung nicht verweigern, sofern der Vermieter seine Absicht 24 Stunden vorher angekündigt hat (AG Berlin-Schöneberg, GE 1990, 379: Wasserrohrbruch). Der Vermieter ist beim Betreten der Wohnung nicht verpflichtet, die Schuhe auszuziehen (AG Berlin-Tiergarten, GE 1990, 547).

Dass der Mieter Handwerkern den Zutritt zum vereinbarten Termin verweigert, rechtfertigt nicht die fristlose Kündigung (LG Mannheim, WM 1987, 320; LG Berlin, NZM 2001, 40).

Der Mieter ist auch verpflichtet, Möbel beiseite zu rücken oder auszuräumen und die Durchführung der Arbeiten zu ermöglichen (AG Berlin-Charlottenburg, GE 1983, 35; Blümmel, a.a.O., Rn. 14; so wohl auch Schläger, ZMR 1985, 193 und ZMR 1986, 348; a.A. Marscholleck, ZMR 1985, 1). Nur in Ausnahmefällen kann verlangt werden, dass der Mieter seine Wohnung zeitweilig räumt (LG Berlin, MM 1997, 280).

Der Vermieter hat nach Durchführung der Erhaltungsmaßnahmen die Beschränkungen in 35 der Gebrauchstauglichkeit zu beseitigen; dem Mieter steht das **Minderungsrecht** des § 536 zu, soweit durch die Maßnahme der vertragsgemäße Gebrauch aufgehoben oder nicht nur unerheblich gemindert wurde; Gleiches gilt auch für Modernisierungsmaßnahmen (AG Berlin-Tempelhof/Kreuzberg, MM 1984, Heft 4, 20). Ein Minderungsrecht steht dem Mieter nicht zu, soweit ein Anspruch des Vermieters auf Durchführung der Maßnahme nicht bestand, die Maßnahme vom Mieter aber ausdrücklich gewünscht wurde (LG Berlin, GE 1988, 409). Der Mieter kann gem. § 554 Abs. 4 Ersatz der Aufwendungen verlangen, die er infolge der Instandsetzungsmaßnahme machen musste.

Sofern **Erhaltungsmaßnahmen untrennbar mit Modernisierungsmaßnahmen** im 36 Sinne des § 554 Abs. 1 verbunden sind, richtet sich die Duldungspflicht des Mieters allein nach § 554 Abs. 2 (Sternel, Modernisierung von A bis Z, S. 13; Emmerich/Sonnenschein, §§ 541a, 541b Rn. 2; a.A. Schopp, ZMR 1983, 109 ff., der jedenfalls in den Fällen umfangreicher Erhaltungsmaßnahmen die gleichzeitig damit durchgeführten Modernisierungs- und Energieeinsparmaßnahmen nach § 541a [a.F.] beurteilte).

2.5 Durchsetzbarkeit des Duldungsanspruchs

Unter Umständen kann bei Erhaltungsmaßnahmen ein schneller Beginn erforderlich sein. 37 Ob die Duldung von Erhaltungsmaßnahmen dem Mieter gegenüber im Wege einer **einstweiligen Verfügung** durchzusetzen ist, ist umstritten (vgl. Müller, GE 1986, 526 ff.) Grundsätzlich können sowohl Modernisierungsmaßnahmen als auch Erhaltungsmaßnahmen im einstweiligen Verfahren durchgesetzt werden (Palandt/Weidenkaff, § 541a Rn. 4), jedoch stellt dieser Weg die Ausnahme dar. Bei Erhaltungsmaßnahmen kann der Vermieter mit dem Erlass einer einstweiligen Verfügung rechnen, wenn ein Notstand bereits eingetreten ist oder der Eintritt des Notstands unmittelbar bevorsteht (Müller, a.a.O., 535; LG Frankfurt. MDR 1968, 328: Gefahr für Feuersicherheit und Gesundheit; AG Wuppertal, MDR 1973, 409: begonnene Heizungsinstallation und unmittelbar bevostehender Beginn der Heizperiode); aber auch wenn von einem eigentlichen Notstand noch nicht gesprochen werden kann, eine gewisse Eilbedürftigkeit jedoch zu bejahen ist, bietet sich die einstweilige Verfügung als gerechtfertigt an (Müller, a.a.O.). Vielfach wird daran aber die Bedingung geknüpft, dass der Vermieter die Eilbedürftigkeit nicht zu vertreten habe (zweifelnd Müller, a.a.O., m.w.N. zum Meinungsstand).

2.6 Muster

38 **Schreiben des Vermieters auf Duldung von Reparaturmaßnahmen** →[✆ 554-1]

...   ...

(Vermieteranschrift)   (Datum)

Einschreiben/Rückschein

Frau/Herrn
...
(Vor- und Zuname des Mieters/der Mieter)
...
(Straße, Hausnummer und Lage der Wohnung im Gebäude, Ort)

Sehr geehrte(r) Frau/Herr ...!
Wie Sie mir mit Schreiben vom ... mitgeteilt haben, befinden sich Feuchtigkeits-schäden in dem ...zimmer der von Ihnen mit Mietvertrag vom ... gemieteten Woh-nung. Nachdem die Dachundichtigkeiten beseitigt worden sind, sollen nunmehr auch die Feuchtigkeitsschäden in den einzelnen Räumen beseitigt werden. Mit den entsprechenden Arbeiten habe ich die Firma ... in ... beauftragt. Ich bitte Sie daher, zur Ausführung der entsprechenden Arbeiten den Handwerkern dieser Firma am ... in der Zeit von ... bis ... Zutritt zu Ihrer Wohnung zu gewähren oder zu gewährleis-ten, dass die Handwerker in Ihre Wohnung gelangen können. Falls Sie mit dem an-gegebenen Termin nicht einverstanden sind, bitte ich Sie, dies mir bis zum ... mit-zuteilen, damit gegebenenfalls ein anderer Termin vereinbart werden kann.

Mit freundlichen Grüßen
...
(Unterschrift)

3. Duldungspflicht bei Verbesserungs- und Energieeinsparungsmaßnahmen
3.1 Allgemeines

39 Nach § 554 Abs. 2 hat der Mieter **Maßnahmen zur Verbesserung der Mietsache oder zur Einsparung von Energie oder Wasser oder zur Schaffung neuen Wohnraums** zu dulden, es sei denn, dass die Maßnahme für ihn, seine Familie oder einen anderen Ange-hörigen seines Haushalts eine Härte bedeuten würde, die auch unter Würdigung der

berechtigten Interessen des Vermieters und anderer Mieter in dem Gebäude nicht zu rechtfertigen ist. Dabei sind insbesondere die vorzunehmenden Arbeiten, die baulichen Folgen, vorausgegangene Aufwendungen des Mieters und die zu erwartende Mieterhöhung zu berücksichtigen. Die zu erwartende Mieterhöhung ist nur dann nicht als Härte anzusehen, wenn die Mietsache lediglich in einen Zustand versetzt wird, wie er allgemein üblich ist.

§ 554 Abs. 2 stellt mit der „zu erwartenden Mieterhöhung" mittelbar eine Verbindung zu den Vorschriften her, die dem Vermieter ein Recht zur Mieterhöhung durch einseitige Willenserklärung einräumen (§ 559 für preisfreien Wohnraum, § 6 NMV für preisgebundenen Neubauwohnraum, die §§ 3, 13 [a.F.] MHG für den früher preisgebundenen Altbau [bis 3.10.1990 errichtet] in den östlichen Bundesländern und Ostberlin und der § 11 [a.F.] AMVOB für ehemals preisgebundenen Altbauwohnraum in Berlin-West [außer Kraft seit dem 1.1.1988, vgl. § 8 Abs. 2 Nr. 12 GVW]). **40**

Der Wertverbesserungs- bzw. Modernisierungsbegriff (diese Begriffe sind austauschbar) der Vorschriften über die Mieterhöhung und des § 554 Abs. 2 sind nicht völlig deckungsgleich. Dies wird durch eine Gegenüberstellung deutlich: **41**

Modernisierungsmaßnahmen gem. § 554 Abs. 2
1. Maßnahmen zur Verbesserung der Mietsache,
2. Maßnahmen zur Einsparung von Energie oder Wasser,
3. Maßnahmen zur Schaffung neuen Wohnraums.

Modernisierungsmaßnahmen nach den Vorschriften über die Mieterhöhung
1. bauliche Maßnahmen, die den Gebrauchswert der Mietsache nachhaltig erhöhen (§ 559 Abs. 1, § 11 AMVOB), bzw. bauliche Maßnahmen, die den Gebrauchswert des Wohnraums nachhaltig erhöhen (§ 11 Abs. 6 II. BV),
2. bauliche Maßnahmen, die die allgemeinen Wohnverhältnisse auf die Dauer verbessern (§ 559 Abs. 1, § 11 AMVOB, § 11 Abs. 6 II. BV),
3. bauliche Maßnahmen, die nachhaltig Einsparungen von Energie oder Wasser bewirken (§ 559 Abs. 1, § 11 Abs. 6 II. BV),
4. bauliche Maßnahmen aufgrund von Umständen, die der Vermieter nicht zu vertreten hat (§ 559 Abs. 1, § 11 AMVOB, § 6 NMV, § 11 Abs. 5 II. BV),
5. Ausbau und Anbau im Sinne des § 17 Abs. 1 Satz 2 und Abs. 2 und Modernisierung i.S.d. § 17a (eingefügt durch das Gesetz zur Förderung des Wohnungsbaues – WoBauFördG – vom 6.6.1994 [BGBl. I S.1184], in Kraft getreten am 1.10.1994) II. WoBauG, soweit die baulichen Maßnahmen den Gebrauchswert des bestehenden Wohnraums nachhaltig erhöhen (nur § 11 Abs. 6 II. BV).

Abgesehen von der Sonderregelung des § 11 Abs. 6 Satz 2 II. BV (Ausbau und Anbau nach § 17 Abs. 1 Satz 2 und Abs. 2 und Modernisierung nach § 17a II. WoBauG) fallen bei einem Vergleich des Modernisierungsbegriffs für Mieterhöhungen mit dem des § 554 Abs. 2 zwei wesentliche Unterschiede auf: **42**
– Der Modernisierungsbegriff des BGB umfasst nicht die **baulichen Änderungen, die auf Umständen beruhen, die der Vermieter nicht zu vertreten hat.** Der Auffassung von Voelskow (MüKo/Voelskow, § 541b Rn. 6), wonach aus diesem Bereich jedenfalls solche Maßnahmen unter § 554 Abs. 2 (§ 541b [a.F.]) fallen, die eine objektive Verbesserung bewirken, kann nicht gefolgt werden. Maßnahmen, denen sich der

Vermieter grundsätzlich nicht entziehen kann, hat der Mieter ohne die nach § 554 Abs. 2 gebotene Abwägung zu dulden; ansonsten hätte es der Mieter z.B. in der Hand, über die ihm nach § 554 Abs. 2 zur Verfügung stehenden Einwendungen Maßnahmen zu verhindern, zu denen der Vermieter nach öffentlich-rechtlichen Vorschriften verpflichtet wäre (etwa: Einbau von Thermostatventilen, vgl. § 7 HeizAnlV, Umstellung von Stadtgas auf Erdgas). Dieses Ergebnis ist nicht sachgerecht (amtliche Begründung zu § 554 unter Nr. 1, BTDrucks. 14/4553, S. 43). Da § 554 Abs. 2 auf solche Maßnahmen nicht anwendbar ist (so aber Blumenstein, ZMR 1987, 401 [403]), ergibt sich die Duldungspflicht insoweit aus § 242 (Schmidt-Futterer/Eisenschmid, § 541b Rn. 17).

– Der mieterhöhungsrechtliche Modernisierungsbegriff definiert die **Verbesserung der allgemeinen Wohnverhältnisse** auf Dauer als Modernisierung, wogegen § 554 Abs. 2 von Maßnahmen zur **Verbesserung der Mietsache** (nicht: des Grundstücks) spricht. Da aber damit auch die Verbesserung „sonstiger Teile des Gebäudes" erfasst wird (Begründung zu § 554 Abs. 2) ist eine Harmonisierung des Modernisierungsbegriffs weitgehend erreicht (so schon LG Berlin, GE 1992, 1045).

43 Da sowohl § 554 Abs. 2 als auch § 559 Abs. 1 und § 11 AMVOB von „Mietsache" sprechen, kann man davon ausgehen, dass § 554 Abs. 2 insgesamt die Mietsache und damit auch jene Teile des Grundstücks im Auge hat, die als mitvermietet gelten (wie Gemeinschaftsflächen), so dass auch bauliche **Maßnahmen, die die allgemeinen Wohnverhältnisse** verbessern (etwa die Anlage und der Ausbau von nicht öffentlichen Gemeinschaftsanlagen wie Kinderspielplätzen, Grünanlagen, Stellplätzen und anderen Verkehrsanlagen), **nach § 554 Abs. 2 beurteilt** werden müssen. Der inzwischen außer Kraft getretene § 3 Abs. 1 ModEnG (vgl. Artikel 36 des Zweiten Rechtsbereinigungsgesetzes vom 16.12.1986 [BGBl. I S. 2441], wonach die §§ 1 bis 13, 20a, 20b, 21a und § 22 Satz 1 und 2 sowie die §§ 28 und 29 ModEnG mit Wirkung vom 1.1.1987 an aufgehoben wurden) definiert als Modernisierung auch die Verbesserung der allgemeinen Wohnverhältnisse auf Dauer. §§ 3 und 4 ModEnG wurden übrigens auch für die Begriffsklärung im mieterhöhungsrechtlichen Bereich als Auslegungsrichtlinie akzeptiert (vgl. OVG Berlin, GE 84, 713; LG Berlin, GE 1987, 521). Da das Außer-Kraft-Treten von Teilen des ModEnG (vgl. Artikel 36 des Zweiten Rechtsbereinigungsgesetzes, a.a.O.) seine Gründe in der weggefallenen Bund-Länder-Förderung hatte, wird man auch weiterhin die außer Kraft getretenen §§ 3 und 4 ModEnG als Auslegungsrichtlinie sowohl für den mietpreisrechtlichen Modernisierungsbegriff als auch den des § 554 Abs. 2 heranziehen dürfen.

Nach der Begründung des Gesetzentwurfs zum § 541b [a.F.] (BTDrucks. 9/2079 B zu Artikel 1 Nr. 2) soll der Modernisierungsbegriff insofern noch über den Bereich des § 3 Abs. 1 ModEnG [a.F.] (und damit auch über den mieterhöhungsrechtlichen Modernisierungsbegriff) hinausgegangen sein, als es bei dem § 541b [a.F.] nicht der weiteren Voraussetzung bedurfte, dass die bauliche Maßnahme eine **„nachhaltige"** Erhöhung des Gebrauchswerts bewirkte (a.A. Degen, WuM 1983, 275) oder die allgemeinen Wohnverhältnisse **„auf Dauer"** verbesserte. Maßnahmen der Energieeinsparung oder Wassereinsparung brauchten danach ebenfalls nicht nachhaltig sein, sondern sämtliche Sparmaßnahmen seien erfasst worden (a.A. LG Berlin, GE 1987, 521, wonach duldungspflichtig nur „nachhaltig" energiesparende Maßnahmen sind; zutreffend).

Nicht mehr ausdrücklich erwähnt sind in § 554 Abs. 2 und den mieterhöhungsrechtlichen Vorschriften die Energieeinsparungsmaßnahmen bei der Heizung und der Warmwasserbereitung. Da aber nach der Neufassung des § 554 Abs. 2 sämtliche Maßnahmen zur Einsparung von Energie duldungspflichtig sind, fallen auch Maßnahmen zur Energieeinsparung bei Heizung und Warmwasser darunter (so schon früher Schmid, BLGBW 1983, 62).

Die mangelnde Kongruenz der Formulierungen in den mietpreisrechtlichen Modernisierungsbegriffen einerseits und dem Modernisierungsbegriff aus § 554 Abs. 2 andererseits ist jedoch kein Ausdruck gesetzgeberischen Willens, die Begriffe tatsächlich mit jeweils anderem Inhalt zu füllen (das ergäbe auch keinen Sinn und erzeugte nur Rechtsunsicherheit), sondern lediglich Ergebnis der sich im Laufe der Jahrzehnte ändernden Ausdrucksweise des Gesetzgebers (Beuermann, § 3 MHG Rn. 4; Bub/Treier, III A Rn. 568). Aus der Entwicklung der einzelnen Vorschriften lässt sich dies unschwer herleiten (vgl. Beuermann, a.a.O.). Die Verbesserungsmaßnahmen i.S.d. § 554 Abs. 2 entsprechen lediglich der älteren Terminologie des Gesetzgebers und sind in der Sache nichts anderes als die Modernisierungsmaßnahmen des § 559 nach der neueren Terminologie. Für die hier vertretene Auffassung spricht im Übrigen in erster Linie der Wortlaut des Gesetzes selbst. Wenn bei der Gesamtabwägung, ob der Mieter eine bestimmte Maßnahme zu dulden hat oder nicht, auf die zu erwartende Mieterhöhung abzustellen ist, wird damit mittelbar zum Ausdruck gebracht, dass die in § 554 Abs. 2 beschriebenen Maßnahmen auch eine solche nach sich ziehen. Zutreffend ist deshalb, dass der Mieter grundsätzlich nur solche Maßnahmen dulden muss, die zu einer Mieterhöhung führen können, also auf **Dauer** angelegt bzw. **nachhaltig** sein müssen (LG Berlin, GE 1987, 521); etwas **anderes** gilt nur **bei** Maßnahmen zur **Schaffung neuen Wohnraums**.

Zusammenfassend kann also gesagt werden, dass der Modernisierungsbegriff wie folgt zu definieren ist: 44

Mit Ausnahme des Tatbestands der baulichen Änderungen aufgrund von Umständen, die der Vermieter nicht zu vertreten hat, deckt er den gesamten Modernisierungsbegriff, wie er sich aus § 559 Abs. 1, § 11 II. BV und den §§ 3, 13 MHG [a.F.] sowie § 11 AMVOB [a.F.] ergibt. Dabei können als Auslegungsrichtlinien auch noch die außer Kraft getretenen Vorschriften der §§ 3 und 4 ModEnG herangezogen werden. Das bedeutet, die Maßnahmen müssen nachhaltig sein bzw. auf Dauer angelegt, objektiv vertretbar sein und auch das Gebot der Wirtschaftlichkeit berücksichtigen (LG Berlin, GE 1987, 521). Der Modernisierungsbegriff des § 554 Abs. 2 ist andererseits weiter als der des § 559 Abs. 1, soweit es sich um die Schaffung neuen Wohnraums handelt.

3.2 Modernisierungsmaßnahmen

Modernisierungsmaßnahmen sind **bauliche Veränderungen** der Mietsache, die deren   45
Gebrauchswert erhöhen und eine **bessere Nutzung** ermöglichen gegenüber dem **vom Vermieter zur Verfügung gestellten Zustand** (LG Berlin, NZM 1999, 1036). Dem Mieter muss infolge der vom Vermieter durchgeführten Änderungen des bisherigen Zustands etwas zur Verfügung gestellt werden, was er bisher nicht oder jedenfalls nicht in dieser gehobenen Weise hatte (Gellwitzki, ZMR 1998, 225). Die bauliche Maßnahme

kann sich auf die Wohnung selbst, das Haus oder das Hausgrundstück beziehen; sie muss zumindest wirtschaftlich in sachlichem Zusammenhang mit dem Mietgebrauch stehen, wobei von den Legaldefinitionen der außer Kraft getretenen §§ 3 und 4 ModEnG ausgegangen werden kann (OLG Hamm, NJW 1983, 2331 = WuM 1983, 287). Ein Eingriff in die bauliche Substanz des Gebäudes muss jedoch nicht in jedem Fall vorliegen, so dass auch der **Austausch von technischen Ausstattungen, die nicht** jederzeit wieder **entfernt werden können**, als Modernisierung angesehen werden (Barthelmess, § 3 MHG Rn. 7; a.A. AG Kiel, WuM 77, 171; str., vgl. auch Blömeke/Blümmel/Kinne/Lorenz, Stichworte „Elektroherd" und „Gasherd").

46 Bei den Modernisierungsmaßnahmen im engeren Sinne wird unterschieden zwischen denjenigen Maßnahmen, die den Gebrauchswert der Mietsache auf Dauer verbessern und denjenigen, die nachhaltig Einsparungen von Energie oder Wasser bewirken.

Eine Wertverbesserung liegt immer dann vor, wenn der **Gebrauchswert der Mietsache nachhaltig erhöht wird**. Die Erhöhung des Gebrauchswerts der Mietsache ist dann anzunehmen, wenn der dem Mieter zustehende **Mietgebrauch** (§ 535) durch die bauliche Änderung hinsichtlich der eigentlichen Mieträume oder der mitvermieteten Haus- und Grundstücksteile **erleichtert, verbessert oder vermehrt** wird (Schmidt-Futterer/Blank, C 178). Nicht ausreichend sind bloße **Instandhaltungs- oder Instandsetzungsmaßnahmen**, die den vertragsgemäßen Zustand der Wohnung aufrechterhalten oder wiederherstellen (vgl. dazu näher Kinne, Mängel in Mieträumen, S. 27 ff.), unabhängig davon, ob der Vermieter die Aufhebung oder Minderung der Tauglichkeit der Mietsache zum vertragsgemäßen Gebrauch nicht verschuldet hat (z.B. Baulärm vom Nachbargrundstück: vgl. BayObLG, WuM 1987, 112 f. = NJW 1987, 1950 = GE 1987, 39; Verkehrslärm). Daher sind Maßnahmen zur Mängelbeseitigung (z.B. **Instandsetzung der Fassade zur Wärmedämmung**: vgl. dazu LG Berlin, GE 1997, 1469; **Einbau von Schallschutzfenstern in Wohnung in Fluglärmzone**: vgl. dazu LG Berlin, GE 1996, 1249; **Ersatz von schadhaften Kasteneinfachfenstern gegen isolierverglaste Doppelfenster**: vgl. dazu OLG Celle, GE 1981, 575) nicht als Modernisierungsmaßnahmen anzusehen.

47 Auch **Nachrüstungsarbeiten, durch die die Gesundheit des Mieters geschützt wird**, sind keine Modernisierungsarbeiten, wie z.B. die Abdichtung der Decke zwischen einer chemischen Reinigung und der darüber liegenden Wohnung des Mieters, um die gesundheitsschädlichen Auswirkungen von Perchloräthylen zu verhindern (vgl. dazu allgemein Schläger, ZMR 1988, 407 ff.; ZMR 1992, 85 ff.; ZMR 1994, 189 ff.; ZMR 1996, 517 ff.; ZMR 1998, 669 ff.), aber auch das Auswechseln von Bleirohren (vgl. dazu § 535 Rn. 80 m.w.N.) sowie die Entfernung von Nachtstromspeicheröfen mit Asbest (LG Berlin, GE 1996, 1547 = WuM 1996, 761; WuM 1998, 1091; WuM 1999, 47; LG München, WuM 1998, 18; LG Dortmund, WuM 1996, 141 = ZMR 1994, 410; LG Lübeck, ZMR 1998, 433; LG Hamburg, NZM 1998, 190).

Auch Maßnahmen, die infolge einer **Änderung der Wohngewohnheiten** erforderlich werden, sind keine Modernisierungsarbeiten; dazu gehören z.B. Maßnahmen zur Verstärkung der Elektrosteigeleitung, damit die nach heutigem Standard im Haushalt vorhandenen Elektrogeräte betrieben werden können.

48 Modernisierungsmaßnahmen sind nur diejenigen, durch die das **Wohnen** in der Wohnung **angenehmer, bequemer, sicherer, gesünder** oder **weniger arbeitsaufwendig**

wird. Eine beispielhafte Aufzählung solcher Maßnahmen ist in § 4 Abs. 1 und 2 ModEnG enthalten (Barthelmess, § 3 MHG Rn. 9; Beuermann, § 3 MHG Rn. 10. 14). Diese Vorschrift ist zwar durch Artikel 36 des II. Rechtsbereinigungsgesetzes vom 14. Dezember 1986 (BGBl. I S. 2441, 2449) aufgehoben worden. Für die Auslegung des mietpreisrechtlichen Modernisierungsbegriffs sind die Regelungen des ModEnG aber nach wie vor von Bedeutung; denn der preisrechtliche Modernisierungsbegriff ist dem Modernisierungsbegriff der §§ 3 ff. ModEnG nachgebildet. Deshalb kann zur Auslegung auf die Definition der §§ 3 ff. ModEnG zurückgegriffen werden (OVG Berlin, GE 1984, 713; GE 90, 1153 [1155]; vgl. im Übrigen Blümmel in Blömeke/Blümmel/Kinne/Lorenz, Teil A Rn. 21).

Im Einzelnen unterfallen dem mietpreisrechtlichen Modernisierungsbegriff folgende 49 Wertverbesserungsmaßnahmen:

3.2.1 Verbesserung des Zuschnitts der Wohnung

Zu den bauliche Maßnahmen, die den **Zuschnitt der Wohnung** verbessern, gehören 50 sowohl der Umbau der Mädchenkammer und der Speisekammer sowie eines Teils der Küche, um neben der Vergrößerung des Badezimmers ein weiteres Wohnzimmer zu schaffen (OVG Berlin, ZMR 1990, 36 = GE 1990, 1153 [1155]), als auch die Zusammenlegung eines kleinen Waschraums mit Dusche mit dem eigentlichen Badezimmer (LG Berlin, GE 1997, 1473). Bei derartigen Grundrissänderungen ist zwischen der durch den Verlust der umgebauten Räume einerseits eingetretenen Wohnwertminderung und der mit der Vergrößerung anderer Räume und dem Gewinn eines weiteren Raums andererseits eingetretenen Wertverbesserung abzuwägen. Überwiegt in diesen Fällen der durch die Vergrößerung eines anderen Raums und/oder den Gewinn eines weiteren Zimmers eingetretene Wertzuwachs, so ist die bauliche Maßnahme als Modernisierungsmaßnahme anzuerkennen. Bei einer **Zusammenlegung von bisher abgeschlossenen Teilwohnungen** zu einer größeren Wohnung kommt es darauf an, ob die Wohnverhältnisse entscheidend verbessert worden sind. Der allgemein höhere Wohnwert einer größeren Wohnung reicht für die Annahme einer Gebrauchswerterhöhung allein nicht aus (OVG Berlin, GE 1990, 1155). Sind jedoch mehrere, bisher abgeschlossene Teilwohnungen, die weder über ein Bad noch über einen in der Wohnung gelegenen Abort verfügten, zu einer größeren Wohnung mit Bad und Innentoilette zusammengelegt worden, liegt eine Wohnwertverbesserung vor (OVG Berlin, GE 1990, 1155). Der Einbau eines Bades stellt objektiv eine Modernisierungsmaßnahme auch dann dar, wenn sich bereits in einer Kammer eine transportable Duschkabine befindet; eine für den Einbau des Bades notwendige Grundrissänderung im Bereich zwischen Speisekammer und Küche ist dem Mieter auch zumutbar (LG Berlin, GE 1990, 255; GE 1992, 39). Der Umbau eines Balkons zu einem Wintergarten ist dagegen grundsätzlich keine Modernisierungsmaßnahme (AG Berlin-Neukölln, GE 1996, 1433; LG Berlin, GE 1997, 1031 = NZM 1998, 189 – vgl. im Übrigen Blömeke/Blümmel/Kinne/Lorenz, Stichwort „Zuschnitt der Wohnung und Funktionsabläufe").

3.2.2 Verbesserung der Belichtung und Belüftung

Eine bauliche Maßnahme, die den Gebrauchswert der Wohnung erhöht, ist beispielswei- 51 se der Ausbruch neuer Fenster (VG Berlin, Urteil vom 5.9.1983, VG 14 A 282.82). Auch in diesem Fall ist jedoch die durch die Verbesserung der Belichtung und Belüftung eingetretene Wertverbesserung zu vergleichen mit der gleichzeitig verursachten Wohnwertminderung. Eine Wertverbesserung ist daher zu verneinen, wenn der durch ein zusätzliches Fenster geschaffene Gebrauchswertvorteil wegen des gleichzeitig eingetretenen Verlusts der einzig größeren Stellfläche (vor dem eingebauten Fenster) nicht ins Gewicht fällt (VG Berlin, GE 1981, 91). Der durch den Austausch eines Kastendoppelfensters durch ein Isolierglasfenster zu erreichende Lichtgewinn wird als zu unerheblich angesehen, um dadurch eine spürbare Gebrauchswertverbesserung zu erreichen (OVG Berlin, Urteil vom 2.5.1983, OVG 2 B 153.82). Dagegen ist der Einbau eines ausreichend großen, gut zugänglichen Fensters statt eines früheren kleinen Lüftungsfensters als Modernisierungsmaßnahme anzuerkennen (OVG Berlin, GE 1990, 1153 [1155]). Auch der Einbau von Belüftungsanlagen für innen liegende Räume oder solche, die aufgrund ihrer Funktion besonders auf eine gute Belüftung angewiesen sind – wie Küche und Bad –, ist als Wertverbesserung anzusehen (vgl. dazu näher Blömeke/Blümmel/Kinne/Lorenz, Stichwort „Belichtung und Belüftung").

3.2.3 Verbesserung des Schallschutzes

52 Die Verbesserung des Schallschutzes (Luft- und Trittschall) stellt eine Gebrauchswertverbesserung dar. Jedoch muss der durch die Schallschutzmaßnahmen erreichte Gebrauchswertvorteil messbar sein; so stellt auch unter dem Gesichtspunkt der Trittschalldämmung der Austausch von Dielen gegen Parkettfußboden keine Modernisierung dar (VG Berlin, Urteil vom 12.1.1984, VG 14 A 386.83); auch der Austausch von Kastendoppelfenstern durch dreifach verglaste Kunststofffenster wird mangels einer „messbaren" Verbesserung des Schallschutzes nicht als Wertverbesserungsmaßnahme anerkannt (VG Berlin, GE 1985, 689), ebenso wenig der Austausch von Thermopanefenstern gegen Aluprofilfenster (LG Berlin, GE 1993, 425). Der Einbau von Schallschutzfenstern stellt eine Wertverbesserung in solchen Gebieten dar, in denen anhaltende Geräusche von 50 dB (A) und mehr auftreten (vgl. dazu Blömeke/Blümmel/Kinne/Lorenz, Stichwort „Schallschutz").

3.2.4 Verbesserung der Energieversorgung, Wasserversorgung und Entwässerung

53 Die Energieversorgung wird z.B. verbessert, wenn eine Wohnung mit **Gas oder Strom erstmalig versorgt** wird. Der Einbau einer neuen Elektroinstallation (KG, GE 1984, 757) und die Verstärkung der elektrischen Steigeleitung (AG Berlin-Mitte, GE 1998, 621) stellen nach ständiger Rechtsprechung eine Gebrauchswertverbesserung dar (OVG Berlin, GE 1982, 273; LG Berlin, GE 1985, 141 und GE 1992, 611). Dafür reicht die Möglichkeit einer höheren Stromentnahme durch den Mieter infolge der Heranführung der verstärkten Steigeleitung an den Stromzähler aus (VG Berlin, GE 1982, 281). Dabei ist nicht auf die einzelne Wohnung, sondern auf das gesamte Haus abzustellen (AG Berlin-Mitte, GE 1998, 621). Die Verstärkung der Elektrosteigeleitung, die nur wegen des Ausbaus des Dachgeschosses notwendig wird, stellt jedoch keine Modernisierung dar (LG Berlin GE 1999, 46). Die **Wasserversorgung** wird verbessert, wenn durch das Verlegen neuer Kaltwasserleitungen das neue Leitungsnetz eine höhere lichte Weite erhält als das bisherige, mithin eine höhere Wasserentnahme möglich ist (VG Berlin, GE

1982, 379 [381]; GE 1982, 331 [333] und GE 1985, 791; LG Berlin, GE 1986, 443). Voraussetzung für eine höhere Wasserentnahme ist, dass auch der Hauptanschluss entsprechend vergrößert wird.

Die Verbesserung der **Entwässerung** ist ebenfalls als Modernisierungsmaßnahme anzusehen. Dazu zählt auch der Einbau neuer Abwasserleitungen, wenn dadurch eine höhere Abwasserkapazität erreicht wird (vgl. VG Berlin, GE 1982, 331 [333] und GE 1985, 791). Bei öffentlichem Anschlusszwang stellt auch der erstmalige Anschluss einer Wohnung an die öffentliche Kanalisation eine Modernisierungsmaßnahme dar, weil es sich insofern um eine vom Vermieter nicht zu vertretende bauliche Maßnahme handelt (LG München II, WM 1985, 66; OLG Hamm, GE 1983, 619 ff.).

3.2.5 Verbesserung der sanitären Einrichtungen

Zu den Sanitäreinrichtungen zählen **Bad, WC und Dusche** und die dafür notwendigen Anlagen und Installationen. Küchen und Waschküchen können dagegen nicht als Sanitäreinrichtungen angesehen werden (a.A. Fischer-Dieskau/Pergande/Schwender, § 4 ModEnG Anm. 3.5; Schmidt-Futterer/Blank, C 179). Unter Verbesserung der Sanitäreinrichtungen ist sowohl der erstmalige **Einbau** von sanitären Einrichtungen als auch die Modernisierung von veralteten sanitären Einrichtungen zu verstehen. Der erstmalige Einbau eines Bades in eine Wohnung, die bisher über einen solchen Sanitärraum nicht verfügte, stellt unbestritten eine Wertverbesserung dar (so schon VG Berlin, Urteil vom 5.12.1974, X A 122.74; VG Berlin, GE 1985, 789; OVG Berlin, GE 1990, 1153 [1155]; LG Berlin, GE 1986, 157 [158]; GE 1992, 39). Dies gilt grundsätzlich auch dann, wenn für den Einbau des Bades Mädchenkammer und Speisekammer sowie ein Teil der Küche verwendet werden (OVG Berlin, a.a.O.; a.A. LG Berlin, GE 1980, 157). Ebenso wie der erstmalige Einbau eines Bades stellt auch der Einbau der Dusche eine Wertverbesserung dar (VG Berlin, GE 1982, 279; VG Berlin, GE 1985, 789; OVG Berlin, GE 1985, 881).

Neben der erstmaligen Schaffung von Bad, Dusche oder WC können auch **Umbauten** bereits vorhandener Sanitäreinrichtungen eine Wohnwertverbesserung darstellen. Entscheidend ist aber auch insoweit, dass eine nachhaltige Gebrauchswertverbesserung herbeigeführt wird. Dazu gehört z.B. die Aufteilung eines Bades mit WC in ein gesondertes WC und ein – durch Hinzunahme anderweitig genutzter Wohnfläche – vergrößertes Bad (VG Berlin, GE 1983, 441). Auch die ergänzende Verfliesung des Badezimmers bis zur Decke ist als Modernisierungsmaßnahme angesehen worden (VG Berlin, GE 1982, 379 [381]). Die Zusammenlegung eines kleinen Waschraums mit einem Badezimmer, dessen Boden und Wände bis zu 2 m gefliest werden und dessen Wände im Bereich der Duschtasse isoliert werden sollen, stellt ebenfalls eine wohnwertverbessernde Maßnahme dar (LG Berlin, GE 1997, 1473).

Der Mieter braucht jedoch die Entfernung der Speisekammer (AG Berlin-Mitte, MM 2000, 280) oder der Küche (AG Berlin-Charlottenburg, GE 1998, 1403) zur Vergrößerung des Badezimmers nicht zu dulden. Die Erneuerung eines jahrzehntealten Bades in einer vermieteten Wohnung berechtigt nur wegen der Kosten für den Ersatz des Ölsockels und des PVC-Fußbodens durch Fliesen zu einem Modernisierungszuschlag, nicht jedoch wegen Erneuerung der Sanitäranlagen (AG Gelsenkirchen, NZM 1999, 801). Auch der Austausch der vorhandenen Sanitäranlagen gegen farbige Einrichtungen ist keine Modernisierungsmaßnahme (VG Berlin, GE 1985, 425), ebenso wenig der Austausch der alten Steingutfliesen im Bad (AG Berlin-Mitte, MM 2000, 280). Der Austausch der im Badezimmer vorhandenen alten Armaturen, des alten WC und des Handwaschbeckens ist keine Modernisierungs-, sondern nur eine Instandsetzungsmaßnahme, wenn aufgrund des Verschleißes von ihrer Erneuerungsbedürftigkeit auszugehen ist (LG Berlin, GE 1997, 1473).

3.2.6 Verbesserung der Beheizung und der Kochmöglichkeiten

55 Die Verbesserung der **Beheizung** gehört schwerpunktmäßig zu den wichtigsten Modernisierungsmaßnahmen, weil noch ein großer Teil des älteren Wohnungsbestands nur über unzureichende Heizmöglichkeiten verfügt. Typisch ist dabei die **Umstellung vorhandener Heizungsanlagen.** Bei der Beurteilung der Frage, ob die Umstellung von einer Beheizungsart bzw. -einrichtung auf eine andere eine Modernisierung im mietpreisrechtlichen Sinne darstellt, ist als Ausgangslage der vom Vermieter vertraglich zur Verfügung gestellte Zustand zugrunde zu legen. Hat der Vermieter eine Wohnung beispielsweise ofenbeheizt vermietet, so liegt eine Modernisierung durch die Umstellung der Beheizung auf Zentralheizung auch dann vor, wenn der Mieter sich zwischenzeitlich eine Gasetagenheizung eingebaut hat (VG Berlin, GE 1985, 785 [787] m.w.N.; OVG Berlin, GE 1989, 569; ebenso LG Hamburg, GE 1985, 361 [363]). Das gilt auch dann, wenn der Vermieter dem Mieter die von diesem eingebaute Gasetagenheizung abkauft, um Teile der Heizungsanlage zu verwenden (OVG Berlin, GE 1989, 569). Dagegen stellt der Austausch einer mitvermieteten funktionsuntauglichen Gasetagenheizung gegen eine neue Gasetagenheizung keine Wertverbesserung, sondern eine Instandsetzung dar (LG Berlin, GE 1988, 465).

Der Regelfall des Austauschs der ursprünglich stationär in den einzelnen Wohnräumen vorhandenen, mit festen Brennstoffen (Holz, Kohle, Koks, Braunkohle) beheizbaren Öfen gegen eine Gasetagenheizung (LG Berlin, GE 1993, 861 m.w.N.) oder gegen eine Zentralheizung ist als Modernisierungsmaßnahme anerkannt (LG Berlin, GE 1985, 1099; LG Fulda, ZMR 1992, 393 = NJW-RR 1992, 658; LG Berlin, GE 1995, 1013; LG Berlin, GE 1992, 1319; LG Berlin, GE 1998, 616). Auch die Umstellung der Heizung von Einzelöfen oder Gasaußenwandheizern (GAMAT) auf Fernwärme ist als Modernisierungsmaßnahme anerkannt worden (LG Berlin, GE 1998, 616), ebenso die Umstellung von Gasaußenwandheizung auf Gasetagenheizung (LG Berlin, GE 1999, 1359).

Auch die Umstellung einer vorhandenen Heizung auf eine umweltentlastende Heizungsanlage (wie z.B. auf Fernwärme), die überwiegend aus Anlagen der Kraft-Wärme-Koppelung zur Verbrennung von Müll und Verwertung von Abwärme gespeist wird, wird zutreffend als Verbesserungsmaßnahme anerkannt (LG Berlin, MM 2000, 278; GE 1997, 491 – gegen LG Berlin, GE 1995, 1489).

Auch weitere im **Zusammenhang mit der Umstellung der Heizung stehende bauliche Maßnahmen** sind als Modernisierungsmaßnahmen anzuerkennen. Dazu gehört unter anderem der Einbau von Edelstahlrohren in vorhandene Schornsteine, um diese einer modernisierten Heizungsanlage anzupassen (AG Berlin-Spandau, GE 1990, 1089). In diesem Zusammenhang ist auch der Einbau von **Einrichtungen zur Steuerung** und **Regelung von Heizungsanlagen** mietpreisrechtlich als Modernisierungsmaßnahme anzusehen, weil es sich um Maßnahmen aufgrund von Umständen handelt, die der Vermieter nicht zu vertreten hat. Zu diesen Steuerungsanlagen gehören einerseits zentrale

Steuergeräte zur Verringerung und Abschaltung der Wärmezufuhr in Abhängigkeit zu der Außentemperatur und der Zeit (§ 7 Abs. 1 HeizAnlV), andererseits selbsttätig wirkende Einrichtungen zur raumweisen Temperaturregelung (Thermostatventile; § 7 Abs. 2 HeizAnlV, vgl. dazu auch LG Berlin, GE 1990, 659). Dagegen stellt die Vergrößerung des Heizöltanks bzw. der Einbau zusätzlicher Öltanks für eine vorhandene Öl-Sammelheizung im Regelfall keine Modernisierung dar (VG Berlin, GE 1983, 757; GE 1990, 1263; OVG Berlin, GE 1982, 275); diese Auffassung wird jedoch kritisiert (vgl. Anm. von Blümmel zu VG Berlin, GE 1983, 757).

Auch die Umstellung der **Warmwasserversorgung** vom Elektroboiler in der Küche, der nur eine begrenzte Menge erhitzten Wassers zur Verfügung stellt, auf einen Gasdurchlauferhitzer mit einer größeren Leistung, ist als Wertverbesserung anerkannt worden (LG Berlin, GE 1999, 1359). Ohne eine derartige Verbesserung braucht der Mieter den Austausch des vorhandenen, mit Gas betriebenen Durchlauferhitzers durch einen elektrischen Durchlauferhitzer nicht zu dulden (LG Berlin, MM 2000, 131; GE 1997, 185; LG Berlin, GE 1995, 1489).

Die **Verbesserung der Kochmöglichkeiten** liegt vor allem in der Verbesserung vorhandener Herde. Der Austausch des Kochherds wird aber nur dann als Modernisierung anerkannt, wenn die Gebrauchswertsteuerung messbar höher ist. Dies ist der Fall, wenn ein stationärer Kochherd (Kochmaschine) gegen einen Elektroherd ausgetauscht wird (VG Berlin, Urteil vom 5.12.1974, VG X A 122.74) oder die Anzahl der Kochplatten bzw. Kochmöglichkeiten erhöht wird (Austausch eines dreiflammigen Gasherds gegen einen Vierplattenherd mit komfortabler Backröhre, LG Berlin, GE 1998, 616). Der Mieter braucht aber den Austausch eines Gasherds durch einen Elektroherd nicht zu dulden (LG Berlin, GE 2000, 893; AG Berlin-Mitte, MM 2000, 280).

3.2.7 Verbesserung der Funktionsabläufe in der Wohnung

Zur **Verbesserung der Funktionsabläufe in der Wohnung** gehören Maßnahmen zur Verringerung des Arbeitsaufwands, der zu einer ordnungsgemäßen Benutzung und zur Pflege der Wohnung erforderlich ist (Schmidt-Futterer/Blank, C 179). Unter diesem Gesichtspunkt kann auch der Einbau von Isolierglasfenstern statt Kastendoppelfenstern eine Modernisierungsmaßnahme darstellen (AG Rostock, GE 1996, 1251). Dazu zählen auch **Verbesserungen des Fußbodenbelags**. Wird ein Dielenboden in der Küche mit einem Kunststoffbelag versehen, so handelt es sich dabei um eine Wertverbesserung, weil ein Kunststoffbelag einfacher zu pflegen, zu reinigen und hygienischer ist (OVG Berlin, GE 1989, 1011; Beuermann, § 3 MHG Rn. 41; a.A. LG Berlin, GE 1986, 443). Im Wesentlichen hängt es von der jeweiligen Funktion des Raums ab, ob das Verlegen eines Kunststoffbelags eine Wertverbesserung darstellt. In der Aufbringung eines Kunststoffbelags auf einen Dielenboden in den Wohnzimmern und dem Flur ist daher keine Wohnwertverbesserung gesehen worden (OVG Berlin, GE 1990, 1153 [1155]). Da es sich zudem immer um eine bauliche Maßnahme handeln muss, können lose verlegte Bodenbeläge nicht als Modernisierung im mietpreisrechtlichen Sinne angesehen werden (vgl. dazu auch VG Berlin, GE 1977, 844 [847]; GE 1982, 279). Werden dagegen Teppichböden fest verlegt, handelt es sich um eine Modernisierungsmaßnahme (OVG Berlin, GE 1984, 333 [337]; Fischer-Dieskau/Pergande/Schwender, § 11 II. BV Anm. 8). Umstritten ist, ob die Parkettverlegung auf vorhandenem Dielenfußboden eine Wertverbesserung darstellt (verneinend: VG Berlin, Urteil vom 12.1.1984, VG 14 A 386.72; Beuermann, § 3 MHG Rn. 44; Barthelmess, § 3 MHG Rn. 10; bejahend: VG Berlin, VG 14 A 261/81).

3.2.8 Verbesserung der Sicherheit der Wohnung

57 Zu den Maßnahmen zur **Verbesserung der Sicherheit der Wohnung** gehört der nachträgliche Einbau von sicheren Wohnungseingangstüren (LG Köln, WuM 1993, 608; AG Berlin-Hohenschönhausen, GE 2000, 1035), **Sicherheitsschlössern, Kellervergitterungen, Rollläden** für Erdgeschosswohnungen, **Gegensprechanlagen** (LG Berlin, GE 1984, 665 und GE 1991, 575; AG Berlin-Schöneberg, GE 1986, 283), **Türspionen** oder **Hausumzäunungen** (Schmidt-Futterer/Blank, C 182). Voraussetzung für die Einstufung als Modernisierungsmaßnahme ist jedoch, dass tatsächlich eine Wertverbesserung eingetreten ist. Daher gehört der Einbau von Sicherheitsschlössern nur dann zu diesem Maßnahmenbereich, wenn vorher nur einfache Schlösser mit wenigen Zuhaltungen vorhanden waren (VG Berlin, GE 1988, 687; vgl. Fischer-Dieskau/Pergande/Schwender, § 11 II. BV Anm. 8). Der Einbau einer **Klingel-, Gegensprech- und Türöffneranlage** stellt ebenfalls eine Modernisierung dar (VG Berlin, GE 1982, 281; LG Berlin, GE 1980, 157 ff.; LG Berlin, GE 1984, 665 und GE 1991, 575; AG Berlin-Schöneberg, GE 1986, 283). Solche Anlagen bringen den Vorteil, dass die Türen immer verschlossen gehalten werden können und sich Besucher auch zu Zeiten, zu denen das Haus früher verschlossen war, nunmehr mittels Klingelzeichen leicht bemerkbar machen können. Zudem bedeutet eine Rufanlage mehr Sicherheit, da der Mieter sich zunächst über die Identität des Besuchers Gewissheit verschaffen kann.

3.2.9 Anbau und Fahrstuhl

58 Zu den baulichen Maßnahmen, die den Gebrauchswert der Wohnungen erhöhen, kann auch der **Anbau** gehören, insbesondere soweit er zur Verbesserung der sanitären Einrichtungen oder zum Einbau eines notwendigen Aufzugs erforderlich ist. Der erstmalige Einbau eines **Fahrstuhls** – auch in einem Anbau – ist eine Modernisierung, die sich für alle Mieter, soweit sie nicht im Erdgeschoss (oder Hochparterre, AG Berlin-Charlottenburg, MM 1987, 383) wohnen, wohnwertverbessernd auswirkt (OVG Berlin, GE 1982, 325 [327]; OVG Berlin, Urteil vom 9.2.1982, OVG 2 B 107.81; AG Berlin-Schöneberg, Urteil vom 9.3.1982, 12 C 730/81). Der Einbau eines Fahrstuhls ist auch dann als Modernisierung einzustufen, wenn der Fahrstuhl nicht unmittelbar vor der Wohnungstür der Mieter, sondern eine halbe Treppe tiefer oder höher, also auf den Zwischenebenen, hält (bejahend: LG Berlin, GE 1996, 1555; VG Berlin, a.a.O.; OVG Berlin, a.a.O.; AG Berlin-Schöneberg, a.a.O.).

3.2.10 Maßnahmen für behinderte und alte Menschen

59 Der Gebrauchswert von Wohnungen kann auch durch besondere **bauliche Maßnahmen für behinderte und alte Menschen** erhöht werden, wenn die Wohnungen auf Dauer für sie bestimmt sind. Als Behinderte sind auch solche Personen anzusehen, die zwar nicht schwerbehindert, aber aufgrund körperlicher, geistiger oder seelischer Schäden in einem existentiell wichtigen sozialen Beziehungsfeld durch wesentliche Funktionsausfälle nicht nur vorübergehend erheblich beeinträchtigt sind und deshalb besonderer Hilfe durch die

Gesellschaft bedürfen (Schmidt-Futterer/Blank, C 182). Als ältere Menschen sind solche anzusehen, die das 60. Lebensjahr überschritten haben (Schmidt-Futterer/Blank, a.a.O.). Die Wohnungen müssen allerdings auf Dauer für diesen Kreis von behinderten und alten Menschen bestimmt sein. Das kann z.B. der Fall sein, wenn sich der Vermieter im Rahmen der Gewährung öffentlicher Modernisierungsmittel nach dem ModEnG gegenüber der zuständigen Behörde dazu verpflichtet und im Bewilligungsbescheid eine entsprechende Auflage gemacht worden ist (Schmidt-Futterer/Blank, a.a.O.).

3.2.11 Verbesserung der allgemeinen Wohnverhältnisse

Zu den die **allgemeinen Wohnverhältnisse verbessernden** Modernisierungsmaßnahmen gehören die Anlage und der Ausbau von nicht öffentlichen Gemeinschaftsanlagen wie **Kinderspielplätzen, Grünanlagen, Stellplätzen** und anderen Verkehrsanlagen. Wiederum ist es erforderlich, dass die allgemeinen Wohnverhältnisse auf Dauer verbessert werden. Dies ergibt sich aus § 3 Abs. 1 ModEnG (a.F.), der – ebenso wie § 4 ModEnG (a.F.) – für die Begriffserklärung im mietpreisrechtlichen Bereich als Auslegungsrichtlinie akzeptiert wird (vgl. u.a. LG Berlin, GE 1987, 521). Nach der Begründung des Gesetzentwurfs zum § 541b [a.F.], der durch § 554 im Wesentlichen übernommen worden ist, soll zwar der Modernisierungsbegriff des § 541b insofern noch über den Bereich des § 3 Abs. 1 ModEnG [a.F.] (und damit auch über den mietpreisrechtlichen Modernisierungsbegriff) hinausgehen, als es nach § 541b nicht der „nachhaltigen" Erhöhung des Gebrauchswerts oder einer Verbesserung der allgemeinen Wohnverhältnisse „auf Dauer" bedarf; dieser Ansicht ist jedoch nicht zuzustimmen. Vielmehr ist aus der Entwicklung der einzelnen Vorschriften zu entnehmen, dass die Verbesserungsmaßnahmen i.S.d. § 554 Abs. 2 in der Sache nichts anderes sind als die Modernisierungsmaßnahmen des § 3 MHG [a.F.] und der §§ 3 und 4 ModEnG [a.F.]. Zutreffend ist daher die Ansicht, dass die Duldungspflicht des Mieters gem. § 554 Abs. 2 nur diejenigen Maßnahmen umfasst, die nach den mietpreisrechtlichen Vorschriften zu einer Mieterhöhung führen können, also auf Dauer angelegt bzw. nachhaltig sein müssen (LG Berlin, GE 1987, 21).

60

Auch der Einbau einer **Gemeinschaftsantenne** oder **Satellitenempfangsanlage** (Engelhard, ZMR 1988, 282) für Fernseh- und Rundfunkempfang anstelle vorhandener Einzelantennen stellt eine Verbesserung der allgemeinen Wohnverhältnisse dar, weil dadurch ein störungsfreier Empfang aller Programme in guter Bild- und Tonqualität gewährleistet wird (vgl. u.a. VG Berlin, GE 1979, 672; VG Berlin, GE 1982, 325; ebenso LG Berlin, GE 1985, 141 f. = MM 1985, 84). Der Anschluss an das Kabelfernsehen stellt ebenfalls eine Modernisierung dar, die der Mieter im Regelfall zu dulden hat (KG [RE], GE 1985, 729 = NJW 1985, 2031 [2032, 2034]; LG Berlin, GE 1991, 575 und GE 1992, 1045).

61

Umstritten ist lediglich, welche Kosten beim Anschluss an das **Kabelfernsehen** umlagefähig sind (vgl. im Einzelnen Blümmel, GE 1985, 110 [222]; Maciejewski, MM 1985, 309 [310]; Pfeifer, ZMR 1985, 181 [185]). Dabei sind die Baukosten für die Installation der Hausanlage von der einmaligen Anschlussgebühr und den aus der Maßnahme resultierenden Betriebskosten zu unterscheiden.

Die Baukosten sind umlagefähig, soweit der Anschluss an das Kabelfernsehen eine dauerhafte Verbesserung der allgemeinen Wohnverhältnisse darstellt. Dies ist jedenfalls im Land Berlin der Fall (KG, a.a.O.; a.A. Maciejewski, a.a.O.). Der mietpreisrechtliche

Modernisierungsbegriff umfasst deshalb auf jeden Fall die Baukosten für die Installation der Hausanlage, die für den Anschluss an das Kabelfernsehen notwendig ist, wobei die ersparten Aufwendungen zur Erhaltung der Gemeinschaftsantenne nicht abzuziehen sind (a.A. Maciejewski, a.a.O.; wie hier jedoch: OLG Hamm, RiM I, 260; OLG Hamburg, RiM I, 800, und OLG Celle, RiM I, 199).

62 Sehr umstritten ist, ob die früher an die Deutsche Bundespost zu zahlende **Anschlussgebühr**, die in ihrer Höhe unabhängig von den tatsächlich entstehenden Kosten ist, ebenfalls unter den mietpreisrechtlichen Modernisierungsbegriff fällt. Soweit ein Ansatz der Anschlusskosten verneint wird (Gramlich, NJW 1984, 1435; Heitgress WM 1983, 245 f.; Maciejewski, MM 1985, 310; Schmidt-Futterer/Blank, C 182 a), wird unter Berufung auf den Rechtsentscheid des OLG Hamm (RiM I, 983) damit argumentiert, dass es sich nicht um vom Vermieter für eine Baumaßnahme aufgebrachte Kosten, sondern um eine öffentlich-rechtliche Anschlussgebühr handelt. Entscheidend ist aber, dass man beim Anschluss an das Kabelfernsehen den Vermieter als Bauherrn deswegen ansehen kann, weil ohne die Entrichtung der Anschlussgebühr der Empfang der Programme nicht möglich ist. Dieser direkte Zusammenhang der Anschlussgebühren mit den Baukosten ist der maßgebliche Gesichtspunkt, der für den Ansatz der Anschlussgebühren als Modernisierungskosten spricht (so auch Rottmann, NJW 1985, 2011; Blümmel, GE 1985, 222; Pfeifer, DWW 1983, 293).

64 Die Betriebskosten wie die monatlichen Grundgebühren, die Kosten des Betriebsstroms, die Kosten der regelmäßigen Prüfung der Betriebsbereitschaft der Anlage einschließlich der Einstellung durch einen Fachmann oder das Nutzungsentgelt für eine nicht zur Wirtschaftseinheit gehörende Anlage (vgl. Anlage 3 Nr. 15 zu § 27 II. BV) gehören eindeutig nicht zu den Modernisierungskosten. Ob sie umlegbar sind, hängt im Wesentlichen von den vertraglichen Vereinbarungen ab.

65 Zu den baulichen Maßnahmen, welche die allgemeinen Wohnverhältnisse auf Dauer verbessern und daher als Modernisierungsmaßnahmen im mietpreisrechtlichen Sinne anzusehen sind (§ 3 Abs. 1 MHG [a.F.], § 11 Abs. 1 AMVOB, § 11 Abs. 6 II. BV, § 3 Abs. 1 [a.F.], § 4 Abs. 2 ModEnG [a.F.]), gehören nicht nur die Anlage, sondern auch der Ausbau von **Kinderspielplätzen**. Die Erweiterung eines Spielplatzes durch neue Spielgeräte ist daher als Modernisierung anerkannt worden (AG Berlin-Schöneberg, Urteil vom 9.3.1982, 12 C 730/81); auch die Erstanlegung von Kinderspielplätzen gehört zu den Modernisierungsmaßnahmen. Legt der Vermieter einen **Garten** an, der allen Mietern zur Verfügung steht, so handelt es sich ebenfalls um eine Modernisierungsmaßnahme im mietpreisrechtlichen Sinne. Voraussetzung für die Anerkennung einer neu geschaffenen Gartenanlage als Wertverbesserung dürfte jedoch sein, dass diese Anlage eine gewisse Größe und damit einen gewissen Erholungswert für die Mieter hat.

66 Neben der Anlage von Stellplätzen kann auch die Verbesserung der Zufahrt zu den **Stellplätzen** und/oder einer **Garage** eine Wertverbesserung darstellen; allerdings ist eine Modernisierung im mietpreisrechtlichen Sinne bei Ersatz einer vorhandenen Lehm-Schlacke-Schüttung durch Verbundsteinpflaster abgelehnt worden (zu § 6 NMV bzw. § 11 II. BV:VG Berlin, Urteil vom 25.2.1977, VG X A 408.75). Zu den anderen Verkehrsanlagen kann auch die **Hoffläche** gehören; daher ist die Betonierung einer Hoffläche, deren Begehbarkeit dadurch erleichtert wurde, ebenfalls als Wertverbesserung aner-

kannt worden (OVG Berlin, GE 1984, 333 [337]; a.A. für den Fall der Hofbetonierung: VG Berlin, GE 1982, 279).

3.3 Energieeinsparungsmaßnahmen
Duldungspflichtig sind schließlich auch Maßnahmen zur **Einsparung von Energie** 67 **(Energie sparende Maßnahmen)** und zur **Einsparung von Wasser und Strom.** Durch § 554 Abs. 2 Satz 1 ist die Duldungspflicht auf Maßnahmen zur Einsparung von Energie statt bisher nur Heizenergie erweitert worden; daher gehören nunmehr auch Maßnahmen zur Einsparung von Strom dazu.

3.3.1 Wärmedämmung
Zu den Maßnahmen zur Einsparung von Heizenergie gehört die **wesentliche Verbesse-** 68 **rung der Wärmedämmung** von Fenstern, Außentüren, Außenwänden, Dächern, Keller-decken und obersten Geschossdecken.

Notwendig ist eine **wesentliche** Verbesserung der Wärmedämmung. Die Beantwortung der Frage, was eine wesentliche Verbesserung ist, richtet sich einmal nach dem Zweck des ModEnG, die Abhängigkeit vom Primärenergieträger Erdöl zu verringern. Aus die-sem Zweck ist abzuleiten, dass die Verbesserung der Wärmedämmung nur dann als wesentlich angesehen werden kann, wenn sie zu einer nachhaltigen **Einsparung der Heizenergie** führt. Dies ergibt sich aus dem Zusammenspiel zwischen dem Einleitungs-satz des § 4 Abs. 3 ModEnG (a.F.), wonach nur diejenigen Energie sparenden Maßnah-men als Modernisierungsmaßnahmen anerkannt werden können, die „nachhaltig Einspa-rung von Heizenergie bewirken" mit den in § 4 Abs. 3 Nr. 1 ModEnG (a.F.) aufgeführten Maßnahmen, die eine „wesentliche Verbesserung der Wärmedämmung" voraussetzen. Außerdem gehen auch die übrigen mietpreisrechtlichen Begriffe, die zur Definition des preisrechtlichen Modernisierungsbegriffs heranzuziehen sind, von einer „nachhaltigen Einsparung der Heizenergie" aus (§ 11 Abs. 6 Satz 1 II. BV, § 3 Abs. 2 ModEnG [a F.], § 11 Abs. 1 Satz 1 AMVOB).

Ob eine nachhaltige Einsparung von Heizenergie durch die beabsichtigte Wärmedäm- 69 mung zu erreichen ist, ist **durch eine Wärmebedarfsberechnung** nach DIN 4701 zu ermitteln, die allerdings der Ankündigung nicht beigefügt zu werden braucht (LG Berlin, GE 1999, 383). Zur Feststellung der Energieeinsparung ist auf die Verbesserung der Dämmwerte unter Heranziehung des Wärmedurchlasskoeffizienten (k-Wert) abzustellen (OVG Berlin, GE 1984, 715). Bei instandsetzungsbedürftigen Außenwänden ist darauf abzustellen, ob die Wärmedämmung durch die Fassadenverkleidung **gegenüber einer – hypothetisch – ordnungsgemäß** instand gesetzten Fassade wesentlich verbessert wor-den ist (LG Berlin, ZMR 1998, 166; GE 1998, 550). Für den mietpreisrechtlichen Mo-dernisierungsbegriff ist jedoch entscheidend, dass die Wärmedämmung die nach der Wärmebedarfsberechnung (DIN 4701) mögliche **Energieeinsparung tatsächlich auch bewirkt** (OVG Berlin, GE 1987, 887). Dabei muss der unterschiedliche Wärmebedarf einzelner Räume berücksichtigt werden. Eine nach der maßgeblichen DIN-Norm (DIN 4701) zu berechnende voraussichtliche Heizenergieeinsparung von mindestens 10% muss unter dem Gesichtspunkt einer allgemeinen mengenmäßigen Beschränkung des Energieverbrauchs als erheblich angesehen werden (OVG Berlin, GE 1984, 715; LG Berlin, GE 1989, 41: mittlere Energieeinsparung von 13,1% ausreichend). Entscheidend ist immer die mengenmäßige Einsparung an Heizenergie, nicht die finanzielle Ersparnis, denn § 4 Abs. 3 ModEnG (a.F.) stellt nur auf die Einsparung der Heizenergie – und nicht auf die Einsparung von Heizkosten – ab.

70 Bei Wärmedämm-Maßnahmen an verschiedenen Teilen des Gebäudes (z.B. Dachisolierung und Fassadendämmung) ist ebenfalls dann auf die insgesamt erzielbare Einsparung an Heizenergie abzustellen, wenn sämtliche Arbeiten aufgrund einer einheitlichen Baugenehmigung in einem Arbeitsgang durchgeführt werden (LG Berlin, GE 1986, 33 [35]). Dagegen kommt es nicht auf wirtschaftliche Vorteile für den Mieter an. Es ist nicht erforderlich, dass die Heizenergie sparenden Maßnahmen des Vermieters mit der Folge eines Modernisierungszuschlags durch finanzielle Einsparungen an Heizkosten aufgewogen werden (OVG Berlin, GE 1984, 713 f.).

71 Hinzuweisen ist in diesem Zusammenhang jedoch auf den Rechtsentscheid des Kammergerichts vom 22.6.1981 (GE 1981, 757) zum § 541a (a.F.), nach welchem bereits bei der Prüfung der Frage, ob einem Mieter die Duldung von Modernisierungsmaßnahmen zugemutet werden kann, im Rahmen einer umfassenden Würdigung aller Umstände des Einzelfalls sowohl die nach Durchführung der Maßnahmen in Betracht kommende Mieterhöhung zu berücksichtigen wie auch zu prüfen ist, ob die Verbesserung objektiv in einem angemessenen Verhältnis zu der erwarteten Mieterhöhung steht. Letzteres ist auf jeden Fall dann zu prüfen, wenn der Vermieter den Modernisierungszuschlag gem. § 559 Abs.1 geltend macht (OLG Karlsruhe [RE], GE 1984, 1079 = WuM 1985, 17 = ZMR 1984, 411; LG Berlin, GE 1993, 427; AG Berlin-Tiergarten, GE 1991, 153; OVG Berlin, MM 1987, 292; vgl. auch Bierbaum/Stöckel, GE 2000, 444 ff.).

Möglicherweise scheitert mithin der Duldungsanspruch des Vermieters bereits daran, dass der Modernisierungszuschlag die Energieeinsparung weit übersteigt. Auf jeden Fall sind bei einem Missverhältnis zwischen Energieeinsparung und Modernisierungszuschlag nicht sämtliche Modernisierungskosten auf den Mieter umlegbar, sondern nur bis zur Obergrenze des Zweifachen der eingesparten Energiekosten (vgl. dazu näher Bierbaum/Stöckel, a.a.O.).

3.3.2 Fensteraustausch

72 Der **Austausch von Kastendoppelfenstern gegen Kunststoffrahmenfenster** mit Isolierverglasung dagegen stellt nach allgemeiner Ansicht (AG Berlin-Tiergarten, MM 2000, 280; AG Berlin-Charlottenburg, MM 1986, 403 f. und GE 1991, 577; LG Berlin, GE 1983, 437; OVG Berlin, MM 1984, 262 = GE 1984, 977; VG Berlin, GE 1983, 755; GE 1983, 131 = MM 1983, 16; GE 1985, 689) keine Energieeinsparung dar, weil die Wärmedämmung beider Fensterarten gleichwertig ist.

Der **Einbau isolierverglaster Fenster anstelle von Einfachfenstern in Küche und Bad** ist nur dann duldungspflichtig, wenn damit eine nachhaltige Einsparung von Heizenergie verbunden ist. Die Zivilkammer 64 des LG Berlin (zuletzt Urteil vom 5.3.1999, 64 S 323/98) ist der Ansicht (GE 1984, 871 [872]; MM 1985, 85), mangels anderer Anhaltspunkte sei grundsätzlich davon auszugehen, dass die Wärmedämmung der Fenster in der Küche keine spürbare Einsparung von Heizenergie darstelle, weil ein erheblicher Teil der Wärme bei dem notwendigen Lüften der Küche nach außen abgegeben werde (ähnlich LG Berlin, MM 1991, 32). Die im Allgemeinen nur vorübergehende Benutzung der Küche erfordere auch nicht eine Beheizung in demselben Umfang wie in den eigentlichen Wohnräumen. Dasselbe gelte auch für das Bad; daher sei es Sache des Vermieters, darzulegen, dass ausnahmsweise eine wesentliche Verbesserung der Wärmedämmung (jedenfalls mehr als 20%) erzielt werde (LG Berlin, MM 1984, 196 = GE 1984, 371 = WuM 1986, 245; MM 1985, 85 = GE 1985, 931). Der Auffassung der Zivilkammer 64 haben sich das AG Berlin-Charlottenburg (MM 1986, 403 f.; GE 1988, 779; MM 1988, 248) und das AG Berlin-Wedding (MM 1986, 32) angeschlossen. Die übrigen Kammern (differenzierend Zivilkammer 61) des LG Berlin dagegen erkennen auch den Austausch der einfachen Fenster in Bad und Küche gegen isolierverglaste Fenster als Heizenergie-sparmaßnahme an (LG Berlin, GE 1990, 255; GE 1992, 101; GE 1991, 939). Die Zivilkammer 61 des LG Berlin sieht im Einbau von Isolierglasfenstern in Bad und Küche dann eine Energieeinsparungsmaßnahme, wenn der Einsparungseffekt mindestens 30% beträgt (GE 1985, 141 = MM 1985, 84; GE 1983, 279 = MM 1984, 16 = WuM 1984, 81).

3.3.3 Heizenergieeinsparungen

Zu den Modernisierungsmaßnahmen im mietpreisrechtlichen Sinne gehören auch die **Maßnahmen zur wesentlichen Verminderung des Energieverlusts und des Energieverbrauchs der zentralen Heizungs- und Warmwasseranlagen.** 73

Auch hier stellt sich die Frage, ab wann eine nachhaltige Einsparung von Heizenergie vorliegt. Dies ist von den Gerichten bisher offen gelassen worden. Eine **prozentuale Grenze** unabhängig von der Art der durchgeführten Maßnahme ist auch nicht angebracht, denn das höchstmögliche Energieeinsparungspotential ist bei den einzelnen Maßnahmen sehr unterschiedlich. Daher sind auch solche Maßnahmen als nachhaltig Energie sparende Maßnahmen einzustufen, die zwar absolut geringe, in Relation zu den bauphysikalisch möglichen aber hohe Einsparungsquoten bringen und oft auch noch ein außerordentlich günstiges Kosten-/Nutzenverhältnis aufweisen. Daher dürften nachträgliche Isolierungen der frei laufenden Leitungen der zentralen Heizungsanlage, die in der Regel maximal 4% an Heizenergie einsparen können (Pinnau, GE 1986, 1142), ebenso als Energieeinsparungsmaßnahme anzusehen sein wie der Einbau einer Abgassperrklappe, der zwar nur eine Energieeinsparung von 2 bis 4% absolut bringen kann, jedoch bei wirtschaftlicher Betrachtungsweise eine größere Verbesserung darstellt als die Wärmedämmung einer Fassade. Die Erneuerung des Heizkessels und/oder des Brenners im Zusammenhang mit einer Verminderung des Wärmebedarfs durch bautechnische Maßnahmen und eine Verringerung der Kesselauslegung mit Verbesserung des Wirkungsgrads kann bis zu 20% Energieeinsparung bringen, der Einbau von Thermostatventilen bis 10%. Der Einbau einer witterungsunabhängigen Regelung der Vorlauftemperatur in Verbindung mit thermostatisch gesteuerten Heizkörperventilen soll bei Mehrfamilienhäusern bis zu 25% Energieeinsparung bringen (Rouvel, Praxisinformation Energieeinsparung, Schriftenreihe BMBau 04.093. Bonn 1983, S. 30), nach anderer Ansicht 3 bis 15% (nach Schmitz/Meisel, BMBau Schriftenreihe 57). Ob die Umstellung der Beheizung mit Nachtstrom auf eine Gasetagenheizung mit Warmwasserversorgung eine Energieeinsparmaßnahme darstellt, ist umstritten (bejahend: AG Hamburg, WuM 1991, 30; AG Siegburg, WuM 1994, 612; verneinend: LG Hamburg, WuM 1990, 18; AG Hamburg, WuM 1993, 684).

74 Weitere Energieeinsparungsmaßnahmen sind die **Änderung von zentralen Heizungs-
und Warmwasseranlagen** innerhalb des Gebäudes für den Anschluss an die Fernwär-
meversorgung, die überwiegend aus Anlagen der Kraft-Wärme-Kopplung zur Verbrennung von Müll oder zur Verwertung von Abwärme gespeist wird (§ 4 Abs. 3 Nr. 3
ModEnG [a.F.]). Deshalb ist auch das Entfernen von Elektro-Nachtspeicheröfen und der
Anschluss an das Fernwärmenetz der BEWAG als Energieeinsparungsmaßnahme anerkannt worden (LG Berlin, MM 2000, 278; AG Berlin-Schöneberg, GE 1990, 1089);
ebenso der Anschluss an die zentrale Warmwasserversorgung über das Fernwärmenetz
(LG Berlin, GE 2000, 893) wie die Umstellung einer Kokszentralheizung auf Fernwärme
(LG Berlin, WuM 1991, 482; OLG Celle, WuM 1993, 89). Auch bei diesen Maßnahmen
kommt es nicht darauf an, ob die Maßnahme für den Mieter mit einer konkreten Einsparung von Heizkosten verbunden ist (vgl. VG Berlin, a.a.O.; AG Berlin-Schöneberg,
a.a.O.).

75 Schließlich sind als Beispielfälle für Energieeinsparungsmaßnahmen in § 4 Abs. 3 Nr. 4
und 5 (a.F.) noch **Maßnahmen zur Rückgewinnung von Wärme und/oder zur Nutzung von Energie durch Wärmepumpen- und Solaranlagen** aufgeführt. Dies sind
solche, die aufgrund der Legaldefinition (§ 4 Abs. 3 Nr. 4 und 5 [a.F.]) zu einer nachhaltigen Einsparung von Heizenergie führen.

3.3.4 Einsparung von Strom

76 Nach der Neufassung des § 554 Abs. 2 Satz 1 gehören zu den duldungspflichtigen Maßnahmen auch diejenigen zur Einsparung von Strom. Daher ist der Einbau von drehzahl-
geregelten Umwälzpumpen, Ventilatoren und Aufzugsmotoren ebenso duldungspflichtig
wie der Einbau von Energiesparlampen (z.B. für die Beleuchtung der von den Bewohnern gemeinsam genutzten Zugänge, Flure, Treppen, Aufgänge usw.).

3.3.5 Einsparung von Wasser

77 Zu den duldungspflichtigen Maßnahmen gehörten bereits seit der Neufassung des früheren § 3 Abs. 1 MHG durch Artikel 1 Nr. 3a des Vierten Gesetzes zur Änderung
mietrechtlicher Vorschriften (Viertes Mietrechtsänderungsgesetz – 4. MietRÄndG) vom
21.7.1993 (BGBl. 1993 S. 1257, 1258) auch ab dem 1.9.1993 durchgeführte **Maßnahmen zur nachhaltigen Einsparung von Wasser**. Daran hat sich durch § 554 nichts
geändert. Für preisgebundene Wohnungen war dies durch die Änderung des § 11 Abs. 6
II. BV bereits im Juli 1992 eingeführt worden. Die Maßnahme muss zu einer **endgültigen** Einsparung von Wasser führt. Eine Wassereinsparung von mindestens 10% muss
unter dem Gesichtspunkt einer allgemeinen mengenmäßigen Beschränkung des Wasserverbrauchs als erheblich angesehen werden. Entscheidend ist immer die mengenmäßige
Einsparung von Wasser, nicht die finanzielle Ersparnis, denn § 554 Abs. 2 Satz 1 stellt
nur auf die Einsparung von Wasser – nicht auf die Einsparung von Wasserkosten – ab.
Bei Wassereinsparungsmaßnahmen an verschiedenen Teilen des Gebäudes (z.B. Vorderhaus, Seitenflügel, Quergebäude) ist auf die insgesamt erzielbare Einsparung an Wasser
abzustellen, wenn sämtliche Arbeiten aufgrund einer einheitlichen Baugenehmigung in
einem Arbeitsgang durchgeführt werden. Zu den Maßnahmen, die nachhaltig Einsparungen von Wasser auf Dauer bewirken können, sind nicht nur der Einbau von Wasserzählern (so auch Bub, NJW 1993, 2897 [2897]; Blank, WuM 1993, 573; Franke/

Geldmacher, ZMR 1993, 548 [550]; Kinne, BuW 1994, 93), sondern auch Verbesserungen an der Wasserversorgungsanlage zu rechnen. Dazu kann mithin auch der Austausch von Drückergarnituren für die WC-Spülung gegen modernere Drücker zählen. Auch der Einbau von Anlagen, die den Wasserverbrauch pro Spülgang entsprechend ihrem Fassungsvermögen begrenzen (Spülkasten), kann eine Maßnahme zur Einsparung von Wasser sein (Franke/Geldmacher, a.a.O.; Kinne, a.a.O.).

Die wirtschaftlichen Vorteile für den Mieter brauchen jedoch nicht dem Modernisierungszuschlag zu entsprechen. Allerdings darf der Modernisierungszuschlag andererseits das Doppelte der Kostenersparnis des Mieters nicht übersteigen (für Isolierglasfenster: LG Hamburg, MDR 1981, 302 = NJW-RR 1981, 845; LG Berlin, GE 1996, 129 = WuM 1996, 93 = NJW-RR 1996, 1036; vgl. auch KG [RE], GE 1981, 757; OLG Karlsruhe [RE] GE 1984, 709 = WuM 1985, 17 = ZMR 1984, 411).   78

4.   Schaffung neuen Wohnraums

Bei der mit der Neufassung des früheren § 541b eingefügten weiteren Alternative der "Schaffung von Wohnraum" handelt es sich um den Dachgeschossausbau, den Ausbau von bisherigen Nebenräumen zu einer Wohnung und die Aufstockung von Gebäuden (Franke/Geldmacher, a.a.O.; Blank, a.a.O.; Kinne, a.a.O.). Durch diese Neufassung sollten bisherige Unklarheiten darüber beseitigt werden, ob Ausbau- und Aufstockungsmaßnahmen als Verbesserungsmaßnahme anzusehen sind. § 554 Abs. 2 Satz 1 führt ebenfalls als duldungspflichtige Maßnahme die Schaffung neuen Wohnraums an. Parallel hierzu wurde die Möglichkeit der Teilkündigung nach § 573b Abs. 1 Nr. 1 beibehalten, so dass auch Gärten, Garagen und Stellflächen in die Baumaßnahmen integriert werden können (Franke/Geldmacher, ZMR 1993, 548 [551]; Kinne, BuW 1994, 93 [95]) Bei den Maßnahmen zur "Schaffung neuen Wohnraums" dürften die übrigen Abwägungskriterien des § 554 Abs. 2 wie "Interessen … anderer Mieter", "vorangegangene Aufwendungen des Mieters" oder "die zu erwartende Mieterhöhung" keine Rolle spielen (so auch Blank, a.a.O.). Müssen anlässlich eines Dachgeschossausbaus Versorgungsleitungen (z.B. Gas- oder Heizungsrohre, Elektroleitung) durch die darunter liegende Wohnung verlegt werden, so hat der Mieter gem. § 554 Abs. 2 Satz 1 diese Maßnahmen zu dulden, was nach der bisherigen Rechtslage sehr umstritten war (LG Berlin, GE 1994, 223 und GE 1994, 455).   79

Aus Vorstehendem folgt, dass sich auch **Modernisierungsmaßnahmen außerhalb der eigentlichen Mieträume** nach § 554 beurteilen (KG [RE], GE 1988, 993 [999]; LG Berlin, GE 1986, 1121, GE 1984, 489, MM 1984, 79; LG Berlin., MM 1985, Heft 12. 32; LG Berlin, MM 1986, Heft 1, 31; a.A. LG Berlin, GE 1983, 1067, MM 1985, 83). Im Übrigen bezieht sich die Duldungspflicht nach § 554 Abs. 2 auf die "Mietsache", wozu nach der Begründung (BTDrucks. 14/4553 S. 49) auch die "sonstigen Teile des Gebäudes" (im Gegensatz zu den gemieteten Räumen, vgl. KG, a.a.O.) gehören. Die Klage des Vermieters auf Duldung von Modernisierungsmaßnahmen außerhalb der Wohnung darf deshalb auch nicht wegen fehlenden Rechtsschutzbedürfnisses abgewiesen werden (a.A. LG Berlin, GE 1983, 1067). Das bedeutet aber auch, dass die Duldungspflicht von Mietern, die nicht unmittelbar von Modernisierungsmaßnahmen betroffen sind, zumindest eine Ankündigung der Maßnahme nach § 554 Abs. 3 Satz 1 voraussetzt (LG Berlin, MM 1985, 144, GE 1994, 223 und 455: Führung von Heizungsrohren durch eine Wohnung,   80 die nicht an die Zentralheizungsanlage angeschlossen werden soll; LG Berlin, GE 1986, 609: Durchführung von Be- und Entwässerungsrohren zum Anschluss der darüber liegenden Wohnung; a.A. LG Berlin, GE 1993, 801 und AG Berlin-Schöneberg, GE 1990, 265: Einbau eines Außenfahrstuhls, auch wenn vom Mieter kein Zuschlag verlangt wird). Vergleiche im Übrigen II Rn. 186 (einstweiliges Verfahren).

5. Duldungspflicht

81 Gem. § 554 Abs. 2 Satz 1 hat der Mieter diese Maßnahmen zu dulden. **Dulden** bedeutet nicht, dass der Mieter der Maßnahme zustimmen muss. Die **Zustimmung**, die – von Ausnahmen abgesehen – auch gar nicht erzwungen werden könnte (Schmidt-Futterer/Blank, C 165), ist nach h.M. im Übrigen auch nicht Voraussetzung für den Anspruch des Vermieters auf Mieterhöhung (KG [RE], GE 1988, 993; OLG Hamm [RE], RiM 1, 260 = GE 1981, 529; OLG Hamburg [RE], RiM 1, 248 = GE 1981, 483; OLG Stuttgart [RE], NJW-RR 1991, 1108 = GE 1991, 817; OLG Frankfurt/Main [RE], NJW-RR 1992, 145 = GE 1991, 829; LG Berlin, Urteil vom 20.2.1997, 62 S 325/96; offen gelassen von LG Berlin, Urteil vom 3.4.1997, 62 S 306/96). Liegt die Zustimmung des Mieters allerdings vor, kommt es für die Mieterhöhung nicht mehr darauf an, ob der Mieter überhaupt zur Duldung verpflichtet gewesen wäre (vgl. KG, a.a.O.; OLG Stuttgart, a.a.O.; OLG Frankfurt/Main, a.a.O.), vielmehr ist dann eine einverständliche Vertragsänderung der Parteien dahin gehend erfolgt, dass Mietvertragsgegenstand die durch die Modernisierung veränderte Mietsache einschließlich der zulässigen höheren Miete sein soll (LG Berlin, GE 1989, 883). Die Zustimmung des Mieters macht jedoch eine Ankündigung der Maßnahmen entbehrlich (LG Berlin, GE 1990, 315). Modernisierungsvereinbarungen sind im Übrigen grundsätzlich zulässig, wenn sie den von § 554 gezogenen Rahmen nicht überschreiten (LG Frankfurt/Main, Urteil vom 4.7.1989, 2/11 S 2/89). Der Mieter ist allerdings nicht verpflichtet, solche Modernisierungsmaßnahmen zu dulden, die den Rahmen einer zulässigen Modernisierungsvereinbarung überschreiten; in diesem Falle müssten die Duldungsvoraussetzungen erneut geschaffen werden (LG Frankfurt/Main, a.a.O.).

82 Die frühere gegenteilige Rechtsprechung, wonach die Zustimmung des Mieters Voraussetzung für die Mieterhöhung sei (vgl. die Nachweise bei KG, a.a.O.), ist seit dem RE des Kammergerichts vom 1.9.1988 überholt. Dulden bedeutet vielmehr ein passives Verhalten in Kenntnis der zu duldenden Maßnahme (KG [RE], GE 1988, 993), mithin, dass der Mieter den Vermieter an der Durchführung der Maßnahmen nicht hindert (KG, a.a.O., GE 1992, 921), erforderlichenfalls auch, dass er dem Vermieter und den von ihm beauftragten Personen das Betreten der Mieträume gestattet sowie die zur Modernisierung erforderlichen Arbeiten trotz der damit verbundenen Beeinträchtigungen hinnimmt (Emmerich/Sonnenschein, §§ 541a, 541b Rn. 6). Die Duldung schließt auch eine eingeschränkte **Mitwirkungspflicht** des Mieters ein (a.A. Emmerich/Sonnenschein, §§ 541a, 541b Rn. 6; Marscholleck, ZMR 1985, 1), denn bereits die Zutrittsgewährung stellt eine Mitwirkung dar (zutreffend KG [RE], GE 1988, 993 [999]). Zutreffend ist zwar, dass der Begriff „Dulden" nicht ohne weiteres eine Mitwirkungspflicht voraussetzt; andererseits statuiert § 554 Abs. 4 Satz 1 ausdrücklich eine Ersatzpflicht des Vermieters für Aufwendungen, die der Mieter infolge der Maßnahmen machen musste. Dies wiederum spricht zumindest für eine eingeschränkte Mitwirkungspflicht (vgl. den zutreffenden Hinweis

von Schläger, ZMR 1985, 193 [194], wonach letztlich der Mieter den „Komfort" fehlender Mitwirkung über die Kostenumlage zu tragen hätte). Die eingeschränkte Mitwirkungspflicht des Mieters wird allerdings regelmäßig nur **kleinere Handreichungen** erfassen wie das Verrücken oder Ausräumen von Möbeln, das Abbauen von Schrankwänden, das Zusammenrollen von Teppichen (Palandt/Weidenkaff, zum § 541a Rn. 7; zum § 541b Rn. 25). So ist der Mieter auch unter dem Gesichtspunkt der **Schadensminderungspflicht** gehalten, sein in der Wohnung befindliches Mobiliar ggf. aus der Wohnung zu entfernen, jedenfalls vor dem Zugriff Dritter zu schützen (LG Berlin, GE 1989, 883). Aufwendungen, die der Mieter im Rahmen seiner eingeschränkten Mitwirkungspflicht gemacht hat, hat der Vermieter jedenfalls dann zu erstatten, wenn der Mieter sich dabei der Hilfe von Dritten bedienen musste (Schläger, ZMR 1985, 193 [194]) Die Beweislast für die Voraussetzungen des Duldungsanspruchs trägt der Vermieter (LG Berlin, GE 1983, 1067; MüKo/Voelskow, § 541b Rn. 22).

Hat der Mieter ganz oder teilweise untervermietet, ist auch der **Untermieter zur Duldung** verpflichtet (MüKo/Voelskow, § 541b Rn. 14 m.w.N.). Zu dulden hat der Mieter auch Maßnahmen, durch die der Vermieter Modernisierungsmaßnahmen, die nicht Vertragsgegenstand geworden sind, wieder rückgängig machen will, weil der Mieter mangels Duldungspflicht nicht zur Zahlung eines Modernisierungszuschlags verpflichtet ist und ihn auch nicht zahlt (LG Berlin, GE 1988, 941; wohl auch KG [RE], GE 1988, 993; AG Berlin-Wedding, GE 1985, 369). 83

6. Ausschluss der Duldungspflicht

Die Duldungspflicht des Mieters entfällt, wenn die Modernisierungsmaßnahme für den Mieter, seine Familie oder einen anderen Angehörigen seines Haushalts eine **Härte** bedeuten würde, die auch unter Würdigung der berechtigten Interessen des Vermieters und anderer Mieter im Gebäude nicht zu rechtfertigen ist (§ 554 Abs. 2 Satz 2). Der Personenkreis, dessen Härtegründe zu berücksichtigen sind, ist durch die Neufassung des § 554 Abs. 2 Satz 2 auf die „Angehörigen des Haushalts" des Mieters erweitert worden. Darunter fallen einmal diejenigen **Haushaltsangehörigen**, die mit dem Mieter zwar nicht rechtlich, aber tatsächlich durch eine auf Dauer angelegte Lebensgemeinschaft mit gemeinsamer Wirtschaftsführung in der Wohnung verbunden sind. Diese Lebensgemeinschaft kann sowohl eine hetero- oder homosexuelle Partnerschaft sein als auch das dauerhafte Zusammenleben alter Menschen als Alternative zum Alters- oder Pflegeheim, die ihr gegenseitiges Einstehen füreinander durch gegenseitige Vollmachten dokumentieren. Ferner gehören dazu auch andere Personen, die dauerhaft im Haushalt des Mieters leben, wie Pflegekinder des Mieters oder Kinder des Lebenspartners. Hier wie dort ist eine Abwägung der beiderseitigen Interessen ohne prinzipielle Bevorzugung der einen oder anderen Partei vorzunehmen; eine Maßnahme, die unzumutbar ist, stellt in aller Regel zugleich eine nicht zu rechtfertigende Härte dar und umgekehrt . 84

Damit kann die Duldungspflicht des Mieters immer nur im Einzelfall aufgrund einer umfassenden Interessenabwägung und Würdigung aller Umstände des Einzelfalls entschieden werden (KG [RE], GE 1981, 757; KG [RE], GE 1982, 701; LG Berlin, GE 1992, 37).

Zur **Familie des Mieters** rechnen alle durch familiäre Bande rechtlich mit ihm verbundenen Angehörigen, die in derselben Wohnung wie der Mieter wohnen und mit ihm 85 einen Hausstand bilden (Palandt/Weidenkaff, § 541b Rn. 12: Ehegatte, Kinder, Eltern; Emmerich/Sonnenschein, §§ 541a, 541b Rn. 7; § 556a Rn. 12; MüKo/Voelskow, § 541b Rn. 9: derselbe Personenkreis wie im § 556a Abs. 1 Satz 1). Bei **Mietermehrheit** genügt es, wenn die Modernisierungsmaßnahme für einen von ihnen eine nicht zu rechtfertigende Härte darstellt.

86 Welche **Härtegründe** zugunsten des Mieters berücksichtigt werden müssen, zählt das Gesetz **beispielhaft** auf. Aus dem Wort „insbesondere" ergibt sich, dass die Aufzählung nicht abschließend ist. Zugunsten des Mieters zu berücksichtigen sind insbesondere:
– die vorzunehmenden Arbeiten,
– die baulichen Folgen,
– vorausgegangene Aufwendungen des Mieters,
– die zu erwartende Mieterhöhung.

6.1 Vorzunehmende Arbeiten

87 Zu den beispielhaft genannten ersten beiden Härtegründen rechnen die mit der Abwicklung der Maßnahmen verbundenen Beeinträchtigungen sowie die baulichen Auswirkungen – etwa für den Zuschnitt der gemieteten Räume. Die Modernisierungsmaßnahmen können von einer geringfügigen Belästigung bis zur vorübergehenden Unbewohnbarkeit der Mieträume reichen. Da alle Umstände umfassend gewürdigt werden müssen, kommen zunächst einmal solche in Betracht, die sich aus der Person des Mieters, seiner Familie oder der Angehörigen seines Haushalts ergeben. So sind etwa **umfangreiche Modernisierungsarbeiten in einer kleinen Wohnung** für einen alten Menschen unzumutbar (LG Berlin, GE 1983, 1067: 82-jährige in Ein-Zimmer-Wohnung). Ebenso soll die komplette Erneuerung der Elektroinstallation in einem Arbeitsgang (Schlitze fräsen, Leitungen verlegen, Beiputzen) unzumutbar sein (LG Frankfurt/Main, Urteil vom 2.5.1989, 2/11 S 257/88). Auch der **Gesundheitszustand** kann eine Rolle spielen, wenn infolge der Modernisierungsarbeiten (**Schmutz** und **Baulärm**) eine erhebliche Verschlimmerung einer Erkrankung des Mieters oder seiner Familienangehörigen ernsthaft zu befürchten und ein vorübergehender anderweitiger Aufenthalt unzumutbar ist (Emmerich/Sonnenschein, §§ 541a, 541b Rn. 8; LG Berlin, MM 1983, Heft 11, 18: hoher Blutdruck, schwere Diabetes, Herzinfarkt; zur Lebensgefahr: BVerfG, NJW 1992, 1378; vgl. aber auch AG Berlin-Neukölln, GE 1982, 1043, wonach Kränklichkeit allein und die Neigung zu Herzanfällen bei Aufregung kein Grund sind, Handwerksarbeiten aufzuschieben). Denkbar sind Härten auch aus technischen und tatsächlichen Gegebenheiten heraus. So braucht der Mieter beispielsweise den Einbau einer Dusche in einen ohnehin kleinen Toilettenraum (1,60 m x 0,80 m) nicht zu dulden (LG Berlin, MM 1984, 166); ebenso wenig das Anbringen von Thermostatventilen an Heizkörpern, die außer Betrieb gesetzt sind (LG Berlin, GE 1983, 1109), oder den Einbau einer nicht mithörsicheren Gegensprechanlage (AG Berlin-Schöneberg, GE 1986, 561 = NJW 1986, 2059). Die Härte für den Mieter muss aber aus **konkreten Umständen** abgeleitet werden. Der Gesetzeszweck erfordert es, dass im Einzelfall diese Voraussetzung geprüft wird, bei Erkrankungen gegebenenfalls durch das Gutachten eines Amtsarztes (Schmidt-Futterer/Blank, C 166 c m.w.N.). Der Mieter muss die Härte auch substanziiert darlegen; der bloße Einwand beispielsweise, ein Zentralheizungsklima führe zu einer erhöhten Anfälligkeit gegenüber Infektionen, ist zu allgemein gehalten, um eine solche Härte zu

begründen (AG Berlin-Wedding, GE 1986, 561 [562]). Ferner sind weitere Härtegründe vorstellbar wie **hohes Alter** (aber nicht generell, vgl. OLG Karlsruhe [RE], RiM 1, 35), jedenfalls wenn es mit Gebrechlichkeit zusammentrifft (OLG Karlsruhe, a.a.O.); als weitere Härtegründe kommen in Betracht: **Arbeitslosigkeit** und **Kurzarbeit, Behinderung, Schwangerschaft, Umschulungs-** und **Prüfungsprobleme** (vgl. AG Berlin-Charlottenburg, GE 1985, 367, wonach der Mieter aber seine berufliche Behinderung oder diejenige seiner Familien- oder Haushaltsangehörigen konkret nachweisen muss. Auch aus dem **Zeitpunkt der Durchführung von Bauarbeiten** können sich Bedenken gegen die Zumutbarkeit ergeben (Schmidt-Futterer/Blank, C 166 d). Der Einbau von neuen Fenstern und Türen während der kalten Jahreszeit ist regelmäßig unzumutbar (AG Dortmund, WM 1980, 246; AG Köln, WM 1975, 225); Gleiches gilt, wenn der Mieter, ein Familien- oder Haushaltsangehöriger vorübergehend schwerer erkrankt ist. Auch wenn das Mietverhältnis nur noch kurze Zeit besteht, kann der Vermieter gehalten sein, die Modernisierungsarbeiten zu verschieben (AG Berlin-Wedding, ZMR 1979, 48). Allerdings kann auch in solchen Fällen der Mieter zur Duldung verpflichtet sein, wenn sich anderenfalls etwa die Baukosten unverhältnismäßig erhöhen würden (Schmidt-Futterer/Blank, C 166 d).

6.2 Bauliche Folgen

Gegen die Zumutbarkeit können auch die baulichen Folgen der Maßnahme sprechen. Unzumutbar sind Maßnahmen, durch die die Mietsache so umgestaltet wird, dass sie mit dem ursprünglichen Vertragsgegenstand nicht mehr vergleichbar ist. Der Mieter, der eine Wohnung mit bisher als normal angesehener Ausstattung gemietet hat, braucht es gegen seinen Willen nicht hinzunehmen, dass die Wohnung einen wesentlich anderen Zuschnitt erhält, jedenfalls dann, wenn dieser Umstand zu einer unverhältnismäßigen Mieterhöhung führt (KG [RE], GE 1981, 757; LG Berlin, GE 1980, 251). Die bisherige Mietsache darf in ihrem Kern nicht derart umgestaltet werden, dass die Identität mit dem bisherigen Vertragsverhältnis verloren geht. Derart umfangreiche Umgestaltungsmaßnahmen können aber in Einzelfällen ein Kündigungsrecht des Vermieters auslösen. Aber auch weniger einschneidende Maßnahmen wie der Wegfall eines Zimmers zum Zwecke des Einbaus eines Bades können, jedenfalls in kleinen Wohnungen, zur Unzumutbarkeit der Modernisierung führen (LG Berlin, MM 1984, 166). Sogar der Wegfall einer Speisekammer ist in diesem Zusammenhang schon als Hinderungsgrund genannt worden (LG Berlin, GE 1979, 193; AG Berlin-Mitte, MM 2000, 280; vgl. auch Degen, WM 1985, 275). Auch der teilweise Wegfall von Stellfläche kann, wenn er wesentlich ist, unzumutbar sein (AG Berlin-Charlottenburg, GE 1985, 367). Dagegen ist die durch den Umbau bedingte Halbierung der Küche mit einem neu zu schaffenden Zugang von einem Zimmer der Wohnung für zumutbar gehalten worden (LG Berlin, GE 1992, 39), nicht jedoch die Inanspruchnahme der Küche zur Vergrößerung des Badezimmers (AG Berlin-Charlottenburg, GE 1998, 1403).

88

6.3 Vorausgegangene Verwendungen

Zu berücksichtigen sind im Rahmen der Abwägung auch **vorausgegangene Verwendungen** des Mieters (LG Berlin, NZM 1999, 1036); dies gilt jedoch nicht bei Maßnahmen zur Schaffung neuen Wohnraums. Für den Mieter, der die Räume bereits auf eigene

89

Kosten modernisiert oder sonst in ihrem Wohnwert verbessert hat, können Verbesserungsmaßnahmen des Vermieters eher eine Härte bedeuten als für andere Mieter; dieser Gesichtspunkt wird freilich von sehr unterschiedlichem Gewicht sein, je nachdem, ob die Verwendung mit Zustimmung oder wenigstens mit Wissen des Vermieters vorgenommen worden ist, welcher Art sie ist und wie weit sie zurückliegt (Begründung des Gesetzentwurfs BTDrucks. 9/2079 B). Nicht schutzwürdig ist insoweit der Mieter, der in seiner Wohnung Investitionen ohne Wissen oder gegen den Willen des Vermieters vorgenommen hat (Schmid, BLGBW 1983, 62; a.A. Röder, NJW 1983, 2665). Nicht jede vorausgegangene Verwendung des Mieters führt zu einer Unzumutbarkeit, entscheidend ist der Zeitfaktor (LG Hamburg, GE 1985, 361). Hinzu kommt auch die Höhe der vorausgegangenen Verwendungen (LG Hamburg, a.a.O.; LG Berlin, MM 1983, Heft 12, 24). Allgemein kann gesagt werden, dass umso eher eine unzumutbare Härte für den Mieter vorliegt, je höher seine vorausgegangenen Verwendungen waren und je kürzer sie zeitlich zurückliegen; umgekehrt müssen zeitlich länger zurückliegende – und möglicherweise auch nicht allzu hohe – Verwendungen eher außer Betracht bleiben (LG Hamburg, a.a.O.). Die Höhe der Aufwendungen und der Zeitpunkt der Verwendung sind insoweit in eine Relation zu setzen. So sind beispielsweise vom Mieter vor 17 Jahren angeschaffte Kohleöfen nicht mehr geeignet, unter dem Gesichtspunkt vorausgegangener Verwendungen gegen den Einbau einer Nachtstromspeicherheizung ins Feld geführt zu werden (AG Berlin-Charlottenburg, GE 1985, 369). Dagegen kann der Mieter eine vor drei Jahren von ihm selbst eingebaute Nachtstromspeicherheizung einem geplanten Zentralheizungseinbau entgegenhalten (AG Berlin-Schöneberg, Urteil vom 7.9.1979, 12 C 459/79; LG Hamburg, MDR 1983, 1026). Gleiches gilt, wenn der Mieter mit Zustimmung des Vermieters eine Etagenheizung und Durchlauferhitzer eingebaut hat (LG Berlin, MM 1984, Heft 12, 24) oder eine Einzelantenne montiert hat und der Vermieter eine Gemeinschaftsantenne montieren will (AG Berlin-Wedding, MM 1987, 77). Soweit der Mieter die Wohnung mit öffentlichen Mitteln modernisiert hatte, sind bei der Härteabwägung von den Gesamtkosten der Mietermodernisierung die durch öffentliche Förderung übernommenen Kosten nicht abzuziehen (LG Berlin, ZMR 1999, 554 = NZM 1999, 1036). Starre Regeln bezüglich Höhe und Zeitablauf können nicht aufgestellt werden. Kaufmännische und/oder steuerliche Abschreibungsgesichtspunkte sind auch kein geeigneter Maßstab (vgl. aber AG Berlin-Charlottenburg, MM 1987, 256: 10% jährliche Wertminderung bei Nachtstromheizung, allerdings zum § 547a [a.F.]), ebenso wenig die voraussichtliche Lebensdauer der Maßnahme; denn der Mieter kann nicht damit rechnen, dass eine solche Verbesserungsmaßnahme während der ganzen Zeit, in der sie ihre Funktion erfüllt, nicht auszutauschen ist (LG Hamburg, GE 1985, 361), weil insoweit auch die berechtigten Interessen des Vermieters zu berücksichtigen sind. Als Anhaltspunkt für die zu bemessende Zeitspanne und die Höhe der Aufwendungen können aber § 19 Abs.1 BMG (am 1.1.1988 außer Kraft getreten [vgl. § 8 Abs. 2 Nr. 1 GVW, a.a.O.]) und § 2 des Gesetzes zur Änderung des Zweiten Wohnungsbaugesetzes, anderer wohnungsbaurechtlicher Vorschriften und über die Rückerstattung von Baukostenzuschüssen vom 21.7.1961 dienen, wonach der **Betrag einer Jahresmiete in vier Jahren abgewohnt wird** (so zutreffend LG Berlin, GE 1998, 616; LG Hamburg, GE 1985, 361; ähnlich OLG Frankfurt [RE], RiM 1, 53); vgl. im Übrigen die ähnliche Regelung in

§ 57c Abs. 2 ZVG. Vereinbarungen im Zusammenhang mit der Zustimmung des Vermieters zu mieterseitigen Modernisierungsmaßnahmen, die eine Berücksichtigung dieser vorausgegangenen Verwendungen des Mieters bei vermieterseitigen Modernisierungsmaßnahmen ausschließen sollen, sind jedenfalls bei Wohnraummietverhältnissen unwirksam (vgl. § 554 Abs. 5, für die frühere Rechtslage zu § 541a Abs. 2 wurde in solchen Vereinbarungen auch ein Verstoß gegen § 9 AGBG gesehen, vgl. AG Berlin-Schöneberg, 12 C 459/79).

6.4 Finanzielle Härte

Der wichtigste Gesichtspunkt bei der gegenseitigen Interessenabwägung ist die **finan-** 90
zielle Zumutbarkeit (wie dargestellt aber nicht der Einzige, so dass auch bei Verzicht des Vermieters auf Forderung eines Modernisierungszuschlags die Frage der Duldung sich nach § 554 Abs. 2 richtet – AG Berlin-Schöneberg, GE 1990, 265). Der finanzielle Gesichtspunkt gilt nur dann nicht, wenn die gemieteten Räume oder sonstige Teile des Gebäudes lediglich in einen Zustand versetzt werden, wie er allgemein üblich ist (§ 554 Abs. 2 Satz 4) – also wenn mindestens zwei Drittel aller Mieträume in Gebäuden gleichen Alters innerhalb der Region bereits den angestrebten Zustand aufweisen (BGH, GE 1992, 375 = ZMR 1992, 234 = NJW 1992, 1386), was in den alten Bundesländern für Sammelheizung (LG Berlin, GE 1995, 1013) sowie Bad (LG Berlin, GE 1992, 1386 ff.) der Fall ist, für die neuen Bundesländer jedoch anders sein kann (vgl. dazu LG Berlin, GE 1999, 46) – oder wenn neuer Wohnraum geschaffen werden soll. Zur **Miete** rechnen auch die **Nebenkosten**, insbesondere also auch die Heizkosten (LG Berlin, GE 1983, 969; LG Berlin, MM 1985, Heft 4, 119).

Auszugehen ist vom zukünftigen **Mietpreis nach Modernisierung**, wie er sich aus den 91
verschiedenen Preisvorschriften bzw. aus § 559 ergibt. Zunächst ist der Betrag maßgeblich, den der Vermieter dem Mieter aufgrund seiner Mitteilungspflicht aus § 554 Abs. 3 Satz 1 angekündigt hat. Der Mieter kann dies bestreiten. Zwar trägt der Mieter grundsätzlich die **Beweislast** dafür, dass eine nicht zu rechtfertigende Härte vorliegt (vgl. BTDrucks. 9/2079 B zu Artikel 1 Nr. 2). Jedoch muss der Vermieter im Bestreitensfalle die seinem Wahrnehmungsbereich zuzuordnenden Tatsachen darlegen und beweisen, wozu auch die zu erwartende Erhöhung der Miete gehört (Kummer, WuM 1983, 227).
Der Vermieter hat es allerdings in der Hand, auf die Geltendmachung eines Teils des Modernisierungszuschlags zu verzichten. In diesem Falle ist der (teilweise) **Mietverzicht** des Vermieters bei der Prüfung beachtlich (LG Berlin, GE 1989, 1229).
Die Berufung des Mieters auf finanzielle Härte ist verbaut, wenn der Mieter in Kenntnis von geplanten Modernisierungsmaßnahmen des Vermieters eine gut bezahlte berufliche Stellung aufgibt und aus diesem Grunde die Miete nach Modernisierung nicht mehr bezahlen kann; in einem solchen Fall wiegt das Interesse des Vermieters an der Verbesserung der Mietsache schwerer (LG Berlin, GE 1985, 479). Die Berufung auf finanzielle Härte ist dem Mieter auch dann verwehrt, wenn eine Mieterhöhung im Hinblick auf § 5 WiStG ausscheidet (AG Berlin-Tiergarten, GE 1989, 155). Eine finanzielle Härte soll auch dann nicht vorliegen, wenn die Miete nach Modernisierung nur deshalb unzumutbar geworden ist, weil der Mieter übermäßig viel Wohnraum in Anspruch nimmt (AG Berlin-Schöneberg, GE 1990, 767: Student in 100-qm-Wohnung. Als schutzwürdig unter

dem Gesichtspunkt finanzieller Härte betrachtet das Gericht nur den Erhalt eines angemessenen Wohnraums).

92 Die nach Modernisierung maßgebliche **Gesamtmiete** ist **in Relation** zu setzen **zu den individuellen Einkommensverhältnissen** des Mieters – wobei Ratenkreditverpflichtungen unberührt bleiben können (LG Berlin, WuM 1990, 206) – einschließlich des **Einkommens** der **Haushaltssangehörigen** (LG Berlin, GE 1985, 1099; AG Berlin-Tempelhof/Kreuzberg, GE 1991, 939); nicht zu berücksichtigen ist das **Einkommen von Untermietern** (LG Berlin, GE 1981, 441). Maßgebend ist das Einkommen zum Zeitpunkt des Duldungsbegehrens (AG Berlin-Neukölln, 8c C 415/80); ein **zukünftiges höheres Einkommen** ist unbeachtlich, wenn es nur in einer spekulativen Erwartung begründet ist (AG Berlin-Neukölln, a.a.O.). Es ist auch zu berücksichtigen, ob der Mieter Anspruch auf **Wohngeld** hat (KG [RE], GE 1982, 701; BGH, NJW 1992, 1386 = GE 1992, 375). Das gilt unabhängig davon, ob der Mieter tatsächlich Wohngeld in Anspruch genommen hat. Er muss sich wegen der Duldungspflicht grundsätzlich so behandeln lassen, als würde ihm Wohngeld gewährt (KG, a.a.O.). Das dem Mieter zustehende Wohngeld ist als Teil des berücksichtigungsfähigen Gesamtnettoeinkommens des Mieters zu behandeln (KG, a.a.O.). Hält sich die Miete nach Modernisierung im Rahmen der für die Wohngeldgewährung zu berücksichtigenden Beträge, wird im Regelfall keine finanziell unzumutbare Härte vorliegen (LG Köln, WuM 1992, 431). Der Mieter kann dagegen nicht darauf verwiesen werden, dass er einen Teil der Wohnung untervermieten könne (LG Hamburg, WM 1986, 245).

93 Bei **Mietermehrheit** ist das Einkommen sämtlicher Vertragsparteien auf der Mieterseite zu berücksichtigen, unabhängig davon, welche Mieter die Wohnung gerade nutzen; der Vermieter ist nicht gehalten, bei einer Mehrheit von Mietern seine Kalkulationen jeweils davon abhängig zu machen, welcher Mieter die Wohnung gerade nutzt (LG Berlin, MM 1985, Heft 3, 84).

94 Wegen der Unbestimmtheit der Begriffe „finanzielle Härte" haben Rechtsprechung und Literatur zahlreiche Versuche unternommen, objektive **Grenzen** festzulegen, jenseits derer die **Mieterhöhung** in jedem Fall unzumutbar sein soll. Teilweise wurden starre Prozentsätze des monatlichen Nettoeinkommens des Mieters herangezogen (LG Berlin, GE 1980, 157: nicht mehr als 20% des Familieneinkommens [zum § 541a Abs. 2 a.F.]; AG Berlin-Mitte, GE 2000, 129: im Allgemeinen 20% bis 25%; LG Berlin, GE 1985, 1099 und GE 1991, 575: nicht mehr als 25% des monatlichen Familien-Nettoeinkommens; ebenso Röder, NJW 1983, 2665; LG Berlin, WuM 1993, 186: 25% bis 30% unzumutbar, dagegen bei einem Einkommen von über 1 500 DM Bruttokaltmiete 30% des Nettoeinkommens zumutbar; LG Berlin, MM 1994, 102; LG Berlin, GE 1983, 969: 27,20% noch zumutbar; LG Berlin, NJW-RR 1992, 144: Erhöhung von 27% auf 30% noch zumutbar). Unzumutbar ist die Miete nach Modernisierung jedenfalls dann, wenn sie fast 69% des Gesamteinkommens (LG Berlin, GE 1986, 1069), 57% (LG Berlin, ZMR 1985, 338), über 40% (LG Berlin, GE 1985, 1099), 38,4% (LG Frankfurt/Main, Urteil vom 15.8.1989, 2/11 S 61/89), 35% (AG Berlin-Schöneberg, 12 C 607/81) beträgt.

Teilweise ist ein anderer Weg gegangen worden, der die Relation der Veränderung der bisherigen Miete zum Maßstab nahm (vgl. etwa LG Berlin, GE 1985, 479, wonach bei einem Einkommen von 755 DM eine Mietsteigerung von 50% unzumutbar sei; LG Berlin, GE 1985, 1099: 54% Steigerung; LG Berlin, Urteil vom 9.12.1983, 64 T 62/83: 47% Mietsteigerung). Jedoch stellt die Verdoppelung der Miete aufgrund von Modernisierungsmaßnahmen nicht in jedem Fall eine unzumutbare Härte dar (LG Berlin, GE 1992, 39; AG Berlin-Tempelhof/Kreuzberg, GE 1991, 939).

Alle Versuche, eine objektive Grenze zu ziehen, sind zum Scheitern verurteilt (vgl. grundlegend KG [RE], GE 1981, 757; LG Berlin, GE 1980, 251 und GE 1992, 39).

Bei der Würdigung aller Umstände des Einzelfalls kommt es entscheidend darauf an, dass die Miete nach Modernisierung für den Mieter weiterhin tragbar bleibt. Es muss deshalb nach Abzug der Miete vom Nettoeinkommen dem Mieter ein Betrag zur Verfügung stehen, der ausreicht, damit er an seinem bisherigen Lebenszuschnitt im Wesentlichen festhalten kann (LG Berlin, GE 1983, 969 und GE 1992, 831; vgl. dazu auch Sternel, ZMR 1983, 109). Die Zumutbarkeitsgrenze ist nicht erst dort zu ziehen, wo der Mieter mit dem verbleibenden Einkommensrest nur noch ein Existenzminimum bestreiten kann (LG Berlin, GE 1992, 831). Mietern mit einem hohen Einkommen ist durchaus zuzumuten, dass sie für die Miete einen prozentual höheren Anteil am Gesamteinkommen aufwenden müssen als Mieter mit niedrigem Einkommen. Im Allgemeinen wird jedoch ein Prozentsatz von 20% des Nettoeinkommens als tragbar anzusehen sein (LG Berlin, GE 1990, 497; LG Frankfurt/Main, WuM 1986, 312; AG Berlin-Mitte, GE 2000, 129: 20% bis 25%). 95

Bei den finanziellen Auswirkungen der Modernisierung kann auch die **Relation** von **Mieterhöhung zum Wert der Verbesserungsmaßnahmen** eine Rolle spielen (Emmerich/Sonnenschein, §§ 541a, 541b Rn. 9; KG, RE vom 22.6.1981, RiM 1, 287). Der Mieter muss Modernisierungsmaßnahmen (sog. Luxusmodernisierung) nicht dulden, wenn die Wertverbesserung nicht in einem angemessenen Verhältnis zur voraussichtlichen Mieterhöhung steht (AG Berlin-Wedding, GE 1991, 255); dies ist beispielsweise bei einem Modernisierungszuschlag von 80 DM (40 EUR) monatlich für die Verfließung der Fußböden in Küche und Bad anzunehmen (LG Berlin, MM 1983, Heft 1, 14; Gleiches gilt für die Ausschäumung eines Fußbodens, die zu einer Mieterhöhung von 82,50 DM (41,25 EUR) führt, AG Berlin-Schöneberg, Urteil vom 8.9.1981, 12 C 271/81). Nicht dulden muss der Mieter Energie sparende Maßnahmen, wenn die Grundsätze der Wirtschaftlichkeit nicht beachtet werden (LG Berlin, GE 1989, 1223; Mieterhöhung übersteigt Heizenergieersparnis um mehr als 200%, vgl. dazu auch Bierbaum/Stöckel, GE 2000, 445 m.w.N.). Der Mieter muss aber diese Maßnahme dann dulden, wenn der Mieterhöhungsanspruch entsprechend reduziert wird (vgl. auch LG Berlin, MM 1988, 187). Die Relation zwischen Wertverbesserung und Kosten ist nach objektiven Gesichtspunkten zu entscheiden; auf die Bedürfnisse oder Wünsche des einzelnen Mieters kommt es nicht an (LG Berlin, GE 1983, 969). Daher ist eine Mieterhöhung von 6,8% für den Einbau einer Schallschutzwand für zumutbar gehalten worden (LG Berlin, NZM 1999, 1036). 96

Der Mieter, der sich auf finanzielle Härte beruft, muss im Duldungsprozess seine Einkommensverhältnisse glaubhaft machen. Das kann durch Vorlage entsprechender amtlicher Bescheinigungen (Lohnsteuerkarte) oder Bescheinigung des Arbeitgebers geschehen. Schließlich kann auch die Abgabe einer eidesstattlichen Versicherung erforderlich 97 sein. Im Bestreitensfalle muss der Vermieter konkrete Anhaltspunkte dafür vorlegen, dass das Mietereinkommen höher ist als vom Mieter angegeben; zur Führung eines **Negativbeweises** ist der Mieter regelmäßig außerstande (LG Berlin, GE 1985, 1099 = MM 1985, 316; LG Berlin, GE 1986, 1069) und braucht ihn deshalb nicht zu führen (LG Berlin, ZMR 1985, 338).

Dass der Mieter trotz eingeschränkter finanzieller Leistungsfähigkeit eine große Wohnung bewohnt und seinen **Raumbedarf** nicht seinen Möglichkeiten anpasst, soll im Rahmen der finanziellen Zumutbarkeitsprüfung keine Rolle spielen (LG Berlin, GE 1986, 1069; LG Berlin, GE 1980, 441); der Vermieter soll in diesem Zusammenhang auch nicht darauf verweisen können, dass er dem Mieter eine kleinere Wohnung im Hause zur Verfügung stellen würde (AG Berlin-Charlottenburg, Urteil vom 23.11.1984, 13 C 533/84). Diese Ansicht ist abzulehnen, da auch die berechtigten Interessen des Vermieters zu würdigen sind. Bietet der Vermieter deshalb eine preisgünstigere Wohnung zum Tausch an, kann der Mieter zur Duldung verpflichtet sein (zutreffend: LG Berlin, GE 1977, 489; vgl. auch BayObLG [RE], RiM 1, 43, wonach es nicht Sinn der Sozialklausel ist, dem Mieter eine Wohnung zu erhalten, die zu seinem angemessenen Wohnungsbedarf in keinem Verhältnis steht).

6.5 Interessen des Vermieters und anderer Mieter

98 Bei der Abwägung muss das **Interesse des Vermieters** und anderer Mieter im Gebäude berücksichtigt werden. Als berechtigtes Interesse des Vermieters kann bereits anerkannt werden, dass er den Wert seines Eigentums erhöhen (Schmid, BLGBW 1983, 62) und er seinen Hausbesitz dem jeweiligen Entwicklungsstand im Wohnungsbau anpassen will, um auch in Zukunft angemessen vermieten zu können (MüKo/Voelskow, § 541b Rn. 15). Auch die konkrete Aussicht auf staatliche Zuschüsse (Schmid, a.a.O.; MüKo/Voelskow, a.a.O.) oder eine günstige Zinslage für Kapitalmarktmittel können ein Interesse des Vermieters begründen; ebenso die Möglichkeit, eine höhere Miete oder einen höheren Verkaufspreis zu erzielen oder Arbeiten preisgünstig ausführen lassen zu können (Palandt/Weidenkaff, § 541b Rn. 10). Das Interesse des Vermieters hat grundsätzlich Vorrang, soweit die Grenze der Unzumutbarkeit für den Mieter nicht erreicht ist (KG [RE], GE 1982, 701). Auch die berechtigten **Interessen anderer Mieter** in dem Gebäude sind zu berücksichtigen; sie können das Interesse des Vermieters verstärken (MüKo/Voelskow, § 541b Rn. 15). Berücksichtigungsfähig ist bereits das Interesse einzelner anderer Mieter. Unter diesen Gesichtspunkten ist beispielsweise ein Mieter verpflichtet, den Einbau eines Fahrstuhls zu dulden, auch wenn auf der Etage seiner Wohnung keine Zugangsmöglichkeit besteht und ein Zimmer seiner Wohnung verschattet wird, der Mieter aber nicht mit einem Modernisierungszuschlag belastet werden soll (AG Berlin-Charlottenburg, GE 1986, 1213).

6.6 Allgemein üblicher Zustand

99 Die zu erwartende Mieterhöhung ist bei der Abwägung nach § 554 Abs. 2 Satz 1 und 2 nicht zu berücksichtigen, wenn die gemieteten Räume oder sonstige Teile des Gebäudes lediglich in einen **Zustand** versetzt werden, wie er **allgemein üblich** ist (§ 554 Abs. 2 Satz 4) oder bei Maßnahmen zur Schaffung neuen Wohnraums; die meisten anderen Härtegründe sind aber auch bei solchen Maßnahmen zugunsten des Mieters zu berück-

sichtigen. Was mit allgemein üblichem Zustand gemeint ist, ist unklar und umstritten. Der Gesetzgeber hat nicht angegeben, nach welchem Maßstab der „allgemein übliche Zustand" beurteilt werden soll. Den **Gesetzesmaterialien** sind lediglich folgende Überlegungen zu entnehmen: Eine **wohnungswirtschaftlich sinnvolle Modernisierung** sollte nicht an einem zahlungsschwachen Mieter scheitern, es gehe dabei nur um die Anpassung einer Wohnung an den **gängigen Standard**, für die Frage, was allgemein üblich sei, könnten auch regionale Unterschiedlichkeiten eine Rolle spielen (vgl. BTDrucks. 9/2979 bei Landfermann, S. 80 l. Spalte). Dies wird Bedeutung erlangen für das Gebiet der neuen Bundesländer, in denen teilweise immer noch der Standard der Altbauwohnungen von demjenigen in den alten Bundesländern negativ abweicht (vgl. dazu LG Berlin, GE 1992, 1319 = WuM 1993, 186). Daher ist jeweils auf den Standard innerhalb der alten bzw. der neuen Bundesländer abzustellen (AG Berlin-Mitte. GE 2000, 129).

Die Bestimmung hatte zahlreiche unterschiedliche Auslegungsversuche provoziert. Nach   100
einer Richtung war die betroffene (Altbau-)Wohnung nur mit anderen Altbauwohnungen am Ort zu vergleichen – **nur Vergleich innerhalb vergleichbarer Erhöhungskategorien** – (LG Hamburg, WM 1984, 217; LG Berlin, MM 1985, 15, GE 1983, 969, MM 1985, 119). Von einer anderen Richtung wurde der Vergleich nur innerhalb der jeweiligen Kategorie (in der Regel nach Baualter-Kategorien) abgelehnt (AG Berlin-Schöneberg, GE 1984, 585; AG Berlin-Tempelhof/Kreuzberg, GE 1984, 587; Gerchel, MM 1983, Heft 11, 13); damit liefe die Vorschrift auch leer (so zutreffend LG Berlin, GE 1985, 475). Teilweise wurde sogar der Versuch gemacht, innerhalb größerer Städte noch **bezirksweise** festzustellen, was allgemein üblich sei (AG Berlin-Schöneberg, GE 1984, 585). Eine weitere Richtung ging dahin, als allgemein üblich lediglich einen **Mindeststandard** knapp oberhalb des (auch nicht genau definierten) **Substandards** anzusehen (Gerchel, a.a.O.; Schopp, ZMR 1983, 109; Degen, WuM 1983, 275 [277]). Schließlich wurde auch der im **sozialen Wohnungsbau** anzutreffende Standard (unter Heranziehung des inzwischen weggefallenen § 40 II. WoBauG – Mindestausstattung der Wohnungen) als allgemein üblich angesehen (Blümmel, GE 1983, 49 u. 555 f.; zustimmend MüKo/Voelskow, § 541b Rn. 11; LG Berlin, GE 1985, 475; AG Berlin-Tempelhof/Kreuzberg, GE 1983, 575).

Das Kammergericht hatte durch Rechtsentscheid (GE 1985, 1093 ff.) die prinzipiellen Fragen zutreffend beantwortet, jedoch als allgemein üblich nur den Zustand angesehen, den mindestens 90% aller Wohnungen in der Bundesrepublik Deutschland aufwiesen. Die Entscheidung des Kammergerichts ist berechtigterweise in Literatur (Emmerich/Sonnenschein, § 541b Rn. 9b) und Judikatur kritisiert worden (vgl. ausführlich AG Berlin-Schöneberg, GE 1991, 253: Einbau einer Gasheizung anstelle von Ofenheizung als Herstellung nur eines allgemein üblichen Zustands), u.a. auch im Hinblick darauf, dass nach Beitritt der neuen Bundesländer ein „allgemein üblicher Zustand" auch in Jahrzehnten nicht erreichbar sei, weil der Rechtsentscheid des Kammergerichts Eigeninitiative lähme; Modernisierungsmaßnahmen seien auch zum Nachteil der durch Kohleheizungen besonders belasteten Umwelt unterblieben (AG Berlin-Schöneberg, a.a.O.; vgl. auch die Kritik am Kammergericht durch OVG Berlin, GE 1990, 501, 503).

Die Frage, was allgemein üblich ist, ist nunmehr durch den Rechtsentscheid des BGH vom 19.2.1992, VIII ARZ 5/91 (GE 1992, 375 = ZMR 1992, 234 = NJW 1992, 1386) dahin gehend beantwortet worden, dass **mindestens zwei Drittel (66%) aller Mieträume in Gebäuden gleichen Alters innerhalb der Region** (Bundesland) diesen Zustand aufweisen müssen.

101 Diese Interpretation lässt sich auch mit dem **Gesetzeszweck** vereinbaren. Eine wohnungswirtschaftlich sinnvolle Modernisierung sollte nicht an einem zahlungsschwachen Mieter scheitern (vgl. oben). Was unter wohnungswirtschaftlich sinnvollen Modernisierungen zu verstehen ist, kann unschwer den **Maßnahmenkatalogen** entnommen werden, die der Gesetzgeber einer direkten oder indirekten **Modernisierungsförderung** zugrunde gelegt hat (vgl. z.B. die inzwischen außer Kraft getretenen §§ 3 und 4 ModEnG, § 82a EStDV, § 14b BerlinFG). Es darf nicht unterstellt werden, dass der Gesetzgeber wohnungswirtschaftlich nicht sinnvolle Modernisierungsmaßnahmen fördern wollte. Auch wenn es nicht unproblematisch ist, den allgemein üblichen Zustand am Beispiel konkreter Modernisierungsmaßnahmen festzumachen (vgl. Röchling, WuM 1984, 203 [205]), entspricht das einem Erfordernis der Praxis. In den alten Ländern der Bundesrepublik waren 1984 im Durchschnitt mindestens 60% aller Wohnungen mit **Bad, WC und Sammelheizung** ausgestattet (vgl. Röchling, a.a.O., 207). Damit war dieser Standard noch nicht generell als allgemein üblich zu betrachten (in Bezug auf Sammelheizung: LG Berlin, GE 1986, 1069; GE 1985, 1099; MM 1985, 119; MM 1985, 15; a.A. jedoch LG Berlin, GE 1985, 475; AG Berlin-Tempelhof/Kreuzberg, GE 1984, 587 und GE 1983, 575; AG Berlin-Charlottenburg, Urteil vom 5.12.1984, 15 C 516/84; AG Berlin-Schöneberg, GE 1992, 255). Beim Ausstattungsmerkmal „Bad" ist nunmehr der geforderte Verbreitungsgrad bereits erreicht (AG Berlin-Schöneberg, GE 1989, 885 und GE 1991, 831).

Da allerdings nach BGH (GE 1992, 375 = ZMR 1992, 234 = NJW 1992, 1386) eine regionale Betrachtungsweise greift, können in vielen alten Bundesländern die Voraussetzungen auch bei WC und bei der Zentralheizung bereits erfüllt sein. Nähere und aktuelle Hinweise geben die Statistischen Landesämter.

7. Ankündigungspflicht des Vermieters
7.1 Ankündigungsfrist

102 Der Vermieter hat dem Mieter **drei Monate vor dem Beginn** der Maßnahme deren Art sowie voraussichtlichen Umfang und Beginn, voraussichtliche Dauer sowie die zu erwartende Erhöhung der Miete in Textform mitzuteilen (§ 554 Abs. 3 Satz 1). Die Verpflichtung des Vermieters, den Mieter vor der Durchführung von Modernisierungsmaßnahmen auf die voraussichtliche Höhe der entstehenden Kosten und die sich daraus ergebende Mietanhebung hinzuweisen, besteht unabhängig davon, dass in § 559 Abs. 1 eine derartige Verpflichtung nicht aufgeführt ist. Die Mitteilungspflicht des § 554 Abs. 3 Satz 1 besteht vielmehr weiterhin, soweit der Mieter die Modernisierungsmaßnahme tatsächlich nicht duldet. Diese Mitteilungspflicht entfällt auch nicht dann, wenn eine Mieterhöhung nicht beabsichtigt ist (LG Berlin, GE 1990, 763), sondern nur bei Bagatellmaßnahmen (vgl. Rn. 106 ff.). Diese Mitteilung löst nach Ansicht des Kammergerichts überhaupt erst den Anspruch auf Duldung aus; ist die Mitteilung vor Ausführung

der Maßnahme nicht oder nicht gesetzmäßig ergangen, war der Mieter zum Zeitpunkt der Vornahme der Maßnahme nicht zur Duldung verpflichtet (KG [RE], GE 1988, 993). Wird das Mitteilungsverfahren nicht eingehalten oder nicht korrekt durchgeführt aber die Modernisierungsmaßnahme geduldet, so besteht aber dennoch der Anspruch des Vermieters auf Mieterhöhung (OLG Stuttgart, GE 1991, 817 = NJW-RR 1991, 1108; OLG Frankfurt/Main, GE 1991, 829 = NJW-RR 1992, 146; so schon Schulz, DWW 1989, 390 und AG Berlin-Tiergarten, GE 1991, 153); denn in § 559b Abs. 2 Satz 2 ist nunmehr die Folge fehlender Mitteilung der zu erwartenden Mieterhöhung abschließend geregelt.

Die Frist von drei Monaten ist eine **Mindestfrist** (Schmid, BLGBW 1983, 62), und sie wird nach §§ 187, 188 berechnet (Palandt/Weidenkaff, § 541b Rn. 19). Umstritten ist, ob die Ankündigungsfrist für alle unter § 554 Abs. 2 fallenden Maßnahmen eingehalten werden muss, auch wenn Mieter durch Bauarbeiten nicht konkret betroffen sind (bejahend: LG Berlin, GE 1986, 1121 = ZMR 1987, 337; verneinend: LG Berlin, GE 1996, 415). Da jedoch § 554 nicht zwischen Maßnahmen in der Wohnung und im Außenbereich unterscheidet, vielmehr sämtliche Maßnahmen zur Verbesserung der Mietsache ankündigungspflichtig macht, wobei unter Mietsache auch der Außenbereich zu verstehen ist, bedürfen auch Maßnahmen im Außenbereich der Ankündigung (LG Berlin, GE 1986, 1121 = ZMR 1987, 337; LG Berlin, ZMR 1999, 711; LG Berlin, GE 1999, 383; a.A. LG Berlin, GE 1996, 415).

7.2 Entbehrlichkeit der Ankündigung

Die Ankündigung ist nicht nur formale Voraussetzung dafür, dass der Mieter die Modernisierung dulden muss (Beuermann, GE 1986, 7 m.w.N.; LG Berlin, GE 1985, 141; AG Berlin-Tempelhof/Kreuzberg, GE 1984, 587), vielmehr löst die korrekte Ankündigung – wenn die sonstigen Voraussetzungen des § 554 Abs. 2 Satz 1 erfüllt sind – den Duldungsanspruch überhaupt erst aus (KG [RE], GE 1988, 993; LG München I, DWW 1987, 260). Eine mangelhafte Ankündigung (fehlende, unvollständige oder verspätete Mitteilung) ist unwirksam, so dass schon aus diesem Grunde eine spätere Duldungsklage des Vermieters abgewiesen werden müsste (Beuermann, GE 1986, 7; so AG Berlin-Tempelhof/Kreuzberg, MM 1984, 133). Die nach § 554 Abs. 2 Satz 2 ansonsten erforderliche materielle Prüfung (vgl. dazu etwa KG [RE], GE 1981, 757), d.h. Abwägung aller Umstände, hätte zu unterbleiben. Die Mitteilung ist also nicht nur eine Fälligkeitsvoraussetzung (so aber: LG Berlin, GE 1984, 1125; OLG München, WuM 1991, 481).

Die vorherige **Information** des Mieters ist **entbehrlich, wenn der Mieter** der Modernisierung wirksam **zugestimmt hat** (LG Berlin, GE 1990, 315) oder sie tatsächlich geduldet hat, indem er die Handwerker die angekündigte Maßnahme in der Wohnung hat ausführen lassen (KG [RE], GE 1988, 993; OLG Stuttgart [RE], NJW-RR 1991, 1108 = GE 1991, 817; OLG Frankfurt/Main [RE], NJW-RR 1992, 145 = GE 1991, 829). Wenn der Mieter der Durchführung der Modernisierungsmaßnahme mündlich oder schriftlich widersprochen hat, liegt auch dann keine Duldung vor, wenn er nicht gerichtlich gegen die Maßnahme (z.B. im Außenbereich) vorgegangen ist (LG Berlin, MM 1999, 390).

Die Ankündigung ist ferner entbehrlich für Bagatellmaßnahmen (vgl. dazu Rn. 106 f.).

Sie ist auch nicht unbedingt erforderlich bei Maßnahmen, zu denen der Vermieter gezwungen ist.

103

7.3 Einheitlichkeit der Ankündigung

104 Die Mitteilung muss in Textform erfolgen (§ 554 Abs. 3 Satz 1). Textform bedeutet, dass die Erklärung in einer Urkunde oder auf andere zur dauerhaften Wiedergabe in Schriftzeichen geeignete Weise abgegeben werden muss, die Person des Erklärenden genannt und der Abschluss der Erklärung durch Nachbildung der Namensunterschrift oder anders erkennbar gemacht wird (§ 126b des Gesetzes zur Anpassung der Formvorschriften des Privatrechts und anderer Vorschriften an den modernen Rechtsverkehr vom 22.6.2001). Die Textform ist aber ebenfalls nur dann gewahrt, wenn alle notwendigen Informationen in einem Text zusammengefasst sind.

Daher können die Informationen nach § 554 Abs. 3 Satz 1 dem Mieter nicht in mehreren zeitlich getrennten Texten (sukzessive) mitgeteilt werden (LG Hamburg, NZM 2001, 332; 1997, 1027; ZMR 1992, 546). Besteht die Mitteilung aus mehreren Texten, muss durch den Abschluss der Erklärung durch Nachbildung der Namensunterschrift oder anders erkennbar gemacht werden, dass es sich um eine einheitliche Erklärung handelt. Die Anlagen müssen durch Bezugnahme auf die Ankündigung derart mit dieser verknüpft werden (so zur Schriftform: KG, NZM 1998, 369; LG Berlin, GE 1997, 1027), dass nach der Verkehrsanschauung von einer einheitlichen Urkunde im Rechtssinne ausgegangen werden kann (Sternel, a.a.O.). Dazu reicht es aus, wenn in dem Ankündigungsschreiben auf die diesem beigefügten Anlagen, in dem die Modernisierungsmaßnahmen sowie die sich daraus ergebende Mieterhöhung im Einzelnen aufgeführt ist, Bezug genommen wird und ferner in den Anlagen auf die genau bezeichnete Ankündigung.

Eine unwirksame Ankündigung kann der Vermieter im Duldungsprozess wiederholen und dadurch heilen (LG Berlin, GE 1987, 521 [523]; GE 1990, 765). Die (wiederholte) Ankündigung kann bereits in der Klageschrift erfolgen (AG Berlin-Charlottenburg, GE 1984, 765; a.A. AG Berlin-Charlottenburg, MM 1984, 25; MM 1990, 349), spätestens aber bis zum Zeitpunkt der Berufungseinlegung (LG Berlin, GE 1986, 1069). Dabei müssen alle (auch die schon einmal erteilten) Informationen, in einer einzigen (neuen) Ankündigung zusammengefasst werden, also alle Informationen erneut erteilt werden (LG Berlin, GE 1987, 521). Der Vermieter hat die Kosten des Duldungsrechtsstreits zu tragen, wenn aufgrund der darin nachgeholten Mitteilung der Mieter den Duldungsanspruch danach sofort anerkennt (AG Berlin-Tiergarten, MM 1982, Heft 11, 15).

7.4 Verzicht auf die Ankündigung

105 Ein **Verzicht auf** die vorherige fristgemäße **Ankündigung** von Modernisierungsmaßnahmen ist gem. § 554 Abs. 5 jedenfalls bei einem Wohnraummietverhältnis grundsätzlich unwirksam (LG Berlin, GE 86, 609).

Bei **schuldhaft fehlerhafter Ankündigung** hat der Mieter einen Schadensersatzanspruch aus positiver Forderungsverletzung (Röder, NJW 1983, 2667); ein solcher kommt beispielsweise in Betracht, wenn der Mieter nach einer schuldhaft fehlerhaften Ankündigung von seinem Sonderkündigungsrecht Gebrauch macht.

7.5 Bagatellklausel

106 Die Mitteilungspflicht des Vermieters nach § 554 Abs. 3 Satz 1 entfällt bei Maßnahmen, die mit keiner oder nur einer unerheblichen Einwirkung auf die vermieteten Räume

verbunden sind und zu keiner oder nur zu einer unerheblichen Erhöhung der Miete führen (sog. **Bagatellmaßnahmen**; allerdings gelten auch für diese Maßnahmen alle Bestimmungen des § 554 Abs. 2, mithin ist auch hierbei die Abwägung nach Satz 2–4 erforderlich). Bei Bagatellmaßnahmen besteht für die Mitteilung nach Abs. 3 Satz 1 kein ausreichendes Bedürfnis. **Werden allerdings umfangreichere Modernisierungsmaßnahmen zusammen mit Bagatellmaßnahmen durchgeführt, sind auch Letztere nach § 554 Abs. 3 Satz 1 anzukündigen** (AG Berlin-Tiergarten, GE 1991, 153). Der Vermieter sollte jedoch einen solchen Bagatellfall nicht vorschnell annehmen. Andererseits macht sich der Mieter, der eine unter die Bagatellklausel fallende Maßnahme blockiert, unter Umständen schadensersatzpflichtig. Beide Voraussetzungen (keine oder unerhebliche Einwirkung und keine oder unerhebliche Mieterhöhung) müssen nebeneinander erfüllt sein.

Eine **Mieterhöhung** von bis zu 5% der bisherigen **Kaltmiete** ist noch unerheblich (LG   107 Berlin, GE 1986, 751; LG Berlin, MM 1989, 324; LG Berlin, NJW-RR 1992, 144; a.A. AG Berlin-Charlottenburg, GE 1991, 255: Mieterhöhung von 4,4% der Kaltmiete bei einem absoluten Erhöhungsbetrag von fast 30 DM monatlich keine Bagatellmaßnahme; 2,30 DM monatlich für Kinderspielplatz dagegen noch unerheblich [LG Berlin MM 1991, 330]; vgl. auch Palandt/Weidenkaff, der eine über 5% hinausgehende Mieterhöhung nicht mehr für unerheblich hält; Palandt/Weidenkaff, § 541b Rn. 18). Dabei ist das Tatbestandsmerkmal der unerheblichen Mieterhöhung in Relation zum Mietereinkommen zu sehen (LG Berlin, DWW 1985, 286). Bei einem Monatseinkommen von 2 200 DM (1 100 EUR) netto ist jedenfalls eine Mieterhöhung von 8 DM (4 EUR) monatlich unerheblich (LG Berlin, a.a.O.; vgl. auch LG Berlin, Urteil vom 31.5.1985, 64 S 89/85, wonach eine Mieterhöhung von 9,12 DM monatlich bei einer Miete von 210 DM und einem Monatseinkommen von 1 650 DM unerheblich ist). Andererseits sollen bereits die monatlich fällig werdenden Grundgebühren für Kabelfernsehen nicht mehr unerheblich sein (AG Berlin-Tiergarten, DWW 1985, 184 = MM 1985, 171). Als Bagatellmaßnahme in diesem Sinn gilt auch, wenn der Vermieter auf eine **Mieterhöhung verzichtet** und die Maßnahme nicht mit Einwirkungen auf die Wohnung des Mieters verbunden ist (LG Berlin, GE 1986, 751: Wärmeisolierung des Dachbodens; GE 1987, 573, 577: Anschluss an Kabelfernsehen).

Die **Einwirkung** auf die vermieteten Räume ist z.B. **unerheblich**, wenn alte Heizkörperventile gegen neue Thermostatventile (LG Berlin, GE 1986, 751) ausgewechselt werden; da diese Maßnahme aber eine Maßnahme aufgrund vom Vermieter nicht zu vertretender Umstände darstellt (vgl. § 7 HeizAnlV), besteht ohnehin keine Ankündigungspflicht, vgl. Rn. 42. Als unerhebliche Einwirkung gelten ferner der Einbau einer Antennensteckdose (AG Berlin-Tempelhof/Kreuzberg, GE 1983, 577; LG Berlin, DWW 1985, 286; a.A. AG Berlin-Tiergarten, DWW 1985, 184), die Installation einer zentralen Schließ- und Klingelanlage (LG Berlin, Urteil vom 31.5.1985, 64 S 89/85; AG Berlin-Charlottenburg, GE 1989, 683; AG Berlin-Wedding, GE 1989, 419), die Installation eines Rohrs in der Toilette oder geringfügige Arbeiten im Keller des Mieters (AG Münster, WM 1984, 198). Bereits das Durchlegen von Heizungs- sowie Frischwasser- und Abwasserrohren durch eine Wohnung ist dagegen keine unerhebliche Maßnahme mehr (LG Berlin, GE 1986, 609).

7.6 Ankündigung durch den Vermieter

108 Die geplante Maßnahme muss vom Vermieter angekündigt werden (LG Berlin, GE 1986, 33). Wer Vermieter ist, ergibt sich grundsätzlich aus dem Mietvertrag. Verhältnismäßig unproblematisch ist die Ankündigung, wenn der Vermieter nur eine Person ist. Steht auf der Vermieterseite nur **eine natürliche Person** – z.B. der Hauseigentümer – dem Mieter gegenüber, ist lediglich darauf zu achten, dass diese Einzelperson identifizierbar in der Ankündigung als Vermieter aufgeführt wird. Ist der Vermieter gestorben, so geht dessen gesamtes Vermögen kraft Gesetzes auf seine Erben über mit der Folge, dass diese als Vermieter in den Mietvertrag eintreten. Hinterlässt ein Vermieter mehrere Erben, so treten alle zusammen als Vermieter in den Mietvertrag ein, ohne dass eine Vertragsänderung notwendig ist.

109 Da der Nachlass jedoch gemeinschaftliches Vermögen der Miterben wird (§ 2032 Abs. 1), können diese nur zusammen die Maßnahme ankündigen; entweder werden die Erben dann namentlich in der Ankündigung aufgeführt oder die **Erbengemeinschaft** wird in der Ankündigung schlagwortartig bezeichnet. Grundsätzlich ist es **nicht notwendig, sämtliche Miterben** mit Vor- und Nachnamen, Beruf und Anschrift **aufzuführen**. Da die Erbengemeinschaft jedoch keine eigene Rechtspersönlichkeit hat, wie z.B. Handelsgesellschaften, kann sie nicht als solche die Maßnahmen ankündigen. Mithin muss sie bei der Ankündigung von einem der Miterben, der von den übrigen Miterben bevollmächtigt worden ist, oder von einem Hausverwalter, dem sämtliche Miterben entsprechende Vollmacht erteilen müssen, vertreten werden. **Schlagwortartige Kurzbezeichnungen** für derartige Erbengemeinschaften sind allerdings **nicht** völlig **risikolos**. Wenn Streit darüber entsteht, wer der Erbengemeinschaft als Miterbe angehörte, müssen die Miterben ihre Berechtigung zur Ankündigung nachweisen. Dieser Nachweis dürfte aber durch einen Erbschein verhältnismäßig leicht zu erbringen sein. Wenn die Miterben einen von ihnen zur Ankündigung der Maßnahmen bevollmächtigen, muss der bevollmächtigte Miterbe erklären, dass er die Maßnahme namens und in Vollmacht der von ihm vertretenen Erben ankündigt.

Bedient sich die Erbengemeinschaft eines Hausverwalters, so muss dieser bei Mietvertragsabschluss deutlich machen, dass er die Erbengemeinschaft vertritt. Ist nur die Erbengemeinschaft als Vermieter aufgeführt, müssen alle Erben zusammen die Rechte aus dem Mietvertrag geltend machen, also auf Duldung der Maßnahme klagen – die Erbengemeinschaft kann als solche nicht klagen, weil ihr die Parteifähigkeit fehlt.

Jeder Miterbe kann jedoch über seinen Anteil am Nachlass verfügen (§ 2033 Abs. 1). Diese Verfügung erfolgt durch Veräußerung des Anteils am Nachlass. Der Erwerber des Anteils wird der Rechtsnachfolger des veräußernden Erben hinsichtlich dessen Anteil mit der Folge, dass der Erwerber in die Vermieterstellung einrückt. Dann muss der Erbschaftserwerber – gegebenenfalls zusammen mit den verbliebenen Erben – die Maßnahme ankündigen.

Bei der Erbauseinandersetzung dagegen erfolgt eine Zuordnung der einzelnen Nachlassbestandteile an einzelne Erben: allein die entsprechende Auseinandersetzungsvereinbarung führt noch nicht zum Eintritt desjenigen Erben in das Mietverhältnis, dem der entsprechende Nachlassgegenstand zugeordnet wird. Vielmehr ist der dingliche Vollzug dieser Vereinbarung notwendig; genauso wie bei der Veräußerung tritt daher der Mit-

erbe, dem das vermietete Grundstück zugeordnet wird, erst mit Eintragung als Alleineigentümer in das Grundbuch in das Mietverhältnis als Vermieter ein, so dass er erst ab
Eintragung die Rechte aus dem Mietverhältnis geltend machen kann.

Sind im Kopf des Mietvertrags **mehrere Personen als Vermieter** aufgeführt, hat aber 110
nur eine von ihnen – ohne jeden Vertretungszusatz – unterschrieben, so ist von den im
Mietvertrag aufgeführten Personen nur diejenige Vermieter geworden, die den Mietvertrag unterschrieben hat (BGH, MDR 1994, 579; LG Berlin, GE 1995, 1343; LG Mannheim, ZMR 1993, 415; a.A. für Ehegatten: OLG Düsseldorf, WuM 1989, 362; OLG
Oldenburg, MDR 1991, 969 = ZMR 1991, 268; LG Berlin, GE 1995, 567; LG Berlin,
GE 1995, 1553).

Bei sog. **Bauherrengemeinschaften** hat man es mit einem Gesellschaftsvertrag der 111
künftigen Bauherren zu tun. Diese schließen sich zusammen, um gemeinsam ein Grundstück zu erwerben, darauf ein Haus zu bauen und dieses sodann zu vermieten (vgl. dazu
Teil II Rn. 20).

Ist der Gesellschaftsvertrag noch nicht unterzeichnet, die **Gesellschaft mithin noch
nicht begründet,** handelt es sich um eine **Bruchteilsgemeinschaft** (BGH, NJW 1992,
220).

Werden in diesem Stadium mit der Bauherrengemeinschaft Mietverträge geschlossen, so
sind die Mitglieder dieser Gemeinschaft Vermieter mit der Folge, dass sie zusammen die
Maßnahmen ankündigen müssen. Bringen die Mitglieder der Bruchteilsgemeinschaft ihre
Anteile in eine Gesellschaft bürgerlichen Rechts ein, liegt ein Fall des § 566 Abs. 1 mit
der Folge vor, dass die Mitglieder der Gemeinschaft in ihrer gesamthänderischen Bindung als Gesellschafter dem Mieter als Vermieter gegenüberstehen.

In der Praxis wird jedoch überwiegend keine Gesellschaft begründet, sondern **Wohnungseigentum.** Ist der Mietvertrag noch mit der Bauherrengemeinschaft abgeschlossen
worden, so wird bei der Bildung von Wohnungseigentum nach § 3 WEG der Sondereigentümer alleiniger Eigentümer mit der Folge, dass in analoger Anwendung des § 566
(BGH, NJW 1994, 2542 = GE 1994, 1045) der Sondereigentümer als Vermieter in das
Mietverhältnis mit der Folge eintritt, dass er allein die Maßnahmen ankündigen kann und
muss. Bei der sog. Vorratsteilung gem. § 8 WEG tritt dagegen keine Veränderung auf der
Vermieterseite ein, weil sich die Bruchteilsgemeinschaft am Wohnungseigentum fort-
setzt (Palandt/Bassenge, § 8 WEG Rn. 3), so dass sämtliche Wohnungseigentümer die
Maßnahmen zusammen ankündigen müssen.

Davon zu unterscheiden ist der Fall, dass eine Gesellschaft bürgerlichen Rechts als solche den Mietvertrag auf der Vermieterseite abgeschlossen hat, jedoch einzelne Wohnungen im Innenverhältnis bereits bestimmten Gesellschaftern zugeordnet sind. Diese
schuldrechtliche Benutzungsregelung führt nicht zum Vermieterwechsel (OLG Karlsruhe, NJW 1990, 3278 = GE 1990, 813).

Besondere Probleme ergeben sich daraus, dass die **einzelnen Wohnungen** teilweise
bereits **vor Abschluss des Bauvorhabens** an die einzelnen Mitglieder der Bauherrengemeinschaft **veräußert** werden, ohne dass dies bei Abschluss des Mietvertrags über die
einzelnen Wohnungen berücksichtigt wird. **Schließt** noch die **Bauherrengemeinschaft**
den **Mietvertrag** über die Wohnung ab, obwohl inzwischen schon das Wohnungsgrundbuchblatt gebildet und der einzelne Wohnungseigentümer eingetragen worden ist, so

wird Vertragspartner des Mieters nicht etwa der einzelne Wohnungseigentümer, sondern die Bauherrengemeinschaft. Nur diese kann im Außenverhältnis die Maßnahmen gegenüber dem Mieter ankündigen; das Ankündigungsrechts kann nicht an den einzelnen Wohnungseigentümer abgetreten werden.

Ob diese den Wohnungseigentümer ermächtigen kann, die Maßnahmen im eigenen Namen anzukündigen, ist sehr zweifelhaft (vgl. dazu Kinne, GE 1993, 880 [886]). Schließlich hilft dem Wohnungseigentümer auch nicht die Vorschrift des § 566 Abs. 1, wonach der Erwerber eines Grundstücks anstelle des Vermieters in das Mietverhältnis eintritt, denn Voraussetzung für diesen Eintritt in das Mietverhältnis ist, dass er nach der Überlassung an den Mieter das Grundstück – hier die Eigentumswohnung – erworben hat. Wenn aber der Vermieter – die Bauherrengemeinschaft – schon nicht mehr Eigentümer der Wohnung war, als diese vermietet wurde, vielmehr der bereits im Grundbuch eingetragene Wohnungseigentümer, hat der Wohnungseigentümer die Wohnung nicht **nach** Abschluss des Mietvertrags bzw. der Überlassung erworben, sondern bereits vorher. Dies hat zur Folge, dass die Bauherrengemeinschaft Vermieter geworden und geblieben ist.

112 Bei **Gesellschaften** ist zu unterscheiden zwischen den **Gesellschaften bürgerlichen Rechts** und den **Handelsgesellschaften**. Die bereits erwähnte Bauherrengemeinschaft ist – bis auf ihr Vorstadium – nicht etwa, wie sich aus ihrer Bezeichnung ergeben könnte, eine Gemeinschaft i.S.d. bürgerlichen Rechts, sondern eine Gesellschaft bürgerlichen Rechts, wenn sich die Beteiligten wechselseitig zur Förderung des gemeinsamen Bauvorhabens und zur Bereitstellung der Mittel verpflichten. Handelsgesellschaft ist insbesondere die „GmbH & Co. KG"; da bei dieser der – sonst unbeschränkt haftende – Komplementär die Gesellschaft mit beschränkter Haftung ist, ist die Haftung insgesamt auf das Gesellschaftsvermögen beschränkt. Der Unterschied zwischen derartigen Handelsgesellschaften und den Gesellschaften des bürgerlichen Rechts (Bauherrengemeinschaft) besteht darin, dass die Handelsgesellschaften durch weitgehende Verselbständigung besonders im Außenverhältnis entweder eine Übergangsform zur juristischen Person (OHG, KG) oder sogar juristische Personen sind (Kapitalgesellschaften wie GmbH, AG und KgaA). Wird der Name und Vorname eines einzelnen Gesellschafters angegeben, der zugleich ein Bestandteil des Firmennamens der Gesellschaft ist – z.B. im Mietvertrag ist als Vermieter **Paul Müller** angegeben, obwohl der Mietvertrag mit der **Paul Müller GmbH & Co. KG** abgeschlossen werden sollte –, so kommt im Zweifel der Mietvertrag nur mit dem einzelnen Gesellschafter zustande mit der Folge, dass nur dieser die Maßnahme ankündigen darf und muss. Da schriftliche Mietverträge die Vermutung der Vollständigkeit und Richtigkeit für sich haben, diese Vermutung zudem häufig in den Mietverträgen noch durch die Klausel **„Mündliche Nebenabreden sind nicht getroffen worden"** bestätigt wird, dürfte es schwierig werden, mündliche Hinweise auf die Gesellschaft als vertragschließende Partei für verbindlich anzusehen. Der Behauptung der später die Maßnahme ankündigenden Gesellschaft, mit „Paul Müller" sei die Paul Müller GmbH & Co. KG gemeint gewesen, kann im Prozess schon deswegen nicht nachgegangen werden, weil im Rechtsleben nicht Meinungen, sondern nur Erklärungen gelten. Die „Meinung" muss dem Vertragspartner zur Kenntnis gebracht werden, sonst entfaltet sie grundsätzlich keine rechtlichen Wirkungen. Der Wille, einen Vertrag seitens der Gesell-

schaft abzuschließen, muss erklärt werden, d.h., es muss eine entsprechende Willenserklärung abgegeben werden. Lediglich wenn beide Vertragsparteien – Vermieter und Mieter – davon ausgingen, dass trotz der Bezeichnung „Paul Müller" die Gesellschaft gemeint war, gilt der übereinstimmende Wille der Beteiligten als Inhalt der Erklärung. Dies müsste allerdings die klagende Gesellschaft beweisen, wenn der Mieter dies bestreitet. Gelingt dieser Nachweis nicht, hilft auch die Abtretung des Ankündigungsrechts durch Paul Müller an „seine" Gesellschaft nicht weiter, um diese zur Ankündigung der Maßnahmen zu berechtigen.

Wird lediglich der **Vertreter** im Mietvertrag als Vermieter aufgeführt, ohne dass dieser   113
zu erkennen gibt, dass er nur als Vertreter eines Dritten handelt, so kommt der Mietvertrag mit dem Vertreter der Gesellschaft zustande mit der Folge, dass er als Vermieter die Maßnahme ankündigen muss. Insofern ist auch unerheblich, dass der Vertreter den Mietvertrag möglicherweise nicht für sich selbst abschließen wollte. Sein entgegenstehender Wille ist unbeachtlich (§ 164 Abs. 2).
Zumindest die Umstände müssen ergeben, dass die Erklärung im Namen des Vertretenen erfolgen soll. Ein eindeutiger Hinweis auf die Stellung als Vertreter ist der **Zusatz** „i.V.". Umstände, die dafür sprechen, dass die Erklärung nur im Namen des Vertretenen abgegeben wurde, sind z.B. die aus der Spalte „Vermieter" ersichtlichen Angaben über die Gesellschaft und die Stellung des Unterzeichners als Vertreter der Gesellschaft sowie die Unterzeichnung unter dem Firmenstempel.
Wenn der Mieter die Ankündigung des Vertreters unverzüglich zurückweist, weil der Vertreter die Vollmachtsurkunde nicht vorgelegt hat, so kann der Vertreter dann seine Vertretungsmacht durch Vorlage des Originals der Vollmachtsurkunde nachweisen. Kann der Vertreter dies nicht, so ist die Kündigung unwirksam (§ 174). Die Vertretungsmacht kann sich ferner aus dem Gesetz (etwa bei Handelsgesellschaften) ergeben. Zur Vertretung der offenen Handelsgesellschaft (OHG) ist kraft Gesetzes jeder Gesellschafter ermächtigt, wenn er nicht durch den Gesellschaftsvertrag ausgeschlossen ist (§ 125 Abs. 1 HGB).

Bei der **Vertretung der Kommanditgesellschaft** – also auch der Vertretung der GmbH   114
& Co. KG – sind die **Kommanditisten** zur Vertretung der Gesellschaft **nicht ermächtigt** (§ 170 HGB), können also die Maßnahmen nicht ankündigen. Die Kommanditgesellschaft wird durch den persönlich haftenden Gesellschafter vertreten (§ 161 Abs. 2 i.V.m. §§ 125 bis 127 HGB), der die Maßnahmen ankündigen muss. Da „persönlich haftender" Gesellschafter der GmbH & Co. KG keine natürliche Person, sondern die Gesellschaft mit beschränkter Haftung als juristische Person ist, hat die GmbH & Co. KG keinen „natürlichen" Vertreter. Sie wird vertreten durch die Gesellschaft mit beschränkter Haftung. Da diese als sog. „juristische Person" aber ihrerseits nicht ohne natürliche Person auskommt, die für sie handelt, muss wiederum der gesetzliche Vertreter der juristischen Person die Maßnahme ankündigen. Die Gesellschaft mit beschränkter Haftung wird durch ihre Geschäftsführer vertreten (§ 35 Abs. 1 GmbHG). Diese haben in der durch den Gesellschaftsvertrag bestimmten Form ihre Willenserklärung kundzugeben und für die Gesellschafter zu zeichnen (§ 35 Abs. 2 GmbHG).

Die Vertretungsmacht der sog. Organe der juristischen Personen (AG, GmbH, Gen) ergibt sich aus der Satzung und wird in öffentlichen Registern (Handelsregister) verlautbart.

Der **Kommanditist** (= beschränkt haftender Gesellschafter einer Kommanditgesellschaft) kann mithin die Gesellschaft bei der Ankündigung der Maßnahme nur dann vertreten, wenn ihm **rechtsgeschäftlich Vollmacht erteilt** worden ist. Da eine gesetzliche Vertretungsmacht nicht besteht, muss er also Prokura, Handelsvollmacht oder eine Vollmacht anderer Art haben, um die Gesellschaft wirksam vertreten zu können.

Fehlt ihm diese Vertretungsmacht, so kann die Ankündigung für und gegen die GmbH & Co. KG grundsätzlich auch nicht durch deren Genehmigung wirksam werden (§ 180 Satz 1). Lediglich dann, wenn der Mieter die von dem Vertreter behauptete Vertretungsmacht bei der Vornahme des Rechtsgeschäfts nicht beanstandet hat oder er damit einverstanden gewesen ist, dass der Vertreter ohne Vertretungsmacht handelte, kommt eine Heilung der unwirksamen Ankündigung durch Genehmigung der Gesellschaft in Betracht (§ 180 Satz 2, § 177 Abs. 1).

115 Abgesehen davon, dass **Miteigentümer** sich gegenseitig bevollmächtigen können, so dass einer der Miteigentümer den Mietvertrag zugleich im Namen und in Vollmacht der anderen Miteigentümer abschließen kann – was natürlich entsprechend klargestellt werden muss –, kann auch ein Miteigentümer allein den Mietvertrag abschließen. Dann ist jedoch nur dieser Miteigentümer aus dem Mietvertrag berechtigt und verpflichtet mit der Folge, dass nur er die Maßnahme ankündigen darf und muss. Dies ist nur dann anders, wenn der nicht am Mietvertrag beteiligte Miteigentümer dem Abschluss des Mietvertrags zugestimmt hat, denn diese Zustimmung bewirkt, dass alle Miteigentümer den gewollten Vertragsinhalt gegen sich gelten lassen müssen (OLG Karlsruhe, a.a.O.). Zwar wird der nicht vermietende Miteigentümer dadurch nicht selbst Vermieter. Die Wirkungen des Mietvertrages lasten aber ebenfalls auf ihm, so dass der nicht vermietende Miteigentümer die Maßnahme ebenfalls ankündigen muss. Diese Zustimmung des anderen Miteigentümers bedarf nicht unbedingt einer ausdrücklichen Erklärung, sie kann auch durch so genanntes schlüssiges Verhalten geschehen. Ein derartiges schlüssiges Verhalten kann entweder darin liegen, dass er z.B. Erklärungen des Mieters, die an den anderen Eigentümer gerichtet sind, entgegennimmt und für deren Weiterleitung an denjenigen Miteigentümer sorgt, der den Mietvertrag abgeschlossen hat. Kritisch wird es, wenn das Grundstück veräußert oder versteigert wird. Wird das vermietete Grundstück nach der Überlassung an den Mieter von dem Vermieter an einen Dritten veräußert, so tritt der Erwerber anstelle des Vermieters in die sich während der Dauer seines Eigentums aus dem Mietverhältnis ergebenden Rechte und Verpflichtungen ein (§ 566 Abs. 1).

116 Dasselbe gilt im Falle der Zwangsversteigerung (§ 57 ZVG). Das bedeutet, dass mit der Eintragung des Käufers des Grundstücks dieser anstelle des veräußernden Vermieters nunmehr neuer Vermieter wird. **Voraussetzung für diesen Eintritt des Erwerbers** ist aber immer, **dass er das Grundstück vom Vermieter** erworben hat. Nur wenn der Vermieter gleichzeitig Grundstückseigentümer ist, tritt der Erwerber – auch der Ersteigerer in der Zwangsversteigerung – in die Rechte und Pflichten aus dem Mietverhältnis mit dem veräußernden Eigentümer ein (BGH, NJW 1974, 1551; LG Berlin, MM 1991, 32). Ist das nicht der Fall – z.B. weil nur einer von mehreren Miteigentümern den Mietvertrag

abgeschlossen hat oder sogar ein Dritter, der nicht Eigentümer des Grundstücks war –, so bleibt der Veräußerer Vermieter mit der Konsequenz, dass er weiterhin die Maßnahmen ankündigen darf und muss.

Bedient sich der Vermieter einer **Hausverwaltung,** so wirkt deren Ankündigung der 117 Maßnahme nur dann für ihn wenn die Hausverwaltung die Maßnahme ausdrücklich im Namen des Vermieters ankündigt oder die Umstände ergeben, dass die Erklärung in seinem Namen erfolgen soll (§ 164 Abs. 1). Sagt also die Hausverwaltung nichts über ihre Vertreterstellung oder ergeben die Umstände nichts Derartiges so ist die Ankündigung unwirksam. Nur dann, wenn die Hausverwaltung selbst Vermieter geworden ist, reicht ihre Ankündigung aus.

Der Umstand, dass im Kopf des Mietvertrags der Name der Hausverwaltung mit dem Zusatz „Hausverwaltung" verzeichnet ist, spricht allein nicht dafür, dass sie für einen anderen den Mietvertrag abschließen wollte (LG Berlin, GE 1987, 91); denn eine Hausverwaltung wird nicht zwangsläufig immer nur als Vertreter tätig. Es kommt in nicht unerheblichem Maße auch vor, dass die Hausverwaltung selbst Eigentümerin des Grundstücks ist (LG Berlin, GE 1987, 831). Dann muss die Hausverwaltung die Maßnahmen im eigenen Namen ankündigen

Etwas anderes gilt lediglich, wenn die Hausverwaltung in der für den Vermieter vorgesehenen Spalte des Mietvertrags mit dem Zusatz „bevollmächtigt" aufgeführt ist. Hieraus ergibt sich, dass der Hausverwalter nicht im eigenen Namen den Vertrag abgeschlossen hat, sondern im Namen des Eigentümers tätig werden sollte (LG Berlin, GE 1987, 2121 [2123]). Die Hausverwaltung muss dann die Maßnahmen im Namen des Vermieters ankündigen.

Hat der **staatliche Verwalter** i.S.d. § 11 VermG über Grundstücke in der DDR, die 118 „Westeigentümern" gehörten, den Mietvertrag abgeschlossen, so ist der Verwalter Vermieter geworden; dabei kommt es nicht darauf an, ob der staatliche Verwalter den Mietvertrag im eigenen oder im fremden Namen abgeschlossen hat, sondern es reicht aus, dass das Vertragsverhältnis sich auf den verwalteten Vermögensgegenstand bezog (KG, DtZ 1995, 145 [146]; GE 1995, 1547; LG Berlin, MM 1997, 287). Voraussetzung ist aber stets, dass die staatliche Verwaltung wirksam angeordnet worden ist; ist dies nicht der Fall, weil bei mehreren Grundstückseigentümern nur der Miteigentumsanteil eines Miteigentümers unter staatliche Verwaltung gestellt worden ist, so ist kein wirksamer Mietvertrag zwischen dem staatlichen Verwalter und dem Nutzer zustande gekommen (LG Berlin, Urteil vom 6.2.1996, 64 S 228/95). Lediglich dann, wenn ein Mietvertrag zwischen dem staatlichen Verwalter und dem Nutzer wirksam zustande gekommen ist, ist mit der in § 11a VermG geregelten Aufhebung der staatlichen Verwaltung mit Ablauf des 31.12.1992 der Grundstückseigentümer nach § 11a Abs. 4 und § 16 Abs. 1 VermG in den Mietvertrag eingetreten. Das bedeutet, dass ab dem 1.1.1993 der in den Mietvertrag als Vermieter eingetretene Eigentümer die Duldungsansprüche geltend machen muss.

War das Grundstück dagegen enteignet, ist umstritten, ob der **Alteigentümer** erst mit 119 Bestandskraft des **Restitutionsbescheids** als Vermieter in das Mietverhältnis eintritt (so Horst, ZOV 1993, 217 [220]; ebenso Hök, ZOV 1993, 147; Meyer/Seitz in: Fieberg/Reichenbach/Messerschmidt/Neuhaus, § 7 VermG Rn. 47) oder rückwirkend bezogen auf den Zeitpunkt der Zustellung des Restitutionsbescheids (Kinne in: Rädler/

Raupach/Bezzenberger, § 16 Rn. 7 m.w.N; offen gelassen von BGH, GE 1996, 184 [185]). Sicherheitshalber sollte der restituierte Alteigentümer erst ab Unanfechtbarkeit des Restitutionsbescheids die Modernisierungsmaßnahme ankündigen und auf Duldung der Modernisierungsmaßnahme klagen.

120 Alle Ankündigungen durch einen anderen als den Vermieter ohne Offenlegung des Vertretungsverhältnisses sind unwirksam (LG Berlin, GE 1986, 93).

121 Bei Veräußerung des Grundstücks (vgl. § 535 Rn. 10) ist die Eintragung des **Erwerbers** in das Grundbuch Voraussetzung für seinen Eintritt in den Mietvertrag (vgl. dazu Kinne, GE 1993, 880 [884]); eine Auflassungsvormerkung reicht nicht aus (LG Berlin, GE 1983, 1161; AG Berlin-Charlottenburg, GE 1984, 765). Die Ankündigung des noch nicht in das Grundbuch eingetragenen Erwerbers wird durch die nachträglich erfolgte Eintragung nicht geheilt (AG Berlin-Charlottenburg, a.a.O.). Lediglich dann, wenn Erwerber, Vermieter und Mieter vereinbaren, dass der Erwerber bereits vor seiner Eintragung in das Grundbuch in den Mietvertrag eintreten soll, kann der Erwerber bereits vor seiner Eintragung in das Grundbuch die Modernisierung ankündigen; ob es ausreicht, dass der Mieter von dem zwischen Eigentümer und Erwerber vereinbarten Nutzen- und Lastenwechsel vor der Eintragung des Erwerbers in Kenntnis gesetzt wird und der Mieter dem vorzeitigen Nutzen- und Lastenwechsel zustimmt, erscheint fraglich (bejahend: LG Berlin, GE 1989, 409).

122 Hatte der Veräußerer den Duldungsanspruch bereits **gerichtlich geltend** gemacht, kann er ihn auch dann noch gerichtlich weiterverfolgen, wenn er aufgrund des Eigentumsübergangs nicht mehr Vermieter ist (LG Berlin, GE 1984, 1325); erforderlich ist jedoch, dass der (aktuelle) Vermieter (Erwerber) sein Einverständnis mit der Fortführung des Rechtsstreits durch den (früheren) Vermieter (Veräußerer) erklärt (LG Berlin, GE 1984, 1325). Hatte der Veräußerer einen Duldungsanspruch, geht dieser nach § 566 auf den Erwerber über (LG Berlin, MM 1991, 32); der Erwerber ist deshalb nicht gehalten, die Ankündigung – nach seiner Eintragung in das Grundbuch – zu wiederholen (LG Berlin, a.a.O.).

123 Zu Problemen kann es bei Eigentümerwechseln kommen (vgl. dazu Kinne, GE 1993, 880 [884]; GE 1997, 1288 ff.; GE 2000, 1073). Voraussetzung für die **Vermieterstellung** gem. § 566 ist die **Eintragung in das Grundbuch**, eine Auflassungsvormerkung reicht nicht aus (LG Berlin, GE 1983, 1161; AG Berlin-Charlottenburg, GE 1984, 765 m.w.N.). Frühere Erklärungen des Erwerbers werden durch die nachträglich erfolgende Eintragung nicht geheilt (AG Berlin-Charlottenburg, a.a.O.). Allerdings kann der Erwerber über einen **dreiseitigen Vertrag** zwischen Erwerber, Vermieter und Mieter in die Vermieterstellung gelangen (LG Berlin, GE 1983, 1161). Wegen der Abdingbarkeit des § 566 soll es auch ausreichen, wenn die Kaufvertragsparteien vereinbaren, dass die Folgen des § 566 bereits vor Abschluss des Eigentumserwerbs eintreten sollen und der Mieter davon in Kenntnis gesetzt wird und dieser Vereinbarung zustimmt (LG Berlin, GE 1989, 409). Schließlich besteht für den Erwerber die Möglichkeit, die Ankündigung namens des Vermieters, i.d.R. also des Verkäufers, geltend zu machen (LG Berlin, a.a.O.). Hatte der Veräußerer Duldung verlangt, so kann er den Duldungsanspruch auch dann noch gerichtlich geltend machen, wenn er aufgrund des Eigentumsübergangs nicht mehr Vermieter ist (LG Berlin, GE 1984, 1125); erforderlich ist, dass die Klageanträge entsprechend angepasst werden und der (aktuelle) Vermieter sein Einverständnis mit dem Kla-

gebegehren und der Fortführung des Rechtsstreits erklärt (LG Berlin, a.a.O.). Hatte der Veräußerer einen Duldungsanspruch, geht dieser nach § 566 auf den Erwerber über (LG Berlin, GE 1999, 1359); die im Rahmen des § 566 für die Kündigung geltenden Grundsätze sind auf die Modernisierungsankündigung nicht anwendbar (LG Berlin, MM 1991, 32); der Erwerber ist deshalb nicht gehalten, die Ankündigung zu wiederholen (LG Berlin, a.a.O., zweifelhaft). Nicht möglich ist Abtretung des Duldungsanspruchs (LG Berlin, MM 1987, 289), auch nicht die Durchsetzung im eigenen Namen in gewillkürter Prozessstandschaft (LG Berlin, a.a.O.; vgl. dazu auch Kinne, GE 1993, 880 [888]). Möglich ist aber die Ermächtigung des Erwerbers durch den veräußernden Vermieter, die Modernisierungsmaßnahmen bereits vor Eintragung in das Grundbuch anzukündigen und durchzuführen (vgl. dazu näher Kinne, GE 1998, 1004 ff.; Dittert, GE 2000, 590 ff.). Dieselben Grundsätze wie für die Mitteilung gelten auch für die **gerichtliche Durchsetzung** des Duldungsanspruchs (vgl. LG Berlin, GE 1983, 1161).

7.7 Ankündigung gegenüber dem Mieter

Die Ankündigung muss gegenüber dem Mieter erfolgen. Mieter ist grundsätzlich derjenige, der den Mietvertrag unterschrieben hat. Ist der Mieter eine Einzelperson, braucht die Ankündigung nur ihm gegenüber erfolgen. Sind Mieter mehrere Personen, müssen die Maßnahmen allen gegenüber angekündigt werden.   124

Werden beide Ehegatten im Vertrag als Mieter aufgeführt und unterschreiben sie auch beide, sind beide Mieter geworden. Die Maßnahmen müssen allen gegenüber angekündigt werden (OLG Frankfurt/Main, WuM 1991, 103; LG Köln, WuM 1990, 298). Ein Ehepartner scheidet auch nicht allein dadurch, dass er aus der Wohnung auszieht, aus dem Mietvertrag aus, so dass auch in diesem Fall die Maßnahme gegenüber dem ausgezogenen Mitmieter angekündigt werden muss. Die Ankündigung gegenüber dem allein in der Wohnung verbliebenen Ehepartner reicht nur dann aus, wenn im Ehescheidungsverfahren durch das Familiengericht die eheliche Wohnung allein dem in der Wohnung verbliebenen Ehepartner zugesprochen worden ist oder der andere Ehepartner schon seit mehreren Jahren ohne Hinterlassung einer neuen Anschrift ins Ausland verzogen ist und der in der Wohnung verbliebene Ehepartner mit der Fortsetzung des Mietverhältnisses allein mit ihm einverstanden war (zur Kündigung: OLG Frankfurt/Main, WuM 1991, 103; LG Frankfurt/Main, WuM 1992, 128). Unter Umständen ist der Zugang der beiden gegenüber erklärten Ankündigung an nur einen Ehepartner auch dann wirksam, wenn im Mietvertrag – mit Widerrufsmöglichkeit – vereinbart worden ist, dass sich die Mieter gegenseitig zum Empfang von Erklärungen des Vermieters bevollmächtigen. Eine derartige Klausel ist auch in Formularmietverträgen wirksam (BGH, ZMR 1998, 17 = NZM 1998, 22 = GE 1997, 1458).   125

Sind **beide** Ehegatten im Kopf des Mietvertrage als Mieter **aufgeführt, unterschrieben** hat aber **nur einer** von beiden, werden nach überwiegender Ansicht beide Ehegatten Vertragspartner (OLG Düsseldorf, WuM 1989, 362; OLG Oldenburg, MDR 1991, 969 = ZMR 1991, 268; LG Berlin, GE 1995, 567; Sternel, Mietrecht aktuell, Rn. 17; Scholz, WuM 1986, 5; a.A. LG Berlin, MM 1989, 218; ZMR 1988, 103 = GE 1987, 1265; GE 1990, 369; LG Mannheim, ZMR 1993, 415; LG Berlin, GE 1995, 1343; offen gelassen von BGH, NJW 1994, 1649 [1650] = MDR 1994, 579). Die Ankündigung muss gegenüber beiden erfolgen.   126

127 Ist nur **ein Ehegatte** im Mietvertragskopf als Mieter **aufgeführt, unterschrieben** haben aber **beide** Ehepartner, so dürfte nur der im Kopf des Mietvertrags aufgeführte Ehegatte Mieter geworden sein.

Das wäre der Fall, wenn der im Mietvertrag als Mieter bezeichnete Ehemann in der für den Mieter vorgesehenen Unterschriftszeile und die Ehefrau in der Zeile mit der Bezeichnung „Ehefrau" unterschrieben haben, was darauf zurückzuführen sein kann, dass nur der Ehemann Mitglied der Genossenschaft ist, die die Wohnung vermietet. Nach z.T. vertretener Auffassung (AG Köln, WuM 1982, 170; Sternel, Mietrecht aktuell, Rn. 17) soll der unterschreibende Ehepartner auch dann Mitmieter werden, wenn er im Eingang des Vertragskopfs nicht als Mieter aufgeführt worden ist. Diese Auffassung dürfte einer kritischen Überprüfung nicht standhalten. Wenn im Kopf des Mietvertragsformulars nur der Ehemann als Mieter aufgeführt ist, richtet sich das Angebot des Vermieters, der dieses Formular ausgefüllt hat, nur an den Ehemann. Wenn dieser dann in der für den Mieter vorgesehenen Spalte unterschreibt, dann hat nur er das Vertragsangebot des Vermieters angenommen, der Mietvertrag ist nur zwischen dem Vermieter und dem Ehemann zustande gekommen (LG Berlin, ZMR 1988, 103 = GE 1987, 1265 f.; LG Berlin, Urteil vom 31.3.1989, 63 S 495/86). Daher braucht in diesem Fall die Ankündigung nur an den im Kopf des Mietvertrags aufgeführten Ehegatten gerichtet zu werden.

128 Hat nur ein Ehegatte den Mietvertrag abgeschlossen, so endet dieser nicht mit seinem Tode, sondern in diesen tritt der andere Ehegatte ein, der mit dem verstorbenen Mieter einen gemeinsamen Hausstand geführt hat (§ 563 Abs. 1 Satz 1). An diesen ist die Ankündigung zu richten. Dasselbe gilt für den Lebenspartner sowie für die Kinder oder andere Familienangehörige, die mit dem verstorbenen Mieter einen gemeinsamen Haushalt geführt haben (§ 563 Abs. 2 Satz 1, 2). Die Kinder treten allerdings nur dann in das Mietverhältnis ein, wenn der Ehegatte nicht eintritt (§ 563 Abs. 2 Satz 1). Sie treten aber zusammen mit dem Lebenspartner in das Mietverhältnis ein (§ 563 Abs. 2 Satz 2). Deshalb ist die Ankündigung dann an den Lebenspartner und die Kinder zu richten. Andere Familienangehörige treten mit dem Tode des Mieters nur dann in das Mietverhältnis ein, wenn nicht der Ehegatte oder der Lebenspartner eintritt (§ 563 Abs. 2 Satz 3). Schließlich können nachrangig auch Personen in das Mietverhältnis eintreten, die mit dem Mieter einen auf Dauer angelegten gemeinsamen Haushalt führen (§ 563 Abs. 2 Satz 4); dann ist die Ankündigung an diese Haushaltsangehörigen zu richten.

129 Auch der Mietvertrag, der von beiden Ehegatten oder Lebenspartnern gemeinschaftlich abgeschlossen worden ist, wird beim Tod eines Ehegatten oder Lebenspartners mit dem überlebenden Ehegatten fortgesetzt (§ 563a Abs. 1). Dasselbe gilt für die Kinder oder andere Familienangehörige, die mit dem verstorbenen Mieter einen gemeinsamen Haushalt geführt haben und gemeinsam mit diesem Mieter waren. In diesem Fall ist die Ankündigung an die überlebenden Mieter zu richten.

130 Der Vermieter seinerseits kann zwar den Mietvertrag dann kündigen, wenn der Mietvertrag nur mit dem verstorbenen Mieter abgeschlossen war **und** in der Person des Eingetretenen ein wichtiger Grund vorliegt (§ 563 Abs. 4), und zwar binnen eines Monats seit **Kenntnis vom Tod des Mieters, dem Namen des Eingetretenen und dessen endgültigen Eintritt.** Solange aber nicht gekündigt worden ist, ist die Ankündigung an den Eingetretenen (Ehegatten, Lebenspartner, Kind, anderer Familienangehöriger oder Haus-

haltsangehöriger) zu richten. Entscheidend ist, ob der Eingetretene mit Zustimmung des Vermieters den Mitbesitz an der Wohnung erlangt hat.

Sind mehrere Personen i.S.d. § 563 Mieter geworden, müssen die Ankündigungen an alle 131 gerichtet werden und allen zugehen, wenn nicht eine Empfangsvollmacht vertraglich vereinbart worden ist. Beim Tod eines Mieters ist die Ankündigung an die überlebenden Mieter zu richten. Die Klage auf Duldung der Maßnahmen muss schon deswegen gegen alle gerichtet werden, weil sie nur bei einem gegen alle erwirkten Urteil zur Duldung verpflichtet sind.

Für die **neuen Bundesländer** ist zu beachten, dass gem. § 100 Abs. 3 ZGB bei vor dem 132 3.10.1990 geschlossenen Mietverträgen beide Ehegatten Mieter wurden, auch wenn nur einer von ihnen den Mietvertrag unterschrieben hatte. Das galt auch für den Fall des späteren Zuzugs des Ehegatten (LG Cottbus, WuM 1993, 665; WuM 1995, 38 = ZMR 1995, 31 = NJW-RR 1995, 524 f. = ZAP-Ost, EN-Nr. 292/95). Hatte dagegen ein Betrieb mit seinem Mitarbeiter einen Mietvertrag über eine Werkswohnung abgeschlossen, so ist seine Ehefrau nicht Mitmieterin geworden (AG Görlitz, WuM 1994, 268; AG Potscam, WuM 1994, 522). Die Regelung des § 100 Abs. 3 ZGB, wonach beide Ehegatten Mitmieter werden, auch wenn nur einer von beiden den Mietvertrag unterschrieben hat, galt auch nicht für den nicht ehelichen Lebenspartner und für sonstige Familienangehörige (so zutreffend Sternel, Mietrecht aktuell, Rn. A 220). Daher ist bei Bestandsmietverhältnissen aus den neuen Bundesländern die Maßnahme immer beiden Ehepartnern anzukündigen.

Bei **Wohngemeinschaften** kommt es allein auf die vertragliche Gestaltung an. Schließt 133 den Mietvertrag nur ein Mitglied der Wohngemeinschaft ab, so ist nur diese Person Mieter. Sämtliche Rechte und Pflichten bestehen nur in der Person dieses einen Mieters. Die anderen Mitglieder der Wohngemeinschaft werden dann in der Regel Untermieter des Hauptmieters sein, weil ihnen ein Zimmer zur alleinigen Benutzung überlassen wird; an den Gemeinschaftseinrichtungen (Küche, Bad, Flur, Toilette) werden sie nur unselbständigen Mietgebrauch haben. Der Vermieter braucht daher die Maßnahme nur gegenüber seinem Vertragspartner, dem den Mietvertrag abschließenden Mitglied der Wohngemeinschaft, anzukündigen.

Bei der Vermietung an eine **studentische Wohngemeinschaft** dürfen die Mitglieder der Wohngemeinschaft durch übereinstimmende Willenserklärung aller Mitglieder der Wohngemeinschaft und des Vermieters ausgewechselt werden (LG Saarbrücken, NJW-RR 1992, 781), ohne dass die Mitglieder der studentischen Wohngemeinschaft ein berechtigtes Interesse an dem Wechsel einzelner Mitglieder im Einzelnen darzutun brauchen (LG Karlsruhe, NJW 1985, 1561 [1562]; LG Frankfurt/Main, WuM 1991, 33; LG Berlin, GE 1992, 723).

Voraussetzung dafür ist, dass der Mietvertrag mit mindestens drei in einer studentischen Wohngemeinschaft zusammengeschlossenen Mietern abgeschlossen wurde (LG Köln, NJW-RR 991, 1414 = WuM 1991, 483; Sternel, Mietrecht aktuell, Rn. 80) und dem Vermieter bei Mietvertragsabschluss die Umstände, die einen Wechsel nahe legen, bekannt oder zumindest erkennbar waren. Das ist der Fall, wenn der Vermieter erkannte, dass mehrere Studenten als Wohngemeinschaft die Wohnung mieten. Da Mieter dann immer die gegenwärtigen Mitglieder der Wohngemeinschaft sind, muss die Ankündigung an diese zusammen gerichtet werden.

Bei **sonstigen Wohngemeinschaften** ist der Vermieter nicht verpflichtet, einer Auswechslung der Mitglieder zuzustimmen (LG Berlin, GE 1992, 723, und GE 1994, 1265). Wenn alle Mitglieder der sonstigen Wohngemeinschaft Mieter sind, muss der Vermieter die Ankündigung an die ursprünglichen, aus dem Mietvertrag ersichtlichen Mitglieder der Wohngemeinschaft richten. Die Ankündigung muss jedem einzelnen Mitglied auch zugehen.

7.8 Inhalt der Ankündigung

134 An die Ankündigung werden erhebliche Anforderungen gestellt. Die Einzelheiten der Maßnahme müssen so konkret wie möglich beschrieben werden (Emmerich/Sonnenschein, §§ 541a, 541b Rn. 11a, b; LG Berlin, GE 1985, 141). Allgemeine und **pauschale Hinweise reichen nicht** aus (LG Berlin, GE 1985, 141).

Die **Mitteilung** muss auch **individuell** sein. Angaben, die sich allgemein auf das Gebäude richten, aber die konkrete Situation des betroffenen Mieters nicht berücksichtigen, sondern dafür Alternativen offen lassen, reichen nicht aus (AG Berlin-Tempelhof/Kreuzberg, MM 1984, 133). Die Mitteilung darf keine Vorbehalte enthalten, sonst ist sie unwirksam (Beuermann, GE 1986, 8 m.w.N.). Allgemein bekannte Umstände müssen nicht angekündigt werden (Beuermann, GE 1986, 8; LG Berlin, GE 1983, 969), übliche Baumaßnahmen müssen nicht detailliert in der Ankündigung beschrieben werden (LG Berlin, GE 1985, 141 = MM 1985, Heft 3, 83). Allerdings ist in einem solchen Fall der Vermieter an den aus dem Ankündigungsschreiben sich ergebenden Rahmen gebunden (LG Berlin, a.a.O.). Der Mieter darf dann darauf vertrauen, dass ein Regelfall vorliegt und eine Modernisierung im üblichen Rahmen geplant ist, eine Überschreitung des Rahmens (etwa: Übermaß an Beeinträchtigungen, „wesentliche" Überschreitung der angekündigten Mieterhöhung, [LG Berlin, a.a.O.], wiewohl im letzteren Fall die Überschreitung so wesentlich sein müsste, dass sie auch angesichts der Sanktion des § 559b Abs. 2 Satz 2 nicht mehr hinnehmbar ist) braucht der Mieter nicht zu dulden (Beuermann, GE 1986, 8); falls kein Regelfall vorliegt, sind auf jeden Fall genauere Angaben erforderlich (Beuermann, GE 1986, 8). Der Vermieter seinerseits darf – etwa im Rahmen der Möblierung – „Üblichkeit" vermuten und muss nicht damit rechnen, dass der Mieter sämtliche Wände zumöbliert hat (LG Berlin, GE 1985, 141).

135 Kommt es bei umfangreichen Arbeiten zu **zeitlichen Verschiebungen** oder zu gravierenden technischen Änderungen, ist die bisherige Mitteilung hinfällig und muss wiederholt werden (Beuermann, GE 1986, 8; LG Berlin, GE 1989, 415). So ist der Mieter beispielsweise nicht verpflichtet, den Anschluss an das Kabelfernsehen zu dulden, wenn der Vermieter den Einbau einer Gemeinschaftsantenne angekündigt hat (AG Berlin-Tiergarten, MM 1985, 171), oder den Anschluss an eine Ölzentralheizung, wenn der Vermieter den Einbau einer Gasetagenheizung angekündigt hat (LG Berlin, GE 1990, 611; anders bei Einbau einer Öl- statt einer Gaszentralheizung: LG Berlin, GE 1992, 679). Kleine Verzögerungen muss der Mieter hinnehmen, er muss sich aber nicht monatelang ständig auf bauliche Änderungen seiner Wohnung einrichten (Beuermann, a.a.O. m.w.N.). Eine zeitliche Vorverlegung um vier Monate braucht der Mieter nicht hinzunehmen (AG Berlin-Tiergarten, GE 1991, 885).

Da die Abgrenzung im Einzelnen schwierig ist (vgl. zu den Einzelanforderungen Rn. 136 bis 144), sollte der Vermieter im Zweifel eher zu viel als zu wenig mitteilen. Allerdings birgt auch ein solches Vorgehen Gefahren, weil u.U. keine technisch begründeten Abweichungen von der Planung möglich sind oder Ersatzpflichten auslösen (Beuermann, GE 1986, 8).

Mitgeteilt werden müssen zunächst **Art und voraussichtlicher Umfang – bisher Umfang –** der beabsichtigten Modernisierungsmaßnahmen, und zwar konkret (Blümmel/Kinne, DWW 1988, 302 [304] m.w.N.). Ob dabei stichwortartige Angaben wie „Auswechseln sämtlicher Einfachfenster gegen Isolierglasfenster aus Kunststoff" oder „Einbau einer mannshoch verkachelten Dusche nebst entsprechender Installation in dem bisherigen Vorratsraum" (Beuermann, GE 1986, 8) ausreichen, ist strittig. So wird z.B. gefordert, dass beim Einbau von Doppelfenstern anstelle von Einfachfenstern bei der Ankündigung durch schlüssige Berechnung darzulegen sei, dass auch nach dem Einbau ein ordnungsgemäßer Lüftungsaustausch stattfinden könne (AG Berlin-Schöneberg, GE 1986, 283). Derartig überzogene Anforderungen sind abzulehnen, da sie letztlich darauf hinauslaufen, den Anspruch des Vermieters auf Veränderung der Mietsache durch verfahrensrechtliche Regelung zu vereiteln. Es gelten insofern dieselben Erwägungen wie bei überzogenen Formanforderungen an Zustimmungsverlangen gem. § 558 (BVerfG, GE 1986, 849; BVerfG, NJW 1979, 31). **136**

Beim Einbau einer **Heizung** müssen Ort und Anzahl der anzubringenden Heizkörper (LG Berlin, MM 1985, Heft 1, 15; GE 1993, 861; LG Hamburg, WuM 1992, 121), Bauart der Heizkörper (AG Berlin-Schöneberg, GE 1987, 285), der Raum (Wohnzimmer, Schlafzimmer usw.), in dem ein Heizkörper aufgestellt werden soll (AG Berlin-Schöneberg, a.a.O.), die Stellen („mittig unter dem Fenster"), an denen die einzelnen Heizkörper stehen sollen, angegeben werden (AG Berlin-Wedding, MM 1986, Heft 1, 32; a.A. LG Berlin, GE 1985, 1099 = MM 1985, Heft 11, 316, wonach solche Detailangaben von der Informationspflicht nicht mit umfasst werden). Dazu reicht aber die entsprechende farbliche Kennzeichnung der Verteilung der Heizkörper und der Strangführung in einem Wohnungsgrundriss aus (LG Berlin, GE 2000, 126; GE 1998, 616). Ferner muss der Vermieter angeben, ob die Heizung mit Steige- oder Ringleitung ausgestattet wird (LG Berlin, GE 1985, 1033), wo die Rohre verlaufen, welchen Querschnitt diese haben sollen (AG Berlin-Schöneberg, GE 1987, 285), ob die Rohre unter oder auf Putz verlegt werden sollen (AG Berlin-Wedding, MM 1986, Heft 1, 32). Beim Einbau einer Gasetagenheizung muss mitgeteilt werden, ob und an welche vorhandenen Schornsteine angeschlossen werden soll (AG Berlin-Tempelhof/Kreuzberg, MM 1984, 133), welche Leistung ein Gasdurchlauferhitzer hat (AG Berlin-Tempelhof/Kreuzberg, MM 1984, 133) bzw. dass die Heizleistung der geplanten Anlage auch für die Wohnung ausreicht (AG Berlin-Tiergarten, MM 1982, Heft 11, 15). Ebenso muss beim Heizungseinbau angegeben werden, ob die in der Wohnung vorhandenen Öfen verbleiben oder abgerissen werden – Letzteres wäre nur mit Zustimmung des Mieters zulässig – und ob im Zuge des Einbaus einer Gasetagenheizung auch ein Gasherd in der Küche gestellt wird (AG Berlin-Tempelhof/Kreuzberg, MM 1984, 133). Vielfach wird auch gefordert, dass beim Heizungseinbau eine Wärmebedarfsberechnung beigefügt werden muss (AG Berlin-Tiergarten, MM 1985, 279; a.A. LG Berlin, GE 1985, 1099 = MM 1985, 316). **137**

138 Beim **Fenstereinbau** soll eine Berechnung vorgelegt werden, dass ein ordnungsgemäßer Luftaustausch stattfinden kann (AG Berlin-Schöneberg, GE 1986, 283).

139 Bei Maßnahmen zur **Heizenergieeinsparung** (z.b. Wärmedämmung) ist zu empfehlen, den bisherigen Bauzustand, den technischen Aufbau der Energieeinsparungsmaßnahme, die dadurch erzielte Verbesserung des Wärmedurchlaufkoeffizienten und die dadurch erzielbare Energieeinsparung in Prozent anzugeben (LG Berlin, MM 1985, 83; offenbar a.A. LG Berlin, GE 1987, 1219, das bei einer geplanten Wärmedämmung nicht die Angabe der zu erwartenden Energieeinsparung verlangt).

140 Bei Verstärkung der **elektrischen Steigeleitung** muss konkret angegeben werden, wo genau in der Wohnung Arbeiten stattfinden sollen (AG Berlin-Charlottenburg, GE 1991, 255; LG Berlin, GE 1992, 1101). Als nicht ausreichend wird auch die bloße Übersendung von Kostenangeboten erachtet (AG Berlin-Schöneberg, MM 1983, Heft 6 und 7, 14). Der Mieter muss die durch die Modernisierungsmaßnahmen auf seine Wohnsituation möglicherweise entstehenden Einwirkungen erkennen können (AG Berlin-Wedding, MM 1986, 32), er muss wissen, an welchen Stellen der Wohnung dauerhaft Raum verloren geht (AG Berlin-Tempelhof/Kreuzberg, MM 1984, 133) und in welcher Weise er sich mit seiner Möblierung während der Dauer der Arbeiten (LG Berlin, GE 1985, 1033, Hinweis „in verkehrsüblicher Weise" reicht nicht aus) und künftig entsprechend einrichten muss. Ohne Ankündigung der Details darf sich der Mieter jedenfalls darauf einrichten, dass er seine Möblierung nicht auf Dauer verändern muss (LG Berlin, GE 1984, 141).

141 Ankündigen muss der Vermieter ferner den voraussichtlichen **Beginn und** voraussichtliche **Dauer** der Maßnahme. Das Gesetz spricht nunmehr von „**voraussichtlicher** Dauer" **und** „**voraussichtlichem** Beginn". Die Angabe eines bestimmten Tages ist nicht erforderlich, es reicht vielmehr aus, den Beginn der Arbeiten dahin gehend näher abzugrenzen, dass der Beginn, die Mitte oder das Ende eines bestimmten Monats angegeben wird (LG Berlin, GE 1985, 1033), wogegen eine Terminangabe „zwischen Januar und Februar 1984" zu unbestimmt ist (LG Berlin, a.a.O.); Gleiches gilt für „im Frühjahr", „im Frühsommer", „im Herbst" (LG Berlin, GE 1986, 1121), denn der Mieter muss seine Planung – etwa Urlaub – danach einrichten können (AG Berlin-Charlottenburg, MM 1984, 259). Nicht ausreichend ist es, den Beginn der Arbeiten mit „voraussichtlich im September 19..." zu umreißen (LG Berlin, GE 1987, 521 [523]), ebenso wenig reicht der Hinweis aus, die Arbeiten könnten „relativ kurzfristig" begonnen werden (LG Berlin, GE 1986, 747). Teilweise wurde sogar die Angabe eines konkreten Datums als unzureichend abgelehnt, wenn dieses Datum in Mitteilungen an alle Mieter des Hauses enthalten war, weil Arbeiten in den verschiedenen Wohnungen nicht sämtlichst zur selben Zeit ausgeführt werden könnten (AG Berlin-Wedding, MM 1986, Heft 1, 32). Diese Rechtsauffassung kann aber angesichts der Neufassung nicht aufrechterhalten werden; sie berücksichtigt auch nicht, dass dem Mieter kein inhaltliches Überprüfungsrecht bezüglich der vom Vermieter genannten Informationen zusteht (LG Berlin, GE 1985, 141). Überschreitet der Vermieter den mitgeteilten Zeitpunkt des Beginns erheblich, so muss er erneut ankündigen (LG Berlin, WuM 1989, 287).

142 Auch an die Konkretisierung der „**voraussichtlichen Dauer**" der Maßnahmen hat die Rechtsprechung bereits zum früheren § 541b zum Teil strenge Anforderungen gestellt.

So soll z.B. als Dauer die Angabe „zwei bis drei Monate" zu unbestimmt sein (LG Berlin, GE 1987, 521 [523]), ebenso die Angabe „wenige Tage" (LG Berlin, GE 1985, 1033), auch nicht „zwei halbe Tage" innerhalb eines angegebenen größeren Zeitraums (AG Berlin-Charlottenburg, GE 1991, 255), erforderlich sei vielmehr, eine Zeitspanne mit konkreten Begriffen wie Tagen oder Wochen mit genauer Zahlenangabe zu versehen, damit sich der Mieter auf eine fest umrissene Zeitspanne einrichten könne (LG Berlin, a.a.O.). Circa-Angaben sollen ausreichen („ca. 5 Tage", LG Berlin, GE 1985, 1099). Bei mehreren Maßnahmen muss die jeweilige Dauer angegeben werden (LG Berlin, GE 1992, 1101). Die Angabe eines bestimmten Zeitraums („30.–35. Kalenderwoche") reicht auf jeden Fall aus (LG Berlin, NZM 1999, 1036).

Der Vermieter hat ferner – ausgenommen bei Maßnahmen zur Schaffung neuen Wohn- **143** raums – die zu **erwartende Mieterhöhung** mitzuteilen. Nicht ausreichend ist die Angabe einer **Mietspanne** (Palandt/Weidenkaff, § 541b Rn. 21), ebenso wenig **Erhöhungsprozentsätze** (Palandt/Weidenkaff, a.a.O.; LG Fulda, NJW-RR 1992, 658 = ZMR 1992, 393). Mitzuteilen ist die Erhöhung der Miete in DM (EUR)/m^2 (Palandt/Weidenkaff, a.a.O.); diese Angabe reicht nicht aus, wenn im Mietvertrag die Gesamtfläche der Wohnung nicht angegeben ist, so dass der Mieter den Gesamtbetrag nicht errechnen kann (LG Berlin, GE 1987, 521 [523]). Die betragsmäßige Angabe der zu erwartenden Mieterhöhung für die einzelne Maßnahme reicht aus (LG Berlin, GE 1990, 497); eine Berechnung und Erläuterung der Kostenkalkulation ist nicht erforderlich (LG Berlin, MM 1987, 31). Sind mehrere Maßnahmen geplant, so ist die Mieterhöhung für jede Maßnahme getrennt auszuweisen (LG Berlin, MM 1984, 166; AG Berlin-Tiergarten, GE 1991, 885), damit der Mieter sich entscheiden kann, ob er gegebenenfalls nur einen Teil der Maßnahmen duldet. Die Angabe der ungefähren Mieterhöhung muss ausreichen, denn die Mitteilung nimmt nicht die spätere Mieterhöhungserklärung vorweg (Schmid, BLGBW 1983, 62). Der Vermieter muss keineswegs die Kalkulationsgrundlage, also keine Vorabberechnung mitteilen (LG Berlin, MM 1987, 291; GE 1990, 497).

Auch die **Betriebskosten**, die durch Maßnahmen zusätzlich oder in größerem Umfang **144** entstehen (z.B. Heiz- und/oder Fahrstuhlkosten) müssen angegeben werden (AG Berlin-Schöneberg, GE 1993, 163; AG Berlin-Charlottenburg, MM 1984, 259; Beuermann, GE 1986, 9; LG Berlin, GE 1992, 1100, und GE 1993, 861; a.A. LG Berlin, MM 1987, 291; verneinend bei geringfügigen Nebenkosten: LG Berlin, GE 1992, 981). Die Auffassung, dass die voraussichtliche Erhöhung der Nebenkosten nicht mitzuteilen wäre, würde im Übrigen auch bedeuten, dass der Begriff der Mieterhöhung in § 554 Abs. 2 ein anderer wäre als der in Abs. 3; die gem. § 554 Abs. 2 Satz 3 und 4 als Härte zu berücksichtigende Mieterhöhung umfasst auch die Nebenkosten (MüKo/Voelskow, § 541b Rn. 12 m.w N.). Probleme bei der Mitteilung der Höhe von Nebenkosten ergeben sich vor allem im Hinblick auf die Verknüpfung mit § 559b Abs. 2 Satz 2, wonach die Wirkung einer Mieterhöhung wegen Modernisierungsmaßnahmen sich um sechs Monate verschiebt, wenn die tatsächliche Mieterhöhung gegenüber der Mitteilung (und zwar derjenigen gem. § 554 Abs. 3 Satz 1) um mehr als 10% nach oben abweicht. Anders als bei der zu erwartenden Erhöhung der Kaltmiete hängt nämlich die zu erwartende Erhöhung der Nebenkosten von Umständen ab, die der Vermieter nicht beeinflussen kann (Verbrauchsverhalten des Mieters, Witterungsverhältnisse usw.). Ob die Anregung von Beuermann (GE 1986, 9), im Zweifel die voraussichtliche Mieterhöhung etwas höher anzugeben, weil weniger immer noch verlangt werden könne, in der Praxis weiterhilft, darf angesichts der nach § 554 Abs. 2 notwendigen Abwägung (finanzielle Unzumutbarkeit ist der Haupteinwand des Mieters; wird eine zu hohe voraussichtliche Mieterhöhung angegeben, scheitert der Duldungsanspruch u.U. daran) bezweifelt werden. Jedenfalls ist die Modernisierungsankündigung nicht deshalb unwirksam, weil der Vermieter den voraussichtlichen Erhöhungsbetrag zu hoch (LG Berlin, MM 1994, 102) oder zu niedrig (LG Berlin, GE 2000, 126) ansetzt.

145 Die Mitteilung gem. § 554 Abs. 3 Satz 1 muss schriftlich drei Monate vor **Beginn der Maßnahmen** erfolgen. Beginn i.S.d. § 554 Abs. 3 Satz 1 ist der Beginn der baulichen Veränderung (LG Berlin, GE 1983, 969), der „erste Hammerschlag" also (vgl. auch LG Berlin, MM 1984, 166).

7.9 Form der Ankündigung

146 Die Mitteilung muss in Textform erfolgen (vgl. dazu Rn. 104). Die eigenhändige Unterschrift ist nicht mehr erforderlich. Aber auch dann muss die Ankündigung in einem einheitlichen Text enthalten sein. Besteht die Ankündigung aus mehreren Texten, muss durch den Abschluss der Erklärung durch Nachbildung der Namensunterschrift oder anders erkennbar werden, dass eine einheitliche Erklärung vorliegt, also mehrere Erklärungsbestandteile miteinander derart verknüpft sind, dass nach der Verkehrsanschauung von einer einheitlichen Ankündigung im Rechtssinne ausgegangen werden kann (Sternel, Mietrecht, III 647). Auch bei der Erklärung in Textform ist die Wiedergabe des Namens derjenigen Person, die die Maßnahme angekündigt hat, erforderlich. Die Angabe allein einer Behörde, juristischen Person oder Handelsgesellschaft als Vermieter reicht auch dann nicht aus, wenn sich deren Vertreter aus dem Briefkopf oder der Randzeile am Schluss des Schreibens ergibt.

147 Der Vermieter kann auch einen **Vertreter** unterschreiben lassen, jedoch muss aus der Ankündigung die Person des Vermieters als Absender erkennbar sein und auch das **Vertretungsverhältnis** (LG Berlin, GE 1991, 575; vgl. auch Beuermann, GE 1986, 9). Lässt der Vermieter die Maßnahme durch einen **Bevollmächtigten ankündigen**, muss eine Vollmacht beigefügt sein – fraglich ist, ob insoweit die Übermittlung in Textform ausreicht; ansonsten kann der Mieter die Mitteilung unverzüglich zurückweisen (§ 174; vgl. OLG Hamm [RE], RiM 1, 656); die Beifügung einer Vollmacht kann entbehrlich sein, wenn sich die Vertretung oder Bevollmächtigung aus den Umständen ergibt oder für den Mieter nicht zweifelhaft sein kann (z.B. bei Ankündigung durch die im Mietvertrag bereits als solche ausgewiesene Hausverwaltung). Der ankündigende Vermieter, der sich eines Mitarbeiters seiner Behörde, juristischen Person oder Handelsgesellschaft bedient, braucht die interne Anweisung zur Abgabe derartiger Erklärungen der Ankündigung nicht beizufügen.

148 Bei der **sukzessiven Mitteilung** (vgl. Rn. 104) fehlt es in der Regel an der Einheitlichkeit der Urkunde; möglich bleibt aber der Weg der Bestätigung nach § 141. Wenn die erste Mitteilung wesentliche Angaben ausließ und deshalb unwirksam war, ist durch ein späteres Schreiben in begrenztem Rahmen eine Bezugnahme auf die vorangegangenen Schreiben zulässig (Beuermann, GE 1986, 10; a.A. LG Berlin, GE 1987, 1111). Allerdings muss die spätere Ankündigung den gem. § 554 Abs. 3 notwendigen wesentlichen

Inhalt wiedergeben (Beuermann, a.a.O. m.w.N.); ein bloßes Nachschieben von Teilinformationen reicht nicht aus. Der sichere Weg ist eine erneute Gesamtankündigung. Sofern eine unwirksame Mitteilung vorgelegen hat, kann der Vermieter diesen Mangel im gerichtlichen Verfahren heilen (LG Berlin, GE 1987, 521 [523]). Eine wirksame **Ankündigung** kann **mit der Klageschrift** erfolgen (AG Berlin-Charlottenburg, GE 1984, 765; a.A. AG Berlin-Charlottenburg, MM 1984, 25), spätestens bis zum Zeitpunkt der Berufungsentscheidung müssen die erforderlichen Informationen dem Mieter zugegangen sein (LG Berlin, GE 1986, 1069). Richtigerweise wird verlangt, dass beim Nachschieben von Informationen alle (auch die schon erteilten) Informationen in einer einzigen (neuen) Mitteilung zusammengefasst werden (LG Berlin, GE 1987, 521). Der Vermieter hat allerdings die Kosten des Rechtsstreits zu tragen, wenn aufgrund der im gerichtlichen Verfahren nachgereichten Mitteilung der Mieter den Duldungsanspruch sofort anerkennt (AG Berlin-Tiergarten, MM 1982, Heft 11, 15). 149

7.10 Wirkung der Ankündigung

Die ordnungsgemäße Ankündigung löst die Verpflichtung des Mieters aus, die angekündigte Maßnahme zu dulden. Dulden bedeutet grundsätzlich nur ein passives Verhalten in Kenntnis der zu duldenden Maßnahme (KG [RE], GE 1988, 993). Der Mieter muss dem Vermieter oder dem von ihm beauftragten Handwerker das Betreten der Mieträume gestatten und die Arbeiten hinnehmen. Er braucht grundsätzlich nicht an der Durchführung der Maßnahme mitzuwirken (LG Berlin, GE 1996, 187; a.A. Schläger, ZMR 1985, 193 [194]). Allenfalls kleinere Handreichungen können vom Mieter verlangt werden. Dagegen spricht auch nicht, dass der Mieter gem. § 554 Abs. 4 Satz 1 für Aufwendungen, die er infolge einer Maßnahme nach § 554 Abs. 1 oder 2 machen musste, Aufwendungsersatz verlangen kann, denn daraus ergibt sich keine Verpflichtung zur Mitwirkung. 150

Der Mieter ist allerdings unter dem Gesichtspunkt der **Schadensminderungspflicht** gehalten, das in der Wohnung befindliche Mobiliar gegen Beschädigungen und den Zugriff Dritter zu schützen (LG Berlin, GE 1989, 883). Auch dafür kann er Aufwendungsersatz verlangen (vgl. dazu näher Reismann, MM 1996, 399), auf Verlangen muss der Vermieter für die notwendigen Aufwendungen sogar Vorschuss leisten. 151

Der Mieter ist berechtigt, bis zum Ablauf des Monats, der auf den Zugang der Mitteilung nach § 554 Abs. 3 Satz 1 folgt, zum Ablauf des nächsten Monats außerordentlich zu kündigen. Im Falle einer stufenweisen Mitteilung – sofern deren Wirksamkeit angenommen wird – beginnt die Kündigungsfrist mit dem Zugang der letzten erforderlichen Mitteilung (LG Berlin, GE 1985, 1099; GE 1987, 1219). Da das Mietverhältnis in diesem Fall zum Ablauf der dreimonatigen Ankündigungsfrist endet, darf die Maßnahme bis zum Ablauf der Mietzeit nicht mehr durchgeführt werden. Das **Sonderkündigungsrecht** ist außerordentlich, gilt mithin auch für befristete Mietverhältnisse, ist befristet und unabhängig von den allgemeinen Kündigungsfristen (Palandt/Weidenkaff, § 541b Rn. 23). Das Mietverhältnis endet bei fristgerechter Kündigung unabhängig von seiner Dauer spätestens mit Ablauf des zweiten Monats nach Zugang der Ankündigung. Die Überlegungsfrist wird durch die Mitteilung des Vermieters in Lauf gesetzt, ohne dass dieser auf das Sonderkündigungsrecht hinzuweisen braucht (LG Berlin, GE 1992, 611); sie beträgt mindestens einen Monat. Die Kündigung muss spätestens am letzten Tag des Monats, in 152 dem die Überlegungsfrist endet, dem Vermieter zugehen. Die Kündigung kann nur zum Ende des folgenden Monats, nicht für einen anderen Zeitpunkt erklärt werden (Palandt/Weidenkaff, a.a.O.). Nicht geregelt ist in Bezug auf das Sonderkündigungsrecht des Mieters der Fall, dass der Vermieter die Mitteilung unterlässt, der Mieter gleichwohl die Durchführung der Modernisierungsmaßnahmen duldet. Die Duldung der Maßnahme ist nicht mit dem Verzicht auf sein Sonderkündigungsrecht gleichzusetzen.

Das Sonderkündigungsrecht kann aber auch in diesem Fall nur bis zum Ablauf des Monats nach Kenntnis des Mieters von der Maßnahme ausgeübt werden. Die Frist für die Ausübung des Kündigungsrechts kann auch dadurch ausgelöst werden, dass der Mieter auf andere Weise als durch eine formell wirksame Ankündigung über Art, Umfang, Beginn und voraussichtliche Dauer und die zu erwartende Mieterhöhung unterrichtet worden ist.

Das Sonderkündigungsrecht aus § 554 Abs. 3 Satz 2 verdrängt das Sonderkündigungsrecht aus § 543 Abs. 2 Nr. 1.

Hat der Mieter gekündigt, muss der Vermieter die Maßnahme bis zum Ablauf der Mietzeit unterlassen. Voraussetzung ist, dass der Mieter fristgerecht und wirksam gekündigt hat (Palandt/Weidenkaff, § 541b Rn 24). Während der Räumungsfrist dürfen die Maßnahmen jedoch durchgeführt werden, da dadurch das Mietverhältnis nicht verlängert wird. Setzt der Mieter nach Beendigung des Mietverhältnisses den Gebrauch fort, ohne dass sich dadurch das Mietverhältnis verlängert, dürfen ebenfalls die Maßnahmen durchgeführt werden (LG Berlin, MM 1987, 72).

8.   Ansprüche des Mieters

153 **Aufwendungen, die der Mieter infolge der Maßnahme machen musste,** hat der Vermieter in angemessenem Umfang zu ersetzen, auf Verlangen hat der Vermieter Vorschuss zu leisten (§ 554 Abs. 4 Satz 2). Dies gilt sowohl für Erhaltungs- als auch für Modernisierungs-, Energie- oder Wassereinsparungsmaßnahmen sowie bei Maßnahmen zur Schaffung neuen Wohnraums, jedoch nicht für Maßnahmen, zu denen der Vermieter gezwungen ist, wie z.B. bei der Umstellung von Stadtgas auf Erdgas. In erster Linie kommen Aufwendungen zur Sicherung der Wohnungseinrichtung in Betracht (Abnahme von Gardinen, Aufrollen von Teppichen, Abdecken von Möbeln, Polstersachen und Fußböden, die Sicherung von Gemälden, sonstigem Wandschmuck, Wertsachen, Dokumenten usw., vgl. Köhler, § 541b Rn. 57). Aber auch die Aufwendungen des Mieters für das Entfernen von Einrichtungen, mit denen er die Mietsache versehen hat, sind erstattungsfähig (LG Hamburg, WuM 1993, 399). Des Weiteren kommen Kosten für die Reinigung der Wohnung, u.U. Kosten für das Auslagern von Möbeln bis hin zu Hotelkosten (aber unter Ausschluss der Verpflegungskosten, LG Hamburg WM 1987, 387) in Betracht, wenn das Verweilen in der Wohnung zeitweise unzumutbar war. Außerdem sind Kosten für Putzarbeiten, die der Mieter selbst durchführt, oder für Schönheitsreparaturen, sofern nicht Schönheitsreparaturen ohnehin fällig gewesen wären und der Mieter sie vertraglich übernommen hatte, erstattungsfähig. Auch Neuanschaffungen, die infolge der Modernisierung notwendig wurden, sind in angemessenem Umfang zu ersetzen, z.B. Gardinen bei der Veränderung der Fenster, neue Lampen oder Möbel und andere Einrichtungsgegenstände, wenn dies wegen veränderter Stellflächen usw. unvermeidlich wurde (MüKo/Voelskow, § 541a Rn. 49). Der Mieter hat, wenn er die notwendigen

Arbeiten selbst vornimmt, nicht nur Anspruch auf Ersatz der Materialkosten, sondern auch auf den Arbeitslohn (LG Hamburg, WuM 1987, 386; AG Pinneberg, WuM 1990, 731; AG Hamburg, WM 1987, 386). Er hat auch Anspruch auf Vergütung für die Beaufsichtigung der Handwerker (LG Hamburg, WuM 1987, 386; aber Beschränkung auf das Notwendigste, täglich 2 Stunden à 12 DM).

Voraussetzung für den Aufwendungsersatzanspruch ist, dass die Maßnahme des Vermieters kausal für die Aufwendungen war. Außerdem müssen die Aufwendungen den Umständen nach angemessen sein, wobei auf die konkrete Lebensweise des Mieters abzustellen ist (Palandt/Weidenkaff, § 541b Rn 26). Entspricht es den Lebensverhältnissen des Mieters, Arbeiten wie Möbelräumen, Wohnungsreinigung usw. von Fachkräften durchführen zu lassen, so kann er sie in Anspruch nehmen; er braucht seinen gewohnten Standard nicht um des Vermieters Willen aufzugeben (Köhler, a.a.O. Rn. 97). Die Aufwendungen müssen jedoch objektiv notwendig gewesen sein. Der Mieter kann beispielsweise keinen Kostenersatz für einen Hotelaufenthalt verlangen, wenn die Arbeiten nur wenige Tage in Anspruch nehmen und nur tagsüber eine Störung eintritt (Köhler, a.a.O. Rn. 96). Strittig ist, ob der Mieter vollen Ersatz seiner Aufwendungen verlangen kann (bejahend: Köhler, a.a.O. Rn. 96) oder ob er sich nicht zumindest in den Fällen von modernisierungsbedingten Neuanschaffungen einen Abzug neu für alt gefallen lassen muss (so MüKo/Voelskow, § 541a Rn. 49). Da es sich um einen Aufwendungsersatzanspruch – nicht um einen Schadensersatzanspruch – handelt, dürfte ein Abzug neu für alt nicht gerechtfertigt sein. **154**

Auf den Aufwendungsersatz sind im Übrigen §§ 256, 257 anzuwenden.

Für den Vermieter gehört der Aufwendungsersatz zu den Kosten der Modernisierung (zutreffend Schriever, ZMR 1988, 85; a.A. AG Berlin-Schöneberg, MM 1989, 363, sehr str.).

Der Vermieter hat auf Verlangen Vorschuss zu leisten. Das Vorschussverlangen des Mieters ist formlos, doch müssen Art und Umfang der voraussichtlichen Aufwendungen dargelegt und aufgeschlüsselt werden (LG Berlin, GE 1992, 39; Palandt/Weidenkaff, § 541b Rn. 27). Den Aufwendungsersatzanspruch kann der Mieter auch im einstweiligen Verfahren durchsetzen (Müller, GE 1986, 526 [537]). **155**

Der Aufwendungsersatzanspruch nach § 554 Abs. 4 schließt weiter gehende Ansprüche des Mieters nicht aus. Als solche kommen in Betracht: Wiederherstellung des ursprünglichen Zustands der von den Maßnahmen nicht betroffenen Räume (LG Berlin, GE 1997, 1341), Mietminderung (LG Berlin, GE 1997, 619; LG Dresden, WuM 1998, 216; AG Berlin-Tempelhof/Kreuzberg, MM 1983, Heft 4, 20) bis hin zur völligen Befreiung von der Mietzahlung (§ 536), Schadensersatz, wenn durch Vornahme der Arbeiten Sachen des Mieters beschädigt werden; insofern muss ein Verschulden des Vermieters oder der von ihm Beauftragten vorliegen (§ 536a, str., vgl. Köhler, a.a.O. Rn. 102 m.w.N. zum Meinungsstand). Bei Beschädigungen von Einrichtungsgegenständen muss sich der Mieter einen Abzug „neu für alt" anrechnen lassen; Verdienstausfall kann nur ersetzt verlangt werden, wenn eine weitere Pflichtwidrigkeit des Vermieters hinzukommt (LG Berlin, GE 1997, 619). **156**

9. Abweichende Vereinbarungen

157 Modernisierungsvereinbarungen sind grundsätzlich zulässig (LG Frankfurt/Main, Urteil vom 4.7.1989, 2/11 S 289). Bei einem **Mietverhältnis über Wohnraum** ist aber eine zum Nachteile des Mieters von § 554 Abs. 2 bis 4 **abweichende Vereinbarung** unwirksam (Abs. 5). Bei Mietverhältnissen über Gewerberaum sind abweichende Vereinbarungen zulässig, ebenso bei Mischmietverhältnissen, bei denen der Schwerpunkt nach dem wahren Vertragszweck (BGH, GE 1986, 699) nicht auf der Wohnnutzung liegt (Überwiegenstheorie, vgl. BGH, a.a.O.), und bei dinglichen Wohnrechten (§ 1093). Allerdings stehen auch bei gewerblichen Mietverhältnissen und Mischmietverhältnissen mit überwiegender Gewerbenutzung Vereinbarungen unter den Vorbehalten des AGB-Gesetzes (ab 1.1.2002: AGBG in das BGB i.d.F. des SchuldRModG aufgenommen).

Bei Wohnraummietverhältnissen sind gem. § 554 Abs. 5 alle Vereinbarungen unzulässig, die den Vermieter zur Modernisierung berechtigen, ohne dass die Voraussetzungen des § 554 Abs. 2 gegeben sind (Landfermann, 27; LG Berlin, MM 1985, 83). Dies gilt insbesondere für Formularklauseln (BGH, GE 1991, 615 = NJW 1991, 1750 = MDR 1991, 628). Unwirksam sind demnach beispielsweise Vereinbarungen, wonach der Mieter auf eine **fristgerechte Ankündigung** von Modernisierungsmaßnahmen verzichtet (LG Berlin, GE 1986, 609; LG Berlin, MM 1985, 83).

158 Unwirksam sollen auch Vereinbarungen bei Mietvertragsabschluss sein, durch die sich der Mieter verpflichtet, bestimmte Modernisierungsmaßnahmen zu **dulden**, ohne dass die **finanziellen Auswirkungen** zu berücksichtigen sind (LG Berlin, MM 1985, 83; weiter gehend noch GE 1987, 1219, die jede Vereinbarung einer Voraus-Zustimmung bzw. Duldung für unwirksam hielt). Wenn allerdings der Mieter in Kenntnis der genauen baulichen und finanziellen Auswirkungen der Modernisierung eine entsprechende Vereinbarung unterschrieben hat, ist dies zumindest als Indiz dafür zu werten, dass er die geplante Maßnahme nicht als Härte empfindet (Landfermann, 27). Der Mieter kann auch nach § 242 verpflichtet sein, den Vermieter auf Umstände hinzuweisen, die eine Härte begründen können (Landfermann, a.a.O.), Verstöße dagegen können nach den allgemeinen Grundsätzen über die Verletzung vertraglicher Nebenpflichten Schadensersatzansprüche des Vermieters auslösen (Landfermann, a.a.O.). Unter Umständen wird der Vermieter auch berechtigt sein, den Vertrag anzufechten oder zu kündigen, wenn der Mieter bei Mietvertragsabschluss im Zusammenhang mit seiner Zustimmung zu künftigen Modernisierungsmaßnahmen **falsche Angaben zu seinen Einkommensverhältnissen** gemacht hat. Hat sich der Mieter beim Abschluss des Mietvertrags mit Modernisierungsmaßnahmen einverstanden erklärt und war ihm bei Mietvertragsabschluss die Mieterhöhung finanziell zumutbar, muss er die Modernisierung auch dann dulden, wenn sich seine finanzielle Situation verschlechtert hat und der Mieter diese Verschlechterung auch zu vertreten hatte (LG Berlin, GE 1985, 479).

159 Unwirksam sind weiterhin Vereinbarungen, durch die die **Überlegungsfrist** des Mieters **eingeschränkt** wird (Kummer, WuM 1983, 227). Zulässig sind dagegen auch bei Wohnraummietverhältnissen Vereinbarungen, die zugunsten des Mieters von § 554 Abs. 2 bis 4 abweichen (LG Berlin, GE 1983, 1023). Ist nach dem Mietvertrag der Mieter nur zur Duldung von „zweckmäßigen Maßnahmen, die den Mieter nur unwesentlich beeinträchtigen" verpflichtet, so braucht er alle Maßnahmen, die ihn „wesentlich" beeinträchtigen,

nicht zu dulden. Bedürfen nach dem Mietvertrag Modernisierungsmaßnahmen innerhalb der Wohnung der Zustimmung des Mieters (Klausel etwa bei öffentlich geförderter Modernisierung), so braucht er dort beabsichtigte Maßnahmen ohne seine Zustimmung nicht zu dulden – Maßnahmen im Außenbereich (LG Berlin, MM 1985, 83 – Einbau einer Klingelanlage) muss er dagegen dulden, wenn die übrigen Voraussetzungen des § 554 gegeben sind.

Der Mieter, der sich weigert, Modernisierungsmaßnahmen zu dulden, handelt so lange   160
nicht schuldhaft (AG Berlin-Schöneberg, GE 1982, 233), bis er rechtskräftig zur Duldung verurteilt worden ist. Danach kann der Vermieter Schadensersatz verlangen, wenn der Mieter trotz rechtskräftiger Verurteilung zur Duldung den Fortgang der Arbeiten verhindert oder verzögert (beispielsweise Handwerker nicht einlässt, vgl. AG Berlin-Wedding, GE 1984, 927), und zwar auch dann, wenn es sich um **Bagatellmaßnahmen** handelt.

Der Mieter kann sich u.U. schadensersatzpflichtig machen, wenn er den modernisie-   161
rungswilligen Vermieter im Ungewissen über seine Haltung zu geplanten Modernisierungsmaßnahmen lässt. Wenn deshalb der Vermieter den Mieter gem. § 554 Abs. 3 Satz 1 über die von ihm geplanten Modernisierungsmaßnahmen unterrichtet und ihn gleichzeitig **mit** dieser **Mitteilung auffordert, Stellung** dazu **zu beziehen** (ob die Modernisierung geduldet, nicht geduldet oder vom Sonderkündigungsrecht gem. § 554 Abs. 3 Satz 2 Gebrauch gemacht werde), so trifft den Mieter eine vertragliche Nebenpflicht, darauf zu antworten.

10.   Durchsetzung des Duldungsanspruchs

Der Duldungsanspruch des Vermieters ist grundsätzlich nur im ordentlichen Klagever-   162
fahren durchzusetzen (LG Berlin, MM 1996, 452; AG Görlitz, WuM 1993, 390; AG Köln, ZMR 1994, XVI Nr. 10). Das Rechtsschutzbedürfnis ist auch für Klagen auf Duldung von Modernisierungsmaßnahmen außerhalb der Wohnung zumindest dann zu bejahen, wenn der Mieter widersprochen hat (LG Berlin, NJW-RR 1997, 520; AG Berlin-Charlottenburg, GE 1992, 991). Eine erneute Duldungsklage ist nach rechtskräftiger Entscheidung über eine frühere Duldungsklage dann zulässig, wenn diese allein wegen Fehlens der formellen Voraussetzungen des § 554 Abs. 3 Satz 1 abgewiesen worden ist, diese aber nunmehr nachgeholt worden sind (AG Berlin-Wedding, GE 1986, 561). Das Gleiche gilt, wenn die frühere Duldungsklage wegen Härte für den Mieter abgewiesen worden ist, die Härtegründe aber nunmehr weggefallen sind. Mehrere Mieter sind zusammen auf Duldung zu verklagen (LG Berlin, MM 1987, 113).

Der Duldungsanspruch kann nur ausnahmsweise im Verfahren der **einstweiligen Verfü-**   163
gung durchgesetzt werden, nämlich dann, wenn mit den Maßnahmen bereits begonnen worden war und durch eine Unterbrechung der Arbeiten dem Vermieter und den anderen Mietern des Hauses erhebliche Nachteile erwachsen wären. Weitere Voraussetzung ist, dass die Eilbedürftigkeit nicht auf Umständen beruht, die der Vermieter zu vertreten hat (Müller, GE 1986, 535).

Der Mieter darf dagegen **Modernisierungsarbeiten** des Vermieters durch einstweilige   164
Verfügung **unterbinden.** Das betrifft im Regelfall (aber nicht nur, vgl. AG Berlin-Neukölln, MM 1983, Heft 11, 14; AG Wolgast, WuM 1994, 265) Maßnahmen außerhalb der Wohnung des Mieters (vgl. dazu auch KG, GE 1992, 920 [923]). Hat der Mieter es in

der Hand, durch Verweigerung des Zutritts zur Wohnung die Arbeiten zu verhindern, ist sein Antrag unbegründet (AG Berlin-Tiergarten, GE 1986, 47). Werden jedoch Arbeiten außerhalb der Mietwohnung durchgeführt (z.b. Wärmedämmung der Fassade), kann der Mieter die Arbeiten durch einstweilige Verfügung verhindern (LG Berlin, MM 1983. Heft 10, 14 und MM 1984, 79 = GE 1984, 489; AG Berlin-Neukölln, MM 1983, 133: a.A. LG Berlin, MM 1988, 24). Teilweise wird der Erlass einer einstweiligen Verfügung gegen Modernisierungsmaßnahmen im Außenbereich aber auch aus grundsätzlichen Erwägungen abgelehnt (AG Berlin-Charlottenburg, GE 1983, 973; MM 1985, 169; AG Berlin-Schöneberg, GE 1984, 763). Da auch nach der Auffassung des KG (ZMR 1988, 422) eine die Mieterhöhung – früher gem. § 3 MHG, jetzt gem. § 559 – auslösende Duldung vorliegt, wenn sich der Mieter nicht mit entsprechend gewichtigen Schritten gegen die Modernisierung im Außenbereich wehrt, muss dem Mieter bereits im Verfahren der einstweiligen Verfügung die Möglichkeit der Klärung eingeräumt werden, ob er zur Duldung verpflichtet ist (vgl. auch Beuermann, § 3 MHG Rn. 6, 7; a.A. AG Berlin-Tiergarten, GE 1986, 47; AG Berlin-Charlottenburg, GE 1989, 973; MM 1985, 169; GE 1983, 973; AG Berlin-Schöneberg, GE 1984, 763).

165 Nach tatsächlicher Duldung der Maßnahme durch den Mieter, die als Einverständnis mit der Änderung der Mietsache anzusehen ist (OLG Stuttgart, GE 1991, 817; OLG Frankfurt/Main, GE 1991, 929) besteht kein Rechtsschutzbedürfnis mehr für eine Klage des Vermieters auf Feststellung, dass der Mieter zur Duldung der Modernisierungsarbeiten verpflichtet war (LG Berlin, GE 1983, 1067). Im **Duldungsprozess** hat der **Vermieter** zu beweisen, dass eine **Verbesserung** der gemieteten Räume oder sonstiger Teile des Gebäudes oder eine Energieeinsparung vorliegt (Schmid, BLGBW 1983, 62; LG Berlin, GE 1983, 1067), dass der durch die Modernisierung angestrebte **Zustand** lediglich der **allgemein übliche** ist (Schmid, BLGBW 1983, 62), dass die Voraussetzungen der **Bagatellklausel** (§ 554 Abs. 3 Satz 3) vorliegen (MüKo/Voelskow, § 541b Rn. 22).

166 Der **Mieter** hat zu beweisen, dass Härtegründe (vgl. Rn. 84–97) vorliegen, die eine Duldung unzumutbar machen (LG Berlin, GE 1983, 969). Hinsichtlich der **finanziellen Härtegründe** braucht der Mieter im Duldungsrechtsstreit nur seine **Einkommensverhältnisse darzulegen** (Gehaltsbescheinigung, Kontoauszüge) und gegebenenfalls glaubhaft zu machen (eidesstattliche Versicherung: LG Berlin, GE 1985, 1257); der Mieter braucht jedoch keinen Negativbeweis über die Höhe seiner Einkünfte zu führen (LG Berlin, GE 1986, 1069; GE 1985, 1257), es sei denn, der Vermieter kann Umstände dafür dartun, dass das Einkommen des Mieters entgegen dessen Darlegungen doch höher ist (LG Berlin, GE 1985, 1257).

167 Der **Streitwert** für eine Klage des Vermieters auf Duldung von Modernisierungsmaßnahmen ist gem. § 3 ZPO nach dem wirtschaftlichen Interesse des Vermieters am Streitgegenstand zu bemessen. Bisher ist dieses Interesse mit dem dreifachen Betrag des zu erwartenden Modernisierungszuschlags angesetzt worden (LG Berlin, GE 1983, 123, MM 1984, 227 und GE 1987, 831; LG Hamburg, WuM 1987, 61; LG Berlin, GE 1989, 1111; LG Fulda, ZMR 1992, 393 = NJW-RR 1992, 658; LG Aachen, ZMR 1995, 161; LG Berlin, GE 1995, 547; GE 1996, 129; GE 1998, 249 = NZM 1998, 304a; – LG Berlin, GE 1995, 311; GE 1996, 927 und LG Hamburg, ZMR 1993, 570 m.w.N., haben den Jahresbetrag des verlangten Modernisierungszuschlags zugrunde gelegt; vgl. auch

Schach, GE 1988, 322). Mit Rücksicht auf die Neufassung des § 9 ZPO ist jedoch der dreieinhalbfache Jahresbetrag des voraussichtlichen Modernisierungszuschlags anzusetzen. Dies gilt auch für die Klage auf Feststellung der Erledigung der Duldungsklage (LG Berlin, ZMR 1996, Heft 12, XV Nr. 9) und den Wert der Beschwer des mit der Duldungsklage abgewiesenen Vermieters (LG Berlin, NZM 1999, 1036).

11. Kündigungsrecht des Vermieters

Modernisierungsmaßnahmen des Vermieters können ihn auch **zur Kündigung** des Mietverhältnisses berechtigen. Als berechtigtes Interesse des Vermieters an der Beendigung des Mietverhältnisses ist es anzusehen, wenn der Vermieter durch die Fortsetzung des Mietverhältnisses an einer **angemessenen wirtschaftlichen Verwertung** des Grundstücks gehindert und **dadurch erhebliche Nachteile** erleiden würde (§ 573 Abs. 2 Nr. 3). Diese Kündigungsmöglichkeit besteht nicht für Mietverhältnisse aufgrund von Verträgen, die vor dem Wirksamwerden des Beitritts (3.10.1990) im Beitrittsgebiet geschlossen worden sind (Artikel 232 § 2 Abs. 2 EGBGB). Vom Vermieter geplante Modernisierungsmaßnahmen stellen grundsätzlich eine wirtschaftliche Verwertung dar (LG Berlin, GE 1986, 33; BayObLG [RE], GE 1984, 77); Gleiches gilt für Abbruch und Wiederaufbau (BayObLG, a.a.O. und ZMR 1993, 560 = GE 1993, 1148 [1149]). Voraussetzung für eine Kündigung ist aber, dass die weiteren Erfordernisse, die in dieser Bestimmung genannt sind, vorliegen. Die wirtschaftliche Verwertung des Grundstücks muss sich also als „angemessen" darstellen und der Vermieter müsste „erhebliche Nachteile" erleiden, falls er an dieser Verwertung gehindert würde. Generalisierende Regeln lassen sich dazu nicht aufstellen; maßgebend sind die gesamten Umstände des Einzelfalls. **168**

Der Begriff der **Angemessenheit** ist im Gesetz nicht erläutert, er ergibt sich aus den Grundsätzen, die allgemein für die Anerkennung eines berechtigten Interesses gelten (Emmerich/Sonnenschein, § 564b Rn. 58). Nach der Entscheidung des Bundesverfassungsgerichts zu § 564b Abs. 2 Nr. 3 (a.F.) vom 14.2.1989, 1 BvR 1131/87 (BVerfGE, 79, 283 = ZMR 1989, 136 = NJW 1989, 972 = DWW 1989, 77 = WuM 1989, 118 = GE 1989, 297 ff.) kann der Vermieter von Wohnraum zwar nicht schon bei jedwedem wirtschaftlichen Nachteil kündigen. Die Einbußen dürfen jedoch keinen Umfang annehmen, welcher die Nachteile weit übersteigt, die dem Mieter im Falle des Verlusts der Wohnung erwachsen. Daher kann auch der Verkauf des vermieteten Objekts die Kündigung rechtfertigen. Auch Vermögenseinbußen, welche die wirtschaftliche Existenz des Eigentümers noch nicht ernsthaft in Frage stellen, sind bei der Anwendung des Kündigungstatbestands zu beachten. **169**

Abgesehen von dem beabsichtigten Verkauf der vermieteten Eigentumswohnung können auch der vom Vermieter beabsichtigte **Abbruch des Hauses und dessen Neubau** eine angemessene wirtschaftliche Verwertung darstellen (BayObLG, ZMR 1993, 560 = GE 1993, 1148, 1149). Nach Auffassung des LG Berlin (GE 1993, 807) ist die Verwertungsabsicht dann angemessen, wenn die Beibehaltung des bisherigen Zustands – unvorhersehbar – unrentabel ist oder jedenfalls durch die beabsichtigte Maßnahme eine größere Rentabilität erzielbar wäre. Insoweit kommt es jedoch nicht darauf an, ob von vornherein der Erwerb des Objekts mit einem wirtschaftlichen Risiko verbunden war (BVerfG, GE 1998, 852 = ZMR 1998, 685 [687]). Allerdings kann der Vermieter sich dann nicht auf eine Unrentabilität berufen, wenn sie anders als durch den Abbruch behoben werden **170** könne, z.B. durch Mieterhöhungen und Modernisierungsmaßnahmen, oder wenn der Abriss allein durch die eigene Vernachlässigung der Instandsetzungspflicht erforderlich geworden ist. Ausgeschlossen ist der Vermieter mit einer Berufung auf die Hinderung angemessener wirtschaftlicher Verwertung darüber hinaus, wenn das Objekt von vornherein aus spekulativen Interessen zur Erzielung weiteren Gewinns erworben wurde.

Soweit der beabsichtigte Neubau des Hauses mit öffentlichen Fördermitteln errichtet werden soll, muss vom Vermieter dargelegt werden, dass die zuständige Stelle Fördermittel bewilligen würde (AG Berlin-Spandau, GE 2000, 1186).

Der Vermieter kann sich zudem auf die Hinderung angemessener wirtschaftlicher Verwertung dann nicht berufen, wenn ein vorher wirtschaftlich zu betreibendes Objekt erst durch die Ankaufsfinanzierung unwirtschaftlich geworden ist (LG Berlin, GE 1993, 807).

Keine Voraussetzung einer wirksamen Kündigung gem. § 573 Abs. 2 Nr. 3 ist, dass im Zeitpunkt der letzten mündlichen Verhandlung in der Tatsacheninstanz noch eine gültige Abriss- bzw. Baugenehmigung vorliegt (BayObLG, a.a.O.).

171 Die – auch **umfassende** – **Modernisierung** eines Gebäudes zur Anpassung an veränderte Wohnverhältnisse stellt deshalb ebenso wie der **Abriss** und anschließende **Wiederaufbau** eines Gebäudes eine angemessene wirtschaftliche Verwertung dar. Daran muss der Vermieter durch die Fortsetzung des Mietverhältnisses objektiv gehindert sein. Ein solches Hindernis liegt nicht vor, wenn der Vermieter die Maßnahmen auch ohne Kündigung in der vorgesehenen Weise durchführen kann (Emmerich/Sonnenschein, § 564b Rn. 61). Kann daher die Modernisierung durchgeführt werden, weil der Mieter gem. § 554 zur Duldung verpflichtet ist, ist der Vermieter nicht zur Kündigung berechtigt (LG Köln, WuM 1989, 255; LG Düsseldorf, ZMR 1991, 438; LG Bonn, ZMR 1992, 114; LG Darmstadt, WuM 1983, 236; LG Freiburg, WuM 1979, 148; LG Mannheim, MDR 1977, 231). Das Gleiche gilt, wenn der Mieter gem. § 554 Abs. 1 zur Duldung von notwendigen Reparaturen oder Sanierungsarbeiten verpflichtet ist (LG Köln, WuM 1989, 255; AG Köln, WuM 1981, 106; AG Konstanz, WuM 1989, 255). Der Vermieter muss also darlegen, warum der Duldungsanspruch nicht zur Durchführung der Maßnahmen ausreicht (AG Dortmund, NJW-RR 1992, 521; Kinne, GE 1998, 468 [471]). Will aber der Vermieter beispielsweise Altbauwohnungen mit Sanitärräumen ausstatten und benötigt er dazu die Räume einer daneben liegenden Wohnung, ist ein berechtigtes Interesse an der Kündigung dieser Wohnung anzunehmen (BayObLG [RE], GE 1984, 77).

172 Der Vermieter muss außerdem durch die Fortsetzung des Mietverhältnisses **erhebliche Nachteile** erleiden; diese müssen von einigem Gewicht sein. Ob sie derartig beschaffen sein müssen, dass sie – im Hinblick auf die Sozialpflichtigkeit des Eigentums – sich als „unerträglich" darstellen (so aber Emmerich/Sonnenschein, § 564b Rn. 63), darf angesichts der vom Bundesverfassungsgericht zu § 564b Abs. 2 Nr. 3 (a.F.) entwickelten Grundsätze bezweifelt werden. Darlegungspflichtig ist der Vermieter (LG Berlin, GE 1986, 453). Im Regelfall wird es sich um wirtschaftliche Nachteile handeln. Entscheidend ist die Rendite des vermieteten Objekts (Emmerich/Sonnenschein, § 564b Rn. 62); abzustellen ist bei der Betrachtung auf das Grundstück bzw. die Wirtschaftseinheit (Gesamtbetrachtung), nicht auf die einzelne Wohnung (LG Berlin, GE 1982, 231). Auf andere Objekte kann der Vermieter grundsätzlich nicht verwiesen werden (LG Osna-

brück, ZMR 1988, 232). Es spielt keine Rolle, ob der Vermieter wegen anderweitiger Einkünfte nicht auf eine höhere Miete aus dem Objekt angewiesen wäre (Emmerich/Sonnenschein, a.a.O.). Einen Nachteil von Gewicht kann es auch darstellen, wenn der Vermieter gehindert würde, durch den Umbau vorhandene Verluste aus dem Objekt lediglich spürbar zu verringern, ohne dadurch schon „in die schwarzen Zahlen" zu kommen (vgl. Emmerich/Sonnenschein, a.a.O., sowie LG München I, WM 1981, 234). Als wirtschaftliche Nachteile kommen auch solche persönlicher Natur in Betracht, z.B. wenn der Vermieter den Verkaufserlös benötigt, um sich nach schweren Unfallverletzungen ein behindertengerechtes Haus zu bauen (LG Trier, NJW-RR 1991, 1414).

Zur schlüssigen Darlegung der erheblichen Nachteile, die er durch die Fortsetzung des Mietverhältnisses erleiden würde, gehört im Regelfall eine Wirtschaftlichkeitsberechnung, in der der Vermieter die nach dem Umbau zu erzielenden Einnahmen und die dann entstehenden Ausgaben den ohne Umbau zu erzielenden Einnahmen und entstandenen Ausgaben gegenüberstellt (LG Berlin, GE 1986, 453; GE 1993, 807; Kinne, GE 1998, 468 [472]). Dabei kann auf den Kostenmietenbegriff zurückgegriffen werden (§ 8a WoBindG, § 3 NMV 1970), wenn auch nicht schematisch (vgl. zum ähnlich gelagerten Fall der Deckung der laufenden Aufwendungen: Beuermann, § 5 WiStG Rn. 19 ff.; das dort geschilderte Verfahren kann auch hier Berücksichtigung finden). Etwaige Vorteile wie die staatliche Förderung und die Möglichkeit von Mieterhöhungen sind gegenzurechnen (LG Berlin, MDR 1990, 1121; LG Ellwangen, WuM 1991, 273; LG Bonn, ZMR 1992, 114). Der Vermieter braucht jedoch nicht schon in der Kündigungserklärung seine Kalkulation in allen Einzelheiten mitzuteilen (LG Düsseldorf, ZMR 1991, 438; LG Berlin, ZMR 1993, Heft 9, XII). **173**

Gem. § 573b ist auch **Teilkündigung von Nebenräumen oder Teilen des Grundstücks** zum Zwecke der Schaffung von Wohnraum zur Vermietung oder zur Ausstattung von Wohnraum mit Nebenräumen oder Grundstücksteilen zulässig. Die Möglichkeit der Teilkündigung war bereits durch die Neufassung des § 564b Abs. 2 Nr. 4 aufgrund des Vierten Mietrechtsänderungsgesetzes dahin gehend ausgedehnt worden, dass sie auch hinsichtlich von Teilen des Grundstücks zulässig ist. Voraussetzung für die Zulässigkeit der Teilkündigung ist, dass die Nebenräume und/oder Teile des Grundstücks nicht zum Wohnen bestimmt sind. Damit ist eine Teilkündigung hinsichtlich von unbebauter oder nur mit Nebengebäuden bebauten Grundstücksteilen (z.B. Vorgärten, Stellplätzen, Garagen) zulässig, wenn sie den in § 573b Abs. 1 Nr. 1 oder 2 normierten Zwecken dient: **174**
– Schaffung von Wohnraum zum Zwecke der Vermietung;
– Ausstattung des neu zu schaffenden und des vorhandenen Wohnraums mit Nebenräumen und Grundstücksteilen.

Der Dachgeschossausbau, das Aufstocken von Gebäuden oder der Anbau reicht als Kündigungszweck aus (Palandt/Weidenkaff, § 564b Rn. 56; Blank, WuM 1993, 579; Franke/Geldmacher, ZMR 1993, 548; Kinne, BuW 1994, 95).

Voraussetzung ist, dass der Wohnraum **zum Zwecke der Vermietung** geschaffen werden soll. Dieser Zweck wird nicht erfüllt, wenn der Vermieter den neu geschaffenen Wohnraum selbst nutzen will (BVerfG, NJW 1992, 494; LG Stuttgart, NJW-RR 1992, 206), seine bisherige Wohnung verkaufen will (LG Duisburg, ZMR 1996, 664) oder an seiner bisherigen Wohnung Wohnungseigentum zum Zweck des Verkaufs begründet **175**

(AG Berlin-Charlottenburg, GE 1998, 1215). Nur dann, wenn der Vermieter für den selbst zu nutzenden, neu geschaffenen Wohnraum seine andere Wohnung in demselben Haus freigibt, um sie zu vermieten, liegt die 1. Alt. des § 573b Abs. 1 Nr. 1 vor (AG Marburg, ZMR 1991, 304; LG Marburg, DWW 1992, 116; a.A. LG Stuttgart, WuM 1992, 24; Blank, WuM 1993, 576).

176 Die gem. § 573b Abs. 1 kündbaren **Nebenräume** dürfen **nicht zum Wohnen bestimmt** sein. Insoweit kommen Abstellräume, Dachböden (Meyer, NJW 1996, 1726 f.; Maciejewski, MM 1996, 141), Keller (Blank, WuM 1993, 575), Werkstatträume und Ateliers in Betracht (Palandt/Weidenkaff, § 564b Rn. 56). Soweit es sich um Kammern innerhalb einer Wohnung handelt, dürfte jedoch eine Teilkündigung aus räumlichen Gründen und deswegen ausscheiden, weil Kammern innerhalb einer Wohnung grundsätzlich auch Wohnzwecken im weiteren Sinne dienen. Im Wesentlichen dürfte sich die Möglichkeit der Teilkündigung auf außerhalb der Wohnung befindliche Nebenräume (Huber, GE 1992, 286) – auch nur zur Mitbenutzung überlassene Räume (Trockenböden, Waschküche usw.) – beschränken. Als Grundstücksteile kommen Garagen, Kfz-Abstellplätze und Gartenanteile (Blank, WuM 1993, 575; Franke/Geldmacher, ZMR 1993, 543; Kinne, BuW 1994, 94), aber auch Spielplätze in Betracht. Auch diejenigen **Nebenräume und Grundstücksteile**, die nicht für künftige Mieter als Wohnraum oder als Nebenräume bestimmt, sondern dazu verwendet werden sollen, für die in Anspruch genommenen Räume oder Flächen den bisherigen Mietern oder sonstigen Nutzern Ersatzraum oder Ersatzflächen zu verschaffen, sind gem. § 573b Abs. 1 Nr. 2 kündbar. Schließlich ist die Teilkündigung nach dieser Vorschrift auch dazu zulässig, um den bisherigen Mietern oder sonstigen Nutzern bisher nicht vorhandene Nebenräume zu verschaffen. Darunter könnte z.B. die Kündigung der Garagenfläche mit dem Ziel fallen, durch einen Anbau auf der Garagenfläche die bisherigen Wohnungen mit Bad oder Toilette auszustatten, wenn diese bisher kein eigenes Bad und/oder nur eine Außentoilette hatten.

177 Für die Kündigung ist gem. § 568 die **Schriftform** einzuhalten. Zwar ist die Angabe der Kündigungsgründe in § 568 nicht vorgeschrieben. Da es sich jedoch um eine ordentliche Kündigung handelt, sollten die Kündigungsgründe gem. § 573 Abs. 3 in dem Kündigungsschreiben angegeben werden. So sollte zunächst klargestellt werden, dass es sich nur um eine Kündigung der genau zu bezeichnenden Nebenräume oder Teile des Grundstücks handelt und nicht das gesamte Mietobjekt – die Wohnung – davon betroffen ist. Ferner sollte die konkrete Absicht des Vermieters, die gekündigten Nebenräume oder Grundstücksteile dazu zu verwenden, neuen Wohnraum zu schaffen, oder den neu zu schaffenden und den vorhandenen Wohnraum mit Nebenräumen auszustatten, genau und konkret dargelegt werden, also der Verwendungszweck der gekündigten Nebenräume und/oder Grundstücksteile ist anzugeben (Huber, GE 1992, 286 ff.). Dasselbe gilt für die Weitervermietungsabsicht des Vermieters und/oder die Selbstnutzungsabsicht unter Freigabe einer anderen Wohnung in demselben Haus, die dann weitervermietet werden soll; in letzterem Fall sind sowohl die Wohnung, die neu geschaffen und selbst genutzt werden soll, als auch die bisher selbst genutzte Wohnung, die freigegeben und vermietet werden soll (AG Marburg, ZMR 1991, 304), im Einzelnen zu bezeichnen und zu beschreiben.

Da sich der Mieter auch gegenüber der Teilkündigung gem. § 573b auf Härtegründe   178
gem. § 574 berufen kann (Blank, WuM 1993, 575; Kinne, BuW 1994, 95), sollte der
Vermieter den Mieter auch auf die Möglichkeit des Widerspruchs nach dieser Vorschrift
(Sozialklausel) hinweisen, einschließlich Form und Frist des Widerspruchs (§ 568 Abs.
2). Nur wenn der Vermieter den Mieter in dem Kündigungsschreiben gem. § 568 Abs. 2
auf sein **Widerspruchsrecht sowie die Form und Frist des Widerspruchs** hingewiesen
hat, kann der Vermieter die Fortsetzung des Mietverhältnisses über die Nebenräume oder
die Grundstücksteilfläche ablehnen, wenn der Mieter die Widerspruchsfrist – zwei Monate vor Beendigung des Mietverhältnisses – nicht eingehalten hat (§ 574b Abs. 2). Als
Härtegründe könnte der Mieter anführen, dass er den mitgemieteten Nebenraum für
berufliche Zwecke benötigt oder ein anderer Abstellraum zurzeit nicht gemietet werden
kann (Huber, GE 1992, 286 [287]). Auch der Hinweis des Vermieters, dass einer Verlängerung des Mietverhältnisses auf jeden Fall widersprochen wird, empfiehlt sich.

Die Kündigung ist – unabhängig von der Dauer des Mietverhältnisses – spätestens am   179
dritten Werk(!)tag eines Kalendermonats zum Ablauf des übernächsten Monats zulässig
(§ 573b Abs. 2). Verzögert sich der Beginn der Bauarbeiten, so kann der Mieter allein
aus diesem Grund eine Verlängerung des Mietverhältnisses um einen entsprechenden
Zeitraum verlangen (§ 573b Abs. 3).

Ist die Teilkündigung wirksam, so endet mit Ablauf der Kündigungsfrist das Mietver-   180
hältnis über den Nebenraum bzw. die Grundstücksteilfläche. Als Gegenleistung kann der
Mieter eine angemessene Senkung der Miete verlangen (§ 573b Abs. 4). Die Mietsenkung tritt mithin nicht automatisch ein, sondern muss vom Mieter geltend gemacht werden (Huber, GE 1992, 289). Die Mietsenkung ist am Nutzwert zu orientieren (Pa-
landt/Weidenkaff, § 564b Rn. 57). Dieser ist dann von der vereinbarten Miete abzuziehen, wenn nicht ohnehin ein bestimmter Betrag für die Nebenräume (z.B. Garagen,
Hobbyräume) vereinbart worden ist; in letzterem Fall ist der für den gekündigten Nebenraum vereinbarte Betrag abzuziehen. Soweit ein bestimmter Nutzwert nicht ermittelt
werden kann und/oder ein bestimmter Mietanteil nicht vereinbart worden ist, kann die
Angemessenheit der Mietsenkung auch nach § 536 ermittelt werden, dessen Grundsätze
anwendbar sind (Palandt/Weidenkaff, a.a.O.; Johann, NJW 1991, 1100; Huber, a.a.O.).
Insoweit dürfte die Mietsenkung ebenfalls – wie bei der Bemessung des Minderungsbetrags (OLG München, GE 1999, 44; LG Hamburg, WuM 1990, 148 f.; WuM 1991, 90;
LG Berlin, WuM 1992, 191; GE 1996, 549; GE 1998, 1151; AG Berlin-Schöneberg, GE
1991, 527) – von der Bruttokaltmiete (also unter Einschluss der kalten Betriebskosten,
jedoch ohne Heizkostenvorschüsse) zu berechnen sein.

12.   Mietermodernisierung

Einen normierten Anspruch des Mieters, Modernisierungsmaßnahmen selbst ohne Ein-   181
verständnis des Vermieters oder gegen dessen Willen vorzunehmen, gibt es nicht. Dies
gilt auch für Wohnungen in den neuen Bundesländern (BezG Schwerin, DtZ 1992, 346).
Er lässt sich lediglich aus Vereinbarungen der Parteien herleiten (vgl. zu Modernisierungsvereinbarungen: LG Berlin, GE 1991, 195, 385 und 1017). Allerdings hat die
Rechtsprechung immer wieder **in Einzelfällen** unter dem Gesichtspunkt von Treu und
Glauben (§ 242) einen solchen **Anspruch bejaht**. So soll der Mieter berechtigt sein,
auch gegen den Willen des Vermieters eine **Gasetagenheizung** einbauen zu dürfen,

wenn dadurch dem Vermieter keine schwerwiegenden Nachteile zugefügt und die Mietsache nicht nachhaltig verändert werde bzw. die Interessen des Vermieters und anderer Mieter des Hauses nicht beeinträchtigt werden (BGH, MDR 1964, 744; LG Berlin, GE 1981, 187; LG Berlin, GE 1985, 1259; a.A. AG Wuppertal, DWW 1988, 90); oder einen **Kohlebadeofen** durch einen **Durchlauferhitzer** zu ersetzen (AG Aachen, WM 1986, 88), weil damit kein Eingriff in die Bausubstanz verbunden sei. Dies soll auch dann gelten, wenn derartige Arbeiten notgedrungen auch bauliche Änderungen an anderen Teilen des Gebäudes erforderlich machen (Verstärkung der Gassteigeleitung, Einzug eines Stahlrohrs in einen freien Schornstein zur Vorbeugung gegen Versottung, LG Berlin, a.a.O.). Bejaht wird auch der Anspruch des Mieters, eine transportable Duschkabine aufzustellen (LG Berlin, GE 1990, 869), das **Bad** neu zu verfliesen (AG Berlin-Schöneberg, GE 1993, 703; AG Berlin-Spandau, 1998, 1093). Dagegen ist ein Anspruch des Mieters auf Austausch der mitvermieteten Einbauküche gegen eine eigene Küche verneint worden (LG Berlin, NJW-RR 1997, 1097 gegen LG Konstanz, WuM 1989, 67). Neuerdings (BVerfG, GE 2000, 670) ist sogar ein Anspruch des Mieters auf Zustimmung des Vermieters zum Einbau eines **Treppenlifts** unter besonderen Voraussetzungen bejaht worden. Der Anspruch des Mieters auf Zustimmung zu baulichen Veränderungen oder sonstigen Einrichtungen, die für eine behindertengerechte Nutzung der Mietsache oder den Zugang zu ihr erforderlich sind, ist neu in § 554a geregelt (vgl. dort).

182 Nach dem Rechtsentscheid des OLG Frankfurt vom 22.7.1992 zu 20 RE-Miet 1/91 (GE 1992, 871 [873]), dessen Grundsätze das Bundesverfassungsgericht in seinem Beschluss vom 10.3.1993, 1 BvR 1192/92 (NJW 1993, 1252 f.) ausdrücklich gebilligt hat (so auch Müller, NJW 1994, 101), kann der Mieter von Wohnraum vom vermietenden Hauseigentümer, der nicht in demselben Haus wohnt, verlangen, dass er die baurechtlich zulässige, von einem Fachmann ausgeführte Installation einer möglichst unauffälligen, technisch geeigneten **Parabolantenne** an einem für den Empfang der Satellitenprogramme tauglichen Ort gestattet, an dem sie optisch am wenigsten stört, sofern

1. das Haus weder eine Gemeinschaftsparabolantenne noch einen Breitbandkabelanschluss hat und ungewiss ist, ob ein solcher Anschluss verlegt werden wird,
und
2. der Mieter den Vermieter von allen dabei anfallenden Kosten und Gebühren freistellt.

Verfügt das Haus über Breitband-Kabelanschluss kann daher im Zweifelsfall der Mieter nicht verlangen, darüber hinaus noch eine Parabolantenne installieren zu dürfen (so auch OLG Naumburg, Urteil vom 28.10.1993, 4 U 110/93, WuM 1994, 17 = DWW 1994, 22; LG Berlin, GE 2000, 959). Im Wesentlichen kommt es auf eine Güter- und Interessenabwägung an, in der die Rechte aus Art. 5 und 14 GG aneinander zu messen sind. Dabei bezieht sich der Schutz des Art. 5 GG auch auf nicht ortsübliche und deshalb nur mit überdurchschnittlichem Aufwand zu empfangende Fernsehprogramme (BVerfG, NJW 1992, 493 [494]), und zwar auch dann, wenn es sich dabei um eine ausländische Informationsquelle handelt (BVerfG, NJW 1970, 235). Wenn die Wahrnehmung des Grundrechts auf Information mit den Vorschriften anderer Artikel des GG oder allgemeiner Gesetze i.S.d. Art. 5 Abs. 2 GG kollidiert, hat nach der durch das so genannte Lüth-Urteil eingeleitete Rechtsprechung des BVerfG (NJW 1958, 257) eine Güter- und Interessenabwägung stattzufinden, die sich nicht in abstrakten Erwägungen erschöpfen darf, sondern an den konkreten Umständen des Einzelfalls orientieren muss.

Besonders umstritten sind Ansprüche **ausländischer Mitbürger** auf Empfang des Hei-   183
matfernsehens.

Nach Auffassung des BVerfG (Beschl. vom 9.6.1994, 1 BvR 439/93, NJW 1994, 2143; Beschl. vom 21.6.1994, 1BvR 641/94, NJW-RR 1994, 1232 [1233]; Beschl. vom 30.6.1994, 1 BvR 1478/93, NJW-RR 1994, 1232) wird die grundlegende Bedeutung des Grundrechts auf Informationsfreiheit bei Anwendung und Auslegung der bürgerlichrechtlichen Vorschriften verkannt, wenn der ausländische Mieter auf den Kabelanschluss verwiesen wird, der ihm nur beschränkten oder gar keinen Zugang zu seinen Heimatprogrammen verschafft und die Zivilgerichte bei der Abwägung den Eigentumsinteressen des Vermieters von vornherein den Vorrang vor den Informationsinteressen des Mieters einräumen ohne anzugeben, welche Eigenschaften des Mietobjekts dieses Ergebnis rechtfertigen.

Nach Auffassung des OLG Karlsruhe (RE vom 24.8.1993, 3 RE-Miet 2/93, NJW 1993, 2815) kann ein ausländischer Mieter von Wohnraum, der zwar über einen Breitbandkabelanschluss verfügt, über welchen jedoch keine Programme aus dem Heimatland des Mieters angeboten werden, in der Regel vom vermietenden Hauseigentümer verlangen, dass er die baurechtlich zulässige, von einem Fachmann ausgeführte Installation einer möglichst unauffälligen, technisch geeigneten Parabolantenne an einem für den Empfang von Satellitenprogrammen aus seinem Heimatland tauglichen Ort gestattet, an dem sie nach Einschätzung des Vermieters am wenigsten stört, sofern mit der Anbringung der Parabolantenne kein erheblicher Eingriff in die Bausubstanz verbunden ist, der Mieter den Vermieter von allen anfallenden Kosten und Gebühren freistellt und der Mieter das Haftungsrisiko des Vermieters abdeckt und ihm auf dessen Verlangen Sicherheit für die voraussichtlichen Kosten der Wiederentfernung der Anlage leistet. Der grundsätzliche Vorrang der Informationsfreiheit schließt eine vertragliche Regelung nicht aus, wonach der Mieter vor der Installation einer Parabolantenne die Zustimmung des Vermieters einholen muss (VerfGH Berlin, GE 2000, 1322 m.w.N. zur Rspr. des BVerfG).

Daher ist ein Anspruch des aus der Türkei stammenden Mieters mit deutscher Staatsangehörigkeit auf Anbringung einer Parabolantenne verneint worden, wenn er trotz Aufforderung dem Vermieter nicht die Unterlagen über die beabsichtigte Montage vorlegt, und zwar nicht die Wohnung, aber das Haus an das Breitbandkabelnetz angeschlossen ist, mit dem auch Sendungen in türkischer Sprache empfangen werden können (AG Berlin-Schöneberg, GE 2000, 543; ähnlich AG Berlin-Tiergarten, GE 2000, 814; LG Berlin DWW 1995, 115). Der Wert der Beschwer für den mit seiner Klage auf Anbringung einer Parabolantenne abgewiesenen Mieter bemisst sich nach seinem Interesse am Empfang zusätzlicher Programme, nicht an den wegfallenden Kosten für die Kabelgebühren (LG Berlin, GE 1993, 1041), so dass eine Berufung (Wert der Beschwer mindestens 1 500 DM – ab 1.1.2002 600 EUR – erforderlich) meist nicht zulässig sein dürfte.

Ein Anspruch auf Mietermodernisierung setzt zudem voraus, dass der Mieter dem Ver-   184
mieter Beginn, Dauer, Art und Umfang der Mietermodernisierung vorher schriftlich angekündigt hat (LG Berlin, GE 1995, 109; GE 1999, 774). Ferner muss der Mieter dem

Vermieter eine ausreichende Sicherheit für die Rückbaukosten leisten (LG Berlin, GE 1994, 1121).

185 Die beabsichtige Mietermodernisierung darf außerdem nicht zu einer **Änderung des Vertragszwecks** führen (Beispiel: Umbau einer Wohnung zu einem Laden). Der Mieter hat außerdem dafür Sorge zu tragen, dass bei baulichen Maßnahmen die allgemeinen Regeln der Technik und Baukunst beachtet werden (vgl. zum Begriff Ortloff, GE 1987, 426). Die **Statik** muss beachtet werden. Wird die Maßnahme ohne Zustimmung des Vermieters durchgeführt, kann eine **ordentlichen Kündigung des Vermieters** berechtigt sein (LG Berlin, GE 1987, 1219: Durchbruch einer tragenden Wand). Eine **fristlose Kündigung** kommt im Regelfall nicht in Frage; denn sie ist stets das letzte Mittel des Vermieters zur Wahrung seiner Rechtsposition, so dass zunächst in einem solchen Fall der Wiederherstellungsanspruch geltend zu machen ist (LG Berlin, MM 1987, Heft 3, 29: ebenfalls Entfernung einer Wand). Der Mieter muss außerdem z.B. auch die Energiekapazitäten in Rechnung stellen. So ist er z.B. nicht berechtigt, sich eine Nachtstromspeicherheizung einzubauen, wenn dadurch das vorhandene Leitungsnetz überlastet würde.

186 Für größere Maßnahmen, vor allem wenn sie in die Bausubstanz des Hauses eingreifen, bedarf es immer der Zustimmung des Vermieters (Gundlach, ZMR 1983, 218); Gleiches gilt für Maßnahmen, die nicht oder nur schwer wieder rückgängig zu machen sind. Werden diese Grenzen beachtet, so kann der Mieter im Einzelfall einen Anspruch auf Zustimmung des Vermieters zu den Modernisierungsmaßnahmen haben (vgl. LG Berlin, GE 1985, 1259).

Kein Anspruch auf Zustimmung besteht, wenn den Maßnahmen **Interessen des Vermieters oder anderer Mieter** entgegenstehen (OLG Karlsruhe, NJW 1993, 2815 [2817]; Gundlach, a.a.O.). Dies ist z.B. der Fall, wenn der Vermieter hinreichend konkret bereits selbst Modernisierungsmaßnahmen plant, durch die Maßnahmen des Mieters überholt würden (LG Berlin, GE 1985, 1259; AG Berlin-Tiergarten, MM 1998, 204). Will zum Beispiel der Vermieter das Haus mit einer Zentralheizung versehen oder an die Fernheizung anschließen, entfällt ein Anspruch des Mieters, sich eine Gasetagenheizung einbauen zu lassen, in jedem Fall. Auch die Interessen anderer Mieter können dazu führen, dass kein Anspruch auf Zustimmung besteht (wenn z.B. die Maßnahme zu einer wie auch immer gearteten Störung der anderen Mieter führt). Auch ein Kamineinbau kann nicht erzwungen werden. Ausgeschlossen sind auch Maßnahmen, die zu einer potentiellen Gefährdung anderer Mieter oder der Bausubstanz führen können. Der Mieter ist beispielsweise nicht berechtigt, kunststoffüberzogene Styropordeckenplatten anzubringen (LG Braunschweig, ZMR 1985, 274), weil bei einem Brand erhebliche Gefahren davon ausgehen. Maßnahmen, die Bewohner oder Gebäude gefährden können, gehören grundsätzlich nicht zum vertragsgemäßen Gebrauch (LG Braunschweig, a.a.O. m.w.N.). Dem steht nicht entgegen, dass solchen Gefahren in erster Linie der Mieter selbst ausgesetzt ist (LG Braunschweig, a.a.O.). Der Mieter hat auch keinen Anspruch darauf, sich an das Kabelfernsehen anschließen zu lassen, wenn daraus für den Vermieter unzumutbare Bindungen resultieren (etwa beim Einschalten von Kabelservicegesellschaften; vgl. LG Berlin, GE 1989, 93; LG Kassel, WM 1989, 123; AG Berlin-Schöneberg, MM 1988, 251; AG Berlin-Spandau, GE 1988, 1115; a.A. LG Berlin, GE 1990, 487; AG Berlin-Spandau, MM 1989, 123; AG Berlin-Wedding, MM 1989, 124; AG Berlin-

Kinne

Tempelhof/Kreuzberg, MM 1988, 189 sowie AG Berlin-Tiergarten, MM 1990, 316 m.w.N.).

Die Befugnis des Mieters, seine Wohnung zu modernisieren, kann durch Vereinbarungen 187 im Einzelnen ausgestaltet werden, sich aber auch durch Vertragsauslegung ergeben (LG Berlin, GE 1989, 1121; Befugnis des Mieters, bei Anmietung von zwei nebeneinander liegenden Wohnungen ein Bad herauszureißen und einen Nebeneingang zuzumauern). Sie kann unter generelle, aber auch unter einzelne **Erlaubnisvorbehalte** gestellt werden. Solche Vorbehalte betreffen im Einzelnen vor allem die Sicherheit des Objekts und die gesicherte Durchführung von Modernisierungsmaßnahmen. In Frage kommen auch Vorbehalte, die die spätere Beseitigung der Maßnahme (bei Auszug), Abgeltungsansprüche, den Abschluss von Versicherungen (OLG Karlsruhe, NJW 1993, 2815 [2817]), die Regulierung von Schäden oder Kostenerhöhungen als Folge der Maßnahme betreffen. Es können auch Vorbehalte gemacht werden, die die **Instandhaltung oder Erneuerung** der vom Mieter geschaffenen Baumaßnahmen oder Einrichtungen betreffen. Der Vermieter kann seine Erlaubnis zur Durchführung von Mietermodernisierungen davon abhängig machen, dass grundsätzlich die allgemeinen Regeln der Technik und der Baukunst einzuhalten sind (zum Begriff vgl. Ortloff, a.a.O.), dass die Baumaßnahmen sach- und fachgerecht auszuführen sind und dass die Maßnahmen von Fachfirmen durchgeführt werden (OLG Karlsruhe, a.a.O.), die in die Handwerksrolle eingetragen sind. Außerdem kann der Mieter verpflichtet werden, alle erforderlichen behördlichen Genehmigungen oder sonstigen (z.B. Schornsteinfeger) Erlaubnisse auf seine Kosten einzuholen und dem Vermieter vorzulegen. Der Mieter kann auch dazu verpflichtet werden, während der Bauarbeiten dem Vermieter oder einem Beauftragten jederzeit die Möglichkeit einzuräumen, sich von einer sach- und fachgerechten Durchführung der Arbeiten zu überzeugen. Schließlich kann der Vermieter den Mieter auch dazu verpflichten, die notwendigen **Versicherungen** (vgl. dazu OLG Karlsruhe, NJW 1993, 2815 [2817]) abzuschließen (die Privathaftpflichtversicherungen decken – nicht immer – aus dem Bauherrenrisiko resultierende Schäden auch an der Mietsache bis 20 000 DM [10 000 EUR]) und den Abschluss nachzuweisen. Dabei sollte darauf geachtet werden, dass der Versicherungsschutz sich sowohl auf die Bauphase bezieht (und dort auch Schäden aus Zufallsereignissen einschließt) als auch die Phase nach Durchführung der Maßnahme; ggf. muss auch eine Kostenerstattungsregelung getroffen werden (etwa für den Fall, dass aus Anlass von Mietermodernisierungsmaßnahmen der Versicherer des Vermieters eine Prämienerhöhung durchsetzt).

Der Vermieter kann die Zustimmung zu den vom Mieter geplanten Modernisierungs- 188 maßnahmen auch davon abhängig machen, dass der Mieter sämtliche daraus sich ergebenden **Betriebskostenerhöhungen** trägt. Außerdem kann der Mieter dazu verpflichtet werden, sämtliche Maßnahmen zur **Erhaltung und Erneuerung** der von ihm geschaffenen Maßnahmen und Einrichtungen zu tragen. Eine solche Vereinbarung verstößt nicht gegen mietpreisrechtliche Bestimmungen und sie unterliegt regelmäßig auch nicht dem Gesetz zur Regelung der Allgemeinen Geschäftsbedingungen (vgl. § 1 Abs. 2 AGBG; ab 1.1.2002: § 305 BGB i.d.F. des SchuldRModG), weil es sich in der Regel um Individualvereinbarungen handelt; etwas anderes gilt, wenn der Vermieter in einer Vielzahl von Fällen Modernisierungsmaßnahmen durch Mieter gestattet und sich dazu vorformulierter

Bedingungen bedient. Aber auch dann halten derartige Vereinbarungen einer Überprüfung durch das AGBG (ab 1.1.2002: AGBG in das BGB i.d.F. des SchuldRModG aufgenommen) stand, wenn die Überbürdung der gesamten Instandhaltung nur die vom Mieter geschaffenen Teile betrifft, die im Eigentum des Mieters verbleiben.

189   Ob Einbauten des Mieters **Bestandteile der Mietsache** werden oder nur als **vorübergehend eingefügt** gelten (vgl. § 95), hängt von den Vereinbarungen der Parteien ab. Fehlt eine Vereinbarung, spricht eine (widerlegbare) Vermutung dafür, dass sie nur zu vorübergehendem Zweck eingebaut wurden. Die Einbauten werden also nicht Bestandteil des Grundstücks und sie gehen auch nicht in das Eigentum des Vermieters über.

Einbauten gehen aber dann in das Eigentum des Vermieters über, wenn sich der Mieter **zum Einbau** gegenüber dem Vermieter **verpflichtet** hat, wenn vereinbart ist, dass der Mieter sie beim Auszug zurückzulassen hat oder sich aus Vereinbarungen Entsprechendes ergibt (etwa durch eine Regelung über den Verzicht des Mieters auf sein Wegnahmerecht und die Abgeltung). Sie gehen auch in das Eigentum des Vermieters über, wenn dem Mieter bei Einbau die Absicht gefehlt hat, die Einbauten beim Auszug wieder zu entfernen, und er dazu auch nicht verpflichtet ist. Regelmäßig ist er dazu verpflichtet, auch wenn eine Vereinbarung darüber fehlt (LG Berlin, GE 1985, 935; GE 1987, 39 [41]).

Einbauten gehen stets in das Eigentum des Vermieters über, wenn sie sich auf eine Vermieterleistung beziehen, z.B. bei **Ersatzvornahmen des Mieters** (§ 536a Abs. 2), wenn – was denkbar ist – Instandsetzungen mit Modernisierungsmaßnahmen zusammentreffen (Beispiel: Eine vorhandene Koksheizung ist defekt, eine Reparatur nicht mehr möglich und der Mieter lässt aufgrund von § 536a Abs. 2 eine moderne Ölheizung einbauen). Gleiches gilt für **Aufwendungen** des Mieters (§ 539), die zwar in erster Linie der Erhaltung und Wiederherstellung des Objekts dienen, aber zugleich im Interesse des Mieters sein und faktisch auch Modernisierungsmaßnahmen darstellen können.

190   Hat der Mieter Modernisierungsmaßnahmen durchgeführt, so trifft ihn grundsätzlich – auch ohne entsprechende Vereinbarung – die gesamte Instandsetzungs- und Erneuerungspflicht für die von ihm durchgeführten Maßnahmen und geschaffenen Einrichtungen, sofern diese nicht in das Eigentum des Vermieters übergegangen sind. Den Mieter trifft auch die Pflicht zur **Beseitigung von Schäden**, die infolge seiner Modernisierungsmaßnahmen eingetreten sind (Beispiel: Balkenfäule wegen fehlender oder mangelhafter Isolierung des Fußbodens bei einem vom Mieter eingebauten Bad). Hat der Vermieter sich aber vorbehalten, die sach- und fachgerechte Ausführung zu überwachen, kann ihn u.U. eine teilweise Haftung aus dem Gesichtspunkt des Mitverschuldens treffen, wenn der Mieter die Maßnahmen in Eigenarbeit durchführt, der Vermieter davon Kenntnis hat und des ungeachtet von seinem Prüfungsrecht keinen Gebrauch macht. Gleiches gilt, wenn dem Vermieter bekannt sein muss, dass die Arbeiten in Schwarzarbeit durchgeführt werden (Handwerker kommen immer erst nach 18 Uhr). Der Vermieter ist aber grundsätzlich höchstens zu der Sorgfalt verpflichtet, die er auch in eigenen Angelegenheiten walten lassen muss. Werden die Maßnahmen durch Fachfirmen durchgeführt, darf der Vermieter regelmäßig auf deren entsprechende Sorgfalt vertrauen.

191   Sind die **Einbauten** dagegen in das **Eigentum des Vermieters** übergegangen, trifft ihn die Pflicht zur Instandhaltung und Erneuerung der vom Mieter geschaffenen Einbauten.

Zwar ist es auch dann möglich, diese Pflichten durch Vereinbarungen abzuwälzer, doch stehen diese unter mietpreisrechtlichen und den Vorbehalten des AGB-Gesetzes (insbesondere § 9 AGBG; ab 1.1.2002: § 307 BGB i.d.F. des SchuldRModG); eine Abwälzung dieser Pflichten insgesamt ist dann problematisch.

Hat der Mieter Modernisierungsmaßnahmen durchgeführt, sind bei einer Mieterhöhung nach § 558 die vom Mieter geschaffenen oder finanzierten Einbauten nicht zu berücksichtigen (BayObLG [RE], GE 1981, 811). Dies gilt aber nicht für Maßnahmen, die in das Eigentum des Vermieters übergegangen sind; solche Maßnahmen und Einbauten wirken sich bei Mieterhöhungen aus.

Hat der Mieter mit Einwilligung des Vermieters Modernisierungsmaßnahmen durchgeführt, braucht er spätere, vom Vermieter durchgeführte identische Maßnahmen nicht zu dulden, es sei denn, dass ein entsprechender Vorbehalt gemacht wurde und zwischen der Maßnahme des Mieters und des Vermieters ein solcher Zeitraum vergangen ist, dass die Einbauten unter dem Gesichtspunkt der zwischenzeitlichen Wertminderung (vgl. Rn. 89 ff.) faktisch wertlos geworden sind. Unter Umständen hat der Mieter aber auch schon vorher Modernisierungsmaßnahmen zu dulden, wenn ihm dies auch unter Berücksichtigung seiner vorausgegangenen Verwendungen zumutbar ist. 192

Durch mietvertraglich vereinbarte Modernisierungsmaßnahmen des Mieters kann das Recht des Vermieters zur ordentlichen Kündigung befristet oder unbefristet ausgeschlossen sein (str.). Außerdem kann sich der Mieter bei einer Kündigung im Rahmen des § 574 (Sozialklausel) darauf berufen, dass eine Kündigung für ihn angesichts der von ihm getätigten Investitionen eine unzumutbare Härte bedeuten würde. Dies jedenfalls so lange, wie die Investitionen noch nicht abgewohnt sind (vgl. dazu Rn. 89). Empfehlenswert sind auch hier Vereinbarungen der Parteien über den Ausschluss der ordentlichen Kündigung. Daran können beide ein Interesse haben: Der Mieter, weil er die Investition abwohnen will, der Vermieter, weil er einen – falls vereinbart – nur noch möglichst geringen Restwert entschädigen will. 193

Der Mieter muss nach Beendigung des Mietverhältnisses die Mietsache vollständig geräumt herausgeben. Das gilt grundsätzlich auch für Einbauten, mit denen der Mieter die Mietsache versehen hat, und zwar auch dann, wenn der Vermieter diesen Maßnahmen zugestimmt hat (LG Berlin, GE 1985, 935, Fußbodenbeläge, Holzwandverkleidur g, abgehängte Decke). Aus der Zustimmung des Vermieters zu Einbauten des Mieters allein folgt nicht, dass der Mieter diese Einbauten bei Auszug in der Wohnung belassen darf (LG Berlin, GE 1987, 39 [41]). Das gilt auch für den Fall, dass die Einbauten vom Vermieter stammen und mit Billigung des Vermieters vom Mieter übernommen wurden (LG Berlin, a.a.O.). Das **Beseitigungsverlangen** des Vermieters kann im Einzelfall aber rechtsmissbräuchlich sein (§ 226), etwa dann, wenn es sich um eine aufwendigere Modernisierungsmaßnahme handelt, die geschaffene Einrichtung noch nicht verbraucht ist **und** die Vermietungschancen des Vermieters in keiner Weise beeinträchtigt (Beispiel: Der Mieter hat das Bad bei über Putz liegenden Leitungen mit handelsüblicher Ware verfliest und stellt auch Ersatzfliesen für künftig möglicherweise notwendige Erneuerung einzelner Fliesen). Hat der Vermieter allerdings einen **Entfernungsvorbehalt** gemacht, ist der Mieter in jedem Fall zur Entfernung verpflichtet. Ein solches Verlangen ist dann auch nicht rechtsmissbräuchlich. Keine Entfernungspflicht besteht bei baulichen Verän- 194 derungen in Wohnungen des Beitrittsgebiets, die bis zum Ablauf des 2.10.1990 vorgenommen worden sind und „gesellschaftlichen Interessen" entsprachen, und zwar auch dann, wenn die Baumaßnahmen vor dem 1.1.1976 durchgeführt worden sind (BGH, GE 1999, 711).

195 Der Mieter ist grundsätzlich berechtigt, **Einrichtungen**, mit denen er die Sache versehen hat, **wegzunehmen** (§ 539 Abs. 2), mit Ausnahme derjenigen, die er für den Vermieter eingebaut hat (vgl. § 539 Rn. 3). Der Vermieter kann dieses Recht durch Zahlung einer angemessenen Entschädigung abwenden, wenn nicht der Mieter ein berechtigtes Interesse an der Wegnahme hat (§ 552 Abs. 1). Das Wegnahmerecht des Mieters kann vertraglich ausgeschlossen werden, bei Wohnraum aber nur, wenn ein angemessener Ausgleich vorgesehen ist (§ 552 Abs. 2).

196 Bei fremdnützigen Maßnahmen (vgl. dazu zuletzt BGH, GE 1993, 643) hat der Mieter einen **Aufwendungsersatzanspruch** (§ 536a Abs. 2, § 539 Abs. 1), bei Wertzuwachs durch die Mietermaßnahmen auch einen Anspruch aus ungerechtfertigter Bereicherung (vgl. dazu BGH, a.a.O.).

197 Sofern der Mieter für Modernisierungsmaßnahmen des Vermieters einen **verlorenen Baukostenzuschuss** geleistet hat, gilt der Betrag von einer Jahresmiete nach vier Jahren als getilgt. Den Parteien steht es aber frei, auch Abreden zu treffen, in welchem Zeitraum eine Investition als abgewohnt gelten soll und ob und welche Restwertentschädigungen nach welcher Laufzeit noch zu zahlen sind. Der Anspruch des Mieters auf Zahlung einer Entschädigung für eine Mietermodernisierung ist nach Beendigung des Mietverhältnisses jedoch nicht fällig, wenn er es nach Abschluss der Maßnahmen unterlassen hat, entsprechend der getroffenen Vereinbarung die endgültigen Kosten gemeinsam mit dem Vermieter in einem Zusatzabschnitt zu der Vereinbarung festzustellen (LG Berlin, GE 2000, 472). Bei öffentlich geförderter Modernisierung berechnet sich die Entschädigung des Mieters bei vorzeitigem Vertragsende danach, wie hoch die Kosten der Maßnahme insgesamt waren; der durch die öffentliche Förderung finanzierte Teil ist nicht abzuziehen (LG Berlin, MM 1997, 321; MM 1997, 322; MM 2000, 39 und 135; MM 1998, 126 = GE 1998, 907; a.A. LG Berlin, MM 1997, 321).

198 Bei preisgebundenem Neubauwohnraum sind darüber hinaus die Bestimmungen des Wohnungsbindungsgesetzes zu beachten. Danach sind Mietvorauszahlungen oder Mieterdarlehen unzulässig, soweit sie das Vierfache der jährlichen laufenden Aufwendungen übersteigen (§ 9 Abs. 3 WoBindG).

13. Muster
Schreiben des Vermieters auf Duldung von Reparaturmaßnahmen→[✆ 554-2]   199

...
(Vermieteranschrift)   ...
                                                                             (Datum)

Einschreiben/Rückschein

Frau/Herrn

...
(Vor- und Zuname des Mieters/der Mieter)

...
(Straße, Hausnummer und Lage der Wohnung im Gebäude, Ort)

Sehr geehrte(r) Frau/Herr ...!
Wie Sie mir mit Schreiben vom ... mitgeteilt haben, befinden sich Feuchtigkeitsschäden in dem ...zimmer der von Ihnen mit Mietvertrag vom ... gemieteten Wohnung. Nachdem die Dachundichtigkeiten beseitigt worden sind, sollen nunmehr
auch die Feuchtigkeitsschäden in den einzelnen Räumen beseitigt werden. Mit den
entsprechenden Arbeiten habe ich die Firma ... in ... beauftragt. Ich bitte Sie daher,
zur Ausführung der entsprechenden Arbeiten den Handwerkern dieser Firma am ...
in der Zeit von ... bis ... Zutritt zu Ihrer Wohnung zu gewähren oder zu gewährleisten, dass die Handwerker in Ihre Wohnung gelangen können. Falls Sie mit dem angegebenen Termin nicht einverstanden sind, bitte ich Sie, dies mir bis zum ... mitzuteilen, damit gegebenenfalls ein anderer Termin vereinbart werden kann.

Mit freundlichen Grüßen

...
(Unterschrift)

Ankündigungsschreiben des Vermieters bei Modernisierung→[✆ 554-3]   200

...
(Vermieteranschrift)   ...
                                                                             (Datum)

Frau/Herrn

...
(Vor- und Zuname/n des Mieters/der Mieter)

...
(Anschrift)

Betreff: Modernisierungsmaßnahmen für Ihre Wohnung ... (genaue Lage im Gebäude)

Sehr geehrte(r) Frau/Herr ...!
Wie wir Ihnen bereits auf der Mieterversammlung am ... mündlich erläutert haben, beabsichtigen wir, folgende Modernisierungsmaßnahmen in dem von Ihnen bewohnten Haus durchzuführen:
1. Einbau einer zentralen Gasheizungs- und Warmwasseranlage
2. Vollwärmeschutz der Fassadenflächen
3. Verstärkung des Hausanschlusses und der Elektrosteigleitungen
Die Maßnahmen sollen im Einzelnen wie folgt durchgeführt werden:

1.1 Heizungsanlage
Im Hause ... (genaue Ortsangabe) wird die Heizzentrale der Gasheizung errichtet werden.
Da die vorhandenen Schornsteinquerschnitte für die Kesselleistung nicht ausreichen, wird ein Edelstahlschornstein mit einem Durchmesser von ... cm ... (genaue Ortsangabe) montiert werden. Dieser Schornstein wird ... (nähere Angaben über farbliche Gestaltung).
Von der Heizzentrale laufen die Rohre für Heizung und Warmwasser im Kellerbereich zu den Steigepunkten, von da aus werden einzelne Stränge als Kupfersteigleitungen in die darüber liegenden Wohngeschosse geführt. Zur Montage der Rohrleitungen werden in den Fußböden bzw. Decken Löcher mit einem maximalen Durchmesser von ... mm gebohrt.
Die Vor- und Rücklaufleitungen der Heizungsstränge werden in Fensternähe an den Außenwänden hochgeführt. Die horizontalen Heizungsrohre verlaufen auf kürzestem Wege oberhalb der Fußleisten zu den jeweils für den Raum entsprechend dimensionierten ... (Art der Heizkörper). Die Heizkörper sind mit Thermostatventilen ausgestattet. Wegen des Verlaufs der senkrechten und horizontalen Leitungen im Einzelnen wird auf die beigefügte Bauzeichnung verwiesen. Die Heizkörper und Heizungsrohre werden ... (farbliche Gestaltung).
Die Heizkörper werden in der Mitte unter den Fenstern montiert. Dort vorhandene Gas(Gamat)-Außenwandheizer werden vorher entfernt und die Wandöffnungen der Abgasstutzen verschlossen.
Allesbrenner, Kachelöfen sowie schornsteingebundene Gasherde sollen ebenfalls entfernt werden, wozu wir Ihre Zustimmung erbitten. Falls Sie dieser Maßnahme nicht zustimmen, müssen Sie damit rechnen, dass insoweit anfallende Betriebskosten (z.B. für die Reinigung der verbleibenden Schornsteinzüge) allein von Ihnen zu tragen sind. Die Schornsteinanschlüsse werden wir nach Entfernung verputzen.
Die sich aus der Entfernung ergebenden Fehlstellen im Fußbodenbereich und fehlende Scheuerleisten werden ergänzt. Der eventuell vorhandene mietereigene Bodenbelag kann dagegen nicht ergänzt oder erneuert werden. Vorhandene Reinigungsklappen werden bei der Entfernung ausgetauscht und die Öffnungen vermauert und verputzt.
Die gegebenenfalls alten Fensterschränke in den Küchen müssen an den Stellen demontiert werden, an denen unter den Fensteröffnungen die Heizkörper angeschlossen werden müssen.

1.2 Warmwasserversorgung

Die Warmwasserleitungen für Küche und Bad, die vom Keller senkrecht hochgeführt werden, bestehen aus jeweils zwei Kupferleitungen – der Steig- und Zirkulationsleitung –, die mit einer äußeren Wärmedämmung versehen einen Außendurchmesser von maximal ... mm haben werden. Die Montage dieser Rohrleitungen wird im Zusammenhang mit dem Austausch der Kaltwasser- und der Abwasserleitungen durchgeführt.

Die Verbindungsleitungen von den Vertikalsträngen zu den Zapfstellen werden in den Bädern auf Putz ca. ... cm bis ... cm über dem Fußboden verlegt. Im Bereich der Badewannen werden die Anschlussleitungen unter Putz zur Mischbatterie geführt. Der Anschluss der Küchenspülen wird durch ein Durchbohren der Trennwand zum Bad hergestellt. Die neue auf der Spüle montierte Mischbatterie wird ebenfalls über Eckventile angeschlossen. In die Warmwasserleitungen wird ein Absperrventil und ein Warmwasserzähler unmittelbar hinter dem Steigestrang eingebaut. Wegen der Leitungsführung im Einzelnen wird auf die beigefügte Bauzeichnung verwiesen.

Alle Wasserzapfstellen erhalten neue Armaturen in verchromter Ausführung. Die Kosten für diesen Austausch werden nicht als Modernisierungskosten umgelegt.

Im Zuge der Neuinstallation der Warm- und Kaltwasserleitungen sowie der Abwasserleitungen im Badezimmer wird – falls noch nicht vorhanden und wenn möglich – ein Handwaschbecken inklusive der Zu- und Abflussleitungen eingebaut. Der genaue Ort wird nach einer vorher stattfindenden Wohnungsbegehung festgelegt, um die örtlichen Gegebenheiten besser berücksichtigen zu können.

1.3 Abrechnung

Die Heizkörper werden aufgrund der gesetzlichen Verpflichtung zur verbrauchsabhängigen Abrechnung der Heiz- und Warmwasserkosten mit Thermostatventilen und Heizkostenverteilern nach dem Verdunstungsprinzip ausgestattet. Der Warmwasserverbrauch wird durch geeichte Wasseruhren erfasst. Die Kosten des Ablesens und der Berechnung der Heiz- und Warmwasserkosten sowie die sonstigen Betriebskosten der Heizungs- und Warmwasseranlage werden als Betriebskosten umgelegt, wofür monatliche Vorschüsse von 1,00 EUR/qm Wohnfläche angesetzt werden. Über diese Vorschüsse soll jeweils für den Zeitraum vom 1.5. bis zum 30.4. des Folgejahres binnen eines Jahres nach Ablauf des Abrechnungszeitraums abgerechnet werden. Die Heizungs- und Warmwasserkosten werden jeweils mit 50% nach der Wohnfläche und mit 50% nach dem gemessenen Verbrauch abgerechnet. Wir behalten uns vor, diesen Umlageschlüssel bis zum Ablauf von drei Abrechnungsperioden zu ändern, falls dies für eine gerechtere Verteilung der Heizkosten notwendig erscheint.

2. Vollwärmeschutz (Wärmedämmverbundsystem) der Fassadenflächen

Hierbei werden die geputzten Fassadenflächen mit ... (Art der Wärmedämmung und ihrer Anbringung) von ... cm Dicke verkleidet und mit ... (Art des Putzes) verputzt. Bei den vorhandenen Klinkerflächen werden die inneren Fensternischen vor Monta-

ge der Heizkörper mit einer Wärmedämmverbundplatte versehen, um Wärmeverluste zu verringern.
Berechnungen des Wärmebedarfs (vor und nach Durchführung der Dämmmaßnahme) lassen eine Energieeinsparung von ca. 20%–25% erwarten.

3. Verstärkung der Elektrosteigleitungen
Die Elektrosteigleitungen werden verstärkt und eine zentrale Zähleranlage, die allgemein zugänglich ist, im ... entstehen. Dazu wird Ihr Zähler inklusive des Sicherungsfeldes demontiert und im ... in ein modernes Gehäuse eingebaut. Von hier aus wird eine separate Zuleitung für Ihre Wohnung im Treppenhaus verlegt. Hierfür ist das Schlitzen und spätere Verputzen der Wände erforderlich.
Die Dimensionierung der Elektrosteigleitungen erfolgt nach den Richtlinien des Elektrizitätsversorgungsunternehmens ... Auf Ihrem alten Zählerplatz wird ein neuer Sicherungskasten mit den Abmessungen ... cm inklusive der erforderlichen Sicherungsautomaten für die Stromkreise Ihrer Wohnung und ein Fehlerstromschutzschalter installiert.
Sämtliche Putzschäden, die z.B. durch das Auswechseln von Leitungen an Wand- oder Deckenflächen entstehen, werden durch eine Fachfirma beseitigt. Sofern als Folge dieser Arbeiten im Bad oder in der Küche einzelne Fliesen zerstört werden, werden auch diese Schäden beseitigt, wobei allerdings nicht gewährleistet werden kann, dass die beschädigten oder zerstörten Originalfliesen wiederbeschafft werden können.

Zeitpunkt der Ausführung und Dauer der Arbeiten in Ihrer Wohnung
Mit den Modernisierungsarbeiten soll in Ihrer Wohnung in der ... Kalenderwoche des Jahres ... begonnen werden. Vorbereitende Arbeiten im Kellergeschoss für die Heizungs- und Warmwasserinstallation sowie die Elektroinstallation werden bereits vorher begonnen werden.
Die Arbeiten in Ihrer Wohnung werden zwei Wochen in Anspruch nehmen. Hiervon ausgenommen sind kleinere Folgearbeiten bei der Elektroinstallation. Die Arbeiten müssen wegen der vertikalen Ver- und Entsorgungsleitungen wohnungsstrangweise durchgeführt werden. Die terminliche Abstimmung muss daher immer zwischen den ausführenden Firmen und den betroffenen Mietparteien eines Wohnungsstrangs erfolgen. Insoweit wird Ihnen noch ein genauer Bauzeitenplan für die einzelnen Aufgänge und Wohnungen zugehen.
Mit dem Einrüsten der Fassaden wird abschnittsweise ... begonnen werden. Die Baurüstung wird abschnittsweise ca. 10–12 Kalenderwochen stehen bleiben.
Sämtliche Bauarbeiten sollen bis zum ... abgeschlossen sein.

Kosten der geplanten Maßnahmen
Die voraussichtlichen Kosten für die geplanten Maßnahmen schlüsseln sich wie folgt auf:

1.	Einbau einer zentralen Gasheizungs- und Warmwasseranlage	
1.1	Zentralheizung	
1.1.1	Zentralheizung einschließlich Abriss der Gasöfen	... EUR
1.1.2	Bauliches Herrichten der Heizzentrale	... EUR
1.1.3	Abriss der Kohleöfen	... EUR
1.1.4	Folgearbeiten	... EUR
insgesamt		... EUR
1.2	Warmwasserversorgung	
1.2.1	Zentrale Warmwasserbereitung	... EUR
1.2.2	Leitungen in den Wohnungen	... EUR
1.2.3	Kellergeschoss und vertikale Steigleitungen	... EUR
insgesamt		... EUR
2.	Vollwärmeschutz (Wärmeverbundsystem) der Fassadenflächen	
2.1	Fassadenvollwärmeschutz	... EUR
2.2	Wärmedämmung der obersten Geschossdecke	... EUR
insgesamt		... EUR
3.	Verstärkung der Elektroleitungen	
3.1	Verstärkung des Hausanschlusses und der Steigestränge	... EUR
3.2	Zentrale Zähleranlage und Erneuerung der Sicherungskästen	... EUR
3.3	Abnahmegebühren des Elektrizitätsunternehmens	... EUR
insgesamt		... EUR

Die vorstehend erläuterten Modernisierungsarbeiten stellen Maßnahmen zur Verbesserung der Mietsache sowie zur Einsparung von Heizenergie und damit eine Wohnwerterhöhung auf Dauer dar. Das heißt, dass die Kosten entsprechend den gesetzlichen Bestimmungen der §§ 559 ff. BGB mit 11% pro Jahr auf die Miete als Wohnwertverbesserungszuschlag umzulegen sind.

Die Modernisierungsarbeiten für die Maßnahmen sowohl außerhalb als auch innerhalb Ihrer Wohnung ergeben voraussichtlich folgende Mieterhöhung:

Maßnahme 1
Einbau einer zentralen Gasheizungs- und Warmwasseranlage
I.   Kosten, die nur auf Ihre Wohnung entfallen:

1.	Heizkörper	... EUR
2.	Leitungen für Heizung und Warmwasser in Ihrer Wohnung	... EUR
3.	Abriss der Kohleöfen	... EUR
insgesamt Kosten nur für Ihre Wohnung		**... EUR**

II.   Sonstige Kosten der Maßnahme für alle Wohnungen
1.   Bauliches Herrichten der Heizzentrale   ... EUR
2.   Leitungsrohre von der Heizzentrale zur Wohnung   ... EUR
3.   Folgearbeiten (Schließen der Rohrdurchbrüche,
         Renovierungen)   ... EUR
insgesamt für alle Wohnungen   **... EUR**
geteilt durch die Gesamtwohnfläche der von der Maßnahme 1 betroffenen Wohnungen von ... qm = ... EUR pro qm/Jahr.
Auf Ihre Wohnung entfallen von den für alle Wohnungen aufgewendeten Kosten mithin
(... EUR x ... qm Wohnfläche Ihrer Wohnung)   ... EUR
Die Addition der nur für Ihre Wohnung aufgewendeten Kosten (oben I.)
in Höhe von   ... EUR
zu den übrigen auf Ihre Wohnung entfallenden Kosten (oben II.)
in Höhe von   ... EUR
ergibt **insgesamt**   **... EUR**
Modernisierungskosten für die Maßnahme 1 für Ihre Wohnung.

Davon sind 11% jährlich, mithin   ... EUR
jährlich auf Ihre Wohnung umlegbar.
Daraus errechnet sich ein monatlicher **Erhöhungsbetrag** von
(Jahresbetrag ... EUR: 12 Monate =)   **... EUR**
für Ihre Wohnung.

Maßnahme 2
Vollwärmeschutz
2.1   Fassadenvollwärmeschutz   ... EUR
2.2   Wärmedämmung der obersten Geschossdecke   ... EUR
insgesamt für alle Wohnungen   **... EUR**
geteilt durch die Gesamtwohnfläche der von der Maßnahme 2 betroffenen Wohnungen von ... qm = ... EUR pro qm/Jahr.
Auf Ihre Wohnung entfallen von den für alle Wohnungen aufgewendeten Kosten mithin
(... EUR × ... qm Wohnfläche Ihrer Wohnung)   ... EUR
Davon sind 11% jährlich, mithin   ... EUR
jährlich auf Ihre Wohnung umlegbar.
Daraus errechnet sich ein monatlicher **Erhöhungsbetrag** von
(Jahresbetrag ... EUR : 12 Monate =)   **... EUR**
für die Maßnahme 2 für Ihre Wohnung.

Maßnahme 3
Verstärkung der Elektroleitungen
3.1   Verstärkung des Hausanschlusses und der Steigestränge   ... EUR
3.2   Zentrale Zähleranlage und Erneuerung der Sicherungskästen   ... EUR
3.3   Abnahmegebühren des Elektrizitätsunternehmens   ... EUR
insgesamt für alle Wohnungen   **... EUR**
geteilt durch die Gesamtwohnfläche der von der Maßnahme 3 betroffenen Wohnungen von ... qm = ... EUR pro qm/Jahr.
Auf Ihre Wohnung entfallen von den für alle Wohnungen aufgewendeten Kosten mithin
(... EUR x ... qm Wohnfläche Ihrer Wohnung)   ... EUR
Davon sind 11% jährlich, mithin   ... EUR
jährlich auf Ihre Wohnung umlegbar.
Daraus errechnet sich ein monatlicher **Erhöhungsbetrag** von
(Jahresbetrag ... EUR : 12 Monate =)   **... EUR**
für die Maßnahme 3 für Ihre Wohnung.
Insgesamt beträgt der Modernisierungszuschlag **für alle 3 Maßnahmen**
für Ihre Wohnung monatlich   **... EUR**
Hinzu kommt die Betriebskostenvorauszahlung für Heizung und Warmwasser von 1,00 EUR/qm Wohnfläche/monatlich.
Daher wird sich Ihre Miete voraussichtlich wie folgt erhöhen:
Derzeitige Grundmiete   ... EUR
Betriebskostenvorschuss (kalt)   ... EUR
Mieterhöhung durch Modernisierung   ... EUR
Zwischensumme   ... EUR
zuzüglich
Betriebskostenvorauszahlung für Heizung und Warmwasser
... qm Wohnfläche x 1,00 EUR/qm   ... EUR
insgesamt zu zahlende Miete   **... EUR**

Gesetzliche Ankündigung der Maßnahmen
Da es sich bei den vorstehend aufgeführten Maßnahmen um solche zur Verbesserung der Mietsache sowie zur Einsparung von Heizenergie und damit um Modernisierungsmaßnahmen im Sinne des § 554 BGB handelt, sind Sie verpflichtet, diese Maßnahmen nach vorheriger Ankündigung zu dulden.
Diese Ankündigung erfolgt mit diesem Schreiben. Wir bitten Sie, uns innerhalb einer Frist von zwei Monaten schriftlich mitzuteilen, dass Sie den geplanten Maßnahmen zustimmen. Sie können auch nur einzelnen Maßnahmen (Maßnahme 1, 2 oder 3) zustimmen. Sollten wir innerhalb dieser Frist eine negative oder gar keine Nachricht von Ihnen erhalten, wären wir gezwungen, Klage auf Duldung gegen Sie zu erheben.
Sie sind ferner berechtigt, bis zum Ablauf des Monats, der auf den Zugang dieser Mitteilung folgt, für den Ablauf des nächsten Monats Ihre Wohnung zu kündigen.

Sollten Sie von diesem Sonderkündigungsrecht Gebrauch machen, bitten wir Sie, uns dies umgehend schriftlich mitzuteilen.

Wir hoffen auf Ihr Verständnis und Ihre Unterstützung, Ihre Wohnung durch die dargestellten Maßnahmen in ihrem Wohnwert zu verbessern und zugleich zur Einsparung von Energie beizutragen.

Bitte teilen Sie uns bis zum ... auf der beigefügten Einverständniserklärung mit, dass Sie die geplanten Modernisierungsmaßnahmen – oder einzelne davon – dulden. Teilen Sie uns bitte auch mit, ob Sie der vorstehend angekündigten Mieterhöhung zustimmen.

Mit freundlichen Grüßen

...

(Unterschrift Vermieter/zuständiger Mitarbeiter)

Anlage: Einverständniserklärung und Freiumschlag

Erklärung des Mieters über die Duldung von Modernisierungsmaßnahmen
1. Mit den angekündigten Modernisierungsmaßnahmen bin ich/sind wir einverstanden und werde/n sie dulden.
2. Der angekündigten Mieterhöhung stimme/n ich/wir in vollem Umfang/in Höhe eines Betrages von ... EUR monatlich zu.
3. Die angekündigten Modernisierungsmaßnahmen werde/n ich/wir aus folgenden Gründen nicht dulden: ...
4. Nur die Maßnahmen zu 1) – 2) – 3) werde/n ich/wir dulden; die weiteren Maßnahmen dagegen aus folgenden Gründen nicht: ...

..., den ...

(Unterschrift des Mieters/der Mieter)

201 **Widerspruchsschreiben des Mieters gegen Modernisierung**→[✆ 554-4]

...   ...

(Mieteranschrift)   (Datum)

An

...

(Vermieter)

Betreff: Modernisierungsarbeiten im Hause ...

Bezug: Ihr Schreiben vom ...

Sehr geehrte(r) Frau/Herr ...!

Leider kann ich den von Ihnen mit Schreiben vom ... angekündigten Modernisierungsarbeiten aus folgenden Gründen nicht zustimmen.

Die Modernisierungsmaßnahme bedeutet für mich und meine Familie eine Härte, die auch unter Würdigung Ihrer berechtigten Interessen und der der anderen Mieter nicht zu rechtfertigen ist.

Da meine Wohnung nur sehr klein ist, ist der Einbau der Zentralheizung nicht möglich, insbesondere aber nicht der Einbau eines zusätzlichen Handwaschbeckens im Bad.

Da ich an hohem Blutdruck mit Herzanfällen leide, ist infolge der Arbeiten mit einer erheblichen Verschlimmerung meiner Erkrankung zu rechnen, zumal die Elektroarbeiten in einem Arbeitsgang durchgeführt werden sollen.

Außerdem beabsichtige ich ohnehin, die Wohnung zu wechseln, so dass die Wohnwertverbesserung für mich ohne Interesse ist.

Die beabsichtigte Mieterhöhung ist zudem für mich völlig untragbar. Ich/Wir lebe/n von einer kleinen Rente von monatlich ... EUR, so dass die neue Miete über 30% des Monatseinkommens ausmachen würde. Da ich/wir auch kein Wohngeld erhalte/n, verbliebe für die täglichen Bedürfnisse nur ein Betrag von ... EUR, der für eine angemessene Lebensführung nicht ausreicht.

Mit freundlichen Grüßen

...

(Unterschrift des Mieters/der Mieter)

§ 554a Barrierefreiheit

(1) [1]Der Mieter kann vom Vermieter die Zustimmung zu baulichen Veränderungen oder sonstigen Einrichtungen verlangen, die für eine behindertengerechte Nutzung der Mietsache oder den Zugang zu ihr erforderlich sind, wenn er ein berechtigtes Interesse daran hat. [2]Der Vermieter kann seine Zustimmung verweigern, wenn sein Interesse an der unveränderten Erhaltung der Mietsache oder des Gebäudes das Interesse des Mieters an einer behindertengerechten Nutzung der Mietsache überwiegt. [3]Dabei sind auch die berechtigten Interessen anderer Mieter in dem Gebäude zu berücksichtigen.

(2) [1]Der Vermieter kann seine Zustimmung von der Leistung einer angemessenen zusätzlichen Sicherheit für die Wiederherstellung des ursprünglichen Zustandes abhängig machen. [2]§ 551 Abs. 3 und 4 gilt entsprechend.

(3) Eine zum Nachteil des Mieters von Absatz 1 abweichende Vereinbarung ist unwirksam.

1. Anwendungsbereich

1 § 554a gilt nur für **Wohnraum**, wie sich aus seiner systematischen Stellung in dem Abschnitt II. Mietverhältnisse über Wohnraum ergibt. Bei Mischmietverhältnissen kommt es auf den Schwerpunkt des Mietverhältnisses an. Der Rechtsanwalt, der eine Wohnung gemietet hat, um darin seine Anwaltspraxis zu betreiben und zugleich zu wohnen, hat daher keinen Anspruch auf die Zustimmung zu einer behindertengerechten Einrichtung durch den Vermieter, weil der Schwerpunkt dieses Mietverhältnisses auf der Gewinnerzielung liegt. Die Frage, welche Rechtsvorschriften auf ein derartiges Mischmietverhältnis anzuwenden sind, beantwortet sich danach, welcher Vertragszweck überwiegt (BGH, ZMR 1986, 278).Verwenden Vertragsparteien, die einen Vertrag zur teilgewerblichen Nutzung mit überwiegendem Gewerbeeinschlag abschließen wollen, ein Wohnraummietvertragsformular, so haben sie dennoch kein Wohnraummietverhältnis begründen wollen (KG, NZM 2000, 338), so dass der Mieter einen etwaigen Anspruch auf Zustimmung zu einer behindertengerechten Einrichtung nicht aus § 554a herleiten kann.

2. Voraussetzungen des Zustimmungsanspruchs

2 Der Mieter muss ein **berechtigtes Interesse** an der behindertengerechten Nutzung der Mietsache oder den Zugang zu ihr haben. Dieses Interesse kann sich daraus ergeben, dass er selbst behindert ist. Der Mieter hat aber auch dann einen Anspruch auf Zustimmung zu der Einrichtung, wenn sein Lebenspartner, mit dem er einen auf Dauer angelegten Haushalt in der Wohnung führt oder seine mit ihm in der Wohnung lebenden Angehörigen behindert sind. Insoweit dürfte der Kreis derjenigen Personen, für die er den Anspruch geltend machen kann, ähnlich zu begrenzen sein wie der Kreis der Bedarfspersonen, für die der Vermieter Eigenbedarf gem. § 573 Abs. 2 Nr. 2 geltend machen kann. Diese Personen müssen aber mit dem Mieter in der Wohnung einen gemeinsamen Haushalt führen. Bei mehreren Mietern reicht die Behinderung eines Mieters aus. Der Grad der Behinderung ist nicht ausschlaggebend. Entscheidend ist allein, ob die Behinderung eine bauliche Veränderung oder sonstige Einrichtungen erfordert.

3 Der Vermieter kann seine Zustimmung verweigern, wenn sein Interesse an der unveränderten Erhaltung der Mietsache oder des Gebäudes das Interesse des Mieters an einer behindertengerechten Nutzung der Mietsache überwiegt. Vorrangig ist also das Interesse des Mieters. Liegt dieses vor, kann der Mieter grundsätzlich Zustimmung verlangen. Der **Vermieter** kann diese Zustimmung nur dann verweigern, wenn seine **Interessen** wesentlich schwerwiegender sind. Das wäre z.B. der Fall, wenn aus Gründen des Denkmalschutzes eine Veränderung der Wohnung oder des Gebäudes verboten wäre. Ebenso würden die Interessen des Vermieters überwiegen, wenn die bauliche Veränderung oder sonstige Einrichtung zu einer Gefährdung der Bausubstanz führen würde. Insoweit reicht es aber nicht aus, wenn der Vermieter sich allein darauf beruft, dass die ausführende Firma Fehler bei der baulichen Veränderung oder der Einrichtung machen könnte.

4 Bei der **Interessenabwägung** sind auch die **berechtigten Interessen anderer Mieter** in dem Gebäude zu berücksichtigen. Auch diesen gegenüber genießt aber das berechtigte Interesse des Mieters Vorrang. Die entgegenstehenden Interessen der anderen Mieter müssen das Interesse des Mieters überwiegen, um den Anspruch auf Zustimmung auszu-

schließen. Gewisse Einschränkung des vertragsgemäßen Gebrauchs – z.B. durch Einbau eines Treppenlifts im Hausflur – müssen die Mitmieter hinnehmen. Die Grenze dafür ist allerdings dann überschritten, wenn durch die behindertengerechte Einrichtung die Nutzung der als mitvermietet geltenden Hausteile nur unter wesentlichen Erschwernissen oder sogar unter Gefährdung der Mitmieter möglich ist (z.B. durch den Einbau des Treppenlifts wird der Treppenaufgang derart schmal, dass die Mitmieter sich hindurch zwängen müssen oder wegen Verkleinerung der Treppenstufen die Treppe nicht mehr gefahrlos benutzen können).

Weitere Voraussetzung für den Zustimmungsanspruch ist, dass der Mieter die **Notwen-** 5 **digkeit** dieser baulichen Veränderung oder sonstigen Einrichtung für eine behindertengerechte Nutzung der Mietsache oder den Zugang zu ihr **darlegt** und – im Bestreitensfall – **beweist**. Dazu gehört zunächst die Darlegung von Art und Grad der Behinderung (z.B. durch ärztliche Bescheinigung oder Behindertenausweis, aus dem sich auch die Art der Behinderung ergibt). Ferner muss er darlegen – und gegebenenfalls beweisen –, dass die von ihm in Aussicht genommene bauliche Veränderung oder sonstige Einrichtung für die behindertengerechte Nutzung der Mietsache oder den Zugang zu ihr erforderlich ist. Der Mieter muss also die zwingende Notwendigkeit dieser Maßnahme oder Einrichtung für die Nutzung der Mietsache oder den Zugang zu ihr nachweisen. Wenn andere Maßnahmen, die weniger einschneidend sind, denselben Zweck erreichen, hat er nur einen Anspruch auf diese – mildere – Maßnahme.

3. Inhalt des Anspruchs

Der **Mieter** hat nur einen Anspruch auf Zustimmung, nicht auf Durchführung der Maß- 6 nahmen durch den Vermieter. Er muss also, nach der erfolgten Zustimmung, die baulichen Veränderungen auf eigene Kosten **selbst durchführen** oder durchführen lassen. Der Anspruch richtet sich auf Zustimmung, nicht auf Duldung. Verweigert also der Vermieter die Zustimmung, muss der Mieter auf Zustimmung – nicht auf Duldung – klagen. Dazu gehört, dass er im Klageantrag diejenige Maßnahme, der der Vermieter zustimmen soll, genau bezeichnet. Dazu ist erforderlich, dass er Art, Umfang, Beginn und voraussichtliche Dauer der Maßnahme angibt. Denn der Vermieter muss sich – zudem im Interesse der Mitmieter – auf die bauliche Maßnahme und/oder behindertengerechte Einrichtung einstellen können.

Mit Rechtskraft des Urteils, mit dem der Vermieter zur Zustimmung verurteilt wird, gilt die Zustimmung als erteilt (§ 794 ZPO); das Urteil ersetzt die sonst erforderliche Genehmigung.

Die baulichen Veränderungen, zu denen der Mieter – für sich oder den behinderten An- 7 gehörigen – die Zustimmung des Vermieters verlangen kann, können sich sowohl auf die Mietsache selbst als auch auf das Gebäude beziehen, in dem sich die Mietsache befindet. Der Mieter kann also sowohl die Zustimmung zu Umbauten in der von ihm gemieteten Wohnung verlangen (z.B. Vergrößerung des Bades zum Einbau einer behindertengerechten Badewanne, Veränderung der Toilette zum Einbau einer behindertengerechten Toilette, spezielle Licht- und Tonanlage für die Wohnungsklingel für schwerhörige Mieter usw.) als auch zu baulichen Veränderungen im Gebäude (z.B. Einbau eines Treppenlifts). Der Mieter kann auch die Zustimmung zu baulichen Veränderungen an den Außenanlagen verlangen (z.B. ebenerdiger Zugang über die Grünanlage und den Mietergarten in die Erdgeschosswohung, wenn diese durch den Hausflur nur mit Treppen erreichbar ist). Der Mieter kann aber nicht verlangen, dass der Zugang durch den Garten eines Mitmieters angelegt wird, der nebenan wohnt.

4. Sicherheitsleistung

8 Der Vermieter kann die Zustimmung von der Leistung einer **angemessenen zusätzlichen Sicherheit** für die Wiederherstellung des ursprünglichen Zustands abhängig machen. Ist die Sicherheit noch nicht geleistet oder streiten sich die Mietvertragsparteien über deren Höhe, so ist der Anspruch auf Zustimmung noch nicht fällig. Denn eine Verurteilung zur Zustimmung Zug um Zug gegen Leistung der Sicherheit kommt wegen § 794 ZPO nicht in Betracht. Der Mieter ist **vorleistungspflichtig**. Ob die vom Mieter angebotene Sicherheitsleistung angemessen ist, ist notfalls durch Sachverständigengutachten festzustellen, in dem die Rückbaukosten ermittelt werden. Der Mieter muss zunächst die Angemessenheit darlegen; ist dies substanziiert erfolgt, so kann sich der Vermieter nicht auf einfaches Bestreiten zurückziehen, sondern muss die Unangemessenheit substanziiert darlegen (z.B. durch den Kostenvoranschlag eines Handwerkers).

9 Der Vermieter hat die ihm in bar überlassene Sicherheit, von seinem übrigen Vermögen getrennt bei einem Kreditinstitut anzulegen. Dazu ist die Anlage auf einem treuhänderischen **Ander- oder Sonderkonto** notwendig. Der Mieter hat einen Anspruch gegen den Vermieter auf eine entsprechende Anlage seiner Kaution (AG München, NJW-RR 1987, 786), so dass er einen Anspruch auf Auskunft gegen den Vermieter hat, ob er die Sicherheit auf dem Treuhandkonto angelegt hat. Der Mieter kann jedoch nicht bis zur Erteilung der Auskunft die Leistung der weiteren Sicherheit verweigern (LG Kiel, WuM 1988, 266; AG Braunschweig, WuM 1989, 17; AG Norderstett, WuM 1987, 316). Ist der Vermieter eine GmbH, so hat deren Geschäftsführer eine Garantenstellung, kraft deren es ihm obliegt, für die Anlage der Sicherheit zu sorgen (LG Aachen, WuM 1989, 292). Die vorgeschriebene Trennung vom Vermögen des Vermieters hat am besten durch offene Bezeichnung als Treuhandkonto zu erfolgen. Verletzt der Vermieter seine Anlagepflicht, so macht er sich gegenüber dem Mieter schadensersatzpflichtig (OLG Frankfurt/Main, WuM 1989, 138 = ZMR 1990, 9).

Erwirtschaftet der Vermieter bei gesetzeskonformer Anlage der Sicherheit eine höhere Verzinsung als diejenige, von der § 551 in Abs. 3 Satz 1 ausgeht, so ist diese höhere Verzinsung der Kautionssumme voll zuzurechnen (LG Düsseldorf, WuM 1993, 400). Dasselbe gilt, wenn die Vertragsparteien eine andere Anlageform vereinbaren (z.B. die Anlage der Sicherheit in Wertpapieren). Auch in diesem Fall stehen die Erträge (Dividenden, Gewinnausschüttungen usw.) dem Mieter zu und erhöhen die Sicherheit. Fallen die Kurse, so ist für die Rückzahlung bei Mietvertragsende der dann erzielbare Kurs maßgebend.

10 Die Sicherheit für die Rückbaukosten kann der Vermieter neben der Mietkaution gem. § 551 verlangen. Der Mieter ist **nicht zu Teilzahlungen berechtigt**; denn § 551 Abs. 2 ist in § 554a nicht erwähnt. Der Vermieter ist zur Rückzahlung erst dann verpflichtet, wenn der von ihm verlangte Rückbau der behindertengerechten Einrichtung einwandfrei abgeschlossen ist. Streiten sich die Parteien darüber, muss der Mieter notfalls auf Rückzahlung klagen.

Verlangt der Mieter nach Beendigung des Mietverhältnisses die Kaution zurück, sc kann er auch Zinseszinsen auf die Zinsen der Sicherheit verlangen (LG Berlin, GE 1993, 205).

5. Abweichende Vereinbarungen

Zum Nachteil des Mieters abweichende Vereinbarungen sind unwirksam. Die Vertrags- 11
parteien können daher vereinbaren, dass der Mieter gar keine oder nur eine geringere Sicherheit leisten muss, als zur Wiederherstellung des ursprünglichen Zustands erforderlich ist. Die Parteien können auch vereinbaren, dass der Mieter die Erforderlichkeit der baulichen Maßnahme für die behindertengerechte Nutzung der Mietsache nicht nachzuweisen braucht. Der Vermieter kann auch weiter gehenden baulichen Maßnahmen zustimmen. Auch dann kann aber eine Sicherheit nur für die Wiederherstellung des ursprünglichen Zustands verlangt werden.

§ 555 Unwirksamkeit einer Vertragsstrafe

Eine Vereinbarung, durch die sich der Vermieter eine Vertragsstrafe vom Mieter versprechen lässt, ist unwirksam.

1. Allgemeines

Die Vorschrift übernimmt bis auf die Überschrift die bisherige Regelung des § 550 a.F. 1
Sie hat den Zweck, zum Schutze des Mieters bei der Wohnraummiete Störungen des Vertragsverhältnisses durch Vertragsstrafen zu vermeiden. In der Praxis hat sie nicht (mehr) wesentliche Bedeutung, zumal entsprechende Abreden in den üblichen Formularmietverträgen an §§ 10 Nr. 7 und 11 Nr. 5 und 6 AGBG (ab 1.1.2002: § 308 Nr. 7 und § 309 Nr. 5 und 6 BGB i.d.F. des SchuldRModG) zu messen sind. Für den preisgebundenen Neubauwohnraum ist § 9 WoBindG zu beachten.
Bei Mischmietverhältnissen kommt es für die Anwendbarkeit der Vorschrift darauf an, ob sich die Art des Vertragsverstoßes auf den Wohnanteil bezieht.
Es geht nur um ein Vertragsstrafeversprechen des Mieters, so dass ein Versprechen des Vermieters (z.B. für den Fall rechtzeitiger Bezugsfertigkeit der Wohnung) wirksam ist.

2. Vertragsstrafe

Es handelt sich um das in §§ 339 ff. geregelte Institut, also um das Versprechen des 2
Mieters dem Vermieter auf Zahlung einer Geldsumme für den Fall, dass er seine Verbindlichkeit nicht oder nicht in gehöriger Weise erfüllt. Derartige Versprechen des Mieters sind generell unwirksam.

In der Vereinbarung muss nicht das Wort „Vertragsstrafe" fallen, es muss nicht einmal die Leistung einer Geldsumme versprochen werden. Denn auch eine andere Leistung als die Zahlung von Geld zieht die Anwendung der §§ 339 ff. nach sich – § 342. Hier kommen so genannte **Verfallklauseln** in Betracht, wonach der Mieter bei Vorliegen der entsprechenden Tatbestandsmerkmale auf Rückzahlungsansprüche hinsichtlich Kaution bzw. Mietvorauszahlung verzichtet (vgl. z.B. LG Mannheim, WuM 1977, 99; AG Karlsruhe, WuM 1989, 73; AG Bergheim, WuM 1976, 231).

Die Schwierigkeit liegt in der Abgrenzung zu Schadenspauschalen, Abfindungsvereinbarungen oder Verwaltungspauschalen, die nicht ohne weiteres ein unwirksames Vertragsstrafenversprechen darstellen.

3. Schadenspauschalen

3 Die Vertragsstrafe dient der Erfüllung bzw. der gehörigen Erfüllung des (Miet-)vertrags. Schadenspauschalen setzen eine schuldhafte Vertragsverletzung voraus und dienen der einfachen Abwicklung des in diesem Zusammenhang entstandenen Schadensersatzanspruchs. Der Nachweis der Schadenshöhe soll erleichtert werden.

Auch wenn die Abgrenzung zum Vertragsstrafeversprechen im Einzelfall schwierig sein mag, sind Schadenspauschalen grundsätzlich zulässig, unterliegen allerdings der Prüfung nach § 11 Nr. 5 AGBG (ab 1.1.2002: § 309 Nr. 5 BGB i.d.F. des SchuldRModG). Ist eine Klausel danach unwirksam, entfällt sie insgesamt, wird die Summe nicht wegen des Verbots geltungserhaltener Reduktion auf das zulässige Maß gekürzt. Es bedarf daher nicht der Anwendung des § 555 im Hinblick auf das Übermaß.

4. Abfindungsvereinbarung

4 Derartige Abreden sollen Unkosten des Vermieters erfassen, die ihm bei einverständlicher vorzeitiger Auflösung eines Mietvertrags (z.B. bei vereinbarter Mindestmietzeit) entstehen. In diesem Zusammenhang muss weder ein verschuldeter Vertragsverstoß des Mieters vorliegen noch ein Schadensersatzanspruch. Damit entsteht wiederum die Schwierigkeit der Abgrenzung von einer unzulässigen Vertragsstrafe, wobei im Zweifel § 555 Anwendung findet (vgl. zu dem Problem Lammel, Wohnraummietrecht, § 550a Rn. 16 ff.).

Kritik hat ein Rechtsentscheid des OLG Hamburg erfahren, der jedoch nach wie vor für die Rechtsprechung verbindlich ist (OLG Hamburg, ZMR 1990, 270 [271] = GE 1990, 601 ff. = WuM 1990, 244). Danach ist eine in einem auf Wunsch des Mieters abgeschlossenen Mietaufhebungsvertrag über Wohnraum vereinbarte Formularklausel wirksam: „Für den erhöhten Verwaltungs- und Vermietungsaufwand Ihrer vorzeitigen Vertragsauflösung bezahlen Sie eine Pauschalabgeltung in Höhe von einer Monatsmiete – Netto/Kalt – ohne besonderen Nachweis des Vermieters." In den Beschlussgründen wird eine Überprüfung der Klausel nach AGBG vorgenommen, die Anwendung des § 550a (a.F.) abgelehnt. Solange der Mieter gegen den Vermieter keinen Anspruch auf die in seinem Interesse liegende Entlassung aus dem Mietvertrag habe, erscheine es nicht billig, die durch den Mietaufhebungsvertrag verursachten zusätzlichen Kosten dem Mieter aufzuerlegen.

5. Verwaltungspauschalen

Die insofern vereinbarten Summen haben nicht den Zweck, den Mieter zur Vertragser- 5
füllung anzuhalten, sondern sollen Aufwendungen des Vermieters abdecken, die bei dem
Vermietungsgeschäft anfallen (z.B. Vertragsausarbeitung, Formularkosten und dergleichen). Sie fallen daher nicht unter § 555.
Sie stellen jedoch auch keine Betriebskosten nach § 27 der II. BV dar. Sie sind Teil der
Grundmiete, so dass eine Erhöhung nur im Rahmen des § 558 berücksichtigt werden
kann. Davon zu unterscheiden ist die so genannte Verwaltungskostenpauschale nach § 26
der II. BV, die für den preisgebundenen Neubau gilt.
Wird bei preisfreiem Wohnraum eine Verwalterpauschale vereinbart, ist die Frage der
Zulässigkeit umstritten. Das Landgericht Berlin hat eine neben der Nettomiete gesondert
ausgewiesene Verwaltungspauschale für zulässig erachtet. Denn bei Beginn des Mietverhältnisses könne der Mietzins frei vereinbart werden (abgesehen von möglichen Verstößen z.B. gegen § 5 WiStG). Dem Vermieter stehe es frei, die Miete entweder einheitlich
auszuweisen oder seine Kalkulation teilweise offen zu legen und neben der (Netto-)
Miete noch andere Beträge zu fordern, die Teil seiner Kalkulation geworden seien. Dieses Vorgehen verstoße nicht gegen § 9 AGBG – ab 1.1.2002: § 309 Nr. 5 BGB i.d.F. des
SchuldRModG – (vgl. dazu LG Berlin, GE 1996, 1051; LG Berlin, Urteil vom
16.01.1997, 62 S 295/96; LG Bonn, WuM 1998, 398; LG Frankfurt/Main, WuM 1985,
367; LG Düsseldorf, WuM 1985, 368).

§ 556   Vereinbarungen über Betriebskosten

**(1) Die Vertragsparteien können vereinbaren, dass der Mieter Betriebskosten im
Sinne des § 27 der Zweiten Berechnungsverordnung trägt.**
(2) [1]Die Vertragsparteien können vorbehaltlich anderweitiger Vorschriften vereinbaren, dass Betriebskosten als Pauschale oder als Vorauszahlung ausgewiesen werden. [2]Vorauszahlungen für Betriebskosten dürfen nur in angemessener Höhe vereinbart werden.
**(3) [1]Über die Vorauszahlungen für Betriebskosten ist jährlich abzurechnen; dabei
ist der Grundsatz der Wirtschaftlichkeit zu beachten. [2]Die Abrechnung ist dem
Mieter spätestens bis zum Ablauf des zwölften Monats nach Ende des Abrechnungszeitraums mitzuteilen. [3]Nach Ablauf dieser Frist ist die Geltendmachung
einer Nachforderung durch den Vermieter ausgeschlossen, es sei denn, der Vermieter hat die verspätete Geldendmachung nicht zu vertreten. [4]Der Vermieter ist zu
Teilabrechnungen nicht verpflichtet. [5]Einwendungen gegen die Abrechnung hat der
Mieter dem Vermieter spätestens bis zum Ablauf des zwölften Monats nach Zugang
der Abrechnung mitzuteilen. [6]Nach Ablauf dieser Frist kann der Mieter Einwendungen nicht mehr geltend machen, es sei denn, der Mieter hat die verspätete Geltendmachung nicht zu vertreten.**
**(4) Eine zum Nachteil des Mieters von Absatz 1, Absatz 2 Satz 2 oder Absatz 3
abweichende Vereinbarung ist unwirksam.**

Kinne

1.   Zusammensetzung der Miete

§ 556 Abs. 1 stellt klar, dass der Mieter nur dann Betriebskosten zu tragen hat, wenn dies   1
ausdrücklich mit ihm vereinbart worden ist. Fehlt es an einer derartigen Vereinbarung, so
hat weiterhin der Vermieter die Lasten der Mietsache zu tragen (§ 535 Abs. 1). § 556
Abs. 1 stellt weiterhin klar, dass für Wohnraum nur die Umlage derjenigen **Betriebskosten** vereinbart werden kann, die in § 27 II. BV in Verbindung mit der Anlage 3 zu dieser

Bestimmung aufgeführt sind. Das bedeutet, dass wie bisher unter Betriebskosten i.S.d. § 556 ausschließlich die in der Anlage 3 zu § 27 II. BV aufgezählten Kosten zu verstehen sind. § 556 Abs. 1 gilt jedoch nur für Wohnraum, § 578 Abs. 2, der für Gewerberäume gilt, verweist nicht auf § 556 Abs. 1. Das bedeutet, dass für Gewerberaum der Betriebskostenkatalog in der Anlage 3 zu § 27 II. BV nicht abschließend ist, vielmehr auch die Umlage von dort nicht aufgeführten Kosten als Betriebskosten vereinbart werden kann.

2 Gem. § 27 Abs. 1 II. BV sind Betriebskosten diejenigen Kosten, die dem Vermieter durch sein Eigentum am Grundstück oder durch den bestimmungsgemäßen Gebrauch des Gebäudes, der Wirtschaftseinheit, der Nebengebäude, Anlagen oder Einrichtungen laufend entstehen. Das sind die Aufwendungen des Vermieters, die mit der Nutzung des Mietobjekts in unmittelbarem Zusammenhang stehen (z.B. Wasserversorgung, Entwässerung, Hausreinigung, Kosten des Hausstroms, Heizung, Fahrstuhl) sowie diejenigen, die durch den Gebrauch des Grundstücks und des Gebäudes verursacht werden (z.B. öffentliche Lasten, Sach- und Haftpflichtversicherung). Welche Betriebskosten im Einzelnen auf den Wohnraummieter umlegbar sind, ergibt sich wie bisher aus der Anlage 3 zu § 27 der II. BV.

2. Abwälzung von Betriebskosten

3 Der Vermieter von Räumen ist verpflichtet, die auf der vermieteten Sache ruhenden Lasten selbst zu tragen (§ 535 Abs. 1 Satz 3). Zu diesen auf der vermieteten Sache ruhenden Lasten gehören zumindest teilweise auch die Betriebskosten. Im Zusammenspiel dieser Vorschrift mit derjenigen des § 556 Abs. 1 ergibt sich, dass die Umlage von Betriebskosten auf den Mieter gesondert vereinbart werden muss. Der Vermieter kann auch nach Auftragsrecht (§§ 669, 670) nur dann Ersatz der von ihm für die Betriebsleistungen aufgewendeten Kosten vom Mieter ersetzt verlangen, wenn sich dieser vertraglich dazu verpflichtet hat. Die Zulässigkeit und der Umfang dieser vertraglichen Vereinbarungen für preisfreien Wohnraum wird durch § 556, für preisgebundenen Wohnraum durch die §§ 20 ff. NMV begrenzt. Hinsichtlich des preisgebundenen Altbauwohnraums in den neuen Bundesländern galt unabhängig vom Datum des Vertragsschlusses bis zum 11.6.1995 die Betriebskosten-Umlageverordnung (BetrKostUV), die auch ohne vertragliche Vereinbarung ein einseitiges Recht des Vermieters vorsah, Betriebskosten nach den Vorschriften dieser Verordnung durch schriftliche Erklärung anteilig auf den Mieter umzulegen (§ 1 Abs. 1 BetrKostUV). Diese Möglichkeit bestand für preisgebundenen Wohnraum in den neuen Bundesländern gem. § 14 MHG a.F. bis zum 31.12.1997 fort.

4 Für **früher preisgebundenen Altbauwohnraum in Berlin/West** galten die Sonderregelungen des § 7 Abs. 3 und 4 GVW, wonach auch dann, wenn im Mietvertrag eine gesonderte Umlage der Betriebskosten nicht vorgesehen war, der Vermieter bei einer Erhöhung der Betriebskosten eine Mieterhöhung verlangen konnte, soweit es sich um Erhöhungen der Betriebskosten nach dem 1.1.1988 handelt (so auch LG Berlin, GE 1997, 493). Eine ausdrückliche oder konkludente Vereinbarung der Umlagemöglichkeit der betreffenden Betriebskosten war nicht erforderlich, weil sie sich für derartige Altverträge über Altbauwohnungen in Berlin/West früher ohne weiteres aus dem Mietpreisrecht ergab (Emmerich in Emmerich/Sonnenschein, § 7 GVW Rn. 6; LG Berlin, a.a.O.). Gem. Art. 229 § 3 Abs. 4 EGBG ist auf ein am 1.9.2001 bestehendes Mietverhältnis, bei dem die Betriebskosten ganz oder teilweise in der Miete enthalten sind, wegen Erhöhungen

der Betriebskosten § 560 Abs. 1, 2, 5 und 6 entsprechend anzuwenden, soweit im Miet-vertrag vereinbart ist, dass der Mieter Erhöhungen der Betriebskosten zu tragen hat; bei Ermäßigungen der Betriebskosten gilt § 560 Abs. 3 entsprechend. Damit können weiter-hin bisher vereinbarte Bruttokaltmieten – wie bisher gem. § 4 Abs. 2 und 3 MHG a.F. – erhöht werden, und zwar wegen in der Vergangenheit gestiegener Betriebskosten für die Zukunft. Wie nach der bisherigen Rechtsprechung ist Voraussetzung dafür weiterhin, dass die Mietvertragsparteien vereinbart haben, dass der Vermieter in diesem Fall die Bruttomiete erhöhen darf. Ohne einen derartigen Vorbehalt war schon bisher die Erhö-hung der Bruttokaltmiete ausgeschlossen. Die Erklärung ist – wie bisher – nur wirksam, wenn **in ihr der Grund für die Umlage bezeichnet und erläutert wird (analog § 560 Abs. 1 Satz 2).** Die bisherige Abhängigkeit des Wirksamkeitszeitpunkts davon, ob die Erhöhungserklärung vor oder nach dem 15. eines Monats abgegeben wird (§ 4 Abs. 3 Satz 1 MHG a.F.), fällt weg. Nach dem analog anwendbaren § 560 Abs. 2 Satz 1 schul-det der Mieter die Mieterhöhung immer mit dem Beginn des auf die Erklärung folgenden **übernächsten Monats.** Die Erklärung wirkt – wie bisher gem. § 4 Abs. 3 Satz 2 MHG a.F. – auf den Zeitpunkt der Erhöhung, höchstens jedoch **auf den Beginn des der Erklä-rung vorausgehenden Kalenderjahres zurück.** Eine nachträglich erfolgte Betriebskos-tensteigerung kann also zur Erhöhung der Miete nur für diesen Zeitraum erfolgen. Auch die **Reaktionsfrist von drei Monaten nach Kenntnis von der Erhöhung** bleibt 5 bestehen (§ 560 Abs. 2 Satz 2).

§ 556 regelt den Rahmen, innerhalb dessen Betriebskosten, die nach § 535 Abs. 1 Satz 3 6 sonst der Vermieter zu tragen hätte, auf den Mieter umgelegt werden können. Der Be-griff der Betriebskosten ist durch § 27 II. BV und den dazu gehörenden Betriebskosten-katalog der Anlage 3 zu § 27 II. BV bestimmt. Unter Betriebskosten sind danach die regelmäßig wiederkehrenden Kosten, die dem Vermieter durch die Gewährung des be-stimmungsgemäßen Gebrauchs laufend entstehen, zu verstehen. § 556 Abs. 1 erfordert eine klare Vereinbarung zwischen Vermieter und Mieter, ob und welche Betriebskosten der Mieter zu tragen hat, in welcher Form dies zu geschehen hat und ob der Vermieter bei gestiegenen Betriebskosten die Betriebskostensteigerungen an den Mieter weiterge-ben darf (OLG Köln, WuM 1991, 357; BayObLG, WuM 1984, 104 = GE 1984, 527; OLG Düsseldorf, ZMR 1984, 20; OLG Hamm, GE 1997, 1169; Barthelmess, § 4 MHG Rn. 7; von Bub/Treier/von Brunn, III A 34; Fischer-Dieskau/Geldmacher, § 546 Anm. 7; Emmerich/Sonnenschein, § 4 MHG Rn. 2a; Sternel, Mietrecht, III 31). Allein daraus, dass Betriebskosten notwendig für die vertragsmäßige Nutzung der Mietsache entstehen, ist kein Anscheinsbeweis dahin gehend abzuleiten, dass der Mieter diese zu tragen hat (AG Lübeck, WuM 1986, 92).

§ 556 Abs. 1 regelt ebenfalls nicht, dass der Mieter die Betriebskosten zu tragen hat; § 556 Abs. 1 lässt vielmehr nur zu, dass der Vermieter mit dem Mieter eine dementspre-chende Vereinbarung trifft (BayObLG, a.a.O.; OLG Hamm, a.a.O.). Der allgemeine Grundsatz, dass der Vermieter die Betriebskosten zu tragen hat, ist durch diese Bestim-mung nicht abgeändert. Ohne eine ausdrückliche Vereinbarung bleibt es bei dem gesetz-lichen Grundsatz, dass die von dem Vermieter gem. § 535 Abs. 1 Satz 3 zu tragenden Lasten durch die vom Mieter zu zahlenden Miete abgegolten werden.

2.1 Mietstrukturen

7 **Vereinbarungen** über die **Betriebskosten** können in unterschiedlicher Art und Weise getroffen werden:

2.1.1 Nettokaltmiete mit Vorauszahlungen

8 Die Mietvertragsparteien können eine **Nettokaltmiete** vereinbaren, in der die Betriebskosten nicht enthalten sind, und **Vorauszahlungen**, die der Höhe nach den auf die jeweilige Wohnung entfallenden Betriebskosten bemessen werden. Über diese Vorauszahlungen muss der Vermieter jährlich abrechnen (§ 556 Abs. 3 Satz 1).
Vorauszahlungen dürfen zudem nur in angemessener Höhe vereinbart werden (§ 556 Abs. 2 Satz 2).

Muster
Vereinbarung Nettokalmiete mit Vorauszahlungen →[⊘ 556-1]

Die Miete beträgt monatlich ...
In dieser Miete sind die **Betriebskosten** i.S.d. Anlage 3 zu § 27 der Zweiten Berechnungsverordnung **nicht** enthalten.
Für die Betriebskosten der Nummern 1–3 und 7–17 der Anlage 3 zu § 27 der Zweiten Berechnungsverordnung hat der Mieter eine monatliche **Vorauszahlung** in Höhe von zzt. ... zu entrichten.
Der Mieter verpflichtet sich außerdem zur Entrichtung von Vorauszahlungen für Heiz- und Warmwasserkosten einer zentralen Heizungs- und Warmwasserversorgungsanlage bzw. der eigenständigen gewerblichen Lieferung von Wärme und Warmwasser i.S.d. Nummern 4–6 der Anlage 3 zu § 27 der Zweiten Berechnungsverordnung von zzt. monatlich ...
Die Gesamtmiete beträgt daher zzt. monatlich ...

9 Für den **preisgebundenen (öffentlich geförderten) Neubau** ist neben der Nettokaltmiete die Umlage der Betriebskosten durch monatliche Vorauszahlungen in angemessener Höhe vorgeschrieben. Nach § 20 Abs. 1 Satz 3 NMV sind dem Mieter die geltend gemachten Betriebskosten **nach Art und Höhe bei Überlassung der Wohnung** bekannt zu geben. Überlassung der Wohnung bedeutet nicht Übergabe (etwa durch Aushändigung der Schlüssel), sondern Abschluss des Mietvertrags (Derleder, PiG 23 [1986], S. 31; Fischer-Dieskau/Heix, § 20 NMV Anm. 2.5, Langenberg, B.V. Rn. 23 S. 47; Hanke, PiG 23 [1986], S. 106; Heitgreß, WuM 1984, 263; Sternel, Miete, III 380). Ein pauschaler Hinweis auf die Betriebskosten nach § 27 II. BV (LG Mannheim, WuM 1994, 693) oder dessen Anlage 3 oder auf „übliche" Nebenkosten reicht ebenso wenig aus wie die Zusammenfassung mehrerer Betriebskostengruppen als „sonstige" Betriebskosten (OLG Oldenburg, GE 1997, 1097; LG Mannheim, a.a.O.; Langenberg, B.V. Rn. 23 S. 47; Derleder, PiG 23 [1986], S. 31 [32]; Heitgreß, WuM 1984, 264; Sternel, Miete, III 380). Dem Mieter sind vielmehr die von ihm zu tragenden Betriebskosten im Einzelnen bekannt zu geben und der Höhe nach zu bezeichnen (OLG Oldenburg, a.a.O.), die Angabe

eines einheitlichen Vorauszahlungsbetrags ist nicht ausreichend (Langenberg, a.a.O.; Sternel, a.a.O.).
Die Vereinbarung über die Abwälzung von Betriebskosten auf den Mieter einer preisgebundenen (öffentlichen geförderten) Wohnung müsste daher wie folgt aussehen :

Muster
Vereinbarung Betriebskostenvorschüsse einer preisgebundenen Wohnung
→[⊘ 556-2]

Die Miete beträgt monatlich ...
In dieser Miete sind die Betriebskosten i.S.d. Anlage 3 zu § 27 der Zweiten Berechnungsverordnung nicht enthalten. Für die Betriebskosten der Nummern 1–3 und 7–
17 der Anlage 3 zu § 27 der Zweiten Berechnungsverordnung hat der Mieter
folgende monatliche Vorauszahlungen zu entrichten:

Lasten des Grundstücks	...
Wasserversorgung	...
Entwässerung	...
Aufzug	...
Straßenreinigung und Müllabfuhr	...
Hausreinigung und Ungezieferbekämpfung	...
Gartenpflege	...
Beleuchtung	...
Schornsteinreinigung	...
Sach- und Haftpflichtversicherung	...
Hauswart	...
Gemeinschaftsantenne/Breitbandkabelfernsehen	...
Betrieb der maschinellen Wascheinrichtung	...
Sonstige Betriebskosten	...
Insgesamt	...

Der Mieter verpflichtet sich außerdem zur Entrichtung von Vorauszahlungen für
Heiz- und Warmwasserkosten einer zentralen Heizungs- und Warmwasserversor-
gungsanlage bzw. der eigenständigen gewerblichen Lieferung von Wärme und
Warmwasser i.S.d. Nummern 4–6 der Anlage 3 zu § 27 der Zweiten Berechnungs-
verordnung von zzt. monatlich ...,
und zwar Heizungskosten ...
(Kosten des Betriebs zentraler Heizungsanlagen, Kosten der Brennstoffe und ihrer
Lieferung, Kosten des Betriebsstroms, Kosten der Bedienung, Überwachung und
Pflege der Anlage, Kosten der regelmäßigen Prüfung der Betriebsbereitschaft und
Betriebssicherheit einschließlich der Einstellung durch einen Fachmann, Kosten der
Reinigung der Anlage und des Betriebsraums, Kosten der Messung nach dem Bun-
des-Immissionsschutzgesetz, Kosten der Anmietung einer Ausstattung zur Ver-
brauchserfassung, Kosten der Verwendung einer Ausstattung zur Verbrauchserfas-

sung, Kosten der eigenständigen gewerblichen Lieferung von Wärme, Kosten der
Reinigung und Wartung von Etagenheizungen)
und Warmwasserkosten ...
(Kosten des Betriebs der zentralen Warmwasserversorgungsanlage, Kosten der ei-
genständig gewerblichen Lieferung von Warmwasser, Kosten der Reinigung und
Wartung von Warmwassergeräten) oder Kosten verbundener Heizungs- und Warm-
wasserversorgungsanlagen)
Die Gesamtmiete beträgt daher zzt. monatlich ...

10 Der Vermieter von preisgebundenem (öffentlich gefördertem) Wohnraum durfte nach der
gesetzlichen Umstellung der Bruttokaltmiete auf eine Nettokaltmiete mit Vorauszahlungen (§§ 20, 25b NMV) mit Wirkung ab dem 1.1.1987 die Mietstruktur entsprechend
durch einseitige Erklärung umstellen, die allerdings den Anforderungen des § 10
WoBindG entsprechen musste (LG Berlin, Urteil vom 3.2.1998, 64 S 324/97; LG Bonn,
ZMR 1996, S. IV Nr. 18; LG Berlin, MM 1995, 65). Sind im Mietvertrag über preisgebundenen (öffentlich geförderten) Wohnraum die vom Mieter zu tragenden Betriebskostenarten nicht im Einzelnen aufgeführt oder ist bei den aufgeführten Betriebskostenarten
die jeweilige Höhe der auf den Mieter entfallenden Kosten nicht ausgewiesen, so kann
der Vermieter bei der darauf folgenden Abrechnung diese Betriebskosten nicht auf den
Mieter des preisgebundenen (öffentlich geförderten) Wohnraums umlegen (OLG Oldenburg, GE 1997, 1097). Der Vermieter kann jedoch die Einzelangaben für künftige Abrechnungsperioden nachholen (OLG Oldenburg, a.a.O.; LG Berlin, MM 1993, 110 [111];
LG Köln, WuM 1991, 259; AG Freiburg, WuM 1989, 637; Langenberg, B.V. Rn. 24;
Fischer-Dieskau/Heix, § 20 NMV Anm. 2.5; Hake, PiG 23 [1986], S. 107 [108]; Sternel,
Miete, III 380), sofern nicht gem. § 10 Abs. 4 NMV die Mieterhöhung durch eine ausdrückliche Vereinbarung oder aufgrund der Umstände ausgeschlossen ist. Insoweit muss
er allerdings ebenfalls die strenge Schriftform des § 10 Abs. 1 WoBindG einhalten.

2.1.2 Pauschalmiete

11 Die Mietvertragsparteien können vereinbaren, dass in der vereinbarten Miete für die
Betriebskosten gesondert eine **Pauschale** ausgewiesen wird (**Pauschalmiete**). Nur bei
einer vereinbarten Betriebskostenpauschale kann der Vermieter Betriebskostenerhöhungen auf den Mieter umlegen, soweit dies im Mietvertrag vereinbart ist (§ 560 Abs. 1).
Bisher vereinbarte Bruttokaltmieten können jedenfalls nicht mehr allein wegen des Ansteigens der Betriebskosten erhöht werden, wie dies bisher nach § 4 Abs. 2–4 MHG a.F.
möglich war (von Seldeneck, NZM 2001,64 [66]; Langenberg, NZM 2001, 69 [71]).
Lediglich für vor dem 1.9.2001 zugegangene Erklärungen über die Erhöhung der
Bruttomiete für die Zukunft wegen in der Vergangenheit eingetretener Betriebskosten-
steigerung ist weiterhin § 4 Abs. 2–4 MHG a.F. anzuwenden.
Die Mietvertragsparteien müssen bei einer Betriebskostenpauschale – wie bisher nach
§ 4 Abs. 2 Satz 1 MHG a.F. – ausdrücklich vereinbaren, dass der Vermieter berechtigt
ist, Erhöhungen der Betriebskosten durch Erklärung in Textform anteilig auf den Mieter
umzulegen (§ 560 Abs. 1 Satz 1).

Muster
Vereinbarung über eine Pauschalmiete →[556-3]

> Die **Miete** beträgt ohne die Kosten für Heizung und Warmwasser monatlich ...
> Für die **Betriebskosten** der Nummern 1–3 und 7–1 der Anlage 3 zu § 27 der Zweiten Berechnungsverordnung wird eine **Pauschale** von ... monatlich vereinbart.
> Der Vermieter ist berechtigt, Erhöhungen der Betriebskosten durch Erklärung in Textform gemäß § 560 Abs. 1 anteilig auf den Mieter umzulegen. Danach schuldet der Mieter den auf ihn entfallenden Teil der Umlage mit Beginn des auf die Erklärung folgenden übernächsten Monats. Soweit die Erklärung darauf beruht, dass sich die Betriebskosten rückwirkend erhöht haben, wirkt sie auf den Zeitpunkt der Erhöhung der Betriebskosten, frühestens jedoch auf den Beginn des der Erklärung vorausgehenden Kalenderjahres zurück, sofern der Vermieter seine Erklärung innerhalb von drei Monaten nach Kenntnis von der Erhöhung abgibt.
>
> Der Mieter verpflichtet sich außerdem zur Entrichtung **von Vorauszahlungen für Heiz- und Warmwasserkosten** einer zentralen Heizungs- und Warmwasserversorgungsanlage bzw. der eigenständigen gewerblichen Lieferung von Wärme und Warmwasser i.S.d. Nummern 4–6 der Anlage 3 zu § 27 der Zweiten Berechnungsverordnung von zzt. monatlich ...
> Die Gesamtmiete beträgt daher zzt. monatlich ...

2.1.3 Teilinklusivmiete

Die Mietvertragsparteien können auch vereinbaren, dass neben der Miete nur ein Teil der Betriebskosten auf den Mieter umgelegt wird. Hinsichtlich dieses Teils der auf den Mieter umlegbaren Betriebskosten werden entweder Vorauszahlungen oder eine Pauschale ausgewiesen und eine Erhöhung der Pauschalmiete bei Steigerung dieser Betriebskosten vereinbart. Dann handelt es sich um eine **Teilinklusivmiete** mit Vorauszahlungen oder der Möglichkeit, diese Pauschalmiete bei Steigerungen der auf den Mieter umlegbaren Betriebskosten zu erhöhen. Eine Erhöhung der **Teilinklusivmiete** selbst ist dann nur gem. § 558 möglich.   **12**

Muster
Vereinbarung über eine Teilinklusivmiete →[556-4]

> Die Miete beträgt ohne die Heiz- und Warmwasserkosten monatlich ...
> In dieser Miete sind die **Betriebskosten i.S.d. Nummern 9 und 10 der Anlage 3 zu § 27 der Zweiten Berechnungsverordnung**, nämlich die Kosten der Hausreinigung und Ungezieferbekämpfung sowie der Gartenpflege, die vom Vermieter selbst durchgeführt werden, **enthalten**. Für die **übrigen Betriebskosten**, nämlich diejenigen der Nummern 1–3 und 7–8 und 11–17 der Anlage 3 zu § 27 der Zweiten Be-

rechnungsverordnung hat der Mieter eine monatliche **Vorauszahlung** in Höhe von zzt. ... zu entrichten.

Der Mieter verpflichtet sich außerdem zur Entrichtung von **Vorauszahlungen für Heiz- und Warmwasserkosten** einer zentralen Heizungs- und Warmwasserversorgungsanlage bzw. der eigenständigen gewerblichen Lieferung von Wärme und Warmwasser i.S.d. Nummern 4–6 der Anlage 3 zu § 27 der Zweiten Berechnungsverordnung von zzt. monatlich ...

Die Gesamtmiete beträgt daher zzt. monatlich ...

2.1.4   Bruttomiete

13   Die Mietvertragsparteien können auch eine **Bruttomiete** vereinbaren, mit der alle Betriebskosten abgegolten werden. In diesem Fall besteht keine Möglichkeit, die Bruttomiete allein wegen gestiegener Betriebskosten zu erhöhen.

Die Miete setzt sich dann aus der Miete für die Gebrauchsüberlassung nebst einem kalkulierten, aber nicht ausgewiesenen Betrag für die Betriebskosten zusammen, möglicherweise zuzüglich eines geschätzten Sicherheitszuschlags. Die Vereinbarung einer derartigen Bruttomiete ist für preisfreien Wohnraum jedoch nur für die sog. „kalten Betriebskosten" zulässig. Soweit für Wohnraum (und Gewerberaum) über die Heiz- und Warmwasserkosten verbrauchsabhängig nach der Heizkostenverordnung abzurechnen ist, was grundsätzlich der Fall ist, darf eine Pauschale nicht vereinbart werden (Brintzinger, § 2 Anm. 3; Schmid, DWW 1982, 227; OLG Hamm, GE 1986, 851 f. = ZMR 1986, 436 = NJW-RR 1987, 8; OLG Schleswig, DWW 1986, 293; LG Kiel, ZMR 1984, 436). Haben die Mietvertragsparteien jedoch eine Pauschale für die kalten und warmen Betriebskosten vereinbart, so ist diese Regelung so lange wirksam, wie nicht die Umstellung in eine Bruttokaltmiete mit Heiz- und Warmwasserkostenvorschüssen vom Mieter verlangt wird oder der Vermieter die Miete entsprechend umstellt (LG Berlin, Urteil vom 20.4.1999, 64 S 451/98).

14   Eine bisher vereinbarte Pauschale für verbrauchsabhängig abzurechnende Heiz- und/oder Warmwasserkosten ist sodann in einen angemessenen Vorschuss für diese „warmen Betriebskosten" umzuwandeln (OLG Hamm, a.a.O.; OLG Schleswig, a.a.O.; BayObLG, DWW 1988, 250 = GE 1988, 887; Pfeifer, DWW 1984, 30; Sternel, Miete, III 390; Brintzinger, § 2 HeizkostenV Anm. 3; Kreuzberg, 3.7. S. 126; Pfeifer, S. 5). Die Bruttokaltmiete erspart dem Vermieter die genaue Abrechnung über die Betriebskosten. Der Mieter kann von einem für die Zukunft fest bleibenden Betriebskostenbetrag ausgehen; denn der Vermieter kann eine Pauschale grundsätzlich auch dann nicht erhöhen, wenn diese die Betriebskosten nicht mehr deckt.

Muster
Vereinbarung über eine Bruttomiete →[✎ 556-5]

Die Miete beträgt monatlich ...
In dieser Miete sind die Betriebskosten i.S.d. Nummern 1–3 und 7–17 Anlage 3 zu § 27 der Zweiten Berechnungsverordnung enthalten.

Der Mieter verpflichtet sich außerdem zur Entrichtung von **Vorauszahlungen für Heiz- und Warmwasserkosten** einer zentralen Heizungs- und Warmwasserversorgungsanlage bzw. der eigenständigen gewerblichen Lieferung von Wärme und Warmwasser i.S.d. Nummern 4–6 der Anlage 3 zu § 27 der Zweiten Berechnungsverordnung von zzt. monatlich ...
Die Gesamtmiete beträgt daher zzt. monatlich ...

Die **Umstellung der Bruttomiete auf die Nettokaltmiete** bedarf grundsätzlich einer   15
ausdrücklichen schriftlichen Vereinbarung zwischen Vermieter und Mieter. Da diese
Vereinbarung den Mietvertrag ändert, muss sie – um Bestandteil des Mietvertrags zu
werden – entweder mit dem Mietvertrag fest verbunden werden oder auf den Mietvertrag
Bezug nehmen, der seinerseits auf die Abänderungsvereinbarung als Anlage zum Mietvertrag hinweisen muss (BGH, GE 1997, 1518 = NJW 1998, 58; NJW 1999, 1104 =
NZM 1999, 318 = MDR 1999, 473; NZM 2001, 43; KG, GE 1997, 121); die körperliche
Verbindung der Abänderungsvereinbarung mit dem Mietvertrag muss derart fest erfolgen, dass beide Schriftstücke nur unter Substanzverletzung voneinander getrennt werden
können.
Die zum „Umsteigen" von der Bruttomiete auf die Nettomiete erforderliche Vertragsänderung kann – allerdings nur ausnahmsweise – auch durch schlüssiges übereinstimmendes Verhalten beider Vertragspartner (konkludent) zustande kommen. Dazu reicht grundsätzlich die Zahlung auf eine Nachforderung aus einer Betriebskostenabrechnung nicht
aus; denn in der Regel wird dem Mieter dabei das notwendige Erklärungsbewusstsein
(LG Kassel, WuM 1990, 153; LG Detmold, WuM 1991, 701; LG Berlin, GE 1998, 433)
fehlen, in eine Umstellung der Bruttokaltmiete auf eine Nettokaltmiete mit Vorschüssen
einzuwilligen. Daher ist auch bei der Bezahlung nicht geschuldeter Betriebskosten über
einen längeren Zeitraum nicht von einer schlüssigen Vertragsänderung auszugehen (OLG
Hamm, WuM 1981, 62; LG Hamburg, WuM 1985, 367; LG Itzehoe, WuM 1985, 367;
LG Darmstadt, WuM 1989, 582; LG Wuppertal, WuM 1996, 350; Langenberg, B.V.
Rn. 39). Äußert jedoch der Vermieter ausdrücklich schriftlich gegenüber dem Mieter den
Wunsch zu einer Umstellung der Mietstruktur von der Brutto- auf die Nettomiete (mit
Vorschüssen), fordert er außerdem den Mieter auf, etwaige Einwendungen dagegen bis
zu einem bestimmten Zeitpunkt vorzubringen, widerspricht aber der Mieter bis zu diesem
Zeitpunkt nicht der angekündigten Umstellung, sondern zahlt die entsprechend umge-
stellte Miete, so liegt in der Zahlung der Miete auch dann eine Zustimmung des Mieters
zur Umstellung der Mietstruktur, wenn die Miethöhe insgesamt unverändert geblieben ist
(LG Berlin, GE 1996, 1489; GE 1998, 433; GE 1999, 1286); zumindest darin, dass der
Mieter über mehrere Jahre hinweg aufgrund der von dem Vermieter erteilten Betriebskostenabrechnungen Zahlungen leistet, liegt eine konkludente Ergänzung des Mietvertrags
(LG Kassel, DWW 1996, 312; LG Saarbrücken, NZM 1999, 408). Eine solche stillschweigend zustande gekommene (konkludente) Änderungsvereinbarung ist auch trotz
einer Schriftformklausel wirksam; sie wird auch trotz gewisser Bedenken im Hinblick
auf das Schriftformerfordernis des § 550 zulässig sein.

Auch die bis zum 1.9.2001 vereinbarten Bruttokaltmieten dürfen weiterhin erhöht werden. Auf diese Mieterhöhungen sind § 560 Abs. 1, 2, 5 und 6 entsprechend anzuwenden (Art. 229 § 3 Abs. 4 EGBGB), soweit im Mietvertrag vereinbart ist, dass der Mieter Erhöhungen der Betriebskosten zu tragen hat.

2.1.5 Gesetzliche Miete

16 Die Mietvertragsparteien vereinbaren – überflüssigerweise –, dass die **Betriebskosten vom Vermieter** getragen werden. Eine derartige Vereinbarung wäre deswegen überflüssig, da ohnehin nach § 535 Abs. 1 Satz 3 der Vermieter die auf der Sache ruhenden Lasten trägt, wozu auch die Betriebskosten gehören. In diesem Fall scheidet natürlich eine Erhöhung der Miete wegen gestiegener Betriebskosten aus. Der Vermieter kann auch die **Miete** gem. § 558 nur mit der Begründung erhöhen, dass die vereinbarte Miete unter der ortsüblichen Vergleichsmiete für derartigen Wohnraum liegt.

2.2 Einzelheiten der Vereinbarung über die Umlage von Betriebskosten
2.2.1 Formularverträge

17 Soweit – wie im Regelfall – die Vereinbarung über die Betriebskosten **formularmäßig** getroffen werden wird, muss die Regelung eindeutig sein. Unklarheiten gehen zu Lasten des Vermieters (§ 5 AGBG; ab 1.1.2002: § 305c Abs. 2 BGB i.d.F. des SchuldRModG).

Sind daher nach dem Mietvertrag formularmäßig nur die „folgenden Betriebskosten gem. § 27 II. BV von dem Mieter zu tragen", von denen nur einzelne Arten aufgeführt sind, so dient der Verweis auf § 27 II. BV nicht einer generellen Bezugnahme, sondern nur der näheren Bestimmung der im Einzelnen aufgeführten Betriebskostenarten. Eine derartige Klausel verpflichtet den Mieter daher nicht, sämtliche in der Anlage 3 zu § 27 II. BV aufgeführten Betriebskosten zu tragen, sondern nur die im Einzelnen nach der Bezugnahme auf § 27 II. BV aufgeführten Betriebskostenarten (Langenberg, B.V. Rn. 31).

Sind im Mietvertrag zwar sämtliche Betriebskostenarten der Anlage 3 zu § 27 II. BV im Einzelnen aufgeführt – ohne generellen Hinweis darauf, dass der Mieter die Betriebskosten gem. § 27 II. BV zu tragen hat – jedoch nur einzelne Betriebskostenarten durch Ankreuzen hervorgehoben, sind nur die angekreuzten Betriebskostenarten umlagefähig. Sind in den nach den einzelnen Betriebskostenarten vorgesehenen Rubriken überhaupt keine Betriebskosten angekreuzt, so hat der Mieter neben der vereinbarten Miete überhaupt keine Betriebskosten zu tragen.

Hat nach dem Mietvertrag der Mieter „die Betriebskosten gem. Anlage 3 zu § 27 II. BV zu tragen", sind aber danach nur bestimmte Betriebskostenarten in den dafür vorgesehenen Rubriken angekreuzt, so ist unklar, ob nur diese oder sämtliche Betriebskosten vom Mieter zu tragen sind. Diese Unklarheit geht gem. § 5 AGBG (ab 1.1.2002: § 305c Abs. 2 BGB i.d.F. des SchuldRModG) zu Lasten des Vermieters mit der Folge, dass nur die angekreuzten Betriebskosten wirksam auf den Mieter abgewälzt worden sind (Langenberg, B.V. Rn. 32; Fischer-Dieskau/Geldmacher, § 546 Anm. 8; Sternel, PiG 28 [1988], S. 115). Etwas anderes gilt nur dann, wenn der Mietvertrag auf einem von dem Mieter verwendeten Vertragsformular abgeschlossen worden ist.

Hat der Mieter nach dem Mietvertrag die „Betriebskosten gem. § 27 II. BV zu tragen" und sind dafür Vorschüsse vereinbart, jedoch in den dafür vorgesehenen Spalten für die einzelnen Betriebskostenarten nur bei einzelnen Kostenarten Beträge aufgeführt, die zusammengerechnet nur den am Schluss der Aufstellung angegebenen monatlichen Vorschussbetrag ergeben, so sind nur diejenigen Betriebskostenarten auf den Mieter wirksam abgewälzt worden, die mit Einzelbeträgen angegeben worden sind (LG Frankfurt/Main, WuM 1986, 93; AG Minden, WuM 1990, 32; AG Freiburg, WuM 1990, 84; Langenberg, B.V. Rn. 33; Sternel, Miete, III 313). Auch dann, wenn der am Schluss der Spalte angegebene Endbetrag des monatlich zu zahlenden Vorschusses die Summe der angekreuzten Einzelbeträge der Betriebskostenarten übersteigt, ist die Umlage der Betriebskostenarten auf die angekreuzten Betriebskostenarten beschränkt (a.A. Langenberg, B.V. Rn. 33); denn dabei könnte es sich auch um einen Additionsfehler handeln, so dass allein die Bezifferung des Endbetrags nicht dafür spricht, dass der Vermieter mehr als die angekreuzten Betriebskostenarten auf den Mieter umlegen wollte.

Haben die Mietvertragsparteien nur die Umlage einzelner Betriebskostenarten auf den Mieter vereinbart oder ergibt sich dies aus § 5 AGBGB (ab 1.1.2002: § 305c Abs. 2 BGB i.d.F. des SchuldRModG), weil die Abwälzung der weiteren Betriebskosten unklar ist, kann der Vermieter sich nicht darauf berufen, dass er einzelne Positionen lediglich vergessen hat; es handelt sich vielmehr um eine **Teilinklusivmiete**, so dass die Umlage der „vergessenen Betriebskostenart" gesondert mit dem Mieter vereinbart werden muss. Die Mietvertragsklausel „Nebenkostenvorauszahlung 100 DM (50 EUR)" ist als Vereinbarung einer Nebenkostenpauschale aufzufassen (AG München, NZM 1999, 415). Auch eine Formularklausel, die dem Vermieter ermöglicht, nachträglich einseitig bestimmte – ursprünglich nicht aufgeführte Betriebskosten auf den Mieter umzulegen, wäre nach § 9 AGBG (ab 1.1.2002: § 307 BGB i.d.F. des SchuldRModG) unwirksam.

2.2.2 Bezeichnung der umlagefähigen Betriebskosten

Die Umlage von Betriebskosten auf den Mieter muss ausdrücklich vereinbart werden (OLG Hamm, GE 1997, 1169; OLG Stuttgart, NJW 1983, 2329; AG Wedding, GE 1991, 151; LG Berlin, GE 1991, 46 f.). Die Vereinbarung muss zudem eindeutig sein, insbesondere wenn sie in Formularverträgen enthalten ist. Darum muss der Vermieter in dem Mietvertrag die von dem Mieter zu tragenden Betriebskosten näher bestimmen (OLG Köln, WuM 1991, 357; LG Berlin, MM 1990, 261). Dazu reicht es grundsätzlich aus, lediglich auf die Anlage 3 zu § 27 II. BV Bezug zu nehmen (BayObLG, ZMR 1984 203 = WuM 1984, 104 = GE 1984, 527 = DWW 1984, 73 = NJW 1984, 1761; OLG Hamm, GE 1997, 1169; OLG Koblenz, DWW 1990, 171 = NJW-RR 1990, 1038 = WuM 1990, 268; Barthelmess, § 4 MHG Rn. 7; Bub/Treier/von Brunn, III A 34; Emmerich/Sonnenschein, § 4 MHG Rn. 2a; Sonnenschein, NJW 1986, 2736; a.A. AG Dortmund, WuM 1996, 425 = NJW-RR 1996, 1355, Derleder, PiG 23 (1986), S. 26 ff.; Geldmacher, DWW 1994, 336 [337] m. w. N.; Mietprax/Pfeifer, Fach 2 Rn. 165). Verweist der Mietvertrag jedoch nur auf die Betriebskosten gem. § 27 II. BV oder seine Anlage 3, ohne bestimmte Vorauszahlungen des Mieters vorzusehen, so braucht der Mieter über die vereinbarte Miete hinaus keine Betriebskosten zu zahlen (Langenberg, B.V. Rn. 28).

Der Vermieter kann die in der Anlage 3 zu § 27 II. BV aufgeführten Betriebskosten auf den Wohnraummieter umlegen, wenn der Mietvertrag folgende Klausel enthält:

18

Neben der Miete werden Betriebskosten,insbesondere diejenigen i.S.d. § 27 der Zweiten Berechnungsverordnung umgelegt und in monatlichen Vorauszahlungen mit jährlicher Abrechnung vom Mieter erhoben. Die von dieser Vorauszahlung erfassten Betriebskosten sind in der Anlage „Betriebskostenaufstellung" enthalten,welche wesentlicher Vertragsbestandteil ist.

Dies gilt auch dann, wenn dem Mietvertrag entgegen der zitierten Bestimmung eine Betriebskostenaufstellung nicht beigefügt war und dem Mieter auch sonst der Inhalt der Anlage 3 zu § 27 II. BV nicht mitgeteilt oder weitere Erläuterungen gegeben worden sind (OLG Frankfurt/Main, Beschl. vom 1.5.2000, 20 RE-Miet 2/97, GE 2000, 890; für Gewerberaum: OLG Celle, Urteil vom 16.12.1998, 2 U 23/98, NZM 1999, 501).

Zur Bestimmung des Inhalts der in einem gewerblichen Mietvertrag als umlagefähig vereinbarten Betriebskosten können die Regelungen der Anlage 3 zu § 27 II. BV auch entsprechend herangezogen werden (OLG Düsseldorf, Urteil vom 8.6.2000, 10 U 94/99, GE 2000, 888). Einem Gewerberaummieter kann die Bedeutung einer **Klausel**, wonach **Mehrbelastungen** des Vermieters durch Erhöhung oder Neueinführung von Betriebskosten auf den Mieter umgelegt werden dürfen, nicht ernsthaft verborgen bleiben, wenn in den ersten Jahren nach Fertigstellung Grundsteuer nur in Höhe der Beträge für Eigentumswohnungen umgelegt werden, die behördliche Neufestsetzung der Grundsteuer für das Grundstück also noch aussteht (OLG Frankfurt/Main, Urteil vom 10.2.1999, 17 U 210/97, NZM 2000, 243).

19   Es empfiehlt sich, den Begriff „Betriebskosten" zu verwenden, da dieser Begriff gesetzlich definiert ist (§ 27 Abs. 1 II. BV sowie dessen Anlage 3), während der Begriff der „Nebenkosten" nicht eindeutig ist. Ferner empfiehlt es sich, zur Abwälzung der Betriebskosten auf den Mieter die in der Anlage 3 zu § 27 II. BV gebrauchten Begriffe wörtlich zu verwenden. Sonst können Formularklauseln Bedenken entgegenstehen. Daher sind auch **folgende Vertragsformulierungen für die Umlage der Betriebskosten als ungeeignet angesehen worden** (vgl. im Einzelnen Mietprax/Pfeifer, Fach 2 Rn. 169; Barthelmess, § 4 MHG Rn. 7; Geldmacher, DWW 1994, 335; Pfeifer, S. 52).

„Nebenkosten anteilig."
„Nebenkosten gehen zu Lasten des Mieters."
„Nebenkosten laut Abrechnung am Jahresende."
„Alle Nebenkosten werden direkt vom Mieter übernommen."
„Anfallende Nebenkosten übernimmt der Mieter."
„Kosten gem. Bescheid der Stadt/Gemeinde für das jeweilige Abrechnungsjahr."
„Der Mieter trägt die üblichen Nebenkosten."
„Mieter trägt alle mit dem Objekt verbundenen Nebenkosten."
„Mieter trägt Nebenkosten nach Anfall."
„Sämtliche Zuschläge und Umlagen trägt der Mieter."
„Der Mieter trägt die Hausgebühren."

„Der Mieter trägt die Grundbesitzabgaben."

„Hausabgaben übernimmt der Mieter anteilig."

„Wassergeld, Hauslicht, Müllabfuhr usw. nach Kopfzahl."

„Neben der Miete trägt der Mieter alle vom Verwalter der Wohnungseigentumsanlage in Rechnung gestellten Kosten – ausgenommen Kapitalkosten, Instandhaltungs- und Reparaturkosten."

Außerdem kann die Verwendung von in der Anlage 3 zu § 27 II. BV nicht verwendeten Begriffen dazu führen, dass Betriebskosten nur als eingeschränkt umlagefähig angesehen werden.

Die Formulierung „übliche Nebenkosten" führt allenfalls zur Überbürdung verbrauchsabhängiger Kosten (OLG Düsseldorf, ZMR 1984, 20; OLG Celle, WuM 1983, 291). Die Abwälzung von „Nebenkosten" ohne Aufschlüsselung ist unwirksam (OLG Düsseldorf, NJW-RR 1991, 135). Die „Mehrkostenklausel" reicht nicht, wenn der Betriebskostenanteil nicht aufgeschlüsselt ist (LG Berlin, MM 1992, 65 f.; LG Berlin, Urteil vom 21.4.1995, 64 S 472/94). Wird die Umlage von „Kosten für Heizung, Abwasser, Strom und Wasser" vereinbart, so sind die Kosten für die Warmwasserbereitung nicht umlagefähig. Wird die Umlage der Kosten der „Kanalbenutzung" vereinbart, sind die Kosten der Wasserversorgung nicht umlegbar (LG Berlin, Urteil vom 21.5.1991, 64 S 21/91). Dagegen umfasst die Umlage der „Wasserkosten" jedenfalls dann die „Entwässerungskosten", wenn der örtliche Leistungsträger über beide Kostenarten einheitlich abrechnet (OLG Köln, ZMR 1995, 69; LG Berlin, GE 1996, 125). Die vereinbarte Umlage der Kosten der „Gebäudevielschutzversicherung" umfasst nicht die Kosten der Haftpflichtversicherung (LG Berlin, Urteil vom 21.5.1991, 64 S 21/91). Die Vertragsklausel „Es gilt die jeweils gesetzlich zulässige Miete" führt nicht zur Umlage der Betriebskosten bei preisfreiem Wohnraum (OLG Schleswig, DWW 1984, 310). Aus der Bezeichnung „Grundbesitzabgaben" kann der Mieter nicht entnehmen, welche Betriebskosten darunter fallen sollen (LG Aachen, WuM 1997, 647; AG Köln, WuM 1998, 419 [420]; Langenberg, Rr. 20; Schmid, Rn. 4004; von Seldeneck, S. 98; a.A. Sommerfeld, WuM 1998, 420; OLG Düsseldorf, NZM 2001, 588 [589]: zumindest Grundsteuer). Die Klausel „In der Miete sind die nachfolgenden Betriebskosten gemäß Anlage 3 zu § 27 II. BV nicht enthalten" führt ohne weiteren Zusatz ebenfalls nicht zur Umlage der Betriebskosten (AG Berlin-Schöneberg, MM 1993, 142).

Die Vereinbarung über die gesonderte Umlage der Betriebskosten sollte daher wie folgt 20 aussehen:

Muster
Vereinbarung über kalte Betriebskosten →[⊘ 556-6]

Der Mieter ist verpflichtet, neben der Miete die Betriebskosten gemäß der Anlage 3 zu § 27 der Zweiten Berechnungsverordnung zu tragen:

1. die laufenden öffentlichen Lasten des Grundstücks (namentlich die Grundsteuer)
2. die Kosten der Wasserversorgung
3. die Kosten der Entwässerung
4. die Kosten der Reinigung und Wartung von Etagenheizung
5. die Kosten der Reinigung und Wartung von Warmwassergeräten
6. die Kosten der Reinigung und Wartung bei verbundenen Etagenheizungs- und Warmwasserversorgungsanlagen
7. die Kosten des Betriebs des maschinellen Personen- und Lastenaufzugs
8. die Kosten der Straßenreinigung und Müllabfuhr
9. die Kosten der Hausreinigung und Ungezieferbekämpfung
10. die Kosten der Gartenpflege
11. die Kosten der Beleuchtung
12. die Kosten der Schornsteinreinigung
13. die Kosten Sach- und Haftpflichtversicherung
14. die Kosten für den Hauswart
15. die Kosten des Betriebs der Gemeinschaftsantennenanlage, des Betriebs der mit einem Breitbandkabelnetz verbundenen privaten Verteileranlage
16. die Kosten des Betriebs der maschinellen Wascheinrichtung
17. sonstige Betriebskosten.

21 Mit dieser Vereinbarung werden die so genannten **kalten Betriebskosten** auf den Mietern umgelegt. Falls die Wohnung mit Zentralheizung sowie Warmwasser vermietet wird, wären darüber hinaus die **Kosten für die Heizung und Warmwasser** wie folgt auf den Mieter umzulegen:

Muster
Vereinbarung über Kosten für Heizung und Warmwasser →[⊘ 556-7]

Der Mieter ist verpflichtet, die anteiligen Kosten der zentralen Heizungsanlage sowie der Warmwasserversorgungsanlage zu bezahlen. Zu den Kosten des Betriebs der zentralen Heizungsanlage gehören die Kosten der verbrauchten Brennstoffe und ihrer Lieferung, die Kosten des Betriebsstroms, die Kosten der Bedienung (Löhne einschließlich Sozialabgaben), Überwachung und Pflege der Anlage, der regelmäßigen Prüfung ihrer Betriebsbereitschaft und Betriebssicherheit einschließlich der Einstellung durch einen Fachmann, der Reinigung der Anlage und des Betriebsraums, Schornsteinfegerkosten für die Zentralheizung, die Kosten der Messungen nach dem Bundes-Immissionsschutzgesetz, die Kosten der Anmietung oder anderer Arten der Gebrauchsüberlassung einer Ausstattung zur Verbrauchserfassung sowie die Kosten der Verwendung einer Ausstattung zur Verbrauchserfassung, der Wartung einschließlich der kaufmännischen Abrechnung sowie die gegebenenfalls entstehenden

Sonderkosten beim Auszug des Mieters (Mietwechselgebühr), Prüfungsgebühren aller Art (etwa für TÜV), Kosten der Wasserauffüllung und Schlackenabfuhr.

Zu den Kosten des Betriebs der **Warmwasserversorgungsanlage** gehören die Kosten der Wasserversorgung, soweit sie nicht bereits in den oben aufgeführten Wasserversorgungskosten enthalten sind, sowie die Kosten der Wassererwärmung entsprechend den für die zentrale Heizungsanlage aufgeführten Kosten.

Wird die Wohnung mit **Fernwärme und Fernwarmwasser** versorgt, so ist folgende Vereinbarung über die Umlage der Kosten der Fernwärme und des Fernwarmwassers zu treffen: 22

Muster
Vereinbarung über Umlage der Fernwärme und Fernwarmwasser →[556-8]

Werden die Mieträume mit **Fernwärme** versorgt, so ist der Mieter verpflichtet, sämtliche dem Vermieter entstehenden Kosten anteilig zu tragen. Hierzu gehören die Kosten der Wärmelieferung von einer nicht zur Wirtschaftseinheit gehörenden Anlage (Grund-, Arbeits- und Verrechnungspreis) und die Kosten des Betriebs der dazugehörigen Hausanlagen, namentlich des Betriebsstroms, die Kosten der Bedienung, Überwachung und Pflege der Anlage, der regelmäßigen Prüfung ihrer Betriebsbereitschaft und Betriebssicherheit einschließlich der Einstellung durch einen Fachmann, der Reinigung der Anlage und des Betriebsraums sowie die Kosten der Verwendung einer messtechnischen Ausstattung zur Verbrauchserfassung.

Werden die Mieträume mit **Fernwarmwasser** versorgt, so ist der Mieter verpflichtet, sämtliche dem Vermieter entstehenden Kosten anteilig zu tragen. Hierzu gehören insbesondere die Kosten für die Lieferung des Warmwassers von einer nicht zur Wirtschaftseinheit gehörenden Anlage (Grund-, Arbeits- und Verrechnungspreis) und die Kosten des Betriebs der dazugehörigen Hausanlagen.

Ist die Wohnung mit einer **Einzelheizung und/oder einer Einzelwarmwasserversorgungsanlage** ausgestattet, so ist folgende Vereinbarung zu treffen: 23

Muster
Vereinbarung über Kosten der Einzelheizung und/oder einer Einzelwarmwasserversorgungsanlage →[556-9]

Ist die Wohnung mit Einzelheizung und/oder einer Einzelwarmwasserversorgungsanlage ausgestattet, so trägt der Mieter sämtliche Betriebs- und Wartungskosten einschließlich der Überwachung und Pflege der Anlage, der regelmäßigen Prüfung ihrer Betriebsbereitschaft und Betriebssicherheit einschließlich der Einstellung durch einen Fachmann, der Reinigung der Anlage und etwaiger Messungen nach dem Bundes-Immissionsschutzgesetz.

### 3.	Begriff der Betriebskostem

24	Betriebskosten sind die Aufwendungen des Vermieters, die mit der Nutzung der Wohnung in unmittelbarem Zusammenhang stehen (z.B. Wasserversorgung, Entwässerung, Hausreinigung, Kosten des Hausstroms, Heizung, Fahrstuhl) sowie diejenigen, die durch den Gebrauch des Grundstücks und des Gebäudes verursacht werden (z.B. öffentliche Lasten, Sach- und Haftpflichtversicherung). Welche Betriebskosten im Einzelnen auf den Wohnraummieter umlegbar sind, ergibt sich wie bisher aus der Anlage 3 zu § 27 II. BV.

### 3.1	Sach- und Arbeitsleistungen des Vermieters

25	Zwar ist in § 27 Abs. 1 II. BV die Rede davon, dass es sich um Kosten des Eigentümers oder des Erbbauberechtigten handeln muss. Durch die Verwendung des Begriffs der Betriebskosten ist jedoch klargestellt, dass es auf die Betriebskosten des Vermieters ankommt, gleichgültig ob dieser Eigentümer, Erbbauberechtigter, Hausverwalter oder Zwischenvermieter ist. Der Vermieter kann auch **eigene Sach- und Arbeitsleistungen**, durch die Betriebskosten erspart werden, mit demjenigen Betrag ansetzen, der für gleichwertige Leistungen eines Dritten hätte aufgewendet werden müssen, reduziert um die Umsatzsteuer des Dritten. Dies sieht § 27 Abs. 2 II. BV bei der Vermietung von Wohnraum der in § 1 II. BV genannten Art, dem sog. **preisgebundenen Wohnraum**, ausdrücklich vor. Umstritten war jedoch, ob dies auch für die Vermietung von **preisfreiem Wohnraum** gilt (verneinend: LG Lübeck, WuM 1987, 360; AG Neuss, DWW 1987, 236; AG Kiel, WuM 1990, 228; Barthelmess, § 4 MHG Rn. 5; Emmerich/Sonnenschein, § 4 MHG Rn. 3a). Die sachgerechte Auslegung des § 556 ergibt jedoch, dass auch ohne ausdrückliche Vereinbarung im Mietvertrag über frei finanzierten Wohnraum Eigenleistungen des Vermieters, durch die Betriebskosten erspart werden, als solche ansatzfähig sind (LG Hamburg, ZMR 1995, 32; LG Berlin, Urteil vom 5.2.1999, 64 S 366/98, GE 1999, 909; Bub/Treier/von Brunn, III A 48; Schmid, Rn. 1032; ders., GE 2000, 160 [164]; Sternel, Mietrecht, III 303 [335]; Langenberg, B.V. Rn. 8 ff.).

26	Voraussetzung für den Ansatz von Eigenleistungen des Vermieters ist jedoch einmal, dass dadurch Betriebskosten i.S.d. Anlage 3 zu § 27 II. BV erspart werden. Der Vermieter kann daher nicht Kosten für eigene Verwaltungs- und/oder Instandhaltungs- bzw. Instandsetzungskosten als Betriebskosten ansetzen. Selbst wenn durch die Eigenleistungen des Vermieters Betriebskosten erspart würden, können diese nur dann auf den Mieter umgelegt werden, wenn er diese Betriebskosten nach der mietvertraglichen Vereinbarung (vgl. Rn. 17, 18) zu tragen hat. Insoweit reicht es aber aus, dass die entsprechende Betriebskostenart (Nummer des Katalogs der Anlage 3 zu § 27 II. BV) angekreuzt worden ist, ohne dass eine ausdrückliche Einbeziehung auch des § 27 II. BV erforderlich ist (a.A. für freifinanzierten Wohnraum: Langenberg, S. 4 Rn. 13). Sind jedoch einzelne Betriebskostenarten nicht auf den Mieter abgewälzt worden – sei es, weil sie nicht ausdrücklich aufgeführt worden sind oder das entsprechende Kästchen für diese Betriebskostenart im Mietvertrag nicht angekreuzt worden ist –, so können auch die Kosten von dafür erbrachten Eigenleistungen des Vermieters nicht auf den Mieter abgewälzt werden. Sind z.B. die Gartenpflegekosten nicht auf den Mieter abgewälzt worden, so kann auch der Vermieter nicht die von ihm erbrachten Gartenpflegeleistungen (Rasenmähen, Pflanzenschnitt, Sprengen der Rasenflächen, Neuanpflanzungen von eingegangenen Pflanzen) ansetzen.

Der Vermieter kann schließlich nur die tatsächlich erbrachten Leistungen ansetzen, die er 27 im Einzelnen nachweisen muss. Pauschale Ansätze sind unzulässig (LG Lübeck, WuM 1987, 360; Langenberg, S. 5 Rn. 14). Soweit der Vermieter die Arbeiten persönlich ausführt, kann er eine angemessene Vergütung ansetzen; diese richtet sich nach der Vergütung eines Facharbeiters, wenn der Vermieter selbst Fachmann ist. Im Übrigen dürfte nur der Stundenlohn eines Hilfsarbeiters anzusetzen sein. Erbringt der Vermieter die Betriebsleistung nicht persönlich, sondern lässt er die Arbeiten durch eigene Arbeitskräfte ausführen, kann er deren Kosten ansetzen (Langenberg, S. 5 Rn. 14). Auch Sachleistungen wie Anschaffungs- und Reparaturkosten können dann angesetzt werden, wenn sie als Betriebskosten ansetzbar wären, wie z.B. Kosten für Geräte zur Gartenpflege und/oder zur Hausreinigung sowie Schnee- und Eisbeseitigung (LG Berlin, GE 1986, 1121 ff.; GE 2000, 539; ebenso von Seldeneck, Rn. 2311 ff.; a.A. Schmid, GE 2000, 160 [164]) und für Reinigungsmittel oder Streugut (vgl. zu letzterem Langenberg, S. 5 Rn. 14). Auch **Wohnungsunternehmen** können die Kosten für die von ihren Arbeitnehmern ausgeführten Betriebsleistungen ansetzen (Langenberg, S. 5 Rn. 15), wenn nach dem Mietvertrag die entsprechende Betriebskostenart vom Mieter übernommen worden ist. Handelt es sich um aufgegliederte Einheiten in Form einer selbständigen juristischen Person (GmbH usw.) oder Handelsgesellschaft (OHG, KG, GmbH & Co. KG), so kann der Vermieter – wie auch sonst bei Fremdunternehmen – die von diesen in Rechnung gestellten Betriebskosten auf den Mieter abwälzen, wenn dieser sich wirksam dazu verpflichtet hatte, die Kosten der entsprechenden Betriebskostenart zu tragen.

In diesem Fall ist auch die von dem aufgegliederten Unternehmen in Rechnung gestellte Umsatzsteuer von dem Mieter zu tragen. Das Wohnungsunternehmen ist jedoch im Rahmen der ordnungsgemäßen Wirtschaftsführung verpflichtet, nur diejenigen Kosten zu akzeptieren, die üblicherweise sonstige Unternehmen für eine gleichwertige Leistung beanspruchen. Dabei kann sich das Wohnungsunternehmen nicht darauf berufen, dass es sich bei der Ausgliederung der früheren Arbeitnehmerkolonne verpflichtet hatte, bestimmte Betriebsleistungen nur dem dann gegründeten selbständigen Unternehmen zu übertragen, wenn dessen Kosten weit über denjenigen anderer Unternehmen liegen.

3.2 Eigenleistungen des Mieters

Betriebskosten sind jedoch nicht ansatzfähig, wenn „sie üblicherweise **vom Mieter** 28 **außerhalb der Miete unmittelbar getragen** werden" (Einleitung zur Anlage 3 zu § 27 II. BV). Darunter fallen z.B. vom Mieter übernommene Kosten der Reinigung von Durchlauferhitzern oder Warmwasserboilern sowie die Schornsteinreinigung, was häufig in Mietverträgen formularmäßig vereinbart wird. Derartige Klauseln sind zulässig, soweit sie nur die Kosten der Reinigung erfassen. Dagegen hat die Berliner Rechtsprechung schon früher formularmäßige Vereinbarungen im Wohnraummietvertrag über die „**töpfermäßige** Reinigung der Öfen" für unwirksam gehalten (LG Berlin, GE 1986, 745; a.A. LG Berlin, GE 1988, 299), weil damit dem Mieter auch Reparaturleistungen („töpfermäßig") aufgebürdet würden. Auch folgende Klausel ist für unwirksam erklärt worden:

> Ist ein Durchlauferhitzer oder Boiler zur Warmwasserbereitung in der Wohnung vorhanden, so trägt der Mieter unmittelbar sämtliche Reparatur-, Betriebs-, Wartungs- und Reinigungskosten. Die Reinigung hat mindestens einmal jährlich zu erfolgen und ist dem Vermieter auf Verlangen nachzuweisen.

Das LG Berlin (GE 1993, 159 [161]) hat diese Klausel für unwirksam erklärt, weil in Abweichung von § 535 Abs. 1 Satz 2 durch sie der Mieter zur Instandhaltung und Instandsetzung mitvermieteter Gegenstände verpflichtet wird.

29 Nach der Rechtsprechung (BGH, GE 1998, 669; GE 1991, 615 = DWW 1991, 212 = WuM 1991, 381 = ZMR 1991, 290; WuM 1992, 355 = GE 1992, 663 = MDR 1992, 669 = ZMR 1992, 332; OLG München, WuM 1998, 128; OLG Celle, WuM 1990, 103 [111]) ist die Abwälzung von Instandhaltungs- und Instandsetzungspflichten nur dann möglich, wenn es sich um sog. **Kleinreparaturen** handelt, da andererseits eine unangemessene Benachteiligung des Mieters gegeben sei. Demnach setzt der Begriff „Kleinreparatur" voraus, dass die Kosten betragsmäßig begrenzt sind und es sich um Gegenstände handelt, die dem häufigen Zugriff des Mieters ausgesetzt sind (Installationen auf der Wand, nicht in der Wand).

Auch die folgende Klausel ist für unwirksam erklärt worden:

> Für sämtliche Elektro- bzw. Gasgeräte/Gasheizung ist auf Kosten des Mieters ein Wartungsvertrag abzuschließen, d.h., Wartung, Instandsetzung und Reinigung gehen zu Lasten des Mieters.

Das LG Berlin (GE 1993, 159 [161]) hat auch diese Klausel mit Rücksicht darauf für unwirksam erklärt, dass die hierin auf den Mieter überwälzten Instandhaltungs- und Instandsetzungspflichten keine „Kleinreparaturen" seien. Auch die vom Mieter (z.B. mietvertraglich oder durch Erwerb von Müllsäcken oder Müllmarken) übernommenen Kosten kann der Vermieter nicht auf die Mieter abwälzen. Dasselbe gilt für die vom Mieter direkt mit dem Versorgungsunternehmen abgerechneten sonstigen Betriebskosten (z.B. Wasserkosten, Stromkosten für Nachtstromspeicheröfen).

3.3   Abgrenzung zu Verwaltungs- oder Instandhaltungskosten

30 Die Umlage anderer Kosten als der in der Anlage 3 zu § 27 II. BV aufgezählten Betriebskosten auf den Wohnraummieter ist unzulässig (OLG Koblenz, WuM 1986, 50 = ZMR 1986, 87 = GE 1986, 227 = NJW 1986, 995; OLG Karlsruhe, GE 1988, 579 = ZMR 1988, 261 = WuM 1988, 204). Daher sind weder Verwaltungskosten noch Instandhaltungskosten als Betriebskosten auf den Wohnraummieter umlegbar.

31 **Verwaltungskosten** sind die Kosten der zur Verwaltung des Gebäudes und der Wirtschaftseinheit erforderlichen Arbeitskräfte und Einrichtungen, die Kosten der Aufsicht sowie der Wert der vom Vermieter persönlich geleisteten Verwaltungsarbeit. Zu diesen nicht als Betriebskosten umlegbaren Kosten gehören z.B. das Mietinkasso, Überwachung und Abrechnung der Waschküchennutzung (AG Mülheim Ruhr, NZM 2001, 335), Ver-

teilung von Mieterhöhungen und Rundschreiben an die Mieter, Mitwirkung bei der Wohnungsabnahme und -übergabe, Führen einer Mieterliste, Auswechseln der Namensschilder an Haus- und Wohnungstür, Briefkasten, Keller sowie die Kosten einer Kellerbeschriftung (AG Hannover, WuM 1984, 169). Da Verwaltungskosten nicht zu den Betriebskosten zählen, können sie nur als Teil der Nettokaltmiete vereinbart werden (LG Mannheim, NZM 2000, 490; LG Berlin, GE 1998, 1396 = NZM 1999, 405; GE 1996, 1051 = ZMR 1996, Heft 9 Nr. 6; LG Berlin, Urteil vom 16.1.1997, 62 S 295/95; LG Bonn, WuM 1985, 367; LG Düsseldorf, WuM 1985, 368; Sternel, Mietrecht, III Rn. 523; Beuermann, Miete und Mieterhöhung, § 10 MHG Rn. 9b, a.A. LG Braunschweig, WuM 1991, 339 und WuM 1996, 283; AG Berlin-Neukölln, Urteil vom 20.5.1996, 5 C 31/96, GE 1996, 1497). Die Begründung zu § 556 (BTDrucks. 14/4553, S. 50), dass eine vertragliche Erweiterung über die aufgezählten Betriebskosten hinaus (z.B. auf die Verwaltungskosten) nicht möglich ist, steht der Möglichkeit der vertraglichen Vereinbarung eines Verwaltungskostenanteils als Teil der Grundmiete nicht entgegen; denn in einer Vereinbarung über die Verpflichtung des Mieters, neben der Grundmiete auch die Verwaltungskosten in Form eines gleich bleibenden Festbetrags zu zahlen, ist nicht die Vereinbarung einer weiteren Gruppe von Nebenkosten zu sehen, die der gesetzlichen Regelung widersprechen würde (so aber LG Braunschweig, a.a.O.). Zwar können Verwaltungskosten nicht als Betriebskosten mit der Möglichkeit der erleichterten Erhöhung durch jährliche Abrechnung in der jeweiligen Höhe vereinbart werden. Sie können aber neben der Grundmiete statt als Teil der Grundmiete neben dieser gesondert ausgewiesen werden, was auch für den Mieter die Kalkulation des Vermieters transparenter macht. Diese gesonderte Vereinbarung der Verwaltungskosten neben der Grundmiete (und den Betriebskosten) verstößt auch nicht gegen den Rechtsentscheid des OLG Karlsruhe (WuM 1988, 204 f.), der selbst von dieser Möglichkeit ausgeht (so zutreffend: LG Mannheim, NZM 2000, 490 [491]). Schließlich ist eine derartige Vereinbarung auch nicht gem. §§ 9, 24a AGBG (ab 1.1.2002: §§ 307, 310 BGB i.d.F. des SchulRModG) unwirksam (so zutreffend: LG Mannheim, a.a.O.). Auch die möglichen Schwierigkeiten der Erhöhung der Grundmiete mit gesondert ausgewiesenem Verwaltungskostenanteil stehen der Wirksamkeit der Vereinbarung nicht entgegen (vgl. dazu ebenfalls LG Mannheim, a.a.O., insbesondere S. 492).

Instandhaltungskosten, die ebenfalls nicht als Betriebskosten umlegbar sind, sind diejenigen Kosten, die während der Nutzungsdauer zur Erhaltung des bestimmungsmäßigen Gebrauchs aufgewendet werden müssen, um die durch Abnutzung, Alterung und Witterungseinwirkung entstehenden baulichen oder sonstigen Mängel ordnungsgemäß zu beseitigen (§ 28 Abs. 1 Satz 1 II. BV). Dazu gehören auch die Verwaltungskosten, die den Instandhaltungsmaßnahmen voraus- und nachgehen (z.B. Entgegennahme von Mängelanzeigen seitens der Mieter, Feststellung von Mängeln, Verhandlungen über Reparaturen, Vergabe von Reparaturaufträgen, Einweisung, Überwachung der Handwerker, die Reparaturaufträge ausführen, z.B. auch Abzeichnen der Stundenlohnzettel). Das führt insbesondere zu Problemen in den Bereichen, in denen sowohl Betriebs- als auch Verwaltungs- bzw. Reparaturkosten entstehen. Bei „**Vollunterhaltungsverträgen**" für Aufzüge ist meist auch die Beseitigung von Störungen, der Austausch von defekten Teilen vereinbart. Damit ist neben der umlagefähigen Wartung auch eine Instandhaltung

32

zum Vertragsinhalt gemacht. Daher sind von den Kosten des „Vollwartungsvertrags" für Aufzüge die Kosten für die Instandhaltung abzuziehen; insoweit kommt es jeweils darauf an, welche der im Wartungsvertrag enthaltenen Verpflichtungen einerseits auf die reinen Betriebskosten und andererseits auf die Instandsetzung entfallen (für 80% Betriebskostenanteil: LG Berlin, GE 1982, 778; GE 1988, 523; AG Berlin-Charlottenburg, GE 1991, 883; für 65% Betriebskostenanteil: LG Berlin, GE 1988, 463; für 50% Betriebskostenanteil: LG Essen, WuM 1991, 702). Auch die Kosten für Vollwartungsverträge von Heizungsanlagen sind nur teilweise für umlagefähig erachtet worden (80%: LG Berlin, GE 1990, 655; AG Berlin-Charlottenburg, GE 1991, 883; 50%: LG Essen, WuM 1991, 702; 60%: LG Aachen, DWW 1993, 42). Daher ist durch Aufteilung der auf die Betriebskosten und sonstige Kosten entfallenden Anteile der von dem Wartungsunternehmen übernommenen Leistungen im Einzelnen nachvollziehbar darzulegen, wie viel Prozent der Gesamtkosten der Vollwartung als Betriebskosten umgelegt werden dürfen; allein die Angabe eines entsprechenden Prozentsatzes in der Betriebskostenabrechnung oder Erhöhungserklärung reicht nicht aus.

33   Bei den **Hauswartskosten** dürfen gem. Nr. 14 der Anlage 3 zu § 27 II. BV die anteiligen Kosten für Instandhaltung, Instandsetzung, Erneuerung, Schönheitsreparaturen und Hausverwaltung ebenfalls nicht angesetzt werden. Deshalb ist der Vermieter verpflichtet, die Hauswartskosten in Betriebskosten einerseits und Instandhaltungs- und Verwaltungskosten andererseits aufzuteilen (vgl. dazu näher unten Rn. 204, 205).

3.4   Wirtschaftlichkeitsgebot

34   Sowohl bei der Abrechnung über die Vorauszahlungen für Betriebskosten (§ 556 Abs. 3 Satz 1) als auch bei Erhöhung der Betriebskostenpauschale (§ 560 Abs. 5) ist der Grundsatz der Wirtschaftlichkeit zu beachten.

3.4.1   Rechtsgrundlagen

35   Nur diejenigen Betriebskosten sind ansetzbar, die einer ordentlichen Bewirtschaftung entsprechen. Für preisgebundenen Wohnraum ergibt sich dies aus § 20 Abs. 1 Satz 2 NMV, § 24 Abs. 2 II. BV, wonach nur solche Kosten umgelegt werden dürfen, die bei gewissenhafter Abwägung aller Umstände und ordentlicher Geschäftsführung gerechtfertigt sind.

Auch für preisfreien Wohnraum – und damit auch für früher preisgebundenen Wohnraum, der bis zum 3.10.1990 errichtet worden ist, in den neuen Bundesländern – gilt dies ebenfalls (vgl. u.a. von Seldeneck, Rn. 2602 m.w.N.; Langenberg, G. II. 1. Rn. 7 m.w.N.). Dies ist durch § 556 Abs. 3 Satz 1 und § 560 Abs. 5 ausdrücklich klargestellt worden.

3.4.2   Fallgruppen

36   Maßgebend ist der Standpunkt eines „vernünftigen Wohnungsvermieters", der ein „vertretbares Kosten-Nutzen-Verhältnis" im Auge behält (OLG Karlsruhe, RE vom 20.9.1984, WuM 1985,17 = ZMR 1984, 412).

Der Vermieter wirtschaftet nur dann ordnungsgemäß, wenn er nur diejenigen Betriebsleistungen erbringt oder erbringen lässt, die zum vertragsmäßigen Gebrauch der Mietsache erforderlich, nicht überteuert und nicht vermeidbar sind. Dem Vermieter steht aber insoweit ein Ermessensspielraum (Langenberg, Rn. 12; von Seldeneck, Rn. 2618 ff.; Fischer-Dieskau/Schwender § 27 II. BV Anm. 3) bzw. Beurteilungsspielraum (Schmid, GE 2000, 160 [161]) zu. Wird dieser Spielraum überschritten, sind die insoweit entstandenen Kosten nicht umlagefähig.

3.4.2.1 Unverhältnismäßige Betriebskosten

Das Gebot der sparsamen Wirtschaftsführung bezieht sich einmal auf die **Betriebskos-** 37 **tenarten.** Ist bisher für eine kleines Mietobjekt mit nur wenigen Wohneinheiten kein **Hauswart** bestellt worden, so ist die Einstellung eines Hauswarts nur dann zulässig, wenn sachliche Veränderungen dies erforderlich machen (AG Bremen, WuM 1984, 167; AG Hamburg, ZMR 1996, 10; AG Hamburg-Harburg, Urteil vom 24.6.1999, 644 C 21/99; AG Wuppertal, ZMR 1994, 372; Langenberg, A. 11. Rn. 107); zudem wird diese erstmalige Beauftragung eines Hauswarts einer besonderen Begründung des Vermieters bedürfen (AG Köln, WuM 1999, 237). Hat der Vermieter die Gartenpflege, die Treppenhausreinigung und die Schneebeseitigung anderweitig vergeben, wird die Beschäftigung eines Hauswarts unwirtschaftlich sein (AG Hamburg, WuM 1988, 308). Obliegen dem Hauswart die kleineren Reinigungs- und Pflegearbeiten, die Gewährleistung des Betriebs der Heizung und der Hebeanlage, die Beaufsichtigung von Handwerkern sowie die regelmäßige Inspektion der Feuerlöscheinrichtung, sind die dafür gezahlten Vergütungen als Hauswartskosten gem. Nr. 14 der Anlage 3 zu § 27 II. BV selbst dann umlagefähig, wenn der Nettolohn sich auf 3 500 DM (1 750 EUR) pro Monat beläuft (LG Berlin, Urteil vom 11.7.2000, 64 S 79/00). Fraglich ist, ob **Pförtnerkosten** überhaupt umgelegt werden können, und wenn ja, ob zumindest bei größeren Wohnanlagen (bejahend: LG Köln, DWW 1997, 125 = NJW-RR 1997, 1231 = WuM 1997, 230; a.A. von Seldeneck, Rn. 2706).

Das Gebot der Wirtschaftlichkeit ist insbesondere dann verletzt, wenn Leistungen mit 38 ungewöhnlich niedrigem Nutzwert bezogen werden. Die **Wärmemessung** mit elektronischen Wärmemessern ist unwirtschaftlich, wenn die Kosten für Beschaffung, Ablesung und Abrechnung höher sind als das mit 15% zu veranschlagende Einsparungspotential; der Mieter schuldet dann nur die Miete für die preisgünstigeren Meßgeräte (Wall, WuM 1998, 63 [65]). Jedoch sind Kosten bis zu 25% der Energiekosten nicht überteuert (AG Hamburg, WuM 1994, 695). Die Kosten für die **Aufzugswartung** zweimal monatlich sind wegen Verstoßes gegen das Wirtschaftlichkeitsgebot nicht umlagefähig, wenn der Aufzug nur sieben Haltepunkte hat (AG Köln, WuM 1987, 274). Umstritten ist, ob die Kosten für den **Wachschutz** bei einem Objekt mit mäßigem Sicherheitsrisiko umlegbar sind (verneinend: LG Hamburg, ZMR 1997, 358; bejahend für eine Wohnanlage mit 515 Wohnungen: LG Köln, DWW 1997, 215). Dabei stellt sich zunächst die Frage, ob es sich überhaupt um umlagefähige Betriebskosten handelt, da Wachschutzkosten in dem Katalog der Anlage 3 zu § 27 II. BV nicht aufgeführt sind (bejahend: LG Köln, DWW 1997, 125: Hauswartkosten).

Die Kosten für die **Glasversicherung** der Tiefgarage dürften ebenso wenig umlegbar 39 sein (Klas, ZMR 1995, 5 [6]) wie **Wartungskosten** für einen völlig überalterten Elektrodurchlauferhitzer bzw. einen ohnehin reparaturbedürftigen Warmwasserspeicher oder für Außenfenster (AG Hamburg, HbgGE 1996, 265) oder eine Klingelsprech- und Türöffneranlage (AG Hamburg, WuM 1988, 308; AG Berlin-Schöneberg, MM 1998, 354; AG

Berlin-Schöneberg, GE 1998, 1343). Auch Leistungen mit unverhältnismäßig hohen Mengen- oder Qualitätsanforderungen (z.B. unkrautfreier Rasen, Edelgehölze im Garten, Wartungsvertrag für älteres Warmwassergerät) überschreiten den Rahmen der ordnungsgemäßen Bewirtschaftung.

3.4.2.2 Überteuerte Betriebskosten

40 Zum anderen kann die **Höhe der Kosten** gegen das Wirtschaftlichkeitsgebot verstoßen. Der Vermieter muss vermeidbare Kosten auch tatsächlich vermeiden. Das bedeutet allerdings nicht, dass der Vermieter stets das billigste Angebot auswählen muss. Denn neben dem Preis dürfen auch andere Gesichtspunkte wie Zuverlässigkeit, Betriebsgröße und besondere örtliche Verhältnisse berücksichtigt werden. Für die Beantwortung der Frage, ob eine Leistung überteuert ist, ist eine wirtschaftliche Betrachtungsweise maßgebend, d.h., nicht stets ist das billigste Angebot das preisgünstigste – und damit wirtschaftlichste – Angebot. Dem Vermieter steht vielmehr insoweit ein Auswahlermessen (von Seldeneck, Rn. 2618) bzw. Beurteilungsspielraum (Schmid, GE 2000, 160 [161]) zu, welche Leistungen welchen Unternehmers (z.B. für Gartenpflege) er in Anspruch nehmen will. Der Vermieter muss jedoch mindestens bei der Vergabe größerer Betriebsleistungen mehrere Angebote einholen. Wenn z.B. für Hausreinigung, Gartenpflege, Schneebeseitigung diverse Wartungsverträge zu vergeben sind, muss der Vermieter die Preisunterschiede der verschiedenen Anbieter nutzen. Der Vermieter muss Sonderpreise nutzen und Preisvorteile durch den Einkauf größerer Mengen (OLG Koblenz, DWW 1986, 244 = WuM 1986, 282 für Heizöl) wahrnehmen. Dazu hat der Vermieter alle Betriebe und Betriebsformen zu berücksichtigen, die die ausgeschriebene Leistung anbieten (Klein- und Großunternehmen, Handwerker und Industrie, Fremdfirmen und eigene Dienstkräfte, Herstellerfirma und unabhängige Firma). Speziell bei Leistungen, für die Einheitspreise ausgeschrieben werden (z.B. für Gartenpflegeleistungen), ist die Ausschreibung nicht nur auf Großbetriebe zuzuschneiden. Vielmehr sind auch die Angebote örtlicher Kleinbetriebe zu berücksichtigen. Bei mehreren ausgeschriebenen Leistungen derselben Betriebskostenart (z.B. Gartenpflege) ist darauf zu achten, dass nicht der für die einzelnen Teilleistungen jeweils günstigste Anbieter allein berücksichtigt wird, sondern es ist zu vergleichen, welche Kosten durch einen Generalunternehmen für die Gesamtleistung im Vergleich dazu entstehen, dass mehrere Einzelunternehmer mit Teilleistungen beauftragt werden. Ferner sollte bei der Ausschreibung nur das Ziel der Betriebsleistung angeführt werden, ohne dieses auf bestimmte Leistungen inhaltlich zu beschränken. Zu erwägen ist ferner die Ausschreibung von Betriebsleistungen auf längere Zeit; denn bei längerfristigen Aufträgen ist damit zu rechnen, dass das Angebot günstiger ausfällt, als wenn jedes Jahr neu wieder derselbe Auftrag erteilt wird; jedoch sollte ein außerordentliches Kündigungsrecht des Vermieters bei Vertragsverstößen insbesondere durch mangelhafte Leistungserbringung vereinbart werden. Der Vermieter muss die Vergabe zu überhöhten Preisen vermeiden; ob insoweit eine Überhöhung bis zu 20% noch hinnehmbar ist (so von Seldeneck, Rn. 2616) ist fraglich. Um die entsprechende ordnungsgemäße Geschäftsführung belegen zu können, sollte der Vermieter in regelmäßigen Abständen verschiedene Angebote mehrerer Anbieter einholen, aus denen das preisgünstigste Angebot auszuwählen ist; ob eine Ausschreibung notwendig ist, ist umstritten (verneinend:

Schmid, GE 2000, 160 [165]; Gärtner, GE 1999, 1176 [1188]; bejahend von Seldeneck, Rn. 2607).

Dem Vermieter steht nicht nur ein **Ermessen** zu, welche Leistungen welcher Anbieter er 41 in Anspruch nimmt, sondern grundsätzlich auch, auf welche Weise er die Leistungen erbringt, die vertragsmäßig geschuldet werden. Dabei muss er sich allerdings im Rahmen des Vertrags halten. Er darf weder vertragswidrig zu wenig noch zu viel liefern. Stellt der Vermieter vom Kabelanschluss auf Satellitenfernsehen um, so muss dennoch der bisherige Empfang in vollem Umfang weiter gewährleistet sein (AG Winsen/Luhe, ZMR 1998, 785). Alle „betriebs- oder sachfremden Ausgaben" müssen ausgegrenzt werden (z.B. Ausgaben für Mieterjubiläum, Zuschuss zu einem Hoffest, Aufwendungen für Mieterzeitung, Werbegeschenke, soziale Betreuung der Mieter durch Mitarbeiter des Vermieters, Blumenstrauß zum Mieterjubiläum). Im Rahmen der Wirtschaftlichkeit kann er jedoch statt eines **Vollhauswart**s Teilzeitkräfte, eine Fremdfirma oder einen vermietereigenen Regiebetrieb beauftragen. Die Kosten der Schnee- und Eisbeseitigung, die durch den Hauswart erfolgt, sind zumindest dann als Hauswartskosten umlagefähig, wenn sonst doppelt so hohe Kosten durch ein Fremdunternehmen entstehen würden (LG Berlin, Urteil vom 17.10.2000, 64 S 257/00, GE 2001, 63). Der Vermieter kann im Rahmen der Wirtschaftlichkeit wählen, ob er einen Hauswart pro Wirtschaftseinheit beschäftigt oder Hauswartsbezirke bildet (LG Berlin, GE 1997, 687). Bei der **Müllabfuhr** muss er berücksichtigen, ob eine Mülltrennung Kostenersparnisse erbringt. Er hat daher die Leistungen und Kosten bei konventioneller Hausmüllentsorgung mit denjenigen bei der getrennten Entsorgung von Wertstoffen (Glas, Papier, Kunsstoff), Bioabfällen und Resthausmüll zu vergleichen (so auch Beuermann, § 4 MHG Rn. 33). Bei der **Gartenpflege** kann der Vermieter wählen, ob er das Herbstlaub abfahren oder kompostieren lässt, wenn beide Verfahren in etwa kostengleich sind. Dagegen darf er eine Rasenfläche vor dem Haus nicht dadurch verkommen lassen, dass er den Rasen nicht häufig genug schneiden lässt.

3.4.2.3 Vermeidbare Betriebskosten

Ferner ist der Vermieter zur **Kostenvermeidung** verpflichtet. Kosten für Betriebsleistun- 42 gen, die nur deshalb notwendig werden, weil der Vermieter seine Verpflichtung zur ordnungsgemäßen Geschäftsführung nicht erfüllt hat, sind ebenfalls nicht umlagefähig.

Die Kosten der **Sperrmüllabfuhr** dürfen daher nur dann umgelegt werden, wenn sie laufend entstehen und der Vermieter im Einzelnen darlegt, welche Anstrengungen er unternommen hat, das Entstehen von Sperrmüll zu verhindern, und dass er ergebnislos gegen die den Sperrmüll verursachenden Mieter vorgegangen ist (LG Berlin, GE 1987, 191; GE 1986, 1121; GE 1995, 941 = ZMR 1995, 353; MM 1996, 327; ZMR 1996, Heft 3 S. III Nr. 16; GE 1998, 681; ähnlich Schmid, Rn. 4100; a.A. AG Berlin-Neukölln, GE 2000, 415; AG Siegburg, ZMR 1996, Heft 3 S. IV Nr. 19; AG Düsseldorf, ZMR 1996, Heft 3 S. IV Nr. 20; AG Köln, ZMR 1996, Heft 3 S. IV Nr. 21). Der Vermieter muss durch regelmäßig wiederkehrende Abmahnungen die Mieter darauf hinweisen, dass das Abstellen von Sperrmüll verboten ist und gegen dieses Verbot verstoßende Mieter auf Erstattung der zusätzlichen Kosten für die Sperrmüllabfuhr in Anspruch nehmen; ferner muss er durch regelmäßige Kontrollgänge (z.B. durch den Hauswart) sicherstellen, dass kein Sperrmüll abgestellt wird. Falls dennoch regelmäßig Sperrmüll anfällt, muss der

Vermieter zunächst versuchen, die verursachenden Mieter festzustellen und in Anspruch zu nehmen. Erst wenn trotz dieser Maßnahmen weiterhin regelmäßig Sperrmüll anfällt und die verursachenden Mieter nicht ermittelt werden können, darf der Vermieter die zusätzlichen Kosten der Sperrmüllabfuhr auf alle Mieter umlegen; die Gründe dafür sind in der Betriebskostenabrechnung oder Mieterhöhung wegen gestiegener Betriebskosten stichwortartig anzugeben. Kosten der **Sperrmüllabfuhr** können nur dann als Betriebskosten angesetzt werden, wenn sie laufend anfallen (LG Berlin, Urteil vom 31.10.2000, 64 S 123/00, GE 2001, 63) und der Vermieter im Einzelnen darlegt, welche Anstrengungen er unternommen hat, um die Entstehung von Sperrmüll zu verhindern (LG Berlin, Urteil vom 17.3.1998, 64 S 405/97, GE 1998,681). Sperrmüllabfuhrkosten dürfen jedenfalls dann nicht auf alle Mieter gleichmäßig umgelegt werden, wenn der Vermieter allen Mietern unterschiedslos anbietet, Müll an bestimmten Tagen auf dem Hof abzustellen, wo er dann abgeholt wird (LG Berlin, Urteil vom 14.9.1999, 64 S 127/99, GE 2000, 136; a.A. AG Siegburg, Urteil vom 3.9.1993, 3 C 344/92, ZMR 1996, Heft 3 S. IV Nr. 19; AG Düsseldorf, Urteil vom 22.11.1990, 22 C 12.364/90, ZMR 1996, Heft 3 S. IV Nr. 20). Die Position **Entrümplungskosten** muss in der Betriebskostenabrechnung gesondert erläutert werden, insbesondere aus welchen Gründen diese Kosten angefallen sind und dass sie bei ordnungsgemäßer Wirtschaftsführung unvermeidbar waren (LG Berlin, Urteil vom 25.8.1995, 64 S 332/94, ZMR 1996, Heft 3 S.III Nr. 16).

43 Erhöhte **Wasserkosten** sind dann nicht umlagefähig, wenn der Vermieter seiner Kontrollpflicht hinsichtlich der wasserführenden Rohre nicht regelmäßig nachgekommen ist oder einen Rohrbruch deswegen nicht verhindert hat, weil die Dichtung des WC-Beckens ohne Verschulden des Mieters undicht geworden ist (AG Bergisch-Gladbach, WuM 1984, 230).

44 Der erhöhte Aufwand für die **Gartenpflege** ist dann nicht umlegbar, wenn die Mehrkosten dadurch entstanden sind, dass die Gartenpflege nicht ordnungsgemäß durchgeführt worden ist (z.B. falscher Baumschnitt: AG Berlin-Schöneberg, GE 1996, 477).

45 Die Prämienerhöhung für die **Leitungswasserversicherung** wegen häufiger Rohrbrüche ist daher ebenfalls nicht umlegbar (AG Hamburg, WuM 1986, 346). Die Erhöhung der Versicherungsprämie wegen einer Risikoerhöhung ist dann nicht umlegbar, wenn der Vermieter es versäumt hat, den Versicherer auf eine gleichzeitige Risikominderung hinzuweisen, die eine Prämienherabsetzung zur Folge gehabt hätte.

46 Die erhöhten Kosten für **Schnee- und Eisbeseitigung** sind dann nicht umlagefähig, wenn wegen einer defekten Dachrinne sich Eis auf dem Bürgersteig gebildet hat und dadurch die erhöhten Kosten entstanden sind.

3.4.2.4 Unterlassene Kosteneinsparung

47 Ferner müssen Möglichkeiten zur **Kosteneinsparung** genutzt werden. Der Vermieter muss prüfen, ob die **Besteuerungsgrundlagen** im Einheitswert- und Grundsteuerbescheid richtig angesetzt worden sind.

48 Wenn ein Teil des Frischwassers zum Sprengen des Gartens genutzt wird, muss der Vermieter den sog. **Sprengwasserabzug** in Anspruch nehmen, d.h., er muss sich bei dem Wasserversorgungsunternehmen erkundigen, ob deswegen ein pauschaler Abzug von den Kosten der Entwässerung zugebilligt wird. Gewährt das Entwässerungsunternehmen einen Rabatt für die Entwässerungskosten, wenn eine Rasen- und/oder Gartenfläche einer

bestimmten Größe mit Wasser gesprengt wird, so muss der Vermieter diesen Rabatt in Anspruch nehmen. Lediglich die übrigen Kosten können als Entwässerungskosten auf die Mieter umgelegt werden. Um Streitigkeiten über die Menge des Sprengwassers zu vermeiden, empfiehlt sich der Einbau eines oder mehrerer Zwischenzähler(s).

Bei den Kosten der Sachversicherung sind etwaige **Beitragsrückerstattungen oder** 49 **Schadensfreiheitsrabatte** dem Mieter gutzubringen. Der Vermieter darf nur die tatsächlich von ihm aufgewendeten Beträge für Betriebskosten auf die Mieter umlegen. Mengenrabatte, Skonti oder sonstige Preisnachlässe, die ihm gewährt werden, müssen an den Mieter weitergegeben werden (KG, GE 1956, 475; von Seldeneck, Rn. 2405 ff.; Kinne, Heizung und Heizkostenabrechnung, Teil A Rn. 33; Lammel, Heizkosten V, § 7 Rn. 39, Peruzzo, S. 56, 57; Pfeifer, Die neue Heizkostenverordnung, 1989; S.41). Rabatte werden gewährt als Mengenrabatt, Treuerabatt, Großhandelrabatt, Umsatzrabatt (Preisnachlass für bestimmte Abnahmemengen innerhalb einer bestimmten Zeit oder einer bestimmten Abnehmergruppe), Schadensfreiheitsrabatt (bei Sachversicherungen) oder als Beitragsrückerstattungen (von Seldeneck, Rn. 2638). Nach Umstellung auf Fernheizung und Abbau des Heizölkessels ist die Gewässerschadensversicherung zu kündigen. Verringert sich das Risiko für die Feuerversicherung – weil der feuergefährliche Betrieb das Haus verlässt – ist dies dem Versicherer mit dem Ziel mitzuteilen, eine Verringerung der Versicherungsprämie zu erreichen.

Erfolgt die kommunale **Straßenreinigung** nur unvollständig, ist die entsprechende Ent- 50 geltforderung der Straßenreinigung zu kürzen (AG Berlin-Schöneberg, GE 1996, 189). Bei Erkrankung des **Hauswarts** darf der Vermieter den Lohn nicht länger weiterzahlen, als nach Tarif oder Gesetz vorgeschrieben. **Trinkgelder** verstoßen grundsätzlich gegen das Gebot der Wirtschaftlichkeit (so LG Berlin, GE 1981, 235; differenzierend: LG Hamburg, ZMR 1960, 7; generell a.A. Beuermann, § 4 MHG Rn. 48).

3.4.3   Beweislast

Im Streitfall trägt der Vermieter die **Beweislast** dafür, dass er wirtschaftlich und sparsam 51 gehandelt hat (LG Karlsruhe, WuM 1996, 230; AG Westerburg, WuM 1995, 120; AG Köln, NZM 1998, 305; AG Köln, WuM 1999, 237; so auch Schmid, GE 2000, 160 [167]; von Seldeneck, Rn. 2617). Dabei werden an Großvermieter unter Umständen höhere Anforderungen gestellt als an Kleinvermieter.

Andererseits ist der Mieter verpflichtet, Einwendungen gegen einzelne Betriebskosten sunstanziiert vorzutragen. Pauschale Einwendungen des Mieters gegen einzelne Betriebskosten (Hauswart, Aufzug) sind unerheblich (LG Berlin, Urteil vom 9.3.2000, 62 S 463/99, GE 2000, 539). Will der Mieter Ansätze bestreiten, so muss er nach Einsichtnahme in die Berechnungsunterlagen im Einzelnen angeben, warum die Kostenansätze überhöht sein sollen (LG Berlin, Urteil vom 30.3.2000, 62 S 508/99). Die Behauptung des Mieters, die Ansätze der Betriebskosten seien zu hoch, weil der Vermieter Rabatte nicht weitergegeben habe, reicht z.B. zum substanziierten Bestreiten der Richtigkeit der Abrechnung nicht aus; vielmehr müssen sich aus seiner Einsichtnahme in die Rechnungen oder aus anderen konkreten Umständen konkrete Anhaltspunkte dafür ergeben, dass der Vermieter Preisnachlässe nicht weitergegeben hat.

Auch der Mieter nicht preisgebundenen Wohnraums hat einen Anspruch auf Einsicht in 52 die Abrechnungsunterlagen und kann auch – auf seine Kosten – Übersendung von Fotokopien verlangen (Beuermann, § 4 MHG Rn. 60 m.w.N.; Kinne, Heizung und Heiz-kostenabrechnung, B 56 m.w.N.; LG Hamburg, NZM 1998, 263). Dies gilt auch für Genossenschaftswohnungen (AG Berlin-Tiergarten, MM 2000, 91). Umstritten ist, ob für die Übersendung von Fotokopien der Berechnungsunterlagen pro Seite 1 DM (0,50 EUR) verlangt werden kann (verneinend: LG Berlin, Urteil vom 25.1.2000, 65 S 260/99, GE 2000, 409; bejahend: AG Berlin-Tiergarten, MM 2000, 91). Der Mieter hat dann keinen Anspruch auf Übersendung von Kopien der Nebenkostenbelege, wenn die Zahl der Kopien im Vergleich zu den umlegungsfähigen Nebenkosten unverhältnismäßig hoch ist und dem Mieter die Einsichtnahme technisch zumutbar ist (LG Frankfurt/Main, Urteil vom 7.9.1999, 2/11 S 135/99, ZMR 1999, 764 = NZM 2000, 27; a.A. Rau, ZMR 1999, 764: Recht des Mieters auf Fotokopien von allen Belegen; ebenso Langenberg, S. 209; einschränkend: Schmid, Rn. 5096). Der Mieter hat keinen Anspruch auf Übersendung der Originale der Betriebskostenunterlagen. Der Mieter muss die Originalunterlagen grundsätzlich in den Räumen des Vermieters oder seiner Hausverwaltung einsehen (LG Berlin, Urteil vom 30.3.2000, 62 S 508/99; LG Frankfurt/Main, Urteil vom 7.9.1999, 2/11 S 135/99, ZMR 1999, 764 = NZM 2000, 27; Beuermann, § 4 MHG Rn. 60; a.A. AG Berlin-Mitte, GE 1999, 987; Schmid, Rn. 5088: Einsicht in der Mietwohnung). Etwas anderes gilt nur dann, wenn der Vermieter auswärts wohnt; in diesem Fall muss der Vermieter die Rechnungsunterlagen am Ort der Wohnung einsehen lassen. Verweigert der Vermieter dem Mieter die Belegeinsicht, so ist ein Saldo aus der Betriebskostenab-rechnung nicht gerichtlich durchsetzbar. Der Vermieter kann sich insoweit auch nicht auf die Formularklausel berufen, dass „Die Abrechnung ... als anerkannt (gilt), wenn der Mieter nicht innerhalb von vier Wochen schriftlich begründete Einwendungen gegen die Abrechnung erhebt."; denn diese Formularklausel ist grundsätzlich unwirksam (OLG Düsseldorf, Urteil vom 23.3.2000, 10 U 160/97, GE 2000, 602).

3.4.4 Konsequenz des Verstoßes gegen das Wirtschaftlichkeitsgebot

53 Betriebskosten, die durch nicht ordnungsgemäße Bewirtschaftung entstehen, sind nicht umlagefähig. Rechtsgrundlage für preisgebundenen Wohnraum ist § 24 Abs. 2 Satz 2 II. BV, wonach Betriebskosten nur angesetzt werden dürfen, soweit sie bei gewissenhafter Abwägung aller Umstände und bei ordentlicher Geschäftsführung gerechtfertigt sind. Bei freifinanziertem Wohnraum stellt die Belastung des Mieters mit überflüssigen Kosten eine positive Vertragsverletzung dar, die den Vermieter zum Schadensersatz verpflichtet. Der Schadensersatzanspruch geht auf Freistellung von unnötigen Kosten. Die Betriebs-kostenabrechnung ist daher um die unwirtschaftlichen Kosten zu bereinigen. Enthält die Betriebskostenabrechnung derartige unwirtschaftliche Positionen, so sind die dafür auf-geführten Kosten vom Gesamtbetrag abzuziehen und der Restbetrag entsprechend der Abrechnung auf die Mieter zu verteilen. Die Abrechnung ist nicht deswegen unwirksam, weil sie einzelne, nicht umlagefähige Positionen enthält.

3.5 Laufend entstehende Kosten

54 Die Betriebskosten müssen regelmäßig wiederkehrend anfallen. Nicht erforderlich ist, dass sie jedes Jahr anfallen, es genügt auch ein mehrjähriger Turnus, wie z.B. beim Ent-kalken der Warmwasserbereiter, der Erneuerung von Hilfsgeräten für die Reinigung (Besen, Eimer, Bohnergerät), Gartenpflege (Rasenmäher), Schnee- und Eisbeseitigung

(Schneeräumgeräte), Öltankreinigung, Eichgebühr für Warmwasserzähler, Fahrstuhl-überprüfung durch den TÜV, Erneuerung der Feuerlöschflüssigkeit (sonstige Betriebs-kosten: LG Berlin, GE 1991, 189 f.), Auslichten von Bäumen und Gehölzen.

Insoweit ist streitig, ob die mehrjährig anfallenden Kosten in demjenigen Jahr voll ange-   55
setzt werden, in dem sie anfallen (**Abflussprinzip**), oder auf diejenigen Jahre verteilt werden müssen, innerhalb der sie anfallen (**Zeitabgrenzungsprinzip**). Insoweit kommt es im Wesentlichen auf die vertragliche Vereinbarung an. Ist eine derartige Vereinbarung nicht getroffen worden, kann der Vermieter die mehrjährig anfallenden Betriebskosten auf diejenigen Zeiträume verteilen, in denen sie regelmäßig wiederkehrend anfallen (z.b. die Kosten für die Anschaffung des Schneeräumgeräts auf die regelmäßige Nutzungs-dauer bis zur Neuanschaffung). Das Zeitabgrenzungsprinzip bietet auch größere Einzel-fallgerechtigkeit. Insoweit ist nicht auf die Bezahlung der Rechnung abzustellen, sondern darauf, welchen Zeitraum die jeweilige Rechnung umfasst (vgl. OLG Frankfurt, ZMR 1983, 374). Betrifft diese Rechnung einen Zeitraum, der nicht mit dem Abrechnungszeit-raum übereinstimmt, sind nach dem Zeitabgrenzungsprinzip die auf den Abrechnungs-zeitraum entfallenden Betriebskosten herauszurechnen und in die Betriebskostenabrech-nung über diesen Zeitraum einzustellen (z.b. die Kosten von 5 000 EUR für das 1999 neu angeschaffte Schneeräumgerät bei einer zehnjährigen Nutzungsdauer mit je 500 EUR in die Betriebskostenabrechnungen 1999 bis 2009). Jedoch muss dann in der jewei-ligen Betriebskostenabrechnung erläutert werden, mit welchem Anteil die Rechnung in das jeweilige Abrechnungsjahr eingestellt wird (LG Berlin, Urteil vom 8.9.1998, 64 S 547/96). Nach dem Abflussprinzip kommt es dagegen allein auf die Bezahlung der Rechnung an. Diese vereinfachte Betriebskostenabrechnung ist ebenfalls grundsätzlich zulässig (OLG Schleswig, NJW-RR 1991, 78; LG Berlin, GE 1996, 1051 = ZMR 1996, Heft 9, X Nr. 8; GE 1999, 1129 [1131]; GE 1988, 463; offen gelassen von LG Berlin, GE 1998, 1151; bejahend: Blank, DWW 1992, 65; Kinne, GE 1994, 378). Nur in Ausnahme-fällen bei schlechthin untragbaren Ergebnissen ist eine Abrechnung nach dem Zeitab-grenzungsprinzip notwendig (LG Berlin, GE 1987, 829; a.A. LG Berlin, GE 1988, 463; AG Prenzlau, WuM 1997, 231). Die Betriebskostenabrechnung muss jedoch erkennen lassen, ob der Vermieter die Kosten nach dem Abflussprinzip (fällige Rechnungen) oder nach dem Zeitabgrenzungsprinzip abgerechnet hat (LG Berlin, GE 1998, 1151).

3.6   Vorwegabzug für Gewerberäume

Schließlich sind nach § 556 nur die Betriebskosten für Wohnraum umlagefähig; dies   56
ergibt sich aus der systematischen Stellung des § 556 im II. Abschnitt „Mietverhältnisse über Wohnraum". Falls keine abweichenden Vereinbarungen getroffen worden sind (vgl. dazu schon früher Schmid, ZMR 1998, 257 [258]) – die auch weiterhin zulässig sind, weil nur die von § 556 Abs. 2 Satz 2 und Abs. 3 zum Nachteil des Mieters abweichenden Vereinbarungen unwirksam sind (§ 556 Abs. 4) –, sind die auf **gewerblich genutzte Räume** entfallenden Betriebskosten analog der auch für preisfreie Wohnungen geltenden Vorschrift des § 20 Abs. 2 NMV vorweg abzuziehen (LG Berlin, GE 1999, 777; GE 1998, 681; LG Frankfurt/Main, NJWE-MietR 1997, 26; LG Berlin, GE 1991, 935 = ZMR 1992, Heft 6, VII Nr. 19; LG Lübeck, WuM 1989, 83; AG Wiesbaden, WuM 1996, 96; AG Berlin-Mitte, GE 1996, 1307; AG Weißwasser, DWW 1995, 350; AG Gütersloh, WuM 1995, 660; AG Köln, ZMR 1994, 336; AG Köln, WuM 1990, 32; AG Frankfurt/

Main, WuM 1988, 170; a.A. Schmid, a.a.O.). Lediglich dann, wenn eine getrennte Erfassung objektiv unmöglich ist, braucht kein Vorwegabzug gemacht zu werden (LG Frankfurt/Main, ZMR 1997, 642 f.; AG Essen-Stehle, WuM 1993, 1998 f., AG Berlin-Wedding, MM 1995, 104).

57 Der Vorwegabzug kommt nur für vom Gewerbe beeinflussbare Betriebskosten in Frage, also in erster Linie für verbrauchsabhängige Betriebskosten (so u.a. LG Berlin, Urteil vom 3.2.1998, 64 S 324/97). Aber auch Grundsteuern müssen zumindest dann nach Gewerbe- und Wohnraum aufgeteilt werden, wenn der Grundsteuermessbescheid zwischen Wohn- und Gewerberaum differenziert (LG Berlin, GE 1998, 1027). Bei Versicherungsprämien ist die Auffassung vertreten worden, dass ein Vorwegabzug für Gewerberaum dann nicht notwendig ist, wenn die Versicherung selbst nicht zwischen Wohn- und Gewerberaum unterscheidet (LG Berlin, GE 1998, 1027). Demgegenüber hat das LG Berlin (Urteil vom 26.3.1999, 64 S 328/98) einen Vorwegabzug für Gewerberaum sowohl hinsichtlich der Wasserversorgungs- und Entwässerungskosten, der Grundsteuer und der Gebäudehaftpflichtversicherung für notwendig gehalten (vgl. auch LG Berlin, GE 1998, 681). Umstritten ist, ob ein derartiger Vorwegabzug nur dann zu machen ist, wenn ein Mehrverbrauch des Gewerberaummieters feststeht oder wahrscheinlich ist (so LG Berlin, GE 1999, 1127) oder auch unabhängig davon (so LG Berlin, Urteil vom 26.3.1999, 64 S 328/98), solange nicht der Vermieter darlegt, dass kein Unterschied besteht.

Beim **Vorwegabzug** der auf die gewerblich genutzten Räume entfallenden Betriebskosten sind zunächst diejenigen Rechnungen auszugliedern, die eindeutig Wohnraum nicht betreffen (z.B. Rechnungen für Gewerbe und/oder Parkplätze, wie die Wartung der CO^2-Anlage für Tiefgaragen). Diese Rechnungen dürfen bei der Erhöhung der Bruttokaltmiete für Wohnraum nicht berücksichtigt werden.

58 Sind **verbrauchsabhängige Betriebskosten** (z.B. Wasserversorgungs- und Entwässerungskosten) für Wohnraum und für **Gewerbefläche** entstanden, so sind die auf die Gewerberäume entfallenden Kosten **vorweg zu erfassen** (LG Berlin, GE 1998, 681). Der Verbrauch ist durch Zwischenzähler bei jeder Entnahmestelle (Wasserzapfstelle, elektrischer Anschluss) zu erfassen (Schmid, ZMR 1998, 257 [261]; AG Hamburg, WuM 1993, 619 [620]). Dies gilt z.B., wenn ein Friseurgeschäft oder eine Metzgerei im Hause betrieben wird, weil dann der Wasserverbrauch von Wohn- und Gewerbenutzern weit auseinander geht; eine Abrechnung, welche diese Unterschiede nicht berücksichtigt, ist fehlerhaft (AG Hamburg, WuM 1993, 620). Bestehen Anhaltspunkte dafür, dass die entsprechenden Betriebskosten für die gewerblich genutzten Räume deutlich höher sind als diejenigen für Wohnräume, so sind Schätzungen grundsätzlich unzulässig. Kann der auf die gewerblich genutzten Räume entfallende Verbrauch nicht mehr festgestellt – auch nicht durch nachvollziehbare Schätzung (z.B. ... cbm Wasser x ... EUR = ...) – werden, so kann die entsprechende Betriebskostenposition (z.B. Wasserversorgung und Entwässerung) insgesamt bei der Erhöhung der Bruttokaltmiete für Wohnraum nicht mehr berücksichtigt werden (LG Berlin, Urteil vom 3.2.1998, 64 S 324/97). Insbesondere bei Gaststätten und sonstigen Gewerbebetrieben mit einem hohen Wasserverbrauch ist eine getrennte Erfassung des Wasserverbrauchs nach Wohnraum und Gewerbe zwingend (LG Lübeck, WuM 1989, 83).

Bei den **Grundsteuern** kommt es darauf an, ob durch die gewerbliche Nutzung eines 59
Teils der Räume eine Erhöhung der Grundsteuer eingetreten ist; ist z.B. die Bemessungsgrundlage für die Grundsteuer die Bruttomiete, so ist eine Aufteilung der Grundsteuer
nach dem Anteil der gewerblichen Miete zur Wohnraummiete notwendig (Schmid, ZMR
1998, 257 [260]; Windisch, WuM 1997, 629; LG Frankfurt/Main, ZMR 1997, 642 f.).
Die auf die Gewerberäume entfallende Grundsteuer muss nach diesem Maßstab von der
insgesamt entstehenden Grundsteuer abgezogen werden; nur der nach diesem Vorwegabzug verbleibende Anteil der Grundsteuer darf zur Grundlage der Erhöhung der Bruttokaltmiete für die Wohnräume gemacht werden.

Bei **Sachversicherungen** (insbesondere Feuerversicherungen) ist maßgebend, ob durch 60
das Gewerbe eine Risiko- und damit Prämienerhöhung eingetreten ist (LG Berlin, GE
1991, 935; AG Gütersloh, WuM 1995, 660). Ergibt sich aus der Prämienrechnung der
zuständigen Sachversicherung, welche Prämienerhöhung durch das Gewerbe entstanden
ist, ist der auf das Gewerbe entfallende (erhöhte) Versicherungsbeitrag bei der Erhöhung
der Bruttokaltmiete für die Wohnräume unberücksichtigt zu lassen (LG Berlin, ZMR
1992, Heft 6, VII Nr. 19). Bei den Hauswarts- und Reinigungskosten wird in der Regel
eine Aufteilung nach einem Flächenmaßstab (nicht jedoch nach dem umbauten Raum,
vgl. dazu LG Berlin, Urteil vom 3.2.1998, 64 S 405/97) zulässig sein.

Bei den **Kosten der Müllabfuhr und Straßenreinigung** kommt es darauf an, ob durch 61
das Gewerbe erhöhte Kosten entstehen. Soweit der Gewerberaummieter den Gewerbemüll (z.B. aufgrund entsprechender Vereinbarung im Gewerbemietvertrag) selbst entsorgt, so dass allenfalls Hausmüll des Gewerbes anfällt, ist eine Trennung der Kosten
nach angefallenem Müll des Gewerbes und des Wohnraums nicht notwendig. Dazu ist
allerdings eine Aufstellung getrennter Müllgefäße in abgeschlossenen Räumen notwendig (Schmid, ZMR 1998, 257 [261]).

4. Vereinbarung von Vorauszahlungen

Die Vereinbarung über die Umlage der im Einzelnen aufgezählten Betriebskosten gem. 62
der Anlage 3 zu § 27 II. BV bedeutet noch nicht, dass der Mieter darauf **Vorschüsse** zu
zahlen hat. Vielmehr bedarf es dazu ebenfalls einer ausdrücklichen Vereinbarung des
Vermieters mit dem Mieter (§ 556 Abs. 2 Satz 1). Der Vermieter hat nur dann einen
Anspruch auf Vorauszahlung, wenn dies im Mietvertrag ausdrücklich vereinbart ist (KG,
GE 1981, 435; OLG Düsseldorf, ZMR 1988, 397). Diese Vereinbarung kann auch formlos getroffen werden, soweit der Mietvertrag nichts anderes bestimmt oder die Schriftform nicht gesetzlich vorgeschrieben ist (§ 550). Die entsprechende Vereinbarung sollte
wie folgt getroffen werden:

Muster
Vereinbarung über Zahlung von Betriebskostenvorschüssen →[✑ 556-10]

Der Mieter hat mit der jeweils fälligen Miete einen Kostenvorschuss von einem
Zwölftel des voraussichtlichen Jahresbedarfs zu leisten; dieser wird vom Vermieter
angemessen festgesetzt.

Vorauszahlungen dürfen nur dann erhöht werden, wenn die Abrechnung über die Betriebskosten des vorangegangenen Abrechnungsjahres zur einer Nachforderung geführt hat (§ 560 Abs. 4). Der voraussichtliche Jahresbedarf ist nach dem Verbrauch des letzten Abrechnungsjahres zu berechnen.

Die vereinbarten monatlichen Vorauszahlungen können in angemessener Höhe nur bis zu demjenigen Zeitpunkt nachgefordert werden, bis zu dem nach den vertraglichen Vereinbarungen oder Kraft gesetzlicher Bestimmung spätestens abzurechnen war (OLG Düsseldorf, GE 2000, 537; OLG Hamburg, WuM 1988, 379; LG Köln, WuM 1988, 63). Ist z.B. ein Abrechnungszeitraum vom 1.1. bis zum 31.12. vereinbart und ist nach den mietvertraglichen Bestimmungen spätestens bis zum 30.6., der auf den Abrechnungszeitraum folgt, abzurechnen, so können Vorschüsse aus der Zeit vom 1.1. bis zum 31.12. nach dem 30.6. nicht mehr als solche nachgefordert werden.

63   Der Mieter kann vom Vermieter jedenfalls bei **fortdauerndem Mietverhältnis** die **Rückzahlung** der auf die Betriebskosten geleisteten Vorauszahlungen nicht allein deswegen verlangen, weil der Vermieter seine Pflicht zur Abrechnung tatsächlich entstandener Betriebskosten nicht binnen angemessener Frist erfüllt hat (OLG Hamm, RE vom 26.6.1998, 30 RE-Miet 1/98, GE 1998, 854 = NZM 1998, 568; früher bereits LG Duisburg, NZM 1998, 808). Unterlässt es der Vermieter von Wohnraum bei inzwischen **beendetem Mietverhältnis** über die in vergangenen Zeiträumen angefallenen Mietnebenkosten eine ordnungsgemäße Abrechnung zu erteilen und holt er die Abrechnung auch nicht während des vom Mieter angestrengten Prozesses auf Rückzahlung der Nebenkostenvorauszahlungen nach, so kann der Mieter die für die nicht abgerechneten Zeiträume geleisteten Nebenkostenvorauszahlungen zurückfordern, soweit sie nicht durch unstreitig entstandene Nebenkosten verbraucht sind. Der Mieter ist gehalten, anhand gegebener Anhaltspunkte die Mindesthöhe der tatsächlich entstandenen Nebenkosten zu schätzen und annäherungsweise vorzutragen (OLG Braunschweig, RE vom 8.7.1999, 1 RE-Miet 1/99, GE 1999, 1213 = NZM 1999, 751; LG Berlin, Urteil vom 28.3.2000, 64 S 516/99).

5.   Abrechnung über Betriebskostenvorauszahlungen

64   Die Abrechnung über die Betriebskosten ist nur dann erforderlich, wenn Vorschüsse auf bestimmte Betriebskostenarten **ausdrücklich vereinbart** worden sind. Dazu ist zunächst erforderlich, dass die Umlage der Betriebskosten neben der Nettokaltmiete oder der Teilinklusivmiete vereinbart wird (vgl. dazu oben Rn. 8, 12).

Vorauszahlungen dürfen gem. § 556 Abs. 2 Satz 2 nur in **angemessener Höhe** vereinbart werden. Die Höhe der Vorauszahlungen muss ungefähr den vom Mieter für die Betriebskosten tatsächlich zu zahlenden Kosten entsprechen. Diese Höhe ist nach dem im letzten Jahr angefallenen Betrag der Betriebskosten für die jeweilige Wohnung zu ermitteln.

65   Für die **Fälligkeit** der vereinbarten Vorauszahlungsbeträge ist die vertragliche Vereinbarung maßgebend. Insoweit wird überwiegend in den Mietverträgen bestimmt, dass die Vorauszahlungen zusammen mit der Miete zur Zahlung fällig werden. Ist über die Fälligkeit der Vorauszahlung nichts vereinbart, so ist ebenfalls die Fälligkeit der Miete entscheidend. Jedoch kann auch dem Vermieter die Bestimmung der Fälligkeit der Vorauszahlungen nach billigem Ermessen überlassen werden (Schmid, ZMR 1997, 209 [211] ; LG Frankfurt/Main, WuM 1990; 273 [274]). Die Vorauszahlungsvereinbarung ist

nach § 134 insoweit nichtig, als überhöhte Vorschüsse vereinbart worden sind (Schmid, ZMR 1997, 209 [210]; Handbuch der Mietnebenkosten, 5. Aufl., Rn. 2022 m.w.N.).

Der Vermieter kann von einer vereinbarten Bruttokaltmiete auf die Nettokaltmiete mit   66
Vorschüssen nur dann „umsteigen", wenn er mit dem Mieter eine entsprechende Vereinbarung trifft. Diese Vereinbarung sollte grundsätzlich ausdrücklich geschlossen werden.
Nur in Ausnahmefällen kann in dem beiderseitigen Verhalten der Mietvertragsparteien
eine konkludente **Änderung** gesehen werden. Eine derartige konkludente Vereinbarung
könnte dadurch zustande kommen, dass der Vermieter ein Zustimmungsverlangen gem.
§ 558 Abs. 1 auf der Grundlage einer Nettokaltmiete berechnet und der Mieter einem
derartigen Mieterhöhungsverlangen auf der Basis der Nettokaltmiete ausdrücklich zustimmt und zudem dann die Nachforderungsbeträge aus einer Betriebskostenabrechnung
zahlt; denn insbesondere aus der gesonderten Abrechnung der Betriebskosten wird für
den Mieter in hinreichendem Maße deutlich, dass für Betriebskosten Vorschüsse geschuldet werden, über die abgerechnet wird (LG Berlin, GE 1998, 433).

Voraussetzung auch der stillschweigenden Änderung ist aber ein entsprechender Rechtsbindungswille der Parteien (vgl. z.B. LG Kassel, WuM 1990, 159; LG Detmold, WuM
1991, 701). Ein derartiger Rechtsbindungswille fehlt, wenn der Mieter Zahlungen leistet,
ohne über die Absicht des Vermieters unterrichtet worden zu sein, eine Änderung der
Mietstruktur herbeizuführen. Auf keinen Fall ist eine einmalige Zahlung als ausreichend
anzusehen (vgl. z.B. LG Detmold, a.a.O.), während aus einer jahrelangen Zahlung nach
einer entsprechenden Mitteilung des Vermieters auf einen übereinstimmenden Willen
beider Vertragsparteien zur Vertragsänderung geschlossen werden kann (LG Kassel,
DWW 1996, 312; LG Saarbrücken, NZM 1999, 408).

Der Vermieter ist nicht verpflichtet, Vorschüsse auf die Betriebskosten von vornherein in   67
derjenigen Höhe anzusetzen, in der die Betriebskosten aller Wahrscheinlichkeit nach
auch anfallen (OLG Stuttgart, NJW 1982, 2506 = WuM 1982, 272; LG Berlin, GE 1990,
653). Hat der Vermieter jedoch die Betriebskosten**vorschüsse** bewusst **zu niedrig** geschätzt, hat er keinen Anspruch auf Nachzahlung (AG Berlin-Tiergarten, MM 1993,
399). Dies gilt insbesondere dann, wenn der Vermieter bei Beibehaltung der bisherigen
Miethöhe eine Änderung der Mietstruktur (Nettomiete mit Vorschuss statt Bruttomiete)
anbietet, ohne die Vorschüsse den Betriebskosten anzupassen (LG Berlin, GE 1996,
322). Bei zu niedrigen Vorschüssen hat der Mieter einen Schadensersatzanspruch auf
Freistellung von den Nachforderungen aus Betriebskostenabrechnungen (LG Berlin,
Urteil vom 23.3.1999, 64S 331/98, GE 1999, 907). Voraussetzung **eines Schadensersatzanspruches auf Freistellung von den Betriebskosten** wegen zu niedrig kalkulierter
und vereinbarter Betriebskostenvorschüsse ist entweder, dass der Vermieter die Angemessenheit der Vorschüsse ausdrücklich zusichert oder bewusst die Betriebskosten zu
niedrig ansetzt, um den Mieter über den Umfang der Mietbelastung zu täuschen.

5.1   Grundsätze der Abrechnung

In der Abrechnung über Vorauszahlungen ist der angewendete Umlageschlüssel zu er-   68
läutern. Insoweit ist in erster Linie der im Mietvertrag vereinbarte Umlageschlüssel
maßgebend. Beim Fehlen eines Abrechnungsmaßstabs muss der Vermieter nach der
Wohnfläche abrechnen, wenn es sich nicht um verbrauchsabhängig erfasste Betriebskosten handelt (§ 556a Abs. 1).

69 Die Betriebskosten können auch nach der **Wirtschafts- oder Verwaltungseinheit** (vgl. dazu § 556a Rn. 27) abgerechnet werden.

70 Der Vermieter kann nur diejenigen Kosten umlegen, die durch das Recht am Grundstück oder den bestimmungsgemäßen Gebrauch des Gebäudes (vgl. dazu Rn. 36) oder der Wirtschafts/Verwaltungseinheit entstehen. Der Vermieter darf nur diejenigen Betriebskosten auf den Mieter umlegen, die nach dem **Grundsatz der Wirtschaftlichkeit** (vgl. dazu Rn. 37–50) unvermeidbar waren.

71 Hat der **Mieter** ortsüblich die Betriebskostenleistungen (z.B. Reinigung des Treppenhauses, Schneebeseitigung) auszuführen, handelt es sich um nicht umlegbare Betriebskosten. Sind dagegen diese Betriebskostenleistungen nicht ortsüblich, übernimmt der Mieter diese jedoch gegen Entgelt oder Mietnachlass, so kann der Vermieter die entsprechenden Kosten als Betriebskosten auf die übrigen Mieter umlegen.

72 Der Vermieter einer **Eigentumswohnung** darf mit den Mietern nicht mehr die Umlage der Betriebskosten entsprechend der Abrechnung zwischen den Miteigentümern (z.B. nach den Sondereigentumsanteilen der Teilungserklärung) vereinbaren (so aber zur früheren Rechtslage: LG Düsseldorf, DWW 1988, 210). Erfolgt die Abrechnung zwischen den Miteigentümern nach Miteigentumsanteilen, kann der Vermieter auf den Mieter nicht mehr umlegen, als er seinerseits an Betriebskosten an die Miteigentümergemeinschaft zahlen muss (LG Berlin, MM 1994, 102).

73 Als Betriebskosten sind nicht nur die auf die Wohnung entfallenden Betriebskosten umlegbar, sondern auch die für die Gebäudeteile und Anlage entstehenden Betriebskosten (Treppenhaus, Kinderspielplatz, Garten), soweit sie für den Mieter **nutzbar** sind. Daher dürfen Gartenpflegekosten für einen an einen anderen Mieter zur alleinigen Nutzung überlassenen Garten nicht auf alle Mieter umlegt werden (AG Berlin-Spandau, MM 1994, 68; LG Berlin, Urteil vom 7.6.1994, 64 S 27/94), sondern sind von demjenigen Mieter zu tragen, dem der Garten zur Nutzung vertraglich überlassen worden ist. Bei Aufzug, Müllschlucker, Hebeanlagen und Ähnlichem dürfen grundsätzlich nur diejenigen Mieter belastet werden, die das Leistungsangebot nutzen **können**; ob sie es auch tatsächlich genutzt **haben**, ist demgegenüber gleichgültig (LG Berlin, MM 1991, 299). Ist jedoch im Mietvertrag ausdrücklich – auch formularvertraglich – die Umlage der Aufzugskosten auch auf den Mieter der Erdgeschosswohnung vereinbart worden, sind Fahrstuhlkosten auch auf den Erdgeschossmieter umlegbar (LG Berlin, MM 1994, 279).

74 Ferner sind nur die **laufend entstehenden Betriebskosten** (vgl. dazu Rn. 54) umlegbar. Regelmäßig entstehende **Sperrmüllabfuhrkosten** sind nur dann als laufend entstehende Kosten umlegbar, wenn sie in regelmäßigen Abständen entstehen und vom Vermieter nicht verhindert werden konnten (LG Berlin, GE 1986, 1121; GE 1987, 191 – vgl. dazu Rn. 42).

5.2 Inhalt der Abrechnung

75 Die **Abrechnung** muss zumindest folgende Angaben enthalten (BGH, ZMR 1982, 108 = WuM 1982, 207 = NJW 1982, 573; Schmidt-Futterer/Blank, C 276; Blank, DWW 1992, 65 [70]):
– Zusammenstellung der Gesamtkosten,
– Angabe und Erläuterung der zugrunde gelegten Verteilungsschlüssel,
– Berechnung des Anteils des Mieters,
– Abzug der vom Mieter geleisteten Vorauszahlungen.

Kinne

5.2.1 Zusammenstellung der Gesamtkosten

In der Abrechnung müssen die Betriebskosten nach den einzelnen Betriebskostenarten 76
der Anlage 3 zu § 27 II. BV aufgeschlüsselt werden (KG, GE 1998, 796 = NJW-RR
1998, 1305 = NZM 1998, 620; LG Berlin, Urteil vom 17.10.2000, 64 S 257/00). Die
aufgeschlüsselten Kosten brauchen jedoch grundsätzlich nicht in einer weiteren Spalte
mit dem jeweiligen **Rechnungsdatum** (bei Abschlagszahlung mit dem Zahlungsdatum)
aufgeführt zu werden, es sei denn, dass im Einzelfall aus besonderer Abrede oder besonderer Ausgestaltung des Mietverhältnisses sich ein entsprechendes Bedürfnis ergibt (KG,
a.a.O.; LG Berlin, GE 1996, 1247; a.A. früher LG Berlin, GE 1993, 364; WuM 1995,
717; GE 1996, 469 = WuM 1996, 154).

5.2.2 Abrechnungszeitraum

Der Vermieter hat über die Vorauszahlungen **jährlich** abzurechnen (§ 556 Abs. 3 77
Satz 1). „Jährlich" bedeutet jedoch nur, dass der Abrechnungszeitraum grundsätzlich ein
Jahr weder überschreiten noch unterschreiten darf. Die Abrechnung nach einem Rumpfjahr ist unzulässig (LG Berlin, GE 1990, 1035; GE 1991, 935). Der tatsächliche Abrechnungszeitraum muss auch mit dem vertraglich vereinbarten übereinstimmen (LG Berlin,
Urteil vom 10.10.2000, 64 S 591/99). Lediglich bei Beginn oder Beendigung des Mietverhältnisses während eines Abrechnungszeitraums darf eine Abrechnung nach dem
darauf entfallenden Teil des Jahres erfolgen. In diesem Fall muss aber klargestellt werden, dass die abgerechneten Betriebskosten auf die Nutzungszeit entfallen (LG Berlin,
Urteil vom 8.8.2000, 64 S 51/00). Für „kalte" Betriebskosten (sämtliche Betriebskosten
mit Ausnahme der Heiz- und Warmwasserkosten) empfiehlt sich eine Abrechnung nach
dem **Kalenderjahr**, bei **Heizkosten** jedoch jeweils für einen Zeitraum, der die Heizperiode umfasst (z.B. 1.5. bis 30.4.).
Umstritten ist, ob die im Abrechnungszeitraum entstehenden Kosten so abgegrenzt wer- 78
den müssen, dass nur diejenigen Kosten berücksichtigt werden, die für den jeweiligen
Zeitraum angefallen sind (**Verbrauchsprinzip, Zeitabgrenzungsprinzip**), oder sämtliche Kosten, die im Abrechnungszeitraum angefallen sind, ohne dass diese Abgrenzung
berücksichtigt werden darf (**Abflussprinzip**, vgl. dazu Rn. 55).

5.2.3 Abzug der Ist-Vorschüsse

Ferner dürfen in der Abrechnung nur die von den Mietern während des Abrechnungszeit- 79
raums tatsächlich gezahlten Betriebskostenvorauszahlungen (**Ist-Vorschüsse**) eingestellt
werden. Zahlt der Mieter im laufenden Monat genau die vereinbarte Miete (einschließlich der vereinbarten Vorauszahlung), so ist der darin enthaltene Vorauszahlungsbetrag
auf den laufenden Monat anzurechnen; denn in einer derartigen Zahlung liegt im Regelfall die stillschweigende **Verrechnungsbestimmung**, dass damit nicht Rückstände oder
noch (ausstehende) Nebenkostenforderungen des Vermieters aus Betriebskostenabrechnungen, sondern nur die gerade fällige Miete in vollem Umfang – also einschließlich der
Vorauszahlungen – gezahlt werden sollen (LG Köln, WuM 1991, 88 [89]; LG Berlin, GE
1992, 1045; AG Wesel, WuM 1987, 222).
Hat der Mieter dagegen nicht die volle vereinbarte Miete (einschließlich der Betriebs- 80
kostenvorauszahlung) gezahlt, so kommt es darauf an, ob er eine – ausdrückliche oder
stillschweigende – Verrechnungsbestimmung getroffen hat. Diese Verrechnungsbestim-

mung muss dem Vermieter allerdings zur Kenntnis gelangt sein. Hat der Mieter ausdrücklich bestimmt, dass die Zahlung nur auf die Nettokaltmiete erfolgt, so sind die Betriebskostenvorauszahlungen als nicht gezahlt anzusehen, mithin nicht in die Abrechnung als Ist-Vorschüsse einzustellen. Hat der Mieter die Minderung der (Brutto-) Kaltmiete (also einschließlich der Vorauszahlungen für „kalte" Betriebskosten) angekündigt, so ist seine Zahlung entsprechend teilweise auf die Nettomiete und teilweise auf die Vorauszahlungen zu verrechnen. (Hat der Mieter z.B. eine Minderung von 10% angekündigt, so sind nur 90% des Betriebskostenvorschusses für den laufenden Monat als gezahlt anzusehen). Hat der Mieter dagegen lediglich die Minderung der Nettomiete angekündigt, so sind die Betriebskostenvorauszahlungen für den laufenden Monat als in vollem Umfang gezahlt (= Ist-Vorschüsse) in die Betriebskostenabrechnung einzustellen. Ergeben sich derartige Anhaltspunkte für eine Verrechnung seiner Teilzahlung nicht, kann angenommen werden, dass der Mieter jeweils denjenigen Mietanteil tilgen will, der am ehesten eine fristlose Kündigung wegen Zahlungsverzugs nach sich ziehen würde (LG Hamburg, DWW 1993, 237; LG Berlin, GE 1992, 1045), mithin im Zweifel zunächst die jeweilige Nettomiete ohne Betriebskostenvorschüsse.

81 Ist dagegen eine **Verrechnungsklausel** vereinbart, wonach Teilzahlungen des Mieters ohne Zahlungsbestimmung zunächst auf die Nettokaltmiete (ohne Betriebskostenvorschüsse), sodann auf die Vorschüsse für die Kosten der Sammelheizung und Warmwasserversorgung und dann auf die Vorschüsse für die übrigen Betriebskosten zu verrechnen sind, so ist zunächst die Nettokaltmiete als getilgt anzusehen, sodann zunächst die Vorschüsse für die „warmen" Betriebskosten und erst der dann verbleibende Betrag als Vorschuss für die „kalten" Betriebskosten in die Abrechnung einzustellen.

82 Sind weder Anhaltspunkte für eine – ausdrückliche oder stillschweigende – Verrechnungsbestimmung gegeben noch eine Verrechnungsvereinbarung getroffen worden, so gilt gem. § 366 Abs. 2 zunächst die fällige Miete, sodann die älteste (OLG Düsseldorf, Urteil vom 9.3.2000, 10 U 34/99, GE 2000, 164), unter mehreren fälligen und gleich alten Mieten jedoch diejenige, welche dem Vermieter geringere Sicherheit bietet, als getilgt. In diesem Fall kann die Zahlung zunächst auf die Betriebskostenvorschüsse angerechnet werden (LG Berlin, Urteil vom 3.2.1998, 64 S 324/97; LG Berlin, Urteil vom 10.12.1999, 64 S 208/99, GE 2000, 205; LG Berlin, Urteil vom 26.10.2000, 62 S 339/00, GE 2000, 1623; LG Berlin, Urtei vom 22.5.2001, 29.0.259/99, GE 2001, 929), weil diese als weniger sicher als die Grundmiete angesehen werden, da sie nach Ablauf der vereinbarten oder angemessenen Frist von höchstens einem Jahr grundsätzlich nicht mehr geltend gemacht werden können (a.A. AG Görlitz, NZM 2001, 336). Unerheblich ist, ob die Zahlung **unter Vorbehalt** erfolgt ist, da auch darin eine Erfüllung der Mietschuld und damit auch der Forderung auf die Zahlung der Betriebskostenvorschüsse zu sehen ist.

5.2.4 Abrechnungsfrist

83 Die Abrechnungsfrist ist diejenige Frist nach Ablauf des Abrechnungszeitraums, innerhalb derer der Vermieter über die Betriebskosten und die darauf geleisteten Vorauszahlungen des Mieters abrechnen muss. In erster Linie ist dafür die vertragliche Vereinbarung maßgebend. Die Vertragsklausel, wonach die Abrechnung über die Nebenkosten

jährlich „bis zum 30.6. erfolgen muss", verpflichtet den Vermieter zur Abrechnung bis zu diesem Zeitpunkt.

Die Vereinbarung in einem Mietvertrag, dass über die Heiz- und Warmwasserkosten jeweils „nach Ablauf der Heizperiode" abzurechnen ist, verpflichtet den Vermieter spätestens bis zum Ablauf von drei Monaten nach Ende der Heizperiode (30.4.) abzurechnen (AG Köln, ZMR 1980, 85). Ist im Mietvertrag keine Vereinbarung über die Abrechnungsfrist getroffen worden, ist spätestens binnen eines Jahres nach Ablauf des Abrechnungszeitraums abzurechnen (LG Berlin, Urteil vom 22.9.1998, 64 S 53/98). Dies gilt sowohl für freifinanzierten Wohnraum (LG Berlin GE 1996, 261) als auch gem. § 20 Abs. 3 Satz 4 NMV für preisgebundenen (öffentlich geförderten) Neubau. Die formularmäßige Vereinbarung einer längeren Abrechnungsfrist als 12 Monate nach Ende des Abrechnungszeitraums ist gem. § 9 AGBG (ab 1.1.2002: § 307 BGB nach SchuldRModG) unwirksam (AG Neuss, WuM 1991, 547; Beuermann, §§ 14, 4 MHG Rn. 99). Nach Ablauf der Abrechnungsfrist ist der Vermieter von Wohnraum – auch derjenige von freifinanzierten Wohnraum oder früher preisgebundenen Altbauwohnraum in den neuen Bundesländern – jedoch nach der Neuregelung des § 556 Abs. 3 Satz 2 mit einer Nachforderung aus einer erst nach Ablauf der Abrechnungsfrist erstellten Betriebskostenabrechnung – ausgeschlossen (anders zur früheren Rechtslage: AG Potsdam, WuM 1998, 420), es sei denn, der Vermieter hat die verspäteten Geltendmachung nicht zu vertreten. Der Mieter kann jedoch – wie bereits bisher – nach Ablauf der Abrechnungsfrist auf Abrechnung klagen und die Zahlung der Betriebskostenvorschüsse vollständig einstellen. Der Vermieter darf nach Ablauf der Abrechnungsfrist keine Vorschüsse für den abgelaufenen Abrechnungszeitraum mehr verlangen (LG Landau/Pfalz, ZMR 1997, 189 [190]).

Der Vermieter kann nach Ablauf der Ausschlussfrist von 12 Monaten nur dann noch Ansprüche aus der verspätet erstellten Abrechnung geltend machen, wenn er die verspätete Geltendmachung nicht zu vertreten hat. **Zu vertreten hat der Vermieter aber auch das Verschulden seines Erfüllungsgehilfen.** Zu diesen zählen sowohl das **Finanzamt**, das den Grundsteuerbescheid erlässt, als auch **sämtliche Fremdunternehmen**, die Betriebsleistungen erbringen (Wasserwerke, Stadtwerke, Müllabfuhr, Gartenbaubetriebe usw.). Erstellen diese daher die Abrechnung schuldhaft erst so spät, dass der Vermieter nicht mehr innerhalb der Ausschlussfrist abrechnen kann, so hat er dieses Verschulden mit der Folge zu vertreten, dass er sich nicht auf deren Säumnis berufen kann. Der Vermieter muss also alle ihm zumutbaren Schritte unternehmen, um derart rechtzeitig die Rechnung der Fremdunternehmen zu erhalten, dass er noch innerhalb der Ausschlussfrist von zwölf Monaten abrechnen kann. Da es sich um eine Ausnahme von dem Ausschluss der Nachforderungen aus der verspäteten Abrechnung handelt, muss der Vermieter **darlegen und beweisen**, dass er die verspätete Geltendmachung nicht zu vertreten hat. Dazu gehört die Vorlage entsprechender Aufforderungsschreiben an die Fremdunternehmen mit Fristsetzung zur Rechnungserteilung unter Androhung von Schadensersatzforderungen für den Fall der nicht rechtzeitigen Abrechnung. Bei Neuabschlüssen von Verträgen, durch die Betriebsleistungen an Fremdunternehmen vergeben werden, sollte der Vermieter Termine für die Erstellung der Abrechnung vereinbaren und sich zudem eine Vertragsstrafe für den Fall nicht rechtzeitiger Abrechnung versprechen lassen.

84 Über die Abrechnung können auch **Vereinbarungen** getroffen werden (BGH, ZMR 1982, 108). Die Abrechnungspflicht darf jedoch nicht ausgeschlossen oder derartig stark eingeschränkt werden, dass die Abrechnung ihren Zweck nicht mehr erreichen könnte (Schmid, ZMR 1997, 209 [211]). Der Abrechnungszeitraum von einem Jahr darf grundsätzlich weder verkürzt noch verlängert werden (LG Berlin, GE 1991, 935; LG Berlin, Urteil vom 15.8.1997, 64 S 122/97); lediglich für den Fall, dass das Mietverhältnis während eines Abrechnungszeitraums beginnt oder endet, kann der Abrechnungszeitraum entsprechend verkürzt werden. Vereinbarungen können auch getroffen werden über die Bildung von Abrechnungseinheiten (LG Berlin, GE 1989, 679) und über den Ort, an dem die Abrechnungsbelege eingesehen werden können (Schmid, ZMR 1997, 209 [211]).

Der Mieter, der während des Abrechnungszeitraums auszieht, hat keinen Anspruch auf eine **Zwischenabrechnung** (§ 556 Abs. 3 Satz 4). Er muss vielmehr ebenfalls den Ablauf der Abrechnungsfrist für die übrigen Mieter abwarten.

5.3 Berichtigung von Abrechnungen

85 Die Wirksamkeit der Abrechnung wird grundsätzlich nicht davon berührt, dass einzelne Positionen in der Betriebskostenabrechnung falsch sind. Dies gilt zumindest dann, wenn die Berichtigungen nach den Ansätzen in der Betriebskostenabrechnung von den Mietern selbst vorgenommen werden können (LG Berlin, GE 1981, 239; GE 1985, 56; GE 1997, 687; LG Berlin, Urteil vom 26.9.1997, 64 S 89/97; LG Berlin, Urteil vom 3.2.1998, 64 S 324/97). Da die Berichtigung anhand der Abrechnung selbst möglich sein muss, muss die Abrechnung umso ausführlicher sein, je komplizierter das Abrechnungsverfahren ist (LG Berlin, GE 1985, 56). Ist beispielsweise ein Vorwegabzug zu machen, so muss dieser in der Betriebskostenabrechnung erläutert und berechnet sein (AG Berlin-Charlottenburg, MM 1983 10 [13]; LG Berlin, MM 1983, 12 [22]; GE 1985, 367; GE 1986, 855 f.; LG Berlin, Urteil vom 3.2.1998, 64 S 324/97). Einzelne Erläuterungen können nur dann nachgeschoben werden, wenn die Zusatzangaben sich in eine erteilte Abrechnung bruchlos einfügen (BGH, NJW 1982, 575; GE 1992, 989).

86 Bestreitet ein Mieter die Angaben in der Betriebskostenabrechnung, so trifft den Vermieter für die Richtigkeit seiner Behauptung im Prozess die volle **Darlegungs- und Beweislast** (LG Köln, WuM 1968, 131), sofern der Mieter die Richtigkeit der Abrechnung substanziiert bestreitet (LG Berlin, GE 1978, 902 ff.; AG Berlin-Tiergarten, GE 1983, 923; AG Berlin-Charlottenburg, GE 1986, 47; Schmidt-Futterer/Blank, 10276; Emmerich/Sonnenschein, §§ 535, 536 Rn. 86c). Der auf Betriebskostennachzahlung in Anspruch genommene Mieter bestreitet die Richtigkeit der Betriebskostenabrechnung jedenfalls dann hinreichend substanziiert, wenn er auf die annähernde Verdoppelung der Kosten gegenüber der Vorperiode hinweist, die weder in dem unterschiedlichen Mieterverhalten noch in der allgemeinen wirtschaftlichen Entwicklung von Löhnen und Preisen noch sonst in der Abrechnung der Vermieters irgendeine erkennbare Rechtfertigung findet (AG Berlin-Tiergarten, GE 1983, 923; AG Berlin-Charlottenburg, MM 1984, 54 = WuM 1985, 371). Es genügt dagegen nicht, die Kosten pauschal als zu hoch zu bestreiten und den Anteil einzelner Kosten gegenüber den übrigen Kosten als zu hoch zu rügen (LG Berlin, GE 1978, 902 ff.).

Wenn der Vermieter festgestellte oder gerügte Fehler auch grundsätzlich selbst beseitigen kann, ohne eine vollständige neue Abrechnung vorlegen zu müssen (LG Berlin, GE

1992, 989), empfiehlt es sich dennoch, anstelle einer Erläuterung eine völlig neue Abrechnung zu erstellen und diese wiederum dem Mieter zu übersenden unter ausdrücklichem Hinweis darauf, dass diese neue Abrechnung anstelle der früheren Abrechnung tritt und aus der früheren Abrechnung keinerlei Rechte mehr geltend gemacht werden. Dies empfiehlt sich schon deswegen, weil die Abrechnung eine einheitliche Urkunde darstellen muss.

Der Vermieter kann sich auch nicht darauf berufen, dass eine formell unwirksame Betriebskostenabrechnung durch Zeitablauf wirksam wird. Zwar hat der Mieter Einwendungen gegen die Abrechnung dem Vermieter spätestens bis zum Ablauf des zwölften Monats nach Zugang der Abrechnung mitzuteilen (§ 556 Abs. 3 Satz 5). Dabei handelt es sich zwar um eine Ausschlussfrist (§ 556 Abs. 3 Satz 6), deren Ablauf aber nicht zur Heilung der formellen Unwirksamkeit führt. Der Vermieter kann sich auch nicht auf eine Klausel berufen, dass seine Abrechnung über Betriebskosten als anerkannt gilt, wenn nicht innerhalb eines Monats nach Zugang vom Mieter Einspruch eingelegt wird, denn diese Formularklausel ist in einem Wohnraummietvertrag wegen des Verstoßes gegen § 10 Nr. 5 AGBG (ab 1.1.2002: § 308 Nr. 5 BGB i.d.F. des SchuldRModG) unwirksam (LG Berlin, GE 1997, 1531). **87**

Allein die Begleichung der Nachforderung aus der Betriebskostenabrechnung durch den Mieter heilt die formell unwirksame Abrechnung nicht. Die vorbehaltlose Zahlung einer Abrechnungsnachforderung durch den Mieter kann jedoch als deklaratorisches Anerkenntnis mit der Wirkung eines Verzichts auf solche tatsächlichen oder rechtlichen Einwendungen angesehen werden, die der Mieter kannte oder aufgrund der Abrechnungsunterlagen hätten kennen können (OLG Hamburg, WuM 1988, 26 = DWW 1987, 296; WuM 1991, 598; LG Kassel, WuM 1989, 582; LG Aachen, NZM 2001, 707; AG Ludwigshafen, WuM 1991, 504; AG Alsfeld, NZM 2001, 707).

Der Mieter kann sich nach vorbehaltsloser Zahlung der Abrechnungsforderung auch nicht mehr darauf berufen, dass diese nicht fällig war (OLG Hamburg, a.a.O.).

Zumindest führt die vorbehaltlose Zahlung des Nachforderungsbetrags dazu, dass der Mieter, der den vorbehaltslos gezahlten Betrag zurückfordert, für die Unrichtigkeit der Betriebskostenabrechnung darlegungspflichtig ist (LG Berlin, Urteil vom 16.9.1997, 64 S 282/97).

Der Vermieter kann zwar seinerseits eine unwirksame Betriebskostenabrechnung mit Wirkung für die Zukunft dadurch heilen, dass er unter Bezugnahme auf die Abrechnung eine fehlende Erläuterung nachholt. Dies gilt aber dann nicht mehr, wenn die ursprüngliche Abrechnung vom Mieter, etwa durch Zahlung, bestätigt worden ist (AG Berlin-Tiergarten, GE 1997, 369). Eine Heilung durch den Vermieter ist auch dann nicht mehr möglich, wenn die Abrechnungsfrist von 12 Monaten nach dem Ende des Abrechnungszeitraums verstrichen ist (AG Berlin-Tiergarten, GE 1997, 691).

5.4 Fälligkeit des Anspruchs aus der Abrechnung

Die Fälligkeit des Anspruchs aus der Abrechnung setzt den Zugang einer ordnungsgemäß erstellten und nachvollziehbaren Abrechnung voraus. Dem Mieter ist jedoch eine angemessene **Prüfungsfrist** einzuräumen, die etwa zwei Wochen umfasst (Mietprax/Pfeifer, Fach 2 Rn. 412; LG Berlin, Urteil vom 1.9.2000, 64 S 477/99, ZMR 2001, 33 = NZM 2001, 707 [LS]; a.A. AG Potsdam, GE 2000, 607: Fälligkeit der Abrech- **88** nungsforderung zum Ersten des Folgemonats bei Zugang der Abrechnung vor dem 15. sonst zum Ersten des übernächsten Monats).

> **Beispiel:**
> Die Abrechnung geht dem Mieter in den Abendstunden des 14.5. zu. Obwohl dieser Zugang erst als Zugang zum nächsten Tag gilt, ist die Forderung aus der Betriebskostenabrechnung zum 1.6. fällig.

Zugunsten des Mieters können auch längere Prüfungsfristen vereinbart werden. Die formularmäßig Vereinbarung in einen Wohnraummietvertrag, wonach Abrechnungen als anerkannt gelten, wenn der Mieter nicht innerhalb eines Monats Einspruch erhebt, ist zwar unwirksam (LG Berlin, GE 1997, 1531; AG Münster, WuM 1990, 371), verlängert aber die Prüfungsfrist.

Kann der Mieter innerhalb der Prüffrist einzelne falsche Positionen in der Betriebskostenabrechnung selbst berichtigen und den richtigen Nachzahlungsbetrag errechnen, so wird der dann verbleibende Nachzahlungsbetrag mit Ablauf der Püffrist fällig. Handelt es sich um mehrere Fehler, so ist den Mietern eine längere Prüffrist einzuräumen.

Bei wesentlichen Mängeln, die vom Mieter nicht selbst berichtigt werden können, die der Vermieter auch nicht später korrigiert, ist die Abrechnung unwirksam und ein etwaiger Nachzahlungsanspruch nicht fällig (BGH, GE 1986, 601).

89 Umstritten ist, ob die sich aus der Abrechnung ergebenden Nachforderung durchsetzbar ist, wenn der Vermieter die Vorlage der einschlägigen Belege verweigert (verneinend: OLG Düsseldorf, NZM 2001, 48; LG Düsseldorf, DWW 1990, 207; LG Mannheim, a.a.O.; LG Berlin, Urteil vom 16.2.1999, 64 S 356/98; a.A. LG Berlin, GE 1981, 239). Da ein substanziiertes Bestreiten des Mieters von Ansätzen der Betriebskostenabrechnung in der Regel die Einsichtnahme in die Berechnungsunterlagen voraussetzt (LG Hannover, WuM 1990, 228; AG Langenfeld/Rheinland, ZMR 1999, 33), dürfte die Durchsetzbarkeit zu verneinen sein.

Bei der Abrechnung von Nebenkosten kann der Mieter darauf verwiesen werden, nur gescannte und neu ausgedruckte Unterlagen vorgelegt zu bekommen (AG Mainz, Urteil vom 2.6.1998, 72 C 118/98, ZMR 1999, 114). Der Mieter, dem die Einsicht in die Abrechnungsunterlagen verweigert worden ist, ist berechtigt, die Richtigkeit der einzelnen Positionen in der Abrechnung generell zu bestreiten. Der Vermieter muss dann in dem Rechtsstreit über die Nachzahlungsforderung die Einzelheiten der Betriebskostenabrechnung nachweisen und die Kosten übernehmen, wenn der Mieter aufgrund der erstmalig erteilten Auskunft den Anspruch anerkennt (§ 93 ZPO; Beuermann, § 4 MHG Rn. 60a; Kinne, Heizung und Heizkostenabrechnung, B 28). Auch bei einer Eigentumswohnung muss der Vermieter dem Mieter Gelegenheit zur Einsichtnahme in die Belege zwecks Überprüfung der Kostenansätze geben oder Fotokopien überlassen (LG Düsseldorf, DWW 1990, 207). Die Behauptung des Mieters, der Vermieter habe ihm die Einsicht in die der Nebenkostenabrechnung zugrunde liegenden Belege verweigert, ist unerheblich, wenn der Mieter diesen Vortrag nicht hinreichend konkretisiert (OLG Düsseldorf, ZMR 1998, 67). Hat die Hausverwaltung dem Mieter vier Termine zur Einsicht in die Betriebskostenunterlagen angeboten, der Mieter aber keinen der Termine wahrgenommen, kann er sich nicht mehr darauf berufen, dass ihm eine substanziierte Stellungnahme unmöglich ist (LG Berlin, Urteil vom 17.10.2000, 64 S 257/00). Das Einsichtsrecht kann der Vermieter auch noch während des Prozesses nachholen. Der Vermieter ist nicht verpflichtet, dem Mieter auf dessen globale Anforderung hin, alle Belege zu kopieren. Dies gilt jedenfalls dann, wenn der Mieter zur Einsichtnahme nur die Straße überqueren muss (LG Düsseldorf, Urteil vom 18.3.1997, 24 S 554/96, ZMR 1998, 1).

Bei einer Veräußerung des Grundstücks während des Abrechnungszeitraums ist der **90** **Erwerber** zur Abrechnung verpflichtet. Der Erwerber braucht aber nicht über diejenigen Vorauszahlungen, die der Mieter vor dem Eigentumswechsel an den Veräußerer geleistet hat, abzurechnen (LG Berlin, NZM 1999, 616 M; a.A. AG Coesfeld, WuM 1992, 379; AG Hamburg, WuM 1992, 380). Dagegen bleibt der Veräußerer abrechnungspflichtig bezüglich derjenigen Verbrauchsperioden, die vor dem Eigentümerwechsel abgeschlossen waren (AG Lüneburg, WuM 1992, 380). Der Erwerber braucht die Rückzahlungsforderung des Mieters wegen überzahlter Betriebskostenvorschüsse, die vor seinem Eintritt in das Mietverhältnis fällig geworden ist, nicht zu begleichen (OLG Düsseldorf, ZMR 1994, 364 = WuM 1994, 477); wird jedoch über einen Abrechnungszeitraum aus der Zeit vor Eigentumsübergang erst danach abgerechnet und die Nachforderung erst damit fällig gestellt, so trifft die Rückzahlungsverpflichtung den Erwerber als neuen Vermieter (OLG Naumburg, NZM 1998, 806; LG Berlin, Urteil vom 27.10.2000, 64 S 200/00).

Der in das Mietverhältnis gem. § 566 eintretende Erwerber muss auch dann ein Guthaben **91** aus einer von ihm erstellten Betriebskostenabrechnung an den Mieter auszahlen, wenn er erst während des laufenden Abrechnungszeitraumes in das Mietverhältnis eingetreten ist. Entsprechendes gilt bei der Anordnung einer **Zwangsverwaltung** nach §§ 146 ff. ZVG, so dass der Zwangsverwalter zur Abrechnung verpflichtet ist, wenn die Zwangsverwaltung im Zeitpunkt der Beendigung des Abrechnungszeitraums bestand (LG Berlin, Urteil vom 1.9.2000, 64 S 477/99, NZM 2001, 707 [LS]); der Zwangsverwalter muss dann die Vorauszahlungen des Mieters in vollem Umfang berücksichtigen, selbst wenn diese überwiegend an den Vermieter vor der Beschlagnahme (§ 148 Abs. 2 ZVG) gezahlt worden sind (OLG Hamburg, GE 1990, 41). Der Zwangsverwalter ist verpflichtet, auch solche Nebenkosten abzurechnen und Guthaben auszuzahlen, die einen Zeitraum vor Anordnung der Zwangsverwaltung betreffen (AG Berlin-Mitte, Beschl. vom 18.6.1999 und vom 9.7.1999, 30 L 16/98, MM 2000, 88).

Nach Beendigung der Zwangsverwaltung kann umgekehrt eine Klage auf Erteilung einer Betriebskostenabrechnung nur gegen den Vermieter und nicht mehr gegen den Zwangsverwalter erhoben werden, und zwar auch für Abrechnungszeiträume, in denen die Zwangsverwaltung bestand (AG Berlin-Wedding, GE 1998, 360).

Auch bei **Vermieterwechsel durch Eintritt des restituierten Eigentümers** in das **92** Mietverhältnis (§§ 16, 17 VermG) gilt nichts anderes. Vor der Bestandskraft des Restitutionsbescheids ist der den Mietvertrag abschließende Verfügungsberechtigte zur Abrechnung der Betriebskosten verpflichtet. Mit der Bestandskraft des Restitutionsbescheids gehen alle in Bezug auf das Grundstück bestehenden Rechte und Pflichten auf den Berechtigten über. Der Berechtigte hat sämtliche Rechte und Pflichten, die sich aus der mit der Rückübertragung des Eigentums wiedergewonnenen Rechtsstellung ergeben, selbst wahrzunehmen (Kinne in: Rädler/Raupach/Bezzenberger, § 16 VermG Rn. 6; Plesse in: Fieberg/Reichenbach/Messerschmidt/Neuhaus, § 16 VermG Rn. 3).

Tritt der Berechtigte infolge des mit Bestandskraft des Rückgabebescheides vollzogenen Wechsels im Grundstückseigentum nach §§ 16 Abs. 2, 17 Satz 1 VermG in bestehende Mietverhältnisse ein, so bleibt der Verfügungsberechtigte als früherer Eigentümer den Mietern gegenüber bezüglich der zu diesem Zeitpunkt abgelaufenen Abrechnungsperioden zur Abrechnung der Betriebskosten verpflichtet und zur Erhebung etwaiger Nachzahlungen berechtigt. Hinsichtlich der laufenden Abrechnungsperiode trifft die Abrechnungsflicht den Berechtigten; dieser wird auch Gläubiger etwaiger Nachzahlungsansprüche. Der Verfügungsberechtigte ist zu einer Vornahme der Betriebskostenabrechnung für die laufende Abrechnungsperiode nicht mehr berechtigt; vielmehr ist der restituierte Eigentümer als Vermieter zur Abrechnung verpflichtet (BGH, Urteil vom 14.9.2000, III ZR 211/99, GE 2000, 1471; LG Berlin, Urteil vom 7.4.1998, 15 O 583/97; Urteil vom 7.4.1998, 15 O 584/97; Urteil vom 19.9.1997, 8 O 156/97; Urteil vom 15.5.1998, 8 O 40/98; AG Berlin-Mitte, Urteil vom 12.3.1998, 10 C 603/97; AG Berlin-Hohenschönhausen, Urteil vom 29.1.1998, 5 C 387/97).

Der Vermieter kann mit Nachforderungen aus einer Betriebskostenabrechnung gegen Guthaben des Mieters aus anderen Betriebskostenabrechnungen aufrechnen (LG Berlin, NZM 1999, 414).

5.5 Verjährung und Verwirkung der Betriebskostennachforderung

93 Die sich aus der Abrechnung über Betriebskostenvorschüsse ergebenden Ausgleichsansprüche verjähren sowohl für den Vermieter als auch für den Mieter in vier Jahren (OLG Frankfurt, MDR 1983, 757; OLG Hamburg, GE 1988, 195), ab 1.1.2002 gilt voraussichtlich eine einheitliche Verjährungsfrist von drei Jahren (§ 195 i.d.F. des SchuldRModG).

Die **Verjährungsfrist** beginnt am Ende desjenigen Jahres, in dem dem Mieter die Abrechnung zugeht, frühestens jedoch mit Fälligkeit des Anspruchs, ab 1.1.2002 immer mit der Fälligkeit (§ 199 Abs. 1 Nr. 1 i.d.F. des SchuldRModG).

Beispiel:
Abrechnungsperiode 1.1.2000 bis 31.12.2000
Zugang der Abrechnung 15.10.2001
Fälligkeit der Nachforderung 1.11.2001
Beginn der Verjährungsfrist 1.1.2002
Ablauf der Verjährungsfrist 31.12.2005

Auch der Anspruch auf Rückzahlung von Vorschüssen unterliegt der kurzen Verjährungsfrist von vier Jahren (OLG Hamm, ZMR 1995, 294), ab 1.1.2002 drei Jahren. Für diese Ansprüche des Mieters beginnt der Lauf der Verjährungsfrist bisher erst mit dem Ende desjenigen Jahres, in dem dem Mieter die Abrechnung zugeht (BGH, NJW 1991, 837 = DWW 1991, 45), ab 1.1.2002 mit der Fälligkeit (§ 199 Abs. 1 Nr. 1 i.d.F. des SchuldRModG), also mit dem Zugang der Abrechnung.

Die Ansprüche aus der Betriebskostenabrechnung können bereits vor Ablauf der Verjäh-   94
rungsfrist **verwirken**, wenn sowohl eine gewisse Zeit verstrichen ist (**Zeitmoment**) und
der Mieter aufgrund von besonderen Umständen (**Umstandsmoment**) davon ausgehen
durfte, dass der Vermieter keine weiteren Forderungen an ihn stellen würde.
Derartige Umstände, die neben dem Zeitablauf das besondere Vertrauen des Mieters
darauf rechtfertigen können, dass der Vermieter keine Betriebskostennachforderungen
mehr geltend macht, können unter anderem darin liegen, dass der Vermieter die Mietkaution schon wenige Wochen nach Auszug vorbehaltlos auszahlt und erst ein Jahr
später noch Nachzahlung von Betriebskosten verlangt (LG Berlin, GE 1990, 657; AG
Berlin-Tiergarten, GE 2000, 474).
Ein Umstand, der das Vertrauen des Mieters darauf rechtfertigt, dass der Vermieter keine
Betriebskostennachforderungen mehr stellt, könnte ferner darin liegen, dass der Vermieter eine vergangene Abrechnungsperiode „überspringt" und für eine spätere Abrechnungsperiode abrechnet, ohne sich die Nachforderungen von Betriebskosten aus der
früheren Abrechnungsperiode vorzubehalten (AG Jülich, ZMR 1992, 27).
Der Vermieter kann dem Einwand der Verwirkung der Nachforderungen aus bereits
abgerechneten Abrechnungsperioden dadurch entgehen, dass er dem Mieter mit der
Abrechnung den Grund für die verspätete Geltendmachung mitteilt und sich ausdrücklich
vorbehält, Betriebskostennachforderungen auch für die bereits abgerechnete Abrechnungsperiode noch geltend zu machen.
Von der Verjährung ist die **Ausschlussfrist** des § 556 Abs. 3 Satz 3 für freifinanzierten   95
Wohnraum und die des § 20 Abs. 3 Satz 4 NMV für preisgebundenen (öffentlich geförderten) Neubau zu unterscheiden. Danach ist die jährliche Abrechnung dem Mieter
„spätestens bis zum Ablauf des 12. Monats nach dem Ende des Abrechnungszeitraums
mitzuteilen (zuzuleiten)". Nach Ablauf dieser Frist ist eine Nachforderung des Vermieters für die abgelaufene Abrechnungsperiode **ausgeschlossen**, es sei denn, der Vermieter
hat die Verspätung nicht zu vertreten. Die Nachforderungsansprüche des Vermieters
entfallen daher auch dann, wenn ein besonderer Umstand, der das Vertrauen des Mieters
darauf rechtfertigt, dass keine Nachforderungen mehr geltend gemacht werden, nicht
eingetreten ist. Der Ausschluss gilt auch dann, wenn der Vermieter innerhalb der Jahresfrist eine unwirksame Abrechnung erstellt hatte, die erst nach Ablauf der Jahresfrist
berichtigt wird (so zu § 20 Abs. 3 Satz 4 NMW: LG Berlin, Urteil vom 8.7.1994, 64 S
90/94 und 91/94; AG Berlin-Neukölln, MM 1994, 105). Für die Rechtzeitigkeit kommt
es auf den **Zugang** der Abrechnung, nicht dagegen auf die Absendung durch den Vermieter an (so aber AG Bremen, WuM 1995, 593).
Für den früher preisgebundenen Altbauwohnraum in den neuen Bundesländern (bis
3.10.1990 errichteter Wohnraum) sowie die so genannten Wendewohnungen (vgl. zu
Letzteren LG Berlin, GE 1997, 1397) gilt die Ausschlussfrist des § 556 Abs. 2 Satz 2
ebenfalls (AG Potsdam, WuM 1995, 718).

5.6 Anpassung der Vorauszahlungen
Haben sich die Betriebskosten, für die Vorauszahlungen vereinbart worden sind, gegen-   96
über dem Stand zur Zeit der Vereinbarung verändert, so stehen sowohl dem Vermieter
als auch dem Mieter von Wohnraum ein Anspruch auf Anpassung der vereinbarten Vorauszahlungen zu, jedoch nur nach **einer Abrechnung** (§ 560 Abs. 4). Auch in Ausnah-

mefällen (überproportionale Steigerung der Betriebskosten während eines Abrechnungs-zeitraums) kann also der Vermieter nicht mehr gemäß den Grundsätzen des Wegfalls der Geschäftsgrundlage die Betriebskostenvorauszahlungen den gestiegenen Betriebskosten anpassen (a.A. zur früheren Rechtslage: Sonnennschein, NJW 1992, 265; Kinne, GE 1990, 1174 ; Barthelmess, § 4 MHG S. 555). Der Auffassung, dass der Vermieter auch in sonstigen Fällen das Recht hat, die vereinbarten Vorauszahlungen bei einer inzwischen eingetretenen wesentlichen Erhöhung der zugrunde liegenden Betriebskostenarten mit Wirkung für die Zukunft zu erhöhen (Barthelmess, a.a.O., Beuermann, §§ 14, 4 MHG Rn. 96; Mietprax/Pfeifer, Fach 2 Rn. 276 f.), kann nach der Neufassung des § 560 Abs. 4 nicht mehr zugestimmt werden. Auch der Mieter kann eine Anpassung vornehmen, allerdings ebenfalls erst nach einer Abrechnung. Nach dem Gesetzeswortlaut genügt jede Abrechnung, also auch die vom Mieter selbst erstellte.

97 Die Anpassung muss auf eine **angemessene Höhe** erfolgen, also entsprechend dem bisherigen Umlageschlüssel. Zudem muss die Anpassung in Textform erklärt werden. Für die Erhöhung der Betriebskostenvorauszahlungen reicht es aber aus, wenn aus der Betriebskostenabrechnung sich für die abgelaufene Abrechnungsperiode per Saldo eine Erhöhung der Betriebskosten ergibt und der künftige Vorauszahlungsbetrag unter Zu-grundelegung der sich aus der Differenz zwischen den bisherigen Vorauszahlungen zu dem nach der Abrechnung notwendigen Betrag nach dem bisherigen Umlagemaßstab berechnet worden ist. Zweckmäßigerweise wird daher die Erklärung über die Erhöhung der Betriebskostenvorauszahlung mit der Abrechnung über die Betriebskosten der voran-gegangenen Abrechnungsperioden verbunden. Insoweit dürfte eine maßvolle Erhöhung über den sich aus der letzten Betriebskostenabrechnung ergebenden Betrag bis zu 5% über diesen Betrag zulässig sein (AG Karlsruhe, DWW 1993, 21).
Für die Herabsetzung der Betriebskostenvorauszahlungen dürfte das Guthaben, das sich aus der Abrechnung ergibt, maßgebend sein. Der Betrag des Guthabens, geteilt durch die Nutzungsmonate, ergibt den Betrag, um den die monatlichen Vorauszahlungen auf Ver-langen des Mieteres herabgesetzt werden müssen.
Jede Partei kann die Anpassung **vornehmen**.
Nach dem Gesetzeswortlaut handelt es sich nicht um einen Anspruch auf Zustimmung zur Anpassung, sondern um ein einseitiges Gestaltungsrecht. Mit Zugang der entspre-chenden Erklärung erfolgt die Anpassung; sie wird jedoch erst mit der nächst fälligen Miete fällig; die nächst fällige Vorauszahlung wird nur in der angepassten Höhe geschul-det.

5.7 Umstellung auf verbrauchsabhängige Abrechnung

98 Der Vermieter kann eine vereinbarte Mietstruktur grundsätzlich (Ausnahme: § 556a vgl. dort) nicht einseitig ändern. Er kann also grundsätzlich nicht einseitig von der ausgewie-senen Betriebskostenpauschale oder einer Bruttokaltmiete (oben ausgewiesenen Be-triebskostenpauschale) auf eine Nettokaltmiete mit Vorschüssen „umsteigen".
Eine in einem Wohnraummietvertrag enthaltene **Formularklausel**, dass der Vermieter die Mietstruktur nach billigem Ermessen ohne Zustimmung des Mieters einseitig ändern kann, dürfte generell unwirksam sein (vgl. zur Änderung des Umlagemaßstabs: BGH, GE 1993, 359 = DWW 1993, 74).

Die Mietstruktur kann in Ausnahmefällen jedoch auch dadurch konkludent umgestellt   99
werden, dass der Vermieter den Mieter von der beabsichtigten Umstellung der Betriebskostenpauschale bzw. einer Bruttokaltmiete auf die Nettokaltmiete mit Vorschüssen
informiert, dem Mieter eine Frist zur Ablehnung dieser Umstellung einräumt und dem
Mieter nach Ablauf der Frist die geforderten Betriebskostenvorschüsse als solche zahlt
(vgl. dazu oben näher Rn. 15, 75, 109). Derartige konkludente Umstellungen werden
auch im Hinblick auf das Schrifterfordernis des § 550 grundsätzlich zugelassen; stets
erforderlich ist aber ein Rechtsbindungswille (vgl. z.B. LG Kassel, WuM 1990, 159; LG
Detmold, WuM 1991, 701; LG Berlin, GE 1998, 433; LG Saarbrücken, NZM 1999,
408). Auf einen derartigen Rechtsbindungswillen kann insbesondere dann geschlossen
werden, wenn der Mieter vorbehaltlos längere Zeit die Vorschüsse und auch Nachforderungsbeträge aus der Betriebskostenabrechnung über die Vorschüsse zahlt (vgl. u.a. LG
Kassel, DWW 1996, 312; LG Berlin, GE 1999, 1286; LG Saarbrücken, NZM 1999, 408).

5.8   Einwendungsfrist für den Mieter
Neu ist, dass auch für den Mieter eine Frist gilt, innerhalb derer er seine Einwendungen   100
gegen die Betriebskostenabrechnung vorbringen muss. Diese Frist beträgt ein Jahr nach
Zugang der Abrechnung. Nach Ablauf dieser Frist kann der Mieter Einwendungen nicht
mehr geltend machen, es sei denn, er hat die verspätete Geltendmachung nicht zu vertreten. Dies muss der Mieter **darlegen** und **beweisen**, der sich auf diese Ausnahme beruft.
Ebenso wie der Vermieter hat der Mieter ein **Verschulden seiner Erfüllungsgehilfen** zu
vertreten. Übergibt der Mieter daher die Abrechnung einem Dritten (Mietverein, Rechts-
berater, Rechtsanwalt), damit dieser die Abrechnung prüft und Einwendungen geltend
macht, so hat es der Mieter zu vertreten, wenn der Dritte die Einwendungen erst nach
Ablauf der Frist erhebt. Ebenso wie für den Vermieter die Abrechnungsfrist ist auch
diese Frist für den Mieter eine **Ausschlussfrist.**
Fraglich ist, ob der Vermieter sich weiterhin darauf berufen kann, dass die vor Ablauf der
Einwendungsfrist erfolgte vorbehaltlose Zahlung einer Abrechnungsnachforderung durch
den Mieter als **deklaratorisches Anerkenntnis** anzusehen ist mit der Wirkung eines
Ausschlusses von solchen tatsächlichen oder rechtlichen Einwendungen, die der Mieter
kannte oder aufgrund der Abrechnungsunterlagen hätte kennen können (OLG Hamburg,
WuM 1988, 26 = DWW 1987, 296; WuM 1991, 598; LG Kassel, WuM 1989, 582; AG
Ludwigshafen, WuM 1991, 504; AG Alsfeld, NZM 2001, 707). Da es sich jedoch bei der
Regelung in § 556 Abs. 3 Satz 5 und 6 nur um die Regelung einer Ausschlussfrist zu
Lasten des Mieters handelt, bleibt davon die bisherige Rechtsprechung über die Wirkung
der Zahlung als deklaratorisches Schuldanerkenntnis unberührt.
Auf jeden Fall kann sich der Mieter nach vorbehaltloser Zahlung der Abrechnungsforde-
rung vor Ablauf der Einwendungsfrist nicht mehr darauf berufen, dass diese nicht fällig
war (OLG Hamburg, a.a.O.) und muss, wenn er, der den vorbehaltlos gezahlten Betrag
zurückfordert, die Unrichtigkeit der Betriebskostenabrechnung darlegen und beweisen
(LG Berlin, Urteil vom 16.9.1997, 64 S 282/97).

5.9   Abweichende Vereinbarungen
Eine zum Nachteil des Mieters von der Begrenzung der Vorauszahlungen auf angemes-   101
sene Vorauszahlungen oder von der Verpflichtung zur jährlichen Abrechnung abwei-

chende Vereinbarung ist unwirksam. Das bedeutet einmal, dass weder zu niedrige noch zu hohe Vorauszahlungen vereinbart werden dürfen. Der Vermieter ist allerdings auch nach § 556 Abs. 2 Satz 2 nicht verpflichtet, Vorschüsse auf die Betriebskosten genau in derjenigen Höhe anzusetzen, in der sie aller Wahrscheinlichkeit nach auch anfallen (OLG Stuttgart, NJW 1982, 2506 = WuM 1982, 272; LG Berlin, GE 1990, 653). Grundsätzlich ist der Vermieter jedoch verpflichtet, die Vorauszahlungen nach dem voraussichtlichen Jahresbedarf zu vereinbaren, wobei ein mäßiger Aufschlag wegen der voraussichtlichen Preissteigerung zulässig ist (LG Berlin, GE 1994, 457). Hat der Vermieter als Lockange-bot die Betriebskostenvorschüsse bewusst viel zu niedrig angesetzt, so ist die entspre-chende Vereinbarung unwirksam; der Vermieter hat keinen Anspruch auf Nachzahlung des sich aus der Abrechnung ergebenden Nachforderungsbetrags (AG Berlin-Tiergarten, MM 1993, 399; LG Berlin, GE 1996, 322; LG Berlin, Urteil vom 14.9.1999, 64 S 127/99).

Auch die Vereinbarung kürzerer oder längerer Abrechnungszeiträume ist unwirksam. Kürzere Abrechnungszeiträume führen zu einer vermehrten Belastung des Mieters, län-gere Abrechnungszeiträume bergen die Gefahr in sich, dass der Mieter ein Guthaben erst später ausgezahlt erhält als bei einem Abrechnungszeitraum von einem Jahr. Lediglich für den Fall des Mieterwechsels innerhalb eines Abrechnungszeitraums dürfte eine Ver-einbarung zulässig sein, dass für den eintretenden Mieter zunächst über ein Rumpfjahr abgerechnet wird. Bei einem Ausscheiden eines Mieters darf der Abrechnungszeitraum nicht verkürzt werden. Der Vermieter ist auch zu Teilabrechnungen nicht verpflichtet (§ 556 Abs. 3 Satz 4). Allerdings dürfen dem ausscheidenden Mieter dann die Betriebs-kosten nur anteilig nach demjenigen Zeitraum auferlegt werden, in dem das Mietverhält-nis fortbestand.

Schließlich kann auch nicht vereinbart werden, dass der Vermieter auch noch nach Ab-lauf der Ausschlussfrist abrechnen und Nachforderungen geltend machen darf. Ebenso wenig darf die Einwendungsfrist für den Mieter auf einen kürzeren Zeitraum als ein Jahr nach Zugang der Abrechnung verkürzt werden. Auch eine Vereinbarung, dass die Ein-wendungsfrist für den Mieter jeweils bereits nach Ablauf der – vereinbarten oder gesetz-lichen – Abrechnungsfrist beginnt, ist unzulässig.

Die Vereinbarung einer Bruttomiete ohne ausgewiesenen Betriebskostenanteil ist dage-gen ebenso zulässig wie die Vereinbarung einer Inklusivmiete.

6. Betriebskostenarten

102 Da für Wohnraum nur die Betriebskosten i.S.d. Nummern 1–17 Anlage 3 zu § 27 II. BV umlagefähig sind (vgl. z.B. BGH, NJW 1993, 1061), können nur diese neben der Miete gesondert auf den Wohnraummieter umgelegt werden. Die Aufzählung dieser Betriebs-kosten in der Anlage 3 ist abschließend, so dass Instandhaltungs- und Verwaltungskosten (vgl. dazu oben Rn. 30 ff.) nicht als Betriebskosten umlegbar sind (OLG Koblenz, ZMR 1986, 88 = WuM 1986, 50 = DWW 1986, 42 = NJW 1986, 995; OLG Karlsruhe, ZMR 1988, 261 = WuM 1988, 204 = DWW 1988, 168). Ebenso wenig sind die Kosten der Abrechnung über die „kalten" Betriebskosten (LG Berlin, GE 1998, 1339) umlegbar.

Die **Verwaltungskosten** können aber als Bestandteil der vom Mieter geschuldeten Miete vereinbart werden (vgl. oben Rn. 31). Bei Erhöhung der Verwaltungskosten ist jedoch dann nicht eine Erhöhung der Bruttokaltmiete insgesamt gem. § 560 Abs. 2 möglich, sondern nur eine Erhöhung der Bruttomiete insgesamt gem. § 558, wenn die ortsübliche Vergleichsmiete über der vereinbarten Miete liegt (Geldmacher, DWW 1994, 341)

6.1 Laufende öffentliche Lasten des Grundstücks

103

§ 27 II. BV Anlage 3 Nr. 1
Die laufenden öffentlichen Lasten des Grundstücks
Hierzu gehören namentlich die Grundsteuer, jedoch nicht die Hypothekengewinnabgabe.

Maßgeblich ist, dass es sich um öffentliche Lasten handelt, die auf dem Grundstück selbst ruhen. Das sind einmal die Grundsteuern. Zu den Grundsteuern gehören auch Zweitwohnungssteuern. Ferner sind auch Realkirchensteuern, Deichgebühren, Sielgebühren sowie in den neuen Bundesländern die Abgeltungslast aufgrund der Hauszinssteuer (vgl. dazu Hundertmark, ZOV 1994, 241) gem. Nr. 1 der Anlage 3 zu § 27 I. BV als Betriebskosten umlegbar. Nicht dazu gehören jedoch verrentete Anliegerbeiträge aus Erschließungs- oder Anschlusskosten, die nur Kapitalkosten sind (Langenberg, A. Rn. 33). Personensteuern des Vermieters werden ebenso wenig erfasst wie die Gewerbesteuer, selbst wenn das Grundstück Teil des Betriebsvermögens ist. Soweit die öffentlichen Lasten zu einer anderen der in der Anlage 3 aufgeführten Betriebskostenarten gehören (z.B. Schornsteinreinigung, Brandversicherungsprämien), sind sie unter dieser spezielleren Ziffer umzulegen.

Soweit Grundsteuern für **gemischt genutzte Objekte** anfallen, müssen sie nach Wohn- und Gewerberäumen aufgeteilt werden. Dazu ist das aus dem Einheitswertbescheid ersichtliche Verhältnis der Jahresrohmieten von Wohnräumen zu Geschäftsräumen heranzuziehen. Nach diesem Verhältnis ist die Grundsteuer aufzuteilen (LG Frankfurt/Main, ZMR 1997, 642 f.; Schmid, ZMR 1998, 257 [260]; Windisch, WuM 1997, 629 f.). Ist dagegen eine derartige Aufteilung aus dem Grundsteuerbescheid nicht ersichtlich, so ist die Aufteilung nach der Nutzfläche zulässig. Wird in einem Gewerberaummietvertrag in den ersten Jahren nach Fertigstellung Grundsteuer nur nach den Beträgen für Eigentumswohnungen umgelegt und steht die behördliche Neufestsetzung der Grundsteuer für das Grundstück noch aus, so kann der Vermieter auch die neu festgesetzte Grundsteuer auf den Gewerberaummieter umlegen, wenn er eine Klausel mit ihm vereinbart hat, wonach Mehrbelastungen des Vermieters durch Erhöhungen oder Neueinführungen von Betriebskosten auf den Mieter umgelegt werden dürfen (OLG Frankfurt/Main, NZM 2000, 243).

104

Erhöht das Finanzamt die Grundsteuer rückwirkend, kann eine bereits erteilte Betriebskostenabrechnung berichtigt und die Grundsteuer auch für die vergangenen Jahre nachträglich (LG Berlin, MM 2000, 2201; GE 2001, 347; LG Frankfurt/Main, NZM 2001, 584; einschränkend AG Köln, NZM 2001, 708 [LS]) auf diejenigen Mieter umgelegt werden, mit denen das Mietverhältnis noch besteht.

105 Zu den Grundsteuern gehören dagegen **nicht** die **Hypothekengewinnabgabe**, die auf das Grundstück anteilig entfallende **Vermögenssteuer** sowie **Anliegerbeiträge** aller Art (Erschließungsbeiträge, Straßenausbaubeiträge usw.).

106 Zu den **öffentlich-rechtlichen Gebühren** zählen diejenigen für den Betrieb von Versorgungs- und Entsorgungsleitungen. Soweit es sich jedoch um öffentlich-rechtliche Gebühren für die Müllabfuhr, Straßenreinigung usw. handelt, werden sie nicht zu den laufenden öffentlichen Lasten i.S.d. Nr. 1 der Anlage 3 zu § 27 II. BV gerechnet, sodann zu den Kosten der Straßenreinigung und Müllabfuhr i.S.d. Nr. 8 der Anlage 3 zu § 27 II. BV.

6.2   Kosten der Wasserversorgung

107

> **§ 27 II. BV Anlage 3 Nr. 2**
> Die Kosten der Wasserversorgung
> Hierzu gehören die Kosten des Wasserverbrauchs, die Grundgebühren, die Kosten der Anmietung oder anderer Arten der Gebrauchsüberlassung von Wasserzählern sowie die Kosten ihrer Verwendung einschließlich der Kosten der Berechnung und Aufteilung, (Zählermiete, Kosten der Verwendung von Zwischenzählern, Leasingkosten für Wasserzähler, Kosten der Berechnung und Aufteilung der Wasserverbrauchskosten) Kosten des Betriebs einer hauseigenen Wasserversorgungsanlage und einer Wasseraufbereitungsanlage einschließlich der Aufbereitungsstoffe.

108 **a) Kosten des Wasserverbrauchs**
Die Kosten des Wasserverbrauchs können unabhängig davon umgelegt werden, ob sie als privatrechtliches Entgelt oder als öffentlich-rechtliche Gebühr erhoben werden. Ist im Mietvertrag über ein mit Wasserzählern ausgestattetes Wohnhaus individuell vereinbart, dass der Mieter alle Nebenkosten zu tragen hat, so sind die verbrauchsabhängigen Wasser- und Abwasserkosten vom Mieter zu tragen (LG Saarbrücken, NZM 1999, 458). Sie dürfen jedoch nur durch einen Verbrauch der Mieter im Rahmen des vertragsmäßigen Gebrauchs der Mietsache entstanden sein. Mehrkosten durch Modernisierungs-, Umbau- oder Instandsetzungsmaßnahmen müssen daher von den Gesamtkosten ebenso abgezogen werden wie Mehrkosten durch Defekte an einer Verbrauchsstelle (Rohrbruch, Wasserspülung). Die Mehrkosten durch Modernisierungs-, Umbau- und Instandsetzungsmaßnahmen sind durch Zwischenzähler zu erfassen; insoweit kommt eine Schätzung grundsätzlich nicht in Betracht. Hat sich bei einem Defekt ein genau zu bestimmender Fehler herausgestellt und kann der Mehrverbrauch durch einen Sachverständigen ermittelt werden (vgl. OLG Celle, Urteil vom 7.6.1988, 14 U 238/87, Pfeifer, 10.3.4: Bei einem Druck von 6 Bar und einem Loch von 5 mm Durchmesser fließen im Monat 960 cbm Wasser aus), so ist dieser Mehrverbrauch von den übrigen Wasserkosten abzusetzen. Schätzungen sind nur insoweit zulässig, als sie auf nachprüfbaren Schätzungsgrundlagen beruhen; insoweit ist der örtliche Wasserlieferant nach den entsprechenden Durchschnittswerten zu befragen.

b) Grundgebühren 109
Die Grundgebühren setzen sich zumeist aus den Vorhaltekosten des Wasserwerks und den Kosten für das Rohrnetz zusammen. Häufig werden diese mit den Zählergebühren zu einer einheitlichen Grundgebühr zusammengefasst.

c) Zählerkosten 110
Zu den Kosten der Zählermiete gehören sowohl die Entgelte für solche Wasserzähler, die vom Versorgungsunternehmen dem Vermieter gegen Gebühren zur Verfügung gestellt werden als auch die eigentliche Zählermiete für die vom Versorgungsunternehmen an den Vermieter vermieteten Wasserzähler. Auch die Zählermiete der von privaten Firmen gemieteten Zähler ist umlegbar. Umlegbar sind sowohl die Kosten von Einzelzählern als auch von Zwischenzählern. Erfassen die Zähler nur den Verbrauch bestimmter Nutzergruppen (z.B. bei Vorwegerfassung des Wasserverbrauchs der Gewerbebetriebe einer gemischt genutzten Einheit), so sind die Zählerkosten nur auf diese Nutzergruppe umlegbar.

Da **Wasserzähler** nach Ablauf der Eichgültigkeitsfrist (für Kaltwasserzähler: sechs Jahre, für Warmwasser: fünf Jahre) neu geeicht werden müssen, fallen auch die damit entstehenden Kosten unter die Kosten der Wasserversorgung. Das sind in der Regel die Kosten, die dadurch entstehen, dass diejenigen Geräte, deren Eichgültigkeitsfrist abgelaufen ist, demontiert und nachgeeicht werden müssen und während der Zeit der Demontage Altgeräte mit geeichten Wasserzählern eingesetzt werden müssen. Sind die Kosten dafür höher als die Kosten des Austauschs von Warm- und Kaltwasserzählern, so können auch die Austauschkosten als Wasserversorgungskosten angesetzt werden (AG Neuss, DWW 1988, 284; LG Berlin, GE 1992, 385). Unschädlich ist, dass diese Kosten jeweils in längeren Zeitabständen entstehen, da sie regelmäßig wiederkehren.

Soweit beim Leasing die Nacheichkosten in den auf den Mieter umlegbaren Leasingraten einkalkuliert sind, können sie natürlich nicht zusätzlich zu den Leasingraten auf die Mieter umgelegt werden.

d) Kosten der Berechnung und Aufteilung 111
Bei der verbrauchsabhängigen Abrechnung der Wasserversorgungskosten gehören zu den Kosten der Wasserversorgung auch die **Leasingkosten** für die für jede Wohnung eingebauten Wasserzähler, die an das Versorgungsunternehmen zu leistende **Zählermiete oder Zählergebühr** und die Kosten von Verbrauchserfassungsunternehmen, welche **Ablesung und Berechnung** des Wasserverbrauchs entgeltlich übernehmen, und zwar auch dann, wenn die Ablesung und Berechnung des auf den einzelnen Mieter entfallenden Wasserverbrauchs von dem Versorgungsunternehmen als zusätzlicher entgeltlicher Service übernommen wird (Mietprax/Pfeifer, Fach 2 Rn. 20). Da gem. § 27 Abs. 2 Satz 1 II. BV auch Sach- und Arbeitsleistungen des Eigentümers (Erbbauberechtigten), durch die Betriebskosten erspart werden, mit dem Betrag angesetzt werden dürfen, der für eine gleichwertige Leistung eines Dritten, insbesondere eines Unternehmers, angesetzt werden könnte, kann der Vermieter, der selbst den Wasserverbrauch durch eigene Ablesung feststellt und sodann gegenüber seinen Mietern verbrauchsabhängig abrechnet, die dafür entstehenden Kosten – jedoch ohne die Umsatzsteuer eines Fremdunternehmers – als Kosten der Berechnung und Aufteilung der Wasserverbrauchskosten auf die Mieter umlegen.

Der Vermieter ist, soweit landesrechtlich nichts anderes geregelt ist, nicht verpflichtet, in ein bestehendes Gebäude nachträglich Wasserzähler einzubauen (Langenberg, Rn. 43 m.w.N.). Der Vermieter braucht auch dann, wenn einzelne Mieter bereits auf eigene Kosten Wasserzähler eingebaut haben, nicht die übrigen Wohnungen im Hause ebenfalls mit Wasserzählern auszustatten.

Bei Einbau von Wasserzählern in allen Wohnungen des Hauses ist jedoch eine verbrauchsabhängige Abrechnung zwingend (§ 556a Abs. 1 Satz 2). Wird der Wasserverbrauch nur eines Gebäudes oder einer Wirtschaftseinheit durch einen einzigen Wasserzähler erfasst, ist eine verbrauchsunabhängige Abrechnung – z.B. nach Quadratmetern (OLG Hamm, DWW 1983, 278 = MDR 1984, 146 = ZMR 1984, 14; AG Duisburg, ZMR 1993, 172) – zulässig.

Wenn **Zwischenzähler** angebracht sind, ist auch dann, wenn die Summe der bei den Zwischenzählern ermittelten Einzelverbrauchswerte von derjenigen des Hauptwasserzählers abweicht, die Umlage der Wasserkosten nach dem an die Wasserwerke zu zahlenden Betrag zulässig. Zeigt der Hauptwasserzähler mehr als die Summe der Einzelverbrauchswerte an, ist diese Differenz anteilig nach dem gemessenen Wasserverbrauch der einzelnen Mieter auf diese aufzuteilen (AG Dortmund, DWW 1992, 181).

Grundsätzlich kann die Umlage derart erfolgen, dass die Gesamtkosten der Wasserversorgung/Entwässerung durch die Summe der Werte aller Unterzähler dividiert werden und die sich daraus ergebenden Kosten auf den einzelnen Mieter umgelegt werden (AG Ibbenbühren, 3 C 374/99, WuM 2000, 83). Dadurch ändert sich der Preis je Kubikmeter Wasser um die Fehlmenge und jeder Mieter trägt einen proportionalen Anteil an den Differenzen.

Diese Umlage ist so lange zulässig, wie sich die Abweichung der Verbrauchsmenge von Hauptwasserzählern und der Summe der Wohnungswasserzähler in einem vertretbaren Maß hält. Diese Messfehlertoleranz wird unterschiedlich eingeschätzt.

Nach der überwiegenden Auffassung (LG Braunschweig, Urteil vom 22.12.1998, WuM 1999, 294; AG Salzgitter, WuM 1996, 285; AG Hamburg, WuM 2000, 213) sind Unterschiedsmengen zwischen Hauptwasserzähler und Summe der Wohnungswasserzähler bis zu 20% tolerierbar.

Nach einer Mindermeinung (AG Dortmund, Urteil vom 5.2.1992, DWW 1992, 180; AG Berlin-Schöneberg, Urteil vom 1.11.2000, 12 C 235/00, GE 2000, 1623) sind sogar Unterschiedsmengen bis zu 25% tolerierbar.

Die Tolerierung dieser Abweichungen setzt jedoch voraus, dass die Differenz nicht auf vom Vermieter zu vertretenden Umständen beruht. Ist zwischen den Parteien unstreitig, dass vom Hauptwasserzähler erfasstes Wasser zu Baumaßnahmen (Dachgeschossausbau, Fassadenwärmedämmung) verwendet worden ist, kann sich der Vermieter nicht mehr auf die Messfehlertoleranz berufen. Er muss vielmehr dieses Bauwasser durch Zwischenzähler erfassen und die dafür verbrauchte Menge von den auf die Mieter umzulegenden Kosten von vornherein abziehen.

Dasselbe gilt, wenn Rohrbrüche zu diesem Mehrverbrauch führen und der Vermieter das Entstehen dieser Rohrbrüche durch regelmäßig wiederkehrende Kontrolle der wasserführenden Leitungen nicht verhindert hat; denn Kosten, die nur deshalb entstehen, weil die Vermieterleistung nicht ordnungsgemäß erbracht worden ist, sind wegen Verstoßes des

Vermieters gegen seine Verpflichtung zur ordnungsgemäßen Geschäftsführung nicht auf die Mieter umlegbar (z.B. erhöhte Wasserkosten, weil die Dichtung von WC-Becken defekt ist, AG Bergisch-Gladbach, WuM 1984, 230). Ist dagegen der Vermieter außerstande gewesen, vom Mieter erkannte Schäden an Wasserversorgungseinrichtungen zu beseitigen, weil der Mieter diese dem Vermieter nicht gem. § 536c angezeigt hat, ist der betreffende Mieter wegen des erhöhten Wasserverbrauchs ersatzpflichtig (LG Lübeck, WuM 1991, 482; AG Rosenheim, DWW 1994, 360).

e) Hauseigene Wasserversorgungsanlage 112
Zu den Kosten der hauseigenen Wasserversorgungsanlage gehören die Kosten für den Betrieb eines hauseigenen Brunnens, einer Pumpanlage oder eines kleinen Wasserwerks, und zwar sowohl die Stromkosten als auch die Aufwendungen für die Wartung und die Gebühren für eine nach öffentlich-rechtlichen Vorschriften notwendige Wasseruntersuchung (AG Hamburg-Altona, WuM 1982, 2; AG Wesel, WuM 1990, 443).
Auch die Betriebskosten für Druckerhöhungsanlagen fallen darunter, die dann notwendig werden, wenn der Wasserdruck des örtlichen Versorgungsunternehmens nicht ausreicht, um die Nutzer in den oberen Stockwerken vertragsgemäß mit Wasser zu versorgen.

f) Hauseigene Wasseraufbereitungsanlage 113
Zu den Kosten der hauseigenen Wasseraufbereitung gehören Kosten für Pumpen. Ansaugrohre, Filter, Ventile, Kessel, Manometer und insbesondere die Stromkosten für die Wasserpumpe sowie die Kosten für Wartung und Pflege der gesamten Anlage. Stromkosten müssen grundsätzlich durch Zwischenzähler erfasst werden. Nur ausnahmsweise kommt eine Schätzung dieser Stromkosten dann in Betracht, wenn der Stromverbrauch durch die entsprechenden Pumpen hinlänglich genau feststellbar ist (z.B. Betriebsdauer x Verbrauch x Strompreis x 24 Stunden pro Tag: LG Berlin, GE 1984, 83).
Zu den Kosten des Betriebs der hauseigenen Wasseraufbereitungsanlage gehören auch die Kosten der Aufbereitungsstoffe, z.B. für die Wasserenthärtung oder Trinkwasserentkeimung. Korosionsschutzmittel sind dagegen grundsätzlich nicht umlegbar, weil sie nicht zu einer Verbesserung der Wasserqualität führen (AG Lörrach, WuM 1995, 593; a.A. AG Dresden, NZM 2001, 708 bei entsprechender Vereinbarung).
Die Kosten für die Anschaffung von Wasseraufbereitungsanlagen gehören ebenso wenig zu den Betriebskosten wie Reparaturkosten. Auch vorbereitende Instandhaltungskosten wie die Kosten für das regelmäßige Ausfräsen von Wasserleitungen sind nicht als Betriebskosten umlagefähig. Ebenso wenig sind die Kosten für die Beseitigung einer **Rohrverstopfung** (OLG Hamm, WuM 1982, 201) als Betriebskosten umlegbar.
Auch die Kosten für das **Bauwasser** (AG Görlitz, WuM 1996, 48 f.), für Verkaufszwecke (BayObLG, WuM 1997, 186 zum Wohnungseigentum), für das Gießen der **Dachbegrünung** (LG Karlsruhe, WuM 1996, 230) sind ebenso wenig umlegbar wie die Mehrkosten, die durch einen **Wasserrohrbruch** oder einen sonstigen Leitungsverlust verursacht werden (AG Salzgitter, WuM 1996, 285).
Auch die Wasserkosten für eine **Tiefgarage** oder für **Parkplätze** dürfen nicht auf alle Mieter, sondern nur auf diejenigen Mieter umgelegt werden, denen ein Stellplatz zur Verfügung steht (LG Hamburg, WuM 1989, 640; Barthelmess, § 4 MHG Rn. 3).
Wasserkosten für die Gartenpflege brauchen nicht unter der Nr. 10 der Anlage 3 zu § 27 II. BV abgerechnet zu werden, sondern können auch unter der Nr. 2 umgelegt werden,

und zwar auch dann, wenn es sich um die Bewässerungskosten für vom Mieter nicht nutzbare **Rasenflächen** des Gartens handelt (Schmid, ZMR 1998, 257 [260]).

6.3 Kosten der Entwässerung

114

> **§ 27 II. BV Anlage 3 Nr. 3**
> Die Kosten der Entwässerung
> Hierzu gehören die Gebühren für die Haus- und Grundstücksentwässerung, die Kosten des Betriebs einer entsprechenden nicht öffentlichen Anlage und die Kosten des Betriebs einer Entwässerungspumpe.

Zu den Gebühren für die Haus- und Grundstücksentwässerung gehören zunächst die Gebühren für die Benutzung einer öffentlichen Entwässerungsanlage (Kanalgebühren, Sielgebühren), und zwar einmal die Kosten für die Entsorgung der im Haus anfallenden Abwässer, aber auch die Kosten für die Entsorgung des Oberflächenwassers, also den Abfluss des Regenwassers von der versiegelten Grundstücksfläche. Unerheblich ist, ob die Kosten für die Hausabwässer getrennt von den Kosten für die Entsorgung von Oberflächenwasser berechnet werden oder zusammen. Auch die Betriebskosten für eine **hauseigene Abwasseranlage** gehören dazu, wie z.B. die Kosten für ein Dreikammersystem, eine Sickergrube oder eine voll biologische Kläranlage (AG Bergisch-Gladbach, WuM 1985, 369) einschließlich Wartungskosten und Klärschlammabfuhr. Die Kosten einer **Entwässerungspumpe** oder Hebeanlage (Strom und Wartung) sind ebenfalls als Entwässerungskosten umlegbar. Entwässerungspumpen können notwendig sein für hauseigene Hebeanlagen, mit denen die Abwässer auf das Abflussniveau der höheren, öffentlichen Abwasseranlage gefördert werden oder in die hauseigene Abwassersammelanlage. Auch die Stromkosten und Wartungskosten für Pumpen, die Überschwemmungen der Keller nach starken Regenfällen vermeiden sollen, sind umlegbar (Fischer-Dieskau/Heix, § 21 NMV Anm. 3).

115 Nicht umlegbar sind die einmaligen Kanalanschlussgebühren, sowie die Anlage-, Umbau- und Instandhaltungskosten an hauseigenen Entwässerungsanlagen, namentlich die Kosten für das Ausfräsen von Abwasserrohren und/oder die Reparatur von Schäden an der Entwässerungsanlage.

116 Der Vermieter muss im Rahmen der ordentlichen Geschäftsführung auch Tarifvergünstigen wegen verringerter Entwässerungskosten (z.B. Sprengwasserabzug) in Anspruch nehmen (a.A. AG Berlin-Schöneberg, GE 1997, 51). Gewährt das Entwässerungsunternehmen daher einen Rabatt für die Entwässerungskosten, wenn eine Rasen- und/oder Gartenfläche einer bestimmten Größe mit Wasser gesprengt wird, so muss der Vermieter diesen Rabatt in Anspruch nehmen. Lediglich die übrigen Kosten können als Entwässerungskosten auf die Mieter umgelegt werden.

6.4   Heizungskosten

> **§ 27 II. BV Anlage 3 Nr. 4**
> Die Kosten
> a)   des Betriebs der zentralen Heizungsanlage einschließlich der Abgasanlage,
> b)   des Betriebs der zentralen Brennstoffversorgungsanlage,
> c)   der eigenständig gewerblichen Lieferung von Wärme,
> d)   der Reinigung und Wartung von Etagenheizungen.

Die Heizungs- und Warmwasserkosten bezeichnet man auch als „warme Betriebskosten" im Gegensatz zu den unter Nr. 1–3 und Nr. 7–17 aufgeführten „kalten Betriebskosten".

6.4.1   Kosten des Betriebs zentraler Heizungsanlagen

## 118

> **§ 27 II. BV Anlage 3 Nr. 4a)**
> Die Kosten des Betriebs der zentralen Heizungsanlage einschließlich der Abgasanlage; hierzu gehören die Kosten der verbrauchten Brennstoffe und ihrer Lieferung, die Kosten des Betriebsstroms, die Kosten der Bedienung, Überwachung und Pflege der Anlage, der regelmäßigen Prüfung ihrer Betriebsbereitschaft und Betriebssicherheit einschließlich der Einstellung durch einen Fachmann, der Reinigung der Anlage und des Betriebsraums, die Kosten der Messungen nach dem Bundes-Immissionsschutzgesetz, die Kosten der Anmietung oder anderer Arten der Gebrauchsüberlassung einer Ausstattung zur Verbrauchserfassung sowie die Kosten der Verwendung einer Ausstattung zur Verbrauchserfassung einschließlich der Kosten der Berechnung und Aufteilung.

Was zu den Heizkosten gehört, ergibt sich aus der vorstehend wiedergegebenen Nr. 4a) der Anlage 3 zu § 27 II. BV, der wortgleich mit der Definition in § 7 Abs. 2 HeizkostenV ist. Die zwingenden Vorschriften der HeizkostenV überlagern insoweit Nr. 4a) der Anlage 3 zu § 27 II. BV.

Die Kosten der zentralen Heizungsanlagen sind von den Kosten der zentralen Brennstoffversorgungsanlage, der eigenständig gewerblichen Lieferung von Wärme und den Kosten von Etagenheizungen abzugrenzen. Sämtliche Heizungsarten fallen unter den Oberbegriff der **Sammelheizung** (LG Berlin, GE 1989, 723). Die **zentrale Heizungsanlage** ist eine Anlage, die eine Mehrheit von Wohnungen von einer außerhalb dieser Wohnungen gelegenen Feuerstelle aus beheizt. Eine zentrale Brennstoffversorgungsanlage ist eine Anlage, aus der der jeweilige Brennstoff zu den Öfen in den jeweiligen Wohnungen gepumpt wird (z.B. das Öl aus dem Tank im Keller des Hauses zu den Öfen in die jeweiligen Wohnungen). Die eigenständig gewerbliche Lieferung von Wärme wird als Fernheizung bezeichnet, wobei es gleichgültig ist, ob die **Fernheizung** vom Gebäudeeigentümer selbst betrieben wird oder ob es sich um fremdbewirtschaftete zentrale Heizungen handelt.

120 Die Kosten für eine Heizung, die lediglich in einer **Mietwohnung** betrieben wird (**Nachtstromspeicherheizung, Fußbodenheizung oder Etagenheizung in einer Wohnung**), sind dagegen allenfalls insoweit vom Vermieter auf die Mieter umlegbar, als es sich um die Reinigungs- und Wartungskosten für die Etagenheizung handelt; denn diese fallen unter Betriebskosten nach Nr. 4d) der Anlage 3 zur II. BV. Voraussetzung dafür ist natürlich eine entsprechende Regelung im Mietvertrag. Die Energiekosten wie Gas- und Stromkosten muss dagegen der Mieter mit dem Energieversorgungsunternehmen selbst abrechnen.

Zu den Kosten des Betriebs der zentralen Heizungsanlage gehören:
– Kosten der Brennstoffe und ihrer Lieferung
– Kosten des Betriebsstroms
– Kosten der Bedienung, Überwachung und Pflege der Anlage
– Kosten der regelmäßigen Prüfung der Betriebsbereitschaft und Betriebssicherheit einschließlich der Einstellung durch einen Fachmann
– Kosten der Reinigung der Anlage und des Betriebsraums
– Kosten der Messung nach dem Bundes-Immissionsschutzgesetz
– Kosten der Anmietung einer Ausstattung zur Verbrauchserfassung
– Kosten der Verwendung einer Ausstattung zur Verbrauchserfassung

6.4.1.1 Kosten der Brennstoffe und ihrer Lieferung

121 Der Vermieter darf nur die Kosten für die Wärmeerzeugung umlegen. Daher scheidet eine Umlage der Kosten für **Trockenheizen** in einem Neubau (vgl. dazu LG Berlin, Urteil vom 24.7.1998, 64 S 171/97) oder zur Austrocknung von Räumen, die einen Wasserschaden erlitten haben, aus. Für das Trockenheizen wird ein pauschaler Abschlag von 16–25% für gerechtfertigt gehalten (vgl. dazu näher Kinne, Heizung und Heizkostenabrechnung, Teil A Rn. 33 m.w.N.). Der Vermieter darf lediglich die tatsächlich in der Abrechnungsperiode verbrauchten Brennstoffe in Ansatz bringen. Bei einem Brennstoffrest am Ende der Abrechnungsperiode ist, wenn im Öltank mehrere Liefermengen miteinander vermischt sind, rechnerisch davon auszugehen, dass als erste Menge das älteste Öl verbraucht wurde. Das gilt auch dann, wenn bei Mietbeginn noch ein Bestand an preiswerten Brennstoffen vorhanden war (OLG Koblenz, MDR 1985, 59 = WuM 1986, 282).

122 Der Vermieter darf nur die tatsächlich von ihm aufgewendeten Beträge für die Beschaffung der Brennstoffe auf die Mieter umlegen. Mengenrabatte, Skonti oder sonstige Preisnachlässe, die ihm gewährt werden, müssen an den Mieter weitergegeben werden (KG, GE 1956, 475; Kinne, a.a.O.). Hat der Vermieter das Heizmaterial zu Sommerpreisen eingekauft, so darf er dem Mieter nicht die erhöhten Winterpreise in Rechnung stellen (LG Braunschweig, WuM 1965, 148; LG Berlin, WuM 1985, 179). Hat der Vermieter Reserveheizöl eingelagert, welches er erst Jahre später verfeuert, so darf der Vermieter lediglich den damaligen Einkaufspreis ansetzen, nicht aber die (eventuell höheren) aktuellen Heizölpreise (LG Berlin, GE 1984, 869).

123 Der Vermieter ist allerdings unter dem Gesichtspunkt der **ordentlichen Geschäftsführung** gehalten, möglichst in den **Sommermonaten** und möglichst preisgünstig einzukaufen. Dies gilt allerdings nur dann, wenn ihm die entsprechenden Mittel zur Verfügung stehen (LG Berlin, GE 1985, 483). Beim Fehlen geeigneter Lagermöglichkeiten besteht

keine Verpflichtung des Vermieters, Brennstoffe über die vorhandenen Lagerkapazitäten hinaus einzukaufen; der Gebäudeeigentümer ist auch nicht verpflichtet, den Tank ständig nachzufüllen (LG Berlin, GE 1984, 83; Kinne, a.a.O.).

Grundsätzlich darf der Vermieter, der selbst Brennstoffhändler ist, die Kosten der Brennstoffe und ihrer Lieferung nach den marktüblichen Preisen umlegen (Kinne, a.a.O.). Soweit infolge des Einkaufs größerer Mengen jedoch Rabatte gewährt werden, muss der Vermieter diese weitergeben.

Vom Vermieter bei der Anlieferung der Brennstoffe gezahlte Trinkgelder werden grundsätzlich nicht als umlagefähig angesehen (LG Berlin, GE 1981, 235; LG Mannheim, ZMR 1979, 171; LG Wuppertal, WuM 1979, 141; AG Neuss, Urteil vom 27.5.1992, 38 H C 62/91; vgl. im Übrigen Kinne, a.a.O.). 124

Die Kosten des Vermieters für das **Überwachen** der Öllieferung und das Freihalten eines Parkplatzes für die Lieferfahrzeuge sind ebenfalls grundsätzlich nicht umlagefähig (LG Berlin, GE 1984, 83; AG Berlin-Charlottenburg, MM 1986, 329 f. = GE 1986, 107). 125

Finanzierungskosten, die dem Vermieter für den Einkauf von größeren Mengen von Brennstoffen entstehen, sind ebenfalls nicht umlagefähig (vgl. Kinne, a.a.O.). 126

6.4.1.2 Kosten des Betriebsstroms

Zu den Kosten des Betriebsstroms zählen die Kosten für den Betrieb der Regelungsanlage, für den Betrieb der elektrischen Umwälzpumpe (KG, HUW 1953, 92), der Ölpumpe, der Kompressoren, des Brenners (Kinne, Heizung und Heizkostenabrechnung, Teil A Rn. 37). Die Kosten der **Beleuchtung** für den **Heizungskeller** gehören nach überwiegender Auffassung nicht zu den Heizkosten (Lammel, HeizkostenV, § 7 Rn. 45; Peruzzo, S. 57; Pfeifer, S. 38; Kinne, Heizkosten und Heizkostenabrechnung, Teil A Rn. 38; a.A. Beuermann, §§ 14, 4 MHG Rn. 93). 127

Die Kosten des Betriebsstroms der zentralen Heizungsanlage müssen grundsätzlich durch einen eigenen **Zwischenzähler** ermittelt werden (LG Berlin, GE 1983, 327; LG Berlin, GE 1986, 43). Fehlt ein Zwischenzähler, ist auch eine Schätzung nach den Anschlusswerten der elektrischen Geräte, der nachgewiesenen Betriebszeit und dem Strompreis zulässig (Kinne, Teil A Rn. 38). Insoweit dürfen aber nicht mehr als 5% der Brennstoffkosten angesetzt werden (Kinne, a.a.O.).

6.4.1.3 Kosten der Bedienung, Überwachung und Pflege der Anlagen

Für eine **vollautomatische Ölheizungsanlage** fallen grundsätzlich keine Bedienungskosten an, so dass Kosten insoweit nicht umlegbar sind (KG, GE 1976, 762 = ZMR 1976, 206; Kinne, Heizkosten und Heizkostenabrechnung, Teil A Rn. 41 m.w.N.). Dagegen sind die Kosten für die Stellvorgänge nach § 9 der HeizAnlV (vom 20.1.1989, BGBl. I S. 120) umlagefähig (Kinne, a.a.O., Teil A Rn. 43 m.w.N.). 128

Bedienungskosten für eine **halbautomatisch** arbeitende **Ölzentralheizungsanlage** sind umlegbar (Kinne, a.a.O., Teil A Rn. 42).

Die Kosten der Bedienung einer **koksbeförderten Zentralheizungsanlage** sind ebenfalls umlagefähig.

Wenn Bedienungskosten für die Zentralheizungsanlage anfallen, sind sie als Heizkosten umzulegen. Das gilt sowohl für die Lohn-, Sozialversicherungsbeiträge sowie die Urlaubsvertretung für einen Heizer, der lediglich die Zentralheizungsanlage bedient, als auch für die anteiligen Hauswartskosten oder die Kosten der Bedienung durch den Vermieter selbst. Wenn im Hauswartsdienstvertrag zwischen dem Lohn für Bedienung und Pflege der Heizungsanlage und für sonstige Tätigkeiten unterschieden wird, sind die auf die Bedienung und Pflege der Heizungsanlage entfallenden Kosten als Heizkosten, die übrigen Kosten dagegen als Hauswartskosten umzulegen. Falls die Kosten im Hauswartsdienstvertrag nicht getrennt ausgewiesen sind, kommt es auf den erforderlichen Arbeitsaufwand für die Heizungsanlage und den ortsüblichen Hauswartslohn an. Insoweit können in den sieben Wintermonaten zwei Drittel, in den fünf Sommermonaten ein Viertel des Hauswartslohns als Heizkosten für die Bedienung und Pflege der Heizungsanlage umgelegt werden (Kinne, a.a.O., Teil A Rn. 39 m.w.N.). Wohnt der Hauswart mietfrei oder zu einer ermäßigten Miete, sind die Mietausfälle ebenfalls als Teil der umlegungsfähigen Lohnkosten für die Heizung anzusehen (LG Berlin, GE 1976, 398; GE 1978, 902 ff.).

129 Zu den Kosten der **Bedienung und Überwachung** der Anlage gehören auch die amtlich vorgeschriebene Druck- und Dichtigkeitsprüfung der Rohrleitungen zwischen (Gas-) Tank- und Heizbrenner, die Kosten für wiederkehrende technische Überwachung, z.B. bei Druckgasbehältern (Mietprax/Pfeifer, Fach 2 Rn. 44).

130 **Reparaturkosten** gehören dagegen nicht zu den umlagefähigen Heizungskosten (BayObLG, NJW-RR 1997, 715 = WuM 1997, 234 = ZMR 1997, 256). Daher zählen zu den umlagefähigen Betriebskosten auch nicht die Kosten für die Erneuerung einer Umwälzpumpe (LG Hannover, WuM 1979, 17), die Montage einer neuen Ölpumpe (AG Waldbröhl, WuM 1980, 206), das Abdichten des undichten Heizkessels (AG Hagen, WuM 1980, 225), die Beschichtung des Öltanks oder Anstrich des Öltanks mit einer Rostschutzfarbe (LG Frankental, ZMR 1985, 302), die Erneuerung des Feuerlöschers im Heizungskeller (LG Frankfurt/Main, WuM 1981, U 6).

6.4.1.4 Kosten der regelmäßigen Prüfung der Betriebsbereitschaft und Betriebssicherheit einschließlich der Einstellung durch einen Fachmann

131 Zu den Kosten der regelmäßigen Prüfung der Betriebsbereitschaft und Betriebssicherheit gehören insbesondere die Wartungskosten der Zentralheizung (LG Berlin, ZMR 1973, 79; AG Berlin-Spandau, GE 1979, 352). Soweit im Rahmen der Wartung einer Anlage kleinere Reparaturen durchgeführt werden, können deren Kosten ebenfalls als Wartungskosten umgelegt werden. Dazu zählen auch der Austausch eines Filtereinsatzes und/oder einer Düse (LG Hamburg, WuM 1978, 742; LG Berlin, GE 1984, 83 [85]) wie die Zerlegung, Reinigung und der Wiedereinbau des Ölbrenners (AG Aschaffenburg, WuM 1980, 162; LG Hamburg, WuM 1978, 242) sowie das Entlüften der Heizkörper und das Nachfüllen des Wassers (vgl. auch Kinne, a.a.O., Teil A Rn. 46).

Wird ein einheitlicher Wartungsvertrag für unterschiedliche Heizungs- und Warmwasseranlagen in verschiedenen Wirtschaftseinheiten abgeschlossen, so darf die Aufteilung nicht nach dem Flächenverhältnis erfolgen, wenn die Anlage unterschiedliche Wartungsintensitäten erfordert (AG Berlin-Tiergarten, GE 1983, 923).

6.4.1.5 Kosten der Reinigung der Anlage und des Betriebsraums

132 Zu den umlagefähigen Heizungskosten gehören die Kosten der Reinigung der Anlage und des Betriebsraums einer koksbefeuerten Zentralheizungsanlage (Kinne, a.a.O., Teil

A Rn. 48; a.A. KG, ZMR 1976, 207; AG Berlin-Neukölln, MM 1979, 20). Zu den Kosten der Reinigung des Heizungsraums gehören auch die Aufwendungen des Vermieters für das Reinigungsmaterial (Putzlappen, Besen, Schrubber, Reinigungsmittel usw., LG Hamburg, HbgGE 1958, 222; Kinne, a.a.O., Teil A Rn. 48 m.w.N.).
Auch die Kosten der **Kessel- und Tankreinigung** sind als Kosten der Zentralheizung umlagefähig (Kinne, a.a.O., Teil A Rn. 48; Beuermann, §§ 14, 4 MHG Rn. 93 Stichwort „Tankreinigung"). Schließlich sind auch die Kosten der Schornsteinzüge, die für die Zentralheizung benötigt werden, als Heizkosten umlegbar. Lediglich die Kosten der Schornsteinreinigung für die Einzelzüge, die zu den einzelnen – möglicherweise noch in den Wohnungen verbliebenen – Einzelöfen führen, sind nicht als Heizkosten, sondern als Kosten der Schornsteinreinigung gem. Nr. 12 der Anlage 3 zu § 27 II. BV umlegbar (vgl. dazu näher Kinne, a.a.O., Teil A Rn. 48).

6.4.1.6 Kosten der Messung nach dem Bundes-Immissionsschutzgesetz

Heizkosten sind auch die Kosten der gesetzlich vorgeschriebenen Immissionsschutzmessungen, selbst wenn sie vom Schornsteinfeger durchgeführt werden. Aus den vom Schornsteinfeger insgesamt in Rechnung gestellten Kosten brauchen die Immissionsmesskosten nicht mehr ausgegliedert zu werden, weil neben ihnen ohnehin die Schornsteinfegerkosten für die Schornsteinzüge der Zentralheizung als Heizungskosten auf den Mieter umgelegt werden können. **133**

6.4.1.7 Kosten der Anmietung einer Ausstattung zur Verbrauchserfassung

Als Ausstattung zur Verbrauchserfassung sind die Geräte i.S.d. § 5 Abs. 1 HeizkostenV anzusehen. Zur Erfassung des anteiligen Wärmeverbrauchs sind gem. § 5 Abs. 1 Satz 1 HeizkostenV Wärmezähler und Heizkostenverteiler (vgl. dazu näher Kinne, a.a.O., Teil C 6.1), zur Erfassung des anteiligen Warmwasserverbrauchs Warmwasserzähler oder andere geeignete Ausstattungen (vgl. dazu Kinne, a.a.O., Teil C 6.1 und 6.3) zu verwenden. **134**

Wärmezähler sind ebenso wie Warmwasserzähler eichpflichtig, und zwar alle fünf Jahre. Dagegen sind Heizkostenzähler und Warmwasserkostenverteiler nicht eichpflichtig. **135**

Als Heizungskosten sind nur die Kosten der Anmietung (AG Nürnberg, WuM 1990, 524) oder anderer Arten der Gebrauchsüberlassung derartiger Verbrauchserfassungsgeräte umlagefähig, nicht dagegen die Anschaffungskosten. Die Anschaffungskosten können jedoch als Kosten einer vom Vermieter nicht zu vertretenden Maßnahme gem. § 559 Abs.1 umgelegt werden, wenn die Räume erstmalig mit einer Ausstattung zur Verbrauchserfassung ausgestattet werden müssen. **Reparaturkosten** für derartige Verbrauchserfassungsgeräte sind grundsätzlich nicht als Betriebskosten umlagefähig (vgl. dazu näher Kinne, a.a.O., Teil C Rn. 66; Lammel, HeizkostenV, § 4 Rn. 40; a.A. Beuermann, §§ 14, 4 MHG Rn. 93 Stichwort „Messgeräte"). **136**

Will der Vermieter die Ausstattung zur Verbrauchserfassung mieten, so hat er dies den Nutzern vorher unter Angabe der dadurch entstehenden Kosten mitzuteilen (vgl. dazu näher Kinne, a.a.O., Teil C 5.4.1). Wenn die Erfassungsgeräte gemietet oder bereits installiert worden sind, ohne dass dies vorher den Nutzern mitgeteilt worden ist, kann die Mitteilung nachgeholt werden; die Mieter können dann binnen eines Monats nach Zu- **137** gang der nachgeholten Mitteilung widersprechen (Schmid, GE 1984, 890 ff. ; Kinne, a.a.O., Teil A Rn. 51). Widerspricht die Mehrheit der Nutzer nicht der Anmietung, so kann der Vermieter nach Ablauf der Widerspruchsfrist die Kosten auf die Mieter umlegen (AG Berlin-Wedding, GE 1988, 39; Schmid, GE 1984, 891; Kinne, a.a.O., Teil A Rn. 51). Dagegen sind die Kosten der Anmietung dann nicht umlegbar, wenn der Vermieter die Mieter überhaupt nicht darüber informiert (LG Hamburg, Urteil vom 5.6.1992, 311 S 272/90).

138 Der Vermieter kann auch die Kosten „anderer Arten der Gebrauchsüberlassung" auf den Mieter umlegen. Schließt der Vermieter einen Leasingvertrag über die Verbrauchserfassungsgeräte, so sind die während der Grundmietzeit zu zahlenden Leasingraten als Heizkosten umlagefähig (Lammel, HeizkostenV, § 4 Rn. 28; Kinne, a.a.O., Teil A Rn. 52). Die von dem Vermieter zu zahlende Restkaufpreisrate für den Erwerb der Verbrauchserfassungsgeräte ist dagegen nicht auf die Mieter umlegbar.

Der Vermieter kann auch die höheren Kosten der Verwendung einer anderen Art eines Verbrauchserfassungsgeräts dann auf die Mieter umlegen, wenn er sie vorher über den beabsichtigten Austausch und die dadurch entstehenden Mehrkosten gem. § 4 Abs. 2 Satz 2 HeizkostenV unterrichtet und die Mehrheit der Mieter nicht widersprochen hat.

6.4.1.8 Kosten der Verwendung einer Ausstattung zur Verbrauchserfassung

139 Die Kosten der Verwendung derartiger Verbrauchserfassungsgeräte umfassen insbesondere die Kosten des Austauschs der Flüssigkeitsampullen bei Verbrauchserfassungsgeräten nach dem Verdunstungsprinzip sowie die Kosten des Ersatzes von Batterien bei elektronischen Heizkostenverteilern. Auch die Wartungskosten für elektronische Heizkostenverteiler sind gem. § 7 Abs. 2 HeizkostenV als „Kosten der Verwendung einer Ausstattung zur Verbrauchserfassung" umlagefähig (AG Berlin-Charlottenburg, MM 1991, 163). Werden Wärmemengenzähler verwendet, so gehören zu den umlagefähige Kosten auch die Kosten der Nacheichung (vgl. dazu näher Lammel, HeizkostenV, § 7 Rn. 51; Kinne, a.a.O., Teil A Rn. 53). Insoweit können auch die Kosten eines Eichservicevertrags, der eine jährliche Wartung und den Austausch der Warmwasserzähler im fünfjährigen Turnus umfassen, als Heizkosten auf den Nutzer umgelegt werden (LG Berlin, GE 1987, 782 [783]; AG Bremerhaven, WuM 1987, 33). Sind die Kosten der Nacheichung der eichpflichtigen Verbrauchserfassungsgeräte höher als die Kosten des Austauschs derartiger Geräte, so können auch die Austauschkosten als Heizkosten umgelegt werden (LG Berlin, GE 1992, 385).

6.4.1.9 Kosten der Berechnung und Aufteilung des Verbrauchs

140 Schließlich sind auch die Kosten für die Berechnung und Aufteilung der Heizkosten umlagefähig. Dazu gehören die Ablesekosten, die Kosten für die verbrauchsabhängige und verbrauchsunabhängige Umlage der Heizkosten einschließlich der Erstellung des Abrechnungsbogens, insbesondere die Kosten des entsprechenden Wärmemessdienstunternehmens (vgl. Kinne, a.a.O., Teil A Rn. 53).

141 Die Kosten der **Zwischenablesung**, die dann entstehen, wenn der Mieter während der Heizperiode aus dem Mietverhältnis ausscheidet, gehören ebenfalls zu den Heizkosten i.S.d. § 7 Abs. 2 HeizkostenV (Kinne, a.a.O., Teil B Rn. 65; Blümmel, GE 1988, 637;

a.A. AG Berlin-Schöneberg, GE 1988, 177: nur bei entsprechender mietvertraglicher Vereinbarung).

Die Kosten für die Zwischenablesung sind von dem wechselnden Mieter dann zu tragen, wenn er schuldhaft den Grund für die Beendigung des Mietverhältnisses währenrd der Heizperiode gesetzt hat (z.b. bei fristloser Kündigung durch den Vermieter wegen vertragswidrigen Verhaltens des Mieters gem. § 543, Mietaufhebung infolge eines in der Sphäre des Mieters liegenden Umstands). Im Übrigen kann der Vermieter in entsprechender Anwendung des § 670 von weichenden Mietern den Ersatz dieser Kosten verlangen (Kinne, a.a.O., Teil C Rn. 179; Lammel, HeizkostenV, § 9b Rn. 11; a.A. Eeuermann, §§ 14, 4 MHG Rn. 93 Stichwort „Zwischenablesung"; Freywald, Rn. 105).

Als Heizkosten sind nur die Kosten für die Berechnung und Aufteilung der Heizkosten 142
umlegbar, nicht dagegen die Verwaltungskosten des Vermieters, die für die Erstellung des Anschreibens und dessen Versendung entstehen (Mietprax/Pfeifer, Fach 2 Rn. 56).

6.4.2 Kosten des Betriebs der zentralen Brennstoffversorgungsanlage

143

> **§ 27 II. BV Anlage 3 Nr. 4b)**
> Die Kosten des Betriebs der zentralen Brennstoffversorgungsanlage; hierzu gehören die Kosten der verbrauchten Brennstoffe und ihrer Lieferung, die Kosten des Betriebsstroms und die Kosten der Überwachung sowie die Kosten der Reinigung der Anlage und des Betriebsraums.

Eine zentrale Brennstoffversorgungsanlage ist eine Anlage, aus der der jeweilige Brennstoff zu den Öfen in den jeweiligen Wohnungen gepumpt wird (z.B. das Öl aus dem Tank im Keller des Hauses zu den Öfen in den jeweiligen Wohnungen).

Vom Vermieter bei der Anlieferung der Brennstoffe gezahlte Trinkgelder werden grundsätzlich nicht als umlagefähig angesehen (LG Berlin, GE 1981, 235; LG Mannheim, ZMR 1979, 171; LG Wuppertal, WuM 1979, 141; AG Neuss, Urteil vom 27.5.1992, 38 H C 62/91; vgl. im Übrigen Kinne, a.a.O., m.w.N.).

Die Kosten des Vermieters für das Überwachen der Öllieferung und das Freihalten eines 144
Parkplatzes für die Lieferfahrzeuge sind ebenfalls grundsätzlich nicht umlagefähig (LG Berlin, GE 1984, 83; AG Berlin-Charlottenburg, MM 1986, 329 f. = GE 1986, 107).

Finanzierungskosten, die dem Vermieter für den Einkauf von größeren Mengen von 145
Brennstoffen entstehen, sind ebenfalls nicht umlagefähig (vgl. Kinne, a.a.O., m.w.N.).

Zu den Kosten der **Überwachung** der Anlage gehören auch die amtlich vorgeschriebene 146
Druck- und Dichtigkeitsprüfung der Rohrleitungen zwischen (Gas-)Tank und den einzelnen Wohnungen, die Kosten für wiederkehrende technische Überwachung, z.B. bei Druckgasbehältern (Mietprax/Pfeifer, Fach 2 Rn. 44) und die Kosten der Überprüfung des Öltanks (1 000 ltr. – 40 000 ltr.) auf Undichtigkeiten (die z.B. aufgrund der Berliner Verordnung über Anlagen zum Umgang mit wassergefährdenden Stoffen und über Fachbetriebe (VAwS) notwendig werden – vgl. dazu GE 1998, 1330).

Reparaturkosten gehören dagegen nicht zu den umlagefähigen Heizungskosten 147
(BayObLG, NJW-RR 1997, 715 = WuM 1997, 234 = ZMR 1997, 256). Daher zählen zu

den umlagefähigen Betriebskosten auch nicht die Kosten für die Erneuerung einer Umwälzpumpe (LG Hannover, WuM 1979, 17), die Montage einer neuen Ölpumpe (AG Waldbröhl, WuM 1980, 206), das Abdichten des undichten Öltanks (AG Hagen, WuM 1980, 225), die Beschichtung des Öltanks oder Anstrich des Öltanks mit einer Rostschutzfarbe (LG Frankental, ZMR 1985, 302), die Erneuerung des Feuerlöschers in der Brennstoffversorgungsanlage (LG Frankfurt/Main, WuM 1981, U 6).

148 Ebenfalls nicht zu den Kosten des Betriebs der zentralen Brennstoffversorgungsanlage zählen die Kosten der **Bedienung** der Anlage. Auch die Kosten der Prüfung der Betriebssicherheit und Betriebsbereitschaft einer zentralen Brennstoffversorgungsanlage sind nicht als Heizungskosten umlegbar. Daher können diese Kosten allenfalls als sonstige Betriebskosten i.S.d. Nr. 17 der Anlage 3 zu § 27 II. BV umgelegt werden, wozu sich aber eine ausdrückliche Vereinbarung im Mietvertrag empfiehlt. Die Kosten des Betriebsstroms der zentralen Brennstoffversorgungsanlage müssen gesondert erfasst werden; wenn sie nicht gesondert erfasst worden sind, ist eine Schätzung nach den Anschlusswerten der elektrischen Geräte, der nachgewiesenen Betriebszeit und dem Strompreis zulässig (vgl. dazu oben Rn. 136). Zu den umlegbaren Kosten gehören auch die Kosten der Reinigung der Anlage und des Betriebsraums, so dass auch die Kosten der Reinigung des Tanks der zentralen Brennstoffversorgungsanlage umlegbar sind.

6.4.3 Kosten der eigenständig gewerblichen Lieferung von Wärme

149

> **§ 27 II. BV Anlage 3 Nr. 4c)**
> Die Kosten der eigenständig gewerblichen Lieferung von Wärme, auch aus Anlagen im Sinne des Buchstabens a; hierzu gehören das Entgelt für die Wärmelieferung und die Kosten des Betriebs der zugehörigen Hausanlagen entsprechend Buchstabe a.

Dabei handelt es sich um die Kosten der **Fernwärme**, wozu neben der herkömmlichen Fernwärme auch die so genannte Nahwärme oder die so genannten Blockheizwerke zählen. Auch die Wärmelieferungen durch – etwa verpachtete – Zentralheizungsanlagen zählt zur gewerblichen Wärmelieferung, wenn sie eigenständig erfolgt.

150 Zu den umlegbaren Kosten gehören das Entgelt für die **Wärmelieferung** und die Kosten des Betriebs der zugehörigen **Hausanlagen**. Zu den Kosten der Wärmelieferung gehören der Grund-, Arbeits- und Verrechnungspreis. Zu den Kosten des Betriebs der zugehörigen Hausanlagen gehören die Kosten der Übergabestation, Druckminderer, Absperrventile. Ferner sind ebenso wie bei dem Betrieb der nichtgewerblich betriebenen Heizungsanlage die Kosten der Bedienung, Überwachung, Pflege usw. der Anlage sowie die Kos-ten der **Verbrauchserfassung und Verbrauchsabrechnung** umlegbar. In diesem Rahmen können auch anteilige Hauswartskosten umgelegt werden (AG Berlin-Charlottenburg, GE 1991, 153).

151 Der Vermieter kann selbst eine zentrale Heizungsanlage betreiben, diese durch einen Dritten betreiben lassen oder Wärme vom Lieferanten kaufen (**Wärmecontracting**). Insoweit ist er auch nicht verpflichtet, die kostengünstigste Lösung zu wählen; denn schon die HeizkostenV lässt dem Vermieter die Wahl zwischen eigener Wärmeerzeugung und Wärmelieferung. Kosten der Wärmelieferung können als Heizkosten umgelegt

werden (LG Hamburg, WuM 1994, 195 [197]). Eine Grenze bildet jedoch der aus § 24 II. BV abzuleitende Grundsatz, dass Betriebskosten nur im Rahmen einer ordnungsgemäßen Bewirtschaftung umlagefähig sind. Insoweit stellt sich die Frage, ob die Umstellung auf Wärmelieferung gegen den Grundsatz der ordnungsgemäßen Bewirtschaftung zumindest dann verstößt, wenn die Heizkosten für den einzelnen Mieter dadurch steigen. Nach Auffassung des LG Chemnitz (Urteil vom 1.11.1999, 121 S 2013/99, NZM 2000, 63) ist der Vermieter nicht gehindert, auch ohne Zustimmung des Mieters auf Fernwärme umzustellen, selbst wenn dadurch eine höhere Kostenlast auf Seiten des Mieters entsteht; erst wenn die Grenze zur Unwirtschaftlichkeit erreicht ist, schlage die Interessenabwägung zu Gunsten des Mieter um.

Unproblematisch ist der Fall, dass die Kosten der Wärme- und Warmwasserlieferung niedriger als die Kosten der Zentralheizung sind. Der Vermieter ist berechtigt, die Lieferung von Wärme und Warmwasser nicht mehr durch eine Zentralheizungsanlage, sondern durch eine kostengünstigere Heizstation zu erbringen (LG München II, Urteil vom 5.8.1997, 12 S 2054/97, GE 1999, 111). Im Übrigen dürfte die Umstellung der Wärmelieferung von der eigenen Zentralheizung auf Fernwärme auch dann nicht gegen den Grundsatz der ordnungsgemäßen Geschäftsführung verstoßen, wenn die Vorteile der Wärmelieferung durch fachkundige Betreiber (Umweltschutz, fachkundige Betreuung, Energieeinsparung usw.) den Nachteil höherer Kosten (Grund- und Arbeitspreis umfassen nicht nur die Betriebskosten einer Zentralheizung, sondern auch Amortisation usw.) aufwiegen (so auch Schmid, ZMR 1998, 733 [737] ; ähnlich Langefeld-Wirth, ZMR 1997, 165 [167]).

Weitere Voraussetzung für die Umstellung der Wärmelieferung dürfte jedoch sein, dass die 152 Umstellung nach dem Mietvertrag zulässig ist. Fraglich ist, ob insoweit eine ausdrückliche Vereinbarung notwendig ist oder sich die Zulässigkeit der Umstellung der Wärmelieferung auch aus dem Katalog der als umlagefähig vereinbarten Betriebskosten ergeben kann. Nach Auffassung des AG Hohenstein-Ernstthal (Urteil vom 22.3.1999, 2 C 2224/98, GE 1999, 217 = NZM 1999, 499) bedarf es bei einer Umstellung der Wärmeversorgung von Zentralheizung auf Nahwärmeservice für die vollständige Umlagefähigkeit der Wärmelieferungskosten einer Vereinbarung bereits bei Abschluss des Mietvertrags oder der Vereinbarung eines entsprechenden Leistungsbestimmungsrechts des Vermieters. Diese wäre darin zu sehen, dass im Mietvertrag sowohl die Wärmeerzeugung durch den Vermieter als auch die Wärmelieferung durch einen Dritten ausdrücklich vorgesehen sind.

Die Umstellung der Wärmeversorgung von einer veralteten Zentralheizung auf eine Nahwärmeversorgung ist nach Ansicht des LG München II (Urteil vom 28.12.1999, 12 S 1168/ 99, NZM 2000, 205) auch bei höheren Kosten jedenfalls dann nicht verboten, wenn in einer mietvertraglichen Klausel geregelt ist, dass der vereinbarte Umlagemaßstab nach billigem Ermessen des Vermieters geändert werden kann, wenn dringende Gründe einer ordnungsgemäßen Bewirtschaftung es erfordern.

Dagegen ist nach h.M. in der Literatur die entsprechende Umstellung auch dann zulässig, wenn sich aus dem Katalog der als umlagefähig vereinbarten Betriebskosten auch die Umlagefähigkeit der Wärmelieferung ergibt (Schmid, ZMR 1998, 733 [737] m.w.N.).

Ob unabhängig davon die Umstellung von der eigenen Zentralheizungsanlage auf Wärmelieferung auch dann zulässig ist, wenn nur die Umlagefähigkeit von Heiz- und

Warmwasserkosten ohne nähere Spezifizierung vorgesehen ist, ist umstritten (bejahend: Schmid, a.a.O.; verneinend Lammel, HeizkostenV, § 7 Rn. 7).

Haben die Parteien eine Bruttowarmmiete vereinbart, bei der die Heiz- und Warmwasserkosten in der Miete enthalten sind, so ist diese Vereinbarung wirksam (LG Berlin, WuM 1995, 192; LG Berlin, Urteil vom 20.4.1999, 64 S 451/98). Jede Partei hat jedoch das Recht, für die Zukunft eine Umstellung der Bruttowarmmiete in eine Bruttokaltmiete nebst Vorschüssen für die Heiz- und Warmwasserkosten sowie deren – teils verbrauchs-, teils verbrauchsunabhängige – Abrechnung nach den §§ 7 ff. HeizkostenV zu verlangen. Auch in diesem Fall dürfte der Vermieter berechtigt sein, nunmehr von der Zentralheizung auf Wärmelieferung umzusteigen, denn aus ergänzender Vertragsauslegung kann sich eine Berechtigung des Vermieters ergeben, die Wärmeversorgung von der selbstbetriebenen Zentralheizung auf Wärmelieferung durch einen Dritten mit Direktabrechnung umzustellen (AG Starnberg, Urteil vom 10.2.1999, 4 C 588/98, GE 1999, 1215).

Bei Altverträgen, die vor der Änderung der HeizkostenV durch die Verordnung zur Änderung energiesparrechtlicher Vorschriften vom 19.1.1998 (BGBl. I S. 109) abgeschlossen worden sind, ist die Umstellung der Wärmelieferung zumindest dann zulässig, wenn in dem Mietvertrag die Umlage der Kosten der „Fernwärme" vereinbart worden ist; denn dies spricht dafür, dass die Wärme eben nicht nur von der eigenen Zentralheizungsanlage geliefert zu werden braucht (so auch Schmid, ZMR 1999, 733 [738]).

Keine Umstellung ist dagegen zulässig, wenn in dem nach In-Kraft-Treten der Änderungsverordnung zur HeizkostenV von 1998 abgeschlossenen Mietvertrag nur die Umlegung bestimmter Heiz- und Warmwasserkosten vereinbart worden ist, ohne die Kosten der Wärme- und Warmwasserlieferung zu erwähnen, da § 2 HeizkostenV keine Grundlage für Eingriffe in bestehende Verträge bildet (AG Hannover, WuM 1998, 40). Daraus, dass die Kosten der Wärmelieferung nicht im Vertrag aufgeführt sind, obwohl diese auch nach Neufassung der HeizkostenV umgelegt werden durften, ergibt sich, dass die Mietvertragsparteien diese nicht umlegen wollten. Daher ist die Umstellung auf Wärmelieferung in diesem Fall nur dann zulässig, wenn sie – nachträglich durch eine Änderungsvereinbarung – für zulässig erklärt wird (a.A. Schmid, a.a.O.: Anpassung über § 2 Heiz-kostenV). Ist in einem Mietvertrag generell die Umlage aller Betriebskosten i.S.d. Anlage 3 zu § 27 II. BV vereinbart, sind jedoch dann in einer weiteren Klausel nur die Heizkosten nach § 7 Abs. 2 HeizkostenV aufgeführt, so ist eine Umstellung auf Wärmelieferung nicht zulässig (AG Hannover, WuM 1998, 40; Schmid, ZMR 1998, 733 [739]), denn die spezielle Regelung geht der allgemeinen Bezugnahme auf die Anlage 3 zu § 27 II. BV vor.

6.4.4   Kosten der Reinigung und Wartung von Etagenheizungen

153

> **§ 27 II. BV Anlage 3 Nr. 4d)**
> Die Kosten der Reinigung und Wartung von Etagenheizungen; hierzu gehören die Kosten der Beseitigung von Wasserablagerungen und Verbrennungsrückständen in der Anlage, die Kosten der regelmäßigen Prüfung der Betriebsbereitschaft und Betriebssicherheit und der damit zusammenhängenden Einstellung durch einen Fachmann sowie die Kosten der Messungen nach dem Bundes-Immissionsschutzgesetz.

Zu den insoweit ansatzfähigen Kosten gehören auch diejenigen der Wartung von Gas-außenwandheizkörpern (AG Berlin-Köpenick, GE 1998, 803; AG Berlin-Lichtenberg, GE 1998, 1401). Zu den Kosten der Beseitigung von Wasserablagerungen und Verbren-nungsrückständen gehören u.a. die Kosten der Entkalkung oder der Rußbeseitigung. Bei raumluftabhängigen Stätten (Gasthermen, Boilern, Geisern), die an einen Schornstein angeschlossen sind, ist eine Abgaswegeüberprüfung vorgeschrieben. Diese Kosten sind in Nr. 4d) der Anlage 3 zu § 27 II. BV nicht ausdrücklich aufgeführt. Da es sich jedoch um durch gesetzlich vorgeschriebene Überprüfungen entstehende Betriebskosten handelt, sind die Kosten für die Abgaswegeüberprüfung und Lüftungsverbundprüfung auch ohne Vereinbarung auf den Mieter als Kosten umlegbar (AG Bochum, DWW 1990, 24; ein-schränkend: AG Karlsruhe, DWW 1988, 211: nur bei entsprechender Vereinbarung mit dem Mieter).

Der Vermieter darf natürlich nur dann diese Kosten im Wege der Heizkostenabrechnung auf sämtliche Mieter umlegen, wenn sie ihm entstanden sind. Hat der Vermieter daher durch individuell ausgehandelte Vereinbarungen die Wartungskosten auf die Mieter übertragen (vgl. dazu Beuermann, GE 1996, 154 ff. ; AG Langenfeld, WuM 1995, 37), so kann er diese Wartungskosten nicht auf die Mieter umlegen.

6.5 Warmwasserkosten

154

> **§ 27 II. BV Anlage 3 Nr. 5**
> Die Kosten
> a)   des Betriebs der zentralen Warmwasserversorgungsanlage,
> b)   der eigenständig gewerblichen Lieferung von Warmwasser,
> c)   der Reinigung und Wartung von Warmwassergeräten.

6.5.1   Kosten des Betriebs der zentralen Warmwasserversorgungsanlage

155

> **§ 27 II. BV Anlage 3 Nr. 5a)**
> Die Kosten des Betriebs der zentralen Warmwasserversorgungsanlage; hierzu gehö-ren die Kosten der Wasserversorgung entsprechend Nummer 2, soweit sie nicht dort bereits berücksichtigt sind, und die Kosten der Wassererwärmung entsprechend Nummer 4 Buchstabe a.

Zu den Kosten der **Wasserversorgung** gehören lediglich die Kosten des zugeführten Kaltwassers, nicht dagegen die Kosten des Abwassers (LG Köln, WuM 1986, 323). Die Kosten des Frischwassers können zudem nur dann als Kosten des Betriebs der zentralen Warmwasserversorgungsanlage umgelegt werden, wenn sie nicht bereits unter Kosten der Wasserversorgung gem. Nr. 2 der Anlage 3 zu § 27 II. BV berücksichtigt worden sind. Daher braucht das Frischwasser für die Warmwasserversorgungsanlage nicht ge-sondert erfasst zu werden; die Umlagen der Kosten der Wasserversorgung einschließlich derjenigen für die zentrale Warmwasserversorgungsanlage ist auch nach Quadratmetern zulässig, weil eine verbrauchsabhängige Abrechnung nur dann notwendig ist, wenn die Kosten des Frischwassers für die zentrale Warmwasserversorgungsanlage gesondert erfasst und als Kosten gem. Nr. 5 der Anlage 3 zu § 27 II. BV gesondert abgerechnet werden. Wird das in die Warmwasserversorgung eingespeiste Frischwasser über einen eigenen Zwischenzähler erfasst, darf dieser Anteil am Kaltwasserverbrauch bei den Kosten der Wasserversorgung gem. Nr. 2 der Anlage 3 zu § 27 II. BV nicht noch einmal berücksichtigt werden.

Ferner sind die Kosten der **Wassererwärmung** entsprechend Nr. 4a) der Anlage 3 zu § 27 II. BV als Kosten des Betriebs der zentralen Warmwasserversorgungsanlage umlegbar. Dazu gehören die Kosten der verbrauchten Brennstoffe, der Lieferung der Brennstoffe, des Betriebsstroms, die Kosten der Bedienung und Überwachung der Anlage, die Kosten der Pflege der Anlage und die Kosten der regelmäßigen Prüfung der Betriebsbereitschaft und Betriebssicherheit einschließlich der Einstellung durch einen Fachmann (vgl. dazu näher oben Rn. 136, 140).

6.5.2 Kosten der eigenständig gewerblichen Lieferung von Warmwasser

156

> **§ 27 II. BV Anlage 3 Nr. 5b)**
> Die Kosten der eigenständig gewerblichen Lieferung von Warmwasser, auch aus Anlagen im Sinne des Buchstabens a; hierzu gehören das Entgelt für die Lieferung des Warmwassers und die Kosten des Betriebs der zugehörigen Hausanlagen entsprechend Nummer 4 Buchstabe a.

Dies umfasst auch die Kosten für die Lieferung von Warmwasser aus einer zentralen Warmwasserversorgungsanlage. Das Entgelt für die eigentliche Lieferung des Warmwassers setzt sich aus Grund-, Arbeits- und Verrechnungspreis zusammen (vgl. dazu näher Langefeld-Wirth, ZMR 1997, 165). Ferner fallen darunter die Kosten des Betriebs der zugehörigen Hausanlagen wie der Übergabestation, Druckminderer, Absperrventile, Strom für Pumpen sowie die Kosten der Bedienung, Überwachung und Pflege. Auch die Kosten der Verbrauchserfassung und Verbrauchsabrechnung sind – wie Kosten des Betriebs der zentralen Heizungsanlage – umlegbar.

6.5.3 Kosten der Reinigung und Wartung von Warmwassergeräten

157

> **§ 27 II. BV Anlage 3 Nr. 5c)**
> Die Kosten der Reinigung und Wartung von Warmwassergeräten; hierzu gehören die Kosten der Beseitigung von Wasserablagerungen und Verbrennungsrückständen im Innern der Geräte sowie die Kosten der regelmäßigen Prüfung der Betriebsbereitschaft und Betriebssicherheit und der damit zusammenhängenden Einstellung durch einen Fachmann.

Dabei handelt es sich um die Kosten für das Entkalken und Entrußen von Warmwassergeräten der Mietwohnungen, soweit nicht die Wartung dafür in zulässiger Weise vertraglich auf den Mieter selbst übertragen worden ist. Als Kosten der Reinigung und Wartung von Warmwassergeräten gem. Nr. 5c) der Anlage 3 zu § 27 II. BV sind aber nur diejenigen Kosten umlegbar, die „im Innern der Geräte" angefallen sind; daher sind die Kosten der Reinigung des Abgasrohrs zwischen Boiler und Schornsteinanschluss nicht als Kosten der Reinigung und Wartung von Warmwassergeräten umlegbar (Mietprax/Pfeifer, Fach 2 Rn. 67). Auch die Messungen nach dem Bundes-Immissionsschutzgesetz sind nicht als Kosten der Reinigung und Wartung von Warmwassergeräten in diesem Sinne umlegbar. Die Kosten der regelmäßigen **Prüfung** der Betriebsbereitschaft und Betriebssicherheit und der damit zusammenhängenden Einstellung durch einen Fachmann sind jedoch als derartige Kosten umlagefähig. Da aber nur die Kosten der Prüfung aufgeführt sind, können dabei anfallende kleinere Materialkosten nicht als Kosten der Reinigung und Wartung von Warmwassergeräten umgelegt werden.

6.6 Kosten verbundener Heizungs- und Warmwasserversorgungsanlagen

158

> **§ 27 II. BV Anlage 3 Nr. 6**
> Die Kosten verbundener Heizungs und Warmwasserversorgungsanlagen
> a) bei zentralen Heizungsanlagen entsprechend Nummer 4 Buchstabe a und entsprechend Nummer 2, soweit sie nicht dort bereits berücksichtigt sind;
> b) bei der eigenständig gewerblichen Lieferung der Wärme entsprechend Nummer 4 Buchstabe c und entsprechend Nummer 2, soweit sie nicht dort berücksichtigt sind;
> c) bei verbundenen Etagenheizungen und Warmwasserversorgungsanlagen entsprechend Nummer 4 Buchstabe d und entsprechend Nummer 2, soweit sie nicht dort bereits berücksichtigt sind.

Dabei handelt es sich um die Heizkosten und die Wasserkosten (Frischwasser), soweit letztere nicht bereits bei den Wasserversorgungskosten berücksichtigt worden sind. Bei der eigenständig **gewerblichen Lieferung** von Wärme und Warmwasser handelt es sich um die Kosten des Entgelts für die Wärmelieferung und die Kosten des Betriebs der Hausanlagen sowie die Wasserkosten. Bei **verbundener Etagenheizung** und Warmwasserversorgungsanlage sind die Kosten der **Reinigung und Wartung, die Wasserkosten und die Messungen nach dem Bundes-Immissionsschutzgesetz** umlagefähig.
Die für die zentrale Heizung und die Warmwasserbereitung entstandenen Kosten sind nach den einzelnen Anteilen am Energieverbrauch für die einzelnen Versorgungsarten zu ermitteln (vgl. dazu näher Kinne, a.a.O., Teil C Rn. 140 ff.). Hilfsweise kann auf anerkannte Regeln der Technik und VDI-Richtlinien zurückgegriffen werden (vgl. dazu Kinne, a.a.O., Teil C Rn. 143 ff.; Lammel, HeizkostenV, § 9 Rn. 14 ff.). Nur dann, wenn aus objektiven Gründen eine Messung des Warmwasserverbrauchs durch Wasserzähler nicht möglich ist, kann ausnahmsweise ein Pauschalwert von 18% der verbrauchten Brennstoffe angesetzt werden (vgl. dazu näher Kinne, a.a.O., Teil C Rn. 144).

Nach § 5 Abs. 1 Satz 1 HeizkostenV muss eine **Vorerfassung** durchgeführt werden, wenn in einer Abrechnungseinheit verschiedene Ausstattungen zur Verbrauchserfassung verwendet werden. Nach § 5 Abs. 2 Satz 2 HeizkostenV kann auch bei unterschiedlichen Nutzungs- oder Gebäudearten oder aus anderen sachgerechten Gründen eine Vorerfassung nach Nutzergruppen durchgeführt werden, was allerdings grundsätzlich im Ermessen des Gebäudeeigentümers steht. Würde allerdings eine Kostenverteilung ohne Vorerfassung zu schlechthin unbilligen Ergebnissen führen, so ist der Gebäudeeigentümer dazu verpflichtet (LG Berlin, GE 1990, 1037). Dies gilt insbesondere bei unterschiedlichem Verbrauch von Gewerbe- und Wohnräumen (Schmid, ZMR 1998, 257 [259]).

Erfolgt eine Vorerfassung einzelner Nutzergruppen, so sind die Kosten zu mindestens 50% nach dem Verhältnis der erfassten Anteile am Gesamtverbrauch auf die einzelnen Nutzergruppen aufzuteilen; die verbleibenden Kosten sind nach den in § 6 Abs. 2 Satz 2 HeizkostenV genannten Umlagemaßstäben zu verteilen. Innerhalb der einzelnen Nutzergruppen erfolgt die Kostenverteilung nach den allgemeinen Vorschriften der HeizkostenV.

Für den Verbrauch in gemeinschaftlich genutzten Räumen mit nutzungsbedingtem geringen Verbrauch (wie z.B. in Treppenhäusern) besteht keine Verpflichtung zur gesonderten Verbrauchserfassung (Peruzzo, Erläuterung zu § 4 Abs. 3 HeizkostenV; Schmid, ZMR 1998, 257 [259]).

In Räumen mit nutzungsbedingt hohem Wärme und Warmwasserverbrauch (wie z.B. Schwimmbäder, Sauna) ist nach § 4 Abs. 3 Satz 1 HeizkostenV eine Vorerfassung durchzuführen (vgl. dazu näher Kinne, Heizung und Heizkostenabrechnung, 2. Aufl. Seite 117).

6.7 Aufzugskosten

159

> **§ 27 II. BV Anlage 3 Nr. 7**
> Die Kosten des Betriebs des maschinellen Personen- oder Lastenaufzuges
> Hierzu gehören die Kosten des Betriebsstroms, die Kosten der Beaufsichtigung, der Bedienung, Überwachung und Pflege der Anlage, der regelmäßigen Prüfung ihrer Betriebsbereitschaft und Betriebssicherheit einschließlich der Einstellung durch einen Fachmann sowie die Kosten der Reinigung der Anlage.

Umlegbar sind die Kosten des Betriebs des maschinellen Personen- oder Lastenaufzugs. Daher ist es gleichgültig, ob es sich um einen Personenaufzug handelt, mit dem auch gleichzeitig Lasten befördert werden können, oder um einen zur Personenbeförderung nicht zugelassenen Lastenaufzug.

Die Kosten des **Betriebsstroms** sind durch Zwischenzähler zu ermitteln und von den übrigen Stromkosten zu trennen.

160 Kosten der **Beaufsichtigung und Überwachung** sind nur dann umlagefähig, wenn sie nach den Grundsätzen der ordnungsgemäßen Wirtschaftsführung notwendig sind. Das ist dann der Fall, wenn nach § 20 der Verordnung über die Aufzugsanlagen vom 27.2.1980 (AufzV, BGBl. I S. 173, 205) ein Aufzugswärter zu bestellen ist. Gem. § 1 Abs. 2 AufzV

gilt diese nur für Aufzugsanlagen, die wirtschaftlichen oder gewerblichen Zwecken dienen; der Betrieb eines Aufzugs dient aber auch dann bei einem Mehrfamilienhaus mit Mietwohnungen wirtschaftlichen Zwecken (so zutreffend Langenberg, A. Rn. 54). Demzufolge sind auch die Kosten der Bestellung eines Aufzugswärters für ein Wohnhaus, in dem sich kein Gewerbebetrieb befindet, umlegbar. Erledigt die Aufgabe des Aufzugswärters der Hauswart, so sind die Kosten nur als Hauswartskosten gem. Nr. 14 der Anlage 3 zu § 27 II. BV umlegbar.

Ein Aufzugswärter braucht nicht bestellt zu werden, wenn aus dem Fahrkorb eine ständig **161** besetzte Notrufbereitschaft erreicht werden kann (Bekanntmachung des Bundesarbeitsministers vom 28.12.1989, BArbBl. 1990, S. 87). Daher sind anstelle der Kosten des Aufzugswärters die Kosten eines Notruf-Leitsystems (Telefonsprechverbindung zur Einsatzzentrale, Gegensprechanlage zum Hauswart) umlegbar. Auch die Wartungs- und Betriebskosten der Notrufanlage sind umlegbar (AG Hamburg, WuM 1987, 12; Beuermann, § 4 MHG Rn. 28b; Fischer-Dieskau/Schwender, § 27 II. BV Anm. 8; Langenberg, A. Rn. 55). Auch die Kosten der Haftpflichtversicherung der Aufzugssprech- und Signalanlage sind – jedoch lediglich als Versicherungskosten i.S.d. Nr. 13 der Anlage 3 zu § 27 II. BV – umlegbar (LG Berlin, GE 1987, 517). Dies gilt auch für die Haftpflichtversicherung für den Fahrstuhl (LG Berlin, WuM 1986, 187 f.). Ferner sind die Kosten der regelmäßigen **Prüfung** ihrer Betriebsbereitschaft und Betriebssicherheit durch Haupt- und Zwischenprüfungen gem. §§ 3, 10 und 11 AufzV einschließlich der **Einstellung** der Aufzugsanlage durch einen Fachmann umlegbar. Dazu gehören die reinen Inspektionskosten, der Abschmierdienst, die Probefahrt, die Reinigung der Anlage (ohne Fahrstuhlkorb und Fahrstuhlschacht, Schmierstoffe, Reinigungsstoffe, Reinigungsgeräte). Werden dabei Ersatzteile ausgetauscht, so handelt es sich um Reparaturkosten, die nicht als Aufzugskosten nach Nr. 7 der Anlage 3 zu § 27 II. BV umgelegt werden dürfen.

Besondere Probleme werfen die sog. **Vollwartungsverträge oder Vollunterhaltsver-** **162** **träge** auf, die neben der Prüfung der Betriebsbereitschaft und der Einstellung der Aufzugsanlage auch nicht umlagefähige Wartungs- und Reparaturarbeiten, wie z.B. die Beseitigung von Störungen einschließlich des Austauschs von Kleinteilen, umfassen. Grundsätzlich handelt es sich bei dem Austausch von Ersatzteilen um eine Reparatur (vgl. dazu näher Langenberg, A. Rn. 59). Einigkeit besteht darüber, dass nicht der Gesamtbetrag der Kosten umlagefähig ist, sondern nur derjenige, der auf die Fahrstuhlkosten i.S.d. Nr. 7 zu § 27 II. BV entfällt. Daher ist aus den Gesamtkosten derjenige Anteil, der auf den nicht umlegbaren Anteil für Wartungs- und Reparaturarbeiten entfällt, herauszurechnen und von diesem abzuziehen. Feste Prozentsätze für die nicht umlegbaren Reparatur- und Wartungskosten je nach der Art des Vertrags (LG Essen, WuM 1991, 702: 50%; LG Berlin, GE 1988, 463: 35%; LG Berlin, GE 1982, 778, GE 1988, 523: AG Berlin-Charlottenburg, GE 1991, 883: 20%) sind problematisch. Ein Abstellen auf die Kalkulation der Wartungsfirma (AG Köln, ZMR 1995, Heft 6, VIII) ist ebenfalls nicht bedenkenfrei (so zutreffend Schmid, ZMR 1998, 257 [258]). Noch weniger geeignet sind bloße Schätzungen (wie z.B. die des LG Hamburg, WuM 1989, 640).

Daher muss der Anteil der umlagefähigen Fahrstuhlkosten zu den nicht umlagefähigen Reparatur- und Wartungskosten aus dem Verhältnis der auf die jeweiligen Arbeiten entfallenden Arbeits- und Materialkosten ermittelt werden (so LG Berlin, GE 1988, 523).

Zu den Kosten der Reinigung der Anlage zählen die Kosten der Reinigung von Teilen und Flächen außerhalb des Fahrstuhlkorbs, also dessen Außenflächen, des Fahrstuhlschachts, der Seile und Räder. Die Kosten der Innenreinigung des Fahrkorbs fallen dagegen unter die Kosten der Hausreinigung gem. Nr. 9 der Anlage 3 zu § 27 II. BV. Soweit wiederum der Hauswart den Fahrkorb des Aufzugs reinigt, sind diese Kosten lediglich als Hauswartskosten gem. Nr. 14 der Anlage 3 zu § 27 II. BV ansetzbar.

163 Der **Parterremieter** muss die Aufzugskosten jedenfalls dann tragen, wenn dies im Mietvertrag ausdrücklich vereinbart worden ist; dafür reicht auch eine formularvertragliche Vereinbarung aus (LG Berlin, GE 1994, 765 = MM 1994, 279; AG Freiburg/Br., WuM 1993, 745; LG Duisburg, WuM 1991 597; OLG Düsseldorf, NJW-RR 1986, 95 – Wohnungseigentum –; a.A. AG Berlin-Schöneberg, MM 1994, 68 und LG Braunschweig, WuM 1990, 558).

Voraussetzung für diese Umlage der Aufzugskosten auf den Parterremieter ist jedoch immer, dass sich der Aufzug in demselben Haus befindet; daher dürfen Aufzugskosten eines **Nachbargebäudes** auf die Mieter eines Hauses, das selbst keinen Aufzug hat, nicht umgelegt werden (AG Trier, NJW-RR 1989, 170).

Die Umlage der Aufzugskosten ist kraft entsprechender Vereinbarung aber auch dann zulässig, wenn der Aufzug jeweils zwischen den einzelnen Geschossen hält; es handelt sich um eine grundsätzlich für den Mieter nutzbare Betriebsleistung.

6.8   Kosten der Straßenreinigung und Müllabfuhr

164

> **§ 27 II. BV Anlage 3 Nr. 8**
> Die Kosten der Straßenreinigung und Müllabfuhr
> Hierzu gehören die für die öffentlich-rechtliche Straßenreinigung und Müllabfuhr zu entrichtenden Gebühren oder die Kosten entsprechender nicht öffentlicher Maßnahmen

Die Kosten für die **Straßenreinigung** sind umlagefähig, gleichviel ob die Reinigung durch die Gemeinde, den Eigentümer oder einen von ihm beauftragten Dritten erfolgt. Die Straßenreinigung schließt auch den Winterdienst, d.h. die Beseitigung von Schnee und das Streuen bei Glätte (BGH, ZMR 1985, 120; zur Streupflicht: Gather, DWW 1990, 6) ein.

165 Auch die Kosten der **Bürgersteigreinigung**, die durch eine private Straßenreinigungsfirma ausgeführt wird, gehören zu den Straßenreinigungskosten. Die Kosten der Reinigung von Privatstraßen, der Schnee- und Eisbeseitigung, die Kosten für Granulat, Sand und sonstiges Streugut gehören ebenfalls zu den umlegbaren Betriebskosten. Wenn der Hauswart die Schneebeseitigung übernimmt, sind die hierfür anfallenden anteiligen Lohnkosten als Hauswartskosten umlegbar, während die Kosten für die Schneebeseitigungsgeräte (Wartung, Reparatur vgl. dazu LG Berlin, GE 1986, 1121; LG Hamburg, WuM 1989, 640) und die Kosten für die Streumittel als Straßenreinigungskosten anzusetzen sind (LG Berlin, GE 1986, 1121; a.A. AG Solingen, WuM 1979, 239).

Umstritten ist, ob die Kosten für die Erstanschaffung und die Ersatzbeschaffung verbrauchter Geräte als Straßenreinigungskosten umlagefähig sind (bejahend: LG Berlin, GE 1986, 1121; verneinend: LG Hamburg, WuM 1985, 390; AG Lörrach, WuM 1996, 628; Langenberg, A. Rn. 62).

Übernimmt ein **Mieter** die **Schneebeseitigung** und wird ihm dafür ein angemessener Betrag auf die Miete gutgeschrieben, so gehört dieser Betrag ebenfalls zu den Straßenreinigungskosten (so auch Langenberg, A. Rn. 63). Übernehmen dagegen die Mieter ohne Ausgleich die Straßenreinigung und verpflichten sie sich auch zur Beschaffung der Reinigungs- oder Streumittel auf eigene Kosten, weil dies ortsüblich ist, so entstehen keine Betriebskosten, die der Vermieter umlegen darf. Die Kosten für die Reinigungs- und die Streumittel sind nur dann als Straßenreinigungskosten anzusetzen, wenn die Hausbewohner diese nicht übernommen haben.

Hat der Vermieter die Schneebeseitigung den Mietern übertragen, so kann er nur aus zwingenden Gründen (z.B. der Mieter kann die Schneebeseitigung aus Krankheitsgründen nicht mehr ausführen) die entsprechenden Schneebeseitigungsarbeiten an ein gewerbliches Unternehmen übertragen (AG Münster, WuM 1995, 36). Diese Kosten der Schneebeseitigung können dann als Straßenreinigungskosten auf alle Mieter umgelegt werden.

Kommt der Mieter, der sich vertraglich zur Straßenreinigung verpflichtet hat, schuldhaft seiner Verpflichtung nicht nach, so kann der Vermieter ebenfalls ein Fremdunternehmen beauftragen; dessen Kosten sind jedoch nur dem betreffenden Mieter als Schadensersatz anzulasten.

Haben die Vertragsparteien bei Vertragsschluss nicht geregelt, wer die Kosten der Straßenreinigung zu tragen hat, so sind sie grundsätzlich nicht auf die Mieter umlegbar. Lediglich in Ausnahmefällen kann im Wege der ergänzenden Vertragsauslegung davon ausgegangen werden, dass im Mietvertrag nicht umgelegte Betriebskosten dennoch von den Mietern zu tragen sind (vgl. dazu OLG Köln, ZMR 1995, 69).

Die Kosten für die Beseitigung von **Autowracks** können dagegen grundsätzlich nicht als 166 Straßenreinigungskosten angesetzt werden, da sie nicht laufend anfallen. Selbst wenn sie regelmäßig wiederkehrend anfallen, sind sie nur dann als Betriebskosten umlegbar, wenn der Vermieter seiner Verpflichtung zur ordnungsgemäßen Wirtschaftsführung dadurch hinreichend nachgekommen ist, dass er vergeblich die Entstehung derartiger Kosten zu vermeiden versucht hat und vergeblich versucht hat, denjenigen zu ermitteln, der das Autowrack auf den Bürgersteig oder den Außenanlagen abgestellt hat.

Zu den **Müllabfuhrkosten** gehören die öffentlichen Müllabfuhrgebühren, die in voller 167 Höhe umlagefähig sind. Beschränkt sich die öffentliche Müllabfuhr auf eine bestimmte Müllart, z.B. Hausmüll, so gehören die Kosten für die Entsorgung des anderen Mülls (z.B. Glas, Pappe, Metall, Bioabfälle, Gartenabfälle usw.) ebenfalls zu den umlegbaren Betriebskosten, gleichgültig ob die Abfuhrkosten dem Eigentümer oder einem Dritten entstehen, genauso etwaige Gebühren für Deponien und Müllverbrennungsanlagen Ist die Aufstellung von Containern für die getrennte Müllerfassung vorgeschrieben, so gehören auch die dadurch entstehenden Mehrkosten zu den Kosten der Müllabfuhr. Im Übrigen ist der Vermieter gehalten, im Rahmen ordnungsgemäßer Wirtschaftsführung die Müllabfuhrkosten durch getrennte Müllerfassung und Müllentsorgung zu verringern.

Ermäßigen sich z.B. die öffentlich-rechtlichen Müllabfuhrkosten dadurch, dass Container für Glas und/oder Papier aufgestellt werden, weil die Kosten der Abfuhr dieser Container günstiger sind, so muss der Vermieter im Rahmen ordnungsgemäßer Wirtschaftsführung diese Preisvergünstigung in Anspruch nehmen und an die Mieter weitergeben.

Der Vermieter muss auch im Übrigen die Müllgebühren möglichst niedrig halten, in dem er das Volumen und die Anzahl der Müllgefäße an dem durchschnittlichen Bedarf ausrichtet.

Die Müllschluckerkosten können nicht als Kosten der Müllabfuhr umgelegt werden, sondern nur als sonstige Betriebskosten i.S.d. Nr. 17 der Anlage 3 zu § 27 II. BV.

168 Die Kosten der Abfuhr von **Sperrmüll** (vgl. dazu auch Rn. 42) können nur dann als Müllabfuhrkosten auf alle Mieter gemeinsam umgelegt werden, wenn sie trotz ordnungsgemäßer Geschäftsführung (LG Berlin, GE 1998, 681) laufend anfallen (LG Berlin, GE 1995, 941 = ZMR 1995, 353; GE 1998, 681; GE 2001, 63). Der Vermieter muss darlegen, dass er alles ihm Zumutbare unternommen hat, um die Entstehung von Sperrmüll zu vermeiden (Hinweis an alle Mieter auf die Unzulässigkeit des Abstellens von Sperrmüll, laufende Überwachung der Kellergänge und des Müllplatzes durch den Hausmeister), und vergeblich versucht hat, den Sperrmüll verursachenden Mieter zu ermitteln (konkrete Nachfrage bei allen Mietern). Erst wenn dann nicht feststellbar ist, welcher Mieter den Sperrmüll hinterlassen hat, sind die Kosten der Sperrmüllabfuhr als Müllabfuhrkosten auf alle Mieter umlegbar (LG Berlin, GE 1998, 681; GE 1995, 941 = ZMR 1995, 354; MM 1996, 327; GE 1986, 1121; AG Berlin-Schöneberg, GE 1989, 251; a.A. LG Berlin, GE 1986, 1122 [1125]: Vermieter braucht nicht zunächst den für die Verunreinigung Verantwortlichen festzustellen – vgl. dazu auch Praxistipp in GE 2000, 386 f.).

169 Die Kosten der Abfuhr von **Gewerbemüll** sind gesondert zu erfassen und auf die Gewerbemieter umzulegen. Soweit der Gewerberaummieter den Gewerbemüll (z.B. aufgrund entsprechender Vereinbarung im Gewerbemietvertrag) selbst entsorgt, so dass nur Hausmüll des Gewerbes anfällt, ist eine Trennung der Kosten nach angefallenem Müll des Gewerbes und des Wohnraums nicht notwendig. Notwendig ist insoweit jedoch, dass Gewerbe- und Wohnungsmüll in getrennte Gefäße eingeworfen werden, die gegen unbefugtes Einwerfen von sonstigem Müll gesichert sind. Die Kosten der Abfuhr des von den Wohnungs- und Gewerbemietern verursachten Hausmülls können dann auf alle Mieter gleichmäßig nach der Wohnfläche umgelegt werden.

170 Die Kosten der Müllabfuhr müssen nach einem Maßstab umgelegt werden, der der unterschiedlichen Müllverursachung Rechnung trägt, wenn sie nach Verursachung erfasst werden (§ 556a Abs. 1).

Insoweit käme sowohl die Erfassung des von dem einzelnen Haushalt entsorgten Mülls als auch ein Maßstab in Betracht, der nach der Anzahl der ständig die Wohnung nutzenden Bewohner die Kosten unterschiedlich auf die einzelnen Haushalte umlegt (vgl. dazu näher Beuermann, GE 1993, 1071). Zulässig wäre es auch, den einzelnen Mietern abschließbare, separate Müllgefäße zur Verfügung zu stellen, über die nach dem unterschiedlichen Volumen abgerechnet wird. Ferner kommt zumindest dann, wenn die öffentlich-rechtliche Müllabfuhr nach verschiedenen Umlagemaßstäben abrechnet (z.B. Kombinationen von Anzahl der gemeldeten Bewohner mit Anzahl und Größe der zu entsorgenden Müllgefäße) eine entsprechende Umlegung teilweise verbrauchsabhängig, teilweise verbrauchsunabhängig in Betracht. Sprechen sich in diesem Fall alle Mieter für eine Änderung des Kostenverteilungsschlüssels von einem festen Maßstab (Wohnfläche) auf einen kombinierten Schlüssel (Personenanzahl plus Wohnfläche) aus, so ist der Vermieter gehalten, Betriebskosten für Müllabfuhr zukünftig nach einem derartigen kombinierten Maßstab abzurechnen (ähnlich AG Weimar, WuM 1997, 119 f.). Der Vermieter hat bei erfasster Müllverursachung ein einseitiges Recht zur Umstellung des Umlagemaßstabs (vgl. dazu näher § 556a).

6.9 Kosten der Hausreinigung und Ungezieferbekämpfung

> **§ 27 II. BV Anlage 3 Nr. 9**
> Die Kosten der Hausreinigung und Ungezieferbekämpfung.
> Zu den Kosten der Hausreinigung gehören die Kosten für die Säuberung der von den Bewohnern gemeinsam benutzten Gebäudeteile, wie Zugänge, Flure, Treppen, Keller, Bodenräume, Waschküchen, Fahrkorb des Aufzuges.

171

Zu den Kosten der **Hausreinigung** gehören sowohl die Personalkosten als auch die Kosten für die Reinigungsmittel und die Wartung und Reparatur der Reinigungsgeräte. Sowohl die Kosten einer mit der Säuberung beauftragten Reinigungsfirma als auch Materialkosten des Hauswarts (Putzmittel, Scheuerlappen, Bohnermaschine) sind umlagefähig. Die für die Hausreinigung entstehenden Arbeitsentgelte des Hauswarts sind dagegen nicht unter Nr. 9 anzuführen, sondern unter Nr. 14 (Hauswartskosten). Umlegbar sind nur die laufenden Kosten der Reinigung der von den Bewohnern gemeinsam benutzten Gebäudeteile. Schon deshalb sind die in unregelmäßigen Abständen anfallenden Kosten der Reinigung der Fassade ebenso wenig als Betriebskosten umlagefähig wie die Kosten der Reinigung der Marmorverkleidung im Treppenhaus (AG Köln, WuM 1985, 368). Die Kosten der Fremdreinigung sind ebenso ansetzbar wie diejenigen der Reinigung durch den Hauswart oder den Eigentümer. Erfolgt jedoch die Hausreinigung nur durch ungelernte Hilfskräfte, so kann nur der für diese übliche Stundenlohn zusätzlich zu den Reinigungsmaterialien angesetzt werden.

Diejenigen Reinigungskosten, die nur für bestimmte Mieter entstehen (z.B. Reinigung der gesondert vermieteten **Garagen** und deren Zufahrten), können nur auf diese Mieter umlegt werden und sind daher im Wege des Vorwegabzugs aus den auf alle Wohnungsmieter umzulegenden Betriebskosten auszugliedern.

Die Reinigungskosten nach einer Instandsetzungs- oder Modernisierungsmaßnahme des Vermieters können nicht als Betriebskosten angesetzt werden, da es sich nicht um laufende Aufwendungen handelt. Auch die Kosten einer Sonderreinigung (etwa zur Beseitigung von Hundedreck, Farbschmierereien usw.) können nur dann als Betriebskosten auf alle Mieter umgelegt werden, wenn sie regelmäßig wiederkehrend anfallen, der Vermieter sie nicht vermeiden konnte und den Verursacher nicht ermitteln konnte.   172

Wird die Hausreinigung durch den/die Mieter durchgeführt und erhalten diese daher einen **Rabatt** auf die Miete, so ist der entsprechende Betrag ebenfalls als Hausreinigungskosten auf alle Mieter umlegbar; dies gilt auch für die von den Mietern benötigten   173

Kosten für Werkzeuge und Reinigungsmittel. Erhalten dagegen die Mieter, die mietvertraglich die Hausreinigung übernommen haben, keinen Rabatt auf die Miete, so sind keinerlei Hausreinigungskosten auf die Mieter umlegbar.

174 Die Kosten der **Ungezieferbekämpfung** sind grundsätzlich ebenfalls umlegbar, jedoch nur soweit es sich um regelmäßig wiederkehrende Kosten handelt (LG Siegen, WuM 1992, 630; LG Köln, WuM 1997, 230; AG Köln, WuM 1992, 630; AG Hamburg, WuM 1993, 619; AG Oberhausen, WuM 196, 714). Die Kosten für die Beseitigung eines nur in unregelmäßigen Abständen angelegten Hornissen- oder Bienennests sind dagegen nicht als Betriebskosten umlagefähig (AG Oberhausen, WuM 1996, 714).

Umlagefähig sind zudem lediglich die Kosten für die Ungezieferbekämpfung in den **gemeinsam benutzten Gebäudeteilen**, wie Zugänge, Flure, Treppen, Keller, Bodenräume, Waschküchen, Fahrkorb des Aufzugs. Daher können die Kosten der Ungezieferbekämpfung in den einzelnen Wohnungen (Wanzen, Flöhe, Schaben usw.) ebenso wenig als Betriebskosten auf alle Mieter umgelegt werden, wie die dadurch entstehenden Kosten des Kammerjägers (AG Köln, WuM 1992, 630).

Die **Formularklausel**, wonach der Mieter zu beweisen hat, dass Ungezieferbefall nicht von ihm oder Personen verursacht wurde, deren Verhalten ihm zuzurechnen ist, ist unwirksam (OLG Frankfurt/Main, WuM 1992, 57 [61]).

Führt der **Hauswart** die Hausreinigung oder Ungezieferbekämpfung durch, so sind die Lohnkosten des Hauswarts unter Nr. 14 anzusetzen; lediglich die Kosten für die Wartung und Reparatur der von dem Hauswart benötigten Arbeitsgeräte und diejenigen für Reinigungs- und/oder Ungezieferbekämpfungsmittel sind gesondert unter Nr. 9 anzusetzen.

6.10 Kosten der Gartenpflege

175
> **§ 27 II. BV Anlage 3 Nr. 10**
> Die Kosten der Gartenpflege
> Hierzu gehören die Kosten der Pflege gärtnerisch angelegter Flächen einschließlich
> der Erneuerung von Pflanzen und Gehölzen, der Pflege von Spielplätzen einschließ
> lich der Erneuerung von Sand und der Pflege von Plätzen, Zugängen und Zufahrten,
> die dem nicht öffentlichen Verkehr dienen.

Zu den Kosten der Pflege von Gärten zählen diejenigen der Pflege des Rasens durch Mähen und Vertikutieren, der Beseitigung von Unkraut auf Rasen und Rabatten, der Düngung, des Beschneidens von Bäumen und Sträuchern, das Besprengen der Rasenflächen und Pflanzen im Sommer sowie die Abfuhr von Gartenabfällen, soweit die Kosten für Letztere nicht als Müllabfuhrkosten umgelegt werden.

Zudem sind die periodisch anfallenden Kosten der Erneuerung von Pflanzen und Gehölzen umlagefähig. Dazu zählen die Kosten für das Entfernen verblühter Blumen ebenso wie diejenigen für die Beseitigung durch Alter, Witterungs- oder Umwelteinflüsse schadhafter Sträucher und Bäume einschließlich der entsprechenden Neubepflanzung sowie die Kosten für das Nachsäen des Rasens. Dagegen dind die Kosten der Dachbegrünung nicht umlagefähig (LG Karlsruhe, WuM 1996, 230).

Voraussetzung für die Umlage ist jedoch, dass die Fläche bereits gärtnerisch angelegt 176
war. Die Kosten der gärtnerischen Gestaltung der Anlage sind nur als Baukosten oder als
Modernisierungskosten gem. § 559 umlegbar. Sind die Außenanlagen der Wohnanlage
nicht gärtnerisch gestaltet, sondern naturbelassen worden, so sind die Kosten für das
Auswechseln der Pflanzen, Gehölzen und Bäume sowie für die Unkrautvernichtung nicht
als Gartenpflegekosten umlegbar (LG Berlin, GE 1988, 355).
Die Pflege der gärtnerisch angelegten Flächen umfasst namentlich das Schneiden des
Rasens in wiederkehrenden Abständen, die Säuberung der Rasenflächen, eine etwaige
Nachsaat schlechter Rasenstellen, die Pflege von blühenden Sträuchern, Stauden und
Sommerblumen, das Freihalten der Pflanzflächen von Unkraut, die Durchführung von
Baum- und Strauchschnitten und Maßnahmen der erhaltenden Baumpflege (Fischer-
Diskau/Pergande/Schwender, Kommentar zur II. Berechnungsverordnung, Ergänzungs-
lieferung März 1987, 79). Ferner gehören dazu auch das Entfernen von Pflanzen, Sträuchern und Bäumen einschließlich der Baumfällkosten (AG Köln, NZM 2001, 41), die im
Rahmen einer ordentlichen Gartenpflege nicht mehr auf der gärtnerisch gestalteten Fläche belassen werden können, und ihr Ersatz durch neue Gewächse, mithin das Auswechseln von Pflanzen, Gehölzen und Bäumen (LG Frankfurt/Main, WuM 1992, 545). Auch
die Erneuerungsmaßnahmen nach Sturm- oder Brandschäden fallen darunter (LG Hamburg, WuM 1989, 614; Langenberg, A. Rn. 75). Wird dagegen ein jahrelang vernachläs-
sigter Garten wieder hergerichtet, so sind dies keine umlegbaren Kosten der Gartenpflege, sondern Instandsetzungskosten (LG Hamburg, WuM 1994, 695; Beuermann, § 4
MHG Rn. 30; Hertle, ZMR 1990, 406 ; Pfeifer, 2.15.2.; Schmid, Rn. 4112; Sternel,
Mietrecht, III 350; Langenberg, A. Rn. 74). Die Kosten für das Fällen von Bäumen können auch dann nicht angesetzt werden, wenn sie deshalb fällig wurden, weil Rückschnitte
in der Vergangenheit nicht fachgerecht ausgeführt worden sind (AG Berlin-Schöneberg,
GE 1996, 477).
Als Gartenpflegekosten sind sowohl die Personalkosten (des Gärtners, eines Unternehmens, des damit beauftragten, entlohnten Mieters, des Vermieters) als auch die Sachkosten umlagefähig. Zu den ansatzfähigen Sachkosten gehören die Betriebs-, Wartungs-
und Reparaturkosten von Gartenpflegegeräten (LG Berlin, GE 1986, 1121 ff.; GE 2000,
539) ebenso wie die für die Pflege erforderlichen Materialien (Dünger, Pflanzen, usw.).
Die Kosten des **Wasserverbrauchs** für den Garten werden ebenfalls als umlagefähige 177
Gartenpflegekosten angesehen (AG Berlin-Tiergarten, GE 1997, 51; Schmid, ZMR 1998,
257 [260]). Soweit die Wasserkosten für den vom Mieter nicht nutzbaren Garten nicht als
Gartenpflegekosten für ansetzbar gehalten werden (LG Karlsruhe, WuM 1996, 230; AG
Sankt Goar, DWW 1990, 152; Barthelmess, § 4 MHG Rn. 3; a.A. Schmid, a.a.O. Rn.
4107; LG Hamburg, WuM 1995, 32), können sie unter Nr. 2 der Anlage 3 zu § 27 II. BV
als Wasserversorgungs- und Entwässerungskosten – unter Abzug des Rabatts für
Sprengwasser – angesetzt werden.
Soweit Gärten und/oder Grünflächen ausschließlich vom Vermieter oder einem Mieter 178
allein genutzt werden, sind die dafür entstehenden Kosten nicht auf die anderen Mieter
umlegbar (LG Berlin, Urteil vom 7.6.1994, 64 S 27/94; LG Berlin, GE 1998, 1339; AG
Sankt Goar, DWW 1990, 152; AG Löbau, WuM 1994, 163; AG Berlin-Spandau, MM

1994, 68; AG Hamburg, WuM 1995, 652; Hertle, ZMR 1990, 408; Schmid, ZMR 1998, 257 [259]).

Andererseits ist Voraussetzung für die Umlegbarkeit nicht, dass die Grünanlagen von allen Mietern etwa als Spielplatz, Abstellfläche oder Liegewiese benutzt werden können. Vielmehr reicht es aus, wenn durch diese Gestaltung der Gartenanlage die allgemeinen Wohnverhältnisse sich für alle Mieter vorteilhaft gestalten (Fischer-Dieskau/Schwender, § 27 II. BV Anm. 11; Langenberg, A. 77); insoweit dürfte auch der „Blick ins Grüne" ausreichen (so LG Hamburg, Urteil vom 21.12.1993, 316 S 325/91; Fischer-Dieskau/Schwender, a.a.O., Langenberg, a.a.O.; Pfeifer, 2.15; Schmid, Rn. 4107; a.A. LG Karlsruhe, WuM 1996, 230; AG Köln, WuM 1992, 630; AG Essen, WuM 1978, 155; Barthelmess, § 4 MHG Rn. 3).

179 Pflegt der Eigentümer selbst die Grünanlage, so kann er die dafür ersparten Betriebskosten eines Fremdunternehmers mit dem Betrag ansetzen, der für eine gleichwertige Leistung eines Unternehmers angesetzt werden könnte, jedoch ohne die vom Fremdunternehmer zu berechnende Umsatzsteuer. Da es auf die Gleichwertigkeit der Leistung des Vermieters ankommt, ist dessen berufliche Qualifikation entscheidend. Handelt es sich bei dem Vermieter um einen Gärtnermeister oder einen Garten- und Landschaftsbauingenieur, so kann er die Kosten eines entsprechenden Fremdunternehmens (bis auf die in den Kosten des Fremdunternehmers enthaltenen Ansätze für Vorhaltekosten usw.) in vollem Umfang ansetzen. Handelt es sich dagegen bei dem Vermieter um einen Laien, so kann er lediglich den Stundenlohn für die entsprechenden Arbeiten eines Gartenhilfsarbeiters ansetzen. Die Mehrwertsteuer darf von dem die Gartenpflege selbst durchführenden Vermieter auf keinen Fall angesetzt werden. Führt der **Hauswart** die Gartenpflegearbeiten aus, sind die hierfür anfallenden Lohnkosten unter Nr. 14 (Hauswartskosten) anzusetzen.

180 Zu Pflege von **Spielplätzen** gehören die Überwachung und Wartung der Einfassungen und Spielgeräte, der Bänke (einschließlich des Schutzanstrichs) sowie der (ausdrücklich aufgeführte) turnusmäßige Austausch des Spielsandes. Die Kosten der Erneuerung von Gehwegplatten sind jedoch ebenso wenig umlagefähige Kosten der Pflege von Spielplätzen (AG Stuttgart-Bad Cannstatt, WuM 1996, 481) wie die Kosten der Reparatur von Zäunen, Bänken, Spielgeräten (a.A. Langenberg, A. Rn. 78; Beuermann, § 4 MHG Rn. 30b; Schmid, Rn. 4115).

Der Vermieter muss sich ferner im Rahmen der ordnungsgemäßen Wirtschaftsführung halten. Wird daher der Spielsand für den Spielplatz häufiger ausgetauscht als nach öffentlich-rechtlichen Vorschriften notwendig, so muss der Vermieter darlegen, dass dieser häufigere Austausch aus anderen Gründen notwendig war.

Die Kosten für die Neuanlage eines Sandkastens gehören dagegen nicht zu den Betriebskosten, können aber – ebenso wie die Erstellung einer Grünanlage – eine Verbesserung der allgemeinen Wohnverhältnisse darstellen und nach § 559 umlegbar sein.

181 Zu den Kosten der Pflege von **Plätzen, Zugängen und Zufahrten** gehören diejenigen von Höfen, Müll-, Teppichklopf- oder Wäschetrocknungsplätzen, Zugängen und Zufahrten sowie dort aufgestellter Bänke, Abfallkörbe, Teppichstangen, Wäschespinnen usw. Umlegbar sind die Reinigungs-, Schnee- und Eisbeseitigungs- sowie Unkrautvernichtungskosten. Handelt es sich um Zufahrten, die nur von bestimmten Mietern genutzt

werden dürfen, wie z.B. Zufahrten zu gesondert vermieteten Park- und/oder Einstellplätzen, so dürfen die dafür entstehenden Kosten nur auf diese Mieter umgelegt werden.

6.11 Kosten der Beleuchtung

§ 27 II. BV Anlage 3 Nr. 11

Die Kosten der Beleuchtung
Hierzu gehören die Kosten des Stroms für die Außenbeleuchtung und die Beleuchtung der von den Bewohnern gemeinsam benutzten Gebäudeteile, wie Zugänge, Flure, Treppen, Keller, Bodenräume und Waschküche.

182

Als Kosten der Beleuchtung sind ausschließlich die Stromkosten für die Außenbeleuchtung und die Beleuchtung der von den Bewohnern gemeinsam benutzten Gebäudeteile umlagefähig. Auch die Kosten für die Hausnummern- und/oder Klingeltableaubeleuchtung sind als Beleuchtungskosten auf sämtliche Mieter umlegbar. Die Kosten der Beleuchtung von Zuwegen sind nur umlagefähig, wenn die Leuchten auf privatem Grund stehen (LG Aachen, DWW 1993, 42). Entscheidend für die Umlagefähigkeit ist jedoch, dass es sich um allgemein benutzte Gebäudeteile handelt. Daher zählen die Kosten der Beleuchtung für nur von einzelnen Mietern benutzte Räumlichkeiten (Keller, Garagen, Hobbyräume, Werkstatträume) nicht zu den allgemein umlegbaren Kosten. Diese Kosten sind vielmehr durch Zwischenzähler zu ermitteln und den einzelnen Mietern in Rechnung zu stellen.

Die Kosten für das Ein- und Ausschalten von Beleuchtungen für gemeinsam benutzte Gebäudeteile (z.B. Umschaltung auf Nachstrom usw.) können ebenfalls als Beleuchtungskosten umgelegt werden; erfolgt die Umschaltung durch den **Hauswart**, so sind die dafür anfallenden anteiligen Lohnkosten unter Nr. 14 (Hauswartskosten) anzusetzen.

Die Kosten für den Austausch von Glühbirnen, Leuchtstoffröhren, Sicherungen sowie die Kosten für die Reparatur von defekten Beleuchtungsanlagen für gemeinsam benutzte Gebäudeteile können auf keinen Fall als Betriebskosten umgelegt werden. Diese Kosten fallen unter Instandhaltungskosten, die lediglich für preisgebundenen (öffentlich geförderten) Sozialbau mit einer Pauschale umlegbar sind (§ 28 II. BV). Die Kosten eines Notstromaggregats sind dagegen als Kosten der Stromversorgung umlagefähig (AG Koblenz, NZM 2000, 238).

Grundsätzlich ist Umlage nach der Wohnfläche zulässig; das gilt auch insoweit, als Stromkosten für gemeinsam mit Gewerbebetrieben benutzte Zugänge entstehen.

6.12 Kosten der Schornsteinreinigung

§ 27 II. BV Anlage 3 Nr. 12

Die Kosten der Schornsteinreinigung
Hierzu gehören die Kehrgebühren nach der maßgebenden Gebührenordnung, soweit sie nicht bereits als Kosten nach Nummer 4 Buchstabe a berücksichtigt sind.

183

Die Kehrgebühren und Gebühren für die Emissionsmessung der zentralen Heizungsanlage gehören zu den grundsätzlich verbrauchsabhängig abzurechnenden Kosten der Zentralheizung und Warmwasserversorgung. Als Kosten der Schonsteinreinigung nach Nr. 12 dürfen daher nur die Kehrgebühren für die Einzelöfen, Kamine, Feuerstellen der Etagenheizungen sowie Lüftungsanlagen und ähnliche Einrichtungen umgelegt werden. Soweit neben der Zentralheizung in einzelnen Wohnungen noch Einzelöfen verblieben sind, dürfen die Schornsteinfegerkosten für die Schornsteinzüge zu diesen Einzelöfen nur auf diejenigen Mieter umgelegt werden, die weiterhin (neben der Zentralheizung) diese Einzelöfen nutzen können.

Auch die Kosten für Gutachten für derartige Einzeleinrichtungen (ohne Instandhaltungskosten) können berücksichtigt werden, nicht dagegen die Kosten des Ausbrennens und Ausschleuderns der Schornsteinzüge zu den Einzelöfen.

Ferner können auch die Kosten der Belüftungsprüfung bei innen liegenden Bädern umgelegt werden, wenn diese Prüfung nach der Kehrordnung zum Aufgabenbereich des Schornsteinfegers gehört. Die Kosten der Belüftungsprüfung können nur auf diejenigen Wohnungen des Gebäudes oder der Wirtschaftseinheit umgelegt werden, die innen liegende Bäder haben.

Die Kosten für Immissionsmessungen für die Schornsteinzüge zu den Einzelöfen können dann als Kosten der Schonsteinreinigung auf die angeschlossenen Mieter umgelegt werden, wenn die Kosten dafür als **Kehrgebühren** ausgewiesen sind. Dies ergibt sich aus dem Hinweis in Nr. 12 der Anlage 3 zu § 27 II. BV auf Nr. 4a), worunter auch die Kosten der Messung nach dem Bundes-Immissionsschutzgesetz erfasst sind.

6.13 Kosten der Sach- und Haftpflichtversicherung

184

> **§ 27 II. BV Anlage 3 Nr. 13**
> Die Kosten der Sach- und Haftpflichtversicherung
> Hierzu gehören namentlich die Kosten der Versicherung des Gebäudes gegen Feuer-, Sturm- und Wasserschäden, der Glasversicherung, der Haftpflichtversicherung für das Gebäude, den Öltank und den Aufzug.

Umlagefähig sind zunächst die Kosten der **Sachversicherungen** für das Gebäude gegen Feuer-, Sturm- und Wasserschäden sowie der übrigen aufgeführten Sachversicherungen. Da diese Sachversicherungen jedoch durch die Formulierung „namentlich" nur beispielhaft aufgeführt sind, können auch die Kosten anderer Sachversicherungen umgelegt werden. Dazu zählen u.a. eine Hausbock- (LG Hamburg, WuM 1989, 191) und/oder Schwammversicherung oder eine landesrechtlich vorgeschriebene Elementarversicherung. Grundsätzlich ist es jedoch unerheblich, ob die Sachversicherung landesrechtlich vorgeschrieben ist (z.B. Brandkasse) oder sich der Eigentümer privat gegen Schäden versichert. Die Kosten der Sachversicherung, die nur für die Verwaltungsräume abgeschlossen worden sind, sind nicht als Betriebskosten umlagefähig.

185 Nicht umlagefähig sind ferner die Kosten für **Reparaturversicherungen** (AG Köln, WuM 1990, 556).

Die **Gebäudehaftpflichtversicherung** ist die Versicherung des Hauseigentü- 186
mers/Vermieters gegen Ansprüche Dritter, die durch das Gebäude (z.B. herabfallende
Dachziegel) geschädigt werden (Gebäudehaftpflichtschäden). Die private Haftpflichtversicherung des Hauseigentümers/Vermieters (z.B. Versicherung gegen Schäden, die er
selbst oder seine Angehörigen Dritten verursachen) fällt ebenso wenig darunter w.e die
Haftpflichtversicherung für die Hausverwaltung (z.B. gegen Schäden, die durch die
Hausverwaltung bei ihrer Tätigkeit verursacht werden). Daher fällt auch nicht die Kfz-
Haftpflicht für das Dienstauto der Hausverwaltung unter die Kosten der Sach- und Haftpflichtversicherung.

Zu der Gebäudehaftpflichtversicherung gehört jedoch auch die Haftpflichtversicherung
gegen Schäden, die durch eine **Gemeinschaftsantenne** des Hauses (z.B. durch herabfallende Antennenteile) oder durch den **Aufzug** Dritten entstehen.

Ausdrücklich aufgeführt sind die Kosten der **Öltankversicherung**, wozu auch die **Ge-** 187
wässerschadensversicherung zählt. Dagegen sind die Kosten einer Gastankversicherung nicht aufgeführt. Da jedoch die einzelnen Versicherungsarten, deren Kosten als
Betriebskosten umgelegt werden dürfen, nur beispielsweise („namentlich") aufgeführt
sind, dürften auch die Kosten einer Gastankversicherung als Versicherungskosten umlegbar sein.

Ferner sind auch die Kosten der **Betriebshaftpflichtversicherung** für den Fahrstuhl (LG 188
Berlin, WuM 1986, 187 f.; AG Berlin-Wedding, GE 1985, 1035) ebenso umlegbar wie
die Kosten für die Haftpflichtversicherung der Aufzugssprech- und Signalanlage (LG
Berlin, GE 1987, 517; a.A. LG Berlin, WuM 1986, 187).

Auch Kosten für neu abgeschlossenen Versicherungen können als Betriebskosten umge- 189
legt werden, soweit sie im Rahmen einer ordentlichen Geschäftsführung notwendig
waren. Daher sind auch die Prämien der zum Teil nach Landesrecht vorgeschriebenen
Pflichtversicherungen gegen **Elementarschäden** (z.B. Erdbeben oder Überschwem-
mung) und/oder gegen **Bergschäden** umlegbar (Mietprax/Pfeifer, Fach 2 Rn. 108).

Die Kosten der Haftpflichtversicherungen gegen Schäden, die aus der Verletzung der 190
Verkehrssicherungspflicht des Eigentümers/Vermieters resultieren (z.B. Verletzung der
Streupflicht) sind nicht als Betriebskosten umlegbar, da Nr. 13 der Anlage 3 zu § 27 II.
BV nur eine Umlegung der Kosten der „Haftpflichtversicherung für das **Gebäude**" zu-
lässt.

Ebenso wenig sind die Prämien für eine Mietverlustversicherung, eine Rechtsschutzver- 191
sicherung und/oder die Beiträge zur gesetzlichen Unfallberufsgenossenschaft für die
Hausverwaltung als Versicherungskosten umlegbar. Die Pflichtbeiträge zur **gesetzlichen**
Unfallversicherung (Unfallberufsgenossenschaft), die für den Hauswart gezahlt werden,
sind als Kosten für den Hauswart nach Nr. 14 der Anlage 3 zu § 27 II. BV umlegbar,
nicht jedoch als Versicherungskosten.

Neben den in Nr. 13 der Anlage 3 zu § 27 II. BV aufgeführten Versicherungskosten sind 192
nur diejenigen Kosten einer Sach- oder Haftpflichtversicherung umlegbar, die **objektiv**
erforderlich sind (OLG Düsseldorf, BB 1991, 98 = DWW 1990, 337). Fallen in dem
Gebäude oder der Wirtschaftseinheit erhöhte Versicherungskosten für ein darin befindliches Gewerbe an, so sind die Versicherungskosten für den Gewerbeteil vorweg abzuziehen. Diese erhöhten Kosten können entweder in einer Prämienerhöhung (z.B. für die

Brandversicherung wegen einer Risikoerhöhung durch ein feuergefährliches Gewerbe) bestehen oder in einer sonstigen Prämienerhöhung (z.B. wegen anderer Einstufung des bisherigen Wohngebäudes in eine andere Versicherungsklasse). Zumindest müssen die Versicherungskosten, welche für Wohn- und Gewerbeteil zusammen entstehen, aufgeschlüsselt werden (LG Berlin, ZMR 1992, Heft 6 Beilage VII Nr. 19).

193 Grundsätzlich ist die Umlage sämtlicher Versicherungskosten nach der Wohn- oder Nutzfläche des Gebäudes oder der Wirtschaftseinheit zulässig. Handelt es sich jedoch um eine **Glasbruchversicherung**, so ist zumindest dann eine Umlage nach den Fensterflächen notwendig, wenn sich in dem Gebäude oder der Wirtschaftseinheit Geschäftsräume mit einer größeren Fensterfläche (z.B. durch Schaufensterverglasung) als der Wohnungen befinden (LG Stuttgart, WuM 1989, 521). Eine Umlage der Kosten der Glasbruchversicherung nach Fensterflächen ist – wenn sich keine Gewerberäume in dem Gebäude oder der Wirtschaftseinheit befinden – grundsätzlich nicht notwendig, da die unterschiedlichen Fensterflächen durch die unterschiedlichen Wohnflächen mit berücksichtigt wird.

6.14   Hauswartskosten

194

> **§ 27 II. BV Anlage 3 Nr. 14**
> Die Kosten für den Hauswart
> Hierzu gehören die Vergütung, die Sozialbeiträge und alle geldwerten Leistungen, die der Eigentümer (Erbbauberechtigte) dem Hauswart für seine Arbeit gewährt, soweit dies nicht die Instandhaltung, Instandsetzung, Erneuerung, Schönheitsreparaturen oder die Hausverwaltung betrifft. Soweit Arbeiten vom Hauswart ausgeführt werden, dürfen Kosten für Arbeitsleistungen nach Nummer 2 bis 10 nicht angesetzt werden

Die Kosten für den Hauswart sind ebenfalls nur insoweit umlagefähig, als sie ortsüblich sind und dem Gebot der Wirtschaftlichkeit entsprechen (AG Köln, NZM 1998, 305). Als Hauswartskosten sind diejenigen Kosten nicht umlegbar, die durch Reparaturen, Schönheitsreparaturen und/oder Verwaltungsleistungen des Hauswarts entstehen. Erst recht sind die Kosten für sonstige Tätigkeiten des Hauswarts nicht als Betriebskosten auf die Mieter umlegbar, die allein für den privaten Zweck des Vermieters erfolgen (z.B. Reinigung der Wohnung des Vermieters (Schmid, Rn. 4131). Ferner sind nicht umlagefähig die Kosten der Hausverwaltung für kaufmännisch-organisatorische Aufgaben, die auch mit Schriftverkehr verbunden sind. Dagegen sind als Hauswartskosten diejenigen Kosten umlagefähig, die für Arbeiten mehr praktisch-technischer Natur entstehen. Ist ein Mitarbeiter als „kaufmännischer Angestellter" mit einer Jahresvergütung von über 80 000 DM (40 000 EUR) mit dem Abhalten von Sprechstunden in der Wohnanlage betraut, so spricht dies gegen ein Anstellungsverhältnis als Hauswart (Hausmeister) und legt die Annahme einer (nichtumlagefähigen) Tätigkeit als Hausverwalter nahe (AG Dortmund, ZMR 1996, 387 = WuM 1996, 561 = NJWE-MietR 1996, 225).

Da die Kosten für Instandhaltung, Instandsetzung, Erneuerung, Schönheitsreparaturen und Tätigkeiten für nur private Zwecke des Vermieters als Hauswartskosten **nicht umlegbar** sind, ist der Vermieter verpflichtet, die Hauswartskosten in (umlagefähige) Hauswartskosten im engeren Sinne einerseits und (nicht umlagefähige) sonstige Kosten andererseits aufzuteilen. 195

Maßgebend für die Aufteilung ist, inwieweit der jeweilige Hauswart im Betriebskostenbereich tätig wird oder im Bereich der sonstigen Aufgaben. Zu den als Betriebskosten umlagefähigen **Hauswartskosten** gehören:
- **Verkehrssicherung**: Überwachung der Brandschutzvorschriften, Beseitigung von Stolpergefahren, Frostschutz, Bedienung des Rückstauventils bei Kanalverstopfung,
- **Bedienung, Überwachung und Pflege der haustechnischen Anlagen**: Bedienung der Wasserversorgungs- und Entwässerungsanlagen, der Heizung, des Aufzugs, der Warmwasserversorgung einschließlich Reinigung der Gasetagenheizung,
- **Reinigung und Pflege von Gemeinschaftsflächen**: Reinigung von Treppenhaus, Keller, Boden, Hof, Zuweg, Straßenreinigung einschließlich Schneefegen (LG Berlin, Urteil vom 17.10.2000, 64 S 257/00), Gartenpflege einschließlich Rasenmähen, Gehölzschnitt, Einweisung von beauftragten Fremdfirmen (für Hausreinigung, Gartenpflege, haustechnischen Kundendienst, Lieferanten),
- **Wach- und Schließdienst**: für Haus- und Kellertüren, Treppenhausentrauchung, periodische Rundgänge zur Abwehr von Kellereinbrüchen.

Zu den **nicht als Betriebskosten umlagefähigen** Hauswartskosten gehören: 196
- **Veranlassung von Instandhaltungsmaßnahmen**: Mängelmeldungen an die Verwaltung, Entgegennahme von Mängelanzeigen von Seiten der Mieter, Verhandlungen über und Vergabe von Reparaturaufträgen, Einweisung und Überwachung der Handwerker, Abzeichnen der Stundenlohnzettel,
- **Vornahme von (auch kleineren) Instandhaltungsmaßnahmen**: Auswechseln von Glühbirnen im Hausflur, in der Hausbeleuchtung oder im Klingeltableau (OLG Düsseldorf, GE 2000, 888; LG Köln, ZMR 1993, Heft 3, IV Nr. 23), Reparatur von defekten Wasserinstallationen (einschließlich Dichtungsscheibe am Wasserhahn erneuern), Reinigen von Abflüssen (Badewanne, Spülbecken, Handwaschbecken), Entkalken von Mischbatterien, Ausführung von Schönheitsreparaturen und sonstige kleineren Instandhaltungsmaßnahmen,
- **Verwaltungsleistungen**: Verteilung von Mieterhöhungen und Rundschreiben an die Mieter, Mitwirkung bei der Wohnungsabnahme und Wohnungsübergabe (Besichtigung nebst Ausfüllen des Abnahme- oder Übergabeprotokolls), Führen einer Mieterliste, Auswechseln der Namensschilder an der Haus-/Wohnungstür, am Briefkasten, am Keller (AG Hannover, WuM 1984, 169), Kassieren von Wassergeld (LG Köln, ZMR 1993, Heft 3, IV Nr. 23).

Führt der Hauswart neben Hauswarttätigkeiten im engeren Sinne sonstige Tätigkeiten aus, so sind die Gesamtkosten verhältnismäßig aufzuteilen und nur die auf die Hauswarttätigkeit im engeren Sinne anfallenden Kosten als Betriebskosten ansetzbar (AG Wuppertal, ZMR 1994, 372 [372]; AG Hannover, WuM 1994, 435; Schmid, ZMR 1998, 257).

Für die Abgrenzung der umlegbaren Hauswartskosten von den nicht umlegbaren sonstigen (z.B. Reparatur- und Verwaltungskosten) sind unternehmenseinheitliche Schätzwerte nicht geeignet, denn dabei bleiben die örtlichen Gegebenheiten der Wohnanlage (z.B. viel oder wenig Haustechnik, mehr oder weniger Einsatz von Fremdfirmen) unberücksichtigt. Auch **regionaleinheitliche Quoten** (z.B. LG Köln, ZMR 1992, 115: 50% zu 50%; LG Hamburg, Urteil vom 15.1.1991, 316 S 402/88: 10% zu 90%) sind bedenklich. Vielmehr muss der in den Hauswartskosten enthaltene Anteil von umlagefähigen Hauswartskosten im engeren Sinne zu sonstigen, nicht umlagefähigen genau erfasst werden (LG Frankfurt/Main, NJWE-MietR 1996, 267; AG Dortmund, NJWE-MietR 1996, 225 = ZMR 1996, 387). Dazu ist es erforderlich, entweder in dem Hauswartsdienstvertrag den auf die einzelnen Tätigkeiten (Hauswart, Reparaturen, Verwaltung, sonstige Dienstleistungen) entfallenden Zeitanteil vertraglich festzulegen und dementsprechend nur denjenigen Anteil der Hauswartvergütung als Betriebskosten gemäß Nr. 14 der Anlage 3 zu § 27 II. BV umzulegen, der auf die reine Hauswartstätigkeit entfällt, oder mehrere Verträge mit getrennten Vergütungen für die unterschiedlichen Leistungen abzuschließen; dann wäre lediglich die Vergütung aus dem Vertrag über die reinen Hauswartsleistungen als Betriebskosten umlegbar.

Bei Altverträgen, in denen diese Aufschlüsselung noch nicht vorgenommen worden ist, empfiehlt es sich, den Hauswart in periodischen Abständen Formulare ausfüllen zu lassen, in denen vermerkt wird, wie viel Zeit er für die reinen Hauswartstätigkeiten aufwendet und wie viel für die reinen Reparatur- und Verwaltungsleistungen. Entsprechend den aus diesen Formularen (Tagebüchern) ersichtlichen Anteilen der einzelnen Leistungen wäre dann der auf die reinen Hauswartstätigkeiten entfallende Anteil herauszurechnen und die Hauswartsvergütung entsprechend prozentual unter Nr. 14 der Anlage 3 zu § 27 II. BV als Betriebskosten auf die Mieter umzulegen.

197   Soweit es sich um die reinen Hauswartsleistungen in diesem Sinne handelt, sind die **Personalkosten** eines vom Vermieter angestellten Hauswarts umlagefähig: Darunter fallen die Vergütung und die Lohnnebenkosten (Sozialbeiträge einschließlich der Arbeitgeberanteile, Beiträge zur betrieblichen Altersversorgung, Pflichtbeiträge für die Unfall-Berufsgenossenschaft, pauschale Lohnsteuerbeträge), die zusätzlichen Kosten der Krankheits- und Urlaubsvertretung (AG Hamburg, ZMR 1997, 154) und alle geldwerten Leistungen, die der Eigentümer/Vermieter dem Hauswart für seine Arbeit gewährt. Dazu gehören Aufwandsentschädigung, Pauschalen usw. – insbesondere bei nebenamtlicher Tätigkeit. Wird auf die Vergütung die Miete für die Hauswartswohnung angerechnet, so ist auch der entsprechende Mietanteil als Vergütungsanteil des Hauswarts umlegbar, bei verringerter Miete die Differenz zu der ortsüblichen Vergleichsmiete (Schmidt-Futterer/Blank, S. 365).

198   Die Hauswartsleistungen des Eigentümers/Vermieters, durch die Hauswartskosten erspart werden, dürfen ebenfalls angesetzt werden (so zutreffend Mietprax/Pfeifer, Fach 2 Rn. 116; Beuermann, Miete und Mieterhöhung, § 4 MHG Rn. 31d; a.A. LG Lübeck, WuM 1987, 360; LG Wiesbaden, WuM 1984, 82). Der Vermieter, der selbst die Hauswartsleistungen erbringt, darf jedoch nur diejenigen Beträge ansetzen, die für eine gleichwertige Leistung eines Dritten, insbesondere eines Unternehmers, angesetzt werden könnten, jedoch ohne die Umsatzsteuer des Fremdunternehmers (§ 27 Abs. 2

II. BV). Insoweit dürften insbesondere Abgrenzungsschwierigkeiten zu den vom Vermieter zu erbringenden Verwaltungsleistungen bestehen.

Die auf Grund eines Hausmeisterdienstvertrags an ein Hausbetreuungsunternehmen geleisteten angemessenen Vergütungen kann der Vermieter nur insoweit als Betriebskosten auf die Mieter umlegen, als sie zulässigerweise vereinbarte Hausmeisterleistungen betreffen (LG Frankfurt/Main, WuM 1996, 561 = NJWE-MietR 1996, 267); daher sind aus den entsprechenden Vergütungen wiederum die auf die Reparatur- und/oder Verwaltungsleistungen entfallenden Vergütungen herauszurechnen.

Der Ansatz so genannter **Gemeinkosten** (anteilige Kosten für das Hausmeisterbüro, 199 Geschäftsführung, Betriebseinrichtung, Telefon) sind nicht als Hauswartskosten umlegbar.

Materialkosten (z.B. Kosten für Reinigungsmittel und Reinigungsgeräte, Gartenpflege- 200 geräte usw.) sind nicht als Hauswartskosten gem. Nr. 14 der Anlage 3 zu § 27 der II. BV umlegbar, sondern müssen den anderen Betriebskostenarten zugeordneten werden: denn Nr. 14 der Anlage 3 zu § 27 II. BV umfasst nur die **Vergütung** für den Hauswart.

Soweit der Hauswart im Rahmen seiner Tätigkeit Bedienungs-, Wartungs- oder Pflegearbeiten nach den Nr. 2–10 der Anlage 3 zu § 27 II. BV ausführt, muss die entsprechende Vergütung unter Nr. 14 der Anlage 3 zu § 27 II. BV aufgeführt werden; eine Aufschlüsselung der Hauswartsvergütung nach den einzelnen Betriebskostenarten ist unzulässig (LG Hamburg, WuM 1990, 561; Hertle, ZMR 1990, 406; Fischer-Dieskau/Pergande/Schwender, § 20 NMV Anm. 3.5.).

6.15 Kosten der Gemeinschaftsantenne/des Breitbandkabelfernsehens
6.15.1 Kosten des Betriebs der Gemeinschaftsantenne

> **§ 27 II. BV Anlage 3 Nr. 15a)** 201
> Die Kosten des Betriebs der Gemeinschafts-Antennenanlage; hierzu gehören die Kosten des Betriebsstroms und die Kosten der regelmäßigen Prüfung ihrer Betriebsbereitschaft einschließlich der Einstellung durch einen Fachmann oder das Nutzungsentgelt für eine nicht zur Wirtschaftseinheit gehörende Antennenanlage.

Die Stromkosten der Verstärker der Gemeinschaftsantenne müssen grundsätzlich durch Zwischenzähler ermittelt werden. Lediglich wenn die Kosten oder Gebühren eines Zwischenzählers höher sind als die Stromkosten der Antenne, können die Kosten des Betriebsstroms der Gemeinschaftsantenne verbrauchsnah geschätzt werden, indem der Strompreis x Anschlusswert x Betriebstage x 24 Stunden zugrunde gelegt wird (vgl. LG Berlin, GE 1984, 83). Für die regelmäßige Prüfung der Antenne kann der Vermieter einen Wartungsvertrag abschließen; sofern dieser jedoch auch die Reparatur der schadhaften Teile umfasst (sog. Vollwartungvertrag), sind diese Kosten herauszurechnen.

Zu den Kosten der Gemeinschaftsantennenanlage gehören auch die **Leasinggebühren** 202 für eine nicht zur Wirtschaftseinheit gehörende Anlage (LG Berlin, WuM 1990, 559) zuzüglich der gesondert anfallenden (nicht in der Leasinggebühr erfassten) Stromkosten. Hier ist der gesamte Rechnungsbetrag ansetzbar ohne Unterscheidung nach Prüfungs-

und Einstellungskosten einerseits und Reparaturkosten andererseits. Nicht umlegbar sind die **Abschreibungen** auf die Antenne, die für den preisgebundenen (öffentlich geförderten) Sozialbau vielmehr bereits im § 25 II. BV erfasst sind. Die Anlage gehört dann nicht zur Wirtschaftseinheit, wenn sie im Eigentum eines Dritten steht (AG Hassfurt, WuM 1990, 559; Fischer-Dieskau/Schwender, § 27 II. BV Anm. 16; Langenberg, A. Rn. 96; Schmid, Rn. 4146). Unerheblich ist der Aufstellungsort.

6.15.2 Kosten des Betriebs der mit einem Breitbandkabelnetz verbundenen privaten Verteilanlage

203

> **§ 27 II. BV Anlage 3 Nr. 15b)**
> Die Kosten des Betriebs der mit einem Breitbandkabelnetz verbundenen privaten Verteilanlage; hierzu gehören die Kosten entsprechend Buchstabe a, ferner die laufenden monatlichen Grundgebühren für Breitbandanschlüsse.

Darunter fallen die Kosten des Betriebsstroms und die Kosten der regelmäßigen Prüfung der Betriebsbereitschaft einschließlich der Einstellung durch einen Fachmann oder das Nutzungsentgelt für eine nicht zur Wirtschaftseinheit gehörende Antennenanlage. Zu den laufenden monatlichen Grundgebühren gehören die monatlichen Entgelte für die Breitbandanschlüsse, die an die Telekom bzw. eine Kabelservicegesellschaft von dem Vermieter zu zahlen sind. Diese Grundgebühren sind von den von den einzelnen Mietern zu entrichtenden Rundfunk- und Fernsehgebühren zu unterscheiden, welche von der Gebühreneinzugszentrale (GEZ) für die öffentlich-rechtlichen Rundfunkanstalten erhoben werden.

204 Grundsätzlich ist die Umlage der Kosten derartiger Anlagen nach der Wohnfläche zulässig. Für preisgebundene (öffentlich geförderte) Sozialwohnungen gilt jedoch die Einschränkung (§ 24a Abs. 2 NMV), dass die Grundgebühren nur auf diejenigen Wohnungen umgelegt werden dürfen, welche mit Zustimmung (oder gem. § 894 ZPO durch das Duldungsurteil ersetzt) der Mieter angeschlossen worden sind. Werden die Wohnungen preisfrei, so fällt diese Einschränkung weg. Für früher preisgebundene Altbauwohnungen (bis zum 3.10.1990 errichtet) in den neuen Bundesländern durften die Entgelte nach § 7 Satz 2 BetrKostUV auf sämtliche angeschlossene Wohnungen umgelegt werden, selbst wenn die Mieter nicht zugestimmt hatten. Dies gilt auch für die Zeit danach. Unerheblich ist in diesem Zusammenhang, ob der einzelne Mieter die Anschlussmöglichkeit durch Betrieb eines eigenen Fernsehers nutzt oder nicht. Auch derjenige Mieter, der den vorhandenen Kabelanschluss nicht nutzt, ist verpflichtet, die Grundgebühren zu tragen. Die Kosten des Betriebsstroms und die Kosten der regelmäßigen Prüfung ihrer Betriebsbereitschaft einschließlich der Einstellung durch einen Fachmann oder das Nutzungsentgelt für eine nicht zur Wirtschaftseinheit gehörende Antennenanlage können nach der Wohnfläche des Gebäudes oder der Wirtschafteinheit auf die Mieter umlegt werden. Die laufenden monatlichen Grundgebühren für Breitbandanschlüsse sind hingegen nach der Zahl der angeschlossenen Wohneinheiten nur auf diese umzulegen.

Bestehen Gemeinschaftsantennenanlage und Breitbandkabelanschluss nebeneinander, so haben die Mieter, die zwar nach § 554 Abs. 2 zur Duldung des Kabelanschlusses verpflichtet waren, jedoch einer Entfernung der Gemeinschaftsantennenanlage widersprochen haben, die Betriebskosten für das Kabelfernsehen und die Gemeinschaftsantenne zu tragen. Die Betriebskosten für die fortbestehende Gemeinschaftsantennenanlage sind in diesem Fall nur auf diejenigen Mieter (nach der Wohnfläche) umzulegen, die noch an die Gemeinschaftsantennenanlage (neben dem Kabelfernsehen) angeschlossen sind.

6.16 Kosten des Betriebs der maschinellen Wascheinrichtung

205

> **§ 27 II. BV Anlage 3 Nr. 16**
> Die Kosten des Betriebs der maschinellen Wascheinrichtung
> Hierzu gehören die Kosten des Betriebsstroms, die Kosten der Überwachung, Pflege und Reinigung der maschinellen Einrichtung, der regelmäßigen Prüfung ihrer Betriebsbereitschaft und Betriebssicherheit sowie die Kosten der Wasserversorgung entsprechend Nummer 2, soweit sie nicht dort bereits berücksichtigt sind.

Darunter fallen die Kosten einer allen Mietern des Hauses oder der Wirtschaftseinheit zugänglichen Wascheinrichtung, in der zumindest eine Waschmaschine zur Verfügung stehen muss; ob daneben auch eine Wäscheschleuder, Trockengerät oder eine Bügelmaschine genutzt werden kann, ist unerheblich. Sind auch Wäscheschleudern, Trockengeräte und Bügelmaschinen nutzbar, so sind auch die dafür entstehenden Kosten umlegbar. Umlagefähig sind die Kosten des **Betriebsstroms** der maschinellen Wascheinrichtung; 206 ob auch die Kosten der Überwachung, Pflege und Reinigung unter Nr. 16 gesondert aufzuführen sind, wenn die entsprechenden Arbeiten vom Hausmeister ausgeführt werden, ist umstritten (bejahend: Langenberg, A. Rn. 100; verneinend: Fischer-Dieskau/Pergande, § 25 II. BV Anm. 2). Für die Auffassung, dass diese Kosten der maschinellen Wascheinrichtung getrennt unter Nr. 16 auch dann aufgeführt werden müssen, wenn die entsprechenden Arbeiten vom Hauswart erledigt werden, spricht, dass gem. Nr. 14 Satz 2 der Anl. 3 zu § 27 II. BV nur die Kosten der Nummern 2 bis 10 von den Hauswartskosten nicht getrennt werden dürfen. Die Kosten der Wasserversorgung dürfen aber nur dann unter Nr. 16 als Kosten der maschinellen Wascheinrichtung umgelegt werden, wenn sie gesondert erfasst werden; bei Fehlen einer gesonderten Erfassung werden sie als Kosten der Wasserversorgung und Entwässerung gem. Nr. 2 der Anlage 3 zu § 27 II. BV umgelegt. Reparaturkosten sind nicht als Betriebskosten umlegbar; für preisgebundene (öffentlich geförderte) Sozialwohnungen wird der Reparaturkostenanteil durch die Instandhaltungspauschalen gem. § 25 Abs. 1 Satz 2 NMV erfasst. Die Kosten der Reinigung der Waschküche sind nicht als Kosten der maschinellen Wascheinrichtung, sondern lediglich als Kosten der Hausreinigung oder als Kosten des Hauswarts anzusetzen, falls dieser die Reinigung der Waschküche durchführt. Instandsetzungskosten dürfen nicht als Betriebskosten der maschinellen Wascheinrichtung umgelegt werden; sind sie in einem Vollwartungsvertrag enthalten, müssen die Instandsetzungskosten aus dem Vollwartungsvertrag herausgerechnet werden. Die Kosten der Um- und Abrechnung zwecks

Verteilung der Kosten maschineller Wascheinrichtungen nach dem tatsächlichen Gebrauch sind nicht umlagefähig (AG Mülheim/Ruhr, NZM 2001, 335).

207 Die Kosten der maschinellen Wascheinrichtung dürfen nur auf die jeweiligen Benutzer dieser Einrichtung umgelegt werden, wobei dem Gebrauch Rechnung zu tragen ist (Vorauszahlungen auf den voraussichtlichen Umlegungsbetrag sind unzulässig). Daher bietet sich eine Umlage der Kosten durch Münzautomaten oder Waschbons an. Eine Abrechnungspflicht dürfte insoweit nicht bestehen. Fraglich ist, ob das Entgelt für einen Wasch-, Trocken- und Bügelvorgang auch nach den Amortisationskosten berechnet werden darf. Dies ist unproblematisch, wenn es vertraglich vereinbart ist. Fehlt dagegen eine Vereinbarung über die Umlage der Amortisationskosten als Teil des für die Benutzung der maschinellen Wascheinrichtung zu entrichtenden Entgelts, kann der Mieter davon ausgehen, dass das Entgelt nur zur Deckung der laufenden Kosten erhoben wird.

6.17 Sonstige Betriebskosten

208

> **§ 27 II. BV Anlage 3 Nr. 17**
> Sonstige Betriebskosten
> Das sind die in den Nummern 1 bis 16 nicht genannten Betriebskosten, namentlich die Betriebskosten von Nebengebäuden, Anlagen und Einrichtungen.

Sonstige Betriebskosten sind umlegbar, wenn in der Umlagevereinbarung auf die Anlage 3 zu § 27 II. BV Bezug genommen worden ist. Sind jedoch nur einzelne Betriebskosten ohne Bezug auf die Anlage 3 im Mietvertrag aufgeführt, ist die Vereinbarung über „sonstige Betriebskosten" zu unbestimmt. Erst recht können dann nicht andere Positionen über die „sonstigen Betriebskosten" aufgefangen werden, die in dieser Aufzählung nicht genannt sind. Inwieweit im Übrigen die Nr. 17 als Teil der vereinbarten Umlage nach der Anlage 3 zu § 27 II. BV als Auffangvorschrift angesehen werden kann, ist streitig. Allein die Kenntnis des Mieters von weiteren, in Nr. 1–16 der Anlage 3 zu § 27 II. BV nicht aufgezählten Betriebskosten dürfte insoweit nicht ausreichen (so aber wohl Schmid, a.a.O.). Vielmehr können unter Nr. 17 nur diejenigen Betriebskosten auf den Mieter umgelegt werden, die den in Nr. 1–16 genannten Betriebskosten ähnlich sind.

209 Ferner muss die Umlage dieser Betriebskosten den Grundsätzen einer **ordentlichen Bewirtschaftung** entsprechen (KG, ZMR 1976, 206). Im Einzelnen kommen insbesondere Bedienungs-, Betriebs-, Strom- und Wartungskosten für die **Haustechnik** in Betracht, und zwar für **Müllschlucker** oder Müllabsauganlagen, **Müllverdichter**, **Abfallsortieranlagen**, **Abwasserreinigungsanlagen** (Filterung, Neutralisation, Ölabscheider bei Garagen, Reinigung von Abflusssieben, Gullys; AG Berlin-Tiergarten, GE 1996, 1435: Reinigung von Abwasserrohren). Auch die Kosten für **Blitzschutzanlagen** einschließlich der Kosten für eine TÜV-Abnahme sind ebenso wie die Kosten für die Wartung der **Feuerlöscher**, einschließlich Auffüllen von Löschpulver (vgl. LG Berlin, Urteil vom 11.7.2000, 64 S 79/00; LG Berlin, GE 1986, 1125; AG Neuss, ZMR 1994, Heft. 9 Anlage XII Nr. 23) umlegbar. Die Kosten der **Rückstausicherung**, **Alarmanlage**, **Fernsehüberwachung** von Haustür und Gebäuderückfront, **Rolltore** für Tiefgaragen sind nur

bei ausdrücklicher Vereinbarung umlagefähig. Auch **Bewachungskosten für Gewerbeeinheiten** (OLG Celle, NZM 1999, 501) sowie die **Stromkosten für die Entlüftungsanlagen** für die Küche und das WC (LG Berlin, GE 1994, 1381; LG Frankenthal, NZM 1999, 958; AG Köln, ZMR 1996, Heft 9, XII Nr. 19) sind auch als sonstige Betriebskosten umlegbar, nicht dagegen die Kosten der Wartung einer Rauchabzugsanlage (LG Berlin, NZM 2000, 27). Zu den als Betriebskosten umlegbaren Kosten gehören auch die an eine **Berufsgenossenschaft** zu zahlenden Pflichtbeiträge sowie die Kosten für die **Lüftungsanlage**. Schließlich gehört auch der **kathodische Schutz** für Rohrleitungen und Tanks sowie bedarfsweise die Erneuerung der **Opferanoden** zu den sonstigen Betriebskosten (Beuermann, §§ 14, 4 MHG Rn. 75; Mietprax/Pfeifer, Fach 2 Rn. 137).

Umstritten ist, ob auch die Kosten der **Dachrinnenreinigung** (bejahend: AG Lüden-   **210** scheid, WuM 1987, 87; AG Berlin-Tiergarten, GE 1996, 1435; verneinend: AG Berlin-Spandau, MM 1986, 332; LG Berlin, MM 1994, 66 und GE 1994, 1381; LG Berlin, Urteil vom 12.3.1996, 64 S 32/95) und die Kosten der **Dachrinnenbeheizung** (bejahend: AG Lüdenscheid, WuM 1987, 87; verneinend: AG Freiburg, WuM 1989, 28) als sonstige Betriebskosten umlegbar sind.

Auf keinen Fall sind **Girokosten** (auch nicht, wenn nachträglich im preisfreien Wohn-   **211** raum vereinbart: OLG Karlsruhe, GE 1988, 579), **Reparaturkosten** (z.B. Austausch von Glühbirnen, Sicherungen usw.), **Mieterwechselkosten, Mietverlustversicherung** (AG Berlin-Charlottenburg, MM 1994, 66), **Rechtsschutzversicherung, Gastankmieten** (auch beim Kauf: AG Kreuznach, WuM 1989, 310) als sonstige Betriebskosten umlegbar. Um die Umlagefähigkeit sonstiger Betriebskosten zu sichern, empfiehlt es sich, diese ausdrücklich im Mietvertrag aufzuführen.

Die Kosten für einen **Pförtner** können nur dann umgelegt werden, wenn dies unter Nr.   **212** 17 ausdrücklich vereinbart wird (a.A. LG Köln, Urteil vom 12.2.1997, 10 S 463/96, DWW 1997, 125 = NJW-RR 1997, 1231 = WuM 1997, 230: In einer großen Wohnanlage können die Kosten für einen Pförtner gem. § 27 II BV Anlage 3 Nr. 14 umgelegt werden). Kosten für **Dienstleistungen** sind ohne weitere Erläuterung nicht umlagefähig (LG Berlin, Urteil vom 8.8.2000, 64 S 51/00).

7.   Direktabrechnung

Der Vermieter ist ab 1.9.2001 nicht mehr berechtigt, durch einseitige Erklärung zu be-   **213** stimmen, dass die Kosten für Wasser, Abwasser oder Müll in Zukunft unmittelbar zwischen dem Mieter und dem Versorgungsunternehmen (Stadtwerke, Wasserwerke, Stadtreinigung) abgerechnet werden. Die Mietvertragsparteien können aber eine derartige Direktabrechnung vereinbaren. Da der Vermieter jedoch gegenüber den Mietern verpflichtet bleibt, die Mietsache in einem zu dem vertragsmäßigen Gebrauch geeigneten Zustand zu erhalten (§ 535 Abs. 1 Satz 2), somit auch die erforderliche Wasserversorgung, Entwässerung und Müllabfuhr zu gewährleisten, ist Voraussetzung für eine derartige Vereinbarung, dass das Versorgungsunternehmen gegenüber jedem einzelnen Mieter zur Einzelabrechnung bereit ist. Der Vermieter kann eine Direktabrechnung mithin dann nicht vereinbaren, wenn das Versorgungsunternehmen nicht zur verbrauchsabhängigen Einzelabrechnung bereit ist (zutreffend: Blank, WuM 1993, 503 [507]).

§ 556a Abrechnungsmaßstab für Betriebskosten

(1) [1]Haben die Vertragsparteien nichts anderes vereinbart, sind die Betriebskosten vorbehaltlich anderweitiger Vorschriften nach dem Anteil der Wohnfläche umzulegen. [2]Betriebskosten, die von einem erfassten Verbrauch oder einer erfassten Verursachung durch die Mieter abhängen, sind nach einem Maßstab umzulegen, der dem unterschiedlichen Verbrauch oder der unterschiedlichen Verursachung Rechnung trägt.

(2) [1]Haben die Vertragsparteien etwas anderes vereinbart, kann der Vermieter durch Erklärung in Textform bestimmen, dass die Betriebskosten zukünftig abweichend von der getroffenen Vereinbarung ganz oder teilweise nach einem Maßstab umgelegt werden dürfen, der dem erfassten unterschiedlichen Verbrauch oder der erfassten unterschiedlichen Verursachung Rechnung trägt. [2]Die Erklärung ist nur vor Beginn eines Abrechnungszeitraumes zulässig. [3]Sind die Kosten bislang in der Miete enthalten, so ist diese entsprechend herabzusetzen.

(3) Eine zum Nachteil des Mieters von Absatz 2 abweichende Vereinbarung ist unwirksam.

1.   Vereinbarung des Umlageschlüssels

1   § 556a Abs. 1 Satz 1 schreibt bei Fehlen einer abweichenden Vereinbarung vor, dass Betriebskosten vorbehaltlich anderer Vorschriften nach dem Anteil der Wohnfläche umzulegen sind. Der hierfür zugrunde liegende Maßstab wird als Abrechnungsmaßstab, Umlageschlüssel oder Umlagemaßstab bezeichnet. In erster Linie kommt es – soweit nicht zwingende gesetzliche Vorschriften (wie z.B. §§ 7, 8 HeizkostenV) entgegenstehen – auf die vertragliche Vereinbarung an. Diese kann auch konkludent getroffen werden (vgl. unten Rn. 23). In der Regel sehen diese vertraglichen Vereinbarungen die Umlage der Betriebskosten ohnehin nach der **Wohnfläche** vor. Der Mieter kann dann eine verbrauchsabhängige Abrechnung nicht verlangen (LG Berlin, Urteil vom 1.8.2000, 64 S 61/00, Ausnahme: verbrauchs- oder verursachungsunabhängig erfasste Kosten). Insoweit ist die tatsächliche Wohnfläche maßgebend, auch wenn im schriftlichen Mietvertrag eine andere Wohnfläche angegeben ist (Barthelmess, § 4 MHG Rn. 24a; AG Hamburg, WuM 1981, 104; AG Köln, WuM 1981, U 23; LG Freiburg, WuM 1988, 263).

2   Auch die Fläche **der leer stehenden Wohnungen** ist dann für die Umlage der Betriebskosten zugrunde zu legen (AG Coesfeld, WuM 1996, 155; AG Görlitz, WuM 1997, 648; AG Köln, WuM 1998, 290; Schmid, Rn. 3010a ff.). Die Betriebskosten für die leer stehenden Räume trägt dann im Ergebnis der Vermieter, da er über die Räume verfügen kann. Unproblematisch ist die individualvertraglich vereinbarte Umlage der Betriebskosten nach dem „Verhältnis der vermieteten Flächen". In Formularverträgen wäre eine

Kinne

solche Umlage nach vermieteten Flächen als überraschende (§ 3 AGBG, ab 1.1.2002: § 305c Abs. 1 BGB i.d.F. des SchuldRModG) und unangemessene (§ 9 AGBG, ab 1.1.2002: § 307 BGB i.d.F. des SchuldRModG) Klausel unwirksam (AG Görlitz, WuM 1997, 648; Schmid, ZMR 1998, 609). Auch der Lösungsversuch (AG Köln, WuM 1998, 291), unvermietete Wohnungen so zu behandeln, als ob sie jeweils an eine Person vermietet worden seien und dafür jeweils den Mindestverbrauch vergleichbarer Räume anzusetzen, ist nicht überzeugend (so auch Schmid, ZMR 1998, 609). Daher bleibt es bei dem Grundsatz, dass die Betriebskosten der leer stehenden Wohnungen bei der Umlage nach der Wohnfläche der Vermieter zu tragen hat und bei Umlage nach Verbrauch sämtliche Kosten nach dem Verbrauch auf die Mieter der vermieteten Wohnungen umzulegen sind.

Fraglich ist insoweit, ob **Balkonflächen** ebenfalls als Wohnfläche zu berücksichtigen sind. Da mit dem verwendeten Begriff der Wohnfläche diejenige im Sinne der §§ 42 bis 44 der II. BV gemeint ist, sind Balkone, die ausschließlich zu der Wohnung gehören, gem. § 44 Abs. 2 II. BV bis zur Hälfte anzurechnen (so auch BayObLG, ZMR 1984, 66; zweifelnd Mietprax/Pfeifer, Fach 2 Rn. 305). Zur Wohnfläche bei der Betriebskostenumlage gehört voll die Grundfläche von Räumen und Raumteilen mit einer lichten Höhe von mindestens zwei Metern (§ 44 Abs. 1 Nr. 1 II. BV) sowie nur zur Hälfte die Grundfläche von Räumen und Raumteilen mit einer lichten Höhe von mindestens einem Meter und weniger als zwei Metern und von Wintergärten und ähnlichen nach allen Seiten geschlossenen Räumen (§ 44 Abs. 1 Nr. 2 II. BV). 3

Die tatsächliche Wohnfläche ist insbesondere dann der Betriebskostenumlage zugrunde zu legen, wenn sie als verbindlich für die Betriebskostenumlegung vereinbart worden ist (LG Köln, WuM 1993, 362).

Die im Mietvertrag angegebene Wohnfläche ist nicht maßgebend, weil sie die Mietsache nur beschreibt (LG Mannheim, WuM 1989, 11; LG Wuppertal, DWW 1988, 253; LG Düsseldorf, DWW 1989, 26 und WuM 1990, 69; LG Münster, WuM 1990, 146 = DWW 1990, 310; LG Hamburg, WuM 1990, 497; LG Berlin, GE 1994, 763). Grundsätzlich ist der Flächenmaßstab nicht zu beanstanden (dies gilt grundsätzlich auch für die Umlage von verbrauchsabhängigen Kosten für Wohnraum, wenn die Umlage nach der Wohnfläche vereinbart worden ist, der Verbrauch aber nicht erfasst worden ist; OLG Hamm, DWW 1983, 278 = ZMR 1984, 14; AG Elmshorn, DWW 1987, 332; AG Hamburg, WuM 1988, 171; ZMR 1989, 25; LG Aachen, WuM 1993, 685). Eine Ausnahme gilt für verbrauchs- oder verursachungsabhängig erfasste Betriebskosten, also insbesondere für Heiz- und Warmwasserkosten, die nach der HeizkostenV zumindest teilweise verbrauchsabhängig abzurechnen sind. Der Vermieter ist grundsätzlich (Ausnahme: Heiz- und Warmwasserkosten) auch nicht verpflichtet, **Verbrauchserfassungsgeräte** (z.B. Wasseruhren, Stromzähler) einzubauen. Betriebskosten, die von einem erfassten Verbrauch oder einer erfassten Verursachung durch die Mieter abhängen, sind jedoch zwingend nach einem Maßstab umzulegen, der dem unterschiedlichen Verbrauch oder der unterschiedlichen Verursachung Rechnung trägt. Sind daher sämtliche Wohnungen mit Verbrauchserfassungsgeräten (z.B. Kaltwasseruhren) ausgestattet, ist eine Umlage nach dem vereinbarten Flächenmaßstab nicht mehr zulässig. Ist aber auch nur eine Wohnung mit einem Kaltwasserzähler ausgestattet, müssen die Wasserkosten für diese Wohnung 4 auch dann nach Verbrauch umgelegt werden, wenn in den anderen Wohnungen kein Wasserzähler vorhanden ist (LG Berlin, Urteil vom 24.6.1999, 67 S 546/98, GE 1999, 1052). Es ist auch im Hinblick auf unterschiedliche Belegungszahlen der einzelnen Wohnungen im Gebäude nicht ohne weiteres als grob unbillig anzusehen, wenn der Vermieter nach einem qm-Schlüssel abrechnet; eine Verpflichtung des Vermieters auf Änderung des **Umlageschlüssels** kann nur für die Zukunft angenommen werden (LG Bonn, Urteil vom 27.11.1997, 6 S 274/97, NZM 1998, 910 = WuM 1998).

5   Eine Ausnahme gilt wiederum für die Erfassung des Verbrauchs der Räume, wenn Verbrauchserfassungsgeräte angebracht worden sind. Der – auch konkludent – vereinbarte Umlagemaßstab nach Quadratmeter Wohnfläche kann sonst für die Umlage der Betriebskosten auf Wohnraum auch dann beibehalten werden, wenn einzelne Mieter durch diese Umlegung benachteiligt werden (LG Hannover, ZMR 1992, Heft 6, VII Nr. 17). Dies gilt auch dann, wenn die Wohnungen im Gebäude oder der Verwaltungseinheit unterschiedlich belegt sind (LG Bonn, NZM 1998, 910). Auch wenn sich in dem Gebäude oder der Verwaltungseinheit teilweise Kleinwohnungen (von ca. 50 qm) und teilweise Großwohnungen (von ca. 145 qm) befinden, können die Betriebskosten nach dem Verhältnis der Wohnflächen auf die Mieter umgelegt werden (LG Mannheim, NZM 1999, 365). Soweit der Mieter geltend macht, die Kosten würden für einen Ein-Personen-Haushalt bei Umlegung nach der Wohnfläche unverhältnismäßig hoch ausfallen, ist dies solange unerheblich, bis der Mieter nicht konkret die nach dem beanstandeten Umlagemaßstab auf seinen Haushalt entfallenden Betriebskosten im Vergleich zu denjenigen der anderen Wohnungen darlegt (LG Berlin, Urteil vom 23.3.1999, 64 S 399/98).

2.   Gesetzlicher Umlagemaßstab

6   Haben die Mietvertragsparteien **keinen bestimmten Umlagemaßstab** vereinbart, so sind die Betriebskosten zwingend – soweit der Verbrauch nicht erfasst wird – nach dem Anteil der Wohnfläche umzulegen. Der Vermieter kann den Umlagemaßstab nicht mehr wie früher gem. § 315 einseitig bestimmen (vgl. zur früheren Rechtslage: BGH, GE 1993, 359 = DWW 1993, 74). Die Umlage der nichtverbrauchsabhängigen Betriebskosten nach der Wohnfläche war schon früher zulässig (vgl. z.B. AG Neuss, DWW 1988, 54; LG Wuppertal, WuM 1993, 685), ist aber nunmehr zwingend, soweit keine anderweitige Vereinbarung getroffen worden ist. Bei Mischobjekten ist damit zwingend ein Vorwegabzug für die auf die Gewerbeflächen entfallenden Betriebskosten vorzunehmen, unabhängig davon, ob es sich um verbrauchsabhängige Kosten handelt. Dies gilt auch für die Umlage der Fahrstuhlkosten (Aufzug) unter Einschluss des Erdgeschossmieters, wenn mit diesem ausdrücklich die Umlage der Aufzugskosten vereinbart worden ist (LG Berlin, GE 1994, 765 = MM 1994, 279; AG Freiburg/Breisgau, WuM 1993, 745; LG Duisburg, WuM 1991, 597; OLG Düsseldorf, NJW-RR 1986, 95 [Wohnungseigentum]). Auf jeden Fall muss auch dann der Umlagemaßstab für alle Mieter einheitlich bestimmt werden. Nur dann, wenn die Betriebskosten ausschaltbar nur eine einzelne Nutzereinheit betreffen, ist die Umlegung nur dieser Betriebskosten auf den betreffenden einzelnen Mieter zulässig (AG Bergisch-Gladbach, WuM 1984, 230).

7   Die Formularklausel, nach welcher der Vermieter **bei fehlender Vereinbarung** eines Umlageschlüssels für Betriebskosten einen „**geeigneten, auch unterschiedlichen Maßstab**" bestimmen kann, ist bereits deshalb unwirksam, weil sie gegen die zwingenden

Vorschriften der §§ 7 ff. HeizkostenV verstößt (BGH, GE 1993, 359). Eine derartige
Klausel verstößt zudem gegen § 556a Abs. 1 und ist deswegen unwirksam.
Der Vermieter darf den einmal vereinbarten Umlagemaßstab grundsätzlich **nicht ohne** 8
Zustimmung der Mieter einseitig nachträglich ändern (Barthelmess, Rn. 24b; LG
Kassel, WuM 1977, 74; LG Mannheim, WuM 1968, 185). Die Wohnfläche als vereinbarter Umlageschlüssel muss aber dann geändert werden, wenn das Versorgungsunternehmen über einzelne Betriebsleistungen (z.B. Wasser-, Abwasser- und Müllabfuhrkosten) nach der Kopfzahl oder nach einem teils verbrauchsabhängigen, teils verbrauchsunabhängigen Maßstab (Kopfzahl und Wohnfläche) abrechnet (§ 556a Abs. 1
Satz 2). Zwar betrifft der von dem Versorgungsunternehmen zugrunde gelegte Abrech-
nungsschlüssel zunächst nur das Außenverhältnis zwischen Vermietern und Versorgungsunternehmen. § 556a Abs. 1 Satz 2 schreibt aber vor, dass bei einem erfassten
Verbrauch oder einer erfassten Verursachung die verbrauchsabhängigen bzw. verursa-
chungsabhängigen Kosten zwingend nach einem dementsprechenden Maßstab umzulegen sind. Daher darf der Vermieter derartige Betriebskosten nach der vereinbarten
Wohnfläche dann nicht mehr umlegen, wenn das Versorgungsunternehmen die Gebühren
nach Kopfzahl berechnet (anders zur früheren Rechtslage: AG Siegburg, WuM 1995,
120; Mietprax/Pfeifer, Fach 2 Rn. 336). Der Umlagemaßstab Wohnfläche muss dann
geändert werden, wenn die Betriebskosten von dem erfassten Verbrauch oder einer erfassten Verursachung durch die Mieter abhängen. Daher wird beim Müll die Flächen-
umlage dann unzulässig, wenn das (Unter-)Versorgungsunternehmen die Gebühren – per
Mülltonnenscanner – nach dem tatsächlichen Müllaufkommen je Tonne berechnet (AG
Moers, WuM 1996, 96).

3. Umsteigen auf verbrauchsabhängige Abrechnung
Durch § 556a Abs. 2 ist den Vermietern von freifinanziertem Wohnraum das **Recht** 9
eingeräumt worden, verbrauchsabhängige Betriebskosten ganz oder teilweise nach einem
Maßstab umzulegen, der dem erfassten unterschiedlichen Verbrauch oder der erfassten
unterschiedlichen Verursachung Rechnung trägt. Diese verbrauchsabhängige Abrechnung kommt insbesondere für die **Wasser-, Entwässerungs- und Müllabfuhrgebühren**
in Betracht. Da eine verbrauchsabhängige Abrechnung voraussetzt, dass der Mieter
Vorauszahlungen auf diese Betriebskosten leistet, über die abgerechnet wird, umfasst
§ 556a auch das Recht des Vermieters, von der Bruttokaltmiete auf eine Nettokaltmiete
nebst Betriebskostenvorauszahlungen „umzusteigen".
Der Vermieter muss gem. § 556a Abs. 1 Satz 2 diese Betriebskosten verbrauchsabhängig 10
umlegen. Die verbrauchsabhängige Abrechnung steht mithin nicht mehr im **Ermessen
des Vermieters**. Dies gilt auf jeden Fall dann, wenn Verbrauchserfassungsgeräte in den
Wohnungen vorhanden sind. Baut der Vermieter nachträglich Verbrauchserfassungsgeräte für Wasserversorgung und Entwässerung ein, so kann er die mietvertragliche Vereinbarung über den Umlagemaßstab einseitig durch Erklärung in Textform dahin gehend
ändern, dass nunmehr soweit verbrauchs- oder verursachungsabhängig abgerechnet wird.
Textform bedeutet, dass die Erklärung in einer Urkunde oder auf andere zur dauerhaften
Wiedergabe in Schriftzeichen geeignete Weise abgegeben werden muss, die Person des
Erklärenden genannt und der Abschluss der Erklärung durch Nachbildung der Namensunterschrift oder anders erkennbar gemacht wird (§ 126b des Gesetzes zur Anpassung

der Formvorschrift des Privatrechts und anderer Vorschriften an den modernen Rechtsverkehr vom 22.6.2001).

11 Nach § 556a Abs. 2 Satz dürfen die Betriebskosten ganz oder teilweise **nach dem erfassten** unterschiedlichen **Verbrauch oder der erfassten Verursachung** auf den Mieter umgelegt werden. Da § 556a Abs. 2 Satz 1 nicht – wie § 5 HeizkostenV – die Verwendung bestimmter Verbrauchserfassungsgeräte vorschreibt, dürften für die verbrauchsabhängige Wasserabrechnung sämtliche Wasserzähler (z.B. auch Ventilzähler, Mischbatteriezähler, Waschtischzähler – vgl. GE 1984, 748 [749]) zulässig sein, auch wenn sie nicht eichpflichtig sind.

12 Die Betriebskosten können „**ganz oder teilweise**" nach dem erfassten unterschiedlichen Verbrauch oder der erfassten unterschiedlichen Verursachung umgelegt werden. Fraglich ist, ob sich daraus die Befugnis des Vermieters ergibt, einzelne Mieter von der verbrauchsabhängigen Abrechnung auszunehmen (bejahend: Beuermann, §§ 14, 4 MHG Rn. 136; ähnlich: Mietprax/Pfeifer, Fach 2 Rn. 360). Eine derartige unterschiedliche Abrechnung bei einzelnen Mietern eines Hauses dürfte gegen den Grundsatz der einheitlichen Umlage der Betriebskosten auf alle Mieter desselben Hauses nach demselben Umlagemaßstab widersprechen. Von daher kommt eine unterschiedliche Abrechnung nur insoweit in Betracht, als es sich um verschiedene Häuser derselben Wirtschaftseinheit bzw. Verwaltungseinheit (vgl. dazu OLG Koblenz, DWW 1970, 171) handelt. Waren dagegen bereits bei Abschluss des Mietvertrags Verbrauchserfassungsgeräte in der Wohnung vorhanden, so muss der Vermieter diesem Mieter gegenüber auch dann verbrauchsabhängig abrechnen, wenn in den übrigen Wohnungen noch keine Verbrauchserfassungsgeräte vorhanden sind (LG Berlin, GE 1999, 1052).

13 Die verbrauchsunabhängigen Kosten dürfen nach **anderen Maßstäben** umgelegt werden als die verbrauchsabhängigen Kosten. So können etwa die Wasserkosten nach dem Verbrauch umgelegt werden, während die sonstigen Wasserversorgungskosten (z.B. Grundgebühren, Kosten der Zählermiete, Kosten einer hauseigenen Aufbereitungsanlage usw.) nach verbrauchsunabhängigen Maßstäben (z.B. Wohnfläche, Nutzfläche) umgelegt werden dürfen (Beuermann, §§ 14, 4 MHG Rn. 136; Schilling, S. 154; Mietprax/Pfeifer, Fach 2 Rn. 362).

14 Der **Vermieter ist berechtigt**, den verbrauchsunabhängigen Verteilungsmaßstab **und das Verhältnis** von verbrauchsabhängigem zu verbrauchsunabhängigem Anteil einseitig **zu bestimmen**, wobei er allerdings nach billigem Ermessen handeln muss. Eine Bestimmung des Vermieters dahin gehend, dass der verbrauchsunabhängige Teil der Wasserversorgung und der Entwässerung nach der **Wohnfläche** umgelegt wird, ist grundsätzlich nicht unbillig. Bei den verbrauchsunabhängigen Betriebskosten kommt auch eine Umlage nach der **Personenzahl** in Betracht, die aber grundsätzlich nicht zu empfehlen ist, wenn sich die Personenzahl der einzelnen Wohnungen häufig ändert. Für die Bestimmung des verbrauchsunabhängigen Umlagemaßstab kommt es grundsätzlich nicht auf die unterschiedliche Nutzung an (BGHZ 92, 18). Daher kann bei der Verteilung der verbrauchsunabhängigen Wasserversorgungskosten unberücksichtigt bleiben, ob nur einzelne Mieter ihren Pkw waschen und ob für die Pflege des Gebäudes und der Umgebung zusätzlich Wasser verbraucht wird (AG Dortmund, WuM 1986, 262). Das **Verhältnis** von verbrauchsunabhängigem und verbrauchsabhängigem Maßstab sowie die

entsprechenden Maßstäbe für jede Umlegungsart müssen jedoch **für alle Mieter einheitlich** bestimmt werden. Hinsichtlich des Verhältnisses zwischen verbrauchsabhängigem und verbrauchsunabhängigem Anteil an den Wasserversorgungs- und Entwässerungskosten empfiehlt sich ein Maßstab von 50. Damit sind unterschiedliche Belastungen der einzelnen Mieter im Wesentlichen ausgeglichen. Der Auffassung von Blank (WuM 1993, 503 [507]), dass der Verbrauchsanteil größer sein muss als der Festanteil, kann nicht zugestimmt werden. Für die **Kosten der Entwässerung** ist grundsätzlich derselbe Maßstab wie für die Kosten 15 der Wasserversorgung zugrunde zu legen (so zutreffend: Mietprax/Pfeifer, Fach 2 Rn. 365). Etwas anderes gilt nur dann, wenn die Abwasserkosten wegen der Verdunstung des für das Rasensprengen verwendeten Wassers nach einem anderen Tarif berechnet werden als die Wasserversorgungskosten (so genannter „Sprengwasserabzug"). Dann kann für die Entwässerung ein anderer Umlagemaßstab gewählt werden als für die Frischwasserversorgung.

Die **Kosten der Müllabfuhr** dürfen nach einem Maßstab umgelegt werden, der der 16 unterschiedlichen Müllverursachung Rechnung trägt. Insoweit käme sowohl die Erfassung des von dem einzelnen Haushalt entsorgten Mülls als auch ein Maßstab in Betracht, der nach der Anzahl der die Wohnung nutzenden Bewohner die Kosten unterschiedlich auf die einzelnen Haushalte umlegt. Insoweit könnte auch zwischen den Kosten für Erwachsene und Kinder unterschieden werden. Ein Benutzungsentgelt für jede Benutzung des Müllgefäßes – etwa nach dessen Art und Größe – käme ebenfalls in Betracht. Die Umstellung muss durch Erklärung in Textform erfolgen. Diese Umstellungserklärung muss auch allen Mietern **zugehen** und ist zu **begründen** und zu erläutern (Blank, WuM 1993, 508; Beuermann, a.a.O.). Insoweit ist anzugeben, welche Kosten künftig verbrauchsabhängig abgerechnet werden sollen, nach welchem Umlageschlüssel, welcher Vorauszahlungsbetrag dafür erhoben wird und um welchen Betrag sich dadurch die bisherige Miete verringert. Die Umstellungserklärung muss ferner **jedem Mieter** zugehen. Handelt es sich um mehrere Mieter, ist es ausreichend, die Umstellungserklärung einem der Mieter zu übergeben, wenn eine entsprechende Empfangsvollmacht im Mietvertragsformular vertraglich enthalten ist; denn die gegenseitige Bevollmächtigung der Mieter zur Entgegennahme von Erklärungen durch die in einem formularmäßigen Wohnraummietvertrag enthaltene Klausel: „Erklärungen, deren Wirkung die Mieter berührt, müssen von oder gegenüber allen Mietern abgegeben werden. Die Mieter bevollmächtigen sich jedoch gegenseitig zur Entgegennahme ... solcher Erklärungen" ist wirksam (BGH, GE 1997, 1458 = NJW 1997, 3437 = WuM 1997, 523).

Eine solche Erklärung kann nur für **künftige Abrechnungszeiträume** abgegeben werden 17 und ist nur mit Wirkung zum Beginn eines Abrechnungszeitraums zulässig (§ 556a Abs. 2 Satz 2). Eine bestimmte Frist für die Abänderungserklärung ist nicht vorgesehen. Es reicht daher jede Abänderungserklärung aus, die dem Mieter so rechtzeitig zugeht, dass er die Wirksamkeit dieser Abänderungserklärung prüfen kann. Da mit der Umstellung auf die verbrauchsabhängige Abrechnung auch die Umstellung auf Vorauszahlungen und die Abrechnung darüber verbunden ist, kann der Vermieter den Beginn des Abrechnungszeitraums sowie die Abrechnungsfrist (bis zu zwölf Monate nach Beendigung des Abrechnungszeitraums) ebenfalls bestimmen. Jedoch darf der Abrechnungszeitraum wiederum nicht länger oder kürzer als ein Jahr sein. Die danach beginnende Abrechnungsfrist darf nicht länger als ein Jahr sein (§ 556 Abs. 3 Satz 2).

18 Voraussetzung für die Umstellung auf die ganz oder teilweise verbrauchsabhängige Abrechnung der Betriebskosten ist, dass **Verbrauchserfassungsgeräte** eingebaut worden sind.

19 Das grundsätzliche **Ermessen des Vermieters** (§ 556a Abs. 2 Satz 1: „... kann ... ") kann im Einzelfall **unbillig** sein. Die Umlage nach dem erfassten Verbrauch könnte z.B. zu einer unangemessenen Benachteiligung einzelner Mieter führen, wenn sowohl die Wasserversorgungs- als auch die Entwässerungskosten vom Vermieter nach einem hohen Verbrauchsanteil auf kinderreiche Familien umgelegt werden, beide Kostenarten aber von dem Versorgungsunternehmen nach unterschiedlichen Maßstäben abgerechnet werden. Grundsätzlich dürften aber die Grenzen des Ermessens des Vermieters weit zu ziehen sein.

20 Die Umlage nach Wohneinheiten kann bei den **Gebühren für das Kabelfernsehen** vereinbart werden. Insoweit ist zwischen den technischen Betriebskosten einerseits und den postalischen bzw. anderen Entgelten andererseits zu unterscheiden. Die technischen Betriebskosten (Strom für die Hausanlage usw.) können nach Quadratmeter Wohnfläche umgelegt werden, während die laufenden monatlichen Entgelte in der Regel zu gleichen Teilen auf die Wohnungen umzulegen sind, die an das Kabelnetz angeschlossen sind.

21 Für die Kosten der **Glasbruchversicherung** kommt auch eine Umlage nach anteiligen Fensterflächen in Betracht (LG Stuttgart, WuM 1989, 241).

22 Dagegen dürfte als Maßstab für die Umlegung der **Betriebskosten** das Verhältnis der Mieten nicht in Betracht kommen; denn die Miethöhe wird nicht nur durch die Wohnfläche, sondern im Wesentlichen durch die auf den jeweiligen Quadratmeter Wohnfläche entfallende ortsübliche Vergleichsmiete bestimmt, die mit den Betriebskosten in keinem Zusammenhang steht.

Der Umlagemaßstab muss für alle Räume des Gebäudes oder der Wirtschaftseinheit (vgl. dazu § 556 Rn. 78) identisch sein. Dies gilt nicht nur für die Umlage der Betriebskosten auf die Gewerberäume, sondern auch für die Umlage der Betriebskosten auf die in dem Gebäude oder der Wirtschaftseinheit vermieteten Wohnungen. Daher darf nicht einerseits für die Umlage der Betriebskosten auf die Gewerberäume der Anteil der Gewerbemieten und andererseits für die Umlage der Betriebskosten der in demselben Gebäude oder derselben Wirtschaftseinheit vermieteten Wohnungen der Umlagemaßstab Wohnfläche gewählt werden.

Der Vermieter muss daher auch bei **Neuvermietung** den mit den bisherigen Mietern des Hauses oder der Wirtschaftseinheit vereinbarten Umlagemaßstab mit den neuen Mietern vereinbaren (Blank, DWW 1992, 65 [68]).

23 Die Vereinbarung über den Umlagemaßstab muss nicht ausdrücklich, sondern kann auch stillschweigend getroffen werden. Eine derartige **stillschweigende Vereinbarung** eines bestimmten Umlagemaßstabes kann darin liegen, dass der Vermieter über die Betriebskosten nach dem Verhältnis der Flächen abrechnet und alle Mieter den danach berechneten, auf sie entfallenden Anteil bezahlen (BGH, NZM 2000, 961; LG Aachen, NZM 2001, 707 [LS]; LG Berlin, MM 1993, 180; LG Hannover, ZMR 1992, Heft 9, VII Nr. 17; Langenberg, Rn. 101 ff.). Das setzt jedoch ein entsprechendes Erklärungsbewusstsein

des Mieters voraus. Ein derartiges Erklärungsbewusstsein könnte dann anzunehmen sein, wenn der Vermieter ausdrücklich auf die Änderung des bisherigen Umlageschlüssels hinweist und der Mieter über längere Zeit die erhöhte Miete vorbehaltlos zahlt (LG Berlin, ZMR 1981, 307; AG Koblenz, NZM 2000, 238). Aus dem Verhalten des Mieters muss sich ergeben, dass eine schlüssige Änderung des vertraglich vereinbarten Umlagemaßstabs gewollt ist, wozu die Zahlung allein grundsätzlich nicht ausreicht (OLG Hamburg, WuM 1991, 676).

Weder der Vermieter noch der Mieter haben grundsätzlich (Ausnahme: Betriebskosten,   **24** die von einem erfassten Verbrauch oder einer erfassten Verursachung abhängen) einen Anspruch auf einseitige Umänderung des Umlagemaßstabs, selbst dann nicht, wenn der Umlagemaßstab der Wohnungen in demselben Gebäude oder derselben Wirtschaftseinheit unterschiedlich ist. Der Mieter hat nur bei grober Unbilligkeit des vereinbarten Umlagemaßstabs einen Anspruch auf Veränderung des vereinbarten Umlageschlüssels (z.B. bei völliger Unverhältnismäßigkeit der Betriebskostenbelastung bei Beibehaltung des bisherigen verbrauchsunabhängigen Umlageschlüssels: LG Aachen, DWW 1991, 284; AG Lippstadt, WuM 1995, 594). Jedoch kann der allgemein sachgerechte Umlagemaßstab nach der Wohnfläche auch dann beibehalten werden, wenn einzelne Mieter durch diese Umlegung benachteiligt werden (LG Hannover, ZMR 1992, Heft 6, VII Nr. 17). Auch die Umlage der Betriebskosten nach dem Verhältnis der Leerraummieten ist für vertretbar gehalten worden (entsprechend der Teilungserklärung bei vermieteter Eigentumswohnung: LG Düsseldorf, DWW 1988, 210).

Hat der Vermieter zulässigerweise bestimmt, dass die Betriebskosten zukünftig abwei- **25** chend von der vertraglichen Vereinbarung ganz oder teilweise verbrauchs- oder verursachungsabhängig umgelegt werden, waren die entsprechenden Betriebskosten jedoch in der Miete enthalten, so sind die verbrauchsabhängig umgelegten und abgerechneten Betriebskosten aus der bisherigen Miete herauszurechnen (§ 556a Abs. 2 Satz 3). Die Miete ist entsprechend herabzusetzen. Die Regelung ist nur auf die ausgewiesene Betriebskostenpauschale (§ 556 Abs. 1) und den in der Bruttokaltmiete enthaltenen Betriebskostenanteil anzuwenden. Die monatliche Betriebskostenpauschale oder die Bruttokaltmiete ist mithin um die darin enthaltenen Anteile für die verbrauchs- oder verursachungsabhängig abgerechneten Betriebsleistungen zu kürzen (auch Blank, WuM 1993, 503 [508]). Wenn die Betriebskostenpauschalen nach den einzelnen Betriebskostenarten getrennt ausgewiesen sind, so entfallen nunmehr die für die herausgenommenen Kosten gesondert vereinbarten Teilbeträge. Bei Vereinbarung einer Bruttokaltmiete einschließlich sämtlicher Betriebskostenarten – ohne Unterscheidung nach den einzelnen Untergruppen – sind zwei Wege denkbar. Entweder die Bruttokaltmiete wird unter Anwendung des § 1 AFWOG-Pauschbetragsverordnung vom 30.7.1982 (BGBl. I S. 123) prozentual nach den in § 1 Abs. 1, 2, 3 und 7 enthaltenen Beträgen gekürzt oder die Kürzung erfolgt nach dem Verhältnis der Gesamtbetriebskosten zu den Kosten, die nunmehr verbrauchs- bzw. verursachungsabhängig abgerechnet werden.

Der Vermieter kann sich auch dann für die verbrauchs- bzw. verursachungsabhängige   **26** Abrechnung entscheiden, wenn eine Bruttokaltmiete als Pauschalmiete als Inklusivmiete vereinbart ist. Auch in diesen Fällen ist nach § 556a Abs. 2 Satz 3 die Miete „entsprechend herabzusetzen". Für die Herabsetzung sind die zukünftigen (nach der Umstellung) voraussichtlich entstehenden Kosten für die betreffenden Betriebskostenarten maßgebend. Bei den Müllgebühren dürfte die Kürzung sich auf den für den Zeitraum eines Jahres pro Quadratmeter Wohnfläche entstehenden Betrag berechnen, wobei die bisherigen insoweit pro Quadratmeter Wohnfläche entstandenen Müllgebühren zugrunde gelegt werden können. Sollen Wasserversorgungs- und Entwässerungskosten verbrauchsunabhängig abgerechnet werden, so dürfte für die Herabsetzung der im letzten Abrechnungsjahr vor der Umstellung pro Quadratmeter Wohnfläche entfallende Betrag maßgebend sein, auch wenn der Verbrauch bisher nicht erfasst wurde. Bei einer derartigen Umstellung der Bruttokaltmiete ist jedoch eine Nachberechnung – etwa weil die tatsächlich entstandenen Wasserversorgungs-, Entwässerungs- oder Müllabfuhrgebühren höher ausgefallen sind als angenommen wurde – nicht möglich.

27 Ferner empfiehlt es sich, eine Vereinbarung darüber zu treffen, dass der Vermieter mehrere Häuser zu **einer Wirtschafts- und Verwaltungseinheit** zusammenfassen darf. Das wird zwar auch ohne ausdrückliche Vereinbarung dann für zulässig gehalten, wenn entweder sämtliche Gebäude demselben Eigentümer gehören oder zusammen verwaltet werden und in einem örtlichen Zusammenhang stehen (LG Bonn, ZMR 1996, Heft 3, IV Nr. 18), nach demselben bautechnischen Standard errichtet worden sind, dieselbe Bauweise und Ausstattung haben, einer gleichartigen Nutzung dienen und dieselbe Nutzungsart haben (vgl. dazu OLG Koblenz, GE 1990; 605; LG Berlin, GE 1999, 907; LG Bonn, NZM 1998, 910; AG Berlin-Wedding, GE 1999, 1289) und die gemeinsame Abrechnung deshalb eine sinnvolle Arbeitserleichterung für den Vermieter darstellt. Betriebskosten brauchen nicht immer nach der kleinstmöglichen Einheit abgerechnet zu werden (Schmid, ZMR 1998, 257 [259]; Handbuch der Mietnebenkosten, Rn. 5057; a.A. AG Kassel, WuM 1995, 442; Sternel, Mietrecht, III 358). Auf jeden Fall ist aber die Abrechnung nach der Verwaltungseinheit dann zulässig, wenn dies im Vertrag entsprechend vereinbart worden ist (LG Berlin, GE 1989, 679). Die entsprechende Vereinbarung könnte wie folgt lauten:

Muster
Mietvertrag: Abrechnung nach der Verwaltungseinheit

Die Betriebskosten werden nach der aus den Häusern ... bestehenden Abrechnungseinheit umgelegt. Der Vermieter behält sich vor, in unmittelbarem Zusammenhang stehende Gebäude, die ihm gehören oder in einer von ihm beauftragten Hausverwaltung gemeinsam verwaltet werden, nach demselben bautechnischen Standard errichtet worden sind, dieselbe Bauweise und Ausstattung haben, einer gleichartigen Nutzung dienen, dann zu einer neuen Abrechnungseinheit zusammenzufassen, wenn die gemeinsame Abrechnung eine sinnvolle Arbeitserleichterung darstellt.

4. Verrechnung von Teilleistungen des Mieters

28 Schließlich ist für den Fall, dass der Mieter nur **Teilzahlungen** auf die Miete leistet, eine Verrechnungsvereinbarung hilfreich, durch die klargestellt wird, ob die Teilzahlungen zunächst auf die Grundmiete oder die Betriebskostenvorschüsse anzurechnen sind; denn in der Betriebskostenabrechnung dürfen jeweils nur die tatsächlich geleisteten Betriebs-

kostenvorauszahlungen (Ist-Vorschüsse), nicht dagegen die geschuldeten Vorauszahlungen (Soll-Vorschüsse) eingestellt werden (vgl. dazu § 556 Rn. 88). Natürlich ist grundsätzlich bei (Teil-)Leistungen des Mieters die **Tilgungsbestimmung** des Mieters maßgebend (§ 366). Dennoch kann ein Tilgungsbestimmungsrecht des Gläubigers/Vermieters vereinbart werden. Jedoch ist insoweit sowohl eine Klausel, dass bei Rückstand eingehende Zahlungen zunächst auf die Kosten, dann auf die Zinsen und zuletzt auf die Mietschuld, und zwar auf die älteste, anzurechnen sind, ebenso unwirksam (OLG Celle, WuM 1990, 109) wie eine Klausel, wonach Zahlungen des Mieters zunächst auf Betriebskostenforderungen und erst danach auf die übrige rückständige Miete anzurechnen sind (LG Mannheim, DWW 1995, 112; vgl. auch LG Berlin, GE 1989, 833). Grundsätzlich ist jedoch die Verrechnung von Teilleistungen des Mieters zunächst auf die Betriebskosten, dann auf die Grundmiete nicht zu beanstanden (LG Berlin, Urteil vom 26.10.2000, 62 S 339/00, GE 2000, 1623; LG Berlin, Urteil vom 10.12.1999, 64 S 208/99, GE 2000, 205; LG Berlin, Urteil vom 22.5.2001, 29.O.259/99, GE 2001, 929; a.A. AG Görlitz, NZM 2001, 336).

§ 556b Fälligkeit der Miete, Aufrechnungs- und Zurückbehaltungsrecht

(1) Die Miete ist zu Beginn, spätestens bis zum dritten Werktag der einzelnen Zeitabschnitte zu entrichten, nach denen sie bemessen ist.

(2) [1]Der Mieter kann entgegen einer vertraglichen Bestimmung gegen eine Mietforderung mit einer Forderung aufgrund der §§ 536a, 539 oder aus ungerechtfertigter Bereicherung wegen zuviel gezahlter Miete aufrechnen oder wegen einer solchen Forderung ein Zurückbehaltungsrecht ausüben, wenn er seine Absicht dem Vermieter mindestens einen Monat vor der Fälligkeit der Miete in Textform angezeigt hat. [2]Eine zum Nachteil des Mieters abweichende Vereinbarung ist unwirksam.

1. Allgemeines

§ 556b Abs. 1 verlagert abweichend von § 551 (a.F.) den Zeitpunkt der **Fälligkeit** der 1 Miete für Wohnraum auf den **Beginn der Mietzeit**, spätestens auf den dritten Werktag der vereinbarten Zeitabschnitte, so dass die bisher ganz überwiegend getroffenen Vereinbarungen über die Vorfälligkeit der Miete bei nach dem 1.9.2001 abgeschlossenen Mietverträgen über Wohnraum entbehrlich sind. Für die bereits davor abgeschlossenen Mietverträge behalten sie ihre Gültigkeit. Die Regelung ist nicht zwingend, so dass abweichende Vereinbarungen möglich bleiben. Gem. § 579 Abs. 2 gilt für Mietverhältnisse über Räume – also auch Gewerberäume – entsprechend.

2 Für andere als Raummietverhältnisse gilt § 579 Abs. 1. Diese Vorschrift enthält für Mietverhältnisse über Grundstücke, eingetragene Schiffe und bewegliche Sachen eine dem § 551 Abs. 2 (a.F.) entsprechende Regelung (§ 579 Abs. 1 Satz 3).

3 § 556b Abs. 2 übernimmt den § 552a a.F. über das Aufrechnungs- und Zurückbehaltungsrecht des Mieters von Wohnraum gegen Mietforderungen, beschränkt aber die Möglichkeit, das Aufrechnungsrecht des Mieters vertraglich auszuschließen. Der Mieter kann nunmehr entgegen einer vertraglichen Vereinbarung auch mit Aufwendungsersatzansprüchen nach § 539 aufrechnen. Damit werden die Abgrenzungsschwierigkeiten zu § 536a vermieden. Außerdem kann auch die Aufrechnung mit Ansprüchen aus ungerechtfertigter Bereicherung wegen zu viel gezahlter Miete nicht mehr ausgeschlossen werden, unabhängig davon warum der Rechtsgrund für die Mietzahlung fehlte.

2. Anwendungsbereich

4 Die Fälligkeitsregelung gilt für die Miete von **Wohnraum und sonstigen Räumen** (§ 579 Abs. 2). Insoweit gilt nunmehr der Grundsatz, dass **der Mieter vorleistungspflichtig** ist. Die Miete ist zu Beginn des Mietverhältnisses zu entrichten, spätestens bis zum dritten Werktag der einzelnen Zeitabschnitte.

5 Für die Miete für **Grundstücke**, im Schiffsregister eingetragene **Schiffe** und/oder **bewegliche Sachen** gilt dagegen der bisherige Grundsatz, dass der Vermieter vorleistungspflichtig ist, so dass die **Miete erst nach der Gebrauchsüberlassung** durch den Vermieter zu zahlen ist.

6 Die Miete für Grundstücke ist – wie bisher gem. § 551 Abs. 2 a.F. – jeweils nach dem Ablauf eines Kalendervierteljahres am ersten Werktag des folgenden Monats zu entrichten, wenn sie nicht nach kürzeren Abschnitten (z.B. monatlich zu zahlende Miete) zu entrichten ist (§ 579 Abs. 1 Satz 3). Die Miete für ein im Schiffsregister eingetragenes Schiff und für bewegliche Sachen ist – wie bisher § 551 Abs. 1 a.F. – grundsätzlich am Ende der Mietzeit zu entrichten (§ 579 Abs.1 Satz 1), wenn sie nicht nach Zeitabschnitten bemessen ist (z.B. Wochenendmiete, monatliche Miete, Quartalsmiete). Die Miete für Grundstücke, Schiffe und beweglichen Sachen ist also nach Ablauf des jeweiligen Monats zu entrichten, wenn monatliche Mietzahlung vereinbart worden ist.

7 Die praktische Bedeutung der gesetzlichen Regelung ist gering, weil im Regelfall die Mietvertragsparteien davon **abweichende Vereinbarungen** treffen. Zu diesen vertraglichen Vereinbarungen gehört insbesondere die sog. **Vorfälligkeitsklausel:**

Muster
Mietvertragsklausel

> Die Miete ist monatlich im Voraus, spätestens am dritten Werktag des Monats an den Vermieter zu zahlen.

Praktische Bedeutung erlangt die gesetzliche Regelung – in Mietverträgen über Räume, Grundstücke, Schiffe und bewegliche Sachen – jedoch dann wieder, wenn die Vorfälligkeitsklausel unwirksam ist. **Für Wohnraummietverträge ist unerheblich, ob die Vorfälligkeitsklausel unwirksam ist,** weil die Rechte des Mieters auf Minderung der Miete eingeschränkt worden sind (§ 536 Abs. 4). Selbst wenn in dem Wohnraummietvertrag eine unwirksame Regelung enthalten ist, dass die Aufrechnung gegen Mietforderungen ausgeschlossen ist, soweit der Mieter nicht unbestrittene oder rechtskräftig festgestellte Forderungen geltend macht, und damit die Vorfälligkeitsklausel unwirksam wäre (BGH, GE 1995, 40 = NJW 1995, 254 f. = WuM 1995, 28), würde an die Stelle der unwirksamen vertraglichen Vorfälligkeitsklausel die gesetzliche Regelung über die Vorfälligkeit treten. Dasselbe gilt für Gewerberaummietverträge.

Die vertragliche Vorfälligkeitsklausel in einem **Wohnraummietvertrag** ist ohnehin auch 8 unter Berücksichtigung des § 536 Abs. 4 wirksam, wenn die Aufrechnungklausel ausdrücklich die Aufrechnung des Mieters wegen Ansprüchen aus § 536 zulässt oder – wie in der Regel in Wohnraummietverträgen vor dem 3.10.1990 in den östlichen Bundesländern – der Mietvertrag überhaupt keine Regelung über die Aufrechnung mit Gegenansprüchen des Mieters enthält.

In Mietverträgen über Grundstücke, Schiffe und bewegliche Sachen kann jedoch die 9 gesetzliche Regelung dann wieder praktische Bedeutung erlangen, wenn die Vorfälligkeitsklausel unwirksam ist. Dies könnte der Fall sein, wenn gleichzeitig das Leistungsverweigerungsrecht des Mieters formularmäßig ausgeschlossen ist.

Der **formularmäßige Ausschluss des Leistungsverweigerungsrechtes** des Mieters ist gem. § 11 Nr. 2 AGBG (ab 1.1.2002: § 309 Nr. 2 BGB i.d.F. des SchuldRModG) unwirksam. Der formularmäßige Ausschluss des **Aufrechnungsrechts** ist dann gem. § 11 Nr. 3 AGBG (ab 1.1.2002: § 309 Nr. 3 BGB i.d.F. des SchuldRModG) unwirksam, wenn generell die Aufrechnung ausgeschlossen ist. Denn dem Mieter darf nach dieser gesetzlichen Bestimmung nicht die Befugnis genommen werden, mit einer unbestrittenen oder rechtskräftig zuerkannten Gegenforderung aufzurechnen. Ist die Aufrechnungsmöglichkeit nach vorheriger Ankündigung auf unbestrittene oder rechtskräftig zuerkannte Forderungen beschränkt worden, ist die Klausel deswegen unwirksam, weil sie entscheidungsreife Forderungen nicht berücksichtigt und das Recht des Mieters, mit Gegenforderungen aus § 536a aufzurechnen, überhaupt nicht eingeschränkt werden darf (OLG Celle, WuM 1990, 103 [111]). Die Aufrechnung mit bestrittenen, aber im Prozess über die Mietforderung entscheidungsreifen Gegenforderungen darf daher ebenfalls nicht eingeschränkt werden (BGH, WuM 1978, 620; OLG Hamm, NJW-RR 1989, 274 [275]). Dies gilt auch für Gewerberaummietverträge (BGH, ZMR 1984, 370 [372]; vgl. auch OLG Düsseldorf, ZMR 1989, 61; OLG Celle, WuM 1989, 234; LG Berlin, GE 1996, 679), da im Rahmen des § 9 AGBG (ab 1.1.2002: § 307 BGB i.d.F. des SchuldRModG) auch die Grundsätze der §§ 10, 11 AGBG (ab 1.1.2002: §§ 308, 309 BGB i.d.F. des SchuldRModG) zu berücksichtigen sind (§ 24 Satz 2 AGBG; ab 1.1.2002: § 310 Abs. 1 BGB i.d.F. des SchuldRModG). Auch sonstige Einschränkungen des Aufrechnungsrechts werden für unwirksam gehalten (LG Mannheim, WuM 1987, 317; LG Berlin, GE 1986, 909 = MDR, 1986, 852; GE 1995, 757; GE 1996, 978). Dagegen gelten individuell ausgehandelte Aufrechnungsbeschränkungen in einem Gewerberaummietvertrag auch nach Vertragsende weiter (BGH, NZM 2000, 336).

Soweit die Formularklausel über den Ausschluss des Leistungsverweigerungsrechts – 10 und/oder des Aufrechnungsrechts unwirksam ist, wäre zu prüfen, ob auch die Vorfälligkeitsklausel unwirksam ist (bei Wohnraummietverträgen: BGH, GE 1995, 40 f. = NJW 1995, 254 ff. = WuM 1995, 28).

11 Dagegen sind Formularklauseln in Gewerberaummietverträgen, wonach die Aufrechnung von der vorherigen Ankündigung einen Monat vor Fälligkeit der Miete abhängt, wirksam (vgl. dazu Rn.), so dass insoweit auch die Vorfälligkeitsklausel wirksam ist. Soweit nicht § 11 Nr. 2 oder Nr. 3 AGBG (ab 1.1.2002: § 309 Nr. 2 oder Nr. 3 BGB i.d.F. des SchuldRModG) eingreifen, kann in **Gewerberaummietverträgen** das Zurückbehaltungs- oder Aufrechnungsrechts eingeschränkt werden (OLG Hamm, MDR 1997, 927; OLG Düsseldorf, WuM 1997, 428 = ZMR 1997, 466 = NZM 1998, 267; OLG Celle, ZMR 1998, 272 = NZM 1998, 265; OLG Hamburg, GE 1998, 243 = ZMR 1998, 220 = NZM 1998, 264; OLG Köln, WuM 1998, 23), so dass auch die Vorfälligkeitsklausel wirksam bleibt. Die gesetzliche Regelung (§ 579) hat insoweit keine praktische Bedeutung.

12 Da sowohl bei Fälligkeit der Miete bei Beginn des Mietverhältnisses gem. § 556b Abs. 1 als auch bei Fälligkeit der Miete bis zum dritten Werktag eines Monats die rechtzeitige Veranlassung der Überweisung ausreicht, weil es sich bei der Mietschuld um eine sog. Schickschuld (§ 270) handelt, ist häufig formularmäßig vereinbart, dass es nicht auf die Leistungshandlung ankommt, sondern auf die **Rechtzeitigkeit des Geldeingangs** beim Vermieter bzw. der Gutschrift auf seinem Konto (sog. **Rechtzeitigkeitsklausel**). Obwohl dadurch die Leistungshandlung des Mieters vorverlegt wird, weil der Mieter nunmehr so rechtzeitig die Überweisung veranlassen muss, dass sie gem. § 556b Abs. 1 bis zum dritten Werktag des laufenden Monats auf dem Konto des Vermieters eingeht, wird diese Rechtzeitigkeitsklausel überwiegend für wirksam gehalten (OLG Koblenz, MDR 1993, 213; LG Berlin, WuM 1992, 605; LG Kassel, WuM 1992, 605; a.A. Sternel, Mietrecht aktuell, Rn. 492).

13 Die **Rechtzeitigkeitsklausel** wird dagegen für **unwirksam** gehalten, **wenn die Vorfälligkeitsklausel** (vgl. dazu oben Rn. 7 ff.) **unwirksam ist**. Außerdem wird die Rechtzeitigkeitsklausel nur für die laufende Miete für anwendbar gehalten, nicht dagegen für die Zahlung des Mieters innerhalb der Schonfrist (§ 569 Abs. 3 Nr. 2), durch die die Kündigung des Wohnraummietverhältnisses wegen Zahlungsverzugs grundsätzlich unwirksam wird (vgl. dazu § 569 Rn. 17 ff.).

3. Verjährung

14 Die Ansprüche auf Zahlung der Miete verjähren grundsätzlich in **vier – künftig in drei – Jahren** ab dem Schluss des Jahres, in dem der Mietzahlungsanspruch fällig geworden ist (§§ 198, 201; ab 1.1.2002: § 199 Abs. 1a i.d.F. des SchuldRModG). Die vierjährige – künftig dreijährige – Verjährungsfrist gilt **grundsätzlich auch für Mietnebenkosten**, insbesondere Betriebskostenvorschüsse, wie auch für Nachforderungen aus Betriebskostenabrechnungen (OLG Frankfurt/Main, MDR 1983, 757; OLG Hamburg, GE 1988, 195). Auch für Ansprüche auf Nutzungsentschädigung (§ 546a Abs. 1) sowie Schadensersatz wegen der entgangenen Miete bei vorzeitiger Beendigung des Mietverhältnisses (sog. Auflösungsverschulden) gilt die vierjährige – künftig dreijährige – Verjährungsfrist (BGH, NJW 1968, 693; LG Bielefeld, MDR 1977, 312). Ansprüche aus einer Mietgarantie unterliegen ebenfalls dieser Verjährungsfrist (OLG Düsseldorf, NJW-RR 1994, 11).

Von diesen Ansprüchen sind jedoch die **Ansprüche auf Mietausfall** zu unterscheiden, 15
der dadurch entsteht, dass die Mietsache wegen Beschädigungen durch den Mieter oder
wegen nicht oder unsachgemäß ausgeführter Schönheitsreparaturen trotz rechtzeitiger
Räumung des Mieters nach Vertragsende nicht sofort weitervermietet werden konnte.
Derartige Schadensersatzansprüche des Vermieters unterliegen der **sechsmonatigen
Verjährungsfrist** des § 548 Abs. 1, die mit der Rückgabe der Mietsache beginnt (vgl.
dazu § 548 Rn. 2 f.). Die kurze Verjährungsfrist beginnt allerdings erst mit der dauer-
haften Rückgabe der Mietsache und kann durch Verhandlungen des Vermieters mit dem
Mieter gehemmt werden (LG Berlin, GE 1996, 1377).

Insbesondere bei Nachforderungen aus **Betriebskostenabrechnungen** ist jedoch zu 16
berücksichtigen, dass bereits vor dem Ablauf der Verjährungsfrist der Anspruch verwirkt
sein kann. **Verwirkung** kann eintreten, wenn seit der Fälligkeit der Forderung längere
Zeit verstrichen ist (sog. Zeitmoment) und Umstände vorliegen, nach denen der Mieter
davon ausgehen durfte, dass die Forderung nicht mehr geltend gemacht wird (sog. Umstandsmoment). Daher ist die Nachforderung aus der Betriebskostenabrechnung bereits
vor Ablauf der Verjährungsfrist als verwirkt angesehen worden, weil der Vermieter eine
Abrechnungsperiode „übersprungen" hatte – er hatte bereits für 1987 abgerechnet, obwohl die Abrechnung für 1986 noch offen war (AG Jülich, ZMR 1992, 27) – oder nach
Beendigung des Mietverhältnisses die Mietkaution zurückgezahlt hatte, ohne sich etwaige Nachforderungen aus einer noch nicht erfolgten Betriebskostenabrechnung vorzubehalten (LG Berlin, Urteil vom 4.12.1990, 64 S 335/90; AG Berlin-Charlottenburg, Urteil
vom 9.6.1999, 24b C 46/99, GE 1999, 987; AG Berlin-Charlottenburg, Urteil vom
21.1.2000, 16b C 368/99, GE 2000, 474), oder weil der Vermieter erst nach Jahren über
länger zurückliegende Abrechnungszeiträume abgerechnet hatte, ohne sich jeweils die
Nachforderung vorzubehalten (LG Berlin, GE 1993, 543; AG Berlin-Schöneberg, MM
1994, 24). Werden jahrelang Betriebskosten entgegen dem Vertrag vom Vermieter nicht
geltend gemacht, ist eine Betriebskostennachforderung für die Vergangenheit auch bei
Gewerberaum verwirkt (LG Berlin, GE 1999, 188; LG Hannover, Urteil vom 6.3.1996, 1
S 145/95, NJWE-MietR 1996, 224). Betriebskostennachforderungen sind nicht allein
deswegen verwirkt, weil der Vermieter nicht binnen angemessener Frist abrechnet.
Vielmehr muss der Mieter bestimmte Umstände darlegen, die den Schluss zulassen, er
habe darauf vertrauen dürfen und auch darauf vertraut, wegen Nachforderungen nicht
mehr in Anspruch genommen zu werden (LG Gießen, Urteil vom 12.6.1996, 1 S 56/96,
NJW-RR 1996, 1163 = NJWE-MietR 1996, 244 [LS]).

4.   Aufrechnungs- und Zurückbehaltungsrecht

§ 556b Abs. 2 beschränkt – unabhängig von § 536 Abs. 4 – für Wohnraummietverträge, 17
die ab dem 1.9.2001 geschlossen worden sind, die Möglichkeit, das Aufrechnungsrecht
des Mieters vertraglich einzuschränken. Für vor dem 1.9.2001 abgeschlossene Mietverträge gilt weiterhin § 552a (a.F.). Der Mieter kann nunmehr entgegen einer vertraglichen
Vereinbarung nicht nur mit Schadensersatzansprüchen (§ 536a Abs. 1), sondern auch mit
Aufwendungsersatzansprüchen, und zwar sowohl solchen aus § 536a Abs. 2 als auch
solchen aus § 539 aufrechnen. Außerdem kann die Aufrechnung mit Ansprüchen aus
ungerechtfertigter Bereicherung wegen zu viel gezahlter Miete nicht mehr vertraglich
ausgeschlossen werden. Wegen dieser Ansprüche kann auch sein Zurückbehaltungsrecht

nicht ausgeschlossen werden. Ob es sich dabei um Individualverträge oder Formularverträge handelt, ist unerheblich. Für Formularverträge sind jedoch darüber hinaus die sich aus § 9 und § 11 Nr. 2 und 3 AGBG (ab 1.1.2002: § 307 und § 309 Nr. 2 und 3 BGB i.d.F. des SchuldRModG) ergebenden Einschränkungen zu beachten. Ferner ist § 536 Abs. 4 zu berücksichtigen, der eine Einschränkung des Minderungsrechts in Wohnraummietverträgen ausschließt (BGH, GE 1995, 40 f. = NJW 1995, 254 ff.; Kinne, GE 1996, 822).

18   In einem **Wohnungsmietvertrag** ist die Regelung unwirksam, dass die Aufrechnung gegen Mietforderungen ausgeschlossen ist, soweit der Mieter nicht unbestrittene oder rechtskräftig festgestellte Forderungen geltend macht (BGH, GE 1995, 40 = NJW 1995, 254 f. = WuM 1995, 28). Denn dadurch wird die Aufrechnung des Mieters mit einem infolge eingetretener Minderung entstandenen Rückzahlungsanspruchs ausgeschlossen, weil dieser Rückzahlungsanspruch in der Regel streitig sein wird. Darin liegt aber eine unzulässige Einschränkung des Minderungsrechts des Mieters, der bei Wirksamkeit dieser Aufrechnungsklausel sonst gezwungen wäre, selbst auf Rückzahlung zu klagen, nachdem er die geminderte bereits Miete gezahlt hat.

19   Umstritten war, ob die Klausel unwirksam ist, wonach zwar die Aufrechnung nicht auf unbestrittene oder rechtskräftig zuerkannte Forderungen beschränkt ist, aber von einer vorherigen Ankündigung einen Monat vor Fälligkeit der Miete abhängig gemacht wird. Für die Forderungen aus §§ 536a, 539 und aus ungerechtfertigter Bereicherung wegen zu viel gezahlter Miete ist aber in § 556b Abs. 2 Satz 1 nunmehr ausdrücklich geregelt, dass der Wohnraummieter entgegen einer derartigen vertraglichen Bestimmung aufrechnen und sein Zurückbehaltungsrecht ausüben kann. Angesichts der gesetzlichen Vorfälligkeitsregelung des § 556b Abs. 1 bei Wohnraummietverträgen ist daher der bisherige Streit für Wohnraummietverträge (zur früheren Rechtslage: LG Berlin, GE 1996, 978; und GE 1996, 1185 und GE 1997, 185 = NJWE-MietR 1997, 242) obsolet geworden.

20   In ab dem 1.9.2001 geschlossenen Wohnraummietverträgen kann die Aufrechnung mit Ersatzansprüchen aus § 536a (vgl. dort), § 539 und aus ungerechtfertigter Bereicherung wegen zu viel gezahlter Miete nicht ausgeschlossen werden. Enthält der Mietvertrag einen derartigen Ausschluss, ist die Bestimmung gem. § 556b Abs. 2 Satz 2 unwirksam. Der Mieter kann daher trotz einer derartigen mietvertraglichen Vereinbarung mit einer der in § 556b Abs. 2 Satz 1 aufgeführten Forderungen aufrechnen, allerdings nur nach vorheriger **Ankündigung** einen Monat vor der Fälligkeit der (nächsten) Miete in Textform.

21   **Textform** bedeutet, dass die Erklärung in einer Urkunde oder auf andere zur dauerhaften Wiedergabe in Schriftzeichen geeignete Weise abgegeben werden muss, die Person des Erklärenden genannt und der Abschluss der Erklärung durch Nachbildung der Namensunterschrift oder anders erkennbar gemacht werden muss (§ 126b n.F.). Die Ankündigung durch Telefax reicht also aus. Ferner müssen bei einer **Mietermehrheit** (vgl. dazu § 535 Rn. 19 ff.) **sämtliche Mieter** die Aufrechnung ankündigen. Natürlich kann ein Mieter den anderen Mieter auch vertreten, was jedoch aus dem Ankündigungsschreiben ersichtlich sein muss. Da die Ankündigung als rechtsgeschäftsähnliche Handlung anzusehen ist, gilt auch § 174, mit der Folge, dass der Vermieter die Ankündigung der Aufrechnung zurückweisen kann, wenn ihr die **Vollmacht des vertretenen Mieters** nicht

beigefügt war. Die Aufrechnungsankündigung des den anderen Mieter vertretenden Mieters (oder Rechtsanwalts) kann vom Vermieter allerdings nur **unverzüglich** zurückgewiesen werden. Die insoweit einzuhaltende Frist richtet sich nach den Umständen des Einzelfalls, kann aber nicht länger als 14 Tage betragen. Ist die Ankündigung vom Vermieter zurückgewiesen worden, ist sie unwirksam. Die Aufrechnungsankündigung muss daher unter Beifügung der Vollmacht des vertretenen Mieters wiederholt werden und wirkt erst ab Zugang der weiteren Ankündigung, der die Vollmacht beigefügt war.

Die Beifügung der Vollmacht ist entbehrlich, wenn sich nach dem Mietvertrag die Mieter   22
gegenseitig zur Abgabe von Willenserklärungen bevollmächtigt haben. Auch insoweit muss aber aus der Aufrechnungsankündigung hervorgehen, dass der eine Mieter den anderen Mieter vertreten will.

Die Ankündigung muss dem Vermieter ferner **einen Monat vor der Fälligkeit der**   23
nächsten Miete zugehen. Ist daher keine Vereinbarung über die Fälligkeit getroffen worden, muss die Aufrechnungsankündigung dem Vermieter spätestens einen Monat vor dem dritten Werktag des Folgemonats zugehen; dasselbe gilt bei einer der gesetzlichen Regelung entsprechenden vertraglichen Fälligkeitsregelung. Geht sie erst verspätet zu, so wirkt sie für den darauf folgenden, übernächsten Monat.

Die Ankündigung selbst ersetzt nicht die notwendige **Aufrechnungserklärung.** Zweck-   24
mäßigerweise wird bereits im Ankündigungsschreiben auch ausdrücklich die Aufrechnung mit der zu beziffernden Gegenforderung gegen die einen Monat später fällige Mietforderung erklärt. Bei einer Mietermehrheit ist die Aufrechnung von allen Mietern zu erklären, da sie nur gemeinsam die Ansprüche geltend machen können (LG Berlin, Urteil vom 6.11.1998, 64 S 244/98 gegen LG Berlin, GE 1994, 1447 für den Anspruch auf Vorschuss für die Mängelbeseitigung).

Bei anderen Mietverhältnissen als Wohnraummietverhältnissen gilt die Einschränkung   25
des § 556b Abs. 2 nicht. In **Mietverträgen über Gewerberaum** kann daher die Aufrechnung mit Gewährleistungsansprüchen ausgeschlossen werden. Ob Formularklauseln in derartigen Verträgen der Überprüfung nach den § 9 und § 11 Nr. 2 und 3 AGBG (ab 1.1.2002: §§ 307 und 309 Nr. 2 und 3 BGB i.d.F. des SchuldRModG) standhalten, ist gesondert zu prüfen.

Die Klausel in Gewerberaum- und/oder sonstigen Mietverträgen über die Zulässigkeit   26
der Aufrechnung des Mieters nur unter bestimmten Voraussetzungen gilt grundsätzlich auch nach Vertragsbeendigung weiter (OLG Hamm, NJW-RR 1994, 711). Jedoch kann sich der Vermieter auf derartige Klauseln nicht mehr berufen, wenn der Mieter die Mietsache geräumt hat und nur noch über wechselseitige Ansprüche abzurechnen ist (BGH, GE 1988, 351 = ZMR 1988, 135 = WuM 1988, 159 = MDR 1988, 488 = NJW-RR 1988, 329). Dagegen gelten individuell ausgehandelte Aufrechnungsbeschränkungen in einem Gewerberaummietvertrag auch nach Vertragsende weiter (BGH, NZM 2000, 336).

§ 557 Mieterhöhungen nach Vereinbarung oder Gesetz

(1) Während des Mietverhältnisses können die Parteien eine Erhöhung der Miete vereinbaren.

(2) Künftige Änderungen der Miethöhe können die Vertragsparteien als Staffelmiete nach § 557a oder als Indexmiete nach § 557b vereinbaren.

(3) Im übrigen kann der Vermieter Mieterhöhungen nur nach Maßgabe der §§ 558 bis 560 verlangen, soweit nicht eine Erhöhung durch Vereinbarung ausgeschlossen ist oder sich der Ausschluss aus den Umständen ergibt.

(4) Eine zum Nachteil des Mieters abweichende Vereinbarung ist unwirksam.

1. Allgemeines

1 Nach § 557 Abs. 1 können die Vertragsparteien durch Vertragsänderung die Miete während des laufenden Mietverhältnisses um einen bestimmten Betrag erhöhen. Dies entspricht § 10 Abs.1 zweiter Halbsatz MHG a.F.

Nach Abs. 2 des § 557 sind Staffelmiet- und/oder Indexmietenvereinbarungen (bisher § 10 Abs. 2 und 10a MHG) zulässig. Beide können sowohl zu Beginn als auch noch im späteren Verlauf des Mietverhältnisses vereinbart werden.

Abs. 3 des § 557 lässt – wie bisher § 1 Satz 2 MHG a.F. – zu, dass Mieterhöhungen in dem gesetzlich vorgesehenen Umfang zulässig sind, wenn die Parteien keine anderweitige Vereinbarung getroffen haben.

Abs. 4 enthält die bisher in § 10 Abs. 1 erster Halbsatz MHG a.F. getroffene Regelung, dass zum Nachteil des Mieters abweichende Vereinbarungen unwirksam sind.

§ 10 Abs. 3 Satz 1 Nr. 1 MHG a.F., der die Unanwendbarkeit des MHG auf preisgebundenen Wohnraum regelte, ist weggefallen, da sich bereits aus dem WoBindG und der Neubaumietenverordnung ergibt, dass insoweit das Prinzip der Kostenmiete gilt. § 10 Abs. 3 Nr. 2 bis 4 MHG a.F. sind in § 549 Abs. 2 und 3 aufgegangen.

2. Zulässige Vereinbarungen

2 **Vereinbarungen** im Sinne des § 557 Abs. 1 sind alle Verträge, die zwischen den Mietvertragsparteien über frei finanzierten Wohnraum zustande gekommen sind. Die Mieterhöhung kann gem. §§ 145 ff., d.h. durch Annahme eines entsprechenden Angebots, vereinbart werden. Gleichgültig ist dabei, ob das Angebot von dem Vermieter oder dem Mieter ausgeht. Im Regelfall wird der Vermieter dem Mieter das Angebot machen, die Miete zu erhöhen, woraufhin sich der Mieter verpflichtet, dem Vermieter diese Miete zu entrichten. Die zeitlich vorangehende Willenserklärung heißt „Angebot", die nachfolgende Willenserklärung „Annahme". Beide Erklärungen müssen inhaltlich übereinstimmen. Ein schriftliches Angebot, das dem anderen Vertragsinteressenten übersandt wird,

kann grundsätzlich nur innerhalb der für die Annahme des Angebots bestimmter Frist angenommen werden (§ 148 Abs. 1). Daher verliert ein derartiges Angebot nach einer Überlegungsfrist (ca. 2 bis 5 Tage) des anderen Vertragsteils seine Wirkung (LG Berlin, WuM 1987, 378; LG Köln, WuM 1988, 50; KG, GE 2001, 418).

Gleichgültig ist, ob die Vereinbarung mündlich oder schriftlich abgeschlossen worden ist. Ist kein schriftlicher oder mündlicher Mietvertrag abgeschlossen worden, kann u.U. auch eine **Vereinbarung durch schlüssiges Verhalten** zustande kommen. Auch dafür sind jedoch übereinstimmende Willenserklärungen erforderlich, die jedoch nicht ausdrücklich abgegeben werden, sondern aus Handlungen entnommen werden, die den Schluss auf einen bestimmten Rechtsbindungswillen zulassen. Daher kann eine Mieterhöhung auch dadurch vereinbart werden, dass der Vermieter eine Mieterhöhung verlangt und der Mieter diese Miete über längere Zeit zahlt. 3

Für die Beurteilung der Wirksamkeit der Vereinbarung gem. § 557 Abs. 1 ist es gleichgültig, ob die Vereinbarung bereits bei Mietvertragsschluss zustande gekommen ist eine **spätere Abänderungsvereinbarung** getroffen oder eine Mietvertragsänderung konkludent dadurch zustande gekommen ist, dass Vermieter und Mieter ein übereinstimmendes Verhalten ausgeübt haben. Ein derartiges schlüssiges Verhalten kann z.B. darin liegen, dass der Mieter sich einem entsprechenden Vertragsangebot des Vermieters (z.B. Änderung der Miethöhe gem. § 558) gemäß verhält (z.B. durch Zahlung des erhöhten Betrags). Dies dürfte jedoch bei einem Verhalten des Mieters auf ein entsprechendes einseitiges Zahlungsverlangen des Vermieters (z.B. nach einer Mieterhöhung gem. §§ 559, 560) nicht anzunehmen sein, da in diesem Falle dem Mieter der entsprechende Rechtsbindungswille fehlen dürfte. 4

3. Unwirksamkeit abweichender Vereinbarungen

Unwirksam sind nur die **zum Nachteil des Mieters** von den Vorschriften der §§ 557 bis 560 abweichenden Vereinbarungen. Insoweit kommt es auf die Betrachtung zum Zeitpunkt des Abschlusses der Vereinbarung an. Nachteilig für den Mieter ist eine Vereinbarung, durch die der Vermieter objektiv eine günstigere Rechtsstellung erhält, als sie ihm in formeller oder materieller Hinsicht das Gesetz einräumt (zum früheren § 10 MHG: OLG Stuttgart, ZMR 1989, 416; Schmidt-Futterer/Blank, C 481; Barthelmess, § 10 MHG Rn. 11). Da es auf die Betrachtung bei Abschluss der Vereinbarung ankommt, sind die Vereinbarungen auch dann unwirksam, wenn sie sich zu einem späteren Zeitraum objektiv zugunsten des Mieters auswirken. 5

§ 557 Abs. 1 lässt Vereinbarungen mit dem Mieter über eine Mieterhöhung um einen bestimmten Betrag zu. Dabei muss es sich um eine konkrete Mieterhöhung mit beziffertem Betrag ab einem bestimmten Zeitpunkt handeln. Die Vereinbarung einer **vorläufigen Miete** mit einem einseitigen Bestimmungsrecht des Vermieters nach §§ 315, 316 zur Festlegung der endgültigen Miete ist daher unwirksam (LG Karlsruhe, WuM 1989, 335 = MM 1989, 335; Sternel, Mietrecht, III 521; Beuermann, Miete und Mieterhöung bei preisfreiem Wohnraum, § 10 MHG Rn. 7; a.A. Schmidt-Futterer/Blank, C 416). 6

Ebenso sind **Vereinbarungen über die Miethöhe mit genereller Regelung für noch nicht eingetretene künftige Erhöhungsfälle** unwirksam, soweit es sich nicht um eine Staffel- oder Indexmiete handelt. Unzulässig sind daher auch alle Gleitklauseln (LG Magdeburg, WuM 1997, 105), Indexklauseln oder Vereinbarungen, wonach die Mieterhöhung bei gestiegenen Kapital- oder Bewirtschaftungsmaßnahmen zulässig sein soll, soweit es sich nicht um eine nach §§ 557a, 557b zulässige Vereinbarung handelt. Eine vor dem 1.9.1993 vereinbarte Gleitklausel bleibt unwirksam, weil sie davor unzulässig war.

Vereinbarungen, die abweichend von den §§ 557 bis 560 die Mieterhöhung unabhängig von den dort bestimmten gesetzlichen Voraussetzungen eintreten lassen sollen, sind unwirksam (§ 134). Entsprechend § 139 bleibt jedoch der Mietvertrag im Übrigen wirksam.

Deshalb sind nachstehende Vereinbarungen unwirksam, die von folgenden Vorschriften abweichen.

7 – **Abweichung von § 556:**

Da § 556 Abs. 1 regelt, dass nur **Betriebskosten im Sinne des § 27 der II. Berechnungsverordnung** auf den Wohnraummieter umgelegt werden dürfen, sind nach § 556 Abs. 4 Vereinbarungen, dass der Wohnraummieter auch andere Kosten als Betriebskosten zu tragen hat, unwirksam (OLG Koblenz, WuM 1986, 50 = ZMR 1986, 87 = GE 1986, 227 = NJW 1986, 995; OLG Karlsruhe, GE 1988, 579 = ZMR 1988, 261 = WuM 1988, 204; Langenberg, NZM 2001, 783 [788]). Daher sind Vereinbarungen über die Umlagen von Verwaltungskosten und/oder Instandhaltungskosten als Betriebskosten auf den Wohnraummieter unwirksam. **Verwaltungskosten** können aber als Teil der Nettokaltmiete vereinbart werden (LG Mannheim, NZM 2000, 490; LG Berlin, GE 1998, 1396 = NZM 1999, 405; GE 1996, 1051 = ZMR 1996, Heft 9 Nr. 6; LG Berlin, Urteil vom 16.1.1997, 62 S 295/96; LG Siegen, WuM 1990, 523; LG Bonn, WuM 1985, 367; LG Düsseldorf, WuM 1985, 368; AG Elmshorn, WuM 1988, 398; Sternel, Mietrecht, III Rn. 523; Beuermann, Miete und Mieterhöhung, § 10 MHG Rn. 9b; Langenberg, NZM 2001, 783, 788; a.A. LG Braunschweig, ZMR 1973, 154; WuM 1991, 339 und WuM 1996, 283; LG Bremen, WuM 1988, 397; LG Mönchengladbach, WuM 1992, 200). Die Begründung des § 556 (BTDrucks. 14/4553 S. 50), dass eine vertragliche Erweiterung über die aufgezählten Betriebskosten hinaus (z.B. auf die Verwaltungskosten) nicht möglich ist, steht der Möglichkeit der vertraglichen Vereinbarung eines Verwaltungskostenanteils als Teil der Grundmiete nicht entgegen; denn in einer Vereinbarung über die Verpflichtung des Mieters, neben der Grundmiete auch die Verwaltungskosten in Form eines gleich bleibenden Festbetrags zu zahlen, ist nicht die Vereinbarung einer weiteren Gruppe von Nebenkosten zu sehen, die der gesetzlichen Regelung widersprechen würde (so aber LG Braunschweig, a.a.O.). Zwar können Verwaltungskosten nicht als Betriebskosten mit der Möglichkeit der erleichterten Erhöhung durch jährliche Abrechnung in der jeweiligen Höhe vereinbart werden. Sie können aber neben der Grundmiete gesondert ausgewiesen werden, was auch für den Mieter die Kalkulation des Vermieters transparenter macht. Diese gesonderte Vereinbarung der Verwaltungskosten neben der Grundmiete (und den Betriebskosten) verstößt auch nicht gegen den Rechtsentscheid des OLG Karlsruhe (WuM 1988, 204 f.), der selbst von dieser Möglichkeit ausgeht (so zutreffend: LG Mannheim, NZM 2000, 490 [491]). Schließlich ist eine derartige Vereinbarung auch nicht gem. §§ 9, 24a AGBG (ab 1.1.2002: §§ 307, 310 Abs. 3 BGB i.d.F. des SchuldR-ModG) unwirksam (so zutreffend: LG Mannheim, a.a.O).

Die Vereinbarung unangemessener hoher **Vorauszahlungen** ist wegen Verstoßes gegen
§ 556 Abs. 2 Satz 2 unzulässig; dies ergibt sich bereits aus § 556 Abs. 4. Vorauszahlungen sind dann **überhöht**, wenn die der Kalkulation zugrunde liegende Prognose nicht mehr vertretbar ist. Handelt es sich um die erstmalige Vereinbarung von Betriebskosten, wäre dies der Fall, wenn die für vergleichbare Wohnungen schon feststehenden Betriebskosten nicht der Kalkulation zugrunde gelegt werden, wobei allerdings eine maßvoller Zuschlag wegen absehbarer Kostensteigerungen zulässig ist (BayObLG, WuM 1995, 694 = ZMR 1996, 20). Steht bei Erstbezug der Betriebskostenanteil vergleichbarer Wohnungen noch nicht fest, so sind die Vorauszahlungen dann nicht überhöht, wenn sie den ortsüblichen Betriebskosten für Wohnungen desselben Baualters und Ausstattung entsprechen. Da andererseits der Vermieter nicht verpflichtet ist, Vorschüsse auf die Betriebskosten von vornherein in derjenigen Höhe anzusetzen, in der die Betriebskosten aller Wahrscheinlichkeit nach auch anfallen (OLG Stuttgart, NJW 1982, 2506 = WuM 1982, 272; LG Berlin, GE 1990, 653), ist eine Vereinbarung über zu **niedrigere** Betriebskostenvorschüsse nicht nach § 557 Abs. 4 erster Halbsatz unwirksam. Hat der Vermieter jedoch die Betriebskostenvorschüsse bewusst zu niedrig geschätzt, kann der Mieter Schadensersatzanspruch auf Freistellung von Betriebskosten geltend machen (LG Berlin, GE 1996, 322). Die Nachforderung von Betriebskosten ist dem Vermieter grundsätzlich auch dann nicht verwehrt, wenn die **Vorauszahlungen erheblich zu niedrig** angesetzt wurden. Etwas anderes gilt, wenn dem Mieter hinsichtlich der Betriebskosten Zusicherungen gemacht worden sind oder er arglistig getäuscht worden ist. Auch in einem solchen Fall setzt ein Schadensersatzanspruch des Mieters grundsätzlich die Darlegung voraus, dass er bei Kenntnis von der tatsächlichen Betriebskostenhöhe eine andere Wohnung zu einer niedrigeren Miete bezogen hätte (LG Berlin, Urteil vom 5.5.2000, 65 S 144/00, GE 2000, 893). Der Anspruch des Vermieters auf Ausgleich der entstandenen Betriebskosten ist grundsätzlich davon unabhängig, ob die vereinbarten Betriebskostenvorschüsse diese decken. Voraussetzung eines Schadensersatzanspruches auf Freistellung von den Betriebskosten wegen zu niedrig kalkulierter und vereinbarter Betriebskostenvorschüsse ist entweder, dass der Vermieter die Angemessenheit der Vorschüsse ausdrücklich zusichert oder bewusst die Betriebskosten zu niedrig ansetzt, um den Mieter über den Umfang der Mietbelastung zu täuschen (LG Berlin, Urteil vom 23.3.1999, 64 S 331/98, GE 1999, 907).

Da § 556 Abs. 3 Satz 1 bestimmt, dass über Vorauszahlungen jährlich abzurechnen ist, ist sowohl die Vereinbarung eines längeren **Abrechnungszeitraumes** (LG Düsseldorf, ZMR 1998, 167) als auch eines kürzeren **Abrechnungszeitraum** als ein Jahr für Wohnraum nicht zulässig (AG Waldshut-Tiengen, WuM 1985, 349; ausnahmsweise bei Mieterwechsel zulässig: LG Berlin, GE 1987, 281; GE 1991, 935; nur bei Bezugsfertigkeit der Wohnung während des Laufes der ersten Abrechnungsperiode zulässig: Schmid, Rn. 5034; Langenberg NZM 2001, 783 [785]; bei entsprechender Öffnungsklausel zulässig: von Seldeneck, Rn. 3008).

Für die **Abrechnung über Vorauszahlungen** ist zwar keine Form vorgeschrieben. Dennoch ist die Abrechnung schriftlich zu erteilen (Sternel, Mietrecht, III 341; Barthelmess, § 4 MHG Rn. 13; von Seldeneck, Rn. 3400). Entbehrlich ist nur die eigenhändige Unterschrift oder die Einhaltung elektronischer Form des § 126a, da die gesetzliche Schriftform nicht einzuhalten ist (LG Berlin, GE 1998, 1025; Langenberg, G 60 S. 227; Beuermann, a.a.O., § 4 MHG Rn. 53; Barthelmess, § 4 MHG Rn. 13; Sternel, Mietrecht, III Rn. 340). Eine Vereinbarung im Mietvertrag, dass die Abrechnung schriftlich erfolgen muss, ist daher wirksam; für diesen Fall gilt § 127, der auf § 126 mit der Folge der Notwendigkeit der eigenhändigen Unterschrift des Vermieters verweist; in diesem Fall reicht auch ein maschinenschriftlicher oder faksimilierter oder hektografierter Namenszug des Ausstellers nicht aus (KG, GE 2001, 849; a.A. Langenberg, a.a.O.).

Die Vereinbarung, dass die Abrechnung nur die Gesamtkosten und den auf den Mieter entfallenden Nachzahlungsbetrag enthalten zu braucht, ist unwirksam, da damit die Mindestanforderungen an eine ordnungsgemäße Abrechnung (vgl. dazu § 556 Rn. 73 ff.) nicht eingehalten werden.

8 **– Abweichung von § 556a:**

§ 556a Abs. 1 Satz 1 schreibt nunmehr zwingend die Umlage der Betriebskosten nach der Wohnfläche vor – ausgenommen verbrauchs- oder verursachungsabhängig erfasste Betriebskosten –, wenn eine Vereinbarung fehlt oder sie wegen Unbilligkeit unwirksam ist. Der Vermieter darf mithin nicht mehr wie bisher den Umlageschlüssel in diesen Fällen einseitig nach § 315 bestimmen. Haben die Mietvertragsparteien bereits vorher einverständlich einen bestimmten Umlagemaßstab praktiziert, bleibt es bei diesem, da der Umlagemaßstab auch konkludent vereinbart werden kann (BGH, GE 2000, 1614; LG Berlin, Urteil vom 23.1.2001, 64 S 402/00, GE 2001, 552).

Auf die Wohnfläche dürfen nur Kosten umgelegt werden, die ihren Grund in der Wohnnutzung haben, so dass auf Gewerberaum entfallende Kosten zwingend vorweg abgezogen werden müssen (so auch Langenberg, NZM 2001, 783 [789]).

Verbrauchs- oder verursachungsabhängig erfasste Kosten (z.B. Wasserversorgungs- und Entwässerungs-, Müllabfuhrkosten) sind nach einem Maßstab umzulegen, der dem unterschiedlichen Verbrauch oder der unterschiedlichen Verursachung Rechnung trägt (§ 556a Abs. 1 Satz 2). Zwar verbietet § 556a Abs. 3 nicht davon zum Nachteil des Mieters abweichende Vereinbarungen. Aber trotz der fehlenden Einbeziehung in Abs. 3 dürfte jede davon abweichende Regelung keine billige Regelung i.S.d. § 315 darstellen (Langenberg, NZM 2001, 783 [790]) und deswegen keinen Bestand haben.

Vereinbarungen, wonach der Vermieter durch einseitige schriftliche Erklärung die Kosten der Wasserversorgung und der Entwässerung nach einem anderen Maßstab, als dem erfassten unterschiedlichen Wasserverbrauch und/oder die Kosten der Müllabfuhr nach einem anderen Maßstab umlegen darf, als demjenigen, der der unterschiedlichen Müllverursachung Rechnung trägt, sind unwirksam, wenn es um die einseitige Umstellung des Umlagemaßstabs geht. Denn § 556a Abs. 2 lässt eine einseitige Umstellung des vereinbarten Umlagemaßstabs durch den Vermieter nur dann zu, wenn er die Kosten der Wasserversorgung und der Entwässerung bzw. der Müllabfuhr ganz oder teilweise nach dem erfassten Verbrauch oder der erfassten Verursachung auf den Mieter umlegen will. Gem. § 556a Abs. 3 sind daher einseitige Veränderungen des Umlageschlüssels unwirksam, soweit der Verbrauch oder die Verursachung nicht erfasst wird, sondern z.B. nur geschätzt wird. Das gilt auch für die einseitige Umstellung des vereinbarten Flächenmaßstabs auf den Personenschlüssel. Insoweit kann der Vermieter auch nicht die Notwendigkeit der Erklärung in Textform abbedingen. In diesem Zusammenhang kann zwischen den Parteien eines Mietvertrags über frei finanzierten Wohnraum auch nicht vereinbart werden, dass die Erklärung rückwirkend oder schon vor Beginn des nächsten bisherigen Abrechnungszeitraums gelten soll. Denn gem. § 556a Abs. 2 Satz 2 kann die Erklärung nur für künftige Abrechnungszeiträume abgegeben werden und ist nur mit Wirkung zum Beginn eines Abrechnungszeitraums zulässig. Ferner kann sich der Vermieter durch Vereinbarung mit dem Wohnraummieter nicht der Verpflichtung entziehen, bei Umsteigen auf die verbrauchsabhängige Abrechnung die insoweit in der Miete enthaltenen Betriebskosten aus der Miete herauszurechnen und die Miete entsprechend herabzusetzen.

– Abweichung von § 557a: 9
Die Mietvertragsparteien können ferner nicht vereinbaren, dass abweichend von § 557a Abs. 1 nur ein Prozentsatz vereinbart wird oder dass abweichend von § 557a Abs. 2 auch kürzere Staffeln als ein Jahr gelten sollen. Derartige zum Nachteil des Mieters abweichende Vereinbarungen sind gem. § 557a Abs. 4 unwirksam.
Eine unwirksame Staffelmietvereinbarung schließt jedoch nur ausnahmsweise eine Mieterhöhung nach § 558 aus (zur früheren Rechtslage: LG Berlin, Urteil vom 13.3.2000, 62 S 277/99, GE 2000, 604). Ist bei einer Staffelmietvereinbarung die erste Staffel kürzer als ein Jahr, ist die gesamte Staffelmietvereinbarung mit der Folge unwirksam, dass es bei der Eingangsmiete bleibt (LG Berlin, Urteil vom 21.9.1999, 64 S 187/99, GE 1999, 1428; LG Berlin, Urteil vom 16.2.1999, 64 S 356/98, GE 2000, 345). Der Abschluss eines länger als vier Jahre dauernden Mietverhältnisses ist auch dann zulässig, wenn gleichzeitig eine Staffelmiete vereinbart wird. Davon unberührt bleibt das Kündigungsrecht des Mieters gem. § 557a Abs. 3 zum Ende des vierten Jahres (LG Berlin, Urteil vom 18.6.1999, 64 S 526/98).

– Abweichung von § 557b: 10
Indexmieten dürfen nur im Rahmen des § 557b vereinbart werden. Davon zum Nachteil des Mieters abweichende Vereinbarungen sind gem. § 557b Abs. 4 unwirksam.

– Abweichung von § 558:   11
Die Vereinbarung der **Preisbindungsmiete** ist grundsätzlich zulässig, etwa durch öffentlich-rechtliche Verträge zugunsten des Mieters (OLG Hamm, ZMR 1986, 289; LG Berlin, GE 1991, 355) oder durch Vereinbarung im Mietvertrag (OLG Stuttgart, ZMR 1989, 416; LG Frankfurt/Main, WuM 1992, 135). Dies betrifft allerdings allein die Miethöhe und nicht die Möglichkeiten einer Mieterhöhung.
Zu Lasten des Mieters darf daher weder von der Einhaltung der Wartefrist (§ 558 Abs. 1 Satz 1), der Einhaltung der ortsüblichen Vergleichsmiete als Obergrenze (§ 558 Abs. 1 Satz 1) sowie der Kappungsgrenze (§ 558 Abs. 3) abgewichen werden. Die Unwirksamkeit entsprechender Vereinbarungen ist in § 558 Abs. 6 nochmals ausdrücklich hervorgehoben.
Daher kann nicht vereinbart werden, dass die Miete bereits während der **Wartefrist** zu einem Zeitpunkt unmittelbar vor Ablauf der Wartefrist erhöht werden darf; denn § 558 Abs. 1 Satz 1 bestimmt, dass zwischen der Wirksamkeit der letzten Mieterhöhung und dem Zeitpunkt, zu dem die Erhöhung eintreten soll, ein Zeitraum von 15 Monaten liegen muss. Ferner ist eine Vereinbarung unwirksam, dass das Mieterhöhungsverlangen gegenüber dem Mieter bereits vor Ablauf eines Jahres nach der letzten Mieterhöhung gel-

tend gemacht werden kann; denn das Mieterhöhungsverlangen darf dem Mieter frühestens ein Jahr nach der letzten Mieterhöhung zugehen (zu § 2 MHG a.F.: BGH, ZMR 1993, 453 = WuM 1993, 388 = DWW 1993, 230 = MDR 1993, 864 = NJW 1993, 2109).

Eine Vereinbarung, wonach die Parteien nach Ablauf einer bestimmten Frist in Verhandlungen über eine Mieterhöhung eintreten, ist wirksam, sofern dies keine Bindung für den Mieter bedeutet (LG Hamburg, MDR 1981, 848). Jedoch ist eine Klausel, wonach im Falle der Nichteinigung dann ein **Schiedsgutachter** die Miete nach billigem Ermessen festzusetzen hat, unwirksam (LG Frankfurt/Main, WuM 1974, 156; LG Freiburg, WuM 1987, 267; LG Hamburg, MDR 1981, 848; vgl. zu Pacht: LG Potsdam, GE 2001, 1060). Dies gilt auch dann, wenn der Gutachter sich an den Grundsätzen des MHG zu orientieren hat (Beuermann, Miete und Mieterhöhung bei priesfreiem Wohnraum, § 10 MHG Rn. 2; a.A. Müko/Voelskow, § 10 MHG Rn. 2).

Die Mietvertragsparteien können sich auch nicht für die Dauer des Mietverhältnisses darüber einigen, dass bestimmte Merkmale, die für die Eingruppierung der Wohnung in einen Mietspiegel maßgebend sind, **wohnwerterhöhend oder wohnwertmindernd** sind; eine solche Regelung kann allenfalls für eine einzelne beabsichtigte Mieterhöhung verbindlich getroffen werden, ist jedoch bei nachfolgenden Mieterhöhungsverlangen wirkungslos (LG Essen, WuM 1984, 110). Allerdings können sich die Parteien darüber einigen, dass bestimmte Eingruppierungsmerkmale (z.B. Baualter, Ausstattung, Lage) tatsächlich vorliegen.

Ebenso wenig können die Mietvertragsparteien eine größere **Wohnfläche** vereinbaren, als tatsächlich vorhanden ist; denn die ortsübliche Vergleichsmiete ist immer nur nach der tatsächlichen Wohnungsgröße zu bemessen (AG Köln, WuM 1984, 283 [LS]; Staudinger/Emmerich, § 10 MHG Rn. 70; Beuermann, a.a.O., § 10 MHG Rn. 32). Der Mieter hat einen Schadensersatzanspruch aus Verschulden bei Vertragsschluss, wenn der Vermieter im Mieterhöhungsverlangen schuldhaft eine falsche Wohnfläche angibt und die Parteien sich auf dieser Grundlage auf eine überhöhte Miete verständigen (LG Hamburg, WuM 1987, 154).

Die Mietvertragsparteien können sich auch nicht für die Dauer des Mietverhältnisses auf eine höhere **Kappungsgrenze** als in § 558 Abs. 3 geregelt einigen. Soweit vor dem In-Kraft-Treten des Mietrechtsreformgesetzes am 1.9.2001 eine zulässige Kappungsgrenze (30%) vereinbart worden ist, die danach kraft Gesetzes auf einen niedrigeren Prozentsatz herabgesetzt wird (wie in § 558 Abs. 3), stellt sich die Frage, ob diese Vereinbarung für die Zeit der Geltung der früheren Regelung wirksam bleibt und erst danach unwirksam wird (zeitlich begrenzte Unwirksamkeit) oder nach In-Kraft-Treten der neuen Regelung insgesamt unwirksam wird (zeitlich unbegrenzte rückwirkende Unwirksamkeit). Da jedoch für die Beurteilung der Unwirksamkeit der Zeitpunkt der Vereinbarung maßgebend ist, dürfte die Unwirksamkeit der entsprechenden Vereinbarung auf die zeitliche Dauer des Verstoßes der Vereinbarung zu begrenzen sein (zeitlich begrenzte Unwirksamkeit). Bei späterer Anhebung der gesetzlichen Kappungsgrenze würde die Vereinbarung dann wieder insoweit wirksam werden.

Auch diejenigen Vereinbarungen in einem Mietvertrag über frei finanzierten Wohnraum, die den Vermieter berechtigen, den Anspruch auf Zustimmung zur Erhöhung der Miete mit anderen Mitteln zu begründen, als sie § 558a Abs. 2 vorsieht, sind unwirksam. Daher kann auch nicht vereinbart werden, dass der Vermieter sich zur **Begründung** seines Zustimmungsverlangens auf die Auskunft der Handelskammer über die ortsüblichen Vergleichsmiete berufen kann. Auch die Erleichterung der Begründung des Erhöhungsverlangens dadurch, dass sich der Vermieter auf weniger als drei Vergleichswohnungen berufen kann, ist unwirksam. Ebenso unwirksam wäre eine Vereinbarung, dass der Vermieter sich auf die Bruttokaltmiete eines Mietspiegels für die Erhöhung der vereinbarten Nettokaltmieten berufen darf, ohne die Bruttokaltmiete des Mietspiegels auf eine Nettokaltmiete umzurechnen.

Die Wohnraummietvertragsparteien können auch nicht wirksam vereinbaren, dass allein das einseitige Mieterhöhungsverlangen des Vermieters zur Erhöhung der zuletzt vereinbarten Miete auf die ortsübliche Vergleichsmiete führt (LG Braunschweig, NJW 1973, 1053 = ZMR 1973, 154; AG Goslar, WuM 1975, 55) oder der Mieter dem Erhöhungsverlangen früher als bis zum Ablauf des zweiten Kalendermonats nach Zugang des Verlangens (**Überlegungsfrist**) zustimmen muss oder der Vermieter auch noch nach dem Ablauf von weiteren drei Monaten (**Klagefrist**) auf Erteilung der Zustimmung klagen darf. Denn darin lägen zum Nachteil des Mieters abweichende Vereinbarungen von der ihm nach § 558b Abs. 2 zustehenden Überlegungsfrist von mindestens zwei Vollmonaten nach dem Zugang des Verlangens und der von dem Vermieter einzuhaltenden Klagefrist bis zum Ablauf von weiteren drei Monaten.

Auch die Vereinbarung einer höheren **Miete nach Wegfall der Preisbindung** für preisgebundenen Wohnraum ist unwirksam (OLG Stuttgart, ZMR 1989, 416 = WuM 1989, 552 = MDR 1989, 1104 = NJW-RR 1989, 1357). Wirksam ist jedoch eine Vereinbarung bei preisgebundenem Wohnraum, dass nach Ablauf der Preisbindung die nach Wegfall der Förderungsbeträge sich ergebende Kostenmiete gelten soll (KG, ZMR 1991, 265 = WuM 1991, 155); dies dürfte jedoch nur für den Fall gelten, dass die Kostenmiete die ortsübliche Vergleichsmiete nicht übersteigt. Dasselbe gilt für Kostenmietklauseln, die in Nutzungsverträgen mit Genossenschaften unter der Geltung des Wohnungsgemeinnützigkeitsgesetzes vereinbart worden sind (LG Berlin, GE 2001, 555).

Auch Vertragsklauseln, wonach eine gesetzliche oder behördlich zugelassene **Mieterhöhung schon vom Zeitpunkt ihrer Zulässigkeit** an fällig sein soll, sind unwirksam, da dadurch die dem Mieter bei Mieterhöhungen gem. § 558 zustehende Überlegungsfrist wegfallen würde (AG Achern, WuM 1975, 41).

– **Abweichung von § 559:** 12
Vereinbarungen, dass der Vermieter **abweichend von den formellen Voraussetzungen gem. §§ 559, 559a die Miete** wegen Modernisierungen, Einsparungen von Energie oder Wasser oder baulichen Änderungen aufgrund von Umständen, die er nicht zu vertreten hat, **einseitig erhöhen darf**, sind unwirksam. Die Mietvertragsparteien können sich daher nicht darüber einigen, dass eine Instandsetzungsmaßnahme als Modernisierungsmaßnahme anzusehen ist. Sie können sich ferner nicht darüber einigen, dass eine nachhaltige Einsparung von Energie oder Wasser schon dann vorliegt, wenn weniger als 10% Energie oder Wasser eingespart werden. Bei Maßnahmen zur Einsparung von Heizenergie wird erst eine Einsparung von mindestens 10% als nachhaltig angesehen (vgl. dazu näher Kinne in Blömeke/Blümmel/Kinne/Lorenz, Teil B Rn. 25 ff.). Die Parteien dürfen auch nicht vereinbaren, dass Zinsermäßigungen durch Darlehn aus öffentlichen Haus-

halten für die Modernisierungsmaßnahmen den Erhöhungsbetrag von 11% unberührt lassen. Ebenso wenig kann die Textform des § 559b Abs. 1 Satz 1 und die Pflicht zur Erläuterung gem. § 559b Abs. 1 Satz 2 abbedungen werden. Auch die Vereinbarung eines früheren Wirksamkeitszeitpunkts als gem. § 559b Abs. 2 Satz 1 ist unwirksam. Ferner ist eine Vereinbarung als unwirksam angesehen worden, die eine Mieterhöhung um einen bestimmten Betrag pro Quadratmeter durch Wegfall der staatlichen Modernisierungszuschüsse ab einem bestimmten künftigen Zeitpunkt vorsah (LG Hamburg, WuM 1990, 443). Die Mietvertragsparteien können auch nicht den Vermieter von der Textform gem. § 559b Abs. 1 Satz 1 entbinden oder vereinbaren, dass bereits von dem Beginn des auf die Erklärung folgenden nächsten Monats an die erhöhte Miete an die Stelle der bisher zu entrichtenden Miete tritt. Auch über eine Verkürzung der Frist von sechs Monaten, um die sich die Wirksamkeit der Mieterhöhungserklärung verlängert, wenn der Vermieter dem Mieter die zu erwartenden Erhöhung der Miete nicht nach § 554 Abs. 3 Satz 1 mitgeteilt hat oder wenn die tatsächliche Mieterhöhung gegenüber dieser Mitteilung um mehr als zehn vom Hundert höher ist als die mitgeteilte, kann nicht vereinbart werden.

Davon unabhängig sind **Vereinbarungen** zwischen den Parteien **über eine Mieterhöhung anlässlich einer Modernisierung** oder Energieeinsparung. Die Parteien können sich nach Abschluss der Maßnahmen darüber einigen, dass sich deswegen die Miete um einen bestimmten Betrag erhöht, ohne insoweit an die Grenze von 11% oder an die formellen Voraussetzungen des § 559 gebunden zu sein.

Modernisierungsvereinbarungen während des Bestehens eines Mietverhältnisses sind im Hinblick auf konkrete Modernisierungsmaßnahmen auch schon vor Durchführung der Maßnahmen zulässig (LG Mannheim, ZMR 1992, Heft 3 Innenseite III; LG Braunschweig, NJW 1973, 1053 = ZMR 1973, 154). Derartige Modernisierungsvereinbarungen sind – auch bei Mietvertragsabschluss (LG Berlin, GE 1984, 181; AG Berlin-Schöneberg, GE 1991, 195) – dann zulässig, wenn für konkret bezeichnete Modernisierungsmaßnahmen ein Mietzuschlag vereinbart wird (so wohl auch LG Osnabrück, WuM 1978, 10). Zirka-Beträge reichen jedoch nicht aus (LG Berlin, MM 1984, 225); dabei ist auch eine Vereinbarung, dass die nur vorläufig festgelegte Miete vom Vermieter endgültig nach Abrechnung der Modernisierungsmaßnahmen bestimmt wird, unzulässig (LG Karlsruhe, WuM 1989, 335). Auch die Vereinbarung eines künftigen Modernisierungszuschlags für den Fall einer nicht näher konkretisierten Modernisierung ist unzulässig (LG Köln, WuM 1989, 24). Ist eine Mieterhöhung wegen Modernisierung jedoch wirksam vereinbart worden, bedarf es keiner Mieterhöhungserklärung mehr (LG Berlin, GE 1983, 867; GE 1980, 248 ff.).

Da der Vermieter nicht verpflichtet ist, den Modernisierungszuschlag nach Beendigung der Maßnahmen in voller Höhe zu verlangen, kann – insbesondere bei umfangreichen Modernisierungsmaßnahmen – **eine gestaffelte Mieterhöhung** vereinbart werden, wonach der an sich sofort geschuldete Erhöhungsbetrag in jährlichen Etappen geltend gemacht wird (Kinne, a.a.O., Teil C Rn. 15). Derartige Vereinbarungen sind keine Staffelmietvereinbarungen im Sinne des § 557a. Der Vermieter verzichtet lediglich für einen bestimmten Zeitraum auf den ihm bereits zustehenden Erhöhungsbetrag (Bub/Treier, III A Rn. 588). Da in einer Mieterhöhungserklärung nach § 559b Rechnungen und Zahlungsbelege nach dem jeweiligen Datum und den bauausführenden Unternehmen aufgeführt werden müssen (AG Berlin-Neukölln, MM 1994, 67), kann diese **Erläuterung** nicht durch eine Vereinbarung ersetzt werden, dass der Mieter die Rechnungen und Zahlungsbelege bei dem Vermieter einsehen kann.

Unberührt von § 557 Abs. 4 bleiben Klauseln über **den Zugang der Mieterhöhungserklärung** gem. § 559 bei einer Mehrheit von Mietern. Handelt es sich um eine Empfangsbevollmächtigungsklausel, die auch nicht gegen das Gesetz zur Regelung des Rechts der allgemeinen Geschäftsbedingungen verstößt (BGH, NJW 1998, 45; LG Berlin, GE 1984, 669), so gilt die Mieterhöhungserklärung, die an beide Mieter gerichtet ist, dann beiden Mietern als zugegangen, auch wenn sie nur einen Mieter erreicht. Auch Klauseln, nach denen Willenserklärungen, die gegenüber einem Mieter abgegeben werden, Wirkung auch gegen die anderen Mieter entfallen, bleiben von § 557 Abs. 4 unberührt und verstoßen nicht gegen das Gesetz zur Regelung des Rechts der allgemeinen Geschäftsbedingungen (KG, REM 2, 1485) mit der weiteren Folge, dass die nur an einen Mieter gerichteten Mieterhöhungserklärung gem. § 559 beiden Mietern gegenüber gilt, auch wenn sie nur einem Mieter zugegangen ist.

Die Mietvertragsparteien können jedoch insoweit nicht vereinbaren, dass die Mieterhöhungserklärung auch dann gültig ist, wenn noch nicht einmal die **Textform** eingehalten ist. Auch in Textform gefertigte Mieterhöhungserklärungen müssen die Person des Erklärenden angeben, dessen Name die Erklärung abschließen muss. Die Firmenbezeichnung reicht insoweit nicht aus. Zugunsten des Mieters kann aber vereinbart werden, dass die Mieterhöhung nach § 559 der Schriftform bedarf, also der eigenhändigen Unterschrift des Vermieters ohne die Möglichkeit der Übermittlung in Textform.

– Abweichung von § 560:   13

Von § 560 Abs. 1–5 darf bereits gem. § 560 Abs. 6 nicht zum Nachteil des Mieters abgewichen werden.

Nach Abs. 1 dürfen Erhöhungen der Betriebskosten nur auf den Mieter umgelegt werden, wenn dies im Mietvertrag vereinbart ist. Die Vertragsparteien können also den Mietvertrag um eine entsprechende Bestimmung ergänzen, allerdings nur für die Zukunft (Langenberg, NZM 2001, 783 [794]).

Vereinbarungen, die zu Gunsten des Vermieters Erleichterungen von dem Verfahren der Erhöhung nach Abs. 1 enthalten, sind im Zweifel für den Mieter nachteilig und damit unwirksam.

Die Mietvertragsparteien können daher nicht vereinbaren, dass die Erhöhung der vereinbarten Betriebskostenpauschale auch dann gültig ist, wenn die **Textform** nicht eingehalten ist. Auch in Textform gefertigte **Erhöhung**serklärungen müssen die Person des Erklärenden angeben, dessen Name die Erklärung abschließen muss. Die Firmenbezeichnung reicht insoweit nicht aus. Zugunsten des Mieters kann aber vereinbart werden, dass die Erhöhung der vereinbarten Betriebskostenpauschale der Schriftform bedarf, also der eigenhändigen Unterschrift des Vermieters ohne die Möglichkeit der Übermittlung in Textform.

Die Mietvertragsparteien können weder vereinbaren, dass die Erhöhung auch ohne Erläuterung des Grundes der Umlage wirksam wird, noch dass die **Erläuterung** der Erhöhung der vereinbarten Betriebskostenpauschale nach dem Grund (§ 560 Abs. 1 Satz 2) auch dann gültig ist, wenn die **Textform** nicht eingehalten ist. Da Voraussetzungen einer derartigen Erhöhung ist, dass der Saldo aller Betriebskosten sich gegenüber dem Saldo der Betriebskosten zur Zeit des Vertragsabschlusses oder einer späteren Mieterhöhung wegen Betriebskostensteigerungen erhöht hat (LG Berlin, GE 1993, 587; AG Berlin-Charlottenburg, GE 1990, 105), kann auch nicht vereinbart werden, dass bereits **die Erhöhung einzelner Betriebskosten** (z.B. der Kosten der Wasserversorgung und Entwässerung) den Vermieter zur Erhöhung der Miete berechtigt.

Die Vertragsparteien können in einem Mietvertrag über freifinanzierten Wohnraum auch nicht vereinbaren, dass der Mieter die Erhöhung der vereinbarten Betriebskostenpauschale (§ 560 Abs. 2 Satz 1) vom ersten des auf die Erklärung folgenden Monats schuldet; denn die Vereinbarung eines früheren **Wirksamkeitszeitpunkts** würde gegen § 560 Abs. 2 Satz 1 verstoßen. Die Vereinbarung eines späteren Wirksamkeitszeitpunkts ist unbedenklich.

Auch die **Rückwirkung der Mieterhöhungserklärung** bei rückwirkend erhöhten Betriebskosten, nämlich höchstens auf den Beginn des der Erklärung vorausgehenden Kalenderjahres, kann nicht durch Vereinbarung dahingehend erweitert werden, dass die Mieterhöhung wegen rückwirkend erhöhter Betriebskosten jeweils auf den Zeitpunkt der Erhöhung der Betriebskosten (ohne Begrenzung auf den Beginn des der Erklärung vorangehenden Kalenderjahres) zurückwirkt. Zugunsten des Mieters kann aber die Rückwirkung auf den Beginn des laufenden Kalenderjahres, in dem die Erhöhungserklärung abgegeben wird, begrenzt werden.

Der Vermieter kann ferner durch Vereinbarung mit dem Wohnraummieter die **Reaktionsfrist** von drei Monaten (§ 560 Abs. 2 Satz 2) nicht dahingehend verlängern, dass er die Erklärung über die rückwirkende Erhöhung der Betriebskosten auch später als innerhalb von drei Monaten nach Kenntnis von der Erhöhung abgeben darf. Zugunsten des Mieters kann aber die Reaktionsfrist verkürzt werden.

Der Vermieter kann sich auch nicht durch Vereinbarung mit dem Mieter der Verpflichtung entziehen, die **Ermäßigung der Betriebskosten** dem Mieter unverzüglich mitzuteilen, wie es § 560 Abs. 3 Satz 2 vorschreibt. Daher ist eine Vereinbarung unwirksam, dass der Vermieter die Ermäßigung erst nach Eingang aller Rechnungsunterlagen mitzuteilen braucht, wenn sich bereits vorher aus der Gegenüberstellung der Salden eine Ermäßigung ergibt. Teilt der Vermieter mit Rücksicht auf eine derartige unwirksame Vereinbarung dem Mieter die Ermäßigung verspätet mit, macht er sich schadensersatzpflichtig (vgl. dazu § 560 Rn. 63 ff.).

Ebenso sind Vereinbarungen unwirksam, die dem Mieter das Recht nehmen, die Betriebskostenvorauszahlungen nach § 560 Abs. 4 auf eine angemessene Höhe zu reduzieren. Auch eine Vereinbarung, dass der Vermieter die Betriebskostenvorauszahlungen unabhängig von dem letzten Abrechnungsergebnis einseitig festsetzen kann, ist unwirksam. Wirksam würde eine Vereinbarung sein, dass der Vermieter berechtigt ist, die Betriebskostenvorauszahlungen entsprechend 1/12 der auf die Wohnung nach dem letzten Abrechnungsergebnis entfallenden Betriebskosten zuzüglich eines Sicherheitszuschlags von 5% festzusetzen (Langenberg, NZM 2001, 783 [795]).

Vereinbarungen, die den Vermieter auch zur Umlage unwirtschaftlicher Betriebskosten (z.B. Wartungskosten für überalterte Elektrogeräte) berechtigen, sind ebenfalls unwirksam.

– Abweichung von § 561: 14
Die Vertragsparteien können das vorzeitige Kündigungsrecht des Mieters nach einer Mieterhöhung gem. §§ 558 und 559 weder aufheben noch beschränken noch vereinbaren, dass trotz der Kündigung die Mieterhöhung bis zur Beendigung des Mietverhältnisses eintritt.

– Abweichung von § 573 Abs. 1 Satz 2: 15
Die Vereinbarung, dass der Vermieter das Mietverhältnis zum Zweck der Mieterhöhung kündigen kann, ist ebenso unwirksam, wie die Vereinbarung, dass in einem auf bestimmte Zeit mit bestimmter Miete abgeschlossenen Mietverhältnis dennoch die Miete erhöht werden darf. Denn diese Vereinbarung weicht von § 573 Abs. 1 Satz 2 bzw. von § 557 Abs. 3 ab. Die Unwirksamkeit der Kündigung zum Zweck der Mieterhöhung ist in § 573 Abs. 4 nochmals ausdrücklich hervorgehoben.

4.   Wirksame Vereinbarungen
Der Vermieter kann Mieterhöhungen nach Maßgabe der §§ 558 bis 560 verlangen, so- 16
weit nicht eine **Erhöhung** durch Vereinbarung **ausgeschlossen** ist oder sich der Ausschluss aus den Umständen ergibt.

Ist in einem **befristeten Mietvertrag** über Wohnraum unter „Miete" ohne jeden sonstigen auf die Vereinbarung eines festen Mietbetrags hindeutenden Hinweis handschriftlich lediglich ein bestimmter Geldbetrag eingesetzt worden, so wird hierdurch nach dem zum früheren § 1 Satz 3 MHG ergangenen Rechtsentscheid des OLG Stuttgart (GE 1994, 807 = WuM 1994, 420 m. abl. Anm. v. Blank) das Mieterhöhungsverlangen des Vermieters nicht ausgeschlossen. Durch den Wegfall des letzten Halbsatzes des § 1 Satz 3 MHG a.F., wonach Umstände, aus denen sich der Ausschluss einer Mieterhöhung ergibt, vorliegen, wenn ein Mietverhältnis auf bestimmte Zeit mit einer bestimmten Miete vereinbart wurde, ergibt sich die Bestätigung dieser Ansicht (so auch Eisenschmid, NZM 2001, 11).

Die Vereinbarung einer festen Miete für die Dauer der vereinbarten Mietzeit, die eine Mieterhöhung ausschließen würde, kann auch nicht darin gesehen werden, dass die Miete handschriftlich in einen Formularvertrag eingesetzt wurde. Ist zudem formularmäßig bestimmt, „dass für Mieterhöhungen die gesetzlichen Vorschriften und Fristen gelten", spricht dies gegen die Vereinbarung einer unabänderlichen Miete für die Vertragsdauer.

Ob **Mieterhöhungsvorbehalte** formularmäßig getroffen werden dürfen, ist strittig (zur früheren Rechtslage verneinend: AG Siegburg, WuM 1987, 354; AG Tettnang, WuM 1993, 406; LG Köln, WuM 1991, 353; AG Offenbach, ZMR 1987, 472; bejahend: LG Kiel, WuM 1992, 623). Zu den befristeten Mietverträgen, bei denen ebenfalls Mieterhöhungen ausgeschlossen sein können, zählen auch Mietverhältnisse auf Lebenszeit (AG Trier, WuM 1993, 196; LG Lübeck, WuM 1972, 58). Wenn die Parteien bei einem befristeten Mietverhältnis eine Erhöhung ausgeschlossen haben, aber eine **Verlängerungsklausel** vereinbart haben, dann gilt der Ausschluss der Mieterhöhung nur für die Zeit der ersten Befristung, in der Verlängerungszeit kann die Miete erhöht werden (so zur früheren Rechtslage: OLG Zweibrücken, OLGZ 1982, 3470 und OLG Hamm, NJW 1983,

829). Ein Ausschluss der Mieterhöhung gem. § 557 Abs. 3 liegt nicht allein darin, dass die Parteien in einem späteren Zusatz zum Mietvertrag vereinbart haben, dass der Mietvertrag „für mindestens 10 Jahre gelten soll und innerhalb dieser Zeit nur von beiden Parteien einverständlich aufgehoben werden kann" (AG Dortmund, WuM 1992, 624). Haben die Parteien bei Abschluss des Mietvertrags eine Miete vereinbart, die unterhalb des ortsüblichen Mietniveaus lag, dann bedeutet dies ebenfalls noch nicht, dass eine Erhöhung nach §§ 558 bis 560 ausgeschlossen ist (AG Hamburg-Blankenese, WuM 1989, 395).

Das Mieterhöhungsrecht nach den §§ 558 bis 560 ist auch nicht dadurch ausgeschlossen, dass für **Bundesmietwohnungen** einseitig bindende Verwaltungsvorschriften über die maßgebliche Vergleichsmiete erlassen worden sind (BayObLG [RE], NZM 1999, 215 = WuM 1999, 103). Die Mieterhöhung ist jedoch ausgeschlossen, wenn der Vermieter als Arbeitgeber dem Mieter als Arbeitnehmer eine Mietvergünstigung eingeräumt hat; an diese Vereinbarung ist auch der Erwerber solange gebunden, wie das Arbeitsverhältnis des Mieters mit dem früheren Vermieter fortbesteht (AG Münster, WuM 1998, 727).

Auch aus der Vereinbarung im Mietvertrag, dass die Miete die Kostenmiete nicht übersteigen darf (sog. Kostenmietklausel) kann sich der Ausschluss der Mieterhöhung über die Kostenmiete hinaus ergeben. Eine derartige **Kostenmietklausel** in einem Mietvertrag mit einem ehemals gemeinnützigen Wohnungsunternehmen bleibt auch nach Wegfall der Wohnungsgemeinnützigkeit wirksam (LG München, WuM 1999, 170; LG Berlin, GE 2001, 555; offen gelassen von BayObLG, NZM 1998, 369 = WuM 1998, 274).

Haben die Parteien im Mietvertrag eine **Wohnungsgröße** vereinbart, die kleiner ist als die tatsächliche Größe, dann ist im Rahmen von Mieterhöhungen nur die vereinbarte Größe maßgeblich, weil eine die Mieterhöhung darüber hinaus ausschließende Vereinbarung vorliegt (LG Zweibrücken, NZM 1999, 71; LG München, WuM 1998, 230; a.A. LG Berlin, NZM 2000, 208; LG Mannheim, WuM 1987, 297 bei der Angabe der Wohnfläche als Zirka-Angabe).

Ist die Wohnung tatsächlich kleiner als die im Mietvertrag angegebene Wohnfläche, dann ist die tatsächliche Größe für die Mieterhöhung maßgebend, weil die Vereinbarung einer größeren Wohnfläche als der tatsächlichen eine zum Nachteil des Mieters abweichende Vereinbarung i.S.d. § 557 Abs. 4 darstellt. Bei der Angabe der Wohnfläche mit „ca." (vgl. dazu u.a. OLG Rostock, MDR 1999, 219) dürfte im Regelfall keine Vereinbarung zum Nachteil des Mieters i.S.d. § 557 Abs. 4 vorliegen, so dass Mieterhöhungen nach der tatsächlichen Wohnfläche zulässig sind.

Wirksam sind **Vereinbarungen**, die **zum Vorteil des Mieters** von den gesetzlichen Regelungen abweichen.

Daher ist eine Regelung wirksam, wonach der Vermieter mehr als drei Vergleichswohnungen angeben muss, um die Mieterhöhung gem. § 558a zu begründen. Auch die Verlängerung der einjährigen Wartefrist auf eine längeren Zeitraum als ein Jahr ist ebenso zulässig wie die Verlängerung der Überlegungsfrist auf mehr als volle zwei Monate. Auch eine Mieterhöhungsklausel kann sich zugunsten des Mieters auswirken, wenn sie z.B. vorsieht, dass die Miete für eine bestimmte Übergangszeit unter der ortsüblichen Vergleichsmiete liegt und ab einem bestimmten Zeitpunkt die ortsübliche Vergleichsmiete als vereinbart gilt. Auch die Vereinbarung der Minderung der Miete für eine bestimmte Zeit unter bestimmten Umständen (z.B. Modernisierungsarbeiten, Umbau, Straßenarbeiten, Bauarbeiten) ist ebenso zulässig wie die Vereinbarung, dass die Miete unter bestimmten Voraussetzungen oder für bestimmte Teilabschnitte um bestimmte Beträge ermäßigt oder auf einen bestimmten ermäßigten Betrag bzw. Satz (z.B. Quadratmeterpreis) reduziert wird, wenn die so ermäßigte Miete die gem. §§ 558 ff. erreichbare Miethöhe in keinem Fall übersteigt (so zutreffend Barthelmess, § 10 MHG Rn. 7). Staffelmietvereinbarungen sind im Rahmen des § 557a ebenso wirksam, wie Indexmieten im Rahmen des § 557b. Weiterhin unwirksam sind jedoch echte **Gleitklauseln** (die eine automatische Mietanpassung gemäß der Veränderungen einer Bezugsgröße bewirken, ohne dass es einer Erhöhungserklärung des Vermieters bedarf) und so genannte **Leistungsvorbehalte** (bei denen die Änderung der Bezugsfrist nur eine Voraussetzung für die Neuregelung der Miete durch die Parteien ist und keiner Genehmigung bedarf).

5.   Rechtsfolge der Nichtigkeit
Lediglich diejenigen Vereinbarungen des Wohnraummietvertrags, die zum Nachteil des   17
Mieters von den gesetzlichen Regelungen abweichen, sind unwirksam; die übrigen Mietvertragsvereinbarungen bleiben grundsätzlich wirksam. Nur wenn mehrere unwirksame Vereinbarungen von anderen Vertragsklauseln nicht getrennt werden können, erstreckt sich gemäß § 139 die Unwirksamkeit der Vereinbarung auch auf die anderen Vertragsklauseln.
Die Unwirksamkeit von Staffelmietvereinbarungen und Wertsicherungsklauseln führt ebenfalls nicht dazu, dass der Mietvertrag insgesamt unwirksam ist. Zunächst ist ohnehin zu prüfen, ob die Staffelmietvereinbarung oder Indexklausel teilweise aufrechterhalten werden kann. Soweit die Staffelmietvereinbarung jedoch kürzere Fristen für die Mieterhöhungen als ein Jahr vorsieht , dürfte die Staffelmietvereinbarung insgesamt unwirksam sein (LG Berlin, MM 1990, 40; GE 2001, 852; AG Bergisch-Gladbach, WuM 1991, 700: wenn die erste Erhöhung vor Ablauf eines Jahres eintreten soll).
Hat der Mieter aufgrund der unwirksamen Vereinbarung Miete an den Vermieter bezahlt, so hat er ein Anspruch auf Rückzahlung dieser überhöhten Miete (§ 812 Abs. 1 Satz 1). Dieser **Bereicherungsanspruch des Mieters** entfällt ausnahmsweise nur dann, wenn der Mieter positiv wusste, dass er zur Zahlung der Miete in dieser Höhe oder unter diesen Voraussetzungen nicht verpflichtet war (§ 814 1. Alternative). Zur positiven Kenntnis reichen Zweifel an der Wirksamkeit der Vereinbarung jedoch nicht aus. Zudem hat der Mieter trotz Kenntnis der Unwirksamkeit der Vereinbarung dann einen Rückforderungsanspruch, wenn er die Miete jeweils unter Vorbehalt gezahlt hat. Denn mit diesem Vorbehalt behält er sich gerade die Geltendmachung des Rückforderungsanspruchs vor (vgl. dazu u.a. LG Berlin, MM 1994, 361).
Zudem kann ein Anspruch des Mieters auf Rückzahlung der aufgrund der unwirksamen Vereinbarung geleisteten Miete daraus hergeleitet werden, dass der Vermieter durch die Entgegennahme der Miete gegen ein gesetzliches Verbot verstoßen hat (§ 817 Satz 1). Voraussetzung für diesen Rückforderungsanspruch ist jedoch die positive Kenntnis des Vermieters davon, dass die Vereinbarung, aufgrund derer die Miete gezahlt worden ist, von den Vorschriften der §§ 558 ff. abwich. Große Zweifel daran reichen ebenso wenig aus wie die bloße Kenntnis der Vereinbarung oder der Vorschriften der §§ 558 ff.

Überstieg zudem die gezahlte Miete infolge der Ausnutzung eines geringen Angebots an vergleichbaren Räumen die ortsübliche Vergleichsmiete um mehr als 20% (§ 5 Abs. 2 Satz 1 WiStG) oder gar um mehr als 50% (§§ 302 f. StGB), so hat der Mieter unabhängig von der Wirksamkeit der Vereinbarung nach den §§ 558 ff. einen Anspruch auf Rückzahlung der preisrechtswidrig überhöhten Miete (§ 823 Abs. 2).

§ 557a Staffelmiete

(1) Die Miete kann für bestimmte Zeiträume in unterschiedlicher Höhe schriftlich vereinbart werden; in der Vereinbarung ist die jeweilige Miete oder die jeweilige Erhöhung in einem Geldbetrag auszuweisen (Staffelmiete).

(2) [1]Die Miete muss jeweils mindestens ein Jahr unverändert bleiben. [2]Während der Laufzeit der Staffelmiete ist eine Erhöhung nach den §§ 558 bis 559b ausgeschlossen.

(3) [1]Das Kündigungsrecht des Mieters kann für höchstens vier Jahre seit Abschluss der Staffelmietvereinbarung ausgeschlossen werden. [2]Die Kündigung ist frühestens zum Ablauf dieses Zeitraumes zulässig.

(4) Eine zum Nachteil des Mieters abweichende Vereinbarung ist unwirksam.

1.   Allgemeines

1   § 557a lehnt sich eng an den bisherigen § 10 Abs. 2 MHG über die Staffelmiete an.
Abs. 1 enthält eine Begriffsbestimmung der Staffelmiete. Wie bisher (§ 10 Abs. 2 Satz 1 MHG a.F.) muss die Staffelmiete schriftlich vereinbart werden; die Vereinbarung in Textform reicht also nicht aus. Auch müssen wie bisher (§ 10 Abs. 2 MHG) Zeiträume von mindestens einem Jahr vereinbart und die Miete oder die jeweilige Erhöhung betragsmäßig ausgewiesen werden. Es bleibt auch dabei, dass anderweitige Mieterhöhungen (nunmehr nach §§ 558–559b) ausgeschlossen sind. Lediglich Mieterhöhungen wegen gestiegener Betriebskosten bleiben auch bei der „neuen" Staffelmiete zulässig. Insoweit sind auch die bisher zu Staffelmietvereinbarungen ergangenen Gerichtsentscheidungen weiterhin zu berücksichtigen.
Die wesentlichste Änderung betrifft die Laufzeit von Staffelmietvereinbarungen. Während bisher Staffelmietvereinbarungen gem. § 10 Abs. 2 Satz 2 MHG nur auf maximal zehn Jahre abgeschlossen werden konnten, sind sie nunmehr auch für eine längere – und

wie bisher auch kürzere – Zeit zulässig. Vereinbaren die Parteien über vier Jahre hinaus eine Staffelmiete, so bleibt der Vermieter daran gebunden; der Mieter kann sich jedoch – wie bisher – zum Ablauf des vierten Jahres aus dem Mietverhältnis durch Kündigung lösen (§ 557a Abs. 3). Durch die Neuregelung ist klargestellt, dass der Mieter schon vor Ablauf der vier Jahre unter Einhaltung der gesetzlichen Kündigungsfrist zum Ende des Vierjahreszeitraums kündigen kann, auch wenn der Staffelmietvertrag als Zeitmietvertrag länger laufen sollte. Der Vermieter kann das Risiko von Fehlkalkulationen hinsichtlich der Mietentwicklung durch kürzere Laufzeiten begrenzen. Durch § 5 WiStG ist zudem weiterhin jede Staffel grundsätzlich auf 20% über der ortsüblichen Vergleichsmiete gekappt, wenn bei Abschluss der Staffelmietvereinbarung eine Mangellage bestand.

Staffelmietvereinbarungen waren erst **seit 1.1.1983 zulässig**; vorher waren sie unzulässig. 2

Für Wohnraum, der 1981 oder 1982 bezugsfertig wurde, trat die Vorschrift rückwirkend zum 1.1.1981 in Kraft (Art. 4 Nr. 3 des Gesetzes zur Erhöhung des Angebots an Mietwohnungen und Erleichterung der Vermietung). Dadurch sollte das Vertrauen auf die Zulassung der Staffelmiete für Neubauwohnungen aufgrund der im Jahre 1981 vorgelegten Gesetzesentwürfe der sozialliberalen Regierung geschützt werden. Bezugsfertig geworden in diesem Sinne ist Wohnraum, wenn er derart fertig gestellt war, dass es dem Mieter zugemutet werden konnte, diesen zum Bewohnen zu beziehen. Darunter fiel auch derjenige neu geschaffene Wohnraum, der unter wesentlichem Bauaufwand durch Umwandlung von bisher anderweit genutzten Räumen mit einem Kostenaufwand von einem Drittel des für eine vergleichbare Neubauwohnung notwendigen Kostenaufwands umgewandelt wurde. In den Jahren 1981 und 1982 für solche Neubauwohnungen abgeschlossene Staffelmietvereinbarungen sind daher als von Anfang an gültig anzusehen, soweit sie dem neuen Recht entsprachen.

Vor dem 1.1.1983 getroffene Staffelmietvereinbarungen, die bis dahin unwirksam waren, wurden ab 1.1.1983 durch den Wegfall des gesetzlichen Verbots nicht automatisch wirksam. Sie konnten aber gem. § 141 durch Neuvornahme beider Vertragsparteien bestätigt werden. Eine solche Neuvornahme konnte darin liegen, dass der Vermieter eine Mietanhebung aufgrund der Staffelmiete forderte und der Mieter diese in Kenntnis der Unwirksamkeit der Staffelmietvereinbarung durch Zahlung der erhöhten Miete akzeptierte (AG Köln, WuM 1989, 581). Weitere Voraussetzung war, dass die bestätigte Staffelmietvereinbarung die weiteren Voraussetzungen erfüllte, nämlich die **(erhöhte) Miete betragsmäßig auswies und die Schriftform einhielt.** Allein in der Zahlung der erhöhten Miete Ohne Kenntnis der Unwirksamkeit der Staffelmiete konnte grundsätzlich keine Bestätigung gesehen werden. Denn insoweit fehlte es an dem Bewusstsein des Mieters, eine neue Staffelmietvereinbarung abzuschließen oder die unwirksame Staffelmietvereinbarung zu bestätigen. Ausnahmsweise könnte eine vor dem 1.1.1983 geschlossene Staffelmietvereinbarung wirksam geworden sein, weil sie für den Fall der Aufhebung des Verbots von Staffelmieten geschlossen wurde.

Die Neuregelung des früheren § 10 Abs. 2 MHG, wonach es ausreichte, dass die **jeweili-** 3 **ge Miete oder die jeweilige Erhöhung** betragsmäßig angegeben wurden, trat am **1.9.1993** in Kraft. Sie gilt nur für die ab diesem Stichtag bis zur Neufassung des § 557b neu vereinbarte Staffelmieten. Prozentuale Angaben reichten auch nach der Neuregelung des § 10 Abs. 2 MHG nicht aus (OLG Braunschweig, a.a.O., OLG Karslruhe, GE 1989, 1271). Eine nach dem bis 1.9.1993 geltenden Recht unwirksame Staffelmietvereinbarung, in der nur Erhöhungsbeträge, nicht aber die jeweilige (erhöhte) Miete – wie vor dem 1.9.1993 vorgeschrieben – angegeben waren, ist durch die Gesetzesänderung nicht wirksam geworden (LG Berlin, GE 1996, 471). Jedoch konnte eine alte, nach dem bis 1.9.1993 geltenden Recht unwirksame Vereinbarung ebenfalls mit der Folge bestätigt werden, dass die Vereinbarung dann ab 1.9.1993 wirksam geworden ist (Blank, WuM 1993, 509; Beuermann, a.a.O., § 10 MHG Rn. 31b). Das konnte allenfalls insoweit gelten, als die Staffelmietvereinbarung den Anforderungen des § 10 Abs. 2 Satz 5 MHG ab 1.9.1993 entsprach, also entweder den Erhöhungsbetrag oder die jeweilige (erhöhte) Staffelmiete auswies; eine Heilung kam nicht in Betracht, soweit die Vereinbarung nur Prozentsätze enthielt. Waren die Erhöhungsbeträge nur mit Prozentsätzen angegeben und fehlten sowohl die Erhöhungsbeträge als auch die Endbeträge, konnte auch die Zahlung einer Stufe diese nicht wirksam machen (a.A. Beuermann, a.a.O., § 10 MHG Rn. 33c). Außerdem reichte auch hier allein die Zahlung der entsprechenden Mieten nicht aus (a.A. Blank, WuM 1993, 509).

4 Enthält die **ab 1.9.2001 abgeschlossene Staffelmietvereinbarung** weiterhin – **unzulässiger** Weise – die Erhöhungsbeträge nur in **Prozentsätzen**, kann durch Zahlung der (erhöhten) Staffelmiete allenfalls die jeweilige Staffel geheilt werden, auf die der Erhöhungsbetrag gezahlt worden ist, nicht jedoch die gesamte Staffelmietvereinbarung. Voraussetzung für eine Heilung ist zudem ein entsprechender Bestätigungswille des Mieters, der allein in der Zahlung auf eine Staffelmietvereinbarung dann noch nicht gesehen werden kann, wenn dem Mieter die Unwirksamkeit nicht bekannt ist (OLG Hamburg, WuM 1986, 82; OLG Hamburg, ZMR 1988, 420).
Die Wirksamkeit der **vor dem 1.9.2001 abgeschlossenen Staffelmietverträge** ist weiterhin nach § 10 Abs. 2 MHG a.F. zu beurteilen, weil es sich um einen abgeschlossenen Tatbestand handelt, auf den das Mietrechtsreformgesetz keine rückwirkende Anwendung findet. Die neue Regelung deckt im Übrigen die alte Regelung ab, so dass keine Übergangsregelungen erforderlich sind. Der Vermieter kann daher auch nicht auf eine für ihn nach dem neuen Recht günstigere Regelung umsteigen. Er kann auch nicht die Verlängerung einer zehnjährigen Staffelmietvereinbarung mit dem Argument verlangen, die Vertragsparteien hätten sich – wenn sie von dem Wegfall der Begrenzung auf zehn Jahre gewusst hätten – auf eine längere Vertragsdauer geeinigt. Die vor dem 1.9.2001 mit einer Dauer von zehn Jahren geschlossene Staffelmietvereinbarung endet daher auch nach dem 1.9.2001 mit dem Ablauf der vereinbarten Laufzeit. Ebenso wenig kann der Vermieter eine Reduzierung der Laufzeit verlangen.

2. Zweck

5 Nach dem früheren § 10 Abs. 1 MHG 1. Halbsatz, wonach von den §§ 1–9 MHG zum Nachteil des Mieters abweichende Vereinbarungen ungültig waren – die entsprechende Regelung findet sich nunmehr in § 557 –, waren nicht nur Wertsicherungs- und Gleitklauseln, sondern auch Staffelmietvereinbarungen unwirksam. Durch § 10a MHG – jetzt § 557b – wurden sodann Wertsicherungsklauseln zulässig. Mit § 10 MHG wollte der Gesetzgeber für beide Mietparteien die Möglichkeit schaffen, **Mieterhöhungen unab-**

hängig vom Vergleichsmietenverfahren für die Zukunft zu vereinbaren. Diesen Zweck verfolgt auch § 557. Das bringt für beide Vertragspartner den Vorteil einer klar berechenbaren Mietentwicklung. Da die Mietentwicklung wirtschaftlich kaum voraussehbar ist, bringt eine solche Staffelmietvereinbarung für beide Vertragspartner auch Risiken mit sich. Beide können nicht wissen, ob sie sich dadurch besser oder schlechter stellen, als wenn sie es bei einer festen Miete belassen, die nur unter den Voraussetzungen der §§ 558 bis 559b erhöht werden kann. Für den Vermieter bringt eine längere Staffelmietvereinbarung zusätzlich die Gefahr, dass einzelne Staffeln als unzulässige Mietüberhöhung gem. § 5 WiStG angesehen werden und die Staffelmietvereinbarung dann (teilweise) nichtig ist (vgl. unten Rn. 18). Andererseits wird das Mieterhöhungsverfahren gem. § 558a vermieden und die Miete gleichwohl erhöht. Die Staffelmiete hat den Vorteil, dass die Mieterhöhung – automatisch – schon in einjährigen Abständen eintreten kann, während das beim Vergleichsmietenverfahren nur im Abstand von fünfzehn Monaten möglich ist (§ 558 Abs. 1 Satz 1). Der Vermieter erspart sich jährliche Mieterhöhungen, ist allerdings auch für die Dauer der Vereinbarung an die dort vorgesehenen Steigerungen gebunden, weil er Mieterhöhungen nach §§ 558 bis 559b auch dann nicht geltend machen kann, wenn sich herausstellt, dass die ortsübliche Vergleichsmiete über den vereinbarten Staffelmietbetrag hinaus gestiegen ist. Ein Vermieter, der in absehbarer Zeit eine Modernisierung der Mietwohnung und daher eine Mieterhöhung gem. § 559 vornehmen will, wird die Vereinbarung einer Staffelmiete nicht für wirtschaftlich zweckmäßig halten, weil durch die Staffelmiete auch das Erhöhungsrecht gem. § 559 ausgeschlossen ist. Lediglich Nachforderungen aus Abrechnungen über Vorauszahlungen für Betriebskosten (§ 556 Abs. 3) und Betriebskostenerhöhungen gem. § 560 Abs. 1, wenn die Staffelmiete als Grundmiete zuzüglich ausgewiesener Betriebskostenpauschale vereinbart worden ist, sind zulässig.

Aber auch für den Mieter kann eine Staffelmietvereinbarung wegen der klaren Kalkulierbarkeit über Höhe und Zeitpunkt der künftigen Mieterhöhungen von Vorteil sein, zumal dadurch die Gefahr von Mieterhöhungen nach § 558 (Anhebung auf die ortsübliche Vergleichsmiete) und 559 (Umlage von Modernisierungskosten) ausgeschlossen ist. Vor einer Mietpreisüberhöhung ist er dadurch geschützt, dass auch die Staffelmiete dann (teilweise) unwirksam wird, wenn sie 120% der ortsüblichen Vergleichsmiete übersteigt und die Staffelmiete zu einer Zeit vereinbart wurde, als Mangel an vergleichbarem Wohnraum bestand.

Die **Staffelmietvereinbarung kann mit einem besonderen (mieterschutzlosen) Zeit-** **mietvertrag (§ 575) kombiniert werden**, wenn eine bestimmte Verwendungsabsicht des Vermieters (Eigennutzung, Baumaßnahmen, Vermietung an eine zur Dienstleistung verpflichtete Person) nach Ablauf der bestimmten Zeit verwirklicht werden soll. Für den Vermieter eines solchen kombinierten Staffel-Zeit-Mietverhältnisses, das auf länger als vier Jahre befristet ist, ist zu beachten, dass der Ausschluss des Kündigungsrechts des Mieters nur vier Jahre gilt (§ 557a Abs. 3). Wenn es sich mit der zeitlichen Verwendungsabsicht des Vermieters vereinbaren lässt und für die gesamte Mietzeit das ordentliche Kündigungsrecht des Mieters ausgeschlossen sein soll, empfiehlt sich der Abschluss eines kombinierten Vertrags für die Dauer von vier Jahren.

6

7 Wie sich aus § 557a Abs. 2 ergibt, muss sich der Vermieter entscheiden, ob er das Verfahren der Mieterhöhung gem. § 558 – Erhöhung der Miete auf die ortsübliche Vergleichsmiete – wählt oder ob er statt dessen eine Staffelmiete vereinbart. Eine Kombination aus beiden Möglichkeiten ist nicht zulässig. Daher ist auch die Vereinbarung einer jährlichen **Vorbehaltsmiete** unzulässig, wonach die Miete jeweils neu ausgehandelt wird. Die Vereinbarung einer Staffelmiete mit einer Option des Vermieters, wonach er sich nach Ablauf der Frist für eine Verlängerung der Staffelmiete oder für eine Mieterhöhung nach § 558 entscheiden kann, ist daher ebenfalls unwirksam (Beuermann, a.a.O., § 10 MHG Rn.27 m.w.N.).

Bei der Gewerberaummietverhältnissen, in denen eine Staffelmietvereinbarung häufiger vorkommt, fällt auch eine von vornherein vereinbarte zeitliche Staffelung eines Mietnachlasses darunter (OLG München, ZMR 1991, 434 = WuM 1991, 351).

3.   Anwendungsbereich

8 Die Staffelmietvereinbarung ist grundsätzlich zulässig bei allen Arten von **preisfreien (frei finanzierten) Wohnraummietverhältnissen, also sowohl bei Altbauten als auch Neubauten.** § 557a ist dagegen nicht anwendbar auf Gewerberaummietverhältnisse, isolierte Garagenmietverhältnisse und Mietverhältnisse über den in § 549 Abs. 2 und 3 genannten Wohnraum (Both in Herrlein/Kandelhard, § 557a Rn. 2 m.w.N.). Durch die gesetzliche Neuregelung des § 10 Abs. 2 MHG sollten auch die Altbauten einbezogen werden, da bei älteren Gebäuden im Hinblick auf deren erhebliche Unterhaltungskosten dafür ein Bedürfnis bestand. Die Staffelmietvereinbarung ist also nunmehr für Wohnraum jeden Baualters zulässig. Die Vereinbarung ist **für befristete Mietverhältnisse und für Mietverhältnisse auf unbestimmte Zeit** ebenso zulässig wie für Einlieger- oder Werkdienstwohnungen. Eine Staffelmiete konnte bereits seit dem 1.1.1981 sowohl für Altbau als auch für Neubau vereinbart werden, nicht jedoch vor dem 1.1.1998 für früher preisgebundenen **Altbau in den neuen Bundesländern.** Nunmehr sind Staffelmietvereinbarungen auch für den früher preisgebundenen Wohnraum in den neuen Bundesländern zulässig. Staffelmietvereinbarungen können **auch für preisgebundenen, öffentlich geförderten Wohnraum** geschlossen werden, soweit die höchste Staffel die bei Vertragsschluss preisrechtlich zulässige Kostenmiete nicht übersteigt (OLG Hamm, GE 1993, 201); für diese Mietwohnungen erhöht sich jedoch nicht automatisch die Miete entsprechend der Staffelmietvereinbarung, sondern der Vermieter kann die Miete nur gem. § 10 WoBindG erhöhen.

Die während der **Preisbindung** geschlossenen Staffelmietvereinbarungen werden nicht automatisch nach deren Aufhebung wirksam (LG Hamburg, WuM 1997, 331; LG Köln, WuM 1987, 362), und zwar auch dann nicht, wenn nur die preisgebundene Miete und für den Fall der Aufhebung eine danach geschuldete höhere Miete vereinbart war (OLG Stuttgart, ZMR 1989, 416). Denn in einem solchen Fall ist die Vereinbarung mangels Zeitbestimmung unwirksam. Staffelmietvereinbarungen sind nur dann wirksam, wenn sie sämtlichen Anforderungen des § 557a im Zeitpunkt des Vertragsschlusses entsprechen.

Da jedoch eine Staffelmietvereinbarung bereits während der Dauer der Preisbindung getroffen werden kann, ist eine ausdrücklich nur für den Wegfall der Preisbindung geschlossene Staffelmietvereinbarung wirksam, wenn sie die übrigen Voraussetzungen des

§ 557a erfüllt (LG Berlin, MM 1989, 85; NJW-RR 1991, 1040; a.A. Beuermann, a.a.O., § 10 MHG Rn. 28c).
Bei **vertraglicher Preisbindung** brauchen die Anforderungen des § 557a nicht eingehalten zu werden, wenn die Gesamtmiete ohne öffentliche Förderung als geschuldet und ferner vereinbart ist, dass sich die geförderte Miete unter Berücksichtigung des Abbaues der Förderung jeweils um einen bestimmten Betrag pro qm je nach vereinbarter Förderung erhöht (LG Berlin, GE 1997, 617; a.A. Beuermann, a.a.O., § 10 MHG Rn. 28d).
Anders ist es dagegen, wenn nur die – unter Abzug der öffentlichen Förderung geringere – Miete und dann eine Erhöhung entsprechend dem Abbau der öffentlichen Förderung vereinbart wird. Ist dann die Mietvereinbarung unwirksam, weil sie nicht den Anforderungen des § 557a entspricht, steht dem Mieter das Sonderkündigungsrecht gem. § 561 zu (LG Berlin, GE 1998, 43).

4.   Wirksamkeitsvoraussetzungen

4.1   Schriftform
Die Staffelmiete muss – zwischen den Mietvertragsparteien – **vereinbart** werden; dies   9
kann beim Mietvertragsabschluss als auch nachträglich während eines bereits bestehenden Mietvertrags geschehen.
Die Vereinbarung muss **schriftlich** getroffen werden (§ 557a Abs. 1 Satz 1). Schriftform   10
bedeutet nicht nur, dass die Urkunde von dem Aussteller eigenhändig durch Namensunterschrift oder durch qualifizierte elektronische Signatur nach dem Signaturgesetz unterzeichnet wird (§ 126), sondern auch, dass die Erklärung eine Einheit bilden muss (BGHZ 40, 255 [263]; BGH, GE 1997, 1518 [1519]).
Voraussetzung für eine Namensunterschrift i.S.d. § 126 ist, dass diese die Urkunde räumlich abschließt, also unterhalb des Textes steht (BGHZ 113, 48 [54]; BGH, a.a.O.).
Der Namenszug muss sich am Ende der Erklärung befinden, den gesamten Inhalt der Urkunde abdecken (BGH, NJW 1991, 487 mit Anm. von Salje; BB 1990, 309). Bereits insoweit können Schwierigkeiten auftreten, wenn die Unterschrift nur Teile der Erklärung abschließt. Dieses Problem tritt einmal dann auf, wenn dem Mietvertrag die Staffelmietvereinbarung als Nachtrag hinzugefügt worden ist, der erst nach der Unterschrift der Mietvertragsparteien in der Vertragsurkunde aufgeführt worden ist.
Zwar kann nach der Rechtsprechung (BGH, GE 1997, 1518 [1519]) aus entsprechender Paginierung der einzelnen Blätter, der fortlaufenden Nummerierung der einzelnen Bestimmungen oder gegebenenfalls der logischen Reihenfolge die Reihenfolge der einzelnen Blätter und damit zugleich die Textfolge und das Ende des Textes abgeleitet werden. Insoweit kann die Einheit der Urkunde und Anlage sich auch aus der Verweisung sowie den Unterschriften der Vertragspartner auf jedem Blatt der Anlage ergeben (BGH, GE 1999, 568). Ist in einem einheitlichen Mietvertragsformular zum Zwecke der Ergänzung oder Erläuterung einzelner Vertragsbestimmungen eine „Anlage" beigefügt und diese durch wechselseitige Bezugnahmen auf den inhaltlichen Zusammenhang mit den ergänzenden Vertragsbestimmungen von vornherein als Bestandteil der einheitlichen Vertragserklärung eindeutig erkennbar und decken die auf der letzten Seite der Anlage befindlichen Unterschriften der Parteien den gesamten Inhalt des Vertrags ab, so ist die Schriftform der § 557a eingehalten (zum früheren § 566: KG, GE 1999, 569). Diese

Rechtsprechung ist jedoch nicht unmittelbar übertragbar auf andere Erklärungen, deren Bestandteile nicht von der Unterschrift insgesamt abgeschlossen werden, weil einzelne Bestandteile als Anlagen beigefügt sind. Der BGH sieht das generelle Schriftformerfordernis des § 126 bei einer mehrere Blätter umfassenden und **am Ende des Textes unterzeichneten** (!) Urkunde dann als erfüllt an, wenn sich die Einheit der Urkunde aus anderen eindeutigen Merkmalen ergibt, die nicht fest miteinander verbunden zu sein brauchen. Auch nach diesem Urteil muss also die Unterschrift die Urkunde abschließen und eine Einheit bilden. Lose Blätter reichen daher nur dann aus, wenn sich ihre Zusammengehörigkeit aus den vom BGH bestimmten Merkmalen ergibt. Lediglich dann, wenn die Staffelmietvereinbarung aus sich heraus verständlich und von beiden Vertragsparteien unterzeichnet worden ist, kann daher von der Einhaltung der Schriftform ausgegangen werden (LG Berlin, GE 1998, 857).

Eine **mündlich geschlossene Staffelmietvereinbarung** ist unwirksam (§ 125 Satz 1). Wird die erforderliche Schriftform nicht eingehalten, so hat keine Vertragspartei Anspruch auf Nachholung der Schriftform. Die Staffelmietvereinbarung kann auch in einem Formularmietvertrag getroffen werden, wenn die Erhöhungsbeträge oder die (erhöhte) Gesamtmiete jeweils individuell ausgehandelt worden sind.

Bei einer **nachträglichen Staffelmietvereinbarung** braucht zwischen der Vereinbarung (Änderungsvertrag) und der ersten staffelmäßigen Erhöhung nicht die fünfzehnmonatige Wartefrist zur letzten Mieterhöhung eingehalten zu werden. Diese Wartefrist, die nur im Rahmen des Vergleichsmietenverfahren gilt (§ 558 Abs. 1 Satz 1), ist auch nicht entsprechend anzuwenden. Denn die Staffelmietvereinbarung wird freiwillig abgeschlossen, wohingegen der Mieter einer – wirksamen – Mieterhöhung bei gestiegener ortsüblicher Vergleichsmiete im zulässigen Rahmen zustimmen muss. Die Staffelmietvereinbarung darf keiner Mietvertragspartei von der anderen Vertragspartei aufgezwungen werden. Auch für den Fall, dass der Vermieter nach Ablauf der bisherigen Staffelmietvereinbarung eine „Fortsetzung" verlangt, ist der Mieter nicht verpflichtet, diesem Angebot zuzustimmen. Der Vermieter ist auch nicht zur Kündigung berechtigt, wenn der Mieter den Abschluss einer ihm vom Vermieter angebotenen Staffelmietvereinbarung während der Dauer des laufenden Mietverhältnisses ablehnt.

Soll eine wirksame **Staffelmietvereinbarung nachträglich geändert** werden, so muss die Änderung – und zwar auf allen Mietvertragsurkunden – eigenhändig von allen Mietvertragsparteien unterschrieben werden. Denn der gesetzliche Formzwang gilt auch für nachträgliche Änderungen und Ergänzungen. Da es sich um eine gesetzlich vorgeschriebene Schriftform handelt, können die Parteien auch nicht vereinbaren, dass mündlich getroffene Abreden gelten sollen. Außerdem hat die schriftliche Staffelmietvereinbarung die Vermutung der Vollständigkeit und Richtigkeit für sich.

4.2 Staffel

11 Die Staffelmietvereinbarung muss mindestens zwei verschiedene Mietstufen enthalten, wobei die zweite Stufe höher sein kann als die erste. Jedoch können auch fallende Staffeln vereinbart werden.

In der Vereinbarung ist die **jeweilige Miete oder die jeweilige Erhöhung** in einem Geldbetrag auszuweisen. Diese Regelung entspricht derjenigen des bisherigen § 10 Abs. 2 Satz 5 MHG. Bis zur Neuregelung des § 10 Abs. 2 Satz 5 MHG durch das Vierte

Mietrechtsänderungsgesetz musste die jeweilige – erhöhte – **Miete** betragsmäßig ausgewiesen sein (OLG Braunschweig, WuM 1985, 213 = GE 1985, 931; a.A. Sonnenschein in Emmerich/Sonnenschein, § 10 MHG Rn. 18 m.w.N. für die Gegenmeinung). Prozentuale Angaben oder die bloße Angabe der Erhöhungsbeträge reichten nicht aus (OLG Braunschweig, a.a.O., OLG Karslruhe, GE 1989, 1271). Nach der von § 557b Abs. 1 Satz 2 übernommenen Fassung des § 10 Abs. 2 Satz 5 MHG reichen die Angabe des jeweiligen Erhöhungsbetrags oder die der (erhöhten) Miete aus. **Prozentangaben** entsprechen nach wie vor **nicht** dem Gesetz.

Mietbestandteile, die durch die Staffelmietvereinbarung nicht geändert werden – wie z.B. 12 Betriebskostenvorschüsse oder der Pauschalbetrag für Betriebskosten neben der Grundmiete, Stellplatz- oder Garagenmieten – brauchen nicht angegeben zu werden (LG Berlin, GE 1992, 381).

Nicht zulässig ist es, die Staffelsätze der noch auszuhandelnden Vereinbarung der Parteien zu überlassen. Ebenso wenig zulässig ist es, die Erhöhung um oder auf bestimmte angegebene Staffelsätze zu kombinieren mit der Einhaltung von bestimmten Indexzahlen. Denn § 557a und § 557b schließen sich für Mietvereinbarungen für dieselbe Zeit aus.

Die einzelnen Staffeln sind für **bestimmte Zeiträume – mindestens ein Jahr – zu** ver- 13 einbaren, d.h., für jede einzelne Staffel ist ein genaues Datum anzugeben (zweckmäßigerweise der Anfang eines Kalendermonats). Die Bestimmbarkeit des Datums, so z.B. die Vereinbarung, dass die Miete, die ab einem bestimmten Tag gelten soll, sich jeweils nach einem Jahr um einen bestimmten Betrag erhöhen soll, dürfte nicht ausreichen (a.A. Barthelmess, § 10 MHG Rn. 62; Schmid, BLGBW 1983, 65).

Zu dem in der Staffelmietvereinbarung bezeichneten Datum erhöht sich die Miete auto- 14 matisch, ohne Erhöhungserklärung des Vermieters. Zahlt der Mieter die vereinbarte (erhöhte) Miete nicht, so kann der Vermieter direkt auf Zahlung klagen, ohne den Mieter vorher mahnen zu müssen. Auch eine fristlose Kündigung (§ 543 Abs. 2 Nr. 3 i.V.m § 569 Abs. 3 Nr. 1) oder eine fristgemäße Kündigung (§ 573 Abs. 2 Nr. 1) wegen Zahlungsverzugs kommt in Betracht. Zahlungsverzug tritt auch insoweit ohne weitere Mahnung ein, die durch die Vereinbarung des bestimmten Termins ersetzt wird, von dem an die erhöhte Miete zu zahlen ist (ab 1.1.2002: § 286 Abs. 2 Nr. 1 i.d.F. des SchuldR-ModG).

Enthält die Staffelmietvereinbarung weder einen bestimmten Zeitraum, noch die jeweili- 15 ge (erhöhte) Miete oder die jeweilige Erhöhung in einem Geldbetrag, ist nur die Staffelmietvereinbarung nichtig, während der Mietvertrag im Übrigen gültig bleibt (OLG Celle, OLGZ 1982, 221). Dies gilt auch dann, wenn die erhöhte Miete oder die Erhöhungsbeträge nur teilweise ausgewiesen sind (z.B. für die erste und zweite Staffel), nicht dagegen für die übrigen Staffeln (z.B. weil nach der zweiten Staffel nur die Erhöhung in Prozentsätzen angegeben ist). Denn die Ausnahmeregelung schreibt die Angabe der jeweiligen Miete oder des Erhöhungsbetrags für sämtliche Staffeln vor (LG Nürnberg-Fürth, ZMR 1997, 648; LG Berlin, MM 1989, 85; LG Berlin, MM 1990, 68).

Bei Unwirksamkeit der Staffelmietvereinbarung gilt die zuletzt vor der Staffelmietvereinbarung vereinbarte oder wirksam erhöhte Ausgangsmiete (LG Berlin, GE 1995, 369).

4.3   Mindestdauer der Staffel

16   Die Miete muss – gleichgültig ob Staffelmiete oder davor geltende Miete – **mindestens ein Jahr unverändert** bleiben (§ 557a Abs. 2 Satz 1). Das bedeutet, dass zwischen den einzelnen Erhöhungsstufen mindestens jeweils ein Jahr liegen muss. Ist irrtümlich in einem Mietvertrag die erste Erhöhung schon nach weniger als einem Jahr vorgesehen, ist die gesamte Staffelmietvereinbarung unwirksam mit der Folge, dass es bei der Eingangsmiete verbleibt (LG Berlin, Urteil vom 21.9.1999, 64 S 187/99, GE 1999, 1428; LG Berlin, Urteil vom 16.2.1999, 64 S 356/98, GE 2000, 345). Das gilt auch dann, wenn wegen der Verzögerung des Einzugs des Mieters die erste Mietstaffel nur zehn Monate Gültigkeit haben sollte (LG Berlin, Urteil vom 20.4.2001, 64 S 471/00, GE 2001, 852). Diese unwirksame Vereinbarung kann auch nicht ergänzend dahin ausgelegt werden, dass sich der Erhöhungszeitpunkt dann um den jeweiligen Zeitraum bis zur Jahresdauer verschiebt (so aber AG Berlin-Lichtenberg, GE 1997, 321). In der Zahlung der unwirksamen Staffelmiete liegt auch nicht die Vereinbarung einer erhöhten Miete i.S.d. § 557 Abs. 1 (LG Berlin, Urteil vom 21.9.1999, 64 S 187/99, GE 1999, 1428; GE 2000, 345; LG Kiel, WuM 2000, 308). Eine unwirksame Staffelmietvereinbarung schließt aber nur ausnahmsweise eine Mieterhöhung nach § 558 aus (LG Berlin, Urteil vom 13.3.2000, 62 S 277/99, GE 2000, 604).

5.   Ausschluss von Mieterhöhungen

17   Während der Laufzeit der Staffelmiete ist eine **Erhöhung nach den §§ 558 bis 559b ausgeschlossen**. Der Vermieter kann daher die Staffelmiete auch dann nicht – über den vereinbarten Betrag hinaus – erhöhen, wenn die einzelne Staffel unter der ortsüblichen Vergleichsmiete liegt. Auch Modernisierungen während der Staffelmietvereinbarung berechtigen ihn nicht zu einer Mieterhöhung während ihrer Dauer. Er kann **lediglich Erhöhungen der Betriebskosten** auf den Mieter umlegen, wenn dies mit dem Mieter vereinbart ist. Dies gilt sowohl für Nachforderungen aus Abrechnungen über Betriebskostenvorauszahlungen als auch für die Erhöhung der Grundmiete mit Betriebskostenpauschale.

Voraussetzung des Ausschlusses der Mieterhöhungen wegen Ansteigens der ortsüblichen Vergleichsmiete und wegen Modernisierungen ist natürlich, dass die Staffelmietvereinbarung wirksam ist. Ist die Staffelmietvereinbarung unwirksam, sind Mieterhöhungen zulässig (LG Berlin, Urteil vom 13.3.2000, 62 S 277/99, GE 2000, 604), auch bei dem entsprechend befristeten Mietverhältnis. Der Mieter kann sich auch nicht auf eine Begrenzung der Mieterhöhung durch die jeweilige Staffel berufen LG Berlin GE 1993, 95; a.A. LG Bonn, WuM 1992, 199; LG Berlin, WuM 1992, 198); denn ein relative Unwirksamkeit ist dem Gesetz fremd.

6.   Unwirksamkeit gem. § 5 WiStG

18   Auch Staffelmietvereinbarungen unterliegen der Grenze des § 5 WiStG (OLG Hamburg, GE 2000, 277 = WuM 2000, 11). Denn bei der Überprüfung einer Mietvereinbarung nach § 5 WiStG sind auch nachfolgende Änderungen der ortsüblichen Vergleichsmiete zu berücksichtigen. Zeitlich kann die Staffelmietvereinbarung nunmehr unbeschränkt sein. Die im Zeitpunkt des Abschlusses der Staffelmietvereinbarung zulässige Staffelmiete kann daher **wegen Sinkens der ortsüblichen Vergleichsmiete zu einem späteren**

Zeitpunkt unzulässig werden, allerdings nicht rückwirkend. Der Mieter kann Rückzahlung der aufgrund der Staffelmietvereinbarung gezahlten Miete nur insoweit verlangen (§§ 812, 134), als in dem jeweiligen Zeitraum die Staffelmiete mehr als 20 % bzw. 50 % über der ortsüblichen Vergleichsmiete lag. Auch bei Unwirksamkeit einer Staffel bleiben die übrigen Staffeln jedoch zunächst wirksam, bis auch sie nach § 5 WiStG darauf überprüft werden können ,ob sie die ortsübliche Vergleichsmiete um mehr als 20 % übersteigen (OLG Hamburg, a.a.O.). Auch eine ergänzende Vertragsauslegung dahingehend, dass bei Herabsetzung der ersten Staffel auf die preisrechtlich zulässige Miete die weiteren Staffeln anteilig (prozentual) herabzusetzen sind, ist nicht möglich. Denn die Teilunwirksamkeit kann nur jeweils diejenige Staffel betreffen, bei der ein Verstoß gegen § 5 WiStG bereits jetzt festgestellt werden kann. Die weiteren Staffeln bleiben davon unberührt, selbst wenn sich jetzt höhere Steigerungsbeträge ergeben, als bei Wirksamkeit der früheren Staffel begründet gewesen wären (Beispiel: 1. Staffel 900 EUR, nächste Staffel 990 EUR, dritte Staffel 1 089 EUR, vierte Staffel 1 197,90 EUR usw. also prozentuale Steigerung von 10 % pro Jahr – Teilunwirksamkeit der ersten Staffel mit der Folge der Herabsetzung auf 800 EUR – davon bleiben die weiteren Staffeln solange unberührt, wie nicht deren Verstoß gegen § 5 WiStG festgestellt ist, auch wenn der Sprung von der ersten zur zweiten Staffel nunmehr (990 EUR ./. 800 EUR = 190 EUR, also 23,75 % beträgt).

Ein nachträgliches Absinken der ortsüblichen Vergleichsmiete führt jedoch nicht zur Unwirksamkeit einer späteren Mietstaffel nach § 134 BGB i.V.m. § 5 WiStG, wenn die vereinbarte Miete zu einem früheren Zeitpunkt der Höhe nach zulässig war (KG, RE vom 1.2.2001, 8 RE-Miet 10411/00, GE 2001, 343). Ein Rückforderungsanspruch des Mieters wegen Verstoßes gegen § 5 WiStG ist daher nicht gegeben, wenn zuvor die Miethöhe zulässig war. Dies gilt auch dann, wenn die zunächst erreichte zulässige Miethöhe durch das spätere Absinken der Vergleichsmieten unzulässig wird. Für diese Feststellung ist bei Neubauten von dem jeweiligen Oberwert des betreffenden Mietspiegelfeldes auszugehen, wenn Spanneneinordnungsmerkmale für Neubauten nicht angegeben sind (LG Berlin, Urteil vom 10.12.1999, 64 S 208/99, GE 2000, 205; Urteil vom 7.12.1999, 64 S 349/99).

Bei der Anwendung des § 5 Abs. 2 WiStG ist grundsätzlich auf den Teilmarkt abzustellen, zu dem die Wohnung gehört. Gibt es einen solchen Teilmarkt nicht, kann das die Gerichte nicht davon entbinden, das Tatbestandsmerkmal des geringen Angebots für vergleichbare Wohnungen zu prüfen. An der Ausnutzung eines geringen Angebots durch den Vermieter fehlt es nach verbreiteter Auffassung, wenn der Mieter seine ergebnislosen Bemühungen um eine andere Wohnung nicht dargelegt hat (OLG Braunschweig, Beschl. [negativer RE] vom 21.10.1999, 1 RE-Miet 3/99, GE 2000, 408).

Ist in einem Wohnraummietvertrag infolge der Ausnutzung eines geringen Angebots an vergleichbaren Räumen eine die ortsüblichen Entgelte um mehr als 20% übersteigende und deswegen teilweise nichtige Mietvereinbarung getroffen worden, so endet die Teilnichtigkeit hinsichtlich künftiger Mietansprüche nicht deshalb, weil nach Vertragsschluss der Tatbestand des geringen Angebots an vergleichbaren Räumen entfällt (HansOLG Hamburg, Beschl. vom 3.3.1999, 4 RE-Miet U 131/98, GE 1999, 441).

§ 557b Indexmiete

(1) Die Vertragsparteien können schriftlich vereinbaren, dass die Miete durch den vom Statistischen Bundesamt ermittelten Preisindex für die Lebenshaltung aller privaten Haushalte in Deutschland bestimmt wird (Indexmiete).

(2) [1]Während der Geltung einer Indexmiete muss die Miete, von Erhöhungen nach §§ 559 und 560 abgesehen, jeweils mindestens ein Jahr unverändert bleiben. [2]Eine Erhöhung nach § 559 kann nur verlangt werden, soweit der Vermieter bauliche Maßnahmen aufgrund von Umständen durchgeführt hat, die er nicht zu vertreten hat. [3]Eine Erhöhung nach § 558 ist ausgeschlossen.

(3) [1]Eine Änderung der Miete nach Absatz 1 muss durch Erklärung in Textform geltend gemacht werden. [2]Dabei sind die eingetretene Änderung des Preisindexes sowie die jeweilige Miete oder die Erhöhung in einem Geldbetrag anzugeben. [3]Die geänderte Miete ist mit Beginn des übernächsten Monats nach Zugang der Erklärung zu entrichten.

(4) Eine zum Nachteil des Mieters abweichende Vereinbarung ist unwirksam.

1.   Allgemeines

1 § 557b lehnt sich an den bisherigen § 10a MHG an, allerdings in geänderter Form, die die Indexmiete für den Vermieter attraktiver macht.

Wie bisher darf die Gleitklausel nur verknüpft werden mit dem vom Statistischen Bundesamt ermittelten Preisindex für die Gesamtlebenshaltung, der nunmehr als „Preisindex für die Lebenshaltung aller privaten Haushalte in Deutschland" definiert wird. Hierdurch wird in der im früheren § 10a MHG verwendete Begriff des Preisindexes für die Gesamtlebenshaltungskosten an die vom Statistischen Bundesamt verwendete Bezeichnung angepasst.

2 Die Miete muss weiterhin – Ausnahme: Mieterhöhung nach § 559 wegen vom Vermieter nicht zu vertretender baulicher Maßnahmen – mindestens ein Jahr unverändert bleiben. Die Mieterhöhung tritt weiterhin nicht automatisch – wie bei der Staffelmiete – ein, sondern muss geltend gemacht werden; allerdings ist die Form dafür erleichtert worden, denn die Einhaltung der Schriftform ist nicht mehr notwendig, es reicht die Mieterhöhung in Textform (automatische Einrichtung, Fax, Telex, E-Mail) aus. Wie bisher muss die eingetretene Änderung des Preisindexes sowie die jeweilige Miete oder die Erhöhung

Kinne

als Geldbetrag angegeben werden. Die geänderte Miete ist wie bisher mit Beginn des übernächsten Monats nach dem Zugang der Erklärung zu zahlen. Offen geblieben ist, ob die Erklärung auch schon so rechtzeitig vor dem Ablauf der einjährigen Dauer erfolgen kann, dass die Erhöhung auch wirklich gleich nach Ablauf der Jahresfrist greift.

Ausgeschlossen ist auch weiterhin die Mieterhöhung zur Anpassung an die ortsübliche 3 Vergleichsmiete. Mit den gleichen Einschränkungen wie bisher ist eine Mieterhöhung bei baulichen Maßnahmen des Vermieters während der Dauer der Gleitklausel nur dann zulässig, wenn es sich um Maßnahmen handelt, die der Vermieter nicht zu vertreten hat. Betriebskostenerhöhungen – sowohl in der Form der Nachforderung aus der Abrechnung über Vorauszahlungen mit deren Erhöhung als auch in der Form der Erhöhung der ausgewiesenen Betriebskostenpauschale – sind – wie bisher Erhöhungen der Vorauszahlungen und Erhöhungen der Bruttokaltmiete – weiterhin zulässig.

Die in § 10a Abs. 1 Satz 2 des früheren MHG enthaltene Voraussetzung eines mindestens zehn Jahre seitens des Vermieters unkündbaren oder auf Lebenszeit eines Vertragspartners abgeschlossenen Mietvertrags ist in § 557b nicht übernommen worden. Daraus ergibt sich, dass Indexmieten sowohl bei befristeten als auch bei unbefristeten Mietverhältnissen abgeschlossen werden können und unabhängig von der Art des Wohnraums zulässig sind. Indexmieten können auch selbst befristet werden, z.B. in einem auf unbestimmte Zeit abgeschlossenen Mietvertrag auf fünf Jahre.

Für Indexmietvereinbarungen, die vor dem 1.9.2001 abgeschlossen worden sind, bleibt 4 es – soweit sie nach § 10a MHG wirksam waren – bei den vereinbarten Regelungen. Mangels einer – ohnehin nicht notwendigen – Übergangsregelung kann der Vermieter aber auch nicht auf eine nach dem neuen Recht für ihn günstigere Vereinbarung umsteigen. Derjenige Vermieter, der gem. § 10a MHG eine zehnjährige Indexmiete vereinbart hat, kann nicht eine Verlängerung mit Rücksicht darauf verlangen, dass nach neuem Recht die ursprüngliche Befristung nicht mehr maßgebend ist. Ebenso wenig wird der Vermieter, der wegen der Wirksamkeitsvoraussetzung eines zehnjährigen Ausschlusses seiner Kündigung gem. § 10a Abs. 1 Satz 2 des früheren MHG einen Zehnjahresvertrag abgeschlossen hat, eine Reduzierung der Laufzeit nach dem 1.9.2001 verlangen können. Vereinbarungen, die nach dem bis zum 1.9.2001 geltenden Recht unwirksam waren (z.B. Indexmietvereinbarungen für weniger als zehn Jahre) werden umgekehrt nicht dadurch wirksam, dass nach der Neuregelung eine Mindestdauer nicht mehr vorgeschrieben ist.

2. Zweck

Nach dem früheren § 10 Abs. 1 Satz 1 MHG waren nicht nur Staffelmietvereinbarungen, 5 sondern auch Wertsicherungs- und Gleitklauseln unwirksam. Durch § 10a MHG wurden sodann ab 1.9.1993 Wertsicherungsklauseln zulässig. Die nach dem Währungsgesetz genehmigungsfreien Wertsicherungsklauseln blieben für Wohnraum weiterhin verboten, während genehmigungspflichtige Gleitklauseln ermöglicht wurden. Dadurch sollte eine laufende Beobachtung der mietvertraglichen Praxis ermöglicht werden. Mit § 10a MHG a.F. wollte der Gesetzgeber für beide Mietvertragsparteien die Möglichkeit schaffen, Mieterhöhungen unabhängig vom Vergleichsmietsystem für die Zukunft im Voraus zu vereinbaren. Diesen Zweck verfolgt auch weiterhin § 557b, der sich an § 10a MHG a.F. anlehnt. Im Gegensatz zu Staffelmietvereinbarungen erfolgt aber nicht automatisch eine Erhöhung um den vereinbarten Betrag, sondern sie ist von der Entwicklung des Preisindexes für die Lebenshaltung aller privaten Haushalte in Deutschland abhängig. Da in diesen auch die Entwicklung der Mieten einfließt, ist das bei Staffelmietvereinbarungen bestehende Risiko, dass die vereinbarten Staffeln wesentlich über oder unter der ortsüblichen Vergleichsmiete liegen, minimiert. Im Gegensatz zu Staffelmietvereinbarungen bedarf es auch einer Mieterhöhungserklärung, jedoch ist auch bei der Indexmiete das Mieterhöhungsverfahren gem. § 558a entbehrlich. Ist die Mieterhöhungserklärung wirksam, wird unabhängig von der Zustimmung des Mieters die erhöhte Miete ab dem Wirksamkeitszeitpunkt geschuldet. Da die Mieterhöhungserklärung schon während der einjährigen Bindung zulässig sein dürfte, kann sie schon so rechtzeitig abgegeben werden, dass die Erhöhung gleich nach Ablauf der Jahresfrist greift, während beim Vergleichsmietensystem Mieterhöhungen nur im Abstand von fünfzehn Monaten erfolgen können, weil der Vermieter die Mieterhöhung erst nach dem Ablauf der einjährigen Bindung abgeben kann, so dass sie mit Rücksicht auf die Überlegungsfrist des Mieters von zwei Monaten nach dem Zugang des Zustimmungsverlangens erst nach fünfzehn Monaten wirkt. Wie bei der Staffelmiete ist allerdings der Vermieter auch bei der Indexmiete für die Dauer der Vereinbarung an die dort vorgesehenen Mieterhöhungen grundsätzlich gebunden, weil Mieterhöhungen nach § 558 ausgeschlossen sind. Im Gegensatz zur Staffelmiete ist aber eine Erhöhung nach § 559 dann zulässig ist, wenn der Vermieter bauliche Maßnahmen aufgrund von Umständen durchgeführt hat, die er nicht zu vertreten hat. Ein Vermieter, der in absehbarer Zeit die Mietwohnung modernisieren will, wird daher die Vereinbarung einer Indexmiete – wie auch einer Staffelmiete – für unzweckmäßig halten, weil er keinen Modernisierungszuschlag fordern kann. Lediglich Betriebskostensteigerungen können – wie bei der Staffelmiete – weitergegeben werden, entweder durch Nachforderungen aus Betriebskostenabrechnungen wegen der durch die Vorschüsse nicht gedeckten Betriebskosten oder gem. § 560 Abs. 1, wenn die Indexmiete als Grundmiete zuzüglich ausgewiesener Betriebskostenpauschale vereinbart worden ist, für die sich der Vermieter wirksam eine Erhöhung im Wohnraummietvertrag vorbehalten hat. Auch für den Mieter kann die Vereinbarung einer Indexmiete wegen der Abhängigkeit nur von der Entwicklung des Preisindexes für die Lebenshaltung aller privaten Haushalte von Vorteil sein, zumal dadurch die Gefahr von Mieterhöhungen nach § 558 (Anhebung auf die ortsübliche Vergleichsmiete) und § 559 (Modernisierungszuschlag) im Wesentlichen ausgeschlossen ist. Vor einer Mietpreisüberhöhung ist der Mieter dadurch geschützt, dass auch die Indexmiete dann (teilweise) unwirksam ist, wenn sie 120% der ortsüblichen Vergleichsmiete übersteigt und die Indexmiete zu einem Zeitpunkt vereinbart wurde, als Mangel an vergleichbarem Wohnraum bestand.

6   Da die bisherige Befristung auf mindestens zehn Jahre weggefallen ist, kann die Indexmiete mit einem besonderen (mieterschutzlosen) Zeitmietvertrag (§ 575) kombiniert werden, wenn eine bestimmte Verwendungsabsicht des Vermieters (Eigennutzung, Baumaßnahmen, Vermietung an eine zur Dienstleistung verpflichtete Person) nach Ablauf der vereinbarten Mietzeit verwirklicht werden soll. Im Gegensatz zur Staffelmietvereinbarung braucht der Vermieter auch nicht mit der Beendigung des Mietverhältnisses nach vier Jahren infolge einer Kündigung des Vermieters zu rechnen; denn im Gegensatz zur Staffelmietvereinbarung besteht für die Indexmietenvereinbarung kein Sonderkündigungsrecht des Mieters zum Ende des vierten Jahres. Der Zeitmietvertrag mit Indexmiete

kann mithin auch für längere Zeit abgeschlossen werden, da auch § 575 eine zeitliche Begrenzung nicht vorsieht.

Wie sich aus § 557b Abs. 2 ergibt, muss sich der Vermieter entscheiden, ob er das Verfahren der Erhöhung der Miete auf die ortsübliche Vergleichsmiete (§ 558) wählt oder statt dessen eine Indexmiete vereinbart. Daher ist auch die Vereinbarung eines Vorbehalts unwirksam, dass der Vermieter auch über § 557b hinaus die Miete erhöhen darf, wenn die Indexmiete unter der ortsüblichen Vergleichsmiete liegt. Auch die Vereinbarung einer Indexmiete mit einer Option des Vermieters, wonach er sich nach Ablauf der Frist für eine Verlängerung der Indexmiete oder für eine Mieterhöhung nach § 558 entscheiden kann, dürfte unwirksam sein (vgl. zur Staffelmiete: Beuermann, Miete und Mieterhöhung bei preisfreiem Wohnraum, § 10 MHG Rn. 27 m.w.N.) 7

3. Anwendungsbereich

Die Indexmiete ist ab 1.9.2001 grundsätzlich zulässig für alle Arten von preisfreiem (frei 8 finanziertem) Wohnraum, also sowohl bei Altbauten als auch bei (frei finanziert oder aufgrund vereinbarter Förderung errichteten) Neubauten. Sie gilt sowohl für die alten als auch für die neuen Bundesländer, da § 11 MHG außer Kraft getreten ist (Art. 10 Nr. 1 des Gesetzes zur Neugliederung und Reform des Mietrechts – Mietrechtsreformgesetz). Gem. Art. 232 § 2 Abs. 1 EGBGB i.d.F. des Mietrechtsreformgesetzes richten sich auch vor dem 3.10.1990 abgeschlossene Mietverträge in den neuen Bundesländern nach den neuen Vorschriften.

Vor dem 1.9.1993 konnten in Wohnraummietverträgen überhaupt keine Indexklauseln vereinbart werden. Davor vereinbarte Indexmieten in Wohnraummietverträgen blieben, selbst wenn sie genehmigungsfähig waren, unwirksam (Beuermann, a.a.O., § 10a MHG Rn. 18). Sie konnten lediglich seit dem 1.9.1993 neu vereinbart werden (Blank, WuM 1993, 511). Eine Mietanpassungsvereinbarung, die vor dem 1.9.1993 getroffen wurde und erst danach in Kraft treten sollte, war demgegenüber wirksam. Der Gesetzgeber wollte lediglich Altvereinbarungen aus der Zeit vor dem Wohnraumkündigungsschutzgesetz nicht wieder aufleben lassen (Schilling, S. 162). Die Vorschrift galt nicht in den neuen Bundesländern, soweit dort bis zum 1.1.1998 noch § 11 MHG Anwendung fand.

Während der Dauer der Preisbindung bei preisgebundenem Wohnraum i.S.d. Wohnungs- 9 bindungsgesetzes konnte und kann auch keine Indexmiete vereinbart werden, da § 10a MHG a.F. bzw. § 557b erst mit Aufhebung der Preisbindung anwendbar war bzw. ist (Beuermann, a.a.O., § 10a MHG Rn. 20; a.A. LG Berlin, MM 1989, 85; NJW-RR 1991, 1040).

Die während der Preisbindung vereinbarten Indexmieten werden auch nicht automatisch nach Auslaufen der Preisbindung wirksam, und zwar auch dann nicht, wenn nur die preisgebundene Miete und erst ab Auslaufen der Preisbindung eine Indexmiete vereinbart wurde. Denn in einem solchen Fall ist die Vereinbarung der Indexmiete mangels zeitlicher Befristung unwirksam.

Die Indexmiete kann in Mietverträgen auf unbestimmte Zeit ebenso wie in befristeten Mietverträgen vereinbart werden. Sie ist zulässig auch für Einlieger- und Werkdienstwohnungen.

Auch für Untermietverhältnisse kann eine Indexmiete zwischen Hauptmieter und Untermieter vereinbart werden, ebenso bei gewerblichen Zwischenmietverhältnissen zwischen dem Zwischenvermieter und dem Endmieter.

4. Wirksamkeitsvoraussetzungen

4.1 Vereinbarung

10 Die Indexmiete muss – von den Mietvertragsparteien – vereinbart werden. Dies kann bei Mietvertragsabschluss als auch während des laufenden Mietverhältnisses geschehen. Die Vereinbarung kann nur ausdrücklich erfolgen, da sie zudem der Schriftform bedarf.

Problemlos ist die Vereinbarung in Gegenwart beider Vertragsparteien durch gegenseitige Unterschrift auf den für beide bestimmten Urkunden. Bei Vertragsabschluss unter Abwesenden – z.B. durch Übersendung der Mietverträge – muss darauf geachtet werden, dass das Angebot des Vermieters, der dem Mieter den Vertragsentwurf übersendet, innerhalb angemessener Frist vom Mieter auch angenommen wird. Die insoweit einzuhaltende Frist wird mit nur wenigen Tagen angesetzt (KG, GE 2001, 418: 5 Tage; LG Berlin, WuM 1987, 378: 1 Woche). Wird die Frist nicht eingehalten, so gilt die Übersendung des vom Mieter unterzeichneten Mietvertrags als neues Angebot, das der Vermieter wiederum ausdrücklich annehmen müsste. Insoweit reicht nicht aus, dass der Vermieter seinerseits den vom Mieter unterzeichneten Mietvertrag seinerseits unterzeichnet und abheftet: Vielmehr muss diese Annahme dem Mieter auch vom Vermieter auch erklärt werden, wofür ihm wiederum nur wenige Tage zur Verfügung stehen. Der Vermieter muss also zumindest das für den Mieter vorgesehene Vertragsexemplar mit beiden Unterschriften unverzüglich an den Mieter zurücksenden.

4.2 Schriftform

11 **Schriftform** bedeutet nicht nur, dass die Indexmietvereinbarung von beiden Vertragsparteien oder deren Vertretern eigenhändig unterschrieben werden muss – die Unterschriften müssen den gesamten Vertragsinhalt abdecken und die Vereinbarung abschließen –, sondern auch, dass die Indexmietvereinbarung mit dem Mietvertrag eine urkundliche Einheit bilden muss. Diese Einheit kann dadurch hergestellt werden, dass sämtliche Blätter der Vereinbarung miteinander und gegebenenfalls mit dem Mietvertrag fest verbunden werden oder sich die Zusammengehörigkeit daraus ergibt, dass wechselseitig auf die Urkundenbestandteile Bezug genommen wird und alle Bestandteile jeweils unterschrieben sind (vgl. dazu BGH, GE 2001, 485; NZM 2000, 36; KG, GE 2001, 1402, OLG Karlsruhe, GE 2001, 694). Eine nicht mit dem Mietvertrag fest verbundene Indexmietenvereinbarung kann allenfalls dann als formwirksam angesehen werden, wenn sie aus sich heraus verständlich und von beiden Vertragsparteien eigenhändig unterzeichnet worden ist (LG Berlin, GE 1998, 857). Eine nach Mietvertragsabschluss vereinbarte Indexmiete bedarf natürlich ebenfalls der Schriftform. Dazu muss die Änderung der bisherigen Miete von allen Vertragsparteien auf allen Vertragsurkunden eigenhändig unterzeichnet werden. Denn der gesetzliche Formzwang gilt unabhängig davon, wann die Indexmiete vereinbart wird. Die Mietvertragsparteien können auch nicht wirksam vereinbaren, dass mündlich getroffene Abreden gelten sollen.

Eine mündlich geschlossene Indexmietenvereinbarung ist unwirksam (§ 125 Satz 1). Wird die erforderliche Schriftform nicht eingehalten, hat auch keine Vertragspartei einen Anspruch auf Nachholung der Schriftform. Bei einer nachträglichen Indexmietenvereinbarung braucht zwischen der Vereinbarung und der ersten Erhöhung nicht die fünfzehnmonatige Wartefrist zur letzten Mieterhöhung eingehalten zu werden. Diese Wartefrist gilt nur im Rahmen des Vergleichsmietensystems.

4.3 Indexierung

Die Miete kann nur an den vom Statistischen Bundesamt ermittelten Preisindex für die   12
Lebenshaltung alle privaten Haushalte in Deutschland geknüpft werden, der regelmäßig veröffentlich wird:

Beispiel:
Die monatliche Miete von 500 EUR verändert sich im gleichen Verhältnis, in dem sich künftig jeweils der vom Statistischen Bundesamt ermittelte Preisindex für die Lebenshaltung aller privaten Haushalte in Deutschland gegenüber seinem Stand vom 1.1.2002 (= 100) ändert. Die Änderung wird durch Erklärung in Textform geltend gemacht. Dabei sind die eingetretene Änderung des Preisindexes sowie die jeweilige Miete oder die Erhöhung in einem Geldbetrag anzugeben. Der Änderung wird der Monatsindex für den dritten Monat vor dem Wirksamkeitszeitpunkt der Mieterhöhung zugrunde gelegt.

Die Verknüpfung mit Löhnen, Gehältern oder Renten ist seit dem 1.9.2001 wieder unzulässig, selbst wenn es sich um genehmigungsfähige Gleitklauseln handelt. Vor dem 1.9.2001 geschlossene Indexmietenvereinbarungen, in denen Gehaltsklauseln in einem auf Lebenszeit des Vermieters abgeschlossenen Mietvertrag vereinbart wurden – oder die Gehaltsklausel bis zur Erreichung der Erwerbsfähigkeit, eines bestimmten Ausbildungsziels oder bis zum Beginn der Altersversorgung gelten sollte und der Mietvertrag auf zehn Jahre abgeschlossen wurde – waren zulässig (Beuermann, a.a.O., § 10a MHG Rn. 16) und bleiben wirksam (Kinne, GE 1998, 1071).

4.4 Dauer der Vereinbarung

Eine Mindestlaufzeit – wie bisher für den Vermieter für die Dauer von zehn Jahren oder   13
für die Lebenszeit eines Vertragspartners – gibt es nicht mehr. Die Vereinbarung einer Indexmiete ist zeitlich unbeschränkt möglich.

4.5 Dauer der Indexmiete

Die Indexmiete muss **mindestens ein Jahr unverändert** bleiben. Für die Dauer der   14
Indexklausel können Mieterhöhungen nur wegen Betriebskostensteigerungen erfolgen oder wegen derjenigen baulichen Maßnahmen, die der Vermieter nicht zu vertreten hat. Die Vereinbarung, dass der Vermieter die Karenzfrist von einem Jahr nicht einzuhalten braucht, wäre unwirksam mit der Folge, dass die Indexmietenvereinbarung insgesamt unwirksam wäre.

Die Karenzfrist von einem Jahr muss nicht bei Zugang der Mieterhöhungserklärung abgelaufen sein, denn eine Regelung wie in § 558 Abs. 1, wonach die Mieterhöhung frühestens ein Jahr nach der letzten Mieterhöhung verlangt werden kann, und deshalb die Miete sich erst nach fünfzehn Monaten ändern kann, fehlt in § 557b. Die Rechtsprechung des BGH zur Wartefrist des früheren § 2 MHG kann daher nicht herangezogen werden (Beuermann, a.a.O., § 10a MHG Rn. 26a m.w.N.).

5. Mieterhöhungsverfahren

15 Die vereinbarte Indexmiete ändert sich nicht automatisch, sondern muss geltend gemacht werden und zwar durch **Erklärung in Textform**. Abs. 3 übernimmt im Wesentlichen § 10a Abs. 3 MHG. Wie bisher muss der Vermieter die Änderung des angegebenen Mietindexes sowie die sich hieraus ergebende Steigerungsrate und eine sich hieraus ergebende Mieterhöhung oder die geänderte Miete nachvollziehbar vorrechnen. Unterbleibt die Benennung der Veränderung des vereinbarten Indexes, so ist die Erklärung nichtig (Beuermann, a.a.O., § 10a MHG Rn. 30; Blank, WuM 1993, 510).

Über die Benennung der Indexfaktoren hinaus ist der Vermieter zu einer näheren **Begründung** nicht verpflichtet. Weder muss er diese der Mieterhöhungserklärung beifügen noch auf Fundstellen hinweisen.

Beispiel:

In dem mit Ihnen geschlossenen Mietvertrag über die Wohnung ... ist in § ... vereinbart, dass die monatliche Miete sich im gleichen Verhältnis verändert, in dem sich künftig der vom Statistischen Bundesamt ermittelte Preisindex für die Lebenshaltungskosten aller privaten Haushalte in Deutschland gegenüber seinem Stand vom 1.1.2002 (= 100) ändert. Dieser Lebenshaltungskostenindex hat sich per ... von 100 auf 105 erhöht, ist also um fünf Prozentpunkte gestiegen. Daher erhöhe ich die Ausgangsmiete von 500 EUR um 25 EUR auf 525 EURO ab dem Beginn des übernächsten Monats nach Zugang dieser Erklärung.

---

16 Eine **Kappungsgrenze** hat der Gesetzgeber nicht vorgesehen. Der Vermieter kann daher auch in größeren Zeitabschnitten Mieterhöhungen über die Kappungsgrenze von 20 % hinaus verlangen. In diesen Fällen dürfte auch keine Verwirkung eintreten, da während des Laufes der Indexmietenvereinbarung der Mieter immer mit Erhöhungen rechnen muss, so dass das Umstandsmoment nicht erfüllt ist.

Allerdings greift die Wesentlichkeitsgrenze des § 5 WiStG ein, wenn im Zeitpunkt des Abschlusses der Indexmietenvereinbarung eine Mangellage vorlag. Der Vermieter kann dann nur eine Miete bis zu 20 % über der ortsüblichen Vergleichsmiete verlangen, es sei denn, er kann höhere laufende Aufwendungen geltend machen; auch bei höheren laufenden Aufwendungen kann er allerdings nur eine Miete bis zu 50 % über der ortsüblichen Vergleichsmiete (Wuchergrenze) verlangen.

17 Die erhöhte Miete wird – wie bisher – erst mit dem Beginn des übernächsten Monats nach Zugang der Erklärung geschuldet.

> **Beispiel:**
> Zugang der Mieterhöhungserklärung: 1.2.2002
> Wirksamkeit der Mieterhöhung: 1.4.2002

Entscheidend ist der **Zugang bei allen Mietern**, bei mehreren Mietern also der Zugang der formwirksamen Mieterhöhungserklärung bei dem „letzten" Mieter.

§ 558 Mieterhöhung bis zur ortsüblichen Vergleichsmiete

(1) [1]Der Vermieter kann die Zustimmung zu einer Erhöhung der Miete bis zur ortsüblichen Vergleichsmiete verlangen, wenn die Miete in dem Zeitpunkt, zu dem die Erhöhung eintreten soll, seit fünfzehn Monaten unverändert ist. [2]Das Mieterhöhungsverlangen kann frühestens ein Jahr nach der letzten Mieterhöhung geltend gemacht werden. [3]Erhöhungen nach den §§ 559 bis 560 werden nicht berücksichtigt.

(2) [1]Die ortsübliche Vergleichsmiete wird gebildet aus den üblichen Entgelten, die in der Gemeinde oder einer vergleichbaren Gemeinde für Wohnraum vergleichbarer Art, Größe, Ausstattung, Beschaffenheit und Lage in den letzten vier Jahren vereinbart oder, von Erhöhungen nach § 560 abgesehen, geändert worden sind. [2]Ausgenommen ist Wohnraum, bei dem die Miethöhe durch Gesetz oder im Zusammenhang mit einer Förderzusage festgelegt worden ist.

(3) [1]Bei Erhöhungen nach Absatz 1 darf sich die Miete innerhalb von drei Jahren, von Erhöhungen nach den §§ 559 bis 560 abgesehen, nicht um mehr als zwanzig vom Hundert erhöhen (Kappungsgrenze).

(4) [1]Die Kappungsgrenze gilt nicht,
1. wenn eine Verpflichtung des Mieters zur Ausgleichszahlung nach den Vorschriften über den Abbau der Fehlsubventionierung im Wohnungswesen wegen des Wegfalls der öffentlichen Bindung erloschen ist und
2. soweit die Erhöhung den Betrag der zuletzt zu entrichtenden Ausgleichszahlung nicht übersteigt.

[2]Der Vermieter kann vom Mieter frühestens vier Monate vor dem Wegfall der öffentlichen Bindung verlangen, ihm innerhalb eines Monats über die Verpflichtung zur Ausgleichszahlung und über deren Höhe Auskunft zu erteilen.

(5) Von dem Jahresbetrag, der sich bei einer Erhöhung auf die ortsübliche Vergleichsmiete ergäbe, sind Drittmittel im Sinne des § 559a abzuziehen, im Falle des § 559a Abs. 1 mit elf vom Hundert des Zuschusses.

(6) Eine zum Nachteil des Mieters abweichende Vereinbarung ist unwirksam.

1.　　Allgemeines

1　Die Vorschrift ist eine wichtige Möglichkeit für Mieterhöhungen des Vermieters im Rahmen des Vergleichsmietensystems. Sie ist § 2 MHG a.F. nachgebildet, der allerdings „entzerrt" worden ist, so dass sich Teile der bisherigen Bestimmung in den §§ 558a bis e wiederfinden. Das dient sicher der Übersichtlichkeit.

§ 2 MHG war bisher die wichtigste Regelung zur Mieterhöhung. Da inzwischen – regional sicher verschieden – das Wohnungsangebot gestiegen ist, jedenfalls vielerorts nicht mehr von einer Wohnungsknappheit gesprochen werden kann, gewinnen die weiteren Mieterhöhungsmöglichkeiten nach § 559 (entspricht bisher § 3 MHG – Erhöhung des Mietzinses wegen baulicher Änderungen) und § 560 (entspricht dem bisherigen § 4 MHG – Veränderungen von Betriebskosten) zunehmend an Bedeutung. Betriebskosten stellen die so genannte zweite Miete dar und erhöhen sich ständig und erheblich, während die Höhe der „Grundmiete" stagniert, wenn nicht sogar sinkt. Dieser Umstand zeigt das gesetzgeberisch gewollte Element einer marktorientierten Miete, allerdings mit umgekehrten Vorzeichen. Dazu trägt noch die Herabsetzung der Kappungsgrenze auf 20% bei. Der Zweck des am 1.1.1975 in Kraft getretenen § 2 MHG war es, dem Vermieter als Ausgleich für eingeschränkte Kündigungsmöglichkeiten einen angemesseneren, an der Marktentwicklung orientierten Ertrag zu garantieren. Das bedeutet jedoch nicht, dass der Vermieter nach dem System der Marktwirtschaft einen Anspruch auf die jeweilige Marktmiete hat, die Miete verlangen könnte, die im Falle des Neuabschlusses eines Mietvertrags für die betreffende Wohnung am Markt erzielbar wäre. Die Möglichkeit, sofort und in voller Höhe die Marktmiete zu erhalten, wird nicht durch Art. 14 GG garantiert (vgl. BVerfG, WuM 1992, 48). Vielmehr besteht nur ein Anspruch auf Erhöhung auf die ortsübliche Vergleichsmiete, dieser jedoch nicht sogleich und zu jedem Zeitpunkt, sondern eingebettet in ein kompliziertes Erhöhungssystem mit Wartefristen, Kappungsgrenzen und dergleichen. Dieses hat die Funktion, den Mietanstieg zu bremsen, was allerdings nicht zu einem faktischen Mietpreisstopp führen darf (vgl. dazu m.w.N. zur Rechtsprechung des Bundesverfassungsgerichts Emmerich/Sonnenschein, § 2 MHR Rn. 1). So gesehen stellen §§ 558 ff. ein marktwirtschaftliches System mit Elementen der Mietpreisbindung dar.

Der Begriff der ortsüblichen Vergleichsmiete, der jetzt in § 558 Abs. 2 Satz 1 im Gegensatz zum bisherigen § 2 MHG vom Gesetz selbst verwendet wird, ergibt eine imaginäre Miete. Es gibt zwar ein bestimmtes Mietniveau. Da dieses jedoch eine erhebliche Bandbreite hat, ist es eigentlich unmöglich, danach eine bestimmte Miete bis auf den Pfennig beziehungsweise auf den Cent genau zu errechnen. Dennoch wird dies von § 558 erfordert. Im Ergebnis stellt das System jedoch im Vergleich zur Preisbindung beziehungsweise freien Marktwirtschaft ein taugliches Instrument dar, sowohl Vermieter- als auch Mieterinteressen angemessen auszugleichen. | 2

2. § 558 Abs. 1 – Wartefrist

Dieser Teil der Vorschrift übernimmt § 2 Abs. 1 Nr. 1 und Teile von § 2 Abs. 1 Nr. 2 | 3 MHG a.F. und stellt sprachlich klarer, dass der Vermieter die Zustimmung zu einer Erhöhung der Miete bis zur ortsüblichen Vergleichsmiete verlangen kann.

Zweck der Wartefrist ist die Gewährleistung einer gewissen Kontinuität der Mietentwicklung sowie der Schutz des Mieters vor allzu rasch aufeinander folgenden Mieterhöhungen.

Es wird kein besonderer Begriff der Miete definiert, so dass die allgemeinen Begriffsbestimmungen gelten (vgl. § 535 Rn. 54). Bei der Mieterhöhung des § 558 geht es um den Vergleich der vertraglich vereinbarten Miete (Ausgangsmiete) mit der ortsüblichen Vergleichsmiete. Dementsprechend kommt es auf die vertraglich vereinbarte Mietstruktur an. Bei einer vereinbarten Netto-Kaltmiete sind zur Vergleichbarkeit auch Netto-Kaltmieten heranzuziehen – die zu leistenden Vorschüsse in Form von kalten und/oder warmen Betriebskosten sind in den Vergleich nicht mit einzubeziehen. Denn sie sind verbrauchsabhängig und abzurechnen.

Haben die Mietvertragsparteien dagegen eine Bruttomiete in Form einer Inklusiv- oder Teilinklusivmiete vereinbart, ist der Vergleich zu entsprechenden Inklusivmieten zu ziehen. Kalte oder warme Betriebskosten sind in dieser Miete je nach Vereinbarung enthalten und nicht verbrauchsabhängig abzurechnen. Dabei ist es eine andere Frage, inwiefern und auf welche Weise eine ortsübliche Netto-Kaltmiete mit einer vereinbarten Bruttomiete verglichen werden kann. Das ist im Einzelnen höchst streitig (so genannte Äpfel-Birnen-Problematik, vgl. dazu näher unter Rn. 35 ff.).

Eine Erhöhung nach § 558 erfolgt daher jeweils innerhalb der vereinbarten Mietstruktur. Der Vermieter kann nicht einseitig die vertraglich vereinbarte Mietstruktur ändern. Das ist nur durch entsprechende mietvertragliche Vereinbarungen zwischen den Mietvertragsparteien möglich, es sei denn, der Gesetzgeber gibt die Möglichkeit dazu (vgl. z.B. die Übergangsregelung des § 25b NMV oder die Sonderregelung für die neuen Bundesländer nach dem Beitritt).

Die Wartefrist betrug nach dem bisherigen § 2 Abs. 1 Nr. 1 MHG ein Jahr. § 558 Abs. 1 | 4 normiert jetzt eine Frist von fünfzehn Monaten, in der die Miete unverändert gebl eben sein muss. Damit ist jedoch tatsächlich keine Änderung der Sach- und Rechtslage verbunden. Es soll sich lediglich um eine Klarstellung handeln. Denn die Rechtsprechung war bei der bislang formulierten Jahressperrfrist wegen der sich anschließenden Überlegungsfrist des Mieters (§ 2 Abs. 3 und 4 MHG a.F.) ebenfalls von einem Mindestzeitraum von fünfzehn Monaten zwischen letzter Mieterhöhung und Wirksamwerden der neuen Mieterhöhung ausgegangen (vgl. BGH, RE vom 16.6.1993 = NJW 1993, 2109 = GE 1993, 799). Ausdrücklich wird daher in § 558 Abs. 1 Satz 2 festgehalten, dass das Mieterhöhungsverlangen frühestens ein Jahr nach der letzten Mieterhöhung geltend gemacht werden kann. Damit soll einerseits gewährleistet werden, dass der Mieter nicht unnötig in kurzen Zeitabständen mit Mieterhöhungen konfrontiert wird. Andererseits stelle die Regelung klar, dass der Vermieter nach Ablauf eines Jahres eine Mieterhöhung verlangen könne und so unter Berücksichtigung der Überlegungsfrist von insgesamt fünfzehn Monaten einen Anspruch auf Zustimmung zur Mieterhöhung habe (so die Regierungsbegründung BTDrucks. 14/4553).

5 Wie schon bisher bleiben Erhöhungen nach den §§ 559 bis 560 (bisher §§ 3 bis 5 MHG) unberücksichtigt. Demgemäß setzen Mieterhöhungen nach durchgeführter Modernisierung und wegen Veränderungen von Betriebskosten, auch wegen gestiegener Betriebskosten bei einer vereinbarten Brutto-Kaltmiete (vgl. zu diesem Problem § 535 Rn. 57 ff.) die Wartezeit nicht in Gang. Die Mieterhöhungsmöglichkeit wegen gestiegener Kapitalkosten ist jetzt weggefallen.

Das Gesetz spricht nicht den Fall einer Mietsenkung an, die demgemäß ebenfalls bei der Wartefrist außer Betracht zu bleiben hat (nach wie vor eindeutiger Gesetzeswortlaut; vgl. auch Palandt/Weidenkaff, § 2 MHG Rn. 9; a.A. offenbar Lammel, Heidelberger Kommentar, § 2 MHG Rn. 19).

Nur eine wirksame Mieterhöhung löst die Wartefrist aus; mit einer erklärten Teilzustimmung, die der Vermieter nicht abschließend annimmt, kann der Mieter die Wartefrist nicht auslösen (vgl. Beuermann, Miete und Mieterhöhung bei preisfreiem Wohnraum, § 2 MHG Rn. 10), jedenfalls kann der Vermieter wegen des streitigen Mehrbetrags die Zustimmungsklage erheben, wird nicht durch eine eingetretene Wartefrist ausgeschlossen (LG Berlin, GE 1996, 1551).

6 Die **Frist** wird ab Zugang des **Zustimmungsverlangens** rückwärts berechnet (OLG Oldenburg [RE], WuM 1981, 83 = OLGZ 1981, 197; BGH [RE], NJW 1993, 2109 = GE 1993, 799), wobei die §§ 187, 188 Abs. 2, 193 gelten (vgl. Palandt/Weidenkaff, § 2 MHG Rn. 9).

Die letzte Mietvereinbarung ist für den **Beginn der Wartefrist** maßgeblich (BayObLGE [RE], NJW-RR 1989, 1172). Dabei ist es unerheblich, ob diese Festsetzung aufgrund eines Mieterhöhungsverlangens des ehemaligen § 2 MHG/§ 558a oder aufgrund eines Neuabschlusses eines Mietvertrags erfolgt (Palandt/Weidenkaff, § 2 MHG Rn. 9; Lammel, a.a.O., § 2 MHG Rn. 21; Beuermann, a.a.O., § 2 MHG Rn. 11). Die für die Rechtslage in den neuen Bundesländern für den Übergang von der Preisbindung zur Preisfreiheit vertretene Auffassung, dass die im Rahmen des zwischen den Parteien abgeschlossenen Neuvertrags vereinbarte Miete dann die Sperrfrist nicht auslöst, wenn der Neuvertrag zum Zeitpunkt der Preisbindung nach der Ersten und Zweiten Grundmietenverordnung erfolgt war (LG Berlin, GE 1996, 863 gegen LG Berlin, ZMR 1996, 559) ist durch

Zeitablauf überholt und hatte sich auch nicht durchgesetzt. Dasselbe Problem stellt sich allerdings auch für die **Rechtslage** beim **Übergang von preisgebundener Neubaumiete zur Preisfreiheit** nach Ablauf des Förderungszeitraums. Hier beginnt grundsätzlich die Frist mit der letzten Erhöhung der Kostenmiete, wobei allerdings Kostenmieterhöhungen, die auf den gleichen Gründen beruhen wie die Mieterhöhungen nach § 559 und § 560, außer Betracht bleiben (OLG Hamm [RE], GE 1995, 559 = ZMR 1995, 247 = WuM 1995, 263). Diese Entscheidung lässt sich nicht zwangsläufig mit dem Fall des Neuabschlusses eines Mietvertrags gleichsetzen, denn die Parteien sind während des Bindungszeitraums in der Vereinbarung der Miethöhe nicht frei. Demgemäß lässt sich die Ansicht vertreten, dass es für das Auslösen der Wartefrist auf die Ausgangsmiete ankommt, die bezogen auf die Wohnung letztmalig erhöht worden ist (LG Berlin, GE 1996, 863). Da jedoch § 558 nur allgemein davon spricht, dass die Miete für die vorgesehene Frist unverändert sein muss, dürfte der herrschenden Auffassung, dass generell von der letzten Mietvereinbarung auszugehen ist, Vorzug zu geben sein (vgl. auch Emmerich/Sonnenschein, § 2 MHG Rn. 3).

Tritt ein neuer Mieter in den bisherigen Mietvertrag anstelle des bisherigen ein, handelt es sich um den Neuabschluss eines Mietvertrags mit Beginn einer neuen Wartefrist. Dasselbe gilt beim Eintritt eines weiteren Mieters in den bestehenden Vertrag, da wegen der Einheitlichkeit des Mietverhältnisses das Erhöhungsverlangen nur einheitlich gestellt werden kann (LG Berlin, GE 1997, 1985; Lammel, a.a.O., § 2 MHG Rn. 21; a.A. Sternel, Mietrecht, III Rn. 608; Emmerich/Sonnenschein, § 2 MHG, Rn. 3). 7

Das **Mieterhöhungsverlangen** nach § 558 ist nicht erst nach Ablauf der Wartefrist von fünfzehn Monaten zulässig, sondern kann nach § 558 Abs. 1 Satz 2 **nach Ablauf einer Jahresfrist geltend gemacht** werden, allerdings frühestens danach mit der Folge der Unzulässigkeit des Zustimmungsverlangens, das vor Ablauf der Jahresfrist dem Mieter zu geht – § 130 (der Rechtsentscheid des BGH in NJW 1993, 2109 kann insofern noch herangezogen werden). In diesem Zusammenhang ist allerdings auf § 558b Abs. 3 hinzuweisen, wonach der Vermieter ein Erhöhungsverlangen im Rechtsstreit nachholen kann, wenn ein Erhöhungsverlangen vorausgegangen ist, das den Anforderungen des § 558a (Form und Begründung der Mieterhöhung) nicht entsprochen hat.

Die Einhaltung der Wartefrist auch beim Übergang von der Preisbindung zur Preisfreiheit im Sinne des § 558 hat unmittelbar mit der Frage nichts zu tun, ob noch während der Preisbindung ein Zustimmungsverlangen für einen Zeitpunkt nach Eintritt der Preisfreiheit gestellt werden kann. Das wird nach herrschender Meinung (unter Einhaltung der Wartefristen) bejaht (OLG Hamm, NJW 1981, 234; KG, NJW 1982, 2077; LG Berlin, GE 1996, 677; a.A. Lammel, a.a.O., § 2 MHG Rn. 23).

3.   § 558 Abs. 2 – ortsübliche Vergleichsmiete

Im Gegensatz zum bisherigen § 2 MHG verwendet das Gesetz jetzt in § 558 Abs. 2 den Begriff der ortsüblichen Vergleichsmiete. Es handelt sich um eine von der Literatur und Rechtsprechung entwickelte Begriffsschöpfung, die als schlagwortartige Umschreibung des Gesetzesvorhabens des ehemaligen § 2 MHG galt. § 558 legt bestimmte Kriterien fest, nach denen die ortsübliche Vergleichsmiete zu ermitteln ist. Davon zu unterscheiden ist die Marktmiete, die anhand derselben, aber auch anhand anderer Kriterien ermittelt werden kann. So sind die Kriterien des § 558 Abs. 2 für die Entwicklung der Gewerbe- 8 miete ohne rechtlichen Belang, wird diese durch den Markt nach Angebot und Nachfrage reguliert und bestimmt sich auch nach wirtschaftspolitischen Erwartungen und ähnlichen Gesichtspunkten (z.B. in Berlin zur Hauptstadtentwicklung).

9 Das allgemeine Wohnungsmietenniveau wird durch die Bestandstandsmieten, d.h. durch die vereinbarten Entgelte im laufenden Mietverhältnis, und durch die Neuabschlüsse bestimmt. Für Letztere gilt § 558 nicht (unmittelbar); die anhand der Kriterien des § 558 zu ermittelnde ortsübliche Vergleichsmiete wirkt jedoch insofern dämpfend, als die beim Neuabschluss des Mietvertrags vereinbarte Miete nicht 20% über der ortsüblichen Vergleichsmiete liegen darf, um nicht gegen § 5 WiStG zu verstoßen. Dem Gesetzgeber war das bewusst und hat die dem Mietanstieg dämpfende Bestandsmiete als auch die Neuabschlussmieten in den Mietenpool einfließen lassen. § 558 Abs. 2 schreibt vor, dass zur Ermittlung des repräsentativen Querschnitts der Mieten (vgl. BayObLGE [RE], NJW 1981, 1219) als ortsübliche Vergleichsmiete nur die genannten Kriterien, nämlich Art, Größe, Ausstattung, Beschaffenheit und Lage des Wohnraums heranzuziehen sind. Die zu ermittelnden Daten haben sich an diesen Kriterien auszurichten, so dass man von empirisch-normativen Größen spricht. Damit bedingen sich die mit gesetzlichen Vorgaben ermittelte ortsübliche Vergleichsmiete und die Marktverhältnisse gegenseitig (Doppelnatur der ortsüblichen Vergleichsmiete: Beuermann, a.a.O., § 2 MHG Rn. 19b). Das ist vom Gesetzgeber so gewollt, weil sich die Mieten eben anhand der ortsüblichen Vergleichsmiete, nicht anhand der Marktmiete entwickeln sollen.

10 Bei den Kriterien des § 558 Abs. 2 handelt es sich um objektive Wohnwertmerkmale. Damit scheiden subjektive Kriterien, z.B. Teilmärkte für bestimmte Mietergruppen (Ausländer, Studenten, Wohngemeinschaft und dergleichen) aus (vgl. Emmerich/Sonnenschein, § 2 Rn. 9). Andererseits fließen alle Mieten, also auch Staffelmieten, Indexmieten, Mieten von ehemals preisgebundenem Wohnraum, der aufgrund der öffentlich-rechtlichen Förderung ein bestimmtes Niveau erreicht hatte, in die ortsübliche Vergleichsmiete ein. Denn das Gesetz spricht nur allgemein von verlangter Miete und differenziert hier nicht weiter.

Bei der ortsüblichen Vergleichsmiete handelt es sich damit um einen Durchschnittswert, der anhand der gesetzlichen Vorgaben nach Wohnwertmerkmalen ermittelt wird. Da es sich um ein Grobraster handelt, ist ein genauer arithmetischer Wert nicht feststellbar. Die Durchschnittswerte schlagen sich vielmehr in Mietspannen mit einem statistisch zu ermittelnden Mittelwert nieder. Die Schwierigkeit liegt nun darin, die spezielle Wohnung anhand der ermittelten ortsüblichen Vergleichsmiete einzuordnen, um eine auf den Pfennig/Cent genaue Miete festzustellen. Dieser Schritt von Durchschnittswert mit Bandbreite zur genauen Miete kann nur durch Wertung vollzogen werden. Im Konfliktfall geschieht das durch das Gericht, das die Zustimmung des Mieters ersetzt (§ 894 ZPO). Ansonsten ist diese Wertung den Mietvertragsparteien überlassen, deren häufiges Unverständnis über die komplizierte gesetzliche Regelung verständlich ist.

11 Die Ermittlung der ortsüblichen Vergleichsmiete für die bestimmte Wohnung vollzieht sich in zwei Schritten:
– Ermittlung des Durchschnittswertes;
– Einordnung der speziellen Wohnung anhand des Durchschnittswertes.

3.1 Ermittlung des allgemeinen Mietenniveaus – Durchschnittswert

Zur Herstellung der Vergleichbarkeit stellt sich der Gesetzgeber einen anhand der Krite- 12
rien des §558 Abs. 2 ermittelten Wohnungs-/Mietpreispools vor, an dem die konkrete
Wohnung zu messen ist. Das wäre allerdings nur durch entsprechende Erhebungen in der
Gemeinde feststellbar, so wie es für Mietspiegel durchgeführt wird. Wie jedoch § 558a
Abs. 4 zeigt, kann die Vergleichbarkeit jedenfalls für das entsprechende Erhöhungsverlangen des Vermieters auch auf kleinerer Ebene hergestellt werden, wenn sich daraus ein
ausreichender Rückschluss auf das Mietenniveau insgesamt ergibt. Die Vorgaben des
§ 558 wirken daher praktisch im Wesentlichen für die Erstellung von Mietspiegeln und
deren mögliche Überprüfung zum Zustandekommen und deren Plausibilität überhaupt
durch die Gerichte, ferner überhaupt für das gerichtliche Verfahren zur Feststellung der
ortsüblichen Vergleichsmiete für die bestimmte Wohnung im entsprechenden Zustimmungsprozess der § 558b.

Zur Feststellung des entsprechenden Mietenniveaus dürfen nur Mieten herangezogen 13
werden, die in den letzten vier Jahren vereinbart oder geändert worden sind, wobei Erhöhungen nach § 560 (Betriebskostenveränderungen) außer Betracht bleiben. Damit strebt
der Gesetzgeber einen (relativ) aktuellen Vergleichsmietenstand an. Bestandsmieten, also
Mieten im laufenden Mietverhältnis, die nicht verändert worden sind, sollen nur teilweise
in die Bewertung einfließen. Sie werden nur berücksichtigt, wenn eine Veränderung in
den letzten vier Jahren vor dem entsprechenden Mieterhöhungsverlangen eingetreten ist.
Das Gesetz nimmt von den Änderungen nur die nach § 560 aus, so dass auch Staffel-
mietänderungen (so auch Beuermann, a.a.O., § 2 MHG Rn. 52; a.A. Lammel, a.a.O., § 2
Rn. 53) und Erhöhungen nach § 559 und Vereinbarungen nach § 557 zu berücksichtigen
sind.

Zum so genannten Mischungsverhältnis, d.h. zum Verhältnis des Datenmaterials aus den 14
verschiedenen (vier) Jahren schweigt das Gesetz. Die dogmatische Diskussion soll hier
nicht vertieft werden (vgl. dazu Beuermann, a.a.O., § 2 MHG Rn. 50–53; Lammel,
a.a.O., § 2 MHG Rn. 54). Ein ausgewogenes Verhältnis von Alt- und Neumieten
(BayObLG, NJW 1981, 1219) ist im Konfliktfall richterlich zu überprüfen, ob die Aus-
gewogenheit nicht ohne weiteres eine gleichrangige Berücksichtigung von Alt- und
Neumieten beinhaltet, sondern auch von der Anzahl (Häufigkeit) der ermittelten Daten in
den einzelnen Jahren abhängen kann.

Der 4-Jahreszeitraum ist von dem Zugang des Mieterhöhungsverlangens zurückzurech-
nen. Denn das Gesetz spricht von der „verlangten" Miete; das Verlangen wird mit Zugang beim Mieter wirksam. Davon abzugrenzen ist das Problem, welcher „Stichtag" für
das gerichtliche Verfahren zur Ermittlung der ortsüblichen Vergleichsmiete heranzuziehen ist.

3.2 Wohnmerkmale

– Art des Wohnraums 15

Das Vergleichsmerkmal bezieht sich auf die Gebäudeart (Einfamilien-, Zweifamilien-,
Mehrfamilienhäuser, Hochhäuser) sowie auf den Wohnungstyp (abgeschlossene Wohnung, Souterrain-, Dachgeschoss-, Maisonett- und Penthaus-Wohnungen). Die Baualtersklasse gehört nicht dazu (a.A. offenbar Emmerich/Sonnenschein, § 2 MHG Rn. 16).

Ein Streit darüber wäre rein akademisch. Aufgrund der Hinweise für die Aufstellung von Mietspiegeln, herausgegeben vom Bundesbauministerium (in der jeweiligen genauen Bezeichnung der Ressortzuteilungen) von 1980 und 1997 ist es üblich, die Vergleichsmerkmale danach zu strukturieren. Danach fällt die Baualtersklasse unter das Merkmal der Beschaffenheit.

16 – Größe

Hier ist die Wohnfläche nach Quadratmetern angesprochen. Die Berechnung einer Grundfläche ist streitig (vgl. § 535 Rn. 23). Die immer wieder kritisierte Entscheidung des Bayerischen Obersten Landesgerichts (ZMR 1983, 387 = GE 1983, 865), wonach die Fläche nach dem Wohnwert je nach Lage des Einzelfalls zu bestimmen sei, spielt in diesem Zusammenhang (wenn überhaupt noch) keinerlei Rolle. Hier geht es um die Vergleichbarkeit von Wohnungen, nicht um die tatsächliche Mieterhöhung, die allerdings sich dann nach der genauen Wohnungsgröße richtet. Erst dort kann der Streit zum Tragen kommen, der sich allerdings im Wesentlichen auf die Anrechnung von Balkonen oder Loggien bezieht. Auch die bei Beuermann (a.a.O., § 2 MHG Rn. 30) zitierte Entscheidung des LG Berlin (GE 1986, 501), wonach für eine Loggia dem Bayerischen Obersten Landesgericht zu folgen sei, spielt zur Frage der Vergleichbarkeit nach § 558 Abs. 2 keine Rolle (diese Entscheidung ist im Übrigen vereinzelt geblieben und dürfte auch bei der Errechnung der tatsächlichen Wohnungsgröße zur Ermittlung des genauen Mietpreises nicht mehr einschlägig sein).

Die Vergleichbarkeit nach der Wohnungsgröße kann aus praktischen Gründen nicht nach der genauen Wohnungsgröße hergestellt werden. Dementsprechend empfehlen die Hinweise für die Aufstellung von Mietspiegeln eine Gruppenaufteilung (vgl. 2. „Größe"). Die Berliner Mietspiegel setzen vier Gruppen an (unter 40 Quadratmeter, 40 bis 60 Quadratmeter, 60 bis 90 Quadratmeter, 90 Quadratmeter und mehr). Die Abgrenzung nach einzelnen Gruppen ist eine Wertung, die gegebenenfalls im Mietererhöhungsprozess richterlich vorzunehmen ist und sich danach richtet, wie sich die Mietpreise für einzelne Kategorien von Wohnungen entwickeln. Dabei hat sich z.B. in Berlin ausweislich der jeweiligen Mietspiegel der Eindruck verfestigt, als erzielten kleinere Wohnungen deutlich höhere Quadratmetermieten als größere. Dies mag in ländlichen Bezirken und bisher auch noch in den neuen Bundesländern (vgl. die Hinweise zur Aufstellung von Mietspiegeln 1997 zu 7.2. Größe) anders sein.

Die Frage nach der Vergleichbarkeit nach Wohnungsgröße ist von dem Problem zu trennen, ob ein Mieterhöhungsverlangen unwirksam ist, wenn die angegebenen Vergleichswohnungen der Größe nach mehr oder weniger erheblich von der Wohnung abweichen, deren Mietpreis festgestellt werden soll. Für das Erhöhungsverlangen nach § 558a ist Vergleichsmaßstab der Quadratmeterpreis, so dass Abweichungen unerheblich sind (vgl. BayObLG [RE], ZMR 1982, 372; BVerfG, DWW 1981, 263). Zur Vergleichsgröße nach § 558 Abs. 2 ist eine Abweichung von weniger als 20 % unschädlich (vgl. Palandt/Weidenkaff, § 2 MHG Rn. 13 [2. Größe]). Eine Abweichung von mehr als 50 % schließt sicher die Vergleichbarkeit aus (LG Berlin, GE 1994, 1121, ZMR 1995, 77).

Schach

– Ausstattung   17
Hier ist alles das zu berücksichtigen, was vom Vermieter zur Nutzung im Rahmen des § 535 zur Verfügung gestellt ist, also Heizung, sanitäre Einrichtungen, Einbauküche, Gemeinschaftsantenne, Garage, Garten usw.

– Beschaffenheit   18
Dieses Vergleichsmerkmal bezieht sich zunächst auf die Wohnung selber, insbesondere auf den Schnitt der Wohnung (z.B. so genannte gefangene Räume, große Flurflächen, Wohnküche und dergleichen). Ferner sind äußere Merkmale zu berücksichtigen, etwa ein vorhandener Balkon, Parkmöglichkeiten, Erscheinungsbild von Hof, Garten, Treppenhaus und Außenanlagen (vgl. Emmerich/Sonnenschein, § 2 MHG Rn. 18).
Ein wichtiges Unterscheidungsmerkmal ist die Baualtersklasse, nämlich im Grobraster Altbau bis 1948 und Neubau ab 1949 (in den Hinweisen für die Aufstellung von Mietspiegeln in den Gruppen 1949 bis 1960, 1961 bis 1971, 1972 bis 19..). Auch hier ist die Einteilung wertend vorzunehmen. Maßgeblich ist das Baujahr (vgl. LG Berlin, GE 1997, 48), nicht die Bezugsfertigkeit i.S.d. § 13 Abs. 4 WoBindG (so Lammel, a.a.O., § 2 MHG Rn. 38). Im Rahmen der Modernisierung von Altbau wird sich die strenge Abgrenzung nach Baualtersklassen verwischen, zumal gut modernisierter Altbau oftmals eine wesentlich höhere Wohnwertqualität als z.B. Wohnraum des sozialen Wohnungsbaus aus den 50er Jahren hat. Dies sieht auch das Bundesbauministerium so und schlägt in den Hinweisen zur Aufstellung von Mietspiegeln 1997 (7.4 Beschaffenheit) vor, dass in Mietspiegeln erläutert werden sollte, in welcher Weise die Einordnung modernisierter Wohnungen zu erfolgen hat. Insgesamt sollte dennoch an dem Vergleichsmerkmal der Baualtersklasse festgehalten werden, um die Vergleichbarkeit innerhalb derselben Kategorien zu gewährleisten. Die beste Wohnqualität modernisierten Altbaus fließt an anderer Stelle in die Vergleichsmiete ein.
Ein Problem war bisher die Frage, wann aus Altbau rechtlich Neubau wird. Hierzu gibt es die Begriffsbestimmungen der §§ 16, 17, 17a II. WoBauG (ab 1.1.2002: § 16 Wohnraumförderungsgesetz). Daraus ergibt sich, dass selbst eine umfangreiche Modernisierung nicht ohne weiteres zur Umqualifizierung in Neubau führt.
In den Nachkriegsjahren ist vielfach die Förderung mit öffentlichen Mitteln zur Sanierung, Umgestaltung, Wiederaufbau von Wohnraum erfolgt. Dabei gingen Eigentümer/Vermieter und öffentlich-rechtliche Kreditanstalten davon aus, dass nunmehr Neubau entstanden war mit der Folge, dass sich die Vermieter nach Neubaumietenverordnung, Wohnungsbindungsgesetz behandeln lassen mussten. Die Zivilgerichte sind daran nicht gebunden und haben die Einordnung nach Alt- bzw. Neubau in eigener Kompetenz vorzunehmen, unter anderem mit der Folge, dass sich danach die Anwendung der Vorschriften für eine Mieterhöhung nach § 558 oder § 10 WoBinG entscheidet (z.B. LG Berlin, Urteil vom 26.5.1994, 62 S 9/94).

– Lage   19
Zu beurteilen ist die Lage des Grundstücks, des Hauses und der Wohnung in dem Hause selbst.
Streitig ist, ob die im Gesetz genannten Vergleichsmerkmale abschließend sind (vgl. Beuermann, a.a.O., § 2 MHG Rn. 46). Der Streit ist akademisch, denn entscheidend ist

die Einordnung der Einzelwohnung nach objektivem Wohnwert. Hier können auch andere Faktoren eine Rolle spielen.

3.3 Einordnung der Wohnung im Vergleich

20 Die konkrete Wohnung, für die die Miete festgestellt bzw. erhöht werden soll, ist in die entsprechende Kategorie der Vergleichswohnungen einzuordnen. Das Gesetz spricht von Vergleichbarkeit, nicht von Deckungsgleichheit, was praktisch angesichts der Vielfalt von Wohnungen auch nicht möglich wäre. Zur weiteren Herstellung der Vergleichbarkeit und vor allem zur Ausfüllung von Mietpreisspannbreiten kann und muss mit Zu- oder Abschlägen zu wohnwertmindernden oder wohnwerterhöhenden Merkmalen und zu Sondermerkmalen gearbeitet werden.

21 Für die Vergleichbarkeit nach Art des Wohnraums kann so zwischen Wohnungen in Mehrfamilienhäusern verglichen werden. Es ist aber auch möglich, eine Wohnung in einem villenartigen Mehrfamilienhaus mit einer Wohnung in einem in unmittelbarer Nähe stehenden Hochhaus zu vergleichen, denn der Art nach handelt es sich jeweils um ein Mehrfamilienhaus. Das Wohnen in dem villenartigen Gebäude dürfte jedoch wohnwerterhöhend sein.

22 Zur Größe der Wohnung ist lediglich auf die Qudratmeterzahl abzustellen und hierbei innerhalb der gebildeten vergleichbaren Größen-Kategorien zu differenzieren.

23 Wie oben angeführt, wird bei der Ausstattung nur das zum Vergleich herangezogen, was vom Vermieter im Rahmen des § 535 zur Verfügung gestellt ist. Daraus folgt, dass Ausstattungen, die der Mieter eingebracht, eingebaut hat, als Vergleichskriterium nicht herangezogen und dementsprechend bei der Mieterhöhung nicht zu berücksichtigen ist (BayObLG, NJW 1981, 2259 = WuM 1981, 208, allgemeine Ansicht). Dazu zählen auch feste Einbauten, wie z.B. eine Etagenheizung. Das zivilrechtliche Schicksal derartiger Einbauten, die ohnehin ganz überwiegend nur als Scheinbestandteile i.S.d. § 95 anzusehen sind, ist davon völlig unberührt. Das gilt auch für einen möglichen Anspruch des Vermieters auf Entfernung ungenehmigter Einbauten und für das Wegnahmerechte nach Ende der Mietzeit nach § 539. Auch nicht nach längerer Zeit (Abwohngedanke) werden die vom Mieter geschaffenen Ausstattungen bei der Ermittlung der ortsüblichen Vergleichsmiete zugunsten des Vermieters berücksichtigt (allgemeine Ansicht, z.B. Emmerich/Sonnenschein, § 2 MHG Rn. 18 m.w.N.; ein bei Beuermann, a.a.O., § 2 MHG Rn. 37, für die gegenteilige Ansicht zitierter Rechtsentscheid des OLG Frankfurt, WuM 1971, 168, ist zu § 556a a.F. ergangen und zum vorliegenden Problem in keiner Weise einschlägig).

24 Etwas anderes gilt nur in folgenden Fallkonstellationen:
– Vom Vermieter finanzierte Einbauten des Mieters
In einem derartigen Fall ist die Ausstattung als vom Vermieter erbracht anzusehen, da er die finanzielle Leistung dafür aufgewendet hat. Bei einer teilweisen Kostenübernahme durch den Vermieter kann nur mit Zuschlägen für die Wohnung ohne entsprechende Ausstattung gearbeitet werden. In diesem Zusammenhang ist darauf hinzuweisen, dass nach grundsätzlicher Beweislastverteilung der Vermieter darlegen und beweisen muss, inwiefern er Ausstattungen für die Wohnung zur Verfügung gestellt hat.

– Ersetzung von Ausstattungsgegenständen durch den Mieter
Entfernt der Mieter Ausstattungsgegenstände der Wohnung und ersetzt sie durch eigene (z.B. Einbauküche), so ist die Wohnung hinsichtlich der Ausstattung so zu vergleichen, als wären die ursprünglich vom Vermieter gestellten Ausstattungsgegenstände noch vorhanden. Der Mieter kann sich nicht darauf berufen, die Dinge seien nicht mehr in Ordnung gewesen und dergleichen. Diese Fragen sind allgemein-mietrechtlich zu lösen, z.B. über §§ 536, 537.

Bei einem Mieterwechsel gilt hinsichtlich der von dem (Vor-)Mieter eingebauten bzw. 25 eingebrachten Sachen Folgendes:
Lässt der ausziehende Mieter die Sachen ohne weiteres in der Wohnung bzw. einigt er sich mit dem Vermieter z.B. gegen Zahlung eines bestimmten Betrags (vgl. § 552) dahin gehend, dass die Sachen in das Eigentum des Vermieters übergehen, werden diese Sachen dem Nachmieter gegenüber zur mitvermieteten Sache. Das hat einerseits nach § 535 zur Folge, dass sich die Instandhaltungspflichten des Vermieters darauf beziehen. Andererseits sind die Sachen nunmehr im Rahmen eines Erhöhungsverfahrens nach § 558 als vom Vermieter zur Verfügung gestellte Ausstattung der Wohnung zu berücksichtigen.
Einigt sich der Vormieter mit dem Nachmieter zwecks Übernahme der vom Vormieter eingebrachten Sachen, so wird der Nachmieter Sacheninhaber von allen Rechten und Pflichten. Die Sachen gehören dann wie beim Vormieter nicht zur im Rahmen des § 558 zu berücksichtigenden Ausstattung der Wohnung. Davon völlig unabhängig ist die Frage zu beantworten, inwiefern die Ablösungsvereinbarung zwischen Vor- und Nachmieter rechtswirksam ist, ob der Kaufvertrag ganz oder teilweise Bestand hat. Der Vermieter ist daran jedenfalls nicht beteiligt.

Bei einem Vermieterwechsel gilt § 566. Der Vermieter tritt mit allen Rechten und 26 Pflichten in das Mietverhältnis ein mit der Folge, dass auch ihm gegenüber die vom Mieter eingebauten bzw. eingebrachten Sachen nicht zur Ausstattung der Wohnung gehören.

3.3.1   Beschaffenheit

Mängel der Mietsache nach § 536 beziehen sich jeweils auf die konkrete Wohnung. 27 Daraus folgt, dass die zur Herstellung der Vergleichbarkeit mit dem Mietniveau nach § 558b Abs. 2 nicht berücksichtigt werden können, mögliche Ansprüche des Mieters nur über §§ 536 ff. zu regulieren sind. Dabei kommt es nicht darauf an, ob nach BGB tatsächlich Mietminderung verlangt werden kann, oder ob diese z.B. nach § 536a ausgeschlossen ist. Das gilt im Übrigen auch für § 546a, wonach der Vermieter bei Nichtrückgabe der Mietsachen nach Beendigung des Mietverhältnisses die ortsübliche Vergleichsmiete verlangen kann. Da Mietminderung nur für das laufende Mietverhältnis geltend gemacht werden kann, bleibt ein nach Beendigung des Mietverhältnisses eintretender Mangel unberücksichtigt und kann nicht zu einer Mietminderung führen.
Ausgehend von dem Rechtsentscheid des OLG Stuttgart aus dem Jahre 1981 (NJW 1981, 2365 = GE 1981, 867) spricht die allgemeine Meinung davon, dass behebbare Mängel der Mietsache bei der Bestimmung der Miethöhe nicht zu berücksichtigen seien (vgl. Emmerich/Sonnenschein, § 2 MHG Rn. 20 mit Rechtsprechungsnachweisen; Lammel, a.a.O., § 2 MHG Rn. 43). Die Unterscheidung zwischen behebbaren und (zumutbaren) nicht behebbaren Mängeln ist allerdings untunlich (vgl. auch Beuermann, a.a.O., § 2

MHG Rn. 42, 43), Denn auch vom Vermieter nicht behebbare Mängel (z.B. Baulärm vom Nachbargrundstück) stellen ein Mangel im Sinne des § 536 dar und berechtigen grundsätzlich zur Mietminderung. Auch der Hinweis bei Emmerich/Sonnenschein (§ 2 MHG Rn. 20), ein Mangel spiele für § 2 MHG solange keine Rolle, wie er behebbar ist und der Vermieter zur Beseitigung verpflichtet sei, anderenfalls, etwa bei dauernden Störungen, bleibe nichts anderes übrig, als mit freigeschätzten Abschlägen zu arbeiten, führt nicht abschließend zur Problemlösung. Denn gerade bestimmte Umweltfehler (vgl. § 536 Rn. 6) sind bei § 558 nicht zu berücksichtigen, der Vermieter ist aber auch zu ihrer Beseitigung nicht nach § 535 verpflichtet, weil er dazu gar nicht in der Lage ist. Es ist daher wie folgt zu **unterscheiden**:

28 – Mängel an der Mietsache selbst

Mängel, die grundsätzlich Ansprüche nach §§ 536 ff. BGB begründen können, sind für eine Mieterhöhung nach § 558 nicht zu berücksichtigen, unabhängig davon, ob die Ansprüche tatsächlich durchsetzbar sind. Anderenfalls ist die Wohnwertbeeinträchtigung als Dauerzustand zur allgemeinen Beschaffenheit der Wohnung zu rechnen und in die Vergleichbarkeit einzubeziehen.

Beispiele:

Die nicht funktionierende Heizung löst Ansprüche nach §§ 536 ff. gegebenenfalls § 536a aus – für § 558 ist von der Ausstattung der Wohnung mit einer Heizung auszugehen.

Der mitvermietete Balkon wird zerstört, der Herstellungsanspruch nach § 535 scheitert an der Zumutbarkeit – für § 558 ist von einer Wohnung ohne Balkon auszugehen.

29 – Außenmängel

Begründen derartige Mängel grundsätzlich eine Minderungslage nach § 536 (z.B. der schon genannte Baustellenlärm vom Nachbargrundstück), ist diese Wohnwertbeeinträchtigung im Rahmen des § 558 nicht zu berücksichtigen, unabhängig davon, ob der Minderungsanspruch auch tatsächlich durchgesetzt werden kann (z.B. § 536b).

Andere Wohnwertbeeinträchtigungen (z.B. sich steigernder Verkehrslärm an einer Ausfallstraße wegen steigender Bebauung im Umland, ist im Rahmen des § 558 zur Beschaffenheit, aber auch bei dem Merkmal Lage zu berücksichtigen.

3.3.2 Lage

30 Zur Herstellung der Vergleichbarkeit des allgemeinen Mietenniveaus im Verhältnis zur konkreten Wohnung haben subjektive Bewertungen der konkreten Wohnung außer Betracht zu bleiben und können nicht durch Zu- bzw. Abschläge berücksichtigt werden. Das gilt z.B. im negativen Bereich für Lagen mit hohem Fremdenanteil und sich dadurch häufig ergebenden Negativbewertungen und im positiven für so genannte Adressenlagen (vgl. Lammel, Heidelberger Kommentar, § 2 MHG Rn. 44 mit Rechtsprechungshinweisen) und einer sich daraus ergebenden subjektiven Überbewertung.

3.3.3 Teilmärkte

31 Diese Begriffsnutzung hat sich zu § 5 WiStG eingebürgert. Danach kommt es auf die Ausnutzung eines geringen Angebots an vergleichbaren Räumen an. Es wird auf entsprechende Teilmärkte nach objektiven Vergleichbarkeitskriterien abgestellt. Personenbezogene Teilmärkte (Studentenwohnungen, Wohngemeinschaften, Ausländerwohnungen) bleiben unberücksichtigt (vgl. Beuermann, a.a.O., § 5 WiStG Rn. 9, 9a). Auch sind keine

besonderen Zuschläge für bestimmte Personengruppen bei der Feststellung der Mietpreisüberhöhung zu berücksichtigen (OLG Stuttgart [RE], NJW 1982, 1160 = GE 1982, 561 = ZMR 1982, 176 für Ausländer). Der Begriff kann auch zu § 558 herangezogen werden (vgl. z.b. KG [RE], GE 1991, 725 für einen Teilmarkt ehemals preisgebundener Altbauwohnungen – das KG nimmt allerdings nur zur Frage Stellung, ob ein entsprechender Mietspiegel nur für einen Teilmarkt gebildet werden kann und bezieht sich ausdrücklich auf die Funktion als formelles Begründungsmittel für Mieterhöhungsverlangen). Insgesamt handelt es sich um ein Problem der Vergleichbarkeit nach den Kriterien des § 558. Eine ehemals preisgebundene Altbauwohnung ist mit einer Neubauwohnung trotz gleicher Ausstattung in der Beschaffenheit (Baualter) nur bedingt vergleichbar. Dasselbe gilt, für die Wohnung in einem Zweifamlienhaus im Vergleich zur Hochhauswohnung. Denn hier liegt eine Artverschiedenheit vor. Eine Ausgrenzung nach anderen Kriterien (z.B. Teilmarkt für modernisierte Wohnungen – vgl. Beuermann, Miete und Mieterhöhung bei preisfreiem Wohnraum, § 2 MHG Rn. 47d) ist nicht zulässig. Die Modernisierung ist u.a. bei der Ausstattung zu berücksichtigen. Der Markt berücksichtigt das im Übrigen auch. Als ein Beispiel ist der Berliner modernisierte Altbau im Verhältnis zum Standard-Neubau anzuführen. Die letzten Mietspiegel zeigen hier ein Anstieg des Preisniveaus für den modernisierten Altbau, während die Neubaumieten stagnieren und in bestimmten Bereichen sogar gesunken sind.

3.3.4 Mietenvergleichbarkeit

Der Begriff von **Zuschlägen** ist in zweierlei Hinsicht relevant: 32
– Erhöhung der Vergleichsmiete
Die konkrete Wohnung kann wegen nicht ortsüblicher Sonderleistungen des Vermieters bzw. Sondermerkmalen der Wohnung von dem üblichen vergleichbaren Wohnraum abweichen. Hierfür sind für die konkrete Wohnung bestimmte Zuschläge anzusetzen. die die konkrete Wohnungsmiete im Verhältnis zum Vergleichsmietenniveau erhöht. So rechtfertigt z.b. eine vereinbarte Möglichkeit der Gartennutzung (ohne besondere mietvertragliche Vereinbarung eines gesonderten Entgelts) einen Zuschlag. Inwiefern einzelne Ausstattungsmerkmale zur Ausfüllung der Vergleichsmietenbrandbreite herangezogen werden können oder bestimmte Zuschläge zur festgestellten ortsüblichen Vergleichsmiete rechtfertigen, ist eine Frage der Einzelfallberechnung und hängt davon ab, auf welche Art und Weise man die Vergleichbarkeit betrachtet, nämlich über Mietspiegel, Vergleichswohnungen oder Sachverständigengutachten. So sieht z.B. der Berliner Mietspiegel 1998 ein Sondermerkmal des modernen Bades vor. Dieses hat allerdings zur Voraussetzung, dass alle Wände mindestens bis 1,5 m Höhe gefliest, Bodenfliesen, Einbauwanne oder -dusche vorhanden sein müssen. Daneben sieht die Orientierungshilfe für die Spanneneinordnung auch wohnwerterhöhende Merkmale für das Bad vor, nämlich z.B. die zusätzliche Duschtasse neben der Badewanne, ein Doppelhandwaschbecken, das vom Bad getrennte WC und dergleichen.
In manchen Mietverhältnissen hat vereinbarungsgemäß der Vermieter die Schönheitsreparaturen zu tragen, auch wenn die Überbürdung dieser Leistungen auf den Mieter allgemein üblich ist. Für diese (Ausnahme-)Fälle ist ein Zuschlag für die konkrete Miete anzusetzen (vgl. OLG Koblenz [RE], NJW 1985, 333; LG Berlin, GE 1997, 48). Die

Höhe eines derartigen Zuschlags kann in Anlehnung an § 28 Abs. 4 II. BV bestimmt werden (vgl. LG Berlin, a.a.O.).
Andere Zuschläge können sich aus der Überlassung von Möbeln, der Möglichkeit der teilgewerblichen Nutzung oder der Anmietung einer Garage rechtfertigen.

33   – Gesonderte Zuschläge zur Miete
Hier handelt es sich nicht um Zuschläge zur Errechnung der ortsüblichen Vergleichmiete pro Quadratmeter, sondern um neben der eigentliche Miete vereinbarte Zuschläge im Rahmen von Sondervereinbarungen zwischen den Mietvertragsparteien. Hierzu zählen Untermietzuschläge oder Zuschläge für Gestattung der teilgewerblichen Nutzung der Wohnung. Diese Geldbeträge sind neben der Miete zu zahlen und sind dementsprechend nicht Bestandteil der ortsüblichen Vergleichsmiete. Zur Herstellung der Vergleichbarkeit ist daher die Miete um diese Zuschläge zunächst zu „bereinigen".

34   Für die Erhöhung des gesondert vereinbarten Zuschlages gilt Folgendes:
Bei der zusätzlich zum Wohnraum angemieteten Garage handelt es sich im Zweifel um ein einheitliches Mietverhältnis, bei dem z.B. eine Teilkündigung nicht möglich ist. Wegen der Einheitlichkeit des Mietverhältnisses ist eine separate Erhöhung der Garagenmiete nicht zulässig. Daraus ergibt sich, dass eine Mieterhöhung nur insgesamt über § 558 möglich ist. Dabei mag der (ganz überwiegende) Wohnanteil unverändert bleiben und nur die Garagenmiete unter Hinweis auf ortsübliche Preise erhöht werden (LG Wiesbaden, WuM 1991, 594).
Bei der Gestattung teilgewerblicher Nutzung kann zur Festlegung des Zuschlags auf § 26 Abs. 2 NMV in analoger Anwendung zurückgegriffen werden. Eine Erhöhung der Miete für die Wohnung nach § 558 bedingt demgemäß auch die Erhöhung des entsprechenden Zuschlags.

3.3.5   Vergleich Brutto-/Nettomiete – Äpfel-Birnen-Problematik

35   Grundsätzlich können nur Netto- mit Nettomieten und Brutto- mit Bruttomieten verglichen werden. Eigentlich ist es allerdings systemwidrig, überhaupt Bruttomieten bei der ortsüblichen Vergleichsmiete zu berücksichtigen. Denn bei den Betriebskosten, also dem Bruttoanteil der Miete, handelt es sich um tatsächliche Kosten, die vom Mieter verursacht bzw. auf ihn überbürdet werden, während die Nettomiete die Gegenleistung für die Überlassung der Mietsache darstellt. Da der Gesetzgeber (u.a. aus historischen Gründen) auch die Bruttomiete zulässt und – anders als in den neuen Bundesländern aufgrund der Betriebskosten-Umlageverordnung – die einseitige Änderung der Mietstruktur durch den Vermieter unzulässig ist, ist auch die Bruttomiete die nach § 535 geschuldete Miete und somit im Vergleichsmietensystem zu berücktigen. Daraus folgt auch, dass bei vereinbarter Bruttomiete nicht etwa jeweils der Betriebskostenanteil herauszurechnen ist, um jeweils die eigentliche Miete, also die Nettokaltmiete gegenüberzustellen.

36   Um nun bei jeweils vorhandenem Datenmaterial auch Brutto- mit Nettomieten vergleichen zu können, muss jedoch die Brutto- in eine Nettomiete bzw. eine Netto- in eine Bruttomiete umgerechnet werden. Dieses Problem stellt sich sowohl bei der Begründung des Mieterhöhungsverlangens als auch bei der Feststellung der ortsüblichen Vergleichsmiete im Prozess, allerdings in unterschiedlicher Intensität. Im vorliegenden Zusammenhang geht es um die grundsätzliche Vergleichbarkeit, nicht um die formellen Anforderungen an das Begründungsverlangen nach § 558a.

Bei der Umrechnung von Brutto in Netto sind nicht die aktuellen Betriebskosten zu 37
ermitteln und herauszurechnen. Denn diese unterliegen einer ständigen Veränderung,
wobei sie sich in der heutigen Zeit ständig erhöhen. Mietrechtlich schlägt dies bei einer
Bruttomiete jedoch nur bei einer Betriebskostenerhöhung (vgl zur Übergangslösung Art.
2 § 3 Nr. 4 EGBGB) oder bei einer Mieterhöhung nach § 558 durch, denn auch bei letzterer werden die Betriebskosten indirekt erhöht, da die Mietentwicklung bei der Bruttomiete auch auf der Erhöhung der Betriebskosten basiert. Demgemäß ist der Betriebskostenanteil herauszurechnen, der sich auf den Zeitpunkt der letzten Mieterhöhung bezieht. Der in diesem Zusammenhang immer wieder genannte Rechtsentscheid des OLG
Stuttgart (NJW 1983, 2329 = GE 1983, 915 = DWW 1983, 227), der von der Feststellung
des Entgelts i.S.d. § 2 MHG in der Weise spricht, dass ein Zuschlag in Höhe der gegenwärtig konkret auf die Wohnung entfallenden Betriebskosten spricht, ist in diesem Zusammenhang nicht einschlägig. Denn dort ging es (lediglich) um die Frage, ob in dieser
Weise für das formelle Mieterhöhungsverlangen i.S.d. § 558 Abs. 2 vorgegangen werden
kann, konkret nämlich dort in der Weise, dass auf einen Nettomietspiegel Bezug genommen wird und zur Begründung des Zuschlags der auf die Wohnung entfallende
konkrete Betriebskostenanteil dargetan wird.

Bei der Umrechnung von Netto auf Brutto sind allerdings der Nettomiete die aktuellen
Betriebskosten hinzuzurechnen, die sich jedoch nicht aus den Betriebskostenvorauszahlungen ergeben, sondern aus der letzten Abrechnung eben dieser Vorauszahlungen. Dass
sich hieraus höhere Bruttomieten ergeben als umgekehrt bei der Umrechnung von Brutto
in Netto, ist systembedingt, da Betriebskostenerhöhungen bei der Bruttomiete zeitlich
später umgesetzt werden können.

Der eigentliche Streit zur Umrechnung besteht jedoch bei der Verwendung von Miet- 38
spiegeln, die entweder nur Bruttomieten (in Berlin bis 1996) oder nur Nettomieten (in
Berlin ab 1998) enthalten. Zur Herstellung der Vergleichbarkeit der Mietstrukturen muss
eine Umrechnung vorgenommen werden. Hierzu hat sich das so genannte Äpfel-Birnen-
Problem entwickelt mit dem Hintergrund, dass eigentlich nur Äpfel mit Äpfel und Birren
mit Birnen verglichen werden können. Um zu Nettowerten oder Bruttowerten eines
Mietspiegels zu gelangen, müssen Betriebskosten heraus- bzw. hinzugerechnet werden.
Dabei geht der Streit dahin, ob die pauschal ermittelten durchschnittlichen Betriebskosten laut Mietspiegel oder die konkreten Betriebskosten für die entsprechende Wohnung berücksichtigt werden müssen, wobei bei den konkreten Betriebskosten der Streit
weiter dahingeht, ob hier der Stichtag des Erhöhungsverlangens oder der der letzten
Mietanpassung maßgeblich ist. Die Denkansätze dazu sind vielfältig.

Konkrete Betriebskosten mit welchem Stichtag auch immer bei der Anwendung des 39
Mietspiegels zu berücksichtigen, würde in der Tat bedeuten, dass man Äpfel mit Birnen
vergleicht. Ein Mietspiegel gibt einen ortsüblichen Mietstatus wieder, es handelt sich um
pauschale Durchschnittswerte für eine Vielzahl von Wohnungen. Bei einer Bruttomiete
bezieht sich das folglich auch auf die Betriebskosten. In den Nettomietspiegel fließen
auch Bruttomieten ein. Dementsprechend muss das die Daten ermittelnde Institut auch
von Brutto zu Netto umrechnen und dabei ortsüblich **pauschale Betriebskosten** berücksichtigen. So ist das dementsprechend auch für die Berliner Mietspiegel 1998 und 2000
von GEWOS, Institut für Stadt-, Regional- und Wohnforschung GmbH aus Hamburg

geschehen. Bei der konkreten Anwendung des Nettomietspiegels zur Ermittlung einer Bruttomiete sind dementsprechend auch die pauschalen Betriebskosten zu berücksichtigen (vgl. LG Berlin, GE 1996, 1547; GE 1999, 378; NJW-RR 1999, 1169).
Die Berücksichtigung konkreter Betriebskosten bei der Ermittlung der Mietspiegelmiete führt im Übrigen zu der weiteren Problematik, dass in einer Vielzahl von Fällen gerade die Höhe der Betriebskosten zwischen den Mietvertragsparteien umstritten ist. Das Mieterhöhungsverlagen nach § 558 würde blockiert bzw. mit einer Vorfrage überlagert werden, was dem System des Erhöhungsverlangens widersprechen würde.

3.3.6 Energetischer Zustand

40 Nach der Regierungsbegründung werde in Zeiten steigenden Umweltbewusstseins auch der energetische Zustand einer Wohnung, insbesondere die Art der Energieversorgung und die Qualität der Wärmedämmung zunehmende Bedeutung erlangen. Über die Wohnwertmerkmale „Ausstattung" und „Beschaffenheit" könne er auch bei der Bildung der Vergleichsmiete berücksichtigt werden. Im Interesse der Förderung energieeinsparender Investitionen sei dies auf jeden Fall wünschenswert. Das sind programmatische Anmerkungen, die sicher aber tatsächlich bei der Feststellung der ortsüblichen Vergleichsmiete im Rahmen des Zustimmungsverlangens Bedeutung erlangen werden.

3.3.7 Geförderter Wohnraum

41 Nach § 558 Abs. 2 Satz 2 ist bei der Vergleichsmietenbetrachtung Wohnraum, bei dem die Miethöhe durch Gesetz oder im Zusammenhang mit einer Förderzusage festgelegt worden ist, nicht zu berücksichtigen. Damit sind alle Wohnungen gemeint, die nicht preisgebunden sind, also auch Wohnungen des Dritten Förderwegs. Hier sind öffentliche Mittel geflossen, die im Rahmen der entsprechenden öffentlich-rechtlichen Abrede mit dem Eigentümer/Vermieter auch zur Mietenbegrenzung führen.

4. § 558 Abs. 3 – Kappungsgrenze

42 Die so genannte Kappungsgrenze (das Wort ist jetzt erstmalig in das Gesetz aufgenommen worden) ist mit Wirkung vom 1.1.1983 durch das Gesetz zur Erhöhung des Angebots an Mietwohnungen (BGBl. 1982, I 1912) eingeführt worden und dient als weiteres (Preisbindungs-)Instrument zur Regulierung der Mietentwicklung, vor allem zum Schutz vor abrupten Mietsteigerungen. Sie gibt neben der Beschränkung auf die ortsübliche Vergleichsmiete eine zusätzliche Begrenzung. Der Vermieter kann jedenfalls nicht mehr als die ortsübliche Vergleichsmiete verlangen; ergibt die Anwendung der Kappungsgrenze eine niedrigere Miete, kann nur diese verlangt werden, wird die ortsübliche Vergleichsmiete „gekappt".
Die Kappungsgrenze beträgt ab 1.9.2001 20 %. Der Gesetzgeber meinte, Mieterhöhungen im Rahmen der bis dahin geltenden Kappungsgrenze von 30 % könnten, insbesondere bei Haushalten mit niedrigem Einkommen, die häufig in preiswerten Wohnungen wohnen, zu Härten führen. Um diese Härten abzumildern, wurde die Kappungsgrenze auf 20 % abgesenkt. Das sei insoweit Ausdruck der Sozialpflichtigkeit des Eigentums, Art. 14 Abs. 2 GG. Die politische Diskussion um diesen Punkt ist mit dem In-Kraft-Treten der Mietrechtsreform erst einmal beendet und braucht im juristischen Bereich nicht weiter geführt zu werden.

Beispiel:
Die vereinbarte Miete beträgt seit drei Jahren 500 EUR. Die ortsübliche Vergleichsmiete liegt zum maßgeblichen Zeitpunkt des Zugangs des Mieterhöhungsverlangens bei 700 EUR. Die gekappte Miete liegt bei 650 EUR (500 EUR x 30 %). Der Vermieter kann daher nur eine Mieterhöhung auf 650 EUR verlangen.

Noch ein Beispiel:
Läge die ortsübliche Vergleichsmiete nur bei 600 EUR, könnte nur eine Erhöhung der Miete auf die ortsübliche Vergleichsmiete von 600 EUR verlangt werden.

Das Beispiel zeigt deutlich den Sinn der Kappungsgrenze, die die abrupte Mietsteigerung verhindern will. Denn die ortsübliche Vergleichsmiete wird normalerweise in drei Jahren nicht im beispielhaft angeführten Mietenniveau um 200 EUR steigen. Derartige Sprünge kommen jedoch dann vor, wenn der Vermieter über einen längeren Zeitraum keine Mieterhöhung vorgenommen hat oder wegen einer bestehenden Preisbindung nicht vornehmen konnte. Das geht nach dem Willen des Gesetzgebers zu Lasten des Vermieters. Verfassungsrechtliche Bedenken (Eigentumsgarantie des Art. 14 GG) mögen nicht ausgeräumt sein, greifen jedoch nach der Rechtsprechung des Bundesverfassungsgerichts (BVerfG, NJW 1986, 1669) nicht (vgl. im Einzelnen Börstinghaus in Schmidt-Futterer-Dietrich, § 2 MHG Rn. 184).

4.1 Anwendungsbereich

Die Kappungsgrenze gilt nur für Mieterhöhungen nach § 558. Daraus ergibt sich im 43 Umkehrschluss, dass Mietvereinbarungen bei Neuvermietungen nicht erfasst werden. Der Gesetzgeber hat im BGB eine entsprechende gesetzliche Regelung (vgl. für die Vergangenheit z.B. § 3 GVW-Berlin und Art. 2 § 2 MÜG für den Übergang von der Preisgebundenheit zur Miete nach MHG) nicht geschaffen. Bei einer Neuvermietung gelten allerdings § 5 WiStG bzw. § 302a StGB. Vom Sprachgebrauch her wird hier jedoch nicht von Kappung gesprochen.

§ 558 Abs. 3 erfasst nicht nur eine Miete, die nach BGB/MHG zustande gekommen ist. 44 Die Kappungsgrenze gilt deshalb auch beim Übergang vom preisgebundenen zum preisfreien Wohnraum (ganz allgemeine Meinung, z.B. Börstinghaus in Schmidt-Futterer, § 2 MHG Rn. 186; Beuermann, Miete und Mieterhöhung bei preisfreiem Wohnraum, § 2 MHG Rn. 55a; OLG Hamm, NJW-RR 1990, 12330 = ZMR 1990, 375 = WuM 1990, 334). Daraus folgt, dass die Kappungsgrenze auch für die erste Mieterhöhung nach Ende der Preisbindung (z.B. Ende der Preisbindung für öffentlich-geförderten Neubau im 1. Förderweg = Sozialbau) gilt, also Erhöhungen nach § 10 WoBinG erfasst sind (vgl. auch BayObLG, NJW 1984, 742 = GE 1984, 281). Maßgeblich ist auch der Dreijahreszeitraum vor der Mieterhöhung nach § 558, nicht also die letzte Kostenmiete vor Beendigung der Preisbindung (LG Berlin, GE 1996, 1371).

Die Kappungsgrenze erfasst nicht Erhöhungen nach Modernisierungen (§ 559) oder 45 aufgrund von Betriebskostenänderungen (§ 560). Mieterhöhungen während der Preisbindung, die materiell vergleichbar sind, scheiden bei der Berechnung ebenfalls aus (LG Berlin, GE 1996, 1371).

46 Die Kappungsgrenze findet für die Entschädigung in Höhe der ortsüblichen Miete nach § 546a Abs. 1 keine Anwendung. Insofern handelt es sich auch nicht um eine § 558 vergleichbare Mieterhöhung. Dem Vermieter steht vielmehr die entsprechende Nutzungsentschädigung von vornherein ohne ausdrückliche Geltendmachung zu (BGH, GE 1999, 1122 = NZM 1999, 803).

4.2 Berechnung der Kappungsgrenzen

47 Wie auch sonst in § 558 ist zur Kappungsgrenze allgemein von Miete die Rede. Die Ausgangsmiete ist mithin unabhängig von der jeweiligen Mietstruktur festzulegen. Miete ist also entweder die vereinbarte Brutto- oder Nettomiete. Bei der Inklusivmiete sind also nicht zur Berechnung der Kappungsgrenze von 20% Betriebskostenanteile abzuziehen. Auf der anderen Seite sind bei einer vereinbarten Nettomiete die Betriebskostenvorauszahlungen nicht hinzuzurechen (ganz allgemeine Meinung: z.B. Beuermann, a.a.O., § 2 MHG Rn. 55; Börstinghaus in Schmidt-Futterer, § 2 MHG Rn. 208; Lammel, a.a.O., § 2 MHG Rn. 67; LG Hannover, WUM 1992, 136; für die [wohl zu vernachlässigende] Gegenmeinung vgl. Blank, WUM 1993, 503 [505]; der bei Lammel zitierte Rechtsentscheid des OLG Hamm, ZMR 1993, 112 = GE 1993, 151 ist vorliegend nicht einschlägig, beschäftigt sich nur allgemein mit dem Mietzinsbegriff des § 2 MHG).

48 Das Gesetz spricht von einem Zeitraum von drei Jahren, innerhalb dessen sich die Miete nicht um mehr als 20% erhöht hat. Daher kommt es nicht auf die Miete zum Stichtag des Beginns der Dreijahresfrist an, sondern auf die niedrigste Miete innerhalb des Dreijahreszeitraumes (Beuermann, a.a.O., § 2 MHG Rn. 56 a; Emmerich/Sonnenschein, § 2 MHRG Rn. 28; OLG Celle, NJW-RR 1996, 331 = ZMR 1996, 194; Börstinghaus in Schmidt-Futterer, § 2 MHG Rn. 206; a.A. Lammel, a.a.O., § 2 MHG Rn. 62).
Bei der Feststellung der Dreijahresfrist wird rückwärts gerechnet, nämlich von dem Wirksamwerden des Erhöhungsverlanges gem. § 558a (vgl. Börstinghaus, a.a.O. § 2 MHG Rn. 198; Emmerich/Sonnenschein, § 2 MHG Rn. 28; OLG Celle [RE], NJW-RR 1996, 331 = GE 1996, 119). Insofern wird die Frist anders als bei der Feststellung der ortsüblichen Vergleichsmiete berechnet, bei der es auf den Zeitpunkt des Zugangs des Mieterhöhungsverlangens ankommt (BayObLG [RE], NJW-RR 1993, 202 = DWW 1993, 17). Dasselbe gilt für die Berechnung der Wartefrist (BGH [RE], NJW 1993, 2109 = GE 1993, 799 = ZMR 1993, 453).

49 Es kommt auf die zu dem Zeitpunkt rechtlich wirksam vereinbarte Miete nicht auf die tatsächlich gezahlte an. Dabei bleiben zunächst Mietminderungen aufgrund der Gewährleistungsregeln außer Betracht (OLG Hamburg, NJW-RR 1996, 908 = ZMR 1996, 317). Bei dem Verstoß gegen gesetzliche Vorschriften (Preisbindungsvorschriften, aber auch Verstöße gegen § 5 WiStG bzw. § 302a StGB) kommt es auf die rechtlich geschuldete Miete an (vgl. dazu im einzelnen Börstinghaus, a.a.O., § 2 MHG Rn. 205). Wirksame Vereinbarungen der Parteien zur Herabsetzung der Miete unabhängig von zuvor vereinbarten Mieterhöhungen nach § 558 sind bei der Kappungsgrenze zu berücksichtigen.

50 Streitig ist die Frage, ob und welche Zuschläge zur Berechnung der Kappungsgrenze von der zu zahlenden Miete abgerechnet bzw. herausgerechnet werden müssen. Überwiegend wird die Ansicht vertreten, dass derartige Zuschläge (z.B. für Gartennutzung, Stellplatz-

nutzung, Garage, Untermiete, teilgewerbliche Nutzung, Möblierung) nicht herausgerechnet werden dürfen, da es sich lediglich um unselbständige Bestandteile einer einheitlichen Miete handele (vgl. Börstinghaus in Schmidt-Futterer, § 2 MHG Rn. 209; Schultz in Bub/Treier, III A 353; AG Hamburg, WUM 1992, 257 für Untermietzuschlag). Das soll nur dann nicht gelten, wenn es erst innerhalb der Dreijahresfrist zur Vereinbarung eines derartigen Zuschlags kommt, da es sich dann um die Vergütung für eine Mehrleistung handele. Eine Mindermeinung (Beuermann, a.a.O., § 2 MHG Rn. 55b f.) will diese gesondert berechneten Zuschläge nicht in die Berechnung der Kappungsgrenze einbeziehen. Eine differenzierende Meinung (Lammel, § 2 MHG Rn. 65) will Zuschläge (z.B. Möblierungszuschlag), die sich nicht auf die Nutzung des Wohnraums als solchen beziehen, bei der Berechnung der Kappungsgrenze nicht berücksichtigen.

Obergerichtliche Rechtsprechung existiert dazu ersichtlich nicht. Zur Beurteilung der Frage ist nach dem Zweck der Kappungsgrenze davon auszugehen, dass der Vermieter nicht durch eine Aufteilung der Miete unter Herausrechnen von Mietbestandteilen die Kappungsgrenze umgehen darf. Dabei ist das Entgelt für die Wohnraumausstattung von Sonder-/Mehrleistungen des Vermieters in Bezug auf das konkrete Mietverhältnisse abzugrenzen. Danach gehören Untermietzuschläge, Zuschläge für teilgewerbliche Nutzung zu Nebenleistungen, die nicht zur Berechnung der Kappungsgrenze einbezogen werden können. Auf der anderen Seite gehören z.B. ein hochwertiger Teppichboden oder eine besondere Ausstattung der Küche mit hochwertigen Elektrogeräten zur Ausstattung der Wohnung und können nicht unter Berechnung bestimmter Zuschläge aus der Miete „herausgerechnet werden". Die besondere Ausstattung der Wohnung ist vielmehr nur bei der Ermittlung der ortsüblichen Vergleichsmiete zu berücksichtigen. Bei einer Möblierung und einem besonders vereinbarten Möblierungszuschlag ist zwischen Küchenausstattung und anderweitiger Möblierung der Wohnung zu unterscheiden. Während die Küchenausstattung (z.B. Einbauküchen mit Elektrogeräten) oftmals (auch regional unterschiedlich) zur Ausstattung der Wohnung gehört, stellt eine anderweitige Möblierung der Wohnung eine nicht übliche Mehr-/Sonderleistung des Vermieters dar.

Dass der Gesetzgeber im Übrigen Entgelte für die Vermietung von Räumen und damit verbundene Nebenleistungen unterscheidet, ergibt sich im Übrigen aus § 5 Abs. 1 WiStG. Hier wird ausdrücklich zur Beurteilung einer Mietpreisüberhöhung zusammengerechnet (während in § 558 davon nicht die Rede ist).

Die Trennung zwischen Wohnraumentgelt und Nebenleistung führt auch dazu, dass die 51 jeweiligen Mieterhöhungen gesondert beurteilt werden müssen, was sich auch auf die Berechnung der Kappungsgrenze bezieht. Die Ansicht, Ausgangsmiete für die Erhöhung des Zuschlags sei im Rahmen der Berechnung der Kappungsgrenze die gesamte Miete (z.B. Beuermann, a.a.O., § 2 MHG Rn. 55c) erscheint inkonsequent. Die isolierte Erhöhung von Wohnraum- und Zuschlag für Sonderleistungen hat nichts mit der Frage zu tun, ob im Hinblick auf die Einheitlichkeit des Mietverhältnisses die Sonderleistung (z.B. Garagenmiete) isoliert gekündigt werden kann.

Nach § 558 Abs. 3 sind Mieterhöhungen nach den §§ 559–560 nicht zu berücksichtigen. Aus dem Zusammenhang ergibt sich, dass bei der Berechnung der Kappungsgrenze nur von diesen bestimmten Mieterhöhungen abzusehen ist, die während der Dreijahresfrist erfolgt sind (Emmerich/Sonnenschein, § 2 MHG Rn. 30; LG Berlin, GE 1998, 358).

Mieterhöhungen nach §§ 559–560 vor dem Dreijahreszeitraum sind Bestandteil der Ausgangsmiete zur Berechnung der Kappung.

52

> **Beispiele** (altes Recht nach MHG)
> 1. Mieterhöhung zum 1.2.2001
>
> | | |
> |---|---|
> | Miete per 1.2.1998 | 1 250 DM |
> | Mieterhöhung per 1.1.1999 § 3 MHG | 200 DM |
> | Miete per 1.1.1999 | 1 450 DM |
>
> Kappungsgrenze   1 250 DM x 30 % = 375 DM 1 625 DM
>
> nicht zu berücksichtigender Modernisierungszuschlag nach
> § 3 MHG hinzuzurechnen   1 825 DM
> ortübliche Vergleichsmiete   1 900 DM
>
> Ergebnis: Die Miete kann auf 1 825 DM erhöht werden.
>
> 2. Mieterhöhung zum 1.2.2001
>
> | | |
> |---|---|
> | Miete per 31.12.1995 | 1 050 DM |
> | Mieterhöhung zum 1.1.1996 nach § 4 MHG | 200 DM |
> | Miete per 1.2.1998 | 1 250 DM |
>
> Berechnung der Kappungsgrenze   1 250 DM x 30 % = 375 DM 1 625 DM
> ortsüblich Vergleichsmiete   1 900 DM
> Mieterhöhung per 1.1.2001 nur möglich
> auf   1 625 DM

In beiden Beispielen ist ein formelles Mieterhöhungsverfahren nach § 3 MHG a.F. durchgeführt worden. Der Vermieter muss dies jedoch nicht tun. Er hat vielmehr ein Wahlrecht und er kann entweder nach § 559 den Modernisierungszuschlag verlangen oder die Zustimmung für eine Mieterhöhung nach § 558 geltend machen, wobei er die modernisierte Wohnung zugrunde legt. Er kann auch kombinieren, indem er einerseits den Modernisierungszuschlag nach § 559 verlangt und andererseits das Zustimmungsverfahren nach § 558 betreibt, wobei er hier jedoch die nicht modernisierte Wohnung zugrunde zu legen hat. In einem solchen Fall berechnet sich die Kappung dann nach der Miete für die unmodernisierte Wohnung. Betreibt der Vermieter das Mieterhöhungsverfahren nach § 558 für die modernisierte Wohnung, ohne eine formelle Mieterhöhung nach § 560 geltend zu machen, gilt für die Berechnung der Kappungsgrenze Folgendes (vgl. OLG Hamm [RE], GE 1993, 155 = ZMR 1993, 161 = NJW-RR 1993, 399): Es sind der Miete für die unmodernisierte Wohnung die materiell-rechtlich nach § 559 umlagefähigen Modernisierungskosten auszuklammern und sodann der sich aus der anhand der unmodernisierten Wohnung errechneten gekappten Mieterhöhung hinzuzurechnen.

Beispiel (Zahlen aus dem Rechtsentscheid des OLG Hamm):
Miete für die unmodernisierte Wohnung   228,48 DM

Berechnung der Kappung   228,48 DM x 30 % = 68,54 DM   297,02 DM
zuzüglich möglicher Modernisierungszuschlag   91,67 DM
                                                                                          388,69 DM

Voraussetzung ist allerdings, dass mit der Summe von 388,69 DM nicht die ortsüb iche Vergleichsmiete überschritten wird, die die Obergrenze für § 558 festlegt. In dem dem Rechtsentscheidung zugrunde liegenden Fall betrug die ortsübliche Vergleichsmiete nach dem verbesserten Standard für Wohnungen mit Sammelheizung und Bad 375,10 DM. Demgemäß konnte (und sollte) die Miete auch nur auf diesen Betrag angehoben werden (vgl. auch LG Berlin, GE 2001, 279).

Dasselbe Problem könnte sich bei Betriebskostenerhöhungen stellen. Hier ist der Ver-   53
mieter berechtigt, nach § 560 eine Mieterhöhung wegen gestiegener Betriebskosten auszusprechen (vgl. zur Übergangsregelung Art. 229 § 3 Abs. 4 EGBGB). Auf der anderen Seite kann er auch nur nach § 558 vorgehen, wobei die ortsübliche Vergleichsmiete für die vereinbarte Bruttokaltmiete auch gestiegene Betriebskosten erfasst. Hier müsste der Vermieter einen Betriebskostenstatus für die Grenzen des Dreijahreszeitraumes für die Berechnung der Kappungsgrenze darstellen, um materiell-rechtlich begründete Betriebskostenerhöhungen aufzuzeigen. Diese könnten dann aus dem Rechtsgedanken des Rechtsentscheides des OLG Hamm (a.a.O.) bei der Berechnung der Kappungsgrenze ausgegrenzt, später wieder hinzugefügt werden.

Vereinbarte Mieterhöhungen nach § 557 können dann nicht auf die Kappungsgrenze   54
angerechnet werden, wenn sie auf Mieterhöhungen i.S. der §§ 559–560 basieren. Hier muss entsprechend dem Ziel des Rechtsentscheides des OLG Hamm nach dem Sinn der Kappungsgrenzenregelung, nicht auf die formelle Ebene abgestellt werden (wie hier Beuermann, a.a.O., § 2 MHG Rn. 59b; Emmerich/Sonnenschein, § 2 MHG Rn. 30; LG Frankfurt, ZMR 1997, 474; Lammel, a.a.O., § 2 MHG Rn. 63; a.A. Börstinghaus in Schmidt-Futterer, § 2 MHG R. 214; Sternel, Mietrecht, III Rn. 692 sowie einzelne Amtsgerichte).

Wie schon angeführt, gilt die Kappungsgrenze für Neuvermietungen nicht; hier findet   55
§ 559 ohnehin keine Anwendung. Fraglich ist, ob der Neuabschluss eines Mietvertrags zwischen denselben Parteien bzw. Rechtsnachfolgern über § 566 über dieselbe Wohnung genau so zu behandeln ist, formal-rechtlich ist es eine Neuvermietung. Börstinghaus in Schmidt-Futterer, § 2 MHG Rn. 215) möchte für derartige Fälle die durch den Neuabschluss eines Mietvertrags verursachte Mietsteigerung auf die Kappungsgrenze für zukünftige Mieterhöhungen anrechnen, weil das Gesetz nicht auf den aktuell bestehenden Vertrag abstelle, sondern auf die in den letzten drei Jahren gezahlte Miete. Diese Konstruktion dürfte rechtlich nicht haltbar sein, denn die Mietvertragsparteien haben sich im Rahmen der Privatautonomie auf ein neues Mietverhältnis geeinigt, für den die Kappungsgrenze nicht gilt (was auch Börstinghaus, a.a.O., so sieht). Es stellt sich jedoch die

Frage nach der Umgehung der Regelung des § 558 mit der Kappungsgrenze, so dass nur die Anwendung der Vorschriften der §§ 242, 138 BGB dazu führen kann, dass der Vermieter eine spätere Mieterhöhung nur im Rahmen der Kappungsgrenzen geltend machen kann.

56 Beim Übergang vom preisgebundenen zum preisfreien Wohnraum gilt die Kappungsgrenze. Der Dreijahreszeitraum bezieht sich auf die geschuldete Kostenmiete zu dem betreffenden Zeitpunkt (vgl. Börstinghaus in Schmidt-Futterer, § 2 MHG Rn. 217 mit weiteren Rechtsprechungsnachweisen, z.B. LG Berlin, NJW-RR 1996, 1415 = GE 1996, 1371). Mieterhöhungen während der Preisbindung, die den Tatbeständen der §§ 559–560 entsprechen, werden bei der Berechnung der Kappung nicht berücksichtigt (vgl. Börstinghaus, a.a.O., § 2 MHG Rn. 218; Beuermann, a.a.O., § 2 MHG Rn. 61; LG Berlin, GE 1996, 1371). Allerdings müssen auch wie zu §§ 559–560 entsprechende Mieterhöhungen nach den Vorschriften des Wohnungsbindungsgesetzes, der Neubaumietenverordnung unter Berücksichtigung der II. BV vorgenommen worden sein (vgl. für gestiegene Kapitalkosten LG Berlin, GE 1996, 1371 = NJW-RR 1996, 1415); die nur materielle Berechtigung zu einer Mieterhöhung reicht nicht aus und kann auch nicht im Mieterhöhungsverlangen nach § 558 zur Berechnung der Kappungsgrenze nachgeholt werden (a.A. offenbar Beuermann, a.a.O., § 2 MHG Rn. 61).
In den neuen Bundesländern gilt die Kappungsgrenze jetzt ohne Besonderheiten.

### 5.	§ 558 Abs. 4 – Kappungsgrenze nach Ende der Preisbindung

57 Die Regelung entspricht in sprachlicher Abwandlung inhaltlich dem bisherigen § 2 Abs. 1a MHG. Danach gilt die Kappungsgrenze des § 558 Abs. 3 für bestimmte Mieter bis zu einer bestimmten Höhe in bisher preisgebundenen Wohnungen nach Auslaufen der Förderung nicht. Im Einzelnen:
– Es muss sich um öffentlich geförderte Wohnungen im Sinne von § 1 WoBindG handeln.
– Der Mieter war zur Zahlung einer Ausgleichsabgabe (Fehlbelegungsabgabe) nach § 1 AFWOG verplichtet.
– Die Eigenschaft der öffentlichen Förderung der Wohnung ist weggefallen, §§ 15 bis 17 WoBindG.
– Die Entrichtungspflicht für die Fehlbelegungsabgabe ist entfallen, § 7 Abs. 1 Nr. 1 AFWOG.

Nach § 558 Abs. 4 kann die Miete bis zur Höhe der Fehlbelegungsabgabe des Mieters angehoben werden, ohne das die Kappungsvorschriften Anwendung finden. Voraussetzung bleibt, dass die ortsübliche Vergleichsmiete über der Grenze der bisherigen Zahlungen (preisgebundene Miete zuzüglich Ausgleichszahlung, LG Berlin, MM 1997, 359) liegt.

Da der Vermieter im Zweifel die Verpflichtung des Mieters nach AFWOG nicht kennt, muss ihm der Mieter Auskunft nach § 558 Abs. 4 Satz 2 erteilen, die notfalls gerichtlich durchgesetzt werden kann. Der Mieter macht sich schadensersatzpflichtig bei einer verspäteten bzw. fehlerhaften Auskunft (vgl. im Einzelnen Lammel, a.a.O., § 2 MHG Rn. 86).

6. § 558 Abs. 5 - Anrechnung von Drittmitteln

Die Regelung enthält die bisher in § 2 Abs. 1 Satz 2 MHG geregelte Anrechnung von 58 Drittmitteln.

Der Vermieter, der für die Modernisierung der Wohnung Drittmittel im Sinne von § 559a in Anspruch nimmt, soll nicht noch darüber hinaus die Mieterhöhung nach § 558 für die modernisierte Wohnung in Anspruch nehmen können. Die Drittmittel werden daher angerechnet, wobei nach dem bisherigen Sprachgebrauch des § 2 MHG immer vom Abzug von Kürzungsbeträgen gesprochen wird. Diese kaum verständliche Wortfindung gibt es jetzt in § 558 Abs. 5 nicht mehr.

Voraussetzung für den Abzug ist, dass der Vermieter bei der Mieterhöhung nach § 558 bereits die modernisierte Wohnung berücksichtigt. Wählt er die Mieterhöhung nach § 559, ist dort die Anrechnung der Drittmittel nach § 559a vorzunehmen.

Der Gesetzgeber der Mietrechtsreform hat die bisherigen Streitigkeiten über die Dauer 59 und über den Umfang der Anrechnung bei öffentlich-rechtlicher Verpflichtung des Vermieters zur Einhaltung eines bestimmten Mietenniveaus, das unterhalb der bisherigen, nicht auf die ortsübliche Vergleichsmiete erhöhten Miete liegt, nicht bereinigt. Daher gilt hierzu die bisherige Rechtsprechung zur Anrechnung von Kürzungsmitteln:

Bei der Inanspruchnahme von öffentlichen Mitteln gilt die Anrechnungspflicht nur für den Zeitraum der öffentlich-rechtlichen Bindung, hierbei allerdings nicht nur für eine einmalige Mieterhöhung nach § 558. Eine Anrechnungspflicht auf Dauer würde gegen Art. 14 GG verstoßen (LG Berlin, GE 1997, 239 f.; Beuermann, a.a.O., § 2 MHG Rn. 64c unter Hinweis auf vereinzelt gebliebene andere Ansichten).

Für den Erwerber einer geförderten Wohnung besteht die Anrechnungspflicht nicht (KG [RE], NZM 1998, 107 = GE 1997, 1221 = ZMR 1997, 638; BGH, NJW 1998, 445 [447] = GE 1997, 1521) – es sei denn, er hat sich mietvertraglich zur Übernahme der Verpflichtung des Veräußerers verpflichtet.

Kürzungsbeträge für öffentliche Fördermittel sind bei einem Mieterhöhungsverlangen nur dann zu berücksichtigen, wenn der Vermieter im laufenden Mietverhältnis mit öffentlichen Mitteln modernisiert hat, nicht aber bei der Vermietung einer bereits modernisierten Wohnung (LG Berlin [ZK 65], GE 1997, 238 [239]; LG Berlin [ZK 62], GE 2001, 210).

Verpflichtet sich der Vermieter im Rahmen der öffentlich-rechtlichen Förderung nur eine Miete zu verlangen, die die Fördermittel berücksichtigt und damit anrechnet (ohne dass die Wohnung dadurch preisgebunden im Sinne der NMV/des WoBindG wird), kommen die Mittel dem Mieter schon zu gute, würde eine Anrechnung von Kürzungsmitteln nach § 558 Abs. 5 zu einer quasi doppelten Anrechnung führen. In diesem Fall kann der Vermieter die Miete ohne Kürzungsmittel nach § 558 erhöhen (und wird dabei überwiegend noch unter Berücksichtigung der Kappungsgrenze unterhalb der ortsüblichen Vergleichsmiete liegen – vgl. beispielsweise LG Berlin [ZK 62], GE 1997, 239 [240]).

7. § 558 Abs. 6

Die Regelung stimmt mit der bisherigen Rechtslage überein, dass eine abweichende 60 Vereinbarung zum Nachteil des Mieters unwirksam ist.

§ 558a Form und Begründung der Mieterhöhung

(1) Das Mieterhöhungsverlangen nach § 558 ist dem Mieter in Textform zu erklären und zu begründen.

(2) Zur Begründung kann insbesondere Bezug genommen werden auf

1. einen Mietspiegel (§§ 558c, 558d),
2. eine Auskunft aus einer Mietdatenbank (§ 558e),
3. ein mit Gründen versehenes Gutachten eines öffentlich bestellten und vereidigten Sachverständigen,
4. entsprechende Entgelte für einzelne vergleichbare Wohnungen; hierbei genügt die Benennung von drei Wohnungen.

(3) Enthält ein qualifizierter Mietspiegel (§ 558d Abs. 1), bei dem die Vorschrift des § 558d Abs. 2 eingehalten ist, Angaben für die Wohnung, so hat der Vermieter in seinem Mieterhöhungsverlangen diese Angaben auch dann mitzuteilen, wenn er die Mieterhöhung auf ein anderes Begründungsmittel nach Absatz 2 stützt.

(4) [1]Bei der Bezugnahme auf einen Mietspiegel, der Spannen enthält, reicht es aus, wenn die verlangte Miete innerhalb dieser Spanne liegt. [2]Ist in dem Zeitpunkt, in dem der Vermieter seine Erklärung abgibt, kein Mietspiegel vorhanden, bei dem § 558c Abs. 3 oder § 558d Abs. 2 eingehalten ist, so kann auch ein anderer, insbesondere ein veralteter Mietspiegel oder ein Mietspiegel einer vergleichbaren Gemeinde verwendet werden.

(5) Eine zum Nachteil des Mieters abweichende Vereinbarung ist unwirksam.

1. Form des Mieterhöhungsverlangens – Abs. 1

1 Die Vorschrift entspricht in etwas geänderter Form dem früheren § 2 Abs. 2 Satz 1 MHG.

Bei einem Mieterhöhungsverlangen ist das HaustürWG (ab 1.1.2002: § 312 BGB i.d.F. des SchuldRModG) nicht anwendbar. Geht jedoch der Vermieter oder jemand in seiner Vollmacht in die Wohnung des Mieters, um von ihm die Zustimmung zu einer Mieterhöhung nach § 558 zu erhalten, gibt der Mieter die Zustimmung, so handelt der Vermieter als Unternehmer bei der Vermietung von Wohnungen geschäftsmäßig, das HaustürWG ist anwendbar (OLG Hamm [RE], NJW 1994, 1418). Eine Anwendung kommt nur dann nicht in Betracht, wenn der Vermieter so genannter Kleinvermieter mit einer einzigen Wohnung ist.

Aus dem Zusammenhang mit § 558 Abs. 1 ergibt sich, dass der **Vermieter** das Mieterhöhungsverlangen zu **erklären** und zu **begründen** hat. Wer Vermieter ist, richtet sich nach den allgemeinen Grundsätzen (vgl. § 535 Rn. 8 ff.). Der Vermieter kann sich bei der Abgabe des Mieterhöhungsverlangens auch vertreten lassen. Auch insofern gelten hier die allgemeinen Grundsätze, die zu § 535 beschrieben werden. Auf der anderen Seite ist das Verlangen **dem Mieter zu erklären**. Wer Mieter ist, bestimmt sich nach dem Mietvertrag. Demgemäß ist bei einer Personenmehrheit das Verlangen **an alle Mieter** zu richten (OLG Hamm [RE], NJW 1984, 244). Das gilt auch für den Fall, dass der eine oder andere Mitmieter aus der Wohnung ausgezogen ist, ohne dass das Mietverhältnis mit ihm beendet worden wäre (BayObLGE [RE], ZMR 1983, 247). Die Grundsätze für allgemeine Vertretungsklauseln gelten auch in diesem Zusammenhang (vgl. dazu § 542 Rn. 8 ff.).

Anstelle des früheren § 8 MHG ist jetzt die Textform getreten. Nach dem ab 1.8.2001 **2** geltenden Gesetz zur Anpassung der Formvorschriften des Privatrechts und anderer Vorschriften an den modernen Rechtsgeschäftsverkehr (BGBl. I, 1542 vom 13.7.2001) gilt § 126b in neuer Fassung. Ist danach durch Gesetz Textform vorgeschrieben, so muss die Erklärung in einer Urkunde oder auf andere zur dauerhaften Wiedergabe in Schriftzeichen geeignete Weise abgegeben werden, die Person des Erklärenden genannt und der Abschluss der Erklärung durch Nachbildung der Namensunterschrift oder anders erkennbar gemacht werden. Danach kann die Textform durch die Schriftform der §§ 126, 126a erfüllt werden, aber auch durch Telefax, Telex, Teletext oder E-Mail.

Im Hinblick auf § 550 ist allerdings anzuraten, weiterhin die Schriftform des § 126 ein- **3** zuhalten. Mietverträge mit einer Laufzeit von mehr als einem Jahr bedürfen nämlich der schriftlichen Form. Erklärt demgemäß der Vermieter in Zukunft ein Mieterhöhungsverlangen z.B. per E-Mail, mag das nach § 558a Abs. 1 formwirksam sein. Stimmt der Mieter einem solchen Erhöhungsverlangen aber zu, so ist das Gebot der Schriftlichkeit nach § 550 nicht mehr gewahrt und es kann der Mietvertrag gekündigt werden. Denn ein wesentlicher Inhalt des Mietvertrags ist verändert worden (vgl. zu diesem Problem § 550 Rn. 4). Auch im Hinblick auf den Beweis des Zugangs des Mieterhöhungsverlangens ist davor zu warnen, sich anderer Formen als der Schriftlichkeit zu bedienen.

Das Mieterhöhungsverlangen muss wie bisher begründet werden. Dazu gibt es in Abs. 2 Einzelvorschriften für die Begründungsmittel.

2. Begründung der Mieterhöhung – Abs. 2

Um **Missverständnissen** sogleich **vorzubeugen**: **4**

Die Begründung des Mieterhöhungsverlangens nach § 558 mit einem der Begründungsmittel des § 558a Abs. 2 ist Voraussetzung für ein ordnungsgemäßes Mieterhöhungsverlangen. Wird das Mieterhöhungsverlangen nicht begründet, ist es unwirksam und nicht geeignet, überhaupt Grundlage für ein Zustimmungsverfahren nach § 558b Abs. 2 (Klageverfahren) zu sein.

Die **Begründung des Mieterhöhungsverlangens** ist von der Frage **zu unterscheiden**, ob die **Klage auf Zustimmung** zur begehrten Mieterhöhung **begründet ist**. Das richtet sich nach den Grundsätzen des Klageverfahrens und damit nach den Beweismitteln der Zivilprozessordnung. Das Gericht ist nicht an das Begründungsmittel des Mieterhöhungsverlangens gebunden, sondern gewinnt seine Überzeugung nach § 286 ZPO unter Berücksichtigung des gesamten Inhalts der Verhandlungen und des Ergebnisses einer etwaigen Beweisaufnahme nach freier Überzeugung – diese Vorschrift wird durch das

Zivilprozessreformgesetz vom 27.7.2001 (BGBl. 2001 I, 1887 ff.) nicht berührt. Der Begriff der Begründung hat also in § 558a und im Klageverfahren verschiedene Bedeutung.

5 Die Begründungsmittel sind in § 558a erstmalig katalogartig aufgeführt, was der besseren Übersichtlichkeit dienen soll (vgl. die regierungsamtliche Begründung):

6 – **Mietspiegel**
Die Definition des Mietspiegels ergibt sich aus § 558c und § 558d für den qualifizierten Mietspiegel. Es handelt sich also um eine Übersicht über die ortsübliche Vergleichsmiete, soweit die Übersicht von der Gemeinde oder von Interessenvertretern der Vermieter und Mieter gemeinsam erstellt oder anerkannt ist, wobei der qualifizierte Mietspiegel nach anerkannten wissenschaftlichen Grundsätzen erstellt wird. Ein Mietspiegel ist also gemeindebezogen. Selbst wenn ein Mietspiegel nach § 558c Abs. 2 für mehrere Gemeinden oder für Teile von Gemeinden erstellt wird, müssen die Daten für die einzelne Gemeinde, in der die Wohnung liegt, identifizierbar sein – es sei denn, das Mietenniveau ist ersichtlich für die Gemeinden, die für einen Mietspiegel zusammengefasst worden sind, „identisch" (vgl. dazu die weitere Kommentierung zu § 558c).
Es reicht die Bezugnahme auf einen Mietspiegel, der allerdings dem Mieter zugänglich sein muss, der also veröffentlicht, an alle Haushalte verteilt oder ansonsten bei der Gemeinde abrufbar ist. Der Vermieter muss also den Mietspiegel nicht beifügen. Das Mieterhöhungsverlangen muss allerdings so konkret sein, dass der Mieter anhand der Angaben des Vermieters in der Lage ist, den Mietwert seiner Wohnung wiederzufinden. Daher empfiehlt es sich für den Vermieter, die Datenübersicht des betreffenden Mietspiegels mit seinen Rasterfeldern beizufügen und das entsprechende Feld für die Wohnung anzukreuzen. Dadurch wird es dem Mieter möglich, die Wertung des Vermieters gedanklich nachzuvollziehen (vgl. Beuermann, Miete und Mieterhöhung bei preisfreiem Wohnraum, § 2 MHG Rn. 89).
Das Ankreuzen birgt naturgemäß die Gefahr, dass aus Versehen ein falsches Rasterfeld angekreuzt wird. Ist es dem Mieter dennoch ohne große Mühe möglich, zu erkennen, von welchen Daten der Vermieter ausgeht, ist das Mieterhöhungsverlangen nicht deshalb unwirksam (vgl. LG Berlin, GE 1989, 1121).
Handelt es sich um eine Wohnung, für die ausreichend Daten nicht zur Verfügung gestanden haben, ist also ein entsprechendes Rasterfeld nicht vorhanden bzw. leer, kann auf den Mietspiegel nicht Bezug genommen werden. Der Vermieter darf nicht auf ein ähnliches Rasterfeld Bezug nehmen und sich auch nicht auf ein Mietspiegelfeld mit der nächstschlechteren Lage stützen (LG Berlin, GE 1993, 1157). In einem derartigen Fall muss er sich der anderen Begründungsmittel des § 558a Abs. 2 bedienen. Die bisherige Vorschrift des § 2 Abs. 2 Satz 2 2. Halbsatz MHG wird in § 558a Abs. 4 fortgeschrieben.
Bei der Bezugnahme auf einen Mietspiegel, der – wie üblich – Spannen enthält, reicht es also aus, wenn die verlangte Miete innerhalb der Spanne liegt, es bedarf also keiner Begründung wegen einer Abweichung vom Mittelwert des entsprechenden Mietspiegelfelds (vgl. LG Berlin, GE 1996, 1181).
Verwendet der Vermieter einen veralteten Mietspiegel, so ist ihm das unter den Voraussetzungen des § 558a Abs. 4 Satz 2 nicht verwehrt. Er kann dann aber nicht zum Ausgleich einer entsprechenden Entwicklung der ortsüblichen Vergleichsmiete einen so

genannten **Alterungszuschlag** aufschlagen (vgl. OLG Hamburg [RE], ZMR 1983. 135; OLG Stuttgart [RE], NJW 1982, 945), denn dies würde einer unzulässigen Schätzung entsprechen, nicht auf konkret erhobenen Daten beruhen.

– **Mietdatenbank**   7

Dieses Begründungsmittel ist neu, die Definition findet sich in § 558e (zu den Einzelheiten zu dieser bisher nur in Hannover geführten Datei vgl. die dortige Kommentierung). Bisher wurden mit der Auskunft Vergleichswohnungen genannt, mit denen der Vermieter dann das Mieterhöhungsverlangen begründen konnte, was auch nach wie vor nach § 558a Abs. 2 Nr. 4 möglich ist. Wie die jetzige Auskunft aussehen soll, um dem Mieter gegenüber die Mieterhöhung zu begründen, ist offen. Auch in der Regierungsbegründung spürt man die Unsicherheit, wenn davon die Rede ist, dass mit der grundsätzlichen Verankerung der Mietdatenbank als Begründungsmittel der Anreiz für eine stärkere Verbreitung und Weiterentwicklung dieses Instruments geschaffen werden soll. Daher halte sich der Gesetzgeber für die Zukunft vor, das Instrument Mietdatenbank mit weiterreichenden Rechtsfolgen auszustatten, wenn die notwendigen praktischen Erfahrungen vorliegen. Weitere Vorgaben für die Auskunft macht das Gesetz nicht, so dass es ausreichen dürfte, wenn die Auskunft bestätigt, dass mit der Mieterhöhung die ortsübliche Vergleichsmiete für die konkrete Wohnung nicht überschritten wird. Da die Begründung des Mieterhöhungsverlangens für den Mieter auch nachvollziehbar sein muss, müsste die Auskunft darüber hinaus substanziiert sein und jedenfalls Vergleichsdaten mitliefern, die das allgemeine Mietenniveau für die konkrete Wohnung des Mieters wiedergeben.

– **Sachverständigengutachten**   8

Nach § 2 Abs. 2 Satz 3 MHG a.F. konnte bisher schon auf ein mit Gründen versehenes Gutachten eines öffentlich bestellten oder vereidigten Sachverständigen verwiesen werden. Jetzt muss es sich um einen öffentlich bestellten **und** vereidigten Sachverständigen handeln. Damit wird eine entsprechende Formulierung aus § 36 GewO übernommen.

Aus der Formulierung „mit Gründen versehenes Gutachten" ergibt sich, dass das schriftliche Gutachten substanziiert sein muss. Der Mieter muss aus dem Gutachten für seine konkrete Wohnung die ortsübliche Vergleichsmiete entnehmen können, so dass die „schlichte Behauptung" des Sachverständigen, die ortsübliche Vergleichsmiete betrage X Euro, nicht ausreicht. Die Begründung kann nur mit vergleichbaren Wohnungen und deren Miete vorgenommen werden. Allerdings ist beim Sachverständigengutachten als Begründungsmittel des § 558a die Identifizierung der einzelnen Vergleichswohnungen nicht notwendig (vgl. OLG Frankfurt [RE], NJW 1981, 2820; OLG Karlsruhe [RE], WuM 1983, 133).

Die Kosten des vorprozessualen Sachverständigengutachtens trägt der Vermieter (a.A.: LG Berlin, MM 1988, 366).

Die Kosten können auch nicht über § 91a ZPO als so genannte Vorbereitungskosten geltend gemacht werden, denn das Sachverständigengutachten macht das Mieterhöhungsverlangen überhaupt erst wirksam, dient nicht der Prozessvorbereitung (vgl. auch LG Berlin, GE 1980, 1016).

9 – **Vergleichswohnungen**

Wie schon bisher in § 2 Abs. 2 Satz 4 MHG kann der Vermieter sein Erhöhungsverlangen mit der Miete von Vergleichswohnungen begründen. Es bleibt auch dabei, dass die Benennung von drei Wohnungen ausreicht.

Es liegt in der Natur der Sache, dass die Vergleichswohnungen mit der konkreten Wohnung, für die die Miete erhöht werden soll, nicht identisch sind und daher auch nicht zu sein brauchen (BVerfG, NJW 1980, 1617), sie müssen jedoch hinsichtlich der Mietmerkmale vergleichbar sein (vgl. u.a. LG Berlin, GE 1995, 499). Wesentlich ist die Angabe des Quadratmeterpreises, der verglichen werden kann (BVerfG, a.a.O., 1618).

Die **Vergleichswohnungen** sollen grundsätzlich **in der selben Gemeinde** liegen, es sei denn, es können insofern nur mit unzumutbarem Aufwand Vergleichswohnungen genannt werden, dann darf auch auf eine Vergleichswohnung aus vergleichbaren Nachbargemeinden zurückgegriffen werden (BVerfG, WuM 1994, 136 = GE 1994, 211).

Der Vermieter ist berechtigt, Vergleichswohnungen aus dem **eigenen Bestand** zu benennen, selbst wenn sie im selben Haus wie die in der Miete zu erhöhende Wohnung liegen (OLG Frankfurt, ZMR 1984, 250 = GE 1984, 411; OLG Karlsruhe [RE], NJW 1984, 2167 = ZMR 1984, 311; LG Berlin, GE 1988, 729). Das rechtfertigt sich deswegen, weil es hier nicht – wie oben angeführt – um die Begründetheit des Mieterhöhungsverlangens, sondern „lediglich" um die Begründung des Mieterhöhungsverlangens geht. Der Mieter soll sich nur ein Bild über die ortsübliche Vergleichsmiete machen können, um zu entscheiden, ob er dem Zustimmungsbegehren nachkommt oder es auf einen Rechtsstreit ankommen lassen will.

Zur **inhaltlichen Vergleichbarkeit** gilt im Prinzip auch hier, dass „nur Äpfel mit Äpfeln und Birnen mit Birnen" verglichen werden können:

Die Mietstruktur der Vergleichswohnungen muss mit der streitgegenständlichen Wohnung identisch sein. Jedenfalls muss es dem Mieter möglich sein, je nach der Struktur seiner Miete (also Brutto- oder Nettomiete) die Miete der Vergleichswohnungen mit seiner Miete in Übereinstimmung zu bringen.

Gewerbemieten oder Mieten aus Mischmietverhältnissen, bei denen der Gewerberaumanteil überwiegt, scheiden zur Vergleichbarkeit aus.

Neubau- und Altbauwohnungen sind nicht vergleichbar (a.A. eine vereinzelt gebliebene Entscheidung LG Berlin, GE 1993, 95). Denn die Mietentwicklung läuft insofern unterschiedlich, wie z.B. die jeweiligen Mietspiegel im Land Berlin zeigen. Es mag sein, dass sich die Mietentwicklungen angleichen (in Berlin ist seit Ende der Preisbindung mehr als ein Jahrzehnt verstrichen), eine Altbaumiete wegen einer besseren Lage, Bausubstanz und dergleichen eine entsprechende Neubaumiete überholt. Das ist alles jedoch aus den reinen Zahlenwerten nicht zu entnehmen.

Ist die Miete einer der Vergleichswohnungen niedriger als die mit der Mieterhöhung verlangte Miete, ist das Verlangen nicht insgesamt unwirksam, vielmehr wird die Wirksamkeit nur auf den die niedrigste Vergleichsmiete übersteigenden Teil begrenzt (OLG Karlsruhe [RE], WuM 1984, 21). Das gilt auch dann, wenn der Vermieter nur drei Vergleichswohnungen benannt hat. Jedenfalls ist nicht aus allen Wohnungen eine Durchschnittsmiete zu bilden (BayObLGE, WuM 1984, 275 [276]). Hat der Vermieter mehr als drei Vergleichswohnungen benannt, ist dennoch die niedrigste Miete einer der Vergleichswohnungen maßgeblich (vgl. auch Börstinghaus in Schmidt-Futterer, § 2 MHG Rn. 449).

3. Vorrangigkeit des qualifizierten Mietspiegels – Abs. 3

Der qualifizierte Mietspiegel ist mit § 558d in der Mietrechtsreform neu eingeführt worden. Er soll eine gewisse Vorrangigkeit zu den übrigen Begründungsmitteln erreichen und den Vermieter zwingen, unter den Voraussetzungen des § 558a Abs. 3 jedenfalls Zahlen aus dem qualifizierten Mietspiegel mitzuteilen, auch wenn ein anderes Begründungsmittel, z.B. ein Sachverständigengutachten nach Abs. 2 Nr. 3, verwandt wird. Ob sich qualifizierte Mietspiegel durchsetzen werden, kann zum Politikum werden. Selbst wenn es eine Gemeinde nach § 558d Abs. 1 in der Hand hat, einen nach anerkannten wissenschaftlichen Grundsätzen erstellten Mietspiegel entsprechend anzuerkennen, kann es politisch nicht leicht sein, gegen das ausdrückliche Votum von Vermieter- oder Mieterseite derartiges durchzusetzen (vgl. für den bisherigen Berliner Mietspiegel GE 2001, 969). 10

Im Hinblick auf § 558d Abs. 3, wonach unter bestimmten Voraussetzungen vermutet wird, dass die im qualifizierten Mietspiegel bezeichneten Entgelte die ortsübliche Vergleichsmiete wiedergeben, wollte der Gesetzgeber einen die Miete erhöhenden Vermieter zwingen, entsprechende Angaben aus einem qualifizierten Mietspiegel dem Mieter mitzuteilen, wenn er die Mieterhöhung auf ein anderes Begründungsmittel, z.B. auf ein Sachverständigengutachten oder auf Vergleichswohnungen stützt. Voraussetzung ist jedoch, dass der qualifizierte Mietspiegel Angaben für die entsprechende Wohnung des Mieters enthält. Dieser Begriff ist insofern missverständlich, als ein Mietspiegel immer nur Vergleichsmieten hergeben kann. Die Vorschrift ist daher so zu verstehen, dass nach dem jeweiligen Aufbau des qualifizierten Mietspiegels die konkrete Wohnung, deren Miete erhöht werden soll, eingeordnet werden kann und für die Wohnung eine Vergleichsmiete ergibt. Das ist dann unproblematisch möglich, wenn der qualifizierte Mietspiegel für die bestimmte Wohnungskategorie klare Werte ergibt. Ist das entsprechende Feld unbesetzt, entfällt eine Angabe nach § 558a Abs. 3. Es gibt jedoch Felder, die zwar Werte enthalten, bei denen aber vermerkt ist, dass wegen der geringen Zahl erhobener Mietwerte nur eine bedingte Aussagekraft vorhanden ist (im Berliner Mietspiegel 1998 für die westlichen Bezirke z.B. bei einer Wohnung mit einer Wohnfläche unter 40 Quadratmetern in einfacher Wohnlage mit Baujahr 1973 bis 1983). Der Gesetzgeber schweigt dazu, ob dennoch diese Werte nach § 558a Abs. 3 mitgeteilt werden müssen. Da in einem derartigen Fall der Mietspiegel jedoch selbst die Bedenklichkeit der Werte festhält, kann nicht von einem einer Vermutung nach § 558d Abs. 3 rechtfertigenden Datenmaterial ausgegangen werden, so dass auch die Mitteilungspflicht des Vermieters nach § 558a Abs. 3 entfällt. 11

Rechtlich ist der Vermieter trotz der obligatorischen Angaben aus einem qualifizierten Mietspiegel nicht gehindert, sein Mieterhöhungsverlangen auf andere Begründungsmittel zu stützen. Er muss nur eben zwei ortsübliche Vergleichsmieten mitteilen, die eine aus dem qualifizierten Mietspiegel, die andere z.B. aus einem Sachverständigengutachten. Das wird für den Mieter Anlass zur Verwirrung geben. Dieser wird schwerlich die Angaben aus dem qualifizierten Mietspiegel negieren und der vom Vermieter geforderen Miete aufgrund des Sachverständigengutachtens zustimmen. Das ist auch vom Gesetzge- 12 ber so gewollt, denn seiner Ansicht nach bietet ein qualifizierter Mietspiegel eine besondere Gewähr für die Richtigkeit und Aktualität der in ihm enthaltenen Werte. Die Gerichte sind im Klageverfahren ohnehin nicht an die Begründungsmittel des Mieterhöhungsverlangens gebunden, sondern entscheiden in Anwendung des § 286 ZPO nach den Grundsätzen der Zivilprozessordnung.

13 Es ist zu bezweifeln, ob die neue Vorschrift des § 558a Abs. 3 im Ergebnis tatsächlich eine wesentliche Benachteiligung der Vermieterseite enthält. Ein Sachverständiger muss sich bei Vorliegen von Daten eines qualifizierten (aber auch eines einfachen) Mietspiegels mit diesen auseinandersetzen. Auch die Gerichte verlangen das im Zustimmungsprozess, so dass eine höhere Miete als durch den Mietspiegel errechenbar ohnehin nur dann in Betracht kommt, wenn es sich um so genannte Ausreißerwohnungen in ganz besonderer Lage mit ganz besonderer Ausstattung handelt, die durch einen Mietspiegel nur unzureichend berücksichtigt werden können.

Fehlen die Angaben nach § 558a Abs. 3 und waren sie nach den Tatbestandsvoraussetzungen notwendig, ist das gesamte Mieterhöhungsverlangen unwirksam und nicht geeignet, Gegenstand eines entsprechenden Zustimmungsprozesses zu werden. In diesem Zusammenhang ist allerdings auf § 558b Abs. 3 hinzuweisen, wonach der Vermieter im Rechtsstreit entsprechende Angabe nachholen kann, worauf das Gericht im Rahmen des Gebots des rechtlichen Gehörs hinweisen muss. Die jetzt erfolgten Angaben setzen jedoch eine neue Zustimmungsfrist in Gang, so dass sich das Wirksamwerden der Mieterhöhung verschiebt.

4. Veralteter Mietspiegel – Abs. 4

14 Schon nach dem bisherigen § 2 Abs. 6 MHG führte die Verwendung eines veralteten Mietspiegels nicht zur Unwirksamkeit des Mieterhöhungsverlangens, wenn im Zeitpunkt des Erhöhungsverlangens kein aktueller Mietspiegel vorlag. Diese Regelung wird übernommen und ausdrücklich festgehalten, dass es auf den Zeitpunkt ankommt, in dem der Vermieter seine Erklärung abgibt. Das ist keine Neuheit, sondern nur eine Klarstellung.

5. § 558a Abs. 5

15 Die Vorschrift enthält in Übereinstimmung mit dem geltenden Recht eine Unabdingbarkeitsklausel.

6. Übergangsregelung

16 Nach Art. 229 Abs. 3 Satz 1 Nr. 2 EGBGB gilt im Falle eines vor dem 1.9.2001 (In-Kraft-Treten der Mietrechtsreform) zugegangenen Mieterhöhungsverlangens § 2 MHG in der bis zu diesem Zeitpunkt geltenden Fassung weiter. War das Mieterhöhungsverlangen unwirksam, kann es im Rechtsstreit nachgeholt werden. Erfolgt diese Nachholung nach dem 1.9.2001, gilt dafür das neue Recht, also § 558a. Lediglich bei der Behebung von Mängeln im Prozess gilt das bisherige Recht, da das Mieterhöhungsverlangen nicht neu zu erklären ist.

Art. 2 § 3 Abs. 5 EGBGB enthält Übergangsregelungen für die Erstellung von Mietspiegeln bzw. Auswirkungen auf bereits erstellte Mietspiegel vor dem 1.9.2001. Insofern wird auf die Kommentierung zu § 558c und d Bezug genommen. Wird ein vor dem 1.9.2001 veröffentlichter Mietspiegel später als qualifizierter Mietspiegel bezeichnet, ist in jedem Fall § 558a Abs. 3 auf ein Mieterhöhungsverlangen, das dem Mieter vor dieser Veröffentlichung zugegangen ist, nicht anzuwenden.

§ 558b Zustimmung zur Mieterhöhung

(1) Soweit der Mieter der Mieterhöhung zustimmt, schuldet er die erhöhte Miete mit Beginn des dritten Kalendermonats nach dem Zugang des Erhöhungsverlangens.

(2) [1]Soweit der Mieter der Mieterhöhung nicht bis zum Ablauf des zweiten Kalendermonats nach dem Zugang des Verlangens zustimmt, kann der Vermieter auf Erteilung der Zustimmung klagen. [2]Die Klage muss innerhalb von drei weiteren Monaten erhoben werden.

(3) [1]Ist der Klage ein Erhöhungsverlangen vorausgegangen, das den Anforderungen des § 558a nicht entspricht, so kann es der Vermieter im Rechtsstreit nachholen oder die Mängel des Erhöhungsverlangens beheben. [2]Dem Mieter steht auch in diesem Fall die Zustimmungsfrist nach Absatz 2 Satz 1 zu.

(4) Eine zum Nachteil des Mieters abweichende Vereinbarung ist unwirksam.

1.   Allgemeines
Die Vorschrift übernimmt wesentliche Elemente des bisherigen § 2 Abs. 3 und 4 MHG, 1
stellt den häufigsten Fall der Zustimmung durch den Mieter mit den entsprechenden Rechtsfolgen voran und verlängert die Klagefrist.

2.   Zustimmung zur Mieterhöhung – Abs. 1
Mit Zustimmung des Mieters zur Mieterhöhung kommt eine Einigung zwischen den 2
Mietvertragsparteien zur neuen Miete zustande. Die allgemeinen Regeln der §§ 145 ff. sind anzuwenden. Der Mieter nimmt das Angebot des Vermieters zur Mieterhöhung an. Diese muss daher ohne Vorbehalt erklärt werden, § 150 Abs. 2. Die Annahme des Mieters unterliegt keiner Form, sie kann daher auch konkludent erfolgen. Es muss dem Verhalten des Mieters entnommen werden können, er stimme der Mieterhöhung zu. Das kann auch z.B. durch **vorbehaltlose** Zahlung der erhöhten Miete geschehen. Eine solche konkludente Zustimmung kann in der **wiederholten** Zahlung der erhöhten Miete gesehen werden. Der Streit ging bisher darüber, ob eine zweimalige Zahlung ausreicht (LG Braunschweig, WuM 1986, 142; LG Berlin, GE 1982, 41) oder ob mindestens drei Mietzahlungen nötig sind (vgl. LG Berlin, GE 1986, 451; LG Berlin, ZMR 1987, 269; LG Hamburg, ZMR 1980, 86). Dieser Streit wird sich in Zukunft „entzerren", da der

Vermieter jetzt eine Klagefrist von drei Monaten (§ 558b Abs. 2) hat, demgemäß das Verhalten des Mieters länger beobachten kann, ohne Gefahr zu laufen, die Klagefrist zu versäumen.

3 Unabhängig von der Formfreiheit der Zustimmung nach § 558b hat der Vermieter jedoch einen Anspruch auf schriftliche Zustimmung (vgl. z.B. Lammel, a.a.O., § 2 MHG Rn. 168 m.w.N.). Das ist vor allem vor dem Hintergrund der Regelung des § 558 zu sehen, der die Gefahr in sich birgt, ohne Einhaltung der Form zur vorzeitigen Kündbarkeit des Vertrags zu gelangen (vgl. die Kommentierung zu § 550). Das hat allerdings praktische Auswirkung nur für den Fall, dass man § 573c für eine Regelung hält, die auch eine Vereinbarung des Ausschlusses der ordentlichen Kündigung für einen bestimmten Zeitraum überlagert.

4 § 558b Abs. 1 ist aufgrund einer Stellungnahme des Rechtsausschusses „im letzten Moment" dahin geändert worden, dass die Teil-Zustimmung des Mieters ausdrücklich zugelassen wurde. Aus der Umformulierung sollte hervorgehen, dass die teilweise Zustimmung des Mieters abweichend von § 150 Abs. 2 nicht als Ablehnung verbunden mit einem neuen Antrag anzusehen ist. Nach ganz überwiegender Ansicht der bisherigen Rechtsprechung wurde aber schon bisher die Teil-Zustimmung zugelassen, so dass der Mieter jedenfalls verpflichtet war, im Rahmen seiner Zustimmung die erhöhte Miete zu zahlen. Das ist jetzt jedenfalls klargestellt.

5 Mit Zustimmung des Mieters schuldet dieser die erhöhte Miete mit Beginn des dritten Kalendermonats nach dem Zugang des Erhöhungsverlangens. Das entspricht der bisherigen Regelung des § 2 Abs. 4 MHG. Geht also z.B. das Erhöhungsverlangen des Vermieters dem Mieter am 31.8. zu, endet die Überlegungsfrist am 31.10, wird die erhöhte Miete ab 1.11. geschuldet.

3. Klageverfahren – Abs. 2

6 Das Mieterhöhungsverlangen setzt zwei Fristen in Gang:
   – Überlegungs- oder Zustimmungsfrist und
   – Klagefrist.
   Der Mieter hat bis zum Ablauf des zweiten Kalendermonats nach dem Zugang des Mieterhöhungsverlangens Zeit, der Mieterhöhung zuzustimmen. Die Berechnung der Frist richtet sich nach § 187 ff. Die Überlegungsfrist endet demgemäß um 24 Uhr des letzten Tages des übernächsten Monats nach Zugang des Mieterhöhungsverlangens. Die Einhaltung der Überlegungsfrist ist eine Prozessvoraussetzung (Sachurteilsvoraussetzung). Ist die Frist nicht eingehalten, kann keine Entscheidung in der Sache selbst ergehen. Maßgeblich ist allerdings der Zeitpunkt der letzten mündlichen Verhandlung, so dass eine vorfristlich erhobene Klage zulässig werden kann (KG, GE 1981, 133 = WuM 1981, 54).

7 Unmittelbar nach der Ende der Überlegungsfrist beginnt die Klagefrist, die jetzt im Gegensatz zu § 2 Abs. 3 MHG drei Monate beträgt. Diese Frist ist eine Ausschlussfrist, was jetzt durch Abs. 2 Satz 2 klargestellt ist.
   Nach allgemeinem prozessualen Regelungen muss innerhalb der Frist Klage erhoben werden. Nach § 253 Abs. 1 ZPO ist eine Klage erst mit Zustellung an den Mieter erhoben und damit rechtshängig. Allerdings ist auch § 270 Abs. 3 ZPO anwendbar. Soll danach durch die Zustellung eine Frist gewahrt werden, so tritt die Wirkung, sofern die Zustel-

lung demnächst erfolgt, bereits mit der Einreichung der Klage ein. Mithin kann die so genannte Anhängigkeit der Klage zur Fristwahrung ausreichen. Dies stellt jedoch keinen Automatismus dar, sondern bedarf der Beurteilung im Einzelfall: Eine Klage ist nicht demnächst zugestellt, wenn der Kläger oder sein Prozessbevoll- 8 mächtigter (BGH, NJW 1960, 766; § 85 Abs. 2 ZPO) durch nachlässiges Verhalten zu einer nicht nur ganz geringfügigen Verzögerung der Zustellung beigetragen hat. Sinn und Zweck des § 270 Abs. 3 ZPO ist es, die Partei bei der Zustellung von Amts wegen von Nachteilen durch Zustellungsverzögerungen innerhalb des gerichtlichen Geschäftsbetriebes zu bewahren. Denn derartige Verzögerungen liegen außerhalb ihres Einflussbereichs. Dagegen sind der Partei die Verzögerungen zuzurechnen, die sie bzw. ihre Prozessbevollmächtigten bei gewissenhafter Prozessführung hätten vermeiden können. Eine Zustellung demnächst nach der Einreichung der Klageschrift bedeutet daher eine Zustellung innerhalb einer nach den Umständen angemessenen, selbst längeren Frist, wenn die Partei bzw. ihr Prozessbevollmächtigter unter Berücksichtigung der Gesamtsituation alles Zumutbare für die alsbaldige Zustellung getan hat. In diesem Zusammenhang besteht die überwiegende Meinung, dass der Kläger den Gerichtskostenvorschuss nach § 65 Abs. 1 GKG nicht von sich aus mit der Klage einzuzahlen braucht. Er kann vielmehr die Anforderung durch das Gericht abwarten (BGH, NJW 1986, 1347; BGH, NJW 1993, 2811). Hierzu ist durchaus auch die Ansicht vertretbar, dass bei einem klaren Streitwert für die Zustimmungsklage auch gefordert werden könnte, dass der Kläger bereits bei Einreichung der Klage den Gerichtskostenvorschuss einzahlt (OLG Düsseldorf, MDR 1984, 854). Bleibt die Gerichtskostenanforderung aus, darf der Kläger bzw. Bevollmächtigte aber nicht länger als angemessen (ca. drei Wochen) untätig bleiben, sondern muss nachfragen oder einen Antrag nach § 65 Abs. 7 GKG stellen. Nach der entsprechenden Kostenanforderung durch das Gericht muss er allerdings unverzüglich reagieren. Hier ist eine **Regelfrist von zwei Wochen** zu nennen (BGH, NJW 1986, 1347; KG, VersR 1994, 922; LG Berlin, Urteil vom 30.11.1998, 62 S 165/98, nicht veröffentlicht).

Mit Zustellung der Klage befinden sich die Mietvertragsparteien im Rechtsstreit, im 9 Zustimmungsprozess. Es handelt sich um eine Leistungsklage auf Abgabe einer Willenserklärung, nämlich Zustimmung zum Mieterhöhungsverlangen, wodurch dann eine Änderung des Mietvertrags zur Miete erfolgt (§ 894 ZPO). In dem Rechtsstreit, in dem es nicht unbedingt (nur) um die Feststellung der ortsüblichen Vergleichsmiete, sondern u.a. um die Wohnungsgröße oder andere Streitpunkte gehen kann, hat das Gericht nach folgenden Grundsätzen zu prüfen:

– Ist die Klage zulässig? Wenn ja, tritt das Gericht in die materielle Prüfung ein, wenn nein, erfolgt Abweisung als unzulässig.
– Ist die zulässige Klage schlüssig, d.h. rechtfertigt der Vortrag des Vermieters/Klägers unter der Voraussetzung der Richtigkeit seiner Behauptungen das Klagebegehren? Wenn nein, dann erfolgt Abweisung der Klage als schon nach dem eigenen Vortrag des Klägers unbegründet. Wenn ja, erfolgt die Prüfung des Beklagtenvortrags.
– Sind die Einwendungen des Mieters gegen die schlüssige Klage erheblich, d.h. schließen sie bei Unterstellung der Richtigkeit der Behauptungen den Klageanspruch aus? Wenn nein, erfolgt die Verurteilung des beklagten Mieters zur Zustimmung. Wenn ja, ist über die streitgegenständlichen Punkte Beweis zu erheben. Dabei hat das Gericht

nach den Grundsätzen der Zivilprozessordnung zu verfahren und ist dabei nicht an die Begründungsmittel des § 558a gebunden.

Zu den Einzelheiten des Mieterhöhungsrechtsstreits wird auf die Kommentierung in Teil II Mietprozessrecht, Rn. 91 bis 120 verwiesen.

4. Nachholung des Erhöhungsverlangens – Abs. 3

10 Die Vorschrift übernimmt teilweise die bisherige Regelung des § 2 Abs. 3 Satz 2 MHG, so dass auch nach neuem Recht der Vermieter im Rechtsstreit das Erhöhungsverlangen nachholen kann, wenn es bisher nicht den Anforderungen des § 558a entsprochen hat. Dabei handelt es sich dann um ein vollständig neues Erhöhungsverlangen, welches wiederum eine Überlegungsfrist in Gang setzt.

Der Vermieter kann ein neuerliches Mieterhöhungsverlangen auch hilfsweise erklären, etwa weil er Bedenken zur Wirksamkeit seines ursprünglichen Verlangens hat und nicht riskieren will, mit dem ursprünglichen Verlangen abgewiesen zu werden.

Mit der Mietrechtsreform ist insofern eine Neuerung eingeführt worden, als der Vermieter nunmehr nach § 558b Abs. 3 Satz 1 2. Alternative auch einzelne Mängel des bisherigen Erhöhungsverlangens während des Rechtsstreits nachbessern kann, z.B. nunmehr den Hinweis nach § 558a Abs. 3 geben kann. Auch bei dieser Varianten wird die erneute Überlegungsfrist/Zustimmungsfrist ausgelöst. Denn § 558b Abs. 3 Satz 2 bezieht sich auf beide Alternativen des Abs. 3 Satz 1.

11 Richtigerweise wird in der Regierungsbegründung zu § 558b darauf hingewiesen, dass kostenrechtlich die Nachholung oder Nachbesserung durch den Vermieter dazu führen kann, dass der Vermieter, wenn der Mieter anschließend die Klage sofort anerkennt oder dem Mieterhöhungsverlangen zustimmt, die Kosten des Rechtsstreits zu tragen hat, was in §§ 93, 91a ZPO seine Grundlage haben kann.

5. § 558b Abs. 4

12 Die Regelung enthält in Übereinstimmung mit dem geltenden Recht die Anordnung der Unabdingbarkeit der Vorschrift zum Nachteil des Mieters.

6. Übergangsvorschrift

13 Nach Art. 229 § 3 Abs. 1 Nr. 2 EGBGB ist im Falle eines vor dem 1.9.2001 zugegangenen Verlangens noch § 2 MHG in der bisher geltenden Fassung anzuwenden. Bei einem neuen Erhöhungsverlangen während des laufenden Zustimmungsprozesses gilt das nur, wenn die Zustellung noch vor dem 1.9.2001 erfolgt ist. War das erst nach dem 1.9.2001 der Fall, gelten §§ 558 ff. in der Neufassung der Mietrechtsreform. Das kann zur Folge haben, dass bei einem ursprünglichen (unwirksamen) Mieterhöhungsverlangen vor dem 1.9.2001 unter Nachholung nach diesem Zeitpunkt zwei verschiedene Gesetze Anwendung finden können.

§ 558c Mietspiegel

(1) Ein Mietspiegel ist eine Übersicht über die ortsübliche Vergleichsmiete, soweit die Übersicht von der Gemeinde oder von Interessenvertretern der Vermieter und der Mieter gemeinsam erstellt oder anerkannt worden ist.
(2) Mietspiegel können für das Gebiet einer Gemeinde oder mehrerer Gemeinden oder für Teile von Gemeinden erstellt werden.
(3) Mietspiegel sollen im Abstand von zwei Jahren der Marktentwicklung angepasst werden.
(4) [1]Gemeinden sollen Mietspiegel erstellen, wenn hierfür ein Bedürfnis besteht und dies mit einem vertretbaren Aufwand möglich ist. [2]Die Mietspiegel und ihre Änderungen sollen veröffentlicht werden.
(5) Die Bundesregierung wird ermächtigt, durch Rechtsverordnung mit Zustimmung des Bundesrats Vorschriften über den näheren Inhalt und das Verfahren zur Aufstellung und Anpassung von Mietspiegeln zu erlassen.

1.   Definition – Abs. 1

Die Vorschrift enthält eine Definition des Mietspiegels überhaupt, gilt also auch für den   1
qualifizierten Mietspiegel nach § 558d. Anders als im bisherigen Recht des § 2 Abs. 2 Satz 2 MHG wird wie schon in § 558 der Begriff der ortsüblichen Vergleichsmiete verwandt. Zur Information und Vereinheitlichung der Erstellung von Mietspiegeln dienen die vom Bundesministerium für Verkehr, Bau und Wohnungswesen herausgegebenen „Hinweise zur Erstellung von Mietspiegeln", die sich an die Mietspiegelersteller wenden (vgl. die Regierungsbegründung).

Bisher war in § 2 Abs. 1 Nr. 2 MHG davon die Rede, dass es um die üblichen Entgelte   2
für nicht preisgebundenen Wohnraum geht; nach § 2 Abs. 5 Satz 2 MHG sollten Entgelte, die aufgrund gesetzlicher Bestimmungen an Höchstbeträge gebunden sind, außer Betracht bleiben. Jetzt ist in § 558 Abs. 2 Satz 2 geregelt, dass Wohnraum nicht zu berücksichtigen ist, bei dem die Miete durch Gesetz oder im Zusammenhang mit einer Förderzusage festgelegt worden ist. Daraus ergibt sich das Problem der Anwendbarkeit von Mietspiegeln, die noch zum Geltungszeitpunkt des MHG erstellt worden sind. Die Frage muss für jeden einzelnen Mietspiegel für die betreffende Gemeinde beantwortet werden. Dabei kommt es darauf an, ob der Mietspiegelersteller in einem vor dem 1.9.2001 erstellten Mietspiegel nur Wohnungen berücksichtigt hat, die § 558 Abs. 2 entsprechen. Das dürfte in den meisten Fällen so sein. Denn trotz unterschiedlicher Wortwahl ist letztlich dasselbe gemeint: Ausgenommen werden mussten bisher und auch jetzt Wohnungen, die durch Gesetz oder aufgrund öffentlich-rechtlicher Förderung eine Mietbegrenzung enthielten. So wurde z.B. bei der Erstellung des **Berliner Mietspiegels**

2000 bei der Erfassung Wohnraum ausgenommen, der zwar nicht preisgebunden, sondern im privatrechtlichen Verhältnis der Mietvertragsparteien preisfrei war, der jedoch öffentlich gefördert worden war mit der Verpflichtung des Eigentümers/Vermieters im Rahmen des öffentlich-rechtlichen Vertrags mit dem Träger der öffentlichen Förderung, nur eine Miete in bestimmter, vorgegebener Höhe zu verlangen. Damit sind die Vorgaben des § 558 Abs. 2 Satz 2 erfüllt mit der Folge, dass ein derartiger Mietspiegel als Mietspiegel i.S.d. § 558c noch verwandt werden kann, und zwar sowohl als Begründungsmittel als auch im Zustimmungsprozess.

2. Räumlicher Bereich – Abs. 2

3 Der nunmehr klaren Regelung nach können Mietspiegel für die einzelne Gemeinde, für mehrere Gemeinden oder für Teile von Gemeinden erstellt werden. Da sich jedoch nach § 558 Abs. 2 die ortsübliche Vergleichsmiete auf die Gemeinde oder eine vergleichbare Gemeinde bezieht, muss der Mietspiegel, der mehrere Gemeinden erfasst, auch Auskunft darüber geben, wie sich die ortsübliche Vergleichsmiete in der betreffenden Gemeinde, in der die Wohnung liegt, verhält bzw. inwiefern Daten der vergleichbaren Gemeinde auch auf die konkrete Gemeinde übertragen werden können.

3. Fortschreibung des Mietspiegels – Abs. 3

4 Die Regelung entspricht dem bisherigen § 2 Abs. 5 Satz 3 MHG. Im Gegensatz zu § 558d Abs. 2 für den qualifizierten Mietspiegel besteht keine Aktualisierungspflicht. Bei der Fortschreibung bleibt der Mietspiegelhersteller grundsätzlich auch in der Wahl der Fortschreibungskriterien frei (so die Regierungsbegründung). So ist es möglich, durch stichprobenhafte Befragung fortzuschreiben, die sich allerdings auch auf die verschiedenen Segmente des entsprechenden Mietspiegels beziehen müsste. Lediglich die Fortschreibung unter Bezugnahme auf den Lebenshaltungskostenindex ist fragwürdig, da kein konkretes Zahlenmaterial präsentiert werden kann.

4. § 558c Abs. 4 und 5

5 Die Vorschriften übernehmen die Regelungen des bisherigen § 2 Abs. 5 Satz 1 und 5 und § 2 Abs. 5 Satz 4 MHG. In § 558c Abs. 4 Satz 2 ist davon die Rede, dass die Mietspiegel und ihre Änderungen veröffentlicht werden sollen. Im Gegensatz dazu wurde im MHG von der öffentlichen Bekanntmachung gesprochen. Eine inhaltliche Änderung ist damit nicht verbunden. Es sollte vielmehr dem Missverständnis vorgebeugt werden, dass ein rechtsförmiges Veröffentlichungsverfahren wie bei Rechtsnormen erforderlich ist (so die Regierungsbegründung).

§ 558d Qualifizierter Mietspiegel

(1) Ein qualifizierter Mietspiegel ist ein Mietspiegel, der nach anerkannten wissenschaftlichen Grundsätzen erstellt und von der Gemeinde oder von Interessenvertretern der Vermieter und der Mieter anerkannt worden ist.

(2) [1]Der qualifizierte Mietspiegel ist im Abstand von zwei Jahren der Marktentwicklung anzupassen. [2]Dabei kann eine Stichprobe oder die Entwicklung des vom

Statistischen Bundesamts ermittelten Preisindexes für die Lebenshaltung aller privaten Haushalte in Deutschland zugrunde gelegt werden. [3]Nach vier Jahren ist der qualifizierte Mietspiegel neu zu erstellen.

(3) Ist die Vorschrift des Absatzes 2 eingehalten, so wird vermutet, dass die im qualifizierten Mietspiegel bezeichneten Entgelte die ortsübliche Vergleichsmiete wiedergeben.

1. Definition – Abs. 1

Auch ein qualifizierter Mietspiegel ist ein Mietspiegel i.S.d. § 558c Abs. 1. Darüber 1
hinaus muss er jedoch nach anerkannten wissenschaftlichen Grundsätzen erstellt und von der Gemeinde **oder** von Interessenvertretern der Vermieter **und** der Mieter anerkannt worden sein.

Das Gesetz definiert nicht, was unter anerkannten wissenschaftlichen Grundsätzen zu verstehen ist. In der Regierungsbegründung wird davon gesprochen, es müsse ein realistisches Abbild des Wohnungsmarktes geliefert werden. Dies könne durch Ziehung einer repräsentativen Zufallsstichprobe – möglichst durch eine Primärerhebung – aus der Grundgesamtheit erfolgen. Es solle bewusst auf eine Entscheidung zugunsten einer bestimmten Erstellungsmethode verzichtet werden, da es mehrere von der Wissenschaft anerkannte Methoden gebe (Tabellenmethode oder Regressionsmethode). Wegen der an den qualifizierten Mietspiegel geknüpften Rechtsfolgen müsse die Anwendung anerkannter wissenschaftlicher Methoden dokumentiert und damit nachvollziehbar und überprüfbar sein. Damit wird die Entscheidung in vollem Umfang den Gerichten überlassen, denen keine Einzelkriterien an die Hand gegeben werden.

Die zu erwartenden Probleme des qualifizierten Mietspiegels werden vor allem bei der Repräsentativität der erhobenen Daten liegen. Darüber hinaus dürfte sich die Frage der Anerkennung durch Gemeinde bzw. Vermieter-/Mieter-Interessenvertretern zum jeweiligen Politikum entwickeln.

2. Fortschreibung – Abs. 2

Es besteht die Pflicht, den qualifizierten Mietspiegel im Abstand von zwei Jahren der 2
Marktentwicklung anzupassen. Die Fortschreibungsmethoden sind vorgeschrieben, nämlich entweder durch Stichprobe oder durch Zugrundelegung der Entwicklung des vom Statistischen Bundesamt ermittelten Preisindexes für die Lebenshaltung aller privaten Haushalte in Deutschland. Nach der Regierungsbegründung wird mit der Fortschreibung des qualifizierten Mietspiegels mit dem Preisindex für die Lebenshaltung aller privaten Haushalte in Deutschland die ortsübliche Vergleichsmiete mit der Rate der allgemeinen Geldentwertung erhöht, so dass der Vermieter eine Realwertsicherung der Miete erhalte. Es ist zu bezweifeln, ob diese Tatbestandsvoraussetzung einer gerichtlichen Prüfung standhalten kann. Denn ein Mietspiegel besagt etwas zur konkreten Woh-

nung innerhalb bestimmter Rasterfelder. Dabei kann die Mietentwicklung in den einzelnen Rasterfeldern völlig unterschiedlich laufen. Es ist also im Gegensatz zum Preisindex der Lebenshaltung möglich, dass in einzelnen Sparten die Mietentwicklung aufgrund von Angebot und Nachfrage eine völlig andere Entwicklung nimmt. Bei Stichproben hat man einige Anhaltspunkte, wie sich die einzelnen Daten entwickeln. Der allgemeine Lebensindex gibt nur pauschale Werte für den Wohnungsbestand insgesamt. Der Vergleich zur Indexmiete des § 557b ist nicht möglich. Hier haben die Parteien gerade eine Indexmiete vereinbart. In diesem Rahmen ist es dann nur folgerichtig, dass Änderungen des Preisindexes unter den Voraussetzungen des § 557b zu berücksichtigen sind.

Die Fortschreibung ist nur einmal möglich, denn nach vier Jahren ist der qualifizierte Mietspiegel jedenfalls neu zu erstellen.

3.   Vermutungswirkung – Abs. 3

3 Nach der Intention des Gesetzgebers ist die Vermutungswirkung des qualifizierten Mietspiegels ein ganz wesentliches Instrument, die Mietentwicklung transparent zu machen und das Mieterhöhungsverlangen in gewisser Weise zu kanalisieren. Welche Mietvertragspartei auch immer meint, die Werte des qualifizierten Mietspiegels sein für die betreffende Wohnung nicht aussagekräftig, muss die Vermutung widerlegen, was nur im Zustimmungsrechtsstreit möglich ist. Es handelt sich um eine widerlegbare Vermutung, die den Beweis des Gegenteils zulässt (§ 292 ZPO). Lediglich die Behauptung, bestimmte Daten im qualifizierten Mietspiegel würden nicht die ortsübliche Vergleichsmiete wiedergeben, reicht nicht, um das Gericht zur Beweiserhebung, etwa durch Sachverständigengutachten zu veranlassen. Erforderlich ist ein substanziierter Vortrag, aufgrund welcher konkreten Annahme der Schluss gerechtfertigt sei, die ortsübliche Vergleichsmiete sei für die konkrete Wohnung höher bzw. niedriger. Das kann z.B. durch Vergleichswohnungen aber auch durch ein Privat-Sachverständigengutachten geschehen. Erst wenn die Behauptungen insofern schlüssig, nachvollziehbar sind, kommt die Beweiserhebung (für den Gegenbeweis) in Betracht.

4.   Übergangsregelung

4 Es gilt die Übergangsvorschrift des Art. 229 § 3 Abs. 5 EGBGB. Auf einen Mietspiegel, der vor dem 1.9.2001 unter Voraussetzungen erstellt worden ist, die einem qualifizierten Mietspiegel entsprechen, sind die Vorschriften für diesen qualifizierten Mietspiegel anzuwenden, wenn die Gemeinde ihn nach dem 1.9.2001 als solchen veröffentlicht hat. War der Mietspiegel vor diesem Zeitpunkt bereits veröffentlicht worden, so ist es ausreichend, wenn die Gemeinde ihn später öffentlich als qualifizierten Mietspiegel bezeichnet hat. In jedem Fall sind aber Mitteilungspflichten und Vermutungsregelungen der §§ 558a Abs. 3 und 558d Abs. 3 nicht anzuwenden auf Mieterhöhungsverlangen, die dem Mieter vor der Veröffentlichung des Mietspiegels zugegangen sind.

§ 558e Mietdatenbank

Eine Mietdatenbank ist eine zur Ermittlung der ortsüblichen Vergleichsmiete fort-laufend geführte Sammlung von Mieten, die von der Gemeinde oder von Interes-senvertretern der Vermieter und der Mieter gemeinsam geführt oder anerkannt wird und aus der Auskünfte gegeben werden, die für einzelne Wohnungen einen Schluss auf die ortsübliche Vergleichsmiete zulassen.

Die neu eingeführte Mietdatenbank bringt mit ihrer Auskunft ein neues Begründungs-mittel für das Mieterhöhungsverlangen (§ 558a Abs. 2 Nr. 2). Es wird auf die dortige Kommentierung Bezug genommen. Dieses Instrument wird in Zukunft erst näher ausge-staltet werden müssen, worauf in der Regierungsbegründung besonders hingewiesen wird.

§ 559 Mieterhöhung bei Modernisierung

(1) Hat der Vermieter bauliche Maßnahmen durchgeführt, die den Gebrauchswert der Mietsache nachhaltig erhöhen, die allgemeinen Wohnverhältnisse auf Dauer verbessern oder nachhaltig Einsparungen von Energie oder Wasser bewirken (Mo-dernisierung), oder hat er andere bauliche Maßnahmen auf Grund von Umständen durchgeführt, die er nicht zu vertreten hat, so kann er die jährliche Miete um elf vom Hundert der für die Wohnung aufgewendeten Kosten erhöhen.
(2) Sind die baulichen Maßnahmen für mehrere Wohnungen durchgeführt worden, so sind die Kosten angemessen auf die einzelnen Wohnungen aufzuteilen.
(3) Eine zum Nachteil des Mieters abweichende Vereinbarung ist unwirksam.

Übersicht	Rn.
1. Allgemeines	1
2. Modernisierung – Abs. 1	2–6
3. § 559 Abs. 2	7
4. § 559 Abs. 3	8

1. Allgemeines

Die Vorschrift übernimmt wesentliche Teile des bisherigen § 3 MHG, der „entzerrt" 1
worden und jetzt aus den §§ 559, 559a bis b besteht.
Die gesetzliche Überschrift, in der von einer Mieterhöhung bei einer Modernisierung die Rede ist, mag irreführend sein. Gemeint ist die Mieterhöhung **nach** Modernisierung.

2. Modernisierung – Abs. 1

Die Regelung definiert – früher § 3 Abs. 1 MHG – die Modernisierung. Wie schon im 2
Verhältnis des § 3 MHG a.F. und § 541 a.F. gibt es auch nach der Mietrechtsreform
Formulierungsdifferenzen zu § 554 Abs. 2. Nach § 559 müssen sich Baumaßnahmen
nachhaltig auswirken, während dies in § 554 Abs. 2 nicht vorgesehen ist. Dennoch ist
der **Modernisierungsbegriff** in beiden Vorschriften zumindest nahezu kongruent.

Die baulichen Maßnahmen aufgrund von Umständen, die der Vermieter nicht zu vertreten hat (z.B. Maßnahmen, die der Vermieter aufgrund von öffentlich-rechtlicher Vorschriften durchführen muss), die nach § 559 auch eine Mieterhöhung nach sich ziehen können, sind vom eigentlichen Modernisierungsbegriff des § 559 Abs. 1 1. Halbsatz nicht umfasst. Diese sind bewusst in § 554 Abs. 2 nicht aufgenommen worden. Denn das hätte zur Konsequenz gehabt, dass der Mieter der Durchführung solcher Maßnahmen bei Vorliegen von Härtegründen gegebenenfalls widersprechen könnte, obwohl der Vermieter nach öffentlich-rechtlichen Vorschriften zur Maßnahme verpflichtet ist. Wie bisher ergibt sich für diese Maßnahmen eine Duldungspflicht, wobei als Rechtsgrundlage § 242 herangezogen werden kann (Schmidt-Futterer/Eisenschmid, § 541b Rn. 17).

Während in § 554 Abs. 2 allgemein von Verbesserung der Mietsache, in § 559 Abs. 1 hingegen von einer Gebrauchswerterhöhung der Mietsache gesprochen wird, ist damit nichts unterschiedliches ausgesagt und gemeint. Erfasst wird insgesamt die Verbesserung der Mietsache einschließlich sonstiger Teile des Gebäudes, die vom Mieter im Rahmen seines Gebrauchsrechts (mit)genutzt werden können, so z.B. Gemeinschaftsflächen, Kinderspielplatz, Grünanlage, Stellfläche, andere Verkehrsanlagen (vgl. zur bisherigen Rechtslage LG Berlin, GE 1992, 1045).

3 Einsparung von Energie oder Wasser ist in beiden Vorschriften als Modernisierungsmaßnahme festgehalten. Hier bringt das neue Recht zur Energie eine Ausweitung. Bisher war sowohl in § 541b aF als auch in § 3 MHG nur von Einsparung von Heizenergie die Rede. Jetzt werden alle Arten von Energieeinsparung, also nicht nur Heizenergieeinsparung erfasst. Darunter fallen auch Einsparmaßnahmen von Strom (wie etwa drehzahlgeregelte Umwälzpumpen, Ventilatoren und Aufzugsmotoren sowie Energiesparlampen – vgl. die regierungsamtliche Begründung zu § 554). Erforderlich bleibt allerdings immer, dass es sich um eine bauliche Maßnahme handelt, so dass das Auswechseln von Glühbirnen nicht darunter fällt.

4 Die in § 554 Abs. 2 genannte Schaffung neuen Wohnraums ist in § 559 Abs. 1 1. Halbsatz nicht vermerkt, gehört jedoch zu einer Maßnahme, die die allgemeinen Wohnverhältnisse verbessern.

5 Das Erfordernis der **Nachhaltigkeit** in § 559 bedeutet keine „Verschärfung" im Verhältnis zu § 554 Abs. 2. Denn auch zur Duldungspflicht des § 554 gehört es, dass die Maßnahme auf Dauer angelegt bzw. nachhaltig ist (vgl. zur alten Rechtslage LG Berlin, GE 1987, 521). Dabei können nach wie vor die außer Kraft getretenen §§ 3 und 4 des Modernisierungs- und Energieeinsparungsgesetzes (ModEnG, seit 1.1.1987 durch das Rechtsbereinigungsgesetz aufgehoben) als Auslegungskriterien herangezogen werden. Danach war eine Modernisierung die Verbesserung von Wohnungen durch bauliche Maßnahmen, die den Gebrauchswert der Wohnungen nachhaltig erhöhen oder die allgemeinen Wohnverhältnisse auf Dauer verbessern (a.A. mit einem weitergehenden Modernisierungsbegriff des § 541b a.F. Schmidt-Futterer/Eisenschmid, § 541b Rn. 14).

Nachhaltig bedeutet nicht, dass die Modernisierung einen endgültigen Zustand schaffen muss. Jede Modernisierung schafft nur einen besseren Zustand für eine gewisse Zeit, nämlich bis zur weiteren Verbesserungsmöglichkeit im Rahmen der Weiterentwicklung der Technik. Von einer Verbesserung der Mietsache kann man aber ohnehin nur sprechen, wenn die Maßnahme den Zustand nicht nur vorrübergehend verändert, sondern einen neuen, der derzeitigen Technik entsprechenden Zustand herstellt. Wegen der Modernisierungsmaßnahme im Einzelnen kann im Hinblick auf die Übereinstimmung der Modernisierungsbegriffe auf die Kommentierung zu § 554 Bezug genommen werden.

Die Erhöhungsmöglichkeit von 11% der für die Wohnung aufgewendeten Kosten nach § 3 Abs. 1 Satz 1 MHG ist inhaltlich beibehalten worden. Sprachlich wird das jetzt anders definiert, so dass der Vermieter die jährliche Miete um 11% der für die Wohnung aufgewendeten Kosten erhöhen kann. Gemeint ist damit, dass für die Berechnung der jährlichen Miete der zwölffache Betrag der aktuell gezahlten Miete maßgebend ist (vgl. die regierungsamtliche Begründung).   6

Sprachlich klarer und entsprechend der auch schon bisher geltenden Rechtslage kann der Vermieter durch rechtsgestaltende Erklärung nach § 559b die Miete erhöhen – dies im Gegensatz zu § 558, nachdem bei der Erhöhung der Mieter bis zur ortsüblichen Vergleichsmiete zunächst das Zustimmungsverfahren gegen den Mieter durchgeführt werden muss und der Mieterhöhungsbetrag erst nach Zustimmung bzw. Ersetzung der Zustimmung durch das Gericht geltend gemacht werden kann.

3.   **§ 559 Abs. 2**

Die Regelung entspricht dem bisherigen § 3 Abs. 1 Satz 2 MHG mit geringfügigen sprachlichen Veränderungen.   7

4.   **§ 559 Abs. 3**

Der bisherigen Rechtslage entsprechend ist § 559 zum Nachteil des Mieters unabdingbar.   8

§ 559a Anrechnung von Drittmitteln

(1) Kosten, die vom Mieter oder für diesen von einem Dritten übernommen oder die mit Zuschüssen aus öffentlichen Haushalten gedeckt werden, gehören nicht zu den aufgewendeten Kosten im Sinne des § 559.

(2) [1]Werden die Kosten für die baulichen Maßnahmen ganz oder teilweise durch zinsverbilligte oder zinslose Darlehen aus öffentlichen Haushalten gedeckt, so verringert sich der Erhöhungsbetrag nach § 559 um den Jahresbetrag der Zinsermäßigung. [2]Dieser wird errechnet aus dem Unterschied zwischen dem ermäßigten Zinssatz und dem marktüblichen Zinssatz für den Ursprungsbetrag des Darlehens. [3]Maßgebend ist der marktübliche Zinssatz für erstrangige Hypotheken zum Zeitpunkt der Beendigung der Maßnahmen. [4]Werden Zuschüsse oder Darlehen zur Deckung von laufenden Aufwendungen gewährt, so verringert sich der Erhöhungsbetrag um den Jahresbetrag des Zuschusses oder Darlehens.

(3) [1]Ein Mietdarlehen, eine Mietvorauszahlung oder eine von einem Dritten für den Mieter erbrachte Leistung für die baulichen Maßnahmen stehen einem Darlehen aus öffentlichen Haushalten gleich. [2]Mittel der Finanzierungsinstitute des Bundes oder eines Landes gelten als Mittel aus öffentlichen Haushalten.

(4) Kann nicht festgestellt werden, in welcher Höhe Zuschüsse oder Darlehen für die einzelnen Wohnungen gewährt worden sind, so sind sie nach dem Verhältnis der für die einzelnen Wohnungen aufgewendeten Kosten aufzuteilen.
(5) Eine zum Nachteil des Mieters abweichende Vereinbarung ist unwirksam.

Die Regelung entspricht inhaltlich dem bisherigen § 3 Abs. 1 Satz 3 bis 7 MHG und hält im Einzelnen fest, was sich der Vermieter im Hinblick auf Zuwendungen von anderer Seite bei der Umlegung nach § 559 Abs. 1 anrechnen lassen muss bzw. was überhaupt nicht zu den aufgewendeten Kosten i.S.d. § 559 gehört. Die Tatbestandsvoraussetzungen haben sich im Verhältnis zum bisherigen Recht nicht verändert.

§ 559b Geltendmachung der Erhöhung, Wirkung der Erhöhungserklärung

(1) [1]Die Mieterhöhung nach § 559 ist dem Mieter in Textform zu erklären. [2]Die Erklärung ist nur wirksam, wenn in ihr die Erhöhung auf Grund der entstandenen Kosten berechnet und entsprechend den Voraussetzungen der §§ 559 und 559a erläutert wird.
(2) [1]Der Mieter schuldet die erhöhte Miete mit Beginn des dritten Monats nach dem Zugang der Erklärung. [2]Die Frist verlängert sich um sechs Monate, wenn der Vermieter dem Mieter die zu erwartende Erhöhung der Miete nicht nach § 554 Abs. 3 Satz 1 mitgeteilt hat oder wenn die tatsächliche Mieterhöhung mehr als zehn vom Hundert höher ist als die mitgeteilte.
(3) Eine zum Nachteil des Mieters abweichende Vereinbarung ist unwirksam.

1. Mieterhöhung

1 Die Regelung entspricht in etwa dem bisherigen § 3 Abs. 3 MHG. Die Mieterhöhungserklärung hat in Textform zu erfolgen. Nach § 126b muss also die Erklärung in einer Urkunde oder auf andere zur dauerhaften Wiedergabe in Schriftzeichen geeignete Weise abgegeben, die Person des Erklärenden genannt und der Abschluss der Erklärung durch Nachbildung der Namensunterschrift oder anders erkennbar gemacht werden. Wie schon bei § 558a Abs. 1 sollte jedoch nach wie vor die Mieterhöhungserklärung schriftlich erfolgen, um später die Erhöhungserklärung gegebenenfalls beweisen zu können.

2 Aus dem Sinnzusammenhang ergibt sich, dass der **Vermieter die Mieterhöhungserklärung abzugeben** hat. § 559 Abs. 1 besagt, dass (nur) der Vermieter aufgewendete Kosten umlegen kann, der die baulichen Maßnahmen durchgeführt hat. Bei einer **Veräußerung des Grundstücks** kann es damit zu Problemen dahin kommen, wer nun die Miete erhöhen darf. Nach Veräußerung des Grundstücks wird der Erwerber erst mit

Grundbucheintragung Vermieter (§ 566). Damit kann Bauherreneigenschaft bei Modernisierungsmaßnahmen vor Grundbucheintragung und Vermietereigenschaft auseinanderfallen. Nach Kammergericht (RE, Beschl. vom 8.5.2000 = GE 2000, 747) kann der Erwerber, der in das Mietverhältnis eingetreten ist, die Miete nach durchgeführter Modernisierung erhöhen, wenn die Modernisierungsarbeiten vom Veräußerer und ehemaligen Vermieter veranlasst worden sind, mit deren Ausführung vor Eigentumswechsel begonnen worden ist und die Modernisierungsarbeiten nach Eintritt des Erwerbers in das Mietverhältnis abgeschlossen worden sind. Dasselbe soll gelten, wenn der Erwerber bereits sämtliche Modernisierungsarbeiten vor seiner Eintragung in das Grundbuch ausgeführt hat.

Ist aufgrund einer wirksamen Mieterhöhung bereits vor Eigentumswechsel/Grundbucheintragung ein fälliger Mietanspruch nach §§ 559, 559b entstanden, ist dieser Anspruch als Zahlungsanspruch an den Erwerber abtretbar. Dafür gelten die üblichen rechtsgeschäftlichen Vorschriften.

Die Mieterhöhung nach § 559b Abs. 1 kann erst vorgenommen werden, wenn die baulichen Maßnahmen fertiggestellt sind (OLG Hamburg, WuM 1983, 13; LG Berlin, GE 1990, 659). Fertigstellung bedeutet, dass die Baumaßnahmen technisch/handwerklich so weit abgeschlossen sein müssen, dass der Mieter das Neugeschaffene nutzen kann.   3

Eine weitere Frage ist es, ob der Vermieter mit der Mieterhöhung so lange warten muss, bis ihm auch Kosten entstanden sind (Mittelabfluss). Das ist zu bejahen, denn § 559 Abs. 1 spricht von aufgewendeten Kosten, die auch erst nach der tatsächlichen Aufwendung/Begleichung der Rechnung geltend gemacht werden können. Sind dem Vermieter allerdings entsprechende Kosten (z.B. Abschlagzahlungen) schon vor endgültiger Rechnungslegung (aber nach Abschluss der Baumaßnahmen) entstanden, kann er eine Teilmieterhöhung durchführen (vgl. LG Berlin, GE 1989, 41). Nach erfolgter Schlussabrechnung kann dann eine weitere Mieterhöhungserklärung abgegeben werden, die die Teilmieterhöhungserklärung umfasst.

Eine zeitliche Begrenzung für die Abgabe der Mieterhöhungserklärung nach Abschluss der Baumaßnahmen und tatsächlicher Aufwendung der Kosten besteht grundsätzlich nicht. Wartet der Vermieter mit seiner Erhöhungserklärung aber zu lange, kann Verwirkung eintreten (Voraussetzung von Zeit- und Umstandsmoment). Verwirkung kann dann als erfüllt angesehen werden, wenn der Vermieter in der Zwischenzeit eine Mieterhöhung nach § 558 verlangt oder andere Forderungen einklagt, ohne sich die Geltendmachung der Mieterhöhung nach § 559 vorzubehalten (LG Berlin, MM 2000, 280).

Wie bisher in § 3 Abs. 3 Satz 2 MHG muss nach wie vor in der **Mieterhöhungserklä-**   4
rung selbst („in ihr") die Erhöhung aufgrund der entstandenen Kosten berechnet und entsprechend der Vorgaben der §§ 559 und 559a **erläutert werden**. An diese Erläuterungspflicht werden zunehmend höhere Anforderungen gestellt, so wie das auch schon bisher im preisgebundenen Neubau (§ 10 WoBindG) üblich war. Der Erhöhungsbetrag muss aufgrund der entstandenen Kosten berechnet werden (LG Berlin, GE 1991, 629) und die Anspruchsvoraussetzungen müssen darin verständlich erläutert werden. Aus der Mieterhöhungserklärung muss hervorgehen, welche tatsächlichen Aufwendungen die baulichen Maßnahmen für welche Arbeiten zur Folge hatten (LG Berlin, GE 1991, 731 = ZMR 1991, 303; LG Berlin, GE 1997, 1579). Die Modernisierungskosten müssen von

einer gleichzeitig durchgeführten **Instandhaltung** nachvollziehbar **getrennt werden** (LG Berlin, GE 1998, 550). Das gilt auch dann, wenn durch die Modernisierungsarbeiten Instandsetzungsarbeiten „gespart" werden. Das ist z.B. bei Wärmedämmmaßnahmen oftmals der Fall, wenn der bisherige Putz brüchig war und die Fassade ohnehin hätte instandgesetzt werden müssen. Dann hat in der Mieterhöhungserklärung ein fiktiver Ansatz/Abzug der voraussichtlichen Kosten für Putzarbeiten einschließlich anteiliger Gerüstkosten zu erfolgen.

Es reicht nicht aus, wenn der Vermieter lediglich die auf die Wohnung des Mieters entfallenden Kosten angibt (LG Köln, WuM 1987, 273). Bei umfangreichen Modernisierungsarbeiten muss der Endbetrag nach Gewerken aufgeschlüsselt sein (LG Dresden, ZMR 1998, 292; LG Berlin, GE 1997, 1579). Werden mehrere Modernisierungsmaßnahmen durchgeführt, sind die Aufwendungen nach den einzelnen Maßnahmen aufzuschlüsseln (LG Köln, WuM 1989, 579), es sind die Verteilungsmaßstäbe darzulegen und der daraus ermittelte Anteil des Mieters (LG Berlin, MM 1986, 363).

Umstritten ist nach wie vor, inwieweit der Vermieter in der Mieterhöhungserklärung begründen muss, warum es sich um eine Modernisierung handelt.

Nach dem Rechtsentscheid des Kammergerichts (Beschl. vom 17.8.2000 = GE 2000, 1179) muss bei Wärmedämmmaßnahmen bereits in der Mieterhöhungserklärung durch eine Wärmebedarfsberechnung dargelegt werden, in welchem Maße sich eine Verringerung des Verbrauchs an Heizenergie ergibt. Im Anschluss daran hat das LG Berlin (GE 2001, 58) eine Mieterhöhungserklärung gem. § 3 MHG nur für wirksam gehalten, wenn ihr eine Wärmebedarfsberechnung beigefügt war. Die dagegen eingelegte Verfassungsbeschwerde hat der Verfassungsgerichtshof Berlin zurückgewiesen (Beschl. vom 31.5.2001 = GE 2001, 846). Festgehalten wird, dass der Rechtsentscheid des Kammergerichts (GE 2000, 1179) nicht bedeute, dass eine Wärmebedarfsberechnung als Erläuterung für die Energieeinsparung immer erforderlich sei. Die konkreten Anforderungen an die Berechnungs- und Erläuterungspflicht seien vielmehr auch nach dem Rechtsentscheid eine Frage des Einzelfalls. Damit sind die Anforderungen an die Erläuterung im Einzelnen wieder „schwammiger" geworden. Jedenfalls muss auch jetzt ersichtlich sein, in welchem Zustand die Fassade vorher war, welche Wärmedämmung aufgebracht worden ist und durch welche Veränderungen des K-Wertes eine Energieeinsparung mit wie viel Prozent erreicht worden ist.

Der Rechtsentscheid des Kammergerichts (a.a.O.) kann für sämtliche Modernisierungsmaßnahmen verallgemeinert werden (vgl. auch LG Potsdam, WuM 2000, 553). In der Erläuterung reicht allein die stichwortartige Beschreibung der Maßnahme nicht aus. Vielmehr muss angegeben werden, warum es sich um eine Erhöhung des Gebrauchswertes der Mietsache, um eine Verbesserung der allgemeinen Wohnverhältnisse auf Dauer oder um eine nachteilige Einsparung von Energie oder Wasser handelt. Das mag dann entbehrlich sein, wenn die Modernisierung „auf der Hand liegt", z.B. beim Austausch von Einzelöfen gegen Zentralheizung oder Fernwärme.

Eine Begrenzung des Mieterhöhungsanspruchs kann sich daraus ergeben, dass der Vermieter mit seiner Modernisierungsmaßnahme gegen das **Gebot der Wirtschaftlichkeit** dieser Maßnahme verstoßen hat. Das entsprach bisheriger Rechtsprechung (vgl. OLG Karlsruhe [RE], GE 1984, 1079 = WuM 1985, 17 = ZMR 1984, 411; a.A. Lammel, a.a.O., § 3 MHG Rn. 11). Diese Grundsätze gelten auch für § 559b, da sich insofern durch die Mietrechtsreform inhaltlich nichts geändert hat. Allerdings kann die Frage der Wirtschaftlichkeit je nach einzelner Modernisierungsmaßnahme schon bei der Modernisierungsduldung nach § 554 eine Rolle spielen.

Umstritten ist, ob die Mieterhöhung für eine Energiesparmaßnahme auf das Zweifache der eingesparten Energiekosten (vgl. LG Aachen, WuM 1991, 356; LG Köln, ZMR 1998, 562) oder auf das Dreifache begrenzt ist (vgl. dazu OLG Karlsruhe [RE], GE 1984, 709 = WuM 1985, 17 = ZMR 1984, 411).   5

2. Wirkung der Mieterhöhung

Die Frist des bisherigen § 2 Abs. 4 Satz 1 MHG ist um einen Monat verlängert worden. Der Mieter schuldet also die erhöhte Miete erst mit Beginn des dritten Monats nach Zugang der Mieterhöhungserklärung. Ist also die Mieterhöhungserklärung dem Mieter am 25.1. des Jahres zugegangen, ist die erhöhte Miete per 1.4. des Jahres fällig.   6

Diese Frist **verlängert** sich allerdings dann **um sechs Monate**, wenn der Vermieter dem Mieter nicht nach § 554 Abs. 3 Satz 1 die zu erwartende Erhöhung mitgeteilt hat oder wenn die tatsächliche Mieterhöhung mehr als 10% höher ist als die mitgeteilte. In dem genannten Beispiel wird danach erst am 1.10. die Mieterhöhung fällig.

Der Gesetzgeber der Mietrechtsreform hat das Problem der aus anderen Gründen unwirksamen oder fehlenden Modernisierungsankündigungen nach § 554 im Verhältnis zur Mieterhöhung nicht gelöst. Die Frage geht dahin, ob bei mangelhafter bzw. fehlender Modernisierungsankündigung eine Mieterhöhung überhaupt geschuldet ist. In der regierungsamtlichen Begründung zu § 559b wird hierzu ausgeführt, dass es für das Verhältnis des § 554 zu § 559b bei der bisherigen Rechtslage verbleibe, d.h., die Mitteilung über die Durchführung der Modernisierung nicht Voraussetzung für die Mieterhöhung sei, sich lediglich der Zeitpunkt der geschuldeten Mieterhöhung verschiebt. Diese Begründung ist insofern fehlerhaft, als es dazu gegenteilige Rechtsprechung gab. Nach einer alten Entscheidung des Kammergerichts zu § 11 Altbaumietenverordnung Berlin (jetzt § 559 ff.) ist eine Zustimmung des Mieters zu der Modernisierungsmaßnahme nicht erforderlich. Fehle allerdings die Zustimmung, könne die Mieterhöhung nur dann verlangt werden, wenn der Mieter zum Zeitpunkt der Ausführung der Modernisierungsmaßnahme zur Duldung verpflichtet gewesen sei. Das sei allerdings nur dann der Fall, wenn die materiellen Voraussetzungen des § 541b Abs. 1 a.F. (jetzt § 559) vorgelegen haben und der Vermieter vor dem Beginn der Maßnahme den Mieter form- und fristgerecht Mitteilung gemacht habe (GE 1988, 993). Nach einer Entscheidung des OLG Stuttgart (GE 1991, 817) schuldet der Mieter allerdings die Mieterhöhung bei fehlender Modernisierungsankündigung dann, wenn der Mieter die Modernisierung geduldet habe. Dies hat das Kammergericht (GE 1992, 921) ausdrücklich bestätigt. Damit stellt sich das Problem bei Arbeiten innerhalb der Wohnung des Mieters nicht. Entweder duldet der Mieter die Maßnahme auch ohne wirksame Modernisierungsankündigung oder er wird zur Duldung der Maßnahme verpflichtet, was eine ordnungsgemäße Ankündigung voraussetzt. In beiden Fällen wird die Mieterhöhung nach § 559 geschuldet, verschiebt sich der Zeitpunkt nur unter den Voraussetzungen des § 559b Abs. 2 Satz 2. Bei Maßnahmen im **Außenbereich** (z.B. Wärmedämmmaßnahmen, Einbau eines Außenfahrstuhls) kann jedoch nicht ohne weiteres von einer Duldung des Mieters bei fehlender Ankündigung   7 ausgegangen werden. Hatte der Mieter die Möglichkeit, die Modernisierungsmaßnahme, die nicht angekündigt worden ist, wahrzunehmen, stellt sich die Frage, ob er diese Maßnahme verhindern musste bzw. überhaupt konnte. Dazu wird vielfach die Ansicht vertreten, dass der Mieter die Möglichkeit hat, die Modernisierung im Außenbereich durch einstweilige Verfügung zu unterbinden. Begründet wird dies mit einer Entscheidung des Kammergerichts (ZMR 1988, 422), wonach die Duldung von Modernisierungsarbeiten im Außenbereich die Mieterhöhung nach § 3 MHG auslöst, wenn sich der Mieter dagegen nicht mit gerichtlichen Schritten wehrt. Diese Ansicht kann nicht verallgemeinert werden. Das LG Berlin (GE 1999, 317) hat dazu die Ansicht vertreten, dass Modernisierungsarbeiten im Außenbereich durch den Mieter nicht in jedem Fall schon deswegen im Wege der einstweiligen Verfügung verhindert werden könnten, weil die Duldung von Modernisierungsarbeiten im Außenbereich eine Mieterhöhung nach § 3 MHG auslösen würde, denn es würde insoweit auch ein einfacher Widerspruch des Mieters ausreichen (KG, GE 1992, 920; LG Berlin, WuM 1996, 407 = GE 1996, 679). Der Widerspruch zeige, dass der Mieter die Maßnahme nicht dulden möchte. Es sind aber auch Fälle denkbar, in denen der Mieter tatsächlich die Modernisierungsmaßnahme im Außenbereich überhaupt nicht mitbekommt bzw. überhaupt nicht damit rechnen musste, dass auf ihn Kosten im Rahmen des § 559 zukommen werden. Immerhin hätte er möglicherweise die Kündigungsmöglichkeit des § 554 Abs. 3 gehabt. Das sieht der Gesetzgeber (vgl. die Regierungsbegründung) auch und meint dazu, es komme nicht darauf an, ob der Mieter wegen Vorliegens von Härtegründen nicht zur Duldung der Maßnahme verpflichtet gewesen wäre, wenn er die Durchführung der Maßnahme tatsächlich geduldet habe. Nur wenn der Mieter die Maßnahme tatsächlich nicht geduldet habe, könne die Frage, ob Härtegründe vorliegen, später auch bei der Mieterhöhung eine Rolle spielen. Diese Ausführungen sind unverständlich bzw. unvollständig. Denn es bleibt offen, inwiefern der bei vorhandener Modernisierungsankündigung mögliche Härteeinwand jetzt noch eine Rolle spielen sollte.

Nach **hier vertretener Auffassung** ist die **Mieterhöhung nach § 559 bei fehlender Modernisierungsankündigung** i.S.d. § 554 bei **Modernisierungsarbeiten im Außenbereich und nicht festzustellender Duldung des Mieters unzulässig.**

Die Zahlungspflicht des Mieters verschiebt sich auch dann, wenn die Mieterhöhung tatsächlich mehr als 10% höher ist als die mitgeteilte. Bei komplexen Modernisierungsmaßnahmen ist die Abweichung von 10% für jede einzelne Modernisierungsmaßnahme zu berechnen (AG Berlin-Schöneberg, GE 1998, 359).

3. § 559b Abs. 3

8 Die Regelung enthält die Unabdingbarkeit des § 559b zum Nachteil des Mieters.

4. Übergangsvorschriften

9 Im Fall einer vor dem 1.9.2001 zugegangenen Mieterhöhungserklärung ist § 3 MHG in der bisherigen Fassung anzuwenden – Art. 229 § 3 Abs. 1 Nr. 2 EGBGB. Sonstige Maßnahmen zur Einsparung von Energie – außer Maßnahmen zur Einsparung von Heizenergie und Wasser (bisher § 3 MHG) – berechtigen also noch nicht zur Mieterhöhung, und zwar auch dann nicht, wenn die Mieterhöhung dem Mieter nach dem 1.9.2001 zugeht. Denn auch erst von diesem Datum an ist er zur Duldung sonstiger Energieeinspar-

maßnahmen verpflichtet. Da die Duldungspflicht erst ab diesem Zeitpunkt besteht, ist auch eine Mieterhöhung nur für ab dem 1.9.2001 durchgeführte Maßnahmen für sonstige Energieeinsparungen zulässig.

§ 560 Veränderungen der Betriebskosten

(1) [1]Bei einer Betriebskostenpauschale ist der Vermieter berechtigt, Erhöhungen der Betriebskosten durch Erklärung in Textform anteilig auf den Mieter umzulegen, soweit dies im Mietvertrag vereinbart ist. [2]Die Erklärung ist nur wirksam, wenn in ihr der Grund für die Umlage bezeichnet und erläutert wird.
(2) [1]Der Mieter schuldet den auf ihn entfallenden Teil der Umlage mit Beginn des auf die Erklärung folgenden übernächsten Monats. [2]Soweit die Erklärung darauf beruht, dass sich die Betriebskosten rückwirkend erhöht haben, wirkt sie auf den Zeitpunkt der Erhöhung der Betriebskosten, höchstens jedoch auf den Beginn des der Erklärung vorausgehenden Kalenderjahres zurück, sofern der Vermieter die Erklärung innerhalb von drei Monaten nach Kenntnis von der Erhöhung abgibt.
(3) [1]Ermäßigen sich die Betriebskosten, so ist eine Betriebskostenpauschale vom Zeitpunkt der Ermäßigung an entsprechend herabzusetzen. [2]Die Ermäßigung ist dem Mieter unverzüglich mitzuteilen.
(4) Sind Betriebskostenvorauszahlungen vereinbart worden, so kann jede Vertragspartei nach einer Abrechnung durch Erklärung in Textform eine Anpassung auf eine angemessene Höhe vornehmen.
(5) Bei Veränderungen von Betriebskosten ist der Grundsatz der Wirtschaftlichkeit zu beachten.
(6) Eine zum Nachteil des Mieters abweichende Vereinbarung ist unwirksam.

1. Zweck der Regelung

1 Da § 558 Abs. 1 die Möglichkeit der Erhöhung der vereinbarten Miete darauf beschränkt, dass sich die ortsübliche Vergleichsmiete gegenüber der vor einem Jahr zuletzt vereinbarten Miete erhöht, der zur Mieterhöhung nach § 558 Abs. 1 heranzuziehende Mietspiegel (§ 558a Abs. Abs. 2 Nr. 1) aber im Regelfall Betriebskostensteigerungen deshalb nicht beinhaltet, weil er eine Nettokaltmiete ausweist, sieht § 560 gesondert vor, die Miete bei Betriebskostensteigerungen zu erhöhen, jedoch nur bei einer **Grundmiete mit bezifferter Betriebskostenpauschale** oder bei **vereinbarten Betriebskostenvorauszahlungen**. Bei einer Grundmiete mit bezifferter Betriebskostenpauschale darf der Vermieter Erhöhungen der Betriebskosten durch Erklärung in Textform im Rahmen des § 560 dann auf den Mieter anteilig umlegen, wenn er sich die Erhöhung der Miete wegen gestiegener Betriebskosten im Mietvertrag ausdrücklich vorbehalten hat. Im Gegensatz zur Grundmietenerhöhung nach § 558 kommt es nicht auf die Zustimmung des Mieters an. Der Vermieter hat vielmehr aufgrund einer wirksamen Mieterhöhungserklärung unmittelbar einen Zahlungsanspruch gegen den Mieter (§ 560 Abs. 2 Satz 1).

2 § 560 Abs. 4 ermöglicht bei **nicht preisgebundenem Wohnraum** beiden Parteien die gem. § 556 Abs. 2 vereinbarten angemessenen **Vorauszahlungen** nach einer **Abrechnung** auf eine angemessene Höhe anzupassen. Der Vermieter ist gem. § 555 Abs. 3 verpflichtet, über die auf die Betriebskosten von den Mietern geleisteten Vorauszahlungen jährlich binnen einer Abrechnungsfrist von höchstens einem Jahr abzurechnen.

3 § 556 Abs. 2 ermächtigt den Vermieter von nicht preisgebundenem Wohnraum, neben der Grundmiete entweder **Vorauszahlungen** oder eine **gesonderte Pauschale** zu vereinbaren, durch die entweder alle oder ein Teil der auf die Wohnung entfallenden Betriebskosten abgegolten werden sollen. Vereinbart er eine Grundmiete mit bezifferter Betriebskostenpauschale, muss er sich eine **Erhöhung der Bruttokaltmiete für die Zukunft wegen in der Vergangenheit gestiegener Betriebskostensteigerungen** vorbehalten. Der Vermieter muss aber dann, wenn er die Pauschale wegen gestiegener Betriebskosten erhöhen will, für die auf die Wohnung entfallenden Betriebskosten abrech-

nen und erläutern, warum sich diese erhöht haben (vgl. dazu näher Rn. 39 ff.). Der Vermieter erreicht dabei keine laufende Deckung der aktuell anfallenden Betriebskosten, sondern lediglich eine dem zeitlichen Anfall der Betriebskosten nachfolgende – zumindest teilweise – Deckung der Betriebskostensteigerungen für die Zukunft.

2. Anwendungsbereich

§ 560 gilt nur für **Wohnraum**, nicht dagegen für Gewerberaum, was sich aus § 549   4
Abs. 1 und daraus ergibt, dass § 578 Abs. 2 § 560 auf Mietverhältnisse über Räume, die keine Wohnräume sind, nicht für anwendbar erklärt. Werden in einem einheitlichen Vertrag Räume teils zum Wohnen und teils zu Gewerbezwecken vermietet (z.B. zum Betrieb einer Anwaltspraxis mit angeschlossener Wohnung), so richtet sich die Anwendbarkeit des § 560 danach, ob nach dem vereinbarten Vertragszweck die Nutzung als Wohnraum überwiegt. Steht dagegen die Vermietung zu gewerblichen Zwecken im Vordergrund, ist der § 560 nicht anwendbar. Wird eine Wohnung einem Rechtsanwalt zur Nutzung als Kanzlei und zugleich zu Wohnzwecken vermietet, so ist im allgemeinen anzunehmen, dass die Vermietung in erster Linie zu gewerblichen Zwecken vorgenommen wird. Damit wäre § 560 nicht anwendbar.

Bei eindeutig gewerblichem Zweck (z.B. Betrieb einer Anwaltskanzlei oder Ärztepraxis) spielte die Größe der vermieteten Fläche nur eine untergeordnete Rolle, es sei denn, dass die Fläche, die zur Nutzung als Wohnraum zur Verfügung steht, diejenige Fläche, die zur gewerblichen Nutzung überlassen worden ist, derart überwiegt, dass der für die gewerbliche Nutzung zur Verfügung stehenden Fläche nur eine geringe Bedeutung zukommt (vgl. dazu u.a. Kinne, GE 1989, 68). Dasselbe gilt für den Fall, dass der Mietanteil für die Wohnung erheblich höher ist als die Miete für die gewerbliche Fläche.

Da auch diejenigen Mietverträge, die eine **Behörde** oder ein **Unternehmen** für einen   5
nicht näher namentlich bestimmten **Mitarbeiter** abschließt, nicht als Wohnraumvertrag angesehen werden, ist auf diese § 560 ebenfalls nicht anwendbar. Auch auf Mietverträge, die ein **nicht erwerbswirtschaftlich tätiger Verein** über Räume zu Wohnzwecken abgeschlossen hat, die er an seine Nutzer nicht durch übliche Mietverträge, sondern durch Verträge überlassen will, in denen gerade die Abhängigkeit vom Hauptmietverhältnis herausgestellt worden ist (vgl. dazu BVerfG, GE 1994, 272; LG Berlin, GE 1992, 981; GE 1992, 1155; OLG Hamburg, GE 1993, 537; LG Hamburg, DWW 1992, 245), ist § 560 ebenso wenig anwendbar wie auf die Verträge über Räume, die zur Weitervermietung an eigene Arbeitnehmer vom Arbeitgeber oder aus karitativen Gründen zum Zwecke der Aufnahme hilfsbedürftiger Menschen von einem Verein abgeschlossen worden sind (BayObLG, ZMR 1995, 526 = GE 1995, 1483 = WuM 1995, 338; BayObLG, ZMR 1995, 532 = GE 1995, 1479 = WuM 1995, 642). Dagegen ist § 560 auch auf **entgeltliche Dauernutzungsverträge** zwischen einer Wohnungsbaugenossenschaft und ihrem Mitglied anwendbar, da es sich um einen Wohnraummietvertrag handelt (OLG Karlsruhe, NJW-RR 1986, 89 = WuM 1985, 77).

§ 560 ist ebenfalls anwendbar auf Wohnungen in **Altenwohnheimen**, in denen die Be-   6
wohner noch einen selbständigen Haushalt führen, nicht dagegen auf Unterbringungsverträge in Altenpflegeheimen, in denen die Betreuungsleistungen überwiegen.

Bei gewerblicher Vermietung kommt es somit ausschließlich auf die vertraglichen Vereinbarungen an, durch die auch andere Betriebskosten als in der Anlage 3 zu § 27 der II. BV aufgeführt auf den Gewerberaummieter abgewälzt werden dürfen.

7 Selbst wenn aber die Einordnung des Mietverhältnisses dazu führt, dass es als Wohnraummietverhältnis anzusehen ist, ist § 560 nicht anwendbar auf Mietverhältnisse über (§ 549 Abs. 2):
1. preisgebundenen Wohnraum,
2. Wohnraum, der nur zu vorübergehendem Gebrauch vermietet ist (Ferienwohnungen, die nicht dauernd genutzt werden, Wochenendhäuser, Ferienhäuser),
3. Wohnraum, der Teil der vom Vermieter selbst bewohnten Wohnung ist und den der Vermieter überwiegend mit Einrichtungsgegenständen ausgestattet hat (so genannte möblierte Einliegerwohnung), sofern der Wohnraum dem Mieter nicht zum dauernden Gebrauch mit seiner Familie oder mit Personen überlassen ist, mit denen er einen auf Dauer angelegten gemeinsamen Haushalt führt,
4. Wohnraum, den eine juristische Person des öffentlichen Rechts oder ein anerkannter Träger der Wohlfahrtspflege angemietet hat, um ihn Personen mit dringendem Wohnbedarf zu überlassen, wenn sie den Mieter bei Vertragsschluss auf die Zweckbestimmung des Wohnraums und die Ausnahme von den genannten Vorschriften hingewiesen hat.

8 Ferner gilt § 560 nicht für Wohnraum in einem **Studenten- oder Jugendwohnheim** (§ 549 Abs. 3). Dagegen ist § 560 anwendbar auf einen Mietvertrag mit einem Gastarbeiter über ein Zimmer in einem **öffentlich geförderten Arbeiterwohnheim**, soweit es sich um einen längerfristigen Mietvertrag handelt (AG Hamburg, WuM 1985, 145). Der Anwendung des § 560 steht in diesem Falle auch nicht entgegen, dass es sich um Wohnraum handelt, der mit öffentlichen Mitteln finanziert worden ist und deswegen als preisgebundener Wohnraum einzustufen ist. Grundsätzlich unterliegt zwar Wohnraum, der mit öffentlichen Mitteln finanziert worden ist, gem. §§ 72 Abs. 4, 68 Abs. 1 II. WoBauG, §§ 1, 8 bis 8b WoBindG der Mietpreisbindung und damit nicht § 560. Auf Wohnheime sind jedoch die Vorschriften des WoBindG, insbesondere also die Vorschriften über die Kostenmiete, nicht anwendbar (§ 20 WoBindG), so dass § 560 eingreift. § 560 ist dagegen nicht anwendbar auf Sozialwohnungen, die mit Wohnungsfürsorgemitteln geförderten Wohnungen und die mit Aufwendungszuschüssen und Aufwendungsdarlehen geförderten steuerbegünstigten Wohnungen (vgl. § 45 Abs. 2 I. WoBauG und § 85 Abs. 2 II. WoBauG). § 560 gilt auch für die nach dem 31.12.1987 vermieteten früher preisgebundenen Altbauwohnungen in Berlin/West. Bei den vor diesem Zeitpunkt vermieteten Altbauwohnungen sah § 7 Abs. 4 GVW vor, dass auch noch nach dem 1.1.1988 ohne vertragliche Vereinbarung Betriebskostensteigerungen auf den Mieter abgewälzt werden können (vgl. dazu näher Kinne, GE 1987, 843 [842]; LG Berlin, GE 1993, 587; GE 1997, 493). Diese Möglichkeit besteht weiterhin. Denn gem. Art. 229 § 3 Abs. 4 EGBGB ist auf ein am Tage des In-Kraft-Tretens des Mietrechtsreformgesetzes bestehendes Mietverhältnis, bei dem die Betriebskosten ganz oder teilweise in der Miete enthalten sind, wegen der Erhöhungen der Betriebskosten § 560 Abs. 1, 2, 5 und 6 entsprechend anzuwenden, soweit im Mietvertrag vereinbart ist, dass der Mieter Erhöhungen der Betriebskosten zu tragen hat. Soweit in Mietverträgen über Berliner Altbauwohnungen eine

derartige Erhöhungsmöglichkeit nicht vorgesehen war, ist dies unschädlich. Eine ausdrückliche oder konkludente Vereinbarung der Umlagemöglichkeit war nicht erforderlich, weil sie sich früher ohne weiteres aus dem Mietpreisrecht ergab. Gem § 7 Abs. 4 GVW dürfen Betriebskostensteigerungen weiterhin durch einseitige Erklärung – nunmehr in Textform – gegenüber dem Mieter geltend gemacht werden, wenn sie bis zum 31.12.1997 preisrechtlich zulässig waren. Selbst wenn also im Mietvertrag bis zum 31.12.1987 die gesonderte Umlage der Betriebskosten nicht vorgesehen war, weil die Mietvertragsparteien aufgrund des früheren Mietpreisrechts ohne weiteres von dieser Umlagemöglichkeit ausgegangen sind, kann der Vermieter nunmehr bei einer Erhöhung der Betriebskosten gem. § 560 eine Mieterhöhung verlangen (Emmerich/Sonnenschein, § 7 GVW Rn. 6).

§ 560 gilt ausschließlich für **freifinanzierten Wohnraum**. 9

§ 560 ist auch für den **früher preisgebundenen Altbau in den neuen Bundesländern** 10
uneingeschränkt anwendbar. Die Möglichkeit des Vermieters, die Bruttokaltmiete in vor dem 11.6.1995 abgeschlossenen Verträgen über preisgebundenen Altbau in den neuen Bundesländern durch einseitige Erklärung in eine Nettokaltmiete mit Vorauszahlungen umzustellen, war bis zum 31.12.1997 befristet (so der frühere § 14 Abs. 1 Satz 1 MHG). Sind bis zu diesem Zeitpunkt Betriebskosten umgelegt oder angemessene Vorauszahlungen verlangt worden, so gilt die entsprechende vertragliche Vereinbarung weiter (§ 14 Abs. 1 Satz 2 MHG [a.F.]).

§ 560 gilt ferner nur für **Betriebskosten i.S.d. § 27 der II. BV**. Der Umfang der umlage- 11
fähigen Betriebskosten wird daher durch § 27 II. BV und ihrer Anlage 3 abschließend bestimmt (OLG Koblenz, NJW 1986, 995). Dies gilt für alle Vermieter von freifinanziertem Wohnraum (mit Ausnahme der Mietverhältnisse gem. § 549 Abs. 2), gleichgültig ob er als Eigentümer, Erbbauberechtigter, Hausverwalter oder gewerblicher Zwischenvermieter den Wohnraummietvertrag geschlossen hat.

Die Erhöhung anderer Bewirtschaftungskosten, z.B. der **Verwaltungskosten, Instand-** 12
haltungskosten und des Mietausfallwagnisses kann nicht nach § 560, sondern lediglich im Rahmen einer Mieterhöhung nach § 558 geltend gemacht werden (OLG Koblenz, NJW 1986, 995; vgl. zur Erhöhung der Grundmiete mit Verwaltungskostenfestbetrag: LG Mannheim, NZM 2000, 490 [492]), soweit es sich um Bewirtschaftungskosten für freifinanzierten Wohnraum handelt.

Für freifinanzierten Wohnraum sind als Betriebskosten nicht umlegbar:
– Abschreibung
– Anschaffungskosten für Anlagen und Geräte
– Bank- und Kontogebühren
– Erbbauzinsen
– Instandhaltungskosten (vgl. dazu § 556 Rn. 32)
– Instandhaltungsrücklage
– Mietausfallwagnis
– Reparaturkosten
– Verwaltungskosten (vgl. dazu § 556 Rn. 31)
– Zinsen und Tilgung

Verwaltungskosten können jedoch als Teil der Grundmiete vereinbart werden (LG Berlin, GE 1996, 1051 = ZMR 1996, 10; GE 1998, 1396; Geldmacher, DWW 1994, 34; Mietprax/Pfeifer, Fach 2 Rn. 141; vgl. näher § 556 Rn. 31).

3. Erhöhung der Bruttokaltmiete wegen gestiegener Betriebskosten

13 § 560 regelt **zwei verschiedene Arten der Erhöhung** der Miete wegen gestiegener Betriebskosten auf den Mieter. In § 560 Abs. 4 ist geregelt, dass Vorauszahlungen angemessen angepasst werden dürfen, wenn sich aus der jährlichen Abrechnung ergibt, dass die bisherigen Vorschüsse zur Deckung der Betriebkosten zu hoch waren oder nicht ausreichen. Die **Erhöhung der Grundmiete wegen gestiegener Betriebskosten scheidet hier aus**, weil über die tatsächlichen Betriebskosten abzurechnen ist. § 560 Abs. 1 dagegen regelt die Erhöhung der Bruttokalt- oder -warmmiete, in der Betriebskosten mit einer ausgewiesenen Pauschale enthalten sind. Lediglich bei einer Steigerung der Betriebskosten kommt eine Mieterhöhung in Betracht. Vereinbaren die Parteien vorbehaltslos einen Bruttobetrag als Miete, so ist mangels abweichender Anhaltspunkte davon auszugehen, dass die nicht gesondert aufgeführten Betriebskosten pauschal mit der Miete abgegolten sind. Dies ergibt sich bereits aus § 535, wonach der Mieter verpflichtet ist, dem Vermieter (nur) die vereinbarte Miete zu entrichten. Es kommt mithin jeweils auf die Vereinbarung an. Ist in der vertraglichen Vereinbarung über die Miete keine nähere Bestimmung getroffen worden, sind grundsätzlich alle Betriebskosten mit der Miete abgegolten und können nicht gesondert umgelegt werden. Diese Auslegung ist auch nach § 535 Abs. 1 Satz 3 gerechtfertigt, wonach der Vermieter die Lasten der Mietsache zu tragen hat.

14 Ist lediglich eine **Bruttokaltmiete** vereinbart worden, stellt sich die Frage, ob Betriebskostenerhöhungen an den Mieter weitergegeben werden dürfen. Der Wortlaut des § 560 Abs. 1 Satz 1 stellt jedoch gegenüber der Fassung des früheren § 4 Abs. 2 Satz 1 MHG klar, dass der Vermieter nur dann berechtigt ist, Erhöhungen der Betriebskosten durch Erklärung in Textform anteilig auf den Mieter umzulegen, wenn eine derartige Erhöhung ausdrücklich vereinbart worden ist. Soweit demgegenüber früher die Auffassung vertreten worden ist, dass eine Erhöhung auch ohne ausdrückliche Vereinbarung darüber zulässig ist (Sternel, Mietrecht, III Rn. 809; Bub/Treier/Schultz, III A Rn. 320 f.; Beuermann, Miete und Mieterhöhung bei preisfreiem Wohnraum, S. 174 Rn. 66; Schmid, Rn. 2042; Schmidt-Futterer/Blank, C 243; Barthelmess, § 4 MHG Rn. 18; Sternel, Mietrecht aktuell, Rn. 684; Schläger, ZMR 1994, 304 [305]; Börstinghaus, ZMR 1994, 396 [398]; Beuermann, GE 1997, 1134), ist diese durch § 560 obsolet geworden. Dies gilt auch für die Auffassung (Beuermann, GE 1997, 1134), dass auch bei den anderen in den früheren §§ 3 und 5 MHG vorgesehenen Mieterhöhungsmöglichkeiten eine entsprechende Vereinbarung zwischen den Mietvertragsparteien nicht vorausgesetzt werde, sondern der Vermieter durch einseitige Erklärung die Miete erhöhen könne. Diese Auffassung hatte ohnehin übersehen, dass Voraussetzung für die einseitige Mieterhöhung nach § 3 MHG a.F. entweder die Duldung der Modernisierungsmaßnahme durch den Mieter oder seine Verurteilung zur Duldung dieser Maßnahme ist (LG Berlin, GE 1998, 1275, AG Berlin-Tiergarten, GE 1998, 46). Lediglich in denjenigen Fällen, in denen der Vermieter die bauliche Maßnahme nicht zu vertreten hat, bedarf es nicht der Durchführung des Duldungsverfahrens (so zutreffend Blümmel, Teil A Rn. 20). Das den Modernisierungsmaß-

Kinne

nahmen im Regelfall vorgeschaltete Duldungsverfahren führt mithin bereits zu einer Änderung des Vertrags, so dass es insoweit unproblematisch erscheint, dem Vermieter ein einseitiges Mieterhöhungsrecht zuzubilligen, das mangels Vorhersehbarkeit der Modernisierung auch nicht bereits im Mietvertrag vereinbart werden kann. Die Fassung des § 560 Abs. 1 Satz 1 berücksichtigt die frühere Rechtsprechung zu § 4 Abs. 2 MHG, die durchweg den Vermieter nur dann für berechtigt gehalten hat, Betriebskostenerhöhungen auf den Mieter umzulegen, wenn dies im Mietvertrag vereinbart worden ist (OLG Karlsruhe, RE vom 4 11.1980 = NJW 1981, 1051 = GE 1981, 1115 = RiM I 98; OLG Zweibrücken, RE vom 21.4.1981 = NJW 1981, 1622 = GE 1981, 487 = RiM I 244; OLG Stuttgart, RE vom 13.7.1983 = NJW 1983, 2329 = GE 1983, 915 = RiM I 1016; OLG Hamm, RE vom 20.8.1997 = GE 1997, 1165).

Im Übrigen deutete auch § 7 Abs. 3 und 4 GVW vom 14.7.1987 darauf hin, dass der 15 Gesetzgeber die in der Rechtsprechung vertretene Auffassung billigte, wonach nur bei einer entsprechenden Vereinbarung zwischen Vermieter und Mieter über die vom Mieter mit der Bruttokaltmiete zu tragenden Betriebskosten und das Erhöhungsrecht des Vermieters bei gestiegenen Betriebskosten eine einseitige Erhöhung der Bruttokaltmiete durch den Vermieter zulässig ist; denn mit der Vorschrift des § 7 Abs. 3 und 4 GVW wurde für ehemals preisgebundenen Wohnraum in Berlin (West) die Erhöhung der Inklusivmiete bei Wegfall der Preisbindung durch die Bundesmietengesetze ausdrücklich zugelassen; einer derartigen Regelung hätte es nicht bedurft, wenn bereits ohne entsprechende Vereinbarung gem. § 4 Abs. 2 Satz 1 MHG a.F. eine einseitige Mieterhöhung der Bruttokaltmiete durch den Vermieter zulässig gewesen wäre (so zutreffend: OLG Hamm, a.a.O.; Emmerich/Sonnenschein, § 7 GVW Rn. 3 ff.).

3.1 Materielle Voraussetzungen

Die Erhöhung der Bruttokaltmiete nach § 560 Abs. 1 Satz 1 setzt voraus, dass der **Ge-** 16 **samtbetrag der Betriebskosten** sich **erhöht** hat, gleichgültig, ob und durch welche Umstände sich einzelne Betriebskosten erhöht oder ermäßigt haben. Von einer Erhöhung der Betriebskosten i.S.d. § 560 Abs. 1 Satz 1 kann man nur dann sprechen, wenn der Saldo aller Betriebskosten gegenüber dem Saldo der Betriebskosten zur Zeit des Vertragsabschlusses oder einer späteren Mieterhöhung wegen erhöhter Betriebskosten gestiegen ist. Haben sich also einzelne Betriebskosten erhöht (z.B. Wasserversorgung und Entwässerung), andere dagegen ermäßigt (z.B. Straßenreinigungskosten), so kommt es darauf an, ob sich der **Saldo** aus sämtlichen Betriebskosten erhöht hat; nur bei einer Erhöhung des Saldos darf der Vermieter die Grundmiete mit ausgewiesener Betriebskostenpauschale im Umfang der Saldoerhöhung erhöhen (LG Berlin, GE 1993, 587; AG Berlin-Charlottenburg, GE 1990, 105).

Ist eine Miete vereinbart worden, neben der nur für einzelne Betriebskosten eine vom 17 Mieter zu tragende Pauschale vereinbart worden ist, weil in dem im Mietvertrag aufgeführten Betriebskostenkatalog einzelne Betriebskostenarten gestrichen worden sind (**Teilinklusivmiete**), so sind Erhöhungen der gestrichenen Betriebskosten bei der Erhöhung der Grundmiete mit (teilweiser) Betriebskostenpauschale nicht zu berücksichtigen (so bereits früher zur Teilinklusivmiete: AG Karlsruhe-Durlach, WuM 1979, 33; AG Horb, WuM 1979, 154; AG Lampertheim, WuM 1981, 57).

18 Die **Saldoerhöhung** der Betriebskosten ist durch einen Vergleich der im Zeitpunkt der letzten Mieterhöhung gem. § 558 oder § 560 Abs. 1 Satz 1 in der Pauschale enthaltenen Betriebskosten mit denjenigen Betriebskosten zu ermitteln, die zur Grundlage der Erhöhung der Miete mit Betriebskostenpauschale gemacht werden. Handelt es sich um eine Mieterhöhung wegen gestiegener Betriebskosten gem. § 560 Abs. 1 Satz 1, ist der Zeitpunkt, zu dem die Miete zuletzt erhöht wurde, zugrunde zu legen. Der Zeitpunkt der letzten Mieterhöhung wegen Betriebskostenerhöhung gem. § 560 Abs. 1 Satz 1 kann dabei auch einige Jahre zurückliegen, wenn zwischendurch keine Mieterhöhungen wegen gestiegener Betriebskosten erfolgt sind (LG Berlin, GE 1993, 589); jedoch darf niemals ein Betriebskostensaldo vor Mietvertragsabschluss zugrunde gelegt werden.

Hat dagegen der Vermieter die Bruttokaltmiete gem. § 558 deswegen erhöht, weil die zuletzt vereinbarte oder erhöhte Bruttokaltmiete unter der ortsüblichen Bruttokaltmiete lag, ist der Betriebskostensaldo im Zeitpunkt der Wirksamkeit dieser Mieterhöhung zugrunde zu legen (KG, RE vom 5.8.1997, GE 1997, 1097). Die Erhöhung der Bruttokaltmiete wegen gestiegener Betriebskosten gem. § 560 Abs. 1 Satz 1 ist, soweit eine Erhöhung der Bruttokaltmiete nach § 558 vorausgegangen ist, nur insoweit gerechtfertigt, als das Ansteigen der Betriebskosten nach dem Wirksamwerden dieser Mieterhöhung geltend gemacht wird; denn die Erhöhung der Bruttokaltmiete gem. § 558 beruht bei entsprechender Zustimmung des Mieters – oder dieser gleichstehender Verurteilung zur Zustimmung (§ 894 ZPO) – auf der Vereinbarung der Mietvertragsparteien, wonach eine erhöhte Bruttokaltmiete gelten soll, die die in diesem Zeitpunkt maßgeblichen Betriebskosten einschließt (LG Berlin, MM 1994, 396; GE 1997, 493; AG Berlin-Tempelhof/Kreuzberg, MM 1994, 285; AG Berlin-Neukölln, MM 1992, 103; MM 1993, 27).

19 Bei **neu hinzukommenden Betriebskosten** ist umstritten, ob diese ebenfalls eine Erhöhung der Miete gem. § 560 Abs. 1 Satz 1 rechtfertigen (bejahend: Barthelmess, § 4 MHG Rn. 20 m.w.N.; a.A. Sternel, Mietrecht, III 303). Hat sich jedoch der Vermieter ausdrücklich die Mieterhöhung für neu hinzukommende Betriebskosten vorbehalten, so ist die Erhöhung der Bruttokaltmiete auch bei einer Saldoerhöhung infolge neu hinzukommender Betriebskosten (z.B. Anschluss an die Kanalisation, Neueinführung von Müllabfuhr und Straßenreinigung in eingemeindeten Ortsteilen) gerechtfertigt (so auch Korff, DWW 1977, 153). Abzulehnen ist die Ansicht (Barthelmess, § 4 MHG Rn. 21), dass dann, wenn einzelne Betriebskosten im Zeitpunkt der Erhöhung ganz oder teilweise noch nicht feststehen, jedoch öffentlich bekannt gemacht worden ist, dass eine Erhöhung eintreten wird, ein geschätzter Erfahrungswert angesetzt werden kann. Denn der Fall der rückwirkenden Betriebskostenerhöhung ist abschließend in § 560 Abs. 2 Satz 2 geregelt; damit können auch rückwirkende Erhöhungen aufgefangen werden, so dass ein Bedürfnis für eine Mieterhöhung aufgrund einer Schätzung nicht besteht und systemwidrig ist.

20 Gleichgültig ist, wie oft hintereinander und in welchen Zeitabständen der Vermieter die Miete wegen gestiegener Betriebskosten gem. § 560 Abs. 1 Satz 1 erhöht. Der Vermieter kann die Bruttokaltmiete – auch rückwirkend – kurzfristig hintereinander wegen in der Zwischenzeit eingetretener Betriebskostensteigerungen erhöhen, wenn nicht dazwischen eine Bruttokaltmietenerhöhung gem. § 558 zur Angleichung an die ortsübliche Vergleichsmiete (Bruttokaltmiete) erfolgt ist. Voraussetzung dafür ist jedoch, dass sich der

Saldo der Betriebskosten insgesamt seit dem Wirksamkeitszeitpunkt der letzten Mieter-höhung erhöht hat. Erhöhungen einzelner Betriebskosten können daher nur die Mieter-höhung gem. § 560 Abs. 1 Satz 1 rechtfertigen, wenn nicht gleichzeitig Ermäßigungen bei einzelnen anderen Betriebskosten in demselben Umfang eingetreten sind.

3.2 Formelle Voraussetzungen

3.2.1 Erhöhungserklärung

Die Erhöhung der Miete für die Zukunft wegen in der Vergangenheit gestiegener Be-triebskosten erfordert eine darauf gerichtete **Erklärung in Textform** des Vermieters (§ 560 Abs. 1 Satz 1), die den Mietern zugehen muss. Ist diese einseitige empfangsbe-dürftige Willenserklärung wirksam und dem Mieter zugegangen, so erhöht sich die Miete für die Zukunft, ohne dass es der Zustimmung des Mieters zu dieser Vertragsänderung bedarf. Die Mieterhöhungserklärung wird wirksam, wenn die formellen und materiellen Voraussetzungen vorliegen und die Erklärung dem Mieter zugeht. Fehlen die formellen oder materiellen Voraussetzungen, so bleibt die bisherige Miete bis zu einer nochmaligen ordnungsgemäßen Erhöhungserklärung unverändert. 21

3.2.2 Form, Absender und Empfänger

Die Erhöhungserklärung bedarf der Textform (§ 560 Abs. 1 Satz 1). Textform bedeutet, dass die Erklärung in einer Urkunde oder auf andere zur dauerhaften Wiedergabe in Schriftzeichen geeignete Weise abgegeben werden muss, die Person des Erklärenden genannt und der Abschluss der Erklärung durch Nachbildung der Namensunterschrift oder anders erkennbar gemacht wird (§ 126b des Gesetzes zur Anpassung der Formvor-schriften des Privatrechts und anderer Vorschriften an den modernen Rechtsgeschäfts-verkehr vom 22.6.2001). Daher ist grundsätzlich die eigenhändige Unterschrift des Ver-mieters nicht mehr erforderlich; der Vermieter kann sich weiterhin einer automatischen Einrichtung bedienen, bei der die eigenhändige Unterschrift entbehrlich ist. Ebenfalls kann er sich des Telefaxes bedienen. Auch in diesen Fällen muss jedoch die gesamte Erklärung durch den Namen einer natürlichen Person abgeschlossen werden. Die Angabe der öffentlichen Körperschaft oder der juristischen Person (GmbH, GmbH & Co. KG, OHG, Kommanditgesellschaft auf Aktien, AG, Genossenschaft) reicht dazu nicht aus. Vielmehr muss entweder der Vor- und Zuname der vertretungsberechtigten Person (Be-hördenleiter, Geschäftsführer, Vorstand) oder der Name derjenigen Person angegeben werden, die von der vertretungsberechtigten Person zur Abgabe der Mieterhöhungserklä-rung bevollmächtigt worden ist. Diese Person muss ihrerseits mit einem auf das Vertre-tungsverhältnis hindeutenden Zusatz („i.A.", „ppa.", „i.V.") die Mieterhöhungserklärung abschließen (LG Berlin, MM 1992, 64 f.; GE 1996, 1431; WuM 1990, 311; LG Essen, MDR 1979, 57). Lediglich Anlagen, wie z.B. die Einzelaufstellung der Betriebskosten, müssen von der Unterschrift nicht gedeckt sein (KG, ZMR 1984, 168; GE 1997, 190). Aber auch bei Anlagen zur Mieterhöhungserklärung gilt das Prinzip der Einheit der Urkunde. Für den Mietvertrag steht insoweit fest, dass dieser die Schriftform auch ohne körperliche Verbindung der einzelnen Blätter wahrt, wenn sich die Einheit der Urkunde aus fortlaufender Paginierung der Blätter, fortlaufender Nummerierung der einzelnen Bestimmungen, einheitlicher grafischer Gestaltung, inhaltlichem Zusammenhang des Textes oder vergleichbaren Merkmalen zweifelsfrei ergibt (BGH, GE 1997, 1518 = NJW 22

1998, 58). Da derartige Voraussetzungen bei Anlagen zur Mieterhöhungserklärung in der Regel nicht vorliegen, muss sich zumindest aus der ursprünglichen Erklärung und ihrer Anlage deren Zusammenhang ergeben. Insoweit muss sowohl in der Mieterhöhungserklärung selbst auf die Anlage als auch in dieser auf die Mieterhöhungserklärung konkret Bezug genommen werden; zu empfehlen ist weiterhin, dass die Anlage fest mit der Mieterhöhungserklärung verbunden wird, und zwar derart, dass beide nicht ohne Substanzverletzungen voneinander gelöst werden können.

Als automatische Einrichtungen kommen sowohl mechanische, elektronische als auch foto-chemische Fertigungsmethoden in Betracht. Insbesondere sind elektronische Datenverarbeitungsgeräte automatische Einrichtungen. Aber auch insoweit ist Voraussetzung, dass die Mieterhöhungserklärung automatisch gefertigt wird (vgl. dazu LG Berlin, GE 1999, 1127), ohne dass der Vermieter noch ergänzende Angaben handschriftlich einzufügen braucht.

Die Übersendung einer Mieterhöhungserklärung durch Telefax ist zulässig.

23 Die Mieterhöhungserklärung muss vom **Vermieter ausgehen**. Vermieter ist grundsätzlich derjenige, der den Mietvertrag abgeschlossen hat. Ist der Mietvertrag schriftlich geschlossen worden, so kommt es entscheidend auf die Unterschrift an.

24 Hat von mehreren **Miteigentümern** nur der eine Miteigentümer den Mietvertrag unterzeichnet, so ist nur dieser Vermieter geworden.

25 **Erbengemeinschaften** sind als solche nicht rechtsfähig. Vermieter sind bei der schlagwortartigen Bezeichnung der Erbengemeinschaft im Mietvertrag (vgl. dazu Kinne, Der Wohnraummietvertrag, Rn. 10) sämtliche Mitglieder der Erbengemeinschaft (vgl. dazu näher § 554 Rn. 109).

26 Bei **Bauherrengemeinschaften** werden sämtliche Mitglieder der Gesellschaft Vermieter, wenn die Bauherrengemeinschaft als solche im Mietvertrag aufgeführt wird. Dies gilt auch dann, wenn die Bauherrengemeinschaft als solche die Wohnung vermietet, obwohl inzwischen das Wohnungsgrundbuchblatt angebildet und der einzelne Wohnungseigentümer eingetragen worden ist. Hat die Bauherrengemeinschaft im Vorstadium der Gesellschaftsgründung als Bruchteilsgemeinschaft (vgl. dazu BGH, NJW 1992, 220) gehandelt, werden ebenfalls sämtliche Bruchteilseigentümer gemeinsam Vermieter (vgl. dazu näher § 554 Rn. 111).

27 Hat eine **Gesellschaft bürgerlichen Rechts** den Mietvertrag abgeschlossen, so ist entweder sie selbst als Außengesellschaft Vermieter geworden (vgl. dazu § 535 Rn. 11 ff.) oder ihre im Mietvertrag als Vermieter im Einzelnen aufgeführten Gesellschafter. Umstritten war, ob im letzteren Fall bei einem Gesellschafterwechsel die neuen Gesellschafter anstelle der ausgeschiedenen Gesellschafter als neue Vermieter in den Mietvertrag eintreten. Nach der neueren Rechtsprechung (BGH, GE 1998, 483; KG [RE], GE 1998, 739) werden bei einem späteren Gesellschafterwechsel diejenigen Gesellschafter neben den in der Gesellschaft verbliebenen Gesellschaftern Vermieter, die anstelle der bei Vertragsschluss der Gesellschaft angehörenden Gesellschafter neu in die Gesellschaft eingetreten sind (a.A. noch OLG Düsseldorf, MDR 1993, 143; LG Berlin, GE 1995, 941; GE 1996, 549; GE 1996, 1243 f.). Dies gilt erst recht, wenn bei der Vermietung durch eine Gesellschaft bürgerlichen Rechts eine Klausel im Mietvertrag aufgenommen worden ist, wonach bei Änderung des Gesellschafterbestands der/die Mieter ihre Einwilligung

zur Änderung des Mietvertrags dahin gehend erklären, dass die angegebenen Gesellschafter als Vermieter ausscheiden oder eintreten und dass das Mietverhältnis dann unter den bisherigen Bedingungen fortgesetzt wird.

Die **Hausverwaltung**, die das Grundstück vermietet, wird selbst Vermieter, wenn aus   28
dem Mietvertrag über ihre Vertreterstellung nichts ersichtlich ist (KG, GE 1993, 950 [960]; vgl. dazu § 554 Rn. 117).

Der **Erwerber** des vermieteten Grundstücks tritt erst mit seiner Eintragung in das   29
Grundbuch als neuer Eigentümer in die Vermieterstellung ein. Vor diesem Zeitpunkt kann der Erwerber kein wirksames Mieterhöhungsverlangen abgeben (OLG Celle, WuM 1984, 193; LG Karlsruhe, WuM 1991, 48). Auch eine Auflassungsvormerkung für den Erwerber reicht nicht aus (LG Berlin, GE 1983, 1161; AG Berlin-Charlottenburg, GE 1984, 465). Die Regelung im notariellen Kaufvertrag über den wirtschaftlichen Besitzübergang und die Lastentragung führt ebenfalls noch nicht zum Eintritt des Erwerbers in das Mietverhältnis, so dass auch aufgrund einer derartigen zweiseitigen Vereinbarung zwischen dem Vermieter und dem Erwerber letzterer noch nicht die Mieterhöhungserklärung abgeben kann (LG Augsburg, WuM 1990, 226; LG Hamburg, WuM 1993, 48). Auch die Durchsetzung der Mieterhöhung im eigenen Namen in gewillkürter Prozessstandschaft des Erwerbers ist nicht möglich (vgl. dazu Kinne, GE 1993, 580 [588]; GE 1997, 1288 ff.) Lediglich dann, wenn zwischen dem ursprünglichen Vermieter, dem Erwerber und dem Mieter vereinbart wird, dass der Erwerber bereits vor der Eintragung in das Grundbuch in das Mietverhältnis eintritt, kann der Erwerber vor der Eintragung in das Grundbuch die Mieterhöhung verlangen (LG Berlin, GE 1989, 409). Im Übrigen wäre zu prüfen, ob in der – fehlgeschlagenen – Abtretung des Mieterhöhungsanspruchs eine Ermächtigung des Erwerbers gesehen werden kann, bereits vor seiner Eintragung die Mieterhöhung zu verlangen (vgl. dazu u.a. BGH, GE 1998, 176 ff. = NJW 1998, 896 ff.; Dittert GE 2000, 590, [592]).

Teilt der bisherige Alleineigentümer und Vermieter die Wirtschaftseinheit in Eigentumswohnungen auf, so tritt der Erwerber einer Eigentumswohnung gem. § 566 in das Mietverhältnis ein, und zwar auch bezüglich der mitvermieteten Räume, die nach der Teilungserklärung im Gemeinschaftseigentum aller Wohnungseigentümer stehen (BGH, RE vom 28.4.1999, VIII ARZ 1/98, GE 1999, 770).

Für **Bestandsmietverhältnisse in den neuen Bundesländern** gelten folgende Besonder-   30
heiten:

Hat die im Mietvertrag als Vermieter ausgewiesene Hausverwaltung (z.B. die Kommunale Wohnungsverwaltung) den Mietvertrag als staatlicher Verwalter des Grundstücks ohne Hinweis auf ein Vertretungsverhältnis (für den Alteigentümer) abgeschlossen, so ist mit Ablauf des 31.12.1992 der Eigentümer in die Stellung als Vermieter eingerückt (§ 11a VermG). Insoweit kommt es darauf an, ob es einen entsprechenden Bestallungsakt gibt oder die entsprechende Bestellung als staatlicher Verwalter unstreitig ist.

Dasselbe gilt für die durch einen Dritten im Auftrag oder mit Billigung des staatlichen Verwalters im eigenen Namen geschlossenen Mietverträge (BGH, GE 1997, 1300).

War das Grundstück enteignet, hat jedoch die Wohnungsverwaltung als Verfügungsberechtiger die Wohnung im eigenen Namen (ohne Hinweis auf den enteigneten Alteigentümer) vermietet, tritt der restituierte Eigentümer mit Bestandskraft des Restitutionsbescheids in die Rechte und Pflichten aus dem Mietverhältniss ein (§§ 16, 17 VermG). Insoweit kommt es auf die Bestandskraft des Restitutionsbescheids an, die zu einem Vermieterwechsel entsprechend § 566 führt (KG, GE 1996, 859 [861]; a.A. früher LG Berlin, ZOV 1992, 389; ZOV 1993, 187).

Hat die staatliche Wohnungsverwaltung die Wohnung im eigenen Namen vermietet, ohne entweder staatlicher Verwalter oder Rechtsträger für das Grundstück gewesen zu sein, so bleibt grundsätzlich die Wohnungsverwaltung (bzw. deren Rechtsnachfolger) auch nach dem 3.10.1990 Vermieter. Dies gilt insbesondere für die Kommunalen Wohnungsbaugesellschaften, die durch Umwandlung aus der früheren Kommunalen Wohnungsverwaltung entstanden sind (LG Berlin, GE 1996, 1551; Schwerdtfeger, GE 1997, 1083 ff.). Insoweit ist jedoch zu prüfen, ob ein Mietvertrag mit dem Alteigentümer durch „schlüssiges Verhalten" zustande gekommen ist. Insoweit reicht ein bestimmtes Verhalten des Alteigentümers und des Mieters mit rechtsgeschäftlichem Erklärungswert aus. Die weitere Überlassung der Wohnung an den Mieter zur Gebrauchsgewährung und eine Mieterhöhungserklärung des Alteigentümers, die dieser als Vermieter ausspricht und der der Mieter entweder ausdrücklich oder stillschweigend durch Zahlung der erhöhten Miete zustimmt, können als Verhalten angesehen werden, das den Schluss auf den Abschluss eines Mietvertrags zulässt (LG Berlin, GE 1993, 267 u. 1161; ZOV 1992, 50 u. 219; GE 1997, 1033). Allerdings muss ein derartiges Verhalten eindeutig sein und längere Zeit anhalten, um den Abschluss eines Mietvertrags annehmen zu können; allein zwei Monate dürften dafür nicht ausreichen (a.A. LG Düsseldorf, DWW 1991, 24). Auf diese Weise kann auch statt eines früheren Vermieters ein anderer Vermieter in das bestehende Mietverhältnis eintreten. Hat daher der Eigentümer eines Grundstücks, über das von einer privaten Hausverwaltung ein Mietvertrag im eigenen Namen abgeschlossen worden ist, das Grundstück von der privaten Hausverwaltung übernommen, so tritt er anstelle der privaten Hausverwaltung als Vermieter in das frühere Mietverhältnis ein, wenn der Mieter auf Grund einer Zahlungsaufforderung des Eigentümers dessen Vermieterstellung nicht anzweifelt, die entsprechende Forderung begleicht und/oder seinerseits Gegenforderungen gegen den Eigentümer als Vermieter geltend macht und der Eigentümer sich ferner darauf beruft, dass der Mieter seinen Verpflichtungen aus dem Mietverhältnis nicht nachkommt und außerdem das „bestehende Mietverhältnis" wegen Nichtzahlung der „Miete" fristlos kündigt (vgl. dazu BVerfG, GE 1996, 184).

31 Die Mieterhöhungserklärung ist an **sämtliche Mieter** zu richten. Soweit ist auch grundsätzlich maßgebend, wer den Mietvertrag auf der Mieterseite unterzeichnet hat. Jedoch kann auch ohne Unterzeichnung des Mietvertrags ein Mietverhältnis durch schlüssiges Verhalten des Vermieters und Mieters zustande kommen (vgl. BVerfG, GE 1996, 184; LG Berlin, GE 1997, 1033).

32 Werden beide **Ehegatten** im Vertrag als Mieter aufgeführt und unterschreiben auch beide den Mietvertrag, sind beide Mieter geworden. Die Mieterhöhungserklärung muss dann beiden gegenüber abgegeben werden (OLG Frankfurt/Main, WuM 1991, 103; LG Köln, WuM 1990, 298). Ein Ehepartner scheidet auch nicht allein durch Auszug aus der Wohnung aus dem Mietvertrag aus, so dass auch nach seinem Auszug die Mieterhöhungserklärung grundsätzlich auch ihm gegenüber erklärt werden muss (vgl. dazu näher § 554 Rn. 125 ff.).

Auch bei der **Vollmachtsklausel**, wonach die Mieter sich gegenseitig zur Abgabe und 33
Entgegennahme von Willenserklärungen bevollmächtigen, muss jedoch die Mieterhöhungserklärung ausdrücklich an alle Mieter gerichtet sein; denn derjenige Mieter, der die
Erklärung – auch für den anderen Mieter – entgegennimmt, handelt dabei lediglich als
Empfangsvertreter. Diese Klauseln haben insbesondere für den Fall Bedeutung, dass
einer der beiden Eheleute, die gemeinsam den Mietvertrag als Mieter unterschrieben
haben, inzwischen aus der gemeinsamen Ehewohnung ausgezogen ist. Da – wie bereits
oben ausgeführt – auch in diesem Fall grundsätzlich die Mieterhöhungserklärung nicht
nur an beide Mieter zu richten ist, sondern auch beiden Mietern zugehen muss, würde der
Zugang der Mieterhöhungserklärung durch Einwurf in den Briefkasten der gemieteten
Wohnung nicht ausreichen, wenn dort der ausgezogene Ehegatte nicht mehr seinen Lebensmittelpunkt hat. Die Mieterhöhungserklärung gegenüber nur einem Ehegatten reicht
jedoch dann aus, wenn im Ehescheidungsverfahren das Familiengericht die gemeinsam
gemietete Wohnung allein dem in der Wohnung verbliebenen Ehepartner zugesprochen
hat, worüber dieser den Vermieter unterrichten muss (LG Berlin, GE 1998, 907). Die
entsprechende einvernehmliche Regelung (Scheidungsvergleich) über die weitere Nutzung der gemeinsam angemieteten Wohnung durch nur einen Ehegatten reicht jedoch
nicht aus, um die Mieterhöhungserklärung an den ausgezogene Ehegatten entbehrlich zu
machen.

Auch dann, wenn beide Ehegatten im Kopf des Mietvertrags als Mieter aufgeführt sind,
aber nur einer von ihnen unterschrieben hat, sind nach überwiegender Ansicht beide
Ehegatten Mieter geworden (OLG Düsseldorf, WuM 1989, 362; OLG Oldenburg, MDR
1991, 969 = ZMR 1991, 268; LG Berlin, GE 1995, 567; Sternel, Mietrecht aktuell,
Rn. 17; a.A. LG Berlin, MM 1989, 208; ZMR 1988, 103 = GE 1987, 1265; GE 1990,
369; LG Mannheim, ZMR 1993, 415; LG Berlin, GE 1995, 1343; vgl. dazu § 554
Rn. 126). Ist dagegen nur ein Ehegatte im Mietvertrag als Mieter aufgeführt, haben aber
beide unterschrieben, so wird nach überwiegender Auffassung nur der unterschreibende
Ehegatte Mieter (LG Berlin, ZMR 1988, 103 = GE 1987, 1265 f.; LG Berlin, Urteil vom
21.3.1989, 63 S 495/ 86).

Bei vor dem 3.10.1990 geschlossenen Mietverträgen über Wohnungen in den **neuen** 34
Bundesländern sind gem. § 100 Abs. 3 ZGB **beide Ehegatten** Mieter geworden, auch
wenn nur einer von ihnen den Mietvertrag unterschrieben hatte. Das gilt auch für den
Fall des späteren Zuzugs des Ehegatten (LG Cottbus, WuM 1993, 665; WuM 1995, 38 =
ZMR 1995, 31 = NJW-RR 1995, 524 f. = ZAP-Ost EN-Nr. 292, 95; vgl. dazu § 554
Rn. 132). Lediglich bei Werkswohnungen wurde die Ehefrau nicht Mitmieter, wenn sie
nicht gleichzeitig Betriebsangehörige war (AG Görlitz, WuM 1994, 268; AG Potsdam,
WuM 1994, 522).

Hat nur ein Ehegatte den Mietvertrag abgeschlossen, so endet dieser nicht mit seinem 35
Tod, sondern der andere Ehegatte, der mit dem verstorbenen Mieter einen gemeinsamen
Haushalt geführt hat, tritt in den Mietvertrag ein (§ 563 Abs. 1; vgl. dazu § 554 Rn. 128).
Auch der Mietvertrag, der von beiden Ehegatten gemeinschaftlich abgeschlossen worden
ist, wird beim Tode eines Ehegatten mit dem überlebenden Ehegatten fortgesetzt (§ 563a
Abs. 1; vgl. dazu § 554 Rn. 128). In beiden Fällen muss die Mieterhöhungserklärung an
sämtliche überlebenden Mieter gerichtet werden.

36 Auch der **Lebenspartner** des verstorbenen Mieters tritt mit dessen Tod gem. § 563 Abs. 2 in das Mietverhältnis als Mieter ein (so schon früher BVerfG, GE 1990, 599; LG Berlin, GE 1990, 711). Das Mietverhältnis wird mit dem überlebenden Ehegatten oder Lebenspartner allerdings nur dann fortgesetzt, wenn diese nicht binnen eines Monats nach Kenntnis vom Tod des Mieters der Fortsetzung des Mietverhältnisses widersprechen oder das Mietverhältnis kündigen (§ 563 Abs. 3 und 4, § 563a Abs. 2).

37 Haben mehrere Mieter den Mietvertrag gemeinsam abgeschlossen und sind auch Mieter geblieben, so ist die Mieterhöhungserklärung an sämtliche Mieter zu richten, wenn nicht eine **Vertretungsklausel** vereinbart worden ist. Diese Vertretungsklausel, wonach es für die Rechtswirksamkeit der Erklärung des Vermieters genügt, wenn sie gegenüber einem der Mieter abgegeben wird, unterscheidet sich von der Vollmachtsklausel (vgl. oben Rn. 33) dadurch, dass durch die Vertretungsklausel allein die Abgabe der Mieterhöhungserklärung gegenüber einem Mieter für deren Wirksamkeit ausreicht. Ohne eine derartige Vertretungsklausel ist die Mieterhöhungserklärung, die nur an einen von beiden Ehegatten gerichtet worden ist, auch dann unwirksam, wenn eine Vollmachtsklausel vereinbart worden ist (LG Görlitz, WuM 1995, 649 f.). Ebenso wenig wie die Mieterhöhungserklärung mit formelhafter Alternativadressierung („Herr/Frau X"; KreisG Cottbus-Stadt, WuM 1992, 103; BezG Chemnitz, WuM 1993, 34; AG Berlin-Tiergarten, GE 1996, 1373) ausreicht, reicht bei einer Vertretungsklausel die Adressierung an nur einen Mieter aus. Auch ohne Vertretungsklausel reicht dagegen die Anrede „Eheleute" mit anschließendem Vornamen nur des Ehemannes aus (AG Greifswald, WuM 1994, 268).

38 Das Mieterhöhungsverlangen muss dem Mieter auch zugehen, denn bei der Mieterhöhungserklärung handelt es sich um eine so genannte empfangsbedürftige Willenserklärung (§ 130 Abs. 1 Satz 1 BGB). Der Vermieter muss den **Zugang** des Mieterhöhungsverlangens beweisen. Da weder für normale Postsendungen noch für ein Einschreiben ein Beweis des ersten Anscheins besteht, dass ein Brief den Empfänger auch erreicht (Palandt/Heinrichs, § 139 Rn. 21), kann der Vermieter den Zugang des Mieterhöhungsschreibens grundsätzlich nicht durch Vorlage des Einlieferungsscheins beweisen. Daher empfiehlt es sich, die Mieterhöhungserklärung durch einen Zeugen in den Briefkasten des Mieters einlegen zu lassen. Der Zugang durch Einwurf in den Briefkasten reicht bei einer Bevollmächtigungsklausel (vgl. dazu oben) auch dann aus, wenn einer der mehreren Mieter bereits ausgezogen ist. Auch bei einer Bevollmächtigungsklausel muss jedoch die Mieterhöhungserklärung an beide Mieter gerichtet sein.

3.2.3   Inhalt der Erhöhungserklärung

39 Die Mieterhöhungserklärung ist nur wirksam, wenn in ihr der **Grund für die Umlage bezeichnet und erläutert** wird. Dazu gehören:
   – Gegenüberstellung der Betriebskosten des Vorjahres mit den Gesamtkosten des laufenden Jahres (AG Berlin-Charlottenburg, GE 1990, 1087),
   – Gegenüberstellung der Salden beider Jahre, aus der sich ergibt, dass der Saldo gestiegen ist (LG Berlin, GE 1990, 1033, AG Berlin-Neukölln, GE 1991, 523 [525]),
   – Erläuterung des Grundes der jeweiligen Kostensteigerung,
   – Angabe der Rechnungs- und Zahlungsdaten.

Kinne

Ist im Mietvertrag vereinbart worden, dass der Mieter neben der Grundmiete eine Pau- 40
schale für die Betriebskosten gem. der Anlage 3 zu § 27 II. BV zu tragen hat, ohne dass
Vorauszahlungen dafür und eine Abrechnung darüber vorgesehen sind, und hat sich der
Vermieter ferner die Erhöhung der Miete bei gestiegenen Betriebskosten vorbehalten
(vgl. dazu Rn. 14), so sind in die **Gegenüberstellung der Betriebskosten** sämtliche
Betriebskosten der Anlage 3 zu § 27 der II. BV – mit Ausnahme der Heiz- und Warmwasserkosten (vgl. dazu § 554 Rn. 126 ff.) – aufzunehmen. Die Betriebskosten desjenigen Jahres, in dem die niedrigeren Kosten angefallen sind, sind mit denjenigen des laufenden Jahres, in dem die Betriebskosten gestiegen sind, zu vergleichen (z.B. Gegenüberstellung der Betriebskosten 2001 mit denjenigen des Jahres 2002). Dabei müssen die
jeweiligen Betriebskosten nach den einzelnen Betriebskostenarten der Anlage 3 zu § 27
II. BV aufgeschlüsselt werden. Die Miete kann nur dann wegen der in der Vergangenheit
gestiegenen Betriebskosten für die Zukunft erhöht werden, wenn per **Saldo** (LG Berlin,
GE 1993, 587 und Urteil vom 22.8.1997, 64 S 92/97) die Betriebskosten gestiegen sind
(also alle Betriebskosten des Jahres 2002 zusammengenommen höher sind als der Gesamtbetrag der Betriebskosten 2001).

Ist dagegen vereinbart worden, dass der Mieter neben der Grundmiete eine **Pauschale** 41
nur für bestimmte Betriebskosten (z.B. für Wasserversorgung und Entwässerung,
Hausbeleuchtung, Müllabfuhr) zu tragen hat, und hat sich insoweit der Vermieter eine
Erhöhung der Mieten wegen gestiegener Betriebskosten vorbehalten, so kann die Miete
gem. § 560 Abs. 1 Satz 1 nur wegen der Steigerung dieser gesondert aufgeführten und
vom Mieter zu tragenden Betriebskosten (z.B. Wasserversorgung, Entwässerung und
Müllabfuhr) erhöht werden. Nur diese Betriebskosten sind in die Gegenüberstellung
aufzunehmen. Insoweit gilt jedoch im Grundsatz dasselbe wie bei der Vereinbarung, dass
der Mieter eine Pauschale für sämtliche Betriebskosten im Sinne der Anlage 3 zu § 27
II. BV – mit Ausnahme der Heiz- und Warmwasserkosten – zu tragen hat. Bei der nur
teilweisen Umlage von Betriebskosten neben der Miete müssen ebenfalls die gesondert
umgelegten Betriebskosten nach den einzelnen Betriebskostenarten der Anlage 3 zu § 27
II. BV aufgeschlüsselt werden. Eine Mieterhöhungserklärung wegen in der Vergangenheit gestiegener Betriebskosten ist nur für diese Betriebskosten möglich, wenn per Saldo
diese (gesondert umgelegten) Betriebskosten gestiegen sind, also die Kosten der Wasserversorgung, Entwässerung und Müllabfuhr im Jahre 2001 zusammengenommen höher
sind als der Gesamtbetrag der Betriebskosten 2000.

Sind im Mietvertrag neben der Miete **Vorauszahlungen** für sämtliche Betriebskosten der 42
Anlage 3 zu § 27 II. BV vereinbart worden, die der Mieter nach der mietvertraglichen
Vereinbarung zu tragen hat, so besteht überhaupt keine Möglichkeit der Mieterhöhung
gem. § 560. Vielmehr ist dann über die Vorauszahlungen jährlich abzurechnen und der
sich daraus ergebende Nachforderungsbetrag vom Mieter zu zahlen oder der sich daraus
ergebende Guthabenbetrag an den Mieter auszuzahlen (vgl. dazu § 556).

Ist im Mietvertrag vereinbart, dass der Mieter neben der Miete die Betriebskosten der 43
Anlage 3 zu § 27 II. BV zu tragen hat, jedoch für einzelne Betriebskostenarten keine
Bestimmung über die Art der Umlage getroffen wurden, während für bestimmte Betriebskosten (z.B. Wasserversorgung, Entwässerung und Müllabfuhr) Vorauszahlungen
vereinbart worden sind, ohne dass sich jedoch der Vermieter die Erhöhung der Brutto-

mieten für die übrigen – nicht durch Vorauszahlungen gedeckten – Betriebskosten vorbehalten hat (**Teilinklusivmiete mit Vorauszahlung**), so ist ebenfalls eine Mieterhöhung gem. § 560 nicht möglich; der Vermieter muss jedoch über die Vorauszahlungen für diejenigen Betriebskosten, für die diese vereinbart worden sind, jährlich abrechnen.

44 Ist im Mietvertrag vereinbart, dass der Mieter neben der Miete die Betriebskosten der Anlage 3 zu § 27 II. BV – mit Ausnahme der Heiz- und Warmwasserkosten – zu tragen hat, und sind für bestimmte Betriebskostenarten (z.B. Wasserversorgung, Entwässerung und Müllabfuhr) Vorauszahlungen vereinbart worden, während für die restlichen „kalten" Betriebskosten eine Pauschale vereinbart worden ist und der Vermieter sich eine Erhöhung der Mieten vorbehalten hat, so kann der Vermieter für diese Betriebskosten die Miete gem. § 560 erhöhen (z.B. Grundsteuer, Aufzug, Straßenreinigung, Hausreinigung und Ungezieferbekämpfung, Gartenpflege, Beleuchtung/Strom, Schornsteinreinigung, Sach- und Haftpflichtversicherung, Hauswart, Gemeinschaftsantenne), während für die übrigen Betriebskosten, für die Vorauszahlungen vereinbart worden sind (z.B. Wasserversorgung, Entwässerung, Müllabfuhr), der Vermieter über die Vorauszahlungen abrechnen und den sich daraus ergebenden Guthabenbetrag an den Mieter auszahlen muss, wohingegen der Mieter einen sich aus dieser Abrechnung ergebenden Nachforderungsbetrag an den Vermieter zu zahlen hat.

45 Für diejenigen Betriebskosten, die der Mieter neben der Miete nach der vertraglichen Vereinbarung als Pauschale zu tragen hat, ohne dass insoweit Vorauszahlungen vereinbart worden sind, ist in der Gegenüberstellung ferner der **Grund** für die Kostensteigerung jeweils bei den einzelnen Betriebskostenarten anzugeben. Gleich bleibende Kosten bedürfen keiner Erläuterung. Der Erhöhungsgrund muss für den Mieter derart konkret angegeben werden, dass er für ihn ohne weitere Nachforschungen nachprüfbar ist. Bei einer Gebührenerhöhung sind sowohl die öffentliche Stelle als auch das Datum anzugeben (Gebührenerhöhung der Stadtwerke für ... vom ...) als auch der Zeitpunkt der Gebührenerhöhung und der Zeitraum, für den die entsprechende Betriebskostenerhöhung geltend gemacht wird (Mehrbetrag für die Zeit vom ... bis ...). Sind verschiedene Gründe für eine Kostensteigerung denkbar (z.B. bei Kosten der Müllabfuhr, Tarifänderung, Vergrößerung einzelner Müllgefäße oder Veränderung ihrer Anzahl), so ist der konkrete Erhöhungsgrund stichwortartig anzugeben. Bei einer Erhöhung der Versicherungskosten ist anzugeben, welche Versicherung (Sturmschadenversicherung, Glasversicherung, Haftpflichtversicherung) neu abgeschlossen worden ist und/oder welche Prämien sich für welche Versicherung um welchen Betrag erhöht haben.

46 Ferner muss sich aus der Mieterhöhungserklärung wegen in der Vergangenheit gestiegener Betriebskosten ergeben, welchen Umlagemaßstab (z.B. Wohnfläche) der Vermieter zugrunde gelegt hat und wie sich der auf den einzelnen Mieter entfallende Erhöhungsbetrag errechnet (so auch Beuermann, Mietenüberleitungsgesetz und Miethöhegesetz, §§ 14, 4 MHG, Rn. 121). Schließlich muss der auf den einzelnen Mieter entfallende Steigerungsbetrag ausgerechnet und in der Mieterhöhungserklärung beziffert werden. Die bloße Angabe der vom Mieter nunmehr zu zahlenden Betriebskosten reicht nicht aus, weil damit die Erhöhung nicht erläutert ist; die Richtigkeit der Mieterhöhung muss vielmehr für den Mieter ohne weiteres nachprüfbar sein.

4.   Neu angefallene Betriebskosten

Bei **neu angefallenen Betriebskosten** ist in der Mieterhöhungserklärung zu erläutern,   47
warum diese Betriebskosten bisher nicht umgelegt worden sind. Bei einer bisherigen
Brutto(Inklusiv)miete muss daher angegeben werden, von welchem Sockelbetrag für
Betriebskosten bei der Kalkulation der Bruttomiete ausgegangen worden ist und welche
Betriebskostenbelastungen nunmehr neu hinzugetreten sind, die eine Erhöhung der
Bruttokaltmiete rechtfertigen (LG Berlin, GE 1990, 1033 ff.). Falls es sich um Betriebskosten aufgrund von gesetzlichen Änderungen handelt, ist der Grund unter Angabe der
entsprechenden gesetzlichen Grundlage bzw. des entsprechenden behördlichen Beschei-
des und seines Ausstellers genau zu bezeichnen und zu erläutern (LG Lüneburg, WuM
1986, 262).

Als neu angefallene Betriebskosten kommen etwa Betriebskosten für Anlagen in Betracht, die infolge von Modernisierungen (Zentralheizung, Kabelfernsehanschluss, Personenaufzug usw.) eingebaut werden; auch kommen Betriebskosten in Betracht, die auf
Grund der Änderung gesetzlicher Vorschriften entstehen (z.B. Mehrkosten der Hausbeleuchtung für beleuchtete Hausnummern usw.).

5.   Belege

Belege (Bescheide über Grundsteuererhöhungen, Tarifänderungen usw.) und/oder Rech-   48
nungen brauchen der Mieterhöhungserklärung gem. § 560 nicht beigefügt zu werden.
Der Mieter hat jedoch ein Anspruch auf Einsichtnahme und Überprüfung der Belege, wie
es ihm auch sonst anlässlich der Abrechnung von Nebenkosten zusteht (LG Mannheim
NJW 1969, 1857; Palandt/Heinrichs, § 261 Rn. 23). Der Anspruch auf die Mieterhöhung
ist nicht durchsetzbar, wenn der Vermieter die Vorlage der einschlägigen Belege verweigert (vgl. dazu näher § 556 Rn. 99; so LG Mannheim, a.a.O.; LG Berlin, Urteil vom
16.2.1999, 64 S 356/98; a.A. LG Berlin, GE 1981, 239) Die Behauptung des Mieters, der
Vermieter habe ihm die Einsicht in die Belege verweigert, ist jedoch unerheblich, wenn
der Mieter diesen Vortrag nicht ausreichend konkretisiert (OLG Düsseldorf, ZMR
1998, 67).

Das Zurückbehaltungsrecht kann im Mietvertrag ausgeschlossen werden (AG Bochum,
WuM 1977, 28).

Auch der Mieter nicht preisgebundenen Wohnraums hat einen Anspruch auf Einsicht in   49
die Abrechnungsunterlagen und kann auch – auf seine Kosten – Übersendung von Fotokopien verlangen (Beuermann, § 4 MHG Rn. 60 m.w.N.; Kinne, Heizung und Heizkostenabrechnung, B 56 m.w.N.; LG Hamburg, NZM 1998, 263). Dies gilt auch für
Genossenschaftswohnungen (AG Berlin-Tiergarten, MM 2000, 91). Umstritten ist ob für
die Übersendung von Fotokopien der Berechnungsunterlagen pro Seite 1 DM
(0,50 EUR) verlangt werden kann (verneinend: LG Berlin, Urteil vom 25.1.2000, 65
S 260/99, GE 2000, 409; bejahend: AG Berlin-Tiergarten, MM 2000, 91). Der Mieter hat
dann keinen Anspruch auf Übersendung von Kopien der Nebenkostenbelege, wenn die
Zahl der Kopien im Vergleich zu den umlegungsfähigen Nebenkosten unverhältnismäßig
hoch ist und dem Mieter die Einsichtnahme technisch zumutbar ist (LG Frankfurt/Main,
Urteil vom 7.9.1999, 2/11 S 135/99, ZMR 1999, 764 = NZM 2000, 27; a.A. Rau ZMR
1999, 764: Recht des Mieters auf Fotokopien von allen Belegen; ebenso Langenberg,

S. 209; einschränkend: Schmid, Rn. 5096). Der Mieter hat keinen Anspruch auf Übersendung der Originale der Betriebskostenunterlagen. Der Mieter muss die Originalunterlagen grundsätzlich in den Räumen des Vermieters oder seiner Hausverwaltung einsehen (LG Berlin, Urteil vom 30.3.2000, 62 S 508/99; LG Frankfurt/Main, Urteil vom 7.9.1999, 2/11 S 135/99, ZMR 1999, 764 = NZM 2000, 27; Beuermann, § 4 MHG Rn. 60; a.A. AG Berlin-Mitte, GE 1999, 987; Schmid, Rn. 5088: Einsicht in der Mietwohnung). Etwas anderes gilt nur dann, wenn der Vermieter auswärts wohnt; in diesem Fall muss der Vermieter die Rechnungsunterlagen am Ort der Wohnung einsehen lassen (AG Osnabrück, WuM 1976, 94). Teilweise wird sogar die Auffassung vertreten, dass der Vermieter die Belege dem Mieter in seiner Wohnung vorlegen muss (AG Berlin-Mitte, GE 1999, 987; a.A. AG Langenfeld/Rheinland, ZMR 1999, 33: Vorlage im Hausmeisterbüro innerhalb desselben Gebäudekomplexes, in dem sich die Wohnung befindet, reicht aus). Verweigert der Vermieter dem Mieter die Belegeinsicht, so ist die Betriebskostenerhöhung nicht gerichtlich durchsetzbar. Der Vermieter kann sich insoweit auch nicht auf die Formularklausel berufen, dass „Die Erhöhung ... als anerkannt (gilt), wenn der Mieter nicht innerhalb von vier Wochen schriftlich begründete Einwendungen gegen die Erhöhung erhebt."; denn derartige Formularklauseln sind grundsätzlich unwirksam (vgl. dazu OLG Düsseldorf, Urteil vom 23.3.2000, 10 U 160/97, GE 2000, 602).

Der Vermieter kann die Übersendung der Fotokopien von der Vorauszahlung des Betrags für die Rechnungskopien abhängig machen.

6. Mängel der Erhöhungserklärung

50 Der Anspruch des Vermieters auf die Mieterhöhung wegen in der Vergangenheit gestiegener Betriebskosten hängt grundsätzlich nicht davon ab, ob die Mieterhöhungserklärung inhaltlich richtig ist; der Anspruch ist vielmehr auch dann fällig, wenn die Mieterhöhungserklärung möglicherweise ungerechtfertigte Kostenansätze oder nicht umlagefähige Positionen enthält, der Mieter aber unschwer seine Zahlungsverpflichtung unter Abzug dieser Positionen errechnen kann (zur Betriebskostenabrechnung: BGH, GE 1990, 1305; LG Berlin, GE 1981, 239; a.A. LG Frankenthal, ZMR 1985, 302); das Gleiche gilt, wenn die Mieterhöhungserklärung Schreibfehler enthält, im Übrigen aber die notwendige Form eingehalten ist (vgl. AG Berlin-Schöneberg, GE 1985, 419). Voraussetzung für die Wirksamkeit der Mieterhöhungserklärung in diesen Fällen ist allerdings die **Evidenz des Fehlers**, d.h., ein durchschnittlicher wohnungswirtschaftlich und juristisch nicht geschulter Mieter kann den Fehler ohne weiteres erkennen und berichtigen ohne weitere Erkundigungen einholen zu müssen. Der Mieter ist jedoch nicht verpflichtet, seinerseits eine Mieterhöhungserklärung auf der Grundlage der von dem Vermieter eingereichten, fehlerhaften Mieterhöhungserklärung zu erstellen und sich daraus den auf ihn entfallenden Betrag zu errechnen (LG Berlin, GE 1985, 309; GE 1987, 455; Urteil vom 3.2.1998, 64 S 324/97).

51 Die **Berichtigung** muss grundsätzlich bereits anhand der Mieterhöhungserklärung selbst möglich sein (LG Berlin, GE 1985, 56). Die Mieterhöhungserklärung muss deshalb umso ausführlicher sein, je komplizierter die Umlage der Betriebskosten ist. Ist beispielsweise ein Vorwegabzug für auf Gewerberaum entfallende Betriebskosten (vgl. § 556 Rn. 56 bis 70) zu machen, so muss dieser in der Mieterhöhungserklärung erläutert und berechnet sein (für Betriebskostenabrechnung: AG Berlin-Charlottenburg, MM 1983; 10 [13]; LG

Berlin, MM 1983, 12 [22]; GE 1985, 367; 1986, 855 f.; LG Berlin, Urteil vom 3.2. 998, 64 S 324/97).

Bestreitet ein Mieter die Angaben in der Mieterhöhungserklärung, so trifft den Vermieter 52 für die Richtigkeit seiner Behauptungen im Prozess die volle **Darlegungs- und Beweislast** (LG Köln, WuM 1968, 131), sofern der Mieter die Richtigkeit der Mieterhöhungserklärung substanziiert bestreitet (LG Berlin, GE 1978, 902 ff.; AG Berlin-Tiergarten, GE 1983, 923; AG Berlin-Charlottenburg, GE 1986, 47; Schmidt-Futterer/Blank, a.a.O.; Emmerich/Sonnenschein, §§ 535, 536 BGB Rn. 86c).

Der auf Mieterhöhung wegen gestiegener Betriebskosten in Anspruch genommene Mieter bestreitet die Richtigkeit der Mieterhöhungserklärung jedenfalls dann hinreichend substanziiert, wenn er die Umlagefähigkeit einzelner Betriebskosten (z.B. Entrümpelungskosten, Sperrmüllabfuhr) bemängelt und/oder darauf hinweist, dass einzelne Kostenansätze sich nicht aus den Belegen nachvollziehen lassen. Es genügt dagegen nicht, die Kostenpauschale als zu hoch zu bestreiten und den Anteil einzelner Kosten gegenüber den übrigen Kosten als zu hoch zu rügen (zur Abrechnung: LG Berlin, GE 1978, 902 ff.).

Wird aufgrund von Einwendungen des Mieters oder bei einer Überprüfung der Mieterhöhung wegen in der Vergangenheit gestiegener Betriebskosten durch den Vermieter festgestellt, dass die Mieterhöhungserklärung nicht umlagefähige Positionen (z.B. Kosten für Gewerberaum, Kosten für Kellerentrümpelung oder Sperrmüllabfuhr), ungerechtfertigte Kostenansätze (weil sie z.B. nicht durch die Belege nachgewiesen sind) oder fehlerhafte Umlagemaßstäbe (weil z.B. in der Gesamtwohnfläche nicht die richtige Wohnfläche des Mieters enthalten ist) enthält, so empfiehlt es sich, eine neue Mieterhöhungserklärung zu erstellen und diese wiederum dem Mieter zu übersenden mit ausdrücklichem Hinweis darauf, dass diese neue Mieterhöhungserklärung anstelle der früheren Erhöhungserklärung tritt und aus der früheren Erhöhungserklärung keinerlei Rechte mehr geltend gemacht werden. Diese **nachgeholte Erhöhungserklärung** wirkt jedoch nicht rückwirkend, bezogen auf den Wirksamkeitszeitpunkt der früheren Mieterhöhungserklärung, sondern führt zur Mieterhöhung erst für die Zukunft zum nächsten neuen Wirksamkeitszeitpunkt (vgl. dazu Rn. 55). Nicht empfehlenswert dagegen ist es, sich nur mit den einzelnen Einwendungen des Mieters auseinander zu setzen und nur einzelne Positionen in der Mieterhöhungserklärung zu berichtigen. Durch diesen Schriftwechsel kann nämlich die Mieterhöhungserklärung derart unübersichtlich werden, dass sie einem Mieter nicht mehr verständlich ist. Klarheit ist oberstes Gebot auch der Mieterhöhungserklärung gem. § 560.

7. Fälligkeit des Erhöhungsbetrags

Die Mieterhöhung wegen gestiegener Betriebskosten hat grundsätzlich Wirkungen für 54 die Zukunft. Eine Nachholung der Mieterhöhung wegen in der Vergangenheit gestiegener Betriebskosten ist nur ausnahmsweise zulässig.

8. Wirkung der Erhöhung
8.1 Zukünftige Mieterhöhungen

Der Mieter schuldet den auf ihn entfallenden Teil der Umlage mit Beginn des auf die 55 Erklärung folgenden übernächsten Monats (§ 560 Abs. 2 Satz 1). Es kommt nicht mehr darauf an, an welchem Tag eines Kalendermonats die Erhöhungserklärung des Vermieters dem Mieter zugeht. Auch dann, wenn die Mieterhöhungserklärung dem Mieter erst nach dem Fünfzehnten eines Monats zugeht, so erhöht sich die Miete erst mit Beginn des übernächsten Kalendermonats. Da insoweit immer auf einen bestimmten Zeitpunkt der Wirksamkeit der Mieterhöhungserklärung abgestellt wird, handelt es sich nicht um eine Frist i.S.d. §§ 187 ff., so dass die Mieterhöhungserklärung unabhängig von ihrem Zugang an Samstagen, Sonn- und Feiertagen zu einer Änderung des Wirksamkeitszeitpunkts zum Ersten des übernächsten Monats führt. Stets kommt es auf den Zugang der Mieterhöhungserklärung bei dem Mieter – bei mehreren Mietern auf den Zugang bei dem „letzten" Mieter – an, nicht auf den Zeitpunkt der Erstellung der Mieterhöhungserklärung durch den Vermieter.

56 Wenn der Mieter die Mieterhöhung nicht zum Fälligkeitszeitpunkt zahlt, kommt er in **Verzug**, weil er die Leistung zu einem bestimmten Kalendertag („am Ersten des Monats") schuldet (§ 284 Abs. 2; ab 1.1.2002: § 286 Abs. 2 Nr. 1 i.d.F. des SchuldRModG). Wegen eines entsprechenden Mietrückstands kann der Vermiete kündigen (§ 543 Abs. 2 Nr. 3).

8.2 Rückwirkende Erhöhung

57 Ausnahmsweise kann der Vermieter die Grundmiete mit ausgewiesener Betriebskostenpauschale rückwirkend erhöhen, wenn sich die Betriebskosten rückwirkend erhöht haben (§ 560 Abs. 2 Satz 2). Voraussetzung dafür ist, dass die Erhöhung auf einer gegenüber der bisherigen Mieterhöhung gem. § 560 Abs. 1 Satz 1 nachträglich eingetretenen Betriebskostenbelastung des Vermieters beruht. Diese Betriebskostenerhöhung muss **rückwirkend** eingetreten sein, d.h. sich auf einen Zeitraum vor der Kenntnis des Vermieters von der Belastung erstrecken. Auch insoweit ist entscheidend, ob durch diese rückwirkende Betriebskostenerhöhung sich der Saldo der Betriebskosten gegenüber demjenigen Jahr, für die die Mieterhöhungserklärung bereits abgegeben worden ist, erhöht hat. Entscheidend ist die positive Kenntnis des Vermieters, nicht seine fahrlässige Unkenntnis („kennen müssen"). Maßgebend ist insoweit der Zugang der Erhöhungserklärung bei dem Vermieter, aus welcher sich der Umfang der ihn treffenden rückwirkenden Mehrbelastung ergibt (z.B. Grundsteuerbescheid); falls der Vermieter gegen dieser Bescheid Widerspruch einlegt, ist der Zugang des Widerspruchsbescheids maßgebend (LG München I, DWW 1978, 99).

Der Vermieter muss in der Erhöhungserklärung die Rückwirkung der Belastung stichwortartig erläutern; ferner muss er – wie in der sonstigen Mieterhöhungserklärung gem. § 560 Abs. 1 Satz 1 – den Saldo der bisherigen Betriebskosten demjenigen Saldo der Betriebskosten gegenüberstellen, der sich infolge der rückwirkenden Betriebskostenerhöhung erhöht hat. Lediglich wenn sich aus der Erhöhungserklärung ergibt, dass diese Erhöhung rückwirkend eingetreten ist, kann der entsprechende Betrag zu einer Mieterhöhung führen.

58 Weitere Voraussetzung ist, dass die auf die rückwirkende Erhöhung der Betriebskosten gestützte Erhöhungserklärung innerhalb einer **Frist von drei Monaten** nach Kenntnis des Vermieters von der eingetretenen Erhöhung den Mietern zugeht (§ 560 Abs. 2 Satz 2); auch hier kommt es nicht auf den Zeitpunkt der Abgabe der Erklärung an.

Kinne

Die auf die rückwirkende Betriebskostenerhöhung gestützte Mieterhöhung wirkt auf den Zeitpunkt der Erhöhung der Betriebskosten, höchstens jedoch auf den Beginn des der Erklärung vorausgehenden Kalenderjahres zurück, sofern der Vermieter die Erklärung innerhalb von drei Monaten nach Kenntnis von der Erhöhung abgibt (§ 560 Abs. 2 Satz 2).

> **Beispiel**
> Erfährt der Vermieter erst im Mai 2002 von der rückwirkenden Betriebskostenerhöhung per 1.1.1999 (z.B. rückwirkende Grundsteuererhöhung ab dem 1.1.1999) und macht er im Juni 2002 die rückwirkende Erhöhung gegenüber dem Mieter geltend, so schuldet dieser die erhöhte Miete nicht ab dem 1.1.1999, sondern erst ab dem 1.1.2001 (Beginn des der Erklärung vorausgehenden Jahres).

Der Mieter schuldet die rückwirkende Mieterhöhung wieder vom Ersten des übernächsten Monats an. Der Mieter schuldet auch den für die Vergangenheit aufgelaufenen Erhöhungsbetrag ab diesem Zeitpunkt.

Ergeben sich mehrmals im Jahr rückwirkend Betriebskostenerhöhungen, so muss der Vermieter mehrmals im Laufe eines Jahres eine entsprechende Mieterhöhungserklärung abgeben. Der Vermieter muss, um sich eine Mieterhöhung für die Betriebskostenerhöhungen bis zum Beginn des der Erklärung vorausgehenden Kalenderjahres zu erhalten, dann jeweils innerhalb der **Reaktionsfrist** von drei Monaten seit positiver Kenntnisse von der rückwirkenden Betriebskostenerhöhung dem Mieter eine entsprechende Mieterhöhungserklärung zugehen lassen.

Umstritten ist, ob der Vermieter die rückwirkend eingetretene Erhöhung der Betriebs- 59 kosten gem. § 560 Abs. 2 Satz 2 auch dann vom Mieter verlangen kann, wenn das Mietverhältnis bereits beendet ist (bejahend: Schmidt-Futterer/Blank, C 266). Da jedoch § 560 von einem (fortbestehenden) Mietverhältnis ausgeht, erscheint es nicht vertretbar, dem Vermieter die Abwälzung rückwirkend erhöhter Betriebskosten auf den ausgeschiedenen Mieter zuzubilligen.

8.3 Verhältnis der Mieterhöhung bis zur ortsüblichen Vergleichsmiete (§ 558) zur Mieterhöhung wegen gestiegener Betriebskosten (§ 560)

Der Vermieter kann bei einer vereinbarten Grundmiete mit ausgewiesener Betriebs- 60 kostenpauschale auch dann, wenn die Umlage von Betriebskosten und die Erhöhung der Bruttokaltmieten bei einer Erhöhung der Betriebskosten vereinbart worden ist, anstelle der Erhöhung der Bruttokaltmiete gem. § 560 von der Mieterhöhungsmöglichkeit gem. § 558 Gebrauch machen. Der Vermieter ist berechtigt statt der Erhöhung der Bruttokaltmiete wegen gestiegener Betriebskosten die Erhöhung dieser Miete zur Anpassung an die ortsübliche Vergleichsmiete verlangen. Der Vermieter kann jedoch die Zustimmung zu dieser Erhöhung der Bruttokaltmiete nur dann verlangen, wenn die Miete, von Erhöhung nach den §§ 559 bis 560 abgesehen, seit 15 Monaten unverändert ist (Wartefrist) und die Miete sich innerhalb eines Zeitraums von drei Jahren, von Erhöhung nach den §§ 559 bis 560 abgesehen, nicht um mehr als 20 Prozent erhöht (Kappungsgrenze, § 558 Abs. 3).

Hat der Vermieter von der Erhöhung der Grundmiete mit ausgewiesener Betriebskostenpauschale nach § 558 Gebrauch gemacht und hat der Mieter entweder dieser Erhöhung der Bruttokaltmiete zugestimmt oder ist er zu einer entsprechenden Erhöhung in vollem Umfang verurteilt worden, so ist danach eine Erhöhung der Bruttokaltmiete wegen gestiegener Betriebskosten gem. § 560 nur insoweit zulässig, als das Ansteigen der Betriebskosten nach dem Wirksamwerden der vorangegangenen Mieterhöhung gem. § 558 geltend gemacht wird (KG, GE 1997, 1097).

> **Beispiel**
> Der Vermieter verlangt eine Mieterhöhung gem. § 558 zum 1.3.2002. Der Vermieter kann sodann eine Mieterhöhung gem. § 560 verlangen, muss jedoch in dieser von dem Saldo der Betriebskosten per 1.3.2002 ausgehen und kann somit die Miete nur dann erhöhen, wenn sich seitdem der Saldo der Betriebskosten erhöht hat.

Die Erhöhung der Bruttokaltmiete gem. § 558 beruht bei entsprechender Zustimmung des Mieters oder dieser gleichstehender Verurteilung zur Zustimmung (§ 894 ZPO) auf der Vereinbarung der Mietvertragsparteien, wonach eine erhöhte Bruttokaltmiete gelten soll, die die in diesem Zeitpunkt maßgeblichen Betriebskosten einschließt (KG, GE 1997, 1097; so schon früher LG Berlin, MM 1994, 396; GE 1997, 493; AG Berlin-Tempelhof/Kreuzberg, MM 1994, 585; AG Berlin-Neukölln, MM 1992, 103; MM 1993, 27).

9. Ermäßigung von Betriebskosten

61 Ermäßigen sich die Betriebskosten, so ist der Vermieter verpflichtet, die Miete vom Zeitpunkt der Ermäßigung ab entsprechend unverzüglich herabzusetzen (§ 560 Abs. 3). Voraussetzung dafür ist nicht, dass zuvor eine Mieterhöhung gem. § 560 Abs. 1 durchgeführt wurde. Der Vermieter ist vielmehr verpflichtet, bei jeder Ermäßigung der Betriebskosten – auch kurz hintereinander – die ausgewiesene Betriebskostenpauschale herabzusetzen.

9.1 Begriff der Ermäßigung

62 Ebenso wie bei der Erhöhung der Grundmiete mit ausgewiesener Betriebskostenpauschale besteht diese Rechtspflicht nur dann, wenn sich der Saldo der Betriebskosten verringert hat. Verringern sich die Betriebskosten in einzelnen Positionen, während sich andere Betriebskosten erhöhen, kommt es darauf an, ob der Gesamtbetrag der Betriebskosten sich verringert hat.

9.2 Mitteilung der Ermäßigung

63 Die Ermäßigung ist den Mietern unverzüglich mitzuteilen. Sie erfolgt mithin nicht automatisch, sondern bedarf einer einseitigen empfangsbedürftigen Willenserklärung des Vermieters an den Mieter. Die Erklärung bedarf der Textform („entsprechend"). In der Erklärung muss ein bestimmter Betrag enthalten sein, um den sich die Bruttokaltmiete ermäßigt.

Eine **Begründung**, welche Betriebskosten sich ab welchem Zeitpunkt um welchen Be- 64
trag ermäßigt haben, ist ebenfalls erforderlich, denn § 560 Abs. 3 Satz 2 erklärt Abs. 1
Satz 2 für entsprechend anwendbar. Der Mieter hat zudem einen Auskunftsanspruch
gegen den Vermieter, Art, Umfang oder Zeitpunkt der Betriebskostenermäßigung genauer zu erfahren. Auch deswegen ist eine Begründung des Vermieters über Grund und
Höhe der Herabsetzung erforderlich.

Der Vermieter muss die Miete **unverzüglich** ermäßigen, d.h. ohne schuldhaftes Zögern 65
(§ 121). Maßgebend ist der Zeitpunkt der positiven Kenntnis des Vermieters bei der
Ermäßigung der Betriebskosten.

Die Miete ist **entsprechend** herabzusetzen. Die Herabsetzung muss daher ebenso wie die 66
Mieterhöhung erfolgen. Die Berechnung erfolgt durch Vergleich mit dem in der letzten
Mieterhöhung enthaltenen Betriebskostensaldo mit dem infolge der Verringerung der
Betriebskosten herabgesetzten Saldo. Dabei ist derselbe Umlagemaßstab (Verteilungs-
schlüssel) zugrunde zu legen.

Hat der Vermieter die Bruttokaltmiete nicht „entsprechend" herabgesetzt (z.B. infolge
falscher Berechnung), so ist der Mieter berechtigt, die Miete nur in der richtig herabgesetzten Höhe zu zahlen.

Der Mieter hat die Miete **rückwirkend** ab dem Zeitpunkt der (für den Vermieter wirksamen) Betriebskostenermäßigung nur in der herabgesetzten Höhe zu zahlen (Barthelmess, § 4 MHG Rn. 46). Diese Rückwirkung tritt auch dann ein, wenn der Vermieter
nicht unverzüglich, sondern zu einem späteren Zeitpunkt seine Erklärung über die Herabsetzung abgibt.

Die Verpflichtung des Vermieters, bei Ermäßigung der Betriebskosten die Mieten unver- 67
züglichen zu ermäßigen, kann zum Nachteil des Mieters weder ausgeschlossen noch
beschränkt werden (§ 560 Abs. 6).

9.3 Ansprüche des Mieters

Sobald die Miete durch die Ermäßigungserklärung des Vermieters rückwirkend herabge- 68
setzt worden ist – maßgebend ist der Zeitpunkt des Eintritts der Verringerung der Betriebskosten, der von dem Zeitpunkt des Wirksamwerdens der Ermäßigungserklärung zu
unterscheiden ist –, hat der Mieter einen Bereicherungsanspruch auf **Erstattung der zu
viel gezahlten Betriebskosten** (§ 812 Abs. 1 Satz 2 1. Alt.). Dieser einklagbare Rückzahlungsanspruch **verjährt** – ebenso wie der Anspruch auf Rückerstattung zu viel gezahlter Heizkostenvorschüsse – innerhalb von **vier Jahren** (ab 1.1.2002: in drei Jahren,
§§ 196, 200 i.d.F. des SchuldRModG).

Der Mieter kann zur Vorbereitung seines Rückzahlungsanspruchs von dem Vermieter 69
Auskunft über das Ob, den Umfang und den Zeitpunkt der Betriebskostenermäßigung
verlangen, zumal der Vermieter diese Auskunft unschwer geben kann. In diesem Rahmen kann der Mieter auch Einsicht in die Unterlagen des Vermieters über die Ermäßigung der Betriebskosten verlangen. Sodann kann er unter Darlegung der Betriebskostenermäßigung selbst auf Rückzahlung des entsprechend von ihm zu berechnenden Betrags
der zu viel gezahlten Miete klagen.

Der Mieter kann zudem dann, wenn der Vermieter seiner Pflicht zur Herabsetzung oder 70
zur Auskunftserteilung schuldhaft nicht nachkommt, **Schadensersatz** vom Vermieter
verlangen. Der Schaden des Mieters könnte darin bestehen, dass er den zurückzuzahlen-

den Betrag der überhöhten Miete nicht verzinslich anlegen konnte (§ 286; ab 1.1.2002: § 280 Abs. 1 SchuldRModG). Der Mieter ist allerdings in diesem Fall dafür beweispflichtig, dass sich die Betriebskosten zu dem von ihm angenommenen früheren Zeitpunkt ermäßigt haben. Der Vermieter hat dagegen die rechtzeitige Abgabe einer Herabsetzungserklärung und deren Zugang beim Mieter zu beweisen.

10. Ausschluss der Mieterhöhung wegen Betriebskostensteigerungen

71 Wenn keine Vereinbarung über die Umlage oder die Erhöhung der Betriebskosten getroffen worden ist oder die Vereinbarung unklar ist, kann der Vermieter weder Betriebskostenerhöhungen abwälzen noch anrechenbare Vorschüsse verlangen (OLG Zweibrücken, NJW 1981, 1622; LG Braunschweig, WuM 1985, 373; LG Karlsruhe, WuM 1985, 328; LG Kiel, WuM 1985, 64; LG Nürnberg-Fürth, WuM 1983, 148; LG Berlin, MM 1992, 65; GE 1993, 1271; ZMR 1996, IX).

Wenn die Mietvertragsparteien ein Wohnraummietverhältnis auf bestimmte Zeit mit einer festen Miete abgeschlossen haben, darf der Vermieter ebenfalls Betriebskostensteigerungen nicht auf den Mieter abwälzen. Etwas anderes gilt nur dann, wenn der Vermieter bei einer Grundmiete mit Betriebskostenpauschale sich ausdrücklich vorbehalten hat, nachträglich eintretende Betriebskostensteigerungen auf den Mieter umzulegen. Nur bei einer derartigen Vereinbarung kann er auch hinzukommende Betriebskosten (z.B. infolge von Modernisierungen, technischen Neuentwicklungen, Erweiterungen des Betriebskostenkatalogs gem. der Anlage 3 zu § 27 II. BV) auf den Mieter abwälzen.

72 Daher empfiehlt sich eine so genannte „**Öffnungsklausel**" mit folgendem Wortlaut:

Muster
Öffnungsklausel

> Der Vermieter ist berechtigt, im Rahmen der §§ 556, 560 BGB und der Anlage 3 zu § 27 II. BV Erhöhungen sowie Neueinführungen von Betriebskosten auf den Mieter umzulegen.

Damit sind auch die Probleme gelöst, die durch neu anfallende Betriebskosten nach Abschluss des Mietvertrags (z.B. durch die Anstellung eines Hauswarts oder durch den Anschluss an die gemeindliche Kanalisation) entstehen. Ohne eine derartige „Öffnungsklausel" kann nur eine ergänzende Vertragsauslegung (OLG Köln, ZMR 1995, 69) zur Umlage dieser neu entstehenden Betriebskosten führen. Dies gilt zumindest für öffentlich-rechtliche Gebühren, die neu eingeführt oder verlagert werden. Wird z.B. das Hausgrundstück erst nach Abschluss des Mietvertrags an die Kanalisation, Müllabfuhr und/oder Straßenreinigung angeschlossen oder werden die zunächst von den Mietern verlangten öffentlich-rechtlichen Gebühren auf den Vermieter verlagert, kann bei ergänzender Vertragsauslegung davon ausgegangen werden, dass diese Mehrbelastungen auf den Mieter umgelegt werden dürfen. Dies gilt jedenfalls dann, wenn die Umlage sämtlicher Betriebskosten vereinbart worden ist (so auch Schmid, ZMR 1997, 209 [211]). Bei der Vereinbarung über die Umlage nur bestimmter Betriebskosten ist zu prüfen, ob die neu entstehenden Betriebskosten unter diese Betriebskostenart fallen. Sind z.B. die „öffentlichen Lasten des Grundstücks" umlagefähig, so dürften auch neu eingeführte oder verlagerte öffentlich-rechtliche Gebühren für das Grundstück auf den Mieter um egbar sein.

11.   Anpassung der Vorauszahlungen

Sind Betriebskostenvorauszahlungen vereinbart worden, so kann jede Vertragspartei   73 nach einer Abrechnung durch Erklärung in Textform eine Anpassung auf eine angemessene Höhe verlangen (vgl. dazu näher § 556 Rn. 106, 107).

12.   Wirtschaftlichkeitsgebot

12.1   Allgemeines

Nach § 560 Abs. 5 ist auch bei preisfreiem Wohnraum bei der Veränderung der Be-   74 triebskosten der Grundsatz der Wirtschaftlichkeit zu beachten. Nur diejenigen Betriebskosten sind ansetzbar, die einer ordentlichen Bewirtschaftung entsprechen. Für preisgebundenen Wohnraum ergibt sich dies aus § 20 Abs. 1 Satz 2 NMV, § 24 Abs. 2 II BV, wonach nur solche Kosten umgelegt werden dürfen, die bei gewissenhafter Abwägung aller Umstände und ordentlicher Geschäftsführung gerechtfertigt sind. Dies dürfte auch für Gewerberaum gelten (Langenberg, NZM 2001, 783 [793]).

12.2   Fallgruppen

Maßgebend ist der Standpunkt eines „vernünftigen Wohnungsvermieters", der ein „ver-   75 tretbares Kosten-Nutzen-Verhältnis" im Auge behält (OLG Karlsruhe, RE vom 20.9.1984, WuM 1985, 17 = ZMR 1984, 412).

Der Vermieter wirtschaftet nur dann ordnungsgemäß, wenn er nur diejenigen Betriebsleistungen erbringt oder erbringen lässt, die zum vertragsmäßigen Gebrauch der Mietsache erforderlich, nicht überteuert und nicht vermeidbar sind. Dem Vermieter steht aber insoweit ein Ermessensspielraum (Langenberg, a.a.O., Rn. 12; ders., NZM 2001, 783 [793]; von Seldeneck, a.a.O., Rn. 2618 ff.; Fischer-Dieskau/Schwender, § 27 II BV Anm. 3) bzw. Beurteilungsspielraum (Schmid, GE 2000, 160 [161]) zu. Wird dieser Spielraum überschritten, sind die insoweit entstandenen Kosten nicht umlagefähig.

12.2.1   Unverhältnismäßige Betriebskosten

Das Gebot der sparsamen Wirtschaftsführung bezieht sich einmal auf die Betriebskosten-   76 arten. Der Vermieter darf auf den Mieter nur betriebswirtschaftlich sinnvolle Betriebskosten abwälzen. Zwar ist der Vermieter bei dem Abschluss von Verträgen frei, welche Kosten er entstehen lässt. Soweit die Kosten jedoch für eine ordnungsgemäße Verwaltung nicht unbedingt erforderlich sind, kann er sie nicht auf den Mieter umlegen. Daher kann er nicht zusätzlich zu den Kosten für Fremdunternehmen diejenigen eines neu eingestellten Hauswarts auf den Mieter umlegen, wenn bisher die ordnungsgemäße Bewirtschaftung durch Fremdunternehmen gewährleistet war. Lediglich bei zusätzlich anfallenden Leistungen zur ordnungsgemäßen Bewirtschaftung ist dies zulässig (AG Bremen, WuM 1984, 167; AG Hamburg, WuM 1988, 308; AG Hamburg, MM 1996 10; AG Hamburg-Harburg, Urteil vom 24.6.1999, 644 C 21/99; AG Wuppertal, ZMR 1994, 372; Langenberg, A. 11. Rn. 107). Zusätzliche Pförtnerkosten können – wenn überhaupt

– nur bei größeren Wohnanlagen umgelegt werden (LG Köln, DWW 1997, 125 = NJW-RR 1997, 1231 = WuM 1997, 230; gegen Umlagefähigkeit: von Seldeneck, Rn. 2706). Die Betriebskosten dürfen zudem nicht außer Verhältnis zu ihrem Nutzwert stehen, wenn z.b. die Kosten das zu erwartene Einsparungspotential um mehr als 25% übersteigen (z.b. Wärmemessung **mit elektronischen Wärmemessern,** wenn die Kosten für Beschaffung, Ablesung und Abrechnung höher sind als das mit 15 % zu veranschlagende Einsparungspotential – Wall, WuM 1998, 63 [65]; AG Hamburg, WuM 1994, 695; Wartungskosten für einen völlig überalterten Elektrodurchlauferhitzer bzw. einen ohnehin reparaturbedürftigen Warmwasserspeicher oder für Außenfenster – AG Hamburg, HambgGE 1996, 265; für eine Klingelsprech- und Türöffneranlage – AG Hamburg, WuM 1988, 308; AG Berlin-Schöneberg, MM 1998, 354; AG Berlin-Schöneberg, GE 1998, 1343; Kosten für die Aufzugswartung zweimal monatlich, wenn der Aufzug nur sieben Haltepunkte hat – AG Köln, WuM 1987, 274). Die Kosten für den Wachschutz dürften nur bei einem größeren Objekt mit hohem Sicherheitsrisiko umlegbar sein.

12.2.2 Überteuerte Betriebskosten

77 Der Vermieter darf nur preiswerte Leistungen von Fremdunternehmen in Anspruch nehmen. Das bedeutet allerdings nicht, dass der Vermieter stets das billigste Angebot auswählen muss. Denn neben dem Preis dürfen auch andere Gesichtspunkte wie Zuverlässigkeit (Langenberg, NZM 2001, 783 [793]), Betriebsgröße und besondere örtliche Verhältnisse berücksichtigt werden. Dem Vermieter steht zwar ein Auswahlermessen (von Seldeneck, Rn. 2618) bzw. Beurteilungsspielraum (Schmid, GE 2000, 160 [161]) zu, welche Leistungen welchen Unternehmers (z.b. für Gartenpflege) er in Anspruch nehmen will. Der Vermieter muss jedoch mindestens bei der Vergabe größerer Betriebsleistungen mehrere Angebote einholen und die Preisunterschiede der verschiedenen Anbieter nutzen. Der Vermieter muss Sonderpreise nutzen und Preisvorteile durch den Einkauf größerer Mengen (OLG Koblenz, DWW 1986, 244 = WuM 1986, 282 für Heizöl) wahrnehmen (Langenberg, NZM 2001, 783 [793]).

Der Vermieter darf weder vertragswidrig zu wenig noch zuviel an Betriebsleistungen ansetzen. Ein hoher Aufwand, den der Vermieter aufgrund subjektiver Vorstellungen für notwendig hält (z.b. Golfrasen oder tropische Gehölze in der Grünanlage), kann bei objektiver Betrachtung übertrieben sein. Dagegen darf er eine Rasenfläche vor dem Haus nicht dadurch verkommen lassen, dass er den Rasen nicht häufig genug schneiden lässt. Alle „betriebs- oder sachfremden Ausgaben" müssen ausgegrenzt werden (z.b. Ausgaben für Mieterjubiläum, Zuschuss zu einem Hoffest, Aufwendungen für Mieterzeitung, Werbegeschenke, soziale Betreuung der Mieter durch Mitarbeiter des Vermieters, Blumenstrauß zum Mieterjubiläum). Im Rahmen der Wirtschaftlichkeit kann er jedoch statt eines Vollhauswarts Teilzeitkräfte, eine Fremdfirma oder einen vermietereigenen Regiebetrieb beauftragen. Wenn sich durch organisatorische Veränderungen Betriebskosten senken lassen, wird der Vermieter zumindest verpflichtet sein, deren Geeignetheit zu prüfen (z.b. bei den Kosten der Müllabfuhr, ob eine Mülltrennung Kostenersparnisse erbringt, Beuermann, § 4 MHG Rn. 33).

12.2.3 Vermeidbare Betriebskosten

Vermeidbare Betriebskosten sind ebenfalls nicht umlagefähig. Spricht von vornherein 78
der Anschein dafür, dass sie hätten vermieden werden können, muss der Vermieter ihre
Unvermeidbarkeit darlegen. Die Kosten der Sperrmüllabfuhr dürfen daher nur dann
umgelegt werden, wenn der Vermieter darlegt, welche Anstrengungen er unternommen
hat, das Entstehen von Sperrmüll zu verhindern (LG Berlin, GE 1987, 191; GE 1986,
1121; GE 1995, 941 = ZMR 1995, 353; MM 1996, 327; ZMR 1996, Heft 3, III Nr. 16;
GE 1998, 681; ähnlich Schmid, Handbuch der Nebenkosten, 5. Aufl., Rn. 4100; a.A.
AG Berlin-Neukölln, GE 2000, 415, AG Siegburg, ZMR 1996, Heft 3, IV Nr. 19, AG Düsseldorf, ZMR 1996, Heft 3, IV Nr. 20, AG Köln, ZMR 1996, Heft 3, IV Nr. 21). Sperrmüllabfuhrkosten dürfen jedenfalls dann nicht auf alle Mieter gleichmäßig umgelegt
werden, wenn der Vermieter allen Mietern unterschiedslos anbietet, Müll an bestimmten
Tagen auf dem Hof abzustellen, wo er dann abgeholt wird (LG Berlin, Urteil vom
14.9.1999, 64 S 127/99, GE 2000, 136; a.A. AG Siegburg, Urteil vom 3.9.1993, 3 C
344/92, ZMR 1996, Heft 3, IV Nr. 19; AG Düsseldorf, Urteil vom 22.11.1990, 22 C
12.364/90, ZMR 1996, Heft 3, IV Nr. 20). Die Position Entrümplungskosten muss in der
Betriebskostenabrechnung gesondert erläutert werden, insbesondere aus welchen Gründen diese Kosten angefallen sind und dass sie bei ordnungsgemäßer Wirtschaftsführung
unvermeidbar waren (LG Berlin, Urteil vom 25.8.1995, 64 S 332/94, ZMR 1996, Heft 3,
III Nr. 16).

Erhöhte Wasserkosten sind dann nicht umlagefähig, wenn der Vermieter seiner Kontrollpflicht hinsichtlich der wasserführenden Rohre nicht regelmäßig nachgekommen ist. Der
Vermieter ist nur verpflichtet, die im Hause verlegten Abflussrohre regelmäßig zu überprüfen, wenn schön häufiger Verstopfungen im Hauptabflussrohr aufgetreten sind (LG
Berlin, Urteil vom 6.12.1999, 67 S 225/99, GE 2000, 283). Mehrere Wasserrohrbrüche
lassen nicht ohne weiteres den Schluss zu, dass das gesamte Leitungsnetz sanierungsbe-
dürftig ist, so dass keine schuldhaft unterlassene Sanierung durch den Vermieter vorliegt
(KG, Urteil vom 29.11.2000, 8 U 1226/00, GE 2001, 345).

Der erhöhte Aufwand für die Gartenpflege ist dann nicht umlagefähig, wenn die Mehrkosten dadurch entstanden sind, dass die Gartenpflege nicht ordnungsgemäß durchgeführt worden ist (z.B. falscher Baumschnitt: AG Berlin-Schöneberg, GE 1996, 477).

Die Erhöhung der Leitungswasserversicherung ist dann nicht umlagefähig, wenn sie
wegen häufiger Rohrbrüche erfolgte (AG Hamburg, WuM 1986, 346). Die Erhöhung der
Versicherungsprämie wegen einer Risikoerhöhung ist dann nicht umlegbar, wenn der
Vermieter es versäumt hat, den Versicherer auf eine gleichzeitige Risikominderung
hinzuweisen, die eine Prämienherabsetzung zur Folge gehabt hätte.

Die erhöhten Kosten für Schnee- und Eisbeseitigung sind dann nicht umlagefähig, wenn
wegen einer defekten Dachrinne sich Eis auf dem Bürgersteig gebildet hat und dadurch
die erhöhten Kosten entstanden sind.

12.2.4 Unterlassene Kosteneinsparung

Ferner müssen Möglichkeiten zur Kosteneinsparung genutzt werden. 79
Der Vermieter muss prüfen, ob die Besteuerungsgrundlagen im Einheitswert- und
Grundsteuerbescheid richtig angesetzt worden sind.

Der Vermieter muss den sog. Sprengwasserabzug in Anspruch nehmen, d.h., er muss sich bei dem Wasserversorgungsunternehmen erkundigen, ob eine – pauschale oder verbrauchsabhängig berechnete – Ermäßigung von den Kosten der Entwässerung gewährt wird, wenn ein Teil des Wassers zur Bewässerung von Gartenflächen verwendet wird. Um Streitigkeiten über die Menge des Sprengwassers zu vermeiden, empfiehlt sich der Einbau eines oder mehrerer Zwischenzähler(s).

Etwaige Betriebskostenrückerstattungen oder Rabatte sind dem Mieter gutzubringen (KG, GE 1956, 475; von Seldeneck, Rn. 2405 ff.; Kinne, Heizung und Heizkostenabrechnung, Teil A Rn. 33; Lammel, § 7 HeizkostenV Rn. 39, Peruzzo, Heizkostenabrechnung nach Verbrauch, S. 56/57; Pfeifer, Die neue Heizkostenverordnung, S. 41; Seldeneck, Rn. 2638).

Der Vermieter muss kontrollieren, ob die in Rechnung gestellten Kosten berechtigt sind. Erfolgt die kommunale Straßenreinigung nur unvollständig, ist die entsprechende Entgeltforderung der Straßenreinigung zu kürzen (AG Berlin-Schöneberg, GE 1996, 189). Bei Erkrankung des Hauswarts darf der Vermieter den Lohn nicht länger weiterzahlen, als nach Tarif oder Gesetz vorgeschrieben.

12.3 Beweislast

80 Im Prozess trägt der Vermieter die Darlegungs- und Beweislast für die Richtigkeit aller Ansätze und dafür, dass er wirtschaftlich und sparsam gehandelt hat (LG Karlsruhe, WuM 1996, 230; AG Westerburg, WuM 1995, 120; AG Köln, NZM 1998, 305; AG Köln, WuM 1999, 237; Schmid, GE 2000, 160 [167]; Langenberg, NZM 2001, 783 [794]; von Seldeneck, Rn. 2617), wenn der Mieter Einwendungen gegen einzelne Betriebskosten substanziiert vorgetragen hat (LG Berlin, Urteil vom 9.3.2000, 62 S 463/99, GE 2000, 539; vgl. auch Langenberg, NZM 2001, 783 [794]). Der Mieter, der geltend macht, der Vermieter habe Rabatte nicht weitergegeben, muss konkrete Anhaltspunkte dafür vortragen, wozu er die Betriebskostenbelege einsehen kann. Er kann auch – auf seine Kosten – Übersendung von Fotokopien verlangen (Beuermann, § 4 MHG Rn. 60 m.w.N.; Kinne, Heizung und Heizkostenabrechnung, B 56 m.w.N.; LG Hamburg, NZM 1998, 263), es sei denn, dem Mieter ist die Einsichtnahme technisch zumutbar ist (LG Frankfurt/Main, Urteil vom 7.9.1999, 2/11 S 135/99, ZMR 1999, 764 = NZM 2000, 27; a.A. Rau, ZMR 1999, 764: Recht des Mieters auf Fotokopien von allen Belegen; ebenso Langenberg, S. 209; einschränkend Schmid, Rn. 5096). Der Mieter muss die Originalunterlagen grundsätzlich in den Räumen des Vermieters oder seiner Hausverwaltung einsehen (LG Berlin, Urteil vom 30.3.2000, 62 S 508/99; LG Frankfurt/Main, Urteil vom 7.9.1999, 2/11 S 135/99, ZMR 1999, 764 = NZM 2000, 27; Beuermann, § 4 MHG Rn. 60; a.A. AG Berlin-Mitte, GE 1999, 987; Schmid, Rn. 5088: Einsicht in der Mietwohnung), es sei denn, der Vermieter wohnt auswärts.

12.4 Konsequenzen des Verstoßes gegen das Wirtschaftlichkeitsgebot

81 Die Belastung des Mieters mit überflüssigen Kosten stellt eine positive Vertragsverletzung dar, die den Vemieter zum Schadensersatz verpflichtet. Der Schadensersatzanspruch geht auf Freistellung von unnötigen Kosten. Die Betriebskostenerhöhung ist daher um die unwirtschaftlichen Kosten zu bereinigen. Nur der Restbetrag kann auf die Mieter

umgelegt werden. Die Erhöhung ist nicht deswegen unwirksam, weil sie einzelne, nicht umlagefähige Positionen enthält.

13. Unwirksamkeit abweichender Vereinbarungen

Zum Nachteil des Mieters abweichende Vereinbarungen sind unwirksam. 82
Nach Abs. 1 dürfen Erhöhungen der Betriebskosten nur auf den Mieter umgelegt werden, wenn dies im Mietvertrag vereinbart ist. Die Vertragsparteien können also den Mietvertrag um eine entsprechende Bestimmung ergänzen, allerdings nur nach dem 1.9.2001 (Langenberg, NZM 2001, 783 [794]). Daher ist eine Vereinbarung nach diesem Stichtag, dass auch bereits vor dem 1.9.2001 der Vermieter berechtigt sein sollte, die Miete, in der die Betriebskosten ganz oder teilweise enthalten war, wegen gestiegener Betriebskosten zu erhöhen, unwirksam.

Vereinbarungen, die zugunsten des Vermieters das Verfahren zur Geltendmachung der Erhöhung nach § 560 Abs. 1 Satz 2 erleichtern sollen, sind ebenfalls unwirksam.
Die Mietvertragsparteien können daher nicht vereinbaren, dass die Erhöhung der vereinbarten Betriebskostenpauschale auch dann gültig ist, wenn die Textform nicht eingehalten ist. Zugunsten des Mieters kann aber vereinbart werden, dass die Erhöhung der vereinbarten Betriebskostenpauschale der Schriftform bedarf, also der eigenhändigen Unterschrift des Vermieters ohne die Möglichkeit der Übermittlung in Textform.
Die Mietvertragsparteien können auch nicht vereinbaren, dass die Erhöhung auch ohne Erläuterung des Grundes der Umlage wirksam wird.

Da Voraussetzungen einer derartigen Erhöhung ist, dass der Saldo aller Betriebskosten 83
sich gegenüber dem Saldo der Betriebskosten zur Zeit des Vertragsabschlusses oder einer späteren Mieterhöhung wegen Betriebskostensteigerungen erhöht hat (LG Berlin, GE 1993, 587; AG Berlin-Charlottenburg, GE 1990, 105), kann auch nicht vereinbart werden, dass bereits die Erhöhung einzelner Betriebskosten (z.B. der Kosten der Wasserversorgung und Entwässerung) den Vermieter zur Erhöhung der Miete berechtigt.

Die Vertragsparteien können in einem Mietvertrag über freifinanzierten Wohnraum auch nicht vereinbaren, dass der Mieter die Erhöhung der vereinbarten Betriebskostenpauschale (§ 560 Abs. 2 Satz 1) vom ersten des auf die Erklärung folgenden Monats schuldet; denn die Vereinbarung eines früheren Wirksamkeitszeitpunkts würde gegen § 560 Abs. 2 Satz 1 verstoßen. Die Vereinbarung eines späteren Wirksamkeitszeitpunkts ist unbedenklich.

Auch die Rückwirkung der Mieterhöhungserklärung bei rückwirkend erhöhten Betriebs- 84
kosten, nämlich höchstens auf den Beginn des der Erklärung vorausgehenden Kalenderjahres, kann nicht durch Vereinbarung dahingehend erweitert werden, dass die Mieterhöhung wegen rückwirkend erhöhter Betriebskosten jeweils auf den Zeitpunkt der Erhöhung der Betriebskosten (ohne Begrenzung auf den Beginn des der Erklärung vorangehenden Kalenderjahres) zurückwirkt. Zugunsten des Mieters kann aber die Rückwirkung auf den Beginn des laufenden Kalenderjahres, in dem die Erhöhungserklärung abgegeben wird, begrenzt werden.

Der Vermieter kann ferner durch Vereinbarung mit dem Wohnraummieter die Reaktions- 85
frist von drei Monaten (§ 560 Abs. 2 Satz 2) nicht dahingehend verlängern, dass er die Erklärung über die rückwirkende Erhöhung der Betriebskosten auch später als innerhalb

von drei Monaten nach Kenntnis von der Erhöhung abgeben darf. Zugunsten des Mieters kann aber die Reaktionsfrist verkürzt werden.

Der Vermieter kann sich auch nicht durch Vereinbarung mit dem Mieter der Verpflichtung entziehen, die Ermäßigung der Betriebskosten dem Mieter unverzüglich mitzuteilen, wie es § 560 Abs. 3 Satz 2 vorschreibt. Daher ist die Vereinbarung unwirksam, dass der Vermieter die Ermäßigung erst nach Eingang aller Rechnungsunterlagen mitzuteilen braucht, wenn sich bereits vorher aus der Saldogegenüberstellung eine Ermäßigung ergibt. Teilt der Vermieter mit Rücksicht auf eine derartige unwirksame Vereinbarung dem Mieter die Ermäßigung verspätet mit, macht er sich schadensersatzpflichtig.

13. Übergangsvorschrift

86 § 560 gilt nur für die ab dem 1.9.2001 zugegangenen Erklärungen über die Erhöhung der Betriebskostenpauschale. Für die davor zugegangenen Erklärungen, mit denen die Bruttokaltmiete erhöht wurde, ist weiterhin § 4 Abs. 2 bis 4 MHG in der bis zu diesem Zeitpunkt geltenden Fassung anzuwenden (Art. 2 § 3 Nr. 3 EGBGB). Das bedeutet, dass für die Erklärungen bis zum 1.9.2001 weiterhin die Schriftform gilt; lediglich bei Mieterhöhungen, die der Vermieter mit Hilfe automatischer Einrichtungen gefertigt hat, bedarf es nicht seiner eigenhändigen Unterschrift. Wie auch nach neuem Recht, wonach die Mieterhöhung in Textform ausreicht, muss auch der Aussteller erkennbar sein, wozu bei juristischen Personen und Gesellschaften die Angabe des Namens der handlungsberechtigten Person gehört (LG Wiesbaden, WuM 1996, 2823; LG Berlin, MM 1983, 148; LG Berlin, GE 1996, 1431; a.A. Beuermann, § 8 MHG Rn. 6, 6a). Die Vollmacht des Vertreters konnte auch mit Hilfe automatischer Einrichtungen erstellt werden. Lag die Vollmacht des Vertreters (z.B. der Hausverwaltung) der Erhöhungserklärung nicht bei, so konnte sie – wie auch nach neuem Recht – unverzüglich zurückgewiesen werden, d.h. spätestens innerhalb von 14 Tagen. Entscheidend ist hier das Zugangsdatum, nicht dasjenige der Erklärung. Bei mehreren Mietern kommt es darauf an, wann die Erklärung dem „letzten" Mieter zugegangen ist.

87 Gem. Art. 229 § 3 Abs. 4 EGBGB ist auf ein am 1.9.2001 bestehendes Mietverhältnis, bei dem die Betriebskosten ganz oder teilweise in der Miete enthalten sind, wegen Erhöhung der Betriebskosten § 560 Absätze 1, 2, 5 und 6 entsprechend anzuwenden, soweit im Mietvertrag vereinbart ist, dass der Mieter Erhöhungen der Betriebskosten zu tragen hat.

Diese Übergangsvorschrift erhält dem Vermieter von Bruttomieten das Recht zur einseitigen Umlage erhöhter Betriebskosten, allerdings ebenfalls nur für die Zukunft wegen in der Vergangenheit gestiegener Betriebskosten.

Voraussetzung der Bruttomieterhöhung wegen gestiegener Betriebskostenhöhungen ist bei diesen Verträgen weiterhin, dass dies im Mietvertrag vereinbart worden ist (OLG Karlsruhe, RE vom 4.11.1980 = NJW 1981, 1051 = GE 1981, 1115 = RiM I. 98; OLG Zweibrücken, RE vom 21.4.1981 = NJW 1981, 1622 = GE 1981, 487 = RiM I, 244; OLG Stuttgart, RE vom 13.7.1983 = NJW 1983, 2329 = GE 1983, 915 = RiM I, 1016; OLG Hamm, RE vom 20.8.1997 = GE 1997, 1165). Wird im Mietvertrag bezüglich der Abwälzung der Betriebskosten auf den Mieter weder auf die Anlage zu § 27 der II. BV Bezug genommen noch die vom Mieter zu tragenden Betriebskosten benannt, so kann der Vermieter grundsätzlich keine Mieterhöhung geltend machen. Die vom Mieter zu tragenden Betriebkosten können jedoch dadurch konkretisiert werden, dass der Vermieter mehrere Jahre die Bruttokaltmiete wegen gestiegener Betriebskosten erhöht und der Mieter diese Erhöhung (z.B. durch Zahlung über einen längeren Zeitraum) akzeptiert hat. Einer ausdrücklichen Vereinbarung über die Befugnis des Vermieters zur Erhöhung der Bruttokaltmiete bei gestiegenen Betriebskosten bedarf es nicht für diejenigen Mietverträge, die unter das Gesetz zur dauerhaften sozialen Verbesserung der Wohnungssituation im Land Berlin (GVW) vom 14.7.1987 fallen. Denn gem. § 7 Abs. 3 und 4 GVW wird für ehemals peisgebundenen Wohnraum in Berlin (West) die Erhöhung der Bruttomiete bei Wegfall der Preisbindung durch die Bundesmietengesetze ausdrücklich auch ohne eine derartige Vereinbarung zugelassen (Emmerich/Sonnenschein, § 7 GVW Rn. 6; Kinne, GE 1987, 957).

Allerdings wirkt die Erhöhung nicht mehr gem. dem früheren § 4 Abs. 3 MHG zum folgenden Monatsersten, wenn die Erhöhungserklärung dem Mieter bereits vor dem 15. eines Monats zugeht, sondern erst zum Beginn des übernächsten Monats.   88

Hat der Vermieter die Bruttokaltmiete bereits vor dem 1.9.2001 gem. § 2 des früheren MHG auf die ortsübliche Bruttokaltmiete erhöht und hat der Mieter entweder dieser Erhöhung der Bruttokaltmiete zugestimmt oder ist er zu einer entsprechenden Erhöhung in vollem Umfang verurteilt worden, so ist danach eine Erhöhung der früheren Bruttokaltmiete wegen gestiegener Betriebskosten entsprechend § 560 nur insoweit zulässig, als das Ansteigen der Betriebskosten nach dem Wirksamwerden der vorangegangenen Mieterhöhung geltend gemacht wird (KG, GE 1997, 1097 zum früheren § 4 Abs. 2 MHG).

§ 561   Sonderkündigungsrecht des Mieters nach Mieterhöhung

(1) [1]Macht der Vermieter eine Mieterhöhung nach den §§ 558 oder 559 geltend, so kann der Mieter bis zum Ablauf des zweiten Monats nach dem Zugang der Erklärung des Vermieters das Mietverhältnis außerordentlich zum Ablauf des übernächsten Monats kündigen. [2]Kündigt der Mieter, so tritt die Mieterhöhung nicht ein.

(2) Eine zum Nachteil des Mieters abweichende Vereinbarung ist unwirksam.

Die Vorschrift nimmt die bisherige Regelung des § 9 MHG auf, vereinheitlicht allerdings   1
die Kündigungsfristen.

In der Überschrift wird von einem Sonderkündigungsrecht des Mieters nach Mieterhöhung gesprochen. Das dürfte sich um einen Lapsus in der Terminologie handeln; im Gesetzestext selbst wird dann auch von außerordentlicher Kündigung gesprochen, was in die neue Terminologie passt.

Nach bisherigem Recht gab es unterschiedliche Fristen für die einzelnen Mieterhöhungs-   2
verfahren nach §§ 2, 3, 5 bis 7 MHG a.F. Jetzt gibt es die außerordentliche Kündigung ohnehin nur noch für Mieterhöhungen nach § 558 (Erhöhung bis zur ortsüblichen Vergleichsmiete) oder § 559 (Mieterhöhung nach Modernisierung). Die anderen Mieterhöhungsmöglichkeiten sind weggefallen.

3   Die Frist für die Kündigungsmöglichkeit besteht einheitlich bis zum Ablauf des zweiten
    Monats nach dem Zugang der Erklärung des Vermieters zum Ablauf des übernächsten
    Monats. Geht also ein Mieterhöhungsverlangen/Mieterhöhungserklärung des Vermieters
    am 25. Januar des Jahres zu, kann der Mieter bis zum Ablauf des Monats März kündigen,
    wobei dann die Kündigung zum Ende Mai des Jahres wirkt. Da in der Vorschrift der
    Zeitpunkt der tatsächlichen Kündigungserklärung des Mieters nicht genannt und an ihn
    nicht angeknüpft wird, kommt es nicht darauf an, sondern die Frist berechnet sich ab
    Abgang der Erklärung des Vermieters (vgl. dazu auch die Regierungsbegründung).
    Nach bisher schon überwiegender Ansicht (LG Berlin, GE 1998, 43; LG Braunschweig,
    WuM 1986, 323; Beuermann, Miete und Mieterhöhung bei preisfreiem Wohnraum, § 9
    MHG Rn. 2; a.A. Sternel, Mietrecht, III Rn. 858) kommt es nicht darauf an, ob das Miet-
    erhöhungsverlangen/die Mieterhöhungserklärung wirksam war. Das kann so auch dem
    Gesetzestext entnommen werden, denn es heißt dort nur, dass der Vermieter eine Mieter-
    höhung geltend macht. Das wird auch so vom Gesetzgeber gesehen (vgl. die Regierungs-
    begründung zu § 561).
4   Eine zum Nachteil des Mieters abweichende Vereinbarung ist unwirksam – so auch
    schon die bisherige Rechtslage.

§ 562   Umfang des Vermieterpfandrechts

**(1) [1]Der Vermieter hat für seine Forderungen aus dem Mietverhältnis ein Pfand-
recht an den eingebrachten Sachen des Mieters. [2]Es erstreckt sich nicht auf die
Sachen, die der Pfändung nicht unterliegen.**
**(2) Für künftige Entschädigungsforderungen und für die Miete für eine spätere Zeit
als das laufende und das folgende Mietjahr kann das Pfandrecht nicht geltend gemacht werden.**

Übersicht	Rn.
1. Allgemeines	1
2. Sachen des Mieters	2
3. Eingebrachte Sachen	3
4. Gesicherte Forderungen	4
5. Beweislast	5

1.   Allgemeines

1   Das Vermieterpfandrecht galt bisher für die Raummiete insgesamt, also auch für die
    Wohnraummiete. Daran ändert sich nichts. Das Pfandrecht des Vermieters steht jetzt
    zwar im Bereich der Vorschriften über die Wohnraummiete, gilt jedoch über § 578 all-
    gemein auch für Mietverhältnisse über Grundstücke und Räume.
    Der Gesetzgeber hat die bisherige Regelung zur besseren Gliederung des Textes in zwei
    Absätze aufgeteilt und sprachlich geringfügig geändert.
    § 562 Abs. 1 regelt den gegenständlichen Umfang des Vermieterpfandrechts (bisher
    § 559 Satz 1 und 3), Abs. 2 begrenzt die Sicherungswirkung des Pfandrechts in zeitlicher
    Hinsicht (bisher § 559 Satz 2).

Das Sicherungsrecht des § 562 ist ein besitzloses gesetzliches Pfandrecht, für das gem. § 1257 die Vorschriften über das rechtsgeschäftlich bestellte Pfandrecht (§§ 1204 ff.) Anwendung finden. Da die Pfandobjekte nicht im Besitz des Vermieters sind und im Übrigen eine etwaige Verwertung kompliziert und risikoreich ist, hat das Vermieterpfandrecht in der Praxis fast keine Bedeutung, mag bei der Geschäftsraummiete noch von Interesse sein. Der Gesetzgeber sieht das auch so, wollte dem Votum der Bund-Länder-Arbeitsgruppe folgend das Vermieterpfandrecht wie bisher auch für Wohnraummietverhältnisse erhalten. Wenngleich es dem Vermieter in wirtschaftlicher Hinsicht nicht immer tatsächlich Befriedigung seiner Forderungen verschaffe, denn Mieter Not leidender Wohnraummietverhältnisse würden vielfach keine pfändbaren Gegenstände besitzen, so bleibe es doch in den anderen Fällen eine wichtige Handhabe des Vermieters. Selbst im Falle der Unpfändbarkeit entfalte die Vorschrift zumindest eine wichtige Appellwirkung gegenüber dem in Zahlungsverzug geratenen Mieter.

Die Befriedigung des Vermieters richtet sich nach §§ 1228 ff., erfolgt grundsätzlich durch Verkauf. Dieser findet im Wege der öffentlichen Versteigerung statt (§ 1235). Hierzu hat der Vermieter ein Recht zum Besitz nach § 561.

2. Sachen des Mieters

Sachen sind nach § 90 **körperliche Gegenstände**, so dass Forderungen und Ansprüche des Mieters nicht erfasst werden. Zu den Sachen gehören allerdings auch **Inhaberpapiere, Geld** sowie alle durch **Indossament übertragbaren Papiere**, z.B. Wechsel und Scheck. Andere Wertpapiere, die nicht selbst Träger des Forderungsrechtes sind (z.B. Sparbücher), fallen nicht darunter. 2

Nur Sachen des Mieters unterliegen dem Vermieterpfandrecht, **an Sachen Dritter kann es nicht entstehen.** Hat der Mieter allerdings Sachen unter Eigentumsvorbehalt erworben, entsteht für den Vermieter ein gesetzliches Pfandrecht an dem Anwartschaftsrecht des Mieters. An dem Eigentum eines Untermieters besteht kein Vermieterpfandrecht des Hauptvermieters.

Erfasst werden nur der Pfändung unterworfene Sachen; die Regelung des § 562 Abs. 1 Satz 2 ist unabdingbar. Zur Pfändbarkeit wird auf § 811 ZPO Bezug genommen; in der Instanzrechtsprechung wird auch § 812 ZPO (Pfändung von Hausrat) einbezogen (Emmerich/Sonnenschein, § 559 Rn. 6).

3. Eingebrachte Sachen

Einbringen bedeutet willentliches Hineinschaffen der Sachen zu einem **nicht nur vorübergehenden Zweck.** Die Abgrenzung hat zur bloßen Einstellung bestimmter Gegenstände zu erfolgen. Ein Kfz, das regelmäßig in einer mitgemieteten Garage oder auch auf einem mitgemieteten Einstellplatz abgestellt wird, ist als eingebrachte Sache zu behandeln. 3

Die Sachen müssen während der Mietzeit, vor dem rechtlichen Ende des Mietverhältnisses, eingebracht worden sein.

4. Gesicherte Forderungen

§ 562 Abs. 1 Satz 1 spricht von Forderungen aus dem Mietverhältnis, also z.B. Miete, aber auch Schadensersatzforderungen, Kosten der Rechtsverfolgung gegen den Mieter 4

(Prozesskosten). Für **künftige** Entschädigungsforderungen und für die Miete für eine spätere Zeit als das laufende und das folgende Mietjahr macht § 562 Abs. 2 **entsprechende Einschränkungen.**

5. Beweislast

5 Für die Entstehung des gesetzlichen Pfandrechts liegt die Beweislast grundsätzlich **beim Vermieter.** In Anwendung des § 1006, wonach zugunsten des Besitzers einer beweglichen Sache vermutet wird, dass er Eigentümer der Sache sei, können jedoch die Grundsätze des Beweises des ersten Anscheins Anwendung finden mit der Folge, dass der Mieter gegenteilige Tatsachen vorbringen und gegebenenfalls beweisen muss (vgl. Palandt/Weidenkaff, § 559 Rn. 8 im Gegensatz zu Emmerich/Sonnenschein, § 559 Rn. 22).

§ 562a Erlöschen des Vermieterpfandrechts

[1]**Das Pfandrecht des Vermieters erlischt mit der Entfernung der Sachen von dem Grundstück, außer wenn diese ohne Wissen oder unter Widerspruch des Vermieters erfolgt.** [2]**Der Vermieter kann nicht widersprechen, wenn sie den gewöhnlichen Lebensverhältnissen entspricht oder wenn die zurückbleibenden Sachen zur Sicherung des Vermieters offenbar ausreichen.**

1. Allgemeines

1 Die Vorschrift entspricht mit einigen sprachlichen Änderungen dem bisherigen § 560. Wegen der an dieser Stelle gliederungsbedingten Beschränkung auf Wohnraummietverhältnisse wurde der bisherige Satzteil „im regelmäßigen Betrieb des Geschäfts des Mieters", der nur auf die Gewerbemiete bezogen ist, gestrichen, ohne dass eine inhaltliche Änderung damit verbunden ist. Bei der Gewerbemiete, für die die Vorschrift durch den Verweis in § 578 anwendbar ist, ist dieser Gesichtspunkt aber weiterhin auch im Rahmen der „gewöhnlichen Lebensverhältnisse" zu berücksichtigen – so die amtliche Begründung.

2. Erlöschungstatbestände

2 Die vielen Möglichkeiten des Erlöschens des Vermieterpfandrechts zeigen die mangelnde Praktikabilität dieses Sicherungsrechts. Denn neben § 562a gelten die allgemeinen Erlöschensgründe des Pfandrechts, nämlich § 1242 Abs. 2 Satz 1, § 1250 Abs. 2, §§ 1252, 1255, 1256.

Nach § 562a reicht es zum Erlöschen des Pfandrechts aus, dass die dem Vermieterpfandrecht unterliegende Sache von der Mietsache weggeschafft wird, wobei nach jetzt herrschender Meinung auch die nur vorübergehende Entfernung ausreicht. Dies ist gerade beim Entfernen eines abgestellten Fahrzeugs wichtig mit der Folge, dass bei jeder Fahrt das Vermieterpfandrecht erlischt und wieder entsteht (vgl. Emmerich/Sonnenschein, § 560 Rn. 2).

Dem Vermieter steht allerdings nach Satz 1 ein so genanntes **Sperrecht** zu. Die Entfernung der Sache bringt nämlich das Pfandrecht nicht zum Erlöschen, wenn dies ohne Wissen oder unter Widerspruch des Vermieters erfolgt. Dabei muss es sich um einen konkreten Widerspruch handeln, der nicht an eine Form gebunden ist, sondern eine rechtsgeschäftsähnliche Handlung darstellt.

3. Duldungspflicht des Vermieters

Der Vermieter hat das Sperrecht unter den Voraussetzungen des § 562a Satz 2 nicht. Der Mieter darf nämlich ohne weiteres Sachen entfernen, wenn dies im regelmäßigen Geschäftsbetrieb erfolgt (z.B. bei der Gewerbemiete) oder den gewöhnlichen Lebensverhältnissen entsprechend erfolgt. Dazu gehört z.B. die regelmäßige Benutzung des Fahrzeugs, die Mitnahme von Sachen auf Reisen. Außerdem kann der Vermieter nicht widersprechen, wenn die zurückbleibenden Sachen zur Sicherung offenbar ausreichen. Daraus folgt, dass das Vermieterpfandrecht praktisch überhaupt nur bei bestimmten außergewöhnlichen Sachen des Mieters wirkt, z.B. bei wertvollen Einrichtungsgegenständen, die üblicherweise nicht ständig ausgetauscht zu werden pflegen (z.B. wertvolle Möbel). 3

§ 562b Selbsthilferecht, Herausgabeanspruch

(1) [1]Der Vermieter darf die Entfernung der Sachen, die seinem Pfandrecht unterliegen, auch ohne Anrufen des Gerichts verhindern, soweit er berechtigt ist, der Entfernung zu widersprechen. [2]Wenn der Mieter auszieht, darf der Vermieter diese Sachen in seinen Besitz nehmen.
(2) [1]Sind die Sachen ohne Wissen oder unter Widerspruch des Vermieters entfernt worden, so kann er die Herausgabe zum Zwecke der Zurückbeschaffung auf das Grundstück und, wenn der Mieter ausgezogen ist, die Überlassung des Besitzes verlangen. [2]Das Pfandrecht erlischt mit dem Ablauf eines Monats, nachdem der Vermieter von der Entfernung der Sachen Kenntnis erlangt hat, wenn er diesen Anspruch nicht vorher gerichtlich geltend gemacht hat.

1. Selbsthilferecht

Die Vorschrift übernimmt § 561 a.F. mit kleineren sprachlichen Änderungen, die der besseren Verständlichkeit und Lesbarkeit dienen sollen. Ein Vermieterpfandrecht kann überhaupt nur greifen, wenn der Vermieter das so genannte Rücken des Mieters schnell verhindern kann. Dementsprechend hat der Vermieter neben dem Herausgabeanspruch gem. §§ 1227, 985, 1004 ein Selbsthilferecht und darf eingebrachte Sachen des Mieters bei dessen Auszug in seinen Besitz nehmen. Dieses Recht steht ihm aber nur zu, wenn er der Entfernung der Sachen überhaupt nach § 562a widersprechen darf und das Vermieterpfandrecht nach § 562 besteht. Nach § 230 Abs. 1 darf die Selbsthilfe allerdings nicht weiter gehen, als zur Abwendung der Gefahr erforderlich ist. Dementsprechend darf der Vermieter nicht (etwa) das Hausrecht des Mieters verletzen, darf nur im äußersten Fall der Entfernung durch Gewaltanwendung entgegenwirken, z.B. durch Verschließen von Türen oder durch ähnliche Maßnahmen. Hat der Vermieter die Sache in Besitz genommen, muss er sie auch entsprechend verwahren (§ 1215) mit den sich daraus ergebenden Obhutspflichten. 1

2. Herausgabeanspruch

2 An die Stelle des Selbsthilferechts tritt der Herausgabeanspruch, wenn die Sachen ohne Wissen und gegen den Widerspruch des Vermieters entfernt worden sind. Es handelt sich um einen Anspruch, zu dessen Durchsetzung gegebenenfalls gerichtliche Hilfe in Anspruch genommen werden muss, so dass hier **eigene Maßnahmen des Vermieters** einschließlich Gewaltanwendung **ausgeschlossen** sind. Allerdings reicht ein Antrag auf einstweilige Verfügung (vgl. dazu näher Emmerich/Sonnenschein, § 561 Rn. 8). Der Herausgabeanspruch muss fristgerecht nach § 562b Abs. 2 Satz 2 geltend gemacht werden, da das Pfandrecht mit dem Ablauf eines Monats nach Kenntnis des Vermieters von der Entfernung erlischt. Trotz des möglichen Erlöschens bleiben allerdings Bereicherungs- oder Schadensersatzansprüche des Vermieters wegen des Eingriffs in das Pfandrecht unberührt (Palandt/Weidenkaff, § 561 Rn. 14; Emmerich/Sonnenschein, § 561 Rn. 12).

§ 562c Abwendung des Pfandrechts durch Sicherheitsleistung

[1]Der Mieter kann die Geltendmachung des Pfandrechts des Vermieters durch Sicherheitsleistung abwenden. [2]Er kann jede einzelne Sache dadurch von dem Pfandrecht befreien, dass er in Höhe ihres Wertes Sicherheit leistet.

Der Mieter oder ein anderer über § 562 Verpflichteter kann das Vermieterpfandrecht durch Sicherheitsleistung ablösen. Sicherheit wird in Beachtung der §§ 232 ff. geleistet. Der Vermieter kann dann das Pfandrecht nicht mehr geltend machen; ihm stehen demgemäß Rechte aus § 562a und § 562b nicht (mehr) zu.

§ 562d Pfändung durch Dritte

Wird eine Sache, die dem Pfandrecht des Vermieters unterliegt, für einen anderen Gläubiger gepfändet, so kann diesem gegenüber das Pfandrecht nicht wegen der Miete für eine frühere Zeit als das letzte Jahr vor der Pfändung geltend gemacht werden.

An den eingebrachten Sachen des Mieters können mehrere Pfandrechte bestehen, die nach § 1209 BGB und § 804 Abs. 3 ZPO zueinander in einem Rangverhältnis stehen, das nach dem Zeitpunkt des Entstehens des Pfandrechts zu beurteilen ist. Hat der Vermieter nicht Besitz an der Sache erlangt, kann er einer Pfändung nicht widersprechen, nur nach § 805 ZPO auf vorzugsweise Befriedigung klagen. Wird die eingebrachte Sache aufgrund des Pfandrechts eines Dritten verwertet, verbleibt dem Vermieter ein Anspruch aus § 816. Das Pfandrecht (bzw. die entstehende Forderung nach § 816) ist jedoch wegen der Miete, die spätestens das letzte Jahr vor der Pfändung entstanden ist, beschränkt.

§ 563 Eintrittsrecht bei Tod des Mieters

(1) ¹Der Ehegatte, der mit dem Mieter einen gemeinsamen Haushalt führt, tritt mit dem Tod des Mieters in das Mietverhältnis ein. ²Dasselbe gilt für den Lebenspartner.

(2) ¹Leben in dem gemeinsamen Haushalt Kinder des Mieters, treten diese mit dem Tod des Mieters in das Mietverhältnis ein, wenn nicht der Ehegatte eintritt. ²Der Eintritt des Lebenspartners bleibt vom Eintritt der Kinder des Mieters unberührt. ³Andere Familienangehörige, die mit dem Mieter einen gemeinsamen Haushalt führen, treten mit dem Tod des Mieters in das Mietverhältnis ein, wenn nicht der Ehegatte oder der Lebenspartner eintritt. ⁴Dasselbe gilt für Personen, die mit dem Mieter einen auf Dauer angelegten gemeinsamen Haushalt führen.

(3) ¹Erklären eingetretene Personen im Sinne des Absatzes 1 oder 2 innerhalb eines Monats, nachdem sie vom Tod des Mieters Kenntnis erlangt haben, dem Vermieter, dass sie das Mietverhältnis nicht fortsetzen wollen, gilt der Eintritt als nicht erfolgt. ²Für geschäftsunfähige oder in der Geschäftsfähigkeit beschränkte Personen gilt § 206 entsprechend. ³Sind mehrere Personen in das Mietverhältnis eingetreten, so kann jeder die Erklärung für sich abgeben.

(4) Der Vermieter kann das Mietverhältnis innerhalb eines Monats, nachdem er von dem endgültigen Eintritt in das Mietverhältnis Kenntnis erlangt hat, außerordentlich mit der gesetzlichen Frist kündigen, wenn in der Person des Eingetretenen ein wichtiger Grund vorliegt.

(5) Eine abweichende Vereinbarung zum Nachteil des Mieters oder solcher Personen, die nach Absatz 1 und 2 eintrittsberechtigt sind, ist unwirksam.

1. Allgemeines

§ 563 regelt den bisher in § 569a a.F. geregelten **Eintritt des Ehegatten des verstorbenen Mieters** und von eng mit dem verstorbenen Mieter verbundenen **Personen**, die mit ihm in der gemieteten Wohnung bislang einen **gemeinsamen Haushalt** geführt haben, ohne jedoch Mieter zu sein. Der Eintritt erfolgt automatisch kraft Gesetzes, ohne dass es einer Gestaltungserklärung bedarf. Nur die Ablehnung des Eintritts bedarf einer ausdrücklichen Erklärung.
Die Fortsetzung des Mietverhältnisses mit denjenigen Personen, die mit dem Mieter zusammen den Mietvertrag abgeschlossen haben, ist dagegen in § 563a geregelt. 2

Erst dann, wenn weder diejenigen Personen, die mit dem verstorbenen Mieter einen gemeinsamen Haushalt hatten, noch diejenigen, die gemeinsam mit ihm Mieter waren, in das Mietverhältnis eingetreten sind, tritt der **Erbe** gem. § 564 in das Mietverhältnis ein. Die Sonderrechtsnachfolge des Ehegatten, des Lebenspartners, der Kinder oder der anderen Familien- oder Haushaltsangehörigen geht dem Eintritt des Erben vor.

3 Das Mieteintrittsrecht des überlebenden Ehegatten, des Lebenspartners, der Kinder und anderer Familienangehörigen geht dem Eintrittsrecht des Erben unabhängig davon vor, ob sie gemeinsam mit dem verstorbenen Mieter die Wohnung gemeinschaftlich gemietet hatten oder nicht.

4 § 563 Abs. 1 übernimmt das **Eintrittsrecht des Ehegatten**, der mit dem verstorbenen Mieter in der Wohnung einen gemeinsamen Haushalt geführt hat, was bisher in § 569a Abs. 1 Satz 1 a.F. geregelt war. Neu ist, dass auch der Eintritt des **Lebenspartners**, der mit dem Mieter einen gemeinsamen Haushalt geführt hat, in das Mietverhältnis gesetzlich geregelt worden ist.

§ 563 Abs. 2 Satz 1 regelt den **Eintritt der Kinder des Mieters**, die in dem gemeinsamen Haushalt lebten; diese treten allerdings nur dann in das Mietverhältnis ein, wenn der Ehegatte nicht eintritt. Dagegen treten sie gleichberechtigt mit dem Lebenspartner ein.

§ 563 Abs. 2 Satz 3 regelt den Eintritt der **anderen Familienangehörigen**, die mit dem Mieter in der Wohnung einen gemeinsamen Haushalt geführt haben, entsprechend dem früheren § 569a Abs. 2 Satz 1 und 2. Diese treten jedoch nur dann in das Mietverhältnis ein, wenn nicht vorrangig der Ehegatte oder der Lebenspartner eintritt.

§ 563 Abs. 2 Satz 4 regelt den Eintritt derjenigen Personen, die ohne Familienangehörige zu sein, mit dem Mieter **einen auf Dauer angelegten gemeinsamen Haushalt** führten. Auch diese treten – aber nur nachrangig – dann in das Mietverhältnis ein, wenn nicht der Ehegatte oder Lebenspartner eintritt.

Lebenspartnern des verstorbenen Mieters, die mit ihm in den gemieteten Räumen einen auf Dauer angelegten gemeinsamen Haushalt geführt haben, treten also gleichrangig mit den Kindern des Mieters, aber vorrangig gegenüber anderen Familienangehörigen oder reinen Haushaltsangehörigen in das Mietverhältnis ein.

Gleichgültig ist, ob es sich um eine heterosexuelle oder homosexuelle Lebenspartnerschaft handelt.

Für die Lebenspartnerschaft ist aber wie bisher eine **besonders enge Lebensgemeinschaft** erforderlich, so dass bloße Haushalts- oder Wohngemeinschaften nicht dazugehören.

Die von der Rechtsprechung (BGH, NJW 1993, 999 = WuM 1993, 254 = GE 1993, 361; OLG Saarbrücken, NJW 1991, 1760; LG Berlin, GE 1990, 539 und 711; GE 1997, 1581) aufgestellten Kriterien gelten sinngemäß auch für den Begriff des auf Dauer angelegten Haushalts.

§ 563 Abs. 3 entspricht den Regelungen des § 569a Abs. 1 Satz 2 und Abs. 2 Satz 3 a.F.; der Verweis auf § 206 wurde beibehalten.

§ 563 Abs. 4 lehnt sich an § 569a Abs. 5 a.F. an, gewährt dem Vermieter aber anders als bisher eine einmonatige **Überlegungsfrist**. Die Frist beginnt erst mit Kenntnis des Vermieters vom Tod des Mieters und davon, ob der Eintritt des überlebenden Ehegatten, des Lebenspartners, der Kinder, der anderen Familienangehörigen oder des Haushaltsangehörigen endgültig ist, also spätestens mit dem Ablauf der diesen zustehenden Frist zur Ablehnung der Fortsetzung gem. § 563 Abs. 3. Kündigt der Vermieter, so endet das Mietverhältnis nach Ablauf der gesetzlichen Kündigungsfrist zum Monatsende, also bei einer Kündigung bis zum dritten Werktag eines Monats zum Ablauf des übernächsten Monats (§ 573d Abs. 2 Satz 1, § 575a Abs. 3 Satz 1).

§ 563 Abs. 5 regelt die **Unabdingbarkeit** wie bisher.

Der Ehegatte, Lebenspartner, die Kinder oder anderen Familien- oder Haushaltsangehö- 5 rige treten nur dann in das Mietverhältnis ein, wenn es sich um ein solches über **Wohnraum** handelt, gleichgültig ob dieser möbliert oder unmöbliert, befristet oder unbefristet an den verstorbenen Mieter vermietet worden war. Der Bestandsschutz gilt auch für Werkwohnungen, jedoch nicht bei Pacht. Der Eintritt erfolgt auch in Mietverträge über Genossenschaftswohnungen. Der Vermieter kann jedoch den Mietvertrag gem. § 563 Abs. 4 kündigen, wenn der überlebende Ehegatte, Lebenspartner, die Kinder oder andere Familien- oder Haushaltsangehörige nicht bereit sind, der Genossenschaft beizutreten (LG Köln, WuM 1994, 23).

2.   Voraussetzungen des Eintritts in das Mietverhältnis

Der überlebende Ehegatte, Lebenspartner, die Kinder oder die anderen Familien- oder 6 Haushaltsangehörigen treten dann in das Mietverhältnis ein, wenn der **Verstorbene alleiniger Mieter** war. Waren der überlebende Ehegatte, Lebenspartner, die Kinder oder die anderen Familien- oder Haushaltsangehörigen Mitmieter, gilt § 563a. Die Ehe, Lebenspartnerschaft, das Kindschaftsverhältnis oder Familienangehörigkeit sowie die gemeinsame Haushaltszugehörigkeit müssen noch im Zeitpunkt des Todes des Mieters fortbestanden haben. Dem Tod des Mieters gleichgestellt ist die Todeserklärung eines Verschollenen (§ 9 VerschG). Bei Wegzug des Mieters erfolgt kein Eintritt gem. § 563 (LG Bonn, WuM 1985, 374 [LS]).

Der überlebende Ehegatte, Lebenspartner, die Kinder oder die anderen Familien- oder 7 Haushaltsangehörigen treten auch dann in das Mietverhältnis ein, wenn nur einer von mehreren Mietern stirbt. Der Bestandsschutz greift unabhängig davon, ob der verstorbene Mieter allein oder neben anderen Personen Mietpartei war (OLG Karlsruhe, WuM 1989, 610 = ZMR 1990, 6).

Weitere Voraussetzung für den Eintritt ist, dass der überlebende Ehegatte, Lebenspartner, 8 das Kind, der andere Familienangehörige oder Haushaltsangehörige mit dem verstorbenen Mieter einen **gemeinsamen Haushalt** geführt hat. Die Wohnung muss für den Verstorbenen und seinen Ehegatten, Lebenspartner, das Kind, die anderen Familien- oder Haushaltsangehörigen den Mittelpunkt der gemeinsamen Lebens- und Wirtschaftsführung gebildet haben (LG Düsseldorf, WuM 1987, 225). Dem stehen eine weitere Wohnung und/oder polizeiliche Anmeldung grundsätzlich nicht entgegen (AG Berlin-Wedding, MM 1997, 243). Jedoch muss eine häusliche Gemeinschaft bestanden haben. Leben die Ehegatten, Lebenspartner, Kinder, anderen Familienangehörigen oder Haushaltsangehörigen **innerhalb der Wohnung getrennt**, so besteht **kein gemeinsamer Haushalt** mehr mit der Folge, dass diese bei Tod des Mieters nicht in das Mietverhältnis eintreten. Eine **vorübergehende Trennung**, etwa aus beruflichen Gründen oder zur Verbüßung einer Freiheitsstrafe, **hebt den gemeinsamen Haushalt nicht auf**. Auch die räumliche Trennung der Ehegatten, Lebenspartner, Kinder, anderen Familien- oder

Haushaltsangehörigen aus sonstigen zwingenden Gründen für einen vorübergehenden Zeitraum steht dem Eintritt nicht im Wege, sofern beide die Absicht haben, die eheliche Gemeinschaft, die Lebenspartnerschaft, das Familienband oder die Haushaltszugehörigkeit in dem noch möglichen Rahmen aufrechtzuerhalten und die volle Haushaltsgemeinschaft nach Wegfall der zwingenden Gründe wiederherzustellen.

9 Der **Ehegatte** ist die durch Eheschließung mit dem Mieter verbundene Person. Insoweit ist unerheblich, dass die Ehegatten in Scheidung leben, solange sie noch einen gemeinsamen Haushalt führen.

10 Zu den **Lebenspartnern** gehören einmal die heterosexuellen Partner einer eheähnlichen Gemeinschaft. Voraussetzung dafür ist, dass die Gemeinschaft auf Dauer angelegt war und beide Teile unverheiratet waren (BGH, NJW 1993, 999; OLG Saarbrücken, NJW 1991, 1760). Ferner gehören dazu die homosexuellen Lebenspartner, die ihre Partnerschaft gem. § 1 des Gesetzes über die eingetragene Lebenspartnerschaft (LPartG) haben registrieren lassen. Darüber hinaus treten nach der Neuregelung aber auch sonstige Lebenspartner ungeachtet ihren sexuellen Beziehungen zum verstorbenen Mieter in das mit diesem begründete Mietverhältnis ein. Maßgebend ist insoweit allein, dass eine besonders enge Lebensgemeinschaft zwischen dem verstorbenen Mieter und dem Partner bestand, die über eine Haushalts- oder Wohngemeinschaft hinausging. Die Lebensgemeinschaft muss auf Dauer angelegt gewesen sein, daneben keine weitere Lebensgemeinschaft zugelassen und sich durch innere Bindungen ausgezeichnet haben, die ein gegenseitiges Einstehen als Partner füreinander begründet haben.

11 Die **Kinder sind die direkten Abkömmlinge des Mieters**. Dabei ist es unerheblich, ob es sich um die leiblichen Nachkommen oder adoptierte Kinder handelt. Pflegekinder dürften darunter jedoch nicht fallen.

12 Zu den **anderen Familienangehörigen**, die aufgrund des gemeinsamen Haushalts mit dem verstorbenen Mieter in das Mietverhältnis eintreten, gehören alle sonstigen Verwandten oder Verschwägerten, ohne dass es auf einen bestimmten Grad der Verwandtschaft oder der Schwägerschaft ankommt; auch Pflegekinder und Verlobte dürften zu den Familienangehörigen zählen.

13 Zu den **Personen**, die mit dem Mieter einen auf **Dauer angelegten Haushalt** führen, können Partner gehören, die noch keine Lebensgemeinschaft mit dem Mieter eingegangen sind, aber mit ihm einen auf Dauer angelegten gemeinsamen Haushalt führen. Vorübergehende Partnerschaften scheiden daher aus. Die Dauer muss zudem durch objektive und nachprüfbare Umstände belegt sein. Derartige Haushaltsangehörige können aber auch die Partner einer Wohngemeinschaft sein.

3. Rechtsfolgen

14 Der überlebende Ehegatte, Lebenspartner, das Kind, der andere Familienangehörige oder Haushaltsangehörige tritt **kraft Gesetzes** in das Mietverhältnis mit dem verstorbenen Mieter ein, mit dem er einen gemeinsamen Haushalt geführt hat, und zwar in vollem Umfang. Die eintrittsberechtigten Personen treten entweder an Stelle des verstorbenen Mieters als Alleinmieter in dessen Rechtsstellung ein oder werden mit weiteren Eintrittsberechtigten zusammen Mitmieter. Der Eintritt findet auch unabhängig von einer etwaigen Stellung des Eintrittsberechtigten als Erbe statt. Treten eine oder mehrere der ein-

trittsberechtigten Personen in das Mietverhältnis ein, so schließt dieser Eintritt vielmehr die gesetzliche Erbfolge aus.
Der **Ehegatte** tritt vorrangig vor den Kindern und den anderen Familien- oder Haushaltsangehörigen in das Mietverhältnis ein.
Der **Lebenspartner** tritt zusammen mit den Kindern, aber vorrangig vor den anderen Familien- und Haushaltsangehörigen ein.
Die **Kinder** treten nach dem Ehegatten, aber gleichberechtigt mit dem Lebenspartner sowie – falls der Ehegatte bzw. Lebenspartner nicht in das Mietverhältnis eintritt – auch zusammen mit den anderen Familien- oder Haushaltsangehörigen ein.
Die **anderen Familienangehörigen und die Haushaltsangehörigen** treten nur dann in das Mietverhältnis ein, wenn nicht der Ehegatte oder der Lebenspartner eintritt. Jene treten also nur **subsidiär** nach dem bevorrechtigten Ehegatten oder Lebenspartner ein, gleichgültig ob sie bevorrechtigte Erben sind oder nicht. Der Eintritt der Familien- und/oder Haushaltsangehörigen wird jedoch nicht dadurch gehindert, dass eine dieser Bezugspersonen bereits Mitmieter war. Vielmehr verdrängen diese Personen auch in diesem Fall die Erben hinsichtlich des dem verstorbenen Mieter zustehenden Anteils. Sämtliche Familien- und/oder Haushaltsangehörige werden dann zusammen mit demjenigen Angehörigen, der bereits Mitmieter war, Mitmieter der Wohnung, in der sie mit dem verstorbenen Mieter einen gemeinsamen Haushalt geführt haben.
Die Familien- und Haushaltsangehörige treten – rückwirkend auf den Zeitpunkt des Todes des Mieters – auch dann noch in das Mietverhältnis ein, wenn zuvor der Ehegatte eingetreten war, jedoch später wirksam die Fortsetzung des Mietverhältnisses abgelehnt hat. Zwischen den Gruppen der Kinder, anderen Familien- und/oder Haushaltsangehörigen besteht keine Rangfolge. Weder schließen die Kinder die Familienangehörigen oder die Haushaltsangehörigen von dem Eintritt aus noch umgekehrt die Haushaltsangehörigen die Kinder oder anderen Familienangehörigen; lediglich der Ehegatte und der Lebenspartner sind gegenüber den anderen Familienangehörigen und Haushaltsangehörigen vorrangig berechtigt (§ 563 Abs. 2 Satz 2, 4).

4. Ablehnungsrecht

Der Ehegatte, Lebenspartner, das Kind, der Familien- oder Haushaltsangehörige kann den **Eintritt** in das Mietverhältnis mit dem verstorbenen Mieter **verhindern**, indem er dem Vermieter erklärt, dass er das Mietverhältnis nicht fortsetzen will. Diese Erklärung muss dem Vermieter innerhalb eines Monats nach Kenntnis vom Tod des Mieters zugegangen sein. Dagegen kommt es für die nur subsidiär nach dem Ehegatten Eintrittsberechtigten nicht darauf an, ob sie Kenntnis von der Ablehnung der Fortsetzung des Mietverhältnisses durch den vorrangig berechtigten Ehegatten hatten. Sämtliche Eintrittsberechtigten haben also nur eine Frist von einem Monat seit Kenntnis vom Tod des Mieters, um ihren Eintritt in das Mietverhältnis zu verhindern. Die Frist beginnt aber erst mit **positiver Kenntnis** zu laufen, so dass grob fahrlässige Unkenntnis nicht ausreicht. Kenntnis wird aber nicht erst durch Mitteilung der Polizei, des den Totenschein ausstellenden Arztes oder des Standesamts über den Tod begründet, sondern auch durch Mitteilung sonstiger Eintrittsberechtigter. Ob auch die Kenntnis von der Todesanzeige in der örtlichen Tageszeitung ausreicht, erscheint zweifelhaft.

15

16 Auf die Kenntnis von der Notwendigkeit der Ablehnung der Fortsetzung des Mietver-
    hältnisses, um den kraft Gesetzes erfolgenden Eintritt in das Mietverhältnis zu verhin-
    dern, kommt es dagegen nicht an. Wird die **Monatsfrist versäumt**, kann der Eintritt in
    das Mietverhältnis auch **bei Rechtsunkenntnis nicht angefochten** werden, da ein
    Rechtsirrtum grundsätzlich nicht zur Anfechtung berechtigt.

17 Ist eine der eintrittsberechtigten Personen **geschäftsunfähig oder in der Geschäftsfä-
    higkeit beschränkt**, ohne einen gesetzlichen Vertreter zu haben, wird der Ablauf der
    Monatsfrist für diese Person bis zur Bestellung eines gesetzlichen Vertreters gehemmt.

18 Jeder Eintrittsberechtigte ist berechtigt, allein für sich die Fortsetzung des Mietverhält-
    nisses abzulehnen. Daher läuft auch für jeden die Monatsfrist gesondert.

19 Die Erklärung, das Mietverhältnis nicht fortsetzen zu wollen, muss **dem Vermieter
    zugehen**. Insoweit kommt es darauf an, wer Vermieter im Zeitpunkt des Zugangs ist. Bei
    Veräußerung der Wohnung kommt es mithin darauf an, wer im Zeitpunkt des Zugangs
    als Eigentümer im Grundbuch eingetragen war; denn der Erwerber tritt erst in diesem
    Zeitpunkt – während der Dauer seines Eigentums (§ 566 Abs. 1) – in die sich aus dem
    Mietverhältnis ergebenden Rechte und Pflichten ein. Ein im Grundstückskaufvertrag
    vereinbarter Nutzen- und Lastenwechsel reicht für den Eintritt in das Mietverhältnis nicht
    aus. Der Erwerber kann aber im Grundstückskaufvertrag ermächtigt werden, Pflichten
    des Vermieters aus dem Mietverhältnis zu erfüllen. In diesem Fall ist die Erklärung an
    den Erwerber zu richten und muss diesem zugehen. Ein Mietvertrag über eine Wohnung,
    der mit einer Einzelperson als Vermieter abgeschlossen worden war, wird nach Verkauf
    an die Gesellschafter einer BGB-Gesellschaft und deren Eintragung in das Grundbuch
    mit diesen fortgesetzt, und zwar auch bei späterer Änderung der Zusammensetzung der
    Gesellschafter mit den neuen Gesellschaftern (KG [RE], NZM 1998, 507). Wenn die
    GbR das Mietgrundstück als solche erworben hat, also durch Teilnahme am Rechtver-
    kehr eigene Rechte und Pflichten begründete und damit Rechtsfähigkeit erlangte (BGH,
    NJW 2001, 1056 ff.), wird das Mietverhältnis mit ihr fortgesetzt. Die Erklärung, das
    Mietverhältnis nicht fortsetzen zu wollen, ist dann an diejenigen Personen zu richten, die
    der Gesellschaft aktuell angehören bzw. den von dieser bestellten geschäftsführenden
    Gesellschafter; insoweit reicht aber die schlagwortartige Bezeichnung der Gesellschaft
    (z.B. Grundstücksgesellschaft ...) aus. Dasselbe gilt bei der Erbengemeinschaft. Hat der
    Vermieter eine Hausverwaltung bestellt – ist diese z.B. bereits im Mietvertrag als solche
    aufgeführt – so ist die Erklärung zwar an den Vermieter – vertreten durch die Hausver-
    waltung – zu richten, braucht aber nur der Hausverwaltung zuzugehen. Ist die Wohnung
    unter **Zwangsverwaltung** gestellt, müssen die Eintrittsberechtigten, wenn der Mieter
    darüber ordnungsgemäß unterrichtet wurde, die Erklärung an den Zwangsverwalter
    richten, solange die Zwangsverwaltung nicht beendet ist. Ist die Wohnung inzwischen
    zwangsversteigert worden, so ist die Erklärung an den Ersteigerer zu richten, unabhängig
    von dessen Eintragung im Grundbuch.

20 Eine **Form** ist **nicht vorgeschrieben**; jedoch sollte zu Beweiszwecken die Schriftform
    eingehalten werden. Jeder Eintrittsberechtigte kann die Erklärung für sich abgeben; eine
    gemeinsame Erklärung mehrerer Eintrittsberechtigter ist nicht erforderlich. Für die Erklä-
    rung und deren Zugang ist der jeweilige Eintrittsberechtigte darlegungs- und be-

weispflichtig; denn es handelt sich um eine Ausnahme von dem gesetzlich vorgesehenen automatischen Eintritt der Eintrittsberechtigten.

Mit der wirksamen Ablehnung gilt der Eintritt – rückwirkend – als nicht erfolgt. Es 21 handelt sich um eine gesetzliche Fiktion, so dass der Eintrittsberechtigte später nicht mehr geltend machen kann, sich über die gesetzlichen Folgen seiner Ablehnungserklärung geirrt zu haben. Hat der Ehegatte fristgemäß die Fortsetzung des Mietverhältnisses abgelehnt, so treten die Familien- oder Haushaltsangehörigen ein, es sei denn, auch sie haben fristgemäß die Fortsetzung abgelehnt. Haben alle gem. § 563 Eintrittsberechtigten die Fortsetzung abgelehnt oder die überlebenden Mitmieter gem. § 563a das Mietverhältnis gekündigt, so wird das Mietverhältnis gem. § 564 mit dem Erben fortgesetzt, der seinerseits das Mietverhältnis kündigen kann.

5.   Kündigungsrecht des Vermieters

Der **Vermieter** kann innerhalb eines Monats seit Kenntnis von dem endgültigen Eintritt 22 in das Mietverhältnis **kündigen**, wenn in der Person des Eingetretenen ein **wichtiger Grund** vorliegt.

Ein wichtiger Grund liegt dann vor, wenn dem Vermieter die Fortsetzung des Mietver- 23 hältnisses mit dem Eingetretenen nicht mehr zumutbar ist, und zwar aus in der Person des Eingetretenen liegenden Gründen. Hierzu zählt die fehlende Wohnberechtigung des Eingetretenen für eine öffentlich geförderte Wohnung (LG Koblenz, WuM 1987, 201), die Ablehnung des Eingetretenen, in die Genossenschaft einzutreten, die die Wohnung vermietet hatte, möglicherweise auch der vorrangige konkrete Bedarf der Genossenschaft an der vermieteten Wohnung. Bei Eintritt mehrerer Familien- oder Haushaltsangehöriger in das Mieterhältnis kommt es auf den jeweiligen Eintrittsberechtigten an; liegt nur in dessen Person ein wichtiger Grund vor, so kann das Mietverhältnis nur ihm gegenüber gekündigt werden. Insoweit ist eine Teilkündigung möglich, ebenso wie der Eintritt von jedem Familien- oder Haushaltsangehörigen für sich abgelehnt werden kann.

Der Vermieter muss **schriftlich** kündigen (§ 568 Abs. 1). Da es sich um eine Kündigung 24 aus wichtigem Grund handelt, muss gem. § 573 Abs. 3, der gem. § 573d Abs. 1 auf die außerordentliche Kündigung mit gesetzlicher Frist entsprechend anwendbar ist, der **Kündigungsgrund** im Kündigungsschreiben individualisierbar angegeben werden, um berücksichtigt werden zu können (BayObLG, WuM 1985, 52; OLG Hamburg [RE], WuM 1983, 310). Gerade bei dem wichtigen Grund muss der gekündigte Ehegatte, Lebenspartner, das Kind, der andere Familien- oder Haushaltsangehörige frühzeitig in die Lage versetzt werden, die Gründe des Vermieters nachvollziehen zu können, um entweder den Kündigungsgrund zu akzeptieren oder einen entsprechenden Gegenvortrag zu bringen. Andere Gründe werden nur dann berücksichtigt, soweit sie nachträglich entstanden sind. Davon zu unterscheiden ist die Präzisierung der im Kündigungsschreiben angegebenen Kündigungsgründe, die aufgrund besserer Kenntnis- bzw. Wissensstands nachträglich möglich ist (BVerfG, NZM 2000, 456).

Der Vermieter muss sich innerhalb einer einmonatigen **Überlegungsfrist** entscheiden, ob 25 er das Mietverhältnis mit dem Eintretenden kündigen will. Die bisherige Kündigung auf den ersten zulässigen Termin hat sich als zu kurz herausgestellt. Die Frist beginnt, nachdem der Vermieter Kenntnis – also positive Kenntnis – vom Tod des Mieters und davon erlangt hat, dass der Eintritt endgültig ist, also spätestens mit Ablauf der Frist des § 563

Abs. 3. Bei mehreren Familien- und/oder Haushaltsangehörigen, bei denen die Frist für die Ablehnung der Fortsetzung unterschiedlich läuft – z.B. infolge unterschiedlicher Kenntnis vom Tod des Mieters – beginnt die Überlegungsfrist erst mit Kenntnis des Vermieters vom Ablauf der letzten Frist. Ist der Ehegatte in das Mietverhältnis eingetreten, beginnt die Überlegungsfrist für den Vermieter mit dessen Kenntnis von dem Ablauf der für den Ehegatten laufenden Frist für dessen Ablehnung der Fortsetzung. Auf die Kenntnis des Vermieters von dem Ablauf der Ablehnungsfrist für die Familien- und/oder Haushaltsangehörigen kommt es nicht mehr an, weil der Ehegatte vorrangig vor diesen in das Mietverhältnis eintritt.

> **Beispiel:**
> Der Mieter verstirbt am 3.10.2001.
> Der Vermieter erlangt davon Kenntnis am 15.10.2001.
> Der sich gerade im Urlaub befindende Ehegatte erlangt davon Kenntnis am 3.11.2001. Die Frist läuft nicht vor dem 3.12.2001 ab.

26 Die Kündigung ist bis zum Ablauf der Überlegungsfrist des Vermieters spätestens am dritten Werktag eines Kalendermonats zum Ablauf des übernächsten Monats zulässig; denn auf die außerordentliche Kündigung mit gesetzlicher Frist ist § 573d Abs. 2 anwendbar. Für Wohnraum, der Teil der vom Vermieter selbst bewohnten Wohnung ist und den der Vermieter überwiegend mit Einrichtungsgegenständen auszustatten hat (möblierte Einliegerwohnung), verkürzt sich die Frist auf zwei Wochen, sofern der Wohnraum dem Mieter nicht zu dauerndem Gebrauch mit seiner Familie oder mit Personen überlassen ist, mit denen er einen auf Dauer angelegten gemeinsamen Haushalt führt (573d Abs. 2 Alt. 2); die Kündigung ist in diesem Fall am 15. eines Monats zum Ablauf desselben Monats zulässig. Auch in diesem Fall steht aber dem Vermieter die Überlegungsfrist von einem Monat zu.

> **Beispiel:**
> Der Mieter verstirbt am 3.10.2001.
> Der Vermieter erlangt davon Kenntnis am 15.10.2001.
> Der sich gerade im Urlaub befindende Ehegatte erlangt davon Kenntnis am 3.11.2001. Die Überlegungsfrist für den Vermieter läuft nicht vor dem 3.12.2001 ab. Der Vermieter kann also noch am 3.12.2001 zum 28.2.2002 kündigen.
> **Alternative:**
> Der Mieter der möblierten Einliegerwohnung verstirbt am 3.10.2001.
> Der Vermieter erlangt davon Kenntnis am 15.10.2001.
> Der sich gerade im Urlaub befindende Ehegatte erlangt davon Kenntnis am 3.11.2001. Die Überlegungsfrist für den Vermieter läuft nicht vor dem 3.12.2001 ab. Der Vermieter kann also noch am 3.12.2001 kündigen, und zwar zum 28.2.2002.

Die **Sozialklausel** des § 574 gilt, da sie auch auf außerordentliche Kündigungen mit 27
gesetzlicher Frist anwendbar ist, wie sich aus der systematischen Stellung des § 574 nach
§ 573d ergibt. Insoweit kommt es darauf an, für wen die Beendigung des Mietverhältnisses eine Härte bedeuten würde. Jeder in das Mietverhältnis eingetretene Mieter kann sich
auf die Härte in seiner Person berufen. Da Familien- und/oder Haushaltsangehörige
entweder nach Fristablauf in das Mietverhältnis eingetreten sind – also Mieter geworden
sind – oder sich durch Ablehnung der Fortsetzung des Mietverhältnisses dafür entschieden haben, den Wohnraum nicht mehr zu nutzen, kann sich ein eingetretener Mieter nicht
auf Härte für seine Familie oder einen anderen Angehörigen seines Haushalts berufen.
Bei der Würdigung der berechtigten Interessen des Vermieters werden nur die in dem
Kündigungsschreiben gem. § 573 Abs. 3 angegebenen Gründe berücksichtigt.

6. Unabdingbarkeit

Das Eintrittsrecht des Ehegatten – vorrangig vor den übrigen Eintrittsberechtigten – 28
sowie des Lebenspartners, der Kinder, der anderen Familien- und/oder Haushaltsangehörigen kann **nicht abbedungen** werden. Ebenso wenig kann die Kündigungsfrist des
Vermieters zu Lasten der Eintrittsberechtigten verkürzt werden. Dagegen kann das Kündigungsrecht des Vermieters ebenso abbedungen werden wie auch die Frist für die Ablehnung der Fortsetzung des Mietverhältnisses zugunsten der Mieter verlängert werden
kann. Auch die Kündigungsfrist kann zu Lasten des Vermieters verlängert werden.

7. Besonderheiten der neuen Bundesländer

Der Vermieter kann den mit dem überlebenden Familienangehörigen fortgesetzten Miet- 29
vertrag über eine kommunale Wohnung in den neuen Bundesländern nicht allein deswegen kündigen, weil der eintretende Familienangehörige nicht über einen Wohnberechtigungsschein verfügt (LG Berlin, ZOV 1992, 303).
Die Fortsetzung des Mietverhältnisses gem. § 563 Abs. 2 verstößt auch nicht gegen das 30
Gesetz über die Gewährung von Belegungsrechten im kommunalen und genossenschaftlichen Wohnungswesen vom 22.7.1990 (Gesetzblatt der DDR I, S. 894); denn nach § 5
Abs. 6 Satz 2 dieses Gesetzes darf einem nach § 125 Abs. 1 ZGB (jetzt: § 563 BGB) in
den Mietvertrag eintretenden Familienangehörigen die **Wohnung auch ohne Wohnberechtigungsschein** zum Gebrauch überlassen werden.
Auch bei Altverträgen über Wohnraum in den neuen Bundesländern, die vor dem 31
3.10.1990 zustande gekommen sind, ist eine schriftliche Mitteilung über die Fortsetzung
des Mietverhältnisses seitens des überlebenden Ehegatten oder des überlebenden Familienangehörigen gem. § 125 Abs. 1 ZGB nicht mehr erforderlich, weil sich auch diese
Mietverträge ab dem Beitritt grundsätzlich nach den Vorschriften des BGB richten (Art.
232 § 2 Abs. 1 EGBGB; so schon vorher AG Mitte, GE 1995, 1349).

8.   Muster

32 **Kündigung des Vermieters gegenüber dem in das Mietverhältnis mit dem verstorbenen Mieter eingetretenen Kind →[✆ 563-1]**

...   ...
(Vermieter)   (Datum)

Einschreiben/Rückschein

Frau/Herrn
...
(Vor- und Zuname/n des Angehörigen des verstorbenen Mieters)

...
(Straße, Hausnummer und Lage der Wohnung im Gebäude, Ort)

Sehr geehrte(r) Frau/Herr ...!
Mit Mietvertrag vom ... habe ich Ihrer Mutter .../Ihrem Vater .../Ihren Eltern ... die Wohnung im ... Erdgeschoss/Obergeschoss des Vorderhauses/Hinterhauses/Seitenflügels/Quergebäudes/Gartenhauses ...straße in ... vermietet. Wie ich am ... erfahren habe, ist Ihre Mutter/Ihr Vater/sind Ihre Eltern am ... verstorben. Da Sie mit dem verstorbenen Familienangehörigen einen gemeinsamen Haushalt hatten, sind Sie mit dem Tode des Mieters in das Mietverhältnis eingetreten.
Dieses Mietverhältnis kündige ich hiermit zum nächstmöglichen Termin, weil in Ihrer Person folgender wichtiger Grund vorliegt, der mir die Fortsetzung des Mietverhältnisses mit Ihnen unzumutbar macht: ... (ausführliche Beschreibung des wichtigen Grundes).
Beispiel:
Es handelt sich um eine öffentlich geförderte Wohnung, für deren Bezug ein Wohnberechtigungsschein erforderlich ist. Da Sie nicht im Besitz eines Wohnberechtigungsscheins sind, muss ich damit rechnen, dass die zuständige Behörde mich auf Zahlung eines Bußgeldes in Anspruch nimmt, wenn ich Ihnen die Wohnung weiterhin überlasse.
Beispiel:
Es handelt sich um eine Genossenschaftswohnung, die nach der Satzung der Genossenschaft nur an ihre Mitglieder vermietet werden darf. Sie gehören unserer Genossenschaft nicht an. Um die Wohnung haben sich bereits mehrere Genossenschaftsmitglieder beworben, deren Namen wir Ihnen auf Anfrage auch mitteilen können. Da wir nach unserer Satzung verpflichtet sind, bevorzugt Genossenschaftsmitglieder zu berücksichtigen – und zwar vor Familienangehörigen, die nicht Genossenschaftsmitglieder sind –, sehen wir uns leider gezwungen, die Wohnung zum Ablauf des übernächsten Monats zu kündigen.

Die Kündigung wird auf § 563 Abs. 4 BGB gestützt.

Ich weise Sie darauf hin, dass Sie der Kündigung widersprechen und Fortsetzung des Mietverhältnisses verlangen können, wenn die vertragsgemäße Beendigung des Mietverhältnisses für Sie oder Ihre Familie eine Härte bedeuten würde, die auch unter Berücksichtigung meiner berechtigten Interessen nicht zu rechtfertigen ist. Der Widerspruch müsste schriftlich erfolgen und spätestens zwei Monate vor der Beendigung des Mietverhältnisses bei mir eingehen.

Zur Vereinbarung eines Wohnungsabnahmetermins bitte ich um Anruf.

Einer stillschweigenden Verlängerung des Mietverhältnisses gemäß § 545 BGB wird hiermit ausdrücklich widersprochen; das Mietverhältnis wird daher auch durch fortgesetzten Gebrauch der Wohnung nicht verlängert. Mietzahlungen nach Beendigung des Mietverhältnisses werden als Zahlung auf die dann geschuldete Nutzungsentschädigung angesehen.

Vorsorglich weise ich Sie darauf hin, dass bei einer verspäteten Rückgabe der Wohnung eine Nutzungsentschädigung zumindest in Höhe der bisherigen Miete zuzüglich der gesetzlich zulässigen Mieterhöhungen und Umlageerhöhungen verlangt werden kann. Falls die ortsübliche Vergleichsmiete höher als die bisher vereinbarte Miete ist, kann die ortsüblichen Vergleichsmiete verlangt werden. Ferner weise ich Sie darauf hin, dass alle bei Vertragsschluss überlassenen Schlüssel zur Wohnung einschließlich der Zimmertürschlüssel sowie Haustür-, Briefkasten-, Keller- und Sicherungskastenschlüssel sowie etwaige Ersatzschlüssel zurückgegeben werden müssen und die Wohnung vollständig geräumt von Ihren Einrichtungsgegenständen und Einbauten zurückgegeben werden muss.

Für den Fall, dass die Wohnung nicht spätestens bis zum ... geräumt herausgegeben wird, muss ich Räumungsklage beim zuständigen Amtsgericht gegen Sie erheben.

Mit freundlichen Grüßen

...

(Unterschrift Vermieter)

§ 563a Fortsetzung mit überlebenden Mietern

(1) Sind mehrere Personen im Sinne des § 563 gemeinsam Mieter, so wird das Mietverhältnis beim Tod eines Mieters mit den überlebenden Mietern fortgesetzt.

(2) Die überlebenden Mieter können das Mietverhältnis innerhalb eines Monats, nachdem sie vom Tod des Mieters Kenntnis erlangt haben, außerordentlich mit der gesetzlichen Frist kündigen.

(3) Eine abweichende Vereinbarung zum Nachteil der Mieter ist unwirksam.

1.   Allgemeines

1   § 563a regelt den Fall, dass anders als gem. § 563 neben dem verstorbenen Mieter noch weitere Personen Mieter der Wohnung waren. Da sie bisher bereits Mietvertragsparteien waren, lässt der **Tod eines Mieters das Fortbestehen des Mietverhältnisses mit dem anderen Mieter unberührt.** Nach den allgemeinen erbrechtlichen Grundsätzen würde jedoch neben ihnen der Erbe des verstorbenen Mieters in den Mietvertrag eintreten. Demgegenüber ordnet § 563a ähnlich wie der bisherige § 569b eine Sonderrechtsnachfolge bestimmter Mitmieter an, die die allgemeine Erbfolge verdrängt.

2.   Voraussetzungen

2   Voraussetzung für den Ausschluss des Erben von dem erbrechtlichen Eintritt in das Mietverhältnis ist, dass es sich um ein Mietverhältnis über **Wohnraum** handelt. Weitere Voraussetzung ist, dass es sich um den **Personenkreis des § 563** handelt, also um den Ehegatten, Familienangehörigen oder Haushaltsangehörigen.

3   Ferner müssen entweder beide Ehegatten oder der verstorbene Mieter und ein sonstiger Familienangehöriger oder **Lebenspartner zusammen den Mietvertrag als Mieter abgeschlossen** haben. Das ist dann der Fall, wenn alle im Mietvertragsrubrum als Mieter aufgeführt worden sind und den Mietvertrag unterschrieben haben. Auch bei Ehegatten ist grundsätzlich die Unterschrift beider Ehegatten unter den Mietvertrag erforderlich (BGH, MDR 1994, 579; LG Berlin, ZMR 1993, VI Nr. 6; LG Mannheim, NJW-RR 1994, 274; ZMR 1993, 415; a.A. OLG Düsseldorf, WuM 1989, 362; OLG Oldenburg, MDR 1991, 969 = ZMR 1991, 268; LG Berlin, GE 1995, 567). Ein Anspruch des späteren Ehegatten auf Aufnahme in den Mietvertrag besteht nicht.

4   Bei Mietverhältnissen über früher preisgebundenen Altbauwohnraum in den neuen Bundesländern ist zu berücksichtigen, dass **beide Ehegatten** auch dann Mieter wurden, wenn der Vertrag nur von einem Ehegatten abgeschlossen wurde (§ 100 Abs. 3 ZGB). Das galt selbst für den Fall des späteren Zuzugs eines Ehegatten in die von dem anderen zuvor angemietete Wohnung (LG Cottbus, WuM 1993, 665; WuM 1995, 38 = ZMR 1995, 31). War die Ehe vor dem 3.10.1990 geschieden worden und war einer der Ehegatten ausgezogen, so erwarb der neu in die Wohnung eingezogene Ehegatte die Stellung eines Mieters, während der ausgezogene Ehegatte nicht mehr Mieter war.

5   Das Mietverhältnis wird nicht nur mit dem Ehegatten, sondern auch mit sonstigen Familienangehörigen oder Partnern einer Lebensgemeinschaft fortgesetzt, die zusammen mit dem verstorbenen Mieter die Wohnung angemietet haben und in ihr den gemeinsamen Haushalt führten.

Ein **gemeinsamer Haushalt** ist auch hier nur dann anzunehmen, wenn die Wohnung Mittelpunkt der gemeinsamen Lebens- und Wirtschaftsführung war (vgl. dazu näher § 563 Rn. 8).

3. Wirkung

Bestand die Ehe, das Familienband oder die Lebenspartnerschaft im Zeitpunkt des Todes 6
mit dem Mieter und hatten alle zusammen in der Wohnung einen gemeinsamen Haushalt,
so wird beim Tode des Mieters das Mietverhältnis mit dem überlebenden Ehegatten,
Familienangehörigen oder Lebenspartner fortgesetzt. Der überlebende Ehegatte, Familienangehörige und/oder Partner bleibt Mieter und schließt den Erben von dem Eintritt in
das Mietverhältnis aus. Handelt es sich um mehrere Mitmieter bleiben alle zusammen
Partner des Mietverhältnisses. Der Ehegatte als Mitmieter hat gegenüber den anderen
Mitmietern keinen Vorrang. Die Dauer der Überlassung des Wohnraums, die für eine
ordentliche Kündigung des Mieters nach § 573c maßgebend ist, wird nach der längsten
Besitzzeit berechnet, so dass dem überlebenden Mitmieter auch die Mietzeit des verstorbenen Mieters zugute kommt.

4. Kündigungsrecht der überlebenden Mieter

Die überlebenden Mieter können das Mietverhältnis innerhalb eines Monats nach Kennt- 7
nis vom Tod des Mieters außerordentlich mit der gesetzlichen Frist kündigen. Die Kündigung ist sowohl bei unbefristeten als auch bei befristeten Mietverhältnissen zulässig.
Die überlebenden Mieter müssen sich innerhalb einer **einmonatigen Überlegungsfrist** 8
entscheiden, ob sie das Mietverhältnis kündigen wollen. Die bisherige Kündigung auf
den ersten zulässigen Termin hat sich als zu kurz herausgestellt. Die Frist beginnt nachdem der überlebende Mitmieter Kenntnis – also positive Kenntnis – vom Tod des Mieters erlangt hat. Bei mehreren überlebenden Mitmietern beginnt die Überlegungsfrist für
jeden individuell mit seiner Kenntnis von dem Tod des Mieters.
Die Kündigung ist bis zum Ablauf der Überlegungsfrist des jeweiligen Mitmieters spätestens am dritten Werktag eines Kalendermonats zum Ablauf des übernächsten Monats
zulässig; denn auf die außerordentliche Kündigung mit gesetzlicher Frist ist § 573d
Abs. 2 anwendbar.

> **Beispiel:**
> Der Mieter verstirbt am 3.10.2001.
> Der Mitmieter erlangt davon Kenntnis am 15.10.2001.
> Die Überlegungsfrist läuft am 15.11.2001 ab. Der Mitmieter kann also noch am
> 15.11.2001 zum 28.2.2002 kündigen.

Die Kündigung bedarf nach § 568 Abs. 1 der **Schriftform**. Mehrere Mitmieter können 9
nur gemeinsam wirksam kündigen, da es sich dabei um die Ausübung eines Gestaltungs-
rechts handelt, das von mehreren Vertragspartnern nur gemeinsam ausgeübt werden
kann; durch den Tod eines der Mitmieter ist insoweit keine Änderung eingetreten. Wird
das Mietverhältnis nicht mit den Mitmietern fortgesetzt, weil alle wirksam gekündigt
haben, wird es mit dem Erben fortgesetzt (§ 564).
Dem **Vermieter** steht dagegen **kein außerordentliches Kündigungsrecht** zu. Dies 10
ergibt sich bereits daraus, dass er auch mit den überlebenden Mitmietern den Mietvertrag
abgeschlossen hatte.

Der Vermieter kann das Mietverhältnis mit den überlebenden Mitmietern daher nur dann kündigen, wenn es sich um ein unbefristetes Mietverhältnis handelt und er ein berechtigtes Interesse i.S.d. § 573 an der Beendigung des Mietverhältnisses hat. Dabei muss er dann die sich aus § 573c ergebenden Kündigungsfristen einhalten, wobei dem überlebenden Mitmieter die Mietzeit des verstorbenen Mieters in vollem Umfang zugute kommt.

5. Abweichende Vereinbarungen

11 § 563a kann **nicht** zum Nachteil der Mieter **abbedungen** werden. Die Mietvertragsparteien können z.B. nicht vereinbaren, dass das Mietverhältnis auch für den überlebenden Mitmieter beim Tod des anderen endet. Auch das außerordentliche Kündigungsrecht der überlebenden Mitmieter kann nicht abbedungen werden. Im Übrigen können die Mietvertragsparteien jedoch für die überlebenden Mitmieter günstigere Regelungen vereinbaren, wie z.B., dass die Überlegungsfrist verlängert wird oder das Mietverhältnis sich dann auf einen Teil der Mietwohnung beschränkt.

§ 563b Haftung bei Eintritt oder Fortsetzung

(1) [1]Die Personen, die nach § 563 in das Mietverhältnis eingetreten sind oder mit denen es nach § 563a fortgesetzt wird, haften neben dem Erben für die bis zum Tod des Mieters entstandenen Verbindlichkeiten als Gesamtschuldner. [2]Im Verhältnis zu diesen Personen haftet der Erbe allein, soweit nichts anderes bestimmt ist.

(2) Hat der Mieter die Miete für einen nach seinem Tod liegenden Zeitraum im Voraus entrichtet, sind die Personen, die nach § 563 in das Mietverhältnis eingetreten sind oder mit denen es nach § 563a fortgesetzt wird, verpflichtet, dem Erben dasjenige herauszugeben, was sie infolge der Vorausentrichtung der Miete ersparen oder erlangen.

(3) Der Vermieter kann, falls der verstorbene Mieter keine Sicherheit geleistet hat, von den Personen, die nach § 563 in das Mietverhältnis eingetreten sind oder mit denen es nach § 563a fortgesetzt wird, nach Maßgabe des § 551 eine Sicherheitsleistung verlangen.

1. Allgemeines

1 Die Vorschrift regelt einzelne Rechtsfolgen im Falle des Eintritts in das Mietverhältnis oder der Fortsetzung desselben mit dem verstorbenen Mieter durch dessen Ehegatten, sonstige Familienangehörige oder Lebenspartner, die schon vorher mit dem Mieter einen gemeinsamen Haushalt geführt haben. Sie entspricht im Wesentlichen dem bisher geltenden Recht (§ 569a Abs. 2 Satz 5, Abs. 3 und 4, § 569b Satz 2 a.F.). Gegenüber der bisherigen Regelung bestehen jedoch folgende Unterschiede:

a) Die bisherige **Haftung des Erben** für frühere Verbindlichkeiten neben den überleben-
den Mitmietern im Innenverhältnis ist nur fakultativ; sie steht nämlich gem. § 563b
Abs. 1 Satz 2 unter dem **Vorbehalt anderweitiger Bestimmung**, die der verstorbene
Mieter zu Lebzeiten mit den eintritts- oder fortsetzungsberechtigten Personen oder dem
Erben getroffen hat.

b) Neu ist ferner der in § 563b Abs. 3 eingefügte **Anspruch des Vermieters auf Leistung einer Sicherheit** durch diejenigen Ehegatten, Familienangehörigen oder Lebenspartner, die gem. § 563 in das Mietverhältnis eingetreten sind oder mit denen das Mietverhältnis gem. § 563a fortgesetzt worden ist.

2.   Haftung des eintretenden Partners
Aufgrund des **Eintritts** in das Mietverhältnis **haften der überlebende Ehegatte, die**   2
**Familienangehörigen oder Lebenspartner für alle Verbindlichkeiten aus dem Miet-
verhältnis ab dem Tod** des verstorbenen Mieters. Sie haften neben dem Erben für die
bis zum Tod des anderen Partners entstandenen Verbindlichkeiten aus dem Mietverhältnis als Gesamtschuldner. Im Innenverhältnis zwischen dem überlebenden Ehegatten,
Familienangehörigen oder Lebenspartner und dem Erben haftet jedoch der Erbe allein,
wenn der verstorbene Partner im Innenverhältnis der beiden Partner allein für die Miet-
verbindlichkeiten aufkommen sollte. Dies gilt wiederum dann nicht, wenn der verstorbene Mieter zu Lebzeiten mit den eintritts- oder fortsetzungsberechtigten Personen oder
dem Erben eine anderweitige Regelung getroffen hat. Existiert eine derartige Regelung,
so muss der überlebende Partner den auf ihn entfallenden Teil der Miete selbst tragen, für
den er im Außenverhältnis gegenüber dem Vermieter haftet.

3.   Herausgabepflicht
Der überlebende Ehegatte, Familienangehörige oder Haushaltsangehörige, der kraft   3
Gesetzes in das Mietverhältnis mit dem verstorbenen Mieter eingetreten ist, weil er mit
diesem einen gemeinsamen Haushalt geführt hat, oder der frühere Mitmieter, mit dem
das Mietverhältnis fortgesetzt worden ist, sind verpflichtet, dem Erben dasjenige herauszugeben, was sie infolge einer Mietvorauszahlung des verstorbenen Mieters ersparen
oder erlangen. Hat der verstorbene Mieter die Miete für einen nach seinem Tod liegenden
Zeitpunkt im Voraus entrichtet, ist die Vorauszahlung auf die späteren Mietschulden des
Eintretenden **anzurechnen**. Der oder die Eintretende(n) müssen dann dem Erben dasjenige herausgeben, was sie infolge der Vorauszahlung der Miete erspart haben. Der Begriff der **Vorausentrichtung** der Miete entspricht demjenigen des § 547 (vgl. dort).
Erfasst ist damit das gesamte Entgelt, das der Mieter als Gegenleistung für den Gebrauch
der Mietsache im Voraus an den Vermieter entrichtet hat, also neben der Grundmiete
auch Betriebskostenvorauszahlungen oder die Betriebskostenpauschale.

Die **Verpflichtung zur Herausgabe** trifft denjenigen, der **in das Mietverhältnis einge-**   4
treten oder mit dem es **fortgesetzt** worden ist. Mehrere eintretende Familienangehörige
oder der zusammen mit diesen eintretende Lebenspartner haften als Gesamtschuldner,
und zwar gegenüber dem Erben. Dasselbe gilt dann, wenn das Mietverhältnis mit mehreren Personen i.S.d. § 563 fortgesetzt worden ist, weil diese zusammen mit dem verstorbenen Mieter Mitmieter waren. Die Ersparnis der eingetretenen Personen oder derjenigen, mit denen das Mietverhältnis fortgesetzt worden ist, besteht darin, dass diese die im

Voraus entrichtete Miete nicht zu zahlen brauchen, da sie bereits durch den verstorbenen (Mit-)Mieter entrichtet worden ist. Handelt es sich um einen abwohnbaren Baukostenzuschuss, tritt die Ersparnis am jeweiligen Fälligkeitstag in derjenigen Höhe ein, in der durch die Verrechnung der Mietvorauszahlung die Miete abgegolten ist. Soweit die Mietvorauszahlung bei Beendigung des Mietverhältnisses mit dem eingetretenen Ehegatten und/oder eingetretenen Familienangehörigen/Lebenspartner oder mit denjenigen, mit denen das Mietverhältnis fortgesetzt worden ist, noch nicht abgewohnt ist, muss der Eingetretene den Rest der Mietvorauszahlung ebenfalls dem Erben herausgeben. Die Eingetretenen müssen auch Guthaben aus vom verstorbenen Mieter geleisteten Betriebskostenvorauszahlungen nach Abrechnung an den Erben herausgeben. Da über Vorauszahlungen jährlich abgerechnet wird, stellt sich die Frage der Aufteilung des Guthabens bei Vorauszahlungen des verstorbenen Mieters nur für einen Teil des Abrechungszeitraums. Insoweit wäre eine Aufteilung zeitanteilig nach denjenigen Monaten des Abrechnungsjahres vorzunehmen, für die die Vorauszahlungen im Voraus – also vor dem jeweiligen Zeitpunkt der Fälligkeit für eine Zeit nach dem Tod des Mieters – entrichtet worden sind. Falls das Guthaben mit einer Betriebskostennachforderung verrechnet wird, ist die insoweit eintretende Ersparnis ebenfalls nach dem auf die Vorauszahlung entfallenden Zeitraum des Guthabens entsprechend zu verrechnen.

4. Anspruch des Vermieters auf Sicherheitsleistung

5 Durch § 563b Abs. 3 ist erstmals ein **Anspruch des Vermieters auf Leistung einer Sicherheit** gegen denjenigen begründet worden, der in das Mietverhältnis eingetreten oder mit dem es fortgesetzt worden ist, wenn der oder die verstorbene(n) Mieter keine Sicherheit geleistet hatten. Macht der Vermieter den Anspruch bis zur Beendigung des fortgesetzten Mietverhältnisses oder desjenigen, in das die Mieter gem. § 563 eingetreten sind, nicht geltend, so ist der Anspruch erloschen. Schon vorher kann die Geltendmachung des Anspruchs verwirkt sein. Das könnte der Fall sein, wenn der Vermieter nach der Fälligkeit des Anspruchs (vgl. unten Rn. 9) mehrere Jahre den Anspruch nicht geltend macht und die eingetretenen Mieter sich darauf eingerichtet haben, dass der Anspruch nicht mehr geltend gemacht wird.

6 Mehrere eintretende Familienangehörige oder der zusammen mit diesen eintretende Lebenspartner haften als Gesamtschuldner. Unerheblich ist, ob im Mietvertrag bereits eine Sicherheitsleistung vereinbart worden war oder nicht und aus welchen Gründen der oder die verstorbene(n) Mieter keine Sicherheit geleistet hatte(n). Selbst wenn der Vermieter diesem (diesen) gegenüber ausdrücklich auf Leistung einer Sicherheit verzichtet hatte, kann der Vermieter nach Eintritt bzw. Fortsetzung mit den übrigen Mietern die Sicherheit verlangen.

7 Die **Art der Sicherheitsleistung** richtet sich nach § 551. Die Sicherheit kann also sowohl durch Zahlung von Bargeld als auch bargeldlos geleistet werden; auch die Einrichtung eines Sparkontos des Mieters mit oder ohne Sperrvermerk zugunsten des Vermieters, die Verpfändung eines Sparkontos, eine Sicherungsabtretung von Ansprüchen des Mieters (z.B. von Lohn- und Gehaltsansprüchen) oder eine schuldrechtliche Verfügungsbeschränkung oder eine Bürgschaft eines Dritten kommen in Betracht. Auch die Hinterlegung von mündelsicheren Wertpapieren kommt in Betracht (LG Berlin, NJW-RR 1998, 10 = ZMR 1997, 421) oder eine sonstige Anlageform. Der Vermieter hat keinen An-

spruch auf eine bestimmte Art der Sicherheitsleistung, vielmehr kann der Mieter wählen, welche Art von Sicherheit er leistet. Mehrere Personen, die gem. § 563 in das Mietverhältnis eingetreten sind oder mit denen das Mietverhältnis gem. § 563a fortgesetzt worden ist, müssen sich einigen, welche Art von Sicherheit geleistet wird. Leistet einer von ihnen eine bestimmte Sicherheit, ohne dass die anderen widersprechen, ist damit der Anspruch des Vermieters erfüllt.

Zur **Höhe der Sicherheitsleistung** verweist § 563b auf § 551. Danach darf diese höchs- **8** tens das Dreifache der auf einen Monat entfallenden Miete ohne die als Pauschale oder Vorauszahlung ausgewiesenen Betriebskosten betragen. Der Vermieter kann auch dann drei Grundmieten als Sicherheitsleistung verlangen, wenn der verstorbene Mieter aus dem Mietvertrag nur zu einer geringeren oder höheren Sicherheitsleistung verpflichtet war; denn die Sicherheitsleistung soll der finanziellen Absicherung des Vermieters unabhängig davon dienen, ob und in welchem Umfang er wegen der wirtschaftlichen Verhältnisse der Person des Alleinmieters oder der Gesamtheit der Mitmieter auf eine Kaution verzichtet hatte. Eine mit dem Alleinmieter oder den Mitmietern vereinbarte Kaution wäre ohnehin insoweit nicht geschuldet gewesen (LG Berlin, GE 1992, 1325 = WuM 1992, 473), als sie den gesetzlich zulässigen Rahmen überstiegen hätte.

Der Anspruch auf die Sicherheitsleistung wird erst nach **endgültigem Eintritt** in das **9** Mietverhältnis oder der **endgültigen Fortsetzung** desselben mit dem Ehegatten, dem Familienangehörigen oder dem Lebenspartner fällig. Daher ist sowohl der Ablauf der Überlegungs- als auch der Kündigungsfrist (vgl. dazu § 563 Rn. 15–16 und § 563a Rn. 7, 8) abzuwarten.

Hat der überlebende Ehegatte, Familienangehörige oder Lebenspartner sich dafür ent- **10** schieden, eine Geldsumme bereitzustellen, wozu sowohl Hinterlegung der Geldsumme, Barzahlung als auch Einzahlung auf einem Kautionskonto zählen, so ist die Geldsumme in drei gleichen monatlichen Teilleistungen zu erbringen, und zwar die erste Teilleistung nach Ablauf der Überlegungs- und Kündigungsfrist für den Eintritt in das Mietverhältnis oder die Fortsetzung desselben.

Die Personen, die gem. § 563 in das Mietverhältnis eingetreten sind oder mit denen das **11** Mietverhältnis gem. § 563a fortgesetzt worden ist, müssen die Sicherheit auch **leisten**. Daher können sie diese nicht dadurch erbringen, dass sie gegenüber dem Anspruch des Vermieters mit einer Gegenforderung aufrechnen (LG Baden-Baden, WuM 1998, 73; LG Hamburg, WuM 1991, 586 = ZMR 1991, 344). Ebenso wenig ist der eingetretene Mieter oder derjenige, mit dem das Mietverhältnis fortgesetzt worden ist, berechtigt, gegenüber dem Anspruch des Vermieters auf Sicherheitsleistung ein Zurückbehaltungsrecht wegen Mängeln der Mietsache auszuüben (LG Köln, WuM 1987, 257; LG Nürnberg-Fürth, WuM 1991, 479 = NJW-RR 1992, 335; OLG Düsseldorf, ZMR 1998, 159).

Der Vermieter ist natürlich auch verpflichtet, die vom eingetretenen Mieter **geleistete 12 Barkaution von seinem Vermögen getrennt anzulegen**, und zwar zu dem für Spareinlagen mit dreimonatiger Kündigungsfrist üblichen Zinssatz. Die Zinsen erhöhen die Sicherheit und stehen dem Mieter zu. Verlangt der gem. § 563 eingetretene Mieter oder derjenige, mit dem das Mietverhältnis gem. § 563a fortgesetzt worden ist, nach Beendigung des Mietverhältnisses die Sicherheit zurück, so kann er auch Zinseszinsen (auf die Zinsen) der Kaution verlangen (LG Berlin, GE 1993, 205).

13 **Mehrere** gem. § 563 in das Mietverhältnis eingetretene **Mitmieter** oder mehrere Mitmieter, mit denen das Mietverhältnis gem. § 563a fortgesetzt worden ist, können nur **gemeinsam die Sicherheit zurückverlangen** (LG Berlin, GE 1997, 1029).

§ 564 Fortsetzung des Mietverhältnisses mit dem Erben, außerordentliche Kündigung

[1]**Treten beim Tod des Mieters keine Personen im Sinne des § 563 in das Mietverhältnis ein oder wird es nicht mit ihnen nach § 563a fortgesetzt, so wird es mit dem Erben fortgesetzt.** [2]**In diesem Fall ist sowohl der Erbe als auch der Vermieter berechtigt, das Mietverhältnis innerhalb eines Monats außerordentlich mit der gesetzlichen Frist zu kündigen, nachdem sie vom Tod des Mieters und davon Kenntnis erlangt haben, dass ein Eintritt in das Mietverhältnis und dessen Fortsetzung nicht erfolgt sind.**

1. Allgemeines

1 Der neue § 564 übernimmt § 569a Abs. 6 a.F. mit redaktionellen Änderungen sowie im Wesentlichen den teilweise inhaltsgleichen § 569 a.F. und stellt klar, dass das Mietverhältnis nur dann mit dem Erben fortgesetzt wird, wenn weder der Ehegatte, Lebenspartner, die Kinder oder anderere Familienangehörige oder Haushaltspartner, die mit dem Mieter einen gemeinsamen Haushalt führten, in das Mietverhältnis eingetreten sind, noch das Mietverhältnis mit dem Tod eines Mieters mit den überlebenden Mietern fortgesetzt worden ist. Das Mietverhältnis wird auch dann mit dem Erben fortgesetzt, wenn der überlebende Ehegatte, Lebenspartner, die Kinder oder andere Familienangehörigen oder andere Haushaltsangehörige, die mit dem Mieter einen gemeinsamen Haushalt führten, deswegen nicht in das Mietverhältnis eintreten, weil sie dessen Fortsetzung ablehnen. Die Fortsetzung des Mietverhältnisses setzt natürlich voraus, dass das Mietverhältnis noch fortbesteht, also nicht bereits durch den Vermieter gem. § 563 Abs. 4 oder durch alle überlebenden Mieter gem. § 563a Abs. 2 gekündigt worden ist.

2 § 564 Satz 2 enthält wie bisher für den Fall der Fortsetzung des Mietverhältnisses mit dem Erben für Vermieter und Erben ein außerordentliches Kündigungsrecht mit gesetzlicher Frist.

Der Vermieter kann auch dann kündigen, wenn er kein berechtigtes Interesse an der Beendigung des Mietverhältnisses hat. Das nach der bisherigen h.M. notwendige Erfordernis des berechtigten Interesses des Vermieters (OLG Karlsruhe [RE], WuM 1990, 60) ist – wie sich aus § 573d Abs. 1, § 575a Abs. 1 ergibt – weggefallen.

Für die Ausübung des Kündigungsrechts steht sowohl dem Erben als auch dem Vermieter eine Überlegungsfrist von einem Monat zu.

2. Wirkung des Eintritts

Das Mietverhältnis wird mit dem **Erben rückwirkend mit dem Tode des Mieters** 3
fortgesetzt. Unabhängig von der Überlegungsfrist tritt der Erbe in alle Rechte und
Pflichten aus dem Mietverhältnis ein. Er ist also sowohl zur Mietzahlung verpflichtet als
auch zur Abgabe von Gestaltungserklärungen berechtigt. Auch sonstige Ansprüche aus
dem Mietverhältnis (Zahlung der vereinbarten Kaution, Nachforderungen aus Betriebskostenabrechnungen für denjenigen Abrechnungszeitraum, in den der Erbe als Mieter
eingetreten ist) können unabhängig von § 1922 gegen ihn geltend gemacht werden.
Sowohl dem **Erben** als auch dem **Vermieter** steht ein **Recht zur außerordentlichen** 4
befristeten Kündigung zu. Die Kündigung ist wiederum spätestens am dritten Werktag
zum Ablauf des übernächsten Monats zu erklären, nachdem der Eintritt des Erben in das
Mietverhältnis feststeht. Das Kündigungsrecht steht dem Erben auch zu, wenn er zuvor
als Ehegatte oder Familienangehöriger in das Mietverhältnis eingetreten war, dann die
Fortsetzung des Mietverhältnisses aber fristgerecht abgelehnt hat.
Die Sozialklausel (§ 574) dürfte auch auf die Kündigung gegenüber dem Erben anwend- 5
bar sein.

3. Abdingbarkeit

Die Fortsetzung des Mietverhältnisses mit dem Erben sowie dessen Kündigungsrecht und 6
das Recht des Vermieters zur außerordentlichen befristeten Kündigung können abbedungen werden. Ferner kann sowohl zugunsten des eintretenden Erben als auch zugunsten
des Vermieters eine längere Kündigungsfrist als von drei Monaten (abzüglich drei Tagen) vereinbart werden.

§ 565   Gewerbliche Weitervermietung

(1) [1]Soll der Mieter nach dem Mietvertrag den gemieteten Wohnraum gewerblich
einem Dritten zu Wohnzwecken weitervermieten, so tritt der Vermieter bei Beendi-
gung des Mietverhältnisses in die Rechte und Pflichten aus dem Mietverhältnis
zwischen dem Mieter und dem Dritten ein. [2]Schließt der Vermieter erneut einen
Mietvertrag zur gewerblichen Weitervermietung ab, so tritt der Mieter anstelle der
bisherigen Vertragspartei in die Rechte und Pflichten aus dem Mietverhältnis mit
dem Dritten ein.
(2) Die §§ 566a bis 566e gelten entsprechend.
(3) Eine zum Nachteil des Dritten abweichende Vereinbarung ist unwirksam.

1.   Regelungsgehalt

1   In § 565 ist der bisherige § 549a a.F. mit dem Bestandschutz des Untermieterverhältnisses bei gewerblicher Weitervermietung mit bloßen sprachlichen und redaktionellen Änderungen übernommen worden. Der bisherige § 549a a.F. war durch Art. 4 Nr. 2 des 4. MietRÄndG vom 21.7.1993 (BGBl. I S.1257) eingefügt worden, trat jedoch rückwirkend bereits zum 1.9.1993 in Kraft. Durch § 549a a.F. war die Rechtsprechung kodifiziert worden, nach der die Geltendmachung des Räumungsanspruchs gegen den Untermieter aus § 556 Abs. 3 a.F. rechtsmissbräuchlich war, wenn der Vermieter ein an sich dem Kündigungsschutz unterliegendes Objekt einem gewerblichen Zwischenvermieter zu dem Zweck überlassen hatte, es zu Wohnzwecken zu vermieten (BVerfG, NJW 1991, 272 = WuM 1991, 422 = GE 1991, 711; BGH [RE], GE 1991, 511 f. = NJW 1991, 2272). Nach der bis dahin geltenden Rechtsprechung des BGH (NJW 1989, 2053) war § 571 a.F. auf den Wechsel des Hauptmieters nicht entsprechend anwendbar, so dass der Vermieter seinen Herausgabeanspruch aus § 985 BGB auch gegen den Untermieter geltend machen konnte.

Durch die Einfügung „zu Wohnzwecken" in § 565 Abs. 1 Satz 1 kommt deutlicher als bisher zum Ausdruck, dass nur die Tätigkeit der Weitervermietung gewerblich ist, es sich aber in der Sache um Wohnraummiete mit Bestandsschutz des Untermieterverhältnisses auch bei Wechsel des gewerblichen Weitervermieters handelt.

In § 565 Abs. 2 ist die Verweisung entsprechend der geänderten Paragraphenfolge angepasst worden.

§ 565 Abs. 3 übernimmt unverändert die Regelung über die Unabdingbarkeit aus § 549a Abs. 3 a.F.

2.   Anwendungsbereich

2   Die Vorschrift ist nur anwendbar in den Fällen, in denen **Wohnraum gewerblich weitervermietet wird, um ihn zu Wohnzwecken unterzuvermieten** (BGH, GE 1996, 1047 = ZMR 1996, 537 = WuM 1996, 537 f. = NJW 1996, 2862 f. = WM 1996, 2029 ff. = MDR 1996, 1108 ff. = BGHZ 133, 142 ff.; Sternel, Mietrecht aktuell, Rn. A 8 m.w.N.). Das ist insbesondere durch die Einfügung „zu Wohnzwecken" in Abs. 1 Satz 1 klargestellt worden. Die Weitervermietung muss ferner gewerblich erfolgen. Stehen andere Zwecke im Vordergrund, so ist § 565 nicht anwendbar. Der Vermieter tritt daher dann nicht in das Mietverhältnis zwischen dem Zwischenvermieter und dem Untermieter ein, wenn die Weitervermietung an eigene Arbeitnehmer (a.A. AG Augsburg, ZMR 1999, 176) oder aus karitativen Gründen zum Zweck der Aufnahme hilfsbedürftiger Menschen erfolgte (BayObLG [RE], ZMR 1995, 526 = GE 1995, 1483 = WuM 1995, 638 = MDR 1996, 40 f. = NJW-RR 1996, 71 f.; BayObLG [RE], ZMR 1995, 582 = GE 1995, 1479 = WuM 1995, 645). Dasselbe gilt bei der Vermietung an einen nicht erwerbswirtschaftlich tätigen Verein, der seinerseits die Wohnung untervermietet (BVerfG, GE 1994, 272 = NJW 1994, 848 = ZMR 1994, 147 = WuM 1994, 182 f.; OLG Hamburg, GE 1993, 537 = NJW 1993, 2322 f.), oder sonst bei der Weitervermietung durch einen eingetragenen Verein an dessen Mitglieder (BGH, a.a.O.; LG Berlin, GE 1992, 981; GE 1992, 1155; GE 1994, 705).

Auch bei nur geringer Einflussnahme des Hauptvermieters, der Wohnraum an einen 3
Dritten zur Weitervermietung vermietet hat, auf die Ausgestaltung des Untermietvertrags
kann sich jedoch der Untermieter nach Beendigung des Zwischenmietverhältnisses auf
den Bestandsschutz des Untermietverhältnisses berufen. Dazu reicht allerdings allein das
Interesse des Vermieters an der Untervermietung des Wohnraums in dem vermieteten
Haus nicht aus (a.A. AG Frankfurt/Main, WuM 1994, 276; AG Frankfurt/Main, WuM
1995, 437). Hat jedoch der Garantiegeber in einem Mietvertrag die Verpflichtung übernommen, die Wohnungen an Endmieter zu vermieten und die Rechte aus den Endmiet-
verträgen wahrzunehmen, entspricht die rechtliche Position des Garantiegebers der eines
gewerblichen Zwischenvermieters (LG Köln, NJW-RR 1999, 1171 = NZM 1999, 960
[LS]). Der Eigentümer der von ihm im Bauherrenmodell errichteten und weitervermie-
teten Wohnung, der nach Beendigung des gewerblichen Zwischenmietverhältnisses
Eigenbedarf geltend macht, kann sich darauf dann nicht berufen, wenn der Untermieter
auf den vorhersehbaren Eigenbedarf nicht hingewiesen worden ist (AG Hamburg-
Blankenese, WuM 1997, 219 f.).

Da der Untermieter allerdings auch nicht besser gestellt werden soll, als er ohne Ein- 4
schaltung des Zwischenvermieters stünde, genießt das Untermietverhältnis dann keinen
Bestandsschutz, wenn der Hauptvermieter seinerseits wegen berechtigten Eigenbedarfs
das Mietverhältnis mit dem Zwischenvermieter beendet hat und dieser seinerseits Eigenbedarf gegen den Untermieter geltend machen könnte (OLG Stuttgart, GE 1993,745).

Entscheidend ist immer die rechtliche Beziehung des Hauptvermieters zum gewerblichen 5
Zwischenvermieter im Zeitpunkt des Abschlusses des Untermietvertrags, nicht der Zeitpunkt der Wohnraumüberlassung an den Untermieter (Sternel, Mietrecht aktuell, Rn. A
9; Blank, WuM 1993, 574).

3.   Eintritt des Hauptvermieters

Bei Beendigung des gewerblichen Zwischenmietverhältnisses tritt der Hauptvermieter in 6
die Rechte und Pflichten aus dem Mietverhältnis zwischen dem Zwischenvermieter und
dem Untermieter (= Dritten) ein. Hierfür kommt jeder Beendigungsgrund in Betracht,
also sowohl die Kündigung des gewerblichen Zwischenmietverhältnisses als auch eine
Aufhebung durch Vertrag (Blank, WuM 1993, 575).

Voraussetzung ist jedoch, dass sowohl der Mietvertrag zwischen dem Hauptvermieter
und dem gewerblichen Zwischenvermieter als auch dessen Mietvertrag mit dem Untermieter wirksam ist.

Der Eintritt des Hauptvermieters erfolgt im Wege des **gesetzlichen Vertragsübergangs** 7
wie beim Vermieterwechsel im Falle der Veräußerung nach § 566 (Bub, NJW 1993,
2901; Blank, WuM 1993, 574; Fischer-Dieskau/Franke, § 549a Anm. 3.4; Schu-
bart/Kohlenbach, § 549a Anm. 4), und zwar ab Beendigung des gewerblichen Zwischenmietverhältnisses (a.A. Sternel, Mietrecht aktuell, Rn. A 11). Der Hauptvermieter
tritt also automatisch in das Mietverhältnis zwischen Zwischenvermieter und Untermieter
ein, unabhängig von deren Zustimmung oder Kenntnis.

4.   Eintritt des Zwischenvermieters

Schließt der Hauptvermieter mit dem (neuen oder alten) Zwischenvermieter erneut einen 8
Mietvertrag zur gewerblichen Weitervermietung ab, so tritt wiederum der Zwischenver-

mieter anstelle des Hauptvermieters in die Rechte und Pflichten aus dem Mietverhältnis zum Untermieter (= Dritten) ein. Auch dieser Eintritt geschieht im Wege des gesetzlichen Vertragsübergangs ohne Rücksicht auf Zustimmung oder Kenntnis der bisherigen Vertragsparteien (Sternel, Mietrecht aktuell, Rn. A 14), und zwar wiederum ab Abschluss des neuen gewerblichen Zwischenmietverhältnisses.

5. Wirkungen des Vertragseintritts

9 Der Hauptvermieter oder neue Zwischenvermieter tritt in die Rechte und Pflichten aus dem Untermietverhältnis mit dem Untermieter (= Dritten) ein.

10 Hat der Untermieter die **Kaution** noch nicht an den Zwischenvermieter geleistet, kann der in den Mietvertrag eintretende Hauptvermieter oder der neue Zwischenvermieter Zahlung der Kaution verlangen (analog § 401). Hat der Untermieter die Kaution bereits geleistet, so tritt der neue Vertragspartner ebenfalls in die sich daraus ergebenden Rechte und Pflichten ein. Der neue Vertragspartner haftet dem Untermieter auf Rückzahlung der bereits geleisteten Kaution, ohne dass der neue Vertragspartner einwenden kann, dass ihm die bereits gezahlte Kaution noch nicht (vom früheren Zwischenvermieter oder danach vom Hauptvermieter) ausgehändigt worden ist. Der Anspruch auf Rückzahlung der Kaution kann auch dann gegen den neuen Vertragspartner geltend gemacht werden, wenn sich dieser nicht zur Rückgewähr der Kaution verpflichtet hatte (LG München, NZM 1998, 329; Sternel, Mietrecht aktuell, Rn. A 16 m.w.N.). Denn gem. § 565 Abs. 2 gilt § 566a entsprechend mit der Folge, dass der Untermieter von dem neuen Vertragspartner Rückzahlung der Kaution unabhängig davon verlangen kann, ob der frühere Vertragspartner die Kaution an diesen ausgehändigt hatte. Zudem ist der frühere Vertragspartner dann zur Rückzahlung der Kaution verpflichtet, wenn die Kaution von dem neuen Vertragspartner nicht zu erlangen ist, weil dieser z.B. insolvent geworden ist.

11 Da der neue Vertragspartner insgesamt in das bisher mit dem Zwischenvermieter bestehende Mietverhältnis eintritt, kann dieses nur nach den §§ 573 ff. ordentlich gekündigt werden. Für die Dauer der Kündigungsfrist gem. § 573c Abs. 1 ist der Zeitraum der Überlassung der Wohnung insgesamt – unter Einrechnung der bereits verstrichenen Überlassungszeit – maßgebend, soweit nicht zwischen den (früheren) Vertragsparteien eine längere oder eine kürzere Kündigungsfrist (vgl. dazu u.a. KG, GE 1998, 177 = ZMR 198, 221) vereinbart worden ist. Die in den bis zum 1.9.2001 abgeschlossenen Mietverträgen vereinbarten längeren Kündigungsfristen haben Bestand (Artikel 229 § 3 Abs. 10 EGBGB). Bei einem befristeten Untermietverhältnis mit dem Dritten besteht auch für den neuen Vertragspartner keine Möglichkeit der ordentlichen fristgemäßen Kündigung vor Ablauf der Befristung. Die Zustimmung zu einer Mieterhöhung gem. § 558 kann der neue Vertragspartner nur unter Berücksichtigung der neuen Kappungsgrenze von 20% (§ 558 Abs. 3), ausgehend von der vor drei Jahren in dem bisherigen Mietverhältnis geschuldeten Miete fordern. Insoweit wäre auch die Wartefrist von einem Jahr (§ 558 Abs. 1 Satz 2) nach der letzten Mieterhöhung in dem bisherigen Mietverhältnis einzuhalten. Die bisher vereinbarte Mietstruktur bleibt erhalten. Ist die vereinbarte Bruttokaltmiete erhöht worden, so sind damit auch die bis dahin eingetretenen Betriebskostensteigerungen erfasst, so dass die Bruttokaltmiete nur wegen der nach der Wirksamkeit der früheren Mieterhöhung eingetretenen Betriebskostensteigerungen erhöht werden kann.

Ist das bisherige Untermietverhältnis ein qualifiziertes Zeitmietverhältnis gem. § 564c   12
Abs. 2 a.F. gewesen, so kann sich der neue Vertragspartner auf die Beendigung des
Mietverhältnisses durch Zeitablauf genauso berufen wie der frühere Zwischenvermieter
das hätte tun können. Hat es sich nur um einen (unechten) Zeitmietvertrag gehandelt, so
muss der Untermieter spätestens zwei Monate vor Beendigung des Mietverhältnisses von
dem neuen Vertragspartner die Fortsetzung des Mietverhältnisses auf unbestimmte Zeit
verlangen, damit das Mietverhältnis nicht automatisch endet. Die neue Regelung des
§ 575 über den echten Zeitmietvertrag ist nur auf ab dem 1.9.2001 abgeschlossene Verträge anzuwenden. Nur bei diesen echten Zeitmietverträgen ist eine Verlängerung ausgeschlossen; der Mieter kann sich in diesem Fall auch nicht gegenüber dem neuen Vertragspartner auf Härtegründe berufen.

6.   Schutzvorschriften bei Eintritt des neuen Vertragspartners
Ferner gelten die §§ 566a bis 566e entsprechend. Daher sind **Vorausverfügungen** des   13
bisherigen Vertragspartners über die Miete unter bestimmten Voraussetzungen unwirksam (vgl. dazu § 566a Rn. 2 ff.)
Vereinbarungen zwischen dem früheren Vertragspartner und dem Untermieter – insbesondere über die Entrichtung der Miete – bleiben nur in gewissen Umfang wirksam (vgl.,
dazu § 566c), es sei denn der Untermieter hat bei der Vornahme des Rechtsgeschäfts
Kenntnis vom Eintritt des neuen Vertragspartners gehabt.
Der Untermieter kann auch gegenüber Mietforderungen des neuen Vertragspartners
aufrechnen, soweit die Entrichtung der Miete an den Zwischenvermieter nach dem entsprechend geltenden § 566c wirksam war, es sei denn, der Untermieter hat die zur Aufrechnung gestellte Gegenforderung erst nach Kenntnis vom Vertragseintritt erlangt, oder
die Gegenforderung ist erst nach Erlangung der Kenntnis und später als die Miete fällig
geworden (§ 565 Abs. 2 i.V.m. § 566d).
Teilt der frühere Hauptvermieter dem Untermieter mit, dass er einen neuen Zwischen-   14
mietvertrag abgeschlossen hat, so muss er das in Ansehung der Mietforderung auch dann
gegen sich gelten lassen, wenn der neue Zwischenmietvertrag unwirksam ist. Hat also
der Untermieter an den neuen Zwischenvermieter gezahlt, kann der Hauptvermieter sich
später nicht mehr darauf berufen, dass durch die Zahlung die Mietforderung nicht erfüllt
ist, weil der neue Zwischenmietvertrag unwirksam war. Dasselbe gilt, wenn der Hauptvermieter dem Untermieter mitgeteilt hat, dass der Zwischenmietvertrag beendet ist und
der Untermieter deswegen die Miete nicht mehr an den bisherigen Zwischenvermieter,
sondern an den Hauptvermieter gezahlt hat. Auch dann kann der bisherige Zwischenvermieter sich nicht nachträglich auf die Unwirksamkeit der Beendigung des Zwischenmietverhältnisses berufen. Er kann also nicht die bereits durch Zahlung an den Hauptvermieter getilgten Mietforderungen erneut geltend machen.

7.   Abweichende Vereinbarungen
Jede zum Nachteil des Untermieters (= Dritten) abweichende Vereinbarung ist unwirk-   15
sam (§ 565 Abs. 3). Weder kann der Hauptvermieter mit dem Zwischenvermieter noch
kann dieser mit dem Untermieter vereinbaren, dass im Fall der Beendigung des Zwischenmietverhältnisses der Hauptvermieter nicht in die Rechte und Pflichten aus dem
Untermietverhältnis eintritt, noch dass bei Abschluss eines neuen Zwischenmietvertrags

der neue Zwischenvermieter nicht in die Rechte und Pflichten aus dem Untermietverhältnis eintritt. Auch von den Schutzvorschriften abweichende Vereinbarungen sind unzulässig. Daher kann weder ausgeschlossen noch eingeschränkt werden, dass der neu in das Mietverhältnis eintretende Vertragspartner die Kaution zurückzahlen muss, noch dass der frühere Vertragspartner dann die Kaution zurückzahlen muss, wenn sie von dem neu eingetretenen Zwischenvermieter nicht erlangt werden kann. Weder kann die Wirksamkeit der Vorausverfügung des über die Miete verfügenden Zwischenvermieters – soweit sie im Rahmen des § 566b wirksam ist – abbedungen werden noch die Möglichkeit der Aufrechnung gegen die Mietforderungen des in den Vertrag neu eingetretenen Vertragspartners, soweit sie nach § 566d möglich ist. Auch die Wirksamkeit früherer Mietzahlungen im Rahmen des § 566e kann nicht zum Nachteil des Untermieters abbedungen werden.

16 Wirksam sind dagegen Vereinbarungen zugunsten des Mieters. Daher kann vereinbart werden, dass bei Beendigung des Zwischenmietverhältnisses das Mietverhältnis des Untermieters direkt mit dem Hauptvermieter fortgesetzt wird. Schließt dann der Hauptvermieter mit einem neuen gewerblichen Zwischenvermieter einen Mietvertrag, bleibt das kraft vertraglicher Vereinbarung auf den Hauptvermieter übergegangene Mietverhältnis mit dem Untermieter davon unberührt.

§ 566 Kauf bricht nicht Miete

(1) Wird der vermietete Wohnraum nach der Überlassung an den Mieter von dem Vermieter an einen Dritten veräußert, so tritt der Erwerber anstelle des Vermieters in die sich während der Dauer seines Eigentums aus dem Mietverhältnis ergebenden Rechte und Pflichten ein.

(2) [1]Erfüllt der Erwerber die Pflichten nicht, so haftet der Vermieter für den von dem Erwerber zu ersetzenden Schaden wie ein Bürge, der auf die Einrede der Vorausklage verzichtet hat. [2]Erlangt der Mieter von dem Übergang des Eigentums durch Mitteilung des Vermieters Kenntnis, so wird der Vermieter von der Haftung befreit, wenn nicht der Mieter das Mietverhältnis zum ersten Termin kündigt, zu dem die Kündigung zulässig ist.

1.   Allgemeines

1 § 566 übernimmt unter der allgemein gebräuchlichen Bezeichnung „Kauf bricht nicht Miete" mit geringfügigen sprachlichen Änderungen § 571 a.F. Aufgrund der Stellung im zweiten Abschnitt (Mietverhältnisse über Wohnraum) bezieht sich die Vorschrift dem-

gemäß nur auf Wohnraum. Die Anwendung auf Mietverhältnisse über andere Räume als Wohnräume und Grundstücke ergibt sich durch die Verweisung in § 578. Die Vorschrift bringt die Besonderheit, dass ein Dritter über einen dinglichen Rechtsakt in die schuldrechtliche Stellung des Vermieters eintritt, ohne dass der Mieter dazu Willenserklärungen abgeben kann bzw. muss. Es wird ein neuer Mietvertrag abgeschlossen, allerdings zu den bisherigen Bedingungen (vgl. z.B. Lammel, Wohnraummietrecht, § 571 Rn. 52; Schmidt-Futterer/Gather, § 571 Rn. 3). Da nur der Eigentümer veräußern kann, erfasst die Vorschrift nur den Fall, dass der Vermieter auch Eigentümer ist. Das kann dann zu Problemen führen, wenn nur einer von mehreren Miteigentümern das Grundstück vermietet hatte und dann das Grundstück von allen Miteigentümern veräußert wird. § 566 ist dann nur anwendbar, wenn die übrigen Miteigentümer dem Mietvertrag zugestimmt hatten (vgl. zu dem Problem die Kommentierung zu § 535 Rn. 10 ff.; LG Berlin, NJW-RR 1994, 781).

2.   Veräußerung

Veräußerung i.S.d. § 566 setzt den dinglichen Vorgang des Eigentumsübergangs voraus. **2** Nach § 873 ist zur Übertragung des Eigentums an einem Grundstück die **Einigung** zwischen Veräußerer und Erwerber über den Eintritt der Rechtsänderung **und die Eintragung** der Rechtsänderung in das Grundbuch erforderlich. Die Einigung i.S.d. § 873 ist nicht die Einigung innerhalb des Verpflichtungsgeschäfts, z.B. Kauf, sondern die **Einigung über die dingliche Rechtsänderung**. Wichtig ist daher festzuhalten, dass die **Rechte aus dem Mietvertrag** nicht mit Wirksamkeit des Kaufvertrags **übergehen**, sondern **erst nach Vollendung des dinglichen Rechtsakts**, der **Eintragung** des neuen Eigentümers **im Grundbuch**. Da sich das Grundbuchverfahren oftmals aus vielerlei Gründen verzögert, kann etliche Zeit zwischen Abschluss des Kaufvertrags und der Vollendung des Veräußerungsakts vergehen. Das hat für die Rechte und Pflichten des bisherigen Vermieters und des Erwerbers als neuen Vermieter weitreichende Folgen. Ein **vereinbarter Lasten- und Nutzenwechsel im Kaufvertrag ersetzt den Veräußerungsakt nicht** und lässt nicht die Wirkungen des § 566 eintreten. Allerdings können schuldrechtliche Ansprüche abgetreten werden, so z.B. der Anspruch auf die Miete. Das setzt jedoch einen entsprechenden Abtretungsvertrag zwischen Alt- und Neugläubiger voraus (§ 398), der nicht ohne weiteres in der Vereinbarung eines Lasten- und Nutzenwechsels gesehen werden kann. Im Interesse der Klarheit auch für den Mieter, der wissen muss, an wen er zu zahlen hat, muss daher zwischen Verkäufer und Käufer genau geregelt werden, welche Ansprüche abgetreten werden. Wegen der Anzeige an den Mieter als Schuldner wird auf die Vorschriften der §§ 398 ff. Bezug genommen.

Das **Kündigungsrecht**, das mit dem Eigentumswechsel in Anwendung des § 566 auf den **3** Erwerber als neuen Vermieter übergeht, ist nach überwiegender Ansicht **nicht abtretbar**, da es sich um ein so genanntes unselbständiges Gestaltungsrecht handelt, das eine „höchst persönliche Natur" hat (vgl. die Kommentierung zu § 542 Rn. 3). In diesem Zusammenhang ist allerdings festzuhalten, dass aufgrund rechtsgeschäftlicher Vereinbarung zwar eine Abtretung, nicht jedoch die **Erteilung einer Vollmacht möglich ist**, die den Käufer bis zur Eigentumsumschreibung in die Lage versetzt, in Vertretung des (Noch-)Eigentümers auch Kündigungen auszusprechen. Allerdings ist nach neuerer Rechtsprechung des BGH die Umdeutung einer Abtretung in eine Ermächtigung zur

Kündigung durch den Erwerber möglich (BGH, ZMR 1998, 214 = GE 1998, 176; vgl. § 542 Rn. 4).

Beim Rechtsübergang nach Zwangsversteigerung wird § 566 über § 57 ZVG für entsprechend anwendbar erklärt. Für die Zwangsverwaltung gilt § 152 Abs. 2 ZVG (vgl. §§ 111, 112, 165 InsO).

Abweichende Vereinbarungen zum schuldrechtlichen Verhältnis Vermieter – Mieter sind (nur) möglich, wenn der Mieter zustimmt und demgemäß das Mietverhältnis aufgrund vertraglicher Vereinbarung auf den Erwerber übergeht. Das stellt jedoch kein Problem im Rahmen des § 566 dar, sondern beruht auf der Vertragsfreiheit nach § 305 (ab 1.1.2002: § 331 Abs. 1 i.d.F. des SchuldRModG).

3. Überlassung des Grundstücks (oder der Räume)

4 § 566 greift erst dann, wenn dem Mieter in Erfüllung der Pflichten des § 535 das Grundstück/die Räume nach der Veräußerung überlassen worden ist/sind. Hat vor der Überlassung der Mietsache die Veräußerung stattgefunden, gilt § 567a mit der Folge, dass es zu keiner schuldrechtlichen/mietrechtlichen Rechtsbeziehung zwischen Erwerber und Mieter kommt, es sei denn, eine Erfüllungsübernahme wird vereinbart.

Zum Zeitpunkt der Überlassung muss der Mietvertrag Bestand haben.

4. Rechtsstellung des Erwerbers

5 Mit Abschluss des Veräußerungsakts (Eintragung in das Grundbuch) tritt der Erwerber an die Stelle des bisherigen Vermieters, unabhängig von der Kenntnis des Mieters und des neuen Vermieters. Er tritt auch in das Abwicklungsverhältnis nach Kündigung bis zur Rückgabe nach § 546 ein (OLG Hamm, NJW-RR 1992, 1164).

Der Rechtsübergang bildet die Zäsur für die Ansprüche aus dem Mietverhältnis (es sei denn, schon vorher sind berechtigt Rechte abgetreten worden). Werden Ansprüche erst dann fällig, stehen sie dem Erwerber zu (insbesondere ein etwaiger Rückgewähranspruch nach § 546 Abs. 1 – OLG Hamm, NJW-RR 1992, 1164). Mietansprüche stehen ihm erst mit dem Eigentumsübergang zu, was sich auf die Errechnung eines etwaigen zur Kündigung berechtigenden Rückstands auswirkt, § 543.

Mit dem **Eigentumsübergang** sind Ansprüche des Mieters an den Erwerber zu richten, weil **auch die Pflichten** entsprechend **übergehen.**

Der neue Vermieter ist nunmehr für Gewährleistungsansprüche passiv legitimiert. Das gilt für den Anspruch aus § 536a, wenn der Vor-Vermieter bei Veräußerung des Grundstücks bereits im Verzug war, in den der Erwerber über § 566 quasi „eintritt" (LG Berlin, NJW-RR 1990, 23).

Verwendungsersatzansprüche kann der Mieter nur gegenüber demjenigen Vermieter geltend machen, der im Zeitpunkt der Verwendungen auch tatsächlich Vermieter war (LG Berlin, GE 1994, 403; Emmerich/Sonnenschein, § 571 Rn. 21; BGH, NJW 1988, 705).

5. Rechtsstellung des bisherigen Vermieters

6 Mit dem Eigentumsübergang scheidet der bisherige Vermieter zwar aus der bisherigen schuldrechtlichen Stellung mit Rechten und Pflichten aus. Ihm verbleiben jedoch die bis dahin entstandenen Rechte (fällige Mietansprüche, fällige Schadensersatzansprüche). Nach BGH (NJW 1989, 451 f.) stehen bei Veräußerung eines vermieteten Hauses Scha-

densersatzansprüche gegen den nach Beendigung des Mietverhältnisses ausgezogenen Mieter wegen unterbliebener Endrenovierung und Wiederherstellung des früheren Zustands der Mieträume dem bisherigen Vermieter und nicht nach § 571 a.F. (jetzt § 566 n.F.) dem Erwerber zu, wenn sie bereits vor dem Eigentumswechsel entstanden und fällig geworden sind (vgl. auch BGH, GE 2000, 1471). Nicht so klar ist die Rechtslage dann, wenn zwar noch der ursprüngliche Vermieter nach Ende des Mietverhältnisses und Auszug des Mieters das Verfahren des § 326 (ab 1.1.2002: § 281 i.d.F. des SchuldR-ModG) mit den entsprechenden Aufforderungen zur Leistung einleitet, die Frist jedoch erst nach Eigentumsumschreibung ausläuft und sich damit der Erfüllungsanspruch erst nach Eigentumsübergang in den Schadensersatzanspruch umwandelt. In einem derartigen Fall wird allerdings der nunmehr entstandene Schadensersatzanspruch dennoch nicht dem Grundstückserwerber zustehen, weil er seine Grundlage in dem Erfüllungsanspruch (z.B. Durchführung von Schönheitsreparaturen) hat, der noch zu einem Zeitpunkt entstanden war, als noch keine Grundstücksumschreibung erfolgt war. Denn dem Grundstückserwerber stehen nur solche mietvertraglichen Ansprüche zu, die sich „während der Dauer seines Eigentums ... ergeben". Er **haftet** für Ansprüche des Mieters, die vor der Veräußerung fällig geworden sind (und in die der Erwerber nicht eintreten konnte). Im Übrigen haftet der bisherige Vermieter im Rahmen des § 566 Abs. 2 dann, wenn der neue Vermieter/Erwerber seinen Verpflichtungen nicht nachkommt. Das bezieht sich jedoch nur auf vertragliche Verpflichtungen, nicht auf unerlaubte Handlungen des Erwerbers. Die Haftung geht auf Schadensersatz, wobei er wie ein selbstschuldnerischer Bürge haftet (§ 773), also direkt in Anspruch genommen werden kann. Eine Einschränkung gilt allerdings insofern, als **Haftungsbefreiung** eintritt, wenn der Mieter vom Eigentumsübergang durch Mitteilung des (bisherigen) Vermieters Kenntnis erlangt und der Mieter das Mietverhältnis nicht für den ersten Termin kündigt, für den die Kündigung zulässig ist. Notwendig ist eine Mitteilung des Vermieters (näher dazu BGHZ 45, 11), weil der Mieter durch seinen bisherigen Vertragspartner/Schuldner Klarheit über die Rechtsentwicklung erhalten muss, um sein Verhalten danach auszurichten.

6. Veräußerung von Wohnungseigentum

Der Gesetzgeber hat eine besondere Regelung für den Fall der Veräußerung von vermietetem Wohnungseigentum nicht getroffen, sondern geht unter Bezugnahme auf die Rechtsprechung des BGH (NJW 1999, 2177 ff. = GE 1999, 770) davon aus, dass nur der Erwerber des Sondereigentums an den Wohnräumen alleiniger Vermieter ist. Die Veräußerung von vermieteten Wohnungen, die in Eigentumswohnungen umgewandelt worden sind, führen nicht zu einer Vervielfältigung der Vermieterstellung, wenn zusammen mit der Wohnung Nebenräume mitvermietet werden, die im Gemeinschaftseigentum aller Wohnungseigentümer stehen. Die Entscheidung des BGH ist ausgesprochen pragmatisch, dogmatisch jedoch kaum nachzuvollziehen. Sie rechtfertigt sich jedoch aufgrund der Besonderheiten des WEG. Ausgehend vom Schutzgedanken des § 566 (§ 571 a.F.) zugunsten des Mieters meint der BGH, dass zwar generell die Übertragung von Miteigentum durch die Vorschrift erfasst werde. Aus dem Schutzgedanken folge jedoch, dass bei der Veräußerung von Wohn- oder Teileigentum sich die Wirkung des § 566 auf die Übertragung des Miteigentumsanteils beschränke, die Bestimmung keine Anwendung auf die (notwendige) Mitveräußerung der mit dem Sondereigentum verbundenen Anteile

7

am Gemeinschaftseigentum finde. Mithin erstrecke sich die Vorschrift nicht auf den im Gemeinschaftseigentum stehenden Kellerraum. Für diesen sei der Sondereigentümer/Wohnungseigentümer auch Vermieter. Daraus folge, dass der Wohnungseigentümer/Sondereigentümer das gesamte Mietverhältnis einschließlich Keller kündigen dürfe, der Mieter seine Rechte aus dem Mietvertrag ihm gegenüber geltend machen könne. Ausdrücklich hat der BGH die Gewährleistungsregeln des Mietrechts (jetzt § 536 ff.) erwähnt, die der Mieter dem Wohnungseigentümer und alleinigem Vermieter gegenüber geltend machen könne. Dieser BGH-Entscheidung ist im Ergebnis aus Sicht der Praxis zuzustimmen. Es wäre aus Gründen der Rechtssicherheit allerdings besser gewesen, hätte der Gesetzgeber diese Entscheidung aufgegriffen und eine entsprechende gesetzliche Regelung geschaffen.

§ 566a Mietsicherheit

[1]Hat der Mieter des veräußerten Wohnraums dem Vermieter für die Erfüllung seiner Pflichten Sicherheit geleistet, so tritt der Erwerber in die dadurch begründeten Rechte und Pflichten ein. [2]Kann bei Beendigung des Mietverhältnisses der Mieter die Sicherheit von dem Erwerber nicht erlangen, so ist der Vermieter weiterhin zur Rückgewähr verpflichtet.

1.   Allgemeines

1   Die Vorschrift regelt einen Teilaspekt des Vertragsübergangs und bezieht sich insbesondere auf eine **Mietkaution** (§ 551), die heute allgemein üblich ist.

Beim Eigentumswechsel hat der bisherige Vermieter die Pflicht, eine geleistete Mietsicherheit an den Erwerber auszuhändigen. Der Mieter hat darauf gegen den (bisherigen) Vermieter einen Anspruch (OLG Karlsruhe, RE vom 30.11.1988, NJW-RR 1989, 267 = ZMR 1989, 89), was aber nur dann gilt, wenn der (bisherige) Vermieter gegen den Mieter keine Ansprüche mehr hat, die zu sichern sind. Auf der anderen Seite kann der Erwerber vom Mieter keine neue Sicherheit verlangen, da die Sicherheit ihm von seinem Vertragspartner/Veräußerer auszuhändigen ist.

Die **eigentlichen Probleme** treten nach **Beendigung des Mietverhältnisses** auf, wenn der Mieter die von ihm geleistete Sicherheit zurückfordert.

2.   Stellung des bisherigen Vermieters und des Erwerbers

2   Der Gesetzgeber wollte die bisherige Regelung des § 572 im Wesentlichen übernehmen, allerdings beschränkt auf Wohnraummietverhältnisse. Dadurch wären die bisherigen Probleme der Vorschrift (vgl. dazu die Kommentierung in der Vorauflage) bestehen geblieben. Auf Einwendung des Bundesrates und des Rechtsausschusses ist die Vorschrift verändert worden mit der Folge, dass der Mieter in jedem Fall entweder vom Vorvermieter oder vom Erwerber die Sicherheit zurückverlangen kann. Die Vorschrift ist auf Mietverhältnisse über andere Räume als Wohnräume und Grundstücke über die Verweisung in § 578 anwendbar.

Der Gesetzgeber hält es für sinnvoll, dass der Mieter bei Mietende die geleistete Sicherheit in jedem Fall vom Erwerber zurückverlangen kann, und zwar anders als nach der bisherigen Rechtslage unabhängig davon, ob der Erwerber die Sicherheit seinerzeit beim Eigentumswechsel tatsächlich erhalten bzw. eine Pflicht zur Rückgewähr übernommen hat. Es soll vermieden werden, dass der Mieter, gerade wenn der Eigentumswechsel bereits längere Zeit zurückliegt und der Mieter den aktuellen Aufenthaltsort des (früheren) Vermieters nicht mehr kennt, von diesem gegebenenfalls nur noch unter erheblichen praktischen Schwierigkeiten die Sicherheit zurückerhalten kann. Mit dem Erwerber stehe der Mieter dagegen noch in unmittelbarem Kontakt und wisse, wie er ihn erreichen könne. Den Erwerber belastet dies nicht unzumutbar, da er ohnehin ein eigenes Interesse daran habe, für einen Übergang der vom Mieter geleisteten Sicherheit zu sorgen.

Einer Empfehlung des Rechtsausschusses gemäß tritt jetzt der Erwerber in die durch die Leistung der Sicherheit begründeten Rechte **und Pflichten** ein, womit sichergestellt werden soll, dass der Erwerber bei Mietende nicht nur die Sicherheit selbst, sondern bei einer Barkaution auch die darauf entfallenden Zinsen zurückzahlen muss.

In erster Linie muss sich der Mieter bei Beendigung des Mietverhältnisses an den Erwerber i.S.d. § 566 wenden. Erst wenn er dort nichts erhält (z.B. weil die Sicherheit nicht weitergegeben worden ist), kann er sich an den Vorvermieter wenden. Dieser war schon nach bisheriger Rechtsprechung (vgl. BGHZ 141, 160 ff. = GE 1999, 708) zur Rückzahlung der Sicherheit neben dem Erwerber verpflichtet.

Das Gesetz schweigt allerdings zur Frage, **ab wann sich der Mieter an den Vorvermieter halten kann,** wann das Merkmal „kann ... nicht erlangen" erfüllt ist. Nach der Intention des Gesetzgebers in der Begründung zur ursprünglichen Fassung der Neuregelung des § 566a fällt die Zahlungsfähigkeit oder -unfähigkeit des Erwerbers in den Risikobereich des Vorvermieters, nicht in den des Mieters. Es liege am früheren Vermieter, durch entsprechende Vertragsgestaltung das Insolvenzrisiko auszuschalten (z.B. durch Vereinbarung einer Bankbürgschaft zu seinen Gunsten). Der Mieter müsse aber zunächst versuchen, den Erwerber auf Rückzahlung in Anspruch zu nehmen, solange dies nicht von vornherein aussichtslos erscheine. Daraus folgt, dass der Mieter zunächst gegen den Erwerber vorgehen und diesen gegebenenfalls auch verklagen muss (etwa wie die Notwendigkeit der Vorausklage bei der Bürgschaft nach § 771). Erst wenn sich in der Zwangsvollstreckung herausstellt, dass von dem Erwerber nichts zu erlangen ist, kann der Mieter gegen den Vorvermieter vorgehen. Ist allerdings der Erwerber insolvent im Sinne der entsprechenden gesetzlichen Vorschriften, ist von der Aussichtslosigkeit auszugehen, die Sicherheit von ihm zurückzuerlangen. **3**

Bisher wurde angenommen, der Vorvermieter sei nicht schutzlos und auch nicht „auf alle Ewigkeit" haftbar. Er könne sich nämlich dadurch enthaften, dass er mit dem Mieter eine entsprechende Abrede treffe, die auch darin gesehen werden könne, dass der Mieter die Aushändigung der Kaution an den Erwerber verlange und dieser die Kaution aushändige, wodurch der Vorvermieter frei werde. Die jetzige Regelung in § 566a ist zwingend, so dass sich der Vorvermieter nur durch entsprechende Vereinbarungen mit dem Erwerber (die schon genannte Bankbürgschaft zu seinen Gunsten) gegen die Forthaftung absichern kann.

Eine Übergangsregelung fehlt. Verfassungsrechtlich (Rückwirkungsverbot) kann argumentiert werden, dass bei einer Veräußerung vor dem 1.9.2001 das bisherige Recht gilt (§ 572 a.F.). **4**

§ 566b Vorausverfügung über die Miete

(1) [1]Hat der Vermieter vor dem Übergang des Eigentums über die Miete verfügt, die auf die Zeit der Berechtigung des Erwerbers entfällt, so ist die Verfügung wirksam, soweit sie sich auf die Miete für den zur Zeit des Eigentumsübergangs laufenden Kalendermonat bezieht. [2]Geht das Eigentum nach dem fünfzehnten Tag des Monats über, so ist die Verfügung auch wirksam, soweit sie sich auf die Miete für den folgenden Kalendermonat bezieht.

(2) Eine Verfügung über die Miete für eine spätere Zeit muss der Erwerber gegen sich gelten lassen, wenn er sie zur Zeit des Übergangs des Eigentums kennt.

Der bisherige § 573 wird als § 566b inhaltlich unverändert übernommen und zur besseren Lesbarkeit redaktionell und sprachlich geringfügig überarbeitet sowie durch Unterteilung in zwei Absätze der Meinung des Gesetzgebers nach übersichtlicher gegliedert.

In den §§ 566b bis 566d werden die Fälle geregelt, in denen trotz der Zäsur des Eigentumsübergangs mit den sich daraus ergebenden Rechten hinsichtlich der Miete es zu entgegenstehenden Verfügungen und „Fehlzahlungen" des Mieters kommt.

§ 566b betrifft vornehmlich den **Schutz des Erwerbers** in Bezug auf Verfügungen des Vermieters, die sich auf einen Zeitraum erstrecken, für den der Erwerber (schon) Mietansprüche hat. Unter Vorausverfügungen sind Abtretungen, Aufrechnungen, Änderungen des Mietanspruchs (OLG Düsseldorf, NJW-RR 1994, 1234) zu verstehen, die zum (völligen oder teilweisen) Erlöschen der Mietforderung führen. Allerdings muss es sich um einseitige Verfügungen des Vermieters handeln; Rechtsgeschäfte über die Miete zwischen Vermieter und Mieter fallen nicht unter § 566b. Der Schutz des Mieters vor der Pflicht zur Doppelzahlung ist in § 566c geregelt.

§ 566c Vereinbarung zwischen Mieter und Vermieter über die Miete

[1]Ein Rechtsgeschäft, das zwischen dem Mieter und dem Vermieter über die Mietforderung vorgenommen wird, insbesondere die Entrichtung der Miete, ist dem Erwerber gegenüber wirksam, soweit es sich nicht auf die Miete für eine spätere Zeit als den Kalendermonat bezieht, in welchem der Mieter von dem Übergang des Eigentums Kenntnis erlangt. [2]Erlangt der Mieter die Kenntnis nach dem fünfzehnten Tag des Monats, so ist das Rechtsgeschäft auch wirksam, soweit es sich auf die Miete für den folgenden Kalendermonat bezieht. [3]Ein Rechtsgeschäft, das nach dem Übergang des Eigentums vorgenommen wird, ist jedoch unwirksam, wenn der Mieter bei der Vornahme des Rechtsgeschäfts von dem Übergang des Eigentums Kenntnis hat.

§ 566c übernimmt inhaltlich unverändert den bisherigen § 574 und entspricht damit auch weiterhin dem § 407. Zum Rechtsgeschäft, welches in Ansehung der Mietforderung vorgenommen wird, zählt das Gesetz insbesondere die Entrichtung der Miete; bei Vorauszahlungen auf die Miete jedoch nur dann, wenn die Miete nach wiederkehrenden

Zeitabschnitten (etwa Monaten) bemessen war und die Vorauszahlung nicht in der Leistung eines Einmalbetrages bestand (BGH, WuM 1998, 104 = ZMR 1998, 141).
Der Mieter wird (nur) dann geschützt, wenn er bei der Vornahme des Rechtsgeschäfts (z.B. Zahlung) von dem Übergang des Eigentums keine Kenntnis hatte. Die **Kenntnis setzt** eine entsprechende **Mitteilung/Anzeige voraus** (vgl. Palandt/Heinrichs, § 407 Rn. 6), es sei denn, der Mieter erlangt auf andere Art und Weise positive Kenntnis. Für die Mitteilung/Anzeige reicht es nicht aus, dass der Erwerber den Eigentumswechsel anzeigt, es sei denn, es treten weitere Umstände, wie etwa die Übersendung von Schriftstücken, aus denen sich die geänderte Rechtsposition ergibt, hinzu (OLG Hamm, VersR 1985, 582). Zu solchen Schriftstücken gehört etwa ein Grundbuchauszug. Grundsätzlich muss jedoch der Mieter durch eine Mitteilung des bisherigen Vermieters vom Eigentumswechsel Kenntnis erlangen. Eine entsprechende Anzeige unterliegt zwar keinem Formerfordernis, denn es handelt sich nicht um eine Willenserklärung, sondern um eine Rechtshandlung, die aber wie eine empfangsbedürftige formlose Willenserklärung zu behandeln ist. Je verworrener sich die Situation für den Mieter darstellt, desto höher sind die Anforderungen an die Klarheit der Mitteilung (vgl. dazu auch LG Berlin, GE 1996, 1927). Die Beweislast für die Kenntnis des Mieters trifft denjenigen, der sich darauf beruft und eine Zahlung des Mieters an den „falschen" Vermieter nicht gelten lassen will (vgl. dazu Palandt/Weidenkaff, § 574 Rn. 6).

Muster
Eigentumswechsel →[✎ 566c-1]

...
(bisheriger Vermieter)   ... (Datum)
...
(neuer Vermieter/Eigentümer)

An
...
(Mieter)

Betreff: Mietverhältnis über Ihre Wohnung ... (genaue Lage der Wohnung)
hier: Eigentumswechsel

Sehr geehrte(r) Frau/Herr ...!
Hiermit teilen wir Ihnen mit, dass das Haus, in dem sich Ihre Mietwohnung befindet, verkauft worden ist. Der Eigentumswechsel ist am ... in das Grundbuch eingetragen worden. Rechtlich hat das zur Folge, dass mit dem Eigentumsübergang der oben angeführte Erwerber als neuer Eigentümer in das Mietverhältnis eingetreten und nunmehr an die Stelle Ihres bisherigen Vermieters getreten ist. Wir, der bisherige Eigentümer und Vermieter und der neue Eigentümer und nunmehrige Vermieter, teilen Ihnen mit, dass Sie Ihre Miete nach den bisherigen Bedingungen zu entrichten haben, ab sofort aber auf das Konto ... bei der ... Bank einzahlen müssen.

Wir bitten Sie, den Empfang dieser Mitteilung auf der beigefügten Durchschrift dieses Schreibens zu bestätigen und in den Briefkasten Ihres Hauswarts einzuwerfen.

Mit freundlichen Grüßen

...

(Unterschriften bisheriger und neuer Vermieter)

§ 566d Aufrechnung durch den Mieter

[1]**Soweit die Entrichtung der Miete an den Vermieter nach § 566c dem Erwerber gegenüber wirksam ist, kann der Mieter gegen die Mietforderung des Erwerbers eine ihm gegen den Vermieter zustehende Forderung aufrechnen.** [2]**Die Aufrechnung ist ausgeschlossen, wenn der Mieter die Gegenforderung erworben hat, nachdem er von dem Übergang des Eigentums Kenntnis erlangt hat, oder wenn die Gegenforderung erst nach der Erlangung der Kenntnis und später als die Miete fällig geworden ist.**

§ 566d entspricht dem bisherigen § 575. Die Vorschrift bezweckt den Schutz des Mieters, so wie es ähnlich § 406 vorsieht. Sie regelt den Fall des Rechtsgeschäfts bezüglich der Mietforderung in Form der Aufrechnung. Eine einmal entstandene Aufrechnungslage bleibt bestehen, wenn der Mieter vor Erklärung der Aufrechnung von dem Eigentumsübergang Kenntnis erlangt. Für den Fall des Erwerbs der Forderung nach Kenntniserlangung bzw. nach Kenntniserlangung und späterer Fälligkeit der Gegenforderung als der der Miete gilt § 566d Satz 2.

§ 566e Mitteilung des Eigentumsübergangs durch den Vermieter

(1) Teilt der Vermieter dem Mieter mit, dass er das Eigentum an dem vermieteten Wohnraum auf einen Dritten übertragen hat, so muss er in Ansehung der Mietforderung dem Mieter gegenüber die mitgeteilte Übertragung gegen sich gelten lassen, auch wenn sie nicht erfolgt oder nicht wirksam ist.
(2) Die Mitteilung kann nur mit Zustimmung desjenigen zurückgenommen werden, der als der neue Eigentümer bezeichnet worden ist.

Die Vorschrift entspricht inhaltlich dem bisherigen § 576. Durch Ersetzung des Begriffs „Anzeige" durch „Mitteilung" ist der Text sprachlich an die Formulierung des § 566 Abs. 2 (entspricht § 571 a.F.) angeglichen, ohne das damit eine inhaltliche Änderung verbunden sein soll. Die Begrenzung des Anwendungsbereichs auf Wohnraum erfolgt aufgrund der Stellung der Vorschrift im zweiten Untertitel über Mietverhältnisse über Wohnraum. Die Anwendung auf Mietverhältnisse über andere Räume als Wohnräume und Grundstücke ergibt sich aus der Verweisung in § 578. Hier wird der Mieter entsprechend § 409 geschützt, wobei für die Anzeige das zu § 566c Ausgeführte gilt.

§ 567 Belastung des Wohnraums durch den Vermieter

[1]Wird der vermietete Wohnraum nach der Überlassung an den Mieter von dem Vermieter mit dem Recht eines Dritten belastet, so sind die §§ 566 bis 566e entsprechend anzuwenden, wenn durch die Ausübung des Rechts dem Mieter der vertragsgemäße Gebrauch entzogen wird. [2]Wird der Mieter durch die Ausübung des Rechts in dem vertragsgemäßen Gebrauch beschränkt, so ist der Dritte dem Mieter gegenüber verpflichtet, die Ausübung zu unterlassen, soweit sie den vertragsgemäßen Gebrauch beeinträchtigen würde.

§ 567 entspricht dem bisherigen § 577 und wird sprachlich geringfügig verändert, inhaltlich jedoch unverändert übernommen. Systembedingt bezieht sich die Vorschrift auf Wohnraum. Die Anwendung auf Mietverhältnisse über andere Räume als Wohnräume und Grundstücke ergibt sich durch § 578. §§ 566 ff. regeln nicht den Fall, dass der bisherige Vermieter nach der Überlassung des Grundstücks (Raums) an den Mieter eine dingliche Belastung schafft, durch die dem Mieter die Rechte aus §§ 535 ff. entzogen werden. Hierunter fällt z.B. die Bestellung eines Nießbrauchs, eines dinglichen Wohnrechts, eines Erbbaurechts. Der Berechtigte aus der Grundstücksbelastung tritt wie ein Erwerber in die Rechte und Pflichten des Vermieters ein, so dass die Vorschriften nach §§ 566 ff. gelten. Bei einer Teilbeschränkung (§ 567 Satz 2, z.B. bei der Bestellung einer Grunddienstbarkeit oder einer beschränkt persönlichen Dienstbarkeit) tritt der Berechtigte zwar nicht in den Mietvertrag ein, gelten dementsprechend auch nicht die Vorschriften der §§ 566 ff. Der Mieter hat jedoch einen Unterlassungsanspruch gegen den Berechtigten, soweit sein vertragsgemäßer Mietgebrauch beeinträchtigt würde.

§ 567a Veräußerung oder Belastung vor der Überlassung des Wohnraums

Hat vor der Überlassung des vermieteten Wohnraums an den Mieter der Vermieter den Wohnraum an einen Dritten veräußert oder mit einem Recht belastet, durch dessen Ausübung der vertragsgemäße Gebrauch dem Mieter entzogen oder beschränkt wird, so gilt das Gleiche wie in den Fällen des § 566 Abs. 1 und des § 567, wenn der Erwerber dem Vermieter gegenüber die Erfüllung der sich aus dem Mietverhältnis ergebenden Pflichten übernommen hat.

Die Vorschrift entspricht dem bisherigen § 578. Für andere Mietverhältnisse als Wohnraum ergibt sich die Geltung aus § 578. § 566 betrifft (nur) den Fall, dass nach der Überlassung an den Mieter die Veräußerung eintritt. § 567a betrifft den **Fall**, dass die **Veräußerung vor der Überlassung** stattgefunden hat. § 566 Abs. 1 und § 567 gelten nur bei einer entsprechenden Erfüllungsübernahme (§ 415) des Erwerbers. Andernfalls kommt es zu keinen mietvertraglichen Rechtsbeziehungen zwischen Erwerber und Mieter; Letzterer ist auf Ansprüche aus § 325 Abs. 1 (ab 1.1.2002: §§ 280, 281, 323 i.d.F. des SchuldRModG) gegen seinen Vertragspartner beschränkt, der Vermieter im Rahmen der schuldrechtlichen Beziehung bleibt (vgl. Palandt/Weidenkaff, § 578 Rn. 6).

§ 567b Weiterveräußerung oder Belastung durch Erwerber

[1]**Wird der vermietete Wohnraum von dem Erwerber weiterveräußert oder belastet, so sind § 566 Abs. 1 und der §§ 566a bis 567a entsprechend anzuwenden.** [2]**Erfüllt der neue Erwerber die sich aus dem Mietverhältnis ergebenden Pflichten nicht, so haftet der Vermieter dem Mieter nach § 566 Abs. 2.**

Die Regelung entspricht dem bisherigen § 579, wobei sich die Anwendung auf andere Mietverhältnisse über § 578 ergibt. Die Vorschrift regelt neben der selbstverständlichen Verpflichtung des Erwerbers (auch späterer Erwerber) nach §§ 566 ff. die weitere Haftung des ursprünglichen Vermieters nach § 566 Abs. 2. Diese ist allerdings nach § 566 Abs. 2 Satz 2 eingeschränkt und lebt nicht wieder auf, wenn sie einmal erloschen ist. § 566 Abs. 2 trifft dann je nach Erwerberkette den Zwischenerwerber (Palandt/Weidenkaff, § 579 Rn. 2; Emmerich/Sonnenschein, § 579 Rn. 2).

§ 568 Form und Inhalt der Kündigung

(1) Die Kündigung des Mietverhältnisses bedarf der schriftlichen Form.
(2) Der Vermieter soll den Mieter auf die Möglichkeit, die Form und die Frist des Widerspruchs nach den §§ 574 bis 574b rechtzeitig hinweisen.

1. Allgemeines

1 Die Vorschrift über Form und Inhalt der Kündigung entspricht weitgehend dem bisherigen § 564a.
Sie bezieht sich auf Wohnraummietverhältnisse und betrifft Kündigungen jeglicher Art, also **ordentliche und außerordentliche Kündigungen von Vermieter und Mieter**. Der § 564a Abs. 1 Satz 2 a.F. wurde nicht übernommen. Während die Angabe der Kündigungsgründe im Kündigungsschreiben bislang in § 564a Abs. 1 Satz 2 a.F. lediglich als Sollvorschrift formuliert war, legte § 564b Abs. 3 a.F. fest, dass nur die Kündigungsgründe des Vermieters berücksichtigt werden, die er tatsächlich im Kündigungsschreiben angibt, soweit sie nicht nachträglich entstanden sind. Dieser Widerspruch wird dadurch beseitigt, dass § 573 Abs. 3 nunmehr ausdrücklich eine Begründungspflicht des Vermieters bei der fristgemäßen Kündigung des Mietverhältnisses aus berechtigtem Interesse enthält. Ferner schreibt neuerdings § 569 Abs. 4 für die außerordentliche fristlose Kündigung aus wichtigem Grund vor, dass der zur Kündigung führende wichtige Grund in dem Kündigungsschreiben anzugeben ist (vgl. auch § 542 Rn. 5).
Der bisherige § 564a Abs. 3, der die Ausnahmen vom Schriftformerfordernis der Kündigung enthielt, ist in der Regelung des § 549 Abs. 2 und 3 aufgegangen.

§ 568 gilt nicht für andersartige Beendigungen von Mietverhältnissen, z.B. bei Rücktritt und Aufhebungsvertrag.

2. Regelungsinhalt

Zur Form der Kündigung, Zugang und dgl. wird zunächst auf die Erläuterungen zu § 542 **2** Bezug genommen. Aufgrund des Gesetzes zur Anpassung der Formvorschriften des Privatrechts und anderer Vorschriften an den modernen Rechtsgeschäftsverkehr sieht jetzt § 126 Abs. 3 vor, dass die schriftliche Form durch elektronische Form ersetzt werden kann, wenn sich nicht aus dem Gesetz ein anderes ergibt. Das ist bei § 568 Abs. 1 nicht der Fall. § 126a konkretisiert das insofern, als bei der elektronischen Form der Aussteller der Erklärung dieser seinen Namen hinzufügen und das elektronische Dokument mit einer qualifizierten elektronischen Signatur nach dem Signaturgesetz versehen muss. Das Signaturgesetz stammt vom 22.7.1997 (BGBl. I 1997 S. 1870, 1872). In der Begründung des Gesetzentwurfs (Drucksache 14/4987) wird ausgeführt, die Identifizierung des Namens des Erklärenden könne nicht direkt durch eine natürliche und unverwechselbare Unterschrift erreicht werden. Die Identitätsfunktion werde jedoch dadurch erfüllt, dass ein jeweils einmaliges Signaturschlüsselpaar durch anerkannte Stellen einer bestimmten natürlichen Person zugeordnet werde. Diese Zuordnung werde in einem Signaturschlüssel-Zertifikat bescheinigt. Der Adressat, dem der öffentliche Schlüssel des Schlüssel-Inhabers bekannt sei, könne sich durch Einsichtnahme des öffentlich zugänglichen Signaturschlüssel-Zertifikats über die Person des Ausstellers informieren. Es sei zwar nicht auszuschließen, dass ein Dritter im Besitz einer Chipkarte mit dem privaten Signaturschlüssel sei und die PIN kenne. In diesem Fall stimme die Person des tatsächlichen Signierenden nicht mit der des Signaturschlüssel-Inhabers überein. Diese habe daher erhöhte Sorgfaltsobliegenheiten, die mit der Entscheidung für die Nutzung der neuen elektronischen Technik einhergingen. Im Übrigen sei zu bedenken, dass auch eine eigenhändige Unterschrift in der Weise nachgemacht werden könne, dass die Fälschung unter Umständen gar nicht oder nur mit erheblichem Aufwand erkennbar sei. Die Identifizierung des Erklärenden könne noch zuverlässiger gewährleistet werden, wenn ergänzend biometrische Verfahren eingesetzt würden. Denn zusätzlich zur PIN diene ein biometrisches Merkmal dazu, die Signierfunktion zu aktivieren. So könne mit hoher Wahrscheinlichkeit ausgeschlossen werden, dass ein anderer als der Signaturschlüssel-Inhaber elektronisch signiert habe. Nicht vollständig auszuschließen sei auch, dass sich jemand mit gefälschten Identitätspapieren bei dem Zertifizierungsdienstanbieter ein Signaturschlüssel-Zertifikat erschleiche und unter fremden Namen im Rechtsverkehr auftrete. Hier sei jedoch zu betonen, dass der Zertifizierungsdienstanbieter die Pflicht habe, die Antragsteller eines Zertifikats gemäß § 5 Abs. 1 SiG zuverlässig zu identifizieren, und da somit die Schwelle für die Erschleichungen deutlich heraufgesetzt sei.

Nach § 568 Abs. 2 besteht die Obliegenheit des Vermieters von Wohnraum, den Mieter auf die **Möglichkeit des Widerspruchs** nach § 574 sowie auf die **Form** und die **Frist** des Widerspruchs **rechtzeitig hinzuweisen**. Die Rechtsfolge der Missachtung der Vorschrift ergibt sich aus § 574b Abs. 2; der Mieter kann nämlich den Widerspruch dann noch im ersten Termin des Räumungsrechtsstreits erklären. Die Hinweisobliegenheit besteht nur in den Fällen, in denen ein Widerspruch nach § 574 überhaupt möglich ist, gilt somit nicht für die außerordentliche fristlose Kündigung. Für den Hinweis gibt es keine Formvorschrift. Er muss nicht einmal im Kündigungsschreiben selbst enthalten sein, obwohl sich das naturgemäß empfiehlt. Es reicht nicht der Hinweis auf die Vorschrift der Zahl nach, sondern es muss ein inhaltlicher Hinweis erfolgen. Dabei reicht allerdings die Wiedergabe des Gesetzeswortlauts des § 574. Weitere Belehrungen sind nicht erforderlich.

§ 569 Außerordentliche Kündigung aus wichtigem Grund

(1) [1]**Ein wichtiger Grund im Sinne des § 543 Abs. 1 liegt für den Mieter auch vor, wenn der gemietete Wohnraum so beschaffen ist, dass seine Benutzung mit einer erheblichen Gefährdung der Gesundheit verbunden ist.** [2]**Dies gilt auch, wenn der Mieter die Gefahr bringende Beschaffenheit bei Vertragsschluss gekannt oder darauf verzichtet hat, die ihm wegen dieser Beschaffenheit zustehenden Rechte geltend zu machen.**

(2) Ein wichtiger Grund im Sinne des § 543 Abs. 1 liegt ferner vor, wenn eine Vertragspartei den Hausfrieden nachhaltig stört, so dass dem Kündigenden unter Berücksichtigung aller Umstände des Einzelfalls, insbesondere eines Verschuldens der Vertragsparteien, und unter Abwägung der beiderseitigen Interessen die Fortsetzung des Mietverhältnisses bis zum Ablauf der Kündigungsfrist oder bis zur sonstigen Beendigung des Mietverhältnisses nicht zugemutet werden kann.

(3) Ergänzend zu § 543 Abs. 2 Satz 1 Nr. 3 gilt:

1. **Im Falle des § 543 Abs. 2 Satz 1 Nr. 3 Buchstabe a ist der rückständige Teil der Miete nur dann als nicht unerheblich anzusehen, wenn er die Miete für einen Monat übersteigt. Dies gilt nicht, wenn der Wohnraum nur zum vorübergehenden Gebrauch vermietet ist.**

2. **Die Kündigung wird auch dann unwirksam, wenn der Vermieter spätestens bis zum Ablauf von zwei Monaten nach Eintritt der Rechtshängigkeit des Räumungsanspruchs hinsichtlich der fälligen Miete und der fälligen Entschädigung nach § 546a Abs. 1 befriedigt wird oder sich eine öffentliche Stelle zur Befriedigung verpflichtet. Dies gilt nicht, wenn der Kündigung vor nicht länger als zwei Jahren bereits eine nach Satz 1 unwirksam gewordene Kündigung vorausgegangen ist.**

3. **Ist der Mieter rechtskräftig zur Zahlung einer erhöhten Miete nach den §§ 558 bis 560 verurteilt worden, so kann der Vermieter das Mietverhältnis wegen Zahlungsverzugs des Mieters nicht vor Ablauf von zwei Monaten nach rechtskräftiger Verurteilung kündigen, wenn nicht die Voraussetzungen der außerordentlichen fristlosen Kündigung schon wegen der bisher geschuldeten Miete erfüllt sind.**

(4) Der zur Kündigung führende wichtige Grund ist in dem Kündigungsschreiben anzugeben.

(5) [1]**Eine Vereinbarung, die zum Nachteil des Mieters von den Absätzen 1 bis 3 dieser Vorschrift oder von § 543 abweicht, ist unwirksam.** [2]**Ferner ist eine Verein-**

barung unwirksam, nach der der Vermieter berechtigt sein soll, aus anderen als den im Gesetz zugelassenen Gründen außerordentlich fristlos zu kündigen.

1. Kündigung wegen Gesundheitsgefährdung

§ 569 Abs. 1 statuiert ergänzend zu § 543 einen weiteren wichtigen Kündigungsgrund für **1** die **Wohnraummiete** bei gesundheitsgefährdender Beschaffenheit der Mieträume. Gem. § 578 Abs. 2 Satz 2 besteht das Kündigungsrecht auch für **Räume, die zum Aufenthalt von Menschen bestimmt sind.** Der Mieter kann fristlos kündigen, wenn der gemietete Wohnraum – oder der Raum, der zum Aufenthalt von Menschen bestimmt ist – so beschaffen ist, dass seine Benutzung mit einer erheblichen Gefährdung der Gesundheit verbunden ist. In beiden Fällen kann der Mieter auch dann kündigen, wenn er die Gefahr bringende Beschaffenheit bei dem Abschluss des Vertrags gekannt oder darauf verzichtet hat, die ihm wegen dieser Beschaffenheit zustehenden Rechte geltend zu machen.

§ 569 Abs. 1 gilt für den gemieteten Wohnraum. Dazu gehören auch die Nebenräume. Ist **2** nur ein Teil der Wohnung gesundheitsgefährdend, besteht ein Kündigungsrecht nur dann, wenn dadurch die Benutzbarkeit der Wohnung als Ganzes erheblich beeinträchtigt ist (Palandt/Weidenkaff, § 544 Rn. 3). Insoweit kommt es darauf an, welche Bedeutung die von der Gesundheitsgefährdung betroffenen Räume für den Mieter haben (OLG Celle, MDR 1964, 924; AG Köln, NJW-RR 1987, 972 = WuM 1987, 120). Die zum Aufenthalt von Menschen bestimmten Räume sind diejenigen, die vertragsgemäß zumindest vorübergehend von Menschen benutzt werden sollen (Läden, Büros, Werkstätten, Fabrikhallen, Küchen, Bier- und Weinkeller). Auch Räume zur Tierhaltung können dazugehören (OLG Koblenz, NJW-RR 1992, 1228).

Die gesundheitliche Beeinträchtigung braucht noch nicht eingetreten zu sein, sie muss **3** aber nahe liegend sein (weiter gehend Eisenschmid, WuM 1989, 357). Ob die Benutzung dieser Räume mit einer erheblichen Gefährdung der Gesundheit verbunden ist, richtet sich allerdings nach **objektiven Kriterien** (LG Berlin, GE 1998, 1465 = ZMR 1999, 27). Die Kündigung gem. § 569 Abs. 1 ist nur dann begründet, wenn eine objektive Gesundheitsgefährdung vorliegt; der individuelle Gesundheitszustand des Mieters spielt insoweit grundsätzlich keine Rolle (LG Berlin, Urteil vom 10.4.2000, 64 S 508/99). Ebenso wenig können besondere Empfindlichkeiten nur des Mieters oder seiner Angehörigen (AG München, WuM 1986, 247) das Kündigungsrecht begründen (LG Berlin, Urteil vom 2.7.1999, 64 S 49/99). Jedoch reicht bereits eine **objektive Gefährdung** der Gesundheit aus, ohne dass es bereits zu einer Gesundheitsschädigung gekommen zu sein braucht (LG Lübeck, NZM 1998, 190 = ZMR 1998, 433 f.).

4 Maßgebend ist die objektive Gefährdung der Gesundheit nach dem **aktuellen medizinischen Erkenntnisstand zum Zeitpunkt der Entscheidung** des Gerichts über die Wirksamkeit der Kündigung (BVerfG, GE 1998, 1208; LG Hamburg, WuM 1991, 161 ff.), nicht die Einhaltung der bei Mietvertragsabschluss geltenden Grenzwerte.

Außerdem reicht nicht jede gesundheitliche Beeinträchtigung; es müssen vielmehr Gesundheitsstörungen mit Krankheitsbild konkret zu befürchten sein. Dabei ist ein objektiver Maßstab anzulegen, so dass in der Regel ein medizinisches Gutachten erstattet werden muss. Bei der Bestimmung des objektiven Maßstabs kann durchaus auf gewisse Bevölkerungsgruppen (Kinder, ältere und jüngere Mieter) abgestellt werden.

5 Da eine erhebliche Gesundheitsgefährdung vorliegen muss, reicht der Befall von Ungeziefer in einem Vorratslager, das nur vorübergehend von Menschen aufgesucht wird, nicht aus, um eine Kündigung gem. § 578 Abs. 2, § 569 Abs. 1 zu rechtfertigen (OLG Düsseldorf, ZMR 1987, 263). Das Gleiche ist für Gefährdungen des Personals eines Ladenlokals durch wiederholte Übergriffe und Ausschreitungen von Kunden angenommen worden (OLG Koblenz, NJW-RR 1989, 1247). Auch bei einer nur vorübergehenden Beschränkung der Lichtzufuhr durch ein Baugerüst ist eine Kündigung gem. § 569 Abs. 1 nicht für gerechtfertigt gehalten worden (LG Berlin, GE 1986, 911 = ZMR 1986, 54).

6 Dagegen ist ein **Kündigungsrecht bejaht** worden bei:
- übermäßiger Lärmbelästigung des Mieters (AG Köln, WuM 1979, 75; AG Köln, WuM 1981, 21),
- Befall mit Taubenzecken (LG Berlin, GE 1997, 263),
- dauerndem Eindringen unerträglicher Gerüche (LG Mannheim, WuM 1969, 41),
- übermäßiger Feuchtigkeit der Wohnung (LG Berlin, GE 1998, 733),
- nicht vom Mieter zu vertretender Schimmelpilzbildung (LG Düsseldorf, WuM 1989, 13; LG Berlin, NZM 1999, 614),
- ungenügender Beheizung (LG Mannheim, ZMR 1977, 154),
- Temperaturen von mehr als 35 Grad wegen der baulichen Gestaltung (OLG Düsseldorf, ZMR 1998, 622),
- Einsturzgefahr (AG Saarlouis, WuM 1990, 389),
- beim Überschreiten des Grenzwertes von 0,1 ppm Formaldehydkonzentration (LG München, WuM 1991, 584; AG Köln, NJW-RR 1987, 972).

7 Das auch bei **befristeten Mietverträgen** geltende Sonderkündigungsrechts des Mieters von Wohnraum oder anderer zum Aufenthalt von Menschen bestimmter Räume besteht – weiter gehend als das Kündigungsrecht wegen nicht rechtzeitiger oder nicht vollständiger Gebrauchsüberlassung – sogar dann, wenn er die Gefahr bringende Beschaffenheit der Räume bei Abschluss des Vertrags gekannt hat (LG Paderborn, WuM 1998, 21) oder auf die Geltendmachung der ihm wegen dieser Beschaffenheit zustehenden Rechte verzichtet hat. Jede Vereinbarung, durch die das Kündigungsrecht ausgeschlossen oder beschränkt wird, ist nichtig (BGHZ 29, 289 [295 f.]). Dennoch kann das Kündigungsrecht wegen Gesundheitsgefährdung ausgeschlossen sein, weil der Mieter den Mangel längere Zeit

hingenommen hat (LG Berlin, GE 1990, 541; GE 1997, 553). Insoweit dürften die Grundsätze zur Verwirkung des Mängelbeseitigungsanspruchs anzuwenden sein. Ob die Kündigung auch dann ausgeschlossen ist, wenn der Mieter den gesundheitsgefährdenden Zustand schuldhaft selbst herbeigeführt hat, ist umstritten. Nach herrschender Meinung (RGZ 51, 210 [212]; LG Mannheim, DWW 1978, 72; MüKo/Voelskow, § 544 Anm. 3; Palandt/Weidenkaff, § 544 Rn. 1) führt ein solches Verhalten zum Ausschluss des Kündigungsrechts.

Der Kündigung braucht in den Fällen erheblicher Gesundheitsgefährdung grundsätzlich keine Fristsetzung mit Abhilfebegehren vorauszugehen (LG Lübeck, NZM 1998, 190 = ZMR 1998, 433 f.). Ist die Gesundheitsgefährdung jedoch leicht behebbar, kann vor der Kündigung eine Fristsetzung erforderlich sein (OLG Koblenz, NJW-RR 1992, 1228; LG Saarbrücken, WuM 1991, 91; LG Kiel, WuM 1992, 122). **8**

Auch die Kündigung wegen Gesundheitsgefährdung bedarf der **Schriftform** (LG Berlin, Urteil vom 2.7.1999, 64 S 49/99; a.A. Palandt/Weidenkaff, § 544 Rn. 1; MüKo/Voelskow, §544 Rn. 10) und muss auf das Sonderkündigungsrecht hinweisen. Die Kündigung muss dem Vermieter auch zugehen, wofür der Mieter beweispflichtig ist. Die Kündigung muss außerdem innerhalb angemessener Zeit nach dem Auftreten der Gesundheitsgefährdung erfolgen; nimmt der Mieter längere Zeit danach die Gesundheitsgefährdung hin, ist er mit seinem Kündigungsrecht ausgeschlossen. **9**

Hat der Mieter die Wohnung berechtigt gekündigt, so kann er nicht Ersatz der nutzlos gewordenen Aufwendungen (z.B. Maklerprovision, Renovierungskosten) verlangen weil er nur das sog. negative Interesse verlangen kann (LG Saarbrücken, WuM 1991, 91 f.). **10**

Der Mieter muss sowohl beweisen, dass es sich um Wohnraum oder einen anderen zum Aufenthalt von Menschen bestimmten Raum handelt, als auch, dass dessen Benutzung mit einer erheblichen Gefährdung der Gesundheit verbunden ist (LG Waldshut-Tiengen, WuM 1989, 175; LG Mannheim, WuM 1988, 360); ferner muss er den Zugang der Kündigungserklärung beweisen. Der Vermieter muss beweisen, dass Umstände vorlagen, die die Kündigung ausschlossen (z.B. dass es sich nur um eine vorübergehende, leicht behebbare Beeinträchtigung handelte, LG Kiel, WuM 1992, 122).

2. Kündigung wegen Störung des Hausfriedens

Nach § 569 Abs. 2 liegt ein wichtiger Grund i.S.d. Generalklausel des § 543 Abs. 1 bei der Wohnraummiete dann vor, wenn ein Vertragsteil den Hausfrieden nachhaltig stört und die Unzumutbarkeitsvoraussetzungen des § 543 Abs. 1 vorliegen. Die Vorschrift gilt gem. § 578 Abs. 2 Satz 1 für die Geschäftsraummiete entsprechend. § 569 Abs. 2 lehnt sich an § 554a a.F. an, beschränkt sich aber auf den Tatbestand des Hausfriedensbruchs und setzt ein schuldhaftes Verhalten des Störers nicht voraus (Kraemer, NZM 2001, 553 [554]). Das Verschulden ist aber Abwägungskriterium (Kraemer, a.a.O., 562) bei der Frage, ob dem Kündigenden die Fortsetzung des Mietverhältnisses bis zum Ablauf der Kündigungsfrist oder bis zur sonstigen Beendigung des Mietverhältnisses zugemutet werden kann. **11**

Erforderlich ist nach wie vor eine **Vertragsverletzung** in Form einer **nachhaltigen Störung des Hausfriedens**, die von dem Kündigungsgegner ausgehen muss. Daher kommt eine fristlose Kündigung dann in Betracht, wenn der eine Teil den anderen in schwerer und unentschuldbarer Weise und vor allem wiederholt **beleidigt**. Dies gilt aber **12** nur dann, wenn Kündigender und Kündigungsgegner in demselben Haus wohnen; schwere Beleidigungen des Mieters gegenüber seinem anderswo wohnenden Vermieter werden nur mit der Generalklausel (§ 543 Abs. 1) zu erfassen sein (Kraemer, a.a.O., 562). Wird der in demselben Haus wie der Mieter wohnende Hausmeister schwer beleidigt, kann auch eine fristlose Kündigung gerechtfertigt sein. Grundsätzlich reicht auch das Götz-Zitat gegenüber dem in demselben Haus wohnenden Vermieter aus (LG Berlin, WuM 1987, 56; LG Köln, WuM 1993, 349; a.A. LG Offenburg, WuM 1986, 250). Dagegen reicht nicht ernst zu nehmendes Gerede nicht aus (LG Stuttgart, DWW 1990, 45: „Der Vermieter ist ein Drecksack, den man erschießen müsste"; LG Berlin, GE 1990, 537: Mieter bezeichnet Vermieter als „Massenmörder"; AG Köln, WuM 1988, 126: „Verbrecherische Methode, Gangster, Verbrecher"; LG Berlin, GE 2000, 541: Mieter droht mit der Sprengung des Mehrfamilienhauses mit einer Sauerstoffflasche). Hat der Mieter eine Beleidigung des Vermieters auf der Stelle erwidert, so kann der Vermieter nicht fristlos kündigen (LG Berlin, GE 1992, 153). Ist die Beleidigung des in demselben Haus wohnenden Vermieters unstreitig, so muss der sich auf eine Provokation des Vermieters berufende Mieter diese beweisen (LG Berlin, GE 1991, 933 f.). Die Bezeichnung des in demselben Anwesen wohnenden Vermieters als „Arschloch" (LG Berlin, GE 1991, 151) rechtfertigt dagegen ebenso die fristlose Kündigung wie die Bezeichnung „Penner" und „Sau" (LG Berlin, GE 1991, 933 f).

13 Auch **vorsätzlich falsche Strafanzeigen** können die fristlose Kündigung der in demselben Haus wohnenden Mietvertragspartei rechtfertigen (LG Berlin, GE 1990, 1079; LG Frankfurt/Main, WuM 1994, 15). Unrichtige Angaben des Mieters bei Vertragsschluss können nur eine Kündigung nach § 543 Abs. 1 rechtfertigen, nicht aber nach § 569 Abs. 2. Dies gilt auch für Gewerberaummietverträge (OLG Hamburg, GE 1997, 489 = ZMR 1997, 352 = WuM 1997, 216 = NJWE-MietR 1997, 132), auf die ohnehin § 569 Abs. 2 nur entsprechend anwendbar ist (§ 578 Abs. 2).

14 Weitere Voraussetzung für die Kündigung gem. § 569 Abs. 2 ist, dass der Hausfrieden derart **nachhaltig gestört** ist, dass die Vertragsfortsetzung für den Kündigenden **unzumutbar** ist. Das ist z.B. dann der Fall, wenn der **Mieter** oder sein Lebensgefährte innerhalb von zwei Monaten zwei Polizeieinsätze mit jeweils gewaltsamem Öffnen der Türen verschuldet haben (LG Mannheim, DWW 1994, 50). Der Mieter hat für ein Verschulden seiner Mitbewohner (Ehegatte, Lebenspartner, Freundin, Familienangehörige oder sonstige Haushaltsangehörige) einzustehen (§ 278).

Nächtliche Badegeräusche rechtfertigen nur dann die fristlose Kündigung, wenn der Mieter die anderen Hausbewohner dadurch fortlaufend unerträglich in ihrer Nachtruhe stört (LG Köln, WuM 1997, 323 = NJW-RR 1997, 1440). Normaler Kinderlärm ist kein Grund für die fristlose Kündigung. Ist das Haus jedoch besonders hellhörig, müssen die Eltern erzieherisch auf die Kinder einwirken, damit die Hausgemeinschaft nicht gestört wird (LG Lübeck, WuM 1989, 627). Von den erziehungsberechtigten Mietern kann erwartet werden, dass sie ihre Kinder zur Rücksichtnahme auf das Ruhebedürfnis der Mitbewohner des Hauses anhalten, insbesondere während der Mittagsruhe (13.00 bis 15.00 Uhr) sowie in den Abendstunden nach 22.00 Uhr. Daher dürfen auch Tonerzeugungsgeräte insbesondere während dieser Zeit nur mit Zimmerlautstärke gespielt werden.

Auch Familienfeiern müssen nach 22.00 Uhr auf das Ruhebedürfnis der Mitmieter Rücksicht nehmen.

Ein altersbedingt sozial unangepasstes Verhalten eines Mitmieters kann dessen fristlose Kündigung rechtfertigen, wenn dadurch der Hausfrieden nachhaltig gestört wird, insbesondere durch andauernde penetrante Gerüche aus der Wohnung (LG Hamburg, WuM 1988, 18).

Störungen durch einen schuldunfähigen Mieter können jedenfalls bei Wohnraummiete nur in besonders gravierenden Fällen eine fristlose Kündigung rechtfertigen (Kraemer, a.a.O.), insbesondere wenn die Art der Erkrankung die Wiederholung des den Hausfrieden nachhaltig störenden Verhaltens befürchten lässt.

Andererseits kann aber auch der nicht in demselben Haus wohnende **Vermieter** den Hausfrieden stören, so z.B. durch das eigenmächtige Betreten von Mieträumen ohne Ankündigung (LG Köln, ZMR 1994, Seite VI Nr. 9; LG Berlin, GE 1999, 572), durch Schikane (Kraemer, a.a.O., 562) oder Reparaturen zur Unzeit (Staudinger/Emmerich, § 554a Rn. 48).   15

3. Kündigungsbegründender Mietrückstand bei Wohnraum

Bei Wohnraummietverhältnissen ist die Kündigung wegen Zahlungsrückstands für zwei aufeinander folgende Monate nur dann gerechtfertigt, wenn die rückständige Miete diejenige für einen Monat übersteigt. Dabei sind die Mietrückstände der beiden Monate zusammenzurechnen. Maßgeblich sind nur Rückstände an laufender Miete – einschließlich Betriebskostenvorauszahlungen bis zur Abrechnung oder zum Ablauf der Abrechnungsfrist –, nicht aber Nachforderungen aus Betriebskostenabrechnungen usw. Bei der Kündigung nach § 543 Abs. 3 Satz 1 Nr. 3b – Kündigung wegen Mietrückstands über mehr als zwei aufeinander folgende Termine – reicht es aus, wenn der Mieter für diesen Zeitraum mit der Entrichtung der Miete in Höhe eines Betrags in Verzug ist, der die Miete für zwei Monate erreicht. Das bedeutet, dass der Mietrückstand im Zeitpunkt der Kündigung die Miete für zwei Monate erreicht; unerheblich ist, ob der Mietrückstand in diesem Zeitraum früher einmal zwei Monate betragen hat, dann aber sich auf weniger als zwei Monate reduziert hat. Der Vermieter muss bei mehr als zwei aufeinander folgenden Terminen einen Zahlungsverzug in Höhe von mehr als einer Monatsmiete, der aber zwei Monatsmieten noch nicht erreicht, hinnehmen.   16

4. Ausschluss- und Unwirksamkeitsgründe für die Kündigung
wegen Zahlungsverzugs

Für die Wohnraummiete gilt ergänzend zu § 543 Abs. 2 Satz 1 Nr. 3 der § 569 Abs. 3, dessen Nr. 1 und 2 dem § 554 Abs. 2 Nr. 1 und 2 a.F. mit der wichtigen Ausnahme entsprechen, dass die Schonfrist für die Zahlung der fälligen Mietschulden nach Zustellung der Räumungsklage von bisher einem Monat (§ 554 Abs. 2 Nr. 2 a.F.) auf zwei Monate verlängert worden ist (§ 569 Abs. 3 Nr. 2).   17

Gem. § 569 Abs. 3 Nr. 2 wird die Kündigung von Wohnraum wegen Zahlungsverzugs unwirksam, wenn spätestens innerhalb von zwei Monaten nach Rechtshängigkeit der Räumungsklage der Vermieter hinsichtlich der fälligen Miete und der fälligen Entschädigung nach § 546a Abs. 1 (Nutzungsentschädigung) befriedigt wird oder sich eine öffentliche Stelle (z.B. das Sozialamt) zur Befriedigung verpflichtet.

18 Da es sich um die Bestimmung eines Endtermins handelt, kann auch eine schon vor Klageerhebung geleistete Zahlung zur Unwirksamkeit der Kündigung führen (KG [RE], WuM 1984, 93 = GE 1984, 435). Die **Heilungswirkung** tritt – wie bisher – nicht ein, wenn der Kündigung vor nicht länger als zwei Jahren bereits eine nach Satz 1 unwirksame Kündigung vorausgegangen ist (§ 569 Abs. 3 Nr. 2 Satz 2, der den bisherigen § 554 Abs. 2 Nr. 2 Satz 1 übernimmt). Die Unwirksamkeit in diesem Sinne tritt aber nur dann ein, wenn der Vermieter bereits hinsichtlich der früheren Kündigung vollständig befriedigt worden ist. Hat der Mieter daher nur einen Teil der rückständigen Miete oder der fälligen Nutzungsentschädigung gezahlt, so ist die frühere Kündigung nicht unwirksam geworden. Hat der Vermieter dennoch von der Räumungsklage abgesehen, so besteht weiterhin die Heilungsmöglichkeit gem. § 569 Abs. 3 Nr. 2 Satz 2 (LG Berlin, MDR 1992, 479 = WuM 1992, 607 = GE 1992; LG Berlin, Urteil vom 15.12.1995, 64 S 280/95; a.A. LG Stuttgart, ZMR 1995, 470; Palandt/Weidenkaff, § 554 Rn. 12).

19 Für die **Rechtzeitigkeit** der Zahlung innerhalb der Schonfrist genügt es, dass die Leistungshandlung rechtzeitig vorgenommen worden ist. Bei Zahlung durch Überweisung ist daher der Zeitpunkt der Erteilung des Überweisungsauftrags maßgebend, nicht derjenige der Gutschrift auf dem Vermieterkonto (LG Heidelberg, WuM 1995, 485). Dies gilt auch bei der Vereinbarung einer sog. Rechtzeitigkeitsklausel (z.B.: „Für die Rechtzeitigkeit der Zahlung ist maßgebend der Eingang des Geldes beim Vermieter oder bei Zahlung auf ein Konto die Gutschrift"), weil diese Klausel nur für die laufenden Mietzahlungen, nicht dagegen für die Zahlung zur Abwendung der Verzugsfolgen gilt (LG Hamburg, WuM 1992, 124; LG Berlin, ZMR 1992, 394 = GE 1992, 983; MM 1997, 41).

20 Wird im Verlaufe eines Rechtsstreits wegen Zahlungsverzugs nach § 543 Abs. 2 Nr. 3 Satz 1 gekündigt, so beginnt die Schonfrist, innerhalb derer die Kündigungsfolgen durch Begleichung des gesamten Rückstands geheilt werden können, mit Zustellung desjenigen Schriftsatzes, durch den der Räumungsanspruch (nunmehr auch) auf diese (neue) Kündigung gestützt wird (LG Berlin, ZMR 1993, Seite II Nr. 6).

21 Ist die fristlose Kündigung durch Zahlung innerhalb der Schonfrist unwirksam geworden, so lebt sie nicht dadurch wieder auf, dass der Mieter innerhalb dieser Frist erneut in Verzug kommt (LG Aachen, WuM 1993, 348; LG Berlin, Urteil vom 11.12.1998, 64 S 302/98).

22 Die Kündigung wird auch dann unwirksam, wenn das **Sozialamt** sich zur Befriedigung verpflichtet (§ 569 Abs. 3 Nr. 2 Satz 1 2. Alternative). Das setzt eine bindende Verpflichtung des Sozialamts innerhalb der Schonfrist voraus (OLG Karlsruhe, NJW 1991, 2124). Die Verpflichtungserklärung darf daher auch nicht von einer Bedingung abhängig sein (LG Berlin, GE 1979, 609; LG Bielefeld, WuM 1994, 206; AG Mannheim, DWW 1984, 290; Karl, NJW 1991, 2124). Fraglich ist, ob die Formulierung in der Verpflichtungserklärung, diese erfolge „unter der Voraussetzung, dass der Mieter in der Wohnung verbleiben kann", als Bedingung (LG Berlin, GE 1996, 1111) oder als bloße Feststellung einer Rechtsfolge (LG Berlin, GE 1993, 157 und MM 1994, 361; AG Hamburg, WuM 1994, 206) angesehen werden kann. Eine Anfrage des Sozialamts beim Vermieter, ob der Mieter bei Übernahme des Rückstands die Wohnung behalten kann, reicht nicht aus (AG Neuss, WuM 1991, 688), ebenso wenig eine Bestätigung des Sozialamts über den Bezug von Sozialhilfe (a.A. LG Dortmund, ZMR 1993, 16). Verabredet der Vermieter mit dem

Sozialamt, bei Übernahme der Rückstände das Mietverhältnis fortzusetzen, so kann er die Fortsetzung auch nicht wegen neuer Unzuverlässigkeit des Mieters ablehnen (LG Braunschweig, WuM 1998, 218).

Die Verpflichtungserklärung muss **dem Vermieter** bis zum Ablauf von zwei Monaten 23 nach Eintritt der Rechtshängigkeit **zugehen.** Es genügt nicht, dass die Erklärung inner- halb dieser Frist abgegeben wird oder dass sie dem Mieter oder dem mit dem Räumungs- rechtsstreit befassten Gericht zugeht (BayObLG [RE], GE 1994, 1313 = ZMR 1994, 554 = MDR 1994, 1213 = WuM 1994, 598; LG Dortmund, ZMR 1993, 16). Da eine Form für die Übernahmeverpflichtung nicht vorgeschrieben ist, kann sie auch per Telefax erfolgen (AG Berlin-Wedding, GE 1994, 1129).

Die Zahlung innerhalb der Schonfrist heilt dagegen die Kündigung dann nicht, wenn der 24 Vermieter statt einer fristlosen Kündigung eine ordentliche Kündigung nach § 573 Abs. 2 Nr. 1 ausspricht (OLG Stuttgart [RE], NJW-RR 1991, 1487 = WuM 1991, 526 = GE 1991, 927; OLG Karlsruhe [RE], WuM 1992, 517 = ZMR 1992, 488).

Die sog. Schonfrist endet zwei Monate nach Rechtshängigkeit der Räumungsklage. Rechtshängigkeit der Räumungsklage tritt durch Zustellung der Klage – nicht durch Einreichung beim zuständigen Gericht – (§ 253 Abs. 1 ZPO) ein. Bei einer Mehrheit von Mietern beginnt die Schonfrist mit Klagezustellung an den letzten Mieter zu laufen (AG Hamburg, WuM 1985, 263).

Eine sofortige fristlose Kündigung kann insbesondere nach langjähriger Vertragsdauer 25 rechtsmissbräuchlich sein (LG Berlin, NJW 1972, 1324; AG Büdingen, WuM 1983, 263; LG Hannover, WuM 1983, 263). **Rechtsmissbrauch** ist z.B. dann angenommen worden, wenn der Vermieter, der die Miete bislang im Lastschriftverfahren eingezogen hat, davon aber aufgrund wiederholter Unregelmäßigkeiten absieht, ohne vorherige Abmahnung das Mietverhältnis wegen des Zahlungsverzugs des Mieters kündigt (AG Bergheim, WuM 1992, 478). Eine Abmahnung wird auch dann ausnahmsweise für erforderlich gehalten, wenn der Vermieter die unpünktliche Zahlungsweise des Mieters längere Zeit hinge- nommen hat (BGH, WPM 1971, 1020). Rechtsmissbrauch ist ferner dann angenommen worden, wenn der Mieter die fehlerhafte Ausführung des Dauerauftrags durch seine Bank nicht erkennen konnte (LG München I, WuM 1994, 608) oder nach Ablauf der Schon- frist nur noch ein geringfügiger Rückstand verblieben ist (LG Berlin, MM 1994, 361)

Dagegen ist die fristlose Kündigung des Vermieters wegen Verzugs des Mieters mit einer 26 im Wege des **Vergleichs** vereinbarter Miete auch dann nicht für rechtsmissbräuchlich angesehen worden, wenn dem Vergleich eine Mieterhöhung nach den §§ 558 bis 560 (bisher §§ 2, 3, 4 Abs. 2 MHG a.F.) vorausging (OLG Hamm, WuM 1992, 54 = ZMR 1992, 109 = GE 1991, 145). Der Mieter muss daher darauf achten, dass entweder im Vergleich eine Zahlungsfrist für den Ausgleich der Rückstände vereinbart wird oder dass das wirtschaftlich gleiche Ergebnis durch ein Teilanerkenntnis des Mieters und eine Rücknahme der weiter gehenden (Zustimmungs-)Klage durch den Vermieter erreicht wird. Denn gem. § 569 Abs. 3 Nr. 3 kann der Vermieter das Mietverhältnis wegen Zah- lungsverzugs des Mieters nicht vor dem Ablauf von zwei Monaten nach rechtskräftiger Verurteilung des Mieters zur Zahlung einer erhöhten Miete nach den §§ 558 bis 560 kündigen. Der Mieter hat bei einem Streit um eine Mieterhöhung nach §§ 558 bis 560 (bisher §§ 2, 3, 4 Abs. 2 MHG) nach Eintritt der Rechtskraft seiner Verurteilung zur

Zustimmung zu einer Mieterhöhung oder zur Zahlung einer erhöhten Miete noch zwei Monate Zeit, um die durch die Erhöhung eingetretenen Rückstände zu begleichen; erst danach kann das Mietverhältnis wegen Zahlungsverzugs gekündigt werden.
Dagegen führt allein die Weigerung des Vermieters, eine sog. Mietübernahmeerklärung für das Sozialamt auszufüllen, nicht dazu, dass die fristlose Kündigung wegen Zahlungsverzugs als rechtsmissbräuchlich anzusehen ist (so zutreffend: LG Köln, WuM 1995, 104; a.A. Sternel, Mietrecht aktuell, Rn. 1211).

5. Angabe des Kündigungsgrundes

27 Neu ist, dass gem. § 569 Abs. 4 der zur Kündigung führende wichtige Grund in dem Kündigungsschreiben anzugeben ist. Das gilt aber nur für die in Abs. 1 und 2 genannten Gründe, nämlich die Gesundheitsgefährdung und die nachhaltige Störung des Hausfriedens. Der entsprechende Sachverhalt muss derart konkret angegeben werden, dass er von anderen Kündigungstatbeständen unterschieden werden kann. Ferner müssen in dem Kündigungsschreiben die für die Anwendung der jeweiligen Normen erforderlichen Tatbestandsvoraussetzungen in tatsächlicher Hinsicht geschildert werden. Das betrifft auch die in § 569 Abs. 2 genannten Abwägungskriterien. Daher muss insbesondere dargetan werden, warum die Fortsetzung des Mietverhältnisses bis zum Ablauf der Kündigungsfrist – die unter Umständen bei einem kurzfristigen Mietverhältnis nur drei Monate beträgt – oder bis zur sonstigen Beendigung des Mietverhältnisses (z.B. durch Ablauf des Zeitmietvertrags) nicht zumutbar ist. Beweisantritte brauchen in dem Kündigungsschreiben noch nicht enthalten zu sein.

6. Abweichende Vereinbarungen

28 Bei Mietverhältnissen über Wohnraum sind zu Lasten des Mieters abweichende Vereinbarungen unzulässig (§ 569 Abs. 5). Bei Mietverhältnissen über Geschäftsraum sind abweichende Vereinbarungen zulässig (BGH, NJW-RR 1987, 903). Zugunsten des Mieters von § 543 abweichende Vereinbarungen sind zulässig und häufig in Dauernutzungsverträgen über Genossenschaftswohnungen enthalten; wird dort die Kündigung auf bestimmte Tatbestände des § 543 beschränkt, so kann die Genossenschaft die Wohnung des Genossenschaftsmitgliedes nicht nach den übrigen Tatbeständen des § 543 oder § 569 kündigen (LG Berlin, Urteil vom 9.2.1996, 64 S 333/95).
Abweichende Vereinbarungen in Formularverträgen über Gewerberaum können gem. § 9 AGBG – ab 1.1.2002: §§ 307, 310 BGB i.d.F. des SchuldRModG – unwirksam sein (BGH NJW 1987, 2506).
Bei Mietverhältnissen über Wohnraum ist jede zum Nachteil des Mieters abweichende Vereinbarung unwirksam (§ 569 Abs. 5; BGH, WuM 1989, 293), mithin auch die individualvertragliche Vereinbarung. Auch in Wohnraummietverträgen können jedoch – sowohl formularvertraglich als auch individuell – **zugunsten** des Mieters abweichende Vereinbarungen – z.B. über die fristlose Kündigung wegen Zahlungsverzugs – getroffen werden (z.B. dass die fristlose Kündigung immer nur dann dann zulässig ist, wenn der Mieter mit der Entrichtung der Miete für zwei Monate in Verzug gekommen ist).

7.   Beweislast

Derjenige Mietvertragspartner, der fristlos gekündigt hat, muss alle Voraussetzungen für   29
die Kündigung beweisen. Beruft sich der Mieter darauf, dass der unstreitig entstandene Mietrückstand vor Zugang der Kündigungserklärung oder innerhalb der Schonfrist beglichen worden ist, so muss er die Rechtzeitigkeit der Zahlung und den Zeitpunkt des Zugangs der Kündigung beweisen (BGH, ZMR 1960, 301).

§ 570   Ausschluss des Zurückbehaltungsrechts

Dem Mieter steht kein Zurückbehaltungsrecht gegen den Rückgabeanspruch des Vermieters zu.

Die Vorschrift entspricht der Regelung des bisherigen § 556 Abs. 2 und beschränkt sich an dieser Stelle auf die Wohnraummiete. Die Anwendung auf Mietverhältnisse über andere Räume und Grundstücke ergibt sich durch die Verweisung in § 578, der insofern die entsprechende Anwendung von § 570 normiert.

Das Gesetz wertet den Herausgabeanspruch des Vermieters höher als Zurückbehaltungsrechte des Mieters vertraglicher Natur, wie Verwendungsersatz, Rückzahlung nicht abgewohnter Mieterdarlehen und Baukostenzuschüsse (LG Köln, MDR 1955, 170) und vergleichbare Ansprüche. Gegenüber dem Herausgabeanspruch des Eigentümers nach § 985 ist die Vorschrift nicht anwendbar, weil sie sich nur auf § 546 Abs. 1 bezieht. Wird der Herausgabeanspruch allerdings auf § 546 Abs. 1 und § 985 gestützt, gilt die Vorschrift wiederum. Eine abweichende Vereinbarung zwischen den Mietvertragsparteien ist möglich (vgl. Palandt/Weidenkaff, § 556 Rn. 16).

§ 571   Weiterer Schadensersatz bei verspäteter Rückgabe von Wohnraum

(1) [1]Gibt der Mieter den gemieteten Wohnraum nach Beendigung des Mietverhältnisses nicht zurück, so kann der Vermieter einen weiteren Schaden im Sinne des § 546a Abs. 2 nur geltend machen, wenn die Rückgabe infolge von Umständen unterblieben ist, die der Mieter zu vertreten hat. [2]Der Schaden ist nur insoweit zu ersetzen, als die Billigkeit eine Schadloshaltung erfordert. [3]Dies gilt nicht, wenn der Mieter gekündigt hat.

(2) Wird dem Mieter nach § 721 oder § 794a der Zivilprozessordnung eine Räumungsfrist gewährt, so ist er für die Zeit von der Beendigung des Mietverhältnisses bis zum Ablauf der Räumungsfrist zum Ersatz eines weiteren Schadens nicht verpflichtet.

(3) Eine zum Nachteil des Mieters abweichende Vereinbarung ist unwirksam.

Die Vorschrift enthält sprachlich geändert die besonderen Bestimmungen des § 557   1
Abs. 2 und 3 a.F. über Schadensersatz bei verspäteter Rückgabe von Wohnraum. Sie

schließt insoweit an die allgemeine Vorschrift des § 546a an. Ihr Inhalt bleibt gegenüber der jetzigen Rechtslage unverändert.

In § 571 Abs. 1 wird am Satzanfang die Tatbestandsbeschreibung aus § 557 Abs. 1 und 2 a.F. aufgegriffen. Allerdings werden die Worte „den Umständen nach" gestrichen. Denn sie sind ohne eigene Bedeutung, da sich die Billigkeit stets nach den Umständen richtet (so richtig die amtliche Begründung).

2 Der Hinweis des Gesetzes auf ein Verschulden des Mieters hat nur klarstellende Funktion, da ein Schadensersatzanspruch ohnehin **nur bei Verschulden** besteht. Gemeint ist nur der Schadensersatzanspruch **wegen verspäteter Rückgabe der Räume**, nicht wegen anderer Gründe, z.B. mangelnder Weitervermietbarkeit der Räume wegen nicht ausgeführter Schönheitsreparaturen. Das ergibt sich aus dem Zusammenhang von § 571 mit § 546a. Dem Umfang nach ist der Schadensersatzanspruch wegen verspäteter Räumung allerdings dahin eingeschränkt, dass eine Billigkeitsregelung zu treffen ist. Diese Einschränkung gilt nicht, wenn nicht der Vermieter, sondern der Mieter selbst gekündigt hat. Wann der Mieter die nicht fristgemäße Rückgabe der Wohnung zu vertreten hat, wird auch in der Neufassung des Gesetzes nicht definiert. Allgemein wird angenommen, dass eine Vorenthaltung der Mietsache dann unverschuldet ist, wenn Härtegründe vorliegen, die zu einer Fortsetzung aufgrund der Sozialklausel des § 574 (§ 556a a.F.) berechtigen würden (vgl. Lammel, Wohnraummietrecht, § 557 Rn. 44). Hierzu ist streitig, ob auch die Formalien des § 574b eingehalten sind. Das ist zu bejahen (so auch Lammel, a.a.O., Rn. 45; anderer Ansicht z.B. Palandt/Weidenkaff, § 557 Rn. 15 – allerdings ohne Begründung). Denn kann der Mieter nicht die Fortsetzung des Mietverhältnisses aufgrund der Sozialklausel verlangen, wäre es widersprüchlich, könnte er die Wohnung weiterbenutzen, ohne schadensersatzpflichtig zu werden. Auf nicht von § 574 erfasste Gründe kann sich der Mieter allerdings berufen (z.B. durch Krankheit hinausgeschobener Umzug).

3 Dem Umfang nach ist der Schadensersatzanspruch wegen verspäteter Räumung allerdings nach § 571 Abs. 1 Satz 2 dahin gehend eingeschränkt, dass eine **Billigkeitsregelung** zu treffen ist. Diese Einschränkung gilt nicht, wenn nicht der Vermieter, sondern der Mieter selbst gekündigt hat (§ 571 Abs. 1 Satz 3).

§ 571 Abs. 2 entspricht dem bisherigen § 557 Abs. 3. Wird dem Mieter also **eine Räumungsfrist** gewährt, so hat er nur Nutzungsentschädigung nach § 546a zu zahlen. Nach wie vor ist die Einräumung von Vollstreckungsschutz nach § 765a ZPO nicht erwähnt, so dass in einem derartigen Fall die Geltendmachung weiteren Schadens nicht ausgeschlossen ist (vgl. dazu im Einzelnen Emmerich/Sonnenschein, § 557 Rn. 38).

Die Regelung des § 571 ist zwingend, denn nach Abs. 3 ist eine zum Nachteil des Mieters abweichende Vereinbarung unwirksam – diese Regelung entspricht dem bisherigen § 557 Abs. 4.

§ 572 Vereinbartes Rücktrittsrecht; Mietverhältnis unter auflösender Bedingung

(1) Auf eine Vereinbarung, nach der der Vermieter berechtigt sein soll, nach Überlassung des Wohnraums an den Mieter vom Vertrag zurückzutreten, kann der Vermieter sich nicht berufen.

(2) Ferner kann der Vermieter sich nicht auf eine Vereinbarung berufen, nach der das Mietverhältnis zum Nachteil des Mieters auflösend bedingt ist.

1. Allgemeines

Die Vorschrift enthält zusammengefasst Regelungen über ein **vereinbartes Rücktritts-** 1
recht des Vermieters (bisher in § 570a a.F.) und über ein **Mietverhältnis unter auflösender Bedingung** (bisher in § 565a Abs. 2 a.F.).

§ 572 Abs. 1 legt fest, dass sich der Vermieter nicht auf eine Vereinbarung berufen kann, nach der er nach Überlassung des Wohnraums zum Rücktritt berechtigt sein soll. Der Mietvertrag bleibt also im Übrigen wirksam. Der Vermieter muss demnach das Mietverhältnis kündigen, wenn er es einseitig beenden will; insoweit muss er die Kündigungsvoraussetzungen für Wohnraum einhalten.

§ 572 Abs. 2 trifft eine vergleichbare Regelung für den Fall, dass das Mietverhältnis zum Nachteil des Mieters unter einer auflösenden Bedingung geschlossen worden ist. Im Ergebnis wird dadurch erreicht, dass das Mietverhältnis vom Vermieter einseitig wiederum nur beendet werden kann, wenn die Kündigungsvoraussetzungen vorliegen. Eine auflösende Bedingung zugunsten des Mieters ist – anders als bisher – zulässig.

2. Anwendungsbereich

Der besondere Kündigungsschutz gilt nur für **Mietverhältnisse über Wohnraum** und 2
soll verhindern, dass die zwingenden, zum Schutz des Mieters erlassenen Kündigungsvorschriften umgangen werden.

Zwar ist in § 572 Abs. 2 nicht ausdrücklich klargestellt, dass sich diese Vorschrift ebenfalls nur auf Wohnraummietverhältnisse bezieht. Das ergibt sich aber bereits aus der systematischen Stellung dieser Vorschrift und daraus, dass nach der Gesetzesbegründung (BTDrucks. 14/4553 S. 65) § 565a Abs. 2 (a.F.) in die Vorschrift einbezogen werden sollte, der ebenfalls nur für Wohnraummietverhältnisse galt.

Der Rücktritt unterscheidet sich von der auflösenden Bedingung dadurch, dass er **erklärt** 3
werden muss und dann **ab Zugang** der Erklärung **wirkt**. Bei der Bedingung wird das Ende des Mietverhältnisses vom **Eintritt eines zukünftigen ungewissen Ereignisses abhängig** gemacht. Tritt die Bedingung ein, wäre ohne die Unwirksamkeit der entsprechenden Vereinbarung gem. § 572 Abs. 2 das Mietverhältnis ex nunc beendet (§ 158 Abs. 2), ohne dass der Vermieter eine entsprechende Erklärung abgeben müsste.

### 3.	Befristete Mietverhältnisse

4	Der vertraglich vorbehaltene Rücktritt ist unwirksam, da sich der Vermieter nicht auf die entsprechende Vereinbarung berufen kann. Der aufgrund der Vereinbarung **erklärte Rücktritt** nach Überlassung des Wohnraums an den Mieter kann aber **in eine Kündigung umgedeutet** werden. Die Mietvertragsparteien können jedoch vereinbaren, dass sie vor Überlassung des Wohnraums vom Vertrag zurücktreten können; ein derartig wirksam vereinbartes Rücktrittsrecht kann von beiden Parteien uneingeschränkt ausgeübt werden. Nach Überlassung des Wohnraums ist dagegen der vertraglich vorbehaltene Rücktritt wie eine Kündigung zu behandeln, d.h., bei Wohnraummietverhältnissen wird das Mietverhältnis nur dann beendet, wenn das vertraglich vorbehaltene Rücktrittsrecht durch eine **schriftliche** Erklärung ausgeübt wird und der Vermieter ein **berechtigtes Interesse** i.S.d. § 573 an der Beendigung des Mietverhältnisses hatte; zudem werden nur die im Rücktrittsschreiben angegebenen Kündigungsgründe berücksichtigt (§ 573 Abs. 3). Ferner hängt die Dauer der Kündigungsfrist von der Dauer des Mietverhältnisses ab (§ 573c). Der Mieter kann sich auch auf die Sozialklausel (§ 574) berufen.
Gesetzliche Rücktrittsrechte bleiben dagegen in vollem Umfang erhalten.

### 4.	Auflösend bedingte Mietverhältnisse

5	Aufgrund der gesetzlich angeordneten **Unwirksamkeit** der Vereinbarung, nach der das Mietverhältnis zum Nachteil des Mieters auflösend bedingt ist, wird es **nicht mit dem Eintritt der Bedingung automatisch beendet**, sondern besteht wie ein sonstiges Mietverhältnis fort. Der Vermieter kann wiederum nur kündigen – durch entsprechende empfangsbedürftige Erklärung gegenüber dem Wohnraummieter –, wenn er ein berechtigtes Interesse an der Beendigung des Mietverhältnisses (§ 573) oder ein sonstiges außerordentliches Kündigungsrecht hat; der Mieter kann ohne weitere Voraussetzungen entweder ordentlich fristgemäß oder außerordentlich fristlos kündigen. Der Mieter kann sich gegenüber der ordentlichen Kündigung des Vermieters auch auf die Sozialklausel (§ 574) berufen.

6	Ein **auf Lebenszeit** des Mieters abgeschlossener Mietvertrag über Wohnraum ist **kein auflösend bedingter Mietvertrag** (BayObLG [RE], GE 1993, 855 = WuM 1993, 523 = NJW-RR 1993, 1164), sondern ein befristeter Mietvertrag, so dass § 572 Abs. 2 keine Anwendung findet. Der Vermieter kann sich also auf eine entsprechende Vereinbarung im Mietvertrag berufen. Der Mietvertrag endet mit dem Ende der Befristung, also mit dem Tod des Mieters. Damit sind die §§ 563, 563a und 564 nicht unmittelbar anwendbar, da der Eintritt der Personen i.S.d. § 563 oder die Fortsetzung des Mietvertrages gem. § 563a oder § 564 voraussetzt, dass das Mietverhältnis im Zeitpunkt des Todes des Mieters noch bestand. Zumindest für Personen, die mit dem verstorbenen Mieter als Ehegatte, Familienangehöriger oder Lebenspartner einen gemeinsamen Haushalt geführt haben, kann aber in entsprechender Anwendung der §§ 563 und 563a ein Eintritt bzw. die Fortsetzung des Mietverhältnisses angenommen werden. Dagegen ist der Erbe, der mit dem Mieter keinen gemeinsamen Haushalt geführt hatte, nicht schutzbedürftig, so dass der auf Lebenszeit des Mieters abgeschlossene Mietvertrag mit dem Tod des Mieters endet, ohne dass das Mietverhältnis gem. § 564 mit dem Erben fortgesetzt wird.

### 5.	Abdingbarkeit

7	Die Regelungen der Absätze 1 und 2 sind zugunsten des Mieters zwingend.

§ 573 Ordentliche Kündigung des Vermieters

(1) [1]Der Vermieter kann nur kündigen, wenn er ein berechtigtes Interesse an der Beendigung des Mietverhältnisses hat. [2]Die Kündigung zum Zwecke der Mieterhöhung ist ausgeschlossen.

(2) Ein berechtigtes Interesse des Vermieters an der Beendigung des Mietverhältnisses liegt insbesondere vor, wenn

1. der Mieter seine vertraglichen Pflichten schuldhaft nicht unerheblich verletzt hat,

2. der Vermieter die Räume als Wohnung für sich, seine Familienangehörigen oder Angehörige seines Haushalts benötigt oder

3. der Vermieter durch die Fortsetzung des Mietverhältnisses an einer angemessenen wirtschaftlichen Verwertung des Grundstücks gehindert und dadurch erhebliche Nachteile erleiden würde; die Möglichkeit, durch eine anderweitige Vermietung als Wohnraum eine höhere Miete zu erzielen, bleibt außer Betracht; der Vermieter kann sich auch nicht darauf berufen, dass er die Mieträume im Zusammenhang mit einer beabsichtigten oder nach Überlassung an den Mieter erfolgten Begründung von Wohnungseigentum veräußern will.

(3) [1]Die Gründe für ein berechtigtes Interesse des Vermieters sind in dem Kündigungsschreiben anzugeben. [2]Andere Gründe werden nur berücksichtigt, soweit sie nachträglich entstanden sind.

(4) Eine zum Nachteil des Mieters abweichende Vereinbarung ist unwirksam.

1. Allgemeines – Anwendungsbereich

1 § 573 ist **die** Kündigungsschutzvorschrift des sozialen Mietrechts **zugunsten des Wohnraummieters.** Sie entspricht teilweise dem bisherigen § 564b. Der Kündigungsschutz besteht darin, dass der Mieter bei der ordentlichen Kündigung lediglich die allgemeinen (ordentlichen) Kündigungsfristen (§ 573c) einhalten muss, während der Vermieter bei Wohnraummietverhältnissen auch zukünftig grundsätzlich daneben ein berechtigtes Interesse i.S.d. § 573 an der Kündigung haben muss. Die Vorschrift gilt unmittelbar zunächst nur für die ordentliche Vermieterkündigung bei Mietverhältnissen auf unbestimmte Zeit (so die Überschrift im II. Abschnitt zu 5b), sie findet aber grundsätzlich wie bisher auch auf die außerordentliche Kündigung mit gesetzlicher Frist des Vermieters bei Mietverhältnissen auf unbestimmte und bestimmte Zeit Anwendung, was sich durch entsprechende Verweisungen ergibt (§ 573d Abs. 1, § 575a Abs. 1). Die Vorschrift ist wie der bisherige § 564b im Hinblick auf die Sozialpflichtigkeit des Eigentums (Art. 14 Abs. 2 Satz 1 GG) mit der Eigentumsgarantie des Art. 14 Abs. 1 Satz 1 GG vereinbar (BVerfG, NJW 1985, 2633). Daraus folgt jedoch verfassungsrechtlich kein absoluter Vorrang von Mieterschutzrechten im Hinblick auf ein Besitzrecht des Wohnraummieters an der Wohnung als Eigentum i.S.d. Art. 14 Abs. 1 GG. Die Entscheidung des Bundesverfassungsgerichts vom 26.5.1993 (NJW 1993, 2035 = WuM 1993, 377), wonach das Besitzrecht des Mieters an der gemieteten Wohnung Eigentum im Sinne von Art. 14 Abs. 1 Satz 1 GG sei, ist so für den Bürger missverständlich und hat zu keiner Änderung in der Rechtsprechung des Bundesverfassungsgerichts zum Eigenbedarf des Vermieters geführt. Diese betont zum Eigenbedarf des Vermieters die Eigentumsgarantie des

Grundgesetzes mit der Folge, dass die **Kündigungsmöglichkeit des Vermieters wegen Eigenbedarfs** (inzwischen) zu einer ganz **einschneidenden Einschränkung des Kündigungsschutzes des Wohnraummieters** geführt hat, was sich vor allem im Hinblick auf vermietete Eigentumswohnungen auswirkt.

Der bisherige § 564b ist inhaltlich übersichtlicher strukturiert und entzerrt worden. Für 2 die Kündigungssperrfristen bei der Umwandlung von Miet- in Eigentumswohnungen gilt jetzt § 577a als gesonderte Vorschrift. Erleichterte und Teilkündigung des Vermieters sind in §§ 573a, 573b gesondert geregelt.

2.   Gesetzessystematik

§ 573 Abs. 1 beinhaltet die **Generalregelung**, wonach die Kündigung nur dann möglich 3 ist, wenn ein **berechtigtes Interesse** des Vermieters an der Beendigung des Mietverhältnisses besteht. Der Begriff des „berechtigten Interesses" ist ein **ausfüllungsbedürftiger unbestimmter Rechtsbegriff**. § 573 Abs. 2 führt einige Beispiele für Fälle berechtigten Interesses auf. Die Aufzählung ist jedoch nicht abschließend; allerdings bringen die genannten gesetzlichen Beispiele eine Gewichtung, an der andere berechtigte Interessen zu messen sind. So lassen die Beispiele nach § 573 Abs. 2 Nr. 1 bis 3 in der Praxis auch nur wenig Spielraum für weitere Kündigungsgründe. Als Beispielsfälle sind hier der Betriebsbedarf oder das öffentliche Interesse an der Beendigung des Mietverhältnisses zu nennen.

§ 573 Abs. 1 Satz 2 übernimmt die bisher in § 1 Satz 1 MHG enthaltene Aussage, dass die Kündigung zum Zweck der Mieterhöhung ausgeschlossen ist. Diese Regelung gehört systematisch nicht zur Miethöhe, sondern zu den Vorschriften über die Kündigung, da sie nicht die Miethöhe, sondern die Unzulässigkeit einer Kündigung regelt – so die Begründung des Regierungsentwurfs.

Die **Berechtigung** des Interesses wird vom Gesetzgeber nicht definiert. Im Hinblick auf 4 die Grundsätze des sozialen Mietrechts ist die **Wertordnung der Grundrechte** zu berücksichtigen (BGHZ 92, 213 [219]). Die Vorschrift steht im Spannungsfeld der **Eigentumsgarantie** des Grundgesetzes (Art. 14 Abs. 1 GG), die einerseits für den **Vermieter als Eigentümer** der Mieträume wirkt, auf die sich jedoch auch der **Mieter** berufen kann, für den das **Besitzrecht** an den Räumen Funktionen erfüllt, wie sie typischerweise dem Sacheigentum zukommen, da die Wohnung für den Mieter als Lebensmittelpunkt eine überragende Bedeutung zur Befriedigung elementarer Lebensbedürfnisse sowie zur freien Sicherung und Entfaltung seiner Persönlichkeit hat (BVerfG, GE 1993, 796: Besitzrecht des Mieters = Eigentum im Sinne von Art. 14 Abs. 1 GG). Das Bundesverfassungsgericht stellt ausdrücklich fest, dass sich ein Mieter in diesem Zusammenhang nicht auf Art. 14 Abs. 2 GG (Sozialpflichtigkeit des Eigentums) berufen könne, da diese Bestimmung nur Richtschnur und Grenze für den objektiv rechtlichen Auftrag an den Gesetzgeber, Inhalt und Schranken des Eigentums zu bestimmen, sei. Insofern werde der Mieterschutz nicht zu einer subjektiven Grundrechtsverbürgung erhoben (vgl. auch BVerfGE 21, 73 [83]; 80, 137 [150]). Daraus folgt, dass die Fachgerichte bei der Auslegung und Anwendung des § 573 die (zugunsten der Mietvertragsparteien) wirkende Eigentumsgarantie zu beachten haben und „die im Gesetz auf Grund verfassungsmäßiger Grundlage zum Ausdruck kommende Interessenabwägung in einer Weise nachvollziehen müssen, die den beiderseitigen Eigentumsschutz beachtet und unverhältnismäßige

Eigentumsbeschränkungen vermeidet" (so BVerfG, GE 1993, 796 [797] = DWW 1993, 224).

Soweit das Bundesverfassungsgericht in diesem Zusammenhang von einer Interessenabwägung spricht, ist damit eine **Abwägung auf verfassungsmäßiger Grundlage** zu verstehen, die den beiderseitigen Eigentumsschutz beachtet und unverhältnismäßige Eigentumsbeschränkungen vermeidet. Die insofern zu prüfenden Einzelkriterien beziehen sich im Wesentlichen auf die Eigenbedarfskündigung nach § 573 Abs. 2 Nr. 2 (Ernsthaftigkeit des Erlangungswunsches des Vermieters, überhöhter Wohnbedarf, Befriedigung des Wohnbedarfs auf andere Weise usw.). Nicht gemeint ist die Interessenabwägung im Rahmen des § 574. Dazu stellt das Bundesverfassungsgericht in der genannten Entscheidung klar, dass es **bei dem bisherigen Verhältnis der Vorschriften des § 564b zu § 556a verbleibt (jetzt § 573 zu § 574).** Danach ist zunächst das berechtigte Interesse des Vermieters nach § 573 (aber eben unter Beachtung der beiderseitigen Eigentumsgarantie von Vermieter und Mieter i.S.d. Art. 14 Abs. 1 GG) zu prüfen. Wird das berechtigte Interesse des Vermieters an der Beendigung des Mietverhältnisses bejaht, werden erst danach die konkreten Interessen des Mieters im Rahmen der Sozialklausel des § 574 geprüft, wobei die entsprechende Interessenabwägung vorzunehmen ist (vgl. in verfassungsrechtlicher Sicht BVerfGE 79, 292, 302, 303; in einfach-rechtlicher, fachgerichtlicher, mietrechtlicher Sicht BGHZ 103, 91, 96, 100).

3.   Schuldhafte, nicht unerhebliche Vertragsverletzung – § 573 Abs. 2 Nr. 1

5 Die Aufzählung der einzelnen Kündigungsgründe entspricht mit gewissen sprachlichen Änderungen inhaltlich dem bisherigen § 564b Abs. 2 Nr. 1 bis 3. **Interessant** ist in diesem Zusammenhang die **Begründung** des **Regierungsentwurfs:** Es bestehe an der bisherigen gesetzlichen Regelung zum Schutz des Mieters im Grundsatz kein Änderungsbedarf, wenngleich die Rechtsprechung zuweilen im Einzelfall überhöhte Anforderungen an das Vorliegen eines berechtigten Interesses stelle. Damit will der Gesetzgeber, der den Regierungsentwurf so übernommen hat, offenbar Art. 14 GG zugunsten des Vermieters als Eigentümer stärken, zieht daraus jedoch keine Konsequenz und belässt es bei den bisher entwickelten Kriterien – zum Schutz des Mieters, wie gemeint wird.

6 Eine **Vertragsverletzung** kann einerseits zur fristlosen Kündigung nach § 569, § 626 analog berechtigen, aber auch die Möglichkeit zur **fristgerechten Kündigung** geben. Die eine Form der Kündigung schließt die andere nicht aus, so dass ein und derselbe Tatbestand den Vermieter zur fristlosen und gleichzeitig (möglicherweise hilfsweisen) fristgerechten, ordentlichen Kündigung in ein und demselben Schreiben berechtigen kann mit der Folge, dass das Mietgericht diese Kündigungen in der angegebenen Reihenfolge auf Berechtigung zu überprüfen hat. Dabei wird sowohl von Vermieter- als auch von Mieterseite oftmals übersehen, dass die Anforderungen an die ordentliche Kündigung teilweise weniger umfangreich sind als für die fristlose Kündigung. Das ist vom Gesetzgeber aber so gewollt, da die fristgerechte Kündigung eben nur unter Beachtung von Kündigungsfristen möglich ist und überdies der Mieter Einwände nach § 574 vorbringen kann. In der Rechtswirklichkeit spielen diese Umstände jedoch keine wesentliche Rolle, da der Gang und die Dauer eines Räumungsrechtsstreits zumeist auch längere Kündigungsfristen überholt und eine Verlängerung des Mietverhältnisses über § 574 oftmals nicht in Betracht kommt. Unter diesen Umständen hatte der Gesetzgeber zu überprüfen,

ob § 573 Abs. 2 Nr. 1 in Teilbereichen den Grundsätzen des sozialen Mietrechts widerspricht; er hat eine Änderung nicht vorgenommen, wohl die Problematik gar nicht gesehen.

3.1   Verletzungshandlung

Der Vertragsverstoß kann in einem **Tun oder Unterlassen** bestehen. Die vertraglichen 7
Pflichten ergeben sich aus dem Mietvertrag. § 278 (Haftung für Erfüllungsgehilfen) und
§ 540 Abs. 2 (Verschulden des Dritten bei Untermiete) finden Anwendung. Die Vertragsverletzung kann sich vor allem auf die Verletzung von § 535 Abs. 2 beziehen
(Pflicht zur Entrichtung der Miete).

3.2   Verschulden

Der Mieter hat Vorsatz und jede Fahrlässigkeit (§ 276) zu vertreten. Bei Schuldunfähig- 8
keit des Mieters entfällt die Tatbestandsvoraussetzung des Verschuldens, so dass eine
Kündigung über § 573 Abs. 2 Nr. 1 dann nicht möglich ist. Es verbleibt unter Umständen
die Kündigungsmöglichkeit nach Abs. 1 oder auch über § 626 in analoger Anwendung
als die allgemeine Grundsatznorm zur Möglichkeit der Auflösung eines Dauerschuldverhältnisses.
Nach dem Rechtsentscheid des Kammergerichts (Beschl. vom 15.6.2000 zu 16 RE-Miet
10611, 99 = GE 2000, 1103 = NZM 2000, 905) erfordert § 564b Abs. 2 Nr. 1 (a.F.)
grundsätzlich ein eigenes Verschulden des Mieters und schließt damit die Zurechnung
des Verschuldens von Erfüllungsgehilfen nach § 278 aus. Dieser Rechtsentscheid hat
auch für § 573 Abs. 2 Nr. 1 Gültigkeit, da die Neufassung des Gesetzes keine inhaltliche
Änderung gebracht hat. Die Instanzgerichte sind daran gebunden (obwohl die Frage nach
wie vor im Schrifttum umstritten ist – vgl. Palandt/Weidenkaff, § 564b Rn. 32), jedenfalls solange kein anders lautender Rechtsentscheid des BGH vorliegt und solange es
noch das Institut des Rechtsentscheids gibt (zum 1.1.2002 Rechtsentscheidsverfahren
abgeschafft; § 541 geändert).

3.3   Erhebliche Pflichtverletzung

Die Erheblichkeit muss sich auf die Pflichtverletzung (nicht auf das Verschulden) bezie- 9
hen (vgl. auch Palandt/Weidenkaff, § 564b Rn. 34; Emmerich/Sonnenschein, § 564b Rn.
19). In Abgrenzung zum Begriff der Zumutbarkeit (§ 569 Abs. 2) sind die Anforderungen an die Erheblichkeit der Pflichtverletzung geringer. Die weitere Abgrenzung hat zur
Geringfügigkeit der Verletzungshandlung zu erfolgen, wobei auch auf die Wiederholungsgefahr abgestellt werden kann.

3.4   Einzelfälle
3.4.1   Zahlungsverzug

Ein Verstoß gegen die Pflicht aus § 535 Abs. 2 stellt eine Pflichtverletzung i.S.d. § 573 10
Abs. 2 Nr. 1 dar, wobei Streit darüber besteht, wie hoch der Rückstand sein muss, um
eine nicht unerhebliche Vertragsverletzung anzunehmen (vgl. Schmidt-Futterer/Blank, B
593; Palandt/Weidenkaff, § 564b Rn. 35; Emmerich/Sonnenschein, § 564b Rn. 26). Aus
dem systematischen Verhältnis von fristloser zu fristgerechter Kündigung folgt nach
allgemeiner Ansicht, dass der Zahlungsrückstand geringer sein kann als für § 543 Abs. 2

und 3. Wegen des Merkmals der Erheblichkeit der Vertragsverletzung ist jedoch erforderlich, dass mindestens ein Rückstand von einer Monatsmiete vorliegen muss. Eine dogmatische Festlegung ist nicht möglich, da der Begriff der Erheblichkeit im Einzelfall auszufüllen ist, wobei die Instanzgerichte dazu neigen dürften, nur einen höheren Rückstand als erhebliche Vertragsverletzung anzusehen.

§ 543 als Grundlage für eine fristlose Kündigung wegen Zahlungsverzugs spricht von Verzug. Dieser beurteilt sich allein nach den §§ 284 und 285 (ab 1.1.2002: § 286 i.d.F. des SchuldRModG). Danach kommt der Schuldner nicht in Verzug, solange die Leistung infolge eines Umstands unterbleibt, den er nicht zu vertreten hat. Nach § 279 hat der Schuldner jedoch sein Unvermögen zur Leistung einer Gattungsschuld auch dann zu vertreten, wenn ihm ein Verschulden nicht zur Last fällt (ab 1.1.2002 ist der bisherige § 279 abgeschafft. In § 276 i.d.F. des SchuldRModG zur Verantwortlichkeit für eigenes Verschulden heißt es, dass der Schuldner Vorsatz und Fahrlässigkeit zu vertreten hat, wenn eine strengere oder mildere Haftung weder bestimmt noch aus dem sonstigen Inhalt des Schuldverhältnisses, insbesondere aus der Übernahme einer Garantie oder eines Beschaffungsrisikos, oder der Natur der Schuld zu entnehmen ist. In der Begründung des Regierungsentwurfs heißt es dazu, der Grundsatz, dass der Schuldner für seine finanzielle Leistungsfähigkeit einzustehen habe, sei auch unabhängig von der insoweit problematischen Reichweite des § 279 allgemein anerkannt und werde jetzt in § 276 Abs. 1 Satz 1 durch die Bezugnahme auf die Natur der Schuld angesprochen). Ein Mieter hat also den Umstand, dass er kein Geld hat, immer im Sinne des Gesetzes zu vertreten. § 573 Abs. 2 Nr. 1 spricht jedoch ausdrücklich von Verschulden, so dass umstritten ist, ob – anders als bei § 543 – die ordentliche Kündigung dann ausgeschlossen ist, wenn die Zahlungsrückstände unverschuldet sind, weil die mangelnde Zahlungsfähigkeit unverschuldet ist. Das wird teilweise aus rechtssystematischen Gründen verneint, weil es widersprüchlich wäre, wenn der Vermieter wegen einer nicht verschuldeten Vertragsverletzung zwar fristlos, aber nicht fristgerecht kündigen könnte (vgl. Schmidt-Futterer/Blank, B 597; a.A. Emmerich/Sonnenschein, § 564b Rn. 24; Palandt/Weidenkaff, § 564b Rn. 35). Der Streit hat jedoch wenig praktische Bedeutung, da auch in diesem Fall § 285 (ab 1.1.2002: § 286 Abs. 4 i.d.F. des SchuldRModG) gilt, den Mieter als Schuldner demnach die Darlegungs- und Beweislast dafür trifft, dass er die mangelnde Zahlung nicht zu vertreten hat (vgl. Emmerich/Sonnenschein, § 564b Rn. 24; LG Kiel, WuM 1985, 54).

11 Die **entscheidende Frage** ist in diesem Zusammenhang, ob die **Heilungsmöglichkeit des § 569 Abs. 3 Nr. 2** direkt oder analog auch für die ordentliche Kündigung gilt. Durch die Rechtsentscheide des OLG Karlsruhe vom 19.8.1992 = WuM 1992, 517 (518) und des OLG Stuttgart vom 28.8.1991 = ZMR 1991, 429 ist jedoch für die Rechtsprechung geklärt, dass bei einer auf Zahlungsverzug gestützten ordentlichen Kündigung nach § 564b Abs. 2 Nr. 1 (jetzt § 573 Abs. 2 Nr. 1) die Vorschrift des § 554 Abs. 2 Nr. 2 (jetzt § 569 Abs. 3 Nr. 2) **nicht** entsprechend anwendbar ist. Die Rechtsentscheide mögen in ihren Auswirkungen im Hinblick auf das soziale Mietrecht nicht überzeugen (vgl. Sternel, Mietrecht aktuell, Rn. 1130), sind jedoch in ihrer rechtlichen Begründung konsequent und nicht angreifbar. Dogmatisch nicht unzulässig ist es jedoch in diesem Zusammenhang, bei der Beurteilung der nicht unerheblichen schuldhaften Vertragsverletzung

einen späteren Ausgleich von Rückständen mit zu berücksichtigen. Darauf weisen auch die genannten Rechtsentscheide des OLG Stuttgart und des OLG Karlsruhe insofern hin, als der spätere Ausgleich von Rückständen durch den Mieter bei der Bewertung des Begriffs „erhebliche Vertragsverletzung" Bedeutung erlangen kann. Dieser stehe für einen billigen Ausgleich der widerstreitenden Interessen von Vermieter und Mieter zur Verfügung. Die Tatbestandsvoraussetzung sei eben erst dann erfüllt, wenn die Belange des Vermieters in einem solchen Maße beeinträchtigt werden, dass die Kündigung als eine angemessene Reaktion erscheint. Sei diese Schwelle aber übersprungen, so bestehe bei der schuldhaften Vertragsverletzung keine Notwendigkeit, dem Mieter eine Heilungsmöglichkeit zu eröffnen. Entscheidend kommt es daher auf den Einzelfall an, wobei nicht – quasi automatisch – der Ausgleich von Rückständen dazu führen kann, dass die Vertragsverletzung nicht mehr erheblich ist (vgl. auch LG Düsseldorf, DWW 1994, 104).

3.4.2 Ständig unpünktliche Mietzahlung

Zu **welchem Zeitpunkt** der Mieter seiner vertraglichen Pflicht nach § 535 Abs. 2 nach- 12
zukommen hat, ergibt sich aus § 556b Abs. 1 oder § 579 oder aus einer **gesonderten Vereinbarung im Mietvertrag** (Zahlung monatlich im Voraus, spätestens am dritten Werktag des Monats, wobei es für die Rechtzeitigkeit der Zahlung auf die Ankunft bzw. Gutschrift des Betrags beim Vermieter ankommt). Eine **ständige unpünktliche Mietzahlung**, d.h. Zahlung jeweils erst nach dem Fälligkeitstermin, kann zum Recht der **fristlosen Kündigung** nach § 543 führen (schuldhafte Vertragsverletzung, dem Vermieter kann die Fortsetzung des Mietverhältnisses nicht zugemutet werden), auch wenn kein die fristlose Kündigung nach § 543 rechtfertigender Rückstand erreicht wird. Neben der Möglichkeit der fristlosen Kündigung besteht aber **auch das Recht der fristgemäßen Kündigung wegen ständig unpünktlicher Mietzahlung**. Die Abgrenzung im Einzelfall hat innerhalb der Tatbestandsvoraussetzung der erheblichen Vertragsverletzung zu erfolgen, wobei die Anforderungen insofern geringer sind als im Rahmen des Tatbestandsmerkmals der Unzumutbarkeit in § 543 (vgl. OLG Oldenburg, RE vom 18.7.1991 = WuM 1991, 467 – nicht im Leitsatz, sondern in der Einzelbegründung; vgl. auch Palandt/Weidenkaff, § 564b Rn. 36).

3.4.3 Unbefugte Gebrauchsüberlassung

Die unbefugte Gebrauchsüberlassung der Mietsache an einen Dritten kann zum Recht der 13
fristlosen Kündigung nach § 543 führen. Daneben besteht auch das Recht der fristgemäßen Kündigung nach § 573 Abs. 2 Nr. 1. Auch hier kommt es auf die Einzelbeurteilung als erhebliche Vertragsverletzung an (vgl. im Einzelnen BayObLG, RE vom 26.4.1995 = GE 1995, 693 = ZMR 1995, 301). Hier ist der Unterschied zur fristlosen Kündigung nach § 543 insofern zu beachten, als im Rahmen des § 543 der Mieter der fristlosen Kündigung des Vermieters unter Umständen im Rahmen eines Einwands der unzulässigen Rechtsausübung ein Recht auf Untervermietung nach § 553 Abs. 1 entgegenhalten kann mit der Folge, dass Räumung nicht begehrt werden kann (BayObLG, GE 1990, 43), während dies bei der ordentlichen Kündigung wegen unbefugter Gebrauchsüberlassung nach § 573 Abs. 2 Nr. 1 nicht der Fall ist. Allerdings können die Gründe, die den Mieter dazu bestimmen, ohne vorherige Einholung der Erlaubnis des Vermieters einem Dritten den Gebrauch der Mieträume zu überlassen, vielfältig sein; sie können vom Rechtsirrtum

bis zur bewussten Missachtung des Vermieterwillens reichen. Daher kann der Umstand, dass der Mieter einen Anspruch auf Untermieterlaubnis nach § 553 Abs. 1 hat, im Fall der ordentlichen Kündigung des Vermieters im Einzelfall dazu führen, die nicht unerhebliche Pflichtverletzung zu verneinen. Jedoch reicht der Anspruch auf Untermieterlaubnis für sich genommen nicht ohne weiteres aus, um die in der unbefugten Gebrauchsüberlassung liegende Pflichtwidrigkeit als unerheblich zu bewerten oder ein Verschulden des Mieters zu verneinen (vgl. BayObLG, RE vom 26.4.1995 a.a.O.). Dadurch ist die Beurteilungsmöglichkeit recht eingeengt; nur Ausnahmefälle können rechtfertigen, keine unerhebliche Vertragsverletzung anzunehmen.

3.4.4 Vertragswidriger Gebrauch, Belästigung des Vermieters oder anderer Mieter

14 Die genannten Gründe können sowohl die fristlose Kündigung nach § 543 als auch die ordentliche Kündigung nach § 573 Abs. 2 Nr. 1 rechtfertigen (vgl. im Einzelnen Emmerich/Sonnenschein, § 564b Rn. 29, 30; Palandt/Weidenkaff, § 564b Rn. 38–40). Auch hier kommt es jeweils darauf an, ob eine nicht unerhebliche Vertragsverletzung vorliegt, die zudem schuldhaft auf Seiten des Mieters sein muss.

3.5 Abmahnungserfordernis

15 Eine fristlose Kündigung **wegen Zahlungsverzugs** nach § 543 setzt **keine Abmahnung** voraus. Denn der Schuldner kommt ohne Mahnung in Verzug, wenn er nicht zu einer bestimmten Zeit leistet (§ 284 Abs. 2 Satz 1; ab 1.1.2002: § 286 Abs. 2 Nr. 1 i.d.F. des SchuldRModG).

Die fristlose Kündigung wegen **vertragswidrigen Gebrauchs** der Mietsache oder Pflichtverletzung nach § 543 Abs. 2 Nr. 2 **setzt eine Abmahnung** des Vermieters **voraus** (§ 543 Abs. 3). Das gilt auch für die ständig unpünktliche Mietzahlung als Kündigungsgrund.

Von der Erforderlichkeit einer Abmahnung ist bei der Kündigung nach § 573 Abs. 1, Abs. 2 Nr. 1 nicht die Rede. Daher ist für die ordentliche Kündigung wegen nicht unerheblicher Vertragsverletzung grundsätzlich **keine Abmahnung erforderlich** (vgl. auch OLG Oldenburg, RE vom 18.7.1991 = WuM 1991, 467 = ZMR 1991, 427 für den Fall der Kündigung wegen anhaltender unpünktlicher Mietzahlungen). Dennoch kann die mangelnde Abmahnung im Einzelfall dazu führen, dass eine schuldhafte nicht unerhebliche Vertragsverletzung nicht angenommen werden kann. Denn in Fällen vorheriger Abmahnung mit Hinweis auf die sonst erfolgende Kündigung kann die nicht unerhebliche Vertragsverletzung dann eher angenommen werden als beispielsweise in Fällen von weniger Zahlungsunpünktlichkeiten geringeren Umfangs, wenn eine Wiederholungsgefahr nicht auf der Hand liegt (so OLG Oldenburg, a.a.O.). Danach muss nach den Gesamtumständen aufgrund richterlicher Überzeugungsbildung anhand der Kriterien „schuldhafte, nicht unerhebliche Pflichtverletzung" festgestellt werden, ob eine ausgesprochene Kündigung durchgreift oder ob sie letztlich daran scheitert, dass das Verhalten des Mieters nicht oder in nicht ausreichender Weise als künftig nicht hinzunehmen abgemahnt worden ist.

Im Hinblick auf ein insgesamt zu beobachtendes zögerliches Verhalten der Instanzgerichte, eine ordentliche Kündigung nach § 573 Abs. 1, Abs. 2 Nr. 1 durchgreifen zu lassen, wenn nicht auch die Voraussetzungen für eine fristlose Kündigung vorliegen, ist eine **vorherige Abmahnung** des Verhaltens des Mieters **anzuraten**, ehe die Kündigung ausgesprochen wird. Auszunehmen sind hier jedoch die Fälle des Zahlungsverzugs, da selbst § 543 Abs. 2 Nr. 3 keine Abmahnung voraussetzt.

Die Abmahnung muss den beanstandeten vertragswidrigen Gebrauch so genau bezeichnen, dass sich der Mieter auch danach richten und sein Verhalten einstellen kann (vgl. Emmerich/Sonnenschein, § 553 Rn. 3). Wenn es sich um einen konkret vertragswidrigen Gebrauch handelt, ist die Abmahnung unproblematisch, da sie das bestimmte Verhalten kennzeichnen muss. Bei wiederkehrenden Verhaltensweisen des Mieters, wie z.B. ruhestörender Lärm, Verschmutzungen, Beschädigungen, reicht es nicht aus, den Mieter allgemein aufzufordern, sich der Hausordnung gemäß zu verhalten. Die **Abmahnung muss substanziiert sein**, damit der Mieter sich auch entsprechend einstellen kann. Sie muss konkret sein und die Beanstandungen genau bezeichnen. Allerdings muss die Abmahnung nicht datumsmäßig und stundenweise einzelne Vorfälle aufzeichnen, sondern nur die Grundbeanstandung nennen (die genaue Konkretisierung muss dann allerdings im Prozess erfolgen, da die einzelnen Vorfälle nachvollzogen werden müssen und auch der verklagte Mieter die Gelegenheit haben muss, durch Gegendarstellung im Einzelnen zu reagieren).

Zwischen Abmahnung und Kündigung muss ein ausreichender Zeitraum sein, da der Mieter Gelegenheit haben muss, sein Verhalten umzustellen. Wie lange diese Frist zu bemessen ist, hängt vom Einzelfall ab. Auf der anderen Seite darf der Zeitraum zwischen der Abmahnung und Kündigung nicht so lang sein, dass die Schlussfolgerung gerechtfertigt ist, der Vermieter habe auf sein Recht zur Kündigung nach Abmahnung inzwischen verzichtet und nehme das Verhalten des Mieters nunmehr hin.

Muster
Abmahnung →[✪ 573-1]

...

Name, Anschrift   Datum
(Vermieter)

An

...

Name, Anschrift
(Mieter)

Betreff: Abmahnung wegen ständig unpünktlicher Mietzahlung und ruhestörenden Lärms

Sehr geehrte(r) Frau/Herr ...,
als Vermieter Ihrer Wohnung habe ich festgestellt, dass Sie
1. Ihre Miete ständig unpünktlich zahlen,
2. ständig übermäßigen Lärm im Hause verursachen.

Zu 1.
Laut Mietvertrag sind Sie verpflichtet, die Miete monatlich im Voraus, spätestens am dritten Werktag des Monats an mich zu zahlen. Dieser Pflicht sind Sie in der Vergangenheit insofern nicht nachgekommen, als Sie die Miete ständig unpünktlich an wechselnden Tagen im Laufe des Monats zahlen. So haben Sie im vergangenen Monat die Miete erst am 15. des Monats bezahlt, im Monat davor am 23. und davor am 27. Ich bin nicht bereit, diese Unpünktlichkeit hinzunehmen, und fordere Sie nachdrücklich auf, die Miete vertragsgerecht laut Mietvertrag zu begleichen.

Zu 2.
Nicht nur ich, sondern weitere Mieter des Hauses haben festgestellt, dass Sie in der letzten Zeit oft nachts im Treppenhaus singen, schreien, grölen, wobei dahinstehen mag, ob dies auf übermäßigen Alkoholgenuss oder Ähnliches zurückzuführen ist. Dies geschah z.B. vorgestern am ... gegen Mitternacht und zwei Tage zuvor um 3 Uhr morgens und auch schon an mindestens sechs Tagen in den Vormonaten. Ich bin nicht bereit, dieses Verhalten hinzunehmen, und fordere Sie auf, diese Ruhestörungen zu unterlassen.
Diese Abmahnung gibt Ihnen Gelegenheit, Ihr Verhalten zu ändern. Anderenfalls sehe ich mich genötigt, das Vertragsverhältnis zu beenden und die fristlose und/oder fristgemäße Kündigung auszusprechen.

Hochachtungsvoll
...
(Unterschrift)

4. Eigenbedarf – § 573 Abs. 2 Nr. 2
4.1 Allgemeines

16 Die Rechtsprechung zum Eigenbedarf ist als Einzelfallrechtsprechung so vielfältig und differenziert, dass vorliegend nur eine Strukturierung erfolgen soll, wegen vieler Einzelbeispiele auf die Hinweise in Großkommentaren Bezug genommen wird (vgl. aber auch Sternel, Mietrecht aktuell, Rn. 980 ff. mit weiteren Literaturangaben). Im Übrigen wird die Rechtsprechung der Fachgerichte inzwischen „weitgehend von der Rechtsprechung des Bundesverfassungsgerichts bestimmt" (so zutreffend Palandt/Weidenkaff, § 564b Rn. 42; Lammel, NJW 1994, 3320; Gather, DWW 1994, 97).
Zwei Gründe bedingen offenbar die „Flut" von Verfassungsbeschwerden:
– Die Eigenbedarfskündigung bietet einen wesentlichen Einschnitt in den Kündigungsschutz des sozialen Mietrechts, gegen den sich ein Mieter im Hinblick auf Art. 14 GG zugunsten des Vermieters schwer wehren kann.
– Da der Selbstnutzungswunsch des Vermieters auf inneren Überlegungen beruht, die objektiv häufig schwer nachzuvollziehen sind, besteht die hohe Gefahr des Rechtsmissbrauchs mit vorgeschobenen Kündigungen wegen Eigenbedarfs, die einen ganz anderen Hintergrund haben.

Demgemäß sind die Fachgerichte in der Beurteilung von Eigenbedarfskündigungen besonders „zurückhaltend". (Die Schadensersatzklagen wegen unberechtigter Eigenbedarfskündigung sprechen eine deutliche Sprache!) Das führt des Weiteren dazu, dass bei der Eigenbedarfskündigung der Vermieter schon im Kündigungsschreiben sehr substanziiert begründen und später in einer entsprechenden Klageschrift umfangreich vortragen muss, damit die Kündigung nach Bestreiten durch den Mieter einer Nachprüfung standhalten kann. Im Rahmen der entsprechenden Verfassungsbeschwerden überprüft das Bundesverfassungsgericht die fachgerichtliche Entscheidung im Hinblick auf die fehlerfreie Anwendung des Art. 14 GG zum Eigentumsrecht des Vermieters und Besitzrecht des Mieters im Sinne verfassungsrechtlichen Eigentums, ferner über Art. 3 Abs. 1 GG die Einhaltung des Willkürverbots. Danach ist ein Richterspruch nur dann willkürlich, wenn er unter keinem denkbaren Aspekt rechtlich vertretbar ist und sich daher der Schluss aufdrängt, dass er auf sachfremden Erwägungen beruht, was anhand objektiver Kriterien festzustellen ist (so genannte objektive Willkür). Willkür liegt dann vor, wenn die Rechtslage in krasser Weise verkannt wird. Das führt dazu, dass das Bundesverfassungsgericht in diesem Zusammenhang die Einhaltung einfach-rechtlicher, mietrechtlicher Grundsätze überprüft (daher der Eindruck über das Bundesverfassungsgericht als „Oberstes Mietgericht").

Die Fachgerichte gehen zur Entscheidung eines Streitfalles nach folgendem Schema vor, 17 anhand dessen dargestellt werden soll, welche Partei bei einer Eigenbedarfskündigung welche Tatsachen vortragen muss:
- Die **Klage** muss **schlüssig** sein, d.h., der Vortrag des Klägers muss die vom Kläger begehrte Rechtsfolge rechtfertigen, wobei zunächst die Behauptungen (Angabe von Tatsachen) des Klägers als wahr unterstellt werden. Sind schon nach dem eigenen Vortrag des Klägers die Tatbestandsvoraussetzungen nicht erfüllt, muss die Klage abgewiesen werden, ohne dass es auf ein Bestreiten oder weiteren Vortrag des Beklagten ankommt.
- Ist die Klage schlüssig, müssen die **Einwendungen** (Behauptung von Tatsachen) des Beklagten daraufhin überprüft werden, ob sie **erheblich** sind, d.h. geeignet sind, den geltend gemachten Anspruch des Klägers zu Fall zu bringen. Auch in diesem Zusammenhang werden die Behauptungen des Beklagten zunächst als wahr unterstellt. Sind die Einwendungen des Beklagten unerheblich, muss der geltend gemachte Anspruch dem Kläger zugesprochen werden, ohne dass es auf eine Beweisaufnahme über die gegensätzlichen Tatsachenbehauptungen ankommt.
- Ist die Klage schlüssig und sind die Einwendungen des Beklagten erheblich, tritt das Gericht in die **Beweisaufnahme** ein. Je nach Ergebnis der Beweisaufnahme nach Würdigung der Beweismittel (z.B. Würdigung von Zeugenaussagen) wird der geltend gemachte Anspruch zuerkannt oder die Klage abgewiesen. In diesem Zusammenhang ist es auch von Bedeutung, wer die Beweislast hat, demnach die Last des fehlenden Beweises zu tragen hat.

Wie umfangreich eine Partei in tatsächlicher Hinsicht (Angabe von Fakten) vortragen muss, hängt jeweils vom Vortrag der Gegenseite ab. Zum Beispiel zwingt die Behauptung des beklagten Mieters, dem Vermieter stehe eine gleichwertige freie Wohnung zur Verfügung, mit der er den Eigenbedarf decken könne, den Vermieter dazu, nähere Angaben zur Wohnungssituation im Hause zu machen. Tut er das nicht, muss das Gericht davon ausgehen, dass tatsächlich eine gleichwertige freie Wohnung zur Verfügung steht, und muss die Räumungsklage wegen Eigenbedarfs abweisen, obwohl die Klage (zunächst) schlüssig war.

4.2 Schlüssigkeit der Eigenbedarfsklage
4.2.1 Kündigungsschreiben

18 Bisher galt § 564a, wonach ein schriftliches Kündigungsschreiben erforderlich war, in dem die **Gründe** der Kündigung **angegeben werden sollten.** Im Hinblick auf § 564b Abs. 3 a.F., wonach als berechtigte Interessen des Vermieters nur die Gründe berücksichtigt wurden, die in dem Kündigungsschreiben angegeben waren (soweit sie nicht nachträglich entstanden), wurde von der Instanzrechtsprechung die Substanziierungspflicht, d.h. die Pflicht zum konkreten Tatsachenvortrag, in das Kündigungsschreiben verlagert. Nach der Rechtsprechung des Bundesverfassungsgerichts (vgl. BVerfG, NJW 1992, 1877 und 2411) darf zwar für das Kündigungsschreiben nicht zu viel verlangt und die Kündigung nicht unzumutbar erschwert werden, so dass die Instanzgerichte immer wieder aufgefordert werden, keine zu hohen Anforderungen an das Kündigungsschreiben zu stellen (vgl. Palandt/Weidenkaff, § 564b Rn. 22). Nunmehr gilt § 573 Abs. 3, wonach die Gründe für ein berechtigtes Interesse des Vermieters in den Kündigungsschreiben anzugeben sind, andere Gründe nur berücksichtigt werden, soweit sie nachträglich entstanden sind. Gerade beim Eigenbedarf muss jedoch der Mieter in die Lage versetzt werden, die Gründe des Vermieters nachzuvollziehen, um entweder dem Eigenbedarfswunsch nachzukommen oder entsprechenden Gegenvortrag zu bringen (BVerfG, GE 1998, 852 = WuM 1998, 463 = DWW 1998, 242: Das Begründungserfordernis dient dem berechtigten Informationsbedürfnis des Mieters; weiterer Vortrag ist erst nach Bestreiten des Mieters im Prozess nachzuholen). Es muss sich demnach aus dem **Kündigungsschreiben ausreichend** ergeben, dass ein ernsthafter, vernünftiger und nachvollziehbarer Erlangungswunsch des Vermieters besteht und die weiteren Voraussetzungen des Tatbestands erfüllt sind. Das bedeutet, dass der Vermieter in diesem Zusammenhang auch persönliche Umstände darlegen muss, die ansonsten keinen Außenstehenden etwas angehen, aber eben den Selbstnutzungswunsch des Vermieters begründen und ihn nachvollziehbar machen. Es empfiehlt sich daher schon für das Kündigungsschreiben eine dezidierte Darstellung (vgl. Palandt/Weidenkaff, § 564b Rn. 22 mit Rechtsprechungsnachweisen zur Instanzrechtsprechung).

4.2.2 Benötigen

19 Es handelt sich um einen objektiv nachprüfbaren unbestimmten Rechtsbegriff dahin gehend, dass der Vermieter die Wohnung zur Vermeidung von anderweitigen Nachteilen braucht. Andererseits reicht lediglich der Wunsch und Wille, die Wohnung für sich oder andere berechtigte Personen zu nutzen (vgl. Gesetzesfassung nach § 575 Abs. 1 Nr. 1), nicht aus. Der Vermieter muss einen **ernsthaften, vernünftigen** und **nachvollziehbaren Erlangungswunsch** haben (vgl. grundlegend BGHZ 103, 91 = NJW 1988, 904 – aus verfassungsrechtlicher Sicht BVerfGE 79, 292 [305] = NJW 1989, 970). Dabei ist im Hinblick auf Art. 14 Abs. 1 GG der Wille des Eigentümers zu respektieren. Das Gericht darf nicht seine oder allgemeine Vorstellungen zum Bedarf an die Stelle derjenigen des

Vermieters setzen, Notfall, Mangel oder Zwangslage müssen nicht vorliegen (BVerfG, NJW 1994, 309). Die entwickelten Begriffe zur Beurteilung der Tatbestandsvoraussetzungen „benötigen" werden von der höchstrichterlichen Rechtsprechung sehr weit gefasst, was auch für den Begriff der Vernünftigkeit gilt, so dass auch hier die Instanzgerichte nicht ihren Begriff von Vernünftigkeit an die Stelle dessen des Vermieters setzen dürfen. Das führt im Ergebnis dazu, dass die **Abgrenzung** im Wesentlichen nur (noch) **zum Missbrauch** erfolgen kann (vgl. die umfangreiche Judikatur in Palandt/Weidenkaff, § 564b Rn. 46; Emmerich/Sonnenschein, § 564b Rn. 42a und b).

4.2.3 Berechtigte
Vermieter
Wer Vermieter ist, ergibt sich aus dem Mietvertrag. Bei einer Mehrheit von Vermietern reicht es, wenn der Eigenbedarf nur für einen Vermieter besteht (LG Hamburg, DWW 1991, 189; OLG Karlsruhe, NJW 1990, 3278; h. M.). 20

Familienangehörige oder Angehörige des Haushalts
Der bisherige Kündigungsgrund aus § 564b Abs. 2 Nr. 2 a.F. ist sprachlich überarbeitet worden. Der Begriff „Angehörige seines Haushalts" entspricht der einheitlichen Terminologie im neuen Mietrecht. Gemeint sein sollen wie bisher Personen, die dauerhaft dem Haushalt des Vermieters angehören, z.B. der Lebenspartner des Vermieters (vgl. dazu Emmerich/Sonnenschein, § 564b Rn. 35), mit dem er „einen auf Dauer angelegten gemeinsamen Haushalt führt", Pflegekinder oder Kinder des Lebenspartners. Im Vordergrund steht der soziale Kontakt mit der damit verbundenen sozialen Verantwortlichkeit (vgl. z.B. LG Mainz, WuM 1991, 554; AG Frankfurt/Main, WuM 1991, 108; siehe auch Steinig, GE 1996, 1206). Haushaltsangehörige sind also die Personen, die längere Zeit auf Dauer in den Haushalt des Vermieters aufgenommen sind und mit ihm in enger Hausgemeinschaft leben. 21

Der Begriff des Familienangehörigen ist im Gesetz nicht definiert, auch nicht im übrigen BGB. Allgemein wird in der Familie die Gesamtheit der durch Ehe- und Verwandtschaft verbundenen Personen gesehen (vgl. BVerwG, FamRZ 1977, 541), wobei man Familie im engeren Sinne (Ehegatten und die gemeinsamen Kinder) und im weiteren Sinne unterscheidet. Die Familienangehörigen, wegen derer Eigenbedarf geltend gemacht wird, müssen wie bisher nicht im Haushalt des Vermieters gelebt haben. In der Begründung des Regierungsentwurfs wird darauf hingewiesen, dass gerade durch die Umstellung beider Personengruppen im Satzgefüge stärker als bisher dies deutlich werde. Folgende Personen werden von der Rechtsprechung allgemein als Familienangehörige behandelt, wobei die Anwendung des § 8 Abs. 2 II. WoBauG (ab 1.1.2002: II. WoBauG aufgehoben, BTDrucks. 459/01 = Gesetz zur Reform des Wohnungsbaurechts vom 22.5.2001 – dann § 18 Abs. 2 WoFG, der Haushaltsangehörige definiert) abgelehnt wird:

Ehegatte, Eltern und Kinder (LG Kaiserslautern, MDR 1982, 56; OLG Karlsruhe, NJW 1982, 889; LG Berlin, MDR 1989, 1104);
Stiefkinder (LG Aschaffenburg, DWW 1989, 363; LG München, WuM 1990, 23);
Nichten und Neffen (LG Münster, NJW-RR 1991, 1356; LG Wiesbaden, NJW-RR 1995, 782; vgl. aber auch LG München, WuM 1991, 107);
Bruder/Schwester (LG Berlin, GE 1995, 495);
Schwiegereltern (LG Köln, WuM 1994, 541);

Cousin und Cousine (OLG Braunschweig, GE 1994, 217: erforderlich enge persönliche Bindungen zum Vermieter).
Bei Schwägerschaft ist die Rechtsprechung zurückhaltend (OLG Oldenburg, NJW-RR 1993, 526 = GE 1993, 649). Eine generelle Festlegung lässt sich bei der weitläufigen Verwandtschaft nicht treffen; vielmehr kommt es auf den schon genannten sozialen Kontakt zwischen Vermieter und Angehörigen an. Dies gilt auch für den Haushaltsange-hörigen, wobei für solche Personen nicht Eigenbedarf geltend gemacht werden kann, die nunmehr erst in den Hausstand aufgenommen werden sollen.

4.2.4 Weitere Voraussetzungen
22 **Weitere Tatbestandsvoraussetzungen** normiert das Gesetz **nicht**. Demgemäß muss der Vermieter in der Kündigung und (zunächst) in der entsprechenden Klageschrift auch nicht zu Tatsachen Stellung nehmen, die eine Eigenbedarfskündigung ausschließen können (z.B. vorhandene Alternativwohnungen, vorhersehbarer Bedarf zum Zeitpunkt des Abschlusses des Mietvertrags). Ergeben sich allerdings Ausschlussgründe aus seinem eigenen Vortrag bzw. den Umständen des Falles, wird dadurch der geltend gemachte Anspruch nach eigenem Vortrag des Klägers/Vermieters unschlüssig, es sei denn, aus dem weiteren Vortrag ergibt sich, dass Ausschlussgründe tatsächlich nicht vorliegen. Das verdeutlicht sich anhand folgenden Beispiels:
Der Mieter (fünfköpfige Familie) ist im Besitz einer 180 m^2 großen, bestens ausgestatte-ten Altbauwohnung (zu einem günstigen Mietpreis). Der Vermieter macht für seinen volljährig gewordenen Sohn, der bisher mit den Eltern in deren 8 Zimmern mit insgesamt 250 m^2 gewohnt hat, Eigenbedarf geltend, damit der Sohn (Student) einen eigenen Haus-stand gründen kann – von Familiengründung und dergleichen ist nicht die Rede.
Die Gerichte haben zwar nicht in die Lebensplanung des Vermieters einzugreifen, son-dern diese zu respektieren (vgl. z.B. BVerfG, WuM 1994, 183). Daher kann Eigenbedarf geltend gemacht werden, selbst wenn ein Kind bei den Eltern bisher ausreichend unter-gebracht ist (BGHZ 103, 91). Die Geltendmachung eines **weit überhöhten Wohnbe-darfs** wird jedoch der Bedeutung und Tragweite von Art. 14 Abs. 1 Satz 1 GG nicht gerecht. Ein überhöhter Wohnbedarf ist im Einzelfall festzustellen, wobei herausgestellt werden muss, dass es sich um einen weit überhöhten Bedarf handeln muss (vgl. BVerfG, WuM 1990, 480 zu LG Frankfurt/Main, WuM 1990, 479; vgl. auch Sternel, Mietrecht aktuell, Rn. 1063 mit Rechtsprechungsbeispielen).
Das vorliegende Beispiel ergibt einen weit überhöhten Wohnbedarf, so dass die Kündi-gung unwirksam ist, weil die Gründe unschlüssig sind. Etwas anderes könnte nur dann gelten, wenn auf Vermieterseite vorgetragen werden könnte, dass der Sohn in der gekün-digten Wohnung einen eigenen Hausstand gründen möchte, er bereits verlobt und das Aufgebot bestellt sei, der Sohn überdies ein eigenes Arbeitszimmer brauche, das auf-grund technischer Ausstattung (Computer und dgl. als Informatikstudent) eine bestimmte Größe haben müsse.

4.3 Erhebliche Einwendungen des Mieters
23 Gründe, die eine Eigenbedarfskündigung ausschließen, hat der Mieter einzuwenden (vgl. BVerfG, GE 1993, 796 [797]: „... kann der Mieter beanspruchen, dass das Gericht hier-gegen gerichteten Einwänden in einer Weise nachgeht, die der Bedeutung und Tragweite

seines Bestandsinteresses gerecht werden ..."). Hierzu ist allerdings prozessual zu unterscheiden, ob in Anwendung des § 138 ZPO so genanntes einfaches Bestreiten genügt mit der Folge, dass die Gegenseite zum Beweis gezwungen wird, oder ob erst nach einem substanziierten Bestreiten des Mieters sich die Frage des Beweises stellt.

4.3.1 Ernsthafter Nutzungswunsch

Die Ernsthaftigkeit des Selbstnutzungswunsches ist eine innere Tatsache. Für ihn können   24
zwar Hilfstatsachen sprechen (z.B. zielgerichtete Vorbereitungsmaßnahmen für einen entsprechenden Umzug). Letztlich handelt es sich jedoch um Umstände, die eigener Wahrnehmung durch den Mieter nicht zugänglich sind. Es **reicht** daher ein so genanntes **einfaches Bestreiten** des Mieters (§ 138 Abs. 4 ZPO), selbst wenn dieses Bestreiten seine Grundlage in Vermutungen hat (BVerfG, NJW 1990, 3259 [3260]). Dies führt zur Beweispflicht durch den Vermieter (BVerfG, ZMR 1995, 150 = GE 1995, 1003). Das Gericht hat in einem derartigen Fall demnach die vom Vermieter angebotenen Beweise (für die innere Tatsache der subjektiven Umzugsabsicht der Eigenbedarfsperson) zu erheben. Das wird zumeist durch Zeugenbeweis geschehen.

Der Mieter braucht sich naturgemäß nicht auf einfaches Bestreiten zu beschränken, sondern **kann substanziiert einwenden**, z.B. auf früher vorgetäuschten Eigenbedarf verweisen (LG Karlsruhe, ZMR 1989, 427), wechselnde Einlassungen des Vermieters in Vorprozessen anführen (LG Frankfurt/Main, WuM 1989, 517; LG München, WuM 1990, 346), substanziiert behaupten, dass der Vermieter ihm die Wohnung vor der Eigenbedarfskündigung zum Kauf angeboten oder einem Makler zum Verkauf an die Hand gegeben habe. Diese Umstände können gegen die Ernsthaftigkeit des Selbstnutzungswunsches sprechen. Der substanziierte Vortrag zwingt den Vermieter seinerseits zur Substanziierung des Eigenbedarfs. Die Einwendungen des Mieters sind erheblich. Im Rahmen der freien Beweiswürdigung nach § 286 ZPO hat das Gericht den geltend gemachten Eigenbedarf zu beurteilen.

4.3.2 Alternativwohnung

Der Einwand, es stehe eine andere Wohnung zur Befriedigung des Eigenbedarfs zur   25
Verfügung, ist dann erheblich, wenn der geltend gemachte Wohnbedarf ohne wesentliche Abstriche in der anderen Wohnung befriedigt werden könnte (BVerfGE 83, 82 [86]). Die Einwendung des Mieters zwingt den Vermieter, seinerseits substanziiert vorzutragen, ob die in Bezug genommene Wohnung frei war oder ist, inwiefern sie seinen Bedarf nicht zu decken geeignet ist.

An dieser Stelle ist wiederum festzuhalten, dass die Gerichte nicht in die Lebensplanung des Vermieters, auch nicht in die finanzielle Planung (andere Mieteinnahmen bei der Alternativwohnung) eingreifen dürfen, es sei denn, das Verhalten des Vermieters stellt sich als rechtsmissbräuchlich dar, was im Einzelfall zu entscheiden ist (vgl. für einzelne Beispiele Sternel, Mietrecht aktuell, Rn. 1042 ff.).

Dem Vermieter obliegt es für den Fall, dass die Alternativwohnung seinen Bedürfnissen nicht entsprechen sollte, diese Wohnung dem Mieter anzubieten bzw. auf einen Anmietungswunsch des Mieters einzugehen (OLG Karlsruhe, RE vom 27.1.1993 = NJW-RR 1993, 660 = ZMR 1993, 159 = GE 1993, 369). Allerdings ist der Vermieter nicht gehindert, die Wohnung nur zum ortsüblichen Mietpreis anzubieten (OLG Karlsruhe, a.a.O.)

oder die Alternativwohnung zu verweigern, wenn er sie anderweitig benötigt (z.B. Hausmeisterwohnung).

Urteile, die dem Mieter ein **Recht auf Grundbucheinsicht** (BayObLG, WuM 1993, 135; LG Mannheim, WuM 1992, 130) oder einen **Auskunftsanspruch** (LG Berlin, NJW-RR 1994, 850) mit dem Ziel der Überprüfung anderweitigen Grundbesitzes des Vermieters zubilligen, können **nicht generalisiert werden.** Im Einzelfall kann jedoch nach substanziiertem Vortrag des Mieters zu anderen freien Wohnungen des Vermieters (Vortrag darf nicht „ins Blaue hinein" erfolgen) unter Verweigerung des Vermieters, dazu entsprechend substanziiert vorzutragen, dazu führen, die Behauptungen des Mieters in Anwendung des § 138 ZPO als unstreitig anzusehen mit der Folge, dass der geltend gemachte Eigenbedarf als missbräuchlich anzusehen ist.

4.3.3 Vorhersehbarer Eigenbedarf

26 Der Einwand des Mieters, der Vermieter habe den Mietvertrag geschlossen, obwohl zu diesem Zeitpunkt die geltend gemachten Eigenbedarfsgründe schon vorgelegen hätten, ist **erheblich** (LG Karlsruhe, WuM 1988, 276; LG Heidelberg, NJW-RR 1991, 1164; umstritten, siehe auch LG Münster, NJW-RR 1990, 1354; LG Berlin, GE 1998, 619: Vermieter hätte Zeitmietvertrag nach § 564c Abs. 2 a.F., jetzt § 575 abschließen können), jedenfalls verfassungsrechtlich nicht zu beanstanden und einfach-rechtlich durch den Vertrauensgrundsatz (§ 242) gerechtfertigt (vgl. BVerfG, NJW-RR 1993, 1357 = ZMR 1993, 305 = GE 1993, 973 [975]). Allerdings ist auch in diesem Zusammenhang jeweils zu beurteilen, ob zum Zeitpunkt des Mietvertragsabschlusses die Planung des Vermieters alle Umstände schon einbeziehen konnte und musste (vgl. BVerfG, a.a.O.; BVerfG, GE 1993, 851). So wird dem zum Zeitpunkt des Abschlusses des Mietvertrags schon pflegebedürftigen Vermieter bei einer Jahre später ausgesprochenen Eigenbedarfskündigung (Pflegepersonen in unmittelbarer Nähe des Vermieters) nicht „vorgeworfen" werden können, dass der Eigenbedarf vorhersehbar gewesen sei, wenn die Lebensplanung nachvollziehbar dahin ging, zunächst ohne fremde Hilfe auszukommen.

4.3.4 Vorratskündigung

27 Eine so genannte Vorratskündigung ist **grundsätzlich unzulässig** (BVerfG, NJW 1990, 3259). Allerdings ist die Vorratskündigung von der grundsätzlich zulässigen Kündigung wegen Vorhersehbarkeit des Bedarfs abzugrenzen; dafür müssen aber konkrete Tatsachen bereits vorliegen (zu erwartender Pflegebedarf eines gebrechlichen Menschen; heranwachsende Kinder; vgl. Sternel, Mietrecht aktuell, Rn. 1068, 1069).

4.3.5 Wegfall des Eigenbedarfs

28 Grundsätzlich müssen die Kündigungsgründe (nur) zum Zeitpunkt der Kündigungserklärung vorliegen. So kann z.B. eine Kündigung nach § 543 nicht (jedenfalls nicht ohne weiteres) durch späteres Wohlverhalten des Mieters geheilt werden. Eine Ausnahme besteht allerdings nach § 569 Abs. 3. Bei der Eigenbedarfskündigung müssen die Eigenbedarfsgründe jedoch **noch zum Zeitpunkt der letzten mündlichen Verhandlung vorliegen** mit der Folge, dass der Vermieter den Wegfall des Eigenbedarfs zu einem Zeitpunkt davor anzeigen muss (OLG Karlsruhe, RE vom 7.10.1981, NJW 1982, 54 = GE 1981, 1109: bevor die Kündigungsfrist abgelaufen ist und der Mieter die Wohnung

geräumt hat). Dementsprechend muss der Vermieter auch noch nach der Kündigung eine entsprechend frei werdende Alternativwohnung entweder dem Mieter anbieten oder selbst übernehmen.

Ob eine entsprechende Anzeige- bzw. Benachrichtigungspflicht auch noch **nach der letzten mündlichen Verhandlung** besteht (bis zur Rechtskraft, bis zur Räumung, auch noch nach Räumung und Rechtskraft), ist für das Räumungsurteil nicht (mehr) entscheidend, sondern nur wegen eines etwaigen Schadensersatzanspruchs wegen unberechtigter Eigenbedarfskündigung von Belang.

Bei der freiwilligen Räumung der Wohnung durch den Mieter nach erfolgter Eigenbedarfskündigung gibt es den Zeitpunkt der letzten mündlichen Verhandlung nicht. Hier kommt es auf den Zeitpunkt des Abschlusses einer Räumungsvereinbarung bzw. bei Fehlen einer derartigen Vereinbarung auf die Räumungsfrist bzw. tatsächliche Räumung (wenn diese später erfolgt) an.

4.4 Schadensersatz wegen unberechtigter Eigenbedarfskündigung

Anspruchsgrundlage ist die positive Vertragsverletzung (pVV; ab 1.1.2002: § 280 i.d.F.   29 des SchuldRModG); in Betracht kommen kann aber auch ein Anspruch aus unerlaubter Handlung nach § 823 Abs. 2 i.V.m. § 263 StGB (Betrug), aber auch § 826. Der Schadensersatzanspruch setzt eine objektive, rechtswidrige Verletzungshandlung voraus. Darüber hinaus muss Verschulden (Vorsatz oder Fahrlässigkeit) des Vermieters vorliegen. Der beim Mieter eintretende Schaden muss durch die **Verletzungshandlung verursacht** worden sein, wobei zwischen der haftungsbegründenden Kausalität (Ursachenzusammenhang zwischen Verhalten des Vermieters und der eingetretenen Rechtsgutverletzung) und der haftungsausfüllenden Kausalität (Ursachenzusammenhang zwischen Rechtsgutverletzung und tatsächlich eingetretenem Schaden insbesondere auch der Höhe nach) zu unterscheiden ist. Nach der im Zivilrecht herrschenden Adäquanztheorie muss die Handlung des Schädigers (Vermieters im vorliegenden Fall) im Allgemeinen und nicht nur unter besonders eigenartigen, unwahrscheinlichen und nach dem gewöhnlichen Verlauf der Dinge außer Betracht zu lassenden Umständen geeignet sein, den Schaden in der konkreten Form herbeizuführen (vgl. grundsätzlich Palandt/Heinrichs, Vorbemerkung vor § 249 Rn. 59; BGH, NJW 1995, 127). Weitere Nuancierungen (Zurechnungszusammenhang, Schutzzweck der Norm) sollen im vorliegenden Zusammenhang nicht problematisiert werden. Es ist nur darauf hinzuweisen, dass eine fehlerhafte Eigenbedarfskündigung des Vermieters nicht ohne weiteres, quasi automatisch, einen Schadensersatzanspruch des Mieters auslöst; in der Praxis besteht die Schwierigkeit in der Beurteilung, ob der behauptete Schaden des Mieters (zumeist Kosten nach Auszug aus der Wohnung) durch eine unberechtigte Kündigung des Vermieters verursacht worden ist (z.B. wollte der Mieter ohnehin aus der Wohnung ausziehen, weil ihm die Miete zu hoch geworden ist) und ob der geltend gemachte Schaden der Höhe nach besteht.

Nach allgemeiner Meinung stellt eine schuldhaft unberechtigte Kündigung eines Mietverhältnisses eine positive Vertragsverletzung (ab 1.1.2002: § 280 i.d.F. des SchuldRModG) dar (BGH, MDR 1984, 571 f. = ZMR 1984, 363; OLG Karlsruhe, RE vom 7.10.1981 = NJW 1982, 54; Palandt/Weidenkaff, § 564b Rn. 60).

Es sind drei Fallgruppen zu unterscheiden:

- die geltend gemachten Eigenbedarfsgründe treffen nicht (oder treffen nicht so) zu,
- die geltend gemachten Eigenbedarfsgründe treffen zu, rechtfertigen jedoch den Räumungsanspruch nicht,
- die geltend gemachten Eigenbedarfsgründe fallen nach der Kündigung weg, was der Vermieter jedoch verschweigt.

30 Beim **vorgetäuschten Eigenbedarf** ist der Schadensersatzanspruch dem Grunde nach dann unproblematisch, wenn feststeht bzw. unstreitig ist, dass der Eigenbedarfsgrund nicht besteht, z.B. weil das volljährige Kind, für das Eigenbedarf geltend gemacht worden ist, gar nicht in die Wohnung einziehen wollte, sondern schon vor der Kündigung geheiratet hat und nach Amerika gezogen ist. Befindet sich in dem Beispielsfall das volljährige Kind nach wie vor am Wohnort des Vermieters, zieht jedoch nach Auszug des Mieters nicht in die Wohnung ein, bleibt die Wohnung frei oder wird an einen Dritten vermietet, behauptet der Vermieter, der Eigenbedarf habe noch nach Rechtskraft des Räumungsurteils und Auszug des Mieters längere Zeit bestanden, sei jetzt jedoch aus bestimmten Gründen weggefallen, stellt sich die **Frage des Beweises der behaupteten Vortäuschung** des Eigenbedarfsgrundes. Grundsätzlich hat der Anspruchsteller, also der Mieter, die Voraussetzungen für den Schadensersatzanspruch darzulegen und zu beweisen. § 573 sieht eine Beweislastumkehr vor. Jedoch können Beweiserleichterungen zugunsten des Mieters in Betracht kommen, so der Beweis des ersten Anscheins. Dann würde es dem Vermieter obliegen, den Anschein durch Darlegung und gegebenenfalls Beweis der Möglichkeit eines atypischen Geschehensablaufs (so wie er jetzt behauptet) zu erschüttern (z.B. LG Berlin, GE 1996, 1487). Die Grundsätze des § 282 (ab 1.1.2002: § 280 i.d.F. des SchuldRModG) gelten nach allgemeiner Meinung zwar auch für die positive Vertragsverletzung, jedoch bleibt es auch danach Sache des Gläubigers (Mieters im Hinblick auf den geltend gemachten Schadensersatzanspruch), den objektiven Tatbestand darzulegen und zu beweisen, während es (nur) für den subjektiven Tatbestand (Vorsatz und Fahrlässigkeit) Sache des Vermieters ist, sich zu entlasten (vgl. Palandt/Heinrichs, § 282 Rn. 8).

31 Der Schadensersatzanspruch besteht nicht nur (erst) dann, wenn der Mieter aufgrund eines Räumungsurteils aus der Wohnung zieht und sich dann herausstellt, dass die Kündigungsgründe in Wahrheit nicht bestehen, sondern auch, wenn der Mieter in Anbetracht der Kündigung und des drohenden Räumungsurteils freiwillig räumt (BayObLG, RE vom 25.5.1982 = NJW 1982, 2003 = ZMR 1982, 277 = WuM 1982, 203). In diesen Fällen kommt der Frage der Kausalität entscheidende Bedeutung zu, so dass der Schadensersatz begehrende Mieter beweisen muss, dass er gerade wegen der Kündigung ausgezogen ist – wobei auch hier die Grundsätze des Beweises des ersten Anscheins Anwendung finden können.

32 Der Schadensersatzanspruch wegen vorgetäuschten Eigenbedarfs entfällt grundsätzlich auch nicht schon dann, wenn der Mieter zunächst die Gründe einer vom Vermieter ausgesprochenen Eigenbedarfskündigung außergerichtlich bestritten hatte, die Mietvertragsparteien alsdann aber das Mietverhältnis unter Wahrung ihrer gegensätzlichen Rechtsstandpunkte gegen Vereinbarung einer nicht unbedeutenden Leistung des Vermieters an den Mieter einvernehmlich beendet haben. Dies hängt von den Umständen eines Einzelfalls ab. Von einer Unterbrechung des Zurechnungszusammenhangs kann nur dann ge-

sprochen werden, wenn durch den Vergleich auch der Streit darüber beseitigt werden sollte, ob die vom Vermieter behauptete Bedarfslage besteht oder ob sie nur vorgetäuscht war. Nur in einem derartigen Fall kann in dem Abschluss des Vergleichs die Erklärung des Verzichts auf Schadensersatzansprüche durch den Mieter gesehen werden (OLG Frankfurt/Main, RE vom 6.9.1994 = GE 1994, 1375 = WuM 1994, 600 = ZMR 1995, 68; vgl. auch Sternel, Mietrecht aktuell, Rn. 1080).

Treffen die der Eigenbedarfskündigung zugrunde liegenden **Tatsachen zu,** kann **Räumung** jedoch **aus Rechtsgründen nicht** begehrt werden, besteht kein Schadensersatzanspruch des Mieters (OLG Hamm, RE vom 31.1.1984 = WuM 1984, 94 [95]; a.A. Sternel, Mietrecht aktuell, Rn. 1084). Liegt in einem derartigen Fall kein die Eigenbedarfsklage abweisendes Urteil vor, müsste in dem Schadensersatzprozess die Frage geklärt werden, ob die Eigenbedarfskündigung unberechtigt war, obwohl die zugrunde liegenden Tatsachen der Wahrheit entsprachen. Der Streit hat im Ergebnis keine weitreichende Bedeutung, da ein Schadensersatzanspruch des Mieters jedenfalls am mangelnden Verschulden des Vermieters scheitern dürfte; denn wegen der Vielfältigkeit der Instanzrechtsprechung ist schwer einzuschätzen, ob und aus welchen Gründen im Einzelnen eine Eigenbedarfskündigung unwirksam ist, obwohl die zugrunde liegenden Tatsachen nicht vorgetäuscht sind. 33

Den **Wegfall des Eigenbedarfs** hat der Vermieter jedenfalls bis zur letzten mündlichen Verhandlung im Räumungsrechtsstreit (OLG Zweibrücken, WuM 1983, 209 = ZMR 1983, 237) **mitzuteilen**. Ist kein Räumungsrechtsstreit anhängig, besteht diese Mitteilungspflicht bis zur Räumung durch den Mieter (BayObLG, WuM 1987, 129; LG Berlin, GE 1993, 805). Streit besteht darüber, ob nach rechtskräftigem Räumungstitel noch eine entsprechende Mitteilungspflicht bis zur tatsächlichen Räumung des Mieters besteht – naturgemäß nur beim Wegfall des Eigenbedarfs nach rechtskräftigem Urteil. Das wird teilweise im Hinblick auf die Rechtskraft des Urteils, mit der das Mietverhältnis rechtlich beendet ist, verneint (LG Köln, WuM 1994, 212). Ein anderes Ergebnis wäre nur dann berechtigt, wenn man eine nachvertragliche Pflicht zum Neuabschluss des Mietvertrags mit dem bisherigen Mieter annehmen würde, was zu verneinen ist. Ein Verstoß gegen eine bestehende Mitteilungspflicht kann grundsätzlich zum Schadensersatzanspruch führen. 34

Dem **Inhalt** und der **Höhe** nach erfasst der **Schadensersatzanspruch des Mieters** Umzugskosten und notwendig entstehende Neueinrichtungskosten (z.B. Gardinen, Teppichboden; LG Hamburg, ZMR 1993, 281; LG Hamburg, WuM 1995, 175; vgl. auch für weitere einzelne Schadenspositionen AG Saarlouis, DWW 1995, 16; LG Karlsruhe/AG Pforzheim, DWW 1995, 144 [145]). 35

Problematisch und dogmatisch kaum lösbar ist die **Frage des Anspruchs auf die Mietdifferenz**. Da der ausziehende Mieter nur eine gleichwertige Wohnung beziehen darf, kann ein Schaden des Mieters nur entstehen, wenn eine derartige Wohnung nicht oder nicht in angemessener Zeit anmietbar ist, wofür der Mieter darlegungs- und beweispflichtig ist. Ferner ist ein derartiger Schaden unter dem Gesichtspunkt der Vorteilsangleichung zu begrenzen (vgl. Sternel, Mietrecht aktuell, Rn. 1091), wobei nachvollziehbar sein muss, ob und in welcher Höhe die Mietdifferenz auf dem Wunsch des Mieters, eine bessere Wohnung zu bewohnen, oder darauf beruht, dass eine andere Wohnung 36 nicht erhältlich war. Ferner stellt sich die Frage der **zeitlichen Begrenzung des Anspruchs**. Hier nimmt die Rechtsprechung einen Zeitraum **bis zu vier Jahren** an, was dogmatisch nur über eine Schadensschätzung nach § 287 ZPO möglich ist (vgl. AG Saarlouis, a.a.O.; LG Köln, WuM 1992, 14 ff.; LG Berlin, MM 1994, 176; LG Darmstadt, ZMR 1994, 165 – Anlehnung an § 197 Abs. 1).

Muster
Schadensersatzklage wegen vorgetäuschten Eigenbedarfs →[⊗ 573-2]

...   ...
(Mieteranschrift)   (Datum)

An das Amtsgericht ...
(örtlich zuständiges Amtsgericht für den Bereich der ehemaligen Mietwohnung)

Klage

des ...
(Mieter)

Kläger

gegen den ...
(Vermieter)

Beklagter

Gegen den o.a. Beklagten erhebe ich Schadensersatzklage und bitte um Anberaumung eines Termins zur mündlichen Verhandlung, in dem ich beantragen werde,
1. den Beklagten zu verurteilen, an den Kläger 7 850 DM (3 925 EUR) nebst 4% Zinsen seit Klagezustellung zu zahlen,
2. festzustellen, dass der Beklagte verpflichtet ist, mir allen weiteren Schaden zu ersetzen, der aus der Kündigung des Klägers vom ... und der danach erfolgten Wohnungsräumung entstanden ist.

Gründe
Laut Mietvertrag vom ... war ich Mieter der Wohnung in ... (genaue Wohnungsbeschreibung mit genauer Anschrift).
Beweis: Vorlage des Mietvertrags vom ..., Kopie anbei
Durch Kündigungsschreiben vom ... hat der Vermieter/Beklagte diese Wohnung gekündigt und seine Kündigung auf Eigenbedarf gestützt. Er hat nämlich behauptet, die Wohnung für seine beiden volljährig gewordenen Kinder zu benötigen.
Beweis: Vorlage des Kündigungsschreibens vom ..., Kopie anbei
Ich habe dem Beklagten geglaubt und keine Möglichkeit gesehen, mich gegen die Kündigung erfolgreich wehren zu können. Ich bin daher zum Ende des Mietverhältnisses nach Ablauf der Kündigungsfrist aus der Wohnung ausgezogen. Nunmehr

habe ich jedoch festgestellt, dass der Beklagte seinen behaupteten Eigenbedarf überhaupt nicht realisiert hat. Seine Kinder sind in die Wohnung nicht eingezogen, vielmehr hat der Beklagte die Wohnung verkauft. Die neuen Eigentümer sind in die
Wohnung eingezogen.

Beweis: Im Bestreitensfall Zeugnis N. N.; die neuen Eigentümer werden sodann mit
Namen und Anschrift benannt

Aus alledem ergibt sich, dass der geltend gemachte Eigenbedarf nur vorgeschoben
war, der Beklagte von Anfang an die Wohnung nicht seinen Kindern zur Verfügung
stellen, sondern verkaufen wollte. Dazu musste er mich aus der Wohnung setzen,
damit ein bestehendes Mietverhältnis den Kaufpreis nicht drücken konnte.

Mir ist aus der ungerechtfertigten Kündigung ein Schaden entstanden. Mit der vorliegenden Klage mache ich zunächst die Umzugskosten in Höhe der Klageforderung
zum Antrag 1 geltend.

Beweis: Vorlage der Speditionsrechnung, Kopie anbei

Der weitere Schaden kann zur Zeit noch nicht endgültig überblickt werden. Ich muss
mir nämlich noch neue Gardinen anschaffen, da ich die alten nicht wieder verwenden konnte (völlig andere Maße). Die Miete der neuen Wohnung ist höher; die genaue Miethöhe steht jedoch noch nicht fest, da zur Zeit ein Mieterhöhungsverfahren
läuft. Deswegen stelle ich insofern nur den Feststellungsantrag, für den jedoch ein
Rechtsschutzbedürfnis im Hinblick auf eine mögliche Verjährung besteht.

Zwei Abschriften der Klage sind beigefügt.

...

(Unterschrift Mieter)

4.5 Eigenbedarf in den neuen Bundesländern

Nach Art. 232 § 2 Abs. 3 Nr. 2 EGBGB war die Eigenbedarfskündigung nach § 564 b   37
Abs. 2 Nr. 2 Satz 1 bis zum 31. 12. 1995 ausgeschlossen, es sei denn, es lagen die Gründe nach Satz 2 Nr. 1 bis 3 der genannten Vorschrift nach EGBGB vor. Von der Darstellung der dazu ergangenen Rechtsprechung wird abgesehen, hierzu auf Sternel, Mietrecht
aktuell, Rn. A 271 ff. Bezug genommen. **Für nach dem 31. 12. 1995 ausgesprochene
Kündigungen gilt nunmehr uneingeschränkt BGB,** mithin auch die Vorschrift des §
574. Die Einschränkungen galten ohnehin nur für die Kündigung von Wohnraummietverträgen, die vor dem 3. 10. 1990 (Beitritt) in den neuen Bundesländern abgeschlossen
worden waren. Für Wohnraummietverhältnisse, die nach dem Beitritt begründet worden
sind, galten sogleich die Vorschriften des BGB.

4.6   Kündigungen – Räumungsklage – Muster

38 **Eigenbedarfskündigungen** →[🕮 573-3]

...   ...

Name   Datum
(Vermieter)

Frau/Herrn
(Mieter)
Anschrift

Betreff: Ihre Wohnung in der ... Straße, ... Wohnort

Sehr geehrte(r) Frau/Herr ...!
Ich sehe mich leider veranlasst, Ihr Mietverhältnis **fristgemäß** zum ... zu **kündigen**.
Rechtsgrundlage für die Kündigung ist § 573 Abs. 1, Abs. 2 Nr. 2 BGB. Ich mache
Eigenbedarf für meine Kinder, die zur Zeit in meiner Wohnung leben, geltend. Ich
bitte Sie, die von Ihnen gemietete Wohnung nach Beendigung des Mietverhältnisses
am ... an mich zurückzugeben (§ 546 Abs. 1 BGB). Schon jetzt widerspreche ich
ausdrücklich einer Fortsetzung des Mietverhältnisses; dieses wird auch dann nicht
verlängert, wenn Sie den Gebrauch der Mietsache fortsetzen. Insofern verweise ich
auch auf die Bestimmung in dem Mietvertrag, § X Nr. Y.
Im Einzelnen möchte ich Ihnen die zum Eigenbedarf führende Situation erläutern:
Meine eigene Wohnung, die bisher von mir, meiner Frau und meinen zwei Kindern
bewohnt wird, hat vier Zimmer, wobei die von den Kindern bewohnten Zimmer jeweils nur eine Größe von 13 m^2 haben. Mein Sohn ist nun volljährig geworden, hat
das Abitur gemacht und studiert jetzt hier in unserer Stadt. Meine Tochter, die schon
vor anderthalb Jahren volljährig geworden ist, hat im letzten Jahr eine Ausbildung
als Designerin im Ausland absolviert, kehrt jetzt jedoch in unsere Stadt zurück und
wird hier arbeiten.
Ich benötige Ihre Wohnung für meine Kinder, die dort einen eigenen Hausstand auf-
bauen wollen. Die von Ihnen innegehaltene Wohnung ist deswegen dafür gut geeignet, weil meine Kinder dort zwar zusammen wohnen wollen, sich aufgrund des
Schnitts der Wohnung aber auch separieren können. Sie haben so die Möglichkeit,
auch ihre Partner zu empfangen, ohne dass es zu Unzuträglichkeiten kommen kann.
Das Haus, in dem Sie wohnen, verfügt zwar noch über weitere Wohnungen, diese
stehen jedoch für den Bedarf nicht zur Verfügung, sie sind kleiner, haben einen anderen Schnitt; überdies handelt es sich um wesentlich längere Mietverhältnisse, so
dass ich mich nicht in der Lage sehe, die älteren Mieter noch zu bitten, sich eine andere Wohnung zu suchen.
Wegen der Rückgabeformalitäten werde ich mich mit Ihnen zu gegebener Zeit in
Verbindung setzen. Schon jetzt weise ich darauf hin, dass Sie laut Mietvertrag zu
Schönheitsreparaturen verpflichtet sind.

Nach § 568 Abs. 2 weise ich Sie auf die Möglichkeit des Widerspruchs nach § 574 BGB hin. Der Widerspruch ist spätestens zwei Monate vor Beendigung des Mietverhältnisses mir gegenüber zu erklären und bedarf der schriftlichen Form. Für den Fall des Widerspruchs bitte ich Sie, mir über die Gründe Auskunft zu erteilen (§ 574b Abs. 1 Satz 2 BGB).

Mit freundlichem Gruß
...
(Unterschrift)

Unzureichende, daher unwirksame Kündigung →[✆ 573-4]

Sehr geehrte(r) Frau/Herr ...!
Ich kündige Ihr Mietverhältnis fristgemäß zum ... und fordere Sie auf, die Wohnung zum ... an mich herauszugeben.
Ich mache Eigenbedarf geltend, weil ich Ihre Wohnung für meine zurzeit in meinem Haushalt wohnenden Kinder benötige, die dort einen eigenen Hausstand gründen wollen. Diese sind inzwischen volljährig, so dass es ihnen nicht mehr zuzumuten ist, mit ihren Eltern zusammen in einer Wohnung zu leben.
Auf die mietvertragliche Regelung zu § 545 BGB weise ich hin. Ferner fordere ich Sie schon jetzt auf, die erforderlichen Schönheitsreparaturen durchzuführen.
Auf die Möglichkeit des Kündigungswiderspruchs nach § 574 weise ich Sie hin (Schriftform, spätestens zwei Monate vor Beendigung des Mietverhältnisses).
Mit freundlichem Gruß
...
(Unterschrift)

Einwendungen des Mieters gegen die Eigenbedarfskündigung →[✆ 573-5]

...   ...
Name, Anschrift   Datum
(Mieter)

Herrn ...
(Vermieter)

Betreff: Mietverhältnis über meine Wohnung in ... (Anschrift)
hier: Ihre Kündigung vom ...

Sehr geehrter Herr ...!
Ihre Eigenbedarfskündigung habe ich erhalten. Ich weise die Kündigung zurück und bestreite, dass Sie meine Wohnung für Ihre Kinder benötigen. Ich kenne Ihre Über-

legungen nicht und kann sie dementsprechend auch nicht nachvollziehen. Überdies ist mir zu Ohren gekommen, dass Ihre Tochter gar nicht aus Paris zurückkommen, sondern vielmehr dort bleiben möchte, weil sie dort einen Partner gefunden hat.
Ferner weiß ich, dass zum ... die Wohnung über mir frei werden wird, weil dieser Mieter sich eine Eigentumswohnung gekauft hat und erfolgreich seinerseits Eigenbedarf gegenüber dem dortigen Mieter geltend gemacht hat. Die Wohnung ist nur unwesentlich kleiner und dürfte vom Schnitt her ebenfalls geeignet sein – wenn überhaupt notwendig –, Ihren Bedürfnissen zu entsprechen.

Mit freundlichem Gruß

...

(Unterschrift)

39 Räumungsklage/Eigenbedarf →[✆ 573-6]

...   ...
(Vermieteranschrift)   (Datum)

An das
Amtsgericht ...
(örtlich zuständiges Amtsgericht für den Bereich der Mietwohnung)

Klage

des ...
(Vermieter mit Namen und Anschrift)

Kläger

gegen
...
(Mieter mit Namen und Anschrift)

Beklagter

Gegen den o.a. Beklagten erhebe ich Räumungsklage und bitte um Anberaumung eines Termins zur mündlichen Verhandlung, in dem ich beantragen werde,
den Beklagten zu verurteilen, die Wohnung ... (genaue Anschrift und Lage der Wohnung, wenn möglich Wohnungsnummer), bestehend aus ... Zimmern, Diele, Küche, Bad, Balkon nebst ..., Keller Nr. ..., zu räumen und an den Kläger herauszugeben.
Für den Fall der Anordnung eines schriftlichen Vorverfahrens beantrage ich für den Fall des Anerkenntnisses den Erlass eines Anerkenntnisurteils im schriftlichen Verfahren, für den Fall, dass der Beklagte nicht fristgemäß seine Verteidigungsbereitschaft anzeigt, den Erlass eines Versäumnisurteils im schriftlichen Verfahren.

Gründe

Der Beklagte ist laut Mietvertrag vom ... Mieter der o.a. Wohnung. Ich bin Vermieter dieser Wohnung. Zwar bin ich im Mietvertrag nicht als Vermieter aufgeführt, habe jedoch die Wohnung vom bisherigen Vermieter käuflich erworben und bin inzwischen im Grundbuch als Eigentümer eingetragen.

Beweis: Vorlage des Mietvertrags, Kopie anbei; Vorlage eines beglaubigten Grundbuchauszugs, Kopie anbei

Ich mache Eigenbedarf geltend und habe demgemäß das Mietverhältnis mit dem Beklagten mit Kündigungsschreiben vom ... fristgemäß gekündigt.

Beweis: Vorlage des Kündigungsschreibens mit Zugangsbeweis in Form einer Zustellungsurkunde nach Zustellung durch den Gerichtsvollzieher, Kopien anbei

Die Kündigungsfrist ist inzwischen abgelaufen. Der Beklagte hat der Kündigung widersprochen und dabei sowohl den Eigenbedarf bestritten als auch sich auf Härtegründe im Sinne von § 574 BGB berufen.

Zur Begründung meines Eigenbedarfs beziehe ich mich zunächst auf die im Kündigungsschreiben angegebenen Gründe, die nach wie vor ohne Einschränkung vorliegen. Danach benötige ich die von dem Beklagten innegehaltene Wohnung für meine Kinder, die zurzeit noch in meiner Wohnung leben. Die Kinder sind bei mir nur unzureichend untergebracht, sind inzwischen volljährig und wollen in der Wohnung einen eigenen Hausstand begründen. Meine Tochter ist jedoch auch in die elterliche Wohnung auf Dauer zurückgekehrt. Für den Fall des weiteren Bestreitens des Eigenbedarfs beziehe ich mich auf Zeugenbeweis.

Beweis: ... (Name des Sohnes), ... (Name der Tochter), zu laden über mich. ... (Name und Anschrift des Partners der Tochter), ... (Name und Anschrift der Partnerin des Sohnes)

Der Fortsetzung des Mietverhältnisses mit dem Beklagten widerspreche ich. Härtegründe liegen für den Beklagten nicht vor. Der Beklagte hat auch innerhalb der Frist des § 574b Abs. 2 BGB keinen entsprechenden Widerspruch erhoben, geschweige denn Gründe eines Widerspruchs mitgeteilt.

Die derzeitige Miete des Beklagten beträgt ... EUR.

Zwei Abschriften der Klage sind beigefügt.

...

(Unterschrift Vermieter)

40 **Erwiderung auf Räumungsklage** →[✆ 573-7]

...   ...
(Mieteranschrift)   (Datum)

Klageerwiderung

In dem Räumungsrechtsstreit
            ... (Vermieter) ./. ... (Mieter)
Aktenzeichen ... (Angabe des gerichtlichen Aktenzeichens)

zeige ich an, dass ich mich gegen die Klage verteidige.
Im Termin zur mündlichen Verhandlung werde ich beantragen,
die Klage abzuweisen, hilfsweise, mir eine angemessene Räumungsfrist zu bewilligen.

Gründe
Der Kläger kann von mir nicht Räumung der von mir gemieteten Wohnung verlangen. Sein behauptetes berechtigtes Interesse in Form von Eigenbedarf bestreite ich. Ich glaube vielmehr, dass der Kläger die vorgetragenen Eigenbedarfsgründe nur vorschiebt, um die Wohnung mietfrei zu bekommen. Er möchte sie nämlich verkaufen. Eine mietfreie Wohnung erzielt bekanntermaßen einen höheren Verkaufspreis als eine vermietete Wohnung. Meine Vermutung stütze ich darauf, dass mir der Kläger erst vor kürzerer Zeit die von mir gemietete Wohnung selbst zum Kauf angeboten hat. Seine Kaufpreisvorstellungen waren jedoch derart überhöht, dass ich von einem Kauf, an dem ich schon grundsätzlich interessiert war, Abstand nehmen musste.
Beweis: Vorlage des Kaufangebots des Klägers, Kopie anbei
Der Kläger kann von mir aber auch deswegen keine Räumung verlangen, weil die Beendigung des Mietverhältnisses für mich und meine Familie eine ungerechtfertigte Härte bedeuten würde. Ich habe daher fristgemäß der Kündigung widersprochen.
Beweis: Widerspruchsschreiben vom ..., Kopie anbei; im Falle des Bestreitens ist dem Kläger aufzugeben, das Schriftstück vorzulegen
Zur Begründung meines Widerspruchs beziehe ich mich auf die in dem Widerspruchsschreiben dargelegten Gründe und wiederhole sie dahin gehend, dass aufgrund meines Alters und das meiner Frau (... Jahre und ... Jahre), meines Gesundheitszustands (... Krankheit) und des Umstands, dass ich in dieser Umgebung schon mehr als 40 Jahre lebe und mein Bekanntenkreis hier wohnt, ein Umzug unzumutbar ist.
Jedenfalls ist mir aber die höchstzulässige Räumungsfrist zu gewähren, da ich so schnell gar nicht in der Lage sein werde, mich um eine neue Bleibe zu kümmern.
Zwei Abschriften der Klageerwiderung sind beigefügt.

...
(Unterschrift Mieter)

Anmerkung
Der Vermieter behauptet als Kläger in einer Eigenbedarfskündigung, er benötige
die Wohnung des Mieters für seinen volljährigen Sohn, der einen eigenen Hausstand
gründen wolle: Die Klage ist nach § 573 Abs. 2 Nr. 2 schlüssig.
Der Beklagte bestreitet, dass der Sohn in die Wohnung ziehen wolle, da der Sohn
sich überhaupt nicht mehr in dem betreffenden Ort aufhalte: Die Einwendung ist er-
heblich, weil – die Richtigkeit dieser Behauptung als wahr unterstellt – die Woh-
nung nicht für den Sohn des Vermieters benötigt wird. Das führt zur Beweiserhe-
bung durch das Gericht.
In der Beweisaufnahme stellt sich heraus, dass der Sohn des Vermieters schon vor
der Kündigung des Vermieters Deutschland zu einem mehrjährigen Arbeitsaufent-
halt in den USA verlassen hat.
Die auf Eigenbedarf gestützte Räumungsklage muss abgewiesen werden.

4.7 Prozessuales

Bei längerfristigen Mietverhältnissen ist die Kündigungsfrist nach § 573 Abs. 1 oft recht 41
lang. § 257 ZPO, wonach Klage auf künftige Räumung erhoben werden kann, wenn die
Geltendmachung des Anspruchs auf Räumung an den Eintritt eines Kalendertages geknüpft ist, gilt nicht für Wohnraummietverhältnisse. Nach § 259 ZPO kann Klage auf
künftige Leistung nur erhoben werden, wenn den Umständen nach die Besorgnis gerechtfertigt ist, dass der Mieter sich der rechtzeitigen Leistung entziehe werde. Der Mieter
muss subjektiv die Besorgnis begründet haben, er werde den Räumungsanspruch bei
Fälligkeit bestreiten; nicht ausreichend ist die Besorgnis der Vollstreckungsvereitelung
(vgl. Zöller/Greger, § 259 Rn. 3). Das Widerspruchsrecht des Mieters gegen die Kündigung nach § 574 wird dadurch nicht berührt. Über diese ist im Rahmen der Klage nach
§ 259 ZPO zu entscheiden; für spätere Gründe gibt es die Möglichkeit der Zwangsvollstreckungsgegenklage nach § 767 ZPO (vgl. Zöller/Greger, a.a.O. Rn. 2).
Der **Mieter muss** jedoch der Kündigung **nicht sogleich widersprechen**, sondern kann
jedenfalls die Frist des § 574b Abs. 1 abwarten. Schweigt der Mieter, kann der Vermieter
nicht Klage auf künftige Leistung, bezogen auf den Rückgabetermin nach Ablauf der
Kündigungsfrist, erheben.

5. Verwertungskündigung – § 573 Abs. 2 Nr. 3
5.1 Allgemeines

Die Vorschrift ist mit Art. 14 GG vereinbar (BVerfG, GE 1989, 297 = NJW 1989, 972). 42
In diesem Zusammenhang nennt das Bundesverfassungsgericht als Verwertungsmög-
lichkeit auch den Verkauf des vermieteten Objekts. Dabei wird die Einzelauslegung den
Instanzgerichten überlassen; derart dezidierte „Richtlinien" für die Instanzgerichte wie
zur Eigenbedarfskündigung werden nicht gegeben. Der Beschluss des Bundesverfassungsgerichts vom 26.5.1993 zum Besitzrecht des Mieters als Eigentum i.S.d. Art. 14
Abs. 1 GG (DWW 1993, 224 = WuM 1993, 377 = ZMR 1993, 405) ist zur Eigenbedarfskündigung ergangen, hat aber zur verfassungsrechtlichen Auslegung von Art. 14
GG auch auf die Verwertungskündigung insofern Einfluss, als die entsprechende **Abwä-**

gung der Eigentumsrechte zueinander auch hier zu erfolgen hat. Daneben ist auch hier das Willkürverbot nach Art. 3 GG zu beachten.

5.2 Hinderung angemessener wirtschaftlicher Verwertung
5.2.1 Wirtschaftliche Verwertung

43 Es kommen vornehmlich drei Fallgruppen für die wirtschaftliche Verwertung in Betracht:
– Verkauf,
– Sanierung und Modernisierung,
– Abriss mit dem Ziel eines Neubaus.

Das Motiv des **Verkaufs** spielt nach dem Gesetzeswortlaut keine Rolle, so dass Rechtsprechung, die „vernünftige Gründe" für die Verkaufsabsicht fordert, dogmatisch fehlerhaft einordnet. Vernünftige Gründe können jedoch bei den weiteren Merkmalen der „Hinderung" oder der erheblichen Nachteile eine Rolle spielen, müssen jedoch auch bei der verfassungsrechtlichen Abwägung im Rahmen der jeweiligen Eigentumsgarantie Berücksichtigung finden.

Als Beispiele für **Verkaufsgründe** im Rahmen der Verwertungskündigung sind zu nennen:
– Verwendung des Verkaufserlöses, um für den Vermieter oder dessen Familienangehörige neuen Wohnraum zu schaffen oder einen Hausbau zu finanzieren (LG München, DWW 1988, 45; LG Frankenthal, WuM 1991, 181; LG Düsseldorf, WuM 1991, 593);
– Verwendung des Verkaufserlöses, um Belastungen abzulösen oder Verbindlichkeiten zu tilgen (LG Freiburg, WuM 1991, 183; LG Stuttgart, WuM 1991, 201);
– Verwendung des Verkaufserlöses, um die Auflösung und Abwicklung einer Gemeinschaft am Grundstück zu betreiben (AG Bayreuth, WuM 1991, 180).

Zur **Sanierung und Modernisierung** (grundsätzlich bejahend BayObLG, RE vom 17.11.1983 = NJW 1984, 372 = ZMR 1984, 59) zählt die Zusammenlegung der gekündigten Wohnung mit anderen Wohnungen, die Aufteilung einer Sechs-Zimmer-Wohnung in drei abgeschlossene kleinere Wohnungen (LG Hamburg, WuM 1989, 393; LG Düsseldorf, ZMR 1991, 438).

Abriss und Neubau stellen eine wirtschaftliche Verwertung dar. Ob darüber hinaus eine Sanierung gänzlich unmöglich sein muss, nur ein Neubau eine günstigere wirtschaftliche Verwertung darstellen kann, ist beim Merkmal der erheblichen Nachteile zu prüfen.

5.2.2 Angemessenheit

44 Der Begriff ist in der mietrechtlichen Vorschrift des § 573 nicht definiert. Für seine Ausfüllung gelten dieselben Grundsätze wie zum Merkmal des „Benötigens" zur Eigenbedarfskündigung. Entscheidend kommt es auf die Planung des Vermieters an, die Gerichte haben nicht ihre Vorstellung von wirtschaftlichen Gegebenheiten an die Stelle derjenigen des Vermieters zu setzen. Voraussetzung sind daher vernünftige und nachvollziehbare Gründe (BVerfG, NJW 1989, 970), die ihre Grenzen im Missbrauch, in der Willkür haben und dann nicht mehr dem Eigentumsschutz des Mieters i.S.d. Art. 14 Abs. 1 GG entsprechen würden (vgl. dazu auch Emmerich/Sonnenschein, § 564b Rn. 77).

5.2.3 Hindernis

Erforderlich ist, dass nur durch die Kündigung die wirtschaftliche Verwertung möglich 45
wird, mithin Kausalität besteht. Wenn die wirtschaftliche Verwertung **im gleichen Maße
ohne Kündigung** des Mietverhältnisses **möglich ist, scheidet die Verwertungskündigung aus.** Dies spielt vor allem bei geplanten Modernisierungs- und Sanierungsmaßnahmen eine Rolle. Teilweise wird hierzu die Ansicht vertreten, dass der Vermieter
zunächst auf den Duldungsanspruch nach § 554 sowie auf die Möglichkeit einer Mieterhöhung nach §§ 558, 559 zu verweisen ist, eine Verwertungskündigung nicht möglich
sei, wenn Erhaltungs- oder Modernisierungsmaßnahmen mit Hilfe des Duldungsanspruchs nach § 554 durchgesetzt werden könnten (vgl. Horst, GE 1993, 666 ff.; vgl. auch
Sternel, Mietrecht aktuell, Rn. 1117). Dogmatisch besteht jedoch keine Abhängigkeit
beider Vorschriften voneinander, keine Gesetzeskonkurrenz. Die Frage stellt sich nur so,
ob eine Hinderung wirtschaftlicher Verwertung dann nicht vorliegt, wenn dasselbe Ziel
auch durch Maßnahmen nach § 554 erreicht werden kann. Ist das der Fall, kann nicht
nach § 573 Abs. 2 Nr. 3 gekündigt werden (vgl. in diesem Zusammenhang LG Bonn,
ZMR 1992, 114 ff.; LG Düsseldorf, ZMR 1991, 438 [439]; AG Köln, WuM 1991, 106).
Dass die Arbeiten nur in einer leeren Wohnung durchführbar sind, reicht für eine Kündigung nicht aus; insoweit ist eine vorübergehende Räumung der Wohnung von der dem
Mieter gegebenenfalls obliegenden Duldungspflicht erfasst (LG Köln, WuM 1989, 255).

5.2.4 Erhebliche Nachteile

Erhebliche Nachteile liegen nicht erst dann vor, wenn der Existenzverlust droht (BVerfG, 46
GE 1989, 297 = NJW 1989, 972). Auf der anderen Seite reicht nicht jedweder wirtschaftliche Nachteil. Dieser muss jedenfalls ein Gewicht haben, dass die Einbuße für den
Vermieter im hohen Maße unerträglich erscheint (LG Berlin, DWW 1988, 178). Es liegt
auf der Hand, dass hier eine Bandbreite von Entscheidungen möglich ist, dass nur bezogen auf den Einzelfall entschieden werden kann (vgl. Emmerich/Sonnenschein, § 564b
Rn. 63). Deswegen werden von der Rechtsprechung zu Recht **Wirtschaftlichkeitsberechnungen** gefordert (LG Berlin, MDR 1990, 1121; LG Aachen, WuM 1991, 495; LG
Hamburg, WuM 1992, 22). Jedoch dürfen die Anforderungen nicht überspitzt werden, so
dass z.B. **keine umfassende Darstellung des Vermögensstatus** des Vermieters in be-
triebswirtschaftlicher und steuerlicher Hinsicht erforderlich ist (LG Osnabrück, WuM
1994, 214). Wie bei der Eigenbedarfskündigung müssen zur Vermeidung der Unwirksamkeit schon in der Kündigungserklärung entsprechende substanziierte Angaben gemacht werden, um dem Mieter Überlegungen zu ermöglichen, ob er der Kündigung
widerspricht oder räumt.
Eine besondere Problematik liegt in der **Frage, inwiefern** bei der Beurteilung des erheb- 47
lichen Nachteils der **Umstand zu bewerten** ist, dass üblicherweise der **Verkauf eines
vermieteten Anwesens** bzw. einer vermieteten Eigentumswohnung einen **erheblich
niedrigeren Verkaufserlös** bringt. Einerseits genügt dieser Umstand jedenfalls allein
nicht zur Erfüllung des Tatbestandsmerkmals (BVerfG, NJW 1992, 361). Andererseits
kann dieser Umstand dann entscheidend sein, wenn wegen des Mindererlöses im Zusammenhang mit der gesamten wirtschaftlichen Situation des Vermieters die finanziellen
Einbußen erheblich sind (BVerfG, GE 1992, 605). Dies erfordert einen **Vergleich der**

Vermögenslage des Vermieters bei Erwerb der Wohnung bzw. des Anwesens **und bei Ausspruch der Kündigung** wegen der beabsichtigten Veräußerung (BVerfG, ZMR 1992, 50; LG Berlin, GE 1993, 429 ff.; vgl. auch LG Lübeck, WuM 1993, 616; LG Hamburg, WuM 1992, 615; LG Berlin, WuM 1995, 111).

Die Verwertungskündigung ist nicht schon deswegen unwirksam, weil der Vermieter die Wohnung in vermietetem Zustand gekauft und deshalb bereits mit einem entsprechenden Preisvorteil erworben hat (OLG Koblenz, RE vom 1.3.1989 = GE 1989, 471 = WuM 1989, 164). Bei dem Vergleich der Vermögenslage mag dieses Argument aber eine gewisse Rolle spielen (vgl. LG Freiburg, WuM 1991, 183; LG München, WuM 1992, 374; vgl. dazu auch BVerfG, GE 1998, 852 = NJW 1998, 2662 zur Vereinbarkeit mit Art. 14 GG).

48 Die Möglichkeit der Verwertungskündigung schützt nicht vor enttäuschten Gewinnerwartungen bzw. Fehlkalkulationen beim Kauf der Immobilie (LG Köln, WuM 1992, 132; LG Hamburg, WuM 1991, 186 [187]; LG München, NJW-RR 1992, 520; LG Berlin, GE 1993, 429; vgl. auch Sternel, Mietrecht aktuell, Rn. 1108). Diese Gesichtspunkte spielen jedenfalls bei der Beurteilung des **wesentlichen** Nachteils eine Rolle. Die Grenzziehung bis zum wirtschaftlichen Ruin des Vermieters ist schwer zu ziehen.

Bei einem **geplanten Abriss** reicht es nicht aus, eine Abrissgenehmigung vorzulegen, denn diese wirkt nur öffentlich-rechtlich und wird nach Prüfung der entsprechenden öffentlich-rechtlichen Vorschriften erteilt. Zur Verwertungskündigung muss der weitere Vortrag und gegebenenfalls Beweis kommen, wonach eine Sanierung aus Rentabilitätsgründen unbedingt erforderlich ist, ein Neubau für den Vermieter eine günstigere wirtschaftliche Verwertung sein würde, anderenfalls erhebliche Nachteile drohten (Emmerich/Sonnenschein, § 564b Rn. 60; AG Düsseldorf, WuM 1991, 168).

5.3 Ausschlussgründe

49 Nach § 573 Abs. 2 Nr. 3 2. Halbsatz bleibt die Möglichkeit, durch anderweitige Vermietung als Wohnraum eine **höhere Miete zu erzielen, außer Betracht.**

50 Nach § 573 Abs. 2 Nr. 3 3. Halbsatz ist eine Kündigung auch dann nicht möglich, wenn der Vermieter die Mieträume im Zusammenhang mit einer beabsichtigten oder nach Überlassung an den Mieter erfolgten **Begründung von Wohnungseigentum** veräußern will. Damit soll verhindert werden, dass die Kündigungsbeschränkung des § 577a Abs. 1 schon vom Veräußerer zugunsten des Erwerbers umgangen wird.

51 Die bislang in § 564b Abs. 2 Nr. 3 Satz 4 enthaltene Rechtsverordnungsermächtigung für die Bestimmung einer Kündigungssperrfrist nach Umwandlung der vermieteten Wohnung in Wohnungseigentum in Gebieten mit gefährdeter Wohnversorgung geht in der Vorschrift des § 577a auf.

5.4 Inhalt des Kündigungsschreibens

52 An den Inhalt des Kündigungsschreibens sind dieselben allgemeinen (hohen) Anforderungen wie bei der Eigenbedarfskündigung zu stellen (vgl. auch BVerfG, GE 1998, 852). Unklar ist die Rechtsprechung, ob erforderliche **öffentlich-rechtliche Genehmigungen** (schon) zum Zeitpunkt der Kündigung vorliegen bzw. auch in der Kündigungserklärung mitgeteilt werden müssen.

Nach OLG Hamburg, RE vom 25.3.1981 = WuM 1981, 155 = NJW 1981, 2308 ist das **Vorliegen einer Genehmigung** nach Art. 6 des Mietrechtsverbesserungsgesetzes in Verbindung mit der entsprechenden landesrechtlichen Vorschrift zum **Verbot der Zweckentfremdung** und deren **Erwähnung im Kündigungsschreiben** erforderlich. Das Erfordernis der Erwähnung im Kündigungsschreiben wird in dieser Entscheidung nur beiläufig genannt, so dass es fraglich ist, ob dies zu den tragenden Gründen des Rechtsentscheids gehört. Demgemäß hat das Bezirksgericht Cottbus (WuM 1992, 301) die Ansicht vertreten, dass das Vorliegen dieser Genehmigung nicht im Kündigungsschreiben erwähnt werden muss.

Nach BayObLG, RE vom 31.8.1993 = ZMR 1993, 560 ist es für die Wirksamkeit der Kündigung nicht erforderlich, dass im Zeitpunkt des Zugangs der Kündigungserklärung die baurechtliche Genehmigung zur Errichtung des Neubaus vorliegt. Die Kündigung ist auch nicht deshalb unwirksam, weil der Vermieter in dem Kündigungsschreiben die bereits vorliegende baurechtliche Genehmigung zum Abbruch des Gebäudes nicht erwähnt hat.

Eine Strukturierung ist nach diesen Entscheidungen nicht möglich. Alle diese **öffentlich-** 53 **rechtlichen Genehmigungen** gehören nicht zu den Tatbestandsvoraussetzungen der Verwertungskündigung nach § 573 Abs. 2 Nr. 3 und bedürfen daher nach hier vertretener Ansicht **keiner Erwähnung im Kündigungsschreiben.** Sie müssen auch zu diesem Zeitpunkt noch nicht vorliegen; mögliche Verzögerungen im entsprechenden Genehmigungsverfahren können nicht im Ergebnis zu Kündigungsfristverlängerungen führen. Werden die Genehmigungen jedoch nicht erteilt, braucht der Mieter auch nicht zu räumen, da dem Vermieter die beabsichtigte Verwertung nicht möglich ist. Daher müssen die **Genehmigungen jedenfalls zum Zeitpunkt des Wirksamwerdens der Kündigung,** also zum Ende des Mietverhältnisses **vorliegen.** Spätere Rechtsstreitigkeiten (Verwaltungsprozess wegen der Genehmigung oder Räumungsprozess wegen der Kündigung) können den Zeitpunkt nicht verlagern, eine Heilung der fehlenden Voraussetzung für den Räumungsanspruch kann nicht eintreten.

5.5   Neue Bundesländer

Bei Altverträgen, die bis zum 3. 10. 1990 geschlossen worden sind, ist eine Verwer- 54 tungskündigung nicht zulässig - EGBGB Art. 232 § 2 Abs. 2 gilt fort.

Das Bezirksgericht Cottbus (WuM 1992, 301) meint, das Verwertungskündigungsverbot gelte dann nicht, wenn der Vermieter die Wohnung beansprucht, um dort eine berufliche Existenz aufzubauen und Arbeitsplätze einzurichten. Jedenfalls könne der Mieter sich in Anwendung des § 242 nicht auf Kündigungsschutz berufen. Dieser rechtlich fragwürdige Weg hätte nicht beschritten werden müssen, da wegen eines Betriebsbedarfs auch eine Kündigung nach § 564 b Abs. 1 (jetzt § 573 Abs. 1) gerechtfertigt gewesen wäre.

6.   Sonstige Kündigungsgründe – § 573 Abs. 1
6.1   Betriebsbedarf

Zu unterscheiden ist zwischen den Fällen, in denen die Wohnung schon von Betriebsan- 55 gehörigen genutzt wird (Werkmiet- oder Werkdienstwohnungen nach §§ 576 bis 576b), und den Wohnungen, die an Betriebsfremde vermietet sind, jetzt aber Betriebsangehörigen zur Verfügung gestellt werden sollen.

Eine Werkmietwohnung (gilt entsprechend auch für Werkdienstwohnung nach § 576b) kann nach Beendigung des Dienstverhältnisses nach § 576b durch den Vermieter gekündigt werden (wobei § 575 für Zeitmietverträge eine andere Regelung beinhaltet). Hierbei handelt es sich nicht um ein Sonderkündigungsrecht des Vermieters, sondern die Regelung bietet nur die Möglichkeit einer vorfristigen Kündigung, also einer Kündigung außerhalb der Kündigungsfrist. Neben der Kündigung des Dienstverhältnisses muss also das Mietverhältnis gesondert gekündigt werden. Dabei können allerdings die Kündigungen in einem Schreiben zugleich erklärt werden, wenn sich nur die Trennung zwischen Kündigung des Dienstverhältnisses und des Mietverhältnisses ergibt, da beide Kündigungen unabhängig voneinander tatsächlich und rechtlich zu beurteilen sind.

56　Die Kündigungsberechtigung für das Mietverhältnis ergibt sich aus § 573 Abs. 1. Hierzu ist anerkannt, dass der **Betriebsbedarf des Vermieters** einer Werkswohnung nach Beendigung des Arbeitsverhältnisses des Mieters zur Kündigung berechtigen kann, wenn der Vermieter die Wohnung für einen anderen Arbeitnehmer benötigt (vgl. z.B. OLG Stuttgart, RE vom 24.4.1991 = GE 1991, 817 = WuM 1991, 330 = ZMR 1991, 260). Die notwendige Besetzung der Wohnung mit einem Bediensteten des Vermieters ist ein berechtigtes Interesse im Sinne der Vorschrift. Es ist darauf hinzuweisen, dass in dem **Kündigungsschreiben ein qualifizierter Grund** zur Beendigung des Mietverhältnisses **anzugeben** ist. Dazu reicht nicht aus, lediglich formelhaft den Gesetzeswortlaut zu wiederholen oder formelhaft zu sagen, dass die Wohnung für einen aktiv Bediensteten benötigt werde (OLG Stuttgart, RE vom 22.11.1985 = ZMR 1986, 236 = NJW-RR 1986, 567). Bei einer Hauswartdienstwohnung reicht es allerdings aus, darauf hinzuweisen, dass die Wohnung für einen neu einzustellenden Hauswart benötigt werde. In der Kündigung muss der neue Hauswart noch nicht konkret benannt werden, was in diesem Stadium zumeist auch gar nicht möglich ist, weil die Neueinstellung gerade durch das Freiwerden der entsprechenden Wohnung bedingt ist (LG Berlin, ZMR 1992, 346). Umstritten ist in diesem Zusammenhang, inwiefern im **Räumungsrechtsstreit der neue Hauswart konkret zu nennen ist**. Auch das ist zu verneinen (LG Berlin, GE 1991, 685). Ein derartiges Erfordernis ist dem Gesetz nicht zu entnehmen. Die Nennung würde nämlich voraussetzen, dass der Vermieter schon jetzt einen entsprechenden Hauswart-Dienstvertrag abschließt. Angesichts einer ungewissen Dauer eines Kündigungsrechtsstreits bezüglich des Arbeitsverhältnisses (die Beendigung des Arbeitsverhältnisses ist Voraussetzung für die Beendigung des Mietverhältnisses) und eines möglichen Räumungsrechtsstreits und des jeweiligen Ausgangs, möglicher Räumungsfristen und deren Verlängerung und Vollstreckungsschutzmaßnahmen (§ 765a ZPO) kann ein Vermieter zumutbar erst mit der Auswahl eines neuen Hauswarts beginnen, wenn die Beendigung des Mietverhältnisses unangreifbar feststeht. Die Sozialstaatsklausel des Art. 20 GG gebietet keine andere Auslegung. Der gekündigte Hauswart ist auf andere Weise – wie jeder andere Mieter – geschützt, indem er gegebenenfalls Räumungsfristen und notfalls zeitweiligen Vollstreckungsschutz beantragen kann.

Der Gefahr eines möglichen Rechtsmissbrauchs, die bei allen Kündigungen nach § 573 der Erfahrung der Instanzgerichte gemäß nicht auszuschließen ist, kann nicht vorbeugend dadurch begegnet werden, dass vom Vermieter Angaben gefordert werden, die von ihm noch nicht zumutbar verlangt werden können. Ergeben sich allerdings aus dem Akteninhalt Anhaltspunkte für einen Rechtsmissbrauch oder trägt der gekündigte Hauswart substanziiert in dieser Richtung vor, ist dem schon im Prozess nachzugehen. Anhaltspunkte dafür können sein, dass andere Wohnungen in der Zwischenzeit frei werden, in die der neue Hauswart zumutbar gesetzt werden könnte, oder wenn die Tätigkeit des gekündigten Hauswarts nur eine nachgeordnete, geringfügige neben der des eigentlichen Hauswarts war; denn dann könnte es zweifelhaft sein, ob wiederum nur ein zusätzlicher Hauswart eingestellt werden soll oder ob in Zukunft diese Arbeiten von dem eigentlichen Hauswart verrichtet werden sollen (LG Berlin, Urteil vom 18.4.1991, 62 S 445/90).

Muster
Kündigung Dienstverhältnis/Werkmietwohnung →[⊗ 573-8]

...   ...
(Vermieteranschrift)   (Datum)

An
...
(Mieter/Hauswart)

Betreff: Kündigung des Hauswartdienstverhältnisses und der Hauswartdienstwohnung

Sehr geehrte(r) Frau/Herr ...!
Sie sind in der letzten Zeit Ihren Pflichten als Hauswart für das Gebäude ... (genaue Lagebezeichnung) nicht oder nur unzureichend nachgekommen. Sie haben weder die Aufgänge gereinigt, Schnee gefegt, defekte Birnen der Flurbeleuchtungen ausgewechselt noch sich sonst um das Anwesen gekümmert, so wie es Ihren Pflichten als Hauswart obliegt. Ich hatte Sie schon mit Schreiben vom ... zur Erfüllung Ihrer Pflichten aufgefordert; Sie haben Ihr Verhalten jedoch auch nach dieser Mahnung nicht geändert. So musste ich Sie am ... (Datum) und ... (Datum) nach Beschwerden von Mitmietern aufsuchen und habe Sie in der Hauswartdienstwohnung in einem Zustand angetroffen, der nur auf übermäßigen Alkoholgenuss schließen lassen kann. Ich sehe mich daher gezwungen, das **Hauswartdienstverhältnis** mit Ihnen **fristlos zu kündigen**.
Ferner kündige ich das Mietverhältnis über die gemietete Hauswartdienstwohnung fristgemäß und gebe als Begründung an, dass ich diese Wohnung für einen neu einzustellenden Hauswart benötige. Das Haus ist so groß, dass die Betreuung durch einen Hauswart unbedingt notwendig ist. Ihre Wohnung liegt räumlich so günstig am Hauseingang, dass eine andere Wohnung für den neuen Hauswart überhaupt nicht in Betracht kommt. Abgesehen davon hätte ich auch ohnehin zurzeit überhaupt keine Wohnung für einen neuen Hauswart. Ich fordere Sie daher auf, die Wohnung fristgemäß zu räumen und an mich herauszugeben.

Ich bitte, mir diese Kündigungen – sowohl des Dienstverhältnisses als auch der Dienstwohnung – auf den beigefügten Durchschriften zu bestätigen und dem Boten auszuhändigen, der sie überbringt.

...

(Unterschrift Vermieter)

Klage auf Räumung der Hauswartdienstwohnung →[✆ 573-9]

...   ...

(Vermieteranschrift)   (Datum)

An das
Amtsgericht ...
(örtlich für die Wohnung zuständiges Amtsgericht)

Klage

des ...
(Vermieter)

Kläger

gegen
...
(Mieter/Hauswart)

Beklagter

Ich erhebe Klage gegen o.a. Beklagten und bitte um Anberaumung eines Termins zur mündlichen Verhandlung, in dem ich beantragen werde,
den Beklagten zu verurteilen, die von ihm innegehaltene Wohnung in ... (genaue Anschrift, Lage und Bezeichnung der einzelnen Räumlichkeiten) sofort zu räumen und an mich herauszugeben.

Gründe
Zwischen den Parteien bestand ein Hauswartdienstverhältnis sowie ein Mietverhältnis über eine Werkdienstwohnung.
Beweis: Vorlage des Mietvertrags vom ... sowie des Dienstvertrags vom ..., Kopien anbei
Da der Beklagte seinen Pflichten als Hauswart nicht nachgekommen ist, habe ich das Dienstverhältnis mit Schreiben vom ... fristlos gekündigt. Der Beklagte hat dagegen nicht, schon gar nicht fristgerecht Klage beim Arbeitsgericht erhoben, so dass von der Beendigung des Dienstverhältnisses auszugehen ist.
Mit demselben Schreiben habe ich auch das Mietverhältnis über die von dem Beklagten gemietete Hauswartdienstwohnung gekündigt.

Beweis: Vorlage des Kündigungsschreibens mit Empfangsbestätigung des Beklagten, Kopie anbei

Der Beklagte hat die Wohnung nicht fristgemäß geräumt und an mich herausgegeben, so dass Klage geboten ist.

Ich benötige die Wohnung für einen neuen Hauswart. Der zu betreuende Hauskomplex ist so groß, dass die Einstellung eines Hauswarts notwendig ist. Die Wohnung des Beklagten, die immer schon Hauswartdienstwohnung war, liegt räumlich so günstig (am Hauseingang), dass nur sie als Hauswartdienstwohnung in Betracht kommt. Andere Wohnungen stehen ohnehin nicht zur Verfügung. Den Namen eines neuen Hauswartes kann ich noch nicht angeben, obwohl ich schon Zeitungsannoncen aufgegeben habe und sich auch schon Interessenten gemeldet haben.

Beweis: Vorlage der Annoncen, Kopien eines Ausschnitts aus der Zeitung ... anbei; Zeugnis meines Verwalters ... (Name und Anschrift eines Zeugen zur Meldung von Interessenten)

Die Interessenten haben es bisher jedoch abgelehnt, einen Hauswartdienstvertrag zu schließen, da die Wohnung noch nicht frei ist und auch nicht klar abzusehen ist, wann sie tatsächlich frei wird.

Für den Fall der Anordnung des schriftlichen Vorverfahrens beantrage ich den Erlass eines Anerkenntnisurteils, falls der Beklagte den Anspruch anerkennen sollte, und den Erlass eines Versäumnisurteils, falls der Beklagte eine Verteidigungsbereitschaft nicht rechtzeitig anzeigen sollte.

Zwei Klageabschriften anbei.

...

(Unterschrift Vermieter)

Ist die Wohnung von **Betriebsfremden** gemietet, berechtigt der Betriebsbedarf eines Unternehmers die Kündigung nach § 573 Abs. 1 nicht, wenn die Wohnung nur anzuwerbenden Fachkräften zur Verfügung gestellt werden soll, um mit dem Wohnungsangebot die Chancen auf dem Arbeitsmarkt zu verbessern. Dasselbe gilt für den Fall, dass einem Arbeitnehmer des Vermieters, der konkreten Wohnbedarf hat, die Wohnung zur Verfügung gestellt werden soll (vgl. für beide Fälle OLG Stuttgart, RE vom 24.4.1991 = GE 1991, 817 = WuM 1991, 330). Denn hier fehlt der erforderliche weitere Grund, dass gerade das Bewohnen dieser Räume durch diesen Arbeitnehmer für die ordnungsgemäße Führung des Betriebs erforderlich ist (Emmerich/Sonnenschein, § 564b Rn. 112). **57**

6.2 Öffentlich-rechtliche Gründe

Die Vermietung einer Wohnung **trotz entgegenstehender öffentlich-rechtlicher Vorschriften** (vgl. z.B. § 4 WoBindG) macht den **Mietvertrag** zwar nicht **nichtig, berechtigt aber zur Kündigung** nach § 573 (OLG Hamm, RE vom 14.7.1982 = GE 1982, 841 [842] = WuM 1982, 244; vgl. auch BGH, GE 1994, 1313), und zwar auch dann, wenn der Vermieter von der fehlenden Wohnberechtigung wusste (möglicherweise aber Schadensersatzanspruch). Dasselbe gilt bei der Vermietung von Räumen trotz entgegenste- **58**

henden landesrechtlichen Zweckentfremdungsverbots (Grundlage Art. 6 § 1 Mietrechtsverbesserungsgesetz vom 4.11.1971). Liegt eine Zweckentfremdungsgenehmigung vor,
ist damit aber noch nicht die Kündigungsmöglichkeit gegenüber dem Wohnungsmieter
präjudiziert (vgl. in diesem Zusammenhang BVerwG, GE 1994, 667 [771]); denn die
Kündigung des zivilrechtlichen Mietvertrags ist nur nach § 573 zu beurteilen.

6.3   Innerbetriebliche Zweckbindung

59   Genossenschaften oder ähnliche Unternehmen haben den satzungsmäßigen Zweck,
Wohnungen einem bestimmten Personenkreis anzubieten. Tritt der **Mieter aus der Genossenschaft aus** oder ist die Genossenschaftswohnung **erheblich unterbelegt**, kann der
Vermieter ein berechtigtes Interesse haben, die Wohnung einer der Genossenschaft angehörenden Familie bzw. einer größeren Familie mit entsprechendem Wohnbedarf zu
vermieten (vgl. OLG Stuttgart, RE vom 11.6.1991 = WuM 1991, 379 = ZMR 1991, 297).
Beim Tod eines Genossen ist allerdings § 563 Abs. 1 zu beachten. Der Tod der Genossen
gibt nicht (jedenfalls nicht ohne weiteres) einen Kündigungsgrund (OLG Karlsruhe, RE
vom 23.12.1983 = WuM 1984, 43).

Muster
Kündigungsschreiben des Vermieters →[✆ 573-10]

...   ...
(Vermieteranschrift)   (Datum)

An das
Amtsgericht ...
(für die Mietwohnung örtlich zuständiges Amtsgericht)

Klage

des ...
(Vermieter)

Kläger

gegen
...
(Mieter mit Namen und Anschrift)

Beklagter

wegen Räumung einer Mietwohnung.

Ich erhebe Klage gegen den o.a. Beklagten und bitte um Anberaumung eines Termins zur mündlichen Verhandlung, in dem ich beantragen werde,
den Beklagten zu verurteilen, die in ... gelegene Wohnung ... (genaue Bezeichnung
der Wohnung mit Zimmer, Keller und dgl.) sofort zu räumen und an mich herauszugeben; hilfsweise, die bezeichnete Wohnung zum ... (Ende der Mietzeit nach ordentlicher Kündigung) zu räumen und an mich herauszugeben.

Für den Fall, dass das Gericht ein schriftliches Vorverfahren anordnet, beantrage ich den Erlass eines Anerkenntnis- bzw. Versäumnisurteils im schriftlichen Vorverfahren, falls der Beklagte den Anspruch anerkennen oder nicht fristgemäß seine Verteidigungsbereitschaft anzeigen sollte.

Gründe

Der Beklagte hat laut Mietvertrag vom ... die oben bezeichnete Wohnung von mir gemietet.

Beweis: Vorlage des Mietvertrags, Kopie anbei

Der Beklagte ist bei einer monatlichen Miete von ... EUR netto/kalt zzgl. zu zahlender Vorschüsse für Heizung und Betriebskosten in Höhe von ... EUR mit einem Betrag von ... EUR in Zahlungsrückstand. Der genaue Rückstand ergibt sich aus der folgenden Abrechnung:

(es folgt eine genaue Aufstellung von Soll und Ist für die jeweiligen Monate mit einer bestimmten Endsumme, ein Saldierung insgesamt ist unzulässig). Wegen der Rückstände habe ich mit Schreiben vom ... die fristlose Kündigung erklärt. Das Kündigungsschreiben ist in Zeugengegenwart in einem verschlossenen Briefumschlag in den Briefkasten des Beklagten am ... geworfen worden.

Beweis: Vorlage des Kündigungsschreibens, Kopie anbei; Zeugnis des ... (die entsprechenden Zeugen sind mit Namen und Anschrift anzugeben)

In demselben Schreiben habe ich nicht nur die fristlose Kündigung des Mietverhältnisses erklärt, sondern auch die ordentliche Kündigung nach § 573 Abs. 1 und Abs. 2 Nr. 1 BGB; denn durch die Nichtzahlung der Mieten hat der Beklagte seine vertraglichen Verpflichtungen schuldhaft erheblich verletzt. Ich begehre die Räumung und Herausgabe der Wohnung von dem Beklagten und stütze meinen Anspruch auf die fristlose Kündigung, hilfsweise auch auf die ordentliche Kündigung, Letzteres für den Fall, dass aufgrund der fristlosen Kündigung nicht auf Räumung erkannt werden kann (mögliche Zahlung innerhalb der Schonfrist).

Nach Erklärung der fristlosen, hilfsweise fristgerechten Kündigung hat der Beklagte weiterhin folgende Mieten/Teile der Mieten nicht gezahlt:

(es folgt eine weitere Aufstellung für jeden Monat nach Soll und Ist mit einer entsprechenden Endsumme).

Diese Rückstände rechtfertigen eine weitere Kündigung nach § 569 Abs. 3/§ 573 Abs. 1 und Abs. 2 Nr. 1 BGB. Ich erkläre hiermit erneut die fristlose, hilfsweise fristgerechte Kündigung des Mietverhältnisses und stütze meine Räumungs-/Herausgabeklage auch auf diese Kündigung.

Zum Streitwert gebe ich die geschuldete Miete mit ... EUR an × 12 Monate = ... EUR. Zwei Abschriften der Klage sind zwecks Zustellung an den Beklagten beigefügt.

...

(Unterschrift Vermieter)

§ 573a Erleichterte Kündigung des Vermieters

(1) ¹Ein Mietverhältnis über eine Wohnung in einem vom Vermieter selbst bewohnten Gebäude mit nicht mehr als zwei Wohnungen kann der Vermieter auch kündigen, ohne dass er eines berechtigten Interesses im Sinne des § 573 bedarf. ²Die Kündigungsfrist verlängert sich in diesem Fall um drei Monate.
(2) Absatz 1 gilt entsprechend für Wohnraum innerhalb der vom Vermieter selbst bewohnten Wohnung, sofern der Wohnraum nicht nach § 549 Abs. 2 Nr. 2 vom Mieterschutz ausgenommen ist.
(3) In dem Kündigungsschreiben ist anzugeben, dass die Kündigung auf die Voraussetzungen des Absatzes 1 oder 2 gestützt wird.
(4) Eine zum Nachteil des Mieters abweichende Vereinbarung ist unwirksam.

Die Vorschrift entspricht mit sprachlichen und einigen inhaltlichen Änderungen der Sonderregelung über die erleichterte Vermieterkündigung von so genannten **Einliegerwohnungen**, die bisher in § 564b Abs. 4 geregelt war.
Die bisherige Regelung bezog sich in § 564b Abs. 4 Nr. 2 auch auf ein Mietverhältnis über eine Wohnung in einem vom Vermieter selbst bewohnten Wohngebäude mit drei Wohnungen, wenn mindestens eine der Wohnungen durch Ausbau oder Erweiterung eines vom Vermieter selbst bewohnten Wohngebäudes nach dem 31.5.1990 und vor dem 1.6.1999 fertig gestellt worden ist (vgl. Art. 3 Nr. 4 Wohnungsbau-Erleichterungsgesetz vom 17.5.1990 – BGBl. I S. 926). Diese Regelung ist aus Vereinfachungsgründen entfallen. Für die bisher unter diese Ausnahmevorschrift fallenden Mietverhältnisse gibt es zugunsten des Vermieters zeitliche Übergangsvorschriften. Nach Art. 229 § 3 Abs. 2 EGBGB in der Fassung des Art. 2 des Mietrechtsreformgesetzes kann ein am 1.9.2001 bestehendes Mietverhältnis i.S.d. § 564b Abs. 4 Nr. 2 oder Abs. 7 Nr. 4 in der bis zum In-Kraft-Treten der Mietrechtsreform geltenden Fassung noch bis zum 31.8.2006 (Tag vor dem Tag, der fünf Jahre nach dem In-Kraft-Treten des Mietrechtsreformgesetzes liegt) nach § 564b in der bisherigen Fassung gekündigt werden.
Gegenüber der bisherigen Fassung in § 564b Abs. 4 ist jetzt nicht mehr vom „Wohngebäude", sondern von „Gebäude" die Rede. Damit kommt es nicht mehr darauf an, ob in einem auch gewerblich genutzten Haus zwei Wohnungen bestehen, von denen eine vom Vermieter bewohnt wird, oder dass die Gewerberäume vom Vermieter selbst genutzt werden. Nach Ansicht des Gesetzgebers ist diese Anwendung auch auf gemischt genutzte Zweifamilienhäuser sachgerecht. Es bestehe kein Grund für eine Differenzierung. Das persönliche Zusammenleben in einem solchen Haus könne ebenso eng sein wie in einem Zweifamilienhaus ohne zusätzliche gewerbliche Nutzung, zumal es nach Geschäftsschluss regelmäßig ohnehin keinen Publikumsverkehr mehr gebe.
§ 573a Abs. 2 und 3 übernehmen inhaltlich unverändert § 564b Abs. 4 Satz 3 und 4. In Abs. 3 ist jetzt positiv formuliert, dass im Kündigungsschreiben „die Voraussetzungen des Absatzes 1 oder 2" anzugeben sind. Der Vormieter kann seine Kündigung aber daneben auch auf § 573 stützen, muss aber dann angeben, auf welche Vorschrift die Kündigung in erster Linie, auf welche nur hilfsweise gestützt wird (vgl. OLG Hamburg, RE

vom 7.4.1982 = ZMR 1982, 282 = NJW 1983, 182; vgl. OLG Karlsruhe, RE vom 27.10.1981 = GE 1982, 37 = ZMR 1983, 95).

§ 573a Abs. 2 regelt die entsprechende Anwendung des Abs. 1 für Wohnraum innerhalb der vom Vermieter selbst bewohnten Wohnung. Ausgenommen ist Wohnraum (eigentlich selbstverständlich), der nach § 549 Abs. 2 Nr. 2 vom Mieterschutz ausgenommen ist. Das entspricht dem bisherigen § 564b Abs. 7, der insofern von § 549 Abs. 2 Nr. 2 übernommen worden ist.

Für die Kündigung nach § 573a gilt auch die so genannte Sozialklausel nach § 574. Denn die erleichterte Kündigung des Vermieters ist auch eine Kündigung eines Wohnraummietverhältnisses auf unbestimmte Zeit.

§ 573b Teilkündigung des Vermieters

(1) Der Vermieter kann nicht zum Wohnen bestimmte Nebenräume oder Teile eines Grundstücks ohne ein berechtigtes Interesse im Sinne des § 573 kündigen, wenn er die Kündigung auf diese Räume oder Grundstücksteile beschränkt und sie dazu verwenden will,

1. Wohnraum zum Zwecke der Vermietung zu schaffen oder

2. den neu zu schaffenden und den vorhandenen Wohnraum mit Nebenräumen oder Grundstücksteilen auszustatten.

(2) Die Kündigung ist spätestens am dritten Werktag eines Kalendermonats zum Ablauf des übernächsten Monats zulässig.

(3) Verzögert sich der Beginn der Bauarbeiten, so kann der Mieter eine Verlängerung des Mietverhältnisses um einen entsprechenden Zeitraum verlangen.

(4) Der Mieter kann eine angemessene Senkung der Miete verlangen.

(5) Eine zum Nachteil des Mieters abweichende Vereinbarung ist unwirksam.

Die bisherige Teilkündigungsmöglichkeit nach § 564b Abs. 2 Nr. 4 a.F. ist bei § 573 ausgegliedert und nach Intention des Gesetzgebers als klarere und übersichtlichere Aufteilung in einem eigenen Paragraphen aufgenommen worden.

Die Tatbestände entsprechen der bisherigen Regelung des § 564b Abs. 2 Nr. 4. In Abs. 1 Nr. 2 ist allerdings anders als in § 564b Abs. 2 Nr. 4 b) a.F. das Wort „und" durch „oder" zwischen den Worten Nebenräumen und Grundstücksteilen ersetzt worden. Nach der Gesetzesbegründung sei die Ausstattung mit Nebenräumen oder Grundstücksteilen abhängig vom Kündigungsgegenstand; erfolge die Kündigung für Nebenräume, könne der neu zu schaffende und der vorhandene Wohnraum auch nur mit Nebenräumen ausgestattet werden und nicht, wie durch das Wort „und" bisher sinnwidrig formuliert sei, auch mit Grundstücksteilen. Der Zweck der Regelung, die angemessene Verteilung der Nebenräume oder Grundstücksteile auf den neu zu schaffenden und den vorhandenen Wohnraum, bleibe davon unberührt.

Der Begriff der Nebenräume umfasst (vgl. § 42 Abs. 4 Nr. 1 II BV) Dach-, Trocken-, Abstell- und Kellerräume. Zu den Grundstücksteilen gehören Garagen, Kfz-Abstellplätze, Gartenanteile und Kinderspielplätze.

Dem Zweck des Gesetzes ist nicht Genüge getan, wenn der Vermieter die neu zu schaffenden Räume selbst benutzen möchte (vgl. BVerfG, NJW 1992, 494; LG Stuttgart, NJW-RR 1992, 206).

Die systematische Einordnung in den Abschnitt über Mietverhältnisse auf unbestimmte Zeit bringt zum Ausdruck, dass § 573b nicht bei befristeten Mietverhältnissen nach § 575 gilt. Denn bei einem Zeitmietvertrag ist dem Vermieter zuzumuten, das vereinbarte Ende des Mietverhältnisses abzuwarten, bevor er seine Umbaupläne verwirklicht (vgl. Regierungsbegründung).

Ebenfalls der Systematik entsprechend gilt die Sozialklausel des § 574 auch für das Teilkündigungsrecht des Vermieters.

§ 573c Fristen der ordentlichen Kündigung

(1) [1]Die Kündigung ist spätestens am dritten Werktag eines Kalendermonats zum Ablauf des übernächsten Monats zulässig. [2]Die Kündigungsfrist für den Vermieter verlängert sich nach fünf und acht Jahren seit der Überlassung des Wohnraums um jeweils drei Monate.

(2) Bei Wohnraum, der nur zum vorübergehenden Gebrauch vermietet worden ist, kann eine kürzere Kündigungsfrist vereinbart werden.

(3) Bei Wohnraum nach § 549 Abs. 2 Nr. 2 ist die Kündigung spätestens am Fünfzehnten eines Monats zum Ablauf dieses Monats zulässig.

(4) Eine zum Nachteil des Mieters von den Absätzen 1 oder 3 abweichende Vereinbarung ist unwirksam.

1. Allgemeines

1 Die im bisherigen § 565 geregelten Kündigungsfristen sind jetzt für die ordentliche Kündigung eines Wohnraummietverhältnisses auf unbestimmte Zeit (bisher § 565 Abs. 2 und 3) in § 573c zusammengefasst. Kündigungsfristen bei einem Mietverhältnis über Grundstücke, über Räume (Geschäftsräume und andere Räume) oder über im Schiffsregister eingetragene Schiffe (bisher § 565 Abs. 1) ergeben sich aus § 580a, zu finden im dritten Abschnitt bei Mietverhältnissen über andere Sachen.

Der im Gesetzgebungsverfahren äußerst kontrovers ausgeführte Streit über symmetrische oder über asymmetrische Kündigungsfristen für Vermieter und Mieter ist nach einem zunächst anderen Regierungsentwurf nun im Sinne von asymmetrischen Kündigungsfristen nach § 573c Abs. 1 entschieden. Das Für und Wider unterliegt nicht mehr der Kommentierung. Dennoch sind die Probleme im Hinblick auf das Kündigungsrecht des Mieters im Verhältnis zu einem vereinbarten zeitlichen Ausschluss einer Kündigung einer Mietvertragspartei nicht entschieden.

2. Kündigung nach § 573c Abs. 1

§ 573c Abs. 1 Satz 1 entspricht dem bisherigen § 565 Abs. 2 Satz 1, gilt jedoch jetzt **2** uneingeschränkt nur für den Mieter, für den Vermieter nur bei einem Mietverhältnis mit einer Dauer bis zu fünf Jahren. Die Verlängerung der Kündigungsfrist für den Vermieter nach § 573c Abs. 1 Satz 2 um jeweils drei Monate nach Ablauf von fünf und acht Jahren seit der Überlassung des Wohnraums gilt nur für den Vermieter. Nach der Intention des Gesetzgebers (vgl. die Beratungen im Rechtsausschuss vom 14.3.2001) handelt es sich nämlich bei der Frage der Länge der Kündigungsfristen bei einer ordentlichen Kündigung des Mietverhältnisses durch den Mieter einerseits und den Vermieter andererseits um unterschiedliche Sachverhalte, denen die bisherige Regelung grundsätzlich gleicher und nur nach Dauer des Mietverhältnisses differenzierender Fristen nicht gerecht werde. Der diese Ausgestaltung der Kündigungsfristen zugrunde liegende Aspekt des Mieterschutzes könne bei richtiger Betrachtung nur für die Kündigungsfristen bei Kündigung durch den Vermieter Geltung beanspruchen. Hinsichtlich der Fristen, die der **Mieter** bei einer Kündigung zu beachten habe, spiele der Aspekt des Mieterschutzes dagegen keine Rolle. Gerade in den Fällen, in denen der Mieter gezwungen sei, seine Wohnung kurzfristig aufzugeben, weil er beispielsweise seinen Arbeitsplatz wechsele oder aus gesundheitlichen Gründen in ein Alters- oder Pflegeheim umziehen müsse, erscheine die bisherige Regelung nicht ausreichend. Insbesondere bei älteren Mietern würde das Mietverhältnis häufig über fünf Jahre bestehen, so dass diese Mieter dann an eine sechsmonatige Kündigungsfrist gebunden seien. Falls der Vermieter nicht bereit sei, einen Aufhebungsvertrag zu schließen, werde in diesen Fällen regelmäßig über mehrere Monate eine doppelte Miete zu zahlen seien. Dies sei für den Mieter unzumutbar. Gerade der aus gesundheitlichen Gründen zwingende Umzug in ein Alters- oder Pflegeheim werde in einer älter werdenden Gesellschaft immer häufiger vorkommen. Mit der grundsätzlich dreimonatigen Kündigungsfrist für den Mieter werde dem Anliegen, aus gesundheitlichen, beruflichen oder anderen Gründen zu einem Umzug gezwungen zu sein, Rechnung getragen, nicht über einen längeren Zeitraum eine doppelte Miete zahlen zu müssen. Andererseits verbleibe dem Vermieter genügend Zeit für die Suche eines Nachmieters. Außerdem habe eine solche Regelung den Vorteil einer weiteren Rechtsvereinfachung, weil damit jedenfalls für die Kündigung des Mieters nicht mehr nach der Dauer des Mietverhältnisses differenziert werde und überdies die bisherige Einzelfallkasuistik zur Aufhebung des Mietverhältnisses aus wichtigem Grund entfallen könne.

Hinsichtlich der Fristen, die der **Vermieter** bei der Kündigung zu beachten habe, müsse **3** weiterhin nach der Dauer des Mietverhältnisses differenziert werden. Damit werde dem überwiegenden Interesse des Mieters Rechnung getragen, der gerade bei Mietverhältnissen von langer Dauer in seiner Umgebung sozial verwurzelt sei und schon deshalb für die Suche nach einer neuen Wohnung ausreichend Zeit benötige. Mit den neuen unterschiedlichen Fristen wird einerseits dem Interesse des Vermieters bei Vorliegen eines Kündigungsgrundes, in überschaubarer Zeit über sein Eigentum zu verfügen, und andererseits dem Interesse des Mieters, ausreichend Zeit für die Suche einer neuen Wohnung zu haben, auch unter Beachtung von Art. 14 GG vollen Umfangs Rechnung getragen.

Mit der Neuregelung der Kündigungsfristen zugunsten des Mieters überholt sich die bisherige Rechtsprechung zur Möglichkeit für den Mieter, vorfristig aus dem Mietvertrag entlassen zu werden (vgl. OLG Karlsruhe [RE], ZMR 1981, 269 = GE 1981, 953; OLG Oldenburg [RE], GE 1981, 930 und OLG Hamm [RE], GE 1995, 1203 = ZMR 1995, 525) – vgl. dazu die bisherige Kommentierung in der Vorauflage zu § 564 Rn. 6 und § 565 Rn. 3. Das gilt jedenfalls für den Fall, dass die Parteien nicht die Kündigung für einen bestimmten Zeitraum ausgeschlossen haben (vgl. hierzu Rn. 8, 9).

Im Hinblick auf die neue Regelung der Kündigungsfristen für den Mieter ist die Regelung des bisherigen § 570, die ein Sonderkündigungsrecht für bestimmte Berufsgruppen enthielt (Militärpersonen, Beamte, Geistliche und Lehrer an öffentlichen Unterrichtsanstalten), entbehrlich und vom Gesetzgeber gestrichen worden. Bei einem Zeitmietvertrag, für den die bisherige Regelung des § 570 auch galt, ist die Rechtsprechung zur vorzeitigen Lösung aus dem Mietvertrag danach nach wie vor relevant. Darauf wird in der Begründung der Bundesregierung auch hingewiesen – der Mieter könne sich im Einzelfall auch zukünftig von den von der Rechtsprechung entwickelten Grundsätzen unter bestimmten Voraussetzungen durch Stellung eines Nachmieters vorzeitig aus dem Mietverhältnis lösen.

4 Für § 573c Abs. 1 gibt es die **Übergangsregelung** in Art. 229 § 3 Abs. 10 EGBGB. Danach ist § 573c Abs. 4, wonach eine zum Nachteil des Mieters von § 573c Abs. 1 und 3 abweichende Vereinbarung unwirksam ist, nicht anzuwenden, wenn die Kündigungsfristen vor dem 1.9.2001 durch Vertrag vereinbart worden sind. Voraussetzung dafür ist zunächst, dass es sich nach bisherigem Recht um zulässig vereinbarte Fristen handelt. Das war nach bisherigem Recht unter Beachtung der Regeln des AGBG (vor allem § 9 AGBG) bei kürzeren Fristen zugunsten des Mieters möglich, für die Kündigung des Vermieters nicht möglich (Mieterschutz), bei einer Verlängerung der Kündigungsfrist für Mieter und Vermieter lag kein Verstoß vor (vgl. OLG Zweibrücken, RE vom 23.11.1989 = ZMR 1990, 106).

Eine Vereinbarung i.S.d. Übergangsvorschrift liegt nicht vor, wenn die Parteien lediglich im Vertragstext allgemein auf die gesetzliche Regelung verwiesen und dabei die Fristen des § 565 a.F. wiedergegeben haben. In vielen Mietverträgen ist allerdings nicht nur formularmäßig festgehalten, dass der Mietvertrag unter Einhaltung der gesetzlichen Kündigungsfrist gekündigt werden könne, sondern, dass bestimmte Kündigungsfristen gelten, wobei dann die Kündigungsfristen des § 565 a.F. für die bestimmten Laufzeiten des Mietvertrags im Einzelnen angegeben werden. Im Rechtsausschuss meinte man, von einer Vereinbarung im Sinne von Art. 229 § 3 Abs. 10 EGBGB könne man auch nicht sprechen, wenn, wie in vielen Mietvertragsformularen üblich, im Rahmen einer Formularklausel der Wortlaut der bisherigen gesetzlichen Regelung nur wiederholt würde. Bei Verweisung oder bloßer Wiederholung spreche schon auf den ersten Blick eine Vermutung gegen eine besondere eigenständige (konstitutive) Vereinbarung. Es sei nämlich davon auszugehen, dass in diesen Fällen die Parteien den Gesetzeswortlaut lediglich der Vollständigkeit halber zur bloßen Information über die bestehende Rechtslage im Vertragstext wiedergegeben hätten. Auf den Inhalt der konkreten Regelung selbst sei es ihnen jedoch gar nicht angekommen; er wäre bei einer anderen Gesetzeslage gegebenenfalls beliebig austauschbar gewesen. Nur wenn sich aus dem Vertragstext oder sonstigen

Schach

Umständen bei Vertragsschluss ergäbe, dass die Parteien ein besonderes Interesse an der Geltung der gesetzlichen Fristen hatten und gerade vor diesem Hintergrund diese Regelung ganz bewusst getroffen hätten, könne auch hier ausnahmsweise eine echte Vereinbarung vorliegen. In der Mehrzahl der Formularverträge werde dies allerdings nicht der Fall sein. **Die im Rechtsausschuss geäußerte Auffassung ist für den Rechtsanwender nicht bindend.** Sie ist auch nach hier vertretener Ansicht für die zuletzt genannte Fallgruppe, in der die gesetzlichen Fristen des bisherigen § 565 ausdrücklich genannt werden und nicht nur allgemein auf die gesetzliche Regelung des § 565 a.f. verwiesen wird, **nicht zutreffend.** In diesem Zusammenhang ist auch der Rechtsentscheid des Kammergerichts vom 22.1.1998 (GE 1998, 177 ff. = ZMR 1998, 221) anzuführen. Danach gilt die in einem während der Geltung des Zivilgesetzbuchs der DDR (ZGB) geschlossenen im Mietvertrag enthaltene Klausel, wonach der Mieter das Wohnraummietverhältnis mit einer Frist von zwei Wochen kündigen könne, als wirksame vertragliche Vereinbarung nach dem 3.10.1990 fort. In dem zugrunde liegenden Fall ging es um die Frage, ob eine zwingende oder dispositive gesetzliche Regelung (§ 120 ZGB) eine gleich lautende Klausel in einem Mietvertrag noch zulasse, bei Wegfall der gesetzlichen Regelung eine eigenständige Bedeutung habe bzw. beibehalte oder vielmehr nur eine „leere Hülse" sei. Das Kammergericht vertritt die Auffassung, bei der Klausel handele es sich um eine eigenständige und wirksame Vereinbarung. Der Beschluss mag seine Besonderheiten auch im Verhältnis von zwingendem und vereinbarten Recht der DDR haben und ist unmittelbar für die vorliegende Fallkonstellation nicht bindend. Die allgemeinen Ausführungen können jedoch übertragen werden. Gegen die Vereinbarung der gesetzlich vorgesehenen Fristen des § 565 a.f. bestehen auch unter Berücksichtigung des neuen § 573c schon deswegen keine Bedenken, weil nach bisherigem Recht sogar eine Verlängerung der Fristen möglich war. Demgemäß handelt es sich nicht um eine „leere Hülse". Selbst im Rechtsausschuss ist hingenommen worden, dass für beide Parteien vereinbarte längere als die gesetzlichen Kündigungsfristen auch künftig Bestand haben müssten. Die Parteien hätten, indem sie von den bisherigen gesetzlichen Fristen abgewichen seien, zum Ausdruck gebracht, dass sie gerade diese besondere Vertragsgestaltung wünschten. Das sei aus Vertrauensschutzgründen zu respektieren, gilt daher auch für die hier genannten Fälle.

Die **Fristberechnung** richtet sich nach §§ 187 ff. § 193 gilt allerdings bei Kündigungsfristen nicht, so dass auch an Samstagen, Sonn- und Feiertagen gekündigt werden kann (vgl. Palandt/Heinrichs, § 193 Rn. 3; Palandt/Weidenkaff, § 565 Rn. 11). 5

Die **Kündigungsfrist** ist der Zeitraum zwischen dem Zugang der Willenserklärung und dem Tag, zu dem gekündigt worden ist und an dem das Mietverhältnis beendet sein soll (Kündigungstermin).

§ 573c Abs. 1 Satz 1 normiert eine so genannte **Karenzzeit** von drei Tagen, für die Samstage, Sonn- und Feiertage nicht mitgezählt werden (Palandt/Weidenkaff, § 565 Rn. 13; LG Wuppertal, NJW-RR 1993, 1232).

Eine Kündigung, die nicht fristgemäß zugeht, wirkt zum nächstzulässigen Termin (OLG Hamm, MDR 1994, 56).

3.   Kürzere Fristen – § 573c Abs. 2

§ 573c Abs. 2 enthält die bisherige Regelung des § 565 Abs. 2 Satz 3. 6

4. Möblierter Wohnraum – § 573c Abs. 3

7 Die Regelung geht auf § 565 Abs. 3 a.F. zurück und meint möblierten Wohnraum i.S.d. § 549 Abs. 2 Nr. 2. Die bisherige umfangreiche Staffelung der Kündigungsfristen ist zugunsten einer einheitlichen Kündigungsfrist von zwei Wochen aufgegeben worden. Für kurzfristige Mietverhältnisse (z.B. Ferienwohnungen) wurden ohnehin in aller Regel Zeitmietverträge abgeschlossen. Bei Verträgen mit längerer Laufzeit werde üblicherweise die Miete nach Monaten bemessen. Es reiche aus, die bisher für diese Fälle geltende zweiwöchige Kündigungsfrist zum Ablauf eines Monats auch für Mietverhältnisse vorzusehen, bei denen die Miete nach kürzeren Zeitabschnitten als nach Monaten bemessen sei.

Eine Ausnahme gilt wie bisher für die Fälle, dass der Wohnraum zum dauernden Gebrauch für eine Familie oder Personen überlassen ist, mit denen der Mieter einen auf Dauer angelegten gemeinsamen Haushalt führt (§ 549 Abs. 2 Nr. 2). Für diese Gruppe gilt die Regelung des § 573c Abs. 1.

5. Abdingbarkeit – § 573c Abs. 4

8 Der Teil der Vorschrift regelt den zwingenden Inhalt der Absätze 1 und 3 zugunsten des Mieters.

In diesem Zusammenhang stellt sich nun das Problem der zulässigen Vereinbarung einer **„Mindestmietzeit"**. Das BGB kannte schon bisher diesen Ausdruck nicht. Es ging um die Frage, ob ein auf bestimmte Zeit eingegangenes Mietverhältnis i.S.d. § 564 Abs. 1 a.F. vor dem Ablauf der Zeit gekündigt werden konnte. Eine vorzeitige Beendigung des Mietverhältnisses war natürlich dann möglich, wenn die Voraussetzung für eine außerordentliche Kündigung vorlag. Die ordentliche Kündigung war jedoch – auch für den Mieter – ausgeschlossen. Die Möglichkeit der ordentlichen Kündigung bestand nur im Rahmen des § 564 Abs. 2 a.F. für den Fall, dass eine Mietzeit nicht bestimmt war. Ein Wohnraummieter hatte nur unter ganz eingeschränkten Voraussetzungen die Möglichkeit, vorzeitig aus einem Mietverhältnis i.S.d. § 564 Abs. 1 a.F. entlassen zu werden. Dogmatisch war das nur über § 242 begründbar. Die allgemeine Meinung in der Bevölkerung über die Möglichkeit einer Ersatzmieterstellung war nur in einem Punkt richtig: Zunächst musste ein Fall vorliegen, in dem das berechtigte Interesse des Mieters an der Aufhebung des Mietvertrags das Interesse des Vermieters am Bestand des Vertrags ganz erheblich überragt (vgl. zuletzt OLG Hamm, RE vom 22.8.1995 = GE 1995, 1203). Erst wenn ein derartiger Fall gegeben war, kam überhaupt die Möglichkeit der Stellung eines Ersatzmieters in Betracht. Dieser musste für den Vermieter zumutbar sein und den Vertrag unter den bisherigen Bedingungen fortsetzen wollen. Es reichte nicht aus, dem Vermieter eine Liste mit potentiellen Ersatzmietern zu bieten, damit dieser sich mit diesen in Verbindung setze. Vielmehr musste der Mieter aktiv werden und dem Vermieter den Ersatzmieter so „präsentieren", dass ein Vertragsschluss ohne weiteres möglich war. Üblicherweise wurde ein Mietverhältnis nach § 564 Abs. 1 a.F. wie folgt abgeschlossen: *Das Mietverhältnis ist auf bestimmte Zeit abgeschlossen. Es beginnt am ... und endet am ..., ohne dass es einer Kündigung bedarf.* Eine Klauselvereinbarung, dass ein Mietverhältnis erstmalig zum ... kündbar sei, entsprach zwar nicht der Formulierung nach § 564 Abs. 1 a.F., stellte aber keine (unzulässige) Beschränkung des Kündigungsrechts (bisher § 10 Abs. 2 MHG) und keine Verlängerung von Fristen dar, sondern nur die Vereinbarung einer Mindestmietzeit, die grundsätzlich wirksam war (vgl. LG Berlin, Urteil vom 29.9.1997, 62 S 82/97; vgl. Barthelmess, MHG, § 10 Rn. 721). Die bisherigen Formulierungen in den Mietverträgen zu bestimmten Mietzeiten, während deren Dauer auch die Kündigung des Mieters ausgeschlossen war, verbieten sich zukünftig wegen der nicht abdingbaren Regelung in § 573c Abs. 1. Eine derartige Formulierung gab es bisher in § 565 a.F. nicht; hier konnten nur bestimmte andere Vereinbarungen gegen das AGBG verstoßen, was allerdings zur selben Folge führte wie § 573c Abs. 4.

Der Gesetzgeber geht allerdings nunmehr in § 557a Abs. 3 für die Staffelmiete davon   9
aus, dass das Kündigungsrecht des Mieters für höchstens vier Jahre seit Abschluss der Staffelmietvereinbarung ausgeschlossen werden kann. Hier wird keine Unterscheidung zwischen Mieter- und Vermieterkündigung gemacht. Damit geht der Gesetzgeber selbst davon aus, dass entgegen § 573c Abs. 1 auch der Mieter sich langfristig vertraglich binden kann, ohne sich auf die kurze Kündigungsfrist des § 573c Abs. 1 berufen zu können (vgl. die amtliche Begründung zu § 575 – Zeitmietvertrag). Die gewisse Diskrepanz zwischen den Regelungen des § 557a Abs. 3 und § 573c war dem Gesetzgeber bekannt und ist nicht erst durch die Neuregelung in § 573c nach Beratungen im Rechtsausschuss entstanden. Daher wird hier die Auffassung vertreten, **dass die Mietvertragsparteien, also auch der Mieter, die (ordentliche) Kündigung für einen bestimmten Zeitraum ausschließen können**, und zwar für einen längeren Zeitraum, als es § 557a Abs. 3 vorsieht. Nur für die Staffelmiete gilt die Beschränkung auf vier Jahre. Ein längerer Zeitraum (üblich waren bisher zumeist fünf Jahre) ist an der Regelung des § 9 AGBG (ab 1.1.2002: § 307 BGB i.d.F. des SchuldRModG), § 242 zu messen.

Das Argument, die Vorschriften über die Staffelmiete stellten eine besondere Regelung im Hinblick auf die festgelegte und längere Zeit wirkende Miethöhe dar, überzeugt nicht. Die Staffelmiethöhe kann sich für beide Vertragsparteien positiv oder negativ auswirken, je nachdem wie die Miethöhe gemessen an der ortsüblichen Vergleichsmiete schwankt. Nur aus diesem Grund den Ausschluss des Kündigungsrechts für immerhin vier Jahre beizubehalten (vgl. bisher § 10 Abs. 2 Satz 6 MHG), würde sich nicht rechtfertigen.

Demgemäß ist § 573c Abs. 4 im Hinblick auf eine vertraglich ausgeschlossene Kündigungsmöglichkeit für einen bestimmten Zeitraum dahin zu lesen, dass für alle anderen Fälle, also für den Normalfall, die Vereinbarung einer längeren Kündigungsfrist für den Mieter unwirksam ist.

Die bisherige Vorschrift des § 565 Abs. 2 Satz 4, nach der eine Vereinbarung unzulässig war, die die Kündigung nur für den Schluss bestimmter Kalendermonate zuließ, **ist entfallen**. Richtig hat der Gesetzgeber gesehen, dass dafür heute kein Bedürfnis mehr besteht (Zielrichtung 1938, die gleichmäßigere Auslastung des Speditionsgewerbes zu gewährleisten). Die dazu ergangenen Entscheidungen sind überholt.

§ 573d Außerordentliche Kündigung mit gesetzlicher Frist

(1) Kann ein Mietverhältnis außerordentlich mit der gesetzlichen Frist gekündigt werden, so gelten mit Ausnahme der Kündigung gegenüber Erben des Mieters nach § 564 die §§ 573 und 573a entsprechend.
(2) [1]Die Kündigung ist spätestens am dritten Werktag eines Kalendermonats zum Ablauf des übernächsten Monats zulässig, bei Wohnraum nach § 549 Abs. 2 Nr. 2 spätestens am Fünfzehnten eines Monats zum Ablauf dieses Monats (gesetzliche Frist). [2]§ 573a Abs. 1 Satz 2 findet keine Anwendung.
(3) Eine zum Nachteil des Mieters abweichende Vereinbarung ist unwirksam.

1. Allgemeines

1 Die Vorschrift trifft für (Wohnraum-)Mietverhältnisse auf unbestimmte Zeit besondere Regelungen für die außerordentliche Kündigung mit gesetzlicher Frist (vgl. z.B. § 540 Abs. 1 Satz 2, § 544, § 563 Abs. 4, § 563a Abs. 2, § 564). Bisher war nur die in § 565 Abs. 5 a.F. enthaltene Kündigungsfrist ausdrücklich gesetzlich geregelt. Einige der beispielhaft genannten Regelungen befinden sich nicht in den Vorschriften über Wohnraummietverhältnisse, sind aber über § 549 Abs. 1 auch für Wohnraummietverhältnisse anwendbar.

Der Begriff der außerordentlichen Kündigung mit der gesetzlichen Frist entspricht der neu eingeführten Terminologie, durch die die unterschiedlichen Kündigungsarten deutlicher als bisher gekennzeichnet werden sollten. Außerdem soll gegenüber der bisherigen Formulierung „unter Einhaltung der gesetzlichen Frist" einem Missverständnis vorgebeugt werden, dass damit die Fristen der ordentlichen Kündigung gemeint sein könnten. Für die außerordentliche Kündigung mit gesetzlicher Frist von (Wohnraum-) Mietverhältnissen auf bestimmte Zeit gilt § 575a, für die außerordentliche Kündigung mit gesetzlicher Frist von Mietverhältnissen über andere Sachen § 580a Abs. 4.

Auf die außerordentliche Kündigung mit gesetzlicher Frist sind die Vorschriften der Sozialklausel (§§ 574 ff.) anwendbar. Das ergibt sich aufgrund der systematischen Stellung der Vorschriften im gemeinsamen Abschnitt der Mietverhältnisse auf unbestimmte Zeit.

2. § 573d Abs. 1

2 Es wird ausdrücklich klargestellt, dass für die Kündigung eines Wohnraummietverhältnisses auf unbestimmte Zeit auch bei der außerordentlichen Kündigung mit gesetzlicher Frist nur unter den Voraussetzungen des § 573 (berechtigtes Interesse des Vermieters an der Kündigung) gekündigt werden kann. Ausgenommen ist das Mietverhältnis über eine Wohnung in einem vom Vermieter selbst bewohnten Gebäude (§ 573a).

Ausgenommen ist auch die Kündigung gegenüber dem Erben des Mieters nach § 564. Hat der Erbe seinen Lebensmittelpunkt nicht in der Wohnung des verstorbenen Mieters, sei er in Bezug auf einen Wohnungsverlust nicht schutzbedürftig – so die Regierungsbegründung.

3.   § 573d Abs. 2

Hier wird die Kündigungsfrist für die außerordentliche Kündigung mit der gesetzlichen   3
Frist übereinstimmend mit dem geltenden Recht (§ 565 Abs. 5 a.F.) geregelt. Für die außerordentliche Kündigung mit gesetzlicher Frist eines Mietverhältnisses über eine Wohnung in einem vom Vermieter selbst bewohnten Zweifamilienhaus (z.B. der Fall der außerordentlichen befristeten Vermieterkündigung eines Mietverhältnisses nach § 564 gegenüber dem nicht in der Wohnung lebenden Erben, wenn es sich bei der gekündigten Wohnung um eine Einliegerwohnung in einem vom Vermieter selbst bewohnten Zweifamilienhaus handelt) gilt die in § 573a Abs. 1 Satz 2 angeordnete Verlängerung der Kündigungsfrist von drei Monaten nicht. Nach Ansicht des Gesetzgebers liefe dies nämlich dem Zweck der außerordentlichen Kündigung zuwider, das Mietverhältnis vorzeitig kündigen zu können. Würde die Verlängerung auch in diesem Falle gelten, so würde es weder in sachlicher noch in zeitlicher Hinsicht einen Unterschied machen, ob der Vermieter die „normale" erleichterte Kündigungsmöglichkeit nach § 573a nutzt oder ein außerordentliches Kündigungsrecht geltend macht.

4.   § 573d Abs. 3

Nach § 573d Abs. 3 ist eine zum Nachteil des Mieters abweichende Vereinbarung unwirk-   4
sam. Damit ist gegenüber dem bisherigen Recht klargestellt, dass auch von den Kündigungsfristen nicht mehr zum Nachteil des Mieters vertraglich abgewichen werden kann.
Für den bisherigen § 570 gilt die Übergangsregelung des Art. 229 § 3 Abs. 1 Nr. 1   5
EGBGB.

§ 574   Widerspruch des Mieters gegen die Kündigung

(1) [1]Der Mieter kann der Kündigung des Vermieters widersprechen und von ihm die Fortsetzung des Mietverhältnisses verlangen, wenn die Beendigung des Mietverhältnisses für den Mieter, seine Familie oder einen anderen Angehörigen seines Haushalts eine Härte bedeuten würde, die auch unter Würdigung der berechtigten Interessen des Vermieters nicht zu rechtfertigen ist. [2]Dies gilt nicht, wenn ein Grund vorliegt, der den Vermieter zur außerordentlichen fristlosen Kündigung berechtigt.

(2) Eine Härte liegt auch vor, wenn angemessener Ersatzwohnraum zu zumutbaren Bedingungen nicht beschafft werden kann.

(3) Bei der Würdigung der berechtigten Interessen des Vermieters werden nur die in dem Kündigungsschreiben nach § 573 Abs. 3 angegebenen Gründe berücksichtigt, außer wenn die Gründe nachträglich entstanden sind.

(4) Eine zum Nachteil des Mieters abweichende Vereinbarung ist unwirksam.

1.   Allgemeines

1 Die §§ 574 ff. übernehmen die bisherige so genannte Sozialklausel des § 556a und regeln wie bisher die Möglichkeit des Mieters zum Widerspruch gegen eine Kündigung unter Berufung auf Härtegründe. Nach der Intention des Gesetzgebers bleiben die Vorschriften neben § 573 (§ 564b a.F.) ein elementarer Bestandteil des sozialen Mietrechts (auch wenn in der täglichen Mietrechtspraxis die Bedeutung nicht sehr hoch ist). Die aus acht Absätzen bestehende bisherige Vorschrift des § 556a ist allerdings nunmehr entzerrt und insgesamt in den Vorschriften der §§ 574 bis 574c aufgenommen.

Die systematische Stellung der Vorschriften beschränkt den Anwendungsbereich auf Mietverhältnisse auf unbestimmte Zeit. Hier gelten sie sowohl für die ordentliche als auch für die außerordentliche Kündigung mit gesetzlicher Frist. Bedingt durch die Neukonzeption des Zeitmietvertrags (§ 575) sollen sie dagegen nach dem Eintritt der vertraglich vereinbarten Beendigung nicht gelten. Der bisherige § 556b (Sozialklausel bei befristetem Mietverhältnis) ist daher entfallen. Lediglich für die außerordentliche Kündigung mit gesetzlicher Frist eines noch laufenden Zeitmietvertrags (§ 575a) soll die Sozialklausel (allerdings in zeitlicher Hinsicht eingeschränkt) Anwendung finden, was mit der Verweisung in § 575a Abs. 2 ausgedrückt ist.

Die **Sozialklausel** (der Begriff taucht allerdings im Gesetz jetzt nicht mehr auf, bleibt aber nach wie vor im Sprachgebrauch) ist eine besondere Ausprägung des sozialen Mietrechts und gibt dem Mieter weiteren Schutz, wenn trotz der eingeschränkten Kündigungsmöglichkeit des Vermieters nach § 573 eine wirksame Kündigung vorliegt und Räumung droht.

Nach § 574 Abs. 1 Satz 2 gilt die Vorschrift nicht für die außerordentliche fristlose Kündigung.

2.   Fortsetzungsanspruch – § 574 Abs. 1

2 Voraussetzung für den Fortsetzungsanspruch nach § 574 Abs. 1 ist eine **wirksame Kündigung des Vermieters** nach den gesetzlichen Vorschriften, die zu einer Beendigung des Mietverhältnisses führt. Das Wort „vertragsmäßige" (Beendigung des Mietverhältnisses) in § 556a Abs. 1 Satz 1 a.F. ist gestrichen worden, um zu verdeutlichen, dass die Sozialklausel auch bei der außerordentlichen Kündigung mit gesetzlicher Frist gilt. Ob diese Gesetzesbegründung schlüssig ist, mag dahinstehen. Jedenfalls ergibt sich schon aus der allgemeinen Formulierung, dass der Mieter der Kündigung widersprechen kann, dass alle Kündigungen mit Ausnahme der außerordentlichen fristlosen Kündigung (§ 574

Abs. 1 Satz 2) erfasst werden, was auch bisher schon allgemeine Meinung war (vgl. BGHZ 84, 90 [101] = NJW 1982, 1696 [1699]). Aufgenommen worden ist, dass die Vorschrift nur im Fall der Vermieterkündigung greift, was sich schon klar aus der bisherigen Regelung ergab.

Für eine Anfechtung des Mietverhältnisses gilt § 574 nicht, da es sich nicht um eine Kündigung handelt (kaum praktische Bedeutung).

Es muss sich um ein Wohnraummietverhältnis handeln, was sich schon aus der systematischen Stellung im zweiten Abschnitt der Mietverhältnisse über Wohnraum ergibt. § 578 im Anwendungsbereich für Mietverhältnisse über Grundstücke und Räume, die keine Wohnräume sind, bringt keinen Verweis auf § 574.

Auch ein Untermietverhältnis ist ein Wohnraummietverhältnis. Die bisherige Ausnahme des § 556a Abs. 8 a.F. ist in § 574 nicht vorgesehen, ergibt sich jedoch aus der allgemeinen Vorschrift des **§ 549 Abs. 2**, die bei der Anwendung des § 574 im Auge behalten werden muss.

Die Sozialklausel gilt nicht im Verhältnis von Hauptvermieter zu Untermieter, so dass der Herausgabeanspruch des Vermieters nach § 546 Abs. 2 nicht berührt ist (vgl. Palandt/Weidenkaff, § 556a Rn. 4).

Bei der gewerblichen Weitervermietung (§ 565) gilt § 574 dann, wenn insoweit Kündigungsschutz besteht (vgl. die dortige Kommentierung).

3. Berechtigter Personenkreis

Es müssen bestimmte Härtegründe für den **Mieter, seine Familie oder einen anderen Angehörigen seines Haushalts** vorliegen, die in Abwägung zu den Interessen des Vermieters die Kündigung des Mietverhältnisses nicht rechtfertigen würden. Der Kreis der in den Schutzbereich der Sozialklausel einbezogenen Personen ist bezüglich der Haushaltsangehörigen erweitert worden, also um die Personen, die dauerhaft im Haushalt des Mieters leben, z.B. der Lebenspartner, der mit dem Mieter „einen auf Dauer angelegten gemeinsamen Haushalt führt", Pflegekinder oder Kinder des Lebenspartners. Dies entspricht dem Personenkreis, der auch in anderen Vorschriften jetzt erfasst wird (vgl. z.B. § 554 Abs. 2).

Anspruchsinhaber ist der Mieter. Haben mehrere, nicht miteinander verwandte Personen den Mietvertrag gemeinschaftlich abgeschlossen, genügt es, dass **Härtegründe für einen der Mieter** vorliegen, um den Anspruch auszulösen – dies unabhängig von der Frage, ob der eine oder alle Mieter gemeinschaftlich den Widerspruch erheben müssen.

Mit der Erweiterung des Schutzbereichs der Vorschrift hat sich der bisherige Streit, ob auch der nichteheliche Lebenspartner, den die Rechtsprechung (vgl. BGH, NJW 1993, 999) im Rahmen des § 569a Abs. 2 a.F. berücksichtigt hatte, von der Sozialklausel geschützt wird, erledigt.

In der Prüfungssystematik des § 574 ist zunächst zu prüfen, ob ein Härtegrund vorliegt, erst wenn das bejaht wird, ist die Interessenabwägung vorzunehmen.

4. Härtegründe

Die Kasuistik zu den Härtegründen ist vielfältig und von der Beurteilungsbandbreite durch die Instanzgerichte geprägt (vgl. im Einzelnen Wetekamp, DWW 1990, 102).

Das Gesetz selbst nennt in § 574 Abs. 2 den Härtegrund, dass **angemessener Ersatz-wohnraum zu zumutbaren Bedingungen nicht** beschafft werden kann. Hierbei sind wirtschaftliche und persönliche Kriterien zu beachten, nämlich die zukünftige Miete in Relation zum Familieneinkommen (unter Berücksichtigung eines Wohngeldanspruchs) und objektive Kriterien des Wohnungsmarktes im betreffenden Gebiet einschließlich der Umzugsproblematik (Verwurzelung für alte Leute im bisherigen Wohngebiet, Umschulung für die Kinder, erst kürzlich erfolgte Investitionen in die bisherige Wohnung – vgl. Palandt/Weidenkaff, § 556a Rn. 15 mit Rechtsprechungsbeispielen). Zwei Problemkreise sind in diesem Zusammenhang zu beachten:

4.1 Verhältnis zur Räumungsfrist

5 Nach § 721 ZPO kann dem Mieter eine den Umständen nach angemessene Räumungs-frist gewährt werden, die allerdings nach § 721 Abs. 5 insgesamt **nicht mehr als ein Jahr** betragen darf, tatsächlich jedoch auch länger betragen könnte, da die Frist erst vom Tage der Rechtskraft des Urteils an rechnet und sich daher durch den Lauf eines Räu-mungsrechtsstreits **hinausschieben** kann. Die Kriterien zur Gewährung einer Räumungs-frist sind im Wesentlichen dieselben wie zu § 574 Abs. 1, nämlich die **Wohnungs-marktlage, Einkommen** des zur Räumung verurteilten Mieters und dgl. Das bedeutet jedoch nicht, dass die unzumutbare Härte nach § 574 Abs. 1 im Hinblick darauf verneint werden darf, dass dem Mieter eine angemessene Räumungsfrist gewährt werden kann (OLG Stuttgart, RE vom 11.11.1968 = NJW 1969, 240 = DWW 1969, 34 = ZMR 1969, 57; OLG Oldenburg, RE vom 23.6.1970 = ZMR 1970, 329; Sternel, Mietrecht aktuell, Rn. 1256 unter Hinweis auf die teilweise anders lautende Instanzrechtsprechung).

4.2 Bemühung um Ersatzwohnung

6 Aus der Formulierung des § 574 Abs. 2 „nicht beschafft werden kann" folgt, dass der Mieter sich um zumutbaren Ersatzwohnraum bemühen muss (vgl. dazu insgesamt Gather, DWW 1995, 5 ff. mit Angabe umfangreicher Kasuistik). Wie zu § 721 ZPO genügt es dafür nicht, einen Makler zu beauftragen, eine Anzeige in eine Tageszeitung zu setzen, sondern die **Bemühungen müssen vielfältiger Natur sein** und parallel laufen: z.B. Anzeigen in der Tagespresse, Reagieren auf Anzeigen, Maklereinschaltung, kon-krete Bewerbungen bei Wohnungsbaugesellschaften. Problematisch ist, wann zur Beur-teilung des Härtegrundes im Rahmen des § 574 das Bemühen beginnen muss. Von der Systematik des Gesetzes her kann als **Anfangszeitpunkt** nur der unmittelbar nach der Kündigung gelten, da schon zum Zeitpunkt des Widerspruchs des Mieters nach § 574 Abs. 1 Satz 1 der Härtegrund vorliegen muss (für diesen Zeitpunkt: LG Karlsruhe, DWW 1990, 238; für einen späteren Zeitraum: LG Hamburg, WuM 1990, 28 – allerdings zu § 721 ZPO; Sternel, Mietrecht aktuell, Rn. 1258). Spätere Bemühungen um Ersatzwohn-raum sind erst im Rahmen des § 721 ZPO zu beachten.

Die Bemühungen muss der Mieter konkret darlegen (LG Mannheim, DWW 1993, 140; LG Bonn, WuM 1992, 16). Gewisse Abstriche zur bisherigen Wohnqualität muss der Mieter in Kauf nehmen (LG Hamburg, WuM 1990, 118) und ist nicht auf das unmittel-bare bisherige Wohngebiet fixiert (LG München, WuM 1989, 296).

4.3 Weitere Härtegründe

Als **weitere Härtegründe** kommen im Wesentlichen **Alter und Krankheit** in Betracht 7 (OLG Karlsruhe, RE vom 31.7.1970 = DWW 1970, 307 = ZMR 1970, 309; LG Hamburg, DWW 1991, 189; LG Berlin, MM 1994, 327; LG Oldenburg, WuM 1991, 346; LG Berlin, MM 1995, 101; vgl. Sternel, Mietrecht aktuell, Rn. 1260 ff. mit weiteren Rechtsprechungsnachweisen). Generelle Feststellungen lassen sich hierzu nicht treffen. Zum Beispiel kann lediglich hohes Lebensalter nicht automatisch einen Härtegrund darstellen, wenn es sich um eine rüstige Person handelt und der Umzug ohne weiteres zumutbar ist.

5. Berechtigte Interessen des Vermieters

Die berechtigten Interessen des Vermieters ergeben sich aus § 573, wobei es sich bei 8 § 573 Abs. 2 nur um Beispiele handelt; die Bandbreite des § 573 Abs. 1 ist wesentlich umfangreicher und umfasst z.B. auch Gründe, die auch zur fristlosen Kündigung führen könnten, aber auch z.B. **Spannungen zwischen den Mietvertragsparteien** ohne Rücksicht darauf, von wem sie einmal ausgegangen sind, die es aber dem Vermieter unzumutbar machen, das Mietverhältnis fortzusetzen (vgl. Palandt/Weidenkaff, § 556a Rn. 17).

6. Interessenabwägung

Während bei der Beurteilung der Kündigungsvoraussetzungen nach § 573 (nur) darüber 9 zu befinden ist, ob ein berechtigtes Interesse auf Seiten des Vermieters vorliegt, die Interessen des Mieters demgemäß nicht zu berücksichtigen sind, kommt es im Rahmen des § 574 zu einer **Interessenabwägung**, wobei die Belange von **Vermieter und Mieter grundsätzlich als gleichrangig einzubringen** und vom Tatrichter im Einzelfall zu würdigen sind. Dabei darf der Mieter im Räumungsprozess bis zum Schluss der mündlichen Verhandlung Härtegründe nachschieben (LG Wiesbaden, WuM 1988, 269), was nicht zuletzt aus § 574b Abs. 1 folgt, wonach der Mieter (nur) auf Verlangen des Vermieters unverzüglich Auskunft über die Gründe des Widerspruchs erteilen „soll" (Obliegenheitsverletzung). Im Gegensatz dazu darf sich der Vermieter nach § 574 Abs. 3 nur auf die im Kündigungsschreiben nach § 573 Abs. 3 selbst angegebenen Gründe berufen, soweit diese nicht nachträglich (noch) entstanden sind.

§ 574 **Abs. 4** entspricht dem bisherigen § 556a Abs. 7.

§ 574a Fortsetzung des Mietverhältnisses nach Widerspruch

(1) [1]**Im Falle des § 574 kann der Mieter verlangen, dass das Mietverhältnis so lange fortgesetzt wird, wie dies unter Berücksichtigung aller Umstände angemessen ist.** [2]**Ist dem Vermieter nicht zuzumuten, das Mietverhältnis zu den bisherigen Vertragsbedingungen fortzusetzen, so kann der Mieter nur verlangen, dass es unter einer angemessenen Änderung der Bedingungen fortgesetzt wird.**
(2) [1]**Kommt keine Einigung zustande, so werden die Fortsetzung des Mietverhältnisses, deren Dauer sowie die Bedingungen, zu denen es fortgesetzt wird, durch Urteil bestimmt.** [2]**Ist ungewiss, wann voraussichtlich die Umstände wegfallen, auf-**

grund deren die Beendigung des Mietverhältnisses eine Härte bedeutet, so kann bestimmt werden, dass das Mietverhältnis auf unbestimmte Zeit fortgesetzt wird.
(3) Eine zum Nachteil des Mieters abweichende Vereinbarung ist unwirksam.

1. Allgemeines

1 Die Vorschrift übernimmt § 556a Abs. 2 und 3 a.F. mit sprachlichen Abänderungen sowie, bedingt durch die Aufteilung des bisherigen § 556a auf mehrere Vorschriften, die Unabdingbarkeit aus § 556a Abs. 7 a.F. Aus dem Zusammenhang der Regelung ergibt sich, dass die dort genannte Härte sich nur auf den in § 574 Abs. 1 genannten Personenkreis beziehen kann.

2. Rechtsfolgen des Widerspruchs

2 Der Anspruch des Mieters geht auf **Fortsetzung** des Mietverhältnisses **für eine angemessene Frist**. Was darunter zu verstehen ist, sagt das Gesetz nicht im Einzelnen; es unterliegt der Beurteilung des Tatrichters unter Berücksichtigung aller Umstände. Dabei ist abzuschätzen, in welcher Zeit der Härtegrund, auf den sich der Mieter berechtigt berufen kann, in Wegfall kommt. Der Gesetzesfassung (Abs. 2) ist zu entnehmen, dass grundsätzlich eine befristete Fortsetzung in Betracht kommt. In diesem Zusammenhang neigen die Gerichte dazu, die **Frist nicht zu kurz** (nicht unter sechs Monaten), aber auch **nicht länger als zwei bis drei Jahre** zu bemessen (vgl. Palandt/Weidenkaff, § 556a Rn. 20).

3 Nur wenn ungewiss ist, wann die Härtegründe wegfallen, kann auch ein Anspruch auf **Fortsetzung** des Mietverhältnisses **auf unbestimmte Zeit** bestehen, wobei die Fortsetzung des Mietverhältnisses auf Lebenszeit für unzulässig gehalten wird (LG Lübeck, WuM 1994, 22; Emmerich/Sonnenschein, § 556a Rn. 50).

4 Über die Fortsetzung des Mietverhältnisses können die **Parteien sich einigen**. Kommt eine Einigung – wie zumeist – nicht zustande, ist durch Urteil zu entscheiden, um die entsprechende Bestimmung vorzunehmen. Dabei ist auch darüber zu urteilen, ob der Vermieter eine Änderung der Vertragsbedingungen verlangen kann (Abs. 1 Satz 2). Gegebenenfalls ist das Mietverhältnis unter einer angemessenen Änderung der Bedingungen fortzusetzen, was sich auch auf die Miete erstreckt. Für eine Erhöhung der Miete sind nicht die formellen und materiellen Voraussetzungen des § 558 einzuhalten (offenbar überwiegende Meinung, vgl. Palandt/Weidenkaff, § 556a Rn. 21; Emmerich/Sonnenschein, § 556a Rn. 53; a.A. Sternel, Mietrecht, IV Rn. 223). Der dogmatische Streit hat kaum praktische Bedeutung, da in der Praxis eine Erhöhung der Miete nur bei einem erheblichen Abweichen der bisher gezahlten Miete von der ortsüblichen Vergleichsmiete in Betracht kommen dürfte und ein Urteilsspruch nur in den Grenzen des § 5 WiStG möglich ist.

3. Prozessuale Fragen

Im **Räumungsrechtsstreit** hat der Mieter seinen **Widerspruch im Einzelnen zu be-** 5
gründen, d.h., er muss die Härtegründe im Einzelnen darlegen. Dies folgt aus der allgemeinen Beweislastverteilung, nach der jede Partei die für sie günstigen Tatsachen darlegen und gegebenenfalls beweisen muss. Eine **Widerklage** auf Feststellung der Fortsetzung des Mietverhältnisses **muss der Mieter nicht erheben**, da nach § 308a ZPO das
Gericht gegebenenfalls im Urteil auch ohne Antrag auszusprechen hat, für welche Dauer
und unter welchen Änderungen der Vertragsbedingungen das Mietverhältnis fortgesetzt
wird. Demgemäß fehlt einer entsprechenden Widerklage das Rechtsschutzbedürfnis. Der
Mieter kann allerdings seinerseits vor einer Räumungsklage des Vermieters auf Fortsetzung des Mietverhältnisses klagen (Gestaltungsklage). In diesem Fall kann der Vermieter
Widerklage auf Räumung erheben (die gegebenenfalls verbunden werden dürften).
Kommt das Gericht zum Ergebnis, dass keine Härtegründe vorliegen bzw. die Interessen
des Vermieters überwiegen, ergeht ein Räumungsurteil; nur in den Entscheidungsgründen wird der mangelnde Fortsetzungsanspruch nach § 574 behandelt.
Kann der Mieter Fortsetzung des Mietverhältnisses verlangen, wird die Räumungsklage
abgewiesen. Zugleich werden nach § 308a ZPO im Urteilstenor die Fortsetzung und
Modalitäten dafür festgesetzt.
Zur Berufung gelten die allgemeinen Vorschriften. Allerdings ist der **Ausspruch über** 6
die Fortsetzung des Mietverhältnisses selbständig anfechtbar (§ 308a ZPO), so dass
der Vermieter, dessen Räumungsklage abgewiesen worden ist, seine Berufung darauf
beschränken kann, dass er sich z.B. gegen die Dauer der Fortsetzung wendet. Dies kann
auch der Mieter tun, wenn er eine längere Fortsetzung erreichen will. Auf die sonst erforderliche so genannte formelle Beschwer kommt es nicht an. Materielle Beschwer liegt
vor, weil er eine Abänderung zu seinen Gunsten verlangt, z.B. eine längere Fortsetzung
des Mietverhältnisses erstrebt (vgl. Thomas/Putzo, § 308a ZPO Rn. 10).

§ 574b Form und Frist des Widerspruchs

(1) [1]Der Widerspruch des Mieters gegen die Kündigung ist schriftlich zu erklären.
[2]Auf Verlangen des Vermieters soll der Mieter über die Gründe des Widerspruchs
unverzüglich Auskunft erteilen.
(2) [1]Der Vermieter kann die Fortsetzung des Mietverhältnisses ablehnen, wenn der
Mieter ihm den Widerspruch nicht spätestens zwei Monate vor der Beendigung des
Mietverhältnisses erklärt hat. [2]Hat der Vermieter nicht rechtzeitig vor Ablauf der
Widerspruchsfrist auf die Möglichkeit des Widerspruchs sowie auf dessen Form
und Frist hingewiesen, so kann der Mieter den Widerspruch noch im ersten Termin
des Räumungsrechtsstreits erklären.
(3) Eine zum Nachteil des Mieters abweichende Vereinbarung ist unwirksam.

1. Widerspruch – § 574b Abs. 1

1 Der Widerspruch bedarf der **Schriftform** nach § 126 und ist daher vom Mieter zu unterschreiben. Bei einer **Personenmehrheit** von Mietern müssen **grundsätzlich alle** unterschreiben, es sei denn, eine entsprechende Vollmacht liegt vor (es gilt § 174 für den Fall, dass die Originalvollmacht nicht beigefügt wird). § 126 ist allerdings durch das Gesetz zur Anpassung der Formvorschriften des Privatrechts und anderer Vorschriften an den modernen Rechtsverkehr vom 13.7.2001 ab 1.8.2001 in Abs. 3 verändert worden, wonach die schriftliche Form durch die elektronische Form ersetzt werden kann. Das setzt nach § 126a voraus, dass der Aussteller der Erklärung dieser seinen Namen hinzufügen und das elektronische Dokument mit einer qualifizierten elektronischen Signatur nach dem Signaturgesetz versehen muss (vgl. dazu auch die Kommentierung zu § 568). Eine in Mietverträgen vielfach übliche **Formular-Vollmachtklausel**, wonach Willenserklärungen eines Mieters auch für die anderen Mieter verbindlich sind, die Mieter sich gegenseitig zur Abgabe und Entgegennahme von Willenserklärungen bevollmächtigen, ist in diesem Zusammenhang **wirksam**, weil der Widerspruch vertragserhaltende Wirkung hat, die Klausel nach dem AGBG (ab 1.1.2002: §§ 305 ff. BGB i.d.F. des SchuldRModG) nur dann unwirksam ist, wenn sie eine die Mietermehrheit belastende Kündigung betrifft. Aus der Schriftform ergibt sich, dass eine telegrafische Übermittlung (OLG Karlsruhe, RE vom 16.2.1973 = NJW 1973, 1001), aber auch eine Übermittlung per Telefax nicht ausreicht (vgl. zum Telefax im Rechtsverkehr Schach, GE 1994, 487 ff.).

Aus dem Schreiben muss zweifelsfrei zu entnehmen sein, dass sich der Mieter gegen die Beendigung des Mietverhältnisses wendet, während die Begriffe des § 574 Abs. 1 Satz 1 „widersprechen" und „Fortsetzung des Mietverhältnisses" nicht gebraucht werden müssen. Aus § 574b Abs. 1 Satz 1 folgt, dass **Gründe nicht angegeben werden müssen**. Gibt der Mieter auch auf Verlangen des Vermieters keine Gründe an, kann das im Räumungsrechtsstreit nur unter Umständen Kostennachteile (§ 93b Abs. 2 ZPO) haben, ist aber ansonsten an keine Sanktionen geknüpft (so genannte Soll-Vorschrift).

Der **Widerspruch** führt nicht „automatisch" zur Fortsetzung des Mietverhältnisses, sondern **erzeugt einen Schwebezustand**, der mit einer Einigung der Parteien zur Fortsetzung des Mietverhältnisses oder mit einem Urteil endet, das entweder zur Fortsetzung des Mietverhältnisses führt oder den Mieter zur Räumung verurteilt.

Muster
Widerspruch des Mieters →[✆ 574b-1]

...
(Mieteranschrift)   (Datum)

An

...
(Vermieter)

Betreff: Widerspruch gegen Kündigung

Sehr geehrte(r) Frau/Herr ...!
Die Kündigungsfrist nach Ihrer Kündigung wegen Eigenbedarfs läuft in Kürze ab.
Ich widerspreche nunmehr Ihrer Kündigung und verlange die Fortsetzung des Mietverhältnisses, da mir eine Räumung und Herausgabe der von mir gemieteten Wohnung nicht zumutbar ist. Ich wohne nun schon 35 Jahre in diesem Haus und bin in
der Umgebung verwurzelt. In meinem Alter ist es mir nicht mehr zuzumuten umzu-
ziehen. Überdies fällt es mir infolge Krankheit nicht nur schwer, eine neue Wohnung zu finden, sondern mir ist dies gänzlich unmöglich. Ich möchte daher hier
wohnen bleiben. Ihre Eigenbedarfsgründe müssen daher zurücktreten.

Ich bitte Sie, mir die Fortsetzung des Mietverhältnisses zu bestätigen.

Mit freundlichem Gruß
...
(Unterschrift Mieter)

2. Ausschluss des Widerspruchsrechts

Nach § 574 kann der Mieter **nach seiner eigenen Kündigung keine Fortsetzung** des 2
Mietverhältnisses verlangen. Das war bisher in § 556a Abs. 4 a.F. ausdrücklich geregelt,
ergibt sich jetzt aber unmittelbar aus § 574 Abs. 1, der nur ein Widerspruchsrecht gegenüber einer Kündigung des Vermieters gibt. Beim Zusammentreffen einer Kündigung des
Vermieters und des Mieters kommt es darauf an, aufgrund welcher Kündigung das Mietverhältnis letztlich beendet wird (vgl. Emmerich/Sonnenschein, § 556a Rn. 34).
§ 574 gilt nicht für eine außerordentliche fristlose Kündigung des Vermieters, z.B. wegen
Zahlungsverzugs oder wegen Fortsetzens vertragswidrigen Gebrauchs der Mietsache.
Nach § 574 Abs. 1 Satz 2 gilt das aber nicht nur für den Fall, dass eine derartige fristlose
Kündigung tatsächlich erklärt wird, sondern es **genügt das Vorliegen eines Grundes,**
aus dem sich die Berechtigung zur fristlosen Kündigung ergibt. Damit sind die Fälle
erfasst, in denen der Vermieter eine fristgemäße Kündigung aus Gründen ausspricht, die
auch zur fristlosen Kündigung berechtigen würden. Dazu wird allerdings teilweise gefordert (vgl. Sternel, Mietrecht, IV Rn. 186), dass zwischen der ordentlichen Kündigung
und dem Grund zur fristlosen Kündigung ein ursächlicher und vor allem zeitlicher Zusammenhang bestehen muss (a.A. Emmerich/Sonnenschein, § 556a Rn. 35). Dies ist dem
Gesetz nicht zu entnehmen.

3. Zurückweisung des Widerspruchs – § 574b Abs. 2

Der Widerspruch nach § 574b Abs. 1 ist eigentlich an keine Frist gebunden. Der Ver- 3
mieter kann jedoch einredeweise die Fortsetzung des Mietverhältnisses ablehnen, wenn
der Mieter nicht die **Frist von zwei Monaten** vor Beendigung des Mietverhältnisses
eingehalten hat. Maßgeblich kommt es auf den Zugang des Widerspruchs beim Vermieter an (den der Mieter beweisen muss). Vor Ablauf der Frist ist der Mieter allerdings aber
auch nicht zur Erhebung des Widerspruchs verpflichtet, was Auswirkungen auf eine
Klage nach § 259 ZPO auf künftige Räumung hat.

Die **Zweimonatsfrist gilt dann jedoch nicht**, wenn der Vermieter entgegen der grundsätzlich nicht zwingenden Vorschrift des § 568 Abs. 2 den Mieter nicht auf die Möglichkeit des Widerspruchs sowie auf die Form und die Frist rechtzeitig hingewiesen hat; in diesem Fall kann der Mieter den Widerspruch noch **im ersten Termin des Räumungsrechtsstreits erklären** (§ 574b Abs. 2). Da das Gesetz vom Widerspruch „im ersten Termin des Räumungsrechtsstreits" spricht, reicht die Erklärung zu Protokoll (vgl. Lammel, Wohnraummietrecht, § 556a Rn. 54).

Muster
Zurückweisung des Widerspruchs →[✆ 574b-2]

...   ...
(Vermieteranschrift)   (Datum)

An
...
(Mieter)

Betreff: Ihr Kündigungswiderspruch vom ...

Sehr geehrte Frau ...!
Ich bestätige den Eingang Ihres Widerspruchs gegen meine Eigenbedarfskündigung, den ich jedoch hiermit zurückweise. In meinem Kündigungsschreiben hatte ich Ihnen ausdrücklich mitgeteilt, dass der Widerspruch spätestens zwei Monate vor Beendigung des Mietverhältnisses mir gegenüber schriftlich erklärt werden muss. Diese Frist haben Sie jedoch nicht eingehalten. Der Widerspruch ist nämlich erst am ... und damit eine Woche zu spät bei mir eingegangen. Eine Fortsetzung des Mietverhältnisses kommt demnach unter keinen Umständen in Betracht.
Im Übrigen treffen die von Ihnen genannten Gründe auch gar nicht zu. Über Ihre Krankheit ist mir nichts bekannt, ich bestreite sie daher. Sie sind noch nicht zu alt, um sich nicht um eine neue Wohnung zu bemühen. Ich benötige die von Ihnen bewohnte Wohnung und fordere Sie auf, zum Ende der Kündigungsfrist/Ende des Mietverhältnisses zu räumen und die Wohnung herauszugeben.

Mit freundlichem Gruß
...
(Unterschrift Vermieter)

§ 574c Weitere Fortsetzung des Mietverhältnisses bei unvorhergesehenen Umständen

(1) Ist aufgrund der §§ 574 bis 574b durch Einigung oder Urteil bestimmt worden, dass das Mietverhältnis auf bestimmte Zeit fortgesetzt wird, so kann der Mieter dessen weitere Fortsetzung nur verlangen, wenn dies durch eine wesentliche Änderung der Umstände gerechtfertigt ist oder wenn Umstände nicht eingetreten sind, deren vorgesehener Eintritt für die Zeitdauer der Fortsetzung bestimmend gewesen war.

(2) ¹Kündigt der Vermieter ein Mietverhältnis, dessen Fortsetzung auf unbestimmte Zeit durch Urteil bestimmt worden ist, so kann der Mieter der Kündigung widersprechen und vom Vermieter verlangen, das Mietverhältnis auf unbestimmte Zeit fortzusetzen. ²Haben sich die Umstände verändert, die für die Fortsetzung bestimmend gewesen waren, so kann der Mieter eine Fortsetzung des Mietverhältnisses nur nach § 574 verlangen; unerhebliche Veränderungen bleiben außer Betracht.

(3) Eine zum Nachteil des Mieters abweichende Vereinbarung ist unwirksam

1. Allgemeines

Die §§ 574 bis 574b regeln den möglichen Anspruch des Mieters auf Fortsetzung des Mietverhältnisses, wenn sich der Mieter nach einer Kündigung des Vermieters erstmalig auf Härtegründe bezieht. § 574c bezieht sich auf eine tatsächliche Situation danach, und zwar nach dem Ablauf der aufgrund des § 574a bestimmten Zeit oder nach erneuter Kündigung des Vermieters nach Fortsetzung des Mietverhältnisses auf unbestimmte Zeit. Dabei ist von der rechtlichen Situation auszugehen, dass in beiden Fällen der Vermieter nach wirksamer Kündigung seinen Räumungsanspruch nicht durchsetzen konnte und im Räumungsrechtsstreit die Räumungsklage abgewiesen worden ist. **Endet die bestimmte Zeit des fortgesetzten Mietverhältnisses, braucht der Vermieter nicht erneut zu kündigen**, dem Räumungsbegehren kann der Mieter jedoch unter den Voraussetzungen des § 574c erneut widersprechen mit der Folge, dass der Räumungsanspruch weiterhin nicht besteht und eine entsprechende Räumungsklage erneut abgewiesen wird. Im Falle der Fortsetzung auf **unbestimmte Dauer** bedarf es trotz früherer berechtigter Kündigung einer **erneuten Kündigung**, der allerdings nur unter den Voraussetzungen des § 574c Abs. 2, § 574 widersprochen werden kann, wenn es sich um eine durch Urteil bestimmte unbefristete Fortsetzung gehandelt hat.

2. Befristete Fortsetzung des Mietverhältnisses

Der Mieter kann eine weitere Fortsetzung des Mietverhältnisses nur unter zwei Voraussetzungen verlangen:

– Rechtfertigung durch eine wesentliche Änderung der Umstände,
– Nichteintritt von Umständen, die bei der vorgesehenen Zeitdauer der Mietfortsetzung bestimmend waren.
Der Vergleich der Alternativen zeigt, dass es letztlich zu einer erneuten allgemeinen Interessenabwägung kommt, so wie es § 574 vorsieht. Bei einer nach wie vor bestehenden Krankheit, die zur Fortsetzung des Mietverhältnisses geführt hat, mögen sich die Umstände nicht geändert haben, ist aber eben eine Besserung nicht eingetreten, so dass sich der Mieter aufgrund der zweiten Alternative gegen die Räumung wenden kann und es wiederum zur Abweisung der Räumungsklage mit erneuter Fortsetzungsfeststellung nach § 308a ZPO kommt. Dasselbe gilt für die bisher unmögliche Beschaffung von Ersatzwohnraum. Ist das auch jetzt nicht möglich, kommt wiederum die zweite Alternative zur Anwendung.

3. Unbefristete Fortsetzung des Mietverhältnisses

3 Nach der erneuten Kündigung des Vermieters findet das „Verfahren" nach § 574 dann nicht statt, wenn sich die Umstände nicht oder nur unerheblich verändert haben; der Mieter kann der erneuten Kündigung ohne weiteres widersprechen und Fortsetzung des Mietverhältnisses auf unbestimmte Zeit verlangen.

Nur wenn sich die Umstände erheblich verändert haben, ist erneut in die entsprechende Interessenabwägung nach § 574 einzutreten, wobei aufgrund der Gesetzesfassung der Vermieter die wesentlich veränderten Umstände vorzutragen und gegebenenfalls zu beweisen hat (vgl. Palandt/Weidenkaff, § 556c Rn. 8). Wichtig festzuhalten ist aber, dass § 574c Abs. 2 nur den Fall trifft, in dem die Fortsetzung des Mietverhältnisses auf unbestimmte Zeit **durch Urteil** bestimmt worden ist.

4. Fortsetzung des Mietverhältnisses auf unbestimmte Zeit aufgrund Einigung

4 § 574c **regelt nicht den Fall**, in dem sich die **Parteien** (z.B. auch durch Prozessvergleich) darauf **geeinigt haben**, dass das Mietverhältnis auf unbestimmte Zeit fortgesetzt wird. Aus der bestimmten Fassung der Vorschrift mit dem sich daraus ergebenden argumentum e contrario folgt, dass für diesen Fall § 574 direkt Anwendung findet, es also erneut auf alle Voraussetzungen dieser Vorschrift ankommt.

5. Formelle Anforderungen an Fortsetzungsverlangen

5 Aus dem Zusammenhang der Vorschriften der §§ 574 bis 574b ergibt sich, dass **Widerspruch und Fortsetzungsverlangen formell nicht zwei Erklärungen** sind, weil sie nur im Zusammenhang Rechtsfolgen zeitigen können. Demgemäß brauchen auch die entsprechenden Worte formell nicht benutzt zu werden, sondern es muss sich nur aus der Erklärung des Mieters der Wille ergeben, sich gegen die Kündigung zu wenden, um eine Fortsetzung des Mietverhältnisses zu erlangen. Der Systematik ist des Weiteren zu entnehmen, dass der Gesetzgeber aus Gründen der Klarheit bestimmte formelle Voraussetzungen festsetzen wollte, nämlich Schriftlichkeit und unter gewissen Voraussetzungen (§ 574b Abs. 2) auch die Einhaltung einer Frist. **Daraus folgt, dass die entsprechenden Formerfordernisse auch für das Fortsetzungsverlangen des § 574c gelten.** Aus dem Umstand, dass in § 574c Abs. 2 Satz 1 nicht auf § 574 verwiesen ist, wird jedoch von der

herrschenden Meinung gefolgert, dass bei dem Fortsetzungsverlangen des Mieters bei keiner oder nur unwesentlicher Veränderung der Umstände keine Form und Frist eingehalten werden muss, es ansonsten aber bei den Formvorschriften verbleibt (Emmerich/Sonnenschein, § 556c Rn. 20 und 21; Schmidt-Futterer/Blank, § 556c Rn. 17; Palandt/Weidenkaff, § 556c Rn. 7). Diese Differenzierung ist nicht zwingend und bringt lediglich eine (sicher vom Gesetzgeber nicht gewollte) Verwirrung und Unsicherheit. Auch § 574c ist nicht abdingbar.

§ 575 Zeitmietvertrag

(1) [1]Ein Mietverhältnis kann auf bestimmte Zeit eingegangen werden, wenn der Vermieter nach Ablauf der Mietzeit
1. die Räume als Wohnung für sich, seine Familienangehörigen oder Angehörige seines Haushalts nutzen will,
2. in zulässiger Weise die Räume beseitigen oder so wesentlich verändern oder instand setzen will, dass die Maßnahmen durch eine Fortsetzung des Mietverhältnisses erheblich erschwert würden, oder
3. die Räume an einen zur Dienstleistung Verpflichteten vermietet will

und er dem Mieter den Grund der Befristung bei Vertragsschluss schriftlich mitteilt. [2]Anderenfalls gilt das Mietverhältnis als auf unbestimmte Zeit abgeschlossen.
(2) [1]Der Mieter kann vom Vermieter frühestens vier Monate vor Ablauf der Befristung verlangen, dass dieser ihm binnen eines Monats mitteilt, ob der Befristungsgrund noch besteht. [2]Erfolgt die Mitteilung später, so kann der Mieter eine Verlängerung des Mietverhältnisses um den Zeitraum der Verspätung verlangen.
(3) [1]Tritt der Grund der Befristung erst später ein, so kann der Mieter eine Verlängerung des Mietverhältnisses um einen entsprechenden Zeitraum verlangen. [2]Entfällt der Grund, so kann der Mieter eine Verlängerung auf unbestimmte Zeit verlangen. [3]Die Beweislast für den Eintritt des Befristungsgrundes und die Dauer der Verzögerung trifft den Vermieter.
(4) Eine zum Nachteil der Mieters abweichende Vereinbarung ist unwirksam.

1. Allgemeines

Das bisherige Recht unterschied zwischen dem einfachen Zeitmietvertrag (§ 564c Abs. 1 a.F.) und dem qualifizierten Zeitmietvertrag nach § 564c Abs. 2 a.F. Nur Letzterer war ein echter Zeitmietvertrag, ansonsten blieb es beim Kündigungsschutz des § 564b a.F.,   1 der allerdings nur eingriff, wenn der Mieter die Fortsetzung des Mietverhältnisses verlangte.

Die neue Regelung hat den einfachen Zeitmietvertrag abgeschafft. Es gibt jetzt nur noch einen „echten" Zeitmietvertrag, der nach Ablauf der vereinbarten Mietzeit tatsächlich zur Beendigung des Mietverhältnisses führt (§ 542 Abs. 2). Wie bei dem bisherigen qualifizierten Zeitmietvertrag des § 564c Abs. 2 a.F. hat der Mieter auch zukünftig keinen Verlängerungsanspruch nach Ablauf der vereinbarten Mietzeit und kann der Kündigung auch nicht nach der Sozialklausel der §§ 574 bis 574c widersprechen. Bisher gab es den qualifizierten Zeitmietvertrag nur für fünf Jahre. Eine derartige **Befristung** ist jetzt **nicht** (mehr) vorgesehen.

Zum Schutz des Mieters kann ein Zeitmietvertrag grundsätzlich nur unter den Voraussetzungen des Abs. 1, nämlich nur bei Vorliegen eines der genannten Befristungsgründe, zulässigerweise abgeschlossen werden. Nach der Intention des Gesetzgebers soll die Befristung dem Vermieter einerseits im Interesse der Vermeidung wohnungspolitisch unerwünschter Leerstände ermöglichen, die Wohnräume bis zu der von ihm vorgesehenen anderweitigen Nutzung so zu vermieten, dass er sie nach Beendigung der Mietzeit auch tatsächlich anderweitiger Nutzung zuführen kann. Sei nämlich bei Vertragsbeginn für ihn nicht sicher, ob der Mietvertrag mit Ablauf der vereinbarten Mietzeit ende, so werde er von einer Vermietung absehen und die Wohnräume zwischenzeitlich lieber leer stehen lassen (was in der Vergangenheit so auch verbreitet geschehen ist und mit öffentlich-rechtlichen Vorschriften nur teilweise reguliert werden konnte). Andererseits werde durch die Beschränkung auf die bestimmten Befristungsgründe ein Missbrauch zur Umgehung der dem Mieterschutz dienenden Kündigungsschutz- und Mieterhöhungsvorschriften ausgeschlossen. Die Praxis in der Zukunft wird zeigen, ob durch die ohne zeitliche Beschränkung gegebene Möglichkeit des Abschlusses von Zeitmietverträgen nicht doch ein Missbrauch und tatsächliche Umgehung des § 573 eintreten wird.

§ 575 erfasst nicht jene Mietverhältnisse, die ohnehin keinen Bestandsschutz genießen. Dies folgt aus § 549 Abs. 2 und 3. In diesen Fällen bleibt es wie bisher dabei, dass Zeitmietverträge uneingeschränkt (§ 549 Abs. 2) abgeschlossen werden können.

2. Zeitmietvertrag – § 575 Abs. 1

2 § 575 Abs. 1 nennt mit drei Varianten Möglichkeiten, einen Zeitmietvertrag abzuschließen. Wie schon ausgeführt (Rn. 1), hat der Gesetzgeber die bisherige Befristung auf nicht mehr als fünf Jahre als zu eng angesehen. Längere Vertragslaufzeiten könnten für beide Seiten Vorteile haben. Der Vorteil des Mieters bestehe darin, dass er die **Sicherheit** habe, während der Vertragslaufzeit **nicht ordentlich gekündigt** zu werden. Falls er also in absehbarer Zeit keine räumlichen Veränderungen zu erwarten habe, werde gerade der Abschluss eines längeren Zeitmietvertrags in seinem Interesse liegen. Der Mieter hat nach Ablauf der Zeit allerdings **nicht** die **Möglichkeit**, sich auf die **Sozialklausel** des § 574 zu **berufen**. Ferner ist die Räumungsschutzvorschrift des **§ 721 ZPO nicht anwendbar** (die Vorschrift ist nach Art. 3 Nr. 5 des Mietrechtsreformgesetzes in der ZPO geändert). Anzuwenden ist allerdings nach wie vor § 765a ZPO. Diese Vorschrift hat jedoch nur geringe Bedeutung und wird in der zwangsvollstreckungsrechtlichen Praxis nur zurückhaltend angewandt, z.B. wenn ein kürzerer Zeitraum nach Ende des Mietverhältnisses bis zum Bezug einer neuen Wohnung überbrückt werden muss.

Der Vermieter hat den Vorteil, auch für einen längeren Zeitraum als fünf Jahre Planungssicherheit zu haben.
Die Befristungsgründe in den § 575 Abs. 1 Nr. 1 bis 3 sind abschließend aufgezählt. Sie greifen wie bisher einige der Kündigungsgründe für den Vermieter im Sinne eines berechtigten Interesses nach § 573 auf, sind jedoch weiter gefasst als diese. Nach der Intention des Gesetzgebers behält damit der Zeitmietvertrag gegenüber den Kündigungsvorschriften seine eigenständige Bedeutung. Würden nämlich die Befristungsgründe auf das „berechtigte Interesse" i.S.d. § 573 beschränkt, so könnte der Vermieter, würde er statt eines Zeitmietvertrags einen unbefristeten Mietvertrag abschließen, bei Vorliegen eines berechtigten Interesses ohnehin ordentlich kündigen. In diesem Fall stünde er letztlich sogar besser, da er im Rahmen des Zeitmietvertrags an den bei Vertragsschluss genannten Befristungsgrund gebunden ist, während er beim unbefristeten Mietverhältnis bis zum beabsichtigten Kündigungstermin in der Wahl seiner Kündigungsgründe frei wäre.
– **Nr. 1** entspricht inhaltlich dem bisherigen § 564c Abs. 2 Nr. 2 a). Wie schon in anderen Vorschriften heißt es auch hier jetzt „Angehörige seines Haushalts".
– **Nr. 2** entspricht § 564c Abs. 2 Nr. 2 b) a.F. Im Regierungsentwurf hieß es dazu zunächst „in zulässiger Weise die Räume beseitigen, wesentlich verändern oder instand setzen will". Nach Beratungen im Rechtsausschuss ist der Gesetzgeber zum bisherigen Gesetzeswortlaut des § 564c Abs. 2 Nr. 2 b) zurückgekehrt.
– **Nr. 3** entspricht dem bisherigen § 564c Abs. 2 Nr. 2 c), allerdings mit der Änderung, dass die Werkwohnung auch an einen nicht Werkangehörigen dann befristet vermietet werden kann, wenn sie jedenfalls nach Fristablauf wieder an einen Werkangehörigen vermietet werden soll. So könnten Räume, die an sich Werkwohnungen sind, zur Vermeidung von unnötigen Leerständen zwischenzeitlich anderweitig vermietet werden, wenn zur Zeit kein Interesse eines zur Dienstleistung Verpflichteten bestehe. Ferner ist jetzt auch im Rahmen der dritten Alternative die befristete Vermietung zulässig, wenn der Mieter bisher nicht in einem Dienstverhältnis zu dem Vermieter stand (weggefallen ist die Formulierung „Räume, die mit Rücksicht auf das Bestehen eines Dienstverhältnisses vermietet worden sind, an einen anderen zur Dienstleistung Verpflichteten vermieten will"). Damit ist eine Befristung mit der Begründung zulässig, dass die Wohnräume zukünftig als Werkwohnung (z.B. für einen Hauswart) in Anspruch genommen werden sollen.

Nach § 575 Abs. 1 Nr. 3 Satz 1 2. Halbsatz hat der Mieter den Grund der Befristung bei 3 Vertragsschluss schriftlich mitzuteilen. Das war auch schon nach bisherigem Recht Voraussetzung (§ 564c Abs. 2 Nr. 3 a.F.), war aber übersichtlicher als eigenständige Voraussetzung genannt und ist jetzt der Fassung nach etwas unglücklich an Abs. 1 Nr. 3 in einem Halbsatz angehängt. Eine inhaltliche Änderung ist damit nicht verbunden. Es verbleibt also bei der bisherigen Regelung, dass der Vermieter seine **speziellen Nutzungsabsichten** dem Mieter bei Vertragsschluss **schriftlich mitteilen muss**, was nicht notwendigerweise im Mietvertrag selbst geschehen muss, wegen der Übersichtlichkeit aber nur zu empfehlen ist. Wegen des Normzwecks muss diese **Mitteilung ausreichend substanziiert** sein, so dass sich schlagwortartige Angaben verbieten. Es reicht demgemäß nicht die Angabe, dass Eigenbedarf geltend gemacht würde oder das Haus saniert werden solle (Sternel, Mietrecht aktuell, Rn. 963 mit Rechtsprechungsnachweisen; LG

Berlin, ZMR 1999, 30). Es mögen zwar nicht so konkrete Angaben wie bei der Kündigungserklärung zum Eigenbedarf oder zur Verwertung erforderlich sein. Eine Individualisierung/Eingrenzung der Absichten muss jedoch ersichtlich sein (vgl. auch LG Berlin, GE 1996, 127).

Lag bei Vertragsschluss kein zulässiger Befristungsgrund vor oder fehlt es an der schriftlichen Mitteilung zum Grund der Befristung, gilt nach § 575 Abs. 1 Satz 2 das Mietverhältnis als auf unbestimmte Zeit abgeschlossen.

3. Auskunftsverlangen des Mieters – § 575 Abs. 2

4 Entfallen ist die bisherige Regelung, dass der Vermieter dem Mieter drei Monate vor Ablauf der Mietzeit schriftlich mitteilen muss, dass seine Verwendungsabsicht noch besteht (§ 564c Abs. 2 a.F.). Nunmehr kann der Mieter vom Vermieter frühestens vier Monate vor Ablauf der Befristung verlangen, dass dieser ihm binnen eines Monats mitteilt, ob der Befristungsgrund noch besteht. Erfolgt die Mitteilung später, so kann der Mieter eine Verlängerung des Mietverhältnisses um den Zeitraum der Verspätung verlangen. Diese Formulierung geht auf die Beratungen im Rechtsausschuss zurück. Äußert sich der Vermieter bis zum Mietende gar nicht, kann der Mieter nach Ansicht des Rechtsausschusses wohnen bleiben. Es gilt dann die allgemeine Regelung des § 545 zur stillschweigenden Verlängerung eines Mietverhältnisses. Diese Ansicht dürfte nicht haltbar sein, wenn § 545 im Einzelfall nicht greift. Denn § 575 Abs. 2 sieht eine derartige „Sanktion" nicht vor. Der Vermieter haftet vielmehr nur auf Schadensersatz aus positiver Vertragsverletzung wegen Verletzung einer Nebenpflicht (ab 1.1.2002: § 280 i.d.F. des SchuldRModG). Der Mieter ist gegebenenfalls so zu stellen, als sei die Auskunft dem Gesetz gemäß erteilt worden. Als Schadensersatz kommen höchstens zusätzliche Aufwendungen des Mieters in Betracht, die Konsequenz, dass das Mietverhältnis sich auf unbestimmte Zeit verlängert, tritt nicht ein.

4. Verlängerungsanspruch des Mieters – § 575 Abs. 3

5 Wie im bisherigen § 564c Abs. 2 Satz 2 hat der Mieter einen Verlängerungsanspruch um einen entsprechenden Zeitraum, wenn sich der Eintritt des Befristungsgrundes verzögert. Entfällt allerdings der Befristungsgrund überhaupt, so kann der Mieter eine Verlängerung auf unbestimmte Zeit verlangen (Abs. 3 Satz 2). Im Regierungsentwurf wird dabei zutreffend der Fall genannt, dass z.B. die Person, welche die Wohnung nutzen wollte, eine andere Wohnung bezogen hat oder der Vermieter seine Modernisierungsabsicht aufgegeben hat.

Nach § 575 Abs. 3 Satz 3 trifft den Vermieter die Beweislast für den Eintritt des Befristungsgrundes und die Dauer der Verzögerung. Das entspricht schon bisherigem Recht.

5. Wechsel des Befristungsgrundes

6 Ein Austausch der Befristungsgründe nach § 575 Abs. 1 Nr. 1 bis 3 war nach bisheriger Rechtsprechung unzulässig (vgl. Schmidt-Futterer/Blank, § 564c Rn. 58 mit Rechtsprechungsnachweisen; Lammel, Wohnraummietrecht, § 564c Rn. 102 bei Vermieterwechsel und Eigenbedarf). Das wird auch in der Begründung des Gesetzentwurfs so gesehen. Dem Vorschlag der Expertenkommission Wohnungspolitik, einen Wechsel zwischen den Befristungsgründen zuzulassen, sei nicht gefolgt worden. Ausgeschlossen sei allerdings

nicht die Veränderung des Sachverhalts beim ansonsten gleichbleibenden Befristungsgrund. Es stelle nämlich keinen Wechsel des Befristungsgrundes dar, wenn der gleich bleibende Befristungsgrund lediglich durch einen geänderten Sachverhalt erfüllt werde, z.B. weil anstelle der Tochter nun der Sohn des Vermieters die Wohnung nutzen wolle oder der Vermieter statt des bisher geplanten wesentlichen Umbaus eine allerdings ebenfalls wesentliche Instandsetzung durchführen wolle.

Wendet man in diesem Zusammenhang die Grundsätze für die prozessuale Klageänderung an, wird diese Ansicht in der Gesetzesbegründung schwer zu halten sein. Allerdings sieht auch die ZPO (§ 264) bestimmte Veränderungen im Klagegrund, die eigentlich eine Klageänderung darstellen (fiktiv) nicht als Klageänderung an. Daher ist auch beim Auswechseln von Befristungsgründen nach § 575 eine differenzierende Betrachtungsweise angezeigt. Nach § 575 Abs. 1 Nr. 1 ist ein Auswechseln innerhalb des normierten Personenkreises möglich, allerdings nicht nach einem Vermieterwechsel, da es sich dann um einen völlig anderen, neuen Personenkreis handelt. Bei dem Grund nach § 575 Abs. 1 Nr. 2 kommt es nicht auf die einzelnen Arbeiten, sondern darauf an, dass durch die Baumaßnahmen die Fortführung des Mietverhältnisses erheblich erschwert werden würde. Bei dem Grund nach § 575 Abs. 1 Nr. 3 wird der zur Dienstleistung Verpflichtete, an den die Räume vermietet werden sollen, ohnehin noch nicht feststehen.

Ein Auswechseln der Gründe von Abs. 1 Nr. 1 bis 3 untereinander bleibt insgesamt unzulässig.

§ 575 Abs. 4 enthält die Unabdingbarkeit der Vorschrift.

6. Übergangsregelung

Nach Art. 229 § 3 Abs. 3 EGBGB ist auf ein am 1.9.2001 bestehendes Mietverhältnis auf   7
bestimmte Zeit der bisherige § 564c, also die bisherigen Regelungen über Zeitmietverträge, in Verbindung mit § 564b sowie die §§ 556a bis c, § 565a Abs. 1 und § 570 in der bis zu diesem Zeitpunkt geltenden Fassung anzuwenden. Es gilt also insofern ein bisher vereinbarter einfacher Zeitmietvertrag oder ein qualifizierter Zeitmietvertrag mit den bisherigen Regeln zur Anwendung der Sozialklausel, Fristen und dgl. weiter, so dass sich die Mietvertragsparteien für einen nach In-Kraft-Treten der Mietrechtsreform am 1.9.2001 abzuschließenden Mietvertrag auf die Neuregelungen einstellen können.

§ 575a Außerordentliche Kündigung mit gesetzlicher Frist

(1) Kann ein Mietverhältnis, das auf bestimmte Zeit eingegangen ist, außerordentlich mit der gesetzlichen Frist gekündigt werden, so gelten mit Ausnahme der Kündigung gegenüber Erben des Mieters nach § 564 die §§ 573 und 573a entsprechend.

(2) Die §§ 574 bis 574c gelten entsprechend mit der Maßgabe, dass die Fortsetzung des Mietverhältnisses höchstens bis zum vertraglich bestimmten Zeitpunkt der Beendigung verlangt werden kann.

(3) ¹Die Kündigung ist spätestens am dritten Werktag eines Kalendermonats zum Ablauf des übernächsten Monats zulässig, bei Wohnraum nach § 549 Abs. 2 Nr. 2

spätestens am Fünfzehnten eines Monats zum Ablauf dieses Monats (gesetzliche Frist). [2]**§ 573a Abs. 1 Satz 2 findet keine Anwendung.**
(4) Eine zum Nachteil des Mieters abweichende Vereinbarung ist unwirksam.

Übersicht	Rn.

1.   § 575a Abs. 1

1   Die Vorschrift geht davon aus, dass auch ein Zeitmietvertrag außerordentlich mit der gesetzlichen Frist gekündigt werden kann. Das ergibt sich schon aus den entsprechenden Vorschriften (z.B. § 563 Abs. 4), da dort keine Unterscheidung zwischen einem Mietvertrag auf unbestimmte Zeit und einem Zeitmietvertrag getroffen wird.
Entsprechend der Regelung des § 573d für die außerordentliche Kündigung mit gesetzlicher Frist bei einem Mietverhältnis auf unbestimmte Zeit wird hier die entsprechende Regelung für den Zeitmietvertrag getroffen mit der Folge, dass die Vorschriften über das berechtigte Interesse als Voraussetzung für eine Kündigung des Vermieters (§ 573) grundsätzlich auch dann gelten, wenn dieser zur außerordentlich befristeten Kündigung berechtigt ist. Dazu wird weiter auf die Kommentierung zu § 573d Abs. 1 Bezug genommen (dortige Rn. 2).

2.   § 575a Abs. 2

2   Im Gegensatz zur grundsätzlichen Regelung des Zeitmietvertrags, bei dem die Sozialklausel des § 574 nicht gilt, wird hier ausdrücklich die Geltung der Sozialklausel in modifizierter Form eingeführt. Es wird nämlich einschränkend angeordnet, dass eine Fortsetzung höchstens bis zum vereinbarten Vertragsablauf verlangt werden kann. Damit soll nach der amtlichen Begründung ein nach geltendem Recht bestehender Wertungswiderspruch beseitigt werden, der darin bestehe, dass der Mieter sich bei „normaler" Beendigung des Mietverhältnisses durch Zeitablauf nicht auf die Sozialklausel berufen könne, während er durch die uneingeschränkte Geltung der Sozialklausel bei der außerordentlich befristeten Kündigung unter Umständen die Fortsetzung über diesen Zeitpunkt hinaus erreichen könnte. Gleiches gilt im Übrigen auch für die Möglichkeit gerichtlichen Räumungsschutzes (§ 721 Abs. 7, § 794a Abs. 5 ZPO – vgl. die Neuregelung gem. Art. 3 Nr. 5 und 6 des Mietrechtsreformgesetzes zur Änderung der ZPO). Der Mieter genieße aber eigentlich, wie die Nichtgeltung der Sozialklausel bei „normaler" Beendigung des Mietverhältnisses durch Zeitablauf ausdrücke, nur für den vertraglich bestimmten Zeitraum Bestandsschutz, eben gerade nicht darüber hinaus. Insofern sei es nur folgerichtig, den Schutz auch bei der Fortsetzung des Mietverhältnisses aufgrund der Sozialklausel und beim Räumungsschutz entsprechend zeitlich zu begrenzen.

3.   § 575a Abs. 3

3   Dieser Teil der Vorschrift regelt die Fristen für die außerordentliche Kündigung mit gesetzlicher Frist. Insofern wird auf die Kommentierung zu § 573d Abs. 2 Bezug genommen.
Nach **§ 575a Abs. 4** ist die Regelung zum Nachteil des Mieters unabdingbar.

§ 576 Fristen der ordentlichen Kündigung bei Werkmietwohnungen

(1) Ist Wohnraum mit Rücksicht auf das Bestehen eines Dienstverhältnisses vermietet worden, so kann der Vermieter nach Beendigung des Dienstverhältnisses abweichend von § 573c Abs. 1 Satz 2 mit folgenden Fristen kündigen:

1. Bei Wohnraum, der dem Mieter weniger als zehn Jahre überlassen war, spätestens am dritten Werktag eines Kalendermonats zum Ablauf des übernächsten Monats, wenn der Wohnraum für einen anderen zur Dienstleistung Verpflichteten benötigt wird;

2. spätestens am dritten Werktag eines Kalendermonats für den Ablauf dieses Monats, wenn das Dienstverhältnis seiner Art nach die Überlassung von Wohnraum erfordert hat, der in unmittelbarer Beziehung oder Nähe zur Arbeitsstätte steht, und der Wohnraum aus dem gleichen Grund für einen anderen zur Dienstleistung Verpflichteten benötigt wird.

(2) Eine zum Nachteil des Mieters abweichende Vereinbarung ist unwirksam.

1. Allgemeines

Wohnungen, die im Zusammenhang mit einem Dienst- oder Arbeitsverhältnis vermietet 1 worden sind, unterliegen den Sondervorschriften der §§ 576 bis 576b. Durch diese Vorschriften wird der **Kündigungsschutz** für diese Wohnungen **gelockert, sobald das Arbeits- oder Dienstverhältnis beendet ist.** Durch diese Lockerung soll einerseits der Bau von Wohnungen für Betriebsangehörige gefördert, andererseits dem Vermieter derartiger Wohnungen die Einstellung neuer Arbeitnehmer anstelle des bisherigen Mieters erleichtert werden.

Die Regelungen über Werkmiet- und Werkdienstwohnungen bleiben wie im früheren Recht (§§ 565b bis 565e a.F.) in einem **zusammenhängenden Regelungskomplex** unter dem Oberbegriff „Werkwohnungen" zusammengefasst. Die Begriffe „Werkmietwohnung" und „Werkdienstwohnung" entsprechen der herkömmlichen Terminologie.

§ 576 greift § 565c a.F. auf und regelt die Fristen für die ordentliche Kündigung. In ähnlicher Weise wie bisher § 565c a.F. kann der Vermieter von Werkmietwohnungen nach Beendigung des Dienstverhältnisses unter bestimmten Voraussetzungen das Mietverhältnis **mit verkürzten Fristen kündigen.** Im Übrigen kann der Vermieter trotz der Beendigung des Mietverhältnisses grundsätzlich nur bei Vorliegen eines berechtigten Interesses ordentlich kündigen.

Der bisherige § 565b a.F. ist weggefallen. Dafür sind in den neuen §§ 576 und 576a die entsprechenden Regelungen in die Eingangssätze übernommen worden, so dass keine inhaltliche Änderung eingetreten ist. Die Vorschriften sind nur auf **Mietverhältnisse für unbestimmte Zeit** anwendbar, während befristete Mietverhältnisse über Werkwohnungen grundsätzlich mit dem Ablauf der Zeit enden, für die sie eingegangen sind.

Die Vorschrift bezieht sich nur auf die **Fristen** für eine ordentliche Kündigung, regelt also **nicht** die **Zulässigkeit** für eine ordentliche Kündigung.

Der Vermieter hat wie bisher ein **Wahlrecht**, ob er mit den Fristen des § 573c ordentlich kündigt oder ob er, sofern die Voraussetzungen vorliegen, von den verkürzten Fristen des § 576 Gebrauch macht. § 565c Satz 2 a.f. konnte deshalb gestrichen werden, ohne dass damit eine inhaltliche Änderung verbunden ist.

§ 576 Abs. 1 Nr. 1 entspricht dem bisherigen § 565c Satz 1 Nr. 1a a.F. für die Kündigung bei Betriebsbedarf von Werkmietwohnungen mit einer Überlassungsdauer von weniger als zehn Jahren, die wie dort drei Monate beträgt.

Die zeitlich befristete Sonderregelung des § 565c Satz 1 Nr. 1b a.F., die in diesen Fällen bei dringendem Betriebsbedarf eine zweimonatige Kündigungsfrist vorsah, ist gestrichen worden.

§ 576 Abs. 1 Nr. 2 übernimmt mit sprachlichen Änderungen die Regelung des bisherigen § 565c Satz 1 Nr. 2 für die Kündigung von funktionsbedingten Werkmietwohnungen bei Betriebsbedarf.

§ 576 Abs. 2 enthält die Unabdingbarkeit zum Nachteil des Mieters.

2. Anwendungsbereich

2 Das Sonderkündigungsrecht des Vermieters besteht nur bei **Mietverhältnissen** über eine Werkmietwohnung, die **auf unbestimmte Zeit** vermietet worden ist.

2.1 Werkwohnung

3 Werkwohnung ist diejenige Wohnung, die mit Rücksicht auf ein Dienst- oder Arbeitsverhältnis vermietet wird, wobei das Dienst- oder Arbeitsverhältnis maßgebenden Einfluss auf den Abschluss des Wohnraummietvertrags gehabt haben muss (LG Aachen, WuM 1985, 149; MDR 1991, 542). Dazu ist es nicht notwendig, dass der Arbeitgeber/Dienstberechtigte zugleich Vermieter ist. Auch Wohnungen, die an Angestellte und Arbeiter des öffentlichen Dienstes vom Dienstherren aufgrund privatrechtlicher Mietverträge vergeben werden, sind als Werkwohnungen anzusehen (OVG Münster, WuM 1975, 154). Dagegen fallen Dienstwohnungen, die im Rahmen der öffentlich-rechtlichen Dienststellung **öffentlichen Bediensteten**, insbesondere Beamten, Richtern und Soldaten zugewiesen werden, also auf einem öffentlich-rechtlichen Nutzungsverhältnis beruhen, **nicht unter die erleichterten Kündigungsbestimmungen** der §§ 576 bis 576b.

4 Bei den Werkwohnungen ist zwischen zwei großen Gruppen zu unterscheiden: **Werkmietwohnungen** sind diejenigen, die mit einem selbständigen Mietvertrag neben dem Dienst- oder Arbeitsvertrag vermietet worden sind, wobei Vermieter der Dienstberechtigte/Arbeitgeber selbst ist oder ein zu ihm in Beziehung stehender Dritter, insbesondere eine ihm ganz oder zum Teil gehörende Werkwohnungsgesellschaft oder ein Wohnungseigentümer, dem gegenüber ihm ein Belegungsrecht aufgrund eines vom Mietvertrag zu unterscheidenden Werkförderungsvertrags zusteht. Bei den Werkmietwohnungen sind

zudem **zwei Untergruppen** zu unterscheiden: die **gewöhnlichen Werkwohnungen**, d.h. diejenigen Wohnungen, deren Funktion sich daran erschöpft, dass der Dienstverpflichtete/Arbeitnehmer darin wohnt, sowie die **funktionsgebundenen Werkwohnungen**, die so gelegen sind, dass sie eine unmittelbare Beziehung zur Dienst-/Arbeitsleistung haben.

Werkdienstwohnungen sind diejenigen, die im Rahmen eines Dienst-/Arbeitsvertrags 5 dem Dienstverpflichteten/Arbeitnehmer überlassen werden, wobei die **Überlassung des Wohnraums Teil der Vergütung** ist; es liegt ein aus Dienst-/Arbeitsvertrag und Miete gemischter Vertrag vor. Da neben dem Dienst-/Arbeitsvertrag kein gesonderter Mietvertrag geschlossen wird, können die Mietvorschriften nur entsprechend angewendet werden.

Die Besonderheit bei Werkmietwohnungen besteht darin, dass der Dienst-/Arbeitsvertrag 6 mit dem Wohnraummietvertrag dadurch verknüpft ist, dass die Wohnung mit Rücksicht auf das Bestehen des Dienst-/Arbeitsverhältnisses vermietet wird, wobei jedoch zwei getrennte Verträge abgeschlossen werden. Auf die Art der zu leistenden Arbeit/der zu leistenden Dienste und ihre Ausübung im Haupt- oder Nebenberuf kommt es nicht an.

Jedoch muss es sich um eine **weisungsgebundene, abhängige Tätigkeit** handeln, so 7 dass die Vermietung von Wohnraum in Zusammenhang mit einer freiberuflichen Tätigkeit nicht zur Anwendung der §§ 576 bis 576b führt.

Neben dem Dienst-/Arbeitverhältnis muss ein **gesonderter Mietvertrag** über die Woh- 8 nung abgeschlossen worden sein. Dabei müssen Dienstverpflichtete/Arbeitnehmer und Mieter identisch sein. Unerheblich ist, ob neben dem Dienstverpflichteten/Arbeitnehmer ein Dritter den Mietvertrag abgeschlossen hat. Erst recht gelten die erleichterten Kündigungsbedingungen für Mietverträge mit einem Arbeitnehmerehepaar (LG Ulm, WuM 1979, 244).

Der Wohnraum muss zwar „mit Rücksicht auf das Bestehen eines Dienstverhältnisses" 9 vermietet werden; Dienst-/Arbeitsvertrag und Mietvertrag brauchen aber nicht Teil eines einheitlichen Rechtsgeschäfts zu sein. Es genügt, dass das **Dienst-/Arbeitsverhältnis Grundlage für den Mietvertrag** ist (LG Aachen, WuM 1985, 149), was für den Mieter aus den gesamten Umständen erkennbar sein muss (AG Darmstadt, WuM 1985, 153). Zwar braucht das Dienst-/Arbeitsverhältnis nicht schon bei Abschluss des Mietvertrags bestehen; wird aber ein normaler Mietvertrag abgeschlossen und geht der Mieter erst später und unvorhergesehen ein Dienst-/Arbeitsverhältnis zu dem Vermieter ein, wird die Wohnung allein dadurch nicht zur Werkwohnung (AG Hamburg, WuM 1985, 152). Auch umgekehrt kann der Charakter als Werkmietwohnung durch Abschluss eines neuen Mietvertrags, der nicht mit einem Dienst-/Arbeitsverhältnis verknüpft ist, verloren gehen (AG Köln, WuM 1985, 154).

Wegen des Zusammenhangs mit dem Arbeitsverhältnis bedarf die Kündigung von 10 Werkmietwohnungen nach § 87 Abs. 1 Nr. 1 BetrVerfG grundsätzlich der **Zustimmung des Betriebsrats** (LG Aachen, ZMR 1984, 280).

Die §§ 576 bis 576b können nur zugunsten des Arbeitnehmers/Dienstverpflichteten abbedungen werden, jedoch nicht zu seinen Ungunsten. Die Sozialklausel (§ 574) gilt nach Maßgabe des § 576a.

2.2   Unbefristete Mietverhältnisse

11   Zu den auf unbestimmte Zeit eingegangenen Mietverträgen gehören auch diejenigen mit
Verlängerungsklausel und **auflösend bedingte Verhältnisse** (LG Aachen, WuM 185,
149), soweit sie vor dem 1.9.2001 zulässig waren. Auch die früheren **auflösend befristeten Mietverträge** gelten als auf unbestimmte Zeit abgeschlossen. Ferner gilt das Sonderkündigungsrecht auch für diejenigen Mietverträge über Werkmietwohnungen, die auf
bestimmte Zeit abgeschlossen worden sind, wenn eine als erforderlich vereinbarte Kündigung unterblieben ist und sich deshalb das Mietverhältnis auf unbestimmte Zeit verlängert hat. §§ 576 bis 576b gelten dagegen nicht, wenn das Mietverhältnis auf bestimmte
Zeit eingegangen ist und eine Verlängerung nicht oder nur auf eine bestimmte Zeit eintritt.

3.   Kündigungsvoraussetzung
3.1   Beendigung des Dienstverhältnisses

12   Weitere Voraussetzung für das Entstehen des Sonderkündigungsrechts des Vermieters ist
die **Beendigung des Dienst-/Arbeitsverhältnisses.** Hat ein Arbeitnehmerehepaar die
Werkmietwohnung zusammen gemietet, reicht es nicht aus, wenn das Arbeitsverhältnis
nur mit einem der Ehegatten beendet wird (LG Ulm, WuM 1979, 244). Entscheidend ist
die rechtlich wirksame Beendigung des Dienst-/Arbeitsverhältnisses, so dass möglicherweise der nach Kündigung des Mietvertrags anhängige Räumungsrechtsstreit bis zur
Entscheidung über die wirksame Beendigung durch das Verwaltungs- oder Arbeitsgericht ausgesetzt werden muss (§ 148 ZPO).

3.2   Angabe des Kündigungsgrundes

13   Die beiden Kündigungen sind **unabhängig voneinander,** auch in der rechtlichen Beurteilung. Da es sich um eine Wohnraumkündigung handelt, muss wenigstens der aktuelle
Stand des Betriebsbedarfs angegeben werden (OLG Celle, WuM 1985, 142 = ZMR
1985, 160; OLG Stuttgart, WuM 1986, 132). Das berechtigte Interesse des Vermieters an
der Beendigung des Mietverhältnisses ergibt sich daraus, dass der Wohnraum für einen
anderen zur Dienstleistung Verpflichteten benötigt wird (OLG Celle, ZMR 1985, 160).
Da es sich um einen Sonderfall des berechtigten Interesses handelt, muss der **Kündigungsgrund** auch in dem Kündigungsschreiben **angegeben werden** (§ 573 Abs. 3).
Insoweit reicht die reine Wiederholung des Gesetzestextes nicht aus. Wird daher in der
Kündigung lediglich darauf hingewiesen, dass die Wohnung für einen anderen Hauswart
benötigt werde, so dürfte sie unwirksam sein (LG Berlin, GE 1991, 575; GE 1992, 385 f.;
GE 1994, 288 [289]; a.A. LG Berlin, GE 1991, 685 f.). Einigkeit besteht darüber, dass
weder die Person des neuen Dienstverpflichteten/Arbeitnehmers, für den die Wohnung
benötigt wird, im Kündigungsschreiben angegeben zu werden braucht (LG Berlin, GE
1992, 155; GE 1994, 288 f.; LG Köln, ZMR 1996, 66), noch dass ein Nachfolger für den
gekündigten Dienstverpflichteten bereits eingestellt worden ist. Das Sonderkündigungsrecht besteht auch dann, wenn im Mietvertrag über die Werkmietwohnung alle Hinweise
auf die Tätigkeit des Mieters gestrichen sind (LG Berlin, GE 1992, 155).

3.3 Betriebsbedarf

Gewöhnliche Werkwohnungen kann der Vermieter kündigen, wenn der Wohnraum für 14
einen anderen zur Dienstleistung Verpflichteten benötigt wird.
Gewöhnliche Werkwohnungen sind alle diejenigen, deren **Funktion** sich darin erschöpft,
dass der **Dienstverpflichtete/Arbeitnehmer darin wohnt.** Es reicht mithin in diesen
Fällen **einfacher Betriebsbedarf** aus. Die Kündigungserleichterung gilt auch für diejenigen Mietverhältnisse über Werkmietwohnungen, die **seit dem 1.9.1993** begründet
worden sind; denn der bisherige § 565c Abs. 1 Nr. 1b a.F., nach dem die Kündigung bei
gewöhnlichen Werkwohnungen nur dann zulässig war, wenn der Wohnraum für einen
anderen zur Dienstleistung Verpflichteten dringend benötigt wurde, also **dringender
Betriebsbedarf** bestand, ist **weggefallen.** Für den nunmehr ausreichenden einfachen
Betriebsbedarf ist erforderlich, dass der Vermieter den Wohnraum für einen Nachfolger
des Mieters in dem Dienst-/Arbeitsverhältnis oder im Betriebsinteresse für einen anderen
Betriebsangehörigen benötigt. Betriebsbedarf kann auch bei der Einstellung neuer Arbeitskräfte gegeben sein; insoweit ist jedoch erforderlich, dass Bewerbungen um eine frei
werdende Werkmietwohnung vorliegen und ein Bewerber bereit ist, die Wohnung zu
übernehmen (LG Karlsruhe, WuM 1974, 243).

Funktionsgebundene Werkmietwohnungen kann der Vermieter kündigen, wenn der 15
Wohnraum **aus dem gleichen Grunde für einen anderen zur Dienstleistung Verpflichteten benötigt** wird. Funktionsgebundene Werkmietwohnungen sind diejenigen,
die in unmittelbarer Beziehung oder Nähe zur Arbeitsstätte stehen. Das ist insbesondere
der Fall, wenn die besondere Art der Tätigkeit ein Wohnen in dieser Wohnung erfordert
(z.B. Pförtner, Hausmeister, Betriebsfeuerwehrmann, Klinikarzt, Krankenschwester).
Die Kündigung ist in diesen Fällen nur dann begründet, wenn die Art der Dienstleistung es
notwendig macht, einen anderen Arbeitnehmer in derselben Wohnung unterzubringen (LG
Osnabrück, WuM 1977, 9). Dabei muss es sich um einen **konkreten besonderen Betriebsbedarf** handeln (LG Itzehoe, WuM 1985, 152). Insbesondere in diesen Fällen braucht der
Name des zukünftigen Mieters noch nicht benannt zu werden (LG Berlin, GE 1989, 511).

Das **Mietverhältnis mit einem Betriebsfremden** zum Zwecke der Vermietung an einen 16
Arbeitnehmer des Vermieters kann nur **unter besonderen Voraussetzungen gekündigt**
werden (OLG Stuttgart [RE], WuM 1991, 330; WuM 1993, 338), insbesondere in den
Fällen, in denen der Mietvertrag keinen Hinweis auf eine Zweckbestimmung als Werkwohnung enthält (LG Hamburg, WuM 1994, 208). Insoweit reicht der schlichte Hinweis,
die Wohnung werde am Dienstort benötigt, da die Bedarfsperson dort Schichtdienst zu
versehen habe, zur Darlegung des Kündigungsgrundes nicht aus (LG Hamburg, a.a.O.).

4. Kündigungsfristen

Die Kündigung der Mietverträge über gewöhnliche Werkwohnungen, die **weniger als zehn** 17
Jahre überlassen waren, ist bei allen Mietverhältnissen spätestens am dritten Werktag eines
Kalendermonats für den Ablauf des übernächsten Monats zulässig, so dass die Kündigungsfrist in diesen Fällen drei Monate – abzüglich der Karenz von drei Werktagen – beträgt.
Ist die Werkwohnung **länger als zehn Jahre** überlassen gewesen, gelten die Fristen des 18
§ 573c Abs. 1 Satz 2 (LG Kiel, WuM 1986, 218). Da es auf den Zeitraum der Überlassung ankommt, ist nicht der Zeitpunkt des Abschlusses des Mietvertrags, sondern der

Tag der Gebrauchsüberlassung entscheidend. Der Zeitraum ist ferner von da an bis zum Tage des Zugangs der Kündigung – nicht der Abgabe der Kündigungserklärung – zu berechnen.

19 Für **funktionsgebundene Werkwohnungen** gilt eine noch kürzere Kündigungsfrist, nämlich vom dritten Werktag eines Kalendermonats an für den Ablauf desselben Monats (§ 576 Abs. 1 Nr. 2).

20 Auf ein am 1.9.2001 bestehendes Mietverhältnis ist im Falle einer vor dem 1.9.2001 zugegangenen Kündigung § 565c Satz 1 Nr. 1b (a.F.) weiterhin anzuwenden. Das bedeutet, dass ein vor dem 1.9.1993 eingegangenes Mietverhältnis nur dann spätestens am dritten Werktag eines Kalendermonats für den Ablauf des nächsten Monats gekündigt werden konnte, wenn der Wohnraum für einen anderen zur Dienstleistung Verpflichteten **dringend benötigt** wurde. Insoweit kommt es also weiterhin auf den dringenden Betriebsbedarf an. Dieser besteht nur dann, wenn der Vermieter den Wohnraum für einen Nachfolger des Mieters in dem Dienstverhältnis oder im Betriebsinteresse für einen anderen Betriebsangehörigen dringend benötigt. Bei Einstellung neuer Arbeitskräfte kann nur ausnahmsweise dringender Betriebsbedarf angenommen werden.

21 Die **Dauer der Überlassung** der funktionsgebundenen Werkmietwohnung ist unerheblich. Auch dann, wenn die Werkmietwohnung bereits mehr als zehn Jahre überlassen worden ist, ist die Kündigung spätestens am dritten Werktag für den Ablauf dieses Monats zulässig.

22 Der Vermieter kann jedoch in beiden Fällen anstelle einer auf § 576 Abs. 1 gestützten Kündigung eine Kündigung wegen berechtigten Interesses aussprechen, wofür er jedoch dann die **Fristen des § 573c Abs. 1 Satz 2** einhalten muss, so dass es auf die Dauer des Mietverhältnisses ankommt.

Ob die Kündigung in beiden Fällen alsbald nach dem Ende des Arbeitsverhältnisses ausgesprochen werden muss, ist umstritten (verneinend: LG Stuttgart, DWW 1991, 112; bejahend: LG Aachen, WuM 1985, 149 [150]). Da es sich um ein Sonderkündigungsrecht des Vermieters handelt, dürfte – wie bei fristlosen Kündigungen – der Ausspruch der Kündigung **innerhalb angemessener Zeit** nach der Beendigung des Dienst-/Arbeitsverhältnisses notwendig sein (LG Bochum, WuM 1992, 438).

§ 576a Besonderheiten des Widerspruchsrechts bei Werkmietwohnungen

(1) Bei der Anwendung der §§ 574 bis 574c auf Werkmietwohnungen sind auch die Belange des Dienstberechtigten zu berücksichtigen.

(2) Die §§ 574 bis 574c gelten nicht, wenn

1. der Vermieter nach § 576 Abs. 1 Nr. 2 gekündigt hat,

2. der Mieter das Dienstverhältnis gelöst hat, ohne dass ihm von dem Dienstberechtigten gesetzlich begründeter Anlass dazu gegeben war, oder der Mieter durch sein Verhalten dem Dienstberechtigten gesetzlich begründeten Anlass zur Auflösung des Dienstverhältnisses gegeben hat.

(3) Eine zum Nachteil des Mieters abweichende Vereinbarung ist unwirksam.

1. Allgemeines
Die Vorschrift regelt die Besonderheiten des **Widerspruchsrechts für Mieter von Werk-** 1
mietwohnungen und gilt nicht für Werkdienstwohnungen. Der bisherige § 565d Abs. 2
a.F. ist aus Vereinfachungsgründen gestrichen worden. Er gilt aber weiterhin für vor dem
1.9.2001 bestehende Mietverhältnisse, wenn die Kündigung vor dem 1.9.2001 zugegangen
ist (Art 229 § 3 Abs. 1 Nr. 1 EGBGB). In diesen Fällen kann der Vermieter also die Einwilligung zur Fortsetzung des Mietverhältnisses verweigern, wenn der Mieter den Widerspruch nicht spätestens einen Monat vor Beendigung des Mietverhältnisses erklärt hat.
Die übrigen Änderungen sind nur sprachlicher Art. Die in § 576a Abs. 3 angeordnete 2
Unabdingbarkeit entspricht der bisherigen Rechtslage.

2. Regelungsinhalt
Grundsätzlich kann auch der Mieter einer Werkmietwohnung (vgl. dazu § 576 Rn. 4) der 3
ordentlichen Kündigung des Mietverhältnisses unter Berufung darauf widersprechen,
dass die Beendigung des Mietverhältnisses für ihn, seine Familie oder einen Angehörigen
seines Haushalts eine **Härte i.S.d. § 574 bedeuten würde**. Während jedoch nach § 574
dabei nur die berechtigten Interessen des Vermieters zu berücksichtigen sind, schreibt
§ 576a Abs. 1 auch die **Berücksichtigung der Belange des Dienstberechtigten** vor. Ist
der Vermieter zugleich der Dienstberechtigte, so kommt es nicht nur auf seine Interessen
als Vermieter, sondern auch auf diejenigen als Dienstberechtigter an. Dieses Interesse
kann darin bestehen, dass er die Wohnung für einen anderen Dienstverpflichteten benötigt, Störungen des Betriebsfriedens seitens des Dienstverpflichteten durch die Kündigung vermeiden will oder die Wohnung zur Betriebserweiterung benötigt (Emme-
rich/Sonnenschein, §§ 565b–565e, Rn. 28; a.A. Schmidt-Futterer/Blank, B 808). Sind
Vermieter und Dienstberechtigter nicht identisch, so müssen bei der Prüfung der Härte
die Interessen beider berücksichtigt werden.

3. Ausschluss der Sozialklausel
Der Mieter kann sich dagegen **nicht auf die soziale Härte berufen**, wenn der Vermieter 4
eine **funktionsgebundene Werkmietwohnung** gekündigt hat, weil er den Wohnraum
für einen anderen zur Dienstleistung Verpflichteten aus dem gleichen Grund benötigt
oder der Mieter seinerseits das **Dienstverhältnis grundlos gelöst** oder begründeten
Anlass zur Auflösung des Dienstverhältnisses gegeben hat.
Die Berufung auf Härtegründe ist einmal dann ausgeschlossen, wenn der Vermieter die 5
funktionsgebundene Wohnung (vgl. dazu § 576 Rn. 15) deswegen gem. § 576 Abs. 1 Nr. 2
gekündigt hat, weil er sie für einen anderen Dienstverpflichteten benötigt, der dieselbe Funktion ausüben soll, wie der gekündigte Mieter/Dienstverpflichtete. Das kommt insbesondere
in Betracht bei Hausmeisterwohnungen, die mit besonderen Einrichtungen zur Betreuung der
Wohnungen ausgestattet sind, wie z.B. Notrufeinrichtungen für Fahrstuhldefekte. Die So-

zialklausel gilt allerdings nur dann nicht, wenn die Kündigung der funktionsgebundenen Werkmietwohnung ausdrücklich auf den **Betriebsbedarf** gestützt wird.

6 Hat der Vermieter aus sonstigen Gründen wegen berechtigten Interesses gem. § 573 gekündigt, so gelten nicht nur die längeren Kündigungsfristen, sondern uneingeschränkt auch §§ 574 bis 574c.

7 Der Mieter kann sich ferner nicht auf Härtegründe berufen, wenn er entweder das **Dienstverhältnis selbst grundlos aufgelöst** hat oder er zur Auflösung des Dienstverhältnisses **begründeten Anlass gegeben hat**.

Ein Fall der Auflösung des Dienstverhältnisses liegt nicht nur dann vor, wenn der Mieter das Dienstverhältnis – ordentlich oder außerordentlich – gekündigt hat, sondern auch dann, wenn die Dienstvertragsparteien einen Aufhebungs- oder Auflösungsvertrag geschlossen haben; denn der Begriff „Auflösung" ist weiter als der Begriff der „Kündigung" (Emmerich/Sonnenschein, §§ 565b–565e Rn. 33).

8 Weitere Voraussetzung des Ausschlusses der Sozialklausel bei Auflösung des Dienstverhältnisses durch den Mieter ist jedoch, dass der Dienstberechtigte ihm dazu **keinen begründeten Anlass** gegeben hat. Daher kann sich der Mieter trotz seiner Kündigung des Dienstverhältnisses gegenüber der Kündigung der Werkmietwohnung des Vermieters auf die Sozialklausel dann berufen, wenn er gem. § 626 aus einem Grund gekündigt hat, den der Dienstberechtigte zu vertreten hat. Dies gilt auch dann, wenn der Mieter nicht fristlos, sondern fristgerecht gekündigt hat. Das Verhalten des Vermieters muss allerdings rechtswidrig und schuldhaft gewesen sein (BGH, ZMR 1958, 165).

9 Der Mieter kann sich ferner dann nicht auf die Härteklausel berufen, wenn der Dienstberechtigte das Dienstverhältnis aus einem **Grund** aufgelöst hat, den **der Mieter zu vertreten hat**.

Auch hier ist die Art der Auflösung des Dienstverhältnisses – fristgemäße oder fristlose Kündigung, Aufhebungs- oder Auflösungsvertrag – unerheblich. Allerdings werden nur gesetzlich normierte Kündigungsgründe berücksichtigt. Daher genügt auch ein minderschweres Verhalten des Mieters, das die Kündigung als sozial gerechtfertigt erscheinen lässt (Emmerich/Sonnenschein §§ 565b–565e Rn. 37; str.).

4. Muster

10 **Kündigung von bis zu 10-jährigen Mietverhältnissen in Werkmietwohnungen →[✆ 576a-1]**

...
(Vermieteranschrift)   ...
                                                                        (Datum)

Einschreiben/Rückschein

Frau/Herrn

...
(Vor- und Zuname/n des Mieters/der Mieter)

...
(Straße, Hausnummer und Lage der Wohnung im Gebäude, Ort)

Sehr geehrte(r) Frau/Herr ...!

Mit Mietvertrag vom ... habe ich Ihnen die Wohnung im ... Erdgeschoss/Obergeschoss des Vorderhauses/Hinterhauses/Seitenflügels/Quergebäudes/Gartenhauses ...straße in ... vermietet. Diese Wohnung ist Ihnen in Zusammenhang mit Ihrer Einstellung als ... unseres Unternehmens überlassen worden. Das Arbeitsverhältnis wurde gekündigt und ist beendet.

Ihr Nachfolger wohnt zur Zeit in ... Da es ihm nicht gelungen ist, eine preiswerte Wohnung in der Nähe seines künftigen Arbeitsplatzes zu finden, und eine andere Wohnung aus unserem Bestand nicht verfügbar ist, kündige ich das vorbezeichnete Mietverhältnis fristgemäß für den Ablauf des übernächsten Monats. Die Kündigung wird in erster Linie auf § 576 Abs. 1 Nr. 1 BGB gestützt. Hilfsweise wird die Kündigung auf § 573 Abs. 1 BGB gestützt. Mit Rücksicht auf die bisherige Dauer des Mietverhältnisses von ... Jahren erfolgt insoweit die Kündigung fristgemäß zum ... Auch insoweit wird die Kündigung darauf gestützt, dass die von Ihnen gemietete Wohnung für Ihren Nachfolger benötigt wird, dessen Bewerbung bereits vorliegt und der in ..., also in unzumutbarer Entfernung zu seinem künftigen Arbeitsplatz, wohnt.

Ich weise Sie darauf hin, dass Sie der Kündigung widersprechen und Fortsetzung des Mietverhältnisses verlangen können, wenn die vertragsgemäße Beendigung des Mietverhältnisses für Sie oder Ihre Familie eine Härte bedeuten würde, die auch unter Berücksichtigung meiner berechtigten Interessen – oder derjenigen des Dienstberechtigten – nicht zu rechtfertigen ist. Der Widerspruch müsste schriftlich erfolgen und – soweit die Kündigung auf § 576 BGB gestützt wird – spätestens einen Monat vor Beendigung des Mietverhältnisses bei mir eingegangen sein. Der Widerspruch sollte begründet sein.

Soweit die Kündigung hilfsweise auf § 573 Abs. 1 BGB gestützt wird, reicht es aus, wenn der Widerspruch spätestens zwei Monate vor der Beendigung des Mietverhältnisses bei mir eingeht.

Zur Vereinbarung eines Wohnungsabnahmetermins bitte ich um Anruf.

Einer stillschweigenden Verlängerung des Mietverhältnisses gemäß § 545 BGB wird hiermit ausdrücklich widersprochen; das Mietverhältnis wird daher auch durch fortgesetzten Gebrauch der Wohnung nicht verlängert. Mietzahlungen nach Beendigung des Mietverhältnisses werden als Zahlung auf die dann geschuldete Nutzungsentschädigung angesehen.

Vorsorglich weise ich Sie darauf hin, dass bei einer verspäteten Rückgabe der Wohnung eine Nutzungsentschädigung zumindest in Höhe der bisherigen Miete zuzüglich der gesetzlich zulässigen Mieterhöhungen und Umlageerhöhungen verlangt werden kann. Falls die ortsübliche Vergleichsmiete höher als die bisher vereinbarte Miete ist, kann die höhere ortsüblichen Vergleichsmiete verlangt werden. Ferner weise ich Sie darauf hin, dass alle bei Vertragsschluss überlassenen Schlüssel zur Wohnung einschließlich der Zimmertürschlüssel sowie Haustür-, Briefkasten-, Keller- und Sicherungskastenschlüssel sowie etwaige Ersatzschlüssel an mich persönlich zurückgegeben werden müssen und die Wohnung vollständig geräumt von Ihren Einrichtungsgegenständen und Einbauten zurückgegeben werden muss.

Für den Fall, dass die Wohnung nicht spätestens bis zum ... geräumt herausgegeben wird, muss ich Räumungsklage beim zuständigen Amtsgericht gegen Sie erheben.

Mit freundlichen Grüßen
...
(Unterschrift Vermieter)

11 **Kündigung der funktionsgebundenen Werkmietwohnung wegen dringenden Betriebsbedarfs →[✍ 576a-2]**

...   ...
(Vermieteranschrift)   (Datum)

Einschreiben/Rückschein

Frau/Herrn
...
(Vor- und Zuname/n des Mieters/der Mieter)

...
(Straße, Hausnummer und Lage der Wohnung im Gebäude, Ort)

Sehr geehrte(r) Frau/Herr ...!
Mit Mietvertrag vom ... habe ich Ihnen die Wohnung im ... Erdgeschoss/Obergeschoss des Vorderhauses/Hinterhauses/Seitenflügels/Quergebäudes/Gartenhauses ...straße in ... vermietet. Diese Wohnung ist Ihnen im Zusammenhang mit Ihrer Einstellung als ... unseres Unternehmens überlassen worden. Es handelt sich um eine Wohnung, die in unmittelbarer Beziehung zur Dienstleistung steht, weil ... (nähere Beschreibung der Funktionsgebundenheit). Das Arbeitsverhältnis wurde gekündigt und ist beendet. Die erneute Besetzung des Arbeitsplatzes ist dringend notwendig, weil ...
Ihr Nachfolger wohnt zur Zeit in ... Da es ihm nicht gelungen ist, eine preiswerte Wohnung in der Nähe seines künftigen Arbeitsplatzes zu finden, und eine andere Wohnung aus unserem Bestand nicht verfügbar ist, kündige ich das vorbezeichnete Mietverhältnis fristgemäß für den Ablauf des laufenden Monats. Die Kündigung wird in erster Linie auf § 576 Abs. 1 Nr. 2 BGB gestützt.

Hilfsweise wird die Kündigung auf § 573 Abs. 1 BGB gestützt. Mit Rücksicht auf die bisherige Dauer des Mietverhältnisses von ... Jahren erfolgt insoweit die Kündigung fristgemäß zum ... Auch insoweit wird die Kündigung darauf gestützt, dass die von Ihnen gemietete Wohnung für Ihren Nachfolger dringend benötigt wird, dessen Bewerbung bereits vorliegt und der in ..., also in unzumutbarer Entfernung zu seinem künftigen Arbeitsplatz, wohnt.

Ich weise Sie darauf hin, dass Sie nur der auf § 573 Abs. 1 BGB gestützten Kündigung widersprechen und Fortsetzung des Mietverhältnisses verlangen können, wenn die vertragsgemäße Beendigung des Mietverhältnisses für Sie oder Ihre Familie eine Härte bedeuten würde, die auch unter Berücksichtigung meiner berechtigten Interessen nicht zu rechtfertigen ist. Der Widerspruch gegen die auf § 573 Abs.1 BGB gestützte Kündigung müsste schriftlich erfolgen und spätestens zwei Monate vor der Beendigung des Mietverhältnisses bei mir eingehen.

Soweit die Kündigung auf § 576 Abs. 1 Nr. 2 BGB gestützt wird, steht Ihnen kein Widerspruchsrecht zu (§ 576a Abs. 2 Nr. 1 BGB).

Zur Vereinbarung eines Wohnungsabnahmetermins bitte ich um Anruf.

Einer stillschweigenden Verlängerung des Mietverhältnisses gemäß § 545 BGB wird hiermit ausdrücklich widersprochen; das Mietverhältnis wird daher auch durch fortgesetzten Gebrauch der Wohnung nicht verlängert. Mietzahlungen nach Beendigung des Mietverhältnisses werden als Zahlung auf die dann geschuldete Nutzungsentschädigung angesehen.

Vorsorglich weise ich Sie darauf hin, dass bei einer verspäteten Rückgabe der Wohnung eine Nutzungsentschädigung zumindest in Höhe der bisherigen Miete zuzüglich der gesetzlich zulässigen Mieterhöhungen und Umlageerhöhungen verlangt werden kann. Falls die ortsübliche Vergleichsmiete höher als die bisher vereinbarte Miete ist, kann die höhere ortsüblichen Vergleichsmiete verlangt werden. Ferner weise ich Sie darauf hin, dass alle bei Vertragsschluss überlassenen Schlüssel zur Wohnung einschließlich der Zimmertürschlüssel sowie Haustür-, Briefkasten-, Keller- und Sicherungskastenschlüssel sowie etwaige Ersatzschlüssel an mich persönlich zurückgegeben werden müssen und die Wohnung vollständig geräumt von Ihren Einrichtungsgegenständen und Einbauten zurückgegeben werden muss.

Für den Fall, dass die Wohnung nicht spätestens bis zum ... geräumt herausgegeben wird, muss ich Räumungsklage beim zuständigen Amtsgericht gegen Sie erheben.

Mit freundlichen Grüßen

...

(Unterschrift Vermieter)

§ 576b Entsprechende Geltung des Mietrechts bei Werkdienstwohnungen

(1) Ist Wohnraum im Rahmen eines Dienstverhältnisses überlassen, so gelten für die Beendigung des Rechtsverhältnisses hinsichtlich des Wohnraums die Vorschriften über Mietverhältnisse entsprechend, wenn der zur Dienstleistung Verpflichtete den Wohnraum überwiegend mit Einrichtungsgegenständen ausgestattet hat oder in dem Wohnraum mit seiner Familie oder Personen lebt, mit denen er einen auf Dauer angelegten gemeinsamen Haushalt führt.
(2) Eine zum Nachteil des Mieters abweichende Vereinbarung ist unwirksam.

1. Allgemeines

1 Die Vorschrift übernimmt den bisherigen § 565e a.F. über die entsprechende Geltung der Mietrechtsvorschriften für bestimmte Werkdienstwohnungen mit sprachlichen Änderungen. Der Schutzbereich wurde allerdings auf diejenigen Personen ausgedehnt, mit denen der Mieter einen „auf Dauer angelegten gemeinsamen Haushalt" geführt hat.
Die in § 576b Abs. 2 geregelte Unabdingbarkeit entspricht der bisherigen Rechtslage.

2. Anwendungsbereich

2 Voraussetzung für die Anwendung der Vorschriften über die Miete ist einmal, dass es sich um Wohnraum handelt, der **im Rahmen eines Dienstverhältnisses** überlassen worden ist, d.h., Dienst- und Mietvertrag sind nicht getrennt voneinander abgeschlossen worden, sondern der Wohnraum wird im Rahmen des Dienstverhältnisses ohne besonderen Mietvertrag daneben überlassen und die **Miete ist Teil der Vergütung**. Die Dauer des Dienstverhältnisses ist unerheblich, so dass auch die Überlassung von Wohnraum im Rahmen eines befristeten Dienstverhältnisses erfasst ist. Da nur von „**Wohnraum**" die Rede ist, gilt Mietrecht auch für die Überlassung von Räumen, die insgesamt nicht als Wohnung anzusehen sind, weil eine eigene Küche oder ein eigenes WC fehlen.

3 Weitere Voraussetzung ist, dass der zur Dienstleistung Verpflichtete den Wohnraum ganz oder überwiegend **mit Einrichtungsgegenständen ausgestattet** hat oder in dem Wohnraum mit seinen Familienangehörigen oder Haushaltsangehörigen einen **gemeinsamen Haushalt** führt.

4 Soweit es auf die **Ausstattung** ankommt, sind die Eigentumsverhältnisse an den Einrichtungsgegenständen unerheblich; auch die Ausstattung mit auf Ratenzahlung unter Eigentumsvorbehalt erworbenen Einrichtungsgegenständen führt zur Anwendung des Mietrechts.
Einrichtungsgegenstände sind nicht nur Möbel, sondern auch Beleuchtungskörper und Haushaltsgeräte.
Der zur Dienstleistung Verpflichtete muss den im Rahmen des Dienstverhältnisses überlassenen Wohnraum **überwiegend** mit Einrichtungsgegenständen ausgestattet haben. Insoweit kommt es jedoch nicht auf den wirtschaftlichen Wert der Einrichtungsgegen-

stände an, sondern auf die nach der Verkehrsanschauung anzusetzende Bedeutung für die Ausstattung einer Wohnung. Daher ist allein die Ausstattung der Küche mit hochwertigen Haushaltsgeräten nicht ausreichend, wenn die Wohnräume von dem zur Dienstleistung Verpflichteten kaum oder nur unzureichend möbliert worden sind. Nach der Bedeutung der Einrichtungsgegenstände für die Wohnzwecke muss mehr als die Hälfte vom Dienstverpflichteten stammen (Emmerich/Sonnenschein, §§ 565b–565e Rn. 39).

Das Mietrecht ist auf Werkdienstwohnungen auch dann anwendbar, wenn der zur Dienstleistung Verpflichtete in dem Wohnraum mit seiner **Familie oder denjenigen Personen einen gemeinsamen Haushalt führt, der auf Dauer angelegt** ist. Damit ist auch der Lebenspartner – gleichgültig ob homosexuell oder heterosexuell – in den Schutzbereich einbezogen. Für den gemeinsamen Haushalt reicht es aus, dass auch bei nur geringer Möblierung der zur Dienstleistung Verpflichtete in dem Wohnraum seinen Lebensmittelpunkt hat und gemeinsam mit seinen Familienangehörigen oder Partnern gemeinsam einen Haushalt führt, der auf eine längere Bindung angelegt ist. Eine gemeinsame Haushaltsführung ohne derartige Bindung allein aus wirtschaftlichen Gründen reicht dazu nicht aus.

Dagegen stehen berufsbedingte auswärtige Abwesenheiten während der Werktage dann der Anwendung des § 576b nicht entgegen, wenn der Dienstverpflichtete in der Wohnung seinen Lebensmittelpunkt behält. Daher reichen auch Wochenendaufenthalte des Dienstverpflichteten in der Wohnung aus, wenn er auswärtige Montagen für seinen Arbeitgeber ausführt, solange er an dem auswärtigem Montageort keine eigene Wohnung hat. Weitere Voraussetzung für die Anwendung des § 576b ist, dass der Dienstverpflichtete nicht allein in der Werkdienstwohnung lebt, sondern der Wohnraum Mittelpunkt der gemeinsamen Lebensführung des Dienstverpflichteten mit seiner Familie oder mit Personen ist, mit denen er einen auf Dauer angelegten gemeinsamen Haushalt führt. Zur Familie gehören die durch Ehe, Verwandschaft und/oder Schwägerschaft verbundenen Personen. Alleinstehende und Wohngemeinschaften, mit denen der Dienstverpflichtete einen auf Dauer angelegten gemeinsamen Haushalt führt, gehören nach der Neufassung ebenfalls dazu.

3. Rechtsfolgen

Die entsprechende Anwendung des Mietrechts auf derartige Werkdienstwohnungen bedeutet, dass sowohl die Vorschriften über die Beendigung des Mietverhältnisses als auch der soziale Kündigungsschutz gelten.

Das Rechtsverhältnis über den dem Dienstverpflichteten überlassenen Wohnraum, in dem er mit seiner Familie oder seinem Lebenspartner einen gemeinsamen Haushalt führt, endet daher nicht automatisch mit der Beendigung des Dienstverhältnisses, sondern bedarf einer **gesonderten Kündigung** des Mietverhältnisses. Solange die Werkdienstwohnung nicht gesondert gekündigt worden ist, besteht das Mietverhältnis fort. Der Mieter ist berechtigt, die Wohnung mit seiner Familie oder seinem Lebenspartner weiter zu nutzen, muss andererseits aber jetzt eine gesonderte Miete an den Dienstleistungsberechtigten zahlen, weil mit der Beendigung des Dienstverhältnisses auch der Lohnanspruch des Dienstverpflichteten endet, eine Verrechnung eines Teils des Lohnes mit der Miete mithin nicht mehr möglich ist. Als Miete ist entweder der im Dienstvertrag als anzurechnendes Entgelt für die Gebrauchsüberlassung ausgewiesene Betrag oder – falls dieser Betrag nicht gesondert ausgewiesen ist – die ortsübliche Vergleichsmiete für den überlassenen Wohnraum zu zahlen (Emmerich/Sonnenschein, §§ 565b–565e Rn. 43; str.).

9 Bei Anordnung der Zwangsverwaltung ist der Dienstverpflichtete, mit dem das Dienstverhältnis nicht fortgesetzt worden ist, ebenfalls verpflichtet, die volle Miete für den überlassenen Wohnraum an den Zwangsverwalter zu zahlen, ohne mit seinem Lohnanspruch gegen den Mietanspruch des Zwangsverwalters aufrechnen zu können (LG Berlin, GE 1996, 1369).

10 Die Kündigung muss schriftlich (§ 568) erfolgen, die Kündigungsgründe sind anzugeben (§ 573 Abs. 3).

11 **Kündigungsgrund** ist in der Regel der **einfache Betriebsbedarf**, der im Kündigungsschreiben eingehend begründet werden muss (AG Görlitz, WuM 1994, 268 = NJW 1994, 375; AG Frankfurt/Main, NJW-RR 1993, 526 f.).

Der Dienstberechtigte kann seine Künigung auch auf sonstige berechtigte Interessen i.S.d. § 573 stützen.

Die Kündigung kann schon erklärt werden, solange das Dienstverhältnis noch besteht, so dass das Mietverhältnisses und das Dienstverhältnis zum gleichen Zeitpunkt beendet werden können.

§ 577 Vorkaufsrecht des Mieters

(1) [1]Werden vermietete Wohnräume, an denen nach der Überlassung an den Mieter Wohnungseigentum begründet worden ist oder begründet werden soll, an einen Dritten verkauft, so ist der Mieter zum Vorkauf berechtigt. [2]Dies gilt nicht, wenn der Vermieter die Wohnräume an einen Familienangehörigen oder einen Angehörigen seines Haushalts verkauft. [3]Soweit sich nicht aus den nachfolgenden Absätzen etwas anderes ergibt, finden auf das Vorkaufsrecht die Vorschriften über den Vorkauf Anwendung.

(2) Die Mitteilung des Verkäufers oder des Dritten über den Inhalt des Kaufvertrags ist mit einer Unterrichtung des Mieters über sein Vorkaufsrecht zu verbinden.

(3) Die Ausübung des Vorkaufsrechts erfolgt durch schriftliche Erklärung des Mieters gegenüber dem Verkäufer.

(4) Stirbt der Mieter, so geht das Vorkaufsrecht auf diejenigen über, die in das Mietverhältnis nach § 563 Abs. 1 oder 2 eintreten.

(5) Eine zum Nachteil des Mieters abweichende Vereinbarung ist unwirksam.

Kinne

1.   Allgemeines

§ 577 entspricht im Wesentlichen dem bisherigen § 570b a.F., der das Vorkaufsrecht des   1
Mieters regelte.

In § 577 Abs. 1 Satz 2 ist entsprechend der geänderten einheitlichen Terminologie „eine
zu seinem Hausstand gehörende Person" durch „Angehörige seines Haushalts" ersetzt
worden. Der Personenkreis bleibt jedoch identisch.
§ 577 Abs. 1 Satz 3 stellt klar, dass auf das Vorkaufsrecht die Vorschriften über das
vertragliche Vorkaufsrecht entsprechend anwendbar sind, was bereits bisher der Fall war.
Nach § 577 Abs. 3 bedarf es anders als bisher für die Ausübung des Vorkaufsrechts der
schriftlichen Erklärung des Mieters, wodurch der Mieter vor übereilten und unüberlegten
Entscheidungen geschützt werden soll. Eine notarielle Beurkundung dieser Erklärung ist
nicht erforderlich.

In § 577 Abs. 4 wird die bestehende Verweisung an die Vorschriften des Eintrittsrechts
(§ 563) angepasst. Der Kreis der nach dem Tod des Mieters vorkaufsberechtigten Personen wird auf diejenigen Personen erweitert, mit denen der Mieter „einen auf Dauer angelegten Haushalt" geführt hat (vgl. § 563 Rn. 13).

2.   Anwendungsbereich

Die Vorschrift soll den Mietern von Wohnraum, der nicht öffentlich gefördert ist und   2
daher nicht unter das Wohnungsbindungsgesetz fällt, vor einer Verdrängung im Zusammenhang mit der Umwandlung in Wohnungseigentum schützen. Dieser Schutz soll
dadurch erreicht werden, dass den Mietern ein Vorkaufsrecht eingeräumt wird. Dieses
Vorkaufsrecht besteht auch bezüglich desjenigen Wohnraums, der bereits vor dem
1.9.1993 in Wohnungseigentum umgewandelt worden ist (AG Berlin-Charlottenburg,
NZM 1999, 22), jedoch nur für Verkaufsfälle nach In-Kraft-Treten der Vorschrift am
1.9.1993 (AG Frankfurt/Main, NJW 1995, 1034 = ZMR 1995, 317 = Rpfleger 1995, 350
[352]; Sternel, Mietrecht aktuell, Rn. A 47).

Für **Sozialwohnungen** i.S.d. Wohnungsbindungsgesetzes gilt die Sonderregelung des   3
§ 2b WoBindG, die durch das Wohnungsbauänderungsgesetz 1980 vom 20.2.1980
(BGBl. I S. 159) eingeführt worden ist. Das **Vorkaufsrecht nach § 2b WoBindG** (vgl.
im Einzelnen dazu Fischer-Dieskau/Bellinger, § 2b WoBindG Anm. 2) **unterscheidet
sich** jedoch von dem Vorkaufsrecht nach § 577 in folgenden Punkten:
– das Vorkaufsrecht bei Sozialwohnungen besteht auch bei dem Verkauf an so genannte
  Bedarfspersonen,
– die Frist zu seiner Ausübung beträgt sechs Monate,
– das Recht geht auf den Ehegatten, Lebenspartner oder die Kinder, die mit dem verstorbenen Mieter einen gemeinsamen Haushalt führten, oder die überlebenden Mitmieter oder die Erben des Mieters über,
– die öffentliche Stelle ist gegenüber dem Mieter gem. § 2a WoBindG zur Unterrichtung über die Umwandlung von preisgebundenem Wohnraum verpflichtet.

Das Vorkaufsrecht besteht nur für **Wohnraum**. Beim Verkauf von teilweise gewerblich   4
genutzten Wohnungen besteht das Vorkaufsrecht dann, wenn der Schwerpunkt auf der
Wohnraumnutzung des Mieters liegt (vgl. Vorbem. vor § 535 Rn. 5, 7). Das Vorkaufsrecht erstreckt sich auch auf mitvermietete Garagen oder Stellplätze, wenn diese in den

Wohnungsmietvertrag einbezogen worden sind (vgl. dazu § 535 Rn. 25; Wirth, NZM 1998, 390 [395]). § 577 ist jedoch nicht anwendbar (§ 549 Abs. 2) auf

1. Wohnraum, der nur zu vorübergehendem Gebrauch vermietet worden ist,
2. Wohnraum, der Teil der vom Vermieter selbst bewohnten Wohnung ist und den der Vermieter überwiegend mit Einrichtungsgegenständen auszustatten hat, sofern der Wohnraum dem Mieter nicht zum dauernden Gebrauch mit seiner Familie oder mit Personen überlassen ist, mit denen er einen auf Dauer angelegten gemeinsamen Haushalt führt,
3. Wohnraum, den eine juristische Person des öffentlichen Rechts oder ein anerkannter privater Träger der Wohlfahrtspflege angemietet hat, um ihn Personen mit dringendem Wohnungsbedarf zu überlassen, wenn sie den Mieter bei Vertragsschluss auf die Zweckbestimmung des Wohnraums und die Ausnahme von den genannten Vorschriften hingewiesen hat.

3. Voraussetzungen

5 Das Vorkaufsrecht setzt eine bestimmte **zeitliche Reihenfolge** voraus, nämlich dass
   – ein **wirksamer Mietvertrag** zustande gekommen und die Wohnung dem Mieter **überlassen** worden ist,
   – **nach Überlassung Wohnungseigentum** an der Wohnung begründet worden ist oder werden soll
   – und die Wohnung **an einen Dritten** verkauft wird.

6 Der Abschluss eines **wirksamen Mietvertrags** muss der vollendeten **Umwandlung** vorausgehen. Diese Umwandlung ist nicht schon mit der Teilungsvereinbarung oder Teilungserklärung nach §§ 3, 8 WEG abgeschlossen, sondern erst mit der Anlage des Wohnungsgrundbuchs. Daher genügt, dass das Mietverhältnis vor der Anlage des Wohnungsgrundbuchs begründet worden ist. Zu diesem Zeitpunkt muss aber der Wohnraum auch schon überlassen worden sein (AG Frankfurt/Main, NJW 1995, 1034 = ZMR 1995, 317 = Rpfleger 1995, 350 [352]; Commichau, NJW 1995, 1010; Staudinger/Sonnenschein, § 570b Rn. 20; a.A. Wirth, NZM 1998, 392).

7 An der verkauften Wohnung muss **Wohnungseigentum begründet werden**. Dazu reicht die Umwandlung etwa durch Teilungsvereinbarung oder Begründungserklärung nach §§ 3, 8 WEG aus (Bub/Treier/Reinsdorf, Nachtrag 1994, Rn. I 3). Dagegen dürften vorbereitende Handlungen – etwa das Bewirken der Abgeschlossenheit – nicht ausreichen (Schmidt, DWW 1994, 72; MüKo/Voelskow, § 570b Rn. 3; a.A. Sternel, Mietrecht aktuell, Rn. A 49).

Der Begründung von Wohnungseigentum ist die Begründung eines Wohnungserbbaurechts nach § 30 WEG gleichzusetzen (Blank, WuM 1993, 577; Maciejewski, MM 1994, 137 f.).

8 Ferner muss über die Wohnung ein **wirksamer Kaufvertrag** abgeschlossen worden sein. Das ist auch der Fall, wenn der Kaufvertrag ein Rücktrittsrecht vorsieht und einer der Kaufvertragsparteien hiervon Gebrauch macht oder wenn der Kaufvertrag durch nachträgliche Vereinbarung aufgehoben wird (Blank, WuM 1993, 578; Kinne, BuW 1994, 93 [96]).

Ist dagegen der Kaufvertrag unter einer aufschiebenden Bedingung abgeschlossen worden, so entsteht das Vorkaufsrecht erst mit Eintritt dieser Bedingung. Der Vorkaufsbe-

rechtigte kann aber bereits vor Eintritt der Bedingung erklären, dass er sein Vorkaufsrecht ausüben will (BGH, NJW 1998, 2352).

Die **Versteigerung der Wohnung** im Wege der **Zwangsvollstreckung** oder aus der 9
Insolvenzmasse lösen dagegen das Vorkaufsrechts nicht aus (§ 512 – ab 1.1.2002: § 471
i.d.F. des SchuldRModG –; AG Frankfurt/Main, a.a.O.). Ebenso wenig entsteht das
Vorkaufsrecht bei Verkauf an den künftigen gesetzlichen Erben (Blank, WuM 1993, 577;
a.A. Sternel, Mietrecht aktuell, A 51).

Wird das **Grundstück insgesamt** verkauft und soll erst der Erwerber an den einzelnen 10
Wohnungen Wohnungseigentum begründen, so entsteht das Vorkaufsrecht des Mieters
noch nicht (Schmidt, DWW 1994, 78; Bub/Treier/Reinsdorf, Nachtrag 1994, Rn. I 3;
MüKo/Voelskow, § 570b Rn. 3; Sternel, Mietrecht aktuell, A 52). Das gilt auch dann,
wenn der Verkäufer schon Vorbereitungen zur Abgeschlossenheit der einzelnen Mietwohnungen getroffen hat (Bub/Treier/Reinsdorf, a.a.O.; Langhein, DNotZ 1993, 650
[657]; Wirth, NZM 1998, 390 [392]; a.A. Staudinger/Sonnenschein, § 570b Rn. 18f.).
Anders ist es nur dann, wenn bereits im Kaufvertrag die einzelnen Wohnungen als Teil-
objekte so hinreichend bestimmt sind, dass sie in Verbindung mit Miteigentumsanteilen
an dem Grundstück genügend konkretisiert sind (BayOLG [RE], NJW-RR 1992, 1039 =
WuM 1992, 351 [354]).

Auch wenn mehrere Personen ein **Grundstück in Bruchteilseigentum** erwerben, den 11
einzelnen Eigentümern eine bestimmte Wohnung zur ausschließlichen Nutzung zuweisen
und diese Nutzungsregelung und der dauernde Ausschluss des Aufhebungsverlangens ins
Grundbuch eingetragen werden, sodann aufgrund des Kaufvertrags innerhalb von drei
Jahren Wohnungseigentum gem. § 3 WEG gebildet wird und bei Abschluss des Kaufvertrags die Abgeschlossenheitsbescheinigung bereits vorgelegen hat, entsteht das Vorkaufsrecht des Mieters (OLG Karlsruhe [RE], WuM 1992, 519); ebenso bei Verkauf
einer Wohnungseinheit an einen anderen Wohnungseigentümer, nicht dagegen bei Verkauf eines Bruchteils eines Miteigentümers einer Wohnungseinheit (Wirth, NZM 1998,
390 [393]).

Begründen dagegen diejenigen Personen, die das Grundstück in Bruchteilseigentum 12
erworben haben, erst durch eine **spätere Teilungsvereinbarung** nach § 3 WEG Wohnungseigentum, liegt kein Verkauf vor und entsteht damit das Vorkaufsrecht des Mieters
nicht (Blank, WuM 1993, 578; Wirth, NZM 1998, 390 [392]; Sternel, Mietrecht aktuell,
Rn. A 53). Ebenso wenig entsteht ein Vorkaufsrecht dann, wenn mehrere Personen ein
Grundstück in Gesellschaft bürgerlichen Rechts erwerben und durch Gesellschaftsvertrag
vereinbaren, dass jedem Gesellschafter an je einer Wohnung ein ausschließliches Nut-
zungsrecht zusteht (OLG Karlsruhe [RE], NJW 1990, 3278 = WuM 1990, 330 = GE
1990, 815).

Der Mieter ist ferner trotz des Vorliegens der übrigen Voraussetzungen dann **nicht zum** 13
Vorkauf berechtigt, wenn der Vermieter die in Wohnungseigentum umgewandelte
Mietwohnung an einen Haushaltsangehörigen oder an einen Familienangehörigen ver-
kauft. Es handelt sich hierbei um den von § 573 Abs. 2 Nr. 2 erfassten Kreis der so ge-
nannten Bedarfspersonen (Blank, WuM 1993, 577; MüKo/Voelskow, § 570b Rn. 4;
Sternel, Mietrecht aktuell, Rn. A 54). Unerheblich ist, ob für den Kreis der so genannten

Bedarfspersonen Eigenbedarf besteht oder nicht (so auch MüKo/Voelskow, a.a.O.; Sternel, a.a.O.).

4. Wirkung

14 Das Vorkaufsrecht entsteht für denjenigen Mieter, während dessen Mietzeit (Wirth, NZM 1998, 390 [391]) die Voraussetzungen dafür eintreten. Ist die Wohnung im so genannten Bauherrenmodell durch einen Zwischen(ver)mieter weitervermietet worden, so steht das Vorkaufsrecht **nicht diesem Zwischen(ver)mieter zu, sondern dem Endmieter** (Bub/Treier/Reinsdorf, Nachtrag 1994, Rn. I 3; Sternel, Mietrecht aktuell, Rn. A 55). Bei mehreren Mietern steht das Recht allen Mietern gemeinschaftlich zu. Sie können daher nur alle zusammen das Vorkaufsrecht ausüben. Ist der Ehegatte, Lebenspartner, ein Familienangehöriger oder eine Person, die mit dem Mieter einen auf Dauer angelegten gemeinsamen Haushalt führte, nach den § 563 Abs. 1 oder 2 in das Mietverhältnis eingetreten, so steht diesem das Vorkaufsrecht zu. Das **in der Person des Mieters entstandene Vorkaufsrecht** geht dagegen **nicht** nach dem Tod **auf seine Erben über**. Tritt der Ehegatte oder Lebenspartner nach § 563 Abs. 1 nicht in das Mietverhältnis ein, so steht das Vorkaufsrecht den Kindern oder sonstigen Familienangehörigen und/oder denjenigen Personen zu, die mit dem Mieter einen auf Dauer angelegten gemeinsamen Haushalt führten und in das Mietverhältnis nach § 563 Abs. 2 eingetreten sind.

15 Fraglich ist, ob das Vorkaufsrecht auch dann besteht, wenn der Vorkaufsfall in dem **Zeitraum zwischen Tod des Mieters und Ablehnung des Eintritts** durch die eingetretenen Personen gem. § 563 Abs. 3 eintritt. Da § 563 Abs. 1 und 2 von einem gesetzlichen Eintritt des Ehegatten, Lebenspartners, Kinder bzw. der Familien- oder Haushaltsangehörigen mit dem Tod des Mieters ausgeht, entsteht ab diesem Zeitpunkt auch das Vorkaufsrecht, wenn der Vorkaufsfall nach dem Tod des Mieters eintritt. Die Ablehnungserklärung gem. § 563 Abs. 3 führt nur zu einem rückwirkenden Fortfall der zunächst eingetretenen Rechtsfolge. Der zunächst gem. § 563 eingetretene Mieter kann mithin das Vorkaufsrecht bis zur Wirksamkeit seiner Ablehnungserklärung gem. § 563 Abs. 3 ausüben.

16 Die **Mitmieter**, mit denen das Mietverhältnis bei Tod eines Mieters gem. § 563a fortgesetzt wird, bleiben ohnehin Mieter, die zum Vorkauf berechtigt sind, wenn der Vorkaufsfall während der Zeit des Fortbestehens ihres Mietverhältnisses eintritt. Haben sie dagegen gem. § 563a Abs. 2 rechtzeitig das Mietverhältnis mit der gesetzlichen Frist außerordentlich gekündigt, können sie das Vorkaufsrecht nur bis zur Beendigung des Mietverhältnisses ausüben. Fällt der Vorkaufsfall in den Zeitraum zwischen Kündigungszugang und Beendigungstermin, so können sie das Vorkaufsrecht noch ausüben; sie müssen aber die entsprechende Erklärung bis zur Beendigung des Mietverhältnisses abgeben.

17 Wird das Mietverhältnis mit dem **Erben** gem. § 564 fortgesetzt, weil weder der Ehegatte, Familienangehörige oder Haushaltsangehörige gem. § 563 in das Mietverhältnis eintreten noch das Mietverhältnis mit ihnen gem. § 563a fortgesetzt wird, so kann auch er das Vorkaufsrecht ausüben, sobald das Mietverhältnis mit ihm fortgesetzt worden ist. Voraussetzung dafür ist, dass er endgültig in das Mietverhältnis eingetreten ist, wenn der Vorkaufsfall eintritt. Dazu gehört, dass in diesem Zeitpunkt sämtliche Fristen für die gem. § 563 eintretenden Personen und/oder diejenigen Personen, mit denen das Mietverhältnis gem. § 563a fortgesetzt worden ist, zur Beendigung des Mietverhältnisses abge-

laufen sind und auch der Vermieter nicht von seinem Sonderkündigungsrecht gem. § 563 Abs. 4 Gebrauch gemacht hat.

Das Vorkaufsrecht kann **nur für den ersten Vorkaufsfall** (nach Umwandlung der 18 Mietwohnung in Wohnungseigentum) ausgeübt werden; macht der Mieter von diesem Recht keinen Gebrauch, so erlischt es.

Das Vorkaufsrecht **besteht nicht**, wenn bereits **vor dem In-Kraft-Treten** der ursprüng- 19 lichen Neuregelung, also vor dem 1.9.1993 die Umwandlung und eine **Erstveräußerung stattgefunden** haben und die Wohnung nach dem 1.9.1993 erneut verkauft wird (Fischer-Dieskau/Böllinger, § 2 WoBindG Anm. 4.1; a.A. Sternel, Mietrecht aktuell, Rn. A 57; Maciejewski, MM 1994, 137 Fn. 20). Auf keinen Fall besteht das Vorkaufsrecht dann, wenn nach der Umwandlung vor dem 1.9.1993 die Wohnung nach dem 1 9.1993 wiederholt verkauft wird.

Der Berechtigte muss bei Entstehung des Rechts **noch Mieter gewesen sein**; ein bloßes 20 Nutzungsverhältnis gem. § 571 nach Kündigung genügt nicht (Blank, WuM 1993, 579; Maciejewski, MM 1994, 138; Wirth NZM 1998, 390 [391]).

Bei Ausübung des Vorkaufsrechts muss noch das Mietverhältnis als solches bestanden haben (Sonnenschein, NJW 1980, 2555 [2557]; Bub/Treier/Reinsdorf, Nachtrag 1994, Rn. I 3; Sternel, Mietrecht aktuell, A 58).

5. Ausübung des Vorkaufsrechts

Der Mieter muss sein Vorkaufsrecht durch entsprechende **Erklärung** gegenüber dem 21 veräußernden Vermieter ausüben. Diese Erklärung über die Ausübung des Vorkaufsrechts bedarf der **Schriftform** (§ 577 Abs. 3), also der eigenhändigen Unterschrift; ferner muss die Erklärung der Einheitlichkeit der Urkunde gem. § 126 gerecht werden. Die schriftliche Form kann durch die elektronische Form ersetzt werden (§ 126 Abs. 3 i.d.F. des Gesetz zur Anpassung der Formvorschriften des Privatrechts und anderer Vorschriften an den modernen Rechtsverkehr). Soll die gesetzlich vorgeschriebene Form durch die elektronische Form ersetzt werden, so muss der Aussteller der Erklärung dieser seinen Namen hinzufügen und das elektronische Dokument mit einer qualifizierten elektronischen Signatur nach dem Signaturgesetz versehen (§ 126a Abs. 1 und 3 i.d.F. des Gesetzes zur Anpassung der Formvorschriften des Privatrechts und anderer Vorschriften an den modernen Rechtsverkehr). Eine notarielle Beurkundung ist nicht erforderlich (BGH, Urteil vom 7.6.2000, VIII ZR 268/99). Der Mieter kann keine Abänderungen des Kaufvertrags oder der in ihm vereinbarten Zahlungsbedingungen oder Zahlungsfristen verlangen. Stellt der Mieter derartige Bedingungen, so ist seine Erklärung unwirksam. Mehrere Mieter können ihr Vorkaufsrecht nur gemeinschaftlich ausüben.

Der Mieter kann das Vorkaufsrecht nur **binnen zwei Monaten** ausüben, nachdem ihm 22 der Vorkaufsfall angezeigt, der vollständige Kaufvertrag vom Verkäufer oder dem Käufer mitgeteilt und er über das gesetzliche Vorkaufsrecht unterrichtet worden ist. Hängt die Wirksamkeit des Kaufvertrags von einer Bedingung oder einer Genehmigung ab, so beginnt die Erklärungsfrist erst ab dem Eintritt der Bedingung bzw. der Genehmigung (Bub/Treier/Reinsdorf, Nachtrag 1994, Rn. I 3; Sternel, Mietrecht aktuell, A 62). Bei einer Personenmehrheit auf Mieterseite beginnt die Ausübungsfrist erst mit der Mitteilung und Unterrichtung gegenüber allen Mietern (Schmidt, DWW 1994, 65 [69]).

Die Unterrichtung über das Vorkaufsrecht muss sich auf Inhalt, Form und Frist für die Ausübung beziehen (Maciejewski, MM 1993, 94; Sternel, Mietrecht aktuell, A 62). Fallen die Übersendung des Kaufvertrags und die Unterrichtung über das Vorkaufsrecht zeitlich auseinander – was zulässig sein dürfte –, beginnt die Frist von zwei Monaten erst mit dem letzten Teilakt.

Statt des Verkäufers kann auch ein Dritter den Mieter über den Inhalt des Kaufvertrags und über sein Vorkaufsrecht unterrichten.

Der Mieter kann jedoch auch ohne Unterrichtung sein Vorkaufsrecht ausüben, sobald er von dem Verkaufsfall Kenntnis erlangt hat.

23 Die **Ausübung** des Vorkaufsrechts ist **rechtsmissbräuchlich**, wenn der Mieter nicht in der Lage ist, den Kaufvertrag zu erfüllen (Blank, WuM 1993, 579; Sternel, Mietrecht aktuell, Rn. A 64). Grundsätzlich sollte jedoch der veräußernde Vermieter die Frist zur Ausübung des Vorkaufsrechts von zwei Monaten abwarten, zumal er vorher keinen Auskunftsanspruch gegen den Mieter hat, ob dieser über das erforderliche Kapital verfügt (a.A. Blank, WuM 1993, 579). Das Mietrechtsreformgesetz hat eine solchen Auskunftsanspruch offensichtlich für entbehrlich gehalten.

24 Hat der **Vermieter es unterlassen**, dem Mieter den Vorkaufsfall **anzuzeigen**, und ist der Käufer bereits als Eigentümer ins Grundstück eingetragen oder ist zu seinen Gunsten eine Auflassungsvormerkung eingetragen worden, so läuft das Vorkaufsrecht des Mieters leer. Der Mieter ist sodann auf **Schadensersatzansprüche** gegen den Vermieter angewiesen (MüKo/Voelskow, § 570b Rn. 6; Blank, WuM 1993, 580; Maciejewski, MM 1994, 139). Er kann als Schadensersatz die Differenz zwischen Kaufpreis und Wert der Wohnung verlangen (AG Berlin-Charlottenburg, NZM 1999, 22). Bei einer drohenden Umgehung des Vorkaufsrechts stehen ihm auch Unterlassungs- und Beseitigungsansprüche zu (OLG München, NZM 1999, 797).

25 Hat der Mieter das Vorkaufsrecht ausgeübt, so kann er seinen Anspruch auf Eigentumsübertragung durch Eintragung einer Auflassungsvormerkung sichern (Langhein, Anm. zu AG Frankfurt/Main, Rpfleger 1995, 350; Sternel, Mietrecht aktuell, Rn. A 65).

6.   Abweichende Vereinbarungen

26 Vereinbarungen, die das Vorkaufsrecht zum Nachteil des Mieters **ausschließen oder einschränken**, sind **unwirksam**. Dies gilt sowohl für den Verzicht im Mietvertrag (Staudinger/Sonnenschein, § 570b Rn. 59; Blank, WuM 1993, 573 [580]; Wirth, NZM 1998, 390 [394]) als auch für Vereinbarungen des Mieters mit dem Verkäufer, bevor der Vorkaufsfall eingetreten ist, etwa vor Beurkundung des Kaufvertrags (Staudinger/Sonnenschein, § 570b Rn. 59; Blank, WuM 1993, 573 [580]; Wirth, NZM 1998, 390 [394]; Langhein, DNotZ 1993, 650 [663]; Schillig/Meyer, ZMR 1994, 497 [504]).

Eine zum Nachteil des Mieters abweichende Vereinbarung ist auch der Verzicht auf das Vorkaufsrecht, der vor Beurkundung des Kaufvertrags und Unterrichtung des Mieters gegenüber dem Dritten erklärt worden ist (Langhein, a.a.O.; Wirth, a.a.O.; a.A. MüKo/Voelskow, § 570b Rn.8; Sternel, Mietrecht aktuell, Rn. A 66). Auch der Verzicht auf das Vorkaufrecht während des Laufs der Ausübungsfrist ist unwirksam (Fischer-Dieskau/Böllinger, § 2 WoBindG Anm. 6; Maciejewski, MM 1994, 139; a.A. Wirth, a.a.O.). Denn auch die Zweimonatsfrist des § 510 Abs. 2 Satz 1 (ab 1.1.2002: § 467 i.d.F.

des SchuldRModG) ist eine gesetzliche Regelung, von der zum Nachteil des Mieters nicht abgewichen werden darf. Insoweit ist der Gesetzestext des § 577 Abs. 5 eindeutig.

7. Sonderregelung in den neuen Bundesländern

Mietern und Nutzern von Ein- und Zweifamilienhäusern sowie von Grundstücken für 27 Erholungszwecke in den neuen Bundesländern, die staatlich verwaltet waren oder auf die ein Anspruch auf Rückübertragung besteht, wird **auf Antrag ein Vorkaufsrecht** am Grundstück eingeräumt (§ 20 Abs. 1 VermG). Wenn also der enteignete Eigentümer restituiert worden ist, kann der Mieter oder Nutzer von Ein- und Zweifamilienhäusern das Vorkaufsrecht ausüben (vgl. dazu im Einzelnen Kinne, ZOV 1992, 352 f.; ZOV 1994, 449 ff.). Handelt es sich dabei um eine Teilfläche eines zurückübertragenen Erholungsgrundstücks, so besteht ein Anspruch auf Einräumung eines Vorkaufsrechts gem. § 20 Abs. 1 Satz 1 VermG nur dann, wenn bereits am 29.9.1990 ein entsprechendes Flurstück nach amtlicher Vermessung und Parzellierung gebildet worden war. Im Übrigen kommt ein Vorkaufsrecht nach § 57 Abs. 1 SchuldRAnpG in Betracht (LG Magdeburg, VIZ 1997, 547 f.).

Mieter oder Nutzer von Einfamilienhäusern und Grundstücken für Erholungszwecke, die 28 staatlich verwaltet waren oder auf die ein rechtlich begründeter Anspruch auf Rückübertragung erhoben wurde, können ferner beantragen, dass dem **Berechtigten ein Ersatzgrundstück** zur Verfügung gestellt wird, wenn sie bereit sind, das Grundstück zu kaufen (§ 21 Abs. 1 VermG). Nimmt der Berechtigte das ihm von der Kommune zur Verfügung gestellte Ersatzgrundstück an – wozu er nicht verpflichtet ist (§ 21 Abs. 1 Satz 2 VermG) –, können die Mieter oder Nutzer des Einfamilienhauses oder des Grundstücks für Erholungszwecke „ihr" Grundstück kaufen (vgl. dazu näher Kinne, ZOV 1992, 352; ZOV 1994, 449 ff.; ferner Kinne in: Rädler/Raupach/Bezzenberger, § 21 VermG Rn. 6 ff.).

Steht das Vorkaufsrecht mehreren Nutzern gemeinschaftlich zu, gilt der Verkauf eines 29 Grundstücksteils an den Nutzer, dem dieser Grundstücksteil zur alleinigen Nutzung überlassen worden ist, für die übrigen Nutzer nicht als Vorkaufsfall. Mit dem Erwerb des Eigentums erlischt das Vorkaufsrecht an der erworbenen Fläche (§ 20 Abs. 7a VermG). Die Gemeinden dürfen die mögliche Bereitstellung von Ersatzgrundstücken nicht aus Gründen, die keinen Bezug zu ihrer Aufgabenstellung haben, generell verweigern (BVerwG, ZOV 1998, 451 = ZAP-Ost, EN-Nr. 211/98). Die Gemeinden müssen deshalb ihren Grundstücksbestand daraufhin überprüfen, welche Grundstücke sie den Ämtern zur Regelung offener Vermögensfragen als Ersatzgrundstücke zur Verfügung stellen können, weil sie nicht für kommunale Zwecke benötigt werden (VG Potsdam, ZOV 1999, 322).

Der Antragsteller kann die entsprechende Entscheidung der Gemeinde jedoch nicht 30 selbständig anfechten, sondern nur im Prozess gegen das Amt zur Regelung offener Vermögensfragen (AROV) auf Zuweisung eines Ersatzgrundstücks an den Berechtigten die Rechtmäßigkeit dieser Entscheidung überprüfen lassen (BVerwGE 28, 145; BVerwG, NVwZ 1986, 556). Die Entscheidung der Gemeinde, die dann beizuladen ist (VG Potsdam, a.a.O.), wenn sich der Prozess über den Antrag auf Zuweisung eines Ersatzgrundstücks nicht ohnehin auch gegen sie richtet (Identität von Zugehörigkeit des AROV zur Gemeinde, die das Ersatzgrundstück zur Verfügung stellen soll), ist dann rechtswidrig, wenn sie generell die Bereitstellung eines Ersatzgrundstücks ablehnt, ohne zu prüfen, ob das betreffende Ersatzgrundstück für kommunale Zwecke benötigt wird. Insbesondere kann sich die Gemeinde nicht allein darauf berufen, dass sie durch die Bereitstellung von Ersatzgrundstücken Vermögenseinbußen erleidet. Denn die Gemeinde kann gem. § 1 Abs. 1 Satz 1 i.V.m. § 9 Abs. 1 Satz 1 EntschG vom Bund vollen Aufwendungsersatz in Höhe des Verkehrswerts des Ersatzgrundstücks verlangen (BVerwG, a.a.O.; unter Heranziehung des § 9 i.V.m. § 12 Abs. 3 Satz 1 EntschG ebenso: VG Potsdam, a.a.O.).

31 Maßgebend für die Fähigkeit der Kommune, ein Ersatzgrundstück zur Verfügung zu stellen, ist die aktuelle Grundstückssituation. Die Behörde muss zur Ablehnung des entsprechenden Antrags im Einzelnen konkret und nachvollziehbar darlegen, dass unter Beachtung der rechtlich vorgegebenen Maßstäbe ein Ersatzgrundstück mit möglichst vergleichbarem Wert in demselben Stadt- oder Gemeindegebiet nicht zur Verfügung steht (VG Cottbus, ZOV 1999, 313).

32 Sollte das AROV eine Auswahl zwischen mehreren Antragstellern zu treffen haben, so ist die Entscheidung u.a. danach auszurichten, dem Berechtigten solche Grundstücke zukommen zu lassen, die auch unter dem Gesichtspunkt der vorhandenen Bausubstanz, der Lage und der tatsächlichen Nutzbarkeit den entzogenen Grundstücken möglichst nahe kommen. Dabei ist auch zu berücksichtigen, ob der Berechtigte zur persönlichen Nutzung des Grundstücks bereit ist (VG Potsdam, a.a.O.).

§ 577a Kündigungsbeschränkung bei Wohnungsumwandlung

(1) Ist an vermieteten Wohnräumen nach der Überlassung an den Mieter Wohnungseigentum begründet und das Wohnungseigentum veräußert worden, so kann sich ein Erwerber auf berechtigte Interessen im Sinne des § 573 Abs. 2 Nr. 2 oder 3 erst nach Ablauf von drei Jahren seit der Veräußerung berufen.

(2) [1]Die Frist nach Absatz 1 beträgt bis zu zehn Jahre, wenn die ausreichende Versorgung der Bevölkerung mit Mietwohnungen zu angemessenen Bedingungen in einer Gemeinde oder einem Teil einer Gemeinde besonders gefährdet ist und diese Gebiete nach Satz 2 bestimmt sind. [2]Die Landesregierungen werden ermächtigt, diese Gebiete und die Frist nach Satz 1 durch Rechtsverordnung für die Dauer von jeweils höchstens zehn Jahren zu bestimmen.

(3) Eine zum Nachteil des Mieters abweichende Vereinbarung ist unwirksam.

1. Allgemeines

1 Die Vorschrift enthält Kündigungsbeschränkungen bei der Wohnungsumwandlung, die im bisherigen § 564b Abs. 2 Nr. 2 und 3 enthalten waren. Die Neuregelung in § 577a fasst die bisherigen Vorschriften sowie das Gesetz über eine Sozialklausel in Gebieten

mit gefährdeter Wohnungsversorgung vom 22. April 1993 (BGBL I S. 487), das so genannte Sozialklauselgesetz, zusammen.

Gesetz über eine Sozialklausel in Gebieten mit gefährdeter Wohnungsversorgung vom 22. April 1993 (BGBl. I S. 487)

Vorbemerkung: Das Sozialklauselgesetz ist erlassen als Artikel 14 des Gesetzes zur Erleichterung von Investitionen und der Ausweisung und Bereitstellung von Wohnbauland (Investitionserleichterungs- und Wohnbaulandgesetz) vom 22. April 1993 (BGBl. I S. 466).

Die Landesregierungen werden ermächtigt, durch Rechtsverordnungen Gebiete zu bestimmen, in denen die ausreichende Versorgung der Bevölkerung mit Mietwohnungen zu angemessenen Bedingungen in einer Gemeinde oder in einem Teil einer Gemeinde besonders gefährdet ist. Ist an vermieteten Wohnräumen nach der Überlassung an den Mieter Wohnungseigentum begründet und das Wohnungseigentum veräußert worden, so gilt in den so bestimmten Gebieten abweichend von den Bestimmungen des Bürgerlichen Gesetzbuchs:

1. **Bis zum Ablauf von zehn Jahren nach der Veräußerung werden berechtigte Interessen des Vermieters im Sinne des § 564 b Abs. 2 Nr. 2 und 3 des Bürgerlichen Gesetzbuchs nicht berücksichtigt.**

2. **Auch danach werden berechtigte Interessen des Vermieters im Sinne des § 564 b Abs. 2 Nr. 2 und 3 des Bürgerlichen Gesetzbuchs nicht berücksichtigt, wenn die vertragsmäßige Beendigung des Mietverhältnisses für den Mieter oder ein bei ihm lebendes Mitglied seiner Familie eine nicht zu rechtfertigende Härte bedeuten würde, es sei denn, der Vermieter weist dem Mieter angemessenen Ersatzwohnraum zu zumutbaren Bedingungen nach.**

Von der Ermächtigung nach Satz 1 haben folgende Länder Gebrauch gemacht: **Baden-Württemberg:** VO vom 25.10.1993 (GVBl. S. 630); **Bayern:** VO vom 17.7.1995 (GVBl. S. 399); **Berlin:** VO vom 11.5.1993 (GVBl. S. 216); **Brandenburg:** VO vom 20.5.1994 (GVBl. II S. 365); **Bremen:** VO vom 8.6.1993 (GVBl. S. 159); **Hamburg:** VO vom 18.5.1993 (GVBl. S. 98); **Hessen:** VO vom 27.1.1993 (GVBl. S. 387); **Niedersachsen:** VO vom 15.6.1993 (GVBl. S. 152), geändert durch VO vom 22.11.1993 (GVBl. S. 578); **Nordrhein-Westfalen:** VO vom 15.3.1994 (GV NW S. 120); **Schleswig-Holstein:** LandesVO vom 5.7.1994 (GVBl. S. 371).

§ 577a harmonisiert die Kündigungssperrfristen für die Eigenbedarfskündigung und die Kündigung zum Zweck angemessener wirtschaftlicher Verwertung. An die Stelle der beiden bisherigen Verordnungsermächtigungen für die Landesregierungen tritt eine in dem Gesetz selbst geregelte Verordnungsermächtigung zur Festlegung verlängerter Kündigungssperrfristen bis zu zehn Jahre. Nach der Intention des Gesetzgebers würden die Landesregierungen durch die Formulierung „bis zu zehn Jahre" angehalten, die Dauer der Kündigungssperrfrist wegen des damit verbundenen erheblichen Eingriffs in die Eigentumsrechte des Vermieters auf das nach dem unveränderten Schutzzweck der Norm – Schutz des Mieters bei der Umwandlung von Miet- in Eigentumswohnungen in Gebieten mit besonders gefährdeter Wohnungsversorgung – zwingend erforderliche Maß zu beschränken. Daneben werde die ohnehin bestehende Verpflichtung der Landesregierungen, laufend zu überprüfen, ob die Voraussetzungen für die Einbeziehung bestimmter Gemeinden oder Gemeindeteile in solche gefährdeten Gebiete noch gegeben sind, deutlich dadurch unterstrichen, dass nach jeweils höchstens zehn Jahren ein förmlicher Neuerlass der Verordnung erforderlich wird.

Die im Regierungsentwurf zunächst vorgesehene Möglichkeit für den Vermieter, die Sperrfristen bei Nachweis einer vergleichbaren Ersatzwohnung und angemessener Erstattung der Umzugskosten durchbrechen zu können, wurde nach Beratungen im Rechtsausschuss fallen gelassen und ersatzlos gestrichen.

Als **Übergangsregelung** regelt Art. 229 § 3 Nr. 6 EGBGB, dass der bisherige § 564b Abs. 2 Nr. 2 und 3 für vermieteten Wohnraum in einem entsprechend bestimmten Gebiet bis zum 31.8.2004 (Tag vor dem Tag, der drei Jahre nach dem In-Kraft-Treten des Mietrechtsreformgesetzes liegt) weiter anzuwenden sind. Ein am 1.9.2001 bereits verstrichener Teil einer Frist nach den vorstehend genannten Bestimmungen wird auf die Frist nach § 577a angerechnet. Die Vorschrift ist jedoch nicht anzuwenden im Falle einer Kündigung des Erwerbers nach § 573 Abs. 2 Nr. 3, wenn die Veräußerung vor dem 1.9.2001 erfolgt ist und sich die veräußerte Wohnung nicht in einem entsprechend bezeichneten Gebiet befindet.

Zunächst war im Regierungsentwurf eine Übergangsfrist von einem Jahr vorgesehen, die den Bundesländern nach In-Kraft-Treten der Mietrechtsreform zur Verfügung stehen sollte, um für Gebiete mit gefährdeter Wohnungsversorgung auf der Grundlage des neuen Rechts neue Rechtsverordnungen zu erlassen. Die Frist ist nach den Beratungen in dem Rechtsausschuss auf drei Jahre verlängert worden (nicht, wie vom Bundesrat ursprünglich gefordert, auf fünf Jahre). Damit gilt die bisherige Rechtslage aufgrund der bisher erlassenen Verordnung bis zu drei Jahren so lange fort, bis die einzelnen Bundesländer nicht neue Verordnungen aufgrund der Neuregelung des § 577a erlassen haben.

Wie schon zu § 573 ist auch in diesem Zusammenhang auf Art. 232 § 2 Abs. 2 hinzuweisen, wonach sich der Vermieter bei Mietverhältnissen aufgrund von Verträgen, die vor dem Wirksamwerden des Beitritts geschlossen worden sind, auf berechtigte Interessen i.S.d. § 573 Abs. 2 Nr. 3 (Verwertungskündigung) nicht berufen kann. Die Beschränkungen bei der Eigenbedarfskündigung sind inzwischen entfallen.

2.   § 577a Abs. 1

2   Die Vorschrift übernimmt die Regelung der bundeseinheitlichen Kündigungssperrfrist von zunächst drei Jahren für Eigenbedarfskündigungen aufgrund des bisherigen § 564b Abs. 2 Nr. 2 Satz 2 und erstreckt sie auf Kündigungen zum Zwecke angemessener wirtschaftlicher Verwertung i.S.d. § 573 Abs. 2 Nr. 3 (bisher § 564b Abs. 2 Nr. 3). Durch die Formulierung „ein (Erwerber)" und die Streichung der Worte „... (seit der Veräußerung) an ihn ..." sei nunmehr klargestellt, dass dem Erwerber, der kündigen wolle, die in der Person seines Rechtsvorgängers abgelaufene Wartefrist anzurechnen sei (was schon bisher dem Sinn und Zweck des § 564b Abs. 2 Nr. 2 Satz 2 entsprechend so ausgelegt worden ist).

Nicht bei jeder Kündigung eines Erwerbers einer Eigentumswohnung ist eine Sperrfrist zu beachten. § 577a Abs. 1 erfasst (wie bisher) nur einen Sachverhalt, der in folgender **zeitlicher Reihenfolge** abgelaufen ist:
Vermietung/Überlassung der Wohnung – Begründung von Wohnungseigentum an der vermieteten Wohnung – Veräußerung der Eigentumswohnung.
Die Veräußerung einer vermieteten Eigentumswohnung, an der schon vor dem Mietvertrag Wohnungseigentum bestand, löst keine Sperrfrist aus. Dasselbe gilt für die Begründung von Wohnungseigentum ohne anschließende Veräußerung. Nur die erstmalige Veräußerung löst eine Sperrfrist aus: Bei einer weiteren Veräußerung beginnt sie nicht wieder von neuem zu laufen (BayObLG, NJW 1982, 451).

Wohnungseigentum kann nach § 3 oder nach **§ 8 WEG begründet werden.** § 3 WEG 3
erfasst die vertragliche Teilungserklärung, die vertragliche Begründung von Wohnungseigentum, wobei das Miteigentum in der Weise beschränkt wird, dass jedem Miteigentümer abweichend von § 93 das Sondereigentum an einer bestimmten Wohnung eingeräumt wird. Nach § 8 WEG handelt es sich um eine einseitige Begründung von Wohnungseigentum aufgrund einseitiger Teilungserklärung (so genannter Vorratsteilung). Bei einer Personenmehrheit als Eigentümer setzt sich das Gemeinschaftsverhältnis an jedem Miteigentumsanteil (jedenfalls zunächst) fort. Wird nach der Begründung von Wohnungseigentum nach § 8 WEG einem Miteigentümer durch Auflassung und Eintragung in das Wohnungsgrundbuch Eigentum an einer bestimmten vermieteten Wohnung übertragen (und damit für diese Wohnung das Gemeinschaftsverhältnis beendet), gilt dies als Veräußerung nach § 566 mit der Folge, dass die Sperrfrist des § 577a Abs. 1 ausgelöst wird (BayObLG, RE vom 24.11.1981 = NJW 1982, 451 = ZMR 1982, 88).

Bei einer Begründung von Wohnungseigentum nach § 3 WEG wird (sogleich) einem Miteigentümer das Sondereigentum an einer bestimmten Wohnung eingeräumt. Dies gilt jedoch (noch) nicht als Veräußerung i.S.d. § 566 (BGH, RE vom 6.7.1994 = GE 1994, 1045 ff. = WuM 1994, 452 = ZMR 1994, 554). Denn der Miteigentümer war schon vor der Begründung von Wohnungseigentum nach § 3 WEG Vermieter (im Rahmen einer Vermietergemeinschaft). Der Sondereigentümer tritt nunmehr nicht in die Rechte und Pflichten aus dem Mietverhältnis über die betreffende Wohnung ein, sondern bleibt als alleiniger Vermieter übrig. Der BGH verneint eine entsprechende Anwendung des § 571 (a.F.; jetzt § 566). Die Sperrfrist des § 577a Abs. 1 kann daher erst nach Veräußerung durch den Sondereigentümer in Lauf gesetzt werden.

Der BGH weist in dem Rechtsentscheid ausdrücklich darauf hin, dass im Einzelfall die Berufung auf Eigenbedarf nach einer Umwandlung gem. § 3 WEG rechtsmissbräuchlich sein kann. Dabei wird auch ein Rechtsentscheid des OLG Karlsruhe vom 10.7.1992 = GE 1992, 977 = ZMR 1992, 490 angeführt. Dieser meint allerdings einen Umgehungsfall vor Begründung von Wohnungseigentum nach § 3 WEG, bei dem einem Miteigentümer eine bestimmte Wohnung zur ausschließlichen Nutzung zugewiesen worden ist, die Nutzungsregelung in das Grundbuch eingetragen (§ 1010) worden ist, innerhalb von drei Jahren nach § 3 WEG Wohnungseigentum gebildet werden sollte und bei Abschluss des Kaufvertrags über das Hausgrundstück die Abgeschlossenheitsbescheinigung bereits vorgelegen hatte. Es ist zweifelhaft, ob der BGH einen derartigen Fall als Missbrauchsfall einstufen wollte (so aber Sternel, Mietrecht aktuell, Rn. 1038). Hier ist demnach noch Raum für Einzelfallentscheidungen (die dann aber kaum einem Rechtsentscheid zugänglich sein dürften).

4   Die **gesetzliche Sperrfrist** des § 564b Abs. 2 Nr. 2 Satz 2 a.F. von **drei Jahren** ist in bestimmten Bundesländern aufgrund des Art. 1 Nr. 1 des Gesetzes zur Verbesserung der Rechtsstellung des Mieters bei Begründung von Wohnungseigentum an vermieteten Wohnungen vom 20. 7. 1990 (BGBl. I S. 1456) **auf fünf Jahre erweitert** worden. Von der Verordnungsermächtigung haben die Länder Baden-Württemberg, Bayern, Berlin, Bremen, Hamburg, Hessen, Niedersachsen, Nordrhein-Westfalen, Rheinland-Pfalz und Schleswig-Holstein Gebrauch gemacht.

5   Nach Art. 14 des Investitionserleichterungs- und Wohnbaulandgesetzes vom 22. 4. 1993 (BGBl. I S. 466 [so genanntes Sozialklauselgesetz]) ist die **Möglichkeit** geschaffen worden, eine **Zehnjahresfrist** einzuführen, wonach bis zum Ablauf der Frist nach der Veräußerung berechtigte Interessen des Vermieters i.S.d. § 564b Abs. 2 Nr. 2 und 3 a.F. nicht berücksichtigt werden. Die Bundesländer, die von der Verordnungsmöglichkeit Gebrauch gemacht haben, sind oben nach dem Gesetzestext aufgeführt. Es sind bis auf Brandenburg die Bundesländer, die auch schon die fünfjährige Wartefrist eingeführt hatten.

Das **Sozialklauselgesetz** selbst enthält keine Übergangsregelung – dies im Gegensatz zu dem die Fünfjahresfrist einführenden Gesetz zur Verbesserung der Rechtsstellung des Mieters bei Begründung von Wohnungseigentum an vermieteten Wohnungen vom 20.7.1990 (BGBL I S. 1456), wonach die Sperrfristen nicht galten, wenn der auf die Veräußerung des Wohnungseigentums gerichtete Vertrag vor dem In-Kraft-Treten des Gesetzes zur Verbesserung der Rechtsstellung des Mieters bei Begründung von Wohnungseigentum an vermieteten Wohnungen abgeschlossen worden ist (in Kraft seit 28.7.1990). Die zeitliche Rückwirkung des Sozialklauselgesetzes war demnach durch die Rechtsprechung zu klären. Dafür sind folgende Rechtsentscheide maßgeblich:

BayObLG, RE vom 21.3.1995 = GE 1995, 689 = ZMR 1995, 304: Das Sozialklauselgesetz mit der Zehnjahresfrist ist nicht anzuwenden auf Fälle, in denen die Kündigung wegen Eigenbedarfs den Mietern vor dem 1.5.1993 (In-Kraft-Treten des Sozialklauselgesetzes) wirksam zugegangen ist.

OLG Stuttgart, RE vom 22.2.1995 = WuM 1995, 262 = ZMR 1995, 200: Das Sozialklauselgesetz ist nicht anwendbar auf Fälle, in denen das Wohnungseigentum vor dem 1.5.1993 veräußert worden ist. Eine Rückwirkung des Gesetzes hat das OLG Stuttgart damit verneint (vgl. zum Streit und zu anderen Ansichten: Sternel, Mietrecht aktuell, Rn. A 151 ff.).

Kammergericht, RE vom 9.5.1996 = GE 1996, 795: Das Sozialklauselgesetz ist nicht anwendbar auf Fälle, in denen das Wohnungseigentum vor dem 1.8.1990 veräußert worden ist. Die Aussage des Gerichts beschränkt sich auf die Verkaufsfälle vor diesem Datum (Einführung der fünfjährigen Wartefrist). Angedeutet wird aber, dass bei Veräußerungsfällen in dem Zeitraum zwischen dem 1.8.1990 und dem 30.4.1993 eine Abweichung vom Rechtsentscheid des OLG Stuttgart in Betracht kommt, eine Divergenzvorlage an den BGH aber nicht möglich war, weil es insofern keine Entscheidungserheblichkeit gab (so auch OLG Hamburg, RE vom 22.11.1996 = GE 1997, 115; vgl. auch OLG Hamm, DWW 1997, 432 = GE 1997, 1460).

Die Sperrfrist gilt im Übrigen auch bei mehrmaliger Veräußerung nur einmal (OLG Hamm, a.a.O.; BayObLG, NJW 1982, 451).
Nach dem **Rechtsentscheid des BGH** vom 15.11.2000 = GE 2001, 274 ff. ist das Sozialklauselgesetz in Verbindung mit der entsprechenden Verordnung aus Hamburg vom 18.5.1993 auf Fälle anwendbar, bei denen an vermieteten Wohnräumen nach der Überlassung an den Mieter Wohnungseigentum begründet und als Wohnungseigentum erstmals zwischen dem 1.8.1990 und dem 1.5.1993 veräußert worden ist.
Damit ist der Rechtsentscheid des OLG Stuttgart vom 22.2.1995 überholt.

3.   § 577a Abs. 2
Der Teil der Vorschrift übernimmt aus dem Sozialklauselgesetz die Obergrenze einer 6
zehnjährigen Kündigungssperrfrist mit der Beschränkung auf Gebiete mit besonders gefährdeter Wohnungsversorgung. Anders als bisher ergibt sich die konkrete Dauer der Sperrfrist nicht mehr unmittelbar aus der Ermächtigungsgrundlage. § 577a Abs. 2 spricht lediglich von einer Dauer bis zu zehn Jahren. Damit sind die Landesregierungen nicht wie bislang an eine fünf- bzw. zehnjährige Kündigungsfrist gebunden, sondern können entsprechend einer von ihnen vorzunehmenden Prognose hinsichtlich der voraussichtlichen Dauer der besonderen Gefährdung eine Sperrfrist von **bis zu zehn Jahren** festlegen. Der Erlass der Rechtsverordnungen steht im Ermessen der Länder. Damit haben sie insbesondere auch den mit der Sperrfrist verbundenen Eingriff in das Eigentumsrecht des Käufers zu berücksichtigen, was auch einer Überprüfung aufgrund öffentlichen Rechts zugänglich sein wird.
Die bisherige Regelung des Satzes 2 Nr. 2 des Sozialklauselgesetzes ist nicht weiter übernommen worden. Nach der amtlichen Begründung habe diese Bestimmung das Umwandlungsgeschehen in der Praxis kaum beeinflusst, die Streichung stelle dagegen eine spürbare Rechtsvereinfachung dar. Der Mieter sei durch die Anwendung der allgemeinen Sozialklausel des § 574 ausreichend geschützt. Diese Begründung kann aus Praxissicht voll bestätigt werden.
Nach **§ 577a Abs. 3** ist eine zum Nachteil des Mieters abweichende Vereinbarung unwirksam.

§ 578   Mietverhältnisse über Grundstücke und Räume

(1) Auf Mietverhältnisse über Grundstücke sind die Vorschriften der §§ 550, 562 bis 562d, 566 bis 567b sowie 570 entsprechend anzuwenden.
(2) ¹Auf Mietverhältnisse über Räume, die keine Wohnräume sind, sind die in Absatz 1 genannten Vorschriften sowie § 552 Abs. 1, § 554 Abs. 1 bis 4 und § 569 Abs. 2 entsprechend anzuwenden. ²Sind die Räume zum Aufenthalt von Menschen bestimmt, so gilt außerdem § 569 Abs. 1 entsprechend.

Die Vorschrift im dritten Abschnitt/dritter Untertitel mit Regelungen von Mietverhältnissen über andere Sachen ist aufgrund der systematisch anderen Ausrichtung des Mietrechts notwendig und erklärt bestimmte Vorschriften aus der Regelung der Mietverhältnisse über Wohnraum (zweiter Abschnitt) für anwendbar. Dabei wird in Abs. 1 und 2 zwischen Mietverhältnissen über Grundstücke und Mietverhältnissen über Räume, die keine Wohnräume sind, unterschieden.

§ 578a Mietverhältnisse über eingetragene Schiffe

(1) Die Vorschriften der §§ 566, 566a, 566e bis 567b gelten im Fall der Veräußerung oder Belastung eines im Schiffsregister eingetragenen Schiffs entsprechend.
(2) [1]Eine Verfügung, die der Vermieter vor dem Übergang des Eigentums über die Miete getroffen hat, die auf die Zeit der Berechtigung des Erwerbers entfällt, ist dem Erwerber gegenüber wirksam. [2]Das Gleiche gilt für ein Rechtsgeschäft, das zwischen dem Mieter und dem Vermieter über die Mietforderung vorgenommen wird, insbesondere die Entrichtung der Miete; ein Rechtsgeschäft, das nach dem Übergang des Eigentums vorgenommen wird, ist jedoch unwirksam, wenn der Mieter bei der Vornahme des Rechtsgeschäfts von dem Übergang des Eigentums Kenntnis hat. [3]§ 566d gilt entsprechend.

Die Regelung des § 580a a.F. über die Veräußerung und Belastung vermieteter Schiffe wird mit geringfügigen sprachlichen Änderungen unter Anpassung der Verweisungen inhaltlich unverändert übernommen.

§ 579 Fälligkeit der Miete

(1) [1]Die Miete für ein Grundstück, ein im Schiffsregister eingetragenes Schiff und für bewegliche Sachen ist am Ende der Mietzeit zu entrichten. [2]Ist die Miete nach Zeitabschnitten bemessen, so ist sie nach Ablauf der einzelnen Zeitabschnitte zu entrichten. [3]Die Miete für ein Grundstück ist, sofern sie nach kürzeren Zeitabschnitten bemessen ist, jeweils nach Ablauf eines Kalendervierteljahres am ersten Werktag des folgenden Monats zu entrichten.
(2) Für Mietverhältnisse über Räume gilt § 556b Abs. 1 entsprechend.

1.   Allgemeines

1 Die Vorschrift enthält Regelungen über die Fälligkeit der Miete für die im dritten Untertitel geregelten Mietverhältnisse.
  § 579 Abs. 1 betrifft Grundstücksmietverhältnisse, Mietverhältnisse über eingetragene Schiffe und Mietverhältnisse über andere Sachen; er entspricht dem bisherigen § 551 a.F.

Bei einer Raummiete gilt § 556b Abs.1 entsprechend (vgl. dort), d.h., dass mangels
anderweitiger vertraglicher Vereinbarung die Miete künftig anders als bisher kraft Gesetzes im Voraus bis zum dritten Werktag eines Monats zu zahlen ist; davon abweichende
vertragliche Vereinbarungen sind weiterhin zulässig.

2. Anwendungsbereich

§ 579 Abs. 1 ist anwendbar auf eingetragene Schiffe, bewegliche Sachen und Grundstücke, nicht dagegen auf Räume und Wohnräume; für Letztere gilt § 556b Abs.1.
Die Vorschrift geht bei Grundstücken, eingetragenen Schiffen und beweglichen Sachen
davon aus, dass der Vermieter vorleistungspflichtig ist, so dass die Miete immer erst
nach der Gebrauchsüberlassung durch den Vermieter zu zahlen ist. Die gesetzliche
Regelung unterscheidet allerdings hinsichtlich des Fälligkeitszeitpunkts zwischen einge-
tragenen Schiffen und beweglichen Sachen einerseits und Grundstücken andererseits.
Während bei eingetragenen Schiffen und beweglichen Sachen die Miete stets nach dem
Ablauf des jeweiligen Zeitraums zu zahlen ist, nach dem die Miete bemessen wird – also
bei einer Jahresmiete nach einem Jahr, bei einer monatlich zu zahlenden Miete nach dem
Ablauf des jeweiligen Monats –, ist die Miete für ein Grundstück grundsätzlich nach
Ablauf eines Kalendervierteljahres fällig, wenn sie nicht nach kürzeren Zeitabschnitten
bemessen ist. Ist mithin eine monatlich zu zahlende Miete für eine Grundstück vereinbart, so wird sie kraft Gesetzes bereits nach dem Ablauf des jeweiligen Monats fällig.

Die praktische Bedeutung der gesetzlichen Regelung ist gering, soweit davon **abweichende Vereinbarungen** zwischen den Mietvertragsparteien getroffen und wirksam
geworden sind. Zu diesen vertraglichen Vereinbarungen gehört insbesondere die sog.
Vorfälligkeitsklausel. Diese Klausel lautet in der Regel wie folgt:

**Muster
Mietvertragsklausel**

> Die Miete ist monatlich im Voraus, spätestens am dritten Werktag des Monats ... an
> den Vermieter ... zu zahlen.

Praktische Bedeutung erlangt die gesetzliche Regelung jedoch wieder dann, wenn diese
Vorfälligkeitsklausel in Mietverträgen unwirksam ist. Darüber hinaus richtet sich bei
Unwirksamkeit der Vorfälligkeitsklausel dann nicht nur die Fälligkeit nach § 556b
Abs. 1, sondern diese erlangt Bedeutung auch insoweit, als sie als gesetzliche Regelung
angesehen wird, die für die Mietzahlung eine Zeit nach dem Kalender i.S.d. § 284 Abs. 2
Satz 1 (ab 1.1.2002: § 286 Abs. 2 Nr. 1 i.d.F. des SchuldRModG) bestimmt (LG Berlin,
GE 1995, 757). Der Mieter kommt mithin bei der vereinbarten monatlichen Mietzahlung
selbst bei Unwirksamkeit der formularmäßigen Vorfälligkeitsklausel ohne weitere Mahnung in Verzug, wenn er nicht rechtzeitig nach dem Ende des laufenden Monats die
Miete zahlt. Bei gleichzeitiger Unwirksamkeit der sog. Rechtzeitigkeitsklausel (vgl. dazu
§ 543 Rn. 77) ist jedoch dabei auf die Leistungshandlung des Mieters abzustellen, d.h.
auf denjenigen Zeitpunkt, in dem er die Zahlung oder Überweisung der Miete veranlasst
hat; hat der Mieter daher am Ersten des Folgemonats den Überweisungsauftrag bei sei-

nem Kreditinstitut eingereicht, wird die überwiesene Miete aber dem Konto des Vermieters erst mehrere Tage später gutgeschrieben, so ist der Mieter mit der Miete nicht in Verzug geraten.

3. Abdingbarkeit

4 Die gesetzliche Fälligkeitsregel kann abbedungen werden. In Mietverträgen über Grundstücke, eingetragene Schiffe und bewegliche Sachen wäre eine Vereinbarung, dass die Miete **bis zum dritten Werktag eines Monats** im Voraus zu zahlen ist, unabhängig davon, ob sie formularmäßig oder individuell getroffen worden ist, auch dann **wirksam**, wenn sie die **Rechte des Mieters** auf Minderung der Miete durch eine gleichzeitige Regelung dahin gehend **einschränkt**, dass die Aufrechnung gegen Mietforderungen ausgeschlossen ist, soweit der Mieter nicht unbestrittene oder rechtskräftig festgestellte Forderungen geltend macht. Zwar wird dadurch die Aufrechnung des Mieters mit einem infolge eingetretener Minderung entstandenen Rückzahlungsanspruchs in der Regel ausgeschlossen, weil dieser Rückzahlungsanspruchs in der Regel streitig sein wird. Die darin liegende Einschränkung des Minderungsrechts des Mieters, der bei Wirksamkeit dieser Aufrechnungsklausel sonst gezwungen wäre, selbst auf Rückzahlung zu klagen, nachdem er die geminderte Miete bereits gezahlt hat, ist aber bei Mietverträgen über Grundstücke, eingetragene Schiffe oder bewegliche Sachen wirksam. Damit ist auch die sog. Vorfälligkeitsregelung wirksam. Die Vorfälligkeitsklausel ist bei diesen Mietverträgen erst recht dann wirksam, wenn zwar die Aufrechnung nicht auf unbestrittene oder rechtskräftig zuerkannte Forderung beschränkt ist, aber von einer vorherigen Ankündigung einen Monat vor Fälligkeit der Miete abhängig gemacht wird. Insoweit ist sogar für Wohnraummietverträge die Auffassung vertreten worden (LG Berlin, GE 1996, 978 und GE 1996, 1185), dass die formularmäßig vereinbarte Vorfälligkeitsklausel ihre Wirksamkeit nicht dadurch verliert, dass in dem Wohraummietvertrag durch ebenfalls formularmäßig vereinbarte Klausel die Aufrechnung und die Geltendmachung eines Zurückbehaltungsrechts durch den Mieter von der schriftlichen Anzeige einen Monat vor Fälligkeit der Miete abhängig gemacht worden ist (vgl. OLG Hamm, MDR 1993, 336). Zwar ist bei formularmäßigen Aufrechnungsklauseln § 11 Nr. 2 AGBG (ab 1.1.2002: § 309 Nr. 2 BGB i.d.F. des SchuldRModG) zu berücksichtigen ist, wonach die Beschränkung eines Zurückbehaltungsrechts oder Leistungsverweigerungsrechts unwirksam ist. Aus der teilweisen Ungültigkeit einer Klausel, die sowohl die Aufrechnung als auch das Zurückbehaltungsrecht des Mieters von der vorherigen Ankündigung einen Monat vor der Fälligkeit der Miete abhängig macht, kann jedoch für Mietverträge über Grundstücke, eingetragene Schiffe und bewegliche Sachen (LG Berlin, GE 1996, 978) nicht gefolgert werden, dass auch die Vorfälligkeitsklausel unwirksam wird (so auch Sternel, Mietrecht aktuell, Rn 491).

5 Überhaupt keine Bedenken gegen die Wirksamkeit der Vorfälligkeitsklausel bestehen dann, wenn die Aufrechnungklausel ausdrücklich die **Aufrechnung des Mieters wegen Ansprüchen aus § 536 zulässt** oder der Mietvertrag überhaupt keine Regelung über die Aufrechnung mit Gegenansprüchen des Mieters enthält.

6 Da bei Fälligkeit der Miete bis zum dritten Werktag eines Monats nach der Vorfälligkeitsklausel die rechtzeitige Veranlassung der Überweisung ausreicht, weil es sich bei der Mietschuld um eine sog. **Schickschuld** (§ 270) handelt, ist häufig formularmäßig

vereinbart, dass es nicht auf die Leistungshandlung ankommt, sondern auf die **Rechtzeitigkeit des Geldeingangs** beim Vermieter bzw. der Gutschrift auf seinem Konto (sog. Rechtzeitigkeitsklausel). Obwohl dadurch die Leistungshandlung des Mieters vorverlegt wird, weil der Mieter nunmehr so rechtzeitig die Überweisung veranlassen muss, dass die Miete bis zum dritten Werktag des laufenden Monats auf dem Konto des Vermieters eingeht, wird diese Rechtzeitigkeitsklausel überwiegend für wirksam gehalten (OLG Koblenz, MDR 1993, 213; LG Berlin, WuM 1992, 605; LG Kassel, WuM 1992, 605; a.A. Sternel, Mietrecht aktuell, Rn. 492).

4. Verjährung

Die Ansprüche auf Zahlung der Miete verjähren grundsätzlich in **vier Jahren** (§ 197; ab 1.1.2002: § 195 i.d.F. des SchuldRModG in drei Jahren) ab dem Schluss des Jahres, in dem der Mietzahlungsanspruch fällig geworden ist (§§ 198, 201; ab 1.1.2002: § 200 i.d.F. des SchuldRModG mit Fälligkeit des Anspruchs). Die vierjährige Verjährungsfrist gilt grundsätzlich **auch für Mietnebenkosten**. Auch für Ansprüche auf Nutzungsentschädigung (§ 546a Abs. 1) sowie Schadensersatz wegen der entgangenen Miete bei vorzeitiger Beendigung des Mietverhältnisses (sog. Auflösungsverschulden) gilt die vierjährige – künftig dreijährige – Verjährungsfrist (BGH, NJW 1968, 693; LG Bielefeld, MDR 1977, 312). Ansprüche aus einer Mietgarantie unterliegen ebenfalls dieser Verjährungsfrist (OLG Düsseldorf, NJW-RR 1994, 11). 7

Von diesen Ansprüchen sind jedoch die Ansprüche auf Mietausfall zu unterscheiden, der dadurch entsteht, dass die Mietsache wegen Beschädigungen durch den Mieter oder trotz rechtzeitiger Räumung des Mieters nach Vertragsende nicht sofort weitervermietet werden konnte. Derartige Schadensersatzansprüche des Vermieters unterliegen der **sechsmonatigen Verjährungsfrist** des § 548 Abs. 1, die mit der Rückgabe der Mietsache beginnt (vgl. dazu § 548 Rn. 2 f.). Die kurze Verjährungsfrist beginnt allerdings erst mit der dauerhaften Rückgabe der Mietsache und kann durch Verhandlungen des Vermieters mit dem Mieter gehemmt werden (LG Berlin, GE 1996, 1377). 8

§ 580 Außerordentliche Kündigung bei Tod des Mieters

Stirbt der Mieter, so ist sowohl der Erbe als auch der Vermieter berechtigt, das Mietverhältnis innerhalb eines Monats, nachdem sie vom Tod des Mieters Kenntnis erlangt haben, außerordentlich mit der gesetzlichen Frist zu kündigen.

Der bisherige § 569 a.F. zur Kündigung bei Tod des Mieters bezog sich auf sämtliche Mietverhältnisse ohne Unterscheidung zwischen Wohnraummietverhältnis und anderen Mietverhältnissen. Systematisch hat der Gesetzgeber nunmehr im II. Abschnitt gesonderte Vorschriften über Mietverhältnisse über Wohnraum geschaffen und hier in § 564 die Regelung des bisherigen § 569 aufgenommen. Für andere Mietverhältnisse musste demgemäß eine gesonderte Vorschrift geschaffen werden, die in § 580 die Regelung aus § 569 Abs. 1 a.F. übernimmt. Gegenüber der alten Regelung wird allerdings wie auch schon in § 564 a.F. sowohl für den Erben als auch für den Vermieter eine einmonatige Überlegungsfrist für die Kündigung eingeräumt. Zu den Einzelheiten wird auf die Kommentierung zu § 564 Bezug genommen. Die Bezeichnung als außerordentliche Kündigung mit gesetzlicher Frist entspricht der vereinheitlichten Terminologie für die verschiedenen Kündigungsarten.

§ 580a Kündigungsfristen

(1) Bei einem Mietverhältnis über Grundstücke, über Räume, die keine Geschäftsräume sind, oder über im Schiffsregister eingetragene Schiffe ist die ordentliche Kündigung zulässig,
1. **wenn die Miete nach Tagen bemessen ist, an jedem Tag zum Ablauf des folgenden Tages;**
2. **wenn die Miete nach Wochen bemessen ist, spätestens am ersten Werktag einer Woche zum Ablauf des folgenden Sonnabends;**
3. **wenn die Miete nach Monaten oder längeren Zeitabschnitten bemessen ist, spätestens am dritten Werktag eines Kalendermonats zum Ablauf des übernächsten Monats, bei einem Mietverhältnis über gewerblich genutzte unbebaute Grundstücke oder im Schiffsregister eingetragene Schiffe jedoch nur zum Ablauf eines Kalendervierteljahres.**
(2) Bei einem Mietverhältnis über Geschäftsräume ist die ordentliche Kündigung spätestens am dritten Werktag eines Kalendervierteljahres zum Ablauf des nächsten Kalendervierteljahres zulässig.
(3) Bei einem Mietverhältnis über bewegliche Sachen ist die ordentliche Kündigung zulässig,
1. **wenn die Miete nach Tagen bemessen ist, an jedem Tag zum Ablauf des folgenden Tages;**
2. **wenn die Miete nach längeren Zeitabschnitten bemessen ist, spätestens am dritten Tag vor dem Tag, mit dessen Ablauf das Mietverhältnis enden soll.**
(4) Absatz 1 Nr. 3, Absatz 2 und 3 Nr. 2 sind auch anzuwenden, wenn ein Mietverhältnis außerordentlich mit der gesetzlichen Frist gekündigt werden kann.

Die Vorschrift entspricht mit lediglich sprachlichen Änderungen dem bisherigen § 565 Abs. 1, Abs. 1a sowie Abs. 4 und 5. Nach der amtlichen Begründung des Gesetzgebers folgt die Bezeichnung der unterschiedlichen Arten der Kündigung der neuen vereinheitlichten Terminologie. § 580a Abs. 4 enthält die Kündigungsfrist für die „außerordentliche Kündigung mit gesetzlicher Frist". Gegenüber dem geltenden Recht wird für die Geschäftsraummiete ausdrücklich klargestellt, dass insoweit die Frist des § 580a Abs. 2 gilt. Damit wird der bislang bestehende Streit, welche Frist für die außerordentliche Kündigung mit gesetzlicher Frist beim Geschäftsraummietverhältnis anzuwenden ist, im Sinne der getroffenen Regelung entschieden (vgl. OLG Düsseldorf, MDR 2001, 265; KG, GE 2001, 552).

Teil II
Mietprozessrecht

1. Klageverfahren

Der Mietprozess weist verschiedene **Besonderheiten** auf, die ihn von den übrigen Erkenntnisverfahren unterscheiden. Dies gilt insbesondere für die **Zuständigkeit** des zu befassenden Gerichts wie auch für das **Urteil** und das **Rechtsmittelverfahren**. Für die Räumung der Wohnung gelten zudem weitere Besonderheiten, die sich aus der überragenden Bedeutung der Wohnung als Lebensmittelpunkt des Mieters ergeben. 1

1.1   Zuständigkeit

2   Für Streitigkeiten über **Ansprüche** aus einem Mietverhältnis über Wohnraum oder über den **Bestand** eines solchen Mietverhältnisses ist **ausschließlich das Amtsgericht sachlich zuständig** (§ 23 Nr. 2a GVG). Die ausschließliche Zuständigkeit bedeutet, dass Klagen gegen den Mieter von Wohnraum immer beim Amtsgericht anhängig zu machen sind, gleichgültig ob der Gegenstand der Klage die Summe von 10 000 DM (5 000 EUR) übersteigt oder nicht.

3   Von der sachlichen Zuständigkeit ist die **örtliche Zuständigkeit** zu unterscheiden. Für die örtliche Zuständigkeit bestimmt § 29a Abs. 1 ZPO das Gericht, in dessen Bezirk sich die **Räume befinden.** Das gilt sowohl für Streitigkeiten über Ansprüche aus einem Mietverhältnis über Wohnraum als auch für Streitigkeiten über Ansprüche aus Miet- oder Pachtverhältnissen über sonstige Räume. Diese ausschließliche Zuständigkeit gilt nicht nur für Räumungs-, sondern auch für Zahlungsklagen. Bisherige Gerichtsstandvereinbarungen – auch unter Kaufleuten – sind infolge der Ausschließlichkeit des Gerichtsstands unwirksam (§ 40 Abs. 2 ZPO; ab 1.1.2002: § 40 Abs. 2 Satz 1 Nr. 2 ZPO). Auch hier bedeutet die Ausschließlichkeit der Zuständigkeit, dass ein anderes Gericht als dasjenige, in dessen Bezirk sich die Räume befinden, nicht entscheiden darf, sondern den Rechtsstreit – auf Antrag des Klägers – an das örtlich zuständige Gericht verweisen muss.

4   Besteht in einem Mietgarantievertrag die Verpflichtung des Garantiegebers, die Wohnung an einen Endmieter zu vermieten und die Rechte aus dem Mietverhältnis wahrzunehmen, so ist die rechtliche Position des Garantiegebers mit der eines gewerblichen Zwischenmieters zu vergleichen, so dass die Anwendung des § 29a ZPO gerechtfertig ist (LG Köln, NJW-RR 1999, 1171). Diese Vorschrift ist aber im Übrigen nicht anzuwenden auf einen Miet- oder Pachtbürgen (BayObLG, NZM 1999, 1141).

5   § 29a Abs. 2 ZPO, wonach die ausschließliche örtliche Zuständigkeit desjenigen Gerichts, in dessen Bezirk sich die Räume befinden, nicht gilt, wenn es sich um Wohnraum der in § 549 Abs. 2 genannten Art handelt, ist unverändert geblieben. Es ist daher weiterhin davon auszugehen, dass die **ausschließliche Zuständigkeit nicht für Wohnraum** gilt, der nur zum **vorübergehenden Gebrauch (§ 549 Abs. 2 Nr. 1) vermietet** wurde (z.B. Ferienwohnung), und **nicht für möblierten Wohnraum innerhalb der Vermieterwohnung**, der nicht zum dauernden Gebrauch für eine Familie überlassen ist (§ 549 Abs. 2 Nr. 2), z.B. „Studentenbude".

6   Unter den Begriff **Wohnraum** fallen Räume, die zum Wohnen, also insbesondere Schlafen, Essen, zu dauernder privater Nutzung bestimmt und Innenteil eines Gebäudes sind (Palandt/Thomas, Einf. vor § 535 Rn. 70; vgl. dazu Vorbem. zu § 535 Rn. 5). Die ausschließliche sachliche und örtliche Zuständigkeit des angerufenen Gerichts, in dessen Bezirk sich die Wohnung befindet, gilt **auch für Garagen**, die **zusammen mit der Wohnung** angemietet worden sind. Lediglich für diejenigen Garagen, die erst später durch gesonderten Mietvertrag getrennt vom Wohnraummietvertrag gemietet worden sind, ist das Amtsgericht nicht ausschließlich zuständig. Der Wille der Mietvertragsparteien, die Überlassung der Garage nicht als Bestandteil des Wohnungsmietvertrages anzusehen, muss jedoch deutlich erkennbar werden; wenn dies nicht der Fall ist, kann auch die spätere Vermietung einer auf dem Hausgrundstück gelegenen Garage an einen

Wohnungsmieter als Ergänzung des bisherigen (Wohnraum-)Mietvertrags angesehen werden (LG Köln, ZMR 1992, 251; LG München II, WuM 1990, 514).

Bei **Mischmietverhältnissen** regelt sich die Zuständigkeit nach dem **Schwerpunkt des** 7 **Vertrags**. Liegt der Schwerpunkt des Mietverhältnisses auf der Nutzung zu **Wohnzwecken** (zur Abgrenzung Kinne, GE 1989, 68 ff.), so besteht die ausschließliche Zuständigkeit desjenigen Amtsgerichts, in dessen Bezirk sich die Räume befinden. Die Einordnung als Wohnungsmietvertrag mit der Folge der ausschließlichen Zuständigkeit des Amtsgerichts ist auch dann gerechtfertigt, wenn ein bestimmter Vertragszweck nicht vereinbart worden ist, aber die zu Wohnzwecken genutzte Fläche die zu Gewerbezwecken genutzte Fläche überwiegt (BGHZ 94, 11; BGH, WuM 1986, 274 = ZMR 1986, 278 f.; OLG Hamm, ZMR 1986, 11; OLG Schleswig, WuM 1982, 266).

Bei Mietverhältnissen über **Geschäftsräume** sowie bei demjenigen Mischmietverhältnis, 8 bei dem der Geschäftsraumanteil überwiegt, ist zwischen der sachlichen und der örtlichen Zuständigkeit zu unterscheiden. Hinsichtlich der **sachlichen Zuständigkeit** für Ansprüche aus derartigen Mietverhältnissen kommt es darauf an, ob der klageweise geltend gemachte Anspruch die Summe von 10 000 DM (5 000 EUR) übersteigt. Bis zu einem Betrag von 10 000 DM (5 000 EUR) ist das Amtsgericht sachlich zuständig, bei Streitigkeiten über 10 000 DM (5 000 EUR) dagegen das Landgericht. Diese Zuständigkeit ist im Gegensatz zu der Zuständigkeit des Amtsgerichts für Wohnraummietsachen – ohne Rücksicht auf den Wert des Streitgegenstands – keine ausschließliche. Für die **örtliche Zuständigkeit** gilt jedoch wiederum, dass dasjenige Gericht ausschließlich zuständig ist, in dessen Bezirk sich die Räume befinden. Geschäftsräume sind alle Räume, die zu anderen als Wohnzwecken bestimmt sind, wobei es auf die tatsächliche Nutzungsart dieser Räume durch den Mieter nicht ankommt. In erster Linie kommt es wiederum auf die vertragliche Zweckbestimmung, in zweiter Linie auf die Beschaffenheit der vermieteten Räume an, aus der auf einen bestimmten Zweck geschlossen werden kann (z.B. Läden, Büros, Lagerhallen usw.). Bei sog. Mischmietverhältnissen (z.B. Gastwirtschaft mit Wohnung des Gastwirts, Anwaltskanzlei mit Wohnung) ist grundsätzlich der erklärte Parteiwille ausschlaggebend. Entscheidend ist wiederum das Schwergewicht des Vertrags (OLG Celle, MDR 1986, 324; OLG Karlsruhe, MDR 1988, 414; KG, GE 1995, 1205; OLG München, ZMR 1995, 295). Der Auffassung, dass die amtsgerichtliche Zuständigkeit ohne Rücksicht auf den Schwerpunkt des Mietverhältnisses gegeben sei (so LG Köln, NJW-RR 1989, 403), kann dagegen nicht zugestimmt werden.

Die ausschließliche sachliche Zuständigkeit des Amtsgerichts nach § 23 Nr. 2a GVG für 9 Streitigkeiten über Ansprüche aus einem Mietverhältnis über Wohnraum gilt auch dann, wenn der Kläger die Herausgabeklage nicht auf mietrechtliche Anspruchsgrundlagen, sondern z.B. auf Eigentum (§ 985) stützt, der Beklagte aber ein Wohnraummietverhältnis behauptet (OLG Hamburg, DWW 1990, 235 = WuM 1990, 393 = ZMR 1990, 377; LG Berlin, WuM 1992, 462). Für die Begründung der Zuständigkeit des Amtsgerichts ist es danach ausreichend, dass aufgrund der Einlassung des Beklagten streitig ist, ob ein Wohnraummietverhältnis besteht (so auch Sternel, Mietrecht aktuell, Rn. 1394).

10 Das Amtsgericht ist auch zur Entscheidung von Streitigkeiten über **Werkmietwohnungen** zuständig, selbst wenn der Betriebsrat ein Mitbestimmungsrecht über Zuweisung, Kündigung und Festlegung der Mietbedingungen hat (BAG, WuM 1990, 391). Die ausschließliche sachliche Zuständigkeit besteht auch für ein Nutzungsverhältnis über Wohnraum, der im Zusammenhang mit einem Arbeitsverhältnis überlassen worden ist, selbst wenn ein Mietvertrag nicht ausdrücklich abgeschlossen worden ist (LG Augsburg, WuM 1994, 333).

11 Ansprüche aus einer **Übernahme einer Mietgarantie** fallen nicht unter § 29a ZPO (AG Köln, NZM 1998, 1005)

12 Die **sachliche Zuständigkeit** bei Streitigkeiten aus Miet- und Pachtverhältnissen, die **nicht Wohnraum** betreffen, richtet sich nach der **Höhe des Streitwerts** (§ 23 Nr. 1 GVG). Dieser richtet sich nicht nach den §§ 12 ff. GKG, sondern nach den §§ 2 ff. ZPO. Insoweit ist § 8 ZPO einschlägig, wonach es auf den streitigen Zeitraum ankommt. Der nach dieser Vorschrift streitige Zeitraum richtet sich bei befristeten Miet- oder Pachtverhältnissen nach der Miethöhe für die ab Anhängigkeit restliche Vertragszeit. Bei Miet- oder Pachtverhältnissen auf unbestimmte Zeit ist die gesamte streitige Zeit im Allgemeinen nach demjenigen Zeitpunkt zu berechnen, zu dem derjenige hätte kündigen können, der die längere Vertragszeit behauptet (BGH, NJW-RR 1992, 1359 = WuM 1992, 465 = ZMR 1992, 433; OLG Karlsruhe, WuM 1994, 338). Beruft sich der Mieter gegenüber einer Kündigung auf eine gesetzliche Kündigungsschutzregelung, so dauert die „streitige Zeit" bis zu dem vom Mieter als günstigsten Endzeitpunkt in Anspruch genommenen Termin (BGH, WuM 1992, 465 = ZMR 1992, 433).

13 Bei Klagen auf **Mieterhöhung** bestimmt sich der Zuständigkeitswert nach § 9 ZPO, d.h., dass der dreieinhalbfache Jahresbetrag der verlangten Mieterhöhung maßgebend ist, weil es sich bei den künftigen Mietzahlungen um wiederkehrende Leistungen i.S. dieser Vorschrift handelt (BGH, NJW 1996, 778 [779]; BVerfG, GE 1996, 600).

14 Klagt der Vermieter auf **Duldung von Modernisierungsmaßnahmen**, ist der Zuständigkeitswert ebenfalls nach dem dreieinhalbfachen Jahresbetrag der zu erwartenden Mieterhöhung nach § 559 zu bemessen (anders noch LG Berlin, GE 1996, 129: dreifacher Jahresbetrag). Verklagt ein Vermieter den Mieter auf Unterlassen der Untervermietung, so liegt der Zuständigkeitsstreitwert in der Regel unter 1 500 DM (600 EUR) – (LG Berlin, GE 1996, 187).

15 Bei **Räumungsklagen** dürfte in der Regel der dreieinhalbfache Betrag einer Jahresmiete maßgeblich sein (LG Berlin, WuM 1992, 462), ohne dass es darauf ankommt, ob der Mieter/Pächter mit besonderen Kosten für die Räumung belastet wird (BGH, MDR 1994, 100 = WuM 1994, 80 = ZMR 1994, 65). Denn der Anspruch auf Räumung umfasst zugleich denjenigen auf Entfernung der vom Mieter mit der Mietsache verbundenen Einrichtungen, so dass die Kosten dafür nicht gesondert zu berechnen sind (BGH, WuM 1995, 320 = ZMR 1995, 245).

16 Auch bei dem Streit darüber, ob ein **Kellerraum** mitvermietet worden ist, ist der Zuständigkeitsstreitwert nach dem dreieinhalbfachen Jahresbetrag der Nutzung zu bemessen (LG Hamburg, WuM 1993, 416). Das Gleiche gilt, wenn auf Herausgabe eines Nebenraums aufgrund einer Teilkündigung nach § 573b geklagt wird (LG Hamburg, WuM 1992, 145).

1.2 Parteifähigkeit/Aktiv- und Passivlegitimation/Prozessstandschaft
1.2.1 Parteifähigkeit

Parteifähig sind diejenigen Personen, die rechtsfähig sind. Das sind die **natürlichen** 17
Personen sowie die **juristischen Personen**, nicht dagegen sonstige Gemeinschaften.
Doch sind insbesondere die Bauherrengemeinschaften (vgl. dazu näher § 554 Rn. 111)
selbst parteifähig, wenn es sich dabei um eine **Gesellschaft bürgerlichen Rechts** handelt, die nach außen im Rechtsverkehr aufgetreten ist (BGH, NJW 2001, 1050 = GE
2001, 276 = ZMR 2001, 338). Diese Gesellschaften können auch selbst klagen und verklagt werden. Die Wohnungseigentümer-Gemeinschaft ist als solche nicht parteifähig
und kann daher auch nicht selbst klagen oder verklagt werden. Dasselbe gilt für Bruchteilseigentümer und Erben in einer Erbengemeinschaft. Dagegen sind sog. juristische
Personen (GmbH, Aktiengesellschaft, Genossenschaft) selbst rechtsfähig, sind also entsprechend als Klägerin bzw. als Beklagte aufzuführen.

1.2.2 Aktivlegitimation/Passivlegitimation

Aktiv legitimiert sind diejenigen Personen, denen die Ansprüche zustehen. Bei Ansprü- 18
chen aus dem Mietvertrag sind somit die jeweiligen Mietvertragsparteien aktiv legitimiert.

Handelt es sich jeweils um **eine natürliche Person**, so sind grundsätzlich diese aktiv
bzw. passiv legitimiert.

Problematischer ist es, wenn **mehrere natürliche Personen** als Vermieter oder Mieter
aufgeführt sind. Sind im Kopf des Mietvertrags mehrere Personen als Vermieter aufgeführt, hat aber nur eine von ihnen – ohne jeden Vertretungszusatz – unterschrieben, so ist
grundsätzlich von den im Mietvertrag aufgeführten Personen nur diejenige Vertragspartei
geworden, die den Mietvertrag unterschrieben hat (BGH, MDR, 1994, 579; LG Berlin,
GE 1995, 1343).

Sind **Ehegatten** im Mietvertrag als Vermieter (vgl. dazu näher § 535 Rn. 8 f.) aufge- 19
führt worden, haben aber nicht beide den Mietvertrag unterschrieben, wird ebenfalls nur
der unterzeichnende Ehegatte Vermieter. Insoweit kann nicht davon ausgegangen werden, dass der unterzeichnende Ehegatte den nicht unterzeichnenden Ehepartner vertreten
wollte, wenn er ohne einen derartigen Vertretungszusatz unterschreibt (BGH, a.a.O.; LG
Berlin, MM 1989, 218; GE 1987, 1265 = ZMR 1988, 103; ZMR 1993, VI Nr. 6; GE
1995, 1343; LG Mannheim, WuM 1987, 414 = DWW 1987, 414; ZMR 1993, 415).

Soweit **Bruchteilseigentümer** eines Grundstücks (z.B. Ehegatten, die ideelle Miteigen- 20
tümer eines Grundstücks nach Bruchteilen sind) als „Eigentümer des Grundstücks ... str."
im Mietvertrag bezeichnet werden, kann trotz Unterzeichnung des Mietvertrags durch
nur einen von beiden Ehegatten ein Mietvertrag mit beiden dann zustande kommen,
wenn der nicht unterzeichnende Miteigentümer den Unterzeichner mit der Verwaltung
des Grundstücks beauftragt oder dem Abschluss des Mietvertrags ausdrücklich oder
stillschweigend zugestimmt hat.

Bei der Bauherrengemeinschaft, die grundsätzlich als **Gesellschaft bürgerlichen Rechts** 21
anzusehen ist, kommt es darauf an, ob sie durch Teilnahme im Rechtsverkehr nach außen
hervorgetreten ist. Soweit sie damit eigene Rechte und Pflichten begründet hat, ist sie
aktiv und passiv legitimiert (BGH, NJW 2001, 1056 = GE 2001, 276 = ZMR 2001, 338).

Ein Wechsel im Mitgliederbestand hat keinen Einfluss auf den Fortbestand der mit der Gesellschaft bestehenden Rechtsverhältnisse (BGHZ 79, 374, [378 f.]). Die Parteifähigkeit der Gesellschaft bürgerlichen Rechts ist die notwendige prozessrechtliche Konsequenz der Anerkennung der Rechtssubjektivität der Gesellschaft im Verhältnis zu Dritten. Im Zivilprozess ist sie aktiv legitimiert, d.h. die „richtige Partei", wenn sie selbst Inhaberin des geltend gemachten Rechts ist; sie ist passiv legitimiert, d.h. die „richtige Beklagte", wenn sie Verpflichtete aus dem geltend gemachten Recht ist. Damit brauchen nicht mehr sämtliche Gesellschafter als notwendige Streitgenossen zu klagen, sondern die Gesellschaft als solche kann klagen, vertreten durch den oder die geschäftsführenden Gesellschafter, den oder die durch Gesellschaftsvertrag bevollmächtigten Gesellschafter oder sämtliche Gesellschafter, die kraft Gesetzes mangels abweichender Vereinbarung zur Geschäftsführung und damit Vertretung befugt sind. Verklagt werden kann ebenfalls die Gesellschaft als solche, ohne dass – wie bisher – sämtliche Gesellschafter verklagt zu werden brauchen, um einen Titel gegen die Gesellschaft zu erhalten. Ein gegen die Gesamtheit der gesamthänderisch verbundenen Gesellschafter als Partei ergangenes Urteil ist ein Urteil gegen „alle Gesellschafter" i.S.d. § 736 ZPO, reicht also zur Vollstreckung in das Gesellschaftsvermögen aus. Wegen der persönlichen Haftung der Gesellschafter ist es aber praktisch ratsam, neben der Gesellschaft auch die Gesellschafter persönlich zu verklagen. Das kommt insbesondere dann in Betracht, wenn nicht sicher ist, ob eine wirkliche Außengesellschaft besteht. Stellt sich während des Prozesses heraus, dass die Gesellschafter nicht als Gesamthandsgemeinschaft verpflichtet sind, sondern nur einzeln als Gesamtschuldner aus einer gemeinschaftlichen Verpflichtung schulden (§ 427), wird nur die Klage gegen die Gesellschaft – nicht aber die Klage gegen die Gesellschafter persönlich – abgewiesen. Stellt sich erst während der Zwangsvollstreckung heraus, dass kein Gesellschaftsvermögen vorhanden ist, kann der Gläubiger aus dem gegen die einzelnen Gesellschafter persönlich erwirkten Titel in deren Vermögen vollstrecken. Die Gesellschafter haften akzessorisch für die Gesellschaftsverbindlichkeiten (BGH, NJW 2001, 1056 = GE 2001, 276 = ZMR 2001, 338 [343]). Soweit der Gesellschafter für die Verbindlichkeiten der Gesellschaft auch persönlich haftet (vgl. dazu BGHZ 142, 315 [318] = ZMR 2000, 14), ist der jeweilige Bestand der Gesellschaftsschuld auch für die persönliche Haftung maßgebend. Eine unmittelbare Anwendung der §§ 420 ff. ist nicht möglich, weil kein echtes Gesamtschuldverhältnis besteht, so dass eine Verurteilung der Gesellschafter mit der Gesellschaft nur dahin gehend erfolgen kann, dass die Gesellschafter **neben** der Gesellschaft **wie Gesamtschuldner** verurteilt werden.

Da Voraussetzung für die Aktiv- und Passivlegitimation ist, dass die Gesellschaft durch Teilnahme am Rechtsverkehr eigene Rechte und Pflichten begründet hat, kommt es zunächst darauf an, ob sie den Mietvertrag als solche abgeschlossen hat. Steht im Vertragsrubrum die „Bauherrengemeinschaft Karl-Marx-Str. 44", so ist diese als solche parteifähig sowie für sämtliche Ansprüche aus dem Mietverhältnis aktiv und für sämtliche Gegenansprüche des Mieters passiv legitimiert. Soweit entsprechend der bisherigen Rechtsprechung (BGHZ 30, 195 [197]) sämtliche ursprünglichen Gesellschafter – oder bei späterem Gesellschafterwechsel die neu eingetretenen Gesellschafter neben den in der Gesellschaft verbliebenen bisherigen Gesellschaftern (BGH, GE 1998, 483 = ZMR 1998, 412; KG [RE], GE 1998, 739; KG, GE 1996, 923) – geklagt haben, wäre während des laufenden Prozesses die Klage dahin gehend umzustellen, dass Klägerin nunmehr die Gesellschaft als solche ist. Darin liegt nur eine Rubrumsberichtigung, da an sich schon immer die Gesellschaft als solche aktiv legitimiert war. Sind entsprechend der bisherigen Rechtsprechung zur Streitgenossenschaft der Gesellschafter der GbR alle Gesellschafter verklagt worden (vgl. zur Einbeziehung weiterer Gesellschafter in den Passivprozess nach der früheren Rspr.: BGH, ZIP 1990, 715; ZMR 2000, 162 = ZIP 1999, 2009), so braucht die Klage nicht umgestellt zu werden, da der Titel gegen die Gesellschafter ausreicht, um auch in deren persönliches Vermögen zu vollstrecken. Untereinander haften die Gesellschafter als Gesamtschuldner. Allerdings ist eine Titelumschreibung gem. § 727 ZPO auf vor Rechtshängigkeit neu eingetretene Gesellschafter nicht mehr möglich, so dass in deren Vermögen nicht vollstreckt werden kann. Hinsichtlich der nach Rechtshängigkeit eingetretenen, aber nicht mit verklagten Gesellschafter ist eine Titelumschreibung nur dann möglich, wenn der Gläubiger den Neueintritt durch Offenkundigkeit bei Gericht oder öffentliche bzw. öffentlich beglaubigte Urkunden nachweisen kann. Ist ihm dieser Nachweis nicht möglich, so müsste er erst Klage auf Klauselerteilung gem. § 731 ZPO erheben. Daher wäre zu prüfen, ob nicht auch in solchen Fällen die Klage dahin gehend umgestellt werden sollte, dass Beklagte nunmehr die Gesellschaft als solche ist. Darin läge ebenfalls keine subjektive Klageänderung, da die nach außen durch Teilnahme am Rechtsverkehr auftretende Gesellschaft ohnehin – neben den akzessorisch haftenden Gesellschaftern – passiv legitimiert war.

Fraglich ist, ob die Klage auch dann umgestellt werden muss, wenn in dem Mietvertragsrubrum nicht die Gesellschaft als solche, sondern nur deren Gesellschafter als Vermieter aufgeführt sind, was bei persönlich verbundenen Bauherren in geringer Anzahl vorkommt. Da die Gesellschaft in diesem Fall nicht als solche im Rechtsverkehr aufgetreten ist, ist nach der hier vertretenen Auffassung eine Klageumstellung weder im Aktivprozess der Gesellschafter noch dann erforderlich, wenn diese verklagt werden.

Dagegen dürfte in demjenigen Fall, in dem zwar die Gesellschafter als solche im Vertrag als Vermieter aufgeführt sind, jedoch mit dem Zusatz „handelnd als Gesellschafter der GbR ...", die Klageumstellung im Aktivprozess dahin gehend notwendig sein, dass Klägerin nunmehr die im Mietvertrag als GbR angegebene Gesellschaft ist, für die die Gesellschafter gehandelt haben.

Erbengemeinschaften sind als solche ebenfalls nicht rechtsfähig. Sie können gleichermaßen nur durch die einzelnen Erben handeln, d.h., nur diese können als natürliche Personen die Ansprüche aus dem Mietvertrag geltend machen. Solange sich die Erbengemeinschaft nicht auseinander gesetzt hat, können nur sämtliche Erben gemeinsam klagen oder verklagt werden. 22

Hat der **staatliche Verwalter** den Mietvertrag abgeschlossen, so ist er zunächst Vermieter geworden; dabei kommt es nicht darauf an, ob der staatliche Verwalter den Mietvertrag im eigenen oder fremden Namen geschlossen hat. Es reicht vielmehr aus, dass der Mietvertrag sich auf den verwalteten Vermögensgegenstand bezieht (KG, DtZ 1995, 145 f.; GE 1995, 1547). Dies gilt auch dann, wenn der staatliche Verwalter bei Abschluss des längerfristigen Mietvertrags gegen seine Verpflichtungen aus § 15 Abs. 2 VermG verstoßen hat, ohne Zustimmung des Eigentümers keine langfristigen Verpflichtungen einzugehen (KG, GE 1995, 1945). Mit der Aufhebung der staatlichen Verwaltung mit Ablauf 23 des 31.12.1992 (§ 11a Abs. 1 Satz 1 VermG) ist jedoch der Grundstückseigentümer in den Mietvertrag eingetreten (KG, a.a.O.). Das bedeutet, nunmehr muss anstelle des früheren staatlichen Verwalters der in das Mietverhältnis eingetretene Eigentümer die Rechte aus diesem geltend machen und ist für die Ansprüche aus dem Mietverhältnis passiv legitimiert.

24 Dies gilt auch für die sog. **faktische staatliche Verwaltung** (vgl. dazu näher Betthole/Köhler-Apel in: Rädler/Raupach/Bezzenberger, § 1 VermG Rn. 104), aufgrund derer eine Vermietung erfolgte. Hat dagegen der Grundstückseigentümer vor Beendigung der **Abwesenheitspflegschaft** einen Mietvertrag geschlossen, so ist er für die Rechte aus dem Mietvertrag aktiv und für die Ansprüche aus dem Mietvertrag aktiv bzw. passiv legitimiert (OLG Naumburg, WuM 1995, 142 [144]).

25 Hat dagegen eine **Wohnungsbaugesellschaft** als Rechtsnachfolgerin der kommunalen Wohnungsverwaltung Mietverträge ohne Hinweis auf ihre Vertretereigenschaft abgeschlossen, so ist sie Vermieterin geworden (LG Berlin, GE 1995, 759 f.) mit der Folge, dass die Ansprüche aus dem Mietvertrag von ihr und gegen sie geltend zu machen sind.

26 Hat der **Hausverwalter** den Mietvertrag ohne Angabe eines Vertretungszusatzes unterzeichnet, so ist der Mietvertrag ebenfalls mit ihm – nicht mit dem Grundstückseigentümer – zustande gekommen, so dass er aus dem Mietverhältnis aktiv und passiv legitimiert ist (LG Berlin, GE 1995, 1207).

27 War das Grundstück dagegen enteignet und hat daher der frühere Verfügungsberechtigte den Mietvertrag abgeschlossen, so tritt der **Alteigentümer** mit Bestandskraft des Restitutionsbescheids als Vermieter in das Mietverhältnis ein (LG Berlin, ZOV 1993, 217 [220]; ebenso Hök, ZOV 1993, 147 f.), so dass er spätestens ab diesem Zeitpunkt die Rechte aus dem Mietvertrag geltend machen kann und für die Ansprüche aus dem Mietverhältnis auch passiv legitimiert ist.

28 Sind **Ehegatten als Mieter** im Kopf des Mietvertrags aufgeführt, hat aber nur einer von beiden den Mietvertrag unterzeichnet (vgl. dazu näher § 554 Rn. 126), so sind nach der h.M. beide Mieter geworden (OLG Düsseldorf, WuM 1989, 362; OLG Oldenburg, MDR 1991, 969 = ZMR 1991, 268; LG Berlin, GE 1995, 567; GE 1995, 1553). Sie sind daher nach der h.M. für sämtliche Ansprüche aus dem Mietverhältnis zusammen aktiv und passiv legitimiert. Dies gilt auch dann, wenn sie nach Scheidung und Auszug vereinbart haben, dass der in der Wohnung verbliebene Partner den anderen von allen Verbindlichkeiten freistellt (LG Heidelberg, WuM 1993, 342; Sternel, Mietrecht aktuell, Rn. 20). Etwas anderes gilt nur dann, wenn in dem Scheidungsurteil des Familiengerichts dem einen Ehegatten die Wohnung allein zugewiesen worden ist oder der ausgezogene Ehepartner durch gleichzeitige Vereinbarung zwischen ihm, dem in der Wohnung verbliebenen Ehepartner und dem Vermieter aus dem Mietverhältnis entlassen worden ist (LG Berlin, GE 200, 205).

29 Für vor dem 3.10.1990 geschlossene Mietverträge über Wohnraum in den **neuen Bundesländern** gilt § 100 Abs. 3 ZGB, wonach ohnehin beide Ehegatten Mieter wurden, auch wenn nur einer von ihnen den Mietvertrag unterschrieben hatte. Das galt auch für den Fall des späteren Zuzugs des Ehegatten (LG Cottbus, WuM 1993, 665; WuM 1995, 38 = ZMR 1995, 31 = NJW-RR 1995, 524 f. = ZAP-Ost, EN – Nr. 292/95). Eine Aus-

nahme gilt nur für Mietverträge über Werkswohnungen mit Betriebsangehörigen (AG Görlitz, WuM 1994, 268; AG Potsdam, WuM 1994, 522).

1.2.3 Prozessführung/Prozessstandschaft

Schließen **mehrere Personen** einen Mietvertrag ab, so sind sie regelmäßig als Mitglieder 30 einer GbR verbunden (KG, WuM 1992, 323; OLG München, ZMR 1994, 216 für die nichteheliche Lebensgemeinschaft), so dass sie grundsätzlich ihre Ansprüche aus dem Mietverhältnis nur zusammen geltend machen können. Für Streitigkeiten, die das Mietverhältnis als Ganzes betreffen, besteht eine notwendige Streitgenossenschaft, so dass bei Personenmehrheit auf der Mieter- oder der Vermieterseite der Rechtsstreit von allen gegen alle Vertragsparteien geführt werden muss (OLG Celle, DWW 1994, 118 = NJW-RR 1994, 854).

Haben jedoch die Gründungsgesellschafter einer GmbH nach notarieller Beurkundung des Gesellschaftsvertrags den Mietvertrag im Namen der – noch nicht eingetragenen – GmbH geschlossen, so kann nach Eintragung die GmbH die Rechte aus dem Mietvertrag im eigenen Namen geltend machen (OLG München, ZMR 1997, 458 = NJWE-MietR 1998, 202).

Auch wenn die Personenmehrheit auf der Vermieterseite von einem Hausverwalter ver- 31 treten worden ist, ist der **Verwalter** grundsätzlich nicht befugt, Ansprüche auf Miete und Nebenkosten im eigenen Namen im Wege der **Prozessstandschaft** gerichtlich geltend zu machen (LG Hamburg, WuM 1991, 599; LG Kassel, ZMR 1992, 548; LG Berlin, NJW-RR 1993, 1234; LG Saarbrücken, WuM 1998, 421). Ebenso wenig ist der Verwalter einer Wohnungseigentumsanlage berechtigt, Ansprüche aus der Verwaltung einer Eigentumswohnung im eigenen Namen geltend zu machen (AG Neuss, NJW-RR 1989, 269 = WuM 1989, 88). Dagegen kann der Anspruch auf Räumung und Herausgabe von Wohnraum vom Hausverwalter im Wege der gewillkürten Prozessstandschaft – sofern deren Voraussetzungen vorliegen – geltend gemacht werden (LG Berlin, GE 1994, 399).

Auch mehrere Mieter können infolge ihrer Verbindung als Mitglieder einer GbR (KG, 32 WuM 1992, 323; OLG München, ZMR 1994, 216) die Ansprüche aus dem Mietverhältnis grundsätzlich nur gemeinsam geltend machen. Maßgeblich ist insoweit allein, ob sich aus den getroffenen Abreden und Gesamtumständen ein Rechtsbindungswille der Mitmieter ergibt, ihren gemeinsamen Zweck, der zumindest den Erwerb der Rechte aus dem Mietverhältnis und die Nutzung der Mietsache umfasst, auf vertraglicher Basis zu verfolgen (Behrens, S. 93). Für die Annahme eines solchen Willens der Mitmieter spricht vor allem, dass sich alle an der Wohnungsmiete beteiligen (Behrens, S. 94). Die Mitmieter werden erst durch ihr Zusammenwirken in die Lage versetzt, die Kosten der Mietsache zu tragen und dadurch an dem erstrebten Mietgebrauch teilzunehmen. Entscheidend spricht ferner für die gesellschaftsrechtliche Verbindung, dass allen Mitmietern daran gelegen ist, dass die Zusammensetzung der Mitmietergesellschaft nicht ohne ihre Zustimmung verändert werden kann (AG Frankfurt/Main, WuM 1956, 71). Dieses Interesse ergibt sich bereits daraus, dass die Aufbringung der Gesamtmiete von dem Fortbestand der Mietergesellschaft abhängt. Darüber hinaus ist von Bedeutung, dass die Mitmieter durch den gemeinsamen Gebrauch in engem persönlichem Kontakt stehen, der bei Veränderung der Mitmietergesellschaft ohne Einverständnis aller Gesellschafter nicht mehr zumutbar sein könnte. Daher wäre es für den einzelnen Mitmieter untragbar, wenn ein

einzelner Mitmieter seine Rechte – und insbesondere seine Pflichten (Mietzahlung!) –
aus dem Mietverhältnis ohne das Einverständnis der Übrigen an einen beliebigen, den
anderen möglicherweise nicht genehmen Dritten übertragen könnte.

Daher können Mitmieter Ansprüche aus dem Mietverhältnis (vgl. dazu LG Berlin, GE
1998, 1462 und Urteil vom 6.11.1998, 64 S 244/98) grundsätzlich nur zusammen geltend
machen. Auch nach Beendigung des Mietverhältnisses können nur sämtliche Mieter
gemeinsam die Ansprüche aus dem beendeten Mietverhältnis (z.B. den Anspruch auf
Rückzahlung der Kaution, LG Berlin, GE 1997, 1029) geltend machen. Etwas anderes
gilt nur dann, wenn ein Mitmieter seinen Anspruch aus dem Mietverhältnis an die oder
den weiteren Mitmieter abtritt und diese(n) ausdrücklich ermächtigt, den Anspruch im
eigenen Namen geltend zu machen; dann kann derjenige Mitmieter, an den der Anspruch
abgetreten worden ist, auch allein die Ansprüche aus dem Mietverhältnis geltend machen
(LG Gießen, NJW-RR 1996, 1162). Die Mitmieter können auch einen von ihnen ermächtigen, die Ansprüche aus dem Mietverhältnis im eigenen Namen und auf eigene
Rechnung geltend zu machen. Erklärt bzw. erklären sich außerdem der oder die Mitmieter damit einverstanden, dass der ermächtigte Mitmieter die Ansprüche im Wege der
Klage verfolgt, kann dieser die Ansprüche im Wege der gewillkürten Prozessstandschaft
auch für die anderen Mitmieter geltend machen (LG Kassel, WuM 1994, 534; LG Berlin,
GE 1994, 1447; 1997, 1401; 1998, 1462). Erzielt der von dem ermächtigten Mitmieter in
Anspruch genommene Vermieter ein obsiegendes Urteil, weil die Klage des Mitmieters
abgewiesen wird, so erstreckt sich die Rechtskraft dieses Urteils auch auf die anderen
Mitmieter, die der Prozessführung zugestimmt haben (vgl. dazu BGH, NJW 1988, 1585).
Erheben die anderen Mitmieter selbst Klage, obwohl der Prozess des ermächtigten Mit-
mieters gegen den Vermieter noch rechtshängig ist, so kann der verklagte Vermieter die
Einrede der Rechtshängigkeit erheben (BGHZ 78, 1 [7] = NJW 1980, 2461). Eine derartige Ermächtigung des Mitmieters kann aber nicht allein darin gesehen werden, dass
einer der Mitmieter aus der Wohnung auszieht und sich nicht mehr an den Rechten und
Pflichten aus dem Mietverhältnis beteiligt (LG Berlin, GE 1998, 1462). Vielmehr bedarf
es einer ausdrücklichen Auseinandersetzungsvereinbarung zwischen den Mitmietern,
welche Rechte und Pflichten aus dem Mietverhältnis auf den anderen Mitmieter übergehen. Hat eine derartige Auseinandersetzung nach gesellschaftsrechtlichen Regeln stattgefunden, kann der nach Auflösung und Auseinandersetzung der ehelichen Gemeinschaft
in der Wohnung allein verbliebene Ehegatte/Mitmieter mietrechtliche Ansprüche allein
geltend machen (LG Berlin, a.a.O.; AG Berlin-Neukölln, GE 1998, 360).

1.2.4 Veräußerung der Streitsache

33 Die Aktivlegitimation ändert sich grundsätzlich nicht dadurch, dass die vermietete Sache
von den Vermietern veräußert wird (§ 265 Abs. 2, § 325 Abs. 1 ZPO). Dies gilt insbesondere für Mietansprüche, die in der Zeit entstanden und fällig geworden sind, in der
der veräußernde Eigentümer noch Vermieter des Grundstücks war. Denn der Erwerber
tritt immer jeweils erst **mit seiner Eintragung in das Grundbuch** in die Rechte und
Pflichten aus dem Mietvertrag ein (§ 566). Der Erwerber kann daher Betriebskosten erst
für die Zeit ab seiner Eintragung in das Grundbuch nachfordern (LG Berlin, GE 1998,
245). Der veräußernde Vermieter kann den Erwerber jedoch ermächtigen, bereits vor
seiner Eintragung in das Grundbuch das Mietverhältnis im eigenen Namen zu kündigen

(BGH, GE 1998, 176 = ZMR 1998, 214 = WuM 1998, 99 = NZM 1998, 260). Sonst ist vor der Eintragung in das Grundbuch nicht der Erwerber, sondern noch der frühere Vermieter für Ansprüche aus dem Mietverhältnis aktiv legitimiert. Etwas anderes gilt nur dann, wenn zwischen veräußerndem Vermieter und dem Erwerber ein früherer Nutzen- und Lastenwechsel vereinbart worden ist. Eine derartige Vereinbarung – die in den notariellen Kaufverträgen über Hausgrundstücke häufig anzutreffen ist – kann dahin ausgelegt werden, dass dem Erwerber ab dem Zeitpunkt des vereinbarten Nutzen- und Lastenwechsels bereits die Mietansprüche zustehen sollen. Die ab diesem Zeitpunkt entstandenen Mietansprüche muss daher bereits der Erwerber geltend machen. Hat dagegen der veräußernde Vermieter bis zum Nutzen- und Lastenwechsel fällig gewordene Mietansprüche klageweise geltend gemacht, so ändert sich an seiner Aktivlegitimation durch die Veräußerung nichts.

Soweit der veräußernde Vermieter jedoch Räumung und Herausgabe der vermieteten **34** Sache an sich selbst verlangt hat, muss er die durch die Eintragung des Erwerbers eintretende Änderung der Rechtszuständigkeit dadurch berücksichtigen, dass er den Klageantrag **auf Herausgabe an den Erwerber** umstellt. Stellt der veräußernde Vermieter den Klageantrag nicht entsprechend um, ist die Räumungsklage auch dann abzuweisen, wenn sich der Mieter nicht auf die unstreitige Änderung der Rechtszuständigkeit beruft (BGH, ZIP 1986, 583).

Nach der Anordnung der **Zwangsverwaltung** ist der Vermieter nicht mehr prozessfüh- **35** rungsbefugt (LG Berlin, GE 1998, 356). Nach Beendigung der Zwangsverwaltung muss wiederum der Vermieter in Anspruch genommen werden, und zwar auch auf Abrechnung der Betriebskosten für Zeiträume, in denen noch die Zwangsverwaltung bestand (AG Berlin-Wedding, GE 1998, 360).

Der **Zwangsverwalter** als Partei kraft Amtes kann anhängige Prozesse über die Nutzung der Mietsache aus der Zeit seiner Amtstätigkeit trotz Aufhebung der Zwangsverwaltung fortsetzen (BGH, WPM 1990, 742; BGH, MDR 1993, 476 = WuM 1993, 61).

Nach der Aufhebung der Zwangsverwaltung kann der Mieter vom Zwangsverwalter nur noch dann einen Vorschuss für Mängelbeseitigungskosten verlangen, wenn der Zwangsverwalter selbst mit der Mängelbeseitigung in Verzug gekommen ist (AG Berlin-Charlottenburg, GE 1997, 1403).

1.3 Darlegungs- und Beweislast

Darlegungslast bedeutet im Prozess die Verpflichtung, dass jede Partei sämtliche Tatbe- **36** standsmerkmale einer für sie günstigen Rechtsnorm behaupten muss. Dazu gehören auch die negativen Tatsachen, die Voraussetzungen eines Anspruchs sind. Für den **Vermieter**, der Rechte aus dem Mietverhältnis herleitet, bedeutet dies, er muss im Prozess zunächst den Mietvertragsabschluss mit dem beklagten Mieter im Einzelnen behaupten. Ist der Mietvertrag ursprünglich mit einem anderen Vermieter abgeschlossen worden, so muss der jetzt klagende Vermieter im Einzelnen vortragen, aufgrund welcher Tatsachen er an die Stelle des ursprünglichen Vermieters getreten ist. Hat der frühere Vermieter das vermietete Grundstück veräußert, so muss der jetzt klagende Vermieter die lückenlose Erwerberkette seit dem früheren Vermieter („Eigentümer") im Einzelnen vortragen. Dazu reicht es nicht aus, wenn er das Datum des Kaufvertrags vorträgt. Da er vielmehr erst mit Erwerb des Eigentums in die Rechte und Pflichten aus dem Mietverhältnis eintritt (§ 566), muss er das Datum seiner Eintragung in das Grundbuch vortragen. Ist das ursprüngliche Mietshaus in Eigentumswohnungen aufgeteilt worden, so muss der jetzt **klagende Eigentümer** der Eigentumswohnung sowohl die Aufteilung als auch seine Eintragung als neuer Wohnungseigentümer in das Grundbuch darlegen. Hat nach der Aufteilung des Wohnhauses in Eigentumswohnungen der Eigentümer der Wohnung mehrfach gewechselt, so muss der zuletzt klagende Wohnungseigentümer auch die lückenlose Erwerberkette, ausgehend von dem damaligen Vermieter bis zu ihm unter Berücksichtigung der zwischenzeitlich erfolgten Aufteilung in Wohnungseigentum, darlegen.

37 Verklagt der jetzige Vermieter einen **anderen Mieter** als denjenigen, der sich aus dem Mietvertrag ergibt, so muss er ebenfalls darlegen, dass dieser an die Stelle des früheren Mieters getreten ist. Handelt es sich um eine **Nachtragsvereinbarung** zum ursprünglichen Mietvertrag, so muss der den jetzigen neuen Mieter verklagende Vermieter das Datum, die Form und den Inhalt dieser Nachtragsvereinbarung im Einzelnen darlegen. Ist keine Nachtragsvereinbarung geschlossen worden, so muss der jetzige Vermieter den Eintritt des verklagten Mieters **kraft Gesetzes** (§§ 563, 563a usw.) im Einzelnen nachvollziehbar darlegen. Wenn der Vermieter aus dem von dem früheren Ehemann abgeschlossenen Mietvertrag dessen Ehefrau verklagt, die weder als Mieter aufgeführt ist noch den Mietvertrag als Mieter unterschrieben hat, so muss der Vermieter darlegen, dass die jetzt verklagte Ehefrau deswegen in den Mietvertrag eingetreten ist, weil sie mit dem verstorbenen Ehemann einen gemeinsamen Haushalt geführt hatte (§ 563 Abs. 1). Dasselbe gilt, wenn der Mietvertrag von beiden Ehegatten gemeinschaftlich abgeschlossen worden ist, jetzt aber nur noch die überlebende Ehefrau verklagt wird. Da dieser Mietvertrag beim Tode eines Ehegatten mit dem überlebenden Ehegatten fortgesetzt wird (§ 563a Abs. 1), muss der Vermieter darlegen, dass der Ehemann vorverstorben ist.

38 Dasselbe gilt für **Lebensgefährten** des verstorbenen Mieters. Da auch der Lebensgefährte des verstorbenen Mieters gem, § 563 Abs. 1 Satz 2 in das Mietverhältnis eintritt (so schon früher LG Berlin, GE 1990, 711; BVerfG, GE 1990, 599), muss der Vermieter, der den überlebenden Partner verklagt, im Einzelnen darlegen, dass eine eheähnliche Lebensgemeinschaft zwischen dem verstorbenen Mieter und dem überlebenden Lebensgefährten begründet worden ist und bis zum Tode des verstorbenen Mieters bestanden hat. Nur dann, wenn eine auf Dauer gegründete, sehr eng geknüpfte gemeinsame Lebensführung in der Wohnung mit dem verstorbenen Mieter bestand, wird das Mietverhältnis auch mit dem Lebensgefährten fortgeführt, selbst wenn dieser nicht als Mieter in dem Mietvertrag erwähnt worden ist (zur früheren Rechtslage: BVerfG, GE 1990, 599; BGH, GE 1993, 361; OLG Saarbrücken, NJW 1991, 1760; LG Berlin, a.a.O.).

39 Ergibt sich aus dem Mietvertrag über früher preisgebundenen Altbau (vgl. dazu näher Kinne, Mietfestsetzung zum 1. August 1995 in den neuen Ländern, S. 9; Beuermann, Mietenüberleitungsgesetz und Miethöhegesetz, § 11 MHG a.F. Rn. 1–8) in den neuen Bundesländern, dass die Wohnung von der **kommunalen Wohnungsverwaltung** vermietet worden ist, so muss der Vermieter, der nunmehr anstelle der ursprünglichen kommunalen Wohnungsverwaltung den in dem Mietvertrag aufgeführten Mieter verklagt, im Einzelnen darlegen, warum er als Vermieter in den Mietvertrag eingetreten ist. Der Vermieter muss mithin entweder darlegen, dass die vermietete Wohnung im Zeit-

punkt der Vermietung unter staatlicher Verwaltung stand, so dass er mit dem Ende der staatlichen Verwaltung am 31.12.1992 (§ 11a VermG) kraft Gesetzes in den Mietvertrag eingetreten ist (§ 11a Abs. 4, § 16 Abs. 1 VermG), oder er muss darlegen, dass der Mietvertrag von dem damaligen Rechtsträger oder einem Bevollmächtigten des Rechtsträgers während der Zeit geschlossen worden ist, zu der das Grundstück enteignet war, und der Restitutionsbescheid, mit dem ihm das Eigentum an dem enteigneten Grundstück zurückübertragen worden ist, bestandskräftig geworden ist. Insoweit kommt es nicht darauf an, ob der staatliche Verwalter den Vertrag im eigenen oder im fremden Namen geschlossen hat, sondern es reicht aus, dass der Miet- oder Nutzungsvertrag sich auf den verwalteten Vermögenswert bezog (KG, DtZ 1995, 145 [146]; ZOV 1996, 38).

Ist der Mietvertrag jedoch – ohne dass staatliche Verwaltung angeordnet oder das Grund- **40** stück enteignet worden ist – vom **VEB Kommunale Wohnungsverwaltung (KWV) als privatem Hausverwalter** abgeschlossen worden, so kommt es darauf an, wer der Rechtsnachfolger des VEB KWV geworden ist. Klagt daher nunmehr die städtische Wohnungsbaugesellschaft aus dem Mietvertrag, so müsste sie darlegen, dass sie durch Umwandlung aus dem VEB KWV entstanden und – falls die Eintragung in das Handelsregister konstitutiv ist – auch im Handelsregister des zuständigen Amtsgerichts eingetragen worden ist. Die Rechtsnachfolge könnte sich insoweit aus § 7 Satz 2 der Verordnung zur Umwandlung von volkseigenen Kombinaten, Betrieben und Einrichtungen in Kapitalgesellschaften vom 1.3.1990 (GBl. I S. 107) ergeben (KG, ZOV 1996, 38; GE 1996, 409 [411]).

Der Eigentümer, dessen Grundstück unter staatlicher Verwaltung stand oder enteignet **41** worden war, kann sich auf den früher abgeschlossenen Miet- oder Nutzungsvertrag **auch dann berufen**, wenn dieser aufgrund **unlauterer Machenschaften** zustande gekommen ist, z.B. durch Machtmissbrauch, Korruption, Nötigung oder Täuschung von Seiten des Mieters oder Pächters. Denn in diesen Fällen bestehen Ansprüche aus dem Mietverhältnis erst dann nicht mehr, wenn das Rechtsverhältnis mit dem unredlichen Mieter gem. § 33 Abs. 3 VermG (bestandskräftig) aufgehoben worden ist (§ 17 Satz 2 VermG).

Ist der Mietvertrag von einer **Bauherrengemeinschaft** oder einer sonstigen **Gesellschaft** **42** **bürgerlichen Rechts** abgeschlossen worden, so muss der jetzt allein klagende Vermieter darlegen, dass er das Grundstück von dieser erworben hat (§ 566). Dasselbe gilt, wenn anstelle der früheren Miteigentümer nach Bruchteilen (vgl. § 554 Rn. 111) nur noch ein Miteigentümer oder ein Dritter klagt. Voraussetzung für den Eintritt des Dritten ist jedoch, dass beide Miteigentümer zusammen den Mietvertrag auf der Vermieterseite abgeschlossen haben. Denn nur dann, wenn der Vermieter gleichzeitig Grundstückseigentümer ist, tritt der Erwerber in die Rechte und Pflichten aus dem Mietverhältnis mit dem veräußernden Eigentümer ein (BGH, NJW 1974, 1551; LG Berlin, MM 1991, 32).

Bei der Vermietung an eine **studentische Wohngemeinschaft** (vgl. dazu näher § 554 **43** Rn. 133) wird die Auffassung vertreten (LG München I, WuM 1982, 189 f.; LG Karlsruhe, WuM 1985, 83 f. und NJW 1985, 1561; LG Frankfurt/Main, WuM 1991, 33), dass das Zusammenwohnen von Studenten von vornherein für eine vorübergehende – für jede einzelne der Personen durch Studienabschluss oder Studienortwechsel zu verschiedenen Zeiten endende – Zeit beabsichtigt ist; daher muss der Vermieter, der anstelle der ursprünglich in den Mietvertrag aufgenommenen Mieter andere Personen verklagt, darlegen, dass es sich um die Vermietung an eine studentische Wohngemeinschaft handelte und die jetzt verklagten Personen anstelle der früheren Mieter in die Stellung als Mieter eingetreten sind.

44 Hat der Vermieter das Bestehen eines Mietverhältnisses mit dem verklagten Mieter dargelegt, so muss er zudem die **weiteren Anspruchsgrundlagen dem Grunde und der Höhe nach** nachvollziehbar darlegen. Macht er z.b. einen Mietanspruch geltend, so muss er darlegen, dass diese Miete mit dem Mieter vereinbart war. Insoweit kann er sich grundsätzlich auf den Mietvertrag berufen, wenn sich aus diesem die Höhe der geltend gemachten Miete ergibt. Macht der Vermieter eine höhere Miete als ursprünglich vereinbart geltend, muss er zumindest behaupten, dass die Höhe der jetzt verlangten Miete von dem Mieter akzeptiert worden ist. Dazu muss der Vermieter im Einzelnen darlegen, dass die ursprünglich vereinbarte Miete in zulässiger Weise erhöht worden ist; dazu müssen die Mieterhöhungen seit dem Abschluss des Mietvertrags vorgelegt werden, aus denen sich die jetzt geltend gemachte Miete der Höhe nach ergibt. Diese Mieterhöhungserklärungen müssen den gesetzlichen Anforderungen (z.B. §§ 558 bis 560; § 10 Abs. 1 WoBindG) entsprechen, damit dem Vermieter die geltend gemachte Miete auch der Höhe nach zugesprochen werden kann. Bestehen insoweit hinsichtlich der formellen oder materiellen Wirksamkeit einzelner Mieterhöhungserklärungen Bedenken, so kann nur diejenige Miete zugesprochen werden, die sich aufgrund der wirksamen Mieterhöhungserklärungen ergibt. Da Voraussetzung für die Erhöhung der Miete der Zugang der Mieterhöhungserklärung ist, muss der Vermieter auch vortragen, dass die Mieterhöhungserklärung von ihm – oder dem Voreigentümer oder Rechtsvorgänger – abgegeben worden und dem Mieter zugegangen ist. Insoweit kann sich der Vermieter allerdings darauf beschränken, auf die entsprechenden Angaben in den Mieterhöhungserklärungen (Absender und Empfänger) hinzuweisen.

45 Klagt der Vermieter auf **Zustimmung zur Mieterhöhung** (§ 558 Abs. 1), so muss er darlegen, dass die erhöhte Miete, der der Mieter zustimmen soll, die ortsübliche Vergleichsmiete darstellt. Dazu kann er sich sowohl auf den für die Gemeinde erstellten **Mietspiegel** berufen als auch auf **Sachverständigengutachten**. Soweit er sich darauf beruft, dass die ortsübliche Vergleichsmiete sich aus dem Mietspiegel der Gemeinde ergibt, reicht es aus, wenn die von ihm verlangte Miete innerhalb der Mietspiegelspanne (Bereich zwischen Ober- und Unterwert) liegt, die für die jeweilige Wohnung maßgebend ist; dazu muss jedoch mindestens im Prozess das jeweilige Rasterfeld des Mietspiegels richtig angegeben werden. Eine weitere Begründung im Hinblick auf die Einordnung der Wohnung wird nicht für notwendig gehalten (vgl. u.a. LG Berlin, GE 1989, 91; 1992, 383). Zu berücksichtigen ist jedoch, dass für die Zeit vom 1.3.1993 bis 31.8.1998 zwei unterschiedliche Kappungsgrenzen bestanden. Wenn der Vermieter eine Mieterhöhung begehrte, die über die Kappungsgrenze von 20% hinausging, musste er spätestens im Prozess das Überschreiten der Kappungsgrenze rechtfertigen (LG Berlin, Urteil vom 24.9.1996, 64 S 262/96; LG Berlin, GE 1996, 267). Der Vermieter musste spätestens im Prozess darlegen, dass es sich entweder um Wohnraum handelte, der nach dem 31.12.1980 fertig gestellt worden ist, oder dass bei dem vor dem 1.1.1981 fertig gestellten Wohnraum die Nettokaltmiete weniger als 8 DM je Quadratmeter Wohnfläche betrug

und 9,60 DM monatlich je Quadratmeter Wohnfläche nicht überstieg (§ 2 Abs. 1 Nr. 3b MHG a.F.).

Klagt der Vermieter auf **Räumung** der vermieteten Wohnung oder des Gewerberaums, 46 so muss er im Einzelnen darlegen, dass das mit dem Mieter begründete Mietverhältnis beendet worden ist (§ 546 Abs. 1). Das Mietverhältnis endet mit dem Ablauf der Zeit, für die es eingegangen ist (§ 542 Abs. 2), oder bei unbefristeten Mietverhältnissen aufgrund einer Kündigung (§ 542 Abs. 1). Ferner können auch befristete Mietverhältnisse durch außerordentliche, fristlose Kündigung (vgl. dazu oben § 543) beendet werden.

Hat der Vermieter das unbefristete Mietverhältnis durch **ordentliche Kündigung** been- 47 det, so muss er die formelle und materielle Wirksamkeit der Kündigungserklärung darlegen. Der Vermieter muss also zunächst einmal behaupten, dass er eine Kündigung ausgesprochen hat; handelt es sich um die Kündigung eines Mietverhältnisses über Wohnraum, muss er zudem vortragen, dass er die Schriftform (§ 568 Abs. 1) eingehalten hat. Ferner muss er darlegen, dass diese Kündigungserklärung von ihm als dem richtigen Vermieter ausgesprochen und dem richtigen Mieter zugegangen ist. Hat die Kündigung nicht der Vermieter selbst, sondern die von ihm beauftragte Hausverwaltung ausgesprochen, so muss der Vermieter darlegen, dass die Kündigungserklärung entweder ausdrücklich in seinem Namen abgegeben worden ist oder die Umstände ergeben, dass die Kündigungserklärung in seinem Namen erfolgen sollte (§ 164 Abs. 1). Ist die Hausverwaltung im bisherigen Mietverhältnis noch niemals als Vertreter des Vermieters aufgetreten, so muss die Kündigungserklärung ausdrücklich im Namen des Vermieters abgegeben werden. Hat dagegen die Hausverwaltung bereits früher Erklärungen im Namen des Vermieters abgegeben oder ist sie sogar im Mietvertrag als Vertreter des Vermieters aufgeführt (vgl. dazu näher Kinne, Der Wohnraummietvertrag, Rn. 35/36), dann reicht es aus, wenn die Hausverwaltung die Kündigung ohne ausdrücklichen Hinweis auf den Vermieter erklärt. Hinsichtlich des Zugangs der Kündigung an den Mieter kann sich der Vermieter grundsätzlich darauf beschränken, das Kündigungsschreiben vorzulegen, aus dem sich die (richtige) Anschrift des Mieters ergibt.

Der Vermieter muss aber in diesem Fall nicht nur die formelle Wirksamkeit der Kündi- 48 gungserklärung darlegen, sondern auch, dass sämtliche **Voraussetzungen für die Kündigung vorliegen**. Bei einer Kündigung nach § 573 muss er mithin darlegen, dass ein berechtigtes Interesse an der vorzeitigen Beendigung des Mietverhältnisses bestand. Zudem muss er in diesem Fall auch noch darlegen, dass dieses berechtigte Interesse im Kündigungsschreiben nachvollziehbar geschildert worden ist, weil als berechtigte Interessen des Vermieters nur diejenigen Gründe berücksichtigt werden, die in dem Kündigungsschreiben angegeben sind (§ 573 Abs. 3).

Bei einer **fristlosen Kündigung** muss der Vermieter ebenfalls die Kündigungsvorausset- 49 zungen im Einzelnen darlegen. Bei der Kündigung wegen Zahlungsverzugs (§ 543 Abs. 2 Satz 1 Nr. 3), die Verzug des Mieters mit der Mietzahlung entweder für zwei aufeinander folgende Termine mit einem nicht unerheblichen Teil – bei Wohnraum mit einer Miete für mehr als einen Monat (§ 543 Abs. 2 Satz 1 Nr. 3a 2. Alt. i.V.m. § 569 Abs. 3 Nr. 1) – und bei einem Zeitraum über mehr als zwei Termine einen Rückstand von zwei Monaten (§ 543 Abs. 2 Satz 1 Nr. 3b) voraussetzt (vgl. dazu Kinne, GE 1996, 820), kann sich der Vermieter für das Bestehen der Mietforderung, mit der der Mieter im

Verzug ist, in der Regel auf die Mietvereinbarung im Mietvertrag berufen. Falls er einen höheren Rückstand geltend macht, als sich aus der Mietvereinbarung im Mietvertrag ergibt, muss er die späteren Mieterhöhungen ebenfalls darlegen. Dies gilt insbesondere für den Rückstand von preisgebundener Miete.

50 Bestreitet der Mieter die **preisrechtliche Zulässigkeit** der im Mietvertrag vereinbarten oder aufgrund von Zahlungen auf spätere Mieterhöhungserklärungen (deklaratorisch) anerkannten Mietforderungen, die der Kündigung wegen Zahlungsverzugs zugrunde gelegt worden sind, so muss er im Einzelnen darlegen, aus welchen Gründen und in welcher Höhe die vereinbarte oder anerkannte Mietforderung nicht berechtigt war, die der Vermieter seiner fristlosen Kündigung wegen Zahlungsverzugs des Mieters zugrunde gelegt hat. Bei Kündigung von **früher preisgebundenem Altbauwohnraum** in den neuen Bundesländern ist zu unterscheiden zwischen der Fortführung eines schon vor dem 3.10.1990 begründeten Mietverhältnisses und der Neuvermietung nach dem 11.6.1995. Die preisrechtliche Zulässigkeit der zur Begründung der Kündigung herangezogenen Miete muss bei Altverträgen über früher preisgebundenen Altbauwohnraum in den neuen Bundesländern, die **bis zum 11.6.1995 abgeschlossen** worden sind, der **Vermieter darlegen**, wozu gegebenenfalls die Darlegung der Mieterhöhung nach der Ersten und Zweiten Grundmietenverordnung und nach den §§ 12 bis 15 MHG a.F. gehört.

Ist dagegen früher preisgebundener Altbauwohnraum in den neuen Bundesländern **ab dem 11.6.1995 vermietet** worden, muss der **Mieter darlegen**, dass die vereinbarte Miete die nach den §§ 3, 12, 13, 16 oder 17 MHG a.F. zulässige Miete um mehr als 15% übersteigt.

Soweit der **Modernisierungszuschlag** gem. § 11 AMVOB oder gem. § 3 MHG a.F. Bestandsschutz genießt – weil während der Preisbindung eine Umlage der Modernisierungskosten mit 11% jährlich ohne Einschränkung zulässig war – und deswegen die Wesentlichkeitsgrenze des § 5 WiStG bzw. die besondere Kappungsgrenze des Artikels 2 MÜG nicht anwendbar ist (vgl. dazu näher Kinne, Mietfestsetzung in den neuen Ländern nach dem Vergleichsmietensystem, S. 45 sowie ZMR 1998, 473 [478]) – wie z.B. für den früher preisgebundenen Altbauwohnraum in Berlin/West (vgl. dazu LG Berlin, GE 1990, 103; GE 1990, 315; GE 1990, 1203 [1207]; Urteil vom 5.12.1995, 64 S 226/95) oder hinsichtlich des Modernisierungszuschlags bei früher preisgebundenem Altbauwohnraum in den neuen Bundesländern (vgl. dazu Kinne, a.a.O.) –, ist umstritten, ob der Mieter auch darlegen muss, dass in der vereinbarten oder anerkannten Miete enthaltene Modernisierungszuschläge nicht gerechtfertigt sind (vgl. dazu Rn. 51). Einigkeit besteht jedoch darüber, dass ein einfaches Bestreiten der Modernisierungsmaßnahmen nach Gegenstand und Umfang durch den Mieter nicht zulässig ist (LG Berlin, Urteil vom 5.12.1995, 64 S 226/95). Der Mieter hat gegen den Vermieter einen Anspruch auf Auskunft über die früher preisrechtlich zulässige Miete und etwaige Modernisierungen vor Abschluss seines Mietvertrags hat (LG Berlin, Beschl. vom 16.12.1997, 64 T 92/97). Der Mieter kann den Vermieter insoweit auf Auskunft verklagen. Mit dieser Auskunftsklage ist zweckmäßigerweise eine Klage auf Auszahlung des sich aus der Auskunft ergebenden Differenz zu erheben, um den die vereinbarte Miete die preisrechtlich zulässig Miete überstieg; und zwar im Wege der Stufenklage (§ 254 ZPO, erste Stufe: Auskunft, zweite Stufe: Rückzahlung überzahlter Miete). Der Vorteil dieser Stufenklage ist, dass mit deren

Zustellung auch der – zunächst noch unbezifferte – Zahlunganspruch rechtshängig wird mit der Folge, dass die Verjährung des Zahlungsanspruchs zumindest in derjeniger Höhe unterbrochen wird, in der dieser Anspruch nach Auskunftserteilung beziffert wird (Zöller/Greger, § 262 ZPO Rn. 3). Die Verjährung wird sogar rückwirkend mit dem Zeitpunkt des Eingangs der Klage dann unterbrochen, wenn die Klage demnächst zugestellt wird (§ 270 Abs. 3 ZPO). Nach Erteilung der Auskunft kann der Kläger sofort auf den nunmehr zu beziffernden Zahlungsantrag übergehen (BGH, NJW 1991, 1893 = MDR 1991, 670), ohne dass eine (Teil-)Erledigung eintritt. Das gilt auch dann, wenn der Kläger sich zur Bezifferung des mit der Stufenklage verfolgten Zahlungsanspruchs auch ohne die ursprünglich als erste Stufe geltend gemachte Auskunft – weil er anderweitig Kenntnis von den damit verlangten Tatsachen erlangt hat – direkt auf den Zahlungsantrag übergeht (BGH, NJW 2001, 833).

Im Einzelfall kann es schwierig sein, abzugrenzen, ob es sich um eine **rechtsbegründende Tatsache** handelt, die derjenige darlegen muss, der sie für sich in Anspruch nimmt, oder um eine **rechtshindernde oder rechtsvernichtende Einwendung**, für die wiederum derjenige darlegungspflichtig ist, der sich seinerseits auf diese beruft. Bei Letzterer handelt es sich um die Ausnahme von der Regel. Ob es sich um eine Ausnahme handelt, geht vielfach aus der Fassung des Gesetzes hervor (z.B. „es sei denn, dass", „ist ausgeschlossen, wenn", „gilt nicht, wenn", „beschränkt sich", „wenn nicht"). Da der Bestandsschutz für den Modernisierungszuschlag des Vermieters von früher preisgebundenem Altbau (in Berlin/West – Geltungsbereich der AMVOB – oder in den neuen Bundesländern – Geltungsbereich des früheren § 3 MHG ohne Kappungsgrenze gem. § 13 MHG a.F.) eine Ausnahme von der Preisrechtswidrigkeit gem. § 5 WiStG darstellt, dürfte der Vermieter, der sich auf die Zulässigkeit der vereinbarten Miete infolge dieses Bestandsschutzes beruft, dafür darlegungs- und beweispflichtig sein, dass dessen Voraussetzungen vorliegen. Der Vermieter muss daher nach der hier vertretenen Auffassung im Einzelnen darlegen und beweisen, dass es sich um vor dem Stichtag (31.12.1987 für Altbau in Berlin/West oder 1.7.1995 für Altbau in den neuen Bundesländern) begonnene Modernisierungsarbeiten handelte, damit er den vollen Modernisierungszuschlag gem. § 11 AMVOB oder dem früheren § 3 MHG a.F. geltend machen kann.

Fraglich ist weiter, wer die rechtzeitige und vollständige Mietzahlung darzulegen und zu beweisen hat. Insoweit ist jedoch aus § 362 zu entnehmen, dass der Mieter, der sich darauf beruft, dass er die Mieten jeweils pünktlich und vollständig beglichen hat, seine Zahlungen beweisen muss (BGH, MDR 1960, 1006 [1007]; Soergel/Kummer, § 554 Rn. 30; MüKo/Voelskow, § 554 Rn. 25; RGRK, § 554 Rn. 19; Emmerich/Sonnenschein, § 554 Rn. 21; Baumgärtel, § 554 Rn. 2; Bender, ZMR 1994, 251). Insoweit muss durch Vorlage des Überweisungsauftrags mit entsprechendem Quittungsstempel des Kreditinstituts vom Mieter zumindest dargelegt werden, dass er die Überweisung veranlasst hat. Als weiteres Beweisanzeichen gilt die Vorlage des Originals des Kontoauszugs, aus dem sich die Ausführung des Überweisungsauftrags ergibt.

Beruft sich der Mieter darauf, dass der unstreitig entstandene Mietrückstand vor Zugang der Kündigungserklärung oder innerhalb der Schonfrist **beglichen worden ist**, so muss er die **Rechtzeitigkeit der Zahlung** und den Zeitpunkt des Zugangs der Kündigung beweisen (BGH, ZMR 1960, 301).

Kinne   861

51

52

53 Die Berufung auf die **Minderung der Miete** ist als **Einwendung** anzusehen (so auch Sternel, Mietrecht aktuell, Rn. 1417) mit der Folge, dass der Mieter nicht nur das Ent- und Bestehen des Mangels für diejenige Zeit, für die er Minderung geltend macht, darlegen muss, sondern auch das Ausmaß der Beeinträchtigung des vertragsgemäßen Gebrauchs (einschränkend: BGH, Beschl. vom 11.6.1997, XII ZR 254/95). Mindert der Mieter z.B. wegen Lärmbelästigung, so muss er diese substanziiert darlegen; trägt er nur vor, dass fast rund um die Uhr Geräusche und Unterhaltungen aus der Nachbarwohnung zu hören sind, so ist das zu pauschal (LG Berlin, GE 1995, 1211). Die Anforderungen an die Darlegungslast dürfen jedoch nicht überspannt werden (BGH, NJW-RR 1992, 202). Vielmehr ist zu prüfen, ob und in welchem Umfang aufgrund des Sachvortrags des Mieters eine abschließende Beurteilung der von ihm geltend gemachten Ansprüche möglich ist (BGH, MDR 1994, 250). Bei Ausbau eines Dachgeschosses reicht mithin grundsätzlich der Vortrag aus, dass durch diesen Ausbau die Gebrauchstauglichkeit der darunter liegenden Wohnung nicht nur unerheblich beeinträchtigt worden ist. Dasselbe gilt bei umfangreichen Sanierungsmaßnahmen an der Außenfassade (KG, GE 2001, 620). Ohne nähere Darlegungen ist von einer Wochenarbeitszeit von etwa 40 Stunden auszugehen, was die Mieter zu einer auf den gesamten Monat bezogenen Minderung von etwa [(40 Stunden × 4,5 Wochen) : (30 Tage × 24 Stunden) ungefähr] 25% der Bruttokaltmiete berechtigt. Hinzuzurechnen sind diejenigen Minderungen, die sich aus Beeinträchtigungen ergeben, die außerhalb der Arbeitszeiten fortwirken (namentlich durch Schmutz und Baugerüste). Damit ist grundsätzlich eine Minderungsquote von etwa einem Drittel der Bruttokaltmieten gerechtfertigt (LG Berlin, GE 1996, 1051 = ZMR 1996; a.A. LG Berlin, GE 2001, 771: nur 20%). Macht der Mieter jedoch eine höhere Minderungsquote geltend, muss er substanziiert entweder andere als die üblichen Arbeitszeiten oder ungewöhnlich hohe Beeinträchtigungen außerhalb der Arbeitszeiten darlegen und gegebenenfalls beweisen.

54 Dasselbe gilt für Ansprüche des Mieters auf **Schadensersatz** (§ 536a Abs. 1) oder auf Ersatz der **Kosten für die Beseitigung der Mängel** (§ 536a Abs. 2). Dem Anspruch des Mieters auf Ersatz der Kosten zur Beseitigung der Mängel kann ein Vorschussanspruch vorangehen. Der Vermieter muss dem Mieter auf Verlangen diejenigen Mittel zur Verfügung stellen, die zur Durchführung der Mängelbeseitigungsarbeiten durch den Mieter erforderlich sind (BGH, NJW 1971, 1451; KG, GE 1988, 351; LG Berlin, GE 1992, 157). Der Vorschussanspruch geht auf Zahlung desjenigen Betrags, der voraussichtlich zur Mängelbeseitigung erforderlich sein wird. Soweit reicht es aus, wenn der Mieter zur Darlegung der Höhe des Vorschussanspruchs auf den Kostenvoranschlag eines Fachhandwerkers Bezug nimmt (LG Berlin, GE 1987, 39; 1991, 989).

55 Die **Beweislast** folgt im Allgemeinen der **Darlegungslast**. Derjenige, der die Voraussetzungen der für ihn günstigen Norm darlegen muss, muss auch deren Voraussetzungen beweisen. Dazu kann er sich sämtlicher Beweismittel nach der Zivilprozessordnung bedienen, also sowohl auf Zeugen, Urkunden, Augenschein, Sachverständige als auch schließlich auf Parteivernehmung des Gegners Bezug nehmen.

56 Die Frage nach der **Beweislast** stellt sich natürlich erst dann, wenn der für die Partei günstige Tatsachenvortrag von dem Gegner ausreichend bestritten worden ist. Insoweit ist zu berücksichtigen, dass das Bestreiten umso eingehender sein muss, je eingehender

der Sachvortrag der darlegungspflichtigen Partei ist. Nur in Ausnahmefällen ist dem Gegner der primär darlegungspflichtigen Partei eine gewisse (sekundäre) **Behauptungslast** aufzuerlegen, nämlich vor allem dann, wenn eine darlegungspflichtige Partei außerhalb des von ihr darzulegenden Geschehensablaufs steht und keine Kenntnis der maßgebenden Tatsachen besitzt, während der Prozessgegner sie hat und ihm nähere Angaben zumutbar sind (BGH, NJW 1987, 1201; MDR 1991, 226).

Ein Bestreiten mit **Nichtwissen** ist nur über Tatsachen zulässig, die weder eigene Handlungen der Parteien noch Gegenstand ihrer eigenen Wahrnehmung gewesen sind (§ 138 Abs. 4 ZPO). Insoweit muss sich aber der Vermieter das Wissen der von ihm mit der Verwaltung des Hauses beauftragten Personen ebenso zurechnen lassen wie das Wissen der von ihm zur Mängelbeseitigung eingeschalteten Handwerker. Dies gilt insbesondere für Umstände, die das vermietete Haus betreffen. Der als neuer Vermieter in den Mietvertrag eingetretene Grundstückserwerber (§ 566) kann mit Nichtwissen Behauptungen des Mieters bestreiten, wenn die Informationserlangung durch den Vorvermieter nicht möglich ist (LG Berlin, GE 2001, 625; weiter gehend: LG Berlin, MM 1993, 255). Der Vermieter von Gewerberaum, der über ein im Zuge von Umbaumaßnahmen eingetretenes Schadensereignis von der von ihm mit Installationsarbeiten beauftragten Firma zwei einander widersprechende Darstellungen über den Geschehensablauf erhält, darf aber das Vorbringen des geschädigten Mieters, welches sich nur mit einer dieser Darstellungen deckt, mit Nichtwissen bestreiten (BGH, MDR 1990, 333 = ZMR 1990, 101). 57

Bei Mängeln obliegt es dem Vermieter, die Möglichkeit einer in seinem Einfluss- und Verantwortungsbereich liegenden Schadensursache auszuräumen (BGH, NJW 1994, 2019; LG Berlin, GE 1989, 1273; 1990, 869; MM 1991, 266; GE 1995, 761). Der Mieter muss sich entlasten, sobald davon auszugehen ist, dass die Schadensursache in dem durch die Benutzung der Mietsache abgegrenzten räumlich-gegenständlichen Bereich liegt (OLG Karlsruhe, NJW 1985, 142 [143] = GE 1984, 971; LG Hamburg GE 2001, 61). Bestehen z.B. bei Feuchtigkeitsschäden in der Wohnung konkrete Anhaltspunkte dafür, dass die Feuchtigkeit infolge von Baumängeln, Fassadenschäden, Putzschäden, mangelhafter Dachisolierung, Schäden an der Dacheindeckung, Flachdachmängeln, Rissen in den Isolierbahnen, ungenügender Wärmedämmung, Kältebrücken durch Betonkranarme, Mängeln an der Attika-Verkleidung in die Wohnung des Mieters gelangt sein kann, so muss sich zunächst der Vermieter entlasten. Erst wenn dem Vermieter dieser Nachweis gelungen ist, muss der Mieter beweisen, dass infolge seines Wohn- und Lüftungsverhaltens die Stockflecke nicht von ihm verursacht worden sein können (LG Berlin, GE 1988, 35). Liegen dagegen keine konkreten Anhaltspunkte für einen aus dem Verantwortungsbereich des Vermieters herrührenden Mangel vor, dann muss sich sogleich der Mieter entlasten (LG Berlin, MM 1983, 19). 58

Bei der Überprüfung der **Ernsthaftigkeit des Eigennutzungswunsches des wegen Eigenbedarfs** (§ 573 Abs. 2 Nr. 2) **kündigenden Vermieters** ist sämtlichen Gesichtspunkten nachzugehen, die Zweifel an der Ernsthaftigkeit des Eigenbedarfs begründen (BVerfG, NJW 1989, 3007 [3008] = ZMR 1983, 408). Der Vermieter kann sich daher nicht darauf beschränken, den Eigenbedarf zu behaupten, sondern muss dafür vernünftige und nachvollziehbare Gründe darlegen (BGHZ 103, 91 = NJW 1988, 904 = LM Nr. 5 zu § 564b). Dazu gehört auch die Darlegung der Situation, aus der der Eigenbedarf herge 59 leitet wird. Die Darlegungs- und Beweislast für diese Eigenbedarfsgründe liegt beim Vermieter (Lammel, NJW 1994, 3320 [3321]).

Ist der **Eigenbedarf vom Vermieter nachvollziehbar dargelegt**, kommt es darauf an, ob dieser vom Mieter substanziiert bestritten worden ist; je konkreter der Vermieter den Eigenbedarf dargestellt hat, umso genauer muss der Mieter diesen Vortrag bestreiten. Handelt es sich um innere Tatsachen, die den Eigenbedarf des Vermieters begründen, darf der Mieter diesen Vortrag auch mit Nichtwissen bestreiten (BVerfG, GE 1995, 1003 f. = ZMR 1993, 409).

Hat der **Mieter** den Eigenbedarf des Vermieters **substanziiert bestritten**, ist über den Eigennutzungswunsch des Vermieters Beweis zu erheben. Der Vermieter darf über seine innere Willensentscheidung, die den Eigenbedarf begründet, nur dann als Partei vernommen werden, wenn der auf Räumung verklagte Mieter dieser Parteivernehmung zustimmt (§ 447 ZPO). Stimmt der Mieter der Parteivernehmung des Vermieters nicht zu, kann Beweis erhoben werden über **Indiztatsachen**, aus denen auf den Selbstnutzungswillen des Vermieters geschlossen werden kann (BVerfG, NJW 1993, 2165; BVerfG, WuM 1991, 146). Stützt der Vermieter, der das Mietverhältnis wegen Eigenbedarfs gekündigt hat, diesen darauf, dass ein Familienangehöriger die Wohnung benötigt, so kann dieser darüber vernommen werden, ob er die gekündigte Wohnung für den angegebenen Zweck nutzen will. Ist z.B. Eigenbedarf für den Sohn des Vermieters mit der Begründung geltend gemacht worden, dieser wolle mit seiner Verlobten in die Wohnung einziehen, so können sowohl der Sohn als auch dessen Verlobte darüber vernommen werden, ob die Beziehung weiter besteht und beide in die gekündigte Wohnung einziehen wollen.

Der Vermieter, der die **für das Alter erworbene Eigentumswohnung** kündigt, weil er seine Hausmeisterwohnung wegen Alters- und körperlicher Behinderung in seinem Beruf aufgeben will, braucht nur zu beweisen, dass ihn Alter und körperliche Gebrechen an der weiteren Ausübung seines Berufs hindern (LG Berlin, NJW-RR 1991, 615).

60   Bei Klagen auf **Zustimmung zur Mieterhöhung** gem. § 558 muss der **Vermieter beweisen**, dass er nicht mehr als die ortsübliche Vergleichsmiete verlangt, wenn der Mieter diese materielle Voraussetzung für die Begründetheit der verlangten Mieterhöhung bestreitet (Beuermann, Mietenüberleitungsgesetz und Miethöhegesetz, § 12 MHG Rn. 174). Dies gilt auch für die materiellen Voraussetzungen einer Mieterhöhung nach dem früheren § 12 MHG a.F. in den neuen Bundesländern. Bestreitet der Mieter, dass die Wohnung mit Bad oder Zentralheizung ausgestattet ist, so muss der Vermieter das Vorliegen beider Voraussetzungen beweisen, wenn er 15% Mieterhöhung gem. des früheren § 12 Abs. 1 MHG a.F. verlangt (so auch Beuermann, a.a.O.).

Soweit es sich um Mieterhöhungen für preisfreien Wohnraum handelt, ist umstritten, ob Mietspiegel Beweismittel für die ortsübliche Vergleichsmiete sind. Insoweit hat zwar das Kammergericht (RE vom 6.6.1991, RE-Miet 323/91 – GE 1991, 725) klargestellt, dass es sich bei einem Mietspiegel nicht um ein Beweismittel i.S.d. Zivilprozessordnung handelt. Dennoch werden überwiegend die Mietspiegel der Feststellung der ortsüblichen Vergleichsmiete im Zustimmungsprozess zugrunde gelegt (vgl. Übersicht bei Sternel, Mietrecht aktuell, Rn. 609). Für qualifizierte Mietspiegel gilt die – widerlegbare – Vermutung, dass die in ihm bezeichneten Entgelte die ortsübliche Vergleichsmiete wiedergeben (§ 558d Abs. 3). Für die Klage auf Rückzahlung überzahlter Miete wegen Verstoßes gegen § 5 WiStG werden jedoch zunehmend Gutachten über die ortsübliche Vergleichsmiete eingeholt, was der Entscheidung des Kammergerichts (GE 1991, 1193) im Ordnungswidrigkeitsverfahren nach § 5 WiStG entspricht.

Das Bestreiten des Mieters ist nur insoweit zu berücksichtigen, als es **in zivilprozessual-** 61 **ordnungsgemäßer Form** erfolgte. Bestreitet der Mieter erst nach dem Schluss der mündlichen Verhandlung über die Räumungsklage den Eigenbedarf, braucht dieses Bestreiten nicht mehr berücksichtigt zu werden (BVerfG, WuM 1991, 465 [466]). Außerdem darf das Vorbringen des Mieters nicht verspätet (§ 296 ZPO) sein. Der Mieter, der erst nach Ablauf einer ihm im Prozess gesetzten richterlichen Frist (§ 273 Abs. 2 Nr. 1, § 275 Abs. 1 Satz 1, Abs. 3, 4, § 276 Abs. 1 Satz 2, Abs. 3, § 277 ZPO) den nachvollziehbar dargelegten Eigenbedarf des Vermieters bestreitet, kann damit nur dann gehört werden, wenn nach der freien Überzeugung des Gerichts die Zulassung dieses – verspäteten – Vorbringens die Erledigung des Rechtsstreits nicht verzögern würde oder wenn der Mieter die Verspätung genügend entschuldigt (§ 296 Abs. 1 ZPO). Das Bestreiten des Mieters, das unter Verletzung seiner Prozessförderungspflicht nicht rechtzeitig vorgebracht wurde oder erst kurz vor dem Termin zur mündlichen Verhandlung erfolgte, kann zurückgewiesen werden, wenn die Zulassung dieses – verspäteten – Bestreitens nach der freien Überzeugung des Gerichts die Erledigung des Rechtsstreits verzögern würde und die Verspätung auf grober Nachlässigkeit beruht (§ 296 Abs. 2 ZPO). Die Verzögerung des Rechtsstreits ist allerdings nicht schon deswegen anzunehmen, weil der Vermieter in dem Termin zur mündlichen Verhandlung nicht sogleich auf dieses – verspätete – Vorbringen Stellung nehmen kann, sondern eine Erklärungsfrist beantragt. Die Verspätung tritt vielmehr erst dann ein, wenn dem Vermieter eine Erklärungsfrist bewilligt und dieser in seinem nachgelassenen Vorbringen das bisherige Vorbringen konkretisiert und dadurch eine Beweisaufnahme erforderlich wird (vgl. dazu Thomas/Putzo, § 296 ZPO Rn. 20).

Zeugen oder der Gegner der beweispflichtigen Partei dürfen erst dann vernommen wer- 62 den, wenn die in ihr Wissen gestellten Tatsachen derart konkret vorgetragen sind, dass die Zeugen direkt dazu befragt werden können. Daher müssen die näheren Umstände der in das Wissen der Zeugen gestellten Tatsachen dargelegt werden, wie z.B. Datum, Ort, Gesprächspartner sowie Inhalt des Gesprächs oder der in das Wissen des Zeugen gestellte Zustand einer Sache. Mangels näherer Bezeichnung der unter Beweis gestellten Tatsachen sind die Zeugen – oder der Gegner der beweispflichtigen Partei – deswegen nicht zu vernehmen, weil es sich um einen **Ausforschungsbeweis** (vgl. dazu näher Thomas/Putzo, § 284 ZPO Rn. 3) handeln würde. Auch bei erkennbar aus der Luft gegriffenen, ins Blaue hinein aufgestellten Tatsachen, für die jegliche tatsächlichen Anhaltspunkte fehlen (vgl. dazu BGH, NJW 1992, 1967; 1992, 3106), ist eine Beweisaufnahme nicht zulässig.

Eine Beweisaufnahme über Äußerungen einer Prozesspartei oder eines Zeugen über 63 beweiserhebliche Tatsachen ist nur dann durchzuführen, wenn entweder diese Erklärungen selbst rechtliche Bedeutung haben (z. B. mündliches Schuldanerkenntnis) oder aus diesen Äußerungen auf innere Tatsachen (z. B. Eigenbedarfswunsch) geschlossen werden kann. Grundsätzlich ist die Vernehmung von Zeugen vom **Hörensagen** nicht zulässig.

Auch die durch Mithören (etwa eines Telefongesprächs) gewonnene Kenntnis eines Zeugen darf dann nicht berücksichtigt werden, wenn dieser Zeuge heimlich mitgehört hat (LG Kassel NJW-RR 1990, 62; LG Heilbronn WuM 1992, 10 unter Hinweis auf BGH NJW 1991, 1180).

Das Gericht kann die Ladung eines Zeugen davon abhängig machen, dass der Beweisführer einen hinreichenden Vorschuss zur Deckung der Auslagen zahlt, die durch die Vernehmung des Zeugen erwachsen (§ 379 Satz 1 ZPO). Schuldner des Vorschusses ist der Beweisführer, d.h. diejenige Partei, die für die behauptete Tatsache darlegungs- und beweispflichtig ist; das gilt auch dann, wenn beide Parteien denselben Zeugen benannt haben (BGH, NJW 1999, 2823). Wird der Vorschuss nicht innerhalb der vom Gericht bestimmten Frist gezahlt, unterbleibt die Ladung des Zeugen (§ 379 Satz 2 ZPO). Ein in der mündlichen Verhandlung aufrechterhaltener Beweisantritt auf Vernehmung eines Zeugen, der mangels rechtzeitiger Einzahlung des eingeforderten Zeugenvorschusses nicht geladen worden ist, kann gem. § 296 Abs. 2 ZPO zurückgewiesen werden, ohne dass eine weitere Frist gesetzt zu werden braucht (BGH, NJW 1998, 761).

Ist ein benannter Zeuge in der ersten Instanz nicht vernommen worden, so muss das in der Berufungsbegründung gerügt oder der Zeuge in zweiter Instanz erneut benannt werden, damit er vernommen werden kann (BGH, NZBau 2000, 247). Das Berufungsgericht handelt in der Regel verfahrensfehlerhaft, wenn es der Aussage eines Zeugen, die die erste Instanz für glaubhaft gehalten hat, nicht folgt, ohne den Zeugen selbst zu vernehmen (BSG, NJW 1999, 2767). Das Berufungsgericht darf jedoch gem. § 398 ZPO auch ohne erneute Beweisaufnahme eine von einem Zeugen bekundete Willenserklärung jedenfalls dann anders als der Erstrichter auslegen, wenn deren objektiver Erklärungswert vom Empfängerhorizont aus zu ermitteln ist und das Berufungsgericht bei der der Auslegung vorausgegangenen Feststellung des Erklärungstatbestands von demselben Beweisergebnis ausgeht wie der Vorderrichter (BGH, NJW 1998, 384).

64 **Privaturkunden** beweisen lediglich, dass die in ihnen enthaltenen Erklärungen von den unterzeichnenden Ausstellern abgegeben worden sind (§ 416 ZPO). Voraussetzung für diese Beweisregel ist, dass die Privaturkunde echt, äußerlich mangelfrei und vom Aussteller unterschrieben worden ist. Die Unterschrift muss den ganzen Text decken und darf keine Zweifel über die Identität lassen (Thomas/Putzo, § 416 ZPO Rn. 2). Die formelle Beweiskraft der Privaturkunden erstreckt sich darauf, dass der Aussteller die in der Urkunde enthaltene Erklärung abgegeben, d.h. geäußert und – gegebenenfalls – abgeändert hat. Die unterzeichnete Privaturkunde hat dagegen keine Beweiskraft dafür, dass diese Erklärung des unterzeichnenden Ausstellers auch dem Gegner zugegangen, inhaltlich richtig und rechtswirksam ist, und – anders als gem. § 415 ZPO bei öffentlichen Urkunden – auch nicht für die Begleitumstände (Zeit und Ort). Allerdings begründet die Vertragsurkunde zwischen den Vertragsparteien die Vermutung, dass die Willenserklärungen der Vertragspartner vollständig und richtig wiedergegeben worden sind.

Ist die Echtheit der Urkunde bestritten, ist darüber Beweis zu erheben. Falls die Echtheit bewiesen worden ist, ist ferner über den Zugang der empfangsbedürftigen Willenserklärung Beweis zu erheben. Ob die Erklärung wirksam ist, ist vom Gericht zu entscheiden.

Vorzulegen ist die Privaturkunde immer in Urschrift; nur für sie gilt die Beweisregel, dass die darin enthaltene Erklärung auch von dem unterzeichnenden Aussteller abgegeben worden ist.

Ein weiteres Beweismittel ist das **gerichtliche Sachverständigengutachten**. Das Gericht 65 kann den Gutachterauftrag auch lediglich einer Einrichtung (Institut) erteilen und die interne personelle Entscheidung dem Institut überlassen (OLG Koblenz, NJW-VHR 1998, 88). Besteht zwischen den Mietvertragsparteien z.B. Streit über die Mängel und deren Ursache, kann ein gerichtlicher Sachverständiger – auch ohne Antrag der Parteien von Amts wegen – vom Gericht beauftragt werden festzustellen, ob Mängel vorliegen, und deren Ursachen zu beurteilen. Soweit der Sachverständige sein Gutachten auf statistisch erfasstes oder allgemein zugängliches Tatsachenmaterial aufbaut, brauchen in dem Gutachten Einzelheiten für die kritische Würdigung nicht enthalten zu sein. Entsprechend verhält es sich bei Erfahrungswissen und wissenschaftlich begründeten Einsichten. Das vom Sachverständigen erstattete, von ihm unterschriebene Gutachten ist den Prozessparteien zuzustellen. Diese haben dem Gericht innerhalb eines angemessenen Zeitraums ihre Einwendungen gegen das Gutachten, die Begutachtung betreffende Anträge und Ergänzungsfragen zu dem schriftlichen Gutachten mitzuteilen (§ 411 Abs. 4 Satz 1 ZPO).

Wenn das entscheidungserhebliche Gutachten in einem Punkt unklar oder zweifelhaft ist, wenn es Widersprüche enthält oder von einem anderen Sachverhalt ausgeht als demjenigen, den das Gericht seiner Entscheidung zugrunde legen will, muss der Sachverständige zur mündlichen Erläuterung seines Gutachtens geladen werden (§ 411 Abs. 3 ZPO). Dies gilt ebenso, wenn eine Prozesspartei substanziierte, nicht von vornherein widerlegbare Einwendungen gegen das Gutachten erhebt oder die Erläuterung des Gutachters beantragt (BGH, NJW-RR 1982, 1487; BGH, NZBau 2000, 249; Thomas/Putzo, § 411 ZPO Rn. 5 m.w.N.).

Von dem gerichtlichen Gutachten ist das von einer der Prozessparteien eingeholte **Pri-** 66 **vatgutachten** (vgl. dazu BGH, NJW 1992, 1459) zu unterscheiden. Das Privatgutachten gilt grundsätzlich nur als Parteivortrag, nicht als Beweismittel.

Auch schon vor Prozessbeginn kann eine Partei die schriftliche Begutachtung durch 67 einen Sachverständigen beantragen, wenn sie ein rechtliches Interesse daran hat, dass
1. der Zustand einer Person oder der Zustand oder Wert einer Sache,
2. die Ursache eines Personenschadens, Sachschadens oder Sachmangels,
3. der Aufwand für die Beseitigung eines Personenschadens, Sachschadens oder Sachmangels

festgestellt wird (§ 485 Abs. 2 Satz 1 Nr. 1 bis 3 ZPO).

Dieser Antrag ist bei demjenigen Gericht zu stellen, das zur Entscheidung in der Hauptsache berufen wäre (§ 486 Abs. 2 Satz 1 ZPO), in Wohnraummietstreitigkeiten also grundsätzlich bei dem Amtsgericht, in dessen Bezirk sich die Wohnung befindet, bei Streitigkeiten aus Gewerberaummietverhältnissen entweder das Amtsgericht (bei einem Streitwert bis zu 10 000 DM/5 000 EUR) oder das Landgericht (bei einem Streitwert über 10 000 DM/5 000 EUR), in dessen Bezirk sich die Räume befinden (§ 29a ZPO). Der Antragsteller muss die Schadstellen und die Schäden beschreiben, damit der Mangel selbst Gegenstand des Verfahrens wird (BGH, NJW-RR 1992, 913). Für das rechtliche

Interesse genügt es, dass ein Rechtsverhältnis und ein möglicher Anspruchsgegner ersichtlich sind (KG, NJW-RR 1992, 574). Bei Streit über den Zustand der Mietsache kann daher auch schon vor Prozessbeginn ein schriftliches Gutachten beantragt werden. Dieses hat sich – bei entsprechendem Antrag – auch über die Ursache des Schadens und den Aufwand für die Beseitigung des Schadens zu äußern. Das Gericht ist an die Tatsachenbehauptungen des Antragstellers gebunden; es darf die Beweisbedürftigkeit und die Entscheidungserheblichkeit der behaupteten Tatsachen nicht überprüfen (BGH, NJW 2000, 960). Ein selbständiges Beweisverfahren zur Ermittlung der ortsüblichen Vergleichsmiete ist dagegen nicht zulässig (LG Berlin, GE 1997, 245 = NJW-RR 1997, 585; LG Freiburg, WuM 1997, 337; Scholl, WuM 1997, 307).

1.4   Urteil und Rechtsmittelverfahren

68   Der Mietprozess wird – wenn nicht die Klage zurückgenommen wird oder die Prozessparteien den Rechtsstreit übereinstimmend in der Hauptsache für erledigt erklären – in der Regel mit einem Urteil abgeschlossen. Das Urteil ist entweder ein **Prozessurteil**, das nur über die Zulässigkeit der Klage entscheidet, oder ein **Sachurteil**, das in der Sache selbst entscheidet. Das Urteil, das die Klage auf Zustimmung zur Mieterhöhung (§ 558) als unzulässig abweist, weil die Klagefrist von drei Monaten (§ 558b Abs. 2 Satz 2) versäumt worden ist, ist ein Prozessurteil, das einem neuen Mieterhöhungsverlangen nicht entgegensteht. Das Urteil, das die zulässige Zustimmungsklage (vgl. dazu näher unten Rn. 91–120) als unbegründet abweist, weil die verlangte Miete die ortsübliche Vergleichsmiete übersteigt (§ 558 Abs. 1), ist ein Sachurteil, das – wenn es rechtskräftig wird – einer neuen Klage auf Zustimmung zu einer Mieterhöhung in demselben Umfang ab demselben Zeitpunkt entgegensteht.

69   Das Urteil gilt als **streitiges Urteil**, wenn beide Prozessparteien mit widerstreitenden Anträgen mündlich – oder schriftlich (§ 128 Abs. 2 ZPO) – verhandelt haben. Kommt dagegen eine Prozesspartei nicht zu dem Termin zur mündlichen Verhandlung, so kann die erschienene Prozesspartei gegen die säumige Partei ein **Versäumnisurteil** erwirken. Erscheint der Kläger im Termin zur mündlichen Verhandlung nicht, so ist auf den Antrag des Beklagten das Versäumnisurteil dahin zu erlassen, dass der Kläger mit der Klage abzuweisen sei (§ 330 ZPO). Erscheint der Beklagte im Termin zur mündlichen Verhandlung nicht, so kann auf Antrag des Klägers ein Versäumnisurteil gegen den Beklagten entsprechend dem Klageantrag nur dann ergehen, wenn das als zugestanden anzunehmende tatsächliche mündliche Vorbringen des Klägers den Klageantrag rechtfertigt (§ 331 Abs. 1 Satz 1, Abs. 2 ZPO). Soweit das Klagevorbringen den Klageantrag nicht rechtfertigt, ist die Klage abzuweisen (§ 331 Abs. 2 2. Alt. ZPO). Das Urteil, durch das die Klage abgewiesen wird, obwohl der Beklagte nicht erschienen ist, wird als sog. **unechtes Versäumnisurteil** bezeichnet; diese Bezeichnung ist irreführend, da es sich nicht um ein Versäumnisurteil gegen die säumige Partei, sondern um ein streitiges Urteil gegen die nicht säumige Partei handelt. Der Partei, gegen die Versäumnisurteil erlassen worden ist, steht gegen das Urteil der **Einspruch** zu (§ 338 ZPO). Die Einspruchsfrist beträgt zwei Wochen; sie ist eine Notfrist und beginnt mit der **Zustellung** des Versäumnisurteils. Da das Versäumnisurteil der säumigen Partei von Amts wegen zuzustellen ist, wird das Versäumnisurteil der Post zur Zustellung übergeben (§ 211 Abs. 1 Satz 1 ZPO). Die Zustellung durch den Postbediensteten erfolgt nach den Vorschriften der §§ 180 bis

186 ZPO (§ 195 Abs. 1 ZPO), d.h. die Ausfertigung des Versäumnisurteils ist entweder dem Empfänger (§ 180 ZPO) oder einem zur Familie gehörenden erwachsenen Hausgenossen oder – falls eine solche Person nicht angetroffen wird – dem im selben Haus wohnenden Hauswirt oder Vermieter zu übergeben, wenn dieser zur Annahme bereit ist (§ 181 ZPO). Ist die Zustellung nach diesen Vorschriften nicht ausführbar, so ist die Ausfertigung des Versäumnisurteils bei der Postanstalt im Gerichtsbezirk niederzulegen und eine schriftliche Mitteilung über die Niederlegung unter der Anschrift des Empfängers in der bei gewöhnlichen Briefen üblichen Weise abzugeben (§ 182 ZPO). Über die Zustellung ist vom Postbediensteten eine Zustellungsurkunde aufzunehmen (§ 195 Abs. 2 ZPO). Die Beweiskraft der Postzustellungsurkunde erstreckt sich auch nach der Postreform darauf, dass der Postzusteller die Benachrichtigung über die erfolgte Niederlegung in den Hausbriefkasten eingeworfen hat; sie ist noch nicht dadurch erschüttert, dass der Zustellungsempfänger eine eidesstattliche Versicherung (seiner Ehefrau) des Inhabers vorlegt, die Benachrichtigung nicht vorgefunden zu haben (BVerfG, NStZ-RR 1998, 73). Für den rechtzeitigen Einspruch kommt es auf den Eingang bei demjenigen Gericht an, welches das Versäumnisurteil erlassen hat. Der Eingangsstempel dieses Gerichts beweist den Zeitpunkt des Eingangs (BGH, NJW 1998, 461 = MDR 1998, 57). Der Gegenbeweis ist jedoch zulässig.

Die **Versäumniskosten** trägt grundsätzlich die säumige Partei, auch wenn aufgrund des Einspruchs eine abändernde Entscheidung erlassen wird (§ 344 ZPO). Nimmt aber der Kläger – nach Säumnis des Beklagten – die Klage zurück, so sind ihm die gesamten Kosten einschließlich der durch die Säumnis des Beklagten veranlassten Kosten aufzuerlegen, soweit nicht bereits rechtskräftig über sie erkannt worden ist (OLG Brandenburg NJW-RR 1999, 871 = OLG-NL 1999, 115).

Gegen eine Partei, die den Einspruch eingelegt hat, die aber in der zur mündlichen Verhandlung bestimmten Sitzung nicht erscheint oder nicht verhandelt, ergeht ein sog. **zweites Versäumnisurteil**, durch das der Einspruch verworfen wird (§ 345 ZPO). Dabei ist nicht zu prüfen, ob die Klage, die durch das erste Versäumnisurteil abgewiesen worden ist, schlüssig war (BGH, NJW 1999, 2599 = MDR 1999, 1017; OLG Rostock, MDR 1999, 1084; OLG Hamm, NJW 1991, 1067; str.). Erst recht kann nicht davon ausgegangen werden, dass der Kläger sich ohne weiteres auf ein früheres Vorbringen zu Einreden oder Enwendungen des Beklagten beruft (BGH, NJW 1999, 2120), wenn dieser erneut säumig ist.

Gegen das zweite Veräumnisurteil ist zwar nicht erneut Einspruch zulässig (§ 345 ZPO), aber – eingeschränkt – Berufung (§ 513 Abs. 2 ZPO; ab 1.1.2002: § 514 Abs. 2 ZPO). Die Berufung kann nur darauf gestützt werden, dass der Fall der Versäumung nicht vorgelegen habe, nicht aber darauf, dass die Klage nicht schlüssig war und daher kein zweites Versäumnisurteil hätte ergehen dürfen (BGH, Beschl. vom 6.5.1999, V ZB 1/99). Die Berufung gegen ein zweites Versäumnisurteil kann auch darauf gestützt werden, dass die Versäumung nicht schuldhaft war (BGH, NJW 1999, 2120). Insoweit muss sich aber die säumige Partei das Verschulden ihres Prozessbevollmächtigten zurechnen lassen (BGH, a.a.O.).

Das Urteil entscheidet entweder über den gesamten Streitstoff oder nur über einen selb- 70 ständigen Teil des Streitgegenstands. Ein **Teilurteil** ist nur dann zulässig, wenn dieser

Teil zur Endentscheidung reif ist, so dass er vom Verlauf des Prozesses über den Rest unter keinen Umständen mehr berührt werden kann (BGHZ 107, 236; WuM 1990, 301). Klagt z.B. der Vermieter die rückständige Miete ein, die sich aus der Nettokaltmiete und Betriebskostenvorschüssen zusammensetzt, können aber die Betriebskostenvorschüsse deswegen nicht mehr geltend gemacht werden, weil der Abrechnungszeitraum abgelaufen ist (vgl. dazu u.a. Kinne, Heizung und Heizkostenabrechnung, Teil B Rn. 81), so kann die Klage insoweit durch Teilurteil abgewiesen werden, als die Betriebskostenvorschüsse geltend gemacht werden. Das gilt auch dann, wenn zwischen den Parteien streitig ist, ob überhaupt ein Mietverhältnis besteht. Dagegen dürfte die Klage auf Zahlung der Nettokaltmiete nicht durch Teilurteil über einzelne Monatsmieten abgewiesen werden, wenn (auch) der Grund der Zahlungspflicht streitig ist und deshalb die Gefahr eines Widerspruchs zum Schlussurteil nicht ausgeschlossen werden kann; das gilt auch dann, wenn der Kläger die Klage nach Schluss der mündlichen Verhandlung um weitere Mietraten erhöht (OLG Köln, WuM 1992, 262; vgl. auch OLG Düsseldorf, DWW 1990, 364 = MDR 1990, 930). Dagegen kann die mit einer Mietklage verbundene Räumungsklage durch Teilurteil dann abgewiesen werden, wenn zwar der Zahlungsanspruch wegen der rückständigen Mieten nicht entscheidungsreif ist, der Räumungsanspruch (§ 546) aber deshalb für unbegründet gehalten wird, weil der Mieter ohne Verschulden in Rückstand geraten ist (z.B. weil er sich über den Umfang seines Zurückbehaltungsrechts wegen Mängeln der Mietsache geirrt hat).

71 Ein **Teilurteil** kann auch dann ergehen, wenn eine Widerklage im Termin rechtshängig gemacht wird (OLG Köln, Urteil vom 17.12.1998, 1 U 42/98), ebenso wenn die gegen zwei Personen gerichtete Mietklage gegen eine von beiden deswegen unbegründet ist, weil die zweite Person (z.B. mangels Unterzeichnung des Mietvertrags) nicht Mieter geworden ist, so dass auch kein Mietanspruch (§ 535 Abs. 2) gegen diese Person besteht. Dies wäre dann ein zulässiges Teilurteil gegen einen der Streitgenossen bei einfacher Streitgenossenschaft. Über den noch verbliebenen Streitgegenstand (z.B. bei Abweisung der Räumungsklage durch Teilurteil der Mietzahlungsanspruch, bei Abweisung der Mietklage gegen eine Person der Anspruch gegen die andere Person) ist dann durch sog. **Schlussurteil** zu entscheiden. In diesem ist über die Kosten des Rechtsstreits insgesamt zu befinden, wenn nicht schon im Teilurteil – zulässigerweise – über die außergerichtlichen Kosten derjenigen Partei entschieden worden ist, gegen die die Klage abgewiesen worden ist. Nur in diesem Fall ist auch eine Teilkostenentscheidung zulässig, weil sie unabhängig davon ist, wie der Streit über den Rest ausgeht; grundsätzlich muss die Kostenentscheidung dem Schlussurteil vorbehalten bleiben.

Sowohl das Teil- als auch das Schlussurteil sind **Endurteile**, weil sie die Instanz beenden.

72 Gegen beide **Endurteile** findet die Berufung statt, wenn sie im ersten Rechtszug (z.B. bei Klagen aus einem Wohnraummietverhältnis von dem örtlich zuständigen Amtsgericht) erlassen worden sind (§ 511 ZPO; ab 1.1.2002: § 511 Abs. 1 ZPO). Die Berufung ist jedoch nur dann zulässig, wenn der **Wert des Beschwerdegegenstands** 1 500 DM (600 EUR) übersteigt (§ 511a Abs. 1 Satz 1 ZPO; ab 1.1.2002: § 511 Abs. 2 Nr. 1 ZPO). Der sog. **Beschwerdewert** (Berufungsstreitwert) entspricht nicht ohne weiteres dem Gebührenstreitwert, nach dem sich die gerichtlichen und anwaltlichen Gebühren richten (vgl.

dazu näher unten Rn. 288–303). Die **Berufungssumme** berechnet sich aus zwei Komponenten: einmal aus der Beschwer, d.h. dem Zurückbleiben der angefochtenen Entscheidung hinter dem in der unteren Instanz gestellten Antrag, und zum anderen aus dem Berufungsantrag (§ 519 Abs. 3 Nr. 1 ZPO; ab 1.1.2002: § 520 Abs. 3 Satz 2 Nr. 1 ZPO), der den Umfang bestimmt. in dem das Urteil abgeändert werden soll. Klagt z.B. der Vermieter vier Monatsmieten à 1 000 DM (500 EUR), also insgesamt 4 000 DM (2 000 EUR) ein, werden durch das angefochtene Urteil aber lediglich zwei Monatsmieten (= 2 000 DM/1 000 EUR) zugesprochen, verlangt der klagende Vermieter mit der Berufung aber nur eine weitere Monatsmiete (= 1 000 DM/500 EUR), so ist die Berufung unzulässig, weil die Berufungssumme von über 1 500 DM/600 EUR nicht erreicht ist.

Die Berufungssumme braucht nicht erreicht zu sein in Streitigkeiten über Ansprüche aus einem Mietverhältnis über Wohnraum oder über den Bestand eines solchen Mietverhältnisses, wenn das Amtsgericht in einer Rechtsfrage von einer Entscheidung eines Oberlandesgerichts oder des Bundesgerichtshofs abgewichen ist und die Entscheidung auf der Abweichung beruht (§ 511a Abs. 2 ZPO – ab 1.1.2002 lässt in diesen Fällen das Gericht des ersten Rechtszugs gem. § 511 Abs. 4 Nr. 2 die Berufung zu). Diese **Divergenzberufung** (vgl. dazu BVerfG, NZM 1999, 302 = NJW-RR 1999, 519) muss eine materielle Rechtsfrage des Wohnraummietrechts betreffen, so dass prozessuale Fragen nicht zum Gegenstand einer Divergenzberufung gemacht werden können (LG Köln, WuM 1992, 144; LG Zweibrücken, WuM 1993, 203). Die mit der Divergenzberufung angegriffene Entscheidung des Amtsgerichts muss auf der Abweichung von einer Entscheidung eines Oberlandesgerichts beruhen (LG Offenburg, NZM 1999, 171), die Divergenzberufung ist folglich unzulässig, wenn zur Zeit der Verkündung des amtsgerichtlichen Urteils die maßgebliche obergerichtliche Entscheidung noch nicht ergangen war (LG Köln, WuM 1995, 122).

Der Berufungskläger muss die Voraussetzungen der Divergenzberufung spätestens in der Berufungsbegründung darlegen (LG Nürnberg-Fürth, NJW 1993, 1487; LG Berlin, ZMR 1993, 169; LG Köln, NJW-RR 1994, 1424 = ZMR 1994, 261).

Ferner ist ausnahmsweise die Berufung auch dann zulässig, wenn die angefochtene Entscheidung auf der Verletzung des Anspruchs auf **rechtliches Gehör** beruht – auch wenn die Beschwerdesumme nicht erreicht ist (BVerfG, NJW 1999, 1176; LG Hamburg, WuM 1992, 124; LG Aachen, MDR 1992, 899; LG Berlin, GE 1994, 457; LG Duisburg, NJW-RR 1997, 1490).

Soweit es auf den Wert der Beschwer ankommt, ist zwischen derjenigen des Klägers und derjenigen des Beklagten zu unterscheiden. Für den Kläger kommt es auf die **formelle Beschwer** an, d.h. den Unterschied zwischen dem gestellten Klageantrag und der angefochtenen Entscheidung. Bleibt die angefochtene Entscheidung hinter dem Klageantrag zurück, so ist der Kläger beschwert. Bei dem Beklagten kommt es dagegen auf die **materielle Beschwer** an, d.h., ob und inwieweit der Beklagte durch das angefochtene Urteil belastet ist. Hat der Beklagte z.B. den Antrag gestellt, die Klage mit der Maßgabe abzuweisen, dass er Zug um Zug gegen eine Leistung des Klägers verurteilt wird, und folgt die angefochtene Entscheidung diesem Antrag, so ist der Beklagte dennoch materiell beschwert und damit seine Berufung zulässig. Der Kläger, der in diesem Fall uneingeschränkte Verurteilung des Beklagten beantragt hatte, ist formell beschwert, da die ange-

73

74

75

fochtene Entscheidung mit der Zug-um-Zug-Verurteilung hinter seinem Antrag zurückgeblieben ist.
Bei Zahlungsklagen ist die Beschwer unproblematisch festzustellen: Die Beschwer besteht entweder in der Differenz zwischen Klageantrag (z.B. 4 000 DM/2 000 EUR) und Urteil (2 000 DM/1 000 EUR) oder in dem Unterschiedsbetrag zwischen Antrag des Beklagten (keine Verurteilung) und Urteil (Verurteilung zu 2 000 DM/1 000 EUR).

76 Schwieriger ist die Bemessung des Werts der **Beschwer bei unbezifferten Klagen**. Klagt der Mieter z.B. auf Beseitigung von Mängeln gegen den Vermieter, so ist zwischen seiner (des Mieters) Beschwer bei Abweisung der Klage und der Beschwer des Beklagten (= Vermieters) bei Verurteilung zur Mängelbeseitigung nicht mehr zu unterscheiden. Wird der Mieter mit seiner Mängelbeseitigungsklage abgewiesen, so bemisst sich seine Beschwer nach dem dreieinhalbfachen Jahresbetrag der fiktiven Minderung der Bruttokaltmiete, weil sich sein Interesse darauf richtet, den vertragsgemäßen Zustand während der Dauer des Mietverhältnisses wiederherzustellen und eine Dauer von mindestens dreieinhalb Jahren nicht lebensfremd ist (vgl. dazu BVerfG, GE 1996, 600). Dasselbe gilt, wenn der Vermieter zur Beseitigung der Mängel verurteilt wird (BGH, NZM 2000,713)

77 Bei **Klagen auf Zustimmung zur Mieterhöhung** ist der klagende Vermieter mit dem dreieinhalbfachen Jahresbetrag der verlangten Mieterhöhung (z.B. 50 DM/25 EUR × 42 Monate = 2 100 DM/1 050 EUR) als beschwert anzusehen, wenn seine Klage auf Zustimmung zur Mieterhöhung (§ 558) in diesem Umfang abgewiesen worden ist (BVerfG, GE 1996, 600).

78 Bei **Klagen auf Duldung der Modernisierung** gem. § 554 ist der Wert der Beschwer des damit abgewiesenen Vermieters ebenfalls mit dem dreieinhalbfachen Jahresbetrag der voraussichtlichen Mieterhöhung gem. § 559 zu bemessen (anders noch LG Berlin, GE 1983, 123; MM 1984, 227; GE 1987, 831; 1989, 1111; 1996, 129: dreifacher Jahresbetrag – a.A. LG Berlin, GE 1996, 927: einfacher Jahresbetrag). Ist der Mieter auf **Unterlassung der Tierhaltung** verurteilt worden, so beträgt der Wert der Beschwer grundsätzlich weniger als 1 500 DM (600 EUR) (LG Berlin, NZM 2001, 41; LG Berlin, GE 1996, 470; LG Darmstadt, WuM 1992, 117; LG Hamburg, WuM 1987, 232; LG Würzburg, WuM 1988, 157; Schach, GE 1992, 1291; a.A. LG Düsseldorf, WuM 1993, 604). Dabei ist das sog. Affektionsinteresse grundsätzlich unberücksichtigt zu lassen (LG Berlin, a.a.O.; LG Hamburg, WuM 1986, 248; a.A. LG Wiesbaden, WuM 1994, 486). Unterliegt der Vermieter mit seiner **Klage auf Unterlassen der Untervermietung**, ist der Wert der Beschwer ebenfalls grundsätzlich nicht höher als 1 500 DM (600 EUR) anzusetzen (LG Berlin, GE 1996, 187; GE 1995, 425). Bei der Verurteilung zur Auskunftserteilung richtet sich der Wert der Beschwer nach dem erforderlichen Aufwand an Zeit und Kosten (BGHZ 128, 85 = NJW 1995, 664 = LM Heft 5 1995, Nr. 88 zu § 3 ZPO), ebenso bei Verurteilung zur Herausgabe von Unterlagen (BGH, NJW 1999, 3049).

79 Die **Berufung** gegen das Urteil des Amtsgerichts (z.B. in Wohnraummietsachen) muss bei dem zuständigen Landgericht (ab 1.1.2002: bei Bestimmung durch Landesgesetz: Oberlandesgericht, § 119 Abs. 3 GVG), die Berufung gegen das Urteil des Landgerichts (z.B. in Gewerberaummietsachen mit einem Streitwert von über 10 000 DM/5 000 EUR) muss beim Oberlandesgericht (in Berlin: Kammergericht) eingelegt werden, und zwar in

beiden Fällen durch einen Rechtsanwalt (§ 78 Abs. 1 ZPO). Der Vermieter oder Mieter, der nicht selbst Rechtsanwalt ist, muss daher einen bei dem zuständigen Oberlandesgericht zugelassenen Rechtsanwalt mit der Einlegung der Berufung beauftragen. Die Berufung muss binnen eines Monats nach Zustellung des in vollständiger Form abgefassten Urteils eingelegt (§ 516 ZPO; ab 1.1.2002: § 517 ZPO) und binnen eines weiteren Monats (§ 519 Abs. 2 Satz 2 ZPO; ab 1.1.2002 beträgt die Begründungsfrist zwei Monate und beginnt mit der Zustellung des in vollständiger Form abgefassten Urteils, § 520 Abs. 2 Satz 1) begründet werden.

Die Berufungsfrist von einem Monat beginnt mit der Zustellung des in vollständiger Form abgefassten Urteils (§ 516 ZPO; ab 1.1.2002: § 517 ZPO). Zum Nachweis dient bei der Zustellung an Rechtsanwälte das sog. Empfangsbekenntnis (§ 212a ZPO). Dabei ist von der Datierung durch den Rechtsanwalt auszugehen. An den – grundsätzlich zulässigen – Nachweis eines falschen Datums in einem von einem Rechtsanwalt ausgefüllten Empfangsbekenntnis sind strenge Anforderungen zu stellen – der Gegenbeweis ist erst dann vollständig erbracht, wenn jede Möglichkeit ausgeschlossen ist, dass die Angabe auf dem Empfangsbekenntnis richtig sein könnte (BVerfG, NJW 2001, 1563). Die Zustellung ist unwirksam und setzt die Berufungsfrist nicht in Lauf, wenn in der zugestellten Urteilsausfertigung ganze Seiten fehlen (BGH, NJW 1998, 1959); das gilt auch dann, wenn nur eine einzige Seite fehlt und der Zustellungsempfänger die Unvollständigkeit innerhalb der Rechtsmittelfrist gegenüber dem zustellenden Gericht rügt. Die Zustellung muss außerdem formell in Ordnung sein. Ist durch Ersatzzustellung im Wege der Niederlegung des Schriftstücks bei der zuständigen Postanstalt zugestellt worden, obwohl der Empfänger in der Wohnung, in der er nicht angetroffen wurde, nicht mehr seinen Lebensmittelpunkt hatte, kann die missglückte Ersatzzustellung nach § 181 Abs. 1 ZPO jedoch dadurch gem. § 187 Satz 1 ZPO geheilt werden, dass der Adressat das zuzustellende Schriftstück „in die Hand bekommen" hat (BGH, Urteil vom 21.3.2001, VIII ZR 244/00).

Die Berufungsschrift muss die Bezeichnung des angefochtenen Urteils und die Erklärung enthalten, von wem gegen dieses Urteil Berufung eingelegt worden ist (§ 518 ZPO; ab 1.1.2002: § 519 Abs. 2 ZPO). Die für die Berufungsschrift vorgeschriebene Bezeichnung des Urteils, gegen das die Berufung gerichtet wird, erfordert die Angabe der Parteien, des Gerichts, das das angefochtene Urteil erlassen hat, des Verkündungsdatums und des Aktenzeichens (BGH, NJW 2001, 1070). Zur Bezeichnung des angefochtenen Urteils ist erforderlich, dass der Prozessgegner und – innerhalb der Berufungsfrist von einem Monat – auch das Berufungsgericht in der Lage sind, sich aus vorhandenen Unterlagen – z.B. aus der mit der Berufung eingereichten Ausfertigung des angefochtenen Urteils – Gewissheit über die Identität des angefochtenen Urteils zu verschaffen (BGH, NJW-RR 2000, 1371). Eine „namens des/der Beklagten" eingelegte Berufung ist unzulässig, wenn bis zum Ablauf der Berufungsfrist nicht deutlich wird, welche der in der Berufungsschrift namentlich benannten Parteien Beklagter ist (BGH, NJW 1999, 3124). Bei unrichtiger Bezeichnung der Parteien (hier: Vertauschung) in der Berufungsschrift ist die Berufung nur dann zulässig, wenn bei verständiger Würdigung des gesamten Vorgangs der Rechtsmitteleinlegung innerhalb der Rechtsmittelfrist in einer jeden Zweifel ausschließenden Weise erkennbar ist, für wen das Rechtsmittel eingelegt worden ist (BGH,

NJW 1999, 291). Die für eine wirksame Berufungseinlegung erforderlichen Angaben, für wen und gegen wen Berufung eingelegt wird, unterliegt der Schriftform des § 518 ZPO (ab 1.1.2002: § 519 ZPO). Mündliche oder telefonische Angaben der Parteien zur Ergänzung einer unvollständigen Berufungschrift dürfen auch dann nicht berücksichtigt werden, wenn sie bei Gericht aktenkundig gemacht worden sind (BGH, NJW 1997, 3383).

Die Berufung ist – wenn sie nicht bereits in der Berufungsschrift selbst begründet worden ist – binnen eines Monats nach Einlegung der Berufung zu begründen (§ 519 Abs. 2 Satz 1 ZPO; ab 1.1.2002 beträgt die Begründungsfrist zwei Monate und beginnt mit der Zustellung des in vollständiger Form abgefassten Urteils, § 520 Abs. 2 Satz 1 ZPO). Diese Frist kann vom Vorsitzenden des Berufungsgerichts – auch mehrfach – verlängert werden, wenn der Rechtsstreit durch die Verlängerung nicht verzögert wird oder der Berufungskläger erhebliche Gründe anführt (§ 519 Abs. 2 Satz 3 ZPO; ab 1.1.2002 kann die Frist entweder verlängert werden, wenn der Gegner einwilligt oder – wie bisher – wenn nach freier Überzeugung des Vorsitzenden der Rechtsstreit durch die Verlängerung nicht verzögert wird oder wenn der Berufungskläger erhebliche Gründe darlegt, § 520 Abs. 2 Satz 2, 3 ZPO). Der zweite Antrag auf Verlängerung der Berufungsbegründungsfrist darf nicht allein mit der Begründung abgelehnt werden, der Prozessgegner habe der erneuten Verlängerung nicht zugestimmt (BVerfG, NJW 2000, 944). Die Adressierung eines Fristverlängerungsantrags am letzten Tag der Rechtsmittelbegründungsfrist an ein unzuständiges Gericht bleibt für die Versäumung der Frist auch dann kausal, wenn der Rechtsanwalt seine Mitarbeiterin anweist, sich die Fristverlängerung telefonisch bestätigen zu lassen, und diese vom unzuständigen Gericht die Mitteilung erhält, einem erstmaligen Fristverlängerungsantrag werde regelmäßig stattgegeben (BGH, Beschl. vom 18.4.2000, XI ZB 1/00).

Geht eine Berufung vorab durch Telefax und anschließend innerhalb der Berufungsfrist im Original beim Berufungsgericht ein, so richtet sich die Frist zur Begründung der Berufung nach dem Eingang der Original-Berufungsschrift (BGH, NJW 1993, 3141).

In der Berufungsbegründung muss klar angegeben werden, gegen welche Ausführungen des Urteils der Angriff sich richtet und wie er begründet wird. Es reicht nicht aus, die tatsächliche und rechtliche Würdigung durch den Erstrichter mit formelhaften Wendungen zu rügen oder lediglich auf das Vorbringen erster Instanz zu verweisen (BGH, NJW-RR 1998, 354). Formularmäßige Sätze und allgemeine Redewendungen reichen nicht aus (BGH, NJW 1995, 1560; NJW 1999, 3784; NJW 2000, 1576). Bei Mehrheit der mit der Berufung weiter verfolgten Ansprüche ist eine Begründung für jeden Anspruch notwendig (BGHZ 22, 272; NJW 1991, 1683; NJW 1993, 597; NJW 1998, 1399). Es genügt jedoch der Angriff gegen einen Rechtsgrund, wenn dieser im angefochtenen Urteil hinsichtlich aller Ansprüche als für die Abwehr durchgreifend erachtet wurde – wie z.B. bei der Klagabweisung wegen Verjährung aller Ansprüche (BGH, NJW 1994, 2289). Auch die Angriffe wegen der in erster Instanz primär geltend gemachten und dort abgewiesenen und im zweiten Rechtszug nur hilfsweise geltend gemachten Ansprüche sind zu begründen (BGHZ 22, 278).

80 Ist die Berufungsfrist oder die Frist zur Berufungsbegründung versäumt worden, so kann Wiedereinsetzung in den vorigen Stand gegen die Versäumung der Frist binnen zwei Wochen nach Kenntnis von der Fristversäumnis gestellt werden (§§ 233, 234 ZPO). Der

Partei, die die Zulässigkeit ihres Rechtsmittels geltend macht, steht es frei, dessen rechtzeitige Einlegung zu behaupten und zugleich für den Fall, dass das Gericht den Gegenbeweis über den rechtzeitigen Eingang nicht als bewiesen ansieht, Wiedereinsetzung in den vorigen Stand gegen die Versäumung der Frist zu beantragen (BGH, NJW 2000, 2280). Wiedereinsetzung kann nur dann gewährt werden, wenn die Partei ohne ihr Verschulden verhindert war, die Frist einzuhalten. Insoweit muss sich die Partei das Verschulden ihres Prozessbevollmächtigten zurechnen lassen (§ 85 Abs. 2 ZPO), und zwar auch das Verschulden eines bei ihrem Prozessbevollmächtigten zur selbständigen Bearbeitung angestellten Rechtsanwalts oder eines Urlaubsvertreters (BGH, NJW 2001, 1575). Schuldhaft ist auch die Adressierung an das falsche Gericht. Wird ein fristgebundener Schriftsatz statt an das Rechtsmittelgericht an das Ausgangsgericht adressiert und verzögert sich die Weiterleitung an das Rechtsmittelgericht, so ist der Partei jedoch Wiedereinsetzung zu gewähren, falls bei Weiterleitung im ordentlichen Geschäftsgang der Schriftsatz noch fristgerecht beim Rechtsmittelgericht eingegangen wäre (BGH, NJW 1998, 908). Ein Rechtsanwalt genügt nicht den ihm obliegenden Sorgfaltspflichten an die Kontrolle der Berufungsbegründungsfrist, wenn er sein Büro durch Anbringen eines Klebezettels an den Aktendeckel anweist, die Frist einzutragen (BGH, NJW 1999, 1336). Weist ein Rechtsanwalt eine im Umgang mit Fristsachen erfahrene und erprobte Bürokraft jedoch an, eine von ihm berechnete Rechtsmittelfrist in den Fristenkalender einzutragen, so trifft ihn kein Verschulden, wenn die Bürokraft die Frist aufgrund einer erstmaligen Eigenmächtigkeit unrichtig einträgt (BGH, NJW 2001, 1578).

Der Rechtsanwalt muss kontrollieren, ob fristwahrende Schriftsätze rechtzeitig hinausgehen. Dem Erfordernis einer **Ausgangskontrolle** bei fristwahrenden Schriftsätzen ist genügt, wenn der Rechtsanwalt den von ihm unterzeichneten und kuvertierten Schriftsatz in einer „Poststelle" seiner Kanzlei ablegt und aufgrund von allgemeinen organisatorischen Anweisungen gewährleistet ist, dass dort lagernde Briefe ohne weitere Zwischenschritte noch am selben Tag frankiert und zur Post gegeben werden (BGH, NJW 2001, 1577).

Ist die Fristenkontrolle im Anwaltsbüro ausreichend organisiert, kann dem Anwalt auch ein organisationsunabhängiges zweimaliges Versagen seiner Angestellten in derselben Sache nicht zugerechnet werden (BGH, Beschl. vom 27.3.2001, VI ZB 7/01). Hat der Rechtsanwalt durch allgemeine organisatorische Maßnahmen eine wirksame Ausgangskontrolle sichergestellt und Fehlerquellen bei der Versendung von fristwahrenden Schriftsätzen per Telefax in größtmöglichem Umfang ausgeschlossen, so muss er nicht über die wirksam angeordnete Ausgangskontrolle durch das Büropersonal hinaus selbst den Sendebericht des Faxes überprüfen (BGH, VersR 2000, 338).

Der Rechtsanwalt handelt nicht schuldhaft, wenn er sich bei der Berufungseinlegung oder Berufungsbegründung durch Telefax auf die von der Deutschen Telekom über Tonband angegebene (falsche) Nummer des Berufungsgerichts verlässt (BAG, NJW 2001, 1594).

Ein Rechtsmittelführer, der innerhalb der Rechtsmittelfrist die Bewilligung von Prozesskostenhilfe durch einen Rechtsanwalt beantragt hat, ist bis zur Kenntnis der Entscheidung über die Zurückweisung des Gesuchs schuldlos an der Wahrung der Rechtsmittelfrist gehindert, wenn er vernünftigerweise nicht mit der Ablehnung seines Antrags man-

gels Bedürftigkeit zu rechnen brauchte; dies gilt auch dann, wenn er das Prozesskosten-
hilfegesuch mit der unzulässigen Erklärung verbunden hat, für den Fall der Bewilligung
der Prozesskostenhilfe werde das Rechtsmittel eingelegt (BGH, Beschl. vom 24.6.1999,
IX ZB 30/99).

Die Rechtskraft tritt nach Ablauf der für die Einlegung des zulässigen Rechtsmittels
bestimmten Frist ein. Sie umfasst die Entscheidung nur über den durch Klage und Widerklage erhobenen Anspruch. Das rechtskräftige Räumungsurteil erstreckt sich daher
nur auf die Verurteilung zur Räumung, nicht auf die Beurteilung der Kündigung als
wirksam (LG Berlin, WuM 1998, 28).

1.5 Räumungsklage

81 Der Vermieter hat nach Beendigung des Mietverhältnisses gegen den Mieter einen Anspruch auf Rückgabe der Mietsache (§ 546 Abs. 1). Bei **mehreren Vermietern** muss die
Klage im Namen aller Vermieter erhoben werden (vgl. Rn. 30). Wenn die Mietsache
durch eine sog. **Bauherrengemeinschaft** (vgl. Rn. 21) vermietet worden ist, die als
solche im Rechtsverkehr nach außen aufgetreten ist, ist sie als GbR parteifähig; daher
sind in der Klage nicht mehr sämtliche Mitglieder der Bauherrengemeinschaft, die den
Mietvertrag abgeschlossen haben, nach Vor- und Zunamen sowie Anschrift aufzuführen,
sondern die GbR als solche. Hat der frühere Vermieter das vermietete Grundstück bereits
veräußert, ist aber der Erwerber noch nicht als neuer Eigentümer in das Grundbuch eingetragen worden (vgl. Rn. 33), so muss – bis zur Eintragung des Erwerbers in das
Grundbuch – noch der ursprüngliche Vermieter die Räumungsklage erheben. Wird der
Erwerber nach Klageerhebung in das Grundbuch eingetragen (vgl. dazu Schmidt-
Futterer/Blank, Rn. B 53), so kann der ursprüngliche Vermieter den Prozess weiterführen
(§ 265 Abs. 2 Satz 1 ZPO), muss jedoch nunmehr den Klageantrag auf Räumung der
veränderten materiellen Rechtslage (§ 566) anpassen, also Rückgabe der Mietsache an
den Erwerber verlangen. Stellt der ursprüngliche Vermieter den Antrag nicht um, ist die
Klage auch ohne Einwand des beklagten Mieters mangels Aktivlegitimation als unbegründet abzuweisen (BGH, ZIP 1986, 583).

82 Die Räumungsklage ist auf der **Mieterseite gegen alle Personen** zu richten, die ein
selbständiges Besitzrecht an der Wohnung haben. Das sind zunächst alle Mieter, nicht
aber deren minderjährige Kinder (LG Lüneburg, NZM 1998, 232). War die Wohnung
oder ein Teil davon untervermietet, so können auch die Untermieter mit verklagt werden
(§ 546 Abs. 2). Der Vermieter kann bei Beendigung eines Wohnraummietvertrags, der
nur mit einem Ehegatten abgeschlossen worden ist, auch den anderen Ehegatten, der
nicht Mieter geworden ist, auf Rückgabe der Wohnung in Anspruch nehmen (BGH, NJW
1996, 515 = WuM 1996, 83 f. = GE 1996, 255; OLG Schleswig, WuM 1992, 674 = ZMR
1993, 69). Das ist auch deswegen erforderlich, weil der nicht mietende Ehegatte ohne
einen Räumungstitel nicht aus der Wohnung gesetzt werden kann (OLG Köln, WuM
1994, 285; KG, MDR 1994, 162 = NJW-RR 1994, 713 = OLGZ 1994, 479 = JurBüro
1994, 305 = DGVZ 1994, 25 = GE 1993, 371; OLG Oldenburg, NJW-RR 1994, 715 =
Rpfleger 1994, 366 = JuS 1994, 891). Auch dann, wenn ein Mitmieter den Besitz an der
Wohnung endgültig aufgegeben und den Vermieter hiervon unterrichtet hat, ist eine
Räumungsklage gegen den bereits ausgezogenen Mieter zulässig (BGH, a.a.O.).

Dagegen ist die Räumungsklage gegen einen Mitmieter, der erst gar nicht in die Wohnung eingezogen ist, wovon der Vermieter Kenntnis hatte, wegen Fehlens des Rechtsschutzbedürfnisses unzulässig (LG München II, WuM 1989, 181). Hat jedoch der ausgezogene Mieter erklärt, zurückkehren zu wollen, so besteht weiterhin das Rechtsschutzinteresse für die Räumungsklage des Vermieters (LG Berlin, ZMR 1993, VI Nr. 13).

Hat der Voreigentümer bereits einen Räumungstitel erwirkt, so kann eine **erneute Räu-** 83
mungsklage des gegenwärtigen Eigentümers zulässig sein, wenn bei einer Umschreibung des Räumungstitels (des Voreigentümers) und darauf durchgeführter Zwangsvollstreckungsmaßnahmen mit Einwendungen des Mieters gegen den titulierten Räumungsanspruch zu rechnen ist (LG Berlin, ZMR 1993, VI Nr. 11).

In der Räumungsklage müssen die herausverlangten Räume und Flächen so genau be- 84
zeichnet werden, dass der Gerichtsvollzieher anhand des Titels in der Lage ist, sie zu identifizieren. Dazu gehört die Angabe der Straße nebst Hausnummer, des Bezirks, der Lage im Gebäude sowie die Anzahl der Zimmer nebst Nebenräumen.

Die Klage auf **künftige Räumung** nach § 259 ZPO ist schon dann zulässig, wenn der 85
Mieter der Kündigung nach § 574a widersprochen hat (OLG Karlsruhe, NJW 1984, 2953; LG Wiesbaden, WuM 1989, 428; LG Berlin, ZMR 1998, 636). Der Mieter ist jedoch nicht verpflichtet, sich vor Ablauf der Frist des § 574b Abs. 2 zu äußern, ob er der Kündigung widersprechen werde (AG Neuss, DWW 1990, 279).

Da dem Mieter nach Ausspruch einer Kündigung eine **Ziehfrist** von ein bis zwei Wo- 86
chen einzuräumen ist, sollte die Räumungsklage nicht vor Ablauf dieses Zeitraums erhoben werden (vgl. dazu LG München II, WuM 1989, 181; LG Berlin, GE 1994, 407). Dies gilt auch dann, wenn der Mieter fristlos gekündigt hat, ohne einen Auszugstermin mitzuteilen; auch in diesem Falle ist eine Räumungsklage vor Ablauf von zwei Wochen nach der Kündigung verfrüht (LG Hannover, NJW-RR 1992, 659).

Wird die Räumungsklage auf eine Kündigung nach § 543 Abs. 3 Nr. 3 gestützt, so muss 87
sich aus der Klage eindeutig ergeben, mit welchen Rückständen für welche Monate der Mieter in Verzug geraten ist (Sternel, Mietrecht aktuell, Rn. 1439).

Kündigt der Vermieter während des Rechtsstreits erneut und stützt die Räumungsklage 88
nunmehr auch auf diese erneute Kündigung, so liegt darin eine **Klageänderung**, die auch in der Berufungsinstanz sachdienlich sein kann, wenn die neue Kündigung den schon bislang geltend gemachten Zahlungsverzug sowie lediglich den Betrag des inzwischen angewachsenen Mietrückstands zum Gegenstand hat (OLG Brandenburg, OLG-NL 2000, 155; LG Gießen, WuM 1994, 706).

Ein **Versäumnisurteil** auf Räumung nach einer auf Zahlungsverzug gestützten Kündi- 89
gung darf grundsätzlich nicht ergehen, bevor nicht die Schonfrist des § 569 Abs. 3 Nr. 2 (vgl. dazu § 569 Rn. 17 ff.) abgelaufen ist (OLG Hamburg, ZMR 1988, 225).

Der Mieter, der bei einem auf bestimmte Zeit fortgesetzten Mietverhältnis die **Vertrags-** 90
fortsetzung nach § 574c begehrt, muss gegenüber der gegen ihn gerichteten Räumungsklage Widerklage auf Vertragsfortsetzung erheben; es genügt nicht, dass er seinen Anspruch auf Vertragsfortsetzung gegenüber der Räumungsklage einredeweise geltend macht.

Muster
Räumungsklage nach fristloser Kündigung wegen Zahlungsverzugs →[⊘ II-90-1]

...
(Rechtsanwalt)

An das   ...
Amtsgericht ...   (Datum)

Klage

des ...
(Vor- und Zuname, Anschrift)

Kläger

Gegen

1. ...
2. ...
...
(Beruf, Vor- und Zuname, Anschrift)

Beklagte

wegen Räumung und Herausgabe
Streitwert: ... EUR

Namens und im Auftrage des von mir anwaltlich vertretenen Klägers erhebe ich Klage und bitte um Anberaumung eines kurzfristigen Termins zur mündlichen Verhandlung, in dem ich beantragen werde:
Die Beklagten werden verurteilt, die Wohnung im ... Obergeschoss links des Vorderhauses ... – Wohnungs-Nr. ... –, bestehend aus ... Zimmern, Flur, Küche, Bad, WC, Balkon nebst dazugehörigem Kellerraum Nr. ..., zu räumen und geräumt an den Kläger herauszugeben.
Des Weiteren beantrage ich schon jetzt, Versäumnisurteil nach Maßgabe des Klageantrags zu erlassen, wenn die Beklagten nicht rechtzeitig anzeigen, dass sie sich gegen die Klage verteidigen wollen, und Anerkenntnisurteil gegen die Beklagten ohne mündliche Verhandlung zu erlassen, wenn sie auf Anforderung erklären, dass sie den Anspruch anerkennen.

Begründung
Der Kläger ist Eigentümer und Vermieter der im Klageantrag näher bezeichneten und von dem Beklagten gemieteten Wohnung.
Beweis: Mietvertrag
Gemäß § 2 Nr. 2 des Mietvertrags ist die Miete jeweils monatlich im Voraus bis zum dritten Werktag eines Monats zu zahlen. Die Beklagten haben die Miete für die Monate ... nicht entrichtet.

Wegen dieses Mietrückstands hat der Kläger das Mietverhältnis zum ... fristlos ge-
kündigt.
Beweis: Kündigungsschreiben vom ...
Die Kündigungserklärung ist den Beklagten am ... zugegangen.
Beweis: Rückschein
Die Beklagten haben die Wohnung bis heute nicht geräumt und auch weder den
Mietrückstand noch den danach entstandenen Rückstand und die fällige Nutzungs-
entschädigung gezahlt.
Da gemäß § 5 des Mietvertrags eine Fortsetzung des Mietverhältnisses dadurch, dass
die Beklagten die Wohnung nicht geräumt haben, ausdrücklich ausgeschlossen wor-
den ist und die Beklagten darauf auch in dem Kündigungsschreiben hingewiesen
worden sind, war Klageerhebung geboten. Vorsorglich wird einer Fortsetzung des
Mietverhältnisses hiermit erneut widersprochen.
Beglaubigte und einfache Abschrift sowie Gerichtskostenvorschuss nach einem
Streitwert von ... EUR als Postscheck anbei.

...
(Unterschrift Rechtsanwalt)

Räumungsklageerwiderung des Mieters →[✆ II-90-2]

...   ...
(Vor- und Zuname des Mieters/der Mieter)   (Datum)

An das
Amtsgericht ...
(wie Klageschrift)

Betreff: Rechtsstreit ... (Name des Klägers) ./. ... (Name des Beklagten)
          Aktenzeichen C .../19 ...
In dem vorbezeichneten Rechtsstreit zeige ich meine/unsere Verteidigungsbereitschaft an. Ich/wir werde/n beantragen, die Klage abzuweisen.

Begründung
Die Klage ist unbegründet.
1. Ausweislich der von dem/den Kläger/n eingereichten Fotokopie des Mietver-
    trags ist der Mietvertrag nicht mit ihm, sondern mit ... abgeschlossen worden.
    Der Kläger ist daher nicht berechtigt, Räumung und Herausgabe der Wohnung
    zu fordern.
2. Selbst wenn der Kläger später in den Mietvertrag eingetreten sein sollte, ist sein
    Räumungsanspruch nicht begründet, weil die fristlose Kündigung vom ... un-
    wirksam war.

Die Kündigung ist nur an den Beklagten zu 1) gerichtet, während der Mietvertrag von beiden Beklagten abgeschlossen worden ist. Es handelt sich daher um eine unwirksame Teilkündigung.

Der Kläger kann sich insoweit auch nicht auf die Bestimmung im Mietvertrag berufen, wonach es für die Rechtswirksamkeit seiner Erklärung genügt, wenn sie gegenüber einem Mieter abgegeben wird; denn diese Bestimmung gilt nicht für die Kündigung des Mietverhältnisses.

Die Kündigung ist ferner deswegen unwirksam, weil im Zeitpunkt ihres Zugangs kein kündigungsbegründender Rückstand bestand.

Die der Kündigung zugrunde gelegte Mietforderung war nicht berechtigt, weil die Miete sich ab ... um ... EUR monatlich auf ... gemindert hatte. Wie der/die Beklagte/n mit Schreiben vom ... an die Hausverwaltung ... angezeigt hat/haben,

Beweis: Mängelschreiben vom ..., Fotokopie anbei

haben sich seit dem ... in der Wohnung im ...zimmer Schimmelpilze gebildet, und zwar jeweils auf einer Fläche von ... qm an ... (genaue Beschreibung der betroffenen Wand- oder Deckenfläche).

Beweis: Zeugnis des Herrn ... (Vor- und Zuname, Anschrift)

Da der/die Kläger auf dieses Schreiben nichts unternommen hat/haben, ist die Hausverwaltung mit weiterem Schreiben vom ... aufgefordert worden, die Mängel bis zum ... zu beseitigen.

Beweis: Aufforderungsschreiben vom ... , Fotokopie anbei

Da darauf ebenfalls nichts erfolgte, ist ein Kostenvoranschlag für die Beseitigung der Schimmelpilzflecken eingeholt worden, der sich auf ... EUR beläuft.

Beweis: Kostenvoranschlag der Firma ... vom ..., Kopie anbei

Da die Mängel immer noch nicht beseitigt worden sind, bleibt die Miete weiterhin in Höhe von ... % gemindert.

Gegenüber dem Mietanspruch, auf den die Kündigung gestützt wird, wird weiterhin das Zurückbehaltungsrecht wegen des Anspruchs auf Beseitigung der Mängel geltend gemacht, das sich auf den fünffachen Minderungsbetrag beläuft.

Schließlich wird gegen die der Kündigung zugrunde gelegte Mietforderung hilfsweise mit dem Anspruch auf die Kosten für die Mängelbeseitigung in Höhe von ... EUR aufgerechnet, der sich aus dem eingereichten Kostenvoranschlag ergibt.

Zwei eigenhändig unterzeichnete Zweitschriften anbei.

...

(Unterschrift des Mieters/der Mieter)

1.6   Klage auf Zustimmung zur Mieterhöhung

91 Will der Vermieter die vereinbarte Miete erhöhen, weil diese unter den üblichen Entgelten liegt, die in vergleichbaren Gemeinden für nicht preisgebundenen Wohnraum vergleichbarer Art, Größe, Ausstattung, Beschaffenheit und Lage in den letzten vier Jahren vereinbart oder, von Erhöhungen nach § 560 abgesehen, geändert worden sind, so muss er zunächst den **Mieter um Zustimmung** zu einer Erhöhung der Miete **bitten** (§ 558

Abs. 1). Stimmt der Mieter dem Erhöhungsverlangen nicht bis zum Ablauf des 2. Kalendermonats zu, der auf den Zugang des Verlangens folgt, so kann der Vermieter bis zum Ablauf von **weiteren drei Monaten auf Erteilung der Zustimmung klagen** (§ 558b Abs. 3). Diese Klagefrist darf bei Klageerhebung noch nicht abgelaufen sein. Sie ist eine Ausschlussfrist, so dass bei ihrer Versäumung keine Wiedereinsetzung in den vorherigen Stand zulässig ist (LG Lübeck, WuM 1985, 319).

Die Zustimmungsklage setzt ein wirksames Erhöhungsverlangen (in Textform und ent-   92 sprechend den Erfordernissen des § 558a) voraus. Ferner muss die **einjährige Wartefrist** (§ 558 Abs. 1 Satz 2) abgelaufen sein; ein vor Ablauf der einjährigen Wartefrist zugegangenes Zustimmungsverlangen ist unwirksam (BGH, DWW 1993, 230 = WuM 1993, 388 = GE 1993, 799). Die Klage muss von dem Vermieter selbst erhoben werden; eine Klage im Wege der **gewillkürten Prozessstandschaft** (durch eine von dem Vermieter ermächtigte Person) ist **nicht zulässig** (LG Augsburg, WuM 1990, 226; LG Köln, ZMR 1993, IX Nr. 2).

Mehrere Mieter müssen zusammen verklagt werden, und zwar auch dann, wenn einer   93 der Mieter schon vorprozessual seine Zustimmung erklärt hat. Denn seine Zustimmungserklärung entfaltet wegen der gesamthänderischen Bindung der Mieter (vgl. dazu KG, RE vom 5.12.1985, NJW-RR 1986, 439 = GE 1986, 225) materiell-rechtlich keine Wirkung (AG Wiesbaden, WuM 1992, 135). Die Auffassung (LG Kiel, WuM 1989, 429), bei einer Mehrheit von Mietern brauche derjenige nicht mitverklagt zu werden, der schon vorprozessual der Mieterhöhung zugestimmt hat, ist wegen der gesamthänderischen Bindung der Mieter materiell-rechtlich und wegen der daraus folgenden notwendigen Streitgenossenschaft (Beuermann, Mietenüberleitungsgesetz und Miethöhegesetz, § 12 MHG Rn. 159) auch prozessual nicht zutreffend (so zutreffend Sternel, Mietrecht aktuell, Rn. 555).

Die Klage des Vermieters auf Zustimmung des Mieters zu einer Mieterhöhung gem.   94 § 558 Abs. 1 ist eine Leistungsklage, gerichtet auf die Abgabe einer Willenserklärung (BayObLG, RE vom 30.6.1989, GE 1989, 888 = ZMR 1989, 412 = WuM 1989, 484 = NJW-RR 1989, 1172). Die Zustimmung des Mieters zur Erhöhung der Miete gilt daher gem. § 894 Abs. 1 Satz 1 ZPO mit der Rechtskraft des Urteils als erteilt (KG, RE vom 5.12.1985, a.a.O.). Da das Mieterhöhungsverfahren erst mit Rechtskraft des Urteils abgeschlossen ist (BayObLG, RE vom 30.6.1989, a.a.O.), ist prozessual die **Nachholung eines** unwirksamen **Mieterhöhungsverlangens** auch noch in der Berufungsinstanz möglich (BayObLG, a.a.O. m.w.N.). Dies gilt unabhängig davon, dass durch das nachgeholte Mieterhöhungsverlangen eine Klageänderung eintritt, weil sich nunmehr der Streitgegenstand ändert (so auch Sternel, Mietrecht aktuell, Rn. 1448). Denn Klageänderungen im Prozess sind entweder dann zulässig, wenn der Beklagte einwilligt – wozu schon sein rügeloses Verhandeln zur Klageänderung ausreicht (§ 267 ZPO) – oder wenn das Gericht sie für sachdienlich erachtet (§ 263 ZPO). Die Sachdienlichkeit der Klageänderung dürfte bei einem nachgeschobenen Mieterhöhungsverlangen in der Regel – auch in der Berufungsinstanz (§§ 523, 263 ZPO; ab 1.1.2002: §§ 525, 263 ZPO) – zu bejahen sein, weil dadurch die streitige Frage der Zulässigkeit und des Umfangs der Mieterhöhung zwischen den Prozessparteien für das zwischen ihnen bestehende Mietverhältnis abschließend geklärt wird.

95 Umstritten ist jedoch, ob bei einem nachgeschobenen Mieterhöhungsverlangen im Prozess auch die **einjährige Wartefrist** des § 558 Abs. 1 Satz 2 zu beachten ist. Das Bayerische Oberste Landesgericht (RE vom 30.6.1989, a.a.O.) hat zum früheren § 2 MHG die Auffassung vertreten, dass die Wartefrist der Nachholung des Mieterhöhungsverlangens im Prozess nicht entgegensteht, und zwar auch dann nicht, wenn das Gericht des ersten Rechtszugs aufgrund eines nur teilweise wirksamen Erhöhungsverlangens den Mieter verurteilt hat, der vom Vermieter geltend gemachten Mieterhöhung nur in Höhe eines Teilbetrags zuzustimmen, der Vermieter dann aber im Berufungsverfahren eine Mieterhöhungserklärung nachholt. Sternel (Mietrecht aktuell, Rn. 1448) vertritt demgegenüber die Auffassung, dass das nachgeschobene Erhöhungsverlangen einen eigenständigen Streitgegenstand bildet und daher die Wartefrist zu beachten ist. Dieser Auffassung dürfte jedoch deshalb nicht zuzustimmen sein, weil die Frage der Einhaltung der Wartefrist von der prozessualen Frage zu unterscheiden ist, ob es sich um einen neuen Streitgegenstand handelt. Das Argument, der Vermieter könne nicht allein Berufung einlegen mit dem Ziel, das unwirksame – und deshalb in erster Instanz abgewiesene – Zustimmungsverlangen durch eine neue Mieterhöhungserklärung zu stützen, steht dem nicht entgegen, da die prozessuale Frage der Beschwer von der materiell-rechtlichen Frage der Einhaltung der Wartefrist zu trennen ist. Richtig ist, dass die Berufung, die allein auf ein mit der Berufungsbegründung nachgeholtes Erhöhungsverlangen gestützt wird, unzulässig ist, weil der Vermieter sich mit dieser Berufungsbegründung mit dem angefochtenen Urteil nicht gem. § 519 Abs. 3 Nr. 2 ZPO (ab 1.1.2002: § 520 Abs. 3 Nr. 2 und 3) auseinander setzt. Entgegen der Ansicht von Sternel (Mietrecht aktuell, Rn. 1449) ist der mit der Zustimmungsklage abgewiesene Vermieter beschwert, diese Beschwer macht er jedoch mit der Berufungsbegründung nicht geltend, wenn er diese Zustimmungsklage nunmehr auf ein nachgeschobenes Mieterhöhungsverlangen – das nicht Gegenstand der Entscheidung erster Instanz war – stützt (vgl. zur Zulässigkeit der Berufung: LG Hamburg, WuM 1985, 323; LG Mannheim, ZMR 1989, 381).

96 Bei der Nachholung eines Mieterhöhungsverlangens muss die **Klagefrist** nach § 558b Abs. 2 eingehalten werden. Die Klagefrist, die nach dem Ablauf der Zustimmungsfristen beginnt, beträgt drei volle Monate. Für die Fristberechnung gelten die §§ 187, 188 und 193, so dass sich die Frist bis zum nächsten Werktag verlängert, wenn Fristablauf an einem Sonnabend oder an einem Sonntag bzw. einem Feiertag ist. Dasselbe gilt für die Klagefrist, die ebenfalls nach § 187 Abs. 2, § 188 Abs. 2 zu berechnen ist. Die Klagefrist endet also einen Tag vor demjenigen Tag, der durch seine Zahl dem Anfangstag der Frist entspricht. Handelt es sich dabei um einen Feiertag, so endet sie mit dem darauf folgenden Werktag (vgl. dazu im einzelnen Beuermann, GE 1995, 848 f.).

Da die Klagefrist nach dem Ablauf der Zustimmungsfrist beginnt, diese wiederum ein wirksames Erhöhungsverlangen voraussetzt, läuft sie ohne ein wirksames Zustimmungsverlangen ohnehin nicht. Eine verfrüht eingereichte Klage wird jedoch mit Ablauf der Überlegungsfrist zulässig (KG, OLGZ 1981, 85), so dass während des Prozesses auch noch das Zustimmungsverlangen nachgeholt werden kann. Auch in diesem Fall ist jedoch Voraussetzung für eine positive Entscheidung über die Zustimmungsklage, dass die Klagefrist noch nicht abgelaufen war. Ist die Klage nicht innerhalb von drei vollen Monaten nach Ablauf der Zustimmungsfrist geändert worden, ist sie wegen Fehlens einer besonderen Prozessvoraussetzung (Thomas/Putzo, Rn. 33 vor § 253 ZPO) unzulässig. Der **Beginn der Klagefrist** ist unabhängig davon, ob der Mieter die Zustimmung vor 97 Ablauf der Überlegungsfrist ausdrücklich verweigert. Hatte der Mieter jedoch die Zustimmung verweigert, kann der Vermieter bereits zu diesem Zeitpunkt Zustimmungsklage einreichen (KG ZMR 1981, 158 = WuM 1981, 54; MüKo/Voelskow, § 2 MHG Rn. 63).

Zur **Wahrung der Klagefrist** ist es ausreichend, dass die Klage vor Ablauf der Klage- 98 frist bei dem Gericht eingeht, wenn sie danach demnächst zugestellt wird (§ 270 Abs. 3 ZPO). Dazu ist es notwendig, dass die Klage bis 24 Uhr desjenigen Tages, an dem die Klagefrist abläuft, eingegangen ist. Ist die Klage bei einem unzuständigen Gericht eingegangen, so reicht es aus, dass der Rechtsstreit an das zuständige Gericht verwiesen wird, auch wenn dies erst nach Fristablauf geschieht (BGHZ 97, 155).

Zuständig ist das jeweilige **Amtsgericht, in dessen Bezirk die Wohnung liegt**, für die 99 die Zustimmung zur Mieterhöhung begehrt wird (§ 29a Abs. 1 ZPO; § 23 Nr. 2a GVG).

Die Zustimmungsklage muss durch die Unterschrift des Vermieters selbst oder desjeni- 100 gen abgeschlossen werden, der für ihn als Bevollmächtigter oder als Geschäftsführer ohne Auftrag handelt. Die Zustimmungsklage kann auch durch **Telefax** eingereicht werden kann. Denn auch Berufungen und Revision können durch Telefax eingelegt und begründet werden (BGH, NJW 1990, 188; NJW 1994, 2097; NJW 1994, 1881; BayObLG, NJW 1995, 668 – jeweils m.w.N.). Da der Zugang des Bürgers zum Gericht nicht unnötig erschwert werden darf (BVerfG, NJW 1987, 2067), dürfte auch die Einreichung der Zustimmungsklage durch Telefax zulässig sein, zumal die Textform für das Mieterhöhungsverlangen ausreicht.

Die Klagefrist ist eine **Ausschlussfrist**, gegen deren Versäumung keine Wiedereinset- 101 zung in den vorherigen Stand möglich ist (Emmerich/Sonnenschein, § 2 MHG Rn. 48; Sternel, Mietrecht, III Rn. 706 m.w.N. in Fußnote 12; Mietprax/Börstinghaus, Fach 6 Rn. 131).

Das Amtsgericht kann sein **Verfahren nach billigem Ermessen** bestimmen, wenn der 102 Streitwert 1 200 DM (600 EUR) nicht übersteigt (§ 495a Abs. 1 ZPO; ab 1.1.2002: § 495a Satz 1). Der Streitwert i.S.d. Bestimmung ist der Zuständigkeitsstreitwert, für den die §§ 3 bis 9 ZPO gelten (§ 2 ZPO). Der Zuständigkeitsstreitwert richtet sich aber nach § 9 ZPO, wonach der dreieinhalbfache Jahresbetrag der begehrten Mieterhöhung maßgebend ist. Dies ergibt sich auch aus dem Zweck der Vorschrift, das vereinfachte Urteilsverfahren nur in den Fällen zuzulassen, in denen regelmäßig ein Rechtsmittel nicht statthaft ist (Thomas/Putzo, § 495a ZPO Rn. 3). Bei Mieterhöhungsklagen ist aber die Berufungssumme ebenfalls nach § 9 ZPO zu bestimmen (vgl. dazu BVerfG, GE 1996, 600; Thomas/Putzo, § 3 ZPO Rn. 101; LG Kiel, ZMR 1994, 480). § 16 Abs. 5 GKG enthält dagegen eine Sonderregelung nur des Streitwerts für die Gebühren, der aus sozialpolitischen Gründen niedrig gehalten werden sollte; dieser Gesichtspunkt ist aber für die Bemessung des Zuständigkeitsstreitwertes und des Beschwerdegegenstands ohne Bedeutung (BVerfG, a.a.O.). Daher ist das Verfahren nach § 495a ZPO nur bei Klagen auf Zustimmung zur Mieterhöhung um bis zu 28,57 DM (14,28 EUR) monatlich zulässig. Insoweit ist es auch zulässig, bei Unzulässigkeit oder Unschlüssigkeit der Zustimmungsklage ohne mündliche Verhandlung ein diese Klage abweisendes Urteil zu erlassen, selbst wenn der Mieter einen derartigen Antrag nicht gestellt und/oder sich zu der Klage überhaupt nicht geäußert hat. Mündliche Verhandlung ist nur notwendig, wenn eine Partei sie (ausdrücklich) beantragt (§ 495a Abs. 1 Satz 2 ZPO; ab 1.1.2002: § 495a Satz 2). Ohne einen derartigen Antrag ist auch ein schriftliches Verfahren ohne Zustimmung der Parteien zulässig.

103 Problematisch ist die **Ermittlung der ortsüblichen Vergleichsmiete**, auf die sich die Zustimmungsklage stützt. Diese ortsübliche Vergleichsmiete bedarf natürlich nur dann des Beweises, wenn die Parteien sich darüber streiten. Dieser Streit kann sich entweder auf den gesamten Umfang der verlangten Mieterhöhung oder – nach teilweiser Zustimmung des Mieters – auf den Rest der verlangten Erhöhung beziehen. Denn der Mieter kann einem Mieterhöhungsverlangen nicht nur im Ganzen, sondern abweichend von § 150 Abs. 2 auch teilweise zustimmen (BayObLGZ 1988, 70 [73]; OLG Karlsruhe, WuM 1984, 21 [22]). Dies gilt auch dann, wenn der Mieter zunächst das Mieterhöhungsverlangen des Vermieters vollständig abgelehnt, jedoch später teilweise zugestimmt hat (LG Berlin, GE 1996, 263). Hat der Mieter dem Mieterhöhungsverlangen nur teilweise zugestimmt, kann der Vermieter wegen des Restbetrags Klage erheben (BayObLG, RE vom 30.6.1989, GE 1989, 881 m.w.N.).

104 Voraussetzung für die **Beweisaufnahme über die Höhe der ortsüblichen Vergleichsmiete** ist eine entsprechende konkrete Behauptung; insoweit reicht aber die Behauptung einer bestimmten ortsüblichen Vergleichsmiete grundsätzlich aus (BVerfG, ZMR 1993, 558).

105 Sind sich die Parteien darüber einig, dass der Mietspiegel die ortsübliche Vergleichsmiete zuverlässig wiedergibt, streiten sie aber über die **Einordnung** in die jeweiligen Spannen des Mietspiegels, so dürfte im Regelfall das Amtsgericht sich durch **Inaugenscheinnahme** ein Bild von den Voraussetzungen für die Einordnung der Wohnung in den Mietspiegel machen. Durch die Besichtigung der Wohnung kann insbesondere festgestellt werden, ob sie wohnwerterhöhende oder wohnwertmindernde Merkmale aufweist und/oder ob ein Zuschlag wegen des Vorliegens von Sondermerkmalen (z.B. Lage in einem Gebiet mit Einzelhandelsgeschäften und Kleingewerbetreibenden, in einem Villenvorort usw.) vorliegt.

106 Streiten die Parteien darüber, ob die **wohnwerterhöhende Ausstattung** vom Vermieter oder vom Mieter stammt, so ist der Vermieter, der eine entsprechend höhere Miete über den Mietspiegel-Mittelwert hinaus verlangt, dafür darlegungs- und beweispflichtig, dass diese wohnwerterhöhende Ausstattung von ihm (oder von dem Vorvermieter) eingebracht worden ist. Da der Vermieter sich – ohne Zustimmung des Mieters – nicht auf seine Vernehmung als Partei berufen kann (§ 447 ZPO), kommt insoweit nur Zeugenbeweis in Betracht.

107 Streiten die Parteien über die der Berechnung der ortsüblichen Vergleichsmiete **zugrunde liegende Wohnfläche**, dürfte in der Regel nur ein Gutachten eines gerichtlich bestellten und vereidigten Sachverständigen in Betracht kommen, der die Wohnfläche gem. den §§ 42 bis 44 II. BV ermittelt.

108 Streiten die Parteien jedoch darüber, ob die ortsübliche Vergleichsmiete sich aus dem jeweiligen Mietspiegel ergibt oder ein Sachverständigengutachten über die ortsübliche

Vergleichsmiete für die konkrete Wohnung einzuholen ist, ist die Rechtsprechung uneinheitlich. Einhellige Meinung ist, dass der **Mietspiegel kein förmliches Beweismittel** ist (KG, RE vom 6.6.1991, 8 RE-Miet 323/91, GE 1991, 725 = ZMR 1991, 341 = WuM 1991, 425 = DWW 1991, 235). Ferner hat das Kammergericht in diesem Rechtsentscheid ausgeführt, dass das Gesetz auch keine Vermutungen im Sinne von § 292 ZPO aufgestellt hat, dass ein Mietspiegel die ortsübliche Vergleichsmiete tatsächlich wiedergibt. Daher ist es allein Sache des Tatrichters, ob und in welcher Weise er das allgemeinkundige, im Mietspiegel enthaltene Zahlenmaterial bei seiner Überzeugungsbildung im Rahmen der ihm aufgegebenen vergleichenden Bewertung als Hilfsmittel mit heranzieht (KG, a.a.O.). Handelt es sich um einen **qualifizierten Mietspiegel**, ist davon auszugehen, dass die darin bezeichneten Entgelte die ortsübliche Vergleichsmiete wiedergeben, solange die entsprechende Vermutung (§ 558d Abs. 3) nicht widerlegt ist.

Einigkeit besteht darüber, dass zunächst das **allgemeine Mietniveau** zu ermitteln ist (Beuermann in: Berliner Mietspiegel 1994, S. 15; Mietprax/Börstinghaus, Fach 6 Rn. 139). Insoweit stellt sich aber bereits die Frage, ob der jeweilige **Mietspiegel** zur Ermittlung des allgemeinen Mietniveaus **geeignet ist**. Das ist nur bei einer korrekten Datenerhebung und -auswertung der Fall. Dagegen dürfte die Kappung von jeweils einem Sechstel der höchsten und niedrigsten tatsächlich gezahlten Mieten der Verwendung des Mietspiegels nicht entgegenstehen. Bei der Bestimmung des Mittelwerts kommt es darauf an, ob das arithmetische Mittel oder der Median gewählt wird (vgl. dazu näher Beuermann, in: Berliner Mietspiegel 1994, S. 18 Rn. 47). Wegen der Bedenken gegen beide Methoden kann eine kombinierte Methode verwendet werden. Auch die Abgrenzung der Wohnlagen kann Anlass zur Kritik bieten. Dies gilt erst recht für die Orientierungshilfe mit wohnwertmindernden und wohnwerterhöhenden Merkmalen. Insbesondere dann, wenn die Merkmalgruppe „Wohnumfeld" fehlt, bestehen Bedenken gegen die Verwendbarkeit des Mietspiegels. 109

Zudem ist zu berücksichtigen, dass Mietspiegel – unterstellt, sie beruhen auf einer korrekten Datenerhebung und -auswertung sowie der Berücksichtigung der die Methode beeinflussenden Faktoren – nur das allgemeine Mietniveau widerspiegeln, also nur ein grobes Raster bieten (Bub/Treier/Schulz, III 504; Voelskow in: Berliner Mietspiegel 1994, S. 25 m.w.N.).

Die Ermittlung der konkreten ortsüblichen Vergleichsmiete für die streitbefangene Wohnung erfordert in der Regel Fachkenntnisse, die nur ein **Sachverständiger** hat (Voelskow in: a.a.O.). Dieser darf aber erst dann beauftragt werden, wenn die Vermutungswirkung des qualifizierten Mietspiegels (§ 558d Abs. 3) widerlegt wird. Der Sachverständige muss sich mit den Werten des Mietspiegels auseinandersetzen, soweit dieser das allgemeine Mietenniveau zuverlässig wiedergibt. 110

Ein Sachverständigengutachten ist auf jeden Fall notwendig, wenn der Mietspiegel für die streitbefangene Wohnung nur ein **Leerfeld** ausweist oder wenn die in dem Mietspiegel ausgewiesene ortsübliche Vergleichsmiete deswegen nicht mehr als aktuell angesehen werden kann, weil zwischen dem Stichtag des Mietspiegels und dem Zeitpunkt der begehrten Mieterhöhung eine zu lange Zeit liegt. Zur Bestimmung der **Stichtagsdifferenz** („Steigerung der ortsüblichen Vergleichsmiete zwischen Stichtag des Mietspiegels und Zeitpunkt der Mieterhöhung") ist grundsätzlich ein Sachverständigengutachten 111 erforderlich (OLG Stuttgart, GE 1994, 154 = DWW 1994, 47; Voelskow, ZMR 1992, 326, 328 unter 2.a; a.A. LG Berlin, GE 1996, 925: lineare Entwicklung).

112 Der Sachverständige muss in seinem Gutachten die **Adressen der** von ihm zur Feststellung der ortsüblichen Vergleichsmiete herangezogenen **Vergleichswohnungen** so genau angeben, dass dem Mieter die Überprüfung möglich ist, ob diese Vergleichswohnungen die in dem Sachverständigengutachten angegebenen Merkmale aufweisen (BVerfG, GE 1994, 1372 = ZMR 1995, 7 = WuM 1994, 661 = NJW-RR 1995, 40; BGH, GE 1994, 754 = MDR 1994, 941 = NJW 1994, 2899). Gibt der Sachverständige in seinem Gutachten die Vergleichswohnungen nicht derart identifizierbar an, dürfte das Gutachten nicht verwertbar sein.

113 Das Gericht muss in seinem **Beweisbeschluss** das **Beweisthema** derart **genau angeben**, dass der Sachverständige diesen Weisungen folgen kann. Dazu gehört insbesondere die Eingrenzung, ob die Brutto- oder Nettomiete als ortsübliche Vergleichsmiete für die streitbefangene Wohnung ermittelt werden soll. Das hängt im Wesentlichen von der Vereinbarung im Mietvertrag ab. Ferner hat das Gericht den Sachverständigen anzuweisen, ob und in welchem Umfang er sich mit welchem Mietspiegel, der das allgemeine Mietenniveau wiedergeben kann, auseinander zu setzen hat. Insoweit kommt es darauf an, ob die jeweiligen Mieten nach ihrem **Stichtag** die entsprechende ortsübliche Vergleichsmiete wiedergeben (kommt es z.B. auf die ortsübliche Vergleichsmiete für die Zeit vom 1.1.1993 bis zum 30.6.1996 an, so muss sich der Sachverständige mit der ortsüblichen Vergleichsmiete aus mehreren Mietspiegeln auseinander setzen, da diese alle zwei Jahre neu erscheinen müssten). Hat der Sachverständige die ortsübliche Nettomiete für die streitbefangene Wohnung festzustellen, weist jedoch der Mietspiegel eine Bruttokaltmiete auf, so muss der Sachverständige angewiesen werden, wie er die Nettomiete aus dem Mietspiegel zu ermitteln hat (z.B. unter Abzug der konkret für die Wohnung zu zahlenden Betriebskosten – so LG Berlin, GE 1996, 323 – oder der sich aus dem jeweiligen Mietspiegel ergebenden pauschalen Betriebskosten für die betreffende Wohnung – offen gelassen von LG Berlin, GE 1996, 59). Ist eine Bruttomiete vereinbart, so ist zu dem sich aus einem Nettokaltmietspiegel ergebenden Betrag ein Zuschlag in Höhe der auf die Wohnung entfallenden Betriebskosten hinzuzurechnen (OLG Stuttgart [RE], NJW 1983, 2329; OLG Hamm [RE], NJW-RR 1993, 398; KG [RE], NZM 1998, 68; AG Dortmund, NZM 2001, 584 [585]; Börstinghaus in Schmidt/Futterer, Mietrecht, § 2 MHG Rn. 364 ff.).

114 Nach Gutachtenerstattung ist den **Parteien** das Gutachten **zur Stellungnahme** zuzuleiten. Das Gericht kann damit eine Fristsetzung verbinden (§ 411 Abs. 4 Satz 2 ZPO). Nehmen die Parteien innerhalb der vom Gericht gesetzten Frist nicht Stellung, kann das Gericht spätere Einwendungen als verspätet zurückweisen.

115 Beantragen die Parteien, den Sachverständigen zur **mündlichen Erläuterung** seines Gutachtens zu laden, so muss diesem Antrag stattgegeben werden.

116 Soweit sich aus dem Mietspiegel oder dem Sachverständigengutachten ergibt, dass die vom Vermieter verlangte Mieterhöhung gerechtfertigt ist, wird der Mieter erstinstanzlich durch **Urteil** des örtlich zuständigen Amtsgerichts zur Zustimmung zur Erhöhung der Miete für die betreffende Wohnung von der bisherigen Miete um den Erhöhungsbetrag auf die neue Miete mit Wirkung ab demjenigen Zeitpunkt verurteilt, zu dem die Zustim-

mung zur Mieterhöhung berechtigterweise verlangt worden ist. Dabei muss im Urteil klargestellt werden, ob es sich um die Bruttokaltmiete (Kaltmiete einschließlich nicht bezifferten Betriebskostenanteils) oder um die Nettokaltmiete (Nettomiete ohne vereinbarte Betriebskostenvorschüsse) handelt.

Obsiegt der Vermieter voll mit seinem Zustimmungsverlangen, so hat der Mieter die 117 gesamten **Kosten** des Rechtsstreits zu tragen (§ 91 Abs. 1 Satz 1 ZPO). Zu den Kosten des Rechtsstreits gehören auch die **Kosten des** eingeholten **Sachverständigengutachtens.** Anders ist dies bei den von den Parteien eingeholten so genannten Privatgutachten, z.B. über den Umfang und die Kosten für nicht ausgeführte Schönheitsreparaturen (LG Berlin, GE 2000, 347). Als Prozesskosten sind sie nur ausnahmsweise erstattungsfähig, wenn das Gutachten in den Prozess eingeführt worden ist und zur Rechtsverfolgung erforderlich war (BGH, NJW-RR 1989, 953 [956]; OLG Stuttgart, NJW 1974, 951; LG Berlin, GE 1993, 1159; vorprozessuale Gutachten zur Begründung einer Mieterhöhung sind grundsätzlich nicht erstattungsfähig: LG Bielefeld, Rpfleger 1981, 70; LG München I, MDR 1984, 57).

Obwohl die Zustimmung erst als abgegeben gilt, sobald das Urteil **Rechtskraft** erlangt 118 hat (§ 894 Abs. 1 Satz 1 ZPO), ist auch das amtsgerichtliche Urteil für vorläufig vollstreckbar zu erklären. Die Entscheidung über die **vorläufige Vollstreckbarkeit** hat dann die Wirkung, dass die obsiegende Prozesspartei die von dem Gegner zu erstattenden Kosten gem. §§ 108 ff. ZPO festsetzen lassen und dann diesen Kostenfestsetzungsbescheid vollstrecken kann.

Der **Gebührenstreitwert** der Klage auf Zustimmung zur Mieterhöhung richtet sich nach 119 § 16 Abs. 5 GKG, wonach höchstens der Jahresbetrag der zusätzlich geforderten Miete maßgebend ist. Dies gilt jedoch nur für die Zustimmungsklage gem. § 558, da § 16 Abs. 5 GKG nur den Streitwert für Ansprüche auf Erhöhung der Miete für Wohnraum regelt. Der Gebührenstreitwert einer Klage auf Mieterhöhung für gewerbliche Räume bestimmt sich daher nicht nach § 16 Abs. 5 GKG, sondern nach § 9 ZPO, so dass der dreieinhalbfache Jahresbetrag der Mieterhöhung maßgebend ist (OLG Frankfurt/Main, MDR 1993, 697).

Der Wert der **Beschwer** nach § 511a ZPO (ab 1.1.2002: § 511 Abs. 2 Nr. 1 ZPO) für den 120 mit seiner Klage abgewiesenen Vermieter bestimmt sich ebenfalls nach § 9 ZPO, so dass sich insoweit die Berufungssumme bei abgewiesenen Mieterhöhungsklagen ebenfalls nach dem dreieinhalbfachen Jahresbetrag der begehrten Mieterhöhung bestimmt (LG Kiel, ZMR 1994, 480; LG Hildesheim, WuM 1996, 716; Gärtner, WuM 1997, 160; Thomas/Putzo, § 3 ZPO Rn. 101; BVerfG, GE 1996, 600 = ZMR 1996, 308; a.A. LG Köln, WuM 1996, 716; LG Darmstadt, NJW-RR 1997, 775).

1.7   Sonstige Klagen

Als sonstige Klagen kommen sowohl Leistungsklagen als auch Feststellungsklagen in 121 Betracht. Leistungsklagen dienen der Durchsetzung eines vom Vermieter oder Mieter behaupteten Anspruchs zum Zweck seiner Befriedigung. Darunter fallen sowohl Zahlungsklagen als auch Klagen auf Vornahme einer Handlung oder auf Unterlassung sowie Klagen auf Duldung.

1.7.1   Zahlungsklagen des Vermieters

122   Bei **Zahlungsklagen** muss die mit der Klage geltend gemachte Forderung im Einzelnen genau bestimmt sein. Dies kann sich auch aus Anlagen zur Klage ergeben (z.B. Mietaufstellungen, wenn auf diese Bezug genommen worden ist, OLG München, NJW-RR 2001, 66). Handelt es sich um Miete, so muss die mit der Klage geltend gemachte Mietforderung dahin gehend aufgeschlüsselt werden, für welche konkreten Monate welche Miete in welchem Umfang verlangt wird; der Hinweis auf ein Kontokorrent-Saldo genügt nicht (LG Mannheim, DWW 1995, 112; AG Köln, ZMR 1997, 147); denn die Klageschrift muss die bestimmte Angabe des Gegenstands und des Grundes des erhobenen Anspruchs sowie einen bestimmten Antrag enthalten (§ 253 Abs. 2 Nr. 2 ZPO). Hat der Mieter bestimmte Teilbeträge gezahlt, so muss der Vermieter im Einzelnen aufschlüsseln, auf welche Mietbestandteile (Nettokaltmiete, Betriebskostenvorschuss) diese Teilzahlungen verrechnet worden sind. Insoweit ist in erster Linie die entsprechende Verrechnungsbestimmung des Mieters maßgebend. Diese Bestimmung muss bei der Zahlung getroffen werden (z.B. durch entsprechende Bestimmung auf dem Überweisungsformular oder gleichzeitig mit einem entsprechenden Schreiben des Mieters an den Vermieter), wenn nicht der Vermieter dem Mieter eine nachträgliche Bestimmung gestattet hat. Auch ein einseitig vom Mieter bei Zahlung erklärter „Verrechnungsvorbehalt" ist wirksam, muss aber in angemessener Frist ausgeübt werden. Wird der Verrechnungsvorbehalt nicht ausgeübt, gilt die gesetzliche Bestimmung des § 366 Abs. 2 (Palandt/Heinrichs, § 366 Rn. 4).

123   Die Mietvertragsparteien können im Mietvertrag auch eine von § 366 Abs. 2 abweichende **Tilgungsreihenfolge** vereinbaren, die der abweichenden Bestimmung des Mieters vorgeht (BGH, NJW-RR 1995, 1258). Eine derartige Vereinbarung im Mietvertrag ist jedoch nur dann wirksam, wenn sich aus ihr für den Mieter erkennbar ergibt, welche Mietforderungen er jeweils mit der Zahlung tilgt; ein Bestimmungsrecht des Vermieters dahin gehend, dass sämtliche Zahlungen zunächst auf Zinsen und Kosten zu verrechnen sind und eine anderweitige Leistungsbestimmung durch den Mieter ausgeschlossen ist (vgl. dazu LG Berlin, GE 2001, 139) oder dass er die Verrechnung allein bestimmt, kann formularmäßig nicht vereinbart werden.

124   Ist eine Nettokaltmiete mit **Betriebskostenvorauszahlung** vereinbart, so kann der Mieter – mangels abweichender wirksamer Vereinbarungen im Mietvertrag (vgl. dazu Rn. 90) – bestimmen, ob und in welchem Umfang Zahlungen, die unter dem Betrag der vereinbarten Gesamtmiete bleiben, auf die Nettokaltmiete oder die Betriebskostenvorschuss-Forderung geleistet werden sollen. Fehlt es an einer derartigen Bestimmung des Mieters, so ist davon auszugehen, dass zunächst der Anspruch des Vermieters auf den Betriebskostenvorschuss getilgt wird, weil diese Forderung infolge der Notwendigkeit der Abrechnung spätestens ein Jahr nach Ablauf des Abrechnungszeitraums dem Vermieter geringere Sicherheit bietet (LG Berlin, GE 1996, 929; GE 2000, 205 und 1623; a.A. AG Görlitz, NZM 2001, 336).

125   Ist der Mieter mit mehreren Monatsmieten im Rückstand, leistet er aber in einem Monat eine Zahlung in Höhe der vereinbarten Miete, kann darin die stillschweigende **Verrechnungsbestimmung** liegen, dass der gerade fällige Mietanspruch erfüllt werden soll (LG Köln, WuM 1991, 93 ff.; LG Berlin, GE 1992, 1045). Im Übrigen dürfte bei Zahlungs-

rückstand die Zahlung jeweils auf den kündigungsbegründenden Rückstand – also die Miete der letzten zwei Monate (§ 543 Abs. 2 Nr. 3) – zu verrechnen sein (LG Berlin, GE 1992, 1045).

Der Vermieter muss in seiner Klage auf Zahlung rückständiger Miete dementsprechend die Verrechnung vornehmen und klarstellen, für welche Monate er welche Mietbestandteile (Grundmiete, Betriebskostenvorschüsse) in welcher Höhe verlangt.

Klagt der Vermieter einen Teilbetrag aus einer Summe selbständiger Einzelforderungen 126 (z.B. Schadensersatz wegen Beschädigung der Mietsache, unterlassener Schönheitsreparaturen und Nutzungsentschädigung) ein, so muss er angeben, aus welchem Teil jeder Forderung sich die Klagesumme zusammensetzt oder in welcher Reihenfolge welche Forderungen zur Entscheidung gestellt werden sollen (OLG Düsseldorf, MDR 1993, 799). Dies gilt insbesondere dann, wenn der Vermieter gemäß der sog. **Quotenklausel** (vgl. dazu § 535 Rn. 101) jeweils nur einen Teil der durch einen Kostenvoranschlag belegten Renovierungskosten verlangt. Da daneben auch noch ein Schadensersatz wegen Beschädigung der Mietsache (infolge unsachgemäßer Ausführung der Schönheitsreparaturen) bestehen kann, muss der Vermieter im Einzelnen darlegen, ob er bezüglich aller Positionen des Kostenvoranschlags (oder der Rechnung) nur die Quote (z.B. bei Trockenräumen nach einem dreijährigen Mietverhältnis von 60%) geltend macht, und zwar aufgeschlüsselt nach den einzelnen Positionen und der darauf entfallenden Mehrwertsteuer, oder ob er einzelne Positionen daneben in voller Höhe geltend machen will. Falls er einzelne Positionen in voller Höhe geltend macht, muss er diese aus dem Kostenanschlag herausnehmen und die sich daraus ergebende Summe nebst darauf entfallender Mehrwertsteuer aufschlüsseln. Der Vermieter kann auch im Prozess von dem Schadensersatzanspruch noch auf den Anspruch aus der Quotenklausel übergehen (LG Berlin, Urteil vom 4.9.1998, 64 S 85/98).

Diese **Aufschlüsselung** ist auch dann notwendig, wenn der Vermieter wegen des von 127 ihm zu berücksichtigenden Abzugs „neu für alt" (vgl. dazu LG Berlin, Urteil vom 26.7.1996, 64 S 153/96) nur einen bestimmten Prozentsatz der sich aus den eingereichten Kostenvoranschlägen (oder Rechnungen) ergebenden Beträge geltend macht. Auch insoweit ist wiederum aufzuschlüsseln, ob der Vermieter jeweils nur die Nettobeträge (anteilig) oder auch die darauf entfallende Mehrwertsteuer (ebenfalls anteilig) verlangt.

Hat der Vermieter auf seine Schadensersatz-, Miet- oder Nutzungsentschädigungsforde- 128 rungen einen Teil der **Kaution** verrechnet, muss er im Einzelnen darlegen, ob er die Kaution auf die Schadensersatzforderungen oder auf die Miet- bzw. Nutzungsentschädigung verrechnet hat. Reicht die Kaution nicht zur Tilgung sämtlicher Forderungen aus, so muss er im Einzelnen angeben, ob – und gegebenenfalls in welcher Höhe – er noch und welche Positionen aus den eingereichten Kostenvoranschlägen (oder Rechnungen) oder welche Mietbestandteile für welche Monate (Nettokaltmiete oder Betriebskostenvorschüsse) in welcher Höhe geltend macht.

Ohne die Klarstellung, in welcher Reihenfolge welche Forderungen – gegebenenfalls hilfsweise – zur Entscheidung gestellt werden, ist die Klage unzulässig (OLG Düsseldorf, MDR 1993, 799).

Bei **Betriebskostenvorschüssen**, die eingeklagt werden, ist zu berücksichtigen, dass der 129 Mieter **nach Ablauf der Abrechnungsfrist** die Zahlung derjenigen Vorschüsse verweigern kann, die er in dem vergangenen Abrechnungszeitraum nicht bezahlt hatte; denn der Anspruch auf die Vorschüsse als solche besteht nach Ablauf der Abrechnungsfrist nicht mehr (OLG Düsseldorf, GE 2001, 488 [489]; OLG Hamburg, GE 1988, 1163 = WuM 1989, 150; LG Landau/Pfalz, ZMR 1997, 189 [190]). Der Vermieter hat vielmehr nach Abrechnungsreife nur noch einen Anspruch auf Zahlung des durch die tatsächlich geleisteten Vorschüsse nicht gedeckten Betrags (LG Berlin, GE 1990, 659). Der Vermieter muss daher nach Ablauf der Abrechnungsfrist die Klage auf Zahlung der sich aus der Abrechnung ergebenden Nachforderung ändern (LG Frankfurt/Oder, NZM 1999, 311). Bei übereinstimmender (teilweiser) Hauptsacheerledigung hinsichtlich der Betriebskostenvorschüsse wird nur noch über die Kosten des Rechtsstreits – soweit dieser erledigt ist – entschieden (§ 91a Abs. 1 ZPO), so dass bei ursprünglich zulässiger und begründeter Vorschussklage das Gericht die Kosten des Rechtsstreits insoweit dem verklagten Mieter auferlegen wird. Schließt sich der Mieter der Hauptsacheerledigungserklärung des Vermieters nicht an, weil bereits zum Zeitpunkt der Zustellung der Klage die Vorschüsse als solche nicht mehr geltend gemacht werden durften, da bereits damals die Abrechnungsfrist abgelaufen war, ist die (einseitige) Erklärung des klagenden Vermieters, der Rechtsstreit sei hinsichtlich der Vorschüsse in der Hauptsache erledigt, als Antrag anzusehen, die Erledigung des Rechtsstreits insoweit festzustellen. Bei Abrechnungsreife bereits im Zeitpunkt der Klagezustellung wird diese Feststellungsklage abgewiesen werden (vgl. dazu auch Kinne, Heizung und Heizkostenabrechnung, B Rn. 23, S. 44 f.). Bei erst während des Rechtsstreits eintretender Abrechnungsreife kann die Erledigung des Rechtsstreits dann nicht festgestellt werden, wenn die Abrechnung noch nicht vorliegt. Denn nach Ablauf der Abrechnungsfrist können die Vorschüsse nicht mehr als solche, sondern nur noch als Nachforderung aus der Abrechnung geltend gemacht werden (LG Berlin, Urteil vom 12.5.1998, 64 S 463/97).

Muster
Zahlungsklage des Vermieters →[☙ II-129-1]

...   ...
(Vor- und Zuname des Vermieters/der Vermieter)   (Datum)

An das
Amtsgericht ...
(in dessen Bezirk die Wohnung liegt)

Klage

des ...
(Beruf, Vor- und Zuname des Vermieters/der Vermieter)
...
(Anschrift)

Kläger

---

gegen

...

(Beruf, Vor- und Zuname des Mieters/der Mieter)

...

(Anschrift)

Beklagter/Beklagte

Hiermit erhebe ich Klage mit dem Antrag, den/die Beklagte/n zu verurteilen, an den/die Kläger ... EUR nebst ... % Zinsen ab ... zu zahlen.

Ferner beantrage ich die Anordnung des schriftlichen Vorverfahrens; falls die Beklagten in dem schriftlichen Vorverfahren ihre Verteidigungsbereitschaft nicht rechtzeitig anzeigen oder den Klageanspruch anerkennen, beantrage ich schon jetzt, Versäumnis- oder Anerkenntnisurteil – gegebenenfalls Versäumnisteilurteil oder Anerkenntnisteilurteil – ohne mündliche Verhandlung zu erlassen.

Begründung

Der/die Kläger ist/sind Vermieter der Wohnung ..., die der/die Beklagte/n mit Mietvertrag vom ... von dem/den Kläger/n gemietet hat/haben. Die monatliche Miete beträgt laut § ... des Mietvertrags ... EUR zuzüglich ... EUR Betriebskostenvorauszahlung für (kalte) Betriebskosten und ... EUR für Heiz- und Warmwasserkosten. Nach dem Mietvertrag ist die Miete monatlich im Voraus bis zum dritten Werktag eines Monats zu zahlen.

Beweis: Mietvertrag, in Fotokopie anbei

Der/die Beklagte/n ist/sind seinen/ihren Zahlungsverpflichtungen für die Monate ... und ... überhaupt nicht nachgekommen, so dass Klage geboten ist.

Alternative:

Der/die Beklagte/n hat/haben im Monat ... nur ... EUR und im Monat ... nur ... EUR gezahlt, ohne eine Verrechnungsbestimmung zu treffen. Gemäß § ... des Mietvertrags ist in diesen Fällen der Vermieter berechtigt, seinerseits eine Verrechnungsbestimmung zu treffen. Die Zahlung für den Monat ... wird daher in erster Linie auf die Betriebskostenvorschüsse und in zweiter Linie auf die Nettokaltmiete verrechnet, so dass für diesen Monat noch eine Restnettokaltmiete von ... EUR geltend gemacht wird. Die Zahlung für den Monat ... wird in erster Linie ebenfalls auf die Betriebskostenvorschüsse und in zweiter Linie auf die Nettokaltmiete verrechnet, so dass für diesen Monat noch eine Restnettokaltmiete von ... EUR geltend gemacht wird. Diese Verrechnung entspricht auch der gesetzlichen Regelung des § 366 Abs. 2 BGB. Die Verpflichtung des Mieters zur Zahlung der Betriebskostenvorschüsse bietet dem Vermieter geringere Sicherheit, weil der Anspruch nur bis zum Ablauf eines Jahres nach dem Ende der Abrechnungsperiode geltend gemacht werden kann, wohingegen für die Grundmieten eine längere Verjährungsfrist gilt.

Zinsen werden jeweils ab dem vierten Werktag des Monats geltend gemacht, da der/die Beklagte/n aufgrund der Vorauszahlungsklausel bzw. gem. § 556b Abs. 1 BGB nach Ablauf des dritten Werktages ohne weitere Mahnung in Verzug geraten ist/sind.

Den erforderlichen Gebührenvorschuss bitte ich mir aufzugeben.

Zwei eigenhändige unterzeichnete Zweitschriften anbei.

...

(Unterschrift des/der Vermieter/s)

Erwiderung des Mieters auf Zahlungsklage →[✎ II-129-2]

...   ...
(Vor- und Zuname des Mieters/der Mieter)   (Datum)

An das
Amtsgericht ...
(wie Klageschrift)

Betreff: Rechtsstreit ... (Name des Klägers) ./. ... (Name des Beklagten)
          Aktenzeichen: C .../19 ...

In dem vorbezeichneten Rechtsstreit zeige ich meine/unsere Verteidigungsbereitschaft an. Ich/wir beantrage/n, die Klage abzuweisen.

Begründung

Die Klage ist unbegründet.

1. Ausweislich der von dem/den Kläger/n eingereichten Fotokopie des Mietvertrags ist der Mietvertrag nicht mit ihm, sondern mit ... abgeschlossen worden. Der Kläger ist daher nicht berechtigt, Miete zu fordern.

2. Selbst wenn der Kläger später in den Mietvertrag eingetreten sein sollte, ist seine Forderung nicht berechtigt, weil die Miete sich ab ... um ... EUR monatlich auf ... gemindert hat. Wie der/die Beklagte/n mit Schreiben vom ... an die Hausverwaltung ... angezeigt hat/haben,

Beweis: Mängelschreiben vom ..., Kopie anbei

haben sich seit dem ... in der Wohnung im ...zimmer Schimmelpilze gebildet, und zwar jeweils auf einer Fläche von ... qm an ... (genaue Beschreibung der betroffenen Wand- oder Deckenfläche).

Beweis: Zeugnis des Herrn ... (Vor- und Zuname, Anschrift)

Da der/die Kläger auf dieses Schreiben nichts unternommen hat/haben, ist die Hausverwaltung mit weiterem Schreiben vom ... aufgefordert worden, die Mängel bis zum ... zu beseitigen.

Beweis: Aufforderungsschreiben vom ..., Fotokopie anbei

Da darauf ebenfalls nichts erfolgte, ist ein Kostenvoranschlag für die Beseitigung der Schimmelpilzflecke eingeholt worden, der sich auf ... EUR beläuft.
Beweis: Kostenvoranschlag der Firma ... vom ..., Kopie anbei
Da die Mängel immer noch nicht beseitigt worden sind, bleibt die Miete weiterhin in Höhe von ... % gemindert. Gegenüber dem mit der Klage geltend gemachten Zahlungsanspruch wird weiterhin das Zurückbehaltungsrecht wegen des Anspruchs auf Beseitigung der Mängel geltend gemacht, das sich auf den fünffachen Minderungsbetrag beläuft.
Schließlich wird hilfsweise mit dem Anspruch auf die Kosten für die Mängelbeseitigung in Höhe von ... EUR aufgerechnet, der sich aus dem eingereichten Kostenvoranschlag ergibt.
Zwei eigenhändig unterzeichnete Zweitschriften anbei.

...
(Unterschrift des Mieters/der Mieter)

1.7.2 Klage auf künftige Leistung

Die Klage auf künftige Mietzahlung ist nur dann zulässig, wenn die **Besorgnis der** 130 **Nichterfüllung** besteht (§ 259 ZPO). Dies ist z.B. dann der Fall, wenn der Mieter längere Zeit die Miete jeweils erst nach dem gesetzlichen (§ 556b Abs. 1) oder vertraglich vereinbarten Fälligkeitstermin – soweit die Vorauszahlungsklausel wirksam ist – zahlt (AG Kerpen, WuM 1991, 439 mit Anmerkung Schneider; Sternel, Mietrecht aktuell, Rn. 1461). Dagegen reicht allein die voraussichtliche Zahlungsunfähigkeit des Schuldners für eine Klage des Vermieters auf zukünftige Mietzahlung nicht aus (vgl. dazu näher Henssler, NJW 1989, 138, 140 f. m.w.N.). Die Unzulässigkeit einer Klage auf künftige Zahlung in den Fällen der voraussichtlichen Zahlungsunfähigkeit des Mieters ergibt sich insbesondere daraus, dass die Klage auf künftige Leistung gem. § 259 ZPO nur dann zulässig ist, wenn „der Schuldner sich der rechtzeitigen Leistung entziehen werde". Daraus ergibt sich, dass nur die vom Willen des Mieters abhängige, gut- oder bösgläubige Nichtzahlung die Klage auf künftige Leistung rechtfertigt.

Nach Kündigung des Mietverhältnisses wegen Zahlungsverzugs dürfte auch die **Klage** 131 **auf zukünftige Leistung des Nutzungsentgelts** (§ 546a Abs. 1) zulässig sein. Die Besorgnis, dass der Mieter sich der rechtzeitigen Leistung entziehen werde, kann in diesen Fällen daraus hergeleitet werden, dass er bereits wegen Zahlungsverzugs fristlos gekündigt worden ist. Da zudem der Vermieter bis zur gerichtlichen Vollstreckung des Räumungsanspruchs keinen Einfluss auf die Nutzungsmöglichkeiten nehmen kann, vielmehr es bis zu diesem Zeitpunkt allein in der Hand des Schuldners liegt, ob weitere Ansprüche auf Nutzungsentschädigung entstehen, sind auch insoweit die Voraussetzungen des § 259 ZPO als erfüllt anzusehen (Henssler, NJW 1989, 138 [141]). Räumt somit ein Mieter nach fristloser Kündigung des Mietverhältnisses wegen Zahlungsverzugs die Mietwohnung nicht, so ist eine Klage auf künftige Leistung hinsichtlich des Nutzungsentgelts zumindest dann zulässig, wenn er nicht zügig räumt. Die Klage auf künftiges Nutzungsentgelt könnte mit der Räumungs- und der Zahlungsklage hinsichtlich der rückständigen Miete verbunden werden, und zwar mit dem Antrag,

Muster
Klageantrag

> den Beklagten zu verurteilen, an den Kläger ein monatliches Nutzungsentgelt in Höhe von ... EUR, fällig jeweils zum ..., zu zahlen.

Hinsichtlich des Zeitpunkts der Fälligkeit des künftigen Nutzungsentgelts kommt es darauf an, ob eine wirksame Vorfälligkeitsklausel vereinbart worden ist (vgl. dazu § 543 Rn. 74 ff.) oder infolge der Unwirksamkeit der Vorfälligkeitsklausel die gesetzliche Regelung (§ 556b Abs. 1) eingreift, dass die Nutzungsentschädigung jeweils nach dem Ablauf des jeweiligen Nutzungsmonats zu zahlen ist.

132 Die **Klage auf künftige Räumung von Wohnraum** ist ebenfalls nur dann zulässig, wenn die Besorgnis der Nichterfüllung besteht. Generell ist das dann der Fall, wenn der Mieter den Räumungsanspruch ernstlich bestreitet, weil er die Wirksamkeit der Kündigung anzweifelt (OLG Karlsruhe, NJW 1984, 2953 = WuM 1983, 253; KG, WuM 1981, 54; LG Bochum, WuM 1983, 56; LG Berlin, GE 1997, 429 m.w.N.), oder wenn er Widerspruch gegen die Kündigung gem. § 574 erhebt (LG Bonn, NJW 1971, 433; LG Wiesbaden, WuM 1989, 428). Dies gilt auch vor Ablauf der Widerspruchsfrist des § 574b Abs. 2 zumindest dann, wenn der Mieter der Kündigung mit der Begründung widersprochen hat, der vom Vermieter angegebene Kündigungsgrund liege nicht vor (OLG Karlsruhe, a.a.O.; KG, a.a.O.; a.A. LG Kempten, NJW-RR 1993, 1101), nicht dagegen dann, wenn der Mieter nur formelle Mängel der Kündigung rügt (LG Berlin, GE 1997, 423). Allein das Schweigen des Mieters während des Laufs der Widerspruchsfrist rechtfertigt jedoch keine Klage auf künftige Räumung (Henssler, NJW 1989, 138 [143]; Schmidt-Futterer/Blank, B 751). Schweigt der Mieter daher während der Widerspruchsfrist auf eine Anfrage des Vermieters, ob er fristgerecht auszuziehen gedenke, so rechtfertigt dies ebenso wenig eine Klage auf künftige Räumung (AG Berlin-Charlottenburg, WuM 1989, 427; AG Köln, ZMR 1977, 240) wie die Erklärung des Mieters während der Widerspruchsfrist, seine Wohnungssuche sei bisher erfolglos geblieben (AG Waiblingen, WuM 1989, 428). Erklärt der Mieter dagegen bereits während der Widerspruchsfrist, der Räumungszeitpunkt werde sich voraussichtlich um mehrere Wochen verschieben, so dürfte eine Klage auf künftige Räumung zulässig sein, wenn dieser Zeitpunkt über denjenigen einer vom Gericht zu gewährenden Räumungsfrist hinausgeht. Wenn der Mieter die auch angekündigte zeitliche Verzögerung dagegen mit Umständen begründet, die auch zu einer Räumungsfrist gem. § 721 ZPO bis zum angekündigten Datum der Räumung geführt hätten, so sind die Voraussetzungen des § 259 ZPO nicht gegeben (Henssler, NJW 1989, 138 [143]).

133 Die Klage auf künftige Räumung einer Wohnung ist somit auch bereits **vor dem Ablauf der Widerspruchsfrist** dann zulässig, wenn der Mieter ausdrücklich oder durch sein Verhalten zu verstehen gibt, dass er seiner Räumungspflicht nicht nachkommen will. Die

Klage ist dagegen dann unzulässig, wenn er vor Ablauf der Widerspruchsfrist den Räumungsanspruch des Vermieters grundsätzlich anerkannt hat, aber lediglich eine angemessene Räumungsfrist erbeten hat. Der Mieter ist allerdings nicht verpflichtet, bereits vor Ablauf der Widerspruchsfrist des § 574b Abs. 2 sich gegenüber dem Vermieter zu erklären; in diesen Fällen entfällt daher eine Klage auf zukünftige Räumung auch dann, wenn der Mieter auf Anfragen des Vermieters schweigt.

1.7.3 Mängelbeseitigungsklage

Der Mieter kann auf Beseitigung der Mängel klagen, die den vertragsgemäßen Gebrauch 134 beeinträchtigen. Die Klage kann sich aber grundsätzlich nur auf die Beseitigung der im Einzelnen zu bezeichnenden Mängel richten, da die Art und Weise der Mängelbeseitigung Sache des Vermieters ist (LG Berlin, GE 1994, 1447). Nur dann, wenn lediglich eine bestimmte Mängelbeseitigungsmaßnahme in Betracht kommt, kann der Mieter auf Durchführung dieser bestimmten Maßnahme klagen (LG Kassel, WuM 1989, 519).

Bei einer **Mehrheit von Mietern** kann jeder einzelne Mieter den Anspruch geltend 135 machen (LG Berlin, GE 1994, 1447; GE 1997, 1401; LG Kassel, WuM 1994, 534).

Klagt der Mieter auf Mängelbeseitigung, so ist der **Gebührenstreitwert** dieser Klage 136 nicht identisch mit den Kosten der Mängelbeseitigung (so aber LG Kiel, WuM 1995, 320), sondern vielmehr mit dem Interesse des Mieters an der Wiederherstellung des vollen vertragsmäßigen Gebrauchs. Daher ist als **Streitwert der fiktive Minderungsbetrag** anzusetzen (LG Berlin, GE 1992, 987). Streitig ist jedoch bisher, ob der Betrag der dreijährigen Minderung (LG Hamburg, WuM 1986, 350; GE 1992, 1097; MDR 1995, 1032; LG Berlin, GE 1988, 1051; GE 1991, 573; GE 1993, 861; MM 1991, 266; LG Kassel, WuM 1992, 448; LG Aachen, ZMR 1996, 441) oder nur der einjährige Minderungsbetrag anzusetzen ist (so früher LG Berlin, GE 1988, 370; GE 1988, 145; MM 1990, 331; GE 1995, 307; GE 1996, 1431). Mit Rücksicht auf § 9 Satz 1 ZPO, wonach der Wert des Rechts auf wiederkehrende Nutzungen oder Leistungen nach dem dreieinhalbfachen Wert des einjährigen Bezugs berechnet wird, dürfte der Gebührenstreitwert für Mängelbeseitigungsklagen des Mieters gem. § 12 Abs. 1 GKG, § 9 Satz 1 ZPO mit dem dreieinhalbfachen Wert des einjährigen Minderungsbetrags anzusetzen sein (OLG Hamburg, WuM 1995, 536. LG Hamburg, WuM 1994, 624; ZMR 1998, 295; LG Berlin, NJW-RR 1997, 652; a.A. LG Tübingen, WuM 1997, 41: höchstens Jahresmiete); dafür spricht auch, dass nach dem Beschl. des BVerfG vom 30.1.1996, 1 BvR 2388/95 (GE 1996, 600) die Annahme einer mindestens dreieinhalbjährigen Mietdauer nicht lebensfern ist.

Für die so genannte **Beschwer** und damit für die **Berufungsfähigkeit** – der Wert der 137 Beschwer muss 1 500 DM übersteigen (§ 511a Abs. 1 Satz 1 ZPO; ab 1.1.2002: § 511 Abs. 2 Nr. 1 ZPO – 600 EUR) – ist dagegen die **Belastung der unterlegenen Partei** durch das angefochtene Urteil maßgebend. Für die Beschwer des zur Mängelbeseitigung verurteilten Vermieters ist jedoch nicht auf diejenigen Kosten abzustellen, die er für die Beseitigung des Mangels aufwenden muss. Vielmehr ist wie bei der Abweisung der Mängelbeseitigungsklage des Mieters nach den für die Bemessung des Gebührenstreitwerts maßgebenden Grundsätzen auf den dreieinhalbfachen Jahresbetrag der fiktiven Minderung abzustellen (BGH, NZM 2000, 713; LG Berlin GE 1997, 1401).

138 Die Werte von **Klage und Widerklage** werden bei der Berechnung des Werts der Beschwer (anders als beim Zuständigkeitswert) zusammengerechnet (BGH, WuM 1994, 705), so dass bei Abweisung der Klage des Mieters auf Mängelbeseitigung und gleichzeitiger Verurteilung zur Zahlung rückständiger Miete zu dem fiktiven Minderungsbetrag für dreieinhalb Jahre noch der Betrag der Verurteilung zur Zahlung der Miete hinzuzurechnen ist.

139 Bei **Heizungsmängeln** ist sowohl für den Gebührenstreitwert als auch für den Wert der Beschwer des mit der Mängelbeseitigungsklage unterlegenen Mieters nicht der dreieinhalbfache Jahresbetrag der fiktiven Minderung der Warmmiete maßgebend, sondern nur der 21fache Monatsbetrag, weil sich Mängel der Beheizung nur in der Heizperiode, mithin in sieben Monaten des Jahres niederschlagen (LG Berlin, GE 1993, 861).

140 Kommt der Vermieter der Verpflichtung des Urteils nicht nach, den Mangel zu beseitigen, so findet die **Vollstreckung** nach § 887 ZPO (bei vertretbaren Handlungen) statt (vgl. dazu näher Rn. 224). Der Mieter ist von dem Prozessgericht des ersten Rechtszugs – also bei Wohnraummängeln von dem zuständigen Amtsgericht – auf Antrag zu ermächtigen, auf Kosten des Vermieters die Handlung vornehmen zu lassen. Hier nun muss der Mieter die seiner Ansicht nach erforderlichen Einzelmaßnahmen genau bezeichnen. Ist die Verurteilung im Urteil konkret genug, so kann ein entsprechender Ermächtigungsbeschluss ergehen, in dem zugleich die – durch Kostenvoranschlag belegten – voraussichtlichen Kosten dem Vermieter als Vorschuss auferlegt werden.

1.7.4   Unterlassungsklagen

141 Sowohl der Vermieter als auch der Mieter können ihren jeweiligen Vertragspartner auf Unterlassung von Vertragsverstößen in Anspruch nehmen. Der Vertragsverstoß des Mieters kann darin bestehen, dass er die Grenzen des ihm vertraglich zustehenden Gebrauchsrechts überschreitet. Das wäre dann der Fall, wenn er die Mietsache ohne Erlaubnis des Vermieters einem Dritten vollständig überlässt (vgl. dazu § 553 Rn. 3). Ein vertragswidriger Gebrauch der Mietsache kann auch darin liegen, dass der Mieter die **Untervermietung** durch seinen Untermieter nicht verhindert (OLG Hamm, NJW-RR 1992, 783) oder der Mieter seinerseits unbefugt Untermieter aufnimmt (BayObLG, ZMR 1991, 64). In diesen Fällen kann der Vermieter auf Unterlassung der Untervermietung klagen. Zulässig ist dann auch die Klage gegen den Mieter auf Beendigung des von ihm unerlaubterweise geschlossenen Untermietvertrags. Die Klage muss in beiden Fällen die Person des Untermieters, dem der Mieter unerlaubterweise die Wohnung überlassen hat, im Einzelnen derart identifizierbar bezeichnen, dass der Sachverhalt von anderen Fällen der Untervermietung abgrenzbar ist.

142 Daher kann der Klage auf Unterlassung der Untervermietung oder auf Beendigung eines bestimmten Untermietverhältnisses eine **Auskunftsklage** gegen den Mieter vorgeschaltet werden, mit der der Vermieter vom Mieter Auskunft über Namen und Vornamen des Untermieters verlangt.

143 Die **Klage auf generelle Unterlassung der Untervermietung** dürfte gegen einen Wohnraummieter unzulässig sein, da dieser vom Vermieter die Erlaubnis hierzu verlangen kann, wenn nach dem Abschluss des Mietvertrags ein berechtigtes Interesse (vgl. § 553 Rn. 4 ff.) entstanden ist, einen Teil des Wohnraums einem Dritten zum Gebrauch zu überlassen (§ 553 Abs. 1 Satz 1). Dazu genügen grundsätzlich einleuchtende wirtschaft-

liche und persönliche Gründe (BGH, WuM 1985, 7; LG Landau, WuM 1989, 510; LG Hamburg, WuM 1983, 261).

Der Wert der Beschwer des mit der Klage auf Unterlassung der Untervermietung abge- 144 wiesenen Vermieters wird regelmäßig unter 1 500 DM (600 EUR) liegen (LG Berlin, GE 1995, 425; GE 1996, 187).

Der vertragswidrige Gebrauch der Mietsache kann auch darin liegen, dass der Mieter 145 trotz einer Tierhaltungsklausel im Mietvertrag Haustiere hält. Allerdings kann die **Tierhaltung** (vgl. dazu § 535 Rn. 37) in den Mieträumen nicht generell durch Formularvertrag ausgeschlossen werden (BGH, WuM 1995, 447; OLG Frankfurt/Main, WuM 1992, 56; LG Berlin, GE 1993, 1273). Zulässig sind jedoch Verbotsklauseln mit Erlaubnisvorbehalt oder Erlaubnisklauseln mit Verbotsvorbehalt (OLG Hamm, GE 1981, 137; LG Berlin, GE 1998, 1401; GE 1999, 46). Verstößt der Mieter gegen eine derartige zulässige Formularklausel, so kann der Vermieter ihn auf Unterlassung der Haltung bestimmter Tiere verklagen. Auch in diesem Fall muss das Tier, dessen Haltung der Mieter unterlassen soll, identifizierbar beschrieben werden. Enthält der Mietvertrag keine zulässigen einschränkenden Bestimmungen für die Tierhaltung, ist davon auszugehen, dass dem Vermieter ein Ermessen zusteht, ob er die Tierhaltung genehmigen will oder nicht (LG Berlin, GE 1993, 1273). Enthält dagegen der Mietvertrag eine Klausel des Inhalts, dass die Tierhaltung der Genehmigung des Vermieters bedarf, so wird – auch bei sonst freiem Ermessen – in der Regel die Tierhaltung als vom Umfang des Mietgebrauchsrechts gedeckt anzusehen sein (vgl. dazu im einzelnen Schach, GE 1992, 1291).

Werden **gefährliche Tiere** gehalten, ist grundsätzlich ein Anspruch des Vermieters auf 146 Abschaffung der Tiere zu bejahen (LG Fürth, GE 1991, 937 = ZMR 1991, 29; LG Göttingen, WuM 1991, 536; LG Berlin, GE 1993, 97; AG Berlin-Tempelhof/Kreuzberg, GE 1991, 939). Dies gilt erst recht für gefährliche Tiere wild lebender Arten, die in Verordnungen der Länder als gefährlich eingestuft worden sind (vgl. dazu u.a. GE 1996, 354 f.). In diesen Fällen wird statt der Unterlassungsklage auch die Klage auf Entfernung derartiger gefährlicher Tiere, wie beispielsweise kleiner Krokodile, Gift- oder Würgeschlangen (vgl. zu Schlangen: AG Bayreuth, ZMR 2000, 765), giftiger Spinnen oder Skorpione, zulässig sein, und zwar auch in den Fällen, in denen öffentlich-rechtlich dem Tierhalter eine Ausnahmegenehmigung erteilt worden ist.

Für Klagen des Wohnraumvermieters gegen den Wohnraummieter auf Unterlassung der 147 Tierhaltung bzw. Entfernung gefährlicher Tiere ist das Amtsgericht zuständig, in dessen Bezirk die streitbefangene Wohnung liegt (§ 23 Nr. 2a GVG, § 29a ZPO).

Die Amtsgerichte werden in der Regel abschließend über die Tierhaltung entscheiden, 148 weil der notwendige **Wert der Beschwer** von über 1 500 DM (600 EUR) nicht erreicht werden dürfte. Der Wert der Beschwer bei Streit über die Zulässigkeit der Tierhaltung wird häufig auf unter 1 500 DM (600 EUR) begrenzt (LG Berlin, NZM 2001, 41; LG Hamburg, WuM 1993, 469; LG Berlin, GE 1996, 470; LG München I, WuM 1992, 495; a.A. LG Hamburg, WuM 1996, 532: 3 000 DM).

Das Urteil auf Entfernung eines Hundes ist **nach § 887 ZPO zu vollstrecken**, d.h., der 149 Vermieter ist vom Amtsgericht auf Antrag zu ermächtigen, auf Kosten des Mieters einen Hundefänger mit der Wegnahme des Hundes zu beauftragen – in dem entsprechenden Beschluss kann der Mieter gleichzeitig zur Vorauszahlung der Kosten verurteilt werden, die durch die Wegnahme des Hundes entstehen. Erst wenn **diese Vollstreckung nicht durchführbar ist** – z.B. weil der Mieter dem Hundefänger den Zutritt zur Wohnung verweigert –, darf der Vermieter das Urteil auf Entfernung des Hundes **nach § 888 ZPO vollstrecken** (LG Hamburg, WuM 1989, 445 = ZMR 1985, 302), d.h., der Mieter kann zur Entfernung des Hundes durch Zwangsgeld oder – für den Fall, dass dieses nicht beigetrieben werden kann – durch Zwangshaft angehalten werden.

Muster
Unterlassungsklage →[✆ II-149]

...   ...
(Vermieter)   (Datum)

An das
Amtsgericht ...
(in dessen Bezirk die Wohnung liegt)

Klage

des ...
(Beruf, Vor- und Zuname des Vermieters/der Vermieter)
...
(Anschrift)

Kläger

gegen
...
(Beruf, Vor- und Zuname des Mieters/der Mieter)
...
(Anschrift)

Beklagter/Beklagte

wegen Unterlassung.
Hiermit erhebe ich Klage gegen den/die Beklagten mit dem Antrag,
den/die Beklagten zu verurteilen,

1. den von ihm/ihnen in der Wohnung im ... Erdgeschoss/Obergeschoss des Vorderhauses/Hinterhauses/Seitenflügels/Quergebäudes/Gartenhauses ...straße in ... gehaltenen Hund der Rasse ..., Farbe ..., Größe ... abzuschaffen;
2. bei Vermeidung der gerichtlichen Festsetzung eines Ordnungsgeldes, ersatzweise Ordnungshaft, es künftig zu unterlassen, einen Hund der Rasse ... in den vorbezeichneten Räumen zu halten.

Ferner beantrage ich die Anordnung des schriftlichen Vorverfahrens; falls der/die Beklagte/n in dem schriftlichen Vorverfahren seine/ihre Verteidigungsbereitschaft nicht rechtzeitig anzeigt/anzeigen oder den Klageanspruch anerkennt/anerkennen, beantrage ich schon jetzt, Versäumnis- oder Anerkenntnisurteil – gegebenenfalls Versäumnisteilurteil oder Anerkenntnisteilurteil – ohne mündliche Verhandlung zu erlassen.

Für den Fall der Anordnung des Verfahrens nach § 495a ZPO beantrage ich schon jetzt, Termin zur mündlichen Verhandlung anzuberaumen.

Begründung

Der/die Beklagte/n hat/haben durch Mietvertrag vom ... (Datum) vom Kläger/von den Klägern die ... qm große Wohnung in ... (Ort, Straße, Hausnummer, Lage im Gebäude) gemietet.

Beweis: Mietvertrag, in Fotokopie anbei, Original wird im Bestreitensfall im Termin vorgelegt werden

Gemäß § ... des Mietvertrags ist das Halten von Hunden ohne Einwilligung des Vermieters unzulässig.

Am ... wurde festgestellt, dass der/die Beklagte/n den im Antrag näher bezeichneten Hund der Rasse ... in seiner/ihrer Wohnung halten, ohne eine Erlaubnis des/der Kläger/s dafür zu haben.

Beweis für die Hundehaltung: Zeuge ...

Der/die Beklagte/n ist/sind darauf mit Schreiben vom ... aufgefordert worden, die Haltung dieses Hundes zu unterlassen.

Beweis: Abmahnschreiben vom ... in Fotokopie anbei, Original wird im Bestreitensfall im Termin vorgelegt werden

Dieses Abmahnschreiben ist dem/den Beklagten auch zugegangen, wie sich aus seinem/ihren Antwortschreiben vom ... ergibt, in dem er/sie sich ausdrücklich weigert/weigern, den Hund abzuschaffen.

Beweis: Antwortschreiben des/der Beklagten vom ..., in Fotokopie anbei, Original wird im Bestreitensfall im Termin vorgelegt werden

Der/die Beklagte/n hat/haben jedoch trotz des Abmahnschreibens den Hund weiter gehalten. So ist/sind er/sie beobachtet worden, wie er/sie

am ... um ... Uhr,

am ... um ... Uhr,

am ... um ... Uhr

das Wohnhaus jeweils mit dem Hund verließ/en und jeweils etwa 15 Minuten später wieder mit dem Hund in seine/ihre Wohnung zurückkehrte/n.

Beweis: Zeuge ...

Die Haltung derartiger Hunde gehört nicht zum vertragsmäßigen Gebrauch der Mietsache, da es bei diesen infolge ihrer typischen Eigenarten zu erheblichen Gefährdungen der Mitbewohner kommen kann. Zudem hat/haben der/die Beklagte/n gezeigt, dass er/sie sich nicht an die Bestimmungen des Mietvertrags halten will/wollen, die eine Hundehaltung gerade wegen dieser Gefährdungen prinzipiell von der Erlaubnis des Vermieters abhängig machen. Damit liegt in der Hundehaltung ein vertragswidriger Gebrauch der Mietsache, den der/die Beklagte/n zu unterlassen hat/haben.

Zwei eigenhändig unterzeichnete Zweitschriften zur Zustellung an den/die Beklagten anbei.

Den erforderlichen Gebührenvorschuss bitte ich mir aufzugeben.

...

(Unterschrift des/der Vermieter/s)

Anlagen: Fotokopien des Mietvertrags, des Abmahnschreibens und des Antwortschreibens des/der Beklagten

150 Auch Verstöße gegen die Hausordnung, insbesondere die Verletzung der Verpflichtung zur **Einhaltung der Mittags- und Nachtruhe** (vgl. dazu § 535 Rn. 38), können einen vertragswidrigen Gebrauch der Mietsache darstellen, deren Unterlassung der Vermieter verlangen kann. Ist nach der Hausordnung das Baden und Duschen in der Zeit zwischen 22 Uhr und 6 Uhr morgens grundsätzlich zu unterlassen, so kann der Vermieter den daran gebundenen Mieter (AG Rottenburg, ZMR 1995, 163) auf Unterlassung des dagegen verstoßenden Verhaltens in Anspruch nehmen. Auch ohne ausdrückliche mietvertragliche Vereinbarung sind Haus- und Gartenfeste allenfalls bis 22 Uhr zulässig (LG Frankfurt/Main, WuM 1989, 575). Die Störung der Nachtruhe durch lautstarkes Feiern ist stets unzulässig (OLG Düsseldorf, WuM 1990, 116). Auch außerhalb der Ruhezeiten dürfen Radios, CD-Player und/oder Fernsehgeräte nur in Zimmerlautstärke betrieben werden, d.h. nur so laut, dass sie in anderen Wohnungen kaum zu hören sind (LG Berlin, DWW 1988, 83; AG Neuss, DWW 1988, 355; AG Düsseldorf, DWW 1988, 357). Dabei ist nicht die besondere Geräuschempfindlichkeit des jeweiligen Nachbarn, sondern das Empfinden eines verständigen Durchschnittsmenschen maßgebend (BGH, DWW 1993, 70; ZMR 1993, 269).

151 Ist das **Musizieren** in der Wohnung auf bestimmte Zeit für bestimmte Instrumente beschränkt, was auch formularmäßig zulässig ist (OLG Frankfurt/Main, WuM 1984, 303; OLG Karlsruhe, NJW-RR 1989, 1179; LG Nürnberg-Fürth, WuM 1992, 253), so kann der Vermieter dem Verstoß gegen diese Formularklausel mit einer Unterlassungsklage begegnen. Fehlt es an derartigen Vereinbarungen im Mietvertrag, ist das Musizieren auf eineinhalb Stunden pro Tag zwischen 9 und 13 Uhr sowie 15 und 22 Uhr zu reduzieren (LG Kleve, DWW 1992, 26; LG Nürnberg-Fürth, WuM 1992, 253; Sternel, Mietrecht aktuell, Rn. 251).

152 Der Vermieter kann gegen die **Nutzung der Wohnung zu gewerblichen Zwecken** dann vorgehen, wenn durch die Beschäftigung von Hilfskräften, durch vermehrten Kundenbesuch oder Verwendung störender Maschinen das Haus stärker abgenutzt und/oder Nachbarn in ihrem vertragsgemäßen Gebrauch beeinträchtigt werden. Der Vermieter kann auch mit der Unterlassungsklage gegen die Nutzung der Wohnung zu einem bordellartigen Betrieb (AG Mönchengladbach, ZMR 1993, 171) oder zur Prostitution (LG Lübeck, NJW-RR 1993, 525) vorgehen.

Kinne

Schließlich kann der Vermieter mit der Unterlassungsklage auch gegen **Mieterplakate** 153
dann vorgehen, wenn deren Meinungsäußerungen sich gegen den Vermieter selbst oder
Mitmieter wenden und deren Empfindungen beeinträchtigen.

Die **Vollstreckung einer titulierten Unterlassungsverpflichtung** geschieht dadurch, 154
dass bei Verstößen gegen die Unterlassungsverpflichtung gegen den Mieter vom Prozessgericht des ersten Rechtszugs auf Antrag des Vermieters ein Ordnungsgeld oder – für
den Fall, dass dieses nicht beigetrieben werden kann – Ordnungshaft bis zu sechs Monaten festgesetzt wird (§ 890 Abs. 1 Satz 1 ZPO). Diese Ordnungsmittel müssen dem Mieter jedoch zuvor angedroht worden sein (§ 890 Abs. 2 ZPO). Die Androhung kann – und
ist im Regelfall – schon im Titel enthalten sein, soweit es sich um ein Urteil oder einen
vollstreckbaren Beschluss handelt. Damit die Vollstreckung zügig betrieben werden
kann, empfiehlt es sich daher, mit dem Klageantrag auf Unterlassung zugleich einen
Antrag auf Androhung eines Ordnungsgeldes für den Fall (weiterer) Zuwiderhandlung zu
stellen.

Ist mangels eines derartigen Antrags das **Ordnungsgeld** noch nicht angedroht worden, 155
kann dies auf Antrag des Vermieters vom Prozessgericht des ersten Rechtszugs nachgeholt werden (§ 890 Abs. 2 ZPO). Der entsprechende Beschluss setzt weder eine Zuwiderhandlung des Schuldners gegen die Unterlassungspflicht (OLG Zweibrücken, OLGZ
1990, 214; OLG Hamm, MDR 1988, 506) noch ein besonderes Rechtsschutzbedürfnis
voraus (Gottwald, § 890 ZPO Rn. 12; MünchKomm/Schilken, § 890 ZPO Rn. 14). Die
Entscheidung über den Antrag des Vermieters ergeht nach Anhörung des Mieters durch
Beschluss. Darin braucht eine bestimmte Art oder auch die Höhe des Ordnungsmittels
nicht enthalten zu sein, wohl muss aber der Rahmen der zulässigen Ordnungsmittel
begrenzt werden (OLG Hamm, NJW 1980, 1289). Die Ersatzordnungshaft für das Ordnungsgeld ist von Amts wegen anzudrohen (BGH, NJW-RR 1992, 1453; MDR 1993,
38).

Der Vermieter kann gegen den Mieter auch auf Erteilung einer **Einzugsermächtigung** 156
klagen, wenn diese in zulässiger Weise vereinbart worden ist. Grundsätzlich ist auch eine
formularmäßige Vereinbarung in einem Mietvertrag über die Erteilung einer Einzugsermächtigung rechtswirksam (LG Berlin, GE 1984, 671). Fraglich ist, ob formularmäßige
Einzugsermächtigungen ohne Widerrufsvorbehalt des Mieters wirksam sind (verneinend:
LG Hamburg, WuM 1990, 115 [116]; LG Köln, WuM 1990, 380). Die Erteilung der
Einzugsermächtigung durch Telefax reicht aus (LG Berlin, GE 1995, 1209).

Der Vermieter kann auch auf **Durchführung von Schönheitsreparaturen** während der 157
Mietzeit klagen, falls diese mietvertraglich der Mieter übernommen hat (vgl. dazu näher
§ 535 Rn. 83 ff.). Hat der Mieter vertraglich die Verpflichtung zur Durchführung von
Schönheitsreparaturen gemäß Fristenplan übernommen, so hat der Vermieter auch während des laufenden Mietverhältnisses einen entsprechenden Erfüllungsanspruch (BGH,
NJW 1990, 2376; LG Berlin,GE 1998, 139; Sternel, Mietrecht, II Rn. 428; Emme-
rich/Sonnenschein, §§ 535, 536 Rn. 41). Dagegen kann der Vermieter nicht auf Schadensersatz nach § 326 (ab 1.1.2002: § 280 Abs. 1, 3 i.V.m. § 281 SchuldRModG) deswegen klagen, weil der Mieter während des laufenden Mietverhältnisses die Schönheitsreparaturen trotz Aufforderung und nach Fristsetzung nicht ausgeführt hat; insoweit ver-

bleibt dem Vermieter nur ein Anspruch auf Zahlung eines Vorschusses in Höhe der erforderlichen Renovierungskosten (BGH, NJW 1990, 2376 = DWW 1990, 266 = WuM 1990, 494).

158 Auch der **Mieter** seinerseits kann gegen den Vermieter auf Unterlassung klagen, wenn dieser gesetzliche oder vertragliche Verpflichtungen verletzt. Macht der Vermieter von einer **Einzugsermächtigung** in voller Höhe Gebrauch, obwohl den Mietern ein Minderungsrecht zusteht, kann der Mieter vom Vermieter nach Widerruf der Einzugsermächtigung Unterlassung des Einzugs verlangen (LG Berlin, GE 1996, 805), und zwar sogar im Wege der einstweiligen Verfügung (LG Berlin, a.a.O.).

159 Verlangt der Mieter vom Vermieter, gegen **Ruhestörungen durch Mitmieter** vorzugehen, so müssen diese Ruhestörungen genau bezeichnet werden (LG Offenburg, DWW 1990, 273). Dies gilt auch für eine Unterlassungsklage gegen einen **Mitbewohner**, der den klagenden Mieter in seinem vertragsgemäßen Gebrauch durch Lärm stört. Daher müssen dann in dem Klageantrag Art und Weise der Belästigung, ihre Auswirkungen und die Spitzenwerte der Lautstärke angegeben werden (OLG Saarbrücken, WuM 1995, 269).

160 Der **Geschäftsraummieter** kann seinen Vermieter auf Unterlassung eines Vertragsabschlusses mit einem Konkurrenzbetrieb verklagen, wenn eine entsprechende **Konkurrenzschutzpflicht** besteht (vgl. dazu näher Kinne, GE 1996, 566 ff. [570]). Der Gewerberaummieter kann dem Vermieter die geplante Vermietung an einen Wettbewerber auch im Wege der einstweiligen Verfügung untersagen lassen (OLG Hamm, NJW-RR 1990, 1236; ZMR 1991, 295). Bei bereits erfolgter Vermietung kann der Mieter verlangen, dass der Vermieter dem Wettbewerber die Aufnahme oder Fortführung des Konkurrenzangebots untersagt, wobei die genaue Angabe des beanstandeten Konkurrenzangebots erforderlich sein dürfte (Sternel, Mietrecht, II Rn. 134; großzügiger Kraemer in: Bub/Treier, III B Rn. 1249). Der Mieter kann nur dann seinen Beseitigungsanspruch nicht durchsetzen, wenn der Vermieter aus Rechtsgründen nicht in der Lage ist, den störenden Wettbewerb zu unterbinden (BGH, WuM 1975, 163); diese rechtliche Unmöglichkeit müsste jedoch der Vermieter darlegen und beweisen.

1.7.5 Duldungsklagen

161 Der Vermieter kann den Mieter auf Duldung derjenigen Einwirkungen auf die gemieteten Räume in Anspruch nehmen, die **zur Erhaltung der Mieträume** oder des Gebäudes erforderlich sind; damit soll sichergestellt werden, dass der Vermieter seine Gewährleistungspflicht aus § 535 Abs. 1 Satz 2 erfüllen kann. Dieser Anspruch kann durch eine Duldungsklage gegen den Mieter durchgesetzt werden. Diese Klage muss sich auf Duldung von – nicht Zustimmung des Mieters zu – Maßnahmen richten, die in dem Klageantrag im Einzelnen genau zu bezeichnen sind. Bei eilbedürftigen Erhaltungsmaßnahmen kann der Duldungsanspruch auch im Verfahren der einstweiligen Verfügung durchgesetzt werden (Palandt/Weidenkaff, § 541a Rn. 4). Die einstweilige Verfügung ist jedoch nur dann zulässig, wenn ein Notstand bereits eingetreten ist oder der Eintritt des Notstands unmittelbar bevorsteht (Müller, GE 1986, 526 [535]; LG Frankfurt/Main, MDR 1968, 328; AG Wuppertal, MDR 1973, 409).

162 Da die **Vollstreckung** des Duldungsanspruchs dadurch erfolgt, dass der Mieter bei der Zuwiderhandlung gegen den titulierten Duldungsanspruch von dem Prozessgericht des

ersten Rechtszugs zu einem Ordnungsmittel verurteilt wird (§ 890 Abs. 1 Satz 1 ZPO), empfiehlt es sich, in der Klage auf Duldung zugleich einen Antrag auf Androhung eines entsprechenden Ordnungsmittels zu stellen.

Muster
Klageantrag

... wird beantragt,
den Beklagten bei Vermeidung der gerichtlichen Festsetzung eines Ordnungsgeldes – ersatzweise Ordnungshaft – zu verpflichten, die Durchführung folgender Bauarbeiten in den Mieträumen ... zu dulden:
(Darstellung der zu duldenden Baumaßnahmen).

Es empfiehlt sich, in dem Klageantrag ferner Bezug zu nehmen auf eine beigefügte Bauzeichnung, aus der sich im Einzelnen ergibt, wo welche Baumaßnahmen durchgeführt werden sollen.

Der Vermieter kann ferner gegen den Mieter Klage auf **Duldung von Modernisie-** 163 **rungsmaßnahmen** (§ 554 Abs. 2 Satz 1) erheben. Ebenso wie im Ankündigungsschreiben (vgl. dazu Blümmel in: Blömeke/Blümmel/Kinne/Lorenz, Teil A Rn. 65) müssen in der Duldungsklage Art und Umfang der beabsichtigten Modernisierungsmaßnahme konkret und individuell bezogen auf die Wohnung des Mieters aufgeführt werden. So ist im Zusammenhang mit einem Heizungseinbau der Ort und die Anzahl der anzubringenden Heizkörper, deren Bauart und deren genauer Anbringungsort in den einzelnen Zimmern anzugeben; des Weiteren ist anzugeben, ob die Heizung mit Steig- oder Ringleitung ausgestattet wird und ob die Rohre unter oder auf Putz verlegt werden sollen. Ferner ist im Einzelnen in der Klage aufzuführen, ob die in der Wohnung vorhandenen Öfen verbleiben oder abgerissen werden und ob im Zuge des Einbaus einer Heizung auch ein neuer Herd in der Küche gestellt wird. Bei Verstärkung der elektrischen Steigleitung muss konkret angegeben werden, wo genau in der Wohnung diese verlegt werden soll. Auch insoweit empfiehlt es sich, in dem Klageantrag auf eine beigefügte Bauzeichnung Bezug zu nehmen, aus der sich die einzelnen Modernisierungsarbeiten – farbig hervorgehoben – in der konkreten Wohnung des Mieters im Einzelnen ergeben.

Der Vermieter kann seinen Anspruch auf Duldung dieser Modernisierungsarbeiten 164 grundsätzlich nur in einem **ordentlichen Klageverfahren** durchsetzen. Der Zulässigkeit einer (neuen) Duldungsklage würde nicht entgegenstehen, dass eine (vorangehende) Duldungsklage deswegen abgewiesen worden ist, weil die Ankündigung nicht den Voraussetzungen des § 554 Abs. 2 Satz 1 entsprach (AG Berlin-Wedding, GE 1986, 561). Bei einer Mehrheit von Mietern sind grundsätzlich alle Mieter auf Duldung zu verklagen (LG Berlin, MM 1987, 113).

Die Durchsetzung des Duldungsanspruchs im **einstweiligen Verfügungsverfahren** ist 165 grundsätzlich nicht zulässig (LG Berlin, MM 1996, 452; Müller, GE 1986, 526 ff.). Nur dann, wenn die ordnungsgemäß angekündigte Modernisierungsmaßnahme bereits begonnen worden ist und durch eine Unterbrechung der Arbeiten dem Vermieter und den anderen Mietern des Hauses erhebliche Nachteile erwachsen würden, ist ausnahmsweise eine Durchsetzung des Duldungsanspruchs des Vermieters im Wege der einstweiligen Verfügung zulässig (Blümmel in: a.a.O., Teil A Rn. 86 m.w.N.; vgl. ferner Rn. 182).

166 Der **Mieter** kann dagegen Modernisierungsarbeiten des Vermieters auch durch **einstweilige Verfügung** unterbinden (a.A. für Außenbereich: LG Berlin, Urteil vom 3.9.1998, 62 S 183/98). Dies dürfte in der Regel schon deswegen erforderlich sein, weil im nachfolgenden Mieterhöhungsverfahren (§ 559) der Mieter sich bei Durchführung der Modernisierungsmaßnahmen nicht mehr darauf berufen kann, dass eine ordnungsgemäße Ankündigung nicht vorlag, wenn er diese Maßnahmen tatsächlich geduldet hat.

167 Dagegen ist ein Rechtsschutzbedürfnis für eine Klage des Vermieters auf **Feststellung**, dass **der Mieter zur Duldung** der Modernisierungsarbeiten **verpflichtet ist**, mit Rücksicht darauf zu **verneinen**, dass die ordnungsgemäße Ankündigung der Modernisierungsarbeiten gem. § 554 Abs. 3 Satz 1 nicht mehr Voraussetzung für den Mieterhöhungsanspruch gem. § 559 ist, wenn der Mieter tatsächlich die Durchführung der Modernisierungsarbeiten geduldet hat (OLG Stuttgart, NJW-RR 1991, 1108 = GE 1991, 817; OLG Frankfurt/Main, NJW-RR 1992, 145 = GE 1991, 929).

168 Als sonstige **Duldungsklagen** des **Mieters** kommen Klagen auf Duldung der **Anbringung von Schildern** (AG Berlin-Tiergarten, GE 1991, 577 f.), auf **Installation von Anlagen**, die zur Lebensführung und insbesondere zur Haushaltsführung erforderlich sind (LG Saarbrücken, NJW-RR 1987, 1496; AG Berlin-Charlottenburg, GE 1991, 577), als auch zur Duldung des Anbringens einer **Parabolantenne** (OLG Celle, NJW 1994, 2160; OLG Frankfurt/Main, GE 1992, 871 f. = NJW 1992, 2490; OLG Karlsruhe, GE 1993, 1151 = NJW 1993, 2815; OLG Düsseldorf, NJW 1993, 1275 f.; LG Wuppertal, WuM 1997, 324) in Betracht. Der Mieter hat darauf einen Anspruch nur dann, wenn die Parabolantenne unauffällig, an einem optisch am wenigsten störenden Ort installiert wird, der Mieter den Vermieter von allen Kosten und Gebühren freistellt, die Parabolantenne durch einen Fachmann unter Berücksichtigung aller Vorschriften installieren lässt, kein erheblicher Eingriff in die Bausubstanz stattfindet, der ästhetische Eindruck des Gebäudes nicht gravierend beeinträchtigt wird und der Mieter die Kosten für das Anbringen und das Entfernen übernimmt sowie Sicherheit für die Kosten des Abbaus bei Ende des Mietverhältnisses leistet. Weitere Voraussetzung ist stets, dass der Mieter den Heimatsender über den bereits vorhandenen Kabelanschluss nicht empfangen kann (vgl. dazu im Übrigen Bruckmann, S. 187–190; Blümmel in: Blömeke/Blümmel/Kinne/Lorenz, Teil A Rn. 111).

169 Der Mieter kann jedoch nur eingeschränkt auf Duldung baulicher Veränderungen klagen, die zur Anpassung an die veränderten Anforderungen an die Vertragsgemäßheit des Wohngebrauchs notwendig sind. Insbesondere kann er die Zustimmung zu baulichen Veränderungen oder sonstigen Einrichtungen verlangen, die für eine behindertengerechte Nutzung der Wohnung oder den Zugang zu ihr erforderlich sind (vgl. dazu näher § 554a). Voraussetzung für den Anspruch des Mieters gegen den Vermieter auf Duldung einer sonstigen **Mietermodernisierung** ist, dass die Mietsache nicht nachhaltig verändert wird, insbesondere keine bauliche Veränderung an der Substanz des Hauses vorgenommen wird und die Interessen des Vermieters und anderer Mieter des Hauses nicht beein-

trächtig werden (BGH, MDR 1964, 744; LG Berlin, GE 1981, 187; GE 1985, 1259; GE 1995, 429).

Bestimmte **kleinere Eingriffe** zur Einrichtung der Wohnung **hat der Vermieter zu**   170 **dulden**. Hierbei handelt es sich z.b. um Hilfsmaßnahmen bei der Ausstattung der Räume. Dazu gehört das Einschlagen von Nägeln und das Setzen von Dübeln in geringem Umfang (BGH, DWW 1993, 74 = WuM 1993, 109; LG Darmstadt, NJW-RR 1988, 80; LG Aurich, DWW 1989, 223; LG Göttingen, WuM 1990, 199). Der Mieter ist auch zu bestimmten Einrichtungsmaßnahmen berechtigt, z.b. Einbau einer Einbauküche (LG Konstanz, WuM 1989, 67) oder Aufstellen von Raumteilern. Ein Kohlebadeofen darf durch einen Durchlauferhitzer ersetzt werden (AG Aachen, WuM 1986, 88), wenn damit kein Eingriff in die Bausubstanz verbunden ist. Bejaht worden ist auch der Anspruch des Mieters, eine transportable Duschkabine aufzustellen (LG Berlin, GE 1990, 869).

Der Vermieter hat dagegen den Eingriff in die bauliche Substanz dann **nicht zu dulden**,   171 wenn das Mietobjekt endgültig oder nur schwer behebbar verändert wird, nachteilige Folgewirkungen für die Wohnung zu befürchten sind sowie Störungen, Belästigungen oder Gefährdungen Dritter auftreten können. Zwar gehört zur Gewährung des vertragsgemäßen Gebrauchs der Mietsache alles, was zur Benutzung der gemieteten Räume als existentiellem Lebensmittelpunkt des Mieters und seiner Familie gehört. Der Mieter hat daher einen Anspruch auf Duldung sämtlicher Einrichtungen, die für seine gesamte Lebensführung in allen ihren Ausgestaltungen mit allen ihren Bedürfnissen erforderlich sind. Dabei kann sich der Mieter auch solcher Errungenschaften der Technik bedienen, die als Hilfsmittel aus dem gesamten Leben nicht mehr wegzudenken sind. Daher können technische Neuerungen bzw. die Veränderungen des Lebensstandards zu einer Ausweitung des vertragsgemäßen Gebrauchs führen, insbesondere dann, wenn sie für weite Schichten der Bevölkerung eine Selbstverständlichkeit geworden sind und zum allgemeinen Lebensstandard gehören (BayObLG, WuM 1981, 80 ff.). Sachbezogene, triftige Gründe des Vermieters, derartige Einrichtungen nicht zu gestatten, können sich aber aus für ihn nicht unerheblichen Beeinträchtigungen und nachhaltigen Verschlechterungen der Mietsache ergeben (OLG Karlsruhe, NJW 1993, 2815 f.). Da der Einbau eines Duschbades einen erheblichen Eingriff in die Haussubstanz darstellt, besteht insoweit kein Anspruch des Mieters auf Genehmigung eines dementsprechenden Umbaus der Toilette und der hineinragenden Speisekammer (LG Berlin, GE 1995, 429; AG Berlin-Tiergarten, GE 2000, 127).

1.7.6 Feststellungsklagen

Auf Feststellung des Bestehens oder Nichtbestehens eines Rechtsverhältnisses kann   172 Klage erhoben werden, wenn der Kläger ein rechtliches Interesse daran hat, dass das Rechtsverhältnis durch richterliche Entscheidung alsbald festgestellt werde (§ 255 Abs. 1 ZPO). Ein derartiges Rechtsverhältnis kann auch das Mietverhältnis sein und ebenso auch ein Anspruch, der sich aus dem Mietverhältnis ergibt. Daher kann der Mieter, wenn sich der Vermieter eines Anspruchs (z.B. Räumungsanspruchs) ernsthaft berühmt (ohne jedoch daraus wirklich Konsequenzen zu ziehen), auf Feststellung klagen, dass dem Vermieter der behauptete Anspruch nicht zusteht (OLG Hamburg, WuM 1998, 17).

Der Vermieter kann daher auf **Feststellung der Unwirksamkeit eines Mietverhältnis-**   173 **ses** klagen, ebenso wie sowohl Vermieter als auch Mieter, denen gegenüber das Mietverhältnis gekündigt worden ist, Klage auf Feststellung erheben können, dass das Mietverhältnis fortbesteht (OLG München, ZMR 1997, 459; LG Stuttgart, WuM 1976, 56). Die selbständige Feststellungsklage ist jedoch unzulässig, wenn durch Zwischenfeststellungsklage geklärt werden kann, ob das Mietverhältnis fortbesteht (OLG München, ZMR 1997, 459; OLG Naumburg, NJW-RR 2001, 303). Da jeweils das gesamte Mietverhältnis betroffen ist, müssen mehrere Vertragspartner die Feststellungsklage alle gemeinsam erheben (OLG Celle, WuM 1995, 193). Der Mieter kann auch gegenüber einer Räumungsklage des Vermieters seinerseits Widerklage auf Feststellung erheben, dass das Mietverhältnis fortbesteht, wenn daraus noch weitere Ansprüche erwachsen können als der mit der Hauptklage geltend gemachte Räumungsanspruch (BGHZ 43, 144, 147; Mietprax/Fritz, Fach 10 Rn. 49 m.w.N.). Hatte der Vermieter vor längerer Zeit gekündigt, jedoch keinen Räumungsanspruch geltend gemacht, und beruft er sich in einem späteren Schreiben erneut auf die Wirksamkeit dieser Kündigung, kann der Mieter auf Feststellung klagen, dass die Kündigung unwirksam ist (LG Berlin, GE 1992, 1217).

174 Unter **Rechtsverhältnis** i.S.d. § 256 Abs. 1 ZPO fallen **auch einzelne Folgen eines Mietverhältnisses**, z.B. ein einzelner Anspruch daraus. Daher ist die Klage auf Feststellung, dass das Mietverhältnis zwischen den Parteien als Wohnraummietverhältnis und nicht als Gewerberaummietverhältnis einzustufen ist, zulässig (LG Berlin, MM 1995, 228). Dagegen kann die Wirksamkeit einer Willenserklärung oder einer sonstigen Rechtshandlung grundsätzlich nicht durch eine Feststellungsklage geklärt werden; die Klage auf Feststellung der Unwirksamkeit der Abmahnung ist aus diesem Grund für unwirksam gehalten worden (LG Berlin, GE 1996, 1243).

175 Bei **Mängeln der Mietsache** ist sowohl die Klage des Mieters auf Feststellung zulässig, dass er ab Eintritt des Mangels bis zu dessen Beseitigung zur **Minderung** der (Bruttokalt-)Miete zu einem bestimmten Prozentsatz berechtigt ist, als auch die Feststellungsklage des Vermieters, dass der Mieter nicht zur Mietminderung berechtigt ist (BGH, ZMR 1985, 403). Soweit allerdings der Mieter bereits die Miete gemindert hat, muss der Vermieter vorrangig auf Zahlung der Restmiete klagen. Lediglich hinsichtlich der künftigen Mietzahlungen braucht er nicht auf künftige Leistungen zu klagen, sondern kann auf Feststellung klagen, dass der Mieter zur Mietminderung entweder überhaupt nicht oder nur in einem bestimmten Umfang berechtigt ist.

In der Feststellungsklage ist jeweils der **Umfang** der begehrten Feststellung **genau zu begrenzen**; dabei ist darauf zu achten, dass der Beginn der Mietminderung ebenso wie deren voraussichtliches Ende im Klageantrag einzugrenzen ist, der sonst teilweise abgewiesen werden müsste.

Das rechtliche Interesse für die Klagen des Vermieters oder Mieters auf Feststellung der Berechtigung zur Mietminderung in einem bestimmten Umfang entfällt nicht deswegen, weil nach Klageerhebung entweder Restmietansprüche des Vermieters oder Rückzahlungsansprüche des Mieters fällig werden; weder Vermieter noch Mieter brauchen daher in diesen Fällen nach der Klageerhebung zu einer Leistungsklage überzugehen (OLG Düsseldorf, ZMR 1987, 377 im Anschluss an BGH, LM Nr. 29 zu § 256 ZPO; vgl. auch OLG Hamm, NVersZ 2000, 234).

176 Der Mieter kann ferner auf Feststellung der **Beendigung des Mietverhältnisses** zu einem bestimmten Zeitpunkt klagen, wenn er den Mietvertrag gekündigt hat und befürch-

tet, dass der Vermieter die Kündigung zu diesem Zeitpunkt nicht anerkennt und deswegen später weitere Zahlung der Miete verlangt. Derartige Feststellungsklagen des Mieters sind insbesondere dann denkbar, wenn ein längerfristiges Mietverhältnis fristlos wegen Nichtgewährung des vertragsgemäßen Gebrauchs (§ 543 Abs. 2 Nr. 1), wegen Gesundheitsgefährdung (§ 569 Abs. 1) oder bei Unzumutbarkeit der Fortsetzung des Mietverhältnisses (§ 569 Abs. 2) gekündigt worden ist.

Dasselbe gilt bei außerordentlicher Kündigung durch den Mieter wegen Verweigerung   177
der Erlaubnis zur Gebrauchsüberlassung an Dritte (§ 540 Abs. 1 Satz 2 – vgl. dazu auch Kinne, GE 1996, 284 ff. und LG Berlin, GE 1996, 737).

1.7.7   Klage auf Abschluss eines Mietvertrags

Die Klage auf Abschluss eines Hauptmietvertrags kommt dann in Betracht, wenn die   178
Parteien einen **Vorvertrag** geschlossen haben. Klagt eine der Parteien auf Abschluss des nach diesem Vorvertrag geschuldeten Hauptvertrags, so muss der Klageantrag den gesamten Vertragsinhalt umfassen (BGH, MDR 1994, 827 = WuM 1994, 71). Dazu reicht es aber grundsätzlich aus, dass der Klageantrag die Mietvertragsparteien, das Mietobjekt, die Miete und die Vertragsdauer enthält. Solange der Hauptvertrag noch nicht abgeschlossen ist, kann eine Klage auf Erfüllung der aus dem Hauptvertrag geschuldeten Leistung (z.B. Miete) nur zusammen mit der vorrangigen Klage auf Abschluss des Hauptvertrags erhoben werden (BGHZ 98, 130 [134]; OLG Köln, ZMR 1998, 283; OLG Koblenz, NZM 1998, 405). Haben die Parteien vereinbart, zu einem späteren Zeitpunkt einen Mietvertrag über eine erst noch zu errichtende Wohnung zu schließen, ist die vor deren Errichtung erhobene Klage auf Abschluss des Mietvertrags als zur Zeit unbegründet abzuweisen (OLG Brandenburg, OLG-NL 1998, 54).

Kommt das Gericht zu der Auffassung, dass aus dem Vorvertrag lediglich der Abschluss eines Mietvertrags mit kürzerer Laufzeit – entgegen dem Klageantrag – geschuldet wird, so muss die Klage auf Abschluss des Hauptmietvertrags insgesamt abgewiesen werden, weil es sich insoweit nicht um ein Weniger gegenüber dem Klageantrag, sondern um einen anderen Anspruch handelt; lediglich dann, wenn der Kläger einen entsprechenden Hilfsantrag (kürzere Laufzeit) gestellt hat, kann dann entsprechend diesem Hilfsantrag auf Abschluss eines Hauptmietvertrags mit kürzerer Dauer erkannt werden (OLG Köln, DWW 1992, 210).

1.7.8   Widerklage auf Fortsetzung des Mietverhältnisses

Der Mieter kann der Kündigung eines Mietverhältnisses über Wohnraum widersprechen   179
und vom Vermieter die Fortsetzung des Mietverhältnisses verlangen, wenn die vertragsmäßige Beendigung des Mietverhältnisses für den Mieter, seine Familie oder oder einen anderen Angehörigen seines Haushalts eine Härte bedeuten würde, die auch unter Würdigung der berechtigten Interessen des Vermieters nicht zu rechtfertigen ist (§ 574 Abs. 1 Satz 1). Dieser Widerspruch hat keine rechtsgestaltende Wirkung. Er hat vielmehr nur die Bedeutung, dass dadurch ein Antrag zum Abschluss eines Verlängerungsvertrags gestellt wird (Schmidt-Futterer/Blank, B 341). Da die Wirksamkeit der Kündigung durch die Erhebung des Widerspruchs nicht berührt wird, bedarf es zur Fortsetzung des Mietverhältnisses einer Einigung der Mietvertragsparteien oder eines entsprechenden Urteils (§ 574a Abs. 2). Der Mieter kann die Entscheidung des Gerichts über die Verlängerung

oder Fortsetzung des Mietverhältnisses dadurch herbeiführen, dass er **Fortsetzungsklage** mit dem Antrag auf Verurteilung des Vermieters zur Vertragsfortsetzung erhebt. Diese Fortsetzungsklage kann auch mit der Klage des Mieters auf Feststellung der Nichtigkeit der Kündigung oder des Fortbestands des Mietverhältnisses verbunden werden. Da das Gericht zunächst prüfen muss, ob die Kündigung überhaupt wirksam ist, ist zunächst über die Feststellungsklage des Mieters auf Unwirksamkeit der Kündigung zu entscheiden. Hat der Mieter gegenüber der Räumungsklage des Vermieters Widerklage auf Fortsetzung des Mietverhältnisses erhoben, so ist diese dann unbegründet, wenn die Räumungsklage des Vermieters bereits wegen Unwirksamkeit der Kündigung abgewiesen wird. Daher empfiehlt es sich, die Widerklage auf Fortsetzung des Mietverhältnisses nur bedingt für den Fall zu erheben, dass der Räumungsklage stattgegeben wird.

180 Das Gericht kann **durch Urteil das Vertragsverhältnis** gem. § 574a Abs. 2 auf **bestimmte oder unbestimmte Zeit** fortsetzen. Hat der Mieter Widerklage auf Fortsetzung des Mietverhältnisses auf unbestimmte Zeit erhoben, so dürfte dennoch die Verurteilung des Vermieters zur Fortsetzung auf bestimmte Zeit zulässig sein, da diese Verurteilung nur ein Weniger gegenüber der verlangten Fortsetzung auf unbestimmte Zeit darstellt.

181 Wird die Räumungsklage abgewiesen und das Mietverhältnis – im Gegensatz zum Antrag des Mieters – **nur auf bestimmte Zeit** fortgesetzt, so kann der Mieter sein Interesse an der Fortsetzung eines Mietverhältnisses auf unbestimmte Zeit nur im Wege der **Berufung** oder **Anschlussberufung** weiter verfolgen (LG Mannheim, ZMR 1993, II Nr. 10).

182 War bis zum 1.9.2001 ein Mietverhältnis über Wohnraum **auf bestimmte Zeit eingegangen,** so konnte der Mieter spätestens zwei Monate vor der Beendigung des Mietverhältnisses durch schriftliche Erklärung gegenüber dem Vermieter die **Fortsetzung** des Mietverhältnisses **auf unbestimmte Zeit** verlangen, wenn nicht der Vermieter ein berechtigtes Interesse an der Beendigung des Mietverhältnisses hatte (§ 564c Abs. 1 Satz 1 a.F.). Die **Frist** zur Ausübung dieses Rechts lief nicht vor dem ersten Termin im Räumungsprozess ab, wenn der Vermieter den Mieter nicht auf Form und Frist des Widerspruchsrechts rechtzeitig hingewiesen hatte (OLG Hamm [RE], NJW-RR 1991, 1485 = WuM 1991, 423). Für die Fortsetzungserklärung war Schriftform vorgeschrieben, so dass der Mieter die entsprechende Erklärung eigenhändig unterschreiben musste. Da der Mieter nur einen Anspruch auf Fortsetzung des bisherigen Mietverhältnisses hatte, war die Erklärung unwirksam, wenn er die Fortsetzung zu günstigeren Bedingungen verlangte (Schmidt-Futterer/Blank, B 776).

183 Da das Fortsetzungsverlangen keine Gestaltungswirkung hatte, sondern nur einen Anspruch auf Abgabe einer Willenserklärung beinhaltete, musste der Mieter gegenüber der Räumungsklage des Vermieters **Widerklage** auf Fortsetzung des Mietverhältnisses erheben (LG Regensburg, WuM 1992, 194; LG Wuppertal, WuM 1994, 543; AG Münster, WuM 1988, 364; Sternel, Mietrecht aktuell, Rn. 1153). Diese Widerklage konnte auch noch in der Berufungsinstanz bis zum Schluss der dortigen mündlichen Verhandlung erhoben werden (LG Berlin, ZMR 1986, 442). Da der Bestand des Mietverhältnisses für die Räumungsklage vorgreiflich war, musste mindestens zugleich über den Fortsetzungsanspruch entschieden werden. Nunmehr kann bei einem qualifizierten Mietvertrag nur Fortsetzung höchstens bis zum vertraglich bestimmten Zeitpunkt der Beendigung verlangt werden (§ 575a Abs. 2).

Hat der Vermieter den Mieter nicht auf Form und Frist des Widerspruchs rechtzeitig 184
hingewiesen, so kann der Mieter den Widerspruch noch im ersten Termin des Räumungsrechtsstreits erklären (§ 574b Abs. 2 Satz 2). Der Mieter kann sich bei Vorliegen
der Härtegründe darauf beschränken, lediglich Widerspruch zu erklären; er kann aber –
auch bei Fortsetzung eines befristeten Mietverhältnisses – die gegenüber der Räumungsklage des Vermieters erhobene Fortsetzungsklage sowohl auf Härtegründe i.S.d. § 574
Abs. 1 Satz 1 als auch auf einen Fortsetzungsanspruch nach § 575a Abs. 2 stützen.

1.8   Einstweilige Verfügung

Die einstweilige Verfügung ist im Mietverhältnis **nur dann zulässig**, wenn zu besorgen 185
ist, dass durch eine Veränderung des bestehenden Zustands die Verwirklichung des
Rechts einer Mietvertragspartei vereitelt oder wesentlich erschwert werden könnte (§ 935
ZPO), oder wenn die einstweilige Verfügung zur Abwendung wesentlicher Nachteile
oder zur Verhinderung drohender Gewalt oder aus anderen Gründen nötig erscheint
(§ 940 ZPO). Typischer Fall im Rahmen der Wohnraum- und Geschäftsraummiete ist
insoweit die Anbringung eines neuen Türschlosses gegen den Willen des Allein- oder
Mitmieters oder auch das Sperren von Versorgungsleitungen wie Strom, Gas und Wasser
durch den Vermieter (AG Landau, ZMR 1984, 246 f.; AG Reinbek, ZMR 1990, 223;
OLG Celle, ZMR 1994, 163). Dabei ist zu berücksichtigen, dass lediglich die Verwirklichung eines Rechts gesichert, aber nicht der entsprechende Anspruch erfüllt werden darf.
Nur in Ausnahmefällen kann durch einstweilige Verfügung die Erfüllung des Anspruchs
durchgesetzt werden (OLG Celle, NZM 2001, 194; KG, ZMR 2000, 818 [820]).

Der Anspruch auf Duldung von Instandsetzungsmaßnahmen kann im Verfahren der 186
einstweiligen Verfügung durchgesetzt werden, wenn die Maßnahme zur Beseitigung
einer akuten Gefahr für das Gebäude erforderlich ist (LG Berlin, GE 1997, 245; LG
Frankfurt/Main, MDR 1968, 323). Insoweit kann dem Mieter auch aufgegeben werden,
dem Vermieter oder seinen Handwerkern Zutritt zur Wohnung zu gewähren (AG Berlin-Hohenschönhausen, GE 1997, 1176).

Der Anspruch auf **Duldung von Modernisierungsarbeiten** (§ 554 Abs. 2 Satz 1) kann
nur dann im Wege der einstweiligen Verfügung durchgesetzt werden, wenn mit den
Modernisierungsmaßnahmen berechtigterweise bereits begonnen worden ist und durch
eine Unterbrechung der Arbeit dem Vermieter und den anderen Mietern des Hauses
erhebliche Nachteile erwachsen würden (LG Berlin, MM 1996, 452). Auch in diesen
Fällen ist jedoch die Durchsetzung der Duldungspflicht durch einstweilige Verfügung
dann ausgeschlossen, wenn die Eilbedürftigkeit auf Umständen beruht, die der Vermieter
zu vertreten hat (Müller, GE 1986, 526 ff.). Die Durchsetzung des Duldungsanspruchs
gem. § 554 Abs. 2 Satz 1 im Wege der einstweiligen Verfügung scheitert daher in der
Regel daran, dass endgültige Verhältnisse geschaffen werden würden, ohne dass die
gebotene umfassende Interessenabwägung erfolgen kann (AG Görlitz, WuM 1993, 390;
AG Köln, ZMR 1994, XIV Nr. 10).

Der Mieter ist dagegen berechtigt, **Modernisierungsarbeiten des Vermieters** durch eine 187
von ihm zu erwirkende einstweilige Verfügung **zu unterbinden**, insbesondere die Maßnahmen außerhalb der Wohnung des Mieters (LG Berlin, MM 1985, 352; AG Wolgast,
WuM 1994, 265; a.A. LG Berlin, GE 1996, 679 und Urteil vom 3.9.1998, 62 S 183/98).
Die einstweilige Verfügung gegen den Vermieter auf Unterlassung von Modernisie-

rungsarbeiten außerhalb der Wohnung ist bereits deswegen zulässig, weil andernfalls das passive Verhalten des Mieters als Duldung gedeutet werden könnte (KG, GE 1992, 920 [923] = NJW-RR 1992, 1362 = WuM 1992, 514; OLG Stuttgart, NJW-RR 1991, 1108 = GE 1991, 817; OLG Frankfurt/Main, NJW-RR 1992, 145 = GE 1991, 829).

188 Die einstweilige Verfügung ist auch zulässig zur Sicherung des Unterlassungsanspruchs des Mieters gegen den Vermieter bei drohender Vermietung an einen Konkurrenten (OLG Hamm, NJW-RR 1990, 1236) oder bei einer drohenden **Doppelvermietung** (OLG Düsseldorf, NJW-RR 1991, 137). Nach erfolgter Doppelvermietung besteht in der Regel kein schutzwürdiges Interesse des Mieters an der Verurteilung des – nicht besitzenden – Vermieters zur Einräumung des Mietbesitzes (OLG Köln, ZMR 1998, 696; LG Berlin, GE 1987, 21; GE 1991, 357). Allerdings kann der Vermieter verpflichtet sein, sich aus dem Mietverhältnis mit dem die Wohnung vertraglich nutzenden Mieter durch Zahlung einer Abfindung zu lösen (LG Berlin, GE 1995, 111). Hat jedoch der Vermieter die vom Vormieter genutzte Wohnung im Wege verbotener Eigenmacht in Besitz genommen und an einen Nachmieter übergeben, so kann der Vormieter vom Vermieter die Wiedereinräumung des Besitzes verlangen (LG Berlin, Urteil vom 27.9.1993, 62 S 212/93).

189 Bei Streitigkeiten zwischen Mitmietern stellt sich immer wieder die Frage, ob der eine Mitmieter von dem anderen **Räumung der gemeinsam gemieteten oder genutzten Wohnung** verlangen kann. Insoweit ist jedoch zu berücksichtigen, dass die Räumung von Wohnraum durch einstweilige Verfügung **nur wegen verbotener Eigenmacht** angeordnet werden darf (§ 940a ZPO). Hat einer der Mitbenutzer die Wohnung jedoch bereits verlassen, kann der andere Mitbenutzer, der sein Besitzrecht aus seinem Mietvertrag herleitet, im Wege der einstweiligen Verfügung ein **Verbot auf Betreten der Wohnung** jedenfalls dann erwirken, wenn der andere Mitmieter sich gewaltsam den Zutritt zu der – dann wieder verlassenen – Wohnung verschafft hatte und/oder Gefahr für Leib und Leben des in der Wohnung verbliebenen Mitbenutzers gegeben ist (LG Braunschweig, NJW-RR 1991, 832; LG Berlin, GE 1991, 405). Hat der Mieter den Mitmieter aus der gemeinsam bewohnten Wohnung gewiesen, weil der andere ihn bedroht hat, so kann der Mitmieter nicht durch einstweilige Verfügung wiederum den Zutritt zur Wohnung erzwingen (LG Mainz, WuM 1992, 440; Stellwaag, ZMR 1991, 289).

190 Der Erlass einer einstweiligen Verfügung auf **Räumung von Wohnraum** ist jedoch **dann zulässig**, wenn ein **Fall verbotener Eigenmacht** (z.B. bei Hausbesetzung) vorliegt (§ 940a ZPO). Auch in diesem Fall müssen die Hausbesetzer, die im Wege der einstweiligen Verfügung aus der Wohnung gesetzt werden sollen, zumindest individualisierbar bezeichnet werden (OLG Oldenburg, WuM 1996, 223; OLG Köln, NJW 1982, 1888; LG Hannover, NJW 1981, 1455; LG Krefeld, NJW 1982, 289).

191 Ist eine Regelung zur Abwendung wesentlicher Nachteile durch **Mängel der Mietsache** notwendig, so kann der Mieter gegen den Vermieter auch **ausnahmsweise eine einstweilige Verfügung** auf Mängelbeseitigung erwirken. Hat der Vermieter z.B. im Winter die Fensterflügel aushängen lassen, um sie durch Isolierglasfenster zu ersetzen, verzögert sich aber der Einbau der Isolierglasfenster und ist der Mieter schutzlos der Kälte ausgesetzt, ist eine einstweilige Verfügung auf Wiedereinbau der Fenster zulässig. Auch die Einstellung der Zentralheizung dahin gehend, dass in der Wohnung des Mieters ausreichende Temperaturen erreicht werden, kann im Wege der einstweiligen Verfügung

durchgesetzt werden (AG Köln, WuM 1974, 188). Auch der Anspruch auf Aushändigung der **Wohnungsschlüssel** kann im Wege der einstweiligen Verfügung geltend gemacht werden (LG Berlin, Beschl. vom 7.4.1998, 64 T 4/98).

Dagegen kann der **Vermieter grundsätzlich nicht im Wege der einstweiligen Verfügung** die Duldung von Erhaltungsmaßnahmen gegenüber den Mietern durchsetzen (Müller, GE 1986, 526 ff.). Eine Beschwerde im Verfahren der einstweiligen Verfügung ist nur dann zulässig, wenn die Berufungssumme des § 511a ZPO (ab 1.1.2002: § 511 Abs. 2 Nr. 1 ZPO) erreicht ist (LG Kiel, WuM 1994, 624).   192

Muster
Antrag des Vermieters auf Erlass einer einstweiligen Verfügung zur Duldung von Maßnahmen zur Erhaltung der Mietsache →[✆ II-192]

...   ...
(Vermieter)   (Datum)

An das
Amtsgericht ...
(in dessen Bezirk die Wohnung liegt)

        Antrag auf Erlass einer einstweiligen Verfügung

des ...
(Beruf, Vor- und Zuname des Vermieters/der Vermieter)
...
(Anschrift)

                                     Antragsteller

gegen
...
(Beruf, Vor- und Zuname des Mieters/der Mieter)
...
(Anschrift)

                                    Antragsgegner

Hiermit beantrage ich, den Antragsgegner im Wege einer einstweiligen Verfügung – wegen Dringlichkeit ohne mündliche Verhandlung – bei Vermeidung der gerichtlichen Festsetzung eines Ordnungsgeldes, ersatzweise Ordnungshaft, zu verpflichten, die Durchführung folgender Bauarbeiten in der von ihm gemieteten Wohnung im ... Obergeschoss des Vorderhauses/Seitenflügels/Hinterhauses/Quergebäudes/Gartenhauses ...straße in ... zu dulden:
(Beschreibung der zu duldenden Maßnahme)

Begründung
Der Antragsteller ist Vermieter, der Antragsgegner Mieter der oben bezeichneten Mieträume. Zur Glaubhaftmachung wird das Original des Mietvertrags vom ... über die streitbefangenen Räume – für das Gericht – überreicht.
Die im obigen Antrag bezeichneten baulichen Maßnahmen sind zur Erhaltung der Mietsache und zur Abwendung unmittelbar drohender Gefahren sofort notwendig. Das ergibt sich aus folgendem Sachverhalt:
(Schilderung des Sachverhalts)
Zur Glaubhaftmachung wird eidesstattliche Versicherung des Antragstellers überreicht.
Der Antragsgegner hat den mit der Schadensbeseitigung beauftragten Handwerkern am ... den Zutritt zur Wohnung verweigert, obwohl er nachdrücklich auf die bei unterlassener Reparatur eintretenden irreparablen Schäden hingewiesen worden ist.
Zur Glaubhaftmachung wird eidesstattliche Versicherung der Handwerker überreicht.
Da sich der Antragsgegner weiterhin weigert, die Durchführung der Maßnahmen zu gestatten, ist der Erlass der einstweiligen Verfügung zur Abwehr wesentlicher Nachteile geboten.
Von dem Erlass der einstweiligen Verfügung bitte ich mich telefonisch zu verständigen, damit eine Ausfertigung abgeholt und dem Antragsgegner direkt zugestellt werden kann.
Zwei eigenhändig unterzeichnete Zweitschriften der Antragsschrift anbei, falls eine Zustellung an den Antragsgegner für erforderlich gehalten wird.

...
(Unterschrift des Vermieters)

Anlagen:
Original des Mietvertrags
eidesstattliche Versicherung des Vermieters
eidesstattliche Versicherung des Handwerkers
zwei eigenhändig unterzeichnete Zweitschriften der Antragsschrift

1.9 Urkundenprozess

193 Der Vermieter kann Mietansprüche auch in einem beschleunigten Verfahren mit eingeschränkten Beweismitteln, dem so genannten Urkundenprozess, geltend machen. Das sehen die §§ 592 bis 600 ZPO vor, die auch für die Mietansprüche des Vermieters gelten (BGH, NJW 1999, 1408 = NZM 1999, 401; KG, GE 1998, 739; MM 1996, 447; LG Bonn, WuM 1986, 109; LG Berlin, MM 1996, 448; LG Düsseldorf, NZM 1998, 112; LG München II, ZMR 1993, VIII Nr. 24; Sternel, Mietrecht, V Rn. 37; Bub/Treier, VIII Rn. 41; Börstinghaus, NZM 1998, 89 [90] m.w.N.; a.A. KG, GE 1998, 739 = NZM 1998, 402; LG Augsburg, WuM 1993, 416; LG Berlin, ZMR 1998, 775 = GE 1998, 1397; AG Göttingen, NZM 2000, 236). Soweit dagegen eingewendet wird, die Miethöhe könne

wegen der automatisch eintretenden Minderung (§ 536 Abs. 1) nicht in jedem Fall durch Urkunden bewiesen werden (KG, GE 1998, 739), so ist das insoweit nicht richtig, als sich die Miethöhe im Regelfall aus dem Mietvertrag ergibt. Die Konsequenz, dass der Mieter im Urkundenprozess zur Zahlung der vollen Miete verurteilt werden kann, wenn er die Mängel der Mietsache nicht mit den im Urkundenprozess zulässigen Beweismitteln beweisen kann, ist eine Eigenart des Urkundenprozesses, die aber nicht zu dessen Unstatthaftigkeit für Mietforderungen führen kann. Auch andere Einwendungen sind dem Mieter dann abgeschnitten, wenn er sie nicht mit den im Urkundenprozess zulässigen Beweismitteln beweisen kann. Umstritten ist, ob auch Mietansprüche aus einem Wohnraummietverhältnis im Urkundenprozess geltend gemacht werden können (verneinend: LG Berlin, NZM 2000, 541; vgl. auch Vorlagebeschluss des LG Göttingen, NZM 2000, 1053).

Der Urkundenprozess wird dadurch eingeleitet, dass bereits in der **Klageschrift**, mit der die Mietrückstände geltend gemacht werden, **erklärt** wird, dass im Urkundenprozess geklagt wird.   194

Sämtliche klagebegründenden **Tatsachen müssen zudem durch Urkunden belegt werden**. Dazu gehören sowohl die Aktivlegitimation (vgl. dazu näher Rn. 18–29) als auch die Passivlegitimation. Aus den vorgelegten Urkunden (z.B. Mietvertrag) muss sich ergeben, dass der **Kläger Vermieter und der Beklagte Mieter** ist. Das ist unproblematisch, wenn der ursprüngliche Vermieter nicht gewechselt hat. Hat der Vermieter, der zugleich Eigentümer war, das Grundstück dagegen veräußert und ist der Erwerber mit Eintragung als neuer Eigentümer in das Grundbuch gem. § 566 als Vermieter eingetreten, so muss der entsprechende Grundbuchauszug vorgelegt werden. Will der Erwerber bereits vor seiner Eintragung in das Grundbuch entstandene Mietforderungen geltend machen, so muss er die entsprechende Abtretungsurkunde vorlegen; beruft er sich insoweit auf den im Grundstückskaufvertrag vereinbarten Nutzen- und Lastenwechsel, so muss er den Kaufvertrag vorlegen.   195

Der im Urkundenprozess klagende Vermieter muss auch durch Urkunden belegen, dass der Beklagte die Miete schuldet. Das kann wiederum durch Vorlage des Mietvertrags geschehen, wenn der ursprüngliche Mieter nicht gewechselt hat. Will der Vermieter zusätzlich zu dem ursprünglichen Mieter dessen **Ehegatten**, der in den Mietvertrag aufgenommen worden ist, im Urkundenprozess verklagen, so muss er den entsprechenden Nachtrag zum Mietvertrag vorlegen.

Soweit Ehegatten bei bis zum 3.10.1990 abgeschlossenen Mietverträgen in den neuen Bundesländern kraft Gesetzes (§ 100 Abs. 3 ZGB) in den Mietvertrag eingetreten sind, dürfte die Passivlegitimation des Ehegatten vom Vermieter in der Regel nicht durch Urkunden nachweisbar sein. Allein die Vorlage der Durchschrift der Wohnungszuweisung an den hinzuziehenden Ehegatten – wenn eine solche überhaupt erfolgt ist – dürfte nicht ausreichen, um den Ehegatten im Urkundenprozess auf Zahlung der Miete in Anspruch nehmen zu können; denn allein die Wohnraumzuweisung reicht nicht aus, um ein Mietverhältnis zu begründen (vgl. dazu Kinne, WuM 1992, 403; a.A. LG Potsdam, GE 1996, 55; LG Berlin, WuM 1992, 461).

Auch bei Klagen gegen den **Haushaltsangehörigen**, der nach dem Tod des Mieters in den Mietvertrag eintritt (vgl. dazu § 563 Rn. 4), dürfte der Urkundenprozess ausscheiden, weil das Tatbestandsmerkmal „gemeinsamer Haushalt" durch Urkunden nicht nachweisbar ist. Etwas anderes gilt für die Klage gegen den mitmietenden überlebenden Ehegatten, mit dem das Mietverhältnis nach dem Tode seines Partners allein fortgesetzt wird (vgl. dazu § 563a Rn. 3). Da der überlebende Ehegatte bereits Mitmieter war, kann der Vermieter dessen Verpflichtung zur Zahlung der Miete durch Vorlage des Mietvertrags belegen.

Will der Vermieter den **Erben des verstorbenen Mieters** im Urkundenprozess verklagen, muss er einen Erbschein vorlegen, aus dem sich die Erbenstellung ergibt.

196 Der Vermieter muss schließlich auch die **Höhe der verlangten Miete** durch Urkunden belegen. Ist die Miete seit Mietvertragsschluss unverändert, reicht dazu die Vorlage des Mietvertrags aus. Ergibt sich die verlangte Miete aus einer Staffelmietvereinbarung, kann sich der Vermieter ebenfalls auf Vorlage des Mietvertrags beschränken. Verlangt der Vermieter eine gem. **§ 558** auf die **ortsübliche Vergleichsmiete** angehobene Miete, der der Mieter schriftlich zugestimmt hat, so kann der Vermieter die schriftliche Zustimmung des Mieters vorlegen. Hat der Vermieter gegen den Mieter ein Urteil auf Zustimmung zu der gem. § 558 erhöhten Miete erstritten, so kann er die Ausfertigung dieses Urteils mit Rechtskraftvermerk vorlegen; die Vorlage des Urteils ohne Rechtskraftvermerk reicht nicht aus, weil erst mit Rechtskraft des Zustimmungsurteils die Zustimmungserklärung als abgegeben gilt (§ 894 ZPO). Hat der Mieter nicht ausdrücklich schriftlich zugestimmt und ist er auch nicht zur Zustimmung verurteilt worden, so kann der Vermieter den Anspruch auf die gem. § 558 erhöhte Miete im Urkundenprozess auch dadurch belegen, dass er die entsprechende Mieterhöhungserklärung vorlegt, deren Zugang durch Zustellungsurkunde des Gerichtsvollziehers belegt und die darauf erfolgte mehrfache Zahlung der erhöhten Miete durch Vorlage der entsprechenden Kontoauszüge dokumentiert.

Für preisgebundenen öffentlich geförderten Neubau muss die **Mieterhöhungserklärung gem. § 10 Abs. 1 WoBindG** sowie deren Zugang belegt werden. Da es sich um einseitiges Mieterhöhungsrecht des Vermieters handelt, braucht nicht belegt zu werden, dass der Mieter dieser Erhöhung – ausdrücklich oder konkludent – zugestimmt hat. Dasselbe gilt für die Mieterhöhungen nach der 1. und der 2. Grundmietenverordnung für den früher preisgebundenen Altbau (bis 3.10.1990 errichtet) in den neuen Bundesländern. Dagegen sind hinsichtlich der Mieterhöhung gem. § 12 MHG a.F. für diesen Wohnraum sowohl die Mieterhöhungserklärung und deren Zugang als auch die – ausdrückliche oder durch mehrfache Zahlung erfolgte – Zustimmung des Mieters urkundlich zu belegen.

Bei einer **Mieterhöhung gem. § 559 wegen Modernisierung**, Einsparung von Energie oder Wasser oder wegen vom Vermieter nicht zu vertretender Umstände müssten die Mieterhöhungserklärung einschließlich erläuternder Unterlagen sowie deren Zugang urkundlich belegt werden (weiter gehende Anforderungen: Börstinghaus, NZM 1998, 89 [92]).

Bei einer **Mieterhöhung gem. § 560 wegen gestiegener Betriebskosten** dürfte ebenfalls die Vorlage der entsprechend erläuterten Mieterhöhungserklärung und einer Urkunde über deren Zugang ausreichen.

197 Der klagende Vermieter muss sämtliche **Urkunden** grundsätzlich im **Original** (§ 595 Abs. 3 ZPO) vorlegen. Die Vorlage des Mietvertrags dürfte jedoch auch bei späteren Mieterhöhungen ausreichen, wenn diese selbst vom verklagten Mieter nicht bestritten

werden (vgl. generell zur Entbehrlichkeit der Urkundenvorlage: BGH, NJW 1974. 1199; NJW 1985, 2953). Dazu reicht aber allein die Säumnis des verklagten Mieters nicht aus; vielmehr gilt die dadurch ausgelöste Geständnisfiktion nur in dem Umfang, als der klagende Vermieter seinen Tatsachenvortrag durch Urkunden zu belegen vermag (BGH, NJW 1974, 1199).

Für die Zahlungsklage im Urkundenprozess gelten dieselben Anforderungen wie für eine gewöhnliche Zahlungsklage (vgl. dazu Rn. 122–129). Allerdings ist eine Beweisaufnahme durch Vernehmung von Zeugen (vgl. dazu Rn. 62, 63) oder Einholung eines Sachverständigengutachtens (vgl. dazu Rn. 65) ausgeschlossen. Die Beweiskraft der vorgelegten Urkunden (vgl. dazu Rn. 64), die alleiniges Beweismittel sind, ist nicht erweitert. 198

Der **Mieter** muss die **Einwendungen** gegen die Klageforderung ebenfalls **durch Urkunden** belegen, wenn diese streitig sind. Dies gilt allerdings nur für diejenigen Einwendungen, für die er beweispflichtig ist. Wendet der Mieter ein, dass die geltend gemachte Forderung bereits bezahlt ist, so muss er die **Zahlung** durch Vorlage entsprechender Urkunden (Quittung, Kontoauszug über Abbuchung von seinem Konto aufgrund von Überweisung, Einziehung usw.) belegen. Behauptet der Vermieter daraufhin, dass die Gutschrift auf seinem Konto storniert worden ist, weil entweder keine Deckung auf dem Konto des überweisenden Mieters vorhanden war oder dieser den Überweisungsauftrag widerrufen hat, so muss der Vermieter zunächst die Stornierung belegen. Sodann muss der Mieter belegen, dass er – früher oder später – noch einmal gezahlt hat. 199

Beruft der Mieter sich gegenüber den durch Vorlage entsprechender Erklärungen und deren Zugangsnachweis belegten Mieterhöhungen darauf, dass später Vereinbarungen über die Herabsetzung der Miete getroffen worden sind (z.B. Vereinbarungen über einen Minderungssatz), so muss der Mieter diese urkundlich belegen. Beruft sich der Mieter auf Stundung, so muss er die Stundungsvereinbarung belegen. Beruft er sich darauf, dass die geltend gemachte Mietforderung nicht besteht, weil das Mietverhältnis bereits zuvor gekündigt worden ist, so muss er die entsprechende Kündigungserklärung und deren Zugang nachweisen. Entsteht daraufhin Streit darüber, ob der Kündigungsgrund gegeben war, so müsste auch der Kündigungsgrund urkundlich belegt werden. Ist umgekehrt die Wirksamkeit der Kündigung unstreitig, will aber der Vermieter Nutzungsausfall oder Schadensersatz wegen Auflösungsverschuldens verlangen, so müsste der Vermieter die Voraussetzungen dafür urkundlich belegen.

Der Mieter, der seine Einwendungen gegen die urkundlich belegte Klageforderung nicht mit den im Urkundenprozess zulässigen Beweismitteln beweisen kann – weil er sich z.B. für die die Minderung rechtfertigenden Mängel nur auf Zeugen oder Sachverständigenbeweis berufen kann (vgl. dazu Greiner, NJW 2000, 1314) –, kann im Urkundenprozess die Forderung unter dem **Vorbehalt der Ausführung der Rechte im Nachverfahren** anerkennen. Das im Urkundenprozess dann ergehende Anerkenntnisurteil wäre gemäß § 708 Nr. 1 ZPO ohne Sicherheitsleistung vorläufig vollstreckbar. Hat der Mieter keine Veranlassung zur Klageerhebung gegeben und den Anspruch sofort anerkannt, so trägt der Vermieter die **Kosten des Urkundenverfahrens** (§ 93 ZPO). 200

Hat der Mieter sich die Ausführung seiner Rechte im Urkundenprozess vorbehalten, so wird ihm das im Vorbehaltsurteil des Urkundenprozesses auch vorbehalten. Der Mieter kann sich dann im anschließenden **Nachverfahren** mit allen Einwendungen und allen 201

Beweismitteln (Zeugen, Sachverständigen, Augenschein usw.) wie in einem gewöhnlichen Klageverfahren verteidigen. Jedoch entfaltet das Vorbehaltsurteil insoweit Bindung auch für das Nachverfahren, als im Urkundenprozess aufgrund der vorgelegten Urkunden bereits über dort zu prüfende Elemente des Streitverhältnisses abschließend entschieden worden ist, z.B. über die Aktiv- und Passivlegitimation, aber möglicherweise auch über die Miethöhe, Herabsetzungs- und Stundungsvereinbarungen. Das Nachverfahren ist die Fortsetzung des Vorbehaltsverfahrens; der gesamte Prozess bleibt in der ersten Instanz anhängig, Parteistellung und Klagegrund ändern sich nicht. Der Mieter kann neue Einwendungen und Einreden erheben, auch wenn er diese bereits im Urkundenprozess hätte erheben und durch Urkunden hätte belegen können. Erst nach dem Vorbehaltsurteil entstandene Einwendungen können und müssen im Nachverfahren erhoben werden. Stellt sich der Mietanspruch auch im Nachverfahren trotz der Einwendungen und Einreden des Mieters als begründet heraus, so wird das im Urkundenprozess ergangene Vorbehaltsurteil für vorbehaltslos erklärt; der Mieter hat auch die weiteren Kosten des Rechtsstreits zu tragen, was zur Klarstellung im Urteil des Nachverfahrens auch ausgesprochen werden sollte. Stellt sich im Nachverfahren heraus, dass der Mietanspruch unbegründet oder nicht mehr durchsetzbar ist, so wird das Vorbehaltsurteil aufgehoben und die Klage abgewiesen; der Vermieter muss dann auch die Kosten des Urkundenprozesses tragen.

202 Der Vermieter, der den Mieter auf Räumung und Herausgabe im Urkundenprozess in Anspruch genommen hat, kann nach Herausgabe und Räumung vom Urkundenprozess Abstand nehmen und die Hauptsache für **erledigt erklären**. Bei übereinstimmender Erledigungserklärung ist anschließend gem. § 91a ZPO über die Kosten des Rechtsstreits zu entscheiden (OLG Naumburg, NZM 1999, 1007).

2. Zwangsvollstreckung

203 Die Zwangsvollstreckung darf nur durchgeführt werden, wenn die Personen, für und gegen die sie stattfinden soll, in dem Urteil oder der ihm beigefügten Vollstreckungsklausel bezeichnet sind und das Urteil bereits zugestellt ist oder gleichzeitig zugestellt wird (§ 750 Abs. 1 Satz 1 ZPO). Bei späterer Anordnung der Zwangsverwaltung kann jedoch der Mieter den von ihm erwirkten Titel auf Mängelbeseitigung gegen den Zwangsverwalter umschreiben lassen (LG Berlin, GE 1997, 431). Neben Urteilen sind auch Beschlüsse im einstweiligen Verfügungsverfahren sowie ein Prozessvergleich (§ 794 Abs. 1 Nr. 1 ZPO) und eine notarielle Urkunde (§ 794 Abs. 1 Nr. 5 ZPO) **Vollstreckungstitel**. Notarielle Urkunden können Mietansprüche sowie Ansprüche auf Erfüllung und Schadensersatz aus Mietverhältnissen titulieren, nicht dagegen mietrechtliche Räumungs- und Herausgabeansprüche (§ 546) oder Ansprüche auf Fortsetzung des Mietverhältnisses (§§ 574–574c), soweit es sich um Wohnraum handelt. Dagegen kann sich der Mieter von Gewerberaum durch notarielle Urkunde zur Räumung von Gewerberaum wirksam verpflichten (Kollbach-Mathar, ZMR 2000, 1 [2 Fn. 7] m.w.N.). Die **Vollstreckungsklausel** ist der Vermerk, dass die Ausfertigung des Vollstreckungstitels dem Vollstreckungsgläubiger zum Zwecke der Zwangsvollstreckung erteilt wird (§ 725 ZPO). Keiner Vollstreckungsklausel bedürfen Beschlüsse im einstweiligen Verfügungsverfahren. Die Vollstreckungsklausel wird auf Antrag dem Vollstreckungsgläubiger durch den Urkundsbeamten der Geschäftsstelle des Gerichts des ersten Rechtszugs auf

der beglaubigten Abschrift erteilt (§ 724 Abs. 2 ZPO). Weitere Voraussetzung für die Vollstreckung ist die **Zustellung des Vollstreckungstitels**, die in der Übergabe einer Ausfertigung oder beglaubigten Abschrift des Titels an den Schuldner besteht (§ 170 ZPO). Diese Zustellung muss spätestens bei Beginn der Zwangsvollstreckung erfolgen (§ 750 Abs. 1 ZPO), so dass Zustellung und direkt darauf folgende Zwangsvollstreckung durch den Gerichtsvollzieher miteinander verbunden werden können. Entbehrlich ist wiederum die vorherige Zustellung bei einstweiligen Verfügungen (§ 929 Abs. 3, § 936 ZPO), weil in derartigen eilbedürftigen Fällen eine sofortige Sicherung des geltend gemachten Anspruchs erforderlich ist. Weitere Voraussetzung der Zwangsvollstreckung ist schließlich der Nachweis der Sicherheitsleistung, wenn das Urteil nach seinem Tenor nur gegen eine von dem Vollstreckungsgläubiger zu leistende Sicherheit für vorläufig vollstreckbar erklärt worden ist. Dieser Nachweis wird mit einer Bescheinigung der Hinterlegungsstelle des dafür bestimmten Amtsgerichts geführt, dass die nach dem Urteil zu lautende Sicherheit zugunsten der anderen Partei hinterlegt worden ist.

Liegen diese Voraussetzungen vor, so ist nach den einzelnen Arten der Zwangsvollstreckung zu unterscheiden. Das Gesetz unterscheidet insoweit **primär** nach dem **Inhalt des Titels** und **sekundär** nach der **Art des Vollstreckungsobjekts**. Bei den Vollstreckungstiteln unterscheidet man zwischen den Zahlungstiteln (§§ 803–882a ZPO), den Titeln auf Herausgabe und Leistung von Sachen (§§ 883–886 ZPO), den Titeln auf Vornahme von vertretbaren und unvertretbaren Handlungen (§§ 887–889 ZPO), den Titeln auf Duldung und Unterlassung (§ 890 ZPO) und den Titeln auf Abgabe von Willenserklärungen (§§ 894–898 ZPO).   204

Hat der Vermieter gegen den Mieter ein Urteil auf Zahlung eines bestimmten **Geldbetrags** erwirkt, so kann daraus entweder in das bewegliche Vermögen (§§ 808–827 ZPO) oder unbewegliche Vermögen (§§ 864–871 ZPO) oder in dessen Forderungen gegen Dritte (§§ 828–863 ZPO) vollstreckt werden.   205

Hat der Mieter gegen den Vermieter ein Urteil auf **Herausgabe bestimmter beweglicher Sachen** erlangt, die der Vermieter unter Berufung auf sein Vermieterpfandrecht zurückbehalten hatte, so geschieht die Zwangsvollstreckung dieses Herausgabeurteils dadurch, dass der Gerichtsvollzieher dem Vermieter die herauszugebenden Sachen wegnimmt und sie dem Mieter übergibt (§ 883 ZPO).   206

Hat der Vermieter gegen den Mieter einen Anspruch auf **Räumung und Herausgabe der Wohnung oder** des Grundstücks erreicht, so geschieht die Zwangsvollstreckung, indem der Gerichtsvollzieher den Mieter aus dem Besitz setzt und den Vermieter in den Besitz einweist (§ 885 ZPO).   207

Hat der Mieter gegen den Vermieter ein Urteil auf **Beseitigung bestimmter Mängel** in der Wohnung erwirkt, so kann er sich von dem Prozessgericht des ersten Rechtszugs ermächtigen lassen, die Handlung auf Kosten des Vermieters von einem Dritten vornehmen zu lassen (§ 887 ZPO).   208

Dasselbe gilt für die Vollstreckung des Urteils auf **Abrechnung von Betriebskosten** (LG Münster, NZM 2001, 333; LG Hannover, WuM 1993, 475). In dem Beschluss kann die Vorlage der Abrechnungsunterlagen des Vermieters angeordnet werden (LG Münster, a.a.O.; LG Dortmund, WuM 1998, 329).   209

210 Hat der Vermieter gegen den Mieter ein Urteil auf **Unterlassung der Hundehaltung** oder **Duldung von Modernisierungsarbeiten** erwirkt, kann der Mieter auf Antrag des Vermieters vom Prozessgericht der ersten Instanz durch Ordnungsgeld und/oder Ordnungshaft zur Unterlassung der Hundehaltung oder zur Duldung von Modernisierungsarbeiten angehalten werden (§§ 890, 891 ZPO).

211 Hat der Vermieter gegen den Mieter ein Urteil erwirkt, durch das dieser zur **Zustimmung zur Mieterhöhung** um einen bestimmten Betrag ab einem bestimmten Zeitpunkt verurteilt worden ist, so bedarf es keiner Zwangsvollstreckung, da die Erklärung als abgegeben gilt, sobald das Urteil rechtskräftig geworden ist (§ 894 ZPO).

2.1 Räumungsvollstreckung

212 Die Räumungsvollstreckung setzt einen Titel voraus, der auf Herausgabe, Überlassung oder Räumung des Grundstücks oder der Wohnung lautet. Die Wohnung muss nach der Lage (Anschrift, Gebäudeteil, Stockwerk) sowie herauszugebenden Räumlichkeiten (Anzahl der Zimmer, Nebenräume) im Titel genau bezeichnet sein. Eine Falschbezeichnung kann bei unstreitiger Lage gem. § 319 ZPO berichtigt werden (AG Heilbronn, ZMR 1998, 297). In dem Titel muss die Verpflichtung zur Besitzaufgabe eindeutig zum Ausdruck kommen, so dass ein **Vergleich**, wonach die Parteien sich lediglich über die Beendigung des Mietverhältnisses einig sind, **nicht ausreicht** (AG Berlin-Schöneberg, NJW-RR 1991, 1488). Das Gleiche gilt für einen Vergleich über die „Beendigung des Mietverhältnisses" (LG Berlin, DGVZ 1991, 92). Auch die bloße Zuweisung einer Ehewohnung zum alleinigen Nutzen eines der Ehegatten reicht zur Räumungsvollstreckung nicht aus (LG Bückeburg, DGVZ, 1977, 121; LG Itzehoe, FamRZ 1987, 176).

213 Die Räumung kann nur **gegen diejenige Person** durchgesetzt werden, die im Titel (Urteil, Vergleich oder einstweilige Verfügung) namentlich **bezeichnet ist** (OLG Hamburg, MDR 1993, 274 = WuM 1992, 548 = NJW 1992, 3308). Der Vermieter kann dagegen aus einem Räumungstitel, den er gegenüber dem Mieter erwirkt hat, nicht gegen Personen vollstrecken, die als **Mitbesitzer** der Wohnung oder von Teilen davon anzusehen sind (OLG Düsseldorf, ZMR 1998, 621 = NZM 1998, 880). Daher ist zur Räumungsvollstreckung gegen den Ehegatten ein gegen diesen gerichteter Räumungstitel erforderlich (KG, GE 1993, 371 = MDR 1994, 162 = NJW-RR 1994, 713 = OLGZ 1994, 479 = JurBüro 1994, 305 = DGVZ 1994, 25; OLG Oldenburg, NJW-RR 1994, 715 = Rpfleger 1994, 366 = JuS 1994, 891; OLG Köln, WuM 1994, 285; LG Kiel, WuM 1991, 507; LG Hamburg, NJW-RR 1993, 146 = WuM 1992, 549; LG Mannheim, NJW-RR 1993, 147 = ZMR 1992, 253; LG Regensburg, WuM 1998, 235). Da es nicht auf die vertragliche Stellung des Mitbenutzers, sondern allein auf dessen Mitgewahrsam ankommt, kann aufgrund eines gegen den Mieter einer Wohnung ergangenen Räumungsurteils auch nicht gegen dessen Lebensgefährtin und deren Kinder die Zwangsräumung durchgeführt werden (LG Kiel, WuM 1991, 507 = DGVZ 1992, 42; KG, a.a.O.; OLG Hamburg, a.a.O.). Nach Auszug des Mieters kann gegen dessen in der Wohnung verbliebene Lebensgefährtin auch keine einstweilige Verfügung auf Räumung erwirkt werden (AG Menden, NZM 1999, 416). Auch für die Zwangsräumung von Angehörigen des Mieters (z.B. Eltern, Bruder oder Schwester) ist ein gegen diese gerichteter Räumungstitel notwendig (a.A. Schuschke, NZM 1998, 58 [62]).

Kinne

Minderjährige Kinder besitzen dagegen im Regelfall die Wohnung nicht selbständig;   214
daher ist gegen sie ein Räumungstitel **nicht erforderlich** (LG Lüneburg, NZM 1998,
232; Zöller/Stöber, § 885 ZPO Rn. 5b; Gottwald, § 885 ZPO Rn. 11).

Da sowohl § 546 Abs. 1 als auch § 546 Abs. 2 nur an die Besitzeinräumung und die   215
andauernde Gebrauchsüberlassung anknüpfen, nicht aber an den aktuellen Besitz des
(Unter-)Mieters (OLG Hamm, NJW-RR 1992, 783 [784]), besteht auch ein vertraglicher
Herausgabe- (und Räumungs-)Anspruch gegen denjenigen von mehreren Mietern, der
nach Beendigung des Mietverhältnisses im Gegensatz zu den anderen den Besitz an der
Wohnung bereits endgültig aufgegeben hatte (BGH, NJW 1996, 515 = WuM 1996, 83 f.
= GE 1996, 255).

Der Vermieter kann – und muss – auch einen Räumungstitel gegen den **Untermieter**   216
erstreiten, weil er aus dem Räumungstitel gegen den Mieter nicht gegen den Untermieter
vollstrecken kann (LG Hamburg, NJW-RR 1991, 1297; LG Köln, WuM 1991, 507).

Die Räumung setzt einen Auftrag des Vermieters voraus, der einen Räumungstitel gegen   217
die zu räumende Person erstritten hat (§ 753 ZPO). Dazu müssen die allgemeinen Voraussetzungen der Zwangsvollstreckung (Titel, Klausel, Zustellung) erfüllt sein; ferner
muss eine dem Mieter (und/oder der zu räumenden Person) eventuell bewilligte **Räumungsfrist** (§§ 721, 794a, 765a ZPO) abgelaufen sein. Ist der Mieter zur Räumung nur
Zug um Zug gegen Zahlung einer bestimmten Geldsumme verpflichtet (z.B. bei einem
Räumungsvergleich nach streitiger Eigenbedarfskündigung), so muss der Gerichtsvollzieher diese Geldsumme dem Mieter vor der Räumung **anbieten**, sofern nicht der Nachweis, dass der Mieter bereits befriedigt oder im Verzug der Annahme ist, durch öffentliche oder durch öffentlich beglaubigte Urkunden geführt wird und eine Abschrift dieser
Urkunden bereits zugestellt ist oder gleichzeitig zugestellt wird. Derartige öffentlich
beglaubigte Urkunden können z.B. auch die notariell beglaubigte Quittung des Mieters
über den Erhalt der Geldsumme sein. Der Gerichtsvollzieher muss den Schuldner zunächst fragen, ob er die Leistung des Gläubigers überhaupt annehmen will. Verneint der
Schuldner diese Frage, darf der Gerichtsvollzieher sogleich mit der Vollstreckung beginnen (§ 756 Abs. 2 ZPO).

Für das Angebot Zug um Zug reicht grundsätzlich nur die **Barzahlung** aus, falls nicht   218
Zahlung durch Scheck – z.B. durch von der Landeszentralbank bestätigten Scheck – oder
eine andere Zahlungsweise im Titel (z.B. im Vergleich) ausdrücklich vereinbart worden
ist. Wird dem Mieter die Gegenleistung **ordnungsgemäß angeboten**, kommt er jedoch
trotz vorheriger Ankündigung seiner Räumungspflicht nicht nach, kann die **zwangsweise
Räumung ohne erneutes Angebot** der Gegenleistung durchgeführt werden (AG Neu-
stadt, DGVZ 1976, 73). Die Räumung kann aufgrund eines Urteils oder einer einstweiligen Verfügung (zulässig nur bei Gewerberaum, § 940a ZPO) erfolgen, ohne dass eine
richterliche Durchsuchungsanordnung notwendig ist (§ 758a Abs. 2 ZPO); denn der
richterliche Räumungstitel schließt die Anordnung ein, die Räume auch gegen den Willen des Mieters zu betreten und ihn zur Rückgabe zu zwingen (OLG Düsseldorf, NJW
1980, 458; OLG Köln, NJW 1980, 1531). Dagegen ist die Räumung aufgrund eines
Prozessvergleichs ohne richterliche Durchsuchungsanordnung nach § 758 ZPO nicht
zulässig (MünchKomm/Schilken, § 885 ZPO Rn. 5; Gottwald, § 885 ZPO Rn. 5; Zöl-
ler/Stöber, § 758 ZPO Rn. 10; Kollbach-Mathar, ZMR 2000, 1 [5] m.w.N.).

219 Der **Auftrag** ist stets an das Prozessgericht des ersten Rechtszugs – also das für die frei zu machenden Räume zuständige Amtsgericht – zu richten, und zwar dort an die **Verteilungsstelle für Gerichtsvollzieher**, da die Vollstreckung vom Gerichtsvollzieher durchgeführt wird. Der Gerichtsvollzieher setzt nach Prüfung der Vollstreckungsvoraussetzungen (Titel, Klausel) und vorheriger Zustellung des Vollstreckungstitels an den Mieter den Mieter aus dem Besitz (§ 854) und weist den Vermieter in den Besitz ein. Richtet sich der Titel auch gegen den Ehegatten, den Lebensgefährten oder – volljährige – Angehörige des Mieters, sind außer den Mietern auch diese Personen aus dem Besitz zu setzen. Die minderjährigen Kinder sowie die sich nur vorübergehend aufhaltenden Angehörigen oder Besucher sind auch ohne gegen sie gerichteten Titel aus dem Besitz zu setzen. Sodann übergibt der Gerichtsvollzieher die Räume an den Vermieter, und zwar durch die Übergabe der Schlüssel oder den Einbau eines neuen Schlosses. Möbel, die weder herauszugeben noch wegen gleichzeitig beizutreibender Kosten zu pfänden sind, entfernt der Gerichtsvollzieher von dem Grundstück (§ 885 Abs. 2 und 3 ZPO). Die vorgefundenen Möbel hat der Gerichtsvollzieher dem Mieter oder einer von diesem bevollmächtigten Person oder einer zur Familie des Mieters gehörenden erwachsenen Person zu übergeben (§ 885 Abs. 2 ZPO). Ist der Mieter oder eine zur Übernahme der Möbel bereite Person bei der Räumung nicht anwesend, hat der Gerichtsvollzieher die beweglichen Sachen in Verwahrung zu nehmen (§ 885 Abs. 3 ZPO). Der Gerichtsvollzieher verwahrt die Sachen dann in der Regel bei einer Spedition. Für die Kosten der Verwahrung bei einer Spedition ist der Vermieter vorschusspflichtig (§ 5 GVKostG), der auch für die Kosten der weiteren Einlagerung einzustehen hat, jedoch nur bis zu dem Termin, den der Gerichtsvollzieher dem Schuldner zur Abholung seiner Sachen gesetzt hat (LG Duisburg, NZM 1998, 303). Wertlose oder unpfändbare Sachen müssen dem Schuldner auf dessen Verlangen herausgegeben werden. Wenn der Schuldner dies nicht verlangt, kann der Gerichtsvollzieher das Räumungsgut verkaufen oder – wertlose Sachen – vernichten, wenn der Schuldner sie nicht binnen zwei Monaten nach der Einlagerung abholt oder sie zwar abholen, nicht aber die Kosten der Einlagerung erstatten will (§ 885 Abs. 4 ZPO). Der Gegenstandswert für den anwaltlichen Vollstreckungsauftrag ist nach dem Jahresbetrag der Miete der zu räumenden Wohnung zu bemessen (OLG Köln, MDR 1997, 1165; OLG Düsseldorf, ZMR 1998, 619; ZMR 1996, 558 = MDR 1996, 1076 = NJW-RR 1997, 125; OLG München, JurBüro 1996, 367; OLG Frankfurt/Main, NJW-RR 1996, 1481; a.A. OLG Hamm, NJW-RR 1997, 511; OLG Koblenz, JurBüro 1996, 361; OLG Rostock, JurBüro 1997, 477; OLG Karlsruhe, JurBüro 1996, 361; OLG Koblenz, ZMR 1997, 185 m.w.N.).

220 **Weigert sich der Gerichtsvollzieher**, den Räumungstitel zu vollstrecken, oder setzt er einen **zu hohen Vorschuss** (z.B. für die Hinzuziehung eines Schlossers, eines Spediteurs und für die voraussichtlichen Lagerkosten der Möbel) fest, so kann der Vermieter sich dagegen mit der **Vollstreckungserinnerung** nach § 766 ZPO (vgl. dazu näher Gottwald, § 766 ZPO Rn. 35) wenden.

221 Der Mieter, gegen den sich der Räumungstitel nicht richtet, kann ebenfalls das Fehlen eines Vollstreckungstitels mit der Vollstreckungserinnerung (§ 766 ZPO) rügen.

222 Daneben steht dem Mieter die **Vollstreckungsgegenklage** (§ 767 ZPO) zur Seite, wenn die Zwangsvollstreckung aus einem Räumungsurteil fortgesetzt wird, obwohl der Ver-

mieter eine längere Zeit aus dem Urteil nicht vollstreckt hat (LG Hamburg, WuM 1989, 32; AG Frankfurt/Main, NJW-RR 1988, 204). Dies gilt insbesondere dann, wenn der Vermieter über längere Zeit zum Ausdruck gebracht hat, dass er das Mietverhältnis fortsetzen will, nicht dagegen dann, wenn der Vermieter die Zahlung der Nutzungsentschädigung nur mit dem ausdrücklichen Hinweis entgegengenommen hat, dass er lediglich aus sozialen Gründen die Zwangsvollstreckung vorläufig nicht betreiben werde (AG Berlin-Hohenschönhausen, GE 1999, 114).

Muster
Auftrag zur Vollstreckung des Räumungstitels →[⊗ II-222]

An das
Amtsgericht ...
– Verteilungsstelle für Gerichtsvollzieher –

Betreff: Vollstreckungsauftrag zur Räumung der Wohnung in ...

In der vorbezeichneten Angelegenheit überreiche ich anliegend vollstreckbare Ausfertigung des Räumungs- und Zahlungsurteils des Amtsgerichts ... vom ... – Aktenzeichen: ... – mit dem Antrag, den vorbezeichneten Titel dem Beklagten zuzustellen und die Zwangsvollstreckung durch Räumung der in dem Urteil näher bezeichneten Wohnung durchzuführen. Ferner bitte ich, den Räumungstermin dem Gläubiger so rechtzeitig bekannt zu geben, dass dieser bei der Vollstreckung zugegen sein kann.
Die Kosten bitte ich mir aufzugeben.
Ferner wird beantragt, die Zwangsvollstreckung wegen folgender Forderung durchzuführen:

Hauptforderung	... EUR
Zinsen	... EUR
festgesetzte Kosten (vgl. beigefügter Kostenfestsetzungsbeschluss)	... EUR
insgesamt	... EUR

...
(Unterschrift)

2.2 Zwangsvollstreckung wegen Handlungen und Unterlassungen
2.2.1 Zwangsvollstreckung wegen Handlungen

Die Zwangsvollstreckung von Titeln, durch die die verurteilte Partei zu Handlungen verpflichtet wird, ist unterschiedlich je nachdem, ob es sich um eine **vertretbare** oder um eine **unvertretbare Handlung** handelt. Dagegen sind Titel, die zur Abgabe einer Willenserklärung verurteilen, nicht im eigentlichen Sinne vollstreckungsfähig, weil die entsprechende Willenserklärung als mit Rechtskraft des Urteils als abgegeben gilt (§ 894 ZPO). Da aus dem Tenor nicht immer mit Sicherheit ersichtlich ist, was geschuldet wird, hat das Gericht auch die Entscheidungsgründe heranzuziehen und den Tenor dahin gehend auszulegen, **223** welche Handlungen geschuldet werden und nach welchen Vorschriften die Zwangsvollstreckung zu erfolgen hat (BGH, NJW 1994, 1394 = MDR 1993, 272 = WuM 1993, 393).

224 **Vertretbare Handlungen** sind diejenigen, die auch ein Dritter – anstelle des Schuldners – vornehmen kann. Dies sind im Wesentlichen Mängelbeseitigungsarbeiten des Vermieters und/oder Mietberechnungen (LG Wuppertal, WuM 1989, 329). Auch die Abschaffung eines Haustieres – insbesondere dessen Entfernung aus der Wohnung – ist eine vertretbare Handlung (LG Hamburg, NJW-RR 1996, 158 = ZMR 1985, 302).

Ein Titel, der auf eine vertretbare Handlung gerichtet ist, wird dadurch vollstreckt, dass der Gläubiger von dem Prozessgericht des ersten Rechtszugs auf Antrag **sich ermächtigen lässt**, auf Kosten des Schuldners die **Handlung vornehmen zu lassen** (§ 887 Abs. 1 ZPO). Neben Titel, Klausel und Zustellung bedarf es insoweit eines **ausdrücklichen Antrags**, in dem die Maßnahme bestimmt zu bezeichnen ist. Hat der Mieter gegen den Vermieter einen Titel auf Beseitigung von Mängeln der Mietsache erwirkt, so reicht es nicht aus, dass er beantragt, ihn zu ermächtigen, Mängelbeseitigungsarbeiten durchzuführen, sondern er muss nunmehr die von ihm für notwendig gehaltenen Maßnahmen im Einzelnen angeben. Die Verpflichtung zur Beseitigung von Mängeln der Mietsache wird nicht deshalb zu einer unvertretbaren Handlung, weil es grundsätzlich Sache des verurteilten Vermieters ist, wie er die Mängel beseitigt (LG Berlin, WuM 1994, 552).

Zuständig zur Ermächtigung zur Ersatzvornahme ist das Prozessgericht des ersten Rechtszugs (§ 887 Abs. 1 ZPO), bei Wohnraummietsachen also immer das Amtsgericht, in dessen Bezirk die Wohnung liegt. Auch im Falle der einstweiligen Verfügung ist das Gericht erster Instanz zuständig (Gottwald, § 887 Rn. 11).

225 Der Einwand des Schuldners, die Verpflichtung erfüllt zu haben, eine Handlung vorzunehmen, ist nur dann zu berücksichtigen, wenn unstreitig eine auf Erfüllung gerichtete Handlung vom Schuldner vorgenommen worden ist und die Parteien nur noch darüber streiten, ob diese Handlung den nach dem Inhalt des Vollstreckungstitels zu stellenden Anforderungen genügt (OLG Köln, MDR 1993, 579). Im Übrigen ist der **Erfüllungseinwand** des Schuldners grundsätzlich nicht zu berücksichtigen; materielle Einwendungen sind vielmehr mit der Vollstreckungsabwehrklage nach § 767 ZPO zu verfolgen (OLG Hamm, MDR 1984, 591; OLG München, NJW-RR 1988, 22; OLG Köln, NJW-RR 1988, 1212; OLG Frankfurt/Main, NJW-RR 1989, 59; LG Berlin, ZMR 1998, 773 = GE 1998, 1277; Gottwald, § 887 ZPO Rn. 13 m.w.N. auch für die Genehmigung). Beruft sich der Vermieter, der zur Mängelbeseitigung verurteilt worden ist, darauf, dass er bereits die entsprechenden Maßnahmen hat durchführen lassen, bestreitet aber der Mieter dies, so kann trotz der Behauptung des Vermieters ein Ermächtigungsbeschluss (§ 887 Abs. 1 ZPO) ergehen.

226 In dem **Ermächtigungsbeschluss** des Prozessgerichts des ersten Gerichtszugs ist die Handlung, zu deren Ersatzvornahme der Gläubiger ermächtigt wird, genau zu bezeichnen. In dem Beschluss kann der Schuldner verpflichtet werden, **notwendige Vorbereitungsmaßnahmen**, wie z.B. das Betreten seines Grundstücks, **zu dulden** (OLG Hamm, NJW 1985, 274).

Der Beschluss enthält weiter die Anordnung, dass der **Schuldner die Kosten der Ersatzvornahme zu tragen hat**, und in der Regel eine Entscheidung über die Kosten der Zwangsvollstreckung (OLG Koblenz, GRUR 1984, 838 = Anwaltsblatt 1984, 216; OLG Zweibrücken, OLGZ 1990, 226).

Der Gläubiger kann ferner zugleich beantragen, den Schuldner zur **Vorauszahlung der Kosten** zu „verurteilen", die durch die Vornahme derartiger Handlungen entstehen werden (§ 887 Abs. 2 ZPO). Dazu ist die Vorlage eines **Kostenvoranschlages** zweckmäßig. Dessen Kosten gehören dann zu den Verfahrenskosten. Auch ein Kostenvorschuss wird durch Beschluss angeordnet. In demselben Beschluss kann sowohl der Gläubiger zur Vornahme der Handlung auf Kosten des Schuldners ermächtigt als auch der Schuldner zur Vorauszahlung der Kosten „verurteilt" werden. Da es sich lediglich um einen Vorschuss handelt, ist der Gläubiger verpflichtet, dem Schuldner gegenüber nach Durchführung der Maßnahme darüber abzurechnen; wird der gezahlte Vorschuss vom Gläubiger nicht verbraucht, hat der Schuldner einen Anspruch auf Rückerstattung (§ 812), den er im Wege der Zahlungsklage durchsetzen kann (so auch Gottwald, § 887 ZPO Rn. 17).

Auch **nach Erlass** des Ermächtigungsbeschlusses **darf der Schuldner** grundsätzlich die titulierte und von ihm konkret **geschuldete Handlung vornehmen**, ehe der Gläubiger von sich aus tätig wird (OLG Köln, MDR 1982, 859). Daher kann der Vermieter auch noch nach Erlass des Beschlusses, durch den der Mieter ermächtigt worden ist, bestimmte Mängelbeseitigungsarbeiten auf Kosten des Vermieters durchzuführen, die Mängelbeseitigungsarbeiten seinerseits durchführen (LG Berlin, GE 1989, 151).

Der Gläubiger kann gegen die Ablehnung des Antrags die **sofortige Beschwerde** nach § 793 ZPO einlegen; der Schuldner kann gegen den Beschluss seinerseits sofortige Beschwerde einlegen, hinsichtlich des Beschlusses auf „Verurteilung" zum Kostenvorschuss jedoch nur dann, wenn der Betrag 100 DM (50 EUR) übersteigt (§ 567 Abs. 2 ZPO). Die Beschwerde ist auch dann zulässig, wenn in der Hauptsache ein Rechtsmittel nicht zulässig wäre (OLG Celle, NJW 1990, 262).

227

Muster
Antrag auf Ermächtigung zur Ersatzvornahme und Festsetzung eines Kostenvorschusses →[✪ II-227]

An das
Amts-/Landgericht ...

Antrag auf Ermächtigung zur Ersatzvornahme und Festsetzung eines Kostenvorschusses

In der Zwangsvollstreckungssache ... gegen ...
beantrage ich,
1. den Gläubiger zu ermächtigen, die nach dem vollstreckbaren Urteil des Amts-/ Landgerichts ... vom ... – Aktenzeichen: ... – dem Schuldner obliegende Handlung, nämlich ... (genaue Bezeichnung der Handlung) durch den Gläubiger vornehmen zu lassen;
2. den Schuldner zu verpflichten, für die für die Ersatzvornahme entstehenden voraussichtlichen Kosten einen Kostenvorschuss in Höhe von ... EUR an den Gläubiger zu zahlen.

Begründung
Der Schuldner ist nach der beigefügten vollstreckbaren Ausfertigung des im Antrag zu 1 vorbezeichneten Urteils, das ihm am ... vom Gerichtsvollzieher ... zu Dienstregister ... zugestellt worden ist, verpflichtet, ... Dieser Verpflichtung ist er trotz Aufforderung und Fristsetzung im Schreiben vom ... bis heute nicht nachgekommen, wie sich aus der beigefügten Kopie des Schreibens vom ... ergibt.
Nach dem beigefügten Kostenvoranschlag des ... vom ... belaufen sich die Kosten für die durchzuführende Maßnahme auf ...
Beglaubigte und einfache Abschrift anbei.

...
(Unterschrift)

228 **Unvertretbare Handlungen** sind diejenigen Handlungen, die nur vom **Schuldner persönlich** oder jedenfalls unter **persönlicher Mitwirkung** des Schuldners vorgenommen werden können. Zu diesen unvertretbaren Handlungen gehören unter anderem die Verpflichtung zur Auskunftserteilung und Rechnungslegung, wenn diese nur vom Schuldner persönlich erbracht werden können (LG Saarbrücken, WuM 1987, 234). Daher dürfte auch die Auskunft über die zu einem bestimmten Zeitpunkt geschuldete preisrechtlich zulässige Miete als unvertretbare Handlung einzustufen sein, weil Unterlagen des Vermieters herangezogen und Ermessensentscheidungen getroffen werden müssen (ähnlich Sternel, Mietrecht aktuell, Rn. 1487).

229 Die **Zwangsvollstreckung** des Titels auf Vornahme einer unvertretbaren Handlung erfolgt dadurch, dass der Schuldner auf Antrag des Gläubigers zur Vornahme der Handlung durch **Zwangsgeld** oder – für den Fall, dass dieses nicht beigetrieben werden kann – durch **Zwangshaft** angehalten wird (§ 888 Abs. 1 Satz 1 ZPO). Dies erfolgt durch einen Beschluss des Prozessgerichts des ersten Rechtszugs, der – neben den allgemeinen Zwangsvollstreckungsvoraussetzungen (Titel, Klausel, Zustellung) – einen Antrag des Gläubigers voraussetzt. In dem Antrag ist die vorzunehmende Handlung genau zu bezeichnen; dagegen braucht die Höhe des festzusetzenden Zwangsgeldes nicht angegeben zu werden. Der Erfüllungseinwand ist auch im Verfahren der Zwangsgeldfestsetzung grundsätzlich nicht zu berücksichtigen; vielmehr ist der Schuldner darauf zu verweisen, Vollstreckungsgegenklage nach § 767 ZPO zu erheben (OLG Köln, NJW-RR 1989, 188 m.w.N.; LG Berlin, GE 1996, 55; GE 1996, 1245; Zöller/Stöber, § 888 ZPO Rn. 11; Gottwald, § 888 ZPO Rn. 25). Das Zwangsgeld kann mit einem Mindestbetrag von 5 DM (2,50 EUR) und einem Höchstbetrag von 50 000 DM (25 000 EUR) festgesetzt werden (OLG München, NJW-RR 1992, 704). Mit der Festsetzung des Zwangsgeldes ist zugleich für den Fall, dass dieses nicht beigetrieben werden kann, Ersatzhaft festzusetzen; dabei ist konkret anzugeben, auf wie viel DM/EUR ein Tag Ersatzhaft entfällt.

230 Die **Zwangshaft**, die grundsätzlich erst nach Erfolglosigkeit des Zwangsgeldes verhängt werden kann, beträgt zwischen einem Tag und sechs Monaten (§ 888 Abs. 1 Satz 3, § 913 ZPO).

Kinne

Bei **juristischen Personen** (GmbH, Aktiengesellschaft usw.) ist das Zwangsgeld gegen   231
die juristische Person festzusetzen, die Ersatzhaft und die Zwangshaft dagegen gegen die
gesetzlichen Vertreter (Geschäftsführer, Vorstand), die in der Lage sind, für juristische
Personen die konkrete Handlung vorzunehmen bzw. von Gehilfen vornehmen zu lassen
(Gottwald, § 888 ZPO Rn. 20 m.w.N.).
Der Gläubiger kann gegen die ablehnende Entscheidung und der Schuldner gegen die
stattgebende Entscheidung des Prozessgerichts **sofortige Beschwerde** einlegen (§ 793
ZPO). Gegen Maßnahmen des Gerichtsvollziehers bei der Vollstreckung des Zwangsgeldes oder der Zwangshaft kann Vollstreckungserinnerung nach § 766 ZPO eingelegt
werden.

Muster
Antrag auf Festsetzung von Zwangsmitteln →[✆ II-231]

> An das
> Amts-/Landgericht ...
>
> Betreff: Antrag nach § 888 ZPO
>
> In der Zwangsvollstreckungssache ... ./. ... beantrage ich namens und in Vollmacht
> des Gläubigers, zur Erzwingung der in dem beigefügten vollstreckbaren Urteil des
> Landgerichts vom ... – Aktenzeichen ... – erfolgten Verurteilung, nämlich zu ... (ge-
> naue Bezeichnung), ein Zwangsgeld und – für den Fall, dass dieses nicht beigetrie-
> ben werden kann – Zwangshaft festzusetzen.
>
> **Begründung**
> Der Schuldner ist durch das vorbezeichnete Urteil, dessen Ausfertigung beigefügt
> wird und das dem Schuldner am ... vom Gerichtsvollzieher ... zu Dienstregister ...
> zugestellt worden ist, verurteilt worden, ... (genaue Bezeichnung). Der Schuldner ist
> durch Schreiben vom ..., dessen Kopie beigefügt wird, vergeblich aufgefordert wor-
> den, diese Handlungen zu erbringen. Daher ist zur Vollstreckung des Titels ein emp-
> findliches Zwangsgeld festzusetzen.
> Beglaubigte und einfache Abschrift anbei.
>
> ...
> (Unterschrift)

2.2.2 Zwangsvollstreckung wegen Unterlassung und Duldung
Die Vollstreckung aus Titeln, durch die dem Schuldner die Verpflichtung auferlegt wur-   232
de, bestimmte **Handlungen zu unterlassen** oder die **Vornahme bestimmter Handlungen zu dulden**, geschieht durch Festsetzung von Ordnungsgeld bzw. Ordnungshaft durch
das Prozessgericht des ersten Rechtszugs. Das Prozessgericht ist in diesem Fall ausnahmsweise auch Vollstreckungsorgan. Als Titel mit einem derartigen Inhalt kommen
Urteile, einstweilige Verfügungen (Beschluss oder Urteil) sowie Prozessvergleiche in

Betracht. Derartige Unterlassungs- und Duldungsverpflichtungen finden sich häufig im Mietrecht.

233 Das **Unterlassen** bedeutet ein Nichthandeln, das ein bestimmtes Ergebnis ausschließt. Eine derartige Unterlassungsverpflichtung wäre z.B. die im gerichtlichen Vergleich übernommene Verpflichtung, Musik nur in Zimmerlautstärke zu hören (LG Hamburg, WuM 1996, 159). **Dulden** bedeutet die Hinnahme einer Handlung, die ein anderer im Einflussbereich des Schuldners vornehmen will. Dazu gehört die Duldungspflicht aus § 554 Abs. 1, die sich im Regelfall auf ein passives Stillhalten beschränkt (LG Berlin, GE 1996, 187 [189]). Der Mieter darf den Vermieter zwar nicht an der Durchführung der Maßnahme hindern; er braucht ihn aber auch nicht aktiv zu unterstützen (Emmerich/Sonnenschein, §§ 541a, 541b Rn. 6; MüKo/Voelskow, § 541a Rn. 6; LG Berlin, GE 1996, 187 [189] m.w.N. – auch zur Gegenmeinung). Die mietvertraglich begründete Pflicht des Mieters von Geschäftsräumen, darin das ausgeübte Gewerbe innerhalb der Ladenöffnungszeiten während der Mietzeit zu betreiben, kann auch nach § 890 ZPO durchgesetzt werden (OLG Duisburg, NJW-RR 1997, 648).

234 Voraussetzung der Festsetzung eines Ordnungsgeldes bzw. der Ordnungshaft sind zunächst die allgemeinen Vollstreckungsvoraussetzungen (Titel, Klausel, Zustellung). Der **Titel** muss seinem Inhalt nach **so bestimmt sein**, dass eine Vollstreckung aus ihm in Betracht kommt. Die in einem Vergleich übernommene Verpflichtung, Musik nur in Zimmerlautstärke zu hören, ist hinreichend bestimmt, um als Grundlage der Zwangsvollstreckung zu dienen (LG Hamburg, GE 1996, 159). Eine Höchstgrenze in Dezibel braucht nicht festgelegt zu werden (LG Hamburg, a.a.O.; OLG Köln, VersR 1993, 1242 – zu Hundegebell).

235 Weitere Voraussetzung für die Festsetzung eines Ordnungsgeldes bzw. der Ordnungshaft ist die **Androhung** dieser Ordnungsmittel vor der Zuwiderhandlung gegen die Unterlassungs- oder Duldungsverpflichtung. Diese Androhung ist entweder in dem Urteil – oder im einstweiligen Verfügungsverfahren in dem Beschluss – enthalten oder ist auf Antrag des Gläubigers von dem Prozessgericht des ersten Rechtszugs in einem gesonderten Beschluss auszusprechen; Letzteres kommt insbesondere für die Vollstreckung von Unterlassungs- und Duldungspflichten aus Prozessvergleichen in Betracht, in die eine Androhung nicht aufgenommen werden kann (OLG Hamm, GRUR 1985, 82). Die nachträgliche Androhung der Ordnungsmittel setzt weder eine Zuwiderhandlung des Schuldners gegen die Unterlassungspflicht noch ein besonderes Rechtsschutzbedürfnis voraus (OLG Zweibrücken, OLGZ 1990, 214; Gottwald, § 890 ZPO Rn. 12 m.w.N.; Zöller/Stöber, § 890 ZPO Rn. 12a m.w.N.).

236 Das Ordnungsgeld oder die Ordnungshaft werden nach Anhörung des Schuldners durch Beschluss festgesetzt. Zuvor muss dem Schuldner **rechtliches Gehör** gewährt werden. Handelt es sich um einen von dem Landgericht erlassenen Titel (Urteil oder Beschluss), gilt Anwaltszwang auch für das Verfahren zur Fortsetzung des Ordnungsmittels, und zwar auch für den Schuldner (OLG Düsseldorf, JurBüro 1987, 942).

237 Das **Ordnungsgeld** kann in der **Höhe** von 5 DM (2,50 EUR) bis 500 000 DM (250 000 EUR) verhängt werden, wenn nicht ausnahmsweise im Androhungsbeschluss nach § 890 Abs. 2 ZPO ein geringerer Rahmen für die Verhängung von Ordnungsmitteln festgesetzt ist. Das Ordnungsgeld ist in einer derartigen Höhe festzusetzen, die nach dem

Ermessen des Gerichts den Schuldner zur Einhaltung der Unterlassungs- oder Duldungs-verpflichtung anhält. Bei fortgesetzten Verstößen gegen diese Verpflichtungen ist das Ordnungsgeld jeweils zu erhöhen.

Zusammen mit dem Ordnungsgeld ist **Ersatzordnungshaft** für den Fall festzusetzen, 238 dass das Ordnungsgeld nicht beigetrieben werden kann (§ 890 Abs. 1 Satz 1 ZPO). Dabei ist für einen bestimmten Betrag ein Tag Ordnungshaft anzusetzen. Die Ersatzordnungs-haft darf die Dauer von sechs Monaten im Einzelfall und von insgesamt zwei Jahren bei mehrfacher Verhängung nicht übersteigen.

Handelte es sich um eine **Vorgesellschaft einer GmbH**, die bei Erlass des Titels und bei 239 der Zuwiderhandlung noch nicht eingetragen worden ist, kann das Ordnungsmittel nach Eintragung gegen die GmbH festgesetzt werden, ohne dass die auf die Vorgesellschaft erteilte Klausel umgeschrieben zu werden braucht (OLG Stuttgart, NJW-RR 1989, 537).

Sowohl dem Gläubiger als auch dem Schuldner steht gegen die Entscheidungen des 240 Prozessgerichts des ersten Rechtszugs, die im Vollstreckungsverfahren nach § 890 ZPO getroffen worden sind, die **sofortige Beschwerde** nach § 793 Abs. 1 ZPO (ab 1.1.2002: § 793 ZPO) zu. Ist der Titel, durch den der Schuldner zur Unterlassung oder Duldung verpflichtet worden ist, in erster Instanz von dem Amtsgericht erlassen worden, wie z.B. in allen Wohnraummietstreitigkeiten, besteht für die Einlegung der sofortigen Beschwer-de kein Anwaltszwang (§ 78 Abs. 3 ZPO). Die sofortige Beschwerde muss jedoch binnen einer Notfrist von zwei Wochen eingelegt werden, die mit Zustellung der angefochtenen Entscheidung – hier: des Beschlusses, durch den der Ordnungsmittelantrag abgelehnt oder ein Ordnungsmittel festgesetzt worden ist – beginnt (§ 577 Abs. 2 Satz 1 ZPO; ab 1.1.2002: § 569 Abs. 1 Satz 1, 2 ZPO). Die sofortige Beschwerde kann auch zu Protokoll des Urkundsbeamten der Geschäftsstelle der ersten Instanz eingelegt werden (§ 569 Abs. 2 ZPO; ab 1.1.2002: § 569 Abs. 3 ZPO). Der Mieter kann sich daher der Rechtsantrags-stelle der ersten Instanz (entweder Amtsgericht oder – bei Gewerberaummietsachen über 10 000 DM/5 000 EUR – Landgericht) zur Einlegung der sofortigen Beschwerde bedie-nen. Da die Rechtsantragsstelle die sofortige Beschwerde in einem Protokoll aufnimmt, das der Beschwerdeführer unterschreibt, ist auch die erforderliche Schriftform gewahrt.

Muster
Antrag auf Festsetzung eines Ordnungsmittels →[✪ II-240]

> An das
> Amts-/Landgericht ...
>
> Betreff: Antrag auf Festsetzung eines Ordnungsmittels nach § 890 ZPO
>
> Namens und in beigefügter Vollmacht des von mir vertretenen Gläubigers beantrage ich gegen den Schuldner wegen Verstoßes gegen die Verpflichtung zur ... (genaue Bezeichnung) ein Ordnungsgeld und – für den Fall, dass dieses nicht beigetrieben werden kann – Ordnungshaft festzusetzen.

Begründung

Nach dem durch das angerufene Gericht erlassenen Urteil vom ... – Aktenzeichen: ...
– /der einstweiligen Verfügung vom ... – Aktenzeichen: ... – ist dem Schuldner unter
Androhung eines für jeden Fall der Zuwiderhandlung festzusetzenden Ordnungsgeldes bis 500 000 DM (250 000 EUR), ersatzweise Ordnungshaft bis zu sechs Monaten aufgegeben worden ... (genaue Beschreibung).

Das Urteil vom .../die einstweilige Verfügung vom ... nebst Nachweis über die Zustellung durch den Gerichtsvollzieher ... am ... zu Dienstregister ... ist beigefügt.

Der Schuldner hat nach Zustellung des vorbezeichneten Titels am ... gegen die ihm auferlegte Verpflichtung verstoßen, indem er ... (genaue Beschreibung). Ferner hat er erneut am ... und am ... gegen diese Verpflichtung verstoßen, indem er ... (genaue Bezeichnung).

Beweis: ... (Zeuge)

Der Schuldner ist daher durch Festsetzung eines empfindlichen Ordnungsgeldes zur Einhaltung der gerichtlichen Verpflichtung anzuhalten.

Um baldige Rückgabe der beigefügten Vollstreckungsunterlagen wird gebeten.

Beglaubigte und einfache Abschrift anbei.

...

(Unterschrift des Prozessbevollmächtigten)

2.3 Räumungsfrist

241 Wird auf Räumung von Wohnraum erkannt, so kann das Gericht auf **Antrag oder von Amts wegen** dem Mieter eine den Umständen nach angemessene Räumungsfrist gewähren (§ 721 Abs. 1 Satz 1 ZPO). **Wohnräume** sind alle Räume, die tatsächlich Wohnzwecken dienen, also nicht rein gewerblich genutzte Räume. Bei **Mischmietverhältnissen** kommt es grundsätzlich darauf an, welche Nutzungsart überwiegt (BGH, MDR 1977, 745). Ausnahmsweise kommt die Gewährung einer Räumungsfrist hinsichtlich des Wohnraumanteils in Betracht, wenn eine getrennte Herausgabe beider Teile möglich und dem Vermieter zuzumuten ist (LG Hamburg, NJW-RR 1993, 662; WuM 1993, 203; LG Mannheim, ZMR 1993, 79; Sternel, Mietrecht aktuell, Rn. 1494).

242 Die **Räumungsfrist** kann auch bei Kündigung durch den Mieter gewährt werden oder wenn es sich nicht um eine Mietstreitigkeit handelt (Gottwald, § 721 ZPO Rn. 3). Die Räumungsfrist kann auch dann zugebilligt werden, wenn die Räumungsvollstreckung aus einem im Zwangsversteigerungsverfahren ergangenen Zuschlagsbeschluss erfolgt (LG Kiel, NJW 1992, 1474; Sternel, Mietrecht aktuell, Rn. 1496; a.A. LG Hamburg, MDR 1971, 671). Bei einem Räumungsvergleich gilt die Bestimmung des § 794a ZPO, der eine vergleichbare Regelung trifft (vgl. dazu u.a. LG Berlin, GE 1991, 403).

243 Die **Räumungsfrist** wird grundsätzlich in demjenigen **Urteil** bewilligt, das die Räumung ausspricht (§ 721 Abs. 1 Satz 1 ZPO). Wird auf künftige Räumung erkannt, kann eine Räumungsfrist auch nachträglich durch Beschluss bewilligt werden (§ 721 Abs. 2 Satz 1 ZPO). Die einmal bewilligte Räumungsfrist kann nachträglich auch noch verlängert oder auch verkürzt werden (§ 721 Abs. 3 Satz 1 ZPO).

Die Räumungsfrist wird vom jeweiligen Prozessgericht bewilligt, mithin vom Berufungsgericht ab dem Zeitpunkt, ab dem die Hauptsache in der Berufungsinstanz anhängig ist (§ 721 Abs. 4 Satz 1).

Das Prozessgericht hat **von Amts wegen** über die Bewilligung einer Räumungsfrist zu entscheiden, auch wenn kein Antrag des Schuldners gestellt worden ist, insbesondere dann, wenn aus dem Prozessstoff ohne weiteres erkennbar ist, dass der Schuldner mit einer Räumungsanordnung ohne Räumungsfrist nicht zu rechnen brauchte (BVerfG, NZM 1999, 212). Vorsorglich sollte jedoch immer der Mieter – bzw. sein Prozessbevollmächtigter zumindest hilfsweise – einen Antrag auf Gewährung einer angemessenen Räumungsfrist stellen und begründen. Der Antrag auf Gewährung einer Räumungsfrist kann nur bis zum Schluss der mündlichen Verhandlung gestellt werden (§ 721 Abs. 1 Satz 2 ZPO). Ist der Antrag bei der Entscheidung übergangen worden, kann der Mieter ein Ergänzungsurteil nach § 321 ZPO beantragen (§ 721 Abs. 1 Satz 3 ZPO). Nach rechtskräftiger Verurteilung zur Räumung kann dem Mieter eine (weitere) Räumungsfrist selbst dann nicht gewährt werden, wenn die maßgeblichen Gründe erst nach Schluss der mündlichen Verhandlung entstanden sind; insoweit kommt nur Vollstreckungsgegenklage gem. § 765a ZPO in Betracht (LG Darmstadt, NZM 2000, 376).

Ist in einem **Urteil auf künftige Räumung** über eine Räumungsfrist noch nicht entschieden worden, so kann der Mieter zwei Wochen vor dem Tage, an dem nach dem Urteil zu räumen ist, noch einen Antrag auf Gewährung einer Räumungsfrist stellen (§ 721 Abs. 2 Satz 1 ZPO).   244

Der Mieter kann auch einen Antrag auf **Verlängerung der Räumungsfrist** spätestens zwei Wochen vor Ablauf der Räumungsfrist stellen (§ 721 Abs. 3 Satz 2 ZPO). Der Vermieter seinerseits kann einen Antrag auf Verkürzung der Räumungsfrist stellen (§ 721 Abs. 3 Satz 1 ZPO).   245

Die Zweiwochenfrist vor Ablauf der Räumungsfrist für den Antrag auf Verlängerung verlängert sich nicht dadurch, dass der letzte Tag dieser Frist auf einen Samstag, Sonn- oder Feiertag fällt (LG Freiburg, WuM 1989, 443; LG Berlin, GE 1992, 983 = NJW-RR 1993, 144 = ZMR 1992, 394; a.A. Sternel, Mietrecht aktuell, Rn. 1505).

Wird nicht bereits im Urteil aufgrund mündlicher Verhandlung eine Räumungsfrist gewährt (§ 721 Abs. 1 ZPO), so wird über die Anträge auf Verlängerung oder Verkürzung der Räumungsfrist oder auf erstmalige Gewährung einer Räumungsfrist bei einem Urteil auf künftige Räumung in der Regel ohne mündliche Verhandlung durch **Beschluss** entschieden (§ 721 Abs. 4 Satz 2 ZPO; ab 1.1.2002: Die Entscheidung ergeht durch Beschluss.). Vor der Entscheidung ist der Gegner zu hören (§ 721 Abs. 4 Satz 3 ZPO).   246

Bei der Bewilligung der Räumungsfrist durch **Urteil** ist diese Entscheidung grundsätzlich **zu begründen**. Bei einem **Versäumnisurteil** wird allerdings in der Regel die Bewilligung der Räumungsfrist **nicht begründet**. Der Auffassung, dass auch bei einem Versäumnisurteil die Entscheidung über die Bewilligung einer Räumungsfrist zu begründen ist (LG Berlin, GE 1993, 1335; MünchKomm/Krüger, § 721 ZPO Rn. 6; Gottwald, § 721 ZPO Rn. 11), ist nicht zu folgen. Zu beachten ist jedoch bei der Gewährung der Räumungsfrist in einem Versäumnisurteil, dass – wie sonst auch – das Ende der Räumungsfrist kalendermäßig bestimmt wird; die Gewährung einer Räumungsfrist dahin gehend, dass sie ab Zustellung des Versäumnisurteils beginnt, ist verfahrensfehlerhaft.   247

248 Die Entscheidung über die Bewilligung, Verlängerung oder Verkürzung der Räumungsfrist hängt von einer **Interessenabwägung** ab. Grundsätzlich ist dem Mieter eine Räumungsfrist einzuräumen, um ihm die Möglichkeit zu geben, Ersatzwohnraum zu erlangen. Insoweit ist dem vorübergehenden Bestandsinteresse des Mieters im Allgemeinen der Vorrang vor dem Erlangungsinteresse des Vermieters einzuräumen (LG Hamburg, WuM 1990, 216; LG Regensburg, WuM 1991, 359; LG Berlin, GE 1991, 251). Das gilt aber nicht, wenn der Räumungsschuldner Grundrechtsverletzungen beim Zustandekommen des Räumungstitels im Verfassungsrechtsweg geltend macht (LG Frankfurt/Main, NZM 1999, 168). Zugunsten des Mieters ist zu berücksichtigen, dass objektive Schwierigkeiten auf dem Wohnungsmarkt bestehen, eine Ersatzwohnung anzumieten, was insbesondere bei Gebieten anzunehmen ist, die als Gebiete mit gefährdeter Wohnraumversorgung bestimmt worden sind (LG Kassel, WuM 1989, 443; vgl. Liste der Gebiete mit gefährdeter Wohnraumversorgung bei Mietprax/Börstinghaus, Fach 6 Rn. 911). Ferner kann zugunsten des Mieters berücksichtigt werden, dass er nur ein geringes Einkommen hat und deswegen die Beschaffung einer Ersatzwohnung außerordentlich schwierig ist (LG Mannheim, WuM 1993, 62; LG Mannheim, ZMR 1993, 79).

249 Steht fest, dass innerhalb einer kurzen Frist der Mieter eine **Ersatzwohnung** – oder ein eigenes Haus – beziehen kann, so ist die Frist grundsätzlich bis zu diesem Termin zu gewähren, weil dem Mieter ein zweimaliges Umziehen innerhalb kurzer Zeit nicht zugemutet werden kann.

250 **Zugunsten des Vermieters** kann ins Gewicht fallen, dass er selbst die Wohnung dringend benötigt, weil er selbst oder nahe Angehörige, die die Wohnung beziehen sollen, sonst obdachlos würden. Allerdings ist bei einer **Eigenbedarfskündigung grundsätzlich eine längere Räumungsfrist bis zu einem** Jahr (Höchstgrenze) zu gewähren (LG Berlin, GE 1992, 209). Zugunsten des Vermieters kann ferner ein erheblicher Zahlungsrückstand des Mieters berücksichtigt werden, obwohl auch bei einem Zahlungsrückstand eine Räumungsfrist von mindestens sechs Wochen zu gewähren ist (LG Berlin, GE 1992, 979; ZMR 1998, 351; GE 2001, 141). Auch trotz fristloser Kündigung wegen Tätlichkeiten gegenüber dem Vermieter muss eine Räumungsfrist von mindestens einem Monat gewährt werden, um Obdachlosigkeit des Mieters zu vermeiden (LG Hamburg, WuM 1994, 219).

251 Umstritten ist, ob die Gewährung einer Räumungsfrist davon abhängt, dass der Mieter sich bereits nach der Kündigung um eine Ersatzwohnung bemüht hat (bejahend: LG Stuttgart, WuM 1990, 20; a.A. LG Hamburg, WuM 1990, 28; LG Aachen, WuM 1990, 216 – in der Regel nicht vor Abschluss der ersten Instanz; weiter gehend: LG Essen, WuM 1992, 202 – erst ab Rechtskraft des Räumungsurteils).

252 Zumindest die **Verlängerung der Räumungsfrist** setzt voraus, dass der Mieter sich **ausreichend** um eine Ersatzwohnung **bemüht hat** (LG Berlin, GE 1991, 251). Dazu gehört die Darlegung, dass der Mieter die Wohnungsannoncen in den Tageszeitungen regelmäßig verfolgt hat, die dort angegebenen Adressen angeschrieben und Telefonnummern angerufen hat, sich bei größeren Hausverwaltungen nach frei werdenden Wohnungen erkundigt und einen Makler beauftragt hat. Dies gilt auch dann, wenn der Mieter aufgrund seines Gesundheitszustands bei seinen Bemühungen um Ersatzwohnraum

eingeschränkt ist. Die Verpflichtung, einen Makler zu beauftragen, entfällt jedoch dann, wenn der Mieter zur Bezahlung der Maklergebühr finanziell nicht in der Lage ist.

Die **Höchstdauer** der Räumungsfrist beträgt ein Jahr (§ 721 Abs. 5 Satz 1 ZPO), und 253 zwar beginnend vom Tage der Rechtskraft des Urteils an, durch das der Mieter rechtskräftig zur Räumung verurteilt worden ist.

Auf **Antrag des Gläubigers** kann die Frist auch **verkürzt werden**, so wenn der Ver- 254 mieter dem Mieter eine angemessene Ersatzwohnung zur Miete anbietet und dieser davon keinen Gebrauch macht oder wenn der Mieter die Wohnung vor dem Ende der Räumungsfrist bereits verlassen hat.

Die Gewährung einer Räumungsfrist kann von der Zahlung der **Nutzungsentschädigung** 255 abhängig gemacht werden, muss dies aber nicht (LG Berlin, GE 1991, 881).

Die Gewährung einer **Räumungsfrist verlängert das Mietverhältnis nicht**, sondern 256 hindert ausschließlich die Vollstreckung des Räumungstitels für bestimmte Zeit. Der Vermieter kann keine Miete mehr verlangen, sondern ist auf Nutzungsentschädigungsansprüche nach § 546a Abs. 1 angewiesen. Der Mieter kann diese Nutzungsentschädigung bei kurzfristigen Mängeln nicht mindern, weil der Vermieter nicht mehr zur Gebrauchsgewährung gem. § 535 verpflichtet ist. Für Ansprüche des Mieters gegen den Vermieter auf Aufwendungsersatz scheidet sowohl § 536a Abs. 2 als auch § 539 aus; Anspruchsgrundlage könnten allenfalls § 994 und §§ 951, 812 sein (LG Berlin, GE 1994, 707 f.).

Da durch die Gewährung der Räumungsfrist das Mietverhältnis nicht verlängert wird, ist 257 der Mieter **berechtigt**, die Wohnung auch schon **vor Ablauf der Räumungsfrist zurückzugeben**. Die Zahlungspflicht endet dann nach § 546a Abs. 1 mit der Rückgabe der Mietsache, nicht mit dem Ende der Räumungsfrist (Bub/Treier, VII Rn. 32. Mietprax/Fritz, Fach 10 Rn. 119). Der Mieter ist jedoch verpflichtet, den Vermieter über den beabsichtigten vorzeitigen Auszug unverzüglich zu informieren (LG Mönchengladbach, DWW 1992, 215; Mietprax/Fritz, a.a.O.).

Der **Mieter**, der zur Räumung verurteilt worden ist, kann wählen, ob er gegen das Urteil 258 – und damit auch gegen die Gewährung der Räumungsfrist – Berufung einlegt oder isoliert gegen die Bemessung der Räumungsfrist **sofortige Beschwerde** (§ 721 Abs. 6 Nr. 1 ZPO) einlegt. Der Mieter kann auch gegen die Versagung einer Räumungsfrist sofortige Beschwerde einlegen; als Versagung der Räumungsfrist ist auch der Fall anzusehen, dass ohne Begründung keine Räumungsfrist gewährt wird. Der Einspruch gegen ein Versäumnisurteil auf Räumung einer Wohnung ohne Räumungsfrist erfasst auch die Versagung der Räumungsfrist; eine gesonderte Beschwerde dagegen ist unzulässig (LG München, NZM 1998, 308).

Der **Vermieter** seinerseits kann gegen die Gewährung der Räumungsfrist ebenso wie gegen deren Dauer **sofortige Beschwerde** einlegen (LG Düsseldorf, WuM 1993, 471).

Hat sich der Schuldner in einem **Vergleich** zur Räumung von Wohnraum verpflichtet, so 259 kann ihm das Amtsgericht, in dessen Bezirk der Wohnraum belegen ist, **auf Antrag** eine den Umständen nach angemessene **Räumungsfrist** bewilligen (§ 794a Abs. 1 Satz 1). Der Antrag ist spätestens zwei Wochen vor dem Tage, an dem nach dem Vergleich zu räumen ist, zu stellen (§ 794a Abs. 1 Satz 2 ZPO). Die Entscheidung über den Antrag kann ohne mündliche Verhandlung – nach Anhörung des Vermieters – ergehen (§ 794a Abs. 1 Satz 3 und 4 ZPO; ab 1.1.2002: Die Entscheidung ergeht durch Beschluss.).

260 Für die Verlängerung einer im Vergleich vereinbarten Räumungsfrist ist wiederum die **Abwägung zwischen den Interessen** des Vermieters und denjenigen des Mieters maßgebend. Die **Verlängerung** der in einem Vergleich zwischen den Parteien vereinbarten Räumungsfrist kann nur dann bewilligt werden, wenn Umstände aufgetreten sind, die bei Vergleichsabschluss noch nicht vorhersehbar waren (LG Freiburg, WuM 1993, 204; LG Waldshut-Tiengen, WuM 1993, 621; LG Berlin, GE 1991, 403; Gottwald, § 794a ZPO Rn. 4, 5; a.A. LG Darmstadt, WuM 1993, 427; LG Mannheim, ZMR 1994, 21; Sternel, Mietrecht aktuell, Rn. 1511).

261 Eine **Verkürzung** der in einem Räumungsvergleich vereinbarten Räumungsfrist ist unzulässig (LG Augsburg, WuM 1988, 67; LG Hanau, WuM 1988, 316; LG Stuttgart, WuM 1992, 32; LG Bremen, WuM 1991, 564; Sternel, Mietrecht aktuell, Rn. 1508).

262 Hat der Mieter die Räume durch verbotene Eigenmacht erlangt und ist deshalb die **Räumung durch einstweilige Verfügung** angeordnet worden, so kommt die Bewilligung einer **Räumungsfrist nicht in Betracht** (LG Hamburg, WuM 1994, 707; Mietprax/Fritz, Fach 10 Rn. 124).

263 Gegen die Entscheidung der Beschwerdeinstanz über die nachträgliche Gewährung, Verlängerung oder Verkürzung der Räumungsfrist ist eine **weitere Beschwerde nicht zulässig** (OLG Celle, WuM 1991, 439 = ZMR 1991, 478; OLG Stuttgart, WuM 1991, 439 = ZMR 1991, 344; OLG Karlsruhe, MDR 1992, 303; OLG Zweibrücken, MDR 1992, 1081; OLG München, ZMR 1993, 472 = MDR 1993, 1006; OLG Köln, WuM 1993, 473; OLG Frankfurt/Main, NJW-RR 1994, 715 [Ausnahme bei schwerwiegenden Verfahrensfehlern]; OLG Köln, ZMR 1995, 30 [Ausnahme bei schwerwiegenden Verfahrensfehlern; WuM 1992, 637]).

2.4 Vollstreckungsschutz

264 Auf Antrag des Schuldners kann das Vollstreckungsgericht eine Maßnahme der Zwangsvollstreckung ganz oder teilweise aufheben, untersagen oder einstweilen einstellen, wenn die Maßnahme unter voller Würdigung des Schutzbedürfnisses des Gläubigers wegen ganz besonderer Umstände eine Härte bedeutet, die mit den guten Sitten nicht vereinbar ist (§ 765a Abs. 1 Satz 1 ZPO).
Dies gilt insbesondere für die Zwangsvollstreckung wegen Räumung von Wohn- oder anderen Räumen.

265 Vollstreckungsschutz wird **nur auf Antrag** gewährt, der jedoch nicht ausdrücklich gestellt zu werden braucht. Vielmehr reicht es aus, dass der Schuldner besondere Umstände geltend macht, die die Vollstreckungsmaßnahme als sittenwidrige Härte erscheinen lassen.

266 Der Antrag kann in der Regel erst gestellt werden, wenn eine **konkrete Vollstreckungsmaßnahme ergriffen** worden ist; bei der Räumungsvollstreckung ist insoweit der Zeitpunkt der Ankündigung des Räumungstermins bzw. des Ablaufs einer Räumungsfrist maßgebend. Der Antrag ist nur dann zulässig, wenn er spätestens zwei Wochen vor dem angesetzten Räumungstermin gestellt ist (§ 765a Abs. 3 ZPO), es sei denn, die Gründe für die Einstellung sind erst nach diesem Zeitpunkt entstanden oder der Schuldner war ohne sein Verschulden an der Antragstellung gehindert. Eine Wiedereinsetzung in die versäumte Frist ist nicht möglich (Kollbach-Mathar, ZMR 2000, 1 [6]). Nach Beendigung der Zwangsvollstreckung ist der Antrag nicht mehr zulässig. Die Räumungsvoll-

streckung ist jedoch so lange noch nicht als abgeschlossen anzusehen, solange die Sachen des Räumungsschuldners nicht aus dessen Wohnung entfernt worden sind, sondern der Gerichtsvollzieher lediglich das Schloss ausgewechselt hat (LG Hamburg, WuM 1993, 417).

Zuständig für die Entscheidung über den Antrag ist das **Vollstreckungsgericht**, und 267 zwar auch dann, wenn Schutz gegen Zwangsvollstreckungsmaßnahmen des Prozessgerichts (§§ 887, 888, 890 ZPO) begehrt wird.

Über den Antrag auf Vollstreckungsschutz kann **ohne mündliche Verhandlung** durch 268 Beschluss entschieden werden (§ 764 Abs. 3 ZPO; ab 1.1.2002: Die Entscheidungen des Vollstreckungsgerichts ergehen durch Beschluss.). Dem Gläubiger – bei der Räumungsvollstreckung also dem Vermieter – ist vorher rechtliches Gehör zu gewähren (Gottwald, § 765a ZPO Rn. 22).

In der Regel wird die Zwangsvollstreckung **einstweilen eingestellt**; Räumungsschutz 269 kann aber auch **auf Dauer** gewährt werden, insbesondere wenn wegen Erkrankung des Räumungsschuldners, die keine Besserung erwarten lässt, die Vollstreckung auf Dauer eine Härte darstellen würde (BVerfGE 1992, 255 = NJW 1992, 1155 = ZMR 1992, 137; BVerfG, DWW 1991, 332 = ZMR 1991, 466). Die Vollstreckungseinstellung wegen Selbstmordgefahr kann mit der Auflage angeordnet werden, dass der Vollstreckungsschuldner eine Erfolg versprechende Behandlungsmöglichkeit wahrnimmt und dass er die Notwendigkeit weiterer Behandlung in halbjährlichem Abstand durch eine Bescheinigung des Sozialpsychiatrischen Dienstes nachweist (OLG Jena, NJW 2000, 839).

Vor der Entscheidung über den Vollstreckungsschutzantrag des zur Räumung verurteil- 270 ten Mieters ist stets **seinem Vorbringen nachzugehen**, er sei erheblich erkrankt und die Räumung würde für ihn lebensgefährlich sein (BVerfG, ZMR 1998, 481 = NZM 1998, 431; NJW 1994, 122; GE 1994, 1249 f. = NJW 1994, 1719 f.; GE 1991, 1145 f. = NJW 1991, 3207; GE 1997, 1390). Die Einstellung der Räumungsvollstreckung bedarf aber stets der Feststellung einer konkreten Gesundheitsgefahr, deren Eintritt mit hinreichender Wahrscheinlichkeit anhand objektiv feststellbarer Merkmale nachgewiesen werden muss (OLG Köln, NJW-RR 1990, 590 = ZMR 1990, 143 = WuM 1989, 585; ZMR 1993, 336; KG, NZM 1998, 452; LG Mainz, NZM 1998, 403). Eine amtsärztlich bestätigte Selbsttötungsgefahr für den Fall der Zwangsräumung ist daher ein gewichtiger Gesichtspunkt für die Gewährung von Vollstreckungsschutz (OLG Köln, NJW 1993, 2248).

Vollstreckungsschutz für die Räumung von Wohnraum kann auch zur Überbrückung der 271 Zeit **bis zum Beginn eines anderweitigen Mietverhältnisses** gewährt werden (LG Stuttgart, Rpfleger 1985, 71; Gottwald, § 765a ZPO Rn. 13).

Grundsätzlich ist sechs Wochen vor und acht Wochen nach der **Entbindung** der Miet- 272 räumungsschutz auch dann zu gewähren, wenn die nach § 721 Abs. 5 ZPO mögliche Räumungsfrist bereits ausgeschöpft ist (Gottwald, a.a.O. m.w.N.). Fehlt vergleichbarer Wohnraum, ist eine sofortige Zwangsräumung sittenwidrig, wenn der Mieter eine siebenköpfige Familie mit Schulkindern und behinderten Kindern zu versorgen hat (LG Magdeburg, Rpfleger 1995, 470).

Das Vollstreckungsgericht ist auf Antrag des Gläubigers oder des Schuldners zur **Ände-** 273 **rung** seines Beschlusses befugt, wenn **neue Tatsachen** im Vergleich zu der dem Beschluss zugrunde liegenden Sachlage vorliegen, die eine Änderung gebieten (§ 765a Abs. 3 ZPO).

274 Bei einer Vollstreckungshandlung zur Erwirkung der Herausgabe von Sachen (§§ 883–885 ZPO) einschließlich der Räumung einer Wohnung kann auch bereits der **Gerichtsvollzieher** eine Vollstreckungsmaßnahme bis zur Entscheidung des Vollstreckungsgerichts **aufschieben** (§ 765a Abs. 2 ZPO). Dieser Aufschub ist jedoch auf **eine Woche** begrenzt.

275 Gegen den Beschluss, mit dem dem Antrag des Schuldners auf Vollstreckungsschutz stattgegeben wurde, steht dem Gläubiger die **befristete Rechtspflegererinnerung** nach § 11 Abs. 1 Satz 2 RPflG zu; der Schuldner kann ebenfalls gegen den seinen Antrag ablehnenden Beschluss Erinnerung einlegen. Die Erinnerung ist bei demjenigen Amtsgericht einzulegen, das entschieden hat (OLG Stuttgart, MDR 1976, 852).

276 Die **Kosten des Vollstreckungsschutzverfahrens** sind grundsätzlich Kosten der Zwangsvollstreckung, die der Schuldner nach § 788 Abs. 1 ZPO zu tragen hat. Nur im Ausnahmefall kann das Gericht die Kosten dem Gläubiger auferlegen (§ 788 Abs. 3 ZPO). Daher ist dann, wenn die Parteien das Vollstreckungsschutzverfahren nach § 765a ZPO übereinstimmend für erledigt erklären, für die Kostenentscheidung nicht § 91a, sondern § 788 Abs. 3 ZPO maßgebend (OLG Düsseldorf, WuM 1996, 235).

Das Vollstreckungsschutzverfahren löst eine Gerichtsgebühr von 20 DM (10 EUR) nach KV-Nr. 1641 der Anlage 1 zu § 11 Abs. 1 GKG aus.

Die Tätigkeit des Rechtsanwalts im Vollstreckungsschutzverfahren ist eine besondere Angelegenheit (§ 57, § 58 Abs. 3 Nr. 3 BRAGO), die eine 3/10-Gebühr der im § 31 BRAGO bestimmten Gebühren auslöst. Der Gebührenstreitwert für das Vollstreckungsschutzverfahren nach § 765a ZPO bei Räumung von Wohnraum bestimmt sich gem. § 3 ZPO nach der für die Dauer des beantragten Räumungsschutzes geschuldeten Miete bzw. Nutzungsentschädigung (LG München I, WuM 1996, 235; LG Detmold, WuM 1996, 160; LG Münster, WuM 1995, 663 = MDR 1995, 1269; a.A. LG München I, WuM 1995, 197 = JurBüro 1995, 482).

3. Kosten und Streitwert
3.1 Kosten

277 Die Kostenpflicht des unterliegenden Teils (§ 91 Abs. 1 Satz 1 ZPO) gilt grundsätzlich auch im Mietprozess. Bei teilweisem Obsiegen und Unterliegen sind die Kosten des Mietprozesses gegeneinander aufzuheben oder verhältnismäßig zu teilen (§ 92 Abs. 1 Satz 1 ZPO). Verteilungsmaßstab ist der Gebührenstreitwert, der wiederum vom Streitgegenstand abhängt. Das gilt auch für eine Kostenentscheidung bei Klagen auf Zustimmung zur Mieterhöhung nach § 558; auch insoweit ist das (nur) teilweise Obsiegen einer Partei aus dem Gebührenstreitwert zu errechnen (LG München I, WuM 1994, 337; a.A. Sternel, Mietrecht aktuell, Rn. 1518).

278 Zu erstatten sind jeweils die **notwendigen Kosten des Mietprozesses**. Dazu können u.U. auch die Kosten eines vorprozessual eingeholten Gutachtens gehören (LG Berlin, GE 1996, 1373 [1375]). Dagegen gehören die Kosten eines vorprozessual eingeholten Gutachtens über die Notwendigkeit von Schönheitsreparaturen zum materiellen Schaden und sind daher als Teil der Schadensersatzforderungen (§ 326; ab 1.1.2002: § 280 Abs. 1, 3

i.V.m. § 281 i.d.F. des SchuldRModG) ersatzfähig (KG, GE 1995, 1011; LG Berlin, GE 1996, 1373 [1375]); die Gutachterkosten können aber dann nicht ersetzt verlangt werden, wenn die Feststellungen auch von einem Laien hätten getroffen werden können (OLG Hamburg, WuM 1990, 7577). Der Vermieter kann zu den Kosten für die Behebung des Schadens auch die fiktive **Mehrwertsteuer** verlangen, es sei denn, dass er vorsteuerabzugsberechtigt ist (KG, GE 1995, 109). Die dem Beklagten entstehenden notwendigen Kosten eines selbständigen Beweisverfahrens gehören auch dann zu den erstattungsfähigen Kosten des Rechtsstreits über die Angelegenheit, die das Beweisverfahren veranlasst hat, wenn die Klage ohne sachliche Entscheidung zum Gegenstand des Beweisverfahrens abgewiesen wird, etwa wegen fehlender Prozessführungsbefugnis des Klägers (KG, NJW-RR 1997, 960).

Probleme lösen Erfüllungshandlungen des Mieters im Prozess aus. Hat der Wohnraummieter **bis zum Ablauf der Schonfrist** nach Zustellung der Räumungklage den **Mietrückstand getilgt** und die laufende Nutzungsentschädigung gezahlt, so kann der Vermieter den ursprünglichen Zahlungs- und Räumungsanspruch nicht weiterverfolgen, weil sein **Mietanspruch durch Erfüllung** (§ 362) **erloschen** ist und die **fristlose Kündigung wegen Zahlungsverzugs unwirksam** geworden ist (§ 569 Abs. 3 Nr. 2), so dass kein Räumungsanspruch mehr besteht. Ist dagegen das Mietverhältnis über Räume wegen **ständiger verspäteter** Zahlungen des Mieters trotz Abmahnung und Kündigungsandrohung gekündigt worden, so tritt **keine Heilung** der Kündigung durch nachträgliche Zahlungen ein (BGH, NJW-RR 1988, 77; LG München, WuM 1990, 207), so dass zwar der Zahlungsanspruch erloschen sein kann, der Räumungsanspruch aber fortbesteht. 279

Soweit die Zahlungs- und/oder Räumungsklage wegen der Zahlung des Wohnraummieters **nach Zustellung der Klage** nicht mehr weiter verfolgt werden können, muss der Vermieter den Rechtsstreit in der Hauptsache für erledigt erklären. Schließt sich der Mieter dieser Erledigungserklärung an, so ergeht eine **Kostenentscheidung** gem. § 91a Abs. 1 ZPO. Diese ergeht durch Beschluss ohne mündliche Verhandlung. Dabei ist auf den bisherigen Sach- und Streitstand abzustellen. War der Zahlungs- und Räumungsanspruch bis zur Mietzahlung des Wohnraummieters begründet, so sind die Kosten des Rechtsstreits dem Mieter aufzuerlegen (LG Bochum, WuM 1997, 335). Billigkeitsgesichtspunkte können nur ausnahmsweise zu einer anderen Kostenentscheidung führen. Eine Beweisaufnahme findet nach übereinstimmender Erledigungserklärung nicht mehr statt (Thomas/Putzo, § 91a ZPO Rn. 46); wäre eine Beweisaufnahme notwendig gewesen (z. B. über den bestrittenen Zugang der fristlosen Kündigung), so können die Kosten des (Räumungs-)Rechtsstreits gegeneinander aufgehoben werden. 280

Schließt sich der Mieter der Erledigungserklärung des Vermieters nicht an, so wird die einseitige Erledigungserklärung des Vermieters als Klage auf Feststellung der Erledigung angesehen (Thomas/Putzo, § 91a ZPO Rn. 32). War der Zahlungs- und Räumungsanspruch bis zur Zahlung durch den Mieter begründet, so wird durch Urteil aufgrund mündlicher Verhandlung festgestellt, dass sich der Rechtsstreit in der Hauptsache erledigt hat. Die Kosten dieses Rechtsstreits hat der Mieter zu tragen (§ 91 Abs. 1 Satz 1 ZPO), worüber das Gericht auch ohne entsprechenden Antrag des Vermieters zu entscheiden hat (§ 308 Abs. 2 ZPO).

281 Zahlt der Wohnraummieter bereits **vor Zustellung** – aber nach Eingang – der Zahlungs-
und Räumungsklage die rückständige Miete und die laufende Nutzungsentschädigung, so
wird dadurch ebenfalls die Zahlungs- und Räumungsklage unbegründet. Auch in diesem
Fall kann der Vermieter seinen ursprünglichen Zahlungs- und Räumungsanspruch nicht
weiterverfolgen. Erklärt der Vermieter daher den Rechtsstreit in der Hauptsache für
erledigt und schließt sich der Mieter dieser Erledigungserklärung an, so ist wiederum nur
noch über die Kosten des Rechtsstreits nach dem bisherigen Sach- und Streitstand durch
Beschluss zu entscheiden (§ 91a ZPO). War die Zahlungs- und Räumungsklage begründet, hat der Mieter die Kosten des Rechtsstreits zu tragen.

Erklärt der Vermieter dagegen nur einseitig den Rechtsstreit in der Hauptsache für erledigt und schließt sich der Mieter dieser Erledigungserklärung nicht an, so kann der Vermieter den ursprünglichen Klageantrag nicht in einen Antrag auf Feststellung der Erledigung des Rechtsstreits in der Hauptsache umstellen, weil eine Erledigung des Rechtsstreits vor Zustellung der Klage nicht eintreten kann (BGHZ 21, 298 = NJW-RR 1956,
1517; BGH, NJW-RR 1988, 1151). Würde der Vermieter deswegen die Klage zurück-
nehmen, hätte er die Kosten des Rechtsstreits zu tragen (§ 269 Abs. 3 Satz 2 ZPO). Statt
dessen kann er aber nunmehr die ursprüngliche Zahlungs- und Räumungsklage in eine
Klage auf Feststellung ändern, dass der Mieter verpflichtet ist, die Kosten des Rechtsstreits zu tragen (KG, NJW 1991, 499 [501 f.]; vgl. näher dazu auch Kinne, GE 1991,
1062 [1065]).

Schweigt der Mieter auf die Aufforderung des Vermieters, Modernisierungsmaßnahmen
zu dulden, auch noch nach Ablauf der vom Vermieter gesetzten angemessenen Frist, so
muss er die Kosten des übereinstimmend für erledigt erklärten Duldungsprozesses tragen, wenn er erst im Prozess den Maßnahmen zustimmt (LG Berlin, GE 1997, 621).

282 Für die Kosten des Räumungsprozesses enthält § 93b ZPO eine **Sonderregelung**.
Er regelt die Fälle, in denen eine Partei unterliegt, weil die Gründe für das Obsiegen des
anderen Teils erst später entstanden sind. Dies gilt einmal für den Fall, dass der Vermieter mit seiner Räumungsklage trotz der von dem Mieter geltend gemachten Gegenargu-
mente deswegen obsiegt, weil nach Absendung des Kündigungsschreibens (§ 573 Abs.
3) Gründe eingetreten sind, die den Räumungsanspruch rechtfertigen, oder weil der
Vermieter seine berechtigten Interessen dem Mieter nicht unverzüglich bekannt gegeben
hat. Dann können dem obsiegenden Vermieter entgegen § 91 Abs. 1 Satz 1 ZPO die
Kosten ganz oder teilweise auferlegt werden. Dasselbe gilt dann, wenn der Mieter die
Fortsetzung des Mietverhältnisses gem. §§ 574 – 574c verlangt hat, diese Gründe jedoch
deswegen nicht berücksichtigt werden konnten, weil nachträglich dem entgegenstehende
berechtigte Interessen des Vermieters entstanden sind oder dieser seine berechtigten
Interessen dem Mieter nicht unverzüglich bekannt gegeben hat. Voraussetzung ist in
diesem Fall, dass dem beklagten Mieter, als er Fortsetzung des Mietverhältnisses verlangte, die Gründe (Tatsachen) unbekannt gewesen sind, die den Fortsetzungsanspruch
ausschließen (Thomas/Putzo, § 93b ZPO Rn. 5). Umgekehrt hat der Mieter bei Abweisung der Räumungsklage und Verurteilung des Vermieters zur Fortsetzung des Mietverhältnisses die Kosten des Rechtsstreits zu tragen, wenn er die vom Vermieter verlangte
Auskunft über die Gründe seines Widerspruchs (§ 574b Abs. 1 Satz 2) nicht oder nicht
unverzüglich oder nur unvollständig erteilt hat. Dann können dem Mieter als siegreichem

(Wider-)Kläger wegen Fortsetzung des Mietverhältnisses ganz oder teilweise die Kosten auferlegt werden.

Auch dann, wenn dem Mieter eine Räumungsfrist deswegen bewilligt wird, weil er bereits vorprozessual die Fortsetzung des Mietverhältnisses oder eine den Umständen nach angemessene Räumungsfrist vom Vormieter vergeblich verlangt hatte, können die Kosten eines Räumungsprozesses dem obsiegenden Vermieter auferlegt werden (auch bei Räumungsfristbegehren des Untermieters, OLG Köln, WuM 1997, 336). Voraussetzung dafür ist, dass der Mieter den Räumungsanspruch sofort – vorbehaltlich der Räumungsfrist – anerkannt hat. Die Ankündigung des Klageabweisungsantrags in der Klageerwiderung schadet dann nicht, wenn im ersten Termin zur mündlichen Verhandlung anerkannt wird. Dasselbe gilt, wenn der Räumungsanspruch – z.B. aufgrund einer neuen Kündigung – erst während des Prozesses fällig wird und im darauf folgenden Termin der Räumungsanspruch anerkannt wird. Findet das schriftliche Vorverfahren statt, so dürfte es ausreichen, wenn der Mieter noch innerhalb der für die Verteidigungsanzeige gesetzten Frist den Räumungsanspruch anerkennt (LG Flensburg, WuM 1993, 553; einschränkend: LG Lübeck, WuM 1993, 552; LG Regensburg, WuM 1993, 552). Weitere Voraussetzung für die Kostentragung des Vermieters trotz seines Obsiegens ist, dass der Mieter eine Fortsetzung des Mietverhältnisses oder eine den Umständen nach angemessene Räumungsfrist bereits vor Klageerhebung vergeblich vom Vermieter begehrt hat.

Der Mieter wird dagegen nicht nach § 93b Abs. 3 ZPO von den Kosten des Räumungsprozesses freigestellt, wenn er vor Klageerhebung nur ganz unbestimmte Äußerungen zur Frage seines künftigen Auszuges gemacht oder einen konkreten Auszugstermin nicht glaubhaft dargelegt hat (LG Frankenthal, WuM 1993, 547; LG Heilbronn, ZMR 1998, 351 = NZM 1998, 329; vgl. dazu ausführlich Harsch, WuM 1995, 246).

Die Regelung des § 93b ZPO stellt eine Sonderregelung gegenüber § 93 ZPO dar, wonach der Vermieter ohnehin die Kosten des Räumungsprozesses dann zu tragen hat, wenn der Mieter im ersten Termin zur mündlichen Verhandlung den Räumungsanspruch anerkannt hat, ohne Veranlassung zur Klageerhebung gegeben zu haben. Da dem Mieter nach Ausspruch einer Kündigung eine Frist zur Rückgabe der Wohnung von ein bis zwei Wochen einzuräumen ist (LG München I, WuM 1989, 181; LG Berlin, GE 1994, 707), hat der Vermieter die Kosten des Räumungsprozesses auch dann zu tragen, wenn der Vermieter gleichzeitig mit der Kündigung Räumungsklage eingereicht und der Mieter den Räumungsanspruch anerkannt hat (LG Bremen, WuM 1989, 430; LG Freiburg, WuM 1997, 334; Sternel, Mietrecht aktuell, Rn. 1437 m.w.N.). Bei Klagen auf künftige Räumung kann Untätigkeit des Mieters allein nicht als Anlass zur Klageerhebung angesehen werden (OLG Hamm, ZMR 1996, 499).

Die **Kosten der Zwangsvollstreckung** fallen dem Schuldner zur Last, soweit sie notwendig sind (§ 788 Abs. 1 Satz 1 ZPO). Die Notwendigkeit bestimmt sich dabei danach, ob vom Standpunkt des Gläubigers aus die Zwangsvollstreckungsmaßnahme zweckentsprechend und notwendig war. Hat daher der Räumungsschuldner dem Gläubiger vor Beauftragung des Gerichtsvollziehers mitgeteilt, dass er in eine Ersatzwohnung umzieht, trägt der Gläubiger die Kosten für die dennoch eingeleiteten Vollstreckungsmaßnahmen. War dagegen schon der Gerichtsvollzieher beauftragt, hat der Mieter aber vor Durchführung der Räumungsvollstreckung eine Ersatzwohnung gefunden, so trägt er die Kosten

283

284

285

der Zwangsvollstreckung grundsätzlich auch dann, wenn das Transportfahrzeug wegen der freiwilligen Besitzaufgabe des Schuldners nicht mehr benötigt wird (LG Mannheim, DWW 1994, 85; NZM 1999, 956). Die Verpflichtung entfällt nur dann, wenn der Mieter dem Gerichtsvollzieher rechtzeitig – etwa fünf bis sechs Tage vorher – mitteilt, dass er freiwillig räumt (LG Mannheim, NZM 1999, 956). Der Gläubiger trägt auch dann die Kosten der Zwangsvollstreckung, wenn er in Kenntnis des Antrags des Mieters auf Verlängerung der Räumungsfrist die Räumungsvollstreckung einleitet, der Räumungsfristverlängerungsantrag des Schuldners jedoch dann Erfolg hat (LG Bielefeld, WuM 1995, 47).

286 Auch die **Kosten des Verfahrens über einen Antrag auf Vollstreckungsschutz** (§ 765a ZPO) hat grundsätzlich der Schuldner zu tragen. Im Einzelfall kann dies jedoch zu Unbilligkeiten führen, die durch § 788 Abs. 4 ZPO ausgeglichen werden sollen, wonach die Kosten dieses Verfahrens dann dem Gläubiger auferlegt werden können, wenn dies aus besonderen, in dem Verhalten des Gläubigers liegenden Gründen der Billigkeit entspricht. Dies ist der Fall, wenn der Gläubiger gegen die Interessen des Schuldners uneinsichtig auf bestimmten Zwangsvollstreckungsmaßnahmen beharrt; liegen diese Voraussetzungen allerdings nicht vor, trägt der Räumungsschuldner die Kosten des gesamten Vollstreckungsschutzverfahrens auch dann, wenn sein Antrag erst in der Beschwerdeinstanz Erfolg hat (OLG Köln, ZMR 1995, 535 = NJW-RR 1995, 1163; Sternel, Mietrecht aktuell, Rn. 1522).

3.2 Streitwert

287 Zu unterscheiden sind der Zuständigkeitsstreitwert, der Gebührenstreitwert und der Beschwerdewert.

Für Streitigkeiten über Ansprüche aus einem Mietverhältnis über Wohnraum kommt es auf den Zuständigkeitsstreitwert deswegen nicht an, weil für diese ohne Rücksicht auf den Wert des Streitgegenstands die Amtsgerichte zuständig sind (§ 23 Nr. 2a GVG). Dagegen ist für Ansprüche aus einem Gewerberaummietverhältnis entscheidend, ob der geltend gemachte Anspruch die Summe von 10 000 DM (5 000 EUR) nicht übersteigt – dann ist das Amtsgericht gem. § 23 Nr. 1 GVG zuständig – oder über 10 000 DM (5 000 EUR) liegt – dann ist das Landgericht als erste Instanz zuständig. Wird ein Zahlungsanspruch geltend gemacht, so ist der verlangte Betrag maßgebend. Der Streitwert einer Klage auf Rückzahlung der Mietkaution nebst Zinsen bestimmt sich aus der Summe der Kaution und der Zinsen (LG Hamburg, NJWE-MietR 1997, 199). Werden Zahlungs- und Räumungsklage verbunden, so ist zu dem bezifferten Klagebetrag noch der Wert des Räumungsanspruchs hinzuzurechnen. Nach § 9 ZPO ist der dreieinhalbfache Betrag der einjährigen Miete maßgebend.

288 Dagegen richtet sich der **Gebührenstreitwert** des **Räumungsanspruchs** nach § 16 Abs. 2 GKG, wonach der Jahresbetrag der Miete maßgebend ist. Liegt ein schriftlicher Mietvertrag mit einer Mietregelung vor, dann ist dieser Betrag zugrunde zu legen, ggf. bei Untervermietung mit einem Zuschlag für höheren Verwaltungsaufwand und höhere Abnutzung (BGH, NJW-RR 1997, 468; vgl. auch OLG Düsseldorf, ZMR 1996, 558). Diese Bestimmung ist auf alle Sachverhalte anwendbar, bei denen die für das Verhältnis von Vermieter und Mieter typische Berechtigung im Streit steht, also auch für abgeleitete

Besitzrechte (OLG Köln, ZMR 1997, 468). Insoweit ist streitig, ob die Nettokaltmiete, die Bruttokaltmiete oder die Bruttowarmmiete anzusetzen ist.

Für die **Nettokaltmiete** (Miete ohne Betriebskostenvorauszahlung) haben sich ausgesprochen: OLG Oldenburg, WuM 1991, 286 = ZMR 1991, 142; OLG Rostock, MDR 1994, 628; OLG Köln, ZMR 1998, 697; OLG Bochum, WuM 1995, 548; LG Leipzig, WuM 1996, 234; LG Münster, ZMR 1997, 146 = WuM 1998, 43; LG Flensburg. WuM 1998, 44; LG Frankenthal, ZMR 1993, 378; LG Kleve, JurBüro 1985, 423; vgl. weitere Nachweise in Mietprax/Fritz, Fach 10 Rn. 87).

Für die **Bruttomiete** (unter Einschluss sämtlicher Betriebskosten) haben sich ausgesprochen: KG, NZM 2001, 590; OLG Hamm, ZMR 1995, 359; OLG Schleswig, SchlHA 1997, 122; OLG Düsseldorf, ZMR 1992, 812; ZMR 1998, 692; OLG München, NZM 1999, 304 = GE 1999, 44; Beschl. vom 7.10.1998, 3 U 3665/98 [offen gelassen für Heiz- und Warmwasserkosten]; LG Kiel, WuM 1991, 50; WuM 1998, 45; LG Köln. WuM 1987, 61; LG Berlin, GE 1993, 861; GE 1993, 1041; GE 1998, 358).

Ferner wird eine **Mittelmeinung** vertreten, wonach verbrauchsabhängige Entgelte nicht, die übrigen Nebenkosten aber mitgerechnet werden (BGHZ 18, 169 [173] = NJW 1955, 1633, nunmehr offen gelassen in NZM 1999, 794; LG Neuruppin, NZM 1999, 304; LG Hamburg, WuM 1992, 495; LG Saarbrücken, MDR 1994, 316; LG Halle, WuM 1994, 531; LG Dresden, WuM 1994, 70; LG Frankfurt/Main, WuM 1993, 470).

Da für die Streitwertfestsetzung nicht die jeweilige Mietstruktur entscheidend sein kann und die Nebenkosten materiell-rechtlich im Allgemeinen als Mietentgelt gewertet werden, ist es sachgerecht, den Streitwert nach der Bruttomiete zu bemessen (so auch Sternel, Mietrecht aktuell, Rn. 1524).

Für die Bemessung des Streitwerts nach dem **Jahresbetrag der Bruttomiete** kommt es auf die **Angaben des Vermieters** als Kläger an, ohne dass eine vom Mieter geltend gemachte Mietminderung berücksichtigt werden kann (LG Erfurt, WuM 1996, 274).

Der Gebührenstreitwert einer Klage auf **Räumung eines Nebenraums** (nach Teilkündigung gem. § 573b Abs. 1) richtet sich nach der **anteiligen Jahresmiete** (AG Hamburg, WuM 1994, 433). Erhebt der Mieter gegenüber der Räumungsklage des Vermieters Widerklage auf Zustimmung zur Fortsetzung des Mietverhältnisses, so ist dennoch nur der Gebührenstreitwert der Räumungsklage maßgebend, da Klage und Widerklage wirtschaftlich identisch sind (BGH, MDR 1995, 198 = WuM 1994, 705 = ZMR 1995, 17). **289**

Der Gebührenstreitwert nach § 16 Abs. 2 GKG ist auch dann maßgebend, wenn der Kläger den Anspruch auf Eigentum gestützt hat, der beklagte Besitzer sich aber auf ein mietrechtliches Besitzrecht stützt (OLG Hamburg, WuM 1995, 197). Auch bei einem **auf mehrere Kündigungen** gestützten Räumungsanspruch ist nur **eine Jahresmiete** als Gebührenstreitwert anzusetzen (AG Hamburg, WuM 1993, 479).

Verlangt der Vermieter neben der Räumung, dass der Mieter zurückgelassene Einrichtungen entfernt, so erhöht das nicht den Gebührenstreitwert (BGH, GE 1995, 556 = WuM 1995, 320 = ZMR 1995, 245).

Der Gebührenstreitwert der **Mängelbeseitigungsklage** des Mieters ist bisher überwiegend mit dem Betrag der dreijährigen **(fiktiven) Minderung** angesetzt worden (LG Hamburg, ZMR 1992, 477; GE 1992, 1097; LG Kassel, WuM 1992, 448; LG Stendal, WuM 1994, 70; LG Berlin, GE 1991, 573; 1993, 861; MM 1991, 266; a.A. LG Berlin, **290**

GE 1996, 1431; GE 1995, 307). Entsprechend der Neufassung des § 9 ZPO, der von einer voraussichtlichen Dauer eines ungekündigten Mietverhältnisses von dreieinhalb Jahren ausgeht, dürfte nunmehr der fiktive Minderungsbetrag für 42 Monate anzusetzen sein (so LG Hamburg, WuM 1994, 624; ZMR 1998, 294 = WuM 1998, 171 = NZM 1998, 305; OLG Hamburg, WuM 1995, 595). Bei Mängeln an der **Heizungsanlage** ist der fiktive Minderungsbetrag **nur für die Heizmonate** Oktober bis einschließlich April zu berücksichtigen (LG Berlin, ZMR 1993, IX Nr. 5).

291 Für die Klage auf Duldung von **Modernisierungsmaßnahmen** ist ebenfalls bisher der dreifache Jahresbetrag der **zu erwartenden Mieterhöhung** angesetzt worden (LG Hamburg, WuM 1987, 61; LG Fulda, MDR 1992, 576 = WuM 1992, 243; LG Aachen, ZMR 1995, 161; LG Berlin, GE 1995, 547; LG Berlin, GE 1996, 129; LG Berlin, GE 1998, 249 = NZM 1998, 304). Mit Rücksicht auf die Neufassung des § 9 ZPO dürfte insoweit nunmehr ebenfalls der dreieinhalbfache Jahresbetrag der zu erwartenden Mieterhöhung anzusetzen sein (a.A. LG Berlin, GE 1996, 927; LG Hamburg, ZMR 1993, 570; LG Köln, WuM 1989, 566; LG Hannover, WuM 1989, 433).

Der Gebührenstreitwert für Klagen auf **künftige Erhöhung der Miete** für Wohnraum ist dagegen gem. § 16 Abs. 5 GKG auf den **Jahresbetrag** der Mieterhöhung beschränkt (LG Mannheim, ZMR 1993, VII Nr. 18). Für die Klage auf künftige Erhöhung der Miete für gewerbliche Räume dürfte dagegen auf den dreieinhalbfachen Jahresbetrag nach § 9 ZPO abzustellen sein (OLG Frankfurt/Main, MDR 1993, 697).

292 Der Gebührenstreitwert für die Klage auf **Abrechnung der Nebenkosten** richtet sich nach der Höhe des erfahrungsmäßig **zu erwartenden Rückzahlungsanspruchs** (LG Landau, WuM 1990, 86; LG Freiburg, WuM 1991, 504), bei der Klage auf Abrechnung der Heiz- und Warmwasserkosten können als Schätzwert 15% der auf den Mieter entfallenden Kosten des Vorjahres angesetzt werden. Ob ansonsten mangels näherer Anhaltspunkte ein Drittel des als Jahresvorauszahlung geleisteten Betrags angesetzt werden kann (so AG Konstanz, WuM 1992, 494), erscheint fraglich.

Bei der Klage auf **Herausgabe oder auf Duldung der Wegnahme einer Sache** ist deren **Verkehrswert** (so für Räumungsvollstreckung OLG Karlsruhe, ZMR 1996, 382; OLG Koblenz, JurBüro 1996, 361; a.A. KG, GE 1996, 803 = JurBüro 1996, 364; OLG Düsseldorf, ZMR 1996, 558; OLG Stuttgart, NJW-RR 1998, 443: einjährige Miete) entscheidend; falls es sich um Wegnahme einer eingebauten Sache handelt, ist der Verkehrswert nach Trennung vom Mietobjekt entscheidend (BGH, WuM 1991, 562 = ZMR 1991, 426). Für den Gebührenstreitwert für die Klage auf **Rechtzeitigkeit** der Mietzahlung dürfte der von dem Vermieter **behauptete Zinsverlust** maßgebend sein (a.A. AG Kerpen, WuM 1991, 439: ein Fünftel der Jahresmiete).

Der Gebührenstreitwert für die Klage des Mieters auf Zustimmung des Vermieters zur Hundehaltung ist nach dem individuellen Wert der Hundehaltung für den Mieter anzusetzen (LG Kassel, WuM 1998, 297; LG Hamburg, WuM 1996, 533; LG Wiesbaden, WuM 1994, 486), jedoch in der Regel nicht über 1 200 DM (600 EUR) hinaus (LG Berlin, NZM 2001, 41).

293 Für die Klage auf **Abschluss eines Mietvertrags** dürfte analog § 16 Abs. 5 GKG eine **Jahresmiete** für den Gebührenstreitwert anzusetzen sein (LG Dortmund, WuM 1991, 358).

Für die Klage auf Erteilung der Untervermietungserlaubnis dürfte der Jahresbetrag der erwarteten Untermiete anzusetzen sein (LG Berlin, MM 1996, 450).

Bei **Gewerbeobjekten** dürfte für den Streit darüber, ob dem Mieter eine **Option** auf 294 Vertragsverlängerung zusteht, ebenfalls eine **Jahresmiete** entsprechend § 16 GKG anzusetzen sein (OLG Hamburg, WuM 1994, 553). Bei einer Klage des Gewerberaummieters auf Unterlassung gemäß dem Konkurrenzverbot dürfte der Gebührenstreitwert nach der Höhe des voraussichtlich entstehenden Schadens zu bemessen sein (OLG Düsseldorf, ZMR 1993, 377).

Von dem Zuständigkeits- und Gebührenstreitwert ist wiederum der Wert der **Beschwer** 295 zu unterscheiden, der über 1 500 DM (ab 1.1.2002: 600 EUR) betragen muss, damit die Berufung zulässig ist. Der Wert der Beschwer wird grundsätzlich nach den §§ 3 bis 9 ZPO berechnet. Dabei werden Klage und Widerklage zusammengerechnet (BGH, WuM 1994, 705), soweit die Gegenstände von Klage und Widerklage (z.B. wie bei der Räumungs- und Fortsetzungswiderklage) nicht identisch sind.

Bei der **Verurteilung zur Auskunft oder zur Herausgabe von Geschäftsunterlagen** 296 richtet sich der Wert der Beschwer nach dem erforderlichen Aufwand an Zeit und Kosten (BGHZ 128, 85 = NJW 1995, 664; BGH, NJW 1999, 3049).

Der Wert der Beschwer des zur **Unterlassung der Tierhaltung** verurteilten Mieters wird 297 in der Regel nicht höher als mit 1 000 DM (500 EUR) angenommen (LG Hamburg, WuM 1993, 469; LG München I, WuM 1992, 495; LG Berlin, GE 1996, 470 m.w.N.; LG Berlin, NZM 2001, 41).

Bei Klagen auf **Zustimmung zur Mieterhöhung** (§ 558) ist der Wert der Beschwer des 298 mit der Zustimmungsklage abgewiesenen Vermieters nach der Neufassung des § 9 ZPO mit dem dreieinhalbfachen Jahresbetrag der begehrten Mieterhöhung anzusetzen (vgl. dazu BVerfG, GE 1996, 600; a.A. LG Darmstadt, NJW-RR 1997, 775; LG Saarbrücken, WuM 1998, 234 = ZMR 1998, 232: einfacher Jahresbetrag; LG Köln, WuM 1998, 120; WuM 1998, 297; LG Bremen, WuM 1997, 334: 15facher Monatsbetrag).

Für die Beschwer des zur **Mängelbeseitigung** verurteilten Vermieters kommt es nicht 299 auf die von ihm aufzuwendenden Kosten der Instandsetzung an; sowohl der Wert der Beschwer des mit der Mängelbeseitigungsklage abgewiesenen Mieters als auch derjenige des unterlegenen Vermieters ist mit dem dreieinhalbfachen Jahresbetrag der fiktiven Minderung (entsprechend dem Gebührenstreitwert) anzusetzen (BGH, NZM 2000, 713; LG Berlin, GE 1997, 1401; a.A. LG Tübingen, WuM 1997, 41: str.).

Bei der Klage auf **Beseitigung einer Parabolantenne** für den entsprechend verurteilten 300 Mieter ist der Wert der Beschwer wie für den mit der Klage auf Duldung der Anbringung einer Parabolantenne abgewiesenen Mieter mit dem fiktiven Minderungsbetrag für dreieinhalb Jahre für den eingeschränkten Fernsehempfang anzusetzen. Die Beschwer des zur Duldung der Anbringung der Parabolantenne verurteilten Vermieters richtet sich nach den damit verbundenen Beeinträchtigungen (LG Wuppertal, WuM 1997, 324).

Der Wert der Beschwer des Vermieters, dessen Klage gegen den Mieter auf **Unterlassen** 301 **der Untervermietung** abgewiesen worden ist, ist regelmäßig mit 600 DM (300 EUR) angemessen bewertet (LG Berlin, WuM 1996, 158 = GE 1996, 187).

Der Wert der Beschwer des mit der Klage auf Duldung der Modernisierungsarbeiten 302 abgewiesenen Vermieters richtet sich ebenfalls nach dem dreieinhalbfachen Jahresbetrag des voraussichtlichen Modernisierungszuschlags. Das gilt auch für die Klage auf Feststellung der Erledigung des Duldungsrechtsstreits (LG Berlin, ZMR 1998, XV Nr. 9). Der Wert der Beschwer des zur Auskunftserteilung oder Rechnungslegung verurteilten Vermieters bemisst sich nach dem Aufwand, der Zeit und den Kosten, die dazu notwendig sind (vgl. dazu BVerfG, NJW 1997, 2229).

303 Festzuhalten ist schließlich, dass der **Wert der Beschwer nicht abhängig vom Streitwert** ist, vielmehr höher sein kann, wenn das Interesse des Verurteilten in besonderem Maße betroffen ist (BGH, GE 1994, 273 f.).

Anhang

**Verordnung über wohnungswirtschaftliche Berechnungen
(Zweite Berechnungsverordnung – II. BV)**

vom 17. Oktober 1957 (BGBl. I S. 1719) in der Neufassung vom 12. Oktober 1990
(BGBl. I S. 2178), zuletzt geändert durch Gesetz zur Reform des Wohnungsbaurechts
vom 13. September 2001 (BGBl. I S. 2376)

**Teil I
Allgemeine Vorschriften**

§ 1   Anwendungsbereich der Verordnung
(1) Diese Verordnung ist anzuwenden, wenn
1. die Wirtschaftlichkeit, Belastung, Wohnfläche oder der angemessene Kaufpreis für
   öffentlich geförderten Wohnraum bei Anwendung des Zweiten Wohnungsbaugesetzes
   oder des Wohnungsbindungsgesetzes,
2. die Wirtschaftlichkeit, Belastung oder Wohnfläche für steuerbegünstigten oder freifinanzierten Wohnraum bei Anwendung des Zweiten Wohnungsbaugesetzes,
3. die Wirtschaftlichkeit, Wohnfläche oder der angemessene Kaufpreis bei Anwendung
   der Verordnung zur Durchführung des Wohnungsgemeinnützigkeitsgesetzes
zu berechnen ist.
(2) Diese Verordnung ist ferner anzuwenden, wenn in anderen Rechtsvorschriften die
Anwendung vorgeschrieben oder vorausgesetzt ist. Das gleiche gilt, wenn in anderen
Rechtsvorschriften die Anwendung der Ersten Berechnungsverordnung vorgeschrieben
oder vorausgesetzt ist.

§§ 1a bis 1d   (außer Kraft)

**Teil II
Wirtschaftlichkeitsberechnung**

**Erster Abschnitt
Gegenstand, Gliederung und Aufstellung der Berechnung**

§ 2   Gegenstand der Berechnung
(1) Die Wirtschaftlichkeit von Wohnraum wird durch eine Berechnung (Wirtschaftlichkeitsberechnung) ermittelt. In ihr sind die laufenden Aufwendungen zu ermitteln und den
Erträgen gegenüberzustellen.
(2) Die Wirtschaftlichkeitsberechnung ist für das Gebäude, das den Wohnraum enthält,
aufzustellen. Sie ist für eine Mehrheit solcher Gebäude aufzustellen, wenn sie eine Wirtschaftseinheit bilden. Eine Wirtschaftseinheit ist eine Mehrheit von Gebäuden, die demselben Eigentümer gehören, in örtlichem Zusammenhang stehen und deren Errichtung
ein einheitlicher Finanzierungsplan zugrunde gelegt worden ist oder zugrunde gelegt
werden soll. Ob der Errichtung einer Mehrheit von Gebäuden ein einheitlicher Finanzierungsplan zugrunde gelegt werden soll, bestimmt der Bauherr. Im öffentlich geförderten

sozialen Wohnungsbau kann die Bewilligungsstelle die Bewilligung öffentlicher Mittel davon abhängig machen, daß der Bauherr eine andere Bestimmung über den Gegenstand der Berechnung trifft. Wird eine Wirtschaftseinheit in der Weise aufgeteilt, daß eine Mehrheit von Gebäuden bleibt, die demselben Eigentümer gehören und in örtlichem Zusammenhang stehen, so entsteht insoweit eine neue Wirt-schaftseinheit.

(3) In die Wirtschaftlichkeitsberechnung sind außer dem Gebäude oder der Wirtschaftseinheit auch zugehörige Nebengebäude, Anlagen und Einrichtungen sowie das Baugrundstück einzubeziehen. Das Baugrundstück besteht aus den überbauten und den dazugehörigen Flächen, soweit sie einen angemessenen Umfang nicht überschreiten; bei einer Kleinsiedlung gehört auch die Landzulage dazu.

(4) Enthält das Gebäude oder die Wirtschaftseinheit neben dem Wohnraum, für den die Wirtschaftlichkeitsberechnung aufzustellen ist, noch anderen Raum, so ist die Wirtschaftlichkeitsberechnung unter den Voraussetzungen und nach Maßgabe des Fünften Abschnittes als Teilwirtschaftlichkeitsberechnung oder als Gesamtwirtschaftlichkeitsberechnung oder mit Teilberechnungen der laufenden Aufwendungen aufzustellen.

(5) Ist die Wirtschaftseinheit aufgeteilt worden, so sind Wirtschaftlichkeitsberechnungen, die nach der Aufteilung aufzustellen sind, für die einzelnen Gebäude oder, wenn neue Wirtschaftseinheiten entstanden sind, für die neuen Wirtschaftseinheiten aufzustellen; Entsprechendes gilt, wenn die Wirtschaftseinheit aufgeteilt werden soll und im Hinblick hierauf Wirtschaftlichkeitsberechnungen aufgestellt werden. Auf die Aufstellung der Wirtschaftlichkeitsberechnungen sind die Vorschriften über die Teilwirtschaftlichkeitsberechnung sinngemäß anzuwenden, soweit nicht eine andere Aufteilung aus besonderen Gründen angemessen ist; im öffentlich geförderten sozialen Wohnungsbau bedarf die Wahl einer anderen Aufteilung der Zustimmung der Bewilligungsstelle. Ist Wohnungseigentum an den Wohnungen einer Wirtschaftseinheit oder eines Gebäudes begründet, ist die Wirtschaftlichkeitsberechnung entsprechend Satz 2 für die einzelnen Wohnungen aufzustellen.

(6) Im öffentlich geförderten sozialen Wohnungsbau dürfen mehrere Gebäude, mehrere Wirtschaftseinheiten oder mehrere Gebäude und Wirtschaftseinheiten nachträglich zu einer Wirtschaftseinheit zusammengefaßt werden, sofern sie demselben Eigentümer gehören, in örtlichem Zusammenhang stehen und die Wohnungen keine wesentlichen Unterschiede in ihrem Wohnwert aufweisen. Die Zusammenfassung bedarf der Zustimmung der Bewilligungsstelle. Sie darf nur erteilt werden, wenn öffentlich geförderte Wohnungen in sämtlichen Gebäuden vorhanden sind. In die Wirtschaftlichkeitsberechnungen, die nach der Zusammenfassung aufgestellt werden, sind die bisherigen Gesamtkosten, Finanzierungsmittel und laufenden Aufwendungen zu übernehmen. Die öffentlichen Mittel gelten als für sämtliche öffentlich geförderten Wohnungen der zusammengefaßten Wirtschaftseinheit bewilligt.

(7) Absatz 6 gilt entsprechend im steuerbegünstigten oder freifinanzierten Wohnungsbau, der mit Wohnungsfürsorgemitteln gefördert worden ist. Anstelle der Zustimmung der Bewilligungsstelle ist die Zustimmung des Darlehns- oder Zuschußgebers erforderlich.

(8) Gelten nach § 15 Abs. 2 Satz 2 oder § 16 Abs. 2 oder 7 des Wohnungsbindungsgesetzes eine oder mehrere Wohnungen eines Gebäudes oder einer Wirtschaftseinheit nicht mehr als öffentlich gefördert, so bleibt für die übrigen Wohnungen die bisherige Wirt-

schaftlichkeitsberechnung mit den zulässigen Ansätzen für Gesamtkosten, Finanzierungsmittel und laufende Aufwendungen in der Weise maßgebend, wie sie für alle bisherigen öffentlich geförderten Wohnungen des Gebäudes oder der Wirtschaftseinheit maßgebend gewesen wäre.

§ 3 Gliederung der Berechnung
Die Wirtschaftlichkeitsberechnung muß enthalten
1. die Grundstücks- und Gebäudebeschreibung,
2. die Berechnung der Gesamtkosten,
3. den Finanzierungsplan,
4. die laufenden Aufwendungen und die Erträge.

§ 4 Maßgebende Verhältnisse für die Aufstellung der Berechnung
(1) Ist im öffentlich geförderten sozialen Wohnungsbau der Bewilligung der öffentlichen
Mittel eine Wirtschaftlichkeitsberechnung zugrunde zu legen, so ist die Wirtschaftlichkeitsberechnung nach den Verhältnissen aufzustellen, die beim Antrag auf Bewilligung
öffentlicher Mittel bestehen. Haben sich die Verhältnisse bis zur Bewilligung der öffentlichen Mittel geändert, so kann die Bewilligungsstelle der Bewilligung die geänderten
Verhältnisse zugrunde legen; sie hat sie zugrunde zu legen, wenn der Bauherr es beantragt.
(2) Ist im öffentlich geförderten sozialen Wohnungsbau der Bewilligung der öffentlichen
Mittel eine Wirtschaftlichkeitsberechnung nicht zugrunde gelegt worden, wohl aber eine
ähnliche Berechnung oder eine Berechnung der Gesamtkosten und Finanzierungsmittel,
so ist die Wirtschaftlichkeitsberechnung nach den Verhältnissen aufzustellen, die der
Bewilligung auf Grund dieser Berechnung zugrunde gelegt worden sind; soweit dies
nicht geschehen ist, ist die Wirtschaftlichkeitsberechnung nach den Verhältnissen aufzustellen, die bei der Bewilligung der öffentlichen Mittel bestanden haben.
(3) Ist im öffentlich geförderten sozialen Wohnungsbau der Bewilligung der öffentlichen
Mittel eine Wirtschaftlichkeitsberechnung oder eine Berechnung der in Absatz 2 bezeichneten Art nicht zugrunde gelegt worden, so ist die Wirtschaftlichkeitsberechnung
nach den Verhältnissen aufzustellen, die bei der Bewilligung der öffentlichen Mittel
bestanden haben.
(4) Im steuerbegünstigten Wohnungsbau ist die Wirtschaftlichkeitsberechnung nach den
Verhältnissen bei Bezugsfertigkeit aufzustellen.

§ 4a Berücksichtigung von Änderungen bei Aufstellung der Berechnung
(1) Ist im öffentlich geförderten sozialen Wohnungsbau der Bewilligung der öffentlichen
Mittel eine Wirtschaftlichkeitsberechnung zugrunde gelegt worden, so sind die Gesamtkosten, Finanzierungsmittel oder laufenden Aufwendungen, die bei der Bewilligung auf
Grund dieser Berechnung zugrunde gelegt worden sind, in eine spätere Wirtschaftlichkeitsberechnung zu übernehmen, es sei denn, daß
1. sie sich nach der Bewilligung der öffentlichen Mittel geändert haben und ein anderer
   Ansatz in dieser Verordnung vorgeschrieben ist oder

2. nach der Bewilligung der öffentlichen Mittel bauliche Änderungen vorgenommen worden sind und ein anderer Ansatz in dieser Verordnung vorgeschrieben oder zugelassen ist oder

3. laufende Aufwendungen nicht oder nur in geringerer Höhe, als in dieser Verordnung vorgeschrieben oder zugelassen ist, in Anspruch genommen oder anerkannt worden sind oder auf ihren Ansatz ganz oder teilweise verzichtet worden ist oder

4. der Ansatz von laufenden Aufwendungen nach dieser Verordnung nicht mehr oder nur in geringerer Höhe zulässig ist.

In den Fällen der Nummern 3 und 4 bleiben die Gesamtkosten und die Finanzierungsmittel unverändert. Nummer 3 ist erst nach dem Ablauf von 6 Jahren seit der Bezugsfertigkeit der Wohnungen anzuwenden, es sei denn, daß eine andere Frist bei der Bewilligung der öffentlichen Mittel vereinbart worden ist.

(2) Ist im öffentlich geförderten sozialen Wohnungsbau der Bewilligung der öffentlichen Mittel eine Wirtschaftlichkeitsberechnung nicht zugrunde gelegt worden, wohl aber eine ähnliche Berechnung oder eine Berechnung der Gesamtkosten und Finanzierungsmittel, so gilt Absatz 1 entsprechend, soweit bei der Bewilligung auf Grund dieser Berechnung Gesamtkosten, Finanzierungsmittel oder laufende Aufwendungen zugrunde gelegt worden sind; im übrigen gilt Absatz 3 entsprechend.

(3) Ist im öffentlich geförderten sozialen Wohnungsbau der Bewilligung der öffentlichen Mittel eine Wirtschaftlichkeitsberechnung oder eine Berechnung der in Absatz 2 bezeichneten Art nicht zugrunde gelegt worden und haben sich die Gesamtkosten, Finanzierungsmittel oder laufenden Aufwendungen nach der Bewilligung der öffentlichen Mittel geändert oder sind danach bauliche Änderungen vorgenommen worden, so dürfen diese Änderungen nur berücksichtigt werden, soweit es sich bei entsprechender Anwendung der Vorschriften dieser Verordnung, die die Änderung von Gesamtkosten, Finanzierungsmitteln oder laufenden Aufwendungen oder die bauliche Änderungen zum Gegenstand haben, ergibt.

(4) Haben sich im steuerbegünstigten Wohnungsbau die Gesamtkosten, Finanzierungsmittel oder laufenden Aufwendungen nach der Bezugsfertigkeit geändert oder sind bauliche Änderungen vorgenommen worden, so dürfen diese Änderungen nur berücksichtigt werden, soweit es in dieser Verordnung vorgeschrieben oder zugelassen ist.

(5) Soweit eine Berücksichtigung geänderter Verhältnisse nach dieser Verordnung nicht zulässig ist, bleiben die Verhältnisse im Zeitpunkt nach § 4 maßgebend.

§ 4b Berechnung für steuerbegünstigten Wohnraum, der mit Aufwendungszuschüssen oder Aufwendungsdarlehen gefördert ist

(1) Ist die Wirtschaftlichkeit für steuerbegünstigte Wohnungen, die mit Aufwendungszuschüssen oder Aufwendungsdarlehen nach § 88 des Zweiten Wohnungsbaugesetzes gefördert worden sind, zu berechnen, so sind die Vorschriften für öffentlich geförderte Wohnungen entsprechend anzuwenden. Bei der entsprechenden Anwendung von § 4 Abs. 1 sind die Verhältnisse im Zeitpunkt der Bewilligung der Aufwendungszuschüsse oder Aufwendungsdarlehen zugrunde zu legen.

(2) Sind die in Absatz 1 bezeichneten Wohnungen auch mit einem Darlehen oder einem Zuschuß aus Wohnungsfürsorgemitteln gefördert worden, so sind die Vorschriften für

steuerbegünstigte Wohnungen mit den Maßgaben aus § 6 Abs. 1 Satz 4 und § 20 Abs. 3 anzuwenden.

§ 4c Berechnung des angemessenen Kaufpreises aus den Gesamtkosten
Ist in Fällen des § 1 Abs. 1 Nr. 1 oder Nr. 3 der angemessene Kaufpreis zu berechnen, so sind die Vorschriften der §§ 4 und 4a bei der Ermittlung der Gesamtkosten, der Kosten des Baugrundstücks oder der Baukosten entsprechend anzuwenden, soweit sich aus § 54a Abs. 2 Satz 2 letzter Halbsatz des Zweiten Wohnungsbaugesetzes oder aus § 14 Abs. 2 Satz 3 der Durchführungsverordnung zum Wohnungsgemeinnützigkeitsgesetz nichts anderes ergibt. Im übrigen sind die Gesamtkosten, die Kosten des Baugrundstücks und die Baukosten nach den §§ 5 bis 11a zu ermitteln.

Zweiter Abschnitt
Berechnung der Gesamtkosten

§ 5 Gliederung der Gesamtkosten
(1) Gesamtkosten sind die Kosten des Baugrundstücks und die Baukosten.
(2) Kosten des Baugrundstücks sind der Wert des Baugrundstücks, die Erwerbskosten und die Erschließungskosten. Kosten, die im Zusammenhang mit einer das Baugrundstück betreffenden freiwilligen oder gesetzlich geregelten Umlegung, Zusammenlegung oder Grenzregelung (Bodenordnung) entstehen, gehören zu den Erwerbskosten, außer den Kosten der dem Bauherrn dabei obliegenden Verwaltungsleistungen. Bei einem Erbbaugrundstück sind Kosten des Baugrundstücks nur die dem Erbbauberechtigten entstehenden Erwerbs- und Erschließungskosten; zu den Erwerbskosten des Erbbaurechts gehört auch ein Entgelt, das der Erbbauberechtigte einmalig für die Bestellung oder Übertragung des Erbbaurechts zu entrichten hat, soweit es angemessen ist.
(3) Baukosten sind die Kosten der Gebäude, die Kosten der Außenanlagen, die Baunebenkosten, die Kosten besonderer Betriebseinrichtungen sowie die Kosten des Gerätes und sonstiger Wirtschaftsausstattungen. Wird der Wert verwendeter Gebäudeteile angesetzt, so ist er unter den Baukosten gesondert auszuweisen.
(4) Baunebenkosten sind
1. die Kosten der Architekten- und Ingenieurleistungen,
2. die Kosten der dem Bauherrn obliegenden Verwaltungsleistungen bei Vorbereitung und Durchführung des Bauvorhabens,
3. die Kosten der Behördenleistungen bei Vorbereitung und Durchführung des Bauvorhabens, soweit sie nicht Erwerbskosten sind,
4. die Kosten der Beschaffung der Finanzierungsmittel, die Kosten der Zwischenfinanzierung und, soweit sie auf die Bauzeit fallen, die Kapitalkosten und die Steuerbelastungen des Baugrundstücks,
5. die Kosten der Beschaffung von Darlehen und Zuschüssen zur Deckung von laufenden Aufwendungen, Fremdkapitalkosten, Annuitäten und Bewirtschaftungskosten,
6. sonstige Nebenkosten bei Vorbereitung und Durchführung des Bauvorhabens.

(5) Der Ermittlung der Gesamtkosten ist die dieser Verordnung beigefügte Anlage 1 „Aufstellung der Gesamtkosten" zugrunde zu legen.

§ 6 Kosten des Baugrundstücks

(1) Als Wert des Baugrundstücks darf höchstens angesetzt werden,

1. wenn das Baugrundstück dem Bauherrn zur Förderung des Wohnungsbaues unter dem Verkehrswert überlassen worden ist, der Kaufpreis,

2. wenn das Baugrundstück durch Enteignung zur Durchführung des Bauvorhabens vom Bauherrn erworben worden ist, die Entschädigung,

3. in anderen Fällen der Verkehrswert in dem nach § 4 maßgebenden Zeitpunkt oder der Kaufpreis, es sei denn, daß er unangemessen hoch gewesen ist.

Für den Begriff des Verkehrswertes gilt § 194 des Baugesetzbuchs. Im steuerbegünstigten Wohnungsbau dürfen neben dem Verkehrswert Kosten der Zwischenfinanzierung, Kapitalkosten und Steuerbelastungen des Baugrundstücks, die auf die Bauzeit fallen, nicht angesetzt werden. Ist die Wirtschaftlichkeitsberechnung nach § 87a des Zweiten Wohnungsbaugesetzes aufzustellen, so darf der Bauherr den Wert des Baugrundstücks nach Satz 1 ansetzen, soweit nicht mit dem Darlehns- oder Zuschußgeber vertraglich ein anderer Ansatz vereinbart ist.

(2) Bei Ausbau durch Umwandlung oder Umbau darf als Wert des Baugrundstücks höchstens der Verkehrswert vergleichbarer unbebauter Grundstücke für Wohngebäude in dem nach § 4 maßgebenden Zeitpunkt angesetzt werden. Der Wert des Baugrundstücks darf nicht angesetzt werden beim Ausbau durch Umbau einer Wohnung, deren Bau bereits mit öffentlichen Mitteln oder mit Wohnungsfürsorgemitteln gefördert worden ist.

(3) Soweit Preisvorschriften in dem nach § 4 maßgebenden Zeitpunkt bestanden haben, dürfen höchstens die danach zulässigen Preise zugrunde gelegt werden.

(4) Erwerbskosten und Erschließungskosten dürfen, vorbehaltlich der §§ 9 und 10, nur angesetzt werden, soweit sie tatsächlich entstehen oder mit ihrem Entstehen sicher gerechnet werden kann.

(5) Wird die Erschließung im Zusammenhang mit dem Bauvorhaben durchgeführt, so darf außer den Erschließungskosten nur der Wert des nicht erschlossenen Baugrundstücks nach Absatz 1 angesetzt werden. Ist die Erschließung bereits vorher ganz oder teilweise durchgeführt worden, so kann der Wert des ganz oder teilweise erschlossenen Baugrundstücks nach Absatz 1 angesetzt werden, wenn ein Ansatz von Erschließungskosten insoweit unterbleibt.

(6) Liegt das Baugrundstück in dem nach § 4 maßgebenden Zeitpunkt in einem nach dem Städtebauförderungsgesetz oder dem Baugesetzbuch förmlich festgelegten Sanierungsgebiet, Ersatzgebiet, Ergänzungsgebiet oder Entwicklungsbereich und wird die Maßnahme nicht im vereinfachten Verfahren durchgeführt, dürfen abweichend von Absatz 1 Satz 1 und den Absätzen 2, 4 und 5 als Wert des Baugrundstücks und an Stelle der Erschließungskosten höchstens angesetzt werden

1. der Wert, der sich für das unbebaute Grundstück ergeben würde, wenn eine Sanierung oder Entwicklung weder beabsichtigt noch durchgeführt worden wäre, der Kaufpreis für ein nach der förmlichen Festlegung erworbenes Grundstück, soweit er zulässig gewesen ist, oder, wenn eine Umlegung nach Maßgabe des § 16 des Städtebauförderungsgesetzes

oder des § 153 Abs. 5 des Baugesetzbuches durchgeführt worden ist, der Verkehrswert, der der Zuteilung des Grundstücks zugrunde gelegt worden ist,

2. der Ausgleichsbetrag der für das Grundstück zu entrichten ist,

3. der Betrag, der auf den Ausgleichsbetrag angerechnet wird, soweit die Anrechnung nicht auf Umständen beruht, die in dem nach Nummer 1 angesetzten Wert des Grundstücks berücksichtigt sind.

§ 7 Baukosten

(1) Baukosten dürfen nur angesetzt werden, soweit sie tatsächlich entstehen oder mit ihrem Entstehen sicher gerechnet werden kann und soweit sie bei gewissenhafter Abwägung aller Umstände, bei wirtschaftlicher Bauausführung und bei ordentlicher Geschäftsführung gerechtfertigt sind. Kosten entstehen tatsächlich in der Höhe, in der der Bauherr eine Vergütung für Bauleistungen zu entrichten hat; ein Barzahlungsnachlaß (Skonto) braucht nicht abgesetzt zu werden, soweit er handelsüblich ist. Die Vorschriften der §§ 9 und 10 bleiben unberührt.

(2) Bei Wiederaufbau und bei Ausbau durch Umwandlung oder Umbau eines Gebäudes gehört zu den Baukosten auch der Wert der verwendeten Gebäudeteile. Der Wert der verwendeten Gebäudeteile ist mit dem Betrage anzusetzen, der einem Unternehmer für die Bauleistungen im Rahmen der Kosten des Gebäudes zu entrichten wäre, wenn an Stelle des Wiederaufbaues oder des Ausbaues ein Neubau durchgeführt würde, abzüglich der Kosten des Gebäudes, die für den Wiederaufbau oder den Ausbau tatsächlich entstehen oder mit deren Entstehen sicher gerechnet werden kann. Bei der Ermittlung der Kosten eines vergleichbaren Neubaues dürfen verwendete Gebäudeteile, die für einen Neubau nicht erforderlich gewesen wären, nicht berücksichtigt werden. Bei Wiederaufbau ist der Restbetrag der auf dem Grundstück ruhenden Hypothekengewinnabgabe von dem nach den Sätzen 2 und 3 ermittelten Wert der verwendeten Gebäudeteile mit dem Betrage abzuziehen, der sich vor Herabsetzung der Abgabeschulden nach § 104 des Lastenausgleichsgesetzes für den Herabsetzungsstichtag ergibt. § 6 Abs. 2 Satz 2 ist auf den Wert der verwendeten Gebäudeteile entsprechend anzuwenden.

(3) Bei Wiederherstellung, Ausbau eines Gebäudeteils und Erweiterung darf der Wert der verwendeten Gebäudeteile nur nach dem Fünften Abschnitt angesetzt werden.

§ 8 Baunebenkosten

(1) Auf die Ansätze für die Kosten der Architekten, Ingenieure und anderer Sonderfachleute, die Kosten der Verwaltungsleistungen bei Vorbereitung und Durchführung des Bauvorhabens und die damit zusammenhängenden Nebenkosten ist § 7 Abs. 1 anzuwenden. Als Kosten der Architekten- und Ingenieurleistungen dürfen höchstens die Beträge angesetzt werden, die sich nach Absatz 2 ergeben. Als Kosten der Verwaltungsleistungen dürfen höchstens die Beträge angesetzt werden, die sich nach den Absätzen 3 bis 5 ergeben.

(2) Der Berechnung des Höchstbetrages für die Kosten der Architekten- und Ingenieurleistungen sind die Teile I bis VIII und VII bis XII der Honorarordnung für Architekten und Ingenieure vom 17. September 1976 (BGBl. I S. 2805, 3616) in der jeweils geltenden Fassung zugrunde zu legen. Dabei dürfen

1. das Entgelt für Grundleistungen nach den Mindestsätzen der Honorartafeln in den Honorarzonen der Teile II, VIII, X und XII bis einschließlich Honorarzone III und der Teile IX und XI bis einschließlich Honorarzone II,
2. die nachgewiesenen Nebenkosten und
3. die auf das ansetzbare Entgelt und die nachgewiesenen Nebenkosten fallende Umsatzsteuer

angesetzt werden. Höhere Entgelte und Entgelte für andere Leistungen dürfen nur angesetzt werden, soweit die nach Satz 2 Nr. 1 zulässigen Ansätze den erforderlichen Leistungen nicht gerecht werden. Die in Satz 3 bezeichneten Entgelte dürfen nur angesetzt werden, soweit

1. im öffentlich geförderten sozialen Wohnungsbau die Bewilligungsstelle,
2. im steuerbegünstigten oder freifinanzierten Wohnungsbau, der mit Wohnungsfürsorgemitteln gefördert worden ist, der Darlehns- oder Zuschußgeber ihnen zugestimmt hat.

(3) Der Berechnung des Höchstbetrages für die Kosten der Verwaltungsleistungen ist ein Vomhundertsatz der Baukosten ohne Baunebenkosten und, soweit der Bauherr die Erschließung auf eigene Rechnung durchführt, auch der Erschließungskosten zugrunde zu legen, und zwar bei Kosten in der Stufe

1. bis 127 822,97 Euro einschließlich 3,40 vom Hundert,
2. bis 255 645,94 Euro einschließlich 3,10 vom Hundert,
3. bis 511 291,88 Euro einschließlich 2,80 vom Hundert,
4. bis 818 067,01 Euro einschließlich 2,50 vom Hundert,
5. bis 1 278 229,70 Euro einschließlich 2,20 vom Hundert,
6. bis 1 789 521,58 Euro einschließlich 1,90 vom Hundert,
7. bis 2 556 459,41 Euro einschließlich 1,60 vom Hundert,
8. bis 3 579 043,17 Euro einschließlich 1,30 vom Hundert,
9. über 3 579 043,17 Euro 1,00 vom Hundert.

Die Vomhundertsätze erhöhen sich

1. um 0,5 im Falle der Betreuung des Baues von Eigenheimen, Eigensiedlungen und Eigentumswohnungen sowie im Falle des Baues von Kaufeigenheimen, Trägerkleinsiedlungen und Kaufeigentumswohnungen,
2. um 0,5, wenn besondere Maßnahmen zur Bodenordnung (§ 5 Abs. 2 Satz 2) notwendig sind,
3. um 0,5, wenn die Vorbereitung oder Durchführung des Bauvorhabens mit sonstigen besonderen Verwaltungsschwierigkeiten verbunden ist,
4. um 1,5, wenn für den Bau eines Familienheims oder einer eigengenutzten Eigentumswohnung Selbsthilfe in Höhe von mehr als 10 vom Hundert der Baukosten geleistet wird.

Erhöhungen nach den Nummern 1, 2 und 3 sowie nach den Nummern 2 und 4 dürfen nebeneinander angesetzt werden. Bei der Berechnung des Höchstbetrages für die Kosten von Verwaltungsleistungen, die bei baulichen Änderungen nach § 11 Abs. 4 bis 6 erbracht werden, sind Satz 1 und Satz 2 Nr. 3 entsprechend anzuwenden. Neben dem Höchstbetrag darf die Umsatzsteuer angesetzt werden.

(4) Statt des Höchstbetrages, der sich aus den nach Absatz 3 Satz 1 oder 4 maßgebenden Kosten und dem Vomhundertsatz der entsprechenden Kostenstufe ergibt, darf der Höchstbetrag der vorangehenden Kostenstufe gewählt werden. Die aus Absatz 3 Satz 2 und 3 folgenden Erhöhungen werden in den Fällen des Absatzes 3 Satz 1 hinzugerechnet. Absatz 3 Satz 5 gilt entsprechend.

(5) Wird der angemessene Kaufpreis nach § 4c für Teile einer Wirtschaftseinheit aus den Gesamtkosten ermittelt, so sind für die Berechnung des Höchstbetrages nach den Absätzen 3 und 4 die Kosten für das einzelne Gebäude zugrunde zu legen; der Kostenansatz dient auch zur Deckung der Kosten der dem Bauherrn im Zusammenhang mit der Eigentumsübertragung obliegenden Verwaltungsleistungen. Bei Eigentumswohnungen und Kaufeigentumswohnungen sind für die Berechnung der Kosten der Verwaltungsleistungen die Kosten für die einzelnen Wohnungen zugrunde zu legen.

(6) Der Kostenansatz nach den Absätzen 3 bis 5 dient auch zur Deckung der Kosten der Verwaltungsleistungen, die der Bauherr oder der Betreuer zur Beschaffung von Finanzierungsmitteln erbringt.

(7) Kosten der Beschaffung der Finanzierungsmittel dürfen nicht für den Nachweis oder die Vermittlung von Mitteln aus öffentlichen Haushalten angesetzt werden.

(8) Als Kosten der Zwischenfinanzierung dürfen nur Kosten für Darlehen oder für eigene Mittel des Bauherrn angesetzt werden, deren Ersetzung durch zugesagte oder sicher in Aussicht stehende endgültige Finanzierungsmittel bereits bei dem Einsatz der Zwischenfinanzierungsmittel gewährleistet ist. Eine Verzinsung der vom Bauherrn zur Zwischenfinanzierung eingesetzten eigenen Mittel darf höchstens mit dem marktüblichen Zinssatz für erste Hypotheken angesetzt werden. Kosten der Zwischenfinanzierung dürfen, vorbehaltlich des § 11, nur angesetzt werden, soweit sie auf die Bauzeit bis zur Bezugsfertigkeit entfallen.

(9) Auf die Eigenkapitalkosten in der Bauzeit ist § 20 entsprechend anzuwenden. § 6 Abs. 1 Satz 3 bleibt unberührt.

§ 9 Sach- und Arbeitsleistungen

(1) Der Wert der Sach- und Arbeitsleistungen des Bauherrn, vor allem der Wert der Selbsthilfe, darf bei den Gesamtkosten mit dem Betrage angesetzt werden, der für eine gleichwertige Unternehmerleistung angesetzt werden könnte. Der Wert der Architekten-, Ingenieur- und Verwaltungsleistungen des Bauherrn darf mit den nach § 8 Abs. 2 Satz 2 Nr. 1 und Abs. 3 bis 5 zulässigen Höchstbeträgen angesetzt werden. Erbringt der Bauherr die Leistungen nur zu einem Teil, so darf nur der den Leistungen entsprechende Teil der Höchstbeträge als Eigenleistungen angesetzt werden.

(2) Absatz 1 gilt entsprechend für den Wert der Sach- und Arbeitsleistungen des Bewerbers um ein Kaufeigenheim, eine Trägerkleinsiedlung, eine Kaufeigentumswohnung und eine Genossenschaftswohnung sowie für den Wert der Sach- und Arbeitsleistungen des Mieters.

(3) Die Absätze 1 und 2 gelten entsprechend, wenn der Bauherr, der Bewerber oder der Mieter Sach- und Arbeitsleistungen mit eigenen Arbeitnehmern im Rahmen seiner gewerblichen oder unternehmerischen Tätigkeit oder auf Grund seines Berufes erbringt.

§ 10 Leistungen gegen Renten

(1) Sind als Entgelt für eine der Vorbereitung oder Durchführung des Bauvorhabens dienende Leistung eines Dritten wiederkehrende Leistungen zu entrichten, so darf der Wert der Leistung des Dritten bei den Gesamtkosten angesetzt werden,

1. wenn es sich um die Übereignung des Baugrundstücks handelt, mit dem Verkehrswert,
2. wenn es sich um eine andere Leistung handelt, mit dem Betrage, der für eine gleichwertige Unternehmerleistung angesetzt werden könnte.

(2) Absatz 1 gilt nicht für die Bestellung eines Erbbaurechts.

§ 11 Änderung der Gesamtkosten, bauliche Änderungen

(1) Haben sich die Gesamtkosten geändert

1. im öffentlich geförderten sozialen Wohnungsbau nach der Bewilligung der öffentlichen Mittel gegenüber dem bei der Bewilligung auf Grund der Wirtschaftlichkeitsberechnung zugrunde gelegten Betrag,
2. im steuerbegünstigten Wohnungsbau nach der Bezugsfertigkeit,

so sind in Wirtschaftlichkeitsberechnungen, die nach diesen Zeitpunkten aufgestellt werden, die geänderten Gesamtkosten anzusetzen. Dies gilt bei einer Erhöhung der Gesamtkosten nur, wenn sie auf Umständen beruht, die der Bauherr nicht zu vertreten hat. Bei öffentlich gefördertem Wohnraum, auf den das Zweite Wohnungsbaugesetz nicht anwendbar ist, dürfen erhöhte Gesamtkosten nur angesetzt werden, wenn sie in der Schlußabrechnung oder sonst von der Bewilligungsstelle anerkannt worden sind.

(2) Wertänderungen sind nicht als Änderungen der Gesamtkosten anzusehen.

(3) Die Gesamtkosten können sich auch dadurch erhöhen,

1. daß sich innerhalb von zwei Jahren nach der Bezugsfertigkeit Kosten der Zwischenfinanzierung ergeben, welche die für die endgültigen Finanzierungsmittel nach den §§ 19 bis 23a angesetzten Kapitalkosten übersteigen oder
2. daß bei einer Ersetzung von Finanzierungsmitteln durch andere Mittel nach § 12 Abs. 4 einmalige Kosten entstehen oder
3. daß durch die Verlängerung der vereinbarten Laufzeit oder durch die Anpassung der Bedingungen nach der vereinbarten Festzinsperiode eines im Finanzierungsplan ausgewiesenen Darlehens einmalige Kosten entstehen, soweit sie auch bei einer Ersetzung nach § 12 Abs. 4 entstehen würden.

(4) Sind

1. im öffentlich geförderten sozialen Wohnungsbau nach der Bewilligung der öffentlichen Mittel,
2. im steuerbegünstigten Wohnungsbau nach der Bezugsfertigkeit

bauliche Änderungen vorgenommen worden, so dürfen die durch die Änderungen entstehenden Kosten nach den Absätzen 5 und 6 den Gesamtkosten hinzugerechnet werden. Erneuerungen, Instandhaltungen und Instandsetzungen sind keine baulichen Änderungen; jedoch fallen Instandsetzungen, die durch Maßnahmen der Modernisierung (Absatz 6) verursacht werden, unter die Modernisierung.

(5) Die Kosten von baulichen Änderungen dürfen den Gesamtkosten nur hinzugerechnet werden, soweit die Änderungen

1. auf Umständen beruhen, die der Bauherr nicht zu vertreten hat, oder eine Modernisierung (Absatz 6) bewirken und dem gesamten Wohnraum zugute kommen, für den eine Wirtschaftlichkeitsberechnung aufzustellen ist, oder

2. dem Ausbau eines Gebäudeteils oder der Erweiterung dienen und nicht Modernisierung sind, es sei denn, daß es sich nur um die Vergrößerung eines Teils der Wohnungen handelt, für die eine Wirtschaftlichkeitsberechnung aufzustellen ist.

(6) Modernisierung sind bauliche Maßnahmen, die den Gebrauchswert des Wohnraums nachhaltig erhöhen, die allgemeinen Wohnverhältnisse auf die Dauer verbessern oder nachhaltig Einsparung von Heizenergie oder Wasser bewirken. Modernisierung sind auch der Ausbau und der Anbau im Sinne des § 17 Abs. 1 Satz 2 und Abs. 2 des Zweiten Wohnungsbaugesetzes, soweit die baulichen Maßnahmen den Gebrauchswert des bestehenden Wohnraums nachhaltig erhöhen.

(7) Eine Modernisierung darf im öffentlich geförderten sozialen Wohnungsbau nur berücksichtigt werden, wenn die Bewilligungsstelle ihr zugestimmt hat. Die Zustimmung gilt als erteilt, wenn Mittel aus öffentlichen Haushalten für die Modernisierung bewilligt worden sind.

§ 11a   Nicht feststellbare Gesamtkosten

Sind die Bau-, Erwerbs- oder Erschließungskosten nach § 6 Abs. 4 und 5, den §§ 7 bis 11 ganz oder teilweise nicht oder nur mit verhältnismäßig großen Schwierigkeiten festzustellen, so dürfen insoweit die Kosten angesetzt werden, die zu der Zeit, als die Leistungen erbracht worden sind, marktüblich waren. Die marktüblichen Kosten der Gebäude (§ 5 Abs. 3) können nach Erfahrungssätzen über die Kosten des umbauten Raumes bei Hochbauten berechnet werden. Bei der Berechnung des umbauten Raumes ist die Anlage 2 dieser Verordnung zugrunde zu legen.

Dritter Abschnitt
Finanzierungsplan

§ 12   Inhalt des Finanzierungsplanes

(1) Im Finanzierungsplan sind die Mittel auszuweisen, die zur Deckung der in der Wirtschaftlichkeitsberechnung angesetzten Gesamtkosten dienen (Finanzierungsmittel), und zwar

1. die Fremdmittel mit dem Nennbetrag und mit den vereinbarten oder vorgesehenen Auszahlungs-, Zins- und Tilgungsbedingungen, auch wenn sie planmäßig getilgt sind,

2. die verlorenen Baukostenzuschüsse,

3. die Eigenleistungen.

Vor- oder Zwischenfinanzierungsmittel sind nicht als Finanzierungsmittel auszuweisen.

(2) Werden nach § 11 Abs. 1 bis 3 geänderte Gesamtkosten angesetzt, so sind die Finanzierungsmittel auszuweisen, die zur Deckung der geänderten Gesamtkosten dienen.

(3) Werden nach § 11 Abs. 4 bis 6 die Kosten von baulichen Änderungen den Gesamtkosten hinzugerechnet, so sind die Mittel, die zur Deckung dieser Kosten dienen, im Finanzierungsplan auszuweisen. Für diese Mittel gelten die Vorschriften über Finanzierungsmittel.

(4) Sind

1. im öffentlich geförderten sozialen Wohnungsbau nach der Bewilligung der öffentlichen Mittel oder

2. im steuerbegünstigten Wohnungsbau nach der Bezugsfertigkeit

Finanzierungsmittel durch andere Mittel ersetzt worden, so sind die neuen Mittel an der Stelle der bisherigen Finanzierungsmittel auszuweisen. Sind die Kapitalkosten der neuen Mittel zusammen mit den Kapitalkosten der Mittel, die der Deckung der einmaligen Kosten der Ersetzung dienen, höher als die Kapitalkosten der bisherigen Finanzierungsmittel, so sind die neuen Mittel nur auszuweisen, wenn die Ersetzung auf Umständen beruht, die der Bauherr nicht zu vertreten hat. Bei einem Tilgungsdarlehen ist der Betrag, der planmäßig getilgt ist, unter Hinweis hierauf in der bisherigen Weise auszuweisen; die Sätze 1 und 2 finden auf diesen Betrag keine Anwendung.

(5) Sind die als Darlehen gewährten öffentlichen Mittel gemäß § 16 des Wohnungsbindungsgesetzes vorzeitig zurückgezahlt oder abgelöst worden, so sind die zur Rückzahlung oder Ablösung aufgewandten Finanzierungsmittel an der Stelle der öffentlichen Mittel auszuweisen. Der Betrag des Darlehens, der planmäßig getilgt oder bei der Ablösung erlassen ist, ist unter Hinweis hierauf in der bisherigen Weise auszuweisen.

(6) Ist die Verbindlichkeit aus einem Aufbaudarlehen, das dem Bauherrn gewährt worden ist, nach Zuerkennung des Anspruchs auf Hauptentschädigung gemäß § 258 Abs. 1 Nr. 2 des Lastenausgleichsgesetzes ganz oder teilweise als nicht entstanden anzusehen, so gilt das Aufbaudarlehen insoweit als durch eigene Mittel des Bauherrn ersetzt. Die Ersetzung gilt als auf Umständen beruhend, die der Bauherr nicht zu vertreten hat, und von dem Zeitpunkt an als eingetreten, zu dem der Bescheid über die Zuerkennung des Anspruchs auf Hauptentschädigung unanfechtbar geworden ist.

§ 13   Fremdmittel

(1) Fremdmittel sind

1. Darlehen,

2. gestundete Restkaufgelder,

3. gestundete öffentliche Lasten des Baugrundstücks außer der Hypothekengewinnabgabe,

4. kapitalisierte Beträge wiederkehrender Leistungen, namentlich von Rentenschulden,

5. Mietvorauszahlungen,

die zur Deckung der Gesamtkosten dienen.

(2) Vor der Bebauung vorhandene Verbindlichkeiten, die auf dem Baugrundstück dinglich gesichert sind, gelten als Fremdmittel, soweit sie den Wert des Baugrundstücks und der verwendeten Gebäudeteile nicht übersteigen.

(3) Kapitalisierte Beträge wiederkehrender Leistungen, namentlich von Rentenschulden, dürfen höchstens mit dem Betrage ausgewiesen werden, der bei den Gesamtkosten für die Gegenleistung nach § 10 angesetzt ist.

§ 14   Verlorene Baukostenzuschüsse

Verlorene Baukostenzuschüsse sind Geld-, Sach- und Arbeitsleistungen an den Bauherrn, die zur Deckung der Gesamtkosten dienen und erbracht werden, um den Gebrauch von

Wohn- oder Geschäftsraum zu erlangen oder Kapitalkosten zu ersparen, ohne daß vereinbart ist, den Wert der Leistung zurückzuerstatten oder mit der Miete oder einem ähnlichen Entgelt zu verrechnen oder als Vorauszahlung hierauf zu behandeln. Verlorene Baukostenzuschüsse sind auch Geldleistungen, mit denen die Gemeinde dem Eigentümer Kosten der Modernisierung erstattet oder die ihm vom Land oder von der Gemeinde als Modernisierungszuschüsse gewährt werden.

§ 15 Eigenleistungen
(1) Eigenleistungen sind die Leistungen des Bauherrn, die zur Deckung der Gesamtkosten dienen, namentlich
1. Geldmittel,
2. der Wert der Sach- und Arbeitsleistungen, vor allem der Wert der eingebrachten Baustoffe und der Selbsthilfe,
3. der Wert des eigenen Baugrundstücks und der Wert verwendeter Gebäudeteile.
(2) Als Eigenleistung kann auch ganz oder teilweise ausgewiesen werden
1. ein Barzahlungsnachlaß (Skonto), wenn bei den Gesamtkosten die vom Bauherrn zu entrichtende Vergütung in voller Höhe angesetzt ist,
2. der Wert von Sach- und Arbeitsleistungen, die der Bauherr mit eigenen Arbeitnehmern im Rahmen seiner gewerblichen oder unternehmerischen Tätigkeit oder auf Grund seines Berufes erbringt.
(3) Die in Absatz 1 Nr. 2 und 3 bezeichneten Werte sind, vorbehaltlich der Absätze 2 und 4, mit dem Betrage auszuweisen, der bei den Gesamtkosten angesetzt ist.
(4) Bei Ermittlung der Eigenleistung sind gestundete Restkaufgelder und die in § 13 Abs. 2 bezeichneten Verbindlichkeiten mit dem Betrage abzuziehen, mit dem sie im Finanzierungsplan als Fremdmittel ausgewiesen sind.

§ 16 Ersatz der Eigenleistung
(1) Im öffentlich geförderten sozialen Wohnungsbau sind von der Bewilligungsstelle, soweit der Bauherr nichts anderes beantragt, als Ersatz der Eigenleistung anzuerkennen
1. ein der Restfinanzierung dienendes Familienzusatzdarlehen nach § 45 des Zweiten Wohnungsbaugesetzes,
2. ein Aufbaudarlehen an den Bauherrn nach § 254 des Lastenausgleichsgesetzes oder ein ähnliches Darlehen aus Mitteln eines öffentlichen Haushalts,
3. ein Darlehen an den Bauherrn zur Beschaffung von Wohnraum nach *§ 30 des Kriegsgefangenenentschädigungsgesetzes.*
(2) Im öffentlich geförderten sozialen Wohnungsbau kann die Bewilligungsstelle auf Antrag des Bauherrn ganz oder teilweise als Ersatz der Eigenleistung anerkennen
1. der Restfinanzierung dienende verlorene Baukostenzuschüsse, soweit ihre Annahme nach § 50 Abs. 1 des Zweiten Wohnungsbaugesetzes zulässig ist,
2. auf dem Baugrundstück nicht dinglich gesicherte Fremdmittel,
3. im Range nach dem der nachstelligen Finanzierung dienenden öffentlichen Baudarlehen auf dem Baugrundstück dinglich gesicherte Fremdmittel,
4. der Restfinanzierung dienende öffentliche Baudarlehen.

(3) Für die als Ersatz der Eigenleistung anerkannten Finanzierungsmittel gelten im übrigen die Vorschriften für Fremdmittel oder verlorene Baukostenzuschüsse.

§ 17   (außer Kraft)

Vierter Abschnitt
Laufende Aufwendungen und Erträge

§ 18   Laufende Aufwendungen

(1) Laufende Aufwendungen sind die Kapitalkosten und die Bewirtschaftungskosten. Zu den laufenden Aufwendungen gehören nicht die Leistungen aus der Hypothekengewinnabgabe.

(2) Werden dem Bauherrn Darlehen oder Zuschüsse zur Deckung von laufenden Aufwendungen, Fremdkapitalkosten, Annuitäten oder Bewirtschaftungskosten für den gesamten Wohnraum gewährt, für den eine Wirtschaftlichkeitsberechnung aufzustellen ist, so verringert sich der Gesamtbetrag der laufenden Aufwendungen entsprechend. Der verringerte Gesamtbetrag ist auch für die Zeit anzusetzen, in der diese Darlehen oder Zuschüsse für einen Teil des Wohnraums entfallen oder in der sie aus solchen Gründen nicht mehr gewährt werden, die der Bauherr zu vertreten hat. Entfallen die Darlehen oder Zuschüsse für den gesamten Wohnraum aus Gründen, die der Bauherr nicht zu vertreten hat, so erhöht sich der Gesamtbetrag der laufenden Aufwendungen entsprechend; dies gilt nicht, soweit Darlehen oder Zuschüsse nach vollständiger Tilgung anderer Finanzierungsmittel verringert werden.

(3) Zinsen und Tilgungen, die planmäßig für Aufwendungsdarlehen im Sinne des § 42 Abs. 1 Satz 2 oder § 88 Abs. 1 Satz 1 des Zweiten Wohnungsbaugesetzes oder im Sinne des § 2a Abs. 9 des Gesetzes zur Förderung des Bergarbeiterwohnungsbaues im Kohlenbergbau zu entrichten sind, erhöhen den Gesamtbetrag der laufenden Aufwendungen. Zinsen und Tilgungen, die planmäßig für Annuitätsdarlehen im Sinne des § 42 Abs. 1 Satz 2 des Zweiten Wohnungsbaugesetzes zu entrichten sind, erhöhen den Gesamtbetrag der laufenden Aufwendungen; dies gilt jedoch nicht für Tilgungsbeträge für Annuitätsdarlehen, soweit diese zur Deckung der für Finanzierungsmittel zu entrichtenden Tilgungen bewilligt worden sind.

(4) Sind Aufwendungs- oder Annuitätsdarlehen gemäß § 16 des Wohnungsbindungsgesetzes vorzeitig zurückgezahlt oder abgelöst worden, dürfen für den zur Rückzahlung oder Ablösung aufgewendeten Betrag vorbehaltlich des § 46 Abs. 2 keine höheren Zinsen und Tilgungen dem Gesamtbetrag der laufenden Aufwendungen hinzugerechnet werden, als im Zeitpunkt der Rückzahlung oder Ablösung für das Aufwendungs- oder Annuitätsdarlehen zu entrichten waren; soweit Annuitätsdarlehen zur Deckung der für Finanzierungsmittel zu entrichtenden Tilgungen bewilligt worden sind, können für das Ersatzfinanzierungsmittel Tilgungsbeträge nicht angesetzt werden.

§ 19 Kapitalkosten

(1) Kapitalkosten sind die Kosten, die sich aus der Inanspruchnahme der im Finanzierungsplan ausgewiesenen Finanzierungsmittel ergeben, namentlich die Zinsen. Zu den Kapitalkosten gehören die Eigenkapitalkosten und die Fremdkapitalkosten.

(2) Leistungen aus Nebenverträgen, namentlich aus dem Abschluß von Personenversicherungen, dürfen als Kapitalkosten auch dann nicht angesetzt werden, wenn der Nebenvertrag der Beschaffung von Finanzierungsmitteln oder sonst dem Bauvorhaben gedient hat.

(3) Für verlorene Baukostenzuschüsse ist der Ansatz von Kapitalkosten unzulässig.

(4) Tilgungen dürfen als Kapitalkosten nur nach § 22 angesetzt werden.

(5) Dienen Finanzierungsmittel zur Deckung von Gesamtkosten, mit deren Entstehen sicher gerechnet werden kann, die aber bis zur Bezugsfertigkeit nicht entstanden sind, dürfen Kapitalkosten hierfür nicht vor dem Entstehen dieser Gesamtkosten angesetzt werden.

§ 20 Eigenkapitalkosten

(1) Eigenkapitalkosten sind die Zinsen für die Eigenleistungen.

(2) Für Eigenleistungen darf eine Verzinsung in Höhe des im Zeitpunkt nach § 4 marktüblichen Zinssatzes für erste Hypotheken angesetzt werden. Im öffentlich geförderten sozialen Wohnungsbau darf für den Teil der Eigenleistungen, der 15 vom Hundert der Gesamtkosten des Bauvorhabens nicht übersteigt, eine Verzinsung von 4 vom Hundert angesetzt werden; für den darüber hinausgehenden Teil der Eigenleistungen darf angesetzt werden

a) eine Verzinsung in Höhe des marktüblichen Zinssatzes für erste Hypotheken, sofern die öffentlichen Mittel vor dem 1. Januar 1974 bewilligt worden sind,

b) in den übrigen Fällen eine Verzinsung in Höhe von 6,5 vom Hundert.

(3) Ist die Wirtschaftlichkeitsberechnung nach § 87a des Zweiten Wohnungsbaugesetzes aufzustellen, so dürfen die Zinsen für die Eigenleistungen nach dem Zinssatz angesetzt werden, der mit dem Darlehns- oder Zuschußgeber vereinbart ist, mindestens jedoch entsprechend Absatz 2 Satz 2.

§ 21 Fremdkapitalkosten

(1) Fremdkapitalkosten sind die Kapitalkosten, die sich aus der Inanspruchnahme der Fremdmittel ergeben, namentlich

1. Zinsen für Fremdmittel,

2. laufende Kosten, die aus Bürgschaften für Fremdmittel entstehen,

3. sonstige wiederkehrende Leistungen aus Fremdmitteln, namentlich aus Rentenschulden.

Als Fremdkapitalkosten gelten auch die Erbbauzinsen. Laufende Nebenleistungen, namentlich Verwaltungskostenbeiträge, sind wie Zinsen zu behandeln.

(2) Zinsen für Fremdmittel, namentlich für Tilgungsdarlehen, sind mit dem Betrage anzusetzen, der sich aus dem im Finanzierungsplan ausgewiesenen Fremdmittel mit dem maßgebenden Zinssatz errechnet.

(3) Maßgebend ist, soweit nichts anderes vorgeschrieben ist, der vereinbarte Zinssatz oder, wenn die Zinsen tatsächlich nach einem niedrigeren Zinssatz zu entrichten sind, dieser, höchstens jedoch der für erste Hypotheken im Zeitpunkt nach § 4 marktübliche Zinssatz. Der niedrigere Zinssatz bleibt maßgebend

1. nach der planmäßigen Tilgung des Fremdmittels,
2. nach der Ersetzung des Fremdmittels durch andere Mittel, deren Kapitalkosten höher sind, wenn die Ersetzung auf Umständen beruht, die der Bauherr zu vertreten hat; § 23 Abs. 5 bleibt unberührt.

(4) Fremdkapitalkosten nach Absatz 1 Nr. 3 und Erbbauzinsen sind, soweit nichts anderes vorgeschrieben ist, in der vereinbarten Höhe oder, wenn der tatsächlich zu entrichtende Betrag niedriger ist, in dieser Höhe anzusetzen, höchstens jedoch mit dem Betrag, der einer Verzinsung zu dem im Zeitpunkt nach § 4 marktüblichen Zinssatz für erste Hypotheken entspricht; für die Berechnung dieser Verzinsung ist bei einem Erbbaurecht höchstens der im Zeitpunkt nach § 4 maßgebende Verkehrswert des Baugrundstücks, abzüglich eines einmaligen Entgeltes nach § 5 Abs. 2 Satz 3, zugrunde zu legen.

§ 22 Zinsersatz bei erhöhten Tilgungen

(1) Bei unverzinslichen Fremdmitteln, deren Tilgungssatz 1 vom Hundert übersteigt, dürfen Tilgungen als Kapitalkosten angesetzt werden (Zinsersatz); das gleiche gilt, wenn der Zinssatz niedriger als 4 vom Hundert ist.

(2) Der Ansatz für Zinsersatz darf bei den einzelnen Fremdmitteln deren Tilgung nicht überschreiten und zusammen mit dem Ansatz für Zinsen nicht höher sein als der Betrag, der sich aus einer Verzinsung des Fremdmittels mit 4 vom Hundert ergibt. Die Summe aller Ansätze für Zinsersatz darf auch nicht die Summe der Tilgungen übersteigen, die aus der gesamten Abschreibung nicht gedeckt werden können (erhöhte Tilgungen).

(3) Im öffentlich geförderten sozialen Wohnungsbau sind Ansätze für Zinsersatz nur insoweit zulässig, als die Bewilligungsstelle zustimmt.

(4) Auf Mietvorauszahlungen und Mieterdarlehen sind die Vorschriften über den Zinsersatz nicht anzuwenden.

(5) Ist vor dem 1. Januar 1971 ein höherer Ansatz für Zinsersatz zugelassen worden oder zulässig gewesen, als er nach den Absätzen 1 bis 4 zulässig ist, darf der höhere Ansatz in Härtefällen für die Dauer der erhöhten Tilgungen in eine nach dem 30. Juni 1972 aufgestellte Wirtschaftlichkeitsberechnung aufgenommen werden, soweit

1. im öffentlich geförderten sozialen Wohnungsbau die Bewilligungsstelle,
2. im steuerbegünstigten oder freifinanzierten Wohnungsbau, der mit Wohnungsfürsorgemitteln gefördert worden ist, der Darlehns- oder Zuschußgeber,
3. im sonstigen Wohnungsbau von gemeinnützigen Wohnungsunternehmen die Anerkennungsbehörde

zustimmt. Dem höheren Ansatz soll zugestimmt werden, soweit der seit dem 1. Januar 1971 zulässige Ansatz unter Berücksichtigung aller Umstände des Einzelfalles für den Vermieter zu einer unbilligen Härte führen würde. Dem Ansatz von Zinsersatz für Mietvorauszahlungen oder Mieterdarlehen darf nicht zugestimmt werden.

§ 23 Änderung der Kapitalkosten

(1) Hat sich der Zins- oder Tilgungssatz für ein Fremdmittel geändert

1. im öffentlich geförderten sozialen Wohnungsbau nach der Bewilligung der öffentlichen Mittel gegenüber dem bei der Bewilligung auf Grund der Wirtschaftlichkeitsberechnung zugrunde gelegten Satz,

2. im steuerbegünstigten Wohnungsbau nach der Bezugsfertigkeit,

so sind in Wirtschaftlichkeitsberechnungen, die nach diesen Zeitpunkten aufgestellt werden, die Kapitalkosten anzusetzen, die sich auf Grund der Änderung nach Maßgabe des § 21 oder des § 22 ergeben. Dies gilt bei einer Erhöhung der Kapitalkosten nur, wenn sie auf Umständen beruht, die der Bauherr nicht zu vertreten hat, und nur insoweit, als der Kapitalkostenbetrag im Rahmen des § 21 oder des § 22 den Betrag nicht übersteigt, der sich aus der Verzinsung des Fremdmittels zu dem bei der Kapitalkostenerhöhung marktüblichen Zinssatz für erste Hypotheken ergibt.

(2) Bei einer Änderung der in § 21 Abs. 4 bezeichneten Fremdkapitalkosten gilt Absatz 1 entsprechend. Übersteigt der erhöhte Erbbauzins den nach Absatz 1 ermittelten Betrag, so darf der übersteigende Betrag im öffentlich geförderten sozialen Wohnungsbau nur mit Zustimmung der Bewilligungsstelle in der Wirtschaftlichkeitsberechnung angesetzt werden. Die Zustimmung ist zu erteilen, soweit die Erhöhung auf Umständen beruht, die der Bauherr nicht zu vertreten hat, und unter Berücksichtigung aller Umstände nach dem durch das Gesetz vom 8. Januar 1974 (BGBl. I S. 41) eingefügten § 9a der Verordnung über das Erbbaurecht nicht unbillig ist. Im steuerbegünstigten Wohnungsbau darf der übersteigende Betrag angesetzt werden, soweit die Voraussetzungen der Zustimmung nach Satz 3 gegeben sind.

(3) Absatz 1 gilt nicht bei einer Erhöhung der Zinsen oder Tilgungen für das der nachstelligen Finanzierung dienende öffentliche Baudarlehen nach Tilgung anderer Finanzierungsmittel. Auf eine Erhöhung der Zinsen und Tilgungen nach den §§ 18a bis 18e des Wohnungsbindungsgesetzes oder nach § 44 Abs. 2 und 3 des Zweiten Wohnungsbaugesetzes ist Absatz 1 jedoch anzuwenden.

(4) Werden an der Stelle der bisherigen Finanzierungsmittel nach § 12 Abs. 4 oder Abs. andere Mittel ausgewiesen, so treten die Kapitalkosten der neuen Mittel insoweit an die Stelle der Kapitalkosten der bisherigen Finanzierungsmittel, als sie im Rahmen des § 20, des § 21 oder des § 22 den Betrag nicht übersteigen, der sich aus der Verzinsung zu dem bei der Ersetzung marktüblichen Zinssatz für erste Hypotheken ergibt. Bei einem Tilgungsdarlehen bleibt es für den Betrag, der planmäßig getilgt ist (§ 12 Abs. 4 Satz 3), bei der bisherigen Verzinsung. Sind Finanzierungsmittel durch eigene Mittel des Bauherrn ersetzt worden, so dürfen im öffentlich geförderten sozialen Wohnungsbau Zinsen nur unter entsprechender Anwendung des § 20 Abs. 2 Satz 2 angesetzt werden.

(5) Werden an der Stelle der als Darlehen gewährten öffentlichen Mittel nach § 12 Abs. 5 andere Mittel ausgewiesen, so dürfen als Kapitalkosten der neuen Mittel Zinsen nach Absatz 4 Satz 1 angesetzt werden. Vorbehaltlich des § 46 Abs. 2 darf jedoch keine höhere Verzinsung angesetzt werden, als im Zeitpunkt der Rückzahlung für das öffentliche Baudarlehen zu entrichten war. Ist ein Schuldnachlaß gewährt worden, dürfen Kapitalkosten für den erlassenen Darlehnsbetrag nicht angesetzt werden.

(6) Werden nach § 11 Abs. 4 bis 6 die Kosten von baulichen Änderungen den Gesamtkosten hinzugerechnet, so dürfen für die Mittel, die zur Deckung dieser Kosten dienen, Kapitalkosten insoweit angesetzt werden, als sie im Rahmen des § 20, des § 21 oder des § 22 den Betrag nicht übersteigen, der sich aus der Verzinsung zu dem bei Fertigstellung marktüblichen Zinssatz für erste Hypotheken ergibt. Sind die Kosten durch eigene Mittel des Bauherrn gedeckt worden, so dürfen im öffentlich geförderten sozialen Wohnungsbau Zinsen nur unter entsprechender Anwendung des § 20 Abs. 2 Satz 2 und im steuerbegünstigten und freifinanzierten Wohnungsbau, der mit Wohnungsfürsorgemitteln gefördert worden ist, nur unter entsprechender Anwendung des § 20 Abs. 3 angesetzt werden.

§ 23a Marktüblicher Zinssatz für erste Hypotheken

(1) Der marktübliche Zinssatz für erste Hypotheken im Zeitpunkt nach § 4 kann ermittelt werden

1. aus dem durchschnittlichen Zinssatz der durch erste Hypotheken gesicherten Darlehen, die zu dieser Zeit von Kreditinstituten oder privatrechtlichen Unternehmen, zu deren Geschäften üblicherweise die Hergabe derartiger Darlehen gehört, zu geschäftsüblichen Bedingungen für Bauvorhaben an demselben Ort gewährt worden sind oder

2. in Anlehnung an den Zinssatz der zu dieser Zeit zahlenmäßig am meisten abgesetzten Pfandbriefe unter Berücksichtigung der üblichen Zinsspanne.

(2) Absatz 1 gilt sinngemäß, wenn der marktübliche Zinssatz für einen anderen Zeitpunkt als den nach § 4 festzustellen ist.

§ 24 Bewirtschaftungskosten

(1) Bewirtschaftungskosten sind die Kosten, die zur Bewirtschaftung des Gebäudes oder der Wirtschaftseinheit laufend erforderlich sind. Bewirtschaftungskosten sind im einzelnen

1. Abschreibung,
2. Verwaltungskosten,
3. Betriebskosten,
4. Instandhaltungskosten,
5. Mietausfallwagnis.

(2) Der Ansatz der Bewirtschaftungskosten hat den Grundsätzen einer ordentlichen Bewirtschaftung zu entsprechen. Bewirtschaftungskosten dürfen nur angesetzt werden, wenn sie ihrer Höhe nach feststehen oder wenn mit ihrem Entstehen sicher gerechnet werden kann und soweit sie bei gewissenhafter Abwägung aller Umstände und bei ordentlicher Geschäftsführung gerechtfertigt sind. Erfahrungswerte vergleichbarer Bauten sind heranzuziehen. Soweit nach den §§ 26 und 28 Ansätze bis zu einer bestimmten Höhe zugelassen sind, dürfen Bewirtschaftungskosten bis zu dieser Höhe angesetzt werden, es sei denn, daß der Ansatz im Einzelfall unter Berücksichtigung der jeweiligen Verhältnisse nicht angemessen ist.

§ 25 Abschreibung

(1) Abschreibung ist der auf jedes Jahr der Nutzung fallende Anteil der verbrauchsbedingten Wertminderung der Gebäude, Anlagen und Einrichtungen. Die Abschreibung ist nach der mutmaßlichen Nutzungsdauer zu errechnen.

(2) Die Abschreibung soll bei Gebäuden 1 vom Hundert der Baukosten, bei Erbbaurechten 1 vom Hundert der Gesamtkosten nicht übersteigen, sofern nicht besondere Umstände eine Überschreitung rechtfertigen.

(3) Als besondere Abschreibung für Anlagen und Einrichtungen dürfen zusätzlich angesetzt werden von den in der Wirtschaftlichkeitsberechnung enthaltenen Kosten

1. der Öfen und Herde 3 vom Hundert,
2. der Einbaumöbel 3 vom Hundert,
3. der Anlagen und der Geräte zur Versorgung mit Warmwasser, sofern sie nicht mit einer Sammelheizung verbunden sind, 4 vom Hundert,
4. der Sammelheizung einschließlich einer damit verbundenen Anlage zur Versorgung mit Warmwasser 3 vom Hundert,
5. der Hausanlage bei eigenständig gewerblicher Lieferung von Wärme 0,5 vom Hundert und einer damit verbundenen Anlage zur Versorgung mit Warmwasser 4 vom Hundert,
6. des Aufzugs 2 vom Hundert,
7. der Gemeinschaftsantenne 9 vom Hundert,
8. der maschinellen Wascheinrichtung 9 vom Hundert.

§ 26 Verwaltungskosten

(1) Verwaltungskosten sind die Kosten der zur Verwaltung des Gebäudes oder der Wirtschaftseinheit erforderlichen Arbeitskräfte und Einrichtungen, die Kosten der Aufsicht sowie der Wert der vom Vermieter persönlich geleisteten Verwaltungsarbeit. Zu den Verwaltungskosten gehören auch die Kosten für die gesetzlichen oder freiwilligen Prüfungen des Jahresabschlusses und der Geschäftsführung.

(2) Die Verwaltungskosten dürfen höchstens mit 420 Deutsche Mark jährlich je Wohnung, bei Eigenheimen, Kaufeigenheimen und Kleinsiedlungen je Wohngebäude angesetzt werden.

(3) Für Garagen oder ähnliche Einstellplätze dürfen Verwaltungskosten höchstens mit 55 Deutsche Mark jährlich je Garagen- oder Einstellplatz angesetzt werden.

§ 27 Betriebskosten

(1) Betriebskosten sind die Kosten, die dem Eigentümer (Erbbauberechtigten) durch das Eigentum am Grundstück (Erbbaurecht) oder durch den bestimmungsmäßigen Gebrauch des Gebäudes oder der Wirtschaftseinheit, der Nebengebäude, Anlagen, Einrichtungen und des Grundstücks laufend entstehen. Der Ermittlung der Betriebskosten ist die dieser Verordnung beigefügte Anlage 3 „Aufstellung der Betriebskosten" zugrunde zu legen.

(2) Sach- und Arbeitsleistungen des Eigentümers (Erbbauberechtigten), durch die Betriebskosten erspart werden, dürfen mit dem Betrage angesetzt werden, der für eine gleichwertige Leistung eines Dritten, insbesondere eines Unternehmers, angesetzt werden könnte. Die Umsatzsteuer des Dritten darf nicht angesetzt werden.

963

(3) Im öffentlich geförderten sozialen Wohnungsbau und im steuerbegünstigten oder freifinanzierten Wohnungsbau, der mit Wohnungsfürsorgemitteln gefördert worden ist, dürfen die Betriebskosten nicht in der Wirtschaftlichkeitsberechnung angesetzt werden.
(4) (außer Kraft)

§ 28 Instandhaltungskosten

(1) Instandhaltungskosten sind die Kosten, die während der Nutzungsdauer zur Erhaltung des bestimmungsmäßigen Gebrauchs aufgewendet werden müssen, um die durch Abnutzung, Alterung und Witterungseinwirkung entstehenden baulichen oder sonstigen Mängel ordnungsgemäß zu beseitigen. Der Ansatz der Instandhaltungskosten dient auch zur Deckung der Kosten von Instandsetzungen, nicht jedoch der Kosten von Baumaßnahmen, soweit durch sie eine Modernisierung vorgenommen wird oder Wohnraum oder anderer auf die Dauer benutzbarer Raum neu geschaffen wird. Der Ansatz dient nicht zur Deckung der Kosten einer Erneuerung von Anlagen und Einrichtungen, für die eine besondere Abschreibung nach § 25 Abs. 3 zulässig ist.
(2) Als Instandhaltungskosten dürfen je Quadratmeter Wohnfläche im Jahr angesetzt werden:
1. für Wohnungen, deren Bezugsfertigkeit am Ende des Kalenderjahres weniger als 22 Jahre zurückliegt, höchstens 7,10 Euro,
2. für Wohnungen, deren Bezugsfertigkeit am Ende des Kalenderjahres mindestens 22 Jahre zurückliegt, höchstens 9 Euro,
3. für Wohnungen, deren Bezugsfertigkeit am Ende des Kalenderjahres mindestens 32 Jahre zurückliegt, höchstens 11,50 Euro.
Diese Sätze verringern sich bei eigenständig gewerblicher Leistung von Wärme im Sinne des § 1 Abs. 2 Nr. 2 der Verordnung über Heizkostenabrechnung in der Fassung der Bekanntmachung vom 20. Januar 1989 (BGBl. I S. 115) um 0,20 Euro.Diese Sätze erhöhen sich für Wohnungen, für die ein maschinell betriebener Aufzug vorhanden ist, um 1 Euro.
(3) Trägt der Mieter die Kosten für kleine Instandhaltungen in der Wohnung, so verringern sich die Sätze nach Absatz 2 um 1,05 Euro. Die kleinen Instandhaltungen umfassen nur das Beheben kleiner Schäden an den Installationsgegenständen für Elektrizität, Wasser und Gas, den Heiz- und Kocheinrichtungen, den Fenster- und Türverschlüssen sowie den Verschlußvorrichtungen von Fensterläden.
(4) Die Kosten der Schönheitsreparaturen in Wohnungen sind in den Sätzen nach Absatz 2 nicht enthalten. Trägt der Vermieter die Kosten dieser Schönheitsreparaturen, so dürfen sie höchstens mit 8,50 Euro je Quadratmeter Wohnfläche im Jahr angesetzt werden. Schönheitsreparaturen umfassen nur das Tapezieren, Anstreichen oder Kalken der Wände und Decken, das Streichen der Fußböden, Heizkörper einschließlich Heizrohre, der Innentüren sowie der Fenster und Außentüren von innen.
(5) Für Garagen oder ähnliche Einstellplätze dürfen als Instandhaltungskosten einschließlich Kosten für Schönheitsreparaturen höchstens 68 Euro jährlich je Garagen- oder Einstellplatz angesetzt werden.
(5a) Die in den Absätzen 2 bis 5 genannten Beträge verändern sich entsprechend § 26 Abs. 4.

(6) Für Kosten der Unterhaltung von Privatstraßen und Privatwegen, die dem öffentlichen Verkehr dienen, darf ein Erfahrungswert als Pauschbetrag neben den vorstehenden Sätzen angesetzt werden.

(7) Kosten eigener Instandhaltungswerkstätten sind mit den vorstehenden Sätzen abgegolten.

§ 29 Mietausfallwagnis

Mietausfallwagnis ist das Wagnis einer Ertragsminderung, die durch uneinbringliche Rückstände von Mieten, Pachten, Vergütungen und Zuschlägen oder durch Leerstehen von Raum, der zur Vermietung bestimmt ist, entsteht. Es umfaßt auch die uneinbringlichen Kosten einer Rechtsverfolgung auf Zahlung oder Räumung. Das Mietausfallwagnis darf höchstens mit 2 vom Hundert der Erträge im Sinne des § 31 Abs. 1 Satz 1 angesetzt werden. Soweit die Deckung von Ausfällen anders, namentlich durch einen Anspruch auf Erstattung gegenüber einem Dritten, gesichert ist, darf kein Mietausfallwagnis angesetzt werden.

§ 30 Änderung der Bewirtschaftungskosten

(1) Haben sich die Verwaltungskosten oder die Instandhaltungskosten geändert

1. im öffentlich geförderten sozialen Wohnungsbau nach der Bewilligung der öffentlichen Mittel gegenüber dem bei der Bewilligung auf Grund der Wirtschaftlichkeitsberechnung zugrunde gelegten Betrag,

2. im steuerbegünstigten Wohnungsbau nach der Bezugsfertigkeit,

so sind in Wirtschaftlichkeitsberechnungen, die nach diesen Zeitpunkten aufgestellt werden, die geänderten Kosten anzusetzen. Dies gilt bei einer Erhöhung dieser Kosten nur, wenn sie auf Umständen beruht, die der Bauherr nicht zu vertreten hat. Die Verwaltungskosten dürfen bis zu der in § 26 zugelassenen Höhe, die Instandhaltungskosten bis zu der in § 28 zugelassenen Höhe ohne Nachweis einer Kostenerhöhung angesetzt werden, es sei denn, daß der Ansatz im Einzelfall unter Berücksichtigung der jeweiligen Verhältnisse nicht angemessen ist. Eine Überschreitung der für die Verwaltungskosten und die Instandhaltungskosten zugelassenen Sätze ist nicht zulässig.

(2) Der Ansatz für die Abschreibung ist in Wirtschaftlichkeitsberechnungen, die nach den in Absatz 1 bezeichneten Zeitpunkten aufgestellt werden, zu ändern, wenn nach § 11 Abs. 1 bis 3 geänderte Gesamtkosten angesetzt werden; eine Änderung des für die Abschreibung angesetzten Vomhundertsatzes ist unzulässig.

(3) Der Ansatz für das Mietausfallwagnis ist in Wirtschaftlichkeitsberechnungen, die nach den in Absatz 1 bezeichneten Zeitpunkten aufgestellt werden, zu ändern, wenn sich die Jahresmiete ändert; eine Änderung des Vomhundertsatzes für das Mietausfallwagnis ist zulässig, wenn sich die Voraussetzungen für seine Bemessung nachhaltig geändert haben.

(4) Werden nach § 11 Abs. 4 bis 6 die Kosten von baulichen Änderungen den Gesamtkosten hinzugerechnet, so dürfen die infolge der Änderungen entstehenden Bewirtschaftungskosten den anderen Bewirtschaftungskosten hinzugerechnet werden. Für die entstehenden Abschreibungen und Instandhaltungskosten gelten die §§ 25 und 28 Abs. 2 bis 6 entsprechend.

§ 31 Erträge

(1) Erträge sind die Einnahmen aus Mieten, Pachten und Vergütungen, die bei ordentlicher Bewirtschaftung des Gebäudes oder der Wirtschaftseinheit nachhaltig erzielt werden können. Umlagen und Zuschläge, die zulässigerweise neben der Einzelmiete erhoben werden, bleiben als Ertrag unberücksichtigt.

(2) Als Ertrag gilt auch der Miet- oder Nutzungswert von Räumen oder Flächen, die vom Eigentümer (Erbbauberechtigten) selbst benutzt werden oder auf Grund eines anderen Rechtsverhältnisses als Miete oder Pacht überlassen sind.

(3) Wird die Wirtschaftlichkeitsberechnung aufgestellt, um für Wohnraum die zur Deckung der laufenden Aufwendungen erforderliche Miete (Kostenmiete) zu ermitteln, so ist der Gesamtbetrag der Erträge in derselben Höhe wie der Gesamtbetrag der laufenden Aufwendungen auszuweisen. Aus dem nach Abzug der Vergütungen verbleibenden Betrag ist die Miete nach den für ihre Ermittlung maßgebenden Vorschriften zu berechnen.

Fünfter Abschnitt
Besondere Arten der Wirtschaftlichkeitsberechnung

§ 32 Voraussetzungen für besondere Arten der Wirtschaftlichkeitsberechnung

(1) Die Wirtschaftlichkeitsberechnung ist, vorbehaltlich des Absatzes 3, als Teilwirtschaftlichkeitsberechnung aufzustellen, wenn das Gebäude oder die Wirtschaftseinheit neben dem Wohnraum, für den die Berechnung aufzustellen ist, auch anderen Wohnraum oder Geschäftsraum enthält.

(2) Enthält das Gebäude oder die Wirtschaftseinheit steuerbegünstigten oder freifinanzierten Wohnraum, für den eine Wirtschaftlichkeitsberechnung nach § 87a des Zweiten Wohnungsbaugesetzes aufzustellen ist, und anderen steuerbegünstigten oder freifinanzierten Wohnraum, so ist die Wirtschaftlichkeitsberechnung als Teilwirtschaftlichkeitsberechnung aufzustellen.

(3) Die Wirtschaftlichkeitsberechnung für öffentlich geförderten Wohnraum ist als Teilwirtschaftlichkeitsberechnung oder mit Zustimmung der Bewilligungsstelle als Gesamtwirtschaftlichkeitsberechnung aufzustellen, wenn das Gebäude oder die Wirtschaftseinheit auch freifinanzierten Wohnraum oder Geschäftsraum enthält.

(4) Die Wirtschaftlichkeitsberechnung für öffentlich geförderten Wohnraum ist in der Form von Teilwirtschaftlichkeitsberechnungen oder als Wirtschaftlichkeitsberechnung mit Teilberechnungen der laufenden Aufwendungen aufzustellen, wenn für einen Teil dieses Wohnraums (begünstigter Wohnraum) gegenüber dem anderen Teil des Wohnraums eine stärkere oder länger dauernde Senkung der laufenden Aufwendungen erzielt werden soll

1. durch Gewährung öffentlicher Mittel als Darlehen oder Zuschüsse zur Deckung von laufenden Aufwendungen, Fremdkapitalkosten, Annuitäten oder Bewirtschaftungskosten (§ 18 Abs. 2) oder

2. durch Gewährung von höheren, der nachstelligen Finanzierung dienenden öffentlichen Baudarlehen.

Anstelle einer besonderen Form der Wirtschaftlichkeitsberechnung nach Satz 1 darf eine Wirtschaftlichkeitsberechnung nach den Vorschriften des ersten bis vierten Abschnittes aufgestellt werden, wenn eine Senkung der laufenden Aufwendungen für den begünstigten Wohnraum auf Grund von Umständen, die vom Bauherrn nicht zu vertreten sind, nicht mehr erzielt werden kann oder die besondere Zweckbestimmung für diesen Teil des Wohnraums entfallen ist.

(4a) Ist eine Wirtschaftlichkeitsberechnung nach den Vorschriften des Ersten bis Vierten Abschnitts oder nach den Absätzen 1 bis 4 aufgestellt worden, bleibt diese als Teilwirtschaftlichkeitsberechnung für den Wohnraum, der Gegenstand ihrer Berechnung ist, weiterhin maßgebend, wenn neuer Wohnraum durch Ausbau oder Erweiterung des Gebäudes oder der zur Wirtschaftseinheit gehörenden Gebäude geschaffen worden ist. Ist für den neu geschaffenen Wohnraum eine Wirtschaftlichkeitsberechnung erforderlich, ist sie als Teilwirtschaftlichkeitsberechnung aufzustellen.

(5) Wird eine Wirtschaftlichkeitsberechnung für öffentlich geförderten Wohnraum erstmalig nach dieser Verordnung aufgestellt, so bleibt die der Bewilligung der öffentlichen Mittel zugrunde gelegte Art der Wirtschaftlichkeitsberechnung maßgebend, wenn diese Art auch nach Absatz 1, 3 oder 4 zulässig wäre; ist der Bewilligung der öffentlichen Mittel eine ähnliche Berechnung oder eine Berechnung der Gesamtkosten und Finanzierungsmittel zugrunde gelegt worden, so gilt dies sinngemäß. Wäre die der Bewilligung zugrunde gelegte Art der Berechnung nicht nach Absatz 1, 3 oder 4 zulässig oder ist der Bewilligung eine Berechnung nicht zugrunde gelegt worden, so ist die Wirtschaftlichkeitsberechnung, die erstmalig nach dieser Verordnung aufgestellt wird, unter Anwendung des Absatzes 1, 3 oder 4 und unter Ausübung der dabei zulässigen Wahl aufzustellen.

(6) Die nach den Absätzen 3, 4 oder 5 getroffene Wahl bleibt für alle späteren Wirtschaftlichkeitsberechnungen maßgebend.

(7) Für die Aufstellung der Wirtschaftlichkeitsberechnung gelten

1. bei der Teilwirtschaftlichkeitsberechnung die sich aus den §§ 33 bis 36 ergebenden Besonderheiten,
2. bei der Gesamtwirtschaftlichkeitsberechnung die sich aus § 37 ergebenden Besonderheiten,
3. bei den Teilberechnungen der laufenden Aufwendungen die sich aus § 38 ergebenden Besonderheiten.

§ 33 Teilwirtschaftlichkeitsberechnung

In der Teilwirtschaftlichkeitsberechnung ist die Gegenüberstellung der laufenden Aufwendungen und der Erträge auf den Teil des Gebäudes oder der Wirtschaftseinheit zu beschränken, der den Wohnraum enthält, für den die Berechnung aufzustellen ist.

§ 34 Gesamtkosten in der Teilwirtschaftlichkeitsberechnung

(1) In der Teilwirtschaftlichkeitsberechnung sind nur die Gesamtkosten anzusetzen, die auf den Teil des Gebäudes oder der Wirtschaftseinheit fallen, der Gegenstand der Berechnung ist. Soweit bei Gesamtkosten nicht festgestellt werden kann, auf welchen Teil des Gebäudes oder der Wirtschaftseinheit sie fallen, sind sie bei Wohnraum nach dem

Verhältnis der Wohnflächen aufzuteilen; enthält das Gebäude oder die Wirtschaftseinheit auch Geschäftsraum, so sind sie für den Wohnteil und den Geschäftsteil im Verhältnis des umbauten Raumes aufzuteilen. Kosten oder Mehrkosten, die nur durch den Wohn- oder Geschäftsraum entstehen, der nicht Gegenstand der Berechnung ist, dürfen nur diesem zugerechnet werden. Bei der Berechnung des umbauten Raumes ist die Anlage 2 dieser Verordnung zugrunde zu legen.

(2) Enthält das Gebäude oder die Wirtschaftseinheit außer Wohnraum auch Geschäfts- raum von nicht nur unbedeutendem Ausmaß, so dürfen die Kosten des Baugrundstücks, die dem Wohnraum zugerechnet werden, 15 vom Hundert seiner Baukosten nicht über- steigen; in besonderen Fällen, namentlich bei Grundstücken in günstiger Wohnlage, kann der Vomhundertsatz überschritten werden. Erhöhte Kosten des Baugrundstücks, die durch die Geschäftslage veranlaßt sind, dürfen nicht dem Wohnraum zugerechnet werden.

(3) Bei Wiederherstellung eines Gebäudes gehört zu den Baukosten auch der Wert der beim Bau des Wohnraums, für den die Berechnung aufzustellen ist, verwendeten Gebäu- deteile; er ist entsprechend § 7 Abs. 2 Satz 2 bis 4 zu ermitteln. Kommt eine Wiederher- stellung auch dem noch vorhandenen, auf die Dauer benutzbaren Raum zugute, so dürfen Baukosten nur insoweit angesetzt werden, als die Wiederherstellung dem neu geschaffe- nen Wohnraum zugute kommt; Absatz 1 gilt entsprechend.

(4) Ist Wohnraum durch Ausbau oder Erweiterung neu geschaffen worden, gehören zu den Gesamtkosten, die diesem Wohnraum in der Teilwirtschaftlichkeitsberechnung zuzurechnen sind, nur diejenigen Kosten, die durch den Ausbau oder die Erweiterung entstanden sind; dies gilt auch, wenn Zubehörräume von öffentlich geförderten Wohnun- gen zu neuen Wohnungen ausgebaut werden. Kosten des Baugrundstücks dürfen bei Ausbau nicht, bei Erweiterung nur dann angesetzt werden, wenn das Grundstück für einen Anbau neu erworben worden ist.

§ 35   Finanzierungsmittel in der Teilwirtschaftlichkeitsberechnung

In der Teilwirtschaftlichkeitsberechnung sind zur Deckung der angesetzten anteiligen Gesamtkosten die Finanzierungsmittel, die nur für den Teil des Gebäudes oder der Wirt- schaftseinheit bestimmt sind, der Gegenstand der Berechnung ist, in voller Höhe im Finanzierungsplan auszuweisen. Die anderen Finanzierungsmittel sind angemessen zu verteilen.

§ 36   Laufende Aufwendungen und Erträge in der Teilwirtschaftlichkeits- berechnung

(1) In der Teilwirtschaftlichkeitsberechnung sind die laufenden Aufwendungen anzuset- zen, die für den Teil des Gebäudes oder der Wirtschaftseinheit, der Gegenstand der Be- rechnung ist, entstehen.

(2) Bewirtschaftungskosten, die für das ganze Gebäude oder die ganze Wirtschaftseinheit entstehen, sind nur mit dem Teil anzusetzen, der sich nach dem Verhältnis der Teilung der Gesamtkosten nach § 34 ergibt. Bewirtschaftungskosten oder Mehrbeträge von Be- wirtschaftungskosten, die allein durch den Wohn- oder Geschäftsraum, der nicht Gegen- stand der Berechnung ist, entstehen, dürfen nur diesem zugerechnet werden. Bei Wieder- herstellung, Ausbau und Erweiterung dürfen Bewirtschaftungskosten nur insoweit ange-

setzt werden, als sie für den Teil des Gebäudes oder der Wirtschaftseinheit, der Gegenstand der Berechnung ist, zusätzlich entstehen; ist auch für den vorhanden gewesenen Wohnraum eine Teilwirtschaftlichkeitsberechnung aufzustellen, so dürfen Bewirtschaftungskosten nur nach den Sätzen 1 und 2 angesetzt werden.

(3) In der Teilwirtschaftlichkeitsberechnung sind die Erträge auszuweisen, die sich für den Teil des Gebäudes oder der Wirtschaftseinheit, der Gegenstand der Berechnung ist, nach § 31 ergeben.

§ 37 Gesamtwirtschaftlichkeitsberechnung

(1) In der Gesamtwirtschaftlichkeitsberechnung ist die Gegenüberstellung der laufenden Aufwendungen und der Erträge für das gesamte Gebäude oder die gesamte Wirtschaftseinheit vorzunehmen und sodann der Teil der laufenden Aufwendungen und der Erträge auszugliedern, der auf den öffentlich geförderten Wohnraum entfällt.

(2) Bewirtschaftungskosten für Geschäftsraum sind mit den Beträgen anzusetzen, die zur ordentlichen Bewirtschaftung des Geschäftsraums laufend erforderlich sind.

(3) Zur Ausgliederung des Teils der laufenden Aufwendungen, der auf den öffentlich geförderten Wohnraum fällt, ist der Gesamtbetrag der laufenden Aufwendungen auf diesen Wohnraum und auf den anderen Wohnraum sowie den Geschäftsraum angemessen zu verteilen. Laufende Aufwendungen oder Mehrbeträge laufender Aufwendungen, die allein durch den öffentlich geförderten Wohnraum oder durch den anderen Wohnraum oder den Geschäftsraum entstehen, dürfen jeweils nur dem in Betracht kommenden Raum zugerechnet werden.

(4) Wird für öffentlich geförderten Wohnraum eine Gesamtwirtschaftlichkeitsberechnung aufgestellt, so finden die Absätze 1 bis 3 auch dann Anwendung, wenn in der Berechnung, die der Bewilligung der öffentlichen Mittel zugrunde gelegt worden ist, eine Ausgliederung des auf den öffentlich geförderten Wohnraum fallenden Teiles der laufenden Aufwendungen nicht oder nach einem anderen Verteilungsmaßstab vorgenommen worden ist oder wenn Bewirtschaftungskosten für Geschäftsraum nicht oder nur in geringerer Höhe in Anspruch genommen oder anerkannt worden sind oder wenn auf Ansätze ganz oder teilweise verzichtet worden ist.

§ 38 Teilberechnungen der laufenden Aufwendungen

(1) Für die Teilberechnungen der laufenden Aufwendungen ist der in der Wirtschaftlichkeitsberechnung für den öffentlich geförderten Wohnraum errechnete Gesamtbetrag der laufenden Aufwendungen nach dem Verhältnis der Wohnfläche auf den begünstigten Wohnraum und den anderen Wohnraum aufzuteilen. Laufende Aufwendungen oder Mehrbeträge laufender Aufwendungen, die allein durch den begünstigten Wohnraum oder den anderen Wohnraum entstehen, dürfen nur dem jeweils in Betracht kommenden Wohnraum zugerechnet werden.

(2) Im Falle des § 32 Abs. 4 Nr. 1 ist nach Aufteilung des Gesamtbetrages der laufenden Aufwendungen auf den begünstigten Wohnraum und den anderen Wohnraum die Verminderung der laufenden Aufwendungen nach § 18 Abs. 2 jeweils bei dem Teil der laufenden Aufwendungen vorzunehmen, der auf den Wohnraum fällt, für den die Darlehen oder Zuschüsse zur Deckung von laufenden Aufwendungen, Fremdkapitalkosten, Annuitäten oder Bewirtschaftungskosten gewährt werden.

(3) Im Falle des § 32 Abs. 4 Nr. 2 sind bei Berechnungen des Gesamtbetrages der laufenden Aufwendungen für die der nachstelligen Finanzierung dienenden öffentlichen Baudarlehen Rechnungszinsen in Höhe des im Zeitpunkt nach § 4 marktüblichen Zinssatzes für erste Hypotheken anzusetzen. Nach Aufteilung des Gesamtbetrages der laufenden Aufwendungen auf den begünstigten Wohnraum und den anderen Wohnraum sind wieder abzuziehen

1. von dem Teil der laufenden Aufwendungen, der auf den begünstigten Wohnraum fällt, die für die höheren öffentlichen Baudarlehen angesetzten Rechnungszinsen,

2. von dem Teil der laufenden Aufwendungen, der auf den anderen Wohnraum fällt, die für die anderen öffentlichen Baudarlehen angesetzten Rechnungszinsen.

Die Zinsen, die sich nach § 21 Abs. 2 und 3 für die öffentlichen Baudarlehen ergeben, sind sodann jeweils hinzuzurechnen.

(4) Absatz 3 gilt sinngemäß, wenn Darlehen oder Zuschüsse zur Senkung der Kapitalkosten von Fremdmitteln unmittelbar dem Gläubiger gewährt werden und für den begünstigten Wohnraum höhere Fremdmittel dieser Art ausgewiesen sind als für den anderen Wohnraum; Absatz 2 ist in diesem Falle nicht anzuwenden.

§ 39 Vereinfachte Wirtschaftlichkeitsberechnung

(1) In der vereinfachten Wirtschaftlichkeitsberechnung ist die Ermittlung der laufenden Aufwendungen sowie die Gegenüberstellung der laufenden Aufwendungen und der Erträge in vereinfachter Form zulässig. Die vereinfachte Wirtschaftlichkeitsberechnung kann auch als Auszug aus einer Wirtschaftlichkeitsberechnung aufgestellt werden. Der Auszug aus einer Wirtschaftlichkeitsberechnung muß enthalten

1. die Bezeichnung des Gebäudes,

2. die Höhe der einzelnen laufenden Aufwendungen,

3. die Darlehen und Zuschüsse zur Deckung von laufenden Aufwendungen für den gesamten Wohnraum,

4. die Mieten und Pachten, den entsprechenden Miet- oder Nutzwert und die Vergütungen.

(2) Absatz 1 Satz 3 ist sinngemäß anzuwenden, wenn der Auszug zur Berechnung einer Mieterhöhung nach § 10 Abs. 1 des Wohnungsbindungsgesetzes aufgestellt wird. Aus dem Auszug muß auch die Erhöhung der einzelnen laufenden Aufwendungen erkennbar werden.

§ 39a Zusatzberechnung

(1) Ist bereits eine Wirtschaftlichkeitsberechnung aufgestellt worden und haben sich nach diesem Zeitpunkt laufende Aufwendungen geändert, so kann eine neue Wirtschaftlichkeitsberechnung in der Weise aufgestellt werden, daß die bisherige Wirtschaftlichkeitsberechnung um eine Zusatzberechnung ergänzt wird, in der die Erhöhung oder Verringerung der einzelnen laufenden Aufwendungen ermittelt und der Erhöhung oder Verringerung der Erträge gegenübergestellt wird. Eine Zusatzberechnung kann auch aufgestellt werden, wenn die in § 18 Abs. 2 Satz 1 bezeichneten Darlehen oder Zuschüsse nicht mehr oder nur in verminderter Höhe gewährt werden und der Vermieter den Wegfall oder die Verminderung nicht zu vertreten hat.

(2) Hat der Vermieter den Änderungsbetrag zur Vergleichsmiete nach § 12 oder nach § 14 Abs. 6 der Neubaumietenverordnung 1970 zu ermitteln, sind die einzelnen laufenden Aufwendungen nach den Verhältnissen zum Zeitpunkt der Bewilligung der öffentlichen Mittel zusammenzustellen und eine Zusatzberechnung nach Absatz 1 aufzustellen. Dabei bleiben Änderungen der laufenden Aufwendungen, die sich nicht auf den Wohnraum beziehen, dessen Vergleichsmiete zu ermitteln ist, unberücksichtigt. Enthält das Gebäude neben dem öffentlich geförderten Wohnraum auch anderen Wohnraum oder Geschäftsraum, sind die laufenden Aufwendungen und die Zusatzberechnung entsprechend § 37 aufzustellen.

(3) Ist bereits eine Wirtschaftlichkeitsberechnung aufgestellt und sind nach diesem Zeitpunkt bauliche Änderungen vorgenommen worden, so kann eine neue Wirtschaftlichkeitsberechnung in der Weise aufgestellt werden, daß die bisherige Wirtschaftlichkeitsberechnung um eine Zusatzberechnung ergänzt wird. In der Zusatzberechnung sind die Kosten der baulichen Änderungen anzusetzen, die zu ihrer Deckung dienenden Finanzierungsmittel auszuweisen und die sich danach für die baulichen Änderungen ergebenden Aufwendungen den Ertragserhöhungen gegenüberzustellen.

(4) Hat der Vermieter den Erhöhungsbetrag zur Vergleichsmiete nach § 13 der Neubaumietenverordnung 1970 für sämtliche öffentlich geförderten Wohnungen zu ermitteln, so ist eine Zusatzberechnung nach Absatz 3 Satz 2 aufzustellen.

Teil III
Lastenberechnung

§ 40 Lastenberechnung

(1) Die Belastung des Eigentümers eines Eigenheims, einer Kleinsiedlung oder einer eigengenutzten Eigentumswohnung oder des Inhabers eines eigengenutzten eigentumsähnlichen Dauerwohnrechts wird durch eine Berechnung (Lastenberechnung) ermittelt. Das gleiche gilt für die Belastung des Bewerbers um ein Kaufeigenheim, eine Trägerkleinsiedlung, eine Kaufeigentumswohnung oder eine Wohnung in der Rechtsform des eigentumsähnlichen Dauerwohnrechts.

(2) Wird durch Ausbau oder Erweiterung neuer, fremden Wohnzwecken dienender Wohnraum unter Einsatz öffentlicher Mittel geschaffen, ist hierfür eine Teilwirtschaftlichkeitsberechnung aufzustellen. Die Regelungen des § 32 Abs. 4a und des § 34 Abs. 4 sind entsprechend anzuwenden.

§ 40a Aufstellung der Lastenberechnung durch den Bauherrn

(1) Ist der Eigentümer der Bauherr, so kann er die Lastenberechnung auf Grund einer Wirtschaftlichkeitsberechnung aufstellen. In diesem Fall beschränkt sich die Lastenberechnung auf die Ermittlung der Belastung nach den §§ 40c bis 41.

(2) Wird die Lastenberechnung vom Bauherrn nicht auf Grund einer Wirtschaftlichkeitsberechnung aufgestellt, so muß sie enthalten

1. die Grundstücks- und Gebäudebeschreibung,
2. die Berechnung der Gesamtkosten,
3. den Finanzierungsplan,
4. die Ermittlung der Belastung nach den §§ 40c bis 41.

(3) Die Lastenberechnung ist aufzustellen

1. bei einem Eigenheim, einer Kleinsiedlung oder einem Kaufeigenheim für das Gebäude,

2. bei einer eigengenutzten Eigentumswohnung oder einer Kaufeigentumswohnung

a) für die im Sondereigentum stehende Wohnung und den damit verbundenen Miteigentumsanteil an dem gemeinschaftlichen Eigentum oder

b) in der Weise, daß die Berechnung für die Eigentumswohnungen oder Kaufeigentumswohnungen des Gebäudes oder der Wirtschaftseinheit (§ 2 Abs. 2) zusammengefaßt und die Gesamtkosten nach dem Verhältnis der Miteigentumsanteile aufgeteilt werden,

3. bei einer Wohnung in der Rechtsform des eigentumsähnlichen Dauerwohnrechts für die Wohnung und den Teil des Grundstücks, auf den sich das Dauerwohnrecht erstreckt.

(4) Für die Aufstellung der Lastenberechnung gelten im übrigen § 2 Abs. 3 und 5, § 4 Abs. 1 bis 3, § 4a Abs. 1 bis 3, 5 sowie die §§ 5 bis 15 entsprechend. § 12 Abs. 4 Satz 2 gilt dabei mit der Maßgabe, daß anstelle der Erhöhung der Kapitalkosten die Erhöhung der Kapitalkosten und Tilgungen zu berücksichtigen ist.

§ 40b Aufstellung der Lastenberechnung durch den Erwerber

(1) Hat der Eigentümer das Gebäude oder die Wohnung auf Grund eines Veräußerungsvertrages gegen Entgelt erworben, so ist die Lastenberechnung nach § 40a Abs. 2 und 3 mit folgenden Maßgaben aufzustellen:

1. An die Stelle der Gesamtkosten treten der angemessene Erwerbspreis, die auf ihn fallenden Erwerbskosten und die nach dem Erwerb entstandenen Kosten nach § 11;

2. im Finanzierungsplan sind die Mittel auszuweisen, die zur Deckung des Erwerbspreises und der in Nummer 1 bezeichneten Kosten dienen.

(2) Für die Aufstellung der Lastenberechnung gelten im übrigen § 2 Abs. 3 und 5 und die §§ 12 bis 15 entsprechend. § 12 Abs. 4 Satz 2 gilt dabei mit der Maßgabe, daß an Stelle der Erhöhung der Kapitalkosten die Erhöhung der Kapitalkosten und Tilgungen zu berücksichtigen ist.

(3) Die Absätze 1 und 2 gelten entsprechend für die Aufstellung der Lastenberechnung durch einen Bewerber nach § 40 Satz 2.

§ 40c Ermittlung der Belastung

(1) Die Belastung wird ermittelt

1. aus der Belastung aus dem Kapitaldienst und

2. aus der Belastung aus der Bewirtschaftung.

(2) Hat derjenige, dessen Belastung zu ermitteln ist, einem Dritten ein Nutzungsentgelt oder einen ähnlichen Beitrag zum Kapitaldienst oder zur Bewirtschaftung zu leisten, so ist dieses Entgelt in die Lastenberechnung an Stelle der sonst ansetzbaren Beträge aufzunehmen, soweit es zur Deckung der Belastung bestimmt ist.

(3) Bei einer Kleinsiedlung vermehrt sich die Belastung um die Pacht einer gepachteten Landzulage.

(4) Werden von einem Dritten Aufwendungsbeihilfen, Zinszuschüsse oder Annuitätsdarlehen gewährt, so vermindert sich die Belastung entsprechend.

(5) Erträge aus Miete oder Pacht, die für den Gegenstand der Berechnung (§ 40a Abs. 3) erzielt werden, vermindern die Belastung. Dies gilt nicht für Ertragsteile, die zur Dekkung von Betriebskosten dienen, die bei der Berechnung der Belastung aus der Bewirtschaftung nicht angesetzt werden dürfen. Als Ertrag gilt auch der Miet- oder Nutzungswert der Räume, die von demjenigen, dessen Belastung zu ermitteln ist, ausschließlich zu anderen als Wohnzwecken oder als Garagen benutzt werden, sowie der von ihm gewerblich benutzten Flächen.

§ 40d Belastung aus dem Kapitaldienst

(1) Zu der Belastung aus dem Kapitaldienst gehören
1. die Fremdkapitalkosten,
2. die Tilgungen für Fremdmittel.

(2) Die Fremdkapitalkosten sind entsprechend den §§ 19, 21 und 23a zu berechnen. Die Tilgungen für Fremdmittel sind aus dem im Finanzierungsplan ausgewiesenen Fremdmittel mit dem maßgebenden Tilgungssatz zu berechnen. Maßgebend ist der vereinbarte Tilgungssatz oder, wenn die Tilgungen tatsächlich nach einem niedrigeren Tilgungssatz zu entrichten sind, dieser.

(3) Ist im Falle des § 40b im Finanzierungsplan eine Verbindlichkeit ausgewiesen, die ohne Änderung der Vereinbarung über die Verzinsung und Tilgung vom Erwerber übernommen worden ist, so gilt Absatz 2 mit der Maßgabe, daß die Zinsen und Tilgungen aus dem Ursprungsbetrag der Verbindlichkeit mit dem maßgebenden Zins- und Tilgungssatz zu berechnen sind.

(4) Hat sich der Zins- oder Tilgungssatz für ein Fremdmittel geändert, so sind die Zinsen und Tilgungen anzusetzen, die sich auf Grund der Änderung bei entsprechender Anwendung der Absätze 2 und 3 ergeben; dies gilt bei einer Erhöhung des Zins- oder Tilgungssatzes nur, wenn sie auf Umständen beruht, die derjenige, dessen Belastung zu ermitteln ist, nicht zu vertreten hat, und für die Zinsen nur insoweit, als sie im Rahmen der Absätze 2 und 3 den Betrag nicht übersteigen, der sich aus der Verzinsung zu dem bei der Erhöhung marktüblichen Zinssatz für erste Hypotheken ergibt.

(5) Bei einer Änderung der in § 21 Abs. 4 bezeichneten Fremdkapitalkosten gilt Absatz 4 entsprechend.

(6) Werden an der Stelle der bisherigen Finanzierungsmittel nach § 12 Abs. 4 andere Mittel ausgewiesen, so treten die Kapitalkosten und Tilgungen der neuen Mittel an die Stelle der Kapitalkosten und Tilgungen der bisherigen Finanzierungsmittel; dies gilt für die Kapitalkosten nur insoweit, als sie im Rahmen der Absätze 2 und 3 den Betrag nicht übersteigen, der sich aus der Verzinsung zu dem bei der Ersetzung marktüblichen Zinssatz für erste Hypotheken ergibt. Sind Finanzierungsmittel durch eigene Mittel ersetzt worden, so dürfen Zinsen oder Tilgungen nicht angesetzt werden.

(7) Werden nach § 11 Abs. 4 bis 6 den Gesamtkosten die Kosten von baulichen Änderungen hinzugerechnet, so dürfen für die Fremdmittel, die zur Deckung dieser Kosten dienen, bei Anwendung des Absatzes 2 Kapitalkosten insoweit angesetzt werden, als sie

den Betrag nicht überschreiten, der sich aus der Verzinsung zu dem bei Fertigstellung der baulichen Änderungen marktüblichen Zinssatz für erste Hypotheken ergibt.

(8) Soweit für Fremdmittel, die ganz oder teilweise im Finanzierungsplan ausgewiesen sind, Kapitalkosten oder Tilgungen nicht mehr zu entrichten sind, dürfen diese nicht angesetzt werden.

§ 41 Belastung aus der Bewirtschaftung

(1) Zu der Belastung aus der Bewirtschaftung gehören

1. die Ausgaben für die Verwaltung, die an einen Dritten laufend zu entrichten sind,
2. die Betriebskosten,
3. die Ausgaben für die Instandhaltung.

Die Vorschriften der §§ 24, 28 und 30 sind entsprechend anzuwenden.

(2) § 26 ist entsprechend anzuwenden mit der Maßgabe, daß bei Eigentumswohnungen, Kaufeigentumswohnungen oder Wohnungen in der Rechtsform des eigentumsähnlichen Dauerwohnrechts als Ausgaben für die Verwaltung höchstens 275 Euro angesetzt werden dürfen. Der in Satz 1 bezeichnete Betrag verändert sich entsprechend § 26 Abs. 4.

(3) § 27 ist entsprechend anzuwenden mit der Maßgabe, daß als Betriebskosten angesetzt werden dürfen

1. laufende öffentliche Lasten des Grundstücks, namentlich die Grundsteuer, jedoch nicht die Hypothekengewinnabgabe,
2. Kosten der Wasserversorgung,
3. Kosten der Straßenreinigung und Müllabfuhr,
4. Kosten der Entwässerung,
5. Kosten der Schornsteinreinigung,
6. Kosten der Sach- und Haftpflichtversicherung.

Bei einer Eigentumswohnung, einer Kaufeigentumswohnung und einer Wohnung in der Rechtsform des eigentumsähnlichen Dauerwohnrechts dürfen als Betriebskosten außerdem angesetzt werden

1. Kosten des Betriebes des Fahrstuhls,
2. Kosten der Hausreinigung und Ungezieferbekämpfung,
3. Kosten für den Hauswart.

Teil IV
Wohnflächenberechnung

§ 42 Wohnfläche

(1) Die Wohnfläche einer Wohnung ist die Summe der anrechenbaren Grundflächen der Räume, die ausschließlich zu der Wohnung gehören.

(2) Die Wohnfläche eines einzelnen Wohnraumes besteht aus dessen anrechenbarer Grundfläche; hinzuzurechnen ist die anrechenbare Grundfläche der Räume, die ausschließlich zu diesem einzelnen Wohnraum gehören. Die Wohnfläche eines untervermieteten Teils einer Wohnung ist entsprechend zu berechnen.

(3) Die Wohnfläche eines Wohnheimes ist die Summe der anrechenbaren Grundflächen der Räume, die zur alleinigen und gemeinschaftlichen Benutzung durch die Bewohner bestimmt sind.

(4) Zur Wohnfläche gehört nicht die Grundfläche von

1. Zubehörräumen; als solche kommen in Betracht: Keller, Waschküchen, Abstellräume außerhalb der Wohnung, Dachböden, Trockenräume, Schuppen (Holzlegen), Garagen und ähnliche Räume;
2. Wirtschaftsräumen; als solche kommen in Betracht: Futterküchen, Vorratsräume, Backstuben, Räucherkammern, Ställe, Scheunen, Abstellräume und ähnliche Räume;
3. Räumen, die den nach ihrer Nutzung zu stellenden Anforderungen des Bauordnungsrechtes nicht genügen;
4. Geschäftsräumen.

§ 43 Berechnung der Grundfläche

(1) Die Grundfläche eines Raumes ist nach Wahl des Bauherrn aus den Fertigmaßen oder den Rohbaumaßen zu ermitteln. Die Wahl bleibt für alle späteren Berechnungen maßgebend.

(2) Fertigmaße sind die lichten Maße zwischen den Wänden ohne Berücksichtigung von Wandgliederungen, Wandbekleidungen, Scheuerleisten, Öfen, Heizkörpern, Herden und dergleichen.

(3) Werden die Rohbaumaße zugrunde gelegt, so sind die errechneten Grundflächen um 3 vom Hundert zu kürzen.

(4) Von den errechneten Grundflächen sind abzuziehen die Grundflächen von

1. Schornsteinen und anderen Mauervorlagen, freistehenden Pfeilern und Säulen, wenn sie in der ganzen Raumhöhe durchgehen und ihre Grundfläche mehr als 0,1 Quadratmeter beträgt,
2. Treppen mit über drei Steigungen und deren Treppenabsätze.

(5) Zu den errechneten Grundflächen sind hinzuzurechnen die Grundflächen von

1. Fenster- und offenen Wandnischen, die bis zum Fußboden herunterreichen und mehr als 0,13 Meter tief sind,
2. Erkern und Wandschränken, die eine Grundfläche von mindestens 0,5 Quadratmeter haben,
3. Raumteilen unter Treppen, soweit die lichte Höhe mindestens 2 Meter ist.

Nicht hinzuzurechnen sind die Grundflächen der Türnischen.

(6) Wird die Grundfläche auf Grund der Bauzeichnung nach den Rohbaumaßen ermittelt, so bleibt die hiernach berechnete Wohnfläche maßgebend, außer wenn von der Bauzeichnung abweichend gebaut ist. Ist von der Bauzeichnung abweichend gebaut worden, so ist die Grundfläche auf Grund der berichtigten Bauzeichnung zu ermitteln.

§ 44 Anrechenbare Grundfläche

(1) Zur Ermittlung der Wohnfläche sind anzurechnen

1. voll

die Grundflächen von Räumen und Raumteilen mit einer lichten Höhe von mindestens 2 Metern;

2. zur Hälfte

die Grundflächen von Räumen und Raumteilen mit einer lichten Höhe von mindestens 1 Meter und weniger als 2 Metern, und von Wintergärten, Schwimmbädern und ähnlichen, nach allen Seiten geschlossenen Räumen;

3. nicht

die Grundflächen von Räumen oder Raumteilen mit einer lichten Höhe von weniger als 1 Meter.

(2) Gehören ausschließlich zu dem Wohnraum Balkone, Loggien, Dachgärten oder gedeckte Freisitze, so können deren Grundflächen zur Ermittlung der Wohnfläche bis zur Hälfte angerechnet werden.

(3) Zur Ermittlung der Wohnfläche können abgezogen werden

1. bei einem Wohngebäude mit einer Wohnung bis zu 10 vom Hundert der ermittelten Grundfläche der Wohnung,

2. bei einem Wohngebäude mit zwei nicht abgeschlossenen Wohnungen bis zu 10 vom Hundert der ermittelten Grundfläche beider Wohnungen,

3. bei einem Wohngebäude mit einer abgeschlossenen und einer nicht abgeschlossenen Wohnung bis zu 10 vom Hundert der ermittelten Grundfläche der nicht abgeschlossenen Wohnung.

(4) Die Bestimmung über die Anrechnung oder den Abzug nach Absatz 2 oder 3 kann nur für das Gebäude oder die Wirtschaftseinheit einheitlich getroffen werden. Die Bestimmung bleibt für alle späteren Berechnungen maßgebend.

Teil V
Schluß- und Überleitungsvorschriften

§ 45 Befugnisse des Bauherrn und seines Rechtsnachfolgers

(1) Läßt diese Verordnung eine Wahl zwischen zwei oder mehreren Möglichkeiten zu oder setzt sie bei einer Berechnung einen Rahmen, so ist der Bauherr, soweit sich aus dieser Verordnung nichts anderes ergibt, befugt, die Wahl vorzunehmen oder den Rahmen auszufüllen.

(2) Die Befugnisse des Bauherrn nach dieser Verordnung stehen auch seinem Rechtsnachfolger zu. Soweit der Bauherr nach dieser Verordnung Umstände zu vertreten hat, hat sie auch der Rechtsnachfolger zu vertreten.

§ 46 Überleitungsvorschriften

(1) Soweit bis zum 31. Oktober 1957 für den in § 1 Abs. 1 und § 1a Abs. 2 Nr. 2 und 3 bezeichneten Wohnraum Wirtschaftlichkeit oder Wohnfläche nach der Verordnung über Wirtschaftlichkeits- und Wohnflächenberechnung für neugeschaffenen Wohnraum (Berechnungsverordnung) vom 20. November 1950 (BGBl. I S. 753) berechnet worden ist, bleibt es für diese Berechnungen dabei.

(2) § 2 Abs. 8, § 18 Abs. 4 und § 23 Abs. 5 sind in der mit Inkrafttreten dieser Verordnung geltenden Fassung anzuwenden, wenn die Darlehen nach dem 31. Dezember 1989 vorzeitig zurückgezahlt oder abgelöst wurden oder nach diesem Zeitpunkt auf die weitere

Auszahlung von Zuschüssen zur Deckung der laufenden Aufwendungen oder von Zinszuschüssen verzichtet wurde.

(3) Sind für ein Gebäude oder eine Wirtschaftseinheit auf Grund von Ausbau oder Erweiterung Wirtschaftlichkeitsberechnungen oder Teilwirtschaftlichkeitsberechnungen vor dem 29. August 1990 aufgestellt worden, sind die Regelungen der §§ 32, 34 und 40 in der bis zum 29. August 1990 geltenden Fassung anzuwenden.

§§ 47 und 48   (außer Kraft)

§ 48a   (gegenstandslos)

§ 49   Geltung im Saarland
Diese Verordnung gilt nicht im Saarland.

§ 50   (Inkrafttreten)

Anlage 1
(zu § 5 Abs. 5)

Aufstellung der Gesamtkosten

Die Gesamtkosten bestehen aus:

I. Kosten des Baugrundstücks

Zu den Kosten des Baugrundstücks gehören:
1. Der Wert des Baugrundstücks
2. Die Erwerbskosten
   Hierzu gehören alle durch den Erwerb des Baugrundstücks verursachten Nebenkosten, z.B. Gerichts- und Notarkosten, Maklerprovisionen, Grunderwerbsteuern, Vermessungskosten, Gebühren für Wertberechnungen und amtliche Genehmigungen, Kosten der Bodenuntersuchung zur Beurteilung des Grundstückswertes.
   Zu den Erwerbskosten gehören auch Kosten, die im Zusammenhang mit einer das Baugrundstück betreffenden freiwilligen oder gesetzlich geregelten Umlegung, Zusammenlegung oder Grenzregelung (Bodenordnung) entstehen, außer den Kosten der dem Bauherrn dabei obliegenden Verwaltungsleistungen.
3. Die Erschließungskosten
   Hierzu gehören:
   a) Abfindungen und Entschädigungen an Mieter, Pächter und sonstige Dritte zur Erlangung der freien Verfügung über das Baugrundstück,
   b) Kosten für das Herrichten des Baugrundstücks, z. B. Abräumen, Abholzen, Roden, Bodenbewegung, Enttrümmern, Gesamtabbruch,
   c) Kosten der öffentlichen Entwässerungs- und Versorgungsanlagen, die nicht Kosten der Gebäude oder der Außenanlagen sind, und Kosten öffentlicher Flächen für

Straßen, Freiflächen und dgl., soweit diese Kosten vom Grundstückseigentümer auf Grund gesetzlicher Bestimmungen (z. B. Anliegerleistungen) oder vertraglicher Vereinbarungen (z. B. Unternehmerstraßen) zu tragen und vom Bauherrn zu übernehmen sind,

d) Kosten der nichtöffentlichen Entwässerungs- und Versorgungsanlagen, die nicht Kosten der Gebäude oder der Außenanlagen sind, und Kosten nichtöffentlicher Flächen für Straßen, Freiflächen und dgl., wie Privatstraßen, Abstellflächen für Kraftfahrzeuge, wenn es sich um Daueranlagen handelt, d. h. um Anlagen, die auch nach etwaigem Abgang der Bauten im Rahmen der allgemeinen Ortsplanung bestehen bleiben müssen,

e) andere einmalige Abgaben, die vom Bauherrn nach gesetzlichen Bestimmungen verlangt werden (z.B. Bauabgaben, Ansiedlungsleistungen, Ausgleichsbeträge).

II. Baukosten

Zu den Baukosten gehören:

1. Die Kosten der Gebäude

Das sind die Kosten (getrennt nach der Art der Gebäude oder Gebäudeteile) sämtlicher Bauleistungen, die für die Errichtung der Gebäude erforderlich sind. Zu den Kosten der Gebäude gehören auch die Kosten aller eingebauten oder mit den Gebäuden fest verbundenen Sachen, z. B. Anlagen zur Beleuchtung, Erwärmung, Kühlung und Lüftung von Räumen und zur Versorgung mit Elektrizität, Gas, Kalt- und Warmwasser (bauliche Betriebseinrichtungen), bis zum Hausanschluß an die Außenanlagen, Öfen, Koch- und Waschherde, Bade- und Wascheinrichtungen, eingebaute Rundfunkanlagen, Gemeinschaftsantennen, Blitzschutzanlagen, Luftschutzanlagen, Luftschutzvorsorgeanlagen, bildnerischer und malerischer Schmuck an und in Gebäuden, eingebaute Möbel, die Kosten aller vom Bauherrn erstmalig zu beschaffenden, nicht eingebauten oder nicht fest verbundenen Sachen an und in den Gebäuden, die zur Benutzung und zum Betrieb der baulichen Anlagen erforderlich sind oder zum Schutz der Gebäude dienen, z. B. Öfen, Koch- und Waschherde, Bade- und Wascheinrichtungen, soweit sie nicht unter den vorstehenden Absatz fallen, Aufsteckschlüssel für innere Leitungshähne und -ventile, Bedienungseinrichtungen für Sammelheizkessel (Schaufeln, Schürstangen usw.), Dachaussteige und Schornsteinleitern, Feuerlöschanlagen (Schläuche, Stand- und Strahlrohre für eingebaute Feuerlöschanlagen), Schlüssel für Fenster- und Türverschlüsse usw. Zu den Kosten der Gebäude gehören auch die Kosten von Teilabbrüchen innerhalb der Gebäude sowie der etwa angesetzte Wert verwendeter Gebäudeteile.

2. Die Kosten der Außenanlagen

Das sind die Kosten sämtlicher Bauleistungen, die für die Herstellung der Außenanlagen erforderlich sind. Hierzu gehören

a) die Kosten der Entwässerungs- und Versorgungsanlagen vom Hausanschluß ab bis an das öffentliche Netz oder an nichtöffentliche Anlagen, die Daueranlagen sind (I 3d), außerdem alle anderen Entwässerungs- und Versorgungsanlagen außerhalb der Gebäude, Kleinkläranlagen, Sammelgruben, Brunnen, Zapfstellen usw.,

b) die Kosten für das Anlegen von Höfen, Wegen und Einfriedungen, nichtöffentlichen Spielplätzen usw.,

c) die Kosten der Gartenanlagen und Pflanzungen, die nicht zu den besonderen Betriebseinrichtungen gehören, der nicht mit einem Gebäude verbundenen Freitreppen, Stützmauern, fest eingebauten Flaggenmaste, Teppichklopfstangen, Wäschepfähle usw.,

d) die Kosten sonstiger Außenanlagen, z. B. Luftschutzaußenanlagen, Kosten für Teilabbrüche außerhalb der Gebäude, soweit sie nicht zu den Kosten für das Herrichten des Baugrundstücks gehören.

Zu den Kosten der Außenanlagen gehören auch
die Kosten aller eingebauten oder mit den Außenanlagen fest verbundenen Sachen, die Kosten aller vom Bauherrn erstmalig zu beschaffenden, nicht eingebauten oder nicht fest verbundenen Sachen an und in den Außenanlagen, z. B. Aufsteckschlüssel für äußere Leitungshähne und -ventile, Feuerlöschanlagen (Schläuche, Stand- und Strahlrohre für äußere Feuerlöschanlagen).

3. Die Baunebenkosten

Das sind

a) Kosten der Architekten- und Ingenieurleistungen; diese Leistungen umfassen namentlich Planungen, Ausschreibungen, Bauleitung, Bauführung und Bauabrechnung,

b) Kosten der dem Bauherrn obliegenden Verwaltungsleistungen bei Vorbereitung und Durchführung des Bauvorhabens,

c) Kosten der Behördenleistungen; hierzu gehören die Kosten der Prüfungen und Genehmigungen der Behörden oder Beauftragten der Behörden,

d) folgende Kosten:

aa) Kosten der Beschaffung der Finanzierungsmittel, z.B. Maklerprovisionen, Gerichts- und Notarkosten, einmalige Geldbeschaffungskosten (Hypothekendisagio, Kreditprovisionen und Spesen, Wertberechnungs- und Bearbeitungsgebühren, Bereitstellungskosten usw.),

bb) Kapitalkosten und Erbbauzinsen, die auf die Bauzeit entfallen,

cc) Kosten der Beschaffung und Verzinsung der Zwischenfinanzierungsmittel einschließlich der gestundeten Geldbeschaffungskosten (Disagiodarlehen)

dd) Steuerbelastungen des Baugrundstücks, die auf die Bauzeit entfallen,

ee) Kosten der Beschaffung von Darlehen und Zuschüssen zur Deckung von laufenden Aufwendungen, Fremdkapitalkosten, Annuitäten und Bewirtschaftungskosten,

e) sonstige Nebenkosten, z. B. die Kosten der Bauversicherungen während der Bauzeit, der Bauwache, der Baustoffprüfungen des Bauherrn, der Grundsteinlegungs- und Richtfeier.

4. Die Kosten der besonderen Betriebseinrichtungen

Das sind z. B. die Kosten für Personen- und Lastenaufzüge, Müllbeseitigungsanlagen, Hausfernsprecher, Uhrenanlagen, gemeinschaftliche Wasch- und Badeeinrichtungen usw.

5. Die Kosten des Gerätes und sonstiger Wirtschaftsausstattungen
   Das sind
   die Kosten für alle vom Bauherrn erstmalig zu beschaffenden beweglichen Sachen, die nicht unter die Kosten der Gebäude oder der Außenanlagen fallen, z. B. Asche- und Müllkästen, abnehmbare Fahnen, Fenster- und Türbehänge, Feuerlösch- und Luftschutzgerät, Haus- und Stallgerät usw.,
   die Kosten für Wirtschaftsausstattungen bei Kleinsiedlungen usw., z. B. Ackergerät, Dünger, Kleinvieh, Obstbäume, Saatgut.

Anlage 2
(zu den §§ 11a und 34 Abs. 1)

Berechnung des umbauten Raumes

Der umbaute Raum ist in m^3 anzugeben.
1.1   Voll anzurechnen ist der umbaute Raum eines Gebäudes, der umschlossen wird:
1.11 seitlich von den Außenflächen der Umfassungen,
1.12 unten
1.121 bei unterkellerten Gebäuden von den Oberflächen der untersten Geschoßfußböden,
1.122 bei nichtunterkellerten Gebäuden von der Oberfläche des Geländes. Liegt der Fußboden des untersten Geschosses tiefer als das Gelände, gilt Abschnitt 1.121,
1.13 oben
1.131 bei nichtausgebautem Dachgeschoß von den Oberflächen der Fußböden über den obersten Vollgeschossen,
1.132 bei ausgebautem Dachgeschoß, bei Treppenhaus köpfen und Fahrstuhlschächten von den Außenflächen der umschließenden Wände und Decken. (Bei Ausbau mit Leichtbauplatten sind die begrenzenden Außenflächen durch die Außen- oder Oberkante der Teile zu legen, welche diese Platten unmittelbar tragen),
1.133 bei Dachdecken, die gleichzeitig die Decke des obersten Vollgeschosses bilden, von den Oberflächen der Tragdecke oder Balkenlage,
1.134 bei Gebäuden oder Bauteilen ohne Geschoßdecken von den Außenflächen des Daches, vgl. Abschnitt 1.35.
1.2   Mit einem Drittel anzurechnen ist der umbaute Raum des nichtausgebauten Dachraumes, der umschlossen wird von den Flächen nach Abschnitt 1.131 oder 1.132 und den Außenflächen des Daches.
1.3   Bei den Berechnungen nach Abschnitt 1.1 und 1.2 ist:
1.31 die Gebäudegrundfläche nach den Rohbaumaßen des Erdgeschosses zu berechnen,
1.32 bei wesentlich verschiedenen Geschoßgrundflächen der umbaute Raum geschoßweise zu berechnen,
1.33 nicht abzuziehen der umbaute Raum, der gebildet wird von:
1.331 äußeren Leibungen von Fenstern und Türen und äußeren Nischen in den Umfassungen,

1.332 Hauslauben (Loggien), d. h. an höchstens zwei Seitenflächen offenen, im übrigen umbauten Räumen,

1.34   nicht hinzuzurechnen der umbaute Raum, den folgende Bauteile bilden:

1.341 stehende Dachfenster und Dachaufbauten mit einer vorderen Ansichtsfläche bis zu je 2 m² (Dachaufbauten mit größerer Ansichtsfläche siehe Abschnitt 1.42),

1.342 Balkonplatten und Vordächer bis zu 0,5 m Ausladung (weiter ausladende Balkonplatten und Vordächer siehe Abschnitt 1.44),

1.343 Dachüberstände, Gesimse, ein bis drei nichtunterkellerte, vorgelagerte Stufen, Wandpfeiler, Halbsäulen und Pilaster,

1.344 Gründungen gewöhnlicher Art, deren Unterfläche bei unterkellerten Bauten nicht tiefer als 0,5 m unter der Oberfläche des Kellergeschoßfußbodens, bei nichtunterkellerten Bauten nicht tiefer als 1 m unter der Oberfläche des umgebenden Geländes liegt (Gründungen außergewöhnlicher Art und Tiefe siehe Abschnitt 1.48),

1.345 Kellerlichtschächte und Lichtgräben,

1.35   für Teile eines Baues, deren Innenraum ohne Zwischendecken bis zur Dachfläche durchgeht, der umbaute Raum getrennt zu berechnen, vgl. Abschnitt 1.134,

1.36   für zusammenhängende Teile eines Baues, die sich nach dem Zweck und deshalb in der Art des Ausbaues wesentlich von den übrigen Teilen unterscheiden, der umbaute Raum getrennt zu berechnen.

1.4   Von der Berechnung des umbauten Raumes nicht erfaßt werden folgende (besonders zu veranschlagende) Bauausführungen und Bauteile:

1.41   geschlossene Anbauten in leichter Bauart und mit geringwertigem Ausbau und offene Anbauten, wie Hallen, Überdachungen (mit oder ohne Stützen) von Lichthöfen, Unterfahrten auf Stützen, Veranden,

1.42   Dachaufbauten mit vorderen Ansichtsflächen von mehr als 2 m² und Dachreiter,

1.43   Brüstungen von Balkonen und begehbaren Dachflächen,

1.44   Balkonplatten und Vordächer mit mehr als 0,5 m Ausladung,

1.45   Freitreppen mit mehr als 3 Stufen und Terrassen (und ihre Brüstungen),

1.46   Füchse, Gründungen für Kessel und Maschinen,

1.47   freistehende Schornsteine und der Teil von Hausschornsteinen, der mehr als 1 m über den Dachfirst hinausragt,

1.48   Gründungen außergewöhnlicher Art, wie Pfahlgründungen und Gründungen außergewöhnlicher Tiefe, deren Unterfläche tiefer liegt als im Abschnitt 1.344 angegeben,

1.49   wasserdruckhaltende Dichtungen.

Anlage 3
(zu § 27 Abs. 1)

Aufstellung der Betriebskosten

Betriebskosten sind nachstehende Kosten, die dem Eigentümer (Erbbauberechtigten) durch das Eigentum (Erbbaurecht) am Grundstück oder durch den bestimmungsmäßigen

Gebrauch des Gebäudes oder der Wirtschaftseinheit, der Nebengebäude, Anlagen, Einrichtungen und des Grundstücks laufend entstehen, es sei denn, daß sie üblicherweise vom Mieter außerhalb der Miete unmittelbar getragen werden:

1. Die laufenden öffentlichen Lasten des Grundstücks
   Hierzu gehört namentlich die Grundsteuer, jedoch nicht die Hypothekengewinnabgabe.

2. Die Kosten der Wasserversorgung
   Hierzu gehören die Kosten des Wasserverbrauchs, die Grundgebühren, die Kosten der Anmietung oder anderer Arten der Gebrauchsüberlassung von Wasserzählern sowie die Kosten ihrer Verwendung einschließlich der Kosten der Berechnung und Aufteilung, die Kosten des Betriebs einer hauseigenen Wasserversorgungsanlage und einer Wasseraufbereitungsanlage einschließlich der Aufbereitungsstoffe.

3. Die Kosten der Entwässerung
   Hierzu gehören die Gebühren für die Haus- und Grundstücksentwässerung, die Kosten des Betriebs einer entsprechenden nicht öffentlichen Anlage und die Kosten des Betriebs einer Entwässerungspumpe.

4. Die Kosten
   a) des Betriebs der zentralen Heizungsanlage einschließlich der Abgasanlage;
      hierzu gehören die Kosten der verbrauchten Brennstoffe und ihrer Lieferung, die Kosten des Betriebsstroms, die Kosten der Bedienung, Überwachung und Pflege der Anlage, der regelmäßigen Prüfung ihrer Betriebsbereitschaft und Betriebssicherheit einschließlich der Einstellung durch einen Fachmann, der Reinigung der Anlage und des Betriebsraums, die Kosten der Messungen nach dem Bundes-Immissionsschutzgesetz, die Kosten der Anmietung oder anderer Arten der Gebrauchsüberlassung einer Ausstattung zur Verbrauchserfassung sowie die Kosten der Verwendung einer Ausstattung zur Verbrauchserfassung einschließlich der Kosten der Berechnung und Aufteilung;
      oder
   b) des Betriebs der zentralen Brennstoffversorgungsanlage;
      hierzu gehören die Kosten der verbrauchten Brennstoffe und ihrer Lieferung, die Kosten des Betriebsstroms und die Kosten der Überwachung sowie die Kosten der Reinigung der Anlage und des Betriebsraums;
      oder
   c) der eigenständig gewerblichen Lieferung von Wärme, auch aus Anlagen im Sinne des Buchstabens a;
      hierzu gehören das Entgelt für die Wärmelieferung und die Kosten des Betriebs der zugehörigen Hausanlagen entsprechend Buchstabe a;
      oder
   d) der Reinigung und Wartung von Etagenheizungen;
      hierzu gehören die Kosten der Beseitigung von Wasserablagerungen und Verbrennungsrückständen in der Anlage, die Kosten der regelmäßigen Prüfung der Betriebsbereitschaft und Betriebssicherheit und der damit zusammenhängenden Einstellung durch einen Fachmann sowie die Kosten der Messungen nach dem Bundes-Immissionsschutzgesetz.

5. Die Kosten
   a) des Betriebs der zentralen Warmwasserversorgungsanlage;
      hierzu gehören die Kosten der Wasserversorgung entsprechend Nummer 2, soweit sie nicht dort bereits berücksichtigt sind, und die Kosten der Wassererwärmung entsprechend Nummer 4 Buchstabe a;
      oder
   b) der eigenständig gewerblichen Lieferung von Warmwasser, auch aus Anlagen im Sinne des Buchstabens a;
      hierzu gehören das Entgelt für die Lieferung des Warmwassers und die Kosten des Betriebs der zugehörigen Hausanlagen entsprechend Nummer 4 Buchstabe a;
      oder
   c) der Reinigung und Wartung von Warmwassergeräten;
      hierzu gehören die Kosten der Beseitigung von Wasserablagerungen und Verbrennungsrückständen im Innern der Geräte sowie die Kosten der regelmäßigen Prüfung der Betriebsbereitschaft und Betriebssicherheit und der damit zusammenhängenden Einstellung durch einen Fachmann.

6. Die Kosten verbundener Heizungs- und Warmwasserversorgungsanlagen
   a) bei zentralen Heizungsanlagen entsprechend Nummer 4 Buchstabe a und entsprechend Nummer 2, soweit sie nicht dort bereits berücksichtigt sind;
      oder
   b) bei der eigenständig gewerblichen Lieferung von Wärme entsprechend Nummer 4 Buchstabe c und entsprechend Nummer 2, soweit sie nicht dort bereits berücksichtigt sind;
      oder
   c) bei verbundenen Etagenheizungen und Warmwasserversorgungsanlagen entsprechend Nummer 4 Buchstabe d und entsprechend Nummer 2, soweit sie nicht dort bereits berücksichtigt sind.

7. Die Kosten des Betriebs des maschinellen Personen- oder Lastenaufzuges
   Hierzu gehören die Kosten des Betriebsstroms, die Kosten der Beaufsichtigung, der Bedienung, Überwachung und Pflege der Anlage, der regelmäßigen Prüfung ihrer Betriebsbereitschaft und Betriebssicherheit einschließlich der Einstellung durch einen Fachmann sowie die Kosten der Reinigung der Anlage.

8. Die Kosten der Straßenreinigung und Müllabfuhr
   Hierzu gehören die für die öffentliche Straßenreinigung und Müllabfuhr zu entrichtenden Gebühren oder die Kosten entsprechender nicht öffentlicher Maßnahmen.

9. Die Kosten der Hausreinigung und Ungezieferbekämpfung
   Zu den Kosten der Hausreinigung gehören die Kosten für die Säuberung der von den Bewohnern gemeinsam benutzten Gebäudeteile, wie Zugänge, Flure, Treppen, Keller, Bodenräume, Waschküchen, Fahrkorb des Aufzuges.

10. Die Kosten der Gartenpflege
    Hierzu gehören die Kosten der Pflege gärtnerisch angelegter Flächen einschließlich der Erneuerung von Pflanzen und Gehölzen, der Pflege von Spielplätzen einschließlich der Erneuerung von Sand und der Pflege von Plätzen, Zugängen und Zufahrten, die dem nicht öffentlichen Verkehr dienen.

11. Die Kosten der Beleuchtung
    Hierzu gehören die Kosten des Stroms für die Außenbeleuchtung und die Beleuchtung der von den Bewohnern gemeinsam benutzten Gebäudeteile, wie Zugänge, Flure, Treppen, Keller, Bodenräume, Waschküchen.

12. Die Kosten der Schornsteinreinigung
    Hierzu gehören die Kehrgebühren nach der maßgebenden Gebührenordnung, soweit sie nicht bereits als Kosten nach Nummer 4 Buchstabe a berücksichtigt sind.

13. Die Kosten der Sach- und Haftpflichtversicherung
    Hierzu gehören namentlich die Kosten der Versicherung des Gebäudes gegen Feuer-, Sturm- und Wasserschäden, der Glasversicherung, der Haftpflichtversicherung für das Gebäude, den Öltank und den Aufzug.

14. Die Kosten für den Hauswart
    Hierzu gehören die Vergütung, die Sozialbeiträge und alle geldwerten Leistungen, die der Eigentümer (Erbbauberechtigte) dem Hauswart für seine Arbeit gewährt, soweit diese nicht die Instandhaltung, Instandsetzung, Erneuerung, Schönheitsreparaturen oder die Hausverwaltung betrifft. Soweit Arbeiten vom Hauswart ausgeführt werden, dürfen Kosten für Arbeitsleistungen nach den Nummern 2 bis 10 nicht angesetzt werden.

15. Die Kosten
    a) des Betriebs der Gemeinschafts-Antennenanlage;
       hierzu gehören die Kosten des Betriebsstroms und die Kosten der regelmäßigen Prüfung ihrer Betriebsbereitschaft einschließlich der Einstellung durch einen Fachmann oder das Nutzungsentgelt für eine nicht zur Wirtschaftseinheit gehörende Antennenanlage;
       oder
    b) des Betriebs der mit einem Breitbandkabelnetz verbundenen privaten Verteilanlage;
       hierzu gehören die Kosten entsprechend Buchstabe a, ferner die laufenden monatlichen Grundgebühren für Breitbandanschlüsse.

16. Die Kosten des Betriebs der maschinellen Wascheinrichtung
    Hierzu gehören die Kosten des Betriebsstroms, die Kosten der Überwachung, Pflege und Reinigung der maschinellen Einrichtung, der regelmäßigen Prüfung ihrer Betriebsbereitschaft und Betriebssicherheit sowie die Kosten der Wasserversorgung entsprechend Nummer 2, soweit sie nicht dort bereits berücksichtigt sind.

17. Sonstige Betriebskosten
    Das sind die in den Nummern 1 bis 16 nicht genannten Betriebskosten, namentlich die Betriebskosten von Nebengebäuden, Anlagen und Einrichtungen.

Verordnung über die verbrauchsabhängige Abrechnung der Heiz- und Warm-wasserkosten (Verordnung über Heizkostenabrechnung – HeizkostenV)

vom 23. Februar 1981 (BGBl. I S. 261; Ber. S. 296) in der Neufassung vom 20. Januar 1989 (BGBl. I S. 115)

§ 1 Anwendungsbereich

(1) Diese Verordnung gilt für die Verteilung der Kosten
1. des Betriebs zentraler Heizungsanlagen und zentraler Warmwasserversorgungsanlagen,
2. der eigenständig gewerblichen Lieferung von Wärme und Warmwasser, auch aus Anlagen nach Nummer 1, (Wärmelieferung, Warmwasserlieferung)

durch den Gebäudeeigentümer auf die Nutzer der mit Wärme oder Warmwasser versorgten Räume.

(2) Dem Gebäudeeigentümer stehen gleich
1. der zur Nutzungsüberlassung in eigenem Namen und für eigene Rechnung Berechtigte,
2. derjenige, dem der Betrieb von Anlagen im Sinne des § 1 Abs. 1 Nr. 1 in der Weise übertragen worden ist, daß er dafür ein Entgelt vom Nutzer zu fordern berechtigt ist,
3. beim Wohnungseigentum die Gemeinschaft der Wohnungseigentümer im Verhältnis zum Wohnungseigentümer, bei Vermietung einer oder mehrerer Eigentumswohnungen der Wohnungseigentümer im Verhältnis zum Mieter.

(3) Diese Verordnung gilt auch für die Verteilung der Kosten der Wärmelieferung und Warmwasserlieferung auf die Nutzer der mit Wärme oder Warmwasser versorgten Räume, soweit der Lieferer unmittelbar mit den Nutzern abrechnet und dabei nicht den für den einzelnen Nutzer gemessenen Verbrauch, sondern die Anteile der Nutzer am Gesamtverbrauch zugrunde legt; in diesen Fällen gelten die Rechte und Pflichten des Gebäudeeigentümers aus dieser Verordnung für den Lieferer.

(4) Diese Verordnung gilt auch für Mietverhältnisse über preisgebundenen Wohnraum, soweit für diesen nichts anderes bestimmt ist.

§ 2 Vorrang vor rechtsgeschäftlichen Bestimmungen

Außer bei Gebäuden mit nicht mehr als zwei Wohnungen, von denen eine der Vermieter selbst bewohnt, gehen die Vorschriften dieser Verordnung rechtsgeschäftlichen Bestimmungen vor.

§ 3 Anwendung auf das Wohnungseigentum

Die Vorschriften dieser Verordnung sind auf Wohnungseigentum anzuwenden unabhängig davon, ob durch Vereinbarung oder Beschluß der Wohnungseigentümer abweichende Bestimmungen über die Verteilung der Kosten der Versorgung mit Wärme und Warmwasser getroffen worden sind. Auf die Anbringung und Auswahl der Ausstattung nach den §§ 4 und 5 sowie auf die Verteilung der Kosten und die sonstigen Entscheidungen des Gebäudeeigentümers nach den §§ 6 bis 9b und 11 sind die Regelungen entsprechend anzuwenden, die für die Verwaltung des gemeinschaftlichen Eigentums im Wohnungseigentumsgesetz enthalten oder durch Vereinbarung der Wohnungseigentümer getroffen worden sind. Die Kosten für die Anbringung der Ausstattung sind entsprechend den dort vorgesehenen Regelungen über die Tragung der Verwaltungskosten zu verteilen.

§ 4 Pflicht zur Verbrauchserfassung

(1) Der Gebäudeeigentümer hat den anteiligen Verbrauch der Nutzer an Wärme und Warmwasser zu erfassen.

(2) Er hat dazu die Räume mit Ausstattungen zur Verbrauchserfassung zu versehen; die Nutzer haben dies zu dulden. Will der Gebäudeeigentümer die Ausstattung zur Verbrauchserfassung mieten oder durch eine andere Art der Gebrauchsüberlassung beschaffen, so hat er dies den Nutzern vorher unter Angabe der dadurch entstehenden Kosten mitzuteilen; die Maßnahme ist unzulässig, wenn die Mehrheit der Nutzer innerhalb eines Monats nach Zugang der Mitteilung widerspricht. Die Wahl der Ausstattung bleibt im Rahmen des § 5 dem Gebäudeeigentümer überlassen.

(3) Gemeinschaftlich genutzte Räume sind von der Pflicht zur Verbrauchserfassung ausgenommen. Dies gilt nicht für Gemeinschaftsräume mit nutzungsbedingt hohem Wärme- oder Warmwasserverbrauch, wie Schwimmbäder oder Saunen.

(4) Der Nutzer ist berechtigt, vom Gebäudeeigentümer die Erfüllung dieser Verpflichtungen zu verlangen.

§ 5 Ausstattung zur Verbrauchserfassung

(1) Zur Erfassung des anteiligen Wärmeverbrauchs sind Wärmezähler oder Heizkostenverteiler, zur Erfassung des anteiligen Warmwasserverbrauchs Warmwasserzähler oder andere geeignete Ausstattungen zu verwenden. Soweit nicht eichrechtliche Bestimmungen zur Anwendung kommen, dürfen nur solche Ausstattungen zur Verbrauchserfassung verwendet werden, hinsichtlich derer sachverständige Stellen bestätigt haben, daß sie den anerkannten Regeln der Technik entsprechen oder daß ihre Eignung auf andere Weise nachgewiesen wurde. Als sachverständige Stellen gelten nur solche Stellen, deren Eignung die nach Landesrecht zuständige Behörde im Benehmen mit der Physikalisch-Technischen Bundesanstalt bestätigt hat. Die Ausstattungen müssen für das jeweilige Heizsystem geeignet sein und so angebracht werden, daß ihre technisch einwandfreie Funktion gewährleistet ist.

(2) Wird der Verbrauch der von einer Anlage im Sinne des § 1 Abs. 1 versorgten Nutzer nicht mit gleichen Ausstattungen erfaßt, so sind zunächst durch Vorerfassung vom Gesamtverbrauch die Anteile der Gruppen von Nutzern zu erfassen, deren Verbrauch mit gleichen Ausstattungen erfaßt wird. Der Gebäudeeigentümer kann auch bei unterschiedlichen Nutzungs- oder Gebäudearten oder aus anderen sachgerechten Gründen eine Vorerfassung nach Nutzergruppen durchführen.

§ 6 Pflicht zur verbrauchsabhängigen Kostenverteilung

(1) Der Gebäudeeigentümer hat die Kosten der Versorgung mit Wärme und Warmwasser auf der Grundlage der Verbrauchserfassung nach Maßgabe der §§ 7 bis 9 auf die einzelnen Nutzer zu verteilen.

(2) In den Fällen des § 5 Abs. 2 sind die Kosten zunächst mindestens zu 50 vom Hundert nach dem Verhältnis der erfaßten Anteile am Gesamtverbrauch auf die Nutzergruppen

aufzuteilen. Werden die Kosten nicht vollständig nach dem Verhältnis der erfaßten Anteile am Gesamtverbrauch aufgeteilt, sind

1. die übrigen Kosten der Versorgung mit Wärme nach der Wohn- oder Nutzfläche oder nach dem umbauten Raum auf die einzelnen Nutzergruppen zu verteilen; es kann auch die Wohn- oder Nutzfläche oder der umbaute Raum der beheizten Räume zugrunde gelegt werden,

2. die übrigen Kosten der Versorgung mit Warmwasser nach der Wohn- oder Nutzfläche auf die einzelnen Nutzergruppen zu verteilen.

Die Kostenanteile der Nutzergruppen sind dann nach Absatz 1 auf die einzelnen Nutzer zu verteilen.

(3) In den Fällen des § 4 Abs. 3 Satz 2 sind die Kosten nach dem Verhältnis der erfaßten Anteile am Gesamtverbrauch auf die Gemeinschaftsräume und die übrigen Räume aufzuteilen. Die Verteilung der auf die Gemeinschaftsräume entfallenden anteiligen Kosten richtet sich nach rechtsgeschäftlichen Bestimmungen.

(4) Die Wahl der Abrechnungsmaßstäbe nach Absatz 2 sowie nach den §§ 7 bis 9 bleibt dem Gebäudeeigentümer überlassen. Er kann diese einmalig für künftige Abrechnungszeiträume durch Erklärung gegenüber den Nutzern ändern

1. bis zum Ablauf von drei Abrechnungszeiträumen nach deren erstmaliger Bestimmung,

2. bei der Einführung einer Vorerfassung nach Nutzergruppen,

3. nach Durchführung von baulichen Maßnahmen, die nachhaltig Einsparungen von Heizenergie bewirken.

Die Festlegung und die Änderung der Abrechnungsmaßstäbe sind nur mit Wirkung zum Beginn eines Abrechnungszeitraumes zulässig.

§ 7   Verteilung der Kosten der Versorgung mit Wärme

(1) Von den Kosten des Betriebs der zentralen Heizungsanlage sind mindestens 50 vom Hundert, höchstens 70 vom Hundert nach dem erfaßten Wärmeverbrauch der Nutzer zu verteilen. Die übrigen Kosten sind nach der Wohn- oder Nutzfläche oder nach dem umbauten Raum zu verteilen; es kann auch die Wohn- oder Nutzfläche oder der umbaute Raum der beheizten Räume zugrunde gelegt werden.

(2) Zu den Kosten des Betriebs der zentralen Heizungsanlage einschließlich der Abgasanlage gehören die Kosten der verbrauchten Brennstoffe und ihrer Lieferung, die Kosten des Betriebsstromes, die Kosten der Bedienung, Überwachung und Pflege der Anlage, der regelmäßigen Prüfung ihrer Betriebsbereitschaft und Betriebssicherheit einschließlich der Einstellung durch einen Fachmann, der Reinigung der Anlage und des Betriebsraumes, die Kosten der Messungen nach dem Bundes-Immissionsschutzgesetz, die Kosten der Anmietung oder anderer Arten der Gebrauchsüberlassung einer Ausstattung zur Verbrauchserfassung sowie die Kosten der Verwendung einer Ausstattung zur Verbrauchserfassung einschließlich der Kosten der Berechnung und Aufteilung.

(3) Für die Verteilung der Kosten der Wärmelieferung gilt Absatz 1 entsprechend.

(4) Zu den Kosten der Wärmelieferung gehören das Entgelt für die Wärmelieferung und die Kosten des Betriebs der zugehörigen Hausanlagen entsprechend Absatz 2.

§ 8 Verteilung der Kosten der Versorgung mit Warmwasser

(1) Von den Kosten des Betriebs der zentralen Warmwasserversorgungsanlage sind mindestens 50 vom Hundert, höchstens 70 vom Hundert nach dem erfaßten Warmwasserverbrauch, die übrigen Kosten nach der Wohn- oder Nutzfläche zu verteilen.

(2) Zu den Kosten des Betriebs der zentralen Warmwasserversorgungsanlage gehören die Kosten der Wasserversorgung, soweit sie nicht gesondert abgerechnet werden, und die Kosten der Wassererwärmung entsprechend § 7 Abs. 2. Zu den Kosten der Wasserversorgung gehören die Kosten des Wasserverbrauchs, die Grundgebühren und die Zählermiete, die Kosten der Verwendung von Zwischenzählern, die Kosten des Betriebs einer hauseigenen Wasserversorgungsanlage und einer Wasseraufbereitungsanlage einschließlich der Aufbereitungsstoffe.

(3) Für die Verteilung der Kosten der Warmwasserlieferung gilt Absatz 1 entsprechend.

(4) Zu den Kosten der Warmwasserlieferung gehören das Entgelt für die Lieferung des Warmwassers und die Kosten des Betriebs der zugehörigen Hausanlagen entsprechend § 7 Abs. 2.

§ 9 Verteilung der Kosten der Versorgung mit Wärme und Warmwasser bei verbundenen Anlagen

(1) Ist die zentrale Anlage zur Versorgung mit Wärme mit der zentralen Warmwasserversorgungsanlage verbunden, so sind die einheitlich entstandenen Kosten des Betriebs aufzuteilen. Die Anteile an den einheitlich entstandenen Kosten sind nach den Anteilen am Energieverbrauch (Brennstoff- oder Wärmeverbrauch) zu bestimmen. Kosten, die nicht einheitlich entstanden sind, sind dem Anteil an den einheitlich entstandenen Kosten hinzuzurechnen. Der Anteil der zentralen Anlage zur Versorgung mit Wärme ergibt sich aus dem gesamten Verbrauch nach Abzug des Verbrauchs der zentralen Warmwasserversorgungsanlage. Der Anteil der zentralen Warmwasserversorgungsanlage am Brennstoffverbrauch ist nach Absatz 2, der Anteil am Wärmeverbrauch nach Absatz 3 zu ermitteln.

(2) Der Brennstoffverbrauch der zentralen Warmwasserversorgungsanlage (B) ist in Litern, Kubikmetern oder Kilogramm nach der Formel

$$B = \frac{2,5 \times V \times (t_w - 10)}{H_u}$$

zu errechnen. Dabei sind zugrunde zu legen

1. das gemessene Volumen des verbrauchten Warmwassers (V) in Kubikmetern;
2. die gemessene oder geschätzte mittlere Temperatur des Warmwassers (t_w) in Grad Celsius;
3. der Heizwert des verbrauchten Brennstoffes (H_u) in Kilowattstunden (kWh) je Liter (l), Kubikmeter (m³) oder Kilogramm (kg). Als H_u-Werte können verwendet werden für

Heizöl 10,5 kWh/l
Stadtgas 4,5 kWh/m³
Erdgas L 9 kWh/m³
Erdgas H 10,5 kWh/m³
Brechkoks 8 kWh/kg

Enthalten die Abrechnungsunterlagen des Energieversorgungsunternehmens H u-Werte, so sind diese zu verwenden.

Der Brennstoffverbrauch der zentralen Warmwasserversorgungsanlage kann auch nach den anerkannten Regeln der Technik errechnet werden. Kann das Volumen des verbrauchten Warmwassers nicht gemessen werden, ist als Brennstoffverbrauch der zentralen Warmwasserversorgungsanlage ein Anteil von 18 vom Hundert der insgesamt verbrauchten Brennstoffe zugrunde zu legen.

(3) Die auf die zentrale Warmwasserversorgungsanlage entfallende Wärmemenge (Q) ist mit einem Wärmezähler zu messen. Sie kann auch in Kilowattstunden nach der Formel

$$Q=2,0 \times V \times (tw-10)$$

errechnet werden. Dabei sind zugrunde zu legen
1. das gemessene Volumen des verbrauchten Warmwassers (V) in Kubikmetern;
2. die gemessene oder geschätzte mittlere Temperatur des Warmwassers (t w) in Grad Celsius.

Die auf die zentrale Warmwasserversorgungsanlage entfallende Wärmemenge kann auch nach den anerkannten Regeln der Technik errechnet werden. Kann sie weder nach Satz 1 gemessen noch nach den Sätzen 2 bis 4 errechnet werden, ist dafür ein Anteil von 18 vom Hundert der insgesamt verbrauchten Wärmemenge zugrunde zu legen.

(4) Der Anteil an den Kosten der Versorgung mit Wärme ist nach § 7 Abs. 1, der Anteil an den Kosten der Versorgung mit Warmwasser nach § 8 Abs. 1 zu verteilen, soweit diese Verordnung nichts anderes bestimmt oder zuläßt.

§ 9a   Kostenverteilung in Sonderfällen

(1) Kann der anteilige Wärme- oder Warmwasserverbrauch von Nutzern für einen Abrechnungszeitraum wegen Geräteausfalls oder aus anderen zwingenden Gründen nicht ordnungsgemäß erfaßt werden, ist er vom Gebäudeeigentümer auf der Grundlage des Verbrauchs der betroffenen Räume in vergleichbaren früheren Abrechnungszeiträumen oder des Verbrauchs vergleichbarer anderer Räume im jeweiligen Abrechnungszeitraum zu ermitteln. Der so ermittelte anteilige Verbrauch ist bei der Kostenverteilung anstelle des erfaßten Verbrauchs zugrunde zu legen.

(2) Überschreitet die von der Verbrauchsermittlung nach Absatz 1 betroffene Wohn- oder Nutzfläche oder der umbaute Raum 25 vom Hundert der für die Kostenverteilung maßgeblichen gesamten Wohn- oder Nutzfläche oder des maßgeblichen gesamten umbauten Raumes, sind die Kosten ausschließlich nach den nach § 7 Abs. 1 Satz 2 und § 8 Abs. 1 für die Verteilung der übrigen Kosten zugrunde zu legenden Maßstäben zu verteilen.

§ 9b   Kostenaufteilung bei Nutzerwechsel

(1) Bei Nutzerwechsel innerhalb eines Abrechnungszeitraumes hat der Gebäudeeigentümer eine Ablesung der Ausstattung zur Verbrauchserfassung der vom Wechsel betroffenen Räume (Zwischenablesung) vorzunehmen.

(2) Die nach dem erfaßten Verbrauch zu verteilenden Kosten sind auf der Grundlage der Zwischenablesung, die übrigen Kosten des Wärmeverbrauchs auf der Grundlage der sich aus anerkannten Regeln der Technik ergebenden Gradtagszahlen oder zeitanteilig und die

übrigen Kosten des Warmwasserverbrauchs zeitanteilig auf Vor- und Nachnutzer aufzuteilen.

(3) Ist eine Zwischenablesung nicht möglich oder läßt sie wegen des Zeitpunktes des Nutzerwechsels aus technischen Gründen keine hinreichend genaue Ermittlung der Verbrauchsanteile zu, sind die gesamten Kosten nach den nach Absatz 2 für die übrigen Kosten geltenden Maßstäben aufzuteilen.

(4) Von den Absätzen 1 bis 3 abweichende rechtsgeschäftliche Bestimmungen bleiben unberührt.

§ 10 Überschreitung der Höchstsätze

Rechtsgeschäftliche Bestimmungen, die höhere als die in § 7 Abs. 1 und § 8 Abs. 1 genannten Höchstsätze von 70 vom Hundert vorsehen, bleiben unberührt.

§ 11 Ausnahmen

(1) Soweit sich die §§ 3 bis 7 auf die Versorgung mit Wärme beziehen, sind sie nicht anzuwenden

1. auf Räume,

a) bei denen das Anbringen der Ausstattung zur Verbrauchserfassung, die Erfassung des Wärmeverbrauchs oder die Verteilung der Kosten des Wärmeverbrauchs nicht oder nur mit unverhältnismäßig hohen Kosten möglich ist oder

b) die vor dem 1. Juli 1981 bezugsfertig geworden sind und in denen der Nutzer den Wärmeverbrauch nicht beeinflussen kann;

2.

a) auf Alters- und Pflegeheime, Studenten- und Lehrlingsheime,

b) auf vergleichbare Gebäude oder Gebäudeteile, deren Nutzung Personengruppen vorbehalten ist, mit denen wegen ihrer besonderen persönlichen Verhältnisse regelmäßig keine üblichen Mietverträge abgeschlossen werden;

3. auf Räume in Gebäuden, die überwiegend versorgt werden

a) mit Wärme aus Anlagen zur Rückgewinnung von Wärme oder aus Wärmepumpen- oder Solaranlagen oder

b) mit Wärme aus Anlagen der Kraft-Wärme-Kopplung oder aus Anlagen zur Verwertung von Abwärme, sofern der Wärmeverbrauch des Gebäudes nicht erfaßt wird, wenn die nach Landesrecht zuständige Stelle im Interesse der Energieeinsparung und der Nutzer eine Ausnahme zugelassen hat;

4. auf die Kosten des Betriebs der zugehörigen Hausanlagen, soweit diese Kosten in den Fällen des § 1 Abs. 3 nicht in den Kosten der Wärmelieferung enthalten sind, sondern vom Gebäudeeigentümer gesondert abgerechnet werden;

5. in sonstigen Einzelfällen, in denen die nach Landesrecht zuständige Stelle wegen besonderer Umstände von den Anforderungen dieser Verordnung befreit hat, um einen unangemessenen Aufwand oder sonstige unbillige Härten zu vermeiden.

(2) Soweit sich die §§ 3 bis 6 und § 8 auf die Versorgung mit Warmwasser beziehen, gilt Absatz 1 entsprechend.

§ 12 Kürzungsrecht, Übergangsregelungen

(1) Soweit die Kosten der Versorgung mit Wärme oder Warmwasser entgegen den Vorschriften dieser Verordnung nicht verbrauchsabhängig abgerechnet werden, hat der Nutzer das Recht, bei der nicht verbrauchsabhängigen Abrechnung der Kosten den auf ihn entfallenden Anteil um 15 vom Hundert zu kürzen. Dies gilt nicht beim Wohnungseigentum im Verhältnis des einzelnen Wohnungseigentümers zur Gemeinschaft der Wohnungseigentümer; insoweit verbleibt es bei den allgemeinen Vorschriften.

(2) Die Anforderungen des § 5 Abs. 1 Satz 2 gelten als erfüllt

1. für die am 1. Januar 1987 für die Erfassung des anteiligen Warmwasserverbrauchs vorhandenen Warmwasserkostenverteiler und

2. für die am 1. Juli 1981 bereits vorhandenen sonstigen Ausstattungen zur Verbrauchserfassung.

(3) Bei preisgebundenen Wohnungen im Sinne der Neubaumietenverordnung 1970 gilt Absatz 2 mit der Maßgabe, daß an die Stelle des Datums „1. Juli 1981" das Datum „1. August 1984" tritt.

(4) § 1 Abs. 3, § 4 Abs. 3 Satz 2 und § 6 Abs. 3 gelten für Abrechnungszeiträume, die nach dem 30. September 1989 beginnen; rechtsgeschäftliche Bestimmungen über eine frühere Anwendung dieser Vorschriften bleiben unberührt.

(5) Wird in den Fällen des § 1 Abs. 3 der Wärmeverbrauch der einzelnen Nutzer am 30. September 1989 mit Einrichtungen zur Messung der Wassermenge ermittelt, gilt die Anforderung des § 5 Abs. 1 Satz 1 als erfüllt.

§ 13   (gegenstandslos)

§ 14   (Inkrafttreten)

Verordnung über energiesparende Anforderungen an heizungstechnische Anlagen und Warmwasseranlagen (Heizungsanlagen-Verordnung – HeizAnlV)

vom 22. März 1994 (BGBl. I S. 613) in der Neufassung vom 4. Mai 1998 (BGBl. I S. 851)

§ 1   Anwendungsbereich

(1) Diese Verordnung gilt für heizungstechnische sowie der Versorgung mit Warmwasser dienende Anlagen und Einrichtungen mit einer Nennleistung von 4 kW oder mehr,

1. wenn sie in Gebäuden in Betrieb genommen werden oder

2. wenn sie in Gebäuden in Betrieb genommen sind, soweit

a) sie ersetzt, erweitert oder umgerüstet werden oder

b) für sie nachträgliche Anforderungen nach § 4 Abs. 4 gestellt sind oder

c) sie mit Einrichtungen zur Begrenzung von Betriebsbereitschaftsverlusten nach § 5 Abs. 2 nachzurüsten sind oder

d) sie mit Einrichtungen zur Steuerung und Regelung nach § 7 Abs. 3 oder § 8 Abs. nachzurüsten sind oder

e) Anforderungen an ihren Betrieb nach § 9 gestellt sind.

(2) Ausgenommen sind
1. Anlagen und Einrichtungen in Heizkraftwerken einschließlich Spitzenheizwerken sowie in Müllheizwerken;
2. Anlagen in Gebäuden mit einem Jahres-Heizwärmebedarf von weniger als 22 kWh je Quadratmeter beheizbarer Gebäudenutzfläche oder 7 kWh je Kubikmeter beheizbarem Gebäudevolumen.

§ 2 Begriffsbestimmungen

(1) Heizungstechnische Anlagen im Sinne dieser Verordnung sind mit Wasser als Wärmeträger betriebene Zentralheizanlagen (Zentralheizungen) oder Einzelheizgeräte, soweit sie der Raumheizung dienen. Zu den heizungstechnischen Anlagen und Einrichtungen gehören neben den Heizkesseln auch Maschinen, Apparate, Wärmeverteilungsnetze, Rohrleitungszubehör, Abgas-, Wärmeverbrauchs-, Regelungs- und Meßeinrichtungen sowie andere in funktionalem Zusammenhang stehende Bauteile.

(2) Der Versorgung mit Warmwasser dienende Anlagen (Warmwasseranlagen) im Sinne dieser Verordnung sind Einzelgeräte oder Zentralsysteme. Zu den Warmwasseranlagen und -einrichtungen gehören neben den Heizkesseln auch Maschinen, Apparate, Verteilungsnetze, Rohrleitungszubehör, Abgas-, Entnahme-, Regelungs- und Meßeinrichtungen sowie andere in funktionalem Zusammenhang stehende Bauteile.

(3) Heizkessel im Sinne dieser Verordnung ist der aus Kessel und Brenner bestehende Wärmeerzeuger, der zur Übertragung der durch die Verbrennung freigesetzten Wärme an das Wasser dient. Heizkesseltypen im Sinne dieser Verordnung sind der Standardheizkessel, der Niedertemperatur-Heizkessel und der Brennwertkessel.

(4) Geräte im Sinne dieser Verordnung sind der mit einem Brenner auszurüstende Kessel und der zur Ausrüstung eines Kessels bestimmte Brenner.

(5) Nennleistung im Sinne dieser Verordnung ist die vom Hersteller festgelegte und im Dauerbetrieb unter Beachtung des vom Hersteller angegebenen Wirkungsgrades als einhaltbar garantierte größte Wärmeleistung in kW. Bei heizungstechnischen oder der Versorgung mit Warmwasser dienenden Anlagen, die nicht mit Heizkesseln nach § 3 Abs. 1 ausgestattet sind, gilt als Nennleistung die Nennwärmeleistung. Ist die Anlage für einen Nennwärmeleistungsbereich eingerichtet, so ist die Nennleistung die in den Grenzen des Nennwärmeleistungsbereichs fest eingestellte und auf einem Zusatzschild angegebene höchste nutzbare Wärmeleistung. Ohne Zusatzschild gilt als Nennleistung der höchste Wert des Nennwärmeleistungsbereichs.

(6) Standardheizkessel im Sinne dieser Verordnung sind Heizkessel, bei denen die durchschnittliche Betriebstemperatur durch ihre Auslegung beschränkt sein kann.

(7) Niedertemperatur-Heizkessel (NT-Kessel) im Sinne dieser Verordnung sind Heizkessel, die kontinuierlich mit einer Eintrittstemperatur von 35 -40 °C betrieben werden können und in denen es unter bestimmten Umständen zur Kondensation des in den Abgasen enthaltenen Wasserdampfes kommen kann.

(8) Brennkessel im Sinne dieser Verordnung sind Heizkessel, die für die Kondensation eines Großteils des in den Abgasen enthaltenen Wasserdampfes konstruiert sind.

§ 3 CE-Zeichen und EG-Konformitätserklärung bei Heizkesseln

(1) In Serie hergestellte Heizkessel, die mit flüssigen oder gasförmigen Brennstoffen beschickt werden, dürfen nur dann in Betrieb genommen werden, wenn sie mit der CE-Kennzeichnung nach § 5 Abs. 1 und 2 der Verordnung über das Inverkehrbringen von Heizkesseln und Geräten nach dem Bauproduktengesetz vom 28. April 1998 (BGBl. I S. 812) versehen und in der EG-Konformitätserklärung als NT-Kessel oder Brennwertkessel ausgewiesen sind. Satz 1 gilt auch für die Heizkessel, die aus Geräten zusammengefügt werden; dabei sind die Parameter zu beachten, die sich aus der den Geräten beiliegenden EG-Konformitätserklärung ergeben. Bei Heizkesseln in Zentralheizungen, die auch der Warmwasserbereitung dienen, kann sich die Geltung des CE-Zeichens und der EG-Konformitätserklärung auf den Betrieb zum Zwecke der Raumheizung beschränken. Die nach Landesrecht zuständigen Stellen können auf Antrag von den Anforderungen des Satzes 1 insoweit befreien, als in Gebäuden, die vor Inkrafttreten dieser Verordnung errichtet worden sind, auch Standardheizkessel in Betrieb genommen werden dürfen, wenn

1. ihre Nennleistung 30 kW nicht übersteigt,
2. die bestehende Abgasanlage oder der bestehende Schornstein für den Betrieb dieser Kessel geeignet ist und
3. die Eignung der bestehenden Abgasanlage oder des bestehenden Schornsteins für den Betrieb von Niedertemperatur-Heizkesseln und Brennwertkesseln nur mit unverhältnismäßig hohen Kosten herzustellen wäre.

(2) Absatz 1 gilt nicht für,

1. Heizkessel, deren Nennleistung 400 kW übersteigt;
2. Heizkessel, die für den Betrieb mit Brennstoffen ausgelegt sind, deren Eigenschaften von den marktüblichen flüssigen und gasförmigen Brennstoffen erheblich abweichen;
3. Anlagen zur ausschließlichen Warmwasserbereitung;
4. Küchenherde und Geräte, die hauptsächlich zur Beheizung des Raumes, in dem sie installiert sind, ausgelegt sind, daneben aber auch Warmwasser für Zentralheizung und für Gebrauchszwecke liefern;
5. Geräte mit einer Nennleistung von weniger als 6 kW zur Versorgung eines Warmwasserspeichersystems mit Schwerkraftumlauf.

§ 4 Inbetriebnahme von Heizkesseln

(1) Heizkessel für Zentralheizungen dürfen nur dann in Betrieb genommen werden, wenn die Nennleistung nicht größer ist als der nach den anerkannten Regeln der Technik für die Berechnung des Wärmebedarfs von Gebäude zu ermittelnde Wärmebedarf, einschließlich angemessener Zuschläge für raumlufttechnische Anlagen sowie sonstiger Zuschläge. Zuschläge für Warmwasserbereitung sind nur zulässig für Heizkessel in Zentralheizungen, die auch der Warmwasserbereitung dienen, wenn deren höchste nutzbare Leistung 20 kW nicht überschreitet. Satz 1 gilt nicht für NT-Kessel, Brennwertkessel und Anlagen mit mehreren Heizkesseln. Abweichend von Satz 2 ist eine höchste nutzbare Leistung des Heizkessels von 25 kW zulässig, wenn der Wasserinhalt im Kessel 0,13 l je kW Nennleistung nicht überschreitet. Abweichend von Satz 1 darf der Wärme-

bedarf auch nach den in den Vorschriften der Länder bestimmten Berechnungsverfahren ermittelt werden.

(2) Für Wohngebäude kann auf die Berechnung des Wärmebedarfs nach Absatz 1 verzichtet werden, wenn Heizkessel von Zentralheizungen ersetzt werden und ihre Nennleistung 0,07 kW je Quadratmeter Gebäudenutzfläche nicht überschreitet; für freistehende Gebäude mit nicht mehr als zwei Wohnungen gilt der Wert 0,10 kW je Quadratmeter.

(3) Zentralheizungen mit einer Nennleistung von mehr als 70 kW sind mit Einrichtungen für eine mehrstufige oder stufenlos verstellbare Feuerungsleistung oder mit mehreren Heizkesseln auszustatten. Satz 1 gilt nicht für Brennwertkessel sowie für Heizkessel, die überwiegend mit festen Brennstoffen betrieben werden.

(4) Die Anforderungen nach den Absätzen 1 und 3 sind bei Zentralheizungen mit einer Nennleistung

1. von mehr als 70 kW bis zu 400 kW, die

a) vor dem 1. Januar 1973 errichtet worden sind, bis zum 31. Dezember 1994,

b) in der Zeit vom 1. Januar 1973 bis 30. September 1978 errichtet worden sind, bis zum 31. Dezember 1996;

2. von mehr als 400 kW, die

a) vor dem 1. Januar 1973 errichtet worden sind, bis zum 31. Dezember 1995,

b) in der Zeit vom 1. Januar 1973 bis zum 30. September 1978 errichtet worden sind, bis zum 31. Dezember 1997

nachträglich zu erfüllen. Soweit die Anforderungen nach den Absätzen 1 und 3 bei Zentralheizungen mit einer Nennleistung von mehr als 70 kW bis zu 400 kW die Inbetriebnahme neuer Heizkessel erforderlich machen, gilt § 3 Abs. 1 schon vor dem 1. Januar 1998. Satz 1 gilt nicht für Zentralheizungen in Wohngebäuden, deren Nennleistung die in Absatz 2 genannten Werte nicht überschreitet.

§ 5   Begrenzung von Betriebsbereitschaftsverlusten

(1) Zentralheizungen mit mehreren Heizkesseln sind mit wasserseitig wirkenden Einrichtungen zu versehen, die Verluste durch nicht in Betriebsbereitschaft befindliche Heizkessel selbsttätig verhindern; für Heizkessel mit festen Brennstoffen und Dampfkessel der Gruppen III und IV im Sinne des § 4 Abs. 3 und 4 der Dampfkesselverordnung brauchen diese Einrichtungen nicht selbsttätig zu wirken.

(2) Vor dem 1. Oktober 1978 eingebaute Zentralheizungen mit mehreren Heizkesseln sind bis zum 31. Dezember 1995 mit Einrichtungen nach Absatz 1 nachzurüsten.

(3) Heizkessel dürfen nur dann eingebaut oder aufgestellt werden, wenn sie nach den allgemein anerkannten Regeln der Technik gegen Wärmeverluste gedämmt sind. Satz 1 gilt für solche Wärmeerzeuger als erfüllt, die mit dem CE-Zeichen und der EG-Konformitätserklärung nach § 3 versehen und in der EG-Konformitätserklärung als Standardheizkessel, Niedertemperatur-Heizkessel oder Brennwertkessel ausgewiesen sind.

§ 6 Wärmedämmung von Wärmeverteilungsanlagen

(1) Rohrleitungen und Armaturen sind wie folgt gegen Wärmeverluste zu dämmen:

Zeile	Nennweite (DN) der Rohrleitungen / Armaturen in mm	Mindestdicke der Dämmschicht, bezogen auf eine Wärmeleitfähigkeit von 0,035 W.m-1.K-1
1	bis DN 20	20 mm
2	ab DN 22 bis DN 35	30 mm
3	ab DN 40 bis DN 100	gleich DN
4	über DN 100	100 mm
5	Rohrleitungen und Armaturen nach den Zeilen 1 bis 4 in Wand- und Deckendurchbrüchen, im Kreuzungsbereich von Rohrleitungen, an Rohrleitungsverbindungsstellen, bei zentralen Rohrnetzverteilern, Heizkörperanschlußleitungen von nicht mehr als 8m Länge als Summe von Vor- und Rücklaufleitungen	½ der Anforderungen der Zeilen 1 bis 4

Bei Rohrleitungen, deren Nennweite nicht durch Normung festgelegt ist, ist anstelle der Nennweite der Außendurchmesser einzusetzen.

(2) Absatz 1 gilt nicht für Rohrleitungen von Zentralheizungen in

1. Räumen, die zum dauernden Aufenthalt von Menschen bestimmt sind,
2. Bauteilen, die solche Räume verbinden,

wenn ihre Wärmeabgabe vom jeweiligen Nutzer durch Absperreinrichtungen beeinflußt werden kann.

(3) Bei Materialien mit anderen Wärmeleitfähigkeiten als nach Absatz 1 sind die Dämmschichtdicken umzurechnen. Für die Umrechnung und für die Wärmeleitfähigkeit des Dämmaterials sind die in den anerkannten Regeln der Technik enthaltenen oder im Bundesanzeiger bekanntgegebenen Rechenverfahren und Rechenwerte zu verwenden.

§ 7 Einrichtungen zur Steuerung und Regelung

(1) Zentralheizungen sind mit zentralen selbsttätig wirkenden Einrichtungen zur Verringerung und Abschaltung der Wärmezufuhr sowie zur Ein- und Ausschaltung der elektrischen Antriebe in Abhängigkeit von

1. der Außentemperatur oder einer anderen geeigneten Führungsgröße und
2. der Zeit

auszustatten.

(2) Heizungstechnische Anlagen sind mit selbsttätig wirkenden Einrichtungen zur raumweisen Temperaturregelung auszustatten. Dies gilt nicht für Einzelheizgeräte, die zum

Betrieb mit festen oder flüssigen Brennstoffen eingerichtet sind. Für Raumgruppen gleicher Art und Nutzung in Nichtwohnbauten ist Gruppenregelung zulässig.

(3) Zentralheizungen sind wie folgt mit Einrichtungen nach den Absätzen 1 und 2 Satz 1 nachzurüsten:

Die Nachrüstpflichten nach § 7 Abs. 3 Satz 1 der Heizungsanlagen-Verordnung in der Fassung der Bekanntmachung vom 20. Januar 1989 (BGBl. I S. 120) bleiben unberührt. Soweit die Nachrüstung den Einbau oder die Aufstellung neuer Heizkessel erforderlich macht, gilt § 3 Abs. 1 schon vor dem 1. Januar 1998.

(4) Umwälzpumpen in Zentralheizungsanlagen sind nach den technischen Regeln zu dimensionieren. Nach dem 1. Januar 1996 eingebaute Umwälzpumpen müssen bei Nennleistungen ab 50 kW so ausgestattet oder beschaffen sein, daß die elektrische Leistungsaufnahme dem betriebsbedingten Förderbedarf selbsttätig in mindestens drei Stufen angepaßt wird, soweit sicherheitstechnische Belange des Heizkessels dem nicht entgegenstehen.

§ 8 Warmwasseranlagen

(1) Für Warmwasseranlagen gelten die Anforderungen der §§ 5 und 6 Abs. 1 und 3 entsprechend. Bei Warmwasserleitungen in Wohnungen bis zur Nennweite 20, die weder in den Zirkulationskreislauf einbezogen noch mit elektrischer Begleitheizung ausgerüstet sind, kann von den Anforderungen des § 6 Abs. 1 insoweit abgewichen werden, als deren Erfüllung nur mit unverhältnismäßig hohen Kosten möglich ist.

(2) Die Warmwassertemperatur im Rohrnetz ist durch selbsttätig wirkende Einrichtungen oder andere Maßnahmen auf höchstens 60°C für den Normalbetrieb zu begrenzen. Dies gilt nicht für Warmwasseranlagen, die höhere Temperaturen zwingend erfordern oder eine Leitungslänge von weniger als 5 m benötigen.

(3) Warmwasseranlagen sind mit selbsttätig wirkenden Einrichtungen zur Ein- und Ausschaltung der Zirkulationspumpen in Abhängigkeit von der Zeit auszustatten.

(4) Elektrische Begleitheizungen sind mit selbsttätig wirkenden Einrichtungen zur Anpassung der elektrischen Leistungsaufnahme in Abhängigkeit von der Warmwassertemperatur und der Zeit auszustatten.

(5) Die Wärmedämmung von Einrichtungen, in denen Heiz- oder Warmwasser gespeichert wird, muß die Bedingungen der anerkannten Regeln der Technik erfüllen.

(6) Vor dem 1. Januar 1991 im Gebiet nach Artikel 3 des Einigungsvertrages errichtete Warmwasseranlagen, die mehr als zwei Wohnungen versorgen, sind bis zum 31. Dezember 1995 mit selbsttätig wirkenden Einrichtungen zur Abschaltung der Zirkulationspumpen nachzurüsten. Satz 1 gilt nicht für Anlagen mit Rohrleitungen bis zur Nennweite 100, deren Dämmschichtdicken, bezogen auf eine Wärmeleitfähigkeit des Dämmaterials von 0,035 $Wm^{-1}K^{-1}$, mindestens zwei Drittel der Nennweite der Rohrleitung betragen und für Rohrleitungen mit größerer Nennweite, wenn mindestens die Dämmschichtdicke für Nennweite 100 eingehalten ist. In Wand- und Deckendurchbrüchen, an Kreuzungen von Rohrleitungen sowie bei Rohrleitungsnetzverteilern und Armaturen in Heizzentralen dürfen die sich nach Satz 2 ergebenden Dämmschichtdicken halbiert sein.

§ 9   Pflichten des Betreibers

(1) Der Betreiber von Zentralheizungen oder Warmwasseranlagen mit einer Nennleistung von mehr als 11 kW ist verpflichtet, die Bedienung, Wartung und Instandhaltung nach Maßgabe der Absätze 2 bis 4 durchzuführen oder durchführen zu lassen. Die Bedienung darf nur von fachkundigen oder eingewiesenen Personen vorgenommen werden. Für die Wartung und Instandhaltung ist Fachkunde erforderlich. Fachkundig ist, wer die zur Wartung und Instandhaltung notwendigen Fachkenntnisse und Fertigkeiten besitzt. Eingewiesener ist, wer von einem Fachkundigen über Bedienungsvorgänge unterrichtet worden ist.

(2) Die Bedienung von Anlagen in Mehrfamilienhäusern oder Nichtwohngebäuden mit einer Nennleistung von mehr als 50 kW hat während der Betriebszeit mindestens halbjährlich zu erfolgen. Die Bedienung umfaßt mindestens die Funktionskontrolle und die Vornahme von Schalt- und Stellvorgängen (insbesondere An- und Abstellen, Überprüfen und gegebenenfalls Anpassen der Sollwerteinstellungen von Temperaturen, Einstellen von Zeitprogrammen) an den zentralen regelungstechnischen Einrichtungen.

(3) Die Wartung der Anlagen hat mindestens folgendes zu umfassen:
1. Einstellung der Brenner,
2. Überprüfung der zentralen steuerungs- und regelungstechnischen Einrichtungen und
3. Reinigung der Kesselheizflächen. Die Reinigung von Kesselheizflächen darf auch von eingewiesenen Personen durchgeführt werden.

(4) Die Instandhaltung der Anlagen hat mindestens die Aufrechterhaltung des technisch einwandfreien Betriebszustandes, der eine weitestgehende Nutzung der eingesetzten Energie gestattet, zu umfassen.

§ 10   Anerkannte Regeln der Technik

(1) Das Bundesministerium für Raumordnung, Bauwesen und Städtebau weist durch Bekanntmachung im Bundesanzeiger auf Veröffentlichungen über anerkannte Regeln der Technik zu den §§ 3 bis 8 hin.

(2) Als anerkannte Regeln der Technik im Sinne des Absatzes 1 gelten auch Normen, technische Vorschriften oder sonstige Bestimmungen anderer Mitgliedstaaten der Europäischen Union oder sonstiger Vertragsstaaten des Europäischen Wirtschaftsraums, wenn deren Einhaltung das geforderte Schutzniveau in Bezug auf Energieeinsparung dauerhaft gewährleistet.

§ 11   Ausnahmen

Die nach Landesrecht zuständigen Stellen können auf Antrag Ausnahmen von den Anforderungen dieser Verordnung zulassen, soweit die Energieverluste durch andere technische Maßnahmen in gleichem Umfang begrenzt werden wie nach dieser Verordnung.

§ 12   Härtefälle

Die nach Landesrecht zuständigen Stellen können auf Antrag von den Anforderungen dieser Verordnung befreien, soweit die Anforderungen im Einzelfall wegen besonderer Umstände durch einen unangemessenen Aufwand oder in sonstiger Weise zu einer unbilligen Härte führen.

§ 13 Bußgeldvorschriften

Ordnungswidrig im Sinne des § 8 Abs. 1 Nr. 1 des Energieeinsparungsgesetzes handelt, wer vorsätzlich oder fahrlässig

1. entgegen § 3 Abs. 1 Satz 1, auch in Verbindung mit Satz 2, Heizkessel in Betrieb nimmt;
2. (außer Kraft)
3. entgegen § 4 Abs. 1 Satz 1 Heizkessel in Betrieb nimmt, deren Nennleistung die dort bezeichneten Grenzen überschreitet;
4. entgegen § 4 Abs. 3 Zentralheizungen nicht mit Einrichtungen für eine mehrstufige oder stufenlos verstellbare Feuerungsleistung oder mit mehreren Heizkesseln ausstattet;
5. entgegen § 5 Abs. 2 Zentralheizungen mit mehreren Heizkesseln nicht oder nicht rechtzeitig nachrüstet;
6. entgegen § 6 Abs. 1, auch in Verbindung mit § 8 Abs. 1 Satz 1, Rohrleitungen oder Armaturen nicht mit den dort vorgeschriebenen Mindestdämmschichtdicken dämmt;
7. entgegen § 7 Abs. 1 oder 2 Satz 1 Zentralheizungen oder heizungstechnische Anlagen nicht mit Einrichtungen zur Steuerung und Regelung ausstattet;
8. entgegen § 7 Abs. 3 Satz 1 Zentralheizungen nicht oder nicht rechtzeitig mit Einrichtungen zur Steuerung und Regelung nachrüstet;
9. entgegen § 8 Abs. 3 Warmwasseranlagen nicht mit Einrichtungen zur Ein- und Ausschaltung der Zirkulationspumpen ausstattet;
10. entgegen § 8 Abs. 4 elektrische Begleitheizungen nicht mit Einrichtungen zur Anpassung der elektrischen Leistungsaufnahme ausstattet oder
11. entgegen § 8 Abs. 6 Satz 1 Warmwasseranlagen nicht oder nicht rechtzeitig mit Einrichtungen zur Abschaltung der Zirkulationspumpen nachrüstet.

§ 14 Weitergehende Anforderungen

Weitergehende Anforderungen baurechtlicher oder immissionsschutzrechtlicher Art bleiben unberührt.

§ 15 (Inkrafttreten und Änderung anderer Vorschriften)

Verordnung über die Ermittlung der zulässigen Miete für preisgebundene Wohnungen (Neubaumietenverordnung 1970 – NMV 1970)

vom 14. Dezember 1970 (BGBl. I S. 1660) in der Neufassung vom 12. Oktober 1990 (BGBl. I S. 2203), zuletzt geändert durch Gesetz zur Reform des Wohnungsbaurechts vom 13. September 2001 (BGBl. I S. 2376)

Teil I
Allgemeine Vorschriften

§ 1 Anwendungsbereich der Verordnung
(1) Diese Verordnung ist anzuwenden auf preisgebundene Wohnungen, die nach dem 20. Juni 1948 bezugsfertig geworden sind oder bezugsfertig werden.
(2) Für öffentlich geförderte Wohnungen ist die nach den §§ 8 bis 8b des Wohnungsbindungsgesetzes zulässige Miete nach Maßgabe der Vorschriften der Teile II und IV dieser Verordnung zu ermitteln.
(3) Soweit und solange steuerbegünstigte oder frei finanzierte Wohnungen nach den §§ 87a, 111 oder 88b des Zweiten Wohnungsbaugesetzes preisgebunden sind, ist die nach diesen Vorschriften zulässige Miete nach Maßgabe der Vorschriften der Teile III und IV dieser Verordnung zu ermitteln.
(4) Soweit und solange diese Verordnung auf Wohnungen nach den Absätzen 1 bis 3 anzuwenden ist, sind die im Rahmen der Verordnung maßgeblichen Vorschriften
1. des bis zum 31. Dezember 2001 geltenden Zweiten Wohnungsbaugesetzes weiter anzuwenden sowie
2.
a) des Wohnungsbindungsgesetzes in der ab 1. Januar 2002 geltenden Fassung,
b) der Zweiten Berechnungsverordnung in der ab 1. Januar 2002 geltenden Fassung und
c) der Verordnung über Heizkostenabrechnung in der jeweils geltenden Fassung
anzuwenden.

§ 2 Anwendung der Zweiten Berechnungsverordnung
Ist zur Ermittlung der zulässigen Miete eine Wirtschaftlichkeitsberechnung aufzustellen oder die Wohnfläche zu berechnen oder sind die laufenden Aufwendungen zu ermitteln, so sind hierfür die Vorschriften der Zweiten Berechnungsverordnung in der jeweils geltenden Fassung anzuwenden.

Teil II
Zulässige Miete für öffentlich geförderte Wohnungen

1. Abschnitt
Ermittlung der Kostenmiete

§ 3   Erstmalige Ermittlung der Kostenmiete

(1) Die Kostenmiete umfaßt als zulässige Miete für öffentlich geförderte Wohnungen die Einzelmiete sowie Umlagen, Zuschläge und Vergütungen, soweit diese nach den §§ 20 bis 27 zulässig sind.

(2) Bei der erstmaligen Ermittlung der Kostenmiete ist auszugehen von dem Mietbetrag, der sich für die öffentlich geförderten Wohnungen des Gebäudes oder der Wirtschaftseinheit als Durchschnittsmiete für den Quadratmeter Wohnfläche monatlich ergibt. Die Durchschnittsmiete ist auf der Grundlage der Wirtschaftlichkeitsberechnung, die der Bewilligung der öffentlichen Mittel zugrunde gelegen hat, aus dem Gesamtbetrag der laufenden Aufwendungen nach Abzug von Vergütungen zu errechnen. Bei Wohnungen, für welche die öffentlichen Mittel nach dem 31. Dezember 1956 bewilligt worden sind, ist von der Durchschnittsmiete auszugehen, die die Bewilligungsstelle auf Grund der Wirtschaftlichkeitsberechnung bei der Bewilligung der öffentlichen Mittel genehmigt hat.

(3) Auf der Grundlage der Durchschnittsmiete hat der Vermieter die Einzelmieten der Wohnungen nach deren Wohnfläche zu berechnen und dabei selbstverantwortlich den unterschiedlichen Wohnwert der Wohnungen, insbesondere Lage, Ausstattung und Zuschnitt, angemessen zu berücksichtigen. Die Summe der Einzelmieten darf den Betrag nicht übersteigen, der sich aus der Vervielfältigung der Durchschnittsmiete mit der nach Quadratmetern berechneten Summe der Wohnflächen der öffentlich geförderten Wohnungen, auf die sich die Wirtschaftlichkeitsberechnung bezieht, ergibt.

(4) Hat die Bewilligungsstelle im Hinblick auf eine unterschiedliche Gewährung der öffentlichen Mittel unterschiedliche Durchschnittsmieten genehmigt so sind die Einzelmieten nach Absatz 3 jeweils auf der Grundlage der für die Wohnungen maßgebenden Durchschnittsmiete zu berechnen.

§ 4   Erhöhung der Kostenmiete infolge Erhöhung der laufenden Aufwendungen

(1) Erhöht sich nach der erstmaligen Ermittlung der Kostenmiete der Gesamtbetrag der laufenden Aufwendungen auf Grund von Umständen, die der Vermieter nicht zu vertreten hat, oder wird durch Gesetz oder Rechtsverordnung ein höherer Ansatz für laufende Aufwendungen in der Wirtschaftlichkeitsberechnung zugelassen, so kann der Vermieter eine neue Wirtschaftlichkeitsberechnung aufstellen. Die sich ergebende erhöhte Durchschnittsmiete bildet vom Zeitpunkt der Erhöhung der laufenden Aufwendungen an die Grundlage der Kostenmiete.

(2) Ist bei Wohnungen, für welche die öffentlichen Mittel nach dem 31. Dezember 1956 bewilligt worden sind, die Erhöhung der laufenden Aufwendungen vor der Anerkennung der Schlußabrechnung, spätestens jedoch vor Ablauf von zwei Jahren nach der Bezugsfertigkeit der Wohnungen eingetreten, so erhöht sich die Durchschnittsmiete nach Absatz 1 nur, wenn oder soweit die Bewilligungsstelle deren Erhöhung genehmigt hat. Die

Bewilligungsstelle hat die Erhöhung zu genehmigen, soweit sie sich aus der Wirtschaftlichkeitsberechnung im Rahmen des Absatzes 1 ergibt. Die Genehmigung wirkt auf den Zeitpunkt der Erhöhung der laufenden Aufwendungen, längstens jedoch drei Monate vor Stellung eines Antrags mit prüffähigen Unterlagen zurück. Ist eine Genehmigung nicht erteilt worden, so darf die Erhöhung der laufenden Aufwendungen auch bei einer späteren Ermittlung der Kostenmiete nicht berücksichtigt werden.

(3) (außer Kraft)

(4) Soweit aus öffentlichen Mitteln gewährte Darlehen oder Zuschüsse zur Deckung der laufenden Aufwendungen, insbesondere Zinszuschüsse, aus Gründen, die der Vermieter zu vertreten hat, vor Ablauf des Bewilligungszeitraums nicht mehr oder nur in verminderter Höhe gewährt werden, tritt nach Ablauf des Bewilligungszeitraums eine entsprechende Erhöhung der Durchschnittsmiete ein. Der Vermieter hat es auch zu vertreten, wenn er vor Ablauf des Bewilligungszeitraums auf die Fortgewährung der in Satz 1 bezeichneten Darlehen oder Zuschüsse verzichtet.

(5) Hat sich die Durchschnittsmiete nach den Absätzen 1 bis 4 erhöht, so erhöhen sich die zulässigen Einzelmieten entsprechend ihrem bisherigen Verhältnis zur Durchschnittsmiete. § 3 Abs. 3 Satz 2 gilt entsprechend.

(6) Soweit eine Erhöhung der laufenden Aufwendungen auf Umständen beruht, die nur in der Person einzelner Mieter begründet sind und nicht sämtliche Wohnungen betreffen, tritt eine Erhöhung der Durchschnittsmiete und der Einzelmieten nach den Absätzen 1 und 5 nicht ein. Für die betroffenen Wohnungen ist vom Zeitpunkt der Erhöhung an neben der Einzelmiete ein Zuschlag zur Deckung der erhöhten laufenden Aufwendungen nach § 26 Abs. 1 Nr. 4 zulässig. Die Vorschriften des Absatzes 2 gelten sinngemäß. Bei Wohnungen, die nach dem Gesetz zur Förderung des Bergarbeiterwohnungsbaues im Kohlenbergbau gefördert worden sind, ist ein Zuschlag entsprechend Satz 1 bis 3 auch zulässig, soweit die Erhöhung der laufenden Aufwendungen darauf beruht, daß die als Darlehen gewährten Mittel nach dem 24. Juli 1982 gemäß § 16 des Wohnungsbindungsgesetzes zurückgezahlt, jedoch nur einzelne Wohnungen des Gebäudes oder der Wirtschaftseinheit von der Zweckbindung der Bergarbeiterwohnungen unbefristet freigestellt worden sind.

(7) Die Durchführung einer zulässigen Mieterhöhung gegenüber dem Mieter sowie der Zeitpunkt, von dem an sie wirksam wird, bestimmt sich nach § 10 des Wohnungsbindungsgesetzes, soweit nichts anderes vereinbart ist. Bei der Erläuterung der Mieterhöhung sind die Gründe anzugeben, aus denen sich die einzelnen laufenden Aufwendungen erhöht haben, und die auf die einzelnen laufenden Aufwendungen fallenden Beträge. Dies gilt auch, wenn die Erklärung der Mieterhöhung mit Hilfe automatischer Einrichtungen gefertigt ist.

(8) Ist die jeweils zulässige Miete als vertragliche Miete vereinbart, so gilt für die Durchführung einer Mieterhöhung § 10 Abs. 1 des Wohnungsbindungsgesetzes entsprechend. Auf Grund einer Vereinbarung gemäß Satz 1 darf der Vermieter eine zulässige Mieterhöhung wegen Erhöhung der laufenden Aufwendungen nur für einen zurückliegenden Zeitraum seit Beginn des der Erklärung vorangehenden Kalenderjahres nachfordern; für einen weiter zurückliegenden Zeitraum kann eine zulässige Mieterhöhung jedoch dann nachgefordert werden, wenn der Vermieter die Nachforderung aus Gründen, die er nicht

zu vertreten hat, erst nach dem Ende des auf die Erhöhung der laufenden Aufwendungen folgenden Kalenderjahres geltend machen konnte und sie innerhalb von drei Monaten nach Wegfall der Gründe geltend macht. Auf Grund von Zinserhöhungen nach den §§ 18a bis 18f des Wohnungsbindungsgesetzes ist eine Mieterhöhung für einen zurückliegenden Zeitraum nicht zulässig.

§ 5   Senkung der Kostenmiete infolge Verringerung der laufenden Aufwendungen

(1) Verringert sich nach der erstmaligen Ermittlung der Kostenmiete der Gesamtbetrag der laufenden Aufwendungen oder wird durch Gesetz oder Rechtsverordnung nur ein verringerter Ansatz in der Wirtschaftlichkeitsberechnung zugelassen, so hat der Vermieter unverzüglich eine neue Wirtschaftlichkeitsberechnung aufzustellen. Die sich ergebende verringerte Durchschnittsmiete bildet vom Zeitpunkt der Verringerung der laufenden Aufwendungen an die Grundlage der Kostenmiete. Der Vermieter hat die Einzelmieten entsprechend ihrem bisherigen Verhältnis zur Durchschnittsmiete zu senken. Die Mietsenkung ist den Mietern unverzüglich mitzuteilen; sie ist zu berechnen und entsprechend § 4 Abs. 7 Satz 2 und 3 zu erläutern.

(2) Wird nach § 4 Abs. 6 neben der Einzelmiete ein Zuschlag zur Deckung erhöhter laufender Aufwendungen erhoben, so senkt sich der Zuschlag entsprechend, wenn sich die zugrundeliegenden laufenden Aufwendungen verringern. Absatz 1 Satz 4 gilt sinngemäß.

(3) Sind die Gesamtkosten, Finanzierungsmittel und laufenden Aufwendungen einer zentralen Heizungs- oder Warmwasserversorgungsanlage in der Wirtschaftlichkeitsberechnung enthalten, wird jedoch die Anlage eigenständig gewerblich im Sinne des § 1 Abs. 1 Nr. 2 der Verordnung über Heizkostenabrechnung in der Fassung der Bekanntmachung vom 20. Januar 1989 (BGBl. I S. 115) betrieben, verringern sich die Gesamtkosten, Finanzierungsmittel und laufenden Aufwendungen in dem Maße, in dem sie den Kosten der eigenständig gewerblichen Lieferung von Wärme und Warmwasser zugrunde gelegt werden. Dieser Anteil ist nach den Vorschriften der §§ 33 bis 36 der Zweiten Berechnungsverordnung über die Aufstellung der Teilwirtschaftlichkeitsberechnung zu ermitteln. Absatz 1 gilt entsprechend.

§ 5a   Änderung der Kostenmiete infolge Änderung der Wirtschaftseinheit

(1) Wird nach der erstmaligen Ermittlung der Kostenmiete eine Wirtschaftseinheit aufgeteilt, so hat der Vermieter unverzüglich Wirtschaftlichkeitsberechnungen für die einzelnen Gebäude oder, wenn neue Wirtschaftseinheiten entstanden sind, für die neuen Wirtschaftseinheiten aufzustellen. Wird Wohnungseigentum an den Wohnungen einer Wirtschaftseinheit oder eines Gebäudes begründet, so hat der Vermieter unverzüglich eine Wirtschaftlichkeitsberechnung für die einzelnen Wohnungen aufzustellen.

(2) Sind nach der erstmaligen Ermittlung der Kostenmiete mehrere Gebäude, mehrere Wirtschaftseinheiten oder mehrere Gebäude und Wirtschaftseinheiten mit Zustimmung der Bewilligungsstelle zu einer Wirtschaftseinheit zusammengefaßt worden, so hat der Vermieter unverzüglich eine neue Wirtschaftlichkeitsberechnung für die entstandene Wirtschaftseinheit aufzustellen.

(3) Die Durchschnittsmieten, die sich aus den nach den Absätzen 1 und 2 aufgestellten Wirtschaftlichkeitsberechnungen ergeben, bedürfen der Genehmigung der Bewilligungs-

stelle. Sie bilden vom Zeitpunkt der Genehmigung an die Grundlage der Kostenmiete. Für die Berechnung der Einzelmieten gilt § 3 Abs. 3. Erhöht sich die zulässige Einzelmiete gegenüber dem Zeitpunkt vor der Genehmigung, gilt § 4 Abs. 7 und Abs. 8 Satz 1. Verringert sich die zulässige Einzelmiete gegenüber dem Zeitpunkt vor der Genehmigung, so hat der Vermieter die Miete zu senken und die Mietsenkung den Mietern unverzüglich mitzuteilen; die Mietsenkung ist zu berechnen und entsprechend § 4 Abs. 7 Satz 2 und 3 zu erläutern.

§ 6 Erhöhung der Kostenmiete wegen baulicher Änderungen
(1) Hat der Vermieter für sämtliche öffentlich geförderten Wohnungen bauliche Änderungen auf Grund von Umständen, die er nicht zu vertreten hat, vorgenommen, so kann er zur Berücksichtigung der hierdurch entstehenden laufenden Aufwendungen eine neue Wirtschaftlichkeitsberechnung aufstellen. Das gleiche gilt, wenn er mit Zustimmung der Bewilligungsstelle solche baulichen Änderungen vorgenommen hat, die eine Modernisierung im Sinne des § 11 Abs. 6 der Zweiten Berechnungsverordnung bewirken; die Zustimmung gilt als erteilt, wenn Mittel aus öffentlichen Haushalten für die Modernisierung bewilligt worden sind. Die sich ergebende erhöhte Durchschnittsmiete bildet vom Ersten des auf die Fertigstellung folgenden Monats an die Grundlage der Kostenmiete. Für die Erhöhung der Einzelmieten gilt § 4 Abs. 5 entsprechend. Soweit die baulichen Änderungen nach Art oder Umfang für die einzelnen Wohnungen unterschiedlich sind, ist dies bei der Berechnung der Einzelmieten angemessen zu berücksichtigen.
(2) Sind die baulichen Änderungen nur für einen Teil der Wohnungen vorgenommen worden, so ist für diese Wohnungen neben der Einzelmiete ein Zuschlag zur Deckung der erhöhten laufenden Aufwendungen nach § 26 Abs. 1 Nr. 4 zulässig; bei einer Modernisierung von unterschiedlichem Umfang gilt für die Höhe des Zuschlags Absatz 1 Satz 5 sinngemäß. Von dem Zeitpunkt an, in dem die baulichen Änderungen für sämtliche Wohnungen durchgeführt worden sind, tritt an die Stelle der Zuschläge zur Einzelmiete eine Erhöhung der Durchschnittsmiete und der Einzelmieten nach den Vorschriften des Absatzes 1.

§ 7 Kostenmiete nach Schaffung neuer Wohnungen durch Ausbau oder Erweiterung des Gebäudes
(1) Werden in einem Gebäude oder einer Wirtschaftseinheit mit öffentlich geförderten Wohnungen durch Ausbau oder Erweiterung neue Wohnungen geschaffen, so ist für die bisherigen öffentlich geförderten Wohnungen die bisherige Wirtschaftlichkeitsberechnung als Teilwirtschaftlichkeitsberechnung weiter maßgebend; die bisherige Durchschnittsmiete und die bisherigen Einzelmieten ändern sich infolge des Ausbaus oder der Erweiterung nicht. Sind durch den Ausbau oder die Erweiterung Zubehörräume der öffentlich geförderten Wohnungen ganz oder teilweise weggefallen und ist hierfür kein gleichwertiger Ersatz geschaffen worden, ist die Einzelmiete der betroffenen Wohnung um einen angemessenen Betrag zu senken.
(2) Werden in einem Gebäude oder einer Wirtschaftseinheit mit öffentlich geförderten Wohnungen durch Ausbau oder Erweiterung neue Wohnungen unter Einsatz öffentlicher Mittel geschaffen, ist bei der Ermittlung der Kostenmiete für diese Wohnungen von der

Durchschnittsmiete auszugehen, die auf Grund der für sie gesondert aufgestellten Teilwirtschaftlichkeitsberechnung berechnet und von der Bewilligungsstelle im Bewilligungsbescheid genehmigt worden ist. Auf der Grundlage der genehmigten Durchschnittsmiete sind die Einzelmieten entsprechend § 3 Abs. 3 zu berechnen.

(3) Sind Zubehörräume öffentlich geförderter Wohnungen ohne Genehmigung der Bewilligungsstelle zu Wohnungen ausgebaut worden, so gelten die durch den Ausbau neu geschaffenen Wohnungen von der Bezugsfertigkeit an als öffentlich geförderter preisgebundener Wohnraum. Bei der Ermittlung der Kostenmiete für diese Wohnungen ist von der Durchschnittsmiete auszugehen, die auf Grund der für sie gesondert aufgestellten Teilwirtschaftlichkeitsberechnung berechnet worden ist. Die sich ergebende Durchschnittsmiete bedarf der Genehmigung der Bewilligungsstelle; die Genehmigung wirkt auf den Zeitpunkt der Bezugsfertigkeit der neu geschaffenen Wohnungen, jedoch nicht mehr als vier Jahre zurück. Auf der Grundlage der genehmigten Durchschnittsmiete sind die Einzelmieten entsprechend § 3 Abs. 3 zu berechnen. Die Einzelmieten sind vom Ersten des Monats, der auf den in Satz 3 genannten Zeitpunkt folgt, maßgebend.

(4) Sind Zubehörräume öffentlich geförderter Wohnungen ohne Einsatz öffentlicher Mittel mit Genehmigung der Bewilligungsstelle zu Wohnungen ausgebaut worden oder wird der Ausbau nachträglich genehmigt, so gelten die neu geschaffenen Wohnungen von der Bezugsfertigkeit an nicht als öffentlich geförderter preisgebundener Wohnraum.

(5) Die Absätze 1 bis 4 gelten entsprechend, wenn einzelne Räume ausgebaut worden sind, die selbständig vermietet werden.

§ 8   Kostenmiete nach Wohnungsvergrößerung

(1) Sind sämtliche öffentlich geförderten Wohnungen durch Ausbau oder Erweiterung um weitere Wohnräume vergrößert worden, so hat der Vermieter eine neue Wirtschaftlichkeitsberechnung aufzustellen. Die sich ergebende Durchschnittsmiete bedarf der Genehmigung der Bewilligungsstelle; die Genehmigung wirkt auf den Zeitpunkt der Fertigstellung der Wohnungsvergrößerung zurück. Die neuen Einzelmieten sind entsprechend § 3 Abs. 3 zu berechnen; sie treten vom Ersten des auf die Fertigstellung folgenden Monats an an die Stelle der bisher zulässigen Einzelmieten.

(2) Ist nur ein Teil der Wohnungen um weitere Wohnräume vergrößert worden, so ist für die vergrößerten Wohnungen vom Zeitpunkt der Fertigstellung an neben der Einzelmiete ein Zuschlag nach § 26 Abs. 1 Nr. 4 zulässig.

(3) Die Vorschriften des § 4 Abs. 8 gelten entsprechend.

§ 8a   Kostenmiete in Fällen, in denen nur noch ein Teil der Wohnungen als öffentlich gefördert gilt

Gelten nach § 15 Abs. 2 Satz 2 oder § 16 Abs. 2 oder 7 des Wohnungsbindungsgesetzes eine oder mehrere Wohnungen eines Gebäudes oder einer Wirtschaftseinheit nicht mehr als öffentlich gefördert, so bleiben für die übrigen Wohnungen die bisherige Einzelmiete sowie Umlagen, Zuschläge und Vergütungen unverändert. Ändern sich die laufenden Aufwendungen, so bleibt für jede spätere Berechnung der Einzelmiete die bisherige Wirtschaftlichkeitsberechnung mit den zulässigen Ansätzen für Gesamtkosten, Finanzierungsmittel und laufende Aufwendungen in der Weise maßgebend, wie sie für alle bisherigen öffentlich geförderten Wohnungen des Gebäudes oder der Wirtschaftseinheit maßgeblich gewesen wären.

§ 9 Zusatzberechnung, Auszug aus der Wirtschaftlichkeitsberechnung
Zur Berechnung einer Änderung der Durchschnittsmiete kann der Vermieter an Stelle einer neuen Wirtschaftlichkeitsberechnung eine Zusatzberechnung zur bisherigen Wirtschaftlichkeitsberechnung nach § 39a Abs. 1 oder 3 der Zweiten Berechnungsverordnung aufstellen, wenn er dem Mieter bereits eine Wirtschaftlichkeitsberechnung oder einen Auszug daraus gemäß § 39 Abs. 1 Satz 3 der Zweiten Berechnungsverordnung übergeben hatte. Zur Berechnung einer Erhöhung der Durchschnittsmiete kann an Stelle einer neuen Wirtschaftlichkeitsberechnung auch ein Auszug aus der Wirtschaftlichkeitsberechnung nach § 39 Abs. 2 der Zweiten Berechnungsverordnung aufgestellt werden.

§ 10 Mieterleistungen
Einmalige Leistungen des Mieters, die mit Rücksicht auf die Überlassung der Wohnung erbracht werden sollen, sind nur nach Maßgabe des § 9 des Wohnungsbindungsgesetzes zulässig; das gleiche gilt für entsprechende Leistungen eines Dritten zugunsten des Mieters.

2. Abschnitt
Ermittlung der Vergleichsmiete

§ 11 Erstmalige Bestimmung der Vergleichsmiete
(1) Die Vergleichsmiete bestimmt sich erstmalig nach den Einzelmieten solcher öffentlich geförderter Mietwohnungen, die mit der Wohnung nach Art und Ausstattung sowie nach Förderungsjahr und Gemeindegrößenklasse vergleichbar sind (vergleichbare Wohnungen); maßgebend sind die Verhältnisse im Zeitpunkt der Bewilligung der öffentlichen Mittel. Die Einzelmiete der vergleichbaren Wohnung ist mit dem Betrag zugrunde zu legen, der auf den Quadratmeter Wohnfläche monatlich entfällt.
(2) Ist eine vergleichbare Wohnung vom Vermieter nicht festzustellen, so darf als Vergleichsmiete der Miethöchstsatz zugrunde gelegt werden, der im Zeitpunkt der Bewilligung der öffentlichen Mittel von der zuständigen obersten Landesbehörde für öffentlich geförderte Mietwohnungen einer entsprechenden Gemeindegrößenklasse und Ausstattungsstufe bestimmt ist; für Wohnungen mit geringerem Wohnwert, insbesondere für Dachgeschoßwohnungen, ist ein angemessener Abschlag vorzunehmen. Die Bewilligungsstelle hat dem Vermieter auf Verlangen den maßgebenden Miethöchstsatz mitzuteilen.
(3) Hat die Bewilligungsstelle bei der Bewilligung der öffentlichen Mittel, insbesondere im Rahmen einer Lastenberechnung, für die Wohnung unter Berücksichtigung ihres Wohnwertes und des nach Absatz 2 maßgebenden Miethöchstsatzes einen bestimmten Mietbetrag zugrunde gelegt, so bestimmt sich die Vergleichsmiete abweichend von Absatz 2 nach diesem Betrag; das gleiche gilt, wenn der Bauherr in der Lastenberechnung einen derartigen Mietbetrag im Einvernehmen mit der Bewilligungsstelle angesetzt hat. Ist der Mietbetrag aus Gründen, die in der Person des Mieters liegen, unter dem nach

Absatz 2 zulässigen Betrag angesetzt worden, so bestimmt sich die Vergleichsmiete nach Absatz 2.

(4) Neben der Vergleichsmiete dürfen Umlagen, Zuschläge und Vergütungen erhoben werden, soweit diese nach § 28 in Verbindung mit den §§ 20 bis 27 zulässig sind. § 10 gilt entsprechend.

§ 12 Änderung der Vergleichsmiete infolge Änderung der laufenden Aufwendungen

(1) Hat sich der Gesamtbetrag der laufenden Aufwendungen gegenüber dem Betrag geändert, der im Zeitpunkt der Bewilligung der öffentlichen Mittel tatsächlich zu entrichten war oder im Rahmen einer Wirtschaftlichkeitsberechnung hätte angesetzt werden können, so ändert sich die Vergleichsmiete vom Ersten des folgenden Monats an um den Änderungsbetrag, der je Monat anteilig auf die Wohnung entfällt, deren Vergleichsmiete zu ermitteln ist. Änderungen der laufenden Aufwendungen, die sich nicht auf diese Wohnung beziehen, bleiben unberücksichtigt. Bei einer Erhöhung der laufenden Aufwendungen tritt eine Änderung der Vergleichsmiete nach Satz 1 nur ein, soweit die Erhöhung auf Umständen beruht, die der Vermieter nicht zu vertreten hat, oder soweit durch Gesetz oder Rechtsverordnung ein höherer Ansatz in der Wirtschaftlichkeitsberechnung zugelassen ist.

(2) Der Änderungsbetrag ist auf Grund einer Zusatzberechnung nach § 39a Abs. 2 der Zweiten Berechnungsverordnung zu ermitteln. Der auf die Wohnung entfallende Anteil ist nach dem Verhältnis der Wohnflächen der einzelnen Wohnungen des Gebäudes zueinander zu berechnen; soweit sich laufende Aufwendungen geändert haben, die sich ausschließlich auf die Wohnung beziehen, sind diese in voller Höhe anzurechnen.

(3) Für die Durchführung einer Erhöhung oder Senkung der Vergleichsmiete gegenüber dem Mieter gelten die Vorschriften des § 4 Abs. 7 und 8 sowie des § 5 Abs. 1 Satz 4 entsprechend.

(4) Für erneute Änderungen des Gesamtbetrages der laufenden Aufwendungen nach einer Änderung gemäß Absatz 1 gelten die Absätze 1 bis 3 sinngemäß.

§ 13 Erhöhung der Vergleichsmiete wegen baulicher Änderungen

(1) Hat der Vermieter für sämtliche öffentlich geförderten Wohnungen bauliche Änderungen auf Grund von Umständen, die er nicht zu vertreten hat, vorgenommen oder hat er mit Zustimmung der Bewilligungsstelle solche bauliche Änderungen vorgenommen, die eine Modernisierung im Sinne des § 11 Abs. 6 der Zweiten Berechnungsverordnung bewirken, so erhöht sich die nach § 11 oder § 12 zulässige Vergleichsmiete vom Ersten des auf die Fertigstellung folgenden Monats an um die zusätzlichen laufenden Aufwendungen, die durch die baulichen Änderungen entstanden sind und je Monat auf die Wohnungen anteilig entfallen. Die Zustimmung gilt als erteilt, wenn Mittel aus öffentlichen Haushalten für die Modernisierung bewilligt worden sind.

(2) Der Erhöhungsbetrag ist auf Grund einer Zusatzberechnung nach § 39a Abs. 4 der Zweiten Berechnungsverordnung zu ermitteln. Für die Aufteilung des Erhöhungsbetrages auf die einzelnen Wohnungen bei unterschiedlichen baulichen Änderungen gilt § 6 Abs. 1 Satz 5 entsprechend.

(3) Bei baulichen Änderungen, die nur für einen Teil der Wohnungen vorgenommen werden, gelten die Vorschriften des § 6 Abs. 2 sinngemäß.

§ 14 Vergleichsmiete nach Ausbau von Zubehörräumen und Wohnungsvergrößerung

(1) Sind Zubehörräume öffentlich geförderter Wohnungen, für die die Vergleichsmiete die zulässige Miete ist, ohne Genehmigung der Bewilligungsstelle zu einer Wohnung ausgebaut worden, so bestimmt sich für diese Wohnung die Vergleichsmiete erstmalig nach den Einzelmieten vergleichbarer Wohnungen. Ist eine vergleichbare Wohnung vom Vermieter nicht festzustellen, so gelten die Vorschriften des § 11 Abs. 2 entsprechend; maßgebend sind die Verhältnisse im Zeitpunkt der Bezugsfertigkeit der Wohnung.

(2) Sind Zubehörräume öffentlich geförderter Wohnungen, für die die Vergleichsmiete die zulässige Miete ist, mit Genehmigung der Bewilligungsstelle zu einer Wohnung ausgebaut worden oder wird der Ausbau nachträglich genehmigt, so gilt die neugeschaffene Wohnung von der Bezugsfertigkeit an nicht als öffentlich geförderter preisgebundener Wohnraum.

(3) Für die Wohnungen, deren Zubehörräume ausgebaut und nicht durch anderen Zubehörraum ersetzt worden sind, ist die bisher zulässige Vergleichsmiete um einen angemessenen Betrag zu senken.

(4) Die Absätze 1 bis 3 gelten entsprechend, wenn die Zubehörräume zu einzelnen Wohnräumen ausgebaut worden sind, die selbständig vermietet werden.

(5) Die Vergleichsmiete einer Wohnung, die durch Ausbau oder Erweiterung um weitere Wohnräume vergrößert worden ist, erhöht sich in dem Verhältnis, in dem die bisherige Wohnfläche vergrößert worden ist.

(6) Für Änderungen der nach Absatz 1, 3 oder 5 ermittelten Vergleichsmiete gelten die Vorschriften der §§ 12 und 13.

§ 15 Übergang von der Vergleichsmiete zur Kostenmiete

(1) Auf Antrag des Vermieters kann die zuständige Stelle genehmigen, daß an Stelle der nach den §§ 11 bis 14 zulässigen Vergleichsmiete die Kostenmiete erhoben wird.

(2) Für Eigenheime, Kaufeigenheime und Kleinsiedlungen mit einer Wohnung und für Eigentumswohnungen soll der Übergang zur Kostenmiete genehmigt werden, wenn der Vermieter die Eigennutzung der Wohnung auf Grund von Umständen, die er nicht zu vertreten hat, aufgeben muß oder wenn aus sonstigen Gründen für ihn die Vergleichsmiete als zulässige Miete unbillig wäre.

(3) Für eine vermietete zweite Wohnung in einem Eigenheim, einem Kaufeigenheim oder einer Kleinsiedlung darf der Übergang zur Kostenmiete nur genehmigt werden, wenn das Beibehalten der Vergleichsmiete für den Vermieter unter Berücksichtigung aller Umstände des Einzelfalles unbillig wäre und wenn die Vermietbarkeit der Wohnung an Wohnberechtigte im Sinne des § 5 des Wohnungsbindungsgesetzes durch den Übergang zur Kostenmiete nicht ausgeschlossen oder erheblich erschwert wird.

(4) Die Kostenmiete ist auf Grund einer Wirtschaftlichkeitsberechnung nach den Verhältnissen im Zeitpunkt der Bewilligung der öffentlichen Mittel unter Berücksichtigung der seitdem eingetretenen Änderungen der laufenden Aufwendungen zu ermitteln. Auf

der Grundlage der sich ergebenden Durchschnittsmiete ist für die in Absatz 3 bezeichnete Wohnung die Einzelmiete entsprechend § 3 Abs. 3 zu berechnen; dabei sind neben dem unterschiedlichen Wohnwert auch sonstige Umstände, die für die Höhe der Einzelmiete im Vergleich zum Mietwert der Hauptwohnung von Bedeutung sind, namentlich eine ungleiche Grundstücksnutzung und das Fehlen von Zubehörraum, angemessen zu berücksichtigen. Bei einer Einliegerwohnung darf die Einzelmiete je Quadratmeter Wohnfläche höchstens 80 vom Hundert der Durchschnittsmiete betragen.

(5) Mit dem Zugang des Genehmigungsbescheides tritt die Kostenmiete als zulässige Miete an die Stelle der Vergleichsmiete. In den Fällen des Absatzes 3 ist die nach Absatz 4 berechnete Einzelmiete, die in dem Genehmigungsbescheid bezeichnet ist, maßgebend.

(6) Für Änderungen der Kostenmiete gelten die Vorschriften der §§ 4 bis 9. Der Unterschied der nach Absatz 4 erstmalig berechneten Einzelmiete gegenüber der Durchschnittsmiete ist auch bei späteren Änderungen der Durchschnittsmiete zu erhalten, es sei denn, daß sich die zugrundeliegenden Änderungen der laufenden Aufwendungen nicht auf die Wohnung beziehen, deren Einzelmiete zu errechnen ist.

Teil III
Zulässige Miete für preisgebundene steuerbegünstigte und frei finanzierte Wohnungen

§ 16 Ermittlung der Kostenmiete für Wohnungen, die mit Wohnungsfürsorgemitteln gefördert sind

(1) Wird für steuerbegünstigte oder frei finanzierte Wohnungen, die mit Wohnungsfürsorgemitteln für Angehörige des öffentlichen Dienstes oder ähnliche Personengruppen unter Vereinbarung eines Wohnungsbesetzungsrechts gefördert worden sind, die Kostenmiete erstmalig ermittelt, so ist von dem Mietbetrag auszugehen, der sich für diese Wohnungen auf Grund einer Wirtschaftlichkeitsberechnung als Durchschnittsmiete für den Quadratmeter Wohnfläche monatlich ergibt.

(2) Die Wirtschaftlichkeitsberechnung ist nach den Vorschriften der Zweiten Berechnungsverordnung aufzustellen, die für den steuerbegünstigten Wohnungsbau und für Wohnungen, die mit Wohnungsfürsorgemitteln gefördert worden sind, gelten. Dabei sind die Verhältnisse im Zeitpunkt der Bezugsfertigkeit der Wohnungen zugrunde zu legen.

(3) Auf der Grundlage der Durchschnittsmiete hat der Vermieter für die einzelnen Wohnungen des Gebäudes oder der Wirtschaftseinheit die Einzelmieten entsprechend § 3 Abs. 3 zu berechnen. Die für die Bewilligung der Wohnungsfürsorgemittel zuständige Stelle kann Maßstäbe für die Staffelung der Einzelmieten festsetzen. Die Vorschriften des § 3 Abs. 1 gelten entsprechend.

(4) Für nach der Bezugsfertigkeit der Wohnungen eintretende Änderungen der Kostenmiete infolge Änderung der laufenden Aufwendungen gelten die Vorschriften des § 4 Abs. 1, 4, 5, Abs. 6 Satz 1 und 2, Abs. 7 und 8, des § 5, des § 5a Abs. 1, 2 und Abs. 3 Satz 2 bis 5 und des § 9 entsprechend, § 5a Abs. 3 Satz 2 bis 5 jedoch mit der Maßgabe, daß an die Stelle des Zeitpunkts der Genehmigung im Falle der Aufteilung der Zeitpunkt der Aufstellung der Wirtschaftlichkeitsberechnung, im Falle der Zusammenfassung der Zeitpunkt der Zustimmung des Darlehns- oder Zuschußgebers zur Zusammenfassung

tritt. Sind die Wohnungsfürsorgemittel vorzeitig zurückgezahlt oder abgelöst und durch andere Finanzierungsmittel mit höheren Kapitalkosten, als sie zuletzt tatsächlich zu entrichten waren, ersetzt worden, so tritt auf Grund dieser Ersetzung eine Erhöhung der Kostenmiete vor Ablauf des Wohnungsbesetzungsrechts nicht ein.

(5) Hat der Vermieter nach der Bezugsfertigkeit der Wohnungen bauliche Änderungen auf Grund von Umständen, die er nicht zu vertreten hat, oder solche bauliche Änderungen, die eine Modernisierung im Sinne des § 11 Abs. 6 der Zweiten Berechnungsverordnung bewirken, vorgenommen, so gelten für die Erhöhung der Kostenmiete die Vorschriften des § 6 und des § 9 Satz 1 entsprechend.

(6) Werden in einem Gebäude oder einer Wirtschaftseinheit mit in Absatz 1 bezeichneten Wohnungen durch Ausbau oder Erweiterung neue Wohnungen geschaffen, sind die Vorschriften des § 7 Abs. 1, 2 und 5 und des § 26 Abs. 7 sinngemäß anzuwenden. Werden Zubehörräume der in Absatz 1 bezeichneten Wohnungen zu Wohnungen oder Wohnräumen ausgebaut, so gelten die neugeschaffenen Wohnungen oder Räume nicht als preisgebundener Wohnraum.

(7) Für die Vergrößerung der in Absatz 1 bezeichneten Wohnungen um weitere Wohnräume gelten die Vorschriften des § 8 sinngemäß.

(8) Vertragliche Vereinbarungen mit der für die Bewilligung der Wohnungsfürsorgemittel zuständigen Stelle, wonach die Modernisierung, der Ausbau von Zubehörräumen oder Wohnungsvergrößerungen der Genehmigung bedürfen, bleiben unberührt.

§ 17 Ermittlung der Kostenmiete für Wohnungen, die mit Aufwendungszuschüssen oder Aufwendungsdarlehen gefördert sind

(1) Wird für steuerbegünstigte Wohnungen, die mit Aufwendungszuschüssen oder Aufwendungsdarlehen nach § 88 des Zweiten Wohnungsbaugesetzes gefördert worden sind, die Kostenmiete erstmalig ermittelt, so ist von dem Mietbetrag auszugehen, der sich für diese Wohnungen auf Grund einer Wirtschaftlichkeitsberechnung als Durchschnittsmiete für den Quadratmeter Wohnfläche monatlich ergibt und von der für die Bewilligung der Mittel zuständigen Stelle genehmigt worden ist.

(2) Die Wirtschaftlichkeitsberechnung ist entsprechend den für öffentlich geförderte Wohnungen geltenden Vorschriften der Zweiten Berechnungsverordnung aufzustellen; dabei sind die Verhältnisse im Zeitpunkt der Bewilligung der Mittel zugrunde zu legen.

(3) Die zuständige Bewilligungsstelle hat die sich aus der Wirtschaftlichkeitsberechnung ergebende Durchschnittsmiete zu genehmigen und dem Vermieter die genehmigte Durchschnittsmiete mitzuteilen.

(4) Auf der Grundlage der genehmigten Durchschnittsmiete hat der Vermieter für die einzelnen Wohnungen des Gebäudes oder der Wirtschaftseinheit die Einzelmieten entsprechend § 3 Abs. 3 und 4 zu berechnen. Die Vorschriften des § 3 Abs. 1 gelten entsprechend.

(5) Für nach der Genehmigung der Durchschnittsmiete eintretende Änderungen der Kostenmiete infolge Änderung der laufenden Aufwendungen, infolge Änderung der Wirtschaftseinheit oder wegen baulicher Änderungen gelten die Vorschriften der §§ 4 bis 6 und 9 entsprechend.

(6) Bei den in § 16 bezeichneten Wohnungen, die auch mit Aufwendungszuschüssen oder Aufwendungsdarlehen gefördert worden sind, sind an Stelle der Absätze 1 bis 5 nur die Vorschriften des § 16 anzuwenden.

(7) Für die in Absatz 1 bezeichneten Wohnungen gelten hinsichtlich der Zulässigkeit von Mieterleistungen die Vorschriften des § 10 entsprechend.

(8) Die Vorschriften der Absätze 1 bis 6 gelten entsprechend für diejenigen steuerbegünstigten Wohnungen, die mit Annuitätszuschüssen nach § 88 des Zweiten Wohnungsbaugesetzes in der bis zum 31. Dezember 1971 geltenden Fassung gefördert worden und nach dem 31. Dezember 1966 bezugsfertig geworden sind.

§ 18 Ermittlung der Vergleichsmiete für Wohnungen, die mit Aufwendungszuschüssen oder Aufwendungsdarlehen gefördert sind

(1) Die Vergleichsmiete für steuerbegünstigte Wohnungen in Eigenheimen und Kleinsiedlungen, die ohne Vorlage einer Wirtschaftlichkeitsberechnung oder auf Grund einer vereinfachten Wirtschaftlichkeitsberechnung mit Aufwendungszuschüssen oder Aufwendungsdarlehen nach § 88 des Zweiten Wohnungsbaugesetzes gefördert worden sind, bestimmt sich erstmalig nach den Einzelmieten solcher steuerbegünstigter, mit Aufwendungszuschüssen oder Aufwendungsdarlehen geförderter Mietwohnungen, die nach Art und Ausstattung sowie nach Förderungsjahr und Gemeindegrößenklasse mit den Wohnungen vergleichbar sind; maßgebend sind die Verhältnisse im Zeitpunkt der Bewilligung der Mittel.

(2) Ist eine vergleichbare Wohnung vom Vermieter nicht festzustellen, so kann die Bewilligungsstelle auf Verlangen des Vermieters bei der Bewilligung der Mittel einen angemessenen Mietbetrag als Vergleichsmiete bestimmen. Die Vorschriften des § 11 Abs. 3 Satz 1, Abs. 4 gelten entsprechend.

(3) Für die Änderungen der Vergleichsmiete infolge Änderung der laufenden Aufwendungen oder wegen baulicher Änderungen gelten die Vorschriften der §§ 12 und 13 entsprechend; dabei sind die für öffentlich geförderte Wohnungen geltenden Vorschriften der Zweiten Berechnungsverordnung entsprechend anzuwenden.

(4) Für die in Absatz 1 bezeichneten Wohnungen gelten hinsichtlich der Zulässigkeit von Mieterleistungen die Vorschriften des § 10 entsprechend.

(5) Die Vorschriften der Absätze 1 bis 3 gelten entsprechend für diejenigen steuerbegünstigten Wohnungen, die mit Annuitätszuschüssen nach § 88 des Zweiten Wohnungsbaugesetzes in der bis zum 31. Dezember 1971 geltenden Fassung gefördert worden und nach dem 31. Dezember 1966 bezugsfertig geworden sind.

§ 19 (außer Kraft)

Teil IV
Umlagen, Zuschläge und Vergütungen

§ 20 Umlagen neben der Einzelmiete

(1) Neben der Einzelmiete ist die Umlage der Betriebskosten im Sinne des § 27 der Zweiten Berechnungsverordnung und des Umlageausfallwagnisses zulässig. Es dürfen

nur solche Kosten umgelegt werden, die bei gewissenhafter Abwägung aller Umstände und bei ordentlicher Geschäftsführung gerechtfertigt sind. Soweit Betriebskosten geltend gemacht werden, sind diese nach Art und Höhe dem Mieter bei Überlassung der Wohnung bekanntzugeben.

(2) Soweit in den §§ 21 bis 25 nichts anderes bestimmt ist, sind die Betriebskosten nach dem Verhältnis der Wohnfläche umzulegen. Betriebskosten, die nicht für Wohnraum entstanden sind, sind vorweg abzuziehen; kann hierbei nicht festgestellt werden, ob die Betriebskosten auf Wohnraum oder auf Geschäftsraum entfallen, sind sie für den Wohnteil und den anderen Teil des Gebäudes oder der Wirtschaftseinheit im Verhältnis des umbauten Raumes oder der Wohn- und Nutzflächen aufzuteilen. Bei der Berechnung des umbauten Raumes ist Anlage 2 zur Zweiten Berechnungsverordnung zugrunde zu legen.

(3) Auf den voraussichtlichen Umlegungsbetrag sind monatliche Vorauszahlungen in angemessener Höhe zulässig, soweit in § 25 nichts anderes bestimmt ist. Über die Betriebskosten, den Umlegungsbetrag und die Vorauszahlungen ist jährlich abzurechnen (Abrechnungszeitraum). Der Vermieter darf alle oder mehrere Betriebskostenarten in einer Abrechnung erfassen. Die jährliche Abrechnung ist dem Mieter spätestens bis zum Ablauf des zwölften Monats nach dem Ende des Abrechnungszeitraumes zuzuleiten; diese Frist ist für Nachforderungen eine Ausschlußfrist, es sei denn, der Vermieter hat die Geltendmachung erst nach Ablauf der Jahresfrist nicht zu vertreten.

(4) Für Erhöhungen der Vorauszahlungen und für die Erhebung des durch die Vorauszahlungen nicht gedeckten Umlegungsbetrages sowie für die Nachforderung von Betriebskosten gilt § 4 Abs. 7 und 8 entsprechend. Eine Erhöhung der Vorauszahlungen für einen zurückliegenden Zeitraum ist nicht zulässig.

§ 21 Umlegung der Kosten der Wasserversorgung und der Entwässerung

(1) Zu den Kosten der Wasserversorgung gehören die Kosten des Wasserverbrauchs, die Grundgebühren, die Kosten der Anmietung oder anderer Arten der Gebrauchsüberlassung von Wasserzählern sowie die Kosten ihrer Verwendung einschließlich der Kosten der Berechnung und Aufteilung, die Kosten des Betriebs einer hauseigenen Wasserversorgungsanlage und einer Wasseraufbereitungsanlage einschließlich der Aufbereitungsstoffe.

(2) Bei der Berechnung der Umlage für die Kosten der Wasserversorgung sind zunächst die Kosten des Wasserverbrauchs abzuziehen, der nicht mit der üblichen Benutzung der Wohnungen zusammenhängt. Die verbleibenden Kosten dürfen nach dem Verhältnis der Wohnflächen oder nach einem Maßstab, der dem unterschiedlichen Wasserverbrauch der Wohnparteien Rechnung trägt, umgelegt werden. Wird der Wasserverbrauch, der mit der üblichen Benutzung der Wohnungen zusammenhängt, für alle Wohnungen eines Gebäudes durch Wasserzähler erfaßt, hat der Vermieter die auf die Wohnungen entfallenden Kosten nach dem erfaßten unterschiedlichen Wasserverbrauch der Wohnparteien umzulegen.

(3) Zu den Kosten der Entwässerung gehören die Gebühren für die Benutzung einer öffentlichen Entwässerungsanlage oder die Kosten des Betriebs einer entsprechenden nicht öffentlichen Anlage sowie die Kosten des Betriebs einer Entwässerungspumpe. Die Kosten sind mit dem Maßstab nach Absatz 2 umzulegen.

§ 22 Umlegung der Kosten der Versorgung mit Wärme und Warmwasser

(1) Für die Umlegung der Kosten des Betriebs zentraler Heizungs- und Warmwasserversorgungsanlagen und der Kosten der eigenständig gewerblichen Lieferung von Wärme und Warmwasser, auch aus zentralen Heizungs- und Warmwasserversorgungsanlagen, findet die Verordnung über Heizkostenabrechnung in der Fassung der Bekanntmachung vom 5. April 1984 (BGBl. I S. 592), geändert durch Artikel 1 der Verordnung vom 19. Januar 1989 (BGBl. I S. 109), Anwendung.

(2) Liegt eine Ausnahme nach § 11 der Verordnung über Heizkostenabrechnung vor, dürfen umgelegt werden

1. die Kosten der Versorgung mit Wärme nach der Wohnfläche oder nach dem umbauten Raum; es darf auch die Wohnfläche oder der umbaute Raum der beheizten Räume zugrunde gelegt werden,

2. die Kosten der Versorgung mit Warmwasser nach der Wohnfläche oder einem Maßstab, der dem Warmwasserverbrauch in anderer Weise als durch Erfassung Rechnung trägt. § 7 Abs. 2 und 4, § 8 Abs. 2 und 4 der Verordnung über Heizkostenabrechnung gelten entsprechend. Genehmigungen nach den Vorschriften des § 22 Abs. 5 oder des § 23 Abs. 5 in der bis zum 30. April 1984 geltenden Fassung bleiben unberührt.

(3) Werden für Wohnungen, die vor dem 1. Januar 1981 bezugsfertig geworden sind, bei verbundenen Anlagen die Kosten für die Versorgung mit Wärme und Warmwasser am 30. April 1984 unaufgeteilt umgelegt, bleibt dies weiterhin zulässig.

§ 22a Umlegung der Kosten der Müllabfuhr

(1) Zu den Kosten der Müllabfuhr gehören die hierfür zu entrichtenden Gebühren und die Kosten entsprechender nicht öffentlicher Maßnahmen.

(2) Die Kosten der Müllabfuhr sind nach einem Maßstab, der der unterschiedlichen Müllverursachung durch die Wohnparteien Rechnung trägt, oder nach dem Verhältnis der Wohnflächen umzulegen.

§ 23 Umlegung der Kosten des Betriebs der zentralen Brennstoffversorgungsanlage

(1) Zu den Kosten des Betriebs der zentralen Brennstoffversorgungsanlage gehören die Kosten der verbrauchten Brennstoffe und ihrer Lieferung, die Kosten des Betriebsstromes und die Kosten der Überwachung sowie die Kosten der Reinigung der Anlage und des Betriebsraumes.

(2) Die Kosten dürfen nur nach dem Brennstoffverbrauch umgelegt werden.

§§ 23a und 23b (außer Kraft)

§ 24 Umlegung der Kosten des Betriebs maschineller Aufzüge

(1) Zu den Kosten des Betriebs eines Personen- oder Lastenaufzugs gehören die Kosten des Betriebsstromes sowie die Kosten der Beaufsichtigung, der Bedienung, Überwachung und Pflege der Anlage, der regelmäßigen Prüfung ihrer Betriebsbereitschaft und Betriebssicherheit einschließlich der Einstellung durch einen Fachmann sowie der Reinigung der Anlage.

(2) Die Kosten dürfen nach dem Verhältnis der Wohnflächen umgelegt werden, sofern nicht im Einvernehmen mit allen Mietern ein anderer Umlegungsmaßstab vereinbart ist. Wohnraum im Erdgeschoß kann von der Umlegung ausgenommen werden.

§ 24a Umlegung der Kosten des Betriebs der mit einem Breitbandkabelnetz verbundenen privaten Verteilanlage

(1) Zu den Kosten des Betriebs der mit einem Breitbandkabelnetz verbundenen privaten Verteilanlage gehören die Kosten des Betriebsstromes und die Kosten der regelmäßigen Prüfung ihrer Betriebsbereitschaft einschließlich der Einstellung durch einen Fachmann oder das Nutzungsentgelt für eine nicht zur Wirtschaftseinheit gehörende Verteilanlage. Zu den Betriebskosten gehören ferner die laufenden monatlichen Grundgebühren für Breitbandanschlüsse.

(2) Die Kosten nach Absatz 1 Satz 1 dürfen nach dem Verhältnis der Wohnflächen umgelegt werden, sofern nicht im Einvernehmen mit allen Mietern ein anderer Umlegungsmaßstab vereinbart ist. Die Kosten nach Absatz 1 Satz 2 dürfen nur zu gleichen Teilen auf die Wohnungen umgelegt werden, die mit Zustimmung des Nutzungsberechtigten angeschlossen worden sind.

§ 25 Umlegung der Betriebs- und Instandhaltungskosten für maschinelle Wascheinrichtungen

(1) Zu den Kosten des Betriebs maschineller Wascheinrichtungen gehören die Kosten des Betriebsstromes, die Kosten der Überwachung, Pflege und Reinigung der maschinellen Einrichtung und der regelmäßigen Prüfung ihrer Betriebsbereitschaft und Betriebssicherheit sowie die Kosten der Wasserversorgung, soweit diese nicht bereits nach § 21 umgelegt werden. Für die Kosten der Instandhaltung darf ein Erfahrungswert als Pauschbetrag angesetzt werden.

(2) Die Betriebs- und Instandhaltungskosten für maschinelle Wascheinrichtungen dürfen nur auf die Benutzer der Einrichtung umgelegt werden. Der Umlegungsmaßstab muß dem Gebrauch Rechnung tragen.

(3) Vorauszahlungen auf den voraussichtlichen Umlegungsbetrag sind nicht zulässig.

§ 25a Umlageausfallwagnis

Das Umlageausfallwagnis ist das Wagnis einer Einnahmenminderung, die durch uneinbringliche Rückstände von Betriebskosten oder nicht umlegbarer Betriebskosten infolge Leerstehens von Raum, der zur Vermietung bestimmt ist, einschließlich der uneinbringlichen Kosten einer Rechtsverfolgung auf Zahlung entsteht. Das Umlageausfallwagnis darf 2 vom Hundert der im Abrechnungszeitraum auf den Wohnraum entfallenden Betriebskosten nicht übersteigen. Soweit die Deckung von Ausfällen anders, namentlich durch einen Anspruch gegenüber einem Dritten gesichert ist, darf die Umlage nicht erhöht werden.

§ 25b Übergangsregelung

Soweit andere als die in den §§ 22 und 23 genannten Betriebskosten am 30. April 1984 in der Einzelmiete enthalten sind, dürfen die Vorschriften über die Bildung der Durchschnittsmiete in der bis zum 30. April 1984 geltenden Fassung bis zur Umstellung auf die Umlage nach den §§ 20, 21, 24, 24a und 25 angewendet werden, längstens jedoch für die Abrechnungszeiträume, die im Jahre 1986 enden.

§ 26   Zuschläge neben der Einzelmiete
(1) Neben der Einzelmiete sind nach Maßgabe der Absätze 2 bis 7 folgende Zuschläge zulässig:
1. Zuschlag für die Benutzung von Wohnraum zu anderen als Wohnzwecken (Absatz 2),
2. Zuschlag für die Untervermietung von Wohnraum (Untermietzuschlag, Absatz 3),
3. Zuschlag wegen Ausgleichszahlungen nach § 7 des Wohnungsbindungsgesetzes (Absatz 4),
4. Zuschlag zur Deckung erhöhter laufender Aufwendungen, die nur für einen Teil der Wohnungen des Gebäudes oder der Wirtschaftseinheit entstehen (Absatz 5),
5. Zuschlag für Nebenleistungen des Vermieters, die nicht allgemein üblich sind oder nur einzelnen Mietern zugute kommen (Absatz 6),
6. Zuschlag für Wohnungen, die durch Ausbau von Zubehörräumen neu geschaffen wurden (Absatz 7).

(2) Wird die Wohnung mit Genehmigung der zuständigen Stelle ganz oder teilweise ausschließlich zu anderen als Wohnzwecken, insbesondere zu gewerblichen oder beruflichen Zwecken benutzt und ist dadurch eine erhöhte Abnutzung möglich, so darf der Vermieter einen Zuschlag erheben. Der Zuschlag darf je nach dem Grad der wirtschaftlichen Mehrbelastung des Vermieters bis zu 50 vom Hundert der anteiligen Einzelmiete der Räume betragen, die zu anderen als Wohnzwecken benutzt werden. Ist die Genehmigung zur Benutzung zu anderen als Wohnzwecken von einer Ausgleichszahlung des Vermieters, insbesondere von einer höheren Verzinsung des öffentlichen Baudarlehens, abhängig gemacht worden, so darf auch ein Zuschlag entsprechend dieser Leistung, bei einer vollständigen oder teilweisen Rückzahlung des öffentlichen Baudarlehens höchstens entsprechend der Verzinsung des zurückgezahlten Betrages mit dem marktüblichen Zinssatz für erste Hypotheken, erhoben werden.

(3) Wird Wohnraum untervermietet oder in sonstiger Weise einem Dritten zur selbständigen Benutzung überlassen, so darf der Vermieter einen Untermietzuschlag erheben in Höhe von 2,50 Euro monatlich, wenn der untervermietete Wohnungsteil von einer Person benutzt wird, in Höhe von 5 Euro monatlich, wenn der untervermietete Wohnungsteil von zwei und mehr Personen benutzt wird.

(4) Hat der Vermieter einer öffentlich geförderten Wohnung im Hinblick auf ihre Freistellung von Bindungen nach § 7 des Wohnungsbindungsgesetzes eine höhere Verzinsung für das öffentliche Baudarlehen oder sonstige laufende Ausgleichszahlungen zu entrichten, so darf er für die Wohnung einen Zuschlag entsprechend diesen Leistungen erheben.

(5) Ist nach den Vorschriften des § 4 Abs. 6, § 6 Abs. 2 Satz 1 oder § 8 Abs. 2 ein Zuschlag zur Deckung erhöhter laufender Aufwendungen, die nur für einen Teil der Wohnungen des Gebäudes oder der Wirtschaftseinheit entstehen, zulässig, so darf dieser für die einzelnen betroffenen Wohnungen den Betrag nicht übersteigen, der nach der Höhe der zusätzlichen laufenden Aufwendungen auf sie entfällt. Bei der Berechnung der zu-

sätzlichen laufenden Aufwendungen sind die Vorschriften der Zweiten Berechnungsverordnung sinngemäß anzuwenden.

(6) Sind bis zum Inkrafttreten dieser Verordnung für Nebenleistungen des Vermieters, die die Wohnraumbenutzung betreffen, aber nicht allgemein üblich sind oder nur einzelnen Mietern zugute kommen, zulässige Vergütungen erhoben worden, so kann in dieser Höhe ein Zuschlag neben der Einzelmiete erhoben werden. Dies gilt nicht, wenn die für die Nebenleistungen entstehenden laufenden Aufwendungen im Rahmen der Wirtschaftlichkeitsberechnung zur Ermittlung der zulässigen Miete berücksichtigt werden können.

(7) Sind im Falle des § 7 Abs. 2, 3 oder 5 durch Ausbau von Zubehörräumen preisgebundene Wohnungen geschaffen worden, darf für sie ein Zuschlag erhoben werden, wenn durch den Ausbau bisherige Zubehörräume öffentlich geförderter Wohnungen ganz oder teilweise weggefallen sind und hierfür kein gleichwertiger Ersatz geschaffen worden ist. Der Zuschlag darf den Betrag nicht übersteigen, um den die Einzelmieten der betroffenen Wohnungen gemäß § 7 Abs. 1 Satz 2 gesenkt worden sind.

(8) Für die erstmalige Erhebung eines Zuschlags neben der zulässigen Einzelmiete und für die Durchführung einer Erhöhung des Zuschlags gegenüber dem Mieter gilt § 4 Abs. 7 und 8 entsprechend. Für den Wegfall oder die Verringerung des Zuschlags gilt § 5 Abs. 1 Satz 4 sinngemäß.

§ 27   Vergütungen neben der Einzelmiete

Neben der Einzelmiete kann der Vermieter für die Überlassung einer Garage, eines Stellplatzes oder eines Hausgartens eine angemessene Vergütung verlangen. Das gleiche gilt für die Mitvermietung von Einrichtungs- und Ausstattungsgegenständen und für laufende Leistungen zur persönlichen Betreuung und Versorgung, wenn die zuständige Stelle dies genehmigt hat.

§ 28   Umlagen, Zuschläge und Vergütungen neben der Vergleichsmiete

Neben der Vergleichsmiete sind Umlagen, Zuschläge und Vergütungen entsprechend den Vorschriften der §§ 20 bis 27 zulässig.

Teil V
Schlußvorschriften

§ 29   Auskunftspflicht des Vermieters

(1) Der Vermieter hat dem Mieter auf Verlangen Auskunft über die Ermittlung und Zusammensetzung der zulässigen Miete zu geben und Einsicht in die Wirtschaftlichkeitsberechnung und sonstige Unterlagen, die eine Berechnung der Miete ermöglichen, zu gewähren.

(2) An Stelle der Einsicht in die Berechnungsunterlagen kann der Mieter Ablichtungen davon gegen Erstattung der Auslagen verlangen. Liegt der zuletzt zulässigen Miete eine Genehmigung der Bewilligungsstelle zugrunde, so kann er auch die Vorlage der Genehmigung oder einer Ablichtung davon verlangen.

§ 30 Entsprechende Anwendung der Mietvorschriften

Die Vorschriften dieser Verordnung über die zulässige Miete für Wohnungen gelten entsprechend für einzelne Wohnräume, die selbständig vermietet werden, und für Wohnungen, die auf Grund eines dem Mietverhältnis ähnlichen entgeltlichen Nutzungsverhältnisses, insbesondere eines genossenschaftlichen Nutzungsverhältnisses, überlassen werden.

§ 31 Zulässige Miete für Untervermietung

(1) Wird von einer Wohnung mehr als die Hälfte der Wohnfläche untervermietet, so darf die Miete für den untervermieteten Teil (Untermiete) den Betrag nicht übersteigen, der nach der für die Wohnung zulässigen Einzelmiete oder Vergleichsmiete anteilig auf die untervermietete Wohnfläche entfällt. Bei der Ermittlung der Wohnfläche und des Anteils bleiben gemeinschaftlich genutzte Räume außer Betracht.

(2) Neben der Untermiete dürfen die für die Wohnung zu entrichtenden Umlagen, Zuschläge und Vergütungen mit dem nach Absatz 1 ermittelten Anteil erhoben werden. Die nach § 26 Abs. 1 Nr. 1 und 2 zu entrichtenden Zuschläge dürfen, soweit sie den untervermieteten Wohnungsteil betreffen, in voller Höhe erhoben werden.

(3) Für die mietweise Überlassung von Einrichtungsgegenständen, für die Mitbenutzung von Räumen oder Einrichtungen und für sonstige Nebenleistungen ist eine Vergütung nur in angemessener Höhe zulässig.

(4) Hat sich die für die Wohnung zu entrichtende Einzelmiete oder Vergleichsmiete geändert, so ändert sich die zulässige Untermiete entsprechend. Die Vorschriften des § 4 Abs. 7 und des § 5 Abs. 1 Satz 4 gelten sinngemäß.

(5) Einer Untervermietung steht es gleich, wenn der Eigentümer oder der sonst Verfügungsberechtigte von der von ihm benutzten Wohnung mehr als die Hälfte der Wohnfläche vermietet.

§ 32 Vom Rechtsnachfolger zu vertretende Umstände

Soweit nach dieser Verordnung die Höhe der zulässigen Miete davon abhängt, ob die Erhöhung von Aufwendungen auf Umständen beruht, die der Vermieter zu vertreten oder nicht zu vertreten hat, stehen solche Umstände gleich, die ein Rechtsvorgänger des Vermieters, insbesondere der Bauherr, zu vertreten oder nicht zu vertreten hatte.

§ 33 (außer Kraft)

§ 34 Überleitungsvorschrift

(1) § 4 Abs. 6 und § 8a sind in der mit Inkrafttreten dieser Verordnung geltenden Fassung anzuwenden, wenn die Darlehen nach dem 31. Dezember 1989 vorzeitig zurückgezahlt oder abgelöst wurden oder nach diesem Zeitpunkt auf die weitere Auszahlung von Zuschüssen zur Deckung der laufenden Aufwendungen oder von Zinszuschüssen verzichtet wurde.

(2) Sind für ein Gebäude oder eine Wirtschaftseinheit auf Grund von Ausbau oder Erweiterung Wirtschaftlichkeitsberechnungen oder Teilwirtschaftlichkeitsberechnungen vor dem 29. August 1990 aufgestellt worden, sind die Regelungen der §§ 7, 16 und 26 in der bis zum 29. August 1990 geltenden Fassung anzuwenden.

(3) Hat für ein Gebäude der Zeitraum für die Abrechnung der Kosten der Wasserversorgung und der Entwässerung bereits vor dem 1. August 1992 begonnen, ist § 21 in der ab dem 1. August 1992 geltenden Fassung erst auf die Abrechnung für den nachfolgenden Abrechnungszeitraum anzuwenden.

§ 35   Sondervorschrift für Berlin
Im Land Berlin gilt § 1 Abs. 1 der Verordnung in folgender Fassung:
„(1) Diese Verordnung ist anzuwenden auf preisgebundene Wohnungen, die nach dem 24. Juni 1948 bezugsfertig geworden sind oder bezugsfertig werden."

§ 36   (gegenstandslos)

§ 37   Geltung im Saarland
Diese Verordnung gilt nicht im Saarland.

§ 38   (Inkrafttreten)

Gesetz zur weiteren Vereinfachung des Wirtschaftsstrafrechts (Wirtschaftsstrafgesetz 1954)

vom 9. Juli 1954 (BGBl. I S. 175) in der Neufassung vom 3. Juni 1975 (BGBl. I S. 1313), zuletzt geändert durch Gesetz zur Neugliederung, Vereinfachung und Reform des Mietrechts (Mietrechtsreformgesetz) vom 19. Juni 2001 (BGBl. I S. 1149) – Auszug –

§ 5   Mietpreisüberhöhung
(1) Ordnungswidrig handelt, wer vorsätzlich oder leichtfertig für die Vermietung von Räumen zum Wohnen oder damit verbundene Nebenleistungen unangemessen hohe Entgelte fordert, sich versprechen lässt oder annimmt.
(2) Unangemessen hoch sind Entgelte, die infolge der Ausnutzung eines geringen Angebots an vergleichbaren Räumen die üblichen Entgelte um mehr als 20 vom Hundert übersteigen, die in der Gemeinde oder in vergleichbaren Gemeinden für die Vermietung von Räumen vergleichbarer Art, Größe, Ausstattung, Beschaffenheit und Lage oder damit verbundene Nebenleistungen in den letzten vier Jahren vereinbart oder, von Erhöhungen der Betriebskosten abgesehen, geändert worden sind. Nicht unangemessen hoch sind Entgelte, die zur Deckung der laufenden Aufwendungen des Vermieters erforderlich sind, sofern sie unter Zugrundelegung der nach Satz 1 maßgeblichen Entgelte nicht in einem auffälligen Missverhältnis zu der Leistung des Vermieters stehen.
(3) Die Ordnungswidrigkeit kann mit einer Geldbuße bis zu einhunderttausend Deutsche Mark geahndet werden.

§ 8   Abführung des Mehrerlöses
(1) Hat der Täter durch eine Zuwiderhandlung im Sinne der §§ 1 bis 6 einen höheren als den zulässigen Preis erzielt, so ist anzuordnen, daß er den Unterschiedsbetrag zwischen

dem zulässigen und dem erzielten Preis (Mehrerlös) an das Land abführt, soweit er ihn nicht auf Grund einer rechtlichen Verpflichtung zurückerstattet hat. Die Abführung kann auch angeordnet werden, wenn eine rechtswidrige Tat nach den §§ 1 bis 6 vorliegt, der Täter jedoch nicht schuldhaft gehandelt hat oder die Tat aus anderen Gründen nicht geahndet werden kann.

(2) Wäre die Abführung des Mehrerlöses eine unbillige Härte, so kann die Anordnung auf einen angemessenen Betrag beschränkt werden oder ganz unterbleiben. Sie kann auch unterbleiben, wenn der Mehrerlös gering ist.

(3) Die Höhe des Mehrerlöses kann geschätzt werden. Der abzuführende Betrag ist zahlenmäßig zu bestimmen.

(4) Die Abführung des Mehrerlöses tritt an die Stelle des Verfalls (§§ 73 bis 73e des Strafgesetzbuches, § 29a des Gesetzes über Ordnungswidrigkeiten). Bei Zuwiderhandlungen im Sinne des § 1 gelten die Vorschriften des Strafgesetzbuches über die Verjährung des Verfalls entsprechend.

§ 9   Rückerstattung des Mehrerlöses

(1) Statt der Abführung kann auf Antrag des Geschädigten die Rückerstattung des Mehrerlöses an ihn angeordnet werden, wenn sein Rückforderungsanspruch gegen den Täter begründet erscheint.

(2) Legt der Täter oder Geschädigte, nachdem die Abführung des Mehrerlöses angeordnet ist, eine rechtskräftige Entscheidung vor, in welcher der Rückforderungsanspruch gegen den Täter festgestellt ist, so ordnet die Vollstreckungsbehörde an, daß die Anordnung der Abführung des Mehrerlöses insoweit nicht mehr vollstreckt oder der Geschädigte aus dem bereits abgeführten Mehrerlös befriedigt wird.

(3) Die Vorschriften der Strafprozeßordnung über die Entschädigung des Verletzten (§§ 403 bis 406c) sind mit Ausnahme des § 405 Satz 1, § 406a Abs. 3 und § 406c Abs. 2 entsprechend anzuwenden.

§ 10   Selbständige Abführung des Mehrerlöses

(1) Kann ein Straf- oder Bußgeldverfahren nicht durchgeführt werden, so kann die Abführung oder Rückerstattung des Mehrerlöses selbständig angeordnet werden, wenn im übrigen die Voraussetzungen des § 8 oder § 9 vorliegen.

(2) Ist eine rechtswidrige Tat nach diesem Gesetz in einem Betrieb begangen worden, so kann die Abführung des Mehrerlöses gegen den Inhaber oder Leiter des Betriebes und, falls der Inhaber eine juristische Person oder eine Personengesellschaft des Handelsrechts ist, auch gegen diese selbständig angeordnet werden, wenn ihnen der Mehrerlös zugeflossen ist.

Gesetz zur Sicherung der Zweckbestimmung von Sozialwohnungen (Wohnungs-bindungsgesetz – WoBindG)

vom 24. August 1965 (BGBl. I S. 945) in der Neufassung vom 19. August 1994 (BGBl. I S. 2166; Ber. S. 2319), zuletzt geändert durch Gesetz zur Reform des Wohnungsbau-rechts vom 13. September 2001 (BGBl. I S. 2376)

Erster Abschnitt
Allgemeine Vorschriften

§ 1   Anwendungsbereich
(1) Dieses Gesetz gilt für neugeschaffene öffentlich geförderte Wohnungen.
(2) Neugeschaffen sind Wohnungen, wenn sie durch Neubau, durch Wiederaufbau zer-störter oder Wiederherstellung beschädigter Gebäude oder durch Ausbau oder Erweite-rung bestehender Gebäude geschaffen worden sind und nach dem 20. Juni 1948 bezugs-fertig geworden sind oder bezugsfertig werden.
(3) Öffentlich gefördert sind Wohnungen,
a) auf die das Zweite Wohnungsbaugesetz nicht anwendbar ist, wenn öffentliche Mittel im Sinne des § 3 des Ersten Wohnungsbaugesetzes als Darlehen oder Zuschüsse zur Deckung der Gesamtkosten des Bauvorhabens oder der Kapitalkosten eingesetzt sind,
b) auf die das Zweite Wohnungsbaugesetz anwendbar ist, wenn öffentliche Mittel im Sinne des § 6 des Zweiten Wohnungsbaugesetzes als Darlehen oder Zuschüsse zur Deckung der für den Bau dieser Wohnungen entstehenden Gesamtkosten oder zur Deckung der laufenden Aufwendungen oder zur Deckung der für Finanzierungsmittel zu entrichtenden Zinsen oder Tilgungen eingesetzt sind.

§ 1 in dieser Fassung ab 1. Januar 2002 in Kraft
§ 1   Anwendungsbereich
Dieses Gesetz gilt nach Maßgabe des § 50 des Wohnraumförderungsgesetzes für den in dessen Absatz 1 genannten Wohnraum, der öffentlich gefördert ist oder als öffentlich gefördert gilt.

§ 2   Sicherung der Zweckbestimmung
(1) Die zuständige Stelle hat über die öffentlich geförderten Wohnungen, ihre Nutzung, die jeweiligen Wohnungsinhaber und Verfügungsberechtigten Daten zu erheben, zu speichern, zu verändern und zu nutzen, soweit dies zur Sicherung der Zweckbestimmung der Wohnungen nach diesem Gesetz erforderlich ist.
(2) Ist die zuständige Stelle nicht die Bewilligungsstelle oder die darlehnsverwaltende Stelle, so sind die Stellen berechtigt und auf Verlangen gegenseitig verpflichtet, ihre Unterlagen zur Verfügung zu stellen und Auskünfte zu erteilen, soweit dies zur Durch-führung dieses Gesetzes erforderlich ist.
(3) Der Verfügungsberechtigte und der Inhaber einer öffentlich geförderten Wohnung sind verpflichtet,

a) der zuständigen Stelle auf Verlangen Auskunft zu erteilen und Einsicht in ihre Unterlagen zu gewähren und

b) dem Beauftragten der zuständigen Stelle die Besichtigung von Grundstücken, Gebäuden, Wohnungen und Wohnräumen zu gestatten,

soweit dies zur Sicherung der Zweckbestimmung der Wohnungen nach diesem Gesetz erforderlich ist und die nach den Absätzen 1 und 2 beschafften Unterlagen und Auskünfte nicht ausreichen.

(4) Die Finanzbehörden sowie die Arbeitgeber haben der zuständigen Stelle Auskunft über die Einkommensverhältnisse zu erteilen, soweit dies zur Sicherung der Zweckbestimmung der öffentlich geförderten Wohnungen nach diesem Gesetz erforderlich ist und begründete Zweifel an der Richtigkeit der Angaben des Antragstellers oder Wohnungsinhabers bestehen. Vor einem Auskunftsersuchen an den Arbeitgeber soll dem Antragsteller Gelegenheit zur Stellungnahme gegeben werden.

§ 2 in dieser Fassung ab 1. Januar 2002 in Kraft
§ 2   Sicherung der Zweckbestimmung

Auf die Erhebung, Verarbeitung und Nutzung von Daten, die Erteilung von Auskünften, die Gewährung von Einsicht in Unterlagen, die Besichtigung von Grundstücken, Gebäuden und Wohnungen, die Erteilung von Auskünften durch Finanzbehörden und Arbeitgeber sowie die Mitteilungspflichten und die Einschränkung der Rechte zur Beendigung von Mietverhältnissen bei der Veräußerung und Umwandlung von öffentlich geförderten Wohnungen ist § 32 Abs. 2 bis 4 des Wohnraumförderungsgesetzes entsprechend anzuwenden.

§ 2a   Mitteilungs- und Unterrichtungspflicht bei der Umwandlung von Mietwohnungen in Eigentumswohnungen

(1) Wird eine öffentlich geförderte Mietwohnung in eine Eigentumswohnung umgewandelt, hat der Verfügungsberechtigte der zuständigen Stelle die Umwandlung unter Angabe des Namens des betroffenen Mieters unverzüglich mitzuteilen und eine Abschrift der auf die Begründung von Wohnungseigentum gerichteten Erklärung zu übersenden. Beabsichtigt der Verfügungsberechtigte, eine öffentlich geförderte Mietwohnung, die in eine Eigentumswohnung umgewandelt worden ist oder werden soll, zu veräußern, so hat er der zuständigen Stelle mindestens einen Monat vor der Beurkundung des Vertrages oder Vorvertrages, durch den er sich zur Übertragung des Eigentums verpflichtet, Namen und Anschrift des vorgesehenen Erwerbers mitzuteilen.

(2) Die zuständige Stelle hat auf Grund der Mitteilungen nach Absatz 1 den Mieter und im Falle einer Veräußerung an einen Dritten den vorgesehenen Erwerber über die sich aus der Umwandlung und dem Erwerb ergebenden Rechtsfolgen, insbesondere über das Vorkaufsrecht des Mieters nach § 2b, zu unterrichten.

§ 2a in dieser Fassung ab 1. Januar 2002 in Kraft
§ 2a   (außer Kraft)

§ 2b Vorkaufsrecht des Mieters bei der Umwandlung von Mietwohnungen in Eigentumswohnungen

(1) Wird eine öffentlich geförderte Mietwohnung, die in eine Eigentumswohnung umgewandelt worden ist oder werden soll, an einen Dritten verkauft, so steht dem von der Umwandlung betroffenen Mieter das Vorkaufsrecht zu. Er kann das Vorkaufsrecht bis zum Ablauf von sechs Monaten seit Mitteilung des Verfügungsberechtigten über den Inhalt des mit dem Dritten geschlossenen Vertrages ausüben.

(2) Das Vorkaufsrecht ist nicht übertragbar. Stirbt der Mieter, so geht es auf den enigen über, der nach den §§ 569a, 569b des Bürgerlichen Gesetzbuchs oder als Erbe in das Mietverhältnis eintritt oder es fortsetzt. Im übrigen gelten die Vorschriften der §§ 504 bis 509, 510 Abs. 1, §§ 511 bis 513 des Bürgerlichen Gesetzbuchs.

§ 2b in dieser Fassung ab 1. Januar 2002 in Kraft
§ 2b (außer Kraft)

§ 3 Zuständige Stelle

Zuständige Stelle im Sinne dieses Gesetzes ist die Stelle, die von der Landesregierung bestimmt wird oder die nach Landesrecht zuständig ist.

Zweiter Abschnitt
Bindungen des Verfügungsberechtigten

§ 4 Überlassung an Wohnberechtigte

(1) Sobald voraussehbar ist, dass eine Wohnung bezugsfertig oder frei wird, hat der Verfügungsberechtigte dies der zuständigen Stelle unverzüglich schriftlich anzuzeigen und den voraussichtlichen Zeitpunkt der Bezugsfertigkeit oder des Freiwerdens mitzuteilen.

(2) Der Verfügungsberechtigte darf die Wohnung einem Wohnungssuchenden nur zum Gebrauch überlassen, wenn dieser ihm vor der Überlassung eine Bescheinigung über die Wohnberechtigung im öffentlich geförderten sozialen Wohnungsbau (§ 5) übergibt, und wenn die in der Bescheinigung angegebene Wohnungsgröße nicht überschritten wird. Eine Wohnung, für die die öffentlichen Mittel erstmalig vor dem 1. Januar 1966 bewilligt worden sind, darf einem Wohnungssuchenden nur überlassen werden, wenn sich aus der Bescheinigung auch ergibt, dass er für Wohnungen dieser Art bezugsberechtigt ist ist ein bezugsberechtigter Wohnungssuchender für diese Wohnung weder durch den Verfügungsberechtigten noch durch die zuständige Stelle zu ermitteln, so hat diese die Überlassung an einen anderen wohnberechtigten Wohnungsuchenden zu genehmigen. Auf Antrag des Verfügungsberechtigten kann die zuständige Stelle die Überlassung einer Wohnung, die die angegebene Wohnungsgröße geringfügig überschreitet, genehmigen, wenn dies nach den wohnungswirtschaftlichen Verhältnissen vertretbar erscheint.

(3) Ist die Wohnung bei der Bewilligung der öffentlichen Mittel für Angehörige eines bestimmten Personenkreises vorbehalten worden, so darf der Verfügungsberecht gte sie für die Dauer des Vorbehalts einem Wohnberechtigten nur zum Gebrauch überlassen, wenn sich aus der Bescheinigung außerdem ergibt, daß er diesem Personenkreis angehört. Ist für eine gemäß Satz 1 vorbehaltene Wohnung, für die die öffentlichen Mittel

erstmalig vor dem 1. Januar 1966 bewilligt worden sind, ein nach § 5 Abs. 3 Satz 1 und 3 bezugsberechtigter Angehöriger dieses Personenkreises nicht zu ermitteln, so gilt Absatz 2 Satz 2 mit der Maßgabe, daß die Genehmigung für andere wohnberechtigte Angehörige dieses Personenkreises zu erteilen ist. Satz 2 gilt entsprechend für Genossenschaftswohnungen und für Wohnungen, die gemäß Absatz 5 oder zugunsten der in § 53 des Zweiten Wohnungsbaugesetzes bezeichneten Personenkreise gebunden sind.

(4) Sind für den Bau der Wohnung Mittel einer Gemeinde oder eines Gemeindeverbandes mit der Auflage gewährt, dass die Wohnung einem von der zuständigen Stelle benannten Wohnungssuchenden zu überlassen ist, so hat die zuständige Stelle dem Verfügungsberechtigten bis zur Bezugsfertigkeit oder bis zum Freiwerden der Wohnung mindestens drei Wohnungssuchende zur Auswahl zu benennen, bei denen die Voraussetzungen erfüllt sind, die zur Erlangung einer Bescheinigung nach § 5 erforderlich wären. Der Verfügungsberechtigte darf die Wohnung nur einem der benannten Wohnungssuchenden überlassen; der Vorlage einer Bescheinigung nach § 5 bedarf es insoweit nicht. Bei der Benennung sind die Maßstäbe des § 5a Satz 3 zu beachten. Dies gilt entsprechend, wenn zugunsten der zuständigen Stelle ein vertragliches Besetzungsrecht besteht.

(5) Besteht ein Besetzungsrecht zugunsten einer Stelle, die für den Bau der Wohnung Wohnungsfürsorgemittel für Angehörige des öffentlichen Dienstes gewährt hat, so bedarf es der Vorlage einer Bescheinigung nach § 5 nicht, wenn diese Stelle das Besetzungsrecht ausübt. Die in Satz 1 bezeichnete Stelle darf das Besetzungsrecht zugunsten eines Wohnungssuchenden nur ausüben, wenn bei ihm die Voraussetzungen erfüllt sind, die zur Erlangung einer Bescheinigung nach § 5 erforderlich wären. Bei der Ausübung des Besetzungsrechts sind die Maßstäbe des § 5a Satz 3 zu beachten.

(6) Der Verfügungsberechtigte hat binnen 2 Wochen, nachdem er die Wohnung einem Wohnungssuchenden überlassen hat, der zuständigen Stelle den Namen des Wohnsuchenden mitzuteilen und ihr in den Fällen der Absätze 2 und 3 den ihm übergebenen Wohnberechtigungsschein vorzulegen.

(7) Wenn der Inhaber der Wohnberechtigungsbescheinigung oder der entsprechend Berechtigte verstorben oder aus der Wohnung ausgezogen ist, darf der Verfügungsberechtigte die Wohnung dessen Haushaltsangehörigen nur nach Maßgabe der Absätze 1 bis 6 zum Gebrauch überlassen; Personen, die nach § 563 Abs. 2 und 3 des Bürgerlichen Gesetzbuchs in das Mietverhältnis eingetreten sind, und dem Ehegatten darf die Wohnung auch ohne Übergabe einer Wohnberechtigungsbescheinigung zum Gebrauch überlassen werden.

(8) Der Verfügungsberechtigte, der eine Wohnung entgegen den Absätzen 2 bis 5 und 7 überlassen hat, hat auf Verlangen der zuständigen Stelle das Mietverhältnis zu kündigen und die Wohnung einem Wohnungssuchenden nach den Absätzen 1 bis 7 zu überlassen. Kann der Verfügungsberechtigte die Beendigung des Mietverhältnisses durch Kündigung nicht alsbald erreichen, so kann die zuständige Stelle von dem Inhaber der Wohnung, dem der Verfügungsberechtigte sie entgegen den Absätzen 2 bis 5 und 7 überlassen hat, die Räumung der Wohnung verlangen; das gilt nicht, wenn der Inhaber der Wohnung vor dem Bezug eine Bestätigung nach § 18 Abs. 2 erhalten hat, dass die Wohnung nicht eine öffentlich geförderte Wohnung sei.

§ 4 Abs. 2, 3 und 7 in dieser Fassung ab 1. Januar 2002 in Kraft

(2) Der Verfügungsberechtigte darf die Wohnung einem Wohnungssuchenden nur zum Gebrauch überlassen, wenn dieser ihm vor der Überlassung eine Bescheinigung über die Wohnberechtigung im öffentlich geförderten sozialen Wohnungsbau (§ 5) übergibt und wenn die in der Bescheinigung angegebene Wohnungsgröße nicht überschritten wird. Auf Antrag des Verfügungsberechtigten kann die zuständige Stelle die Überlassung einer Wohnung, die die angegebene Wohnungsgröße geringfügig überschreitet, genehmigen, wenn dies nach den wohnungswirtschaftlichen Verhältnissen vertretbar erscheint.

(3) Ist die Wohnung bei der Bewilligung der öffentlichen Mittel für Angehörige eines bestimmten Personenkreises vorbehalten worden, so darf der Verfügungsberechtigte sie für die Dauer des Vorbehalts einem Wohnberechtigten nur zum Gebrauch überlassen, wenn sich aus der Bescheinigung außerdem ergibt, dass er diesem Personenkreis angehört

(7) Wenn der Inhaber der Wohnberechtigungsbescheinigung oder der entsprechend Berechtigte verstorben oder aus der Wohnung ausgezogen ist, darf der Verfügungsberechtigte die Wohnung dessen Haushaltsangehörigen nur nach Maßgabe der Absätze 1 bis 6 zum Gebrauch überlassen; hausstandszugehörigen Familienangehörigen, die nach § 569a Abs. 2 des Bürgerlichen Gesetzbuchs in das Mietverhältnis eingetreten sind, und dem Ehegatten darf die Wohnung auch ohne Übergabe einer Wohnberechtigungsbescheinigung zum Gebrauch überlassen werden.

§ 5 Ausstellung der Bescheinigung über die Wohnberechtigung

(1) Die Bescheinigung über die Wohnberechtigung ist einem Wohnungsuchenden auf Antrag von der zuständigen Stelle zu erteilen, wenn das Gesamteinkommen die sich aus § 25 Abs. 2 des Zweiten Wohnungsbaugesetzes ergebende Einkommensgrenze nicht übersteigt. Die Bescheinigung kann erteilt werden,

a) wenn das Gesamteinkommen die Einkommensgrenze nur unwesentlich übersteigt,

b) wenn der Wohnungsuchende

  aa) durch den Bezug der Wohnung eine andere öffentlich geförderte Wohnung freimacht, deren Miete, bezogen auf den Quadratmeter Wohnfläche, niedriger ist oder deren Größe die für ihn angemessene Wohnungsgröße übersteigt oder ihr entspricht, oder

  bb) eine öffentlich geförderte Wohnung oder eine andere Wohnung auf Grund von Maßnahmen des Städtebaues oder der Verkehrsplanung aufgeben muß und sein Gesamteinkommen die Einkommensgrenze um nicht mehr als 40 vom Hundert übersteigt und dem Wohnungswechsel nach den örtlichen wohnungswirtschaftlichen Verhältnissen keine öffentlichen Interessen entgegenstehen oder

c) wenn die Versagung der Bescheinigung für den Wohnungsuchenden aus sonstigen Gründen eine besondere Härte bedeuten würde; hierbei kann auch eine nicht nur vorübergehende Haushaltszugehörigkeit von Personen, die nicht Familienangehörige sind, berücksichtigt werden.

Maßgebend sind die Verhältnisse im Zeitpunkt der Antragstellung; wird der Antrag aus Gründen, die der Wohnungsuchende nicht zu vertreten hat, erst nach dem Bezug der Wohnung gestellt, so sind die Verhältnisse im Zeitpunkt des Bezuges der Wohnung maßgebend. Für die Ermittlung des Gesamteinkommens sind die §§ 25 bis 25d des

Zweiten Wohnungsbaugesetzes anzuwenden. Zur Familie des Wohnungsuchenden rechnen die in § 8 Abs. 1 und 2 des Zweiten Wohnungsbaugesetzes bezeichneten Angehörigen. Die Bescheinigung ist zu versagen, wenn auch bei Einhaltung der Einkommensgrenze der Bezug öffentlich geförderter Wohnungen offensichtlich nicht gerechtfertigt wäre.

(2) In der Bescheinigung ist die für den Wohnberechtigten angemessene Wohnungsgröße anzugeben; sie kann der Raumzahl oder der Wohnfläche nach bestimmt werden. Die Wohnungsgröße ist in der Regel angemessen, wenn sie es ermöglicht, daß auf jedes Familienmitglied ein Wohnraum ausreichender Größe entfällt; darüber hinaus sind auch besondere persönliche und berufliche Bedürfnisse des Wohnberechtigten und seiner Angehörigen sowie der nach der Lebenserfahrung in absehbarer Zeit zu erwartende zusätzliche Raumbedarf zu berücksichtigen. Hat der Wohnberechtigte für den Bau der Wohnung in zulässiger Weise einen angemessenen Finanzierungsbeitrag geleistet, so ist ihm bei der Bestimmung der angemessenen Wohnungsgröße ein zusätzlicher Raum zuzubilligen. In den Fällen des Absatzes 1 Satz 2 Buchstabe b Doppelbuchstabe aa kann dem Wohnungsuchenden ausnahmsweise ein zusätzlicher Raum zugebilligt werden; dies ist in der Bescheinigung anzugeben.

(3) Unterschreitet das Gesamteinkommen des Wohnberechtigten die sich aus § 25 Abs. 2 des Zweiten Wohnungsbaugesetzes ergebende Einkommensgrenze mindestens um 20 vom Hundert, so ist in der Bescheinigung anzugeben, daß er auch zum Bezug einer Wohnung berechtigt ist, für die die öffentlichen Mittel erstmalig vor dem 1. Januar 1966 bewilligt worden sind. In anderen Fällen ist in der Bescheinigung anzugeben, daß der Wohnberechtigte nur zum Bezug einer Wohnung, für die die öffentlichen Mittel erstmalig nach dem 31. Dezember 1965 bewilligt worden sind, berechtigt ist. Gehört der Wohnberechtigte zu einem Personenkreis, für den Wohnungen bei der Bewilligung öffentlicher Mittel vorbehalten worden sind, so ist auch dies auf seinen Antrag in der Bescheinigung anzugeben.

(4) Die Bescheinigung gilt für die Dauer eines Jahres; die Frist beginnt am Ersten des auf die Ausstellung der Bescheinigung folgenden Monats. Die Bescheinigung gilt im Geltungsbereich dieses Gesetzes.

§ 5 in dieser Fassung ab 1. Januar 2002 in Kraft
§ 5   Ausstellung der Bescheinigung über die Wohnberechtigung
Die Bescheinigung über die Wohnberechtigung (Wohnberechtigungsschein) wird in entsprechender Anwendung des § 27 Abs. 1 bis 5 des Wohnraumförderungsgesetzes erteilt.

§ 5a   Sondervorschriften für Gebiete mit erhöhtem Wohnungsbedarf
Die Landesregierungen werden ermächtigt, für Gebiete mit erhöhtem Wohnungsbedarf Rechtsverordnungen zu erlassen, die befristet oder unbefristet bestimmen, daß der Verfügungsberechtigte eine frei- oder bezugsfertig werdende Wohnung nur einem von der zuständigen Stelle benannten Wohnungsuchenden zum Gebrauch überlassen darf. Die zuständige Stelle hat dem Verfügungsberechtigten mindestens drei wohnberechtigte Wohnungsuchende zur Auswahl zu benennen. Bei der Benennung sind ungeachtet des Satzes 4 insbesondere die Personengruppen nach § 26 Abs. 2 Satz 1 Nr. 2 des Zweiten

Wohnungsbaugesetzes vorrangig zu berücksichtigen; sind schwangere Frauen wohnbe-rechtigte Wohnungsuchende, haben sie Vorrang vor den anderen Personengruppen. Für die Benennung gelten die Vorschriften des § 4 Abs. 2 Satz 2 und Abs. 3 sinngemäß; im übrigen können in der Rechtsverordnung nähere Bestimmungen darüber getroffen wer-den, nach welchen weiteren Gesichtspunkten die Benennung erfolgen soll.

§ 5a in dieser Fassung ab 1. Januar 2002 in Kraft

Die Landesregierungen werden ermächtigt, für Gebiete mit erhöhtem Wohnungsbedarf Rechtsverordnungen zu erlassen, die befristet oder unbefristet bestimmen, dass der Ver-fügungsberechtigte eine frei oder bezugsfertig werdende Wohnung nur einem von der zuständigen Stelle benannten Wohnungssuchenden zum Gebrauch überlassen darf. Die zuständige Stelle hat dem Verfügungsberechtigten mindestens drei wohnberechtigte Wohnungssuchende zur Auswahl zu benennen. Bei der Benennung sind ungeachtet des Satzes 5 insbesondere schwangere Frauen, Familien und andere Haushalte mit Kindern, junge Ehepaare, allein stehende Elternteile mit Kindern, ältere Menschen und schwerbe-hinderte Menschen vorrangig zu berücksichtigen; sind schwangere Frauen wohnberech-tigte Wohnungssuchende, haben sie Vorrang vor den anderen Personengruppen. Als junge Ehepaare sind diejenigen zu berücksichtigen, bei denen keiner der Ehegatten das 40. Lebensjahr vollendet hat; als ältere Menschen sind diejenigen zu berücksichtigen, die das 60. Lebensjahr vollendet haben. Für die Benennung gilt § 4 Abs. 3 sinngemäß; im Übrigen können in der Rechtsverordnung nähere Bestimmungen darüber getroffen wer-den, nach welchen weiteren Gesichtspunkten die Benennung erfolgen soll.

§ 6 Selbstbenutzung, Nichtvermietung

(1) Der Verfügungsberechtigte darf eine ihm gehörige Wohnung nur mit Genehmigung der zuständigen Stelle selbst benutzen. Eine Genehmigung ist nicht erforderlich, wenn der Bauherr eines Eigenheims, einer Eigensiedlung oder einer eigengenutzten Eigen-tumswohnung oder seine wohnberechtigten Angehörigen die von ihm bei der Bewilli-gung der öffentlichen Mittel ausgewählte Wohnung benutzen wollen; das gleiche gilt sinngemäß für denjenigen, der Anspruch auf Übereignung eines Kaufeigenheims, einer Trägerkleinsiedlung oder einer Kaufeigentumswohnung hat.

(2) Die Genehmigung nach Absatz 1 Satz 1 ist zu erteilen, wenn bezüglich des Einkom-mens des Verfügungsberechtigten und der Wohnungsgröße die Voraussetzungen erfüllt sind, die zur Erlangung einer Bescheinigung nach § 5 Abs. 1 Satz 1, 3 bis 6 und Abs. 2 erforderlich wären; dabei ist dem Verfügungsberechtigten bei der Bestimmung der an-gemessenen Wohnungsgröße ein zusätzlicher Raum zuzubilligen. Die Genehmigung kann erteilt werden, wenn die Voraussetzungen des § 5 Abs. 1 Satz 2 erfüllt sind; bezüg-lich der Wohnungsgröße gilt Satz 1 entsprechend. Hat der Verfügungsberechtigte minde-stens vier öffentlich geförderte Wohnungen geschaffen, von denen er eine selbst benut-zen will, so ist die Genehmigung auch zu erteilen, wenn das Gesamteinkommen die Einkommensgrenze übersteigt.

(3) Will der Verfügungsberechtigte in seinem Familienheim zur angemessenen Unter-bringung seines Familienhaushalts auch die freigewordene zweite Wohnung selbst be-nutzen, so ist die Genehmigung zu erteilen, wenn die Größe der Hauptwohnung für ihn

nicht mehr angemessen im Sinne des § 5 Abs. 2 ist; dabei ist ihm bei der Bestimmung der angemessenen Wohnungsgröße ein zusätzlicher Raum zuzubilligen. Satz 1 ist entsprechend anzuwenden, wenn die Hauptwohnung einem Angehörigen des Verfügungsberechtigten überlassen ist.

(4) Eine Genehmigung nach den Absätzen 2 und 3 darf nicht erteilt werden, soweit der Benutzung der Wohnung durch den Verfügungsberechtigten ein Vorbehalt zugunsten von Angehörigen eines bestimmten Personenkreises oder eine sonstige Verpflichtung des Verfügungsberechtigten zugunsten Dritter, die im Hinblick auf die Gewährung von Mitteln eines öffentlichen Haushalts begründet worden ist, entgegensteht.

(5) Der Verfügungsberechtigte darf eine Wohnung nur mit Genehmigung der zuständigen Stelle leerstehen lassen, wenn eine Vermietung möglich wäre.

(6) Der Verfügungsberechtigte, der eine Wohnung entgegen den Absätzen 1 bis 5 selbst benutzt oder leerstehen läßt, hat sie auf Verlangen der zuständigen Stelle einem Wohnungsuchenden gemäß § 4 zum Gebrauch zu überlassen.

(7) Der Verfügungsberechtigte, der eine Wohnung erworben hat, an der nach der Überlassung an einen Mieter Wohnungseigentum begründet worden ist, darf sich dem Mieter gegenüber auf berechtigte Interessen an der Beendigung des Mietverhältnisses im Sinne des § 564b Abs. 2 Nr. 2 des Bürgerlichen Gesetzbuchs nicht berufen, solange die Wohnung als öffentlich gefördert gilt. Im übrigen bleibt § 564b Abs. 2 Nr. 2 Satz 2 des Bürgerlichen Gesetzbuchs unberührt.

§ 6 in dieser Fassung ab 1. Januar 2002 in Kraft
§ 6   (außer Kraft)

§ 7   Überlassung an nichtwohnberechtigte Personen

(1) Die zuständige Stelle kann den Verfügungsberechtigten von den Bindungen nach § 4 oder § 6 freistellen, soweit

1. nach den örtlichen wohnungswirtschaftlichen Verhältnissen ein öffentliches Interesse an den Bindungen nicht mehr besteht oder

2. ein überwiegendes öffentliches Interesse oder ein überwiegendes berechtigtes Interesse des Verfügungsberechtigten oder eines Dritten an der Freistellung besteht, auch soweit
   a) die Freistellung der Verhinderung oder Beseitigung einseitiger Strukturen in der Wohnungsbelegung dient oder
   b) Wohnungen mit Rücksicht auf das Bestehen von Dienstverhältnissen oder im Rahmen von genossenschaftlichen Mitgliedschaftsverhältnissen zum Gebrauch überlassen werden sollen oder

3. der Verfügungsberechtigte der zuständigen Stelle das Besetzungsrecht für eine gleichwertige bezugsfertige oder freie Wohnung, die nicht diesem Gesetz unterliegt und nicht nach den §§ 87a, 87b, 88, 88d und 88e des Zweiten Wohnungsbaugesetzes gefördert worden ist (Ersatzwohnung), für die Dauer der Freistellung vertraglich einräumt und dieser nach den örtlichen wohnungswirtschaftlichen Verhältnissen kein überwiegendes öffentliches Interesse an den Bindungen entgegensteht.

Freistellungen können für einzelne Wohnungen, für Wohnungen bestimmter Art oder für bestimmte Gebiete ausgesprochen werden. Bei Wohnungen, die für Angehörige eines bestimmten Personenkreises vorbehalten sind, soll eine Freistellung von dem Vorbehalt ausgesprochen werden, soweit ein besonderer Wohnungsbedarf für diesen Personenkreis nicht mehr besteht.

(2) Will der Verfügungsberechtigte eine Wohnung in einem Gebäude, in dem er selbst eine Wohnung bewohnt, einem Angehörigen zum Gebrauch überlassen, dessen Gesamteinkommen die Einkommensgrenze nach § 25 Abs. 2 des Zweiten Wohnungsbaugesetzes übersteigt, so kann die zuständige Stelle den Verfügungsberechtigten von den Bindungen nach § 4 Abs. 2 und 3 freistellen.

(3) Die Freistellung kann befristet, bedingt oder unter Auflagen, insbesondere auch unter der Verpflichtung zu Ausgleichszahlungen in angemessener Höhe, erteilt werden. Die Freistellung kann in den Fällen des Absatzes 1 Satz 1 Nr. 1 und 2 auch unter der Bedingung erteilt werden, daß der Verfügungsberechtigte der zuständigen Stelle das Besetzungsrecht für eine Ersatzwohnung im Sinne der Nummer 3, auch wenn sie nicht gleichwertig ist, für die Dauer der Freistellung vertraglich einräumt. Die Freistellung ist dem Verfügungsberechtigten schriftlich mitzuteilen; bei einer Freistellung für Wohrungen bestimmter Art oder für bestimmte Gebiete kann die Mitteilung durch eine Veröffentlichung in einem amtlichen Verkündungsblatt ersetzt werden.

(4) Wurde die Freistellung auf eine bestimmte Zeiteinheit befristet und ist die Frist abgelaufen, so ist § 4 Abs. 8 sinngemäß anzuwenden. Dasselbe gilt, wenn die Freistellung unter einer aufschiebenden oder einer auflösenden Bedingung erteilt wurde und die aufschiebende Bedingung nicht eingetreten oder die auflösende Bedingung eingetreten ist.

§ 7 in dieser Fassung ab 1. Januar 2002 in Kraft
§ 7 Freistellung von Belegungsbindungen, Übertragung von Belegungs- und Mietbindungen, Erhaltung der Mietwohnnutzung, Kooperationsverträge

(1) Die zuständige Stelle kann den Verfügungsberechtigten von Belegungsbindungen in entsprechender Anwendung des § 30 des Wohnraumförderungsgesetzes freistellen.

(2) Die zuständige Stelle kann mit dem Verfügungsberechtigten die Übertragung und Änderung von Belegungs- und Mietbindungen sowie von sonstigen Berechtigungen und Verpflichtungen in entsprechender Anwendung des § 31 des Wohnraumförderungsgesetzes vereinbaren.

(3) In Fällen der Selbstnutzung, Nichtvermietung, Zweckentfremdung und baulichen Änderung der Wohnung gilt § 27 Abs. 7 des Wohnraumförderungsgesetzes entsprechend. Hat der Verfügungsberechtigte mindestens vier geförderte Wohnungen geschaffen, von denen er eine selbst nutzen will, so ist die Genehmigung auch zu erteilen, wenn das Gesamteinkommen die maßgebliche Einkommensgrenze übersteigt.

(4) Kooperationsverträge können in entsprechender Anwendung der §§ 14 und 15 des Wohnraumförderungsgesetzes abgeschlossen werden.

§ 8 Kostenmiete

(1) Der Verfügungsberechtigte darf die Wohnung nicht gegen ein höheres Entgelt zum Gebrauch überlassen, als zur Deckung der laufenden Aufwendungen erforderlich ist (Kostenmiete). Die Kostenmiete ist nach den §§ 8a und 8b zu ermitteln.

(2) Soweit das vereinbarte Entgelt die Kostenmiete übersteigt, ist die Vereinbarung unwirksam. Soweit die Vereinbarung unwirksam ist, ist die Leistung zurückzuerstatten und vom Empfang an zu verzinsen. Der Anspruch auf Rückerstattung verjährt nach Ablauf von vier Jahren nach der jeweiligen Leistung, jedoch spätestens nach Ablauf eines Jahres von der Beendigung des Mietverhältnisses an.

(3) Sind für eine Wohnung in einem Eigenheim oder einer Kleinsiedlung oder für eine sonstige Wohnung die öffentlichen Mittel ohne Vorlage einer Wirtschaftlichkeitsberechnung oder auf Grund einer vereinfachten Wirtschaftlichkeitsberechnung bewilligt worden, so darf der Verfügungsberechtigte die Wohnung höchstens gegen ein Entgelt bis zur Höhe der Kostenmiete für vergleichbare öffentlich geförderte Wohnungen (Vergleichsmiete) überlassen. Die zuständige Stelle kann genehmigen, dass der Verfügungsberechtigte von der Vergleichsmiete zur Kostenmiete übergeht. Absatz 2 ist entsprechend anzuwenden.

(4) Der Vermieter hat dem Mieter auf Verlangen Auskunft über die Ermittlung und Zusammensetzung der Miete zu geben und, soweit der Miete eine Genehmigung der Bewilligungsstelle zugrunde liegt, die zuletzt erteilte Genehmigung vorzulegen. Wird eine Genehmigung nicht vorgelegt oder ist die Auskunft über die Ermittlung und Zusammensetzung der Miete unzureichend, so hat die zuständige Stelle dem Mieter auf Verlangen die Höhe der nach Absatz 1 oder 3 zulässigen Miete mitzuteilen, soweit diese sich aus ihren Unterlagen ergibt.

(5) Die diesem Gesetz unterliegenden Wohnungen sind preisgebundener Wohnraum.

§ 8a Ermittlung der Kostenmiete und der Vergleichsmiete

(1) Bei der Ermittlung der Kostenmiete ist von dem Mietbetrag auszugehen, der sich für die öffentlich geförderten Wohnungen des Gebäudes oder der Wirtschaftseinheit auf Grund der Wirtschaftlichkeitsberechnung für den Quadratmeter der Wohnfläche durchschnittlich ergibt (Durchschnittsmiete). In der Wirtschaftlichkeitsberechnung darf für den Wert der Eigenleistung, soweit er 15 vom Hundert der Gesamtkosten des Bauvorhabens nicht übersteigt, eine Verzinsung von 4 vom Hundert angesetzt werden; für den darüber hinausgehenden Betrag darf angesetzt werden

a) eine Verzinsung in Höhe des marktüblichen Zinssatzes für erststellige Hypotheken, sofern die öffentlichen Mittel vor dem 1. Januar 1974 bewilligt worden sind,

b) in den übrigen Fällen eine Verzinsung in Höhe von 6,5 vom Hundert.

(2) Bei Wohnungen, die nach den Vorschriften des Zweiten Wohnungsbaugesetzes gefördert worden sind, ist bei der Ermittlung der Kostenmiete von der Durchschnittsmiete auszugehen, die von der Bewilligungsstelle nach § 72 des Zweiten Wohnungsbaugesetzes genehmigt worden ist.

(3) Ändern sich nach der erstmaligen Berechnung der Durchschnittsmiete oder nach der Genehmigung der Durchschnittsmiete nach § 72 des Zweiten Wohnungsbaugesetzes die laufenden Aufwendungen (Kapitalkosten, Bewirtschaftungskosten), so tritt jeweils eine

entsprechend geänderte Durchschnittsmiete an die Stelle der bisherigen Durchschnittsmiete. Bei einer Erhöhung der laufenden Aufwendungen gilt Satz 1 nur, soweit sie auf Umständen beruht, die der Vermieter nicht zu vertreten hat; als Erhöhung der Aufwendungen gilt auch eine durch Gesetz oder Rechtsverordnung zugelassene Erhöhung eines Ansatzes in der Wirtschaftlichkeitsberechnung.

(4) Bei einer Erhöhung der laufenden Aufwendungen, die bis zur Anerkennung der Schlussabrechnung, spätestens jedoch bis zu zwei Jahren nach der Bezugsfertigkeit eintritt, bedarf die Erhöhung der Durchschnittsmiete nach Absatz 3 der Genehmigung der Bewilligungsstelle. Die Genehmigung wirkt auf den Zeitpunkt der Erhöhung der laufenden Aufwendungen, längstens jedoch drei Monate vor Stellung eines Antrags mit prüffähigen Unterlagen zurück; der Vermieter kann jedoch eine rückwirkende Mieterhöhung nur verlangen, wenn dies bei der Vereinbarung der Miete vorbehalten worden ist.

(5) Auf der Grundlage der Durchschnittsmiete hat der Vermieter die Miete für die einzelnen Wohnungen unter angemessener Berücksichtigung ihres unterschiedlichen Wohnwertes, insbesondere von Lage, Ausstattung und Zuschnitt zu berechnen (Einzelmiete). Der Durchschnitt der Einzelmieten muss der Durchschnittsmiete entsprechen.

(6) Ändern sich in den Fällen der Vergleichsmiete (§ 8 Abs. 3) nach der Bewilligung der öffentlichen Mittel die laufenden Aufwendungen, so ändert sich die Vergleichsmiete um den Betrag, der anteilig auf die Wohnung entfällt. Absatz 3 Satz 2 gilt entsprechend.

(7) Die nach den Absätzen 1 bis 6 sich ergebende Einzelmiete oder Vergleichsmiete zuzüglich zulässiger Umlagen, Zuschläge und Vergütungen ist das zulässige Entgelt im Sinne des § 8 Abs. 1 oder 3.

(8) Das Nähere über die Ermittlung des zulässigen Entgelts bestimmt die Rechtsverordnung nach § 28.

§ 8b   Ermittlung der Kostenmiete in besonderen Fällen

(1) Wird die Kostenmiete nach Ablauf von sechs Jahren seit Bezugsfertigkeit der Wohnungen ermittelt, dürfen bei der Aufstellung der Wirtschaftlichkeitsberechnung laufende Aufwendungen, insbesondere Zinsen für die Eigenleistungen, auch dann angesetzt werden, wenn sie in einer früheren Wirtschaftlichkeitsberechnung nicht oder nur in geringerer Höhe in Anspruch genommen oder anerkannt worden sind oder wenn auf ihren Ansatz ganz oder teilweise verzichtet worden ist.

(2) Die Bewilligungsstelle kann zustimmen, dass demselben Eigentümer gehörende Gebäude mit öffentlich geförderten Wohnungen, die bisher selbständige Wirtschaftseinheiten bildeten, oder mehrere bisherige Wirtschaftseinheiten zu einer Wirtschaftseinheit zusammengefaßt werden, sofern die Gebäude oder Wirtschaftseinheiten in örtlichem Zusammenhang stehen und die Wohnungen keine wesentlichen Unterschiede in ihrem Wohnwert aufweisen. In die neue Wirtschaftlichkeitsberechnung sind die bisherigen Gesamtkosten, Finanzierungsmittel und laufenden Aufwendungen zu übernehmen. Die sich hieraus ergebende neue Durchschnittsmiete bedarf der Genehmigung der Bewilligungsstelle. Die öffentlichen Mittel gelten als für sämtliche Wohnungen der neuen Wirtschaftseinheit bewilligt.

§ 8b (neuer) Abs. 3 in dieser Fassung ab 1. Januar 2002 in Kraft
(3) Die Bewilligungsstelle kann zustimmen, dass eine Wirtschaftseinheit aufgeteilt wird. Ist eine Wirtschaftseinheit nach Satz 1 aufgeteilt worden, ist insbesondere Wohneigentum an öffentlich geförderten Wohnungen einer Wirtschaftseinheit oder eines Gebäudes begründet worden, sind Wirtschaftlichkeitsberechnungen jeweils für die neuen Wirtschaftseinheiten, für die Gebäude oder für die einzelnen Wohnungen aufzustellen. Absatz 2 Satz 2 bis 4 gilt entsprechend.

§ 9   Einmalige Leistungen

(1) Eine Vereinbarung, nach der der Mieter oder für ihn ein Dritter mit Rücksicht auf die Überlassung der Wohnung eine einmalige Leistung zu erbringen hat, ist, vorbehaltlich der Absätze 2 bis 6, unwirksam. Satz 1 gilt nicht für Einzahlungen auf Geschäftsanteile bei Wohnungsunternehmen in der Rechtsform der Genossenschaft oder ähnliche Mitgliedsbeiträge.

(2) Die Vereinbarung einer Mietvorauszahlung oder eines Mieterdarlehens als Finanzierungsbeitrag zum Bau der Wohnung ist nur insoweit unwirksam, als die Annahme des Finanzierungsbeitrags nach § 28 des Ersten Wohnungsbaugesetzes oder nach § 50 des Zweiten Wohnungsbaugesetzes ausgeschlossen oder nicht zugelassen ist.

(3) Die Vereinbarung einer Mietvorauszahlung oder eines Mieterdarlehens zur Deckung der Kosten für eine Modernisierung, der die zuständige Stelle zugestimmt hat, ist nur unwirksam, soweit die Leistung das Vierfache des nach § 8 zulässigen jährlichen Entgelts überschreitet.

(4) Ist ein von einem Mieter oder einem Dritten nach § 28 des Ersten Wohnungsbaugesetzes oder § 50 des Zweiten Wohnungsbaugesetzes zulässigerweise geleisteter Finanzierungsbeitrag oder eine nach Absatz 3 zulässige Leistung wegen einer vorzeitigen Beendigung des Mietverhältnisses dem Leistenden ganz oder teilweise zurückerstattet worden, so ist eine Vereinbarung, wonach der Mietnachfolger oder für ihn ein Dritter die Leistung unter den gleichen Bedingungen bis zur Höhe des zurückerstatteten Betrags zu erbringen hat, zulässig.

(5) Die Vereinbarung einer Sicherheitsleistung des Mieters ist zulässig, soweit sie dazu bestimmt ist, Ansprüche des Vermieters gegen den Mieter aus Schäden an der Wohnung oder unterlassenen Schönheitsreparaturen zu sichern. Im übrigen gilt § 550b des Bürgerlichen Gesetzbuchs.

(6) Eine Vereinbarung, nach der der Mieter oder für ihn ein Dritter mit Rücksicht auf die Überlassung der Wohnung Waren zu beziehen oder andere Leistungen in Anspruch zu nehmen oder zu erbringen hat, ist unwirksam. Satz 1 gilt nicht für die Überlassung einer Garage, eines Stellplatzes oder eines Hausgartens und für die Übernahme von Sach- oder Arbeitsleistungen, die zu einer Verringerung von Bewirtschaftungskosten führen. Die zuständige Stelle kann eine Vereinbarung zwischen dem Verfügungsberechtigten und dem Mieter über die Mitvermietung von Einrichtungs- und Ausstattungsgegenständen und über laufende Leistungen zur persönlichen Betreuung und Versorgung genehmigen; sie hat die Genehmigung zu versagen, wenn die vereinbarte Vergütung offensichtlich unangemessen hoch ist.

(7) Soweit eine Vereinbarung nach den Absätzen 1 bis 6 unwirksam ist, ist die Leistung zurückzuerstatten und vom Empfang an zu verzinsen. Der Anspruch auf Rückerstattung verjährt nach Ablauf eines Jahres von der Beendigung des Mietverhältnisses an.

(8) Für Vereinbarungen, die vor dem 1. August 1968 in denjenigen kreisfreien Städten, Landkreisen oder Gemeinden eines Landkreises, in denen zu diesem Zeitpunkt die Mietpreisfreigabe noch nicht erfolgt war, getroffen worden sind, gelten die Vorschriften des Absatzes 7 entsprechend, soweit die Vereinbarungen nach den bis zu diesem Zeitpunkt geltenden Vorschriften unzulässig waren. Das Gleiche gilt für Vereinbarungen, die vor dem 1. September 1965 in denjenigen kreisfreien Städten, Landkreisen oder Gemeinden eines Landkreises getroffen worden sind, in denen zu diesem Zeitpunkt die Mietpreisfreigabe bereits erfolgt war.

§ 10 Einseitige Mieterhöhung

(1) Ist der Mieter nur zur Entrichtung eines niedrigeren als des nach diesem Gesetz zulässigen Entgelts verpflichtet, so kann der Vermieter dem Mieter gegenüber schriftlich erklären, dass das Entgelt um einen bestimmten Betrag, bei Umlagen um einen bestimmbaren Betrag, bis zur Höhe des zulässigen Entgelts erhöht werden soll. Die Erklärung ist nur wirksam, wenn in ihr die Erhöhung berechnet und erläutert ist. Der Berechnung der Kostenmiete ist eine Wirtschaftlichkeitsberechnung oder ein Auszug daraus, der die Höhe der laufenden Aufwendungen erkennen lässt, beizufügen. Anstelle einer Wirtschaftlichkeitsberechnung kann auch eine Zusatzberechnung zu der letzten Wirtschaftlichkeitsberechnung oder, wenn das zulässige Entgelt von der Bewilligungsstelle auf Grund einer Wirtschaftlichkeitsberechnung genehmigt worden ist, eine Abschrift der Genehmigung beigefügt werden. Hat der Vermieter seine Erklärung mit Hilfe automatischer Einrichtungen gefertigt, so bedarf es nicht seiner eigenhändigen Unterschrift.

(2) Die Erklärung des Vermieters hat die Wirkung, dass von dem Ersten des auf die Erklärung folgenden Monats an das erhöhte Entgelt an die Stelle des bisher zu entrichtenden Entgelts tritt; wird die Erklärung erst nach dem Fünfzehnten eines Monats abgegeben, so tritt diese Wirkung von dem Ersten des übernächsten Monats an ein. Wird die Erklärung bereits vor dem Zeitpunkt abgegeben, von dem an das erhöhte Entgelt nach den dafür maßgebenden Vorschriften zulässig ist, so wird sie frühestens von diesem Zeitpunkt an wirksam. Soweit die Erklärung darauf beruht, dass sich die Betriebskosten rückwirkend erhöht haben, wirkt sie auf den Zeitpunkt der Erhöhung der Betriebskosten, höchstens jedoch auf den Beginn des der Erklärung vorangehenden Kalenderjahres zurück, sofern der Vermieter die Erklärung innerhalb von drei Monaten nach Kenntnis von der Erhöhung abgibt.

(3) Ist der Erklärung ein Auszug aus der Wirtschaftlichkeitsberechnung oder die Genehmigung der Bewilligungsstelle beigefügt, so hat der Vermieter dem Mieter auf Verlangen Einsicht in die Wirtschaftlichkeitsberechnung zu gewähren.

(4) Dem Vermieter steht das Recht zur einseitigen Mieterhöhung nicht zu, soweit und solange eine Erhöhung der Miete durch ausdrückliche Vereinbarung mit dem Mieter oder einem Dritten ausgeschlossen ist oder der Ausschluss sich aus den Umständen ergibt.

§ 11 Kündigungsrecht des Mieters

(1) Der Mieter ist im Falle einer Erklärung des Vermieters nach § 10 berechtigt, das Mietverhältnis spätestens am dritten Werktag des Kalendermonats, von dem an die Miete erhöht werden soll, für den Ablauf des nächsten Kalendermonats zu kündigen.

(2) Kündigt der Mieter nach Absatz 1, so tritt die Mieterhöhung nach § 10 nicht ein.

(3) Eine zum Nachteil des Mieters abweichende Vereinbarung ist unwirksam.

§ 12 Zweckentfremdung, bauliche Veränderung

(1) Die Wohnung darf ohne Genehmigung der zuständigen Stelle nicht zu Zwecken einer dauernden Fremdenbeherbergung, insbesondere einer gewerblichen Zimmervermietung, verwendet oder anderen als Wohnzwecken zugeführt werden.

(2) Die Wohnung darf ohne Genehmigung der zuständigen Stelle nicht durch bauliche Maßnahmen derart verändert werden, daß sie für Wohnzwecke nicht mehr geeignet ist.

(3) Die Genehmigung kann erteilt werden, wenn ein überwiegendes öffentliches Interesse oder ein überwiegendes berechtigtes Interesse des Verfügungsberechtigten oder eines Dritten an der Verwendung oder Änderung der Wohnung gemäß Absatz 1 oder 2 besteht. Die Genehmigung kann befristet, bedingt oder unter Auflagen, insbesondere auch unter der Verpflichtung zu Ausgleichszahlungen in angemessener Höhe, erteilt werden. Im übrigen gilt § 7 Abs. 3 Satz 2 entsprechend.

(4) Wer den Vorschriften des Absatzes 1 oder 2 zuwiderhandelt, hat auf Verlangen der zuständigen Stelle die Eignung für Wohnzwecke auf seine Kosten wiederherzustellen und die Wohnung einem Wohnungsuchenden gemäß § 4 zum Gebrauch zu überlassen.

(5) Die Absätze 1 bis 4 gelten entsprechend für Teile einer Wohnung.

§ 12 in dieser Fassung ab 1. Januar 2002 in Kraft
§ 12 (außer Kraft)

Dritter Abschnitt
Beginn und Ende der Eigenschaft „öffentlich gefördert"

§ 13 Beginn der Eigenschaft „öffentlich gefördert"

(1) Eine Wohnung, für die die öffentlichen Mittel vor der Bezugsfertigkeit bewilligt worden sind, gilt von dem Zeitpunkt an als öffentlich gefördert, in dem der Bescheid über die Bewilligung der öffentlichen Mittel (Bewilligungsbescheid) dem Bauherrn zugegangen ist. Sind die öffentlichen Mittel erstmalig nach der Bezugsfertigkeit der Wohnung bewilligt worden, so gilt die Wohnung, wenn der Bauherr die Bewilligung der öffentlichen Mittel vor der Bezugsfertigkeit beantragt hat, von der Bezugsfertigkeit an als öffentlich gefördert, im Übrigen von dem Zugang des Bewilligungsbescheids an.

(2) Wird die Bewilligung der öffentlichen Mittel vor der Bezugsfertigkeit der Wohnung widerrufen, so gilt die Wohnung als von Anfang an nicht öffentlich gefördert. Das Gleiche gilt, wenn die Bewilligung nach der Bezugsfertigkeit der Wohnung, jedoch vor der erstmaligen Auszahlung der öffentlichen Mittel widerrufen wird.

(3) Für die Anwendung der Vorschriften der Absätze 1 und 2 ist es unerheblich, in welcher Höhe, zu welchen Bedingungen, für welche Zeitdauer und für welchen Finanzierungsraum die öffentlichen Mittel bewilligt worden sind.

(4) Eine Wohnung gilt als bezugsfertig, wenn sie so weit fertig gestellt ist, dass den zukünftigen Bewohnern zugemutet werden kann, sie zu beziehen; die Genehmigung der Bauaufsichtsbehörde zum Beziehen ist nicht entscheidend. Im Falle des Wiederaufbaus ist für die Bezugsfertigkeit der Zeitpunkt maßgebend, in dem die durch den Wiederaufbau geschaffene Wohnung bezugsfertig geworden ist; Entsprechendes gilt im Falle der Wiederherstellung, des Ausbaus oder der Erweiterung.

§ 14   Einbeziehung von Zubehörräumen, Wohnungsvergrößerung, Umbau

(1) Werden die Zubehörräume einer öffentlich geförderten Wohnung ohne Genehmigung der Bewilligungsstelle zu Wohnräumen oder Wohnungen ausgebaut, so gelten auch diese als öffentlich gefördert.

(2) Wird eine öffentlich geförderte Wohnung um weitere Wohnräume vergrößert, so gelten auch diese als öffentlich gefördert.

(3) Wird eine öffentlich geförderte Wohnung durch einen Umbau im Sinne von § 17 Abs. 1 Satz 2 des Zweiten Wohnungsbaugesetzes ohne Inanspruchnahme von öffentlichen Mitteln ausgebaut, so gilt die neugeschaffene Wohnung weiterhin als öffentlich gefördert. Dies gilt nicht, wenn vor dem Umbau die für die Wohnung als Darlehen bewilligten öffentlichen Mittel zurückgezahlt und die für sie als Zuschüsse bewilligten öffentlichen Mittel letztmalig gezahlt worden sind.

§ 14 Abs. 3 in dieser Fassung ab 1. Januar 2002 in Kraft

(3) Wird eine öffentlich geförderte Wohnung durch eine Änderung von nicht mehr Wohnzwecken dienenden Räumen unter wesentlichem Bauaufwand zur Anpassung an geänderte Wohnbedürfnisse ohne Inanspruchnahme von öffentlichen Mitteln ausgebaut, so gilt die neu geschaffene Wohnung weiterhin als öffentlich gefördert. Dies gilt nicht, wenn vor dem Umbau die für die Wohnung als Darlehen bewilligten öffentlichen Mittel zurückgezahlt und die für sie als Zuschüsse bewilligten öffentlichen Mittel letztmalig gezahlt worden sind.

§ 15   Ende der Eigenschaft „öffentlich gefördert"

(1) Eine Wohnung, für die die öffentlichen Mittel als Darlehen bewilligt worden sind, gilt, soweit sich aus dem § 16 oder § 17 nichts anderes ergibt, als öffentlich gefördert
a) im Falle einer Rückzahlung der Darlehen nach Maßgabe der Tilgungsbedingungen bis zum Ablauf des Kalenderjahres, in dem die Darlehen vollständig zurückgezahlt worden sind,
b) im Falle einer vorzeitigen Rückzahlung auf Grund einer Kündigung wegen Verstoßes gegen Bestimmungen des Bewilligungsbescheids oder des Darlehnsvertrags bis zum Ablauf des Kalenderjahres, in dem die Darlehen nach Maßgabe der Tilgungsbedingungen vollständig zurückgezahlt worden wären, längstens jedoch bis zum Ablauf des zwölften Kalenderjahres nach dem Jahr der Rückzahlung.

Sind neben den Darlehen Zuschüsse zur Deckung der laufenden Aufwendungen oder Zinszuschüsse aus öffentlichen Mitteln bewilligt worden, so gilt die Wohnung mindestens bis zum Ablauf des Kalenderjahres als öffentlich gefördert, in dem der Zeitraum endet, für den sich die laufenden Aufwendungen durch die Gewährung der Zuschüsse vermindern (Förderungszeitraum).

(2) Eine Wohnung, für die die öffentlichen Mittel lediglich als Zuschüsse zur Deckung der laufenden Aufwendungen oder als Zinszuschüsse bewilligt worden sind, gilt als öffentlich gefördert bis zum Ablauf des dritten Kalenderjahres nach dem Ende des Förderungszeitraums. Endet der Förderungszeitraum durch planmäßige Einstellung oder durch Verzicht auf weitere Auszahlungen der Zuschüsse, so gilt für ein Eigenheim, eine Eigensiedlung oder eine eigengenutzte Eigentumswohnung § 16 Abs. 5 und 7 sinngemäß. § 17 bleibt unberührt.

(3) Sind die öffentlichen Mittel für eine Wohnung lediglich als Zuschuss zur Deckung der für den Bau der Wohnung entstandenen Gesamtkosten bewilligt worden, so gilt die Wohnung als öffentlich gefördert bis zum Ablauf des zehnten Kalenderjahres nach dem Jahr der Bezugsfertigkeit.

(4) Sind die öffentlichen Mittel für mehrere Wohnungen eines Gebäudes oder einheitlich für Wohnungen mehrerer Gebäude bewilligt worden, so gelten die Absätze 1 und 2 nur, wenn die für sämtliche Wohnungen eines Gebäudes als Darlehen bewilligten öffentlichen Mittel zurückgezahlt werden und die für sie als Zuschüsse bewilligten öffentlichen Mittel nicht mehr gezahlt werden. Der Anteil der auf ein einzelnes Gebäude entfallenden öffentlichen Mittel errechnet sich nach dem Verhältnis der Wohnfläche der Wohnungen des Gebäudes zur Wohnfläche der Wohnungen aller Gebäude. Die Sätze 1 und 2 sind insoweit nicht anzuwenden, als öffentliche Mittel ab 29. August 1990 für neue Wohnungen bewilligt sind, die durch Ausbau oder Erweiterung in einem Gebäude oder einer Wirtschaftseinheit mit öffentlich geförderten Wohnungen geschaffen werden.

§ 16 Ende der Eigenschaft „öffentlich gefördert" bei freiwilliger vorzeitiger Rückzahlung

(1) Werden die für eine Wohnung als Darlehen bewilligten öffentlichen Mittel ohne rechtliche Verpflichtung vorzeitig vollständig zurückgezahlt, so gilt die Wohnung vorbehaltlich der Absätze 2 und 5 als öffentlich gefördert bis zum Ablauf des zehnten Kalenderjahres nach dem Jahr der Rückzahlung, längstens jedoch bis zum Ablauf des Kalenderjahres, in dem die Darlehen nach Maßgabe der Tilgungsbedingungen vollständig zurückgezahlt wären (Nachwirkungsfrist). Sind neben den Darlehen Zuschüsse zur Deckung der laufenden Aufwendungen oder Zinszuschüsse aus öffentlichen Mitteln bewilligt worden, so gilt § 15 Abs. 1 Satz 2 entsprechend.

(2) Abweichend von Absatz 1 Satz 1 gilt eine Wohnung, für deren Bau ein Darlehen aus öffentlichen Mitteln von nicht mehr als 3 000 Deutsche Mark bewilligt worden ist, als öffentlich gefördert bis zum Zeitpunkt der Rückzahlung; dabei ist von dem durchschnittlichen Förderungsbetrag je Wohnung des Gebäudes auszugehen.

(3) und (4) (außer Kraft)

(5) Sind die für ein Eigenheim, eine Eigensiedlung oder eine eigengenutzte Eigentumswohnung als Darlehen bewilligten öffentlichen Mittel ohne rechtliche Verpflichtung

vorzeitig vollständig zurückgezahlt oder nach § 69 des Zweiten Wohnungsbaugesetzes ganz abgelöst worden, so gilt die Wohnung als öffentlich gefördert bis zum Zeitpunkt der Rückzahlung oder Ablösung; bei Rückzahlung oder Ablösung vor dem 17. Juli 1985 gilt die Wohnung längstens bis zum 16. Juli 1985 als öffentlich gefördert. § 15 Abs. 1 Satz 2 bleibt unberührt. Eine Eigentumswohnung, die durch Umwandlung einer öffentlich geförderten Mietwohnung entstanden ist, gilt als eigengenutzt, wenn sie vom Eigentümer oder seinen Angehörigen als Berechtigte im Sinne dieses Gesetzes selbst genutzt wird; erfolgt in dem Falle die Eigennutzung nach Rückzahlung oder Ablösung, so gilt die Wohnung vom Beginn der Eigennutzung an nicht mehr als öffentlich gefördert.

(6) Sind die öffentlichen Mittel für mehrere Wohnungen eines Gebäudes oder einheitlich für Wohnungen mehrerer Gebäude bewilligt worden, so gilt vorbehaltlich des Absatzes 7 der Absatz 1 nur, wenn die für sämtliche Wohnungen eines Gebäudes als Darlehen bewilligten öffentlichen Mittel zurückgezahlt werden und die für sie als Zuschüsse bewilligten öffentlichen Mittel nicht mehr gezahlt werden; § 15 Abs. 4 Satz 2 gilt entsprechend.

(7) Sind die öffentlichen Mittel für zwei Wohnungen eines Eigenheims, eines Kaufeigenheims oder einer Kleinsiedlung bewilligt worden, so gelten die Absätze 1 bis 5 auch für die einzelne Wohnung, wenn der auf sie entfallende Anteil der als Darlehen gewährten Mittel zurückgezahlt oder abgelöst und der anteilige Zuschussbetrag nicht mehr gezahlt wird; der Anteil errechnet sich nach dem Verhältnis der Wohnflächen der einzelnen Wohnungen zueinander, sofern nicht der Bewilligung ein anderer Berechnungsmaßstab zugrunde gelegen hat. Satz 1 gilt entsprechend für Rückzahlungen und Ablösungen bei Eigentumswohnungen, wenn die öffentlichen Mittel für mehrere Wohnungen eines Gebäudes oder einheitlich für Wohnungen mehrerer Gebäude bewilligt worden sind.

§ 16 Abs. 2 in dieser Fassung ab 1. Januar 2002 in Kraft
(2) Abweichend von Absatz 1 Satz 1 gilt eine Wohnung, für deren Bau ein Darlehen aus öffentlichen Mitteln von nicht mehr als 1 550 Euro bewilligt worden ist, als öffentlich gefördert bis zum Zeitpunkt der Rückzahlung; dabei ist von dem durchschnittlichen Förderungsbetrag je Wohnung des Gebäudes auszugehen.

§ 17 Ende der Eigenschaft bei Zwangsversteigerung
(1) Bei einer Zwangsversteigerung des Grundstücks gelten die Wohnungen, für die öffentliche Mittel als Darlehen bewilligt worden sind, bis zum Ablauf des dritten Kalenderjahres nach dem Kalenderjahr, in dem der Zuschlag erteilt worden ist, als öffentlich gefördert, sofern die wegen der öffentlichen Mittel begründeten Grundpfandrechte mit dem Zuschlag erlöschen; abweichend hiervon gilt ein Eigenheim, eine Eigensiedlung oder eine eigengenutzte Eigentumswohnung im Sinne des § 16 Abs. 5 nur bis zum Zuschlag als öffentlich gefördert, sofern die wegen der öffentlichen Mittel begründeten Grundpfandrechte mit dem Zuschlag erlöschen. Sind die öffentlichen Mittel lediglich als Zuschüsse bewilligt worden, so gelten die Wohnungen bis zum Zuschlag als öffentlich gefördert. Soweit nach den Vorschriften des § 15 oder § 16 die Wohnungen nur bis zu einem früheren Zeitpunkt als öffentlich gefördert gelten, ist dieser Zeitpunkt maßgebend.

(2) Sind die wegen der öffentlichen Mittel begründeten Grundpfandrechte mit dem Zuschlag nicht erloschen, so gelten die Wohnungen bis zu dem sich aus § 15 oder § 16 ergebenden Zeitpunkt als öffentlich gefördert.

§ 18 Bestätigung

(1) Die zuständige Stelle hat dem Verfügungsberechtigten schriftlich zu bestätigen, von welchem Zeitpunkt an die Wohnung nicht mehr als öffentlich gefördert gilt. Die Bestätigung ist in tatsächlicher und rechtlicher Hinsicht verbindlich.

(2) Die zuständige Stelle hat einem Wohnungsuchenden auf dessen Verlangen schriftlich zu bestätigen, ob die Wohnung, die er benutzen will, eine neugeschaffene öffentlich geförderte Wohnung ist.

§ 18 in dieser Fassung ab 1. Januar 2002 in Kraft

(1) Die zuständige Stelle hat dem Verfügungsberechtigten und bei berechtigtem Interesse auch dem Mieter schriftlich zu bestätigen, von welchem Zeitpunkt an die Wohnung nicht mehr als öffentlich gefördert gilt. Die Bestätigung ist in tatsächlicher und rechtlicher Hinsicht verbindlich.

(2) Die zuständige Stelle hat einem Wohnungsuchenden auf dessen Verlangen schriftlich zu bestätigen, ob die Wohnung, die er benutzen will, eine neu geschaffene öffentlich geförderte Wohnung ist. Absatz 1 Satz 1 gilt bei berechtigtem Interesse für den Wohnungssuchenden entsprechend.

Vierter Abschnitt
Einschränkung von Zinsvergünstigungen bei öffentlich geförderten Wohnungen

§ 18a Höhere Verzinsung der öffentlichen Baudarlehen

(1) Öffentliche Mittel im Sinne des § 3 des Ersten Wohnungsbaugesetzes oder des § 6 des Zweiten Wohnungsbaugesetzes, die vor dem 1. Januar 1960 als öffentliche Baudarlehen bewilligt worden sind, können mit einem Zinssatz bis höchstens 8 vom Hundert jährlich verzinst werden, wenn dies durch landesrechtliche Regelung in einem Gesetz oder einer Verordnung der Landesregierung bestimmt ist; § 18b Abs. 2 ist anzuwenden. Dies gilt auch, wenn vertraglich eine Höherverzinsung ausdrücklich ausgeschlossen ist. Eine Vereinbarung, nach der eine höhere Verzinsung des öffentlichen Baudarlehens verlangt werden kann, bleibt unberührt.

(2) Öffentliche Mittel, die nach dem 31. Dezember 1959, jedoch vor dem 1. Januar 1970 als öffentliche Baudarlehen bewilligt worden sind, können mit einem Zinssatz bis höchstens 6 vom Hundert jährlich verzinst werden; Absatz 1 gilt im Übrigen entsprechend.

(3) Die Landesregierungen stellen durch Rechtsverordnung sicher, dass die aus der höheren Verzinsung nach den Absätzen 1 und 2 folgenden Durchschnittsmieten bestimmte Beträge, die für die öffentlich geförderten Wohnungen nach Gemeindegrößenklassen und unter Berücksichtigung von Alter und Ausstattung der Wohnungen festgelegt werden, nicht übersteigen. Sie haben dabei die sich aus der höheren Verzinsung ergebende Mieterhöhung angemessen zu begrenzen. Einwendungen gegen die Auswirkungen der Zins-

erhöhung sind dabei nur innerhalb einer festzusetzenden Ausschlussfrist von höchstens sechs Monaten seit Zugang der Mitteilung über die Zinserhöhung zuzulassen.

(4) Soweit bei Wohnungen, für die die öffentlichen Baudarlehen vom 1. Januar 1960 an bewilligt worden sind, die Durchschnittsmiete auf Grund einer nach der Zinserhöhung durchgeführten Modernisierung die nach Absatz 3 bestimmten Beträge nicht nur unerheblich überschreitet, ist der nach Absatz 2 festgesetzte Zinssatz auf Antrag des Verfügungsberechtigten oder des Mieters entsprechend herabzusetzen.

(5) Eine Zinserhöhung nach den Absätzen 1 und 2 ist bei Familienheimen in der Form von Eigenheimen, Kaufeigenheimen und Kleinsiedlungen sowie bei solchen Eigentumswohnungen, die vom Eigentümer oder seinen Angehörigen genutzt werden, nur unter den Voraussetzungen des § 44 Abs. 3 des Zweiten Wohnungsbaugesetzes zulässig. Dabei ist die aus der höheren Verzinsung folgende Mehrbelastung angemessen zu begrenzen. Absatz 3 Satz 3 gilt entsprechend.

(6) Die Absätze 1 bis 5 gelten für Annuitätsdarlehen entsprechend.

§ 18b   Berechnung der neuen Jahresleistung

(1) Die für das Wohnungs- und Siedlungswesen zuständigen obersten Landesbehörden treffen nähere Bestimmungen über die Durchführung der höheren Verzinsung.

(2) Die darlehnsverwaltende Stelle hat bei der Erhöhung des Zinssatzes die neue Jahresleistung für das öffentliche Baudarlehen in der Weise zu berechnen, dass der erhöhte Zinssatz und der Tilgungssatz auf den ursprünglichen Darlehnsbetrag bezogen werden; ein Verwaltungskostenbeitrag bis zu 0,5 vom Hundert ist auf den Zinssatz nicht anzurechnen. Die Zinsleistungen sind nach der Darlehnsrestschuld zu berechnen und die durch die fortschreitende Darlehnstilgung ersparten Zinsen zur erhöhten Tilgung zu verwenden.

(3) Die darlehnsverwaltende Stelle hat dem Darlehnsschuldner die Erhöhung des Zinssatzes, die Höhe der neuen Jahresleistung sowie den Zahlungsabschnitt, für den die höhere Leistung erstmalig entrichtet werden soll, schriftlich mitzuteilen.

(4) Die höhere Leistung ist erstmalig für denjenigen nach dem Darlehnsvertrag maßgeblichen Zahlungsabschnitt zu entrichten, der frühestens nach Ablauf von zwei Monaten nach dem Zugang der in Absatz 3 bezeichneten Mitteilung beginnt. Der Zeitpunkt der Fälligkeit bestimmt sich nach dem Darlehnsvertrag.

§ 18c   Öffentliche Baudarlehen verschiedener Gläubiger

(1) Sind für die Wohnungen des Gebäudes oder der Wirtschaftseinheit öffentliche Baudarlehen von verschiedenen Gläubigern gewährt worden und wird für diese Baudarlehen eine höhere Verzinsung nach § 18a verlangt, so haben die Gläubiger möglichst einheitliche Zinssätze festzusetzen und diese so zu bemessen, dass sich die zulässige Durchschnittsmiete nicht um mehr, als nach § 18a Abs. 3 zulässig ist, erhöht. Werden die Zinssätze für diese öffentlichen Baudarlehen nacheinander erhöht und würde durch die spätere Erhöhung des Zinssatzes für eines dieser Darlehen die Durchschnittsmiete über den nach § 18a Abs. 3 zulässigen Umfang hinaus erhöht werden, so ist auf Verlangen des Gläubigers dieses Darlehens der vorher erhöhte Zinssatz für die anderen Darlehen so weit herabzusetzen, dass bei möglichst einheitlichem Zinssatz der öffentlichen Baudarle-

hen der nach § 18a Abs. 3 zulässige Erhöhungsbetrag nicht überschritten wird; die Herabsetzung darf frühestens von dem Zeitpunkt an verlangt werden, von dem an die spätere Zinserhöhung wirksam werden soll.

(2) Die für das Wohnungs- und Siedlungswesen zuständigen obersten Landesbehörden treffen die näheren Bestimmungen über die Festsetzung der Zinssätze gemäß Absatz 1. Im Übrigen gelten die Vorschriften des § 18b sinngemäß.

§ 18d   Zins- und Tilgungshilfen sowie Zuschüsse und Darlehen zur Deckung der laufenden Aufwendungen

(1) Sind vor dem 1. Januar 1960 neben oder an Stelle eines öffentlichen Baudarlehens Zins- und Tilgungshilfen aus öffentlichen Mitteln für ein zur Deckung der Gesamtkosten aufgenommenes Darlehen bewilligt worden, so kann die Zins- und Tilgungshilfe so weit herabgesetzt werden, daß der Darlehnsschuldner für das Darlehen eine Verzinsung bis höchstens 8 vom Hundert jährlich auf den ursprünglichen Darlehnsbetrag selbst zu erbringen hat, wenn dies durch landesrechtliche Regelung in einem Gesetz oder einer Verordnung der Landesregierung bestimmt ist. Erfolgte die Bewilligung nach dem 31. Dezember 1959, jedoch vor dem 1. Januar 1970, so kann unter den gleichen Voraussetzungen die Zins- und Tilgungshilfe so weit herabgesetzt werden, daß der Darlehnsschuldner für das Darlehen eine Verzinsung bis höchstens 6 vom Hundert jährlich auf den ursprünglichen Darlehnsbetrag selbst zu erbringen hat. Die Sätze 1 und 2 gelten auch, wenn eine Einstellung oder Herabsetzung vertraglich ausdrücklich ausgeschlossen ist. Die Vorschriften des § 18a Abs. 3 bis 5 gelten entsprechend. Verbleibt nach der Herabsetzung eine Zins- und Tilgungshilfe von weniger als insgesamt 120 Deutsche Mark je Wohnung jährlich, so entfällt diese.

(2) Für die Durchführung des Absatzes 1 gelten die Vorschriften des § 18b sinngemäß.

(3) Sind von verschiedenen Gläubigern aus öffentlichen Mitteln Zins- und Tilgungshilfen nebeneinander oder Zins- und Tilgungshilfen neben öffentlichen Baudarlehen gewährt worden, so ist auch § 18c sinngemäß anzuwenden.

(4) Sind vor dem 1. Januar 1970 neben oder an Stelle eines öffentlichen Baudarlehens oder einer Zins- und Tilgungshilfe Zuschüsse oder Darlehen zur Deckung der laufenden Aufwendungen bewilligt worden, so können die Zuschüsse herabgesetzt oder für Darlehen die Zinsen nach Maßgabe des § 18a Abs. 1 und 2 erhöht werden, wenn dies durch landesrechtliche Regelung in einem Gesetz oder einer Verordnung der Landesregierung bestimmt ist. Dies gilt auch, wenn nach dem Bewilligungsbescheid eine Herabsetzung oder Höherverzinsung zu diesem Zeitpunkt oder in diesem Umfang nicht vorgesehen oder vertraglich ausdrücklich ausgeschlossen ist. Die Vorschriften des § 18a Abs. 3 bis 5 gelten entsprechend.

§ 18d Abs. 1 in dieser Fassung ab 1. Januar 2002 in Kraft

(1) Sind vor dem 1. Januar 1960 neben oder an Stelle eines öffentlichen Baudarlehens Zins- und Tilgungshilfen aus öffentlichen Mitteln für ein zur Deckung der Gesamtkosten aufgenommenes Darlehen bewilligt worden, so kann die Zins- und Tilgungshilfe so weit herabgesetzt werden, dass der Darlehnsschuldner für das Darlehen eine Verzinsung bis höchstens 8 vom Hundert jährlich auf den ursprünglichen Darlehnsbetrag selbst zu er-

bringen hat, wenn dies durch landesrechtliche Regelung in einem Gesetz oder einer Verordnung der Landesregierung bestimmt ist. Erfolgte die Bewilligung nach dem 31. Dezember 1959, jedoch vor dem 1. Januar 1970, so kann unter den gleichen Voraussetzungen die Zins- und Tilgungshilfe so weit herabgesetzt werden, dass der Darlehnsschuldner für das Darlehen eine Verzinsung bis höchstens 6 vom Hundert jährlich auf den ursprünglichen Darlehnsbetrag selbst zu erbringen hat. Die Sätze 1 und 2 gelten auch, wenn eine Einstellung oder Herabsetzung vertraglich ausdrücklich ausgeschlossen ist. Die Vorschriften des § 18a Abs. 3 bis 5 gelten entsprechend. Verbleibt nach der Herabsetzung eine Zins- und Tilgungshilfe von weniger als insgesamt 60 Euro je Wohnung jährlich, so entfällt diese.

§ 18e Entsprechende Anwendung für öffentliche Mittel im Bereich des Bergarbeiterwohnungsbaues

Die Vorschriften der §§ 18a bis 18d gelten entsprechend für öffentliche Baudarlehen und Zins- und Tilgungshilfen, die nach dem Gesetz zur Förderung des Bergarbeiterwohnungsbaues im Kohlenbergbau aus Mitteln des Treuhandvermögens des Bundes bewilligt worden sind. Die in § 18b Abs. 1 bezeichneten Aufgaben obliegen dem Bundesminister für Raumordnung, Bauwesen und Städtebau im Benehmen mit den für das Wohnungs- und Siedlungswesen zuständigen obersten Landesbehörden. Der Bundesminister für Raumordnung, Bauwesen und Städtebau wird ermächtigt, die Bestimmungen nach § 18a Abs. 1 bis 3 und 5 sowie nach § 18d durch Rechtsverordnung mit Zustimmung des Bundesrates zu treffen.

§ 18e in dieser Fassung ab 1. Januar 2002 in Kraft

Die Vorschriften der §§ 18a bis 18d gelten entsprechend für öffentliche Baudarlehen und Zins- und Tilgungshilfen, die nach dem Gesetz zur Förderung des Bergarbeiterwohnungsbaus im Kohlenbergbau aus Mitteln des Treuhandvermögens des Bundes bewilligt worden sind. Die in § 18b Abs. 1 bezeichneten Aufgaben obliegen dem Bundesministerium für Verkehr, Bau- und Wohnungswesen im Benehmen mit den für das Wohnungs- und Siedlungswesen zuständigen obersten Landesbehörden. Das Bundesministerium für Verkehr, Bau- und Wohnungswesen wird ermächtigt, die Bestimmungen nach § 18a Abs. 1 bis 3 und 5 sowie nach § 18d durch Rechtsverordnung mit Zustimmung des Bundesrates zu treffen.

§ 18f Mieterhöhung

(1) Für die Durchführung einer Mieterhöhung auf Grund der höheren Verzinsung oder der Herabsetzung der Zins- und Tilgungshilfen oder der Zuschüsse zur Deckung der laufenden Aufwendungen nach den §§ 18a bis 18e finden die Vorschriften des § 10 Abs. 1, 2 und 4 Anwendung. Soweit sich eine Mieterhöhung nur auf Grund der §§ 18a bis 18e ergibt, braucht der Vermieter jedoch abweichend von § 10 Abs. 1 der Erklärung eine Wirtschaftlichkeitsberechnung oder einen Auszug daraus oder eine Zusatzberechnung nicht beizufügen; er hat dem Mieter auf Verlangen Einsicht in die Mitteilung der darlehnsverwaltenden Stelle nach § 18b Abs. 3 und, soweit eine Wirtschaftlichkeitsberechnung aufzustellen ist, auch in diese zu gewähren.

(2) Für Mieterhöhungen auf Grund der §§ 18a bis 18e ist eine vertragliche Vereinbarung, wonach eine höhere Miete für eine zurückliegende Zeit verlangt werden kann, unwirksam.

Fünfter Abschnitt
Schlussvorschriften

§ 19 Gleichstellungen
(1) Die Vorschriften dieses Gesetzes für Wohnungen gelten für einzelne öffentlich geförderte Wohnräume entsprechend, soweit sich nicht aus Inhalt oder Zweck der Vorschriften etwas anderes ergibt.
(2) Dem Vermieter einer öffentlich geförderten Wohnung steht derjenige gleich, der die Wohnung einem Wohnungssuchenden auf Grund eines anderen Schuldverhältnisses, insbesondere eines genossenschaftlichen Nutzungsverhältnisses, zum Gebrauch überlässt. Dem Mieter einer öffentlich geförderten Wohnung steht derjenige gleich, der die Wohnung auf Grund eines anderen Schuldverhältnisses, insbesondere eines genossenschaftlichen Nutzungsverhältnisses, bewohnt.
(3) Dem Verfügungsberechtigten steht ein von ihm Beauftragter gleich.
(4) Dem Bauherrn eines Kaufeigenheims oder einer Kaufeigentumswohnung steht der Bewerber gleich, wenn diesem die öffentlichen Mittel nach den Vorschriften des Zweiten Wohnungsbaugesetzes bewilligt worden sind.

§ 20 Wohnheime
Die Vorschriften dieses Gesetzes gelten nicht für öffentlich geförderte Wohnheime.

§ 21 Untermietverhältnisse
(1) Die Vorschriften dieses Gesetzes gelten sinngemäß für den Inhaber einer öffentlich geförderten Wohnung, wenn dieser die Wohnung ganz oder mit mehr als der Hälfte der Wohnfläche untervermietet. Wird nur ein Teil der Wohnung untervermietet, finden jedoch die Vorschriften des § 4 Abs. 1, 4 und 5 sowie der §§ 5a und 6 keine Anwendung.
(2) Vermietet der Verfügungsberechtigte einen Teil der von ihm genutzten Wohnung, sind die Vorschriften dieses Gesetzes nur anzuwenden, wenn mehr als die Hälfte der Wohnfläche vermietet wird; die Vorschriften des § 4 Abs. 1, 4 und 5 sowie der §§ 5a und 6 finden jedoch keine Anwendung.
(3) § 12 Abs. 5 bleibt unberührt.

§ 21 in dieser Fassung ab 1. Januar 2002 in Kraft
(1) Die Vorschriften dieses Gesetzes gelten sinngemäß für den Inhaber einer öffentlich geförderten Wohnung, wenn dieser die Wohnung ganz oder mit mehr als der Hälfte der Wohnfläche untervermietet. Wird nur ein Teil der Wohnung untervermietet, finden jedoch die Vorschriften des § 4 Abs. 1, 4 und 5 sowie der §§ 5a und 7 Abs. 3 in Verbindung mit § 27 Abs. 7 Satz 1 Nr. 1 und 2 des Wohnraumförderungsgesetzes keine Anwendung.

(2) Vermietet der Verfügungsberechtigte einen Teil der von ihm genutzten Wohnung, sind die Vorschriften dieses Gesetzes nur anzuwenden, wenn mehr als die Hälfte der Wohnfläche vermietet wird; die Vorschriften des § 4 Abs. 1, 4 und 5 sowie der §§ 5a und 7 Abs. 3 in Verbindung mit § 27 Abs. 7 Satz 1 Nr. 1 und 2 des Wohnraumförderungsgesetzes finden jedoch keine Anwendung.

(3) (außer Kraft)

§ 22 Bergarbeiterwohnungen

(1) Die Vorschriften dieses Gesetzes sind auf Wohnungen, die nach dem Gesetz zur Förderung des Bergarbeiterwohnungsbaues im Kohlenbergbau in der im Bundesgesetzblatt Teil III, Gliederungsnummer 2330-4, veröffentlichten bereinigten Fassung, zuletzt geändert durch Gesetz vom 23. August 1976 (BGBl. I S. 2429), gefördert worden sind, nach Maßgabe der Absätze 2 bis 5 anzuwenden.

(2) An die Stelle der Wohnberechtigung im öffentlich geförderten sozialen Wohnungsbau im Sinne des § 5 Abs. 1 und 3 Satz 1 und 2 dieses Gesetzes tritt die Wohnberechtigung nach § 4 Abs. 1 Buchstabe a, b oder c des Gesetzes zur Förderung des Bergarbeiterwohnungsbaues im Kohlenbergbau.

(3) Der Verfügungsberechtigte darf eine Bergarbeiterwohnung einem Wohnungsberechtigten im Sinne des § 4 Abs. 1 Buchstabe d des Gesetzes zur Förderung des Bergarbeiterwohnungsbaues im Kohlenbergbau oder einem Nichtwohnungsberechtigten vermieten oder überlassen,

a) wenn die zuständige Stelle diesem eine Bescheinigung über die Wohnberechtigung im Kohlenbergbau unter den Voraussetzungen des § 6 Abs. 2 des Gesetzes zur Förderung des Bergarbeiterwohnungsbaues im Kohlenbergbau erteilt hat oder

b) wenn die zuständige Stelle eine Freistellung von der Zweckbindung der Bergarbeiterwohnung unter den Voraussetzungen des § 6 Abs. 3 oder 4 des Gesetzes zur Förderung des Bergarbeiterwohnungsbaues im Kohlenbergbau zugunsten von Wohnberechtigten im Sinne des Wohnungsbindungsgesetzes ausgesprochen hat; die Vorschrift des § 7 Abs. 1 Satz 3 ist insoweit nicht anzuwenden.

(4) Ist bei den in § 5 Abs. 2 des Gesetzes zur Förderung des Bergarbeiterwohnungsbaus im Kohlenbergbau bezeichneten Wohnungen die Zweckbindung zugunsten von Wohnungsberechtigten im Kohlenbergbau beendet, so sind hinsichtlich der Zweckbindung die Vorschriften der §§ 4 bis 7 dieses Gesetzes anzuwenden; der Verfügungsberechtigte darf die Wohnung jedoch auch einem Wohnungsberechtigten im Sinne des § 4 Abs. 1 Buchstabe a bis c des Gesetzes zur Förderung des Bergarbeiterwohnungsbaus im Kohlenbergbau vermieten oder überlassen.

(5) § 28 Abs. 1 Satz 2 Buchstabe a ist nur auf solche Miet- und Genossenschaftswohnungen anzuwenden, die die zuständige Stelle nach Absatz 3 Buchstabe b von der Zweckbindung der Bergarbeiterwohnungen unbefristet freigestellt hat. Wird erst nach der vorzeitigen Rückzahlung unbefristet freigestellt, ist diese Vorschrift mit der Maßgabe anzuwenden, daß in § 28 Abs. 1 Satz 2 Buchstabe a an die Stelle des Zeitpunktes der Rückzahlung der Zeitpunkt der Freistellung tritt.

§ 22 Abs. 1, 2, 3 und 5 in dieser Fassung ab 1. Januar 2002 in Kraft
(1) Für die in § 50 Abs. 1 Satz 1 Nr. 5 des Wohnraumförderungsgesetzes bezeichneten Wohnungen sind die Vorschriften dieses Gesetzes nach Maßgabe der Absätze 2 bis 4 anzuwenden.

(2) An die Stelle der Wohnberechtigung im öffentlich geförderten sozialen Wohnungs-bau im Sinne des § 5 dieses Gesetzes in Verbindung mit § 27 Abs. 2 und 3 des Wohn-raumförderungsgesetzes tritt die Wohnberechtigung nach § 4 Abs. 1 Buchstabe a, b oder c des Gesetzes zur Förderung des Bergarbeiterwohnungsbaus im Kohlen-bergbau.

(3) Der Verfügungsberechtigte darf eine Bergarbeiterwohnung einem Wohnungs-berechtigten im Sinne des § 4 Abs. 1 Buchstabe d des Gesetzes zur Förderung des Berg-arbeiterwohnungsbaus im Kohlenbergbau oder einem Nichtwohnungsberechtigten ver-mieten oder überlassen,

a) wenn die zuständige Stelle diesem eine Bescheinigung über die Wohnberechtigung im Kohlenbergbau unter den Voraussetzungen des § 6 Abs. 2 des Gesetzes zur Förderung des Bergarbeiterwohnungsbaus im Kohlenbergbau erteilt hat oder

b) wenn die zuständige Stelle eine Freistellung von der Zweckbindung der Bergarbei-terwohnung unter den Voraussetzungen des § 6 Abs. 3 oder 4 des Gesetzes zur Förde-rung des Bergarbeiterwohnungsbaus im Kohlenbergbau zugunsten von Wohnberech-tigten im Sinne des Wohnungsbindungsgesetzes ausgesprochen hat.

(5) (außer Kraft)

§ 23 Erweiterter Anwendungsbereich
Die Vorschriften der §§ 13 bis 18 über den Beginn und das Ende der Eigenschaft „öf-fentlich gefördert" gelten auch für die Anwendung von Rechtsvorschriften außerhalb dieses Gesetzes, sofern nicht in jenen Rechtsvorschriften ausdrücklich etwas anderes bestimmt ist.

§ 24 Verwaltungszwang
Verwaltungsakte der zuständigen Stelle können im Wege des Verwaltungszwangs voll-zogen werden.

§ 25 Maßnahmen bei Gesetzesverstößen
(1) Für die Zeit, während der der Verfügungsberechtigte schuldhaft gegen die Vorschrif-ten der §§ 4, 6, 8 Abs. 1 und 3, der §§ 8a, 8b, 9, 12 oder 21 oder gegen die nach § 5a erlassenen Vorschriften verstößt, kann die zuständige Stelle durch Verwaltungsakt von dem Verfügungsberechtigten Geldleistungen bis zu 10 Deutsche Mark je Quadratmeter Wohnfläche der Wohnung monatlich, auf die sich der Verstoß bezieht, erheben. Für die Bemessung der Geldleistungen sind ausschließlich der Wohnwert der Wohnung und die Schwere des Verstoßes maßgebend.

(2) Bei einem schuldhaften Verstoß des Verfügungsberechtigten gegen die in Absatz 1 bezeichneten Vorschriften kann der Gläubiger die als Darlehen bewilligten öffentlichen Mittel fristlos kündigen; er soll sie bei einem Verstoß gegen § 12 kündigen. Zuschüsse zur Deckung der laufenden Aufwendungen und Zinszuschüsse können für die in Ab-

satz 1 bezeichnete Zeit zurückgefordert werden. Soweit Darlehen oder Zuschüsse bewilligt, aber noch nicht ausgezahlt sind, kann die Bewilligung widerrufen werden.

(3) Die Befugnisse nach den Absätzen 1 und 2 sollen nicht geltend gemacht werden, wenn die Geltendmachung unter Berücksichtigung der Verhältnisse des Einzelfalles, namentlich der Bedeutung des Verstoßes, unbillig sein würde. Das gilt bei einem Verstoß gegen § 4 Abs. 2 insbesondere, wenn die Wohnberechtigungsbescheinigung nachträglich nach § 5 Abs. 1 Satz 3 zweiter Halbsatz erteilt wird.

(4) Die zuständige Stelle hat die nach Absatz 1 eingezogenen Geldleistungen an die Stelle abzuführen, welche die für das Wohnungs- und Siedlungswesen zuständige oberste Landesbehörde bestimmt; sie sind für den öffentlich geförderten sozialen Wohnungsbau einzusetzen.

§ 25 Abs. 1, 2 und 3 in dieser Fassung ab 1. Januar 2002 in Kraft

(1) Für die Zeit, während der der Verfügungsberechtigte schuldhaft gegen die Vorschriften der §§ 4, 7 Abs. 3, des § 8 Abs. 1 und 3, des § 8a, 8b, 9 oder des § 21 oder gegen die nach § 5a erlassenen Vorschriften verstößt, kann die zuständige Stelle durch Verwaltungsakt von dem Verfügungsberechtigten Geldleistungen bis zu 5 Euro je Quadratmeter Wohnfläche der Wohnung monatlich, auf die sich der Verstoß bezieht, erheben. Für die Bemessung der Geldleistungen sind ausschließlich der Wohnwert der Wohnung und die Schwere des Verstoßes maßgebend.

(2) Bei einem schuldhaften Verstoß des Verfügungsberechtigten gegen die in Absatz 1 bezeichneten Vorschriften kann der Gläubiger die als Darlehen bewilligten öffentlichen Mittel fristlos kündigen; er soll sie bei einem Verstoß gegen § 7 Abs. 3 in Verbindung mit § 27 Abs. 7 Satz 1 Nr. 3 des Wohnraumförderungsgesetzes kündigen. Zuschüsse zur Deckung der laufenden Aufwendungen und Zinszuschüsse können für die in Absatz 1 bezeichnete Zeit zurückgefordert werden. Soweit Darlehen oder Zuschüsse bewilligt, aber noch nicht ausgezahlt sind, kann die Bewilligung widerrufen werden.

(3) Die Befugnisse nach den Absätzen 1 und 2 sollen nicht geltend gemacht werden, wenn die Geltendmachung unter Berücksichtigung der Verhältnisse des Einzelfalls, namentlich der Bedeutung des Verstoßes, unbillig sein würde.

§ 26 Ordnungswidrigkeiten

(1) Ordnungswidrig handelt, wer
1. entgegen § 2a Abs. 1 eine Mitteilung nicht richtig, nicht vollständig oder nicht rechtzeitig erstattet,
2. eine Wohnung entgegen § 4 Abs. 2 bis 5 oder entgegen den nach § 5a erlassenen Vorschriften zum Gebrauch überläßt oder beläßt,
3. eine Wohnung entgegen § 6 selbst benutzt oder leerstehen läßt,
4. für die Überlassung einer Wohnung ein höheres Entgelt fordert, sich versprechen läßt oder annimmt, als nach den §§ 8 bis 9 zulässig ist, oder
5. eine Wohnung entgegen § 12 verwendet, anderen als Wohnzwecken zuführt oder baulich verändert.

(2) Die Ordnungswidrigkeit kann in den Fällen des Absatzes 1 Nr. 1 mit einer Geldbuße bis zu 5 000 Deutsche Mark je Wohnung, in den Fällen des Absatzes 1 Nr. 2 und 3 mit

einer Geldbuße bis zu 20 000 Deutsche Mark, in den Fällen des Absatzes 1 Nr. 4 mit einer Geldbuße bis zu 30 000 Deutsche Mark und in den Fällen des Absatzes 1 Nr. 5 mit einer Geldbuße bis zu 100 000 Deutsche Mark geahndet werden.

(3) Die Ordnungswidrigkeit nach Absatz 1 Nr. 4 kann mit einer Geldbuße bis zu 100 000 Deutsche Mark geahndet werden, wenn jemand vorsätzlich oder leichtfertig ein wesentlich höheres Entgelt fordert, sich versprechen läßt oder annimmt, als nach den §§ 8 bis 9 zulässig ist.

§ 26 in dieser Fassung ab 1. Januar 2002 in Kraft

(1) Ordnungswidrig handelt, wer

1. entgegen § 2 in Verbindung mit § 32 Abs. 3 Satz 1 des Wohnraumförderungsgesetzes eine Mitteilung nicht, nicht richtig, nicht vollständig oder nicht rechtzeitig macht,
2. eine Wohnung entgegen § 4 Abs. 2 bis 5 oder entgegen den nach § 5a erlassenen Vorschriften zum Gebrauch überlässt oder belässt,
3. entgegen § 7 Abs. 3 in Verbindung mit § 27 Abs. 7 Satz 1 Nr. 1 oder 2 des Wohnraumförderungsgesetzes eine Wohnung selbst nutzt oder nicht nur vorübergehend, mindestens drei Monate, leer stehen lässt,
4. für die Überlassung einer Wohnung ein höheres Entgelt fordert, sich versprechen lässt oder annimmt, als nach den §§ 8 bis 9 zulässig ist, oder
5. entgegen § 7 Abs. 3 in Verbindung mit § 27 Abs. 7 Satz 1 Nr. 3 des Wohnraumförderungsgesetzes eine Wohnung anderen als Wohnzwecken zuführt oder entsprechend baulich ändert.

(2) Die Ordnungswidrigkeit kann in den Fällen des Absatzes 1 Nr. 1 mit einer Geldbuße bis zu zweitausendfünfhundert Euro je Wohnung, in den Fällen des Absatzes 1 Nr. 2 und 3 mit einer Geldbuße bis zu zehntausend Euro, in den Fällen des Absatzes 1 Nr. 4 mit einer Geldbuße bis zu fünfzehntausend Euro und in den Fällen des Absatzes 1 Nr. 5 mit einer Geldbuße bis zu fünfzigtausend Euro geahndet werden.

(3) Die Ordnungswidrigkeit nach Absatz 1 Nr. 4 kann mit einer Geldbuße bis zu fünfzigtausend Euro geahndet werden, wenn jemand vorsätzlich oder leichtfertig ein wesentlich höheres Entgelt fordert, sich versprechen lässt oder annimmt, als nach den §§ 8 bis 9 zulässig ist.

§ 27 Weitergehende Verpflichtungen

Weitergehende vertragliche Verpflichtungen der in diesem Gesetz bestimmten Art, die im Zusammenhang mit der Gewährung öffentlicher Mittel vertraglich begründet worden sind oder begründet werden, bleiben wirksam, soweit sie über die Verpflichtungen aus diesem Gesetz hinausgehen; andersartige vertragliche Verpflichtungen bleiben unberührt. Satz 1 gilt nicht für Strafversprechen und Ansprüche auf erhöhte Verzinsung wegen eines Verstoßes gegen die in § 25 Abs. 1 bezeichneten Vorschriften, sofern Geldleistungen nach § 25 Abs. 1 entrichtet worden sind.

§ 28 Ermächtigungen

(1) Die Bundesregierung wird ermächtigt, zur Durchführung der §§ 8 bis 9 und des § 18f durch Rechtsverordnung mit Zustimmung des Bundesrates Vorschriften zu erlassen über

a) die Berechnung der Wirtschaftlichkeit, namentlich auch über die Ermittlung und Anerkennung der Gesamtkosten, der Finanzierungsmittel, der laufenden Aufwendungen (Kapitalkosten und Bewirtschaftungskosten) und der Erträge, die Ermittlung und Anerkennung von Änderungen der Kosten und Finanzierungsmittel, die Begrenzung der Ansätze und Ausweise sowie die Bewertung der Eigenleistung,

b) die Zulässigkeit und Berechnung von Umlagen, Vergütungen und Zuschlägen,

c) die Berechnung von Wohnflächen,

d) die Genehmigung zum Übergang von der Vergleichsmiete zur Kostenmiete,

e) die Mietpreisbildung und Mietpreisüberwachung.

In der Rechtsverordnung ist vorzusehen, dass

a) in Fällen, in denen die als Darlehen gewährten öffentlichen Mittel nach § 16 vorzeitig zurückgezahlt und durch andere Finanzierungsmittel ersetzt worden sind, für die neuen Finanzierungsmittel keine höhere Verzinsung angesetzt werden darf, als im Zeitpunkt der Rückzahlung für das öffentliche Baudarlehen zu entrichten war, solange die Bindung nach § 8 besteht;

b) in Fällen, in denen nach § 15 Abs. 2 Satz 2 oder § 16 Abs. 2 oder 7 nur noch einzelne Wohnungen eines Gebäudes als öffentlich gefördert gelten, für die Ermittlung der Kostenmiete dieser Wohnungen die bisherige Art der Wirtschaftlichkeitsberechnung und die im öffentlich geförderten sozialen Wohnungsbau zulässigen Ansätze für Gesamtkosten, Finanzierungsmittel und laufende Aufwendungen weiterhin in der Weise maßgebend bleiben, wie sie für alle bisherigen öffentlich geförderten Wohnungen des Gebäudes maßgebend gewesen wären.

(2) Im Rahmen der Ermächtigung nach Absatz 1 kann die Zweite Berechnungsverordnung entsprechend geändert und ergänzt werden.

§ 29 Einschränkung des Grundrechts der Unverletzlichkeit der Wohnung

Durch dieses Gesetz wird das Grundrecht der Unverletzlichkeit der Wohnung (Artikel 13 des Grundgesetzes) eingeschränkt.

§§ 30 und 31 (außer Kraft)

§ 32 Sondervorschriften für Berlin

(1) § 1 Abs. 2 gilt im Land Berlin mit der Maßgabe, daß das Datum „20. Juni 1948" durch das Datum „24. Juni 1948" ersetzt wird.

(2) § 6 Abs. 7 Satz 1 gilt im Land Berlin im Falle der vorzeitigen vollständiger Rückzahlung der für eine Wohnung als Darlehen bewilligten öffentlichen Mittel mit der Maßgabe, daß sich der Verfügungsberechtigte dem Mieter gegenüber auf berechtigte Interessen an der Beendigung des Mietverhältnisses im Sinne des § 564b Abs. 2 Nr. 2 des Bürgerlichen Gesetzbuchs nicht vor Ablauf des zehnten Kalenderjahres nach dem Jahr der Rückzahlung, längstens jedoch bis zum Ablauf des Kalenderjahres, in dem die Darlehen nach Maßgabe der Tilgungsbedingungen vollständig zurückgezahlt wären, berufen darf.

§ 32 in dieser Fassung ab 1. Januar 2002 in Kraft

§ 32 (außer Kraft)

§ 33 Überleitungsregelungen aus Anlaß der Herstellung der Einheit Deutschlands

In dem in Artikel 3 des Einigungsvertrages genannten Gebiet ist dieses Gesetz mit folgenden Maßgaben anzuwenden:

1. Das Gesetz gilt für öffentlich geförderte Wohnungen nach Maßgabe des § 116a Nr. 1 des Zweiten Wohnungsbaugesetzes und der nachfolgenden Nummer 2.

2. Ist die Bescheinigung nach § 5 in den Ländern in dem Gebiet, in dem das Wohnungsbindungsgesetz schon vor dem Beitritt gegolten hat, ausgestellt worden, so gilt sie nicht in dem in Artikel 3 des Einigungsvertrages genannten Gebiet. Wenn nach den wohnungswirtschaftlichen Verhältnissen ein öffentliches Interesse an den Beschränkungen nach Satz 1 nicht mehr besteht, können die Regierungen der in Artikel 1 Abs. 1 des Einigungsvertrages genannten Länder und des Landes Berlin durch Rechtsverordnung bestimmen, daß und in welchem Umfang die in den Ländern, in deren Gebiet das Wohnungsbindungsgesetz schon vor dem Beitritt gegolten hat, ausgestellten Bescheinigungen gelten.

§ 33 in dieser Fassung ab 1. Januar 2002 in Kraft

§ 33 (außer Kraft)

§ 33a (gegenstandslos)

§ 33b Geltung im Saarland

Dieses Gesetz gilt nicht im Saarland.

§ 33b wird ab 1. Januar 2002 § 30

§ 30 Geltung im Saarland

Dieses Gesetz gilt nicht im Saarland.

§ 34 Inkrafttreten

(1) bis (6) (gegenstandslos)

(7) Die Vorschriften der §§ 5, 16 Abs. 4 Satz 2 und des § 26 sind vom 1. März 1980 an, die Vorschriften der §§ 4, 7, 8a, 8b, 9, 12, 14, 18a, 18b, 18d, 19, 21, 25 und 28 vom 1. Mai 1980 an in der Fassung anzuwenden, die sie durch das Wohnungsbauänderungsgesetz 1980 vom 20. Februar 1980 (BGBl. I S. 159) erhalten haben, § 19 Abs. 4 mit der Maßgabe, daß er in Fällen, in denen dem Bewerber die öffentlichen Mittel vor dem 1. Mai 1980 bewilligt worden sind, vom Zeitpunkt der Bewilligung an gilt. Die Vorschriften der §§ 15 und 16 mit Ausnahme des § 16 Abs. 4 Satz 2 sind vom 1. Juli 1980 an in der Fassung, die sie durch das Wohnungsbauänderungsgesetz 1980 erhalten haben, mit folgenden Maßgaben anzuwenden:

a) § 15 Abs. 2 Satz 2 ist bei einer Wohnung, bei der der Förderungszeitraum vor dem 1. Juli 1980 abgelaufen ist und die bis zum 30. Juni 1980 noch als öffentlich gefördert gilt, mit der Maßgabe anzuwenden, daß an die Stelle des Ablaufs dieses Zeitraumes der Zeitpunkt des Inkrafttretens dieser Vorschrift tritt;

b) § 16 Abs. 2, 3, 5 und 8 ist bei einer Wohnung, bei der vor dem 1. Juli 1980 die öffentlichen Mittel zurückgezahlt worden sind oder der Schuldnachlaß nachgezahlt worden ist und die bis zum 30. Juni 1980 noch als öffentlich gefördert gilt, mit der Maßgabe anzuwenden, daß an die Stelle des Zeitpunkts der Rückzahlung oder der Nachzahlung der Zeitpunkt des Inkrafttretens dieser Vorschrift tritt.

(8) § 16a Abs. 1 und 2 ist vom 1. Januar 1983 an mit der Maßgabe anzuwenden, daß die Vorschrift auch bei einer Wohnung anzuwenden ist, für die die öffentlichen Mittel vor dem 1. Januar 1983 zurückgezahlt worden sind und die bis zum 31. Dezember 1932 noch als öffentlich gefördert gilt. § 22 Abs. 5 ist nur anzuwenden, wenn die öffentlichen Mittel nach dem 24. Juli 1982 zurückgezahlt werden.

§ 34 in dieser Fassung ab 1. Januar 2002 in Kraft
§ 34   (aufgehoben)

Stichwortregister

Die arabischen halbfetten Ziffern bezeichnen die Paragraphen, die mageren die Randnummern. Die römische halbfette Ziffer II bezieht sich auf Teil II des Kommentars..